Stuttgart Heilbronn

Göppingen • Pforzheim • Reutlingen • Rottweil Schwäbisch Gmünd • Tübingen

Stadtatlas

ADAC

Übersichtskarte und Blattschnitt Großraum Stuttgart-Heilbronn

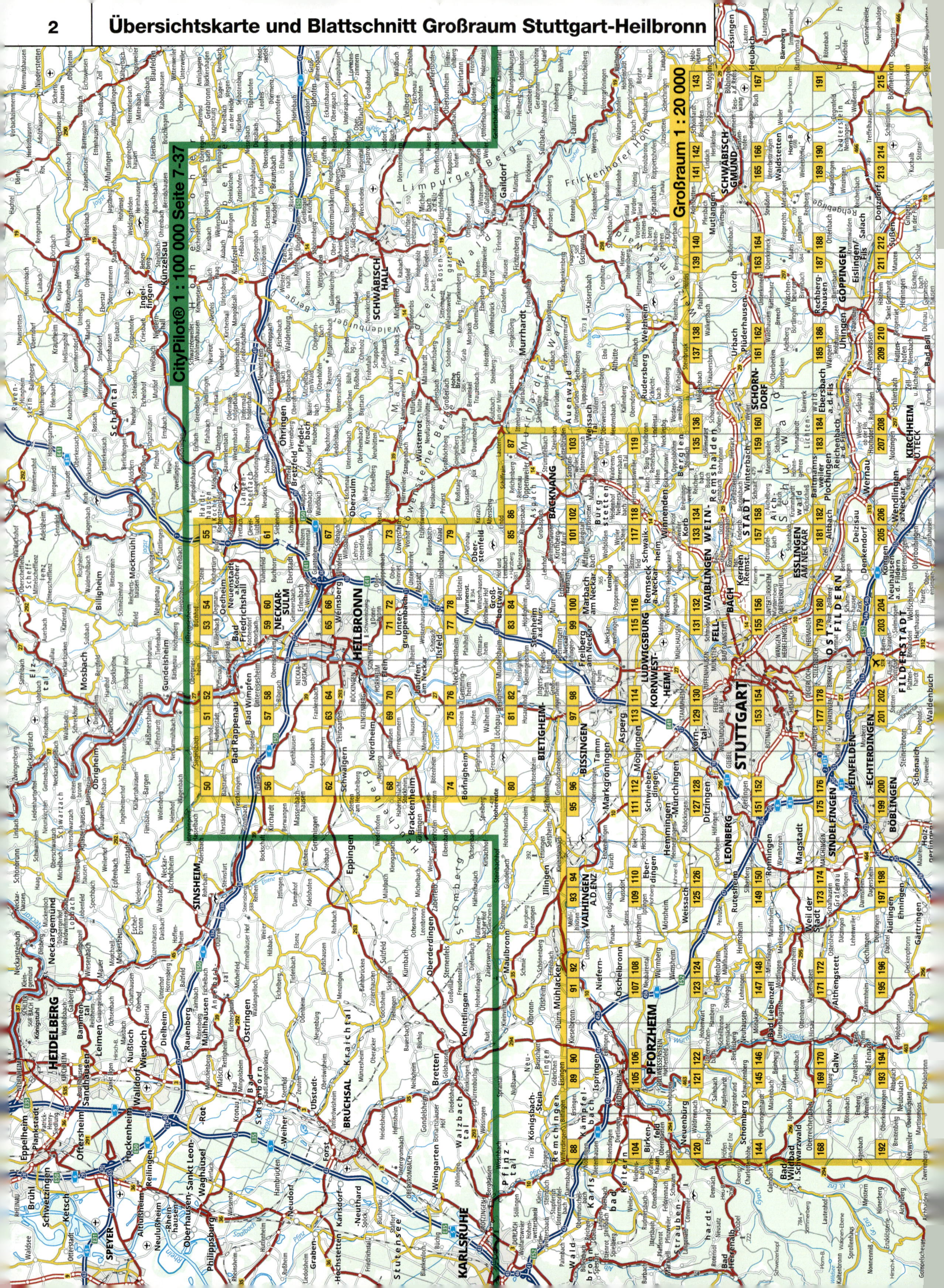

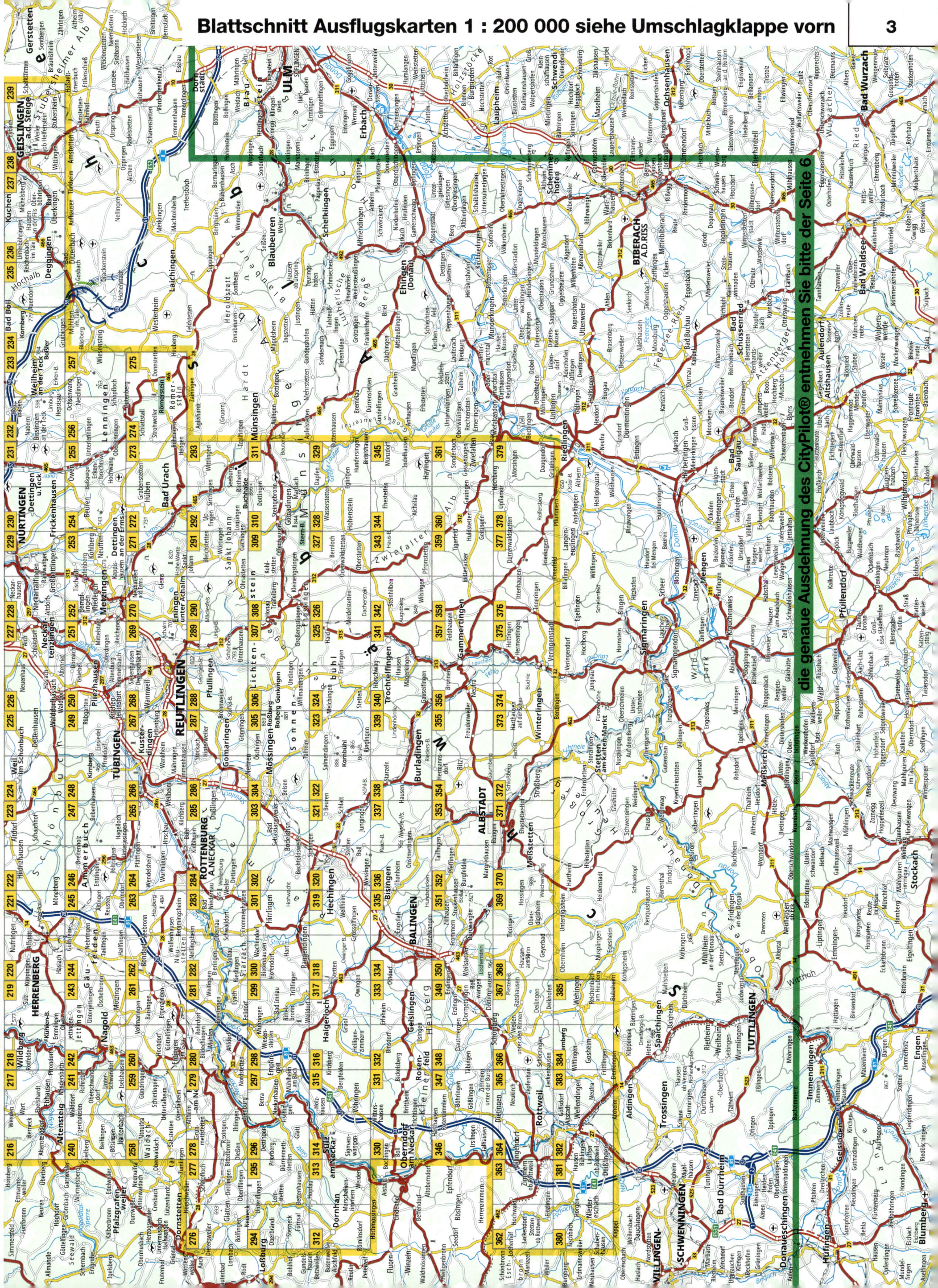
die genaue Ausdehnung des CityPilot® entnehmen Sie bitte der Seite 6

Die GPS-genauen ADAC Stadtatlanten:

Kurzinformation für eilige Nutzer:

- GPS-Handempfänger auf "**WGS 84**" und "**UTM**" einstellen.
- Zur GPS-Navigation dient das **rote Gitter** (Maschenweite 2000 m, Feineinteilung 100 m).
- Die Angaben im Straßenregister beziehen sich auf das blaue Suchgitter.

GPS steht für "Global Positioning System". Gemeint ist damit die exakte Positionsbestimmung mithilfe von Satellitensignalen und einem Empfangsgerät, dem GPS-Handempfänger.
Mit der **UTM-Kartenprojektion** ("Universale-Transversale-Mercator-Projektion") ist es möglich, die Erdoberfläche zwischen 84° nördlicher und 80° südlicher Breite, in 60 Zonen unterteilt, abzubilden. Deutschland liegt größtenteils in den Feldern 32U und 33U innerhalb der beiden Zonen 32 und 33. (siehe Abb. unten)

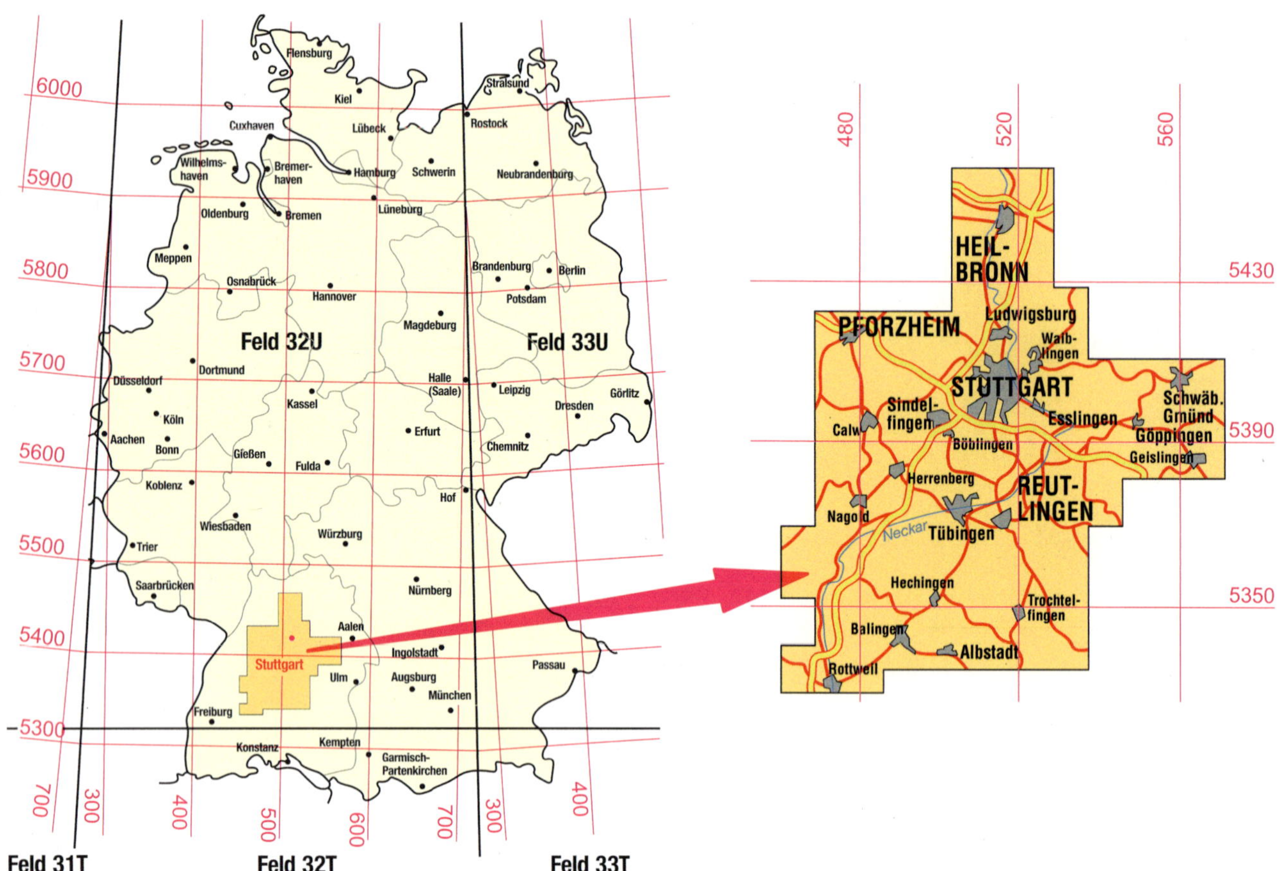

Zur Feinorientierung dient das UTM-Gitter, ein Koordinatensystem, das für einen bestimmten Punkt den Abstand zum Äquator bzw. zum Bezugsmeridian (9° bzw. 15° östl. Länge) in Metern angibt. Dieses UTM-Gitter finden Sie, zusätzlich zum gewohnten blauen Suchnetz des Straßenregisters, in diesen Atlas rot eingedruckt. Bezugssystem ist, gemäß international üblichen Standards bei der GPS-gestützten Navigation, das Rotationsellipsoid "WGS 84" (die Erde ist aufgrund ihrer Rotation um die eigene Achse keine Kugel, sondern leicht abgeplattet). Handelsübliche GPS-Handempfänger ermitteln bei der Positionsbestimmung die UTM-Koordinaten mit einer Genauigkeit von unter 20 Metern. Diese Koordinaten lassen sich im ADAC StadtAtlas problemlos lokalisieren.

Sie finden in den Großraumkarten im Maßstab 1 : 20 000, neben dem blauen Suchnetz des Straßenregisters, ein rot angelegtes UTM-Gitter mit einer Maschenweite von 2000 Metern. Die "East"- bzw. Rechtswerte (E), sowie die "North"- bzw. Hochwerte (N) - im Abstand von 2000 Metern - können Sie am Koordinatenschnittpunkt des UTM-Gitters ablesen. Im Beispiel sind diese Zahlenwerte rot markiert. Die Feinorientierung erfolgt mittels der im 100-Meter-Abstand angelegten Skalierung auf den roten Gitterlinien. Ihr Standort befindet sich im Schnittpunkt von Rechts- und Hochwert.
Exemplarisch durchgeführt haben wir das im nebenstehenden Kartenausschnitt für einen Ortspunkt mit den Koordinaten ⌖ E: 484400 m / N: 5382300 m.

Die Umweltzonen – Was Sie als Autofahrer wissen sollten

Eine Umweltzone – warum überhaupt?

Um die Belastungen durch Feinstaub und andere gesundheitsschädliche Luftschadstoffe in den Ballungszentren zu reduzieren, werden seit Januar 2008 bundesweit Umweltzonen eingerichtet. In diesen neu geschaffenen Umweltzonen dürfen also Fahrzeuge, die besonders viel Feinstaub emittieren, künftig nicht mehr fahren.

Wie erkenne ich eine Umweltzone?

Neue Verkehrszeichen der Straßenverkehrsordnung informieren über den Beginn und das Ende einer Umweltzone. Auf einem Zusatzschild werden alle Plaketten farbig abgebildet, mit denen Fahrzeuge in der Umweltzone freie Fahrt haben.

Beginn der Umweltzone

Ende der Umweltzone

Freistellung vom Verkehrsverbot

Wer darf in der Umweltzone fahren?

Nur Fahrzeuge, die eine der angezeigten Plaketten besitzen. Lediglich Oldtimer-Fahrzeuge (gemäß § 2 Nr. 22 FZV) und Fahrzeuge mit befristeten Ausnahmegenehmigungen sind von der Kennzeichnungspflicht ausgenommen; mit diesen Fahrzeugen dürfen die Umweltzonen auch ohne Plakette befahren werden. Für alle anderen Fahrzeuge besteht also grundsätzlich ein Fahrverbot – keine Plakette heißt also, das Auto abstellen und die Innenstadt mit den öffentlichen Verkehrsmitteln, mit dem Fahrrad oder zu Fuß erreichen.

Zu welcher Schadstoffgruppe gehört mein Fahrzeug?

Zwei Ziffern entscheiden darüber, ob Sie die Umweltzone befahren dürfen oder nicht. Die Plakettenzuordnung für die in Deutschland zugelassenen Fahrzeuge ergibt sich aus der Emissionsschlüsselnummer; die Nummer ist in den Fahrzeugpapieren eingetragen oder ggf. in der Zertifizierung der Partikelfilternachrüstung angegeben.

In Fahrzeugpapieren, die vor dem 1. Oktober 2005 ausgestellt wurden, finden Sie die Emissionsschlüsselnummer im Fahrzeugschein im Feld „Schlüsselnummern zu 1" an der 5. und 6. Stelle des 6-stelligen Codes.

In Fahrzeugpapieren, die nach dem 1. Oktober 2005 ausgestellt wurden, ist die Emissionsschlüsselnummer im Feld 14.1 der Zulassungsbescheinigung Teil I zu finden. Es sind die letzten beiden Zahlen der Ziffernreihe.

Sehen Sie hierzu auch die Schlüsselnummernübersicht für die Fahrzeugklasse M1/Personenwagen.

Wo bekommt man eine Plakette und wo ist sie gültig?

Ausgabestellen für die Plaketten sind die Zulassungsbehörden und die für die Durchführung der Abgasuntersuchung anerkannten Stellen wie z.B. Kfz-Werkstätten, der TÜV oder die DEKRA. Touristen oder Halter von Fahrzeugen, die im Ausland zugelassen sind, können bei den obengenannten Stellen ebenfalls eine Plakette erhalten.

Die Plaketten gelten bundesweit in jeder Umweltzone. Die Internetseite des Umweltbundesamtes (UBA) gibt einen Überblick zu allen bestehenden und geplanten Umweltzonen in Deutschland.

→ http://www.env-it.de/umweltbundesamt/luftdaten/download/public/html/Umweltzonen/index.htm

… übrigens

Bei Verstößen gegen das Fahrverbot werden 80 Euro Bußgeld fällig. Dies gilt auch für parkende Fahrzeuge.

Basis für die Gebietsdarstellungen der Umweltzonen sind die Informationen der Städte und des Umweltbundesamtes:

→ http://gis.uba.de/website/umweltzonen/index.html

Schadstoffgruppen

Fahrzeugklasse M 1/Für die Personenbeförderung ausgelegte und gebaute Kraftfahrzeuge mit höchstens acht Sitzplätzen außer dem Fahrersitz.

	1	2	3	4
Plakette	keine Plakette	2	3	4
Diesel-Motor Diesel, Biodiesel	**Euro 1** oder schlechter	**Euro 2** oder **Euro 1** mit Partikelfilter	**Euro 3** oder **Euro 2** mit Partikelfilter	**Euro 4** oder **Euro 3** mit Partikelfilter
mit Filter		**Stufe PM 01**[1.] 19, 20, 23, 24 **Stufe PM 0**[1.] 14, 16, 18, 21, 22, 34, 40, 77	**Stufe PM 0**[1.] 28, 29 **Stufe PM 1**[1.] 14, 16, 18, 21, 22, 25 bis 27, 34, 35, 40, 41, 71, 77	**Stufe PM 1**[1.] 27[3.], 49 bis 52 **Stufe PM 2**[1.] 30, 31, 36, 37, 42, 44 bis 48, 67 bis 70 **Stufe PM 3**[1.] 32, 33, 38, 39, 43, 53 bis 66 **Stufe PM 4**[1.] 44 bis 70
ohne Filter		25 bis 29, 35, 41, 71	30, 31, 36, 37, 42, 44 bis 52, 72	32, 33, 38, 39, 43, 53 bis 70, 73 bis 75 **Stufe PM 5**[1.]
Otto-Motor Benzin, Gas, Ethanol	**ohne** geregelten Katalysator	wird nicht zugeteilt	wird nicht zugeteilt	**Euro 1** mit geregeltem Katalysator oder besser
				01, 02, 14, 16, 18 bis 70, 71 bis 75, 77[2.]

1. Die Bezeichnungen „PM 0" bis „PM 5" entsprechen den Partikelminderungsstufen (Partikelfilter).
2. Im Falle von Gasfahrzeugen nach Richtlinie 2005/55/EG (vormals 88/77/EWG)
3. Pkw mit Schlüsselnummer „27" bzw. „0427" und der Klartextangabe „96/69/EG I" mit einer zulässigen Gesamtmasse (zGM) von mehr als 2500 kg ist nach Anhang 2 Abs. 1 Nr. 4 n) der Kennzeichnungsverordnung eine grüne Plakette zuzuteilen. Dies aber nur dann, wenn nachgewiesen wird, dass der Pkw die Anforderungen der Stufe PM 1 der Anlage XXVI StVZO einhält.

Quelle: Bundesgesetzblatt 2007 Teil I Nr. 61 vom 7.12.2007

CityPilot®

Der CityPilot® ist eine Stadtdurchfahrtskarte im Maßstab 1 : 100 000 (grüner Kartenteil Seite 7-37) mit der Sie ohne aufwändiges Blättern schnell und problemlos auf den Durchgangsstraßen in Ihr Zielgebiet gelangen.

Wenn Sie nicht wissen wo Ihr Zielgebiet liegt, suchen Sie im Straßenverzeichnis nach der entsprechenden Gemeinde, bzw. Straße. Die dort angegebene Seitenzahl zeigt im CityPilot® Ihr Zielgebiet. Kennen Sie dagegen die ungefähre Lage Ihres Zielgebietes schon, dann können Sie sofort im CityPilot® -ohne lästiges Blättern- den Durchgangsstraßen bis in das Zielgebiet folgen.

Im Zielgebiet angekommen, schlagen Sie für detaillierte kartographische Informationen die dort angegebene Seite auf. Die gelb unterlegten Seitenzahlen führen Sie zu den Großraumkarten im Maßstab 1 : 20 000 (Seite 50-385), orange-farbig unterlegte Seitenzahlen zu den Cityplänen im Maßstab 1 : 10 000 (Seite 40-48).

Übersichtskarte

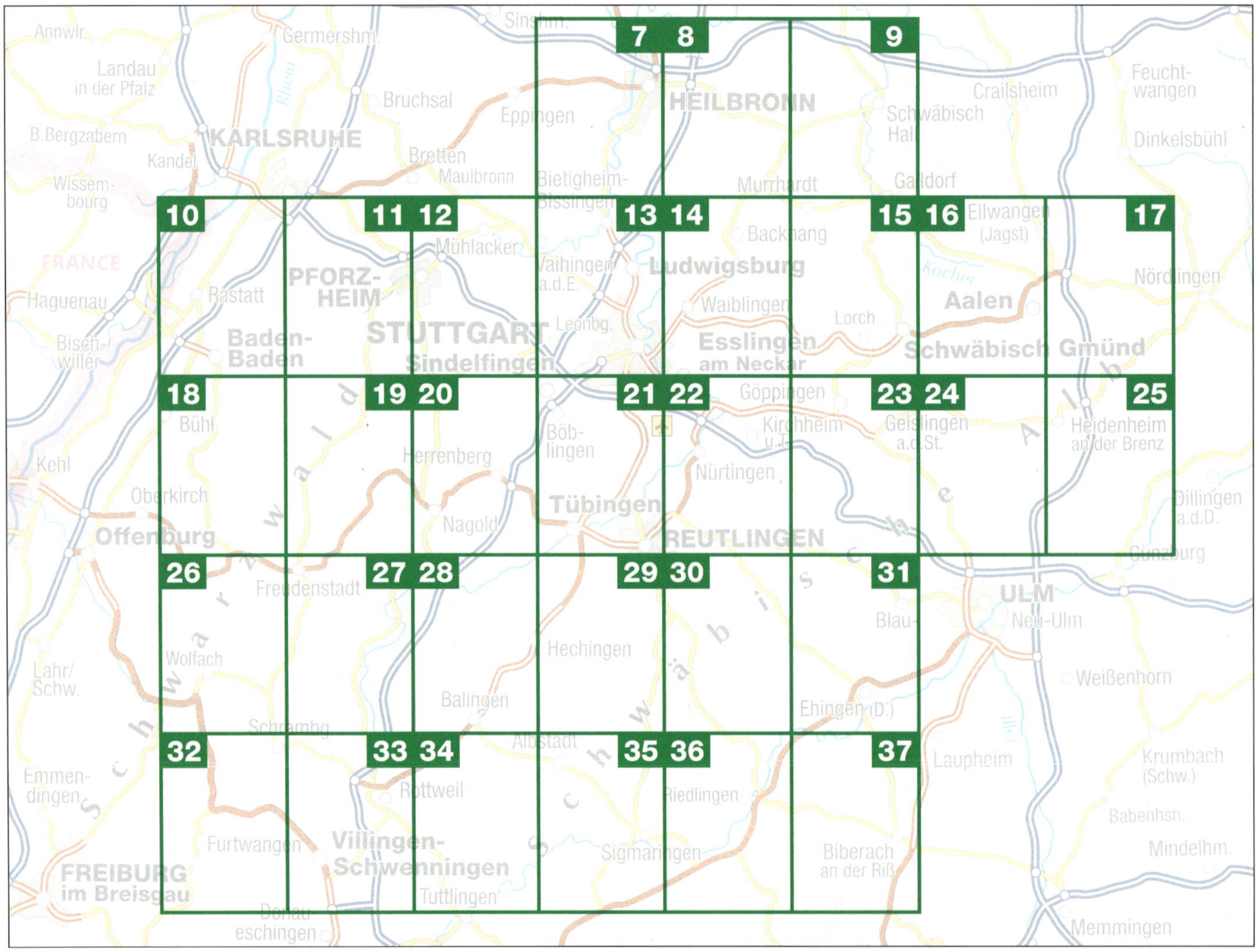

Zeichenerklärung für den CityPilot®

Autobahn

Autobahnähnliche Schnellstraße

Staukritischer Abschnitt

Bundestraße

Durchgangsstraße

Hauptstraße

Sonstige Straßen

Umweltzone

Seitenübersicht Großraumkarten 1 : 20 000

Seitenübersicht Citypläne

0 2 6 km

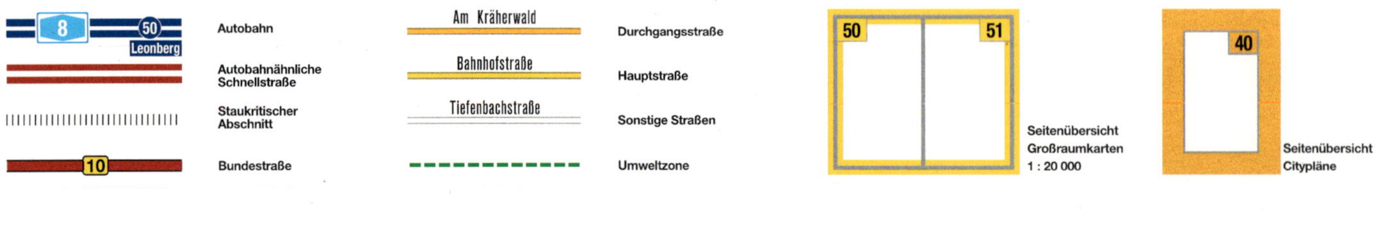

Maßstab 1 : 100 000

50
51
52
53
56
57
58
59
62
63
64
65
68
69
70
71
74
75
76
77
Hasselbach
Zimmerhof
Duttenberg
Heuchlingen
Obergimpern
Hohenstadt
Offenau
Oedheim
Ehrstädt
Babstadt
Bad Rappenau
Hagenbach
Jagstfeld
Waldau
Römerkastell
Wimpfen
Altstadt u. Schloss Kaiserpfalz
Grombach
Treschklingen
Bad Wimpfen
Bad Friedrichshall
Amorbach
Bad Rappenau
Bonfeld
Untereisesheim
Gew.-geb. Fuchshalde
Fürfeld
Kirchardt
Biberach
Obereisesheim
Audi AG
Gew.-geb. Biberach
Neckarsulm
Heilbronn/ Untereisesheim
Zweirad-mus.
E50
6
Bölllinger Bach
Industriepark Böllinger Höfe
Binswangen
Erlenbach
Berwangen
Massenbachhausen
Kirchhausen
Gew.-geb. Kirchhausen
Ind.-geb. Neckarau
Ind.-geb. Osthafen
Heilbronn/ Neckarsulm
Neckargartach
Gew.-geb. Straßenäcker
Gew.-geb. Rötel
Gemmingen
Massenbach
Frankenbach
Ind.-geb. Neckar
Gew.-geb. Käppelesäcker
Ind.-geb. Kanalhafen
Gew.-geb. Neckarsulmer Str.
Ind.-geb.
Leinbach
39
Schluchtern
B 293 No
Gew.-geb. Böckingen-Nord
42
Gew.-geb. Böckingen-West
DB
Kiliansk.
Leingarten
293
ADAC
Großgartach
Böckingen
Stetten a. Heuchelberg
Schwaigern
HEILBRONN
Klingenberg
Niederhofen
Sontheim
Businesspark Schwabenhof
Horkheim
Neipperg
Nordhausen
Nordheim
Flein
Donnbronn
Haberschlacht
27
Schozach
Gew.-geb. Fischerrücken
Gew.-geb. Nussbaum
Deinenbach
Untergruppenbach
Schloss Stocksberg
Stockheim
Dürrenzimmern
Talheim
Brackenheim
Hausen
Zaber
Wüstenhausen
Neckar
Gew.-geb. Bustadt-Ost
Frauen-Zimmern
Botenheim
Schozach
Güglingen
Meimsheim
Lauffen a. Neckar
Ilsfeld
Pfaffenhofen
Cleebronn
Neckarwestheim
Eibensbach
Kirchheim a. Neckar
Wunnenstein
Bönnigheim
Hohenstein
E41
81
Hofen
Gemmrigheim
Ochsenbach
Winzerhausen
Spielberg
Erligheim
Ottmarsheim
Kirbach
Römisches Museum
Freudental
Walheim
Hohenhaslach
Besigheim
Felsengärten
Mundelsheim
Hessigheim
Löchgau
13
Mundelsheim

53
54
55
Stein a. Kocher
Kocher-türn
Degmarn
Oedheim
Bürg
Hardthausen a. Kocher
Kocher
Gochsen
Gew.- u. Ind.-park Unteres Kochertal
Neuenstadt (Kocher)
GIK
Brettach
Neuenstadt a. Kocher
Brambacherhof
Amorbach
Dahenfeld
E41
81
Langenbrettach
Cleversulzbach
Möglingen
Kochersteinsfeld
Ohrnberg
Baumerlenbach
Pfahlbach
Zweiflingen
Tiefensall
Friedrichsruhe
Westernbach
Obermaßholderbach
Platzhof
Weinsbach
Untermaßholderbach
Langenbeutingen
Unterohrn
Büttelbronn
Schwöllbronn
Möhrig
40
Neudeck
Weißlensburg
Ohrn
Öhringen
Eckartsweiler
Cappel
Hornberg
59
60
61
Buchhorn
Lennach
Klingenhof
Siebeneich
Binswangen
Gellmersbach
Hölzern
Schwabbach
Bitzfeld
Verrenberg
Pfedelbach
Untersöllbach
Windischenbach
Bretzfeld
Erlenbach
Eberstadt
Dimbach
Rappach
6
E50
39
Bretzfeld
Obersohrn
Baierbach
Adolzfurt
Gew.-geb. Lachen
Wimmental
Waldbach
Heuberg
Oberhöfen
Kr. Weinsberg
9
38
Burgruine Weibertreu
Grantschen
Wieslensdorf
Scheppach
Buchhorn
Harsberg
65
66
67
48
Weinsberg
Sülzbach
Ellhofen
Obersulm
Sulm
39a
10
Weinsberg/Ellhofen
Eschenau
Affaltrach
Willsbach
Unterheimbach
Geddelsbach
Untergleichen
Ober-
Lehrensteinsfeld
Weiler
Oberheimbach
Brettach
Bernbach
Kreutle
Maienfels
Brettach
Eichelberg
Hößlinsülz
Donnbronn
Reisach
Neuhütten
Rittelhof
71
72
73
Untergruppenbach
Oberheinriet
Teusserbad
Lichtenstern
Ammertsweiler
Finsterrot
Löwenstein
Hirrweiler
Happenbach
Unter-
Vorhof
Wüstenrot
Hohenstraßen
Heilbronn/Untergruppenbach
11
Stangenbach
Wüstenhausen
Gew.-geb. Bustadt-Ost
Efzlenswenden
Stocksberg
Altfürstenhütte
Abstatt
Vorderbüchelberg
Neufürstenhütte
Ilsfeld
Helfenberg
Billensbach
Neulautern
Liemersbach
12
Ilsfeld
Auenstein
Prevorst
Großhöchberg
Großerlach
Jettenbach
In der Reute
77
78
79
Beilstein
Abstetterhof
Schmidhausen
E41
81
Wunnenstein
Spiegelberg
Kleinhöchberg
Peterskirche
Gronau
Nassach
Dauernberg
Jux
Kurzach
Winzerhausen
Oberstenfeld
Lauter
Altersberg
Hof u. Lembach
Sulzbach a. d. Murr
Schiffrain
Großbottwar
Allmersbach a. Weinberg
14
14
Reichenberg
Kleinaspach
Bartenbach

Künsbach
Schnai-
hof
Gais-
bach
Neufels
Kupfer
Weckhof
Orbachshof
Metz-
dorf
Gölten-
hof
Haag
Hauswiesen
Tierberg
Bächlingen
Kocher
Rechbach
Fußbach
Kubach
Kirchensall
Langensall
Ulrichs-
hof
Kubacher Str.
Main-
hardtsall
Stolzen-
eck
Mangold-
sall
Blendweg
Steinkirchen
Tierberger Str.
Zottis-
hofen
Jagst
Lassbacher Str.
Nessel-
bach
Steinacher
Rüblingen
Fessbach
Jungholz-
hausen
Döttenweiler
Sallstraße
Belzhag
Kupferzeller Str.
Kupferzell
Schloßstr.
Langenburger Str.
Orlacher Str.
Groß-
hirschbach
Neuenstein
Löschen-
hirschbach
Wüchern
Grün-
bühl
Waldsall
Döttingen
Orlach
Nieder-
steinach
Lohe
Hohebuch
Goggen-
bach
Rückerts-
hausen
Obersteinacher Str.
Hohenlohe
Domäne
Garten-
äcker
Hesselbronn
Ortsstr.
6
E50
41
Hohrain
Im Tal
Waldenburger Str.
Haller Str.
Friedrichsruher Str.
Kirchensaller Str.
Öhringer Str.
Neuenstein
Franken-
str.
Rebbigs-
hof
Kessel-
feld
Bahnhof
Waldenburg
42
Kupferzell
Bauersbach
Eschental
Döttinger Str.
Windisch-
Brachbach
Braunsbach
Arnsdorf
Geislinger Str.
Elzhausen
Eschelbach
Westernach
Löcher-
holz
Brach-
bach
Herdtlings-
hagen
Rückertsbronn
Altenberg
Michelbacher Str.
Obersöll-
bach
Hauptstr.
Waldenburg
Eschentaler Str.
43
Beltersrot
Breit-
wiesenweg
14
Schwäbisch Hall
Haßfelden
Michelbach
a. Wald
Obersteinbacher Str.
Kupfer
Kupfer-
str.
Gaisdorf
Übrigs-
hausen
Geislingen
a. Kocher
Hohen-
berg
Haller Str.
Goldbach
Schönen-
berg
Bühlerstr.
Wolperts-
hausen
Wittig-
hausen
Haagen
Weinbrenner Str.
Kirchstr.
Langenburger Str.
Enslingen
Kocher
Bühler-
zimmern
Cröffel-
bach
Ober-
steinbach
Im Ort
Obermünk-
heim
Untermünk-
heim
Hopfach
Talstr.
Reins-
berg
Mittel-
steinbach
Heuholzer Str.
Brübelstr.
Gailen-
kirchen
Hohenlohestr.
14
19
Eltershofen
Wolpertsdorf
Bühler
Unter-
steinbach
Langestr.
Sailach
Veinau
Bühl
Schuppacher Str.
Wackershofen
Brückenstr.
Rinnen
Gelbingen
Breitenstein
Öhringer Str.
Büchelberg
Gnadental
Brunnenteichstr.
Heilbronner Str.
Weckrieden
Alten-
hausen
Altenhausener Str.
Otterbacher Str.
Otterbach
Gottwolls-
hausen
Gronwiesenstr.
Crailsheimer Str.
Tüngentaler Str.
Oststr.
Jagstrot
Schup-
pacher Str.
Waldenburger Str.
Neun-
kirchen
Breiteichstr.
Straße
Langer Gr.
Kreuzäcker
Bühlertal-
straße
Tüngental
Mathes-
hörlebach
Martin-Luther-Str.
Geißelhardt
Öhringer Str.
Witzmanns-
weiler
Hauptstr.
Kies-
berg
Stuttgarter Str.
Kunsthalle
Steinbacher Str.
Schwäbisch
Hall
Einkorn-
str.
Hessental
Bühlertalstraße
Hauptstr.
Sulzdorf
Geißelhardter Str.
Lachweiler
Haller Str.
Michelfeld
Gaildorfer Str.
Steinbach
Tullauer Str.
Hagen-
bach
K.-Kurz-Str.
KZ-Gedenkstätte
Schwäbisch Hall-
Hessental
Dörren-
zimmern
Ziegel-
bronn
Gails-
bach
Bubenorbiser Str.
Maibach
Haller Straße
Stuttgar-
ter Str.
Bibersfelder Str.
Bibers-
felder Str.
Tullau
Stau-
see
Gschlachten-
bretzingen
Mühlstr.
Kornstr.
Luckenbacher Str.
Raibach
Mainhardt
Hauptstr.
14
Bubenorbis
Starkholz-
bacher See
Michelfelder Str.
Am Steig
Bibersstr.
Bibersfeld
Hessentaler Str.
Rauhen-
bretzingen
Hütten
Rottalstraße
Rieden
Friedhof-
str.
Hauptstraße
Utten-
hofen
Bretzinger Str.
Michelbach
a. d. Bilz
Einkorn-
str.
Herlebach
Herlebacher Str.
Salzstr.
Neumühl-
str.
Westheimer Str.
Oberfischacher Str.
Rot
Rottalstr.
Bibersfelder Str.
Sittenhardt
Sanzen-
bach
Talstraße
Ring-
str.
Neue Straße
Ober-
fischach
Wielands-
weiler
West-
heim
Rosengarten
Rappolts-
hofen
Rappoltshofer Str.
19
Franken-
berg
Kocher
Sulzbacher Str.
Grab
Morbach
Obermühle
Haller Str.
Niederndorf
Haller Str.
Eutendorf
Stielbachstr.
Murrhardter Str.
Trauzenbach
Ebersberg
Tal-
str.
Spöck
Otten-
dorf
Altdorfer Str.
Engelhofen
Crailsheimer Str.
Ziegelstr.
Hohenhardtsweiler Str.
Großaltdorf
Hohbühl-
str.
Hägenau
Winzen-
weiler
Mannenweilerstr.
Steinbuchstr.
Hauptstr.
Stein-
berg
Oberroter Str.
Wolfen-
brück
Oberrot
Rottalstr.
Gaildorfer Str.
Klein-
altdorf
Eutendorfer Str.
Gaildorf
Erlenhof
Glashofen
Haupt-
str.
Hausen
Schloßstr.
Bahnhofstr.
Schillerstr.
Hinter-
büchelberg
15
Michel-
bächle
Karlstr.
Siegelsberg

KARLSRUHE
Scheiben-
hardt
Nieder-
lauterbach
Scheiben-
hard
Lauterbourg
Neu-
lauterburg
Lauterbourg
Neewiller
près Lauterb.
Berg (Pfalz)
Neuburg
a. Rhein
Rhein
Fermasee
Rheinstetten
Forchheim
Grün-
winkel
Stadtrand-
siedlung
Oberreut
Bulach
Weiherfeld-
Dammerstock
Silber-
streifen
Epple-
see
Neuburg-
weier
Mörsch
Au
am Rhein
Karlsruhe-Süd
Ettlingen
West
Ind.- u. Gew.-geb.
Heiligenfeld
Ettlingen-
weier
Wintzen-
bach
Mothern
Munch-
hausen
Schaffhouse
Illingen
Elchesheim-
Würmers-
heim
Durmersheim
Federbach
Bietigheim
Bruch-
hausen
Oberweier
Niedersand
Seltz
Steinmauern
Ötigheim
Sulzbach
Plittersdorf
Rheinau
Ind.- und Gew.-geb.
Malsch
Malsch
Ind.-geb.
Schleifweg
Rastatt
Schloss u.
-kirche
Otters-
dorf
Muggen-
sturm
Völkers-
bach
Wald-
prechtsweier
Rauental
Nieder-
weier
Oberweier
Wintersdorf
Münch-
feld
Nieder-
bühl
Bischweier
Freiolsheim
Moosbronn
Staustufe
Iffezheim
Iffezheim
Förch
Schloss
Favorite
Kuppen-
heim
Oberndorf
Bad
Rotenfels
Michelbach
Sand-
weier
Baden-Baden
Hauen-
eberstein
Gaggenau
Murg
Sulzbach
Hügelsheim
Baden-Baden
Oos
Balg
Ottenau
ADAC
Eber-
steinburg
Weststadt
Hörden
Kartung
Oos-
winkel
Siedlung
Neues Schloss
Selbach
Loffenau
Gerns-
bach
Sinzheim
Winden
Oos-
scheuern
Spielcasino
Thermalquellen
Röm. Bäderuinen
Merkurberg
Staufen-
berg
Scheuern
Vorm-
berg
Halber-
stung
Schloss
Eberstein
Leiberstung
Müllhofen
Baden-Baden
Lautenbach
Bühl
Kloster
Lichtental
Lichtental
Obertsrot
Hilpertsau
Weitenung
Gallen-
bach
Oberscheuern
A35
E35
E52
5
3
36
9
48
49
51
58
59
462
500
18

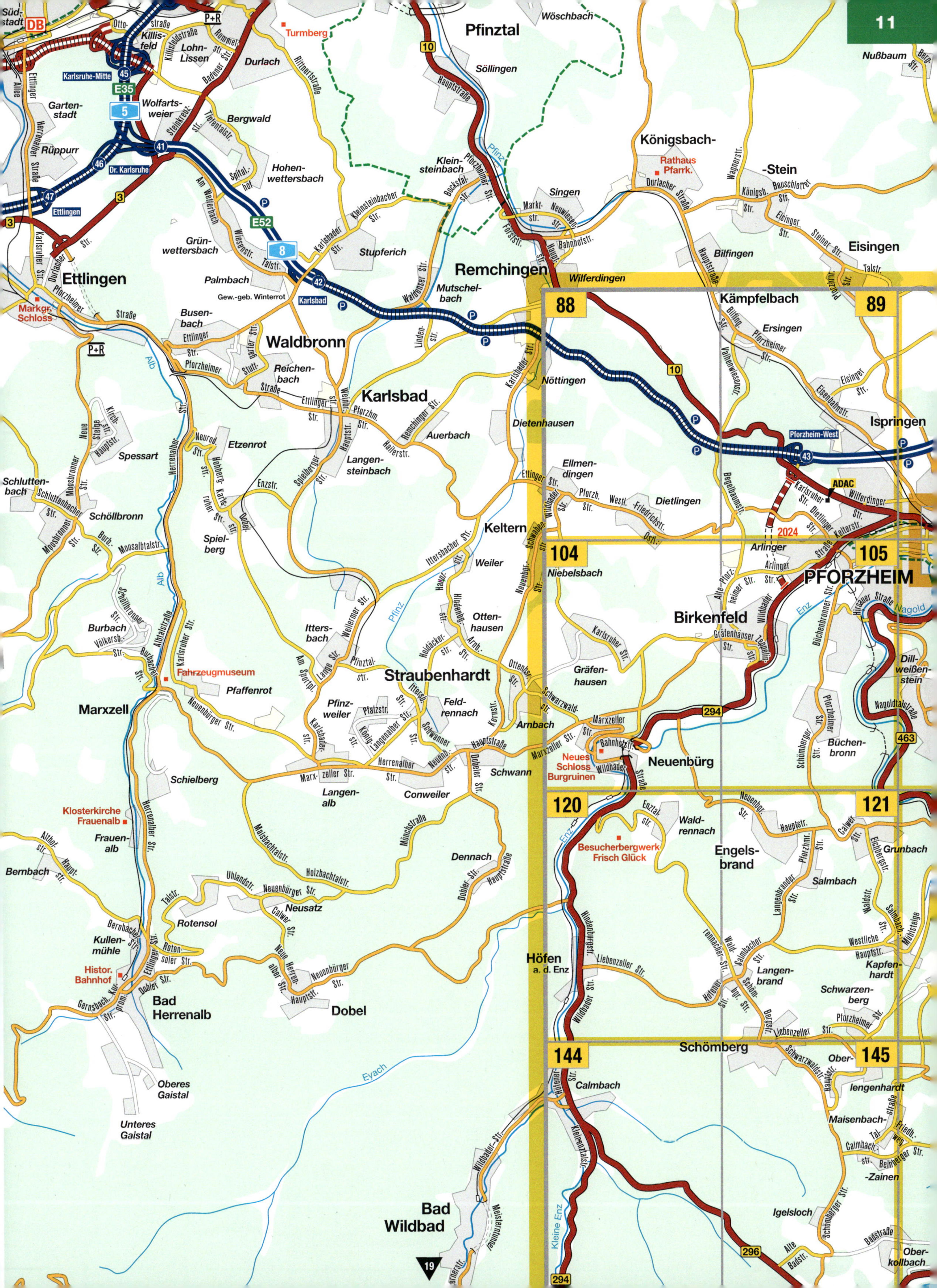
Südstadt
Turmberg
Pfinztal
Wöschbach
Nußbaum
Killisfeld
Lohn-Lissen
Durlach
Söllingen
Karlsruhe-Mitte
Gartenstadt
Wolfartsweier
Bergwald
Rüppurr
Dr. Karlsruhe
Hohenwettersbach
Königsbach-Stein
Rathaus Pfarrk.
Kleinsteinbach
Singen
Grünwettersbach
Stupferich
Eisingen
Bilfingen
Ettlingen
Palmbach
Remchingen
Wilferdingen
Markgr. Schloss
Gew.-geb. Winterrot
Karlsbad
Mutschelbach
Kämpfelbach
Ersingen
Busenbach
Waldbronn
Reichenbach
Nöttingen
Karlsbad
Ispringen
Auerbach
Dietenhausen
Pforzheim-West
Spessart
Etzenrot
Langensteinbach
Ellmendingen
ADAC
Schluttenbach
Schöllbronn
Dietlingen
Spielberg
Keltern
Arlinger
Weiler
Niebelsbach
PFORZHEIM
Burbach
Ittersbach
Ottenhausen
Birkenfeld
Nagold
Fahrzeugmuseum
Straubenhardt
Gräfenhausen
Dillweißenstein
Marxzell
Pfaffenrot
Pfinzweiler
Feldrennach
Arnbach
Neues Schloss Burgruinen
Neuenbürg
Büchenbronn
Schielberg
Langenalb
Conweiler
Schwann
Waldrennach
Klosterkirche Frauenalb
Besucherbergwerk Frisch Glück
Engelsbrand
Grunbach
Bernbach
Dennach
Salmbach
Neusatz
Rotensol
Kullenmühle
Höfen a. d. Enz
Langenbrand
Kapfenhardt
Histor. Bahnhof
Bad Herrenalb
Dobel
Schwarzenberg
Schömberg
Oberlengenhardt
Calmbach
Oberes Gaistal
Unteres Gaistal
Maisenbach-Zainen
Eyach
Bad Wildbad
Igelsloch
Oberkollbach
Kleine Enz
Alb
Pfinz
Enz

Maulbronn
Zisterzienserabtei
Kleinvillars
Aalkistensee
Nußbaum
Ölbronn-
Bauschlott
Schmie
Schönenberg
Ötisheim
-Dürrn
Göbrichen
Corres
Erlenbach
Eckenweiher
Lienzingen
Schützingen
Gündelbach
Ensingen
Illingen
KZ-Gedenkstätte Vaihingen a.d.E.
Mühlacker
Dürrmenz
Kieselbronn
Enzberg
Niefern-
Pfarrkirche
-Öschelbronn
Mühlhausen a. d. Enz
Roßwag
Lomersheim
Großglattbach
Pinache
Serres
Schloss Kaltenstein
Vaihingen a. d. Enz
Aurich
Nußdorf
Ispringen
Eutingen
Mäuerach
PFORZHEIM
Pforzheim-Nord
Pforzheim-Ost
Pforzheim-Süd
Schmuckmuseum
Altgefäll
Buckenberg
Neubärental
Wurmberg
Wiernsheim
Iptingen
Mönsheim
Eberdingen
Riet
Weissach
Dillweißenstein
Huchenfeld
Alpengarten
Würm
Wimsheim
Friolzheim
Heimsheim
Flacht
Perouse
Rutesheim
Grunbach
Unterreichenbach
Hohenwart
Hamberg
Tiefenbronn
Schellbronn
Steinegg
Mühlhausen
Dennjächt
Kapfenhardt
Bieselsberg
Schwarzenberg
Monakam
Lehningen
Hausen a. d. Würm
Neuhausen
Bad Liebenzell
Unterschömberg
Oberlengenhardt
Maisenbach-
Beinberg
-Zainen
Unterhaugstett
Möttlingen
Münklingen
Merklingen
Kirchenburg
Malmsheim
Renningen
Siberberg
Keplermuseum
Altstadt
Weil der Stadt
Simmozheim
Magstadt
Oberkollbach
Hirsau
Ottenbronn
Neuhengstett
89
90
91
92
93
94
105
106
107
108
109
110
121
122
123
124
125
126
145
146
147
148
149
150

Hohen-
haslach
Löchgau
Felsengärten
Großbottwarer Str.
Mundels-
heim
80
81
82
83
Besig-
heim
Hessigheim
Höpfig-
heim
Horrheim
Sersheim
Klein-
sachsen-
heim
Metter-
zimmern
Ingersheim
Klein-
ingersheim
Klein-
bottwar
Steinheim
a. d. Murr
Pleidels-
heim
Pleidelsheim
Groß-
ingersheim
Klein-
glattbach
Sachsen-
heim
Groß-
sachsenheim
Bietigheim-
Bissingen
Murr
2024
Marbach
a. Neckar
Untermberg
Benningen
a. Neckar
95
96
97
98
99
Schiller-
Nationalmuseum
Ober-
riexingen
Unter-
riexingen
Geisingen
Beihingen
Freiberg
a. Neckar
Hohen-
stange
Hörnle
Tamm
Seeschloss
Monrepos
Heutings-
heim
Neckar-
weihingen
ADAC
Ludwigsburg-
Nord
Eglos-
heim
Enzweihingen
Mark-
gröningen
Raths.
Hohenasperg
Hohen-
eck
Poppen-
weiler
Asperg
Residenz-Schloss u.
Blühendes Barock
Riet
Schönbühlhof
Ludwigsburg
Hochdorf
a. d. Enz
111
112
113
114
115
Kelten-
museum
Hardthof
Gew.-geb.
Lange Furche
Pflugfelden
Oßweil
Möglingen
Ludwigsburg-Süd
Remseck
a. Neckar
Neckar-
gröningen
Grünbühl
Schwieber-
dingen
Kornwest-
heim
Patton-
ville
Aldingen
Neckar-
rems
Hemmingen
Münchingen
Schöckingen
Mühl-
hausen
Stamm-
heim
Stuttgart-
Zuffenhausen
Heimer-
dingen
Hirsch-
landen
Zazen-
hausen
Oeffingen
Mönch-
feld
127
128
129
130
131
Korntal-
Münchingen
Korntal
Hofen
Schmiden
Ditzingen
Stuttgart-
Feuerbach
Porsche-
museum
Rot
Steinhalden-
feld
Fellbach
Zuffen-
hausen
Münster
Gebers-
heim
Höfingen
Hausen
Giebel
Weilimdorf
Feuerbach
Bad Cannstatt
Höhenpark
Killesberg
Wilhelma
2024
Schwabenland-
halle
Leonberg
Altstadt
Eltingen
Gerlingen
Wolfbusch
Bergheim
STUTTGART
Kronen-Carre
Straßenbahnwelt
Schleyer-
Halle
Cannstatter
Wasen
Porsche Arena
Nord
Berg
Mercedes-Benz
Arena
Luginsland
Solitude
Schloss Solitude
Mitte
DB
Mercedes-Benz
Museum
Leonberg West
151
152
153
154
155
Ramtel
Schillerhöhe
Botnang
Kultur- u.
Kongresszentrum
Liederhalle
Neues Schloss
Altes Schloss
Ost
Gaisburg
Unter-
türkheim
Ober-
türkheim
Dreieck
Leonberg
Leonberg-Ost
West
Gablen-
berg
Wangen
Warmbronn
Süd
Hafen
Gewerbegebiet
Westbahnhof
Frauenkopf
Heslach
Fernseh-
turm
Rohracker
Gazi-Stadion
auf der Waldau
Sillen-
buch
Heumaden
Hedel-
fingen
Sonnenberg
Degerloch
Universität
Büsnau
Kaltental
Hoffeld
Sindelfingen
Wald
Weil
Daimler
AG

Großbottwar
Allmersbach a. Weinberg
Sulzbach a. d. Murr
Bartenbach
Kleinaspach
Rietenau
Reichenberg
Oppenweiler
Ittenberg
Schleißweiler
Kleinbottwar
Aichelbach
Siebenknie
Hohrot
Strümpfelbach
Aspach
Großaspach
Rielingshausen
Steinbach
Backnang
Oberbrüden
Steinheim a. d. Murr
Zwingelhausen
Rottmannsberg
Marbach a. Neckar
Kirchberg a. d. Murr
Oberschöntal
Altstadt
Mittelbrüden
Auenwald
Schiller-museum
Erdmannhausen
Unterweissach
Unterbrüden
Sechselberg
Lippoldsweiler
Burgstall a. d. Murr
Burgstetten
Maubach
Weissach im Tal
Hohnweiler
Hörnle
Erbstetten
Affalterbach
Birkhau
Wolfsölden
Cottenweiler
Heiningen
Oberweissach
Bruch
Lutzenberg
Waldrems
Poppenweiler
Wattenweiler
Allmersbach im Tal
Kallenberg
Heutensbach
Nellmersbach
Hochdorf
Hochberg
Weiler z. Stein
Stöckenhof
Oberndorf
Bittenfeld
Leutenbach
Hertmannsweiler
Öschelbronn
Rudersberg
Bürg
Baach
Neckargröningen
Lindental
Schlechtbach
Höfen
Rettersburg
Remseck a. Neckar
Neckarrems
Schwaikheim
Schlosskirche
Necklinsberg
Birkmannsweiler
Krehwinkel
Asperglen
Berglen
Oppelsbohm
Aldingen
Schelmenholz
Winnenden
Hohenacker
Breuningsweiler
Michelau
Hegnach
Hanweiler
Vorderweißbuch
Steinenberg
Lehnenberg
Birkenweißbuch
Miedelsbach
Oeffingen
Neustadt
Korb
Steinach
Streich
Waiblingen
ADAC
Buoch
Schmiden
Reichenbach
Schornbach
Kleinheppach
Hößlinswart
Beinstein
Großheppach
Grunbach
Remshalden
Rohrbronn
Schwabenlandhalle
Beutelsbach
Endersbach
Rems
Gerad-stetten
Marktplatz Schloss
Fellbach
Rommelshausen
Weinstadt
Winterbach
Schnait
Luginsland
Kernen i. Remstal
Engelberg
Weiler
Untertürkheim
Stetten
Strümpfelbach
Schorndorf
Uhlbach
Aichelberg
Manolzweiler
Obertürkheim
Schlichten
Hafen Stuttgart
Rüdern
Lobenrot
Aichwald
Hafen
Baach
Hohengehren
Baiereck
Nassach
Daimler Werk Mettingen
Sulzgries
Serach
Wiflingshausen
Scanbach
ESSLINGEN am Neckar
Aichschieß
Lichtenwald
Hedelfingen
Mettingen
Liebersbronn
Baltmannsweiler
Münster St.Paul
Altstadt
Hegensberg
Weil

Hinter-
büchelberg
Siegelsberg
Murrhardt
Walterichs-
kirche
Beilsbach
Hausen
Alm-
Siedlung
Köchersberg
Fornsbach
Michel-
bächle
Gaildorf
Unter-
rot
Mittelrot
Fichtenberg
Rot
Kocher
Sulzbach
Sulzbach-
Laufen
Honkling
Reippersberg
Unter-
neustetten
Murr
Vorderwester-
murr
Mettel-
bach
Mettelberg
Kirchenkirnberg
Reute
Alters-
berg
Rotenhar
Fautspach
Sechsel-
berg
Waldenweiler
Kaisersbach
Ebni-
see
Schöllhütte
Althütte
Mannen-
berg
Geben-
weiler
Gmeinweiler
Cronhütte
Gschwend
Frickenhofen
Mittelbronn
Schlecht-
bach
Birkenlohe
Seifertshofen
Aichstrut
Hinter-
steinenberg
Hinterlintal
Vorder-
lintal
Steinen-
bach
Helperts-
hofen
Hönig
Tonholzbronn
Ruppertshofen
Klaffen-
bach
Museumseisenbahn
Wieslauf
Welzheim
Burgholz
Wahlheim
Vorder-
steinenberg
Spraitbach
Hertighofen
Mittel-
weiler
Buchengehren
Mannholz
Tanau
Utzstetten
Freilichtmuseum
Ostkastell
Kapf
Lein
Zimmer-
bach
Tier-
haupten
Breitenfürst
Brend
Durlangen
Alfdorf
Adel-
stetten
Täferrot
Pfahlbronn
Pfersbach
Haubersbronn
Walkersbach
Röm.
Wachtürme
Lindach
Herlikofen
Wetzgau
Groß-
deinbach
Mutlangen
Urbach
Plüderhausen
Weitmars
Lorch
Schwäbisch
Gmünd
Kleindein-
bach
Rathaus
Markt-
platz
Oberbettringen
Rems
Wald-
hausen
Unter-
kirneck
Ratten-
harz
Radelstetten
Straßdorf
Unter-
bettringen
Ober-
-berken
Unter-
Breech
Adelberg
Börtlingen
Zell
Wäschen-
beuren
Maitis
Reit-
prechts
Lenglingen
Metlangen
Kirchberg
Burgruine
Hohenrechberg
Rechberg
Waldstetten
Weilerstoffel
ehem. Kloster
Burgruine
Oberwälden
Birenbach
Hohrein
Hohen-
staufen
Ottenbach
Wißgoldingen
9
19
298
29
297
23
47
137
138
139
140
141
161
162
163
164
165

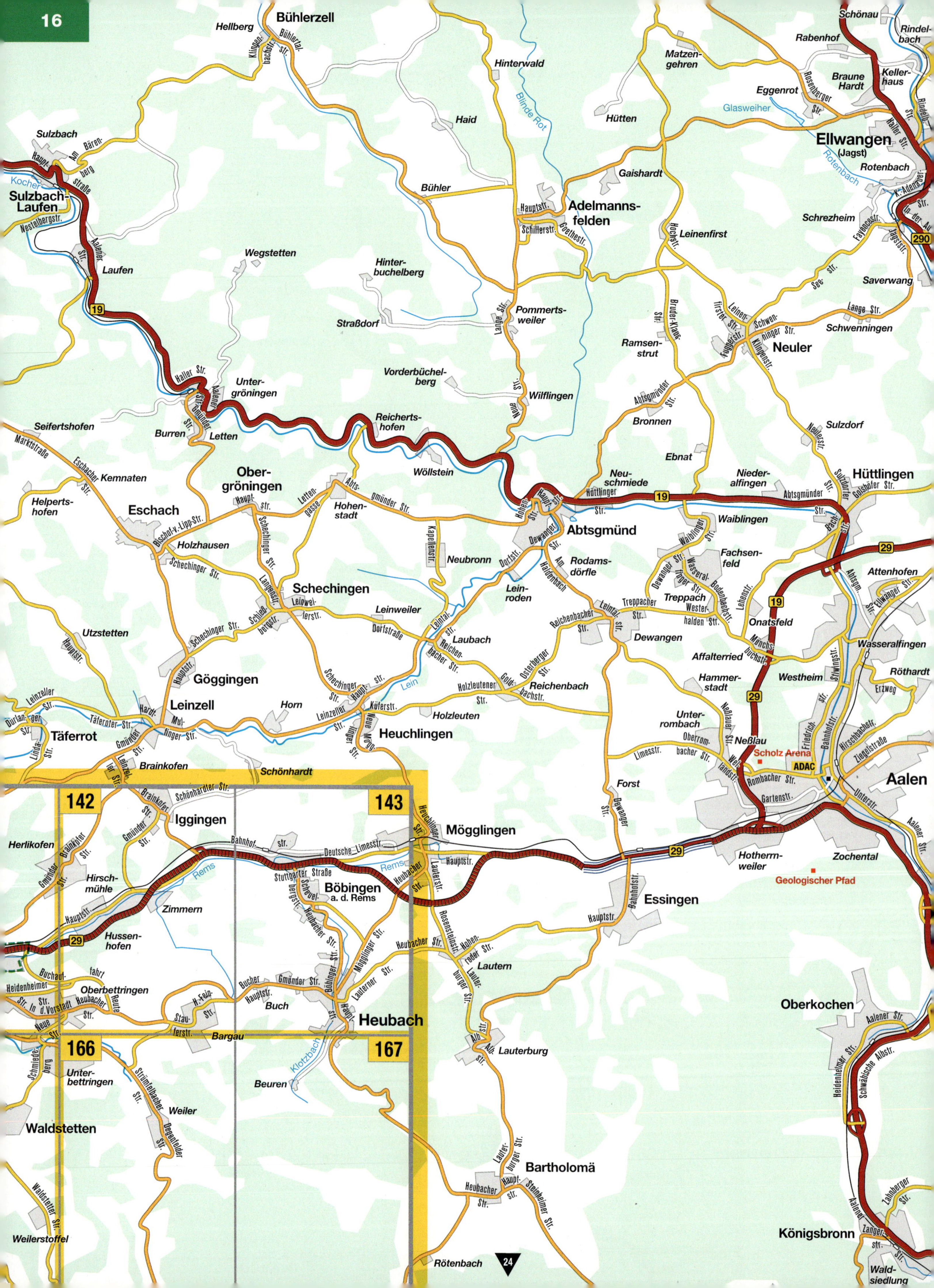

Bühlerzell
Hellberg
Hinterwald
Matzen-gehren
Schönau
Rindel-bach
Rabenhof
Braune Hardt
Keller-haus
Eggenrot
Glasweiher
Haid
Hütten
Sulzbach
Ellwangen (Jagst)
Rotenbach
Sulzbach-Laufen
Kocher
Gaishardt
Bühler
Adelmanns-felden
Schrezheim
Leinenfirst
Laufen
Wegstetten
Hinter-buchelberg
Saverwang
Pommerts-weiler
Straßdorf
Ramsen-strut
Neuler
Schwenningen
Unter-gröningen
Vorderbüchel-berg
Wilflingen
Seifertshofen
Burren
Letten
Reicherts-hofen
Bronnen
Sulzdorf
Kemnaten
Ober-gröningen
Wöllstein
Ebnat
Neu-schmiede
Nieder-alfingen
Hüttlingen
Helperts-hofen
Eschach
Hohen-stadt
Abtsgmünd
Waiblingen
Holzhausen
Neubronn
Rodams-dörfle
Fachsen-feld
Attenhofen
Schechingen
Lein-roden
Treppach
Onatsfeld
Utzstetten
Leinweiler
Laubach
Dewangen
Wasseralfingen
Affalterried
Röthardt
Göggingen
Reichenbach
Hammer-stadt
Westheim
Leinzell
Horn
Holzleuten
Unter-rombach
Täferrot
Heuchlingen
Neßlau
Scholz Arena
ADAC
Brainkofen
Schönhardt
Forst
Aalen
142
143
Iggingen
Mögglingen
Herlikofen
Hirsch-mühle
Rems
Böbingen a. d. Rems
Hotherrn-weiler
Zochental
Geologischer Pfad
Zimmern
Essingen
Hussen-hofen
Lautern
Oberbettringen
Buch
Oberkochen
Heubach
Bargau
166
167
Lauterburg
Unter-bettringen
Beuren
Klotzbach
Weiler
Waldstetten
Bartholomä
Königsbronn
Weilerstoffel
Rötenbach
Wald-siedlung
19
29
290

24

Eigenzell
Stausee Häsle
Hasel-bach-see
Ellwanger Str.
Lange Str.
Birkenzell
Tannhausen
Holbach
Holbach
Ellwanger Berge
Beersbach
Gerau
Stillau
Rühling-stetten
Rotkreuz
Schönenberg
Hardtstr.
Hirlbach
Sonnen-bachsee
Halheim
Forstweiler
Ellwangen (Jagst)
Rattstadt
Stausee Rötlen
Kastellstr.
Pfahlheim
Riepach
Schloss
Hirlbacher Str.
Abt-Rudolf-Str.
Neunheimer Str.
Ellwanger Str.
Rattstadter Str.
Rötlen
Schlier-bachsee
Dalkinger Str.
Röhlinger Str.
113
Ellwangen
Erpfental
Nord-hausen
Neun-heim
Pfahlheimer Str.
Röhlingen
Walxheim
Ober-schneidheim
Goislingen
Neunstadt
Haupt-Str.
Zöbinger Str.
Hochgreut
290
An der Sechta
Sechta
Achbach
Unter-schneidheim
Schwabs-berg
Mühlberg
Ellwanger Str.
Zipplingen
Rainau
Dalkingen
Dettenroden
Zöbingen
Schneidheimer Sechta
Ober-wilfingen
Haister-hofen
Killingen
Westhausener Str.
Sechten-hausen
Bucher Stausee
Weiler
7
Killinger Str.
Lindorfer Str.
Stausee Stockmühle
Baldern
Kerkingen
Wössingen
Aalener Str.
Freilicht-museum
E43
Buch
Lippach
Itzlingen
Dirgenheim
Hartbuck
Hauptstr.
Baiers-hofen
Dalkinger Str.
Aalener Str.
Westhausen
Stetten
Baldernstr.
Röttingen
Kirchheim a. Ries
Felderstr.
29
Jagst
Wester-hofen
Oberalfigen
114
Aalen/Westhausen
Haupt-str.
Bopfinger Str.
Oberdorf a. Ipf
Langestr.
Reichen-bach
Kapfenburger Str.
Lauchheim
29
Eger
Bopfingen
Goldburghausen
Aufhausen
Feldstr.
Härts-
Hülen
Flochberg
Trochtel-fingen
Eger
Wendelinus str.
Schloß-berg
Ostalbstr.
29
Eger
Ortsstr.
Himmlingen
Simmis-weiler
Brastelburg
Simmisweiler Str.
Arlesberger Str.
Ober-riffingen
Zum Wallenteich
Deutschorden Str.
Hohenl. Str.
Beuren
Unter-riffingen
Härtsfeld-hausen
Geisel-wang
Waldhausen
Frankenstr.
Waldhäuser Straße
Hohenlohe
Elchinger Str.
Ebnater Str.
Unterkochen
Dehlingen
Unterkochener Str.
Jurastr.
466
Hauptstr.
Ebnater
115
Aalen/Oberkochen
Neres-hmr. Str.
Hohenl. Weg
19
Ebnat
Wesitzer Str.
Dorf-merkingen
Weiler-merkingen
Elchingen
Bahnhofstr.
Riesstr.
Schweindorf
Ohmenheim
Stetten
Hohlen-stein
Schweindorfer Str.
Neresheim
Nietheim
Kösingen
Großkuchen
466
Neresheimer Str.
Frickinger Str.
Kössingen
7
Neu Heidenheimer Str.
Ochsenberg
E43
Hauptstr.
Großkuchener Str.
Heidenheimer Str.
25
Steinweiler
Eichertstr.
Hofen
19
Kleinkuchen
Steinweiler Str.
Auernheim
Frickingen

Baden-Baden
Kloster Lichtental
Lichtental
Oberbeuern
Geroldsau
Malschbach
Weitenung
Gallenbach
Ottenhofen
Varnhalt
Steinbach
Neuweier
Eisental
Affental
Altschweier
Vimbuch
Oberweier
Rathaus
Bühl
Kappelwindeck
Unter-tal
Büchelbach
Bühlertal
Otters-weier
Rittersbach
Riegel
Obertal
Hatzenweier
Waldmatt
Ruine Altwindeck
Bühlerhöhe
Münchhöf
Hub
Haft
Neusatz
Lauf
Sand
Herrenwies
Schwarzenbach-talsperre
Mehliskopf
Erlenbad
Sasbach
Obersasbach
Sasbachwalden
Unterstmatt
Aschenplatz
Erbersbronn
Raumünzach
Kirschbaumwasen
Brandmatt
Hörchenberg
Bischenberg
Hundsbach
Biberach
Schönbüch
Mummelsee
Kappelrodeck
Grimmerswald
Hinterlangenbach
Mittellangenbach
Vorderlangenbach
Zwickgabel
Schönmünzach
Schwarzenberg
Silberberg
Huzenbach
Waldulm
Seebach
Furschenbach
Vorderseebach
Hinterseebach
Ottenhöfen im Schwarzwald
Unterwasser
Ruhestein
Schönegründ
Röt
Allerheiligen
Klosterhof
Obertal
Kohlwald
Klosterreichenbach
Vorder Tonbach
Buhlbach
Lautenbach
Mitteltal
Tonbach
Rechen
Lierbach
Baiersbronn
Surbach
Ramsbach
Obertsrot
Hilpertsau
Reichental
Weisenbach
Au i. Murgtal
Langenbrand
Bermersbach
Gausbach
Forbach
Murg
Schwarzwaldhochstraße
5
E52
52
Bühl
3
10
26
28
462
500

Bad
Wildbad
168
169
192
193
216
217
240
241
258
259
Ober-
reichenbach
Naislach
Würzbach
Welten-
schwann
Speßhardt
Röten-
bach
Agenbach
Emberg
Schmieh
Bad Teinach-
Zavelstein
Lautenhof
Kaltenbronn
Christophs-
hof
Sprollen-
haus
Meistern
Nonnenmiß
Lappach
Hünerberg
Enzklösterle
Aichel-
berg
Mittel-
enztal
Ober-
kollwangen
Breiten-
berg
Liebels-
berg
Neubulach
Ober-
haugstett
Hofstett
Neuweiler
Martins-
moos
Gompel-
scheuer
Oberweiler
Aich-
halden
Zweren-
berg
Schönbronn
Poppeltal
Simmers-
feld
Hornberg
Gaugen-
wald
Wenden
Wart
Fünfbronn
Ettmanns-
weiler
Rotfelden
Urnagold
Über-
berg
Zum-
weiler
Ebers-
hardt
Besen-
feld
Seewald
Eisenbach
Allmandle
Hochdorf
Langen-
loch
Beuren
Berneck
Ebhausen
Göttelfingen
Garrweiler
Grömbach
Altensteig
Wald-
dorf
Egenhausen
Rohrdorf
Schorren-
tal
Schöne-
gründ
Schern-
bach
Wörners-
berg
Spielberg
Ober-
schwandorf
Nagold-
stausee
Erz-
grube
Edel-
weiler
Beihingen
Unter-
schwandorf
Heselbach
Igelsberg
Kälberbronn
Bösingen
Pfalzgrafen-
weiler
Haiterbach
Durrweiler
Altnuifra
Neunuifra
Schietingen
Ober-
musbach
Herzogs-
weiler
Cres-
bach
Ober-
waldach
Unter-
musbach
Hall-
wangen
Unter-
talheim
Fruten-
dorf
Salzstetten
Lützen-
hardt
Waldach-
tal
Obertalheim
Grüntal
294
296
28
11
27

Hirsau
Klosterruine Hirsau
Calw
Altstadt
Heumaden
Stammheim
Ottenbronn
Neuhengstett
Althengstett
Ostelsheim
Gechingen
Bergwald
Schafhausen
Döffingen
Dätzingen
Grafenau
Lehenweiler
Magstadt
Maichingen
Kapellenberg
Darmsheim
Dagersheim
Altburg
Oberriedt
Weltenschwann
Speßhardt
Wimberg
Burgruine Altstadt
Kentheim
St. Candidus Kapelle
Sommenhardt
Bad Teinach-Zavelstein
Liebelsberg
Altbulach
Silberbergwerk
Neubulach
Oberhaugstett
Holzbronn
Gültlingen
Schönbronn
Dachtel
Aidlingen
Deufringen
Deckenpfronn
Gärtringen
Ehningen
Böblingen-Hulb
Gew.-geb. Bernrain
Hildrizhausen
Wildberg
Effringen
Rotfelden
Ebhausen
Pfrondorf
Mindersbach
Sulz a. Eck
Oberjesingen
Kuppingen
Affstätt
Nufringen
Rohrau
Schönbuch
Herrenberg
Stiftsk. u. Altstadt
Mönchberg
Emmingen
Rohrdorf
Nagold
Altstadt
Burgruine Hohennagold
Unterschwandorf
Iselshausen
Oberjettingen
Jettingen
Unterjettingen
Mötzingen
Sindlingen
Haslach
Nebringen
Öschelbronn
Gäufelden
Museum KZ Gedenkstätte Tailfingen
KZ Gedenkstätte Mahnmal
Gültstein
Altingen
Reusten
Kayh
Breitenholz
Entringen
Ammerbuch
Poltringen
Pfäffingen
Hailfingen
Gündringen
Schietingen
Untertalheim
Hochdorf
Vollmaringen
Baisingen
Göttelfingen
Eutingen im Gäu
Bondorf
Ergenzingen
Rottenburg
Neustetten
Wolfenhausen
Seebronn
Remmingsheim
Oberndorf
Wendelsheim
Wurmlingen
Würm
Nagold

175
176
177
178
179
199
200
201
202
203
223
224
225
226
227
247
248
249
250
251
265
266
267
268
269
Sindelfinger Wald
Universität
Sonnenberg
Kaltental
Möhringen
Degerloch
Hoffeld
Sillenbuch
Heumaden
Riedenberg
Stuttgart-Vaihingen
Vaihingen
Kreuz Stuttgart
Schönberg
Birkach
Ostfildern
Ruit
Kemnat
Scharnhauser Park
Sindelfingen
Rohr
Dürrlewang
SI-Centrum
Hohenheim
Fasanenhof
Stuttgart-Möhringen
Sindelfingen-Ost
Böblingen-Ost
Oberaichen
Filderhalle
Leinfelden-
Echterdingen
Stuttgart-Degerloch
S-Flughafen/Messe
Plieningen
Scharnhausen
Neuhausen
Mercedes-Benz Werk Sindelfingen
Böblingen/Sindelfingen
Böblingen
Bauernkriegsmuseum
Kongresshalle
Musberg
Messe
Flughafen Stuttgart
Stuttgart-Plieningen
Böblingen Hulb
Hulb
Tannenberg
Bernhausen
Filderstadt
Filderharmonie
Neuhausen a. d. Fildern
Sielmingen
Diezenhalde
Steinenbronn
Stetten
Schönaich
Plattenhardt
Bonlanden
Harthausen
Holzgerlingen
Neuweiler
Waldenbuch
Glashütte
Aichtal
Altdorf
Breitenstein
Neuenhaus
Aich
Grötzingen
Weil im Schönbuch
Schlaitdorf
Neckartailfingen
Dettenhausen
Häslach
Altenriet
Neckartenzlingen
Walddorf
Walddorfhäslach
Bempflingen
Gniebel
Dörnach
Schloss und Kloster Bebenhausen
Rübgarten
Pliezhausen
Mittelstadt
Riederich
Pfrondorf
Oferdingen
Altenburg
Reicheneck
Hagelloch
Ebenhalde
Lustnau
Industriegebiet Reutlingen-Nord
Rommelsbach
Unterjesingen
Sickenhausen
Orschel-Hagen
Altstadt, Rathaus
Schloss
DB
Tübingen
Kirchentellinsfurt
Kusterdingen
Degerschlacht
Sondelfingen
Wannweil
Hirschau
Jettenburg
Derendingen
Betzingen
Neckar
REUTLINGEN
Wankheim
Technologiepark Tübingen-Reutlingen
Gemeinsames Wirtschaftsgebiet Reutlingen-West
Weilheim
Kilchberg
Immenhausen
Mähringen
Eningen unt. Achalm
Ohmenhausen
Ammer
Aich
Körsch

179
180
181
182
183
184
203
204
205
206
207
208
227
228
229
230
231
232
251
252
253
254
255
256
269
270
271
272
273
274
ESSLINGEN
Münster St.Paul
Altstadt
Zollberg
Ruit
Ostfildern
Scharnhauser Park
Stadthalle
Nellingen
Scharnhausen
Sirnau
Berkheim
Gew.-geb. Lichtäcker
Denkendorf
Neckar
Zell
Altbach
Plochingen
Deizisau
Köngen
Wernau (Neckar)
Liebersbronn
Hegensberg
Oberesslingen
Baltmannsweiler
Hegenlohe
Reichenbach a. d. Fils
Stumpenhof
Hochdorf
Büchenbronn
Krapfenreut
Ebersbach a.d.Fils
Weiler
Sulpach
Bünzwangen
Albershausen
Roßwälden
Neuhausen a. d. Fildern
Wolfschlugen
Harthausen
Hardt
Oberensingen
Unterensingen
Oberboihingen
Zizishausen
Wendlingen am Neckar
Gew.-geb. Alter Festplatz
Notzingen
Wellingen
Ötlingen
Lindorf
Kirchheim u. Teck
Schloss
Jesingen
Schlierbach
Ohmden
Holzmaden
Grötzingen
Neckarhausen
Nürtingen
Reudern
Dettingen u. Teck
Nabern
Egelsberg
Weilheim a. d. Teck
Neckartailfingen
Raidwangen
Roßdorf
Altdorf
Großbettlingen
Frickenhausen
Linsenhofen
Guckenrain
Bissingen a. d. Teck
Owen
Burgruine Teck
Hepsisau
Ochsenwang
Bempflingen
Kleinbettlingen
Grafenberg
Tischardt
Beuren
Brucken
Unterlenningen
Lenningen
Oberlenningen
Riederich
Neugreuth
Kohlberg
Kappishausen
Neuffen
Burgruine Hohenneuffen
Erkenbrechtsweiler
Hochwang
Schopfloch
Gutenberg
Metzingen
Neuhausen
Hardtsiedlung
Dettingen a.d. Erms
Buchhalde
Hülben
Grabenstetten
Schlattstall
Strohweiler
Glems
Bad Urach
Römerstein
Böhringen
Zainingen
Eningen unt. Achalm
St. Johann
Uracher Wasserfall
Hengen
E52
8
10
28
297
312
313
465
14
30
41
43
44

Oberwälden
Wangen
Hohrein
Hohenstaufen
Rechberghausen
Ottenbach
Wißgoldingen
Holzhausen
Diegelsberg
Lerchenberg
Bartenbach
Uhingen
Göppingen
Schloss
ADAC
Eislingen (Fils)
Krummwälden
Reichenbach
Winzingen
Faurndau
Salach
Burgruine Staufereck
Jebenhausen
Albershausen
Sparwiesen
Schopflenberg
St. Gotthardt
Holzheim
Manzen
Ursenwang
Süßen
Donzdorf
Ruine Scharfenberg
Hattenhofen
Heiningen
Bezgenriet
Eschenbach
Gingen a. d. Fils
Zell u. Aichelberg
Sehningen
Stiftskirche
Gammelshausen
Schlat
Grünenberg
Kuchen
Aichelberg
Bad Boll
Boll
Dürnau
Eckwälden
Unterböhringen
Michelsberg
Weilheim a. d. Teck
Auendorf
Reichenbach
Oberböhringen
Geislingen
Gruibingen
Hausen
Deggingen
Bad Überkingen
Neidlingen
Mühlhausen
Bad Ditzenbach
Aufhausen
Türkheim
Mühlhausen i. Täle
Gosbach
Wiesensteig
Drackenstein
Tropfsteinhöhle
Hohenstadt
Nellingen
Oppingen
Widderstall
Aichen
Merklingen
Westerheim
Donnstetten
Laichingen
Machtolsheim
Feldstetten
Zainingen
Treffensbuch
Laichinger Tiefenhöhle
185
186
187
188
189
209
210
211
212
213
233
234
235
236
237
257
275

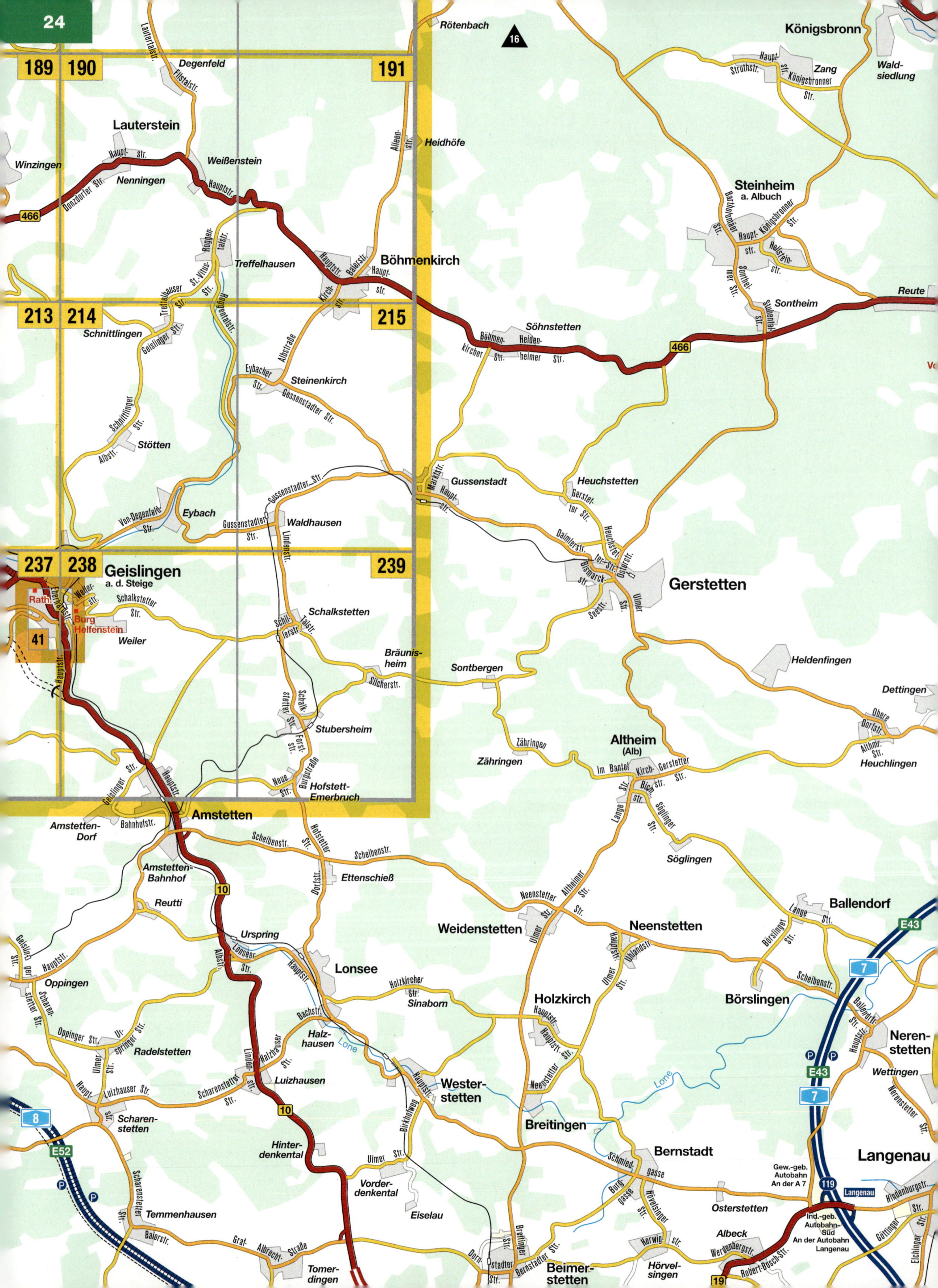

Rötenbach
16
Königsbronn
Degenfeld
189
190
191
Zang
Wald-siedlung
Lauterstein
Heidhöfe
Winzingen
Weißenstein
Nenningen
466
Steinheim
a. Albuch
Treffelhausen
Böhmenkirch
Reute
Sontheim
213
214
215
Schnittlingen
Söhnstetten
466
Steinenkirch
Stötten
Gussenstadt
Heuchstetten
Eybach
Waldhausen
237
238
Geislingen
a. d. Steige
239
Gerstetten
Rath.
Burg Helfenstein
41
Weiler
Schalkstetten
Bräunis-heim
Sontbergen
Heldenfingen
Dettingen
Stubersheim
Altheim
(Alb)
Zähringen
Heuchlingen
Hofstett-Emerbruch
Amstetten
Amstetten-Dorf
Söglingen
Amstetten-Bahnhof
Ettenschieß
10
Reutti
Ballendorf
Weidenstetten
Neenstetten
E43
Urspring
7
Lonsee
Oppingen
Holzkirch
Börslingen
Sinaborn
Neren-stetten
Radelstetten
Halz-hausen
Lone
Luizhausen
Wester-stetten
Wettingen
E43
7
8
Scharen-stetten
10
Breitingen
Hinter-denkental
E52
Bernstadt
Langenau
Gew.-geb. Autobahn An der A 7
119
Langenau
Vorder-denkental
Temmenhausen
Eiselau
Osterstetten
Ind.-geb. Autobahn-Süd An der Autobahn Langenau
Albeck
Tomer-dingen
Beimer-stetten
Hörvel-singen
19

Heidenheim
a. d. Brenz
Nattheim
Dischingen
Zöschingen
Syrgenstein
Giengen
a. d. Brenz
Herbrech-
tingen
Bach-
hagel
Wittislingen
Ziertheim
Haunsheim
Hermaringen
Lauingen
(Donau)
Medlingen
Sontheim
a. d. Brenz
Bächingen
a. d. Brenz
Gundelfingen
a. d. Donau
Nieder-
stotzingen
Setzingen
Öllingen
Asselfingen
Rammingen
Offingen
Gund-
remmingen
Steinweiler
Kleinkuchen
Auernheim
Frickingen
Iggenhausen
Katzen-
stein
Dunstel-
kingen
Härtsfeldsee
Fleinheim
Schrezheim
Trugen-
hofen
Taxis
Reistingen
Ballmerts-
hofen
Dattenhausen
Itzel-
berg
Aufhausen
Schnaitheim
Wehrenfeld
Mittelrain
ADAC
Schloss
Hellenstein
Naturtheater
Schloßhau
Voith-Arena
Mergelstetten
Bolheim
Anhausen
Dettingen
Eselsburg
Hürben
Burgberg
Lonetal
Oggen-
hausen
Staufen
Altenberg
Ballhausen
Stock
Burghagel
Ober-
bechingen
Landshausen
Hohen-
memmingen
Sachsenhausen
Unter-
bechingen
Frauenried-
hausen
Veitried-
hausen
Untermedlingen
Ober-
medlingen
Faimingen
Echen-
brunn
Stadtmauer
Hausen
Bissingen
Stetten
Ober-
stotzingen
Brenz
Wettingen
Riedhausen
Max-
felderhof
Emmaus-
heim
Martins-
kirche
Gew.-geb.
Ost (Lindeschen)
Schnutten-
bach
Heidenheim
Giengen/
Herbrechtingen
Niederstotzingen
7
E43
116
117
118
17
19
466
492
16
Brenz
Egau
Lone
Hürbe
Donau
Mindel
Nau

18
Oppenau
Kniebis
Eichelbach
Christophstal
Freudenstadt
Ibach
Bad Griesbach
Holzwald
Löcherberg
Bad Peterstal
Bad Rippoldsau
Zwieselberg
Reichenbach
Bad Peterstal-Griesbach
Stausee Kleine Kinzig
Langhard
Riersbach
Löcherberg
Holdersbach
Bad Rippoldsau-Schapbach
Ober-harmersbach
Grün
Schapbach
Oberes Dörfle
Untertal
Reinerzau
Rankach
Erzenbach
Tiefen-bach
Obertal
Kaltbrunn
Alpirsbach
Brandenkopf
Walke
Wittichen
Gelbach
Mitteltal
Vortal
Rötenbach
Ober-wolfach
Schenken-zell
Einbach
Wolfach
Sommerberg-tunnel
Kinzigtal
Eulersbach
Schiltach
Fischerbach
Glashütte
Eschau
Halbmeil
Schmelze
Schloßberg-tunnel
Hausach
Hausach-Dorf
Vogts Bauernhofmus.
Kirnbach
Lehen-gericht
Aichhalden
Rotwasser
Mühlenbach
Pfaffen-bach
Gutach (Schwarzwaldbahn)
Schram-berg
Ebers-bach
Fohrenbühl
32
Lauterbach
Schloss Hohen-schramberg
Göttel-
28
462
294
33
E531
Straßburger Str.
Schwarzwaldstr.
Wolftalstr.
Schiltacher Straße
Kinzig
Wolfach
Schiltach

Dornstetten
Horb
a. Neckar
Schopfloch
Glatten
Loßburg
Alpirsbach
Betzweiler-
Wälde
Dornhan
Sulz
a. Neckar
Vöhringen
Oberndorf
a. Neckar
Fluorn-
-Winzeln
Epfendorf
Bösingen
Schram-
berg
Aichhalden
Waldachtal
276
277
278
279
294
295
296
297
312
313
314
315
330
331
346
347
19
33

Eutingen im Gäu
Ergenzingen
Wolfenhausen
Remmingsheim
Neustetten
Rottenburg am Neckar
Dom
Altstadt
Kiebingen
Eckenweiler
Bildechingen
Rohrdorf
Weitingen
Nellingsheim
Hohenberg
Horb a.Neckar
Rathaus
Eisenbahn-Erlebniswelt
Mühlen a. Neckar
Börstingen
Bieringen
Obernau
Bad Niedernau
Weiler
Ahldorf
Nordstetten
Sulzau
Schwalldorf
Dettingen
Bierlingen
Frommenhausen
Horb a. Neckar
Felldorf
Starzach
Wachendorf
Dettensee
Mühringen
Hemmendorf
Dommelsberg
Bietenhausen
Hirrlingen
Empfingen
Bad Imnau
Höfendorf
Bodelshausen
Wiesenstetten
Mühlheim
Empfingen
Bittelbronn
Hart
Trillfingen
Rangendingen
Bechtoldsweiler
Weildorf
Schloss Haigerloch
röm. Gutshof
Sickingen
Renfrizhausen
Haigerloch
Stein
Hechingen
Stiftskirche
Kloster Kirchberg
Stetten
Bergfelden
Gruol
Weilheim
Owingen
Grosselfingen
Wessingen
Heiligenzimmern
Zimmern
Burg Hohenzollern
Ostdorf
Erlaheim
Steinhofen
Bisingen
Thanheim
Bauernmuseum
Binsdorf
Bickelsberg
Brittheim
Geislingen
Engstlatt
Schmiden
Isingen
Rosenfeld
Zollernschloss
Streichen
Leidringen
ADAC
Heselwangen
Balingen
Erzingen
Frommern
Rotenzimmern
Stockenhausen
Zillhausen
Dautmergen
Pfeffingen
Täbingen
Endingen
Dormettingen
Dürrwangen
Burgfelden
Gößlingen
Tierpark
Margrethausen
Roßwangen
Dotternhausen
Weilstetten
Laufen a. d. Eyach
Neckar
Eyach
Starzel
Stunzach
Talbach
Mittelsbach
Klingenbach
Schlichem
E41
81
463
14
32
27
45
43
42
40
30
31
20
34
280
281
282
283
284
298
299
300
301
302
316
317
318
319
320
332
333
334
335
336
348
349
350
351
352

285
286
287
288
289
303
304
305
306
307
321
322
323
324
325
337
338
339
340
341
353
354
355
356
357
21
35
Kilchberg
Weilheim
Mähringen
Immenhausen
Ohmenhausen
Bühl
Kiebingen
Stockach
Eningen unt. Achalm
Ringelbach
ADAC
Pfullingen
Mühlen- und Trachtenmus.
Mahdachsiedlung
Hofgut Alteburg
Gew.-geb. Greutställe
Hinterweiler
Gew.-geb. Krautländer
Gew.-geb. Brühl II
Gomaringen
Gew.-geb. Brühl
Dußlingen
Bronnweiler
Gew.-geb. Bierwiesen
Gönningen
Gew.-geb. Nordring
Gew.-und Ind.-geb. südl. L384
Nehren
Steinlach
Echaz
Unterhausen
Holzelfingen
Lichtenstein
Nebelhöhle
Ofterdingen
Öschingen
Bästenhardt
Mössingen
Belsen
Genkingen
Honau
Schloss Lichtenstein
Undingen
Talheim
Willmandingen
Sonnenbühl
Bärenhöhle
Salmendingen
Melchingen
Gewerbepark Haid
Schlatt
Erpfingen
Stetten
Museumseisenbahn
Jungingen
Ringingen
Boll
Killer
Hörschwag
Schloss
Starzeln
Hausen
Trochtelfingen
Mägerkingen
Onstmettingen
Klingenbach
Burladingen
Mariaberg
Gauselfingen
Schmiecha
Tailfingen
Bronnen
Neufra
Gammertingen
Feldhausen
Bitz
Langenwand
Freudenweiler
Truchtelfingen
Fehla
Lauchert
Albstadt
28a
27
32
312
313

Eningen unt. Achalm
St. Johann
Uracher Wasserfall
Bad Urach
Hengen
22
28
289
290
291
292
293
Bleich-stetten
Sirchingen
Upfingen
Wittlingen
Würtingen
St. Johann
Unter-hausen
Ohnastetten
Lonsingen
Seeburg
Lichtenstein
Rietheim
Gächingen
Trailfingen
465
312
307
308
309
310
311
Holzel-fingen
Dottingen
Auingen
Altes Lager
Biosphärenzentrum
Honau
Stein-gebronn
Kohlstetten
Münsingen
Schloss Lichtenstein
Gomadingen
Pflanzen-museum
Museumseisenbahn
Offen-hausen
Engstingen
Klein-engstingen
Marbach
Groß-
Apfel-stetten
Greut
Dapfen
325
326
327
328
329
Gewerbepark Haid
313
Wasserstetten
Bahnhof Mehrstetten
Bernloch
Butten-hausen
Meidel-stetten
Eglingen
Hohenstein
Ödenwald-stetten
Hundersingen
Bremelau
Bichishausen
Dürrenstetten
Oberstetten
Gundel-fingen
Ehestetten
341
342
343
344
345
Steinhilben
Münzdorf
Indel-hausen
Aichelau
Anhausen
Wilsingen
Hayingen
Erbstetten
Pfronstetten
Aichstetten
357
358
359
360
361
Harthausen
Unter-
-wilzingen
Ober-
Tigerfeld
Feld-hausen
Loretto Kapelle
Sonderbuch
Gauingen
Gossenzugen
Huldstetten
Kettenacker
Zwiefalten
Emeringen
Münster
Geisingen
36
Hoch-berg
Baach

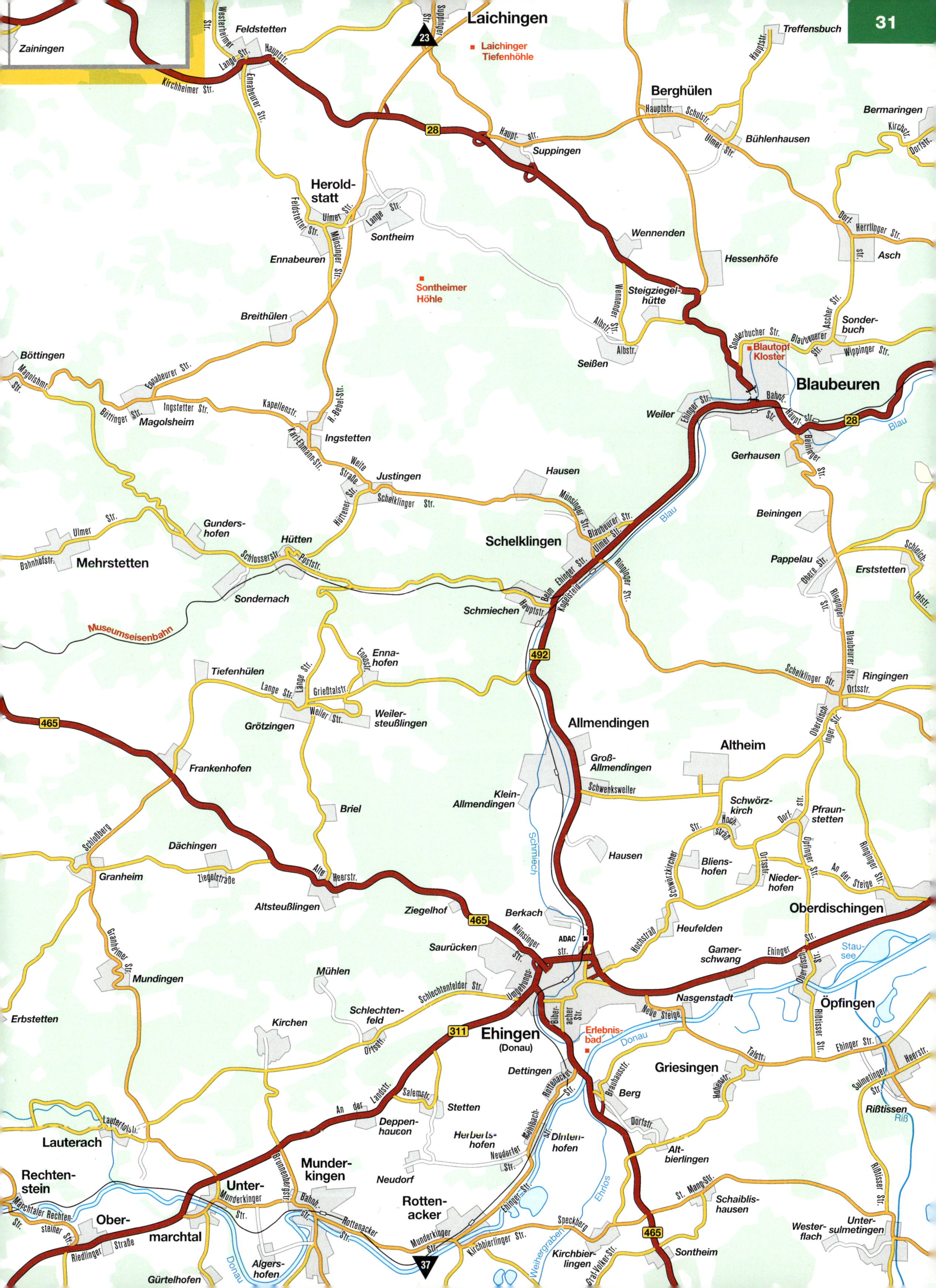

Laichingen
Laichinger Tiefenhöhle
Treffensbuch
Zainingen
Feldstetten
Berghülen
Bermaringen
Bühlenhausen
Suppingen
Herold-statt
Sontheim
Ennabeuren
Sontheimer Höhle
Wennenden
Hessenhöfe
Asch
Steigziegel-hütte
Sonder-buch
Breithülen
Seißen
Blautopf Kloster
Blaubeuren
Böttingen
Magolsheim
Weiler
Ingstetten
Gerhausen
Justingen
Hausen
Blau
Beiningen
Gunders-hofen
Mehrstetten
Hütten
Schelklingen
Pappelau
Erststetten
Sondernach
Schmiechen
Museumseisenbahn
Enna-hofen
Tiefenhülen
Ringingen
Grötzingen
Weiler-steußlingen
Allmendingen
Altheim
Groß-Allmendingen
Frankenhofen
Klein-Allmendingen
Schwörz-kirch
Pfraun-stetten
Briel
Hausen
Schmiech
Dächingen
Granheim
Bliens-hofen
Nieder-hofen
Altsteußlingen
Oberdischingen
Ziegelhof
Berkach
Heufelden
ADAC
Gamer-schwang
Stau-see
Saurücken
Mundingen
Mühlen
Nasgenstadt
Öpfingen
Erbstetten
Kirchen
Schlechten-feld
Ehingen (Donau)
Erlebnis-bad
Donau
Griesingen
Dettingen
Berg
Rißtissen
Riß
Stetten
Deppen-hausen
Herbets-hofen
Dintenhofen
Alt-bierlingen
Lauterach
Rechten-stein
Munder-kingen
Neudorf
Rotten-acker
Schaiblis-hausen
Unter-marchtal
Ober-marchtal
Ehrlos
Unter-sulmetingen
Wester-flach
Weihergraben
Kirchbier-lingen
Sontheim
Algers-hofen
Gürtelhofen
23
28
492
465
311
37

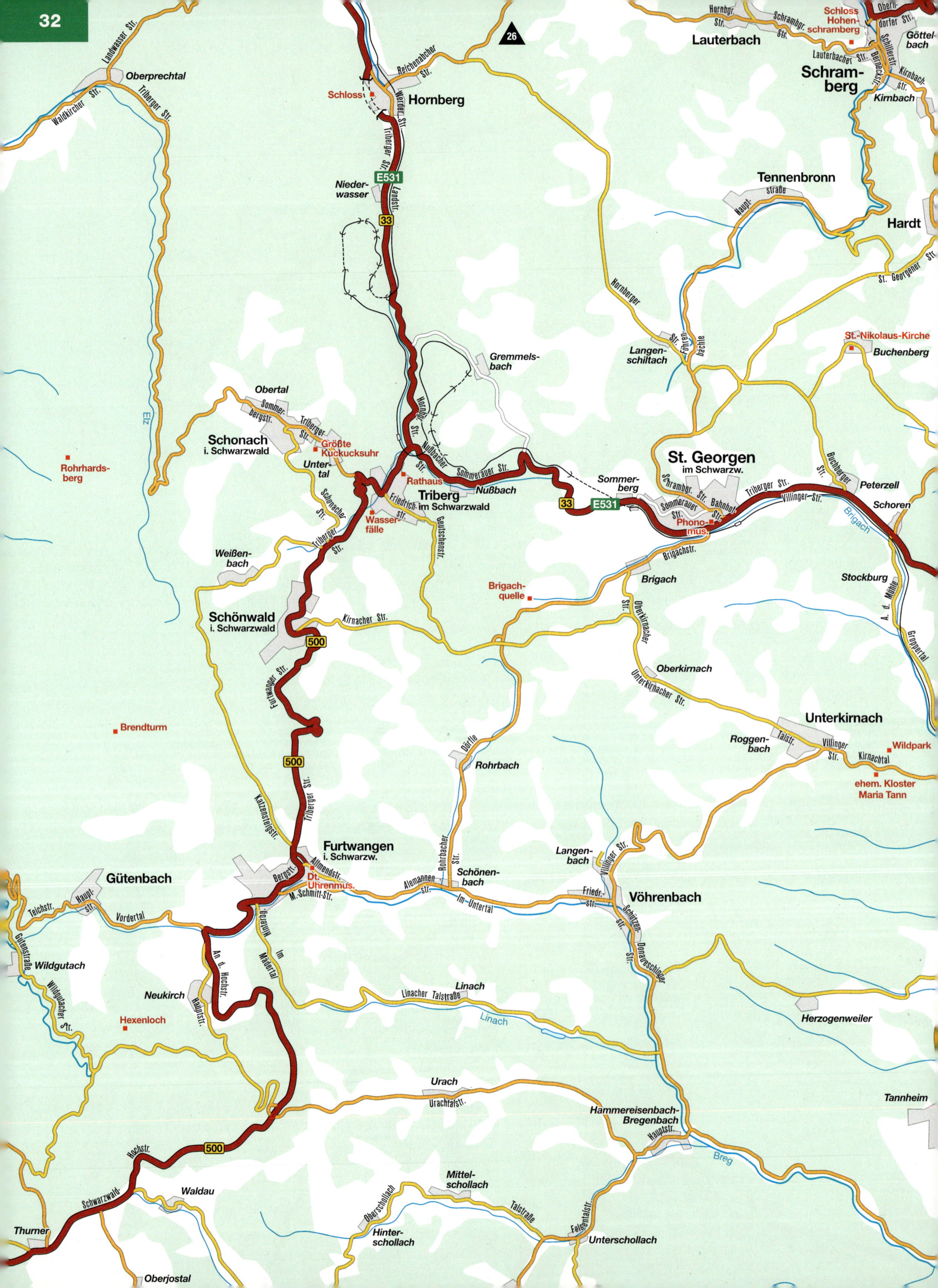
26
Hornberg
Schloss
Reichenbacher Str.
Werder Str.
Triberger Str.
E531
Landstr.
Nieder-
wasser
33
Oberprechtal
Landwasser Str.
Waldkircher Str.
Triberger Str.
Elz
Lauterbach
Hornbgr. Str.
Schrambgr. Str.
Schloss Hohen-
schramberg
Lauterbacher Str.
Schram-
berg
Oberndorfer Str.
Göttelbach
Schillerstr.
Bernecksstr.
Kirnbach Str.
Kirnbach
Tennenbronn
Haupt-
straße
Hardt
St. Georgener Str.
Hornberger Str.
Langen-
schiltach
Fohren-
bächle
St.-Nikolaus-Kirche
Buchenberg
Gremmels-
bach
Obertal
Sommer-
bergstr.
Triberger Str.
Schonach
i. Schwarzwald
Größte
Kuckucksuhr
Unter-
tal
Schonacher Str.
Rohrhards-
berg
Hornbgr. Str.
Nußbacher Str.
Sommerauer Str.
Nußbach
Rathaus
Triberg
im Schwarzwald
Friedrich-
str.
Wasser-
fälle
Geutschenstr.
Sommer-
berg
St. Georgen
im Schwarzw.
Schrambgr. Str.
Sommerauer Str.
Bahnhofstr.
Phono-
mus.
Triberger Str.
Villinger Str.
Buchberger Str.
Peterzell
Schoren
Brigach
Weißen-
bach
Triberger Str.
Brigachstr.
Brigach
Brigach-
quelle
Stockburg
A. d. Mühle
Groppertal
Schönwald
i. Schwarzwald
Kirnacher Str.
500
Oberkirnacher Str.
Oberkirnach
Unterkirnacher Str.
Furtwanger Str.
Brendturm
Unterkirnach
Talstr.
Villinger Str.
Roggen-
bach
Kirnachtal
Wildpark
ehem. Kloster
Maria Tann
Dörfle
Rohrbach
Triberger Str.
Katzensteigstr.
Furtwangen
i. Schwarzw.
Bergstr.
Allmendstr.
Dt.
Uhrenmus.
M.-Schmitt-Str.
Rohrbacher Str.
Schönen-
bach
Alemannen Str.
Im Untertal
Langen-
bach
Villinger Str.
Friedr.-str.
Vöhrenbach
Schützenstr.
Donaueschinger Str.
Gütenbach
Haupt-
str.
Teichstr.
Vordertal
Gütenstraße
Wildgutach
Wildgutacher Str.
Neukirch
Hauptstr.
An d. Hochstr.
Hexenloch
Im Mädertal
Linach
Linacher Talstraße
Linach
Herzogenweiler
Urach
Urachtalstr.
Hammereisenbach-
Bregenbach
Hauptstr.
Breg
Tannheim
Hochstr.
Schwarzwald
Waldau
Thurner
Oberjostal
Mittel-
schollach
Oberschollach
Hinter-
schollach
Talstraße
Felsentalstr.
Unterschollach

362
363
364
365
380
381
382
383
Dunningen
Eschbronn
Villingen-dorf
Rottweil
Dietingen
Zimmern (ob Rottw.)
Hausen
Bühlingen
Lauffen
Wellendingen
Frittlingen
Deißlingen
Aldingen
Trossingen
Gunningen
Durchhausen
Talheim
Tuningen
Bad Dürrheim
-Schwenningen
Villingen-
Brigachtal
Königsfeld i. Schwarzw.
Mönchweiler
Niedereschach
Dauchingen
Hardt
Fischbach
Horgen
Heilig-Kreuz-Münster
Römerbad
Neckarburg
Freizeitpark
Altstadt
Uhrenmus.
Internat. Luftfahrtmus.
Bauernmuseum
Eissportzentr.
Neckarquelle
Solemar
E. Hohner-Konzerths.

366
367
368
369
370
384
385
Zimmern
unter der Burg
Dotternhausen
Roßwangen
28
Weilstetten
463
Laufen
a. d. Eyach
Margrethausen
Lautlingen
Vaihinger
Hof
Neukirch
27
Stausee
Schömberg
Zepfenhan
Weilen
u. d. Rinnen
Ratshausen
Hausen
am Tann
Tieringen
Schlichem
Eyach
Hossingen
Schörzingen
Oberdigisheim
Deilingen
Meßstetten
Delkhofen
Feckenhausen
Wilflingen
Wellendingen
Wehingen
Obernheim
Unterdigisheim
Hartheim
Obere Bära
Harras
Reichenbach
am Heuberg
Nusplingen
Heinstetten
Heidenstadt
Starzel
Gosheim
Frittlingen
Neufra
Bubsheim
Egesheim
Untere Bära
Denkingen
Neuhaus
Aixheim
Prim
Böttingen
Königsheim
Bära
Aldingen
Hofen
Spaichingen
Mahlstetten
Lippach
Renquishausen
Bärenthal
Balgheim
Irndorf
Dürbheim
Hausen
ob Verena
14
Gunningen
Egelsee
Kolbingen
Kloster
St. Martin
Beuron
Rietheim
Kolbinger
Höhle
Altstadt
Rietheim-
Weilheim
Mühlheim
an der Donau
Donau
Weilheim
Stetten
Oberstadt
Fridingen
an der Donau
Faulenbach
Seitingen-
Oberflacht
Oberflacht
Wurmlingen
Nendingen
Elta
Eßlingen
Donau
Museumsdorf
311
Neuhausen
ob Eck
Tuttlingen
14

Albstadt
Ebingen
371
372
373
374
375
40
29
Hettingen
Harthausen a. d. Scher
Fachberg-siedlung
Veringen-stadt
Schmeie
Straßberg
Winterlingen
Nikolaus-höhle
Benzingen
Kaiseringen
Veringendorf
Hochberg
Frohnstetten
Jungnau
Stetten am kalten Markt
Storzingen
Ober-
-glashütte
Unter-
Nusplingen
Bingen
Oberschmeien
Lauchert
Schwenningen
Hausen i. Tal
Unterschmeien
Thiergarten
Sigmaringen
Schloss
Donau
Langen-brunn
Gutenstein
Laiz
Inzigkofen
Irndorf
Sigmaringen-dorf
Vilsingen
Lengen-feld
Kreenheinstetten
Langenhart
Engelswies
Leibertingen
Rohrdorf
Ablach
Buchheim
Menningen
Krauchenwies
Letishofen
Igelswies
Göggingen
Thalheim
Altheim
Heudorf
Ringgenbach
Bittelschieß
Worndorf
Meßkirch
Ettis-weiler
Hausen
Schnerkingen
Dietershofen
Bietingen
Glas-hütte
Rengets-weiler
Zell a. Andelsbach
463
32
313
311
Andelsbach
Kehlbach

376
377
378
379
Geisingen
30
Hochberg
Baach
Pistre
Upflamör
Attenhöfen
Zwiefaltendf.
Datfhausen
Mörsingen
Ittenhausen
Dürrenwaldstetten
Zell
Bechingen
Inneringen
Duttenberg
Donau
Möhringen
Daugendorf
Friedingen
Pflummern
Grüningen
Emerfeld
Unlingen
Eichenau
Billafingen
Langenenslingen
Riedlingen
Göffingen
Egelfingen
Andelfingen
Altheim
Hailtingen
Wilfingen
Heiligkreuztal
Enhofen
Neufra
Heudorf
Burgau
Kanzach
Waldhausen
Erisdorf
Bingen
Binzwangen
Dürmentingen
Hitzkofen
Ertingen
Heudorf
Seppenbach
Laucherthal
Hundersingen
Beuren
Scheer
Blochingen
Marbach
Herbertingen
Sigmaringendorf
Ennetach
Mieterkingen
Großtissen
Kleintissen
Mengen
Ostrach
Moosheim
Ölkofen
Beizkofen
Hohentengen
Bremen
Rulfingen
Eichen
Fulgenstadt
Enzkofen
Günzkofen
Krauchenwies
Antonius-kirche
Bondorf
Bad Saulgau
Völlkofen
Ursendorf
Friedberg
Wolfartsweiler
Sießen
Rosna
Repperweiler
Bogenweiler
Habsthal
Einhart
Hochberg
Hausen
Hald
Bachhaupten
Bolstern
Levertsweiler
Wilfertsweiler
Zell a. Andelsbach
Tafertsweiler
Osterach
Wangen
Schwäblishausen
Jettkofen
Heratskirch
Boms
Schwarzenbach
311
312
32

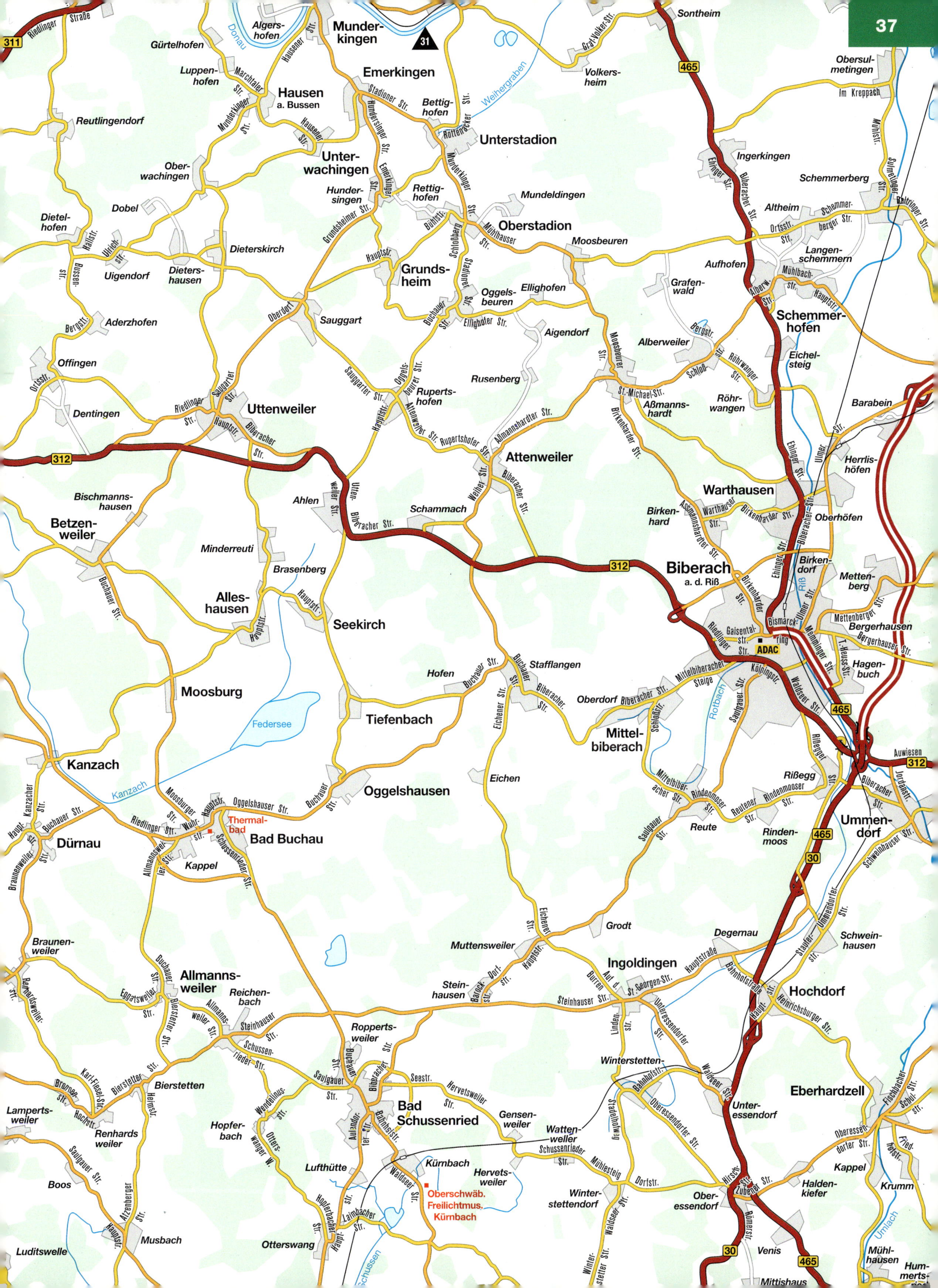
Munderkingen
Emerkingen
Hausen a. Bussen
Unterstadion
Unterwachingen
Oberstadion
Grundsheim
Uttenweiler
Attenweiler
Warthausen
Biberach a. d. Riß
Betzenweiler
Alleshausen
Seekirch
Moosburg
Tiefenbach
Kanzach
Oggelshausen
Mittelbiberach
Dürnau
Bad Buchau
Ummendorf
Allmannsweiler
Ingoldingen
Hochdorf
Bad Schussenried
Eberhardzell
Sontheim
Volkersheim
Obersulmetingen
Ingerkingen
Schemmerberg
Altheim
Langenschemmern
Aufhofen
Schemmerhofen
Eichelsteig
Röhrwangen
Barabein
Herrlishöfen
Oberhöfen
Birkendorf
Mettenberg
Bergerhausen
Hagenbuch
Rißegg
Rindenmoos
Reute
Schweinhausen
Degernau
Grodt
Oberessendorf
Unteressendorf
Haldenkiefer
Kappel
Krumm
Venis
Mühlhausen
Mittishaus
Algershofen
Gürtelhofen
Luppenhofen
Reutlingendorf
Oberwachingen
Dobel
Dietelhofen
Uigendorf
Dieterskirch
Dietershausen
Aderzhofen
Offingen
Dentingen
Sauggart
Bettighofen
Rettighofen
Hundersingen
Mundeldingen
Moosbeuren
Ogglesbeuren
Ellighofen
Aigendorf
Grafenwald
Alberweiler
Rusenberg
Rupertshofen
Aßmannshardt
Birkenhard
Bischmannshausen
Ahlen
Schammach
Minderreuti
Brasenberg
Hofen
Stafflangen
Oberdorf
Eichen
Federsee
Kanzach
Thermalbad
Kappel
Braunenweiler
Reichenbach
Muttensweiler
Steinhausen
Roppertsweiler
Bierstetten
Winterstetten
Lampertsweiler
Renhards weiler
Hopferbach
Gensenweiler
Wattenweiler
Boos
Lufthütte
Kürnbach
Hervetsweiler
Winterstettendorf
Oberschwäb. Freilichtmus. Kürnbach
Musbach
Luditswelle
Otterswang
Schussen
Rotbach
Riß
Umlach
Donau
Weihergraben
ADAC
311
312
465
30
31
Auwiesen

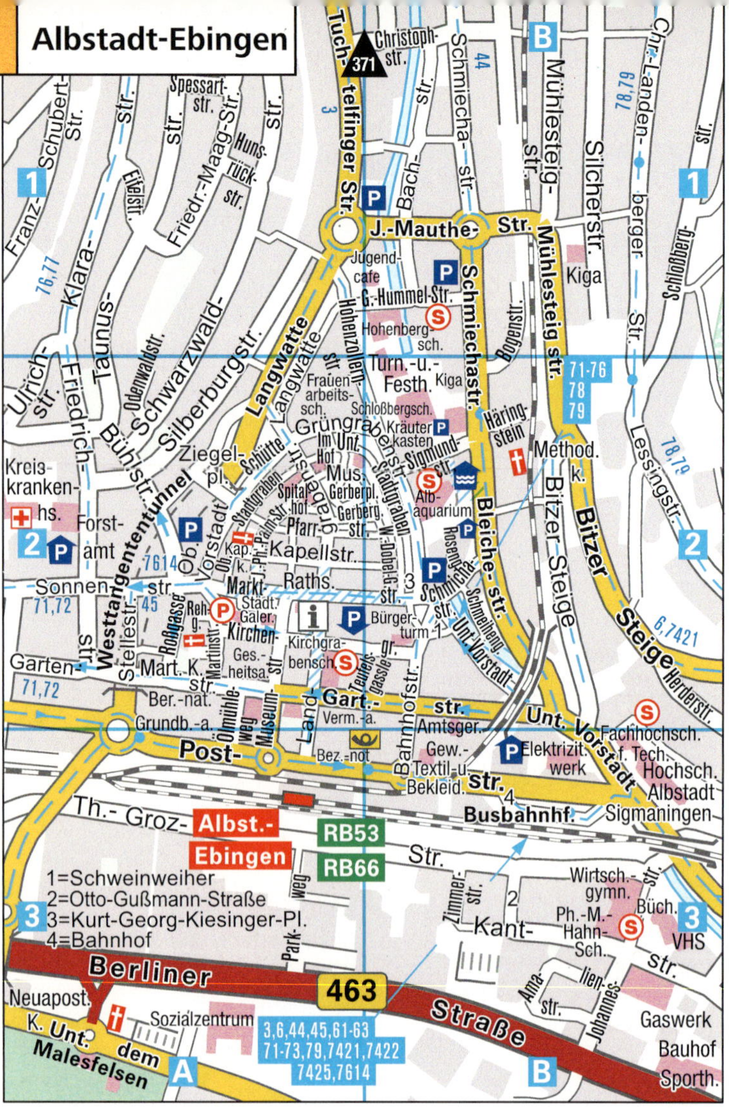

Albstadt-Ebingen
Albst.-Ebingen
RB53
RB66
1=Schweinweiher
2=Otto-Gußmann-Straße
3=Kurt-Georg-Kiesinger-Pl.
4=Bahnhof
Berliner Straße
463
Sozialzentrum
3,6,44,45,61-63
71-73,79,7421,7422
7425,7614
Malesfelsen
Neuapost.
J.-Mauthe-Str.
Schmiechastr.
Mühlesteig-str.
Bleiche-str.
Post-
Gartenstr.
Busbahnhf.
Sigmaringen
Hochsch. Albstadt
Fachhochsch.
Bahnhofstr.
Kreis-krankenhs.
Forstamt
Kapellstr.
Raths.
Ziegelpl.
Sonnenstr.
Silberburgstr.
Langwatte
Schwarzwald-
Westtangente
Tunnel
Taunus-
Friedrich-
Bühlstr.
Klara-
Kiga
Kant-
Ph.-M.-Hahn-Sch.
VHS
Gaswerk
Bauhof
Sporth.
Wirtsch.-gymn.
Büch.
Zimmer-str.
Parkweg
Th.-Groz-Str.
Grundb.-a.
Ber.-nat.
Kirchen-
Bürgerturm
Elektrizit.-werk
Gew.-Textil-u.-Bekleid.
Amtsger.
Vorstadt
Unt.
Bitzer Steige
Bitzer-Steige
Lessingstr.
Silcherstr.
Method. K.
Hohenberg-sch.
Turn.-u.-Festh.
Alb-aquarium
Frauen-arbeits-sch.
Sitzer
Kirchgra-ben
Grüngraben

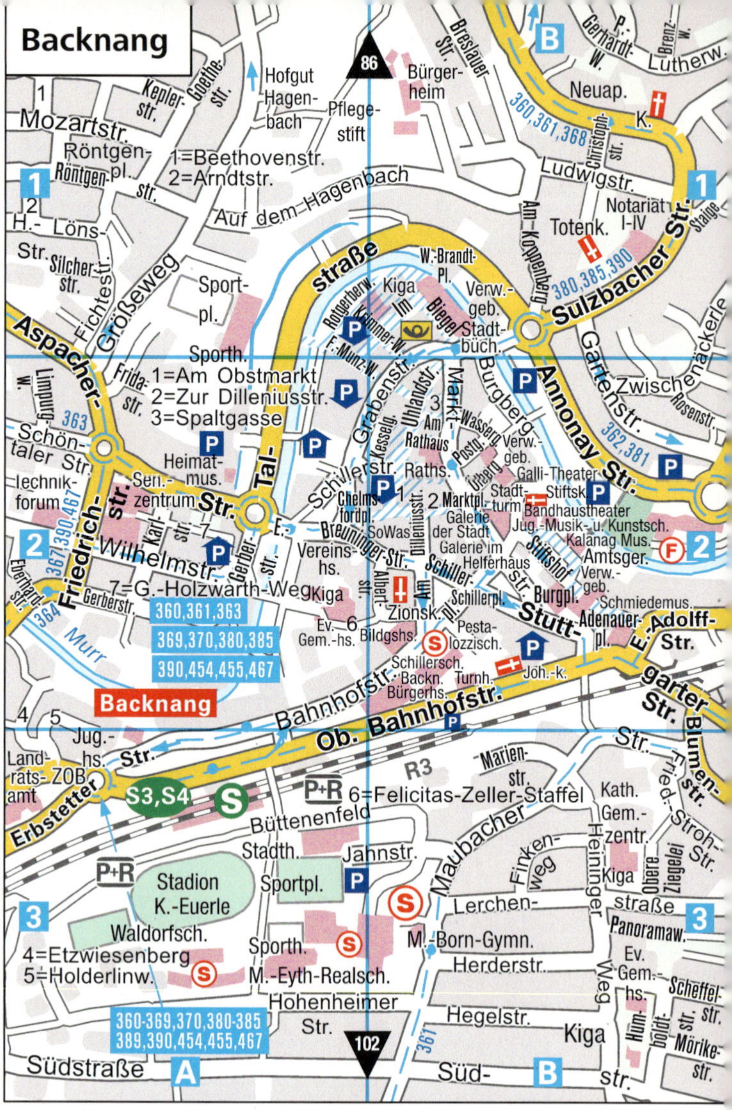

Backnang
1=Beethovenstr.
2=Arndtstr.
1=Am Obstmarkt
2=Zur Dilleniusstr.
3=Spaltgasse
Mozartstr.
Röntgenpl.
H.-Löns-Str.
Silcherstr.
Aspacher-
Friedrich-str.
Wilhelmstr.
Talstr.
Sulzbacher Str.
Annonay Str.
Ludwigstr.
Stuttgarter Str.
Bahnhofstr.
Ob. Bahnhofstr.
Erbstetter
Backnang
S3,S4
360,361,363
369,370,380,385
390,454,455,467
4=Etzwiesenberg
5=Holderlinw.
6=Felicitas-Zeller-Staffel
Stadion K.-Euerle
Waldorfsch.
Sportpl.
Jahnstr.
Maubacher
M.-Born-Gymn.
Herderstr.
Hegelstr.
Hohenheimer Str.
M.-Eyth-Realsch.
Südstraße
Süd-
Kiga
360-369,370,380-385
389,390,454,455,467
102
86
Bürgerheim
Neuap. K.
Totenk.
Notariat I-IV
Pflegestift
Hofgut Hagenbach
Auf dem Hagenbach
Büttenenfeld
Stadth.
Sporth.
Heimat-mus.
Sen.-zentrum
G.-Holzwarth-Weg
Zionsk.
Pestalozzisch.
Schillersch.
Bandhaustheater
Amtsger.
Adenauer-pl.
Joh.-k.
Lerchen-
Panoramaw.
Kath. Gem.-zentr.

Balingen
Balingen (Württ)
RB69
1=Am Lindlesberg
2=Hermann-Berg-Str.
3=Schwarzenburgstr.
4=Kameralamtstr.
5=Beim Mühltor
6=Paradiesstr.
7=Heilig-Geist-Kirchplatz
7=Am Rappenturm
Heim der Deutschen Landjug.
14-17,24A-D
430,7433
7440,7614
Auf Jauchen
334
Bahnhof-
Albrecht-
Schützenstr.
Geislinger Str.
Wilhelmstr.
Friedrichstr.
Hirschbergstr.
Rob.-Wahl-Str.
Tübinger
Hindenburgstr.
Charlottenstr.
Eckenfelderstr.
Roßnagele
Eyachstr.
Freikirchliche Gem.
Inst. f. wissensch. Weiterbildung
Werastr.
Friedhof
Kreis-Krankenhs.
Gesundh.-amt
Klausenweg
Schlacht-hof
Tennis-pl.
Sportpl.
Spielpl.
DRK
Paulinenstr.
Alter Markt
Pol.-direktion
J.-Seb.-Bach-Str.
Land-ratsamt
Dekanat-amt
Eyachbad
Royanplatz
Stadthalle
Städt. Archiv
Freibad
ADAC
350
27
7430
7433
Neuap. Kirche
VHS
Behr-
Heuberg
Herm.-Rommel-str.
Sichelsch.
Sichelstr.
Zollernschloß
Vereine
Waagen mus.
Heinzlen-str.
Kelpenstr.
Langenfeldstr.

Böblingen
ehem. "Wildermuth-Kaserne"
Bereitschafts-polizei
Bundesgrenz-schutza. Stuttgart
8=P.-Lechler-Passage
9=Charles-Lindbergh-Str.
14=Ch.-Lindbergh-Pl.
1=Apothekergäßle
Motor-world
Wolfgang-
Sindelfinger Str.
Sindel-finger Str.
Zollamt
R72
Böblingen
S60
ZOB
Talstraße
Karlstraße
Wilhelmstr.
Bahnhofstr.
Brumme-
Fr.-List-Platz
Friedrich-List-Straße
Allee
Stadtgrabenstr.
Poststraße
Schlossb.-park
Herrenberger Str.
Elbenpl.
Neues Museum
Unterer See
Oberer See
Kongresshaus
Parkstr.
Ida-Ehre-Pl.
Landratsa.
Wandelhalle
Stadt-garten
Bootshaus
Tübinger Str.
Klaffensteinstraße
Brunnenstr.
Stuttgarter Str.
Landhausstr.
Galgenbergstr.
L.-Uhland-Schule
Spielpl.
Altenheim
Jahnstr.
Vaihinger
Kiga
Breslauer Str.
Steinbeisstr.
Königsberger Str.
Berliner Str.
Kaufm. Schulzentr.
M.-Scheel-Schule Hauswirtsch.
Schulzentr. Jugendhs.
Wirtsch.-gymn.
Jug.-musiksch.
Amtsger.
IHK
J.-Kerner-Sch.
St.-Maria-K.
Mönchweg
Pestalozzi
VHS
Bibl.
175
199
S1,R7
Zehntscheuer
Gesundh.-a.
Vermess.-a.
Notariate
Altes Rathaus

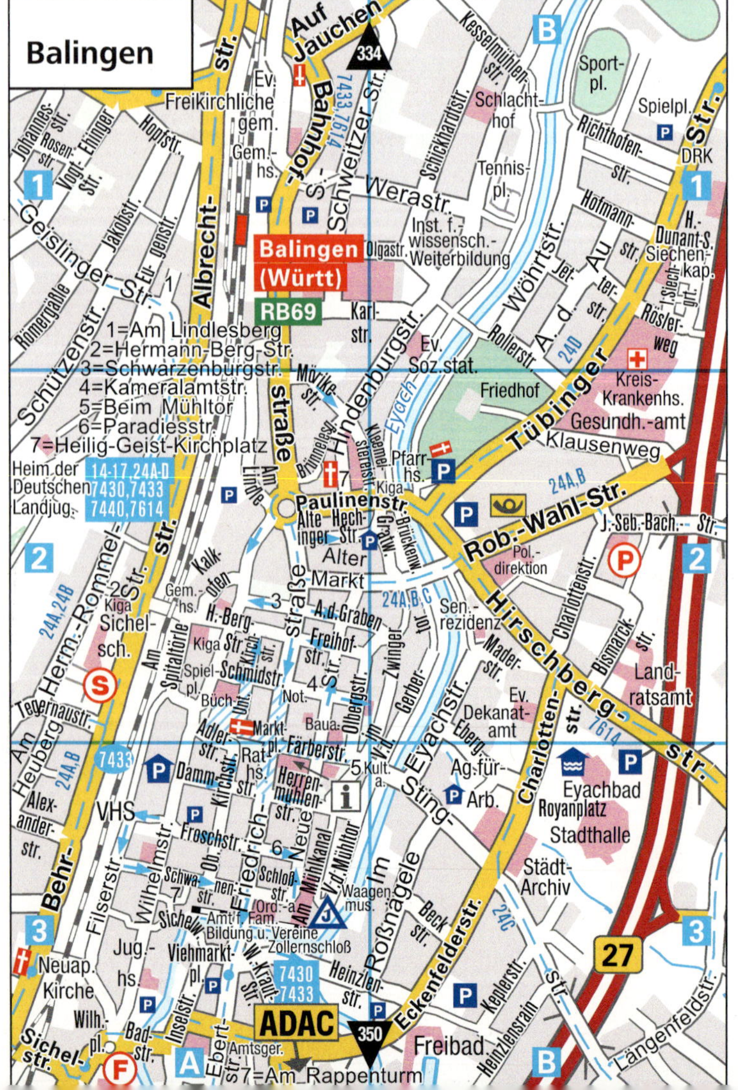

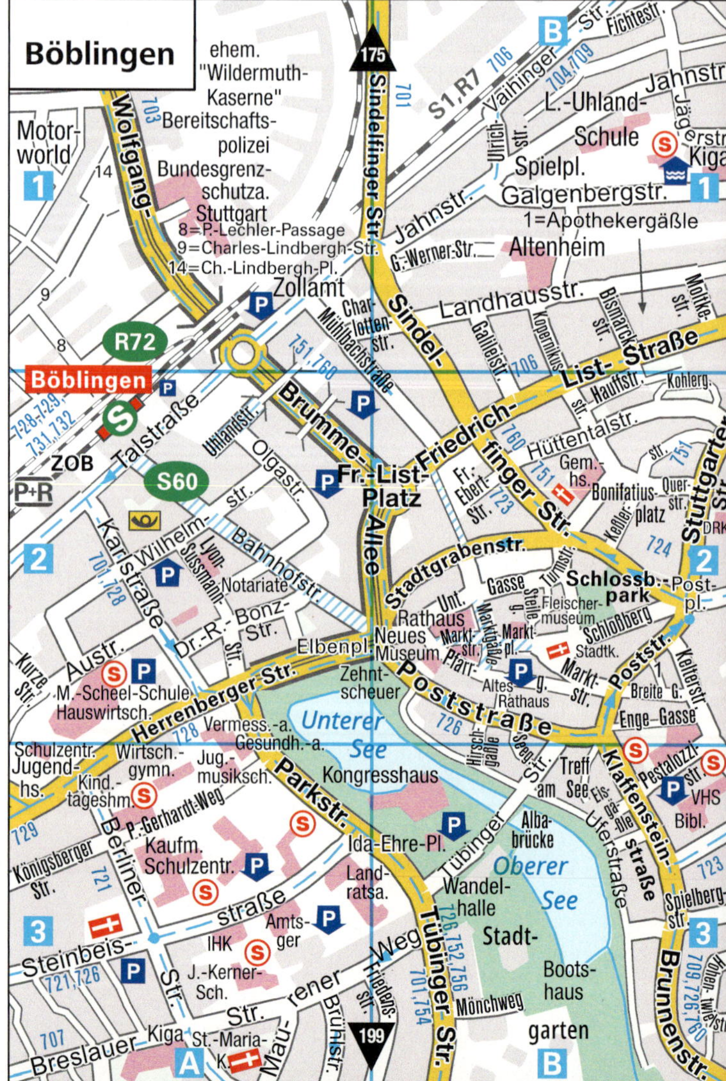

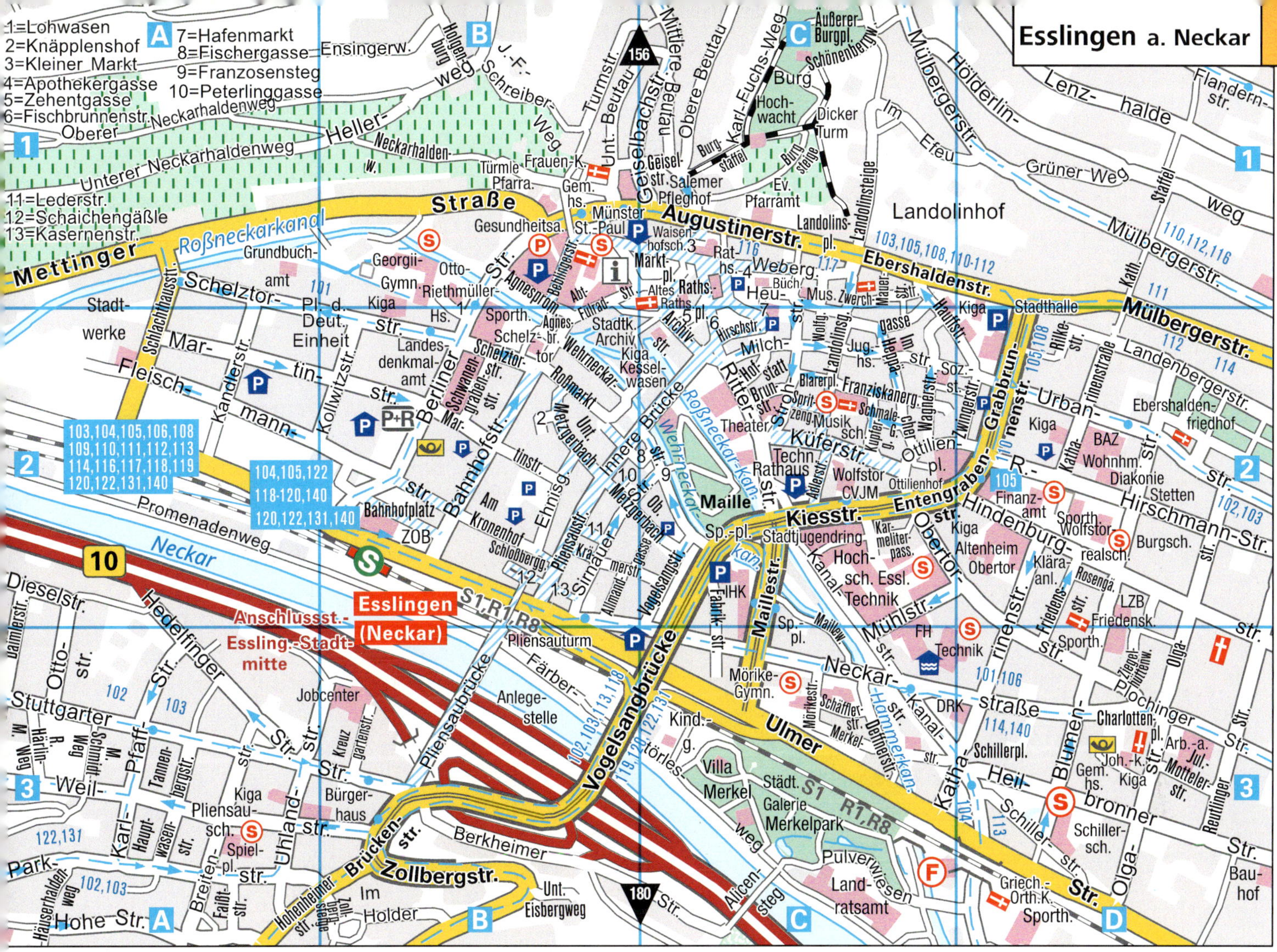

Esslingen a. Neckar
1=Lohwasen
2=Knäpplenshof
3=Kleiner Markt
4=Apothekergasse
5=Zehentgasse
6=Fischbrunnenstr.
7=Hafenmarkt
8=Fischergasse
9=Franzosensteg
10=Peterlinggasse
11=Lederstr.
12=Schaichengäßle
13=Kasernenstr.
Mettinger Straße
Roßneckarkanal
Augustinerstr.
Ebershaldenstr.
Mülbergerstr.
Landolinhof
Hindenburgstr.
Hirschmann-Str.
Neckar
Vogelsangbrücke
Pliensaubrücke
Esslingen (Neckar)
Anschlussst.- Essling.-Stadtmitte
Ulmer Straße
Merkelpark
Zollbergstr.
Berkheimer Str.
Urbanstr.
Kiesstr.
Maille
Promenadenweg
Hohe Str.
Stuttgarter Str.
Hedelfinger Str.

Fellbach
Bahnhofstraße
Schorndorfer Str.
Stuttgarter Straße
Stuttg. Platz
Cannstatter Str.
Hölderlinstr.
Bruckstr.
Esslinger Str.
Schwabenlandhalle
Fellbach-Lutherk.
Seestr.
Tainer Str.
Schillerstr.
Vordere Str.
Wilhelmstr.
1=Schmiedegässle
2=Beckagässle
3=Stäffele b. Milchhäusle

Geislingen a.d. Steige
Bahnhofstr.
Eberhardstraße
Geislingen (Steige)
Karlstraße
Türkheimer Str.
Gartenstraße
Helfensteinstr.
Hauptstr.
Weilerstr.
Schloßhalde
Helfenstein-gym.
Stadtpark
Jahnhalle
1=Sebastianstr.
2=Christophstr.
3=Blumenstr.
4=Kreuzgasse
5=Kohlgäßle
6=Lammgasse
7=Kellerg.
8=Zwingergasse
9=Provisorgäßle
10=Adlergäßle
12=Schildwachtweg
13=Notzenstraße

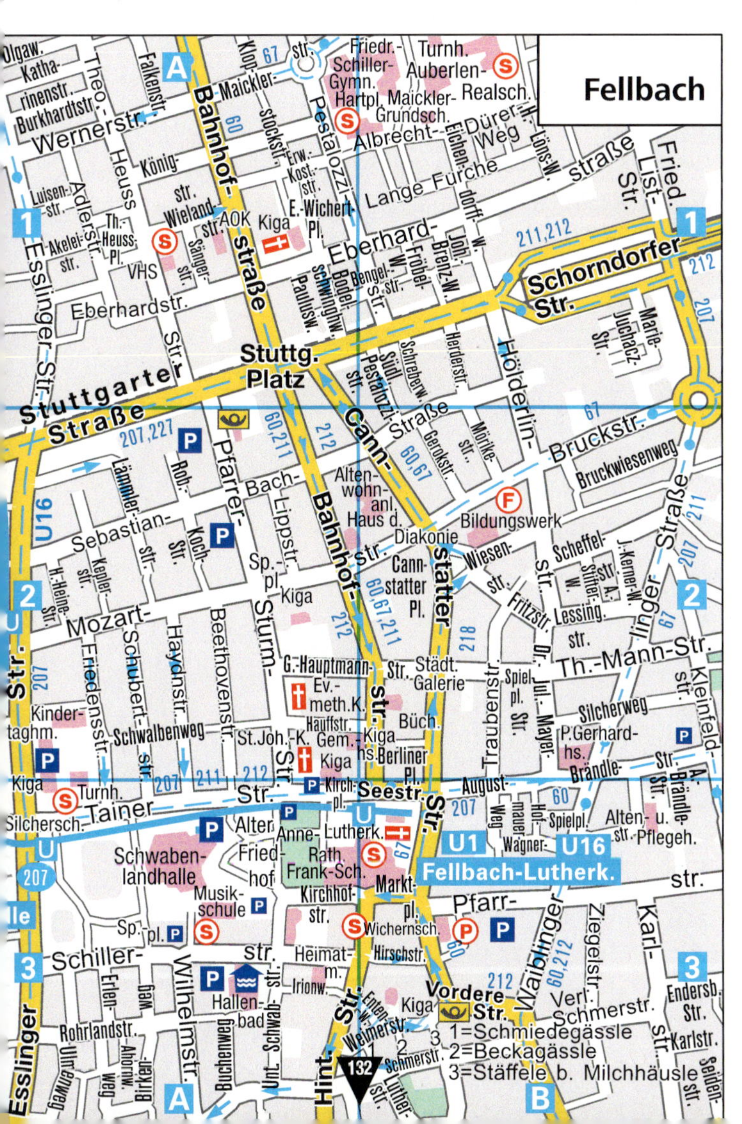

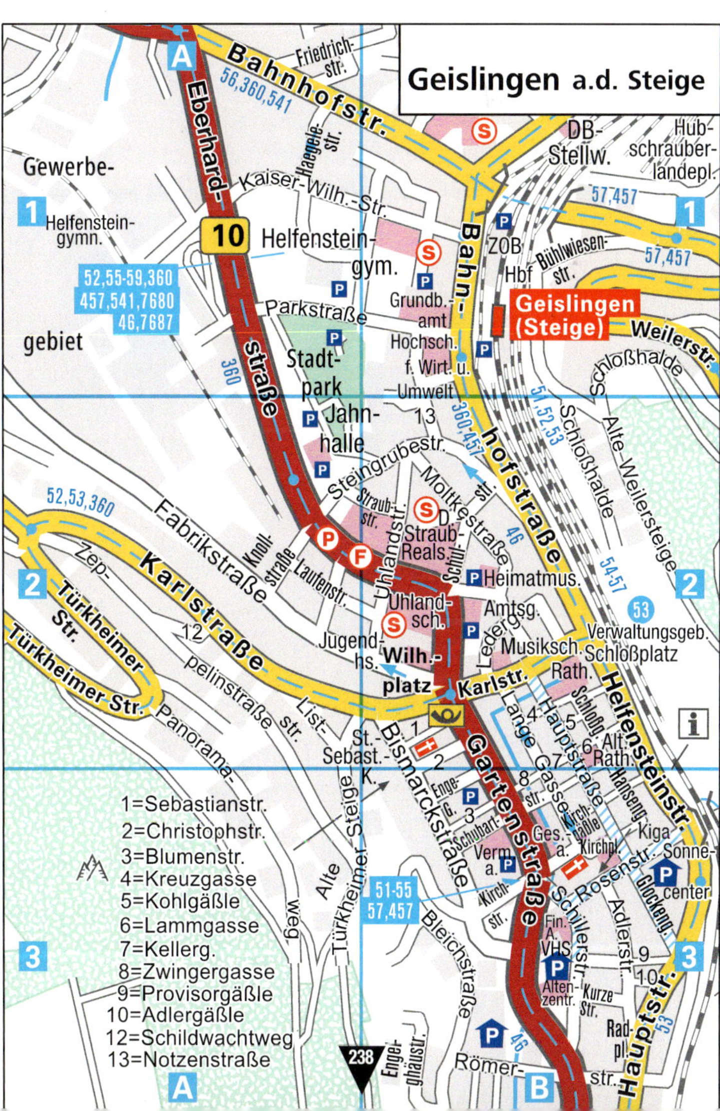

Göppingen

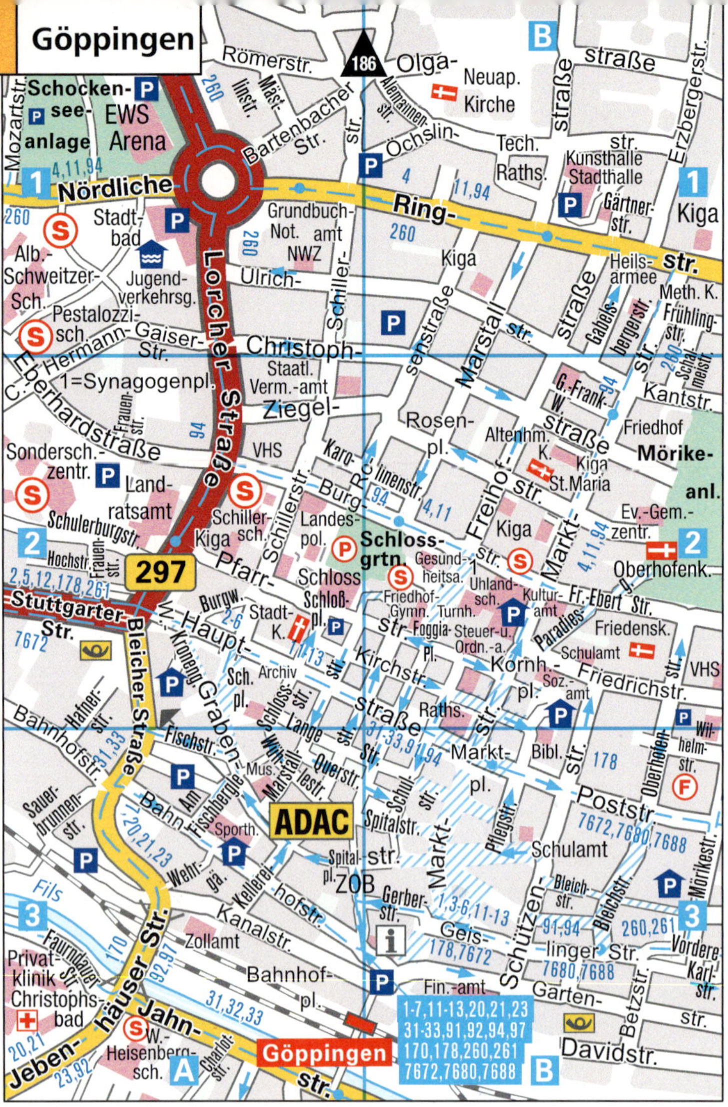

1=Synagogenpl.

Hechingen

1=Turmstraße
2=Kanzleistraße
3=Marktstraße

4=Kirchplatz
5=Gutenbergstraße
6=Schulstraße

7=Stiftsgasse
8=St.-Jakobs-G.

Heilbronn

1=Moserg.
2=Hämmerlingg.
3=Heiligeng.

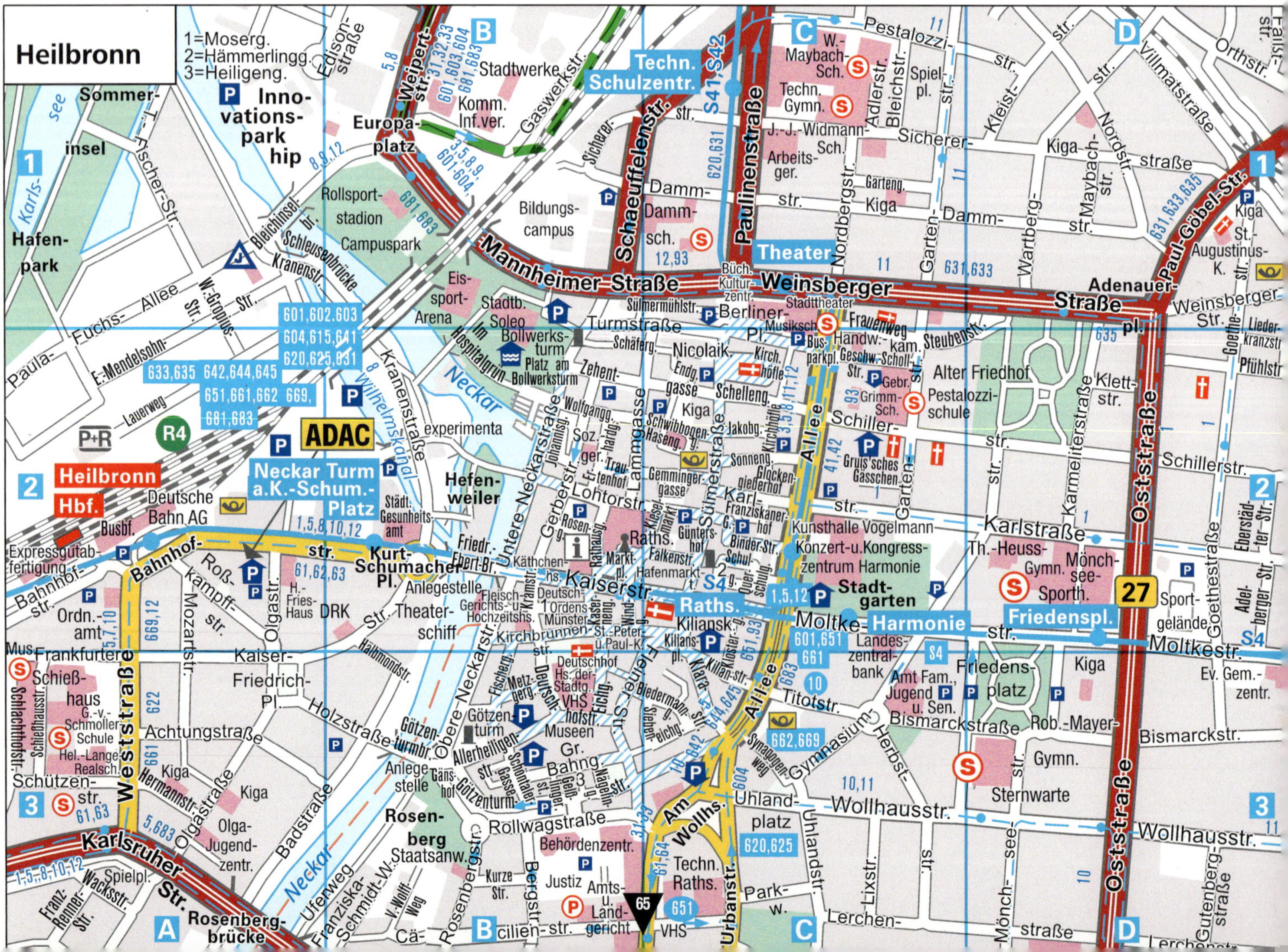

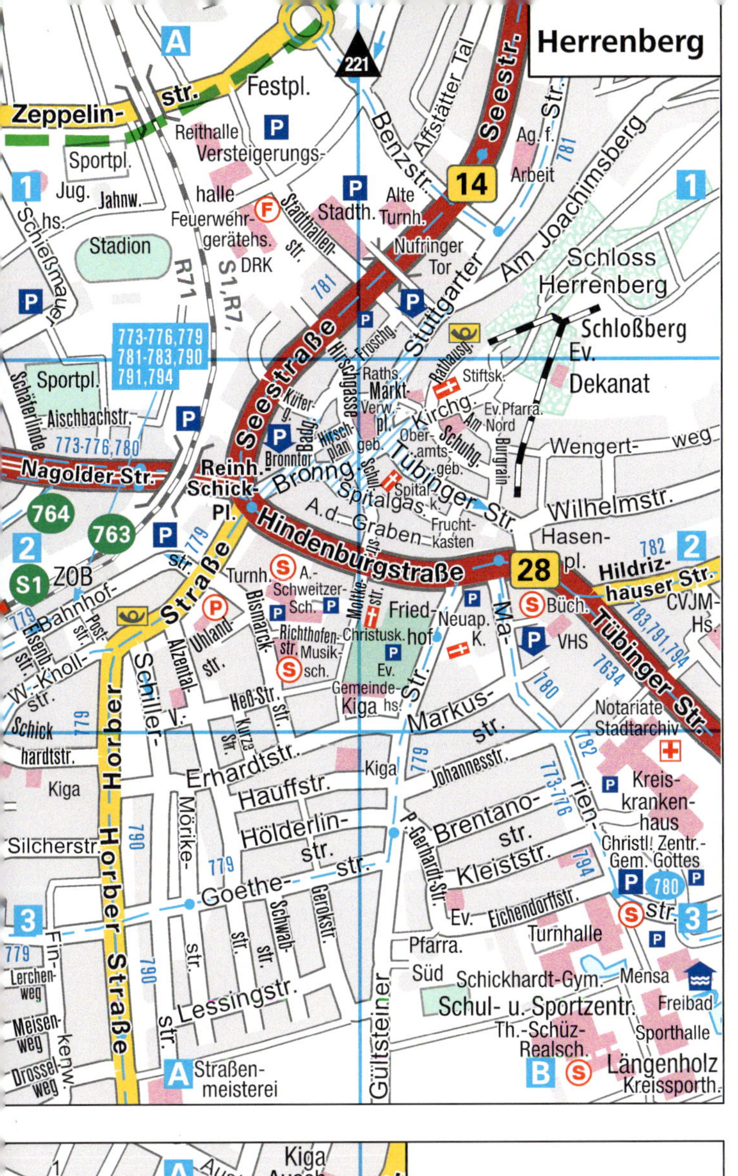
Herrenberg
Zeppelin-str.
Festpl.
Reithalle
Versteigerungs-halle
Sportpl.
Jahnw.
Stadion
Feuerwehr-gerätehs.
DRK
Stadthalle
Stadth.
Alte Turnh.
Nufringer Tor
Benzstr.
Affstätter Tal
Seestr.
Am Joachimsberg
Schloss Herrenberg
Schloßberg
Ev. Dekanat
Stuttgarter Str.
Seestraße
Sportpl.
Aischbachstr.
Nagolder Str.
Reinh.-Schick-Pl.
Bronngasse
Tübinger Str.
Spitalgas.
Wengert-weg
Wilhelmstr.
Hasen-pl.
Hildrizhauser Str.
Hindenburgstraße
Horber Str.
Bahnhof-str.
ZOB
Turnh.
VHS
Notariate Stadtarchiv
Tübinger Str.
Kreis-kranken-haus
Schiller-str.
Erhardtstr.
Hauffstr.
Hölderlin-str.
Goethe-str.
Brentano-str.
Kleiststr.
Eichendorffstr.
Turnhalle
Mörike-str.
Lessingstr.
Silcherstr.
Kiga
Pfarra. Süd
Schickhardt-Gym.
Mensa
Freibad
Schul- u. Sportzentr.
Th.-Schüz-Realsch.
Sporthalle
Längenholz
Kreissporth.
Straßen-meisterei
Horber Straße
Gültsteiner Str.
Johannesstr.
Markus-str.
Christl. Zentr. Gem. Gottes

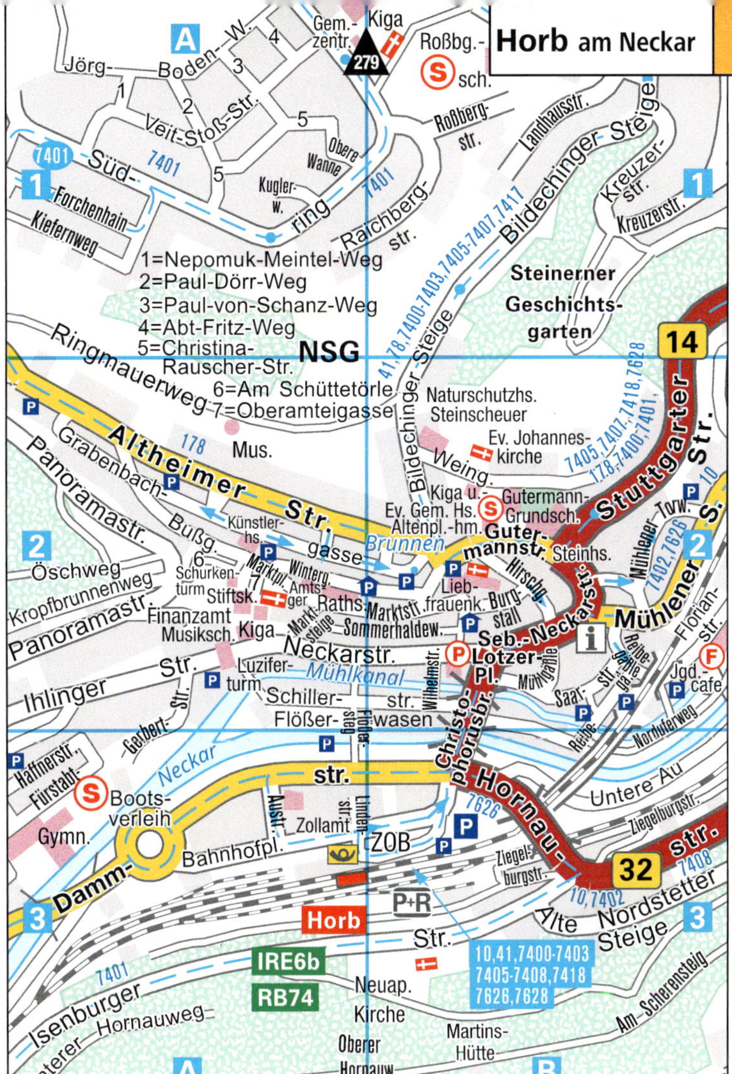
Horb am Neckar
Jörg-
Boden-W.
Veit-Stoß-Str.
Süd-ring
Forchenhain
Kiefernweg
Kugler-w.
Obere Wanne
Raichberg-str.
Roßbg.-str.
Bildechinger Steige
Kreuzer-str.
Landhausstr.
1=Nepomuk-Meintel-Weg
2=Paul-Dörr-Weg
3=Paul-von-Schanz-Weg
4=Abt-Fritz-Weg
5=Christina-Rauscher-Str.
6=Am Schüttetörle
7=Oberamteigasse
Steinerner Geschichts-garten
NSG
Naturschutzhs. Steinscheuer
Ev. Johannes-kirche
Ringmauerweg
Mus.
Altheimer Str.
Grabenbach
Panoramastr.
Künstler-hs.
Brunnen
Ev. Gem. Hs.
Altenpl.-hm.
Gutermann-Grundsch.
Stuttgarter Str.
Mühlener Str.
Öschweg
Kropfbrunnenweg
Finanzamt
Musiksch.
Kiga
Stiftsk.
Raths.
Marktpl.
Lieb-frauenk.
Neckarstr.
Mühlkanal
Schiller-str.
Flößer-wasen
Lotzer Pl.
Christophorusstr.
Ihlinger Str.
Neckar
Boots-verleih
Gymn.
Bahnhofpl.
Zollamt
ZOB
Hornau-str.
Untere Au
Damm-str.
Horb
IRE6b
RB74
Alte Nordstetter Steige
Isenburger Str.
Unterer Hornauweg
Neuap. Kirche
Oberer Hornauw.
Martins-Hütte
Am Scheerensteig
Jgd.-cafe

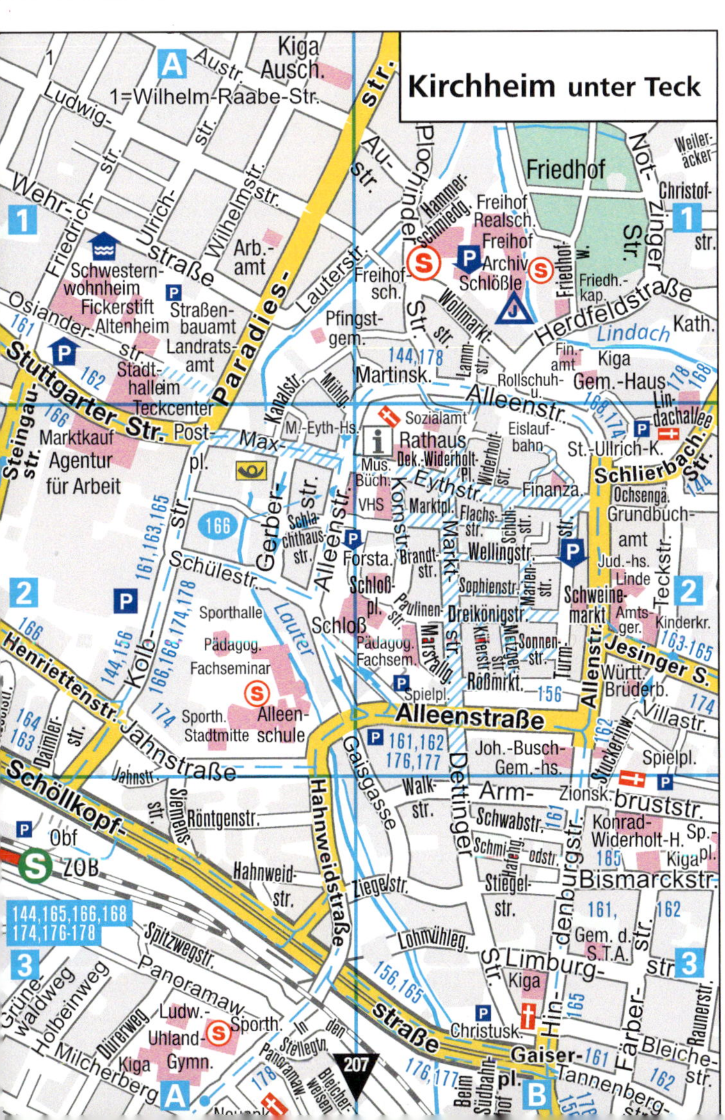
Kirchheim unter Teck
1=Wilhelm-Raabe-Str.
Ludwig-str.
Kiga Ausch.
Wehr-str.
Ulrich-straße
Wilhelmstr.
Arb.-amt
Paradies-str.
Schwestern-wohnheim
Fickerstift
Altenheim
Straßen-bauamt
Landrats-amt
Stadt-halle
Teckcenter
Stuttgarter Str.
Marktkauf
Agentur für Arbeit
Friedhof
Plochinger Str.
Freihof Realsch.
Archiv
Schlößle
Herdfeldstraße
Lindach
Gem.-Haus
Alleenstr.
Martinsk.
Rathaus
Max-Eyth-Hs.
Sozialamt
Finanza.
Ochsenga.
Grundbuch-amt
Schlierbach.
Schülestr.
Forsta.
Schloß
Kolb-str.
Sporthalle
Pädagog. Fachseminar
Alleen-schule
Alleenstraße
Wellingstr.
Dreikönigstr.
Roßmrkt.
Schweine-markt
Jesinger S.
Henriettenstr.
Jahnstraße
Sporth. Stadtmitte
Joh.-Busch-Gem.-hs
Arm-str.
Dettinger
Zionsk.
brustrstr.
Konrad-Widerholt-H.
Bismarckstr.
Schöllkopf-
Röntgenstr.
Hahnweidstraße
Obf
ZOB
Panoramaw.
Ludw.-Uhland-Gymn.
Limburg-str.
Christusk.
Gaiser-pl.
Tannenberg-
Bleiche-str.
Lohnwühleg.
Milcherberg

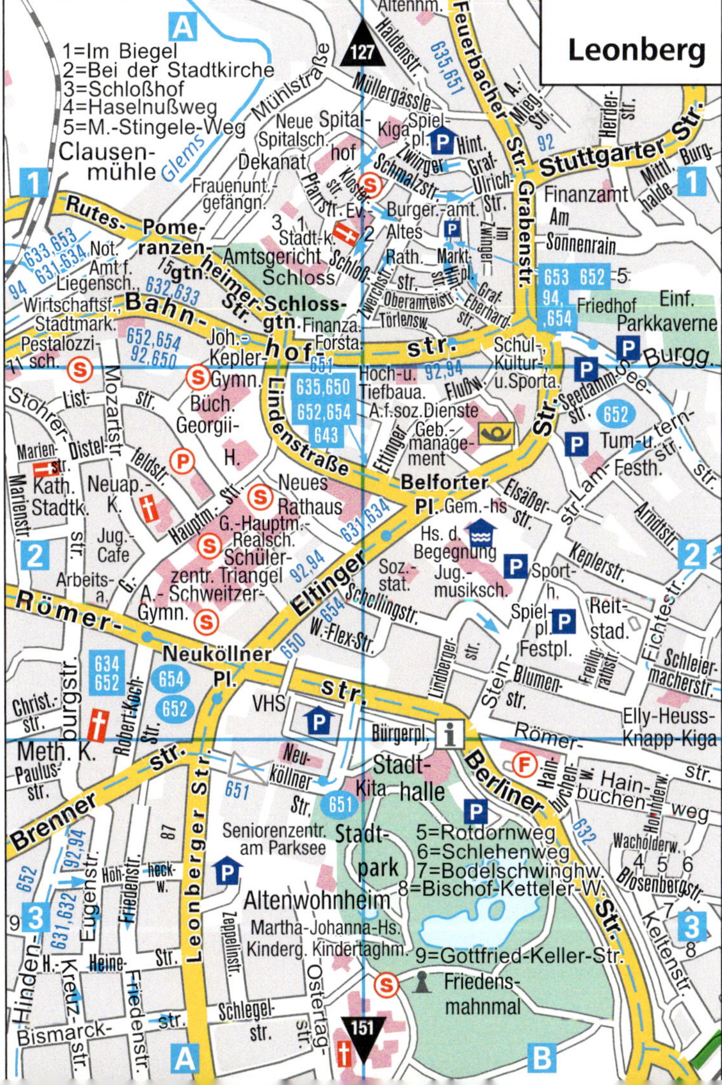
Leonberg
1=Im Biegel
2=Bei der Stadtkirche
3=Schloßhof
4=Haselnußweg
5=M.-Stingele-Weg
Clausen-mühle
Glems
Mühlstraße
Neue Spital-hof
Dekanat
Frauenunt.-gefängn.
Feuerbacher Str.
Grabenstr.
Stuttgarter Str.
Finanzamt
Am Sonnenrain
Rutes-
Pome-ranzen-
Amtsgericht
Schloss
Not.
Amt f. Liegensch.
Wirtschaftsf.
Stadtmark.
Bahn-hof-str.
Pestalozzi-sch.
Schloss-gtn.
Joh.-Kepler-Gymn.
Lindenstraße
Tiefbaua.
Friedhof
Einf. Parkkaverne
Burgg.
Büch.
Georgii-H.
Mozartstr.
Belforter Pl.
Neues Rathaus
G.-Hauptm.-Realsch.
Schüler-zentr. Triangel
A.-Schweitzer-Gymn.
Eltinger Str.
Römer-str.
Neuköllner Pl.
VHS
Brenner-str.
Leonberger Str.
Seniorenzentr. am Parksee
Stadt-park
Altenwohnheim
Martha-Johanna-Hs.
Kinderg.
Bürgerpl.
Stadt-halle
Berliner Str.
5=Rotdornweg
6=Schlehenweg
7=Bodelschwinghw.
8=Bischof-Ketteler-W.
9=Gottfried-Keller-Str.
Friedens-mahnmal
Elly-Heuss-Knapp-Kiga
Hain-buchen-weg
Keplerstr.
Bismarck-str.
Friedensstr.
Schlegel-str.

Markgröningen

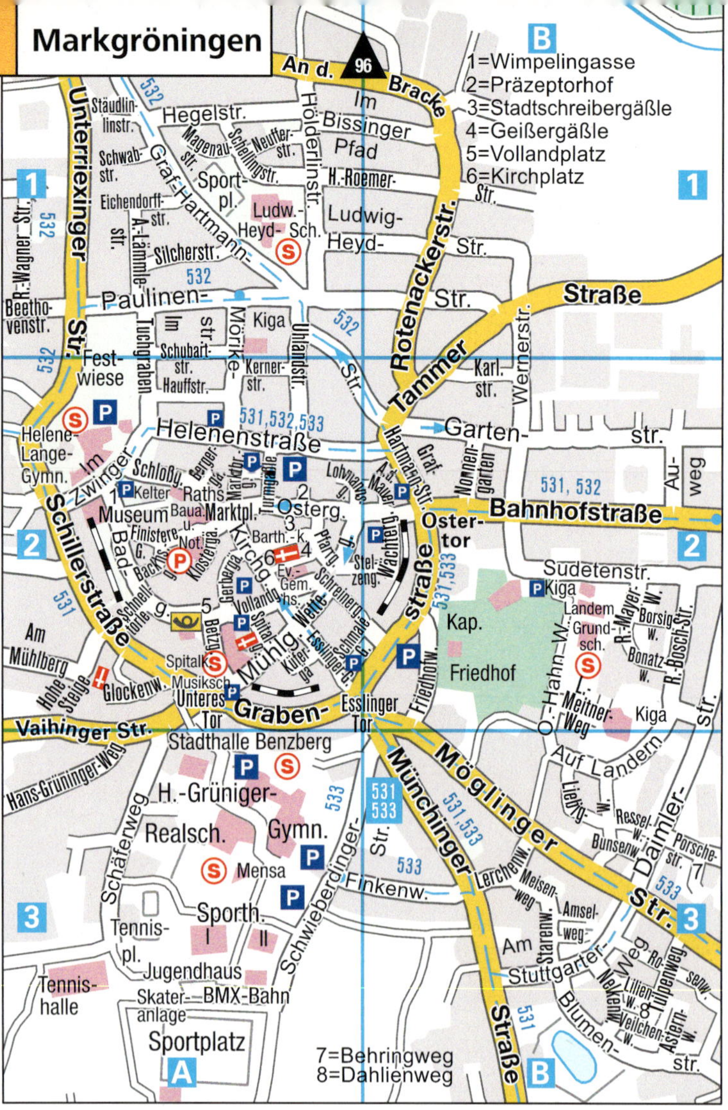

1=Wimpelingasse
2=Präzeptorhof
3=Stadtschreibergäßle
4=Geißergäßle
5=Vollandplatz
6=Kirchplatz
7=Behringweg
8=Dahlienweg

Unterriexinger Str. · Schillerstraße · Vaihinger Str. · Paulinen-Str. · Helenenstraße · Rotenackerstr. · Tammer Straße · Bahnhofstraße · Graben-Str. · Münchinger Straße · Möglinger Str. · Stuttgarter Str. · Oster-tor · Esslinger Tor · Friedhof · Stadthalle Benzberg · H.-Grüniger-Realsch. · Gymn. · Sporth. · Tennishalle · Sportplatz · Jugendhaus · Skater-BMX-Bahn anlage · Museum · Rathaus · Marktpl.

Nagold

1=Maierhof
2=Schmiedgasse
3=Waldachstraße
4=Schulgasse
5=Querstraße
6=Kreuzertalgasse
7=Adolf-Häfele-Str.
8=Schießmauerstraße
9=Eugen-Breitling-Straße

Calwer Str. · Lange Str. · Nagold · N.-Stadtmitte · Marktstr. · Haiterbacher Str. · Freudenstädter Str. · Grafenwiesenstr. · Stadtpark Kleb · Krautbühlpark · Badepark · ZOB · Rohrdorfer Str. · Eisbergsteige · Kreuzertalweg · Breitling-Stadion · RB74

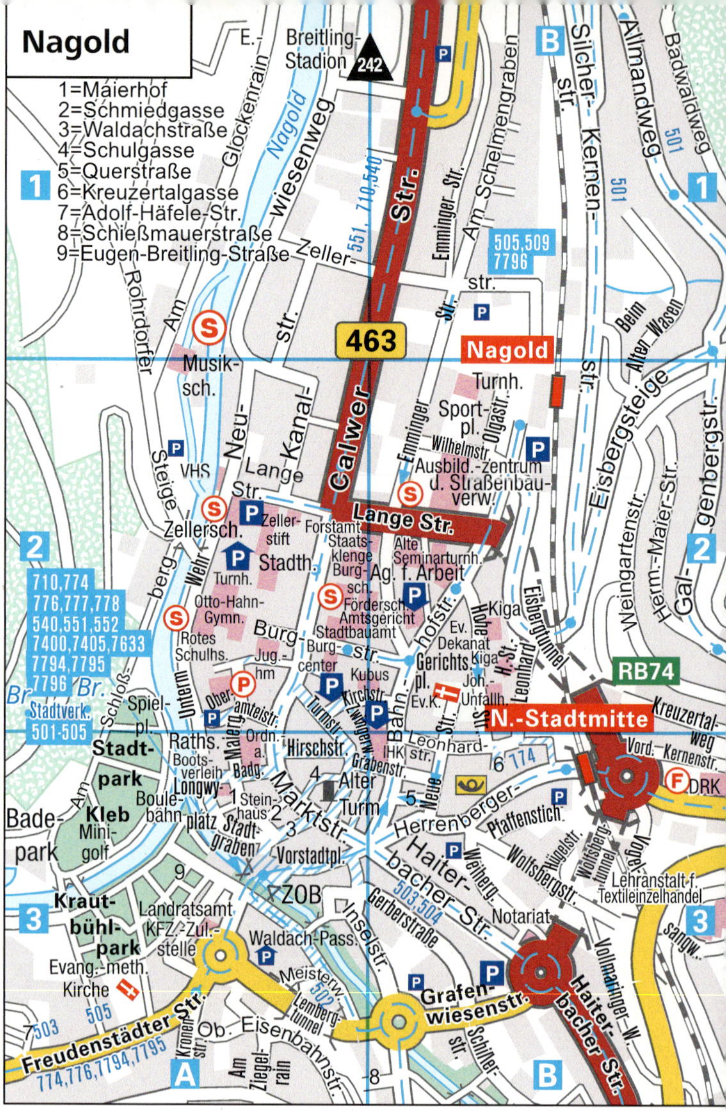

Nürtingen

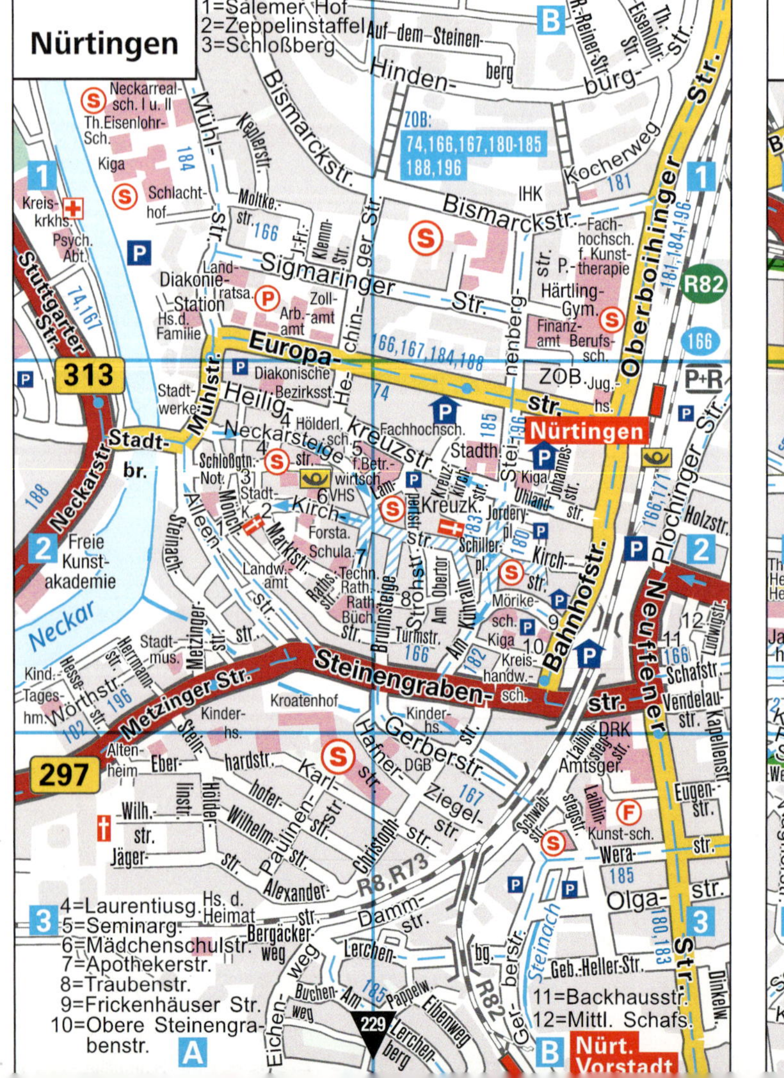

Pforzheim

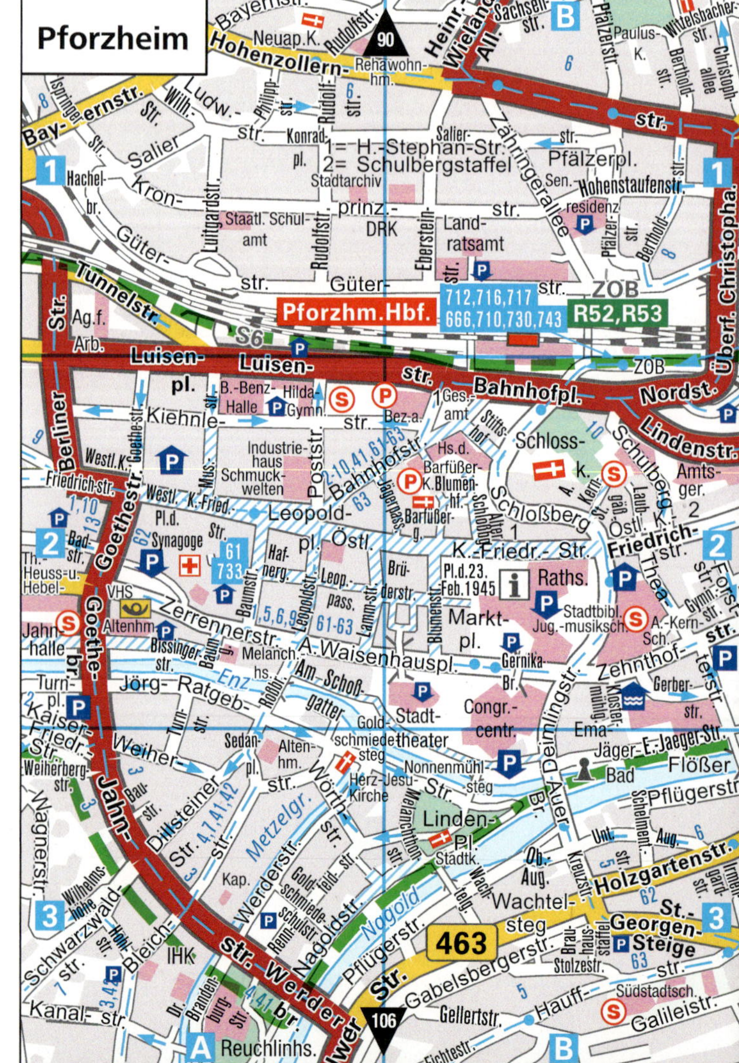

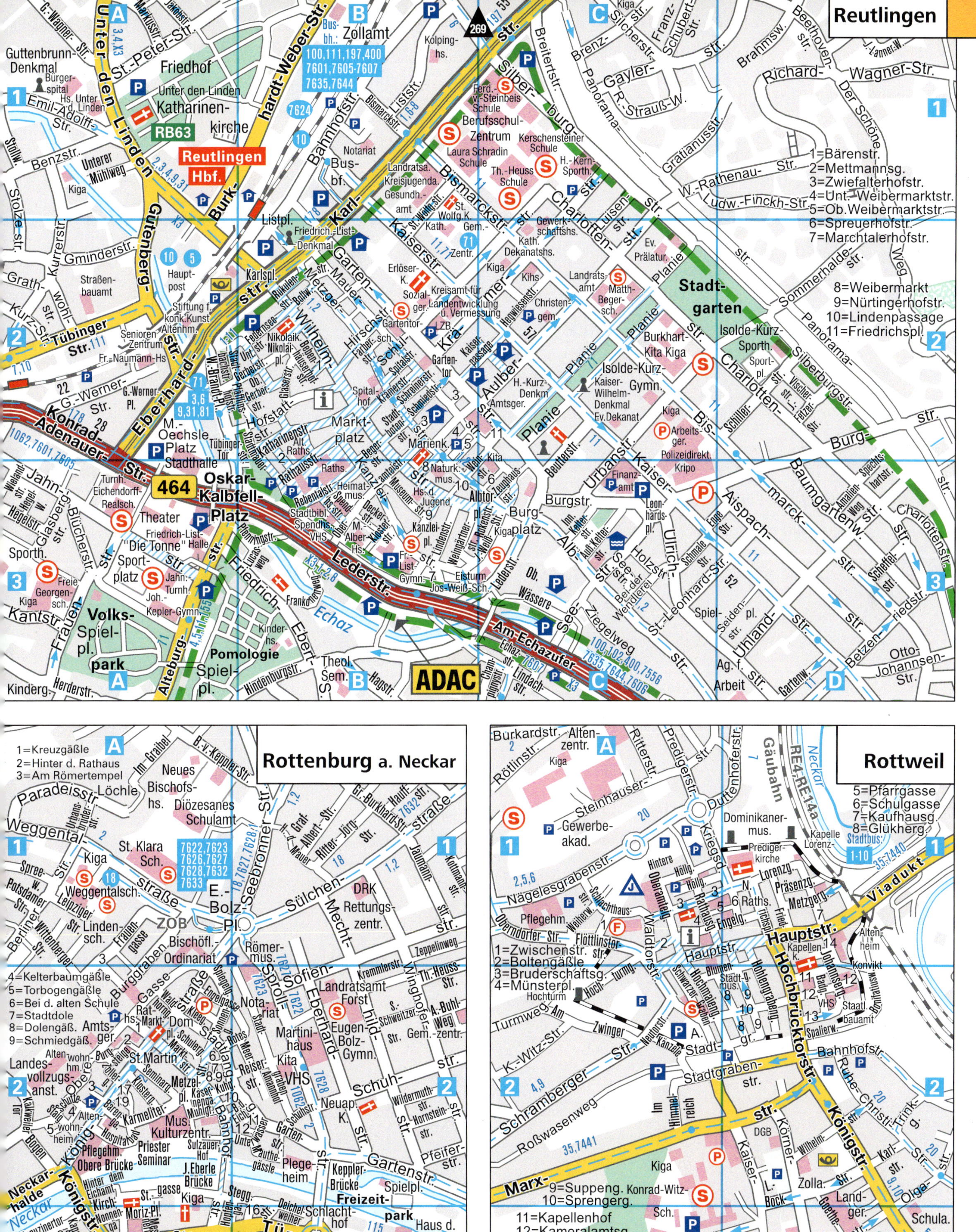
Reutlingen
1=Bärenstr.
2=Mettmannsg.
3=Zwiefalterhofstr.
4=Unt. Weibermarktstr.
5=Ob. Weibermarktstr.
6=Spreuerhofstr.
7=Marchtalerhofstr.
8=Weibermarkt
9=Nürtingerhofstr.
10=Lindenpassage
11=Friedrichspl.
Reutlingen Hbf.
Stadtgarten
Oskar-Kalbfell-Platz
Marktplatz
Konrad-Adenauer-Str.
Lederstr.
Am Echazufer
Echaz
Volkspark
Pomologie
ADAC
Rottenburg a. Neckar
1=Kreuzgäßle
2=Hinter d. Rathaus
3=Am Römertempel
4=Kelterbaumgäßle
5=Torbogengäßle
6=Bei d. alten Schule
7=Stadtdole
8=Dolengäß.
9=Schmiedgäß.
10=Judengäßle
11=Klein-Venedig
12=Im Alten Mühlgr.
13=Quergäßle
14=Hint. d. Löwen
15=H. d. Ehinger Str.
16=Beim Alt. Wörttor
17=Karmeliterkirchhof
18=Hinter dem Adler
19=Rehmengäßle
20=Feuergäßle
21=Stifsgäßle
22=Zieglerweg
Rottenburg (Neckar)
Tübinger Str.
Poststraße
Neckar
Rottweil
1=Zwischenstr.
2=Boltengäßle
3=Bruderschaftsg.
4=Münsterpl.
5=Pfarrgasse
6=Schulgasse
7=Kaufhausg.
8=Glükherg.
9=Suppeng.
10=Sprengerg.
11=Kapellenhof
12=Kameralamtsg.
13=Grafeng.
14=Konviktsg.
15=Hohenkrähenw.
16=Hohentwielw.
Hauptstr.
Hochbrücktorstr.
Königstr.
Viadukt
Neckar

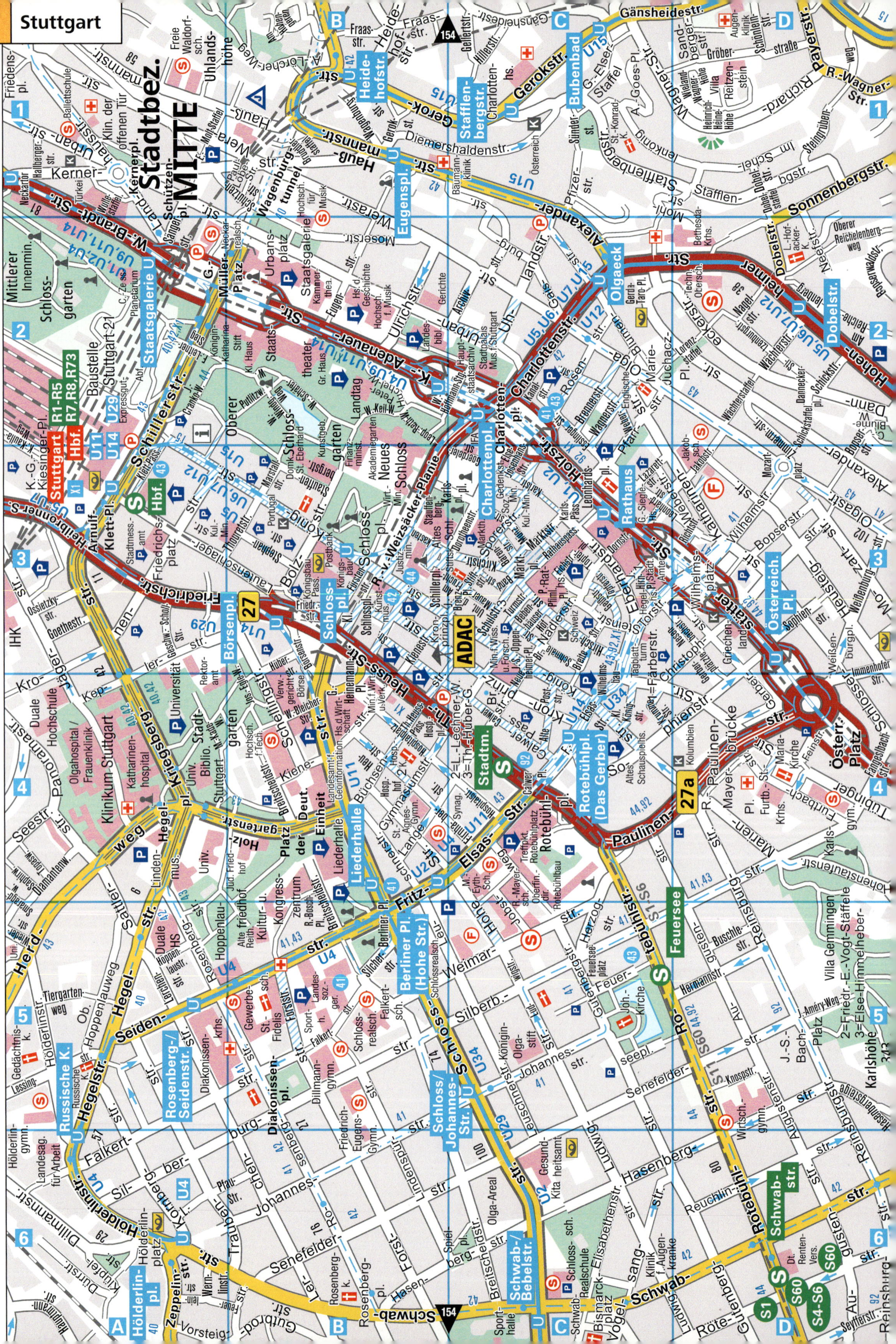

Stadtbez. MITTE

Stuttgart Hbf.

R1-R5 R7,R8,R73

Baustelle Stuttgart 21

Mittlerer Innenmin. Schlossgarten

Oberer Schlossgarten

Staatsgalerie

Charlottenpl.

Rathaus

Schlosspl.

Börsenpl.

Stadtm.

Rotebühlpl. (Das Gerber)

Liederhalle

Berliner Pl. (Hohe Str.)

Schloss-/Johannes-Str.

Rosenberg-/Seidenstr.

Russische K.

Hölderlinpl.

Schwab-/Bebelstr.

Feuersee

Schwabstr.

Österreich. Pl.

Österr. Platz

Olgaeck

Dobelstr.

Eugenspl.

Bubenbad

Heidehofstr.

Stafflenbergstr.

Klinikum Stuttgart

Olgahospital / Frauenklinik

Katharinenhospital

Duale Hochschule

Univ. Stadtbibl.

ADAC

Königstr.

Konrad-Adenauer-Str.

Theodor-Heuss-Str.

Paulinenstr.

Hauptstätter Str.

Charlottenstr.

Rotebühlstr.

Friedrichstr.

Schillerstr.

Kriegsbergstr.

Hegelstr.

Holzgartenstr.

Tübinger Str.

Alexanderstr.

Gerokstr.

Hohenheimer Str.

Wagenburgtunnel

Neues Schloss

Landtag

Staatstheater

Hegelpl.

Liederhalle

Johanneskirche

Gänsheidestr.

Urbanstr.

Neckarstr.

Heilbronner Str.

Seidenstr.

Schlossstr.

Johannesstr.

Senefelderstr.

Reinsburgstr.

Karlshöhe

27

27a

154

A B C D

1 2 3 4 5 6

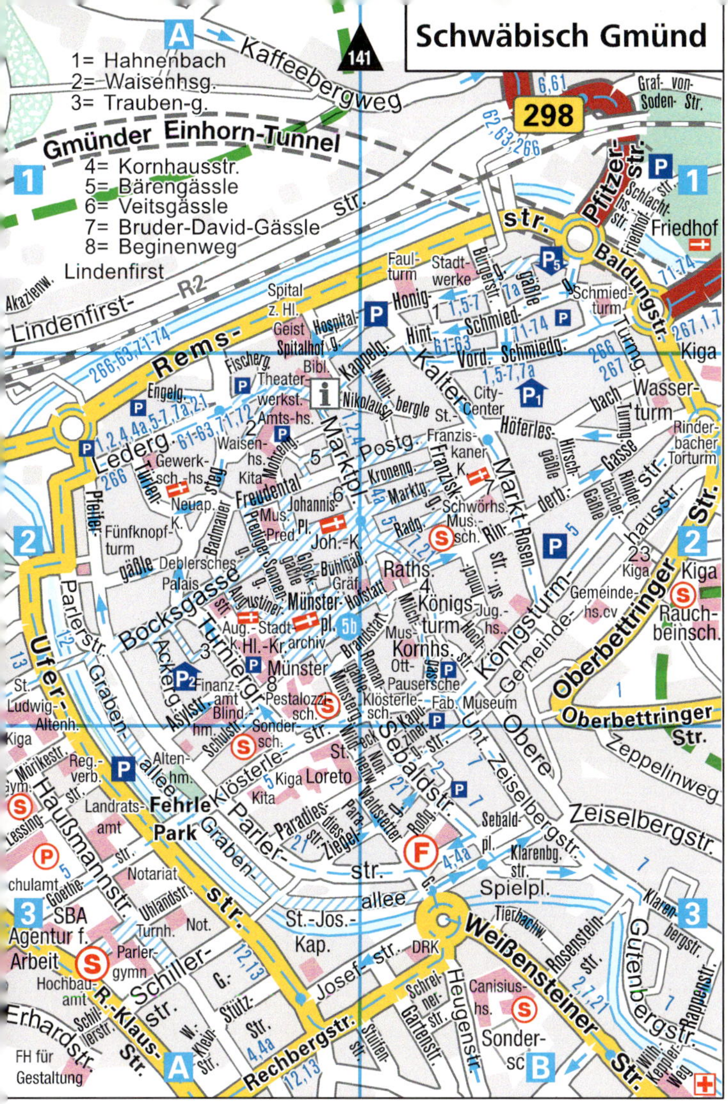

Schwäbisch Gmünd
1= Hahnenbach
2= Waisenhsg.
3= Trauben-g.
4= Kornhausstr.
5= Bärengässle
6= Veitsgässle
7= Bruder-David-Gässle
8= Beginenweg
Gmünder Einhorn-Tunnel
Kaffeebergweg
Lindenfirst
Lindenfirst-
Rems-
Pfitzer-
Baldungstr.
Friedhof
Kiga
Ledergasse
Bocksgasse
Münster
Königsturm-
Oberbettringer
Oberbettringer Str.
Zeppelinweg
Zeiselbergstr.
Fehrle Park
Weißensteiner Str.
Rechbergstr.
Josefstr.
Uferstr.
Sebaldstr.
Gutenbergstr.
Spielpl.
St.-Jos.-Kap.

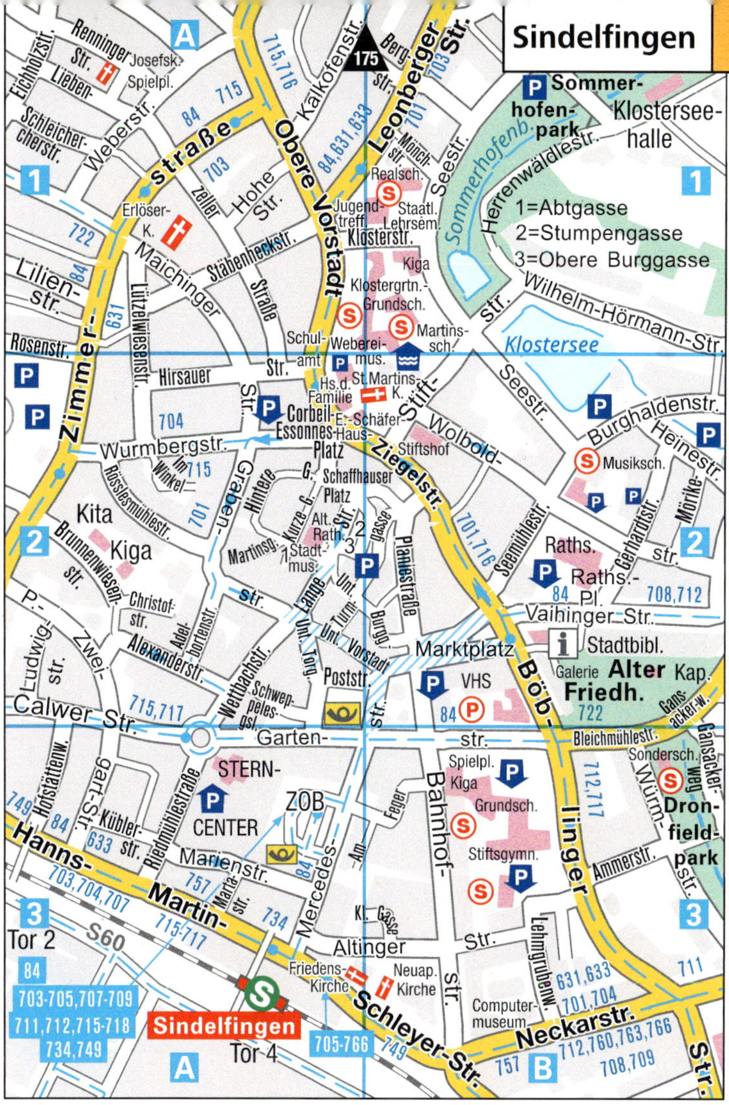

Sindelfingen
1=Abtgasse
2=Stumpengasse
3=Obere Burggasse
Sommerhofenpark
Klosterseehalle
Leonberger Str.
Obere Vorstadt
Zimmerstr.
Klostersee
Wilhelm-Hörmann-Str.
Burghaldenstr.
Ziegelstr.
Wurmbergstr.
Vaihinger Str.
Stadtbibl.
Galerie
Alter Friedh.
Marktplatz
Calwer Str.
Gartenstr.
Böblinger Str.
STERN-CENTER
ZOB
Hanns-Martin-
Schleyer-Str.
Mercedesstr.
Bahnhofstr.
Dronfield-park
Neckarstr.
Sindelfingen
Tor 2
Tor 4

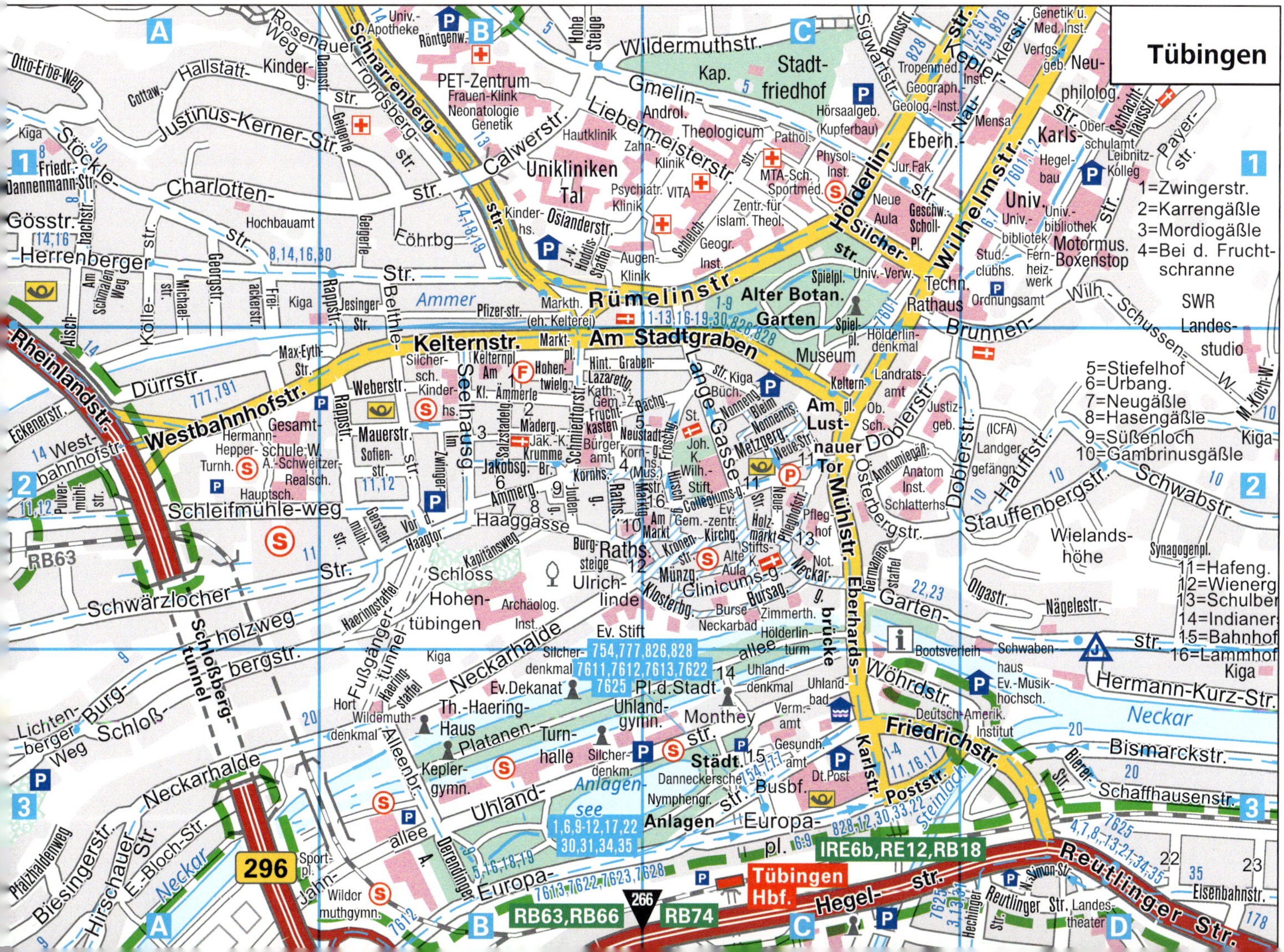

Tübingen
1=Zwingerstr.
2=Karrengäßle
3=Mordiogäßle
4=Bei d. Fruchtschranne
5=Stiefelhof
6=Urbang.
7=Neugäßle
8=Hasengäßle
9=Süßenloch
10=Gambrinusgäßle
11=Hafeng.
12=Wienerg
13=Schulber
14=Indianer
15=Bahnhof
16=Lammhof
Wildermuthstr.
Stadtfriedhof
PET-Zentrum
Uniklinken Tal
Liebermeisterstr.
Justinus-Kerner-Str.
Charlottenstr.
Herrenberger Str.
Rheinlandstr.
Westbahnhofstr.
Schleifmühleweg
Rümelinstr.
Alter Botan. Garten
Am Stadtgraben
Kelternstr.
Wilhelmstr.
Hölderlinstr.
Silcherstr.
Mühlstr.
Doblerstr.
Schloss Hohentübingen
Haaggasse
Neckarhalde
Schloßbergtunnel
Stauffenbergstr.
Schwabstr.
Hermann-Kurz-Str.
Neckar
Bismarckstr.
Friedrichstr.
Karlstr.
Europaplatz
Anlagensee
Tübingen Hbf.
Reutlinger Str.
Hegelstr.
Uhlandstr.
Wöhrdstr.

Vaihingen a.d. Enz
1=Am Bergle
2=Schloßstr.
3=Marktg.
4=Oberamteig.
5=Tränkgäßle
6=A.d. Stadtmauer
7=Klingeng.
8=A. Enzweihinger Tor
Schloss Kaltenstein
Alter Postweg
Auricher Str.
Hans-Krieg-Str.
Franckstr.
Stuttgarter Str.
Heilbronner Str.
Ziegelgartenstr.
Hillerstr.
Enz

Waiblingen
1=B. Hochwachturm
2=Zehnhof
3=Scheuernwinkel
4=Elsb.-u.-Herm.-Zeller-Pl.
ADAC
Rems
Talstr.
Bahnhofstr.
Schorndorfer Str.
Alte Bundesstr.
Winnender Str.
Schmidener Str.
Fronackerstr.
Brühlwiesen
Erleninsel

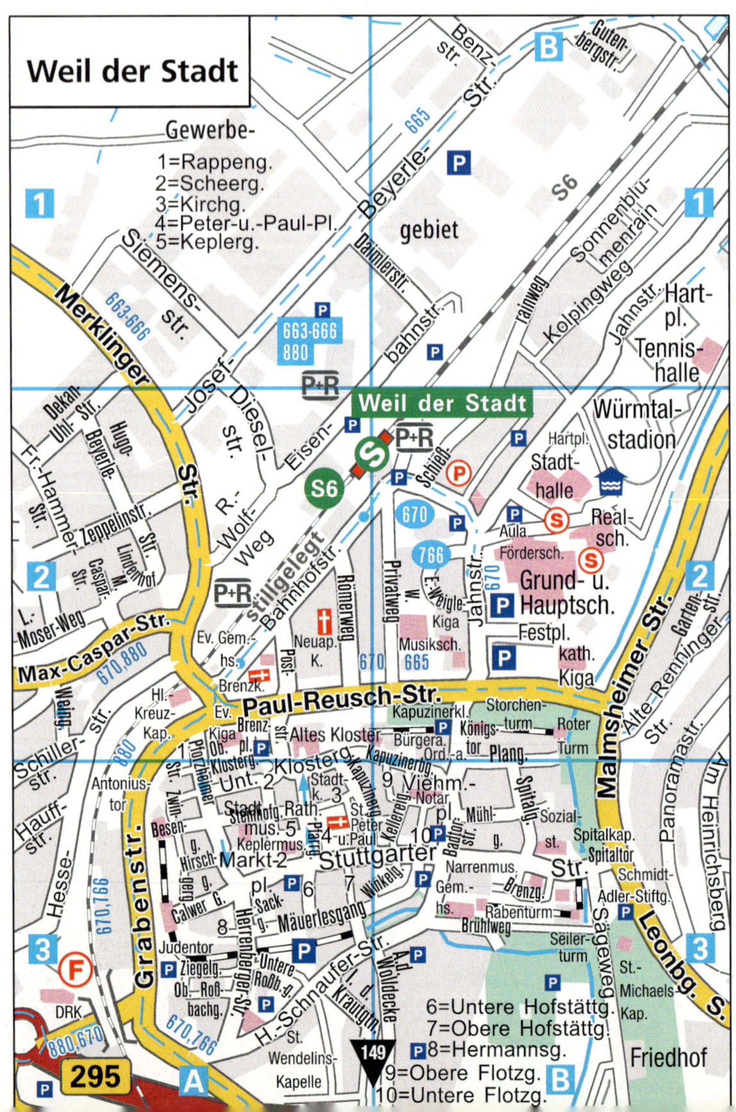
Weil der Stadt
1=Rappeng.
2=Scheerg.
3=Kirchg.
4=Peter-u.-Paul-Pl.
5=Keplerg.
6=Untere Hofstättg.
7=Obere Hofstättg.
8=Hermannsg.
9=Obere Flotzg.
10=Untere Flotzg.
Gewerbegebiet
Weil der Stadt
Merklinger Str.
Max-Caspar-Str.
Paul-Reusch-Str.
Malmsheimer Str.
Grabenstr.
Stuttgarter Str.
Würmtalstadion
Friedhof

Weinsberg
1=Ökolampadiuspl.
2=Dilleniusg.
3=Marktpl.
4=Schulstaffel
5=Bandhausg.
6=Helfensteing.
7=Beim Geisterturm
8=Hans-Schweiner-G.
9=Bürgerturmg.
10=Spitalg.
11=Brünneng.
12=Scheuerg.
13=Hinter d. Apotheke
14=Fl.-Geyer-Str.
15=Schoppeng.
16=Alte Linde
17=Untere Kelterg.
18=Badstubeng.
19=Backhausg.
20=Enteng.
21=Hofgäßle
22=Boteng.
23=Carignan-pl.
24=Luigardweg
Burgruine Weibertreu
Hauptstr.
Haller Str.
Öhringer Str.
Weinsberg
Erholungsanlage "Alte Ziegelei"
Friedhof

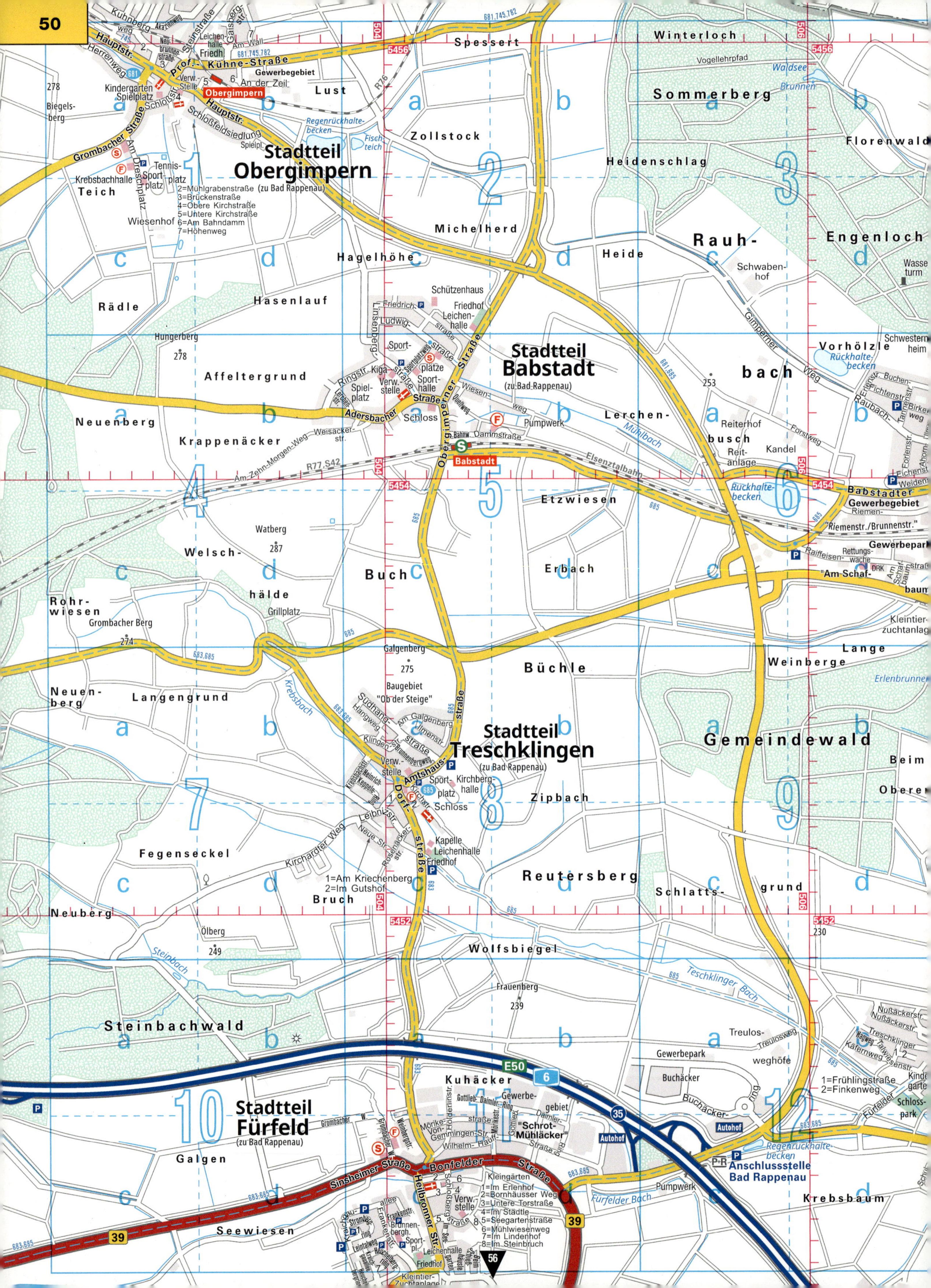
Stadtteil
Obergimpern
2=Mühlgrabenstraße (zu Bad Rappenau)
3=Brückenstraße
4=Obere Kirchstraße
5=Untere Kirchstraße
6=Am Bahndamm
7=Höhenweg
Obergimpern
Gewerbegebiet
An der Zeil
Prof.-Kühne-Straße
Hauptstr.
Schloßfeldsiedlung
Grombacher Straße
Krebsbachhalle
Teich
Wiesenhof
Biegelsberg
Spessert
Lust
Zollstock
Winterloch
Vogellehrpfad
Waldsee
Sommerberg
Brunnen
Florenwald
Heidenschlag
Michelherd
Rauh-
Heide
Engenloch
Schwabenhof
Hagelhöhe
Rädle
Hasenlauf
Schützenhaus
Friedhof
Leichenhalle
Stadtteil
Babstadt
(zu Bad Rappenau)
Hungerberg
278
Affeltergrund
Neuenberg
Krappenäcker
Adersbacher Straße
Obergimperner Straße
Schloss
Pumpwerk
Lerchen-
busch
bach
Vorhölzle
Rückhaltebecken
Gimperner Weg
Reiterhof
Kandel
Reitanlage
Forstweg
Mühlbach
Babstadt
Elsenztalbahn
Babstadter Gewerbegebiet
"Riemenstr./Brunnenstr."
Gewerbepark
Etzwiesen
Watberg
287
Welsch-
hälde
Grillplatz
Buch
Erbach
"Am Schaf-
baum"
Rohrwiesen
Grombacher Berg
274
Galgenberg
275
Büchle
Lange
Weinberge
Kleintierzuchtanlage
Erlenbrunnen
Neuenberg
Langengrund
Krebsbach
Baugebiet
"Ob der Steige"
Stadtteil
Treschklingen
(zu Bad Rappenau)
Gemeindewald
Beim
Oberer
Amtshaus-
Dorfstraße
Kirchberghalle
Sportplatz
Schloss
Zipbach
Kapelle
Leichenhalle
Friedhof
Fegenseckel
Kirchardter Weg
1=Am Kriechenberg
2=Im Gutshof
Bruch
Reutersberg
Schlatts-
grund
Neuberg
Ölberg
249
Steinbach
Wolfsbiegel
230
Frauenberg
239
Teschklinger Bach
Steinbachwald
Treulos-
weghöfe
Gewerbepark
Buchäcker
Kuhäcker
E50
6
Gewerbegebiet
"Schrot-
Mühläcker"
Autohof
35
Stadtteil
Fürfeld
(zu Bad Rappenau)
Galgen
Sinsheimer Straße
Bonfelder Straße
Heilbronner Str.
Kleingärten
1=Im Erlenhof
2=Bornhäusser Weg
3=Untere Torstraße
4=Im Städtle
5=Seegartenstraße
6=Mühlwiesenweg
7=Im Lindenhof
8=Im Steinbruch
Seewiesen
39
Pumpwerk
Fürfelder Bach
Regenrückhaltebecken
Anschlussstelle
Bad Rappenau
Krebsbaum
1=Frühlingstraße
2=Finkenweg
Schlosspark
56

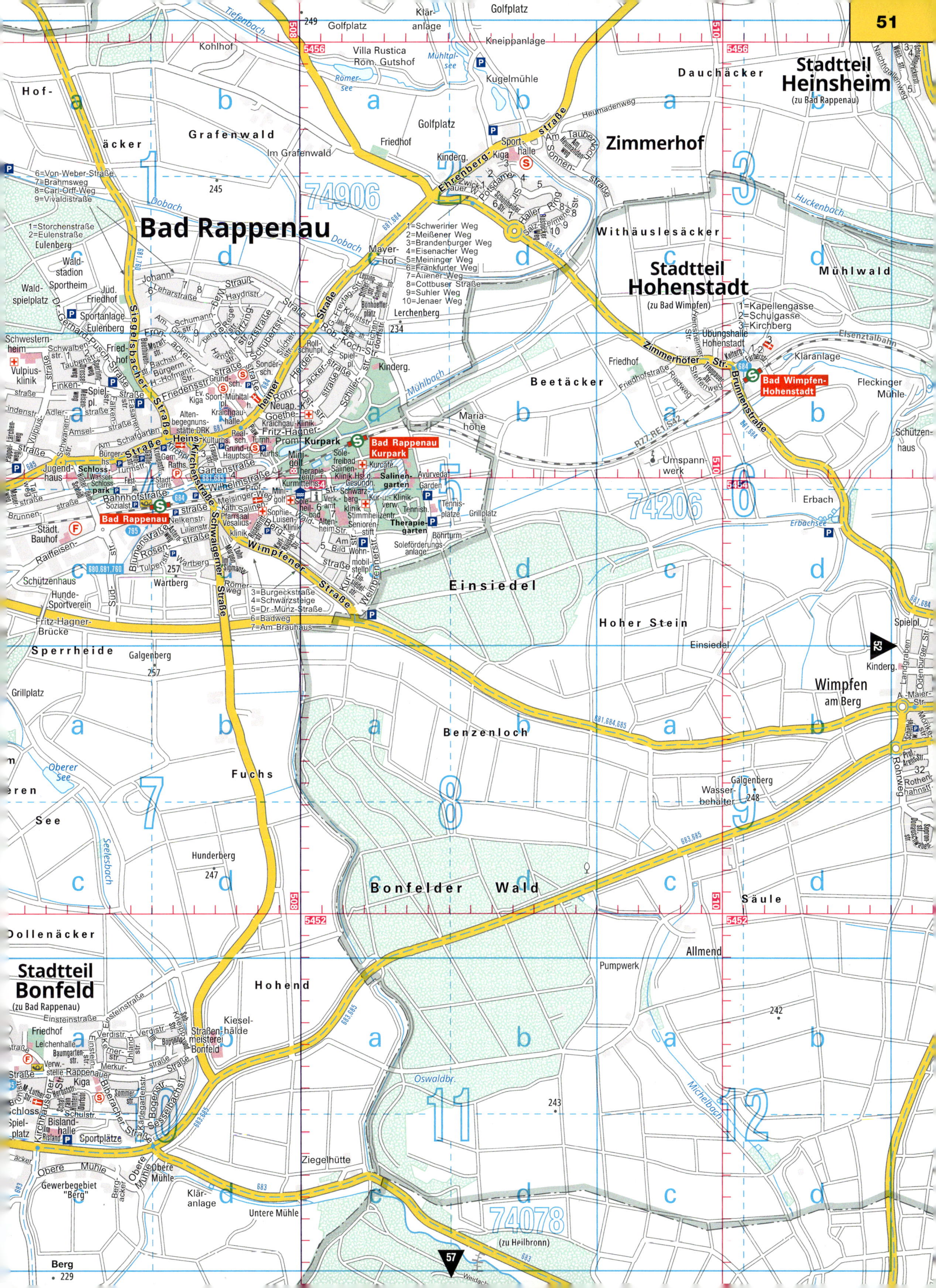
Bad Rappenau
74906
Stadtteil Heinsheim
(zu Bad Rappenau)
Zimmerhof
Stadtteil Hohenstadt
(zu Bad Wimpfen)
Stadtteil Bonfeld
(zu Bad Rappenau)
Wimpfen am Berg
74206
74078
(zu Heilbronn)
Grafenwald
Im Grafenwald
Hof-äcker
Kohlhof
Villa Rustica Röm. Gutshof
Römersee
Mühltalsee
Kläranlage
Golfplatz
Kneippanlage
Kugelmühle
Friedhof
Kinderg.
Dauchäcker
Withäuslesäcker
Mühlwald
Huckenbach
Dobach
Tiefenbach
Ehrenberg-straße
Heumadenweg
Sonnen-straße
Mayerhof
Lerchenberg
1=Schweriner Weg
2=Meißener Weg
3=Brandenburger Weg
4=Eisenacher Weg
5=Meininger Weg
6=Frankfurter Weg
7=Auener Weg
8=Cottbuser Straße
9=Suhler Weg
10=Jenaer Weg
6=Von-Weber-Straße
7=Brahmsweg
8=Carl-Orff-Weg
9=Vivaldistraße
1=Storchenstraße
2=Eulenstraße
Eulenberg
Waldstadion
Sportheim
Waldspielplatz
Sportanlage Eulenberg
Schwesternheim
Vulpiusklinik
Siegelsbacher Straße
Friedensstr.
Kirchenstraße
Heinsheimer Straße
Kurpark
Bad Rappenau Kurpark
Salinengarten
Therapiegarten
Kraichgau-Klinik
Fritz-Hagner-Prom.
Schlosspark
Bahnhofstraße
Bad Rappenau
Wilhelmstraße
Gartenstraße
Wimpfener Straße
Schwaigerner Straße
Raiffeisenstraße
Städt. Bauhof
Schützenhaus
Hunde-Sportverein
Wartberg
257
3=Burgeckstraße
4=Schwarzsteige
5=Dr.-Münz-Straße
6=Badweg
7=Am Brauhaus
Fritz-Hagner-Brücke
Sperrheide
Galgenberg
Grillplatz
Tennisplätze
Bohrturm
Soleförderungsanlage
Maria-höhe
Beetäcker
Mühlbach
Zimmerhöfer Str.
Brunnenstraße
Friedhofstraße
Riedweg
Übungshalle Hohenstadt
1=Kapellengasse
2=Schulgasse
3=Kirchberg
Bad Wimpfen-Hohenstadt
Kläranlage
Fleckinger Mühle
Eisenztalbahn
Schützenhaus
Umspannwerk
Erbach
Erbachsee
Einsiedel
Hoher Stein
Spielpl.
Kinderg.
52
Benzenloch
Fuchs
Oberer See
See
Seelesbach
Hunderberg
247
Galgenberg
Wasserbehälter
248
Bonfelder Wald
Säule
Dollenäcker
Allmend
Pumpwerk
Hohend
Kieselhälde
Straßenmeisterei Bonfeld
Einsteinstraße
Friedhof
Leichenhalle
Kiga
Schulstr.
Bislandhalle
Sportplätze
Obere Mühle
Gewerbegebiet "Berg"
Kläranlage
Untere Mühle
Ziegelhütte
Oswaldbr.
Michelbach
242
243
Berg
229
Weidach
57
1
2
3
4
5
6
7
8
9
10
11
12
5456
5454
5452
508
510

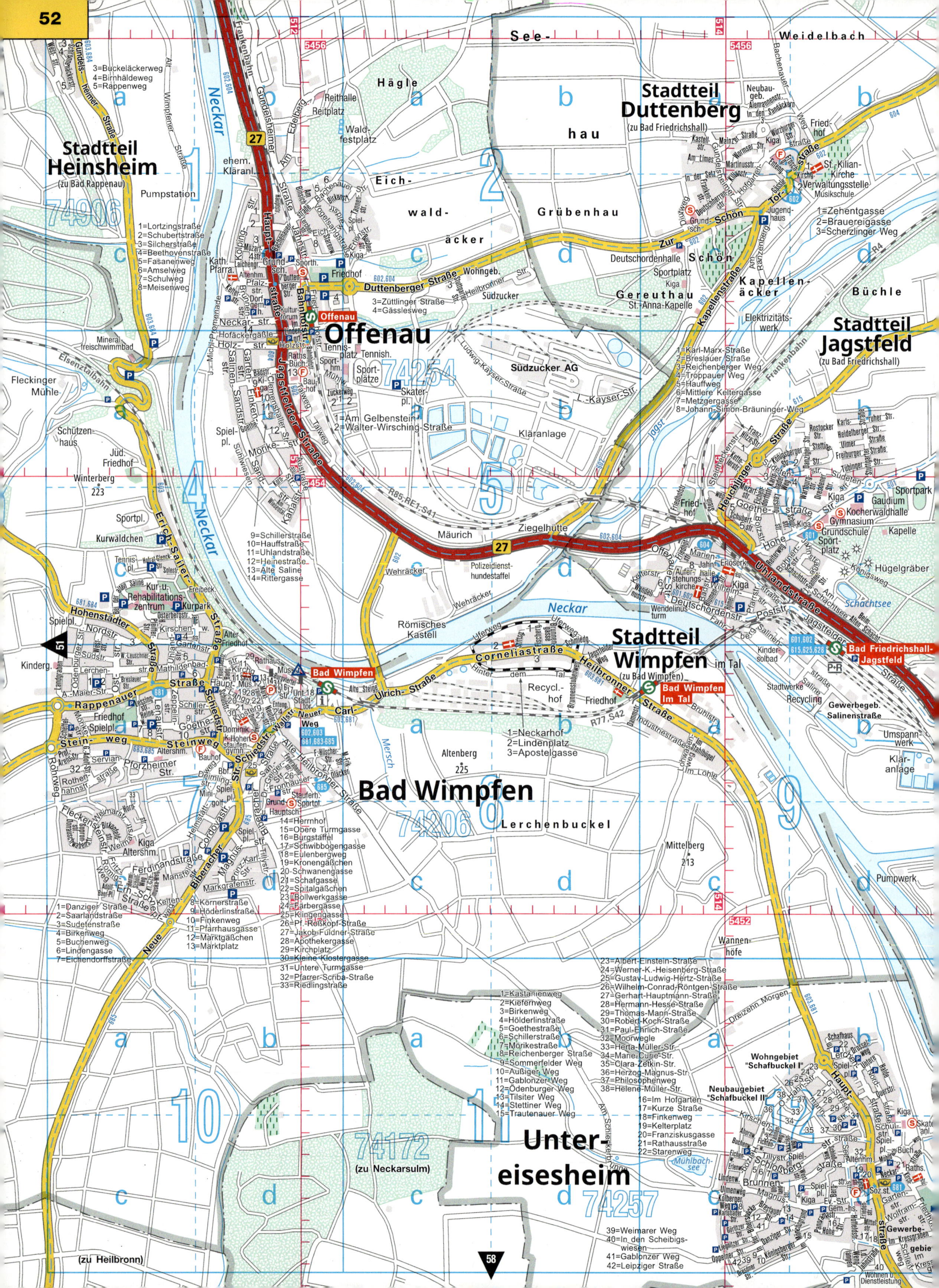

Stadtteil Heinsheim
(zu Bad Rappenau)
74906
3=Buckeläckerweg
4=Birnhäldeweg
5=Rappenweg
Pumpstation
1=Lortzingstraße
2=Schubertstraße
3=Silcherstraße
4=Beethovenstraße
5=Fasanenweg
6=Amselweg
7=Schulweg
8=Meisenweg
Neckar
Hägle
Reithalle
Reitplatz
Waldfestplatz
See-
hau
Grübenhau
Eich-
wald-
äcker
Stadtteil Duttenberg
(zu Bad Friedrichshall)
Weidelbach
Friedhof
St.-Kilian-Kirche
Verwaltungsstelle
Musikschule
1=Zehentgasse
2=Brauereigasse
3=Scherzlinger Weg
Zur Schön
Schön
Deutschordenhalle
Sportplatz
Gereuthau
St.-Anna-Kapelle
Kapellenäcker
Büchle
Elektrizitätswerk
Stadtteil Jagstfeld
(zu Bad Friedrichshall)
Duttenberger Straße
Friedhof
Südzucker
3=Züttlinger Straße
4=Gässlesweg
Offenau
74254
Südzucker AG
Kläranlage
1=Am Gelbenstein
2=Walter-Wirsching-Straße
1=Karl-Marx-Straße
2=Breslauer Straße
3=Reichenberger Weg
4=Troppauer Weg
5=Hauffweg
6=Mittlere Keltergasse
7=Metzgergasse
8=Johann-Simon-Bräuninger-Weg
Fleckinger Mühle
Mineralfreischwimmbad
Schützenhaus
Jüd. Friedhof
Winterberg
223
Sportpl.
Kurwäldchen
9=Schillerstraße
10=Hauffstraße
11=Uhlandstraße
12=Heinestraße
13=Alte Saline
14=Rittergasse
Mäurich
Ziegelhütte
Polizeidiensthundestaffel
Wehräcker
Römisches Kastell
Sportpark
Gaudium
Kocherwaldhalle
Gymnasium
Grundschule
Kapelle
Hügelgräber
Schachtsee
Stadtteil Wimpfen im Tal
(zu Bad Wimpfen)
Corneliastraße
Heilbronner Straße
Bad Wimpfen
Bad Wimpfen Im Tal
Bad Friedrichshall-Jagstfeld
Recycl.-hof
Friedhof
1=Neckarhof
2=Lindenplatz
3=Apostelgasse
Stadtwerke
Recycling
Gewerbegeb. Salinenstraße
Umspannwerk
Kläranlage
Kurpark
Rehabilitationszentrum
Kinderg.
Rappenauer Straße
Hohenstädter Straße
Steinweg
Altenberg
225
Bad Wimpfen
74206
Lerchenbuckel
Mittelberg
213
Pumpwerk
14=Herrnhof
15=Obere Turmgasse
16=Burgstaffel
17=Schwibbogengasse
18=Eulenbergweg
19=Kronengäßchen
20=Schwanengasse
21=Schafgasse
22=Spitalgäßchen
23=Bollwerkgasse
24=Färbergasse
25=Klingengasse
26=Pf.-Roßkopf-Straße
27=Jakob-Füldner-Straße
28=Apothekergasse
29=Kirchplatz
30=Kleine Klostergasse
31=Untere Turmgasse
32=Pfarrer-Scriba-Straße
33=Riedlingstraße
1=Danziger Straße
2=Saarlandstraße
3=Sudetenstraße
4=Birkenweg
5=Buchenweg
6=Lindengasse
7=Eichendorffstraße
8=Körnerstraße
9=Hölderlinstraße
10=Finkenweg
11=Pfarrhausgasse
12=Marktgäßchen
13=Marktplatz
Wannenhöfe
23=Albert-Einstein-Straße
24=Werner-K.-Heisenberg-Straße
25=Gustav-Ludwig-Hertz-Straße
26=Wilhelm-Conrad-Röntgen-Straße
27=Gerhart-Hauptmann-Straße
28=Hermann-Hesse-Straße
29=Thomas-Mann-Straße
30=Robert-Koch-Straße
31=Paul-Ehrlich-Straße
32=Moorwegle
33=Herta-Müller-Str.
34=Marie-Curie-Str.
35=Clara-Zetkin-Str.
36=Herzog-Magnus-Str.
37=Philosophenweg
38=Helene-Müller-Str.
1=Kastanienweg
2=Kiefernweg
3=Birkenweg
4=Hölderlinstraße
5=Goethestraße
6=Schillerstraße
7=Mörikestraße
8=Reichenberger Straße
9=Sommerfelder Weg
10=Außiger Weg
11=Gablonzer Weg
12=Odenburger Weg
13=Tilsiter Weg
14=Stettiner Weg
15=Trautenauer Weg
16=Im Hofgarten
17=Kurze Straße
18=Finkenweg
19=Kelterplatz
20=Franziskusgasse
21=Rathausstraße
22=Starenweg
Wohngebiet "Schafbuckel I"
Neubaugebiet "Schafbuckel II"
Dreizehn Morgen
74172
(zu Neckarsulm)
Unter-eisesheim
74257
39=Weimarer Weg
40=In den Scheibigswiesen
41=Gablonzer Weg
42=Leipziger Straße
(zu Heilbronn)
51
58

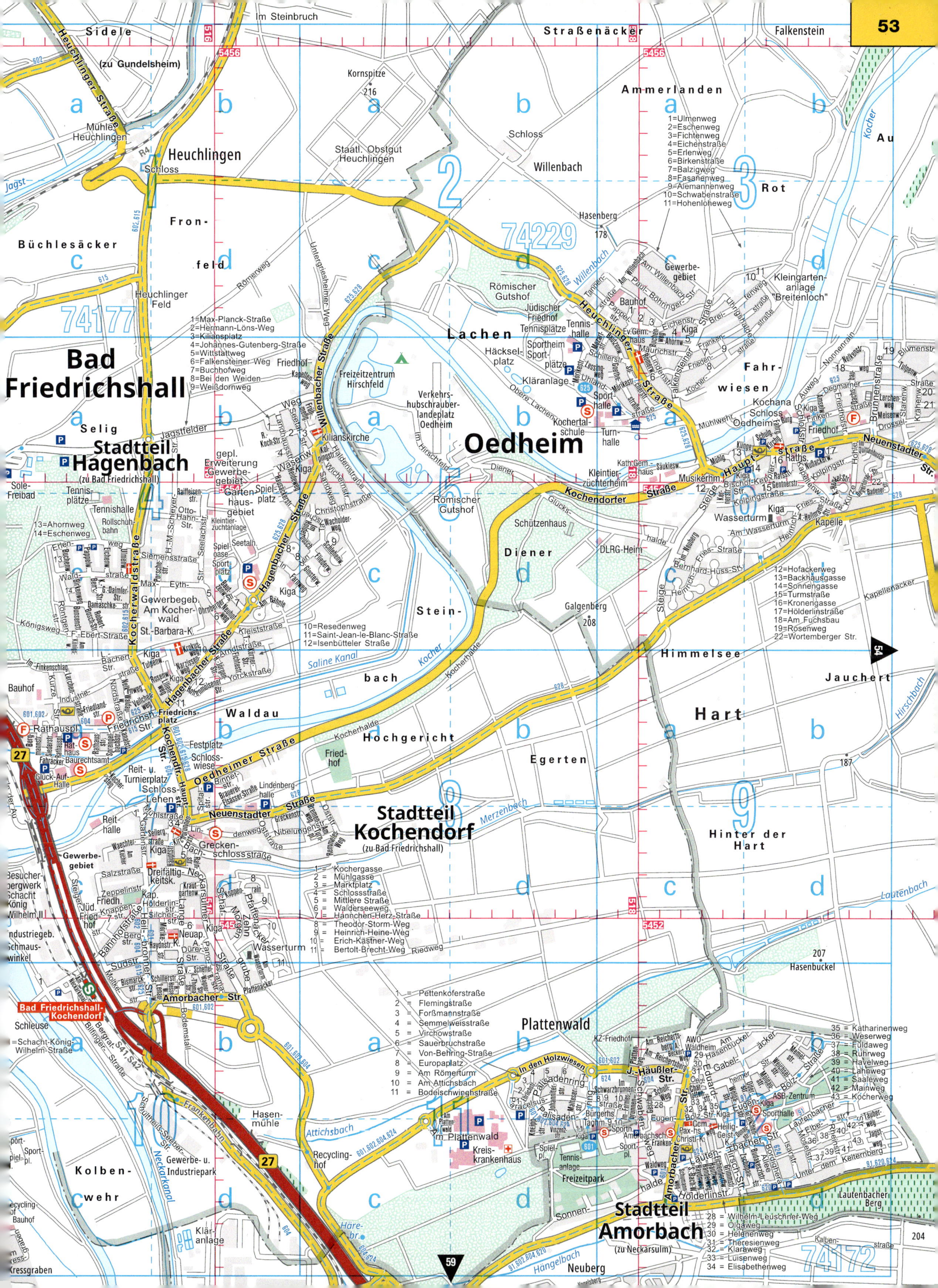
Sidele
(zu Gundelsheim)
Heuchlinger Straße
Im Steinbruch
Straßenäcker
Falkenstein
Mühle Heuchlingen
Heuchlingen
Schloss
Jagst
Kornspitze
216
Staatl. Obstgut Heuchlingen
Ammerlanden
1=Ulmenweg
2=Eschenweg
3=Fichtenweg
4=Eichenstraße
5=Erlenweg
6=Birkenstraße
7=Balzigweg
8=Fasanenweg
9=Alemannenweg
10=Schwabenstraße
11=Hohenloheweg
Schloss
Willenbach
Rot
Au
Kocher
Hasenberg
178
74229
Büchlesäcker
Fron-
feld
Römerweg
Heuchlinger Feld
74177
Römischer Gutshof
Gewerbe-gebiet
Kleingarten-anlage "Breitenloch"
1=Max-Planck-Straße
2=Hermann-Löns-Weg
3=Kiliansplatz
4=Johannes-Gutenberg-Straße
5=Wittstattweg
6=Falkensteiner Weg
7=Buchhofweg
8=Bei den Weiden
9=Weißdornweg
Bad Friedrichshall
Jüdischer Friedhof
Tennisplätze
Tennis-halle
Lachen
Friedhof
Freizeitzentrum Hirschfeld
Verkehrs-hubschrauber-landeplatz Oedheim
Häcksel-platz
Sportheim
Sport-plätze
Kläranlage
Heuchlinger Straße
Fahr-wiesen
Kochana Schloss Oedheim
Oedheim
Selig
Stadtteil Hagenbach
(zu Bad Friedrichshall)
Jagstfelder
Kilianskirche
gepl. Erweiterung Gewerbe-gebiet
Kochertal-schule
Turn-halle
Neuenstadter Str.
Haupt-straße
Friedhof
Sole-Freibad
Tennis-plätze
Tennishalle
Rollschuh-bahn
Garten-haus-gebiet
Spiel-platz
Kleintier-zuchtanlage
Römischer Gutshof
Kochendorfer Straße
Kleintier-züchterheim
Musikerhm.
Wasserturm
Kapelle
13=Ahornweg
14=Eschenweg
Schützenhaus
Diener
DLRG-Heim
Siemensstraße
Kocherwaldstraße
Gewerbegeb. Am Kocher-wald
St.-Barbara-K.
Hagenbacher Straße
Stein-
Galgenberg
208
Bernhard-Huss-Str.
12=Hofackerweg
13=Backhausgasse
14=Sonnengasse
15=Turmstraße
16=Kronengasse
17=Hölderlinstraße
18=Am Fuchsbau
19=Rosenweg
22=Wortemberger Str.
Kapellenäcker
Königsweg
F.-Ebert-Straße
Kleiststraße
Arndtstraße
Yorckstraße
10=Resedenweg
11=Saint-Jean-le-Blanc-Straße
12=Isenbütteler Straße
Saline Kanal
Kocher
bach
Himmelsee
54
Jauchert
Bauhof
Industrie-straße
Waldau
Kocherhalde
Hochgericht
Hart
Hirschbach
Rathauspl.
Friedrichs-platz
Festplatz
Schloss-wiese
Fried-hof
Oedheimer Straße
Egerten
187
Reit- u. Turnierplatz
Schloss-Lehen
Lindenberg-halle
Neuenstadter Straße
Stadtteil Kochendorf
(zu Bad Friedrichshall)
Merzenbach
Hinter der Hart
Reit-halle
Gewerbe-gebiet
Grecken-schlossstraße
Salzstraße
1= Kochergasse
2= Mühlgasse
3= Marktplatz
4= Schlossstraße
5= Mittlere Straße
6= Walderseeweg
7= Hännchen-Herz-Straße
8= Theodor-Storm-Weg
9= Heinrich-Heine-Weg
10= Erich-Kästner-Weg
11= Bertolt-Brecht-Weg
Riedweg
Lautenbach
Besucher-bergwerk Schacht König Wilhelm II
Industriegeb. Schmaus-winkel
Jüd. Fried-hof
Bahnhofstraße
Heilbronner Str.
Wasserturm
207
Hasenbuckel
Bad Friedrichshall-Kochendorf
Schleuse
=Schacht-König-Wilhelm-Straße
Amorbacher Str.
1 = Pettenkoferstraße
2 = Flemingstraße
3 = Forßmannstraße
4 = Semmelweisstraße
5 = Virchowstraße
6 = Sauerbruchstraße
7 = Von-Behring-Straße
8 = Europaplatz
9 = Am Römerturm
10 = Am Attichsbach
11 = Bodelschwinghstraße
Plattenwald
KZ-Friedhof
35 = Katharinenweg
36 = Weserweg
37 = Fuldaweg
38 = Ruhrweg
39 = Havelweg
40 = Lahnweg
41 = Saaleweg
42 = Mainweg
43 = Kocherweg
In den Holzwiesen
J.-Häußler-Str.
Paracelsusring
Sporthalle
ASB-Zentrum
Hasen-mühle
Attichsbach
Am Plattenwald
Kreis-krankenhaus
Recycling-hof
Frankenbahn
27
Gewerbe- u. Industriepark
Neckarkanal
Kolben-
wehr
Tennis-anlage
Freizeitpark
Lautenbacher Berg
Klär-anlage
Häre-br.
Sonnen-
Stadtteil Amorbach
(zu Neckarsulm)
28 = Wilhelm-Leuschner-Weg
29 = Olgaweg
30 = Helenenweg
31 = Theresienweg
32 = Klaraweg
33 = Luisenweg
34 = Elisabethenweg
204
74172
Hängelbach
Neuberg
59
Kressgraben

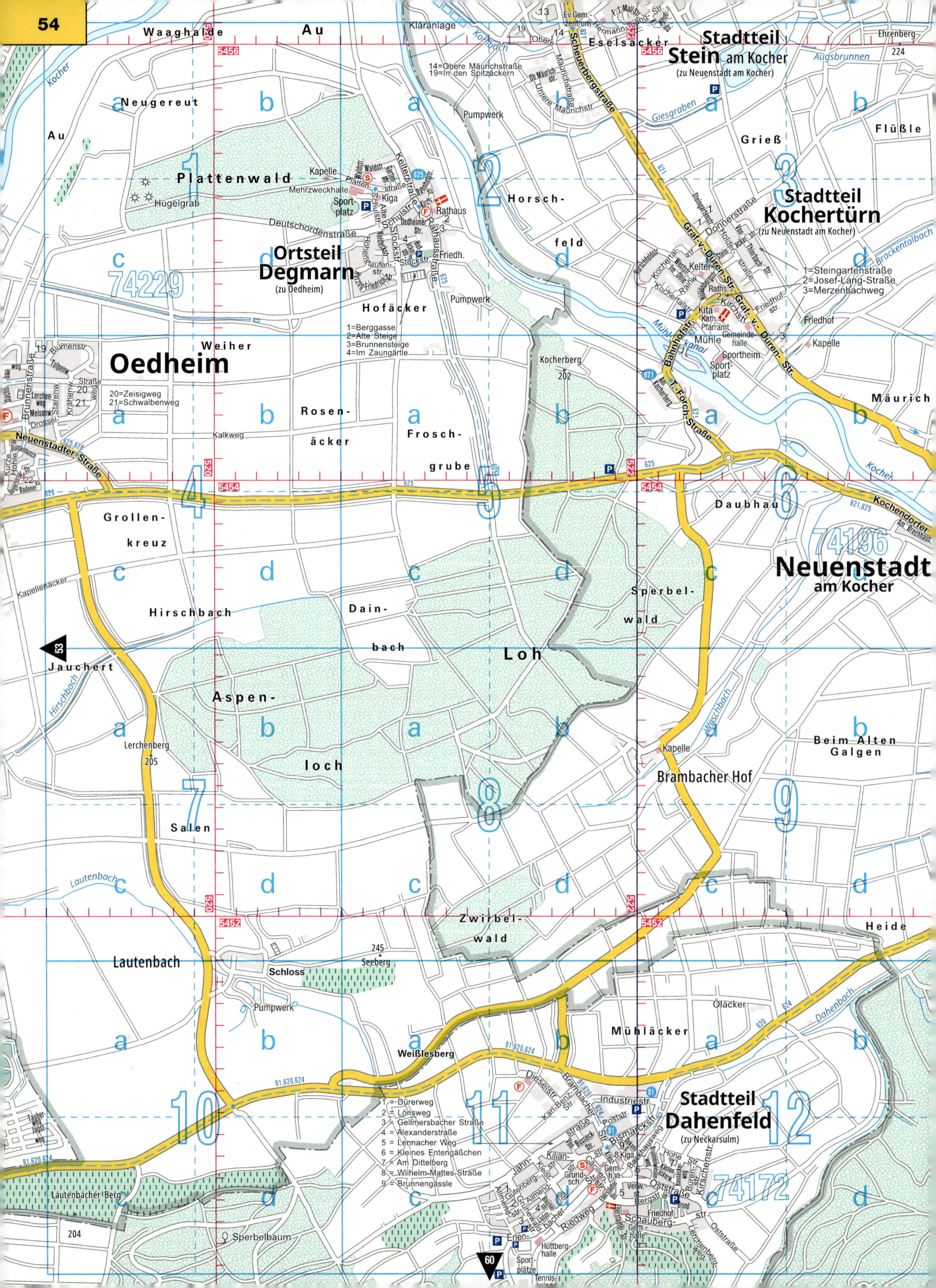

Waaghalde
Au
Kläranlage
Kochbach
Eselsäcker
Stadtteil Stein am Kocher
(zu Neuenstadt am Kocher)
Ehrenberg
224
Augsbrunnen
14=Obere Mäurichstraße
19=In den Spitzäckern
Neugereut
Pumpwerk
Giesgraben
Grieß
Flüßle
Au
Plattenwald
Hügelgrab
Kapelle
Mehrzweckhalle
Sportplatz
Kiga
Rathaus
Deutschordenstraße
Horschfeld
Stadtteil Kochertürn
(zu Neuenstadt am Kocher)
Brackentalbach
Ortsteil Degmarn
(zu Oedheim)
74229
Friedh.
Hofäcker
1=Berggasse
2=Alte Steige
3=Brunnensteige
4=Im Zaungärtle
Pumpwerk
1=Steingartenstraße
2=Josef-Lang-Straße
3=Merzenbachweg
Kelter
Kita
Kath. Pfarramt
Friedhof
Mühle
Gemeindehalle
Sportheim
Sportplatz
Kapelle
Mühlkanal
Kocherberg
202
Weiher
Oedheim
20=Zeisigweg
21=Schwalbenweg
Rosenäcker
Froschgrube
Mäurich
Kalkweg
Neuenstadter Straße
Scheuerbergstraße
Graf-v.-Düren-Str.
Bahnhofstr.
T.-Förch-Straße
Kocher
Daubhau
Kochendorfer
Grollenkreuz
74196
Neuenstadt am Kocher
Kapellenäcker
Hirschbach
Dainbach
Sperbelwald
Loh
Jauchert
53
Aspenloch
Lerchenberg
205
Wäschbach
Kapelle
Brambacher Hof
Beim Alten Galgen
Salen
Lautenbach
Zwirbelwald
Heide
245
Seeberg
Lautenbach
Schloss
Pumpwerk
Öläcker
Mühläcker
Dahenbach
Weißlesberg
1 = Dürerweg
2 = Lönsweg
3 = Gellmersbacher Straße
4 = Alexanderstraße
5 = Lennacher Weg
6 = Kleines Entengäßchen
7 = Am Dittelberg
8 = Wilhelm-Mattes-Straße
9 = Brunnengässle
Industriestr.
Stadtteil Dahenfeld
(zu Neckarsulm)
74172
Bismarckstr.
Dieselstr.
Riedweg
Schauberg-
Lautenbacher Berg
204
Sperbelbaum
Hüttberghalle
Sportplätze
Tennis
60

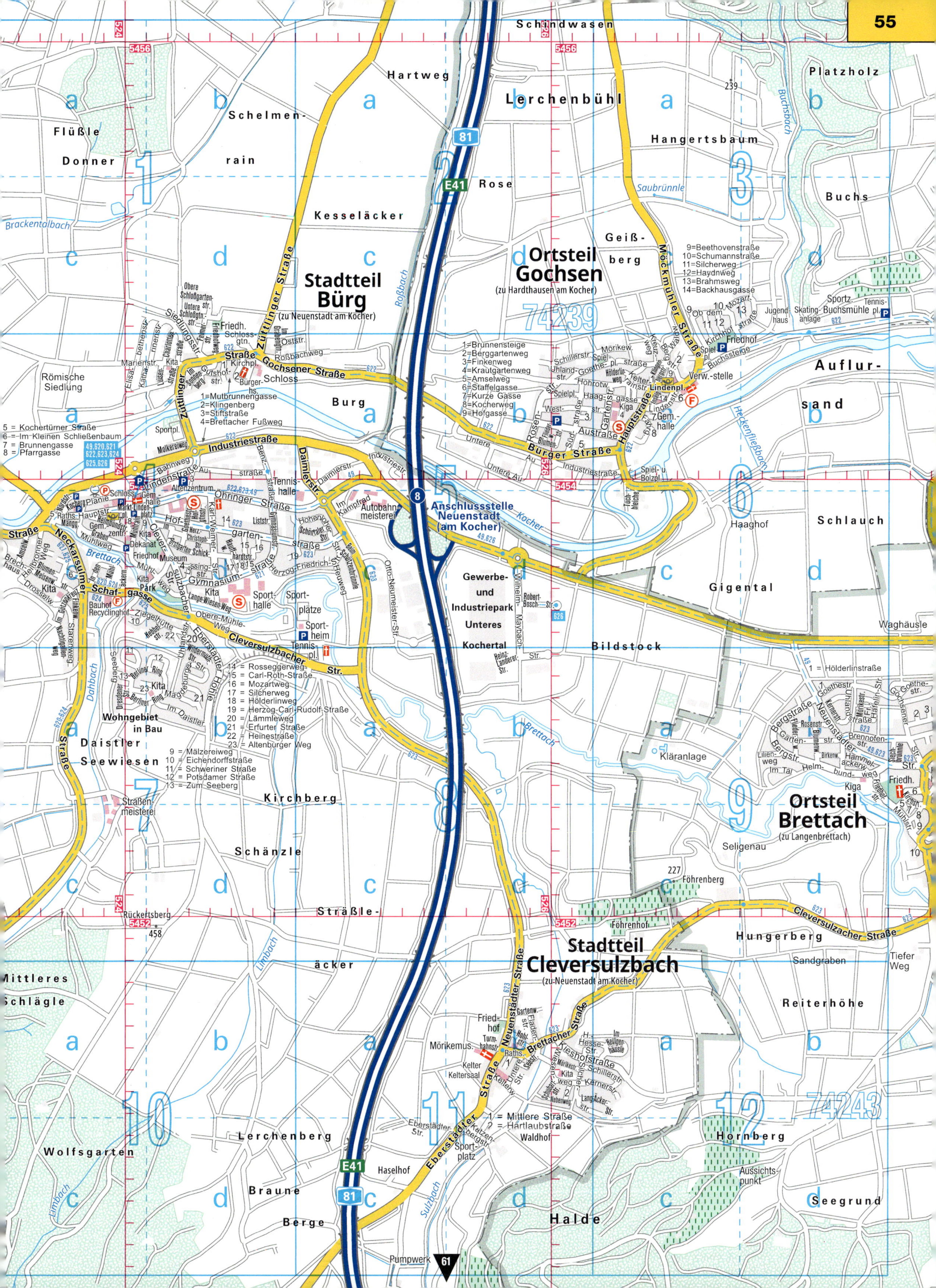
Schindwasen
Hartweg
Lerchenbühl
Platzholz
Flüßle
Donner
Schelmen-
rain
Hangertsbaum
Rose
Buchs
Kesseläcker
Geiß-
berg
Brackentalbach
Saubrünnle
Buchsbach
Stadtteil
Bürg
(zu Neuenstadt am Kocher)
Ortsteil
Gochsen
(zu Hardthausen am Kocher)
74239
9=Beethovenstraße
10=Schumannstraße
11=Silcherweg
12=Haydnweg
13=Brahmsweg
14=Backhausgasse
Römische
Siedlung
Gochsener Straße
Züttlinger Straße
Möckmühler Straße
1=Brunnensteige
2=Berggartenweg
3=Finkenweg
4=Krautgartenweg
5=Amselweg
6=Staffelgasse
7=Kurze Gasse
8=Kocherweg
9=Hofgasse
1=Mutbrunnengasse
2=Klingenberg
3=Stiftstraße
4=Brettacher Fußweg
5 = Kochertürner Straße
6 = Im Kleinen Schließenbaum
7 = Brunnengasse
8 = Pfarrgasse
Burg
Auflur-
sand
Industriestraße
Bürger Straße
Anschlussstelle
Neuenstadt
(am Kocher)
Autobahn-
meisterei
Haaghof
Schlauch
Gigental
Gewerbe-
und
Industriepark
Unteres
Kochertal
Bildstock
Waghäusle
Neckarsulmer Straße
Cleversulzbacher Str.
14 = Rosseggerweg
15 = Carl-Roth-Straße
16 = Mozartweg
17 = Silcherweg
18 = Hölderlinweg
19 = Herzog-Carl-Rudolf-Straße
20 = Lämmleweg
21 = Erfurter Straße
22 = Heinestraße
23 = Altenburger Weg
9 = Mälzereiweg
10 = Eichendorffstraße
11 = Schweriner Straße
12 = Potsdamer Straße
13 = Zum Seeberg
Wohngebiet
in Bau
Daistler
Seewiesen
Kirchberg
Kläranlage
1 = Hölderlinstraße
Ortsteil
Brettach
(zu Langenbrettach)
Seligenau
Schänzle
Föhrenberg
Sträßle-
äcker
Rückertsberg
Föhrenhof
Stadtteil
Cleversulzbach
(zu Neuenstadt am Kocher)
Hungerberg
Cleversulzacher Straße
Sandgraben
Tiefer
Weg
Mittleres
Schläge
Reiterhöhe
Neuenstädter Straße
Brettacher Straße
1 = Mittlere Straße
2 = Hartlaubstraße
Waldhof
74243
Lerchenberg
Hornberg
Wolfsgarten
Braune
Berge
Haselhof
Aussichts-
punkt
Seegrund
Halde
Eberstädter Straße
Pumpwerk
61

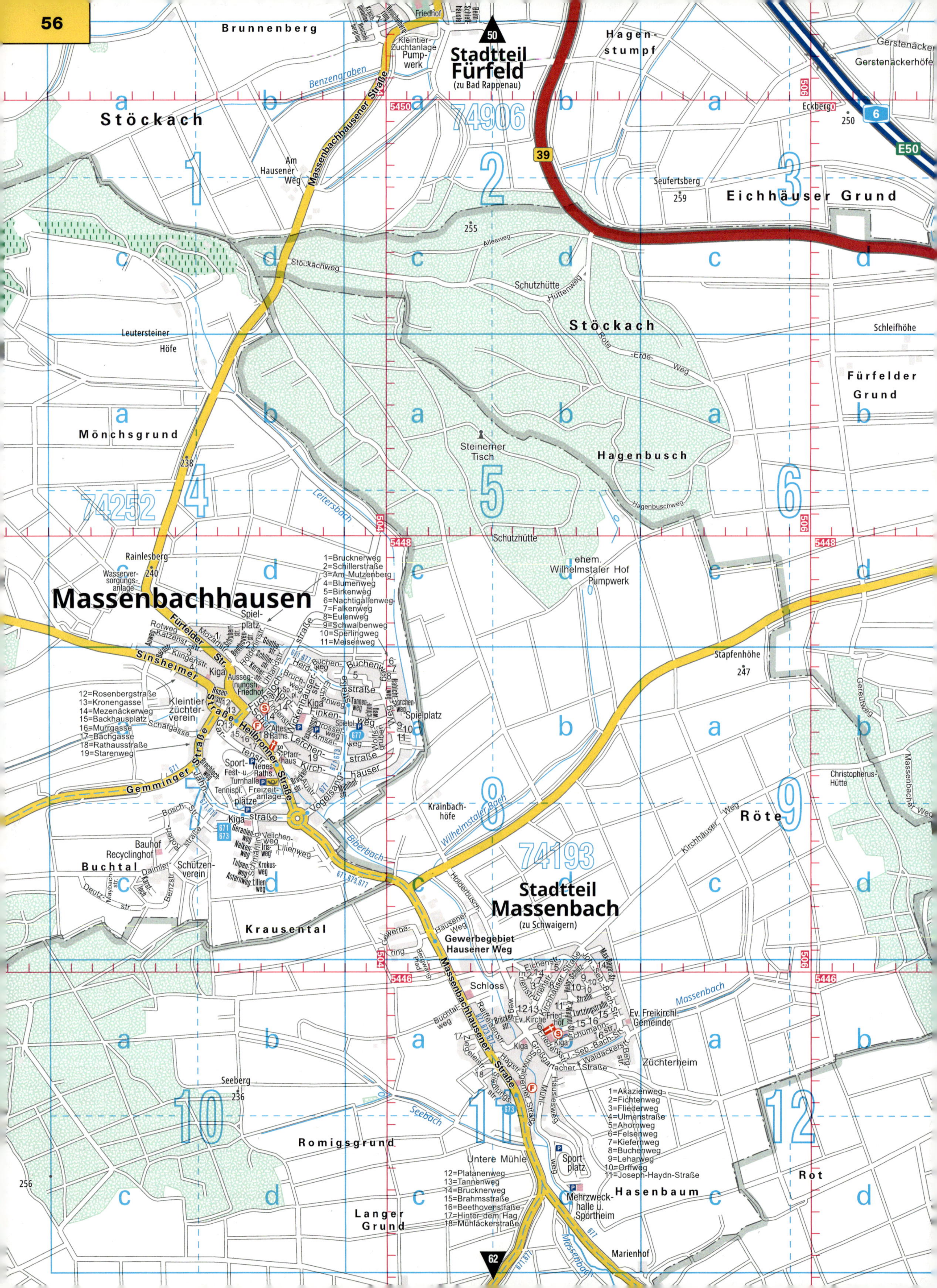
Brunnenberg
Friedhof
50
Stadtteil
Fürfeld
(zu Bad Rappenau)
Hagen-
stumpf
Gerstenäcker
Gerstenäckerhöfe
Kleintier-
Zuchtanlage
Pump-
werk
Benzengraben
Massenbachhausener Straße
5450
74906
Eckberg
250
6
E50
39
Stöckach
Am
Hausener
Weg
Seufertsberg
259
Eichhäuser Grund
255
Alleeweg
Stöckachweg
Schutzhütte
Hüttenweg
Stöckach
Rote
Erde-
Weg
Leutersteiner
Höfe
Schleifhöhe
Fürfelder
Grund
Mönchsgrund
Steinerner
Tisch
Hagenbusch
238
74252
Leitersbach
Hagenbuschweg
Schutzhütte
5448
Rainlesberg
240
Wasserver-
sorgungs-
anlage
ehem.
Wilhelmstaler Hof
Pumpwerk
Massenbachhausen
1=Brucknerweg
2=Schillerstraße
3=Am-Mutzenberg
4=Blumenweg
5=Birkenweg
6=Nachtigallenweg
7=Falkenweg
8=Eulenweg
9=Schwalbenweg
10=Sperlingweg
11=Meisenweg
Spiel-
platz
Fürfelder
Str.
Sinsheimer
Stapfenhöhe
247
12=Rosenbergstraße
13=Kronengasse
14=Mezenäckerweg
15=Backhausplatz
16=Murrgasse
17=Bachgasse
18=Rathausstraße
19=Starenweg
Kleintier-
züchter-
verein
Kiga
Friedhof
Heilbronner Straße
Spielplatz
Gereutweg
Christopherus-
Hütte
Gemminger Straße
Sport-
Fest- u.
Turnhalle
Tennispl.
Freizeit-
anlage
Vogelsang
Krainbach-
höfe
Wilhelmstaler Bach
Röte
Kirchhäuser Weg
Massenbacher Weg
Bauhof
Recyclinghof
Buchtal
Schützen-
verein
Biberbach
74193
Stadtteil
Massenbach
(zu Schwaigern)
Krausental
Gewerbegebiet
Hausener Weg
Hausener
Weg
Holderbusch
5446
Schloss
Massenbach
Ev. Kirche
Ev. Freikirchl.
Gemeinde
Züchterheim
Seeberg
236
1=Akazienweg
2=Fichtenweg
3=Fliederweg
4=Ulmenstraße
5=Ahornweg
6=Felsenweg
7=Kiefernweg
8=Buchenweg
9=Leharweg
10=Orffweg
11=Joseph-Haydn-Straße
Seebach
Romigsgrund
Untere Mühle
Sport-
platz
256
12=Platanenweg
13=Tannenweg
14=Brucknerweg
15=Brahmsstraße
16=Beethovenstraße
17=Hinter dem Hag
18=Mühläckerstraße
Mehrzweck-
halle u.
Sportheim
Hasenbaum
Rot
Langer
Grund
Marienhof
62

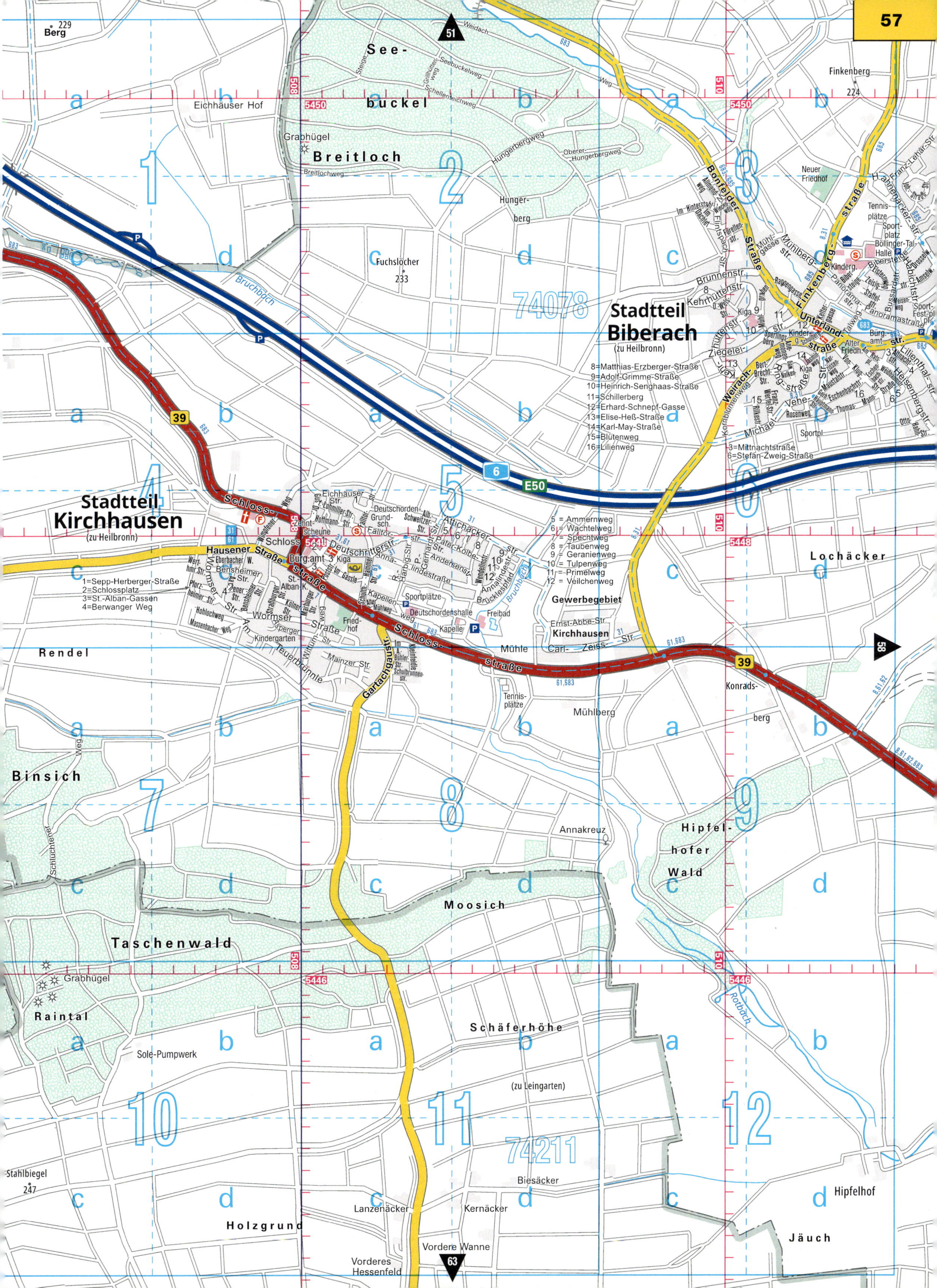
Berg
229
Eichhäuser Hof
See-
buckel
Breitloch
Graphügel
Finkenberg
224
Neuer Friedhof
Hunger-
berg
Fuchslöcher
233
74078
Stadtteil
Biberach
(zu Heilbronn)
Bonfelder Straße
Finkenberg-straße
Unterland-straße
Weinach-straße
8=Matthias-Erzberger-Straße
9=Adolf-Grimme-Straße
10=Heinrich-Senghaas-Straße
11=Schillerberg
12=Erhard-Schnepf-Gasse
13=Elise-Heß-Straße
14=Karl-May-Straße
15=Blütenweg
16=Lilienweg
3=Mittnachtstraße
6=Stefan-Zweig-Straße
Sportpl.
Bruchbach
6
E50
39
Stadtteil
Kirchhausen
(zu Heilbronn)
Schloss-straße
Hausener Straße
Schloss
Burg.amt
Kiga
Deutschritterstr.
1=Sepp-Herberger-Straße
2=Schlossplatz
3=St.-Alban-Gassen
4=Berwanger Weg
5 = Ammernweg
6 = Wachtelweg
7 = Spechtweg
8 = Taubenweg
9 = Geranienweg
10 = Tulpenweg
11 = Primelweg
12 = Veilchenweg
Gewerbegebiet
Kirchhausen
Sportplätze
Deutschordenshalle
Freibad
Kapelle
Friedhof
Kindergarten
Mühle
Carl-Zeiss-Str.
Lochäcker
Rendel
Konradsberg
Tennisplätze
Mühlberg
Gartachgaustr.
Binsich
Annakreuz
Hipfelhofer Wald
Moosich
Taschenwald
Grabhügel
Raintal
Sole-Pumpwerk
Schäferhöhe
Rotbach
(zu Leingarten)
74211
Stahlbiegel
247
Biesäcker
Hipfelhof
Lanzenäcker
Kernäcker
Holzgrund
Jäuch
Vordere Wanne
Vorderes Hessenfeld
51
58
63

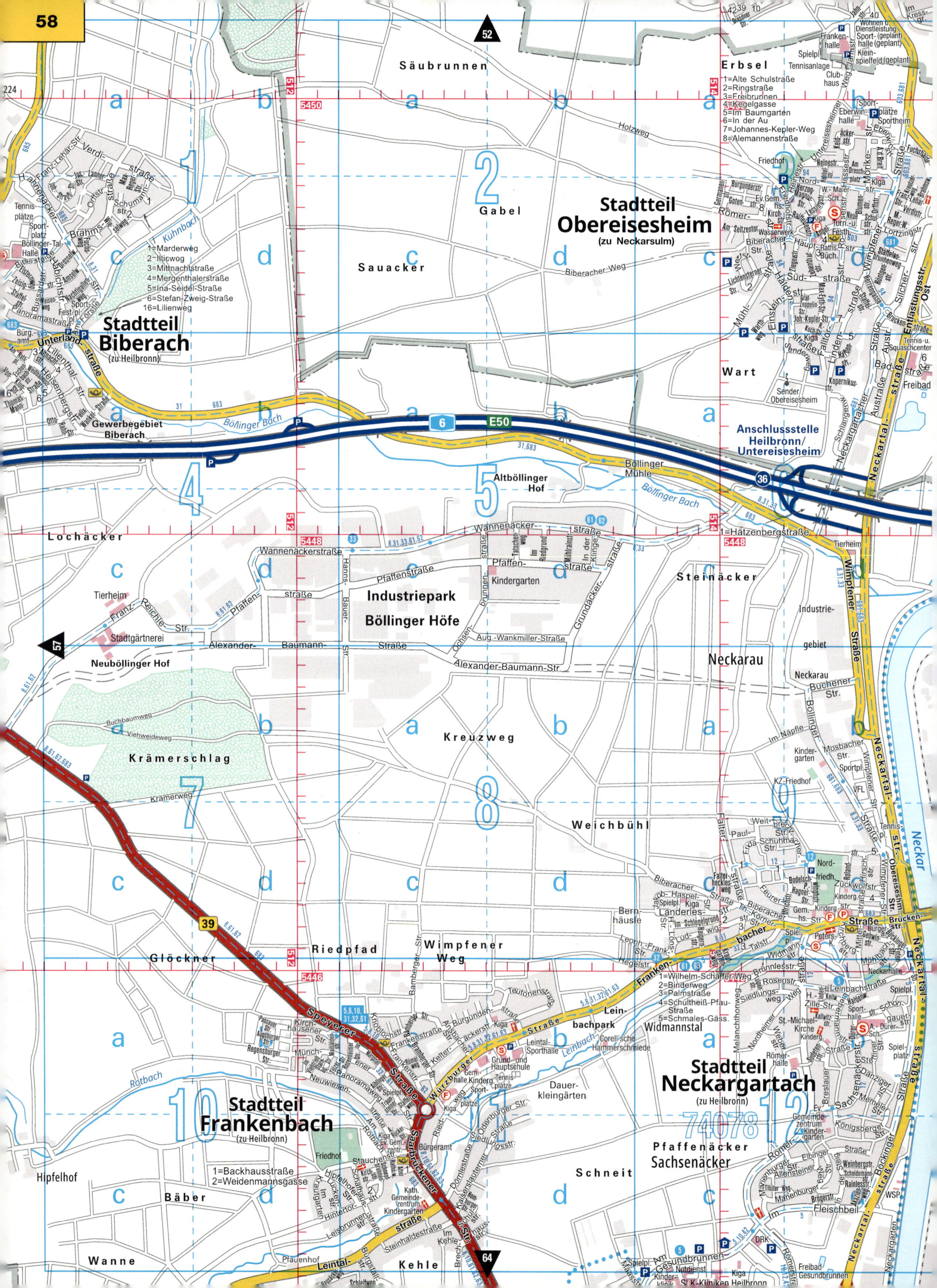
52
Säubrunnen
Erbsel
1=Alte Schulstraße
2=Ringstraße
3=Freibrunnen
4=Kegelgasse
5=Im Baumgarten
6=In der Au
7=Johannes-Kepler-Weg
8=Alemannenstraße
Holzweg
Gabel
Stadtteil
Obereisesheim
(zu Neckarsulm)
Sauacker
Biberacher Weg
1=Marderweg
2=Iltisweg
3=Mittnachtstraße
4=Mergenthalerstraße
5=Ina-Seidel-Straße
6=Stefan-Zweig-Straße
16=Lilienweg
Stadtteil
Biberach
(zu Heilbronn)
Kühnbach
Unterland-straße
Gewerbegebiet
Biberach
Böllinger Bach
Wart
Sender
Obereisesheim
Anschlussstelle
Heilbronn/
Untereisesheim
Altböllinger
Hof
Böllinger
Mühle
Lochäcker
1=Hätzenbergstraße
Tierheim
Wannenäckerstraße
Pfaffenstraße
Kindergarten
Industriepark
Böllinger Höfe
Steinäcker
Stadtgärtnerei
Alexander-Baumann-Straße
Aug.-Wankmiller-Straße
Alexander-Baumann-Str.
Neuböllinger Hof
57
Industrie-
gebiet
Neckarau
Buchenbaumweg
Viehweideweg
Kreuzweg
Krämerschlag
Krämerweg
Weichbühl
Wimpfener Straße
Neckartal-straße
Neckar
Bern-
häusle
Glöckner
Riedpfad
Wimpfener
Weg
Speyerer Straße
Lein-
bachpark
Widmannstal
1=Wilhelm-Schäffer-Weg
2=Binderweg
3=Palmstraße
4=Schultheiß-Pfau-
Straße
5=Schmales-Gäss.
Rotbach
Stadtteil
Frankenbach
(zu Heilbronn)
Dauer-
kleingärten
Stadtteil
Neckargartach
(zu Heilbronn)
74078
Pfaffenäcker
Sachsenäcker
Hipfelhof
1=Backhausstraße
2=Weidenmannsgasse
Bäber
Schneit
Friedhof
Wanne
Kehle
Pfauenhof
Leintal-
64
SLK-Kliniken Heilbronn

Kressgraben
74257
(zu Untereisenheim)
1 = Drosselweg
2 = Eulenweg
3 = Schwalbenweg
4 = Martin-Fischel-Straße
5 = Sudetenweg
6 = Kurze Gasse
7 = Quergasse
8 = Sonnengasse
9 = Untere Schulgasse
10 = Obere Schulgasse
11 = Greckenhof
12 = Benefizgasse
13 = Ratsgasse
14 = Schmiedsgässle
15 = Centgasse
16 = Klostergasse
17 = Kelterngasse
18 = Schellingweg
Neckarsulm-Nord
Neckarsulm-Mitte
Neckarsulm
Neuberg
Hängelbach
Stuttgarter Straße
Neuenstädter Str.
Friedhof am Wald
Jüdischer Friedhof
Freizeitanlage Schweinshag
Scheuerberg
310
ehem. Burg Scheuerberg
245
19=Gundelsheimer Straße
20= Weinsberger Straße
21=Mergentheimer Straße
22=Birkenweg
23=Buchenweg
24=Fichtenweg
25=Eichenweg
26=Ahornweg
27=Allgäuer Straße
28=Wachterstraße
Hungerberg
201
Hasenbiegel
Neckarsulm
74172
Häckselplatz
Wilfensee
Sportbad
AQUAtoll
Freizeitbad
Jugendfarm Reisachmühle
Kleintierzüchter
Schießstand
223
Audi-AG
NSU-
Gewerbegebiet
Fuchshalde
Neckar
Schifffahrtskanal
Brückenstraße
Freibad
Pumpwerk
Wehrbrücke
1 = Werftstraße
Platten
Böllinger Bach
Umspannwerk
Kläranlage
Industriegebiet
Osthafen
Dieselstraße
Karl-Wüst-Straße
Neckargartacher Brücke
Salzgrund
Salzhafen
Hafenbahnhof
Containerterminal
Zukunftspark
Wohlgelegen
Industriegebiet
Neckar
Gewerbegebiet
Rötel
Gewerbegebiet Süd
Heilbronner Straße
Anschlussst. Heilbronn/Neckarsulm
Trendpark Neckarsulm
Trendpark Süd
Bechtle Platz
Biomasse-Heizwerk
Gewerbegebiet Straßenäcker
Straßenäcker
Ortsteil Binswangen
(zu Erlenbach)
Wohngeb. "Holzweg"
3=Sommerhalde
4=Fasanenweg
In den Klingen
Petersrain
Seeles-brünnle
Braunberg
234
1=St.-Michaels-Gasse
2=Bei der Kelter
Erlenbach
74235
Gew.-geb.
Käppelesäcker
Hofäcker
Heilbronner Weg
Ohrberg
Rosenäcker
Wolfzipfel
Langer Zug
Verkehrsübungsplatz
Stiftsberg
232
Großer Stiftsberg
Auhang
Genossenschafts-Kellerei
Binswanger Straße
Knollen
Knollensteige
Wartbergturm
Wartberg
308
1=Kirschgartenweg
Mülldeponie
Vogelsangklinge
Rebstöckleweg
74076
Heilbronn
Öhringer Straße
Neckarsulmer Straße
A6
E50
27
37
39
53
60
65

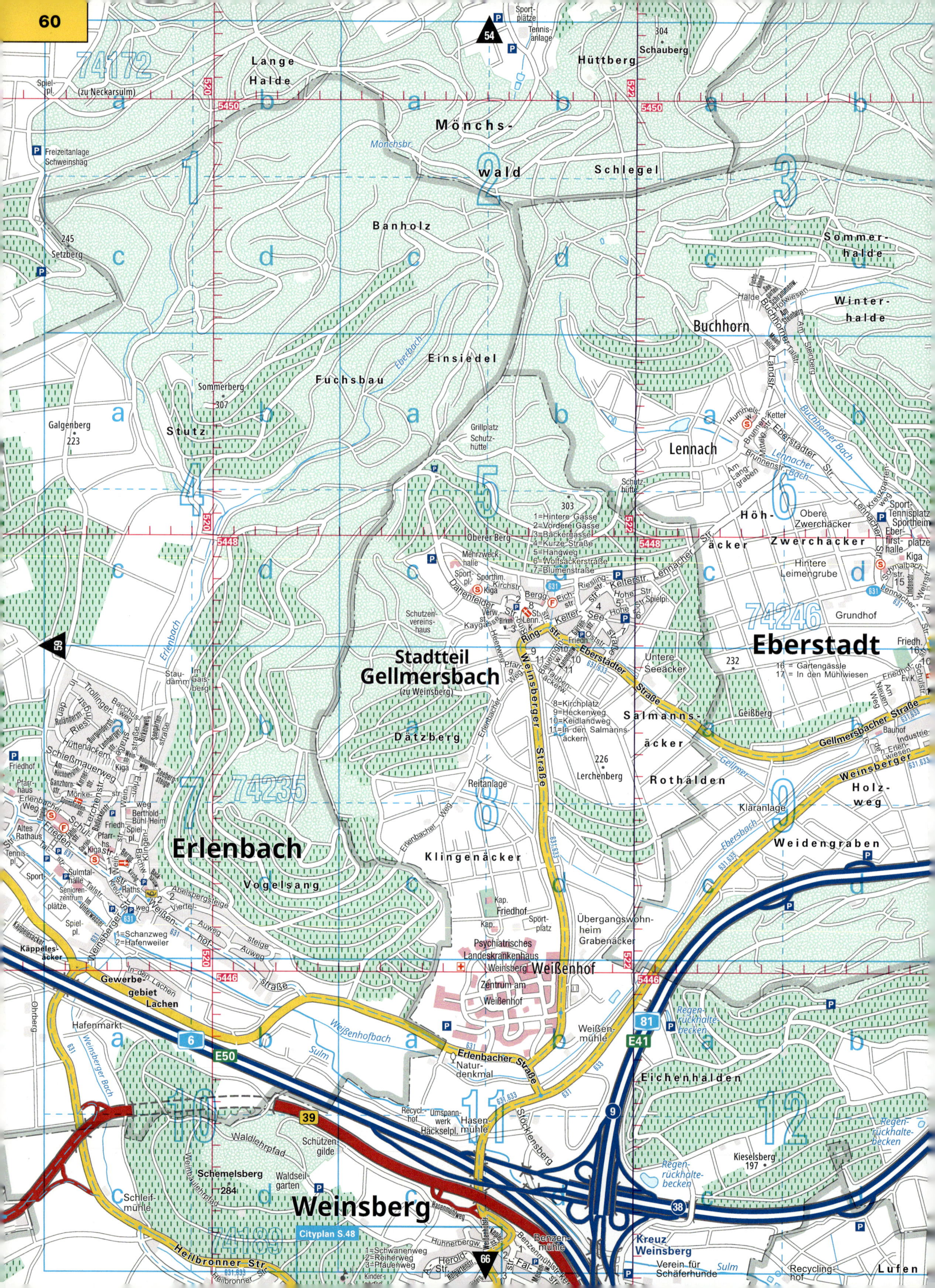
74172
(zu Neckarsulm)
Lange Halde
Hüttberg
Schauberg
Mönchs-wald
Schlegel
Mönchsbr.
Freizeitanlage Schweinshag
Setzberg
Banholz
Sommer-halde
Winter-halde
Buchhorn
Einsiedel
Fuchsbau
Eberbach
Sommerberg
Galgenberg
Stutz
Grillplatz Schutz-hütte
Lennach
Buchhorner Bach
Lennacher Bach
Obere Zwerchäcker
Höh-äcker
Zwerchäcker
Hintere Leimengrube
Grundhof
74246
Eberstadt
16 = Gartengässle
17 = In den Mühlwiesen
1=Hintere Gasse
2=Vordere Gasse
3=Bäckergasse
4=Kurze Straße
5=Hangweg
6=Wolfsackerstraße
7=Blumenstraße
Oberer Berg
Schützen-vereins-haus
Stadtteil Gellmersbach
(zu Weinsberg)
Dätzberg
8=Kirchplatz
9=Heckenweg
10=Keidlandweg
11=In den Salmannsäckern
Untere Seeäcker
Salmanns-äcker
Gellmersbacher Straße
Geißberg
Lerchenberg
Rothälden
Holz-weg
Kläranlage
Weidengraben
Weinsberger Straße
Erlenbach
74235
Erlenbach
Vogelsang
Reitanlage
Klingenäcker
Friedhof
Übergangswohn-heim Grabenäcker
Psychiatrisches Landeskrankenhaus Weinsberg
Weißenhof
Zentrum am Weißenhof
1=Schanzweg
2=Hafenweiler
Käppelesäcker
Gewerbe-gebiet Lachen
Hafenmarkt
Weinsberger Bach
Weißenhofbach
Sulm
Erlenbacher Straße
Natur-denkmal
Weißen-mühle
Regen-rückhalte-becken
Eichenhalden
Hasen-mühle
Stöcklensberg
Waldlehrpfad
Schützen-gilde
Schemelsberg
Waldseil-garten
Schleif-mühle
Weinsberg
Cityplan S.48
Kieselsberg
Kreuz Weinsberg
Verein für Schäferhunde
Recycling-hof
Lufen
Heilbronner Str.
1=Schwanenweg
2=Reiherweg
3=Pfauenweg
E50
E41
6
81
39
38
9
54
59
66

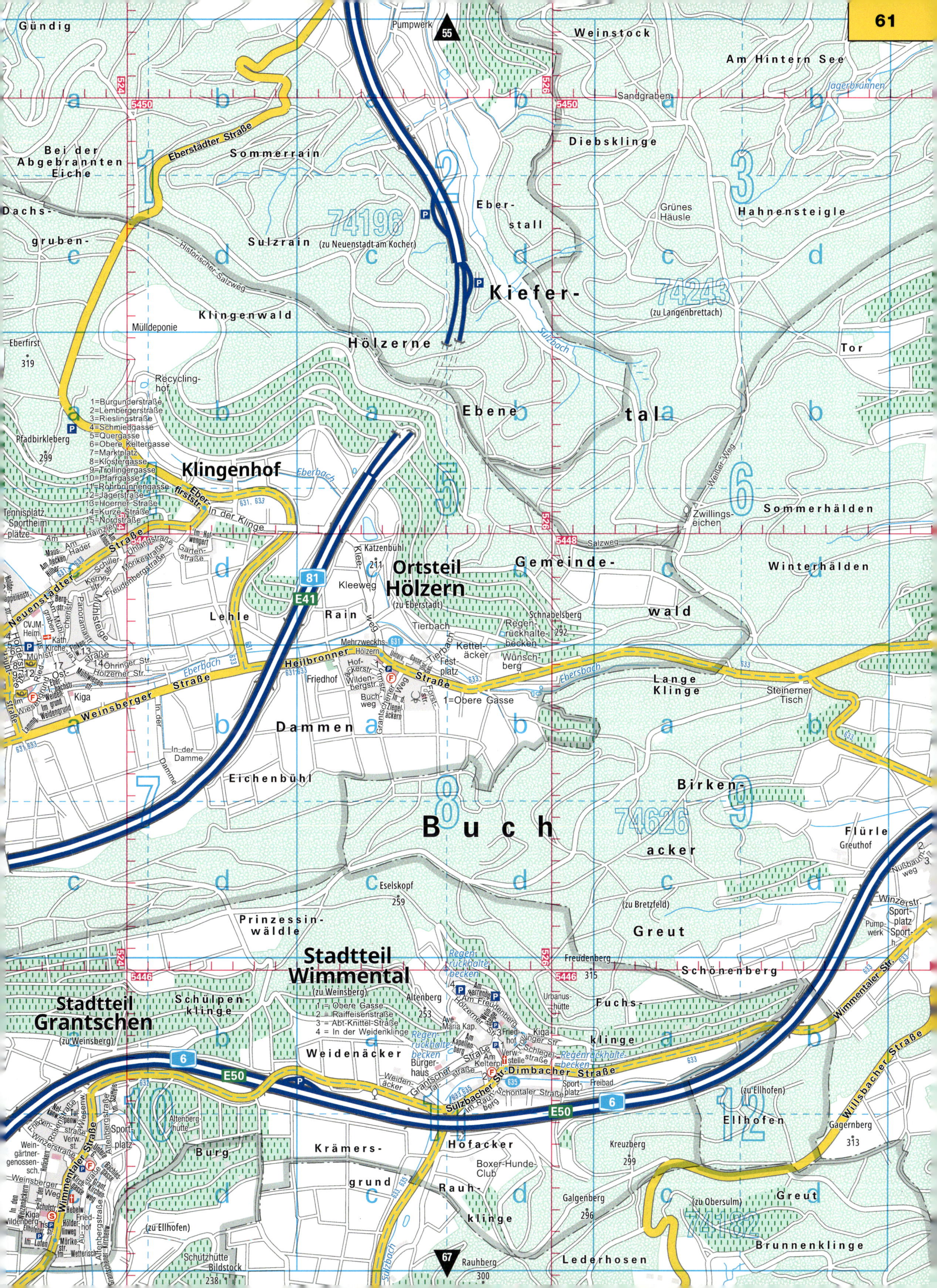
Gündig
Weinstock
Am Hintern See
Bei der Abgebrannten Eiche
Eberstädter Straße
Sommerrain
Diebsklinge
Dachs-gruben-
Sulzrain
74196 (zu Neuenstadt am Kocher)
Eber-stall
Grünes Häusle
Hahnensteigle
Kiefer-
74243 (zu Langenbrettach)
Klingenwald
Hölzerne
Eberfirst 319
Mülldeponie
Recycling-hof
Ebene
tal
Tor
Pfadbirkleberg 299
Klingenhof
Sommerhälden
Zwillings-eichen
Winterhälden
Gemeinde-wald
Ortsteil Hölzern (zu Eberstadt)
Lehle
Rain
Heilbronner Straße
Weinsberger Straße
Neuenstädter Straße
Friedhof
Lange Klinge
Steinerner Tisch
Dammen
Eichenbühl
Birken-acker
Buch
74626
Flürle
Greuthof
Eselskopf 259
Prinzessin-wäldle
Greut
Stadtteil Wimmental (zu Weinsberg)
Schönenberg
Stadtteil Grantschen (zu Weinsberg)
Schülpen-klinge
Fuchs-klinge
Weidenäcker
Dimbacher Straße
Sulzbacher Str.
Ellhofen
Burg
Krämers-grund
Hofacker
Rauh-klinge
Kreuzberg 299
Galgenberg 296
Gagernberg 313
Greut
Brunnenklinge
Lederhosen
Rauhberg 300
Schutzhütte Bildstock 238
Willsbacher Straße
Wimmentaler Str.

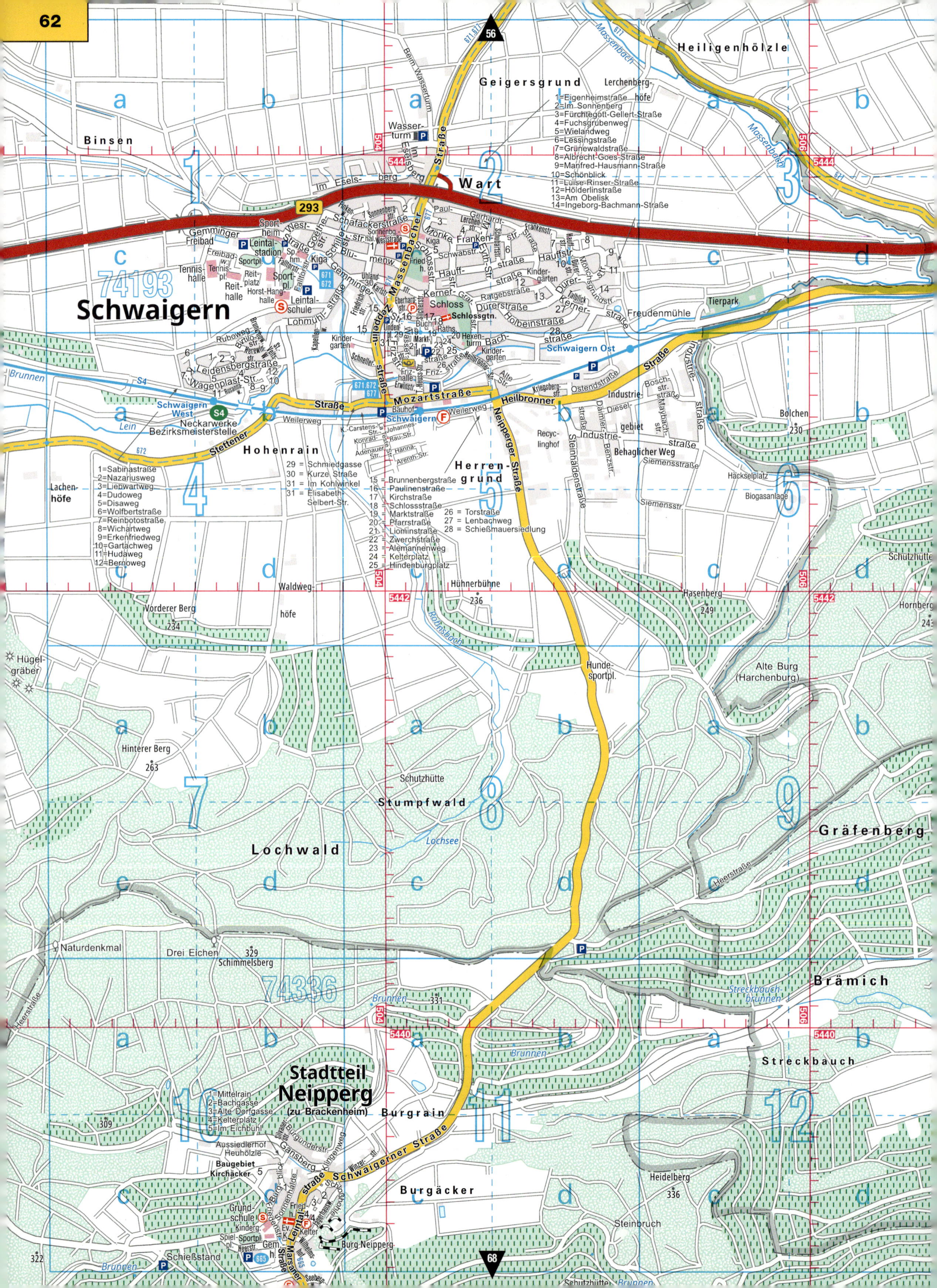
56
Heiligenhölzle
Geigersgrund
Lerchenberg-höfe
1=Eigenheimstraße
2=Im Sonnenberg
3=Fürchtegott-Gellert-Straße
4=Fuchsgrubenweg
5=Wielandweg
6=Lessingstraße
7=Grünewaldstraße
8=Albrecht-Goes-Straße
9=Manfred-Hausmann-Straße
10=Schönblick
11=Luise-Rinser-Straße
12=Hölderlinstraße
13=Am Obelisk
14=Ingeborg-Bachmann-Straße
Binsen
Wasserturm
Wart
293
Gemminger
Freibad
Tennishalle
Reithalle
74193
Schwaigern
Schloss
Tierpark
Freudenmühle
Schwaigern Ost
Schwaigern West
Neckarwerke Bezirksmeisterstelle
Mozartstraße
Heilbronner Straße
Neipperger Straße
Stettener Straße
Hohenrain
Herrengrund
Industriegebiet
Behaglicher Weg
Bolchen 230
Hackselplatz
Biogasanlage
Recyclinghof
1=Sabinastraße
2=Nazariusweg
3=Liebwartweg
4=Dudoweg
5=Disaweg
6=Wolfbertstraße
7=Reinbotostraße
8=Wichartweg
9=Erkenfriedweg
10=Gartachweg
11=Hudaweg
12=Bernoweg
29 = Schmiedgasse
30 = Kurze Straße
31 = Im Kohlwinkel
31 = Elisabeth-Selbert-Str.
15 = Brunnenbergstraße
16 = Paulinenstraße
17 = Kirchstraße
18 = Schlossstraße
19 = Marktstraße
20 = Pfarrstraße
21 = Liominstraße
22 = Zwerchstraße
23 = Alemannenweg
24 = Kelterplatz
25 = Hindenburgplatz
26 = Torstraße
27 = Lenbachweg
28 = Schießmauersiedlung
Lachenhöfe
Waldweghöfe
Vorderer Berg 234
Hühnerbühne 236
Hasenberg 249
Schutzhütte
Hornberg
Hügelgräber
Hundesportpl.
Alte Burg (Harchenburg)
Hinterer Berg 263
Schutzhütte
Stumpfwald
Lochsee
Lochwald
Gräfenberg
Heerstraße
Naturdenkmal
Drei Eichen
329
Schimmelsberg
74336
331
Brämich
Streckbauchbrunnen
Streckbauch
Stadtteil Neipperg (zu Brackenheim)
1=Mittelrain
2=Bachgasse
3=Alte Dorfgasse
4=Kelterplatz
5=Im Eichbühl
309
Aussiedlerhof Heuhölzle
Baugebiet Kirchäcker
Burgrain
Schwaigerner Straße
Burgäcker
Heidelberg 336
Steinbruch
Burg Neipperg
Schießstand
322
68

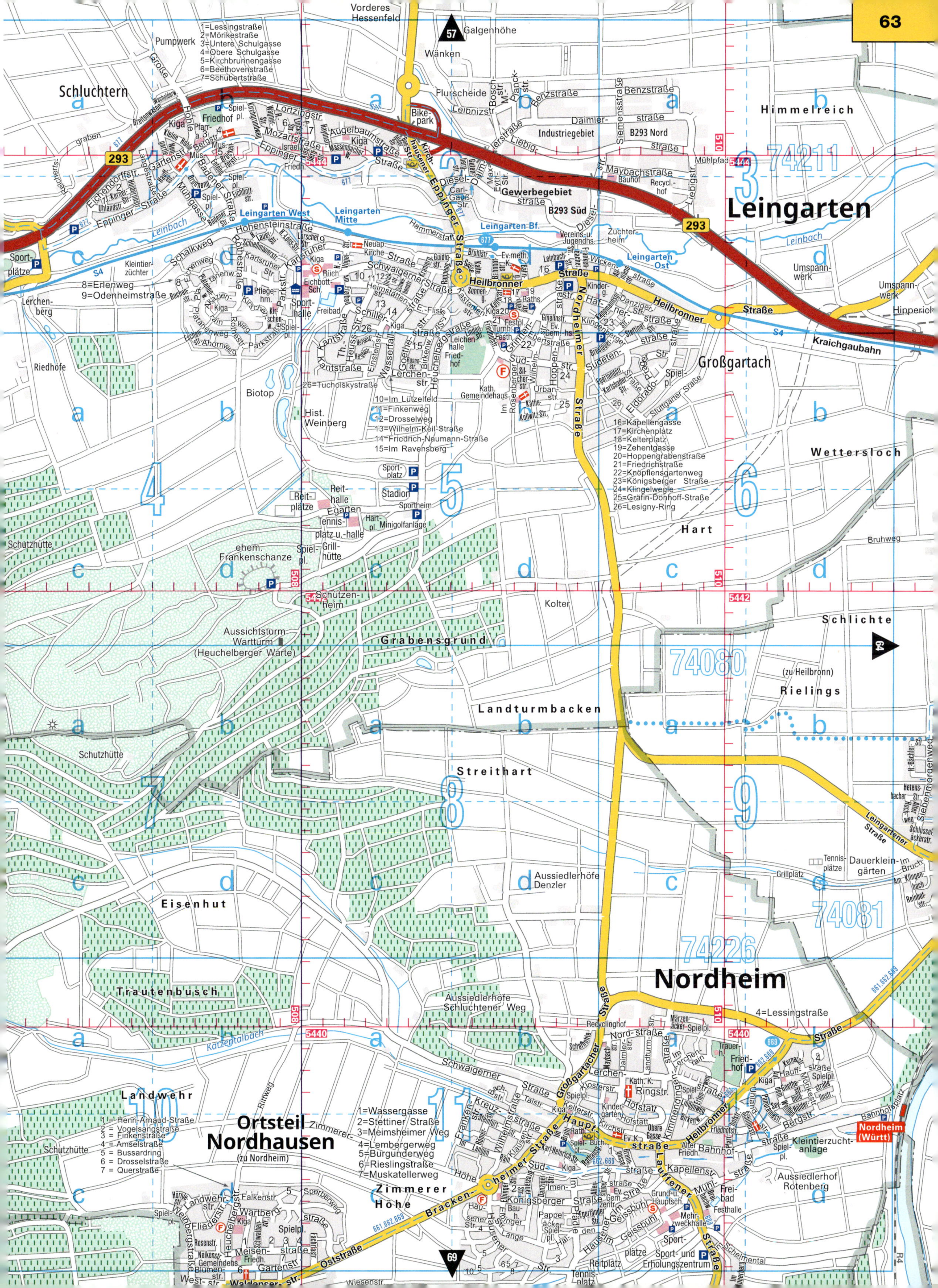
Leingarten
Großgartach
Nordheim
Ortsteil Nordhausen
(zu Nordheim)
Schluchtern
1=Lessingstraße
2=Mörikestraße
3=Untere Schulgasse
4=Obere Schulgasse
5=Kirchbrunnengasse
6=Beethovenstraße
7=Schubertstraße
8=Erlenweg
9=Odenheimstraße
10=Im Lützelfeld
11=Finkenweg
12=Drosselweg
13=Wilhelm-Keil-Straße
14=Friedrich-Naumann-Straße
15=Im Ravensberg
16=Kapellengasse
17=Kirchenplatz
18=Kelterplatz
19=Zehentgasse
20=Hoppengrabenstraße
21=Friedrichstraße
22=Knöpflensgartenweg
23=Königsberger Straße
24=Klingelwegle
25=Gräfin-Donnhoff-Straße
26=Lesigny-Ring
26=Tucholskystraße
1 = Henri-Arnaud-Straße
2 = Vogelsangstraße
3 = Finkenstraße
4 = Amselstraße
5 = Bussardring
6 = Drosselstraße
7 = Querstraße
1=Wassergasse
2=Stettiner Straße
3=Meimsheimer Weg
4=Lembergerweg
5=Burgunderweg
6=Rieslingstraße
7=Muskatellerweg
4=Lessingstraße
Himmelreich
Wettersloch
Hart
Schlichte
Rielings
(zu Heilbronn)
Landturmbacken
Streithart
Grabensgrund
Kolter
Eisenhut
Trautenbusch
Landwehr
Zimmerer Höhe
Aussichtsturm Wartturm (Heuchelberger Warte)
Aussiedlerhöfe Denzler
Aussiedlerhöfe Schluchtener Weg
Aussiedlerhof Rotenberg
Nordheim (Württ)
Kraichgaubahn
Heilbronner Straße
Nordheimer Straße
Eppinger Straße
Industriegebiet
Gewerbegebiet
74211
74080
74081
74226
57
64
69

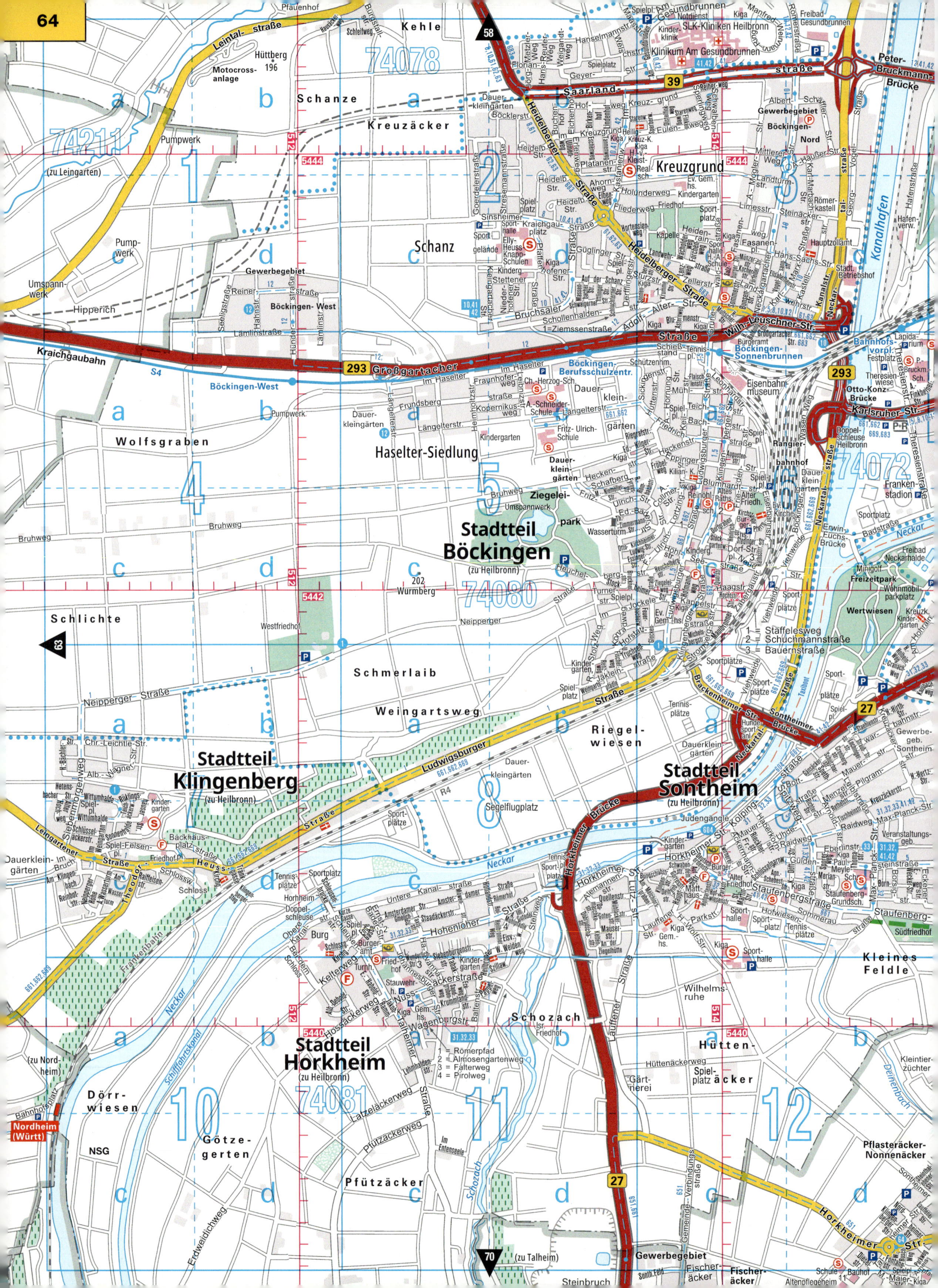
58
63
70
(zu Leingarten)
(zu Nordheim)
(zu Talheim)
74078
74211
74080
74072
74081
Kehle
Schanze
Kreuzäcker
Schanz
Kreuzgrund
Böckingen-Nord
Gewerbegebiet Böckingen-West
Böckingen-West
Kraichgaubahn
Großgartacher
Haselter-Siedlung
Wolfsgraben
Stadtteil Böckingen
(zu Heilbronn)
Wurmberg
Schlichte
Westfriedhof
Schmerlaib
Weingartsweg
Neipperger Straße
Stadtteil Klingenberg
(zu Heilbronn)
Ludwigsburger Straße
Riegelwiesen
Stadtteil Sontheim
(zu Heilbronn)
Segelflugplatz
Horkheimer Brücke
Neckar
Stadtteil Horkheim
(zu Heilbronn)
Schozach
Hüttenäcker
Dörrwiesen
Götzegerten
Pfützäcker
NSG
Nordheim (Württ)
Kleines Feldle
Wilhelmsruhe
Pflasteräcker-Nonnenäcker
Gewerbegebiet
Fischeräcker
Steinbruch
Kanalhafen
Peter-Bruckmann-Brücke
SLK-Kliniken Heilbronn
Klinikum Am Gesundbrunnen
Saarlandstraße
Heidelberger Straße
Karlsruher Str.
Otto-Konz-Brücke
Frankenstadion
Freizeitpark
Wertwiesen
Sontheimer Brücke
1 = Stäffelesweg
2 = Schuchmannstraße
3 = Bauernstraße
1 = Judengängle
1 = Römerpfad
2 = Almosengartenweg
3 = Falterweg
4 = Pirolweg
Horkheimer Str.
Staufenbergstraße
Südfriedhof
Rangierbahnhof
Eisenbahnmuseum
Hüttberg 196
Motocross-anlage
Pumpwerk
Umspannwerk
Hipperich
Bruhweg
Frankenbahn
Schiffahrtskanal
Erdweidichweg
Leingartener Straße
Theodor-Heuss-Straße
293
27
39
5444
5442
5440

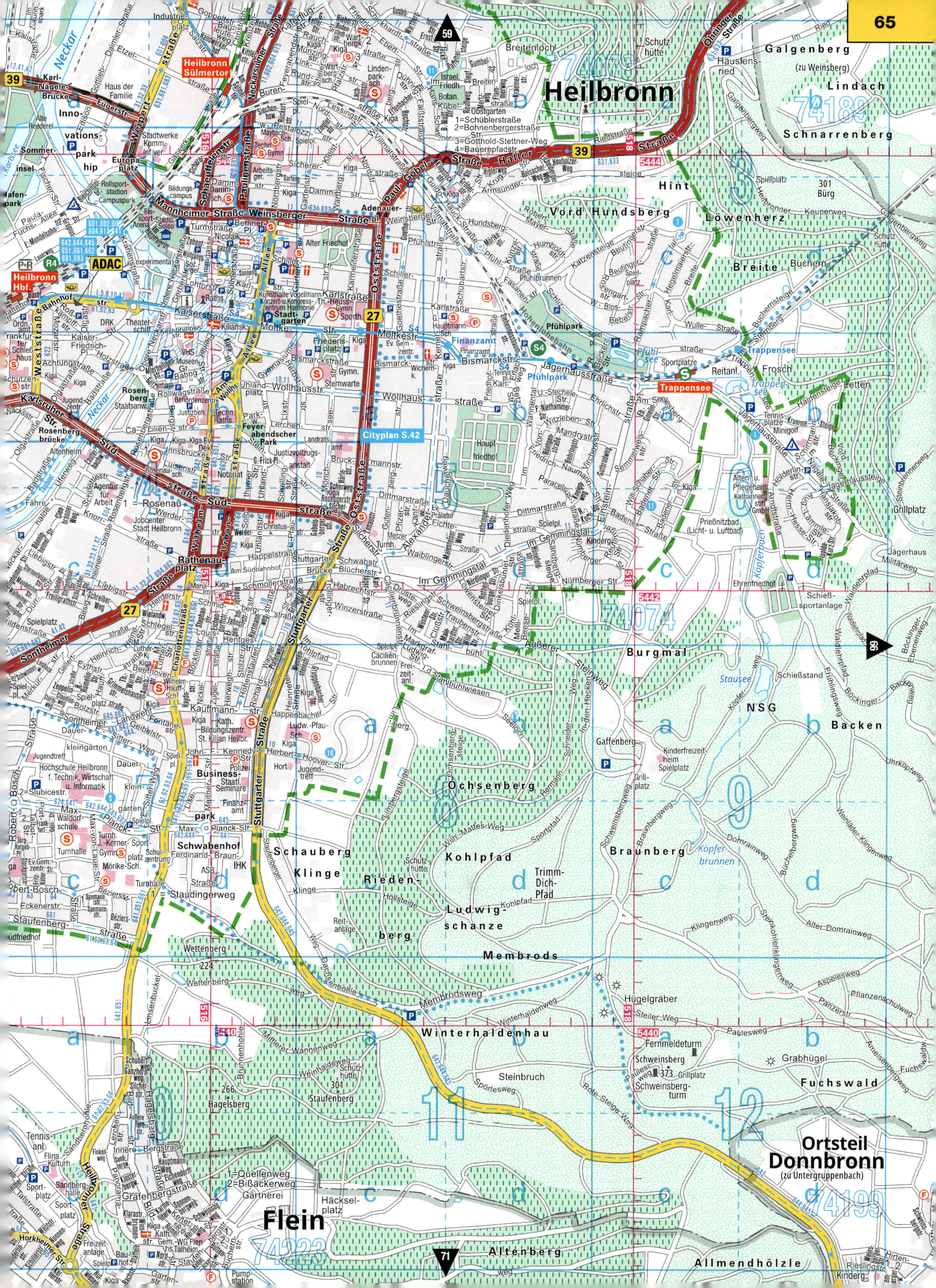
Heilbronn
74072
Heilbronn Sülmertor
Heilbronn Hbf.
ADAC
Galgenberg
(zu Weinsberg)
Lindach
74189
Schnarrenberg
Hint
Vord. Hundsberg
Löwenherz
Breite
301
Bürg
Trappensee
Frosch
Letten
Pühlpark
Finanzamt
Cityplan S.42
Hauptfriedhof
Prießnitzbad (Licht- u. Luftbad)
Burgmal
74074
NSG
Backen
Stausee
Ochsenberg
Kohlpfad
Braunberg
Schauberg
Klinge
Rieden-
berg
Ludwig-
schanze
Membrods
Trimm-Dich-Pfad
Köpferbrunnen
Schwabenhof
Winterhaldenhau
Fernmeldeturm
Schweinsberg
373
Schweinsbergturm
Grabhügel
Fuchswald
Steinbruch
Hägelsberg
266
301
Staufenberg
Ortsteil
Donnbronn
(zu Untergruppenbach)
74199
Flein
74223
Altenberg
Allmendhölzle
Wettenberg
224
1=Quellenweg
2=Bißäckerweg
1=Schüblerstraße
2=Bohnenbergerstraße
3=Gotthold-Stettner-Weg
4=Bauernpfadstr.
39
27
59
71
66
5440
5442
5444
518
516

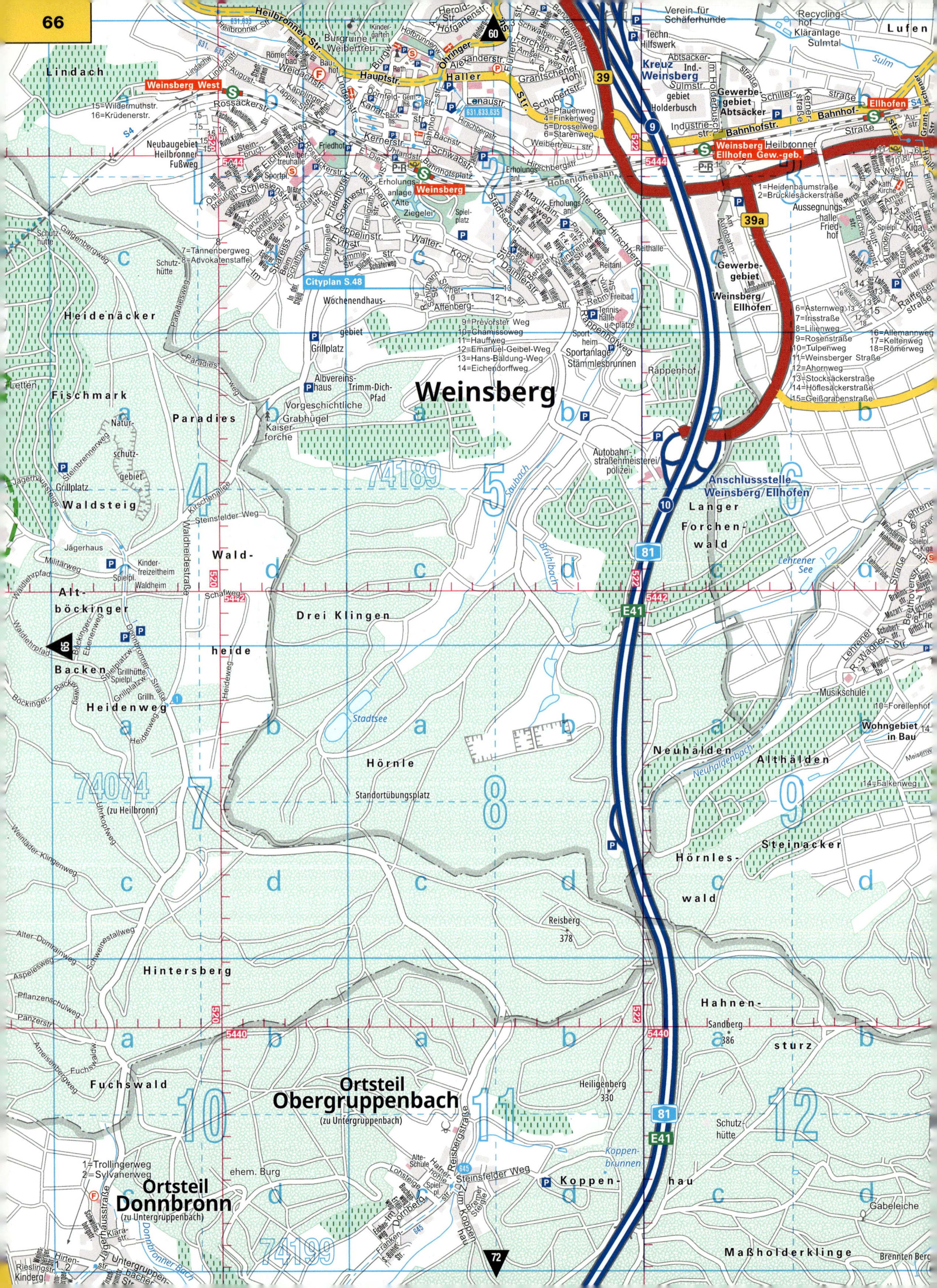

Weinsberg
Ortsteil Obergruppenbach
(zu Untergruppenbach)
Ortsteil Donnbronn
(zu Untergruppenbach)
Lindach
Ellhofen
Lufen
Kreuz Weinsberg
Anschlussstelle Weinsberg/Ellhofen
Heidenäcker
Fischmark
Paradies
Waldsteig
Altböckinger
Backen
Heidenweg
Wald-heide
Drei Klingen
Hörnle
Standortübungsplatz
Hintersberg
Fuchswald
Langer Forchenwald
Neuhälden
Althälden
Steinacker
Hörnleswald
Hahnensturz
Koppenhau
Maßholderklinge
Cityplan S.48
74189
74074 (zu Heilbronn)
74199

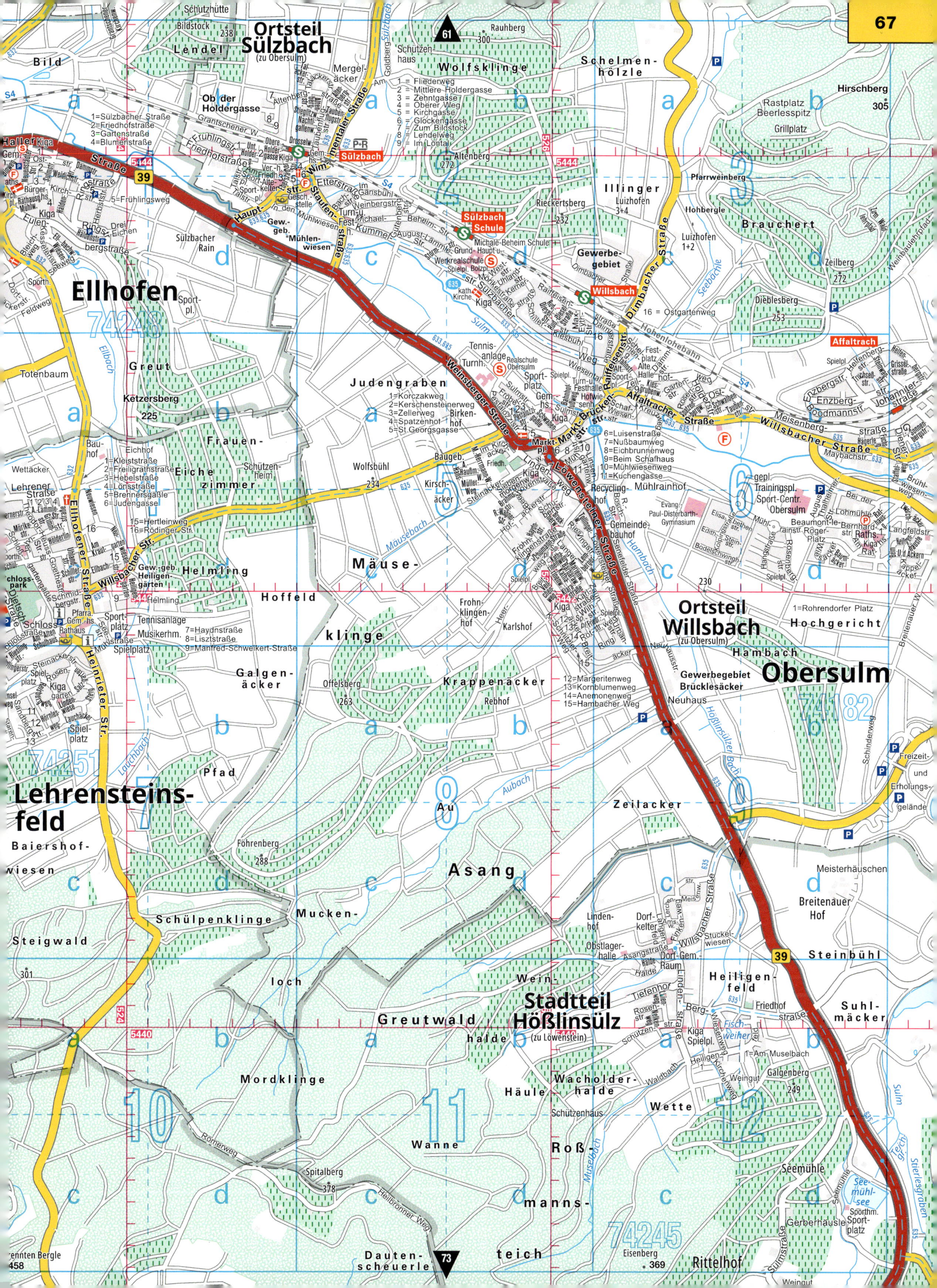
Ortsteil Sülzbach
(zu Obersulm)
Ellhofen
74248
Lehrensteinsfeld
74251
Ortsteil Willsbach
(zu Obersulm)
Obersulm
74182
Stadtteil Hößlinsülz
(zu Löwenstein)
74245
Affaltrach
Sülzbach
Sülzbach Schule
Willsbach
Weinsberger Straße
Löwensteiner Straße
Willsbacher Straße
Affaltracher Straße
Dimbacher Straße
Ellhofener Straße
Heinrieter Str.
Wolfsklinge
Schelmenhölzle
Hirschberg
305
Rastplatz Beerlesspitz
Illinger
Brauchert
Judengraben
Frauenzimmer
Mäuseklinge
Hoffeld
Krappenäcker
Galgenäcker
Asang
Zeilacker
Muckenloch
Greutwald
Mordklinge
Wanne
Roßmannsteich
Dautenscheuerle
Seemühle
Rittelhof
Hochgericht
Steinbühl
Suhlmäcker
Breitenauer Hof
Heiligenfeld
Wette
Galgenberg
Eisenberg
369
Spitalberg
378
Föhrenberg
288
Offelsberg
263
Steigwald
301
Schülpenklinge
Baiershofwiesen
Pfad
Totenbaum
Ketzersberg
225
Greut
Eiche
Helmling
Au
Rauhberg
300
Bildstock
238
Lendel
Bild
Wolfsbühl
234
Gewerbegebiet Brücklesäcker
Neuhaus
Hambach
Gewerbegebiet
Dieblesberg
253
Zeilberg
272
Altenberg
272
Rieckertsberg
232
Luizhofen
Pfarrweinberg
Hohbergle
Mühlrainhof
Karlshof
Rebhof
Lindenhof
Obstlagerhalle
Dorfkelter
Häule
Wacholderhalde
Schützenhaus
Sulm
Mausbach
Aubach
Lauchbach
Ellbach
Hohenlohebahn
39
S4
61
73

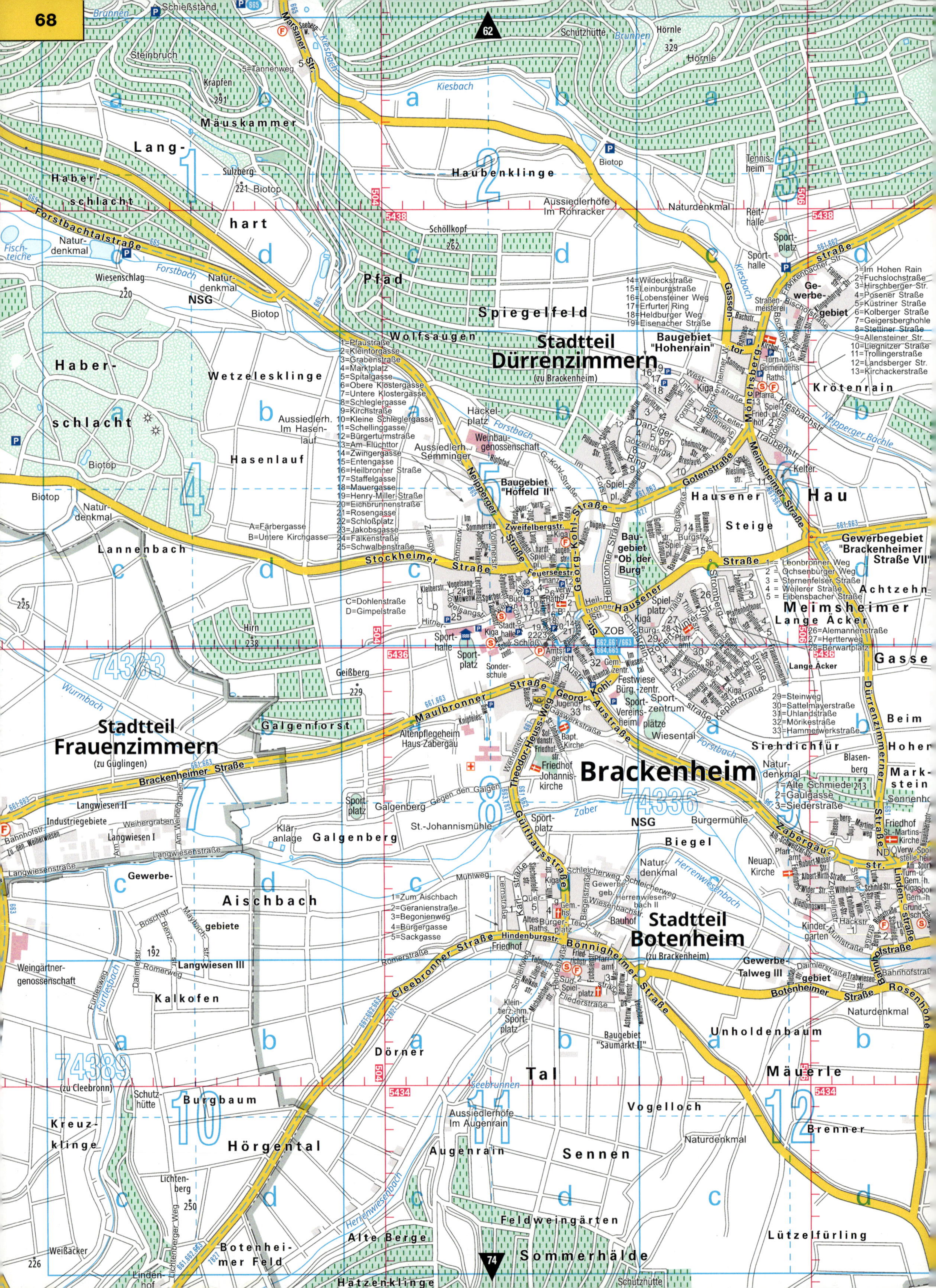
62
74
Brackenheim
74336
Stadtteil Dürrenzimmern
(zu Brackenheim)
Stadtteil Frauenzimmern
(zu Güglingen)
Stadtteil Botenheim
(zu Brackenheim)
74363
74389
(zu Cleebronn)
Schießstand
Steinbruch
Krapfen
291
Mäuskammer
Lang-
Haber-
schlacht
Sulzberg
221 Biotop
hart
Forstbachtalstraße
Fisch-
teiche
Natur-
denkmal
Wiesenschlag
220
Forstbach
NSG
Biotop
Massener Str.
Kiesbach
5=Tannenweg
Haubenklinge
Schöllkopf
262
Pfad
Spiegelfeld
Wolfsaugen
Schutzhütte
Brunnen
Hörnle
329
Biotop
Aussiedlerhöfe
Im Rohracker
Naturdenkmal
Tennis-
heim
Reit-
halle
Sport-
platz
Sport-
halle
Gassen-
tor
Mönchsberg
Straßen-
meisterei
Ge-
werbe-
gebiet
Kirchplatz
Gemeindehs.
Raths.
Pfarra.
Krötenrain
Neipperger Bächle
Kelter
1=Im Hohen Rain
2=Fuchslochstraße
3=Hirschberger Str.
4=Posener Straße
5=Küstriner Straße
6=Kolberger Straße
7=Geigersberghohle
8=Stettiner Straße
9=Allensteiner Str.
10=Liegnitzer Straße
11=Trollingerstraße
12=Landsberger Str.
13=Kirchackerstraße
14=Wildeckstraße
15=Leinburgstraße
16=Lobensteiner Weg
17=Erfurter Ring
18=Heldburger Weg
19=Eisenacher Straße
Baugebiet
"Hohenrain"
Danziger
Ring
Götzenberg
Gotenstraße
Meimsheimer Straße
Traubenstr.
Hausener
Steige
Hau
Gewerbegebiet
"Brackenheimer
Straße VII"
Achtzehn
Meimsheimer
Lange Äcker
Gasse
1 = Leonbronner Weg
2 = Ochsenburger Weg
3 = Sternenfelser Straße
4 = Weilerer Straße
5 = Eibensbacher Straße
26=Alemannenstraße
27=Hertterweg
28=Berwartplatz
Lange Äcker
29=Steinweg
30=Sattelmayerstraße
31=Uhlandstraße
32=Mörikestraße
33=Hammerwerkstraße
Beim
Hoher
Mark-
stein
Sonnenhof
Haber-
schlacht
Biotop
Wetzelesklinge
Hasenlauf
Aussiedlerh.
Im Hasen-
lauf
1=Pfaustraße
2=Kleintorgasse
3=Grabenstraße
4=Marktplatz
5=Spitalgasse
6=Obere Klostergasse
7=Untere Klostergasse
8=Schleglergasse
9=Kirchstraße
10=Kleine Schleglergasse
11=Schellingstraße
12=Bürgerturmstraße
13=Am Flüchttor
14=Zwingergasse
15=Entengasse
16=Heilbronner Straße
17=Staffelgasse
18=Mauergasse
19=Henry-Miller-Straße
20=Eichbrunnenstraße
21=Rosengasse
22=Schloßplatz
23=Jakobsgasse
24=Falkenstraße
25=Schwalbenstraße
A=Färbergasse
B=Untere Kirchgasse
Häckel-
platz
Aussiedlerh.
Semminger
Weinbau-
genossenschaft
Baugebiet
"Hoffeld II"
Neipperger Straße
Zweifelbergstr.
Georg-Kohl-Straße
Bau-
gebiet
"Ob der
Burg"
Heilbronner Straße
Hausener Straße
Strombergstr.
Spiel-
platz
Biotop
Natur-
denkmal
Lannenbach
225
Stockheimer Straße
Hirn
238
C=Dohlenstraße
D=Gimpelstraße
Sport-
halle
Sport-
platz
Sonder-
schule
Schloß
Stadt-
halle
Amts-
gericht
ZOB
Feuerseestr.
Festwiese
Bürg.-zentr.
Sport-
Vereins-
heim
Sport-
zentrum
Wiesental
Keplerstraße
Wurmbach
Geißberg
229
Galgenforst
Maulbronner Straße
Altenpflegeheim
Haus Zabergäu
Georg-Kohl-Austraße
Jugend-
hs.
Bapt.
Kirche
Friedhof
Johannis-
kirche
Theodor-Heuss-Weg
Siehdichfür
Natur-
denkmal
Blasen-
berg
213
1=Alte Schmiede
2=Gaulgasse
3=Siederstraße
Dürrenzimmerner Straße
Friedhof
St.-Martins-
Kirche
Brackenheimer Straße
Langwiesen II
Industriegebiete
Langwiesen I
Weihergraben
Bahnhofstr.
Langwiesenstraße
Klär-
anlage
Galgenberg
Sport-
platz
Galgenberg
Gegen den Galgen
St.-Johannismühle
Sport-
platz
Zaber
NSG
Burgermühle
Biegel
Neuap.
Kirche
Zabergäustraße
Gewerbe-
gebiete
Aischbach
Boschstr.
Benz-
Maybach-
192
Langwiesen III
Weingärtner-
genossenschaft
Römerweg
Daimlerstr.
Fürtlesweg
Fürtlesbach
Kalkofen
Mühlweg
1=Zum Aischbach
2=Geranienstraße
3=Begonienweg
4=Bürgergasse
5=Sackgasse
Schleicherweg
Gewerbe-
geb.
Herrenwiesen-
bach II
Natur-
denkmal
Herrenwiesenbach
Wiesenbachstr.
Bauhof
Güglinger Straße
Hindenburgstr.
Friedhof
Bönnigheimer Straße
Altes
Raths.
Pfarr-
amt
Römerstraße
Cleebronner Straße
Klein-
kinderhm.
Sport-
platz
Baugebiet
"Saumarkt II"
Gewerbe-
gebiet
Talweg III
Daimlerstraße
Botenheimer Straße
Rosenhohe
Bahnhofstraße
Kinder-
garten
Naturdenkmal
Unholdenbaum
Mäuerle
Dörner
Tal
Seebrunnen
Schutz-
hütte
Burgbaum
Hörgental
Kreuz-
klinge
Aussiedlerhöfe
Im Augenrain
Augenrain
Vogelloch
Sennen
Brenner
Naturdenkmal
Lichten-
berg
250
Lichtenberger Weg
Herrenwiesenbach
Feldweingärten
Alte Berge
Lützelfürling
Weißäcker
226
Botenhei-
mer Feld
Linden-
hof
Hätzenklinge
Sommerhälde
Schutzhütte
5438
5436
5434
504
506
1
2
3
4
5
6
7
8
9
10
11
12

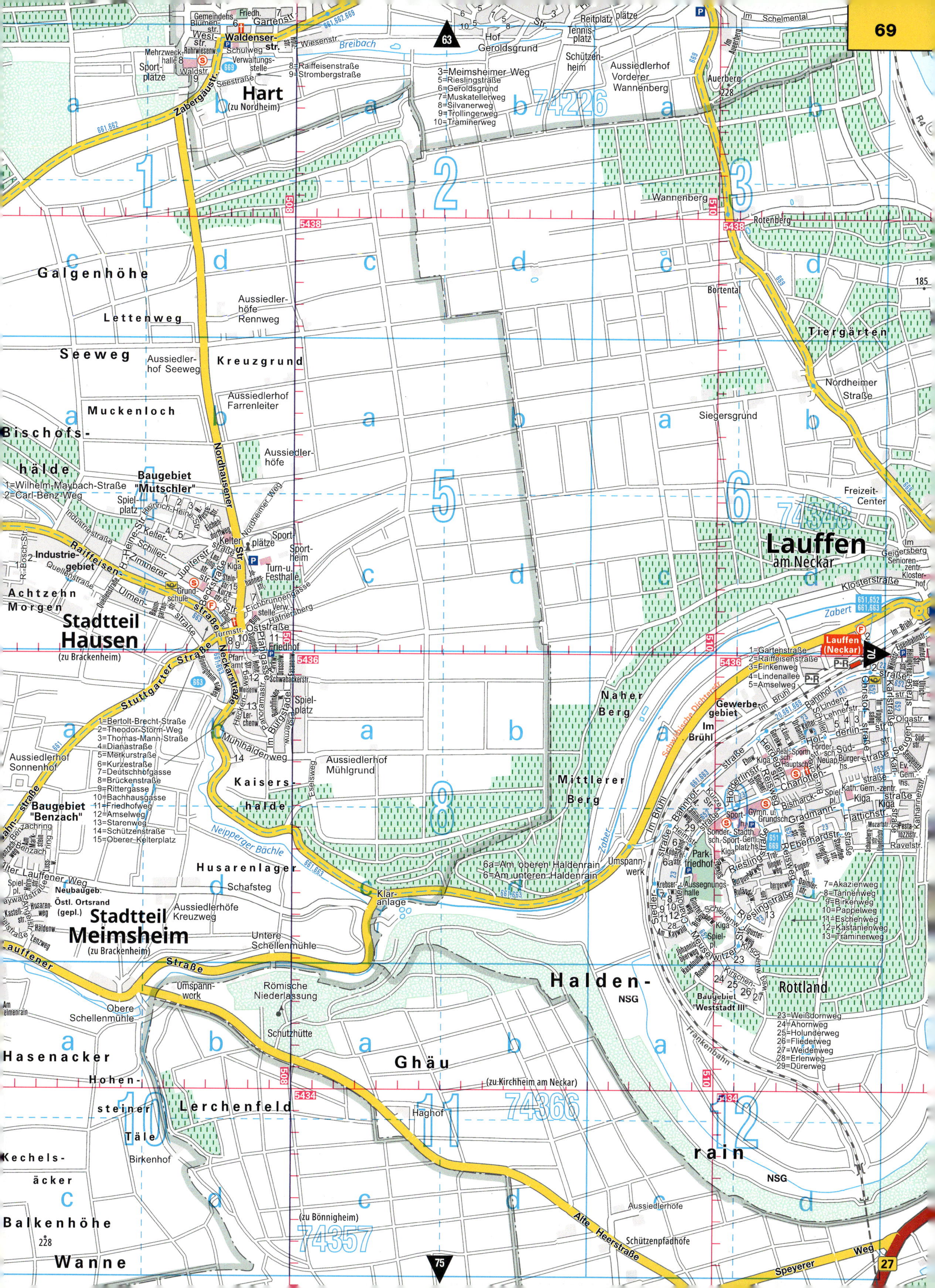
Hart
(zu Nordheim)
Waldenser-str.
Breibach
Hof Geroldsgrund
Aussiedlerhof Vorderer Wannenberg
Auerberg
Wannenberg
Rotenberg
Bortental
Tiergärten
Nordheimer Straße
Siegersgrund
Freizeit-Center
Lauffen
am Neckar
Klosterstraße
Zabert
Lauffen (Neckar)
Gewerbe-gebiet
Im Brühl
Naher Berg
Mittlerer Berg
Galgenhöhe
Lettenweg
Seeweg
Aussiedlerhof Seeweg
Aussiedlerhöfe Rennweg
Kreuzgrund
Aussiedlerhof Farrenleiter
Muckenloch
Bischofs-hälde
Aussiedlerhöfe
Baugebiet "Mutschler"
Nordhausener Str.
Industrie-gebiet
Achtzehn Morgen
Stadtteil Hausen
(zu Brackenheim)
Stuttgarter Straße
Neckarstraße
Aussiedlerhof Sonnenhof
Baugebiet "Benzach"
Aussiedlerhof Mühlgrund
Kaisers-halde
Neipperger Bächle
Husarenlager
Schafsteg
Aussiedlerhöfe Kreuzweg
Stadtteil Meimsheim
(zu Brackenheim)
Untere Schellenmühle
Kläranlage
Umspannwerk
Römische Niederlassung
Schutzhütte
Obere Schellenmühle
Hasenacker
Hohen-steiner Täle
Lerchenfeld
Ghäu
(zu Kirchheim am Neckar)
Haghof
Birkenhof
Kechels-äcker
Balkenhöhe
Wanne
(zu Bönnigheim)
Alte Heerstraße
Aussiedlerhöfe
Schützenpfadhöfe
Speyerer Weg
Halden-rain
NSG
Rottland
Baugebiet Weststadt III
Frankenbahn
74226
74348
74366
74357
1 2 3 5 6 8 10 11 12
3=Meimsheimer Weg
5=Rieslingstraße
6=Geroldsgrund
7=Muskatellerweg
8=Silvanerweg
9=Trollingerweg
10=Traminerweg
8=Raiffeisenstraße
9=Strombergstraße
1=Wilhelm-Maybach-Straße
2=Carl-Benz-Weg
1=Bertolt-Brecht-Straße
2=Theodor-Storm-Weg
3=Thomas-Mann-Straße
4=Dianastraße
5=Merkurstraße
6=Kurzestraße
7=Deutschhofgasse
8=Brückenstraße
9=Rittergasse
10=Bachhausgasse
11=Friedhofweg
12=Amselweg
13=Starenweg
14=Schützenstraße
15=Oberer-Kelterplatz
1=Gartenstraße
2=Raiffeisenstraße
3=Finkenweg
4=Lindenallee
5=Amselweg
6a=Am oberen Haldenrain
6=Am unteren Haldenrain
7=Akazienweg
8=Tannenweg
9=Birkenweg
10=Pappelweg
11=Eschenweg
12=Kastanienweg
13=Traminerweg
23=Weißdornweg
24=Ahornweg
25=Holunderweg
26=Fliederweg
27=Weidenweg
28=Erlenweg
29=Dürerweg
63
70
75
27

64
Steinbruch
(zu Heilbronn)
74081
Erdweidichweg
Oberes Wehr
Hochwasser-sperrtor
Langenau
Endberg
Mergel-grube
Robert-Bopp-Str.
Rauher Stich
Recycling-hof Bauhof
Rauher
Stich
Fischer-äcker
Nußbäumle
Gewerbegebiet
Schmalzberg
Tennis-halle
Nußbaum
Haigern
Reit-anlage
1=Hermann-Stehr-Weg
2=Lämlinweg
3=Hägelsteinweg
4=Hofstetterweg
5=Zehentgasse
6=Gartenstraße
7=Kurze Gasse
8=Badgasse
9=Staffelweg
10=Schulweg
11=Brunnengasse
12=Winzerweg
13=Hetzelgasse
14=Keltergasse
15=Agendorfer Weg
26=Akazienweg
27=Robinienweg
11=Seeäckerstr.
Altenpflegeheim
Schule
Bauhof
Theodor-Heuss-Str.
Sport-platz
Kleintier-züchter
Hänfe
Schozach
Sontheimer Straße
Haigernstraße
Neues Schloß
Im Rieder
Kaltenberg 185
Frankenbahn
Neckar
Nordheimer Straße
Kappes-graben
NSG
Freizeit-Center
Mühlwein-gärten
74348
Lauffen
am Neckar
Horkheimer Straße
Bahnhofstraße
Untergruppenbacher Str.
Hauptstraße
24=Sperberseckstraße
25=Herzog-Ulrich-Weg
Im Pfädle
Aussiedler-hof
Lauffener Straße
Landturmstraße
Kath. Gem.-haus
Kath. Kiga
Mineral-u. Heilquell.
Talheim
74388
16=Finkenweg
17=Lerchenweg
18=Im Rappen
19=Fritz-Springer-Weg
20=Meisenweg
21=Burgunderweg
22=Samtrotweg
23=Trollingerweg
Trauer-halle
Fried-hof
Im Geigersberg
Im Schönblick
Klosterstraße
Vogelschutz-gebiet
Nachti-gallen-insel
Kläranlage
Stein-bruch
Falterwörth
1=Gartenstraße
Zaberl
Im Brühl
Kiesstr.
Uferstraße
Rathaus
Alte Kelter
Neues Heilbronner Tor
Heilbronner Straße
Ilsfelder Straße
Im Vorderen Burgfeld
Gewerbegebiet Vorderes Burgfeld
Pump-werk
Jungholzstraße
Tauchstein
Wasser- und Schifffahrts-amt
Schleusen
Kraft-werk
Weinbrücke
Stuttgarter Straße
Konsten
Brunnen-äcker
14=Brunnenstraße
15=Sonnenstraße
16=Kirchstraße
17=Kirchbergstraße
18=Mühlbachstraße
19=Oberamteigasse
20=Badbrunnenweg
21=Kellereigasse
22=Grabenstraße
Turn-halle
Frei-bad
Sport-plätze
Grill-platz
Minigolf
Tennis-pl.
Tennishalle
Schützen-haus
Am Forchenwald
Ulrichsheide
Römischer Gutshof
Landturm
Wielandstr.
Ravelstr.
Flattichstr.
In den Herrenäckern
See-loch
NSG
Konstenfeld
Tobel
74382
Neckarwestheim
31=Habichtweg
35=August-Lämmle-Weg
36=Friedrich-Hegel-Weg
37=Wilhelm-Hauff-Weg
38=Wilhelm-Kroz-Weg
39=Justinus-Kerner-Weg
40=Hermann-Hesse-Weg
41=Sophie-La-Roche-Weg
42=Droste-Hülshoff-Weg
43=Wielandstraße
1=Falkenstraße
Hohfeld
(zu Kirchheim am Neckar)
74366
Krümmling
Alter Weg
Kläranlage
76
Hobbyland Skate-park
Oberer Schozachweg
5438
5436
5434
27
69

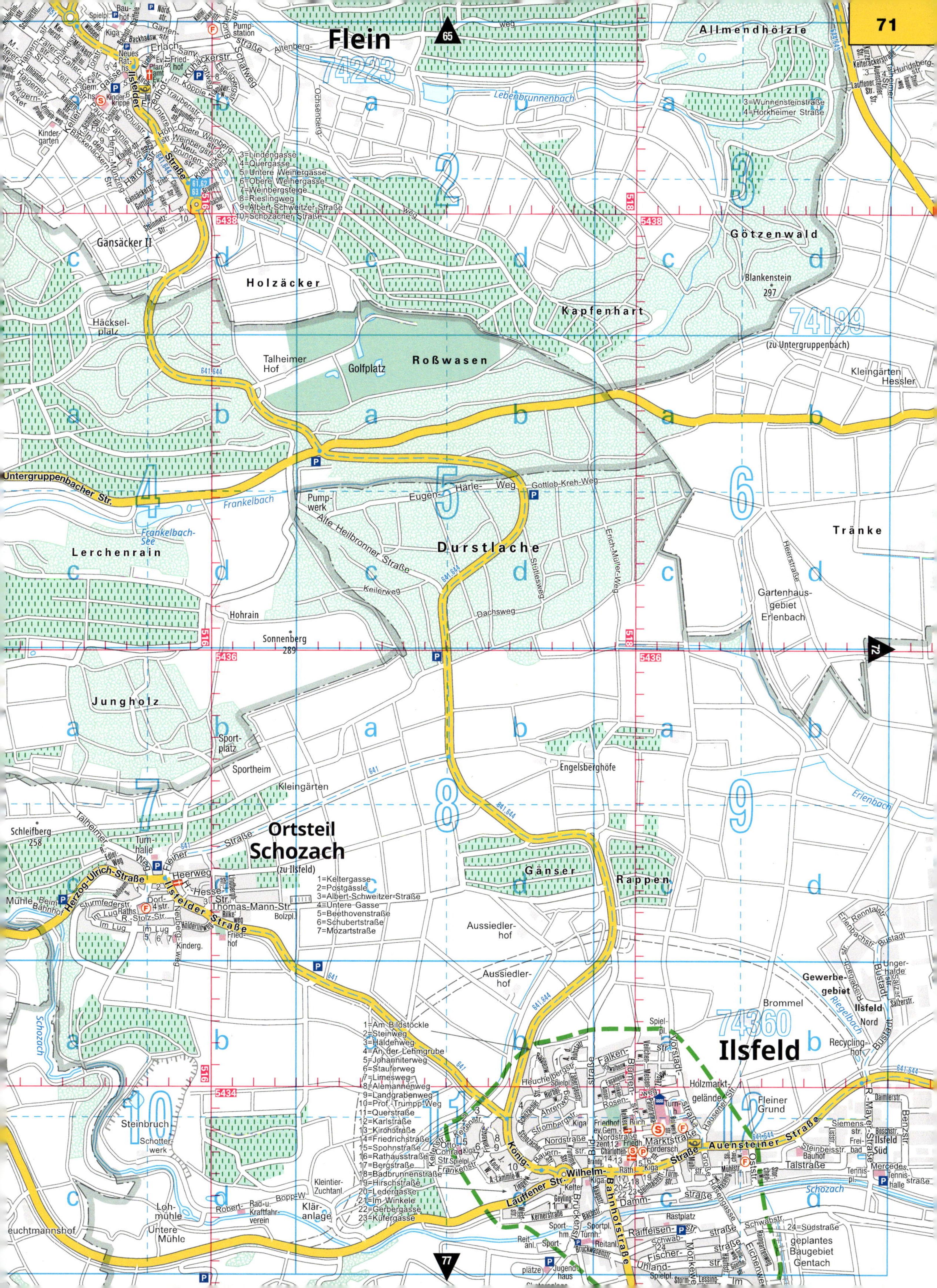

Flein
74223
Allmendhölzle
Lebenbrunnenbach
3=Wunnensteinstraße
4=Horkheimer Straße
3=Lindengasse
4=Quergasse
5=Untere Weinbergasse
6=Obere Weinergasse
7=Weinbergsteige
8=Rieslingweg
9=Albert-Schweitzer-Straße
10=Schozacher Straße
Gänsäcker II
Holzäcker
Götzenwald
Blankenstein
297
Kapfenhart
74199
(zu Untergruppenbach)
Kleingärten Hessler
Häcksel-platz
Talheimer Hof
Golfplatz
Roßwasen
Untergruppenbacher Str.
Frankelbach
Frankelbach-See
Pump-werk
Eugen-Härle-Weg
Gottlob-Kreh-Weg
Alte Heilbronner Straße
Durstlache
Lerchenrain
Tränke
Heerstraße
Gartenhaus-gebiet Erlenbach
Keilerweg
Dachsweg
Erich-Müller-Weg
Hohrain
Sonnenberg
289
Jungholz
Sport-platz
Sportheim
Kleingärten
Engelsberghöfe
Erlenbach
Schleifberg
258
Ortsteil Schozach
(zu Ilsfeld)
1=Keltergasse
2=Postgässle
3=Albert-Schweitzer-Straße
4=Untere Gasse
5=Beethovenstraße
6=Schubertstraße
7=Mozartstraße
Gänser
Rappen
Herzog-Ulrich-Straße
Ilsfelder Straße
Heerweg
Thomas-Mann-Str.
Aussiedler-hof
Gewerbe-gebiet Ilsfeld Nord
Brommel
Riegelbach
Schozach
1=Am Bildstöckle
2=Steinweg
3=Haldenweg
4=An der Lehmgrube
5=Johanniterweg
6=Stauferweg
7=Limesweg
8=Alemannenweg
9=Landgrabenweg
10=Prof.-Trumpp-Weg
11=Querstraße
12=Karlstraße
13=Kirchstraße
14=Friedrichstraße
15=Spohnstraße
16=Rathausstraße
17=Bergstraße
18=Badbrunnenstraße
19=Hirschstraße
20=Ledergasse
21=Im Winkele
22=Gerbergasse
23=Küfergasse
74360
Ilsfeld
Holzmarkt-gelände
Fleiner Grund
Auensteiner Straße
König-Wilhelm-Straße
Lauffener Str.
Bahnhofstraße
Marktstraße
Ilsfeld Süd
Talstraße
Steinbruch
Schotter-werk
Loh-mühle
Untere Mühle
Kleintier-Zuchtanl.
Kläranlage
Rad-u. Kraftfahr-verein
Raiffeisen-str.
Rastplatz
24=Südstraße
geplantes Baugebiet Gentach
Jugend-haus
Bopp-W.
65
72
77

Untergruppenbach
Ortsteil Unterheinriet
(zu Untergruppenbach)
Ortsteil Happenbach
(zu Abstatt)
Ortsteil Wüstenhausen
(zu Abstatt)
Abstatt
Ortsteil Helfenberg
(zu Ilsfeld)
Ortsteil Auenstein
(zu Ilsfeld)
Löwensteiner
Rattenhau
Grafenwald
Berge
Lämmerwiesen
Tränke
Lichtenbühl
Vohenlohe
Blauhalde
74199
74232
74360
71717
Anschlussstelle Heilbronn/Untergruppenbach
Anschlussstelle Ilsfeld
Bosch Entwicklungszentrum
Lutz-Sigel-Hütte
Hof Stettenfels
Burg Stettenfels
Ruine Helfenberg
Gewerbegebiet GETRAG
5=Frischaufweg
6=Holzmacherweg
7=Thomas-Mann-Straße
8=Herbert-Sehm-Straße
9=Nelly-Sachs-Straße
1=Asternweg
2=Im Fuchsloch
3=Im Dachsbau
4=Starenweg
5=Zeisigweg
6=Drosselweg
7=Silcherstraße
8=Hauffstraße
9=Moserstraße
10=Zollerstraße
11=Brunnenstraße
12=Beilsteiner Weg
1=Brunnenweg
2=Veilchenstraße
3=Rosenstraße
4=Nelkenstraße
1=Hebbelstraße
2=Hölderlinweg
3=Neusatz
4=Im Grund
5=Neue Mitte Heinriet
6=Lehmacker
7=Buchklinge
8=Grugstatt
1=Happenbacher Straße
2=Heinrieter Straße
1=Weidenweg
2=Radäckerweg
3=Platanenweg
4=Eschenweg
5=Friedhofstraße
6=Jägerhausstr.
7=Kastanienw.
8=Erlenweg
9=Vohenloher Straße
10=Bäckergasse
11=Place de Léhon
12=Obere Drittelgasse
13=Drosselweg
14=Meisenweg
15=Starenweg
16=Finkenweg
17=Baumannshof
18=Metzgergasse
1=Im Mühlhof
2=Kirchgasse
3=Bürgerweg
4=Mäuerlesgasse
1=Lembergerweg
2=Silvanerweg
3=Trollingerweg
5=Gutenbergstraße
6=Tulpenweg
7=Fliederweg
8=Im Hundsweinberg
9=Lenauweg
10=Burgunderweg
66
71
78

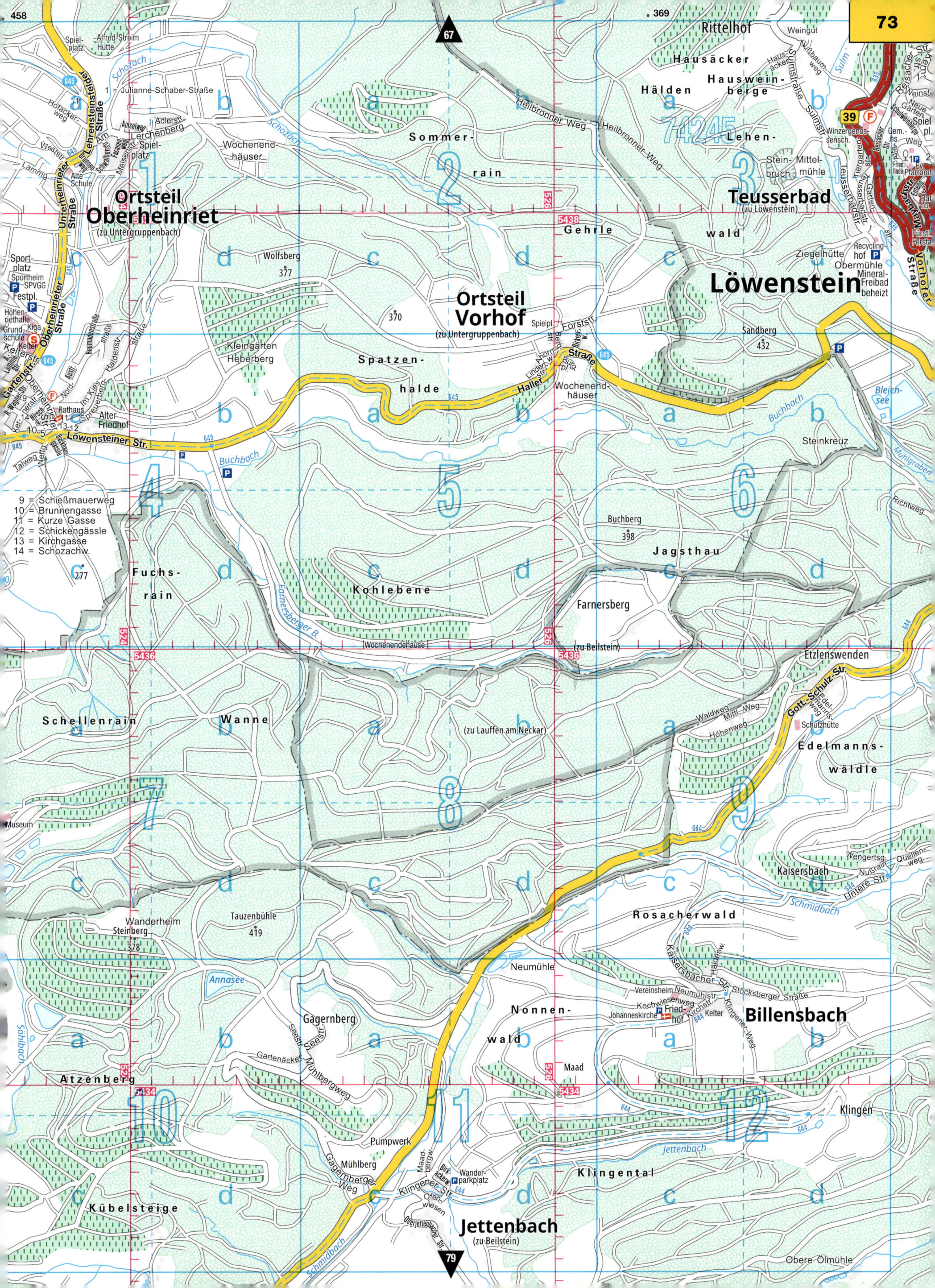

Ortsteil Oberheinriet
(zu Untergruppenbach)
Ortsteil Vorhof
(zu Untergruppenbach)
Löwenstein
Teusserbad
(zu Löwenstein)
Billensbach
Jettenbach
(zu Beilstein)
Rittelhof
Hausäcker
Hälden
Hausweinberge
Lehen-
Sommerrain
Gehrle
wald
Wolfsberg
377
370
Spatzenhalde
Kleingärten Heberberg
Wochenendhäuser
Löwensteiner Str.
Haller Straße
Heilbronner Weg
Sandberg
432
Buchbach
Steinkreuz
Bleichsee
Buchberg
398
Jagsthau
Fuchsrain
Kohlebene
Farnersberg
(zu Beilstein)
Wochenendehäuse
Etzlenswenden
Schellenrain
Wanne
(zu Lauffen am Neckar)
Edelmannswäldle
Museum
Kaisersbach
Rosacherwald
Schmidbach
Wanderheim Steinberg
378
Tauzenbühle
419
Annasee
Gagernberg
Neumühle
Nonnenwald
Vereinsheim Neumühle
Johanneskirche
Friedhof
Kelter
Maad
Atzenberg
Pumpwerk
Mühlberg
Gagernberger Weg
Wanderparkplatz
Klingental
Klingen
Jettenbach
Kübelsteige
Obere Ölmühle
Schozach
Sahlbach
9 = Schießmauerweg
10 = Brunnengasse
11 = Kurze Gasse
12 = Schickengässle
13 = Kirchgasse
14 = Schozachw.
1 = Julianne-Schaber-Straße
277
74245
67
79
458
369
5436
5434
5438
526
645
644
39

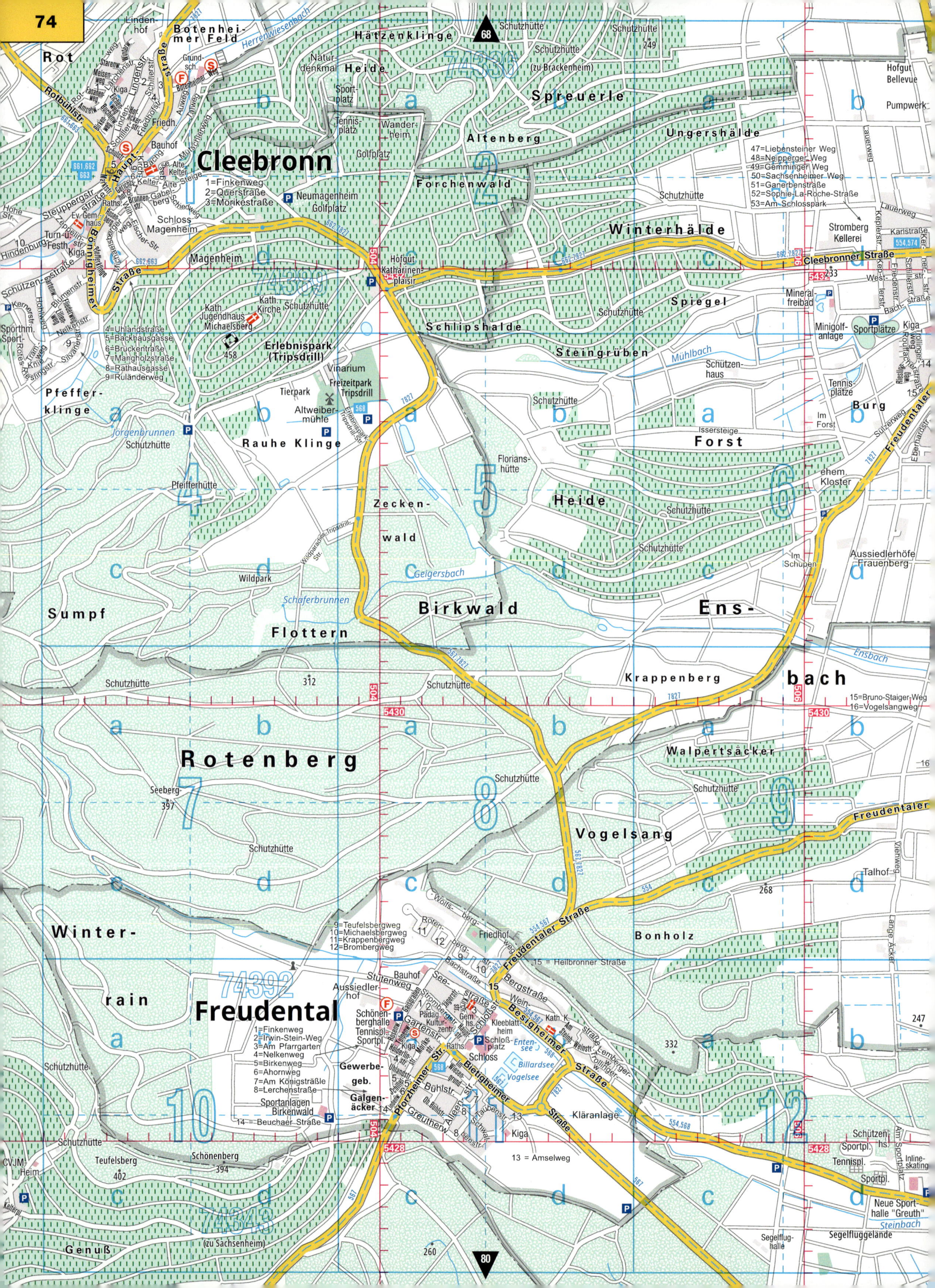
Cleebronn
Freudental
Rotenberg
Birkwald
Ensbach
Forst
Heide
Zeckenwald
Flottern
Sumpf
Winterrain
Pfefferklinge
Rauhe Klinge
Erlebnispark (Tripsdrill)
Magenheim
Schloss Magenheim
Botenheimer Feld
Rot
Hätzenklinge
Spreuerle
Altenberg
Forchenwald
Ungershälde
Winterhälde
Schlipshalde
Steingrüben
Spiegel
Krappenberg
Walpertsäcker
Vogelsang
Bonholz
Burg
Stromberg Kellerei
Cleebronner Straße
Freudentaler Straße
Besigheimer Straße
Bietigheimer Straße
Pforzheimer Str.
Schönenberg
Teufelsberg
Genuß
Seeberg
Wildpark
Tierpark
Altweibermühle
Freizeitpark Tripsdrill
Aussiedlerhöfe Frauenberg
Segelfluggelände
Neue Sporthalle "Greuth"
Kläranlage
Mühlbach
Ensbach
Steinbach
Geigersbach
Schaferbrunnen
Jorgenbrunnen
1=Finkenweg
2=Querstraße
3=Mörikestraße
4=Uhlandstraße
5=Backhausgasse
6=Brückenstraße
7=Mangholzstraße
8=Rathausgasse
9=Ruländerweg
47=Liebensteiner Weg
48=Neipperger Weg
49=Gemminger Weg
50=Sachsenheimer Weg
51=Ganerbenstraße
52=Sophie-La-Roche-Straße
53=Am-Schlosspark
9=Teufelsbergweg
10=Michaelsbergweg
11=Krappenbergweg
12=Brombergweg
15 = Heilbronner Straße
15=Bruno-Staiger-Weg
16=Vogelsangweg
1=Finkenweg
2=Irwin-Stein-Weg
3=Am Pfarrgarten
4=Nelkenweg
5=Birkenweg
6=Ahornweg
7=Am Königstraße
8=Lerchenstraße
14 = Beuchaer Straße
13 = Amselweg
74336
74389
74392
74343
68
80

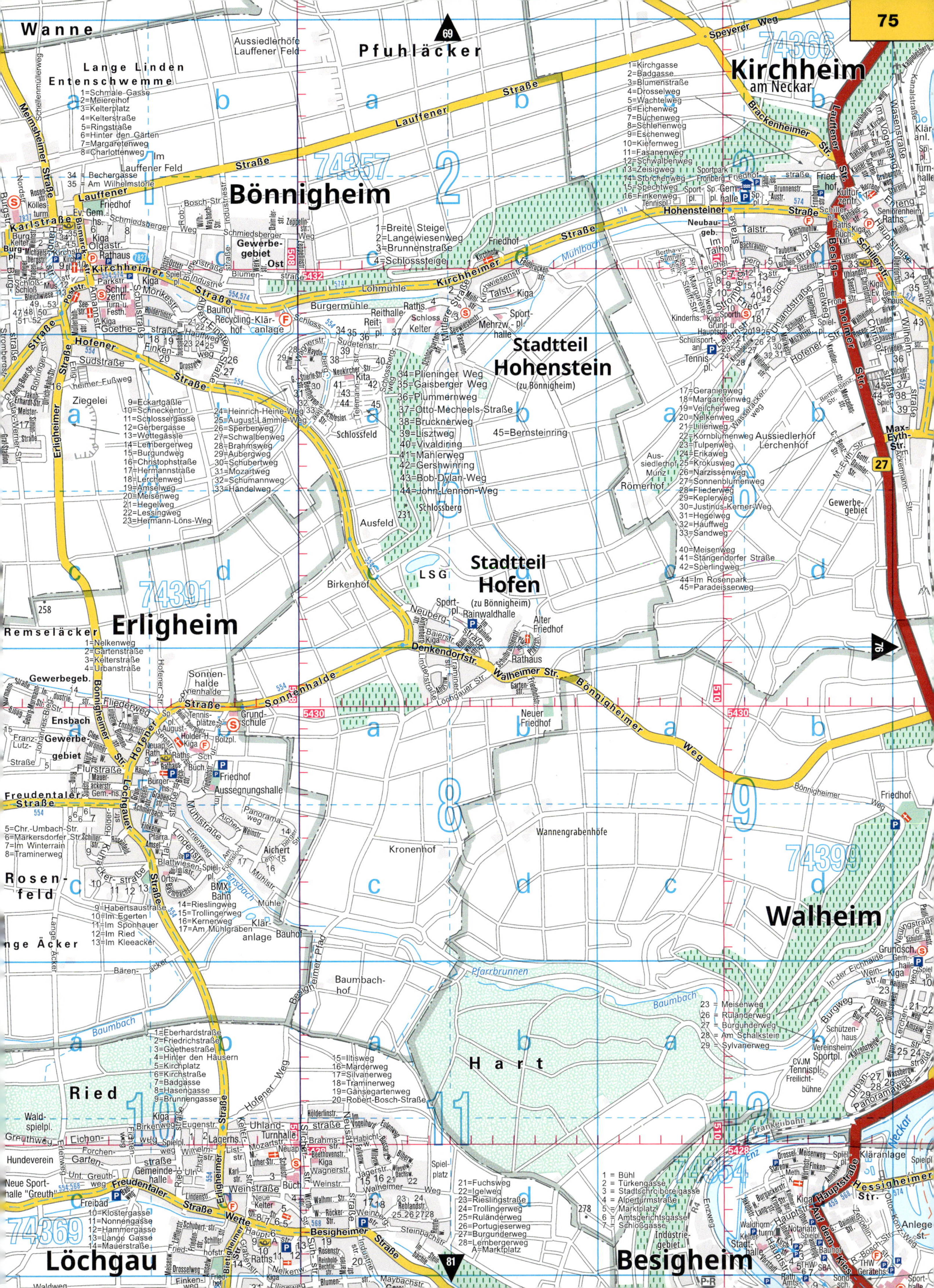
Wanne
Aussiedlerhöfe Lauffener Feld
Pfuhläcker
69
Lange Linden
Entenschwemme
1=Schmale Gasse
2=Meiereihof
3=Kelterplatz
4=Kelterstraße
5=Ringstraße
6=Hinter den Gärten
7=Margaretenweg
8=Charlottenweg
Im Lauffener Feld
34 = Bechergasse
35 = Am Wilhelmstörle
Lauffener Straße
Speyerer Weg
74366
Kirchheim am Neckar
1=Kirchgasse
2=Badgasse
3=Blumenstraße
4=Drosselweg
5=Wachtelweg
6=Eichenweg
7=Buchenweg
8=Schlehenweg
9=Eschenweg
10=Kiefernweg
11=Fasanenweg
12=Schwalbenweg
13=Zeisigweg
14=Storchenweg
15=Spechtweg
16=Finkenweg
Brackenheimer Str.
Lauffener Str.
74357
Bönnigheim
1=Breite Steige
2=Langewiesenweg
3=Brunnenstraße
4=Schlosssteige
Hohensteiner Straße
Kirchheimer Straße
Gewerbegebiet Ost
Burgermühle
Lohmühle
Mühlbach
Stadtteil Hohenstein (zu Bönnigheim)
Recycling-Kläranlage
Hofener Straße
Südstraße
Ziegelei
9=Eckartgasse
10=Schneckentor
11=Schlossergasse
12=Gerbergasse
13=Wettegasse
14=Lembergerweg
15=Burgundweg
16=Christophstraße
17=Hermannstraße
18=Lerchenweg
19=Amselweg
20=Meisenweg
21=Hegelweg
22=Lessingweg
23=Hermann-Löns-Weg
24=Heinrich-Heine-Weg
25=August-Lämmle-Weg
26=Sperberweg
27=Schwalbenweg
28=Brahmsweg
29=Aubergweg
30=Schubertweg
31=Mozartweg
32=Schumannweg
33=Händelweg
34=Plieninger Weg
35=Gaisberger Weg
36=Plummernweg
37=Otto-Mecheels-Straße
38=Brucknerweg
39=Lisztweg
40=Vivaldiring
41=Mahlerweg
42=Gershwinring
43=Bob-Dylan-Weg
44=John-Lennon-Weg
45=Bernsteinring
Schlossfeld
Schlossberg
Ausfeld
17=Geranienweg
18=Margaretenweg
19=Veilchenweg
20=Nelkenweg
21=Lilienweg
22=Kornblumenweg
23=Tulpenweg
24=Erikaweg
25=Krokusweg
26=Narzissenweg
27=Sonnenblumenweg
28=Fliederweg
29=Keplerweg
30=Justinus-Kerner-Weg
31=Hegelweg
32=Hauffweg
33=Sandweg
40=Meisenweg
41=Stangendorfer Straße
42=Sperlingweg
44=Im Rosenpark
45=Paradeisserweg
Aussiedlerhof Lerchenhof
Aussiedlerhof Münz
Römerhof
Gewerbegebiet
Max-Eyth-Str.
27
Stadtteil Hofen (zu Bönnigheim)
LSG
Birkenhof
Rainwaldhalle
Alter Friedhof
Rathaus
Denkendorfstr.
Walheimer Str.
Bönnigheimer Weg
Neuer Friedhof
76
74391
Erligheim
Remseläcker
1=Nelkenweg
2=Gartenstraße
3=Kelterstraße
4=Urbanstraße
Gewerbegeb.
Ensbach
Gewerbegebiet
Sonnenhalde
Grundschule
Friedhof
Aussegnungshalle
Freudentaler Straße
5=Chr.-Umbach-Str.
6=Markersdorfer Str.
7=Im Winterrain
8=Traminerweg
Rosenfeld
9=Habersaustraße
10=Im Egerten
11=Im Sponhauer
12=Im Ried
13=Im Kleeacker
14=Rieslingweg
15=Trollingerweg
16=Kernerweg
17=Am Mühlgraben
Kläranlage
Bauhof
Aicherl
Kronenhof
Wannengrabenhöfe
74399
Walheim
Lange Äcker
Baumbach
Baumbachhof
Pfarrbrunnen
Hart
1=Eberhardstraße
2=Friedrichstraße
3=Goethestraße
4=Hinter den Häusern
5=Kirchplatz
6=Kirchstraße
7=Badgasse
8=Hasengasse
9=Brunnengasse
15=Iltisweg
16=Marderweg
17=Silvanerweg
18=Traminerweg
19=Gänsegartenweg
20=Robert-Bosch-Straße
23 = Meisenweg
26 = Rulanderweg
27 = Burgunderweg
28 = Am Schalkstein
29 = Sylvanerweg
Ried
Waldspielpl.
Hundeverein
Neue Sporthalle "Greuth"
Freudentaler Straße
10=Klostergasse
11=Nonnengasse
12=Hammergasse
13=Lange Gasse
14=Mauerstraße
74369
Löchgau
21=Fuchsweg
22=Igelweg
23=Rieslingstraße
24=Trollingerweg
25=Ruländerweg
26=Portugieserweg
27=Burgunderweg
28=Lembergerweg
A=Marktplatz
Besigheimer Straße
81
1 = Bühl
2 = Türkengasse
3 = Stadtschreibereigasse
4 = Alpertürmstraße
5 = Marktplatz
6 = Amtsgerichtsgasse
7 = Schloßgasse
74354
Besigheim
Industriegebiet
Hessigheimer Str.
Neckar
Enz

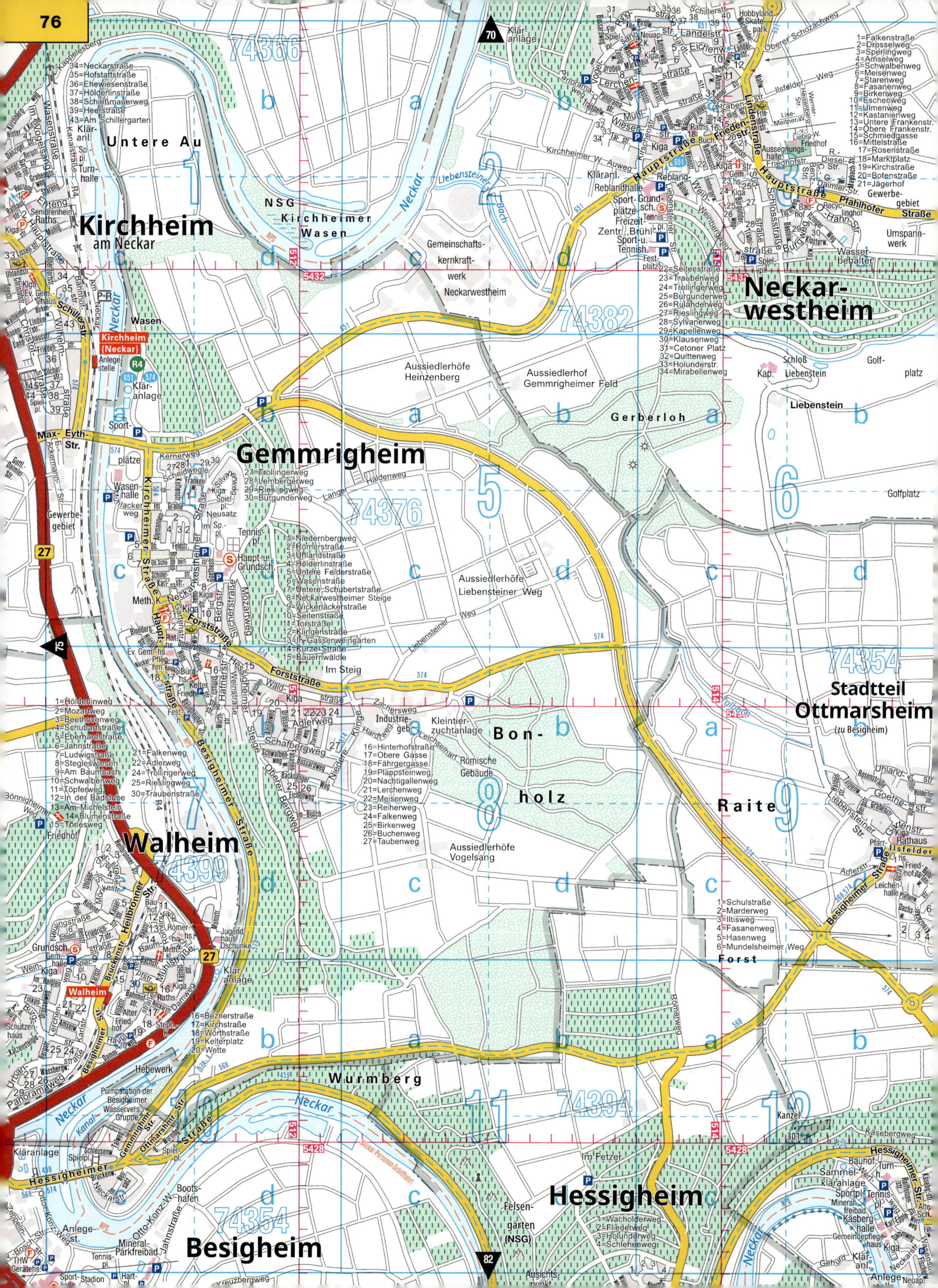

Kirchheim
am Neckar
Untere Au
NSG
Kirchheimer
Wasen
Neckar
Liebensteiner Bach
Gemeinschafts-
kernkraft-
werk
Neckarwestheim
Neckar-
westheim
Schloß
Liebenstein
Liebenstein
Golfplatz
Aussiedlerhöfe
Heinzenberg
Aussiedlerhof
Gemmrigheimer Feld
Gerberloh
Gemmrigheim
Aussiedlerhöfe
Liebensteiner Weg
Stadtteil
Ottmarsheim
(zu Besigheim)
Bon-
holz
Römische
Gebäude
Raite
Aussiedlerhöfe
Vogelsang
Walheim
Forst
Wurmberg
Hessigheim
Besigheim
Felsen-
garten
(NSG)
Kanzel
301
Hauptstraße
Pfahlhofer Straße
Kirchheimer Straße
Besigheimer Straße
Forststraße
Hessigheimer Straße
Ottmarsheimer Straße
74366
74382
74376
74354
74399
74394
1=Falkenstraße
2=Drosselweg
3=Sperlingweg
4=Amselweg
5=Schwalbenweg
6=Meisenweg
7=Starenweg
8=Fasanenweg
9=Birkenweg
10=Eschenweg
11=Ulmenweg
12=Kastanienweg
13=Untere Frankenstr.
14=Obere Frankenstr.
15=Schmiedgasse
16=Mittelstraße
17=Rosenstraße
18=Marktplatz
19=Kirchstraße
20=Botenstraße
21=Jägerhof
22=Seitenstraße
23=Traubenweg
24=Trollingerweg
25=Burgunderweg
26=Ruländerweg
27=Rieslingweg
28=Sylvanerweg
29=Kapellenweg
30=Klausenweg
31=Cetoner Platz
32=Quittenweg
33=Holunderstr.
34=Mirabellenweg
34=Neckarstraße
35=Hofstattstraße
36=Etlewiesenstraße
37=Hölderlinstraße
38=Schießmauerweg
39=Heerstraße
43=Am Schillergarten
27=Trollingerweg
28=Lembergerweg
29=Rieslingweg
30=Burgunderweg
1=Niedernbergweg
2=Römerstraße
3=Uhlandstraße
4=Hölderlinstraße
5=Untere Felderstraße
6=Wasenstraße
7=Untere Schubertstraße
8=Neckarwestheimer Steige
9=Wickenäckerstraße
10=Seitenstraße
11=Torstraße
12=Klingenstraße
13=Im Gassenweingarten
14=Kurze Straße
15=Bauernwälde
16=Hinterhofstraße
17=Obere Gasse
18=Fährgergasse
19=Plappsteinweg
20=Nachtigallenweg
21=Lerchenweg
22=Meisenweg
23=Reiherweg
24=Falkenweg
25=Birkenweg
26=Buchenweg
27=Taubenweg
1=Hölderlinweg
2=Mozartweg
3=Beethovenweg
4=Schubartstraße
5=Eberhardstraße
6=Jahnstraße
7=Ludwigstraße
8=Stegleswiesen
9=Am Baumbach
10=Schwalbenweg
11=Töpferweg
12=In der Badstube
13=Am Michelstein
14=Blumenstraße
15=Törlesweg
21=Falkenweg
22=Adlerweg
24=Trollingerweg
25=Rieslingweg
30=Traubenstraße
16=Beznerstraße
17=Kirchstraße
18=Wörthstraße
19=Kelterplatz
20=Wette
1=Schulstraße
2=Marderweg
3=Iltisweg
4=Fasanenweg
5=Hasenweg
6=Mundelsheimer Weg
1=Wacholderweg
2=Fliederweg
3=Holunderweg
4=Schlehenweg

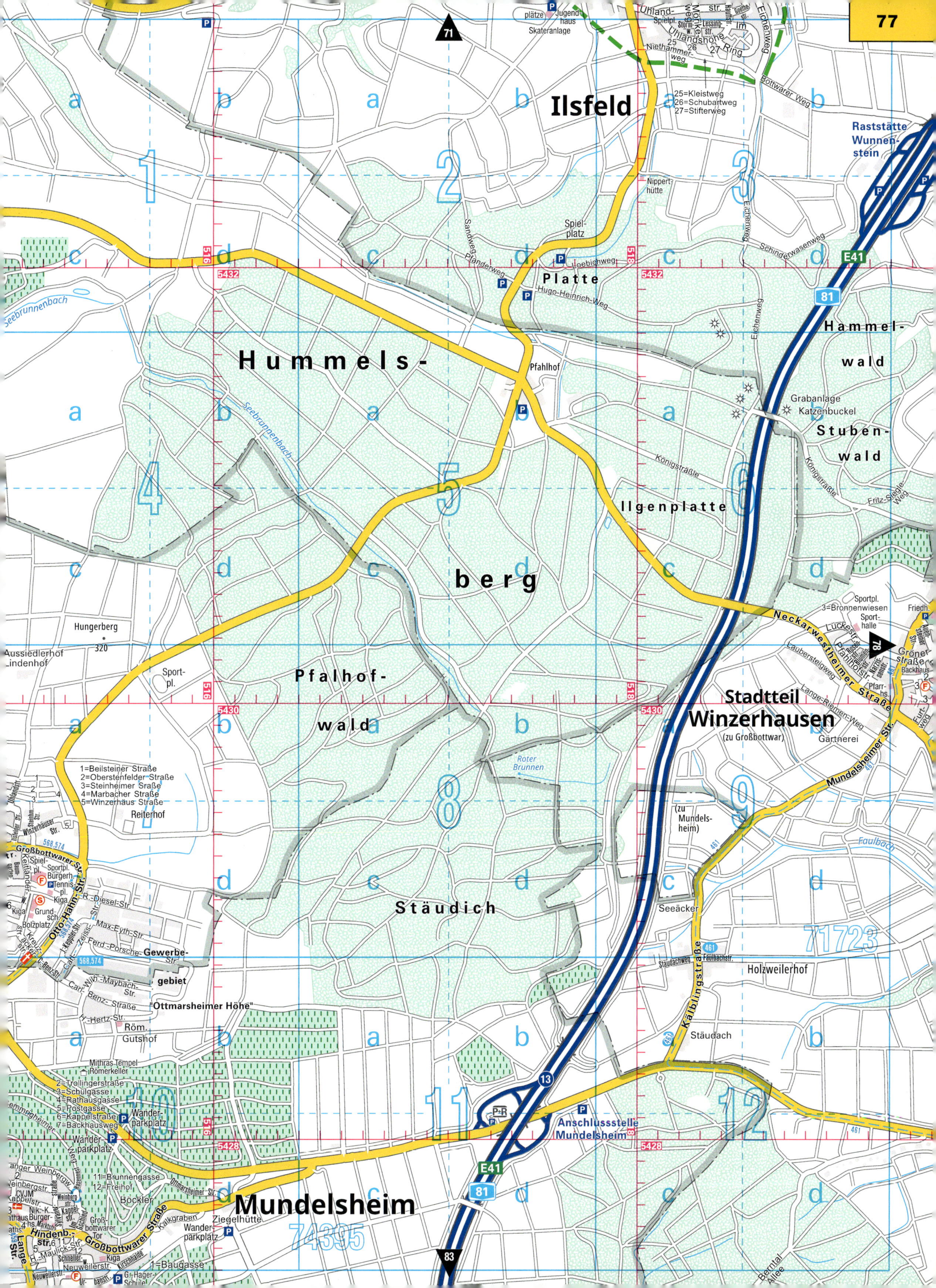
Ilsfeld
Raststätte Wunnenstein
Platte
Hummels-
berg
Pfahlhof
Hammel-
wald
Stuben-
wald
Grabanlage Katzenbuckel
Ilgenplatte
Pfalhof-
wald
Hungerberg
320
Aussiedlerhof Lindenhof
Stadtteil Winzerhausen
(zu Großbottwar)
Gärtnerei
Roter Brunnen
Reiterhof
Städich
Seeäcker
Holzweilerhof
Stäudach
71723
Gewerbe-
gebiet
"Ottmarsheimer Höhe"
Röm. Gutshof
Mithras-Tempel Römerkeller
Anschlussstelle Mundelsheim
Mundelsheim
74395
Ziegelhütte
Wanderparkplatz
Neckarwestheimer Straße
Mundelsheimer Str.
Königstraße
Seebrunnenbach
Faulbach
Kälblingstraße
Großbottwarer Straße
Bottwarer Weg
Schinderwasenweg
Eichenweg
Hugo-Heinrich-Weg
Loebichweg
Nipperthütte
Spielplatz
25=Kleistweg
26=Schubartweg
27=Stifterweg
1=Beilsteiner Straße
2=Oberstenfelder Straße
3=Steinheimer Straße
4=Marbacher Straße
5=Winzerhaus. Straße
3=Bronnenwiesen
Berntal Allee
E41
81
71
78
83
13

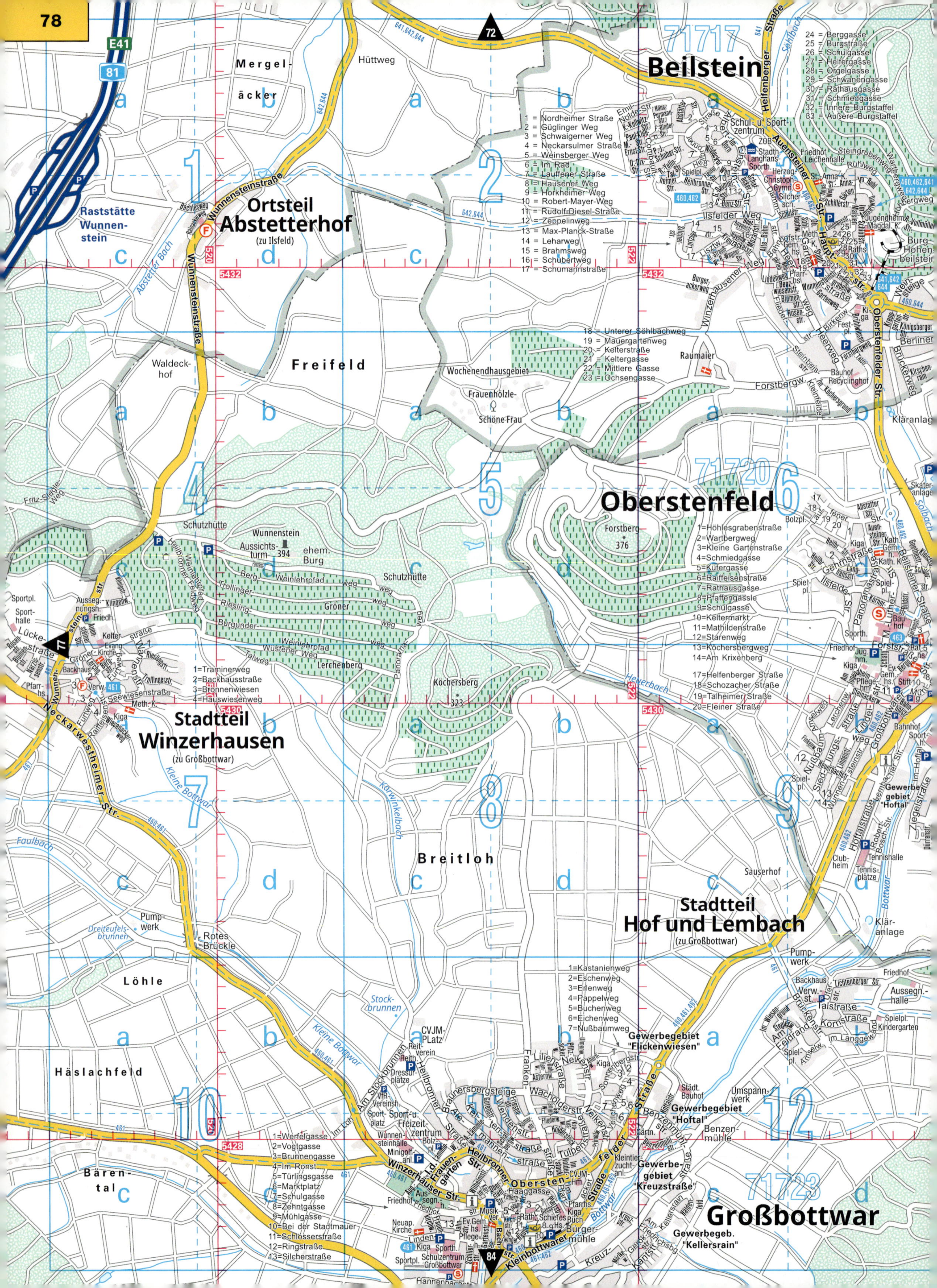

E41
81
72
71717
Beilstein
Mergel-
äcker
Hüttweg
Raststätte
Wunnen-
stein
Ortsteil
Abstetterhof
(zu Ilsfeld)
Wunnensteinstraße
Abstetter Bach
1 = Nordheimer Straße
2 = Güglinger Weg
3 = Schwaigerner Weg
4 = Neckarsulmer Straße
5 = Weinsberger Weg
6 = Im Rad
7 = Lauffener Straße
8 = Hausener Weg
9 = Horkheimer Weg
10 = Robert-Mayer-Weg
11 = Rudolf-Diesel-Straße
12 = Zeppelinweg
13 = Max-Planck-Straße
14 = Leharweg
15 = Brahmsweg
16 = Schubertweg
17 = Schumannstraße
24 = Berggasse
25 = Burgstraße
26 = Schulgasse
27 = Helfergasse
28 = Orgelgasse
29 = Schwanengasse
30 = Rathausgasse
31 = Schmiedgasse
32 = Innere Burgstaffel
33 = Äußere Burgstaffel
Helfenberger Straße
Schul- u. Sport-
zentrum
Friedhof
Ilsfelder Weg
Winzerhausener Weg
Burg Hohen-
beilstein
Oberstenfelder Str.
5432
Waldeck-
hof
Freifeld
18 = Unterer Söhlbachweg
19 = Mauergartenweg
20 = Kelterstraße
21 = Keltergasse
22 = Mittlere Gasse
23 = Ochsengasse
Wochenendhausgebiet
Frauenhölzle-
Schöne Frau
Raumaier
Forstbergw.
Bauhof
Recycinghof
Kläranlage
71720
Oberstenfeld
Forstberg
376
1=Höhlesgrabenstraße
2=Wartbergweg
3=Kleine Gartenstraße
4=Schmiedgasse
5=Kufergasse
6=Raiffeisenstraße
7=Rathausgasse
8=Pfaffengasse
9=Schulgasse
10=Keltermarkt
11=Mathildenstraße
12=Starenweg
13=Kochersbergweg
14=Am Krixenberg
17=Helfenberger Straße
18=Schozacher Straße
19=Talheimer Straße
20=Fleiner Straße
Fritz-Siegle-Weg
Schutzhütte
Wunnenstein
Aussichts-
turm 394
ehem.
Burg
Weinlehrpfad
Trollinger
Riesling
Gröner
Burgunder
Lerchenberg
Köchersberg
323
Panoramaweg
Heilbronner Str.
Sportpl.
Sport-
halle
Ausseg-
nungsh.
Friedh.
Kelter
Evang.
Kirche
Backhaus
Verw.
Pfarrh.
Seewiesenstraße
Meth.-K.
Kiga
1=Traminerweg
2=Backhausstraße
3=Brunnenwiesen
4=Hauswiesenweg
Stadtteil
Winzerhausen
(zu Großbottwar)
5430
Neckarwestheimer Str.
Kleine Bottwar
Karwinkelbach
Breitloh
Heuerbach
Faulbach
Pump-
werk
Dreiteufels-
brunnen
Rotes
Brückle
Sauserhof
Stadtteil
Hof und Lembach
(zu Großbottwar)
Gewerbegebiet
"Hoftal"
Tennishalle
Tennis-
plätze
Club-
heim
Klär-
anlage
Bottwar
Löhle
Häslachfeld
Stock-
brunnen
CVJM-
PLatz
Reitverein
Dressur-
plätze
1=Kastanienweg
2=Eschenweg
3=Erlenweg
4=Pappelweg
5=Buchenweg
6=Eichenweg
7=Nußbaumweg
Gewerbegebiet
"Flickenwiesen"
Friedhof
Aussegn.-
halle
Spielpl.
Kindergarten
Talstraße
Umspann-
werk
Stadt.
Bauhof
Gewerbegebiet
"Hoftal"
Benzen-
mühle
Gewerbe-
gebiet
"Kreuzstraße"
71723
Großbottwar
Gewerbeg.
"Kellersrain"
Bären-
tal
5428
1=Werfelgasse
2=Vogtgasse
3=Brunnengasse
4=Im Ronst
5=Türlingsgasse
6=Marktplatz
7=Schulgasse
8=Zehntgasse
9=Mühlgasse
10=Bei der Stadtmauer
11=Schlosserstraße
12=Ringstraße
13=Silcherstraße
Sport-u.
Freizeit-
zentrum
Heilbronner Str.
Winzerhäuser Str.
Oberstenfelder Straße
Kleinbottwarer Str.
Bürger-
mühle
Neuap.
Kirche
Schulzentrum
Großbottwar
Sportpl.
84

73
Atzenberg
316
Fohlenberg
380
Stadtteil
Schmidhausen
(zu Beilstein)
34 = Danziger Straße
35 = Mörikeweg
36 = Gottfried-Keller-Straße
37 = Lessingstraße
38 = Fontanestraße
39 = Heinrich-von-Kleist-Weg
40 = Erich-Kästner-Straße
41 = Lönsweg
42 = Ruländerstraße
43 = Müller-Thurgau-Weg
44 = Weidenweg
45 = Mühlstaffel
Schmidbach
Schleif-
Brudertal
Brudertalbach
Untere Ölmühle
Obere Ölmühle
Prevorster
rain
Tal
Bonhölzle
Seeweinberg
Vereinsheim-
Tennis
zentrum
Löwensteiner Straße
Schmidhausener Straße
Kälberkopf
469
4 = Ricarda-Huch-Weg
5 = Hegelstraße
Ortsteil
Gronau
(zu Oberstenfeld)
Platte
Schmalheckenbach
Ochsenweide
Mühlbach
1=Hermann-Helber-Straße
2=Rotäcker
3=Rathausplatz
Schulungszentrum
GdF Wüstenrot
Hart
Mehrzweckhalle
Marbacher Str.
Hauptstraße
Schmidbach
Rossert
Mineral-
freibad
Oberes
Bottwartal
1=Weizenweg
2=Dinkelstraße
3=Hopfenstraße
4=Gerstenweg
5=Roggenweg
Friedhof
Raths.
Gronauer
Gewerbegebiet
"In den
Dorfwiesen"
Buch-
wald
Gronauer Straße
Spielplatz
Kneipp-
anlage
Krugeiche
Saubrunnen
Am Klärwerk
Lichtenberger Straße
21=Nelkenstraße
22=Lilienweg
Tennisplätze
Hagstolz
Appel-
wald
Rehbühl
408
Hasenbach
Gewerbegebiet
"Lichtenberger
Straße"
15 = Backnanger Straße
16 = Trollingerweg
Eichhalde
Birkebene
Hochstraße
Hummelsberg
297
Lichtenberg
Schloss
Lichtenberg
Eschach
Seewiesen
Stein-
feld
Pumpwerk
Ortsteil
Altersberg
(zu Aspach)
71546
Mauswiesenbach
Rohrbach
Segelfluggelände
Völkleshofen
Lembach
Backh.
Hälden
Neu-
wirtshaus
Hipfenklinge
Pump-
werk
Hinter-
vöhrenberg
Vorder-
Wochenendhausgebiet
Föhrenberg
Sinzenburg
Einöd
Schutz-
hütte
85

Großholz
Bruch
Alleenfeld
Waldwiesen
Bühlwäldle
Rechentshofen
Hart
Langmantel
Kühplatten-wald
Berntal
Taubenbaum
Stadtteil Großsachsenheim
(zu Sachsenheim)
Stadtteil Kleinsachsenheim
(zu Sachsenheim)
Tiefen-
Bann-halde
Köpperle
Hetz-weg
(zu Sersheim)
Gewerbepark
Eichwald
Sachsenheim
74343
74372
1=August-Lämmle-Straße
2=Friedrich-Silcher-Straße
3=Rathausstraße
4=Bergstraße
5=Schulstraße
6=Kirchplatz
7=Untere Kirchstraße
8=Untere Schulgartenstraße
9=In den Schneckengärten
10=Kiesweg
11=Heinrich-Metzger-Straße
12=Alemannenweg
13=Schillerstraße
14=Oststraße
15=Eichendorffstraße
16=Bertha-Benz-Straße
17=Lammstraße
18=Äußerer Schlosshof
19=Grabenstraße
20=Kronenstraße
21=Lavendelstraße
22=Traunreuter Str.
23=Adolph-Kolping-Str.
24=Bussardweg
25=Habichtweg
26=Falkenweg
1=Friedrich-Jungheinrich-Str.
Gewerbegebiet Holderbüschle
Gewerbegeb. Heinzenberger Weg
Sersheimer Straße
Hohenhaslacher Straße
Großsachsenheimer Straße
Bietigheimer Straße
Königsstraße
Oberriexinger Straße
Wolfgasse
Aussiedlerhöfe
Biogasanlage
Schützenverein
Hügelgrab
Hügelgräber
Waldspielplatz
Seebuckel
Fischteiche
Schulerbrunnen
Kirchbach
Hohenhaslacher See
Metter
Leonhardshof
Egartenhof
Schneeberg
Weißenhof
Burgruine
Wasserbehälter
Westenbachhof
Windhundrennplatz
Biogasanlage Großsachsenheim
Sachsenheim
74
96

74369
Löchgau
29=Mathilde-Planck-Straße
30=Margarete-Steiff-Straße
31=Primelweg
Bietigheimer Str.
Königsstraße
Löchgauer Straße
Petershöfe
Weißenhof
Römischer Gutshof
Rossert
Brachberger Tal
Galgen-rain
Abendberg
Tiefen-tal
Lettengrube
Besigheim
74354
8=Bügelestorstraße
9=Auf der Mauer
10=Schulbrunnengasse
11=Pfarrgasse
12=Ochsengraben
13=An der Rutsche
14=Gutenbergstraße
15=Wilhelmstraße
16=Eugenstraße
18=Helfensteinweg
19=Lembergerweg
20=Burgunderweg
21=Champagnerweg
22=Gutedelweg
23=Muskatellerweg
24=Traminerweg
25=Müller-Thurgau-Weg
26=Bacchusweg
27=Elisabethenweg
Aussiedlerhöfe
Brachberg
Brachberghaus
Spindelberg
Riedwiesen
Hirschberg
Wanderheim
Kammgarnspinnerei
Heilbronner Straße
Fürstenstand Aussichtspunkt
Pumpwerk
1=Paul-Bühler-Straße
2=Grabenstraße
3=Neuweilerstraße
4=Neue Straße
5=Schwätzgässle
6=Kirchplatz
7=Bei der Kelter
8=Weinstraße
9=Feuergasse
10=Schieringerbrunnenstraße
11=Fräuleinstraße
12=Ziegelstraße
13=Hermann-Roemer-Straße
14=Aberlin-Jörg-Straße
15=Hans-Voelter-Weg
16=Kurze Straße
17=Herbststraße
18=Paul-Heidelbauer-Straße
19=Liese-Sauter-Straße
Stadtteil Metterzimmern (zu Bietigheim-Bissingen)
1=Rathausstraße
2=Schafhof
3=Klosterhof
4=Kirbachhofstraße
5=Am Kübelesbrunnen
6=Kleinsachsenheimer Str.
Neubaubeg.
Siedlung Sand
27=Hexenwegle
1=Walheimer-Straße
Stadtteil Bietigheim (zu Bietigheim-Bissingen)
26=Karl-August-Maerz-Straße
Metterzimmerer Straße
Bietigheimer Straße
Großingersheimer Straße
Auwiesenbrücke
Stuttgarter Straße
6=Altenbachweg
Friedhof
Ellental
74321
Bietigheim-Bissingen
20 = Turmplatz
21 = Mezgerstraße
22 = Max-Planck-Straße
23 = Albert-Einstein-Platz
24 = Conrad-Röntgen-Straße
25 = Emmy-Noether-Straße
26 = Maria-Merian-Straße
27 = Maria-Montessori-Platz
1=Kirchgärten
2=Meierhofstraße
Sachsenheimer Straße
Ellental II
Stadion Sportpark-Ellental
Badepark Ellental
Kayhstraße
Jugendtreff
Bietigheim-Bissingen
Freiberger Straße
Seewiesen
Umspannwerk

Besigheim
Hessigheim
Ingersheim
Ortsteil
Kleiningersheim
(zu Ingersheim)
Stadtteil
Bietigheim
(zu Bietigheim-Bissingen)
Ortsteil
Großingersheim
(zu Ingersheim)
74354
74394
74379
74321
Hart
Salen
Natur-
schutzgebiet
Husarenhof
Birkenhöfe
Lerchenhöfe
Saalenhof
Lindenhof
Heckenhof
Sonnenhof
Kallenberg
272
Holderhöfe
Römerhof
Kehrsbachhof
Brandholz
Wert
Riedberg
Hörnle
267
Kreuz-
berg
Ehem. Wartturm
Fürstenstand
Aussichtspunkt
Lusthaus
250
299
Kammgarn-
spinnerei
Pumpwerk
Neckar
Enz
Altneckar
NSG
Pleidelsheimer
Wiesental
Baggersee
Schleuse
Fußgänger-
brücke
Anlege-
stelle
Wasser-
behälter
Kläranlage
Fischerwörth
Sportzentr.
Motor-Sport-
Club-Vereinsheim
Husarenhofstraße
Großingersheimer Straße
Bietigheimer Straße
Besigheimer Straße
Ludwigsburger Straße
Kleiningersheimer Str.
Pleidelsheimer Str.
Ingersheimer Str.
Turmstraße
Hauptstraße
Rotweg
Beetenweg
Goethestr.
Hopfigheimer Straße
Pleidelsheimer Str.
Gewerbe-
gebiet
Gewerbe-
geb.
8=Kolbestraße
9=Zehenderstraße
10=Bonhoefferstraße
11=Bodelschwinghstraße
12=Wichernstraße
13=Marie-Villinger-Weg
14=Maria-Nachtigall-Weg
15=Sophie-Scholl-Weg
17=Heinrichstraße
5=Hecklesweg
6=Silvanerweg
7=Rieslingweg
8=Kernerweg
9=Lembergerweg
10=Wilhelmstraße
11=Tulpenweg
12=Angelgasse
13=Kirchgasse
14=Mittelgasse
15=Rathausstraße
16=Brunnenstraße
17=Hambachstr.
18=Alemannenweg
1=Weidenweg
2=Ölackerweg
3=Fuchsgrabenweg
4=Schloßackerweg
5=Pfarrgasse
6=Quellenweg
7=Holzweg
1=Amselweg
2=Freih.-v.-Sturmfeder-Straße
3=Friedenstraße
4=Gottlieb-Ansel-Straße
5=Schafweg
6=Rosenstraße
7=Ludwig-Jahn-Straße
8=Straubengasse
9=Christian-Härle-Weg
10=Lerchenweg
11=Eschenweg
12=Erlenweg
13=Eichenweg
14=Buchenweg
15=Tannenweg
16=Richard-Stein-Straße
17=Fichtenweg
18=Eibenweg
19=Ahornweg
20=Kastanienweg
21=Hühnergasse
22=Kugelberggasse
23=Christian-Schmid-Str.
24=Kocherstraße
25=Murrstraße
26=Metterstraße
27=Sophie-Scholl-Straße
28=Louis-Leitz-Straße
27=Hindenburgplatz
28=Brunnengasse
29=Eiselbachstraße
30=Clara-Schumann-Straße
31=Raiffeisenstrasse
1 = Deutscher Hof
2 = Kirchstraße
3 = Zehntscheuer
4 = Hindenburgplatz
13=Buchenweg
14=Tannenweg
15=Forchenweg
16=Hirschbrunnenweg
17=Siemensstraße
18=Egerländer Weg
19=Fritz-Roth-Straße
76
81
98
27
5426
5424
5422
512
514

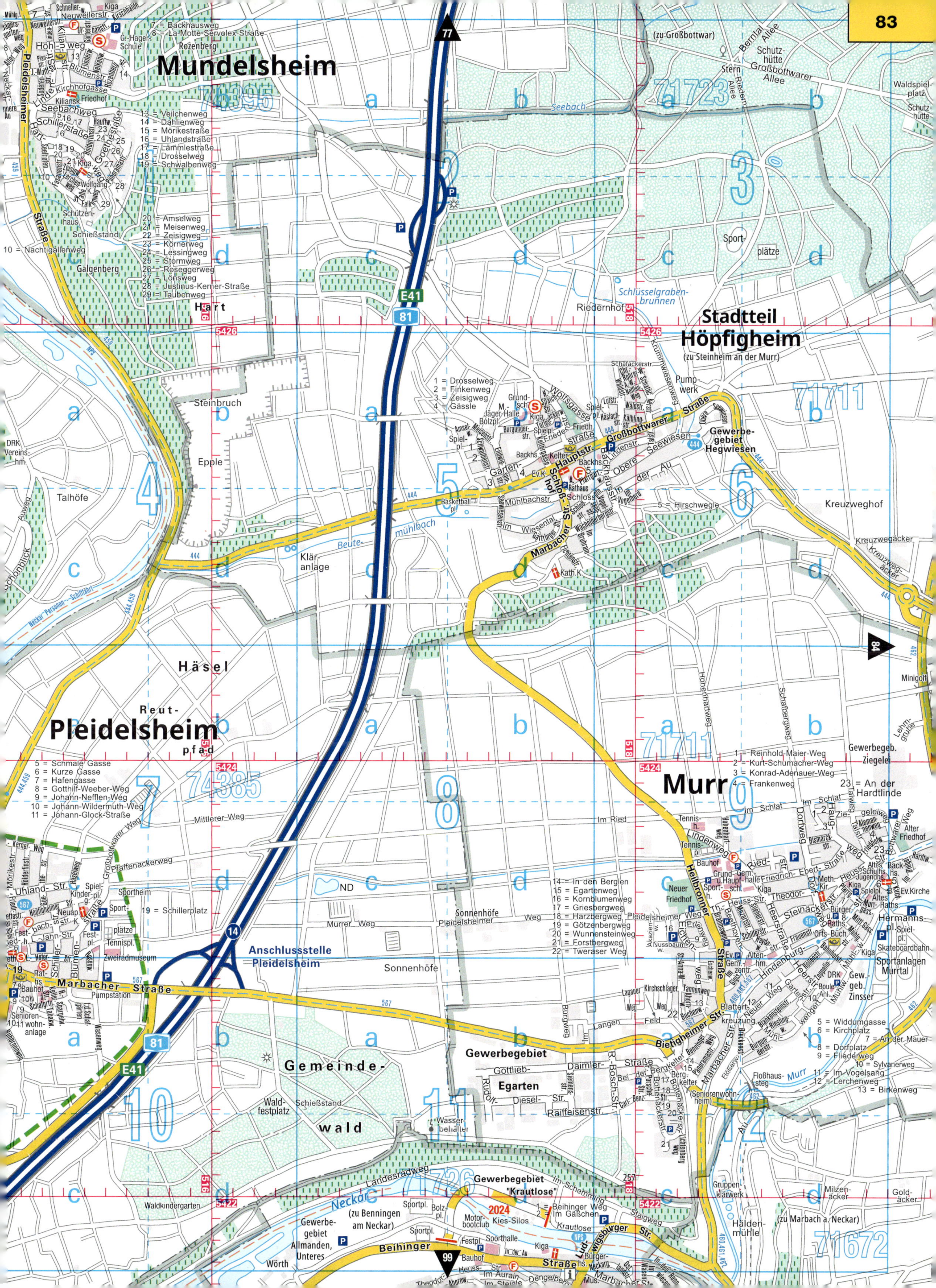
Mundelsheim
74395
7 = Backhausweg
8 = La-Motte-Servolex-Straße
Rozenberg
13 = Veilchenweg
14 = Dahlienweg
15 = Mörikestraße
16 = Uhlandstraße
17 = Lämmlestraße
18 = Drosselweg
19 = Schwalbenweg
20 = Amselweg
21 = Meisenweg
22 = Zeisigweg
23 = Körnerweg
24 = Lessingweg
25 = Stormweg
26 = Roseggerweg
27 = Lönsweg
28 = Justinus-Kerner-Straße
29 = Taubenweg
10 = Nachtigallenweg
Galgenberg
Schießstand
Hart
Kirchhofgasse
Friedhof
Seebachweg
Schillerstraße
Goethestraße
Pleidelsheimer Straße
Steinbruch
Epple
Talhöfe
DRK Vereinsheim
Schönblick
Neckar
Neckar-Personen-Schifffahrt
E41
81
77
(zu Großbottwar)
Berntal Allee
Schutzhütte
Großbottwarer Allee
Stern
Riedern Allee
Waldspielplatz
Schutzhütte
71723
Seebach
Sportplätze
Schlüsselgrabenbrunnen
Riedernhof
Stadtteil Höpfigheim
(zu Steinheim an der Murr)
1 = Drosselweg
2 = Finkenweg
3 = Zeisigweg
4 = Gässle
Pumpwerk
71711
Gewerbegebiet Hegwiesen
Großbottwarer Straße
Hauptstraße
Wolfsgasse
Marbacher Str.
Obere Seewiesen
In der Au
Mühlbachstr.
5 = Hirschwegle
Kreuzweghof
Kreuzwegäcker
Beutemühlbach
Kläranlage
Basketballpl.
Kath.K.
Ev.K.
Rathaus
Schloss
Häsel
Reutpfad
Pleidelsheim
74385
5 = Schmale Gasse
6 = Kurze Gasse
7 = Hafengasse
8 = Gotthilf-Weeber-Weg
9 = Johann-Neffen-Weg
10 = Johann-Wildermuth-Weg
11 = Johann-Glock-Straße
Mittlerer Weg
Großbottwarer Weg
Pfaffenackerweg
Uhland-Str.
Sportheim
19 = Schillerplatz
Zweiradmuseum
Marbacher Straße
Pumpstation
Senioren-wohnanlage
ND
Murrer Weg
Sonnenhöfe
Anschlussstelle Pleidelsheim
14
Im Ried
Höhenhartweg
Schafbergweg
Minigolf
Lehmgrube
Gewerbegeb. Ziegelei
Murr
1 = Reinhold-Maier-Weg
2 = Kurt-Schumacher-Weg
3 = Konrad-Adenauer-Weg
4 = Frankenweg
23 = An der Hardtlinde
Im Schlat
Dorfweg
Alter Friedhof
Lindenweg
Heilbronner Straße
Neuer Friedhof
14 = In den Berglen
15 = Egartenweg
16 = Kornblumenweg
17 = Griesbergweg
18 = Harzbergweg
19 = Götzenbergweg
20 = Wunnensteinweg
21 = Forstbergweg
22 = Tweraser Weg
Pleidelsheimer Weg
Sonnenhöfe
Friedrich-Ebert-Straße
Theodor-Heuss-Str.
Hindenburgstr.
Steinäckerstr.
Hermannspl.
Skateboardbahn
Sportanlagen Murrtal
Gew.-geb. Zinsser
DRK
5 = Widdumgasse
6 = Kirchplatz
7 = An der Mauer
8 = Dorfplatz
9 = Fliederweg
10 = Sylvanerweg
11 = Im Vogelsang
12 = Lerchenweg
13 = Birkenweg
Bietigheimer Str.
Marbacher Str.
Floßhaussteg
Murr
Gewerbegebiet Egarten
Gottlieb-Daimler-Straße
Robert-Bosch-Str.
Rudolf-Diesel-Str.
Raiffeisenstr.
Burgweg
Langen
Gemeindewald
Waldfestplatz
Schießstand
Wasserbehälter
Waldkindergarten
Landesradweg
Gewerbegebiet "Krautlose"
2024
Kies-Silos
Motorbootclub
1 = Beihinger Weg
2 = Im Gaischen
Krautlose
Ludwigsburger Str.
Beihinger Straße
Gewerbegebiet Allmanden, Unteres
(zu Benningen am Neckar)
Wörth
Sportpl.
Bolzpl.
Festpl.
Sporthalle
Bauhof
Kiga
99
Gruppenklärwerk
Häldenmühle
(zu Marbach a. Neckar)
71672
Milzenäcker
Goldäcker
(Seniorenwohnheim)
84
5426
5424
5422
516
518

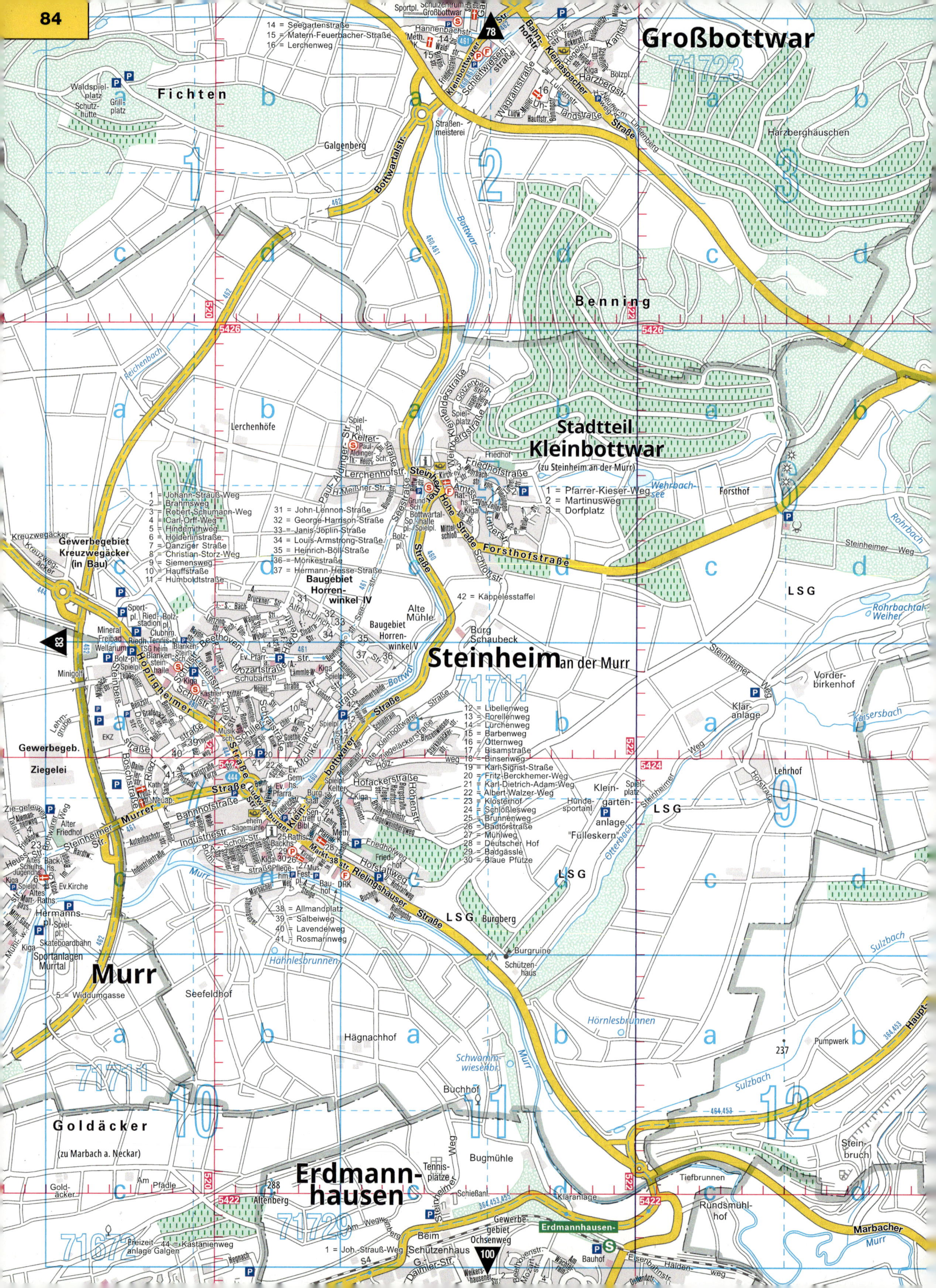
Großbottwar
71723
Harzberghäuschen
Fichten
Galgenberg
Bottwartalstr.
Straßenmeisterei
14 = Seegartenstraße
15 = Matern-Feuerbacher-Straße
16 = Lerchenweg
Bottwar
Benning
Reichenbach
Lerchenhöfe
Stadtteil Kleinbottwar
(zu Steinheim an der Murr)
1 = Pfarrer-Kieser-Weg
2 = Martinusweg
3 = Dorfplatz
Wehrbachsee
Forsthof
Forsthofstraße
Rohrbach
Steinheimer Weg
LSG
Rohrbachtal-Weiher
1 = Johann-Strauß-Weg
2 = Brahmsweg
3 = Robert-Schumann-Weg
4 = Carl-Orff-Weg
5 = Hindemithweg
6 = Hölderlinstraße
7 = Danziger Straße
8 = Christian-Storz-Weg
9 = Siemensweg
10 = Hauffstraße
11 = Humboldtstraße
31 = John-Lennon-Straße
32 = George-Harrison-Straße
33 = Janis-Joplin-Straße
34 = Louis-Armstrong-Straße
35 = Heinrich-Böll-Straße
36 = Mörikestraße
37 = Hermann-Hesse-Straße
Gewerbegebiet Kreuzwegäcker (in Bau)
Baugebiet Horrenwinkel IV
Baugebiet Horrenwinkel V
42 = Käppelesstaffel
Alte Mühle
Burg Schaubeck
Steinheim an der Murr
71711
Vorderbirkenhof
Kläranlage
Kaisersbach
Lehrhof
12 = Libellenweg
13 = Forellenweg
14 = Lurchenweg
15 = Barbenweg
16 = Otterweg
17 = Bisamstraße
18 = Binsenweg
19 = Karl-Sigrist-Straße
20 = Fritz-Berckhemer-Weg
21 = Karl-Dietrich-Adam-Weg
22 = Albert-Walzer-Weg
23 = Klosterhof
24 = Schlössleweg
25 = Brunnenweg
26 = Badtorstraße
27 = Mühlweg
28 = Deutscher Hof
29 = Badgässle
30 = Blaue Pfütze
Kleingartenanlage "Fülleskern"
Hundesportanl.
Otterbach
Gewerbegeb. Ziegelei
Murrer Straße
Ludwigsburger Straße
Bahnhofstraße
Industriestr.
Rielingshäuser Straße
Burgberg
Burgruine
Schützenhaus
38 = Allmandplatz
39 = Salbeiweg
40 = Lavendelweg
41 = Rosmarinweg
Hähnlesbrunnen
Sportanlagen Murrtal
Skateboardbahn
Murr
5 = Widdumgasse
Seefeldhof
Hägnachhof
Hörnlesbrunnen
Sulzbach
Pumpwerk
Schwammwiesenbr.
Buchhof
71711
Goldäcker
(zu Marbach a. Neckar)
Bugmühle
Steinbruch
Tiefbrunnen
Rundsmühlhof
Erdmannhausen
71729
Altenberg
Tennisplätze
Kläranlage
Erdmannhausen
Marbacher
71672
Freizeitanlage Galgen
44 = Kastanienweg
1 = Joh.-Strauß-Weg
Schützenhaus
Gewerbegebiet Ochsenweg
Bauhof
Hauptstr.

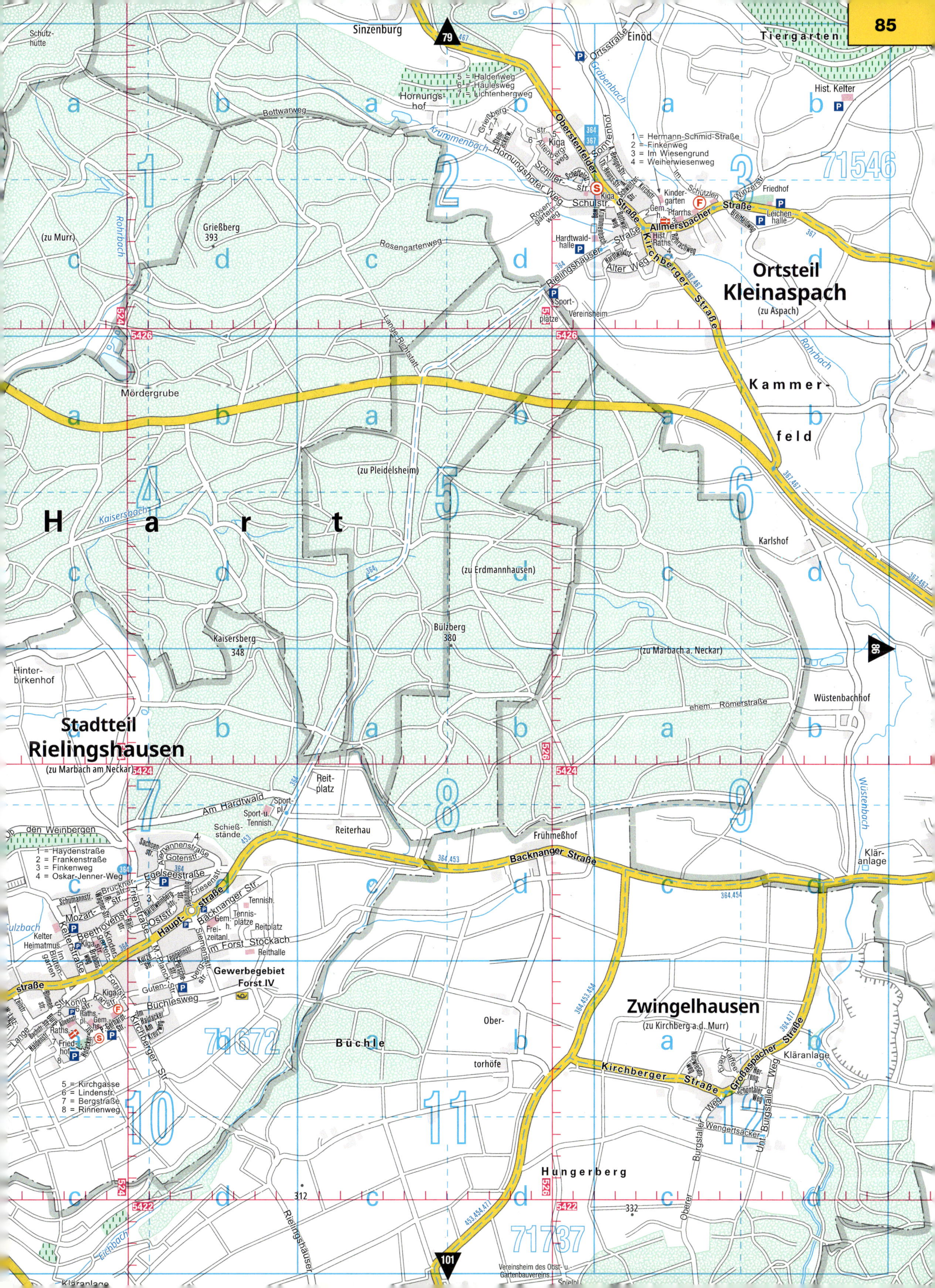

Sinzenburg
Einöd
Tiergarten
Hornungshof
1 = Haldenweg
6 = Häulesweg
7 = Lichtenbergweg
Hist. Kelter
1 = Hermann-Schmid-Straße
2 = Finkenweg
3 = Im Wiesengrund
4 = Weiherwiesenweg
71546
Bottwarweg
Krummenbach
Grabenbach
Griеßberg
393
(zu Murr)
Rohrbach
Rosengartenweg
Oberstenfelder Straße
Allmersbacher Straße
Kirchberger Straße
Hornungshofer Weg
Friedhof
Leichenhalle
Hardtwaldhalle
Alter Weg
Rielingshauser Straße
Sportplätze
Vereinsheim
Ortsteil
Kleinaspach
(zu Aspach)
Lange Richtstatt
Mördergrube
Kammerfeld
(zu Pleidelsheim)
Kaisersbach
H a r t
Karlshof
(zu Erdmannhausen)
Bülzberg
380
Kaisersberg
348
(zu Marbach a. Neckar)
Hinterbirkenhof
Wüstenbachhof
ehem. Römerstraße
Stadtteil
Rielingshausen
(zu Marbach am Neckar)
Reitplatz
Am Hardtwald
Sportpl.
Sport-u. Tennish.
Schießstände
Reiterhau
Frühmeßhof
Wüstenbach
Kläranlage
1 = Haydenstraße
2 = Frankenstraße
3 = Finkenweg
4 = Oskar-Jenner-Weg
Backnanger Straße
Hauptstraße
Egelseestraße
Tennish.
Tennisplätze
Reitplatz
Freizeitanl.
Im Forst
Stöckach
Reithalle
Gewerbegebiet
Forst IV
Kelter
Heimatmus.
Buchlesweg
Kirchberger Str.
Zwingelhausen
(zu Kirchberg a.d. Murr)
Großaspacher Straße
Kirchberger Straße
Kläranlage
71672
Büchle
Obertorhöfe
5 = Kirchgasse
6 = Lindenstr.
7 = Bergstraße
8 = Rinnenweg
Wengertsacker
Burgstaller Weg
Hungerberg
312
332
Rielingshäuser
Eichbach
71737
Vereinsheim des Obst- u. Gartenbauvereins
Kläranlage

79
86
101

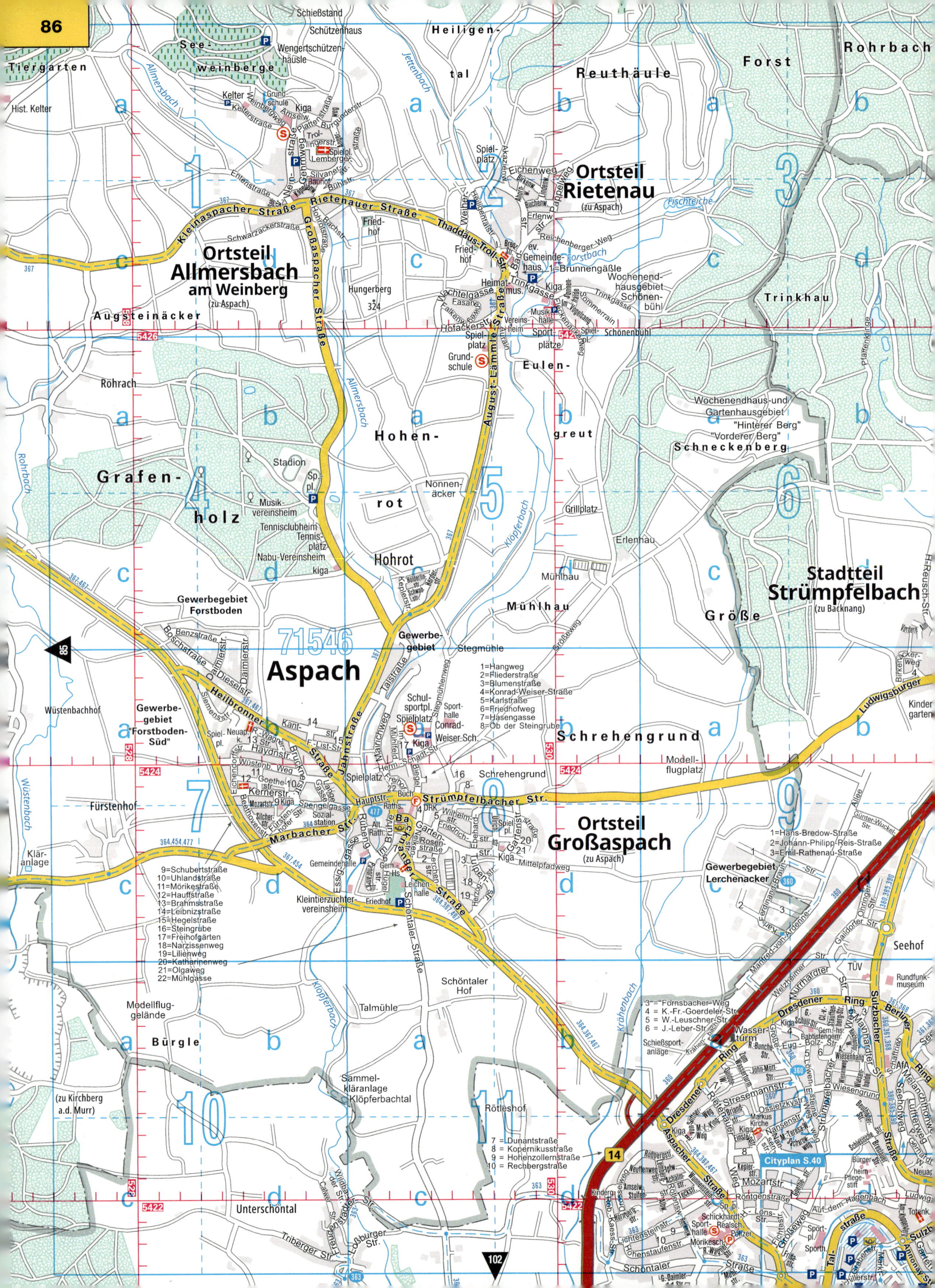

Schießstand
Schützenhaus
Heiligen-
tal
See-
weinberge
Wengertschützen-
häusle
Tiergarten
Rohrbach
Forst
Reuthäule
Hist. Kelter
Kelter
Allmersbach
Jettenbach
Grundschule
Kiga
Kellerstraße
Weinbergweg
Amselw.
Plattenstraße
Burgunderstr.
Trollingerstr.
Spielpl.
Lembergerstr.
Silvanerstr.
Bühlstr.
Bahnhof
Entenstraße
Spielplatz
Eichenweg
Ortsteil
Rietenau
(zu Aspach)
Fischteiche
Kleinaspacher Straße
Rietenauer Straße
Thaddäus-Troll-Str.
Schwarzackerstraße
Großaspacher Straße
Friedhof
Reichenberger Weg
Forstbach
Gemeindehaus
1=Brunnengäßle
Wochenendhausgebiet
Schönenbühl
Ortsteil
Allmersbach
am Weinberg
(zu Aspach)
Hungerberg
324
Heimatmus.
Trinkgasse
Wachtelgasse
Fasanenweg
Falkenweg
Hofackerstr.
Musikhalle
Vereinsheim
Sportplätze
Spielplatz
Schönenbühl
Trinkhau
Augsteinäcker
5426
Grundschule
Eulen-
greut
Röhrach
Allmersbach
Hohen-
rot
Wochenendhaus-und
Gartenhausgebiet
"Hinterer Berg"
"Vorderer Berg"
Schneckenberg
Rohrbach
Grafen-
holz
Stadion
Sp.pl.
Musikvereinsheim
Tennisclubheim
Tennisplatz
Nabu-Vereinsheim
Nonnenäcker
August-Lämmle-Straße
Klöpferbach
Grillplatz
Erlenhau
Hohrot
Mühlhau
Größe
Stadtteil
Strümpfelbach
(zu Backnang)
Gewerbegebiet
Forstboden
Gewerbegebiet
Stegmühle
71546
Aspach
Benzstraße
Boschstraße
Daimlerstr.
Dieselstr.
Siemensstr.
Heilbronner Straße
Jahnstraße
Talstraße
1=Hangweg
2=Fliederstraße
3=Blumenstraße
4=Konrad-Weiser-Straße
5=Karlstraße
6=Friedhofweg
7=Hasengasse
8=Ob der Steingrube
Wüstenbachhof
Gewerbegebiet
"Forstboden-Süd"
Schulsportpl.
Spielplatz
Sporthalle
Conrad-Weiser-Sch.
Kiga
Schrehengrund
Modellflugplatz
Ludwigsburger
Kindergarten
Wüstenbach
5424
Haydnstr.
Goethestr.
Kernerstr.
Spielplatz
Schrehengrund
Strümpfelbacher Str.
Fürstenhof
Marbacher Str.
Hauptstr.
Rathaus
Backnanger Straße
Gartenstraße
Ortsteil
Großaspach
(zu Aspach)
Mittelpfadweg
1=Hans-Bredow-Straße
2=Johann-Philipp-Reis-Straße
3=Emil-Rathenau-Straße
Gewerbegebiet
Lerchenacker
Kläranlage
9=Schubertstraße
10=Uhlandstraße
11=Mörikestraße
12=Hauffstraße
13=Brahmsstraße
14=Leibnizstraße
15=Hegelstraße
16=Steingrube
17=Freihofgärten
18=Narzissenweg
19=Lilienweg
20=Katharinenweg
21=Olgaweg
22=Mühlgasse
Gemeindehalle
Kleintierzüchtervereinsheim
Friedhof
Schöntaler Straße
Seehof
TÜV
Rundfunkmuseum
Schöntaler
Hof
Talmühle
Modellfluggelände
Bürgle
Krähenbach
3=Fornsbacher-Weg
4=K.-Fr.-Goerdeler-Str.
5=W.-Leuschner-Str.
6=J.-Leber-Str.
Schießsportanlage
Dresdener Ring
Sulzbacher Str.
Berliner Ring
Wasserturm
Stresemannstr.
(zu Kirchberg
a.d. Murr)
Sammelkläranlage
Klöpferbachtal
Rötleshof
7=Dunantstraße
8=Kopernikusstraße
9=Hohenzollernstraße
10=Rechbergstraße
Aspacher Straße
Mozartstr.
Cityplan S.40
Röntgenstraße
Auf dem Hagenbach
Unterschöntal
5422
Triberger Str.
Loßburger Str.
Schönbühl
Schöntaler
Sporthalle
Realsch.
Polizei
Talstraße

85
102

Vorderrohrbach
Fron-
wald
Lang
Reichenberg
Ellenweiler
Bauer-
wiesen
Kläranlage
(zu Sulbach a.d. Murr)
Brühl
Murr
1=Berggasse
2=Neugasse
3=Brunnengasse
4=Amselweg
5=Finkenweg
Wacht-
häusle
Ev. Landheim
Sulzbacher Straße
Hauptstraße
Steinfeld
Tennispl.
Sport-
platz
Sportheim
Kleingarten-
anl.
Minigolf-
platz
Mineral-
Freibad
Kinder-
garten
Reichenbach
Schürhau
71570
Oppenweiler
10=Charlottenweg
11=Burkhardsplatz
12=Zwittauer Straße
13=Katharinenplatz
14=Tilsiter Straße
15=Allensteiner Straße
16=Im Seelenwinkel
17=Jahnstraße
18=Im Rank
19=Silcherweg
20=Gablonzer Straße
21=Meißener Weg
22=Stettiner Weg
Eulenberg
458
Rietenauer Weg
Königsberger Straße
Friedensstr.
Schloss
park
Rathaus
(ehem. Schloss)
Reutenhof
Köpfle
Oppenweiler
1=Mittelgasse
2=Gartenstraße
3=Aichelberg
4=Im Wiesengrund
5=Brunnengasse
6=Schloßhofweg
7=Schillerstraße
8=Uhlandstraße
9=Lindenplatz
Eichelberg
Schloss
Katharinenhof
Staigacker
Unter-
staigacker
Tennis-u.
Squash-
halle
Sammel-
kläranlage
Aichelbach
Bühl
Friedhof
Alten-u.
Pflegeheim
Fuchsfeld
Langwanne
Kelterberg
Floßhau
Haller Straße
Kieshofstraße
Friedhof
Eichenhölzle
Zell
1=Brunnenstraße
2=Obere Gasse
3=Untere Gasse
4=Hofgäßle
5=Häfnersgasse
6=Mühlrain
Würzhau
Starken
feld
1=Forststraße
2=Kurze Straße
3=Katharinenweg
4=Kreuzäckerweg
Kinder-
garten
Fuchshau
Hummelberg
Sport- u.
Festplatz
Schützen-
haus
Heiligenwald
Waldfriedhof
Wald-
friedhof
Wild-
gehege
Seehau
Ruit
Backnang
71522
Erholungs-
gebiet
Hinterer
Seelach
Espen
Kelterweg
Vorderer Weinberg
Winzergarten
Seewiesenstraße
7=Leonhard-Schmidt-Weg
8=Manfred-Henninger-Weg
9=Frieder-Nögge-Weg
10=Wolle-Kriwanek-Weg
11=Albert-Giesa-Weg
12=Hans-Gaugler-Weg
Waldheim
Kinderg.
Spiel-
wiese
1 = Karlsbader Straße
2 = Calvinstraße
3 = Gerokstraße
4 = Ekertsklingenstraße
5 = Insterburger Straße
6 = Pillauer Straße
Oppenweiler Str.
Stadtteil
Steinbach
(zu Backnang)
Biotop
Bodenbach
Kleingarten-
anl.
Plattenwald-
siedlung
Breitwiesenbach
Oberbrüdener Straße
Neue Straße
Neue Str.
Berliner Ring
Potsdamer Ring
Stettiner Ring
Plattenwaldallee
Umspann-
werk
Städt.
Mineralfreibad
Murrbäder Backnang
"Wonnemar"
Winterhalde
Spitzen
1 = Zum Bühlwengert
2 = Schmiedgasse
3 = Brunnengasse
4 = Obstwegle
5 = Schafgasse
6 = Birnenweg
7 = Mirabellenweg
329
7 = Königsberger Straße
8 = Allensteiner Straße
9 = Kölner Straße
10 = Eichenweg
11 = Lindenstraße
12 = Im Heidewinkel
13 = Am Buchenrain
14 = In der Ginsterhalde
15 = Fasanenweg
16 = Hirschberg
17 = Adalbert-Stifter-Weg
18 = Müller-Guttenbrunn-Weg
19 = Jacob-Bleyer-Weg
20 = Hintere Taus
21 = Posener Straße
Walkesteige
Finanzamt
Spinnerei
Fritz-Hauser-Str.
Obere Walke
Sport-
platz
307
Backnanger Weg
(zu Auenwald)
103

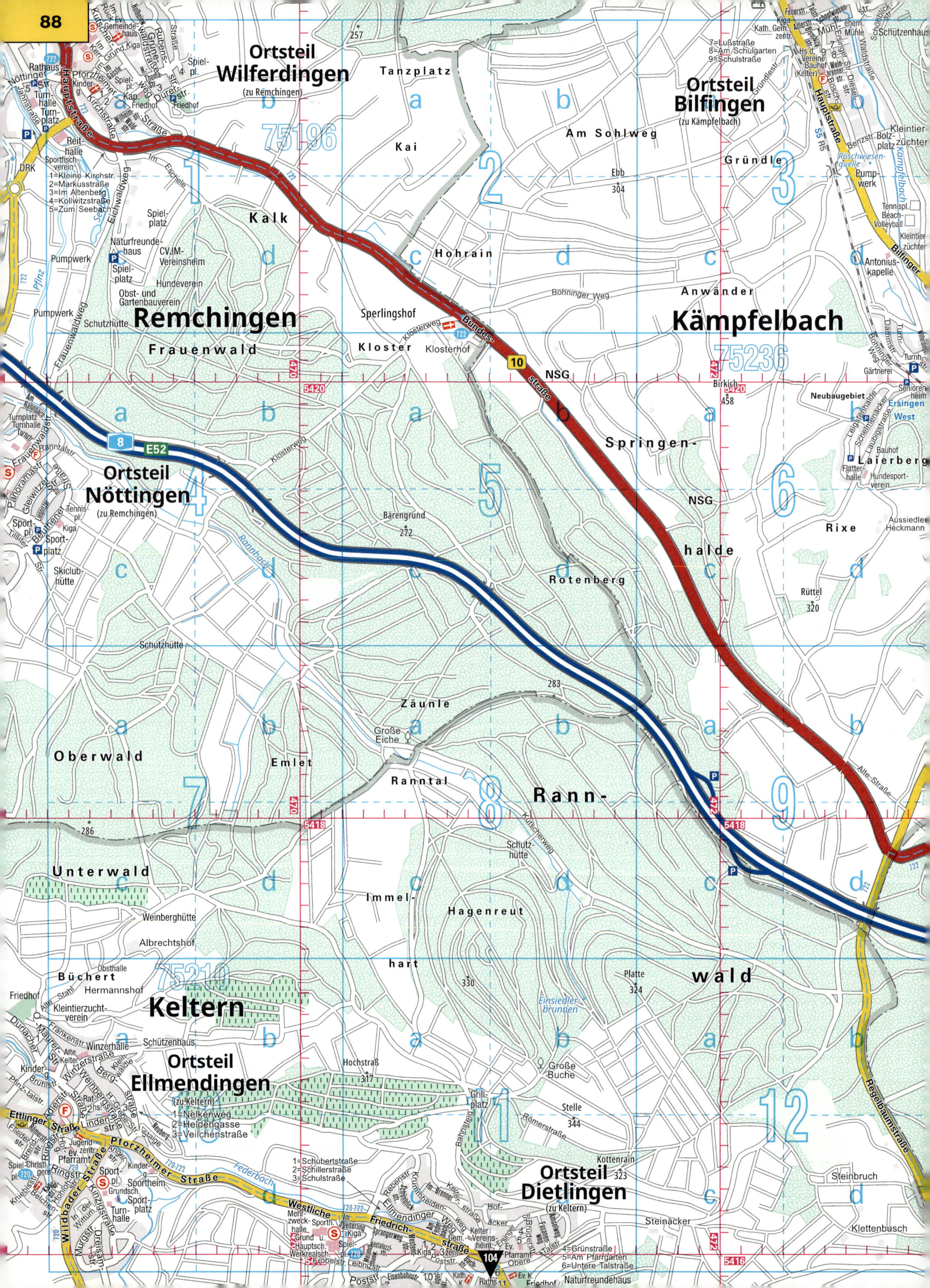
Ortsteil
Wilferdingen
(zu Remchingen)
75196
Tanzplatz
Kai
Kalk
Remchingen
Frauenwald
Sperlingshof
Kloster
Klosterhof
Hohrain
Am Sohlweg
Ebb
304
Ortsteil
Bilfingen
(zu Kämpfelbach)
Gründle
Anwänder
Kämpfelbach
75236
Bundesstraße
NSG
Birkich
458
Springen-
halde
Rotenberg
Neubaugebiet
Ersingen
West
Laierberg
Rixe
Rüttel
320
Ortsteil
Nöttingen
(zu Remchingen)
Bärengrund
272
Schutzhütte
283
Zäunle
Große Eiche
Oberwald
Emlet
Ranntal
Rann-
286
Unterwald
Immel-
hart
Hagenreut
330
wald
Platte
324
Weinberghütte
Albrechtshof
Büchert
Hermannshof
75210
Keltern
Friedhof
Kleintierzucht-
verein
Schützenhaus
Ortsteil
Ellmendingen
(zu Keltern)
1=Nelkenweg
2=Heldengasse
3=Veilchenstraße
Hochstraß
317
Einsiedlerbrunnen
Große Buche
Stelle
344
Kottenrain
323
Ortsteil
Dietlingen
(zu Keltern)
1=Schubertstraße
2=Schillerstraße
3=Schulstraße
4=Grünstraße
5=Am Pfarrgarten
6=Untere Talstraße
Steinbruch
Steinäcker
Klettenbusch
Naturfreundehaus
Pforzheimer Straße
Westliche
Regelbaumstraße
Alte Straße
E52
104

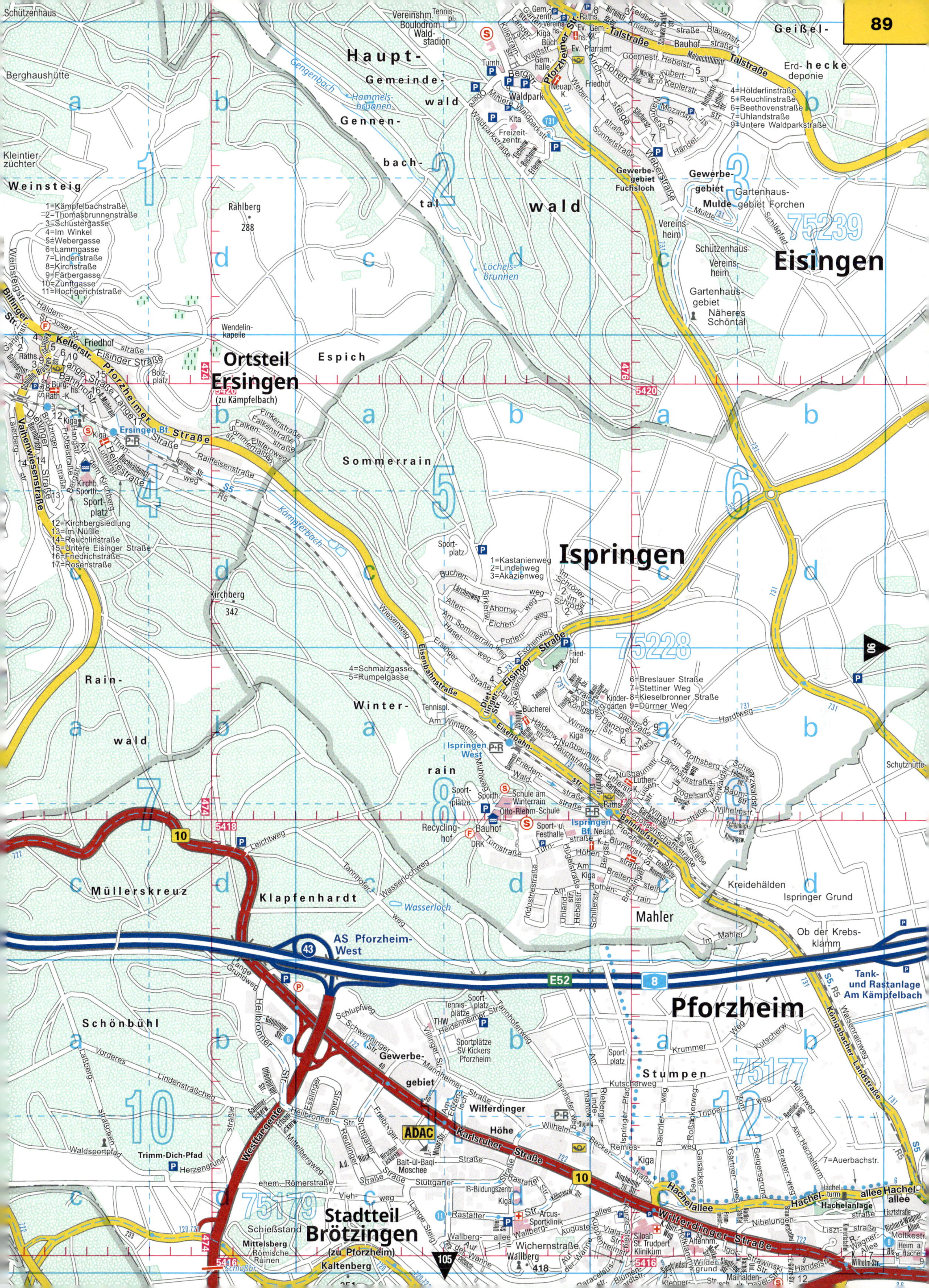
Ortsteil Ersingen
(zu Kämpfelbach)
Ispringen
Eisingen
75239
75228
Pforzheim
75177
75179
Stadtteil Brötzingen
(zu Pforzheim)
Haupt-Gemeinde-wald
Gennen-bach-tal
Sommerrain
Winter-rain
Rain-wald
Müllerskreuz
Klapfenhardt
Schönbühl
Stumpen
Mahler
Espich
Weinsteig
Geißel-hecke
Erd-deponie
Rählberg
288
Kirchberg
342
Wendelin-kapelle
Berghaushütte
Kleintier-züchter
Schützenhaus
AS Pforzheim-West
43
E52
8
10
Tank- und Rastanlage Am Kämpfelbach
Kreidehälden
Ispringer Grund
Ob der Krebs-klamm
1=Kämpfelbachstraße
2=Thomasbrunnenstraße
3=Schustergasse
4=Im Winkel
5=Webergasse
6=Lammgasse
7=Lindenstraße
8=Kirchstraße
9=Färbergasse
10=Zunftgasse
11=Hochgerichtstraße
12=Kirchbergsiedlung
13=Im Nüßle
14=Reuchlinstraße
15=Untere Eisinger Straße
16=Friedrichstraße
17=Rosenstraße
1=Kastanienweg
2=Lindenweg
3=Akazienweg
4=Schmalzgasse
5=Rumpelgasse
6=Breslauer Straße
7=Stettiner Weg
8=Kieselbronner Straße
9=Dürrner Weg
4=Hölderlinstraße
5=Reuchlinstraße
6=Beethovenstraße
7=Uhlandstraße
9=Untere Waldparkstraße
7=Auerbachstr.
Gewerbe-gebiet Fuchsloch
Gewerbe-gebiet Mulde
Gartenhaus-gebiet Forchen
Gartenhaus-gebiet
Näheres Schöntal
Vereins-heim
Ersingen Bf.
Ispringen West
Ispringen Bf.
Otto-Riehm-Schule
Schule am Winterrain
Sport- u. Festhalle
Recycling-hof
Bauhof
Sportplätze SV Kickers Pforzheim
Gewerbe-gebiet
Wilferdinger Höhe
ADAC
Bait-ul-Baqi-Moschee
IB-Bildungszentrum
Arcus-Sportklinik
Siloah St. Trupert Klinikum
Hachelanlage
Wilferdinger Straße
Karlsruher Straße
Hachelallee
Königsbacher Landstraße
Pforzheimer Straße
Eisinger Straße
Talstraße
Eisenbahnstraße
Wichernstraße
Wallberg
418
Trimm-Dich-Pfad
Waldsportpfad
Mittelsberg
Römische Ruinen
Kaltenberg
Schießstand
Westtangente
Lochelsbrunnen
Hammelsbrunnen
Gengenbach
Kämpferbach
Wasserloch
Schutzhütte
90
105

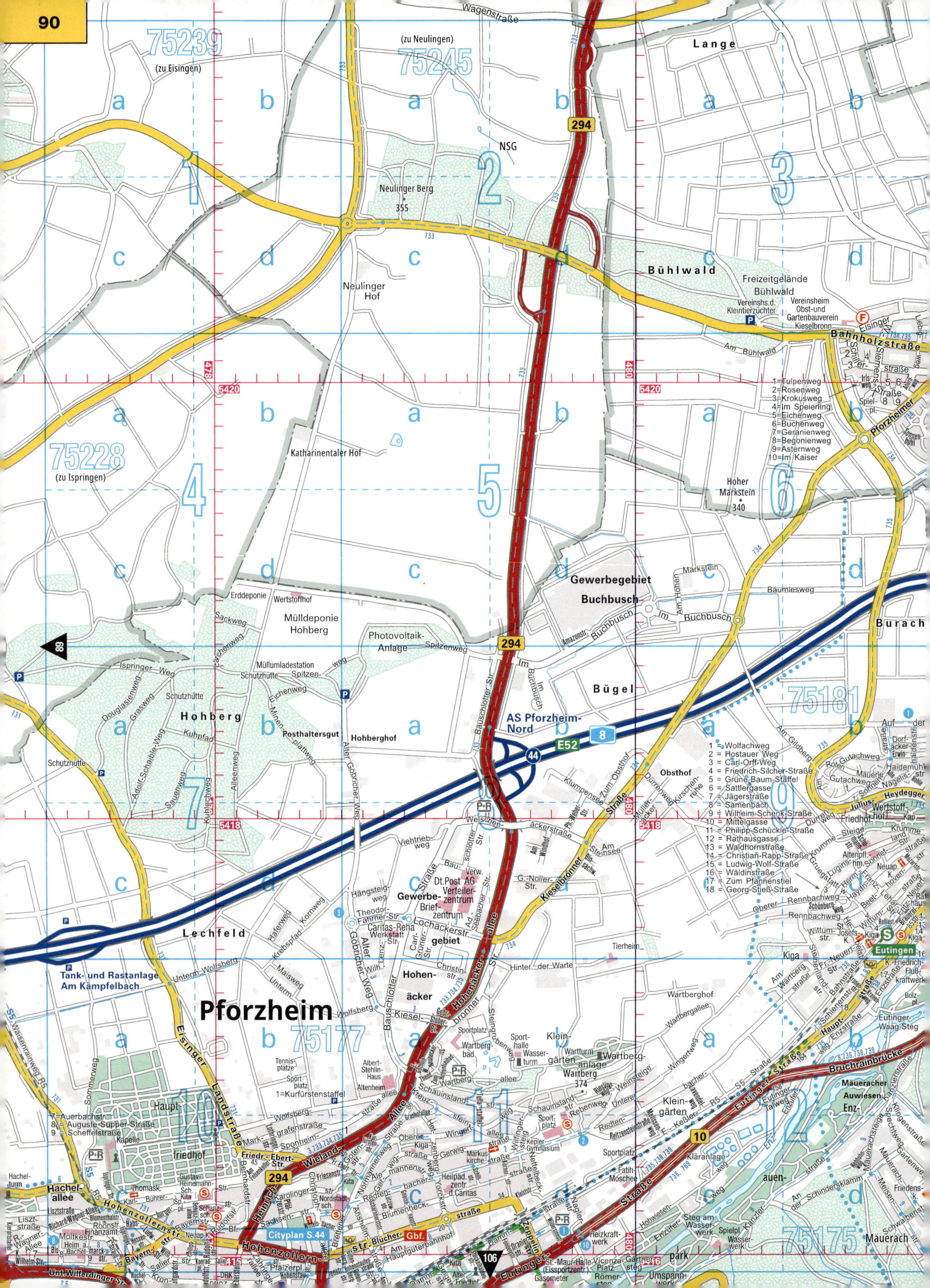
75239
(zu Eisingen)
75245
(zu Neulingen)
Wagenstraße
Lange
NSG
294
Neulinger Berg
355
733
Neulinger Hof
Bühlwald
Freizeitgelände Bühlwald
Vereinsh.d. Kleintierzüchter
Vereinsheim Obst-und Gartenbauverein Kieselbronn
Eisinger
Bahnholzstraße
Am Bühlwald
5420
1=Tulpenweg
2=Rosenweg
3=Krokusweg
4=Im Speierling
5=Eichenweg
6=Buchenweg
7=Geranienweg
8=Begonienweg
9=Asternweg
10=Im Kaiser
Pforzheimer
75228
(zu Ispringen)
Katharinentaler Hof
Hoher Markstein
340
Gewerbegebiet Buchbusch
Markstein
Bäumlesweg
Burach
Erddeponie
Wertstoffhof
Mülldeponie Hohberg
Photovoltaik-Anlage
Spitzenweg
Im Buchbusch
Amazonstr.
Bügel
Müllumladestation
Schutzhütte
Ispringer Weg
Hohberg
Posthaltersgut
Hohberghof
AS Pforzheim-Nord
E52
8
44
75181
Obsthof
1 = Wolfachweg
2 = Hostauer Weg
3 = Carl-Orff-Weg
4 = Friedrich-Silcher-Straße
5 = Grüne-Baum-Staffel
6 = Sattlergasse
7 = Jägerstraße
8 = Samenbach
9 = Wilhelm-Schenk-Straße
10 = Mittelgasse
11 = Philipp-Schückle-Straße
12 = Rathausgasse
13 = Waldhornstraße
14 = Christian-Rapp-Straße
15 = Ludwig-Wolf-Straße
16 = Waldinstraße
17 = Zum Pfannenstiel
18 = Georg-Stieß-Straße
Schutzhütte
5418
Welschen-ackerstraße
Kieselbronner Straße
Friedhof
Heydegger
Julius-
Gewerbe-gebiet
Dt.Post AG Brief-zentrum
Verteiler-zentrum
Caritas-Reha Werkstatt
Lochackerstr.
Lechfeld
Tank- und Rastanlage Am Kämpfelbach
Hohenäcker
Hinter der Warte
Tierheim
Rennbachweg
Eutingen
Pforzheim
75177
Wartberghof
Wartbergallee
Eisinger Landstraße
Wartberg-bad
Wartberg
374
Klein-gärten
Wartberg-anlage
Kurfürstenstaffel
Hauptfriedhof
7=Auerbachstr.
8=Auguste-Supper-Straße
9=Scheffelstraße
Kapelle
Friedr.-Ebert-Str.
Wieland-
Hohenzollernstr.
Hachel-allee
Cityplan S.44
Blücher-
Gbf.
106
Eutinger Straße
10
Kläranlage
Bruchrainbrücke
Mäuerach Auwiesen
Enz
75175
Mäuerach
Heizkraftwerk
St.-Maur-Halle (Eissportzentr.)
Gasometer
Umspann-werk
Fathi-Moschee
Schauinsland
Heilpad. Zentr. d.Caritas
Kepler-Gymnasium
Unt.Wilferdinger Str.

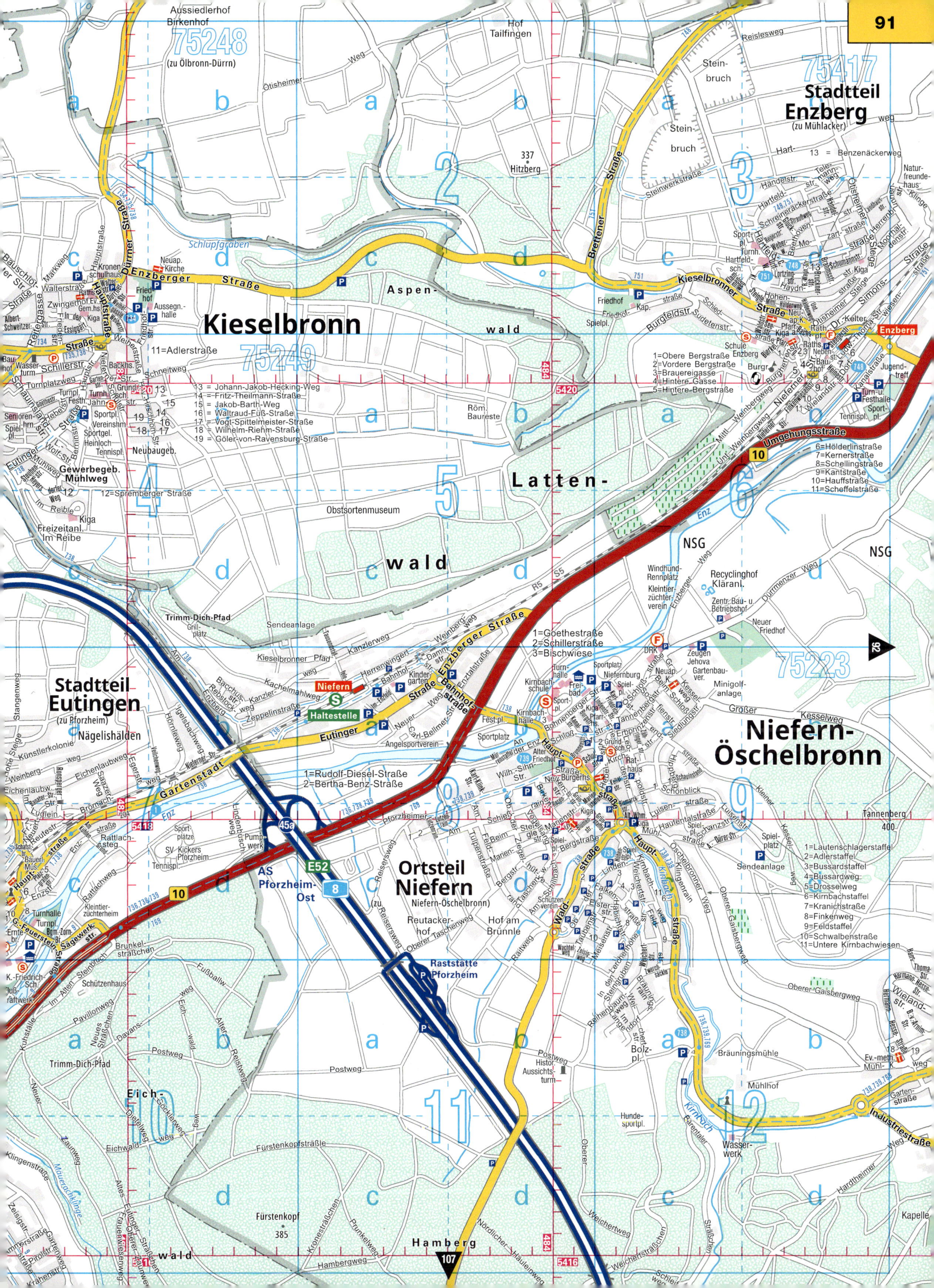
Aussiedlerhof Birkenhof
75248
(zu Ölbronn-Dürrn)
Hof Tailfingen
Reisleweg
75417
Stadtteil
Enzberg
(zu Mühlacker)
Stein-bruch
Stein-bruch
337 Hitzberg
Ötisheimer
Hart-
13 = Benzenäckerweg
Natur-freunde-haus
Steinwerkstraße
Brettener Straße
Dürrner Straße
Schlupfgraben
Enzberger Straße
Aspen-
wald
Kieselbronner Straße
Friedhof
Burgfeldstr.
Kieselbronn
75249
11=Adlerstraße
13 = Johann-Jakob-Hecking-Weg
14 = Fritz-Theilmann-Straße
15 = Jakob-Barth-Weg
16 = Waltraud-Fuß-Straße
17 = Vogt-Spittelmeister-Straße
18 = Wilhelm-Riehm-Straße
19 = Göler-von-Ravensburg-Straße
1=Obere Bergstraße
2=Vordere Bergstraße
3=Brauereigasse
4=Hintere Gasse
5=Hintere Bergstraße
Enzberg
Röm. Baureste
Neubaugeb.
Gewerbegeb. Mühlweg
12=Spremberger Straße
Freizeitanl. Im Reibe
Kiga
Latten-
wald
Obstsortenmuseum
Umgehungsstraße
6=Hölderlinstraße
7=Kernerstraße
8=Schellingstraße
9=Kantstraße
10=Hauffstraße
11=Scheffelstraße
Enz
NSG
NSG
Windhund-Rennplatz
Kleintier-züchter-verein
Recyclinghof Kläranl.
Zentr. Bau- u. Betriebshof
Neuer Friedhof
Dürrmenzer Weg
Trimm-Dich-Pfad
Sendeanlage
Kieselbronner Pfad
Kanzlerweg
1=Goethestraße
2=Schillerstraße
3=Bischwiese
75223
Stadtteil
Eutingen
(zu Pforzheim)
Nägelishälden
Niefern
Haltestelle
Bahnhofstraße
Eutinger Straße
Angelsportverein
Sportplatz
Niefernburg
Minigolf-anlage
Großer Kesselweg
Niefern-
Öschelbronn
Gartenstadt
1=Rudolf-Diesel-Straße
2=Bertha-Benz-Straße
Pforzheimer
Tannenberg 400
Hauptstraße
Schönblick
Luisenstraße
Sendeanlage
1=Lautenschlagerstaffel
2=Adlerstaffel
3=Bussardstaffel
4=Bussardweg
5=Drosselweg
6=Kirnbachstaffel
7=Kranichstraße
8=Finkenweg
9=Feldstaffel
10=Schwalbenstraße
11=Untere Kirnbachwiesen
45a
E52
8
AS Pforzheim-Ost
Ortsteil
Niefern
(zu Niefern-Öschelbronn)
Reutacker-hof
Hof am Brünnle
Oberer Taschenweg
Raststätte Pforzheim
Oberer Gaisbergweg
Schützenhaus
Trimm-Dich-Pfad
Eich-
wald
Postweg
Postweg
Histor. Aussichtsturm
Bräuningsmühle
Mühlhof
Industriestraße
Wasser-werk
Hunde-sportpl.
Fürstenkopfstraße
Fürstenkopf 385
Hamberg
Hambergweg
107
Kapelle
Weichertweg
10
5420
5418
5416
484

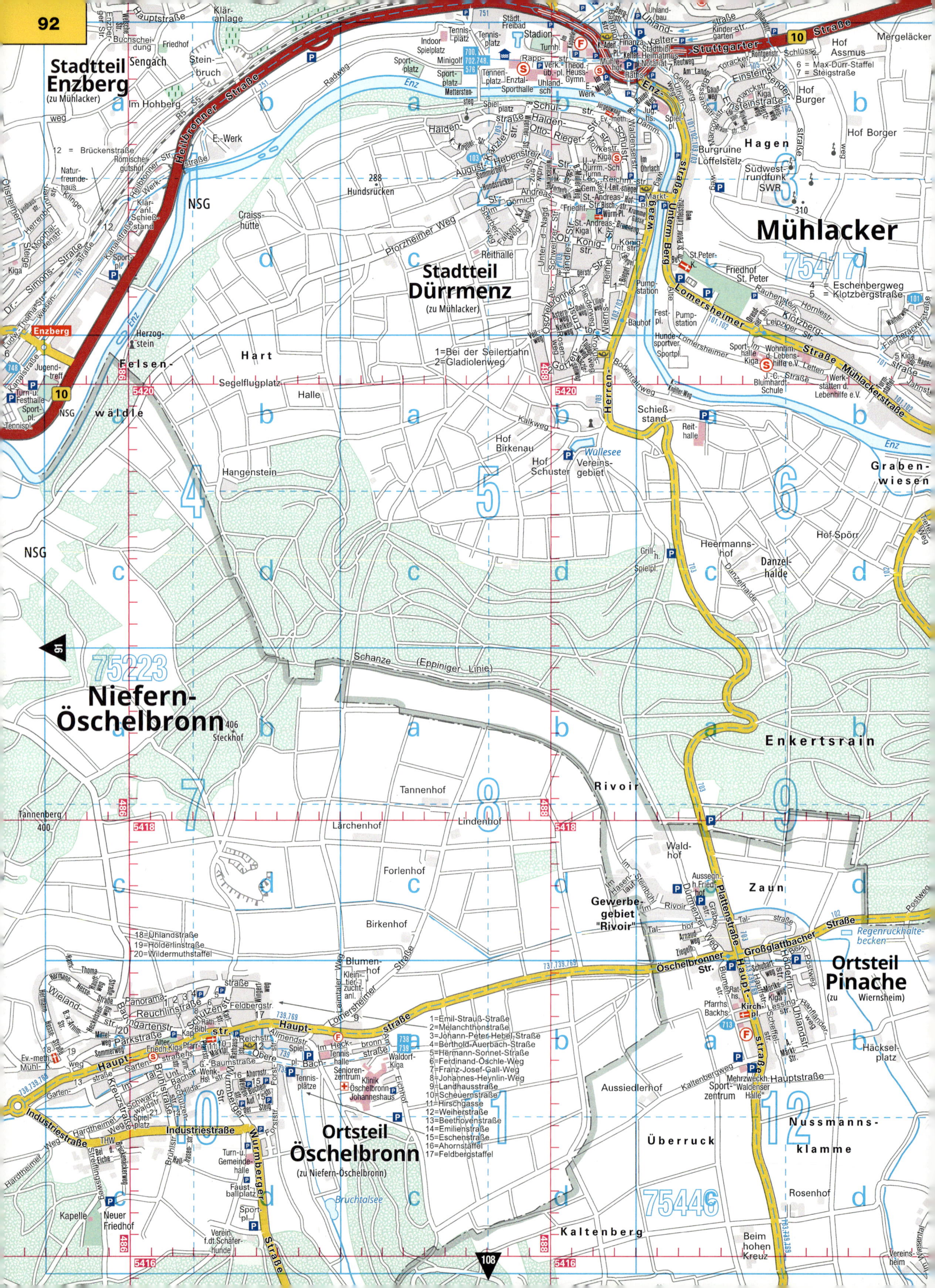
Stadtteil Enzberg
(zu Mühlacker)
Stadtteil Dürrmenz
(zu Mühlacker)
Mühlacker
75417
Niefern-Öschelbronn
75223
Ortsteil Öschelbronn
(zu Niefern-Öschelbronn)
Ortsteil Pinache
(zu Wiernsheim)
75446
12 = Brückenstraße
1=Bei der Seilerbahn
2=Gladiolenweg
4 = Eschenbergweg
5 = Klotzbergstraße
6 = Max-Dürr-Staffel
7 = Steigstraße
18=Uhlandstraße
19=Hölderlinstraße
20=Wildermuthstaffel
1=Emil-Strauß-Straße
2=Melanchthonstraße
3=Johann-Peter-Hebel-Straße
4=Berthold-Auerbach-Straße
5=Hermann-Sonnet-Straße
6=Ferdinand-Öschle-Weg
7=Franz-Josef-Gall-Weg
8=Johannes-Heynlin-Weg
9=Landhausstraße
10=Scheuernstraße
11=Hirschgasse
12=Weiherstraße
13=Beethovenstraße
14=Emilienstraße
15=Eschenstraße
16=Ahornstraße
17=Feldbergstaffel
Heilbronner Straße
Stuttgarter Straße
Lomersheimer Straße
Mühlackerstraße
Öschelbronner Str.
Großglattbacher Straße
Plattenstraße
Würmberger Straße
Industriestraße
Hauptstraße
Pforzheimer Weg
Felsenwäldle
Hart
Hangenstein
Steckhof
Tannenhof
Lärchenhof
Lindenhof
Forlenhof
Birkenhof
Rivoir
Gewerbegebiet "Rivoir"
Enkertsrain
Zaun
Überruck
Kaltenberg
Nussmannsklamme
Rosenhof
Aussiedlerhof
Hof Birkenau
Hof Schuster
Wüllesee
Heermannshof
Danzelhalde
Hof Spörr
Grabenwiesen
Schanze (Eppinger Linie)
Hagen
Hof Assmus
Mergeläcker
Hof Burger
Hof Borger
Hundsrücken
Segelflugplatz
Enz
NSG
91
108

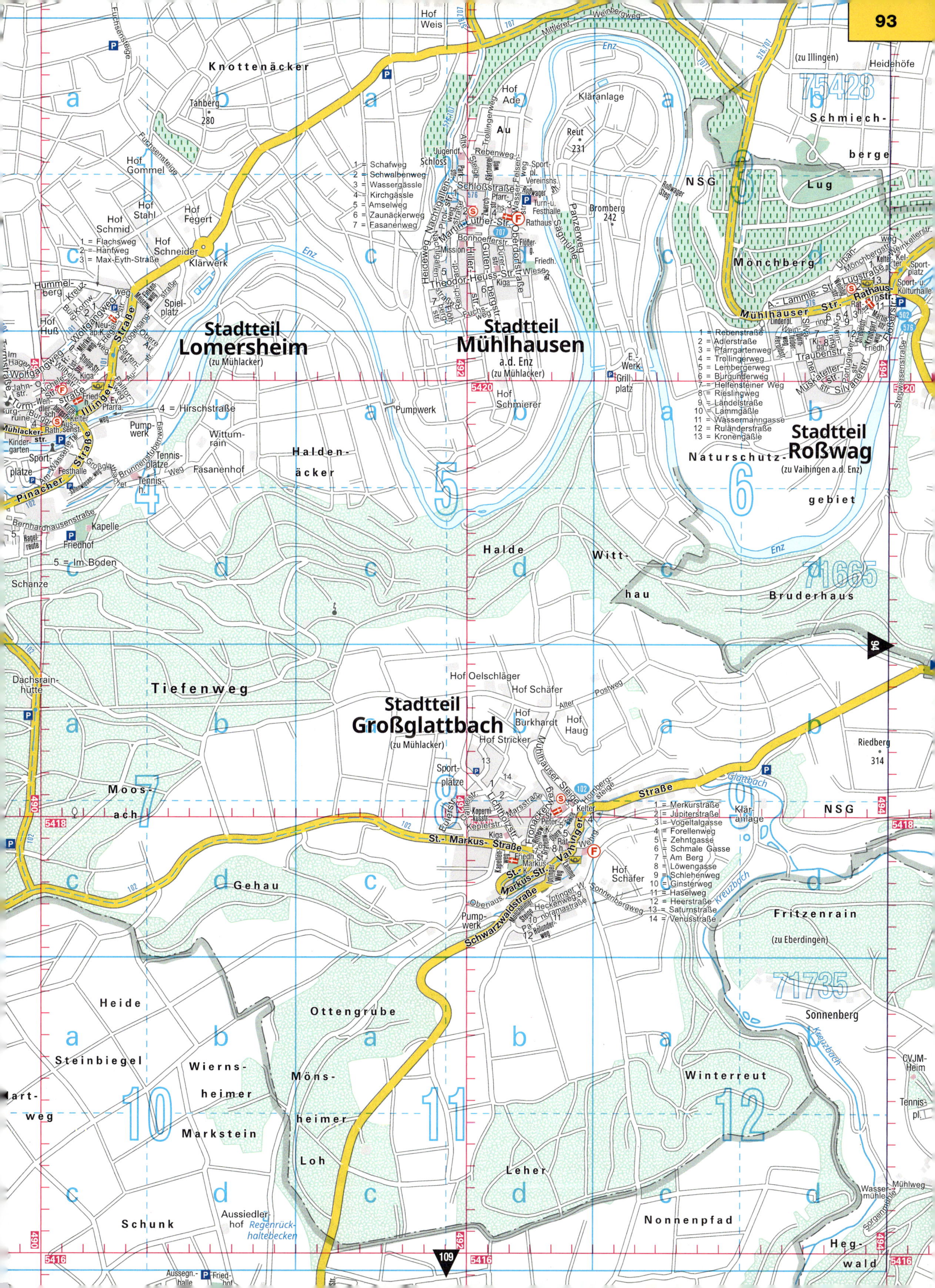

Stadtteil Lomersheim
(zu Mühlacker)
Stadtteil Mühlhausen
a.d. Enz
(zu Mühlacker)
Stadtteil Roßwag
(zu Vaihingen a.d. Enz)
Stadtteil Großglattbach
(zu Mühlacker)
Knottenäcker
Tiefenweg
Halden-äcker
Halde
Witt-hau
Bruderhaus
Naturschutz-gebiet
Mönchberg
Lug
Schmiech-berge
Heidehöfe
(zu Illingen)
75428
71665
71735
Fritzenrain
(zu Eberdingen)
Sonnenberg
Winterreut
Nonnenpfad
Heg-wald
Leher
Ottengrube
Möns-heimer Loh
Wierns-heimer Markstein
Steinbiegel
Heide
Schunk
Gehau
Moos-ach
Dachsrain-hütte
Schanze
Kapelle
Friedhof
Riedberg 314
Kläranlage
Enz
Glattbach
Kreuzbach
1 = Schafweg
2 = Schwalbenweg
3 = Wassergässle
4 = Kirchgässle
5 = Amselweg
6 = Zaunäckerweg
7 = Fasanenweg
1 = Flachsweg
2 = Hanfweg
3 = Max-Eyth-Straße
4 = Hirschstraße
5 = Im Boden
1 = Rebenstraße
2 = Adlerstraße
3 = Pfarrgartenweg
4 = Trollingerweg
5 = Lembergerweg
6 = Burgunderweg
7 = Helfensteiner Weg
8 = Rieslingweg
9 = Ländelstraße
10 = Lammgäßle
11 = Wassermanngasse
12 = Ruländerstraße
13 = Kronengäßle
1 = Merkurstraße
2 = Jupiterstraße
3 = Vogeltalgasse
4 = Forellenweg
5 = Zehntgasse
6 = Schmale Gasse
7 = Am Berg
8 = Löwengasse
9 = Schlehenweg
10 = Ginsterweg
11 = Haselweg
12 = Heerstraße
13 = Saturnstraße
14 = Venusstraße
94
109

Vaihingen
an der Enz
Stadtteil
Roßwag
(zu Vaihingen a.d. Enz)
Stadtteil
Aurich
(zu Vaihingen a.d. Enz)
Ortsteil
Nussdorf
(zu Eberdingen)
Stadtteil
Riet
(zu Vaihingen a.d. Enz)
75428
71735
Wammesäcker
Wagenburg
Steinbruch
Schmiech-
berge
Wolfs-
äcker
Heidehöfe
(zu Illingen)
Oberer
Lehen
Fuchsloch
Lichtenberg
Seemühle
VAI. West
VAI. Ost
Buchhalde
Rübenäcker
Dörrer
Hafnergrube
Loch
Laihle
Bruderhaus
Auricher
Berg
Kreuz
Riedberg
314
(zu Mühlacker)
Berglespfad
Hammel-
berg
Au
Bürgerwald
Fritzenrain
Elme
Espenlaub
Bonlanden
Sonnenbrand
Eichhof
Halde
Grund
Sang
Aussiedlerhof
Heg-
wald
Lerchenhof
Geislinger
Brunnen
Röten
hart
Gewerbe-
gebiet
Cityplan S.48
1 = Rebenstraße
2 = Adlerstraße
3 = Pfarrgartenweg
16 = Vogelbeerweg
20 = Heinrich-Bürger-Weg
7 = Margeritenweg
8 = Kiefernweg
9 = Rosmarinweg
10 = Thymianweg
11 = Tannenweg
1 = Oberer Linsenberg
2 = Theodor-Storm-Straße
3 = Hagdornweg
4 = Bussardweg
5 = Gladiolenweg
6 = Asternweg
7 = Irisweg
8 = Brombeerweg
9 = Narzissenweg
10 = Rebhaldenstraße
11 = Krokusweg
12 = Brotgasse
13 = Schreinergasse
14 = Kreuzbachstraße
15 = Heinrichstraße
16 = Ochsengasse
17 = Goldlackweg
1 = Max-Planck-Weg
2 = Droste-Hülshoff-Weg
3 = Heinrich-von-Kleist-Weg
4 = Gottfried-Keller-Weg
5 = Herderweg
6 = Schwabweg
7 = Novalisweg
8 = Steinackerweg
13=Alter Vaihinger Weg
23=Nußbaumweg
Albert-Schweitzer-Straße
Florian-Geyer-Straße
Beerhaldenstraße
Auricher Straße
Nußdorfer Straße
Hagenrainstraße
Manfred-Behr-Straße
Bahnhofstraße
Stuttgarter Straße
Hans-Krieg-Str.
Eichendorffstraße
Dieselstraße
Hirsauer Str.
Schmiebach
Glattbach
Kreuzbach
Enz
93
110

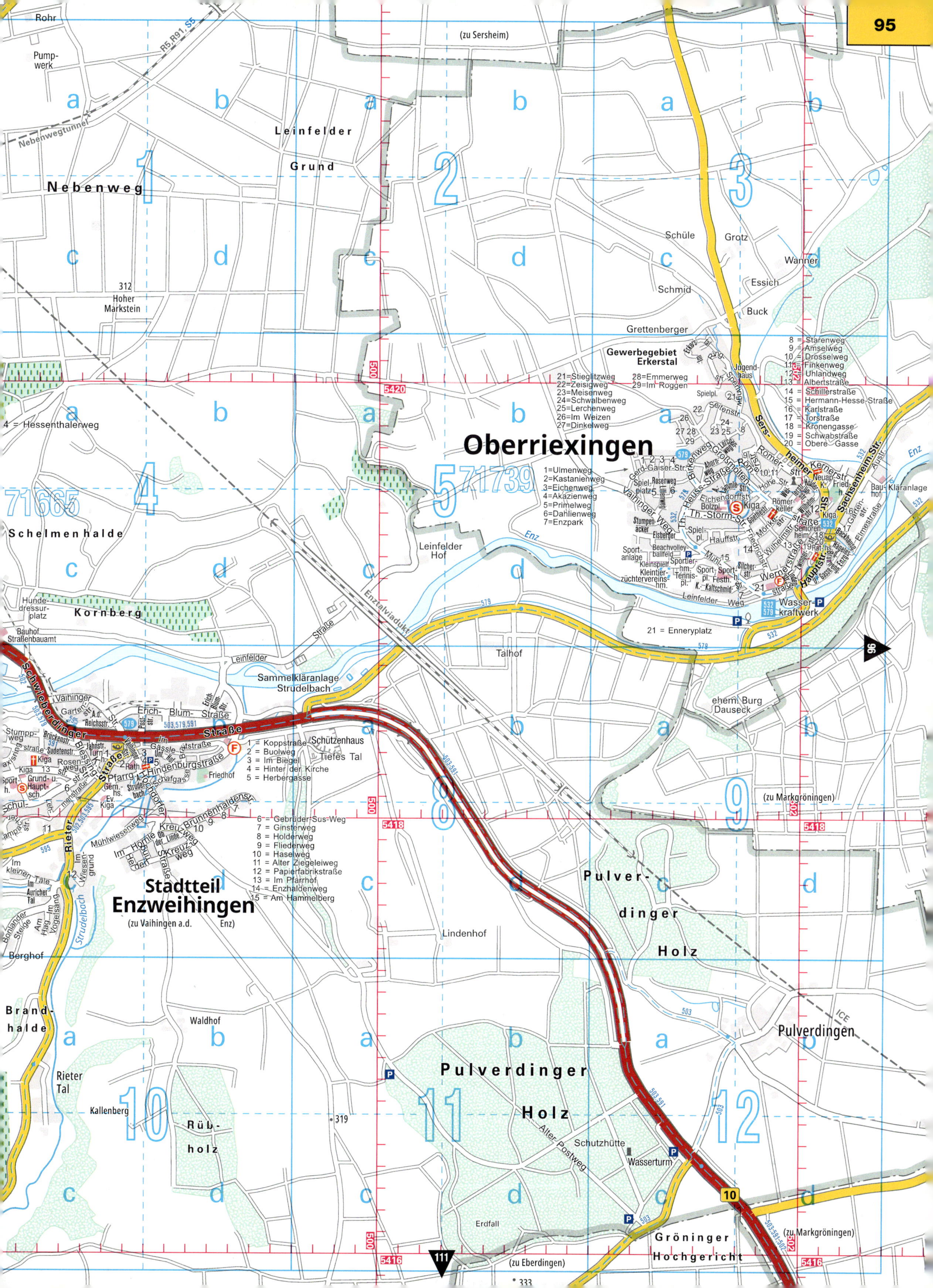

Rohr
Pump-werk
(zu Sersheim)
Nebenwegtunnel
Leinfelder Grund
Nebenweg
312 Hoher Markstein
Schüle
Grotz
Wanner
Schmid
Essich
Buck
Grettenberger
Gewerbegebiet Erkerstal
21=Stieglitzweg
22=Zeisigweg
23=Meisenweg
24=Schwalbenweg
25=Lerchenweg
26=Im Weizen
27=Dinkelweg
28=Emmerweg
29=Im Roggen
8 = Starenweg
9 = Amselweg
10 = Drosselweg
11 = Finkenweg
12 = Uhlandweg
13 = Albertstraße
14 = Schillerstraße
15 = Hermann-Hesse-Straße
16 = Karlstraße
17 = Torstraße
18 = Kronengasse
19 = Schwabstraße
20 = Obere Gasse
4 = Hessenthalerweg
Oberriexingen
71739
71665
1=Ulmenweg
2=Kastanienweg
3=Eichenweg
4=Akazienweg
5=Primelweg
6=Dahlienweg
7=Enzpark
Schelmenhalde
Leinfelder Hof
Enz
Kornberg
Hunde-dressur-platz
Bauhof Straßenbauamt
Enztalviadukt
Wasser-kraftwerk
21 = Enneryplatz
Talhof
Sammelkläranlage Strudelbach
Schwieberdinger Straße
ehem. Burg Dauseck
Schützenhaus
Tiefes Tal
1 = Koppstraße
2 = Buolweg
3 = Im Biegel
4 = Hinter der Kirche
5 = Herbergasse
(zu Markgröningen)
6 = Gebrüder-Sus-Weg
7 = Ginsterweg
8 = Holderweg
9 = Fliederweg
10 = Haselweg
11 = Alter Ziegeleiweg
12 = Papierfabrikstraße
13 = Im Pfarrhof
14 = Enzhaldenweg
15 = Am Hammelberg
Stadtteil Enzweihingen
(zu Vaihingen a.d. Enz)
Pulverdinger Holz
Lindenhof
Berghof
Brandhalde
Waldhof
Pulverdingen
ICE
Rieter Tal
Kallenberg
Rübholz
319
Schutzhütte
Wasserturm
Alter Postweg
Erdfall
Gröninger Hochgericht
(zu Markgröningen)
(zu Eberdingen)
333
96
111

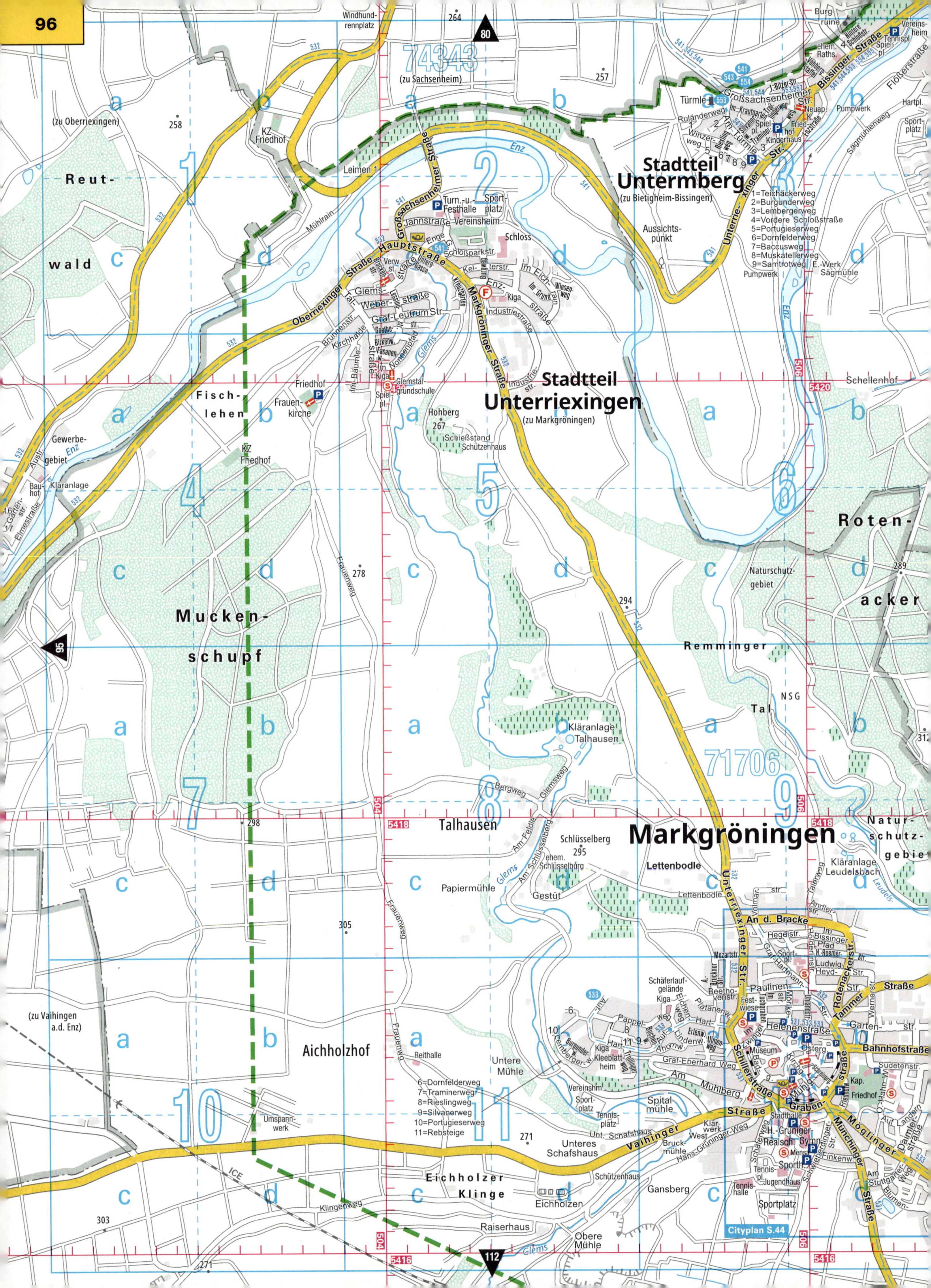
Stadtteil Untermberg
(zu Bietigheim-Bissingen)
Stadtteil Unterriexingen
(zu Markgröningen)
Markgröningen
74343
(zu Sachsenheim)
71706
Reut-wald
Fischlehen
Muckenschupf
Rotenacker
Remminger Tal
Talhausen
Schlüsselberg
Lettenbodle
Aichholzhof
Eichholzer Klinge
Eichholzen
Untere Mühle
Unteres Schafhaus
Gansberg
Raiserhaus
Obere Mühle
Papiermühle
Gestüt
Hohberg
Schellenhof
Enz
Glems
Naturschutzgebiet
(zu Oberriexingen)
(zu Vaihingen a.d. Enz)
1=Teichäckerweg
2=Burgunderweg
3=Lembergerweg
4=Vordere Schloßstraße
5=Portugieserweg
6=Dornfelderweg
7=Baccusweg
8=Muskatellerweg
9=Samtrotweg
6=Dornfelderweg
7=Traminerweg
8=Rieslingweg
9=Silvanerweg
10=Portugieserweg
11=Rebsteige
Cityplan S.44
80
95
112

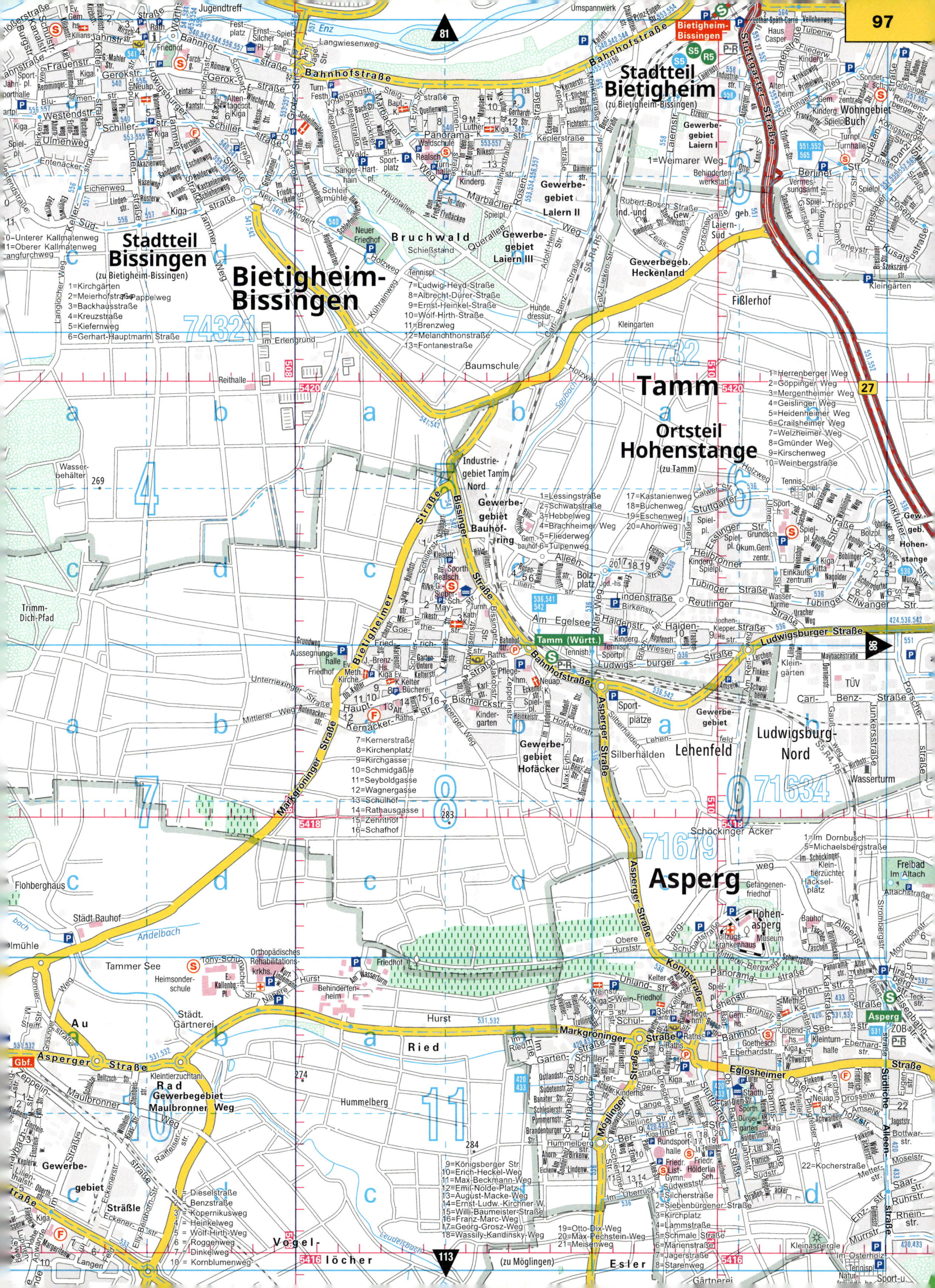

97
81
Stadtteil Bietigheim
(zu Bietigheim-Bissingen)
Bietigheim-Bissingen
Bahnhofstraße
Stuttgarter Straße
Wohngebiet Buch
Gewerbegebiet Laiern I
Gewerbegebiet Laiern II
Gewerbegebiet Laiern III
Gewerbegeb. Heckenland
Bruchwald
Stadtteil Bissingen
(zu Bietigheim-Bissingen)
Bietigheim-Bissingen
74321
Fißlerhof
Tamm
71732
Ortsteil Hohenstange
(zu Tamm)
Industriegebiet Tamm Nord
Gewerbegebiet Bauhofring
Tamm (Württ.)
Ludwigsburger Straße
98
Bietigheimer Straße
Markgröninger Straße
Asperger Straße
Lehenfeld
Ludwigsburg-Nord
71634
71679
Asperg
Hohenasperg
Gewerbegebiet Hofäcker
Tammer See
Königsstraße
Eglosheimer Straße
Asperg
Ried
Hummelberg
Au
Asperger Straße
Rad
Gewerbegebiet Maulbronner Weg
Gewerbegebiet Sträßle
Vogel-
löcher
113
(zu Möglingen)
Esler
Flohberghaus
Trimm-Dich-Pfad
Andelbach
Leudelsbach
27

98
Brandholz
(zu Ingersheim)
74379
82
Brandholzweg
NSG
74385
(zu Pleidelsheim)
19=Fritz-Roth-Straße
Neckar-Kanal
Altneckar
Freiberger Straße
Robinson-spielpl.
Stadtteil Bietigheim
(zu Bietigheim-Bissingen)
1=Oberer Schlosshof
2=Joh.-Rebmann-Weg
3=Hindemithstraße
4=Schwalbenweg
5=Stieglitzweg
6=Starenweg
7=Sperlingweg
8=Meisenweg
9=Zeisigweg
10=Wilhelm-Lächle-Straße
11=Falkenweg
12=Bussardweg
13=Im Riedern
14=Edith-Stein-Weg
15=Schumannstraße
16=Anne-Frank-Weg
17=In den Ländlen
18=Hessigheimer Weg
19=Schafgarbenweg
Bietigheimer Straße
Aussiedlerhof
Mittlerer Weg
278
Schreckenberg
Stadtteil Geisingen
(zu Freiberg am Neckar)
Unterer
71732
(zu Tamm)
Wilhelms-hof
(zu Bietigheim-Bissingen)
Freiberg
am Neckar
5420
71691
4=Geislinger Weg
5=Heidenheimer Weg
6=Crailsheimer Weg
7=Welzheimer Weg
Park
273
Freizeit-wiese
Grillpl.
81
E41
Schloss
Freiberg(Neckar)
Grundelbach
16=Lenaustraße
17=Adalbert-Stifter-Straße
18=Birkenweg
19=Buchenweg
20=Kastanienweg
21=Akazienweg
22=Pappelweg
23=Anton-Pilgram-Weg
24=Kantstraße
Stadtteil Heutingsheim
(zu Freiberg am Neckar)
11=Hornbergstraße
12=Burgstraße
13=Schwabstraße
14=Hegelweg
15=Hebbelstraße
Blaisle
Hoheäcker
Viertel
Reithalle
Golfplatz
Kellerei
Ludwigsburger Straße
97
Einkaufs-zentrum
ADAC
TÜV
Heinkelstr.
Ludwigsburg-Nord
Anschlussstelle Ludwigsburg-Nord
Monrepos Seeschloss
Schloss-park
Kapelle
Minigolf-platz
Rosenau
Hasenläufe
Wasserturm
Autobahn-meisterei
Heckenwiesen
15
Stadtteil Eglosheim
(zu Ludwigsburg)
TSV Sportplatz
1=Hagenäcker
2=Mundelsheimer Straße
3=Montessoriweg
4=Pestalozziweg
5=Eduard-Spranger-Straße
Tierheim
KSV Sport-platz
Umspann-anlage
Kugelberg
Stadtteil Hoheneck
(zu Ludwigsburg)
71679
5=Michaelsbergstraße
6=Harzbergstraße
7=Langhansstraße
Freibad Im Altach
Verkehrsübungs-platz MSC
71634
Favorite-park
Favorite-
park
283
Staatl. Sportakademie
Pommer-äcker
Jägerhaus
1=Ob. Kasernenstraße
2=Charlottenstraße
3=Reithausberg
4=Hermannstraße
5=Kronenstraße
6=Schmiedgässle
7=Holzmarktstraße
8=Untere Marktstraße
9=Alte Gasse
10=Bei der kath. Kirche
11=Bärenstraße
12=Obere Marktstraße
Frankfurter Str.
Friedhof
Asperg
Markgröninger Straße
1=Beutenmüllerhof
2=Am Hohlweg
3=Fischbrunnenstraße
4=Klosterhof
5=Walterstraße
8=Karl-Peters-Straße
22=Kocherstraße
Asperg
Ludwigsburg
71636
Heilbronner Straße
Marienwahl
Stresemannstraße
Marbacher Straße
Favorite schloss
Schloss
Blühendes Barock
Schorndorfer
Märchen-garten
Kreis-krankenhaus
9=Osterweise
10=Ackerstraße
11=Steinstraße
12=L.-Richter-Straße
13=Hoffmeisterstraße
14=Im Böblinger
15=Fischendorferstraße
16=Schafhofgärten
17=Schanzenbachstraße
Neckarstraße
Ludwigsburger Straße
Osterholz-allee
114
Trimm-Dich-Pfad
Kurfürstenstraße
Bismarckstraße
Schlossstraße

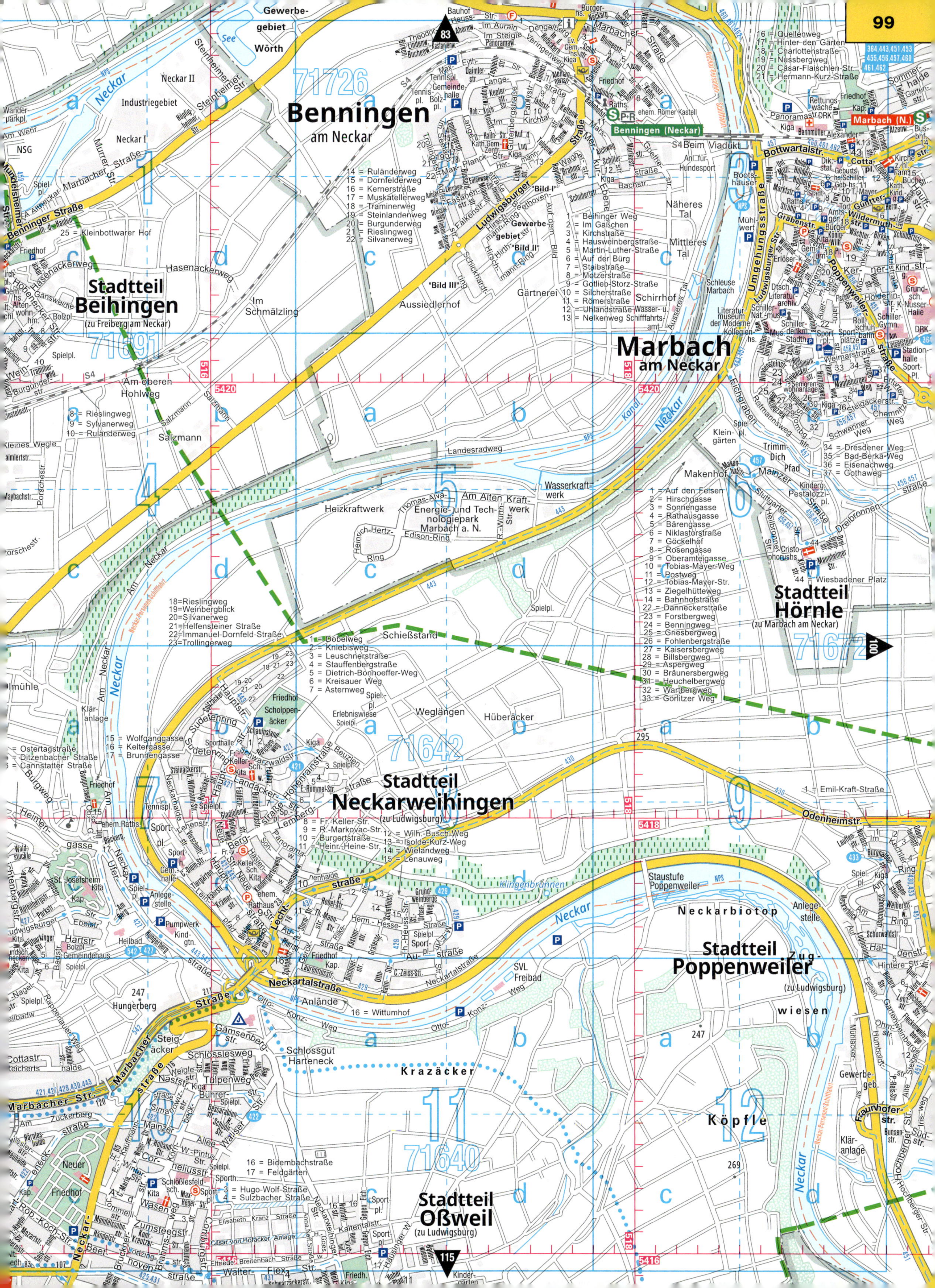

Benningen
am Neckar
71726
Marbach
am Neckar
Stadtteil
Beihingen
(zu Freiberg am Neckar)
71691
Stadtteil
Hörnle
(zu Marbach am Neckar)
71672
Stadtteil
Neckarweihingen
(zu Ludwigsburg)
71642
Stadtteil
Poppenweiler
(zu Ludwigsburg)
Stadtteil
Oßweil
(zu Ludwigsburg)
71640
Neckar
Benningen (Neckar)
Marbach (N.)
Energie- und Technologiepark Marbach a. N.
Heizkraftwerk
Wasserkraftwerk
Am Alten Kraftwerk
Landesradweg
Schießstand
Weglängen
Hüberäcker
Neckarbiotop
Staustufe Poppenweiler
Klingenbrunnen
Schlossgut Harteneck
Krazäcker
Köpfle
Neuer Friedhof
Gewerbegebiet Wörth
Industriegebiet
Aussiedlerhof
Im Schmälzling
Hasenackerweg
Salzmann
Am oberen Hohlweg
Makenhof
Näheres Tal
Mittleres Tal
Schleuse Marbach
Literaturmuseum der Moderne
Schiller-Nat.-Museum
Odenheimstr.
Neckartalstraße
Ludwigsburger Straße
Marbacher Straße
Bottwartalstr.
Umgehungsstraße
Benninger Straße
Hungerberg
Ostertagstraße
Ditzenbacher Straße
Cannstatter Straße
14 = Ruländerweg
15 = Dornfelderweg
16 = Kernerstraße
17 = Muskatellerweg
18 = Traminerweg
19 = Steinlandenweg
20 = Burgunderweg
21 = Rieslingweg
22 = Silvanerweg
1 = Beihinger Weg
2 = Im Gaßchen
3 = Kirchstraße
4 = Hausweinbergstraße
5 = Martin-Luther-Straße
6 = Auf der Bürg
7 = Staibstraße
8 = Motzerstraße
9 = Gottlieb-Storz-Straße
10 = Silcherstraße
11 = Römerstraße
12 = Uhlandstraße
13 = Nelkenweg
16 = Quellenweg
17 = Hinter den Gärten
18 = Charlottenstraße
19 = Nussbergweg
20 = Cäsar-Flaischlen-Str.
21 = Hermann-Kurz-Straße
25 = Kleinbottwarer Hof
8 = Rieslingweg
9 = Sylvanerweg
10 = Ruländerweg
1 = Auf den Felsen
2 = Hirschgasse
3 = Sonnengasse
4 = Rathausgasse
5 = Bärengasse
6 = Niklastorstraße
7 = Göckelhof
8 = Rosengasse
9 = Oberamteigasse
10 = Tobias-Mayer-Weg
11 = Postweg
12 = Tobias-Mayer-Str.
13 = Ziegelhüttenweg
14 = Bahnhofstraße
22 = Danneckerstraße
23 = Forstbergweg
24 = Benningweg
25 = Griesbergweg
26 = Fohlenbergstraße
27 = Kaisersbergweg
28 = Billsbergweg
29 = Aspergweg
30 = Bräunersbergweg
31 = Heuchelbergweg
32 = Wartbergweg
33 = Görlitzer Weg
34 = Dresdener Weg
35 = Bad-Berka-Weg
36 = Eisenachweg
37 = Gothaweg
44 = Wiesbadener Platz
18 = Rieslingweg
19 = Weinbergblick
20 = Silvanerweg
21 = Helfensteiner Straße
22 = Immanuel-Dornfeld-Straße
23 = Trollingerweg
1 = Döbelweg
2 = Kniebisweg
3 = Leuschnerstraße
4 = Stauffenbergstraße
5 = Dietrich-Bonhoeffer-Weg
6 = Kreisauer Weg
7 = Asternweg
15 = Wolfganggasse
16 = Keltergasse
17 = Brunnengasse
8 = Fr.-Keller-Str.
9 = R.-Markovac-Str.
10 = Burgertstraße
11 = Heinr.-Heine-Str.
12 = Wilh.-Busch-Weg
13 = Isolde-Kurz-Weg
14 = Wielandweg
15 = Lenauweg
16 = Wittumhof
1 = Emil-Kraft-Straße
16 = Bidembachstraße
17 = Feldgärten
3 = Hugo-Wolf-Straße
4 = Sulzbacher Straße
83
100
115
5420
5418
5416
516
518

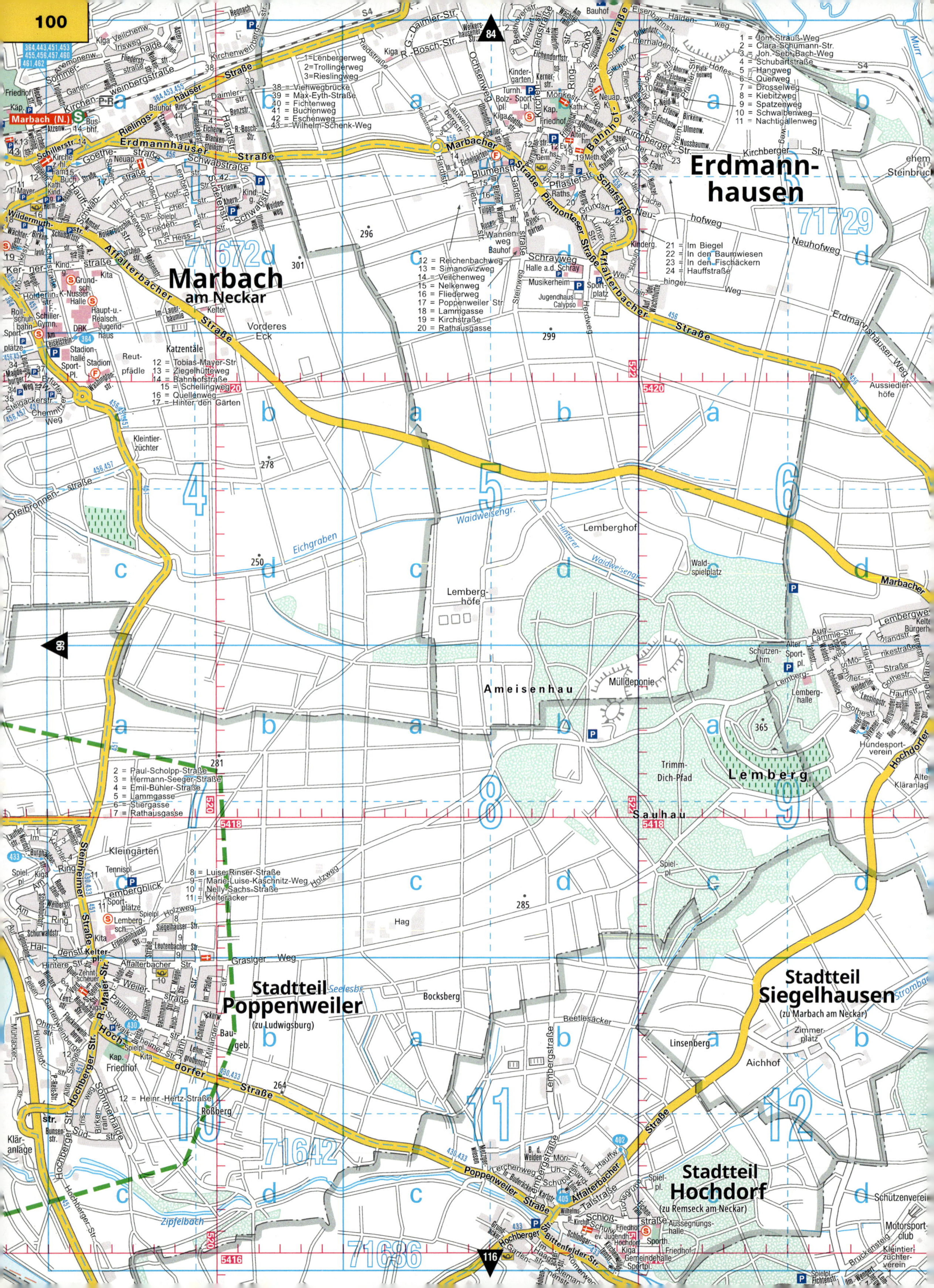

Marbach am Neckar
71672
Erdmann-hausen
71729
Stadtteil Poppenweiler (zu Ludwigsburg)
71642
Stadtteil Siegelhausen (zu Marbach am Neckar)
Stadtteil Hochdorf (zu Remseck am Neckar)
71686
84
99
116
1=Lenbergerweg
2=Trollingerweg
3=Rieslingweg
38 = Viehwegbrücke
39 = Max-Eyth-Straße
40 = Fichtenweg
41 = Buchenweg
42 = Eschenweg
43 = Wilhelm-Schenk-Weg
1 = Joh.-Strauß-Weg
2 = Clara-Schumann-Str.
3 = Joh.-Seb.-Bach-Weg
4 = Schubartstraße
5 = Hangweg
6 = Querweg
7 = Drosselweg
8 = Kiebitzweg
9 = Spatzenweg
10 = Schwalbenweg
11 = Nachtigallenweg
12 = Reichenbachweg
13 = Simanowizweg
14 = Veilchenweg
15 = Nelkenweg
16 = Fliederweg
17 = Poppenweiler Str.
18 = Lammgasse
19 = Kirchstraße
20 = Rathausgasse
21 = Im Biegel
22 = In den Baumwiesen
23 = In den Fischäckern
24 = Hauffstraße
Katzentäle
12 = Tobias-Mayer-Str.
13 = Ziegelhüttenweg
14 = Bahnhofstraße
15 = Schellingweg
16 = Quellenweg
17 = Hinter den Gärten
2 = Paul-Scholpp-Straße
3 = Hermann-Seeger-Straße
4 = Emil-Bühler-Straße
5 = Lammgasse
6 = Stiergasse
7 = Rathausgasse
8 = Luise-Rinser-Straße
9 = Marie-Luise-Kaschnitz-Weg
10 = Nelly-Sachs-Straße
11 = Kelteräcker
12 = Heinr.-Hertz-Straße
Marbach (N.)
Erdmannhäuser Straße
Affalterbacher Straße
Marbacher Straße
Piemonteser Straße
Schafstraße
Bahnhofstraße
Kirchberger Str.
Neuhofweg
Erdmannhäuser Weg
Poppenweiler Straße
Hochdorfer Straße
Steinheimer Straße
Hochberger Str.
Bittenfelder Str.
Dreibronnenstraße
Vorderes Eck
Reutpfädle
Kleintierzüchter
Eichgraben
Waidweisengr.
Hinterer Waidweisengr.
Lemberghof
Lemberghöfe
Ameisenhau
Mülldeponie
Wald-spielplatz
Lemberg
Trimm-Dich-Pfad
Sauhau
Lemberghalle
Hundesportverein
Aussiedlerhöfe
Kleingärten
Lembergblick
Hag
Holzweg
Graslger Weg
Bocksberg
Beetlesäcker
Lembergstraße
Linsenberg
Aichhof
Zimmerplätz
Zipfelbach
Kläranlage
Schützenverein
Motorsportclub
Kleintierzüchterverein
Musikerheim
Jugendhaus Calypso
Halle a.d. Schray
Schrayweg
Stadion
Stadionhalle
Haupt-u.-Realsch.
Schiller-Gymn.
Friedhof
Rossberg
Seelesbr.
Aussegnungshalle
Gemeindehalle
Alter Sport-pl.
Schützen-hm.
296
301
299
278
250
281
285
264
365
5420
5418
5416
520
522
S4
456

85
Kläranlage
16 = Schwalbenweg
17 = Drosselweg
18 = Amselweg
Rielingshäuser
Danziger
Friedhof
Kirchpl.
Hauptstr.
Zwingelhäuser Straße
Burgstraße
Backnanger
Vereinsheim des Obst- u. Gartenbauvereins
Spielpl.
Tennisplätze
Freizeitgelände "Holzwiesen"
Weg
Sportplätze
Naturlehrpfad
Backnanger
Wald
Marbacher
Mühlwiesen
Straße
Bahnhof
Fest-platz
Kalkwerkstr.
ehem. Steinbruch
Kirchberg (Murr)
Affalterbacher Str.
Neuhof
Im Rot
Neuhöfer Str.
Bauhof
Pfarrgarten
Hauffstr.
Hegelstr.
Sporthalle
Im Gehrn
Gewerbegeb. "Im Gehrn"
Kirchberg
an der Murr
1 = Kolberger Straße
2 = Allensteiner Straße
3 = Gerh.-Hauptmann-Weg
4 = Jochen-Klepper-Weg
5 = Kronenschulgasse
6 = Oberer Gartenweg
7 = Bädergasse
8 = Kurze Straße
9 = Blumenweg
10 = Lichtentaler Straße
11 = Hölderlinstraße
12 = Tuchbleiche
13 = Schulwiese
14 = Lessingstraße
15 = Hofschwärze
71737
71576
Burgstetten
Bergsiedlung
Burgstall
an der Murr
Kläranlage
Murr
Neumühle
Sportplätze
S4
Marbacher Straße
Wasenäcker
Burgstall (Murr)
Neue Straße
Rathausstr.
Röte-siedl.
1 = Hinter den Gärten
2 = Kirchenweg
3 = Bahnhofstraße
4 = Mörikestraße
5 = Uhlandstraße
6 = Schubartstraße
7 = Amselweg
8 = Hainbuchenweg
9 = Schlehenweg
102
Erdmannshäuser Weg
Erlenhau
Kirchberger Weg
288
Tennisplätze
Sportplätze
Vereinsheim
H.-Müller-Sporthalle
1 = Schulgasse
Beckentalweg
Affalterbach
71563
Grundschule
Turnhalle
Im Birkhau
Birkhau
1 = Im Erlenbusch
2 = Drosselweg
3 = Amselweg
4 = Im Finkenschlag
5 = Im Vogelsang
6 = Wolfsölderweg
7 = Bonholz
Banholz
Dorfbühne
Hagacker
Winnender Str.
Backnanger Str.
Bauhof
Talstraße
Rob.-Bosch-Str.
Daimlerstr.
Gewerbegebiet
Im Stauch
Wolfsölden
Stauch
Hauptstraße
Backhaus
Bärlesrain
Mühlenweg
Kirschenhardthof
Friedhof
Ob. Hofstr.
Spielpl.
1 = Hofwiesenweg
2 = Karlstraße
3 = Brunnenstraße
4 = Im Wiesengrund
5 = Dinkelweg
6 = Roggenweg
In den Schmiedeäckern
Reitsportanlage
5418
Apfelbach
Böllenhöfe
308
Steinächle
Strombach
Böllenbodenhof
Kläranlage
Erdauffüllung Bauschuttrecycling
1 = Erlenweg
2 = Birkachweg
3 = Alte Weinsteige
4 = Friedenstraße
5 = Teckstraße
6 = Fr.-Köhnlein-Straße
7 = Pfarrgasse
8 = Kernerweg
9 = Lessingweg
10 = Kleiststraße
11 = Hauffstraße
12 = Steinstraße
13 = Zehntscheuergasse
Kelteräcker
Brühleichen
Unterer
Zuckmantel
71336
(zu Waiblingen)
Gollenhof
Ortsteil
Weiler zum Stein
(zu Leutenbach)
Hofäcker
Heidenhofer Str.
Geisäcker
In der Steige
Schwaikheimer Str.
Hammelbrunnen
Heimengraben
Schützenverein
Kleewiesenbach
Sportpl.
Vereinshm.
Buchenbach
71397
117
5416

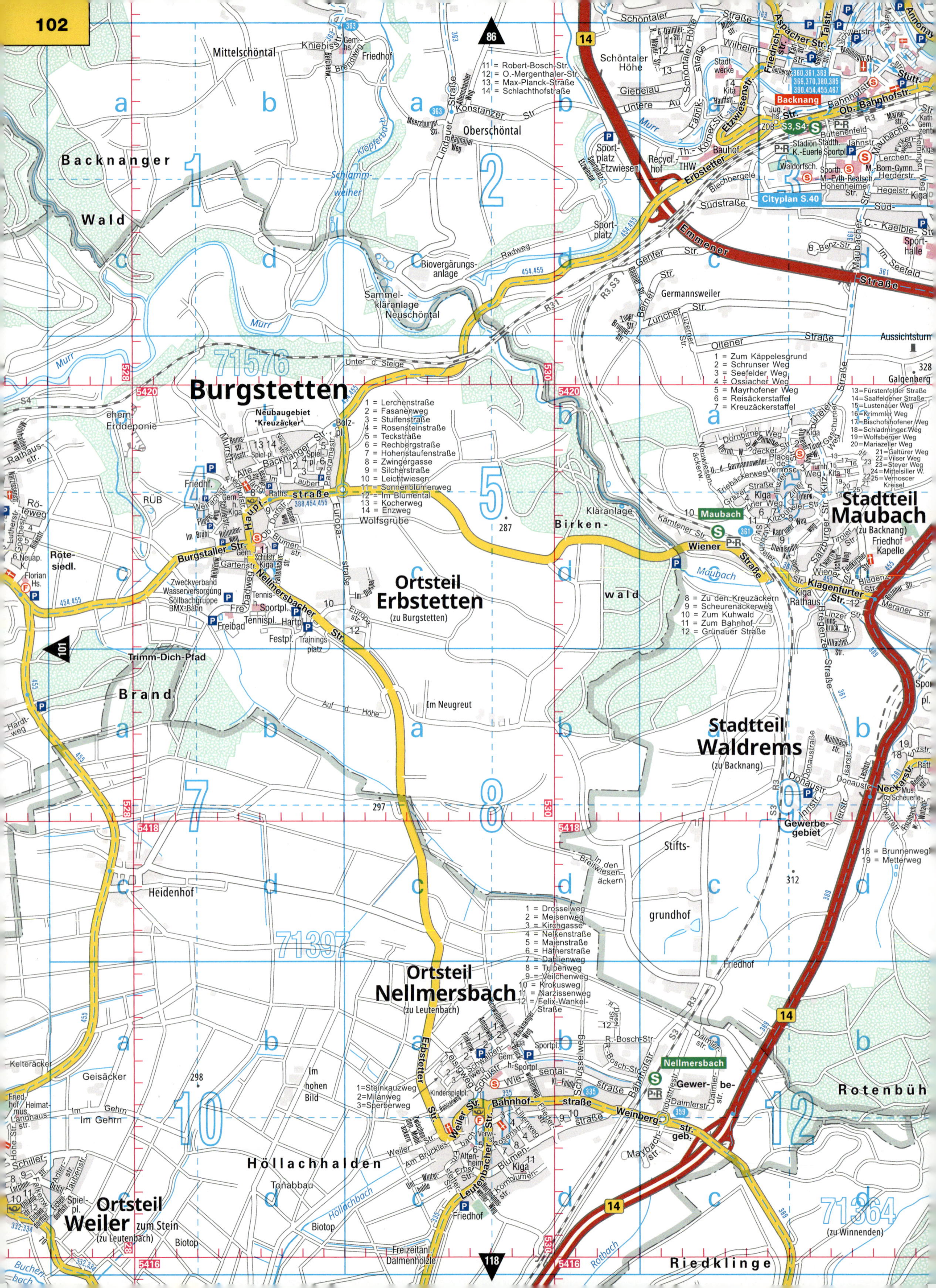

Mittelschöntal
Friedhof
11 = Robert-Bosch-Str.
12 = O.-Mergenthaler-Str.
13 = Max-Planck-Straße
14 = Schlachthofstraße
Oberschöntal
Konstanzer Str.
Backnanger
Wald
Schlammweiher
Biovergärungsanlage
Sammelkläranlage Neuschöntal
Murr
Schöntaler Höhe
Giebelau
Sportplatz Etzwiesen
Recycl.-hof
THW
Bauhof
Erbstetter
Emmener Straße
Südstraße
Backnang
Ob. Bahnhofstr.
Cityplan S.40
Germannsweiler
Genfer Str.
Züricher Str.
Oltener Straße
Aussichtsturm
Galgenberg
71576
Burgstetten
Neubaugebiet "Kreuzäcker"
ehem. Erddeponie
1 = Lerchenstraße
2 = Fasanenweg
3 = Stufenstraße
4 = Rosensteinstraße
5 = Teckstraße
6 = Rechbergstraße
7 = Hohenstaufenstraße
8 = Zwingergasse
9 = Silcherstraße
10 = Leichtwiesen
11 = Sonnenblumenweg
12 = Im Blumental
13 = Kocherweg
14 = Enzweg
Wolfsgrube
1 = Zum Käppelesgrund
2 = Schrunser Weg
3 = Seefelder Weg
4 = Ossiacher Weg
5 = Mayrhofener Weg
6 = Reisäckerstaffel
7 = Kreuzäckerstaffel
13=Fürstenfelder Straße
14=Saalfeldener Straße
15=Lustenauer Weg
16=Krimmler Weg
17=Bischofshofener Weg
18=Schladminger Weg
19=Wolfsberger Weg
20=Mariazeller Weg
21=Galtürer Weg
22=Vilser Weg
23=Steyer Weg
24=Mittelsiller W.
25=Vernoscer Kreisel
Stadtteil Maubach
(zu Backnang)
Friedhof Kapelle
Maubach
Kläranlage
Birken-
wald
Wiener Straße
Klagenfurter Str.
Burgstaller Str.
Nellmersbacher Str.
Röte-siedl.
Zweckverband Wasserversorgung Söllbachgruppe
BMX-Bahn
Freibad
Tennispl.
Festpl.
Trainingsplatz
Ortsteil Erbstetten
(zu Burgstetten)
8 = Zu den Kreuzäckern
9 = Scheurenäckerweg
10 = Zum Kuhwald
11 = Zum Bahnhof
12 = Grünauer Straße
Trimm-Dich-Pfad
Brand
Auf d. Höhe
Im Neugreut
Stadtteil Waldrems
(zu Backnang)
Gewerbegebiet
18 = Brunnenweg
19 = Metterweg
297
Heidenhof
In den Breitwiesenäckern
Stiftsgrundhof
312
71397
1 = Drosselweg
2 = Meisenweg
3 = Kirchgasse
4 = Nelkenstraße
5 = Maienstraße
6 = Häfnerstraße
7 = Dahlienweg
8 = Tulpenweg
9 = Veilchenweg
10 = Krokusweg
11 = Narzissenweg
12 = Felix-Wankel-Straße
Ortsteil Nellmersbach
(zu Leutenbach)
Friedhof
Nellmersbach
Kelteräcker
Geisäcker
298
Im hohen Bild
1=Steinkauzweg
2=Milanweg
3=Sperberweg
Rotenbühl
Im Gehrn
Höllachhalden
Tonabbau
Ortsteil Weiler
(zu Leutenbach)
zum Stein
Biotop
Weinberg-str.
Bahnhofstraße
Freizeitanl. Dalmenholzle
Friedhof
71364
(zu Winnenden)
Riedklinge

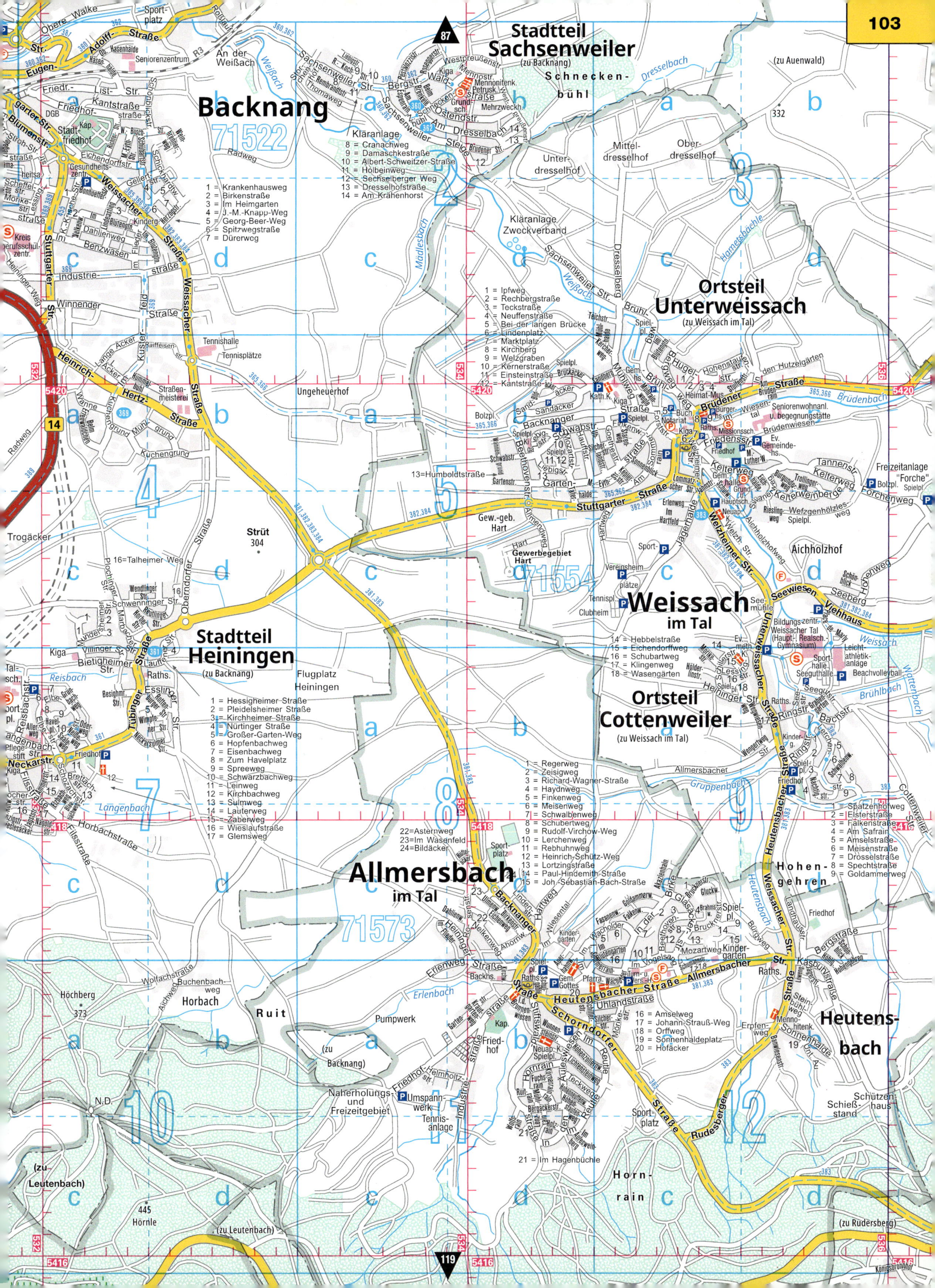
87
Stadtteil
Sachsenweiler
(zu Backnang)
Schneckenbühl
Dresselbach
(zu Auenwald)
332
Backnang
71522
Kläranlage
8 = Cranachweg
9 = Damaschkestraße
10 = Albert-Schweitzer-Straße
11 = Holbeinweg
12 = Sechselberger Weg
13 = Dresselhofstraße
14 = Am Krähenhorst
1 = Krankenhausweg
2 = Birkenstraße
3 = Im Heimgarten
4 = J.-M.-Knapp-Weg
5 = Georg-Beer-Weg
6 = Spitzwegstraße
7 = Dürerweg
Unterdresselhof
Mitteldresselhof
Oberdresselhof
Kläranlage Zweckverband
Mädlesbach
Weißach
Ortsteil
Unterweissach
(zu Weissach im Tal)
1 = Ipfweg
2 = Rechbergstraße
3 = Teckstraße
4 = Neuffenstraße
5 = Bei der langen Brücke
6 = Lindenplatz
7 = Marktplatz
8 = Kirchberg
9 = Welzgraben
10 = Kernerstraße
11 = Einsteinstraße
12 = Kantstraße
Weissacher Straße
Stuttgarter Str.
Heinrich-Hertz-Straße
Ungeheuerhof
Tennishalle
Tennisplätze
Brüdener Straße
Brüdenbach
Freizeitanlage "Forche"
13=Humboldtstraße
Stuttgarter Straße
Gew.-geb. Hart
Gewerbegebiet Hart
71554
Aichholzhof
Strüt
304
Trogäcker
16=Talheimer Weg
Oberndorfer Straße
Stadtteil
Heiningen
(zu Backnang)
Flugplatz Heiningen
Weissach
im Tal
14 = Hebbelstraße
15 = Eichendorffweg
16 = Schubartweg
17 = Klingenweg
18 = Wasengärten
Ortsteil
Cottenweiler
(zu Weissach im Tal)
Seewiesen
Viehhaus
Reisbach
Brühlbach
Wattenbach
1 = Hessigheimer Straße
2 = Pleidelsheimer Straße
3 = Kirchheimer Straße
4 = Nürtinger Straße
5 = Großer-Garten-Weg
6 = Hopfenbachweg
7 = Eisenbachweg
8 = Zum Havelplatz
9 = Spreeweg
10 = Schwarzbachweg
11 = Leinweg
12 = Kirchbachweg
13 = Sulmweg
14 = Lauterweg
15 = Zaberweg
16 = Wieslaufstraße
17 = Glemsweg
Langenbach
Horbachstraße
1 = Regerweg
2 = Zeisigweg
3 = Richard-Wagner-Straße
4 = Haydnweg
5 = Finkenweg
6 = Meisenweg
7 = Schwalbenweg
8 = Schubertweg
9 = Rudolf-Virchow-Weg
10 = Lerchenweg
11 = Rebhuhnweg
12 = Heinrich-Schütz-Weg
13 = Lortzingstraße
14 = Paul-Hindemith-Straße
15 = Joh.-Sebastian-Bach-Straße
Allmersbacher
Gruppenbach
1 = Spatzenhohweg
2 = Elsterstraße
3 = Falkenstraße
4 = Am Safrain
5 = Amselstraße
6 = Meisenstraße
7 = Drosselstraße
8 = Spechtstraße
9 = Goldammerweg
22=Asternweg
23=Im Wasenfeld
24=Bildäcker
Allmersbach
im Tal
71573
Hohengehren
Heutensbacher Straße
Weissacher Str.
Heutensbach
Allmersbacher Straße
Heutensbacher Straße
Schorndorfer Straße
16 = Amselweg
17 = Johann-Strauß-Weg
18 = Orffweg
19 = Sonnenhaldeplatz
20 = Hofäcker
Höchberg
373
Horbach
Ruit
Pumpwerk
Erlenbach
(zu Backnang)
Naherholungs- und Freizeitgebiet
Umspannwerk
Tennisanlage
Rudesberger Straße
Schießstand
Schützenhaus
N.D.
(zu Leutenbach)
445
Hörnle
(zu Leutenbach)
21 = Im Hagenbüchle
Hornrain
(zu Rudersberg)
119

Ortsteil
Dietlingen
(zu Keltern)
Ortsteil
Gräfenhausen
(zu Birkenfeld)
Stadtteil
Arnbach
(zu Neuenbürg)
Neuenbürg
Weitfeld
Unterer Wald
Winkenbühl
Hart-
wald
Aspenäule
Rickwald
Kesselberg
Obernhausen
Noppen-
grund
Altenloh
Modellfluggelände
Essigberg
335
Kempf
Rotenstich
Hohen-
eichforchen
Natur-
schutz-
gebiet
Hägnach
Erlach
Mittelbusch
Zwerlau
Endel-
bach
Fickelberg
341
Eich-
wald
Oberer Wald
Gauchhälde
Reihelberg
Römerberg
338
Schönberg
260
329
Gewerbe-
gebiet
Rait-Kempf
Gewerbe-
gebiet West
Gewerbegeb.
"Wilhelmshöhe"
Untere
Reute
Buchwald
Sauberg
580
Kopf
461
436
Schwarzwaldstraße
Marxzeller Straße
Karlsruher Straße
Gräfenhauser Straße
Pforzheimer Landstraße
Enztalbahn
294
88
120
75210
75305
5416
5414
5412
1=Parkstraße
1=Turmgasse
2=Mozartstraße
3=Schubertweg
4=Scheffelstraße
1=Zittauer Weg
2=Weichselweg
3=Tilsiter Weg
4=Stettiner Weg
5=Königsberger Weg
6=Danziger Weg
7=Breslauer Weg
8=Kiesweg
9=Wendensteinstraße
10=Bernsteinstraße
11=Genossenschaftsstraße
12=Höhenstraße
13=Akazienstraße
14=Holunderstraße
15=Kastanienstraße
16=Platanenstraße
17=Weidenstraße
18=Zedernstraße
19=Zaungässle
20=Langwiesenstraße
21=Fliederweg
22=Magnolienweg
23=Schlehenweg
24=Bergwaldstraße
2=Mörikestraße
3=Hölderlinstraße
4=Boschstraße
5=Hertzstraße
6=Am Ottenbrunnen
7=Bodelschwinghstraße
8=Heinrich-Heine-Ring
9=Bonhoefferstraße
10=Untere Ebertstraße
1=Stadtwiese
2=Gartenstraße
3=Kraftstraße
4=Grabenstraße
5=Turmstraße
6=Mühlstraße
7=Kirchplatz
8=Pfarrstraße
9=Gerichtsgasse
10=Burgstraße
11=Flößerwegle
12=Tannenburgweg
13=Arnbacher Weg
1=Vollmarweg
2=Lidellweg
3=Sainte-Maxime-Platz
4=Bolleystraße
5=Christoph-Lutz-Straße
14 = Rittergarten
Schloss
Neuenbürg
Sägkopf
523

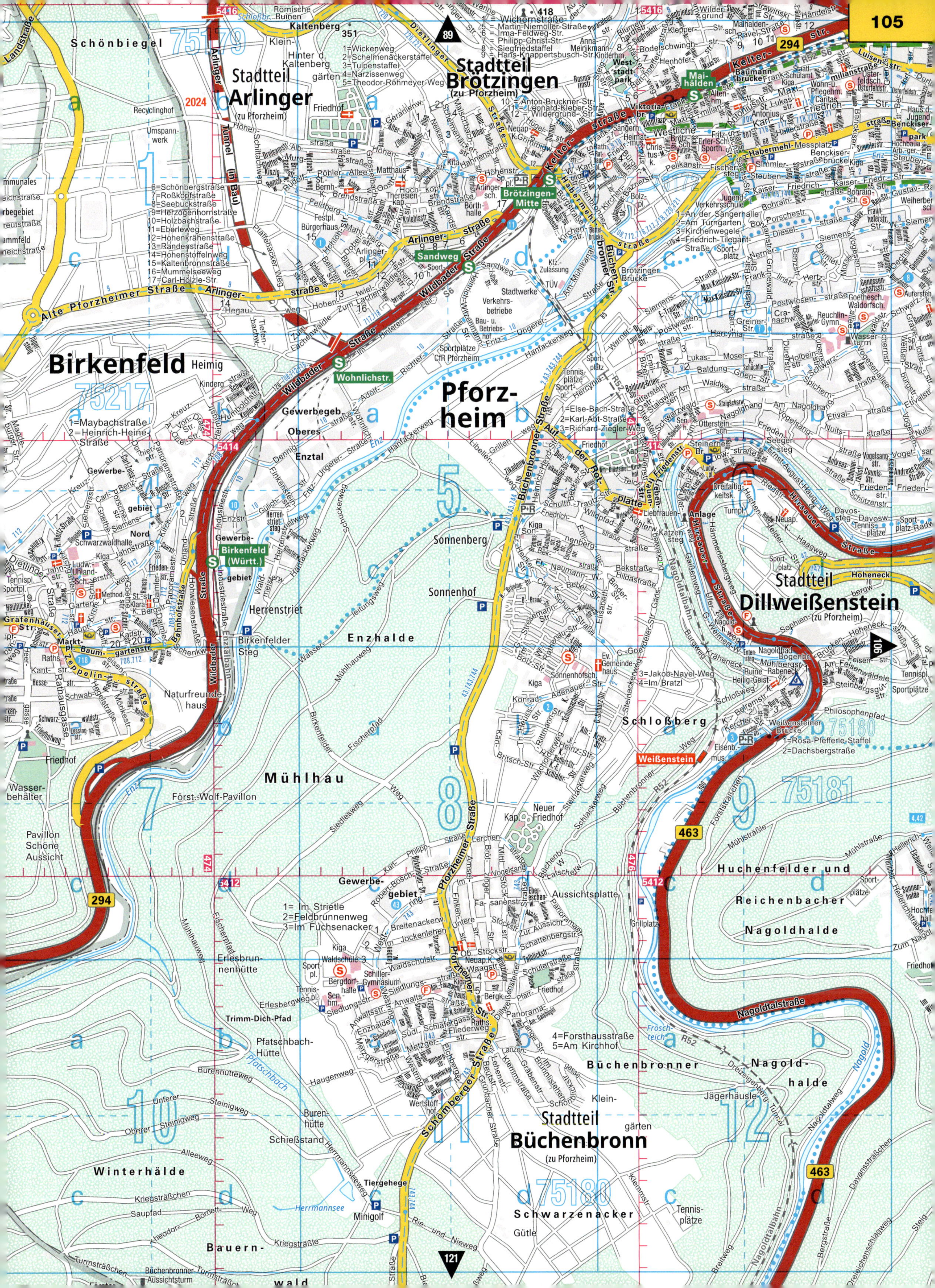
Schönbiegel
Stadtteil Arlinger (zu Pforzheim)
Stadtteil Brötzingen (zu Pforzheim)
Birkenfeld
Pforz-heim
Stadtteil Dillweißenstein (zu Pforzheim)
Stadtteil Büchenbronn (zu Pforzheim)
Kaltenberg
Brötzingen-Mitte
Sandweg
Wohnlichstr.
Birkenfeld (Württ.)
Mai-hälden
Weißenstein
Enzhalde
Mühlhau
Sonnenberg
Sonnenhof
Herrenstriet
Schloßberg
Huchenfelder und Reichenbacher Nagoldhalde
Büchenbronner Nagold-halde
Winterhälde
Bauern-wald
Schwarzenacker
Alte Pforzheimer Straße
Wildbader Straße
Pforzheimer Straße
Schömberger Straße
Nagoldtalstraße
Tiergehege
Minigolf
Herrmannsee
Aussichtsplatte
Neuer Friedhof
Friedhof
Gewerbegeb. Oberes Enztal
Nord
Heimig
Hohenäcker
Jägerhäusle
Gütle
Förstl.-Wolf-Pavillon
Pavillon Schöne Aussicht
Erlesbrunnenhütte
Pfatschbach-Hütte
Buren-hütte
Schießstand
Trimm-Dich-Pfad
294
463
89
121
106
75179
75217
75180
75181
1=Maybachstraße
2=Heinrich-Heine-Straße
1=Im Strietle
2=Feldbrunnenweg
3=Im Fuchsenacker
4=Forsthausstraße
5=Am Kirchhof
3=Jakob-Nayel-Weg
4=Im Bratzl
1=Rosa-Pfeffere-Staffel
2=Dachsbergstraße
1=Else-Bach-Straße
2=Karl-Abt-Straße
3=Richard-Ziegler-Weg
6=Schönbergstraße
7=Roßkopfstraße
8=Seebuckstraße
9=Herzogenhornstraße
10=Holzbachstraße
11=Eberleweg
12=Hohenkrähenstraße
13=Randenstraße
14=Hohenstoffelnweg
15=Kaltenbronnstraße
16=Mummelseeweg
17=Carl-Hölzle-Str.
1=Wickenweg
2=Schelmenackerstaffel
3=Tulpenstaffel
4=Narzissenweg
5=Theodor-Rohmeyer-Weg

Pforzheim
75175
75173
75180
75181
Stadtteil
Buckenberg
(zu Pforzheim)
Stadtteil
Dillweißenstein
(zu Pforzheim)
Stadtteil
Huchenfeld
(zu Pforzheim)
Stadtteil
Würm
(zu Pforzheim)
Kahl-
hardt
Haidach
Waldsiedlung
Tiergarten
Kanzler
Altgefäll
Hofgut
Buckenberg
Pforzhm.Hbf.
Cityplan S.44
Wildpark
Drei Jägerhaus
Wolfsgrube
Schönhalde
Bauern-
wald
Breiten-
wald
Dreimark-
steinschlag
Hornkopf
Auf dem Berg
Gewerbe-
gebiet
Bismarckkanzel
Seehaus
Lohwiesenhof
Erzkopf
Römische Ruinen
Schöne Buche
Pavillon
Hubertushütte
Auerbach-
Denkmal
Würmtalstraße
Wurmberger Straße
Tiefenbronner Straße
Hohenwarter Straße
Hauptstr.
1=Helmutstraße
2=Schlachthofstraße
3=Schillerstaffel
3=Lückenwegstaffel
4=Schleiermacherstaffel
5=Alexander-Wellendorff-Straße
1=Aguste-Renoir-Weg
2=Arthur-Rubinstein-Weg
3=George-Gershwin-Weg
4=Claude-Monet-Weg
5=Kurt-Tucholsky-Weg
1=In den Metzgerlesgärten
2=Im Spatzenkrieg
1=Alfred-Haberstroh-Weg
90
105
122
463
5414
5412

Hamberg
Grübenhau
(zu Niefern-Öschelbronn)
Äußerer Fleckenwald
Hofgut Hagenschieß
Klein-gärten
Gewerbe-gebiet
Altgefäll
Lohau
Hartheimer Kopf
Renntal
Regenüber-laufbecken
Neubärental
(zu Wurmberg)
Hagenschieß-siedlung
1=Waldsiedlungsweg
ehem. Erddeponie
Ochsenwäldle
AS Pforzheim-Süd
Wurmberger Straße
Nieferner Sträßchen
1=Backhausgasse
2=Brunnenstraße
3=Bronnenfeldstraße
4=Am Spielplatz
Wochenend-häuser
Pforzheimer Straße
Schloß-wald
Hagen-
Füllenstall-wiese
Dachstein
Mal-hütte
Tvd.N. Lettenbrunnen Wanderheim hütte
Schießstände
Kießling-haus
Reiterbrunnen-hütte
Saalacker
Schwarze Tannen
Viehtrieb
Spieleiche
Lansenberg
Drehklinge
Scheiterhau
Kümmlingshau
schieß
(zu Tiefenbronn)
(zu Wimsheim)
75223
75449
71299

Wiernsheim
75446
Wurmberg
75449
Wimsheim
71299
75223
Grübenhau
Steinbuckel
431
(zu Niefern-Öschelbronn)
Bruch-
hau
Hochberg
428
Edelmannsbr.
Baugebiet
Gewerbe-
gebiet
Länderich
Mangel-
wiesen
21=Richard-Wagner-Weg
22=Friedrich-Händel-Weg
1=In den Kirschgärten
2=Schmale Straße
3=Beethovenweg
4=Herrschaftsgärten
5=Kronengasse
6=Hinter den Gärten
7=Cranachweg
8=Menzelweg
9=Lenbachweg
11=Lerchenweg
12=Drosselweg
13=Rubensweg
14=Calvinstraße
15=Johannes-Brenz-Straße
16=Reuchlinstraße
17=In den Obstgärten
18=Ulmenweg
19=Bei der Großen Buche
20=Lindenstraße
21=In den Schelmenäckern
Stubengrund
Neubärental
Leichen-
halle
Friedhof
FKK-Gelände
Kegel-
platz
Reut
Bauhof
Recyclinghof
Gewerbegeb.
Im Steinernen
Kreuz
Kälberstein
Wiernsheimer Straße
Pforzheimer Straße
Öschelbronner Straße
1=Brunnenbergstraße
2=Rathausplatz
Gewerbe-
gebiet
Gewerbe-
gebiet
Kirschen-
äcker
Hölderle
14=Amselweg
15=Meisenweg
16=Falkenweg
17=Finkenweg
Birkenhof
Gödelmann
Tobel
439
3=Heckengäustraße
4=Hermann-Kälber-Straße
5=Breiter Weg
6=Blumenstraße
Hube
Aussiedler-
hof Elwinger
Wimsheimer Straße
(zu Pforzheim)
(zu Wurmberg)
Paulinensee
1=Kastanienweg
2=Ahornweg
3=Eichenweg
4=Forchenstraße
5=Birkenweg
6=Buchenweg
7=Fichtenweg
Innere Wiesen
Erhardsberg
455
Aussiedlerhof
Rolle
13 = Im Talrain
14 = Im Rot
15 = Hohenweg
Hausberg
Grenzbach
Büchle
Schloss
Obermönsheim
Golf-
platz
Mönsheimer Straße
Wurmberger Straße
Grund
Hegeloh
Lerchenhof
1=Nordstraße
2=Bergstraße
3=Drosselweg
4=Lerchenweg
5=Hellachstraße
6=Raiffeisenstraße
7=Brunnengasse
8=Goethestraße
9=Hölderlinstraße
10=August-Lämmle-Weg
11=Dieselstraße
12=Porschestraße
Loh
Wenntal
Stein-
bruch
Schützen-
haus
Häcksel-
platz
Breit-
loh
Gewerbe-
gebiet
Geißberg
509
E52
8
92
107
124

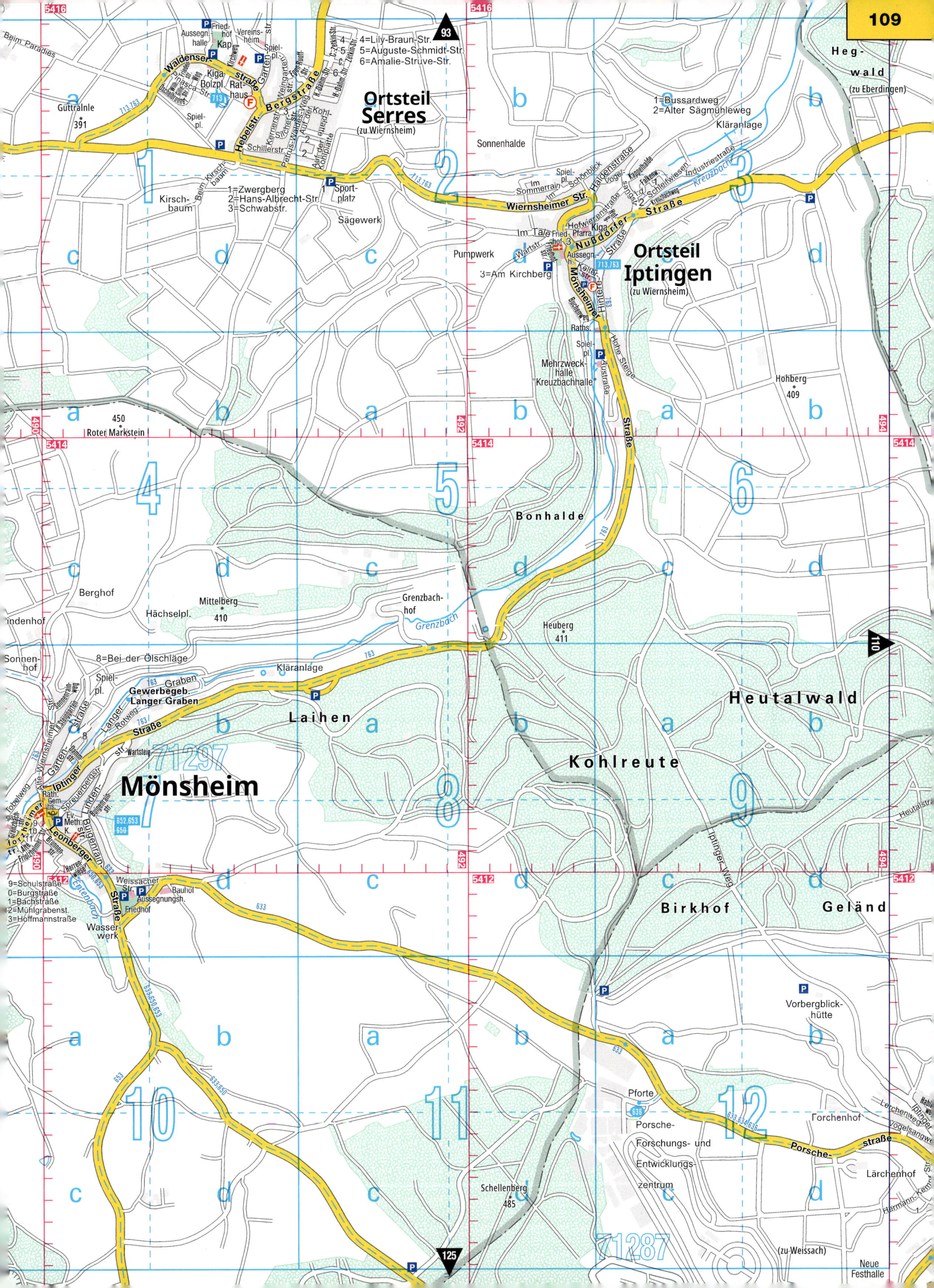
Ortsteil Serres
(zu Wiernsheim)
Ortsteil Iptingen
(zu Wiernsheim)
Mönsheim
71297
71287
4=Lily-Braun-Str.
5=Auguste-Schmidt-Str.
6=Amalie-Struve-Str.
1=Zwergberg
2=Hans-Albrecht-Str.
3=Schwabstr.
1=Bussardweg
2=Alter Sägmühleweg
3=Am Kirchberg
8=Bei der Ölschläge
9=Schulstraße
0=Burgstraße
1=Bachstraße
2=Mühlgrabenst.
3=Hoffmannstraße
Waldenser-straße
Bergstraße
Hebelstr.
Schillerstr.
Wiernsheimer Str.
Nußdorfer Straße
Mönsheimer Str.
Hohe Steige
Iptinger Straße
Leonberger Straße
Porschestraße
Iptinger Weg
Gewerbegeb. Langer Graben
Heg-wald
(zu Eberdingen)
Kläranlage
Sonnenhalde
Sägewerk
Pumpwerk
Kirschbaum
Güttralnle 391
Roter Markstein 450
Bonhalde
Berghof
Mittelberg 410
Hächselpl.
Grenzbach-hof
Grenzbach
Heuberg 411
Hohberg 409
Mehrzweck-halle "Kreuzbachhalle"
Laihen
Heutalwald
Kohlreute
Birkhof
Geländ
Vorbergblick-hütte
Pforte
Porsche-Forschungs- und Entwicklungs-zentrum
Schellenberg 485
Forchenhof
Lärchenhof
(zu Weissach)
Neue Festhalle
Wasserwerk
Bauhof
Aussegnungsh.
Friedhof
Entenbach
Sonnenhof
Lindenhof
93
110
125

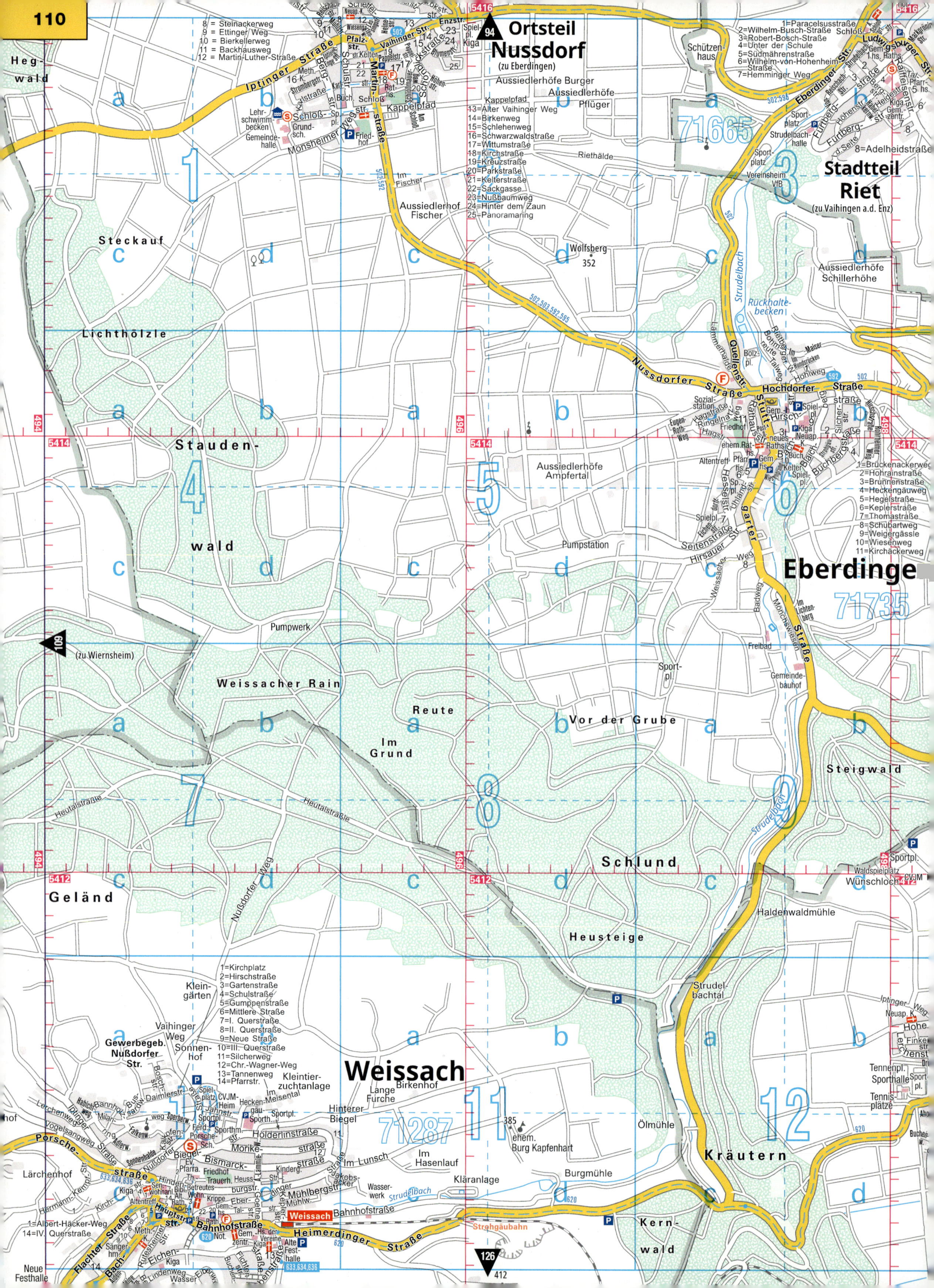
Ortsteil Nussdorf
(zu Eberdingen)
Stadtteil Riet
(zu Vaihingen a.d. Enz)
Eberdingen
71735
71665
Weissach
71287
Steckauf
Lichthölzle
Stauden-
wald
Weissacher Rain
Reute
Im Grund
Vor der Grube
Steigwald
Schlund
Heusteige
Geländ
Kräutern
Kern-
wald
Aussiedlerhöfe Burger
Aussiedlerhöfe Pflüger
Aussiedlerhof Fischer
Aussiedlerhöfe Schillerhöhe
Aussiedlerhöfe Ampfertal
Wolfsberg
352
Pumpstation
Pumpwerk
(zu Wiernsheim)
Nussdorfer Straße
Hochdorfer Straße
Iptinger Straße
Heutalstraße
Heimerdinger Straße
Bahnhofstraße
Porsche-straße
Strudelbach
Rückhalte-becken
Haldenwaldmühle
Strudelbachtal
Ölmühle
Burgmühle
Kläranlage
ehem. Burg Kapfenhart
385
Strohgäubahn
Neue Festhalle
Lärchenhof
Gewerbegeb. Nußdorfer Str.
Klein-gärten
Freibad
Gemeinde-bauhof
8=Steinackerweg
9=Ettinger Weg
10=Bierkellerweg
11=Backhausweg
12=Martin-Luther-Straße
13=Alter Vaihinger Weg
14=Birkenweg
15=Schlehenweg
16=Schwarzwaldstraße
17=Wittumstraße
18=Kirchstraße
19=Kreuzstraße
20=Parkstraße
21=Kelterstraße
22=Sackgasse
23=Nußbaumweg
24=Hinter dem Zaun
25=Panoramaring
1=Paracelsusstraße
2=Wilhelm-Busch-Straße
3=Robert-Bosch-Straße
4=Unter der Schule
5=Südmährenstraße
6=Wilhelm-von-Hohenheim-Straße
7=Hemminger Weg
8=Adelheidstraße
1=Brückenackerweg
2=Hohrainstraße
3=Brunnenstraße
4=Heckengäuweg
5=Hegelstraße
6=Keplerstraße
7=Thomastraße
8=Schubartweg
9=Weigergässle
10=Wiesenweg
11=Kirchäckerweg
1=Kirchplatz
2=Hirschstraße
3=Gartenstraße
4=Schulstraße
5=Gumppenstraße
6=Mittlere Straße
7=I. Querstraße
8=II. Querstraße
9=Neue Straße
10=III. Querstraße
11=Silcherweg
12=Chr.-Wagner-Weg
13=Tannenweg
14=Pfarrstr.
1=Albert-Häcker-Weg
14=IV. Querstraße
94
109
126
412

Schönbühlhof
(zu Markgröningen)
Hardthof
(zu Schwieberdingen)
Ortsteil
Hochdorf a.d. Enz
(zu Eberdingen)
1=Frankenweg
2=Römerweg
3=Alemannenstraße
4=Gotenweg
5=Germanenstraße
6=Helvetierweg
7=Hintere Weingartenstraße
8=Backergasse
9=Obere Gasse
Rieter Hölzle
Pfaffenwäldle
Grund
Frühkeltisches Fürstengrab
Doktorwald
Hohscheid
Erhardsgrund
Zeilwald
Riexinger Höhe
Bauernwald
Hemmingen
71282
Bonholz
1=Julius-Leber-Weg
2=G.-Stauffenberg-Str.
3=Anne-Frank-Weg
4=C.-F.-Goerdeler-Str.
5=Geschw.-Scholl-Str.
6=D.-Bonhoeffer-Weg
7=Ludwig-Beck-Weg
8=Staffelweg
10=Marienbader Straße
11=Znaimer Straße
12=Reichenberger Straße
13=Schillerstraße
14=Goethestraße
19=Taubenstraße
20=Schwalbenstraße
21=Meisenstraße
22=Robert-Koch-Straße
23=August-Lämmle-Weg
24=Albrecht-Dürer-Weg
27=Else-Kienle-Weg
28=Luise-Rist-Weg
29=Vera-Vollmer-Weg
30=Gertrud-Bäumer-Weg
31=Maria-Montessori-Straße
32=Eberdinger Straße
Eberdinger Straße
Heimerdinger Wald
71254
1=Burghof
2=Vordere Gasse
3=Hintere Gasse
4=Hindenburgstr.
5=Ochsengasse
Stadtteil
Heimerdingen
(zu Ditzingen)
6=Schafhof
7=Hausgasse
8=Zehntweg
9=Wolfswiesenweg
10=Otto-Schwarz-Weg
Eulenberg
Hühnerwald
Stadtteil
Schöckingen
(zu Ditzingen)
1=Roseggerweg
2=Aug.-Lämmle-Weg
3=Hintere Schloßstraße
4=Krautgartenweg
5=Backhausweg
6=Pfarrgartenweg
7=Obstwiesenweg
Flugplatz für Modellflugzeuge
Ludwigsburger Straße

95
112
127

Schönbühlhof
(zu Markgröningen)
Hardthof
1 = Schletterweg
Steinbruch
Erdfall
Stuttgarter Str.
71706
Knollenberg
Siegfriedsfelsen
Landschaftsschutzgebiet
Glems
Felsenberg
Erddeponie
Froschgraben
Neumühle
Pflanzenstandort
Feuchtgebiet "Markt"
Baumgruppe "Markt"
Schafwiesen
Reithalle
Tennishalle
Gröninger Weg
Dieselstraße
Felsenbergweg
Markgröninger Straße
Ottenbrunnenweg
Gewerbegebiet
Klingenweg
Laiblinger Weg
7=Schulberg
8=Kirchstraße
9=Eugen-Hermann-Straße
10=Hintere Dorfgasse
11=Drosselweg
12=Gartenstraße
13=Lochackerweg
14=Gerberstraße
15=Asperger Straße
Lauerbrunnen
Hochdorfer Weg
ND Katharinenlinde
Kleingartenanlage
71701
Schwieberdingen
Spielplatz
24 = Vaux-le-Penil-Platz
25 = Brunnenhof
Ludwigsburger Straße
Reitanl. Ponyhof
Reitu. Turnierplatz
Immental
1=Schillerstraße
2=Hölderlinweg
3=Uhlandweg
4=Ostlandweg
5=Buchenweg
6=Blumenweg
Hemminger Straße
Landersbrunnen
Heimbergweg
Frankenstraße
Battnerstraße
Hohlgraben
Stuttgarter Str.
Vöhinger Weg
Wolfsgalgen
Auenweg
Heimberg
308
Hemmingen
Allmendstraße
Friedhof
Eisenbahnstr.
Schlossgartenstraße
Damwildgehege
Schlosspark
Hemmingen
Gewerbegebiet
Gewerbegebiet Nord
Münchinger Straße
Patronatstraße
Lindenhof
Haldenhöfe
Haldenweg
322
9=An den Wettenwiesen
15=Schmale Straße
16=Karlstraße
17=Alter Schulplatz
18=Brennereistraße
Pflanzenstandort
Schwieberdingen
Feldgehölz
Stumpenmühle
Kleintierzuchtverein
Paradieshütte
Kleingärten
"Hülbe IV"
16=Bettelackerweg
17=Allensteiner Weg
18=Elbinger Weg
19=Küstriner Weg
20=Bromberger Weg
21=Kolberger Weg
22=Ob den Bergen
23=Marie-Luise-Gräfin-Leutrum-von-Ertingen-Platz
ehem. Steinbruch "Bocksländer"
Regenrückhaltebecken
Pflegeheim
Jugendhaus
Gewerbegebiet
Dieselstraße
Ost
Brunnenweg
Brunnenhof
25=Im Pfädle
26=Am Bildstöckle
Mühlhof
Hagmühle (Wassermühle)
Golfplatz „Schloss Nippenburg"
Brunnenhaus
Kastaniengruppe
Schloss Nippenburg
Burgruine
Katzenloch
Reitanlage
Reithalle
Feldgehölz
Schützenhaus
Sägmühle
Clubhaus
Golfplatz
ehem. Schafthaus
Wanderparkplatz
338
Strohgäubahn
Minigolfpl.
Nippenburger
Hemminger Str.
Am Spitalhof
295
Heupfadäcker
Wald
Stadtteil Münchingen
(zu Korntal-Münchingen)
Schöckinger Str.
Lattenäcker
Pumpwerk
Lerchenberg
Keltenhöfe
Lerchenpfad
Mühlweg
Glemsmühle
Pumpwerk
Mauer
5=Butzengasse
6=Lammgasse
7=Krezengasse
8=Rathausgasse
9=Kirchgasse
10=Schafhausgasse
11=Schwalbenweg
12=Starenweg
13=Tulpenstraße
14=Blumenstraße
Ludwigsburger Straße
Talmühle
71254
(zu Ditzingen)
Spielplatz Schloss
Trauerhalle
96
111
128

Möglingen
Korntal-Münchingen
Langes Feld
Strohgäu
Leudesbach
Vogel-löcher
Esler
Anschlussstelle Ludwigsburg-Süd
Anschlussstelle Stuttgart-Zuffenhausen
Gewerbegebiet Wammesknopf
Withau
Kallenberg
1=Grasmückenweg
2=Nachtigallenweg
3=Sperlingweg
4=Starenweg
5=Schwalbenweg
6=Drosselweg
7=Meisenweg
8=Klausenburger Straße
9=Friedenstaler Weg
10=Christofstraße
11=Gablonzer Weg
12=Danziger Weg
13=Gartenstraße
14=Hirschgartenweg
15=Brahmsstraße
16=Rathausplatz
17=Schubertweg
18=Kirchgasse
19=Handwerkergasse
20=Milchgasse
21=Krämergasse
22=Spitalhof
23=Pfarrgasse
24=Heuchelbergweg
25=Rückertweg
26=Lessingweg
27=Strombergstraße
28=Achalmstraße
29=Stuifenstraße
30=Turnhallenweg
31=Gertrud-Bäumer-Straße
32=Edith-Stein-Straße
33=Ellen-Key-Weg
34=Beim Geistholz
35=Fröhlichhof
34=Henry-Dunant-Str.
35=Marie-Curie-Str.
36=Albert-Einstein-Str.
37=Bertha-von-Suttner-Str.
38=Albert-Schweitzer-Str.
1=Römerstraße
2=Kopernikusweg
3=Am Gänsegarten
4=Wilhelm-Busch-Weg
15=Härtestraße
16=Rauschelbachweg
17=Buchenweg
18=Birkenweg
19=Pappelweg
20=Ahornweg
21=Ulmenweg
22=Albert-Schweitzer-Str.
23=Tilsiter Weg
24=Allensteinweg
25=Tannenbergweg
26=Sudetenweg
27=Memelweg
71696
70825
70439

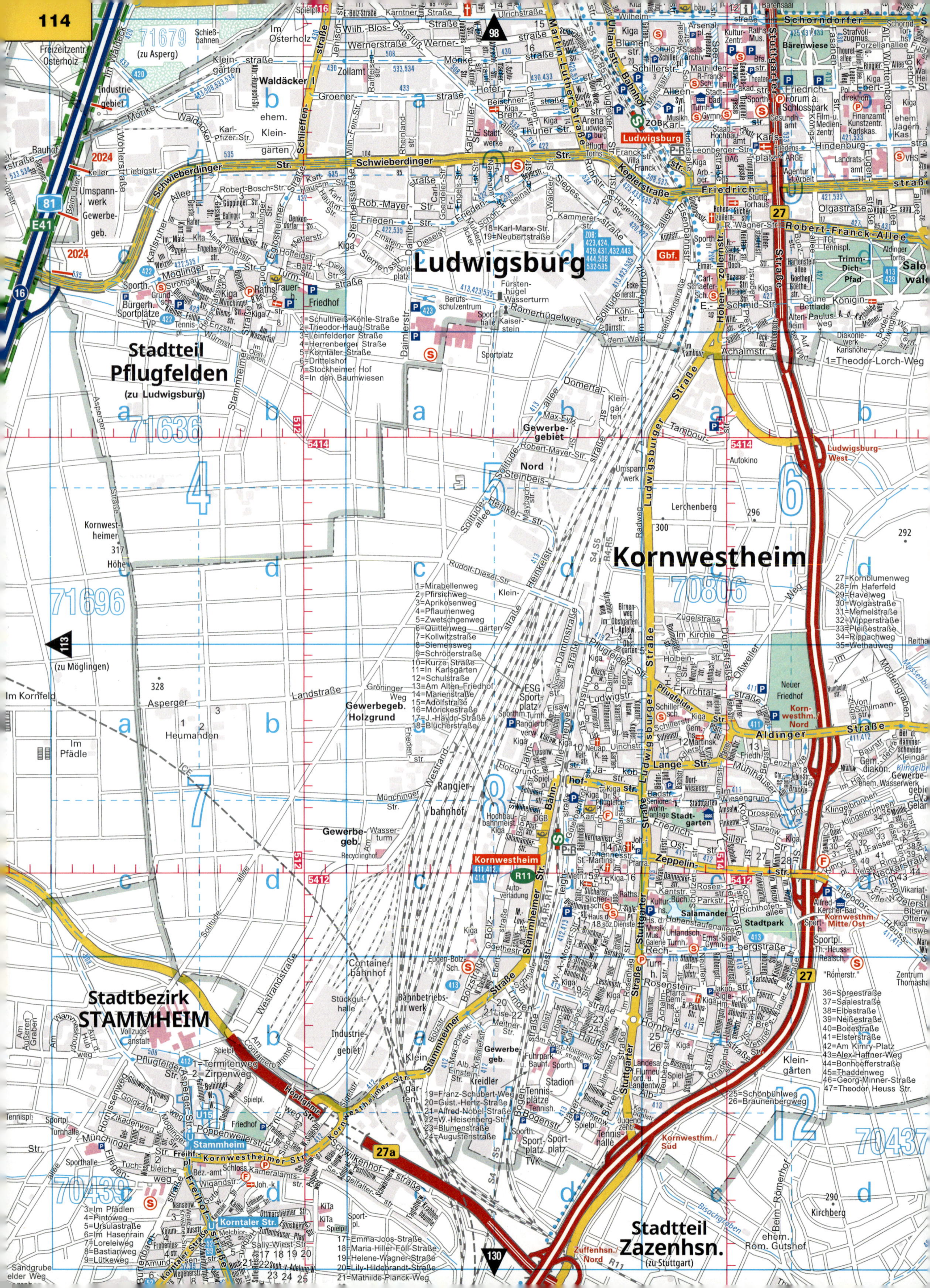

Ludwigsburg
Kornwestheim
Stadtteil Pflugfelden
(zu Ludwigsburg)
Stadtbezirk STAMMHEIM
Stadtteil Zazenhsn.
(zu Stuttgart)
Schwieberdinger Str.
Ludwigsburger Straße
Stuttgarter Straße
Aldinger Straße
Zeppelin-Str.
Kornwestheimer Str.
Friedrich-Str.
Robert-Franck-Allee
Gewerbegeb. Holzgrund
Rangierbahnhof
Containerbahnhof
Neuer Friedhof
Stadtpark
Salamander
Kornwestheim
Ludwigsburg
Stammheim
Korntaler Str.
Ludwigsburg-West
Kornwesthm. Nord
Kornwesthm. Mitte/Ost
Kornwesthm./Süd
Zuffenhsn./Nord
71679 (zu Asperg)
71636
71696
70806
70439
70437
98
113 (zu Möglingen)
130
1=Schultheiß-Köhle-Straße
2=Theodor-Haug-Straße
3=Leinfeldener Straße
4=Herrenberger Straße
5=Korntaler Straße
6=Drittelshof
7=Stockheimer Hof
8=In den Baumwiesen
1=Mirabellenweg
2=Pfirsichweg
3=Aprikosenweg
4=Pflaumenweg
5=Zwetschgenweg
6=Quittenweg
7=Kollwitzstraße
8=Siemensweg
9=Schröderstraße
10=Kurze Straße
11=In Karlsgärten
12=Schulstraße
13=Am Alten Friedhof
14=Marienstraße
15=Adolfstraße
16=Mörickestraße
17=J.-Haydn-Straße
18=Blücherstraße
27=Kornblumenweg
28=Im Haferfeld
29=Havelweg
30=Wolgastraße
31=Memelstraße
32=Wipperstraße
33=Pleißestraße
34=Rippachweg
35=Wethauweg
36=Spreestraße
37=Saalestraße
38=Elbestraße
39=Neißestraße
40=Bodestraße
41=Elsterstraße
42=Am Kimry-Platz
43=Alex-Haffner-Weg
44=Bonhoefferstraße
45=Thaddenweg
46=Georg-Mirner-Straße
47=Theodor Heuss Str.
25=Schönbühlweg
26=Braunenbergweg
19=Franz-Schubert-Weg
20=Gust.-Hertz-Straße
21=Alfred-Nobel-Straße
22=W.-Heisenberg-Str.
23=Blumenstraße
24=Augustenstraße
3=Im Pfädlen
4=Pintoweg
5=Ursulastraße
6=Im Hasenrain
7=Loreleiweg
8=Bastianweg
9=Lütkeweg
17=Emma-Joos-Straße
18=Maria-Hiller-Föll-Straße
19=Helene-Wagner-Straße
20=Lily-Hildebrandt-Straße
21=Mathilde-Planck-Weg
1=Theodor-Lorch-Weg

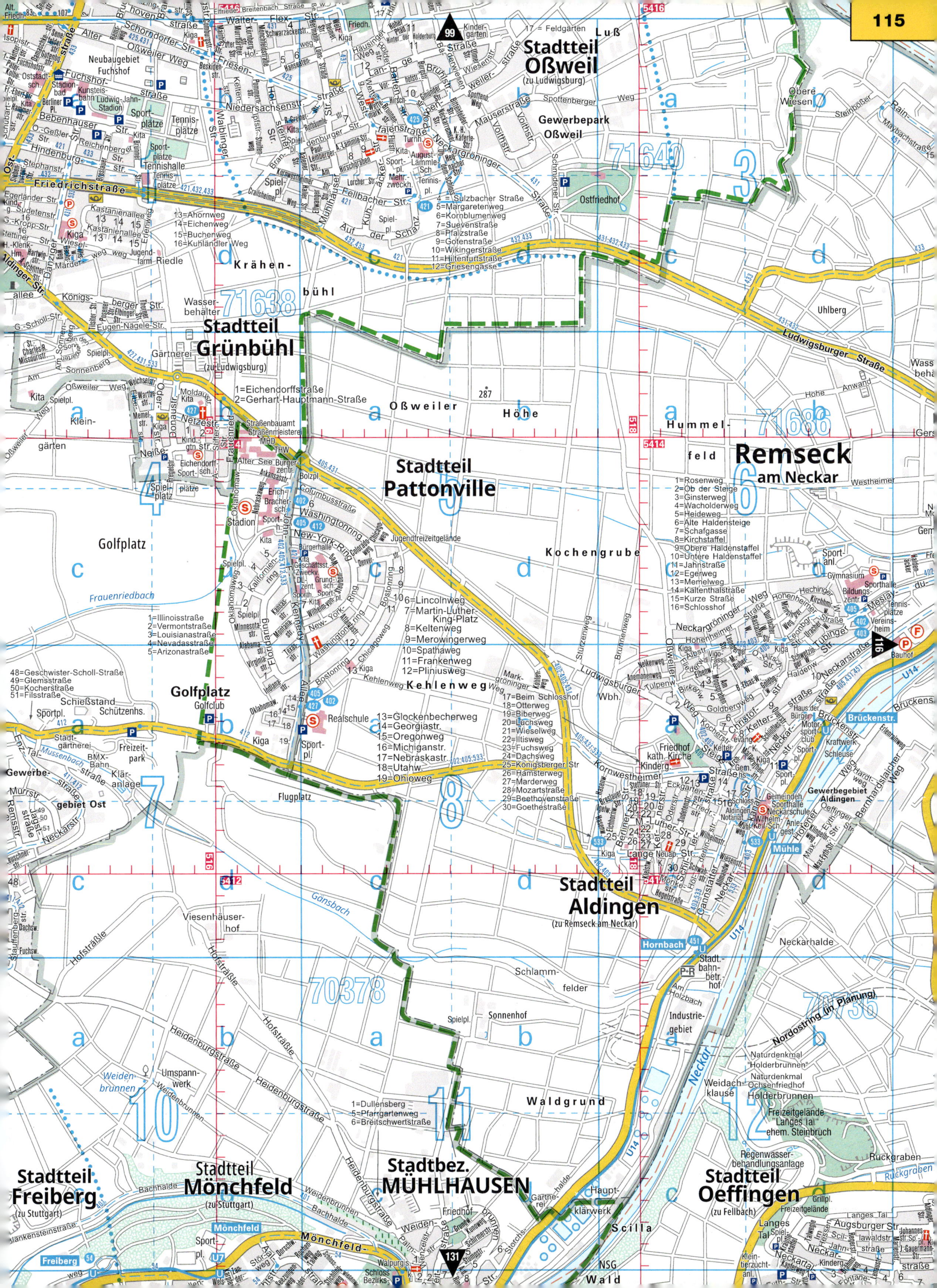

Stadtteil Oßweil
(zu Ludwigsburg)
Gewerbepark Oßweil
Ostfriedhof
Stadtteil Grünbühl
(zu Ludwigsburg)
Krähen-
bühl
Oßweiler Höhe
Hummel-
feld
Remseck am Neckar
Stadtteil Pattonville
Kochengrube
Golfplatz
Frauenriedbach
Kehlenweg
Flugplatz
Stadtteil Aldingen
(zu Remseck am Neckar)
Gewerbegebiet Aldingen
Viesenhäuser-hof
Gänsbach
Schlamm-
felder
Sonnenhof
Industrie-
gebiet
Nordostring (in Planung)
Waldgrund
Heidenburgstraße
Hofstraße
Stadtteil Freiberg
(zu Stuttgart)
Stadtteil Mönchfeld
(zu Stuttgart)
Stadtbez. MÜHLHAUSEN
Stadtteil Oeffingen
(zu Fellbach)
Neckar
Hauptklärwerk
Scilla
NSG Wald
Ludwigsburger Straße
Friedrichstraße
Uhlberg
Neckarhalde
Rückgraben
Holderbrunnen
Freizeitgelände "Langes Tal" ehem. Steinbruch
Regenwasser-behandlungsanlage
Weidachklause
Naturdenkmal "Holderbrunnen"
Naturdenkmal Ochsenfriedhof
Umspannwerk
Weidenbrunnen
Mönchfeld
Freiberg
71640
71638
71686
70378
70736
1=Eichendorffstraße
2=Gerhart-Hauptmann-Straße
4=Sulzbacher Straße
5=Margaretenweg
6=Kornblumenweg
7=Suevenstraße
8=Pfalzstraße
9=Gotenstraße
10=Wikingerstraße
11=Hiltenfurtstraße
12=Griesengasse
13=Ahornweg
14=Eichenweg
15=Buchenweg
16=Kuhländler Weg
17 = Feldgärten
1=Rosenweg
2=Ob der Steige
3=Ginsterweg
4=Wacholderweg
5=Heideweg
6=Alte Haldensteige
7=Schafgasse
8=Kirchstaffel
9=Obere Haldenstaffel
10=Untere Haldenstaffel
11=Jahnstraße
12=Egerweg
13=Memelweg
14=Kaltenthalstraße
15=Kurze Straße
16=Schlosshof
1=Illinoisstraße
2=Vermontstraße
3=Louisianastraße
4=Nevadastraße
5=Arizonastraße
6=Lincolnweg
7=Martin-Luther-King-Platz
8=Keltenweg
9=Merowingerweg
10=Spathaweg
11=Frankenweg
12=Pliniusweg
13=Glockenbecherweg
14=Georgiastr.
15=Oregonweg
16=Michiganstr.
17=Nebraskastr.
18=Utahw.
19=Ohioweg
17=Beim Schlosshof
18=Otterweg
19=Biberweg
20=Luchsweg
21=Wieselweg
22=Iltisweg
23=Fuchsweg
24=Dachsweg
25=Königsberger Str.
26=Hamsterweg
27=Marderweg
28=Mozartstraße
29=Beethovenstraße
30=Goethestraße
48=Geschwister-Scholl-Straße
49=Glemsstraße
50=Kocherstraße
51=Filsstraße
1=Dullensberg
5=Pfarrgartenweg
6=Breitschwertstraße
99
116
131

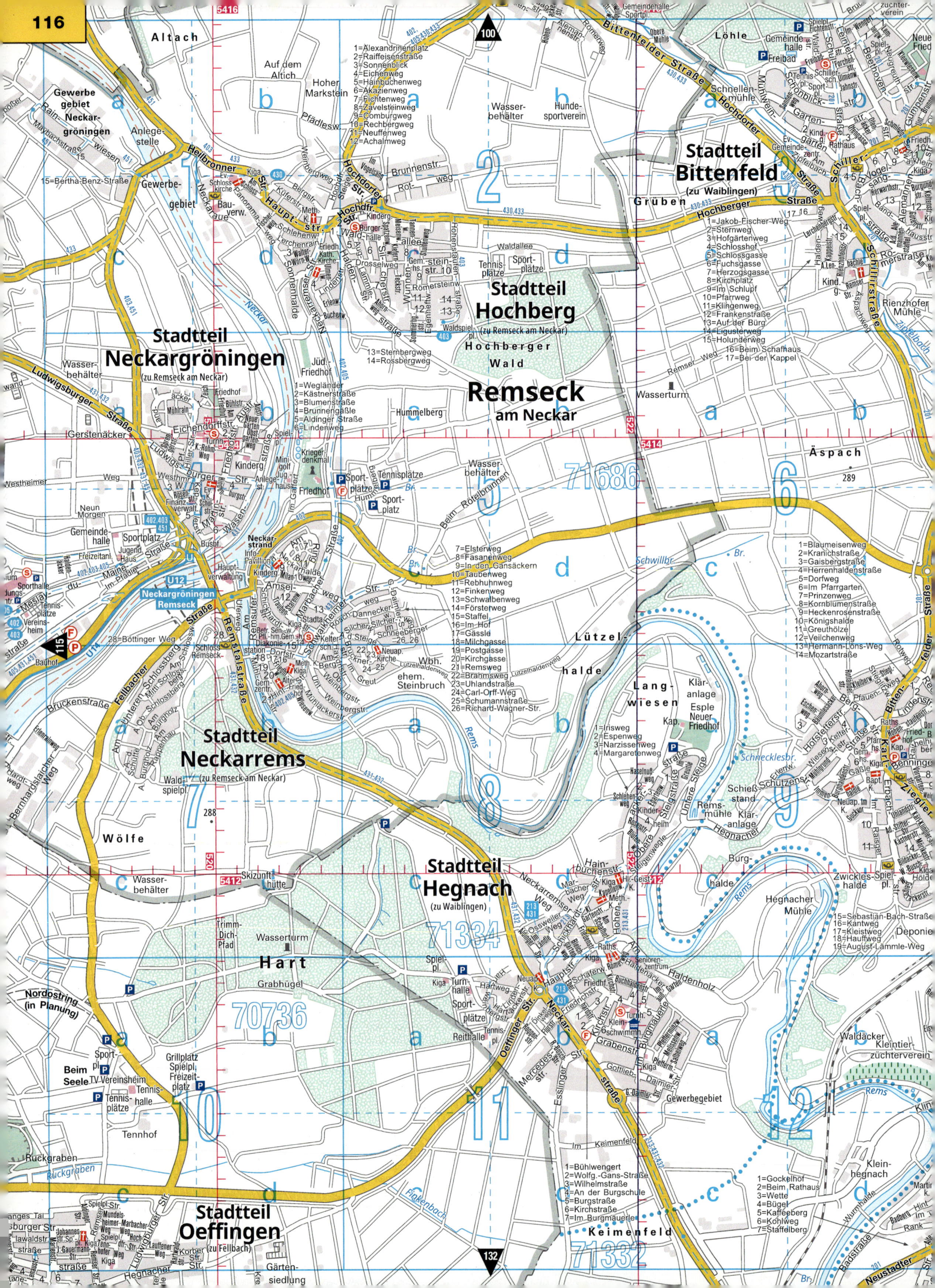

Altach
Auf dem Altich
Hoher Markstein
Gewerbegebiet Neckargröningen
Anlegestelle
Heilbronner Str.
Haupt-str.
Hochdorfer Str.
Wasserbehälter
Hundesportverein
1=Alexandrinenplatz
2=Raiffeisenstraße
3=Sonnenblick
4=Eichenweg
5=Hainbuchenweg
6=Akazienweg
7=Fichtenweg
8=Zavelsteinweg
9=Comburgweg
10=Rechbergweg
11=Neuffenweg
12=Achalmweg
15=Bertha-Benz-Straße
Bittenfelder Straße
Löhle
Gemeindehalle
Freibad
Schnellenmühle
Stadtteil Bittenfeld
(zu Waiblingen)
Grüben
Hochberger Straße
1=Jakob-Fischer-Weg
2=Sternweg
3=Hofgärtenweg
4=Schlosshof
5=Schlossgasse
6=Fuchsgasse
7=Herzogsgasse
8=Kirchplatz
9=Im Schlupf
10=Pfarrweg
11=Klingenweg
12=Frankenstraße
13=Auf der Burg
14=Ligusterweg
15=Holunderweg
16=Beim Schafhaus
17=Bei der Kappel
Rienzhofer Mühle
Schillerstraße
Sportplätze
Tennisplätze
Stadtteil Hochberg
(zu Remseck am Neckar)
Hochberger Wald
13=Sternbergweg
14=Rossbergweg
Stadtteil Neckargröningen
(zu Remseck am Neckar)
Ludwigsburger Straße
Wasserbehälter
Gerstenäcker
Jüd. Friedhof
1=Wegländer
2=Kästnerstraße
3=Blumenstraße
4=Brunnengäßle
5=Aldinger Straße
6=Lindenweg
Hummelberg
Remseck am Neckar
Remser Weg
Wasserturm
Äspach
289
71686
Westheimer Weg
Neun Morgen
Gemeindehalle
Sportplatz
Kinderg.
Kriegerdenkmal
Minigolf
Friedhof
Sportplätze
Tennisplätze
Sportplatz
Wasserbehälter
Beim Rotelbrunnen
Neckarstrand
Neckargröningen Remseck
7=Elsterweg
8=Fasanenweg
9=In den Gansäckern
10=Taubenweg
11=Rebhuhnweg
12=Finkenweg
13=Schwalbenweg
14=Försterweg
15=Staffel
16=Im Hof
17=Gässle
18=Milchgasse
19=Postgasse
20=Kirchgasse
21=Remsweg
22=Brahmsweg
23=Uhlandstraße
24=Carl-Orff-Weg
25=Schumannstraße
26=Richard-Wagner-Str.
1=Blaumeisenweg
2=Kranichstraße
3=Gaisbergstraße
4=Herrenhaldenstraße
5=Dorfweg
6=Im Pfarrgarten
7=Prinzenweg
8=Kornblumenstraße
9=Heckenrosenstraße
10=Königshalde
11=Greuthölze
12=Veilchenweg
13=Hermann-Löns-Weg
14=Mozartstraße
28=Bottinger Weg
Remstalstraße
ehem. Steinbruch
Lützelhalde
Langwiesen
Kläranlage
Esple
Neuer Friedhof
1=Irisweg
2=Espenweg
3=Narzissenweg
4=Margaretenweg
Schnecklesbr.
Schießstand
Remsmühle
Kläranlage
Hegnacher
Burghalde
Zwickleshalde
Stadtteil Neckarrems
(zu Remseck am Neckar)
Waldspielpl.
288
Wölfe
Bernhardsacker Weg
Brückenstraße
Fellbacher Straße
Wasserbehälter
Skizunfthütte
Trimm-Dich-Pfad
Wasserturm
Hart
Grabhügel
70736
Stadtteil Hegnach
(zu Waiblingen)
71334
Neckarremser Weg
Hegnacher Mühle
15=Sebastian-Bach-Straße
16=Kantweg
17=Kleistweg
18=Hauffweg
19=August-Lämmle-Weg
Deponie
Haldenholz
Gewerbegebiet
Waldäcker
Kleintierzüchterverein
Nordostring (in Planung)
Beim Seele
TV Vereinsheim
Tennisplätze
Tennishalle
Grillplatz
Spielpl.
Freizeitplatz
Tennhof
Ruckgraben
Oeffinger Str.
Neckarstraße
Reithalle
Sportplätze
Turnhalle
Grabenstr.
Im Keimenfeld
1=Bühlwengert
2=Wolfg.-Gans-Straße
3=Wilhelmstraße
4=An der Burgschule
5=Burgstraße
6=Kirchstraße
7=Im Burgmäuerle
Keimenfeld
71332
1=Gockelhof
2=Beim Rathaus
3=Wette
4=Bügel
5=Kaffeeberg
6=Kohlweg
7=Staffelberg
Kleinhegnach
Stadtteil Oeffingen
(zu Fellbach)
Gärtensiedlung
Flakenbach
Neustadter
Badstraße
Rems
Neckar
100
132
115
1
2
3
4
5
6
7
8
9
10
11
12

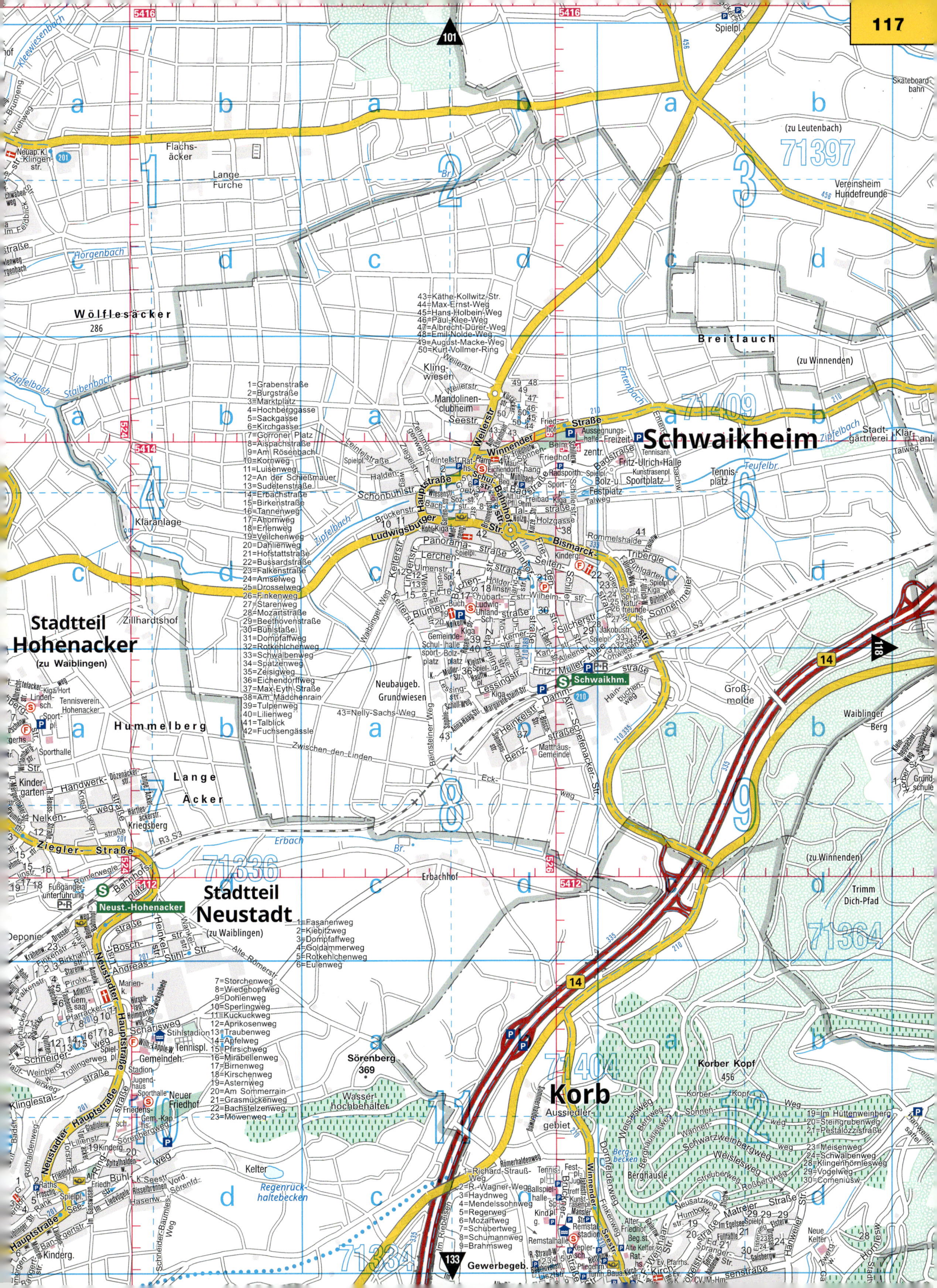
Schwaikheim
Stadtteil Hohenacker
(zu Waiblingen)
Stadtteil Neustadt
(zu Waiblingen)
Korb
(zu Leutenbach)
(zu Winnenden)
71397
71409
71336
71364
71404
71334
Wöflesäcker
286
Breitlauch
Hummelberg
Lange Äcker
Sörenberg
369
Korber Kopf
456
Kläranlage
Zillhardtshof
Flachs-äcker
Lange Furche
Vereinsheim Hundefreunde
Skateboard-bahn
Kling-wiesen
Mandolinen-clubheim
Fritz-Ulrich-Halle
Tennis-platz
Groß-molde
Waiblinger Berg
Trimm Dich-Pfad
Erbachhof
Wasser-hochbehälter
Kelter
Regenrück-haltebecken
Neuer Friedhof
Bergháusle
Aussiedler-gebiet
Gewerbegeb.
Neubaugeb. Grundwiesen
Schwaikhm.
Neust.-Hohenacker
Ludwigsburger Str.
Winnender Str.
Bismarckstraße
Ziegler-Straße
Neustadter Hauptstraße
Zipfelbach
Horgenbach
Erbach
Teufelbr.
Entenbach
1=Grabenstraße
2=Burgstraße
3=Marktplatz
4=Hochberggasse
5=Sackgasse
6=Kirchgasse
7=Gorroner Platz
8=Aispachstraße
9=Am Rösenbach
10=Kornweg
11=Luisenweg
12=An der Schießmauer
13=Sudetenstraße
14=Erbachstraße
15=Birkenstraße
16=Tannenweg
17=Ahornweg
18=Erlenweg
19=Veilchenweg
20=Dahlienweg
21=Hofstattstraße
22=Bussardstraße
23=Falkenstraße
24=Amselweg
25=Drosselweg
26=Finkenweg
27=Starenweg
28=Mozartstraße
29=Beethovenstraße
30=Bühlstraße
31=Dompfaffweg
32=Rotkehlchenweg
33=Schwalbenweg
34=Spatzenweg
35=Zeisigweg
36=Eichendorffweg
37=Max-Eyth-Straße
38=Am Mädchenrain
39=Tulpenweg
40=Lilienweg
41=Talblick
42=Fuchsengässle
43=Käthe-Kollwitz-Str.
44=Max-Ernst-Weg
45=Hans-Holbein-Weg
46=Paul-Klee-Weg
47=Albrecht-Dürer-Weg
48=Emil-Nolde-Weg
49=August-Macke-Weg
50=Kurt-Vollmer-Ring
43=Nelly-Sachs-Weg
1=Fasanenweg
2=Kiebitzweg
3=Dompfaffweg
4=Goldammerweg
5=Rotkehlchenweg
6=Eulenweg
7=Storchenweg
8=Wiedehopfweg
9=Dohlenweg
10=Sperlingweg
11=Kuckuckweg
12=Aprikosenweg
13=Traubenweg
14=Apfelweg
15=Pfirsichweg
16=Mirabellenweg
17=Birnenweg
18=Kirschenweg
19=Asternweg
20=Am Sommerrain
21=Grasmückenweg
22=Bachstelzenweg
23=Möwenweg
1=Richard-Strauß-Weg
2=R.-Wagner-Weg
3=Haydnweg
4=Mendelssohnweg
5=Regerweg
6=Mozartweg
7=Schubertweg
8=Schumannweg
9=Brahmsweg
19=Im Hüttenweinberg
20=Steingrubenweg
21=Pestalozzistraße
23=Meisenweg
24=Schwalbenweg
28=Klingenhörnlesweg
29=Vogelweg
30=Comeniusw.

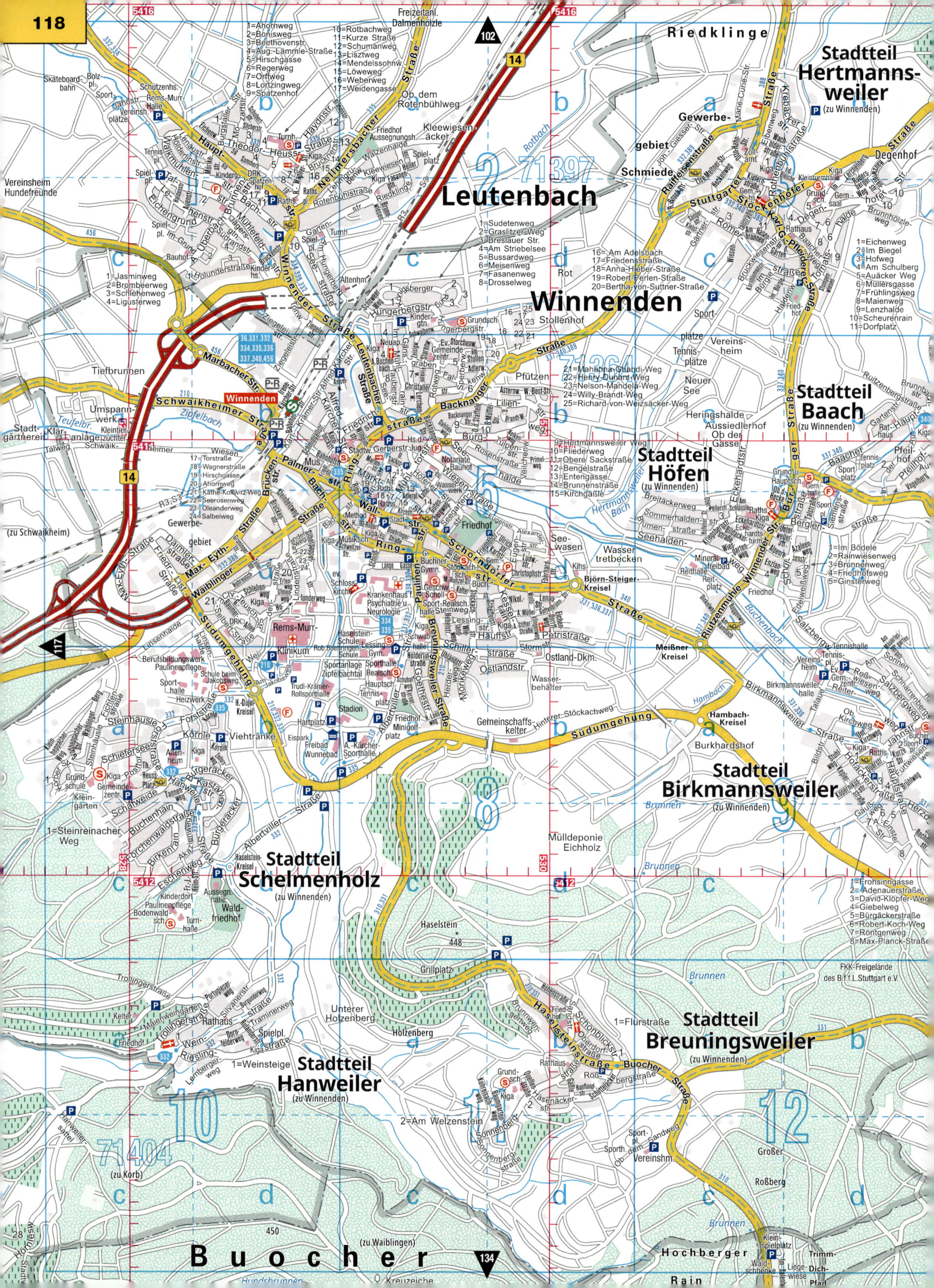
Leutenbach
Winnenden
Stadtteil Hertmannsweiler (zu Winnenden)
Stadtteil Baach (zu Winnenden)
Stadtteil Höfen (zu Winnenden)
Stadtteil Birkmannsweiler (zu Winnenden)
Stadtteil Schelmenholz (zu Winnenden)
Stadtteil Breuningsweiler (zu Winnenden)
Stadtteil Hanweiler (zu Winnenden)
Buocher
Riedklinge
Hochberger
Rain
71397
71364
71404 (zu Korb)
1=Ahornweg
2=Bonisweg
3=Beethovenstr.
4=Aug.-Lämmle-Straße
5=Hirschgasse
6=Regenweg
7=Orffweg
8=Lortzingweg
9=Spatzenhof
10=Rotbachweg
11=Kurze Straße
12=Schumanweg
13=Lisztweg
14=Mendelssohnw.
15=Löweweg
16=Weberweg
17=Weidengasse
1=Sudetenweg
2=Graslitzer Weg
3=Breslauer Str.
4=Am Striebelsee
5=Bussardweg
6=Meisenweg
7=Fasanenweg
8=Drosselweg
16=Am Adelsbach
17=Friedensstraße
18=Anna-Hieber-Straße
19=Robert-Perlen-Straße
20=Bertha-von-Suttner-Straße
1=Jasminweg
2=Brombeerweg
3=Schlehenweg
4=Ligusterweg
21=Mahatma-Ghandi-Weg
22=Henry-Dunant-Weg
23=Nelson-Mandela-Weg
24=Willy-Brandt-Weg
25=Richard-von-Weizsäcker-Weg
1=Eichenweg
2=Im Biegel
3=Hofweg
4=Am Schulberg
5=Auäcker Weg
6=Müllersgasse
7=Frühlingsweg
8=Maienweg
9=Lenzhalde
10=Scheurenrain
11=Dorfplatz
17=Torstraße
18=Wagnerstraße
19=Hirschgasse
20=Ahornweg
21=Käthe-Kollwitz-Weg
22=Seerosenweg
23=Oleanderweg
24=Salbeiweg
9=Hertmannsweiler Weg
10=Fliederweg
11=Obere Sackstraße
12=Bengelstraße
13=Entengasse
14=Brunnenstraße
15=Kirchgasse
1=Im Bödele
2=Rainwiesenweg
3=Brunnenweg
4=Friedhofsweg
5=Ginsterweg
1=Steinreinacher Weg
1=Frohsinngasse
2=Adenauerstraße
3=David-Klöpfer-Weg
4=Giebelweg
5=Bürgäckerstraße
6=Robert-Koch-Weg
7=Röntgenweg
8=Max-Planck-Straße
1=Flurstraße
1=Weinsteige
2=Am Welzenstein
Winnenden
Schwaikheimer Str.
Marbacher Str.
Backnanger Straße
Winnender Straße
Waiblinger Str.
Südumgehung
Stuttgarter Str.
Ringstraße
Schorndorfer Str.
Palmer Str.
Max-Eyth-Straße
Haselsteinstraße
Buocher Straße
Birkmannsweiler Str.
Höhenstraße
Rems-Murr-Klinikum
Stadion
Friedhof
Tiefbrunnen
Umspannwerk
Vereinsheim Hundefreunde
Gewerbegebiet Schmiede
Gewerbegebiet
Heringshalde
Aussiedlerhof
Hambach-Kreisel
Burkhardshof
Meißner Kreisel
Björn-Steiger-Kreisel
Mülldeponie Eichholz
Haselstein
Grillplatz
Holzenberg
Unterer Holzenberg
Großer
Roßberg
Degenhof
Stollenhof
Pfützen
Seewasen
Wassertretbecken
Ostland-Dkm.
Wasserbehälter
Gemeinschaftskelter
Sonnenberg
Vereinshm.
FKK-Freigelände des B.f.f.L. Stuttgart e.V.
Freizeitanl. Dalmenholzle
Ob dem Rotenbühlweg
(zu Schwaikheim)
(zu Waiblingen)
Kreuzeiche
Hundsbrunnen
102
117
134
14
5416
5412
448
450
1
2
3
4
5
6
7
8
9
10
11
12

Linden
Körnerrain
Ortsteil Stöckenhof
(zu Berglen)
Untreuhau
Mädlesstein
Stadtteil Bürg
(zu Winnenden)
Ortsteil Öschelbronn
(zu Berglen)
Königsbronn
Loch-klinge
Zweren-berg
Linsenhof
Schulerhof
Sandäcker
Gießübel
Ortsteil Rettersburg
(zu Berglen)
Krummenbusch
Berg-
Alter Grund
Schlot
73663
Berglen
Alter Hau
Drexelhof
Kieselhof
Bauhof
Im Bergle
Oberweiler
Ortsteil Bretzenacker
(zu Berglen)
Buchenbachhof
Mönch
Ortsteil Oppelsbohm
(zu Berglen)
Strut
Ortsteil Lehnenberg
(zu Berglen)
Neumühle
Volkhardtsmühle
Ortsteil Ödernhardt
(zu Berglen)
Ortsteil Birkenweißbuch
(zu Berglen)
Ortsteil Spechtshof
(zu Berglen)
Ortsteil Erlenhof
(zu Berglen)
Ortsteil Kottweil
(zu Berglen)
Geiß-wand
Gewerbegebiet "Erlenhof"
len
Galgenberg
Aussichtspunkt
Friedhof
Rathaus
Buchenbach
Brunnbächle
103
135

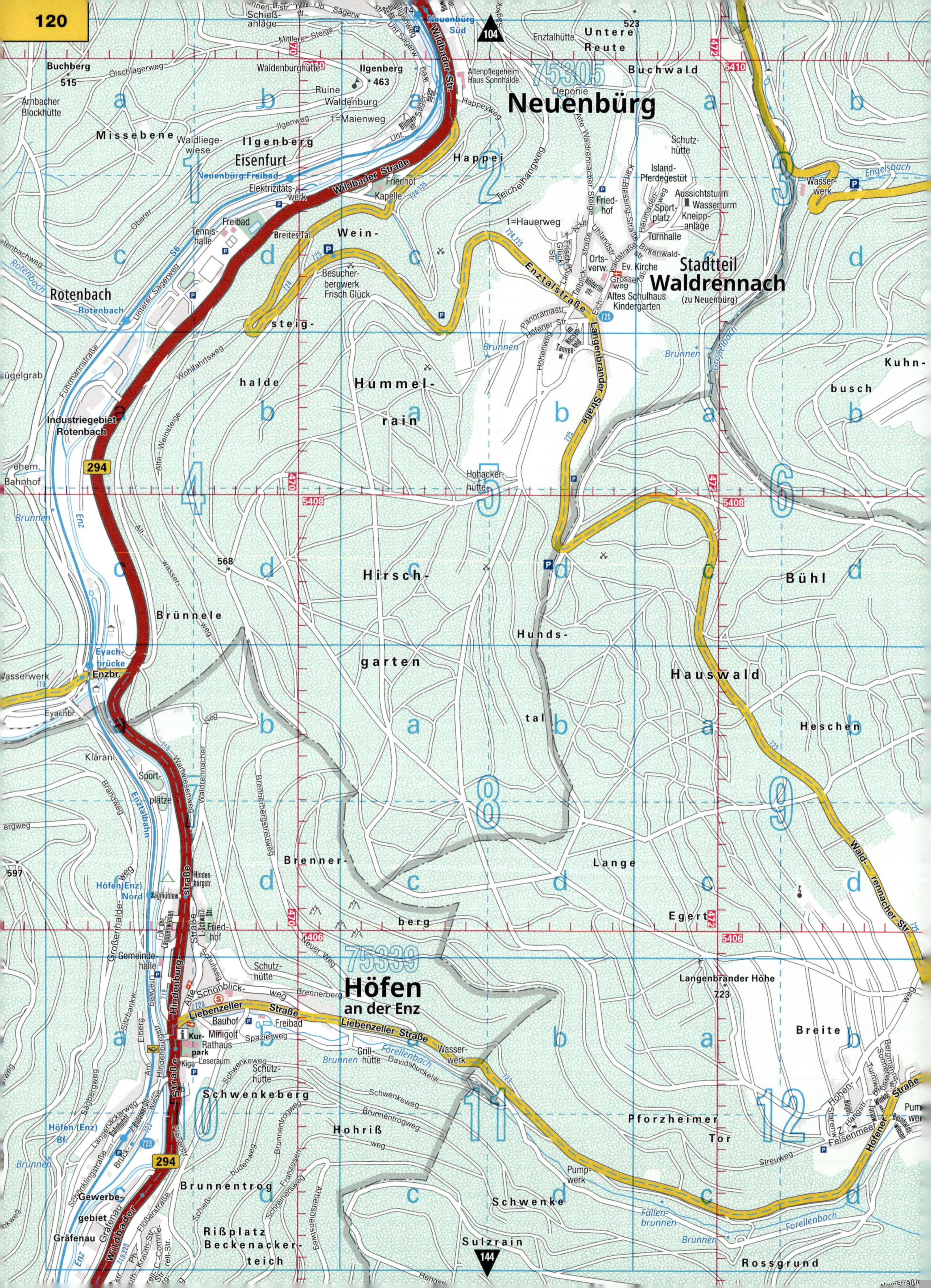

Neuenbürg
75305
Stadtteil Waldrennach
(zu Neuenbürg)
Höfen an der Enz
75339
Untere Reute
523
Buchwald
Enztalhütte
Neuenbürg Süd
104
Altenpflegeheim Haus Sonnhalde
Deponie
Buchberg
515
Ölschlagerweg
Arnbacher Blockhütte
Missebene
Waldliege-wiese
Ilgenberg
463
Ruine Waldenburg
Waldenburghütte
1=Maienweg
Ilgenweg
Eisenfurt
Neuenbürg Freibad
Elektrizitätswerk
Wildbader Straße
Wildbader Str.
Friedhof
Kapelle
Happei
Happeyweg
Teichelhangweg
Schutzhütte
Island-Pferdegestüt
Aussichtsturm
Wasserturm
Sport-platz
Kneipp-anlage
Turnhalle
Friedhof
Wasserwerk
Engelsbach
1=Hauerweg
Freibad
Tennishalle
Breites Tal
Wein-
steig-
halde
Besucherbergwerk Frisch Glück
Orts-verw.
Ev. Kirche
Altes Schulhaus
Kindergarten
Enztalstraße
Langenbrander Straße
Panoramastr.
Höfener Str.
Brunnen
Rotenbach
Rotenbach
Unterer Sägerweg
Fuhrmannstraße
Wohlfahrtsweg
Hummel-
rain
Kuhn-
busch
Industriegebiet Rotenbach
294
Alte Weinsteige
ehem. Bahnhof
Hohacker-hütte
5408
Enz
Brunnen
568
Alt-wasser-weg
Hirsch-
garten
Bühl
Brünnele
Hunds-
tal
Hauswald
Evach-brücke
Enzbr.
Wasserwerk
Eyachbr.
Kläranl.
Sport-plätze
Enztalbahn
Heschen
Brenner-
berg
Lange
Egert
Wald-rennacher Str.
597
Höfen (Enz) Nord
Großenhalde
Gemeindehalle
Friedhof
5406
Langenbrander Höhe
723
Schutzhütte
Brennerberg
Liebenzeller Straße
Bauhof
Freibad
Minigolf
Kurpark
Rathaus
Leseraum
Kiga
Spazierweg
Hindenburgstraße
Breite
Grillhütte
Wasserwerk
Brunnen
Forellenbach
Davidsbuckelweg
Schwenkeweg
Brunnentrogweg
Schwenkeberg
Hohriß
Pforzheimer Tor
Höfener Straße
Felsenmeer
Streuweg
Höfen (Enz) Bf.
Brunnen
Brunnentrog
Pumpwerk
Fallenbrunnen
Forellenbach
Brunnen
Gewerbegebiet
Gräfenau
Rißplatz
Beckenacker-teich
Schwenke
Sulzrain
144
Rossgrund

Engelsbrand
75331
Ortsteil
Grunbach
(zu Engelsbrand)
Ortsteil
Salmbach
(zu Engelsbrand)
Ortsteil
Kapfenhardt
(zu Unterreichenbach)
Ortsteil
Langenbrand
(zu Schömberg)
Schömberg
75328
Ortsteil
Schwarzenberg
(zu Schömberg)
75399
75180
Buchenbronner Höhe
Förster-Martus-Hütte
Eichberg
Bauernwald
Heiligenwald
Fuchsberg
Strüt
Rainwald
Waldplatte
Banmüsse
Ulrichswald
Sauerfeld
Große Müsse
Bohngarten
Schliffstein
Eulenloch
Lauchbusch
Brand
Kübeleswiese
Hauswald
Eulen
Hasenrain
Mahd
Frauenwald
Rain
Neues Bannholz
Rittberg
Brenntenberg
Hube
Igstatt
Hellenäcker
Mahdhütte
Skilift
Kläranlage
Schwarzwald-Reha-Klinik der BfA
1 = Erlenweg
1 = Heckenweg
2 = Steinriegelweg
1=Hausackerweg
2=Heckenweg
3=Sprengergässle
4=Im Seidigbusch
5=Am Fliederbusch
6=Im Rosenhag
1=Forchenstraße
2=Kirchweg
3=Pfarrwiesenweg
1=Amselweg
2=Drosselweg
3=Blumenplatz
4=Sperlingsweg
5=Finkenweg
6=Falkenweg
7=Hasenpfad
8=Fasanenweg
9=Kuckucksweg
1=Friedrichsgasse
1 = Im Gässle
Nagoldtalstraße
463
105
122
145

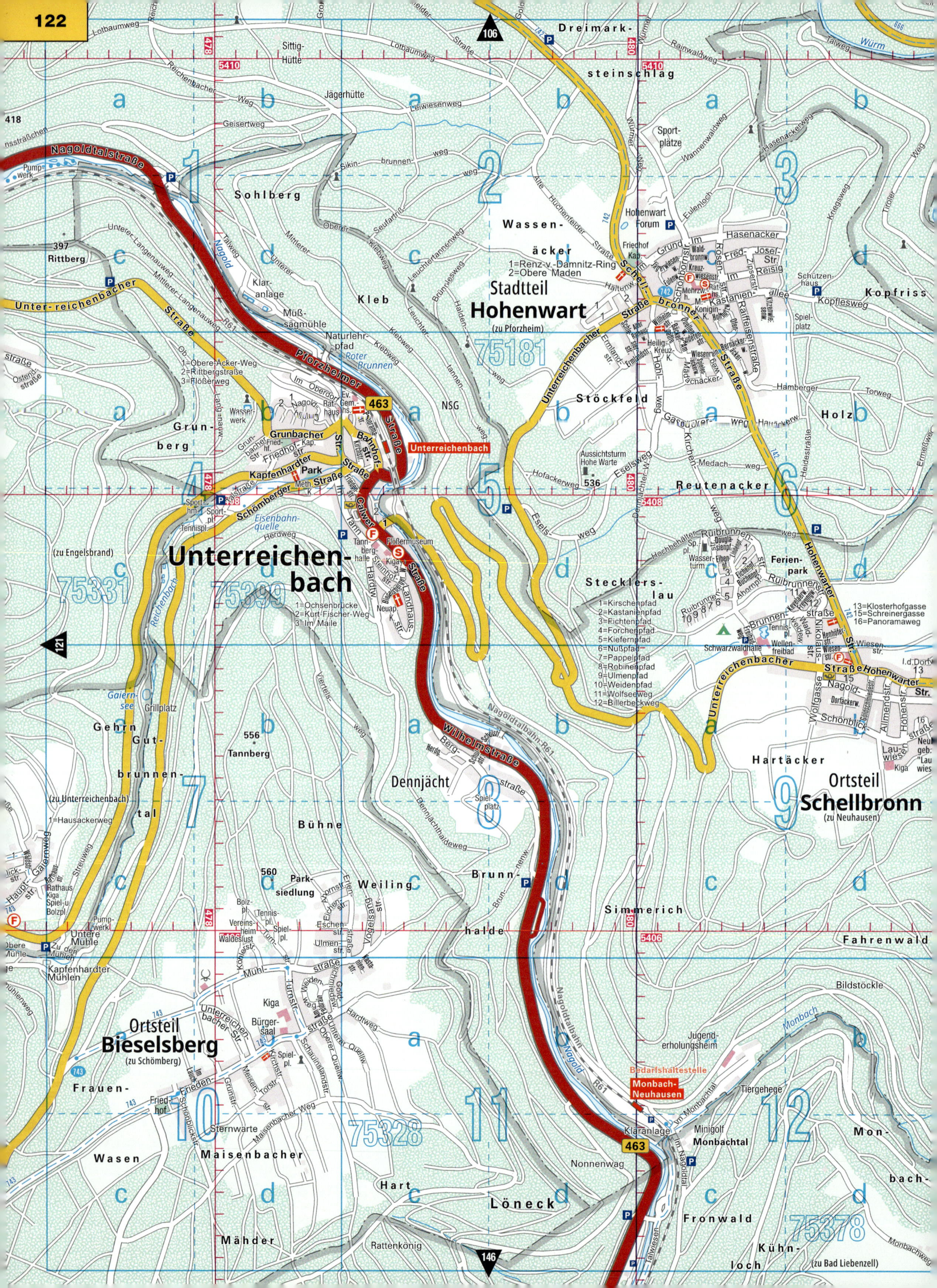

Dreimark-
steinschlag
Sohlberg
Wassen-
äcker
Stadtteil
Hohenwart
(zu Pforzheim)
75181
Kleb
Rittberg
Unter-reichenbacher Straße
Nagoldtalstraße
Pforzheimer Straße
Unterreichenbach
Grunbacher
Grun-
berg
Stöckfeld
Reutenacker
Holz
Kopfriss
Unterreichen-
bach
75331
75399
(zu Engelsbrand)
Stecklers-
lau
Ferien-
park
Hohenwarter Str.
Gehrn
Gut-
brunnen-
tal
Tannberg
Dennjächt
Hartäcker
Ortsteil
Schellbronn
(zu Neuhausen)
Bühne
Weiling
Brunn-
halde
Simmerich
Fahrenwald
Ortsteil
Bieselsberg
(zu Schömberg)
Wasen
Maisenbacher
75328
Monbach-
Neuhausen
Monbachtal
Mon-
bach-
Hart
Löneck
Fronwald
75378
Kühn-
loch
(zu Bad Liebenzell)
Mähder
Rattenkönig
1=Renz-v.-Damnitz-Ring
2=Obere Maden
1=Obere-Acker-Weg
2=Rittbergstraße
3=Flößerweg
1=Ochsenbrücke
2=Kurt-Fischer-Weg
3=Im Maile
1=Kirschenpfad
2=Kastanienpfad
3=Fichtenpfad
4=Forchenpfad
5=Kiefernpfad
6=Nußpfad
7=Pappelpfad
8=Robinienpfad
9=Ulmenpfad
10=Weidenpfad
11=Wolfseeweg
12=Billerbeckweg
13=Klosterhofgasse
15=Schreinergasse
16=Panoramaweg
1=Hausackerweg

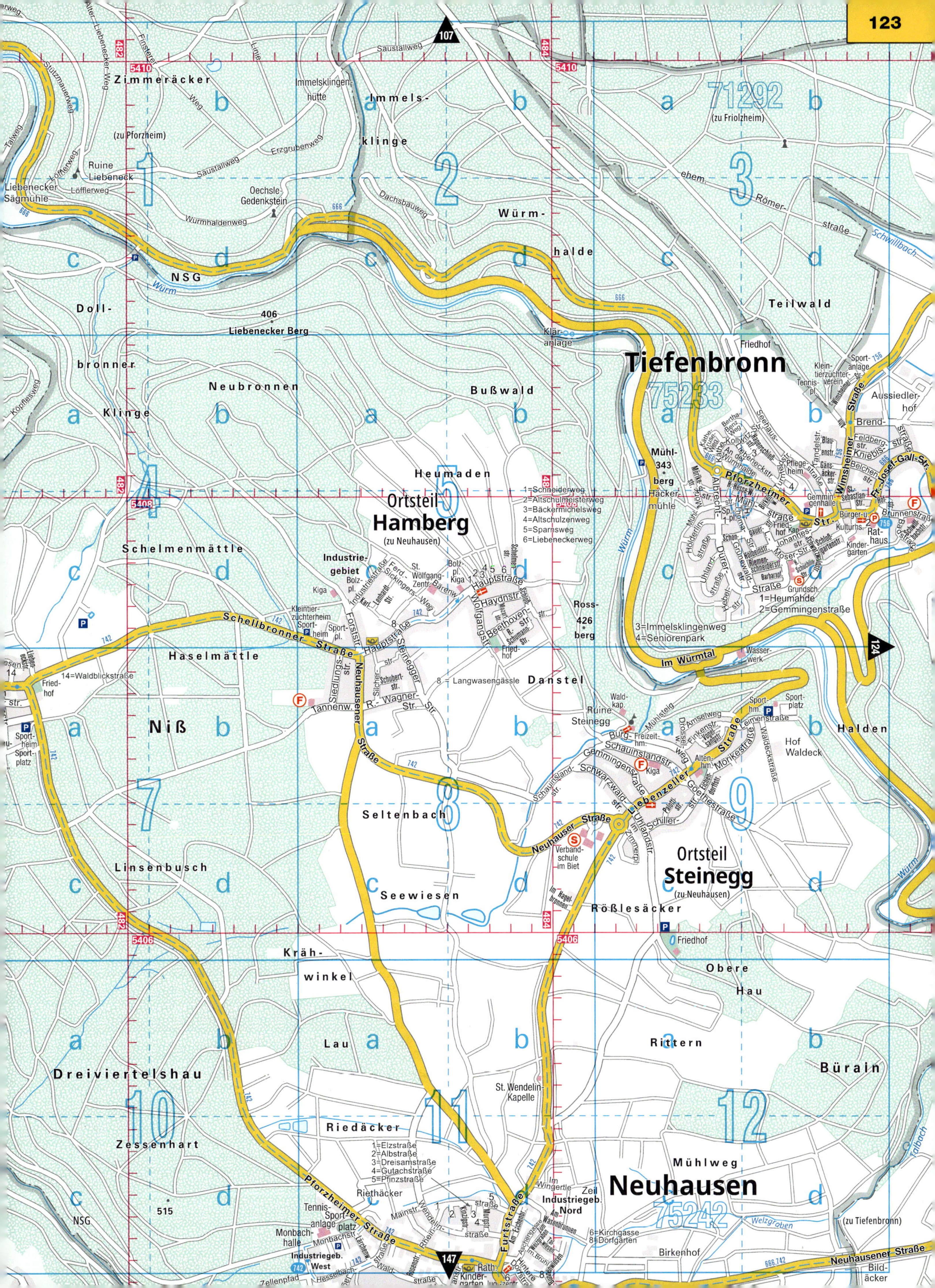
Zimmeräcker
(zu Pforzheim)
Ruine Liebeneck
Liebenecker Sägmühle
Oechsle-Gedenkstein
Immelsklingenhütte
Immelsklinge
Würmhalde
71292
(zu Friolzheim)
Teilwald
NSG
Würm
Dollbronner Klinge
406
Liebenecker Berg
Kläranlage
Tiefenbronn
75233
Friedhof
Neubronnen
Bußwald
Heumaden
Ortsteil
Hamberg
(zu Neuhausen)
1=Schneiderweg
2=Altschulmeisterweg
3=Bäckermichelsweg
4=Altschulzenweg
5=Sparnsweg
6=Liebeneckerweg
Schelmenmättle
Industriegebiet
Mühlberg
343
Häckermühle
Pforzheimer Str.
Rathaus
Kindergarten
1=Heumahde
2=Gemmingenstraße
3=Immelsklingenweg
4=Seniorenpark
Ross-426 berg
Schellbronner Straße
Haselmättle
14=Waldblickstraße
Friedhof
Neuhausener Straße
8 = Langwasengässle
Danstel
Im Würmtal
Wasserwerk
Ruine Steinegg
Niß
Halden
Hof Waldeck
Seltenbach
Liebenzeller Straße
Ortsteil
Steinegg
(zu Neuhausen)
Linsenbusch
Seewiesen
Rößlesäcker
Friedhof
Krähwinkel
Obere Hau
Lau
Rittern
Bürain
Dreiviertelshau
St. Wendelin-Kapelle
Riedäcker
Zessenhart
1=Elzstraße
2=Albstraße
3=Dreisamstraße
4=Gutachstraße
5=Pfinzstraße
Mühlweg
Neuhausen
75242
Riethäcker
Industriegeb. Nord
6=Kirchgasse
8=Dorfgarten
515
NSG
Pforzheimer Straße
Furtstraße
Industriegeb. West
Birkenhof
(zu Tiefenbronn)
Neuhausener Straße
Bildäcker
107
124
147

Breitloh
Geißberg
509
Gartenhausgebiet "Ameiser Grund"
Friolzheim
71292
492
Dünnberg
Steighof
Bauhof Recyclinghof
NSG
Tiefenbronn
75233
Aussiedlerhof
Rotenäcker
Kläranlage
Betzenbuckel
494
Justizvollzugsanstalt
Rainäcker
Gewerbegebiet
Unter dem Mittelberg
Grundäcker
Seegraben
Dornhau
Halden
Roßweide
Steinbruch
Am Galgen
Stadelbach
Ottenbühl
Ortsteil Mühlhausen
(zu Tiefenbronn)
Aussiedlerhof
1=Brunnenstraße
2=Schafhof
3=Seestraße
4=In den Krautgärten
4=Panoramastraße
5=Im Bühner
6=Kastanienweg
1=Meisenweg
2=Amselweg
3=Finkenweg
1 = Bärenweg
2 = Luchsweg
3 = Wieselweg
4 = Hamsterweg
5 = Igelweg
6 = Uhlandstraße
7 = Schloßhof
8 = Hirschgasse
9 = Kirchstraße
10 = Kirchgasse
11 = Schleglerstraße
12 = Brunnengasse
13 = Bädergasse
14 = Färbergasse
15 = Im Höfle
16 = Zinselwiesen
24 = Adlerweg
25 = Bussardstr.
26 = Falkenweg
27 = Eulenstr.
28 = Habichtweg
29 = Steinkauzweg
30 = Milanstr.
31 = Sperberweg
32 = Fuchsweg
33 = Marderweg
34 = Uhuweg
35 = Iltisweg
(zu Neuhausen)
Würmtalstraße
Silberberg
432
Lehmgrube
Friedhof
Himmelreich
Kapelle
Maus
Silberberg
423
Halde
Kleintierzuchtanlage
Hausener Straße
Steinbreche
1=Vogelsang
2=Schlattweg
3=Schlehenweg
4=Hinter den Gärten
5=Spitzäckerweg
6=Hofstätte
Schlatt
1=Pfaffenäckerweg
Weil der Städter Str.
Sportplatz
437
Ortsteil Lehningen
(zu Tiefenbronn)
Neuhausener Straße
Hauptstraße
Steinlach
Kläranlage
Frohnmühle
Pumpwerk
Brühl
Maß
Fürtle
Kotzenbach
Talgraben
71263
(zu Weil der Stadt)
Gewerbegebiet "Neuwiesen"
Friedhof
Kläring
Wochenendgebiet Weinberge
Grenzhof
Kläring
Bildäcker

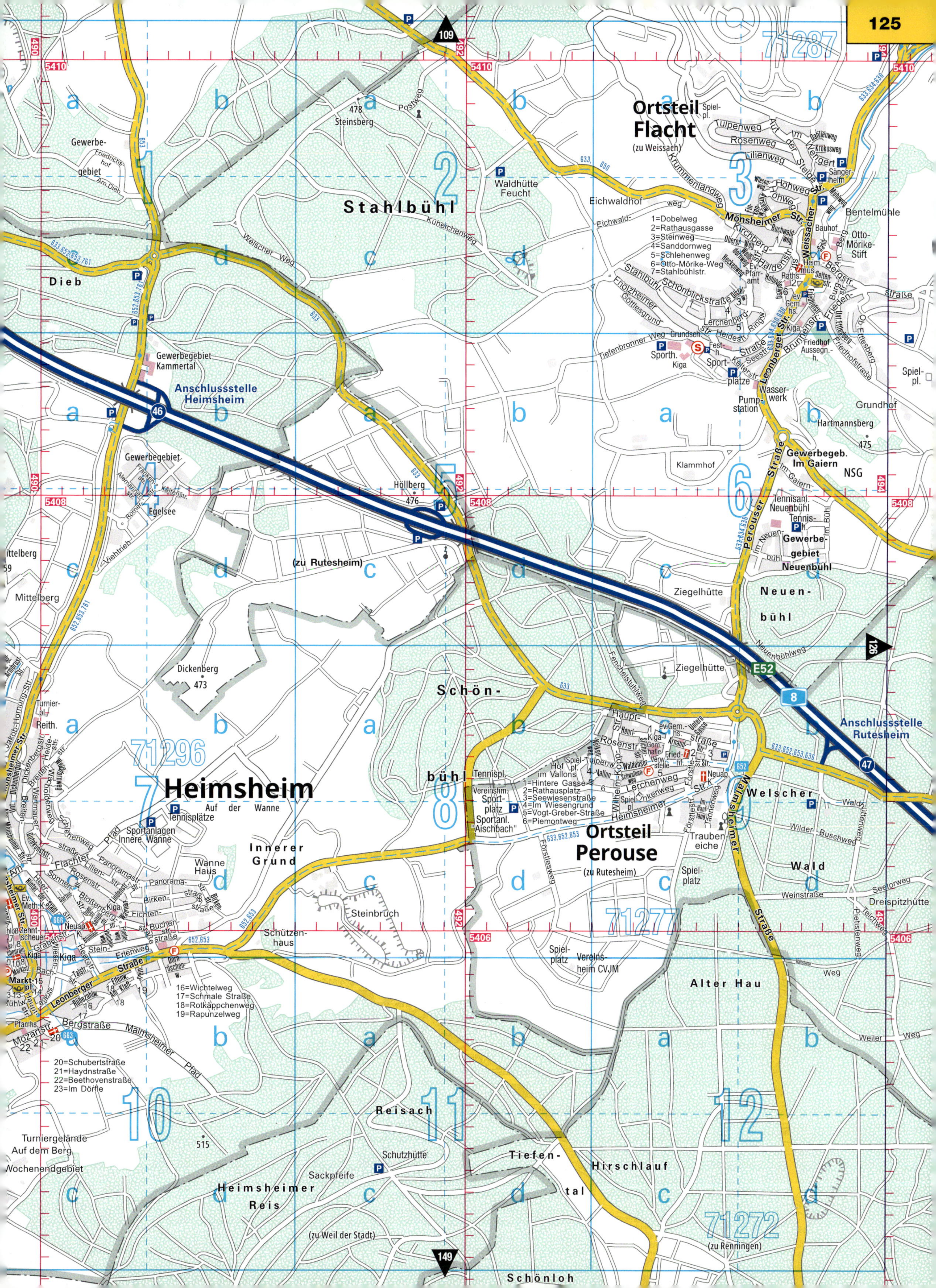

Ortsteil Flacht
(zu Weissach)
71287
Stahlbühl
Steinsberg
478
Waldhütte Feucht
Eichwaldhof
Gewerbegebiet
Dieb
Gewerbegebiet Kammertal
Anschlussstelle Heimsheim
Gewerbegebiet
Egelsee
Höllberg
476
(zu Rutesheim)
Mittelberg
Dickenberg
473
Schön-
bühl
71296
Heimsheim
Tennisplätze
Sportanlagen Innere Wanne
Wanne Haus
Innerer Grund
Auf der Wanne
Steinbruch
Schützenhaus
Klammhof
Ziegelhütte
Neuenbühl
Gewerbegebiet Neuenbühl
Gewerbegeb. Im Gaiern
NSG
Hartmannsberg
475
Grundhof
Bentelmühle
Otto-Mörike-Stift
Wasserwerk
Pumpstation
Sport-plätze
Sporth.
Kiga
Anschlussstelle Rutesheim
E52
8
46
47
Welscher Wald
Ortsteil Perouse
(zu Rutesheim)
71277
Sportanl. "Aischbach"
Vereinsheim CVJM
Trauben-eiche
Alter Hau
Dreispitzhütte
1=Dobelweg
2=Rathausgasse
3=Steinweg
4=Sanddornweg
5=Schlehenweg
6=Otto-Mörike-Weg
7=Stahlbühlstr.
1=Hintere Gasse
2=Rathausplatz
3=Seewiesenstraße
4=Im Wiesengrund
5=Vogt-Greber-Straße
6=Piemontweg
16=Wichtelweg
17=Schmale Straße
18=Rotkäppchenweg
19=Rapunzelweg
20=Schubertstraße
21=Haydnstraße
22=Beethovenstraße
23=Im Dörfle
Leonberger Straße
Malmsheimer Pfad
Malmsheimer Straße
Perouser Straße
Mönsheimer Str.
Weissacher Str.
Heimsheimer Str.
Bergstraße
Mozartstr.
Reisach
Turniergelände Auf dem Berg
Wochenendgebiet
515
Heimsheimer Reis
Sackpfeife
Schutzhütte
(zu Weil der Stadt)
Tiefental
Hirschlauf
71272
(zu Renningen)
Schönloh
109
126
149
5410
5408
5406

Weissach
71287
Bon-
Straßleshof
15=Mirabellenbaumweg
16=Zwetschgenbaumweg
17=Apfelbaumweg
18=Birnbaumweg
Bentelmühle
Otto-Mörike-Stift
landen
Eutenburg
Wellingtonien
Ritterwald
Beim Schwarzen Markstein
Spiel-pl.
CVJM-Vereinshm.
Grundhof
Ettlesberg
491
Schinderwasen
475
Rauher Wald
Beim Hohen Markstein
Pflanzgarten
Schwarzer-Marksteinweg
Gebersheimer Einsprung
Hennenhäusle
449
Spiel-platz
Vereinsheim CVJM
453
Schützenhs.
Vereinsheim
Wald-Sportpfad
Stockhau
Flachter Tor
Weissacher Tor
24=Akazienweg
25=Kastanienweg
26=Ahornweg
27=Rilkeweg
28=Heinestraße
29=Kolbstraße
30=Droststraße
31=Suttnerstraße
32=Wacholderweg
33=Eibenweg
34=Taläckerweg
1=Otto-Hahn-Weg
2=Röntgenstraße
3=Hertzstraße
4=Hebbelstraße
5=Hasenweg
6=Zimmeregart
7=Rathauspassage
8=Kirchstraße
9=Schmalzgasse
10=Thomas-Mann-Straße
11=Planckstraße
12=Herderstraße
13=Salzburger Straße
14=Widdumhof
15=Lindenstraße
16=Birkenstraße
Stadtteil Gebersheim
(zu Leonberg)
Pumpstation
71277
Rutesheim
Anschlussstelle Rutesheim
Hummelberg
Gewerbegebiet
Grenzhof
8=Schmalzäckerstr.
9=Am Schlauchengraben
Pforzheimer Straße
Leonberger Str.
Friedhof
Schillerstraße
Schertlenswald
Schertlenswaldhof
Dreispitzhütte
1=Albrecht-Dürer-Straße
2=Grieshaberweg
3=Käthe-Kollwitz-Weg
17=Herm.-Hesse-Weg
18=Lortzingstraße
19=Brahmsstraße
20=Telemannstraße
21=Haydnstraße
22=Schützstraße
23=Brucknerstraße
24=Stauffenbergstraße
25=Sophie-Scholl-Straße
26=Martin-Niemöller-Weg
27=Spissenstraße
28=Dietrich-Bonhoeffer-Weg
Tannen-
Wolfs-
grund
wald
471
Obstsortenanlage
Kläranlage
423
Lohlenbach
453
Hof im Pfaffengrund
71272
(zu Renningen)
Brunnenstück
439
1=Forchenrain
2=Forchweg
Heuweg
Eichenhof
Heinzenbrunnen
E52
8

111
Stadtteil Schöckingen
(zu Ditzingen)
Greuthofe
Aischbach
Mäurach
Römische Niederlassung
6=Pfarrgartenweg
7=Obstwiesenweg
Leonberger Weg
Eichwaldhof
Rutesheimer Str.
Stedehof
Stadequelle
Wiesenhof
Lerchenhof
Römerhof
Markstein-hof
Karlshof
Ritternhof
Höfinger Weg
Rittweg
Steinbruch
Gewerbegebiet Hinterfeld West
Hinterholz
Im Weidle
Sportzentrum
Tennishalle
Seehansen
Wannenweg
19=Ligusterweg
20=Ginsterweg
Schützenhaus
Brühlhof
Wasserturm
Weingarten
Holzheim
Röm. Mauerreste
Römischer Gutshof
Dolinen
377
S T R O H
71254
Schlegel-wald
Hundsrücken
Hertern
374
Zimmer-wald
Waldgarten
Wanne
Unter der Riedhöhe
1=Holbeinweg
2=Hans-Thoma-Weg
3=Lukas-Moser-Weg
4=Emil-Nolde-Straße
5=St.-Michael-Straße
6=Beim Teiche
7=Am Hasenbuckel
8=St.-Lorenz-Weg
9=Rathausgäßle
10=An der Zehntscheuer
11=Hinter der Kelter
12=Georg-Büchner-Str.
13=Beethovenstraße
Stadtteil Höfingen
(zu Leonberg)
25=Geschwister-Scholl-Str.
26=Anne-Frank-Str.
27=Friedrich-Kipp-Weg
29=Im Bochtel
Lontel
Herdweg
Hirschlander Str.
Sternwarte
424
Uhland-Spielpl.
Grillplatz
Rundwanderweg
Wertstoffhof
128
Pforzheimer Straße
Ditzinger Straße
Am Schloßberg
Schloss
Weinberg
Tilgshausenstraße
Tilgshäuslesmühle
Glems
Höfingen
1=Hinterer Dobel
2=Kirchgäßle
3=Kaffeehof
4=Bärenhof
5=Staufenstraße
6=Rechbergstraße
7=Neuffenstraße
8=Oberer Mühlweg
Lindenhof
25=Elsa-Brändström-Straße
Höfinger Straße
404
Schöckenrain
71229
Gänsäcker
Buchhaldenhof
Reiterzentrum
Lindenberg
Scheffelmühle
Hundesportverein
Scheffelrain
Vordere Rauäcker
Tilgshäusleshof
Hasenbrunnen
Kläranlage
14=Ludwigsburger Str.
15=Dachsweg
16=Biberweg
17=Steinbockweg
18=Gemsenweg
19=Elchweg
20=Hirschweg
21=Fuchsweg
22=Iltisweg
23=H.-Essig-Straße
24=Bienenweg
25=Rutesheimer Str.
Felsensägmühle
Schützenhaus
Schinderstr.
Feuerbacher Straße
Strohgäustr.
411
Häckselplatz
G Ä U
Schwesternheim
Cityplan S.43
Hubschrauberlandepl.
Kreiskrankenhaus
Gartenstadt
Rutesheimer Straße
Stuttgarter Str.
Engelberg
Wasser- u. Aussichtsturm
481
Klinge
E41
81
Forchenrain
CVJM-Sportpl.
CVJM-Heim
Leonberg
Römerstraße
Römerstr.
Eltinger Str.
Neues Rathaus
Stadthalle
Stadtpark
Hölderle
Städt. Bauhof
5=Gammertinger Weg
6=Trochtelfinger Weg
Brennerstraße
151
1=Akazienweg
2=Ahornweg
3=OB-Birken
4=Un.-Birken
Engelbergtunnel
Samariterstift
August-Lämmle-Weg

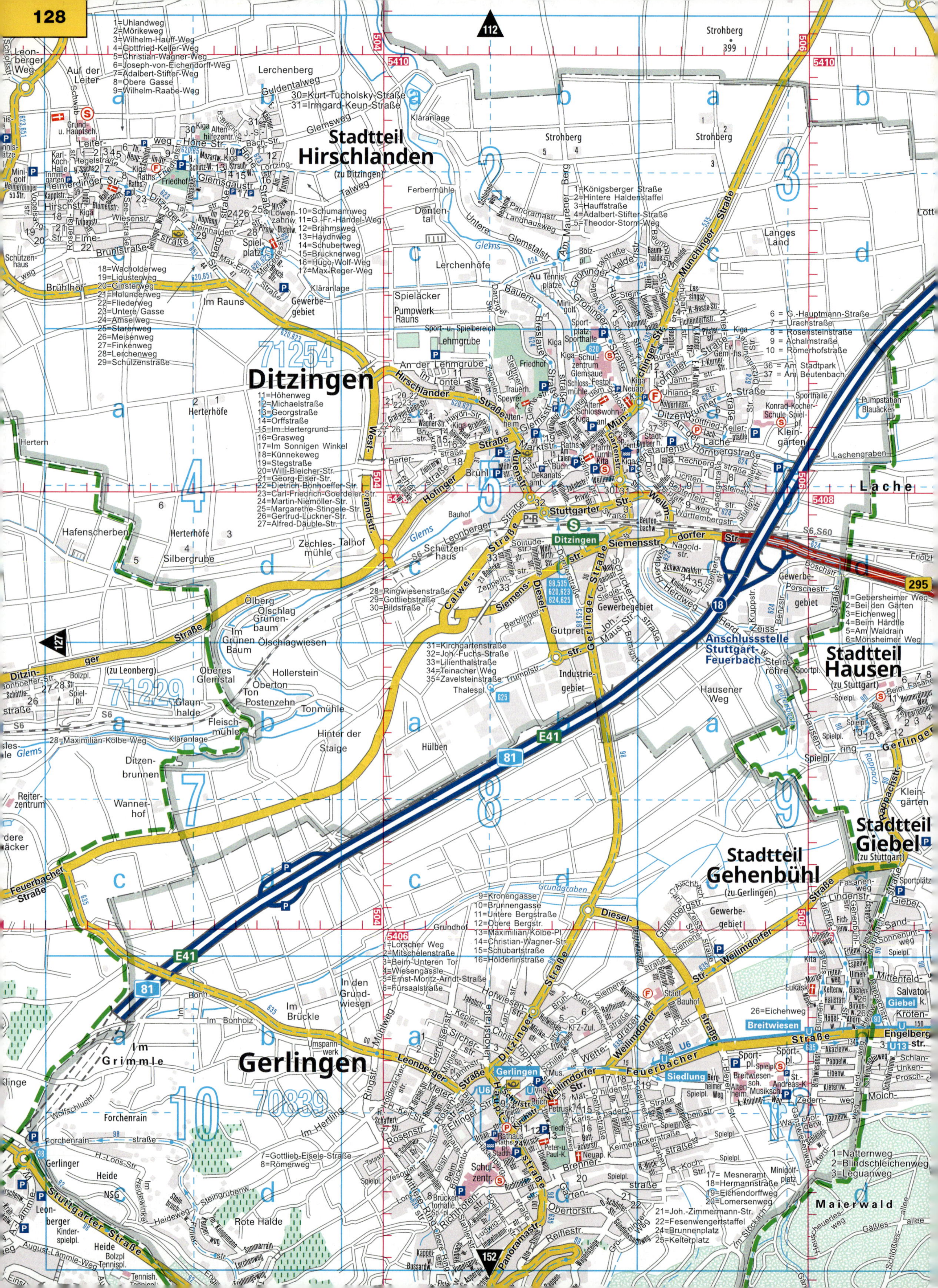
1=Uhlandweg
2=Mörikeweg
3=Wilhelm-Hauff-Weg
4=Gottfried-Keller-Weg
5=Christian-Wagner-Weg
6=Joseph-von-Eichendorff-Weg
7=Adalbert-Stifter-Weg
8=Obere Gasse
9=Wilhelm-Raabe-Weg
30=Kurt-Tucholsky-Straße
31=Irmgard-Keun-Straße
10=Schumannweg
11=G.-Fr.-Händel-Weg
12=Brahmsweg
13=Haydnweg
14=Schubertweg
15=Brucknerweg
16=Hugo-Wolf-Weg
17=Max-Reger-Weg
18=Wacholderweg
19=Ligusterweg
20=Ginsterweg
21=Holunderweg
22=Fliederweg
23=Untere Gasse
24=Amselweg
25=Starenweg
26=Meisenweg
27=Finkenweg
28=Lerchenweg
29=Schulzenstraße
Stadtteil Hirschlanden
(zu Ditzingen)
Ditzingen
71254
11=Höhenweg
12=Michaelstraße
13=Georgstraße
14=Orffstraße
15=Im Hertergrund
16=Grasweg
17=Im Sonnigen Winkel
18=Künnekeweg
19=Stegstraße
20=Willi-Bleicher-Str.
21=Georg-Eiser-Str.
22=Dietrich-Bonhoeffer-Str.
23=Carl-Friedrich-Goerdeler-Str.
24=Martin-Niemöller-Str.
25=Margarethe-Stingele-Str.
26=Gertrud-Lückner-Str.
27=Alfred-Daüble-Str.
1=Königsberger Straße
2=Hintere Haldenstaffel
3=Hauffstraße
4=Adalbert-Stifter-Straße
5=Theodor-Storm-Weg
6 = G.-Hauptmann-Straße
7 = Urachstraße
8 = Rosensteinstraße
9 = Achalmstraße
10 = Römerhofstraße
36 = Am Stadtpark
37 = Am Beutenbach
28=Ringwiesenstraße
29=Gottliebstraße
30=Bildstraße
31=Kirchgartenstraße
32=Joh.-Fuchs-Straße
33=Lilienthalstraße
34=Teinacher Weg
35=Zavelsteinstraße
Anschlussstelle Stuttgart-Feuerbach
1=Gebersheimer Weg
2=Bei den Gärten
3=Eichenweg
4=Beim Härtle
5=Am Waldrain
6=Mönsheimer Weg
Stadtteil Hausen
(zu Stuttgart)
Stadtteil Giebel
(zu Stuttgart)
Stadtteil Gehenbühl
(zu Gerlingen)
(zu Leonberg)
71229
28=Maximilian-Kolbe-Weg
9=Kronengasse
10=Brunnengasse
11=Untere Bergstraße
12=Obere Bergstr.
13=Maximilian-Kolbe-Pl.
14=Christian-Wagner-Str.
15=Schubartstraße
16=Hölderlinstraße
1=Lorscher Weg
2=Mitschelenstraße
3=Beim Unteren Tor
4=Wiesengässle
5=Ernst-Moritz-Arndt-Straße
6=Fürsaalstraße
Gerlingen
70839
7=Gottlieb-Eisele-Straße
8=Römerweg
26=Eichenweg
17= Mesneramt
18=Hermannstraße
19=Eichendorffweg
20=Lomersenweg
21=Joh.-Zimmermann-Str.
22=Fesenwengertstaffel
24=Brunnenplatz
25=Kelterplatz
1=Natternweg
2=Blindschleichenweg
3=Leguanweg
Maierwald
Strohberg
Lerchenberg
Lerchenhöfe
Herterhöfe
Hafenscherben
Silbergrube
Zechles-mühle
Talhof
Glems
Ölberg
Olschlag
Grünenbaum
Im Grünen Baum
Ölschlagwiesen
Oberes Glemstal
Hollerstein
Oberton
Ton Postenzehn
Tonmühle
Glaunhalde
Fleischmühle
Hinter der Staige
Hülben
Industriegebiet
Gewerbegebiet
Ditzenbrunnen
Wannerhof
Reiterzentrum
Langes Land
Lache
Im Grimmle
Forchenrain
Gerlinger Heide
Rote Halde
Im Brückle
Hausener Weg
Breitwiesen
Siedlung
Engelberg
E41
81
295
112
127
152

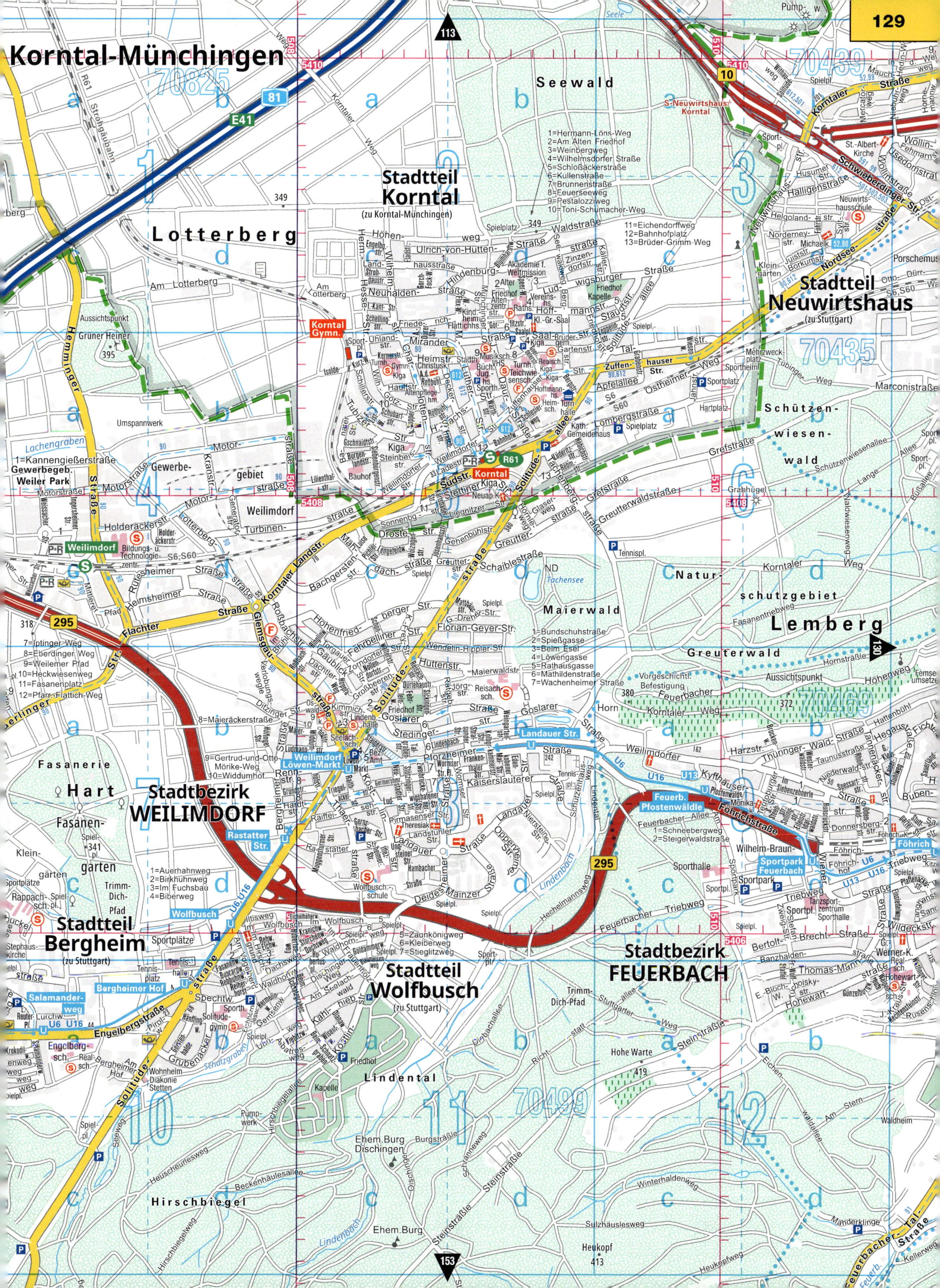
Korntal-Münchingen
70825
Stadtteil
Korntal
(zu Korntal-Münchingen)
Seewald
Lotterberg
Am Lotterberg
Aussichtspunkt
Grüner Heiner
395
Hemminger
Straße
Umspannwerk
Lachengraben
1=Kannengießerstraße
Gewerbegeb. Weiler Park
Gewerbegebiet
Motorstraße
Weilimdorf
Holderäckerstr.
Turbinen-
Korntal Gymn.
Korntal
S-Neuwirtshaus/Korntal
1=Hermann-Löns-Weg
2=Am Alten Friedhof
3=Weinbergweg
4=Wilhelmsdorfer Straße
5=Schloßäckerstraße
6=Kullenstraße
7=Brunnenstraße
8=Feuerseeweg
9=Pestalozziweg
10=Toni-Schumacher-Weg
11=Eichendorffweg
12=Bahnhofplatz
13=Brüder-Grimm-Weg
Stadtteil
Neuwirtshaus
(zu Stuttgart)
70439
70435
Korntaler Straße
Schwieberdinger Str.
Halligenstraße
Helgoland-str.
Nordsee-straße
Zuffenhauser Str.
Apfelallee
Ostheimer Weg
Marconistraße
Schützenwiesenwald
Grafstraße
Grabhügel
Greutterwaldstraße
Natur-
schutzgebiet
Lemberg
Greuterwald
Maierwald
Tachensee
Aussichtspunkt
Hohenweg
70469
Vorgeschichtl. Befestigung
Feuerbacher
Korntaler Weg
Horn
380
372
1=Bundschuhstraße
2=Spießgasse
3=Beim Esel
4=Löwengasse
5=Rathausgasse
6=Mathildenstraße
7=Wachenheimer Straße
Solitudestraße
Korntaler Landstr.
Glemsgaustr.
Flachter Str.
Ditzinger Str.
295
318
7=Iptinger Weg
8=Eberdinger Weg
9=Weilemer Pfad
10=Heckwiesenweg
11=Fasanenplatz
12=Pfarr-Flattich-Weg
8=Maieräckerstraße
9=Gertrud-und-Otto-Mörike-Weg
10=Widdumhof
Weilimdorf Löwen-Markt
Landauer Str.
Weilimdorfer Straße
Fasanerie
Hart
Fasanengarten
Stadtbezirk
WEILIMDORF
Rastatter Str.
1=Auerhahnweg
2=Birkhühnweg
3=Im Fuchsbau
4=Biberweg
Wolfbusch
Stadtteil
Bergheim
(zu Stuttgart)
Bergheimer Hof
Salamanderweg
Engelbergstraße
5=Zaunkönigweg
6=Kleiberweg
7=Stieglitzweg
Stadtteil
Wolfbusch
(zu Stuttgart)
Feuerb. Pfostenwäldle
Föhrichstraße
Feuerbacher-Allee
1=Schneebergweg
2=Steigerwaldstraße
Wilhelm-Braun-
Sportpark Feuerbach
Föhrich
Sporthalle
Triebweg
Stadtbezirk
FEUERBACH
Bertolt-Brecht-Straße
Thomas-Mann-
Hohewart
Lindenbach
Hechelmannsweg
Feuerbacher Weg
Lindental
Kapelle
Friedhof
Hohe Warte
419
Steinstraße
70499
Trimm-Dich-Pfad
Solitudestraße
Hirschbiegel
Heuscheuerweg
Beckenhäuslesallee
Ehem.Burg Dischingen
Ehem.Burg
Steinstraße
Winterhaldenweg
Sulzhäuslesweg
Heukopf
413
Manderklinge
Waldheim
Feuerbacher-Tal-Straße
113
130
153

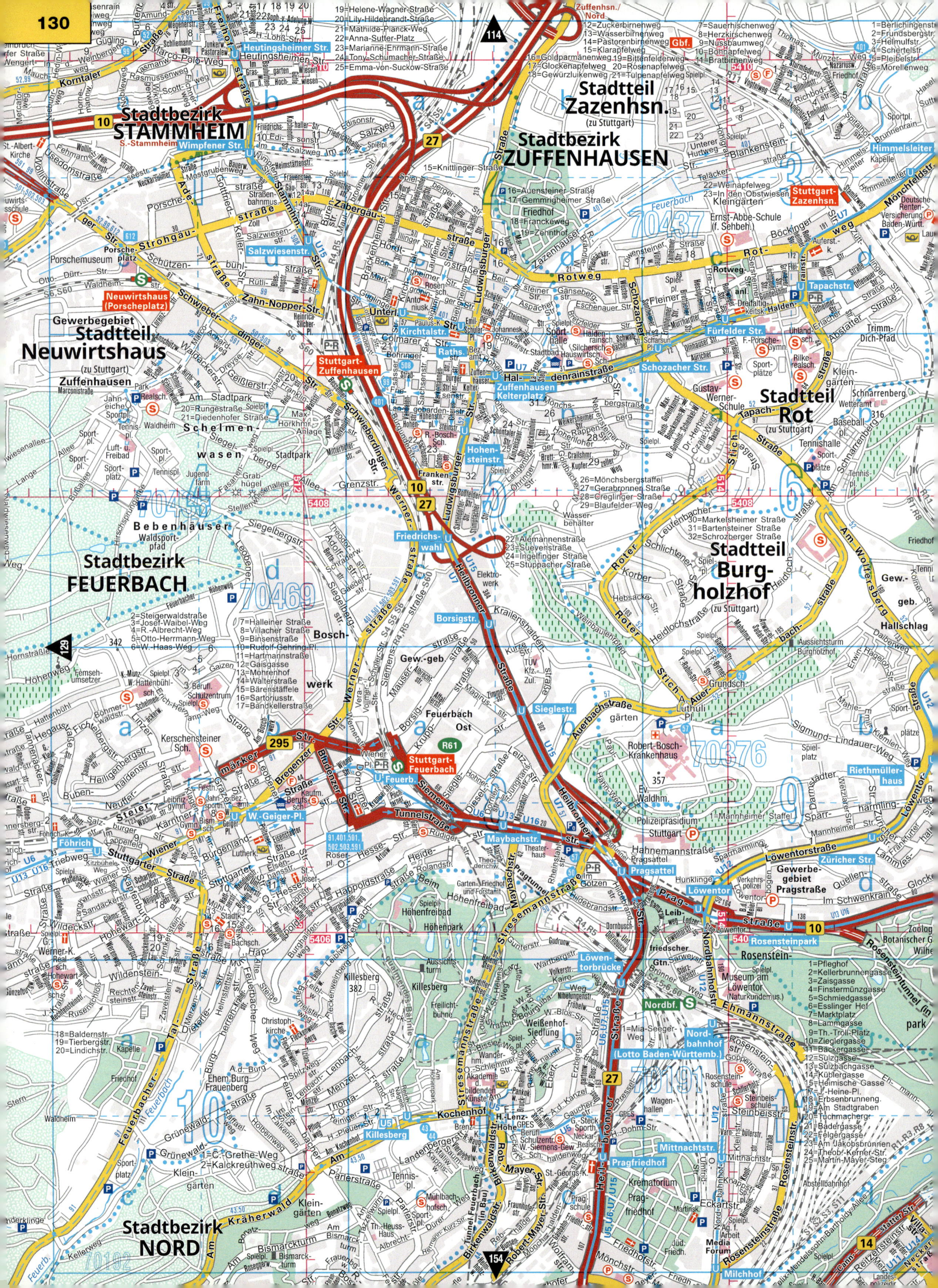
Stadtbezirk STAMMHEIM
Stadtteil Zazenhsn. (zu Stuttgart)
Stadtbezirk ZUFFENHAUSEN
Stadtteil Neuwirtshaus (zu Stuttgart)
Gewerbegebiet
Zuffenhausen
Stadtteil Rot (zu Stuttgart)
Stadtbezirk FEUERBACH
Stadtteil Burgholzhof (zu Stuttgart)
Stadtbezirk NORD
Schelmen
wasen
Bebenhäuser
Feuerbach Ost
Bosch-werk
Gewerbegebiet Pragstraße
Robert-Bosch-Krankenhaus
Polizeipräsidium Stuttgart
Heutingsheimer Str.
Wimpfener Str.
Salzwiesenstr.
Porscheplatz
Neuwirtshaus (Porscheplatz)
Stuttgart-Zuffenhausen
Kirchtalstr.
Raths.
Zuffenhausen Kelterplatz
Hohensteinstr.
Friedrichswahl
Borsigstr.
Sieglestr.
Stuttgart-Feuerbach
Feuerb.
W.-Geiger-Pl.
Föhrich
Maybachstr.
Pragsattel
Löwentor
Züricher Str.
Riethmüllerhaus
Rosensteinpark
Löwentorbrücke
Nordbf.
Nordbahnhof (Lotto Baden-Württemb.)
Killesberg
Mittnachtstr.
Pragfriedhof
Milchhof
Stuttgart-Zazenhsn.
Tapachstr.
Fürfelder Str.
Schozacher Str.
Himmelsleiter
Killesberg
Höhenpark
70437
70439
70469
70376
70191
70192
114
129
154

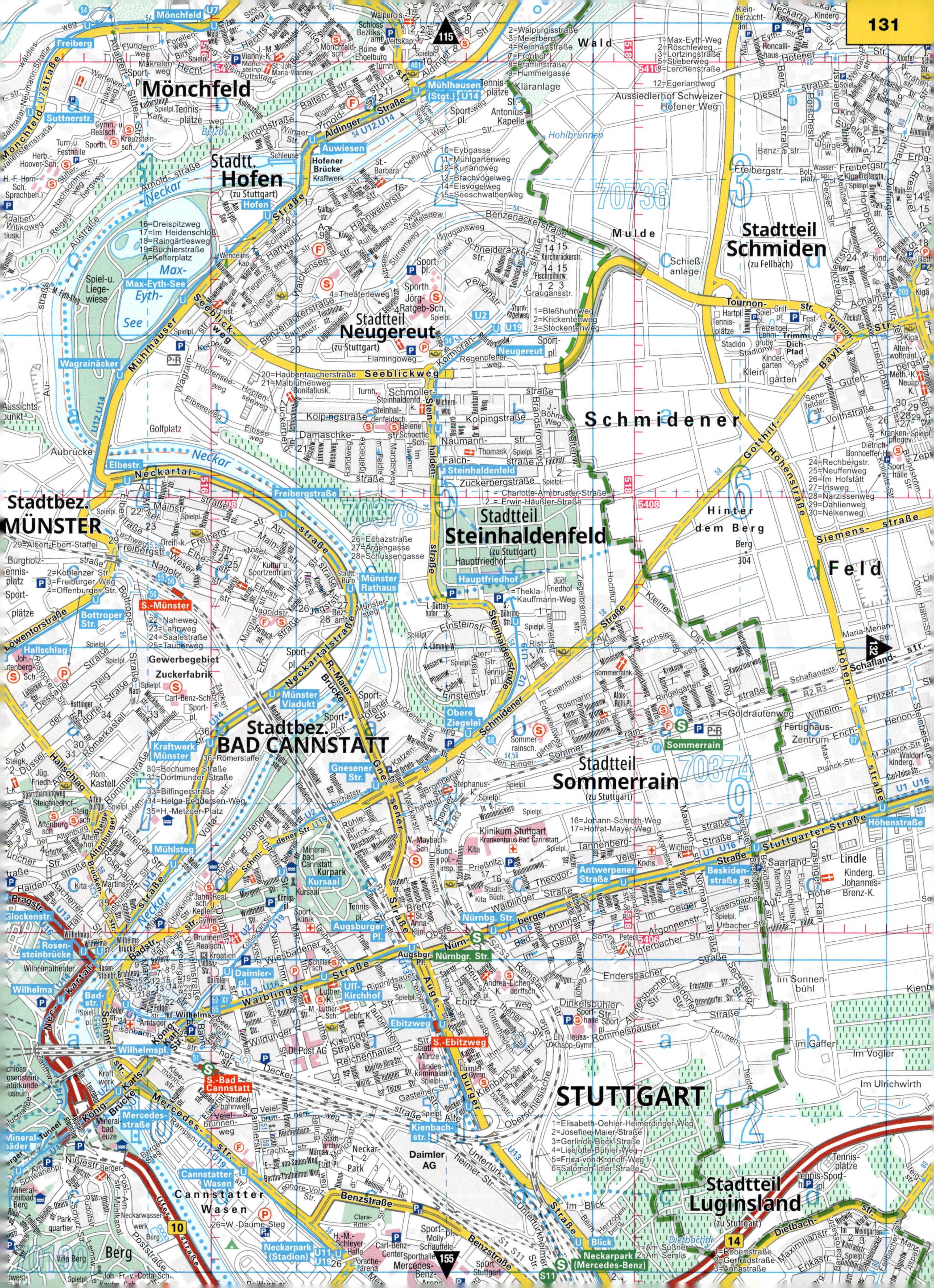

Mönchfeld
Stadtt. Hofen
(zu Stuttgart)
Stadtteil Neugereut
(zu Stuttgart)
Stadtteil Schmiden
(zu Fellbach)
Schmidener
Feld
Stadtbez. MÜNSTER
Stadtteil Steinhaldenfeld
(zu Stuttgart)
Stadtbez. BAD CANNSTATT
Stadtteil Sommerrain
(zu Stuttgart)
STUTTGART
Stadtteil Luginsland
(zu Stuttgart)
Cannstatter Wasen
Max-Eyth-See
Neckar
Hinter dem Berg
Daimler AG
Hauptfriedhof
Kursaal
Klinikum Stuttgart
Mulde
Wald
70736
70378
70374
115
132
155

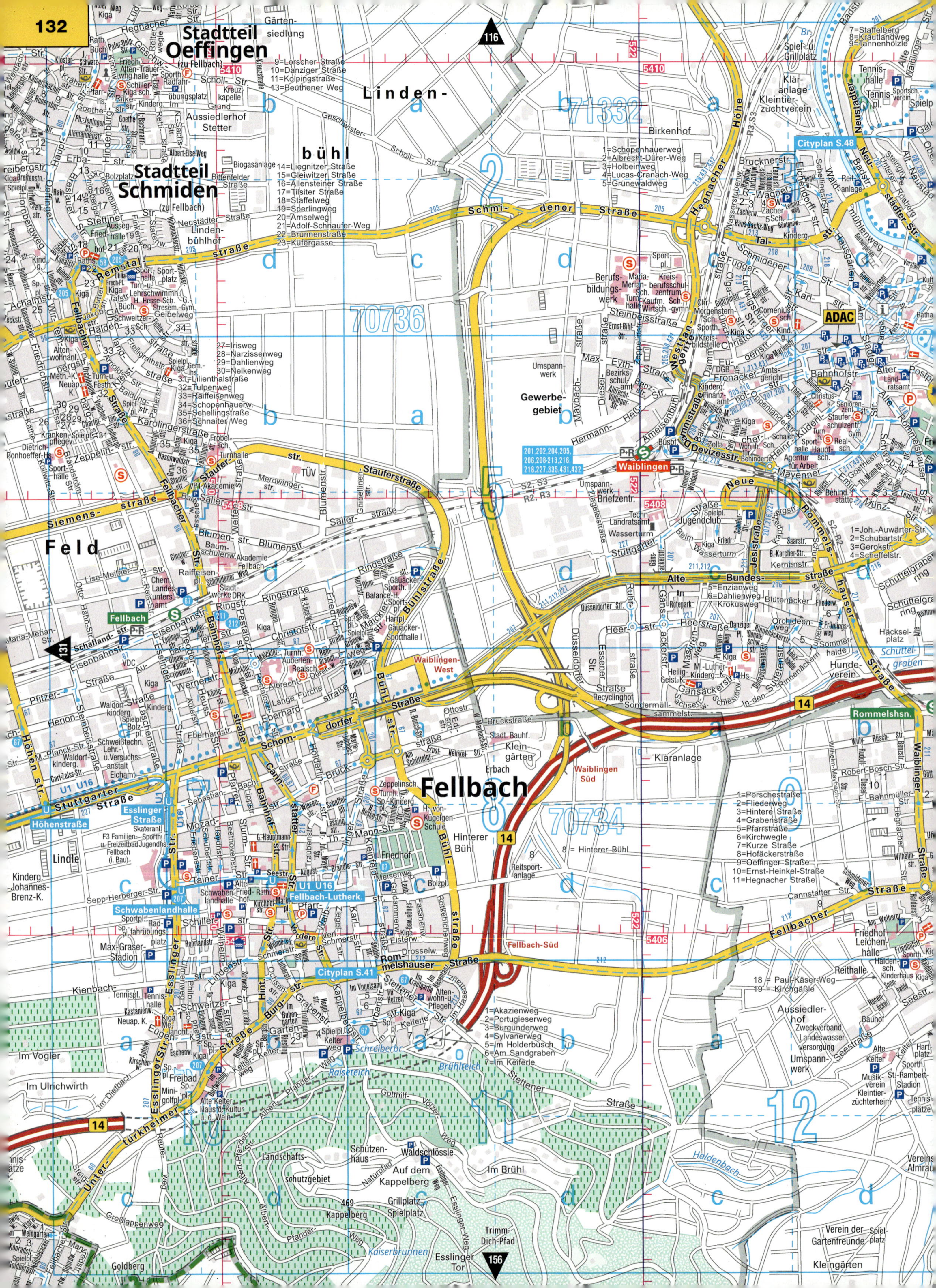
Stadtteil Oeffingen
(zu Fellbach)
Stadtteil Schmiden
(zu Fellbach)
Linden-
bühl
Feld
Fellbach
Gewerbe-
gebiet
70736
71332
70734
Waiblingen
Waiblingen-West
Waiblingen Süd
Fellbach-Lutherk.
Fellbach-Süd
Schwabenlandhalle
Esslinger Straße
Höhenstraße
Rommelshsn.
Cityplan S.48
Cityplan S.41
ADAC
Birkenhof
Aussiedlerhof Stetter
Gärten-
siedlung
9=Lorscher Straße
10=Danziger Straße
11=Kolpingstraße
13=Beuthener Weg
14=Liegnitzer Straße
15=Gleiwitzer Straße
16=Allensteiner Straße
17=Tilsiter Straße
18=Staffelweg
19=Sperlingweg
20=Amselweg
21=Adolf-Schaufer-Weg
22=Brunnenstraße
23=Küfergasse
27=Irisweg
28=Narzissenweg
29=Dahlienweg
30=Nelkenweg
31=Lilienthalstraße
32=Tulpenweg
33=Raiffeisenweg
34=Schopenhauerw.
35=Schellingstraße
36=Schnaiter Weg
1=Schopenhauerweg
2=Albrecht-Dürer-Weg
3=Holbeinweg
4=Lucas-Cranach-Weg
5=Grünewaldweg
1=Porschestraße
2=Fliederweg
3=Hintere Straße
4=Grabenstraße
5=Pfarrstraße
6=Kirchwegle
7=Kurze Straße
8=Hofäckerstraße
9=Oeffinger Straße
10=Ernst-Heinkel-Straße
11=Hegnacher Straße
1=Akazienweg
2=Portugieserweg
3=Burgunderweg
4=Sylvanerweg
5=Im Holderbusch
6=Am Sandgraben
7=Im Keiferle
8 = Hinterer Bühl
18 = Paul-Käser-Weg
19 = Kirchgäßle
1=Joh.-Auwärter-Str.
2=Schubartstr.
3=Gerokstr.
4=Scheffelstr.
7=Staffelberg
8=Krautlandweg
9=Tannenhölzle
Schmidener Straße
Remstal-
straße
Stauferstraße
Siemens-straße
Stuttgarter Straße
Schorndorfer Straße
Bühlstraße
Rommelshauser Straße
Fellbacher Straße
Waiblinger Straße
Alte Bundesstraße
Neue Rommelshauser Straße
Hegnacher Höhe
Unter-türkheimer Str.
Esslinger Str.
Bahnhofstraße
Cannstatter Str.
Klärlanlage
Hinterer Bühl
Reitsport-
anlage
Friedhof
Kleingärten
Erbach
Aussiedler-
hof
Umspann-
werk
Max-Graser-
Stadion
Lindle
Im Vogler
Im Ulrichwirth
Landschafts-
schutzgebiet
Schützen-
haus
Waldschlössle
Auf dem Kappelberg
469 Kappelberg
Grillplatz Spielplatz
Im Brühl
Trimm-Dich-Pfad
Esslinger Tor
Kaiserbrunnen
Goldberg
Brühlteich
Schreiberbr.
Raiseteich
Haldenbach
Schüttelgraben
Verein der Gartenfreunde
Kleingärten
Kienbach-
Großlappenweg
Hühnerberg
116
131
156
14
5410
5408
5406
2
5
8
11
12

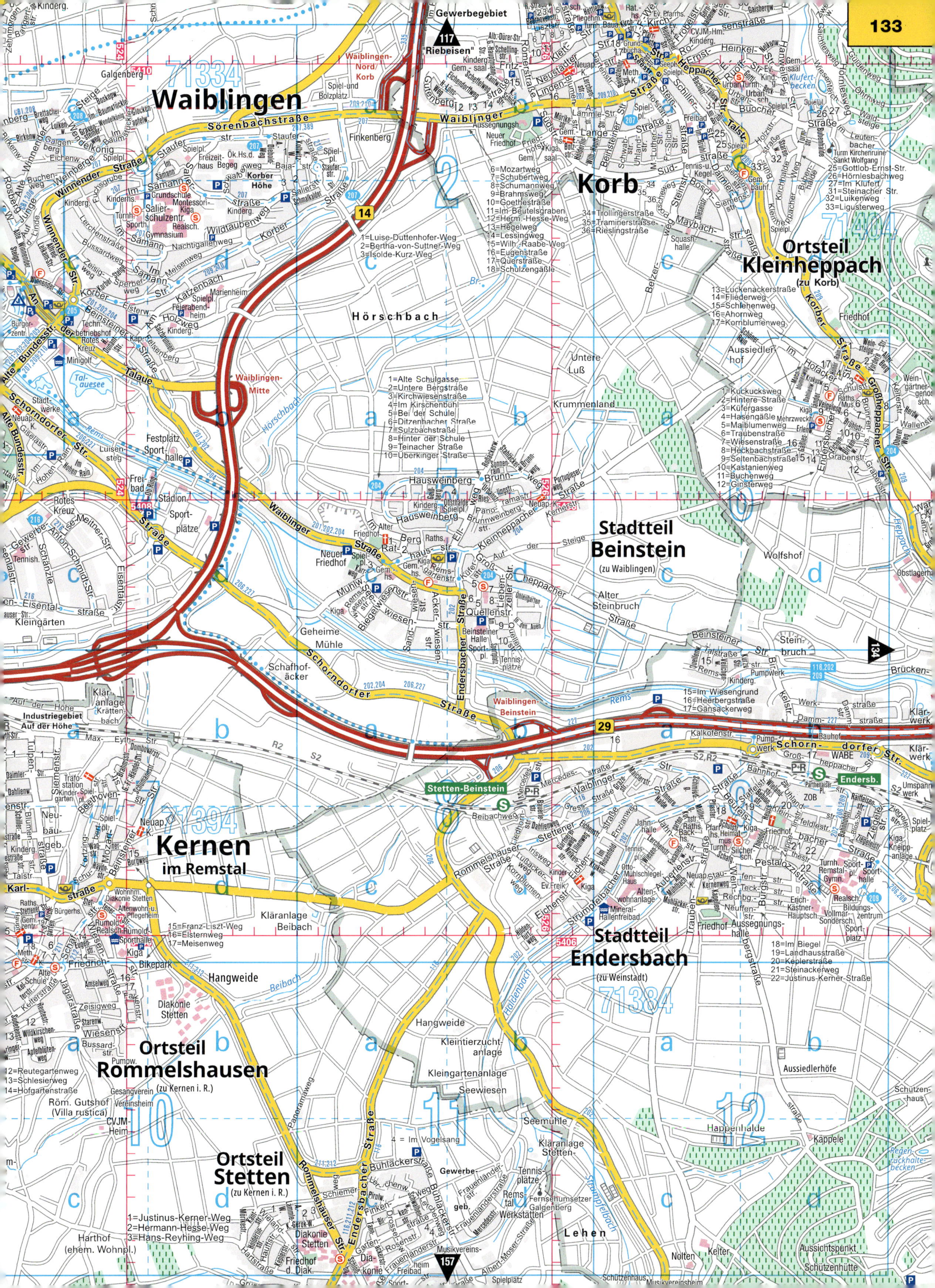
Waiblingen
Korb
Ortsteil Kleinheppach
(zu Korb)
Hörschbach
Stadtteil Beinstein
(zu Waiblingen)
Kernen
im Remstal
Stadtteil Endersbach
(zu Weinstadt)
Ortsteil Rommelshausen
(zu Kernen i. R.)
Ortsteil Stetten
(zu Kernen i. R.)
Gewerbegebiet "Riebeisen"
Waiblingen-Nord/Korb
Waiblingen-Mitte
Waiblingen-Beinstein
Stetten-Beinstein
Endersb.
71334
71404
71394
71384
Untere Luß
Krummenland
Wolfshof
Alter Steinbruch
Geheime Mühle
Schafhofäcker
Kläranlage Beibach
Hangweide
Diakonie Stetten
Hangweide
Kleintierzuchtanlage
Kleingartenanlage
Seewiesen
Seemühle
Lehen
Happenhalde
Käppele
Aussiedlerhöfe
Aussiedlerhof
Friedhof
Röm. Gutshof (Villa rustica)
Harthof (ehem. Wohnpl.)
Industriegebiet Auf der Höhe
Talauesee
Stadion
Sportplätze
Festplatz
Kleingärten
Rems
Beibach
Hörschbach
1=Luise-Duttenhofer-Weg
2=Bertha-von-Suttner-Weg
3=Isolde-Kurz-Weg
6=Mozartweg
7=Schubertweg
8=Schumannweg
9=Brahmsweg
10=Goethestraße
11=Im Beutelsgraben
12=Herm.-Hesse-Weg
13=Hegelweg
14=Lessingweg
15=Wilh.-Raabe-Weg
16=Eugenstraße
17=Querstraße
18=Schulzengäßle
34=Trollingerstraße
35=Traminerstrasse
36=Rieslingstraße
25=Gottlob-Ernst-Str.
26=Hörnlesbachweg
27=Im Klufert
31=Steinacher Str.
32=Luikenweg
33=Ligusterweg
13=Luckenackerstraße
14=Fliederweg
15=Schlehenweg
16=Ahornweg
17=Kornblumenweg
1=Alte Schulgasse
2=Untere Bergstraße
3=Kirchwiesenstraße
4=Im Kirschenbühl
5=Bei der Schule
6=Ditzenbacher Straße
7=Sulzbachstraße
8=Hinter der Schule
9=Teinacher Straße
10=Überkinger Straße
1=Kuckucksweg
2=Hintere Straße
3=Küfergasse
4=Hasengäßle
5=Maiblumenweg
6=Traubenstraße
7=Wiesenstraße
8=Heckbachstraße
9=Seltenbachstraße
10=Kastanienweg
11=Buchenweg
12=Ginsterweg
15=Im Wiesengrund
16=Heerbergstraße
17=Gänsackerweg
15=Franz-Liszt-Weg
16=Elsternweg
17=Meisenweg
18=Im Biegel
19=Landhausstraße
20=Keplerstraße
21=Steinackerweg
22=Justinus-Kerner-Straße
12=Reutegartenweg
13=Schlesierweg
14=Hofgartenstraße
1=Justinus-Kerner-Weg
2=Hermann-Hesse-Weg
3=Hans-Reyhing-Weg
4 = Im Vogelsang
Sörenbachstraße
Winnender Straße
Waiblinger Straße
Schorndorfer Straße
Endersbacher Straße
Rommelshauser Str.
Korber Straße
Großheppacher Str.
Alte Bundesstr.
Talaue
Beinsteiner Str.
Karlstraße
Hauswweinberg
117
134
157
14
29

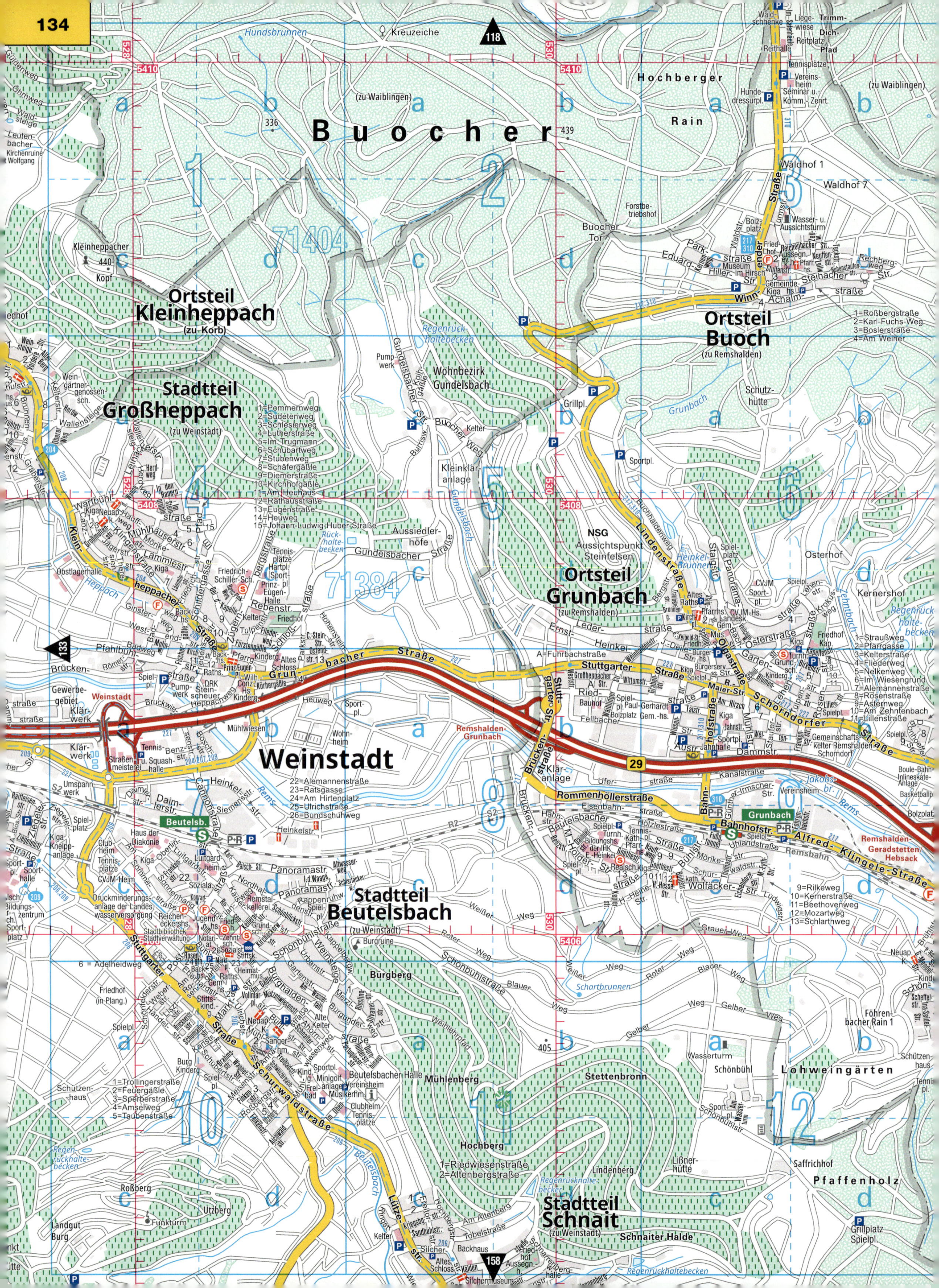
Hundsbrunnen
Kreuzeiche
118
Buocher
Hochberger
Rain
(zu Waiblingen)
Waldhof 1
Waldhof 7
Forstbetriebshof
Buocher Tor
Kleinheppacher Kopf
71404
Ortsteil
Kleinheppach
(zu Korb)
Ortsteil
Buoch
(zu Remshalden)
1=Roßbergstraße
2=Karl-Fuchs-Weg
3=Boslerstraße
4=Am Weiher
Wohnbezirk Gundelsbach
Grillpl.
Schutzhütte
Grunbach
Sportpl.
Stadtteil
Großheppach
(zu Weinstadt)
1=Pommernweg
2=Sudetenweg
3=Schlesierweg
4=Lutherstraße
5=Im Trugmann
6=Schubartweg
7=Stubenweg
8=Schäfergaße
9=Diemerstraße
10=Kirchhofgaße
11=Am Heuhaus
12=Rathausstraße
13=Eugenstraße
14=Heuweg
15=Johann-Ludwig-Huber-Straße
Kleinkläranlage
Aussiedlerhöfe
Gundelsbacher Straße
71384
NSG
Aussichtspunkt Steinfelsen
Ortsteil
Grunbach
(zu Remshalden)
Osterhof
Kernershof
1=Straußweg
2=Pfarrgasse
3=Kelterstraße
4=Fliederweg
5=Nelkenweg
6=Im Wiesengrund
7=Alemannenstraße
8=Rosenstraße
9=Asternweg
10=Am Zehntenbach
11=Lilienstraße
133
Stuttgarter Straße
Schorndorfer Straße
Weinstadt
22=Alemannenstraße
23=Ratsgasse
24=Am Hirtenplatz
25=Ulrichstraße
26=Bundschuhweg
Remshalden-Grunbach
29
Rommenhöllerstraße
Beutelsb.
Grunbach
Alfred-Klingele-Straße
Remshalden-Geradstetten, Hebsack
Stadtteil
Beutelsbach
(zu Weinstadt)
9=Rilkeweg
10=Kernerstraße
11=Beethovenweg
12=Mozartweg
13=Schlarthweg
Burgberg
Schartbrunnen
6 = Adelheidweg
Friedhof (in Plang.)
Stettenbronn
Wasserturm
Schönbühl
Lohweingärten
Föhrenbacher Rain 1
Mühlenberg
Beutelsbacher Halle
1=Trollingerstraße
2=Feuergäßle
3=Sperberstraße
4=Amselweg
5=Taubenstraße
Hochberg
1=Riedwiesenstraße
2=Altenbergstraße
Lindenberg
Lißner-hütte
Saffrichhof
Pfaffenholz
Roßberg
Funkturm
Utzberg
Landgut Burg
Stadtteil
Schnait
(zu Weinstadt)
Schnaiter Halde
Grillplatz Spielpl.
158
Silchermuseum

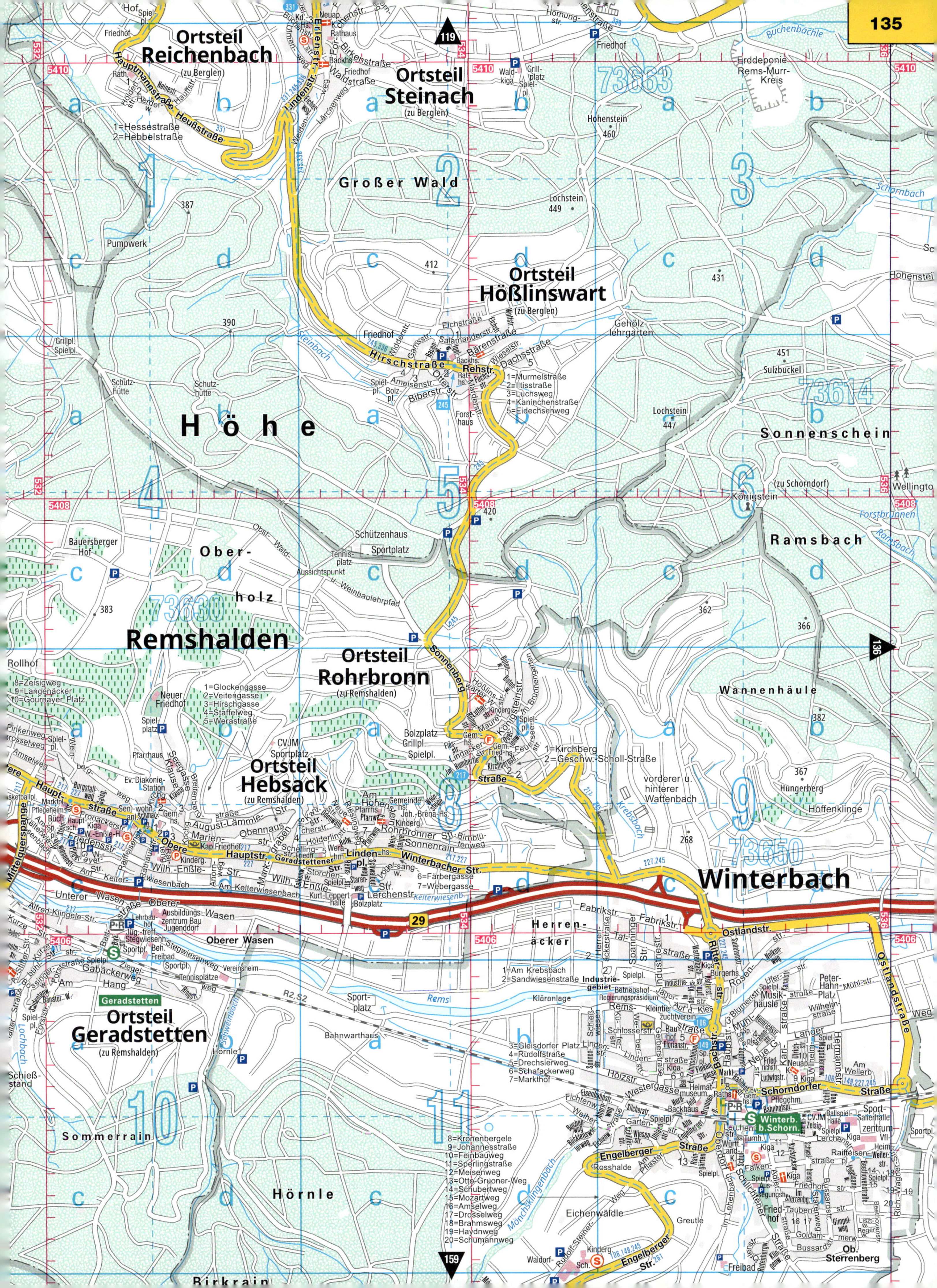
Ortsteil Reichenbach
(zu Berglen)
Ortsteil Steinach
(zu Berglen)
73663
Erddeponie Rems-Murr-Kreis
Buchenbachle
Hohenstein
460
Großer Wald
Lochstein
449
387
Pumpwerk
412
Ortsteil Hößlinswart
(zu Berglen)
431
390
Gehölzlehrgarten
Hirschstraße
1=Hessestraße
2=Hebbelstraße
1=Murmelstraße
2=Iltisstraße
3=Luchsweg
4=Kaninchenstraße
5=Eidechsenweg
451
Sulzbuckel
73614
Höhe
Lochstein
447
Sonnenschein
(zu Schorndorf)
Königstein
Wellingto
Ramsbach
Schützenhaus
Sportplatz
Ober-holz
73630
Remshalden
383
362
366
Ortsteil Rohrbronn
(zu Remshalden)
Wannenhäule
382
Rollhof
1=Glockengasse
2=Veitengasse
3=Hirschgasse
4=Staffelweg
5=Weinstraße
Neuer Friedhof
Ortsteil Hebsack
(zu Remshalden)
1=Kirchberg
2=Geschw.-Scholl-Straße
vorderer u. hinterer Wattenbach
367
Hungerberg
Höffenklinge
268
73650
Winterbach
Oberer Wasen
Herrenäcker
1=Am Krebsbach
2=Sandwiesenstraße
Industriegebiet
Geradstetten
Ortsteil Geradstetten
(zu Remshalden)
Bahnwarthaus
3=Gleisdorfer Platz
4=Rüdolfstraße
5=Drechslerweg
6=Schafackerweg
7=Markthof
Schorndorfer Straße
Ostlandstraße
Winterb. b.Schorn.
Sommerrain
Hörnle
8=Kronenbergele
9=Johannesstraße
10=Feinbauweg
11=Sperlingstraße
12=Meisenweg
13=Otto-Gruoner-Weg
14=Schubertweg
15=Mozartweg
16=Amselweg
17=Drosselweg
18=Brahmsweg
19=Haydnweg
20=Schumannweg
Engelberger Straße
Eichenwäldle
Greutle
Ob. Sterrenberg
Birkrain
119
136
159

Stadtteil
Miedelsbach
(zu Schorndorf)
Miedelsbach-Steinenberg
Stadtteil
Buhlbronn
(zu Schorndorf)
Stadtteil
Schornbach
(zu Schorndorf)
Schorndorf
Stadtteil
Weiler
(zu Schorndorf)
Weiler(Rems)
Mannshaupten
Mühlholz
Spitalwald
392
Kohlhau
Sachere
Ölmühle
(zu Berglen)
(zu Winterbach)
Wellingtonien
Forstbrunnen
Gegen
Schornbach
Gegen
Haubersbronn
Metzlinsweiler Hof
Metzlinsweiler Mühle
Sommerrainschule
Schießanlage
Sandhalde
Lauwiesenhalle
Tennisplatz
Sportheim
Sportplatz
Kleingärten
Kläranlage
Freibad
Rathaus
TSV-Heim
Brühlhalle
Sportpl.
Waldspielplatz
Ostlandkreuz
Tuscaloosa-Platz
Remstal Werkstätten
Rehfeldsee NSG
Rehfeldsee
Ottilienberg
348
Galgenbg.
351
Kapelle
Neuer Friedhof
Stadion
CVJM Sportplatz
Schorndorf-Hammerschlag
Schorndorf
Weißbucher Straße
Bergstraße
Talauenstraße
Winnender Straße
Welzheimer Str.
Stuttgarter Straße
Waiblinger Straße
Schorndorfer Straße
Winterbacher Straße
Ostlandstraße
Gmünder Str.
Göppinger Straße
Schlichtener Straße
Heinkelstr.
Grabenstr.
Baukrecht-Straße
Hintere Ramsbachstraße
Holzbergweg
Frauenbergweg
Haubersbronner Straße
Schornbach
Ramsbach
Hornbach
Tannbach
Wieslauf
Rems
Bodenbach
Durlbach
Rehbach
73614
73650
29
1=Hohenneuffenstraße
2=Eduard-Hartmann-Straße
3=Jägerweg
4=Friedrich-Glück-Straße
5=Schornbacher Platz
6=Wengertweg
7=Karl-Bader-Straße
28=Begonienweg
29=Primelweg
30=Dahlienweg
31=Narzissenweg
32=Sudetenweg
1=Hintere Römmelgasse
2=Bei der Grafenkelter
3=Bahngasse
4=Kirchplatz
5=Kronengasse
6=Im Sack
7=Beim Brünnele
8=Turmstraße
9=Hintere Höllgasse
10=Karlsplatz
4=Ginsterweg
5=Goldwiesenstraße
3=Freibadstraße
11 = Hirschgasse
12 = Spitalhof
13 = Oberer Marktplatz
14 = Konstanzer-Hof-Gasse
15 = Friedrich-Fischer-Str.
16 = An der Mauer
18 = Charlottenstraße
19 = Ochsenberg
24=Bei der Porzellanmanufaktur
25=G.-v.-d.-Vring-Str.
26=Astrid-Lindgren-Weg
27=Hintere Römmelgasse
20 = Tuller Platz
21 = Bruderweg
22 = Stadtgartenstraße
23 = Auerhahnstraße
13=Tilsiter Straße
14=Marienburger Straße
15=Brunnenwiesenweg
1=Breslauer Str.
2=Am Bronnbach
3=Forchengasse
4=Falkengasse
5=Pirolweg
6=Stieglitzweg
7=Gutenbergstraße
8=Lerchengasse
9=Holdergasse
10=Pestalozzistraße
11=Millöckerstraße
12=Künnekestraße
135
160

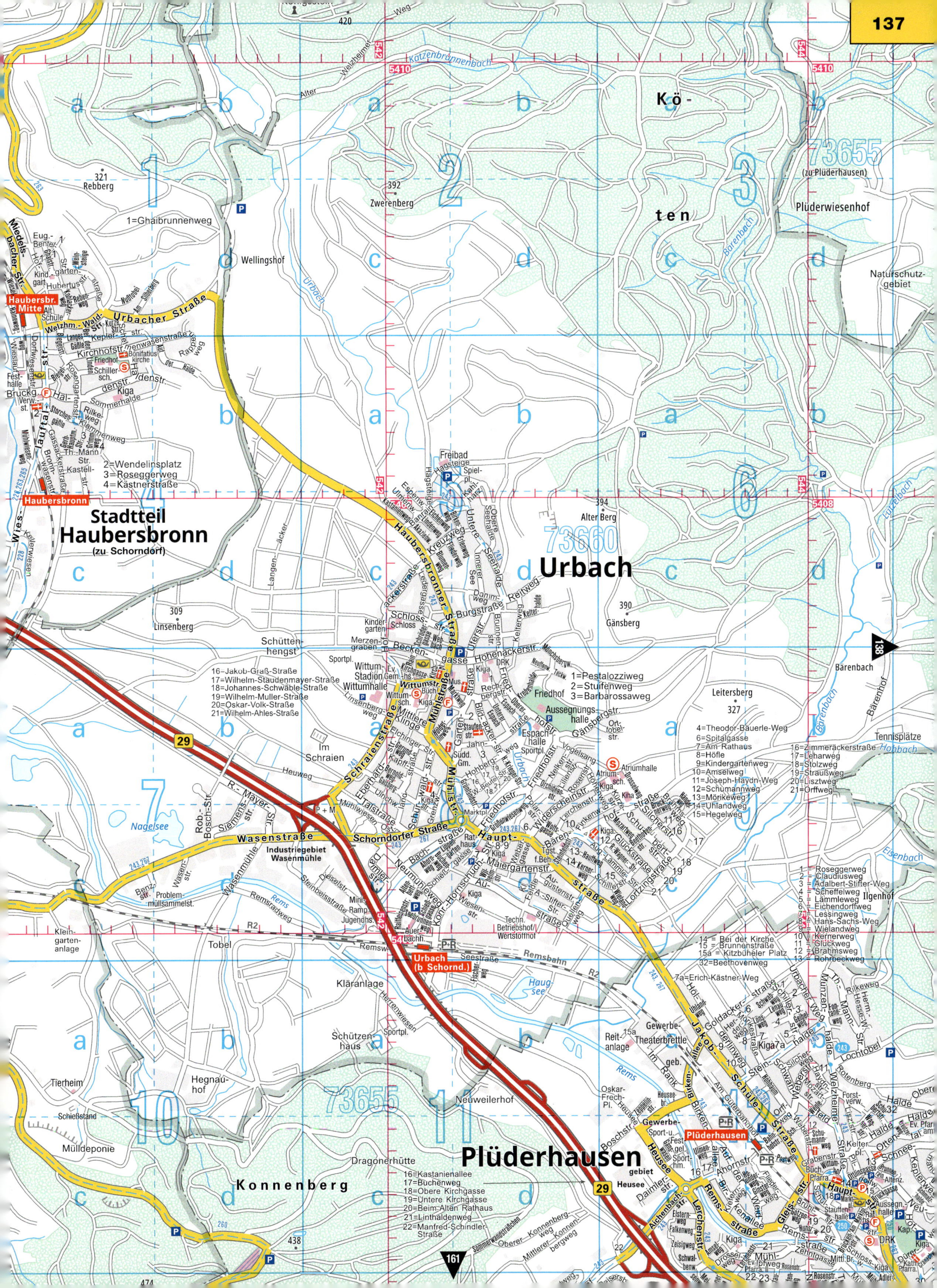
Kö -
ten
73655
(zu Plüderhausen)
Plüderwiesenhof
Naturschutz-
gebiet
Katzenbrunnenbach
Rebberg
Zwerenberg
1=Ghaibrunnenweg
Wellingshof
Haubersbr. Mitte
Urbacher Straße
Haubersbronn
2=Wendelinsplatz
3=Roseggerweg
4=Kästnerstraße
Stadtteil
Haubersbronn
(zu Schorndorf)
Linsenberg
Schütten-
hengst
16=Jakob-Graß-Straße
17=Wilhelm-Staudenmayer-Straße
18=Johannes-Schwäble-Straße
19=Wilhelm-Muller-Straße
20=Oskar-Volk-Straße
21=Wilhelm-Ahles-Straße
Freibad
Alter Berg
73660
Urbach
Gänsberg
Haubersbronner Straße
1=Pestalozziweg
2=Stuifenweg
3=Barbarossaweg
Friedhof
Aussegnungs-
halle
Leitersberg
Barenbach
4=Theodor-Bäuerle-Weg
6=Spitalgasse
7=Am Rathaus
8=Höfle
9=Kindergartenweg
10=Amselweg
11=Joseph-Haydn-Weg
12=Schumannweg
13=Mörikeweg
14=Uhlandweg
15=Hegelweg
16=Zimmeräckerstraße
17=Leharweg
18=Stolzweg
19=Straußweg
20=Lisztweg
21=Orffweg
Tennisplätze
Atriumhalle
Im Schraien
Nagelsee
Wasenstraße
Industriegebiet
Wasenmühle
Schorndorfer Straße
Hauptstraße
Ilgenhof
1=Roseggerweg
2=Claudiusweg
3=Adalbert-Stifter-Weg
4=Scheffelweg
5=Lämmleweg
6=Eichendorffweg
7=Lessingweg
8=Hans-Sachs-Weg
9=Wielandweg
10=Kernerweg
11=Glückweg
12=Brahmsweg
13=Rohrbeckweg
14=Bei der Kirche
15=Brunnenstraße
15a=Kitzbüheler Platz
32=Beethovenweg
7a=Erich-Kästner-Weg
Tobel
Urbach (b Schornd.)
Remsbahn
Kläranlage
Haugsee
Schützenhaus
Reitanlage
Theaterbrettle
Jakob-Schüle-Straße
Tierheim
Hegnauhof
Neuweilerhof
Mülldeponie
Dragonerhütte
Konnenberg
Plüderhausen
16=Kastanienallee
17=Buchenweg
18=Obere Kirchgasse
19=Untere Kirchgasse
20=Beim Alten Rathaus
21=Linthaldenweg
22=Manfred-Schindler-Straße
Heusee
Plüderhausen
138
161
29

Umspannwerk
Röm. Grenzma
Festplatz
Schenkhöfle
Haldenhof
Haselhof
Petershalde
Schieß-stand
Walkersbach
(zu Plüderhausen)
Talstraße
Kiga
Bürgerhaus
Kühnenbach
Friedhof
Kläranl.
Walkersbach
73655
Breiter Gehrn
Naturschutz-gebiet
Gläserhau
409
Dinkelfirst
73660
(zu Urbach)
Klemmergehrn
477
Heuberg
Heubergkopf-hütte
392
Pfahlbronner Mühle
Wetzlerhütte
Lutzelbach
Eulenberg
Eulenhof
426
Heidenbühl
Bärenbach
Oberer Metzelhof
Walkersbacher
Wand
Strauben
Bärenhof
Roter Berg
316
396
Stechers Hütte
Metzelhof
Haselbach
Tennisplätze
Hohbach
Stechers Wand
Schwefelhütte
Eisenbach
Brand
Walkersbacher tal
Hochbergkopf
498
Weitmarser Sägmühle
Hundesport-verein
Sägrainhof
Plüderhausen
Königsstein
Festplatz
Kapelle
Friedhof
Hohberg-halle
Weitmars
Hochzeitswiesen
Sportpl.
Sandbühl
Wald-kiga
Spielpl.
32=Beethovenweg
Buchs-halde
1=Goldregenweg
2=Haselweg
3=Magnolienweg
4=Jasminweg
5=Schwarzdornweg
6=Thujaweg
7=Brunnhaldenweg
8=Rosenstraße
422
Schlierbach-Köpfe
Erlenhof
Heumähderweg
Schützenhaus
Gewerbe-gebiet
33=Menzelstraße
34=Schellingstraße
414
Brühl
Elisabethen-berg
Wohnheim Diakonie Stetten
Vogelhof
Schlierbach
73655
Lorcher Str.
Waldhäuser Mühle
Rems
137
162

Ortsteil Pfahlbronn
(zu Alfdorf)
Alfdorf
Lorch
Welzheimer Straße
Gmünder Straße
Haupt-straße
Birkach
Herbrechts
Erlen-winkel
Seizenwald
Winterhalde
Großer Wald
Steinriegel
Tann
Peters-haldenhof
Hag
Ebene
Aimersbach
Neuwiesenholz
Kirch-bach
Pfaf-fen-weg
Gehäuhaus
Schiller-grotte
Hohler Stein
Klotzenhof
Pfahlbronner Wald
Röm. Wachtturm (Bemberlesstein)
Bruck
Trieb
Birkenhau
Kalb
Wasserfall
Enderles-holz
Eberrainwasen
Bühl
Staffelgehrn
Götzenmühle
Brucker Sägmühle
Strut
Brech
Sand-halde
Kaiserlinde
Kläranlage
Schießstand
Bauhof
Leinhalde
73553
73547
Gehrn
Edenhof
Hollenhof
Halde
Limes
Schafhaus
Seemühle
Wachthaus
Kloster Lorch
Gewerbegebiet
Maierhof
Tobel
Hau-wald
Muckensee
Reichenhof
Ziegelhütte
Sportplatz
Reithalle
Lorch(Württ)
Wilhelmstraße
Remsbahn
1=Lindenwasen
2=Am Römergraben
3=Alemannenweg
1=Im Dörrer
2=Cranachstraße
3=Rembrandtweg
4=Heckenweg
21=Fasanenweg
22=Starenweg
23=Sperberweg
19=Kantstraße
20=Herderweg
5=Wilhelm-Scheufele-Weg
6=Am Götzenbach
7=Kappel
8=Holzplatz
9=Karolinensteg
10=Marienstraße
11=Pfarrgasse
12=Hirschstraße
13=Oriaplatz
14=Karlsplatz
15=Bädergasse
16=Badsteg
17=Oberkirnecker Weg
18=Friedrichstraße
140
163
297
29

Alfdorf
73553
Untere Schloß-straße
Unteres Schloss
Gräble
Löcherwasen
Iltis
Mutlanger Straße
Adelstetten
Klingen-brunn-feld
Egert
Halde
Pfersbach
Haar-wiesen
Alfdorfer Straße
Bürles-halde
Ulzenhalde
Greut
Maierholz
Hasel-bacher Rain
Gehäu
Lache
Eichen
Schinder-halde
Haselbach
Eisenbach
Bach
Haldenbach
Lichte Halde
Mahdhölzle
Maierhof
Haselbach
Wurmes
Tann
Roßteich
ehem. Burg (Schloßbuckel)
Schöllesho
Tiefnagel
1 = Vor der Haselbach
Haselbach-Söldhaus
Waldau
Waldauer Bach
Kohl-gehau
Löhle
Wasserbehälter
Wald
Sieber
Maierhofer Sägmühle
Schelmen-wald
Greut
Kreuz
Holder
Sportplatz
Kolomanuslinden
2=Calendulaweg
Viehweide
Strut
Lindenmahd
Deinbacher
Hagel-äcker
1=Holderweg
Mühlbach
Brucker Sägmühle
Finsterhalde
Wasserturm
Lindenmahd
Gehrn
Bruckertal
Stadtteil Großdeinbach (zu Schwäbisch Gmünd)
Stadtteil Wetzgau-Rehnenhof (zu Schwäbisch Gmünd)
73527
2 = Roggenweg
3 = Maisweg
4 = Weizenweg
5 = Am Holzbrunnen
6 = Im Wiesenhag
7 = Feuerweg
8 = Florianweg
9 = Schellingstraße
10 = Hegelstraße
Grab
Gehrn
Korn-lauch
Hessen-
Kohlrain
Hofäcker
Haselbach
Henkeleswald
Pumpstation
Tannmahd
Gehälde
Siehdichfür
wald
Kleindeinbacher Straße
Buchen
4=Kerbelweg
Gärtnerei
Klein-gartenanlage
Stadtteil Wustenriet (zu Schwäbisch Gmünd)
Schweizerbach
Strut
1=Blumenhalde
2=Unterer Weiler
3=Hofwiesenstr.
Sappich
73547
Weg
Röm. Wachturm
Limes
Kleindein-bacher Feld
Hintere Wiesen
Schafhaus
Bürschel
Burgstall
Röm. Kastell
Röm. Wachturm
Röm. Grenzmauer
(zu Lorch)
Stadtteil Kleindeinbach (zu Schwäbisch Gmünd)
Pfahl
Vogelhof
Platz
Wachthaus
Remstal
Haldenhof
Geigenäcker
Stadtteil Hangendeinbach (zu Schwäbisch Gmünd)
Rotenbach
Vogel-hau
1=Kolpingstraße
2=Bischof-Sproll-Weg
3=Schirenhofweg
Siechäcker
Hohe Garten
Reichenhof
Hespelerstr.
Reichen-feld
Brühl
Sachsenhof
Hespeler
Wert-stoffhof
Lorcher Straße
Stuttgarter
139
164
29

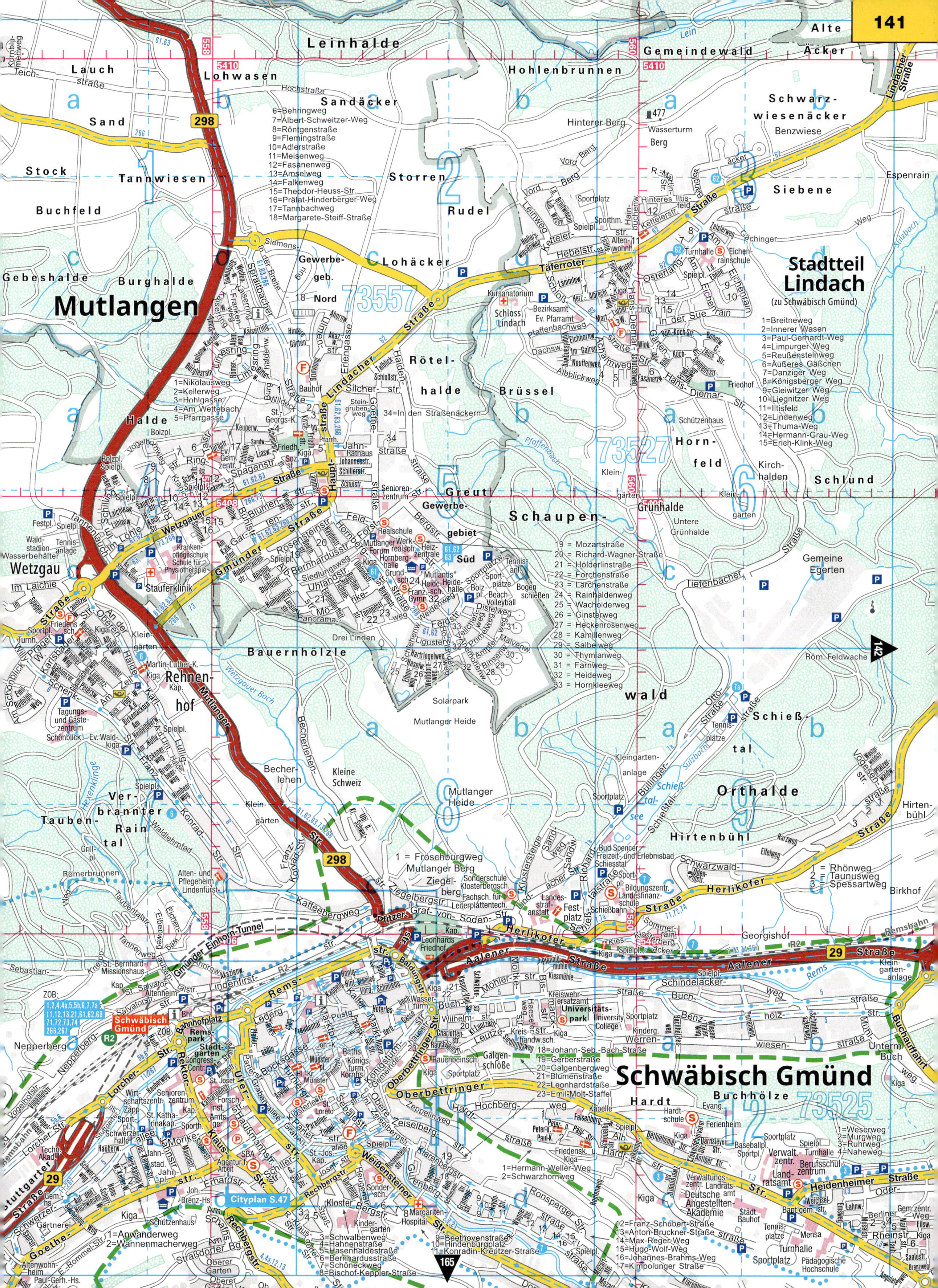
Leinhalde
Lauch
Lohwasen
Hohlenbrunnen
Gemeindewald
Alte Äcker
Sand
Sandäcker
Schwarz-wiesenäcker
Benzwiese
Stock
Tannwiesen
Storren
Siebene
Buchfeld
Rudel
Espenrain
6=Behringweg
7=Albert-Schweitzer-Weg
8=Röntgenstraße
9=Flemingstraße
10=Adlerstraße
11=Meisenweg
12=Fasanenweg
13=Amselweg
14=Falkenweg
15=Theodor-Heuss-Str.
16=Prälat-Hinderberger-Weg
17=Tannbachweg
18=Margarete-Steiff-Straße
Gebeshalde
Burghalde
Lohäcker
Mutlangen
Nord
73557
Stadtteil
Lindach
(zu Schwäbisch Gmünd)
1=Breitneweg
2=Innerer Wasen
3=Paul-Gerhardt-Weg
4=Limpurger Weg
5=Reußensteinweg
6=Äußeres Gäßchen
7=Danziger Weg
8=Königsberger Weg
9=Gleiwitzer Weg
10=Liegnitzer Weg
11=Iltisfeld
12=Lindenweg
13=Thuma-Weg
14=Hermann-Grau-Weg
15=Erich-Klink-Weg
Schloss Lindach
Täferroter
Rötel-halde
Brüssel
1=Nikolausweg
2=Kellerweg
3=Hohlgasse
4=Am Wettebach
5=Pfarrgasse
34=In den Straßenäckern
Halde
Horn-feld
Kirch-halden
Schlund
73527
Greut
Gewerbe-gebiet
Süd
Schaupen-
Grünhalde
Untere Grünhalde
19 = Mozartstraße
20 = Richard-Wagner-Straße
21 = Hölderlinstraße
22 = Forchenstraße
23 = Lärchenstraße
24 = Rainhaldenweg
25 = Wacholderweg
26 = Ginsterweg
27 = Heckenrosenweg
28 = Kamillenweg
29 = Salbeiweg
30 = Thymianweg
31 = Farnweg
32 = Heideweg
33 = Hornkleeweg
Gemeine Egerten
Wetzgau
Stauferklinik
Bauernhölzle
Drei Linden
Röm. Feldwache
142
Rehnen-hof
Solarpark
Mutlanger Heide
wald
Schieß-
tal
Orthalde
Ver-brannter Rain
Tauben-tal
Becher-lehen
Kleine Schweiz
Hirtenbühl
1 = Rhönweg
2 = Taunusweg
3 = Spessartweg
Birkhof
298
1 = Fröschburgweg
Mutlanger Berg
Gmünder Einhorn-Tunnel
Herlikofer
Aalener
29
Straße
Georgishof
Nepperberg
Schwäbisch Gmünd
ZOB
Universitäts-park
18=Johann-Seb.-Bach-Straße
19=Gerberstraße
20=Galgenbergweg
21=Blumenstraße
22=Leonhardstraße
23=Emil-Molt-Staffel
Schwäbisch Gmünd
Buchhölze
73525
Hardt
1=Weserweg
2=Murgweg
3=Ruhrweg
4=Naheweg
1=Hermann-Weller-Weg
2=Schwarzhornweg
Cityplan S.47
1=Anwanderweg
2=Wannenmacherweg
Oberbettringer
Weißensteiner
Rechbergstr.
2=Schwalbenweg
3=Hahnenstraße
4=Hasenhaldestraße
5=Bernhardusstraße
6=Schöneckweg
8=Bischof-Keppler-Straße
9=Beethovenstraße
10=Hindenburgplatz
11=Konradin-Kreutzer-Straße
12=Franz-Schubert-Straße
13=Anton-Bruckner-Straße
14=Max-Reger-Weg
15=Hugo-Wolf-Weg
16=Johannes-Brahms-Weg
17=Kimpolunger Straße
Heidenheimer Straße
Goethe-
165

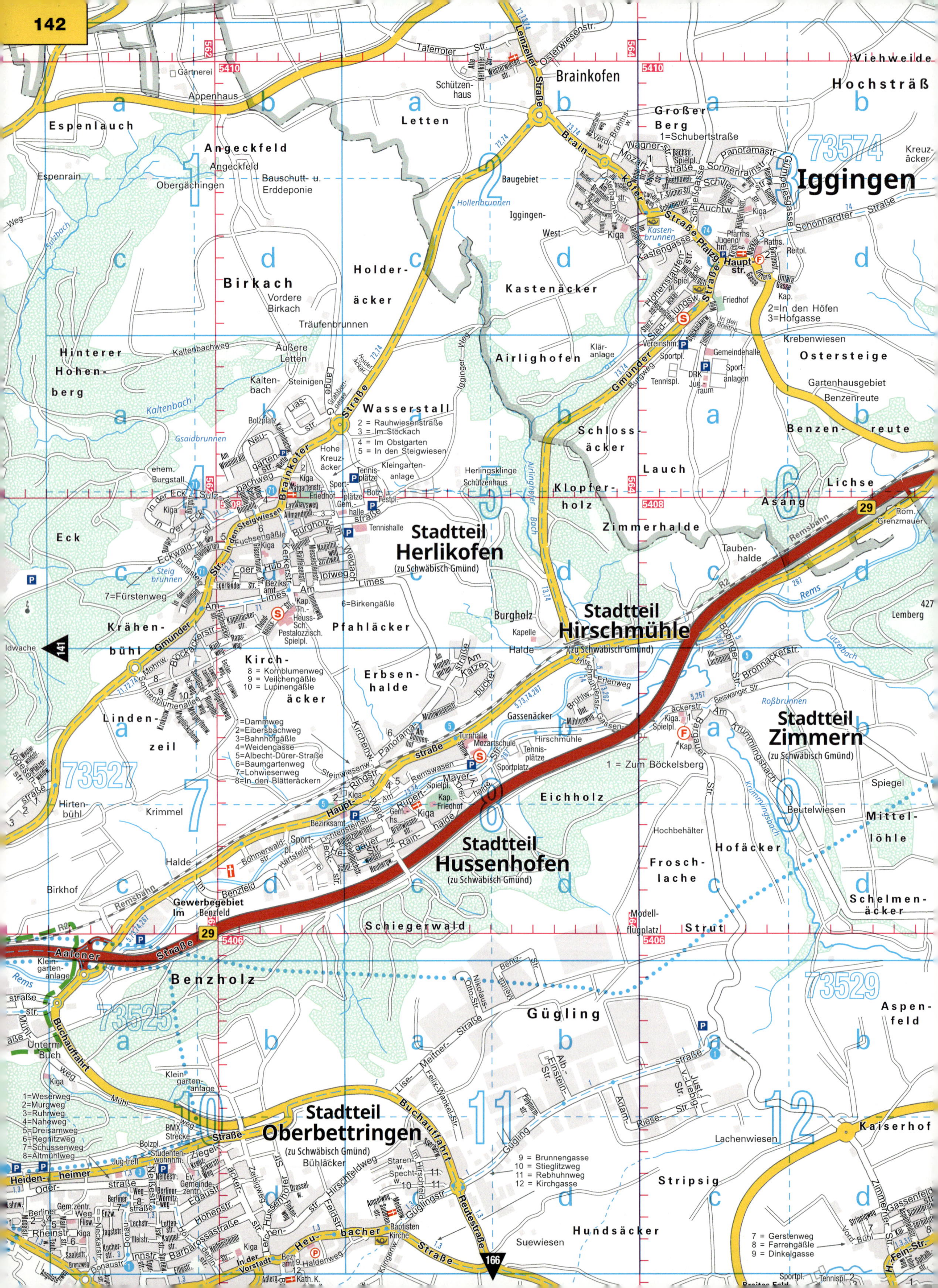
Täferroter Str.
Brainkofen
Leinzeller Straße
Osterwiesenstr.
Viehweide
Hochsträß
Gärtnerei
Appenhaus
Espenlauch
Schützenhaus
Letten
Großer Berg
1=Schubertstraße
Angeckfeld
Espenrain
Obergächingen
Bauschutt- u. Erddeponie
Baugebiet
Hollenbrunnen
Iggingen-West
73574
Iggingen
Kreuzäcker
Schönhardter Straße
Sulzbach
Birkach
Vordere Birkach
Holderäcker
Kastenäcker
Kastenbrunnen
Hauptstr.
Pfarrhs.
Jugendhm.
Raths.
Reitpl.
Friedhof
Kiga
2=In den Höfen
3=Hofgasse
Träufenbrunnen
Hinterer Hohenberg
Kaltenbachweg
Äußere Letten
Kaltenbach
Steinigen
Airlighofen
Kläranlage
Vereinshm.
Gemeindehalle
Sportpl.
Tennispl.
Sportanlagen
Krebenwiesen
Ostersteige
Gartenhausgebiet
Benzenreute
Gsaidbrunnen
Wasserstall
2 = Rauhwiesenstraße
3 = Im Stockach
4 = Im Obstgarten
5 = In den Steigwiesen
Schlossäcker
Lauch
Lichse
Hohe Kreuzäcker
Kleingartenanlage
Herlingsklinge
Schützenhaus
Airlingerbach
ehem. Burgstall
Brainkofer Straße
Klopferholz
Asang
Rom. Grenzmauer
Remsbahn
Eck
Tennishalle
Stadtteil Herlikofen
(zu Schwäbisch Gmünd)
Zimmerhalde
Taubenhalde
Steigbrunnen
Limes
7=Fürstenweg
6=Birkengäßle
Rems
Lemberg
Krähenbühl
Pfahläcker
Burgholz
Kapelle
Halde
Stadtteil Hirschmühle
(zu Schwäbisch Gmünd)
Lutzenbach
Idwache
141
Gmünder Straße
Kirchäcker
8 = Kornblumenweg
9 = Veilchengäßle
10 = Lupinengäßle
Erbsenhalde
Erlenweg
Bronnackerstr.
Roßbrunnen
Lindenzeil
1=Dammweg
2=Eibersbachweg
3=Bahnhofgäßle
4=Weidengasse
5=Albecht-Dürer-Straße
6=Baumgartenweg
7=Lohwiesenweg
8=In den Blätteräckern
Gassenäcker
Hirschmühle
Tennisplätze
Sportplatz
1 = Zum Böckelsberg
Stadtteil Zimmern
(zu Schwäbisch Gmünd)
Krümmlingsbach
73527
Hirtenbühl
Krimmel
Eichholz
Spiegel
Beutelwiesen
Mittellöhle
Halde
Hochbehälter
Hofäcker
Stadtteil Hussenhofen
(zu Schwäbisch Gmünd)
Froschlache
Birkhof
Gewerbegebiet Im Benzfeld
Schiegerwald
Modellflugplatz
Strut
Schelmenäcker
Aalener Straße
Kleingartenanlage
Benzholz
73529
Güglingen
Güglingstr.
Aspenfeld
73525
Buchauffahrt
Unterm Buch
Alb-Einstein-Str.
Adam-Riese-Str.
Justus-v.-Liebig-Str.
Kleingartenanlage
1=Weserweg
2=Murgweg
3=Ruhrweg
4=Naheweg
5=Dreisamweg
6=Regnitzweg
7=Schussenweg
8=Altmühlweg
BMX-Strecke
Stadtteil Oberbettringen
(zu Schwäbisch Gmünd)
Bühläcker
9 = Brunnengasse
10 = Stieglitzweg
11 = Rebhuhnweg
12 = Kirchgasse
Lachenwiesen
Kaiserhof
Heidenheimer Straße
Stripsig
Reutestraße
Hundsäcker
Suewiesen
Heubacher Straße
Baptisten Kirche
166
7 = Gerstenweg
8 = Farrengäßle
9 = Dinkelgasse
Zimmerner Str.
Gassenfeld

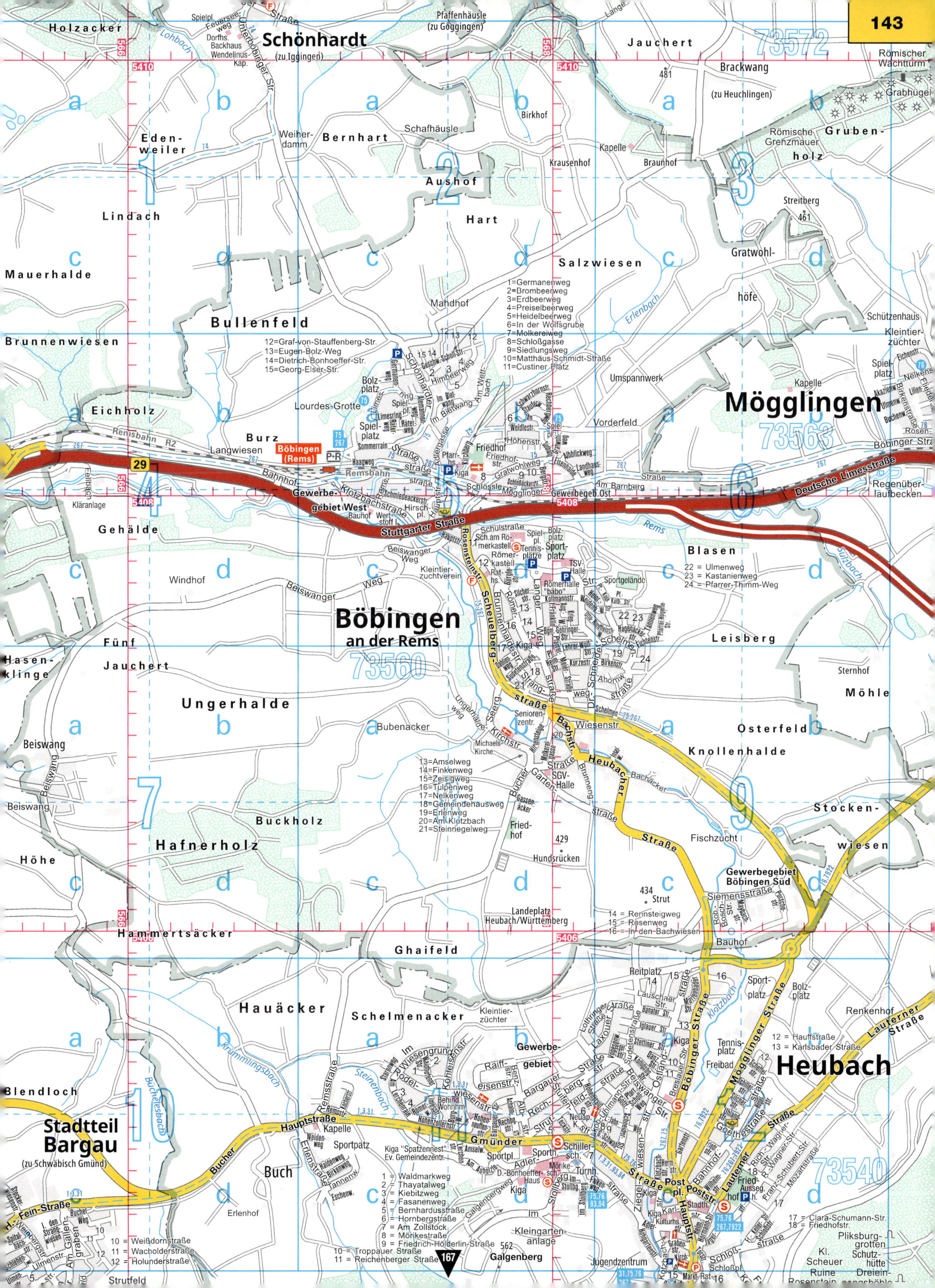
Schönhardt
(zu Iggingen)
Holzacker
Eden-weiler
Lindach
Mauerhalde
Bullenfeld
Brunnenwiesen
Eichholz
Burz
Langwiesen
Böbingen (Rems)
Remsbahn
Bernhart
Aushof
Hart
Mahdhof
Salzwiesen
Birkhof
Krausenhof
Kapelle
Braunhof
Jauchert
Brackwang
(zu Heuchlingen)
Pfaffenhäusle
(zu Göggingen)
Römischer Wachtturm
Grabhügel
Römische Grenzmauer
Gruben-holz
Streitberg
Gratwohl-höfe
Schützenhaus
Kleintier-züchter
Mögglingen
73563
Umspannwerk
Vorderfeld
Deutsche Limesstraße
Regenüber-laufbecken
Böbinger Straße
Gewerbegeb. Ost
Gewerbe-gebiet West
Stuttgarter Straße
Kläranlage
Gehälde
Windhof
Böbingen
an der Rems
73560
Blasen
Leisberg
Sternhof
Möhle
Fünf
Jauchert
Hasen-klinge
Ungerhalde
Beiswang
Bubenacker
Osterfeld
Knollenhalde
Stocken-wiesen
Fischzucht
Buckholz
Hafnerholz
Höhe
Hundsrücken
Gewerbegebiet Böbingen Süd
Strut
Landeplatz Heubach/Württemberg
Hammertsäcker
Ghaifeld
Bauhof
Hauäcker
Schelmenacker
Heubach
73540
Renkenhof
Blendloch
Stadtteil Bargau
(zu Schwäbisch Gmünd)
Buch
Erlenhof
Galgenberg
Kleingarten-anlage
Jugendzentrum
Strutfeld
Pliksburg-grotten
Kl. Scheuer
Ruine
Rosenstein
Schutz-hütte
Dreiein-
1=Germanenweg
2=Brombeerweg
3=Erdbeerweg
4=Preiselbeerweg
5=Heidelbeerweg
6=In der Wolfsgrube
7=Molkereiweg
8=Schloßgasse
9=Siedlungsweg
10=Matthäus-Schmidt-Straße
11=Custiner Platz
12=Graf-von-Stauffenberg-Str.
13=Eugen-Bolz-Weg
14=Dietrich-Bonhoeffer-Str.
15=Georg-Elser-Str.
22 = Ulmenweg
23 = Kastanienweg
24 = Pfarrer-Thimm-Weg
13=Amselweg
14=Finkenweg
15=Zeisigweg
16=Tulpenweg
17=Nelkenweg
18=Gemeindehausweg
19=Erlenweg
20=Am Klotzbach
21=Steinriegelweg
14 = Rennsteigweg
15 = Rosenweg
16 = In den Bachwiesen
12 = Hauffstraße
13 = Karlsbader Straße
17 = Clara-Schumann-Str.
18 = Friedhofstr.
1 = Waldmarkweg
2 = Thayatalweg
3 = Kiebitzweg
4 = Fasanenweg
5 = Bernhardusstraße
6 = Hornbergstraße
7 = Am Zollstock
8 = Mörikestraße
9 = Friedrich-Hölderlin-Straße
10 = Troppauer Straße
11 = Reichenberger Straße
10 = Weißdornstraße
11 = Wacholderstraße
12 = Holunderstraße
167

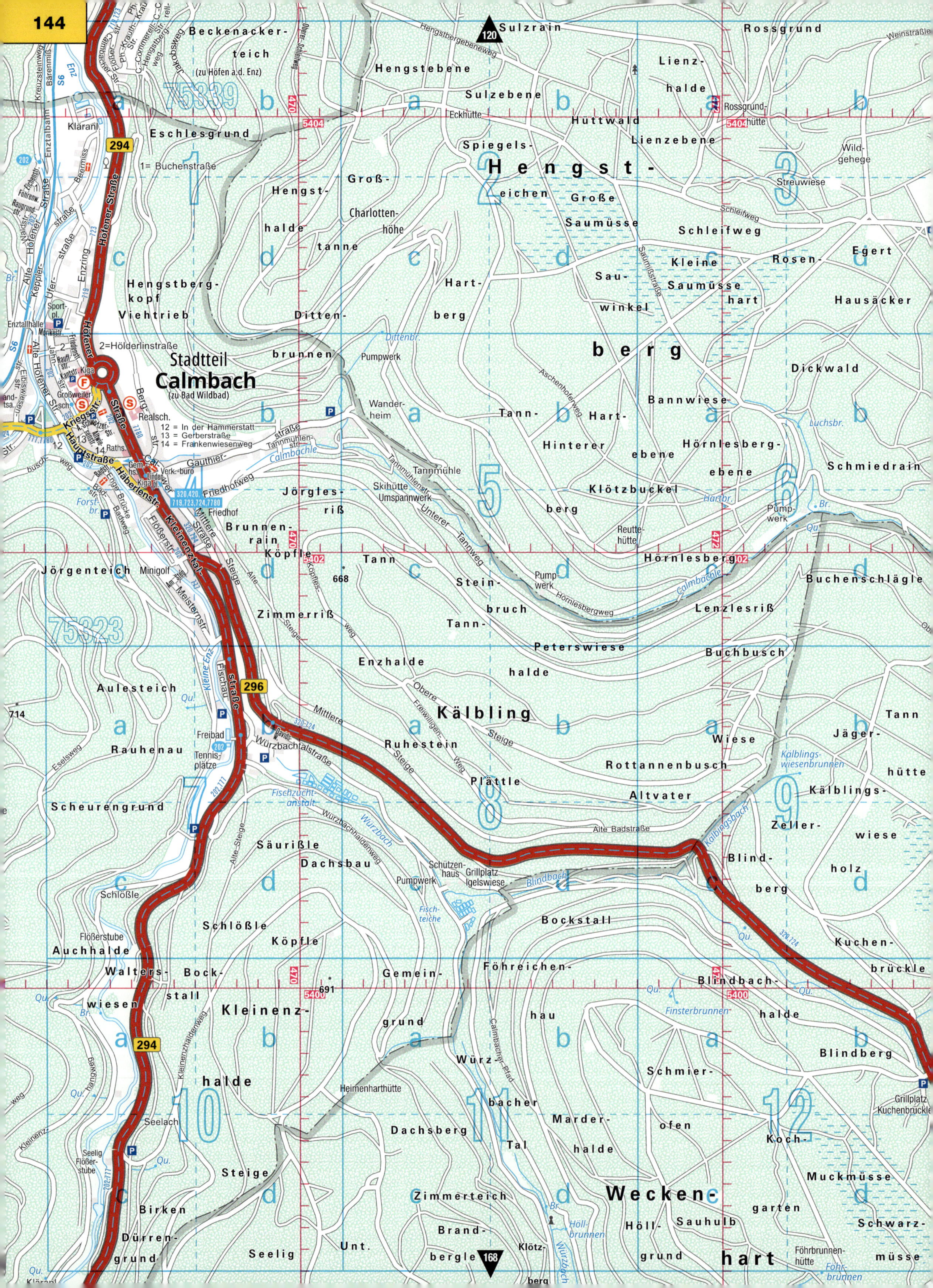

Sulzrain
120
Rossgrund
Beckenacker-
teich
(zu Höfen a.d. Enz)
Hengstebene
Lienz-
halde
Sulzebene
Rossgrund-
hütte
Hüttwald
Lienzebene
Eschlesgrund
294
1= Buchenstraße
Spiegels-
Hengst-
eichen
Große
Saumüsse
Wild-
gehege
Streuwiese
Groß-
Hengst-
Charlotten-
höhe
halde
tanne
Schleifweg
Egert
Rosen-
Kleine
Saumüsse
hart
Hengstberg-
kopf
Hart-
berg
Sau-
winkel
Hausäcker
Viehtrieb
Ditten-
Dittenbr.
Stadtteil
Calmbach
(zu Bad Wildbad)
2=Hölderlinstraße
brunnen
Pumpwerk
berg
Dickwald
Wander-
heim
Tann-
Hart-
Bannwiese
Realsch.
12 = In der Hammerstatt
13 = Gerberstraße
14 = Frankenwiesenweg
Hinterer
ebene
Hörnlesberg-
ebene
Schmiedrain
Kriegsstr.
Hauptstraße
Haberenstr.
Tannmühle
Calmbache
Friedhofweg
Jörgles-
riß
Skihütte
Umspannwerk
Klötzbuckel
Pump-
werk
Friedhof
berg
Brunnen-
rain
Unterer
Tannweg
Reutte-
hütte
Köpfle
Tann
Hörnlesberg
Jörgenteich
Minigolf
668
Stein-
bruch
Pump-
werk
Hörnlesbergweg
Buchenschlägle
Zimmerriß
Tann-
Lenzlesriß
Peterswiese
Buchbusch
Enzhalde
halde
Aulesteich
296
Obere
Kälbling
Tann
714
Mittlere
Jäger-
Rauhenau
Freibad
Würzbachalstraße
Ruhestein
Steige
Wiese
hütte
Tennis-
plätze
Kalblings-
wiesenbrunnen
Rottannenbusch
Plättle
Kälblings-
Fischzucht-
anstalt
Altvater
Scheurengrund
Zeller-
wiese
Würzbach
Alte Badstraße
Säurißle
Dachsbau
Blind-
holz
Schützen-
haus
Grillplatz
Igelswiese
Pumpwerk
Blindbach
berg
Schloßle
Fisch-
teiche
Bockstall
Schlößle
Flößerstube
Köpfle
Kuchen-
Auchhalde
brückle
Walters-
Bock-
Gemein-
Föhreichen-
Blindbach-
691
stall
wiesen
Kleinenz-
hau
halde
Finsterbrunnen
grund
294
Blindberg
halde
Würz-
Schmier-
Heimenharthütte
Grillplatz
Kuchenbrückle
bacher
Seelach
Marder-
ofen
Dachsberg
Tal
Koch-
Seelig
Flößer-
stube
halde
Muckmüsse
Steige
Weckenhart
Zimmerteich
garten
Birken
Sauhulb
Schwarz-
Höll-
grund
Brand-
Höll-
brunnen
Dürren-
müsse
Unt.
bergle
168
Klötz-
berg
grund
Seelig
hart
Föhrbrunnen-
hütte
Föhr-
brunnen
75339
75323

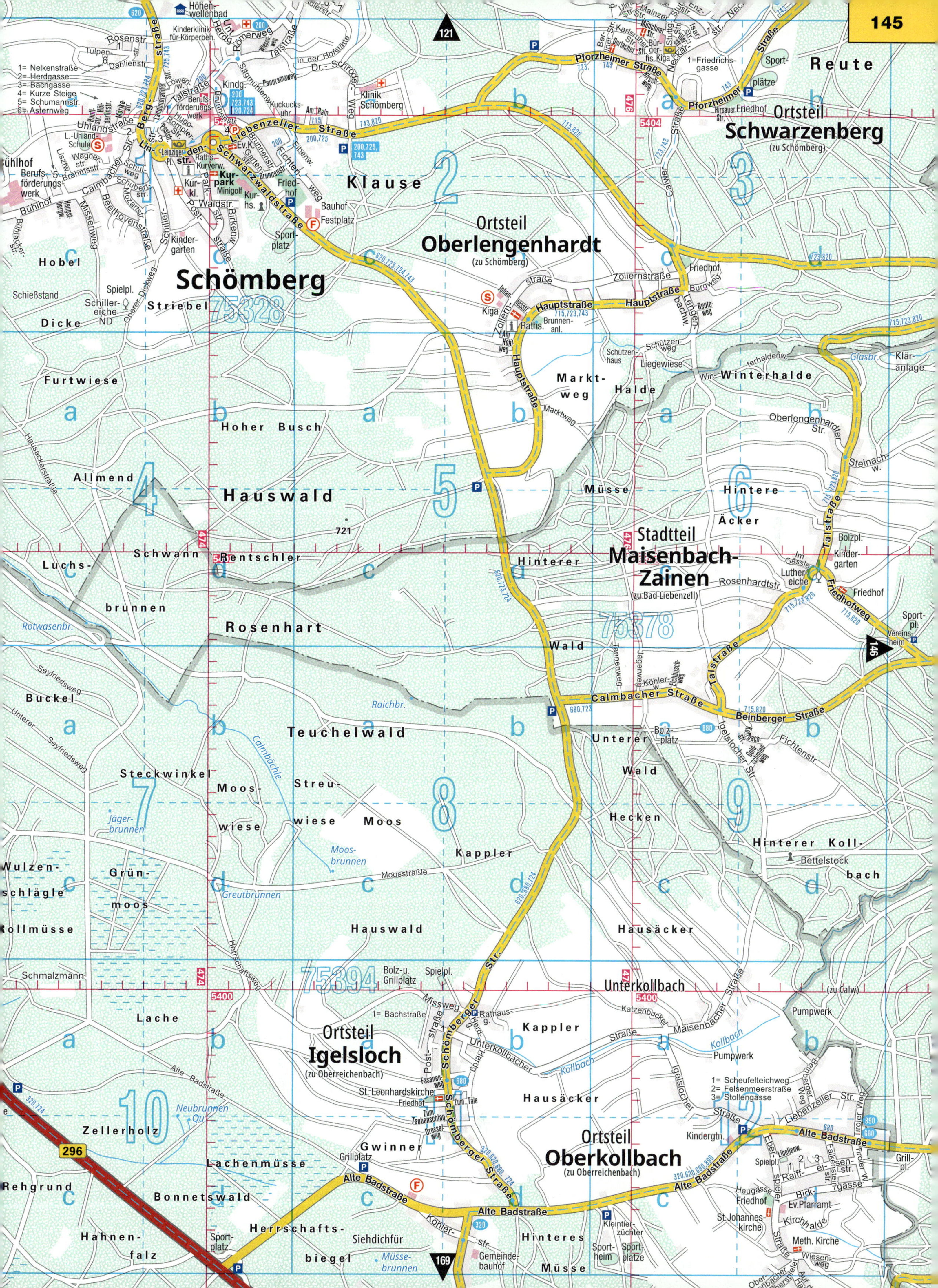

Schömberg
Ortsteil Oberlengenhardt
(zu Schömberg)
Ortsteil Schwarzenberg
(zu Schömberg)
Reute
Klause
Hobel
Dicke
Striebel
Furtwiese
Hoher Busch
Markt-weg
Halde
Winterhalde
Allmend
Hauswald
Müsse
Hintere Äcker
Stadtteil Maisenbach-Zainen
(zu Bad Liebenzell)
Schwann
Rentschler
Hinterer
Luchs-brunnen
Rosenhart
Wald
Buckel
Teuchelwald
Unterer Wald
Steckwinkel
Moos-wiese
Streu-wiese
Moos
Hecken
Kappler
Hinterer Koll-bach
Wulzen-schlägle
Grün-moos
Hauswald
Hausäcker
Lache
Unterkollbach
Ortsteil Igelsloch
(zu Oberreichenbach)
Kappler
Hausäcker
Zellerholz
Gwinner
Ortsteil Oberkollbach
(zu Oberreichenbach)
Lachenmüsse
Rehgrund
Bonnetswald
Hahnen-falz
Herrschafts-biegel
Hinteres Müsse
Liebenzeller Straße
Schwarzwaldstraße
Pforzheimer Straße
Hauptstraße
Calmbacher Straße
Beinberger Straße
Schömberger Str.
Alte Badstraße

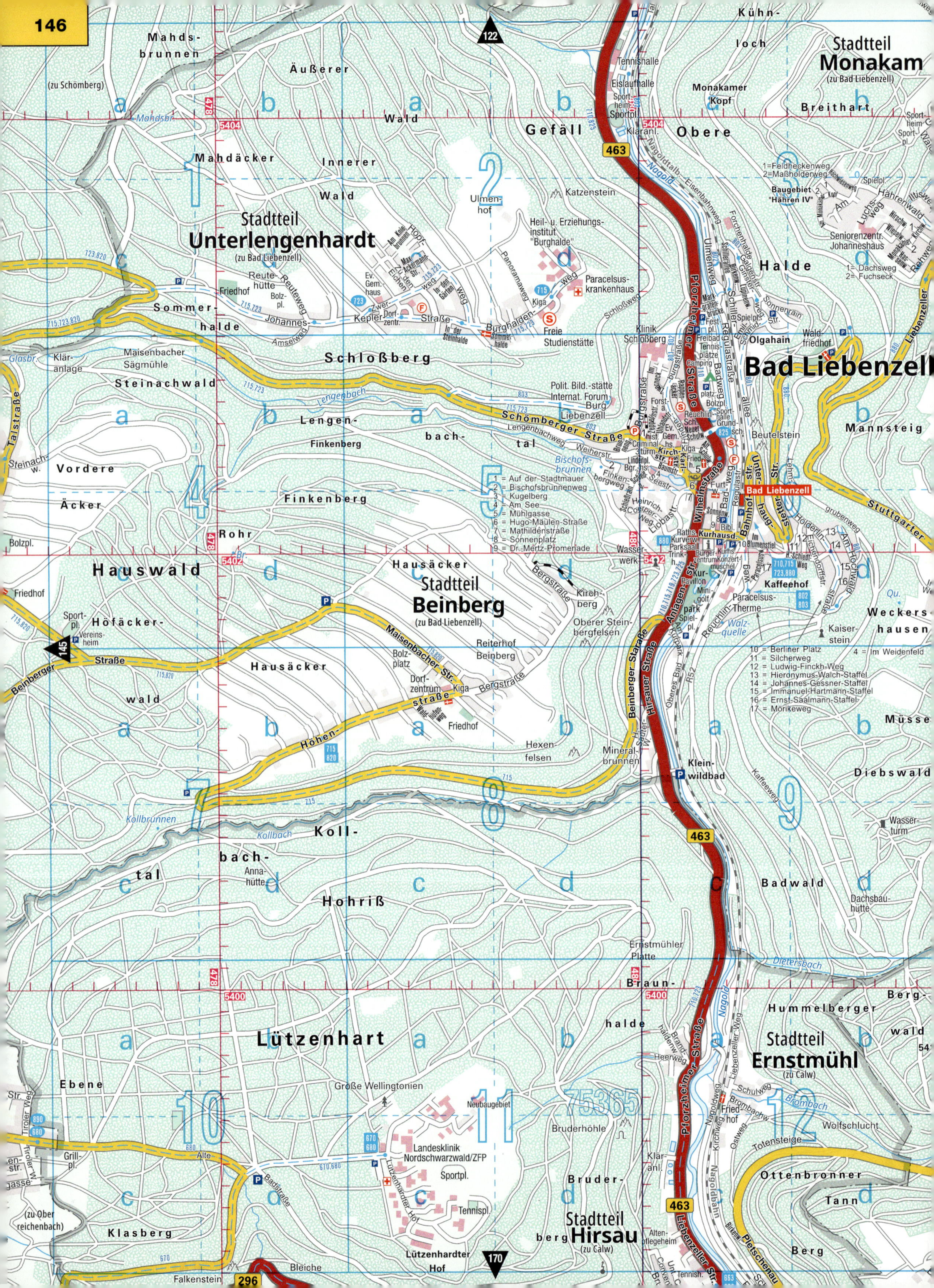
Mahds-
brunnen
Äußerer
Wald
Gefäll
Kühn-
loch
Stadtteil
Monakam
(zu Bad Liebenzell)
Monakamer
Kopf
Breithart
Obere
Mahdäcker
Innerer
Wald
Katzenstein
Ulmen-
hof
Stadtteil
Unterlengenhardt
(zu Bad Liebenzell)
Heil- u. Erziehungs-
institut
"Burghalde"
Paracelsus-
krankenhaus
Baugebiet
"Hahren IV"
Seniorenzentr.
Johanneshaus
Halde
1= Feldheckenweg
2= Maßholderweg
1= Dachsweg
2= Fuchseck
Friedhof
Sommer-
halde
Johannes-
Kepler-
Straße
Burghalden-
weg
Freie
Studienstätte
Klinik
Schloßberg
Olgahain
Wald-
friedhof
Bad Liebenzell
Maisenbacher
Sägmühle
Klär-
anlage
Schloßberg
Steinachwald
Polit. Bild.-stätte
Internat. Forum
Burg
Liebenzell
Lengen-
bach-
tal
Finkenberg
Schömberger Straße
Beutelstein
Mannsteig
Vordere
Äcker
Finkenberg
1 = Auf der Stadtmauer
2 = Bischofsbrunnenweg
3 = Kugelberg
4 = Am See
5 = Mühlgasse
6 = Hugo-Maulen-Straße
7 = Mathildenstraße
8 = Sonnenplatz
9 = Dr.-Mertz-Promenade
Rohr
Bad Liebenzell
Stuttgarter
Hauswald
Hausäcker
Stadtteil
Beinberg
(zu Bad Liebenzell)
Kirch-
berg
Oberer Stein-
bergfelsen
Kaffeehof
Paracelsus-
Therme
Kaiser-
stein
Weckers-
hausen
Höfäcker-
wald
Beinberger Straße
Hausäcker
Maisenbacher Str.
Reiterhof
Beinberg
Bolz-
platz
Dorf-
zentrum
Kiga
Bergstraße
Friedhof
Hohen-
straße
10 = Berliner Platz
11 = Silcherweg
12 = Ludwig-Finckh-Weg
13 = Hieronymus-Walch-Staffel
14 = Johannes-Gessner-Staffel
15 = Immanuel-Hartmann-Staffel
16 = Ernst-Saalmann-Staffel
17 = Mörikeweg
4 = Im Weidenfeld
Hexen-
felsen
Mineral-
brunnen
Klein-
wildbad
Müsse
Diebswald
Wasser-
turm
Kollbrunnen
Kollbach
Koll-
bach-
tal
Anna-
hütte
Hohriß
Badwald
Dachsbau-
hütte
Ernstmühler
Platte
Braun-
halde
Dietersbach
Hummelberger
Berg-
wald
Lützenhart
Stadtteil
Ernstmühl
(zu Calw)
Ebene
Große Wellingtonien
Neubaugebiet
75365
Bruderhöhle
Wolfschlucht
Totensteige
Landesklinik
Nordschwarzwald/ZFP
Sportpl.
Tennispl.
Bruder-
berg
Stadtteil
Hirsau
(zu Calw)
Ottenbronner
Tann
Berg
Klasberg
(zu Ober
reichenbach)
Lützenhardter
Hof
Falkenstein
Bleiche
Pforzheimer Straße
Liebenzeller Str.
Nagold
463
296
122
145
170

Neuhausen
75242
Industriegeb.
West
Kindergarten
Lehninger Straße
Münklinger Straße
Calwer Straße
6=Kirchgasse
7=Wingertgasse
8=Dorfgärten
9=Schulstraße
10=Am Schafberg
11=Ob der Ziegelhütte
Friedhof
Galgenberg
531
Ottenforchen
Bildäcker
(zu Tiefenbronn)
Wurzel
Erddeponie
Monbachbrücke
Alter Hau
NSG
Pumpwerk
Wolflau
Klingenwald
Heiligenmahden
Röhrach
Neuhauser Str.
ehem. Landgraben (Schanze)
Brand
75378
Weilerbrunnen
Schanzwiesen
Tannwald
Dornhardt
Golfplatz
Clubhaus
Weileräcker
Zwölf Morgen
Langer Weg
Liebenzeller
Fronäcker
Allmend
Maisgraben
Egerten
(zu Weil der Stadt)
Hausgerter Bach
Hochholz
Hattegarn
Forchenhau
ehem. St.Leonhard
Bäuerle
Gereut
Auchtwald
NSG
Gewerbegebiet "Egerten"
Sportplatz
Wolfloch
Erddeponie
Stuttgarter Straße
Dorfzentr.
Schwanenplatz
Friedhof
Gewand
Pumpwerk
1 = Schlehenweg
2 = Talblick
3 = In der Halde
5 = Am Raischachwald
6 = Heideweg
7 = Dorfwiesenweg
Ottenbronner Str.
Mahden
1=Lindenwiesen Weg
Baugebiet "Lindenwiesen"
Birkäcker
Münklinger Straße
Sportplätze
Schießstand
Schützenhaus
Stadtteil
Unterhaugstett
(zu Bad Liebenzell)
Hägnach
Schwarzwaldstraße
Weil der Städter Straße
Friedhof
Grund
Schneckenäcker
Stadtteil
Möttlingen
(zu Bad Liebenzell)
Bühlwald
1= Buchenweg
2= Holunderweg
3= Lauxmann-Weg
4= Schulstraße
5= Ligusterweg
Erholungsheim
Härtle
Bruch
Hof Georgenau
Eisengrund
Untere Mahden
Obere Mahden
Haus am Walde
Hunds-
Hörnle
(zu Simmozheim)
Allmend
Zeltenäcker
rücken
1= Bergstraße
2= Birkenweg
3= Friedenstraße
Hirsauer Straße
Gerechtigkeitswald
75382
75397
Herbich
Ortsteil
Ottenbronn
(zu Althengstett)
Friedhof
Kläranl.
Mönchgraben
(zu Simmozheim)
Entsorgungsanlage
NSG
Oberholz
Grabhügel
Waldenserstein
Ortsteil
Neuhengstett
(zu Althengstett)
Eulhart
Sängerhalle
Mähdich
1= Schlehenweg
2= Ginsterweg
1 = Erlenweg
295

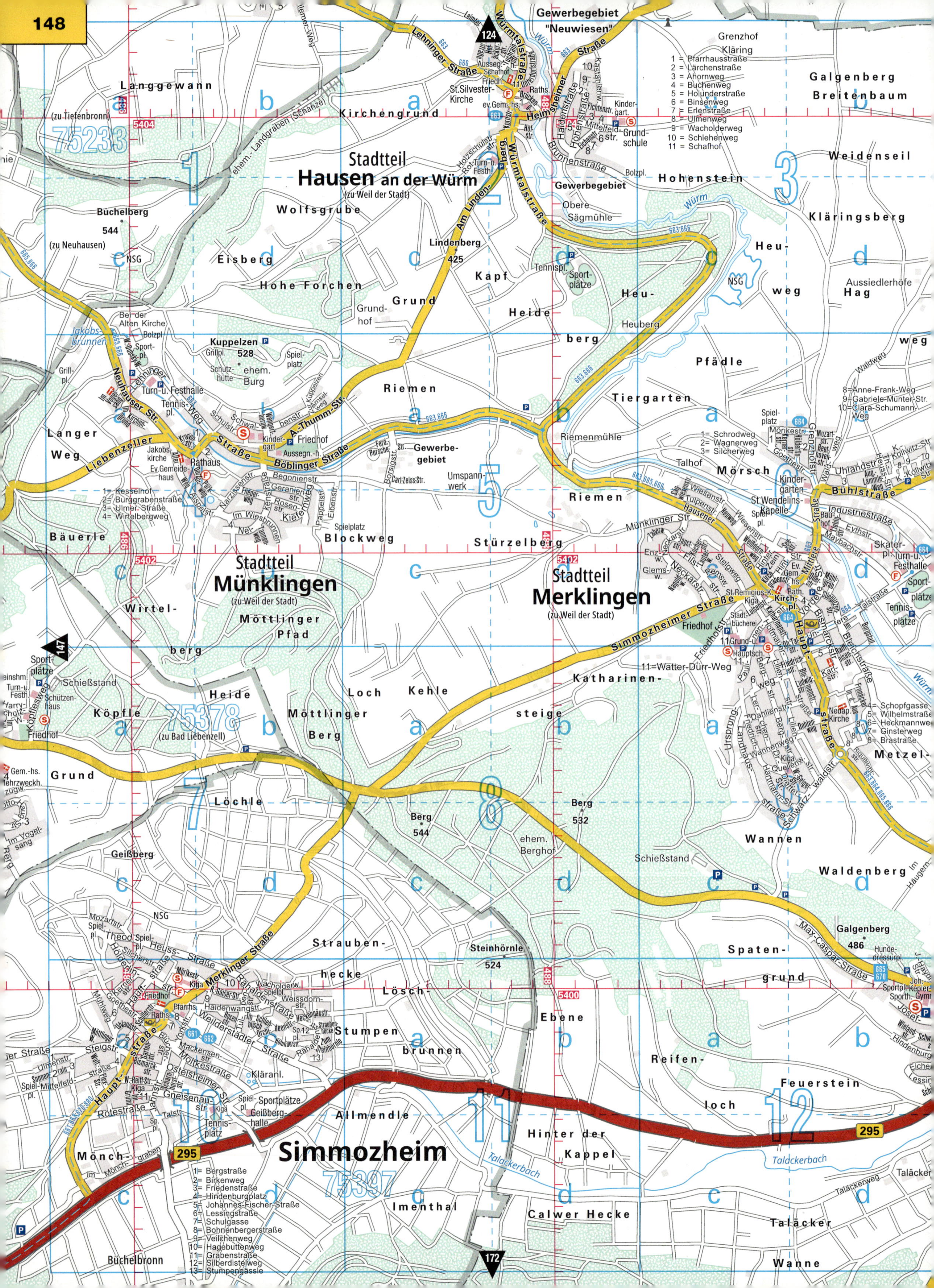

Stadtteil
Hausen an der Würm
(zu Weil der Stadt)
Stadtteil
Münklingen
(zu Weil der Stadt)
Stadtteil
Merklingen
(zu Weil der Stadt)
Simmozheim
75233
75378
75397
Gewerbegebiet
"Neuwiesen"
Langgewann
Kirchengrund
Büchelberg
544
Wolfsgrube
Eisberg
Hohe Forchen
Lindenberg
425
Kapf
Grund
Heide
Kuppelzen
528
ehem. Burg
Riemen
Riemenmühle
Tiergarten
Pfädle
Mörsch
Heuberg
Weidenseil
Kläringsberg
Galgenberg
Breitenbaum
Hohenstein
Aussiedlerhöfe
Hag
Langer Weg
Bäuerle
Wirtelberg
Köpfle
Heide
Möttlinger Pfad
Möttlinger Berg
Loch
Kehle
Katharinensteige
Blockweg
Stürzelberg
Gewerbegebiet
Umspannwerk
Grund
Löchle
Geißberg
Berg
544
Berg
532
ehem. Berghof
Schießstand
Wannen
Waldenberg
Galgenberg
486
Spatengrund
Steinhörnle
524
Straubenhecke
Löschbrunnen
Stumpenbrunnen
Ebene
Reifenloch
Feuerstein
Allmendle
Hinter der Kappel
Imenthal
Calwer Hecke
Taläcker
Wanne
Büchelbronn
Taläckerbach
Würm
1 = Pfarrhausstraße
2 = Lärchenstraße
3 = Ahornweg
4 = Buchenweg
5 = Holunderstraße
6 = Binsenweg
7 = Erlenstraße
8 = Ulmenweg
9 = Wacholderweg
10 = Schlehenweg
11 = Schafhof
1= Kesselhof
2= Burggrabenstraße
3= Ulmer Straße
4= Wirtelbergweg
1= Schrodweg
2= Wagnerweg
3= Silcherweg
8=Anne-Frank-Weg
9=Gabriele-Münter-Str.
10=Clara-Schumann-Weg
11=Walter-Dürr-Weg
4= Schopfgasse
5= Wilhelmstraße
6= Heckmannweg
7= Ginsterweg
8= Brastraße
1= Bergstraße
2= Birkenweg
3= Friedenstraße
4= Hindenburgplatz
5= Johannes-Fischer-Straße
6= Lessingstraße
7= Schulgasse
8= Bohnenbergerstraße
9= Veilchenweg
10= Hagebuttenweg
11= Grabenstraße
12= Silberdistelweg
13= Stumpengasse

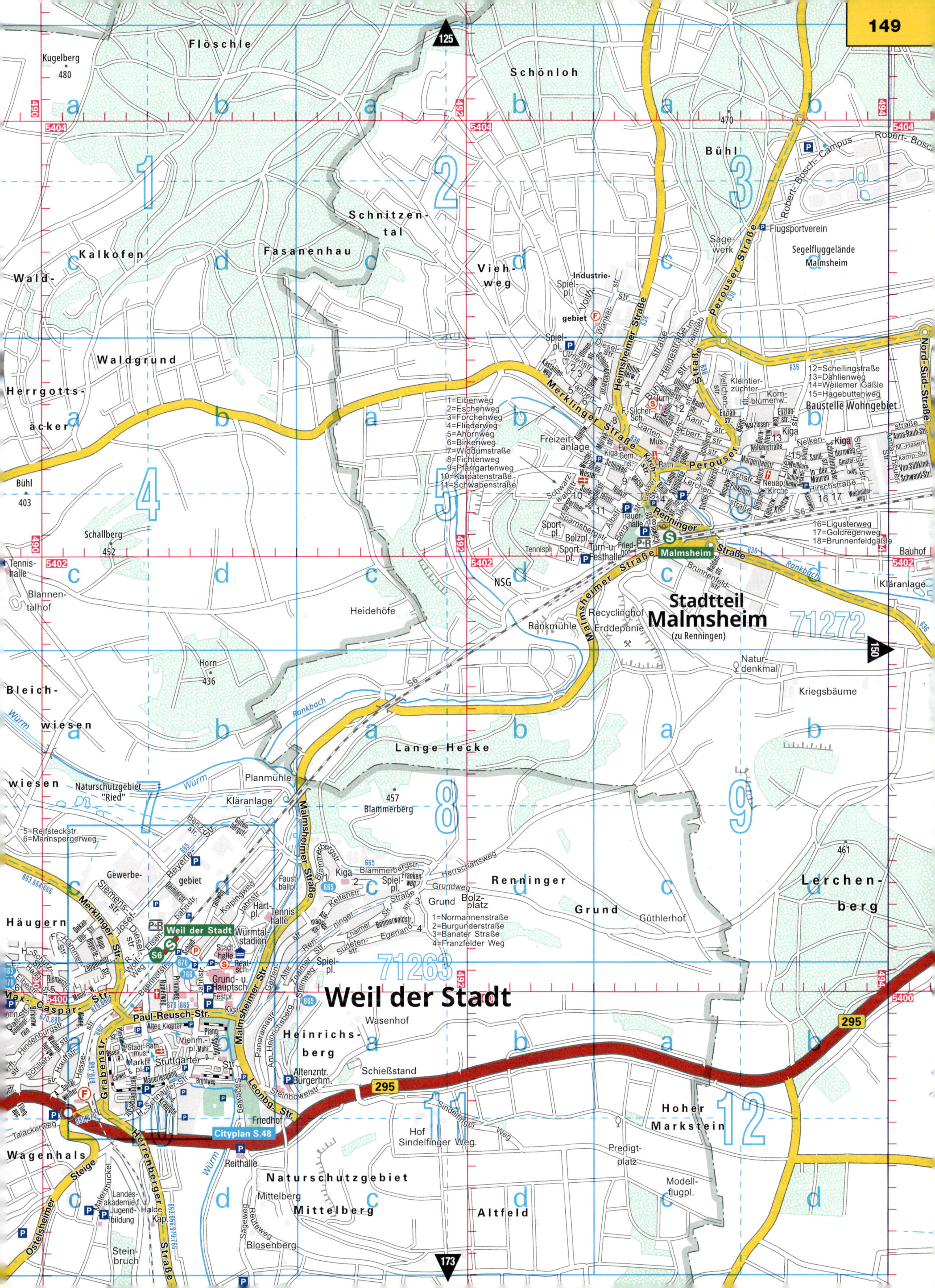
Flöschle
Kugelberg 480
Schönloh
Bühl
Robert-Bosch-Campus
Flugsportverein
Segelfluggelände Malmsheim
Schnitzen-tal
Fasanenhau
Kalkofen
Wald-
Vieh-weg
Waldgrund
Herrgotts-äcker
Merklinger Straße
Heimsheimer Straße
Perouser Straße
Nord-Süd-Straße
1=Eibenweg
2=Eschenweg
3=Forchenweg
4=Fliederweg
5=Ahornweg
6=Birkenweg
7=Widdumstraße
8=Fichtenweg
9=Pfarrgartenweg
10=Karpatenstraße
11=Schwabenstraße
12=Schellingstraße
13=Dahlienweg
14=Weilemer Gäßle
15=Hagebuttenweg
Baustelle Wohngebiet
16=Ligusterweg
17=Goldregenweg
18=Brunnenfeldgäßle
Freizeit-anlage
Bühl 403
Schallberg 452
Renninger Straße
Malmsheim
Bauhof
Kläranlage
Tennis-halle
Blannen-talhof
Heidehöfe
NSG
Rankmühle
Recyclinghof
Erddeponie
Stadtteil Malmsheim (zu Renningen)
71272
Natur-denkmal
Kriegsbäume
Horn 436
Bleich-wiesen
Würm
Rankbach
Lange Hecke
wiesen
Naturschutzgebiet "Ried"
Planmühle
Kläranlage
457 Blammerberg
5=Reifsteckstr.
6=Mannspergerweg
Gewerbe-gebiet
Malmsheimer Straße
Renninger Grund
Güthlerhof
461
Lerchen-berg
Häugern
1=Normannenstraße
2=Burgunderstraße
3=Banater Straße
4=Franzfelder Weg
Weil der Stadt
71263
Würmtal-stadion
Grund- u. Hauptsch.
Paul-Reusch-Str.
Wasenhof
Heinrichs-berg
Schießstand
295
Stuttgarter Str.
Altenzntr. Bürgerhm.
Hohoer Markstein
Hof Sindelfinger Weg
Predigt-platz
Modell-flugpl.
Wagenhals
Talackerweg
Friedhof
Cityplan S.48
Reithalle
Leonbg. Str.
Herrenberger Straße
Naturschutzgebiet Mittelberg
Mittelberg
Altfeld
Landes-akademie f. Jugend-bildung
Halde
Kap.
Stein-bruch
Blosenberg
Ostelsheimer Steige
125
150
173
490
492
494
5404
5402
5400

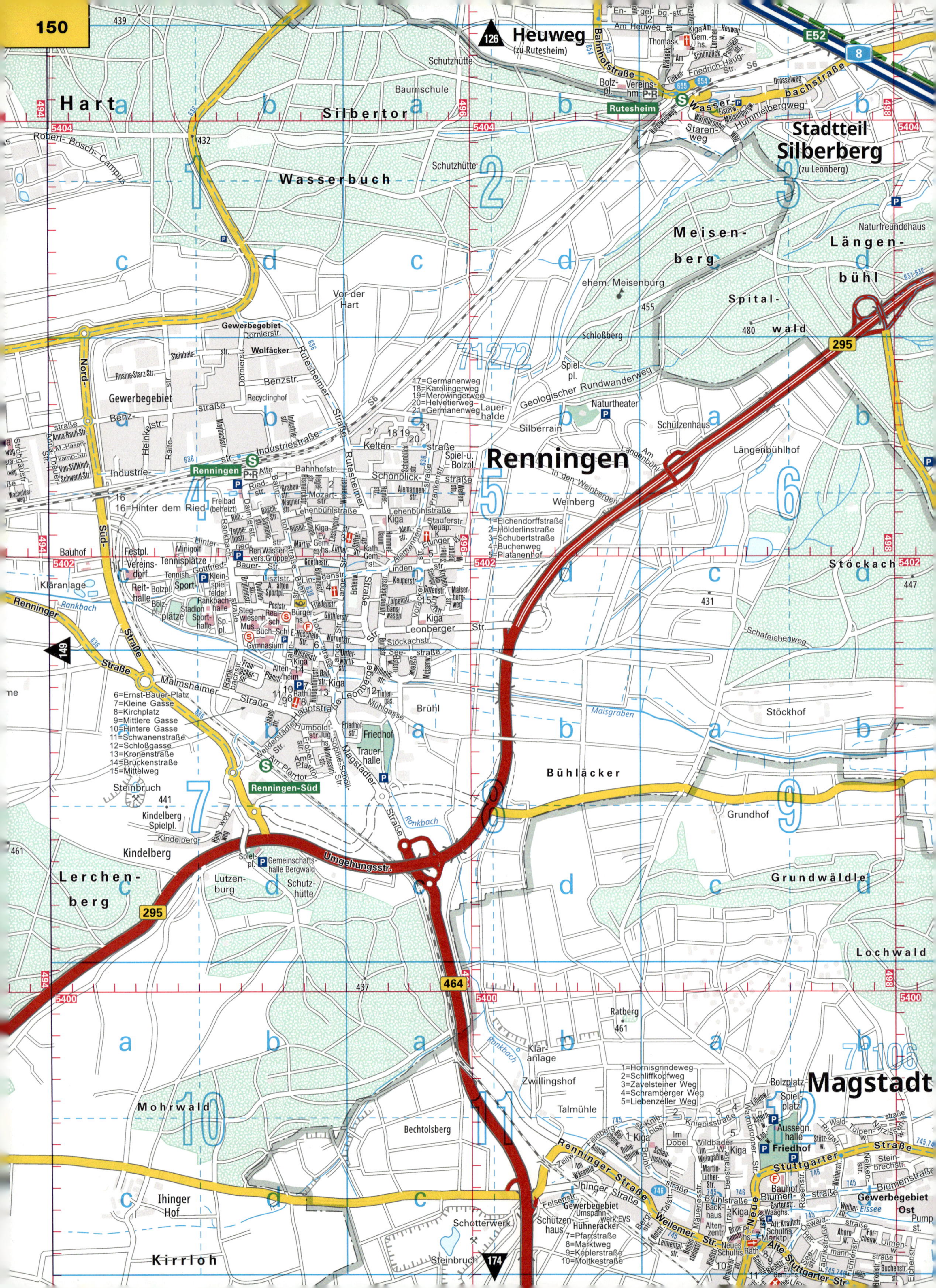
Hart
Silbertor
Wasserbuch
Robert-Bosch-Campus
Schutzhütte
Baumschule
Heuweg
(zu Rutesheim)
126
Rutesheim
Stadtteil
Silberberg
(zu Leonberg)
Meisen-
berg
Längen-
bühl
Naturfreundehaus
Spital-
wald
ehem. Meisenburg
Schloßberg
Vor der
Hart
Gewerbegebiet
Wolfäcker
Benzstr.
Recyclinghof
Industriestraße
Renningen
Renningen-Süd
Geologischer Rundwanderweg
Naturtheater
Silberrain
Schützenhaus
Längenbühlhof
Weinberg
In den Weinbergen
17=Germanenweg
18=Karolingerweg
19=Merowingerweg
20=Helvetierweg
21=Germanenweg
1=Eichendorffstraße
2=Hölderlinstraße
3=Schubertstraße
4=Buchenweg
5=Platanenhof
16=Hinter dem Ried
Kläranlage
Rankbach
Renninger Straße
Süd-
Nord-
Malmsheimer Straße
6=Ernst-Bauer-Platz
7=Kleine Gasse
8=Kirchplatz
9=Mittlere Gasse
10=Hintere Gasse
11=Schwanenstraße
12=Schloßgasse
13=Kronenstraße
14=Brückenstraße
15=Mittelweg
Leonberger Straße
Hauptstraße
Magstadter Straße
Friedhof
Trauer-
halle
Brühl
Stöckach
Stöckhof
Schafeichenweg
Maisgraben
Bühläcker
Grundhof
Grundwäldle
Lochwald
Steinbruch
Kindelberg
Spielpl.
Kindelberg
Lerchen-
berg
Lutzen-
burg
Gemeinschafts-
halle Bergwald
Schutz-
hütte
Umgehungsstr.
295
464
Ratberg
Klär-
anlage
Zwillingshof
Talmühle
Bechtolsberg
Mohrwald
Ihinger
Hof
Kirrloh
Schotterwerk
Steinbruch
174
149
Magstadt
1=Hornisgrindeweg
2=Schliffkopfweg
3=Zavelsteiner Weg
4=Schramberger Weg
5=Liebenzeller Weg
Renninger Straße
Ihinger Straße
Weilemer Str.
Alte Stuttgarter Str.
Stuttgarter Straße
Gewerbegebiet
Ost
Gewerbegebiet
Hühneräcker
7=Pfarrstraße
8=Marktweg
9=Keplerstraße
10=Moltkestraße
Friedhof
Bauhof
71272
71106
E52
8
5404
5402
5400
494
496
498

Wasserbachstraße
Gew.-geb.
LeoWest
Anschlussstelle Leonberg-West
Stadtteil Eltingen
(zu Leonberg)
Tiefenbach
CVJM-Heim
Tiefenbach
Mülldeponie
Kammerforst
Eltinger Kopf
Schutz-hütte
Altenhalde
Beim Steinbruch
Stadtteil Warmbronn
(zu Leonberg)
Talhof
Brühlhof
Christian-Wagner-Straße
Büsnauer Straße
Birkenhof
Festplatz
Batten-tal
Saatschule
Kernhütte
Steighau
Krumm Bäume Naturdenkmal
Schönbüchle
Vier Buchen
Bissinger Eichen
Ackerhau-hütte
Leimbach
Leimbachstraße
Tiefbrunnen Pumpwerk
Unteres Hölzertal
Oberes Hölzertal
Modell-flugplatz
Brennten-
Leonberg
Dreieck Leonberg
Südrandstraße
Renninger Str.
Glemseckstraße
Berliner Straße
Neue Ramtelstr.
Gewerbe-gebiet am Autobahndreieck
Stadtteil Ramtel
(zu Leonberg)
Hinterer Ehrenberg
Ried-wiesen
Beim Wäldle
Anschlussstelle Leonberg-Ost
Cityplan S.43
Steige
Mehl-äcker
Neubruch
Steig-wald
Jagd-haus
Eulenhau
Kreuzholz
Wellingtonien Naturdenkmal
Hirschauer Kohlplatte
Warmbronner Kopf
Dürre Egert
Krampfrain
Kohlhau
Ewigkeitsallee
Seebrücklesweg
Präzeptorweg
Kriechen-bronnen
Rohr-halde
Friedens-brücke
E41
E52
(zu Sindelfingen)
127
152
175

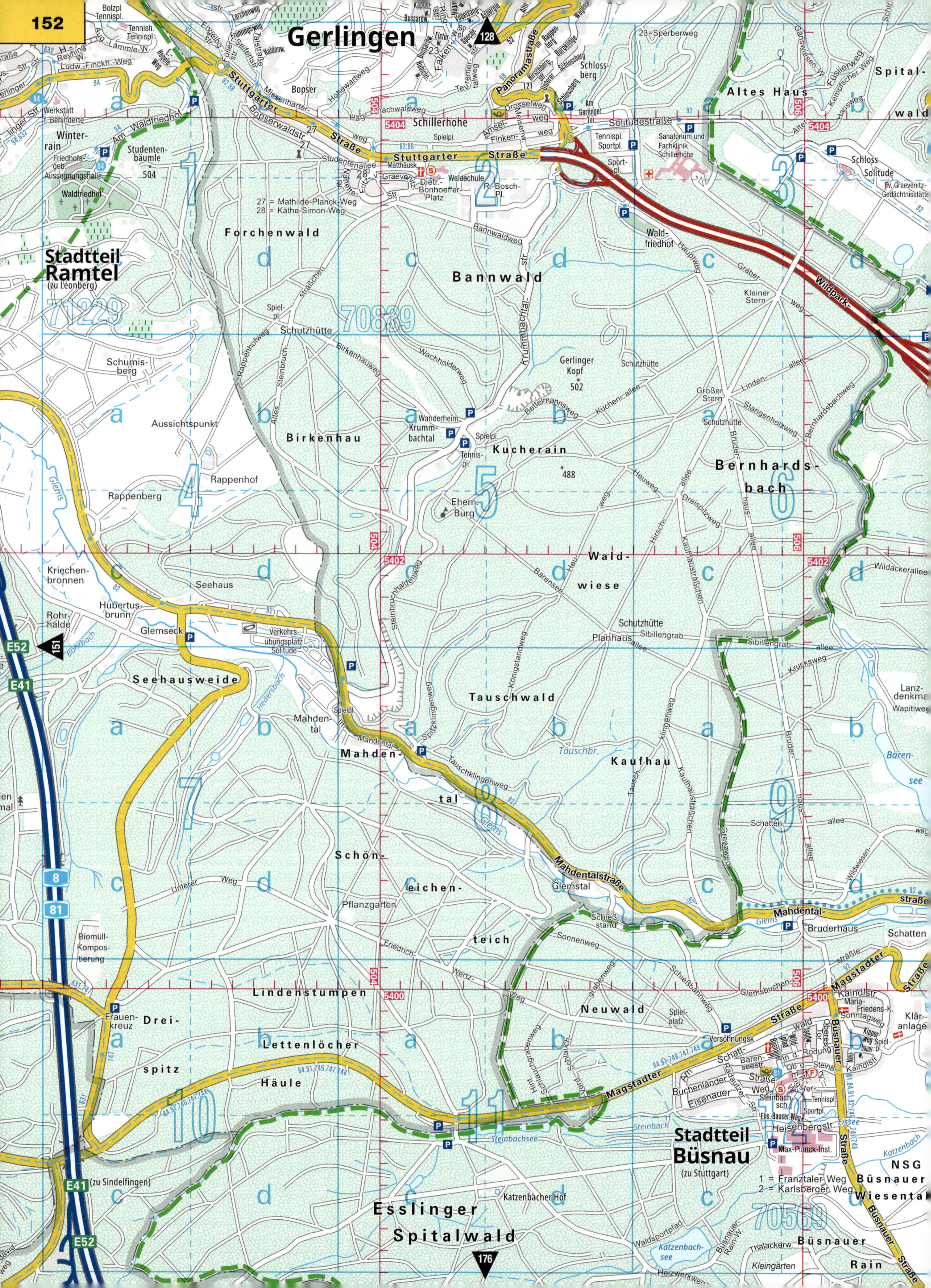
Gerlingen
Stadtteil
Ramtel
(zu Leonberg)
71229
70839
70569
Forchenwald
Bannwald
Altes Haus
Spital-
wald
Schloss
Solitude
Solitudestraße
Schillerhöhe
Stuttgarter Straße
Panoramastraße
Waldfriedhof
Wildpark-
Gerlinger
Kopf
502
Schutzhütte
Wanderheim
Krumm-
bachtal
Kucherain
Birkenhau
Bernhards-
bach
Ehem.
Burg
Schumis-
berg
Aussichtspunkt
Rappenhof
Rappenberg
Kriechen-
bronnen
Hubertus-
brunn
Rohr-
halde
Glemseck
Seehaus
Seehausweide
Verkehrs-
übungsplatz
Solitude
Wald-
wiese
Planhaus
Tauschwald
Kaufhau
Mahden-
tal
Mahdentalstraße
Glemstal
Schön-
eichen-
teich
Pflanzgarten
Lindenstumpen
Neuwald
Bruderhaus
Schatten
Frauen-
kreuz
Drei-
spitz
Lettenlöcher
Häule
Magstadter Straße
Steinbachsee
Stadtteil
Büsnau
(zu Stuttgart)
1 = Franztaler Weg
2 = Karlsberger Weg
NSG
Büsnauer
Wiesental
Büsnauer
Rain
Esslinger
Spitalwald
Katzenbacher Hof
Katzenbach-
see
Max-Planck-Inst.
Biomüll-
Kompos-
tierung
E52
E41
8
81
128
151
176
27 = Mathilde-Planck-Weg
28 = Käthe-Simon-Weg

Stadtbezirk BOTNANG
Stadtbezirk WEST
Stadtteil Sonnenberg (zu Stuttgart)
Kräher wald
Glemswald
Pfaffenwald
Dachswald
Teufelswiesen
Bärenkopf
Heslach
Birkenkopf 511
Naturschutz-gebiet
Pfaffensee
Neuer See
Universität
Stuttgart
Wildparkstraße
Magstadter Straße
Rotenwaldstraße
Leonberger Str.
Böblinger Str.
Vaihinger Straße
1 = Frobergerstraße
2 = August-Halm-Str.
3 = Karl-Adler-Staffel
6 = Elsterstaffel
7 = Seilbahnstraße
1 = Zufluchtt
2 = Hohlohweg
1 = An der Betteleiche
2 = Eugen-Sänger-Weg
3 = Beim Eulenhof
4 = Postschulenweg
5 = Viereichenweg
6 = Doffinger Weg
7 = Apfelblütenweg
70499
70193
70195
70197
70199
70597
129
177
154

Stadtbezirk NORD
130
27
Stadtbibliothek
Milchhof
Metzstraße
Karl-Olga-Krhs.
Stöckach
Neckartor
Stuttgart Hbf.
ADAC
Ostheim
Stadtbez. MITTE
Hölderlin-pl.
Klinikum Stuttgart
Arndt-/Spittastr.
Vogelsang
Stadtm.
Feuersee
Schwab-str.
Charlotten-pl.
Österr. Platz
Payerstr.
Cityplan S.46
Bopser
Geroksruhe
Stadtbezirk WEST
153
Marienpl.
14
Erwin-Schoettle-Platz
Bihlpl.
STUTTGART
Stelle
Stadtbezirk SÜD
70184
70199
70597
Weinsteige
Ruhbank (Fernsehturm)
70619
Degerloch
Waldau
Deg. Albstr.
Stadtbezirk DEGERLOCH
Stadtteil Sonnenberg
Peregrina-str.
178

Stadtteil Luginsland
(zu Stuttgart)
Stadtbez. OST
Gaisburg
Stadtbezirk UNTER-TÜRKHEIM
Stadtbezirk WANGEN
Gablenberg
Stadtteil Frauenkopf
(zu Stuttgart)
Stadtbezirk HEDELFINGEN
Stadtteil Rohracker
(zu Stuttgart)
Stadtbezirk SILLENBUCH
Lederberg
Stadtteil Heumaden
(zu Stuttgart)
Neckar
Neckarpark (Mercedes-Benz)
Mercedes-Benz-Arena
Daimler AG
Großmarkt
Dürrbach
Steinprügelwald
Paracelsus-Krankenhaus (Kreiskrankenhaus)
Tunnel Obertürkheim 5.500m (in Bau)
1=Wilhelm-Wunder-Steg
1=Fellnerstraße
2=Laichinger Straße
3=Triftweg
4=Federseestraße
5=Donzdorfer Straße
6=Helfensteinstraße
7=Degenfelder Straße
8=Wangener Marktplatz
9=Warthäuser Straße
10=Wolfeggstraße
11=Zinkbrunnenstraße
12=Isnyer Straße
1=Wilhelm-Straßer-Weg
2=Geißhirtlesweg
3=An der Kelter
4=Otto-Wahl-Staffel
1=Planstraße
2=Schulwinkel
3=Brauhofstraße
4=Ahrenweg
5=Seemoosweg
6=Im Schießhaus
7=Platz am Alten Haus
1=Waldwiesstraße
2=Unter den Birken
3=Im Rosenbusch
1=In der Landstadt
2=Bazlenstraße
3=J.-H.-Strauß-Platz
4=Anna-Vaihinger-Weg
5=Hans-Georg-Müller-Weg
1=Kösslerstr.
2=Ensslestr.
3=Pf.-Georgii-Straße
4=Comburgstr.
1=Einkornstraße
1=Max-Ackermann-Staffel
70186
70327
70619
131
156
179

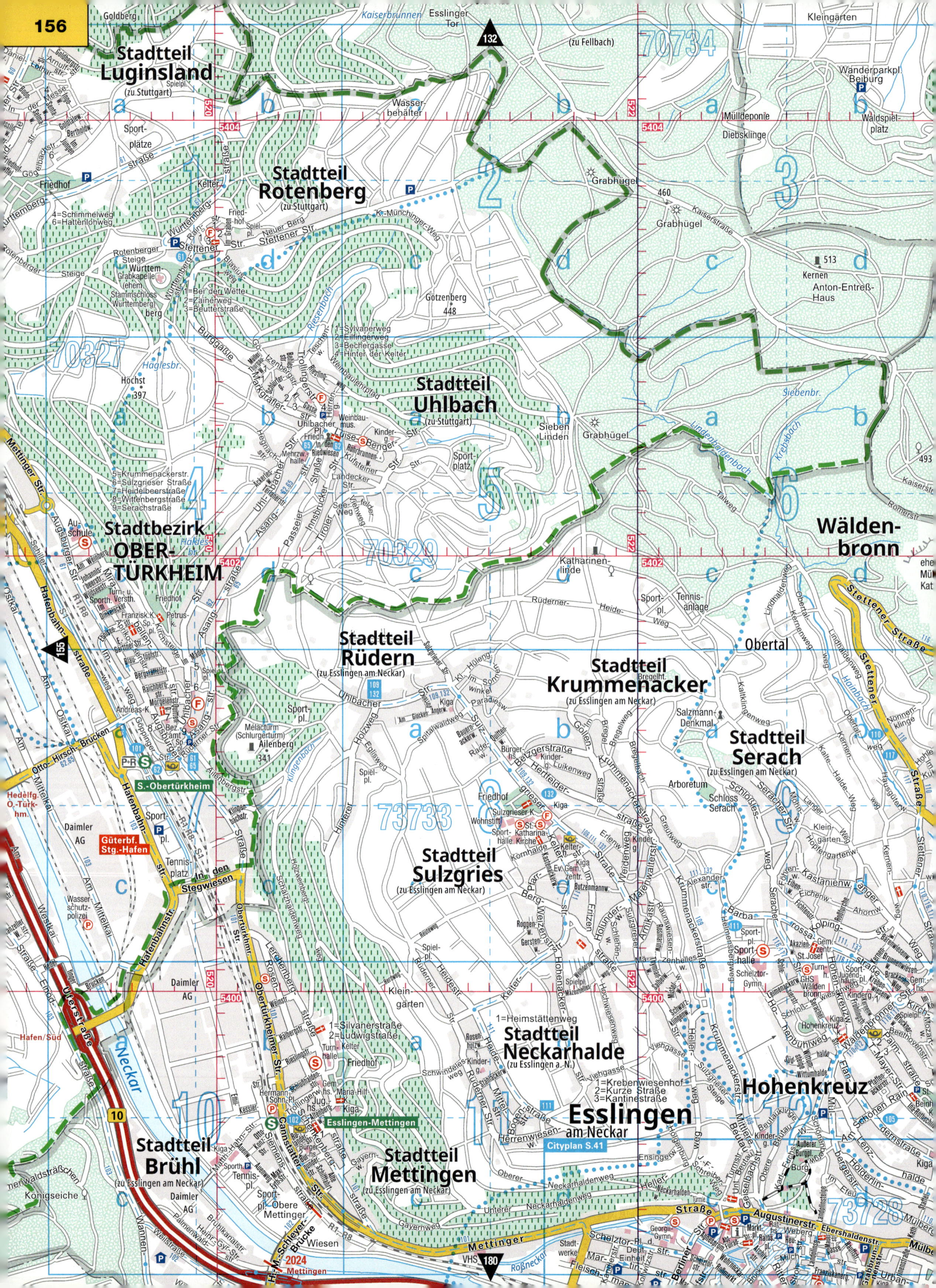
Stadtteil Luginsland
(zu Stuttgart)
Stadtteil Rotenberg
(zu Stuttgart)
Stadtteil Uhlbach
(zu Stuttgart)
Stadtbezirk OBER-TÜRKHEIM
Stadtteil Rüdern
(zu Esslingen am Neckar)
Stadtteil Krummenacker
(zu Esslingen am Neckar)
Stadtteil Serach
(zu Esslingen am Neckar)
Wäldenbronn
Stadtteil Sulzgries
(zu Esslingen am Neckar)
Stadtteil Neckarhalde
(zu Esslingen a. N.)
Hohenkreuz
Esslingen
am Neckar
Stadtteil Brühl
(zu Esslingen am Neckar)
Stadtteil Mettingen
(zu Esslingen am Neckar)
Cityplan S.41
Esslinger Tor
Kaiserbrunnen
(zu Fellbach)
Kleingärten
Wanderparkpl. Beiburg
Mülldeponie
Diebsklinge
Waldspielplatz
Grabhügel
Kernen
Anton-Entreß-Haus
Götzenberg
448
Sieben Linden
Katharinenlinde
Obertal
Salzmann-Denkmal
Arboretum
Schloss Serach
Mettinger Str.
Hafenbahnstr.
Otto-Hirsch-Brücken
S.-Obertürkheim
Güterbf. Stg.-Hafen
Daimler AG
Neckar
Esslingen-Mettingen
Stettener Straße
Augustinerstr.
Mettinger Str.
Neckarhaldenweg
Königseiche
Wiesen
Obere Mettinger
70734
70327
70329
73733
73728
5404
5402
5400
520
522
132
155
180
2024
Mettingen

Ortsteil Stetten
Stadtteil Strümpfelbach
(zu Weinstadt)
Lindhalde
Kammerforst
Schießacker-
hau
Ettenfürst
Lobenrot
Aichwald
Birken-
gehrn
Katzenbühl
Braunhalde
Roßkopf
Ortsteil Schanbach
(zu Aichwald)
Stadtteil Wiflingshausen
(zu Esslingen am Neckar)
Stadtteil St. Bernhardt
(zu Esslingen am Neckar)
Stadtteil Kennenburg
(zu Esslingen am.N.)
Stadtteil Liebersbronn
(zu Esslingen am Neckar)
Keltische Viereckschanze
Stöckenberg
Jägerhaus
Lindenhof
Friedhof Hegensberg

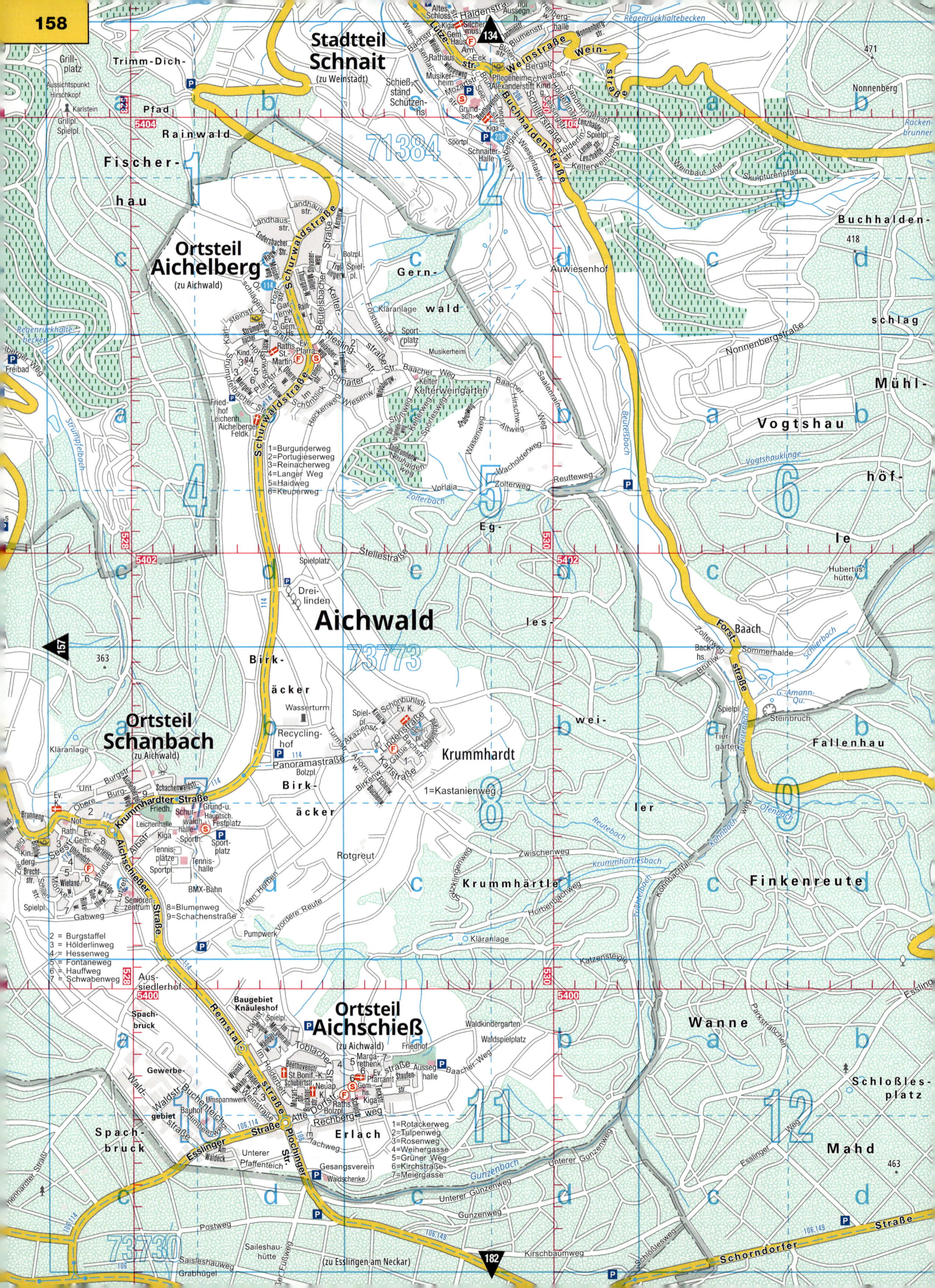
Stadtteil
Schnait
(zu Weinstadt)
Ortsteil
Aichelberg
(zu Aichwald)
Aichwald
Ortsteil
Schanbach
(zu Aichwald)
Ortsteil
Aichschieß
(zu Aichwald)
Krummhardt
Trimm-Dich-
Pfad
Rainwald
Fischer-
hau
Gern-
wald
Kelterweingärten
Eg-
les-
wei-
ler
Birk-
äcker
Vogtshau
Mühl-
höf-
le
Buchhalden-
schlag
Nonnenberg
Baach
Fallenhau
Finkenreute
Krummhärtle
Rotgreut
Wanne
Schloßles-
platz
Mahd
Erlach
Spach-
bruck
Dreilinden
Wasserturm
Recycling-
hof
Auwiesenhof
Aussiedlerhof
Baugebiet Knäuleshof
Hubertus-
hütte
Steinbruch
Kläranlage
Weinstraße
Buchhaldenstraße
Schurwaldstraße
Krummhardter Straße
Aichschieder Straße
Remstalstraße
Esslinger Straße
Plochinger Str.
Schorndorfer Straße
Forststraße
Stellestraße
Panoramastraße
Rechberg weg
Gunzenbach
Zolterbach
Reutebach
Krummhartlesbach
Vogtshauklinge
Schlierbach
71384
73773
73730
134
157
182
(zu Esslingen am Neckar)
1=Burgunderweg
2=Portugieserweg
3=Reinacherweg
4=Langer Weg
5=Haidweg
6=Keuperweg
1=Kastanienweg
8=Blumenweg
9=Schachenstraße
2 = Burgstaffel
3 = Hölderlinweg
4 = Hessenweg
5 = Fontaneweg
6 = Hauffweg
7 = Schwabenweg
1=Rotackerweg
2=Tulpenweg
3=Rosenweg
4=Weihergasse
5=Grüner Weg
6=Kirchstraße
7=Meiergasse

Schurwald
Ortsteil Hohengehren
(zu Baltmannsweiler)
Ortsteil Thomashardt
(zu Lichtenwald)
Baltmannsweiler
Lichtenwald
Manolzweiler
(zu Winterbach)
Engelberg
Birkrain
Bonstallhau
Glaserhalde
Stärrenberg
Heidenrain
Schel-
men-
Stettener
schlag
gehrn
Asang
Borgenhart
Martinshalde
Haubertsol
Tannhof
Sandpeter
Hau
Heiden
Kreuzhau
Pumpwerk
Steinenbacher Hof
Hofstatt
Parkhaus
Holderstein
Buwiesenhau
Erlenhof
Banholz
Stegwiesenhau
Tannenhof
Junger Geiger
Clemenshof
Oberhof
Kikishart
Heuhaushütte
73650
73666
73669
1=Hirschgasse
1=Im Steinbruch
1=Buchenweg
2=Rechbergweg
3=Ziegelstraße
4=Neuffenweg
5=Am Backhaus
6=Frühlingsstraße
1=Alfredstraße
2=Kirchplatz
3=Ulrichstraße
4=Kirchstraße
5=Im Hof
6=Friedrichstraße
7=Rilkestraße
8=Fritz-Maier-Straße
9=Bernhard-Grimm-Str.
8=Alois-Gessner-Weg
9=Tulpenweg
10=Nelkenweg
Kaiserstraße
Esslinger Straße
Schorndorfer Straße
Hegenloher Straße
Turmstraße
Krehziel
(zu Remshalden)
(zu Schorndorf)
135
160
183

Schorndorf
73614
Schulers-
rain
Käswiese
Beutersberg
Stadtwald
Brennten
Schönblickhütte
Panoramaweg
Stadtteil
Schlichten
(zu Schorndorf)
(zu Winterbach)
1=Kirschenweg
2=Birnenweg
3=Apfelweg
Rossert
Becken-
schlag
Rogerst
Stockäcker
Kaiserstraße
ND Kaisereiche
Schurwaldstraße
Lochbachwald
Brittergehrn
Stadtteil
Baiereck
(zu Uhingen)
Nassachtalstraße
1=Lohbachweg
Rappenhau
Asang
Geiß-
halde
Süm-
pfles-
berg
Junger
Geiger
Birkhau
Seebach
Eßlinger Berg
Königseiche
Buchenbronner Straße
Schorndorfer Straße
73669
73061
73066
(zu Lichtenwald)
(zu Ebersbach a. d. Fils)
Stadtteil
Nassach
(zu Uhingen)
Wanderparkpl.
Wanderparkplatz
N.D. Lindenallee
Kindergarten
Siedlung Eichenbach
Ev. Freizeitheim
Trimm-Dich-Pfad
Friedhof
Turnhalle
136
159
184

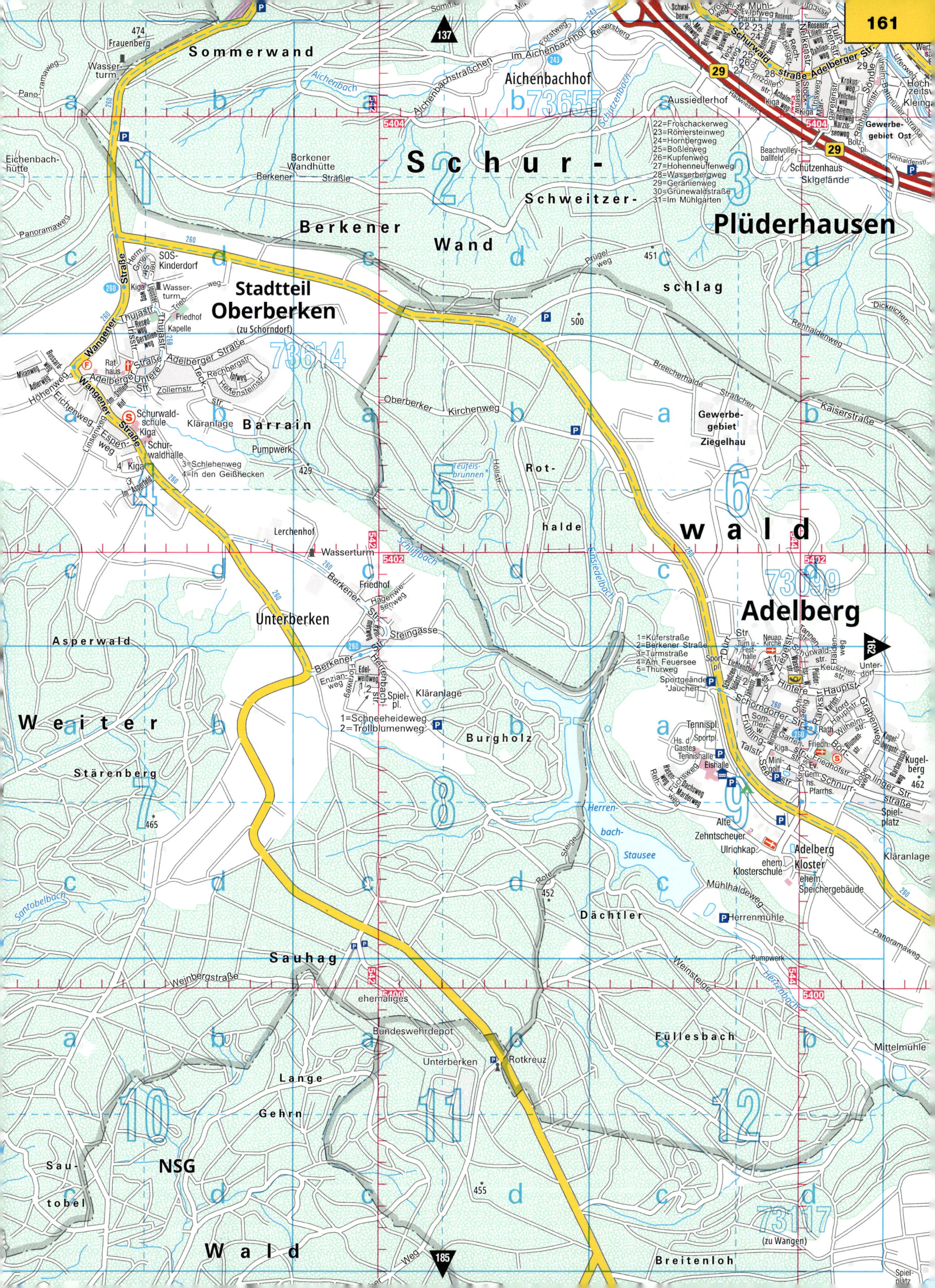

Sommerwand
Frauenberg
474
Wasserturm
Eichenbach-hütte
Panoramaweg
Aichenbach
Im Aichenbachhof
Aichenbachhof
73655
Aussiedlerhof
Schur-
Schweitzer-
Wand
wald
Berkener Wandhütte
Berkener Straße
Berkener
Plüderhausen
22=Froschackerweg
23=Römersteinweg
24=Hornbergweg
25=Boßlerweg
26=Kupfenweg
27=Hohenneuffenweg
28=Wasserbergweg
29=Geranienweg
30=Grünewaldstraße
31=Im Mühlgarten
Schurwald-straße
Adelberger Str.
Gewerbegebiet Ost
Beachvolleyballfeld
Schützenhaus
Skigelände
Prügelweg
451
schlag
SOS-Kinderdorf
Stadtteil Oberberken
(zu Schorndorf)
73614
Wangener Straße
Adelberger Straße
Friedhof
Kapelle
Rathaus
Zollernstr.
Rechbergstr.
Hohenweg
Eichenweg
Schurwald-schule
Kiga
Schurwaldhalle
Espenweg
Kläranlage
Barrain
Pumpwerk
429
3=Schlehenweg
4=In den Geißhecken
Im Aspenfeld
500
Rehhaldenweg
Dickeichenweg
Breecherhalde
Kaiserstraße
Gewerbegebiet Ziegelhau
Oberberker
Kirchenweg
Teufelsbrunnen
Rot-
halde
Lerchenhof
Wasserturm
Schlißbach
Unterberken
Friedhof
Steingasse
Asperwald
Berkener
Enzianweg
Kläranlage
1=Schneeheideweg
2=Trollblumenweg
Burgholz
Einsiedelbach
Adelberg
73099
1=Küferstraße
2=Berkener Straße
3=Turmstraße
4=Am Feuersee
5=Thurweg
Sportgelände „Jauchert"
Tennispl.
Eishalle
Hintere
Hauptstr.
Schorndorfer Str.
Talstr.
Seestr.
Kugelberg
462
Spielplatz
Kläranlage
Alte Zehntscheuer
Ulrichkap.
ehem. Klosterschule
Adelberg Kloster
ehem. Speichergebäude
Herrenbach-
Stausee
Mühlhaldeweg
Herrenmühle
Panoramaweg
Weiter
Stärenberg
465
Sanfobelbach
452
Dächtler
Sauhag
Weinbergstraße
ehemaliges
Bundeswehrdepot
Unterberken
Rotkreuz
Weinsteige
Pumpwerk
Herrenbach
Füllesbach
Mittelmühle
Lange
Gehrn
Sau-
tobel
NSG
455
Wald
Weg
Breitenloh
73117
(zu Wangen)
Spielplatz
137
162
185

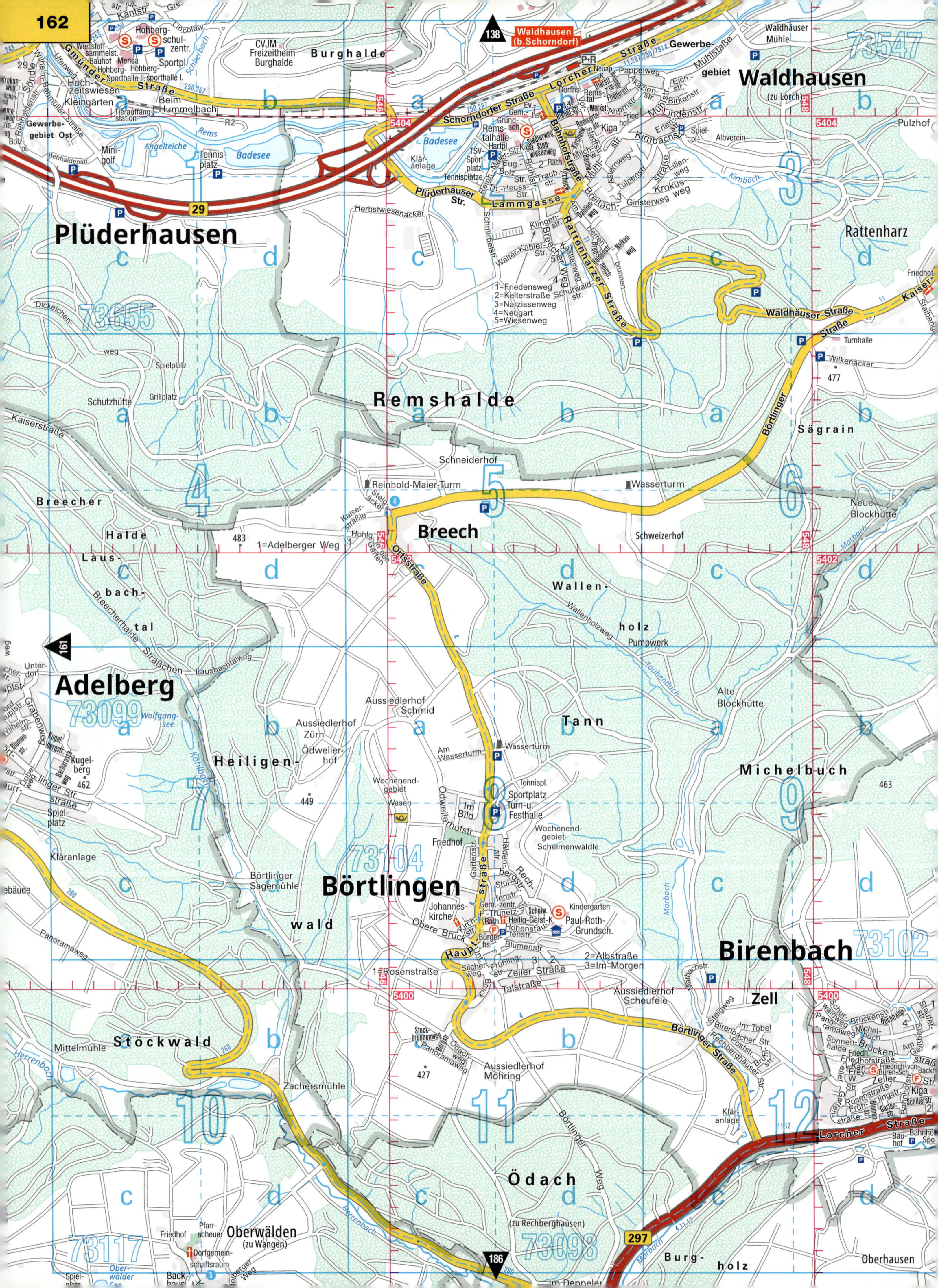
Plüderhausen
Waldhausen
(zu Lorch)
Breech
Adelberg
Börtlingen
Birenbach
Oberwälden
(zu Wangen)
Zell
Waldhausen (b.Schorndorf)
138
161
186
Remshalde
Burghalde
Breecher
Halde
Lausbachtal
Heiligenwald
Wallenholz
Tann
Michelbuch
Stöckwald
Ödach
Burgholz
Sägrain
Rattenharz
Pulzhof
Schneiderhof
Reinhold-Maier-Turm
Wasserturm
Schweizerhof
Neue Blockhütte
Alte Blockhütte
Schutzhütte
Grillplatz
Spielplatz
Badesee
Tennisplatz
Minigolf
Kläranlage
Zachersmühle
Mittelmühle
Börtlinger Sägemühle
Aussiedlerhof Schmid
Aussiedlerhof Zürn
Ödweilerhof
Aussiedlerhof Scheufele
Aussiedlerhof Möhring
Wolfgangsee
Kugelberg
Oberhausen
Pumpwerk
Friedhof
Turnhalle
Wilkenacker
Waldhauser Mühle
Gewerbegebiet
Gewerbegebiet Ost
Gmünder Straße
Schorndorfer Straße
Lorcher Straße
Plüderhäuser Str.
Lammgasse
Rattenharzer Straße
Waldhäuser Straße
Kaiserstraße
Börtlinger Straße
Ortsstraße
Hauptstraße
Zeller Straße
Talstraße
Obere Bruckstraße
Breecherhalde
Lausbachtalweg
Wallenholzweg
Panoramaweg
Herbstwiesenacker
Dickeichenweg
1=Friedensweg
2=Kelterstraße
3=Narzissenweg
4=Neugart
5=Wiesenweg
1=Adelberger Weg
1=Rosenstraße
2=Albstraße
3=Im Morgen
Johanneskirche
Kindergarten
Paul-Roth-Grundsch.
Sportplatz
Turn-u. Festhalle
Wochenendgebiet Schelmenwäldle
Wochenendgebiet
Wasen
Friedhof
Dorfgemeinschaftsraum
Pfarrscheuer
CVJM Freizeitheim Burghalde
Hohberg-schulzentr.
Sportpl.
Kleingärten
Beim Hummelbach
Rems
Marbach
Herrenbach
Kohlbach
Kirnbach
Taubenbach
73655
73099
73104
73547
73102
73117
73098
29
297
5404
5402
5400
483
449
462
427
463
477
1
2
3
4
5
6
7
8
9
10
11
12

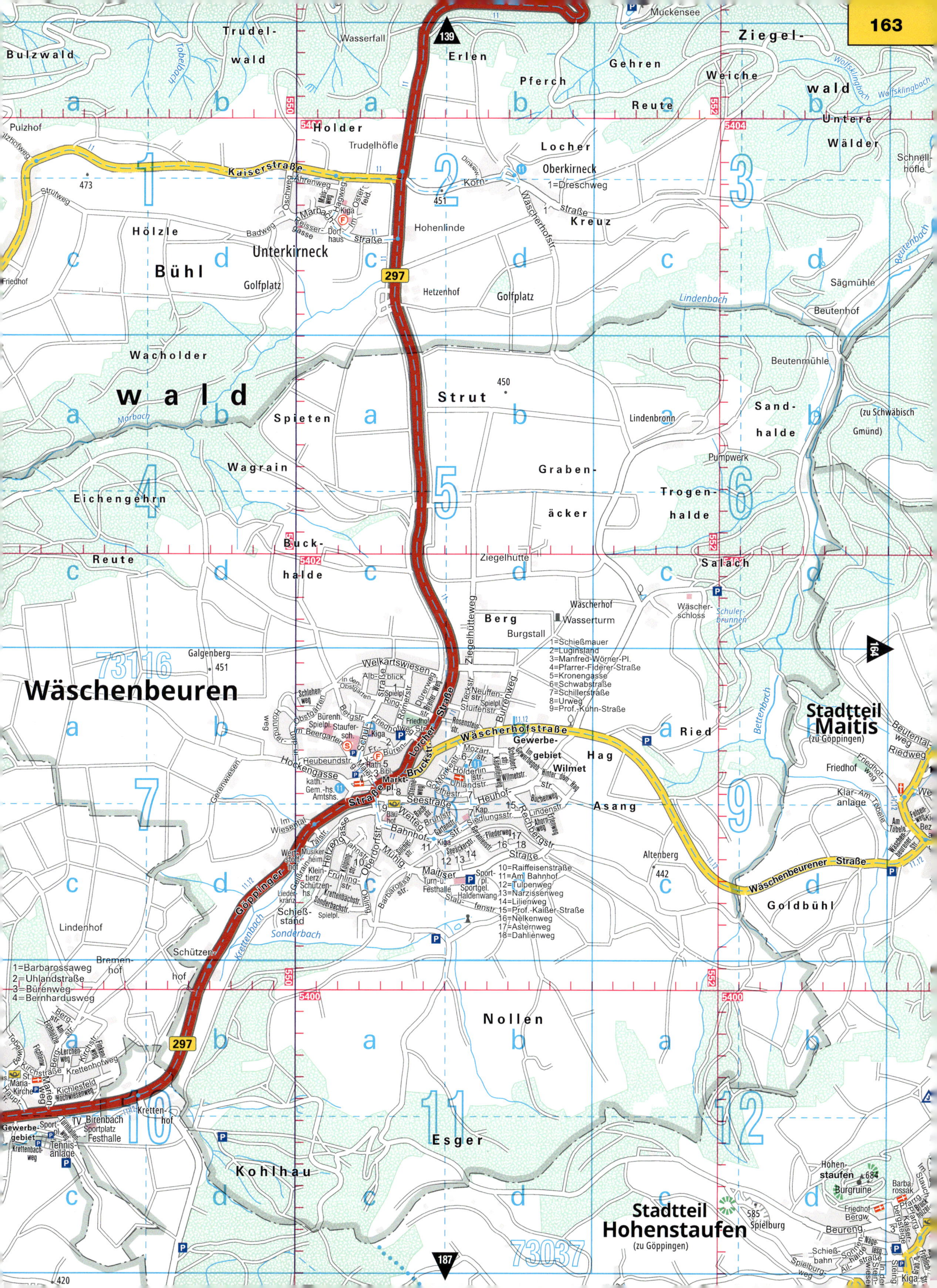
Wäschenbeuren
73116
Stadtteil Maitis
(zu Göppingen)
Stadtteil Hohenstaufen
(zu Göppingen)
73037
Unterkirneck
Oberkirneck
Bulzwald
Trudelwald
Ziegelwald
Wacholderwald
Erlen
Pferch
Gehren
Reute
Weiche
Untere Wälder
Holder
Trudelhöfle
Locher
Kreuz
Hölzle
Bühl
Golfplatz
Hohenlinde
Hetzenhof
Sägmühle
Beutenhof
Beutenmühle
Lindenbach
Strut
Spieten
Lindenbronn
Sandhalde
(zu Schwäbisch Gmünd)
Pumpwerk
Wagrain
Grabenäcker
Trogenhalde
Eichengehrn
Buckhalde
Ziegelhütte
Salach
Wäscherhof
Wasserturm
Wäscherschloss
Schulerbrunnen
Berg
Burgstall
Galgenberg
Ried
Hag
Wilmet
Asang
Altenberg
Goldbühl
Lindenhof
Bremenhof
Schützenhof
Sonderbach
Nollen
Esger
Kohlhau
Krettenhof
Hohenstaufen
Burgruine
Spielburg
Beureng
1=Dreschweg
1=Schießmauer
2=Luginsland
3=Manfred-Wörner-Pl.
4=Pfarrer-Fiderer-Straße
5=Kronengasse
6=Schwabstraße
7=Schillerstraße
8=Urweg
9=Prof.-Kuhn-Straße
10=Raiffeisenstraße
11=Am Bahnhof
12=Tulpenweg
13=Narzissenweg
14=Lilienweg
15=Prof.-Kaißer-Straße
16=Nelkenweg
17=Asternweg
18=Dahlienweg
1=Barbarossaweg
2=Uhlandstraße
3=Bürenweg
4=Bernhardusweg
Kaiserstraße
Wäscherhofstraße
Wäschenbeurener Straße
Göppinger Straße
Lorcher Straße
297
139
187
164

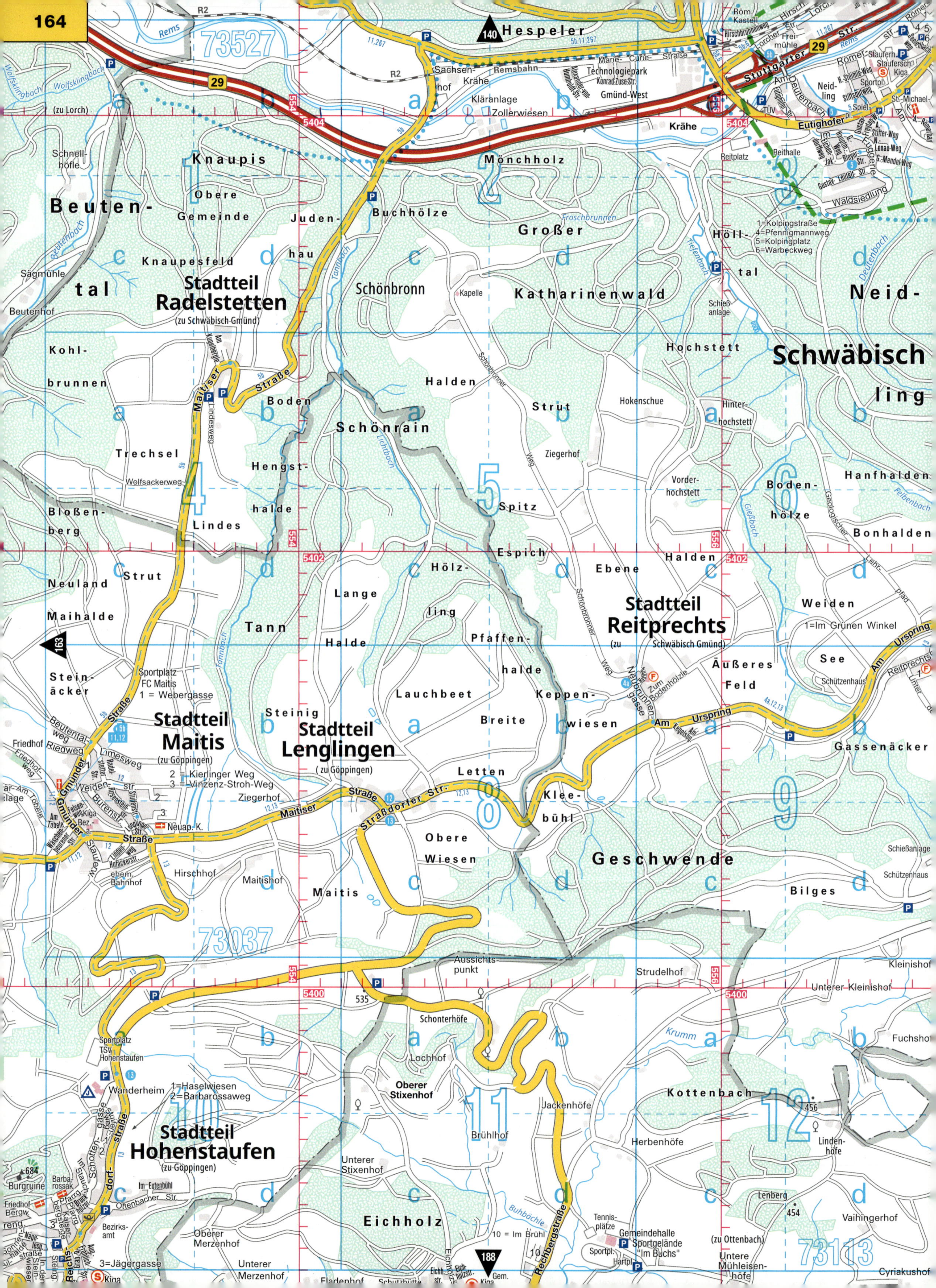
Hespeler
Beuten-
tal
Stadtteil
Radelstetten
(zu Schwäbisch Gmünd)
Knaupis
Obere
Gemeinde
Juden-
hau
Knaupesfeld
Schönbronn
Mönchholz
Buchhölze
Großer
Katharinenwald
Höll-
tal
Neid-
Schwäbisch
ling
Kohl-
brunnen
Trechsel
Boden
Hengst-
halde
Lindes
Schönrain
Halden
Strut
Spitz
Espich
Hochstett
Hokenschue
Hinter-
hochstett
Vorder-
hochstett
Boden-
hölze
Hanfhalden
Bonhalden
Bloßen-
berg
Neuland
Strut
Maihalde
Tann
Lange
Halde
Hölz-
ling
Pfaffen-
halde
Keppen-
wiesen
Ebene
Halden
Stadtteil
Reitprechts
(zu Schwäbisch Gmünd)
Weiden
See
Äußeres
Feld
Stein-
äcker
Stadtteil
Maitis
(zu Göppingen)
Steinig
Stadtteil
Lenglingen
(zu Göppingen)
Lauchbeet
Breite
Letten
Klee-
bühl
Gassenäcker
Obere
Wiesen
Maitis
Hirschhof
Maitishof
Geschwende
Bilges
Strudelhof
Unterer Kleinishof
Kleinishof
Schonterhöfe
Lochhof
Oberer
Stixenhof
Kottenbach
Fuchshof
Jackenhöfe
Brühlhof
Herbenhöfe
Linden-
hofe
Stadtteil
Hohenstaufen
(zu Göppingen)
Unterer
Stixenhof
Eichholz
Lenberg
Vaihingerhof
Oberer
Merzenhof
Unterer
Merzenhof
Cyriakushof
73527
73037
73113

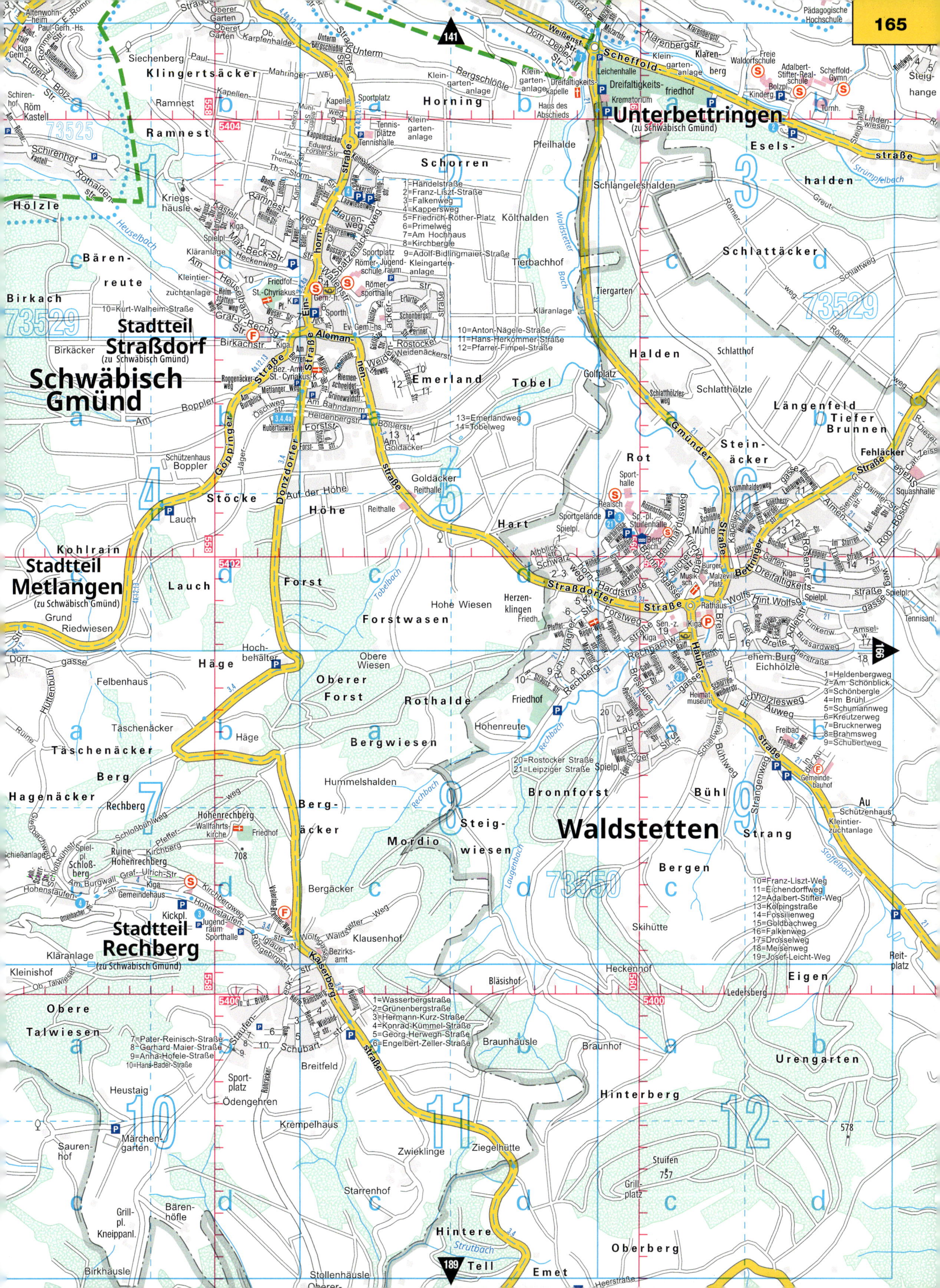

Unterbettringen
(zu Schwäbisch Gmünd)
Stadtteil
Straßdorf
(zu Schwäbisch Gmünd)
Schwäbisch
Gmünd
Stadtteil
Metlangen
(zu Schwäbisch Gmünd)
Stadtteil
Rechberg
(zu Schwäbisch Gmünd)
Waldstetten
141
160
189
Klingertsäcker
Ramnest
Horning
Schorren
Költhalden
Tierbachhof
Tiergarten
Schlangeleshalden
Esels-
halden
Schlattäcker
Halden
Schlatthof
Schlatthölzle
Längenfeld
Tiefer
Brunnen
Stein-
äcker
Fehläcker
Rot
Hart
Tobel
Emerland
Goldäcker
Höhe
Stöcke
Lauch
Kohlrain
Forst
Forstwasen
Hohe Wiesen
Häge
Oberer
Forst
Rothalde
Bergwiesen
Hummelshalden
Berg-
äcker
Mordio
Steig-
wiesen
Bronnforst
Bühl
Strang
Bergen
Eigen
Urengarten
Hinterberg
Oberberg
Braunhäusle
Bläsishof
Heckenhof
Ledetsberg
Skihütte
Täschenäcker
Berg
Hagenäcker
Rechberg
Hohenrechberg
Felbenhaus
Birkach
Bären-
reute
Hölzle
Obere
Talwiesen
Kleinishof
Heustaig
Sauren-
hof
Grill-
pl.
Kneippanl.
Bären-
höfle
Birkhäusle
Stollenhäusle
Starrenhof
Zwieklinge
Ziegelhütte
Hintere
Tell
Emet
Stuifen
757
578
708
Ödengehren
Krempelhaus
Breitfeld
Schubart
Klausenhof
Bergäcker
Sport-
platz
Märchen-
garten
Kläranlage
Au
Schützenhaus
Reit-
platz
73525
73529
73550
5404
5402
5400
558
560
1=Handelstraße
2=Franz-Liszt-Straße
3=Falkenweg
4=Kappersweg
5=Friedrich-Rother-Platz
6=Primelweg
7=Am Hochhaus
8=Kirchbergle
9=Adolf-Bidlingmaier-Straße
10=Anton-Nägele-Straße
11=Hans-Herkommer-Straße
12=Pfarrer-Fimpel-Straße
13=Emerlandweg
14=Tobelweg
10=Kurt-Walheim-Straße
1=Heldenbergweg
2=Am Schönblick
3=Schönbergle
4=Im Brühl
5=Schumannweg
6=Kreutzerweg
7=Brucknerweg
8=Brahmsweg
9=Schubertweg
10=Franz-Liszt-Weg
11=Eichendorffweg
12=Adalbert-Stifter-Weg
13=Kolpingstraße
14=Fossilienweg
15=Goldbachweg
16=Falkenweg
17=Drosselweg
18=Meisenweg
19=Josef-Leicht-Weg
20=Rostocker Straße
21=Leipziger Straße
1=Wasserbergstraße
2=Grünenbergstraße
3=Hermann-Kurz-Straße
4=Konrad-Kümmel-Straße
5=Georg-Herwegh-Straße
6=Engelbert-Zeller-Straße
7=Pater-Reinisch-Straße
8=Gerhard-Maier-Straße
9=Anna-Hofele-Straße
10=Hans-Bader-Straße

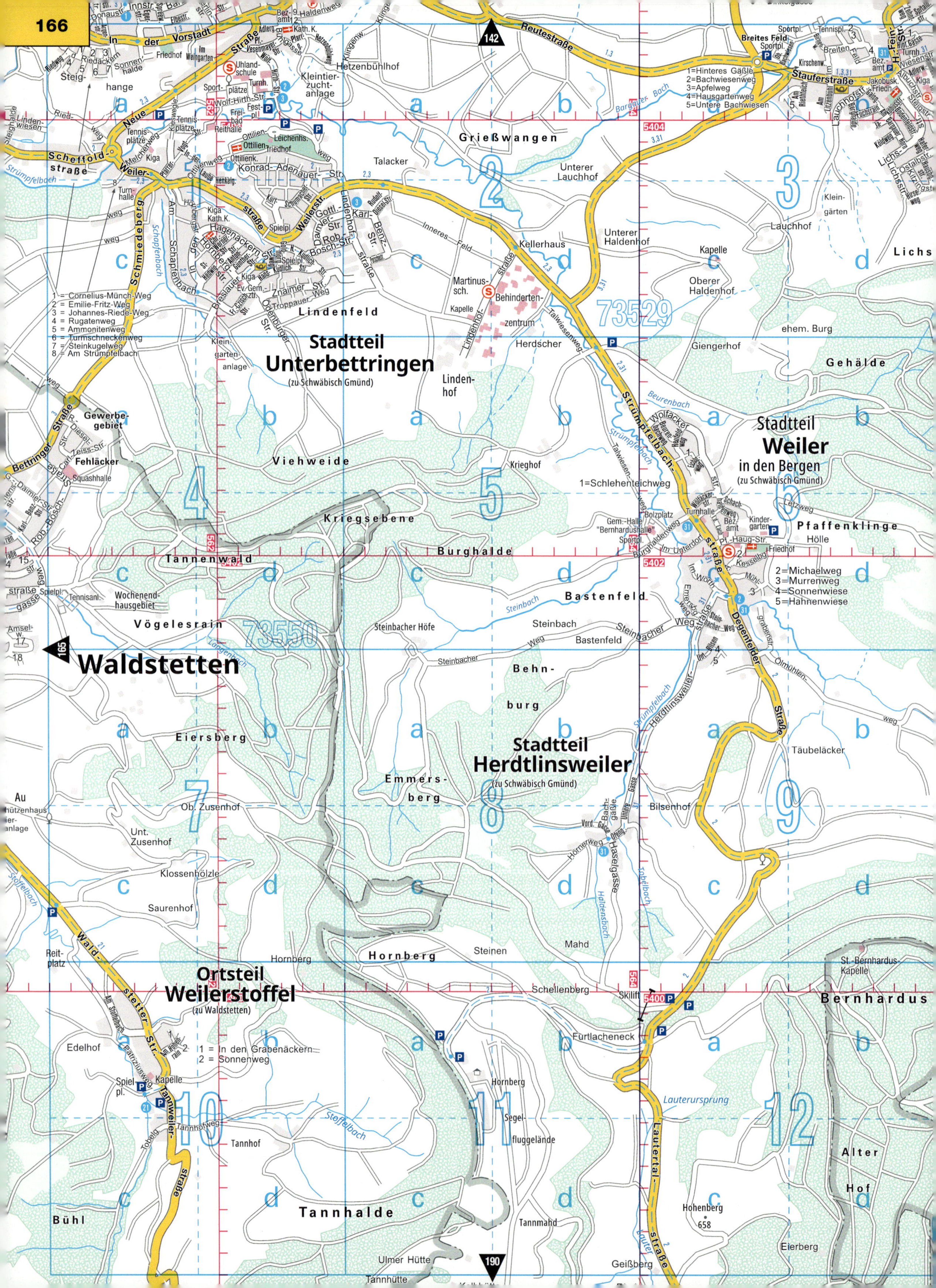
Stadtteil
Unterbettringen
(zu Schwäbisch Gmünd)
Stadtteil
Weiler
in den Bergen
(zu Schwäbisch Gmünd)
Stadtteil
Herdtlinsweiler
(zu Schwäbisch Gmünd)
Waldstetten
Ortsteil
Weilerstoffel
(zu Waldstetten)
73529
73550
Grießwangen
Unterer Lauchhof
Unterer Haldenhof
Oberer Haldenhof
Lauchhof
Kapelle
Lindenfeld
Lindenhof
Talacker
Hetzenbühlhof
Kleintierzuchtanlage
Kellerhaus
Martinus-sch.
Behinderten-zentrum
Herdscher
Giengerhof
ehem. Burg
Gehälde
Gewerbegebiet
Fehläcker
Squashhalle
Viehweide
Kriegsebene
Krieghof
Tannenwald
Burghalde
Bastenfeld
Steinbach
Steinbacher Höfe
Behnburg
Vögelesrain
Wochenendhausgebiet
Eiersberg
Emmersberg
Ob. Zusenhof
Unt. Zusenhof
Klossenhölzle
Saurenhof
Bilsenhof
Täubeläcker
Pfaffenklinge
Hölle
Hornberg
Steinen
Mahd
Schellenberg
Skilift
Furtlacheneck
St. Bernhardus-Kapelle
Bernhardus
Edelhof
Tannhof
Tannhalde
Segelfluggelände
Tannmahd
Lauterursprung
Hohenberg
658
Eierberg
Geißberg
Alter Hof
Bühl
Ulmer Hütte
Tannhütte
Reitplatz
Reutestraße
Stauferstraße
Breites Feld
Scheffoldstraße
Weilerstraße
Schmiedeberg
Strümpfelbachstraße
Degenfelder Straße
Waldstetter Str.
Tannweilerstraße
Lautertalstraße
Bettringer Straße
Strümpfelbach
Beurenbach
Steinbach
Stoffelbach
Haldenbach
Tobelbach
Lauter
Bargauer Bach
1 = Cornelius-Münch-Weg
2 = Emilie-Fritz-Weg
3 = Johannes-Riede-Weg
4 = Rugateweg
5 = Ammonitenweg
6 = Turmschneckenweg
7 = Steinkugelweg
8 = Am Strümpfelbach
1=Hinteres Gäßle
2=Bachwiesenweg
3=Apfelweg
4=Hausgartenweg
5=Untere Bachwiesen
1=Schlehenteichweg
2=Michaelweg
3=Murrenweg
4=Sonnenwiese
5=Hahnenwiese
1 = In den Grabenäckern
2 = Sonnenweg
142
165
190
5404
5402
5400
562
564

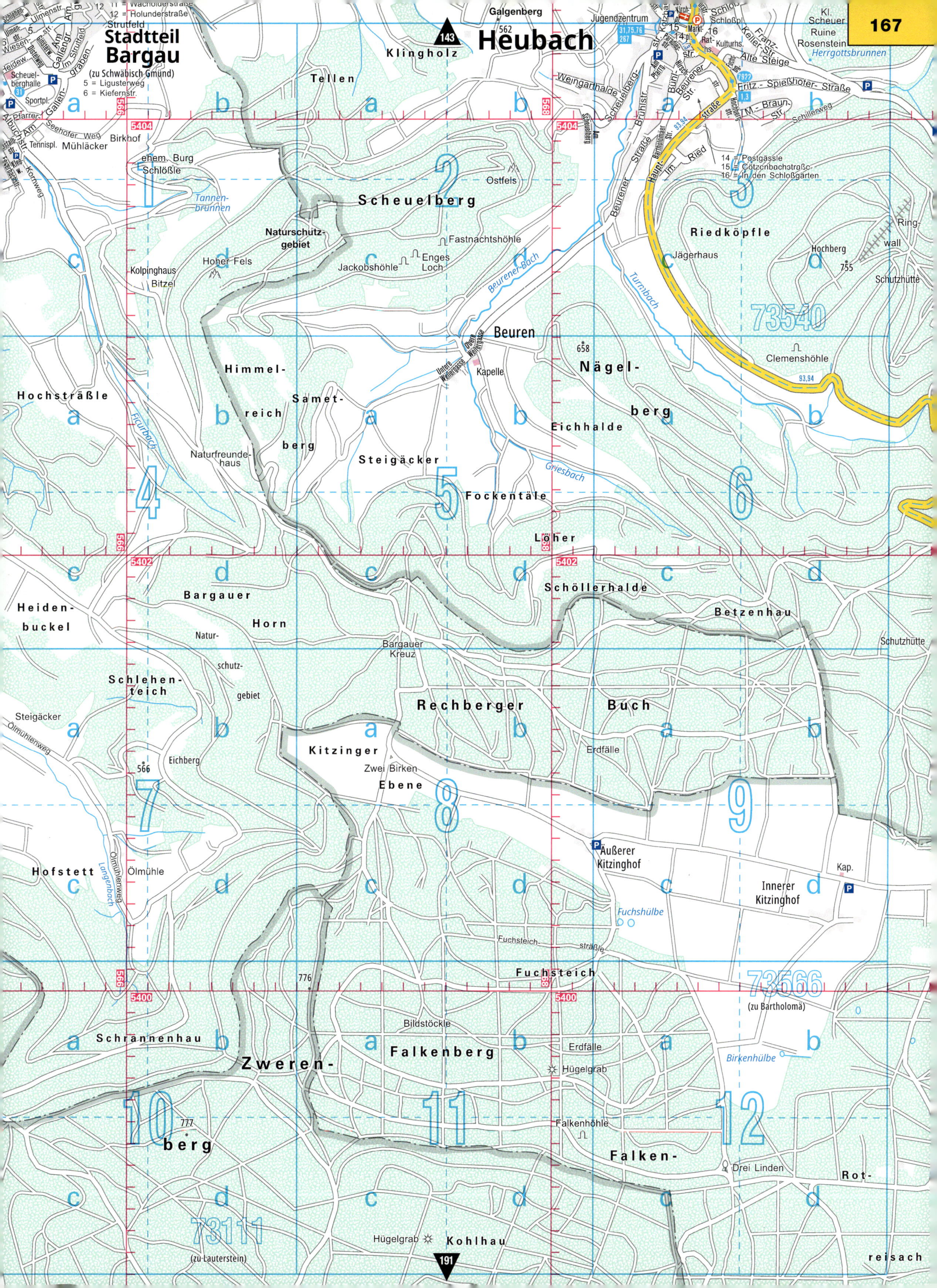

Stadtteil Bargau
(zu Schwäbisch Gmünd)
Heubach
Galgenberg
Klingholz
Tellen
Scheuelberg
Ostfels
Naturschutzgebiet
Fastnachtshöhle
Jackobshöhle
Enges Loch
Hoher Fels
Kolpinghaus
Bitzel
Tannenbrunnen
ehem. Burg Schlößle
Mühläcker
Birkhof
Riedköpfle
Jägerhaus
Hochberg
Ringwall
Schutzhütte
Clemenshöhle
Beuren
Kapelle
Nägelberg
Eichhalde
Hochsträßle
Himmelreich
Sametberg
Steigäcker
Fockentäle
Löher
Naturfreundehaus
Heidenbuckel
Bargauer Horn
Schöllerhalde
Betzenhau
Bargauer Kreuz
Rechberger Buch
Schlehenteich
Kitzinger Ebene
Zwei Birken
Erdfälle
Eichberg
Hofstett
Ölmühle
Außerer Kitzinghof
Innerer Kitzinghof
Fuchshülbe
Fuchsteich
Schrannenhau
Zwerenberg
Falkenberg
Bildstöckle
Hügelgrab
Falkenhöhle
Falken-
Drei Linden
Birkenhülbe
Rot-reisach
Kohlhau
73540
73566
(zu Bartholomä)
73111
(zu Lauterstein)
Herrgottsbrunnen
Ruine Rosenstein

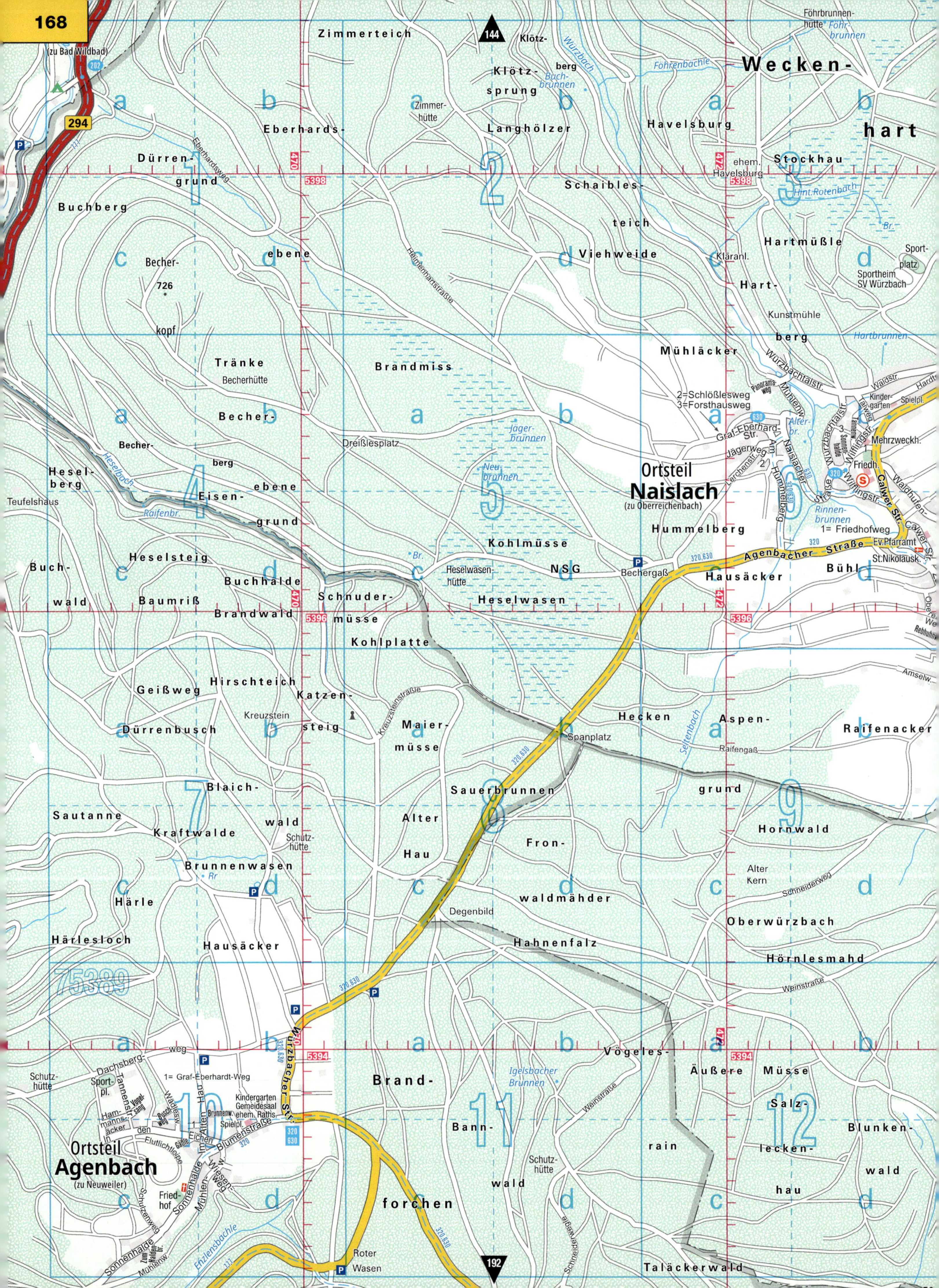

Zimmerteich
Klötz-
berg
Klötz-
sprung
Buch-
brunnen
Würzbach
Föhrbrunnen-
hütte
Föhr-
brunnen
Fohrenbachle
Wecken-
hart
(zu Bad Wildbad)
294
Eberhards-
Dürren-
grund
Eberhardsweg
Zimmer-
hütte
Langhölzer
Havelsburg
Stockhau
ehem.
Havelsburg
Buchberg
Schaibles-
teich
Hint.Rotenbach
Hartmüßle
Becher-
726
kopf
ebene
Heimbergsweg
Viehweide
Kläranl.
Hart-
Sport-
platz
Sportheim
SV Würzbach
Kunstmühle
berg
Hartbrunnen
Tränke
Becherhütte
Brandmiss
Mühläcker
Würzbachtalstr.
2=Schlößlesweg
3=Forsthausweg
Becher-
Jäger-
brunnen
Becher-
berg
Dreißlesplatz
Graf-Eberhard-
Str.
Jägerweg
Mehrzweckh.
Friedh.
Hesel-
berg
Heselbach
Teufelshaus
Eisen-
ebene
Neu
brunnen
Ortsteil
Naislach
(zu Oberreichenbach)
Rinnen-
brunnen
1= Friedhofweg
Raifenbr.
grund
Hummelberg
Kohlmüsse
Ev.Pfarramt
St.Nikolausk.
Calwer Str.
Agenbacher Straße
Buch-
wald
Heselsteig
Baumriß
Buchhalde
Brandwald
Br.
Heselwasen-
hütte
NSG
Heselwasen
Bechergaß
Hausäcker
Bühl
Schnuder-
müsse
Kohlplatte
Geißweg
Hirschteich
Katzen-
steig
Kreuzstein
Dürrenbusch
Kreuzsteinstraße
Maier-
müsse
Hecken
Spanplatz
Seltenbach
Aspen-
Raifengaß
Raifenacker
grund
Blaich-
Sautanne
Kraftwalde
wald
Schutz-
hütte
Sauerbrunnen
Alter
Hau
Fron-
Hornwald
Brunnenwasen
Alter
Kern
Schneiderweg
Härle
waldmähder
Degenbild
Oberwürzbach
Härlesloch
Hausäcker
Hahnenfalz
Hörnlesmahd
75389
Weinstraße
Dachsberg-
weg
Sport-
pl.
Schutz-
hütte
1= Graf-Eberhardt-Weg
Kindergarten
Gemeindesaal
ehem. Raths.
Spielpl.
Würzbacher Str.
Blumenstraße
Brand-
Igelsbacher
Brunnen
Vögeles-
Äußere
Müsse
Salz-
Bann-
Blunken-
Ortsteil
Agenbach
(zu Neuweiler)
Fried-
hof
Sonnenhalde
Mühlen-
Schutz-
hütte
rain
lecken-
wald
wald
hau
forchen
Ehlensbachle
Roter
Wasen
Talackerwald
144
192

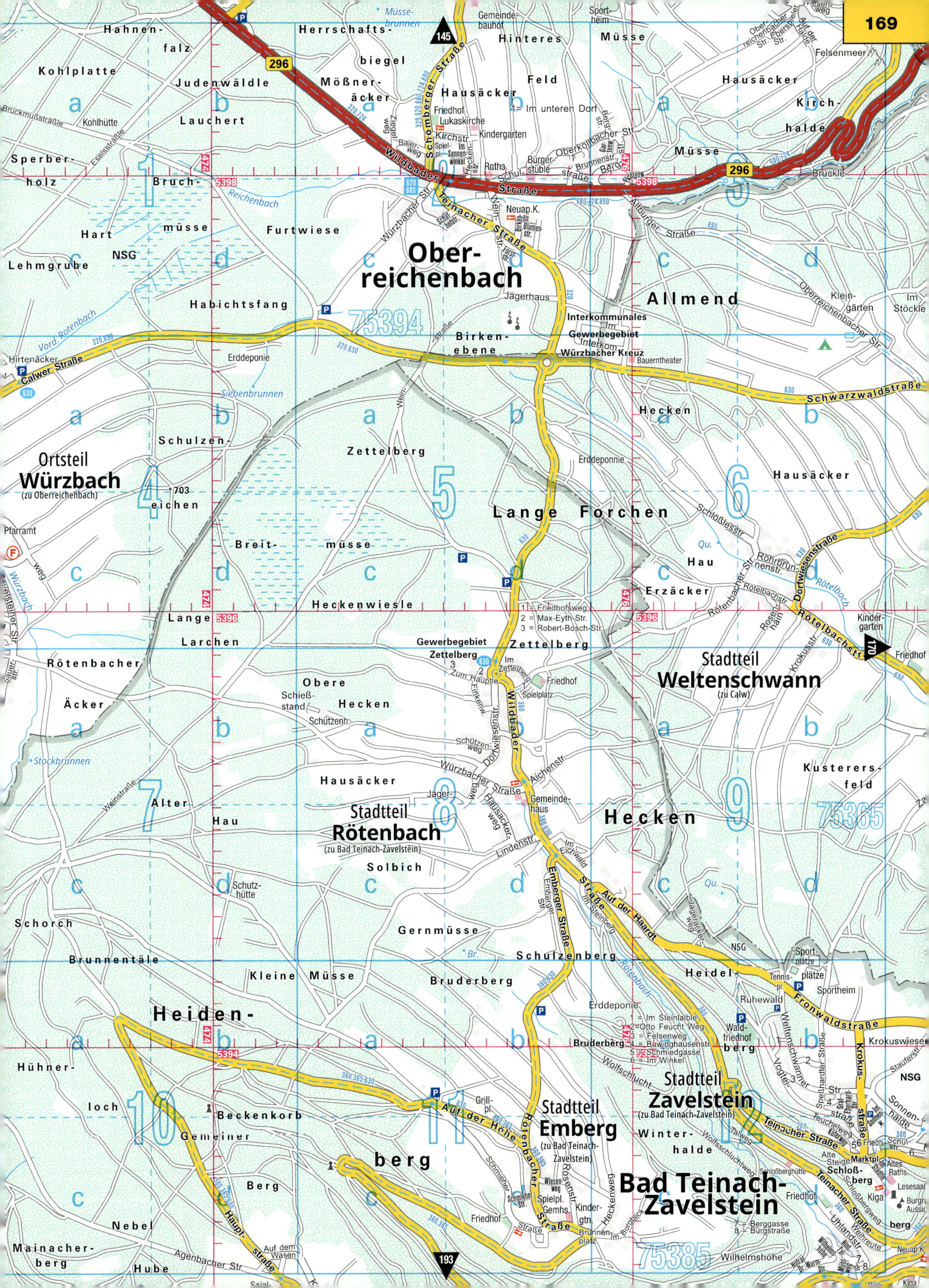
Hahnen-
falz
Kohlplatte
Judenwäldle
Lauchert
Herrschafts-
biegel
Mößner-
äcker
Hinteres
Feld
Hausäcker
Müsse
Hausäcker
Kirch-
halde
Sperber-
holz
Bruch-
müsse
Hart
NSG
Lehmgrube
Furtwiese
Habichtsfang
Ober-
reichenbach
Allmend
Birken-
ebene
Interkommunales
Gewerbegebiet
Würzbacher Kreuz
Calwer Straße
Schwarzwaldstraße
Wildbader Straße
Schömberger Straße
Teinacher Straße
Ortsteil
Würzbach
(zu Oberreichenbach)
Schulzen-
eichen
Zettelberg
Lange Forchen
Hecken
Hausäcker
Breit-
müsse
Heckenwiesle
Lange
Larchen
Rötenbacher
Äcker
Hau
Erzäcker
Zettelberg
Stadtteil
Weltenschwann
(zu Calw)
Obere
Hecken
Hausäcker
Alter
Hau
Stadtteil
Rötenbach
(zu Bad Teinach-Zavelstein)
Solbich
Hecken
Kusterers-
feld
Schorch
Brunnentäle
Gernmüsse
Schulzenberg
Kleine Müsse
Bruderberg
Heiden-
Heidel-
berg
Hühner-
loch
Beckenkorb
Gemeiner
berg
Berg
Nebel
Mainacher-
berg
Hube
Stadtteil
Emberg
(zu Bad Teinach-Zavelstein)
Stadtteil
Zavelstein
(zu Bad Teinach-Zavelstein)
Winter-
halde
Bad Teinach-
Zavelstein
Fronwaldstraße
Emberger Straße
Rötenbacher Straße
Auf der Höhe
Wilhelmshöhe
75394
75365
75385
296
5398
5396
5394
1 = Friedhofsweg
2 = Max-Eyth-Str.
3 = Robert-Bosch-Str.
1 = Im Steinlaible
2 = Otto Feucht Weg
3 = Felsenweg
4 = Buwinghausenstr.
5 = Schmiedgasse
6 = Im Winkel
7 = Berggasse
8 = Burgstraße

Stadtteil
Hirsau
(zu Calw)
Stadtteil
Spindlershof
(zu Calw)
Stadtteil
Altburg
(zu Calw)
Stadtteil
Alzenberg
(zu Calw)
Stadtteil
Oberriedt
(zu Calw)
Stadtteil
Speßhardt
(zu Calw)
Stadtteil
Wimberg
(zu Calw)
Calw
Bad Teinach-
Zavelstein
Stadtteil
Bad Teinach
(zu Bad Teinach-Zavelstein)
Stadtteil
Kentheim
(zu Bad Teinach-Zavelstein)
Lützen-
hardt
Neureut
75385
Falkenstein
Bleiche
Bauernsteig
Schwein-
bach-
tal
Mähder
Zeppelinforche
Bergäcker
Birkach
Altburger
Berg
491
Reute
Höher
Felsen
Fuchs-
berg
356
Welzberg
487
Alt-
weg
531
Meister-
berg
Schillerhöhe
531
Kuckucks-
felsen
Hummelberg
Mahden
Gräben
Gimpelstein
446
Georgenhöhe
Kirch-
halde
Stahläcker
Reisach
Zigeunerberg
520
Rudersberg
417
Spital-
wald
Birk-
wald
Riegel-
äcker
Klösterle
Krokuswiesen
Schleifhalde
Kentheimer Berg
508
505
Tannenhau
Rehgrundklinge
Wildbader Straße
Schwarzwaldstraße
Weltenschwanner Str.
Otto-Göhner-Straße
Hardtwaldstraße
Rötelbachstraße
Sommenhardter Straße
Fronwaldstraße
Calwer Straße
Bahnhofstraße
Bischofstraße
Stuttgarter Str.
Im Krappen
Candidusstraße
Hirsauer Wiesenweg
Altburger Str.
Nagold
Zavelsteiner Brücke
Pumpwerk
Kläranl.
Sportplätze
Friedhof
Kindergarten
1 = Bohnenberger Weg
2 = Albert-Hofele-Weg
3 = Schubertstraße
4 = Johannes-Kepler-Straße
5 = August-Lämmle-Straße
6 = Goethestraße
7 = Dolwiesenweg
8 = Freiherr-von-Palm-Weg
1 = Haberend
2 = Meisterbergweg
3 = Brunnenwegle
1 = Am Tälesbach
1 = Im Biegel
2 = Am Kapellenberg
3 = Hohfelsenstaffel
4 = Kirchplatz
5 = Schulgasse
1 = Tannenweg
2 = Sommenhardter Weg
3 = Wölflesweg
4 = Schubartweg
5 = Mörikeweg
6 = Hölderlinweg
7 = Goetheweg
8 = Friedr.-von-Gärtner-Straße
9 = Schauberweg
10 = Heckenackerstraße
11 = Tannenbusch
12 = Am Röhrlesbrunnen
13 = Rotbuchenstraße
14 = Eschenweg
15 = Stahlackerweg
16 = Stieleichenweg
6 = Hermann-Hesse-Pl.
7 = Nikolausbrücke
8 = Im Entenschnabel
9 = Hengstetter Gäßle
10 = Krankenhausstaffel
11 = Salzgasse
12 = Turmgäßle
13 = Hundert Stäffle
1 = Hölderlinstraße
2 = Schillerstraße
3 = Herm.-Hesse-Straße
4 = Mörikestraße
5 = Scheffelstraße
6 = Wielandstraße
7 = Lisztstraße
8 = Lessingstraße
11 = Panoramastaffel
12 = Sommenharder Weg
296
463
146
169
194

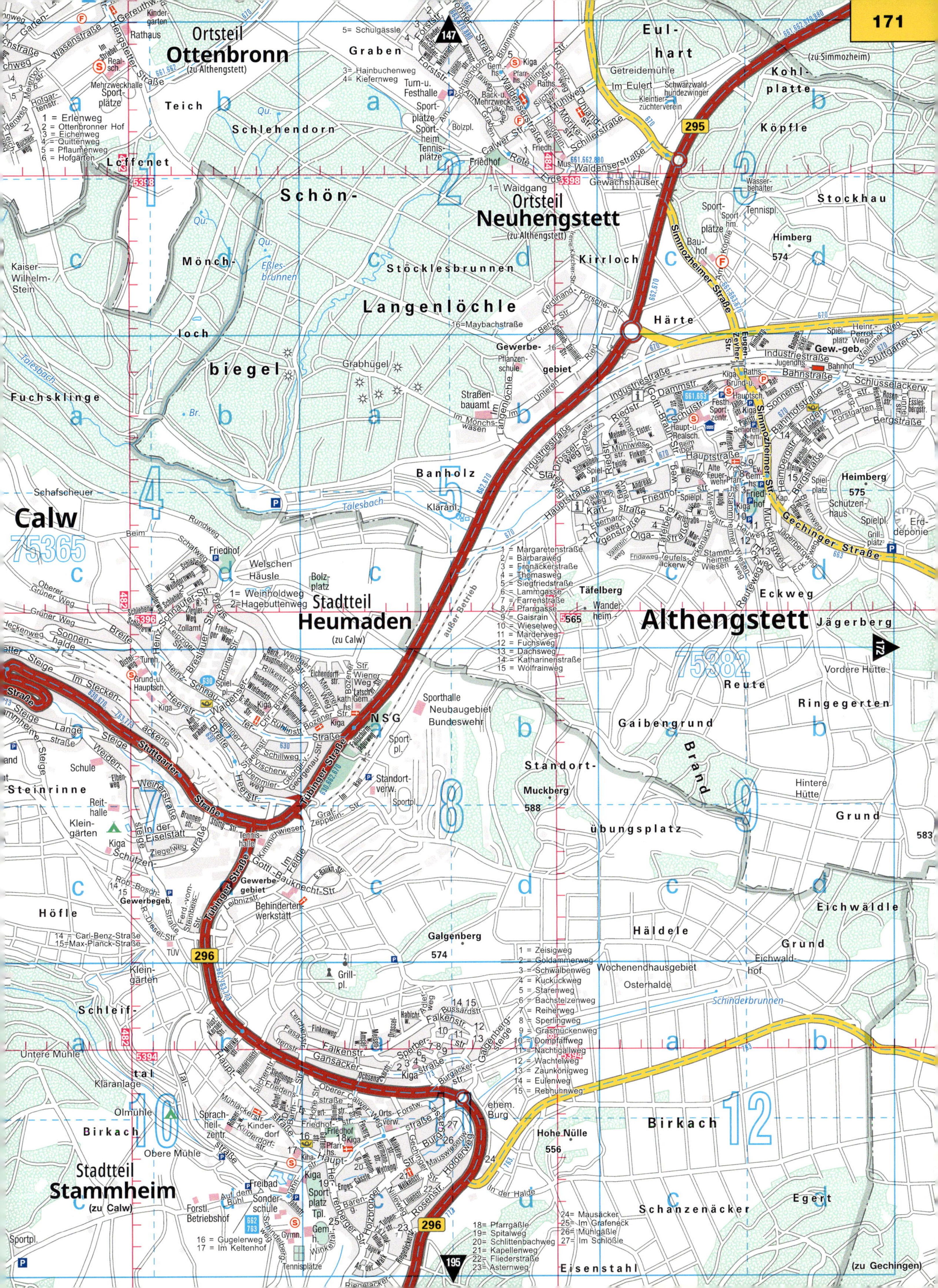
Ortsteil
Ottenbronn
(zu Althengstett)
Rathaus
Teich
1 = Erlenweg
2 = Ottenbronner Hof
3 = Eichenweg
4 = Quittenweg
5 = Pflaumenweg
6 = Hofgärten
Löffenet
Graben
5= Schulgässle
3= Hainbuchenweg
4= Kieferweg
Schlehendorn
Eul-
hart
Getreidemühle
Im Eulert
Schwarzwald-
hundezwinger
Kohl-
platte
Köpfle
(zu Simmozheim)
295
Schön-
Mönch-
loch
biegel
Eßles-
brunnen
1= Waidgang
Ortsteil
Neuhengstett
(zu Althengstett)
Stöcklesbrunnen
Langenlöchle
16=Maybachstraße
Kirrloch
Stockhau
Himberg
574
Härte
Simmozheimer Straße
Kaiser-
Wilhelm-
Stein
Fuchsklinge
Grabhügel
Gewerbe-
gebiet
Straßen-
bauamt
Banholz
Kläranl.
Tälesbach
Schafscheuer
Calw
75365
Friedhof
Welschen
Häusle
Bolz-
platz
1= Weinholdweg
2=Hagebuttenweg
Stadtteil
Heumaden
(zu Calw)
1 = Margaretenstraße
2 = Barbaraweg
3 = Fronäckerstraße
4 = Thomasweg
5 = Siegfriedstraße
6 = Lammgasse
7 = Farrenstraße
8 = Pfarrgasse
9 = Gaisrain
10 = Wieselweg
11 = Marderweg
12 = Fuchsweg
13 = Dachsweg
14 = Katharinenstraße
15 = Wolfrainweg
Täfelberg
565
Althengstett
75382
Industriestraße
Bahnhof
Gewerbe-
Gew.-geb.
Heimberg
575
Schützen-
haus
Erd-
deponie
Gechinger Straße
Eckweg
Jägerberg
172
Vordere Hütte
Reute
Ringegerten
Gaibengrund
Brand
Sporthalle
Neubaugebiet
Bundeswehr
NSG
Standort-
Muckberg
588
übungsplatz
Hintere
Hütte
Grund
583
Stuttgarter Straße
Tübinger Straße
Steinrinne
Schule
Reit-
halle
Klein-
gärten
Höfle
14 = Carl-Benz-Straße
15=Max-Planck-Straße
Gewerbegeb.
Gewerbe-
gebiet
Behinderten-
werkstatt
Häldele
Eichwäldle
Grund
Galgenberg
574
296
1 = Zeisigweg
2 = Goldammerweg
3 = Schwalbenweg
4 = Kuckuckweg
5 = Starenweg
6 = Bachstelzenweg
7 = Reiherweg
8 = Sperlingweg
9 = Grasmückenweg
10 = Dompfaffweg
11 = Nachtigallweg
12 = Wachtelweg
13 = Zaunkönigweg
14 = Eulenweg
15 = Rebhuhnweg
Wochenendhausgebiet
Osterhalde
Eichwald-
hof
Schinderbrunnen
Schleif-
tal
Untere Mühle
Kläranlage
Ölmühle
Birkach
Obere Mühle
Stadtteil
Stammheim
(zu Calw)
Sprach-
heil-
zentr.
ehem.
Burg
Hohe Nülle
556
Birkach
Schanzenäcker
Egert
16 = Gugelerweg
17 = Im Keltenhof
18= Pfarrgäßle
19= Spitalweg
20= Schlittenbachweg
21= Kapellenweg
22= Fliederstraße
23= Asternweg
24= Mausäcker
25= Im Grafeneck
26= Mühlgäßle
27= Im Schlößle
Eisenstahl
(zu Gechingen)
195
Forstl.
Betriebshof
Freibad
Sportpl.

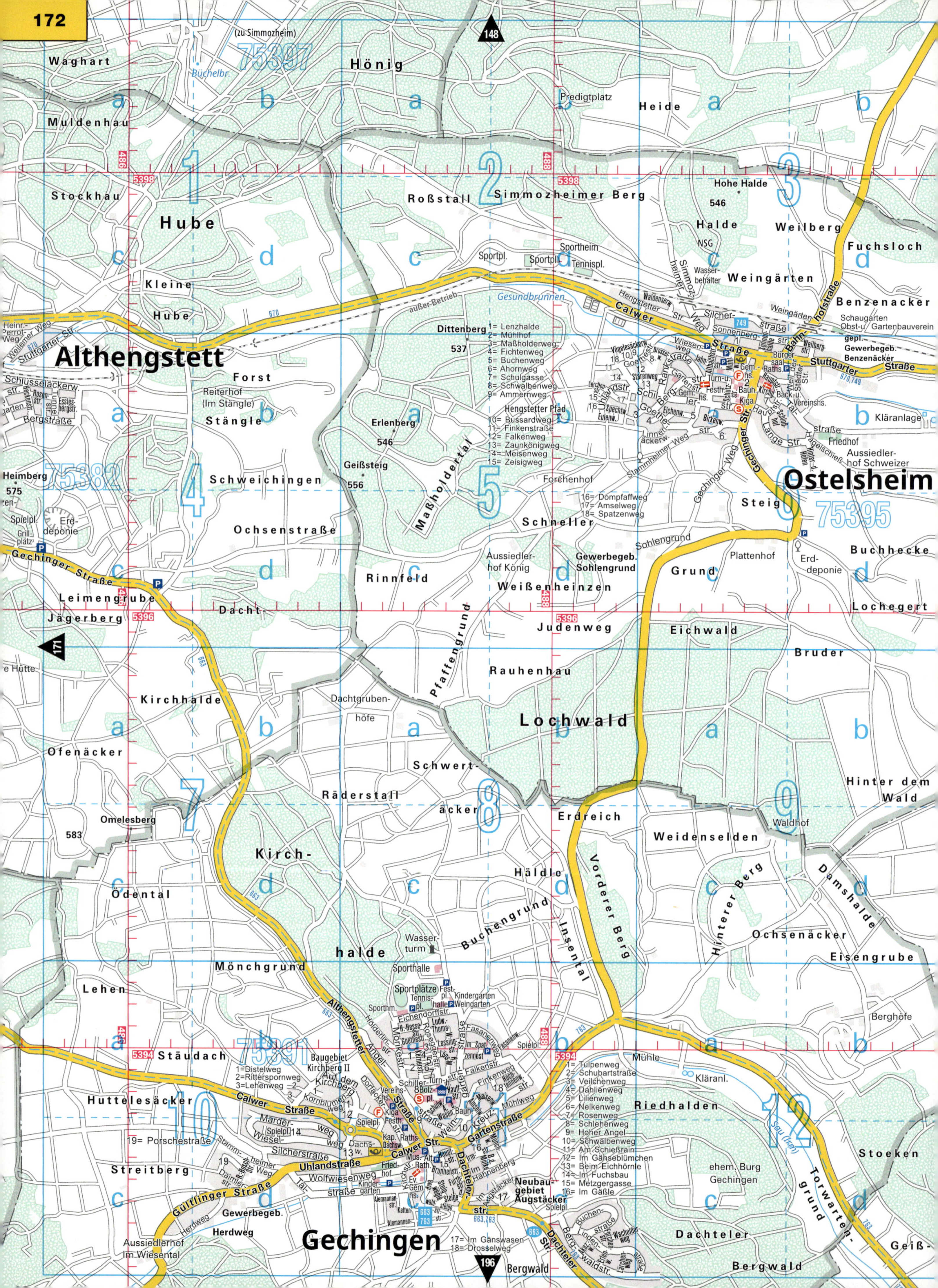

148
Waghart
Hönig
Muldenhau
Predigtplatz
Heide
Stockhau
Hube
Roßstall
Simmozheimer Berg
Hohe Halde
546
Halde
Weilberg
Fuchsloch
Kleine Hube
Weingärten
Benzenacker
Althengstett
Dittenberg
537
Forst
Reiterhof (Im Stängle)
Stängle
Erlenberg
546
Geißsteig
556
Hengstetter Pfad
Kläranlage
Ostelsheim
75395
75382
Heimberg
575
Erddeponie
Schweichingen
Maßholdertal
Forchenhof
Steig
Ochsenstraße
Schneller
Plattenhof
Buchhecke
Gechinger Straße
Leimengrube
Rinnfeld
Aussiedlerhof König
Gewerbegeb. Sohlengrund
Weißenheinzen
Grund
Lochegert
Jägerberg
Dacht-
Pfaffengrund
Judenweg
Eichwald
Bruder
171
Kirchhalde
Dachtgrubenhöfe
Rauhenhau
Lochwald
Ofenäcker
Schwertäcker
Hinter dem Wald
Räderstall
Erdreich
Omelesberg
583
Kirch-halde
Weidenselden
Waldhof
Häldle
Vorderer Berg
Hinterer Berg
Damshalde
Ödental
Buchengrund
Insental
Ochsenäcker
Eisengrube
Wasserturm
Mönchgrund
Sporthalle
Lehen
Berghöfe
Althengstetter Straße
Stäudach
75391
Baugebiet Kirchberg II
Mühle
Kläranl.
Huttelesäcker
Calwer Straße
Riedhalden
Streitberg
Uhlandstraße
Stoeken
Gültlinger Straße
Neubaugebiet Augstäcker
ehem. Burg Gechingen
Gewerbegeb.
Herdweg
Aussiedlerhof Im Wiesental
Gechingen
Dachteler
Torwartengrund
Geiß-
Bergwald
196
1= Lenzhalde
2= Mühlhof
3= Maßholderweg
4= Fichtenweg
5= Buchenweg
6= Ahornweg
7= Schulgasse
8= Schwalbenweg
9= Ammerweg
10= Bussardweg
11= Finkenstraße
12= Falkenweg
13= Zaunkönigweg
14= Meisenweg
15= Zeisigweg
16= Dompfaffweg
17= Amselweg
18= Spatzenweg
1=Distelweg
2=Ritterspornweg
3=Lehenweg
19= Porschestraße
1= Tulpenweg
2= Schubartstraße
3= Veilchenweg
4= Dahlienweg
5= Lilienweg
6= Nelkenweg
7= Rosenweg
8= Schlehenweg
9= Hoher Angel
10= Schwalbenweg
11= Am Schießrain
12= Im Gänseblümchen
13= Beim Eichhörnle
14= Im Fuchsbau
15= Metzgergasse
16= Im Gäßle
17= Im Gänswasen
18= Drosselweg

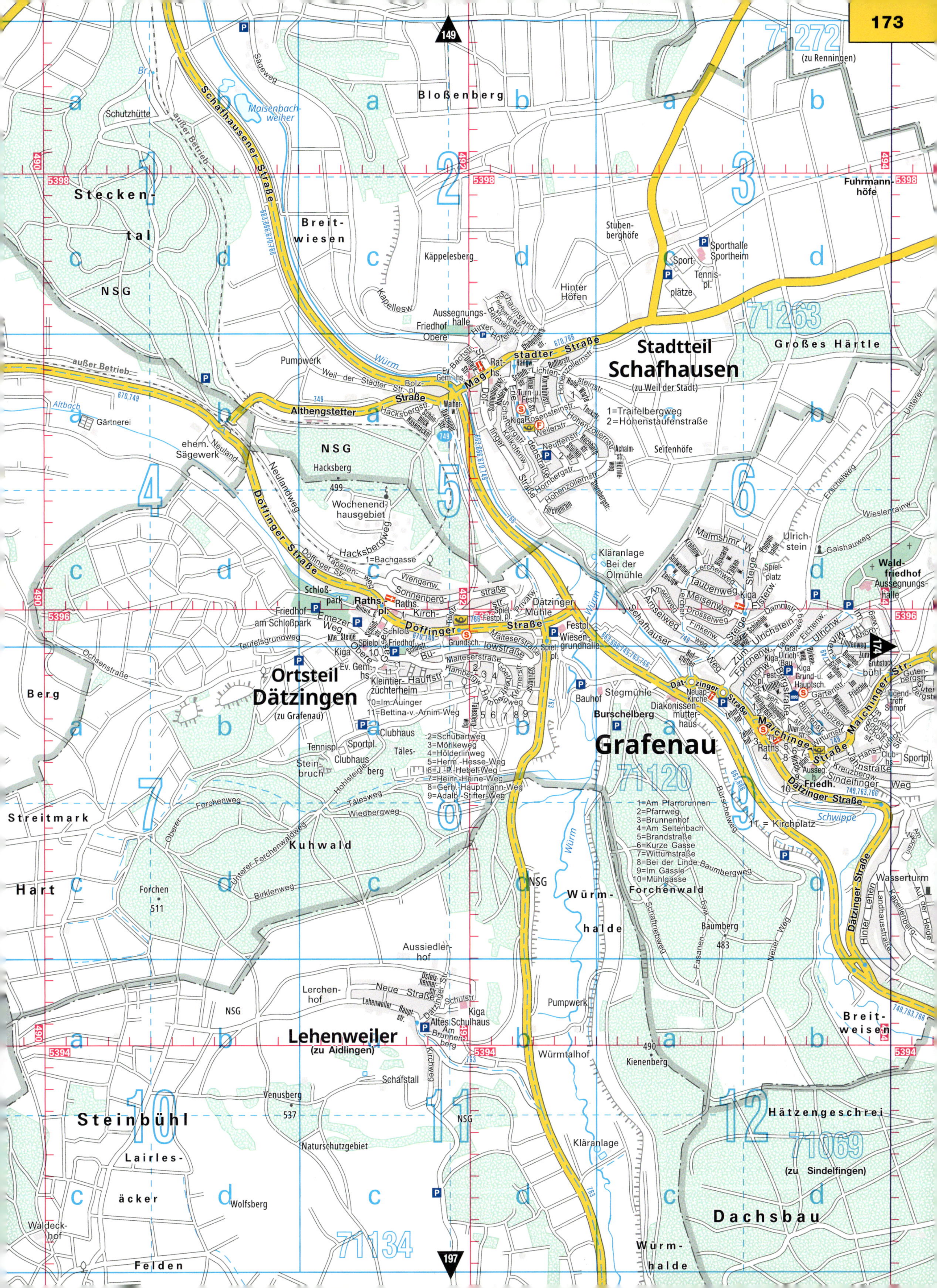
149
197
174
Bloßenberg
Steckental
NSG
Schutzhütte
Maisenbachweiher
Schafhausener Straße
Breitwiesen
Käppelesberg
Stubenberghöfe
Sporthalle
Sportheim
Sportplätze
Tennispl.
Hinter Höfen
Fuhrmannhöfe
71272 (zu Renningen)
71263
Großes Härtle
Stadtteil Schafhausen
(zu Weil der Stadt)
1=Traifelbergweg
2=Hohenstaufenstraße
Seitenhöfe
Friedhof Obere
Aussegnungshalle
Pumpwerk
Würm
Althengstetter Straße
Weil der Stadter Straße
Gärtnerei
ehem. Sägewerk
Neulandweg
Döffinger Straße
NSG
Hacksberg
499
Wochenendhausgebiet
Hacksbergweg
1=Bachgasse
Kläranlage Bei der Ölmühle
Ulrichstein
Gaishauweg
Wald-friedhof
Aussegnungshalle
Schloßpark
Friedhof am Schloßpark
Teufelsgrundweg
Ochsenstraße
Berg
Ortsteil Dätzingen
(zu Grafenau)
Dätzinger Mühle
Festpl.
Wiesengrundhalle
Stegmühle
Bauhof
Burschelberg
Diakonissenmutterhaus
Grafenau
71120
2=Schubartweg
3=Mörikeweg
4=Hölderlinweg
5=Herm.-Hesse-Weg
6=J.-P.-Hebel-Weg
7=Heinr.-Heine-Weg
8=Gerh.-Hauptmann-Weg
9=Adalb.-Stifter-Weg
10=Im Auinger
11=Bettina-v.-Arnim-Weg
Kleintierzüchterheim
Clubhaus
Tennispl.
Sportpl.
Steinbruch
Tälesberg
Streitmark
Forchenweg
Kuhwald
Täleswe
Wiedbergweg
Birkenweg
Unterer Forchenwaldweg
Hart
Forchen
511
1=Am Pfarrbrunnen
2=Pfarrweg
3=Brunnenhof
4=Am Seltenbach
5=Brandstraße
6=Kurze Gasse
7=Wittumstraße
8=Bei der Linde
9=Im Gässle
10=Mühlgasse
11=Kirchplatz
Würmhalde
Forchenwald
Baumbergweg
Baumberg
483
Maichinger Straße
Dätzinger Straße
Sindelfinger Weg
Schwippe
Wasserturm
Aussiedlerhof
Lerchenhof
Neue Straße
Lehenweiler
(zu Aidlingen)
Altes Schulhaus
Kiga
Pumpwerk
Würmtalhof
Kienenberg
490
Breitweisen
Schafstall
Venusberg
537
Steinbühl
Lairlesäcker
Naturschutzgebiet
Kläranlage
Hätzengeschrei
71069
(zu Sindelfingen)
Dachsbau
Wolfsberg
Waldeckhof
Felden
71134
Würmhalde

Magstadt
Stadtteil Maichingen (zu Sindelfingen)
Ortsteil Döffingen (zu Grafenau)
Stadtteil Dagersheim (zu Böblingen)
Stadtteil Darmsheim (zu Sindelfingen)
Kapellenberg (zu Grafenau)
Breitlaub
Katzenloch
Hohberg
Maichinger Grund
Pfuhlsgrund
Heiden
Röte
Krähental
Affalterried
Holder
Runs
Dole
Birkle
11=Lutzenstraße
12=Lerchenweg
1=Schmiedgasse
2=Siedlenweg
4=Schlüsselackerw.
5=Maria-v.-Lindenweg
6=Rosa-Leibfried-Str.
1=Deufringer Straße
2=Kirchgasse
3=Grabengasse
4=Schmale Gasse
5=Herm.-Hesse-Straße
1=Alemannenstraße
2=Neuhauer Weg
3=Geislinger Straße
4=Steinachweg
5=Schiltachweg

Unteres Hölzertal
Modellflugplatz
Oberes Hölzertal
151
Äußere Winterhalde
Brenntenhau
Sindelfinger Weg
Waldfriedhof
Trauerhalle
Spitzholz
Sommerhofen
ehem. Kreismülldeponie
71067
Maichingen-Nord
Eichholz
Wasserturm
Eichholzer Täle
Pfarrwiesenallee
Leonberger Straße
Hohenzollernstraße
Johanneskirche
Pfarrwiesen-Gymnasium
Waldheim Haus Sommerhof
Sommerhofenbach
71065
Spiel- u. Grillplatz
ehem. Sprungschanze
Skihang
Badezentr.
Freibad
SWV-Vereinsheim
Vaihinger Straße
Allmendstr.
Willy-Brandt-Allee
Konrad-Adenauer-Straße
Gymnasium Unterrieden
Sportzentrum
Sporthalle „Glaspalast"
Floschenwäldle
Umspannwerk
Wasserwerk
Unter der Steige
Miniatureisenbahn
Burghaldenfriedhof
Klosterseehalle
Kliniken Sindelfingen
176
Weingartenwäldle
Fronäckerstraße
Calwer Straße
Mahdentalstraße
Neckarstraße
Stadthalle
Rathaus
Friedh.
Dronfield-park
Jugendhaus
Wertstoffhof
Kleingartenanlage
ADAC
Breuningerland
1 = Veilchenweg
2 = Forchenweg
3 = Kastanienweg
4 = Buchenweg
5 = Zedernweg
6 = Eibenweg
7 = Eschenweg
8 = Akazienweg
9 = Fliederweg
10 = B.-Barényi-Str.
Sindelfingen
Cityplan S.47
Mercedes-Benz Werk Sindelfingen
71063
Sindelfingen
1= Thüringer Straße
2= Normannenweg
3= Meißener Straße
4= Eisenacher Straße
Kundencenter
Gottlieb-Daimler-Straße
Anschlussstelle Böblingen/Sindelfingen
E41
81
23
Böblingen
Flugfeld
199
Stadtteil Galgenberg
(zu Böblingen)
Böblingen Goldberg
Friedrich-Gerstlacher-Str.
Cityplan S.40
Kläranlage
Schwippe
Sensapolis
Kreiskrankenhaus
Kinderklinik
Rehaklinik
6=Max-Planck-Weg
7=Röntgenweg
8=Robert-Koch-Weg
9=Max-Eyth-Weg
10=Daimlerweg
11=Emmy-Noether-Str.

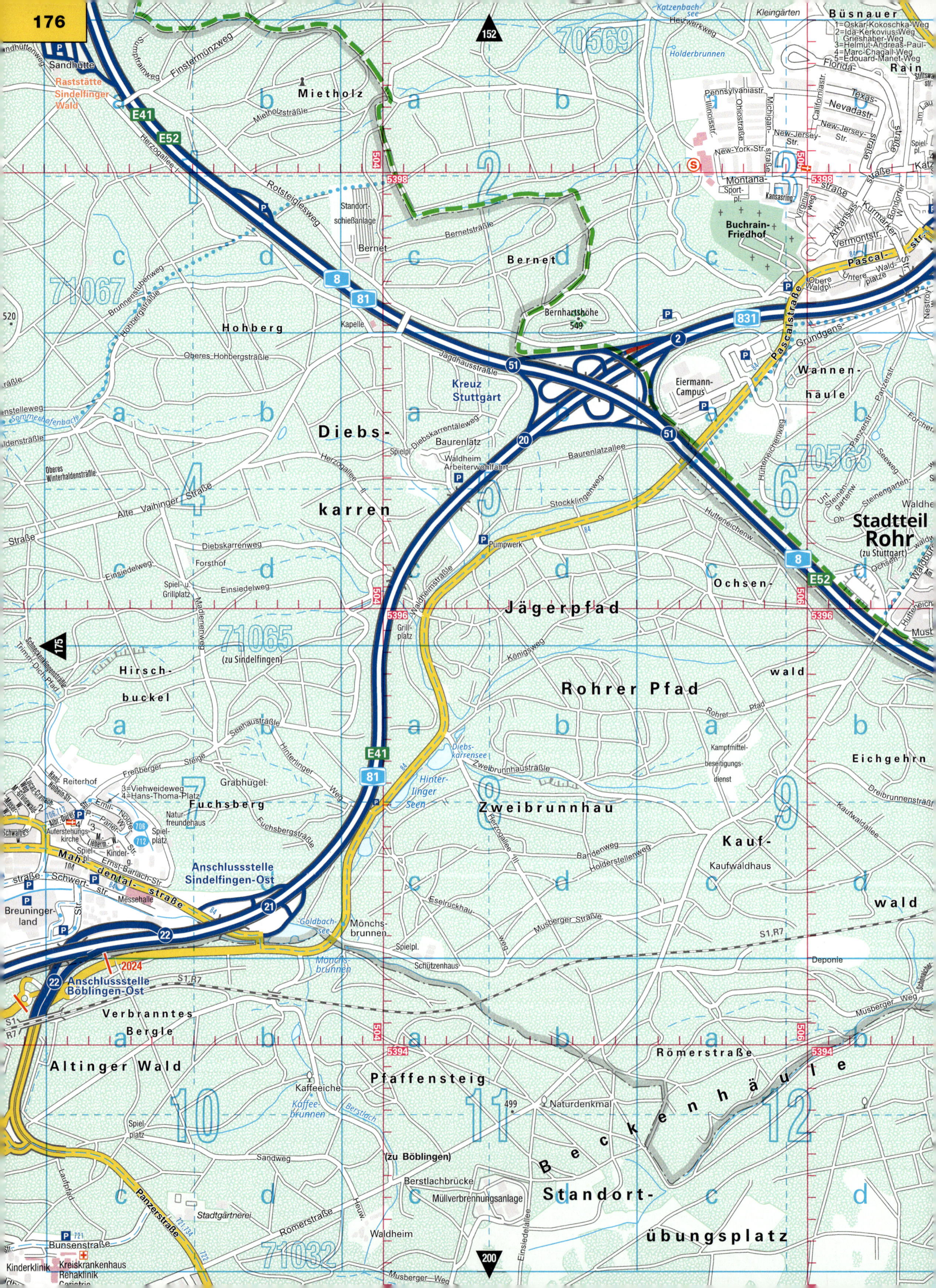
Mietholz
Raststätte Sindelfinger Wald
Sandhütte
Bernet
Hohberg
Kreuz Stuttgart
Bernhartshöhe
Diebs-
karren
Jägerpfad
Rohrer Pfad
Stadtteil Rohr
(zu Stuttgart)
Wannen-
häule
Eiermann-Campus
Buchrain-Friedhof
Büsnauer
Rain
Ochsen-
wald
Hirsch-
buckel
Fuchsberg
Zweibrunnhau
Kauf-
wald
Kaufwaldhaus
Eichgehrn
Anschlussstelle Sindelfingen-Ost
Anschlussstelle Böblingen-Ost
Breuninger-
land
Mönchs-
brunnen
Verbranntes
Bergle
Altinger Wald
Pfaffensteig
Beckenhäule
Standort-
übungsplatz
Römerstraße
Naturdenkmal
Kaffeeiche
Berstlachbrücke
Müllverbrennungsanlage
(zu Böblingen)
Waldheim
Stadtgärtnerei
Panzerstraße
Bunsenstraße
Kreiskrankenhaus
Kinderklinik
Deponie
Holderbrunnen
Katzenbach-
see
Kleingärten
70569
71067
71065
(zu Sindelfingen)
70563
71032
152
175
200

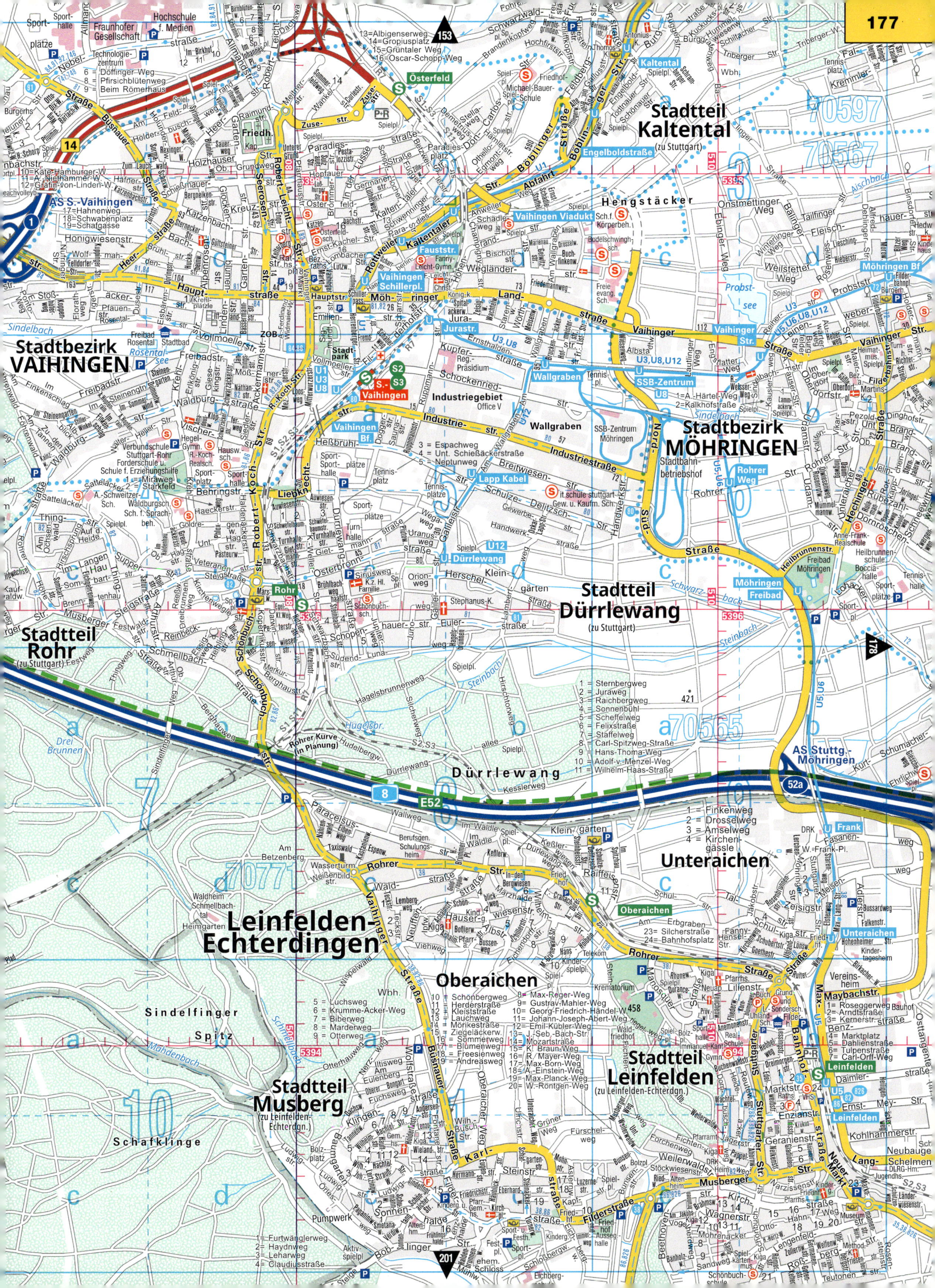
153
Österfeld
Stadtteil
Kaltental
(zu Stuttgart)
Engelboldstraße
Kaltental
Hengstäcker
Vaihingen Viadukt
Böblinger Straße
Fauststr.
Vaihingen Schillerpl.
Jurastr.
Hauptstr.
Möhringer Landstraße
Vaihinger Str.
Probstsee
Möhringen Bf
Stadtbezirk
VAIHINGEN
S-Vaihingen
AS S.-Vaihingen
Industriegebiet
Office V
Wallgraben
Industriestraße
SSB-Zentrum
SSB-Zentrum Möhringen
Stadtbezirk
MÖHRINGEN
Rohrer Weg
Vaihingen Bf.
Lapp Kabel
Dürrlewang
Stadtteil
Dürrlewang
(zu Stuttgart)
Möhringen Freibad
Rohr
Stadtteil
Rohr
(zu Stuttgart)
178
AS Stuttg.-Möhringen
Dürrlewang
E52
8
52a
Frank
Unteraichen
Oberaichen
Leinfelden-
Echterdingen
Oberaichen
Unteraichen
Sindelfinger
Spitz
Stadtteil
Musberg
(zu Leinfelden-Echterdgn.)
Stadtteil
Leinfelden
(zu Leinfelden-Echterdgn.)
Leinfelden
Schafklinge
Musberger Str.
Filderstraße
201
70597
70567
70565
70771

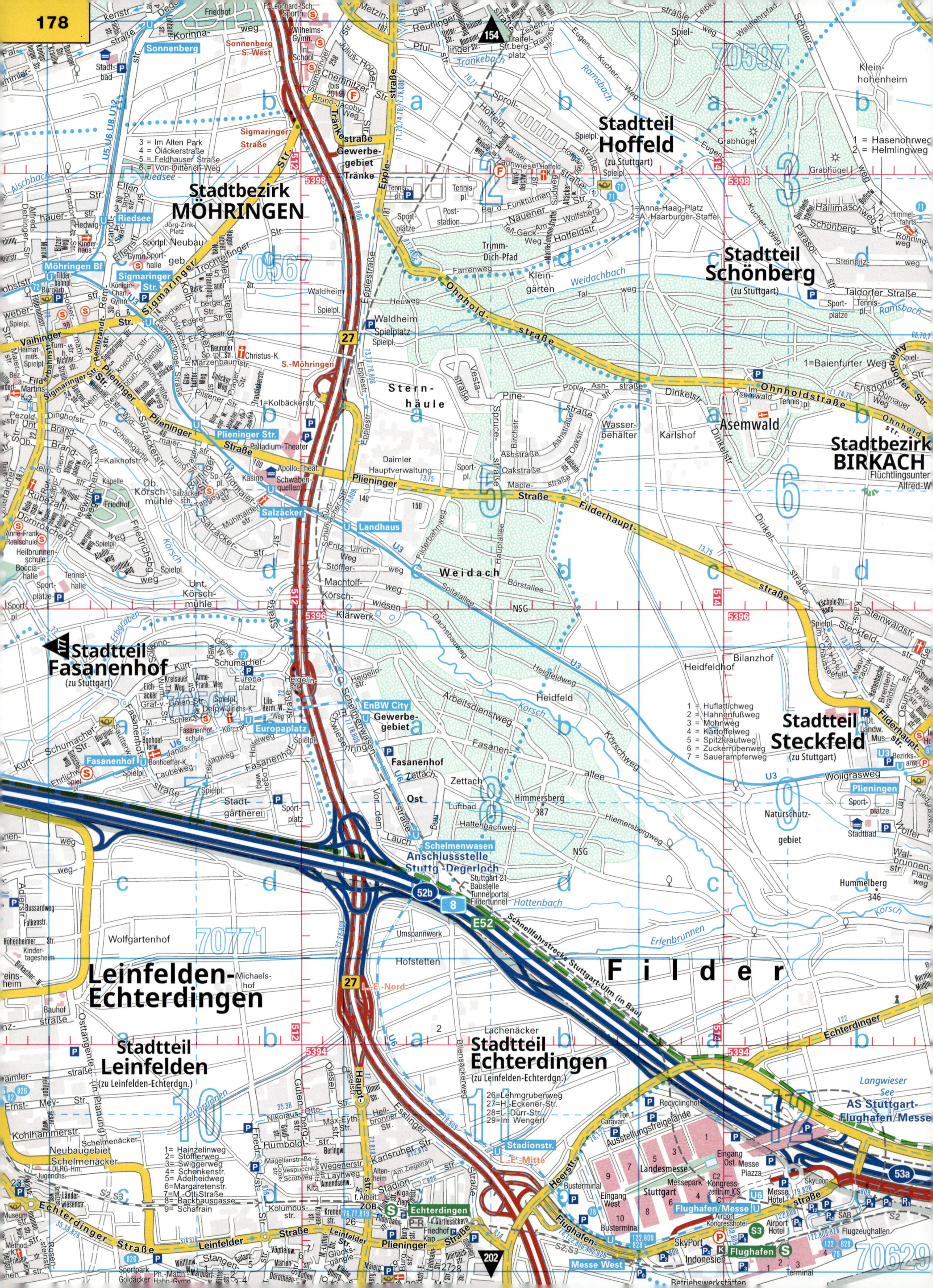
Stadtbezirk MÖHRINGEN
Stadtteil Hoffeld (zu Stuttgart)
Stadtteil Schönberg (zu Stuttgart)
Stadtbezirk BIRKACH
Stadtteil Fasanenhof (zu Stuttgart)
Stadtteil Steckfeld (zu Stuttgart)
Leinfelden-Echterdingen
Stadtteil Leinfelden (zu Leinfelden-Echterdgn.)
Stadtteil Echterdingen (zu Leinfelden-Echterdgn.)
Filder
Sternhäule
Weidach
Asemwald
Karlshof
Heidfeldhof
Wolfgartenhof
Hofstetten
Lachenäcker
Landesmesse Stuttgart
Flughafen/Messe
Anschlussstelle Stuttg.-Degerloch
AS Stuttgart-Flughafen/Messe
Schnellfahrstrecke Stuttgart-Ulm (in Bau)
Naturschutzgebiet
Himmersberg 387
Hummelberg 346
70567
70597
70771
70629
1 = Huflattichweg
2 = Hahnenfußweg
3 = Mohnweg
4 = Kartoffelweg
5 = Spitzkrautweg
6 = Zuckerrübenweg
7 = Sauerampferweg
1= Hainzeilnweg
2= Stöfflerweg
3= Swiggerweg
4= Schenkenstr.
5= Adelheidweg
6=Margaretenstr.
7=M.-Ott-Straße
8= Backhausgasse
9= Schafrain
26=Lehmgrubenweg
27=H.-Eckener-Str.
28=L.-Dürr-Str.
29=Im Wengert
1 = Hasenohrweg
2 = Helmlingweg
1=Baienfurter Weg
1=Kolbäckerstr.
2=Kalkhofstr.
3 = Im Alten Park
4 = Öläckerstraße
5 = Feldhauser Straße
6 = Von-Dittrich-Weg
1=Anna-Haag-Platz
2=A.-Haarburger-Staffel
154
177
202

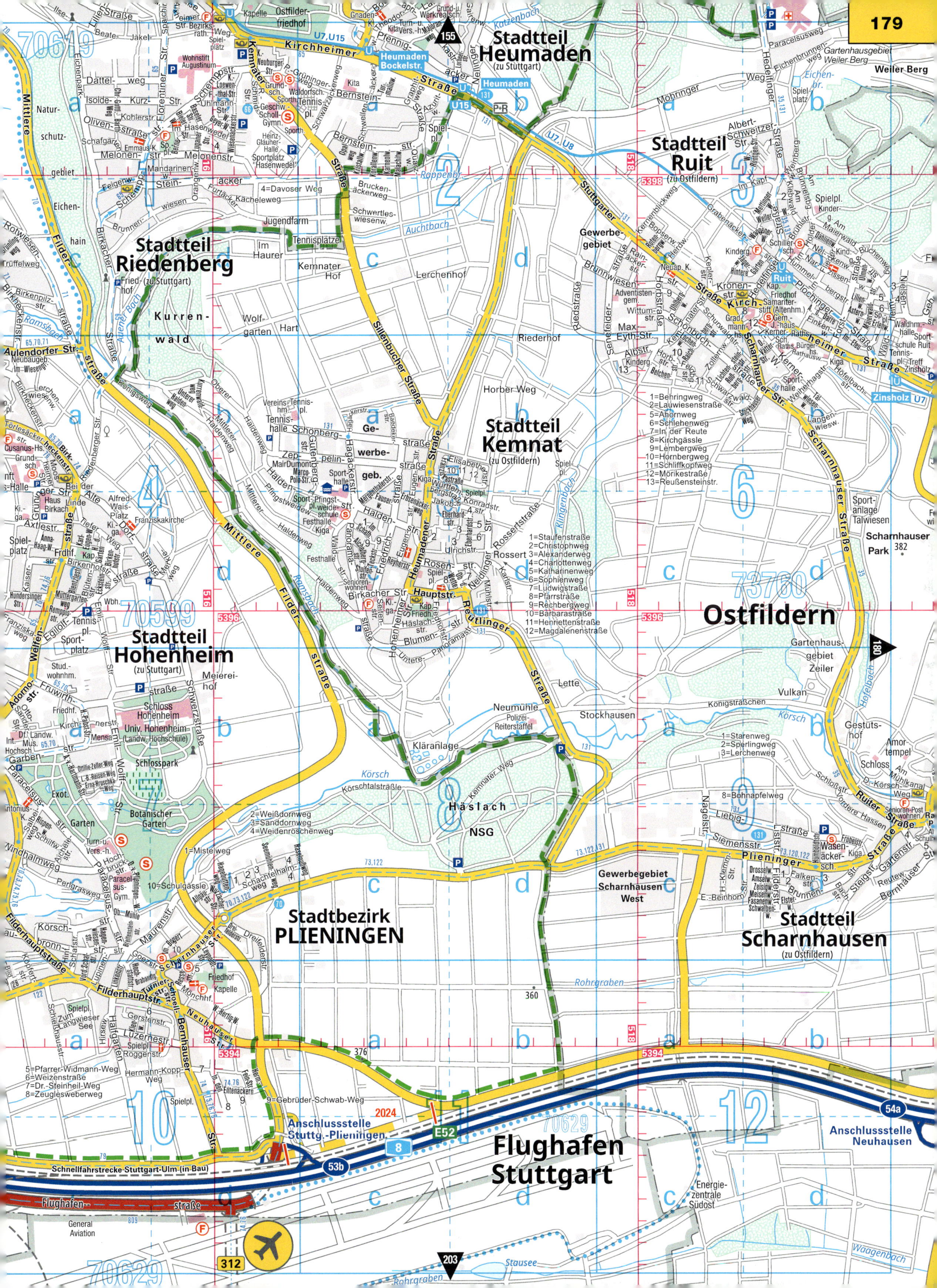
Stadtteil Heumaden
(zu Stuttgart)
Stadtteil Ruit
(zu Ostfildern)
Weiler Berg
Stadtteil Riedenberg
(zu Stuttgart)
Kurren-
wald
Stadtteil Kemnat
(zu Ostfildern)
Stadtteil Hohenheim
(zu Stuttgart)
Ostfildern
73760
70599
70619
70629
Schloss Hohenheim
Univ. Hohenheim
(Landw. Hochschule)
Schlosspark
Botanischer Garten
Häslach
NSG
Kläranlage
Neumühle
Stockhausen
Gewerbegebiet Scharnhausen West
Stadtbezirk PLIENINGEN
Stadtteil Scharnhausen
(zu Ostfildern)
Flughafen Stuttgart
Anschlussstelle Stuttg.-Plieningen
Anschlussstelle Neuhausen
Schnellfahrstrecke Stuttgart-Ulm (in Bau)
Flughafen-straße
General Aviation
Energie-zentrale Südost
Mittlere Filderstraße
Sillenbucher Straße
Stuttgarter Straße
Scharnhauser Straße
Plieninger Straße
Kirchheimer Straße
Reutlinger Straße
Filderhauptstraße
Körschtalstraße
Körsch
Rohrgraben
Waagenbach
Stausee
Gartenhausgebiet Zeiler
Vulkan
Scharnhauser Park
Sport-anlage Talwiesen
Gewerbegebiet
Lerchenhof
Riederhof
Kemnater Hof
Jugendfarm
1=Behringweg
2=Lauwiesenstraße
5=Ahornweg
6=Schlehenweg
7=In der Reute
8=Kirchgässle
9=Lembergweg
10=Hornbergweg
11=Schliffkopfweg
12=Mörikestraße
13=Reußensteinstr.
1=Staufenstraße
2=Christophweg
3=Alexanderweg
4=Charlottenweg
5=Katharinenweg
6=Sophienweg
7=Ludwigstraße
8=Pfarrstraße
9=Rechbergweg
10=Barbarastraße
11=Henriettenstraße
12=Magdalenenstraße
1=Starenweg
2=Sperlingweg
3=Lerchenweg
8=Bohnapfelweg
2=Weißdornweg
3=Sanddornweg
4=Weidenröschenweg
5=Pfarrer-Widmann-Weg
6=Weizenstraße
7=Dr.-Steinheil-Weg
8=Zeugleweberweg
9=Gebrüder-Schwab-Weg
155
180
203

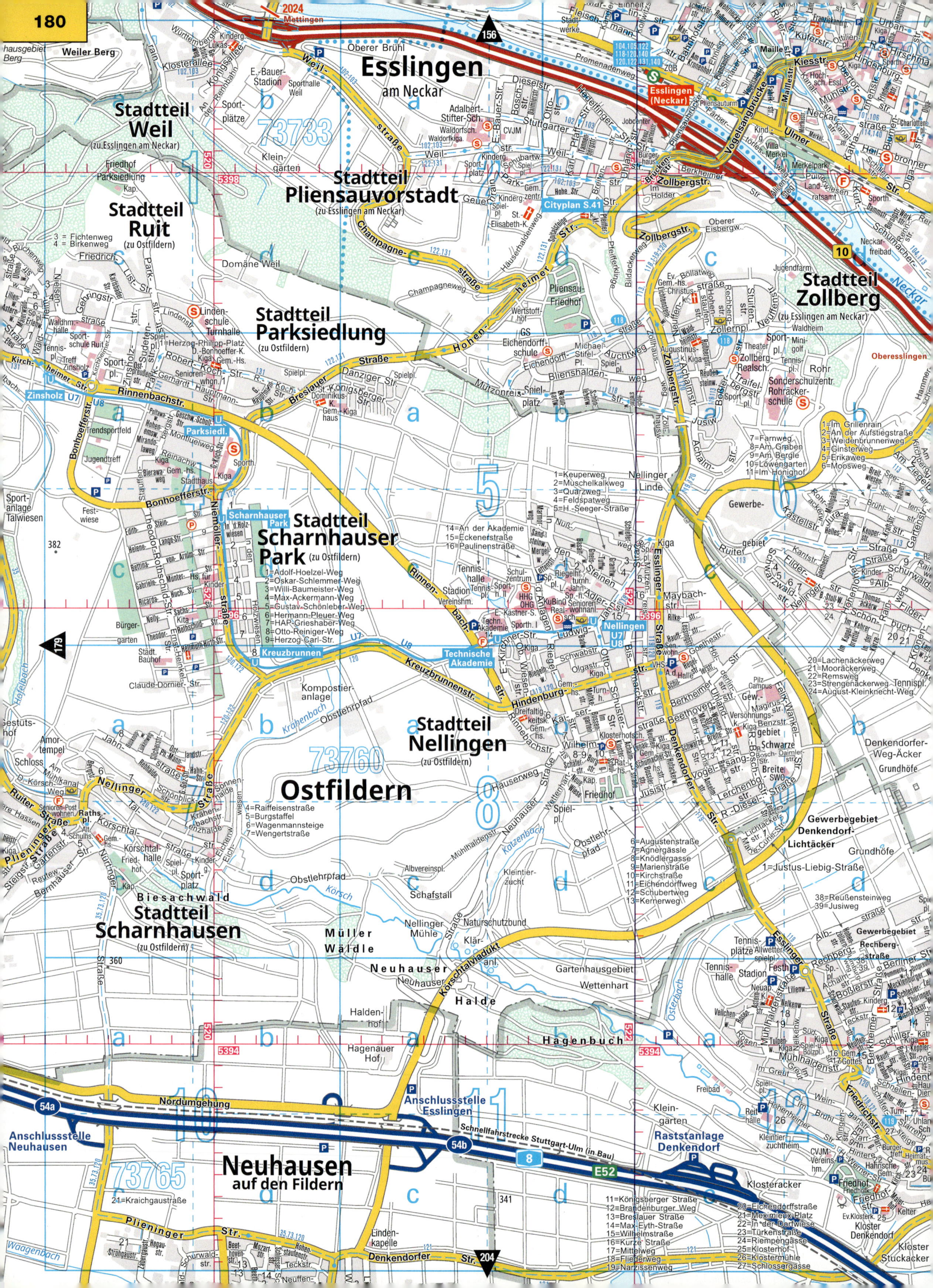
Esslingen
am Neckar
Stadtteil
Weil
(zu Esslingen am Neckar)
Stadtteil
Pliensauvorstadt
(zu Esslingen am Neckar)
Stadtteil
Ruit
(zu Ostfildern)
Stadtteil
Parksiedlung
(zu Ostfildern)
Stadtteil
Zollberg
(zu Esslingen am Neckar)
Stadtteil
Scharnhauser
Park
(zu Ostfildern)
Stadtteil
Nellingen
(zu Ostfildern)
Ostfildern
Stadtteil
Scharnhausen
(zu Ostfildern)
Neuhausen
auf den Fildern
Esslingen (Neckar)
Cityplan S.41
Anschlussstelle Esslingen
Anschlussstelle Neuhausen
Raststanlage Denkendorf
Schnellfahrstrecke Stuttgart-Ulm (in Bau)
Gewerbegebiet Denkendorf-Lichtäcker
Technische Akademie
Kreuzbrunnen
Parksiedl.
Zinsholz
Nellingen
73733
73760
73765
Domäne Weil
Müller Wäldle
Biesachwald
Neuhauser Halde
Hagenbuch
Körschtalviadukt
Nordumgehung
1=Keuperweg
2=Muschelkalkweg
3=Quarzweg
4=Feldspatweg
5=H.-Seeger-Straße
14=An der Akademie
15=Eckenerstraße
16=Paulinenstraße
1=Adolf-Hoelzel-Weg
2=Oskar-Schlemmer-Weg
3=Willi-Baumeister-Weg
4=Max-Ackermann-Weg
5=Gustav-Schönleber-Weg
6=Hermann-Pleuer-Weg
7=HAP-Grieshaber-Weg
8=Otto-Reiniger-Weg
9=Herzog-Carl-Str.
4=Raiffeisenstraße
5=Burgstaffel
6=Wagenmannsteige
7=Wengertstraße
6=Augustenstraße
7=Agnergässle
8=Knödlergasse
9=Marienstraße
10=Kirchstraße
11=Eichendorffweg
12=Schubertweg
13=Kernerweg
1=Im Grillenrain
2=An der Aufstiegstraße
3=Weidenbrunnenweg
4=Ginsterweg
5=Erikaweg
6=Moosweg
7=Farnweg
8=Am Graben
9=Am Bergle
10=Löwengarten
11=Im Honighof
20=Lachenäckerweg
21=Moorackerweg
22=Remsweg
23=Strengenäckerweg
24=August-Kleinknecht-Weg
1=Justus-Liebig-Straße
38=Reußensteinweg
39=Jusiweg
3 = Fichtenweg
4 = Birkenweg
21=Kraichgaustraße
11=Königsberger Straße
12=Brandenburger Weg
13=Breslauer Straße
14=Max-Eyth-Straße
15=Wilhelmstraße
16=Kurze Straße
17=Mittelweg
18=Fliederweg
19=Narzissenweg
20=Eichendorffstraße
21=Meximieux-Platz
22=In der Dorfwiese
23=Türkenstraße
24=Riempengasse
25=Klosterhof
26=Klostermühle
27=Schlossergasse

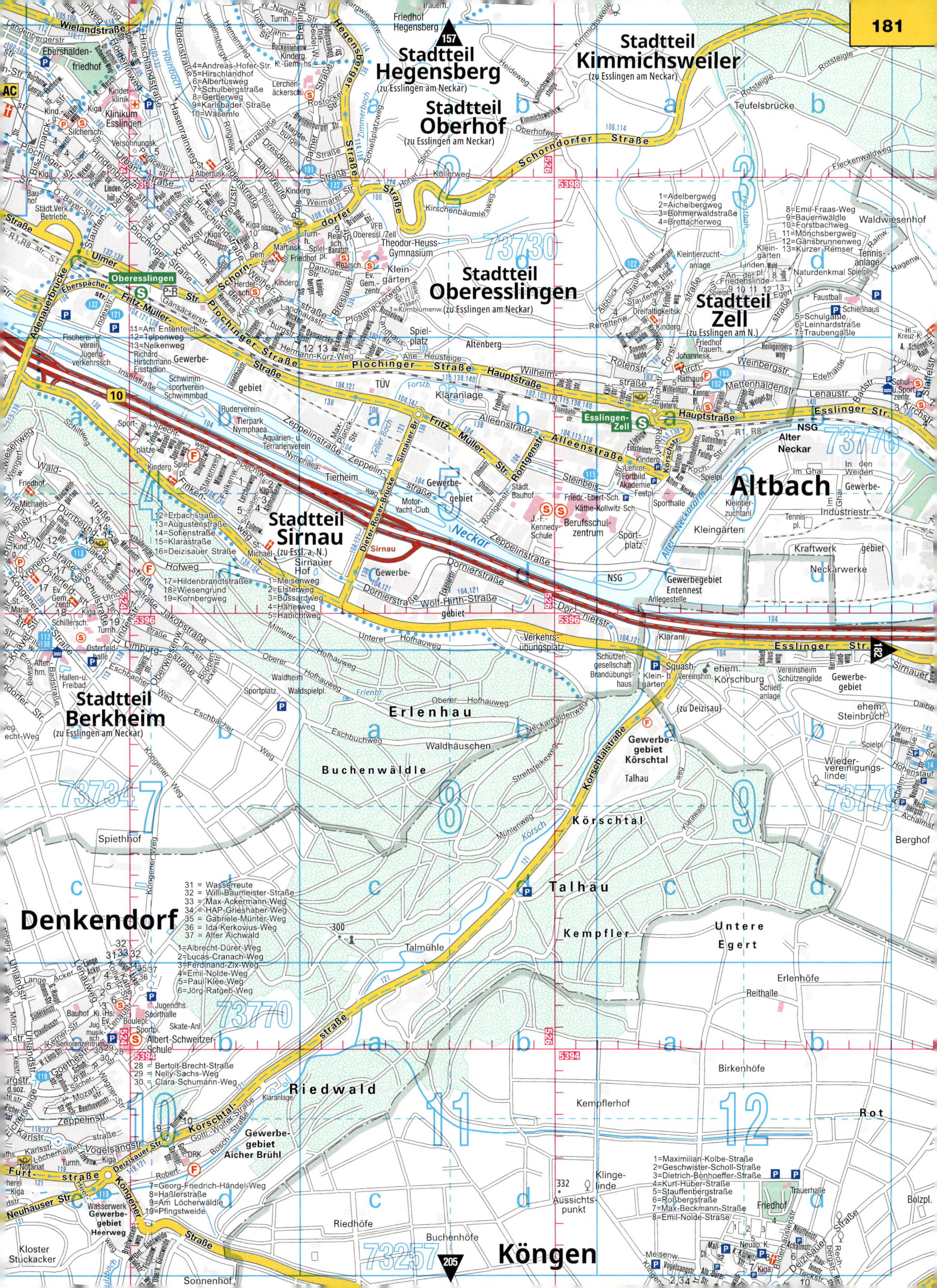
Stadtteil Hegensberg
(zu Esslingen am Neckar)
Stadtteil Oberhof
(zu Esslingen am Neckar)
Stadtteil Kimmichsweiler
(zu Esslingen am Neckar)
Stadtteil Oberesslingen
(zu Esslingen am Neckar)
Stadtteil Zell
(zu Esslingen am N.)
Altbach
Stadtteil Sirnau
(zu Essl. a. N.)
Stadtteil Berkheim
(zu Esslingen am Neckar)
Denkendorf
Köngen
Neckar
Erlenhau
Buchenwäldle
Körschtal
Talhau
Kempfler
Untere Egert
Riedwald
Plochinger Straße
Hauptstraße
Esslinger Str.
Zeppelinstraße
Alleenstraße
Schorndorfer Straße
Körschtalstraße
Kempflerhof
Birkenhöfe
Erlenhöfe
Riedhöfe
Buchenhöfe
Talmühle
Oberesslingen
Esslingen-Zell
Adenauerbrücke
Dieter-Roser-Brücke
Gewerbegebiet Aicher Brühl
Gewerbegebiet Körschtal
Gewerbegebiet Entennest
Kraftwerk
Neckarwerke
Teufelsbrücke
Waldwiesenhof
Spiethof
Berghof
Kloster Stuckacker
Sonnenhof
Rot
73730
73776
73734
73770
73779
73257
157
182
205

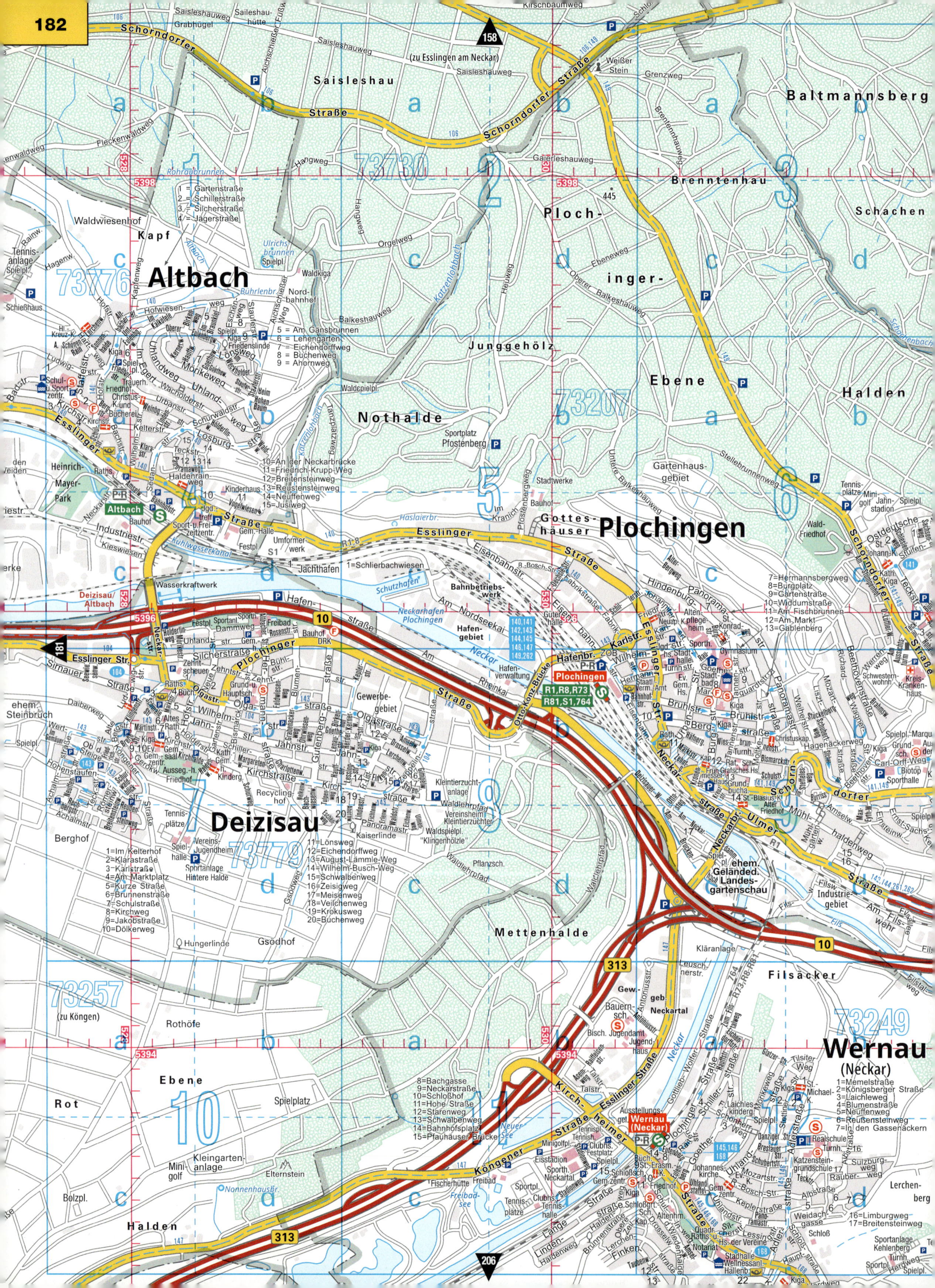

Altbach
Deizisau
Plochingen
Wernau
(Neckar)
Saisleshau
Baltmannsberg
Brenntenhau
Schachen
Ploch-
inger-
Junggehölz
Ebene
Halden
Nothalde
Mettenhalde
Filsäcker
Waldwiesenhof
Kapf
Berghof
Rothöfe
Rot
Halden
Schorndorfer Straße
Esslinger Straße
Plochinger Straße
Köngener Straße
Neckar
73730
73776
73207
73779
73257
73249
(zu Esslingen am Neckar)
(zu Köngen)
1 = Gartenstraße
2 = Schillerstraße
3 = Silcherstraße
4 = Jägerstraße
5 = Am Gansbrunnen
6 = Lehengarten
7 = Eichendorffweg
8 = Buchenweg
9 = Ahornweg
10=An der Neckarbrücke
11=Friedrich-Krupp-Weg
12=Breitensteinweg
13=Reussensteinweg
14=Neuffenweg
15=Jusiweg
1=Schlierbachwiesen
7=Hermannsbergweg
8=Burgplatz
9=Gartenstraße
10=Widdumstraße
11=Am Fischbrunnen
12=Am Markt
13=Gablenberg
1=Im Kelterhof
2=Klarastraße
3=Karlstraße
4=Am Marktplatz
5=Kurze Straße
6=Brunnenstraße
7=Schulstraße
8=Kirchweg
9=Jakobstraße
10=Dölkerweg
11=Lönsweg
12=Eichendorffweg
13=August-Lämmle-Weg
14=Wilhelm-Busch-Weg
15=Schwalbenweg
16=Zeisigweg
17=Meisenweg
18=Veilchenweg
19=Krokusweg
20=Buchenweg
8=Bachgasse
9=Neckarstraße
10=Schloßhof
11=Hohe Straße
12=Starenweg
13=Schwalbenweg
14=Bahnhofsplatz
15=Pfauhauser Brücke
1=Memelstraße
2=Königsberger Straße
3=Laichleweg
4=Blumenstraße
5=Neuffenweg
6=Reußensteinweg
7=In den Gassenäckern
16=Limburgweg
17=Breitensteinweg
Plochingen
R1,R8,R73
R81,S1,764
Altbach
Wernau (Neckar)
Hafengebiet
Bahnbetriebswerk
Wasserkraftwerk
Industriegebiet
ehem. Geländed. Landesgartenschau
Kläranlage
Sportplatz Pfostenberg
Stadtwerke
Mini-golf
Kleingartenanlage
Elternstein
Hungerlinde
Gsödhof
Weißer Stein
10
313
158
181
206

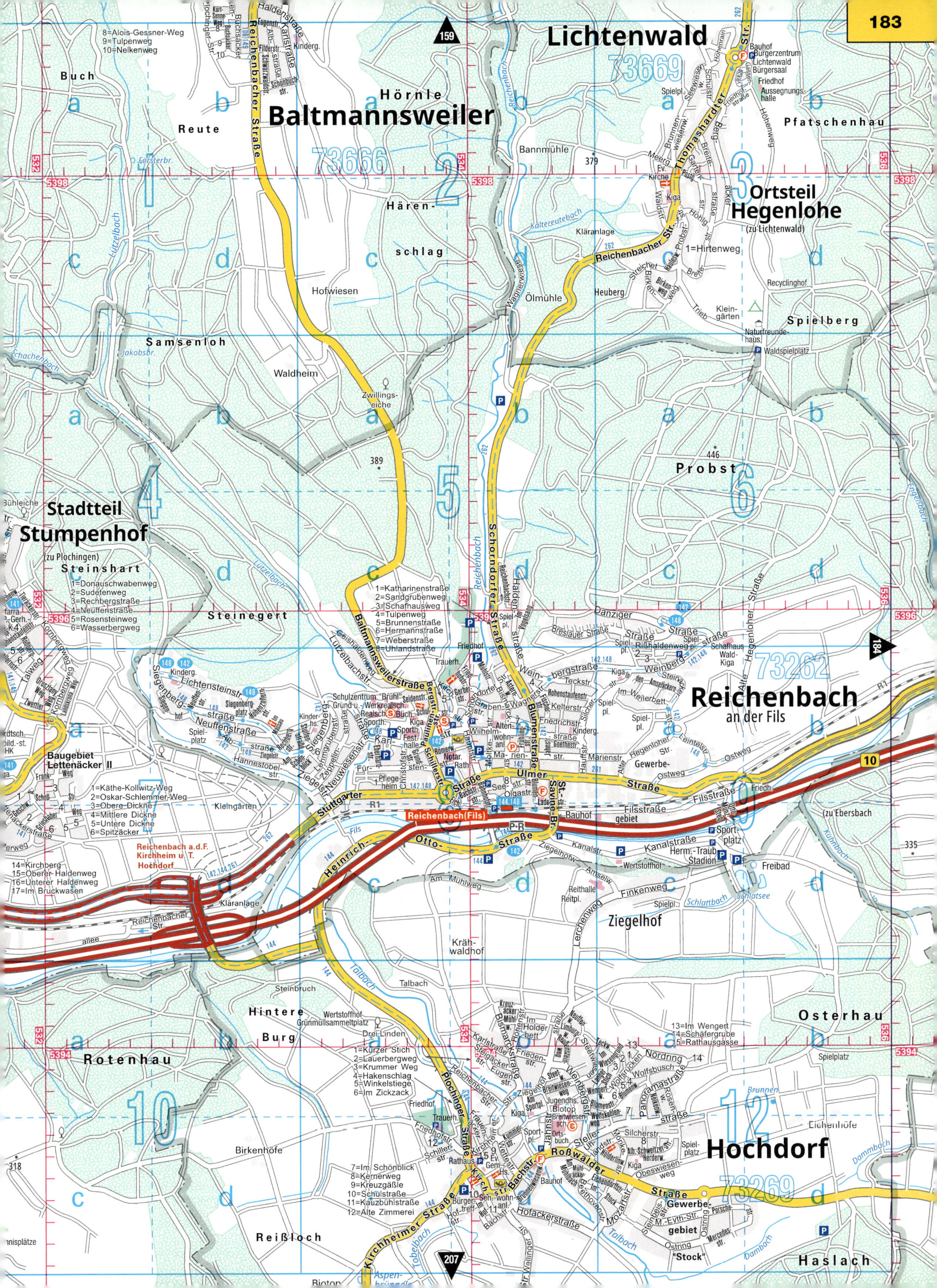

Lichtenwald
73669
Baltmannsweiler
73666
Ortsteil Hegenlohe
(zu Lichtenwald)
Stadtteil Stumpenhof
(zu Plochingen)
Reichenbach
an der Fils
73262
Hochdorf
73269
Buch
Reute
Hörnle
Härenschlag
Hofwiesen
Samsenloh
Waldheim
Probst
Pfatschenhau
Spielberg
Steinshart
Steinegert
Ziegelhof
Hintere Burg
Rotenhau
Birkenhöfe
Reißloch
Osterhau
Haslach
8=Alois-Gessner-Weg
9=Tulpenweg
10=Nelkenweg
1=Hirtenweg
1=Donauschwabenweg
2=Sudetenweg
3=Rechbergstraße
4=Neuffenstraße
5=Rosensteinweg
6=Wasserbergweg
1=Katharinenstraße
2=Sandgrubenweg
3=Schafhausweg
4=Tulpenweg
5=Brunnenstraße
6=Hermannstraße
7=Weberstraße
8=Uhlandstraße
1=Käthe-Kollwitz-Weg
2=Oskar-Schlemmer-Weg
3=Obere Dickne
4=Mittlere Dickne
5=Untere Dickne
6=Spitzäcker
14=Kirchberg
15=Oberer Haldenweg
16=Unterer Haldenweg
17=Im Bruckwasen
1=Kurzer Stich
2=Lauerbergweg
3=Krummer Weg
4=Hakenschlag
5=Winkelstiege
6=Im Zickzack
7=Im Schönblick
8=Kernerweg
9=Kreuzgäßle
10=Schulstraße
11=Kauzbühlstraße
12=Alte Zimmerei
13=Im Wengert
14=Schäfergrube
15=Rathausgasse
Reichenbach a.d.F.
Kirchheim u. T.
Hochdorf
Reichenbach(Fils)
Baugebiet Lettenäcker II
Reichenbacher Straße
Schorndorfer Straße
Stuttgarter Straße
Ulmer Straße
Heinrich-Otto-Straße
Plochinger Straße
Kirchheimer Straße
Roßwälder Straße
Thomashardter Str.
Baltmannsweilerstraße
Filsstraße
Ostweg
Kanalstraße
Finkenweg
Herm.-Traub-Stadion
Freibad
Kläranlage
Bannmühle
Ölmühle
Heuberg
Zwillingseiche
Krähwaldhof
Talbach
Steinbruch
Wertstoffhof
Grünmüllsammelplatz
Drei Linden
Eichenhöfe
Gewerbegebiet
"Stock"
Bauhof
Bürgerzentrum Lichtenwald
Bürgersaal
Friedhof
Aussegnungshalle
Recyclinghof
Naturfreundehaus
Waldspielplatz
Schulzentrum "Brühl"
(zu Ebersbach)
159
184
207
10
379
389
446
335
318

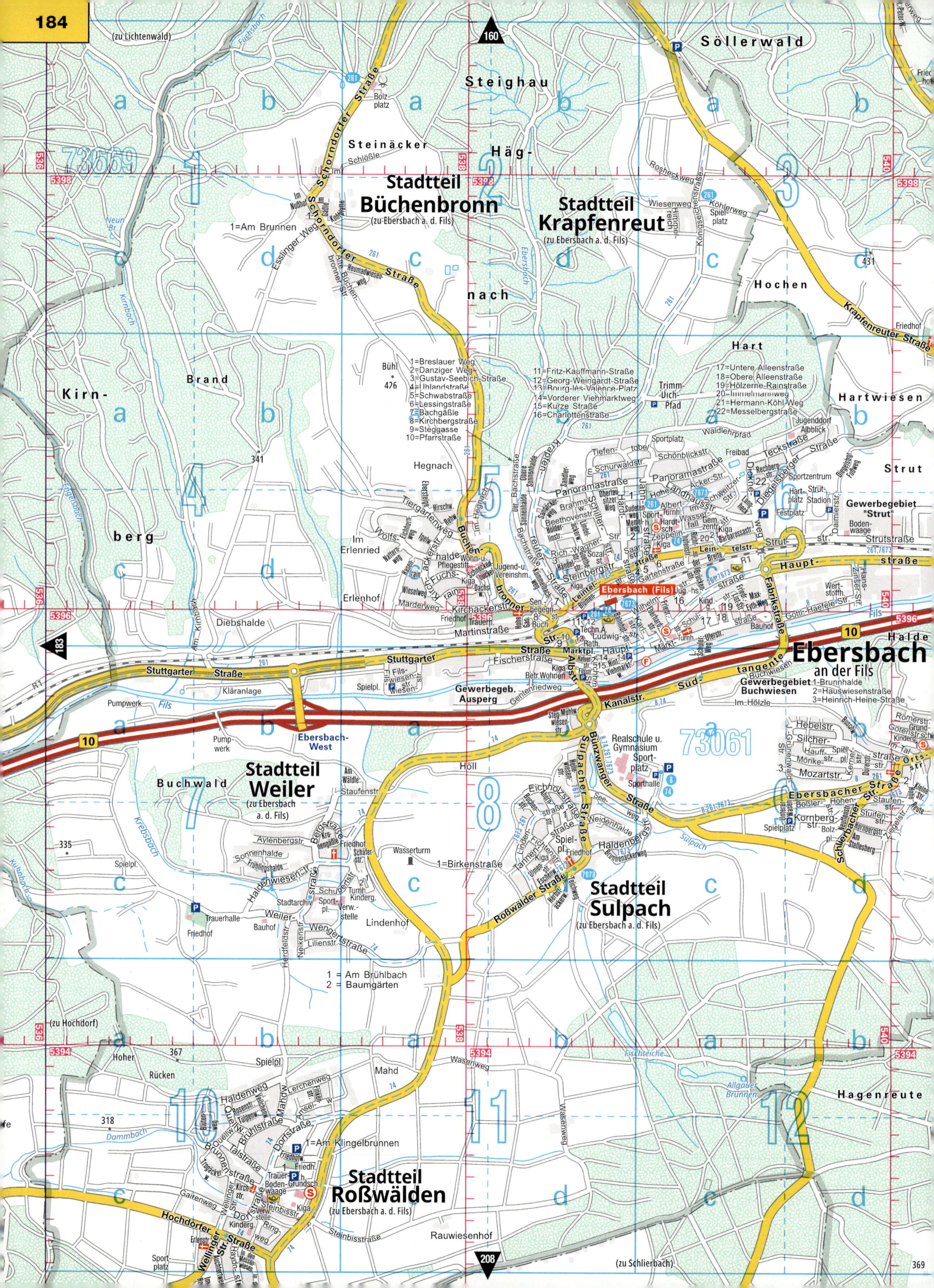

(zu Lichtenwald)
Söllerwald
Steighau
Steinäcker
Häg-
nach
Stadtteil
Büchenbronn
(zu Ebersbach a. d. Fils)
Stadtteil
Krapfenreut
(zu Ebersbach a. d. Fils)
Schorndorfer Straße
1=Am Brunnen
Esslinger Weg
Hochen
Krapfenreuter Straße
Hart
Kirn-
berg
Brand
Bühl
476
341
1=Breslauer Weg
2=Danziger Weg
3=Gustav-Seebich-Straße
4=Uhlandstraße
5=Schwabstraße
6=Lessingstraße
7=Bachgäßle
8=Kirchbergstraße
9=Steggasse
10=Pfarrstraße
11=Fritz-Kauffmann-Straße
12=Georg-Weingardt-Straße
13=Bourg-lès-Valence-Platz
14=Vorderer Viehmarktweg
15=Kurze Straße
16=Charlottenstraße
17=Untere Alleenstraße
18=Obere Alleenstraße
19=Hölzerne-Rainstraße
20=Immelmannweg
21=Hermann-Köhl-Weg
22=Messelbergstraße
Hartwiesen
Strut
Gewerbegebiet "Strut"
Hegnach
Im Erlenried
Erlenhof
Diebshalde
Ebersbach (Fils)
Hauptstraße
Fabrikstraße
Stuttgarter Straße
Kläranlage
Pumpwerk
Fils
Ebersbach-West
Gewerbegeb. Ausperg
Südtangente
Ebersbach
an der Fils
Halde
Gewerbegebiet Buchwiesen
1=Brunnhalde
2=Hauswiesenstraße
3=Heinrich-Heine-Straße
Im Hölzle
73061
Realschule u. Gymnasium
Höll
Buchwald
Stadtteil
Weiler
(zu Ebersbach a. d. Fils)
335
Wasserturm
1=Birkenstraße
Roßwalder Straße
Stadtteil
Sulpach
(zu Ebersbach a. d. Fils)
Sulpach
Trauerhalle
Friedhof
Lindenhof
1 = Am Brühlbach
2 = Baumgärten
(zu Hochdorf)
Hoher
Rücken
367
318
Mahd
Wasenweg
Fischteiche
Allgäuer Brunnen
Hagenreute
1=Am Klingelbrunnen
Stadtteil
Roßwälden
(zu Ebersbach a. d. Fils)
Hochdorfer Straße
Rauwiesenhof
(zu Schlierbach)
369
160
183
208

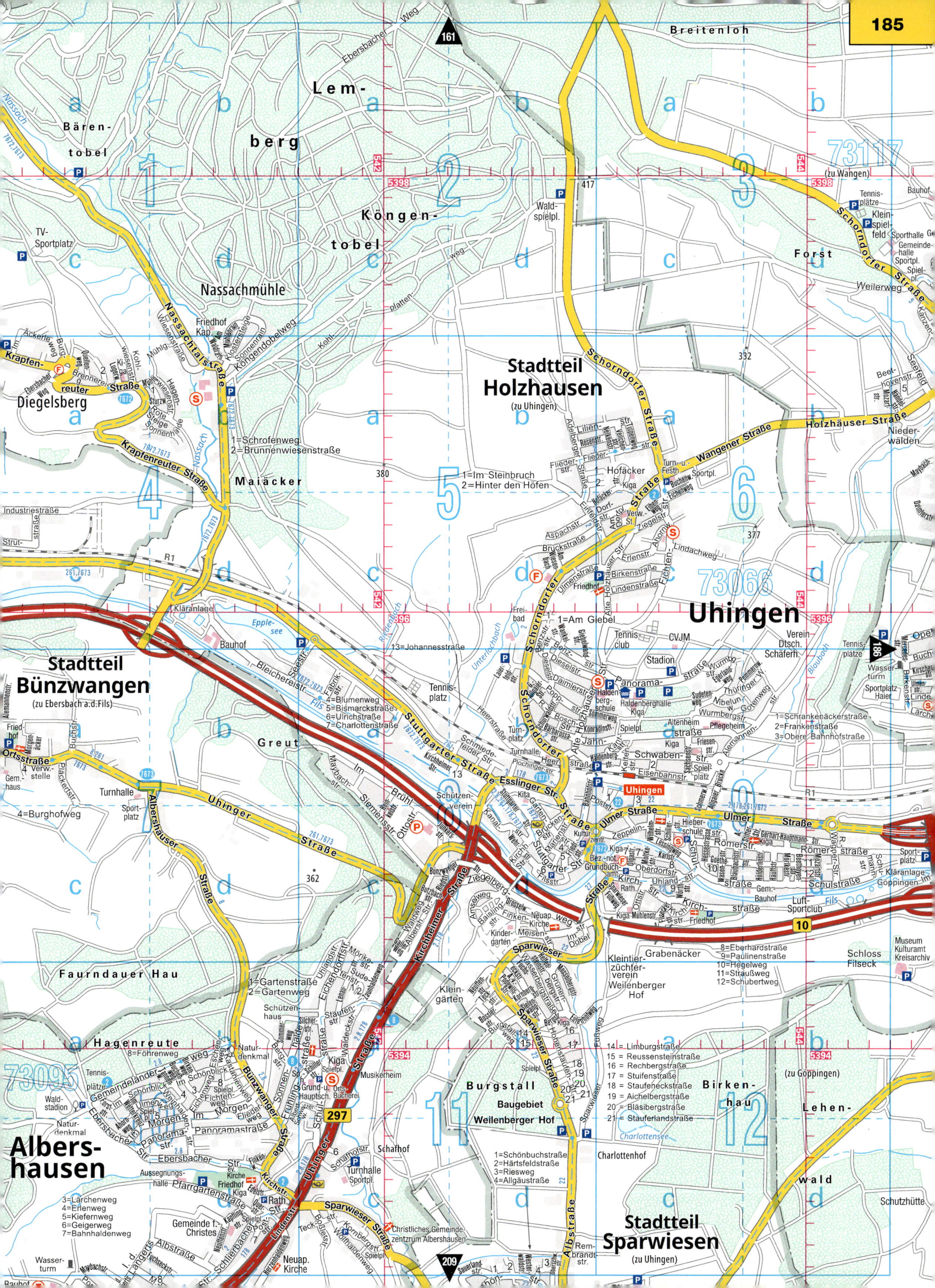
Lem-
berg
Bären-
tobel
Köngen-
tobel
Nassachmühle
Breitenloh
73117
(zu Wangen)
Forst
Stadtteil
Holzhausen
(zu Uhingen)
Schorndorfer Straße
Wangener Straße
Holzhäuser Straße
Diegelsberg
Krapfenreuter Straße
Nassachtalstraße
Maiäcker
1=Schrofenweg
2=Brunnenwiesenstraße
1=Im Steinbruch
2=Hinter den Höfen
Uhingen
73066
Stadtteil
Bünzwangen
(zu Ebersbach a.d.Fils)
Greut
Stuttgarter Straße
Esslinger Str.
Ulmer Straße
Uhinger Straße
4=Blumenweg
5=Bismarckstraße
6=Ulrichstraße
7=Charlottenstraße
13=Johannesstraße
1=Am Giebel
4=Burghofweg
1=Schrankenäckerstraße
2=Frankenstraße
3=Obere Bannhofstraße
8=Eberhardstraße
9=Paulinenstraße
10=Hegelweg
11=Straußweg
12=Schubertweg
Faurndauer Hau
Hagenreute
8=Föhrenweg
1=Gartenstraße
2=Gartenweg
73095
Albers-
hausen
3=Lärchenweg
4=Erlenweg
5=Kiefernweg
6=Geigerweg
7=Bahnhaldenweg
Burgstall
Baugebiet
Weilenberger Hof
14 = Limburgstraße
15 = Reussensteinstraße
16 = Rechbergstraße
17 = Stuifenstraße
18 = Staufeneckstraße
19 = Aichelbergstraße
20 = Blasibergstraße
21 = Stauferlandstraße
1=Schönbuchstraße
2=Härtsfeldstraße
3=Riesweg
4=Allgäustraße
Birken-
hau
Lehen-
wald
(zu Göppingen)
Charlottenhof
Stadtteil
Sparwiesen
(zu Uhingen)
Sparwieser Straße
Albstraße
Schloss
Filseck
Museum
Kulturamt
Kreisarchiv
Kleintier-
züchter-
verein
Weilenberger
Hof
Grabenäcker
Schutzhütte
Christliches Gemeinde-
zentrum Albershausen
161
186
209

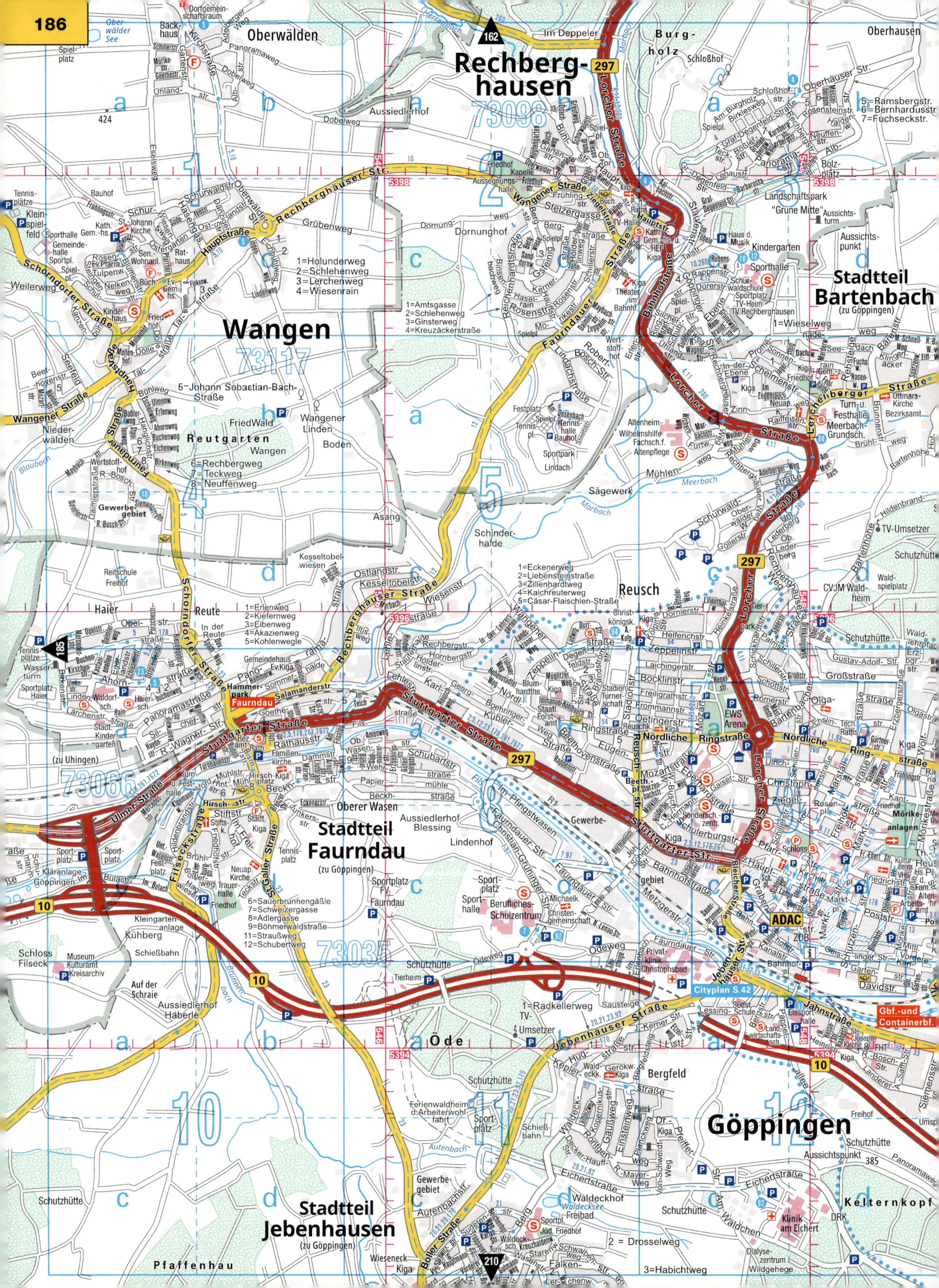
Rechberghausen
73098
Wangen
73117
Stadtteil Faurndau
(zu Göppingen)
Stadtteil Bartenbach
(zu Göppingen)
Stadtteil Jebenhausen
(zu Göppingen)
Göppingen
Oberwälden
Burgholz
Oberhausen
Reutgarten
Reusch
Öde
Bergfeld
Kelternkopf
Pfaffenhau
73066
73035
1=Holunderweg
2=Schlehenweg
3=Lerchenweg
4=Wiesenrain
1=Amtsgasse
2=Schlehenweg
3=Ginsterweg
4=Kreuzäckerstraße
5=Johann-Sebastian-Bach-Straße
6=Rechbergweg
7=Teckweg
8=Neuffenweg
1=Eckenerweg
2=Liebensteinstraße
3=Zillenhardtweg
4=Kalchreuterweg
5=Cäsar-Flaischlen-Straße
1=Erlenweg
2=Kiefernweg
3=Eibenweg
4=Akazienweg
5=Kohlenweg
6=Sauerbrunnengäßle
7=Schweizergasse
8=Adlergasse
9=Böhmerwaldstraße
11=Straußweg
12=Schubertweg
1=Wieselweg
1=Radkellerweg
2 = Drosselweg
3=Habichtweg
5=Ramsbergstr.
6=Bernhardusstr.
7=Fuchseckstr.
Cityplan S.42
Gbf.-und Containerbf.
ADAC
Stuttgarter Straße
Lorcher Straße
Rechberghäuser Str.
Schorndorfer Straße
Jebenhäuser Straße
Nördliche Ringstraße
Faurndauer Str.
Ulmer Straße
Boller Straße
Wangener Straße
Hauptstraße
Salamanderstr.
Aussiedlerhof
Dornunghof
Sägewerk
Schinderhalde
Asang
Lindenhof
Kühberg
Schloss Filseck
Auf der Schraie
Aussiedlerhof Häberle
Waldeckhof
Klinik am Eichert
Landschaftspark "Grüne Mitte"
Marbach
Fils
Autenbach
Blaubach
297
10
162
185
210

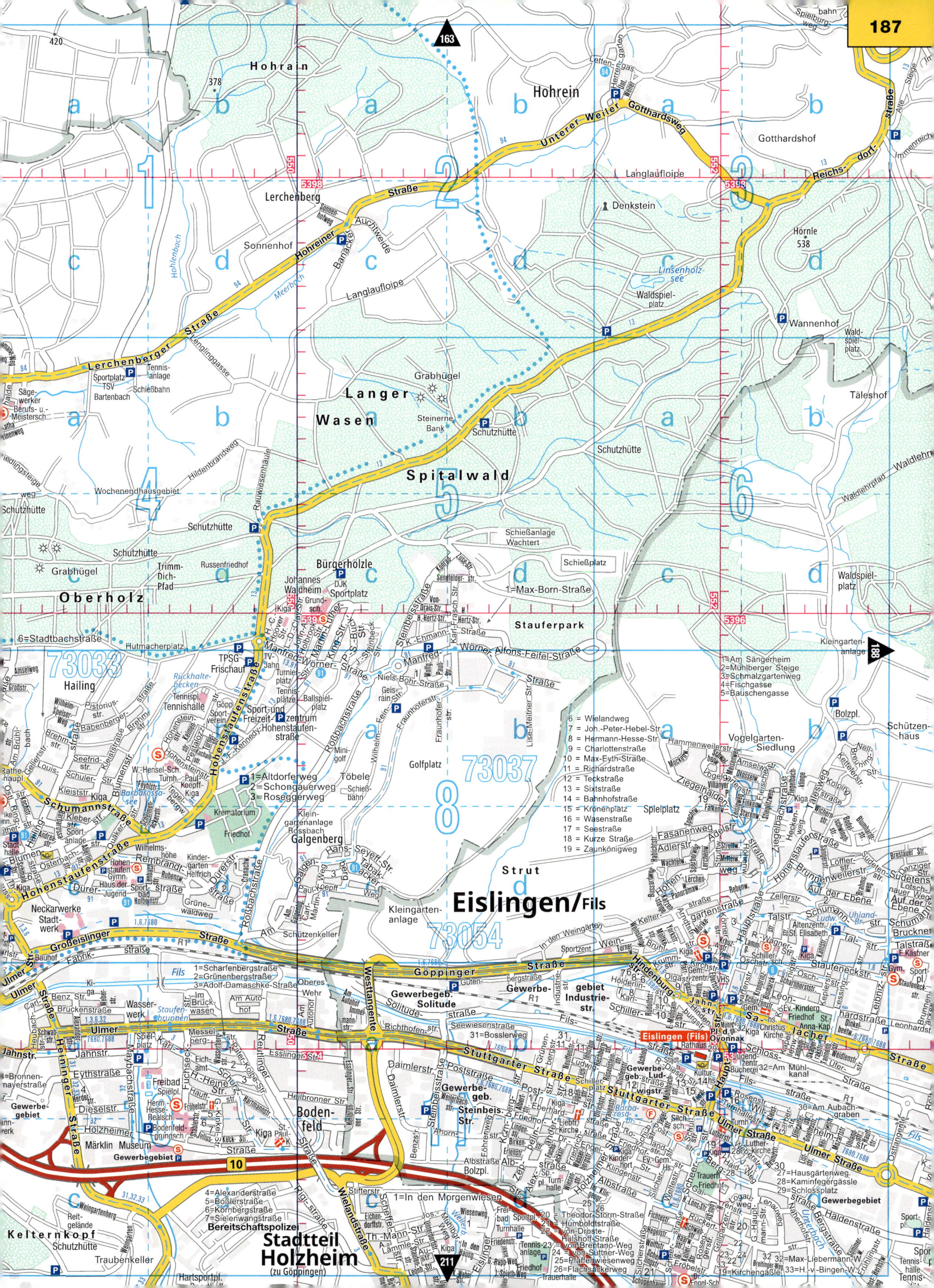
163
Hohrain
Hohrein
Unterer Weiler
Gotthardsweg
Gotthardshof
Lerchenberg
Sonnenhof
Hohreiner Straße
Auchtweide
Langlaufloipe
Denkstein
Hörnle
538
Linsenholz-see
Waldspiel-platz
Wannenhof
Reichs-dort-Straße
Lerchenberger Straße
Sportplatz TSV Bartenbach
Tennis-anlage
Schießbahn
Säge-werker Berufs- u. Meistersch.
Grabhügel
Langer Wasen
Steinerne Bank
Schutzhütte
Spitalwald
Täleshof
Wochenendhausgebiet
Schießanlage Wachtert
Schießplatz
Oberholz
Trimm-Dich-Pfad
Russenfriedhof
Bürgerhölzle
Johannes Waldheim
DJK Sportplatz
1=Max-Born-Straße
Stauferpark
Waldspiel-platz
6=Stadtbachstraße
Hutmacherplatz
Alfons-Feifel-Straße
Kleingarten-anlage
188
1=Am Sängerheim
2=Mühlberger Steige
3=Schmalzgartenweg
4=Fischgasse
5=Bauschengasse
73033
Hailing
TPSG-Frischauf
Tennishalle
Sport- und Freizeit-zentrum Hohenstaufen-straße
Hohenstaufenstraße
Golfplatz
73037
Töbele
6 = Wielandweg
7 = Joh.-Peter-Hebel-Str.
8 = Hermann-Hesse-Str.
9 = Charlottenstraße
10 = Max-Eyth-Straße
11 = Richardstraße
12 = Teckstraße
13 = Sixtstraße
14 = Bahnhofstraße
15 = Kronenplatz
16 = Wasenstraße
17 = Seestraße
18 = Kurze Straße
19 = Zaunkönigweg
Vogelgarten-Siedlung
Schützen-haus
Bolzpl.
Spielplatz
1=Altdorferweg
2=Schongauerweg
3=Roseggerweg
Krematorium
Friedhof
Klein-gartenanlage Rossbach
Galgenberg
Strut
Eislingen/Fils
73054
Kleingarten-anlage
Schützenkeller
Neckarwerke Stadt-werk
Großeislinger Straße
Göppinger Straße
1=Scharfenbergstraße
2=Grünenbergstraße
3=Adolf-Damaschke-Straße
Oberes Wehr
Westtangente
Gewerbegeb. Solitude
Gewerbe-gebiet Industrie-str.
Hindenburgstr.
Eislingen (Fils)
Rathaus
Ulmer Straße
Stuttgarter Straße
Wasser-werk
Heininger Straße
Märklin Museum
Gewerbegebiet
Bodenfeld
10
Gewerbe-geb. Steinbeis-Str.
Albstraße
Alb-Bolzpl.
4=Alexanderstraße
5=Boßlerstraße
6=Kornbergstraße
7=Sielenwangstraße
Bereitschaftspolizei
Stadtteil Holzheim
(zu Göppingen)
211
1=In den Morgenwiesen
Kelternkopf
Schutzhütte
Traubenkeller
Reit-gelände
20=Theodor-Storm-Straße
21=Humboldtstraße
22=von-Droste-Hülshoff-Straße
23=Brentano-Weg
24=von-Suttner-Weg
25=Pfaffenwiesenweg
26=Flachsackerweg
27=Hausgärtenweg
28=Kaminfegergässle
29=Schlossplatz
30=Am Aubach-graben
31=Bosslerweg
32=Am Mühl-kanal
32=Max-Liebermann-W.
33=H.-v.-Bingen-W.
19=Kirchengäßle
Gewerbegebiet
Staufeneckstr.
Schloss-Straße
Trauerhalle

Ottenbach
73113
73037
73529
73084
Krumm-
wälden
Eislingen/Fils
Salach
Reh-
gebirge
Breite
Egert
Hochhalde
Stadler
Eichholz
Unterer Merzenhof
Fladenhof
Holzhäuser Hof
Sonnentalhof
Gewerbegebiet Neuhof
Kläranlage
Stumpenhof
Breitfelderhof
Eschenbäche
Kohlhof
Geyrenwaldhöfe
Wannenhof
Äsberg
507
Unterer Etzberg
Etzberg
Oberer Etzberg
Kitzen
Peterlingshöfe
Haldenhof
Obergruppenhof
Kübelhof
Feuerleshof
Waldenhof
Birkhöfe
Kapelle
Schafhof
ehem. Deponie
541
Geißrücken
Bärenbach
Bärenhöfe
Bärenbachhof
Klein-gärten
Kapfhöfe
Staufeneck
Landhaus Reute
Böckelreute
Aussichtspunkt
Untere Mühleisenhöfe
Schafhöfle
Schützenhaus
Mühleisenhof
Obere Mühleisenhöfe
Schurrhöfe
Kratzerhöfle
Reitpl.
Zeltpl.
Freibad
Freizeitheim
Dangelhof
Täleshof
Schützenhaus
Kleingartenanlage
Trimm-Dich-Pfad
Waldlehrpfad
Cyriakushof
(zu Göppingen)
(zu Schwäbisch Gmünd)
Salacher Straße
Ottenbacher Straße
Eislinger Straße
Hauptstraße
Wilhelmstraße
Lautertal
Ulmer Straße
Stadion
Wasserwerk
Städt. Bauhof
Sammelkläranlage
Eschenbach
Kitzenbach
Bärenbach
Krumm
Fils
Reichenbach
1 = Heldenbergstraße
2 = Finkenweg
3 = Drosselweg
4 = Hopfengarten
5 = Starenweg
10 = Habichtweg
11 = Taubenweg
6 = Gartenstraße
7 = Käswegle
8 = Brühlweg
9 = Am Brühlweg
1 = Heiligenwiesenweg
1 = Händelstraße
2 = Lehmgrubenweg
19 = Läuferweg
20 = Am alten Sportplatz
21 = Turnerweg
22 = Athletenweg
18 = Wacholderweg
3 = Kastanienweg
4 = Ahornweg
5 = Lärchenweg
6 = Amselweg
7 = Robert-Koch-Straße
8 = Alte Eislinger Straße
9 = Rathausplatz
10 = Marktplatz
11 = Wasserbergstraße
12 = Fougerolles-Straße
13 = Fougerolles-Platz
14 = Schwanenseestr.
15 = Unterdorfstr.
16 = Jahnstraße
16 = Dunckergasse
17 = Boschweg
164
187
212
5398
5396
5394
554
555
556
1
3
4
5
6
7
8
9
10
12

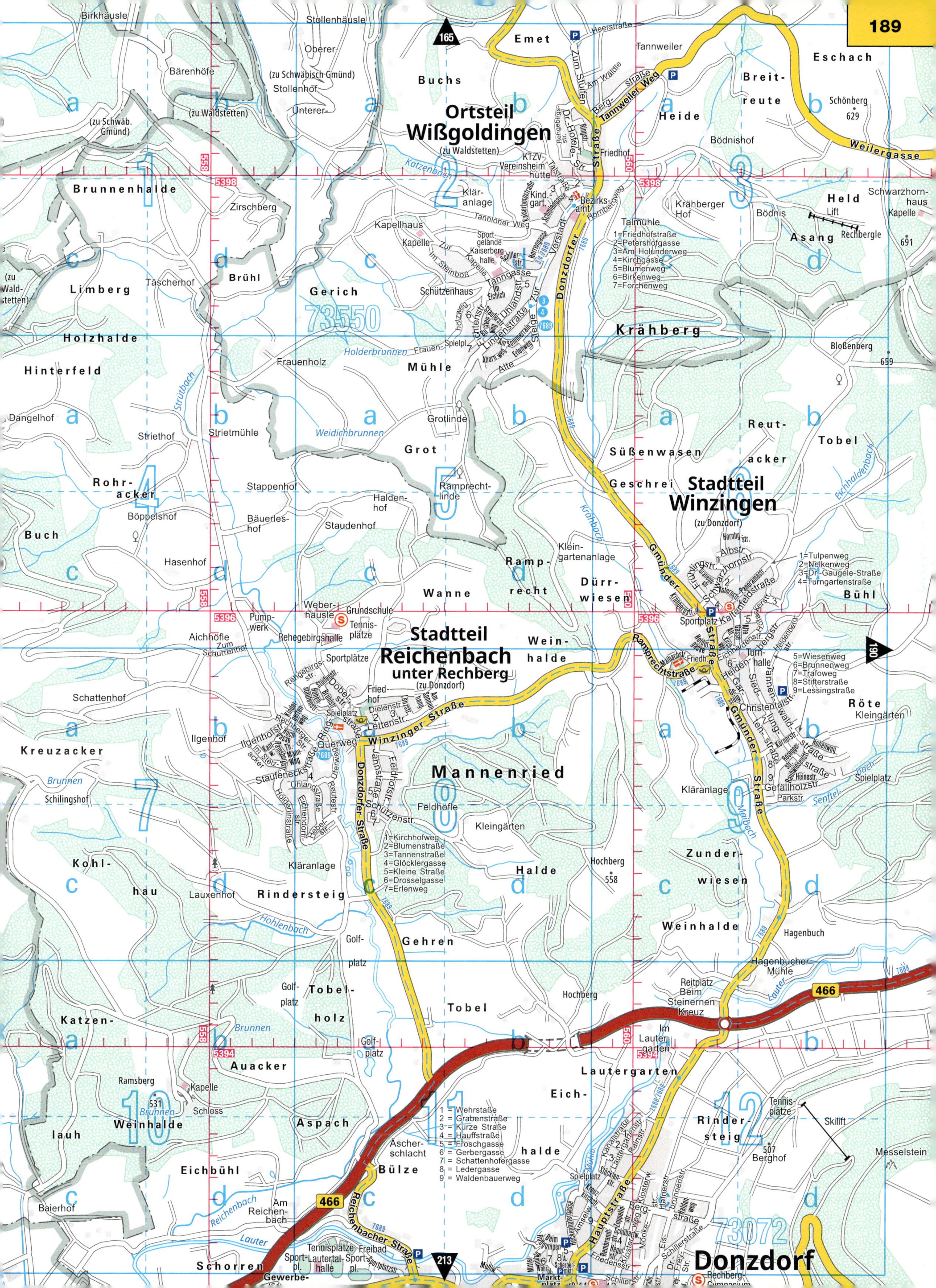
Ortsteil Wißgoldingen
(zu Waldstetten)
Stadtteil Winzingen
(zu Donzdorf)
Stadtteil Reichenbach unter Rechberg
(zu Donzdorf)
Donzdorf
73550
73072
Birkhäusle
Stollenhäusle
Oberer-
Bärenhöfe
(zu Schwäbisch Gmünd)
Stollenhof
Unterer-
(zu Schwab. Gmünd)
(zu Waldstetten)
Emet
Buchs
Tannweiler
Eschach
Breit-reute
Heide
Schönberg
629
Bödnishof
Weilergasse
Brunnenhalde
Zirschberg
Katzenbach
Kläranlage
Tannweiler Weg
Friedhof
Bezirksamt
Talmühle
Krähberger Hof
Bödnis
Held
Lift
Schwarzhornhaus
Kapelle
Asang
Rechbergle
691
1=Friedhofstraße
2=Petershofgasse
3=Am Holunderweg
4=Kirchgasse
5=Blumenweg
6=Birkenweg
7=Forchenweg
Kapellhaus
Kapelle
Sportgelände
Kaiserberghalle
Limberg
Täscherhof
Brühl
Gerich
Schützenhaus
Donzdorfer Straße
Holzhalde
Krähberg
Hinterfeld
Frauenholz
Holderbrunnen
Mühle
Bloßenberg
659
Strütbach
Dangelhof
Striethof
Strietmühle
Weidichbrunnen
Grotlinde
Grot
Süßenwasen
Reutacker
Tobel
Rohracker
Stappenhof
Haldenhof
Ramprechtlinde
Geschrei
Eichhaldenbach
Böppelshof
Bäuerleshof
Staudenhof
Buch
Krähbach
Kleingartenanlage
Hasenhof
Ramprecht
Dürrwiesen
Wanne
Gmünder Straße
1=Tulpenweg
2=Nelkenweg
3=Dr.-Gaugele-Straße
4=Turngartenstraße
Bühl
Weberhäusle
Grundschule
Tennisplätze
Pumpwerk
Aichhöfle
Rehegebirgshalle
Sportplatz
Weinhalde
Rampprechtstraße
Turnhalle
5=Wiesenweg
6=Brunnenweg
7=Trafoweg
8=Stifterstraße
9=Lessingstraße
Schattenhof
Friedhof
Winzinger Straße
Christentalstr.
Röte
Kleingärten
Kreuzacker
Ilgenhof
Spielplatz
Brunnen
Schilingshof
Mannenried
Kläranlage
Feldhöfle
Kleingärten
Senftelbach
Mühlbach
Gefallholzstr.
Parkstr.
1=Kirchhofweg
2=Blumenstraße
3=Tannenstraße
4=Glöcklergasse
5=Kleine Straße
6=Drosselgasse
7=Erlenweg
Kohlhau
Lauxenhof
Rindersteig
Halde
Hochberg
558
Zunderwiesen
Hohlenbach
Golfplatz
Gehren
Weinhalde
Hagenbuch
Hagenbucher Mühle
Tobelholz
Tobel
Hochberg
Reitplatz Beim Steinernen Kreuz
466
Lauter
Katzen-
Brunnen
Im Lautergarten
Auacker
Lautergarten
Ramsberg
531
Kapelle
Schloss
Eichhalde
Tennisplätze
Skilift
Weinhalde
Aspach
1 = Wehrstaße
2 = Grabenstraße
3 = Kurze Straße
4 = Hauffstraße
5 = Froschgasse
6 = Gerbergasse
7 = Schattenhofergasse
8 = Ledergasse
9 = Waldenbauerweg
Rindersteig
507
Berghof
Messelstein
lauh
Ascherschlacht
Eichbühl
Bülze
Spielplatz
Hauptstraße
Baierhof
Reichenbach
Am Reichenbach
Reichenbacher Straße
Tennisplätze
Freibad
Sport-Lauertal-halle
Sportpl.
Schorren
Gewerbe-
Rechberg-Gymnasium
165
190
213
5398
5396
5394
7689
7688
558
560

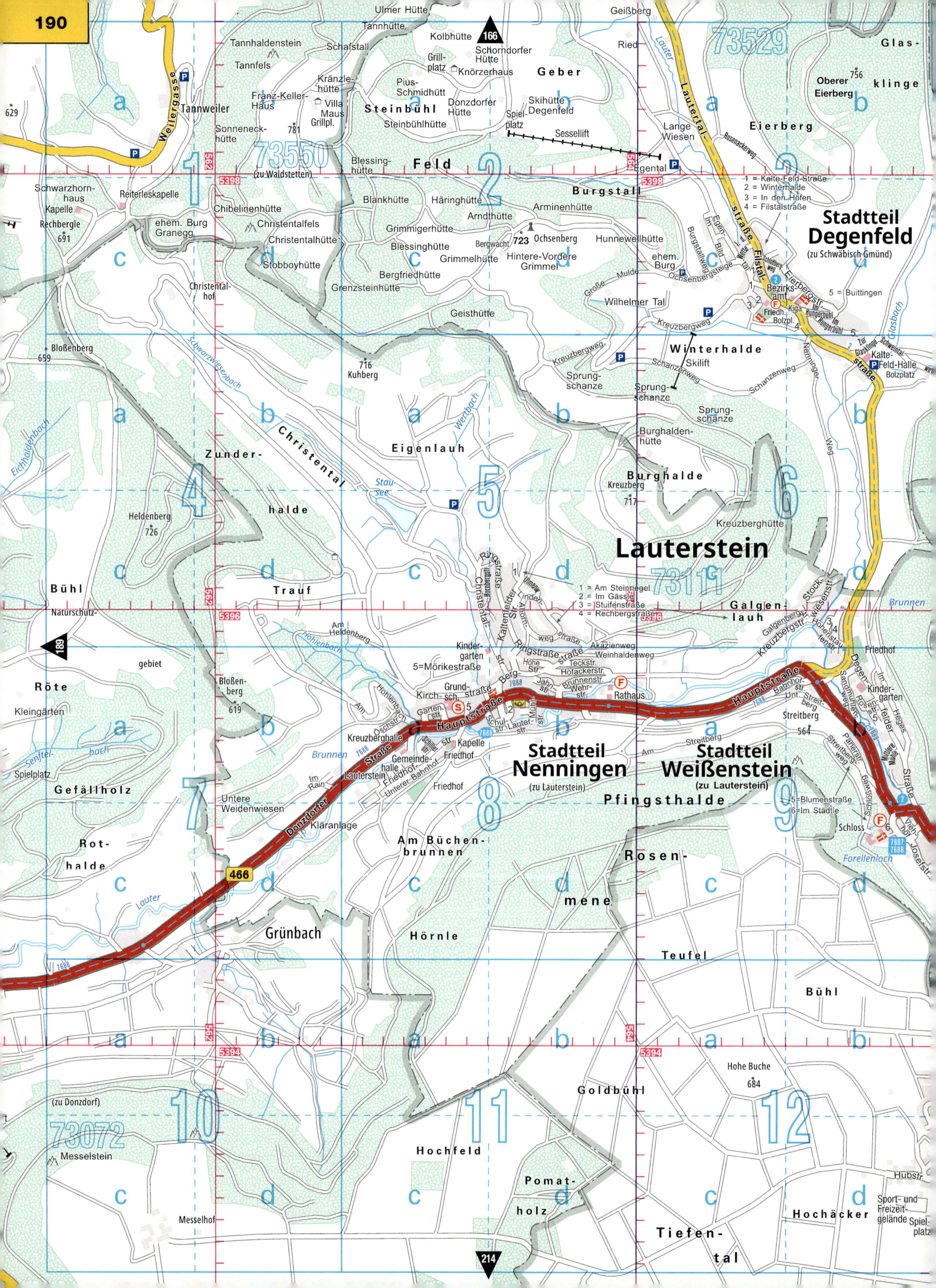
Lauterstein
Stadtteil Degenfeld
(zu Schwäbisch Gmünd)
Stadtteil Nenningen
(zu Lauterstein)
Stadtteil Weißenstein
(zu Lauterstein)
73529
73550
(zu Waldstetten)
73111
73072
(zu Donzdorf)
166
189
214
466
Ulmer Hütte
Tannhütte
Geißberg
Tannhaldenstein
Schafstall
Kolbhütte
Schorndorfer Hütte
Ried
Tannfels
Grill-platz
Knörzerhaus
Geber
Glas-klinge
Oberer Eierberg
756
Weilergasse
Tannweiler
Franz-Keller-Haus
Kränzle-hütte
Villa Maus
Grillpl.
Pius-Schmidhütte
Donzdorfer Hütte
Skihütte Degenfeld
Spiel-platz
Lange Wiesen
Eierberg
629
Sonneneck-hütte
781
Steinbühl
Steinbühlhütte
Sessellift
Blessing-hütte
Feld
Egental
Lautertalstraße
Lauter
Schwarzhorn-haus
Kapelle
Rechbergle
691
Reiterleskapelle
Chibelinenhütte
ehem. Burg Granegg
Christentalfels
Christentalhütte
Stobboyhütte
Blankhütte
Häringhütte
Arndthütte
Grimmigerhütte
Blessinghütte
Grimmelhütte
Bergfriedhütte
Grenzsteinhütte
Bergwacht
723
Ochsenberg
Hintere-Vordere Grimmel
Burgstall
Arminenhütte
Hunnewellhütte
ehem. Burg
Rosenackerweg
1 = Kalte-Feld-Straße
2 = Winterhalde
3 = In den Höfen
4 = Filstalstraße
Burgstallweg
Filstal-straße
Ochsenbergsteige
Bezirks-amt
Eierbergstr.
Kiga
Friedh.
Bolzpl.
Hungerbühl
5 = Buittingen
Große Mulde
Wilhelmer Tal
Christental-hof
Geisthütte
Kreuzbergweg
Winterhalde
Skilift
Sprung-schanze
Schanzenweg
Nenninger Weg
Kalte-Feld-Halle
Bolzplatz
Glasbach
Bloßenberg
659
716
Kuhberg
Schwarzwiesenbach
Eichhaldenbach
Christental
Eigenlauh
Wertbach
Stau-see
Burghalden-hütte
Burghalde
Kreuzberg
717
Kreuzberghütte
Zunder-halde
Heldenberg
726
Bühl
Trauf
Ringstraße
Christentalstr.
Kaltenfelder Str.
1 = Am Steinriegel
2 = Im Gässle
3 = Stuifenstraße
4 = Rechbergstraße
Galgen-lauh
Brunnen
Naturschutz-gebiet
Röte
Kleingärten
Senftelbach
Spielplatz
Gefällholz
Rot-halde
Am Heldenberg
Hohlenbach
Kinder-garten
5=Mörikestraße
Akazienweg
Weinhaldenweg
Tieckstr.
Hofackerstr.
Brunnenstr.
Rathaus
Friedhof
Degen-felder Str.
Kinder-garten
Bloßen-berg
619
Grund-sch.
Kirch-straße
Berg-straße
Hauptstraße
Gartenstr.
Kreuzberghalle
Schillerstr.
Kapelle
Friedhof
Gemeinde-halle
Lauterstein
Streitberg
564
Am Streitberg
5=Blumenstraße
6=Im Städtle
Schloss
Forellenloch
Josefstr.
Donzdorfer Straße
Im Rain
Unterer Bahnhof
Untere Weidenwiesen
Kläranlage
Pfingsthalde
Am Büchen-brunnen
Rosen-mene
Grünbach
Hörnle
Teufel
Bühl
Goldbühl
Hohe Buche
684
Messelstein
Hochfeld
Pomat-holz
Messelhof
Tiefen-tal
Hochäcker
Sport- und Freizeit-gelände
Spiel-platz
Hubstr.
7688
7687
5398
5396
5394
562
564
1
2
3
4
5
6
7
8
9
10
11
12

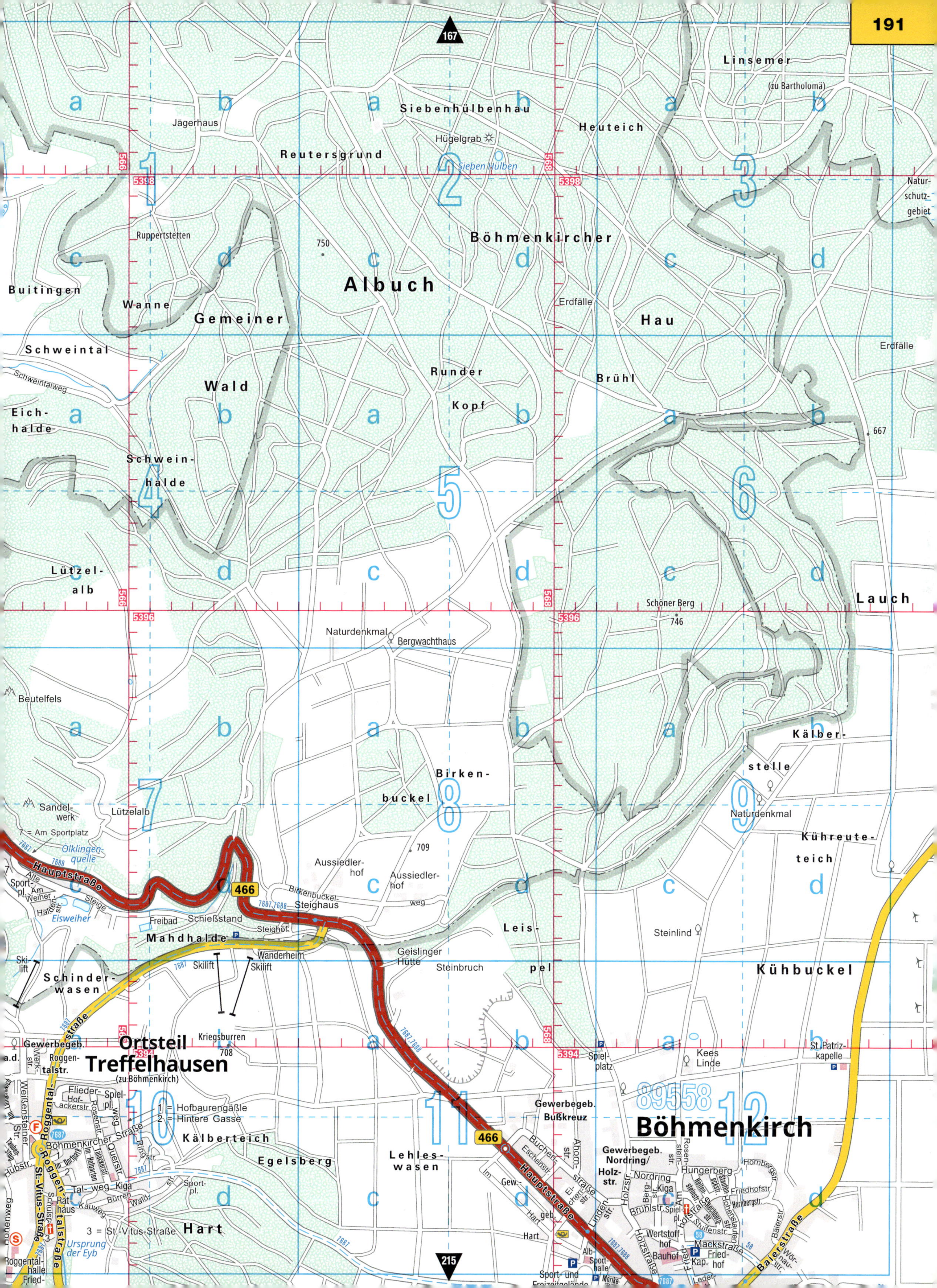
167
Linsemer
(zu Bartholomä)
Siebenhülbenhau
Heuteich
Jägerhaus
Hügelgrab
Reutersgrund
Sieben Hülben
Natur-
schutz-
gebiet
Ruppertstetten
Böhmenkircher
750
Buitingen
Albuch
Wanne
Gemeiner
Erdfälle
Hau
Schweintal
Erdfälle
Schweintalweg
Wald
Runder
Brühl
Eich-
halde
Kopf
667
Schwein-
halde
Lützel-
alb
Schöner Berg
746
Lauch
Naturdenkmal
Bergwachthaus
Beutelfels
Kälber-
stelle
Birken-
buckel
Sandel-
werk
Lützelalb
Naturdenkmal
7 = Am Sportplatz
Ölklingen-
quelle
709
Kühreute-
teich
Hauptstraße
Aussiedler-
hof
Aussiedler-
hof
466
Birkenbuckel-
weg
Steighaus
Eisweiher
Freibad
Schießstand
Leis-
Mahdhalde
Steighof
Steinlind
Wanderheim
Geislinger
Hütte
Skilift
Skilift
Ski-
lift
Steinbruch
pel
Kühbuckel
Schinder-
wasen
Kriegsburren
708
Gewerbegeb.
Ortsteil
Treffelhausen
(zu Böhmenkirch)
Spiel-
platz
Kees
Linde
St. Patriz-
kapelle
89558
Böhmenkirch
1 = Hofbaurengäßle
2 = Hintere Gasse
Gewerbegeb.
Bußkreuz
Kälberteich
466
Gewerbegeb.
Nordring/
Holz-
str.
Egelsberg
Lehles-
wasen
Hungerberg
Nordring
Kiga
Hauptstraße
Friedhofstr.
Tal-weg
Kiga
Rat-
haus
Hart
3 = St.-Vitus-Straße
Wertstoff-
hof
Bauhof
Mackstraße
Fried-
hof
Ursprung
der Eyb
Hart
Baierstraße
Roggental-
halle
Sport- und
Freizeitgelände
215

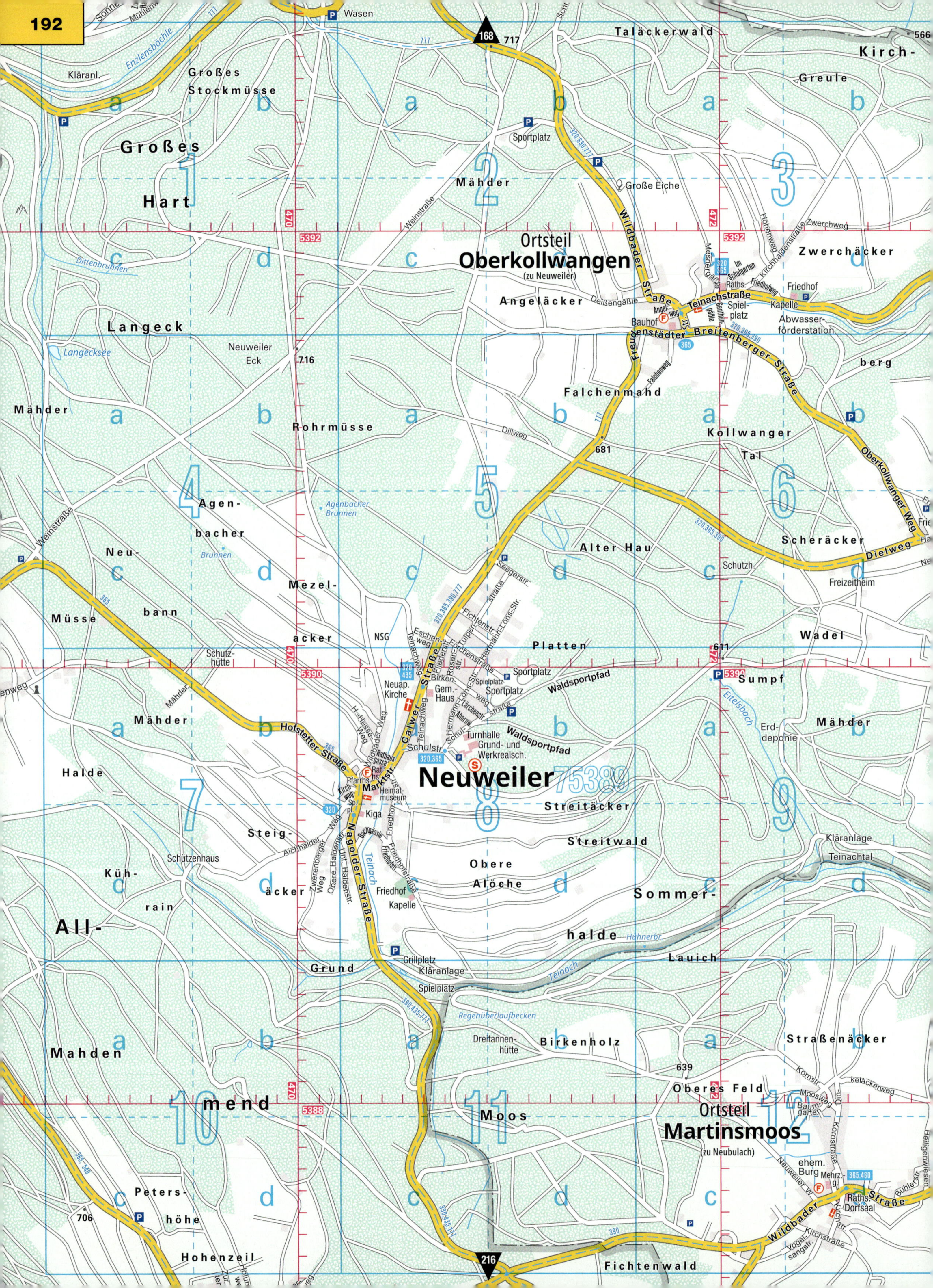

Wasen
Taläckerwald
Kirch-
Greule
Kläranl.
Großes Stockmüsse
Großes Hart
Sportplatz
Mähder
Große Eiche
Ortsteil
Oberkollwangen
(zu Neuweiler)
Wildbader Straße
Zwerchweg
Zwerchäcker
Friedhof
Kapelle
Abwasser-förderstation
Angeläcker
Deißengäßle
Teinachstraße
Spielplatz
Bauhof
Freudenstädter
Breitenberger Straße
Dittenbrunnen
Langeck
Langecksee
Neuweiler Eck
716
berg
Mähder
Rohrmüsse
Falchenmahd
Falchenweg
Kollwanger Tal
Dillweg
681
Oberkollwanger Weg
Agen-bacher
Agenbacher Brunnen
Brunnen
Alter Hau
Scheräcker
Dielweg
Weinstraße
Neu-bann
Müsse
Mezel-acker
Schutzh.
Freizeitheim
Wadel
Platten
611
Schutzhütte
NSG
Sportplatz
Waldsportpfad
Sumpf
Neuap. Kirche
Gem.-Haus
Eltelsbach
Mähder
Holzstetter Straße
Calwer Straße
Turnhalle
Grund- und Werkrealsch.
Schulstr.
Erd-deponie
Halde
Rathaus
Marktstr.
Heimatmuseum
Neuweiler
75389
Kiga
Streitäcker
Streitwald
Steig-äcker
Schutzenhaus
Küh-rain
Nagolder Straße
Obere Alöche
Friedhof
Kapelle
Sommer-halde
Kläranlage
Teinachtal
All-mend
Grund
Grillplatz
Kläranlage
Spielplatz
Teinach
Lauich
Regenüberlaufbecken
Dreitannen-hütte
Birkenholz
Straßenäcker
Mahden
639
Oberes Feld
Ortsteil
Martinsmoos
(zu Neubulach)
Moos
ehem. Burg
Raths.
Dorfsaal
Wildbader Straße
Peters-höhe
706
Hohenzeil
Fichtenwald

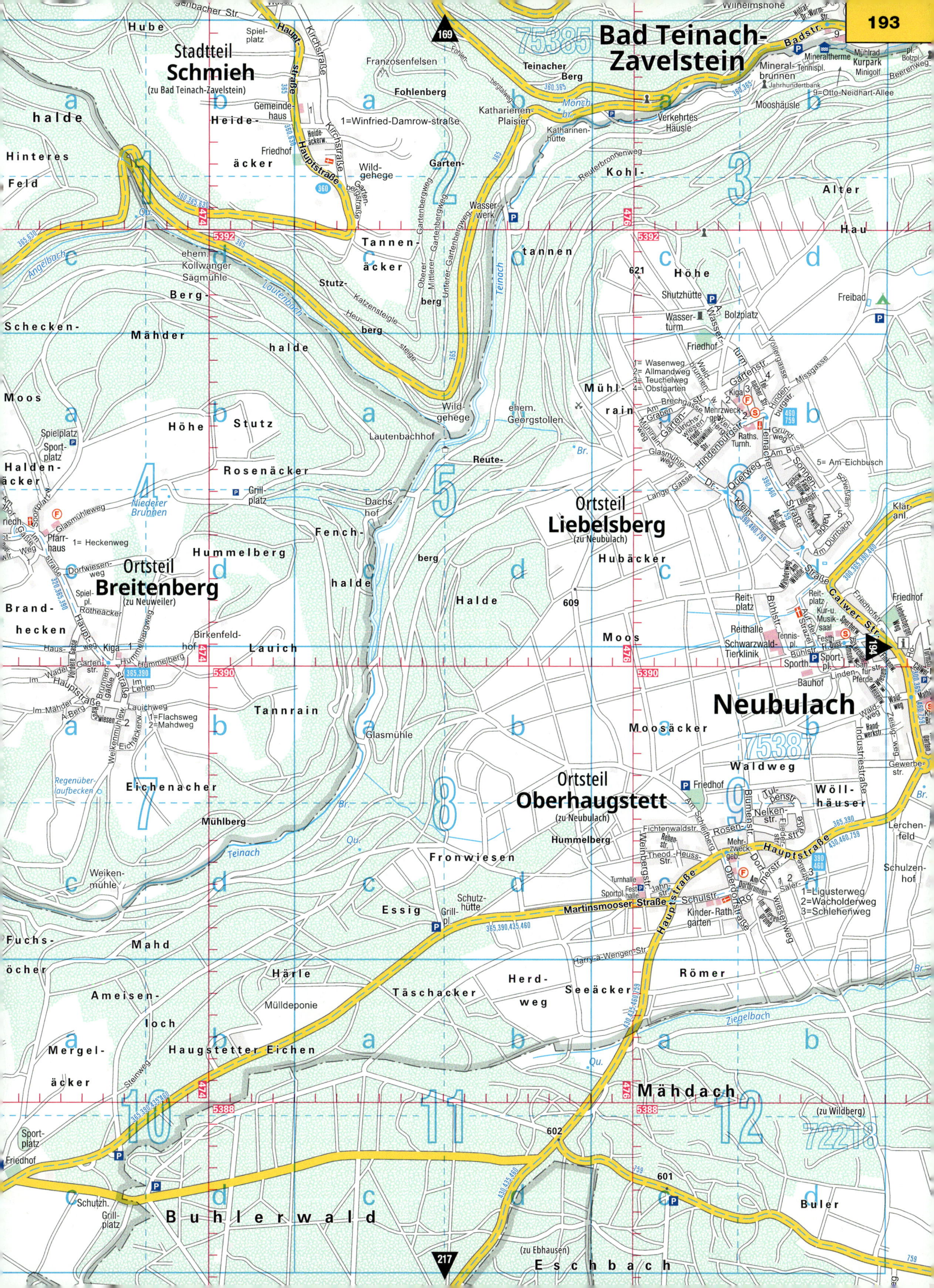

Bad Teinach-Zavelstein
Stadtteil Schmieh
(zu Bad Teinach-Zavelstein)
Ortsteil Liebelsberg
(zu Neubulach)
Ortsteil Breitenberg
(zu Neuweiler)
Neubulach
Ortsteil Oberhaugstett
(zu Neubulach)
Mähdach
Buhlerwald
Eschbach
(zu Ebhausen)
(zu Wildberg)
169
194
217

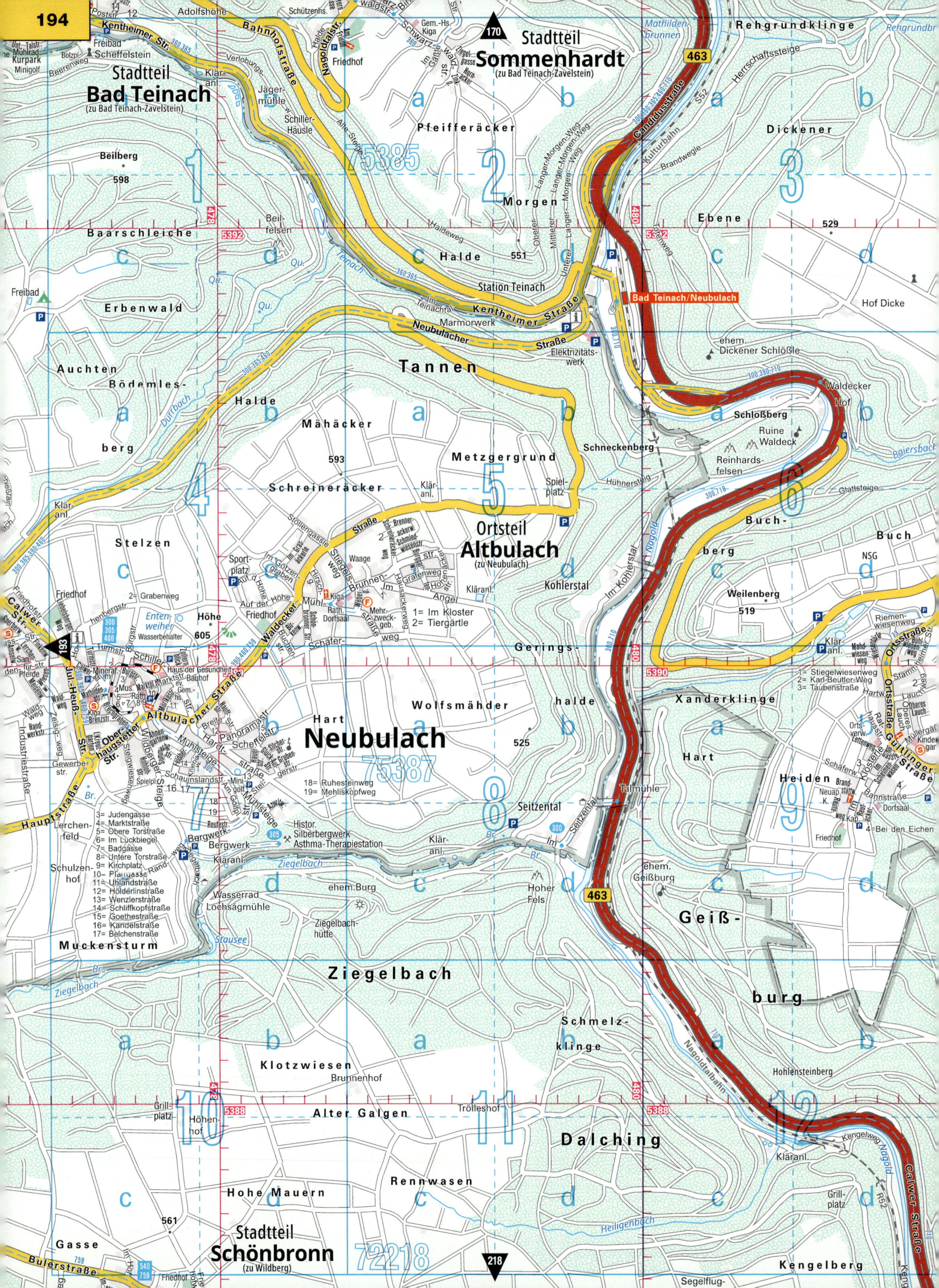
Stadtteil
Bad Teinach
(zu Bad Teinach-Zavelstein)
Stadtteil
Sommenhardt
(zu Bad Teinach-Zavelstein)
Ortsteil
Altbulach
(zu Neubulach)
Neubulach
Stadtteil
Schönbronn
(zu Wildberg)
75385
75387
72218
Kentheimer Str.
Bahnhofstraße
Nagoldtalstr.
Kentheimer Straße
Neubulacher Straße
Candidusstraße
Altbulacher Straße
Waldecker Straße
Calwer Str.
Calwer Straße
Hauptstraße
Bulerstraße
Ortsstraße
Gültlinger Straße
Pfeifferäcker
Morgen
Halde
Station Teinach
Marmorwerk
Elektrizitäts-werk
Bad Teinach/Neubulach
Rehgrundklinge
Dickener
Ebene
Hof Dicke
ehem. Dickener Schlößle
Waldecker Hof
Schloßberg
Ruine Waldeck
Reinhards-felsen
Schneckenberg
Buch-berg
Buch
Weilenberg
Beilberg
Baarschleiche
Erbenwald
Freibad
Auchten
Bödemles-berg
Tannen
Mähäcker
Metzgergrund
Schreineräcker
Stelzen
Kohlerstal
Gerings-halde
Wolfsmähder
Hart
Xanderklinge
Heiden
Seitzental
Talmühle
Historisches Silberbergwerk Asthma-Therapiestation
Bergwerk
Ziegelbach
ehem. Burg
Ziegelbachhütte
Wasserrad Lochsägmühle
Hoher Fels
ehem. Geißburg
Geiß-burg
Muckensturm
Lerchenfeld
Schulzenhof
Schmelz-klinge
Klotzwiesen
Brunnenhof
Alter Galgen
Trolleshof
Dalching
Höhenhof
Hohlensteinberg
Rennwasen
Hohe Mauern
Gasse
Kengelberg
1= Im Kloster
2= Tiergärtle
3= Judengasse
4= Marktstraße
5= Obere Torstraße
6= Im Luckbiegel
7= Badgasse
8= Untere Torstraße
9= Kirchplatz
10= Pfarrgasse
11= Uhlandstraße
12= Hölderlinstraße
13= Wenzlerstraße
14= Schliffkopfstraße
15= Goethestraße
16= Kandelstraße
17= Belchenstraße
18= Ruhesteinweg
19= Mehliskopfweg
1= Stiegelwiesenweg
2= Karl-Beutler-Weg
3= Taubenstraße
4= Bei den Eichen

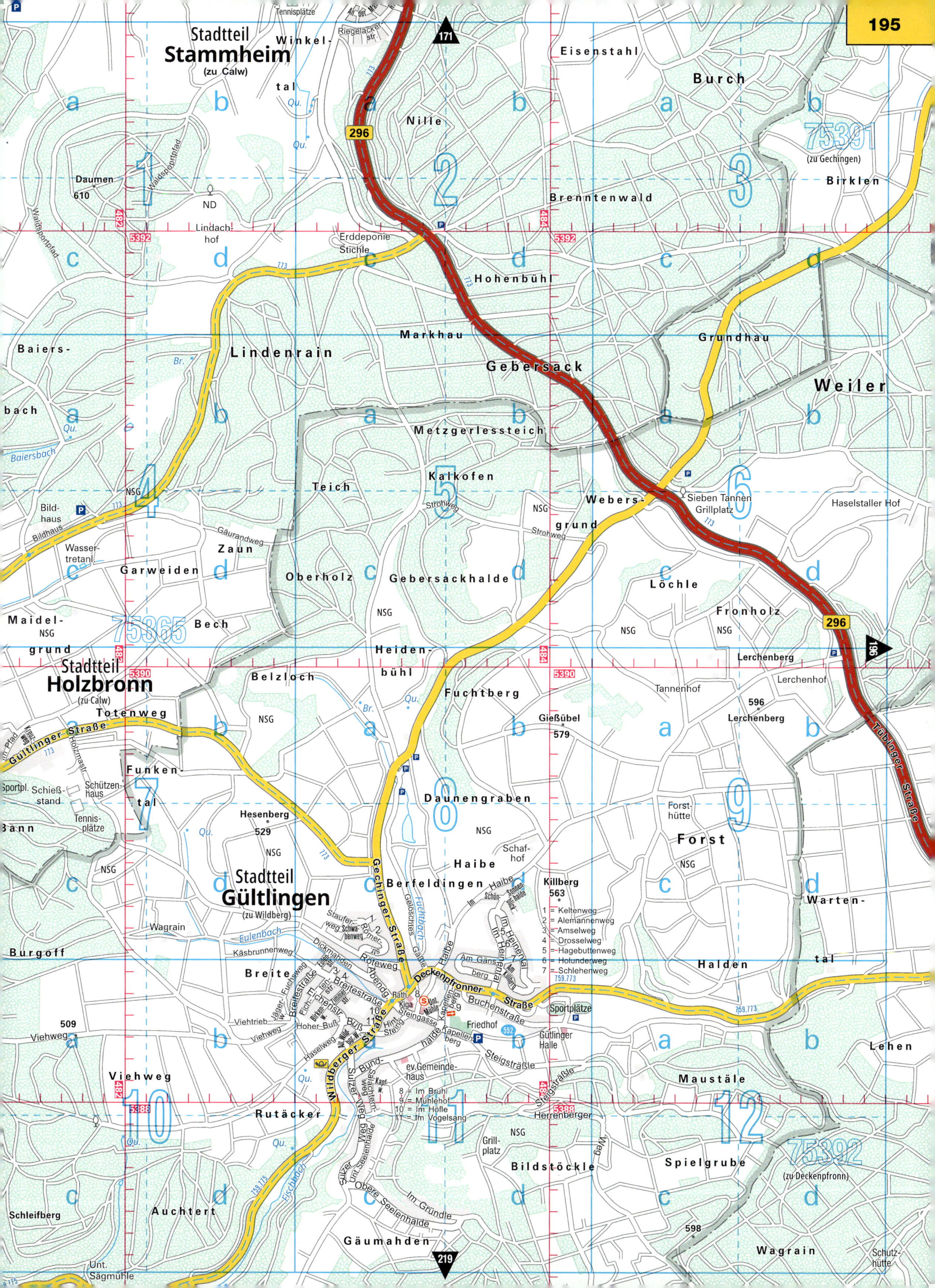

Stadtteil
Stammheim
(zu Calw)
Winkel-
tal
Daumen
610
Lindach-
hof
Erddeponie
Stichle
Nille
Eisenstahl
Burch
75391
(zu Gechingen)
Birklen
Brenntenwald
Hohenbühl
Markhau
Gebersack
Grundhau
Weiler
Baiers-
bach
Baiersbach
Lindenrain
Metzgerlessteich
Kalkofen
Teich
Webers-
grund
Sieben Tannen
Grillplatz
Haselstaller Hof
Bild-
haus
Wasser-
tretanl.
Zaun
Garweiden
Oberholz
Gebersackhalde
Löchle
Fronholz
Maidel-
grund
75365
Bech
Heiden-
bühl
Lerchenberg
Stadtteil
Holzbronn
(zu Calw)
Belzloch
Tannenhof
Lerchenhof
596
Lerchenberg
Totenweg
Gültlinger Straße
Fuchtberg
Gießübel
579
Funken-
tal
Schieß-
stand
Schützen-
haus
Tennis-
plätze
Daunengraben
Forst-
hütte
Forst
Hesenberg
529
Schaf-
hof
Haibe
Killberg
563
Stadtteil
Gültlingen
(zu Wildberg)
Berfeldingen
Warten-
tal
Gechinger Straße
Wagrain
1 = Keltenweg
2 = Alemannenweg
3 = Amselweg
4 = Drosselweg
5 = Hagebuttenweg
6 = Holunderweg
7 = Schlehenweg
Burgoff
Eulenbach
Breite
Halden
Deckenpfronner Straße
Sportplätze
Friedhof
Gültlinger Halle
509
Viehweg
Lehen
Wildberger Straße
ev.Gemeinde-
haus
8 = Im Brühl
9 = Mühlehof
10 = Im Höfle
11 = Im Vogelsang
Mauställe
Rutäcker
Herrenberger
Grill-
platz
Bildstöckle
Spielgrube
75392
(zu Deckenpfronn)
Schleifberg
Auchtert
Obere Seelenhalde
Im Gründle
598
Gäumahden
Wagrain
Schutz-
hütte
Unt.
Sägmühle
Tübinger Straße

Deckenpfronn
Ortsteil Dachtel
(zu Aidlingen)
Hülsen-tal
Unterer Tannenwald
Schnepfental
Hörtringer Tannenwald
Edelburg
Tennental
Höhe
Wasserbaum
Hummelberg
Heckental
Nächster Wald
Masen-wald
Egert
Bergwald
Billingshalde
Storrenberg
Gründle
Lehen
Gerber
Hofacker
Becken-egert
Heimen
Steinenberg
Buchs
Kalkofen
Mahden
Weingart-halde
Reisach
Heiden
Bremet
Rote Halde
Hungerberg
Zähe Wiesen
Rot
Spitzhau
Gänseäcker
Schönberg
Spielgrube
Klotzweg
Hohwiel
Egelsee
Schillerlinde
Kläranlage
Erdwälle
Breit-schwert
Buckel
Unterer Grund
Höhnle
Steinenberg
Brand
Wolfs-pfad
Buch-halde
Hutzler
Schießbahn
Dorfgemeinschaft Tennental
Baugebiet Lüsse
75391 (zu Gechingen)
72218 (zu Wildberg)
75392
1= Backhausgasse
2= Postgasse
3= Neue Straße
4= Lammgasse
5= Amselweg
6= Orffweg
7= Brahmsweg
8= Freihofstraße
9= Freihof
10= Haydnweg
11= Tulpenweg
12= Rosenweg
13= Nelkenweg
14= Veilchenweg
15=Staufenstraße
16=Schönbuchstraße
17=Teckstraße
15 = Telemannweg
16 = Lortzingweg
17 = Johann-Strauß-Weg
18 = Schumannstraße
19 = Schützweg
20 = Dahlienweg
21 = Platz am Steinhaus
22 = Schmiedegasse
23 = Maybachstraße
24 = Hertzstraße
25 = Zeppelinstraße
1= Schallenbergweg
2= Hohe Gasse
3=Im Unterdorf
Tübinger Straße
Calwer Straße
Deckenpfronner Str.
172
195
220
296

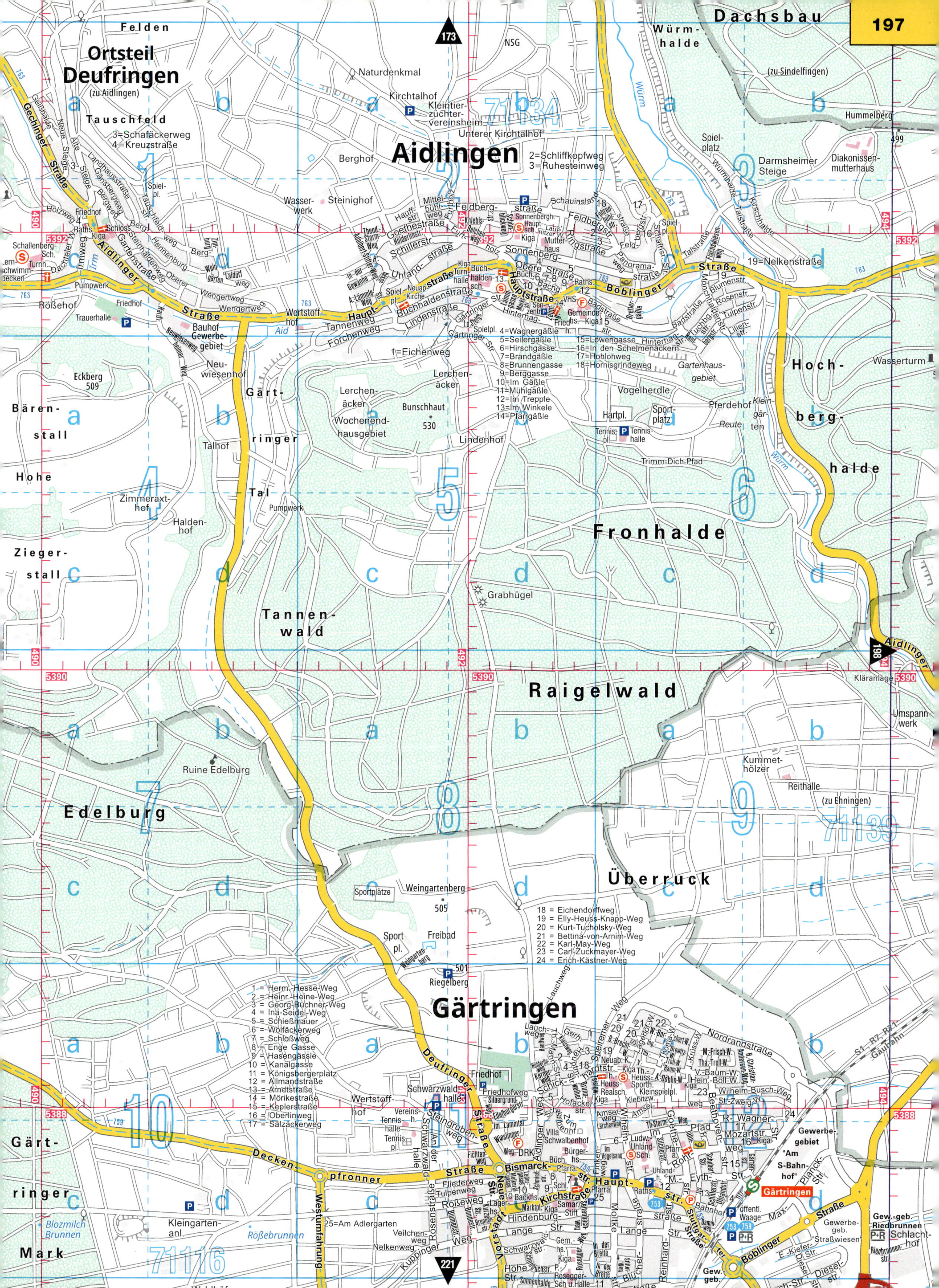
Dachsbau
Ortsteil Deufringen
(zu Aidlingen)
Felden
Tauschfeld
3=Schafäckerweg
4=Kreuzstraße
Naturdenkmal
Kirchtalhof
Kleintier-züchter-vereinsheim
Unterer Kirchtalhof
NSG
Aidlingen
2=Schliffkopfweg
3=Ruhesteinweg
Würmhalde
(zu Sindelfingen)
Hummelberg
Darmsheimer Steige
Diakonissen-mutterhaus
Berghof
Steinighof
Wasserwerk
19=Nelkenstraße
Aidlinger Straße
Böblinger Straße
Hauptstraße
Roßehof
Friedhof
Trauerhalle
Bauhof
Gewerbegebiet
Neuwiesenhof
Wertstoffhof
1=Eichenweg
4=Wagnergäßle
5=Seilergäßle
6=Hirschgasse
7=Brandgäßle
8=Brunnengasse
9=Berggasse
10=Im Gäßle
11=Mühlgäßle
12=Im Trepple
13=Im Winkele
14=Pfarrgäßle
15=Löwengasse
16=In den Schelmenäckern
17=Hohlohweg
18=Hornisgrindeweg
Gartenhausgebiet
Hochberghalde
Wasserturm
Bärenstall
Eckberg 509
Gärtringer Tal
Lerchenäcker
Bunschhaut 530
Wochenendhausgebiet
Lindenhof
Vogelherdle
Pferdehof
Sportplatz
Tennishalle
Trimm-Dich-Pfad
Hohe
Talhof
Zimmeraxthof
Haldenhof
Pumpwerk
Fronhalde
Ziegerstall
Grabhügel
Tannenwald
Raigelwald
Kläranlage
Umspannwerk
Ruine Edelburg
Edelburg
Kummethölzer
Reithalle
(zu Ehningen)
Überruck
Sportplätze
Weingartenberg 505
Freibad
Sportpl.
18 = Eichendorffweg
19 = Elly-Heuss-Knapp-Weg
20 = Kurt-Tucholsky-Weg
21 = Bettina-von-Arnim-Weg
22 = Karl-May-Weg
23 = Carl-Zuckmayer-Weg
24 = Erich-Kästner-Weg
Riegelberg 501
Gärtringen
1 = Herm.-Hesse-Weg
2 = Heinr.-Heine-Weg
3 = Georg-Büchner-Weg
4 = Ina-Seidel-Weg
5 = Schießmauer
6 = Wolfäckerweg
7 = Schloßweg
8 = Enge Gasse
9 = Hasengässle
10 = Kanalgasse
11 = Königsbergerplatz
12 = Allmandstraße
13 = Arndtstraße
14 = Mörikestraße
15 = Keplerstraße
16 = Oberlinweg
17 = Salzäckerweg
Nordrandstraße
Deufringer Straße
Deckenpfronner Straße
Bismarckstraße
Kirchstraße
Stuttgarter Straße
Böblinger Straße
Gewerbegebiet "Am S-Bahnhof"
Gärtringen
Gärtringer Mark
Blozmilch Brunnen
Kleingartenanl.
Rößebrunnen
Westumfahrung
25=Am Adlergarten
Gew.-geb. Riedbrunnen
Gewerbegeb. "Straßwiesen"
Schlachthof
173
221
198

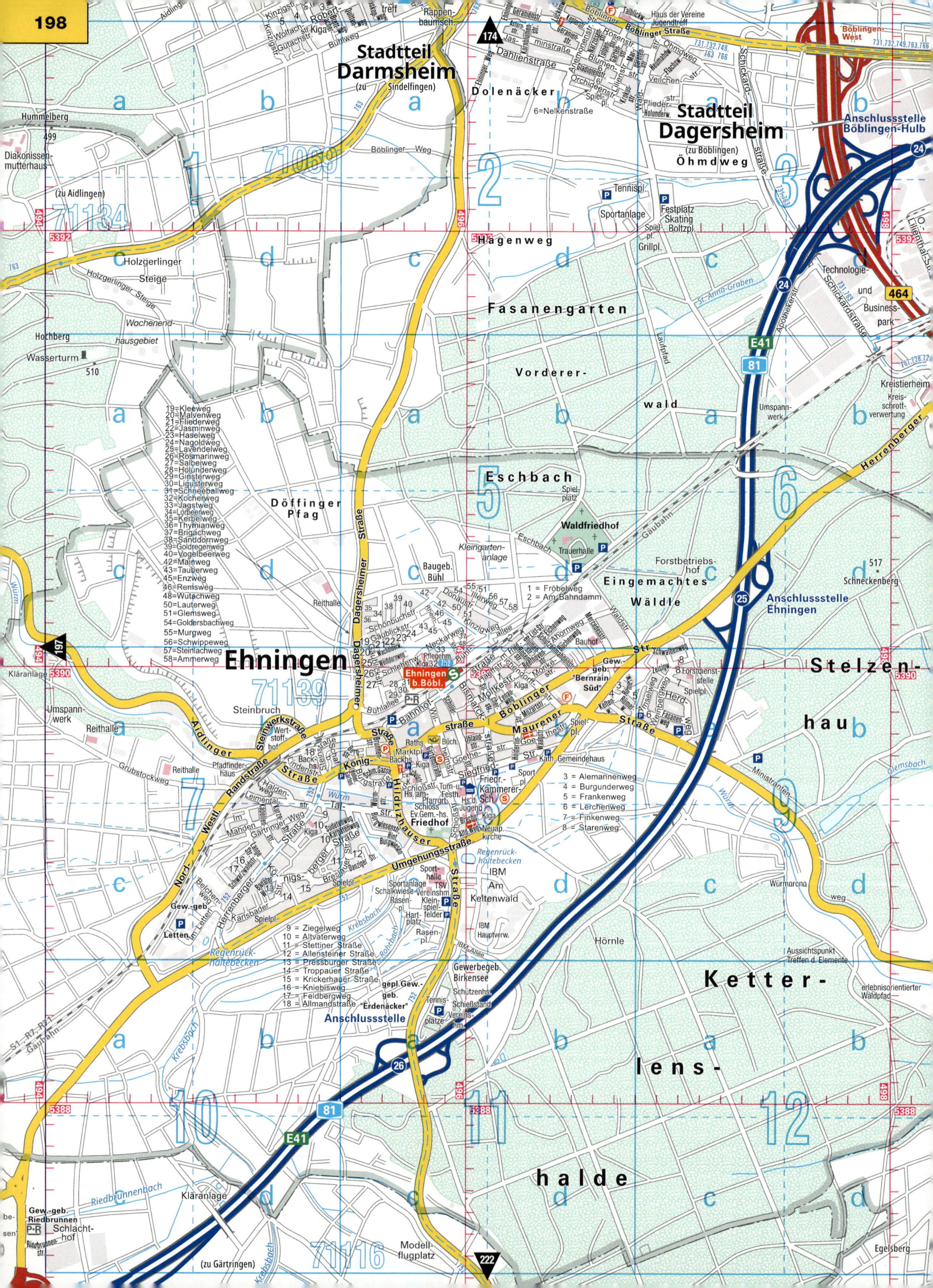
Stadtteil
Darmsheim
(zu Sindelfingen)
Dolenäcker
6=Nelkenstraße
Stadtteil
Dagersheim
(zu Böblingen)
Öhmdweg
Haus der Vereine
Jugendtreff
Böblinger Straße
Dahlienstraße
Böblingen-West
Anschlussstelle
Böblingen-Hulb
Hummelberg
499
Diakonissen-
mutterhaus
(zu Aidlingen)
71134
71069
Böblinger Weg
Tennispl.
Sportanlage
Festplatz
Skating
Boltzpl.
Grillpl.
Hagenweg
Holzgerlinger
Steige
Holzgerlinger Steige
Wochenend-
hausgebiet
Hochberg
Wasserturm
510
Fasanengarten
St.-Anna-Graben
Technologie-
und
Business-
park
464
Schickardtstraße
E41
81
Vorderer-
wald
Laufpfad
Umspann-
werk
Kreistierheim
Kreis-
schrott-
verwertung
Herrenberger
19=Kleeweg
20=Malvenweg
21=Fliederweg
22=Jasminweg
23=Haselweg
24=Nagoldweg
25=Lavendelweg
26=Rosmarinweg
27=Salbeiweg
28=Holunderweg
29=Ginsterweg
30=Ligusterweg
31=Schneeballweg
32=Kocherweg
33=Jagstweg
34=Lorbeerweg
35=Kerbelweg
36=Thymianweg
37=Brigachweg
38=Sanddornweg
39=Goldregenweg
40=Vogelbeerweg
42=Mainweg
43=Tauberweg
45=Enzweg
46=Remsweg
48=Wutachweg
50=Lauterweg
51=Glemsweg
54=Goldersbachweg
55=Murgweg
56=Schwippeweg
57=Steinlachweg
58=Ammerweg
Döffinger
Pfag
Dagersheimer Straße
Eschbach
Spielplatz
Waldfriedhof
Trauerhalle
Kleingarten-
anlage
Gäubahn
Baugeb.
Bühl
Forstbetriebs-
hof
Eingemachtes
Wäldle
517
Schneckenberg
Anschlussstelle
Ehningen
25
1 = Fröbelweg
2 = Am Bahndamm
Reithalle
Ehningen
Ehningen b.Böbl.
71139
Kläranlage
5390
Stelzen-
hau
Steinbruch
Umspann-
werk
Reithalle
Aidlinger
Steinwerkstraße
Wertstoff-
hof
Grubstockweg
Pfadfinder-
haus
Randstraße
König-
straße
Bahnhof-
straße
Böblinger
Maurener
Straße
Gew.-
geb.
"Bernrain
Süd"
Forstdienst-
stelle
Spielpl.
Ministranten-
Glemsbach
Würm
Hildrizhauser
Straße
Friedhof
Schloss
Kath. Gemeindehaus
3 = Alemannenweg
4 = Burgunderweg
5 = Frankenweg
6 = Lerchenweg
7 = Finkenweg
8 = Starenweg
Nord-West-
Umgehungsstraße
Regenrück-
haltebecken
IBM
Am
Keltenwald
IBM
Hauptverw.
Würmaroma
Sportanlage TSV
Schalkwiese
Gew.-geb.
Letten
Karlsbader
Herrenberger
9 = Ziegelweg
10 = Altvaterweg
11 = Stettiner Straße
12 = Allensteiner Straße
13 = Pressburger Straße
14 = Troppauer Straße
15 = Krickerhauer Straße
16 = Kniebisweg
17 = Feldbergweg
18 = Allmandstraße
gepl.Gew.-
geb.
"Erdenäcker"
Gewerbegeb.
Birkensee
Schützenhs.
Schießstand
Tennis-
plätze
Anschlussstelle
Hörnle
Aussichtspunkt
Treffen d. Elemente
erlebnisorientierter
Waldpfad
Ketter-
lens-
halde
26
S1, R7, R71
Gäubahn
Krebsbach
5388
E41
81
Riedbrunnenbach
Kläranlage
Gew.-geb.
Riedbrunnen
P+R
Schlacht-
hof
(zu Gärtringen)
71116
Modell-
flugplatz
222
174
197
Egelsberg

Stadtteil Waldburg
(zu Böblingen)
Stadtteil Hulb
(zu Böblingen)
Stadtteil Grund
(zu Böblingen)
Stadtteil Diezenhalde
(zu Böblingen)
Böblingen
Holzgerlingen
Calwer Straße
Herrenberger Straße
Tübinger Straße
Schönaicher Straße
Maurener Straße
Karl-Benz-Str.
Poststraße
Brunnenstraße
Waldburgstraße
Böblingen
Böblingen Danziger Str.
Böblingen Südbahnhof
Böblingen Heusteigstr.
Böblingen Zimmerschlag
Holzgerlingen Nord
Cityplan S.40
Hulb
Böblingen-Süd
Maurener
Täle
Hinterer Wald
Waldfriedhof
Brand
Hörnledorn
Hörnles Ebene
Baumgarten
Baum-garten-wand
Lichten-halde
Häselhau
Weihdorfer Häule
Friedhof
Mauren
Schloss Maurener Tal
Maurener See
Bebelsberg
Motor-Cross-Gelände
Reiterhof
Wasserberg
Kleingartenanlage Wasserberg
Kleintierzuchtanlage
Jugendfarm
Bismarckeiche
Parkfriedhof
Stadion
Mittlere Mühle
Obere Mühle
Wasserturm
71034
71032
71101
(zu Schönaich)
71088
71155
(zu Altdorf)
E41
81
464
175
200
223
R74
S60
1
2
3
4
5
6
7
8
9
10
11
12

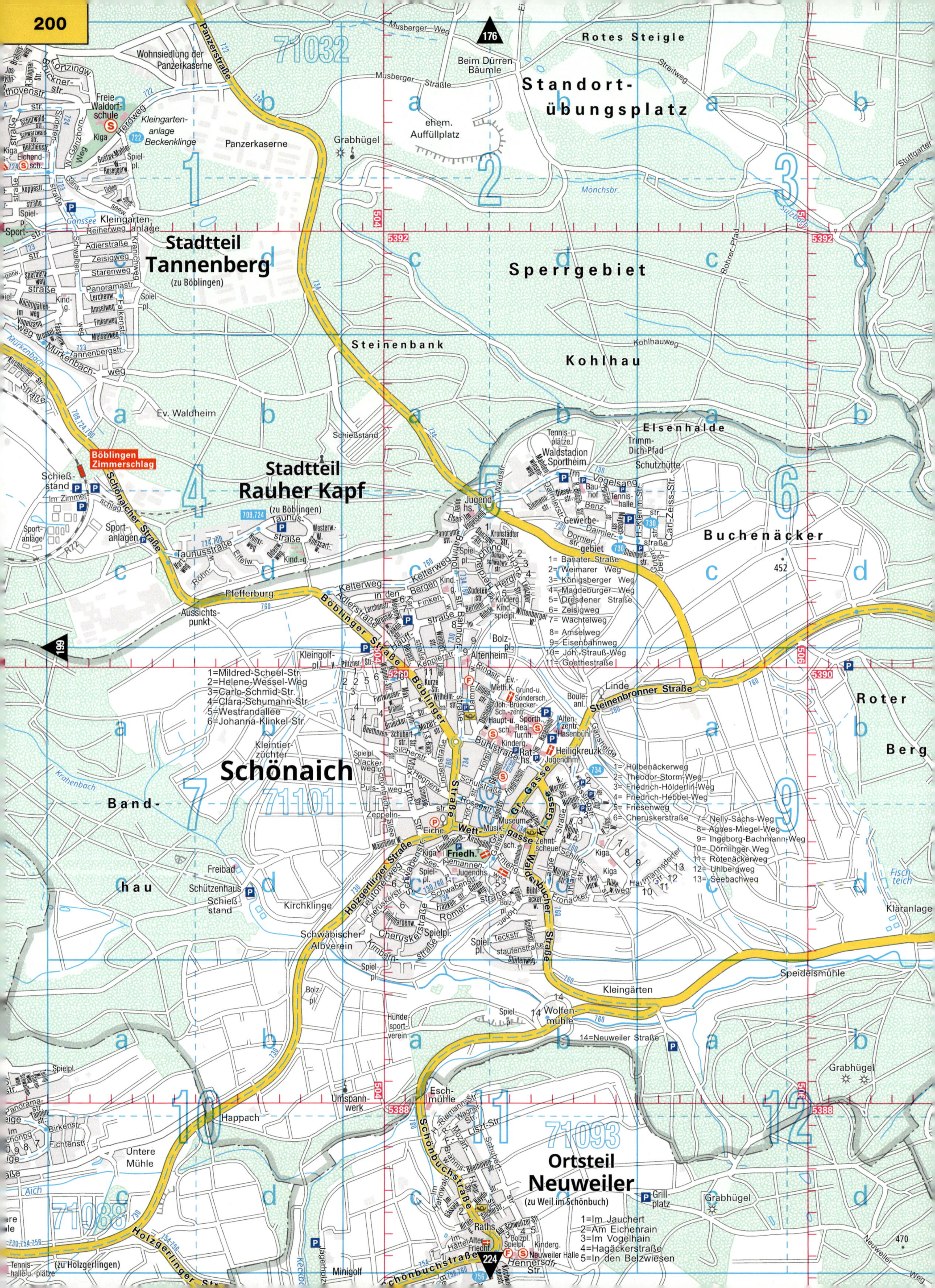
Stadtteil Tannenberg
(zu Böblingen)
Stadtteil Rauher Kapf
(zu Böblingen)
Schönaich
71101
Ortsteil Neuweiler
(zu Weil im Schönbuch)
71093
71032
71088
Standort-übungsplatz
Sperrgebiet
Rotes Steigle
Steinenbank
Kohlhau
Elsenhalde
Buchenäcker
Roter Berg
Band-hau
Panzerkaserne
Wohnsiedlung der Panzerkaserne
Panzerstraße
Beim Dürren Bäume
ehem. Auffüllplatz
Grabhügel
Kleingarten-anlage Beckenklinge
Ev. Waldheim
Böblingen Zimmerschlag
Schönaicher Straße
Böblinger Straße
Steinenbronner Straße
Holzgerlinger Straße
Schönbuchstraße
Pfefferburg
Aussichtspunkt
Schießstand
Freibad
Schützenhaus
Kirchklinge
Schwäbischer Albverein
Kleingärten
Wolfenmühle
Speidelsmühle
Kläranlage
Esch-mühle
Umspann-werk
Happach
Untere Mühle
Minigolf
Grill-platz
1=Banater Straße
2=Weimarer Weg
3=Königsberger Weg
4=Magdeburger Weg
5=Dresdener Straße
6=Zeisigweg
7=Wachtelweg
8=Amselweg
9=Eisenbahnweg
10=Joh.-Strauß-Weg
11=Goethestraße
1=Mildred-Scheel-Str.
2=Helene-Wessel-Weg
3=Carlo-Schmid-Str.
4=Clara-Schumann-Str.
5=Westrandallee
6=Johanna-Klinkel-Str.
1=Hülbenäckerweg
2=Theodor-Storm-Weg
3=Friedrich-Hölderlin-Weg
4=Friedrich-Hebbel-Weg
5=Friesenweg
6=Cheruskerstraße
7=Nelly-Sachs-Weg
8=Agnes-Miegel-Weg
9=Ingeborg-Bachmann-Weg
10=Dornlinger Weg
11=Rotenäckerweg
12=Uhlbergweg
13=Seebachweg
14=Neuweiler Straße
1=Im Jauchert
2=Am Eichenrain
3=Im Vogelhain
4=Hagäckerstraße
5=In den Belzwiesen
176
199
224

177
Stadtteil
Musberg
(zu Leinfelden-Echterdgn.)
Obere Mühle
Eselsmühle
Hauhütte
Mäulesmühle
Mühlenmus.
Komedescheuer
Trimm-Dich-Pfad
Kläranlage
Reichenbach
Leinfelden-
Echterdingen
Seebrückenmühle
Keltische Viereckschanze
Grabhügel
Spielwiese u. Grill-platz
Verein d. Hundefreunde
21 = Alemannenweg
22 = Im Gaiern
Hohenwart
Felderles-
mahd
Sieben-
mühlen-
tal
70771
Bahnhof Steinenbronn
Schlechtenmühle
1 = Sophienweg
2 = Charlottenweg
3 = Franziskaweg
Wildsaubar
Steinenbronn
Sulzbach
Sindelfinger Str.
Umgehungsstraße
Wochenendhausgebiet
Gewerbegebiet "Kring"
Schloßlemühle
Industriegebiet "Maurer"
202
71144
Kläranlage
Bauhof
Schönaicher Straße
4 = Johannesweg
5 = Finkenweg
6 = Blumenweg
7 = Schafgartenplatz
8 = Im Lührle
Reiterhof
Gewerbegebiet Solwiesen
Bouleclub
Vereinsheim
Baugebiet Gubser
13 = Pfarrgartenweg
14 = Rotkäppchenweg
15 = Sterntalerweg
Friedhof
Hof Allmend
Greuthau
9 = Hagwiesenweg
10 = Am Steinenberg
11 = Am Friedhof
12 = Sandäckerstraße
Baugebiet Süd
473
Steinenberg
Obere Rauhmühle
Untere Rauhmühle
426
Kalkofen
25 = Eugen-Bolz-Str.
26 = Georg-Pfäfflin-Weg
27 = Geschwister-Scholl-Weg
28 = Charlottenweg
29 = Franziskaweg
31 = Katharinenweg
1 = Finkenweg
2 = Drosselweg
3 = Kirchhalde
4 = Marienbader Weg
5 = Gablonzer Weg
6 = Haydnweg
7 = Mylauer Straße
Rittersport-Stadion
Obere Sägmühle
Waldenbuch
71111
Friedhof
Alfred-Ritter-Str.
225
Echterdinger Straße
Stuttgarter Straße

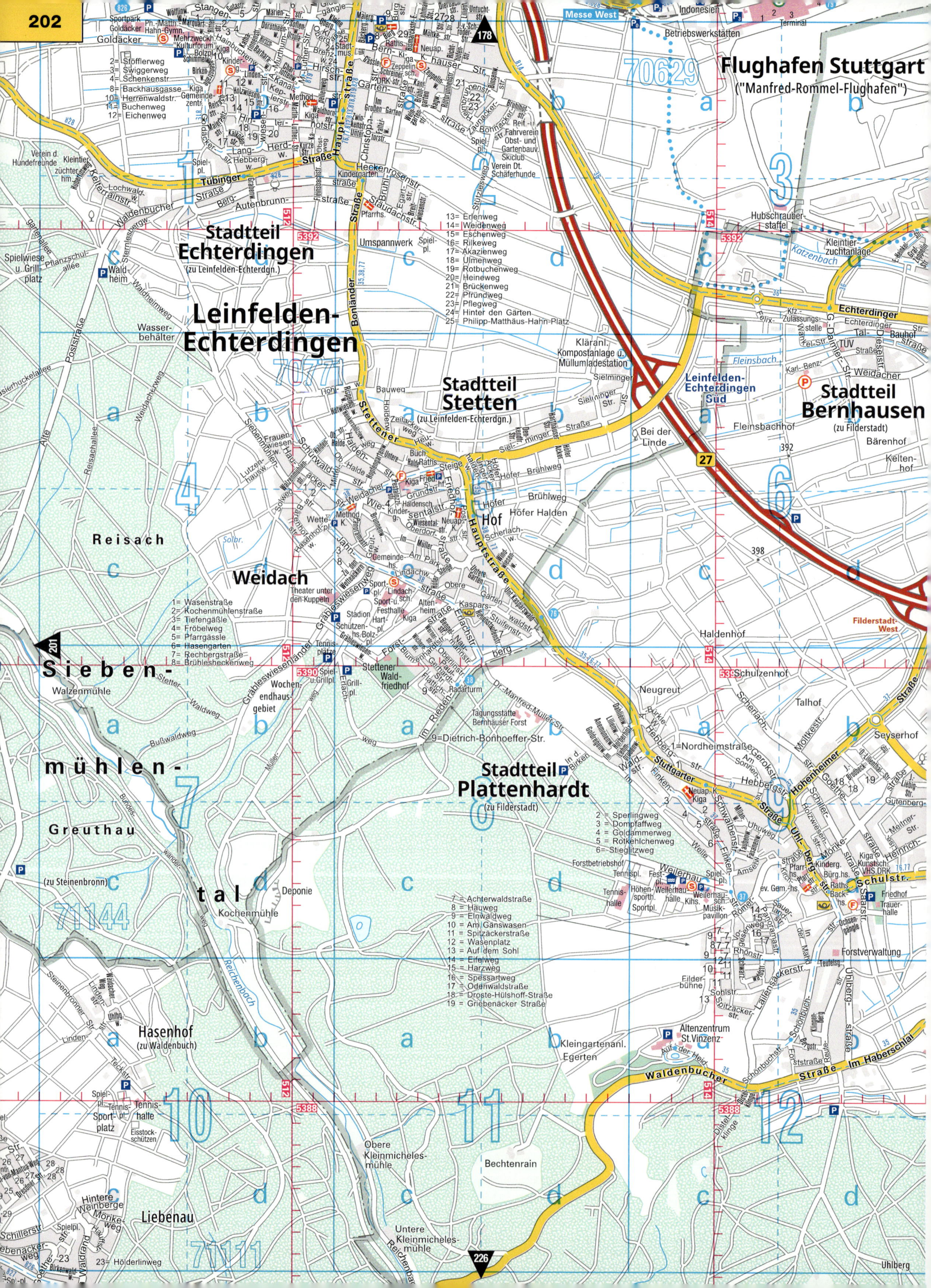
Flughafen Stuttgart
("Manfred-Rommel-Flughafen")
Messe West
Betriebswerkstätten
Stadtteil Echterdingen
(zu Leinfelden-Echterdgn.)
Leinfelden-Echterdingen
70771
70629
Stadtteil Stetten
(zu Leinfelden-Echterdgn.)
Stadtteil Bernhausen
(zu Filderstadt)
Leinfelden-Echterdingen Süd
Weidach
Reisach
Hof
Siebenmühlental
Greuthau
Stadtteil Plattenhardt
(zu Filderstadt)
Hasenhof
(zu Waldenbuch)
Liebenau
71144
71111
Filderstadt-West
Haldenhof
Schulzenhof
Talhof
Seyserhof
Neugreut
Bärenhof
Fleinsbachhof
Kochenmühle
Deponie
Obere Kleinmicheles-mühle
Untere Kleinmicheles-mühle
Bechtenrain
Uhlberg
Walzenmühle
Tübinger Straße
Waldenbucher Straße
Stuttgarter Straße
Echterdinger Straße
Hohenheimer Straße
Uhlbergstraße
Reichenbach
Katzenbach
Fleinsbach
2= Stöfflerweg
3= Swiggerweg
4= Schenkenstr.
8= Backhausgasse
10= Herrenwaldstr.
11= Buchenweg
12= Eichenweg
13= Erlenweg
14= Weidenweg
15= Eschenweg
16= Rilkeweg
17= Akazienweg
18= Ulmenweg
19= Rotbuchenweg
20= Heineweg
21= Brückenweg
22= Pfründweg
23= Pflegweg
24= Hinter den Gärten
25= Philipp-Matthäus-Hahn-Platz
1= Wasenstraße
2= Kochenmühlenstraße
3= Tiefengäßle
4= Fröbelweg
5= Pfarrgässle
6= Hasengarten
7= Rechbergstraße
8= Brühlesheckenweg
9=Dietrich-Bonhoeffer-Str.
1=Nordheimstraße
2 = Sperlingweg
3 = Dompfaffweg
4 = Goldammerweg
5 = Rotkehlchenweg
6 = Stieglitzweg
7 = Achterwaldstraße
8 = Hauweg
9 = Elnwaldweg
10 = Am Ganswasen
11 = Spitzäckerstraße
12 = Wasenplatz
13 = Auf dem Sohl
14 = Eifelweg
15 = Harzweg
16 = Spessartweg
17 = Odenwaldstraße
18 = Droste-Hülshoff-Straße
19 = Griebenäcker Straße
23= Hölderlinweg
178
201
226

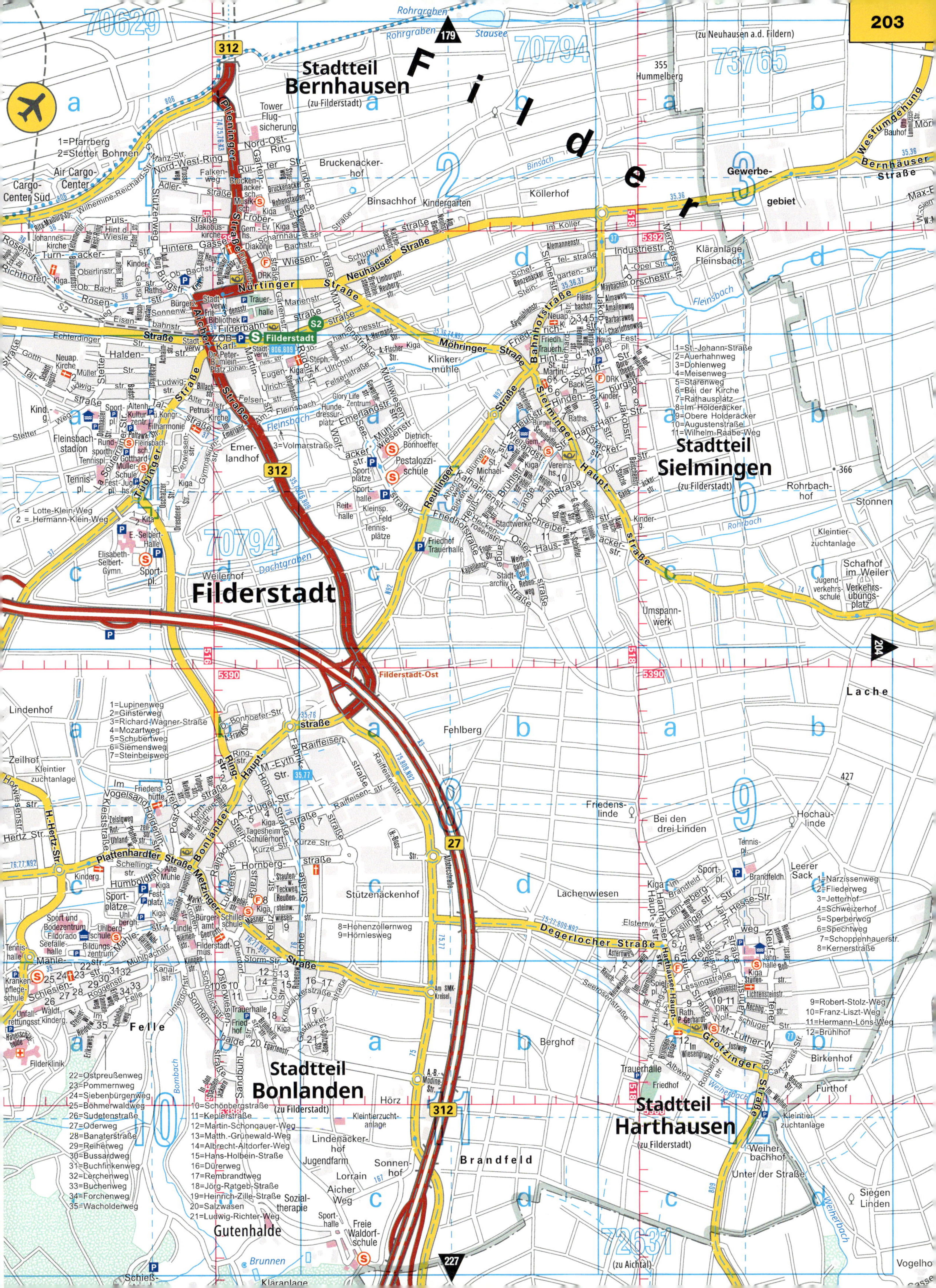

Filder
Stadtteil
Bernhausen
(zu Filderstadt)
Filderstadt
Stadtteil
Sielmingen
(zu Filderstadt)
Stadtteil
Bonlanden
(zu Filderstadt)
Stadtteil
Harthausen
(zu Filderstadt)
70629
70794
73765
72631
(zu Neuhausen a.d. Fildern)
(zu Aichtal)
179
204
227
312
27
Rohrgraben
Stausee
Hummelberg
Tower
Flug-
sicherung
Bruckenacker-
hof
Binsachhof
Kindergarten
Köllerhof
Gewerbe-
gebiet
Westumgehung
Bernhäuser Straße
Industriestr.
Kläranlage
Fleinsbach
Fleinsbach
Binsach
1=Pfarrberg
2=Stetter Bohmen
Air Cargo-
Center
Cargo-
Center Süd
Nord-West-Ring
Nürtinger Straße
Neuhauser Straße
Möhringer Straße
Filderstadt
Echterdinger Straße
Klinker-
mühle
1=St.-Johann-Straße
2=Auerhahnweg
3=Dohlenweg
4=Meisenweg
5=Starenweg
6=Bei der Kirche
7=Rathausplatz
8=Im Hölderäcker
9=Obere Holderäcker
10=Augustenstraße
11=Wilhelm-Raabe-Weg
Fleinsbach-
stadion
Emer-
landhof
3=Volmarstraße
Pestalozzi-
schule
Dietrich-
Bonhoeffer
Friedhof
Trauerhalle
1 = Lotte-Klein-Weg
2 = Hermann-Klein-Weg
Elisabeth-
Selbert-
Gymn.
Weilerhof
Dachtgraben
Rohrbach-
hof
Stonnen
Rohrbach
Kleintier-
zuchtanlage
Schafhof
im Weiler
Jugend-
verkehrs-
schule
Verkehrs-
übungs-
platz
Umspann-
werk
Filderstadt-Ost
Lache
Lindenhof
1=Lupinenweg
2=Ginsterweg
3=Richard-Wagner-Straße
4=Mozartweg
5=Schubertweg
6=Siemensweg
7=Steinbeisweg
Zeilhof
Kleintier
zuchtanlage
Fehlberg
Friedens-
linde
Bei den
drei Linden
Hochau-
linde
Leerer
Sack
Plattenhardter Straße
Stützenackenhof
8=Hohenzollernweg
9=Hörnlesweg
Lachenwiesen
Degerlocher Straße
1=Narzissenweg
2=Fliederweg
3=Jetterhof
4=Schweizerhof
5=Sperberweg
6=Spechtweg
7=Schoppenhauerstr.
8=Kernerstraße
9=Robert-Stolz-Weg
10=Franz-Liszt-Weg
11=Hermann-Löns-Weg
12=Brühlhof
Felle
Filderklinik
Berghof
Birkenhof
Furthof
Grötzinger Straße
Weiherbach
22=Ostpreußenweg
23=Pommernweg
24=Siebenbürgenweg
25=Böhmerwaldweg
26=Sudetenstraße
27=Oderweg
28=Banaterstraße
29=Reiherweg
30=Bussardweg
31=Buchfinkenweg
32=Lerchenweg
33=Buchenweg
34=Forchenweg
35=Wacholderweg
10=Schönbergstraße
11=Keplerstraße
12=Martin-Schongauer-Weg
13=Matth.-Grünewald-Weg
14=Albrecht-Altdorfer-Weg
15=Hans-Holbein-Straße
16=Dürerweg
17=Rembrandtweg
18=Jörg-Ratgeb-Straße
19=Heinrich-Zille-Straße
20=Salzwasen
21=Ludwig-Richter-Weg
Gutenhalde
Hörz
Lindenäcker-
hof
Jugendfarm
Sonnen-
hof
Lorrain
Aicher
Weg
Brandfeld
Sozial-
therapie
Freie
Waldorf-
schule
Brunnen
Kläranlage
Bombach
Weiher-
bachhof
Unter der Straße
Kleintier-
zuchtanlage
Siegen
Linden
Vogelho

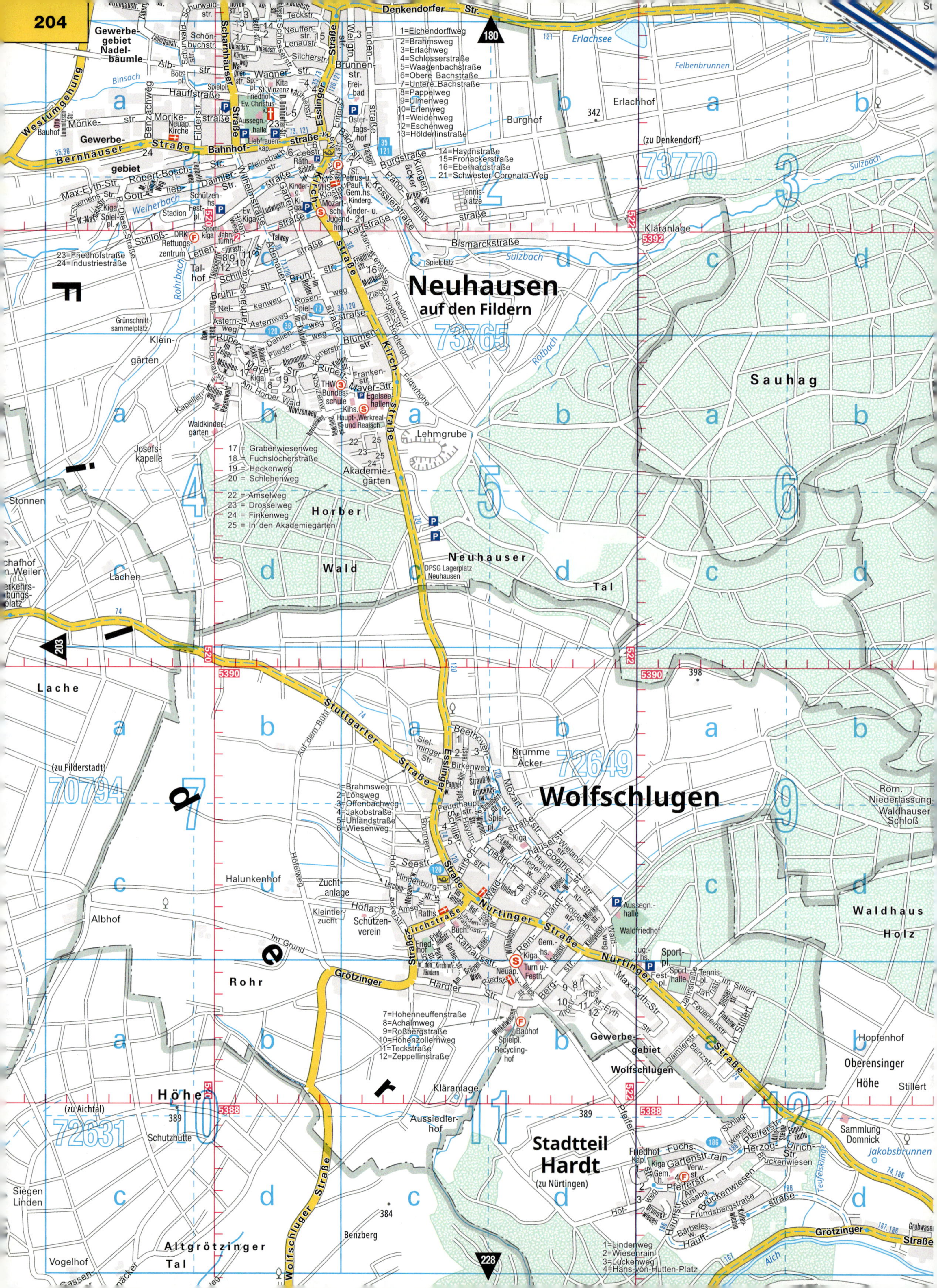

Neuhausen auf den Fildern
73765
Wolfschlugen
72649
Stadtteil Hardt
(zu Nürtingen)
73770
(zu Denkendorf)
70794
(zu Filderstadt)
72631
(zu Aichtal)
Denkendorfer Str.
Stuttgarter Straße
Nürtinger Straße
Esslinger Straße
Kirchstraße
Grötzinger Straße
Wolfschluger Straße
Bernhäuser Straße
Westumgehung
Sauhag
Horber Wald
Neuhauser Tal
Waldhaus Holz
Lehmgrube
Akademiegärten
Kläranlage
Erlachhof
Erlachsee
Felbenbrunnen
Burghof
Lache
Lachen
Rohr
Höhe
Halunkenhof
Albhof
Josefskapelle
Altgrötzinger Tal
Rom. Niederlassung Waldhauser Schloß
Hopfenhof
Oberensinger Höhe
Sammlung Domnick
Jakobsbrunnen
Benzberg
Vogelhof
Siegen Linden
Stonnen
Aussiedlerhof
Fildern
1=Eichendorffweg
2=Brahmsweg
3=Erlachweg
4=Schlosserstraße
5=Waagenbachstraße
6=Obere Bachstraße
7=Untere Bachstraße
8=Pappelweg
9=Ulmenweg
10=Erlenweg
11=Weidenweg
12=Eschenweg
13=Hölderlinstraße
14=Haydnstraße
15=Fronackerstraße
16=Eberhardstraße
21=Schwester-Coronata-Weg
23=Friedhofstraße
24=Industriestraße
17 = Grabenwiesenweg
18 = Fuchslöcherstraße
19 = Heckenweg
20 = Schlehenweg
22 = Amselweg
23 = Drosselweg
24 = Finkenweg
25 = In den Akademiegärten
1=Brahmsweg
2=Lönsweg
3=Offenbachweg
4=Jakobstraße
5=Uhlandstraße
6=Wiesenweg
7=Hohenneuffenstraße
8=Achalmweg
9=Roßbergstraße
10=Hohenzollernweg
11=Teckstraße
12=Zeppelinstraße
1=Lindenweg
2=Wiesenrain
3=Luckenweg
4=Hans-von-Hutten-Platz
180
203
228

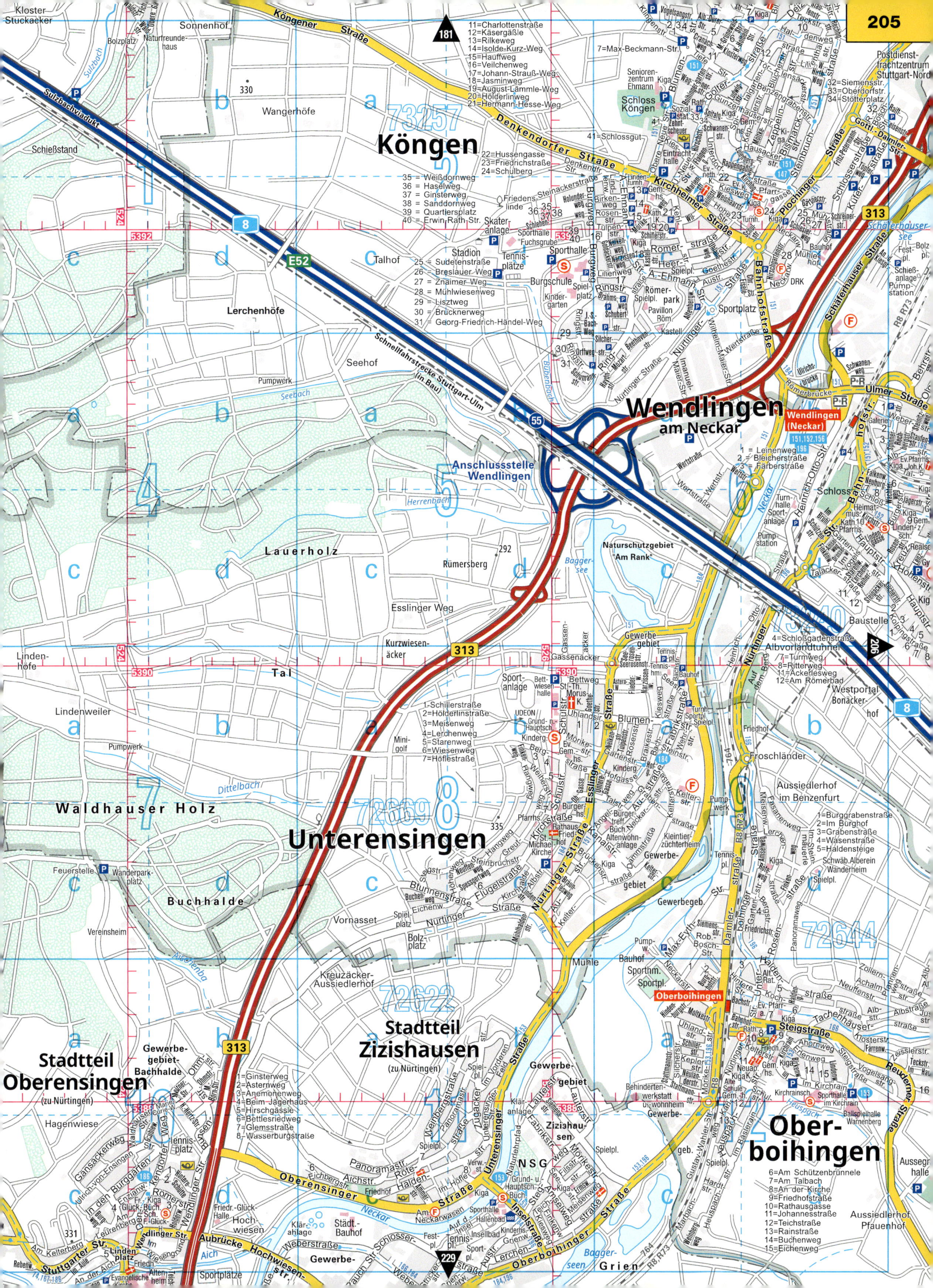

Kloster Stuckacker
Sonnenhof
Köngener Straße
181
11=Charlottenstraße
12=Käsergäßle
13=Rilkeweg
14=Isolde-Kurz-Weg
15=Hauffweg
16=Veilchenweg
17=Johann-Strauß-Weg
18=Jasminweg
19=August-Lämmle-Weg
20=Hölderlinweg
21=Hermann-Hesse-Weg
7=Max-Beckmann-Str.
Postdienst-zentrum Stuttgart-Nord
32=Siemensstr.
33=Oberdorfstr.
34=Stötterplatz
Sulzbachviadukt
Wangerhöfe
330
73257
Köngen
Denkendorfer Straße
Schloss Köngen
Senioren-zentrum Ehmann
41=Schlossgut
Schießstand
22=Hussengasse
23=Friedrichstraße
24=Schulberg
35 = Weißdornweg
36 = Haselweg
37 = Ginsterweg
38 = Sanddornweg
39 = Quartiersplatz
40 = Erwin-Rath-Str.
Kirchheimer Straße
Plochinger Straße
313
Schäferhauser See
8
E52
5392
Lerchenhöfe
Talhof
Stadion
25 = Sudetenstraße
26 = Breslauer Weg
27 = Znaimer Weg
28 = Mühlwiesenweg
29 = Lisztweg
30 = Brucknerweg
31 = Georg-Friedrich-Händel-Weg
Tennis-plätze
Sporthalle
Burgschule
Römerpark
Sportplatz
Bahnhofstraße
Schäferhauser Straße
Seehof
Pumpwerk
Seebach
Schnellfahrstrecke Stuttgart-Ulm (in Bau)
Wendlingen am Neckar
Wendlingen (Neckar)
Ulmer Straße
55
Anschlussstelle Wendlingen
Herrenbach
1 = Leinenweg
2 = Bleicherstraße
3 = Färberstraße
Schloss
4
5
6
Lauerholz
Rümersberg
292
Naturschutzgebiet "Am Rank"
Baggersee
Neckar
Esslinger Weg
Kurzwiesen-äcker
Gassenäcker
Gewerbegebiet
73240
Baustelle
4=Schloßgartenstraße
Albvorlandtunnel
7=Turmweg
8=Ritterweg
11=Ackerweg
12=Am Römerbad
206
Linden-höfe
5390
Tal
Westportal Bonacker-hof
Lindenweiler
1=Schillerstraße
2=Hölderlinstraße
3=Meisenweg
4=Lerchenweg
5=Starenweg
6=Wiesenweg
7=Höflestraße
Mini-golf
Friedhof
Froschländer
Aussiedlerhof im Benzenfurt
Pumpwerk
Dittelbach
Waldhauser Holz
7
72669
8
335
Unterensingen
9
1=Burggrabenstraße
2=Im Burghof
3=Grabenstraße
4=Wasenstraße
5=Haldensteige
Schwäb. Alberein Wanderheim
Feuerstelle
Wanderpark-platz
Buchhalde
Vereinsheim
Vornasset
Nürtinger Straße
Gewerbegebiet
72644
Mühle
Oberboihingen
Kreuzäcker-Aussiedlerhof
72622
Stadtteil Zizishausen (zu Nürtingen)
Stadtteil Oberensingen (zu Nürtingen)
Gewerbe-gebiet-Bachhalde
Steigstraße
1=Ginsterweg
2=Asternweg
3=Anemonenweg
4=Beim Jägerhaus
5=Hirschgässle
6=Bettlesriedweg
7=Glemsstraße
8=Wasserburgstraße
Hagenwiese
10
11
12
Oberboihingen
6=Am Schützenbrünnele
7=Am Talbach
8=An der Kirche
9=Friedhofstraße
10=Rathausgasse
11=Johannesstraße
12=Teichstraße
13=Rainstraße
14=Buchenweg
15=Eichenweg
Oberensinger Straße
Zizishausen
NSG
Reudener Straße
Aussiedlerhof Pfauenhof
Stuttgarter Str.
Aubrücke
Hochwiesen
Weberstraße
Gewerbe-
229
Oberboihinger Straße
Baggersee
Grien
Sportplätze

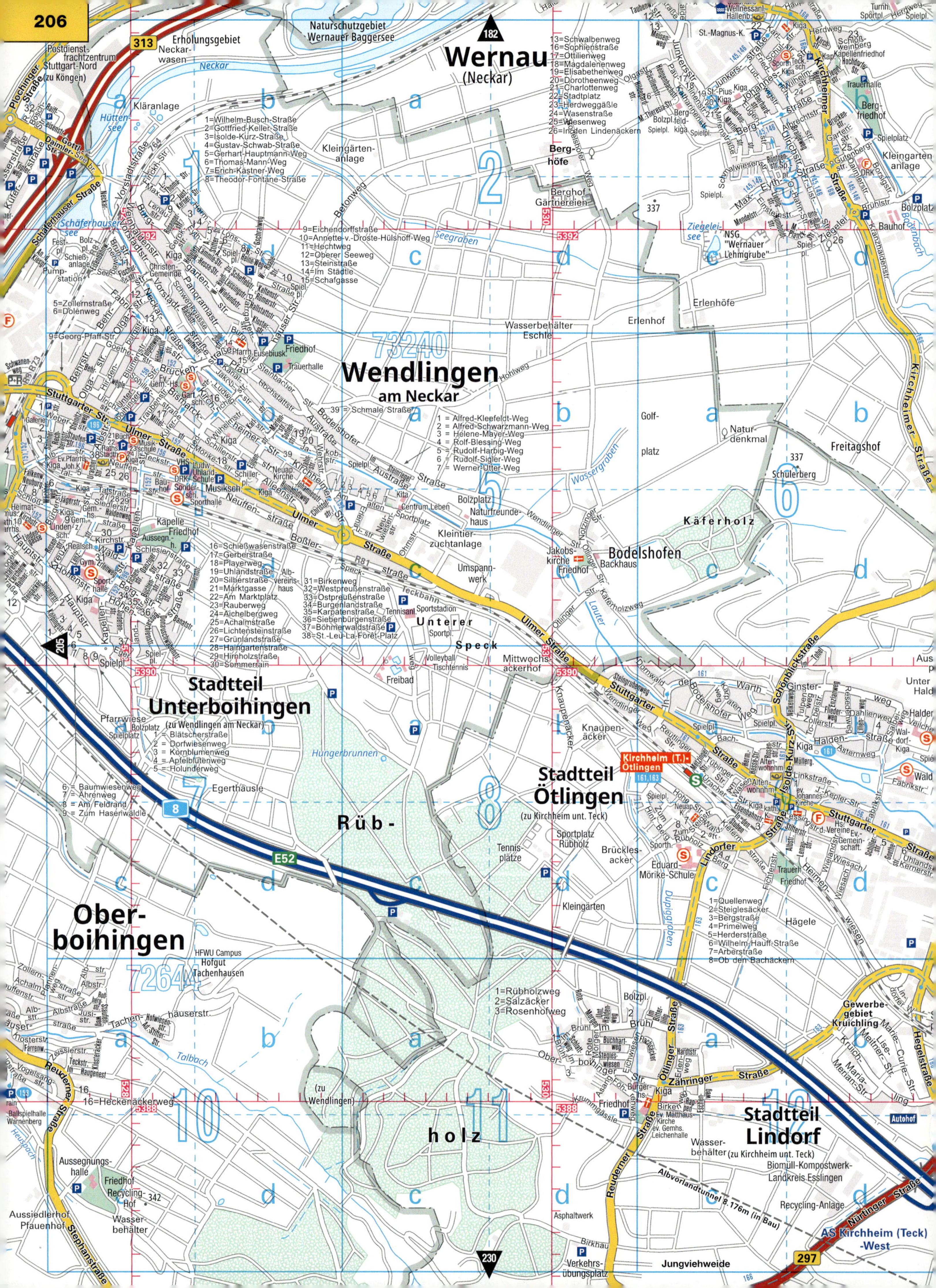
Wernau
(Neckar)
182
Naturschutzgebiet
Wernauer Baggersee
Erholungsgebiet
Neckar-
wasen
Neckar
313
Postdienst-
frachtzentrum
Stuttgart-Nord
(zu Köngen)
Kläranlage
Hütten-
see
13=Schwalbenweg
16=Sophienstraße
17=Ottilienweg
18=Magdalenenweg
19=Elisabethenweg
20=Dorotheenweg
21=Charlottenweg
22=Stadtplatz
23=Herdweggäßle
24=Wasenstraße
25=Wiesenweg
26=In den Lindenäckern
1=Wilhelm-Busch-Straße
2=Gottfried-Keller-Straße
3=Isolde-Kurz-Straße
4=Gustav-Schwab-Straße
5=Gerhart-Hauptmann-Weg
6=Thomas-Mann-Weg
7=Erich-Kästner-Weg
8=Theodor-Fontane-Straße
Kleingärten-
anlage
Berg-
höfe
Berghof
Gärtnereien
Schäferhauser
see
Schäferhauser Straße
Betonweg
Seegraben
9=Eichendorffstraße
10=Annette-v.-Droste-Hülshoff-Weg
11=Hechtweg
12=Oberer Seeweg
13=Steinstraße
14=Im Städtle
15=Schafgasse
5392
Ziegelei-
see
NSG
"Wernauer
Lehmgrube"
337
Berg-
friedhof
Kleingarten-
anlage
Bauhof
Erlenhöfe
Erlenhof
Wasserbehälter
Eschle
5=Zollernstraße
6=Dolenweg
9=Georg-Pfaff-Str.
73240
Wendlingen
am Neckar
39 = Schmale Straße
1 = Alfred-Kleefeldt-Weg
2 = Alfred-Schwarzmann-Weg
3 = Helene-Mayer-Weg
4 = Rolf-Blessing-Weg
5 = Rudolf-Harbig-Weg
6 = Rudolf-Sigler-Weg
7 = Werner-Utter-Weg
Golf-
platz
Natur-
denkmal
Freitagshof
337
Schülerberg
Käferholz
Kirchheimer Straße
Friedhof
Trauerhalle
Stuttgarter Str.
Ulmer Straße
Bolzplatz
Naturfreunde-
haus
Kleintier-
zuchtanlage
Umspann-
werk
Wassergraben
Jakobs-
kirche
Friedhof
Bodelshofen
Backhaus
16=Schießwasenstraße
17=Gerberstraße
18=Playerweg
19=Uhlandstraße
20=Silberstraße
21=Marktgasse
22=Am Marktplatz
23=Rauberweg
24=Aichelbergweg
25=Achalmstraße
26=Lichtensteinstraße
27=Grünlandstraße
28=Haingartenstraße
29=Hirnholzstraße
30=Sommerrain
31=Birkenweg
32=Westpreußenstraße
33=Ostpreußenstraße
34=Burgenlandstraße
35=Karpatenstraße
36=Siebenbürgenstraße
37=Böhmerwaldstraße
38=St.-Leu-La-Forêt-Platz
Sportstadion
Unterer
Speck
Mittwochs-
ackerhof
Freibad
205
5390
Stadtteil
Unterboihingen
(zu Wendlingen am Neckar)
1 = Blätscherstraße
2 = Dorfwiesenweg
3 = Kornblumenweg
4 = Apfelblütenweg
5 = Holunderweg
6 = Baumwiesenweg
7 = Ährenweg
8 = Am Feldrand
9 = Zum Hasenwäldle
Egerthäusle
Hungerbrunnen
8
E52
Rüb-
holz
Kirchheim (T.)-
Ötlingen
Stadtteil
Ötlingen
(zu Kirchheim unt. Teck)
Sportplatz
Rübholz
Tennis-
plätze
Brückles-
acker
Eduard-
Mörike-Schule
Kleingärten
Oberboihingen
HFWU Campus
Hofgut
Tachenhausen
72644
1=Quellenweg
2=Steiglesäcker
3=Bergstraße
4=Primelweg
5=Herderstraße
6=Wilhelm-Hauff-Straße
7=Arberstraße
8=Ob den Bachäckern
Hägele
Gewerbe-
gebiet
Kruichling
1=Rübholzweg
2=Salzäcker
3=Rosenhofweg
Talbach
16=Heckenäckerweg
5388
Zähringer Straße
Stadtteil
Lindorf
(zu Kirchheim unt. Teck)
Biomüll-Kompostwerk-
Landkreis Esslingen
Recycling-Anlage
Autohof
Albvorlandtunnel 8,176m (in Bau)
AS Kirchheim (Teck)
-West
297
Aussegnungs-
halle
Friedhof
Recycling-
Hof
342
Wasser-
behälter
Aussiedlerhof
Pfauenhof
Stephanstraße
Asphaltwerk
Verkehrs-
übungsplatz
Jungviehweide
230

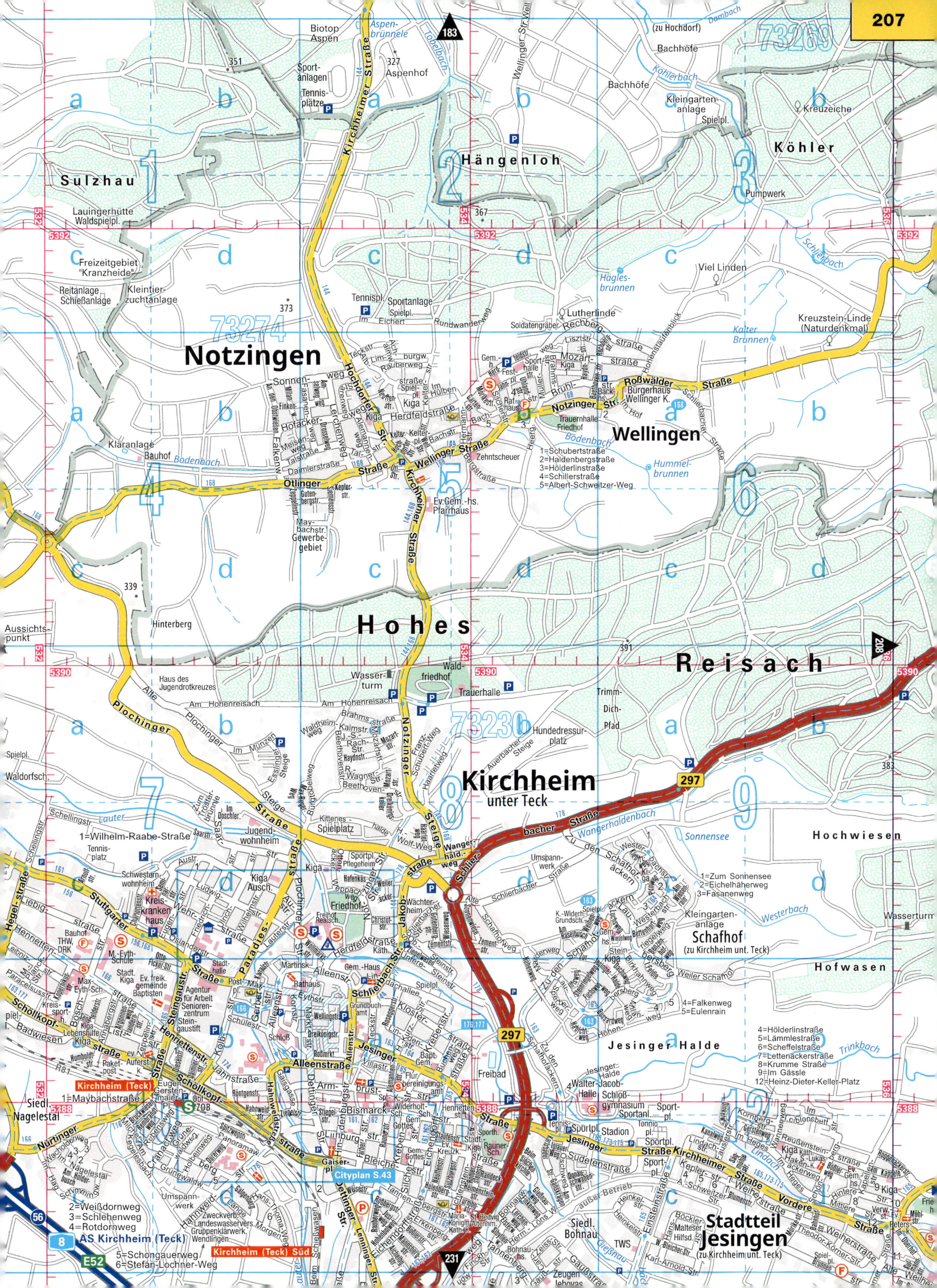
Sulzhau
Hängenloh
Köhler
Notzingen
Wellingen
Hohes
Reisach
Kirchheim
unter Teck
Schafhof
(zu Kirchheim unt. Teck)
Stadtteil
Jesingen
(zu Kirchheim unt. Teck)
Jesinger Halde
Hochwiesen
Hofwasen
73269
73274
73230
Biotop Aspen
Aspenhof
Bachhöfe
Kreuzeiche
Pumpwerk
Viel Linden
Lutherlinde
Kreuzstein-Linde (Naturdenkmal)
Hägles-brunnen
Kalter Brunnen
Hummel-brunnen
Freizeitgebiet "Kranzheide"
Reitanlage Schießanlage
Kleintier-zuchtanlage
Lauingerhütte Waldspielpl.
Kläranlage
Bauhof
Bodenbach
Hinterberg
Aussichts-punkt
Haus des Jugendrotkreuzes
Wald-friedhof
Trauerhalle
Wasser-turm
Trimm-Dich-Pfad
Hundedressur-platz
Sonnensee
Wasserturm
Kirchheimer Straße
Hochdorfer Str.
Wellinger Straße
Roßwälder Straße
Notzinger Str.
Otlinger Straße
Plochinger Straße
Notzinger Steige
Stuttgarter Straße
Schöllkopfstraße
Alleenstraße
Jesinger Straße
Nürtinger Straße
Dettinger Str.
1=Schubertstraße
2=Haldenbergstraße
3=Hölderlinstraße
4=Schillerstraße
5=Albert-Schweitzer-Weg
1=Wilhelm-Raabe-Straße
1=Zum Sonnensee
2=Eichelhäherweg
3=Fasanenweg
4=Falkenweg
5=Eulenrain
4=Hölderlinstraße
5=Lämmlestraße
6=Scheffelstraße
7=Lettenackerstraße
8=Krumme Straße
9=Im Gässle
12=Heinz-Dieter-Keller-Platz
1=Maybachstraße
2=Weißdornweg
3=Schlehenweg
4=Rotdornweg
5=Schongauerweg
6=Stefan-Lochner-Weg
Kirchheim (Teck)
Kirchheim (Teck) Süd
AS Kirchheim (Teck)
Cityplan S.43
Siedl. Nagelestal
Siedl. Bohnau
Kreis-kranken-haus
Freibad
Stadion
Walter-Jacob-Halle
Schloß-gymnasium
183
208
231
297
8
56
E52
5392
5390
5388

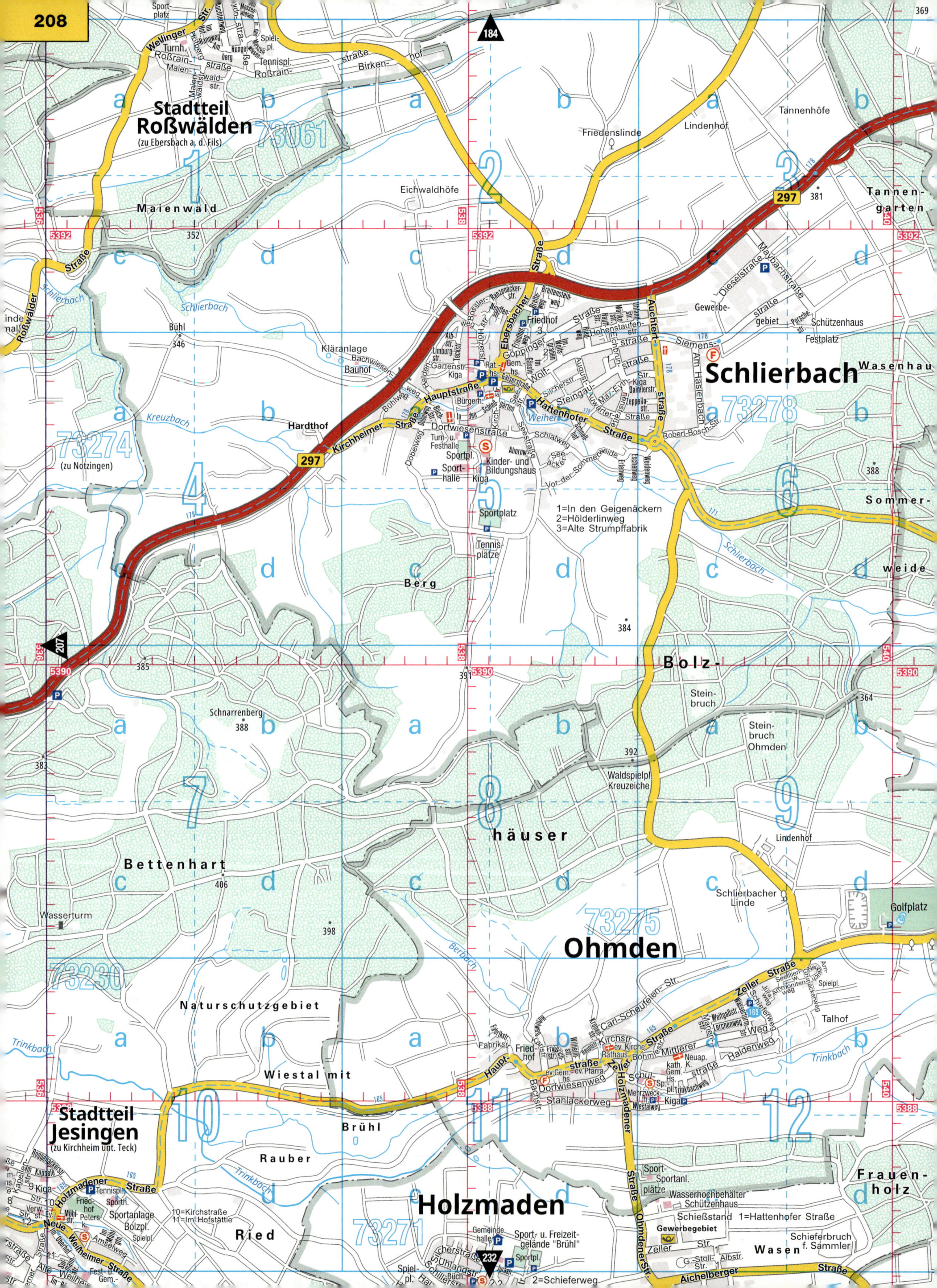

Stadtteil
Roßwälden
(zu Ebersbach a. d. Fils)
73061
Maienwald
Eichwaldhöfe
Friedenslinde
Lindenhof
Tannenhöfe
Tannen-
garten
297
381
352
Schlierbach
Bühl
346
Kläranlage
Bauhof
Hardthof
73274
(zu Notzingen)
Kreuzbach
Friedhof
Schlierbach
73278
Gewerbe-
gebiet
Schützenhaus
Festplatz
Wasenhau
Sommer-
weide
388
Kirchheimer Straße
Hauptstraße
Hattenhofer Straße
Sportplatz
Tennis-
plätze
Berg
1=In den Geigenäckern
2=Hölderlinweg
3=Alte Strumpffabrik
384
Bolz-
häuser
385
391
Schnarrenberg
388
383
Steinbruch
Steinbruch Ohmden
392
Waldspielpl. Kreuzeiche
364
Lindenhof
Bettenhart
406
Wasserturm
398
Schlierbacher Linde
Golfplatz
73275
Ohmden
73230
Naturschutzgebiet
Wiestal mit
Brühl
Rauber
Ried
Talhof
Trinkbach
Stadtteil
Jesingen
(zu Kirchheim unt. Teck)
10=Kirchstraße
11=Im Hofstättle
Holzmaden
73271
Sport- u. Freizeit-
gelände "Brühl"
2=Schieferweg
Gewerbegebiet
Schießstand 1=Hattenhofer Straße
Schieferbruch f. Sammler
Wasen
Frauen-
holz
Aichelberger Straße
184
207
232
369

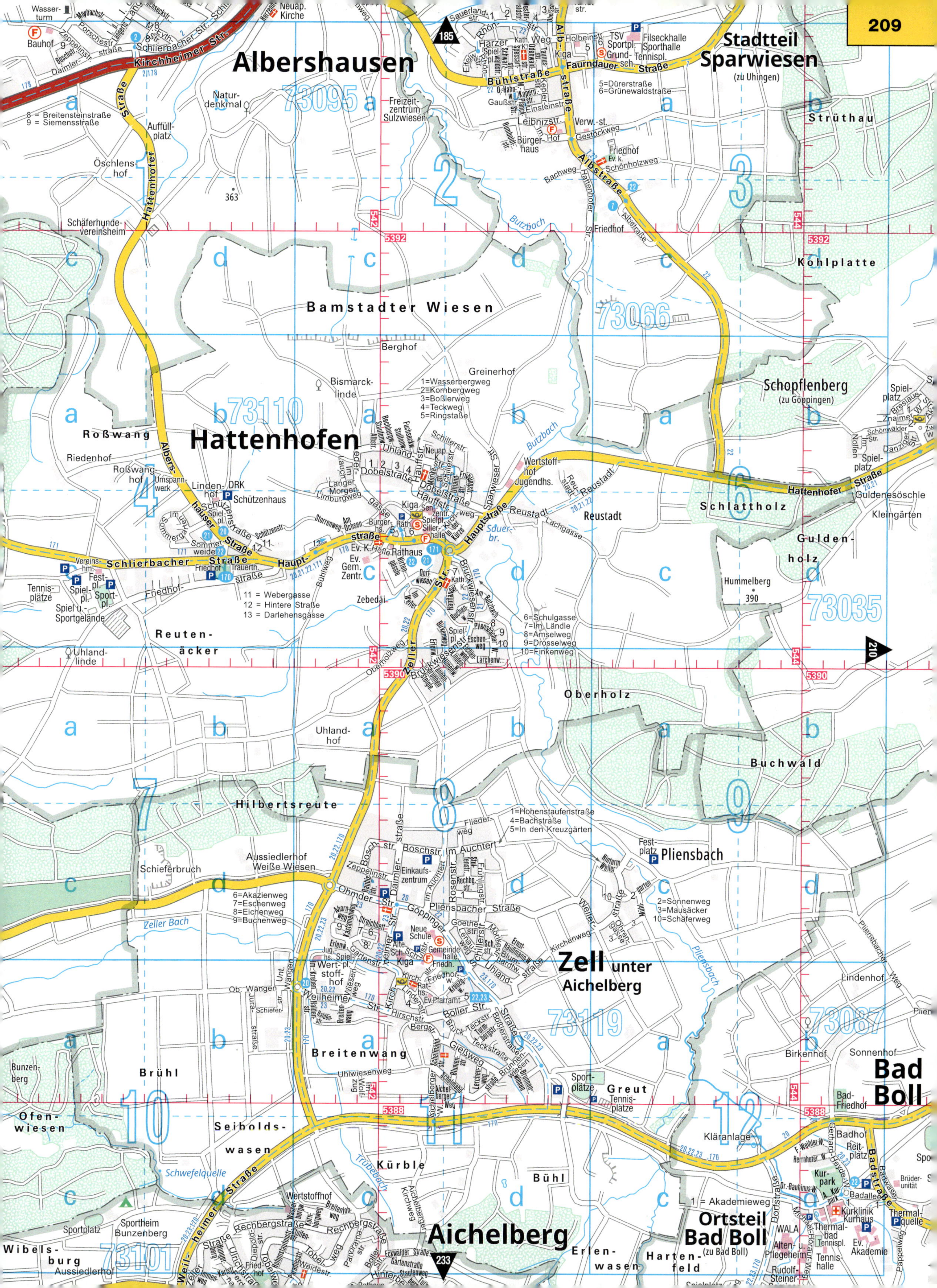
Albershausen
Stadtteil Sparwiesen
(zu Uhingen)
Strüthau
Kohlplatte
Bamstadter Wiesen
Berghof
Greinerhof
Bismarck-linde
Schopflenberg
(zu Göppingen)
Hattenhofen
Roßwang
Riedenhof
Reustadt
Schlattholz
Guldenholz
Hummelberg
Reutenäcker
Oberholz
Uhlandhof
Buchwald
Hilbertsreute
Schieferbruch
Pliensbach
Zell unter Aichelberg
Lindenhof
Breitenwang
Brühl
Birkenhof
Sonnenhof
Bad Boll
Ofenwiesen
Seiboldswasen
Kürble
Bühl
Kläranlage
Aichelberg
Ortsteil Bad Boll
(zu Bad Boll)
Erlenwasen
Hartenfeld
Wibelsburg
Bunzenberg
Sportheim Bunzenberg
73095
73066
73110
73035
73119
73087
73101
185
210
233

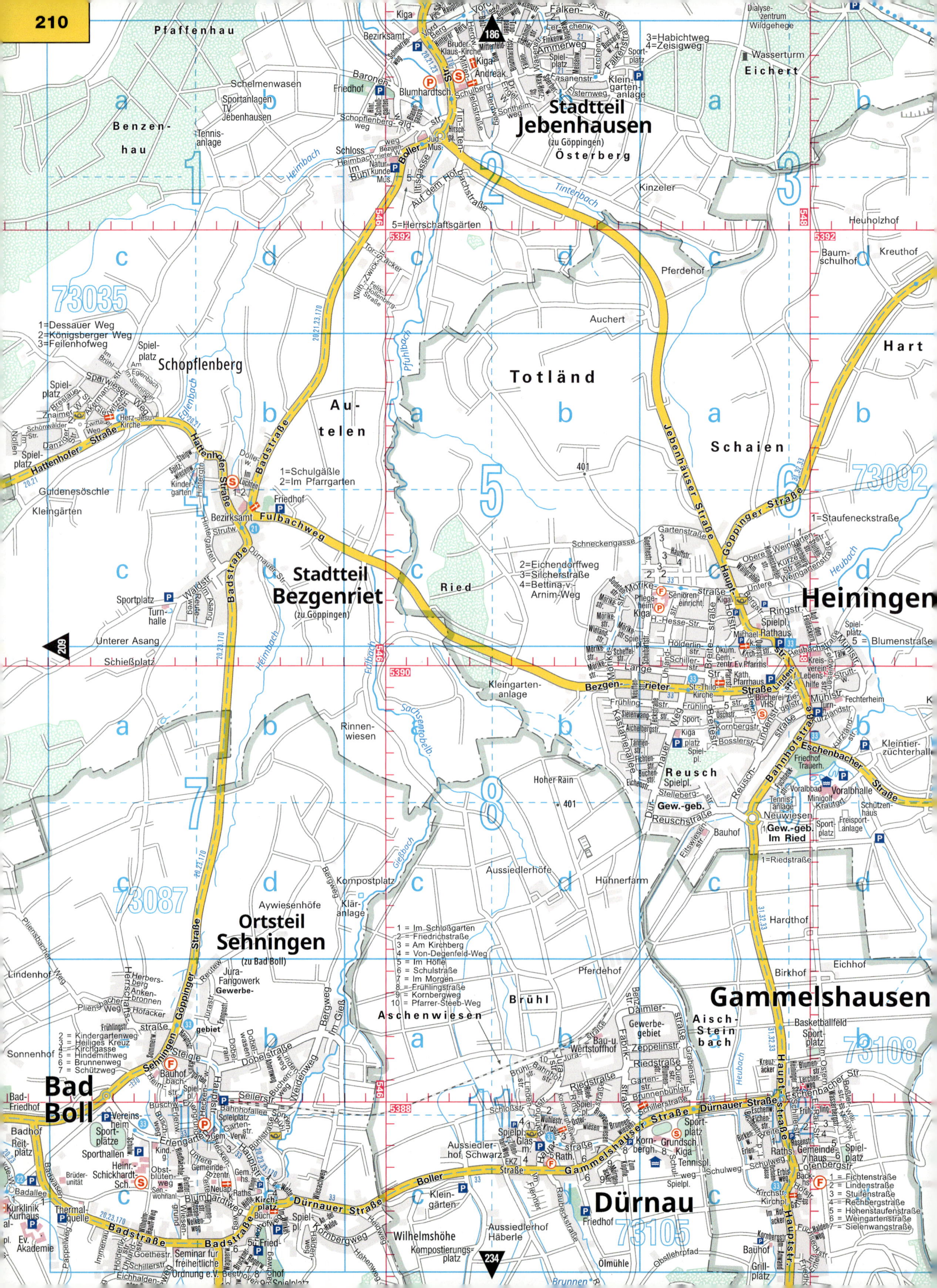

Stadtteil Jebenhausen
(zu Göppingen)
Stadtteil Bezgenriet
(zu Göppingen)
Heiningen
Ortsteil Sehningen
(zu Bad Boll)
Bad Boll
Gammelshausen
Dürnau
Schopflenberg
Totländ
Pfaffenhau
Benzenhau
Autelen
Schaien
Hart
Eichert
Österberg
73035
73092
73087
73108
73105
186
209
234
1=Dessauer Weg
2=Königsberger Weg
3=Feilenhofweg
1=Schulgäßle
2=Im Pfarrgarten
3=Habichtweg
4=Zeisigweg
5=Herrschaftsgärten
1=Staufeneckstraße
5 = Blumenstraße
2=Eichendorffweg
3=Silcherstraße
4=Bettina-v.-Arnim-Weg
1=Riedstraße
1 = Im Schloßgarten
2 = Friedrichstraße
3 = Am Kirchberg
4 = Von-Degenfeld-Weg
5 = Im Höfle
6 = Schulstraße
7 = Im Morgen
8 = Frühlingstraße
9 = Kornbergweg
10 = Pfarrer-Steeb-Weg
2 = Kindergartenweg
3 = Heiliges Kreuz
4 = Kirchgasse
5 = Hindemithweg
6 = Brunnenweg
7 = Schützweg
1 = Fichtenstraße
2 = Lindenstraße
3 = Stuifenstraße
4 = Rechbergstraße
5 = Hohenstaufenstraße
6 = Weingartenstraße
7 = Sielenwangstraße
Jebenhäuser Straße
Göppinger Straße
Badstraße
Hattenhofer Straße
Fulbachweg
Bezgenrieter Straße
Bahnhofstraße
Eschenbacher Straße
Hauptstraße
Dürnauer Straße
Gammelshauser Straße
Boller Straße
Sehninger Straße
Göppinger Straße
Kleingartenanlage
Rinnenwiesen
Hoher Rain
Aussiedlerhöfe
Hühnerfarm
Pferdehof
Brühl
Aschenwiesen
Aisch-Stein-bach
Hardthof
Birkhof
Eichhof
Kompostplatz
Kläranlage
Aywiesenhöfe
Jura-Fangowerk
Lindenhof
Sonnenhof
Wilhelmshöhe
Kompostierungsplatz
Aussiedlerhof Häberle
Aussiedlerhof Schwarz
Ölmühle
Auchert
Pferdehof
Kinzeler
Heuholzhof
Kreuthof
Baumschulhof
Schelmenwasen
Sportanlagen TV Jebenhausen
Tennisanlage
Unterer Asang
Schießplatz
Güldenesöschle
Kleingärten
Ried
Evang. Akademie
Seminar für freiheitliche Ordnung e.V.

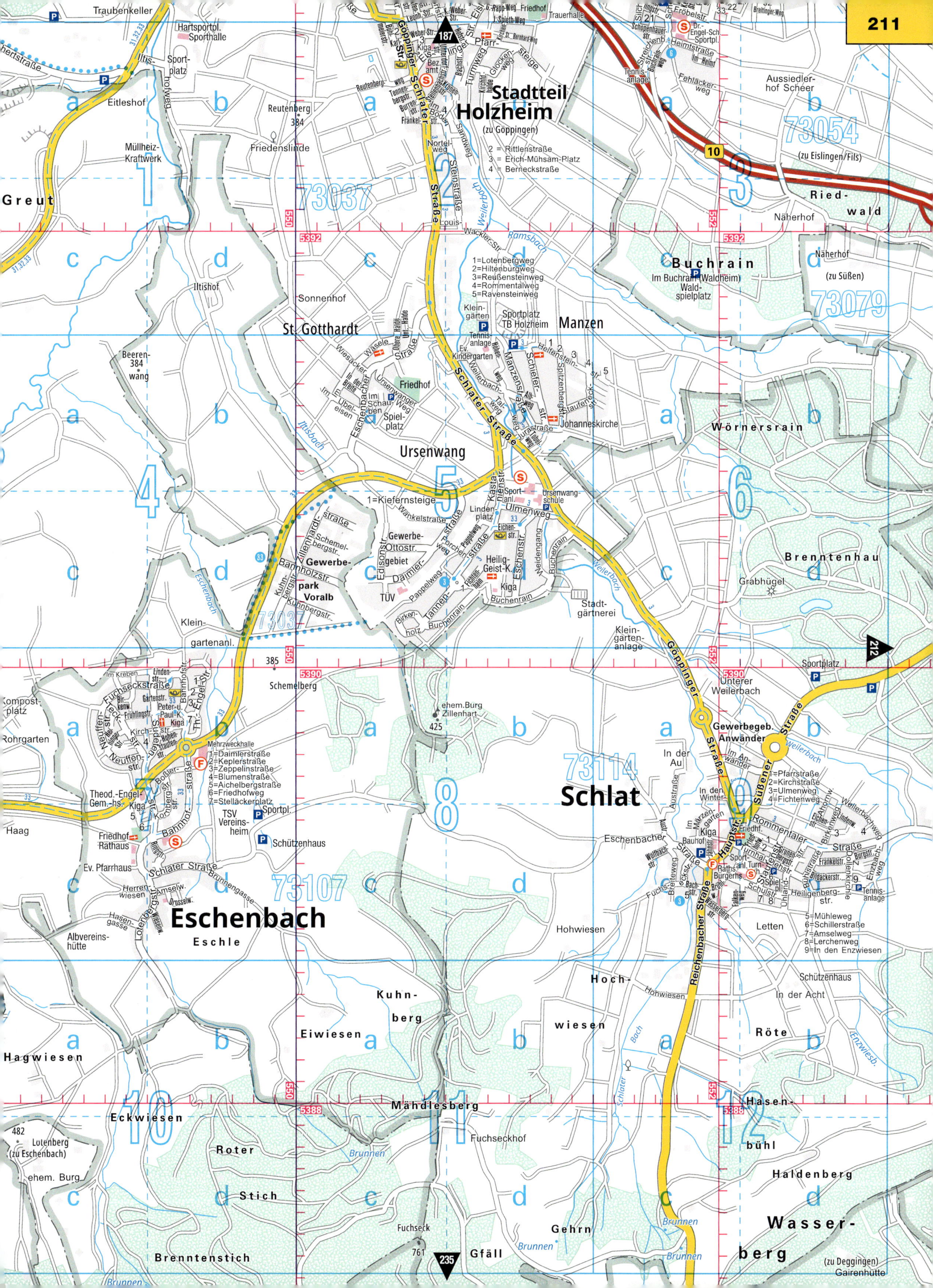
Stadtteil
Holzheim
(zu Göppingen)
2 = Rittlenstraße
3 = Erich-Mühsam-Platz
4 = Berneckstraße
Traubenkeller
Hartsportpl.
Sporthalle
Sport-
platz
Eitleshof
Reutenberg
384
Friedenslinde
Müllheiz-
Kraftwerk
Greut
73037
73054
(zu Eislingen/Fils)
Aussiedler-
hof Scheer
Ried-
wald
Näherhof
Näherhof
(zu Süßen)
73079
Buchrain
Im Buchrain (Waldheim)
Wald-
spielplatz
Iltishof
Sonnenhof
St. Gotthardt
Beeren-
384
wang
1=Lotenbergweg
2=Hiltenburgweg
3=Reußensteinweg
4=Rommentalweg
5=Ravensteinweg
Klein-
gärten
Sportplatz
TB Holzheim
Manzen
Tennis-
anlage
Ev.
Kindergarten
Friedhof
Spiel-
platz
Johanneskirche
Ursenwang
Wörnersrain
Brenntenhau
Grabhügel
1=Kiefernsteige
Wankelstraße
Gewerbe-
gebiet
Ursenwang-
schule
Gewerbe-
park
Voralb
TÜV
Heilig-
Geist-K.
Kiga
Stadt-
gärtnerei
Klein-
garten-
anlage
Klein-
gartenanl.
385
Schemelberg
ehem. Burg
Zillenhart
425
Sportplatz
Unterer
Weilerbach
Gewerbegeb.
Anwänder
Göppinger
Straße
Süßener
Straße
Kompost-
platz
Rohrgarten
Mehrzweckhalle
1=Daimlerstraße
2=Keplerstraße
3=Zeppelinstraße
4=Blumenstraße
5=Aichelbergstraße
6=Friedhofweg
7=Stelläckerplatz
Theod.-Engel-
Gem.-hs.
Kiga
TSV
Vereins-
heim
Sportpl.
Schützenhaus
Haag
Friedhof
Rathaus
Ev. Pfarrhaus
Schlater Straße
Eschenbach
73107
Eschle
Albvereins-
hütte
73114
Schlat
In der
Au
In den
Winter-
1=Pfarrstraße
2=Kirchstraße
3=Ulmenweg
4=Fichtenweg
Rommentaler
Straße
Eschenbacher
Straße
Rathaus
Bürgerhs.
5=Mühleweg
6=Schillerstraße
7=Amselweg
8=Lerchenweg
9=In den Enzwiesen
Letten
Hohwiesen
Hoch-
wiesen
Schützenhaus
In der Acht
Reichenbacher Straße
Röte
Kuhn-
berg
Eiwiesen
Hagwiesen
Mähdlesberg
Eckwiesen
Hasen-
bühl
482
Lotenberg
(zu Eschenbach)
ehem. Burg
Roter
Stich
Fuchseckhof
Brunnen
Haldenberg
Brenntenstich
Fuchseck
761
Gfäll
Gehrn
Wasser-
berg
(zu Deggingen)
Gairenhütte
187
212
235
10
5392
5390
5388
550
552

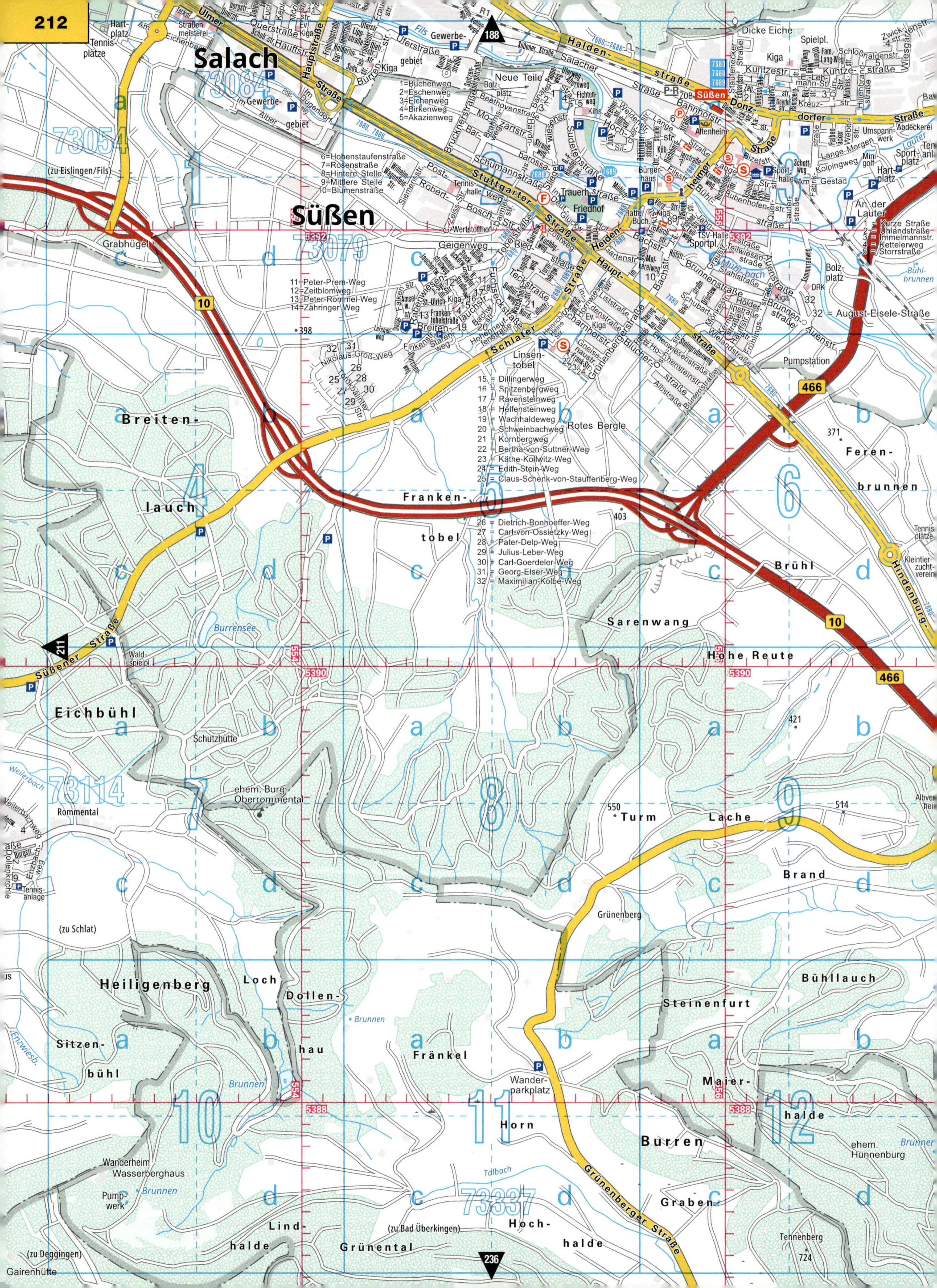
Salach
Süßen
73084
73054
73079
73114
73337
Breiten-
lauch
Franken-
tobel
Rotes Bergle
Ferenbrunnen
Brühl
Sarenwang
Hohe Reute
Eichbühl
Schutzhütte
ehem. Burg Oberrommental
Rommental
Turm
Lache
Brand
Grünenberg
Heiligenberg
Loch
Dollen-
hau
Fränkel
Wanderparkplatz
Steinenfurt
Bühllauch
Sitzen-
bühl
Maier-
halde
Horn
Burren
ehem. Hunnenburg
Wanderheim Wasserberghaus
Pump-
werk
Lind-
halde
Grünental
Hoch-
halde
Graben
Tennenberg
Grünenberger Straße
Süßener Straße
Hindenburg-
Stuttgarter Straße
Heidenstraße
Hauptstraße
Schlater Straße
Donzdorfer Straße
Haldenstraße
Ulmer Straße
Grabhügel
Burrensee
(zu Eislingen/Fils)
(zu Schlat)
(zu Bad Überkingen)
(zu Deggingen)
Gairenhütte
1=Buchenweg
2=Eschenweg
3=Eichenweg
4=Birkenweg
5=Akazienweg
6=Hohenstaufenstraße
7=Rosenstraße
8=Hintere Stelle
9=Mittlere Stelle
10=Blumenstraße
11=Peter-Prem-Weg
12=Zeitblomweg
13=Peter-Rommel-Weg
14=Zähringer Weg
15 = Dillingerweg
16 = Spitzenbergweg
17 = Ravensteinweg
18 = Helfensteinweg
19 = Wachhaldeweg
20 = Schweinbachweg
21 = Kornbergweg
22 = Bertha-von-Suttner-Weg
23 = Käthe-Kollwitz-Weg
24 = Edith-Stein-Weg
25 = Claus-Schenk-von-Stauffenberg-Weg
26 = Dietrich-Bonhoeffer-Weg
27 = Carl-von-Ossietzky-Weg
28 = Pater-Delp-Weg
29 = Julius-Leber-Weg
30 = Carl-Goerdeler-Weg
31 = Georg-Elser-Weg
32 = Maximilian-Kolbe-Weg
32 = August-Eisele-Straße
1 = Kurze Straße
2 = Uhlandstraße
4 = Kettelerweg
5 = Storrstraße
188
211
236
10
466

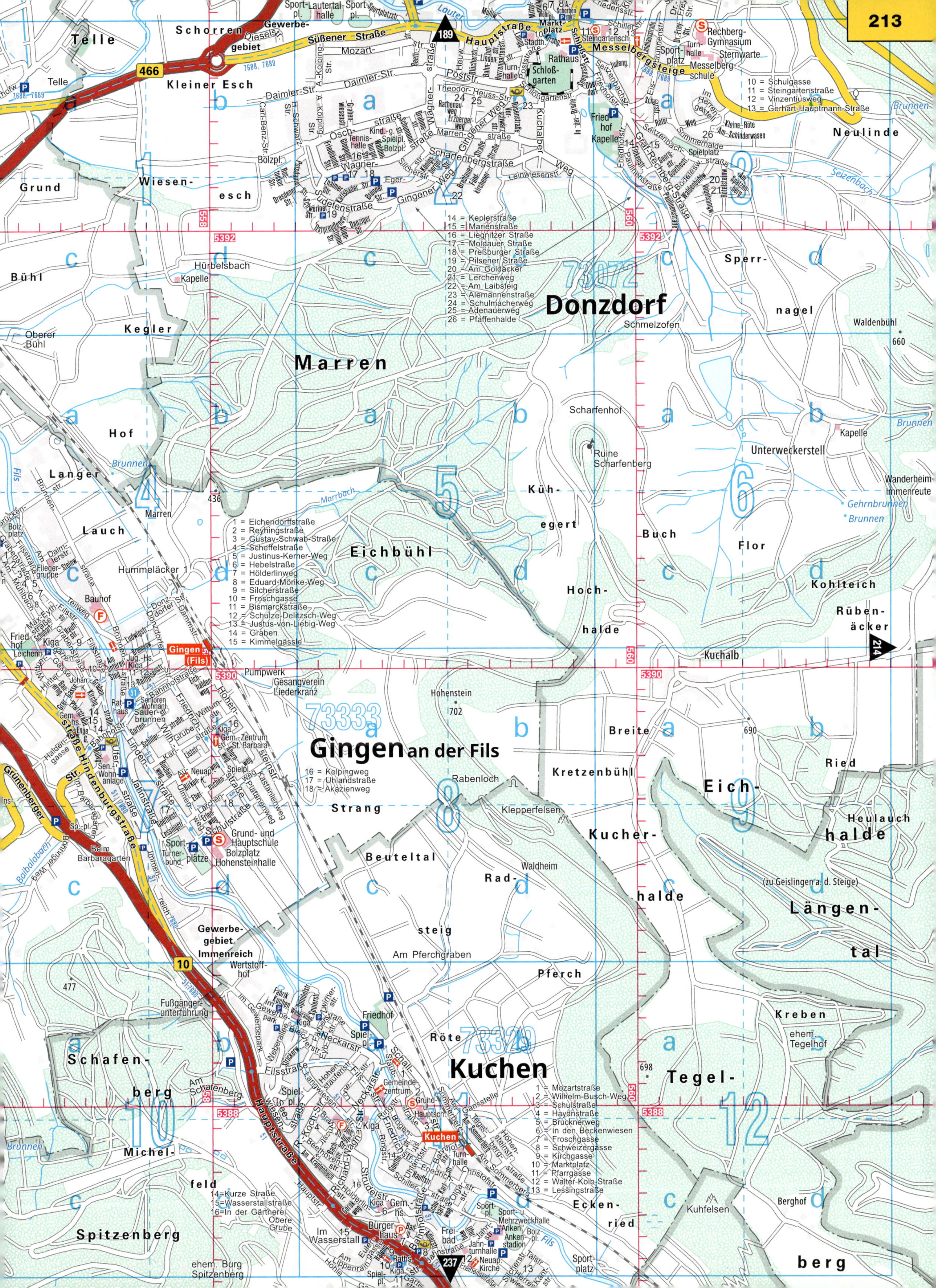

Donzdorf
73072
Gingen an der Fils
73333
Kuchen
73329
Telle
Schorren
Gewerbegebiet
Kleiner Esch
Süßener Straße
Hauptstraße
Messelbergsteige
Rathaus
Schloßgarten
Rechberg-Gymnasium
Sternwarte
Messelbergschule
10 = Schulgasse
11 = Steingartenstraße
12 = Vinzentiusweg
13 = Gerhart-Hauptmann-Straße
Neulinde
Grund
Wiesenesch
Bühl
Hürbelsbach
Kapelle
14 = Keplerstraße
15 = Marienstraße
16 = Liegnitzer Straße
17 = Moldauer Straße
18 = Preßburger Straße
19 = Pilsener Straße
20 = Am Goldacker
21 = Lerchenweg
22 = Am Laibsteig
23 = Alemannenstraße
24 = Schulmacherweg
25 = Adenauerweg
26 = Pfaffenhalde
Sperrnagel
Waldenbühl
660
Schmelzofen
Oberer Bühl
Kegler
Marren
Scharfenhof
Ruine Scharfenberg
Unterweckerstell
Kapelle
Brunnen
Hof
Langer
Lauch
Marren
436
Marrbach
Kühegert
Wanderheim Immenreute
Gehrnbrunnen
Brunnen
Eichbühl
Buch
Flor
Hummeläcker
1 = Eichendorffstraße
2 = Reyhingstraße
3 = Gustav-Schwab-Straße
4 = Scheffelstraße
5 = Justinus-Kerner-Weg
6 = Hebelstraße
7 = Hölderlinweg
8 = Eduard-Mörike-Weg
9 = Silcherstraße
10 = Froschgasse
11 = Bismarckstraße
12 = Schulze-Delitzsch-Weg
13 = Justus-von-Liebig-Weg
14 = Graben
15 = Kimmelgasse
Hochhalde
Kohlteich
Rübenäcker
214
Bauhof
Gingen (Fils)
Kuchalb
Pumpwerk
Gesangverein Liederkranz
Hohenstein
702
Breite
690
Ried
Rathaus
Kretzenbühl
Eichhalde
Heulauch
16 = Kolpingweg
17 = Uhlandstraße
18 = Akazienweg
Rabenloch
Strang
Klepperfelsen
Kucherhalde
Grund- und Hauptschule
Bolzplatz
Hohensteinhalle
Beuteltal
Raddsteig
Waldheim
(zu Geislingen a. d. Steige)
Längental
Beim Barbaragarten
Gewerbegebiet Immenreute
Wertstoffhof
Am Pferchgraben
Pferch
477
Fußgängerunterführung
Friedhof
Kreben
ehem. Tegelhof
Schafenberg
Röte
698
Tegelberg
Am Schafenberg
Hauptstraße
5388
1 = Mozartstraße
2 = Wilhelm-Busch-Weg
3 = Schulstraße
4 = Haydnstraße
5 = Brucknerweg
6 = In den Beckenwiesen
7 = Froschgasse
8 = Schweizergasse
9 = Kirchgasse
10 = Marktplatz
11 = Pfarrgasse
12 = Walter-Kolb-Straße
13 = Lessingstraße
Michelfeld
14 = Kurze Straße
15 = Wasserstallstraße
16 = In der Gärtnerei
Eckenried
Kuhfelsen
Berghof
Spitzenberg
Im Wasserstall
ehem. Burg Spitzenberg
237
Sportplatz
Fils
466
10
189
5390
5392

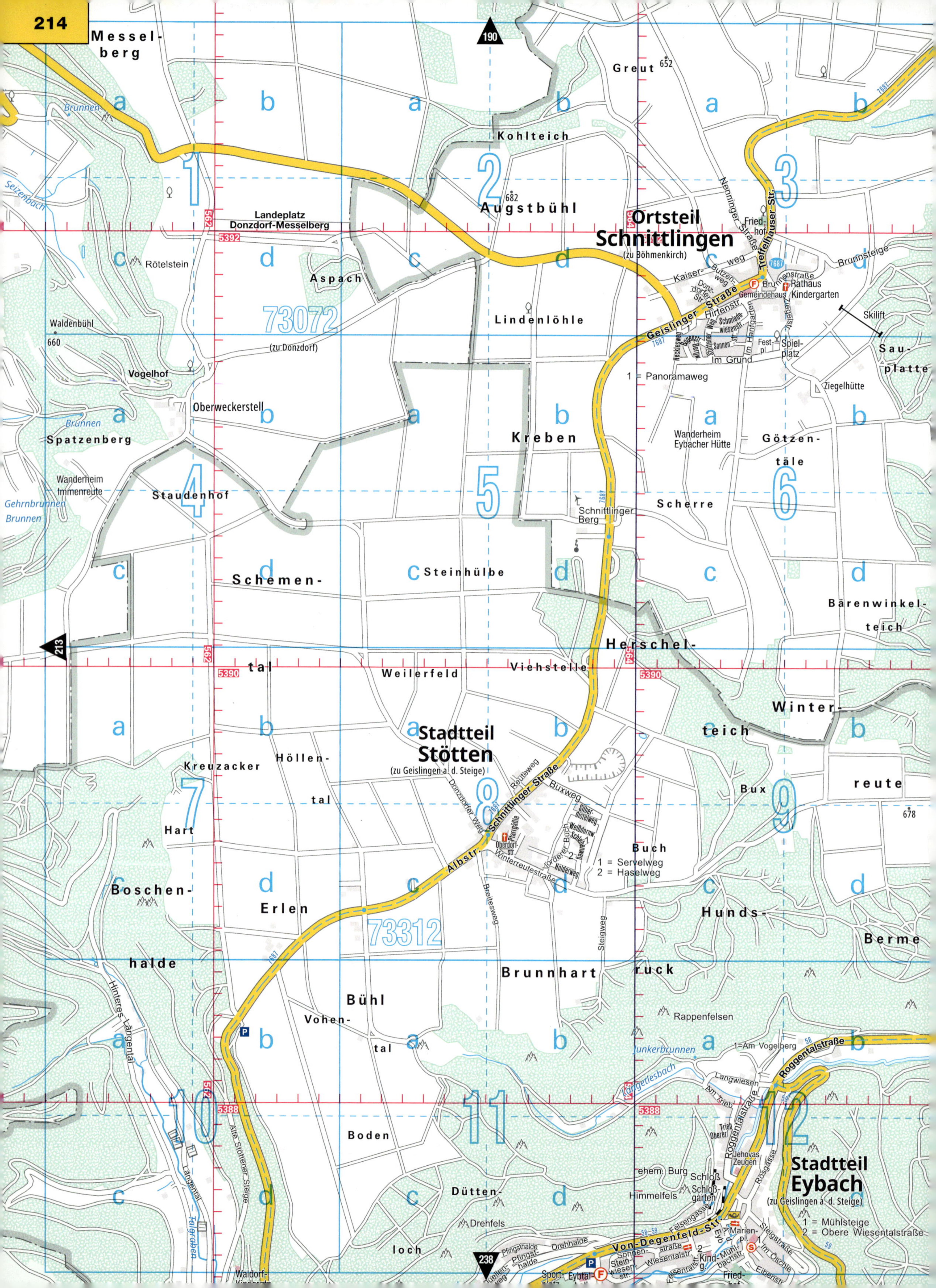

Messelberg
190
Greut
652
Brunnen
Kohlteich
Seizenbach
682
Augstbühl
Landeplatz
Donzdorf-Messelberg
Ortsteil
Schnittlingen
(zu Böhmenkirch)
Rötelstein
Aspach
Brunnsteige
Rathaus
Kindergarten
Gemeindehaus
Skilift
Lindenlöhle
Waldenbühl
660
73072
(zu Donzdorf)
Geislinger Straße
Treffelhauser Str.
Nenninger Straße
Kaiserweg
Butzenweg
Hirtenstr.
Im Grund
Festpl.
Spielplatz
Sauplatte
Vogelhof
1 = Panoramaweg
Ziegelhütte
Oberweckerstell
Brunnen
Spatzenberg
Kreben
Wanderheim
Eybacher Hütte
Götzentäle
Wanderheim
Immenreute
Gehrnbrunnen
Brunnen
Staudenhof
Schnittlinger
Berg
Scherre
Schemental
Steinhülbe
Bärenwinkelteich
213
Herschel-
5390
Weilerfeld
Viehstelle
Winterteich
Stadtteil
Stötten
(zu Geislingen a. d. Steige)
Kreuzacker
Höllental
Reuteweg
Schnittlinger Straße
Buxweg
Bux
reute
678
Donzdorfer Weg
Hart
Albstr.
Winterreutestraße
Buch
1 = Servelweg
2 = Haselweg
Boschenhalde
Erlen
Breiteswег
Steigweg
Hundsruck
Berme
73312
Brunnhart
Bühl
Vohental
Rappenfelsen
Hinteres Längental
Junkerbrunnen
1=Am Vogelberg
Roggentalstraße
Längetlesbach
Langwiesen
5388
Alte Stöttener Steige
Boden
Roggentalstraße
Jehovas Zeugen
Stadtteil
Eybach
(zu Geislingen a. d. Steige)
ehem. Burg
Schloß
Schloßgarten
Himmelfels
Dütten-
loch
Drehfels
1 = Mühlsteige
2 = Obere Wiesentalstraße
Felsengasse
Von-Degenfeld-Str.
Drehhalde
Pfingsthalde
Wiesentalstr.
Steigstraße
Im Ösche
Längental
Talgraben
238
Waldorf-
Sport-
Eybtal

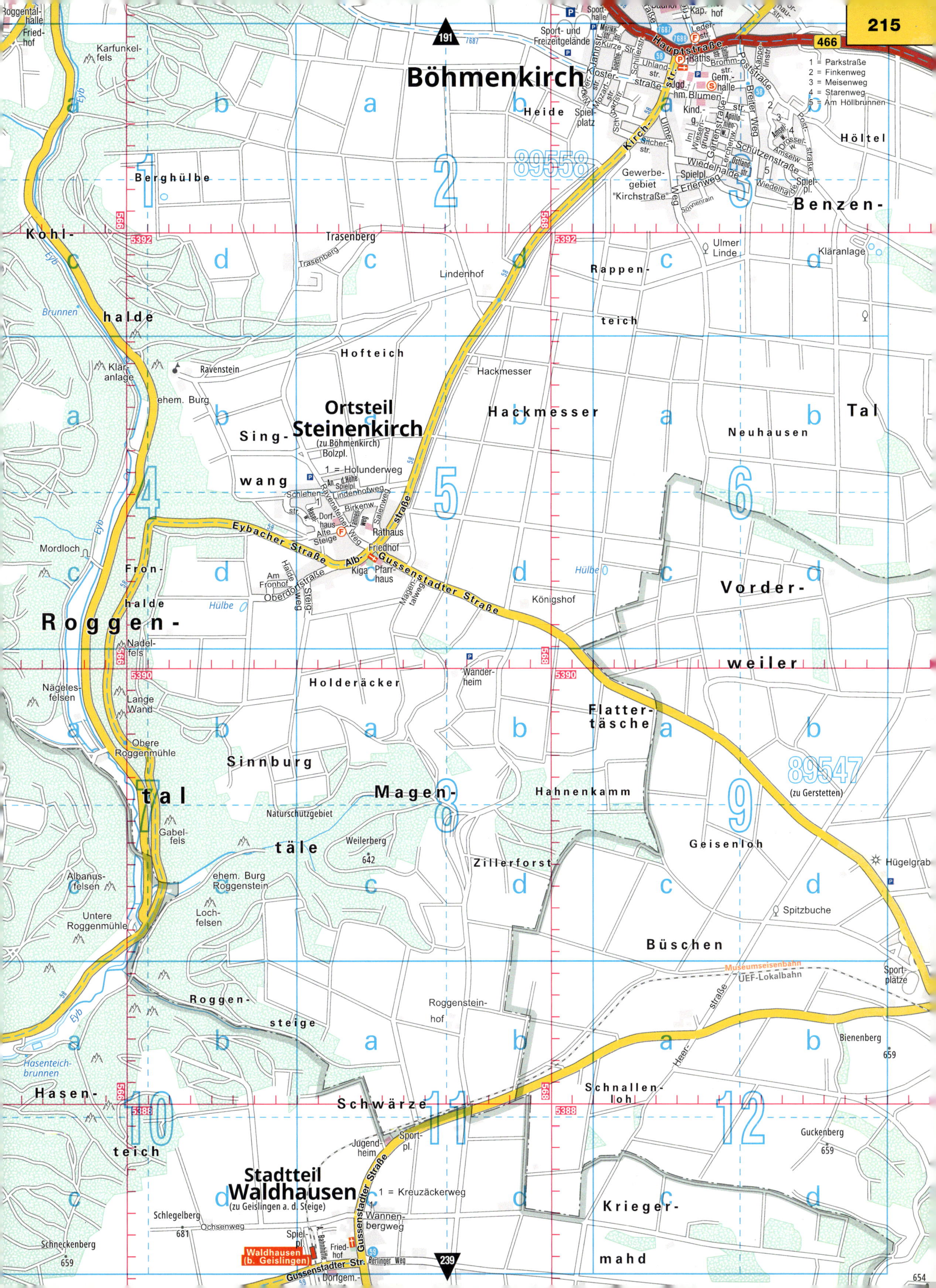
Böhmenkirch
Heide
Spielplatz
Sport- und Freizeitgelände
Hauptstraße
Kirchstraße
Ulmer Str.
Poststraße
Breiter Weg
Schützenstraße
Wiedelhalde
Erlenweg
Gewerbegebiet "Kirchstraße"
89558
1 = Parkstraße
2 = Finkenweg
3 = Meisenweg
4 = Starenweg
5 = Am Höllbrunnen
Höltel
Benzen-
Tal
Kläranlage
Ulmer Linde
Rappen-
teich
Lindenhof
Trasenberg
Berghülbe
Kohl-
halde
Karfunkelfels
Brunnen
Eyb
Kläranlage
Ravenstein
ehem. Burg
Hofteich
Hackmesser
Neuhausen
Ortsteil
Steinenkirch
(zu Böhmenkirch)
Bolzpl.
1 = Holunderweg
Sing-
wang
Rathaus
Friedhof
Kiga
Pfarrhaus
Eybacher Straße
Alb-Gussenstadter Straße
Oberdorfstraße
Am Fronhof
Hülbe
Königshof
Vorder-
weiler
Mordloch
Fron-
halde
Roggen-
tal
Nadelfels
Nägelesfelsen
Lange Wand
Obere Roggenmühle
Holderäcker
Wanderheim
Flatter-
täsche
Sinnburg
Magen-
täle
Naturschutzgebiet
Weilerberg
642
Hahnenkamm
89547
(zu Gerstetten)
Geisenloh
Hügelgrab
Zillerforst
Gabelfels
Albanusfelsen
ehem. Burg Roggenstein
Lochfelsen
Untere Roggenmühle
Spitzbuche
Büschen
Museumseisenbahn
UEF-Lokalbahn
Sportplätze
Roggensteinhof
Roggen-
steige
Heerstraße
Bienenberg
659
Hasenteichbrunnen
Hasen-
teich
Schwärze
Schnallen-
loh
Guckenberg
659
Jugendheim
Sportpl.
Stadtteil
Waldhausen
(zu Geislingen a. d. Steige)
1 = Kreuzäckerweg
Wannenbergweg
Gussenstadter Straße
Krieger-
mahd
Schlegelberg
681
Ochsenweg
Schneckenberg
659
Waldhausen (b. Geislingen)
Friedhof
Berlinger Weg
Dorfgem.
654
191
239
466

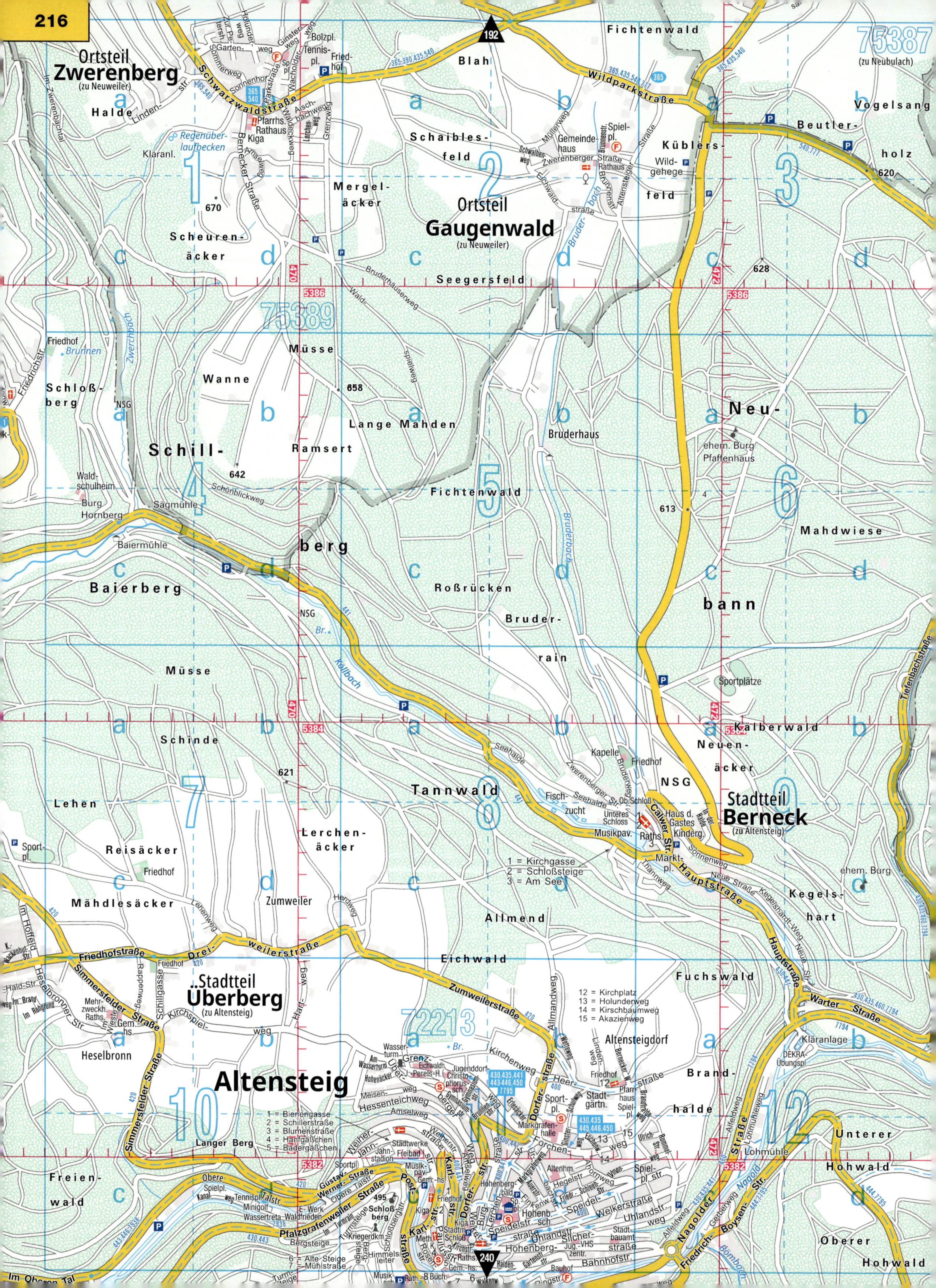
Ortsteil
Zwerenberg
(zu Neuweiler)
Ortsteil
Gaugenwald
(zu Neuweiler)
Stadtteil
Berneck
(zu Altensteig)
Stadtteil
Überberg
(zu Altensteig)
Altensteig
75387
(zu Neubulach)
75389
72213
Fichtenwald
Blah
Schaibles-
feld
Mergel-
äcker
Scheuren-
äcker
Seegersfeld
Küblers-
feld
Vogelsang
Beutler-
holz
Müsse
Wanne
Schloß-
berg
Lange Mahden
Ramsert
Schill-
berg
Bruderhaus
Neu-
bann
ehem. Burg
Pfaffenhaus
Mahdwiese
Baierberg
Roßrücken
Bruder-
rain
Schinde
Kälberwald
Neuen-
äcker
Lehen
Reisäcker
Lerchen-
äcker
Tannwald
Mähdlesäcker
Zumweiler
Allmend
Kegels-
hart
Eichwald
Fuchswald
Heselbronn
Altensteigdorf
Brand-
halde
Langer Berg
Freien-
wald
Unterer
Hohwald
Oberer
Hohwald
Schwarzwaldstraße
Wildparkstraße
Zumweilerstraße
Friedhofstraße
Dreiweilerstraße
Simmersfelder Straße
Hauptstraße
Warter Straße
Nagolder Straße
Calwer Str.
1 = Kirchgasse
2 = Schloßsteige
3 = Am See
12 = Kirchplatz
13 = Holunderweg
14 = Kirschbaumweg
15 = Akazienweg
1 = Bienengasse
2 = Schillerstraße
3 = Blumenstraße
4 = Hangäßchen
5 = Badergäßchen
6 = Alte Steige
7 = Mühlstraße
8 = Buchweg
Zwerchbach
Bruderbach
Köllbach
Nagold
NSG
Sportplätze
Kläranlage
Friedhof
670
628
658
642
613
621
620
495
5386
5384
5382
470
472
192
240

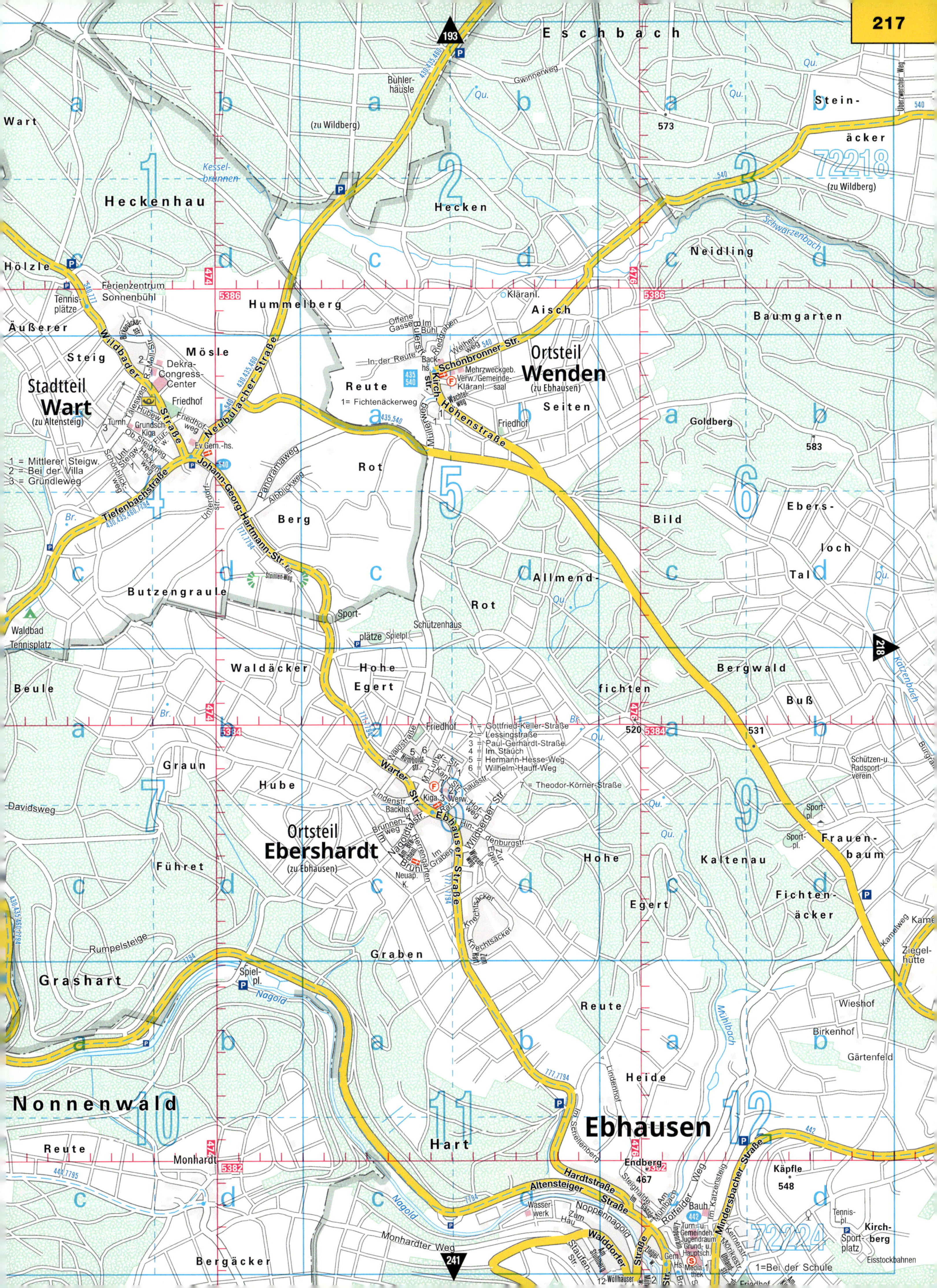
Eschbach
Heckenhau
Hecken
Stadtteil
Wart
(zu Altensteig)
Ortsteil
Wenden
(zu Ebhausen)
Hummelberg
Aisch
Neidling
Baumgarten
Reute
Seiten
Goldberg
Rot
Berg
Bild
Ebers-
loch
Tal
Allmend-
Butzengraule
Waldäcker
Hohe
Egert
Beule
Bergwald
Buß
fichten
Graun
Hube
Ortsteil
Ebershardt
(zu Ebhausen)
Führet
Hohe
Kaltenau
Frauen-
baum
Fichten-
äcker
Egert
Graben
Grashart
Reute
Heide
Nonnenwald
Hart
Ebhausen
Reute
Monhardt
Bergäcker
Käpfle
548
Kirch-
berg
72218
(zu Wildberg)
72224
Nagold
Schwarzenbach
Mühlbach
1 = Mittlerer Steigw.
2 = Bei der Villa
3 = Gründleweg
1 = Gottfried-Keller-Straße
2 = Lessingstraße
3 = Paul-Gerhardt-Straße
4 = Im Stauch
5 = Hermann-Hesse-Weg
6 = Wilhelm-Hauff-Weg
7 = Theodor-Körner-Straße
1= Fichtenäckerweg
1=Bei der Schule
Wildbader Straße
Tiefenbachstraße
Neubulacher Straße
Johann-Georg-Hartmann-Str.
Schönbronner Str.
Hohenstraße
Warter Str.
Ebhauser Straße
Hardtstraße
Altensteiger Straße
Mindersbacher Straße
Monhardter Weg
Ferienzentrum Sonnenbühl
Dekra-Congress-Center
Waldbad
Tennisplatz
Schützenhaus
Friedhof
Wieshof
Birkenhof
Gärtenfeld
Ziegel-hütte
193
218
241

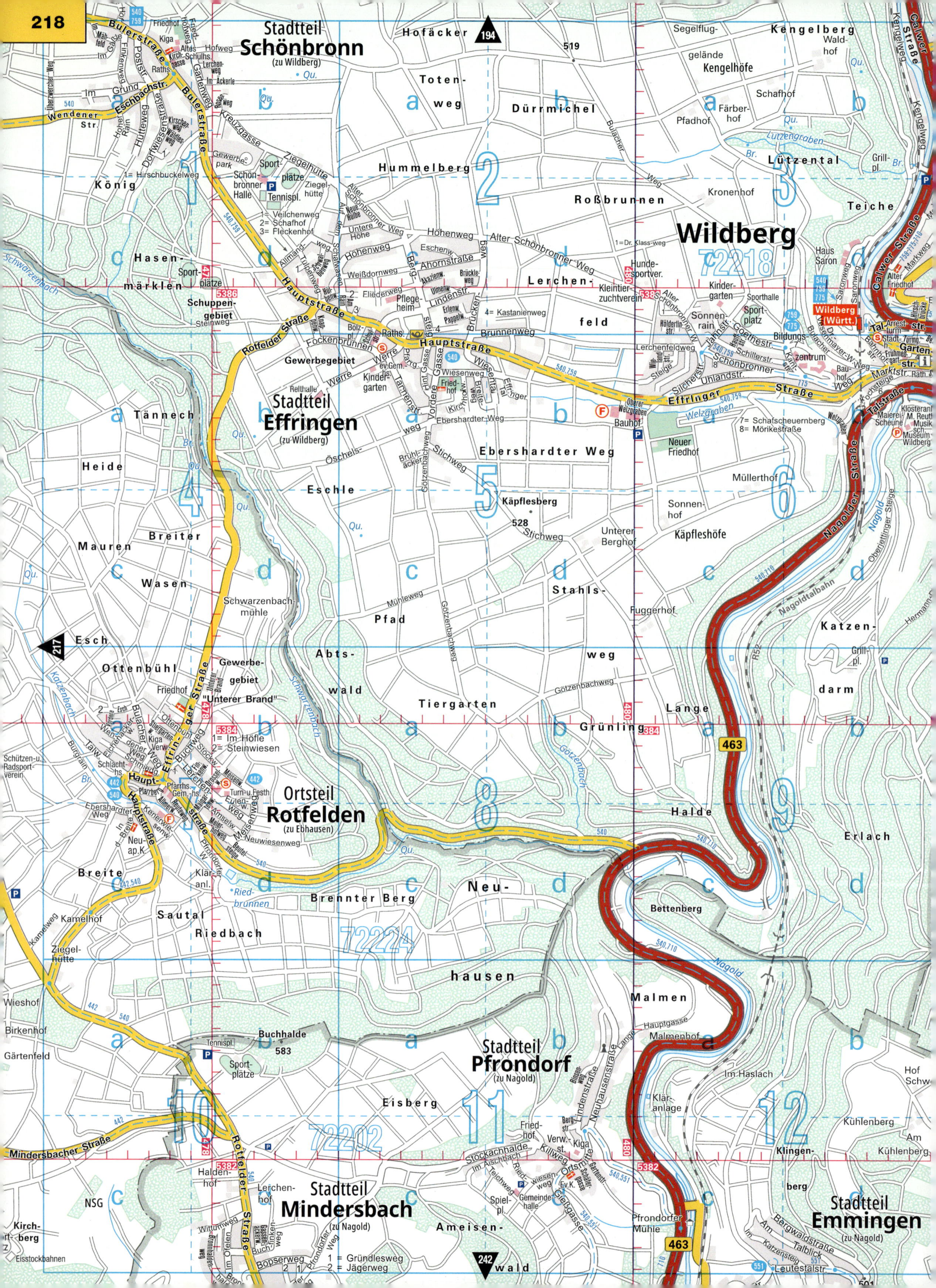
Stadtteil Schönbronn
(zu Wildberg)
Hofäcker
194
Totenweg
Dürrmichel
Segelfluggelände
Kengelberg
Kengelhöfe
Waldhof
Schafhof
Färberhof
Pfadhof
Lützengraben
Lützental
Teiche
Wendener Str.
Eschbachstr.
Bulerstraße
Postst.
Kreuzgasse
Ziegelhütte
Sportplätze
Schönbronner Halle
Tennispl.
Gewerbepark
König
Hirschbuckelweg
Hummelberg
Roßbrunnen
Kronenhof
Wildberg
72218
Haus Saron
Hasenmärklen
Sportplätze
Schuppengebiet
Schwarzenbach
Hauptstraße
Höhenweg
Alter Schönbronner Weg
Ahornstraße
Weißdornweg
Lerchenfeld
Hundesportver.
Kleintierzuchtverein
Kindergarten
Sporthalle
Sportplatz
Sonnenrain
Wildberg (Württ.)
Calwer Straße
Rotfelder Straße
Gewerbegebiet
Pflegeheim
Kastanienweg
Brunnenweg
Bildungszentrum
Talstraße
Stadtteil Effringen
(zu Wildberg)
Kindergarten
Wiesenweg
Ebershardter Weg
Effringer Straße
Welzgraben
Bauhof
Neuer Friedhof
Schafscheuernberg
Mörikestraße
Tännech
Heide
Öschels-
Eschle
Käpflesberg
528
Stichweg
Müllerthof
Sonnenhof
Unterer Berghof
Käpfleshöfe
Nagolder Straße
Nagold
Breiter
Mauren
Wasen
Schwarzenbachmühle
Mühleweg
Pfad
Stahlsweg
Fuggerhof
Nagoldtalbahn
Katzendarm
Esch
217
Ottenbühl
Gewerbegebiet "Unterer Brand"
Friedhof
Abtswald
Tiergarten
Götzenbachweg
Grünling
Lange
463
Im Höfle
Steinwiesen
Ortsteil Rotfelden
(zu Ebhausen)
Halde
Erlach
Neuwiesenweg
Breite
Kläranl.
Riedbrunnen
Brennter Berg
Neuhausen
Bettenberg
Sautal
Riedbach
Kamelhof
Ziegelhütte
72224
Malmen
Wieshof
Birkenhof
Gärtenfeld
Buchhalde
583
Malmenhof
Stadtteil Pfrondorf
(zu Nagold)
Im Haslach
Sportplätze
Eisberg
Kläranlage
Kühlenberg
Mindersbacher Straße
72202
Friedhof
Klingenberg
NSG
Lerchenhof
Stadtteil Mindersbach
(zu Nagold)
Stockachhalde
Gemeindehalle
Pfrondorfer Mühle
Stadtteil Emmingen
(zu Nagold)
Kirchberg
Eisstockbahnen
Bopserweg
Gründlesweg
Jägerweg
Ameisenwald
242
Bergwaldstraße
Leutestalstr.

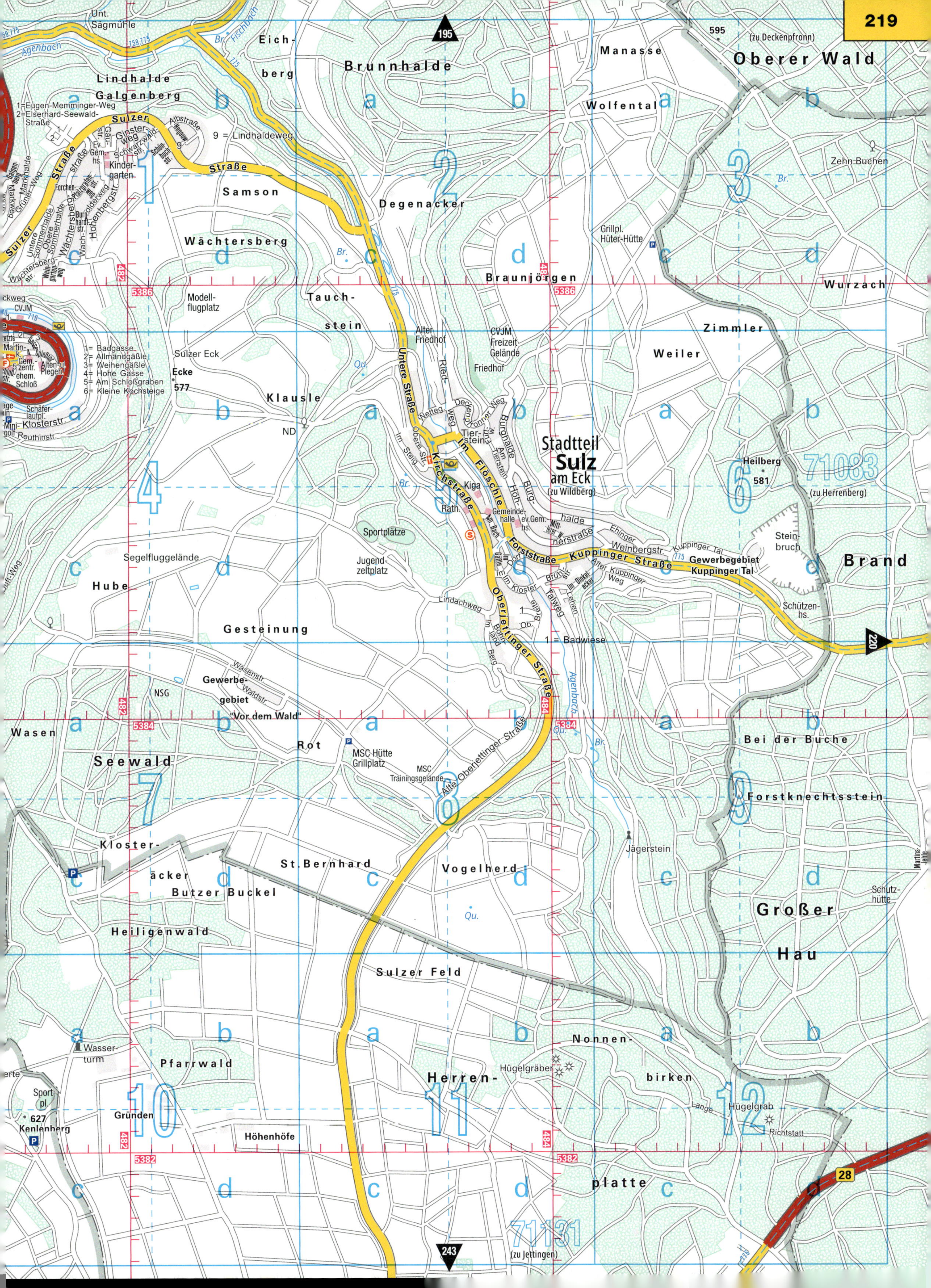
Unt. Sägmühle
Agenbach
Eich-berg
Brunnhalde
Manasse
Oberer Wald
(zu Deckenpfronn)
595
Lindhalde
Galgenberg
1=Eugen-Memminger-Weg
2=Elsehard-Seewald-Straße
9 = Lindhaldeweg
Wolfental
Zehn Buchen
Sulzer Straße
Samson
Degenacker
Wächtersberg
Grillpl. Hüter-Hütte
Braunjörgen
Wurzach
Modell-flugplatz
Tauch-stein
Alter Friedhof
CVJM Freizeit-Gelände
Friedhof
Zimmler
Weiler
1= Badgasse
2= Allmandgäßle
3= Weinengäßle
4= Hohe Gasse
5= Am Schloßgraben
6= Kleine Kochsteige
Sulzer Eck
Ecke
577
Klausle
ND
Untere Straße
Stadtteil
Sulz
am Eck
(zu Wildberg)
Heilberg
581
71083
(zu Herrenberg)
Kirchstraße
Im Flöschle
Kiga
Rath.
Sportplätze
Jugend-zeltplatz
Forststraße
Kuppinger Straße
Weinbergstr.
Gewerbegebiet Kuppinger Tal
Stein-bruch
Brand
Segelfluggelände
Hube
Gesteinung
Lindachweg
Oberjettinger Straße
1 = Badwiese
Schützen-hs.
Gewerbe-gebiet
"Vor dem Wald"
NSG
Wasen
Seewald
Rot
MSC-Hütte Grillplatz
MSC Trainingsgelände
Alte Oberjettinger Straße
Bei der Buche
Forstknechtsstein
Jägerstein
Kloster-äcker
Butzer Buckel
St. Bernhard
Vogelherd
Großer Hau
Schutz-hütte
Heiligenwald
Sulzer Feld
Wasser-turm
Pfarrwald
Nonnen-birken
Hügelgräber
Herren-platte
Hügelgrab
Richtstatt
Gründen
627
Kenlenberg
Höhenhöfe
71131
(zu Jettingen)
195
220
243
28

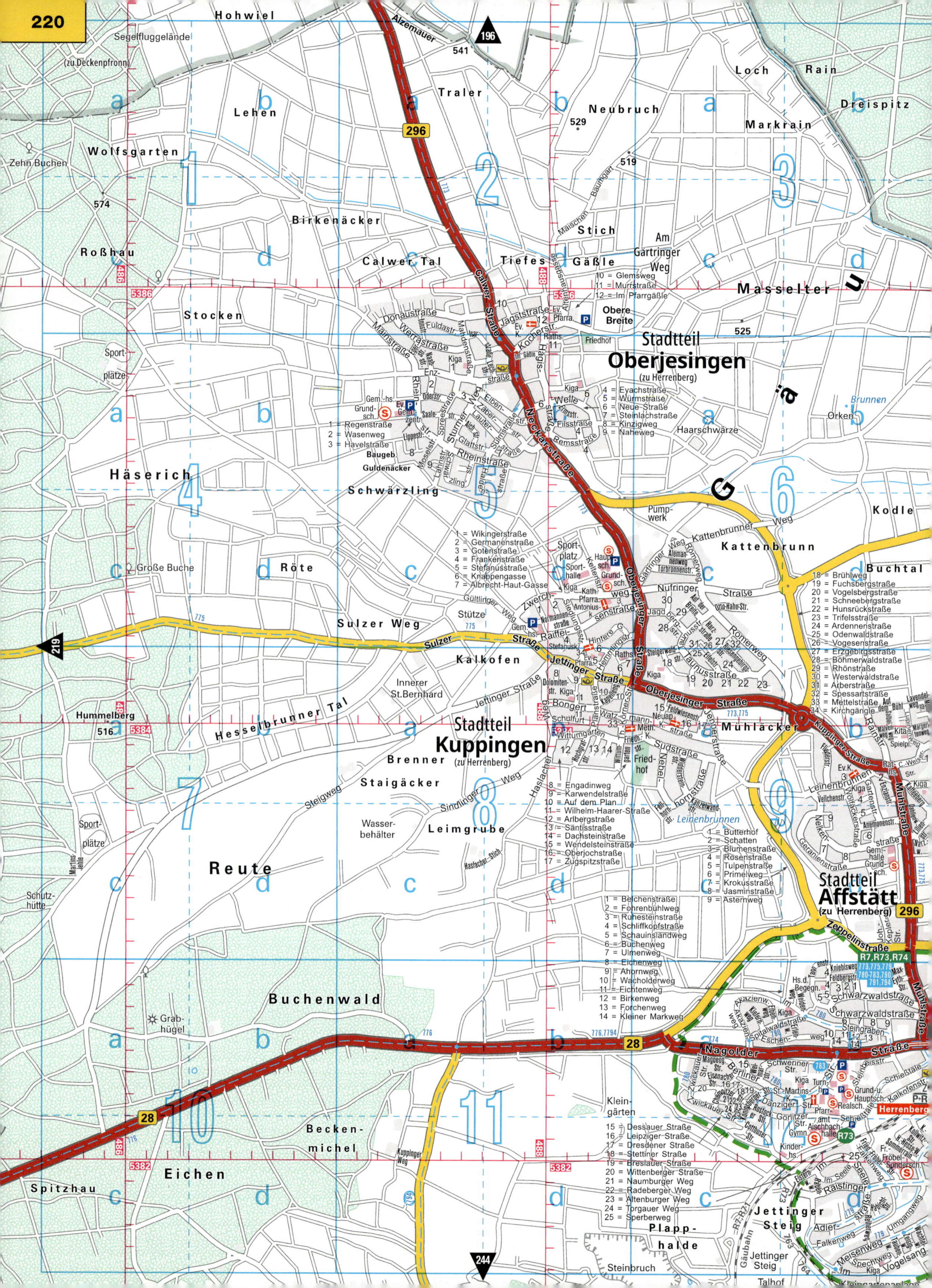
Hohwiel
Segelfluggelände
(zu Deckenpfronn)
Wolfsgarten
Zehn Buchen
Roßhau
Lehen
Birkenäcker
Traler
Neubruch
Loch
Rain
Dreispitz
Markrain
Stich
Am Gärtringer Weg
Tiefes Gäßle
Calwer Tal
Stocken
Masselter
Stadtteil Oberjesingen
(zu Herrenberg)
Obere Breite
Häserich
Schwärzling
Haarschwärze
Orken
Kodle
Kattenbrunn
Buchtal
Große Buche
Röte
Sulzer Weg
Kalkofen
Innerer St.Bernhard
Hummelberg
Hesselbrunner Tal
Stadtteil Kuppingen
(zu Herrenberg)
Brenner
Staigäcker
Leimgrube
Mühläcker
Reute
Stadtteil Affstätt
(zu Herrenberg)
Buchenwald
Grabhügel
Beckenmichel
Eichen
Spitzhau
Kleingärten
Plapphalde
Jettinger Steig
Steinbruch
Talhof
Herrenberg
Gäu

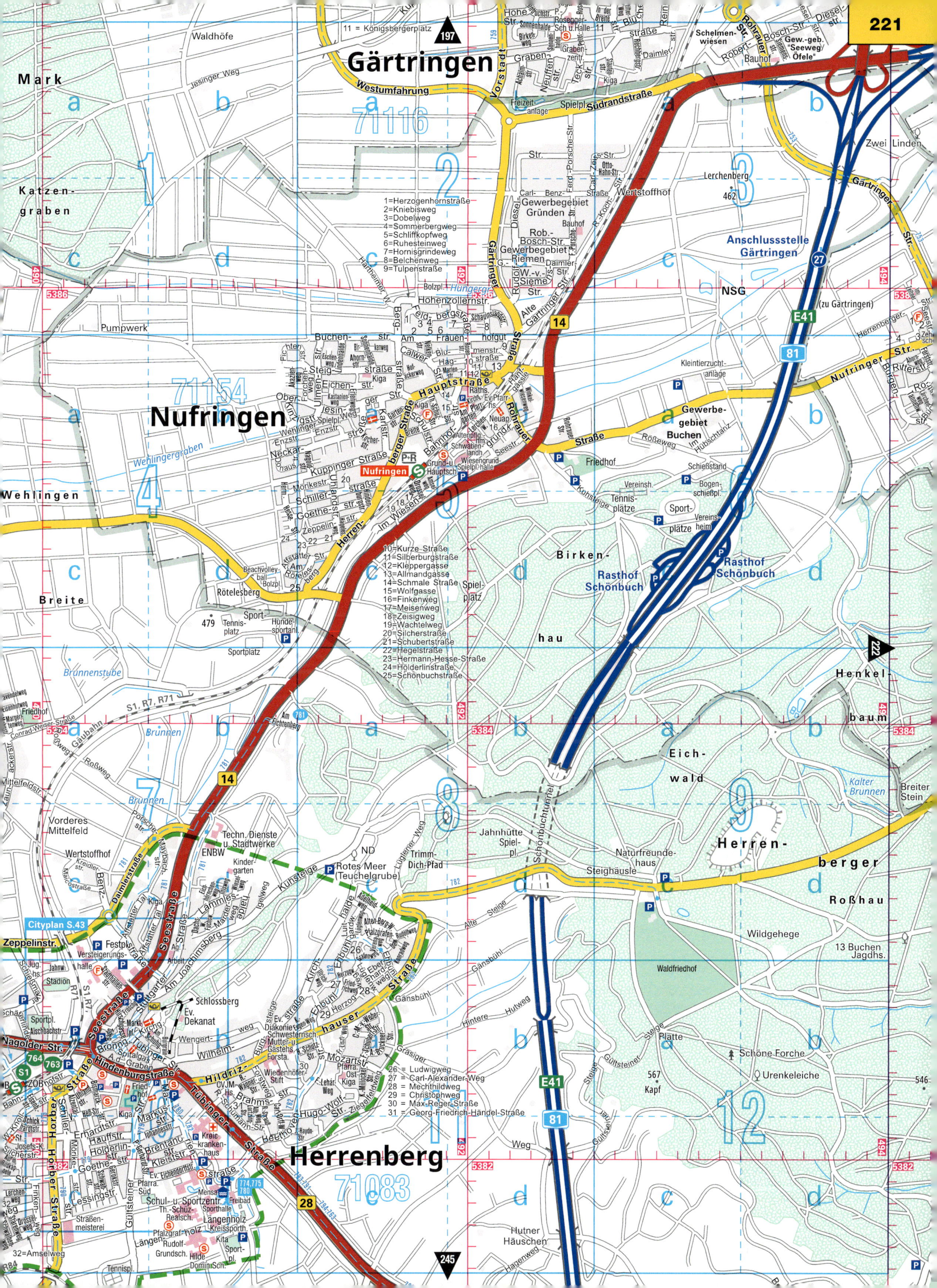
Gärtringen
71116
11 = Königsbergerplatz
197
Westumfahrung
Südrandstraße
Anschlussstelle Gärtringen
Gewerbegebiet Gründen
Gewerbegebiet Riemen
Lerchenberg
462
NSG
Zwei Linden
Schelmenwiesen
Gew.-geb. "Seeweg/ Öfele"
Mark
Waldhöfe
Katzengraben
Pumpwerk
1=Herzogenhornstraße
2=Kniebisweg
3=Dobelweg
4=Sommerbergweg
5=Schliffkopfweg
6=Ruhesteinweg
7=Hornisgrindeweg
8=Belchenweg
9=Tulpenstraße
Nufringen
71154
Wehlingen
Wehlingergraben
Kuppinger Straße
Hauptstraße
Rohrauer Straße
Nufringer Str.
Gewerbegebiet Buchen
Friedhof
Tennisplätze
Sportplätze
Rasthof Schönbuch
Breite
Rötelesberg
479
Sportplatz
Brunnenstube
10=Kurze Straße
11=Silberburgstraße
12=Kleppergasse
13=Allmandgasse
14=Schmale Straße
15=Wolfsgasse
16=Finkenweg
17=Meisenweg
18=Zeisigweg
19=Wachtelweg
20=Silcherstraße
21=Schubertstraße
22=Hegelstraße
23=Hermann-Hesse-Straße
24=Hölderlinstraße
25=Schönbuchstraße
Birkenhau
Henkelbaum
222
Eichwald
Herrenberger Roßhau
Kalter Brunnen
Breiter Stein
Schönbuchtunnel
Jahnhütte
Naturfreundehaus
Steighäusle
Trimm-Dich-Pfad
Rotes Meer (Teuchelgrube)
Wildgehege
Waldfriedhof
13 Buchen Jagdhs.
Schöne Forche
Urenkeleiche
567
Kapf
546
Platte
Vorderes Mittelfeld
Wertstoffhof
Techn. Dienste u. Stadtwerke
Cityplan S.43
Zeppelinstr.
Seestraße
Schlossberg
Ev. Dekanat
Nagolder Str.
Hindenburgstraße
Tübinger Straße
Hildrizhauser Straße
26 = Ludwigweg
27 = Carl-Alexander-Weg
28 = Mechthildweg
29 = Christophweg
30 = Max-Reger-Straße
31 = Georg-Friedrich-Händel-Straße
32=Amselweg
Herrenberg
71083
Kreiskrankenhaus
Schul- u. Sportzentrum
Längenholz
Hutner Häuschen
245
E41
81
14
28

Anschlussstelle Gärtringen
Zwei Linden
71116
1 = Zaunäckerstraße
2 = Nußbaumweg
3 = Erlenweg
4 = Lindenweg
Platten-
häule
Häuser-
nen
Rohr-
auer
Köpfe
Waldspiel-platz
Stadtteil Rohrau
(zu Gärtringen)
Sport-plätze
Schönbuch-halle
Schloßberg
Nufringer Str.
Hildrizhauser Str.
Friedhof
Alte Linde
Untere Mühle
9=Amselweg
10=Drosselweg
11=Robert-Bosch-Straße
Industrie-gebiet
Ehninger Str.
71157
Hildrizhausen
Gehrnäcker
Falkentorstr.
Altdorfer Str.
12 = Im Gäßle
Quellenstraße
Herrenberger Straße
1=Backhausgasse
2=Gartenstraße
3=Lisztstraße
4=Mozartstraße
5=Parkstraße
6=Eichenstraße
7=Tannenstraße
8=Buchenstraße
Am Mönchweg
Würm
Friedhof
Würmquelle
Stellenhäusle
Tennispl.
Sport-plätze
Rotelberg
556
Rotelberg-allee
Wasserwerk
Floschen-
wäldle
71154
(zu Nufringen)
Henkel-
baum
Kleine
Eichen
Gab-
hau
Hahnen-
bühl
Joh.-Konath-Eiche
Kohltor (Jugendhm.)
Häußermann-Eiche
Ludwig-Volz-Tanne
Lind-
Kohlhauhütte
Saufangweg
Schön-
Prinz-Friedrich-Eiche
Pr.-Friedrich-Allee
Lausterer-Eiche
Kalter Brunnen
Breiter Stein
Lindach
Drei-Mönchgarten
Eichenweg
Drei Eichenhütte
Hubertus-eiche
Kauppenklinge
Vorderbachweg
ach
Herren-
berger
Stadt-
wald
Lange Klinge
Klingenstraße
Kreuzweg
Blasiklinge
buch
Roßhau
Rosshauhütte
24 Buchen
Hirschstein
Ruthardtskreuz
Hirschteich-eiche
13 Buchen Jagdhs.
Försterstein u. -eiche
Saufangeiche
Mittleres Häusle
Heubrücke
Sommertalstraße
Herren-
12 Buchen
Böckleshäusle
Kaiserstein
Schwarz-stein
546
Schwarzenstein-Straße
Freßeiche
71083
berger
Wolfsberg
Pflugspitz-häusle
Volz-Straße
Neue Br.
Stadtwald
Schafbrücke
Trankebrunnen
Große Linde
Kayhertalsträßchen
198
221
246

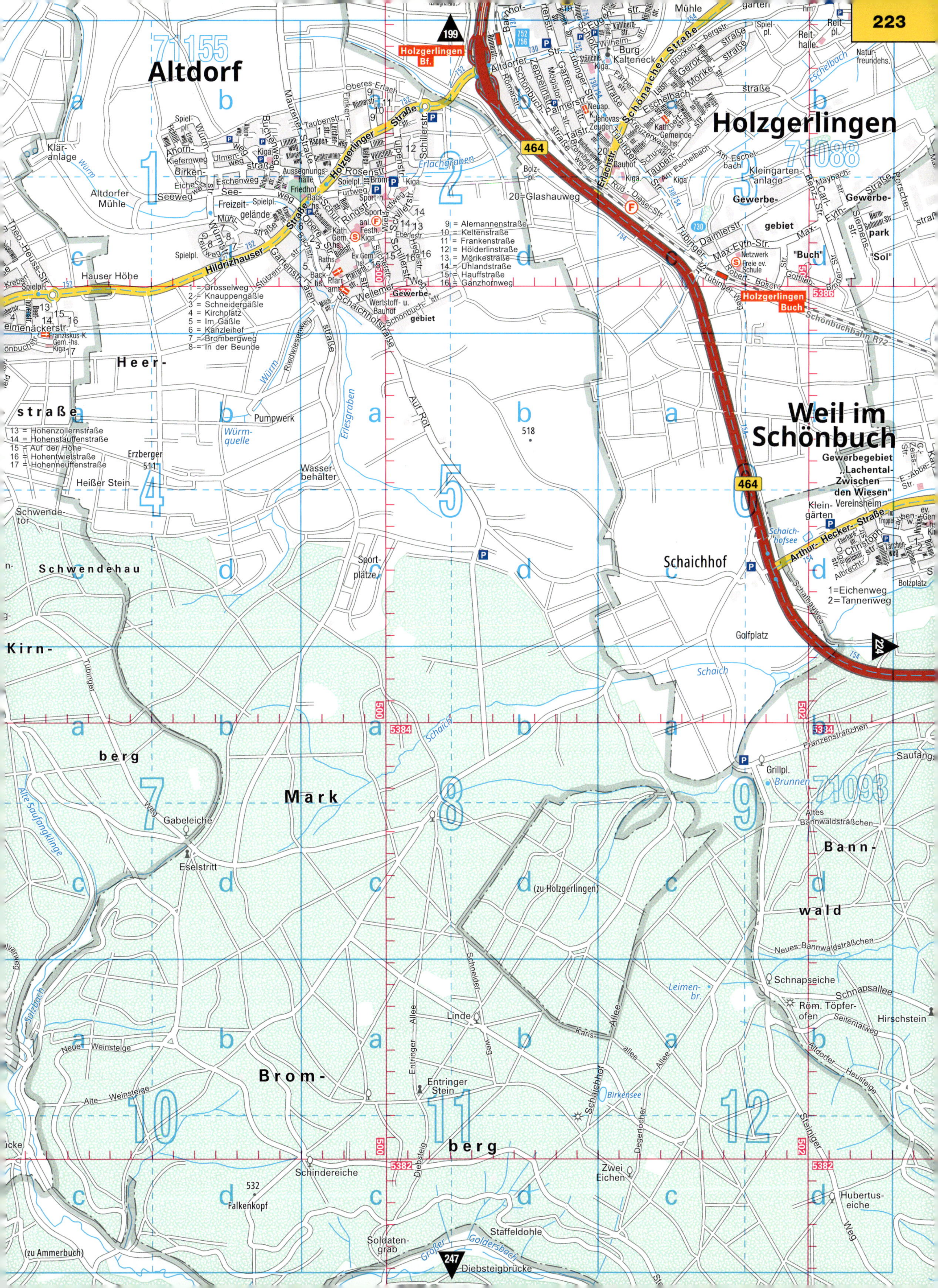

Altdorf
71155
Holzgerlingen
71088
Weil im Schönbuch
71093
Holzgerlingen Bf.
Holzgerlingen Buch
Hildrizhauser Straße
Holzgerlinger Straße
Schönaicher Straße
Arthur-Hecker-Straße
Altdorfer Mühle
Kläranlage
Hauser Höhe
Freizeitgelände
Gewerbegebiet
Gewerbepark "Sol"
Gewerbegebiet "Buch"
Gewerbegebiet „Lachental-Zwischen den Wiesen"
Schaichhof
Golfplatz
Schaichhofsee
Heerstraße
Pumpwerk
Würmquelle
Erzberger 511
Heißer Stein
Wasserbehälter
Sportplätze
Schwendetor
Schwendehau
Kirnberg
Mark
Gabeleiche
Eselstritt
Brombberg
Bannwald
Grillpl.
Brunnen
Schnapseiche
Röm. Töpferofen
Hirschstein
Linde
Entringer Stein
Birkensee
Zwei Eichen
Schindereiche
Falkenkopf 532
Soldatengrab
Staffeldohle
Diebsteigbrücke
Hubertuseiche
(zu Ammerbuch)
(zu Holzgerlingen)
1 = Drosselweg
2 = Knappengäßle
3 = Schneidergäßle
4 = Kirchplatz
5 = Im Gäßle
6 = Kanzleihof
7 = Brombergweg
8 = In der Beunde
9 = Alemannenstraße
10 = Keltenstraße
11 = Frankenstraße
12 = Hölderlinstraße
13 = Mörikestraße
14 = Uhlandstraße
15 = Hauffstraße
16 = Ganzhornweg
13 = Hohenzollernstraße
14 = Hohenstauffenstraße
15 = Auf der Höhe
16 = Hohentwielstraße
17 = Hohenneuffenstraße
20 = Glashauweg
1 = Eichenweg
2 = Tannenweg
464
199
224
247

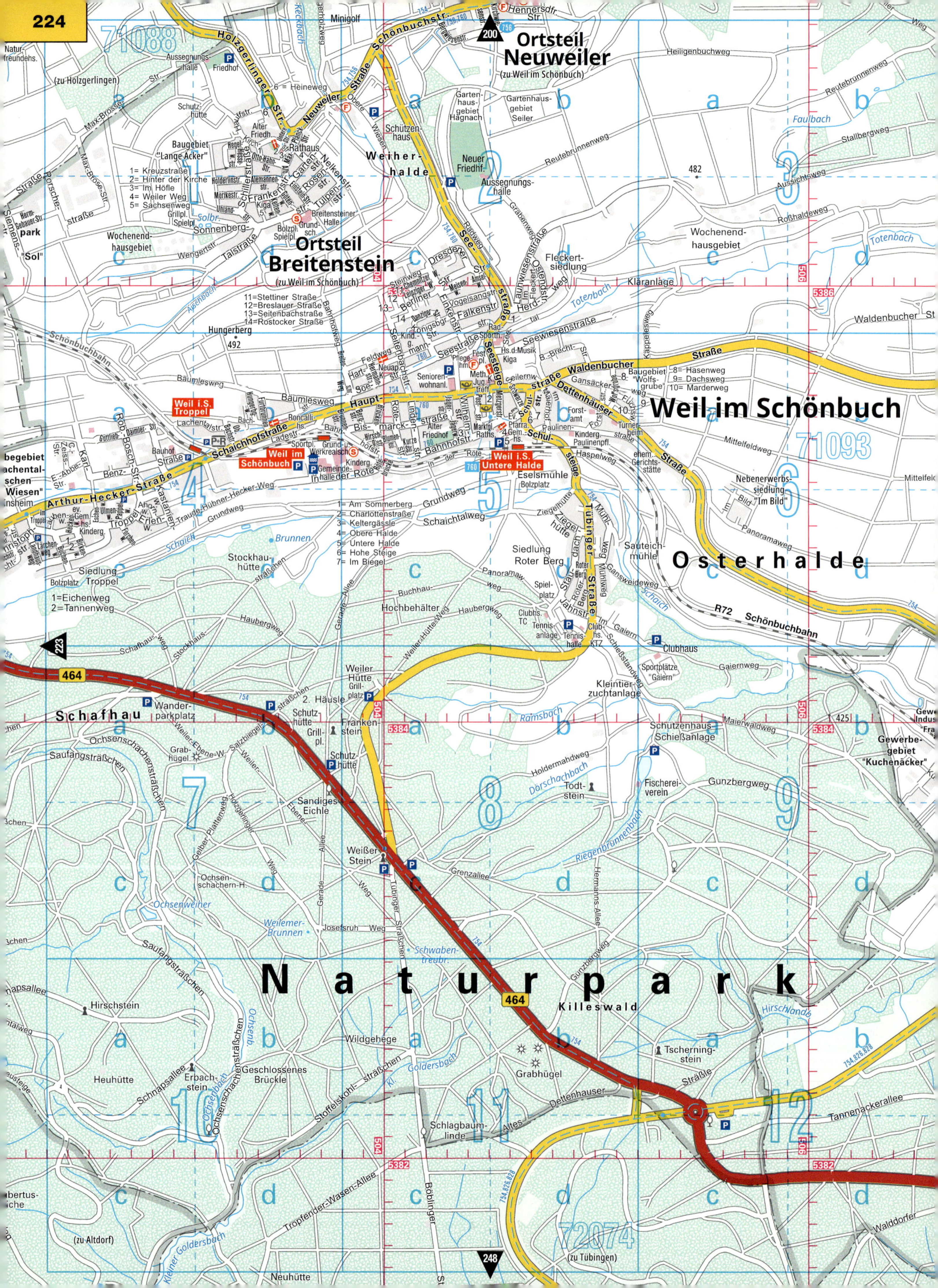

Ortsteil Neuweiler
(zu Weil im Schönbuch)
Ortsteil Breitenstein
(zu Weil im Schönbuch)
Weil im Schönbuch
Osterhalde
Naturpark
Schafhau
Killeswald
71088
71093
72074
Weil i.S. Troppel
Weil im Schönbuch
Weil i.S. Untere Halde
Schönbuchbahn
Hungerberg
Siedlung Troppel
Siedlung Roter Berg
Eselsmühle
Weiher-halde
Neuer Friedhof
Grabhügel
Weißer Stein
Frankenstein
Sandiges Eichle
Hirschstein
Heuhütte
Erbach-stein
Geschlossenes Brückle
Schlagbaum-linde
Tscherning-stein
Todt-stein
Gewerbegebiet "Kuchenäcker"
(zu Holzgerlingen)
(zu Altdorf)
(zu Tübingen)
Neuhütte
200
223
248

Weiler Berg
Betzenberg
Schönbuch
Waldenbuch
Dettenhausen
Hardt
Totenbachmühle
Reitstall Schönbuch
Aussiedlerhöfe
Buchenhof
Waldeck
Eichenhof
Bonholz
Gewerbegeb.
Schützenhaus
Baumschule
Schutzhütte
Kelten Schanze
Bei der Doscheten Buche
Waldjugendzeltplatz
Gewerbegebiet "Breitwasen"
23=Im Fuchswasen
Kläranlage
Schaichtal
Hütte
Gewerbegebiet "Sauwasen"
Schießstand Schützenhaus
Sportanlage "Dettenhäuser Viehweide"
Marktgebäude
Friedhof
Freibad
Stadtreitereiche
Grillplatz
Grillpl.
(zu Walddorfhäslach)
Fuchshauweg
Schwarzerhauweg
Walddorfer Sträßle
Hochstraße
Stuttgarter Straße
Alte Stuttgarter Straße
Gespannallee
Eschachhau Allee
Reinaldenweg
Weilerberg
Tübinger Straße
Nürtinger Straße
Wochenendgebiet
Seitenb.
Schaich
Reishaldenbach
Segelbach
Immenbach
Fronlach
Neuweiler Weg
Segelbachweg
Alte Dettenhäuser Str.
Alte Dettenh. Str.
Herzog-Karl-Allee
Ochsenschanzensträßchen
Breitwasenring
Neue Hofmeistersteige
Wohngebiet "In der Reute"
71111
72135
72141
423
408
479
201
226
249
464
1a=Im Wengert
1=Pfletschbachweg
2=Zaunteweg
3=Auf der Höhe
4=Westerstraße
5=Rudolf-Diesel-Straße
6=Im Hinterweiler
7=Klingenstraße
8=Dorfplatz
8= Uhlandshöhe
9= Studentenweg
10= Unter der Mauer
11= Marktplatz
12= Danneckerstraße
13= Kirchgasse
14= Vordere Seestraße
15= Hintere Seestraße
16= Ziegelhütte
17= Blätterweg
18= Schönbuchstr.
19= Im Gaiern
20= Immenbachweg
21= Ahornweg
22= Garnweidenweg
24= Im Holderbusch
9 = Ringstraße
10 = Fliederweg
11 = Nelkenweg
12 = Austraße
13 = Wilhelmstraße
14 = Goethestraße
15 = Seitenstraße
16 = Im Gsand
17 = Steinenbronner Straße
18 = Ahornstraße
19 = Häslacher Straße
20 = Katharinenweg
21 = Gartenstraße
22 = Fronlachenwiesen

Neuhauser Wand
Burkhardtsmühle
Nürtinger Straße
Im Aichgrund
Bachenmühle
Kläranlage
Glashütte
(zu Waldenbuch)
1=Rotäckerstraße
Wochenendgebiet
Schutzhütte
Brunnen
Stellenbrunnen
Schönaicher
Im Vogelsang
Sandacker
Wald-jugendzeltplatz
Mammutbäume
Weißes Häusle
Röm. Gebäude
Grünes Häusle
Grabhügel
Trimm-Dich-Pfad
Grillhütte
Tennisplätze
Sportplätze
Vereinsheim
Schönbuchstr.
Bei der Doscheten Buche
Betzenberg
Schaichbergstraße
Bruderholz
Mönchbuckelweg
Wolfenschachen
Mönchbrunnen
Klingenbrunnen
Schönbuch
Schaich
Pumpwerk
Heilbrunnen
Sulzsteige
(zu Altenriet)
Auchtertklingenweg
Waldenbucher Weg
Fuchshauweg
Viehtriebweg
Schwarzerhauweg
Fuchswasenweg
Sulzeiche
Ferienheim
Theaterheim
Neue Äcker
Auchert
Neuer Aussiedlerhof
Ortsteil Häslach
(zu Walddorfhäslach)
Schaichbergturm
1= Kümmerlesgasse
2= Kaffeehof
3= Bauschhausgässle
Römerweg
Walddorfhäslach
Wohngebiet
Unter dem Weiler
Lachenweg
Wiesenhof
Fürhaupt
Gewerbegebiet "Schlatt"
Dettenhauser Straße
Schönbuchstr.
Stuttgarter Str.
4= Roßbergstraße
5= Rechbergstraße
6= Jusistraße
7= Stuifenstraße
8= Staufenstraße
9= Teckstraße
Ortsteil Walddorf
(zu Walddorfhäslach)
1 = Baumweg
2 = Untere Gasse
3 = Wagnergasse
4 = Oettingerstraße
5 = Entenhof
6 = Weihergasse
7 = Pfalzgrafenhof
Grillpl.
Mühlweg
464
27
202
225
250

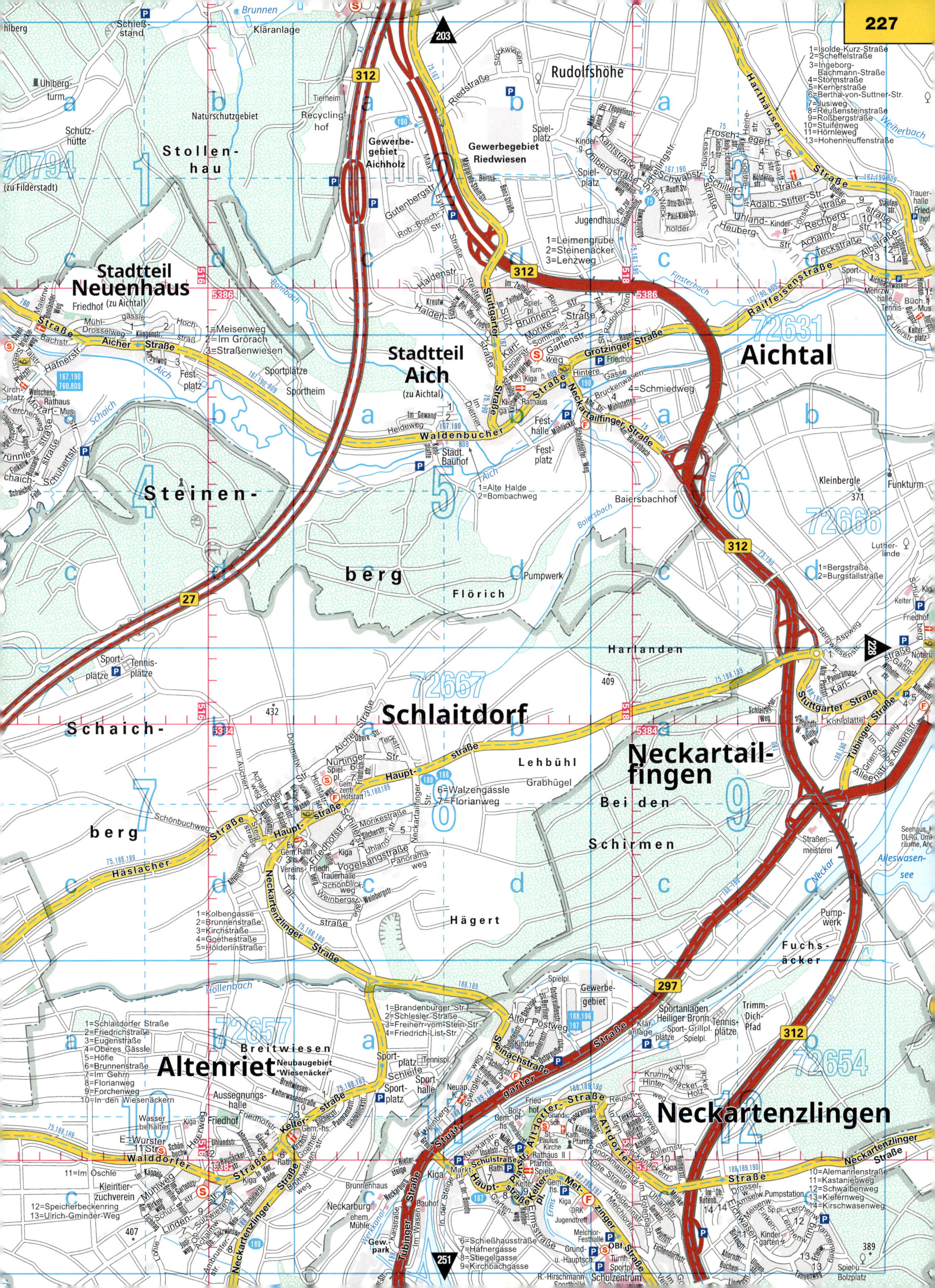

Stadtteil Neuenhaus
Stadtteil Aich
Aichtal
Schlaitdorf
Neckartailfingen
Altenriet
Neckartenzlingen
Rudolfshöhe
Stollenhau
Steinenberg
Schaichberg
Florich
Harlanden
Lehbühl
Bei den Schirmen
Hägert
Fuchsäcker
Breitwiesen
Gewerbegebiet Aichholz
Gewerbegebiet Riedwiesen
Baiersbachhof
Kleinbergle
Pumpwerk
70794
(zu Filderstadt)
72631
72666
72667
72657
72654
1=Isolde-Kurz-Straße
2=Scheffelstraße
3=Ingeborg-Bachmann-Straße
4=Stormstraße
5=Kernerstraße
6=Bertha-von-Suttner-Str.
7=Jusiweg
8=Reußensteinstraße
9=Roßbergstraße
10=Stulfenweg
11=Hörnleweg
13=Hohenneuffenstraße
1=Leimengrube
2=Steinenäcker
3=Lenzweg
1=Meisenweg
2=Im Grörach
3=Straßenwiesen
4=Schmiedweg
1=Alte Halde
2=Bombachweg
1=Bergstraße
2=Burgstallstraße
6=Walzengässle
7=Florianweg
1=Kolbengasse
2=Brunnenstraße
3=Kirchstraße
4=Goethestraße
5=Hölderlinstraße
1=Brandenburger Str.
2=Schlesier Straße
3=Freiherr-vom-Stein-Str.
4=Friedrich-List-Str.
1=Schlaitdorfer Straße
2=Friedrichstraße
3=Eugenstraße
4=Oberes Gässle
5=Höfle
6=Brunnenstraße
7=Im Gehrn
8=Florianweg
9=Forchenweg
10=In den Wiesenäckern
11=Im Öschle
12=Speicherbeckenring
13=Ulrich-Gminder-Weg
6=Schießhausstraße
7=Hafnergasse
8=Stiegelgasse
9=Kirchbachgasse
10=Alemannenstraße
11=Kastanieweg
12=Schwalbenweg
13=Kiefernweg
14=Kirschwasenweg
Aicher Straße
Waldenbucher Straße
Stuttgarter Straße
Neckartailfinger Straße
Grötzinger Straße
Raiffeisenstraße
Harthäuser Straße
Hauptstraße
Häslacher Straße
Neckartenzlinger Straße
Tübinger Straße
Walddorfer Straße
Kelterstraße
Steinachstraße
Altdorfer Straße
Metzinger Straße
Neckar
Aich
Bombach
Baiersbach
Finsterbach
Höllenbach
Alleswasensee
203
228
251

Altgrötzinger Tal
204
Ulrichstein
Aichtal
72631
Hoher Rain
Bauern-wald
Kragen-äcker
Reitstall Albblick
12=Hohenzollernstraße
14=Sonnenbergstraße
22=Dahlienweg
23=Asternweg
24=Distelweg
25=Birkenweg
Kläranlage
Waghacke
Galgen-
berg
Nürtinger Straße
Wolfschluger Straße
Grötzinger Straße
Wasser-behälter
Alpakafarm Schaber
Hochen
26=Lilienweg
27=Fliederweg
28=Ginsterweg
29=Krokusweg
30=Primelweg
31=Sonnenblumenweg
32=Veilchenweg
33=Geranienweg
1=Hohenzollernstraße
2=Feldbergstraße
3=Bocksberg
4=Lämmlesgasse
5=Römerhof
6=Im Biegel
7=Harzstraße
8=Kurze Straße
9=Brückenstraße
10=Hirschstraße
11=Schumannstraße
12=Haydnstraße
Stadtteil Grötzingen
(zu Aichtal)
15=Bismarckstraße
16=Turmstraße
17=Rathausgasse
18=Küferstraße
19=Schmale Str.
20=Wagnerstraße
21=Badgasse
Schießstand
Natur-theater
Heerweg
Quätler
Stadtteil Neckarhausen
(zu Nürtingen)
13=Hochfirststraße
14=Mostgässle
Pechander
Funkturm
Aussichtspunkt
Wasserwerk
Au
297
Äußere Halde
3=Kirchstraße
4=Schmiedgasse
5=Backhausstraße
Lutherlinde
72666
Tiefen-Loch-See
Biegel
Neckar
Schleuse
Rehgärter
Neckartailfingen
Reithalle
Reitplatz
Kläranlage
Beutwang
Beutwangsee Badesee
6=Karl-Maurer-Straße
7=Eichendorffstraße
8=Siebenbürgenstraße
9=Ostpreußenstraße
Pfarrboschenwiesen
Neuwiesen
Obere Loderwiese
Furtäcker
Im Breiten
Reuthof
Bahnhofstraße
Reutlinger Straße
Tübinger Str.
Spartheim
NSG
10=Uhlbergweg
11=Florianweg
12=Limburgweg
13=Römersteinweg
14=Daltropstraße
Grillpl.
ehem. Burg Liebenau
Modellflugplatz
Lochäcker
1=Egertstraße
2=Im Wengert
3=Hintere Straße
4=Wasenstraße
5=Mittlere Straße
6=Siedlerweg
7=Bosslerweg
8=Auwiesenstraße
9=Brühlwiesenstraße
10=Im Auchtert
11=Bergwiesenweg
Gewerbegebiet Reulenwiesen
Stadtteil Raidwangen
(zu Nürtingen)
Raigerwäldle
Schelmen-äcker
Alleswasen-see
312
Hägnetsäcker
Krieg-wiesen
Im Geiger
Tennisplatz
Reithalle
Reitpl.
Spielplatz
Sportplätze
11=Rosenweg
12=Tulpenweg
13=Nelkenweg
Gewerbegebiet "Bohnäcker/Taubenäcker"
Obere Liesäcker
1=Hohenneuffenstraße
2=Heges
3=Liebenauweg
4=Im Hof
5=Spitalhof
6=Kirchgässle
7=Rathausstraße
8=Beundweg
9=Brühlweg
10=Weilerwiesenweg
Kläranlage
Schlegel-hölzle
Sportheim
Sportanlage Staufenbühl
1=Hermann-Löns-Weg
2=Schillerstraße
3=Wilhelm-Hauff-Straße
4=Cranachweg
5=Schulgasse
6=Schweizerhof
Spielplatz
Geigersbühl 407
(zu Neckartenzlingen)
Neckartenzlinger Straße
Stuttgarter Straße
Neubaugeb. "Kreuzäcker"
Altdorf
72655
Halden
Kläranlage
Groß-bettlingen
Recycling hof
Bempflinger Straße
Alb-
Pumpwerk
Schützenhaus
7=Wallenhof
8=Im Gässle
9=Drosselweg
10=Finkenweg
11=Hohenneuffenstraße
12=Teckstraße
13=Florianweg
14=Meisenweg
15=Agnes-Miegel-Weg
Jugendtreff
Sportplätze
Naturdenkmal
Viehwasen
Pfaffenwald
(zu Bempflingen)
252
Hoher Rain
72636
Kapelle
Friedhof
Metzinger Str.
389

(zu Oberboihingen)
Nürtingen
72622
Frickenhausen
72636
Grien
Hohe Wiese
Hinter der hohen Wiese
Kläranlage
Auf dem Säer
Schwesternschule
Kreiskrankenhs.
Reudern-Aspach
Jettenhartsiedlung
Vor dem Klingler
Unter dem Klingler
Riethbach
Börlenberg
Mutschlenjauchert
Im Äußeren Bogen
Im Tiefenbach
Tiefenbach
Katzenkleb
Vor Alten
Waldfriedhof
Kapelle
HfWU Campus Jungborn, Lehr- und Versuchsbetrieb
Vorhalde
Biotop
MSC Frickenhausen
Unterer Wengertweg
Schreibere
Schillerlinde
Heinrichsquelle
Römischer Gutshof Nußbaum
Freibad
Alter Friedhof
Altenheim Villa Henzler
14=An der Heinrichsquelle
15=Galgenbergstraße
Gewerbegeb. Hohes Gestade
9=Gustav-Werner-Straße
10=Akeleiweg
11=Sperberseck
12=Steinmetzweg
13=Bodelschwinghweg
14=Auguste-Eisenlohr-Straße
15=Ludwigstraße
16=Martinstraße
17=Starenweg
Stadion Wörth
Im Millot
Zementwerk
Cityplan S.44
Lohwiesen
Auf dem Ersberg
Ersberg
Nürt. Vorstadt
Nürt.-Roßdorf
Hölderlin-Gymnasium
Gewerbegeb. Seebach
Enzenhardtsiedlung
Südumgehung
Humpfental-straße
Carl-Benz-Straße
Gewerbegebiet Steinach
Stadtwerke
Museumseisenbahn
Roßdorf
Roßdorfschule
Großer Forst
15=Rostockerweg
16=Schweriner Weg
17=Brandenburger Weg
18=Potsdamerweg
19=Rammert-Straße
8=Naumburger Straße
9=Plauener Weg
10=Stolberger Weg
11=Torgauer Straße
12=Weimarer Platz
13=Zwickauer Weg
14=Wilhelm-Maybach-Straße
20=Agnes-Sapper-Weg
21=Hilde-Domin-Weg
22=Sebastian-Blau-Weg
23=Thaddäus-Troll-Weg
1=Tuttlinger Weg
2=Blumenstraße
3=Schickhardtstraße
4=Breitensteinweg
5=Rotenbergplatz
6=Wilhelm-Dandler-Straße
7=Eugen-Maier-Straße
8=Paul-Jordery-Straße
9=Fritz-Ruoff-Straße
10=Uhlbergstraße
11=Reußensteinweg
12=Engelbergweg
Fachhochschule f. Betriebswirtschaft Landbau, Landespflege
Sonderschule f. Schwerhörige u. Sprachbehinderte
Staatl. Seminar f. schulpraktische Ausbildung (GHS)
Bruckholz
Keltische Viereckschanze
Kirchert
Grabhügel
Kläranlage
Frickenhausen
Fr.-Kelterstr.
1=Sudetenstraße
2=Feuchtstraße
3=Sieh-dich-für
4=Hartliebstraße
5=Krautgartenstraße
6=Kurze Straße
7=Mollkestraße
8=Jahnstraße
9=Zeppelinstraße
10=Lindenstraße
11=Bismarckstraße
12=Hohenstaufenstr.
13=Achalmstraße
14=Roßbergstraße
15=Rechbergstraße
16=Reußensteinstraße
17=Römersteinstraße
18=Lichtensteinstraße
19=Lembergstraße
20=Farrenbergstraße
21=Johann-Strauß-Straße
Schützenhaus
Neuer Friedhof
Kapelle
Stuttgarter Str.
Metzinger Straße
Neckar
Kirchheimer Straße
Tiefenbachstraße
Neuffener Straße
Europastr.
Oberboihinger Str.
Steinengrabenstr.
Tischardter Straße
Hauptstraße
205
230
253
297
313

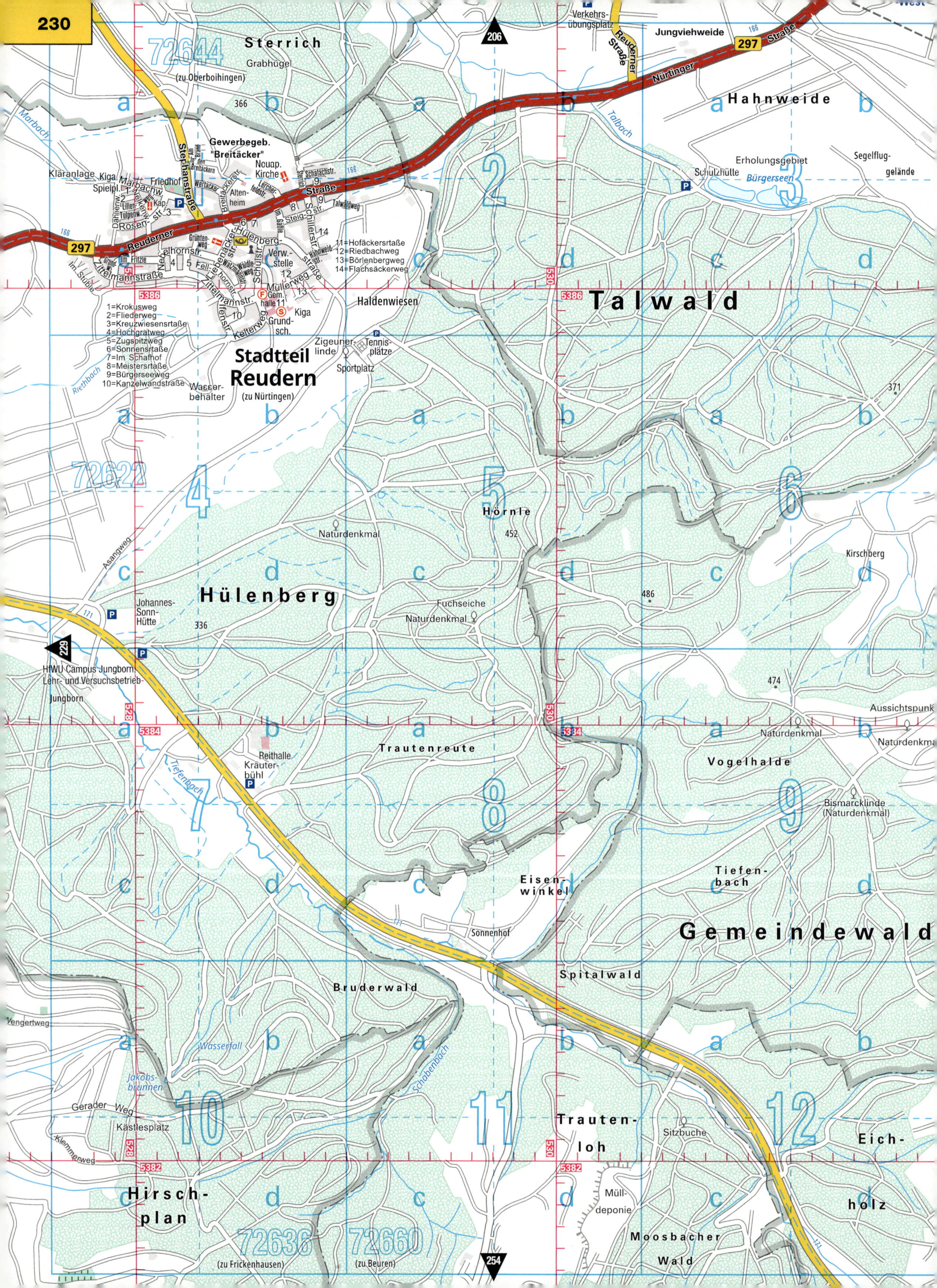

Sterrich
Grabhügel
(zu Oberboihingen)
Gewerbegeb. "Breitäcker"
Stadtteil Reudern
(zu Nürtingen)
1=Krokusweg
2=Fliederweg
3=Kreuzwiesenstraße
4=Hochgratweg
5=Zugspitzweg
6=Sonnenstraße
7=Im Schafhof
8=Meistersstraße
9=Bürgerseeweg
10=Kanzelwandstraße
11=Hofäckerstraße
12=Riedbachweg
13=Börlenbergweg
14=Flachsäckerweg
Haldenwiesen
Zigeunerlinde
Tennisplätze
Sportplatz
Wasserbehälter
Talwald
Hahnweide
Jungviehweide
Nürtinger Straße
Reuderner Straße
Verkehrsübungsplatz
Erholungsgebiet
Bürgerseen
Schutzhütte
Segelfluggelände
Hörnle
Naturdenkmal
Hülenberg
Johannes-Sonn-Hütte
Fuchseiche
Kirschberg
HfWU Campus Jungborn, Lehr- und Versuchsbetrieb
Jungborn
Trautenreute
Reithalle
Kräuterbühl
Vogelhalde
Aussichtspunkt
Bismarcklinde (Naturdenkmal)
Tiefenbach
Eisenwinkel
Sonnenhof
Gemeindewald
Spitalwald
Bruderwald
Wasserfall
Jakobsbrunnen
Gerader Weg
Kästlesplatz
Trautenloh
Sitzbuche
Eichholz
Hirschplan
Mülldeponie
Moosbacher Wald
(zu Frickenhausen)
(zu Beuren)

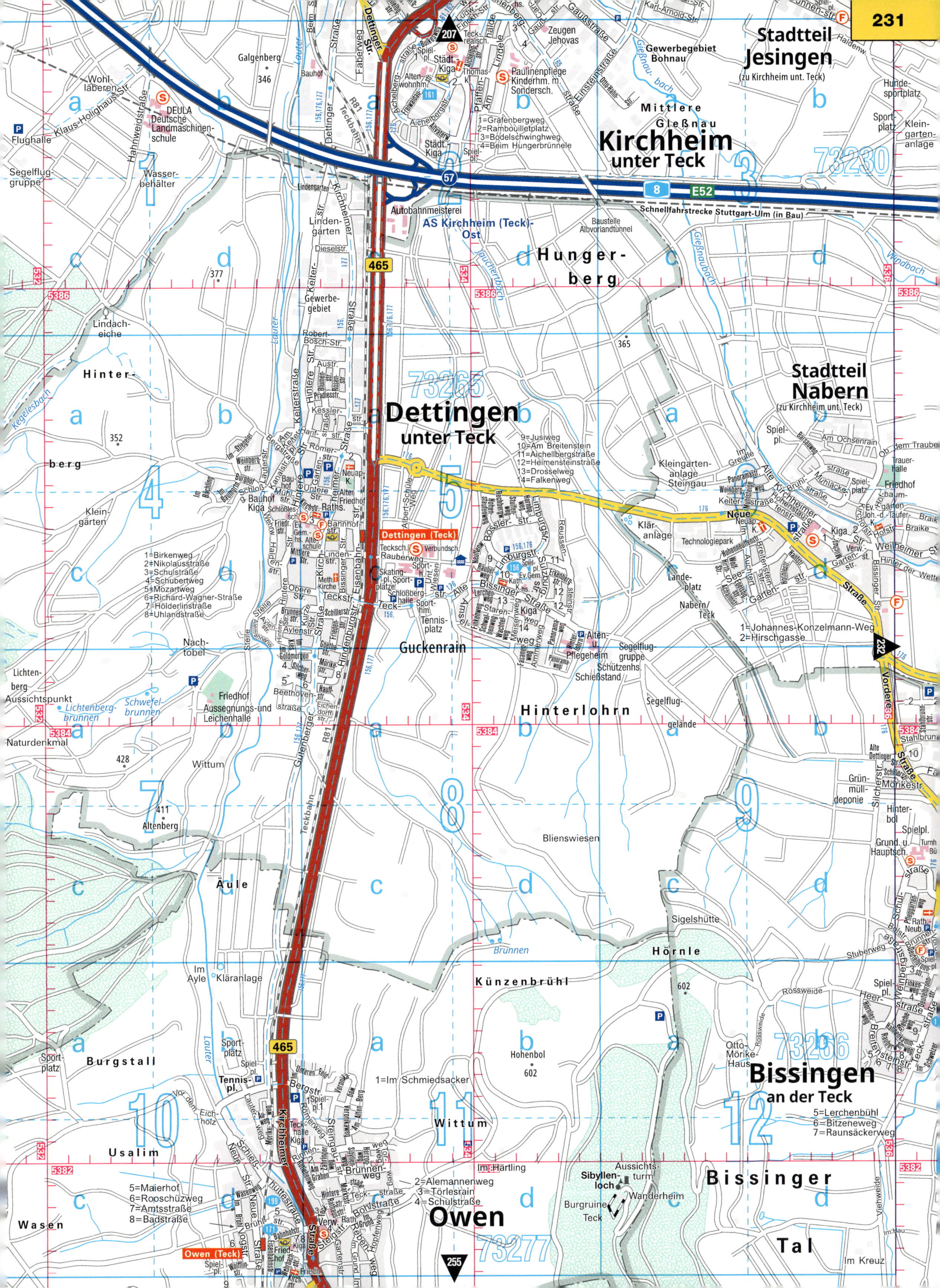

Stadtteil Jesingen
(zu Kirchheim unt. Teck)
Kirchheim unter Teck
Mittlere Gleßnau
Gewerbegebiet Bohnau
Hunger-berg
AS Kirchheim (Teck)-Ost
Autobahnmeisterei
Schnellfahrstrecke Stuttgart-Ulm (in Bau)
Stadtteil Nabern
(zu Kirchheim unt. Teck)
Dettingen unter Teck
Dettingen (Teck)
Guckenrain
Hinterlohrn
Bissingen an der Teck
Bissinger Tal
Owen
Owen (Teck)
Burgruine Teck
Sibyllenloch
Aussichtsturm
Wanderheim
Hörnle
Künzenbrühl
Blienswiesen
Galgenberg
DEULA Deutsche Landmaschinenschule
Flughalle
Segelfluggruppe
Lindacheiche
Hinter-berg
Lichtenberg Aussichtspunkt
Naturdenkmal
Altenberg
Äule
Burgstall
Usalim
Wasen
1=Grafenbergweg
2=Rambouilletplatz
3=Bodelschwinghweg
4=Beim Hungerbrünnele
9=Jusiweg
10=Am Breitenstein
11=Aichellbergstraße
12=Heimensteinstraße
13=Drosselweg
14=Falkenweg
1=Birkenweg
2=Nikolausstraße
3=Schulstraße
4=Schubertweg
5=Mozartweg
6=Richard-Wagner-Straße
7=Hölderlinstraße
8=Uhlandstraße
1=Johannes-Konzelmann-Weg
2=Hirschgasse
5=Lerchenbühl
6=Bitzeneweg
7=Raunsäckerweg
1=Im Schmiedsacker
2=Alemannenweg
3=Törlesrain
4=Schulstraße
5=Maierhof
6=Rooschüzweg
7=Amtsstraße
8=Badstraße
73230
73265
73266
73277

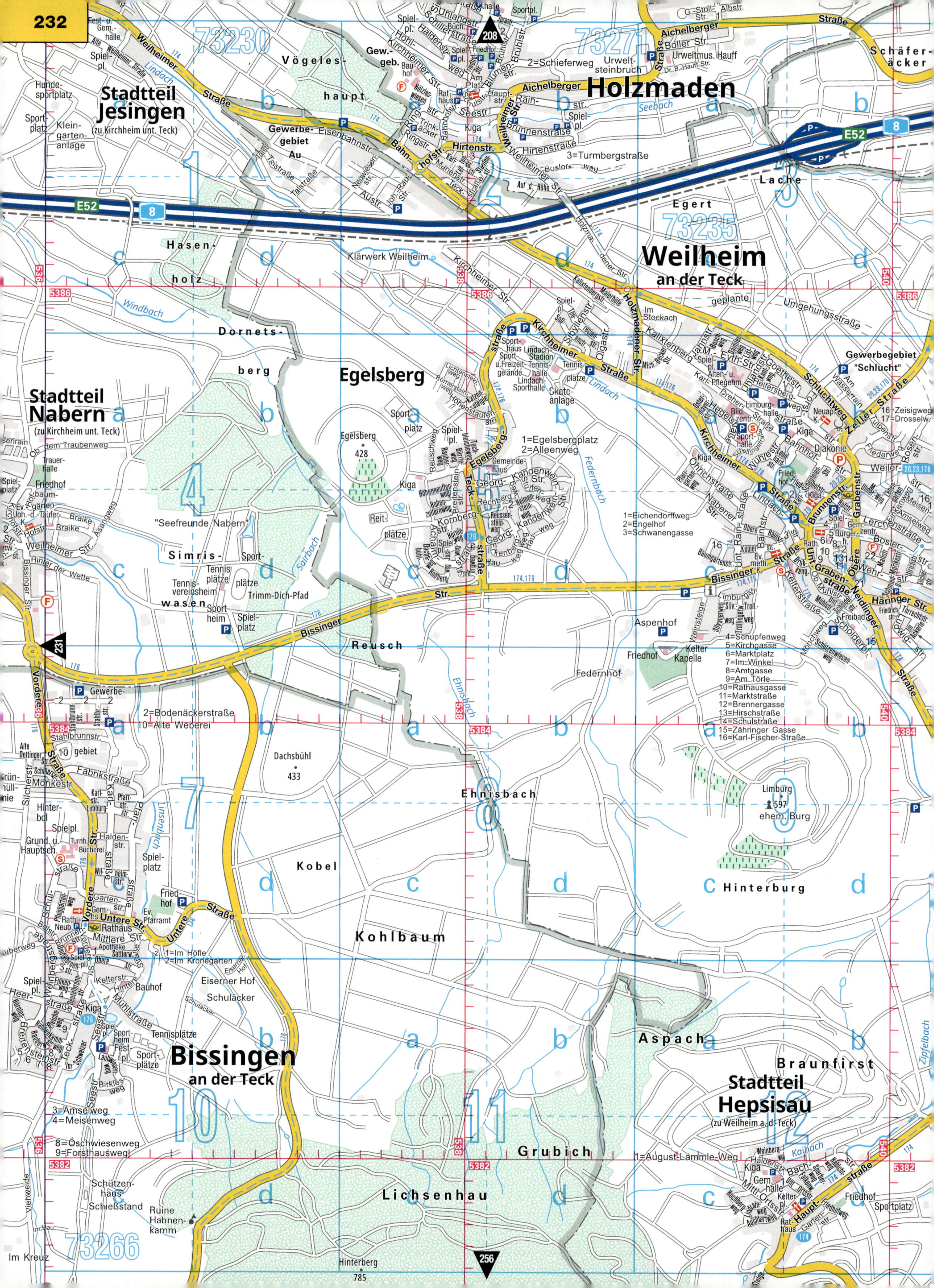

73230
73271
73235
73266
Stadtteil Jesingen
(zu Kirchheim unt. Teck)
Holzmaden
Weilheim
an der Teck
Stadtteil Nabern
(zu Kirchheim unt. Teck)
Egelsberg
Bissingen
an der Teck
Stadtteil Hepsisau
(zu Weilheim a. d. Teck)
Vögeles-
haupt
Hasen-
holz
Dornets-
berg
Simris-
wasen
Reusch
Kobel
Kohlbaum
Ehnisbach
Hinterburg
Aspach
Braunfirst
Grubich
Lichsenhau
Egert
Lache
Schäfer-
äcker
Gewerbe-
gebiet
Au
Klärwerk Weilheim
Gewerbegebiet
"Schlucht"
geplante
Umgehungsstraße
"Seefreunde Nabern"
Trimm-Dich-Pfad
Aspenhof
Federnhof
Friedhof
Kapelle
Limburg
597
ehem. Burg
Egelsberg
428
Dachsbühl
433
Hinterberg
785
Ruine
Hahnen-
kamm
Schützen-
haus
Schießstand
Eiserner Hof
Schulacker
Im Kreuz
Urweltmus. Hauff
Urwelt-
steinbruch
Windbach
Lindach
Seebach
Sairbach
Federnbach
Ehnisbach
Linsenbach
Kaibach
Zipfelbach
Aichelberger Str.
Weilheimer Straße
Kirchheimer Straße
Bissinger Str.
Holzmadener Str.
Neidlinger Straße
Zeller Straße
Vordere Str.
Untere Straße
Haupt-straße
E52
8
208
231
256
2=Schieferweg
3=Turmbergstraße
1=Egelsbergplatz
2=Alleenweg
1=Eichendorffweg
2=Engelhof
3=Schwanengasse
4=Schupfenweg
5=Kirchgasse
6=Marktplatz
7=Im Winkel
8=Amtgasse
9=Am Törle
10=Rathausgasse
11=Marktstraße
12=Brennergasse
13=Hirschstraße
14=Schulstraße
15=Zähringer Gasse
16=Karl-Fischer-Straße
16=Zeisigweg
17=Drosselw.
2=Bodenäckerstraße
10=Alte Weberei
1=Im Höfle
2=Im Kronegarten
3=Amselweg
4=Meisenweg
8=Öschwiesenweg
9=Forsthausweg
1=August-Lämmle-Weg

Aichelberg
Ortsteil Eckwälden
(zu Bad Boll)
Neidlingen
Anschlussst. Aichelberg
Holzmader Straße
Wibelsburg
Aussiedlerhof
Asang
Herrenwiesen
Ziegelrain
Vor dem See
Zeller Straße
Benzinger
Horn
Speller
Birken
Städt. Bauhof
Siemensstr.
Schützenhaus
Schießstand
Industriegebiet Tobelwasen
Wolfscherre
Laubnetsfirst
Gründemer Wasen
Kurzer Wasen
Krimmelhof
Reutenberg
Unterdübel
Herzogenau
Kohlesbach
Erddeponie
Häringer Straße
Sibertsgarten
Rotensteigbach
Rote Steige
Vogtsbreite
18=Starenweg
19=Gimpelweg
20=Nachtigallenweg
21=Schmidtgasse
22=Dr.-Wintterlin-Weg
Roter Wesen
Krotacker
Erlenwald
Großer Erdschliff
Kleiner Erdschliff
Kaltenwanghof
Bosßler
Boßlertunnel 8.806m (in Bau)
Schnellfahrstrecke Stuttgart-Ulm (in Bau)
Wanderheim Boßlerhaus
Brunnen
Gruibinger Wiesle
Bürg
(zu Gruibingen)
Wolfbühlhaus
Köllernen
Winterhalde
Egenfirst
Hagelholz
Hanftal
Häringer Berg
785
Häringer Steig
Weilheimer Hütte
Steinbrünnle
Häringer Bach
Winterhaldenbach
Wasserschapfe
Häringen
Pfundhardt
Schneeschuhweg
ehem. Burg Windeck
Herbststall
Steigwasen
Kläranlage
ehem. Burg Lichtenstein
Butzenberg
ehem. Burg Erkenberg
Erkenberg
743
NSG
Zweräcker
Riedegert
Naturschutzgebiet
Reilen
Weilheimer Straße
Lindach
Weingarthof
11=Morgenweg
Gewerbegeb.
Tennisplatz
Tennisheim
Erlenwasen
Breite
Heil- und Erziehungs-Institut
Nollen
Friedh.
Landschule
Roßauchtert
Kiga
Hühnerlau
Mausstobel
Teufelsloch
Teufelsklingenbach
Grundhau
Kaltenwang
Kaltenwang 582
Aussichtspunkt "Hörnle"
Schützenhaus
Tempele
Waldspielplatz
Rudolf-Steiner-Seminar
Spielplatz
Turmberg
609
ehem. Burg
Bürgerhaus
1=Mörikeweg
Rathaus
564
Pliensbach
Waldlehrpfad
73101
73087
73344
73272
5386
5384
5382
542
544
209
234
257
8
58
E52

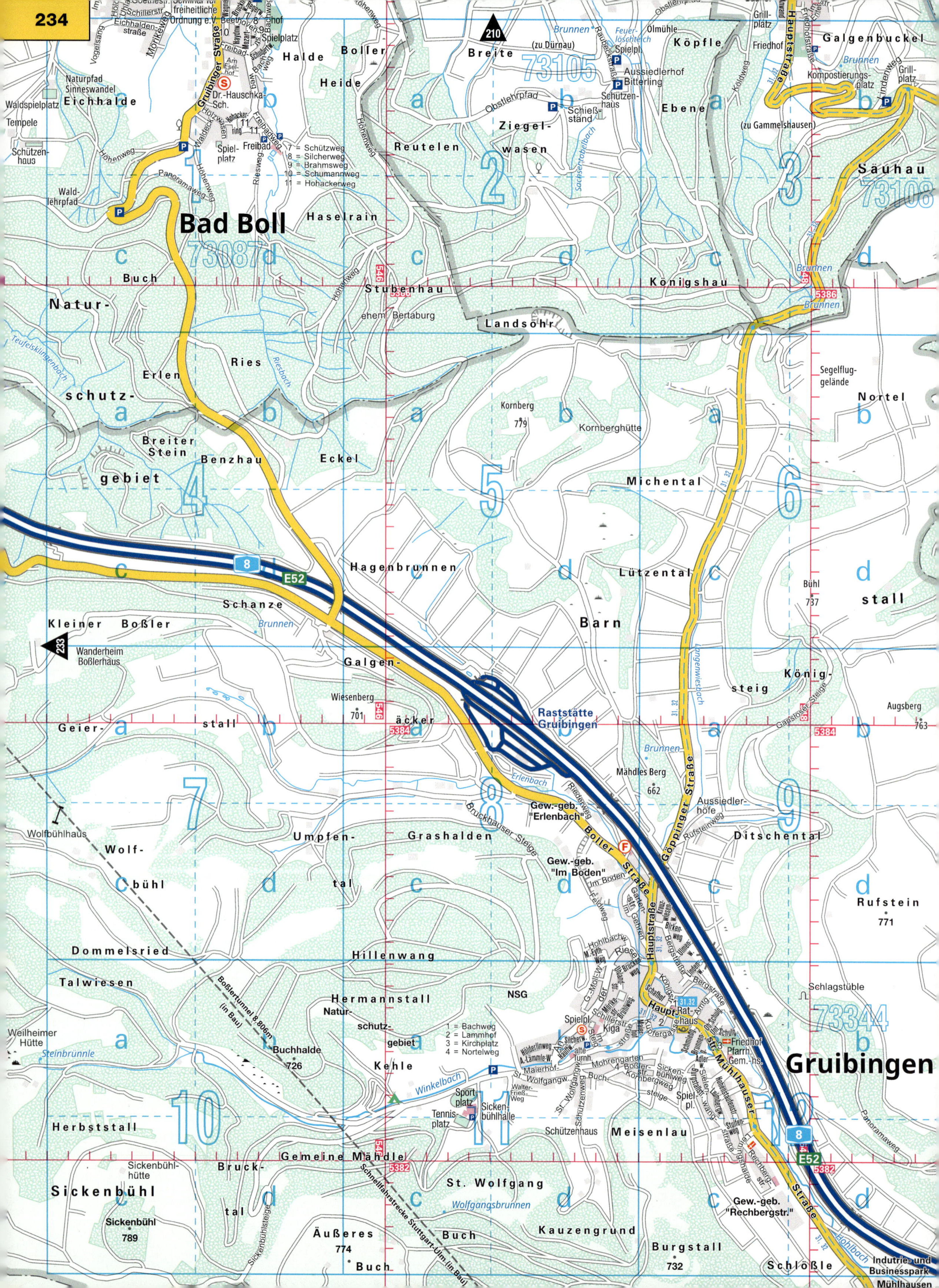

Bad Boll
73087
Gruibingen
73344
73105
73108
Eichhalde
Halde
Boller
Heide
Breite
Köpfle
Galgenbuckel
Reutelen
Ziegelwasen
Ebene
Säuhau
Haselrain
Buch
Stubenhau
Königshau
Natur-
schutz-
gebiet
Landsöhr
Erlen
Ries
Kornberg
779
Kornberghütte
Nortel
Breiter Stein
Benzhau
Eckel
Michental
Hagenbrunnen
Lützental
Bühl
737
stall
Schanze
Barn
Kleiner Boßler
Wanderheim Boßlerhaus
Galgen-
äcker
Wiesenberg
701
Raststätte Gruibingen
König-
steig
Augsberg
763
Geier-
stall
Mähdles Berg
662
Aussiedlerhöfe
Ditschental
Wolfbühlhaus
Wolf-
bühl
Umpfen-
tal
Grashalden
Gew.-geb. "Erlenbach"
Gew.-geb. "Im Boden"
Rufstein
771
Dommelsried
Hillenwang
Talwiesen
Hermannstall
NSG
Schlagstüble
Weilheimer Hütte
Buchhalde
726
Kehle
Herbststall
Schützenhaus
Meisenlau
Gemeine Mähdle
Sickenbühl
Sickenbühlhütte
Bruck-
tal
St. Wolfgang
Wolfgangsbrunnen
Gew.-geb. "Rechbergstr."
Sickenbühl
789
Äußeres
774
Buch
Kauzengrund
Burgstall
732
Schlößle
Indutrie- und Businesspark Mühlhausen
Boßlertunnel 8.806m (in Bau)
Schnellfahrstrecke Stuttgart-Ulm (in Bau)
Boller Straße
Göppinger Straße
Hauptstraße
Grubinger Straße
Mühlhauser Str.
7 = Schützweg
8 = Silcherweg
9 = Brahmsweg
10 = Schumannweg
11 = Hohackerweg
1 = Bachweg
2 = Lammhof
3 = Kirchplatz
4 = Nortelweg

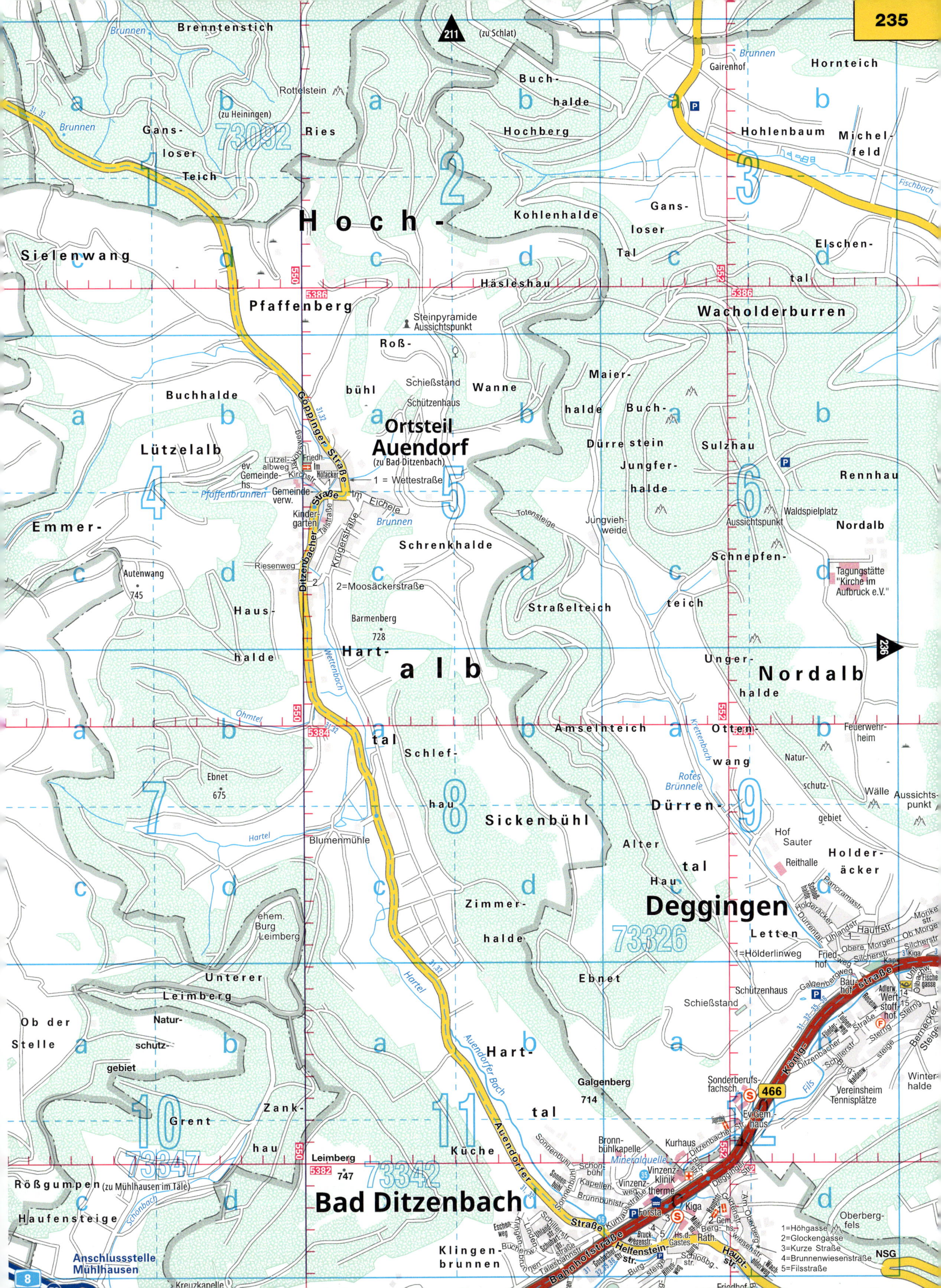
Brenntenstich
Rottelstein
(zu Heiningen)
73092
Ries
211 (zu Schlat)
Buch-
halde
Hochberg
Gairenhof
Brunnen
Hornteich
Hohlenbaum
Michel-
feld
Fischbach
Gans-
loser
Teich
Hoch-
Kohlenhalde
Gans-
loser
Tal
Elschen-
tal
Sielenwang
Häsleshau
Pfaffenberg
Wacholderburren
Steinpyramide
Aussichtspunkt
Roß-
bühl
Schießstand
Schützenhaus
Wanne
Maier-
halde
Buch-
Sulzhau
Buchhalde
Göppinger Straße
Ortsteil
Auendorf
(zu Bad Ditzenbach)
1 = Wettestraße
Dürre stein
Jungfer-
halde
Rennhau
Lützelalb
ev. Gemeinde-hs.
Gemeinde-verw.
Pfaffenbrunnen
Kinder-garten
Eichele
Brunnen
Totensteige
Jungvieh-
weide
Waldspielplatz
Aussichtspunkt
Nordalb
Emmer-
Schrenkhalde
Schnepfen-
teich
Tagungsstätte "Kirche im Aufbruck e.V."
Autenwang
745
Riesenweg
Ditzenbacher Straße
Krügerstraße
2=Moosäckerstraße
Straßelteich
Haus-
halde
Barmenberg
728
Hart-
alb
Unger-
halde
Nordalb
236
Wettenbach
Ohmtel
Amselnteich
Otten-
wang
Krettenbach
Feuerwehr-
heim
tal
Schlef-
hau
Ebnet
675
Rotes Brünnele
Natur-
schutz-
gebiet
Wälle
Aussichts-
punkt
Sickenbühl
Dürren-
Hartel
Blumenmühle
Alter
tal
Hof Sauter
Reithalle
Holder-
äcker
Zimmer-
halde
Hau
Deggingen
73326
Letten
1=Hölderlinweg
ehem. Burg Leimberg
Unterer
Leimberg
Ebnet
Schützenhaus
Schießstand
Ob der
Stelle
Natur-
schutz-
gebiet
Hartel
Auendorfer Bach
Hart-
tal
Galgenberg
714
Sonderberufs-
fachsch.
466
Fils
Vereinsheim
Tennisplätze
Winter-
halde
Grent
Zank-
hau
Leimberg
747
73347
73342
Küche
Bronn-
bühlkapelle
Mineralquelle
Kurhaus
Vinzenz-
klinik
Ev.Gem.-
haus
Rößgumpen (zu Mühlhausen im Täle)
Haufensteige
Schonbach
Bad Ditzenbach
Straße
Bahnhofstraße
Helfenstein
Kiga
Oberberg-
fels
1=Högasse
2=Glockengasse
3=Kurze Straße
4=Brunnenwiesenstraße
5=Filsstraße
Klingen-
brunnen
NSG
Anschlussstelle
Mühlhausen
8
Kreuzkapelle

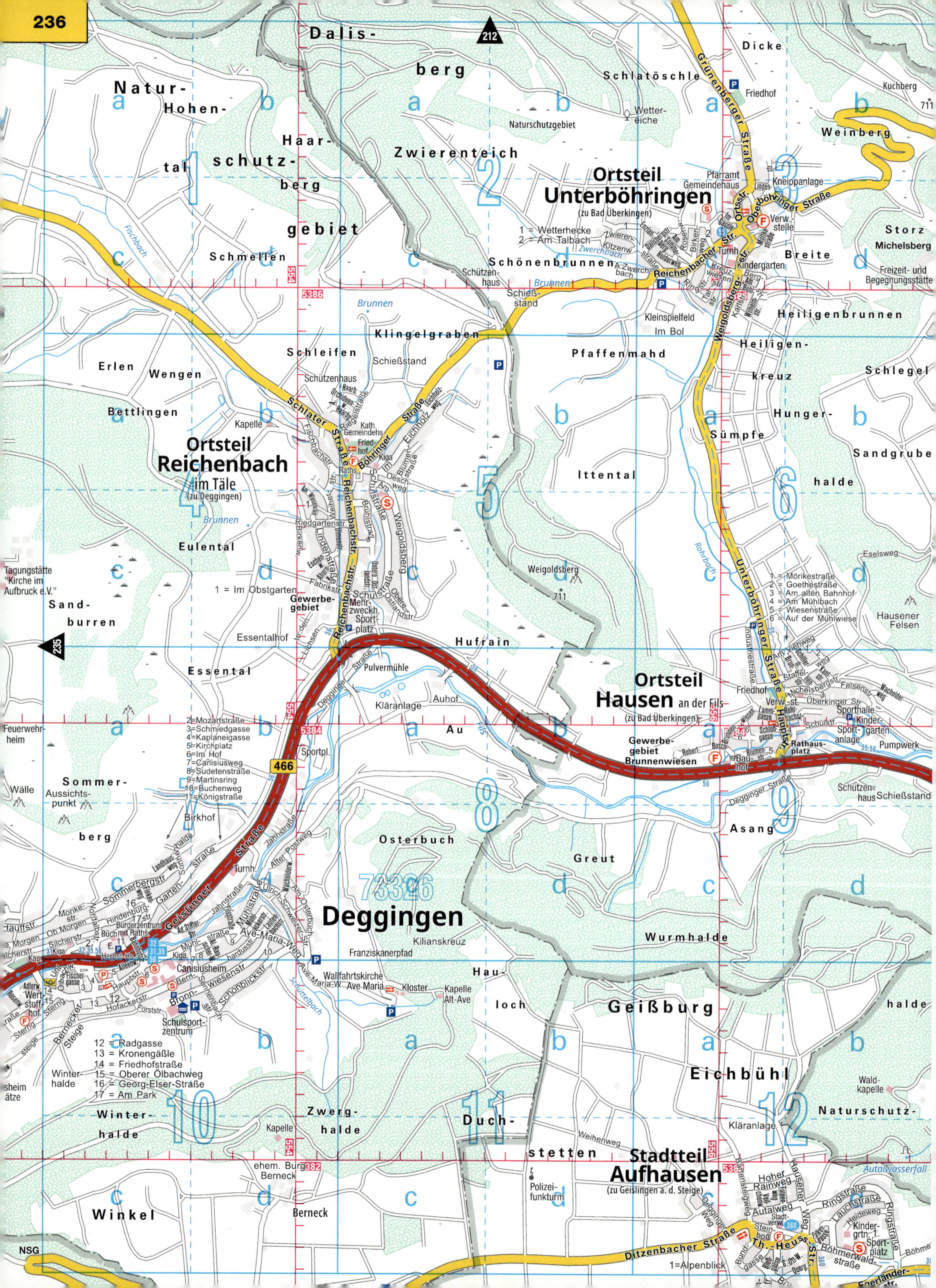
Dalis-
berg
Natur-
Hohen-
tal
schutz-
Haar-
berg
gebiet
Zwierenteich
Schlatöschle
Naturschutzgebiet
Wetter-
eiche
Dicke
Friedhof
Grünenberger Straße
Kuchberg
Weinberg
Ortsteil
Unterböhringen
(zu Bad Überkingen)
1 = Wetterhecke
2 = Am Talbach
Pfarramt
Gemeindehaus
Kneippanlage
Oberböhringer Straße
Verw.-
stelle
Storz
Michelsberg
Breite
Freizeit- und
Begegnungsstätte
Schmellen
Fischbach
Schönenbrunnen
Zwerchbach
Reichenbacher Str.
Kindergarten
Schützen-
haus
Brunnen
Schieß-
stand
Kleinspielfeld
Im Bol
Heiligenbrunnen
Weigoldsberg
Klingelgraben
Schleifen
Schießstand
Schützenhaus
Erlen
Wengen
Pfaffenmahd
Heiligen-
kreuz
Schlegel
Bettlingen
Kapelle
Schlater Straße
Böhringer Straße
Kath.
Gemeindehs.
Fried-
hof
Kiga
Raths.
Ortsteil
Reichenbach
im Täle
(zu Deggingen)
Ittental
Hunger-
halde
Sümpfe
Sandgrube
Brunnen
Reichenbachstr.
Weigoldsberg
Riedgartenstr.
Lindenstraße
Eulental
Schulstraße
Rohrbach
Weigoldsberg
711
Eselsweg
Tagungstätte
"Kirche im
Aufbruck e.V."
Sand-
burren
1 = Im Obstgarten
Gewerbe-
gebiet
Mehr-
zweckh.
Sport-
platz
1 = Mörikestraße
2 = Goethestraße
3 = Am alten Bahnhof
4 = Am Mühlbach
5 = Wiesenstraße
6 = Auf der Mühlwiese
Hausener
Felsen
235
Essentalhof
Hufrain
Essental
Pulvermühle
Ortsteil
Hausen an der Fils
(zu Bad Überkingen)
Friedhof
Unterböhringer Straße
Industriestraße
Feuerwehr-
heim
Kläranlage
Auhof
Au
Fils
Sportplatz
2 = Mozartstraße
3 = Schmiedgasse
4 = Kaplaneigasse
5 = Kirchplatz
6 = Im Hof
7 = Canisiusweg
8 = Sudetenstraße
9 = Martinsring
10 = Buchenweg
11 = Königstraße
466
Sportpl.
Gewerbe-
gebiet
Brunnenwiesen
Sporthalle
Kinder-
garten
Sport-
anlage
Rathaus-
platz
Pumpwerk
Wälle
Sommer-
Aussichts-
punkt
berg
Birkhof
Deggingen
Osterbuch
73326
Schützen-
haus
Schießstand
Asang
Greut
Geislinger Straße
Wurmhalde
Kilianskreuz
Franziskanerpfad
Canisiusheim
Wallfahrtskirche
Ave Maria
Kloster
Kapelle
Alt-Ave
Hau-
loch
Geißburg
halde
Schulsport-
zentrum
12 = Radgasse
13 = Kronengäßle
14 = Friedhofstraße
15 = Oberer Ölbachweg
16 = Georg-Elser-Straße
17 = Am Park
Winter-
halde
Eichbühl
Wald-
kapelle
Naturschutz-
Winter-
halde
Zwerg-
halde
Kapelle
Duch-
stetten
Weihenweg
Kläranlage
Stadtteil
Aufhausen
(zu Geislingen a. d. Steige)
Autalwasserfall
ehem. Burg
Berneck
Berneck
Polizei-
funkturm
Winkel
NSG
Ditzenbacher Straße
1=Alpenblick
Sport-
platz
Kinder-
grtn.
Ringstraße
Lauchstraße
Hausener Weg

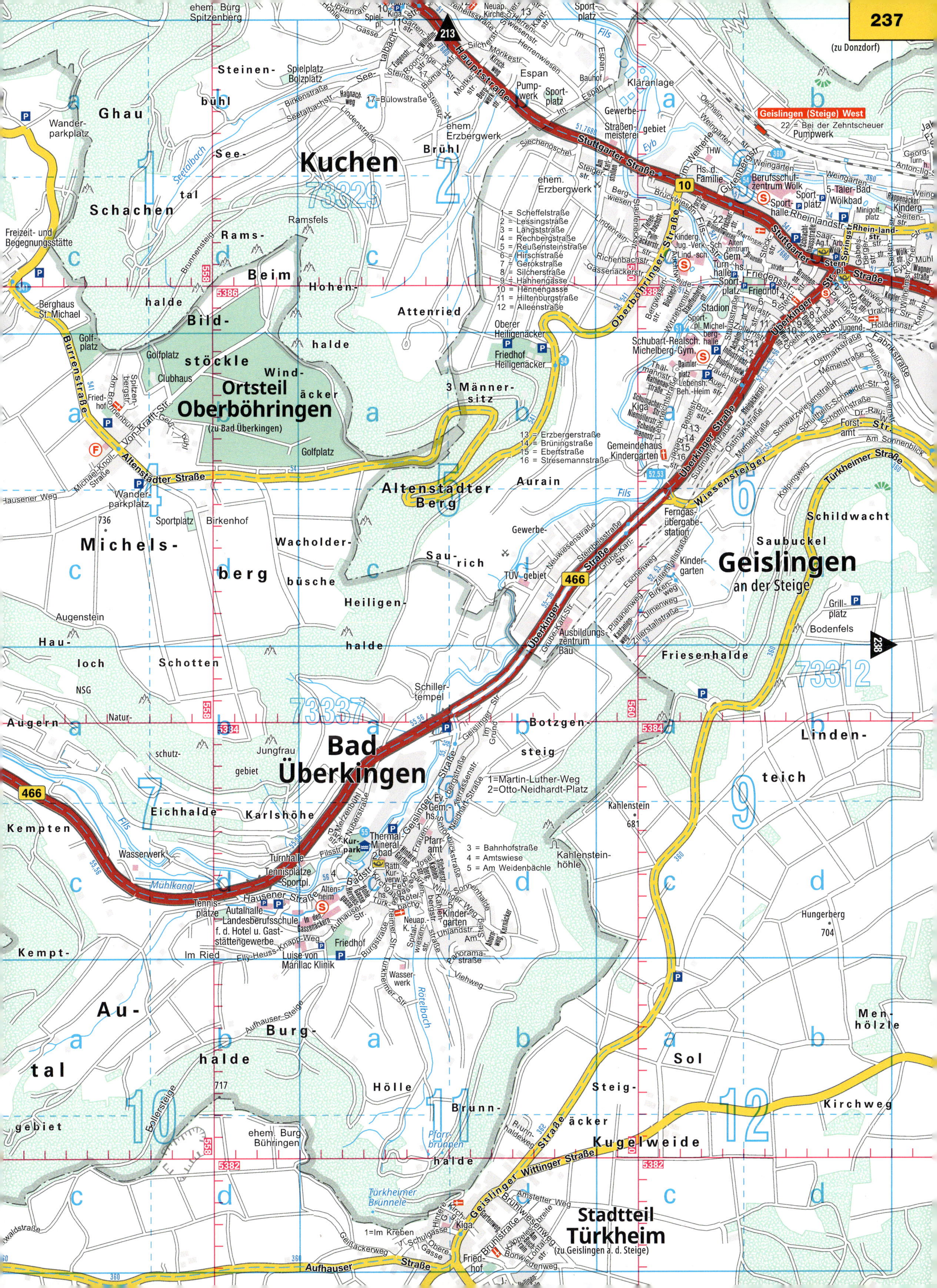
Kuchen
73329
Ortsteil Oberböhringen
(zu Bad Überkingen)
Geislingen
an der Steige
73312
Bad Überkingen
73337
Stadtteil Türkheim
(zu Geislingen a. d. Steige)
Geislingen (Steige) West
(zu Donzdorf)
1 = Scheffelstraße
2 = Lessingstraße
3 = Langststraße
4 = Rechbergstraße
5 = Reußensteinstraße
6 = Hirschstraße
7 = Geroldstraße
8 = Silcherstraße
9 = Hahnengasse
10 = Hennengasse
11 = Hiltenburgstraße
12 = Alleenstraße
13 = Erzbergerstraße
14 = Brüningstraße
15 = Ebertstraße
16 = Stresemannstraße
1=Martin-Luther-Weg
2=Otto-Neidhardt-Platz
3 = Bahnhofstraße
4 = Amtswiese
5 = Am Weidenbächle
17=Bülowstraße
22 = Bei der Zehntscheuer
1=Im Kreben
Ghau
Schachen
Steinen-
bühl
See-
tal
Rams-
Beim
Hohen-
halde
Bild-
stöckle
Wind-
äcker
Attenried
3 Männer-
sitz
Altenstadter
Berg
Aurain
Michels-
berg
Wacholder-
büsche
Sau-
rich
Heiligen-
halde
Hau-
loch
Schotten
Augern
Eichhalde
Karlshöhe
Kempten
Kempt-
Au-
tal
Burg-
halde
Hölle
Brunn-
halde
Botzgen-
steig
Linden-
teich
Schildwacht
Saubuckel
Friesenhalde
Sol
Steig-
äcker
Kugelweide
Kirchweg
Men-
hölzle
Brühl
Altenstadter Straße
Stuttgarter Straße
Hauptstraße
Überkinger Straße
Oberböhringer Straße
Wiesensteiger
Türkheimer Straße
Geislinger Straße
Wittinger Straße
Aufhauser Straße
Hausener Straße
Burrenstraße
Ramsfels
Golfplatz
Clubhaus
Kahlenstein
681
Kahlenstein-
höhle
Hungerberg
704
Bodenfels
Jungfrau
Wasserwerk
Mühlkanal
Fils
ehem. Burg
Spitzenberg
ehem. Burg
Bühringen
ehem.
Erzbergwerk
Kläranlage
Wander-
parkplatz
Freizeit- und
Begegnungsstätte
Berghaus
St. Michael
NSG
Natur-
schutz-
gebiet
736
717
Sportplatz
Birkenhof
Thermal-
Mineral-
bad
Kur-
park
Luise von
Marillac Klinik
Landesberufsschule
f. d. Hotel u. Gast-
stättengewerbe
Autalhalle
Friedhof
Schubart-Realsch.
Michelberg-Gym.
Stadion
Gemeindehaus
Kindergarten
Ausbildungs-
zentrum
Bau
Ferngas-
übergabe-
station
TÜV
Türkheimer
Brünnele
Pfarr-
brunnen
Rötelbach
Eyb
Seetalbach
213
10
466
5386
5384
5382
559
558
560
238

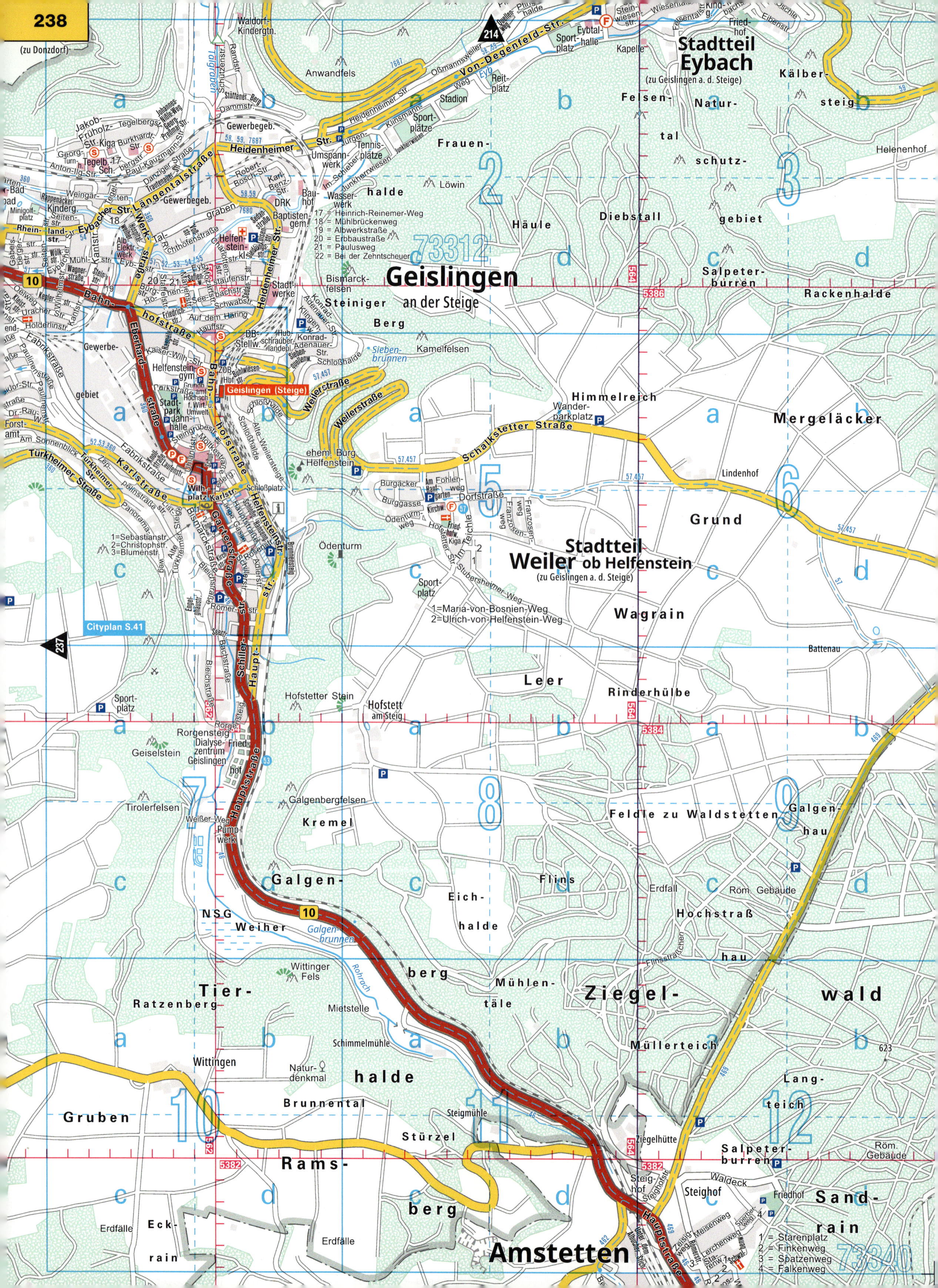

Stadtteil Eybach
(zu Geislingen a. d. Steige)
Geislingen an der Steige
Stadtteil Weiler ob Helfenstein
(zu Geislingen a. d. Steige)
Amstetten
Geislingen (Steige)
Cityplan S.41
Felsen-tal
Natur-schutz-gebiet
Frauen-halde
Häule
Diebstall
Salpeter-burren
Rackenhalde
Himmelreich
Mergeläcker
Lindenhof
Grund
Wagrain
Leer
Rinderhülbe
Hofstetter Stein
Hofstett am Steig
Kremel
Galgen-berg
Eich-halde
Flins
Feldle zu Waldstetten
Galgen-hau
Hochstraß
Ziegel-wald
Mühlen-täle
Müllerteich
Lang-teich
Salpeter-burren
Sand-rain
Tier-halde
Ratzenberg
Wittingen
Gruben
Rams-berg
Eck-rain
Brunnental
Stürzel
Steighof
Ziegelhütte
Kälbersteig
Helenenhof
Battenau
Ödenturm
Kamelfelsen
Steiniger Berg
Tirolerfelsen
Geiselstein
Galgenbergfelsen
Wittinger Fels
Mietstelle
Schimmelmühle
Steigmühle
Erdfälle
Erdfall
Röm. Gebäude
NSG Weiher
Anwandfels
1=Sebastianstr.
2=Christophstr.
3=Blumenstr.
1=Maria-von-Bosnien-Weg
2=Ulrich-von-Helfenstein-Weg
17 = Heinrich-Reinemer-Weg
18 = Mühlbrückenweg
19 = Albwerkstraße
20 = Erbbaustraße
21 = Paulusweg
22 = Bei der Zehntscheuer
1 = Starenplatz
2 = Finkenweg
3 = Spatzenweg
4 = Falkenweg
73312
73340

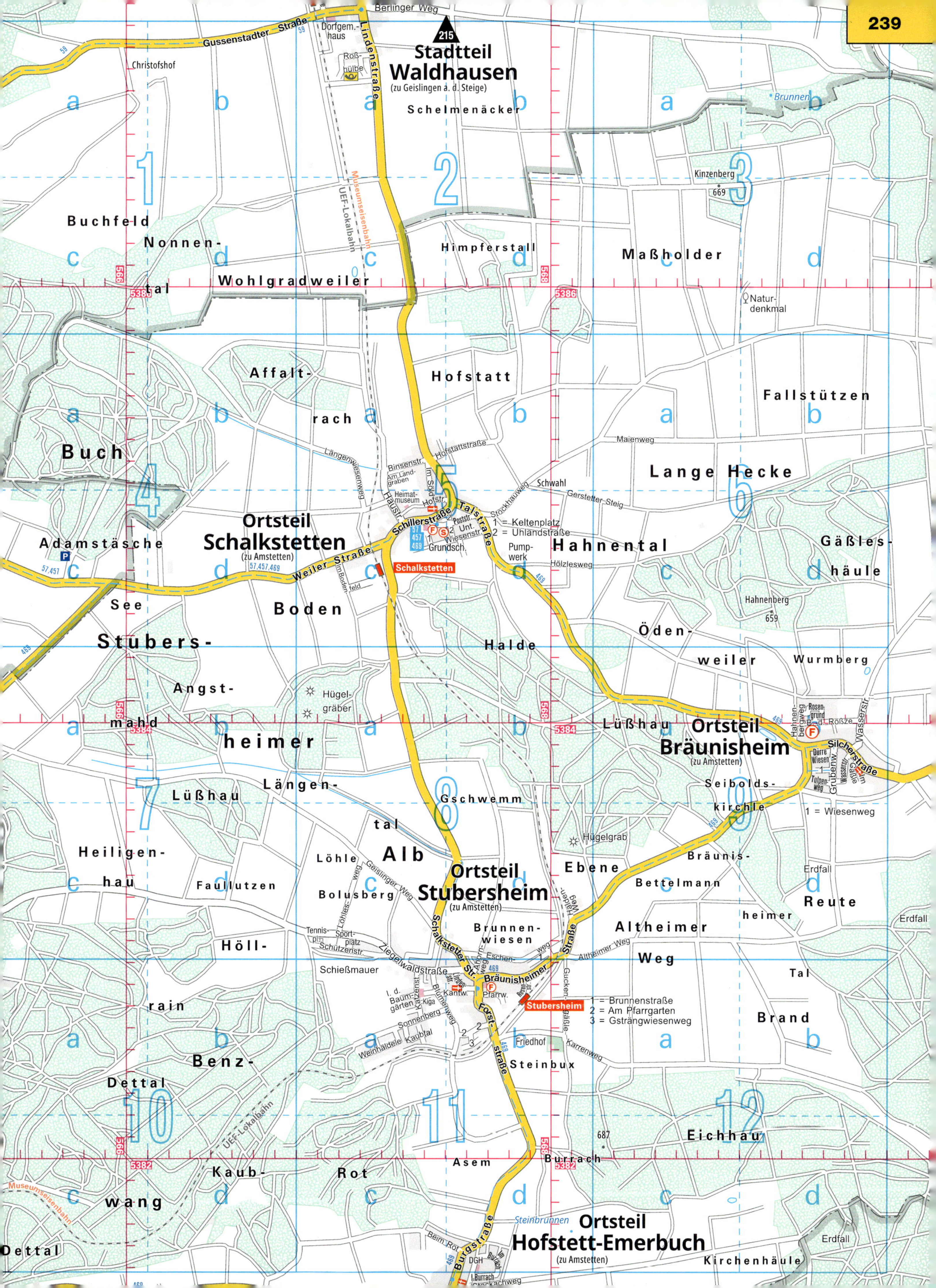
Stadtteil Waldhausen
(zu Geislingen a. d. Steige)
Ortsteil Schalkstetten
(zu Amstetten)
Ortsteil Bräunisheim
(zu Amstetten)
Ortsteil Stubersheim
(zu Amstetten)
Ortsteil Hofstett-Emerbuch
(zu Amstetten)
Berlinger Weg
Gussenstadter Straße
Lindenstraße
Christofshof
Dorfgem.-haus
Roß-hülbe
Schelmenäcker
Brunnen
Kinzenberg
669
Buchfeld
Nonnen-tal
Wohlgradweiler
Museumseisenbahn
UEF-Lokalbahn
Himpferstall
Maßholder
Natur-denkmal
Affalt-rach
Hofstatt
Fallstützen
Buch
Längenwiesenweg
Holstattstraße
Maienweg
Lange Hecke
Schwahl
Gerstetter Steig
Stockhauweg
Adamstäsche
Talstraße
Schillerstraße
Weiler Straße
1 = Keltenplatz
2 = Uhlandstraße
Pump-werk
Hahnental
Hölzlesweg
Gäßles-häule
Schalkstetten
See
Boden
Hahnenberg
659
Stubers-
Öden-weiler
Halde
Wurmberg
Angst-mahd
Hügel-gräber
Lüßhau
Rosen-grund
Rößle
Silcherstraße
heimer
Längen-tal
Seibolds-kirchle
Lüßhau
1 = Wiesenweg
Gschwemm
Hügelgrab
Heiligen-hau
Löhle
Alb
Bräunis-heimer
Ebene
Faullutzen
Bolusberg
Geislinger Weg
Bettelmann
Erdfall
Reute
Brunnen-wiesen
Altheimer Weg
Höll-rain
Schützenstr.
Tennis-pl.
Sport-platz
Schießmauer
Ziegelwaldstraße
Schalkstetter Str.
Bräunisheimer Str.
Tal
Stubersheim
1 = Brunnenstraße
2 = Am Pfarrgarten
3 = Gsträngwiesenweg
Brand
Sonnenberg
Kaubtal
Weinhaldele
Friedhof
Forststraße
Steinbux
Karrenweg
Benz-
Dettal
Eichhau
687
Asem
Burrach
Kaub-wang
Rot
Steinbrunnen
Burgstraße
Beim Rot
DGH
Dettal
Kirchenhäule
Erdfall

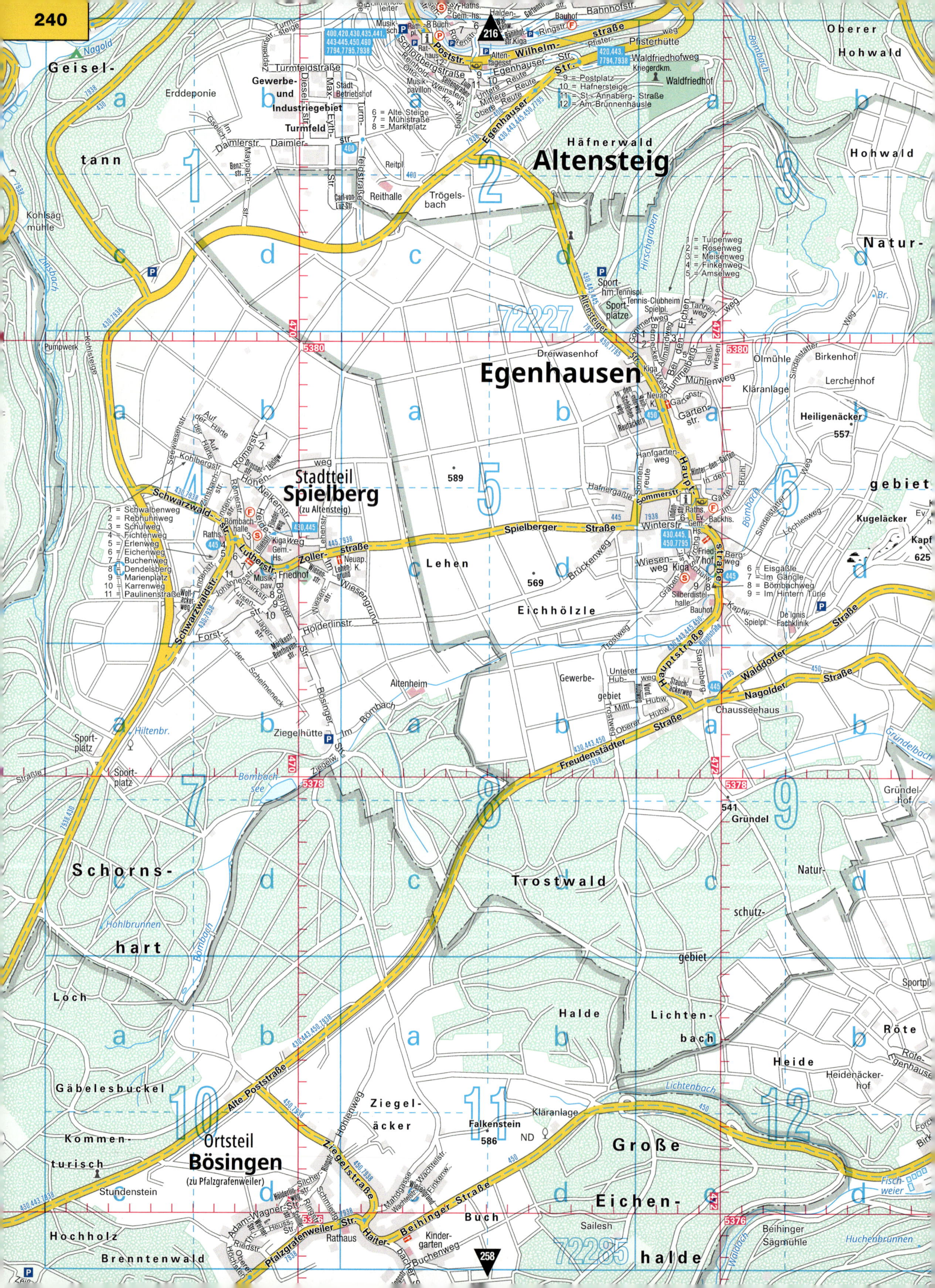

Altensteig
Egenhausen
Stadtteil Spielberg
(zu Altensteig)
Ortsteil Bösingen
(zu Pfalzgrafenweiler)
Geisel-
tann
Erddeponie
Gewerbe- und Industriegebiet Turmfeld
Häfnerwald
Waldfriedhof
Oberer
Hohwald
Hohwald
Natur-
gebiet
Kohlsägmühle
Reithalle
Trögelsbach
Dreiwasenhof
Ölmühle
Birkenhof
Lerchenhof
Kläranlage
Heiligenäcker
557
589
Lehen
569
Eichhölzle
Kugeläcker
Kapf
625
Altenheim
Ziegelhütte
Chausseehaus
Gründel
541
Gründelhof
Schorns-
hart
Trostwald
Natur-
schutz-
gebiet
Loch
Halde
Lichten-
bach
Röte
Heide
Heidenäckerhof
Gäbelesbuckel
Ziegeläcker
Falkenstein
586
Kläranlage
Große
Eichen-
halde
Kommen-
turisch
Stundenstein
Hochholz
Brenntenwald
Buch
Sailesh
Beihinger Sägmühle
Huchenbrunnen
Fischweier
Spielberger Straße
Freudenstädter Straße
Nagolder Straße
Walddorfer Straße
Hauptstraße
Alte Poststraße
Ziegelstraße
Beihinger Straße
Pfalzgrafenweiler Str.
Schwarzwaldstr.
Zollerstraße
72227
72285
216
258

Wöllhausen
Ebhausen
Stadtteil Walddorf
(zu Altensteig)
Rohrdorf
Staufen
Haselgrund
Kliemen
Brand
Ghai
Feiling
Chausseehaus
Mülldeponie
Märzen-
halde
Sol
Semmelenberg
Johrsberg
Lomtal
Bergach
Killberg
Dreispitz
Stadtteil Oberschwandorf
(zu Haiterbach)
Buch
Stadtteil Beihingen
(zu Haiterbach)
Unterschwandorf
Sommerhalde
Holdersteig
Tann
Unteres Tal
Berg
Oster-
holz
Monhardter Berg
Bergäcker
Halde
Hulben
Oberer
Stuhlberg
Staufenkapf
Schützenhaus
Lachenhütte
Kapf
Schloss
Kläranl.
NSG

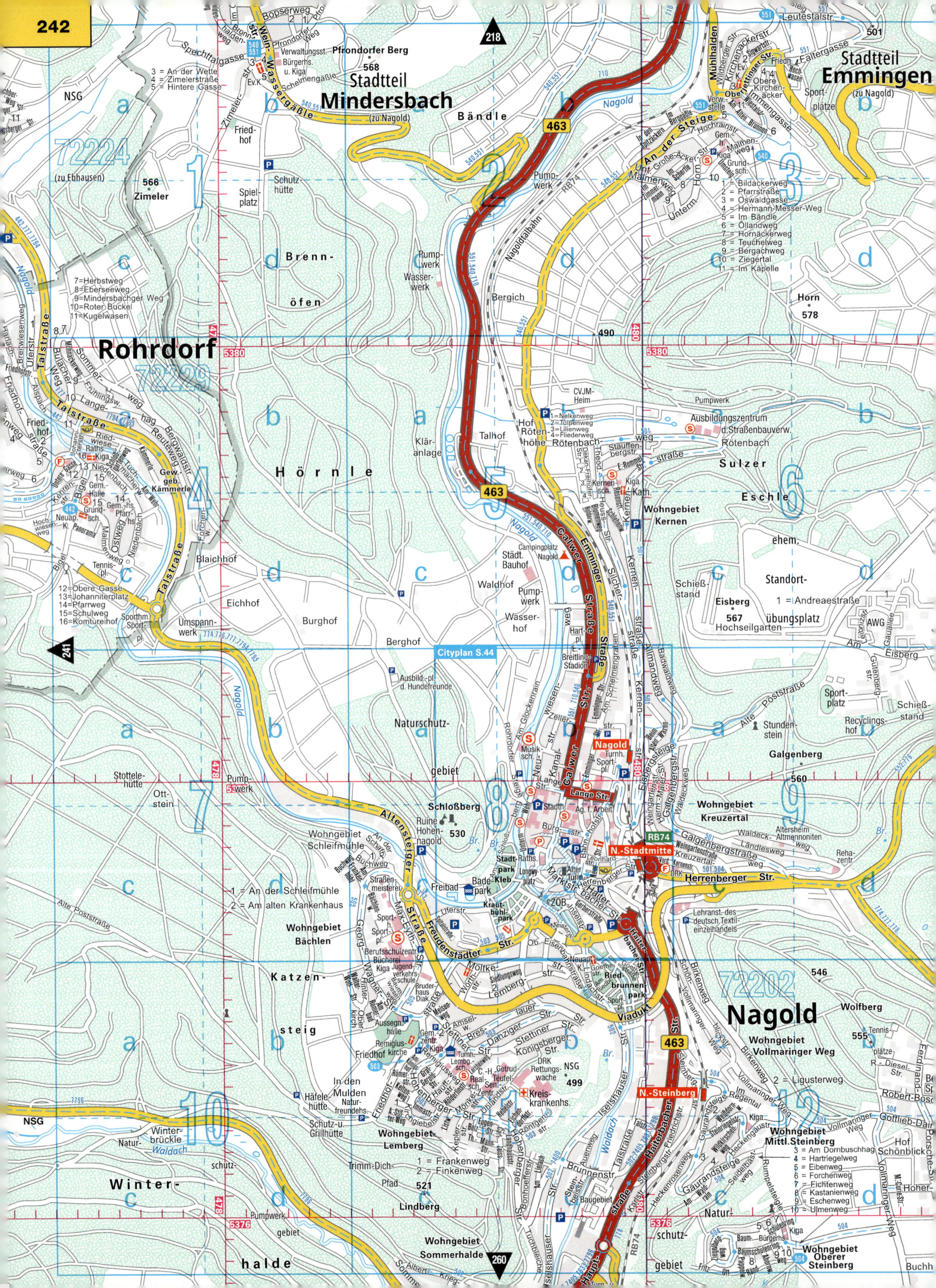

218
Stadtteil
Mindersbach
(zu Nagold)
Pfrondorfer Berg
568
Bändle
Stadtteil
Emmingen
(zu Nagold)
72224
(zu Ebhausen)
566
Zimeler
Brenn-
öfen
Bergich
490
Horn
578
Rohrdorf
72229
Hörnle
463
Talhof
Kläranlage
Wohngebiet
Kernen
Ausbildungszentrum
d.Straßenbauverw.
Rötenbach
Sulzer
Eschle
Blaichhof
Eichhof
Burghof
Berghof
Waldhof
Eisberg
567
Hochseilgarten
Standort-
übungsplatz
241
Cityplan S.44
Naturschutz-
gebiet
Galgenberg
560
Schloßberg
530
Wohngebiet
Kreuzertal
Wohngebiet
Schleifmühle
Wohngebiet
Bächlen
Katzen-
steig
N.-Stadtmitte
Herrenberger Str.
72202
Nagold
546
Wolfberg
555
Wohngebiet
Vollmaringer Weg
499
N.-Steinberg
Wohngebiet
Lemberg
521
Lindberg
Wohngebiet
Mittl.Steinberg
Winter-
halde
Wohngebiet
Sommerhalde
260
Wohngebiet
Oberer
Steinberg
NSG
Waldach
Nagold

Ortsteil
Oberjettingen
(zu Jettingen)
Jettingen
71131
Ortsteil
Unterjettingen
(zu Jettingen)
Mötzingen
71159
(zu Gäufelden)
71126
Beutler
Haselweg
Wanne
Wittum-
äcker
Öfele
Weidach
Lindenhof
Hube
Mark
Lehles-
hau
Imental
Kehrhau
Kurze
Mark
Autle
Storren
Schelmen-
äcker
Wängen
Steinbruch
Interkommunales
Gewerbegebiet
Nagold-Gäu
Industriegebiet-
u. Gewerbepark
Nagold-
Wolfsberg
Industrie-u.
Handelskammer
Schulungszentrum
Mittleres
Bergle
556
Kelt.
Viereckschanze
Eichenhof
Umspannwerk
Schützenhaus
Sport- und
Freizeitgelände
Abenteuer-
spielplätze
Emminger Straße
Nagolder Straße
Kohlplatte
Öschelbronner Straße
Mötzinger Straße
Franz-v.-Hohenheim-Str.
Unterjettinger Straße
Herrenberger Str.
Sulzer Weg
Hauptstraße
Heerstraße
27 = Tulpenweg
28 = Hanggasse
13 = Seitenweg
14 = Kurze Straße
15 = Hintere Leintelstraße
16 = Mittlere Leintelstraße
17 = Belchenstraße
18 = Kniebisstraße
19 = Döbelstraße
1 = Im Winkel
2 = Kiefernweg
3 = Forchenweg
4 = Fichtenweg
5 = Birkenweg
6 = Fliederweg
7 = Lindenweg
8 = Eibenweg
9 = Grießweg
10 = Eschenweg
11 = Eichenweg
12 = Kastanienstr.
20 = Lochenweg
21 = Jusiweg
22 = Reußensteinweg
23 = Bärengasse
24 = Hoher Weg
25 = Wittumwiesen
26 = Lichtensteinweg
29 = Römerstraße
30 = Keltenweg
31 = Alemannenweg
32 = Ruhesteinweg
1=Langer Zaun
2=Flachsweg
1 = Weizenweg
2 = Dinkelweg
3 = Haferweg
4 = Kirchengässle
5 = Am Bergle
6 = Panoramastraße
7 = Im Lindengärtle
8 = Krautweg
9 = Quellenweg
10 = Uhlandstraße
11 = Starenweg
12 = Milanweg
13 = Meisenweg
7=Hausäckerweg
7=Walter-Knoll-Straße
4 = Meisenweg
219
244
261

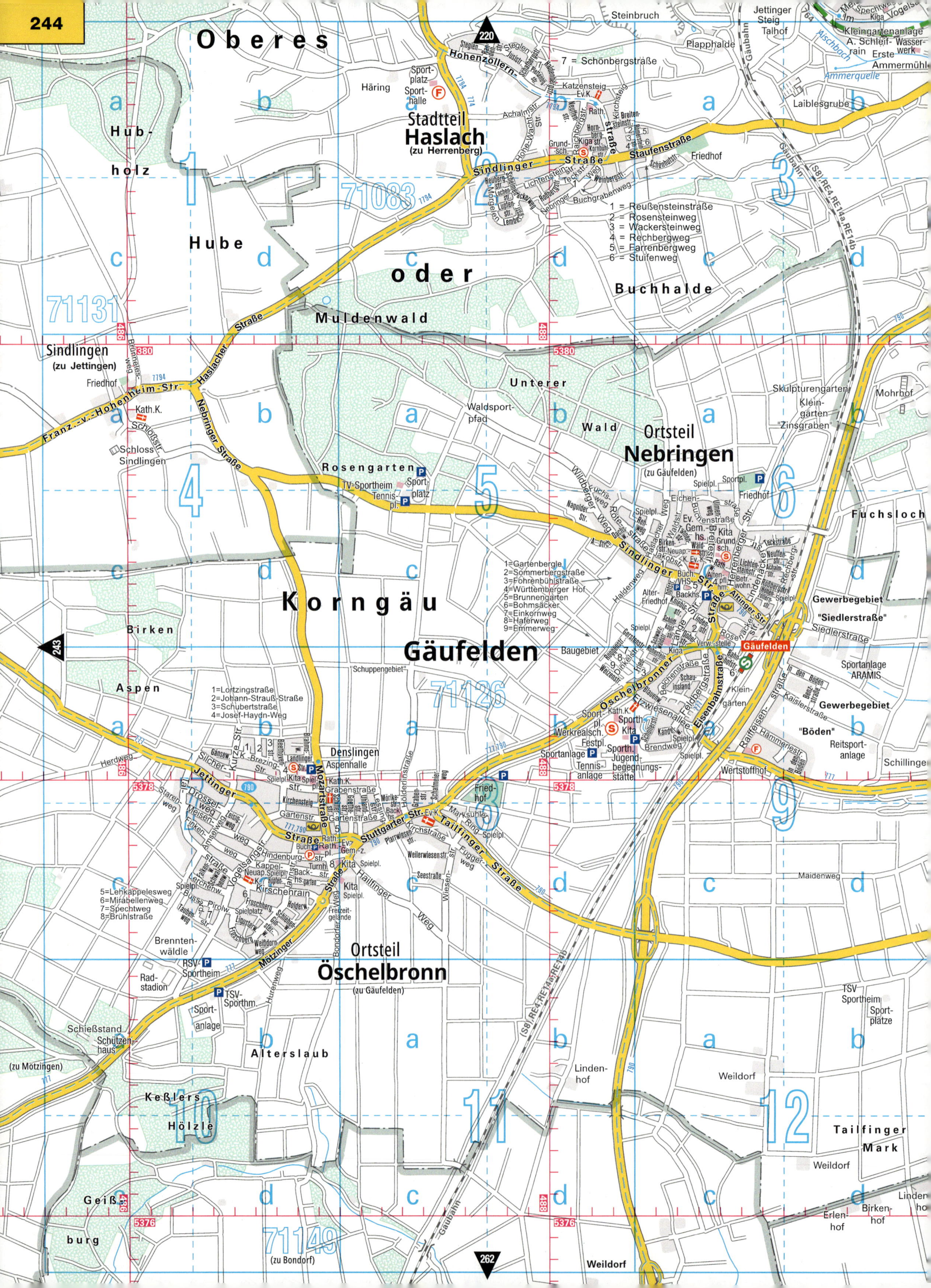
Oberes
Hub-
holz
Hube
oder
Muldenwald
Häring
Sport-
platz
Sport-
halle
Stadtteil
Haslach
(zu Herrenberg)
Hohenzollern-
Sindlinger
Straße
Staufenstraße
Steinbruch
Plapphalde
Jettinger
Steig
Talhof
Kleingartenanlage
A. Schleif-
rain
Wasser-
werk
Erste
Ammermühle
Ammerquelle
Aischbach
Laiblesgrube
Friedhof
Buchgrabenweg
7 = Schönbergstraße
1 = Reußensteinstraße
2 = Rosensteinweg
3 = Wackersteinweg
4 = Rechbergweg
5 = Farrenbergweg
6 = Stuifenweg
Buchhalde
71083
71131
Sindlingen
(zu Jettingen)
Friedhof
Franz.-v.-Hohenheim-Str.
Haslacher
Straße
Nebringer Straße
Kath.K.
Schloss
Sindlingen
Unterer
Wald
Waldsport-
pfad
Rosengarten
TV-Sportheim
Tennis-
pl.
Sport-
platz
Ortsteil
Nebringen
(zu Gäufelden)
Skulpturengarten
Klein-
gärten
"Zinsgraben"
Mohrhof
Fuchsloch
Korngäu
Birken
Aspen
Gäufelden
1=Gartenbergle
2=Sommerbergstraße
3=Föhrenbühlstraße
4=Württemberger Hof
5=Brunnengarten
6=Bohmsäcker
7=Einkornweg
8=Haferweg
9=Emmerweg
Baugebiet
Gewerbegebiet
"Siedlerstraße"
Siedlerstraße
Sportanlage
ARAMIS
Gewerbegebiet
"Böden"
Reitsport-
anlage
Schillingen
"Schuppengebiet"
71126
1=Lortzingstraße
2=Johann-Strauß-Straße
3=Schubertstraße
4=Josef-Haydn-Weg
Denslingen
Aspenhalle
Mozartstraße
Jettinger
Straße
Stuttgarter Str.
Tailfinger
Straße
Öschelbronner
Sport-
pl.
Werkrealsch.
Sportanlage
Festpl.
Tennis-
anlage
Sporth.
Jugend-
begegnungs-
stätte
Eisenbahnstraße
Gäufelden
Klein-
gärten
Wertstoffhof
Fried-
hof
5=Lehkappelesweg
6=Mirabellenweg
7=Spechtweg
8=Brühlstraße
Kirschenrain
Brennten-
wäldle
RSV-
Sportheim
Rad-
stadion
TSV-
Sporthm.
Sport-
anlage
Mötzinger
Ortsteil
Öschelbronn
(zu Gäufelden)
Maidenweg
Schießstand
Schützen-
haus
(zu Mötzingen)
Alterslaub
Linden-
hof
Weildorf
TSV
Sportheim
Sport-
plätze
Keßlers
Hölzle
Tailfinger
Mark
Weildorf
Geiß-
burg
71149
(zu Bondorf)
Erlen-
hof
Birken-
hof
Weildorf
Gäubahn
220
243
262

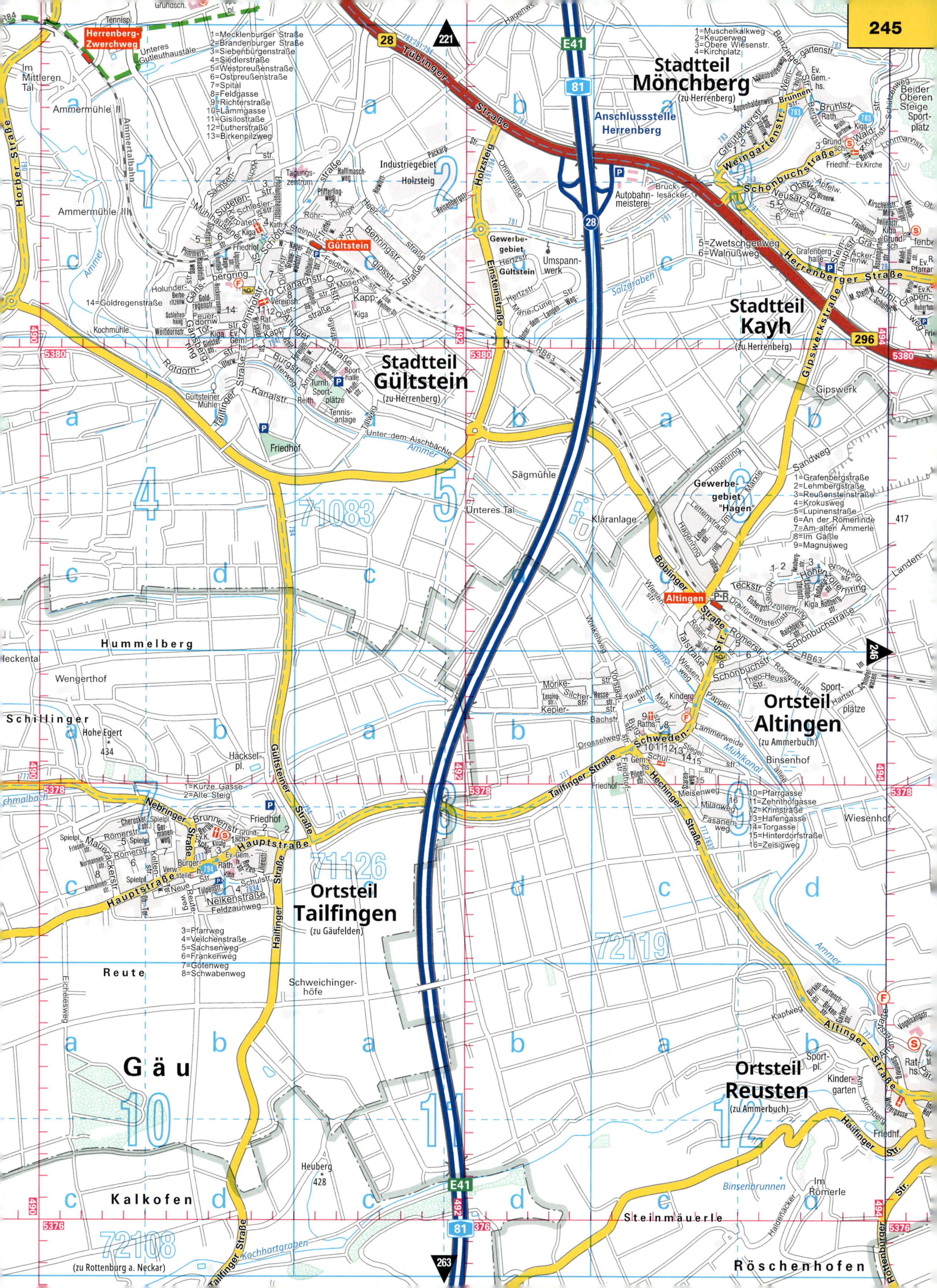
Stadtteil Mönchberg
(zu Herrenberg)
Anschlussstelle Herrenberg
Stadtteil Kayh
(zu Herrenberg)
Stadtteil Gültstein
(zu Herrenberg)
Ortsteil Altingen
(zu Ammerbuch)
Ortsteil Tailfingen
(zu Gäufelden)
Ortsteil Reusten
(zu Ammerbuch)
Gäu
(zu Rottenburg a. Neckar)
Herrenberg-Zwerchweg
Gültstein
Altingen
Tübinger Straße
Herrenberger Straße
Böblinger Straße
Gültsteiner Straße
Tailfinger Straße
Hechinger Straße
Altinger Straße
Haiflinger Straße
Horber Straße
Einsteinstraße
Holzsteig
Gipswerkstraße
Industriegebiet Holzsteig
Gewerbegebiet Gültstein
Gewerbegebiet "Hagen"
Autobahnmeisterei
Umspannwerk
Kläranlage
Sägmühle
Unteres Tal
Hummelberg
Wengerthof
Schillinger
Hohe Egert
434
Reute
Kalkofen
Steinmäuerle
Röschenhofen
Heuberg
428
Schweichingerhöfe
Binsenhof
Wiesenhof
Gipswerk
Ammermühle II
Ammermühle III
Kochmühle
Im Mittleren Tal
71083
71126
72119
72108
1=Mecklenburger Straße
2=Brandenburger Straße
3=Siebenbürgenstraße
4=Siedlerstraße
5=Westpreußenstraße
6=Ostpreußenstraße
7=Spital
8=Feldgasse
9=Richterstraße
10=Lammgasse
11=Gisilostraße
12=Lutherstraße
13=Birkenpilzweg
14=Goldregenstraße
1=Muschelkalkweg
2=Keuperweg
3=Obere Wiesenstr.
4=Kirchplatz
5=Zwetschgenweg
6=Walnußweg
1=Grafenbergstraße
2=Lehmbergstraße
3=Reußensteinstraße
4=Krokusweg
5=Lupinenstraße
6=An der Römerlinde
7=Am alten Ammerle
8=Im Gäßle
9=Magnusweg
10=Pfarrgasse
11=Zehnthofgasse
12=Krimstraße
13=Hafengasse
14=Torgasse
15=Hinterdorfstraße
16=Zeisigweg
1=Kurze Gasse
2=Alte Steig
3=Pfarrweg
4=Veilchenstraße
5=Sachsenweg
6=Frankenweg
7=Gotenweg
8=Schwabenweg
221
246
263
E41
81
28
296

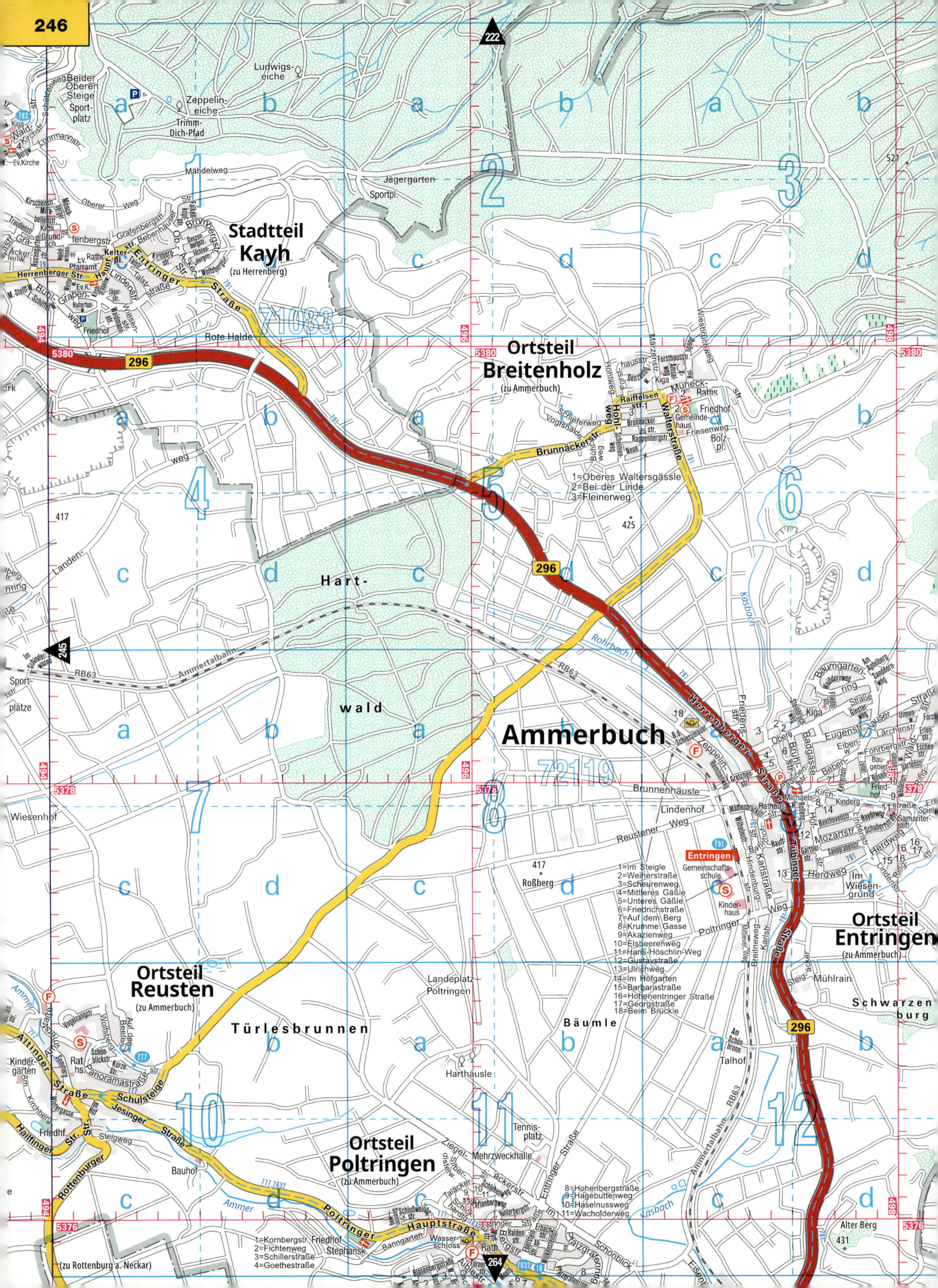

Stadtteil Kayh
(zu Herrenberg)
Ortsteil Breitenholz
(zu Ammerbuch)
Ammerbuch
72119
71083
Ortsteil Reusten
(zu Ammerbuch)
Ortsteil Poltringen
(zu Ammerbuch)
Ortsteil Entringen
(zu Ammerbuch)
Hart-
wald
Ludwigs-eiche
Zeppelin-eiche
Trimm-Dich-Pfad
Mähdelweg
Jägergarten
Sportpl.
Rote Halde
Herrenberger Str.
Entringer Straße
Brunnäckerstr.
Walterstraße
Herrenberger Straße
Tübinger Straße
Reustener Weg
Poltringer Weg
Ammertalbahn
Rohrbach
Käsbach
Ammer
Brunnenhäusle
Lindenhof
Roßberg
Wiesenhof
Türlesbrunnen
Bäumle
Landeplatz Poltringen
Harthäusle
Talhof
Mühlrain
Schwarzenburg
Alter Berg
Tennisplatz
Mehrzweckhalle
Bauhof
Friedhof
Hauptstraße
Jesinger Straße
Schulsteige
Panoramastraße
Altinger Straße
Hailfinger Str.
Rottenburger Str.
Entringer Straße
Steigweg
Wasserschloss
Stephansk.
(zu Rottenburg a. Neckar)
Kindergarten
Gemeinschaftsschule
Kinderhaus
Entringen
1=Oberes Waltersgässle
2=Bei der Linde
3=Fleinerweg
1=Im Steigle
2=Weiherstraße
3=Scheurenweg
4=Mittleres Gäßle
5=Unteres Gäßle
6=Friedrichstraße
7=Auf dem Berg
8=Krumme Gasse
9=Akazienweg
10=Elsbeerenweg
11=Hans-Höschlin-Weg
12=Gustavstraße
13=Ulrichweg
14=Im Hofgarten
15=Barbarastraße
16=Hohenentringer Straße
17=Georgstraße
18=Beim Brückle
8=Hohenbergstraße
9=Hagebuttenweg
10=Haselnussweg
11=Wacholderweg
1=Kornbergstr.
2=Fichtenweg
3=Schillerstraße
4=Goethestraße
296
222
245
264
425
417
431
521
5380
5378
5376
494
496
498

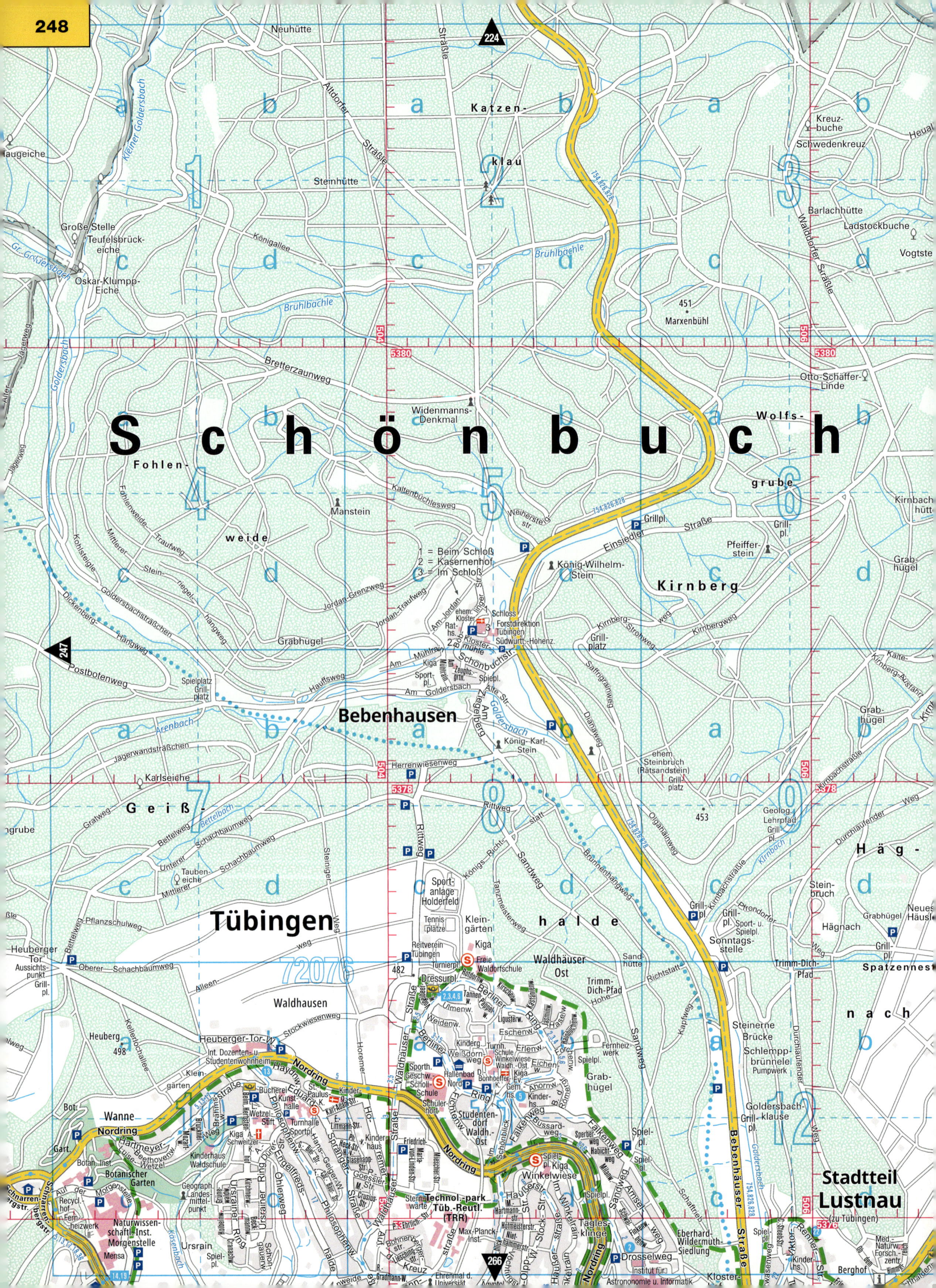

Schönbuch
Tübingen
Bebenhausen
Katzenklau
Fohlenweide
Kirnberg
Wolfsgrube
Geißgrube
Häghalde
Hägnach
Waldhausen
Stadtteil Lustnau
Botanischer Garten
Nordring
Bebenhäuser Straße
Neuhütte
Steinhütte
Altdorfer Straße
Bretterzaunweg
Widenmanns-Denkmal
Manstein
Grabhügel
Postbotenweg
Karlseiche
König-Wilhelm-Stein
König-Karl-Stein
Schwedenkreuz
Kreuzbuche
Barlachhütte
Ladstockbuche
Vogtste
Marxenbühl
Otto-Schäffer-Linde
Pfeiffer-stein
Brühlbächle
Goldersbach
Sportanlage Holderfeld
Waldhäuser Ost
Schönbuchstr.
1 = Beim Schloß
2 = Kasernenhof
3 = Im Schloß
72076
224
247
266

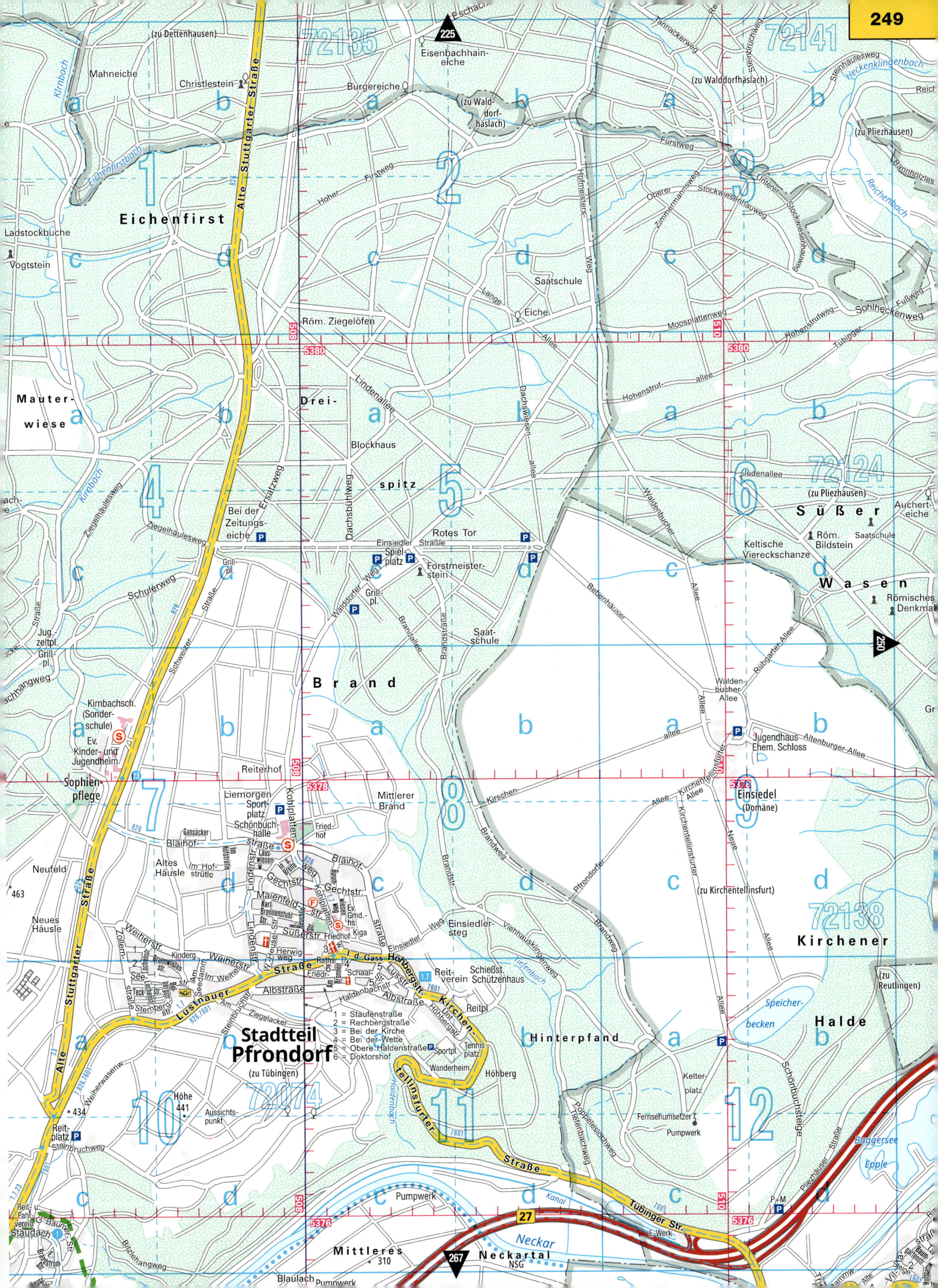
Eichenfirst
Mahneiche
Christlestein
Ladstockbuche
Vogtstein
Mauter-
wiese
Alte Stuttgarter Straße
Eisenbachhain-
eiche
Burgereiche
Röm. Ziegelöfen
Drei-
spitz
Blockhaus
Rotes Tor
Forstmeister-
stein
Saatschule
Eiche
Süßer
Wasen
Keltische
Viereckschanze
Röm.
Bildstein
Brand
Mittlerer
Brand
Einsiedel
(Domäne)
Jugendhaus
Ehem. Schloss
Kirnbachsch.
(Sonder-
schule)
Ev.
Kinder- und
Jugendheim
Sophien-
pflege
Reiterhof
Schönbuch-
halle
Neufeld
Altes
Häusle
Neues
Häusle
Stadtteil
Pfrondorf
(zu Tübingen)
Höhe
441
Aussichts-
punkt
Hinterpfand
Kirchener
Halde
Speicher-
becken
Fernsehumsetzer
Pumpwerk
Kelter-
platz
Tübinger Str.
Neckar
Mittleres
Neckartal
NSG
Staudach
Baggersee
Epple
1 = Staufenstraße
2 = Rechbergstraße
3 = Bei der Kirche
4 = Bei der Wette
5 = Obere Haldenstraße
6 = Doktorshof
72135
72141
72124
72138
72074

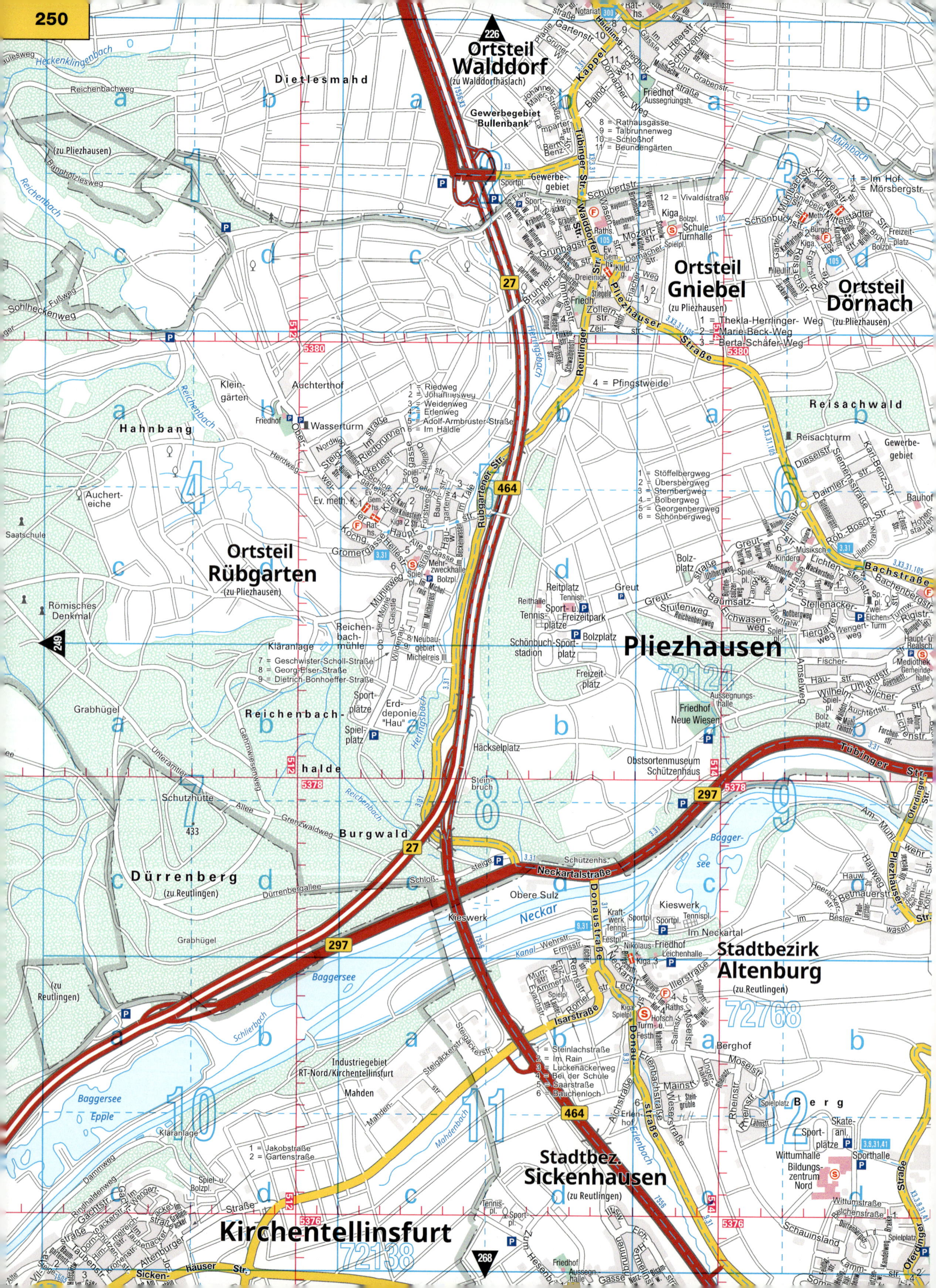
Ortsteil Walddorf
(zu Walddorfhäslach)
Gewerbegebiet "Bullenbank"
Dietlesmahd
8 = Rathausgasse
9 = Talbrunnenweg
10 = Schloßhof
11 = Beundengärten
1 = Im Hof
2 = Mörsbergstr.
12 = Vivaldistraße
Ortsteil Gniebel
(zu Pliezhausen)
Ortsteil Dörnach
(zu Pliezhausen)
1 = Thekla-Herrlinger-Weg
2 = Marie-Beck-Weg
3 = Berta-Schäfer-Weg
4 = Pfingstweide
Reisachwald
Reisachturm
Gewerbegebiet
(zu Pliezhausen)
Reichenbach
Auchterthof
Kleingärten
Wasserturm
Hahnbang
1 = Riedweg
2 = Johannesweg
3 = Weidenweg
4 = Erlenweg
5 = Adolf-Armbruster-Straße
6 = Im Hälde
1 = Stöffelbergweg
2 = Übersbergweg
3 = Sternbergweg
4 = Bolbergweg
5 = Georgenbergweg
6 = Schönbergweg
Auchert-eiche
Saatschule
Ortsteil Rübgarten
(zu Pliezhausen)
Römisches Denkmal
Reichenbachmühle
Kläranlage
7 = Geschwister-Scholl-Straße
8 = Georg-Elser-Straße
9 = Dietrich-Bonhoeffer-Straße
Pliezhausen
72124
Schönbuch-Stadion
Friedhof Neue Wiesen
Grabhügel
Reichenbach-halde
Erddeponie "Hau"
Häckselplatz
Obstsortenmuseum Schützenhaus
Tübinger Str.
Schutzhütte
433
Burgwald
Dürrenberg
(zu Reutlingen)
Neckartalstraße
Obere Sulz
Neckar
Kieswerk
Baggersee
Stadtbezirk Altenburg
(zu Reutlingen)
72768
Grabhügel
(zu Reutlingen)
Baggersee
Industriegebiet RT-Nord/Kirchentellinsfurt
Mahden
1 = Steinlachstraße
2 = Im Rain
3 = Luckenäckerweg
4 = Bei der Schule
5 = Saarstraße
6 = Bauchenloch
Berghof
Berg
Baggersee Epple
Kläranlage
1 = Jakobstraße
2 = Gartenstraße
Stadtbez. Sickenhausen
(zu Reutlingen)
Wittumhalle
Bildungszentrum Nord
Sporthalle
Kirchentellinsfurt
72138
226
249
268
27
297
464

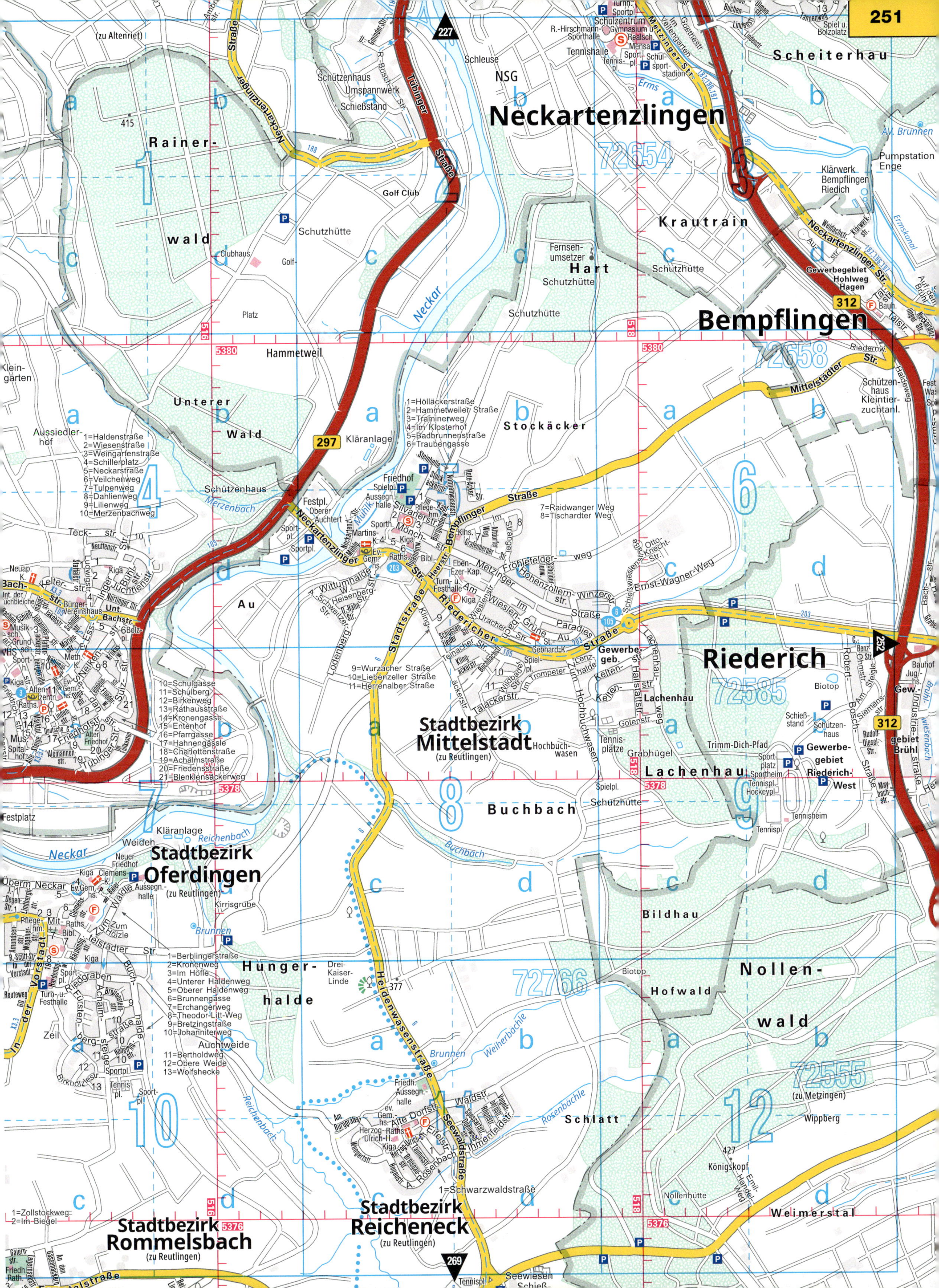
Neckartenzlingen
72654
Bempflingen
72658
Riederich
72585
Stadtbezirk Mittelstadt
(zu Reutlingen)
Stadtbezirk Oferdingen
(zu Reutlingen)
Stadtbezirk Reicheneck
(zu Reutlingen)
Stadtbezirk Rommelsbach
(zu Reutlingen)
72766
72555
(zu Metzingen)
Rainer-wald
Unterer Wald
Stockäcker
Krautrain
Hart
Scheiterhau
Lachenhau
Buchbach
Bildhau
Hofwald
Nollen-wald
Hunger-halde
Schlatt
Weimerstal
Neckar
Erms
Merzenbach
Reichenbach
Buchbach
Weiherbächle
Rosenbächle
1=Höllackerstraße
2=Hammetweiler Straße
3=Traminerweg
4=Im Klosterhof
5=Badbrunnenstraße
6=Traubengasse
1=Haldenstraße
2=Wiesenstraße
3=Weingartenstraße
4=Schillerplatz
5=Neckarstraße
6=Veilchenweg
7=Tulpenweg
8=Dahlienweg
9=Lilienweg
10=Merzenbachweg
7=Raidwanger Weg
8=Tischardter Weg
9=Wurzacher Straße
10=Liebenzeller Straße
11=Herrenalber Straße
10=Schulgasse
11=Schulberg
12=Birkenweg
13=Rathausstraße
14=Kronengasse
15=Entenhof
16=Pfarrgasse
17=Hahnengässle
18=Charlottenstraße
19=Achalmstraße
20=Friedensstraße
21=Blenklensackerweg
1=Berlinerstraße
2=Kronenweg
3=Im Höfle
4=Unterer Haldenweg
5=Oberer Haldenweg
6=Brunnengasse
7=Erchangerweg
8=Theodor-Litt-Weg
9=Bretzingstraße
10=Johanniterweg
11=Bertholdweg
12=Obere Weide
13=Wolfshecke
1=Schwarzwaldstraße
1=Zollstockweg
2=Im Biegel
Neckartenzlinger Straße
Tübinger Straße
Neckartenzlinger Str.
Stadtstraße
Heidenwasenstraße
Mittelstädter Str.
Riedericher Str.
Metzinger Str.
Bempflinger Straße
Seewaldstraße
Industriestraße
Robert-Bosch-Straße
Golf Club
Schutzhütte
Clubhaus
Golf-Platz
Hammetweil
Kläranlage
Schützenhaus
Umspannwerk
Schießstand
Schleuse
NSG
Fernseh-umsetzer
Klärwerk Bempflingen Riedich
Pumpstation Enge
Gewerbegebiet Hohlweg Hagen
Gewerbe-geb.
Gewerbe-gebiet Riederich-West
Trimm-Dich-Pfad
Biotop
Tennisheim
Grabhügel
Tennis-plätze
Hochbuch-wasen
Drei-Kaiser-Linde
Auchtweide
Kirrisgrube
Brunnen
Königskopf
Nollenhütte
Wippberg
Aussiedler-hof
Klein-gärten
Festplatz
Au
Weiden
Friedhof
415
377
427
297
312
203
105
227
269
252
5380
5378
5376
516
518

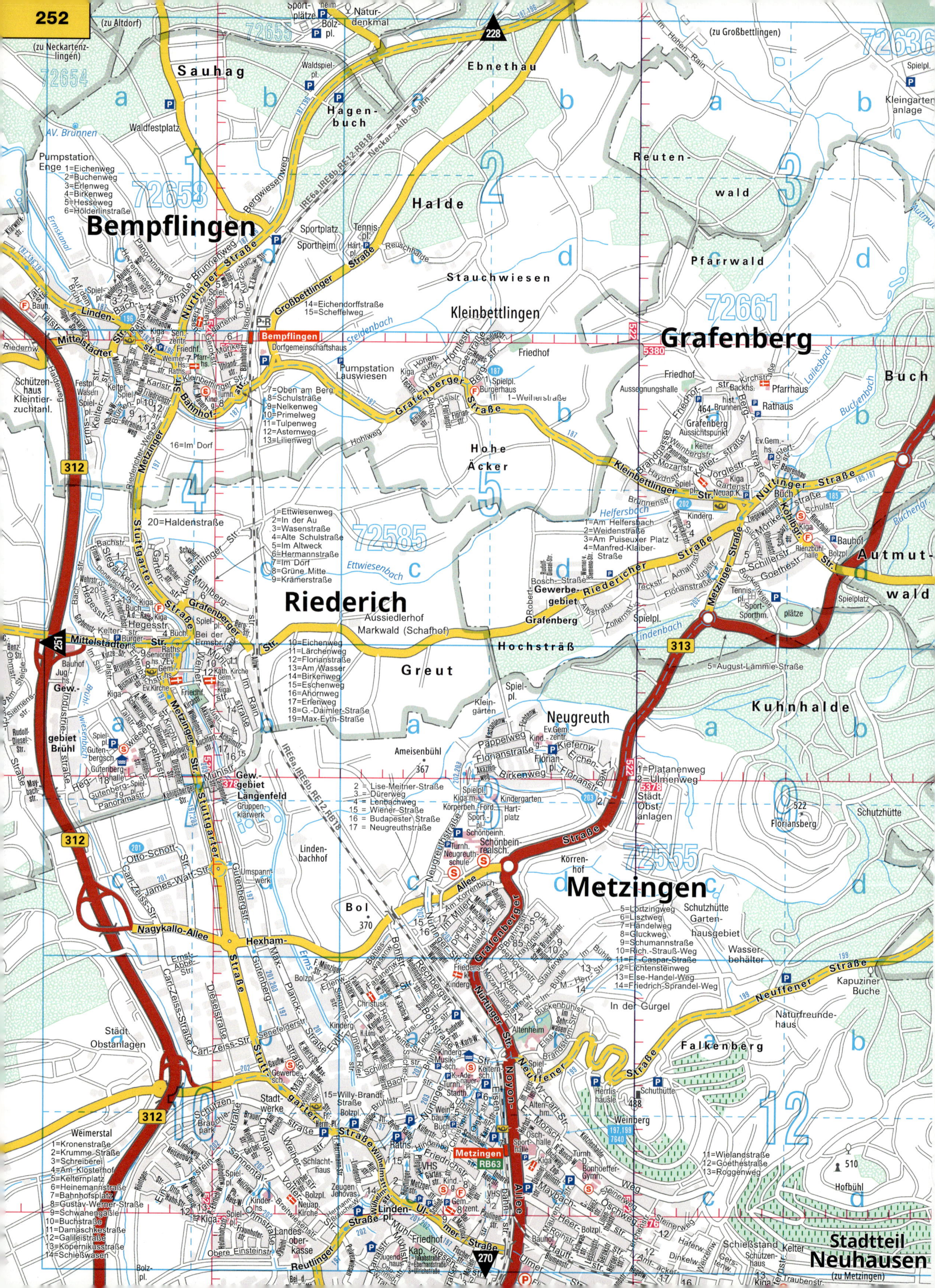
(zu Altdorf)
(zu Neckartenzlingen)
(zu Großbettlingen)
72654
72655
72636
72658
72661
72585
72555
Sauhag
Ebnethau
Hagenbuch
Halde
Reutenwald
Pfarrwald
Stauchwiesen
Kleinbettlingen
Bempflingen
Grafenberg
Buch
Riederich
Metzingen
Neugreuth
Hohe Äcker
Hochsträß
Greut
Kuhnhalde
Autmutwald
Falkenberg
Stadtteil Neuhausen
(zu Metzingen)
Waldfestplatz
Pumpstation Enge
1=Eichenweg
2=Buchenweg
3=Erlenweg
4=Birkenweg
5=Hesseweg
6=Hölderlinstraße
Sportplatz
Sportheim
Dorfgemeinschaftshaus
Pumpstation Lauswiesen
14=Eichendorffstraße
15=Scheffelweg
7=Oben am Berg
8=Schulstraße
9=Nelkenweg
10=Primelweg
11=Tulpenweg
12=Asternweg
13=Lilienweg
16=Im Dorf
20=Haldenstraße
1=Ettwiesenweg
2=In der Au
3=Wasenstraße
4=Alte Schulstraße
5=Im Altweck
6=Hermannstraße
7=Im Dorf
8=Grüne Mitte
9=Krämerstraße
Aussiedlerhof Markwald (Schafhof)
10=Eichenweg
11=Lärchenweg
12=Florianstraße
13=Am Wasser
14=Birkenweg
15=Eschenweg
16=Ahornweg
17=Erlenweg
18=G.-Daimler-Straße
19=Max-Eyth-Straße
Friedhof
Aussegnungshalle
Pfarrhaus
Rathaus
Grafenberg Aussichtspunkt
1=Am Helfersbach
2=Weidenstraße
3=Am Puiseuxer Platz
4=Manfred-Klaiber-Straße
Gewerbegebiet Grafenberg
5=August-Lämmle-Straße
Ameisenbühl
367
2 = Lise-Meitner-Straße
3 = Dürerweg
4 = Lenbachweg
15 = Wiener Straße
16 = Budapester Straße
17 = Neugreuthstraße
Gew.-gebiet Längenfeld
1=Platanenweg
2=Ulmenweg
Städt. Obstanlagen
522
Floriansberg
Schutzhütte
Lindenbachhof
Bol
370
5=Lortzingweg
6=Lisztweg
7=Händelweg
8=Gluckweg
9=Schumannstraße
10=Rich.-Strauß-Weg
11=Fr.-Caspar-Straße
12=Lichtensteinweg
13=Else-Handel-Weg
14=Friedrich-Sprandel-Weg
Schutzhütte
Gartenhausgebiet
Wasserbehälter
Kapuziner Buche
Naturfreundehaus
In der Gurgel
Nagykallo-Allee
Hexham
Carl-Zeiss-Straße
Otto-Schott-Str.
James-Watt-Str.
Städt. Obstanlagen
Weimerstal
1=Kronenstraße
2=Krumme Straße
3=Schreiberei
4=Am Klosterhof
5=Kelterplatz
6=Heinemannstraße
7=Bahnhofsplatz
8=Gustav-Werner-Straße
9=Schwanengasse
10=Buchstraße
11=Damaschkestraße
12=Galileistraße
13=Kopernikusstraße
14=Schießwasen
15=Willy-Brandt-Straße
Metzingen
RB63
Weinberg
11=Wielandstraße
12=Goethestraße
13=Roggenweg
510
Hofbühl
Schießstand
Reutlinger Str.
Nürtinger Str.
Stuttgarter Straße
Neuffener Straße
Mittelstädter Str.
Riedericher Straße
Kleinbettlinger Str.
Großbettlinger Straße
Grafenberger Straße
312
313
228
251
270
522
5380
5378

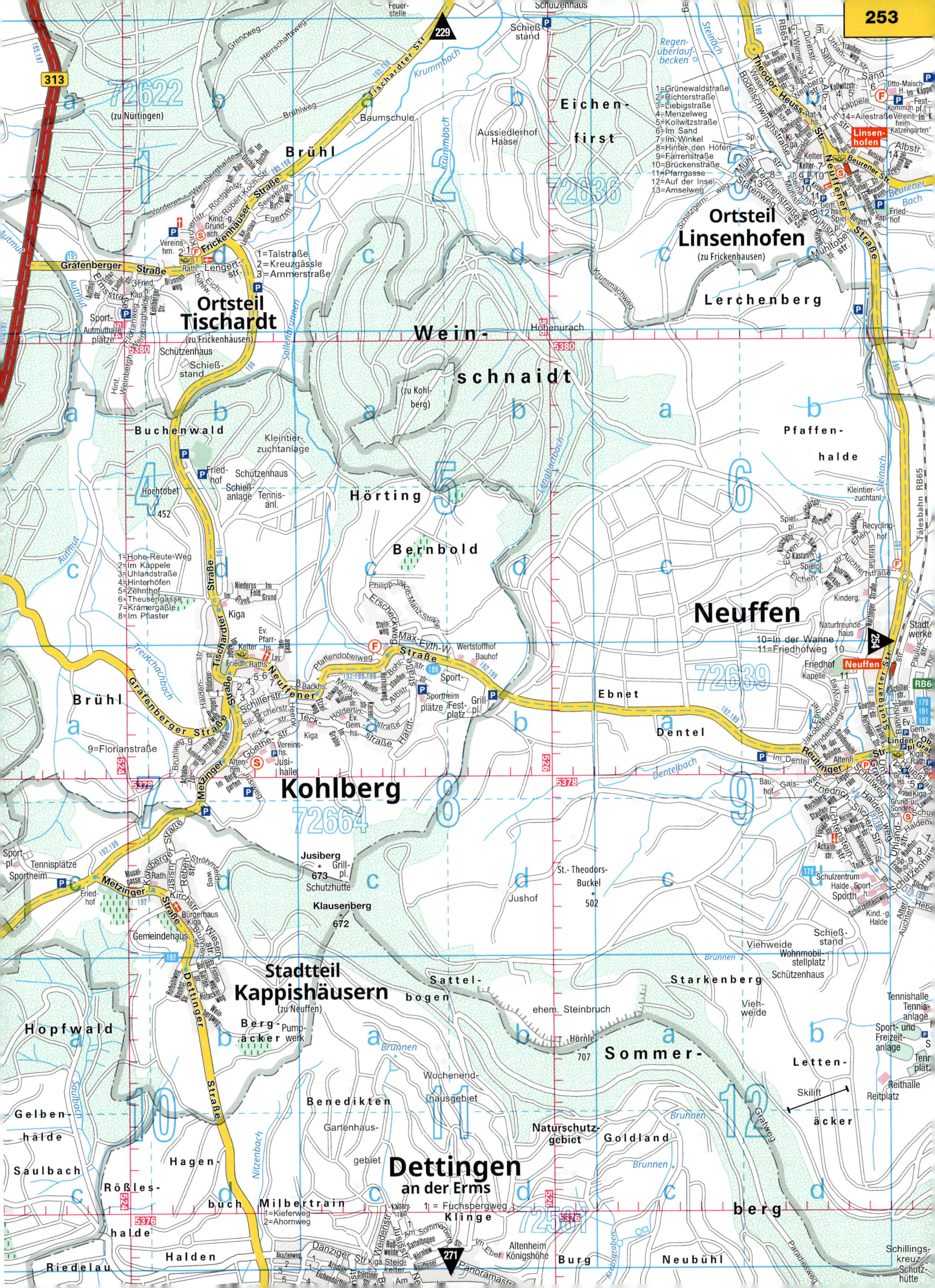

Ortsteil Tischardt
(zu Frickenhausen)
Ortsteil Linsenhofen
(zu Frickenhausen)
Neuffen
72639
Kohlberg
72664
Stadtteil Kappishäusern
(zu Neuffen)
Dettingen
an der Erms
72581
72622
(zu Nürtingen)
72636
Brühl
Eichen-
first
Wein-
schnaidt
(zu Kohl-
berg)
Lerchenberg
Pfaffen-
halde
Buchenwald
Hörting
Bernbold
Ebnet
Dentel
Brühl
Hopfwald
Gelben-
hälde
Saulbach
Rößles-
halde
Riedelau
Halden
Hagen-
buch
Milbertrain
Benedikten
Sattel-
bogen
Starkenberg
Sommer-
berg
Letten-
äcker
Goldland
Burg
Neubühl
Klinge
Berg-
äcker
Grafenberger Straße
Tischardter Str.
Frickenhäuser Straße
Neuffener Straße
Metzinger Straße
Dettinger Straße
Max-Eyth-W.
Reutlinger Str.
Theodor-Heuss-Str.
Neuffener Str.
Beurener Str.
Hochtobel
452
Jusiberg
673
Schutzhütte
Klausenberg
672
St.-Theodors-Buckel
502
Hörnle
707
ehem. Steinbruch
Naturschutz-
gebiet
Wochenend-
hausgebiet
Gartenhaus-
gebiet
Jushof
Aussiedlerhof
Haase
Baumschule
Hohenurach
Kleintier-
zuchtanlage
Schützenhaus
Schieß-
stand
Tennis-
anl.
Wertstoffhof
Bauhof
Sportheim
Fest-
platz
Viehweide
Wohnmobil-
stellplatz
Tennishalle
Reithalle
Reitplatz
Skilift
Schillings-
kreuz
Schutz-
hütte
Tälesbahn RB65
Krummbach
Steinach
Autmut
Saulbach
Nitzenbach
Dentelbach
Lenzhartbach
Brunnen
Regen-
überlauf-
becken
1=Talstraße
2=Kreuzgässle
3=Ammerstraße
1=Grünewaldstraße
2=Richterstraße
3=Liebigstraße
4=Menzelweg
5=Kollwitzstraße
6=Im Sand
7=Im Winkel
8=Hinter den Höfen
9=Farrenstraße
10=Brückenstraße
11=Pfarrgasse
12=Auf der Insel
13=Amselweg
14=Allestraße
1=Hohe-Reute-Weg
2=Im Käppele
3=Uhlandstraße
4=Hinterhöfen
5=Zehnthof
6=Theusengasse
7=Krämergäßle
8=Im Pflaster
9=Florianstraße
10=In der Wanne
11=Friedhofweg
1=Kieferweg
2=Ahornweg
1 = Fuchsbergweg
313
229
254
271
5380
5378
5376
Linsen-
hofen
Neuffen

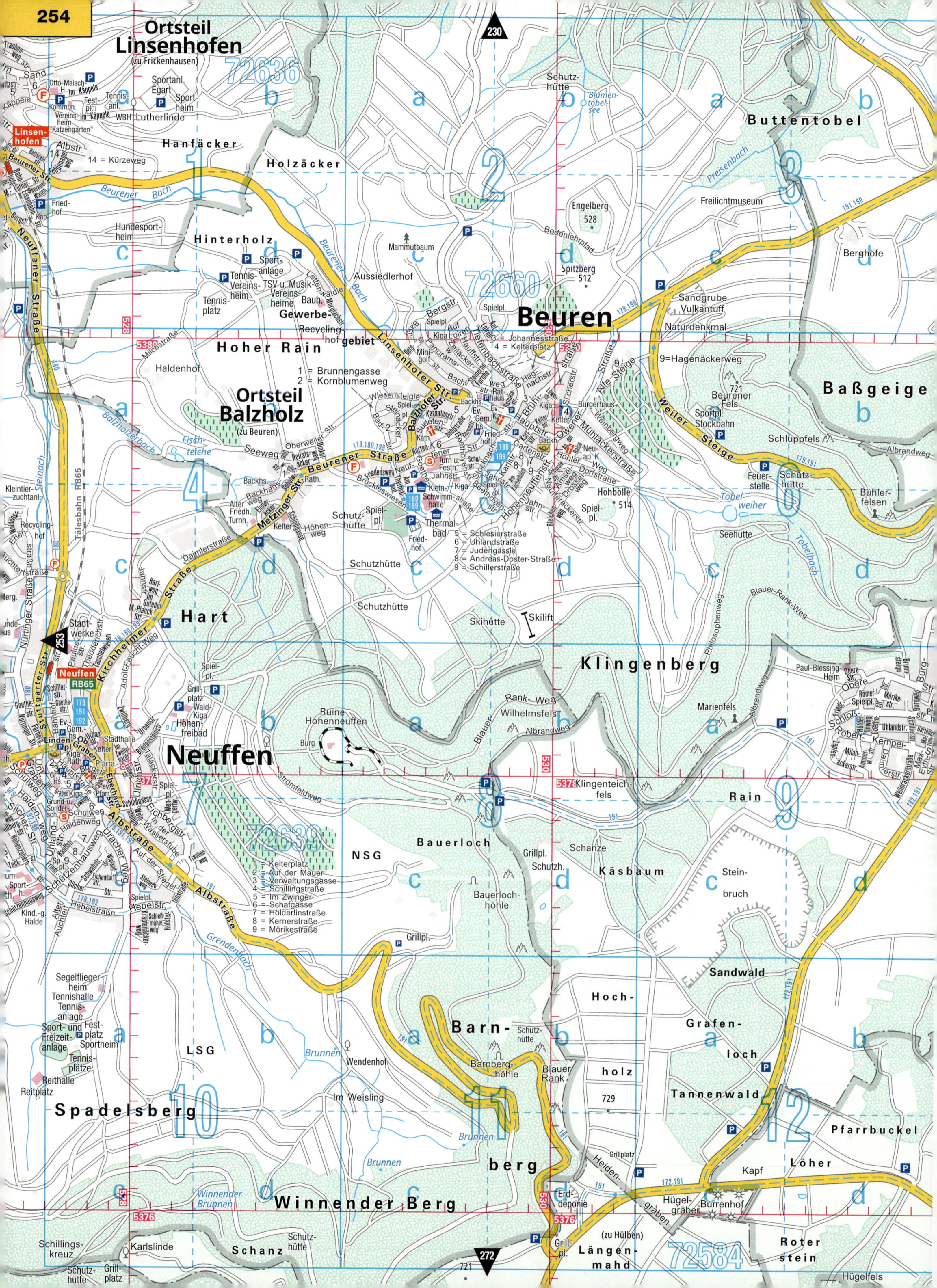

Ortsteil Linsenhofen
(zu Frickenhausen)
Beuren
Ortsteil Balzholz
(zu Beuren)
Neuffen
Hanfäcker
Holzäcker
Hinterholz
Hoher Rain
Buttentobel
Baßgeige
Hart
Klingenberg
Ruine Hohenneuffen
Bauerloch
Käsbaum
Sandwald
Hochholz
Grafenloch
Tannenwald
Spadelsberg
Barnberg
Winnender Berg
Pfarrbuckel
Löher
Längenmahd
Roter stein
Freilichtmuseum
Engelberg 528
Spitzberg 512
Hohbölle 514
Tobelweiher
Steinbruch
NSG
LSG
Schanz
Gewerbegebiet
1 = Brunnengasse
2 = Kornblumenweg
3 = Johannesstraße
4 = Kelterplatz
5 = Schlesierstraße
6 = Uhlandstraße
7 = Judengässle
8 = Andreas-Doster-Straße
9 = Schillerstraße
9=Hagenäckerweg
14 = Kürzeweg
1 = Kelterplatz
2 = Auf der Mauer
3 = Verwaltungsgasse
4 = Schillingstraße
5 = Im Zwinger
6 = Schafgasse
7 = Hölderlinstraße
8 = Kernerstraße
9 = Mörikestraße
72636
72660
72639
72584
230
253
272

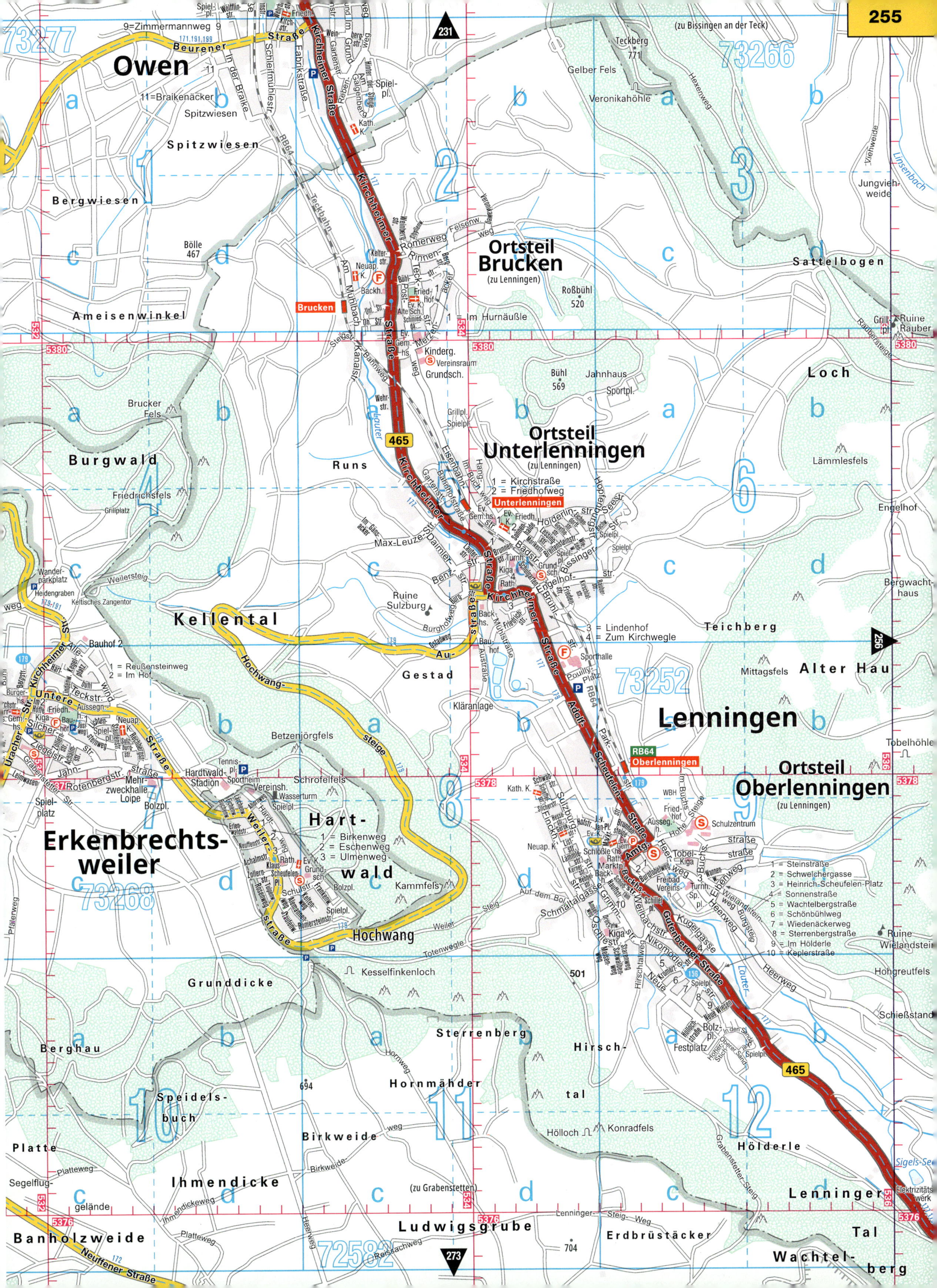

Owen
Ortsteil Brucken
(zu Lenningen)
Ortsteil Unterlenningen
(zu Lenningen)
Lenningen
Ortsteil Oberlenningen
(zu Lenningen)
Erkenbrechtsweiler
Hartwald
Hochwang
Spitzwiesen
Bergwiesen
Ameisenwinkel
Burgwald
Kellental
Runs
Gestad
Loch
Teichberg
Alter Hau
Sattelbogen
Grunddicke
Berghau
Speidelsbuch
Platte
Ihmendicke
Banholzweide
Birkweide
Hornmähder
Sterrenberg
Hirschtal
Ludwigsgrube
Erdbrüstäcker
Hölderle
Lenninger Tal
Wachtelberg
73277
73266
73252
73268
72582

Naturschutzgebiet
Ortsteil Ochsenwang
(zu Bissingen a. d. Teck)
Hinterberg
Wachtfels
Breitenstein
812
Stellhecke
Randecker-Maar-Straße
Bissinger Str.
Schopflocher Straße
Mörikefels
Schullandheim Lichteneck
ehem. Burg Lichteneck
Heidenloch
Michaelshof
NSG
Pumpwerk
Randecker Maar
Schafbuckel
Ruine Rauber
Diepoldsburg
Rauberweide
Salzmannstein
Ziegelhütte
Randeck
Heidäcker
Gereut
Frauenhau
Engelhof
Asch-Loipe
Mönchberg
Tirol
Lauch
Schmiede
Torfgrube
Otto-Hoffmeister-Haus
Bergwachthaus
Asang
NSG Schopflocher Moor
Heimenhäule
Kreuzstein
Wolfwiesen
Asch
822
Schafhaus
Tobelhöhle
Schlatt
Süßer Hau
Naturschutzzentrum Landkreis Esslingen
Sportplätze
Ruine Wielandstein
Hosensäckle
Hohgreutfels
Hohes Gereut
Schießstand
Streitäcker
Pfahläcker
Burgäcker
Engelgreut
Skilift
Ortsteil Schopfloch
(zu Lenningen)
1 = Schlehenweg
2 = Rotdornweg
3 = Weißdornweg
Rinnenwald
Wolfschluchthöhle
Gußmannshöhle
Gutenberger Höhle
Gemeindehalle
Kreuzstein
Ochsenwanger Straße
Vordere Bergstraße
Schafhaus
Sigels-See
Krebsstein
Tiefental
Knaupen
Rathaus
Spielplatz
Rubäcker
Ortsteil Gutenberg
(zu Lenningen)
Gärtlesfelsen
ehem. Burg Wuelstein
Mehrzweckhalle
Spitzfels
Mädlesfels
Buchenrain
Harpprechtshs.
Naturschutzgebiet
Reiterfelsen
Klinge
Pfulbstraße
Kläranlage
Grüner Berg
Ruine Kloster Heiligenberg
1 = Sperberweg
2 = Untere Mühlstr.
Ulmer Straße
Kreisler
Kalkofen
Bergwachthaus
Lauterursprung
Pumpwerk
73235
73266
73252

Neidlingen
73272
Totenwiesen
Tennisplatz
Tennisheim
Sportplätze
Sporthm.
Reußensteinhalle
Ziegelhütte
Grundschule
Gewerbegebiet
1 = Riedstraße
520
Galgenbuckel
Imengraben
233
Eichach
Klösterle
Anger
733
Schönbuch
Seeäcker
Heckenäcker
Maurach
Aurach
Seebach
Hofstraße
Hofen
Kiga
Rathaus
2 = Bruderwiesenstraße
3 = Lämmweg
4 = Haldenweg
5 = Heckenäckerweg
6 = Kelterstraße
7 = Turmweg
8 = Windeckstraße
9 = Brühlweg
10 = Kirchsteig
Sprungschanze
Burz
Tannenäckerle
718
Naturschutzgebiet
Friedhof
Pfarramt
Wiesensteiger Straße
Weilheimer Straße
Schießstand
Schützenhaus
Alte Steige
Steige
Knaupenfels
Benzenmahd
Kirchsteig
Sandteich
Eck
Naturdenkmal
Eckhöfe
Kirchweihbuckel
783
Türle
Hassen
554
Zweigbahn
Ziegelhof
Autal
Pumpwerk
Fils
Papiermühle
Papierfelsen
Rohrach
Wagrain
Lindach
Spielplatz
Grillplatz
Reußenstein
Grafenhalde
Pfannensteige
Hügelgrab
Ruine Reußenstein
Pfannenhütte
Schutzhütte
Grillplatz
Heimenstein
Schlangengrund
Pfanne
Feldkopf
796
(zu Wiesensteig)
73349
Pumpwerk
Wasserfall
Pfannenbach
Drittelwald
768
Pfannenhalde
Große Weite
Brunnen
5378
5380
542
544
Bahnhöfle
Rauher Bühl
Steigleshau
Birkholz
775
Filsursprung
Fritz
Letzholz
Betzenstein
Muckenbrunnele
Hebammenteich
706
Grauer Stein
Hasental
Chorhalde
Hundsrücken
Gerbstall
Bulz
Bussen
768
Unter dem Graben
Bussen
Hochbuch
Heiligensteige
Schinderin
5376
(zu Römerstein)
275
Schertelshöhle
Steinernes Haus
(zu Westerheim)

Brenntenwald
Glas-
hart
72285
(zu Pfalzgrafenweiler)
Kleine
Eichen-
halde
Kammerwiese
Markharts-
Natur-
wald
Nord-
schutz-
halde
gebiet
Sägmühle
Friedhof
Ruine
Mantelberg
Aussichts-
turm
Bösinger
Wasserhäusle
Steinbuckel
Bösinger
Steig
Hohlenstein
Silberhütte
Äschenteicher
Halde
Friedhof
Ruine
Vörbach
Vörbach
Pumpwerk
Kläranlage
Neunuifra
Unter-
waldach
Weiher-
wald
Altnuifra
1 = Oberhofweg
2 = An der Steig
Pumpwerk
Birkenhof
Missihof
Hügelgräber
Langental-
wald
Junkertswäldle
Schellen-
bühl
Eichen-
wäldle
Horber
Spitalwald
Hügelgrab
Pferdewiesen-
wald
Altheimer
Heiligenwald
691
Bannwald
Häule
Feriendorf
Waldachtal
Horber
Äcker
Finsterteich
1 = Wacholderweg
2 = Forststraße
3 = Fliederweg
4 = Ginsterweg
Schlatt
Hügelgrab
Waldhof
Reiterhof
Untere
Steige
Ober-
waldach
Auchtert
See
Natur-
Hölderle
Hülben
Horn
660
NSG
Reithalle
Heiligenbronn
Friedhof
Gewerbegebiet
"Ländle"
Recycling-
Center
Ortsteil
Salzstetten
(zu Waldachtal)
Lettenberg
603
Ochsenbühl
schutz-
Frontal
Schellenberg
1 = Im Winkel
2 = Dorfackerstraße
3 = Forchenweg
4 = Fichtenweg
5 = Laudenweg
6 = Unteres Fischhäusle
Sägemühle
Pfarrhaus
St. Agatha
ehem. Schloß
Trockenburg
"Salzstetter Schlößle"
Krähenstein
Grund
gebiet
Brühl
Reute
72178
Waldachtal
Sportpl.
Vereinsheim
Bösinger Straße
Neunuifraer Straße
Vörbacher Straße
Freudenstädter Straße
Heiligenbronner Straße
Steinbühlstraße
Burgstraße
Horber Str.
Salzstetter Straße
Waldach
Erlenbach
Schlossbr.
Töbelsbach
Silberbr.
Brünnle
Stauchbach
Dornenb.
Heiligenbr.
Haischbäche
Brühlbach
Industriestr.
Umbrüche
Metnitzer Str.
240
278
490

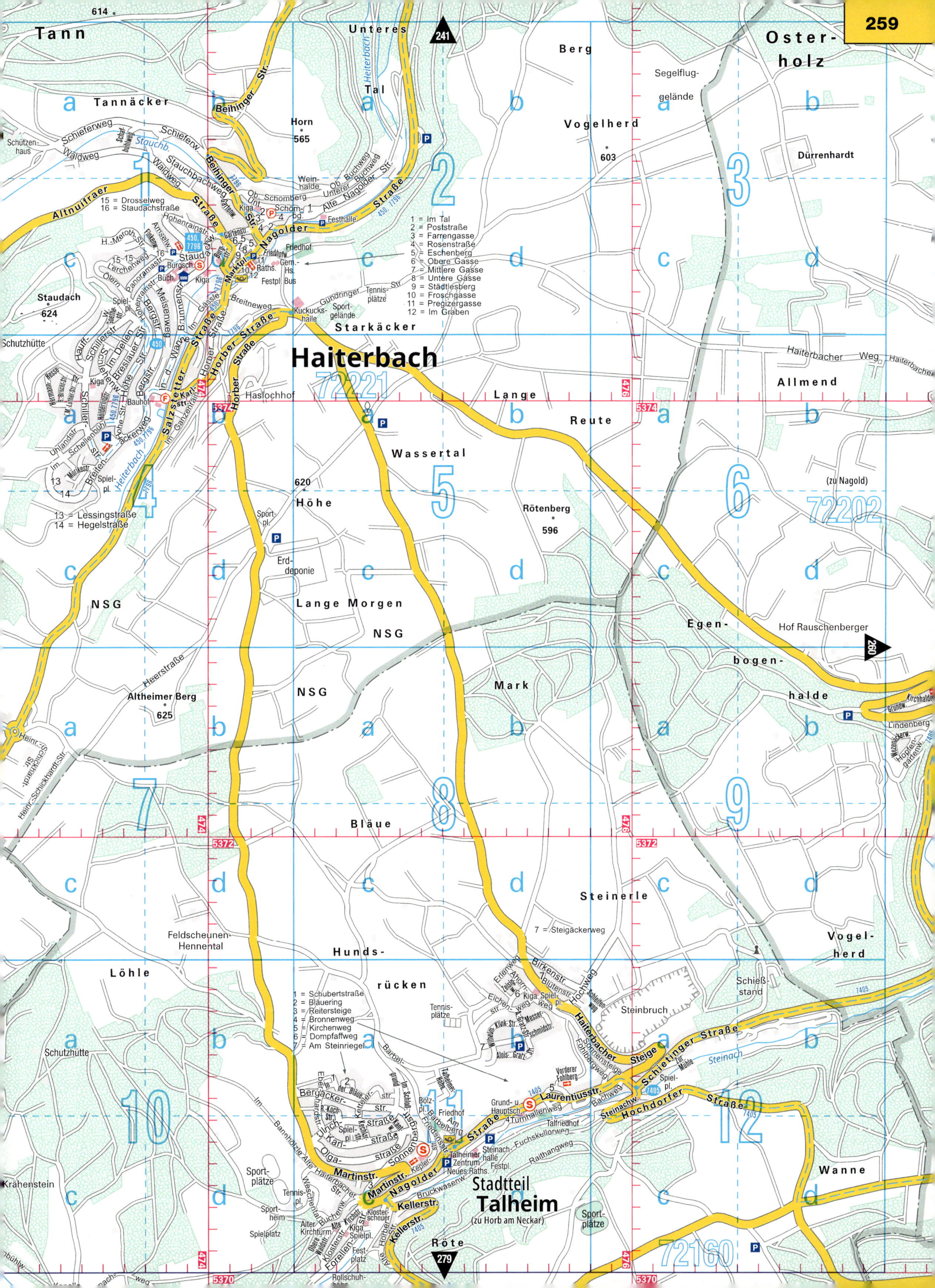
Tann
614
Unteres
Tal
241
Berg
Oster-
holz
Segelflug-
gelände
Vogelherd
603
Dürrenhardt
Tannäcker
Schieferweg
Schiefenw.
Stauchb.
Schützen-
haus
Waldweg
Beihinger Str.
Horn
565
Heiterbach
Ob. Buchweg
Unterer Buchweg
Alte Nagolder Str.
Altnuifraer
Stauchbachweg
Straße
15 = Drosselweg
16 = Staudachstraße
Hohenrainstr.
Nagolder
Straße
Festhalle
Friedhof
Gem.-
Hs.
Raths.
Festpl.
Bus
1 = Im Tal
2 = Poststraße
3 = Farrengasse
4 = Rosenstraße
5 = Eschenberg
6 = Obere Gasse
7 = Mittlere Gasse
8 = Untere Gasse
9 = Städtlesberg
10 = Froschgasse
11 = Pregizergasse
12 = Im Graben
Staudach
624
Lerchenweg
Panoramastr.
Kiga
Breitneweg
Gundringer
Str.
Tennis-
plätze
Kuckucks-
halle
Sport-
gelände
Starkäcker
Schutzhütte
Haiterbach
72221
Haiterbacher Weg
Allmend
Schillerstr.
Breslauer Str.
Bergstr.
Horber Straße
Salzstetter Straße
Haslochhof
Lange
Reute
Wassertal
Bauhof
Uhlandstr.
Heiterbach
13 = Lessingstraße
14 = Hegelstraße
620
Höhe
Sport-
pl.
5
Rötenberg
596
6
(zu Nagold)
72202
Erd-
deponie
NSG
Lange Morgen
NSG
Egen-
bogen-
halde
Hof Rauschenberger
260
Heerstraße
Altheimer Berg
625
NSG
Mark
Lindenberg
7
8
Bläue
9
Feldscheunen-
Hennental
Steinerle
7 = Steigäckerweg
Vogel-
herd
Löhle
Hunds-
rücken
Birkenstr.
Hochweg
Schieß-
stand
Steinbruch
1 = Schubertstraße
2 = Bläuering
3 = Reitersteige
4 = Bronnenweg
5 = Kirchenweg
6 = Dompfaffweg
7 = Am Steinriegel
Tennis-
plätze
Schutzhütte
Haiterbacher
Steige
Schietinger Straße
Steinach
10
Laurentiusstr.
Hochdorfer
Straße
11
12
Friedhof
Talfriedhof
Raithangweg
Sport-
plätze
Martinstr.
Nagolder
Straße
Talheimer
Zentrum
Neues Raths.
Festpl.
Kellerstr.
Stadtteil
Talheim
(zu Horb am Neckar)
Sport-
plätze
Krähenstein
Wanne
Röte
279
72160
Spielplatz
5370
5372
5374
474
476
7405

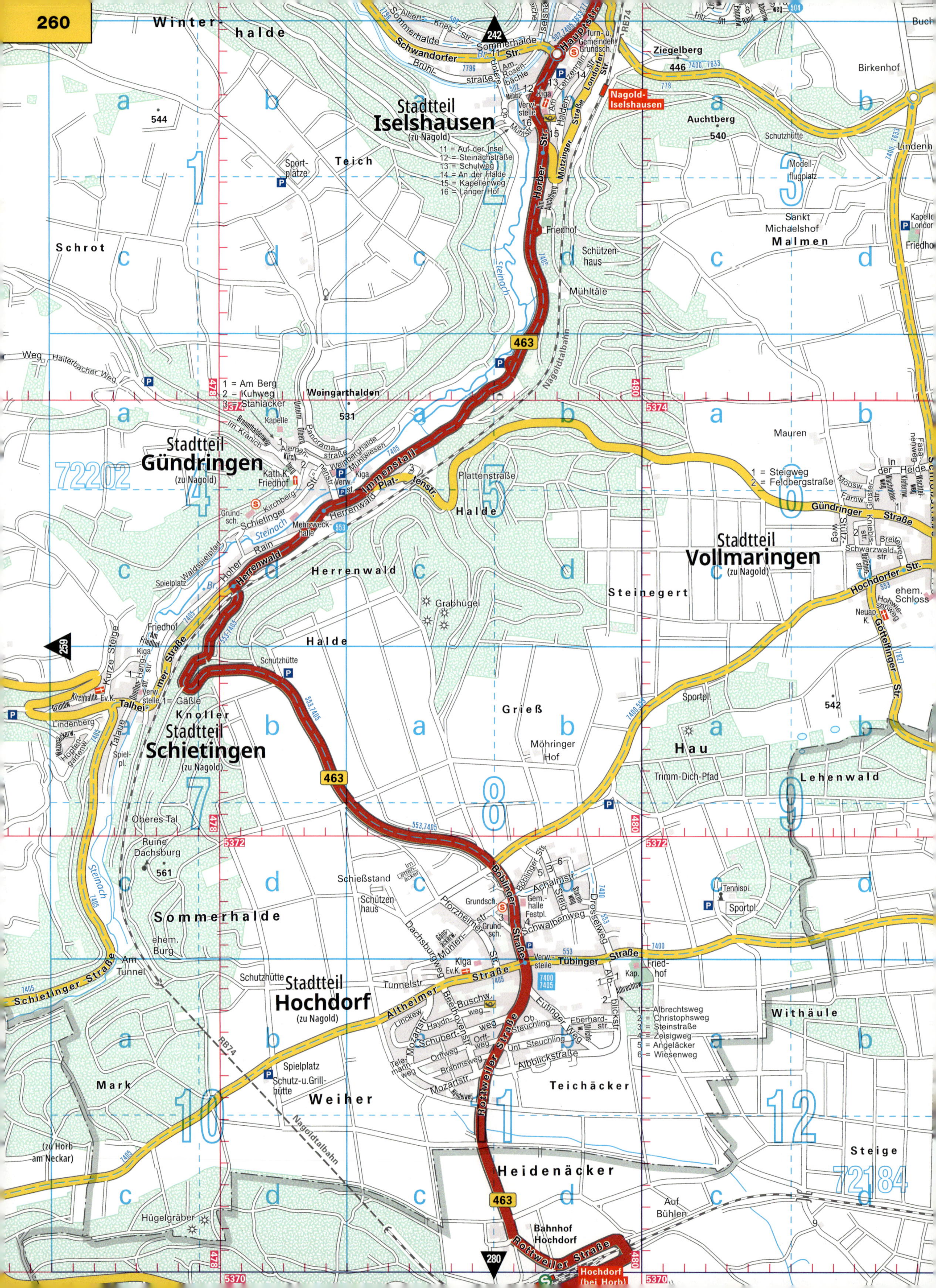

Winterhalde
Stadtteil
Iselshausen
(zu Nagold)
11 = Auf der Insel
12 = Steinachstraße
13 = Schulweg
14 = An der Halde
15 = Kapellenweg
16 = Langer Hof
Nagold-Iselshausen
Ziegelberg
446
Birkenhof
Auchtberg
540
Schutzhütte
544
Sportplätze
Teich
Schrot
Modellflugplatz
Sankt Michaelshof
Malmen
Friedhof
Schützenhaus
Mühltäle
Nagoldtalbahn
463
Weingarthalden
531
1 = Am Berg
2 = Kuhweg
3 = Stahläcker
Haiterbacher Weg
Stadtteil
Gündringen
(zu Nagold)
72202
Immenstall
Plattenstraße
Halde
Herrenwald
Mauren
1 = Steigweg
2 = Feldbergstraße
Gündringer Straße
Stadtteil
Vollmaringen
(zu Nagold)
Steinegert
Hochdorfer Str.
ehem. Schloss
Grabhügel
Halde
Schutzhütte
Friedhof
Knoller
Stadtteil
Schietingen
(zu Nagold)
1 = Gäßle
Grieß
Möhringer Hof
Hau
Sportpl.
542
Lehenwald
Trimm-Dich-Pfad
Göttelfinger Str.
Oberes Tal
Ruine Dachsburg
561
Sommerhalde
ehem. Burg
Am Tunnel
Schießstand
Schützenhaus
Böblinger Straße
Tennispl.
Sportpl.
Tübinger Straße
Friedhof
Schietinger Straße
Schutzhütte
Stadtteil
Hochdorf
(zu Nagold)
Altheimer Straße
Rottweiler Straße
1 = Albrechtsweg
2 = Christophsweg
3 = Steinstraße
4 = Zeisigweg
5 = Angeläcker
6 = Wiesenweg
Withäule
Mark
Spielplatz
Schutz-u. Grillhütte
Weiher
Teichäcker
(zu Horb am Neckar)
Heidenäcker
Steige
72184
Hügelgräber
Bahnhof Hochdorf
Auf Bühlen
Hochdorf (bei Horb)

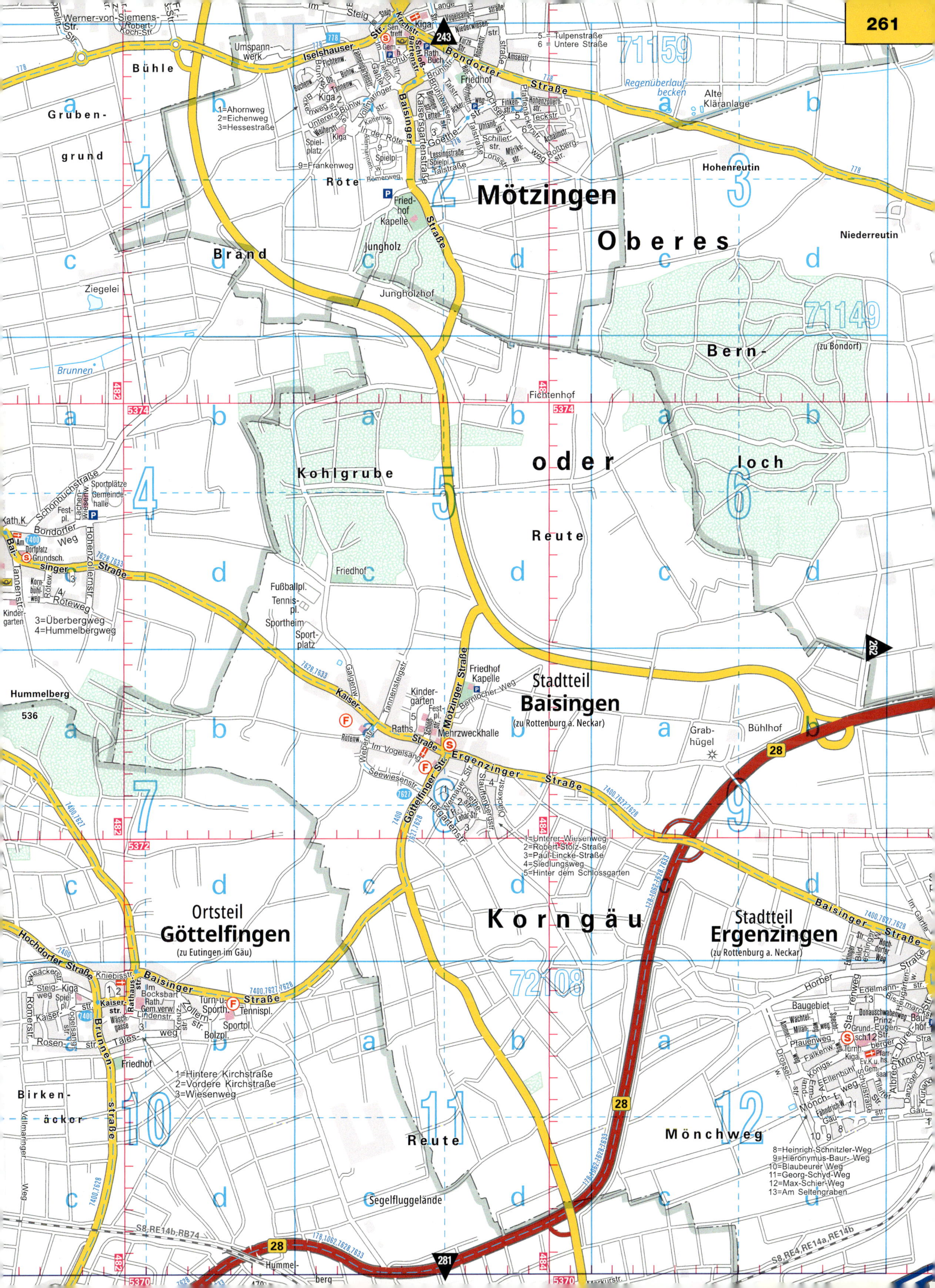

Mötzingen
71159
Bühle
Gruben-
grund
Umspann-
werk
Iselshauser Str.
Bondorfer Straße
Regenüberlauf-
becken
Alte
Kläranlage
5=Tulpenstraße
6=Untere Straße
1=Ahornweg
2=Eichenweg
3=Hessestraße
9=Frankenweg
Röte
Hohenreutin
Niederreutin
Friedhof
Kapelle
Jungholz
Jungholzhof
Brand
Ziegelei
Oberes
oder
loch
Bern-
71149
(zu Bondorf)
Brunnen
Fichtenhof
Kohlgrube
Reute
Sportplätze
Gemeinde-
halle
Schönbuchstraße
Bondorfer Weg
Baisinger Straße
Hohenzollernstr.
3=Überbergweg
4=Hummelbergweg
Fußballpl.
Tennispl.
Sportheim
Sportplatz
Friedhof
Kapelle
Stadtteil
Baisingen
(zu Rottenburg a. Neckar)
Kaiserstraße
Mötzinger Straße
Mehrzweckhalle
Ergenzinger Straße
Göttelfinger Str.
Grabhügel
Bühlhof
Hummelberg
536
1=Unterer Wiesenweg
2=Robert-Stolz-Straße
3=Paul-Lincke-Straße
4=Siedlungsweg
5=Hinter dem Schlossgarten
Ortsteil
Göttelfingen
(zu Eutingen im Gäu)
Korngäu
72108
Stadtteil
Ergenzingen
(zu Rottenburg a. Neckar)
Hochdorfer Straße
Baisinger Straße
Brunnenstraße
1=Hintere Kirchstraße
2=Vordere Kirchstraße
3=Wiesenweg
Birken-
äcker
Reute
Segelfluggelände
Mönchweg
8=Heinrich-Schnitzler-Weg
9=Hieronymus-Baur-Weg
10=Blaubeurer Weg
11=Georg-Schyd-Weg
12=Max-Schier-Weg
13=Am Seltengraben
Hummel-
berg
28
243
262
281

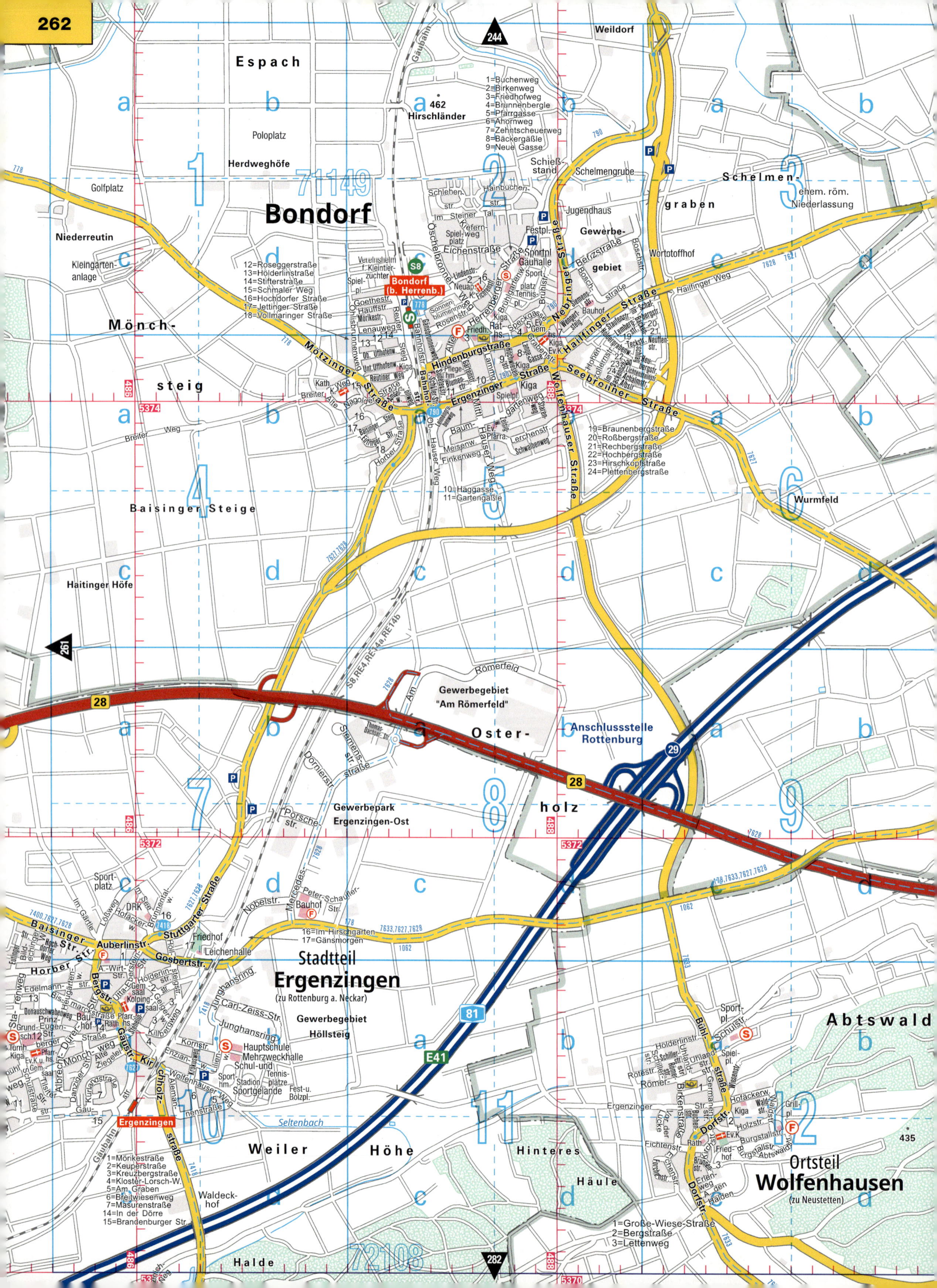
244
Espach
Weildorf
462
Hirschländer
1=Buchenweg
2=Birkenweg
3=Friedhofweg
4=Brunnenbergle
5=Pfarrgasse
6=Ahornweg
7=Zehntscheuerweg
8=Bäckergäßle
9=Neue Gasse
Poloplatz
Herdweghöfe
71149
Bondorf
Golfplatz
Niederreutin
Schießstand
Schelmengrube
Schelmengraben
ehem. röm. Niederlassung
Jugendhaus
Gewerbegebiet
Wortotoffhof
Kleingartenanlage
12=Roseggerstraße
13=Hölderlinstraße
14=Stifterstraße
15=Schmaler Weg
16=Hochdorfer Straße
17=Jettinger Straße
18=Vollmaringer Straße
Bondorf (b. Herrenb.)
Mönchsteig
Mötzinger Straße
Hindenburgstraße
Hailfinger Straße
Hailfinger Weg
Seebronner Straße
Ergenzinger Straße
Wolfenhauser Straße
Nebringer Straße
19=Braunenbergstraße
20=Roßbergstraße
21=Rechbergstraße
22=Hochbergstraße
23=Hirschkopfstraße
24=Plettenbergstraße
10=Haggasse
11=Gartengäßle
Breiter Weg
Baisinger Steige
Wurmfeld
Haitinger Höfe
261
Römerfeld
Gewerbegebiet "Am Römerfeld"
Osterholz
Anschlussstelle Rottenburg
Gewerbepark Ergenzingen-Ost
28
29
Sportplatz
Friedhof
Leichenhalle
16=Im Hirschgarten
17=Gänsmorgen
Stadtteil Ergenzingen
(zu Rottenburg a. Neckar)
Gewerbegebiet Höllsteig
Hauptschule
Mehrzweckhalle
Schul-und Sportgelände
Fest-u. Bolzpl.
Baisinger Str.
Stuttgarter Straße
Gosbertstr.
Horber Str.
81
E41
Abtswald
Seltenbach
Ergenzingen
Weiler Höhe
Hinteres Häule
1=Mörikestraße
2=Keuperstraße
3=Kreuzbergstraße
4=Kloster-Lorsch-W.
5=Am Graben
6=Breitwiesenweg
7=Masurenstraße
14=In der Dörre
15=Brandenburger Str.
Waldeckhof
1=Große-Wiese-Straße
2=Bergstraße
3=Lettenweg
Ortsteil Wolfenhausen
(zu Neustetten)
435
Halde
72108
282

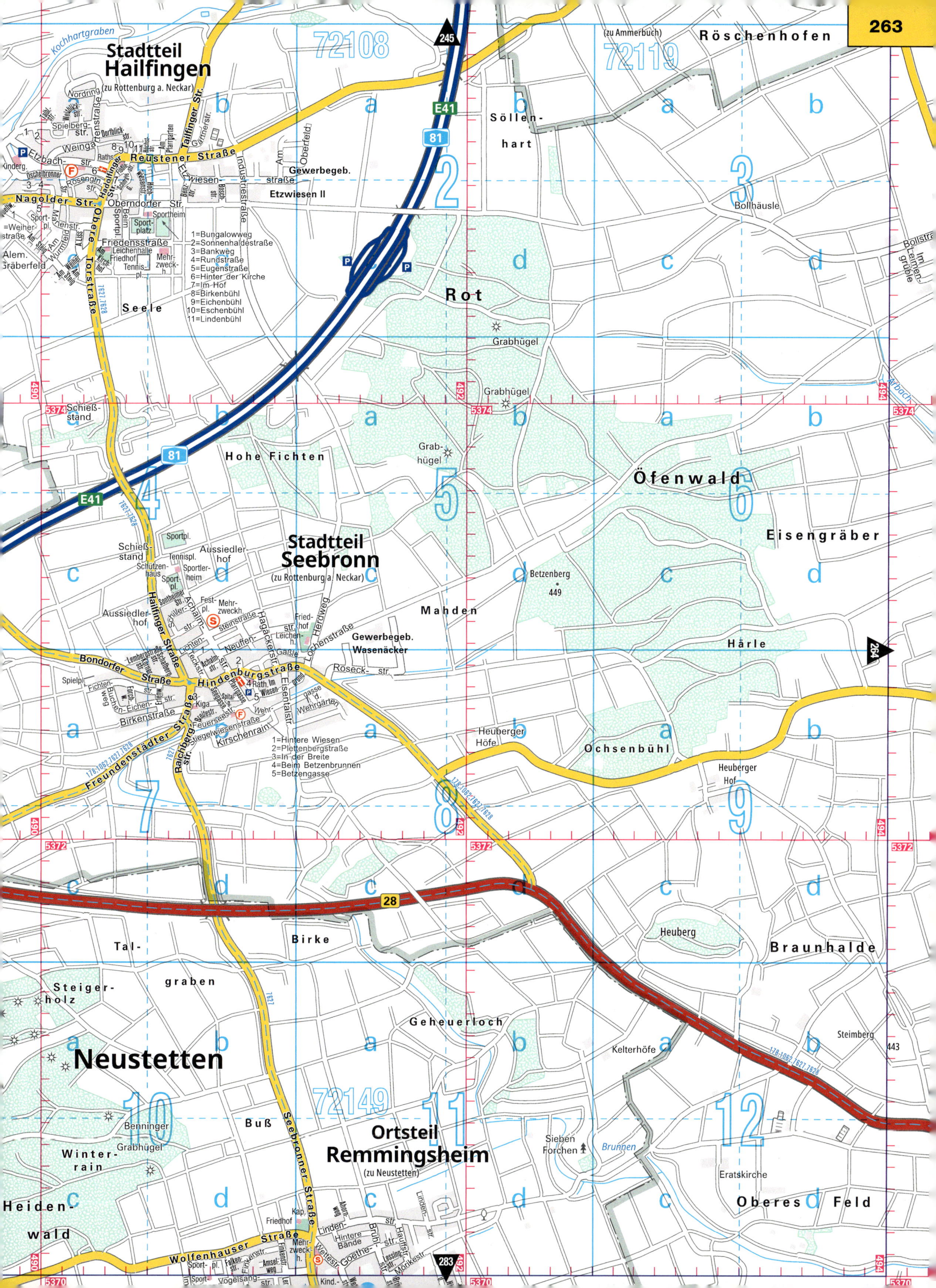
Stadtteil Hailfingen
(zu Rottenburg a. Neckar)
72108
72119
(zu Ammerbuch)
Röschenhofen
Söllen-
hart
Gewerbegeb.
Etzwiesen II
Bollhäusle
Reustener Straße
Nagolder Str.
Obere Torstraße
1=Bungalowweg
2=Sonnenhaldestraße
3=Bankweg
4=Rundstraße
5=Eugenstraße
6=Hinter der Kirche
7=Im Hof
8=Birkenbühl
9=Eichenbühl
10=Eschenbühl
11=Lindenbühl
Seele
Rot
Grabhügel
Hohe Fichten
Öfenwald
Eisengräber
Stadtteil
Seebronn
(zu Rottenburg a. Neckar)
Betzenberg
449
Mahden
Gewerbegeb.
Wasenäcker
Härle
Bondorfer Straße
Hindenburgstraße
Heuberger
Höfe
Ochsenbühl
Heuberger
Hof
1=Hintere Wiesen
2=Plettenbergstraße
3=In der Breite
4=Beim Betzenbrunnen
5=Betzengasse
Freudenstädter Straße
Heuberg
Braunhalde
Tal-
graben
Birke
Steiger-
holz
Geheuerloch
Kelterhöfe
Steimberg
443
Neustetten
72149
Benninger
Grabhügel
Buß
Ortsteil
Remmingsheim
(zu Neustetten)
Sieben
Forchen
Brunnen
Eratskirche
Winter-
rain
Heiden-
wald
Oberes Feld
Seebronner Straße
Wolfenhauser Straße
245
264
283
81
E41
28

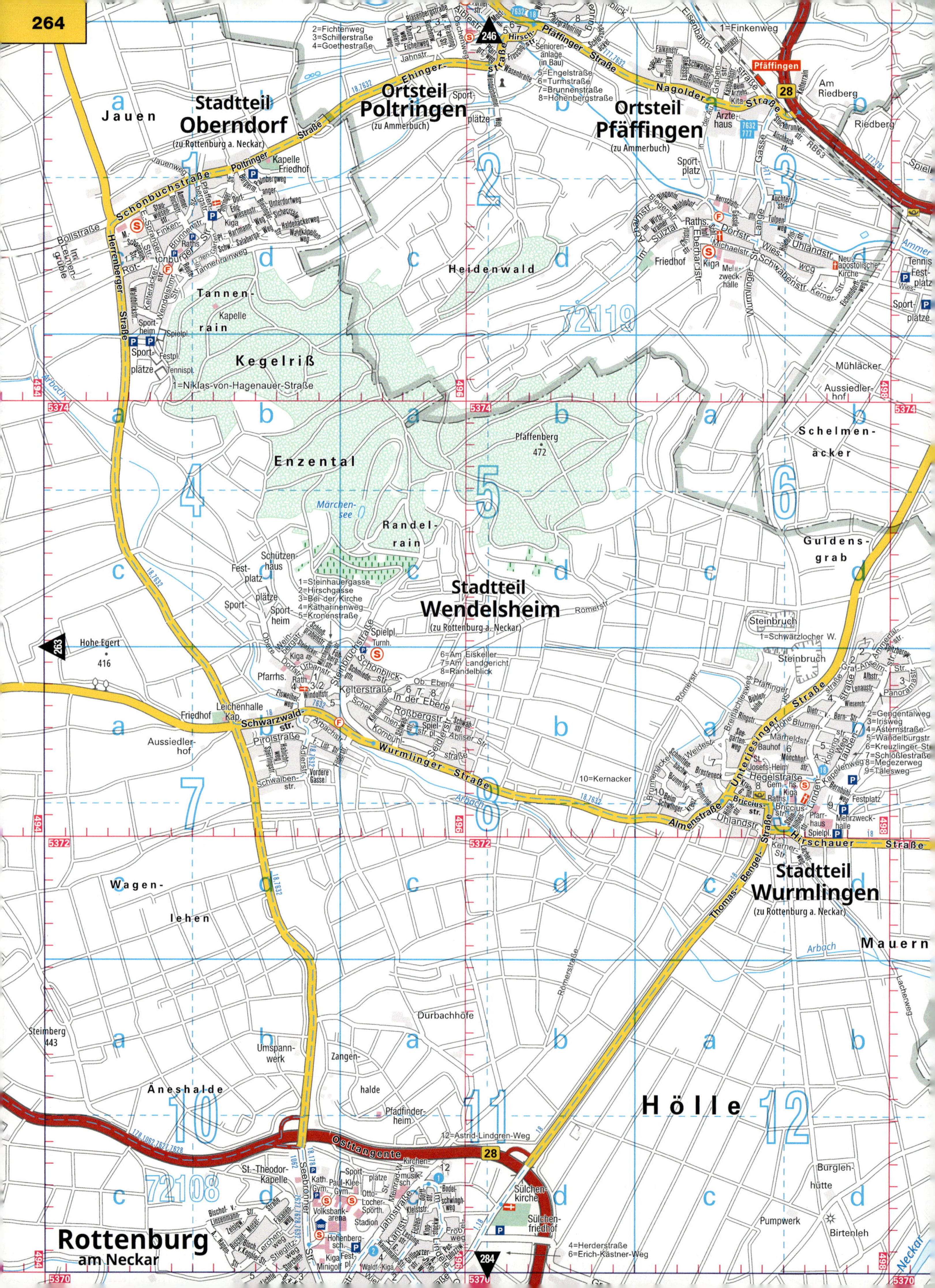
Stadtteil Oberndorf
(zu Rottenburg a. Neckar)
Ortsteil Poltringen
(zu Ammerbuch)
Ortsteil Pfäffingen
(zu Ammerbuch)
Stadtteil Wendelsheim
(zu Rottenburg a. Neckar)
Stadtteil Wurmlingen
(zu Rottenburg a. Neckar)
Rottenburg am Neckar
Jauen
Heidenwald
Tannenrain
Kegelriß
Enzental
Randelrain
Pfäffenberg 472
Schelmenäcker
Guldensgrab
Mühläcker
Aussiedlerhof
Am Riedberg
Riedberg
Hohe Egert 416
Wagenlehen
Durbachhöfe
Steimberg 443
Umspannwerk
Zangenhalde
Äneshalde
Hölle
Mauern
Burglehhütte
Pumpwerk
Birtenleh
Sülchenkirche
Sülchenfriedhof
Pfadfinderheim
Steinbruch
72119
72108
Osttangente
Schwarzwaldstr.
Wurmlinger Straße
Almenstraße
Hirschauer Straße
Thomas-Bengel-Straße
Unterjesinger Straße
Herrenberger Straße
Schönbuchstraße
Poltringer Straße
Ehinger Straße
Pfäffinger Straße
Nagolder Straße
Römerstraße
1=Fichtenweg
2=Fichtenweg
3=Schillerstraße
4=Goethestraße
5=Engelstraße
6=Turmstraße
7=Brunnenstraße
8=Hohenbergstraße
1=Finkenweg
1=Niklas-von-Hagenauer-Straße
1=Steinhauergasse
2=Hirschgasse
3=Bei der Kirche
4=Katharinenweg
5=Kronenstraße
6=Am Eiskeller
7=Am Landgericht
8=Randelblick
10=Kernacker
1=Schwärzlocher W.
2=Gengentalweg
3=Irisweg
4=Asternstraße
5=Wandelburgstr.
6=Kreuzlinger Str.
7=Schloßlestraße
8=Megezerweg
9=Tälesweg
12=Astrid-Lindgren-Weg
4=Herderstraße
6=Erich-Kästner-Weg
246
263
284
5374
5372
5370
494
496
498

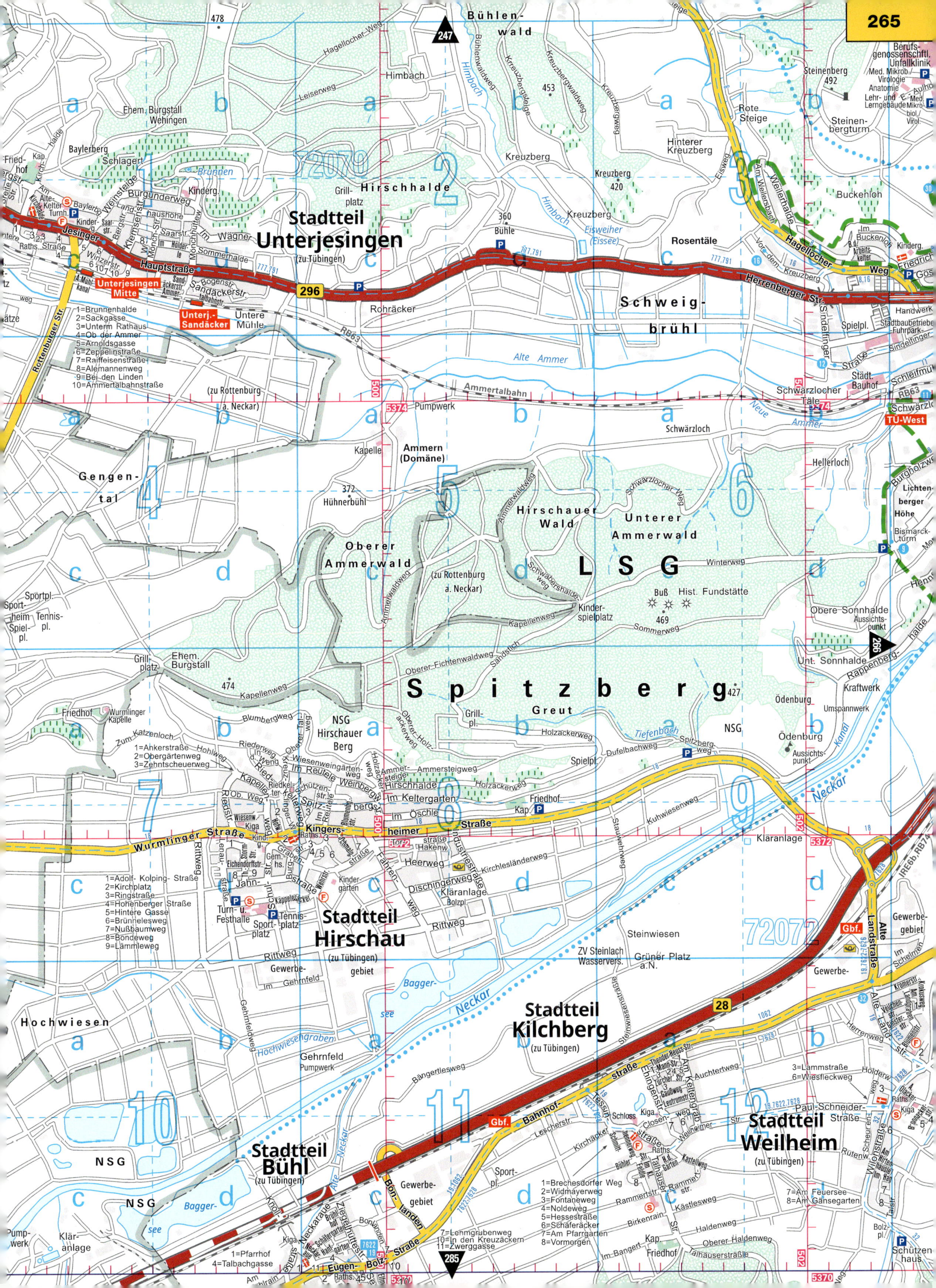
Bühlen-
wald
Hagellocher Weg
Himbach
Stadtteil
Unterjesingen
(zu Tübingen)
Hirschhalde
Kreuzberg
Bühle
Eisweiher (Eissee)
Rosentäle
Hauptstraße
Herrenberger Str.
Schweig-
brühl
Unterjesingen Mitte
Unterj.-Sandäcker
Untere Mühle
1=Brunnenhalde
2=Sackgasse
3=Unterm Rathaus
4=Ob der Ammer
5=Arnoldsgasse
6=Zeppelinstraße
7=Raiffeisenstraße
8=Alemannenweg
9=Bei den Linden
10=Ammertalbahnstraße
Rottenburger Str.
Alte Ammer
Ammertalbahn
(zu Rottenburg a. Neckar)
Pumpwerk
Ammern (Domäne)
Schwärzloch
Schwärzlocher Täle
TU-West
Gengen-
tal
Hühnerbühl
Hellerloch
Oberer
Ammerwald
Hirschauer
Wald
Unterer
Ammerwald
L S G
Lichtenberger Höhe
Hist. Fundstätte
Buß
Kinderspielplatz
Obere Sonnhalde
Unt. Sonnhalde
Ehem. Burgstall
Spitzberg
Greut
Ödenburg
Kraftwerk
Umspannwerk
Wurmlinger Kapelle
NSG Hirschauer Berg
Tiefenbach
1=Ankerstraße
2=Obergärtenweg
3=Zehntscheuerweg
Wurmlinger Straße
Kingersheimer Straße
Kläranlage
Neckar
1=Adolf- Kolping- Straße
2=Kirchplatz
3=Ringstraße
4=Hohenberger Straße
5=Hintere Gasse
6=Brünnelesweg
7=Nußbaumweg
8=Bondeweg
9=Lämmleweg
Stadtteil
Hirschau
(zu Tübingen)
Turn- u. Festhalle
Steinwiesen
ZV Steinlach Wasservers.
Grüner Platz a.N.
Baggersee
Hochwiesen
Stadtteil
Kilchberg
(zu Tübingen)
Gewerbegebiet
Gehrnfeld
Stadtteil
Bühl
(zu Tübingen)
NSG
Bahnhofstraße
3=Lammstraße
6=Wiesfleckweg
Paul-Schneider-Straße
Stadtteil
Weilheim
(zu Tübingen)
1=Brechesdorfer Weg
2=Widmayerweg
3=Fontaneweg
4=Noldeweg
5=Hessestraße
6=Schäferäcker
7=Am Pfarrgarten
8=Vormorgen
7=Am Feuersee
8=Am Gänsegarten
7=Lehmgrubenweg
10=In den Kreuzäckern
11=Zwerggasse
1=Pfarrhof
4=Talbachgasse
Bonlanden Straße
Eugen-Bolz-Str.
Kläranlage
Pumpwerk
Friedhof

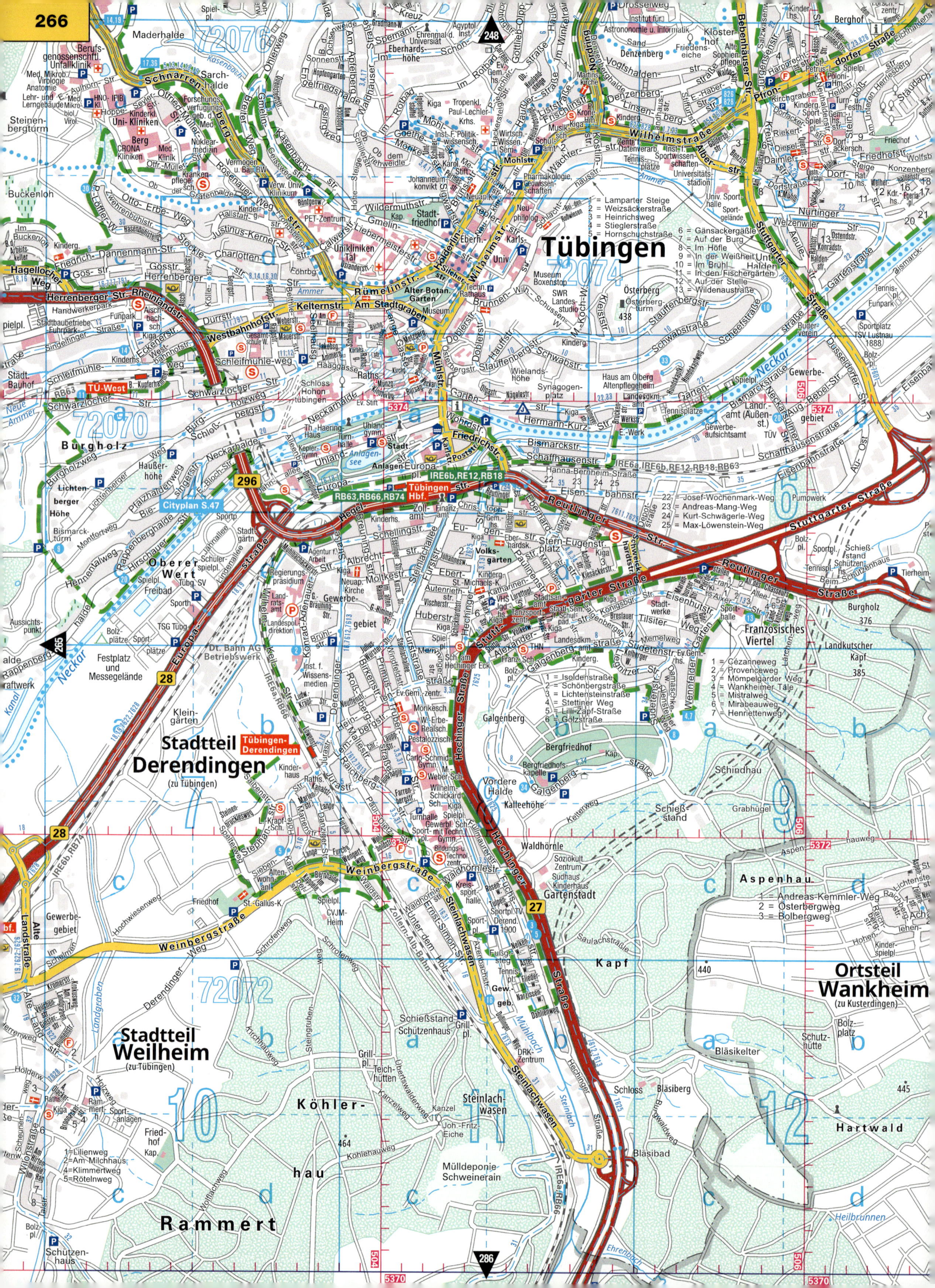

Tübingen
72074
72076
72070
72072
Maderhalde
Sarchhalde
Berufsgenossenschaftl. Unfallklinik
Uni-Kliniken
Berg
Steinenbergturm
Buckenloh
Schnarrenberg-Str.
Otto-Erbe-Weg
Friedrich-Dannenmann-Str.
Herrenberger Str.
Rheinlandstr.
Hagellocher Weg
Westbahnhofstr.
Schleifmühleweg
Kelternstr.
Am Stadtgraben
Rümelinstr.
Wilhelmstr.
Hölderlinstr.
Alter Botan. Garten
Wilhelmstraße
Denzenberg
Pfrondorfer Straße
Stuttgarter Straße
Herrenberger Str.
Neckarhalde
Schloss Hohentübingen
Rathaus
Mühlstr.
Karlstr.
Friedrichstr.
Uhlandstr.
Anlagensee
Europapl.
Tübingen Hbf.
Hermann-Kurz-Str.
Bismarckstr.
Schaffhausenstr.
Eisenbahnstr.
Reutlinger Str.
Stuttgarter Straße
Reutlinger Straße
Burgholz
Burgholzweg
Oberer Wert
Cityplan S.47
Europastr.
Hegelstr.
Volksgarten
Französisches Viertel
Hechinger Straße
Galgenberg
Bergfriedhof
Vordere Halde
Kalkweiler
Schindhau
Schießstand
Waldhörnle
Gartenstadt
Aspenhau
Kapf
Ortsteil Wankheim
(zu Kusterdingen)
Stadtteil Derendingen
(zu Tübingen)
Tübingen-Derendingen
Weinbergstraße
Steinlachwasen
Stadtteil Weilheim
(zu Tübingen)
Köhlerhau
Rammert
Mülldeponie Schweinerain
Bläsikelter
Bläsiberg
Bläsibad
Hartwald
Festplatz und Messegelände
Neckar
Ammer
Steinlach
Rappenberghalde
Schwärzlocher Str.
Lustnau
Tierheim
Burgholz
Landkutscher Kapf
Österberg
Schwabstraße
Gartenstraße
Kreuz
Sand
Morgenstelle
248
265
286
28
27
296
5374
5372
5370
504
506
6
9
10
11
12
1 = Lamparter Steige
2 = Weizsäckerstraße
3 = Heinrichsweg
4 = Stieglerstraße
5 = Hornschuchstraße
6 = Gansackergäßle
7 = Auf der Burg
8 = Im Höfle
9 = In der Weißheit
10 = Im Brühl
11 = In der Fischergärten
12 = Auf der Stelle
13 = Wildenaustraße
22 = Josef-Wochenmark-Weg
23 = Andreas-Mang-Weg
24 = Kurt-Schwägerle-Weg
25 = Max-Löwenstein-Weg
1 = Isoldenstraße
2 = Schönbergstraße
3 = Lichtensteinstraße
4 = Stettiner Weg
5 = Lilli-Zapf-Straße
6 = Gölzstraße
1 = Cézanneweg
2 = Provenceweg
3 = Mömpelgarder Weg
4 = Wankheimer Täle
5 = Mistralweg
6 = Mirabeauweg
7 = Henriettenweg
1 = Andreas-Kemmler-Weg
2 = Osterbergweg
3 = Bolbergweg
1 = Lilienweg
2 = Am Milchhaus
4 = Klimmertweg
5 = Rötelnweg

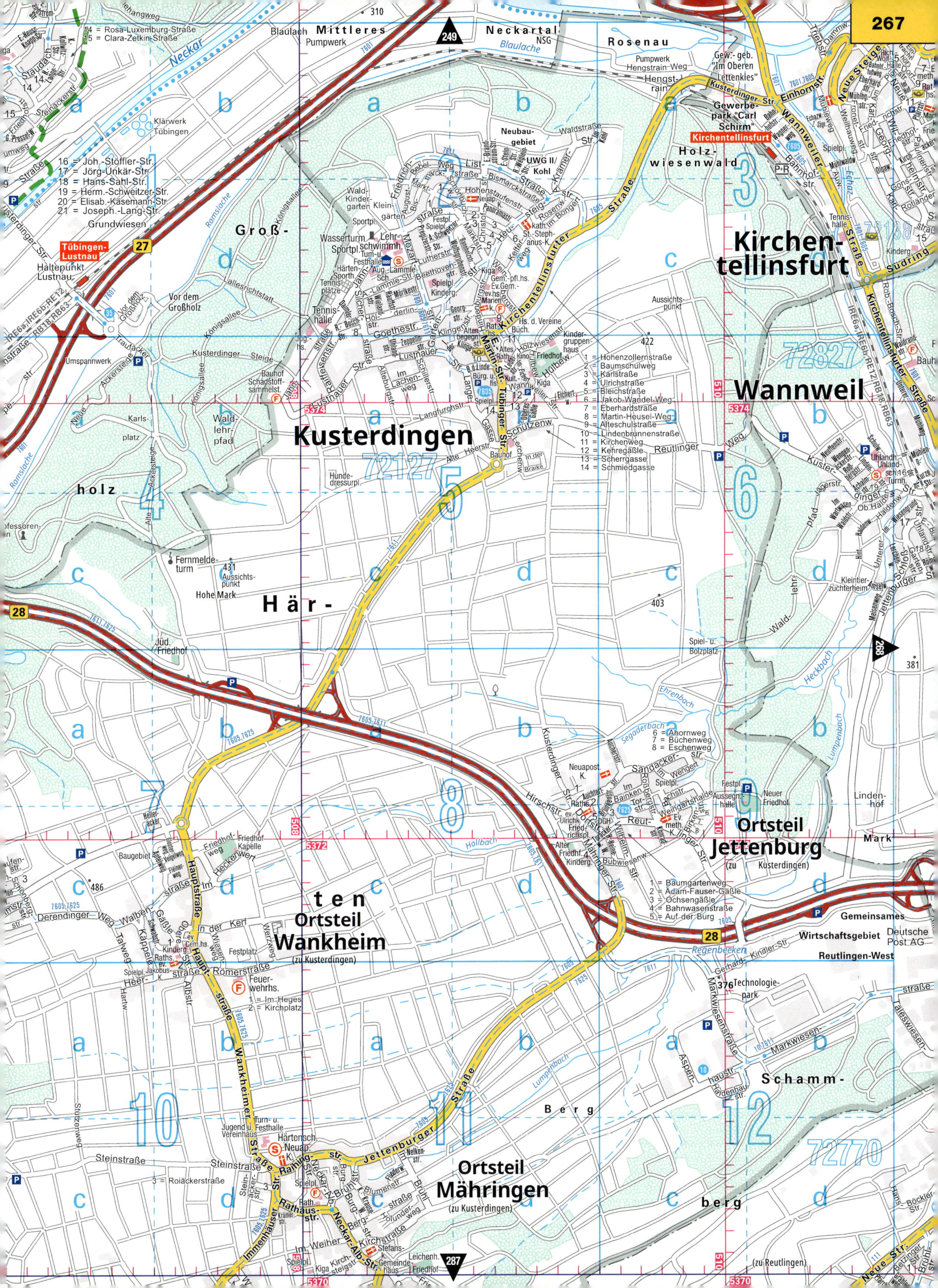

Mittleres
Neckartal
NSG
Blaulach
Pumpwerk
Rosenau
Pumpwerk Hengstrain-Weg
Gew.-geb. "Im Oberen Lettenkies"
Gewerbepark "Carl Schirm"
Kirchentellinsfurt
Holz-wiesenwald
Kirchen-tellinsfurt
Wannweil
72827
Tübingen-Lustnau
Haltepunkt Lustnau
Klärwerk Tübingen
Neckar
14 = Rosa-Luxemburg-Straße
15 = Clara-Zetkin-Straße
16 = Joh.-Stöffler-Str.
17 = Jörg-Unkär-Str.
18 = Hans-Sahl-Str.
19 = Herm.-Schweitzer-Str.
20 = Elisab.-Käsemann-Str.
21 = Joseph.-Lang-Str.
Grundwiesen
Groß-
Vor dem Großholz
holz
Kusterdingen
72127
Neubaugebiet
1 = Hohenzollernstraße
2 = Baumschulweg
3 = Karlstraße
4 = Ulrichstraße
5 = Bleichstraße
6 = Jakob-Wandel-Weg
7 = Eberhardstraße
8 = Martin-Heusel-Weg
9 = Alteschulstraße
10 = Lindenbrunnenstraße
11 = Kirchenweg
12 = Kehregäßle
13 = Scherrgasse
14 = Schmiedgasse
Fernmeldeturm
Hohe Mark
Aussichtspunkt
Här-
ten
Jüd. Friedhof
Ortsteil Wankheim
(zu Kusterdingen)
Ortsteil Jettenburg
(zu Kusterdingen)
6 = Ahornweg
7 = Buchenweg
8 = Eschenweg
1 = Baumgartenweg
2 = Adam-Fauser-Gäßle
3 = Ochsengäßle
4 = Bahnwasenstraße
5 = Auf der Burg
Gemeinsames Wirtschaftsgebiet Reutlingen-West
Deutsche Post AG
Technologiepark
Schamm-
berg
Berg
72770
Ortsteil Mähringen
(zu Kusterdingen)
1 = Im Heges
2 = Kirchplatz
3 = Roiäckerstraße
Hauptstraße
Wankheimer Straße
Jettenburger Straße
Kirchentellinsfurter Straße
Reutlinger Weg
Kusterdinger Steige
Ehrenbach
Heckbach
Lumpenbach
Hollbach
Regenbecken
Markwiesenstraße
Gerhard-Kindler-Str.
Derendinger Weg
Steinstraße
Immenhäuser Str.
Neckar-Alb-Str.
(zu Reutlingen)
Neue Str.
249
287
268
27
28

Kirchentellinsfurt
72138
Sportzentrum Faulbaum
Höhe
Gewerbegeb. Lange Morgen
Hohenstaufenstraße
Brühl
Stadtbez. Sickenhausen
(zu Reutlingen)
464
Grabhügel
Stadtbezirk Degerschlacht
(zu Reutlingen)
72768
Heim Rappertshofen
Rappertshofen
Dienstleistungspark Orschel
Wannweil
72827
Stadtbezirk Betzingen
(zu Reutlingen)
72770
Rosenäcker
Friedhof Römerschanze
Römerschanze
Beckenried
Reitpl.
Reithalle
Bauhof
Wannweil
Weinberg
381
Lindenhof
Mark
Ersberg
Kläranlage
Eberhard-Wildermuth-Siedlung
Regenüberlaufbecken
28
Gemeinsames Wirtschaftsgebiet Reutlingen-West
Deutsche Post AG
(zu Kusterdingen)
Umspannwerk
Gewerbegeb.
Raumahd
Streuobstwiesen-Schauanlage
Stadtbezirk Ohmenhausen
(zu Reutlingen)
Hinter dem Hau
Heckwiesen
Hundedressurpl.
Reutlingen
72762
Galgenberg
Grasiger Weg
Hohbuch
RT-Betzingen
RT-West
Gewerbegebiet
Tübinger Str.
Steinachstraße
Sickenhäuser Straße
Jerg-Wurster-Straße
Hoffmannstraße
Wannweiler Straße
Konrad-Adenauer-Str.
Gustav-Schwab-Straße
Neue Straße
Südring
Reutlinger Str.
Kirchentellinsfurter Straße
Degerschlachter Straße
250
267
288
3 = Gäßleshof
5 = Dackhäusweg
6 = Schloßhof
7 = Schloßberg
8 = Schloßgartenstraße
9 = Martinshof
10 = Rathausplatz
11 = Rathausstraße
12 = Lindenstraße
13 = Akazienweg
14 = Erlenstraße
15 = Im Eichengrund
16 = Weißdornweg
17 = Im Haselbusch
18 = Pappelweg
19 = Roßbergstraße
20 = Raichbergstraße
21 = Sternbergstraße
22 = Gabriel-Biel-Straße
23 = Gaisbergweg
1 = Wilhelmstraße
2 = Kirchgasse
3 = Eiwiesenweg
4 = Brunnenstraße
5 = Johannesstraße
6 = Oberer Mühlweg
7 = Jakobstraße
8 = Schulstraße
9 = In der Gänsweide
10 = Sackelhäuser Straße
11 = Nelkenstraße
12 = Mozartstraße
13 = Adam-Müller-Guttenbrunn-Straße
14 = Hartmannstraße
15 = Klinghaldeweg
8 = Lohengrinstr.
9 = Tristanstraße
10 = Im Hageneck
1 = Zum Schelmenwasen
2 = Eichhörnchenweg
3 = Wiesweiler
4 = Eichgartenhof
5 = Biberweg
6 = Rigolettoweg
7 = Othelloweg
1 = Entenhof
2 = Grünewaldstraße
3 = Barlachstraße
4 = Andreas-Schlüter-Str.
5 = Am Schießeck
1 = Sudetendeutsche Str.
2 = Adlerweg
3 = Spechtweg
4 = Habichtweg
5 = Auerhahnweg
6 = Entenweg
7 = Schwanenweg
8 = Sperlingweg
9 = Amselweg
10 = Elsterweg
11 = Eulenweg
12 = Drosselweg
13 = Falkenweg
14 = Geierweg
15 = Bussardweg
16 = Wachtelweg
17 = Möwenweg
18 = Reiherweg
19 = Kiebitzweg
20 = Rebhuhnweg
21 = Fasanenweg
22 = Kauzweg
23 = Ricarda-Huch-Straße
1 = Im Hörlach
2 = Carl-Zuckmayer-Weg
3 = Theodor-Storm-Weg
16 = Auäckerstraße
17 = In der Schnitzerin
18 = Joh.-Fischer-Str.
19 = Birkenweg
16 = Robert-Heck-Staße
10 = Theodor-Körner-Weg
11 = Gabelsbergerstraße
1 = Unterer Stichweg
2 = Webergasse
3 = Werkmeisterstraße
4 = Joh.-G.-Schlotterbeck-Gasse
5 = Alfred-Kraft-Gasse
6 = Mußmehlstraße
7 = Am Bollrain
8 = Im Wengle
9 = Kirchplatz
12 = Paracelsusstraße
13 = Walter-Gropius-Str.
14 = Richard-Dehmel-Straße
15 = Grillparzerstraße
1 = Weißdornweg

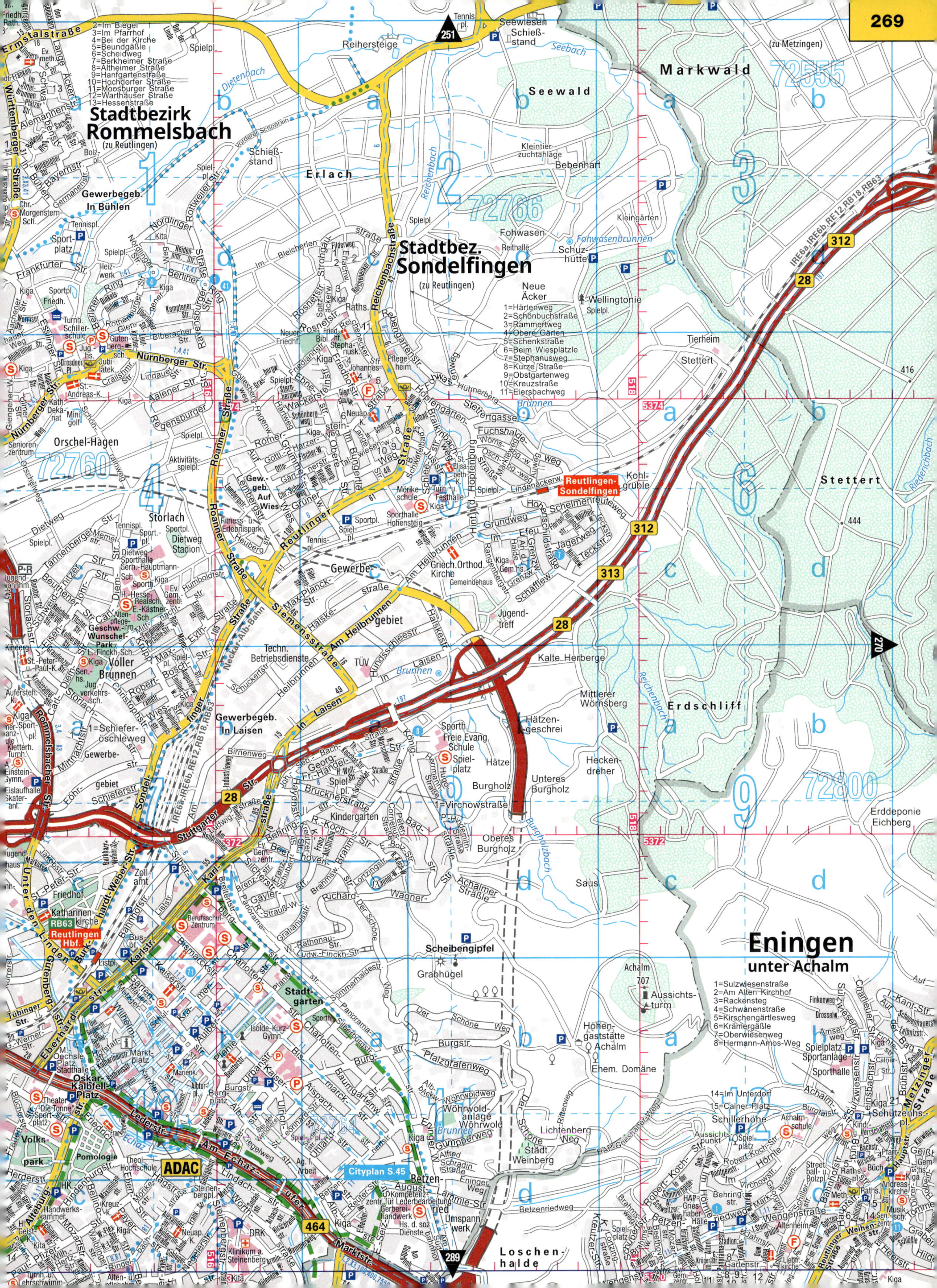
Stadtbezirk Rommelsbach
(zu Reutlingen)
1=Im Biegel
2=Im Pfarrhof
3=Schwalbenstraße
4=Bei der Kirche
5=Beundgäßle
6=Scheidweg
7=Berkheimer Straße
8=Altheimer Straße
9=Hanfgartenstraße
10=Hochdorfer Straße
11=Moosburger Straße
12=Warthauser Straße
13=Hessenstraße
Ermstalstraße
Reihersteige
Seewiesen
Schieß-stand
Seebach
Seewald
Markwald
(zu Metzingen)
72555
Dietenbach
Erlach
Schieß-stand
Reichenbach
72766
Kleintier-zuchtanlage
Bebenhart
Kleingärten
Gewerbegeb. In Bühlen
Stadtbez. Sondelfingen
(zu Reutlingen)
Fohwasen
Fohwasenbrunnen
Schutz-hütte
Neue Äcker
Wellingtonie
1=Härtenweg
2=Schönbuchstraße
3=Rammertweg
4=Obere Gärten
5=Schenkstraße
6=Beim Wiesplätzle
7=Stephanusweg
8=Kurze Straße
9=Obstgartenweg
10=Kreuzstraße
11=Eiersbachweg
Tierheim
Stettert
416
Nürnberger Str.
Reichenbachstraße
Orschel-Hagen
72760
Storlach
Dietweg Stadion
Roanner Straße
Reutlinger Str.
Stettertgasse
Fuchshalde
Reutlingen-Sondelfingen
Kohl-grüble
Stettert
444
312
28
313
Griech.Orthod. Kirche
Gewerbegebiet
Siemensstraße
Am Heilbrunnen
Jugend-treff
Kalte Herberge
Voller Brunnen
Techn. Betriebsdienste
TÜV
Brunnen
Mittlerer Wörnsberg
Reichenbach
Erdschliff
270
1=Schieferoschleweg
Gewerbegeb. In Laisen
In Laisen
Hätzen-geschrei
Sporth. Freie Evang. Schule
Hätze
Burgholz
Hecken-dreher
Unteres Burgholz
72800
Erddeponie Eichberg
Stuttgarter Str.
1=Virchowstraße
Kindergarten
Oberes Burgholz
Burgholzbach
372
5372
5374
Zoll-amt
Friedhof
Katharinenkirche
Reutlingen Hbf.
Achalmer Straße
Saus
Eningen unter Achalm
Scheibengipfel
Grabhügel
Achalm 707
Aussichts-turm
Höhen-gaststätte Achalm
Ehem. Domäne
1=Sulzwiesenstraße
2=Am Alten Kirchhof
3=Rackensteg
4=Schwanenstraße
5=Kirschengärtleweg
6=Krämergäßle
7=Oberwiesenweg
8=Hermann-Amos-Weg
Stadt-garten
Isolde-Kurz-Gymn.
Burgstr.
Pfalzgrafenweg
Wohnwold-anlage Wöhrwold
Lichtenberg Weg
Stadt Weinberg
Oskar-Kalbfell-Platz
Marktplatz
Pomologie
Volkspark
Ledderstr.
Am Echaz
ADAC
Cityplan S.45
464
Betzenried
Betzenriedweg
Umspann-werk
289
Loschen-halde
Klinikum a. Steinenberg
DRK
Marktstr.
14=Im Unterdorf
15=Calner Platz
Schillerhöhe
Achalm-schule
Sportanlage
Sporthalle
Metzinger Str.

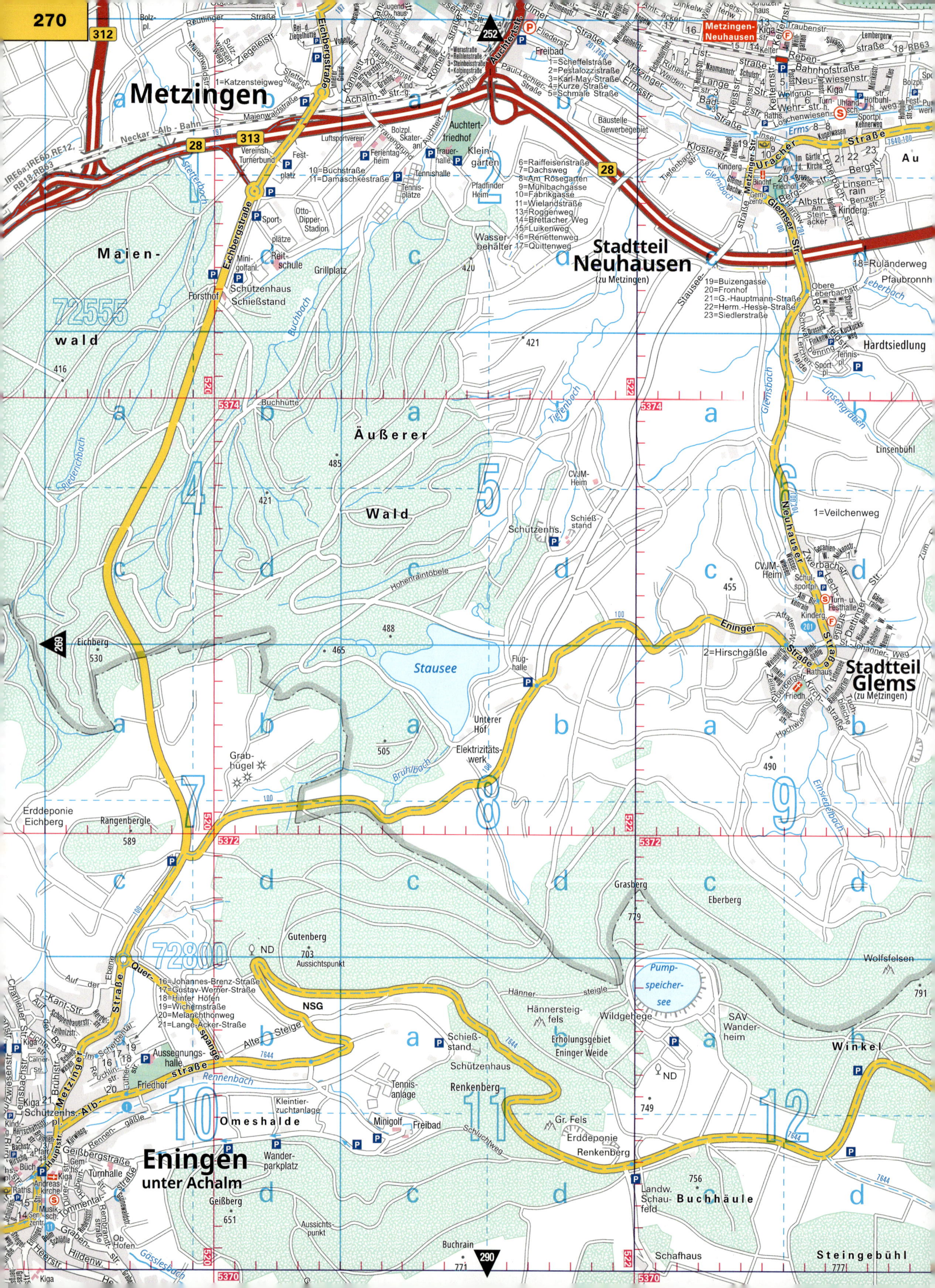

Metzingen
Stadtteil Neuhausen
(zu Metzingen)
Stadtteil Glems
(zu Metzingen)
Eningen
unter Achalm
Maien-
wald
Äußerer
Wald
Stausee
Pump-
speicher-
see
Auchtertfriedhof
Eichbergstraße
Neckar - Alb - Bahn
Schützenhaus
Schießstand
Grillplatz
Forsthof
Buchhütte
Eichberg
530
Erddeponie
Eichberg
Rangenbergle
589
Gutenberg
703
Aussichtspunkt
NSG
Grab-
hügel
Unterer
Hof
Elektrizitäts-
werk
Flug-
halle
CVJM-
Heim
Hardtsiedlung
Linsenbühl
Grasberg
779
Eberberg
Wolfsfelsen
Winkel
Wildgehege
Hännersteig-
fels
Erholungsgebiet
Eninger Weide
SAV
Wander-
heim
Renkenberg
Gr. Fels
Erddeponie
Renkenberg
Omeshalde
Geißberg
651
Buchrain
771
Buchhäule
Schafhaus
Steingebühl
777
Landw.
Schau-
feld
Minigolf
Freibad
Tennis-
anlage
Kleintier-
zuchtanlage
Wander-
parkplatz
1=Katzensteigweg
6=Raiffeisenstraße
7=Dachsweg
8=Am Rosegarten
9=Mühlbachgasse
10=Fabrikgasse
11=Wielandstraße
13=Roggenweg
14=Brettacher Weg
15=Luikenweg
16=Renettenweg
17=Quittenweg
1=Scheffelstraße
2=Pestalozzistraße
3=Karl-May-Straße
4=Kurze Straße
5=Schmale Straße
10=Buchstraße
11=Damaschkestraße
18=Rulanderweg
19=Buizengasse
20=Fronhof
21=G.-Hauptmann-Straße
22=Herm.-Hesse-Straße
23=Siedlerstraße
1=Veilchenweg
2=Hirschgäßle
16=Johannes-Brenz-Straße
17=Gustav-Werner-Straße
18=Hinter Höfen
19=Wicherstraße
20=Melanchthonweg
21=Lange-Acker-Straße
Metzingen-
Neuhausen
72555
72800

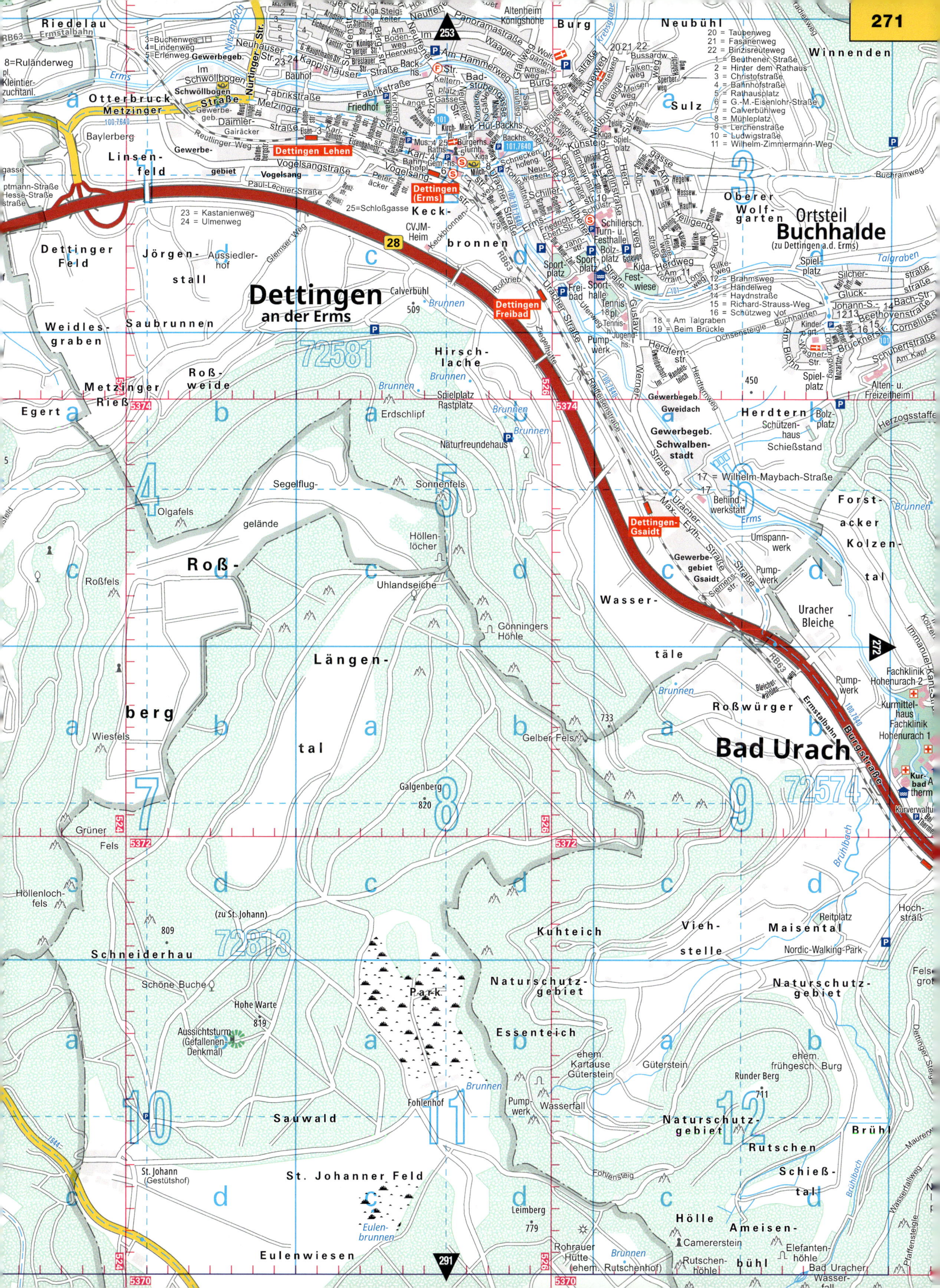
Dettingen
an der Erms
Ortsteil
Buchhalde
(zu Dettingen a.d. Erms)
Bad Urach
72581
72574
72813
Dettingen Lehen
Dettingen (Erms)
Dettingen Freibad
Dettingen-Gsaidt
Riedelau
Otterbruck
Metzinger Straße
Linsenfeld
Dettinger Feld
Jörgenstall
Aussiedlerhof
Keckbronnen
CVJM-Heim
Calverbühl
Weidlesgraben
Saubrunnen
Metzinger Rieß
Roßweide
Hirschlache
Egert
Erdschlipf
Spielplatz Rastplatz
Naturfreundehaus
Segelfluggelände
Sonnenfels
Olgafels
Höllenlöcher
Roßfels
Roßberg
Uhlandseiche
Gönningers Höhle
Längental
Wiesfels
Gelber Fels
Galgenberg
Grüner Fels
Höllenlochfels
Schneiderhau
(zu St. Johann)
Schöne Buche
Hohe Warte
Aussichtsturm (Gefallenen-Denkmal)
Park
Sauwald
Fohlenhof
St. Johann (Gestütshof)
St. Johanner Feld
Eulenbrunnen
Eulenwiesen
Kuhteich
Naturschutzgebiet
Essenteich
ehem. Kartause Güterstein
Pumpwerk
Wasserfall
Leimberg
Rohrauer Hütte (ehem. Rutschenhof)
Wassertäle
Roßwürger
Viehstelle
Maisental
Nordic-Walking-Park
Reitplatz
Güterstein
ehem. frühgesch. Burg
Runder Berg
Rutschen
Schießtal
Hölle
Camererstein
Rutschenhöhle
Ameisenbühl
Elefantenhöhle
Bad Uracher Wasserfall
Brühl
Burg
Neubühl
Winnenden
Sulz
Oberer Wolfgarten
Herdtern
Schützenhaus
Schießstand
Gewerbegeb. Gweidach
Gewerbegeb. Schwalbenstadt
Forstacker
Kolzental
Uracher Bleiche
Gewerbegebiet Gsaidt
Umspannwerk
Alten- u. Freizeitheim
Fachklinik Hohenurach 2
Kurmittelhaus
Fachklinik Hohenurach 1
Kurbad
Burgstraße
Ermstalbahn
Brunnen
Erms
20 = Taubenweg
21 = Fasanenweg
22 = Binzisreuteweg
1 = Beuthener Straße
2 = Hinter dem Rathaus
3 = Christofstraße
4 = Bahnhofstraße
5 = Rathausplatz
6 = G.-M.-Eisenlohr-Straße
7 = Calverbühlweg
8 = Mühleplatz
9 = Lerchenstraße
10 = Ludwigstraße
11 = Wilhelm-Zimmermann-Weg
12 = Brahmsweg
13 = Händelweg
14 = Haydnstraße
15 = Richard-Strauss-Weg
16 = Schützweg
17 = Wilhelm-Maybach-Straße
18 = Am Talgraben
19 = Beim Brückle
23 = Kastanienweg
24 = Ulmenweg
25 = Schloßgasse
3 = Buchenweg
4 = Lindenweg
5 = Erlenweg
8 = Ruländerweg
253
272
291
28
509
450
733
820
809
819
711
779

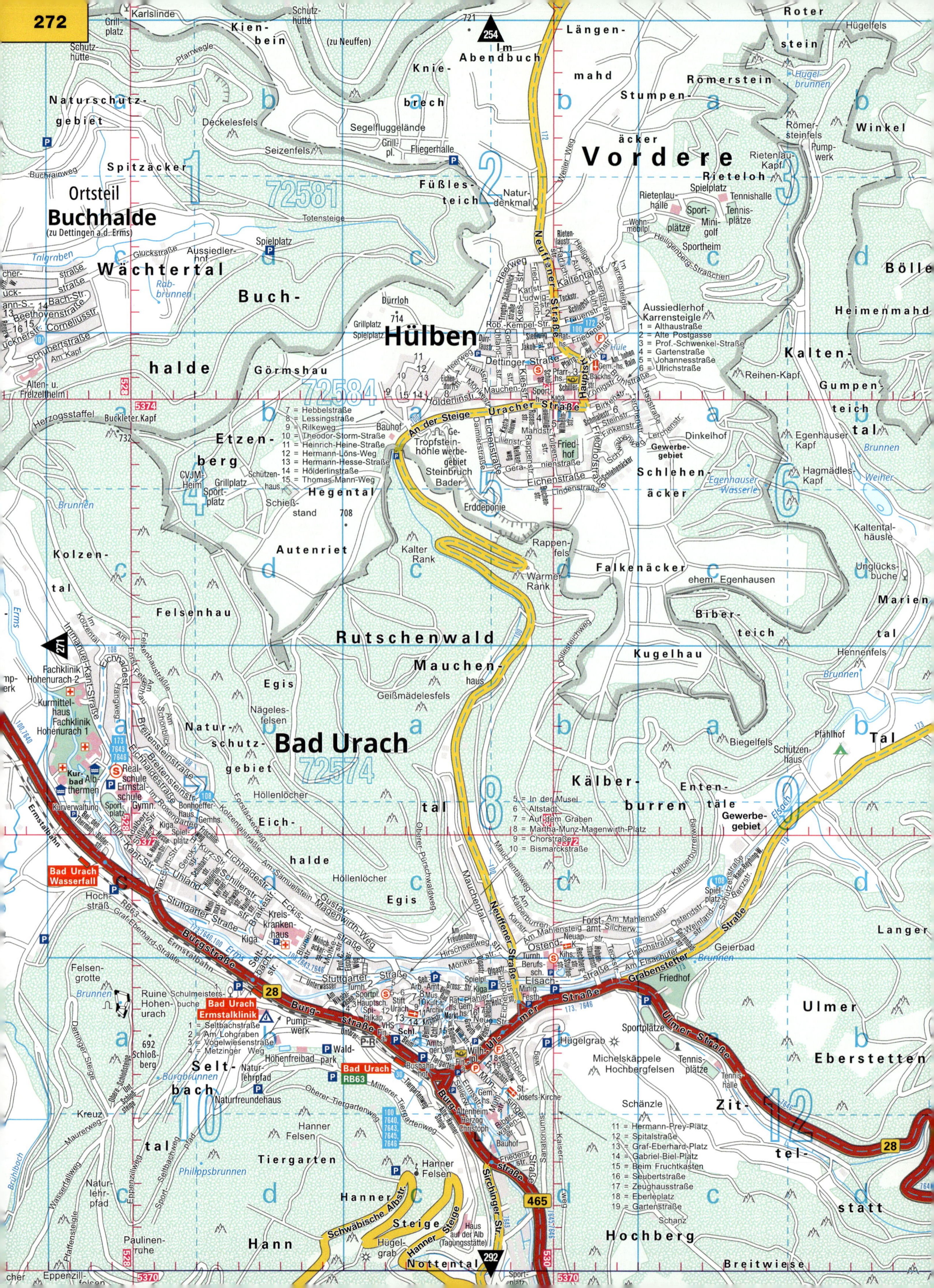
Karlslinde
Grillplatz
Schutzhütte
Kienbein
(zu Neuffen)
Im Abendbuch
Längenmahd
Roter stein
Hügelfels
Hügelbrunnen
Kniebrech
Stumpenäcker
Römerstein
Naturschutzgebiet
Deckelesfels
Segelfluggelände
Fliegerhalle
Vordere
Römersteinfels
Winkel
Pumpwerk
Spitzäcker
Seizenfels
Rietenlau-Kapf
Rieteloh
Füßlesteich
Naturdenkmal
Tennishalle
Tennisplätze
Sportplätze
Minigolf
Sportheim
72581
Ortsteil
Buchhalde
(zu Dettingen a.d. Erms)
Totensteige
Spielplatz
Aussiedlerhof
Wächtertal
Rabbrunnen
Buch-
Heerweg
Neuffener Straße
Kaltenstalstr.
Heiligenberg-Straßchen
Dürrloh
714
Hülben
Aussiedlerhof Karrensteige
1 = Althaustraße
2 = Alte Postgasse
3 = Prof.-Schwenkel-Straße
4 = Gartenstraße
5 = Johannesstraße
6 = Ulrichstraße
Bölle
Heimenmahd
Kalten-
Gumpenteich
tal
halde
Görmshau
72584
Dettinger Straße
Uracher Straße
An der Steige
Reihen-Kapf
Herzogsstaffel
Buckleter Kapf
732
7 = Hebbelstraße
8 = Lessingstraße
9 = Rilkeweg
10 = Theodor-Storm-Straße
11 = Heinrich-Heine-Straße
12 = Hermann-Löns-Weg
13 = Hermann-Hesse-Straße
14 = Hölderlinstraße
15 = Thomas-Mann-Weg
Bauhof
Tropfsteinhöhle
Gewerbegebiet
Steinbruch Bader
Friedhof
Dinkelhof
Egenhauser Kapf
Hagmädles-Kapf
Weiher
Etzenberg
CVJM-Heim
Schützenhaus
Grillplatz
Sportplatz
Hegental
Schießstand
708
Erddeponie
Schlehenäcker
Egenhauser Wässerle
Brunnen
Kaltentalhäusle
Autenriet
Kalter Rank
Rappenfels
Warmer Rank
Falkenäcker
ehem. Egenhausen
Unglücksbuche
Kolzental
Felsenhau
Biberteich
Marien
tal
Erms
Rutschenwald
Kugelhau
Hennenfels
Fachklinik Hohenurach 2
Mauchenhaus
Egis
Geißmädelesfels
Nägelesfelsen
Kurmittelhaus
Fachklinik Hohenurach 1
Naturschutzgebiet
Bad Urach
72574
Pfählhof
Schützenhaus
Biegelfels
Tal
Kurbad
Albthermen
Realschule
Ermstalschule
Gymn.
Höllenlöcher
Kälberburren
Entenäle
Gewerbegebiet
Eichhalde
tal
5 = In der Musel
6 = Altstadt
7 = Auf dem Graben
8 = Martha-Munz-Magenwirth-Platz
9 = Chorstraße
10 = Bismarckstraße
Bad Urach Wasserfall
Ermstalbahn
Hochstraß
Höllenlöcher
Egis
Stuttgarter Straße
Kreiskrankenhaus
Gustav-Magenwirth-Weg
Neuffener Straße
Mauchentalstr.
Langer
Geierbad
Friedhof
Grabenstetter Straße
Felsengrotte
Brunnen
Ruine Hohenurach
Schulmeistersbuche
Bad Urach Ermstalklinik
Burgstraße
1 = Seltbachstraße
2 = Am Lohgraben
3 = Vogelwiesenstraße
4 = Metzinger Weg
Pumpwerk
Ulmer Straße
Sportplätze
Hügelgrab
Michelskäppele
Hochbergfelsen
Tennisplätze
Tennishalle
Ulmer
Eberstetten
692
Schloßberg
Hohenfreibad
Waldpark
Bad Urach
RB63
Seltbach
Naturlehrpfad
Naturfreundehaus
Burgbrunnen
Kreuz
Tiergartenweg
Josefs-Kirche
Schänzle
Zittelstatt
11 = Hermann-Prey-Platz
12 = Spitalstraße
13 = Graf-Eberhard-Platz
14 = Gabriel-Biel-Platz
15 = Beim Fruchtkasten
16 = Seubertstraße
17 = Zeughausstraße
18 = Eberleplatz
19 = Gartenstraße
tal
Hanner Felsen
Tiergarten
Philippsbrunnen
Naturlehrpfad
Hanner Felsen
Hanner
Schwäbische Albstr.
Steige
Hanner Steige
Sirchinger Str.
Haus auf der Alb (Tagungsstätte)
Hügelgrab
Nottental
Hochberg
Schanz
Breitwiese
Hann
Paulinenruhe
Eppenzillfelsen
28
465
292
254
271
530
5370
5374
528

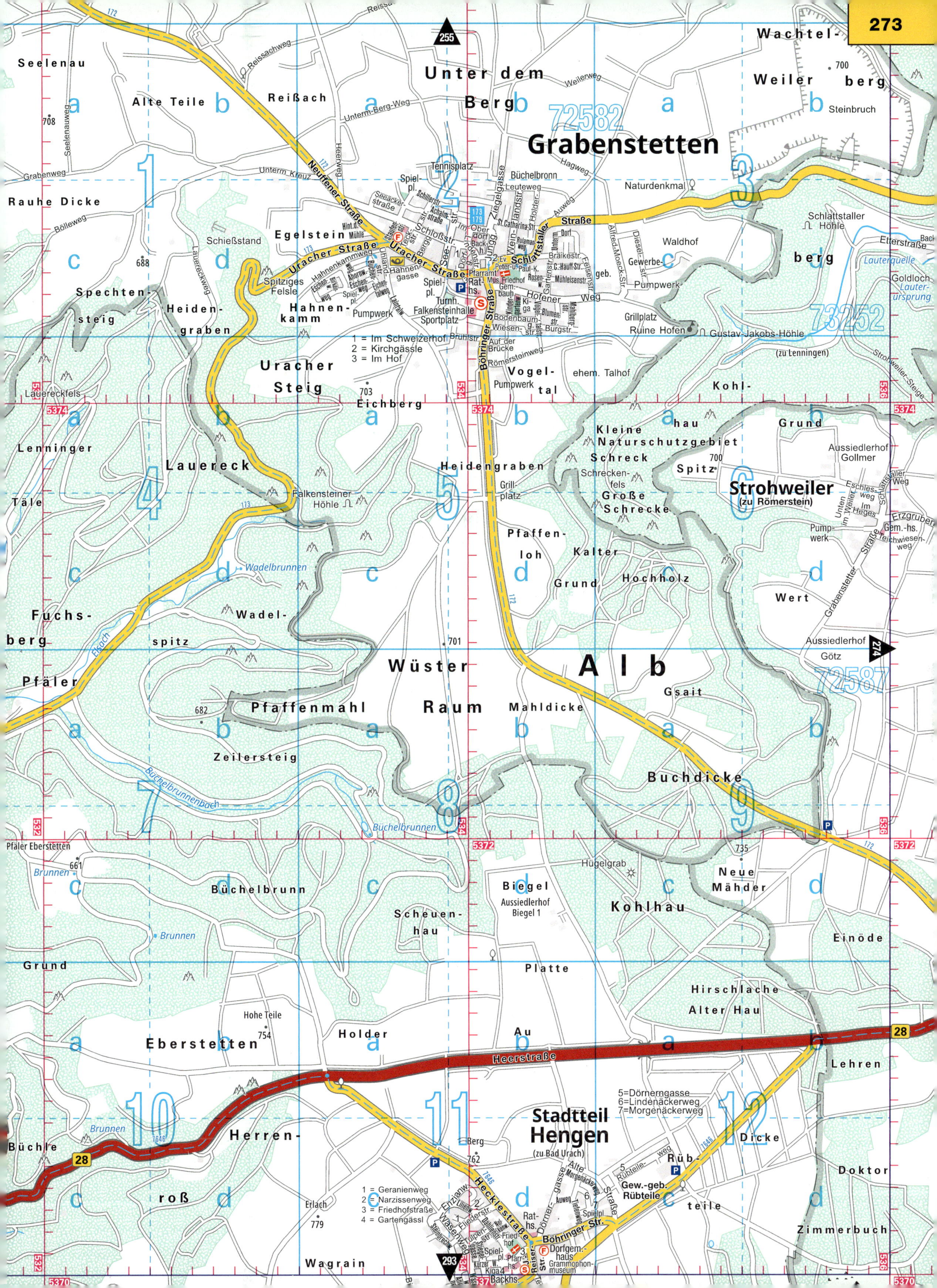

Grabenstetten
72582
Unter dem Berg
Wachtel-
Weiler
berg
Steinbruch
Seelenau
Alte Teile
Reißach
Rauhe Dicke
Egelstein
Schießstand
Spitziges Felsle
Hahnen-kamm
Spechten-steig
Heiden-graben
Uracher Steig
Eichberg
Tennisplatz
Büchelbronn
Naturdenkmal
Schlattstaller Höhle
Etterstraße
Lauterquelle
Goldloch Lauter-ursprung
Waldhof
Gewerbe-
Pumpwerk
Grillplatz
Ruine Hofen
Gustav-Jakobs-Höhle
(zu Lenningen)
73252
Neuffener Straße
Uracher Straße
Schlattstaller Straße
Böhringer Straße
1 = Im Schweizerhof
2 = Kirchgässle
3 = Im Hof
Vogel-tal
ehem. Talhof
Kohl-hau
Grund
Laureckfels
Lenninger Täle
Laureck
Falkensteiner Höhle
Heidengraben
Kleine Naturschutzgebiet
Schreck
Schrecken-fels
Große Schrecke
Spitz
Strohweiler
(zu Römerstein)
Aussiedlerhof Gollmer
Pfaffen-loh
Kalter Grund
Hochholz
Wert
Wadelbrunnen
Wadel-spitz
Fuchs-berg
Pfäler
Aussiedlerhof Götz
72587
Wüster Raum
Alb
Gsait
Mahldicke
Pfaffenmahl
Zeilersteig
Büchelbrunnenbach
Büchelbrunnen
Buchdicke
Pfäler Eberstetten
Brunnen
Büchelbrunn
Scheuen-hau
Biegel
Aussiedlerhof Biegel 1
Hügelgrab
Kohlhau
Neue Mähder
Einöde
Grund
Platte
Hirschlache
Alter Hau
Hohe Teile
Eberstetten
Holder
Au
Heerstraße
Lehren
Herren-roß
Büchle
Stadtteil Hengen
(zu Bad Urach)
5=Dörnerngasse
6=Lindenäckerweg
7=Morgenäckerweg
Dicke
Doktor
Rüb-teile
Gew.-geb. Rübteile
Zimmerbuch
1 = Geranienweg
2 = Narzissenweg
3 = Friedhofstraße
4 = Gartengässl
Hecklestraße
Böhringer Str.
Erlach
Wagrain
Dorfgem.-haus
Grammophon-museum
Backhs.

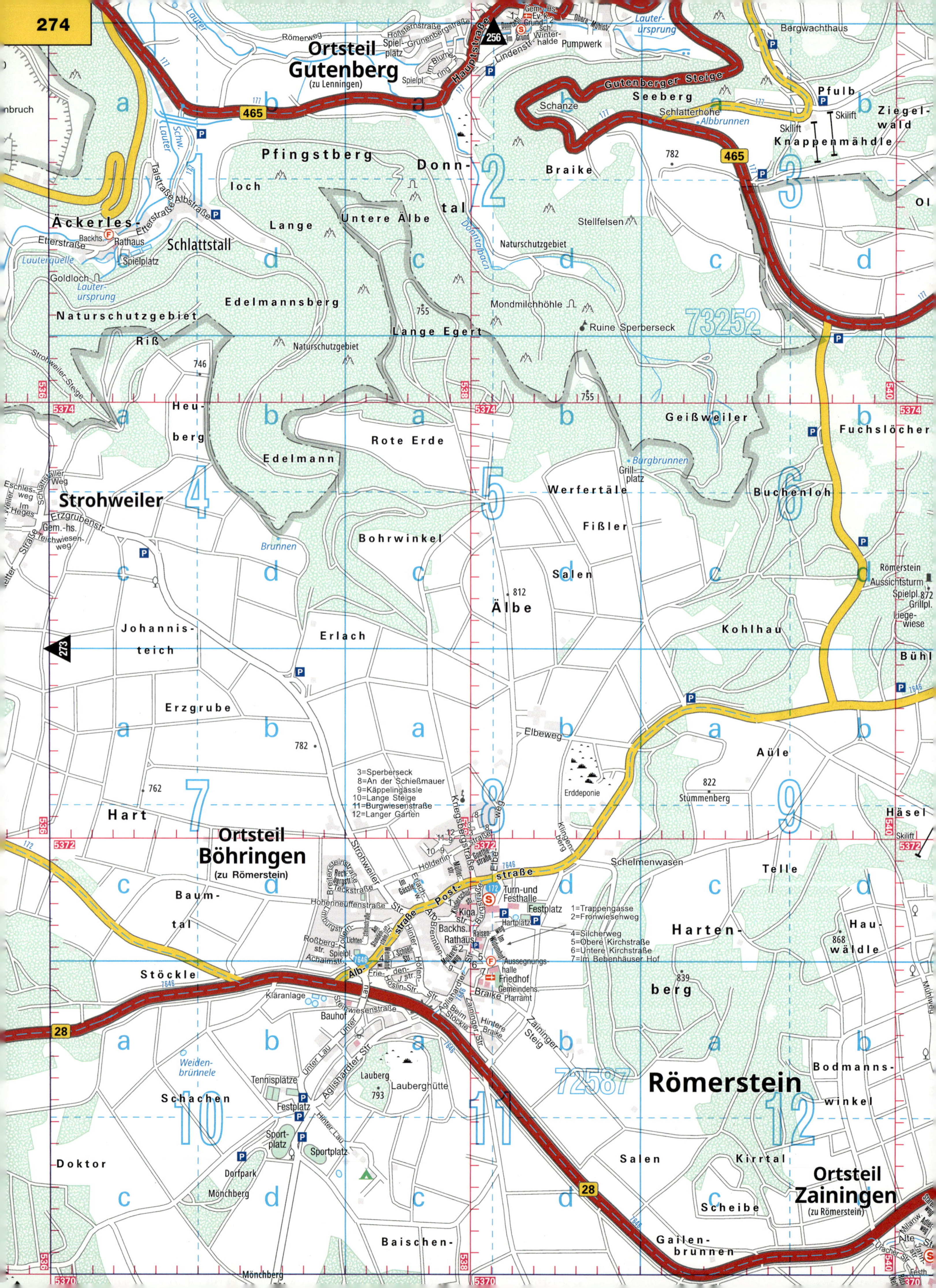

Ortsteil Gutenberg
(zu Lenningen)
Römerweg
Hauptstraße
Lindenstr.
Pumpwerk
Lauterursprung
Bergwachthaus
Gutenberger Steige
Schanze
Seeberg
Schlatterhöhe
Albbrunnen
Pfulb
Ziegelwald
Skilift
Knappenmähdle
465
Pfingstberg
loch
Lange
Untere Älbe
Donntal
Braike
782
Äckerles-
Schlattstall
Etterstraße
Backhs.
Rathaus
Spielplatz
Lauterquelle
Goldloch
Lauterursprung
Talstraße
Albstraße
Stellfelsen
Naturschutzgebiet
Donntalbach
Edelmannsberg
Naturschutzgebiet
Mondmilchhöhle
755
Lange Egert
Ruine Sperberseck
73252
Riß
Strohweiler-Steige
746
Naturschutzgebiet
755
Heuberg
Edelmann
Rote Erde
Geißweiler
Fuchslöcher
Burgbrunnen
Grillplatz
Strohweiler
Werfertäle
Buchenloh
Erzgrubenstr.
Gem.-hs.
Teichwiesenweg
Brunnen
Bohrwinkel
Fißler
Salen
Römerstein
Aussichtsturm
Spielpl.
872
Grillpl.
Liegewiese
812
Älbe
Johannisteich
Erlach
Kohlhau
Bühl
273
Erzgrube
Elbeweg
782
Äule
762
3=Sperberseck
8=An der Schießmauer
9=Käppelingässle
10=Lange Steige
11=Burgwiesenstraße
12=Langer Garten
Erddeponie
822
Stummenberg
Hart
Häsel
Skilift
Ortsteil Böhringen
(zu Römerstein)
Kriegsbergstraße
Schelmenwasen
Telle
Baumtal
Strohweiler Str.
Hölderlin
Poststraße
Turn-und Festhalle
Festplatz
1=Trappengasse
2=Fronwiesenweg
4=Silcherweg
5=Obere Kirchstraße
6=Untere Kirchstraße
7=Im Bebenhäuser Hof
Harten-
berg
839
Hauwäldle
868
Hohenneuffenstraße
Albstraße
Backhs.
Rathaus
Kiga.
Hartplatz
Aussegnungshalle
Friedhof
Gemeindens.
Pfarramt
Braike
Stöckle
Kläranlage
Bauhof
Steinwiesenstraße
Zaininger Steig
Hintere Braike
28
Weidenbrünnele
Tennisplätze
Lauberg
793
Lauberghütte
72587
Römerstein
Bodmannswinkel
Schachen
Festplatz
Sportplatz
Sportplatz
Dorfpark
Mönchberg
Doktor
Salen
Kirrtal
Ortsteil Zaininger
(zu Römerstein)
Scheibe
Baischen-
Gailenbrunnen
Mönchberg

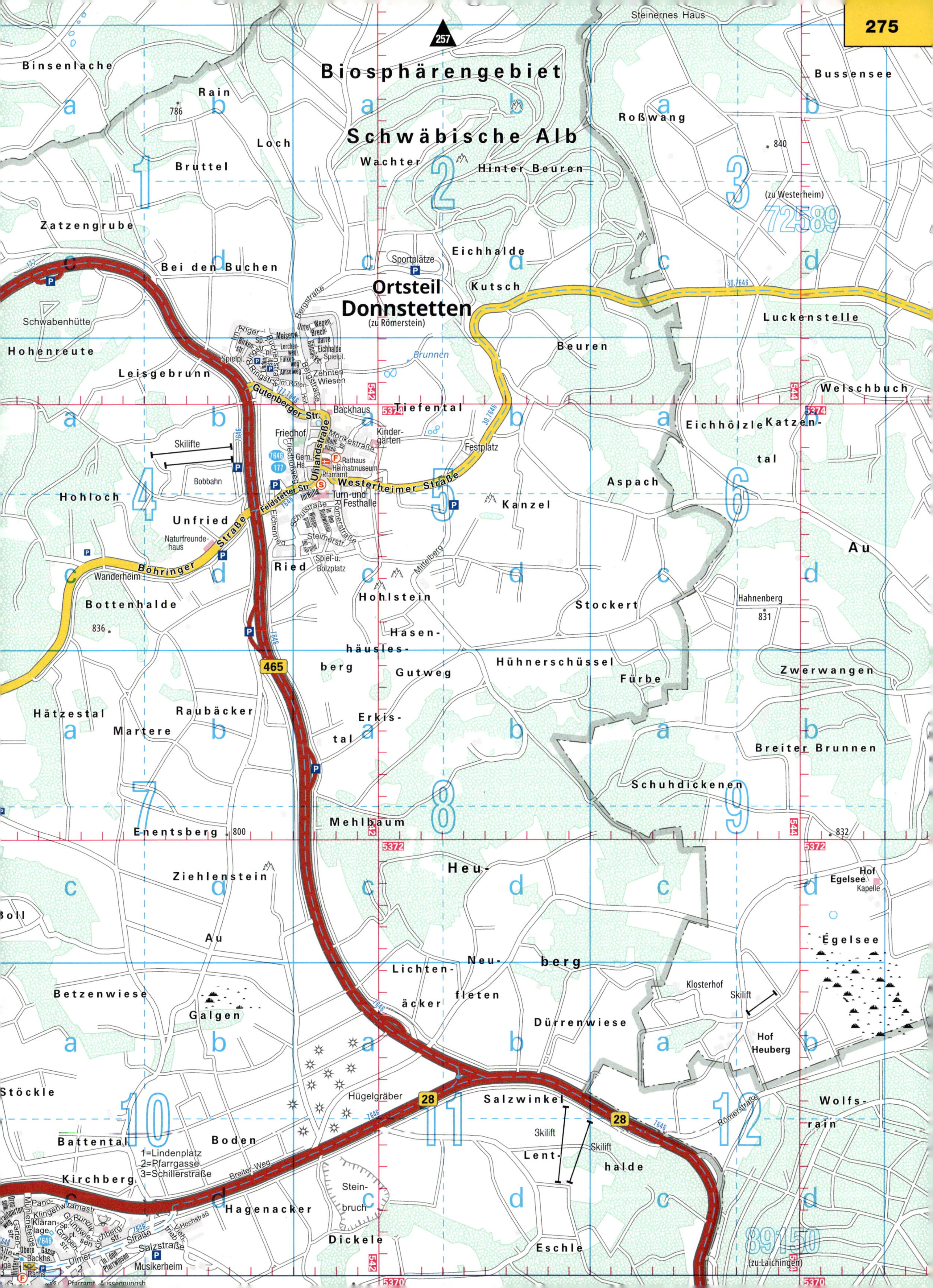
Steinernes Haus
257
Biosphärengebiet
Schwäbische Alb
Binsenlache
Rain
786
Loch
Bruttel
Wachter
Hinter Beuren
Roßwang
Bussensee
840
(zu Westerheim)
72589
Zatzengrube
Eichhalde
Sportplätze
Bei den Buchen
Kutsch
Ortsteil
Donnstetten
(zu Römerstein)
Schwabenhütte
Luckenstelle
Hohenreute
Beuren
Leisgebrunn
Brunnen
Welschbuch
Gutenberger Str.
Backhaus
Tiefental
Friedhof
Uhlandstraße
Kinder-
garten
Eichhölzle
Katzen-
tal
Skilifte
Festplatz
Rathaus
Heimatmuseum
Pfarramt
Westerheimer Straße
Aspach
Bobbahn
Turn-und
Festhalle
Hohloch
Kanzel
Unfried
Feldstetter Str.
Naturfreunde-
haus
Au
Böhringer Straße
Wanderheim
Ried
Spiel-u.
Bolzplatz
Mittelberg
Hohlstein
Stockert
Hahnenberg
831
Bottenhalde
836
Hasen-
häusles-
berg
Hühnerschüssel
Gutweg
465
Fürbe
Zwerwangen
Hätzestal
Raubäcker
Erkis-
tal
Martere
Breiter Brunnen
Schuhdickenen
Mehlbaum
Enentsberg
800
832
Heu-
Ziehlenstein
Hof
Egelsee
Kapelle
Boll
Au
Egelsee
Lichten-
äcker
Neu-
fleten
berg
Klosterhof
Skilift
Betzenwiese
Galgen
Dürrenwiese
Hof
Heuberg
Stöckle
Hügelgräber
28
Salzwinkel
Wolfs-
rain
Römerstraße
Skilift
Battental
Boden
Lent-
halde
1=Lindenplatz
2=Pfarrgasse
3=Schillerstraße
Kirchberg
Breiter Weg
Stein-
bruch
Hagenacker
Salzstraße
Dickele
Eschle
Musikerheim
89150
(zu Laichingen)
Pfarramt
5370
5372
5374
542
544

Dornstetten
72280
Stadtteil
Aach
(zu Dornstetten)
Stadtteil
Dietersweiler
(zu Freudenstadt)
72250
Glatten
72293
Ortsteil
Lombach
(zu Loßburg)
72290
Grüntal
(zu Freudenstadt)
Birkhölzle
Bühl
Holzbaum
Neuer Friedhof
Heyler
Benzinger Hof
Schorren
Aucht
NSG
Blaier
Glattal
Kläranlage
Hohwiel
643
Berghof
Aussiedlerhof Nottental
Lehen
Hundeübungsplatz
Aler
Oberer Tannenhof
Allmandhütte
Königskanzel
Aussichtsturm Königskanzel
Camping Königskanzel
Rastpl.
Köpfle
Zollstock Linde
Fischbachhof
Aussiedlerhof Kaupp
Stadtmühle
Haupt- und Realschule
Sporthalle
Steinbruch
Dornstetten-Aach
Schule f. Geistigbehinderte
Körperbehindertensch.
Bauhof
Recycling-Center
Rathaus
Schießstand
Schützenhaus
Hammerschmiede
Palmen
Dornheckle
Nüllenberg
637
Warnberg
Harteck
Hessenwiesen
Eppeneck
Herdweg
Lautermühle
ehem. Glatter Sägmühle
Brand
Hummelberg
Schachen
Brandegert
Kaltenbrunnen
Buchhalde
Röte
Ursental
Brennegert
Alte Egert
619
Niederhofen
Tellenwald
Schießstand
Sportplatz
Recycling-Center
Verbandskläranlage
Glatt
Lauter
Mühlbach
Dritenbach
Eischbach
Ettenbach
Stockerbach
Kübelbach
Tübinger Str.
Alte Poststraße
Freudenstädter Straße
Glattalstraße
Freudenstädter Straße
Schwarzwaldstraße
Glattener Str.
Lombacher Straße
Dornstetter Straße
Sulzer Straße
Aacher Straße
Grüntaler Str.
Hallwanger Str.
1 = Steiningstraße
2 = Turnhalleplatz
3 = Mauerweg
4 = Raiffeisenstraße
5 = Hinter der Kirche
6 = Kirchplatz
7 = Rathausgasse
8 = Marktplatz
9 = Obertorgasse
10 = Königsberger Straße
11 = Im Lengenbrunnen
12 = Eichendorffweg
13 = Lessingstraße
1 = Scheffelstraße
2 = Erlenweg
3 = Kindergartenweg
4 = Eschenweg
5 = Weiherweg
6 = Enge Gasse
7 = Alte Gasse
14=Brunnensteige
15=An der Brunnenstube
16=Zollernblick
17=Dr.-Karl-Mahler-Straße
1 = Theodor- Heuss- Straße
2 = Nelkenweg
3 = Tulpenstraße
4 = Wangerweg
5 = Im Aischbach
1 = Raiffeisenweg
2 = Hutwiesenweg
5 = Lange Gass
6 = Wachholdergasse
3 = Hallwiesenweg
4 = Kirchstraße
28
462
464
5370
5368
5366
294

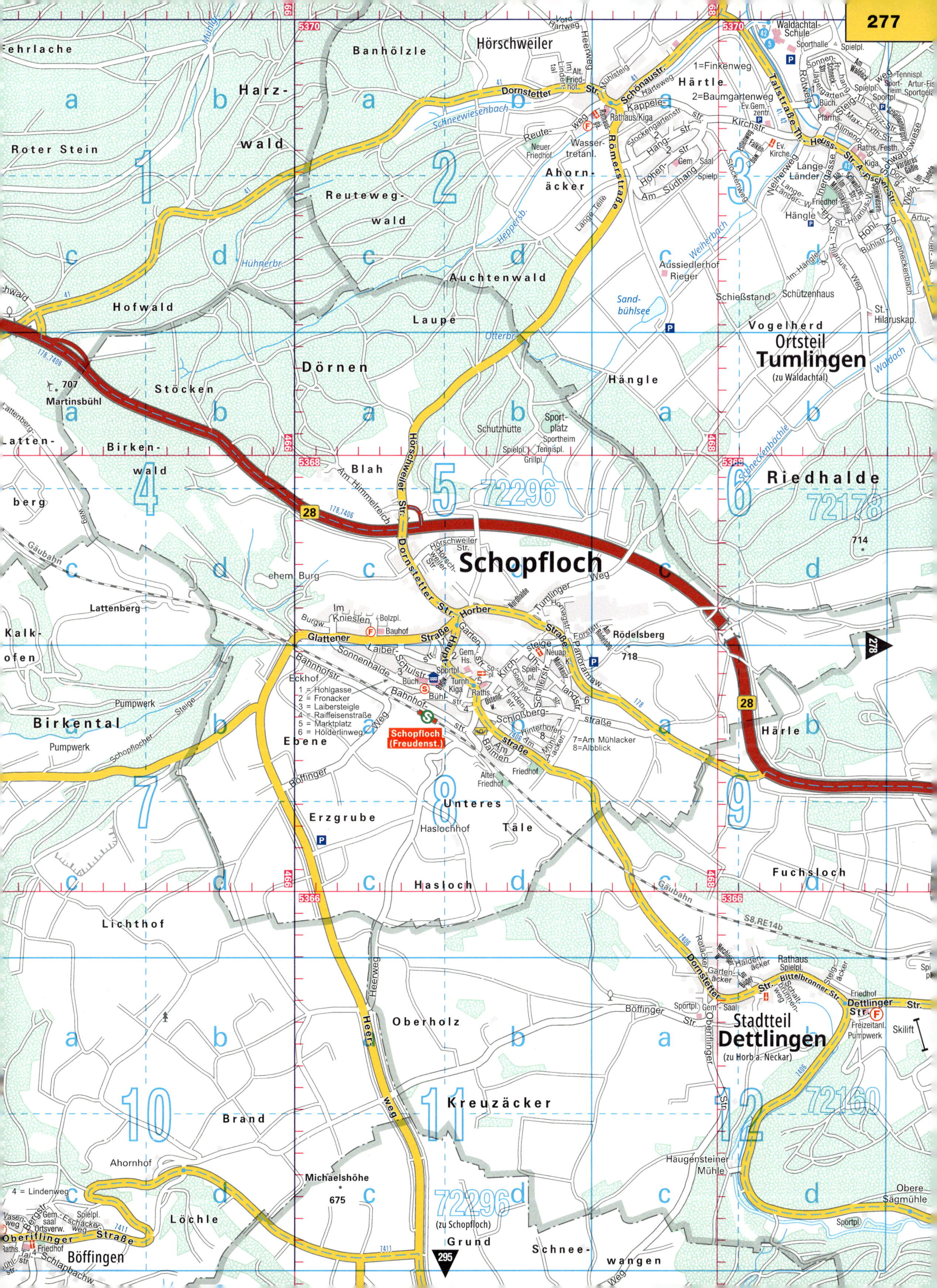
Schopfloch
72296
Ortsteil Tumlingen (zu Waldachtal)
72178
Stadtteil Dettlingen (zu Horb a. Neckar)
72160
Hörschweiler
Böffingen
72296 (zu Schopfloch)
Harz-wald
Roter Stein
Hofwald
Stöcken
Martinsbühl
Birken-wald
Reuteweg-wald
Auchtenwald
Laupe
Dörnen
Blah
Riedhalde
Vogelherd
Hängle
Rödelsberg
Härle
Birkental
Lattenberg
Ebene
Erzgrube
Unteres Täle
Hasloch
Fuchsloch
Lichthof
Oberholz
Kreuzäcker
Brand
Ahornhof
Michaelshöhe
Löchle
Grund
Schnee-wangen
Schopfloch (Freudenst.)
1 = Hohlgasse
2 = Fronacker
3 = Laibersteigle
4 = Raiffeisenstraße
5 = Marktplatz
6 = Hölderlinweg
7=Am Mühlacker
8=Albblick
1=Finkenweg
2=Baumgartenweg
4 = Lindenweg
278
295

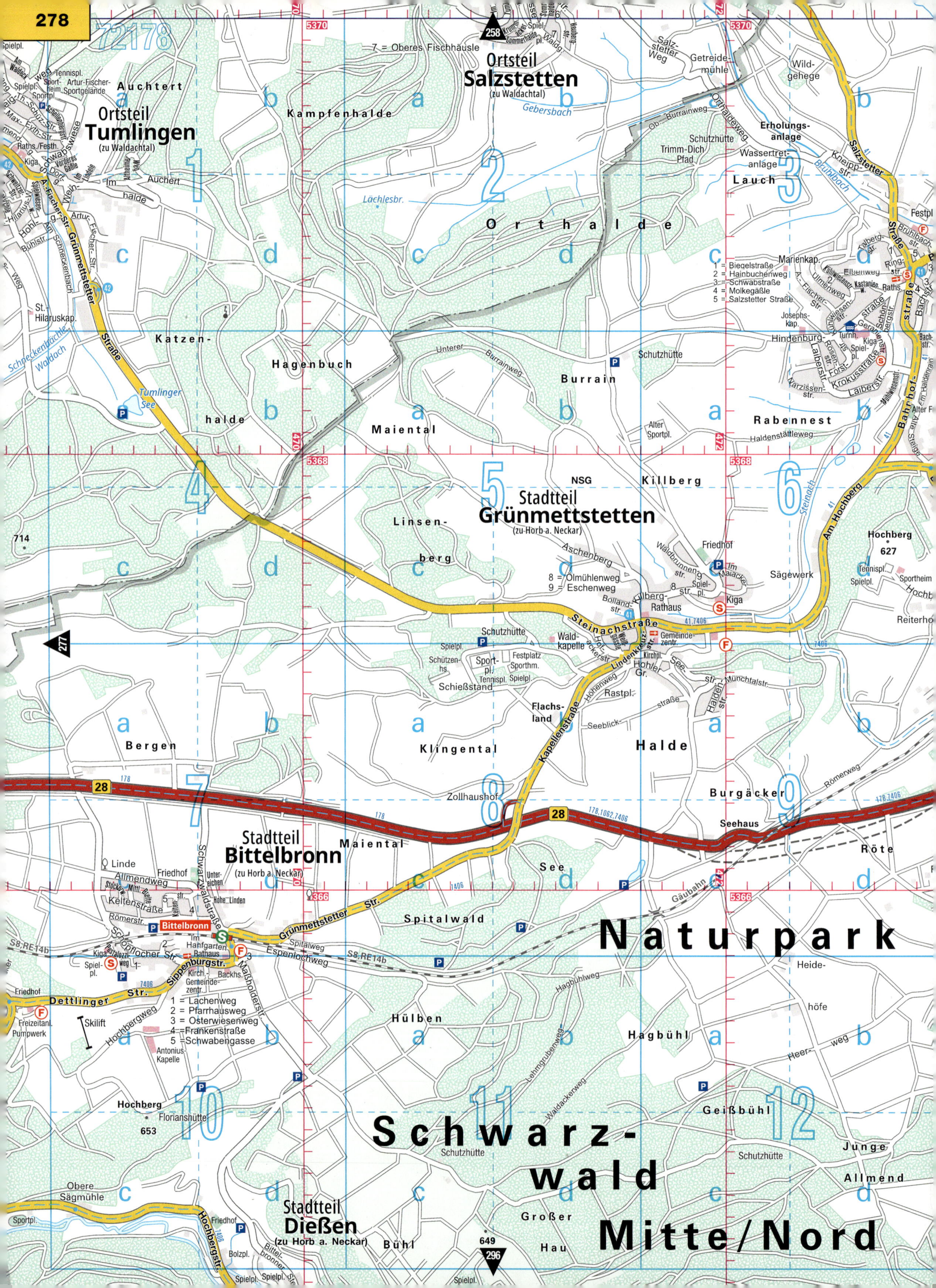
72178
Ortsteil
Tumlingen
(zu Waldachtal)
Auchtert
Kampfenhalde
Ortsteil
Salzstetten
(zu Waldachtal)
7 = Oberes Fischhäusle
Gebersbach
Getreide-
mühle
Wild-
gehege
Erholungs-
anlage
Schutzhütte
Trimm-Dich
Pfad
Wassertret-
anlage
Lauch
Lächlesbr.
Orthalde
Auchert
1 = Biegelstraße
2 = Hainbuchenweg
3 = Schwabstraße
4 = Molkegäßle
5 = Salzstetter Straße
Marienkap.
St.-
Hilariuskap.
Katzen-
halde
Hagenbuch
Tumlinger
See
Maiental
Burrain
Schutzhütte
Rabennest
Haldenstättleweg
Josephs-
kap.
Hindenburg-
Alter
Sportpl.
NSG
Killberg
Stadtteil
Grünmettstetten
(zu Horb a. Neckar)
Linsen-
berg
Aschenberg
8 = Ölmühlenweg
9 = Eschenweg
Friedhof
Sägewerk
Hochberg
627
Reiterhof
714
Rathaus
Kiga
Steinachstraße
Schutzhütte
Wald-
kapelle
Gemeinde-
zentr.
Festplatz
Sporthm.
Schießstand
Flachs-
land
Rastpl.
Seeblick-
Halde
Bergen
Klingental
Zollhaushof
Burgäcker
Seehaus
Röte
Stadtteil
Bittelbronn
(zu Horb a. Neckar)
Maiental
Linde
Friedhof
Allmendweg
Keltenstraße
Römerstr.
Bittelbronn
Grünmettstetter Str.
See
Spitalwald
Naturpark
Gäubahn
Espenlochweg
Sippenburgstr.
Dettlinger Str.
1 = Lachenweg
2 = Pfarrhausweg
3 = Osterwiesenweg
4 = Frankenstraße
5 = Schwabengasse
Skilift
Freizeitanl.
Pumpwerk
Antonius-
Kapelle
Hülben
Hagbühl
Heide-
höfe
Heerweg
Hochberg
653
Florianshütte
Geißbühl
Schwarz-
wald
Mitte/Nord
Schutzhütte
Junge
Allmend
Obere
Sägmühle
Stadtteil
Dießen
(zu Horb a. Neckar)
Bühl
Großer
Hau
649
258
277
296

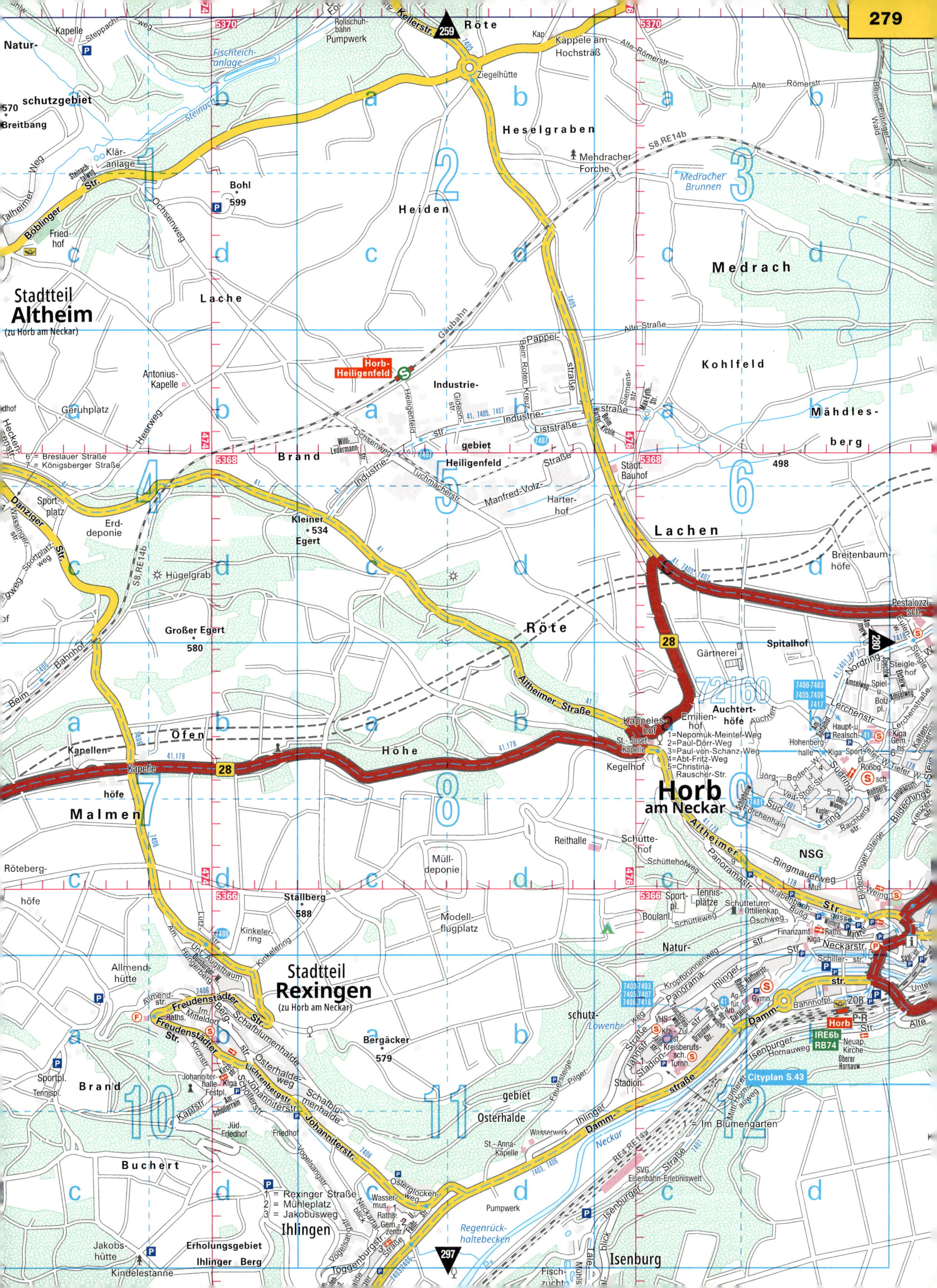
Röte
Ziegelhütte
Käppele am Hochsträß
Heselgraben
Mehdracher Forche
Medracher Brunnen
Heiden
Medrach
Stadtteil
Altheim
(zu Horb am Neckar)
Lache
Bohl
599
Naturschutzgebiet
Breitbang
Kläranlage
Böblinger Str.
Ochsenweg
Gäubahn
Horb-Heiligenfeld
Industriegebiet Heiligenfeld
Kohlfeld
Mähdlesberg
498
Brand
Antonius-Kapelle
Geruhplatz
6 = Breslauer Straße
7 = Königsberger Straße
Lachen
Stadt. Bauhof
Hartehof
Kleiner Egert
534
Erddeponie
Hügelgrab
Großer Egert
580
Röte
Gärtnerei
Spitalhof
Breitenbaumhöfe
72160
Auchterthöfe
Altheimer Straße
Ofen
Höhe
Kapellenhöfe
Malmen
Kegelhof
1=Nepomuk-Meintel-Weg
2=Paul-Dörr-Weg
3=Paul-von-Schanz-Weg
4=Abt-Fritz-Weg
5=Christina-Rauscher-Str.
Horb
am Neckar
NSG
Reithalle
Schüttehof
Mülldeponie
Modellflugplatz
Stallberg
588
Röteberghöfe
Allmendhütte
Stadtteil
Rexingen
(zu Horb am Neckar)
Freudenstädter Str.
Bergäcker
579
Naturschutzgebiet
Brand
Buchert
Osterhalde
Isenburg
Neckar
Regenrückhaltebecken
Pumpwerk
1 = Im Blumengarten
1 = Rexinger Straße
2 = Mühleplatz
3 = Jakobusweg
Ihlingen
Erholungsgebiet Ihlinger Berg
Jakobshütte
Kindelestanne
Cityplan S.43
259
297
280

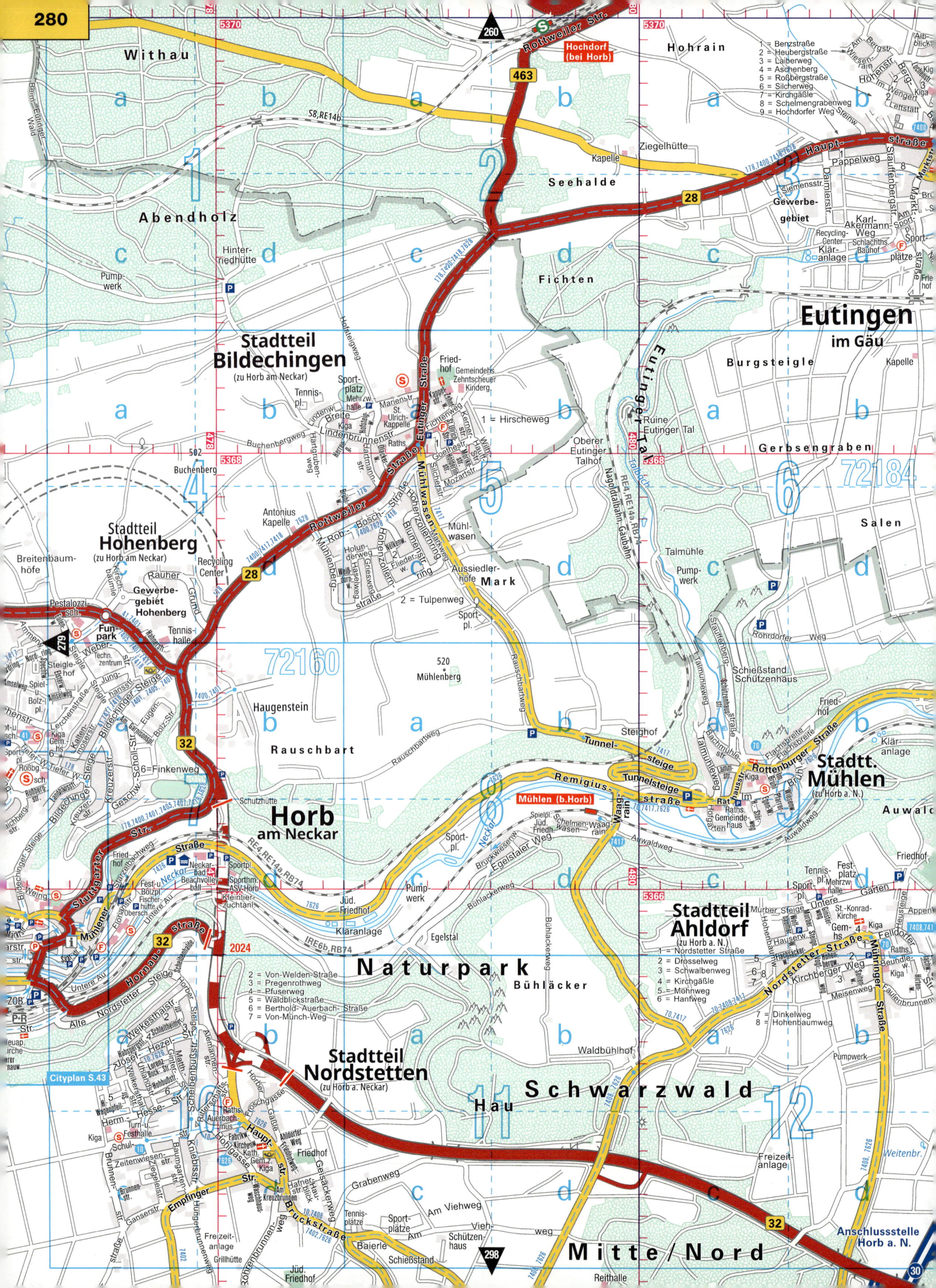
Withau
Abendholz
Hochdorf (bei Horb)
Rottweiler Str.
Hohrain
Seehalde
Ziegelhütte
Kapelle
Fichten
Hinter-riedhütte
Pumpwerk
1 = Benzstraße
2 = Heubergstraße
3 = Laiberweg
4 = Aschenberg
5 = Roßbergstraße
6 = Silcherweg
7 = Kirchgäßle
8 = Schelmengrabenweg
9 = Hochdorfer Weg
Hauptstraße
Gewerbegebiet
Eutingen
im Gäu
Burgsteigle
Gerbsengraben
Salen
Eutinger Tal
Ruine Eutinger Tal
Oberer Eutinger Talhof
Talmühle
Stadtteil Bildechingen
(zu Horb am Neckar)
1 = Hirscheweg
Stadtteil Hohenberg
(zu Horb am Neckar)
Gewerbegebiet Hohenberg
Recycling Center
Antonius Kapelle
Rottweiler Straße
Mühlwasen
Aussiedlerhöfe
Mark
2 = Tulpenweg
72160
72184
Mühlenberg
Haugenstein
Rauschbart
Rauschbartweg
Tunnelsteige
Steighof
Remigiusstraße
Mühlen (b.Horb)
Stadtt. Mühlen
(zu Horb a. N.)
Rottenburger Straße
Auwald
Schießstand Schützenhaus
Horb
am Neckar
Stuttgarter Str.
Neckar
6=Finkenweg
Kläranlage
Egelstal
Naturpark
Bühläcker
Schwarzwald
Stadtteil Ahldorf
(zu Horb a. N.)
1 = Nordstetter Straße
2 = Drosselweg
3 = Schwalbenweg
4 = Kirchgäßle
5 = Mohnweg
6 = Hanfweg
7 = Dinkelweg
8 = Hohenbaumweg
Nordstetter Straße
Mühringer Straße
Waldbühlhof
2 = Von-Welden-Straße
3 = Pregenrothweg
4 = Pfuserweg
5 = Waldblickstraße
6 = Berthold-Auerbach-Straße
7 = Von-Münch-Weg
Stadtteil Nordstetten
(zu Horb a. Neckar)
Hornaustraße
Cityplan S.43
Hau
Freizeitanlage
Mitte/Nord
Anschlussstelle Horb a. N.
Reithalle
Schießstand
Baierle
Brückstraße
Empfinger Str.
Haupt-str.
Friedhof
Jüd. Friedhof

Ortsteil Rohrdorf
(zu Eutingen im Gäu)
Ortsteil Weitingen
(zu Eutingen im Gäu)
Ortsteil Börstingen
(zu Starzach)
Ortsteil Felldorf
(zu Starzach)
Eutingen im Gäu
(zu Rottenburg a. Neckar)
Mauertal
Ried
Eichberg
Hubäcker
Dettensteig
Rohrdorfer Weg
Lützental
Hanfwegle
Zelgle
Auerholz
Schlößleswald
Ruine Urnberg
Urburger Höfe
Moltenäcker
Buch
Schwindelstein
Wert
Kleinberghalde
Weitinger Mühle
Buchhalde
Buch-halde
Eyach
Bahnhof
Lohmühle
Ruine Frundeck
Frundeckhof
Fronholzhof
Hirte
Brand
Markstallhof
Hohenfichtehof
Heidegrundhof
Großes Hag
Kleines Hag
Pumpwerk
Neckar
Weitinger Straße
Rohrdorfer Straße
Eutinger Straße
Eckenweiler Straße
Eyacher Str.
Horber Straße
Rottenburger Str.
Bahnhofstr.
Herderer-straße
Felldorfer Str.
Dr.-Eberhard-Buse-Str.
Am Bahnhof
1=Weitinger Kniebisstr.
2=Poststraße
3=Dekan-Wagner-Straße
4=Prälat-Dorr-Straße
5=Kirchstraße
6=Dorfwiesenweg
7=Sonnenberg
8=Kleiststraße
9=Holunderweg
1=Bachstraße
2=Hofstraße
1=Ahornweg
72181
E41
81
261
282
299

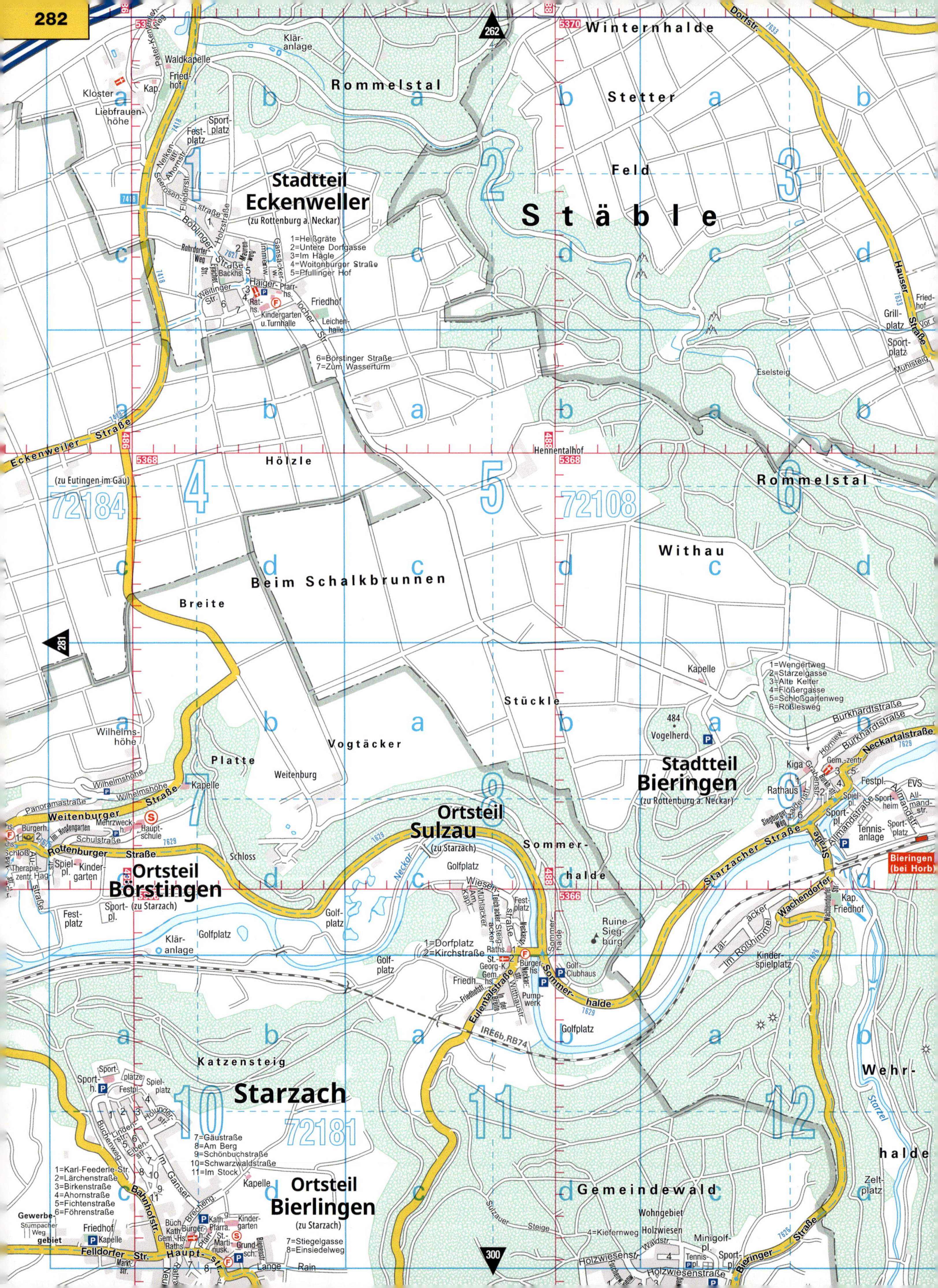
Winternhalde
Rommelstal
Stetter
Feld
Stäble
Stadtteil
Eckenweller
(zu Rottenburg a. Neckar)
1=Heißgräte
2=Untere Dorfgasse
3=Im Hägle
4=Weitenburger Straße
5=Pfullinger Hof
6=Börstinger Straße
7=Zum Wasserturm
Kläranlage
Waldkapelle
Kloster
Liebfrauenhöhe
Friedhof
Kindergarten u.Turnhalle
Leichenhalle
Eckenweiler Straße
(zu Eutingen im Gäu)
72184
Hölzle
Hennentalhof
72108
Rommelstal
Withau
Breite
Beim Schalkbrunnen
Eselsteig
Kapelle
Stückle
1=Wengertweg
2=Starzelgasse
3=Alte Kelter
4=Flößergasse
5=Schloßgartenweg
6=Roßlesweg
Burkhardtstraße
Neckartalstraße
Vogelherd
Stadtteil
Bieringen
(zu Rottenburg a. Neckar)
Kiga
Rathaus
Festpl.
Tennisanlage
Bieringen (bei Horb)
Wilhelmshöhe
Platte
Weitenburg
Vogtäcker
Ortsteil
Sulzau
(zu Starzach)
Sommerhalde
Golfplatz
Schloss
Weitenburger Straße
Rottenburger Straße
Ortsteil
Börstingen
(zu Starzach)
Hauptschule
Kindergarten
Kläranlage
Neckar
Starzacher Straße
Wachendorfer Str.
Friedhof
Ruine Siegburg
1=Dorfplatz
2=Kirchstraße
Golf-Clubhaus
Pumpwerk
Eulentalstraße
Kinderspielplatz
Im Roßhimmel
IRE6b,RB74
Katzensteig
Starzach
72181
7=Gäustraße
8=Am Berg
9=Schönbuchstraße
10=Schwarzwaldstraße
11=Im Stock
1=Karl-Feederle-Str.
2=Lärchenstraße
3=Birkenstraße
4=Ahornstraße
5=Fichtenstraße
6=Föhrenstraße
Kapelle
Ortsteil
Bierlingen
(zu Starzach)
7=Stiegelgasse
8=Einsiedelweg
Gewerbegebiet
Felldorfer Str.
Haupt-str.
Bahnhofstr.
Gemeindewald
Wohngebiet Holzwiesen
4=Kiefernweg
Holzwiesenstraße
Minigolf-pl.
Bieringer Straße
Wehrhalde
Starzel
Zeltplatz
262
281
300

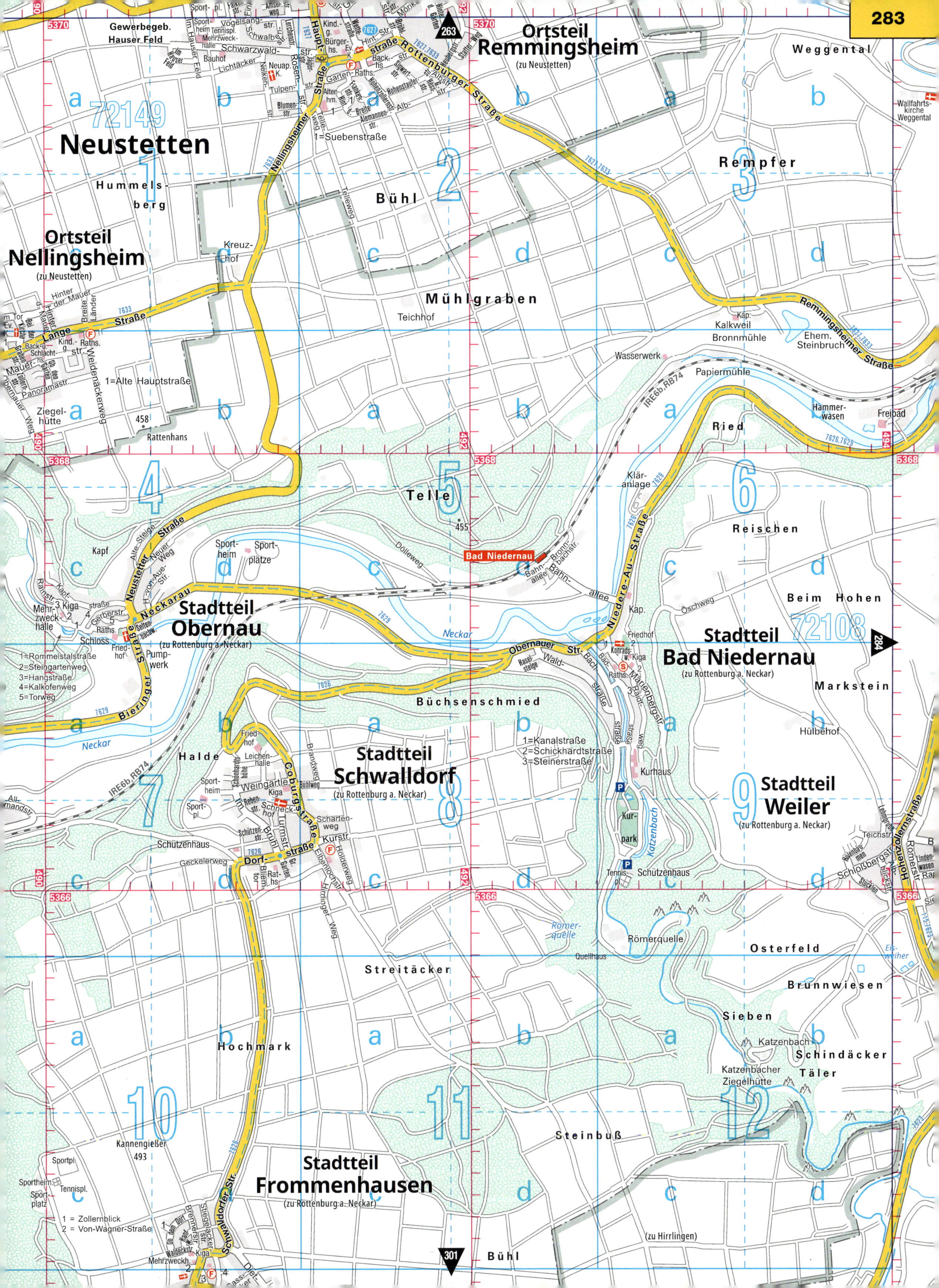
72149
Neustetten
Ortsteil Remmingsheim
(zu Neustetten)
Ortsteil Nellingsheim
(zu Neustetten)
Gewerbegeb. Hauser Feld
Hummelsberg
Bühl
Rempfer
Weggental
Mühlgraben
Teichhof
Kalkweil
Bronnmühle
Ehem. Steinbruch
Papiermühle
Wasserwerk
Remmingsheimer Straße
Rottenburger Straße
Nellingsheimer Straße
1=Suebenstraße
1=Alte Hauptstraße
Ziegelhütte
Rattenhans
Kreuzhof
Ried
Hammerwasen
Freibad
Telle
Bad Niedernau
Kläranlage
Reischen
Beim Hohen
Kapf
Stadtteil Obernau
(zu Rottenburg a. Neckar)
1=Rommelstalstraße
2=Steingartenweg
3=Hangstraße
4=Kalkofenweg
5=Torweg
Neckar
72108
Stadtteil Bad Niedernau
(zu Rottenburg a. Neckar)
Markstein
Hülbehof
Büchsenschmied
1=Kanalstraße
2=Schickhardtstraße
3=Steinerstraße
Stadtteil Schwalldorf
(zu Rottenburg a. Neckar)
Halde
Kurhaus
Kurpark
Schützenhaus
Stadtteil Weiler
(zu Rottenburg a. Neckar)
Römerquelle
Osterfeld
Streitäcker
Brunnwiesen
Sieben
Hochmark
Katzenbach
Schindäcker
Täler
Katzenbacher Ziegelhütte
Steinbuß
Kannengießer
Stadtteil Frommenhausen
(zu Rottenburg a. Neckar)
1 = Zollernblick
2 = Von-Wagner-Straße
(zu Hirrlingen)
Bühl
263
284
301

Rottenburg
am Neckar
Stadtteil
Kiebingen
(zu Rottenburg a. Neckar)
Stadtteil
Weiler
(zu Rottenburg a. Neckar)
Stadtteil
Dettingen
(zu Rottenburg a. Neckar)
Rammert
Höll-
stein
Neckar
72108
Cityplan S.45
Rottenburg (Neckar)
Kiebingen
Egelsee
Gerber
Stammler
Rohrhalde
Lausbühl
Geißhalde
Heiligenwald
Unhalde
Brühlgärten
Rain
Rappenberg
Wolfbühe
Weilerburg
Spitalhof
Martinsberg
Hochschule für Forstwirtschaft Rottenburg
Schadenweiler Hof
Wochenendhaus-gebiet Martinsberg
Musterhaus-siedlung Siebenlinden
Winghofer Klinik
Osttangente
Südtangente
Hohenzollernstraße
Remmingsheimer Straße
1=Schubartstraße
2=Franz-Hoffmeister-Weg
3=Amselweg
5=Bischof-Leiprecht-Straße
13=Greifswalder Weg
14=Stettiner Weg
15=Erfurter Weg
6=Allensteiner Straße
7=Lausitzer Weg
8=Memelweg
9=Pommernweg
10=Sudetenweg
11=Schlesierweg
12=Posenweg
16=Lilienthalweg
17=Theophil-Wurm-Weg
18=Sandäckerstraße
19=Franz-Josef-Fischer-Straße
20=Vogesenstraße
21=Ernst-Reuter-Weg
22=Jakob-Kaiser-Weg
23=Hans-Böckler-Weg
24=Karl-Arnold-Weg
25=Geschwister-Scholl-Weg
26=Tacitusweg
27=Liviusweg
28=Merowingerstraße
29=Leopoldweg
30=Einsteinweg
31=Haydnweg
32=Erzherzog-Albrecht-Straße
33=Brucknerweg
34=Johann-Strauß-Weg
35 = Aristide-Briand-Str.
36 = Jane-Addams-Str.
37 = Henry-Dunant-Str.
38 = George-C.-Marshall-Str.
39 = Martin-Luther-King-Str.
40 = Gustav-Stresemann-Str.
41 = Bertha-von-Suttner-Str.
42 = Mutter-Teresa-Str.
10 = Im Horber
11 = Kornbergblick
12 = Am Apfelbaum
1 = Brombeerweg
2 = Brandhecke
3 = Akazienweg
4 = Küferhof
5 = Im Häuptle
6 = Max-Heinzelmann-Straße
7 = Talweg
8 = Aischbachstraße
9 = Josef-Eugen-Straße

264
283
302

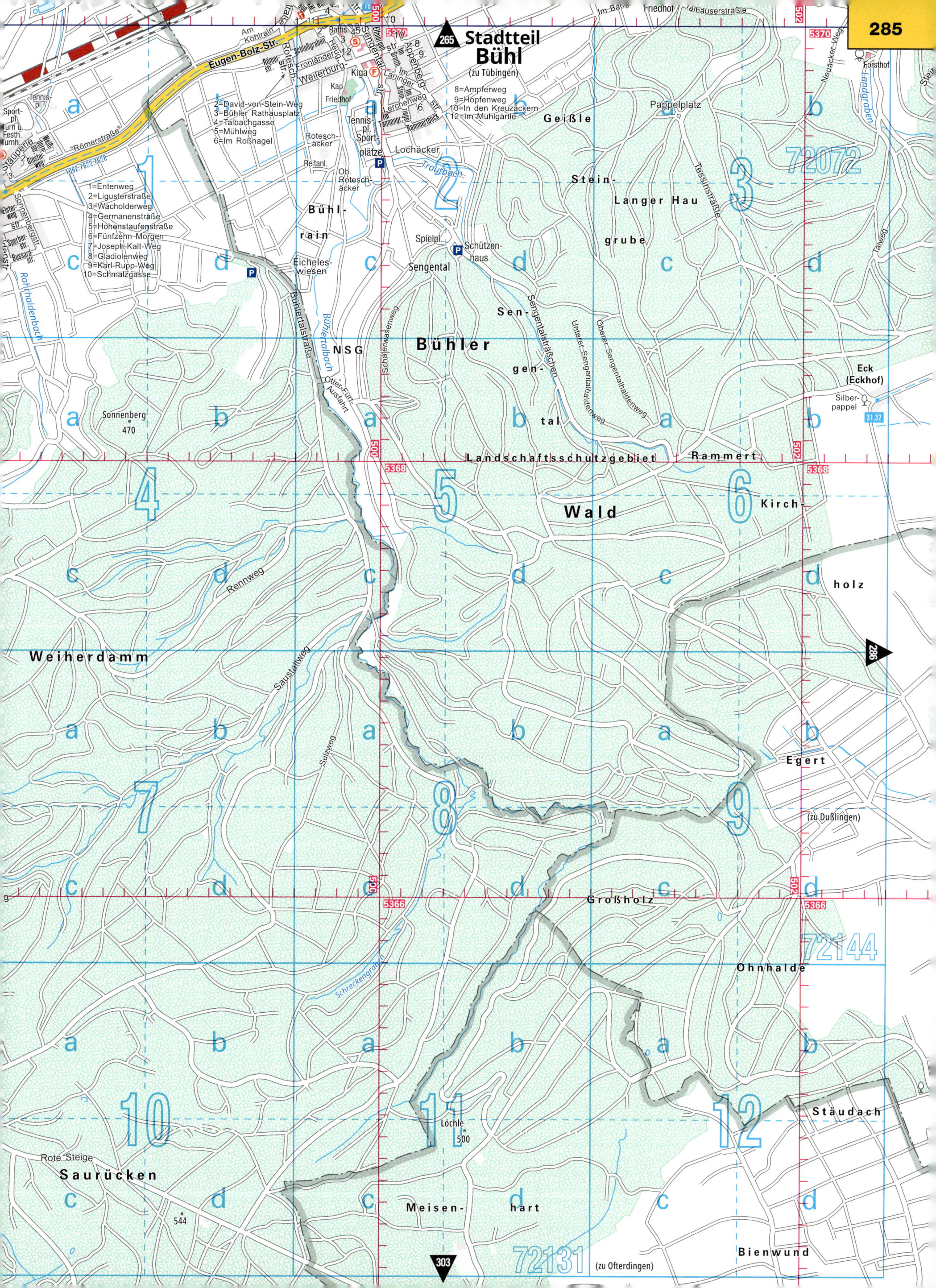
Stadtteil
Bühl
(zu Tübingen)
265
Eugen-Bolz-Str.
Römerstraße
Weilerburg-
Kiga
Kap.
Friedhof
Tennis-
pl.
Sport-
plätze
Lochäcker
Trautbach
Rotesch-
äcker
Reitanl.
Ob.
Rotesch-
äcker
Bühl-
rain
Eicheles-
wiesen
Spielpl.
Schützen-
haus
Sengental
8=Ampferweg
9=Hopfenweg
10=In den Kreuzäckern
12=Im Mühlgärtle
2=David-von-Stein-Weg
3=Bühler Rathausplatz
4=Talbachgasse
5=Mühlweg
6=Im Roßnagel
1=Entenweg
2=Ligusterstraße
3=Wacholderweg
4=Germanenstraße
5=Hohenstaufenstraße
6=Fünfzehn-Morgen
7=Joseph-Kalt-Weg
8=Gladiolenweg
9=Karl-Rupp-Weg
10=Schmalzgasse
Rohrhaldenbach
Geißle
Pappelplatz
Stein-
Langer Hau
grube
Tessinstraße
72072
Neuäcker-Weg
Forsthof
Talweg
Sen-
gen-
tal
Bühler
NSG
Bühlertalstraße
Bühlertalbach
Otto-Furt-
Ausfahrt
Schaienwasenweg
Sengentalsträßchen
Unterer-Sengentalhaldenweg
Oberer-Sengentalhaldenweg
Sonnenberg
470
Eck
(Eckhof)
Silber-
pappel
Landschaftsschutzgebiet
Rammert
5368
Wald
Kirch-
holz
Rennweg
Weiherdamm
Saustallweg
Sulzweg
286
Egert
(zu Dußlingen)
5366
Großholz
72144
Ohnhalde
Schreckengraben
Stäudach
Löchle
500
Rote Steige
Saurücken
544
Meisen-
hart
72131
(zu Ofterdingen)
Bienwund
303
1
2
3
4
5
6
7
8
9
10
11
12

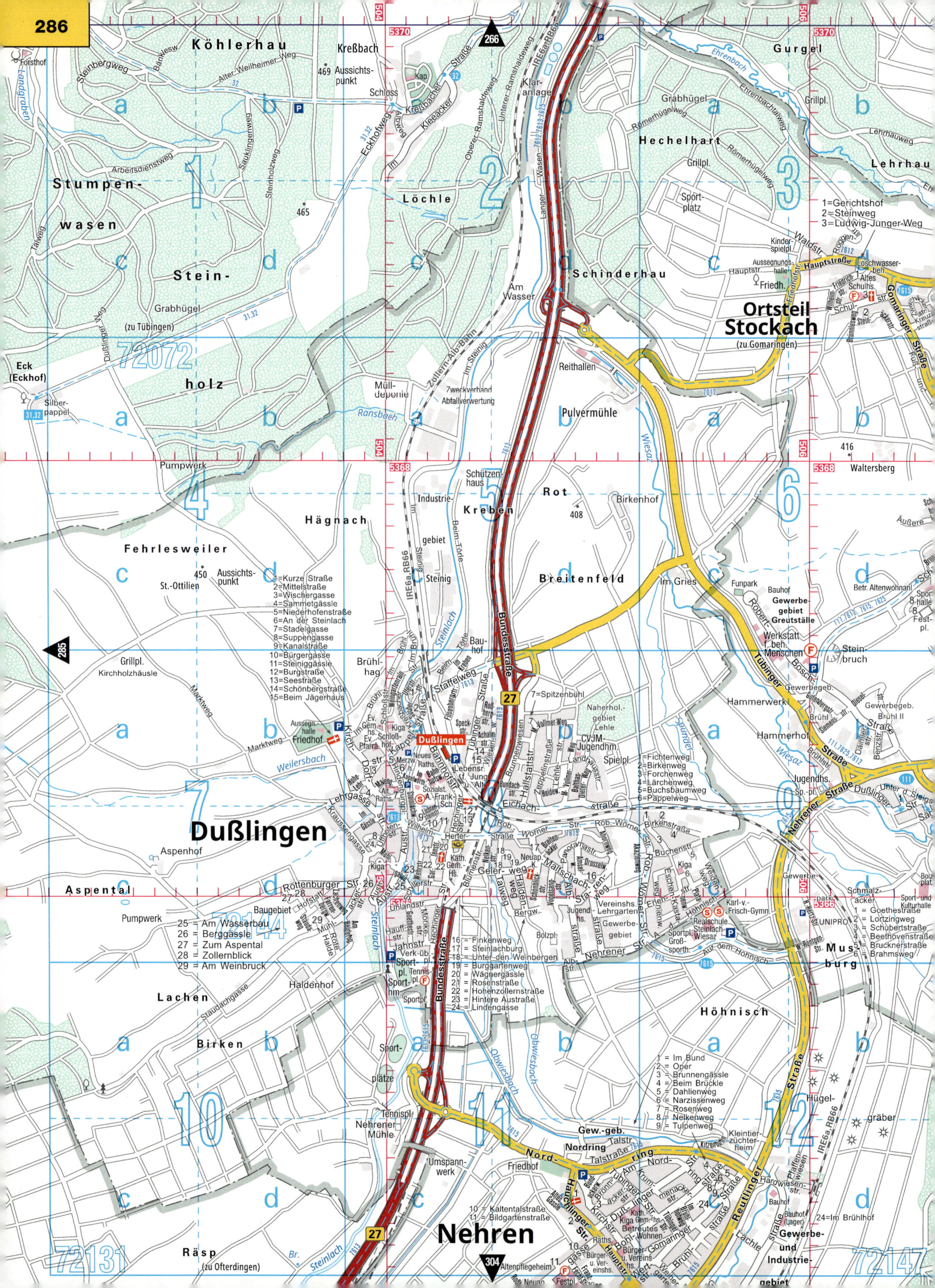

Köhlerhau
Kreßbach
Aussichtspunkt
Schloss
Gurgel
Klär-anlage
Grabhügel
Hechelhart
Lehrhau
Stumpen-wasen
Stein-holz
Löchle
Sportplatz
1=Gerichtshof
2=Steinweg
3=Ludwig-Junger-Weg
Schinderhau
Am Wasser
Ortsteil Stockach
(zu Gomaringen)
(zu Tübingen)
72072
Eck (Eckhof)
Silberpappel
Mülldeponie
Zollern-Alb-Bahn
Zweckverband Abfallverwertung
Reithallen
Pulvermühle
Waltersberg
Pumpwerk
Hägnach
Industriegebiet
Kreben
Rot
Birkenhof
Fehrlesweiler
Aussichtspunkt
St.-Ottilien
Steinig
Breitenfeld
Im Gries
Funpark
Bauhof
Gewerbegebiet Greutställe
1=Kurze Straße
2=Mittelstraße
3=Wischergasse
4=Sammetgässle
5=Niederhofenstraße
6=An der Steinlach
7=Stadelgasse
8=Suppengasse
9=Kanalstraße
10=Bürgergasse
11=Steinigässle
12=Burgstraße
13=Seestraße
14=Schönbergstraße
15=Beim Jägerhaus
Grillpl.
Kirchholzhäusle
Brühlhag
Bauhof
Werkstatt f. beh. Menschen
Steinbruch
Bundesstraße
7=Spitzenbühl
Naherhol.-gebiet Lehle
CVJM-Jugendhm.
Hammerwerk
Hammerhof
Friedhof
Dußlingen
Weilersbach
1=Fichtenweg
2=Birkenweg
3=Forchenweg
4=Lärchenweg
5=Buchsbaumweg
6=Pappelweg
Tübinger Straße
Nehrener Straße
Dußlinger Straße
Aspenhof
Aspental
Rottenburger Str.
Baugebiet
Pumpwerk
25 = Am Wasserbau
26 = Berggässle
27 = Zum Aspental
28 = Zollernblick
29 = Am Weinbruck
Vereinshs.
Lehrgarten
Gewerbegebiet
Realschule Steinlach-Wiesaz
Karl-v.-Frisch-Gymn.
Großsporth.
Auf dem Höhnisch
Mussburg
UNIPRO
1 = Goethestraße
2 = Lortzingweg
3 = Schubertstraße
4 = Beethovenstraße
5 = Brucknerstraße
6 = Brahmsweg
Schmalzacker
Sport- und Kulturhalle
16 = Finkenweg
17 = Steinlachburg
18 = Unter den Weinbergen
19 = Burggartenweg
20 = Wagnergässle
21 = Rosenstraße
22 = Hohenzollernstraße
23 = Hintere Austraße
24 = Lindengasse
Lachen
Haldenhof
Birken
Höhnisch
Sportplätze
1 = Im Bund
2 = Oper
3 = Brunnengässle
4 = Beim Brückle
5 = Dahlienweg
6 = Narzissenweg
7 = Rosenweg
8 = Nelkenweg
9 = Tulpenweg
Hügelgräber
Obwiesbach
Tennispl.
Nehrener Mühle
Gew.-geb.
Nordring
Kleintierzüchterheim
Umspannwerk
Friedhof
Reutlinger Straße
Hardwiesen-str.
24=Im Brühlhof
Gewerbe- und Industrie-gebiet
10 = Kaltentalstraße
11 = Bildgartenstraße
Nehren
72131
Räsp
(zu Ofterdingen)
Altenpflegeheim
72147
Steinlach
Wiesaz

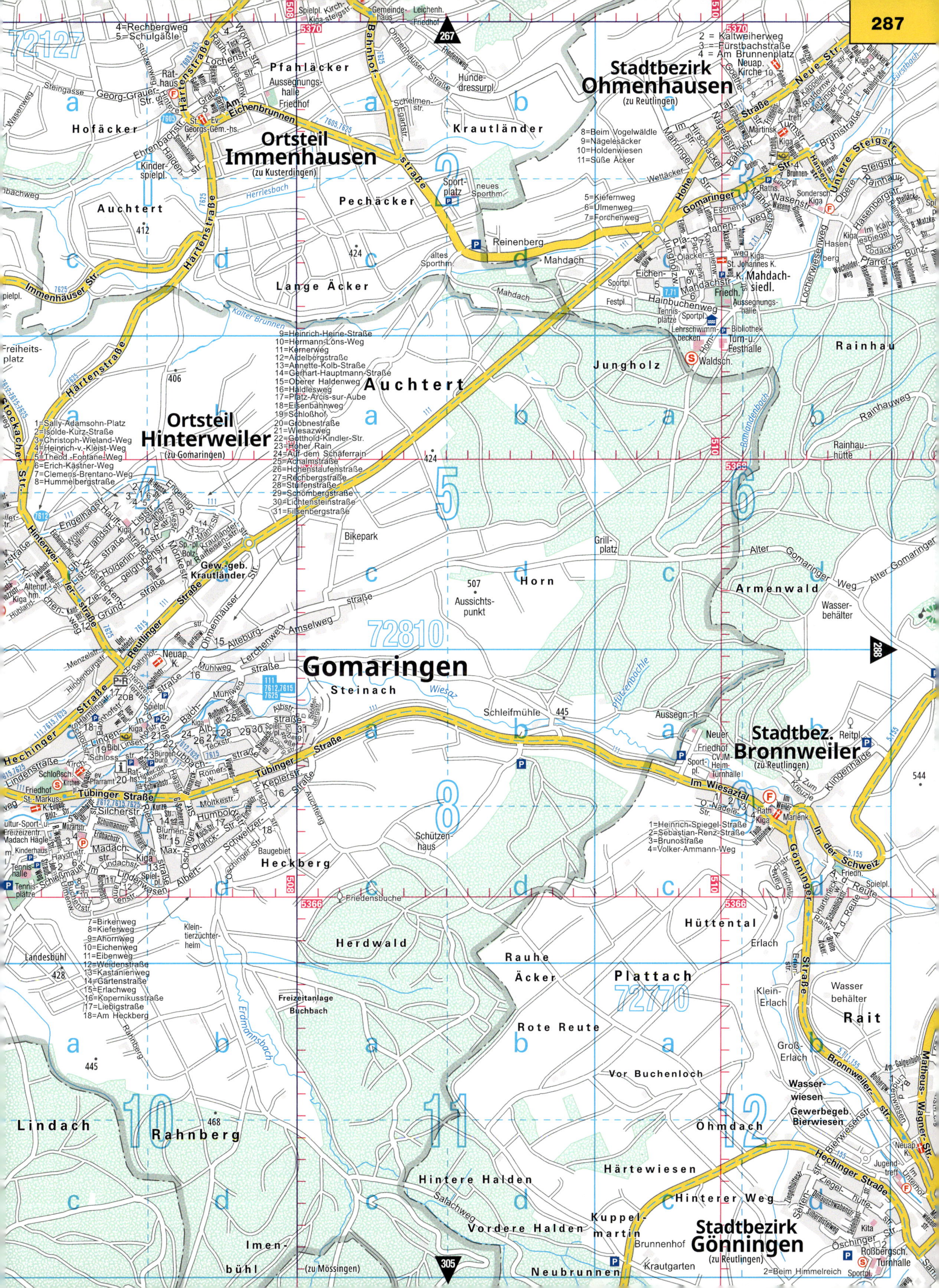
72127
4=Rechbergweg
5=Schulgäßle
Pfahläcker
Hofäcker
Ortsteil
Immenhausen
(zu Kusterdingen)
Auchtert
Pechäcker
Krautländer
Lange Äcker
Stadtbezirk
Ohmenhausen
(zu Reutlingen)
8=Beim Vogelwäldle
9=Nägelesäcker
10=Holdenwiesen
11=Süße Äcker
2 = Kaltweiherweg
3 = Fürstbachstraße
4 = Am Brunnenplatz
5=Kiefernweg
6=Ulmenweg
7=Forchenweg
Mahdach-
siedl.
Rainhau
Jungholz
Immenhäuser Str.
Härtenstraße
Ortsteil
Hinterweiler
(zu Gomaringen)
1=Sally-Adamsohn-Platz
2=Isolde-Kurz-Straße
3=Christoph-Wieland-Weg
4=Heinrich-v.-Kleist-Weg
5=Theod.-Fontane-Weg
6=Erich-Kästner-Weg
7=Clemens-Brentano-Weg
8=Hummelbergstraße
9=Heinrich-Heine-Straße
10=Hermann-Löns-Weg
11=Kernerweg
12=Adelbergstraße
13=Annette-Kolb-Straße
14=Gerhart-Hauptmann-Straße
15=Oberer Haldenweg
16=Haldesweg
17=Platz-Arcis-sur-Aube
18=Eisenbahnweg
19=Schloßhof
20=Gröbnestraße
21=Wiesazweg
22=Gotthold-Kindler-Str.
23=Hoher Rain
24=Auf dem Schäferrain
25=Achalmstraße
26=Hohenstaufenstraße
27=Rechbergstraße
28=Stoifenstraße
29=Schömbergstraße
30=Lichtensteinstraße
31=Filsenbergstraße
Auchtert
Bikepark
Horn
Armenwald
72810
Gomaringen
Steinach
Schleifmühle
Stadtbez.
Bronnweiler
(zu Reutlingen)
1=Heinrich-Spiegel-Straße
2=Sebastian-Renz-Straße
3=Brunostraße
4=Volker-Ammann-Weg
Heckberg
Tübinger Straße
Reutlinger Straße
Hechinger Straße
7=Birkenweg
8=Kiefernweg
9=Ahornweg
10=Eichenweg
11=Eibenweg
12=Weidenstraße
13=Kastanienweg
14=Gartenstraße
15=Erlachweg
16=Kopernikusstraße
17=Liebigstraße
18=Am Heckberg
Landesbühl
Herdwald
Hüttental
Rauhe
Äcker
Plattach
72770
Rote Reute
Rait
Vor Buchenloch
Lindach
Rahnberg
Öhmdach
Härtewiesen
Hintere Halden
Vordere Halden
Hinterer Weg
Kuppel-
martin
Stadtbezirk
Gönningen
(zu Reutlingen)
2=Beim Himmelreich
Imen-
bühl
(zu Mössingen)
Neubrunnen
267
288
305

Stadtbezirk Ohmenhausen
(zu Reutlingen)
Reutlingen
Natur-
schutz-
gebiet
Rainhau
Brennten-
wald
Hangendes
Wiesle
Alteburg
Eichwäldle
Buttnau-
wald
Rötwald
Mark
Markwasen
Eschle
Weißes Wäldle
Gurgel
Pfingst-
weide
Bongert
Schachenwald
Breitwiesen
Selchental
Leimenshart
Ehrenspäche
Lindental
Rait
Geilenbühl
Burghalde
Stöffelberg
Stadtbezirk Gönningen
(zu Reutlingen)
Pfullinger Berg
Rohr
Frauenhölzle
Dachberg
72762
72770
268
287
306

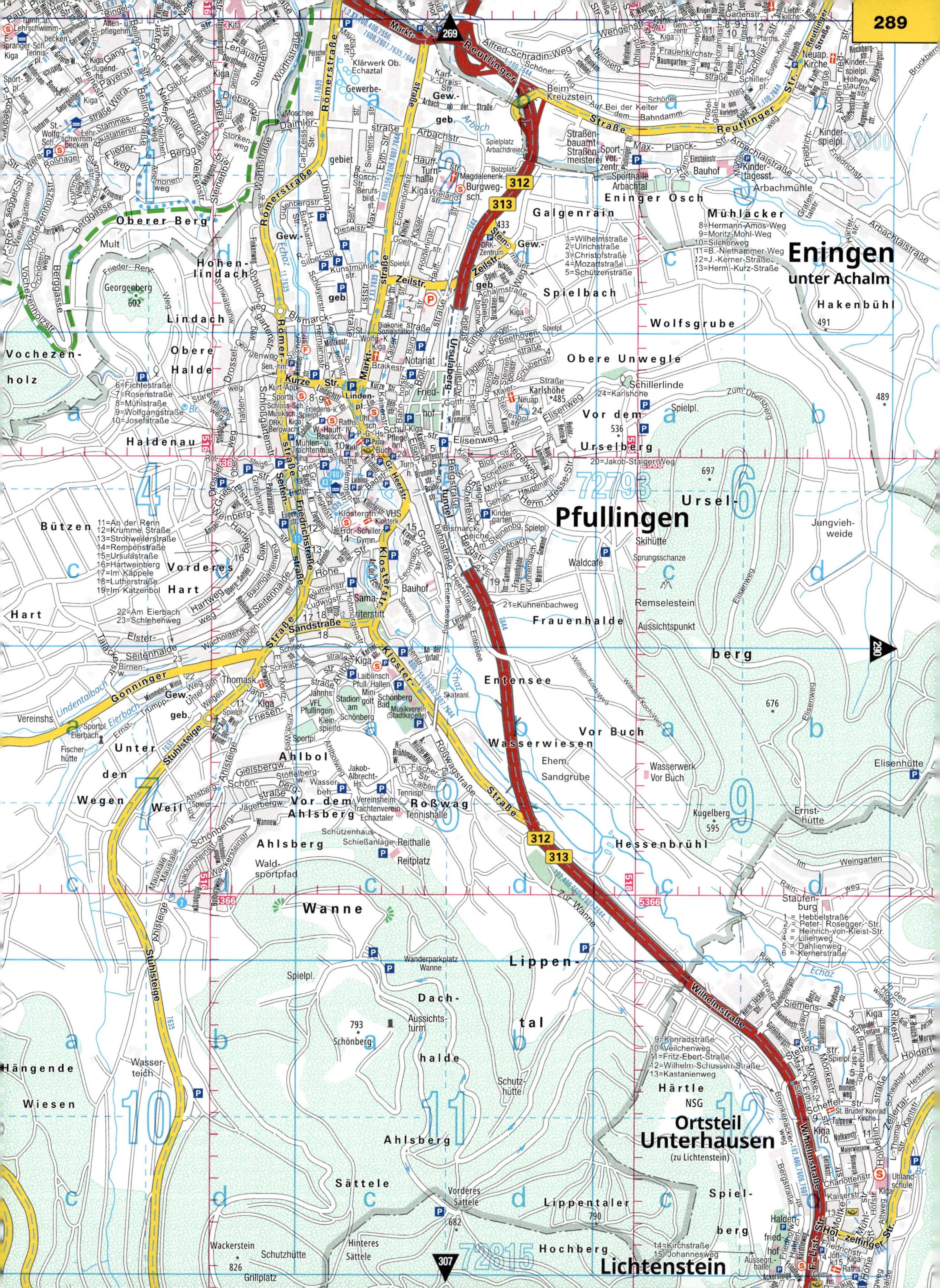
Eningen
unter Achalm
Pfullingen
Ortsteil
Unterhausen
(zu Lichtenstein)
Lichtenstein
72793
72815
269
290
307
312
313
Reutlinger Straße
Römerstraße
Marktstraße
Klosterstraße
Sandstraße
Gönninger Straße
Stuhlsteige
Wilhelmstraße
Oberer Berg
Hohen-
lindach
Lindach
Obere
Halde
Vochezen-
holz
Haldenau
Bützen
Vorderes
Hart
Hart
Galgenrain
Spielbach
Wolfsgrube
Obere Unwegle
Vor dem
Urselberg
Ursel-
berg
Frauenhalde
Entensee
Wasserwiesen
Vor Buch
Hessenbrühl
Roßwag
Ahlbol
Vor dem
Ahlsberg
Ahlsberg
Unter
den
Wegen
Weil
Wanne
Lippen-
tal
Dach-
halde
Hängende
Wiesen
Sättele
Lippentaler
Hochberg
Spiel-
berg
Härtle
NSG
Eninger Ösch
Mühläcker
Hakenbühl
Georgenberg
602
Schönberg
793
Kugelberg
595
Skihütte
Sprungsschanze
Remselestein
Aussichtspunkt
Waldcafé
Wasserwerk
Vor Buch
Ehem.
Sandgrube
Elisenhütte
Jungvieh-
weide
Ernst-
hütte
Staufen-
burg
Wanderparkplatz
Wanne
Aussichts-
turm
Schutz-
hütte
Wackerstein
826
Schutzhütte
Grillplatz
Hinteres
Sättele
Vorderes
Sättele
682
790
Wasser-
teich
Wald-
sportpfad
Reithalle
Reitplatz
Tennishalle
Karlshöhe
485
Schillerlinde
697
676
489
491
536

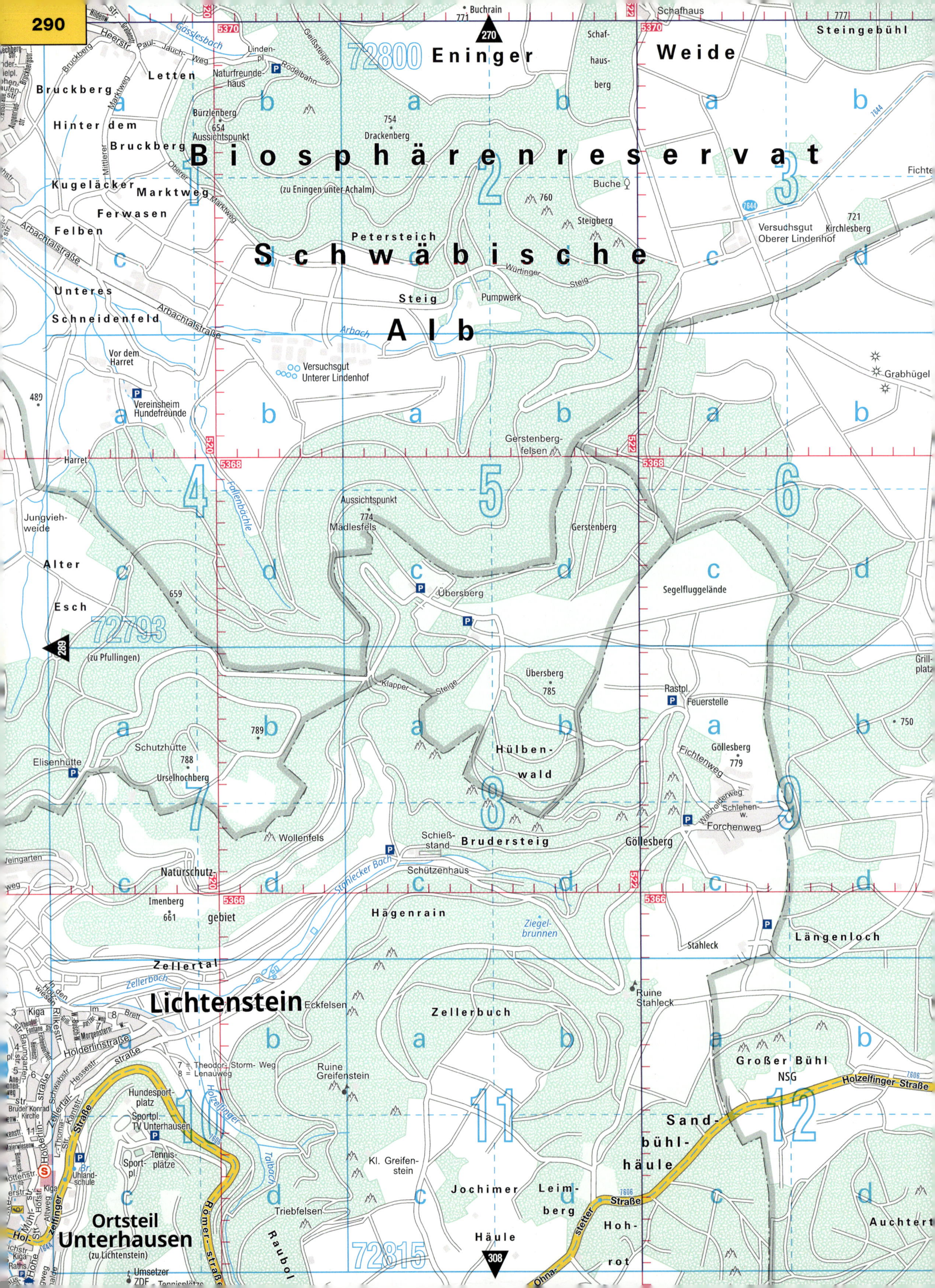
Eninger Weide
Biosphärenreservat
Schwäbische Alb
Bruckberg
Hinter dem Bruckberg
Letten
Kugeläcker
Marktweg
Ferwasen
Felben
Unteres Schneidenfeld
Arbachtalstraße
Petersteich
Steig
Pumpwerk
Versuchsgut Unterer Lindenhof
Versuchsgut Oberer Lindenhof
Steigberg
Drackenberg
Bürzlenberg
Aussichtspunkt
Naturfreundehaus
Schafhausberg
Steingebühl
Kirchlesberg
Grabhügel
Vereinsheim Hundefreunde
Vor dem Harret
Harret
Jungviehweide
Alter Esch
Gerstenbergfelsen
Gerstenberg
Mädlesfels
Übersberg
Segelfluggelände
Klapper-Steige
Hülbenwald
Feuerstelle
Göllesberg
Fichtenweg
Forchenweg
Elisenhütte
Schutzhütte
Urselhochberg
Wollenfels
Schießstand
Brudersteig
Schützenhaus
Naturschutzgebiet
Imenberg
Hägenrain
Ziegelbrunnen
Stahleck
Ruine Stahleck
Längenloch
Zellertal
Lichtenstein
Eckfelsen
Zellerbuch
Großer Bühl
NSG
Holzelfinger Straße
Ruine Greifenstein
Kl. Greifenstein
Sandbühlhäule
Jochimer Häule
Leimberg
Hohrot
Auchtert
Triebfelsen
Raubol
Ortsteil Unterhausen
(zu Lichtenstein)
Römerstraße
Hundesportplatz
Sportpl. TV Unterhausen
Tennisplätze
Zellerbach
Talbach
Stahlecker Bach
Arbach
(zu Pfullingen)
(zu Eningen unter Achalm)
72800
72793
72815
270
289
308

Hintere
Alb
St. Johann
72813
72574
Ortsteil Bleichstetten
(zu St. Johann)
Ortsteil Würtingen
(zu St. Johann)
Ortsteil Lonsingen
(zu St. Johann)
Ortsteil Ohnastetten
(zu St. Johann)
Heselbuch
Buckenläre
Ochsen-
bühl
Heide
Himmelreich
Birkhau
Amtmanns-
häule
Pflasterwald
Bleichers-
häule
Kalk-
wald
Ur-
lach
Appen-
winkel
Mutschlenbühl
Au
Stettenrain
Kreuz-
bühl
Schelmen
Hirtental
Eichenhart
Mehlbaum
Kohlwald
Ried
Linkestal
Hirschen-
tal
Banholz
Birkach
Lein-
halde
Alter
Hau
Täle
Gucken-
hart
Bergäcker
Krumme Äcker
Telle
Kessel
Heidle
Hart
Fäulen
Schelmenwasen
Ernteweg
Erntehau
Gäns-
horn
Hägern
Hügelgräber
Naturdenkmal
Schießstand
Klopfjörgles-Hütte
Rutschen-
höhle
Wasser-
fall
Mondmilch-
höhle
(zu Bad Urach)
Fichte
Reutlinger Straße
Upfinger Straße
Schweizer Str.
Bahnholzstraße
St.-Johanner-Str.
Hardtbergstraße
Münsinger Straße
Würtinger Straße
Holzelfinger Str.
Kohlstetter Str.
Buchstraße
Haupt-
str.
Marktstr.
Heerstraße
Leinhaldenweg
Rollenbühlweg
Grabenäckerweg
Hirtentalweg
Mehlbaumweg
1 = Fliederweg
2 = Eichackerweg
3 = Bei der Buche
1=Falkenweg
4 = Grabenäckerweg
1=Andreasstraße
2=Silcherweg
3=Beethovenstraße
Friedhof
Raths.
Schulstr.
Lammstr.
Gemeinde-
halle
Tennis-
plätze
Sport-
pl.
Sport-
heim
Spielplatz
Feuerstelle
ehem. Saraisen-
brunnen
Sport-
platz
Grill-
platz
Spiel-
platz
Reithalle
Im Wang
Eichberg
Breinsberg
Käpfle
Hardtberg
Hirnberg
Bühl
780
808
779
789
794
708
758
271
309
292
5370
5368
5366
524
526

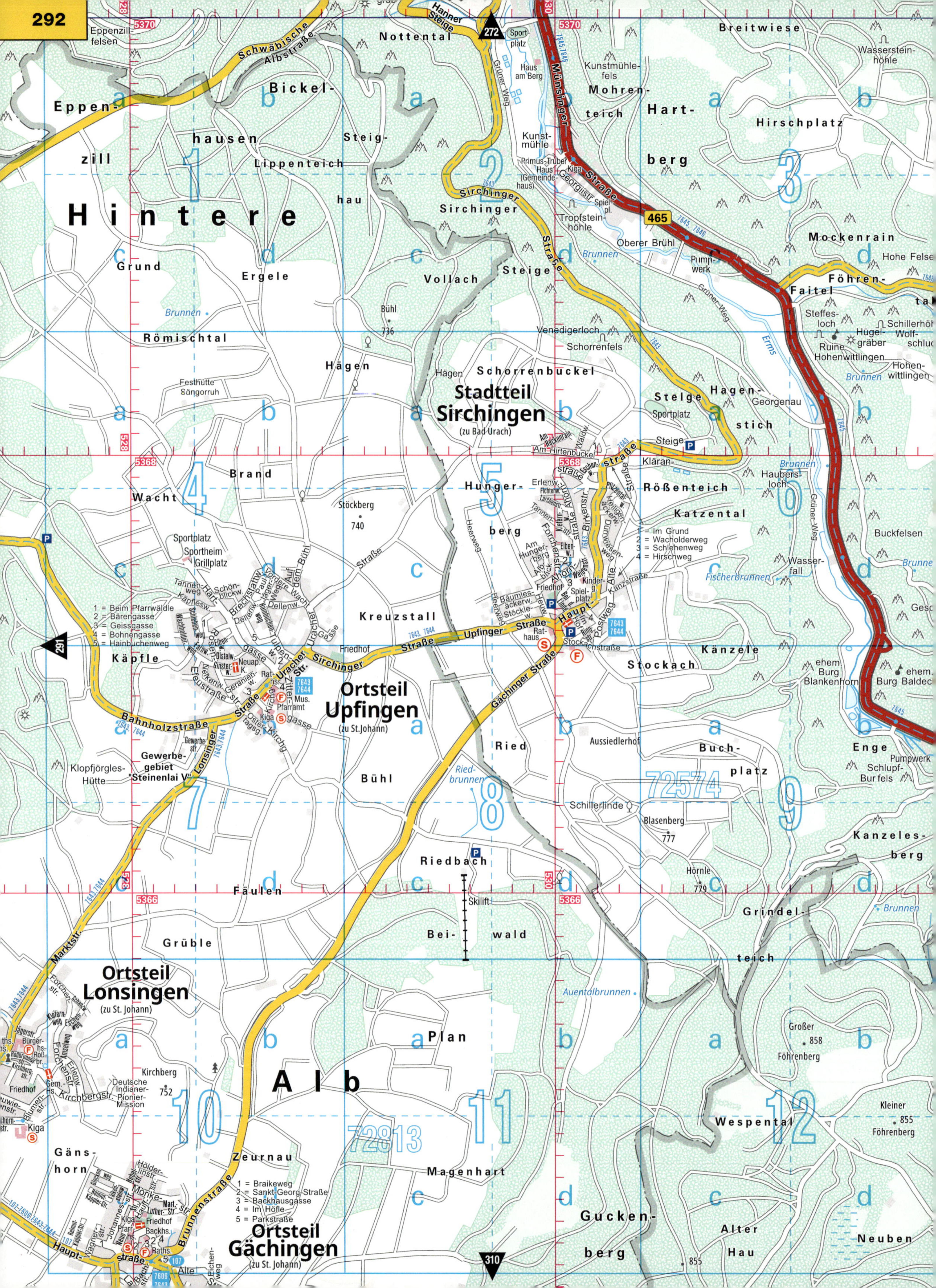
Hinteree
Alb
Stadtteil Sirchingen
(zu Bad Urach)
Ortsteil Upfingen
(zu St.Johann)
Ortsteil Lonsingen
(zu St. Johann)
Ortsteil Gächingen
(zu St. Johann)
Eppenzill-felsen
Eppen-zill
Bickel-hausen
Lippenteich
Steig-hau
Nottental
Schwäbische Albstraße
Münsinger Straße
Kunstmühle-fels
Mohren-teich
Hart-berg
Breitwiese
Wasserstein-höhle
Hirschplatz
Kunst-mühle
Primus-Truber-Haus (Gemeinde-haus)
Tropfstein-höhle
Oberer Brühl
Pump-werk
Mockenrain
Hohe Felse
Föhren-tal
Faitel
Steffes-loch
Ruine Hohenwittlingen
Hügel-gräber
Schillerhöhle
Wolfschlucht
Hohen-wittlingen
Sirchinger Steige
Grund
Ergele
Vollach
Römischtal
Bühl 736
Hägen
Venedigerloch
Schorrenfels
Schorrenbuckel
Steige
Sportplatz
Hagen-stich
Georgenau
Festhütte Sängerruh
Brand
Wacht
Stöckberg 740
Hunger-berg
Rößenteich
Katzental
Haubersloch
Kläran-lage
1 = Im Grund
2 = Wacholderweg
3 = Schlehenweg
4 = Hirschweg
Buckfelsen
Sportplatz
Sportheim
Grillplatz
Kreuzstall
Fischerbrunnen
Wasser-fall
1 = Beim Pfarrwäldle
2 = Bärengasse
3 = Geissgasse
4 = Bohnengasse
5 = Hainbuchenweg
Käpfle
Friedhof
Sirchinger Straße
Upfinger Straße
Rat-haus
Stockachstraße
Stockach
Känzele
ehem. Burg Blankenhorn
ehem. Burg Baldeck
Bahnholzstraße
Gewerbe-gebiet "Steinenlai V"
Lonsinger Straße
Gächinger Straße
Aussiedlerhof
Buch-platz
Enge
Pumpwerk
Schlupf-Burfels
Klopfjörgles-Hütte
Bühl
Ried
Ried-brunnen
72574
Schillerlinde
Blasenberg 777
Kanzeles-berg
Riedbach
Hörnle 779
Fäulen
Skilift
Grindel-teich
Grüble
Bei-wald
Auentalbrunnen
Marktstr.
Plan
Großer 858 Föhrenberg
Kirchberg 752
Deutsche Indianer-Pionier-Mission
Friedhof
Kiga
72813
Wespental
Kleiner 855 Föhrenberg
Gäns-horn
Zeurnau
Magenhart
1 = Braikeweg
2 = Sankt-Georg-Straße
3 = Backhausgasse
4 = Im Höfle
5 = Parkstraße
Brunnenstraße
Hauptstraße
Gucken-berg 855
Alter Hau
Neuben
Brunnen
Erms
Grüner Weg
5370
5368
5366
528
530
272
465
291
310
1
2
3
4
5
6
7
8
9
10
11
12

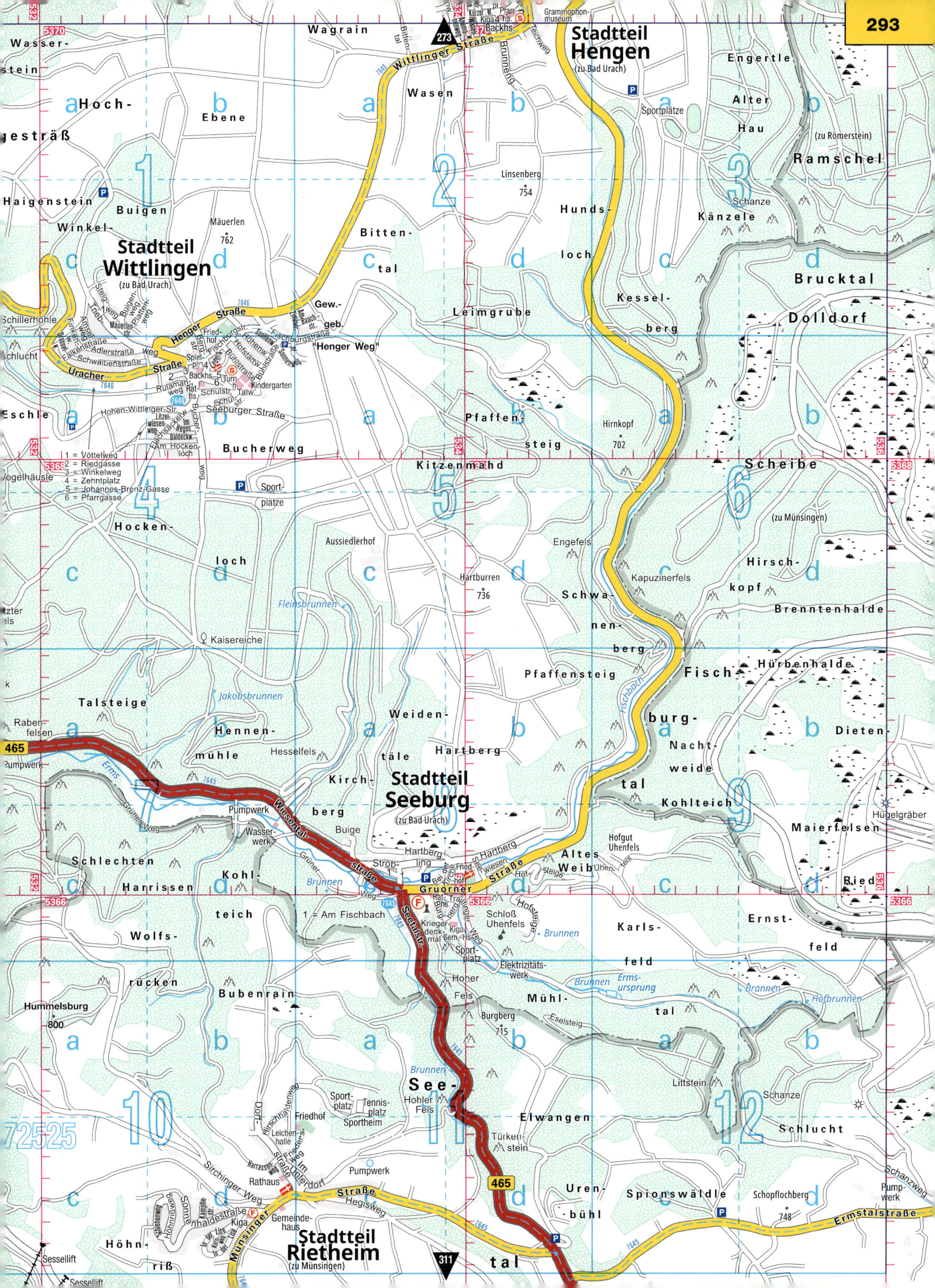

Stadtteil Hengen
(zu Bad Urach)
Stadtteil Wittlingen
(zu Bad Urach)
Stadtteil Seeburg
(zu Bad Urach)
Stadtteil Rietheim
(zu Münsingen)
Wagrain
Wasen
Wittlinger Straße
Grammophon-museum
Engertle
Alter Hau
(zu Römerstein)
Ramschel
Schanze
Känzele
Hunds-loch
Linsenberg
754
Ebene
Hoch-gesträß
Wasser-stein
Haigenstein
Buigen
Winkel-
Mäuerlen
762
Bitten-tal
Brucktal
Dolldorf
Kessel-berg
Leimgrube
Gew.-geb.
"Henger Weg"
Henger Straße
Uracher Straße
Schillerhöhle
Adlerstraße
Schwalbenstraße
Kindergarten
Seeburger Straße
Hohen-Wittlinger-Str.
Bucherweg
Pfaffen-steig
Hirnkopf
702
Scheibe
(zu Münsingen)
Kitzenmahd
1 = Vöttelweg
2 = Riedgasse
3 = Winkelweg
4 = Zehntplatz
5 = Johannes-Brenz-Gasse
6 = Pfarrgasse
Sport-plätze
Hocken-loch
Aussiedlerhof
Engefels
Kapuzinerfels
Hirsch-kopf
Brenntenhalde
Hartburren
736
Schwa-nen-berg
Fleinsbrunnen
Kaisereiche
Pfaffensteig
Fisch-burg-tal
Fischbach
Hürbenhalde
Talsteige
Jakobsbrunnen
Weiden-täle
Raben-felsen
Hennen-mühle
Hesselfels
Hartberg
Nacht-weide
Dieten-
Pumpwerk
Erms
Kirch-berg
Kohlteich
Hügelgräber
Maierfelsen
Wiesental-straße
Buige
Grüner Weg
Wasser-werk
Schlechten
Harrissen
Kohl-teich
Brunnen
Hofgut Uhenfels
Altes Weib
Gruorner Straße
Seetalstr.
Ried
Ernst-feld
Karls-feld
1 = Am Fischbach
Schloß Uhenfels
Wolfs-rücken
Hummelsburg
800
Bubenrain
Hoher Fels
Burgberg
715
Elektrizitäts-werk
Mühl-tal
Erms-ursprung
Hofbrunnen
Eselsteig
Littstein
Schanze
See-tal
Sport-platz
Tennis-platz
Sportheim
Friedhof
Hohler Fels
Elwangen
Schlucht
72525
Leichen-halle
Pumpwerk
Türken-stein
Uren-bühl
Spionswäldle
Schopflochberg
748
Ermstalstraße
Schanzweg
Pump-werk
Rathaus
Sirchinger Weg
Münsinger Straße
Hegisweg
Gemeinde-haus
Kiga
Höhn-riß
Sessellift
465
273
311
7645
7646
5370
5368
5366
532
534
536

Ortsteil Lombach (zu Loßburg)
1 = Blumenweg
2 = Feuerseeplatz
Ortsteil Wittendorf (zu Loßburg)
1 = Erlenweg
2 = Im Tannenwinkel
3 = Hinterhofener Straße
4 = Katzengäßle
Oberbrändi
Ortsteil Wälde (zu Loßburg)
72290
72291
Bergäcker
Hohenrain
Türnenbach
Kalk-halde
Schloßwiesen
Steinbühl
Wannen
Hüften
Kreuzen
Bellenstein
Winkel
Bühl
Hölle
Feriendorf "Sonnenrain"
Seelachen
Reute
Rexinger Wald
Unterschnaitertal
Oberschnaitertal
Romsgrund
Wößner
Wühlsbach
Talwiesen
Waldhauser Lehen
Geroldsweiler
Rotenreis
Nachtberg
Kapellenwald
Dottenweiler
Eigen
Unterbrändi
Finster-wald
Lauchwald
Sterneck
Säghalde
Stockhalde
Heimbachhof
Riesenwald
Schloßmühle
Salzenweiler
Hönigwald
Fürnsaler Sagmühle
Vorderrot
Hörschwald
Aspenwald
Hülbe
Hachteln
Loßburger Straße
Leinstetter Str.
Dottenweiler Straße
Heimbachstraße
Wäldener Straße
Alte Hauptstraße
Skilift
Kläranlage
Friedhof

Böffingen
Eschäcker
Horn
Steigne
72296
Haarassental
Pumpwerk
Eck
Schranden
Malmen
Ortsteil
Unterifllingen
(zu Schopfloch)
Ortsteil
Oberiflingen
(zu Schopfloch)
Reutberg
660
Neuneck
(zu Glatten)
Obere Mühle
Bubental
Krimpelen
Turmhof
Sportplätze
Wasserturm
Backhaus
Kläranlage
Pumpstation
Neunecker Straße
Hofackerstraße
Bergstraße
Albstraße
Dießener Straße
1 = Pflugstraße
2 = Höfleswег
3 = Schmiedeweg
4 = Kastanienweg
Bailer
Ezwang
1=Schloßgraben
2=Unteriflinger Str.
3=Alter Mühleweg
4=Im Beckenäcker
Untere Mühle
Täle
Taischwang
Bolzplatz
Spielplatz
Aussiedlerhöfe
Herrengarten
Malmen
Heidenberg
672
(zu Horb a. Neckar)
Hohlenstein
(zu Glatten)
Ziegeläckerhof
72293
72160
Brühlwald
Schanze
ehem. Altstadt Rockesberg
Haidenhof
Heiden
Schellenberghütte
Schellenberg
Bühl
Dreißig
Jauchert
Schellenberg
640
Schutzhütte
Glattalstraße
Lungholz
Heiden
Kaltenhof
Kapelle
Ersach
Rieder
Heimbach-straße
Sägwald
Schelmenwasen
Ziegelhütte
1 = Marx-von-Bubenhofen-Straße
Schloss
Stadtteil
Leinstetten
(zu Dornhan)
Stadtteil
Dürrenmettstetten
(zu Sulz am Neckar)
Hart
Schutzhütte
Buchrain
647
Breite
72175
72172
Aussichtsturm
Belzenberg
653
Tauchhalde
Ruine Lichtenfels
Hart
Bettenberg
656
Schutzhütte
Birken
Straubenegert
Lindental
277
296
313

Naturpark
Schwarzwald
Mitte/
Nord
Stadtteil
Dießen
(zu Horb a. Neckar)
Schutzhütte
278
72160
Obere Brandhalde
Burgruine
Hohendießen
Reutberg
660
Galgen-
halde
Storkle-
wald
Kläranlage
Neckarhausen
Untere
Sägmühle
Engental
Schlatt-
612
Schellenberg
Auchten
Härle
624
5 = Schloßgasse
6 = Hinter der Kirche
7 = Neuer Überrain
8 = Schützenweg
Fisch-
teiche
Malmen
Pfaffental
En-
ger-
stall
672
wald
Finstersteige
Schutz-
hütte
Schützen-
hs.
Friedhof
Letten-
halde
Dürrenmettstetter
Straße
Pumpwerk
Haidenhof
295
Hohe
Tannen
Katzen-
Priorberg
587
Birkenwald
Dreißig
Jauchert
Joseph-
kapelle
Priorberg
Horber
Bühl
Linsenbühl
603
Bienenstand
Hofwald
Oberhof
Stangenacker
Florianshütte
Eschle
1=Fichtenweg
2=Lindenwasen
Ban
Magadamweg
Auf
Priorberg
Aller-
heiligen
Lange Steige
1=Kelterweg
Weinberg-
Oberamt-
Stadtteil
Dürrenmettstetten
(zu Sulz am Neckar)
Steinbruch
Friedhof
Wasser-
fälle
Wasser-
tretanl.
Fischer-
hütte
Spätengarten
Eiskeller
Hochgericht
Glatt
Winter-
halde
Breite
Forst
Neckar-
hausen
72172
314
Stadtteil
Glatt
(zu Sulz a. Neckar)
Birkhof

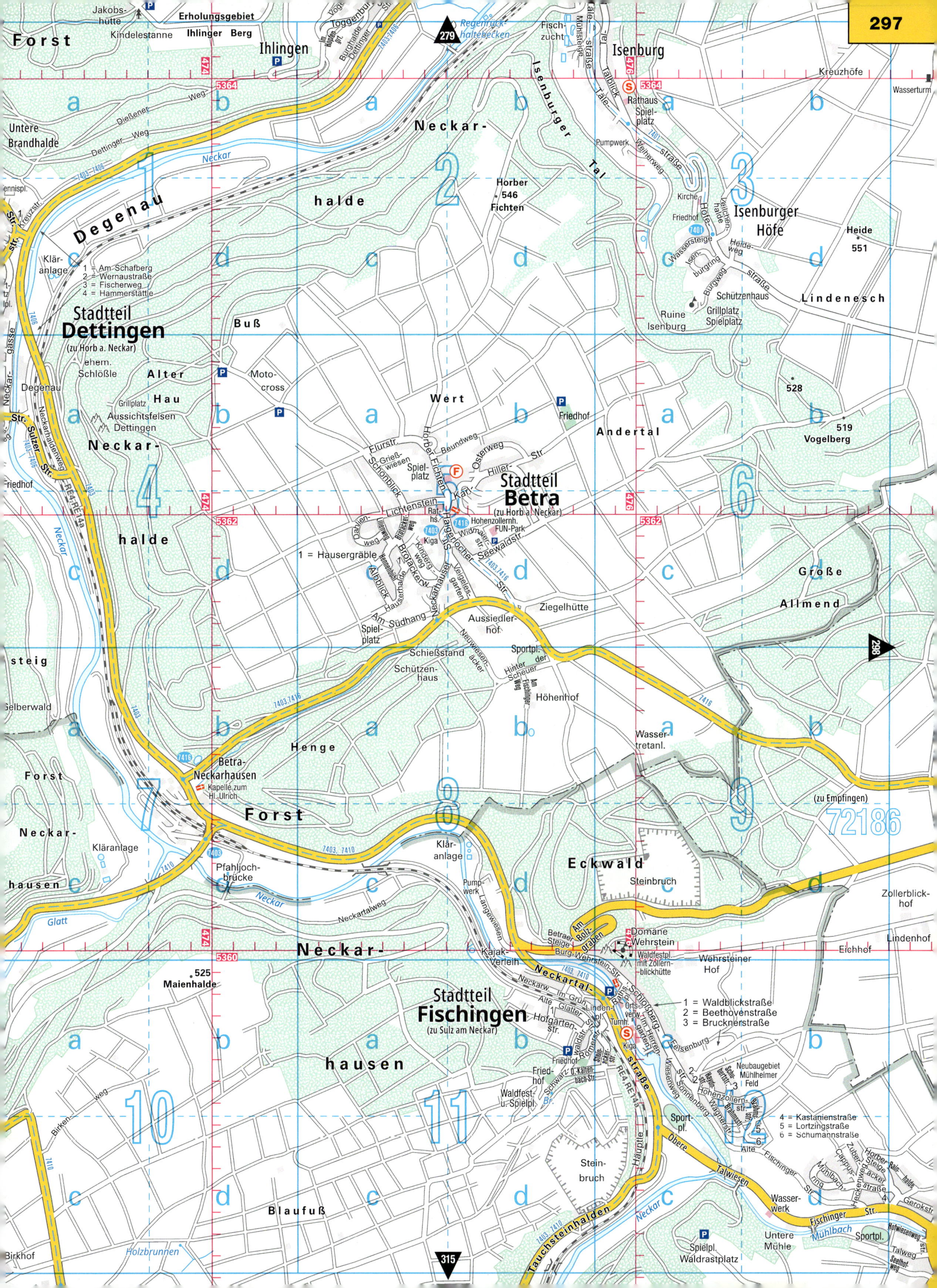

Forst
Jakobs-hütte
Kindelestanne
Erholungsgebiet
Ihlinger Berg
Ihlingen
Isenburg
Kreuzhöfe
Wasserturm
Untere Brandhalde
Dettinger Weg
Neckar
Degenau
Neckar-
halde
Horber 546 Fichten
Isenburger Tal
Rathaus
Spielplatz
Pumpwerk
Kirche
Friedhof
Isenburger Höfe
Heide 551
Kläranlage
1 = Am Schafberg
2 = Wernaustraße
3 = Fischerweg
4 = Hammerstättle
Stadtteil Dettingen
(zu Horb a. Neckar)
ehem. Schlößle
Buß
Ruine Isenburg
Schützenhaus
Grillplatz
Spielplatz
Lindenesch
Alter Hau
Motocross
Grillplatz
Aussichtsfelsen Dettingen
Wert
Friedhof
Andertal
528
519
Vogelberg
Neckar-
halde
Stadtteil Betra
(zu Horb a. Neckar)
Hohenzollernh.
FUN-Park
1 = Hausergräble
Kiga
Ziegelhütte
Große Allmend
Aussiedlerhof
Spielplatz
Schießstand
Schützenhaus
Sportpl.
Höhenhof
steig
Selberwald
Henge
Wassertretanl.
Forst
Betra-Neckarhausen
Kapelle zum Hl. Ulrich
Forst
(zu Empfingen)
72186
Neckar-
hausen
Kläranlage
Pfahljochbrücke
Eckwald
Steinbruch
Zollerblickhof
Glatt
Neckartalweg
Domäne Wehrstein
Lindenhof
Neckar-
Kajak-Verleih
Eichhof
Wehrsteiner Hof
525 Maienhalde
Stadtteil Fischingen
(zu Sulz am Neckar)
1 = Waldblickstraße
2 = Beethovenstraße
3 = Brucknerstraße
hausen
Friedhof
Neubaugebiet Mühlheimer Feld
Waldfest- u. Spielpl.
Sportpl.
4 = Kastanienstraße
5 = Lortzingstraße
6 = Schumannstraße
Steinbruch
Blaufuß
Wasserwerk
Untere Mühle
Sportpl.
Birkhof
Holzbrunnen
Spielpl.
Waldrastplatz
Mühlbach
Tauchsteinhalden
279
298
315

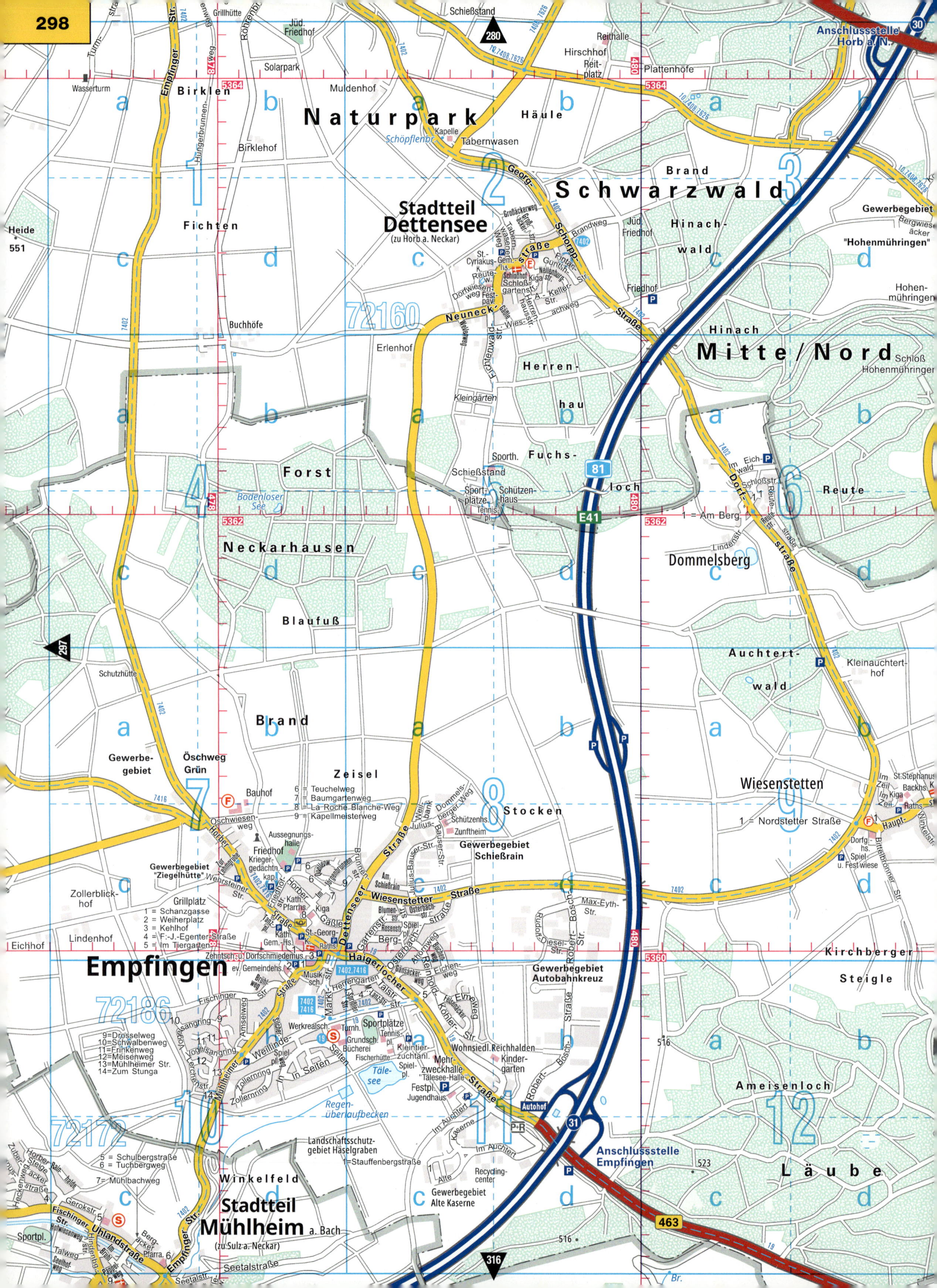
Naturpark Schwarzwald Mitte/Nord
Stadtteil Dettensee
(zu Horb a. Neckar)
Empfingen
Stadtteil Mühlheim a. Bach
(zu Sulz a. Neckar)
72160
72186
72172
Anschlussstelle Horb a. N.
Anschlussstelle Empfingen
Gewerbegebiet "Hohenmühringen"
Hohenmühringen
Schloß Hohenmühringen
Birklen
Birklehof
Fichten
Buchhöfe
Forst
Neckarhausen
Blaufuß
Brand
Zeisel
Stocken
Häule
Tabernwasen
Muldenhof
Solarpark
Wasserturm
Heide 551
Erlenhof
Herrenhau
Fuchsloch
Hinachwald
Hinach
Reute
Dommelsberg
Auchtertwald
Kleinauchterthof
Wiesenstetten
Kirchberger Steigle
Ameisenloch
Läube
Winkelfeld
Zollerblickhof
Lindenhof
Eichhof
Gewerbegebiet Schießrain
Gewerbegebiet "Ziegelhütte"
Gewerbegebiet Autobahnkreuz
Gewerbegebiet Alte Kaserne
Landschaftsschutzgebiet Häselgraben
Regenüberlaufbecken
Tälesee
Sportplätze
Bodenloser See
Schöpflenbr.
Schießstand
Reithalle
Hirschhof
Plattenhöfe
Jüd. Friedhof
Friedhof
Schutzhütte
Öschweg Grün
Bauhof
Gewerbegebiet
Grillplatz
Autohof
Recyclingcenter
1 = Schanzgasse
2 = Weiherplatz
3 = Kehlhof
4 = F.-J.-Egenter-Straße
5 = Im Tiergarten
6 = Teuchelweg
7 = Baumgartenweg
8 = La-Roche-Blanche-Weg
9 = Kapellmeisterweg
9=Drosselweg
10=Schwalbenweg
11=Finkenweg
12=Meisenweg
13=Mühlheimer Str.
14=Zum Stunga
5 = Schulbergstraße
6 = Tuchbergweg
7= Mühlbachweg
1=Stauffenbergstraße
1 = Am Berg
1 = Nordstetter Straße
Wiesenstetter Straße
Haigerlocher Straße
Dettenseer Straße
Horber Straße
Empfinger Str.
Neuneck-Straße
Georg-Schorpp-Straße
Dorfstraße
Seetalstraße
Uhlandstraße
81
E41
31
463
280
297
316
30

Stadtteil Mühringen
(zu Horb a. Neckar)
Ortsteil Felldorf
(zu Starzach)
Stadtteil Bad Imnau
(zu Haigerloch)
Stadtteil Trillfingen
(zu Haigerloch)
Stadtteil Bittelbronn
(zu Haigerloch)
Höhäcker
Wolfäcker
Kohlwald
Bergholz
Wand
Großholz
Gemeinde-
wald
Härle
Heb-
sack
Weiher-
halde
Bucken-
loch
Bern-
loch
Beund-
halde
Mühlenberg
Bauern-
wiesen-
halden
Bergen
Auchtwald
Withau
Heder
Reiber
Engen-
tal
Lerchenfeld
Henstetten
Lange Äcker
Buchen
Röte
Breite
Auhof
Heinzelberg
521
Dreilindenhof
Kohlberg
523
Waldeckhof
Heidegrundhof
Hohenmühringen
Breitenberg
508
538
525
502
Ried
515
Eyach
Mineralquelle
Wasserturm
Ammelesbr.
Kläranlage
Mühringen
Bad Imnau
72181
72401
1 = Am Goldberg
2=Hinter den Gärten
1=Schlossgartenweg
1 = Kirchplatz
2=Grubgraben
3=Felbenäcker
1 = Kohlgrube
2 = Teichweg
3 = Berggässle
4 = Gäugässle
Imnauer Straße
Kurstraße
Schwarzwaldstr.
Weildorfer Straße
Karlstal
Hauptstraße
Wiesenstetter Str.
281
300
317

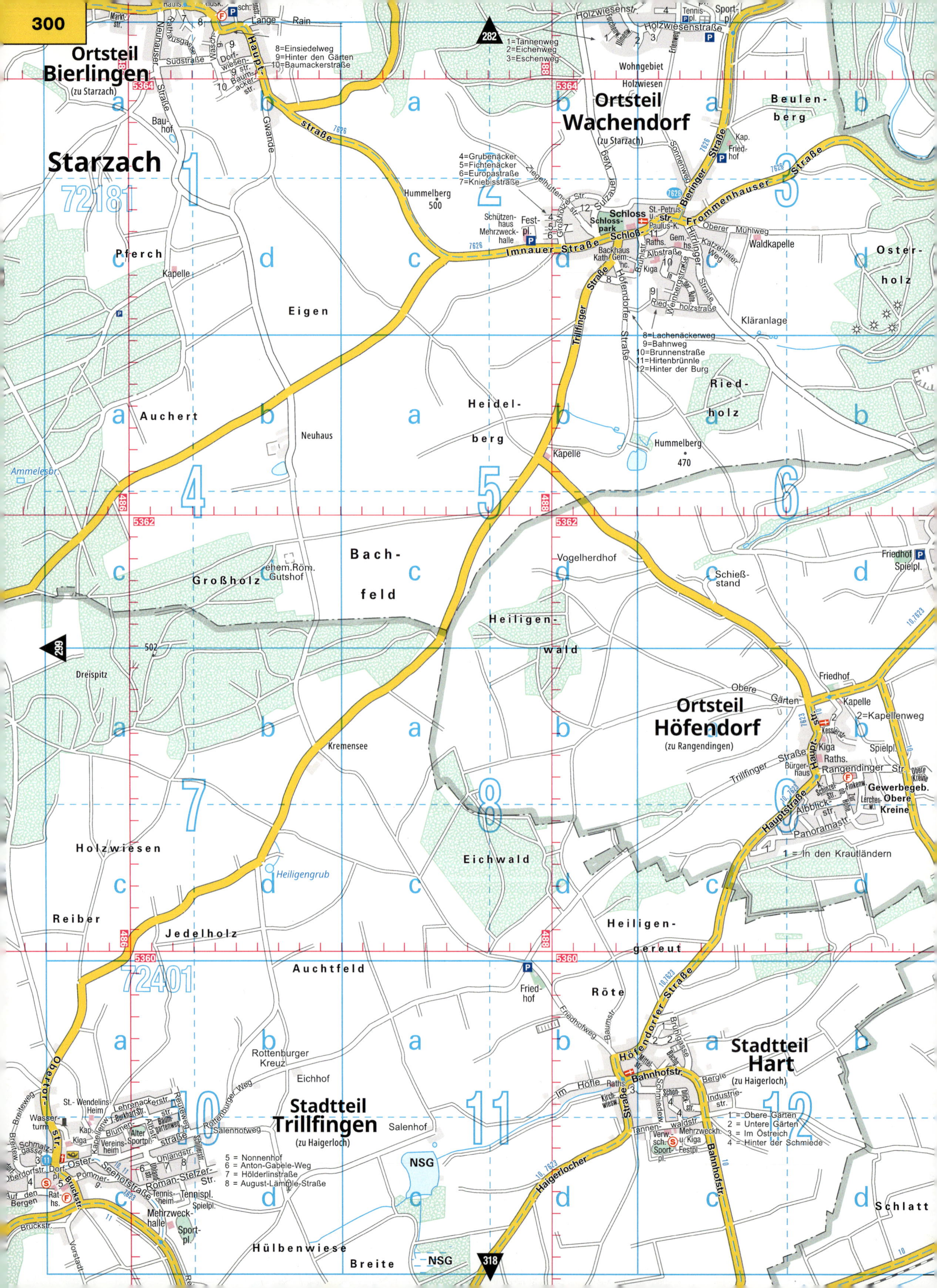
Ortsteil Bierlingen
(zu Starzach)
Starzach
72181
8=Einsiedelweg
9=Hinter den Gärten
10=Baumackerstraße
1=Tannenweg
2=Eichenweg
3=Eschenweg
Wohngebiet
Holzwiesen
Ortsteil Wachendorf
(zu Starzach)
Beulenberg
4=Grubenäcker
5=Fichtenäcker
6=Europastraße
7=Kniebisstraße
Hummelberg
500
Schloss
Schlosspark
Frommenhauser Straße
Imnauer Straße
Waldkapelle
Osterholz
Pferch
Kapelle
Eigen
Kläranlage
8=Lachenäckerweg
9=Bahnweg
10=Brunnenstraße
11=Hirtenbrünnle
12=Hinter der Burg
Riedholz
Auchert
Neuhaus
Heidelberg
Hummelberg
470
Trillfinger Straße
Höfendorfer Straße
Ammelesbr.
Bachfeld
Großholz
ehem.Röm. Gutshof
Vogelherdhof
Schießstand
Friedhof
Spielpl.
Heiligenwald
Dreispitz
502
Obere Gärten
Ortsteil Höfendorf
(zu Rangendingen)
2=Kapellenweg
Kremensee
Gewerbegeb. Obere Kreine
1 = In den Krautländern
Holzwiesen
Eichwald
Heiligengrub
Reiber
Jedelholz
Heiligengereut
Auchtfeld
Röte
72401
Rottenburger Kreuz
Eichhof
Stadtteil Hart
(zu Haigerloch)
Stadtteil Trillfingen
(zu Haigerloch)
Salenhof
1 = Obere Gärten
2 = Untere Gärten
3 = Im Östreich
4 = Hinter der Schmiede
5 = Nonnenhof
6 = Anton-Gabele-Weg
7 = Hölderlinstraße
8 = August-Lämmle-Straße
NSG
Haigerlocher Straße
Bahnhofstr.
Schlatt
Hülbenwiese
Breite
282
299
318

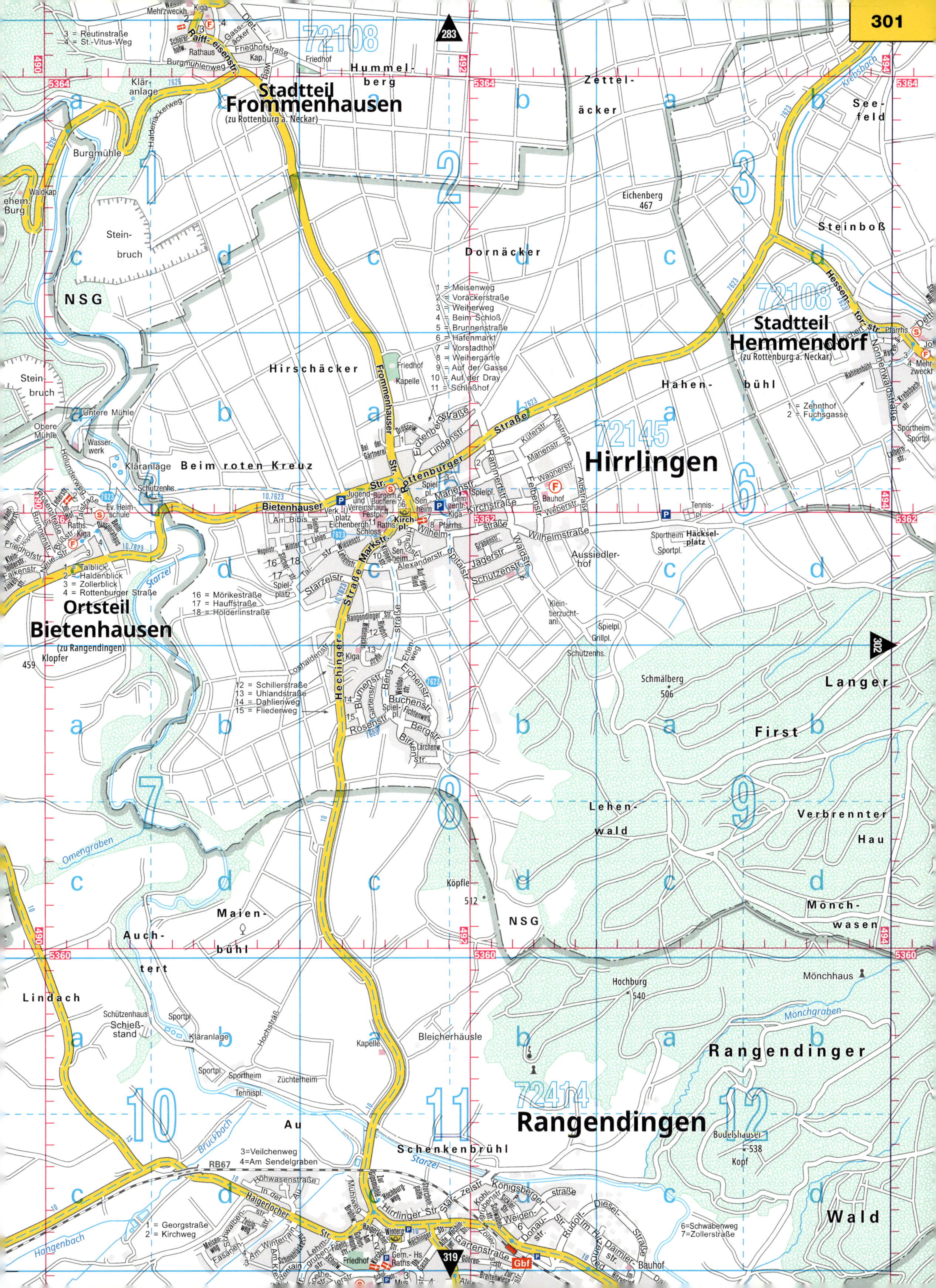
Stadtteil Frommenhausen
(zu Rottenburg a. Neckar)
72108
Hummelberg
Zettelächer
Seefeld
Steinboß
Eichenberg 467
Dornäcker
Hirschäcker
Stadtteil Hemmendorf
(zu Rottenburg a. Neckar)
Hahenbühl
72145
Hirrlingen
Beim roten Kreuz
NSG
Steinbruch
Burgmühle
Untere Mühle
Obere Mühle
Ortsteil Bietenhausen
(zu Rangendingen)
Klopfer 459
1 = Meisenweg
2 = Vorackerstraße
3 = Weiherweg
4 = Beim Schloß
5 = Brunnenstraße
6 = Hafenmarkt
7 = Vorstadthof
8 = Weihergärtle
9 = Auf der Gasse
10 = Auf der Dray
11 = Schloßhof
1 = Zehnthof
2 = Fuchsgasse
1 = Talblick
2 = Haldenblick
3 = Zollerblick
4 = Rottenburger Straße
16 = Mörikestraße
17 = Hauffstraße
18 = Hölderlinstraße
12 = Schillerstraße
13 = Uhlandstraße
14 = Dahlienweg
15 = Fliederweg
3 = Reutinstraße
4 = St.-Vitus-Weg
Aussiedlerhof
Schmälberg 506
Langer First
Lehenwald
Verbrennter Hau
Mönchwasen
Köpfle 512
Maienbühl
Auchtert
Lindach
Hochburg 540
Mönchhaus
Rangendinger Wald
72414
Rangendingen
Schenkenbrühl
Bleicherhäusle
Budelshauser Kopf 538
Au
1 = Georgstraße
2 = Kirchweg
3=Veilchenweg
4=Am Sendelgraben
6=Schwabenweg
7=Zollerstraße
Starzel
Omengraben
Mönchgraben
Hangenbach
Brückbach
Krebsbach
283
302
319

Breite Jauchert
Seefeld
Höhe
Röte
Stadtteil Hemmendorf
(zu Rottenburg a. Neckar)
Dettinger Gemeindewald
Kornberg 538
Käpfle
Pelagiustanne
Habermaashütte
Rammerthütte
Saurücken 540
Rammert
Natur-
schutz-
Kläranlage
ehem. Mühle
Kleintierzüchterheim
Stockachwasen
Rotlaub 508
Freizeitpark
Heiden
CVJM-Waldheim
Rauhütte
Hohenstöffel 538
Kornberg 517
Verbrennter Hau
Steinhau
Seigen
Ebene
Friedhof
Bodelshausen
Oberhausen
Langenhart
Mönchhaus
Hohwacht 590
Lehenwald
(zu Hirrlingen)
(zu Rangendingen)
Stadtteil Bechtoldsweiler
(zu Hechingen)
Stadtteil Sickingen
(zu Hechingen)
Gewerbe- und Industriegebiet
Hessentorstr.
Rottenburger Straße
Hechinger Straße
3 = Schloßhof
4 = Reithof
5 = Im Tränkenbach
6 = Lettenbreite
1 = Starenweg
2 = Unteres Kirchgässle
3 = Hutschenweihergässle
4 = Hezengässle
5 = Narzissenstraße
6 = Heckwiesenstraße
7 = Veilchenstraße
8 = Am Kappelbrunnen
9 = Kappelbrunnenweg
10 = Keplerstraße
11 = Königsberger Straße
12 = Breslauer Weg
13 = Angeläcker
1 = Unterer Kirchweg
1 = Im Höfle
2 = Valentinstraße
3 = Raichbergstraße
4 = Wilhelmstraße
5 = Baumgartenstraße
6 = Auf der Ebene
18 = Rosengartenweg
72108
72145
72411
72414
72379
284
301
320

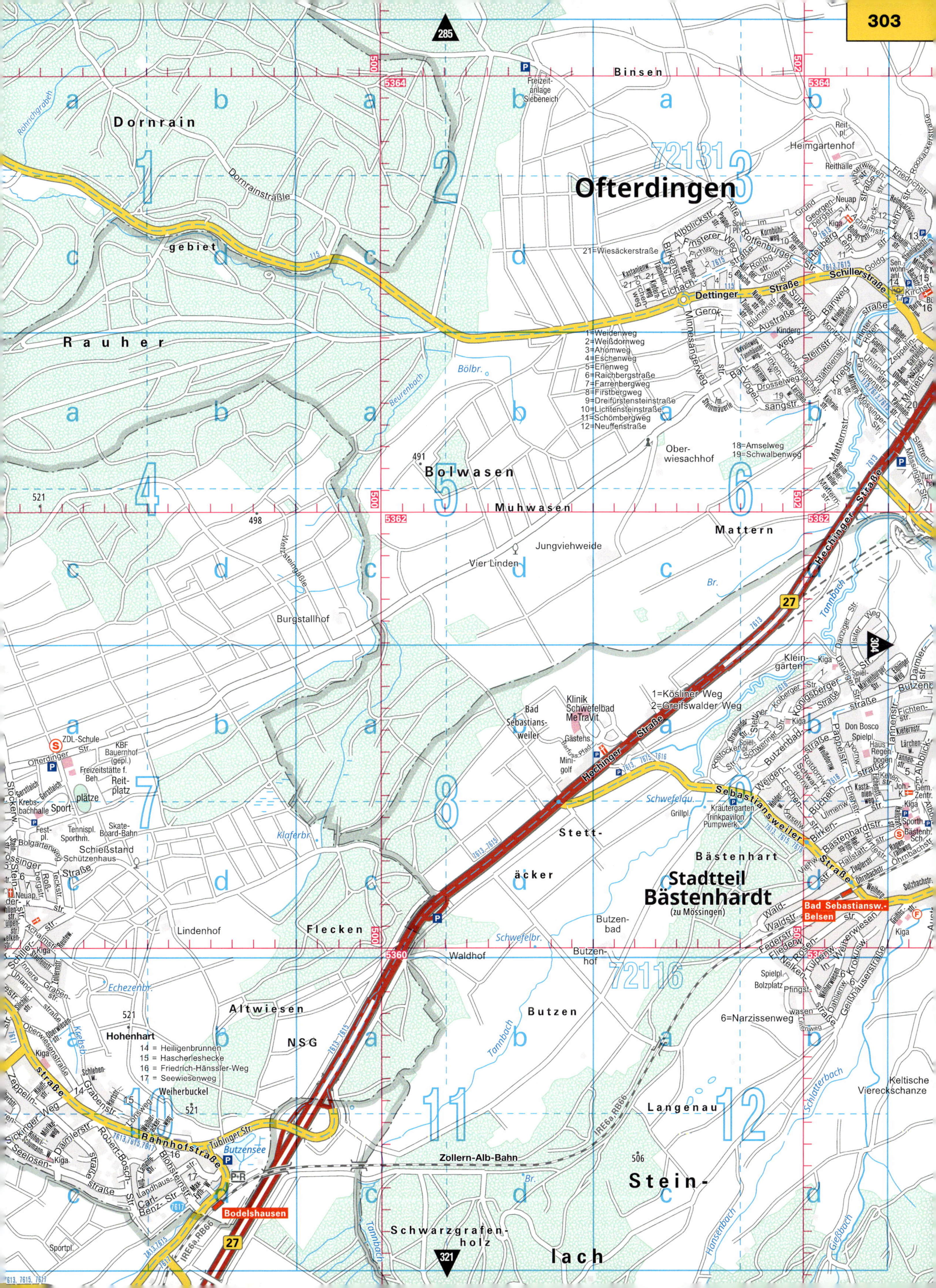
Ofterdingen
72131
Dornrain
Rauher
gebiet
Binsen
Heimgartenhof
Bolwasen
Muhwasen
Jungviehweide
Vier Linden
Mattern
Ober-
wiesachhof
Burgstallhof
Bad Sebastians-
weiler
Klinik Schwefelbad MeTraVit
Hechinger Straße
Sebastiansweiler Straße
Stadtteil
Bästenhardt
(zu Mössingen)
Bästenhart
Stett-
äcker
Flecken
Lindenhof
Altwiesen
NSG
Hohenhart
Weiherbuckel
Butzen
Butzenhof
Waldhof
72116
Langenau
Stein-
lach
Zollern-Alb-Bahn
Schwarzgrafen-
holz
Bodelshausen
Bad Sebastiansw.-
Belsen
Keltische
Viereckschanze
1=Weidenweg
2=Weißdornweg
3=Ahornweg
4=Eschenweg
5=Erlenweg
6=Raichbergstraße
7=Farrenbergweg
8=Firstbergweg
9=Dreifürstensteinstraße
10=Lichtensteinstraße
11=Schömbergweg
12=Neuffenstraße
18=Amselweg
19=Schwalbenweg
21=Wiesäckerstraße
1=Kösliner Weg
2=Greifswalder Weg
6=Narzissenweg
14 = Heiligenbrunnen
15 = Hascherleshecke
16 = Friedrich-Hänssler-Weg
17 = Seewiesenweg
Schillerstraße
Dettinger Straße
Bahnhofstraße
Tübinger Str.
Dornrainstraße
Reitplatz
Schießstand
Schützenhaus
Tennispl.
Skate-Board-Bahn
285
304
321
27

Ofterdingen
72131
Nehren
286
72147
Mössingen
72116
Stadtteil Bästenhardt
(zu Mössingen)
Stadtteil Belsen
(zu Mössingen)
303
322
Gewerbegeb. Weiherrain
Gewerbe- und Industrie- gebiet
Industrie- u. Gew.geb.
Gewerbe- gebiet
Hart
Schwanholz
First- wald
Hegwiesen
Längen- feld
Auchtert
Häder- ling
Kausbühl
Lindenstelle
Gairumsbühl
Farrenberg
Degenholz
Bruch
Wäldle
Buch
Bergrutsch
NSG
Motor- und Segelflug- gelände
Bismarckskapf
Ziegelrutsch
Ziegelhütte
Vogelschutz- zentrum (Nabu)
ehem. Schloß First
Schloßbuckel
ehem. Burg Andeck
Keltische Viereckschanze
Pumpwerk
Nordring
Reutlinger Straße
Tübinger Straße
Hechinger Straße
Bahnhofstraße
Auf der Lehr
Heerweg
Friedhof
Untere Mühle
Obere Mühle
Zollern-Alb-Bahn
21 = Ursulastraße
22 = Burggasse
23 = Rathausgasse
24 = Schulstraße
25 = Froschgasse
21 = Weißdornweg
22 = Rotdornweg
23 = Fliederweg
24 = Breitwiesenstraße
12 = Koberstraße
13 = Vaihinger Straße
14 = Pfarrweg
15 = Hölderlinstraße
16 = Lindenweg
17 = Uhlandstraße
18 = Viehmarkt
19 = Im Stiegel
20 = Seilerweg
14=Metzgerstraße
15=Webergasse
16=Bindergasse
17=Insel
20=Karlstraße
1 = Stuifenweg
2 = Rechenmacherweg
3 = Am Starenbuckel
4 = Spitalgasse
5 = Hornsteg
6 = Rathof
7 = Fritzenrain
8 = Stegstraße
9 = Hirschgasse
10=Boskoopweg
11=Brettacherweg
12=Gravensteinerweg
13=Christian-Dann-Straße
10 = Dr.-Gulde-Weg
11 = Olgastraße
12 = Otto-Hahn-Straße
13 = Georg-Wagner-Weg
14 = Alfred-Brehm-Weg
15 = Öschlesgartenweg
16 = Marie-Curie-Weg
17 = Konrad-Lorenz-Weg
18 = Sebastian-Kneipp-Straße
19 = Breitwiesenweg
3 = Hälderlingstraße
4 = Wilhelm-Claus-Weg

Neubrunnen
Krautgarten
(zu Reutlingen)
287
Ried
Imen-
bühl
507
N.D.
Wellingtonien
539
Saurer Rücken
Krautgartenweg
Öschinger Rain
Schönbergweg
Unterer Schönbergweg
Oberer Schönbergweg
Dicke
Eiche
Schönberg
LSG
72770
Heusteige
Unterlauernweg
Felsenteichweg
Weidenweg
Bühl
Schönberger Kapf
Roßfeld
Pumpwerk
605
Firstberg
Auchert
Schafhausweg
Schafhaus
Aussichtsturm
Wanderheim
826
Kl. Roßberg
869
Roßberg
Roßbergweg
Gartenhausgebiet
Firstwald-Fliegenäcker
NSG
Stadtteil
Öschingen
(zu Mössingen)
Dachsloch-
berg
1=Mühlweg
2=Lindenstiegel
3=Moserstraße
4=Im Krümmling
Krümmlings-
mühle
Öschenbach
Gewerbegebiet
Braike
Mühlberg
Reutlinger Str.
Panoramastraße
Sternbergstr.
Landhaus-
siedlung
Biotop
Braike
Langweg
Ev. Gem.-
zentr. u.
CVJM Heim
Orchideenweg
Landhausstraße
Öschenbach
Wald-
freibad
Häckselpl.
Jugendtreff
Friedhof
Breitenfeld
Sport-
plätze
Sportheim
5362
566
Herrenweg
5=Hohbarnweg
6=Spitzwiesenstraße
Bühläcker
Schützen-
hs.
Schießstand
Tennis-
plätze
Hartgraben
Faltorbach
Buchsteige
745
Rafnachberg
750
Steinenbühl
574
NSG
Grüblen
Brunnen
Rofnachgraben
306
Hart
Hohbarn
797
Filsenberg
Meisenbühl
797
Hart-
felsen
Kastentalgraben
Brunnen
Steinlach
Eich-
wald
NSG
Seebach-
halde
Bolberg
881
Vogelschutz-
zentrum (Nabu)
Kastental
Salpeterhütte
Bleiche
Steinbrunnen
Tal-
mühle
(Untermühle)
Wochen-
endhäuser
(zu Sonnenbühl)
Meisen-
bühl
5360
72820
Reithalle
Eschenhof
Gäßlesgraben
Klein-
tierzucht-
verein
Seebach
Stein-
lachmühle
(Obermühle)
Hagen
Buch
Tennis-
plätze
Vereins-
heim
Sport-
plätze
Kirchkopf
771
ehem.
Heidenburg
Bröller
Steinlachstr.
Hunger-
brunnen
Riedernberg
857
CVJM-
Heim
Leichenhalle
Friedhof
Lindenhof
Farrenbergweg
Bergäcker
Eichhalde
769
Dinkelbach
Steinenbühl
612
8=Wörnershalde
Filsenberg-
weg
Hinter dem
Gäßle
Thomasstraße
1=Braikeweg
2=Schloßstraße
3=Am Lammbuckel
Stadtteil
Talheim
(zu Mössingen)
323
Talheimer Weg
Jugendhaus
Weiherbach

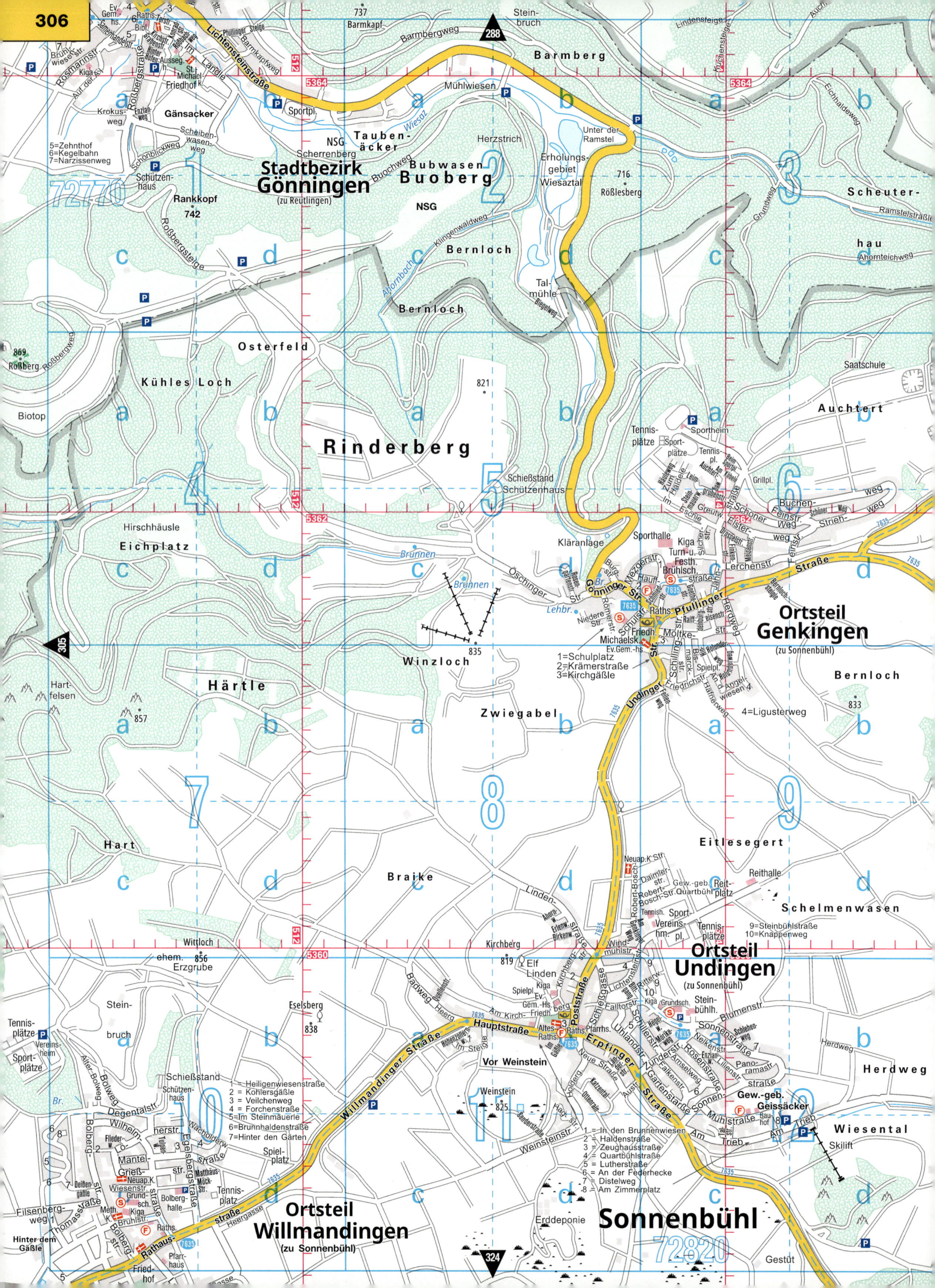

Stadtbezirk Gönningen
(zu Reutlingen)
Ortsteil Genkingen
(zu Sonnenbühl)
Ortsteil Undingen
(zu Sonnenbühl)
Ortsteil Willmandingen
(zu Sonnenbühl)
Sonnenbühl
72820
72770
Rinderberg
Buoberg
Bubwasen
Barmberg
Bernloch
Osterfeld
Kühles Loch
Eichplatz
Hirschhäusle
Härtle
Hart
Winzloch
Zwiegabel
Braike
Eitlesegert
Schelmenwasen
Herdweg
Wiesental
Auchtert
Scheuter-
hau
Tauben-
äcker
Gänsacker
Rankkopf
742
Lichtensteinstraße
Hauptstraße
Willmandinger Straße
Erpfinger Straße
Pfullinger Straße
Undinger Str.
Gönninger Str.
Poststraße
5=Zehnthof
6=Kegelbahn
7=Narzissenweg
1=Schulplatz
2=Krämerstraße
3=Kirchgäßle
4=Ligusterweg
9=Steinbühlstraße
10=Knappenweg
1 = Heiligenwiesenstraße
2 = Kohlersgäßle
3 = Veilchenweg
4 = Forchenstraße
5=Im Steinmäuerle
6=Brunnhaldenstraße
7=Hinter den Gärten
1 = In den Brunnenwiesen
2 = Haldenstraße
3 = Zeughausstraße
4 = Quartbühlstraße
5 = Lutherstraße
6 = An der Federhecke
7 = Distelweg
8 = Am Zimmerplatz
Erholungs-
gebiet
Wiesaztal
Tal-
mühle
Kläranlage
Schießstand
Schützenhaus
Weinstein
825
Vor Weinstein
Erddeponie
Gestüt
Skilift
Geissäcker
288
305
324

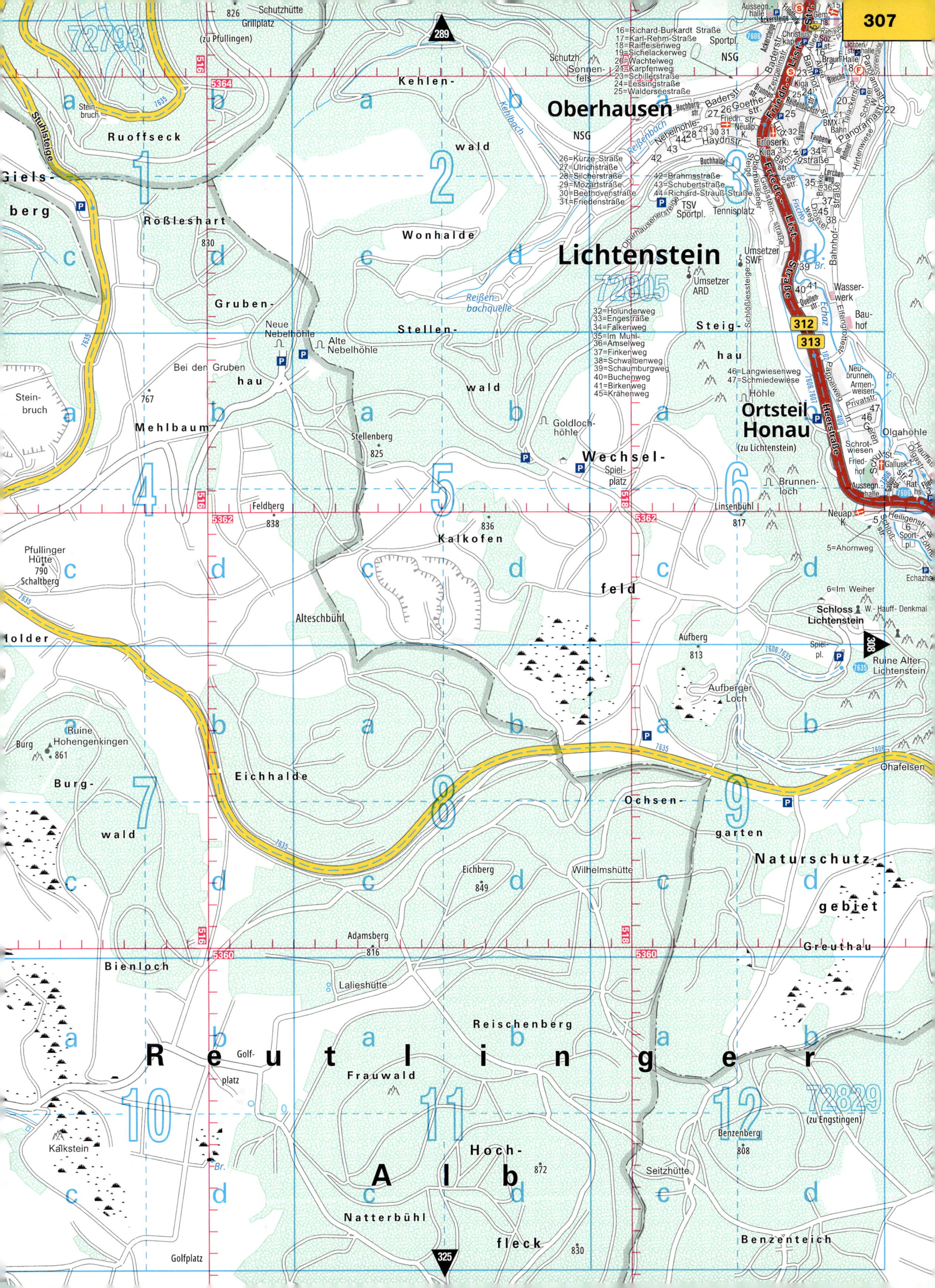
Oberhausen
Lichtenstein
72805
Ortsteil Honau
(zu Lichtenstein)
72793
72829
(zu Engstingen)
(zu Pfullingen)
Reutlinger Alb
Kehlen-wald
Wonhalde
Stellen-wald
Wechsel-feld
Steig-hau
Kalkofen
Ruoffseck
Rößleshart
Gruben-hau
Mehlbaum
Gielsberg
Stuhlsteige
Neue Nebelhöhle
Alte Nebelhöhle
Bei den Gruben
Stellenberg 825
Feldberg 838
Pfullinger Hütte 790
Schaltberg
Alteschbühl
Goldlochhöhle
Spielplatz
Linsenbühl 817
Aufberg 813
Aufberger Loch
Schloss Lichtenstein
W.-Hauff-Denkmal
Ruine Alter Lichtenstein
Olgahöhle
Brunnenloch
Umsetzer SWF
Umsetzer ARD
Reißenbachquelle
Schutzhütte
Grillplatz
Sonnenfels
TSV Sportpl.
Tennisplatz
Wasserwerk
Bauhof
Ruine Hohengenkingen 861
Burg-wald
Eichhalde
Ochsen-garten
Naturschutz-gebiet
Greuthau
Ohafelsen
Eichberg 849
Wilhelmshütte
Adamsberg 816
Bienloch
Lalieshütte
Reischenberg
Frauwald
Golfplatz
Kalkstein
Hoch-fleck
Natterbühl
Benzenberg 808
Seitzhütte
Benzenteich
16=Richard-Burkardt Straße
17=Karl-Rehm-Straße
18=Raiffeisenweg
19=Sichelackerweg
20=Wachtelweg
21=Karpfenweg
22=Schillerstraße
23=Lessingstraße
24=Waldseestraße
25=Walderseestraße
26=Kurze Straße
27=Ulrichstraße
28=Silcherstraße
29=Mozartstraße
30=Beethovenstraße
31=Friedenstraße
32=Holunderweg
33=Engestraße
34=Falkenweg
35=Im Mühl
36=Amselweg
37=Finkenweg
38=Schwalbenweg
39=Schaumburgweg
40=Buchenweg
41=Birkenweg
42=Brahmsstraße
43=Schubertstraße
44=Richard-Strauß-Straße
45=Krähenweg
46=Langwiesenweg
47=Schmiedewiese
5=Ahornweg
6=Im Weiher
Friedr.-List-Str.
Heerstraße
312
313
289
308
325

Ortsteil Holzelfingen
(zu Lichtenstein)
Oberhausen
22=Fasanengarten
Umsetzer ZDF
Tennisplätze
Sportheim
Burgstein
Stolzen-
72805
Römerstraße
Ohnastetter Straße
1 = Beringerstraße
2 = Mehlbaum
3 = Stelzenäcker
Eichbühl
Skilift
Hoh-
rot
Hans-
berg
Braike
Reutlinger Alb
Lichtenstein
halde
Wasserwerk
Bauhof
Härtle
Weibles-
rain
Salach
Heu-
Ortsteil Honau
(zu Lichtenstein)
Rötelstein
769
Kugelbühl
749
1=Brückenstraße
2=Mahlweg
3=Vogelsang
4=Echazstraße
6=Im Weiher
Olgahöhle
Kohlhau
Manen-
tal
Hochhart
771
Heerstraße
Fledermaushöhle
Lochenstein
Traifelberg
749
Bocksberg
752
Echazhalle
Echazquelle
W.-Hauff-Denkmal
Ruine Alter Lichtenstein
Uhlandstraße
Waldstraße
Pfullenberg
713
Skilift
Ohafelsen
Tobelkapf
784
Säure
Fäulenteile
Wasserstall
1 = Robert-Bosch-Straße
Bauhof
Ebene
Rudersberg
Naturschutzgebiet
Esperbühl
Auchtert
Ortsteil Kleinengstingen
(zu Engstingen)
Holzelfinger Str.
Schwäbische-Alb-Bahn
Engstingen
RB59, RB59a
Rettungswache
Ruhlenberg
741
Kalkofen
Skilift
Ortsteil Großengstingen
(zu Engstingen)
2 = Schubertstraße
3 = Brahmsweg
4 = Eichendorffweg
5 = Hauffstraße
6 = Im Winkel
7 = Eberhardstraße
Reutlinger Straße
Lange Str.
Kleinengstinger Str.
Automuseum
Friedhof
8 = Friedrichstraße
9 = Schwalbenweg
10 = Heimenstraße
11 = Meisenweg
12 = Am Weiher
Kirchstraße
Schießstand
Loh
Sportplätze
Freibühlhalle
Freibühlschule
Engstingen Schulzentrum
Kreuzberg
754
Trochtelfinger Straße
Forstamt Engstingen
Engstingen
13 = Kammweg
15 = Am Bahnhof
16 = Zwischen den Dörfern
72829
Eichhart
313
312
326
290
307

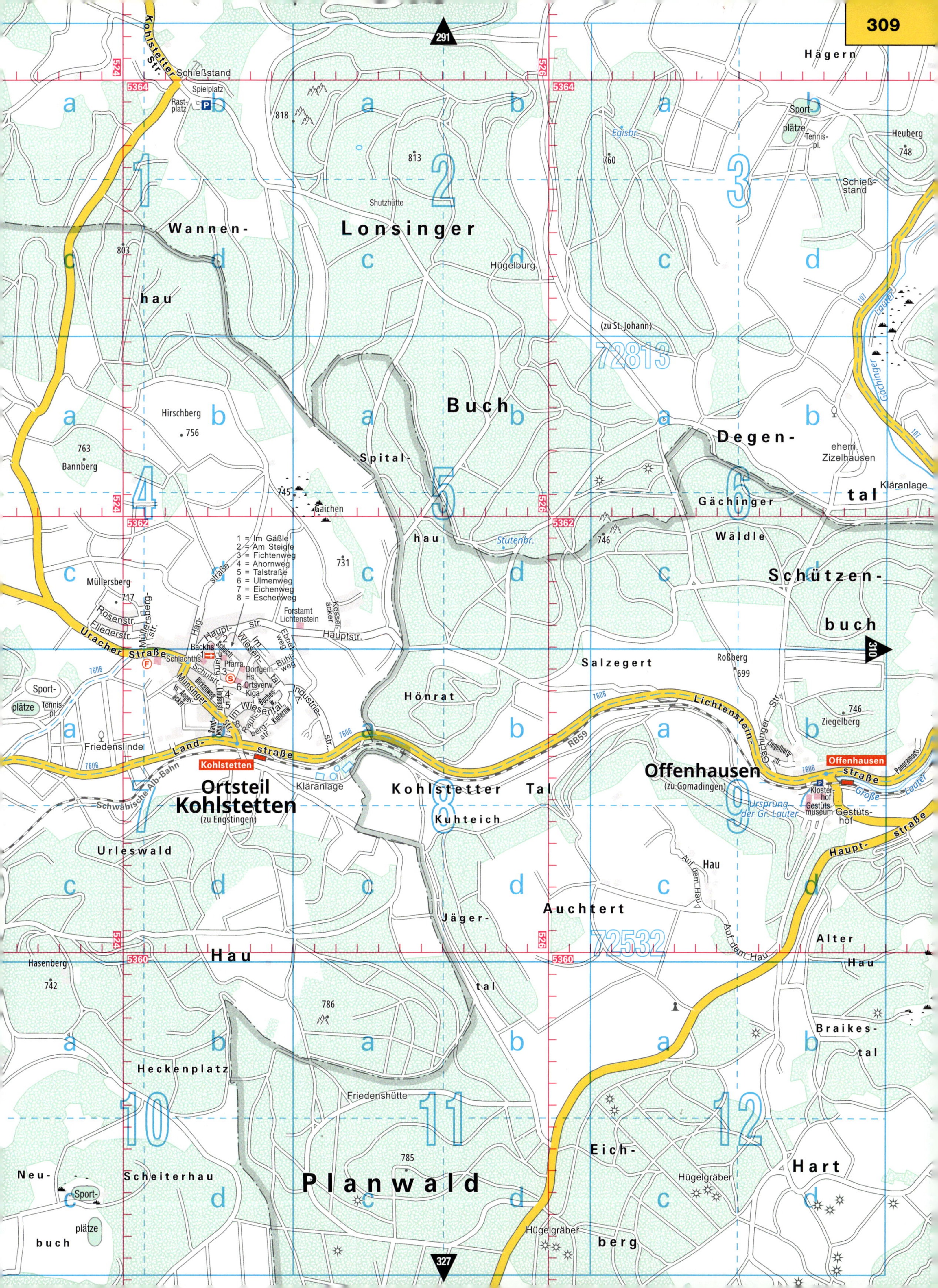

291
Kohlstetter Str.
Schießstand
Spielplatz
Rast-platz
818
813
Shutzhütte
Lonsinger
Wannen-
hau
803
Hügelburg
Egisbr.
760
Hägern
Sport-plätze
Tennis-pl.
Heuberg
748
Schieß-stand
Lauter
(zu St. Johann)
72813
Buch
Hirschberg
756
763
Bannberg
Spital-
hau
745
Gaichen
731
Stutenbr.
746
Degen-
tal
Gächinger
Wäldle
ehem. Zizelhausen
Kläranlage
Schützen-
buch
Müllersberg
717
Rosenstr.
Fliederstr.
Uracher Straße
Müllersberg-str.
1 = Im Gäßle
2 = Am Steigle
3 = Fichtenweg
4 = Ahornweg
5 = Talstraße
6 = Ulmenweg
7 = Eichenweg
8 = Eschenweg
Forstamt Lichtenstein
Kessel-acker
Hauptstr.
Salzegert
Roßberg
699
310
Sport-plätze
Tennis-pl.
Friedenslinde
Hönrat
Industrie-str.
Lichtenstein-
Gächinger Str.
Ziegelberg
746
Offenhausen
Kohlstetten
Land-straße
RB59
Ortsteil Kohlstetten
(zu Engstingen)
Kläranlage
Schwäbische Alb-Bahn
Kohlstetter Tal
Kuhteich
Offenhausen
(zu Gomadingen)
Ursprung der Gr. Lauter
Kloster-hof
Gestüts-museum
Gestüts-hof
Große Lauter
Haupt-straße
Urleswald
Jäger-
tal
Auchtert
72532
Hau
Auf dem Hau
Alter Hau
Hasenberg
742
Hau
786
Braikes-
tal
Heckenplatz
Friedenshütte
Neu-
buch
Sport-plätze
Scheiterhau
785
Planwald
Eich-
berg
Hügelgräber
Hart
327

Ortsteil Gächingen
(zu St. Johann)
Stadtteil Dottingen
(zu Münsingen)
Gomadingen
Steingebronn
Marbach an d. Lauter
Haupt- und Landgestüt
Schelmenbühl
Stettener Berg
Gestütshof
Rübgarten
Brennt-Crain
Jung-holz
Stockach
Poppen-tal
Maier-rain
Lengen-feld
Platte
Kindsloch
Hochgesträß
Schwärze
Eichach
Alter Hau
Botz-gart
Halde
Hart
Mittelberg
Stirne
Birkenhof
Birkenhof-Siedlung
Heuberg
Kläranlage
Grabhügel
Schöm-berg
Wochenendhäuser
Gemeinberg
Wolfstal
Hungerberg
Hackberg
Gauchsteigle
Ober-feld
Härtle
Hühnerberg
Julmond Gedenkstein
Tannenkopf
Husarensprung
Sternberg
Aussichtsturm
Wanderheim
Lerchenberg
Schafhaus
Altenberg
Gestüt Charlottenhof
Im Tiefental
Reitschule
Reithalle
Marbach (bei Münsingen)
Gomadingen
Hauptstraße
Marbacher Straße
Dottinger Straße
Münsinger Str.
Uracher Str.
Lichtenstein-straße
Reutlinger Str.
Gächinger Lauter
Große Lauter
Gr. Lauter
Schorzbach
Dolderbach
Schwäb.-Alb-Bahn
292
309
328
7253.2
72813
1 = Ober Brunnhalde
6 = Talweg
7 = Steingeweg

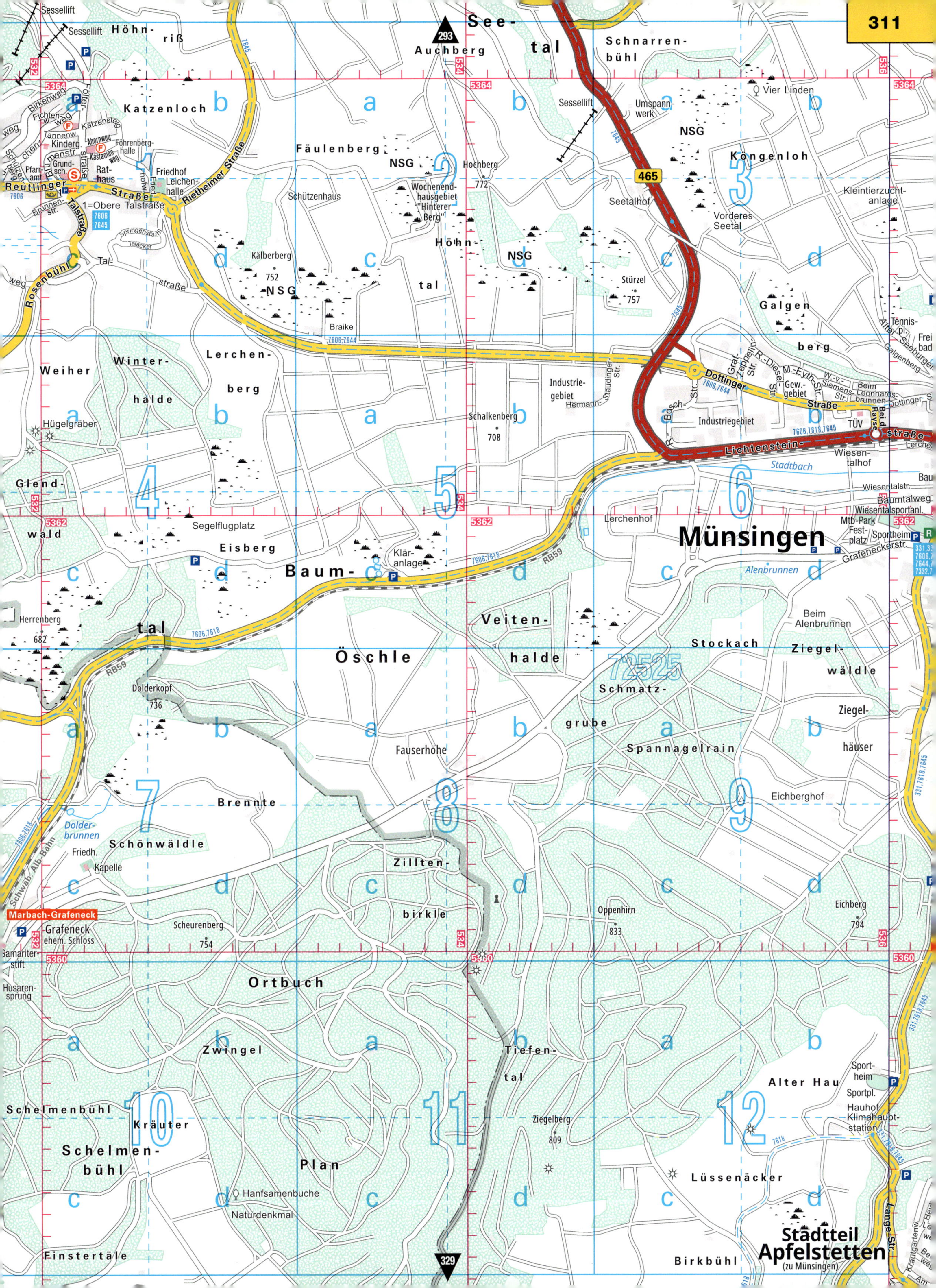

Sessellift
Höhnriß
Auchberg
Seetal
Schnarrenbühl
Katzenloch
Vier Linden
Umspannwerk
NSG
Köngenloh
Fäulenberg
Hochberg
772
Wochenendhausgebiet "Hinterer Berg"
Reutlinger Straße
Rietheimer Straße
Talstraße
1=Obere Talstraße
Friedhof
Leichenhalle
Rathaus
Schützenhaus
Seetalhof
Vorderes Seetal
Kleintierzuchtanlage
Kälberberg
752
Höhntal
Stürzel
757
Galgenberg
Rosenbühl
Braike
Weiher
Winterhalde
Lerchenberg
Industriegebiet
Dottinger Straße
Schalkenberg
708
Hügelgräber
Lichtenstein-straße
Stadtbach
Wiesentalhof
Glendwald
Segelflugplatz
Eisberg
Lerchenhof
Münsingen
Kläranlage
Baumtal
Alenbrunnen
Grafeneckerstr.
Herrenberg
682
Veitenhalde
Stockach
Beim Alenbrunnen
Ziegelwäldle
Öschle
72525
Schmatzgrube
Dolderkopf
736
Ziegelhäuser
Spannagelrain
Fauserhöhe
Brennte
Eichberghof
Dolderbrunnen
Schönwäldle
Zilltenbirkle
Kapelle
Marbach-Grafeneck
Grafeneck ehem. Schloss
Scheurenberg
754
Oppenhirn
833
Eichberg
794
Samariterstift
Husarensprung
Ortbuch
Zwingel
Tiefental
Alter Hau
Schelmenbühl
Kräuter
Plan
Ziegelberg
809
Lüssenäcker
Hanfsamenbuche
Naturdenkmal
Finstertäle
Birkbühl
Stadtteil Apfelstetten
(zu Münsingen)

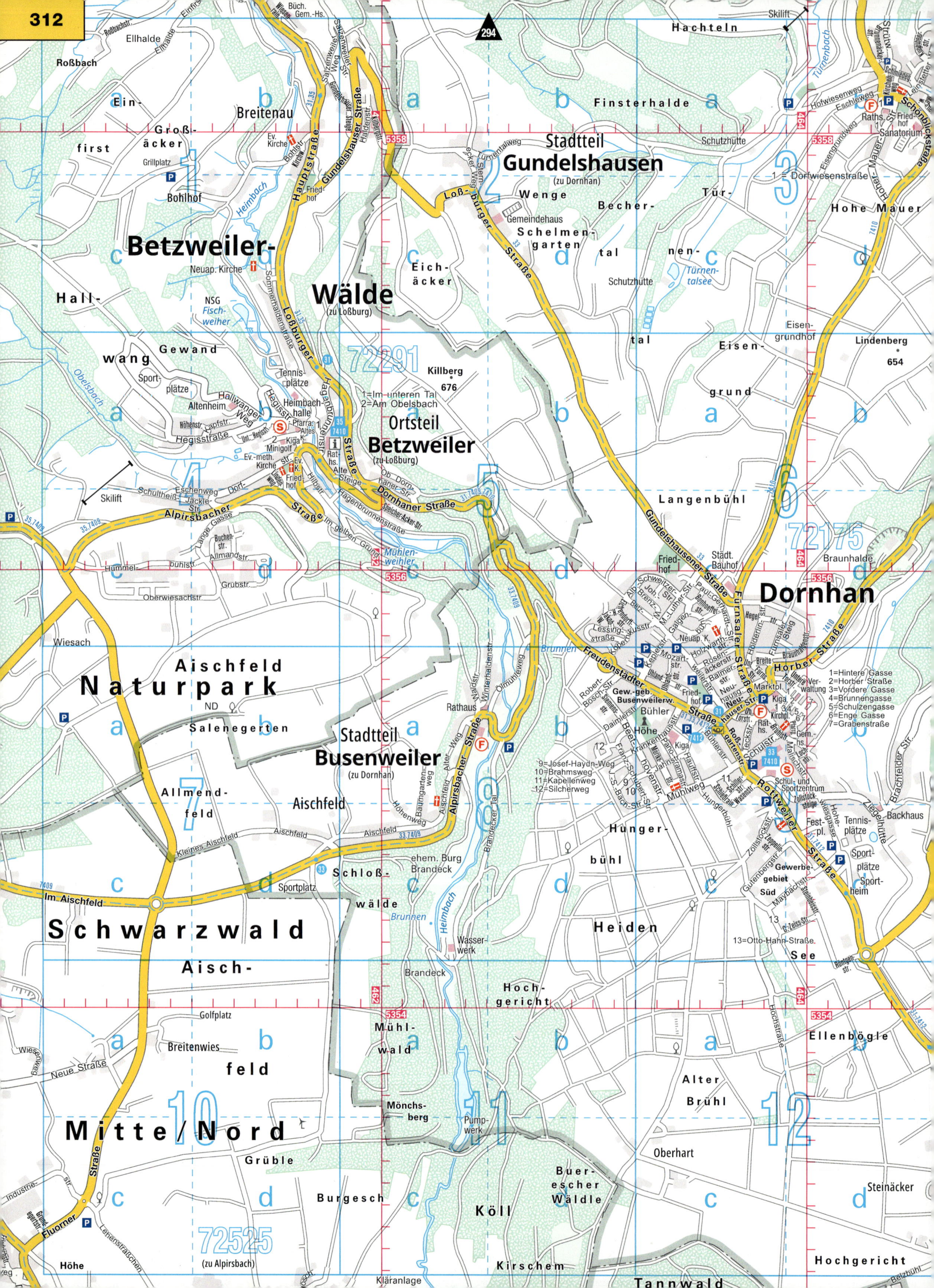

Betzweiler-Wälde
(zu Loßburg)
Ortsteil Betzweiler
(zu Loßburg)
Stadtteil Gundelshausen
(zu Dornhan)
Dornhan
Stadtteil Busenweiler
(zu Dornhan)
Naturpark Schwarzwald Mitte/Nord
72291
72175
72525
(zu Alpirsbach)
Hachteln
Finsterhalde
Breitenau
Roßbach
Ellhalde
Bohlhof
Killberg
676
Lindenberg
654
Langenbühl
Aischfeld
Salenegerten
Allmendfeld
Hungerbühl
Heiden
Hochgericht
Mühlwald
Mönchsberg
Köll
Kirschem
Tannwald
Oberhart
Alter Brühl
Ellenbögle
Steinäcker
Grüble
Burgesch
Breitenwies
Wiesach
1=Im unteren Tal
2=Am Obelsbach
1=Hintere Gasse
2=Horber Straße
3=Vordere Gasse
4=Brunnengasse
5=Schulzengasse
6=Enge Gasse
7=Grabenstraße
9=Josef-Haydn-Weg
10=Brahmsweg
11=Kapellenweg
12=Silcherweg
13=Otto-Hahn-Straße
1 = Dorfwiesenstraße
Gundelshausener Straße
Freudenstädter Straße
Alpirsbacher Straße
Loßburger Straße
Hauptstraße
Horber Straße
Rottweiler Straße
Dornhaner Straße
Fürnsaler Straße

Stadtteil Fürnsal (zu Dornhan)
Klingelhalde
Erdental
Stadtteil Bettenhausen (zu Dornhan)
Wachholder
Pumpwerk
Reinau
Straubenegert
Stadtteil Hopfau (zu Sulz am Neckar)
Rütsche
Hof Rothfuß
Hagiswald
Glatt
Glatthalde
Naturpark
Schwarzwald
Mitte/Nord
Neunthausen
72172
Lindenberg 652
Braunhalde
Spaltberg
Dießenholz 657
Kaltes Feld
Kapf
Härtle
Brachfeld
Brachfelder Straße
Schmiederswald
Zwerchgründle
Eckkapf 618
Tobeltal
Grünguthof
Grund
Hohle Wüste
Sommerberg 650
Friedrichshof
Kinderheim
Gänslensbühl
Buch
Spitalhalde
Pfaffengrube
Eschenhof
Dobel
Heiligengrund
Dornhaner Ebene
Forlenwangen
Grabhügel
Zimmerplatzhütte
Kelt. Viereckschanze Grabhügel
Modellflugplatz
Blumentäle
Röte 685
632
Glockenturm
Hubertushütte
Mammental
Forstwald
Kohl- und Weiherleswald
Binsental
Birkenwäldle
Stadtteil Marschalkenzimmern (zu Dornhan)
Hubholz
Spitzwald
Schießstand
Ettenberg 580
Hauptstraße
Sumpf
Schanze
Aubrunnen
3 = Lochenweg
1 = Burgwiesenweg
Oberndorfer Str.
Sulzer Straße
Feriensiedlung "Alte Reute"
Stadtteil Weiden (zu Dornhan)

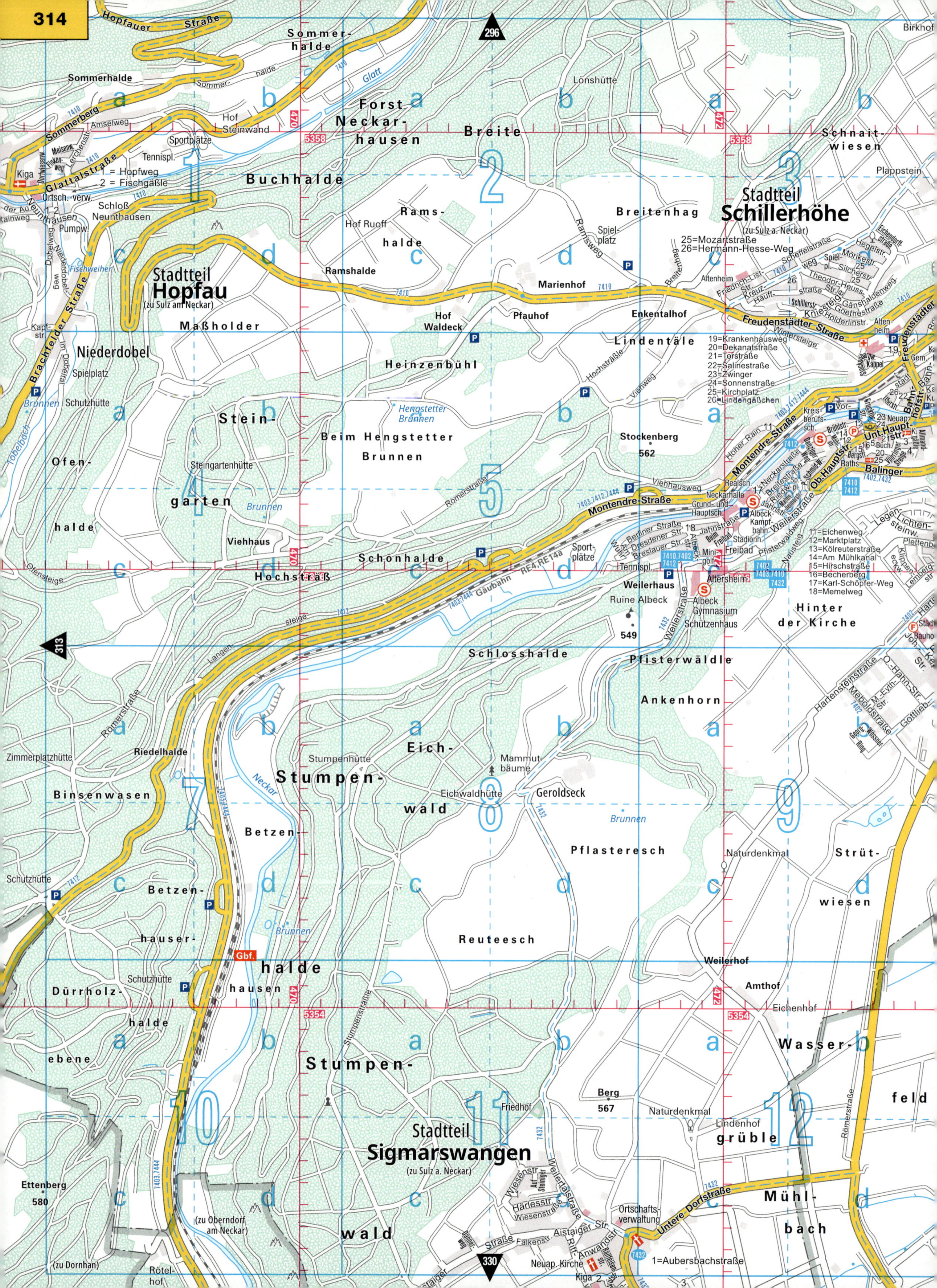

Hopfauer Straße
Sommerhalde
Sommerberg
Glattalstraße
1 = Hopfweg
2 = Fischgäßle
Kiga
Ortsch. verw.
Schloß Neunthausen
Neunthausen
Pumpw.
Hof Steinwand
Sportplätze
Tennispl.
Buchhalde
Forst Neckarhausen
Breite
Lönshütte
Schnaitwiesen
Plappstein
Birkhof
Ramshalde
Hof Ruoff
Ramsweg
Spielplatz
Breitenhag
Stadtteil Schillerhöhe
(zu Sulz a. Neckar)
25=Mozartstraße
26=Hermann-Hesse-Weg
Altenheim
Stadtteil Hopfau
(zu Sulz am Neckar)
Fischweiher
Brachfelder Straße
Maßholder
Marienhof
Pfauhof
Enkentalhof
Hof Waldeck
Freudenstädter Straße
Lindentäle
19=Krankenhausweg
20=Dekanatstraße
21=Torstraße
22=Salinestraße
23=Zwinger
24=Sonnenstraße
25=Kirchplatz
26=Lindengäßchen
Niederdobel
Spielplatz
Heinzenbühl
Hengstetter Brunnen
Brunnen
Schutzhütte
Tobelbach
Stein-garten
Beim Hengstetter Brunnen
Stockenberg
562
Ofen-halde
Steingartenhütte
Römerstraße
Montendre-Straße
Viehhausweg
Balinger
Viehhaus
Schönhalde
Hochstraß
Olgasteige
Gäubahn
Sportplätze
Tennispl.
Weilerhaus
Ruine Albeck
549
Albeck Gymnasium
Schützenhaus
Freibad
Altersheim
11=Eichenweg
12=Marktplatz
13=Kölreuterstraße
14=Am Mühlkanal
15=Hirschstraße
16=Becherberg
17=Karl-Schöpfer-Weg
18=Memelweg
Hinter der Kirche
Schlosshalde
Pfisterwäldle
Ankenhorn
Langensteige
Riedelhalde
Zimmerplatzhütte
Binsenwasen
Neckar
Stumpenhütte
Eich-wald
Stumpen-wald
Mammutbäume
Eichwaldhütte
Geroldseck
Brunnen
Betzen-hauser-halde
Pflasteresch
Naturdenkmal
Strütwiesen
Schutzhütte
Reuteesch
Gbf.
Betzen-hausen
Dürrholz-ebene
Weilerhof
Amthof
Eichenhof
Wasserfeld
Stumpenstraße
Stumpen-wald
Friedhof
Berg
567
Naturdenkmal
Lindenhof
grüble
Stadtteil Sigmarswangen
(zu Sulz a. Neckar)
Ettenberg
580
(zu Oberndorf am Neckar)
Ortschaftsverwaltung
Untere Dorfstraße
Mühlbach
Neuap. Kirche
Kiga 2
1=Aubersbachstraße
(zu Dornhan)
Rötelhof
Römerstraße
296
313
330

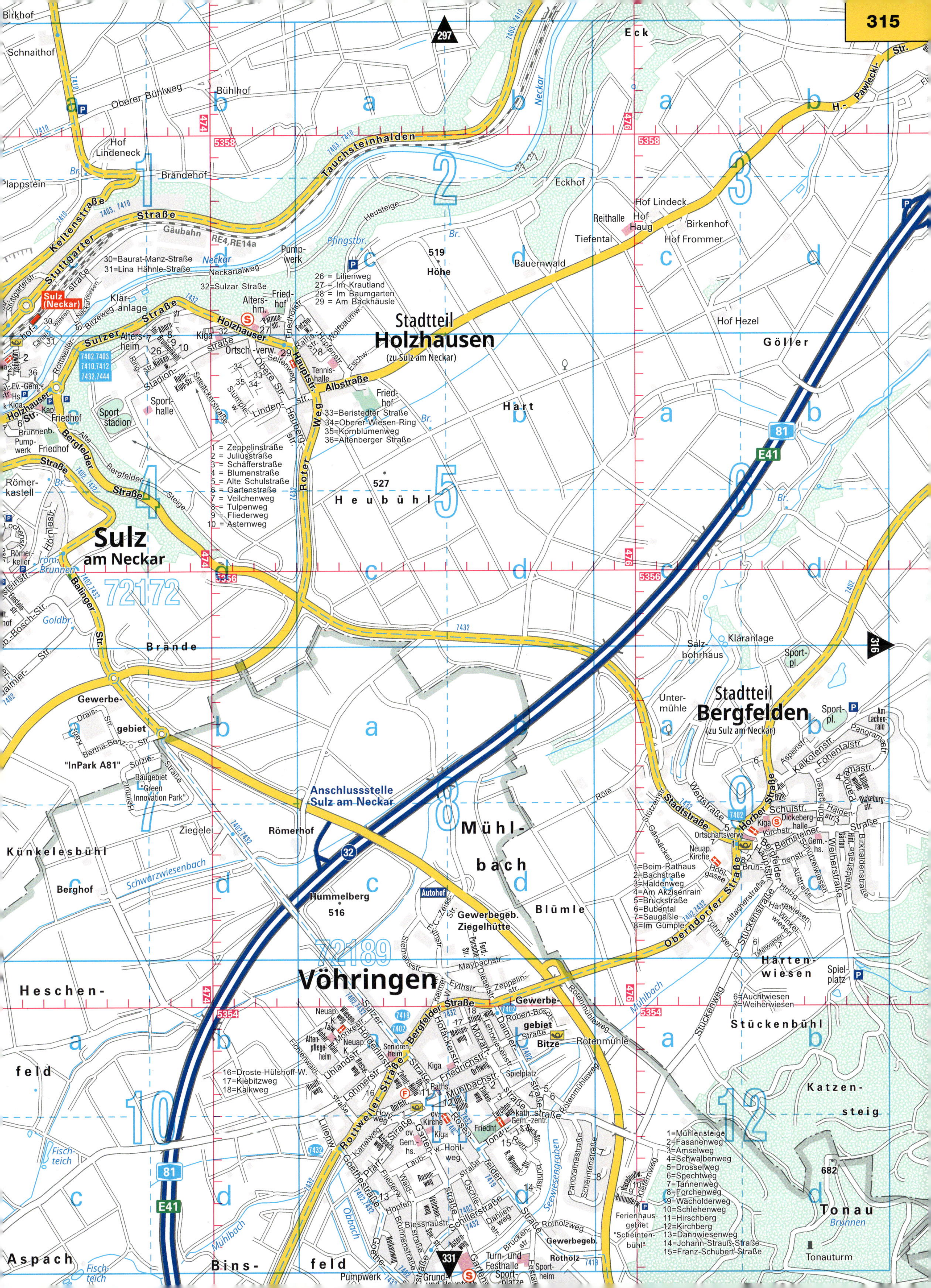
Sulz am Neckar
72172
Stadtteil Holzhausen
(zu Sulz am Neckar)
Stadtteil Bergfelden
(zu Sulz am Neckar)
Vöhringen
72189
Anschlussstelle Sulz am Neckar
1 = Zeppelinstraße
2 = Juliusstraße
3 = Schäfferstraße
4 = Blumenstraße
5 = Alte Schulstraße
6 = Gartenstraße
7 = Veilchenweg
8 = Tulpenweg
9 = Fliederweg
10 = Asternweg
26 = Lilienweg
27 = Im Krautland
28 = Im Baumgarten
29 = Am Backhäusle
30=Baurat-Manz-Straße
31=Lina Hähnle-Straße
32=Sulzar Straße
33=Beristedter Straße
34=Oberer-Wiesen-Ring
35=Kornblumenweg
36=Altenberger Straße
1=Beim Rathaus
2=Bachstraße
3=Haldenweg
4=Am Akzisenrain
5=Bruckstraße
6=Bubental
7=Saugäßle
8=Im Gümple
6=Auchtwiesen
7=Weiherwiesen
16=Droste-Hülshoff-W.
17=Kiebitzweg
18=Kalkweg
1=Mühlensteige
2=Fasanenweg
3=Amselweg
4=Schwalbenweg
5=Drosselweg
6=Spechtweg
7=Tannenweg
8=Forchenweg
9=Wacholderweg
10=Schlehenweg
11=Hirschberg
12=Kirchberg
13=Dannwiesenweg
14=Johann-Strauß-Straße
15=Franz-Schubert-Straße
Eck
Bühlhof
Schnaithof
Birkhof
Hof Lindeneck
Brändehof
Plappstein
Tauchsteinhalden
Eckhof
Hof Lindeck
Hof Haug
Birkenhof
Hof Frommer
Reithalle
Tiefental
Bauernwald
Höhe
519
Hof Hezel
Göller
Hart
Heubühl
527
Brände
Gewerbegebiet
"InPark A81"
Künkelesbühl
Berghof
Ziegelei
Römerhof
Hummelberg
516
Mühlbach
Blümle
Salzbohrhaus
Kläranlage
Untermühle
Härtenwiesen
Stückenbühl
Katzensteig
Tonau
682
Tonaurturm
Heschenfeld
Aspach
Binsfeld
Gewerbegeb. Ziegelhütte
Gewerbegebiet Bitze
Rötenmühle
Ferienhausgebiet "Scheintenbühl"
Gewerbegeb. Rotholz
Turn- und Festhalle
Sportplätze
Pumpwerk
Autohof
Römerkastell
Stuttgarter Straße
Keltenstraße
Bergfelder Straße
Balinger Str.
Holzhauser Str.
Albstraße
Roter Weg
Oberndorfer Straße
Stadtstraße
Horber Straße
Rottweiler Straße
Neckar
Mühlbach
Schwarzwiesenbach
Seewiesengraben
297
316
331
81
E41
32
5358
5356
5354
474
476

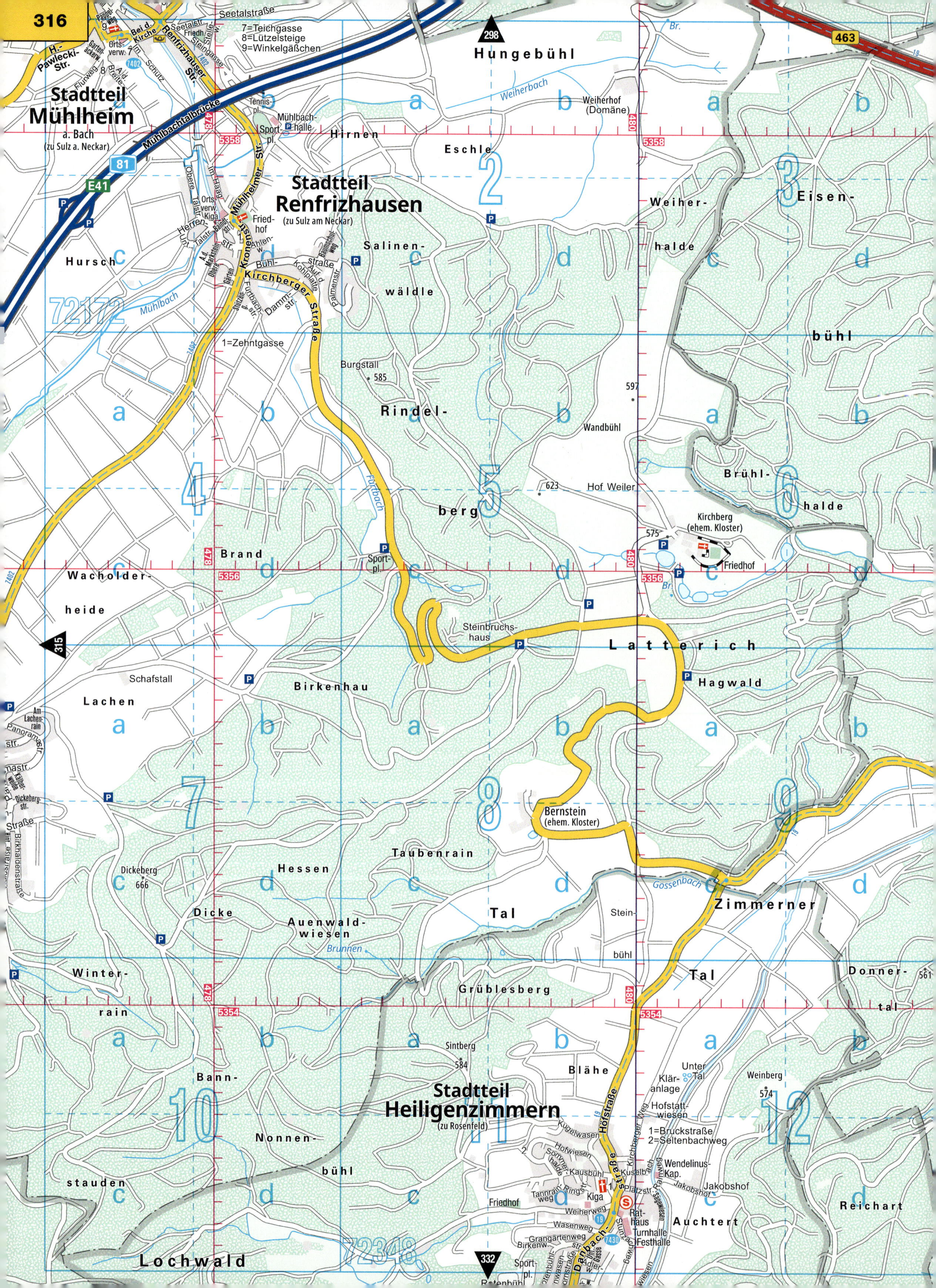

Stadtteil Mühlheim
a. Bach
(zu Sulz a. Neckar)
Stadtteil Renfrizhausen
(zu Sulz am Neckar)
Stadtteil Heiligenzimmern
(zu Rosenfeld)
7=Teichgasse
8=Lützelsteige
9=Winkelgäßchen
1=Zehntgasse
1=Bruckstraße
2=Seltenbachweg
Hungebühl
Weiherbach
Weiherhof (Domäne)
Hirnen
Eschle
Weiher-
halde
Eisen-
bühl
Hursch
Salinen-
wäldle
Mühlbach
Mühlbachtalbrücke
Burgstall
585
Rindel-
berg
597
Wandbühl
623
Hof Weiler
Brühl-
halde
Kirchberg (ehem. Kloster)
575
Friedhof
Brand
Sport-pl.
Wacholder-
heide
Steinbruchs-
haus
Latterich
Hagwald
Schafstall
Lachen
Birkenhau
Bernstein (ehem. Kloster)
Dickeberg
666
Hessen
Taubenrain
Dicke
Auenwald-
wiesen
Brunnen
Gossenbach
Zimmerner
Tal
Stein-
bühl
Winter-
rain
Grüblesberg
Donner-
tal
561
Sintberg
584
Blähe
Unter Tal
Kläranlage
Weinberg
574
Hofstatt-
wiesen
Bann-
Nonnen-
bühl
stauden
Wendelinus-Kap.
Jakobshof
Auchtert
Reichart
Friedhof
Kiga
Rat-haus
Turnhalle
Festhalle
Lochwald
Höfstraße
Danbach-
Kronenstr.
Mühlheimer Str.
Kirchberger Straße
Renfrizhauser Str.
Seetalstraße
Fischbach
72172
72348
298
315
332
463
81
E41

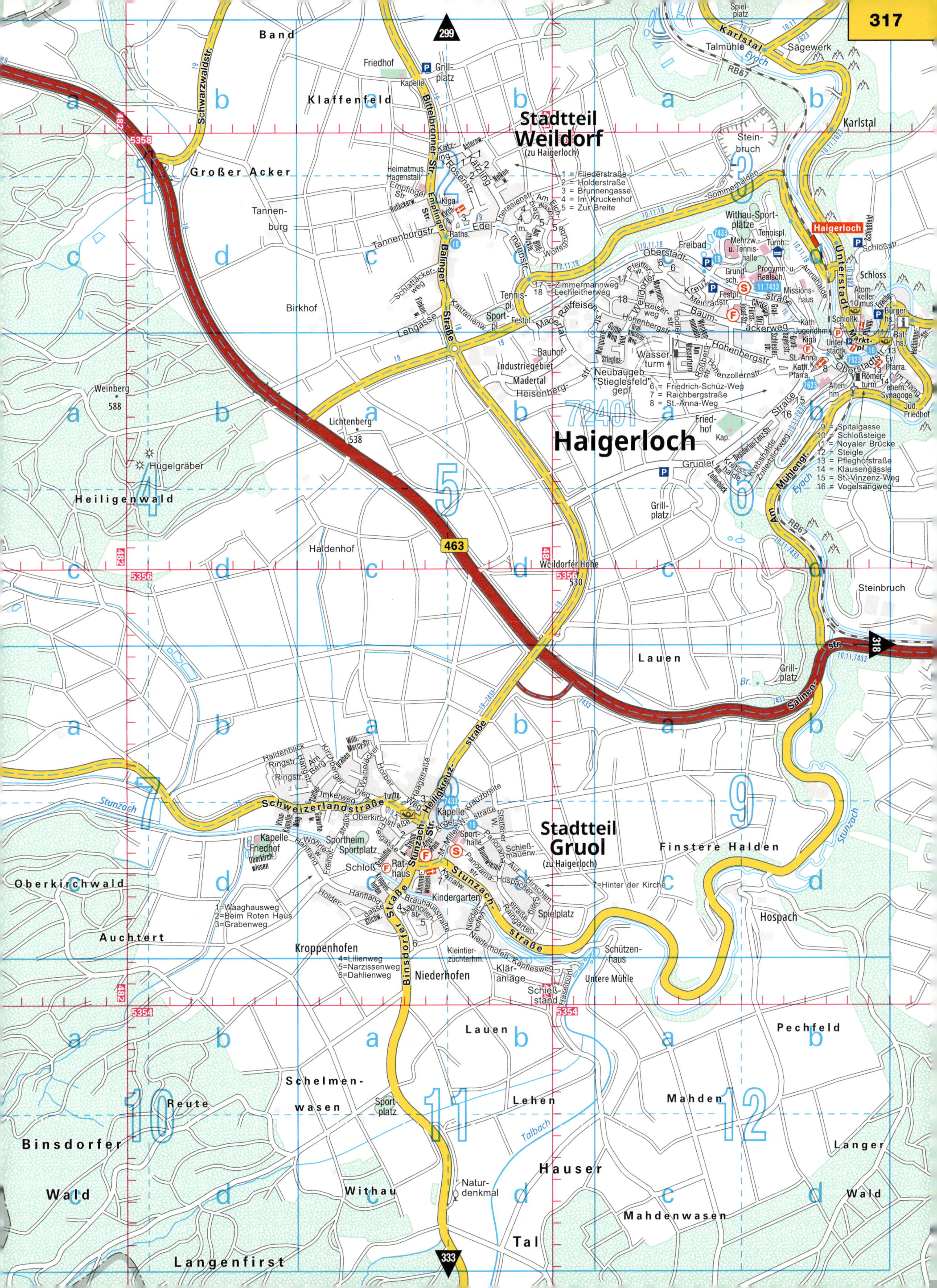

Stadtteil Weildorf
(zu Haigerloch)
1 = Fliederstraße
2 = Holderstraße
3 = Brunnengasse
4 = Im Kruckenhof
5 = Zur Breite
Haigerloch
72401
6 = Friedrich-Schüz-Weg
7 = Raichbergstraße
8 = St.-Anna-Weg
9 = Spitalgasse
10 = Schloßsteige
11 = Noyaler Brücke
12 = Steige
13 = Pfleghofstraße
14 = Klausengässle
15 = St.-Vinzenz-Weg
16 = Vogelsangweg
17 = Zimmermannweg
18 = Lechleitnerweg
Stadtteil Gruol
(zu Haigerloch)
1=Waaghausweg
2=Beim Roten Haus
3=Grabenweg
4=Lilienweg
5=Narzissenweg
6=Dahlienweg
7=Hinter der Kirche
Band
Klaffenfeld
Großer Acker
Tannenburg
Birkhof
Weinberg 588
Lichtenberg 538
Hügelgräber
Heiligenwald
Haldenhof
Weildorfer Höhe 530
Lauen
Finstere Halden
Hospach
Steinbruch
Karlstal
Talmühle
Sägewerk
Oberkirchwald
Auchtert
Kroppenhofen
Niederhofen
Untere Mühle
Schützenhaus
Pechfeld
Schelmenwasen
Reute
Binsdorfer Wald
Langenfirst
Withau
Lehen
Hauser
Mahden
Mahdenwasen
Tal
Langer Wald
Naturdenkmal
Schwarzwaldstr.
Bittelbronner Str.
Balinger Straße
Schweizerlandstraße
Stunzach-straße
Heiligkreuzstraße
Binsdorfer Straße
Salinenstr.
Am Mühlengr.
Unterstadt
Oberstadtstr.
Hohenbergstr.
Eyach
Stunzach
Talbach
463
299
318
333

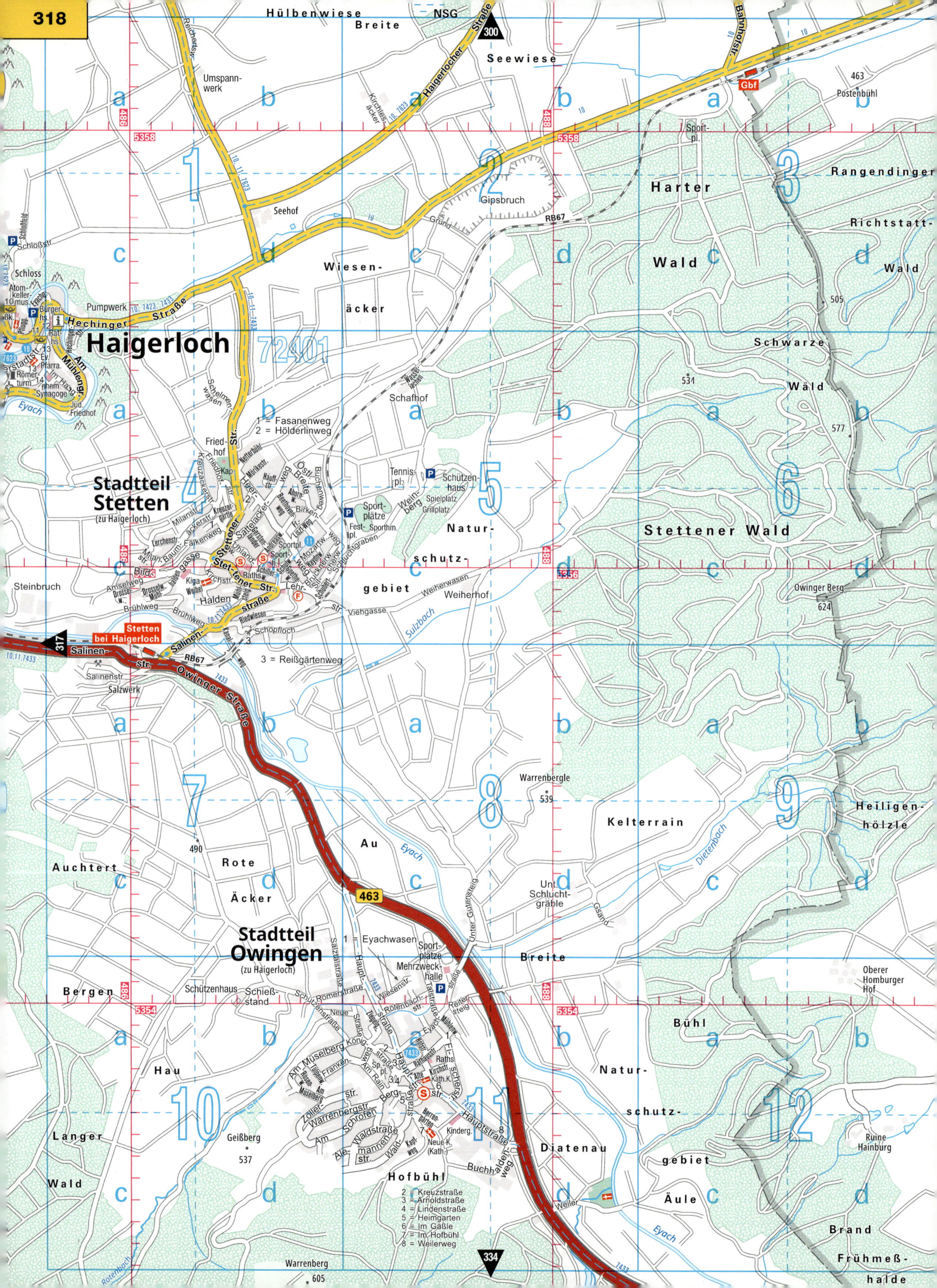
Haigerloch
Stadtteil Stetten
(zu Haigerloch)
Stadtteil Owingen
(zu Haigerloch)
Stetten bei Haigerloch
Harter Wald
Stettener Wald
Schwarze Wäld
Naturschutzgebiet
Wiesenäcker
Gipsbruch
Seehof
Schafhof
Weiherhof
Kelterrain
Warrenbergle
Rote Äcker
Auchtert
Bergen
Hau
Langer Wald
Geißberg
Hofbühl
Diatenau
Bühl
Äule
Brand
Frühmeßhalde
Heiligenhölzle
Ruine Hainburg
Oberer Homburger Hof
Owinger Berg
Rangendinger
Richtstatt-Wald
Postenbühl
Hülbenwiese
Breite
Seewiese
Hechinger Straße
Haigerlocher Straße
Owinger Straße
Hauptstraße
Eyach
Sulzbach
Dietenbach
1 = Fasanenweg
2 = Hölderlinweg
3 = Reißgärtenweg
1 = Eyachwasen
2 = Kreuzstraße
3 = Arnoldstraße
4 = Lindenstraße
5 = Heimgarten
6 = Im Gäßle
7 = Im Hofbühl
8 = Weilerweg
72401

Rangendingen
72414
Wolfental
Lindes-
halde
Forst
Hechingen
Schlechtenhart
Großholz
Schlößle
Stauffenburger Hof
Forst
Hechingen
Karmeliterwald
Reute
Lang-
gewand
Bühl
Hart
Dürrenberg
593
Grosselfinger
Äsple
525
Aspach
Wald
1 = Kapellenstraße
2 = Am Hag
3 = Gartenweg
4 = Am Schrofen
5 = Unterdorf
6 = Bleichbergstraße
72379
Brühl
Zugten
Bauern-
wald
Brühl
Grießbol
Urbanstraße
Neue Hechinger Str.
Friedhof
Höllenstall
Lutzen-
tal
Berg
Stadtteil
Weilheim
(zu Hechingen)
Stockbrunnen
Kalkofen
Sport-
plätze
Alter Berg
589
Siegental
Hohegert
Härle
NSG
Alter Berg
Rötelwies
Mittelesch
Eicheschle
72415
Degen-
bund
Beim Weiler
Hägen
Gobiskreuz
Rangendinger Str.
Grosselfingen
Achtwiesen
72406
Herren-
äcker
1= Schrietgasse
2= Heuglengässle
3= Hofstattstraße
4= Kirchweg
5= Gerberwiesen
6= Mühlgässle
7= Ziegeleiweg
8= Strupfegasse
9= Nelkenweg
Kath. Kirche
Galgenrain
Ludenstall
Markt-
pl.
Rathaus
Weingärten
Friedhof
Biogasanlage
Steingen
Kläranlage
Raichbrunnen
(zu Bisingen)
Ständiges Brünnele
KZ-Friedhof
3 = Am Scheltergraben
4 = Brunnenweg
5 = Oberdorfweg
7=Zollerstraße

Forst
Ebene
Hechingen
Weinhalde
Stadtteil Stein
(zu Hechingen)
Röm. Gutshof
Sportpl.
Landstraße
Römerstraße
Kläranlage
ehem. Volksburg
Stauffenburger Hof
Tier-
äcker
Schutzhütte
1 = Haldenweg
2 = Untere Dorfstraße
3 = St.- Antonius- Straße
4 = Am Dorfbrunnen
5 = Kirchgässle
6 = Im Auchtert
7 = Knittswiesen
8 = Zum Ochsen
Friedhof
Gbf.
Turn-u. Festhalle
Sickinger
Gewerbe-
Steig
gebiet
Ettenbach
Natur-
schutzgebiet
Furt
Kläranlage
Stadtteil Sickingen
(zu Hechingen)
Fichten-
wald
Etten-
berg
6 = Auf der Ebene
7 = Johann- Strauß- Straße
Hohenzollern- Str.
Wasser- turm
Jüd. Friedhof
Rottenburger Str.
Haigerlocher Str.
1 = Steinäckersiedlung
2 = Batschkaweg
3 = In den Bronnwiesen
Killberg
Luisenhof
Walchenbühl
Friedrich-
straße
Eisweiher
Freibad
Sport-
plätze
Weiher-
stadion
Schloß Lindich
Lindichstraße
Hausener Hof
Martinsberg
539
Martinsgr.
Sulz
Schießstand
Rapphof
Camping u.- Wohnmobilstellplatz
Breite
RB68
Hechingen
Hechingen- Landesb.
RB67
Zollern-Alb-Bahn
Pumpwerk
Taubenstoß
517
Brühl
Hechingen
72379
Weilheimer
Weg
Golfclub Hechingen-Hohenzollern e.V
Schloßacker-
siedlung
4 = Hölderlinweg
Hagelhof
Maurach
Wiesach
Neue Hechinger Str.
Hünenfeld
Weilheimer Str.
Landgericht
Cityplan S.42
Reichenbach
Landrats- amt
Nephrologisches- Zentrum
Vermessungs- amt
Natur- denkmal
Fasanen-
garten
Bisinger Straße
Hohegert
NSG
509
Heer-
Zimmerbach
2=Stockochstraße
1=Bulochweg
Sport- platz
Straßen- meisterei
Hofgut Domäne
Ziegelbacher Hof
Streichelzoo
Kapelle
Friedhof
Heiligkreuz
Wadel
straße
72406
Sport- pl.
Kläranlage
Ortsteil Wessingen
(zu Bisingen)
Zollern-Alb-Bahn IRE6a,RB66
Zollbahnhof
Greut
Gewerbe- geb. „Grent"
Brielhof
Langer
Rain
Fohlen-
garten
Schopfloch
Allmendäcker
Pump- werk
KZ-Friedhof
Breite
Dorf- straße
1= Im Winkel
3= Schulweg
Sportplatz Wessingen
Festhalle
643
Bismarckhöhe
Im Greut
Langer
Rain
Grillplatz
302
319
336
27

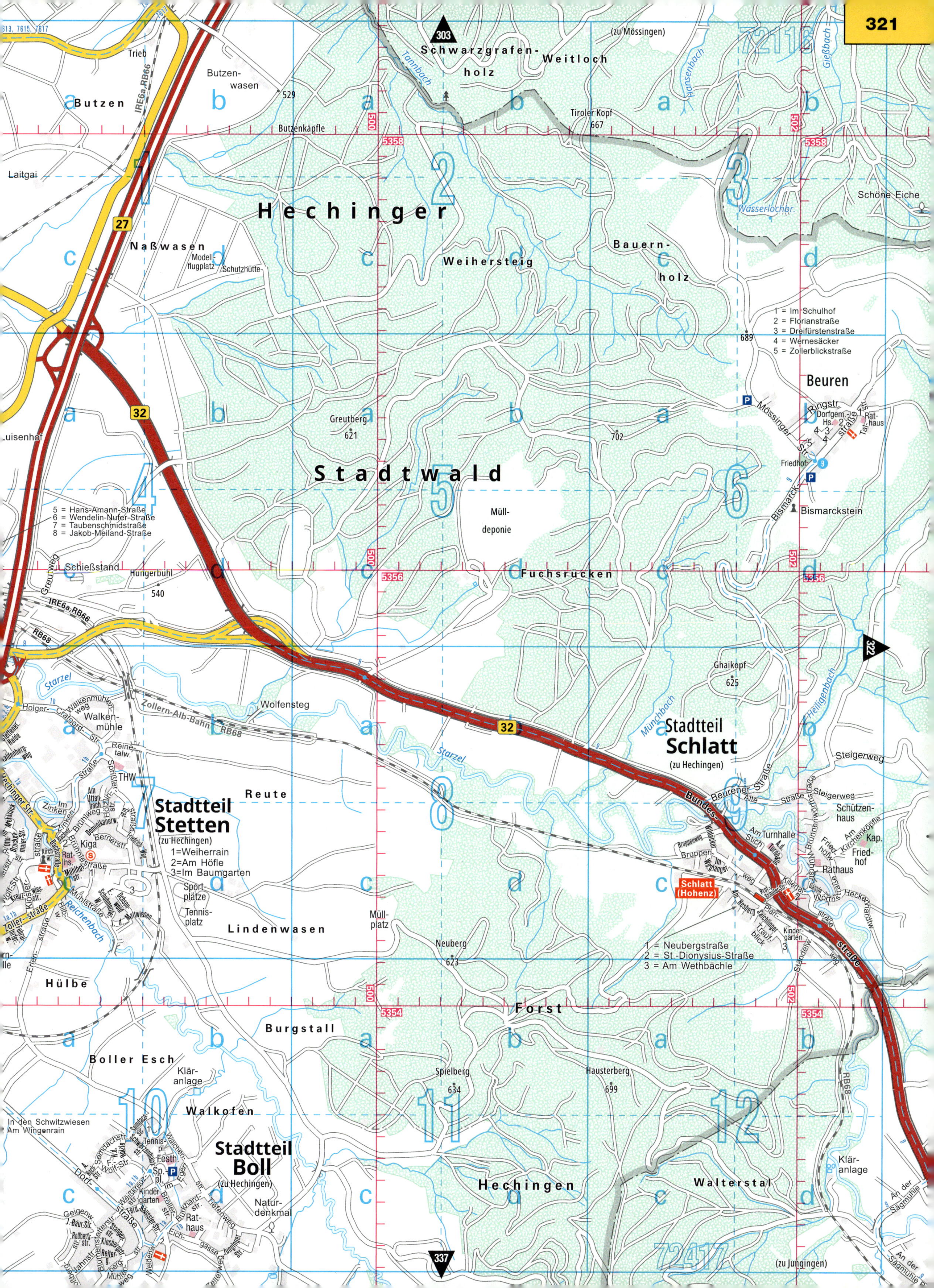
Schwarzgrafen-
holz
Weitloch
(zu Mössingen)
Butzen
Butzen-
wasen
Butzenkäpfle
Tiroler Kopf
667
Laitgai
Hechinger
Naßwasen
Modell-
flugplatz
Schutzhütte
Weihersteig
Bauern-
holz
Wasserlochbr.
Schöne Eiche
1 = Im Schulhof
2 = Florianstraße
3 = Dreifürstenstraße
4 = Wernesäcker
5 = Zollerblickstraße
Beuren
Greutberg
621
702
Stadtwald
Müll-
deponie
Friedhof
Bismarckstein
Luisenhof
5 = Hans-Amann-Straße
6 = Wendelin-Nufer-Straße
7 = Taubenschmidstraße
8 = Jakob-Meiland-Straße
Schießstand
Hungerbühl
540
Fuchsrücken
Ghaikopf
625
Wolfensteg
Zollern-Alb-Bahn
Walken-
mühle
Starzel
Heiligenbach
Stadtteil
Schlatt
(zu Hechingen)
Reute
Stadtteil
Stetten
(zu Hechingen)
1=Weiherrain
2=Am Höfle
3=Im Baumgarten
Sport-
plätze
Tennis-
platz
Lindenwasen
Müll-
platz
Neuberg
623
Schlatt
(Hohenz)
Rathaus
Schützen-
haus
Friedhof
1 = Neubergstraße
2 = St.-Dionysius-Straße
3 = Am Wethbächle
Hülbe
Forst
Burgstall
Boller Esch
Klär-
anlage
Spielberg
634
Hausterberg
699
Walkofen
Stadtteil
Boll
(zu Hechingen)
Natur-
denkmal
Hechingen
Walterstal
Klär-
anlage
In den Schwitzwiesen
Am Wingenrain
(zu Jungingen)

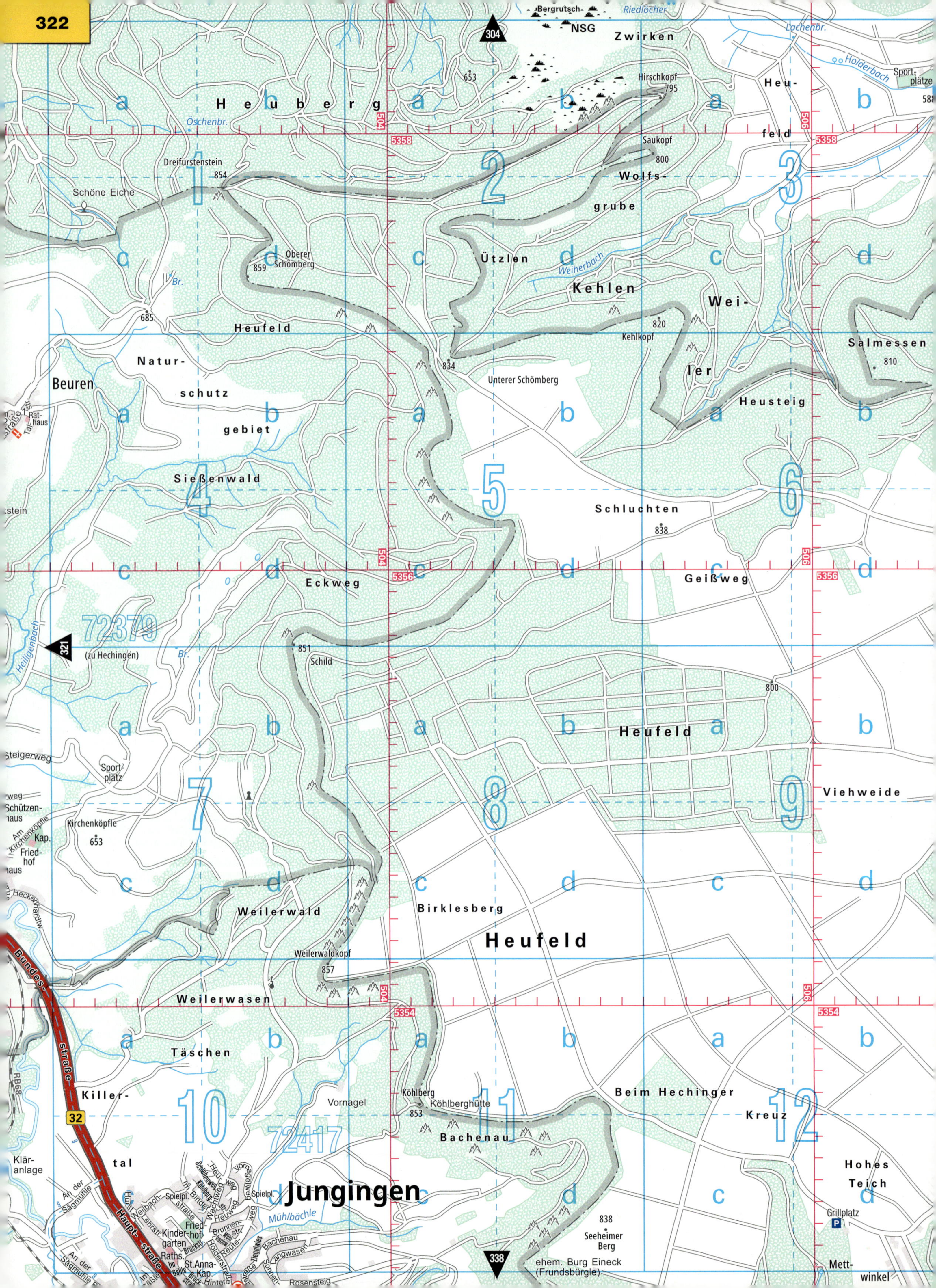

304
Bergrutsch
NSG
Riedlöcher
Zwirken
Lachenbr.
Holderbach
Sport-plätze
Heuberg
Oschenbr.
653
Hirschkopf
795
Heu-feld
Saukopf
800
Wolfs-grube
Dreifürstenstein
854
Schöne Eiche
Oberer Schömberg
859
Ützlen
Weiherbach
Kehlen
Wei-ler
Br.
685
Heufeld
820
Kehlkopf
Salmessen
810
834
Unterer Schömberg
Heusteig
Beuren
Rat-haus
Natur-schutz-gebiet
Sießenwald
Schluchten
838
Eckweg
Geißweg
72379
(zu Hechingen)
321
Heiligenbach
851
Schild
800
Heufeld
Steigerweg
Sport-platz
Viehweide
Schützen-haus
Kirchenköpfle
653
Kap.
Fried-hof
Birklesberg
Weilerwald
Heufeld
Weilerwaldkopf
857
Weilerwasen
Täschen
Bundesstraße
Killer-tal
Vornagel
Köhlberg
Köhlberghütte
853
Beim Hechinger
Kreuz
Bachenau
72417
32
Klär-anlage
Hohes Teich
Jungingen
Mühlbächle
838
Seeheimer Berg
Grillplatz
ehem. Burg Eineck (Frundsbürgle)
338
Mett-winkel
Rosensteig
Hauptstraße

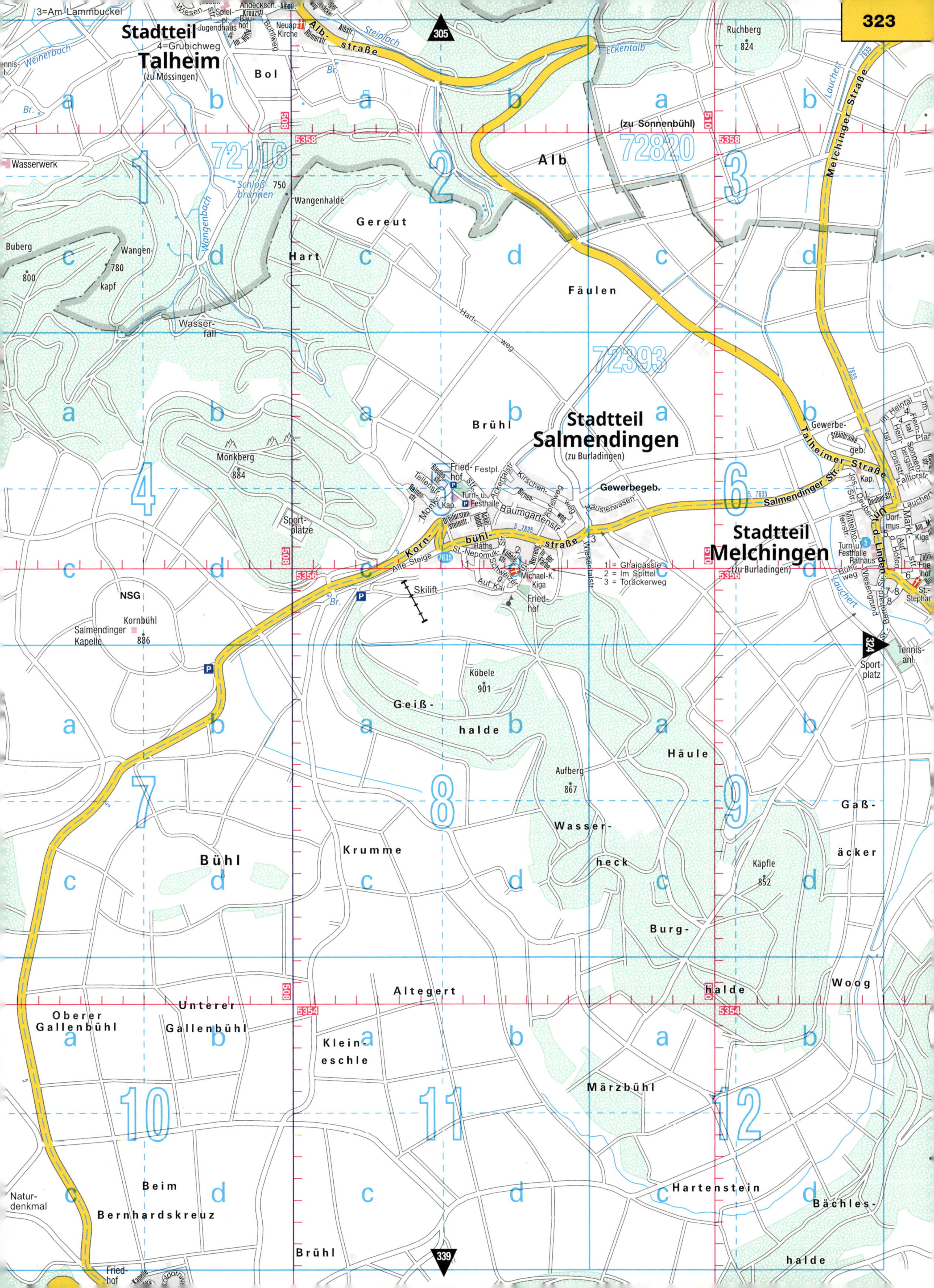
Stadtteil
Talheim
(zu Mössingen)
Stadtteil
Salmendingen
(zu Burladingen)
Stadtteil
Melchingen
(zu Burladingen)
(zu Sonnenbühl)
72116
72820
72393
Alb
Bol
Gereut
Hart
Fäulen
Brühl
Monkberg
884
Sportplätze
Gewerbegeb.
Salmendinger Str.
Talheimer Straße
Melchinger Straße
Albstraße
Kornbühlstraße
Alte Steige
Skilift
NSG
Kornbühl
Salmendinger Kapelle
886
Köbele
901
Geiß-
halde
Häule
Aufberg
867
Wasser-
heck
Käpfle
852
Gaß-
äcker
Burg-
halde
Woog
Krumme
Bühl
Altegert
Oberer Gallenbühl
Unterer Gallenbühl
Klein-
eschle
Märzbühl
Beim
Bernhardskreuz
Hartenstein
Bächles-
halde
Brühl
Naturdenkmal
Friedhof
Wasserwerk
Buberg
800
Wangen-
kapf
780
Wasserfall
Schloßbrunnen
750
Wangenhalde
Wangenbach
Weiherbach
Ruchberg
824
Eckentalb
Steinlach
Lauchert
1 = Ghaigässle
2 = Im Spittel
3 = Toräckerweg
3=Am Lammbuckel
4=Grubichweg
Tennisanl.
Sportplatz
Gewerbegeb.
Turn- u. Festhalle
Rathaus
St. Michael-K.
Kiga
305
324
339

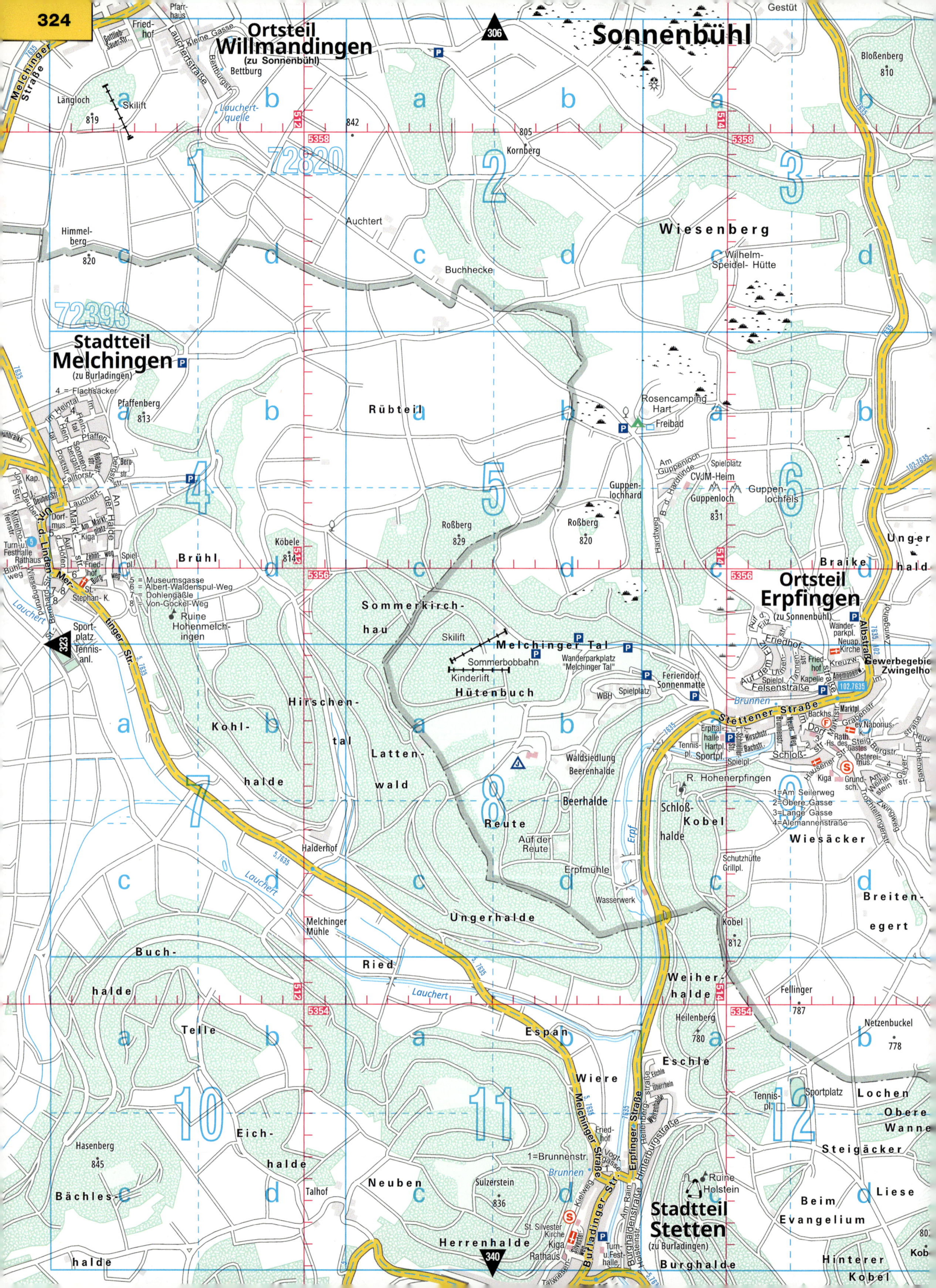
Ortsteil
Willmandingen
(zu Sonnenbühl)
Sonnenbühl
Stadtteil
Melchingen
(zu Burladingen)
Ortsteil
Erpfingen
(zu Sonnenbühl)
Stadtteil
Stetten
(zu Burladingen)
Wiesenberg
Rübteil
Brühl
Sommerkirchhau
Melchinger Tal
Hütenbuch
Hirschental
Kohlhalde
Lattenwald
Reute
Ungerhalde
Ried
Buchhalde
Telle
Eichhalde
Neuben
Herrenhalde
Bächleshalde
Espan
Wiere
Weiherhalde
Eschle
Lochen
Obere Wanne
Steigäcker
Liese
Beim Evangelium
Hinterer Kobel
Burghalde
Wiesäcker
Breitenegert
Ungerhald
Braike
Schloß-Kobel
Rosencamping Hart
Freibad
Guppenloch
Guppenlochfels
CVJM-Heim
Wilhelm-Speidel-Hütte
Sommerbobbahn
Kinderlift
Skilift
Ruine Hohenmelchingen
R. Hohenerpfingen
Ruine Holstein
Melchinger Mühle
Halderhof
Talhof
Erpfmühle
Waldsiedlung Beerenhalde
Beerhalde
Feriendorf Sonnenmatte
Wanderparkplatz "Melchinger Tal"
Stettener Straße
Albstraße
Melchinger Straße
Burladinger Str.
Erpfinger Straße
Lauchert
Erpf
72820
72393
306
323
340
4 = Flachsäcker
5 = Museumsgasse
6 = Albert-Waldenspul-Weg
7 = Dohlengäßle
8 = Von-Gockel-Weg
1=Am Seilerweg
2=Obere Gasse
3=Lange Gasse
4=Alemannenstraße
1=Brunnenstr.

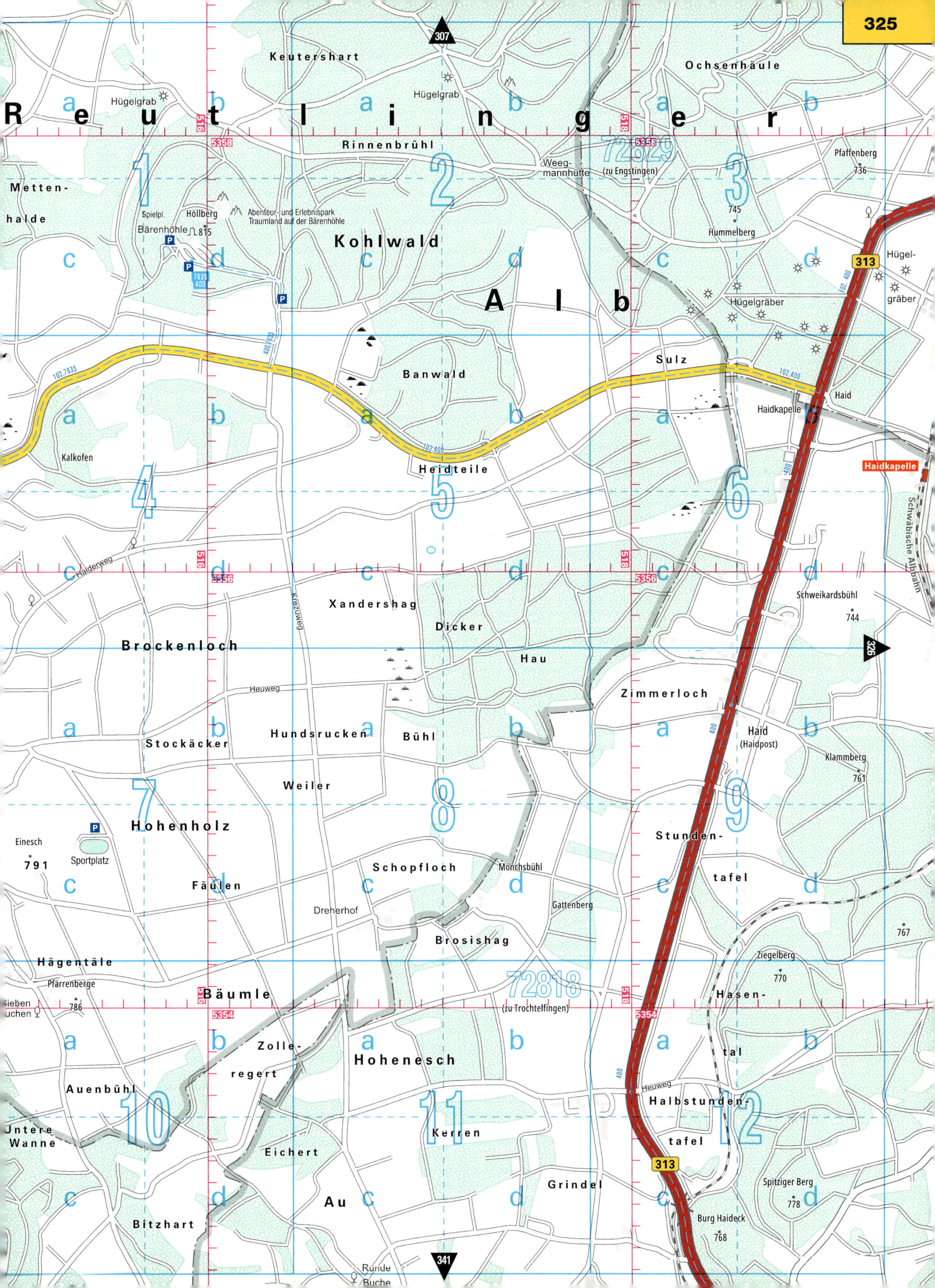

Reutlinger Alb
Keutershart
Ochsenhäule
Hügelgrab
Rinnenbrühl
Weeg-mannhütte
72829 (zu Engstingen)
Pfaffenberg
736
Metten-halde
Spielpl.
Höllberg
Bärenhöhle 815
Abenteuer- und Erlebnispark Traumland auf der Bärenhöhle
Kohlwald
745
Hummelberg
Alb
Hügelgräber
Hügel-gräber
Sulz
Banwald
Haid
Haidkapelle
Kalkofen
Heidteile
Haidkapelle
Schwäbische Albbahn
Halderweg
Xandershag
Schweikardsbühl
744
Dicker
Brockenloch
Hau
Krazuweg
Heuweg
Zimmerloch
Stockäcker
Hundsrucken
Bühl
Haid (Haidpost)
Klammberg
761
Weiler
Hohenholz
Einesch
791
Sportplatz
Stunden-tafel
Schopfloch
Mönchsbühl
Fäulen
Dreherhof
Gattenberg
767
Brosishag
Ziegelberg
770
Hägentäle
Pfärrenberge
786
Sieben Buchen
Bäumle
72818 (zu Trochtelfingen)
Hasen-tal
Zolle-regert
Hohenesch
Auenbühl
Heuweg
Halbstunden-tafel
Untere Wanne
Eichert
Kerren
Grindel
Spitziger Berg
778
Au
Burg Haideck
768
Bitzhart
Runde Buche
307
326
341
313

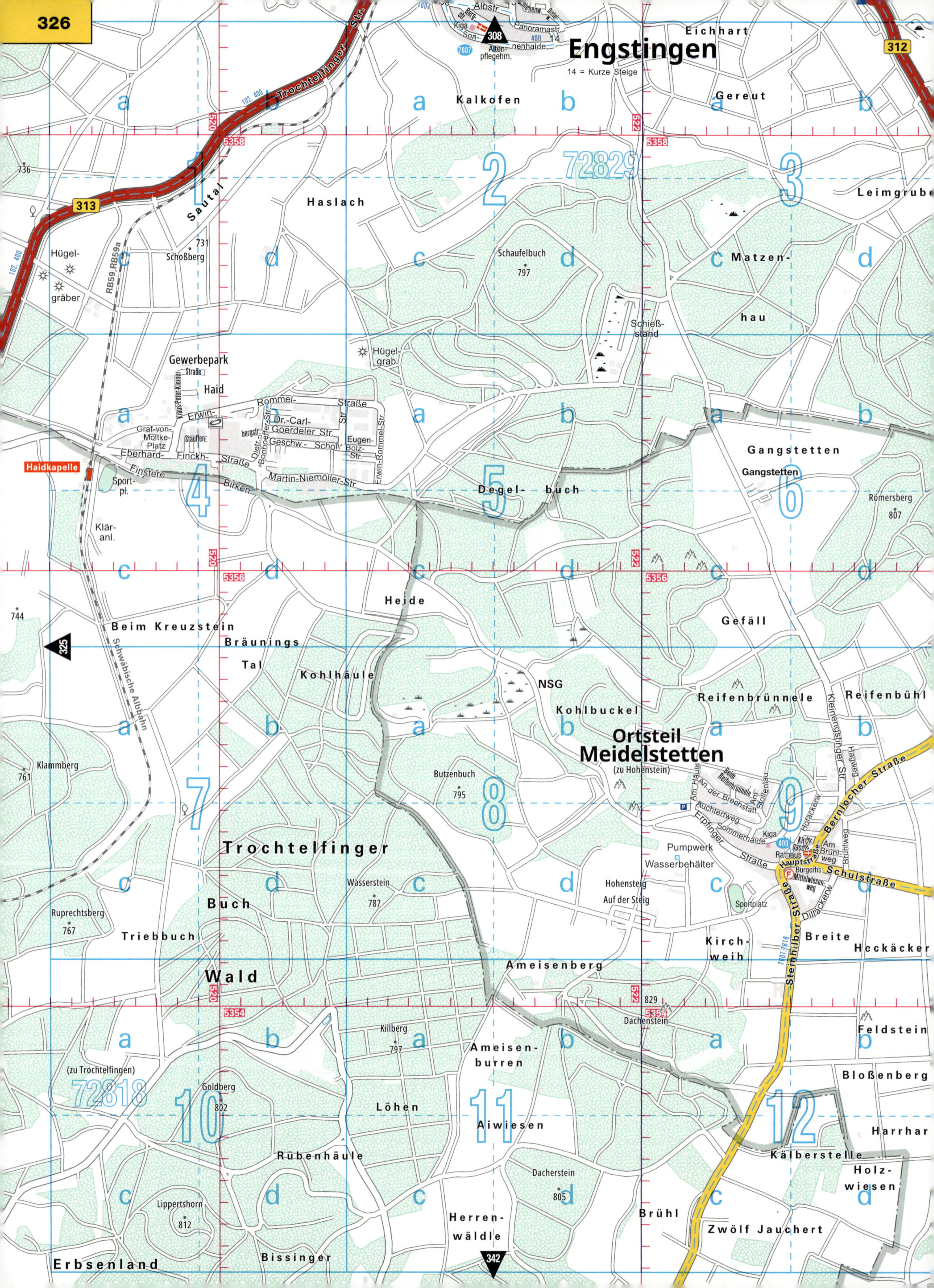

Engstingen
14 = Kurze Steige
Eichhart
Gereut
Kalkofen
Trochtelfinger Str.
Sautal
Haslach
Leimgrube
Schoßberg
Hügelgräber
Schaufelbuch
797
Matzenhau
Schieß-stand
Hügelgrab
Gewerbepark Haid
Rommel-Straße
Dr.-Carl-Goerdeler Str.
Geschw.-Scholl-Str.
Eugen-Bolz-Str.
Erwin-Rommel-Str.
Martin-Niemöller-Str.
Graf-von-Moltke-Platz
Eberhard-Finckh-Straße
Finstere Birken
Haidkapelle
Sport-pl.
Klär-anl.
Gangstetten
Degelbuch
Römersberg
807
Heide
Beim Kreuzstein
Bräunings Tal
Kohlhäule
Gefäll
NSG
Kohlbuckel
Reifenbrünnele
Reifenbühl
Ortsteil Meidelstetten
(zu Hohenstein)
Klammberg
761
Butzenbuch
795
Bernlocher Straße
Kleinengstinger Str.
Erpfinger Straße
Pumpwerk
Wasserbehälter
Kiga
Rathaus
Hauptstraße
Schulstraße
Sportplatz
Trochtelfinger Buch
Wasserstein
787
Hohensteig
Auf der Steig
Ruprechtsberg
767
Triebbuch
Wald
Ameisenberg
Kirchweih
Breite
Heckäcker
Steinhilber Straße
829
Dachenstein
Killberg
797
Ameisenburren
Feldstein
(zu Trochtelfingen)
72818
Goldberg
802
Löhen
Aiwiesen
Bloßenberg
Harrhar
Rübenhäule
Kälberstelle
Holzwiesen
Dacherstein
805
Lippertshorn
812
Herrenwäldle
Brühl
Zwölf Jauchert
Erbsenland
Bissinger
72829
Schwäbische Albbahn
744
736

Sand-
bühl
Aschwang
309
72532
(zu Gomadingen)
Schwende
739
Wahlenberg
Schönbergle
782
750
Gehrlesberg
Pfaffen-
tal
738
Wasser-
buch
Kohlrain
809
Martinsberg
312
Schimmelen
Deuten-
bank
Riedhau
Buchrain
779
Brühl
Beurenhart
742
Hochgesträß
Brechhölzle
Schießstand
Marktstraße
Meidelstetter Str.
Reutlinger Str.
Gomadinger Str.
Im Wiesengrund
Grubäckerweg
Sperberweg
Friedrichstr.
1 = Am Bergle
2 = Hans-Reyhing-Weg
3 = An der Hüle
4 = Hirschgasse
5 = Fasanenweg
6 = Hölderlinweg
7 = Mozartweg
8 = Silcherstraße
9 = Haydnstraße
Luckfeld
743
Schwende
Am
Grenzwald
Auchtert
Kalkofen
328
illberg
771
Rufenberg
Ortsteil
Bernloch
(zu Hohenstein)
Gemeiner Bühl
765
Bleichhäusle
Ortsteil
Ödenwaldstetten
(zu Hohenstein)
Bühlweg
Grenz-
wald
Holzwiesen-
Geißwiese
Achalmstraße
Rath.
Hohenegert
äcker
Sportpl.
Hohenstein-
schule
Mehr-
zweck-
halle
Heilde
72531
Hohenstein
Heidäcker
Sportpl.
Kiga
Friedh.
Unter der
Linden
Oberstetter Straße
Eichelberg
768
1=Tannenweg
2=Lerchenweg
3=Amselweg
4=Wacholderweg
5=Holunderweg
Heidäcker
Mönchtal
Hühnerbühl
Burgruine
Hohenstein
Saurücken
782
Heide
Breite
Kläranlage
Schieß-
birken
Schmiedsbühl
776
Hochholz
312
Michel-
buch
Burgstraße
1=Antoniusweg
2=Schmiedegasse
3=Raiffeisenstr.
Schafstall
NSG
770
Großer
Stöckberg
Karren-
rain
Ortsteil
Oberstetten
(zu Hohenstein)
4=Buchenweg
5=Eschenweg
6=Im Holder
7=Fliederweg
Buch
Geiß-
bühl
Ödenburgstraße
Grund
Münzen-
loch
Hof-
tal
ehem.
Ödenburg
Schützen-
haus
Sportpl.
343
Brühles-
äcker
Kap.
Albstr.
Schachenweg

Herrenwald
Ober-
feld
Härtle
310
H a r t
Dapfen
Marbacher
Wiesen
Alet
Spielpl.
Sportpl.
Götzenberg
738
Jörgenbühl
761
Hirne
Pfaffental
Hirsch-
wang
Deuten-
bank
Boschenäcker
Geichenbuch
Schmalzpfeifer
760
Ottilienloch
(Konstelesloch)
Mettendorf
Enge
Alb
Eichholz
Naturschutzgebiet
Mühlbühl
Mettendorf
Ortsteil
Ödenwaldstetten
(zu Hohenstein)
327
Hüttenstuhl
778
NSG
Schelmenegert
Heerrendorf
Ortsteil
Eglingen
(zu Hohenstein)
72531
Ziegelberg
756
Leirenfeld
Erdbeerberg
755
Schloß-
Straße
Hungerberg
773
Hairlanden
Hummelberg
Hohenstein
Linsenberg
NSG
781
Krähberg
Hühnerfarm
Wasserbuch
Rauhberg
777
Rommetsberg
798
Geißberg
NSG
Güten-
lauh
762
Kornberg
Michelfeld
Rommelslauh
Brömes
Schachen-
tal
Beim
Ludwigshof
Michelwald
Silberberg
795
Sandberg
767
Ludwigshof
Reisert
Schwendeberg
780
Horn
Roßhäuptle
Weiden-
tal
344
Loch

311
Steingen
Backofen
Stadtteil
Apfelstetten
(zu Münsingen)
Hof
Rathaus
Friedhof
Freudenberg
723
Silber-
bühl
Breite
Römer-str.
Hainbuchen-
hof
72532
Lüssen
Stelle
Lauh-
halde
Hagelstall
Eich-
Galgenberg
723
Münsinger
Pumpwerk
(Hölzlesbr.)
Ölmühle
Balkenrain
halde
NSG
Heim-
tal
Kirch-
Wasserstetten
(zu Gomadingen)
72525
Große Lauter
Schelmenwiesen
Pumpwerk
Talstraße
Kläranlage
Stadtteil
Buttenhausen
(zu Münsingen)
Griesinger
Brunnen
halde
Friedhof
Wasser-
behälter
Behinderten-
werkst.
ehem
Burg
Amsel-
talweg
Back-
haus
Spiel-
platz
Hochberg
Liege-
wiese
Land-
hm.
Friedhof
Leichenhalle
Heimtalstraße
Wasserstetter Straße
Hauensstraße
Himbeerhau
Zwiefalter Straße
Kopffelsen
Rat-
haus
Wolflugen
766
Jüd.
Friedhof
Sportpl.
Hohler
Felsen
723
Amsel-
tal
Schachen
796
Ferienheim
Schachen
Wiesengrund
Wasseräcker
Geltelfingen
Hartäcker
Sauplatz
Herren-
breite
Fladhof
Lindehof
1=Brunnengässle
2=Pappelweg
Vögelesberg
790
Schanze
Schulzentrum
Lautertal
Garten-
straße
Heerweg
Ringelesberg
791
Künzgert
Stichle
Silbertal
Schloßrain-
straße
Blasenberg
NSG
Galgen-
berg
Hagbühl
Stadtteil
Hundersingen
(zu Münsingen)
Hasental
Plattenhöhle
Pfarramt
Breitelauh
Buch-
Breite
Buchschorren
Buchhalde
Salen-
Höllen-
Ziehäcker
hausen
Lauh
tal
Kreuzäcker
acker
Eichhölzle
Halde
Stöcken
Liesle
72534
Maiersberg
345
Hauptstraße
(zu Hayingen)

314
2=Respenstraße
3=Vor Steigen
Stadtteil
Sigmarswangen
(zu Sulz a. Neckar)
Strütwiesen
Aspach
Brunnenhof
Alen
Rötelhof
Aspenhalde
(zu Dornhan)
Elektrizitätswerk
Dörchen
Hebsack
Stuttgarter Straße
Wertwiesen
Kläranlage
Neckar
Sporthalle
ehem. Burg Bogeneck
Buchhalde
510
604
572
Bechteholz
Sigmarswanger
Hof Scheumann
Brandholz
Ortsteil
Wittershausen
(zu Vöhringen)
Bollerfels
Keltische Viereckschanze
Trogwald
Burgstall
Hummelberg
616
Ghaibühl
Brandhalde
618
Stadtteil
Bochingen
(zu Oberndorf am Neckar)
Stadtteil
Boll
(zu Oberndorf am Neckar)
Stockäcker
Schutzhütte Rastplatz Feuerstelle
1=Scheiblesgasse
2=Backhausgasse
3=Hutschengasse
4=Unter der Kirche
Steinbruch
Mülldeponie
Brühlbach
1=Schwalbenweg
Friedhof
Balinger Straße
Oberndorf am Neckar
Härle
Boller Halde
1=Charlottenstraße
Schlegel
Engelsmorgen
5=Wörthwiesengasse
6=Festplatz
7=Am Brühlbach
8=Spaltbrunnengasse
Kläranlage
Breite
Pfaffenhalde
Neckarvorstadt
2 = Schützenhausweg
Am engen Schlattweg
Bergen
Zündelbrunnen
78727
Kleintierzüchterheim
Wanderhütte
Rastplatz Feuerstelle
Greuten
Oberndorf am Neckar
Seele
Zündelbrunnen
Steinbruch
Oberer Schlatthof
Unterer Schlatthof
Mittlerer Schlatthof
Irslenbach
Gurgel
Einfeld
Bauberg
674
Dollau
Boller Halde
Freizeitanlage Dollau
Irslenbach
NSG
Panoramaweg
Neckarhalle
Niedersteig
Neuensteigbach
Grüner Berg
Pumpwerk
Schutzhütte
Wittumshof
Egelsee
Webertal
Wanderparkplatz
Wängen
Galgenbrunnen
Ruine Waseneck
Stadtteil
Altoberndorf
(zu Oberndorf am Neckar)
Am Grünen Berg
Alt-Dorfstraße
1 = Untere Straße
2 = Röthengasse
346

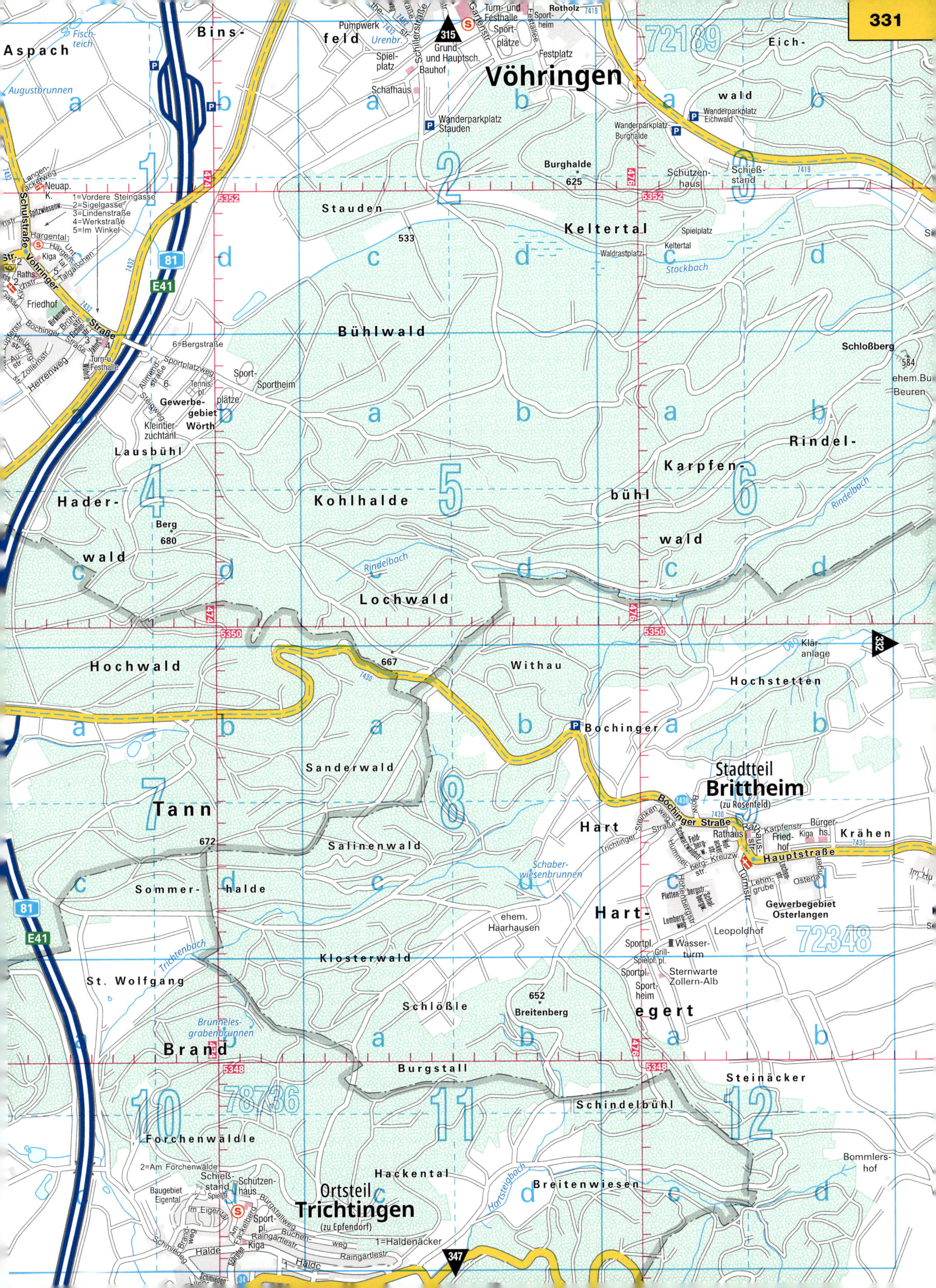
Aspach
Fischteich
Augustbrunnen
Binsfeld
Pumpwerk
Urenbr.
Spielplatz
Schillerstraße
315
Grund- und Hauptsch.
Bauhof
Schafhaus
Turn- und Festhalle
Sport-plätze
Sportheim
Rotholz
Festplatz
Vöhringen
72189
Eichwald
Wanderparkplatz Stauden
Wanderparkplatz Burghalde
Wanderparkplatz Eichwald
Burghalde
625
Schützenhaus
Schießstand
7419
Langenackerweg
Neuap.
Schulstraße
1=Vordere Steingasse
2=Siegelgasse
3=Lindenstraße
4=Werkstraße
5=Im Winkel
Hargental
Kiga
Talgärtchen
Vöhringer Straße
Friedhof
Bochinger Straße
Herrenweg
Zollernstr.
Turn- u. Festhalle
6=Bergstraße
Sportplatzweg
Tennispl.
Sport-plätze
Sportheim
Gewerbegebiet Wörth
Kleintierzuchtanl.
Lausbühl
Stauden
533
Keltertal
Spielplatz
Waldrastplatz
Stockbach
Bühlwald
Schloßberg
584
ehem.Bu
Beuren
Rindel-
Karpfenbühl
wald
Haderwald
Berg
680
Kohlhalde
Rindelbach
Lochwald
81
E41
474
5352
5350
5348
Hochwald
667
7430
Withau
Kläranlage
332
Hochstetten
Bochinger
Sanderwald
Stadtteil Brittheim
(zu Rosenfeld)
Tann
672
Hart
Bochinger Straße
Rathaus
Friedhof
Kiga
Bürgerhs.
Krähen
Hauptstraße
Salinenwald
Sommerhalde
Schaberwiesenbrunnen
Hart-
egert
Gewerbegebiet Osterlangen
Leopoldhof
72348
ehem. Haarhausen
Sportpl.
Wasserturm
Sternwarte Zollern-Alb
Sportheim
Klosterwald
St. Wolfgang
Trichtenbach
Schlößle
652
Breitenberg
Brünnelesgrabenbrunnen
Brand
Burgstall
Steinäcker
78736
Schindelbühl
Forchenwäldle
2=Am Forchenwäldle
Schießstand
Schützenhaus
Baugebiet Eigental
Hackental
Bommlershof
Breitenwiesen
Hortsteigbach
Ortsteil Trichtingen
(zu Epfendorf)
Kiga
Halde
Raingartestr.
1=Haldenäcker
347
1
2
3
4
5
6
7
8
9
10
11
12

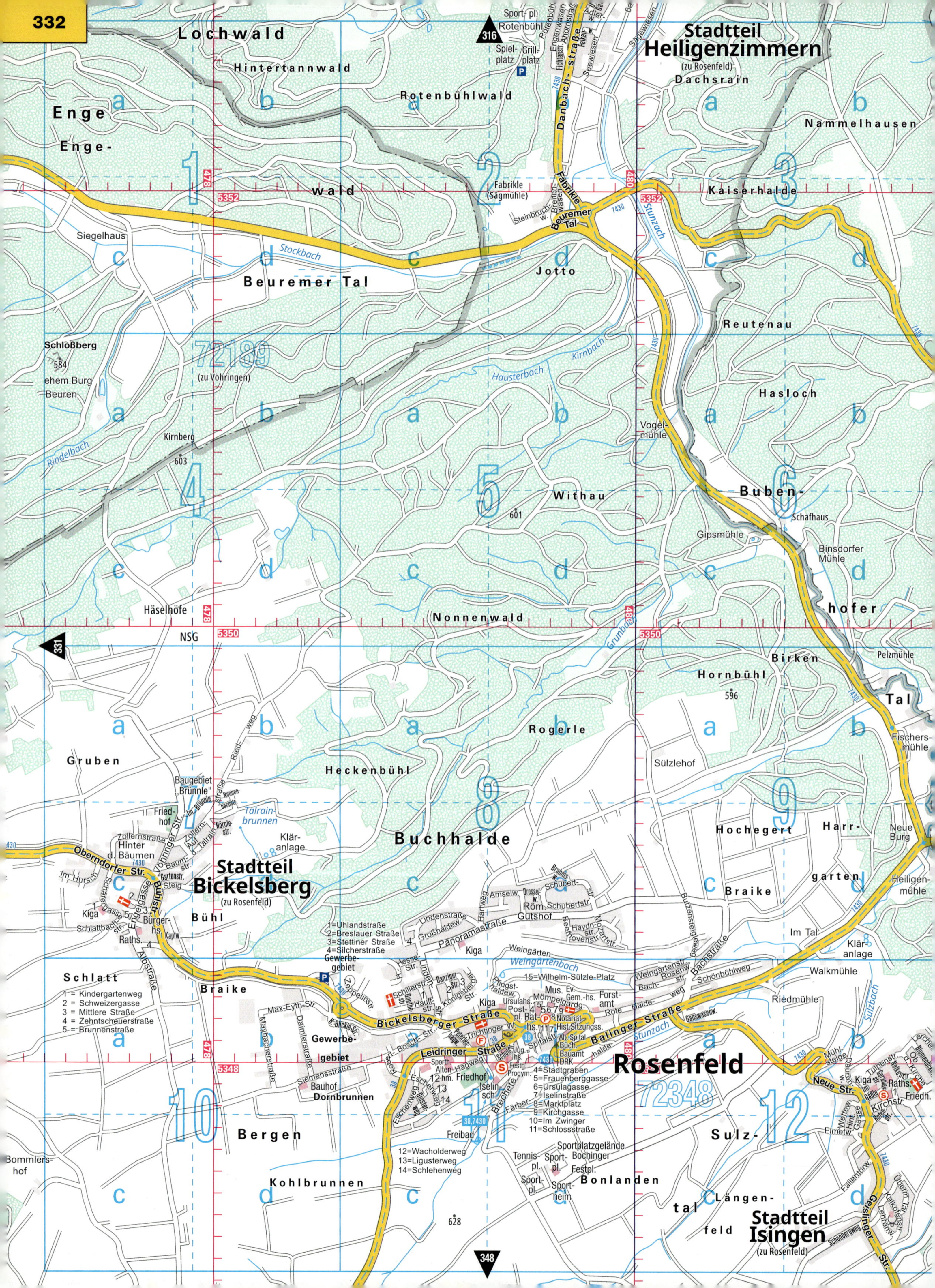

Lochwald
Hintertannwald
Rotenbühlwald
Enge
Enge-
wald
Siegelhaus
Stockbach
Beuremer Tal
Jotto
Fabrikle (Sägmühle)
Stadtteil Heiligenzimmern
(zu Rosenfeld)
Dachsrain
Nammelhausen
Kaiserhalde
Stunzach
Reutenau
Hasloch
Schloßberg
584
ehem.Burg Beuren
72189
(zu Vöhringen)
Hausterbach
Kirnbach
Kirnberg
603
Rindelbach
Vogelmühle
Withau
601
Buben-
Schafhaus
Gipsmühle
Binsdorfer Mühle
hofer
Häselhöfe
NSG
Nonnenwald
Grunbach
Birken
Pelzmühle
Hornbühl
596
Tal
Fischersmühle
Rogerle
Gruben
Heckenbühl
Sülzlehof
Baugebiet „Brunnle"
Talrainbrunnen
Kläranlage
Buchhalde
Hochegert
Harr-
Neue Burg
Stadtteil Bickelsberg
(zu Rosenfeld)
Bühl
garten
Braike
Heiligenmühle
Im Tal
Kläranlage
1=Uhlandstraße
2=Breslauer Straße
3=Stettiner Straße
4=Silcherstraße
Gewerbegebiet
Panoramastraße
Weingärtenbach
15=Wilhelm-Sülzle-Platz
Schlatt
1 = Kindergartenweg
2 = Schweizergasse
3 = Mittlere Straße
4 = Zehntscheuerstraße
5 = Brunnenstraße
Braike
Bickelsberger Straße
Leidringer Straße
Balinger Straße
Walkmühle
Riedmühle
Sulzbach
4=Stadtgraben
5=Frauenberggasse
6=Ursulagasse
7=Iselinstraße
8=Marktplatz
9=Kirchgasse
10=Im Zwinger
11=Schlossstraße
Rosenfeld
72348
Friedhof
Dornbrunnen
Bergen
Bauhof
Freibad
12=Wacholderweg
13=Ligusterweg
14=Schlehenweg
Sportplatzgelände Bochinger
Bonlanden
Sulz-
tal
Längen-
feld
Stadtteil Isingen
(zu Rosenfeld)
Bommlershof
Kohlbrunnen
628
Neue Str.
Geislinger Str.

316
331
348

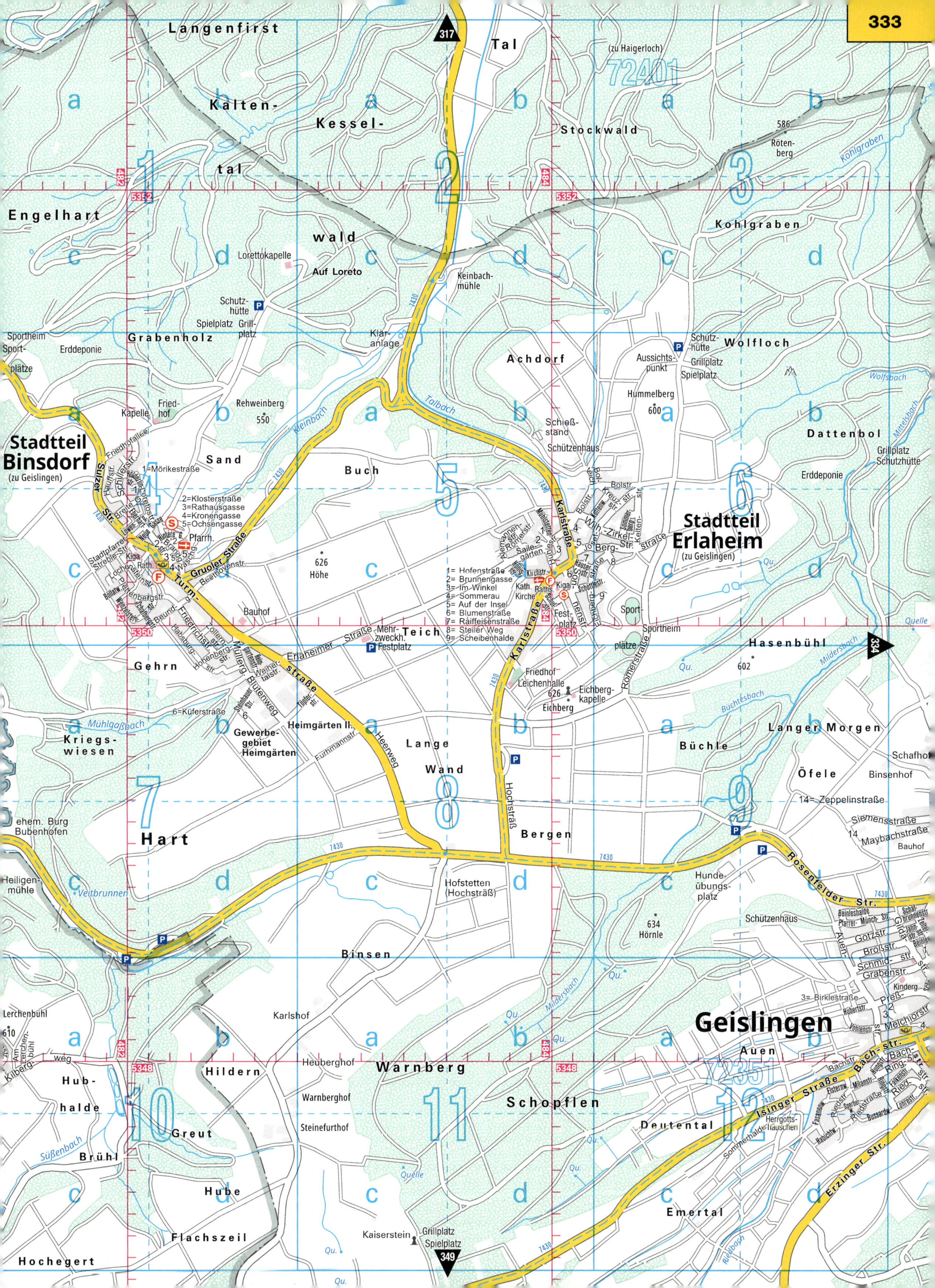
Langenfirst
317
Tal
(zu Haigerloch)
72401
Kalten-
Kessel-
tal
wald
Stockwald
586
Röten-
berg
Kohlgraben
Engelhart
5352
Lorettokapelle
Auf Loreto
Keinbach-
mühle
Schutz-
hütte
Spielplatz
Grill-
platz
Sportheim
Sport-
plätze
Erddeponie
Grabenholz
Klär-
anlage
Achdorf
Aussichts-
punkt
Schutz-
hütte
Wolfloch
Grillplatz
Spielplatz
Hummelberg
600
Wolfsbach
Mittelsbach
Dattenbol
Grillplatz
Schutzhütte
Erddeponie
Talbach
Kleinbach
Kapelle
Fried-
hof
Rehweinberg
550
Schieß-
stand
Schützenhaus
Stadtteil
Binsdorf
(zu Geislingen)
Sand
Buch
1=Mörikestraße
2=Klosterstraße
3=Rathausgasse
4=Kronengasse
5=Ochsengasse
Pfarrh.
Gruoler Straße
Beethovenstr.
626
Höhe
Karlstraße
Bolstr.
Wilh.-Zirkel-Str.
Berg-Str.
Stadtteil
Erlaheim
(zu Geislingen)
1= Hofenstraße
2= Brunnengasse
3= Im Winkel
4= Sommerau
5= Auf der Insel
6= Blumenstraße
7= Raiffeisenstraße
8= Steiler Weg
9= Scheibenhalde
Kath.
Kirche
Rathaus
Kiga
Fest-
platz
Sport-
plätze
Sportheim
Römerstraße
Bauhof
Mehr-
zweckh.
Festplatz
Teich
Erlaheimer Straße
Hasenbühl
602
334
Mildersbach
Quelle
Gehrn
6=Küferstraße
Friedhof
Leichenhalle
626
Eichberg
Eichberg-
kapelle
Buchtesbach
Mühlgaßbach
Kriegs-
wiesen
Gewerbe-
gebiet
Heimgärten
Heimgärten II
Heerweg
Lange
Wand
Langer Morgen
Büchle
Öfele
Binsenhof
Schafhof
14= Zeppelinstraße
Siemensstraße
Maybachstraße
Bauhof
Hart
ehem. Burg
Bubenhofen
Hochsträß
Bergen
Heiligen-
mühle
Veitbrunnen
7430
Hofstetten
(Hochsträß)
Hunde-
übungs-
platz
Rosenfelder Str.
Schützenhaus
634
Hörnle
Binsen
Lerchenbühl
610
Karlshof
Geislingen
Auen
72351
3= Birklestraße
Kilberg-
weg
Hub-
halde
Hildern
Heuberghof
Warnberg
5348
Warnberghof
Steinefurthof
Schopflen
Deutental
Isinger Straße
Herrgotts-
häuschen
Sommerhalde
Greut
Süßenbach
Brühl
Hube
Flachszeil
Kaiserstein
Grillplatz
Spielplatz
349
Emertal
Erzinger Str.
Hochegert
Bach-str.

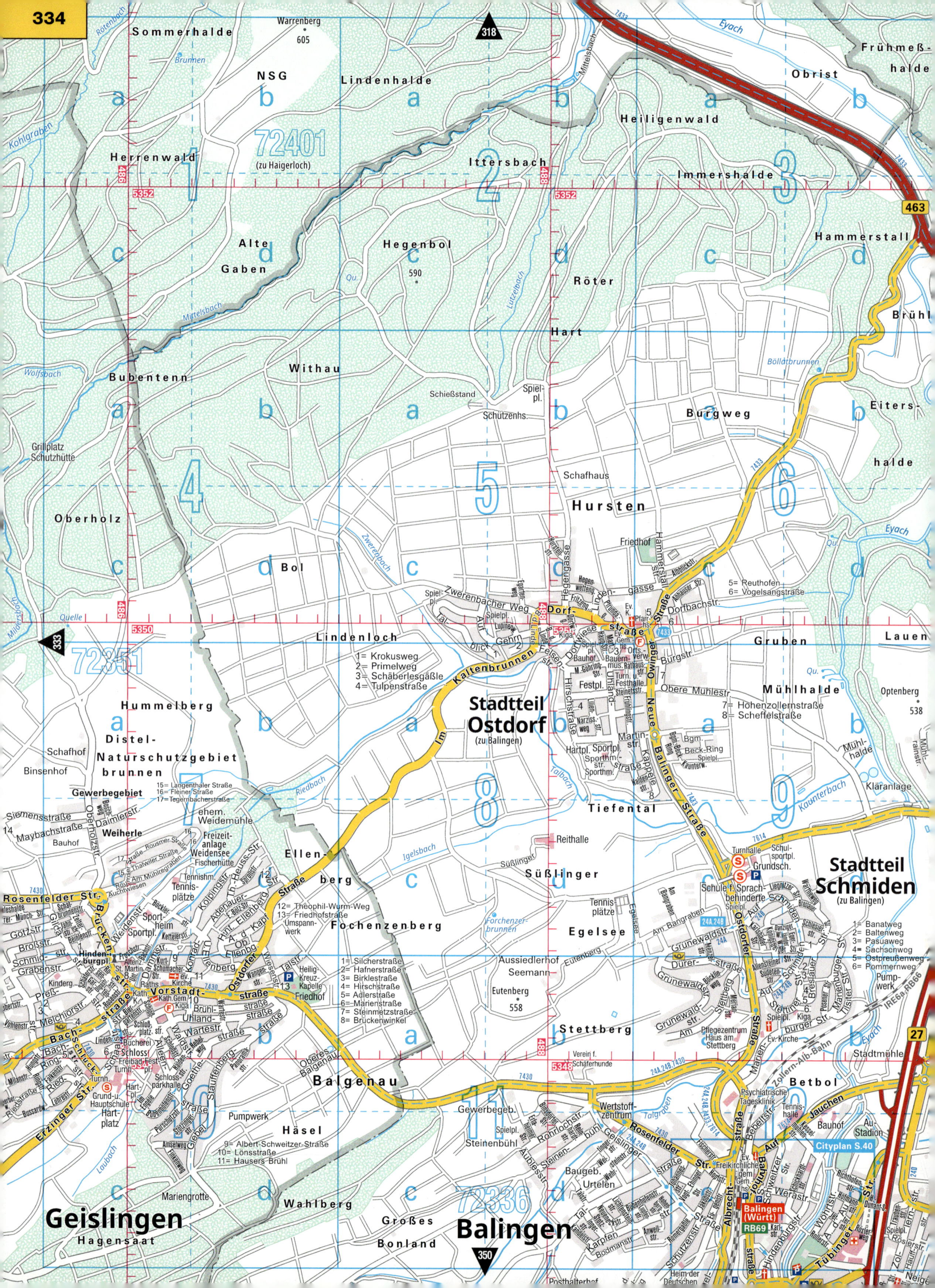

318
Sommerhalde
Warrenberg
605
NSG
Lindenhalde
Eyach
Obrist
Frühmeß-halde
Brunnen
Heiligenwald
72401
(zu Haigerloch)
Herrenwald
Ittersbach
Immershalde
463
Hammerstall
Alte Gaben
Hegenbol
590
Röter Hart
Mittelsbach
Lützelbach
Brühl
Kohlgraben
Wolfsbach
Bubentenn
Withau
Schießstand
Schützenhs.
Burgweg
Böllatbrunnen
Eiters-halde
Grillplatz Schutzhütte
Schafhaus
Hursten
Oberholz
Friedhof
Bol
Zwerenbach
Zwerenbacher Weg
5= Reuthofen
6= Vogelsangstraße
Dorfbachstr.
Quelle
Lindenloch
Gruben
Lauen
333
72351
1= Krokusweg
2= Primelweg
3= Schäberlesgäßle
4= Tulpenstraße
Im Kaltenbrunnen
Stadtteil Ostdorf
(zu Balingen)
Neue Balinger Straße
Burgstr.
Obere Mühlestr.
Mühlhalde
7= Hohenzollernstraße
8= Scheffelstraße
Optenberg
538
Hummelberg
Distel-brunnen
Naturschutzgebiet
Schafhof
Binsenhof
Gewerbegebiet
15= Langenthaler Straße
16= Fleiner Straße
17= Tegernbacherstraße
Riedbach
Talbach
Tiefental
Kläranlage
Kaunterbach
Siemensstraße
Maybachstraße
Daimlerstr.
Weiherle
Bauhof
ehem. Weidemühle
Freizeit-anlage Weidensee
Fischerhütte
Ellen-berg
Reithalle
Igelsbach
Süßlinger
Stadtteil Schmiden
(zu Balingen)
Rosenfelder Str.
Brückenstraße
12= Theophil-Wurm-Weg
13= Friedhofstraße
Umspannwerk
Fochenzenberg
Forchenzenbrunnen
Egelsee
Tennisplätze
1= Banatweg
2= Baltenweg
3= Pasuaweg
4= Sachsenweg
5= Ostpreußenweg
6= Pommernweg
Hinden-burgpl.
1= Silcherstraße
2= Hafnerstraße
3= Birklestraße
4= Hirschstraße
5= Adlerstraße
6= Marienstraße
7= Steinmetzstraße
8= Brückenwinkel
Aussiedlerhof Seemann
Eutenberg
558
Heilig-Kreuz-Kapelle
Friedhof
Vorstadtstraße
Ostdorfer Straße
Pflegezentrum Haus am Stettberg
Stettberg
Ev. Kirche
27
Stadtmühle
Verein f. Schäferhunde
Balgenau
Oberes Balgenau
Zollern-Alb-Bahn
Betbol
Psychiatrische Tagesklinik
Wertstoff-zentrum
Gewerbegeb.
Jauchen
Erzinger Str.
Schloss
Pumpwerk
Häsel
9= Albert-Schweitzer-Straße
10= Lönsstraße
11= Hausers Brühl
Steinenbühl
Cityplan S.40
Laubach
Maringrotte
Wahlberg
72336
Balingen (Württ)
RB69
Geislingen
Hagensaat
Großes Bonland
Balingen
350
Tübinger Str.
Posthalterhof
Heim der Deutschen

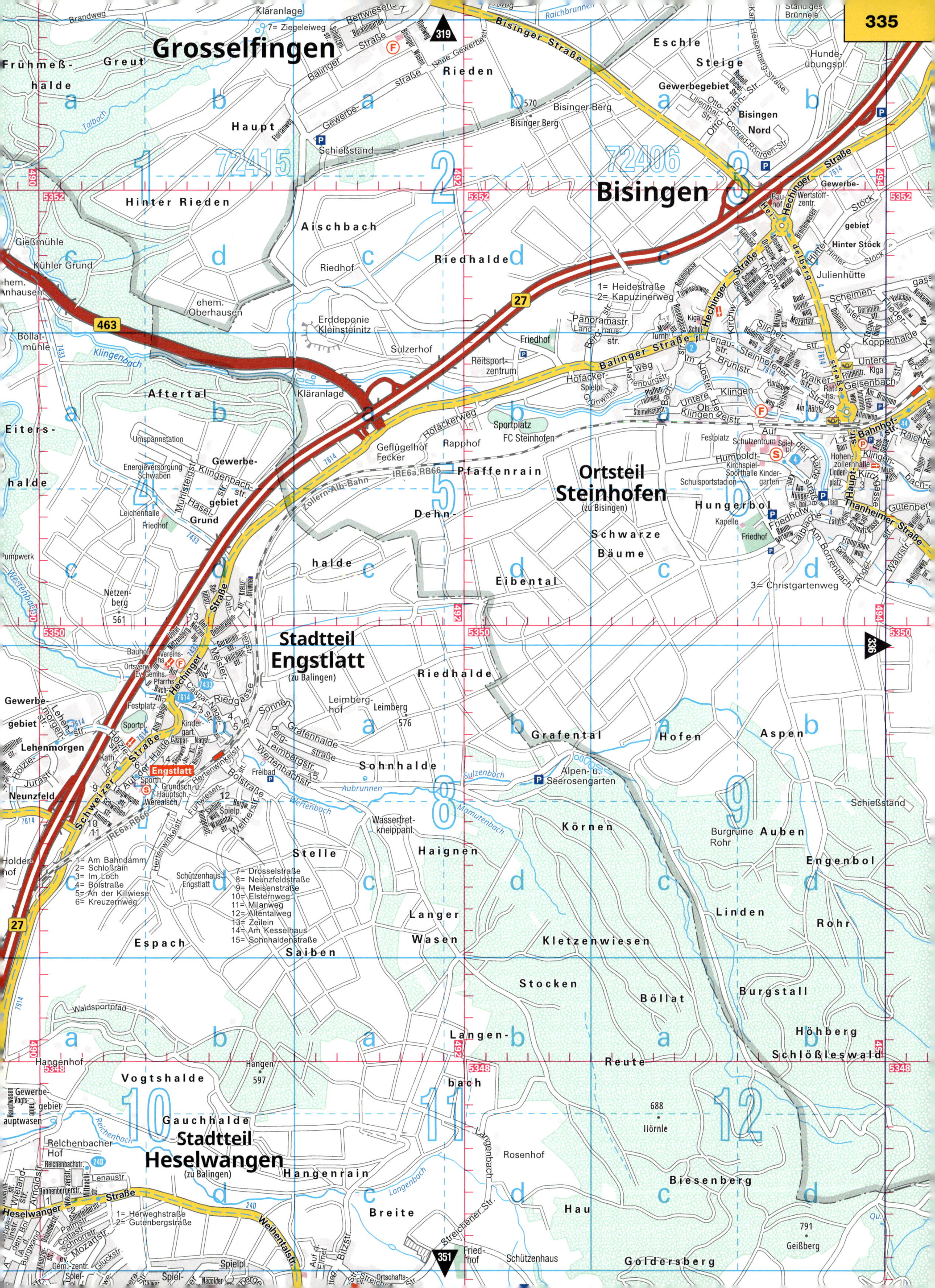
Grosselfingen
Bisingen
Ortsteil Steinhofen
(zu Bisingen)
Stadtteil Engstlatt
(zu Balingen)
Stadtteil Heselwangen
(zu Balingen)
72415
72406
Kläranlage
7= Ziegeleiweg
Brandweg
Frühmeß-halde
Greut
Haupt
Rieden
Eschle
Steige
Gewerbegebiet
Bisingen Nord
Hunde-übungspl.
Bisinger Straße
Bisinger Berg
570
Schießstand
Hinter Rieden
Aischbach
Riedhof
Riedhalde
Gießmühle
Kühler Grund
ehem. Oberhausen
Erddeponie Kleinsteinitz
Sulzerhof
Böllat-mühle
Klingenbach
Aftertal
Kläranlage
Eiters-halde
Umspannstation
Energieversorgung Schwaben
Gewerbe-gebiet
Hasel-Grund
Leichenhalle
Friedhof
Pumpwerk
Netzen-berg
561
Geflügelhof Fecker
Rapphof
Pfaffenrain
Sportplatz FC Steinhofen
Reitsport-zentrum
Friedhof
Dehn-halde
Zollern-Alb-Bahn
IRE6a,RB66
Eibental
Schwarze Bäume
Hungerbol
Kapelle
Friedhof
Schulsportstadion
1= Heidestraße
2= Kapuzinerweg
3= Christgartenweg
Julienhütte
Hinter Stöck
Stöck
Gewerbe-gebiet
Thanheimer Straße
Balinger Straße
Hechinger Straße
Riedhalde
Leimberg-hof
Leimberg
576
Sohnhalde
Grafental
Hofen
Aspen
Alpen- u. Seerosengarten
Sulzenbach
Aubrunnen
Wertenbach
Mamutenbach
Wassertret-kneippanl.
Haignen
Körnen
Burgruine Rohr
Auben
Engenbol
Schießstand
Linden
Rohr
Stelle
Langer Wasen
Kletzenwiesen
Saiben
Espach
Stocken
Böllat
Burgstall
Höhberg
Schlößleswald
Gewerbe-gebiet
Lehenmorgen
Neunzfeld
Holder-hof
Engstlatt
Freibad
Schützenhaus Engstlatt
1= Am Bahndamm
2= Schloßrain
3= Im Loch
4= Bolstraße
5= An der Killwiese
6= Kreuzernweg
7= Drosselstraße
8= Neunzfeldstraße
9= Meisenstraße
10= Elsternweg
11= Milanweg
12= Altentalweg
13= Zeilein
14= Am Kesselhaus
15= Sohnhaldenstraße
Schweizer Straße
Waldsportpfad
Hangenhof
Vogtshalde
Hangen
597
Langen-bach
Reute
688
Hörnle
Gauchhalde
Reichenbach
Relchenbacher Hof
Hangenrain
Rosenhof
Biesenberg
Hau
Breite
Langenbach
Streichener Str.
Fried-hof
Schützenhaus
Goldersberg
791
Geißberg
Heselwanger Straße
Weilhentalstr.
1= Herweghstraße
2= Gutenbergstraße
Spielpl.
27
463
319
336
351
5352
5350
5348
490
492
494

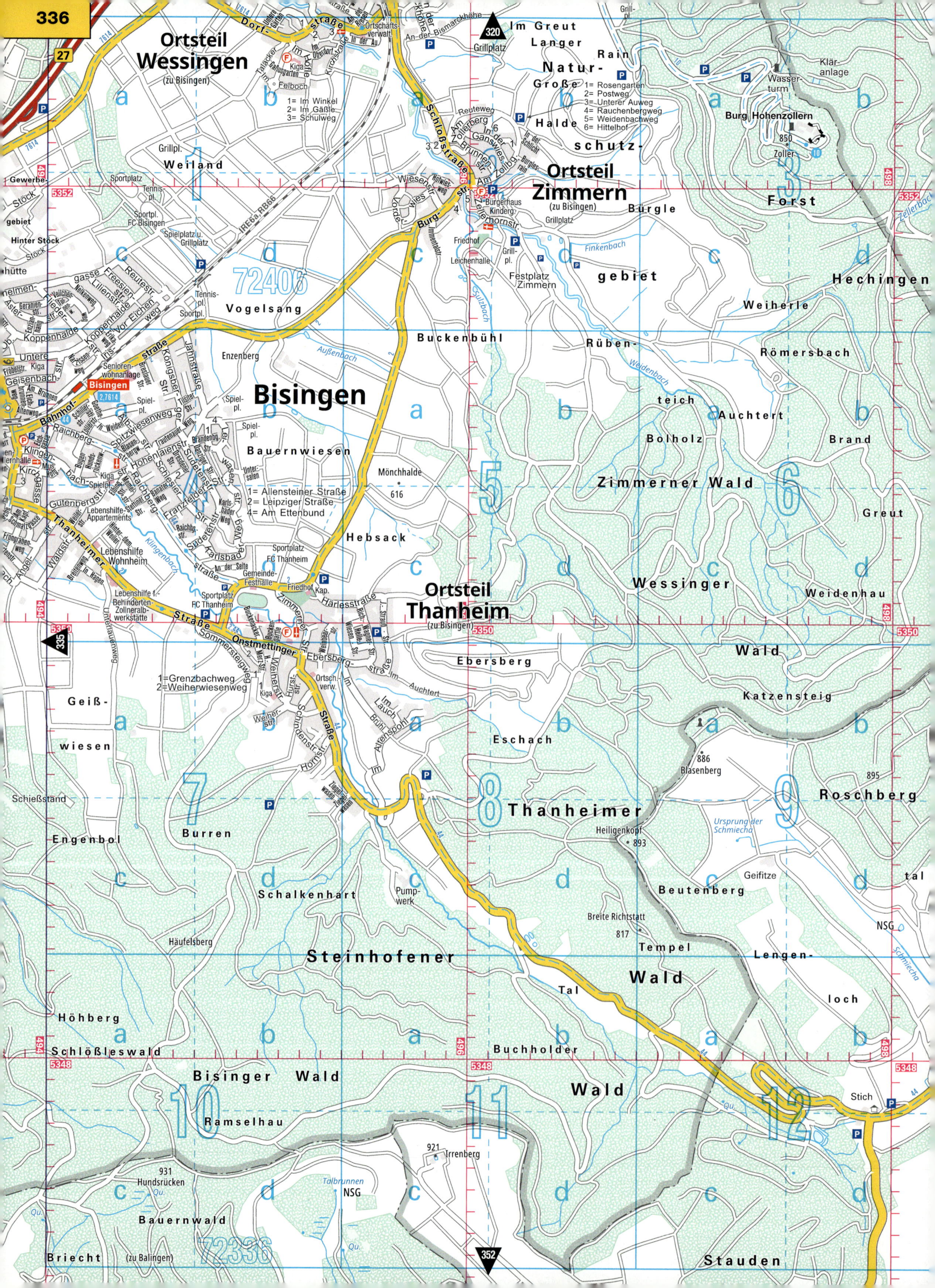
Ortsteil
Wessingen
(zu Bisingen)
Ortsteil
Zimmern
(zu Bisingen)
Bisingen
Ortsteil
Thanheim
(zu Bisingen)
Burg Hohenzollern
Hechingen
Weiland
Vogelsang
Enzenberg
Bauernwiesen
Mönchhalde
616
Hebsack
Buckenbühl
Rübenteich
Bolholz
Zimmerner Wald
Wessinger Wald
Weiherle
Römersbach
Auchtert
Brand
Greut
Weidenhau
Katzensteig
Ebersberg
Eschach
Thanheimer
Heiligenkopf
893
Blasenberg
886
Roschberg
895
Beutenberg
Geifitze
Breite Richtstatt
817
Tempel
Wald
Tal
Lengenloch
Buchholder
Wald
Steinhofener
Schalkenhart
Burren
Häufelsberg
Geißwiesen
Schießstand
Engenbol
Höhberg
Schlößleswald
Bisinger Wald
Ramselhau
Irrenberg
921
Hundsrücken
931
Bauernwald
Briecht
(zu Balingen)
Stauden
Stich
NSG
Talbrunnen
Im Greut
Langer Rain
Große Naturschutzgebiet
Halde
Bürgle
Forst
1= Rosengarten
2= Postweg
3= Unterer Auweg
4= Rauchenbergweg
5= Weidenbachweg
6= Hittelhof
1= Im Winkel
2= Im Gäßle
3= Schulweg
1= Allensteiner Straße
2= Leipziger Straße
4= Am Ettenbund
1=Grenzbachweg
2=Weiherwiesenweg
72406
72336
320
335
352
27
Lebenshilfe Wohnheim
Festplatz Zimmern
Friedhof
Leichenhalle
Sportplatz FC Thanheim
Pumpwerk
Ursprung der Schmiecha
Zollerbach

Stadtteil Boll
(zu Hechingen)
Eibenloch
Ziegelhütte
Gruboch
Friedrichstal
Reichenbach
Junginger
(zu Jungingen)
Lerchenfeld
Hasenbühl
650
Eich-
bühl
Reute
Weinhalde
Kapelle Mariazell
Fried-
hof
Wald
Vogelnest
Bröller
Klosterboschen
NSG
909
Zeller Horn
Forst
Hechingen
Backofenfelsen
Bären-
täle
Stettener
Schöllerandelbühl
Sigling
Bremel-
hart
Raichberg
956
Hängender Stein
Wanderheim Nägelehaus
Bödemle
Heufeld
Zollersteighof
Dagersbrunnen
Kohlwinkelfelsen
Wanderheim Fuchsfarm
Kohlwinkel
Staudentelle
Ritzenbühl
(zu Burladingen)
Schalenbach
951
Gockeler
885
783
Reit-
halle
Allenberghöfe
Ruch-
tal
899
Allen-
berg
893
Schieß-
anlage
Schützenhaus
Agdenbrunnen
Stocken
Buben-
halde
Bern-
loch
Schneckenhaus
951
Brunnen-
bühl
Pumpwerk
Thanheimer Straße
Nägelestraße
Linkenboldstraße
Hebsack
Orthalde
Sprung-
schanze
Langen-
tal
Sand-
bühl
934
932
Ernzet
Heuberg
905
Stadtteil Onstmettingen
(zu Albstadt)
Heuberghöfe
Brunnen-
tal
Hohberg
Hart
910
1= Auf der Bitze
2= Auf der Stelle
3= Ankerstraße
4= Buchsenstraße
5= Schmale Straße
6= Thomas-Mann-Straße
7= Schabengasse
Äpfelteich
Philipp-Matthäus-Hahn-Museum
Bergle
885
72379
72461
72417
321
338
353

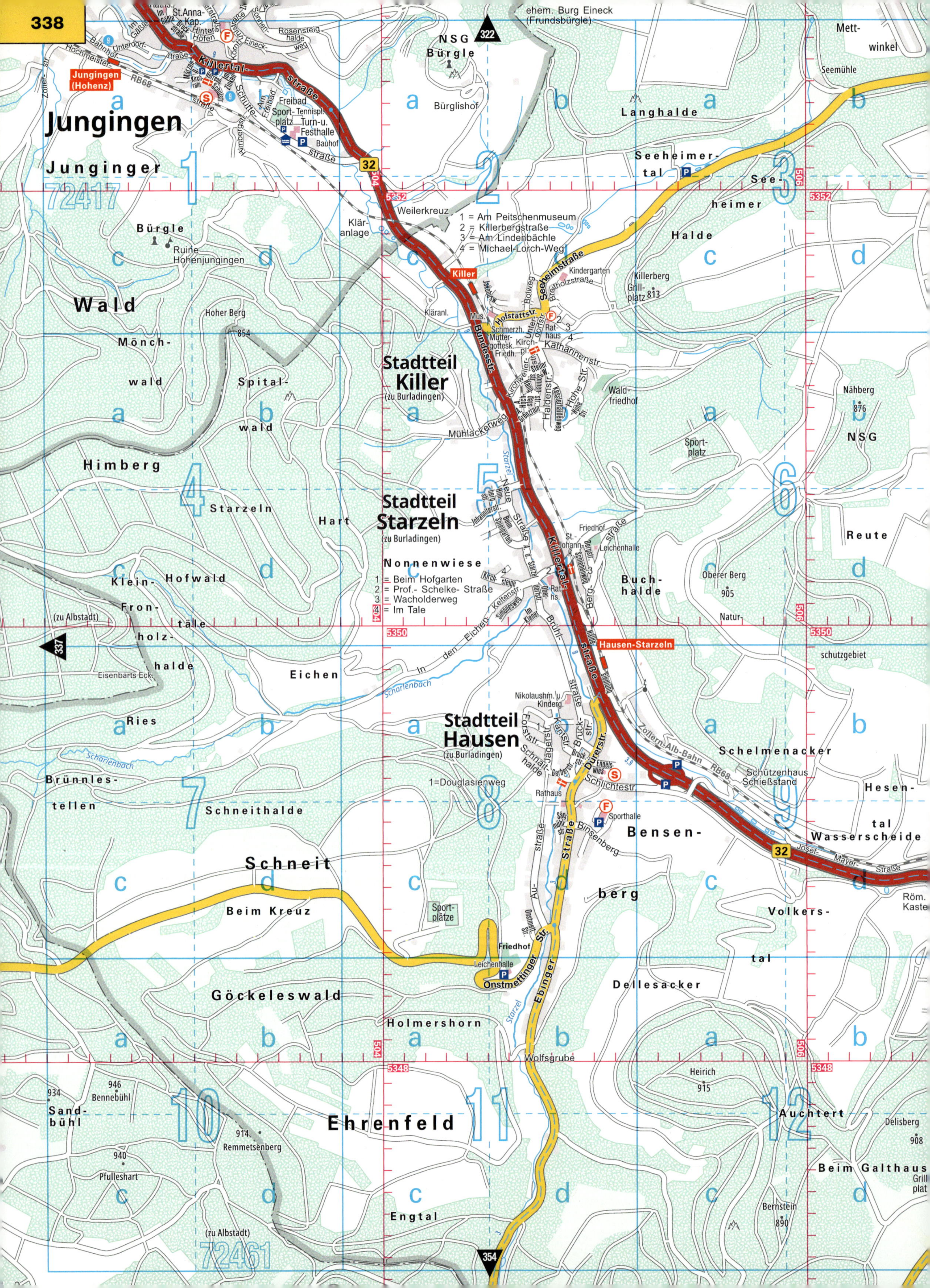

Jungingen (Hohenz)
Jungingen
Junginger
72417
Wald
Bürgle
Ruine Hohenjungingen
Hoher Berg
854
Mönch-
wald
Spital-
wald
Himberg
Starzeln
Hart
Klein-
Fron-
holz-
halde
Hofwald
tälle
(zu Albstadt)
337
Eisenbarts Eck
Eichen
Ries
Brünnles-
tellen
Schneithalde
Schneit
Beim Kreuz
Göckeleswald
Holmershorn
Sand-
bühl
934
946
Bennebühl
914
Remmetsenberg
940
Pfulleshart
(zu Albstadt)
72461
Ehrenfeld
Engtal
354
ehem. Burg Eineck
(Frundsbürgle)
322
NSG
Bürgle
Bürglishof
Killertal-
straße
Freibad
Sport-
platz
Tennispl.
Turn-u.
Festhalle
Bauhof
32
504
Weilerkreuz
Klär-
anlage
5352
1 = Am Peitschenmuseum
2 = Killerbergstraße
3 = Am Lindenbächle
4 = Michael-Lorch-Weg
Killer
Kläranl.
Holstattstr.
Seeheimstraße
Kindergarten
Rat-
haus
Katharinenstr.
Bundesstr.
Stadtteil
Killer
(zu Burladingen)
Mühlackerweg
Wald-
friedhof
Stadtteil
Starzeln
(zu Burladingen)
Nonnenwiese
1 = Beim Hofgarten
2 = Prof.- Schelke- Straße
3 = Wacholderweg
4 = Im Tale
Friedhof
Leichenhalle
Killertal-
straße
Buch-
halde
5350
Hausen-Starzeln
Scharlenbach
Stadtteil
Hausen
(zu Burladingen)
1=Douglasienweg
Nikolaushm. u.
Kinderg.
Dürerstr.
Schlichtestr.
Rathaus
Sporthalle
Zollern-Alb-Bahn
Sport-
plätze
Friedhof
Leichenhalle
Onstmettinger Str.
Ebinger
Straße
Starzel
Wolfsgrube
5348
Mett-
winkel
Seemühle
Langhalde
Seeheimer-
tal
See-
heimer
Halde
506
Killerberg
Grill-
platz 813
Sport-
platz
Nähberg
876
NSG
Reute
Oberer Berg
905
Natur-
schutzgebiet
Schelmenacker
Schützenhaus
Schießstand
Hesen-
tal
Wasserscheide
Josef-Mayer-Straße
Bensen-
berg
Volkers-
tal
Röm.
Kaste
Dellesacker
Heirich
915
Auchtert
Delisberg
908
Beim Galthaus
Grill
plat
Bernstein
890

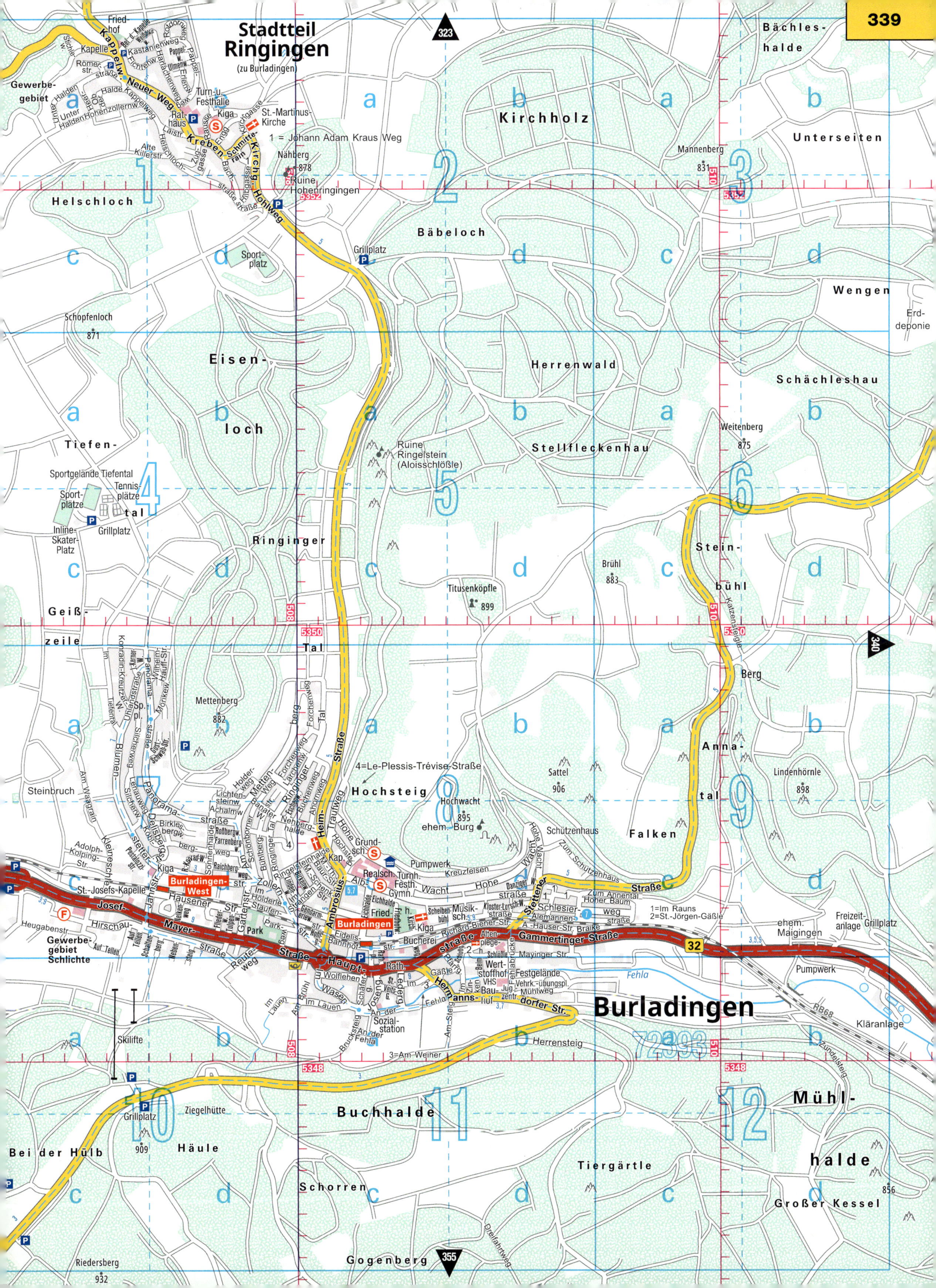

Stadtteil Ringingen
(zu Burladingen)
Kirchholz
Unterseiten
Bächles-halde
Helschloch
Bäbeloch
Wengen
Erd-deponie
Eisen-loch
Herrenwald
Schächleshau
Stellfleckenhau
Ruine Ringelstein (Aloisschlößle)
Tiefen-tal
Ringinger Tal
Stein-bühl
Geiß-zeile
Titusenköpfle 899
Hochsteig
Anna-tal
Falken
Burladingen
Buchhalde
Mühl-halde
Häule
Bei der Hülb
Schorren
Tiergärtle
Großer Kessel
Gogenberg
Riedersberg 932
Mannenberg 831
Ruine Hohenringingen
Nähberg 878
St.-Martinus-Kirche
1 = Johann Adam Kraus Weg
Schopfenloch 871
Weitenberg 875
Brühl 883
Mettenberg 882
Sattel 906
Lindenhörnle 898
Hochwacht 895
ehem. Burg
4=Le-Plessis-Trévise-Straße
1=Im Rauns
2=St.-Jörgen-Gäßle
3=Am Weiher
Burladingen-West
Gewerbegebiet Schlichte
Gammertinger Straße
Hauptstraße
Josef-Mayer-Straße
Herrenstieg
Ziegelhütte
Skilifte
Kläranlage
ehem. Maigingen
Freizeitanlage
Grillplatz
72393

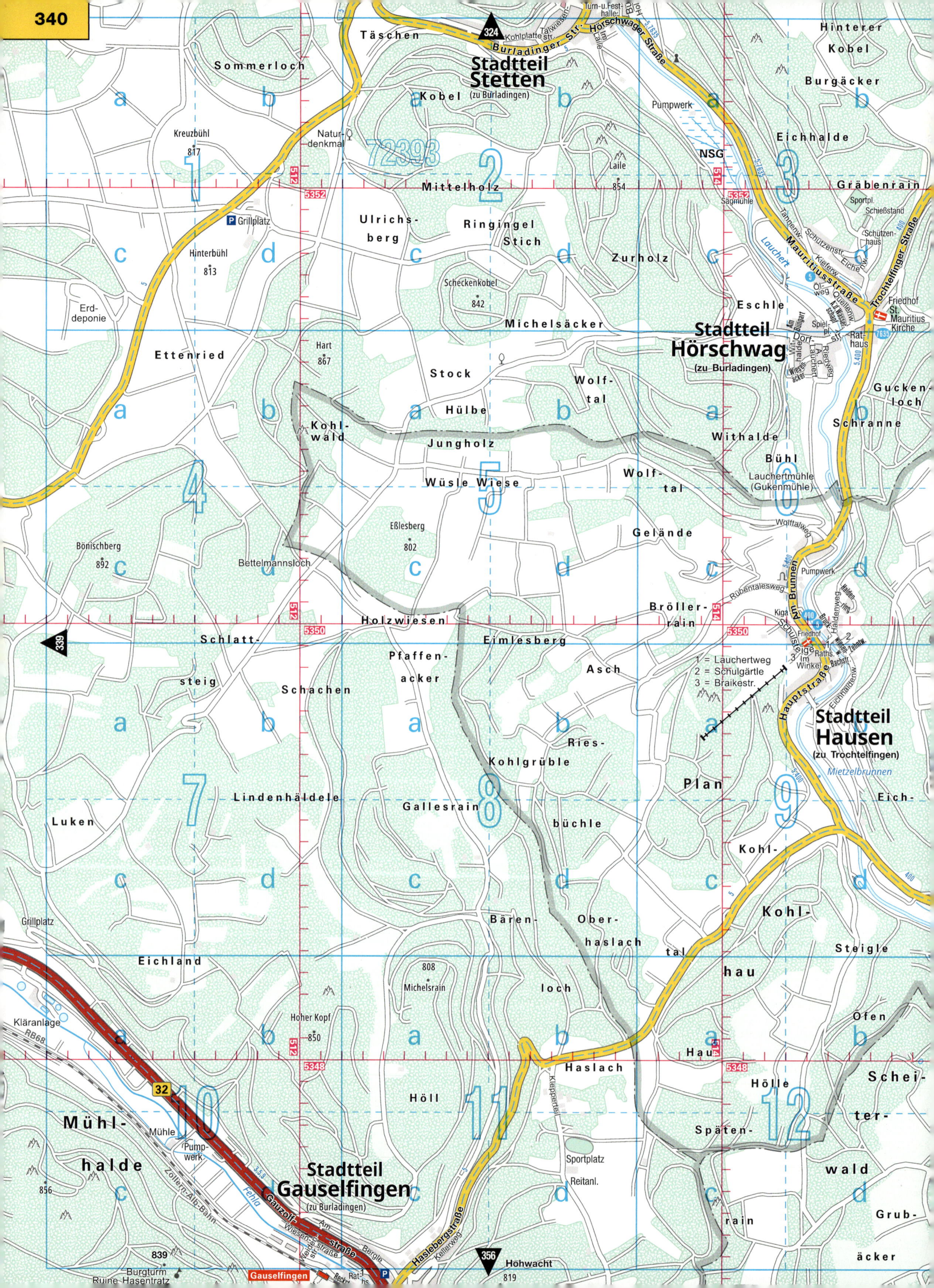

Täschen
324
Burladinger Str.
Hörschwager Straße
Stadtteil Stetten
(zu Burladingen)
Hinterer
Kobel
Burgäcker
Sommerloch
Kobel
Pumpwerk
Eichhalde
Kreuzbühl
817
Naturdenkmal
72393
Laile
NSG
Mittelholz
854
Gräbenrain
Sägmühle
Sportpl.
Schießstand
Grillplatz
Ulrichsberg
Ringingel
Stich
Zurholz
Schützenhaus
Trochtelfinger Straße
Hinterbühl
813
Lauchert
Mauritiusstraße
Erddeponie
Scheckenkobel
842
Eschle
Friedhof
St. Mauritius Kirche
Michelsäcker
Stadtteil Hörschwag
(zu Burladingen)
Rathaus
Ettenried
Hart
867
Stock
Wolftal
Guckenloch
Hülbe
Schranne
Kohlwald
Jungholz
Withalde
Bühl
Wüsle Wiese
Wolftal
Lauchertmühle
(Gukenmühle)
Gelände
Wolftalweg
Bönischberg
892
Eßlesberg
802
Bettelmannsloch
Pumpwerk
Am Brunnen
Bröllerrain
Rubentalesweg
Holzwiesen
5350
339
Schlattsteig
Pfaffenacker
Eimlesberg
Asch
1 = Lauchertweg
2 = Schulgärtle
3 = Braikestr.
Schachen
Hauptstraße
Stadtteil Hausen
(zu Trochtelfingen)
Riesbüchle
Kohlgrüble
Mietzelbrunnen
Plan
Eich-
Lindenhäldele
Gallesrain
Luken
Kohltal
Kohlhau
Steigle
Grillplatz
Bärenloch
Oberhaslach
Eichland
808
Michelsrain
Öfen
Kläranlage
RB68
Hoher Kopf
850
Hau
Haslach
5348
32
Höll
Hölle
Scheiterwald
Mühlhalde
Mühle
Pumpwerk
Klepperweg
Spätenrain
Sportplatz
Reitanl.
856
Zollern-Alb-Bahn
Stadtteil Gauselfingen
(zu Burladingen)
Fehla
Gauzolfstraße
Grubäcker
Haslebergstraße
Kellerweg
839
Burgturm
Ruine Hasentratz
Gauselfingen
356
Hohwacht
819
äcker

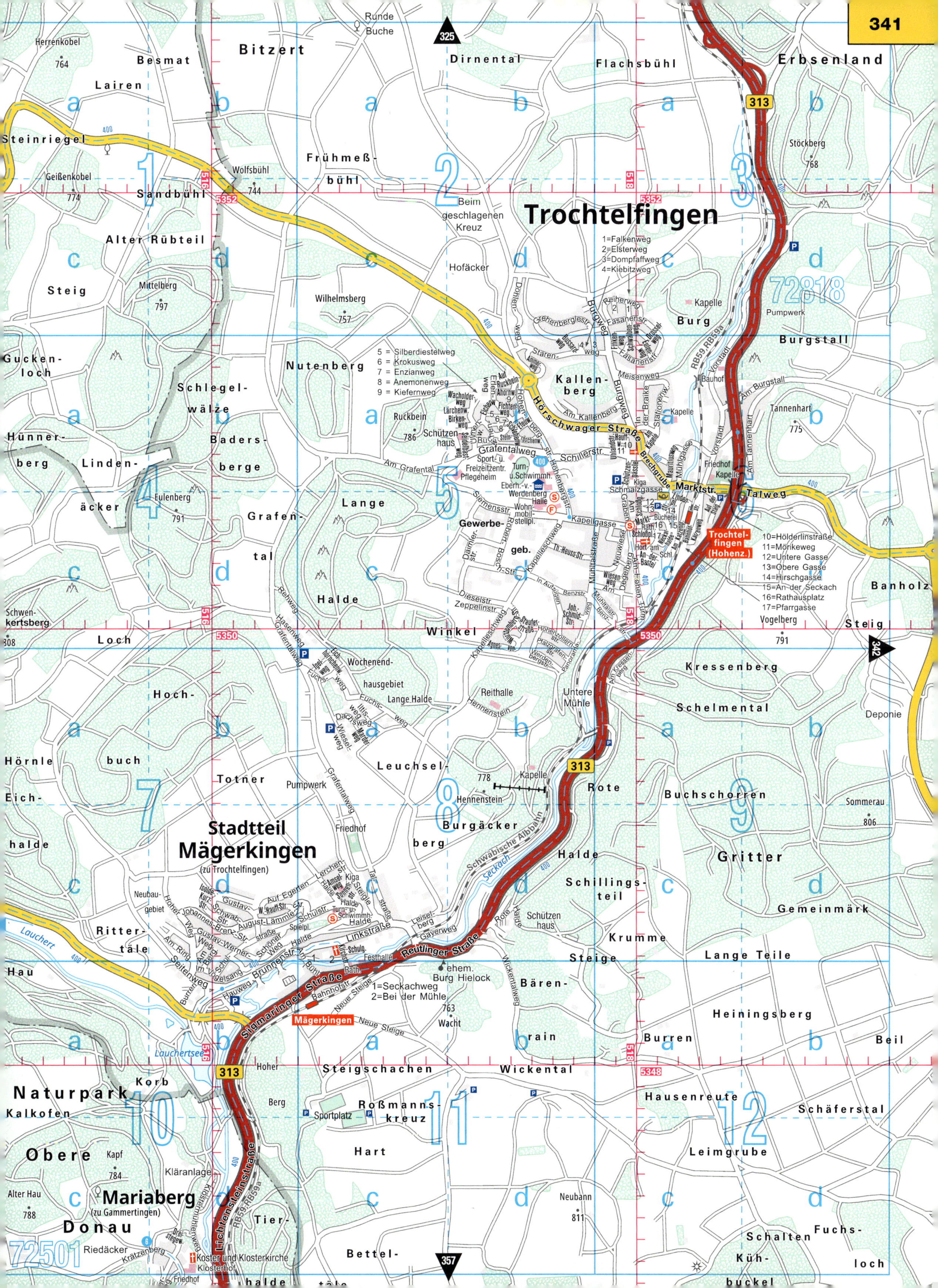

Trochtelfingen
Stadtteil Mägerkingen
(zu Trochtelfingen)
Mariaberg
(zu Gammertingen)
Naturpark Obere Donau
72818
72501
Herrenkobel
Besmat
Bitzert
Runde Buche
Dirnental
Flachsbühl
Erbsenland
Lairen
Steinriegel
Geißenkobel
Sandbühl
Wolfsbühl
Frühmeß-bühl
Beim geschlagenen Kreuz
Stöckberg
Alter Rübteil
Steig
Mittelberg
Wilhelmsberg
Hofäcker
Kapelle
Burg
Pumpwerk
Burgstall
Gucken-loch
Schlegel-wälze
Nutenberg
Kallen-berg
Hörschwager Straße
Tannenhart
Hünner-berg
Linden-äcker
Baders-berge
Ruckbein
Schützen-haus
Grafentalweg
Brechgrube
Marktstr.
Talweg
Eulenberg
Grafen-tal
Lange
Halde
Gewerbe-geb.
Trochtel-fingen (Hohenz.)
1=Falkenweg
2=Elsterweg
3=Dompfaffweg
4=Kiebitzweg
5 = Silberdiestelweg
6 = Krokusweg
7 = Enzianweg
8 = Anemonenweg
9 = Kieferweg
10=Hölderlinstraße
11=Mörikeweg
12=Untere Gasse
13=Obere Gasse
14=Hirschgasse
15=An der Seckach
16=Rathausplatz
17=Pfarrgasse
Banholz
Schwen-kertsberg
Loch
Winkel
Vogelberg
Steig
Kressenberg
Schelmental
Deponie
Hoch-buch
Wochenend-hausgebiet
Lange Halde
Reithalle
Untere Mühle
Hörnle
Leuchsel-berg
Totner
Pumpwerk
Hennenstein
Kapelle
Rote Halde
Buchschorren
Eich-halde
Friedhof
Burgäcker
Schwäbische Albbahn
Seckach
Gritter
Sommerau
Schillings-teil
Gemeinmärk
Ritter-täle
Schützen haus
Krumme Steige
Lauchert
Linkstraße
Reutlinger Straße
Sigmaringer Straße
Lange Teile
Hau
ehem. Burg Hielock
1=Seckachweg
2=Bei der Mühle
Bären-rain
Heiningsberg
Wacht
Mägerkingen
Lauchertsee
Burren
Beil
Korb
Hoher Berg
Steigschachen
Wickental
Hausenreute
Kalkofen
Roßmanns-kreuz
Sportplatz
Schäferstal
Hart
Leimgrube
Kapf
Kläranlage
Alter Hau
Neubann
Tier-halde
Schalten
Fuchs-loch
Riedäcker
Bettel-
Küh-buckel
Kloster und Klosterkirche
Klosterhof
Friedhof
Lichtensteinstraße
313
325
342
357

326
Hagenberg
Schillings-
halde
Eichelenberg
794
Ameisenberg
814
Neugle
Simons-
grube
Halmberg
764
NSG
Wetzelsburg
Sport-
pl.
Schecken-
egert
Bargen
5352
Frauenhart
Schneeberg
812
Steinberg
Ströbele
Beim
Bildstock
Schopfloh
NSG
Mettloh
Sportheim
Tiefen-
tal
Sportpl.
Tennis-
platz
Sportpl.
"Mettlau"
Leimgrube
Schützen-
haus
Ziegel-
halde
Kläranlage
Kapelle
Ittenhalde
802
Zwieselberg
1=Im Schloß
2=Grubenbühlweg
Schönwiese
Breiter
Wasen
Langer Lau
Kiga
Friedhof
Turnhalle
Hülben-
platz
Kreuzberg
812
72818
Gammertinger Str.
Oberstetter Str.
Schul- u. Rathaus
Vereins-
heim
Krümme
Füllekuchen
Waldtal
Kreuzbergweg
Stadtteil
Steinhilben
(zu Trochtelfingen)
Wilsinger Str.
Augstbergstr.
Gewerbe-
gebiet Reihing
Amtacker
Kapelle
Bühl
Vesental
Im Brand
Augstbergstr.
Steig
Banholz
Heuweg
5350
341
Deponie
Schreiber-
acker
Rübgarten
Buchen
847
Augstberg
Brand
Buchschorren
Sommerau
806
Fäulen
Kohl-
häule
Garbetsrain
Gemeinmärk
Aspen
784
Killberg
Heerstraße
Birkach
Sießen
Beil
Schinderhüle
Stumpach
Schecken-
ried
Mägerkinger
Köbele
5348
(zu Gammertingen)
72501
Häule
Espan
817
Dürrbuch
Kappelesberg
819
Steinhilber Straße
Esels-
berg
Hochbuch
811
Friedhof
Kühnen-
Geißberg
Lindenstr.
Gemeinde-
haus
358
Sportpl.

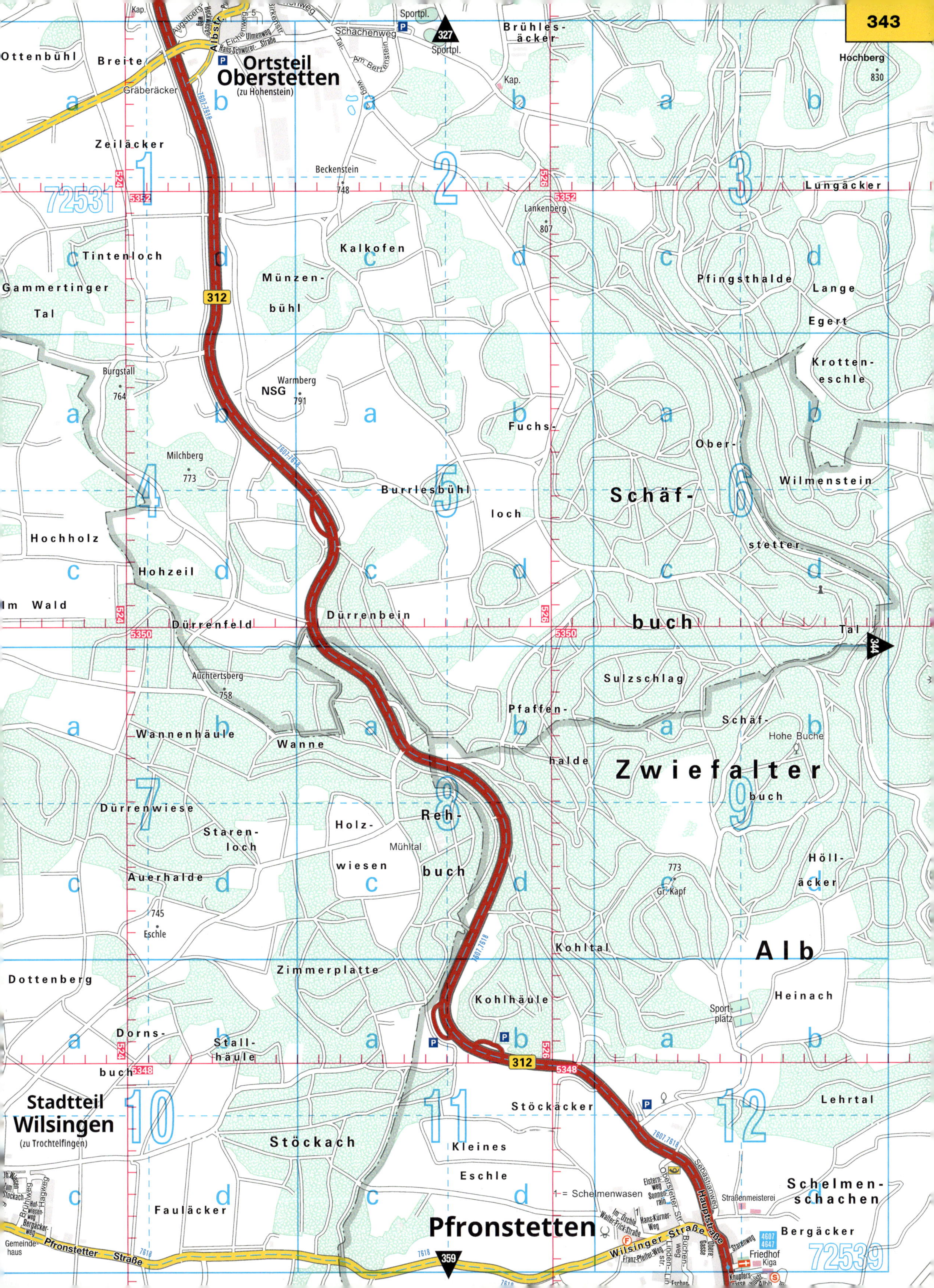
Ortsteil Oberstetten
(zu Hohenstein)
Ottenbühl
Breite
Gräberäcker
Zeiläcker
Albstr.
Schachenweg
Sportpl.
327
Brühles-
äcker
Hochberg
830
Kap.
Beckenstein
748
Lungäcker
72531
Lankenberg
807
Tintenloch
Kalkofen
Münzen-
bühl
Pfingsthalde
Lange
Egert
Gammertinger
Tal
312
Burgstall
764
Warmberg
NSG
791
Krotten-
eschle
Fuchs-
loch
Ober-
Milchberg
773
Schäf-
stetter
buch
Wilmenstein
Burrlesbühl
Hochholz
Hohzeil
Im Wald
Dürrenfeld
Dürrenbein
Tal
344
Auchtertsberg
758
Sulzschlag
Pfaffen-
halde
Wannenhäule
Wanne
Schäf-
buch
Hohe Buche
Zwiefalter
Dürrenwiese
Staren-
loch
Holz-
wiesen
Reh-
buch
Mühltal
Höll-
äcker
Auerhalde
773
Gr. Kapf
745
Eschle
Kohltal
Alb
Dottenberg
Zimmerplatte
Kohlhäule
Heinach
Sport-
platz
Dorns-
buch
Stall-
häule
Stadtteil Wilsingen
(zu Trochtelfingen)
Stöckach
Stöckäcker
Kleines
Eschle
Lehrtal
Schelmen-
schachen
Fauläcker
1 = Schelmenwasen
Straßenmeisterei
Pfronstetten
Bergäcker
Pfronstetter Straße
Wilsinger Straße
Hauptstraße
Friedhof
Kiga
Gemeindehaus
359
72539

328
343
360
Hochberg
830
Kap.
Maßhalderbuch
(zu Hohenstein)
72531
Maritzenbreite
Ochsenhau
Weiden-
tal
Häule
Hilpertwiese
Straße
Maritzen-
halde
Mörsbuch
Schwende
Heiligenberg
808
Wagrain
Wald-
stadion
Sportheim
Sport-
platz
Brühl
Kohles-
block
Rübgarten
Pflummers-
halde
Angerbreite
Hausberg
794
Fockenberg
759
Hart
Brunnenhülbe
Gleinsgelesberg
747
Feilhau
786
Horn
Schwende
Löhlesbuckel
748
Schie-
fen-
eck
Hagenrain
753
Sießen
Schaiwiesen
Burghalde
Bergäcker
Klessenberg
756
Zwiefalter
Ober-
stetter
Tal
Alb
Eschle
Altensberg
730
Würfel
713
Breite
Kurze
Heeräcker
Leimen-
stein
Fried-
hof
Ortsteil
Aichelau
(zu Pfronstetten)
Bockstall
Bühl
Sießen
Franz-Arnold-Str.
Ehestetter Straße
Rathaus
Hayinger
Straße
Paravanstr.
Biogasanlage
Hartwiesen
72539
Mühl-
wiesen
Schmieds-
halde
Fölltörle
Kapelle
Mauer
Spiel-
platz
Schutzhütte
Steigäcker
Klosterweg
PhänoPfad
Pfronstetten
Kapelle
Tiefental
Büchshüle
Schelmen-
schachen
Schmatz-
berg
Kegelplatz
Schlossäcker
Holz-
loch-
halde
Mauer-
äcker
5352
5350
5348

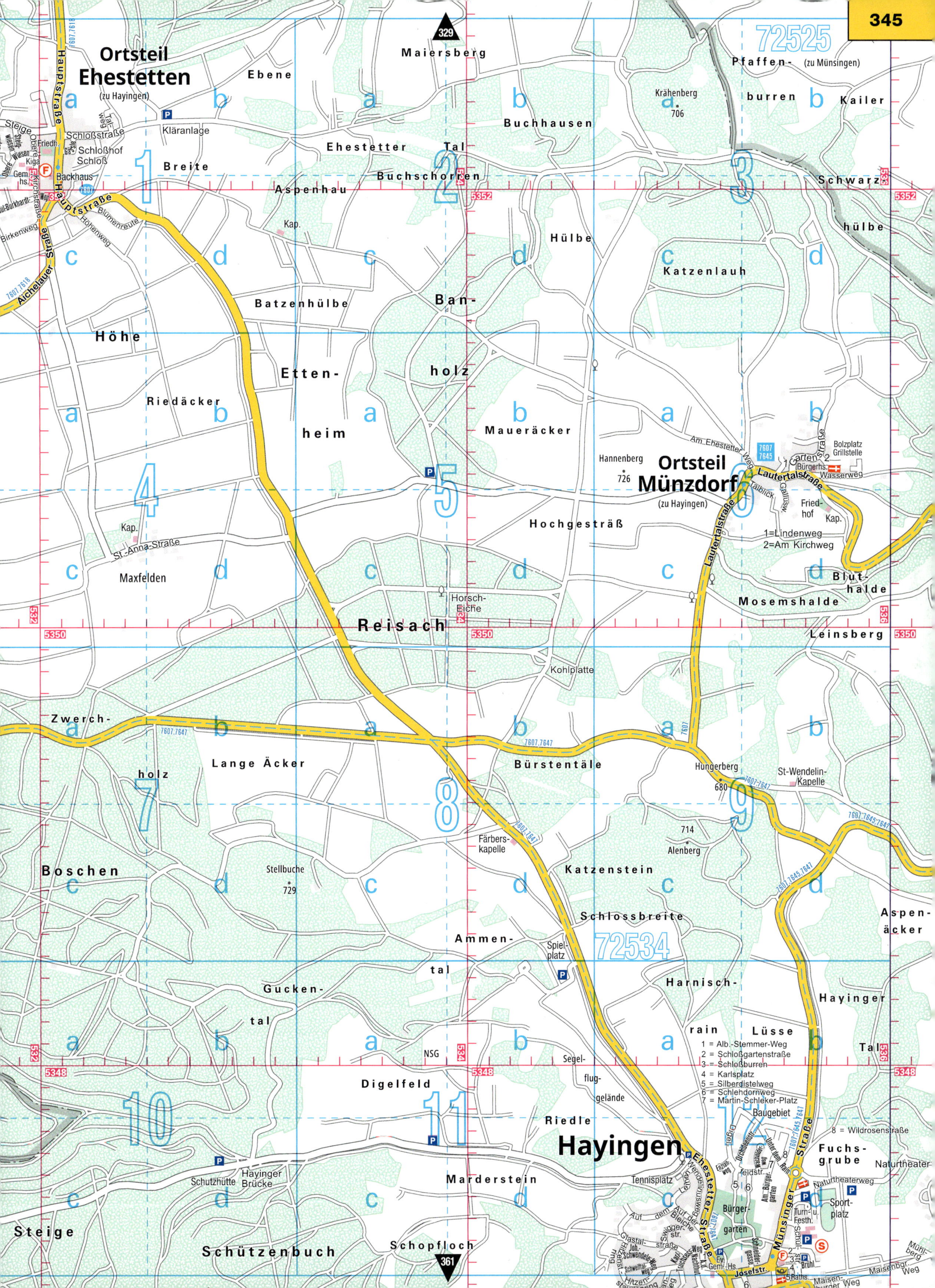
Ortsteil Ehestetten
(zu Hayingen)
Hauptstraße
Schloßstraße
Schloßhof
Schloß
Kläranlage
Backhaus
Breite
Ebene
Maiersberg
Ehestetter Tal
Buchhausen
Buchschorren
Aspenhau
Krähenberg
706
Pfaffen-
burren
(zu Münsingen)
Kailer
Schwarz
hülbe
72525
Hülbe
Katzenlauh
Kap.
Aichelauer Straße
Birkenweg
Höhenweg
Blumenreute
Batzenhülbe
Ban-
holz
Höhe
Etten-
heim
Riedäcker
Maueräcker
Hannenberg
726
Ortsteil Münzdorf
(zu Hayingen)
Am Ehestetter Weg
Lautertalstraße
Gartenstr.
Bolzplatz
Grillstelle
Bürgerhs.
Wasserweg
Fried-
hof
Kap.
1=Lindenweg
2=Am Kirchweg
Hochgesträß
St.-Anna-Straße
Maxfelden
Horsch-
Eiche
Reisach
Mosemshalde
Blut-
halde
Leinsberg
Kohlplatte
Zwerch-
holz
Lange Äcker
Bürstentäle
Hungerberg
680
St-Wendelin-
Kapelle
Boschen
Stellbuche
729
Färbers-
kapelle
714
Alenberg
Katzenstein
Schlossbreite
Aspen-
äcker
Ammen-
tal
Spiel-
platz
72534
Harnisch-
rain
Lüsse
Hayinger
Tal
Gucken-
tal
NSG
Segel-
flug-
gelände
Digelfeld
Riedle
1 = Alb.-Stemmer-Weg
2 = Schloßgartenstraße
3 = Schloßburren
4 = Karlsplatz
5 = Silberdistelweg
6 = Schlehdornweg
7 = Martin-Schleker-Platz
Baugebiet
8 = Wildrosenstraße
Hayingen
Ehestetter Straße
Münsinger Straße
Fuchs-
grube
Naturtheater
Naturtheaterweg
Sport-
platz
Bürger-
garten
Tennisplatz
Schutzhütte
Hayinger
Brücke
Marderstein
Steige
Schützenbuch
Schopfloch
Josefstr.
Maisenbgr. Weg
329
361
5352
5350
5348
532
534
536
1
2
3
4
5
6
7
8
9
10
11
12

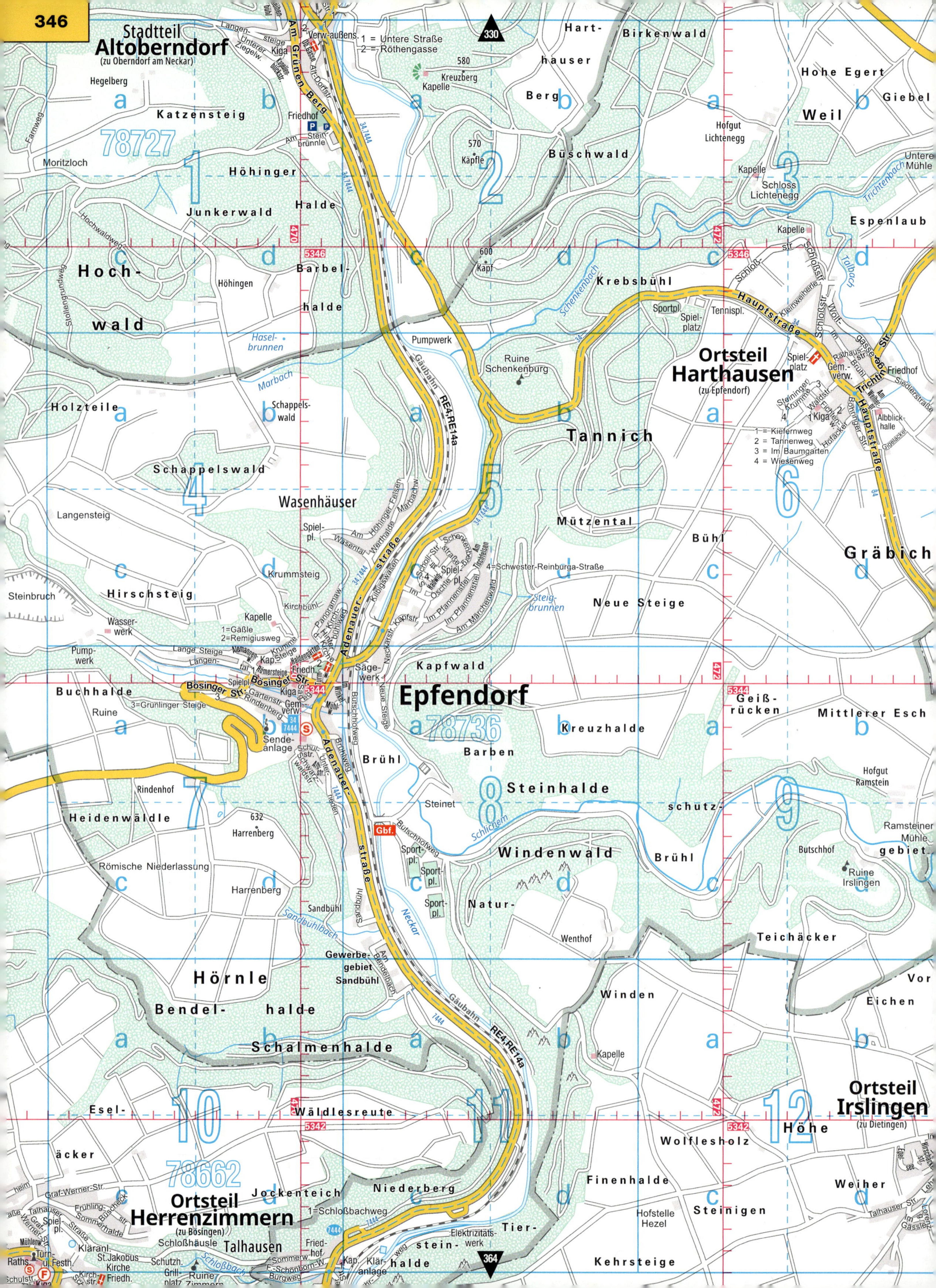
Stadtteil Altoberndorf
(zu Oberndorf am Neckar)
1 = Untere Straße
2 = Röthengasse
Hegelberg
Katzensteig
78727
Moritzloch
Höhinger
Junkerwald
Halde
Hoch-
wald
Höhingen
Barbel-
halde
Kreuzberg
Kapelle
Käpfle
Kapf
Pumpwerk
Ruine Schenkenburg
Hart-
hauser
Berg
Birkenwald
Büschwald
Krebsbühl
Hohe Egert
Weil
Giebel
Hofgut Lichtenegg
Schloss Lichtenegg
Espenlaub
Ortsteil Harthausen
(zu Epfendorf)
1 = Kiefernweg
2 = Tannenweg
3 = Im Baumgarten
4 = Wiesenweg
Hauptstraße
Holzteile
Schappelswald
Wasenhäuser
Langensteig
Hirschsteig
Steinbruch
Krummsteig
Tannich
Mützental
Bühl
Gräbich
Neue Steige
1=Gäßle
2=Remigiusweg
3=Grünlinger Steige
4=Schwester-Reinburga-Straße
Buchhalde
Ruine
Kapfwald
Epfendorf
78736
Barben
Kreuzhalde
Geiß-
rücken
Mittlerer Esch
Hofgut Ramstein
Rindenhof
Heidenwäldle
Harrenberg
Römische Niederlassung
Sandbühl
Steinhalde
Windenwald
schutz-
Brühl
Natur-
Wenthof
Butschhof
Ruine Irslingen
Ramsteiner Mühle
gebiet
Teichäcker
Hörnle
Bendel-
halde
Gewerbe-
gebiet
Sandbühl
Schalmenhalde
Winden
Kapelle
Eichen
Esel-
äcker
Wäldlesreute
Wolflesholz
Ortsteil Irslingen
(zu Dietingen)
Höhe
78662
Ortsteil Herrenzimmern
(zu Bösingen)
Jockenteich
Niederberg
Finenhalde
Hofstelle Hezel
Steinigen
Weiher
1=Schloßbachweg
Schloßhäusle
Talhausen
Tier-
stein-
halde
Kehrsteige
Elektrizitätswerk
Gäubahn RE4,RE14a
Adenauerstraße
Neckar
Schlichem

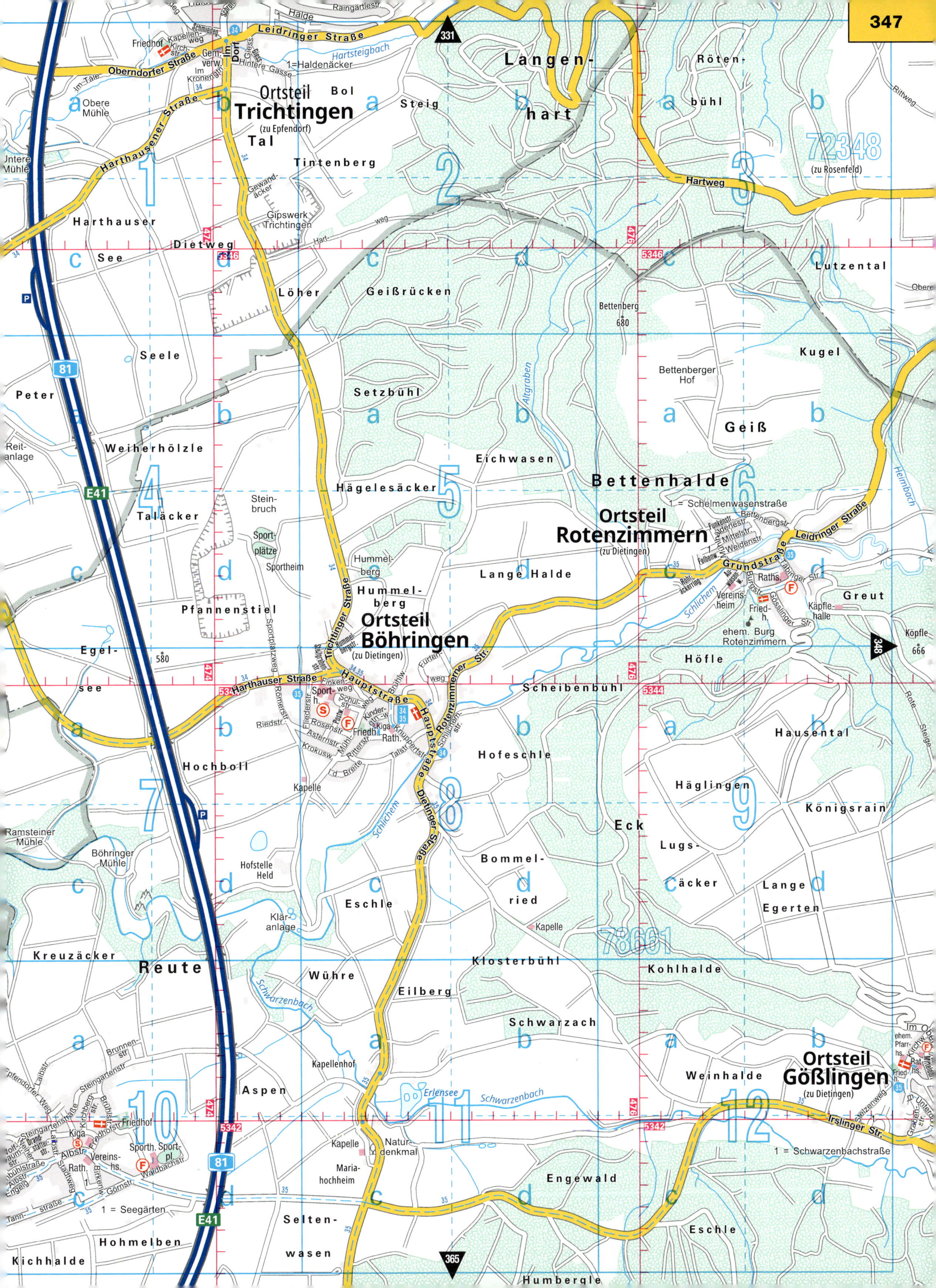

Ortsteil
Trichtingen
(zu Epfendorf)
Ortsteil
Böhringen
(zu Dietingen)
Ortsteil
Rotenzimmern
(zu Dietingen)
Ortsteil
Gößlingen
(zu Dietingen)
Leidringer Straße
Oberndorfer Straße
Harthausener Straße
Harthauser Straße
Trichtinger Straße
Hauptstraße
Rotenzimmerner Str.
Dietinger Straße
Grundstraße
Irslinger Str.
Hartweg
Langen-
hart
Röten-
bühl
Steig
Bol
Tal
Tintenberg
Harthauser
See
Dietweg
Löher
Geißrücken
Lutzental
Bettenberg
680
Kugel
Bettenberger
Hof
Seele
Peter
Setzbühl
Geiß
Weiherhölzle
Eichwasen
Bettenhalde
Hägelesäcker
Taläcker
Lange Halde
Greut
Pfannenstiel
Hummel-
berg
Egel-
see
580
Scheibenbühl
Höfle
Köpfle
666
Hofeschle
Hausental
Hochboll
Häglingen
Königsrain
Eck
Lugs-
äcker
Bommel-
ried
Lange
Egerten
Eschle
Kreuzäcker
Reute
Kohlhalde
Klosterbühl
Wühre
Eilberg
Schwarzach
Weinhalde
Aspen
Engewald
Selten-
wasen
Hohmelben
Kichhalde
Humbergle
Altgraben
Schlichem
Schwarzenbach
Erlensee
Hartsteigbach
Heimbach
Gipswerk
Trichtingen
Stein-
bruch
Sport-
plätze
Sportheim
Kläranlage
Kapelle
Kapellenhof
Maria-
hochheim
Natur-
denkmal
Böhringer
Mühle
Ramsteiner
Mühle
Obere
Mühle
Hofstelle
Held
ehem. Burg
Rotenzimmern
Käpfle-
halle
1 = Haldenäcker
1 = Schelmenwasenstraße
1 = Schwarzenbachstraße
1 = Seegärten
72348
(zu Rosenfeld)
78661
331
348
365
81
E41
5346
5344
5342

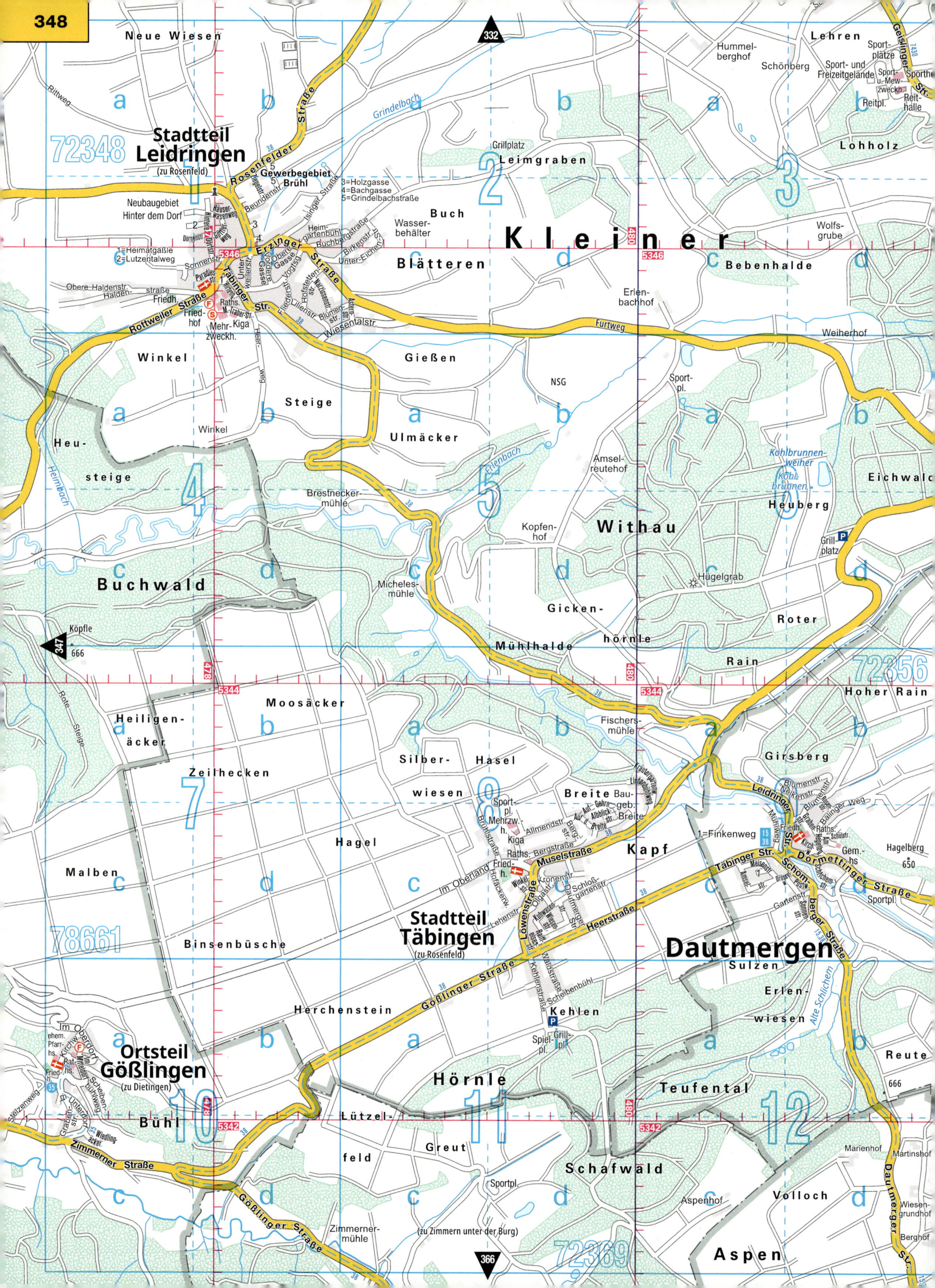
Neue Wiesen
332
Stadtteil Leidringen
(zu Rosenfeld)
72348
Rittweg
Grindelbach
Gewerbegebiet Brühl
Rosenfelder Straße
3=Holzgasse
4=Bachgasse
5=Grindelbachstraße
Neubaugebiet Hinter dem Dorf
1=Heimatgäßle
2=Lutzentalweg
Erzinger Straße
Täbinger Str.
Rottweiler Straße
Obere Haldenstr.
Friedh.
Raths.
Mehr-Kiga
zweckh.
Wiesentalstr.
Grillplatz
Leimgraben
Buch
Wasserbehälter
Blätteren
Kleiner
Hummelberghof
Schönberg
Lehren
Sportplätze
Sport- und Freizeitgelände
Reitpl.
Reithalle
Geislinger Str.
Lohholz
Wolfsgrube
Bebenhalde
Erlenbachhof
Furtweg
Weiherhof
5346
Winkel
Gießen
NSG
Sportpl.
Steige
Heusteige
Heimbach
Ulmäcker
Erlenbach
Amselreutehof
Kohlbrunnenweiher
Kohlbrunnen
Eichwald
Heuberg
Brestneckermühle
Kopfenhof
Withau
Grillplatz
Buchwald
Michelesmühle
Gicken-hörnle
Hügelgrab
Roter Rain
Köpfle
347
666
Mühlhalde
72356
Hoher Rain
5344
Moosäcker
Fischersmühle
Heiligenäcker
Rote Steige
Silberwiesen
Hasel
Girsberg
Zeilhecken
Breite
Baugeb. Breite
Leidringer Str.
Balinger Weg
1=Finkenweg
Hagel
Kapf
Hagelberg
650
Malben
Im Oberland
Muselstraße
Tübinger Str.
Dormettinger Straße
Sportpl.
Schömberger Straße
Stadtteil Täbingen
(zu Rosenfeld)
Heerstraße
Löwenstraße
78661
Binsenbüsche
Dautmergen
Sulzen
Erlenwiesen
Alte Schlichem
Herchenstein
Gößlinger Straße
Kehlen
Spielpl.
Grillpl.
Ortsteil Gößlingen
(zu Dietingen)
Hörnle
Teufental
Reute
Bühl
Lützelfeld
Greut
5342
Zimmerner Straße
Schafwald
Marienhof
Martinshof
Gößlinger Straße
Sportpl.
Aspenhof
Volloch
Dautmerger Str.
Wiesengrundhof
Zimmernermühle
(zu Zimmern unter der Burg)
366
72369
Aspen
Berghof

Hochegert
Esch-
wald
Riederbrunnen
Häsenbühl
Bernhardshalde
(zu Geislingen)
Kommißbergbrunnen
Riedbach
Kommißberg
Walen
Räpplesberg
Langenmahd
Schieferhalde
Stumpbrunnen
72351
Zinkental
Heuberg
Seehof
Mohnle
Breitenfeld
Hügelgräber
Berg
Schutzhütte
Dannecker-hof
Schorenhof
Waldhof
Hügelgräber
Withau
Eichwald
Brand
Hungerberg
(zu Balingen)
Aischbach
Löchlesbrunnen
Heusteige
Fetzenegerten
Bontalbach
Riedtal
Läuren
Hügelgräber
665
Heerstraße
Schwärze
72336
(zu Balingen)
Lange
Weidenbrunnen
Riedbach
Hecke
Naturschutz-
gebiet
Heiligenbrunnen
Troglesbrunnen
Reute
Reithalle
Katzensteig
Stauden
Ölschieferbruch
Ölschieferbruch
Lindenhof
Steige
Höhe
Heiledorn
72358
Haldenbrunnen
Dormettingen
Bubensulz
Gewerbegeb.
Luren
"Bubensulz"
Gewerbegebiet
"Hinterer Brühl"
1=Silcherstraße
2=Mozartstraße
3=Beethovenstraße
4=Jahnstraße
5=Bolzstraße
6=Webergasse
7=Kirchengäßle
8=Winkelgasse
9=Kindergartenweg
10=Lerchenweg
11=Bruckgrabenstraße
Riedbachstraße
Bruckstraße
Dautmerger Straße
Bahnhofstraße
Hofstraße
Raiffeisenstraße
Lange Gasse
Hölderlinstr.
Eichbrunner
Aussegnungshalle
Friedhof
Dotternhausen
Unfeld
Heerstraße
72359
Stonken
Katzenbach
Gewerbegebiet
Mühlhölzle
Schlichem
Hebsack
Teich
Lehen
645
(zu Schömberg)
72355
Sehen
Umspannwerk
Tellenbrunnen
Schloss
Schiefererlebnis Dormettingen
Fossilienmus.
Dormettinger Straße
Felsen
Gewerbegebiet
Dotternhausen-Dormettingen
Hunger
Schön-
bühl
hagen
Schönhagerlochbrunnen
Tennish.
Rathaus
Sporthalle
Festhalle
Tennis-u. Sportpl.
Kiga
Leichenhalle
Friedhof
Hauptstraße
1=Friedhofstraße
2=Brückenstraße
3=Postweg
4=Killwiesenweg
5=Eichendorffstraße
6=Jahnstraße
7=Steckengasse
8=Parkweg
9=Zollernweg
10=Im Kirschenwinkel
11=Im Schloßgarten

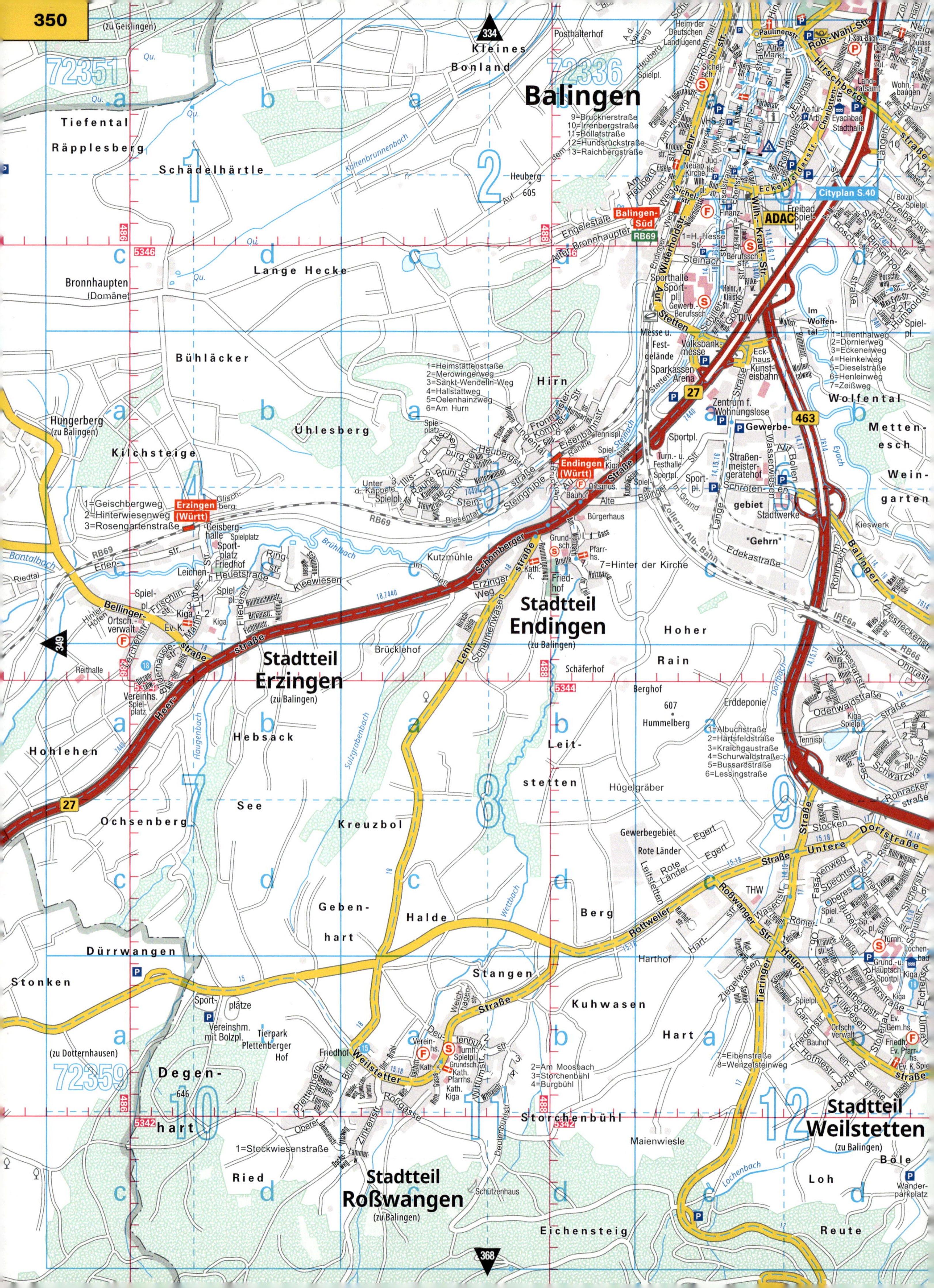
Balingen
Stadtteil Endingen (zu Balingen)
Stadtteil Erzingen (zu Balingen)
Stadtteil Roßwangen (zu Balingen)
Stadtteil Weilstetten (zu Balingen)
Kleines Bonland
Tiefental
Räpplesberg
Schädelhärtle
Bronnhaupten (Domäne)
Lange Hecke
Bühläcker
Hungerberg (zu Balingen)
Kilchsteige
Ühlesberg
Hirn
Hohlehen
Ochsenberg
Dürrwangen
Stonken
Degenhart
(zu Dotternhausen)
Hebsack
See
Kreuzbol
Gebenhart
Halde
Stangen
Leitstetten
Berg
Kuhwasen
Hart
Storchenbühl
Ried
Eichensteig
Hoher Rain
Berghof
Hummelberg
Wolfental
Mettenesch
Weingarten
Maienwiesle
Loh
Böle
Reute
Erzingen (Württ)
Endingen (Württ)
Balingen-Süd
Cityplan S.40
9=Brucknerstraße
10=Irrenbergstraße
11=Böllatstraße
12=Hundsrückstraße
13=Raichbergstraße
1=Heimstättenstraße
2=Merowingerweg
3=Sankt-Wendelin-Weg
4=Hallstattweg
5=Oelenhainzweg
6=Am Hurn
1=Geischbergweg
2=Hinterwiesenweg
3=Rosengartenstraße
7=Hinter der Kirche
1=Lilienthalweg
2=Dornierweg
3=Eckenerweg
4=Heinkelweg
5=Dieselstraße
6=Henleinweg
7=Zeißweg
1=Albuchstraße
2=Härtsfeldstraße
3=Kraichgaustraße
4=Schurwaldstraße
5=Bussardstraße
6=Lessingstraße
7=Eibenstraße
8=Wenzelsteinweg
2=Am Moosbach
3=Storchenbühl
4=Burgbühl
1=Stockwiesenstraße
72351
72336
72359

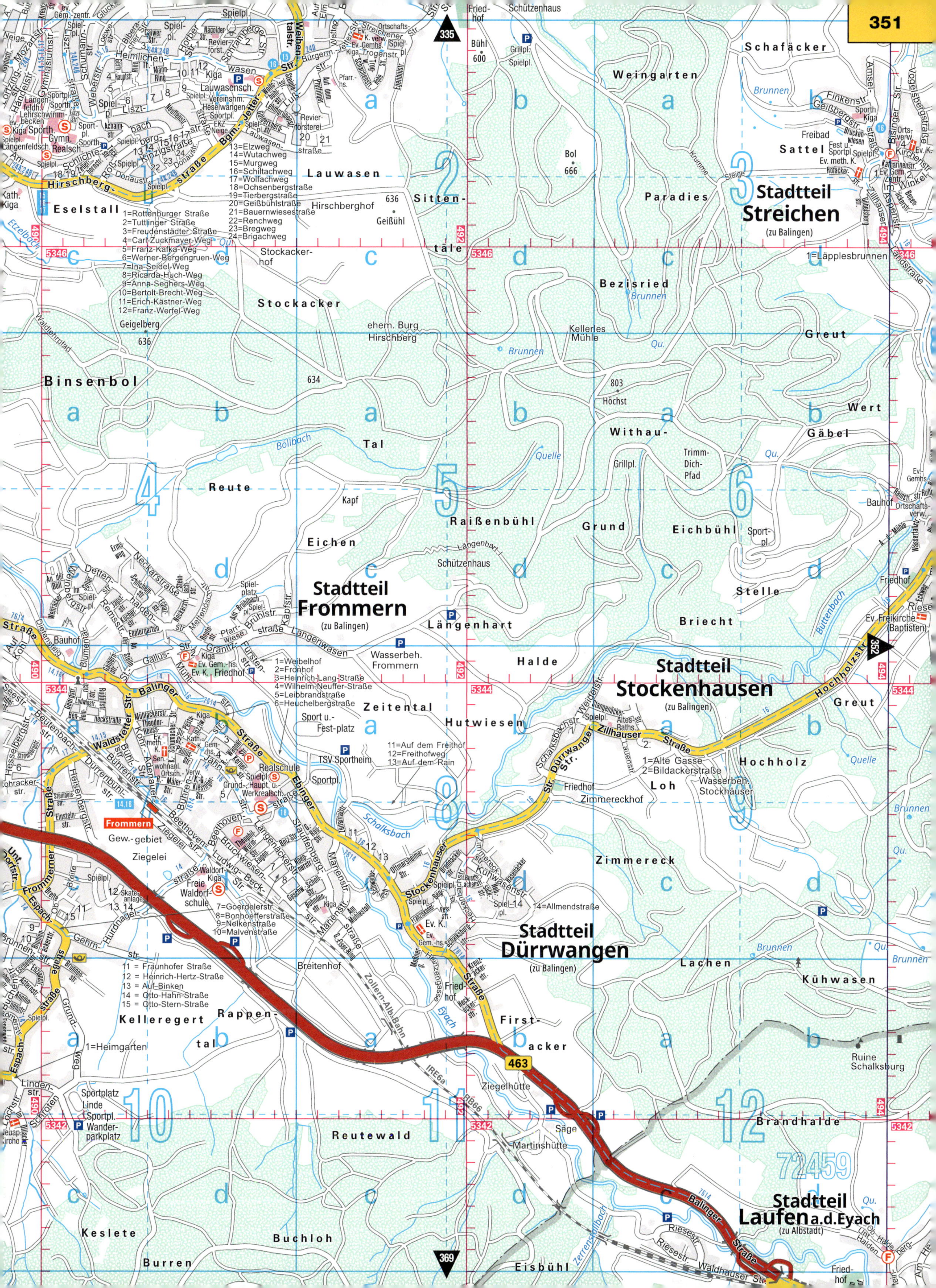
335
Schützenhaus
Bühl
600
Schafäcker
Weingarten
Brunnen
Finkenstr.
Freibad
Sattel
Bol
666
Paradies
Stadtteil
Streichen
(zu Balingen)
1=Läpplesbrunnen
Lauwasen
Sitten-
täle
Hirschberghof
636
Geißbühl
Eselstall
Hirschberg-
straße
1=Rottenburger Straße
2=Tuttlinger Straße
3=Freudenstädter Straße
4=Carl-Zuckmayer-Weg
5=Franz-Kafka-Weg
6=Werner-Bergengruen-Weg
7=Ina-Seidel-Weg
8=Ricarda-Huch-Weg
9=Anna-Seghers-Weg
10=Bertolt-Brecht-Weg
11=Erich-Kästner-Weg
12=Franz-Werfel-Weg
13=Elzweg
14=Wutachweg
15=Murgweg
16=Schiltachweg
17=Wolfachweg
18=Ochsenbergstraße
19=Tierbergstraße
20=Geißbühlstraße
21=Bauernwiesestraße
22=Renchweg
23=Bregweg
24=Brigachweg
Stockacker-
hof
Stockacker
Bezisried
Geigelberg
636
ehem. Burg
Hirschberg
Kellerles
Mühle
Greut
Binsenbol
634
803
Höchst
Wert
Withau-
Gäbel
Tal
Bollbach
Quelle
Trimm-
Dich-
Pfad
Grillpl.
Reute
Kapf
Raißenbühl
Grund
Eichbühl
Eichen
Längenhart
Schützenhaus
Stelle
Stadtteil
Frommern
(zu Balingen)
Längenhart
Briecht
Friedhof
Ev. Freikirche (Baptisten)
352
Wasserbeh.
Frommern
Halde
Stadtteil
Stockenhausen
(zu Balingen)
Hochholzstr.
1=Weibelhof
2=Fronhof
3=Heinrich-Lang-Straße
4=Wilhelm-Neuffer-Straße
5=Leibbrandstraße
6=Heuchelbergstraße
Zeitental
Hutwiesen
Greut
Zillhauser
Straße
Sport u.-
Fest-platz
TSV Sportheim
11=Auf dem Freithof
12=Freithofweg
13=Auf dem Rain
Realschule
Sportpl.
1=Alte Gasse
2=Bildackerstraße
Hochholz
Quelle
Loh
Wasserbeh.
Stockhäuser
Friedhof
Zimmereckhof
Brunnen
Frommern
Gew.-gebiet
Ziegelei
Schalksbach
Zimmereck
Freie
Waldorf-
schule
7=Goerdelerstr.
8=Bonhoefferstraße
9=Nelkenstraße
10=Malvenstraße
14=Allmendstraße
Stadtteil
Dürrwangen
(zu Balingen)
Lachen
Brunnen
Kühwasen
11 = Fraunhofer Straße
12 = Heinrich-Hertz-Straße
13 = Auf Binken
14 = Otto-Hahn-Straße
15 = Otto-Stern-Straße
Breitenhof
Zollern-Alb-Bahn
Kelleregert
Rappen-
tal
First-
acker
1=Heimgarten
463
Ruine
Schalksburg
Ziegelhütte
Sportplatz
Linde
Sportpl.
Wander-
parkplatz
Reutewald
Säge
Martinshütte
Brandhalde
72459
Stadtteil
Laufen a.d.Eyach
(zu Albstadt)
Keslete
Buchloh
Burren
369
Eisbühl
Balinger-
Straße
Riesestr.
Waldhauser Str.

Stadtteil Streichen
(zu Balingen)
Stadtteil Zillhausen
(zu Balingen)
Stadtteil Pfeffingen
(zu Albstadt)
Stadtteil Burgfelden
(zu Albstadt)
Stadtteil Margrethausen
(zu Albstadt)
Stadtteil Laufen a.d.Eyach
(zu Albstadt)
Briecht
Schönenhalde
Kerben
Stauden
Hessensteige
Stein
Schiebelen
Wünschberg
Zitterhof
Ächtwiese
Hinterhäuen
Wünschtal
Naturschutzgebiet
Zielenbol
Roschbach
Leurenschuh
Hinter dem Galgen
Auchtberg
Wert
Auchten
Roschbach
Naupen
Pfeffinger
Böllat
Rohr
Schwarze Länder
Riese
Eschenbach
Greut
Allmend
Burgfeld
Eck
Heimbolhalde
Eckwinkel
Kessel
Kühwasen
Duwinkel
Heer
Runs
Sental
Eichhalde
Steinberg
Christophsteich
Lachen
Alen
Heersberg
Auchten
72336
72459
2=Moltkestraße
3=Kirchhofweg
4=Hinterwiesen
1=Tannenweg
2=Forchenweg
3=Im Zwerchwiesle
4=Hohen Stichstraße
1=Im Wiesental
2=Margaretenstraße
3=Donauschwabenweg
4=Klosterhof
Ruine Schalksburg
Felsenmeer ehem. Burg
Imenfels
Hochholzstraße
Pfeffinger Straße
Zillhauser Straße
Th.-Heuss-Str.
Margrethauser Straße
Tailfinger
Roschbachstraße
Bezighofenbach
Westerbach
Rohrbach
Kasentaler Bach
Ochsentalbach
Eyach
Eyachquelle
Sonnenbrunnen
Pfaffenbrunnen
Wannental
Schießanlage
Altes Schlößle
Wasserscheide
Wassertretanlage
Freizeitzentrum
Tennishalle
Sportplatz
Festhalle
Kiga
Friedhof
Ortsamt
ehem. Kloster
Hugelgrab
Waldäcker
Betten
770
906
881
886
Berg
Ebinger Str.
Dorfstr.
336
351
370

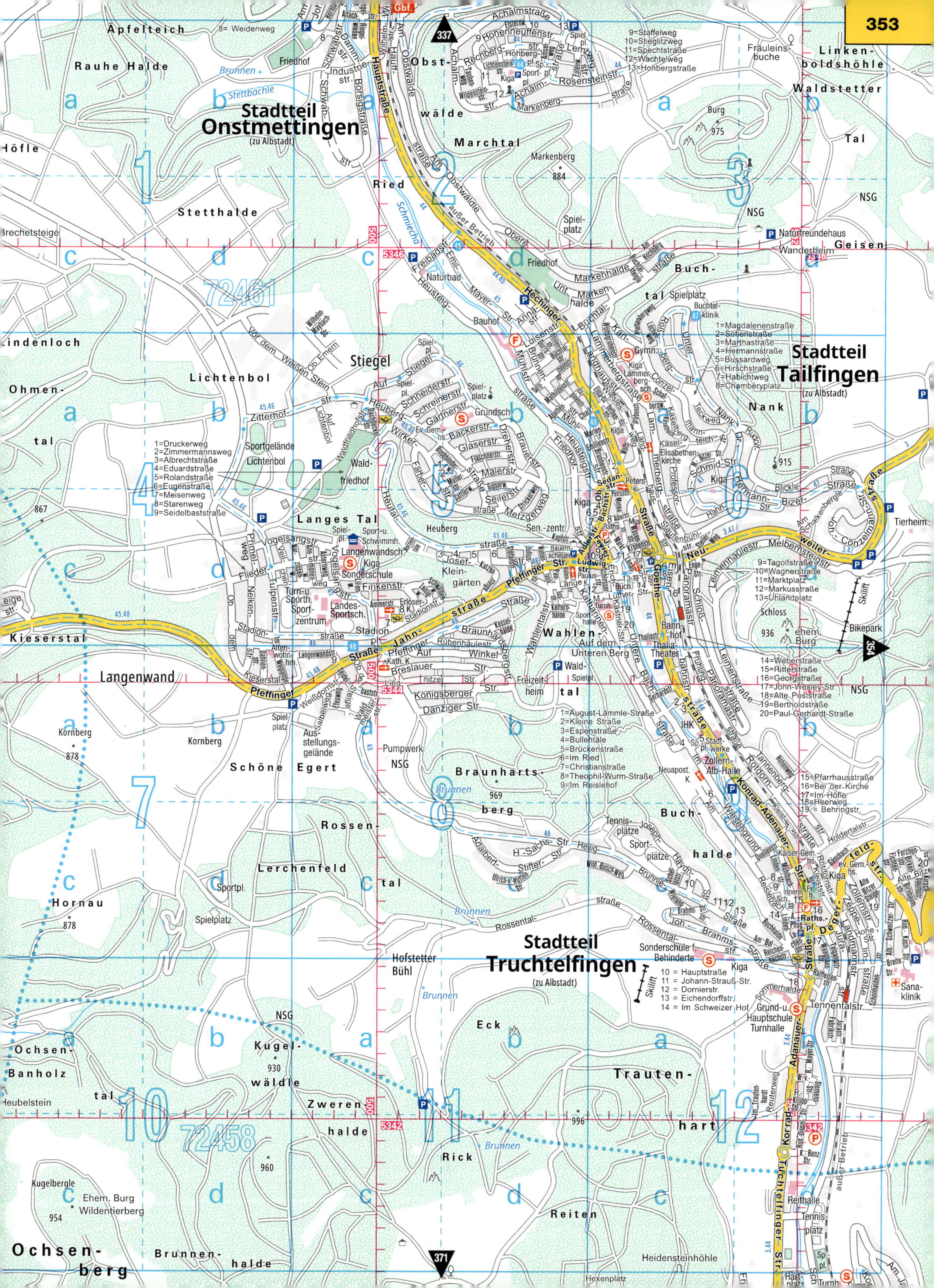

Stadtteil
Onstmettingen
(zu Albstadt)
Stadtteil
Tailfingen
(zu Albstadt)
Stadtteil
Truchtelfingen
(zu Albstadt)
Äpfelteich
Rauhe Halde
Höfle
Stetthalde
Brechetsteige
Lindenloch
Ohmen-
tal
Lichtenbol
Stiegel
Langes Tal
Kieserstal
Langenwand
Kornberg
878
Schöne Egert
Rossen-
tal
Lerchenfeld
Hornau
Ochsen-
Banholz
tal
Heubelstein
Kugelbergle
Ehem. Burg
Wildentierberg
954
Ochsen-
berg
Brunnen-
halde
Kugel-
wäldle
930
Zweren-
halde
960
Hofstetter
Bühl
Eck
Rick
Reiten
Trauten-
hart
996
Heidensteinhöhle
Hexenplatz
Braunharts-
berg
969
Buch-
halde
Wahlen-
tal
Buch-
tal
Nank
915
Schloss
936
ehem.
Burg
Bikepark
Skilift
NSG
Tierheim
Marchtal
Markenberg
884
Obst
wälde
Ried
Burg
975
Waldstetter
Tal
Linken-
boldshöhle
Fräuleins-
buche
Geisen
Naturfreundehaus
Wanderheim
Friedhof
Wald-
friedhof
Sportgelände
Lichtenbol
Naturbad
Bauhof
Spielplatz
Sportpl.
Ausstellungs-
gelände
Pumpwerk
Sonderschule f. Behinderte
Grund-u. Hauptschule Turnhalle
Sanaklinik
Reithalle
Tennisplatz
Zollern-
Alb-Halle
Thalia-
Theater
Bahnhof
IHK
Stadtwerke
Kiga
Gymn.
Sonderschule
Landes-Sportsch.
Turn-u. Sporth.
Sportzentrum
Josef-Klein-gärten
Schmiecha
Stettbachle
Brunnen
Hauptstraße
Hechinger Str.
Pfeffinger Str.
Jahnstraße
Konrad-Adenauer-Str.
Neuweiler Str.
Goethestraße
Truchtelfinger Str.
Sedanstraße
Ludwigstr.
Vogelsangstr.
Finkenstr.
Heuberg
Heusteig
Rossentalstraße
Brahmsstraße
Hellig
Königsberger Str.
Danziger Str.
Breslauer Str.
Braunhardsberg
Melbernsteigstr.
Hohenneuffenstr.
Achalmstraße
Markenhalde
Freibadstr.
Emil-Mayer-Str.
8= Weidenweg
1=Druckerweg
2=Zimmermannsweg
3=Albrechtstraße
4=Eduardstraße
5=Rolandstraße
6=Eugenstraße
7=Meisenweg
8=Starenweg
9=Seidelbaststraße
9=Staffelweg
10=Stieglitzweg
11=Spechtstraße
12=Wachtelweg
13=Hohbergstraße
1=Magdalenenstraße
2=Sofienstraße
3=Marthastraße
4=Hermannstraße
5=Bussardweg
6=Hirschstraße
7=Habichtweg
8=Chamberyplatz
9=Tagolfstraße
10=Wagnerstraße
11=Marktplatz
12=Markusstraße
13=Uhlandplatz
14=Weberstraße
15=Ritterstraße
16=Georgstraße
17=John-Wesley-Str.
18=Alte Poststraße
19=Bertholdstraße
20=Paul-Gerhardt-Straße
1=August-Lämmle-Straße
2=Kleine Straße
3=Espenstraße
4=Bullentäle
5=Brückenstraße
6=Im Ried
7=Christianstraße
8=Theophil-Wurm-Straße
9=Im Reislehof
15=Pfarrhausstraße
16=Bei der Kirche
17=Im Höfle
18=Heerweg
19 = Behringstr.
10 = Hauptstraße
11 = Johann-Strauß-Str.
12 = Dornierstr.
13 = Eichendorffstr.
14 = Im Schweizer Hof
7246
72458
337
354
371
5346
5344
5342

Weilersbühl
Loch
Tannenwald
Risselen
Weilertal
Auf Uest
Hechel
ehem. Weilersburg
928
Haubenberg
Hermannsdorf
Räsp
874
Winkel
Schmauselhöhle
Bühl
919
Spielpl.
946
Storren
Pumpwerk
Katz-
wang
888
908
Schafbühl
Schafbühl
Auf Neuweiler
Enzenberg
923
Kirchhau
883
Hornenbühl
Gabelhau
906
Neuweilerstraße
Schönbuch
Erddeponie
Dempach
933
Schützenhaus
Schießanlage
Tierheim
Enge
908
Niemandsbol
Enger
Rain
Waldfestplatz
Vereinshaus Hundefreunde
Dressurplatz
890
Landeplatz
Albstadt-Degerfeld
Leimen
72461
Bikepark
Skilift
Am Engen Rain
72475
Holder-
tal
Degerfeld
Bergen
919
7=Lerchenstraße
8=Finkenweg
Tailfinger Str.
Festhalle
Spielplatz
Hörnle
Herrenberg
Hügelgräber
20 = Ulmenstraße
21 = Eichenstraße
951
925
Leistloch
NSG
Lauen
Ried
Schießstand
Ob der Bitzer Steige
Babental
Hohenbühle
881
Truchtelfinger Str.
Bauhof
Degerfeldstraße
Auf der Küche
903
Hüttenkirche
Eichhalde
903
Riedbühl
Vor dem Härtle
Stadtteil
Truchtelfingen
(zu Albstadt)
Sanaklinik
Hügelgräber
Ebinger Str.
Härtle
Böllen
9=Goethestraße
10=Lisztstraße
Tennental
Kritter
Kritterhof
Häuer
898
Bernloch
923
Bocksbergle
905
Bocksberg
928
10
11
12
Menesteig
Hainloch
Grabhügel
Hinterer Hauenweg
950
Ehnigrund
Mennesboch
Galthaus
72458
Schwarzwildgehege
Siechenbühl
901
Annimannshau
338
353
372

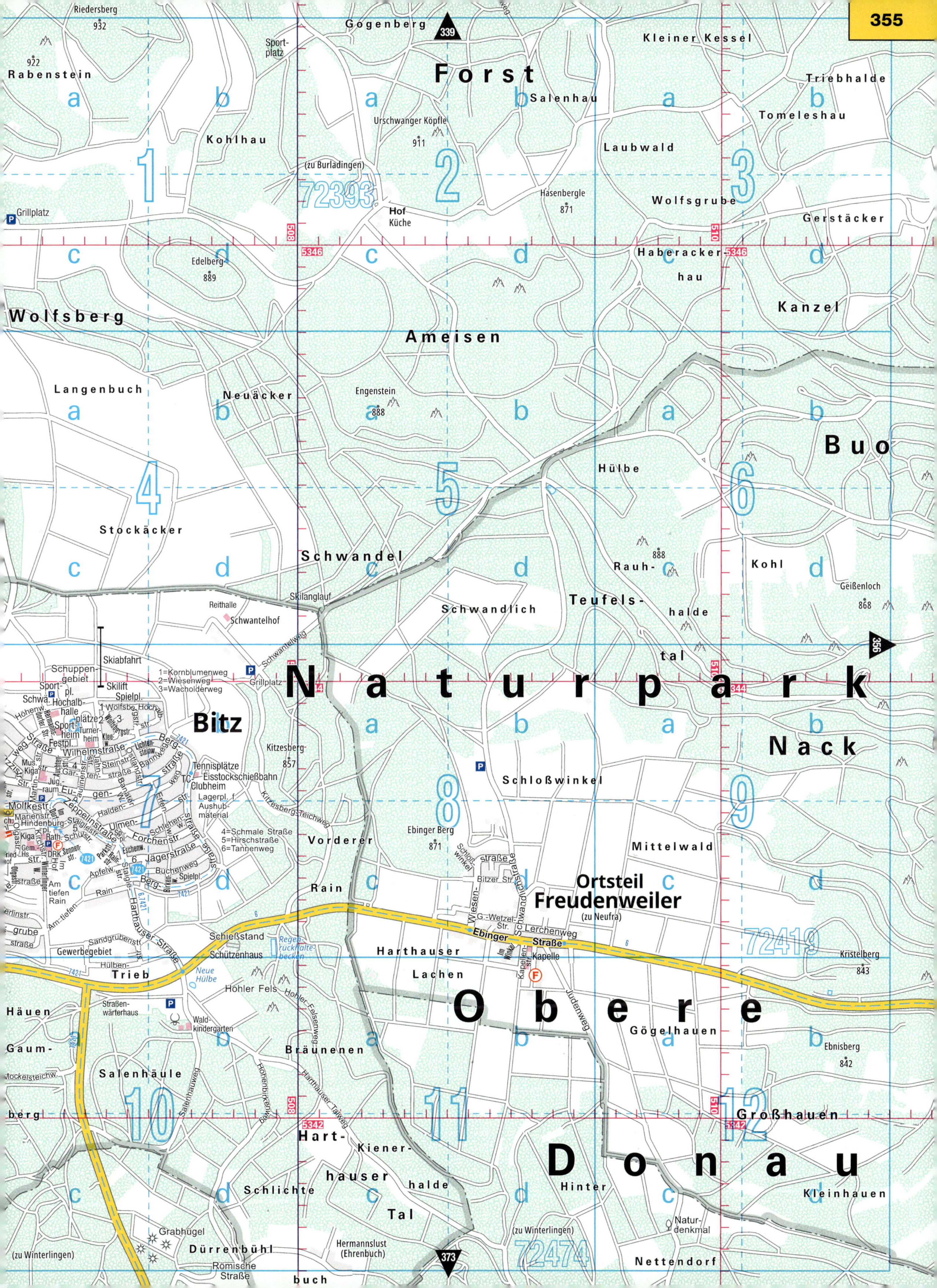
Riedersberg 932
922
Rabenstein
Gogenberg
339
Forst
Kleiner Kessel
Triebhalde
Sport-platz
Kohlhau
Salenhau
Urschwanger Köpfle 911
Tomeleshau
Laubwald
(zu Burladingen)
72393
Hof Küche
Hasenbergle 871
Wolfsgrube
Gerstäcker
Grillplatz
Edelberg 889
Haberacker-hau
Kanzel
Wolfsberg
Ameisen
Langenbuch
Neuäcker
Engenstein 888
Buo
Hülbe
Stockäcker
Schwandel
888
Rauh-halde
Kohl
Geißenloch 868
Reithalle
Skilanglauf
Schwandlich
Teufels-tal
Schwantelhof
356
Skiabfahrt
Skilift
Schuppen-gebiet
1=Kornblumenweg
2=Wiesenweg
3=Wacholderweg
Grillplatz
Schwantelweg
Naturpark
Bitz
Kitzesberg 857
Nack
Schloßwinkel
Tennisplätze
Eisstockschießbahn
Clubheim
Lagerpl. f. Aushub-material
4=Schmale Straße
5=Hirschstraße
6=Tannenweg
Kitzesberg-Teichweg
Vorderer Rain
Ebinger Berg 871
Mittelwald
Ortsteil Freudenweiler
(zu Neufra)
Lerchenweg
Ebinger Straße
Kapelle
72419
Kristelberg 843
Gewerbegebiet
Trieb
Schießstand
Schützenhaus
Regen-rückhalte-becken
Neue Hülbe
Hohler Fels
Harthauser Lachen
Obere
Häuen
Gaum-berg
Straßen-wärterhaus
Wald-kindergarten
Bräunenen
Gögelhauen
Ebnisberg 842
Salenhäule
Salenhauweg
Großhauen
Hart-hauser Tal
Kiener-halde
Donau
Schlichte
Hinter
Kleinhauen
Natur-denkmal
Grabhügel
(zu Winterlingen)
Dürrenbühl
Römische Straße
Hermannslust (Ehrenbuch)
373
72474
Nettendorf
buch
Wilhelmstraße
Zeppelinstraße
Jägerstraße
Harthauser Straße
Sandgrubenstr.
Hülben-

Gauselfingen
Hohwacht
819
1=Wiesenstraße
2=Unterer Friedhofweg
3=Peter- und Paul- Straße
Burgturm Ruine Hasentratz
Triebhalde
Ruine Lägstein
Natur-denkmal
Stadtteil
Gauselfingen
(zu Burladingen)
72393
Turnhalle Festhalle
4=Schelmenhag
Sigmaringer Straße
Friedhof
Peter-u. Paul-Kirche
Bergerweg
769
Petersberg
Am Petersberg
Am Herdle
Lange
Lichse
Eichberg
775
Brand
Grub-äcker
Köllen-berg
Sportplatz
Gerstäcker
831
Burren
Hart
Wochenendgebiet Mithau
Forst-Sigmaringen
32
Klär-anlage
RB68
Zollern-Alb-Bahn
Bronnener Lachen
Alter Hau
Schachenweg
Naturschutzgebiet
Kalk-ofen
Neufraer Tal
Hoch-wacht
Ruine Vorder-Lichtenstein
841
850
Ruine Hinter-Lichtenstein
Burghalde
854
Hohwacht
791
Wolfstein
Fehla
Pump-werk
Kiefersbühl
775
Liesen
Geißenloch
868
Abendrain
Radlesbergstraße
72419
Neufra
Tiergarten
Elsen-täle
Steigle
Festpl.
1=Bachstraße
2=St.-Josef-Straße
Fuchsloch
831
Sportplatz
Hohenzollernstraße
Haken
Torfelsen
Naturdenkmal
801
Killberg
Alte Steige
Neufra (Hohenz)
Hoch-berg
Bräunislau
Rathaus-straße
Harthauser Straße
Skilift
Friedhof
Ziegel-hütte
Holzweg
Hänsel und Gretel Naturdenkmal
Hirsch-halde
Kläranlage
769
Blasenberg
Kristelberg
843
Remsen
Wasser-äcker
Brunnen
Heiligentäle
Bromestal
Stoll-beck
Hinterfeld
Bremenstall
Kleinhauen
Höhe
Mauchelbühl
772
Hofer Fohren
340
355
374

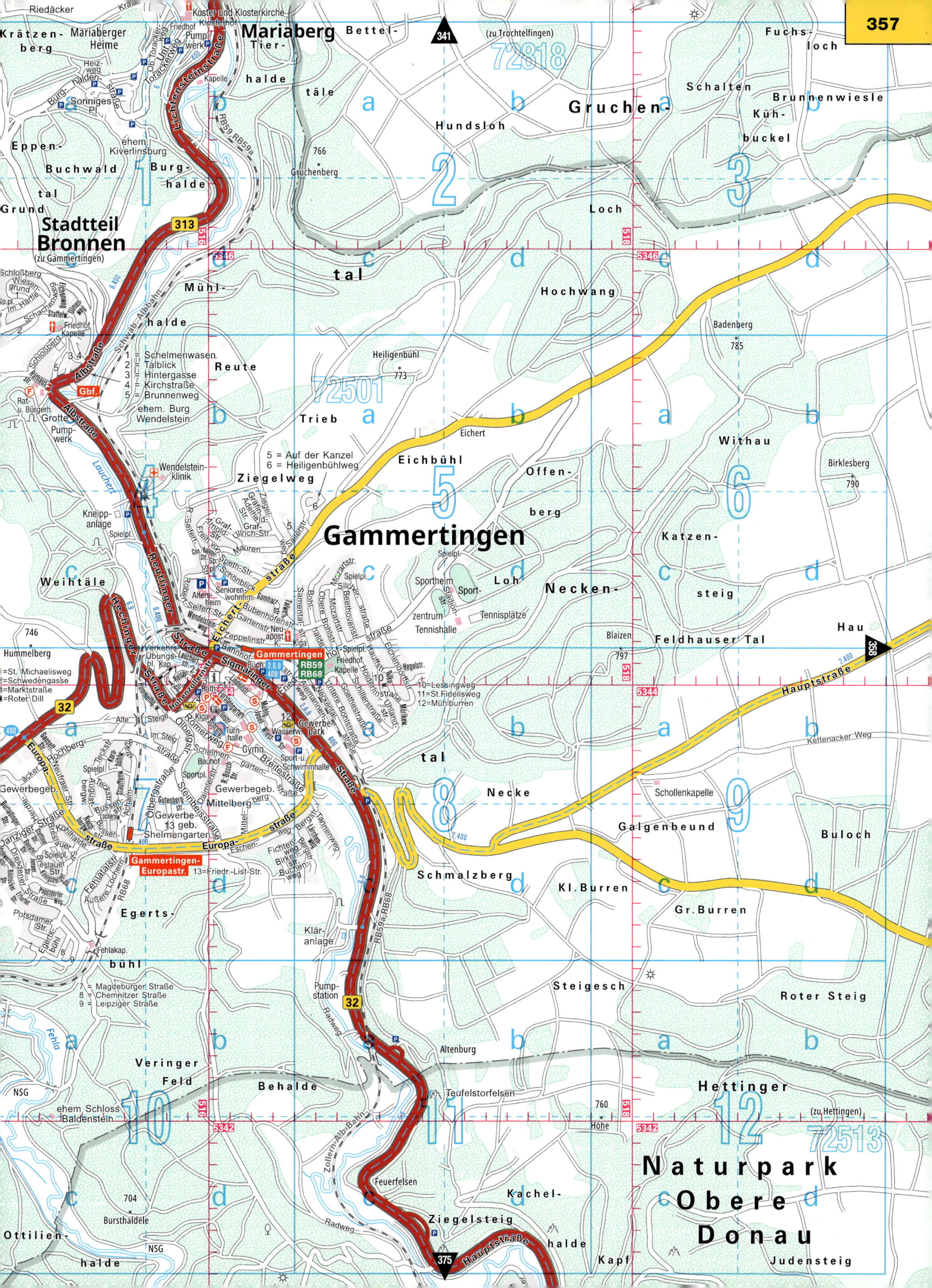

Mariaberg
Krätzen-berg
Mariaberger Heime
Bettel-
Tier-
halde
täle
Hundsloh
Gruchen-
Fuchs-loch
Schalten
Brunnenwiesle
Küh-buckel
72818
Gruchenberg
766
Eppen-
Buchwald
tal
Grund
Burg-halde
Loch
Stadtteil Bronnen
(zu Gammertingen)
tal
Mühl-
halde
Hochwang
Badenberg
785
Reute
Heiligenbühl
773
72501
Trieb
Eichert
Eichbühl
Withau
Birklesberg
790
1 = Schelmenwasen
2 = Talblick
3 = Hintergasse
4 = Kirchstraße
5 = Brunnenweg
ehem. Burg Wendelstein
5 = Auf der Kanzel
6 = Heiligenbühlweg
Ziegelweg
Offen-
berg
Wendelstein-Klinik
Gammertingen
Katzen-
steig
Weihtäle
Loh
Necken-
Tennisplätze
Feldhauser Tal
Hau
Blaizen
797
746
Hummelberg
Gammertingen
RB59
RB68
10=Lessingweg
11=St.Fidelisweg
12=Mühlburren
Hauptstraße
Kettenacker Weg
tal
Necke
Schollenkapelle
Galgenbeund
Buloch
Schmalzberg
Kl.Burren
Gr.Burren
Gammertingen-Europastr.
Egerts-
bühl
7 = Magdeburger Straße
8 = Chemnitzer Straße
9 = Leipziger Straße
Steigesch
Roter Steig
Altenburg
Veringer
Feld
Behalde
Hettinger
Teufelstorfelsen
760
Höhe
(zu Hettingen)
ehem. Schloss Baldenstein
72513
Naturpark Obere Donau
Feuerfelsen
704
Bursthaldele
Kachel-
halde
Ziegelsteig
Ottilien-
halde
Kapf
Judensteig

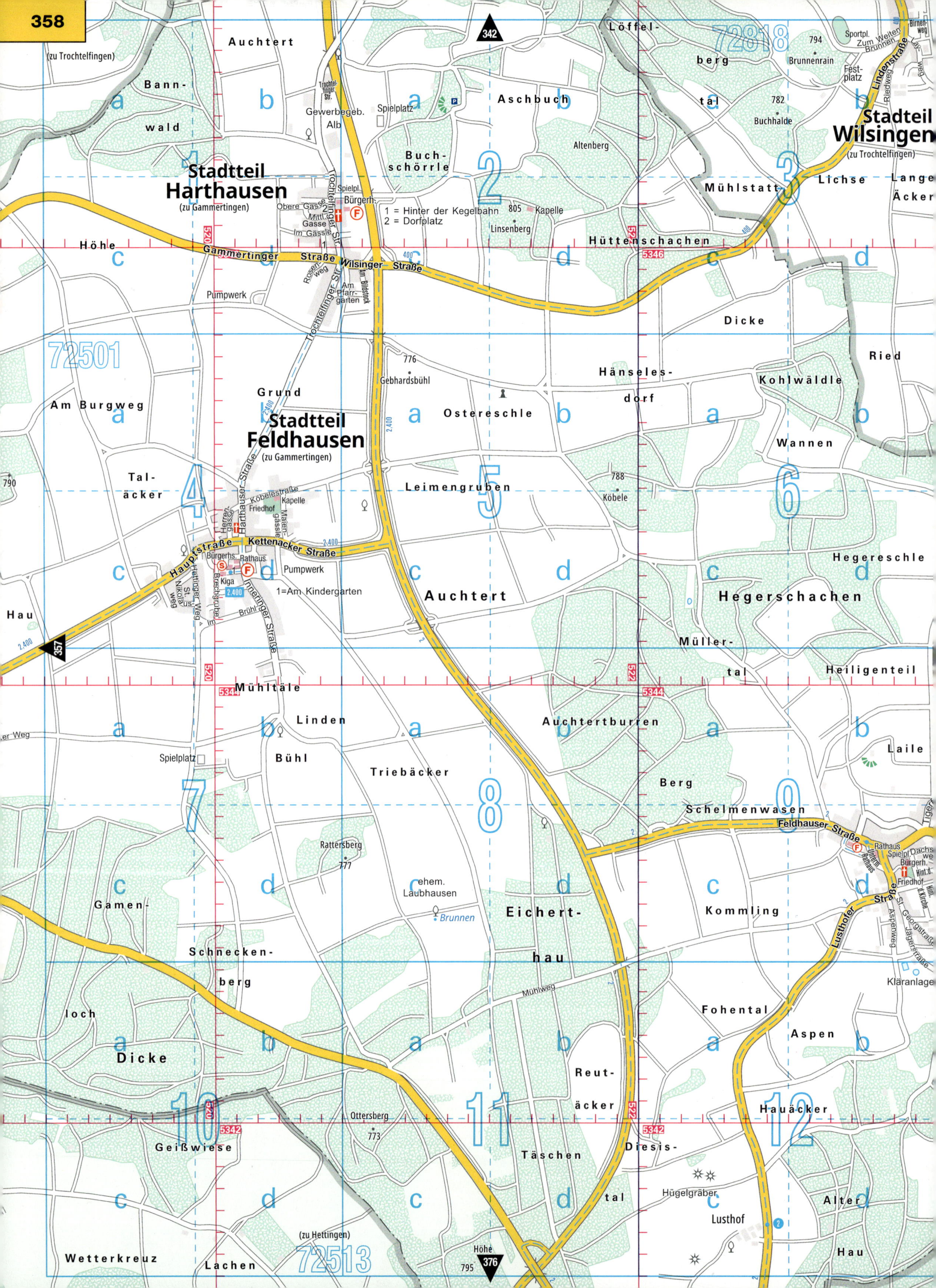
Stadtteil Harthausen
(zu Gammertingen)
Stadtteil Feldhausen
(zu Gammertingen)
Stadtteil Wilsingen
(zu Trochtelfingen)
Auchtert
Bann-
wald
Aschbuch
Buch-
schörrle
Löffel-
berg
tal
Altenberg
Mühlstatt
Lichse
Lange
Äcker
Höhe
Hüttenschachen
Gammertinger Straße
Wilsinger Straße
1 = Hinter der Kegelbahn
2 = Dorfplatz
Kapelle
Linsenberg
Pumpwerk
Dicke
Ried
Hänseles-
dorf
Kohlwäldle
Grund
Am Burgweg
Ostereschle
Gebhardsbühl
Wannen
Tal-
äcker
Leimengruben
Köbele
Kettenacker Straße
Hauptstraße
1=Am Kindergarten
Auchtert
Hegereschle
Hegerschachen
Hau
Müller-
tal
Heiligenteil
Mühltäle
Linden
Bühl
Triebäcker
Auchtertburren
Berg
Schelmenwasen
Laile
Feldhauser Straße
Rattersberg
ehem.
Laubhausen
Brunnen
Eichert-
hau
Kommling
Gamen-
Schnecken-
berg
Mühlweg
Fohental
Aspen
Kläranlage
Lusthofer Straße
loch
Dicke
Reut-
äcker
Hauäcker
Ottersberg
Geißwiese
Täschen
Diesis-
tal
Hügelgräber
Lusthof
Alter
Hau
Wetterkreuz
Lachen
(zu Hettingen)
Höhe
72818
72501
72513

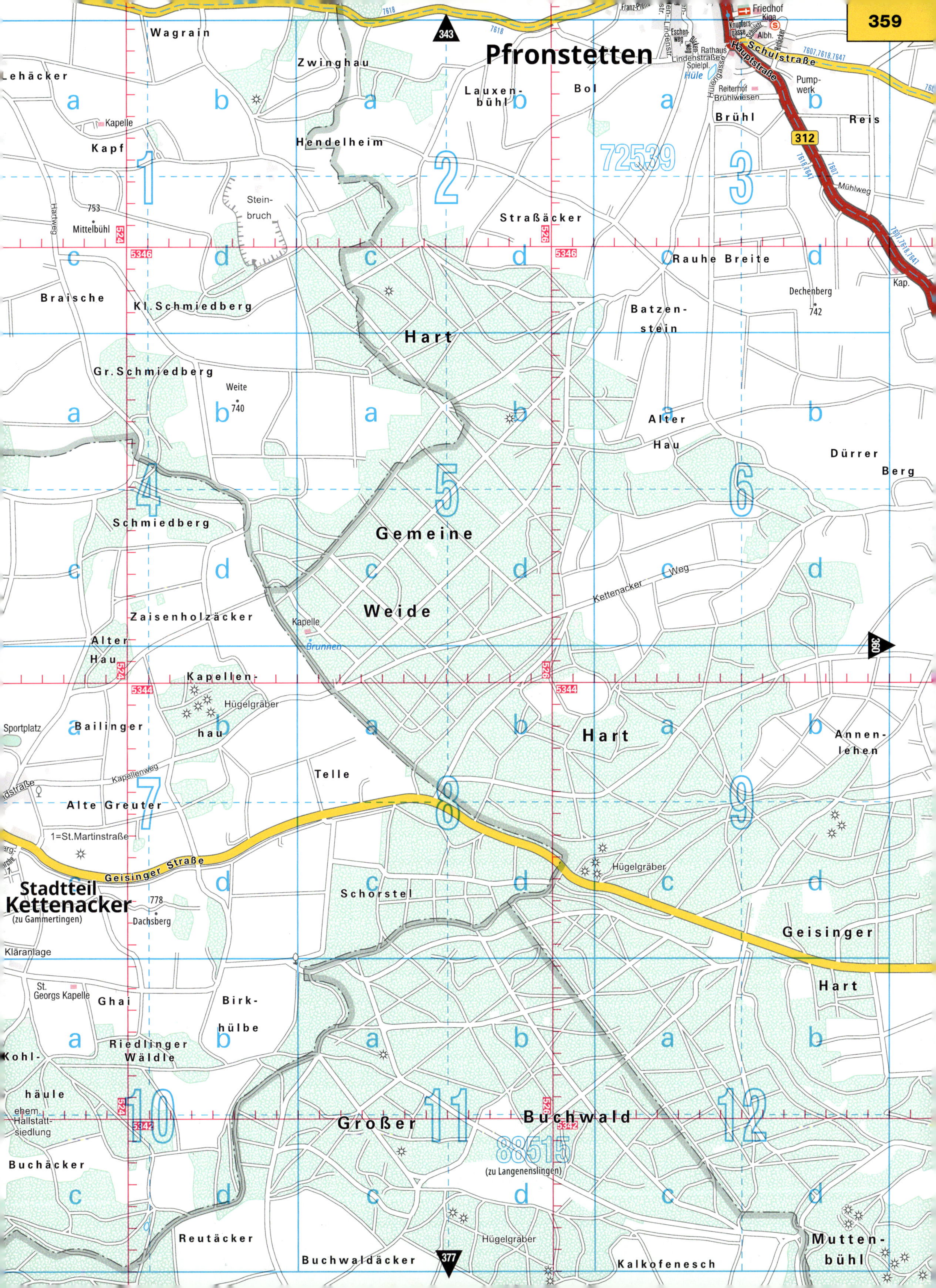

Pfronstetten
Wagrain
Zwinghau
Lehäcker
Kapelle
Kapf
Hendelheim
Lauxen-bühl
Bol
Brühl
Reis
Friedhof
Kiga
Albh.
Rathaus
Lindenstraße
Spielpl.
Hüle
Reiterhof
Brühlwiesen
Schulstraße
Hauptstraße
Pump-werk
312
72539
Mühlweg
Stein-bruch
753
Mittelbühl
Hartweg
Straßäcker
Rauhe Breite
Dechenberg
742
Kap.
Braische
Kl. Schmiedberg
Hart
Batzen-stein
Gr. Schmiedberg
Weite
740
Alter Hau
Dürrer Berg
Schmiedberg
Gemeine
Weide
Kettenacker Weg
Zaisenholzäcker
Alter Hau
Kapelle
Brunnen
Kapellen-hau
Hügelgräber
Sportplatz
Bailinger
Hart
Annen-lehen
Telle
Kapellenweg
Alte Greuter
1=St.Martinstraße
Geisinger Straße
Hügelgräber
Stadtteil Kettenacker
(zu Gammertingen)
778
Dachsberg
Schorstel
Geisinger Hart
Kläranlage
St. Georgs Kapelle
Ghai
Birk-hülbe
Riedlinger Wäldle
Kohl-häule
ehem. Hallstatt-siedlung
Großer Buchwald
88515
(zu Langenenslingen)
Buchäcker
Reutäcker
Buchwaldäcker
Hügelgräber
Kalkofenesch
Mutten-bühl
343
360
377

Ortsteil Aichstetten
(zu Pfronstetten)
Ortsteil Tigerfeld
(zu Pfronstetten)
Ortsteil Huldstetten
(zu Pfronstetten)
Ortsteil Geisingen
(zu Pfronstetten)
Zwiefalter Alb
72539
1= Gartenstraße
2= Pfarrgasse
3= Schlossergasse
Mauer-äcker
Reis
Breite
Gassenäcker
Kirchbühl
Heide
Banäcker
Buchhauebene
Enetsfeld
St.-Georgen-Hof
Gemersbuch
Kläranlage
Steinboßen
Höhe
Schachen
Schlechtenfeld
Banholz
Dürrer Berg
Fetzenried
Greuter
Tobelburren
Löher
Berg 753
Eichert
Tobel
Altsbreite
Wart
Breite
Galgenäcker
Weiße Äcker
Annenlehen
Schalkshüle
Buchhäule
Hagnich
Killsteig
Kirchlauh
Büchle
Geisinger Hart
Zeil
Grabhügel Schlossburren
Banäcker
Tiergarten
Gürstesch
Spechtberg 751
Hungermauer
Ghaiholz
Eckwald
Hügelgräber
Muttenbühl
Hengst
Grastel
Steinhausen
Badhölzle
Backhaus
Kapelle
Schulstraße
Marktweg
Aichelauer Straße
Aichstetter Straße
Wimsener Straße
Zwiefalter Straße
Kirchstraße
Bergstraße
Kettenacker
312
344
359
378

Hayingen
Biosphärengebiet
Schwäbische Alb
Ortsteil Sonderbuch
(zu Zwiefalten)
Ortsteil Gauingen
(zu Zwiefalten)
Ortsteil Gossenzugen
(zu Zwiefalten)
Zwiefalten
Ortsteil Baach
(zu Zwiefalten)
Ortsteil Hochberg
(zu Zwiefalten)
72534
88529
Glas-tal
Bärenhöhle
Lämmerstein
Glashöhle
Pumpwerk
Hasenbach
Alt-Ehrenfels
Rauhhalde
Schopfloch
Schweif-tal
Hundsrücken
Greuter
Pump-werk
Schloss Ehrenfels
Werfental
Banhalde
Scheibe
Sonderbucher Berg
666
Stöckach
Banholz
Friedrichshöhle
Eselweide
Wimsen
Achursprung
Hoher Stein
Tannenhau
Loh
Schrofen
Finster-hölzle
Drei Kreuze
699
Eulenberg
Heilbrunnen
Loretto
Lourdes-grotte
Loretto-kapelle
Kirchholz
Pump-werk
Heuberg
Talhau
Engelers-buche
Brunnen
Rathaus
Kapelle
Winden-loch
Schutzhütte
Hirschlauf
1=Sonnenhalde
Bühlhau
Steingart
Brand
Ren-tal
Büchle
Stein-bruch
Tennis-platz
Neubaugebiet Hirtenäcker
Achen-brunnen
Lourdes-grotte
Gauberg
Zwiefalter Ach
1= Konradin-Kreutzer-Straße
2= Marktplatz
3= Beda-Sommerberger-Straße
4= Gartenweg
5= Brühlweg
Bühlhof
Leherholz
Erddeponie
Alten-
Höhe
Jugend-zeltplatz
Freizeit-tal
Kapelle
Gew.-geb. Steinhecke
Lange Schachen
Hergle
Rauher Hau
Sacken-tal
Reutlinger Straße
Hauptstraße
Sägmühlstr.
Sonderbucher Steige
Kloster
Münster
Friedhof
Kesselbach
Kessel-quelle
Tobelbach
Sand-breite
Schanzberg
Frauen-täle
Steg-halde
Rieder
Zehntscheuer
Galgenberg
Freibad
Kapelle
Riedinger Straße
Breite
312
345
379
5=Brunnenstraße
6=Schmiedgässle
7=Gerbergasse
8=Spitalgasse
9=Badgasse
10=Wagnergasse
11=Küfergasse
12=Kaplaneistraße
13=Josef-Martin-Straße
Marktstr.
Josefstr.
Zwiefalter Straße
Oberwilzinger Straße
Friedhof
DRK
Bauhof
Ehrenfelser Weg
Kappisbühl
699
Kappesbühl
Brunnen
Fehlhalde
Klosterweg
Löhle
Layle
Knie
Gemeinschafts-siloanlage
Steinbruch
Kreuz-weg
Friedhof
Schloßberg ehem. Burg
Eichholz
Klinge
Prälatenweg

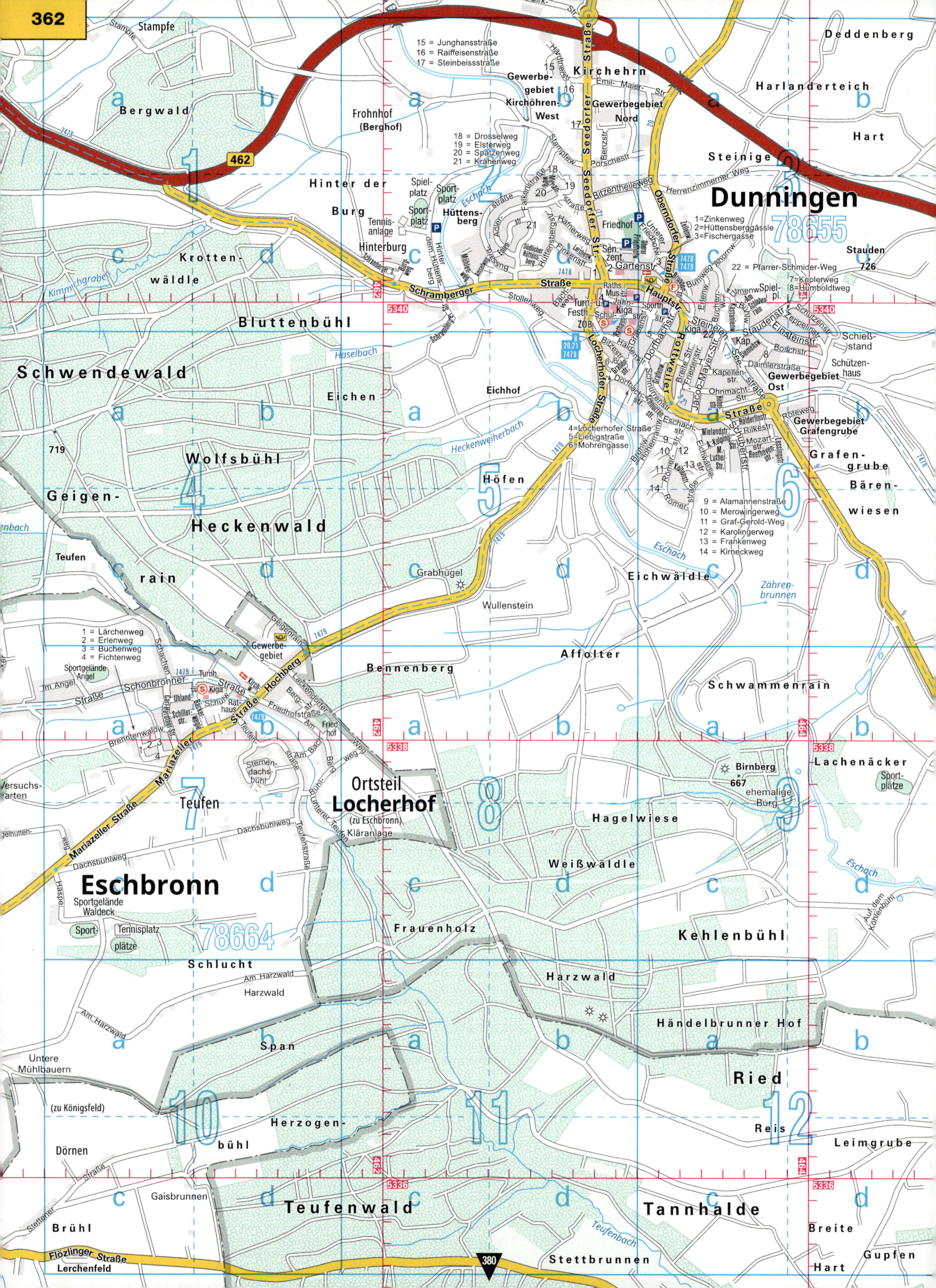
Stampfe
Bergwald
Frohnhof (Berghof)
15 = Junghansstraße
16 = Raiffeisenstraße
17 = Steinbeissstraße
Kirchehrn
Gewerbegebiet Kirchöhren-West
Gewerbegebiet Nord
Deddenberg
Harlanderteich
Hart
Steinige
18 = Drosselweg
19 = Elsterweg
20 = Spatzenweg
21 = Krähenweg
Hinter der Burg
Hinterburg
Hüttensberg
Dunningen
78655
1=Zinkenweg
2=Hüttensberggässle
3=Fischergasse
Stauden 726
22 = Pfarrer-Schmider-Weg
7=Keplerweg
8=Humboldtweg
Krottenwäldle
Kimmichgraben
Schramberger Straße
Bluttenbühl
Haselbach
Schwendewald
Eichen
Eichhof
Schießstand
Schützenhaus
Gewerbegebiet Ost
Gewerbegebiet Grafengrube
Grafengrube
Bärenwiesen
719
Wolfsbühl
Heckenweiherbach
4=Locherhofer Straße
5=Liebigstraße
6=Mohrengasse
Höfen
Geigenrain
Heckenwald
9 = Alamannenstraße
10 = Merowingerweg
11 = Graf-Gerold-Weg
12 = Karolingerweg
13 = Frankenweg
14 = Kirneckweg
Teufen
Grabhügel
Wullenstein
Eichwäldle
Zährenbrunnen
1 = Lärchenweg
2 = Erlenweg
3 = Buchenweg
4 = Fichtenweg
Gewerbegebiet
Sportgelände Angel
Bennenberg
Affolter
Schwammenrain
Birnberg 667
ehemalige Burg
Lachenäcker
Sportplätze
Ortsteil Locherhof (zu Eschbronn)
Kläranlage
Teufen
Hagelwiese
Weißwäldle
Eschbronn
Sportgelände Waldeck
Tennisplatz
Sportplätze
78664
Frauenholz
Kehlenbühl
Schlucht
Harzwald
Händelbrunner Hof
Span
Untere Mühlbauern
Ried
(zu Königsfeld)
Herzogenbühl
Reis
Leimgrube
Dörnen
Gaisbrunnen
Teufenwald
Tannhalde
Brühl
Breite
Teufenbach
Flözlinger Straße
Lerchenfeld
380
Stettbrunnen
Gupfen
Hart
462
464
5340
5338
5336
7478
7479

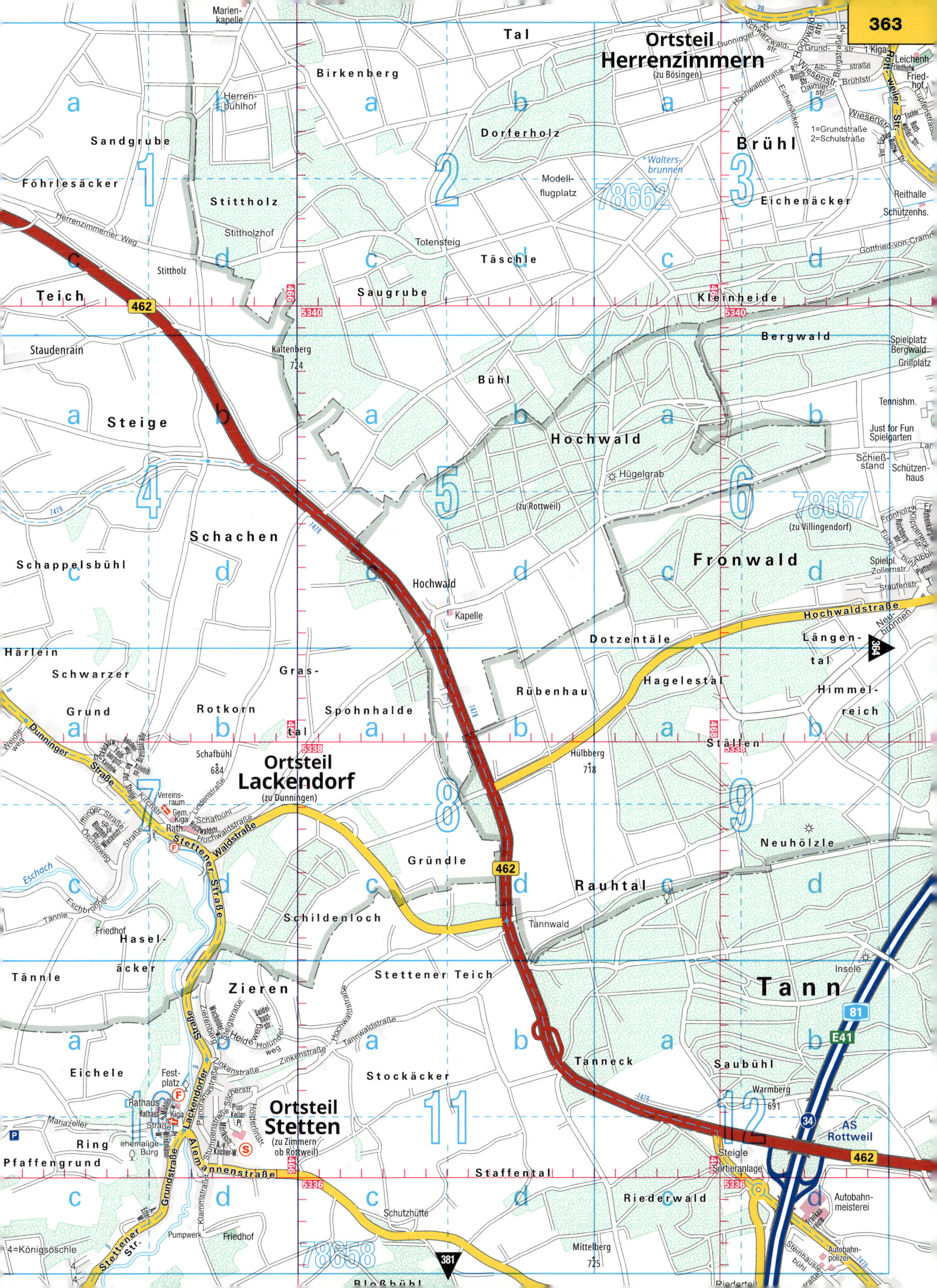
Ortsteil Herrenzimmern
(zu Bösingen)
Ortsteil Lackendorf
(zu Dunningen)
Ortsteil Stetten
(zu Zimmern ob Rottweil)
Hochwald
(zu Rottweil)
Fronwald
(zu Villingendorf)
Tann
Marienkapelle
Tal
Birkenberg
Herrenbühlhof
Sandgrube
Föhrlesäcker
Stittholz
Stittholzhof
Herrenzimmerner Weg
Teich
Dorferholz
Modellflugplatz
Walters-brunnen
Totensteig
Täschle
Saugrube
Kleinheide
Brühl
Eichenäcker
Reithalle
Schützenhs.
Leichenh.
Friedhof
Kiga
Gottfried-von-Cramm
Staudenrain
Kaltenberg
724
Bühl
Bergwald
Spielplatz Bergwald
Grillplatz
Tennishm.
Just for Fun Spielgarten
Schießstand
Schützenhaus
Steige
Hügelgrab
Schachen
Schappelsbühl
Kapelle
Dotzentäle
Hochwaldstraße
Neubronnen
Längental
Härlein
Schwarzer Grund
Gras-tal
Rotkorn
Spohnhalde
Rübenhau
Hagelestal
Himmelreich
Ställen
Schafbühl
684
Hülbberg
718
Dunninger Straße
Vereinsraum
Gem.
Kiga
Rath.
Stettener Straße
Waldstraße
Hochwaldstraße
Gründle
Neuhölzle
Rauhtal
Eschach
Schildenloch
Tannwald
Friedhof
Haselacker
Tännle
Stettener Teich
Inselе
Zieren
Eichele
Stockäcker
Tanneck
Saubühl
Warmberg
691
Festplatz
Rathaus
Kiga
ehemalige Burg
Lackendorfer Straße
Grundstraße
Alemannenstraße
Ring
Pfaffengrund
Staffental
Steigle
Sortieranlage
AS Rottweil
Riederwald
Autobahnmeisterei
Autobahnpolizei
Schutzhütte
Pumpwerk
Friedhof
Mittelberg
725
Bloßbühl
Riedertal
4=Königsöschle
1=Grundstraße
2=Schulstraße
78662
78667
78658
462
381
364
81
E41
34
5340
5338
5336
7478

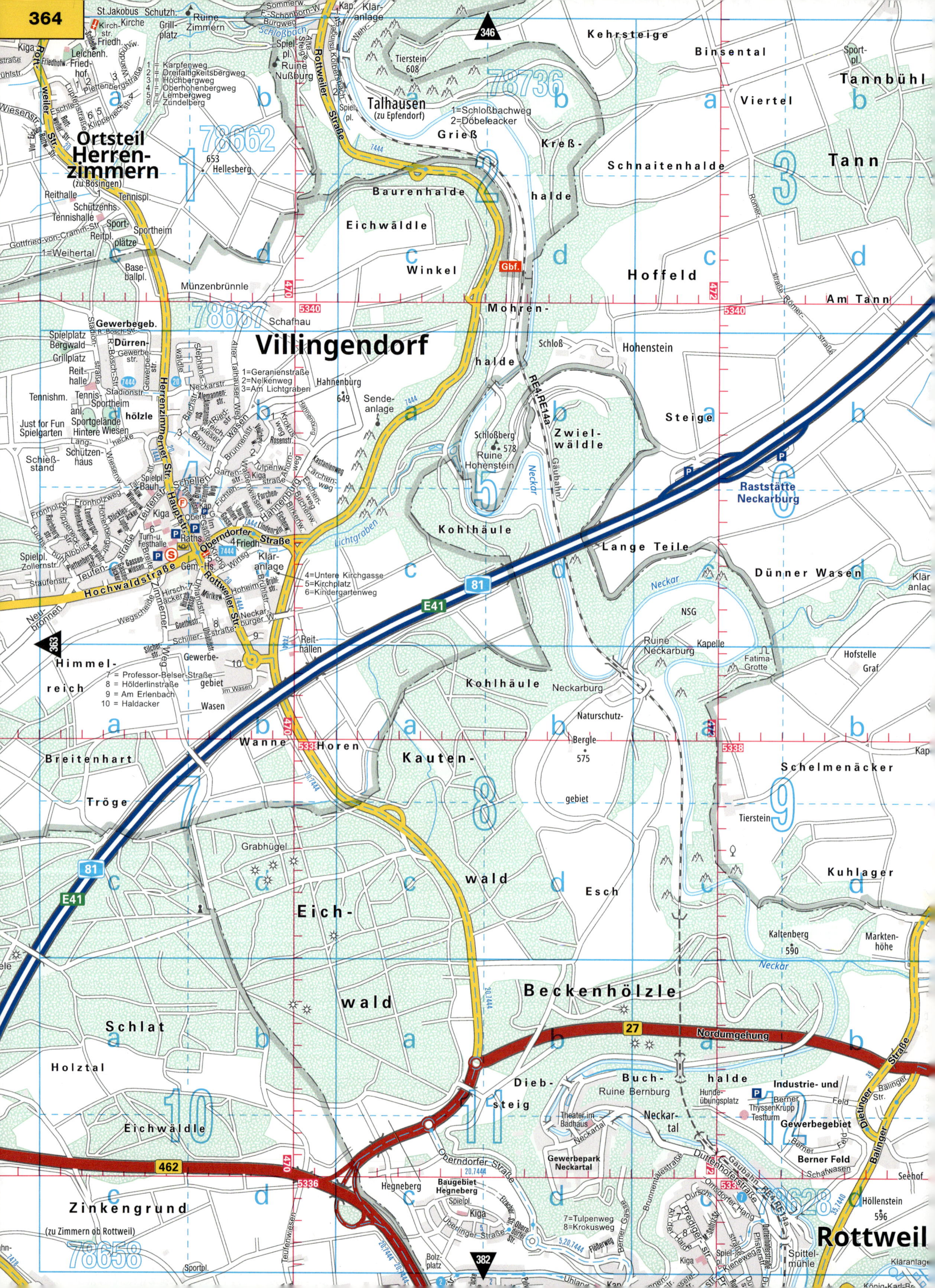

Villingendorf
Ortsteil Herren-zimmern
(zu Bösingen)
Talhausen
(zu Epfendorf)
Rottweil
78662
78667
78736
78628
78658
Kehrsteige
Binsental
Tannbühl
Viertel
Tann
Tierstein 608
1=Schloßbachweg
2=Döbeleacker
Grieß
Kreß-
halde
Schnaitenhalde
Baurenhalde
Eichwäldle
Winkel
Hoffeld
Am Tann
Mohren-
halde
Schloß
Hohenstein
Steige
Schloßberg
578
Ruine Hohenstein
Zwiel-
wäldle
Raststätte Neckarburg
Kohlhäule
Lange Teile
Dünner Wasen
Neckar
NSG
Ruine Neckarburg
Kapelle
Fatima-Grotte
Hofstelle Graf
Neckarburg
Naturschutz-
Bergle 575
gebiet
Schelmenäcker
Tierstein
Kuhlager
Kautenwald
Esch
Kaltenberg 590
Marktenhöhe
Beckenhölzle
Nordumgehung
Buch-
halde
Ruine Bernburg
Diebsteig
Neckar-tal
Industrie- und Gewerbegebiet
Berner Feld
ThyssenKrupp Testturm
Hundeübungsplatz
Gewerbepark Neckartal
Theater im Badhaus
Hegneberg
Baugebiet Hegneberg
Kiga
Höllenstein 596
Seehof
Himmelreich
7 = Professor-Belser-Straße
8 = Hölderlinstraße
9 = Am Erlenbach
10 = Haldacker
Breitenhart
Tröge
Wanne
Horen
Grabhügel
Eichwald
Schlat
Holztal
Eichwäldle
Zinkengrund
(zu Zimmern ob Rottweil)
Hochwaldstraße
Oberndorfer Straße
Rottweiler Str.
Herrenzimmerner Str.
Hauptstr.
Hellesberg 653
Reithalle
Tennisplatz
Sportheim
Münzenbrünnle
Schafhau
Hahnenburg 649
Sendeanlage
1=Geranienstraße
2=Nelkenweg
3=Am Lichtgraben
4=Untere Kirchgasse
5=Kirchplatz
6=Kindergartenweg
1=Karpfenweg
2=Dreifaltigkeitsbergweg
3=Hochbergweg
4=Oberhohenbergweg
5=Lembergweg
6=Zundelberg
1=Weiheral
Gewerbegeb.
Dürren-
hölzle
Spielplatz Bergwald
Grillplatz
Reithalle
Tennishm.
Just for Fun Spielgarten
Schießstand
Kläranlage
Lichtgraben
Reithallen
Gewerbegebiet
Wasen
Neubronnen
Gbf.
RE4/RE14a
Gäubahn
7=Tulpenweg
8=Krokusweg
Spittelmühle
Balinger Straße
Dietinger Straße
81
E41
27
462
470
346
363
382

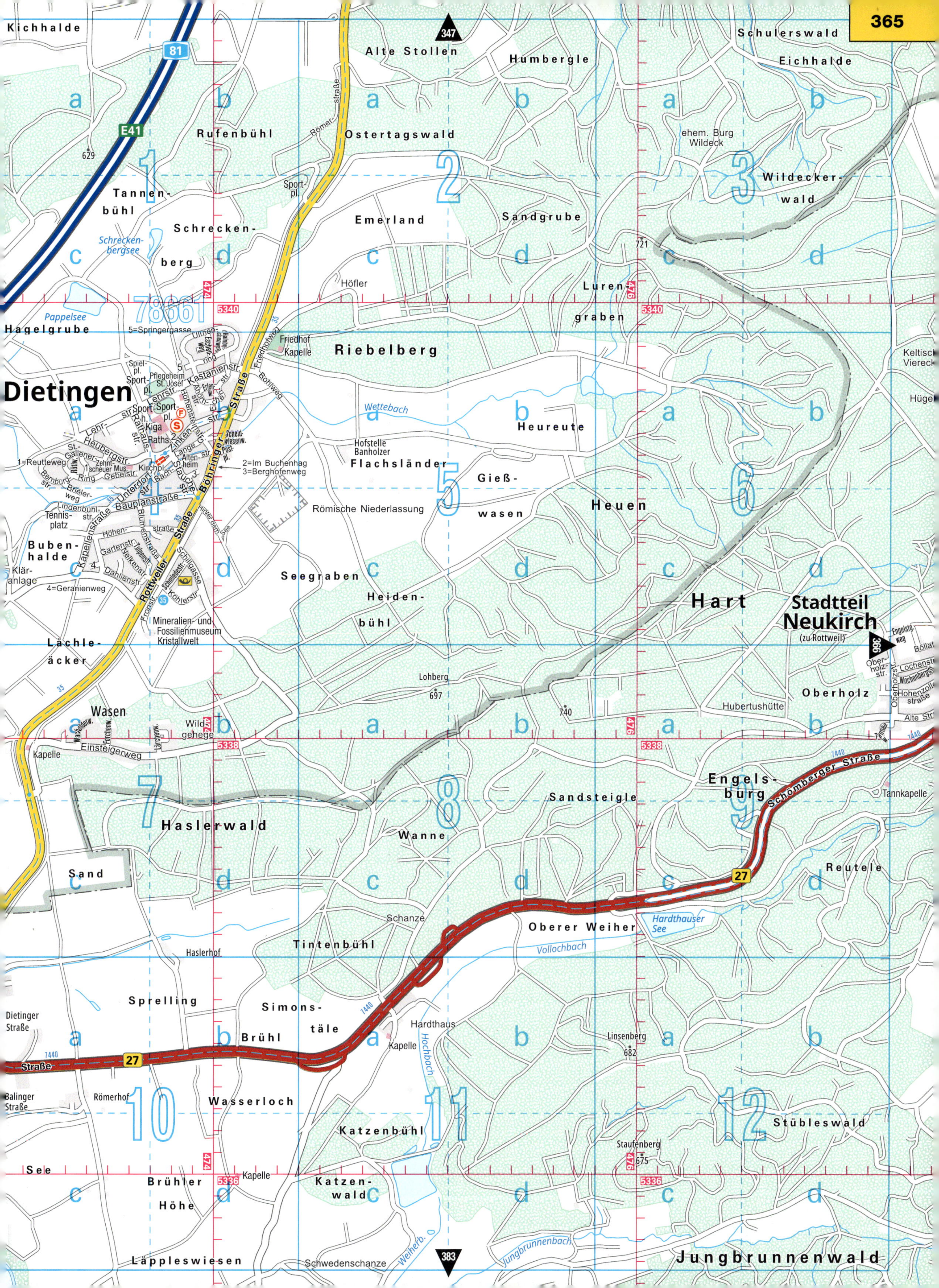
Kichhalde
Alte Stollen
Humbergle
Schulerswald
Eichhalde
Rufenbühl
Ostertagswald
ehem. Burg Wildeck
Wildecker-
wald
Tannen-
bühl
Schrecken-
berg
Schreckenbergsee
Emerland
Sandgrube
Höfler
Luren-
graben
Pappelsee
Hagelgrube
5=Springergasse
Friedhof
Kapelle
Riebelberg
Dietingen
Wettebach
Heureute
Keltische Viereck
Hügel
Hofstelle Banholzer
Flachsländer
Gieß-
wasen
Heuen
2=Im Buchenhag
3=Berghofenweg
Römische Niederlassung
Buben-
halde
Kläranlage
4=Geranienweg
Seegraben
Heiden-
bühl
Hart
Stadtteil
Neukirch
(zu Rottweil)
Mineralien- und Fossilienmuseum Kristallwelt
Lächle-
äcker
Lohberg
697
740
Hubertushütte
Oberholz
Wasen
Wildgehege
Kapelle
Einsteigerweg
Engels-
burg
Schömberger Straße
Tannkapelle
Sandsteigle
Haslerwald
Wanne
Reutele
Sand
Schanze
Oberer Weiher
Hardthauser See
Vollochbach
Tintenbühl
Haslerhof
Sprelling
Simons-
täle
Dietinger Straße
Brühl
Hardthaus
Kapelle
Hochbach
Linsenberg
682
Balinger Straße
Römerhof
Wasserloch
Katzenbühl
Stübleswald
Staufenberg
675
Sele
Brühler
Höhe
Kapelle
Katzen-
wald
Läppleswiesen
Schwedenschanze
Weiherb.
Jungbrunnenbach
Jungbrunnenwald
78661
347
366
383
81
E41
27
7440
5340
5338
5336
474
476

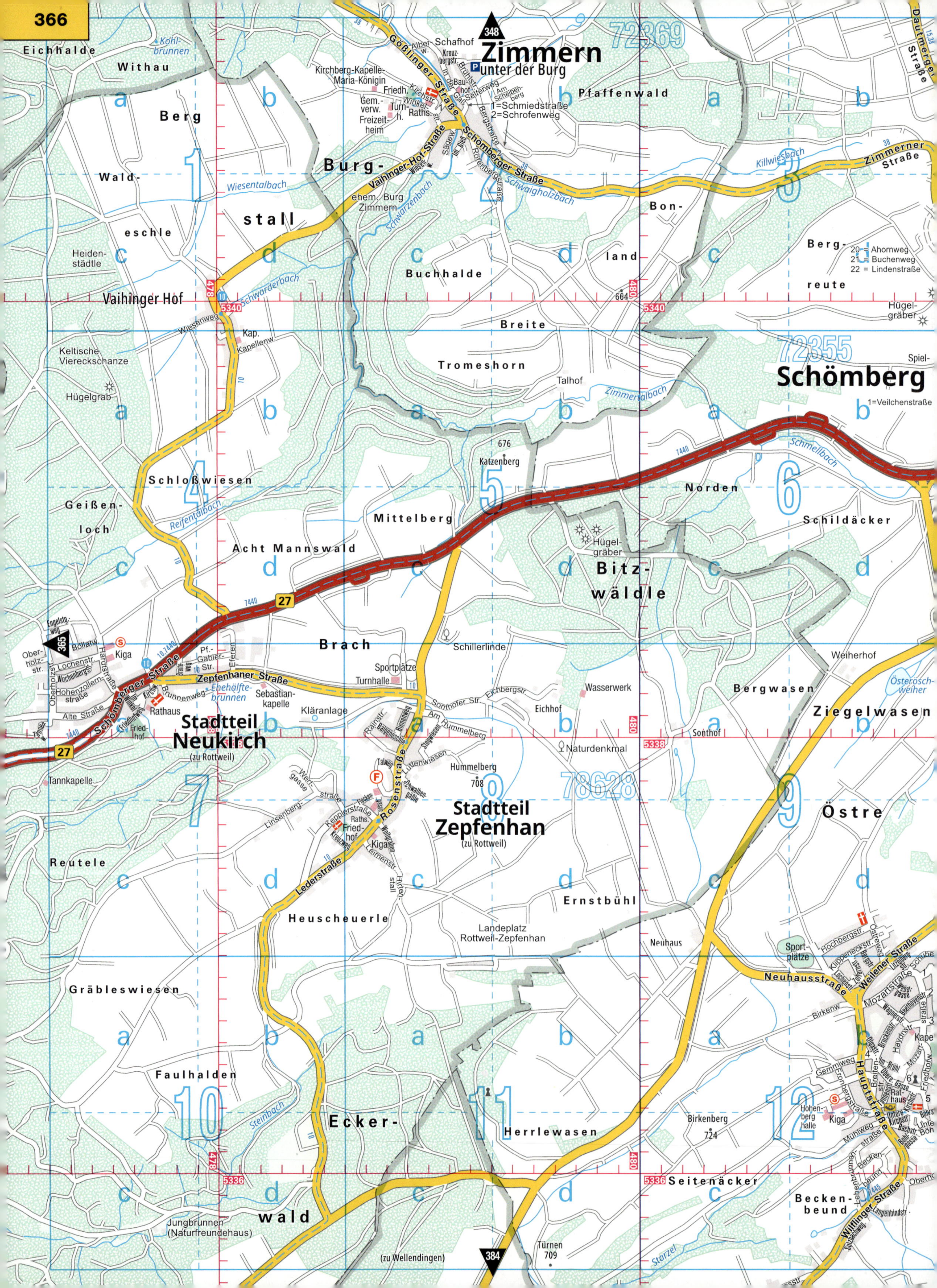
Zimmern
unter der Burg
72369
Burgstall
Vaihinger Hof
Schömberg
72355
Stadtteil Neukirch
(zu Rottweil)
Stadtteil Zepfenhan
(zu Rottweil)
78628
Schömberger Straße
Zepfenhaner Straße
Rosenstraße
Lederstraße
Zimmerner Straße
Neuhausstraße
Hauptstraße
Weilener Straße
Wilflinger Straße
Gößlinger Straße
Vaihinger-Hof-Straße
Buchhalde
Bonland
Breite
Tromeshorn
Mittelberg
Acht Mannswald
Schloßwiesen
Brach
Bitzwäldle
Norden
Schildäcker
Bergwasen
Ziegelwasen
Östre
Heuscheuerle
Ernstbühl
Gräbleswiesen
Faulhalden
Eckerwald
Herrlewasen
Seitenäcker
Beckenbeund
Reutele
Tannkapelle
Eichhalde
Withau
Berg
Waldeschle
Heidenstädtle
Keltische Viereckschanze
Hügelgrab
Geißenloch
Pfaffenwald
Bergreute
Hügelgräber
Landeplatz Rottweil-Zepfenhan
Jungbrunnen (Naturfreundehaus)
(zu Wellendingen)
Türnen 709
Birkenberg 724
Hummelberg 708
Katzenberg 676
Schillerlinde
Sportplätze
Turnhalle
Kläranlage
Sebastiankapelle
Wasserwerk
Naturdenkmal
Eichhof
Sonthof
Weiherhof
Neuhaus
Talhof
1=Schmiedstraße
2=Schrofenweg
20 = Ahornweg
21 = Buchenweg
22 = Lindenstraße
1=Veilchenstraße
348
365
384

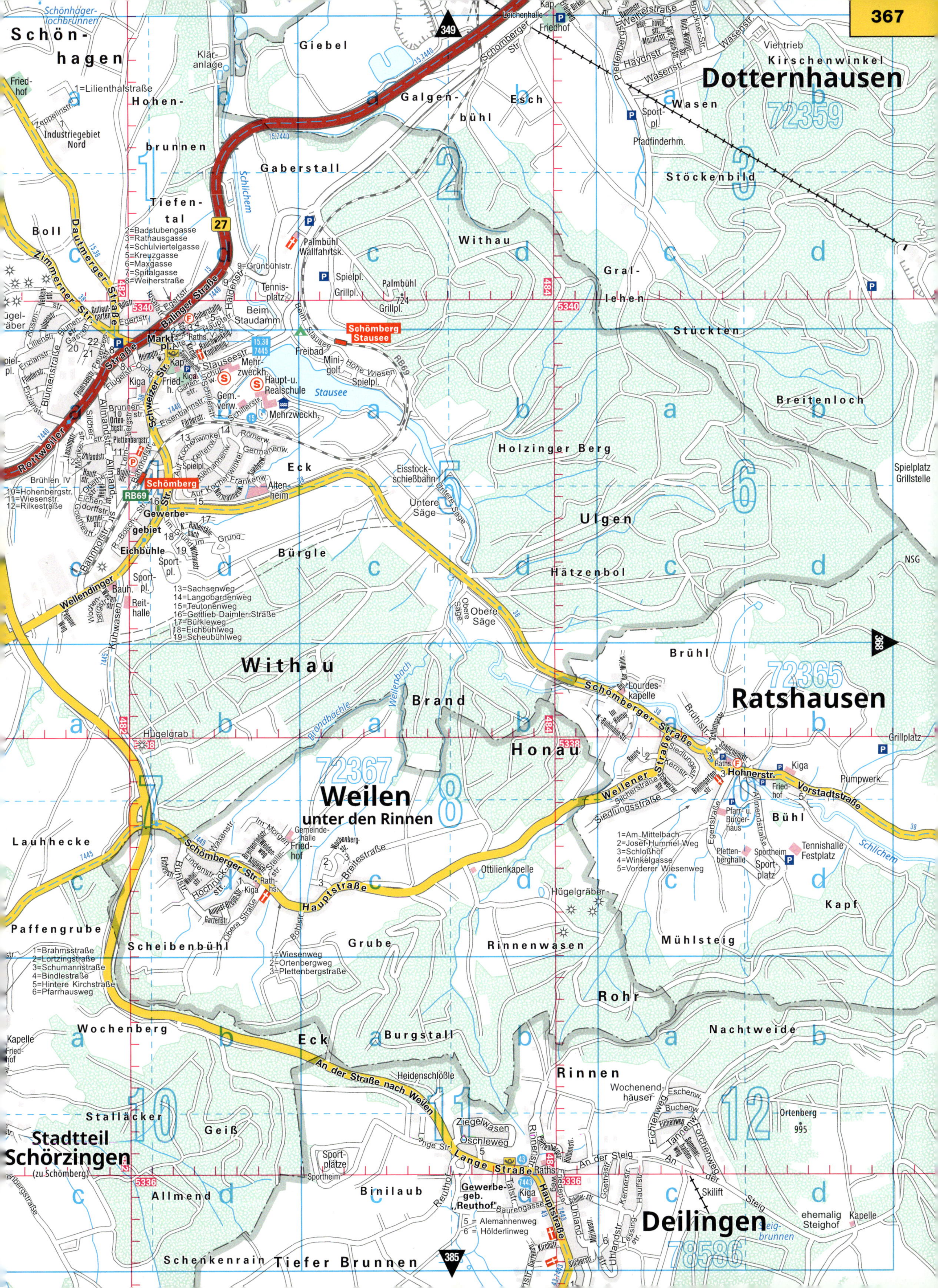
Schönhagen
Hohenbrunnen
Giebel
Galgenbühl
Esch
Dotternhausen
72359
Kirschenwinkel
Wasen
Stöckenbild
Gaberstall
Tiefental
Boll
Withau
Gral-lehen
Stückten
Schömberg Stausee
Stausee
Breitenloch
Holzinger Berg
Schömberg
Eck
Ulgen
Bürgle
Hätzenbol
Gewerbegebiet
Eichbühle
Withau
Brühl
Brand
Ratshausen
72365
Honau
Weilen unter den Rinnen
72367
Lauhhecke
Paffengrube
Scheibenbühl
Grube
Rinnenwasen
Mühlsteig
Kapf
Bühl
Rohr
Wochenberg
Eck
Burgstall
Nachtweide
Rinnen
Stallācker
Geiß
Stadtteil Schörzingen
(zu Schömberg)
Allmend
Binilaub
Deilingen
78586
Ortenberg
995
Schenkenrain
Tiefer Brunnen
1=Lilienthalstraße
2=Badstubengasse
3=Rathausgasse
4=Schulviertelgasse
5=Kreuzgasse
6=Maxgasse
7=Spitalgasse
8=Weiherstraße
10=Hohenbergstr.
11=Wiesenstr.
12=Rilkestraße
13=Sachsenweg
14=Langobardenweg
15=Teutonenweg
16=Gottlieb-Daimler-Straße
17=Bürkleweg
18=Eichbühlweg
19=Scheubühlweg
1=Am Mittelbach
2=Josef-Hummel-Weg
3=Schloßhof
4=Winkelgasse
5=Vorderer Wiesenweg
1=Brahmsstraße
2=Lortzingstraße
3=Schumannstraße
4=Bindlestraße
5=Hintere Kirchstraße
6=Pfarrhausweg
1=Wiesenweg
2=Ortenbergweg
3=Plettenbergstraße
5 = Alemannenweg
6 = Hölderlinweg
Schömberger Straße
Hauptstraße
An der Straße nach Weilen
Lange Straße
349
368
385

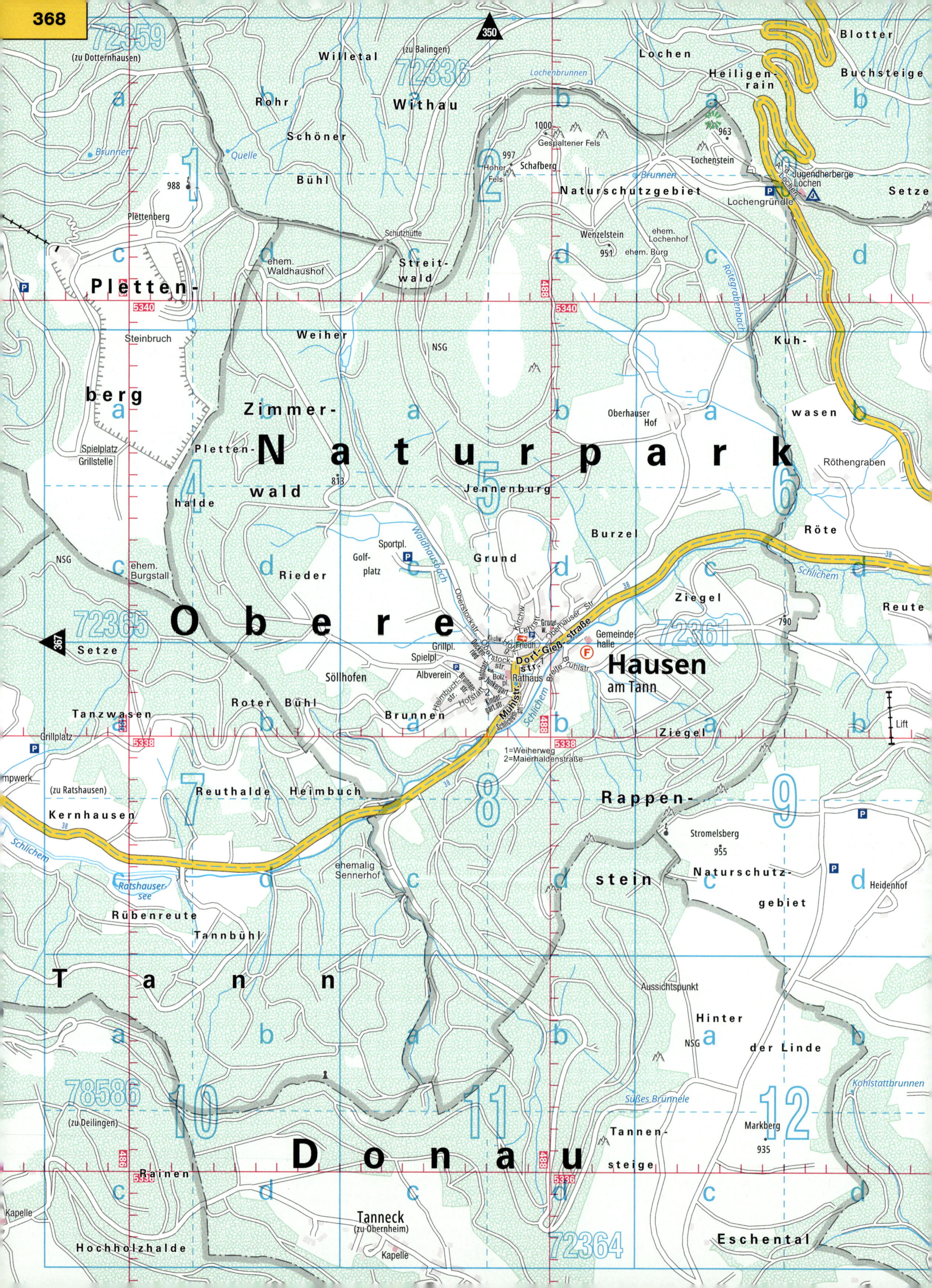
72359
(zu Dotternhausen)
Willetal
(zu Balingen)
72336
Withau
350
Lochen
Blotter
Heiligen-
rain
Buchsteige
Lochenbrunnen
Rohr
Schöner
Bühl
1000
Gespaltener Fels
963
Brunnen
Quelle
997
Hoher Fels
Schafberg
Lochenstein
Jugendherberge Lochen
988
Brunnen
Naturschutzgebiet
Lochengründle
Setze
Plettenberg
Schutzhütte
Wenzelstein
951
ehem. Lochenhof
ehem. Burg
ehem. Waldhaushof
Streit-
wald
Pletten-
5340
Rotegrabenbach
Steinbruch
Weiher
NSG
Kuh-
wasen
berg
Zimmer-
Oberhauser Hof
Spielplatz
Grillstelle
Pletten-
Naturpark
Röthengraben
813
wald
halde
Jennenburg
Burzel
Röte
Sportpl.
Golf-
platz
Waldhausbach
Grund
NSG
ehem. Burgstall
Rieder
Schlichem
Ziegel
Reute
790
72365
Obere
72361
Gemeindehalle
Dorf-Gieß-straße
Hausen
am Tann
367
Setze
Grillpl.
Spielpl.
Albverein
Rathaus
Söllhofen
Tanzwasen
Roter Bühl
Brunnen
Mühlstr.
Ziegel
Grillplatz
5338
1=Weiherweg
2=Maierhaldenstraße
Lift
(zu Ratshausen)
Reuthalde
Heimbuch
Rappen-
Kernhausen
Stromelsberg
955
Schlichem
ehemalig Sennerhof
Naturschutz-
gebiet
Ratshauser-
see
stein
Heidenhof
Rübenreute
Tannbühl
Tann
Aussichtspunkt
Hinter
NSG
der Linde
Kohlstattbrunnen
78586
Süßes Brünnele
(zu Deilingen)
Markberg
935
Tannen-
steige
Donau
Rainen
5336
Kapelle
Tanneck
(zu Obernheim)
Kapelle
Hochholzhalde
72364
Eschental

Burren
Eisbühl
ehem. Wachthausen
Waldhauser Str.
Balinger Str.
Fried-hof
1=Gäßlesweg
3=An der Mühle
Albstadt-Laufen Ort
463
Felsenmeer
Hörnle
Natur-
schutz-
Hülenbuch
gebiet
Rübenhau
Brunnen
Withau
Mönch-
hölzer
72459
Bäumle
Schießstand
Sport-
platz
Spiel-
platz
Loh-
wiesen
Tieringer Str.
Stadtteil
Laufen a.d.Eyach
(zu Albstadt)
Bühlen
Untereck
Hübentäle
Ursprung der Schlichem
Grillpl.
Brunnen
Steinbach
NSG
Tobel-
Backofen-
fels
Welschtäle
Berghof
Ausflugslokal
Berghütte
Himmeln
Minigolf
Familien-
feriendorf II
Feriendorf
Familien-
feriendorf I
Kommuni-
kations-
zentrum
Tieringen
Spielpl.
Torbühl
942
Winkel
907
Schlichem
Wander-
heim
Spielplatz
Turn-und
Festhalle
Nack
Schroten
Höllwald
tal
Haus
Bittenhalde
Balinger Str.
5=Schulacker
Nackstr.
Scheibengasse
Sport-
plätze
Heimberg
943
2=Wasserscheide
Straße
Bruhlstraße
Stadtteil
Tieringen
(zu Meßstetten)
Winter-
halde
Naturpark
Böllet
Gewerbegebiet
Gewerbe-
gebiet
Katzensteig
3=Kohlraisleweg
4=Thomaslochstraße
Lerchenbühl
Schopfenloch
1=Drosselweg
Finkenweg
Tieringer Str.
Härtle
Grillplatz
Baienberg
Obere
Sportplatz
Stadtteil
Hossingen
(zu Meßstetten)
72469
Bockenloch
Vohental
Michelfeld
Reitpl.
Fuchsloch
Grillpl.
Geyerbad
Stadtteil
Oberdigisheim
(zu Meßstetten)
Sportpl.
Naturschutz-
gebiet
Zollerhof
Grill-
platz
Turnhalle
Festhalle
Grund-
schule
1 = Forstweg
Untere
Mühle
Steig-
haus
Gewerbe-
gebiet
Sommerhalde
Artleshalde
Breitenstr.
Löchle
Donau
Obere Mühle
Bärtelbach
Natur-
erlebniszentrum

Stadtteil Laufen a.d.Eyach
(zu Albstadt)
2=Kirchgasse
Kehlen
Längenfeld
Eichwäldle
Auchten
Schönenbühl
Holderäcker
Kleinshalde
1=Am Weinbergle
2=Auf der Insel
3=Kurze Straße
4=Rathausgasse
5=Unter dem Gräble
6=Kugelgäßle
7=Von-Stauffenberg-Straße
8=Wendelinweg
Ballinger Straße
Eyach
Kläranlage
Nähmaschinenmuseum
Lauterbachhof
Straßenmeisterei
Albst.-Lautlingen
Stadtteil Lautlingen
(zu Albstadt)
Burghof
Bruckbach
Bühl
772
Skilift
Gräbelesberg
907
Brunnental
Reuten
Teufelsbrunnen
Ehem. Burg Altentierberg
Tierberg
Haslen
Reuthalde
Autenwang
Torfelsen
Hossinger Steig
Naturpark
Heimberg
943
Großer Vogelfels
Oberer Berg
971
Langes Tal
Kübelhansfels
Schumacherfels
Schwendehalde
Holderheckle
Breite
Wolfshalde
Sandbühl
Gärtnerei
Hossinger Leiter
Oberbuch
Schildhalde
Wohnsiedlung Bueloch
1=Drosselweg
2=Kirchweg
Leichenhalle
Friedhof
Stadtteil Hossingen
(zu Meßstetten)
Obere Donau
Kapfstraße
Kapf
3=Fritz-Bodmer-Weg
4=Nikolausweg
1=Königsberger Straße
2=Eduard-Mörike-Weg
3=Wilhelm-Hauff-Straße
4=Friedrich-Hölderlin-Weg
5=Auf Steinen
6=Kirchstraße
7=Hülbgässle
8=Kirchgässle
9=Reutbol
10=Heersbergstraße
Wangen
Schreifels
Weichenwang
988
Riedhof
Leuzenfeld
Meßstetten
72469
Sickersberg
978
Roßberg
Kreuzbühl
Alpine Skiabfahrt
Große Heubergschanze
Mattenschanzen
Schlepplift
Hossinger Straße
Untere Talstraße
Ebinger Straße
Sägental
Truppenübungsplatz
11=Am Harttheimer Weg
12=Mehlbeerweg
13=Weißdornweg
14=Rotdornweg
Gewerbegeb.
Stadt Bauhof
Festplatz
902 Sportplatz
Bolz- und Spielplatz
Bundesforstamt Heuberg
Sanetta Str.
72459
352
369
463

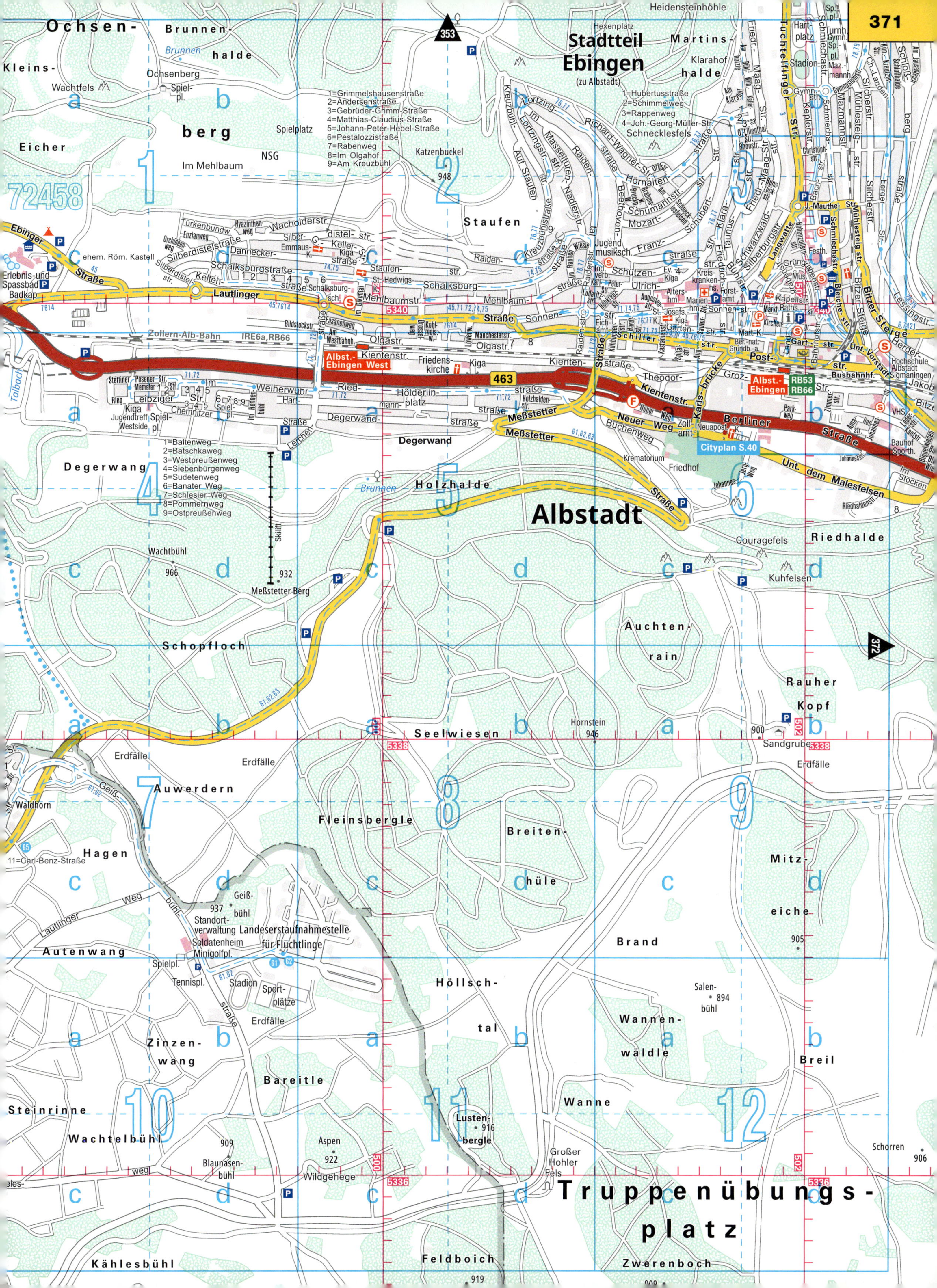
Stadtteil Ebingen
(zu Albstadt)
Albstadt
Ochsen-
Brunnenhalde
Kleins-
Wachtfels
Ochsenberg
berg
Eicher
Im Mehlbaum
NSG
Spielplatz
72458
1=Grimmelshausenstraße
2=Andersenstraße
3=Gebrüder-Grimm-Straße
4=Matthias-Claudius-Straße
5=Johann-Peter-Hebel-Straße
6=Pestalozzistraße
7=Rabenweg
8=Im Olgahof
9=Am Kreuzbühl
Katzenbuckel
948
Staufen
Heidensteinhöhle
Hexenplatz
Martins-
Klarahof
halde
1=Hubertusstraße
2=Schimmelweg
3=Rappenweg
4=Joh.-Georg-Müller-Str.
Schnecklesfels
Ebinger Straße
ehem. Röm. Kastell
Erlebnis-und Spassbad Badkap
Lautlinger Straße
Zollern-Alb-Bahn
Albst.-Ebingen West
Albst.-Ebingen
463
Degerwang
Degerwand
Holzhalde
1=Baltenweg
2=Batschkaweg
3=Westpreußenweg
4=Siebenbürgenweg
5=Sudetenweg
6=Banater Weg
7=Schlesier Weg
8=Pommernweg
9=Ostpreußenweg
Cityplan S.40
Wachtbühl
966
Meßstetter Berg
932
Schopfloch
Courageles
Riedhalde
Kuhfelsen
Auchtenrain
Rauher Kopf
Hornstein
946
Seelwiesen
Sandgrube
Erdfälle
Auwerdern
Waldhorn
11=Carl-Benz-Straße
Hagen
Fleinsbergle
Breitenhüle
Mitzeiche
905
Geißbühl
937
Landeserstaufnahmestelle für Flüchtlinge
Autenwang
Brand
Höllschtal
Salenbühl
894
Wannenwäldle
Zinzenwang
Bareitle
Breil
Steinrinne
Wachtelbühl
909
Aspen
922
Lustenbergle
916
Wanne
Großer Hohler Fels
Schorren
906
Blaunasenbühl
Wildgehege
Truppenübungsplatz
Kählesbühl
Feldboich
919
Zwerenboch
353
372

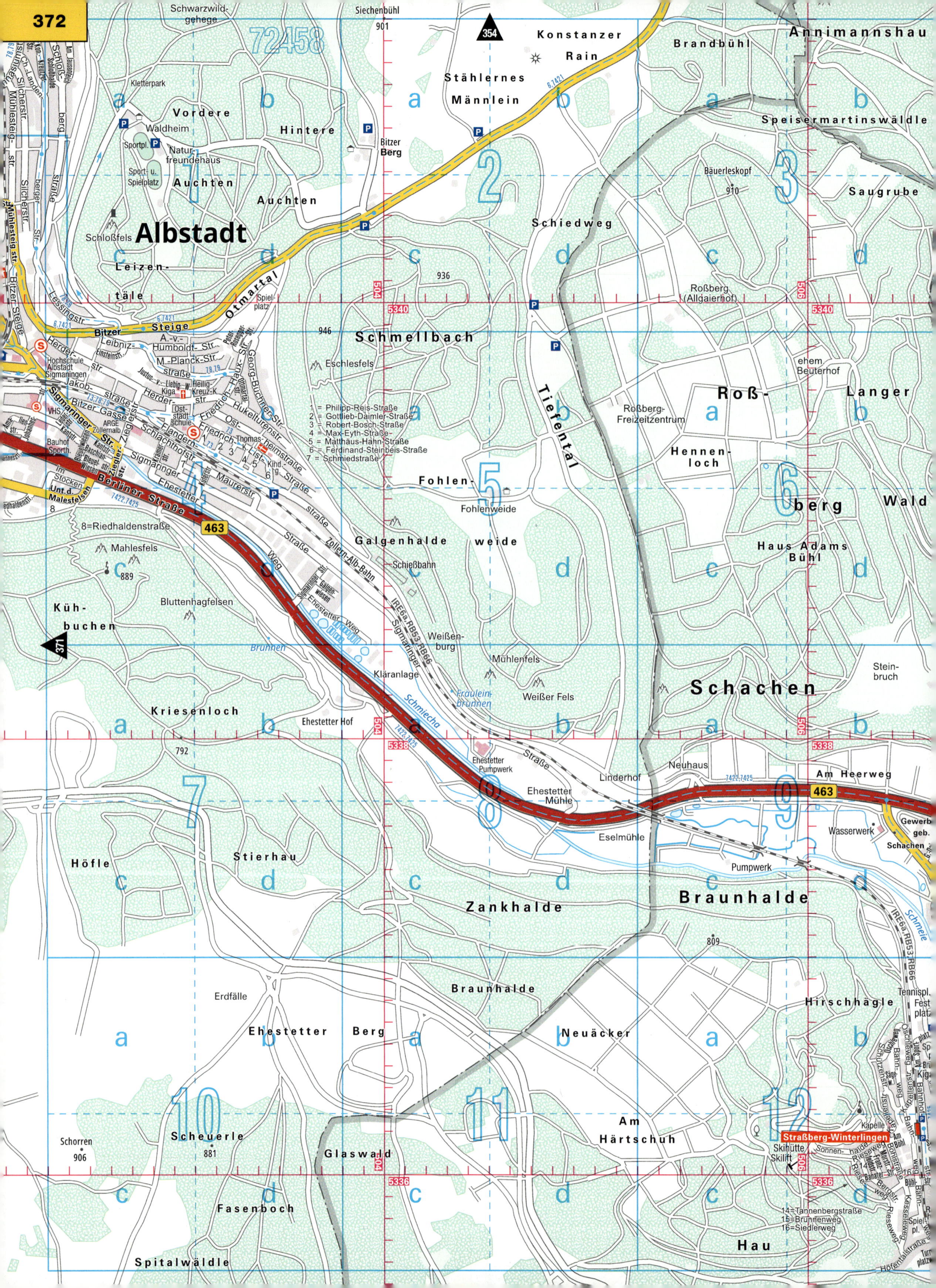
Albstadt
72458
Schwarzwild-gehege
Siechenbühl
354
Konstanzer Rain
Stählernes Männlein
Brandbühl
Annimannshau
Speisermartinswäldle
Kletterpark
Vordere
Hintere
Waldheim
Natur-freundehaus
Auchten
Bitzer Berg
Bäuerleskopf
910
Saugrube
Schloßfels
Leizen-täle
Schiedweg
936
Roßberg (Allgaierhof)
Otmartal
Bitzer Steige
Schmellbach
946
Eschlesfels
Tiefental
ehem. Beuterhof
Roß-berg
Langer Wald
Roßberg-Freizeitzentrum
Hennen-loch
1 = Philipp-Reis-Straße
2 = Gottlieb-Daimler-Straße
3 = Robert-Bosch-Straße
4 = Max-Eyth-Straße
5 = Matthäus-Hahn-Straße
6 = Ferdinand-Steinbeis-Straße
7 = Schmiedstraße
Fohlen-weide
Fohlenweide
Haus Adams Bühl
Berliner Straße
463
8=Riedhaldenstraße
Mahlesfels
889
Galgenhalde
Schießbahn
Zollern-Alb-Bahn
Sigmaringer Straße
Küh-buchen
371
Bluttenhagfelsen
Weißen-burg
Mühlenfels
Weißer Fels
Brunnen
Kläranlage
Fräulein-brunnen
Schmiecha
Schachen
Stein-bruch
Kriesenloch
Ehestetter Hof
792
Ehestetter Pumpwerk
Linderhof
Neuhaus
Am Heerweg
Ehestetter Mühle
Eselmühle
Wasserwerk
Gewerb. geb. Schachen
Pumpwerk
Höfle
Stierhau
Zankhalde
Braunhalde
809
Braunhalde
Erdfälle
Hirschhalde
Ehestetter Berg
Neuäcker
Schorren
906
Scheuerle
881
Glaswald
Am Härtschuh
Straßberg-Winterlingen
Skihütte
Skilift
Kapelle
14=Tannenbergstraße
15=Brunnenweg
16=Siedlerweg
Fasenboch
Hau
Spitalwäldle
5340
5338
5336
504
506

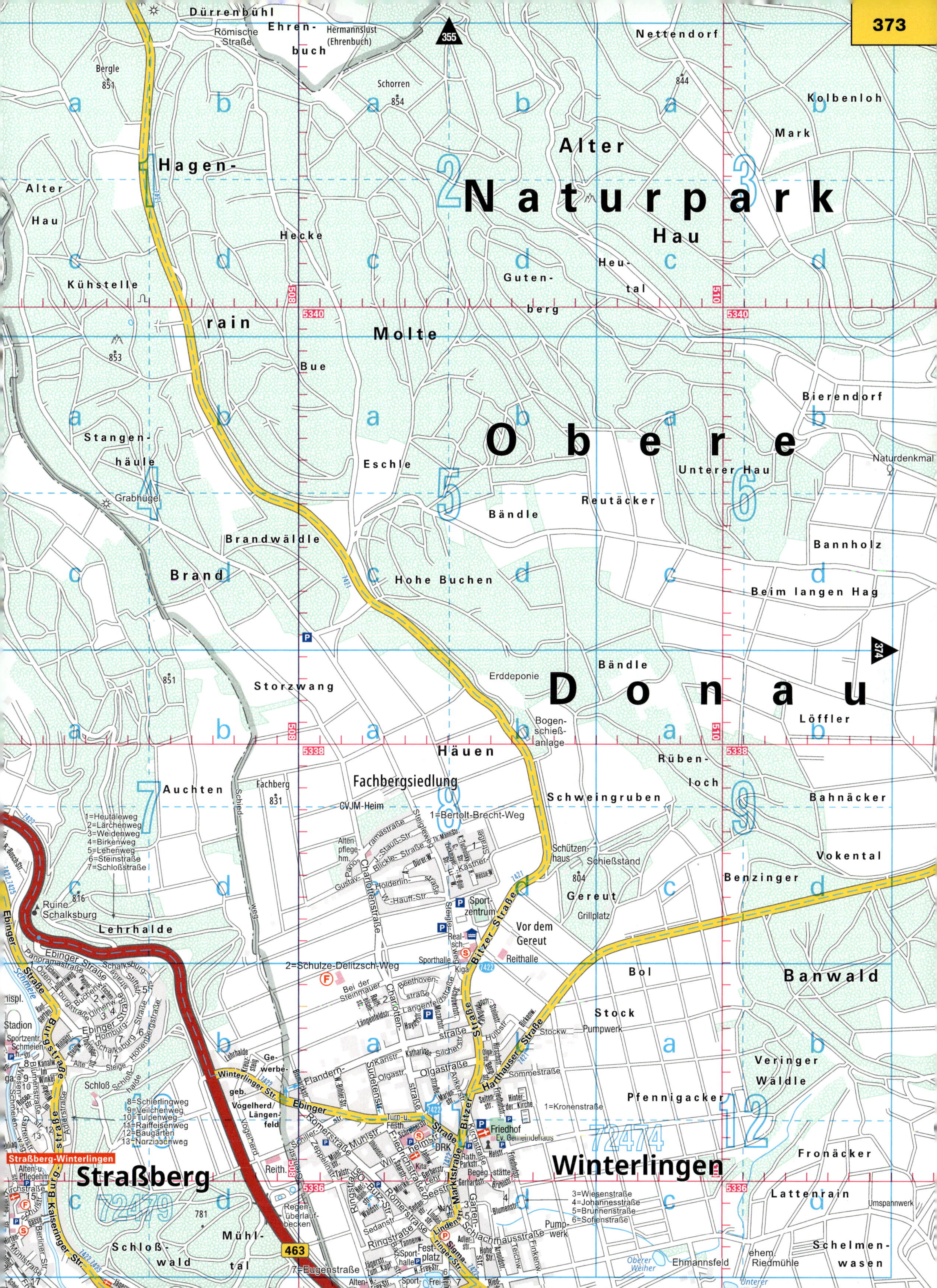

Naturpark Obere Donau
Dürrenbühl
Römische Straße
Ehrenbuch
Hermannslust (Ehrenbuch)
355
Nettendorf
Bergle 851
Schorren 854
844
Kolbenloh
Mark
Alter Hau
Hagenrain
Hecke
Heutal
Gutenberg
Kühstelle
Molte
853
Bue
Bierendorf
Stangenhäule
Eschle
Unterer Hau
Naturdenkmal
Grabhügel
Bändle
Reutäcker
Bannholz
Brandwäldle
Brand
Hohe Buchen
Beim langen Hag
374
Erddeponie
851
Storzwang
Löffler
Bogenschießanlage
Häuen
Rübenloch
Fachberg 831
Fachbergsiedlung
Auchten
Schweingruben
Bahnäcker
CVJM-Heim
1=Bertolt-Brecht-Weg
1=Heutaleweg
2=Lärchenweg
3=Weidenweg
4=Birkenweg
5=Lehenweg
6=Steinstraße
7=Schloßstraße
Schützenhaus
Schießstand
Vokental
804
Gereut
Benzinger
Ruine Schalksburg
816
Grillplatz
Sportzentrum
Lehrhalde
Vor dem Gereut
Reithalle
2=Schulze-Delitzsch-Weg
Bol
Banwald
Stock
Pumpwerk
Stadion
Veringer Wäldle
Pfennigacker
1=Kronenstraße
Friedhof
8=Schierlingweg
9=Veilchenweg
10=Tulpenweg
11=Raiffeisenweg
12=Baugarten
13=Narzissenweg
Straßberg-Winterlingen
Straßberg
72479
Winterlingen
72474
Fronäcker
Lattenrain
Umspannwerk
3=Wiesenstraße
4=Johannesstraße
5=Brunnenstraße
6=Sofienstraße
Regenüberlaufbecken
781
Mühltal
Schloßwald
463
7=Eugenstraße
Ehmannsfeld
Oberer Weiher
ehem. Riedmühle
Schelmenwasen
Ebinger Straße
Bitzer Straße
Harthauser Straße
Marktstraße
Winterlinger Str.
Kaiseringer Str.

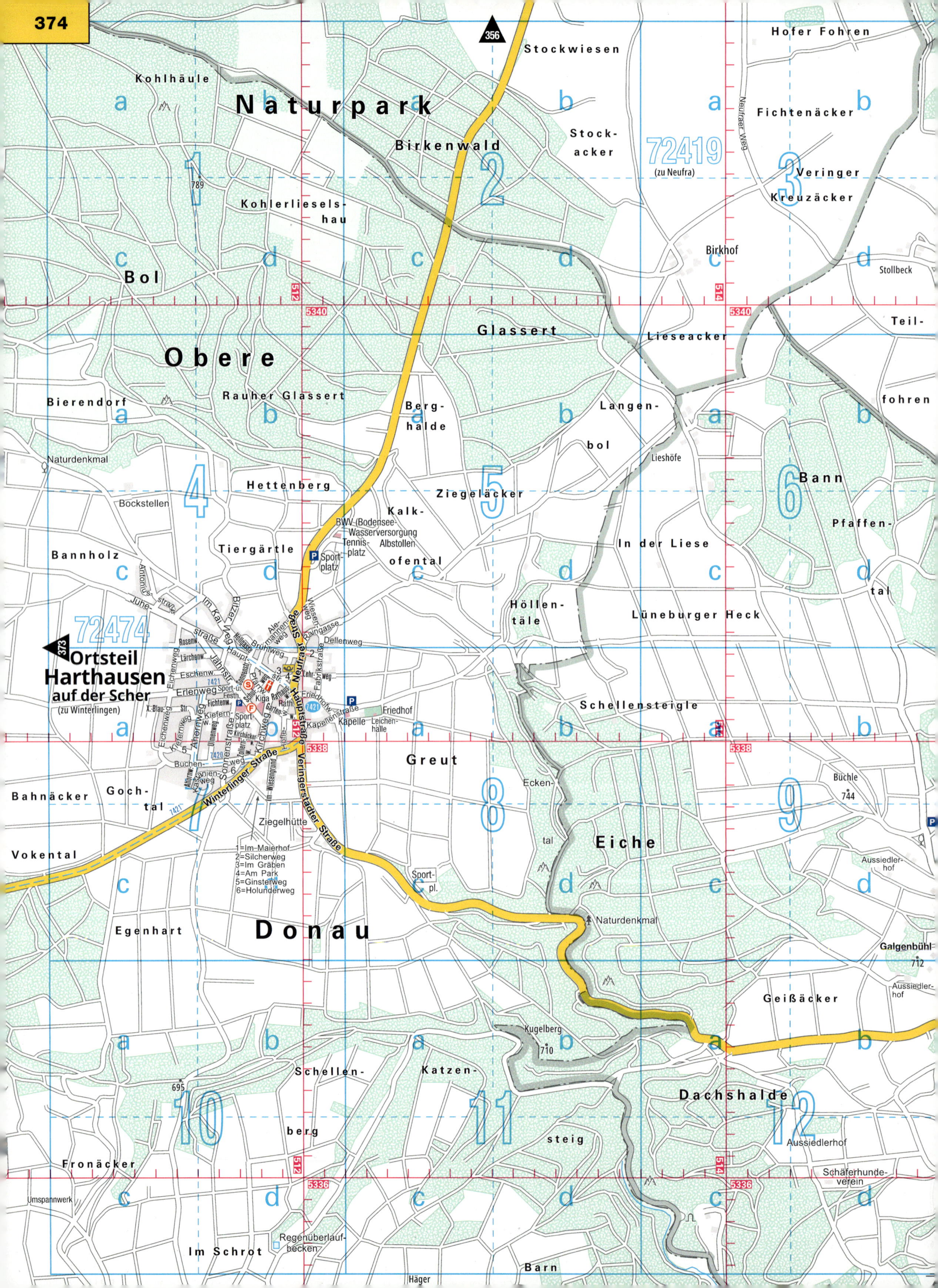

Naturpark
Obere
Donau
Kohlhäule
Stockwiesen
Hofer Fohren
Fichtenäcker
Stock-
acker
Birkenwald
72419
(zu Neufra)
Neufraer Weg
Veringer
Kreuzäcker
Kohlerliesels-
hau
Birkhof
Stollbeck
Bol
Glassert
Lieseacker
Teil-
fohren
Rauher Glassert
Bierendorf
Berg-
halde
Langen-
bol
Lieshöfe
Naturdenkmal
Hettenberg
Ziegeläcker
Bann
Bockstellen
Kalk-
ofental
BWV (Bodensee-Wasserversorgung
Albstollen
Tennis-
platz
Sport-
platz
Pfaffen-
tal
Tiergärtle
In der Liese
Bannholz
Höllen-
täle
Lüneburger Heck
72474
373
Ortsteil
Harthausen
auf der Scher
(zu Winterlingen)
Dellenweg
Friedhof
Kapelle
Leichen-
halle
Schellensteigle
Greut
Ecken-
tal
Büchle
744
Bahnäcker
Goch-
tal
Vokental
Winterlinger Straße
Veringenstadter Straße
Hauptstraße
Neufraer Straße
Ziegelhütte
1=Im Maierhof
2=Silcherweg
3=Im Gräben
4=Am Park
5=Ginsterweg
6=Holunderweg
Eiche
Aussiedler-
hof
Sport-
pl.
Egenhart
Naturdenkmal
Galgenbühl
712
Geißäcker
Kugelberg
710
695
Schellen-
berg
Katzen-
steig
Dachshalde
Aussiedlerhof
Fronäcker
Schäferhunde-
verein
Umspannwerk
Regenüberlauf-
becken
Im Schrot
Barn
Häger
356
5340
5338
5336
512
514

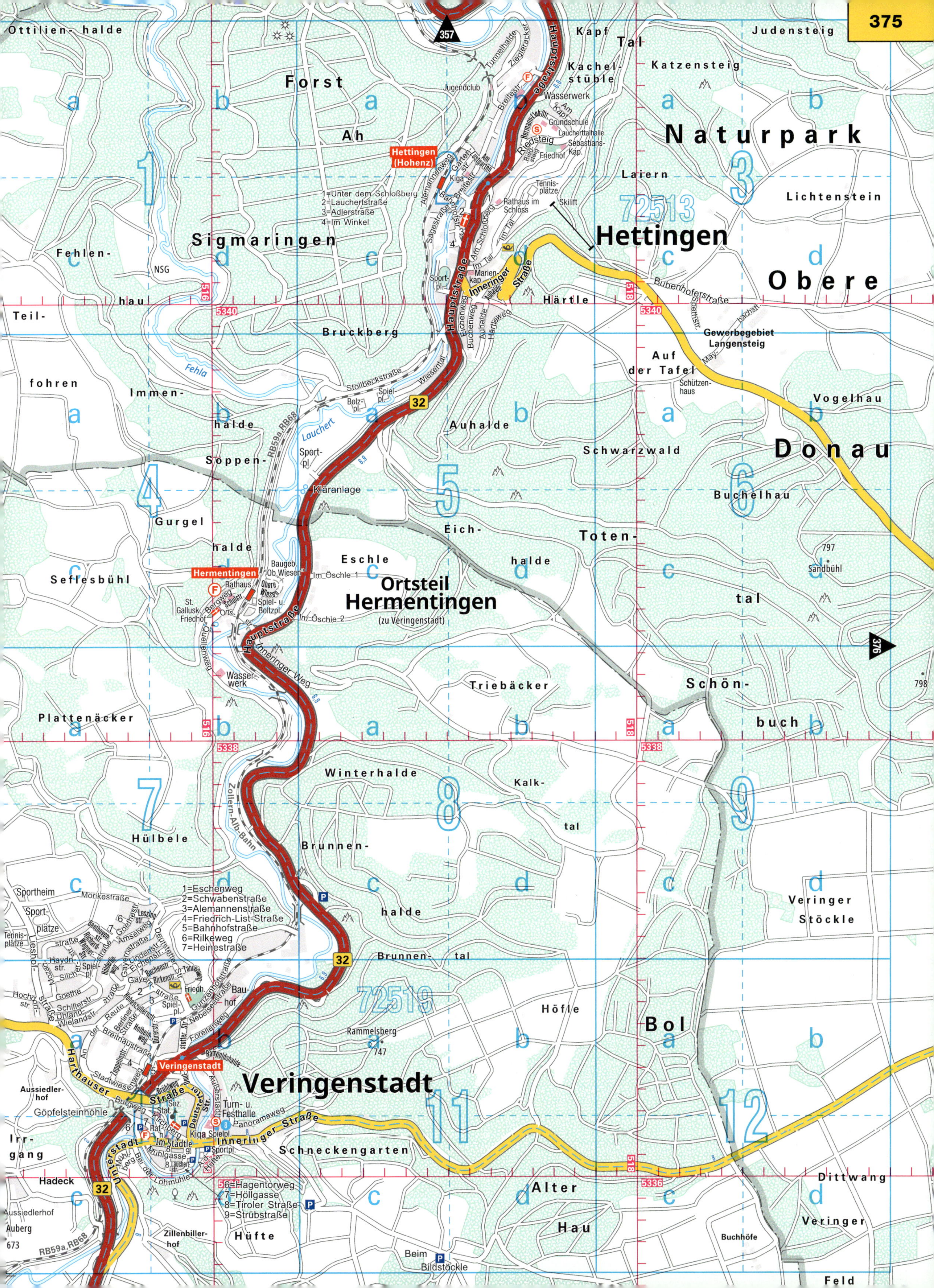
Ottilien- halde
Forst
Ah
Hettingen (Hohenz)
Jugendclub
Kapf
Tal
Kachel- stüble
Wasserwerk
Grundschule
Laucherttalhalle
Sebastians- Kap.
Friedhof
Katzensteig
Judensteig
Naturpark
Lairern
Lichtenstein
1=Unter dem Schloßberg
2=Lauchertstraße
3=Adlerstraße
4=Im Winkel
Rathaus im Schloss
Skilift
72513
Hettingen
Sigmaringen
Fehlen-
NSG
haul
Obere
Teil-
Bruckberg
Härtle
Bubenhoferstraße
Gewerbegebiet Langensteig
Auf der Tafel
Schützenhaus
fohren
Immen-
halde
Stollbeckstraße
Vogelhau
Lauchert
Auhalde
Schwarzwald
Donau
Soppen-
Kläranlage
Buchelhau
Gurgel
Eich-
Toten-
halde
Eschle
halde
797
Sandbühl
Seflesbühl
Hermentingen
Ortsteil Hermentingen
(zu Veringenstadt)
tal
Triebäcker
Schön-
buch
798
Plattenäcker
Winterhalde
Kalk-
tal
Hülbele
Brunnen-
halde
Zollern-Alb-Bahn
Sportheim
1=Eschenweg
2=Schwabenstraße
3=Alemannenstraße
4=Friedrich-List-Straße
5=Bahnhofstraße
6=Rilkeweg
7=Heinestraße
Veringer Stöckle
Brunnen- tal
72519
Höfle
Bol
Rammelsberg
747
Veringenstadt
Harthauser Straße
Aussiedlerhof
Göpfelsteinhöhle
Irr- gang
Schneckengarten
Innerlinger Straße
Hadeck
5=Hagentorweg
7=Höllgasse
8=Tiroler Straße
9=Strübstraße
Alter
Hau
Dittwang
Veringer
Aussiedlerhof
Auberg
673
Zillenbillerhof
Hüfte
Beim Bildstöckle
Buchhöfe
Feld

Naturpark
Obere
Donau
Wetterkreuz
Lachen
Weidbühl
Pfaffenberg
791
Dollen-
tal
Langenbühl
Beim Galthaus
Grundwiese
Schorren
Birkenloh
Kohlhau
Beerenbuch
Täschen-
acker
(zu Gammertingen)
Fron-
acker
Greut
Höhle
Pistre
Kläranlage
Saureuter Hülb
Hülble
Stock-
Faulwiesenhau
äcker
Faulwiesen
Kalkofen
Ried
Raitling
Mauerhau
Maibühl
Kurzet
Hart
Altbühl
Ried
Simonsberg
798
72513
Hochland
Malerdicke
Dörrich
Kahlbühl
819
Wasserturm
Stadtteil
Inneringen
(zu Hettingen)
Hangweid
Dullenberg
Krättleswiese
Berg-
kapelle
Dorfgem.-hs.
Kiga
Albhalle
Römer-
str.
Gammertinger
Straße
Hohenzollern-
straße
Lindenbergstraße
Sigmaringer Straße
Museum
Hl.Kreuz-
kapelle
Bau-
hof
Kapellenstraße
Tennis-
plätze
Spielpl.
Sport-
platz
Fried-
hof
Kap.
Gewerbegebiet
"Bergwiesen"
Bergwiesen
1 = Im Käppelebrühl
Ottenfeld
Lietholz
Ebnet
Eck
Galgenbühl
800
Spitalhau
Hänslestal
Steigerloh
782
Dittwang
Krekenhofen
Maria-Nötenwang-Kapelle
Heiligenhölzle
Telle
795
358
375

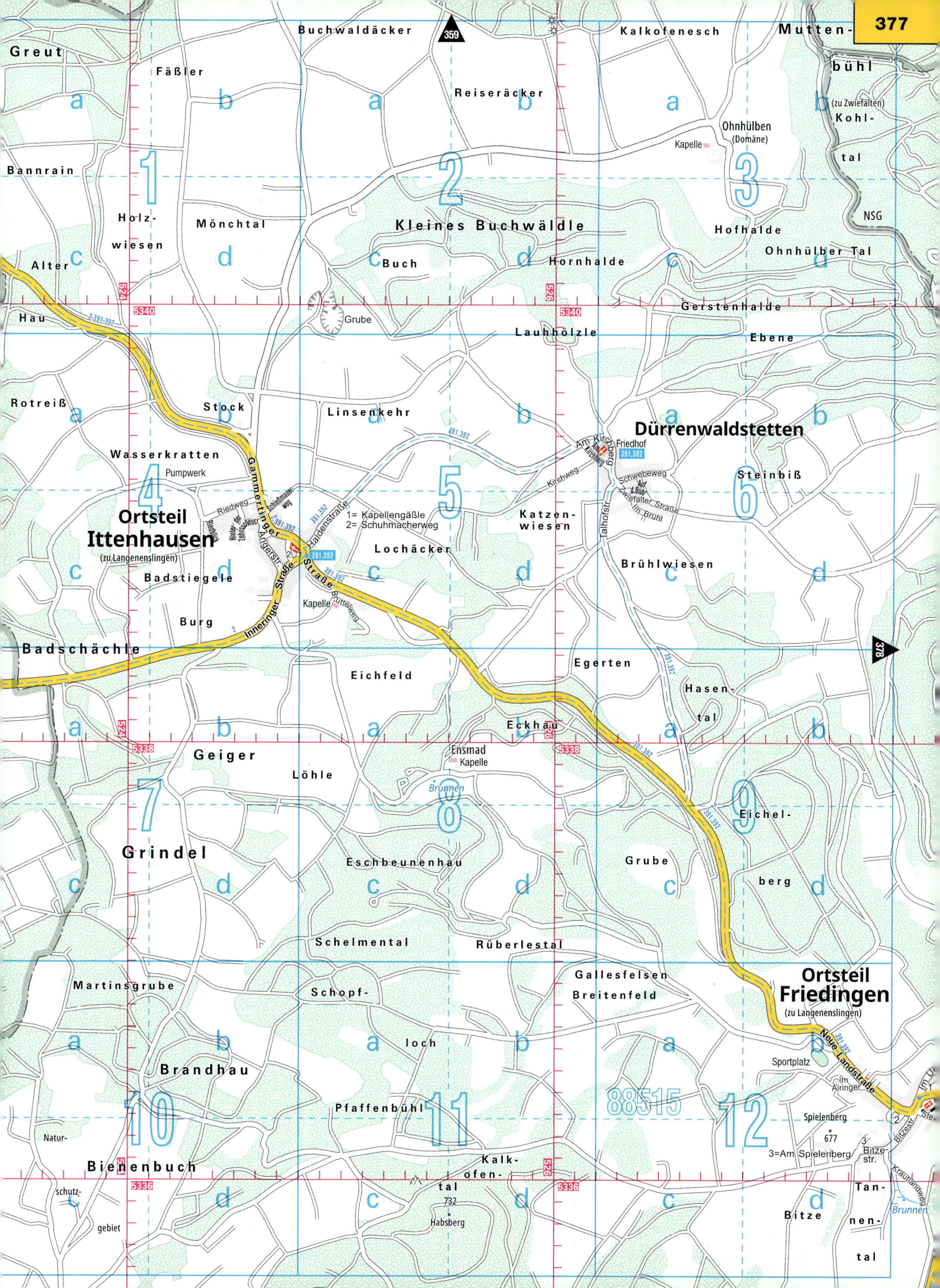

Greut
Fäßler
Buchwaldäcker
359
Reiseräcker
Kalkofenesch
Mutten-
bühl
(zu Zwiefalten)
Kohl-
tal
Ohnhülben
(Domäne)
Kapelle
Bannrain
Holz-
wiesen
Mönchtal
Kleines Buchwäldle
Hofhalde
NSG
Ohnhülber Tal
Alter
Buch
Hornhalde
Hau
Grube
Gerstenhalde
Lauhhölzle
Ebene
Rotreiß
Stock
Linsenkehr
Dürrenwaldstetten
Friedhof
Am Kirchberg
Kirchweg
Schwebeweg
Zwiefalter Straße
Im Brühl
Talhofstr.
Steinbiß
Wasserkratten
Pumpwerk
Gammertinger Straße
Riedweg
Haldenstraße
1= Kapellengäßle
2= Schuhmacherweg
Katzen-
wiesen
Ortsteil
Ittenhausen
(zu Langenenslingen)
Angerstr.
Lochäcker
Brühlwiesen
Badstiegele
Kapelle
Burg
Inneringer Straße
Badschächle
Eichfeld
Egerten
378
Hasen-
tal
Eckhau
Geiger
Löhle
Ensmad
Kapelle
Brunnen
Eichel-
berg
Grindel
Eschbeunenhau
Grube
Schelmental
Rüberlestal
Gallesfelsen
Breitenfeld
Ortsteil
Friedingen
(zu Langenenslingen)
Martinsgrube
Schopf-
loch
Brandhau
Sportplatz
Neue Landstraße
Im Airinger
Pfaffenbühl
88515
Spielenberg
677
3=Am Spielenberg
Bitze-
str.
Natur-
schutz-
gebiet
Bienenbuch
Kalk-
ofen-
tal
732
Habsberg
Bitze
Tan-
nen-
tal
Krautlandweg
Brunnen
5340
5338
5336
524
526
391,392

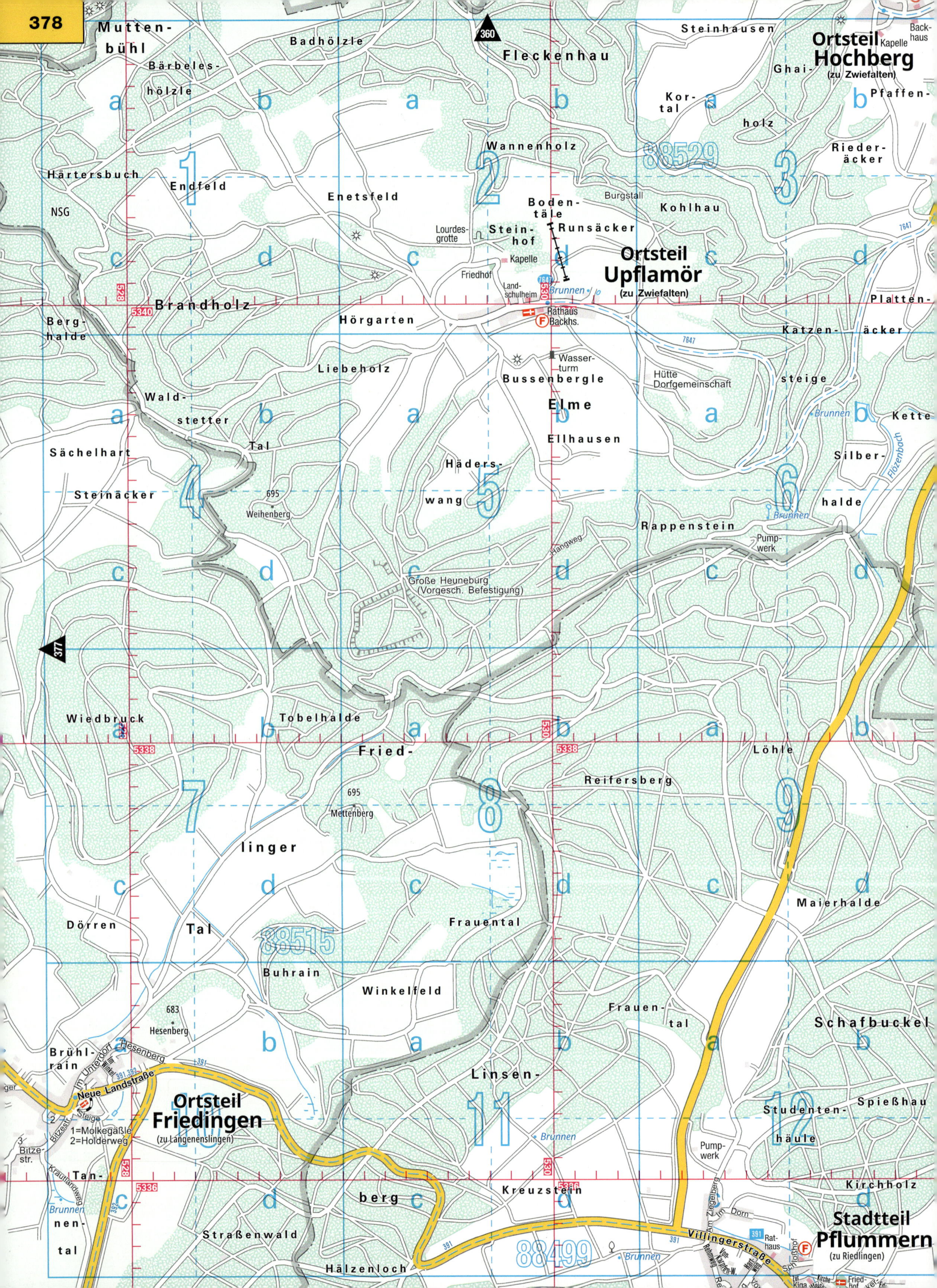

Muttenbühl
Badhölzle
Fleckenhau
Steinhausen
Ortsteil Hochberg (zu Zwiefalten)
Kapelle
Backhaus
Bärbeleshölzle
Ghai-
Kortal
Pfaffenholz
Wannenholz
Riederäcker
Härtersbuch
Endfeld
Enetsfeld
Bodentäle
Burgstall
Kohlhau
NSG
Lourdesgrotte
Steinhof
Runsäcker
Kapelle
Ortsteil Upflamör (zu Zwiefalten)
Friedhof
Landschulheim
Brunnen
Brandholz
Rathaus
Backhs.
Plattenäcker
Berghalde
Hörgarten
Katzensteige
Wasserturm
Liebeholz
Bussenbergle
Hütte Dorfgemeinschaft
Waldstetter Tal
Elme
Brunnen
Kette
Sächelhart
Ellhausen
Silberhalde
Häderswang
Steinäcker
695
Weihenberg
Brunnen
Rappenstein
Pumpwerk
Hangweg
Große Heuneburg (Vorgesch. Befestigung)
Fliezenbach
Wiedbruck
Tobelhalde
Löhle
Friedlinger Tal
Reifersberg
695
Mettenberg
Dörren
Frauental
Maierhalde
Buhrain
Winkelfeld
683
Hesenberg
Frauental
Schafbuckel
Brühlrain
Im Unterdorf
Hesenberg
Neue Landstraße
Linsen-
Ortsteil Friedingen (zu Langenenslingen)
Spießhau
Studentenhäule
1=Molkegäßle
2=Holderweg
Bitzestr.
Brunnen
Pumpwerk
Tannental
Krautlandweg
Kreuzstein
Kirchholz
Linsenberg
Straßenwald
Im Dorn
Rathaus
Villingerstraße
Stadtteil Pflummern (zu Riedlingen)
Hälzenloch
Brunnen
88529
88515
88499
360
377
5340
5338
5336
528
530
7647
391

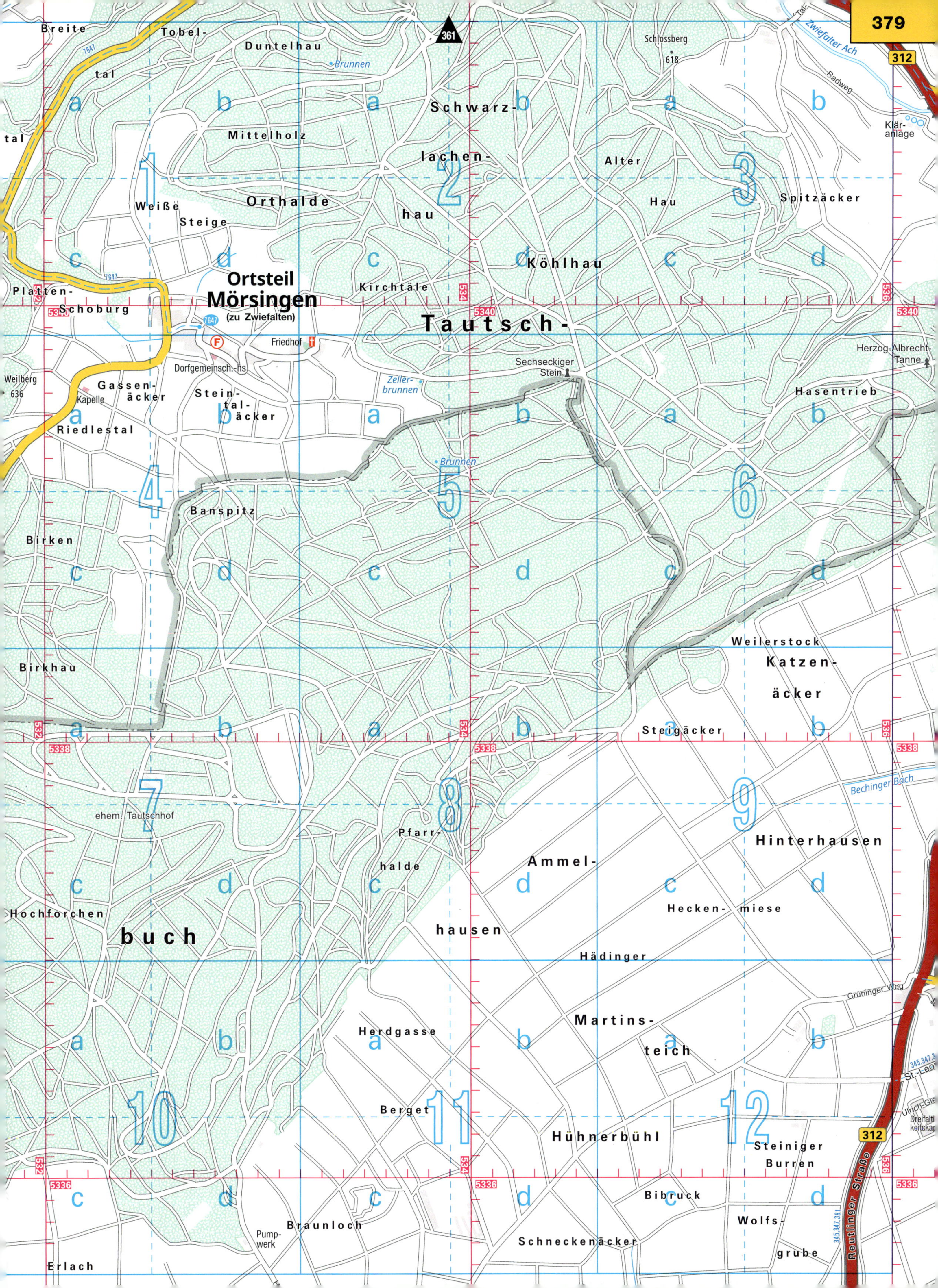

Breite
Tobel-
Duntelhau
Brunnen
tal
Schwarz-
Schlossberg
618
Zwiefalter Ach
Radweg
Kläranlage
Mittelholz
lachen-
Alter
Hau
Spitzäcker
Weiße
Steige
Orthalde
hau
Köhlhau
Ortsteil
Mörsingen
(zu Zwiefalten)
Kirchtäle
Platten-
Schoburg
Tautsch-
Friedhof
Dorfgemeinsch.-hs
Sechseckiger Stein
Herzog-Albrecht-Tanne
Weilberg
636
Gassen-
äcker
Kapelle
Riedlestal
Stein-
tal-
äcker
Zeller-
brunnen
Hasentrieb
Brunnen
Banspitz
Birken
Birkhau
Weilerstock
Katzen-
äcker
Steigäcker
ehem. Tautschhof
Pfarr-
halde
Bechinger Bach
Hinterhausen
Ammel-
hausen
Hecken-
miese
Hochforchen
buch
Hädinger
Grüninger Weg
Martins-
teich
Herdgasse
Berget
Hühnerbühl
Steiniger
Burren
Reutlinger Straße
Bibruck
Braunloch
Pump-
werk
Wolfs-
grube
Schneckenäcker
Erlach
312
361

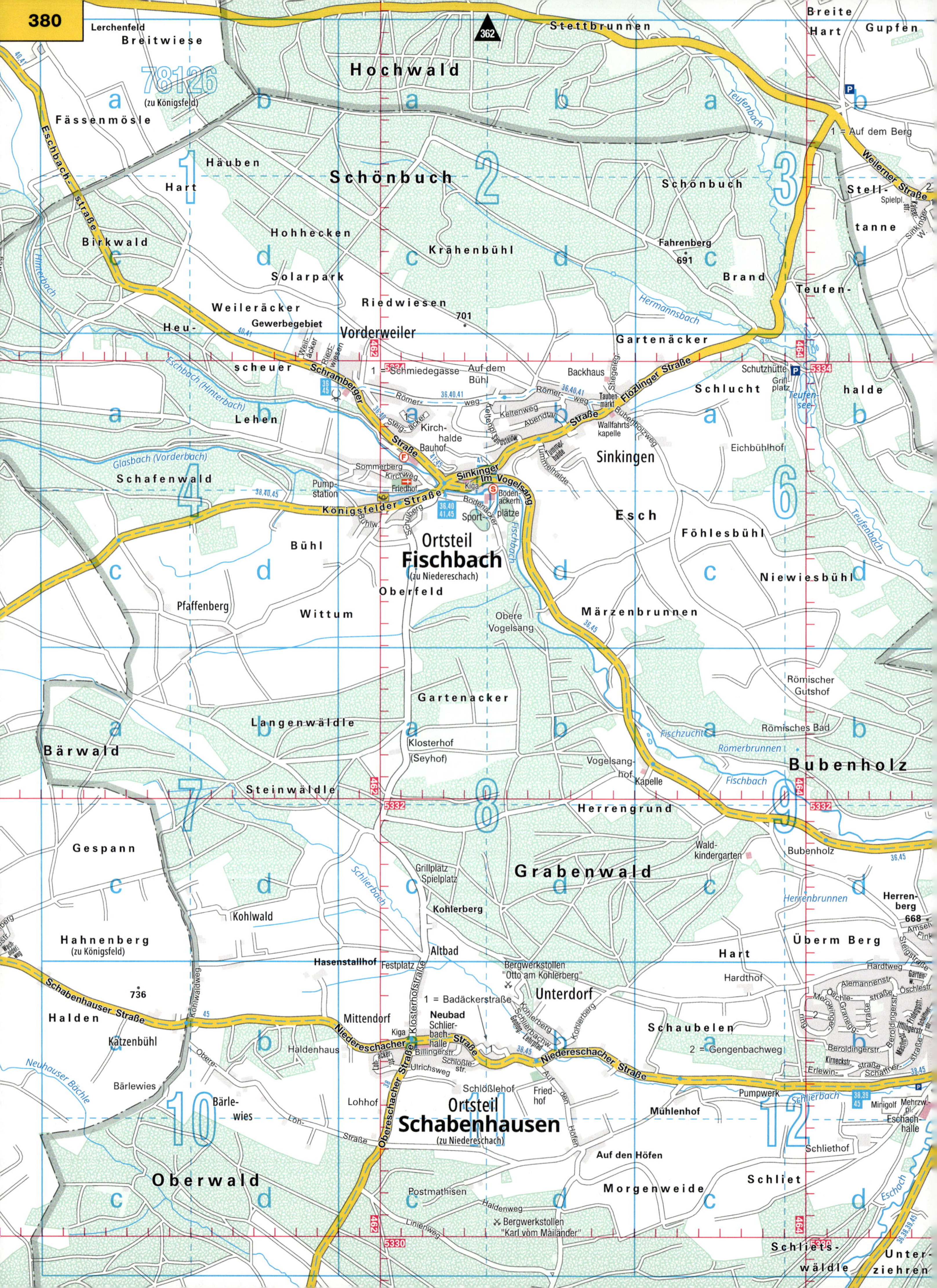

Lerchenfeld
Breitwiese
Stettbrunnen
362
Breite
Hart
Gupfen
Hochwald
78126 (zu Königsfeld)
Fässenmösle
1 = Auf dem Berg
Weilerner Straße
Eschbach-straße
Häuben
Hart
Schönbuch
Schönbuch
Stell-tanne
Birkwald
Hohhecken
Krähenbühl
Fahrenberg 691
Brand
Solarpark
Teufenbach
Teufen-halde
Weileräcker
Gewerbegebiet
Riedwiesen
701
Hermannsbach
Heu-scheuer
Vorderweiler
Gartenäcker
Eschbach (Hinterbach)
Schramberger Straße
1 = Schmiedegasse
Auf dem Bühl
Backhaus
Tzlinger Straße
Schutzhütte
Schlucht
Teufensee
Lehen
Kirch-halde
Bauhof
Römerweg
Keltenweg
Abendtal
Taubenmarkt
Wallfahrtskapelle
Bubenholzweg
Eichbühlhof
Glasbach (Vorderbach)
Schafenwald
Sommerberg
Kirchweg
Friedhof
Pump-station
Sinkinger Straße
Im Vogelsang
Sinkingen
Kiga
Boden-äcker
Sport-plätze
Königsfelder Straße
Esch
Föhlesbühl
Bühl
Ortsteil Fischbach (zu Niedereschach)
Niewiesbühl
Oberfeld
Pfaffenberg
Wittum
Obere Vogelsang
Märzenbrunnen
Römischer Gutshof
Gartenacker
Römisches Bad
Bärwald
Langenwäldle
Klosterhof (Seyhof)
Fischzucht
Römerbrunnen
Fischbach
Bubenholz
Vogelsang-hof
Kapelle
Steinwäldle
Herrengrund
Gespann
Wald-kindergarten
Bubenholz
Grillplatz Spielplatz
Grabenwald
Schlierbach
Herrenbrunnen
Herren-berg 668
Kohlwald
Kohlerberg
Hahnenberg (zu Königsfeld)
Überm Berg
Hasenstallhof
Festplatz
Altbad
Bergwerksstollen "Otto am Kohlerberg"
Hart
Hardthof
1 = Badäckerstraße
Unterdorf
736
Schabenhauser Straße
Neubad
Halden
Mittendorf
Schlier-bach-halle
Schaubelen
Katzenbühl
Haldenhaus
Niedereschacher Straße
2 = Gengenbachweg
Billingerstr.
Ulrichsweg
Neuhauser Bächle
Bärlewies
Schlößlehof
Fried-hof
Pumpwerk
Minigolf
Eschach-halle
Bärle-wies
Lohhof
Ortsteil Schabenhausen (zu Niedereschach)
Mühlenhof
Schliethof
Oberwald
Auf den Höfen
Obereschacher Straße
Postmathisen
Morgenweide
Schliet
Haldenweg
Bergwerksstollen "Karl vom Mailänder"
Linienweg
Eschach
Schliets-wäldle
Unter-ziehren

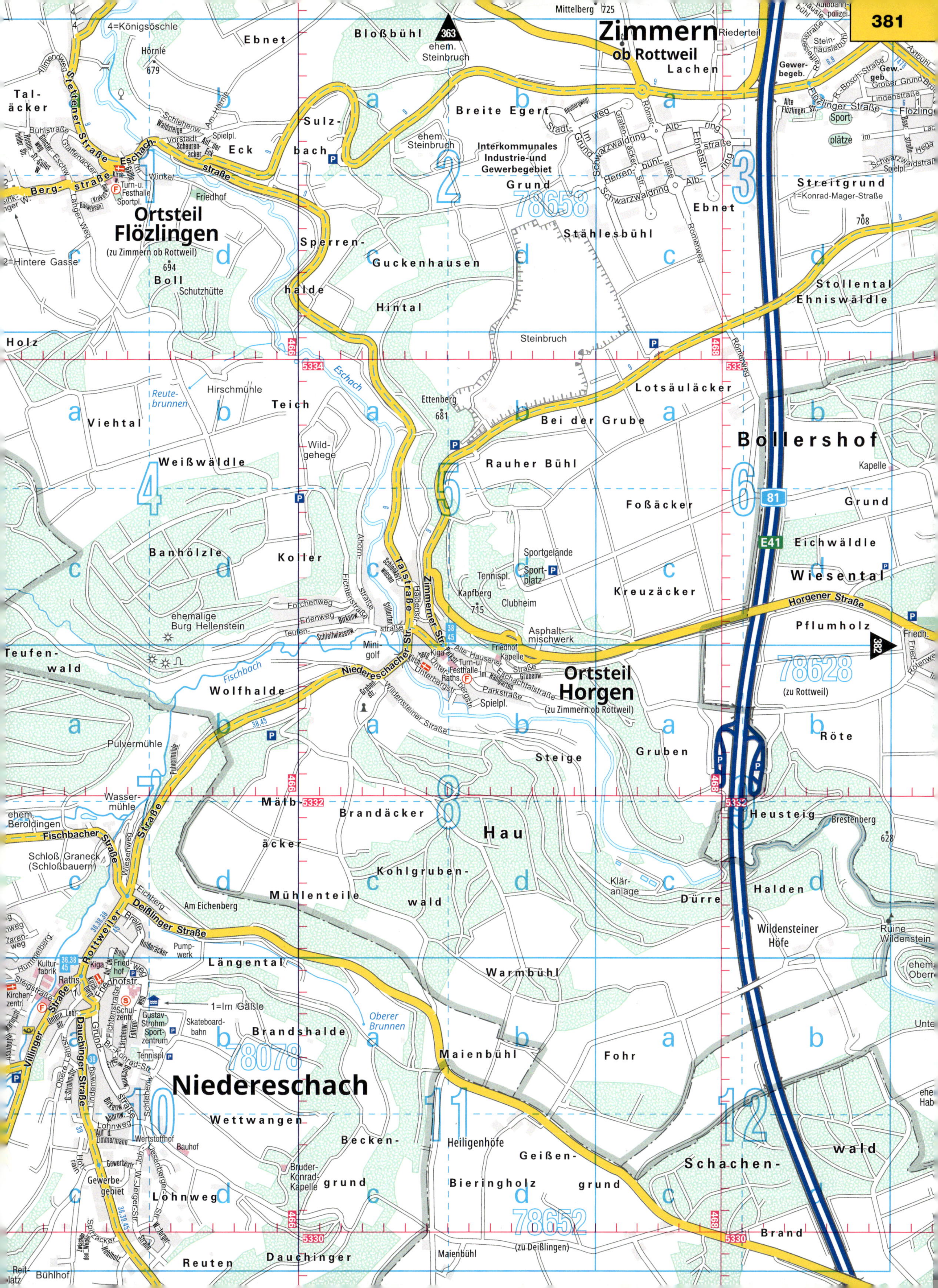
Zimmern
ob Rottweil
Mittelberg 725
Riederteil
Lachen
Bloßbühl
363
ehem. Steinbruch
Ebnet
4=Königsöschle
Hörnle
679
Tal-
äcker
Breite Egert
Sulz-
bach
ehem. Steinbruch
Interkommunales
Industrie-und
Gewerbegebiet
Grund
78658
Stählesbühl
Ebnet
Streitgrund
1=Konrad-Mager-Straße
708
Eck
Winkel
Friedhof
Berg-
straße
Eschach-
straße
Turn-u. Festhalle
Sportpl.
Ortsteil
Flözlingen
(zu Zimmern ob Rottweil)
694
Boll
Schutzhütte
2=Hintere Gasse
Sperren-
halde
Guckenhausen
Hintal
Stollental
Ehniswäldle
Holz
Steinbruch
Eschach
Hirschmühle
Reute-
brunnen
Teich
Ettenberg
681
Lotsäuläcker
Viehtal
Wild-
gehege
Bei der Grube
Bollershof
Kapelle
Rauher Bühl
Weißwäldle
Foßäcker
Grund
81
E41
Eichwäldle
Banhölzle
Koller
Sportgelände
Sport-
platz
Tennispl.
Kapfberg
715
Clubheim
Kreuzäcker
Wiesental
Horgener Straße
ehemalige
Burg Hellenstein
Forchenweg
Erlenweg
Asphalt-
mischwerk
Pflumholz
382
Friedh.
Teufen-
wald
Fischbach
Wolfhalde
Mini-
golf
Niedereschacher Str.
Talstraße
Zimmerner Str.
Friedhof
Kapelle
Turn-u. Festhalle
Raths.
Spielpl.
Parkstraße
Eschachtalstraße
Ortsteil
Horgen
(zu Zimmern ob Rottweil)
78628
(zu Rottweil)
Röte
Wildensteiner Straße
Pulvermühle
Steige
Gruben
Wasser-
mühle
ehem.
Beroldingen
Fischbacher Straße
Mälb-
äcker
Brandäcker
Hau
Heusteig
Brestenberg
628
Schloß Graneck
(Schloßbauern)
Kohlgruben-
wald
Mühlenteile
Klär-
anlage
Dürre
Halden
Am Eichenberg
Deißlinger Straße
Wildensteiner
Höfe
Ruine
Wildenstein
Pump-
werk
Längental
Warmbühl
Rottweiler Straße
Kultur-
fabrik
Raths.
Kiga
Fried-
hof
Friedhofstr.
1=Im Gäßle
Gustav-
Strohm-
Sport-
zentrum
Skateboard-
bahn
Oberer
Brunnen
Brandshalde
Maienbühl
Fohr
78078
Niedereschach
Villinger Straße
Dauchinger Straße
Tennispl.
Wettwangen
Heiligenhöfe
Wertstoffhof
Bauhof
Becken-
grund
Bruder-
Konrad-
Kapelle
Geißen-
grund
Schachen-
wald
Gewerbe-
gebiet
Lohnweg
Bieringholz
78652
(zu Deißlingen)
Maienbühl
Brand
Reuten
Dauchinger
Bühlhof
5334
5332
5330
466
468

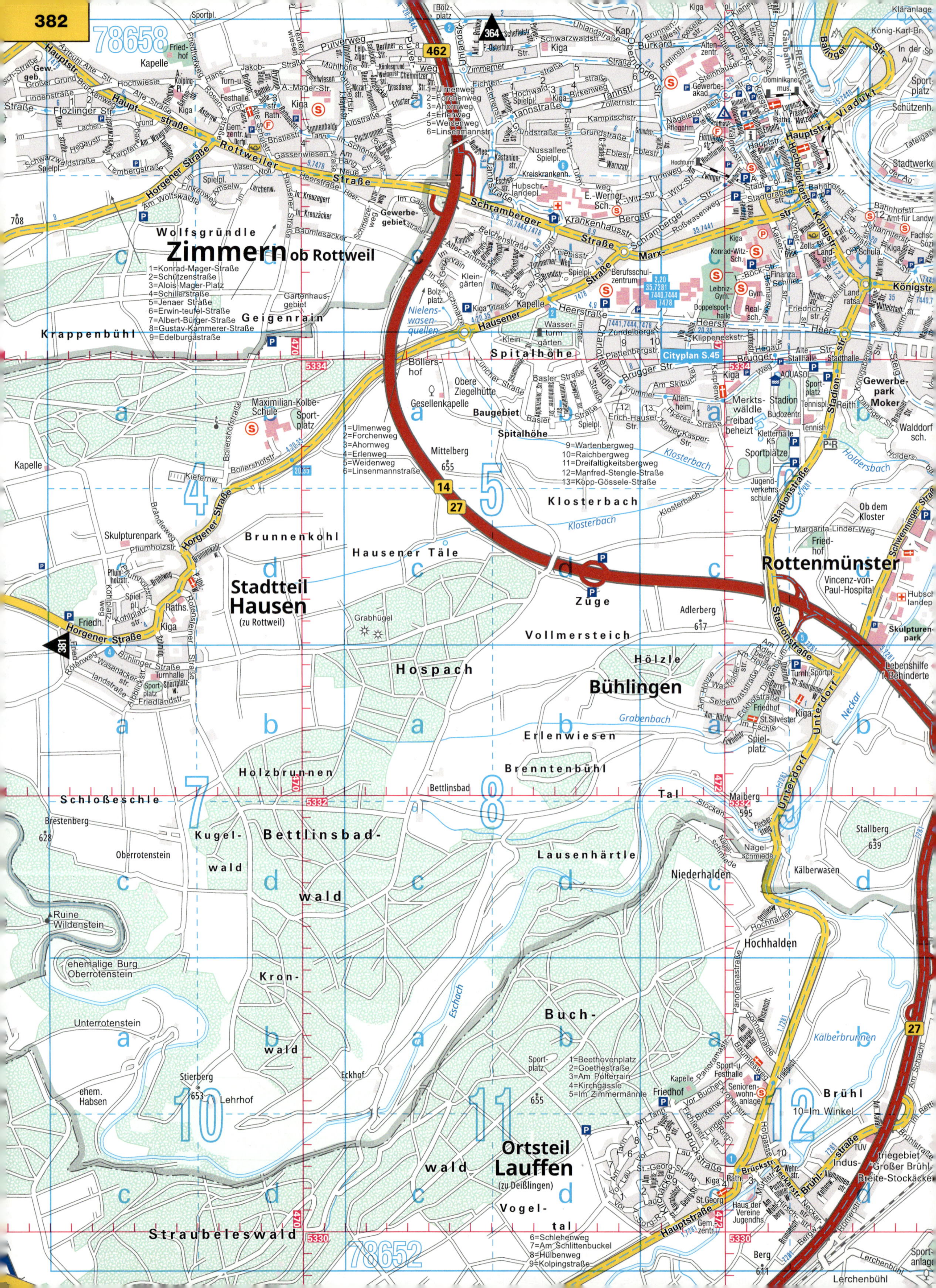
78658
Zimmern ob Rottweil
1=Konrad-Mager-Straße
2=Schützenstraße
3=Alois-Mager-Platz
4=Schillerstraße
5=Jenaer Straße
6=Erwin-Teufel-Straße
7=Albert-Bürger-Straße
8=Gustav-Kammerer-Straße
9=Edelburgstraße
Wolfsgründle
Krappenbühl
Geigenrain
Gartenhaus-gebiet
Horgener Straße
Rottweiler Straße
Flözlinger Str.
Hauptstr.
Kapelle
Friedhof
Kiga
Gewerbegebiet
Pulverweg
Schramberger Straße
Krankenhausstr.
Marx-
Hausener Straße
Heerstraße
Nielenswasenquellen
Spitalhöhe
Cityplan S.45
Brugger Str.
Stadion
Freibad
Sportplätze
Klosterbach
1=Ulmenweg
2=Forchenweg
3=Ahornweg
4=Erlenweg
5=Weidenweg
6=Linsenmannstraße
9=Wartenbergweg
10=Raichbergweg
11=Dreifaltigkeitsbergweg
12=Manfred-Stengle-Straße
13=Kopp-Gössele-Straße
Mittelberg
655
Bollershof
Obere Ziegelhütte
Gesellenkapelle
Baugebiet
Maximilian-Kolbe-Schule
Sportplatz
Kapelle
Skulpturenpark
Brunnenkohl
Hausener Täle
Stadtteil Hausen
(zu Rottweil)
Grabhügel
Hospach
Züge
Vollmersteich
Adlerberg
617
Rottenmünster
Vincenz-von-Paul-Hospital
Gewerbepark Moker
Walddorf sch.
Holdersbach
Ob dem Kloster
Margarita-Linder-Weg
Skulpturenpark
Lebenshilfe f. Behinderte
Stadionstraße
Hölzle
Bühlingen
Grabenbach
Erlenwiesen
Brenntenbühl
Unterdorf
Neckar
Bettlinsbad
Holzbrunnen
Schloßeschle
Brestenberg
628
Oberrotenstein
Kugelwald
Bettlinsbadwald
Lausenhärtle
Tal
Maiberg
595
Niederhalden
Nagelschmiede
Stallberg
639
Kälberwasen
Ruine Wildenstein
ehemalige Burg Oberrotenstein
Kronwald
Hochhalden
Unterrotenstein
Eschach
Buchwald
Kälberbrunnen
ehem. Habsen
Stierberg
653
Lehrhof
Eckhof
Sportplatz
655
1=Beethovenplatz
2=Goethestraße
3=Am Polterrain
4=Kirchgässle
5=Im Zimmermännle
Friedhof
Seniorenwohnanlage
Brühl
10=Im Winkel
Ortsteil Lauffen
(zu Deißlingen)
Vogeltal
Hauptstraße
Neckarstr.
Haus der Vereine Jugendhs.
Berg
611
Lerchenbühl
Straubeleswald
78652
6=Schlehenweg
7=Am Schlittenbuckel
8=Hülbenweg
9=Kolpingstraße
Industriegebiet Großer Brühl Breite-Stockäcker
5334
5332
5330
470
472
14
27
462
364
381

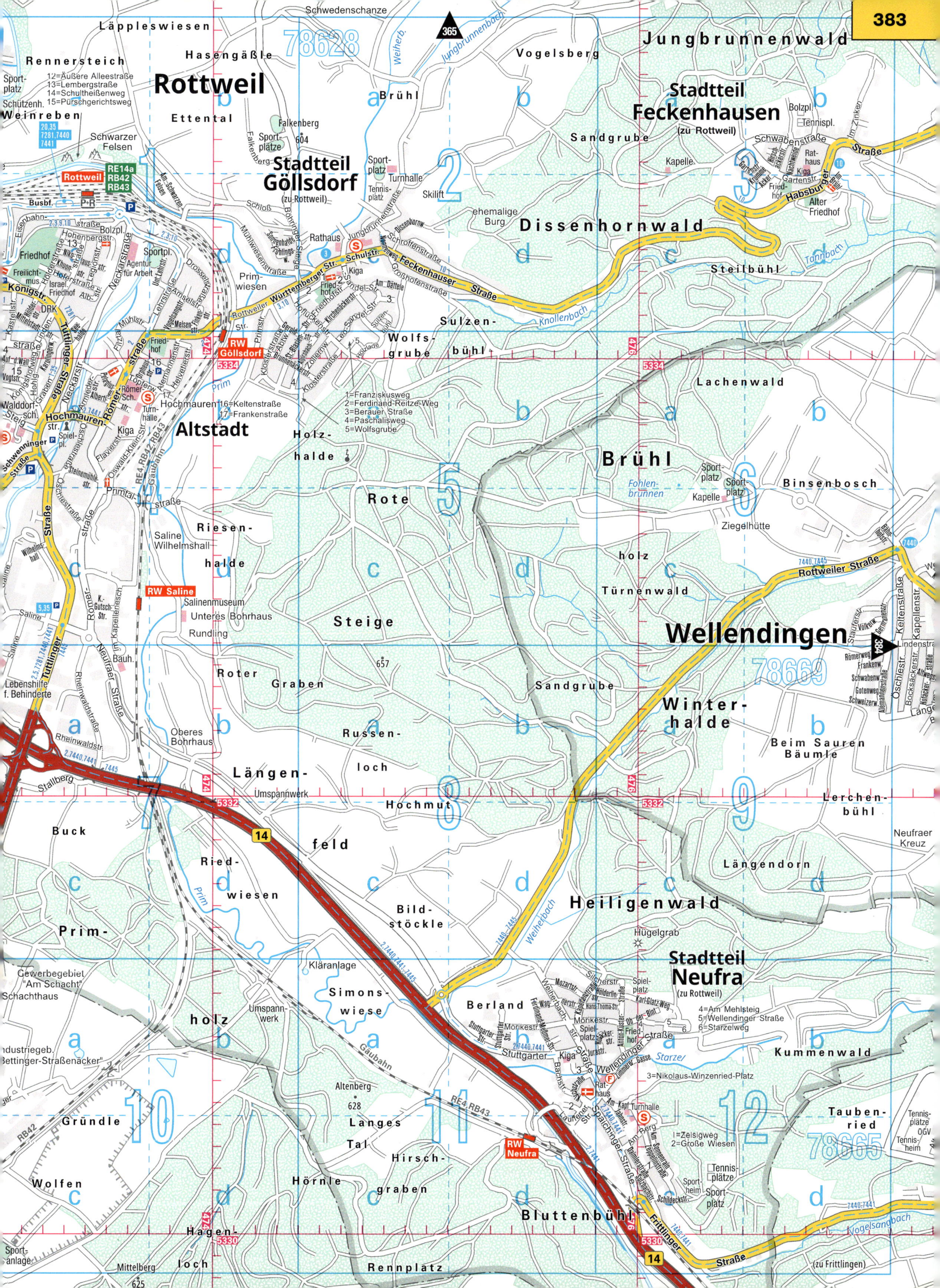
Rottweil
Stadtteil Göllsdorf
(zu Rottweil)
Stadtteil Feckenhausen
(zu Rottweil)
Jungbrunnenwald
Dissenhornwald
Altstadt
Brühl
Wellendingen
78669
78628
78665
Stadtteil Neufra
(zu Rottweil)
Heiligenwald
Rote Steige
Roter Graben
Russenloch
Längenfeld
Hochmut
Riedwiesen
Primholz
Bildstöckle
Simonswiese
Bluttenbühl
Rennplatz
Hagenloch
Gründle
Wolfen
Buck
Lachenwald
Binsenbosch
Türnenwald
Winterhalde
Beim Sauren Bäumle
Lerchenbühl
Längendorn
Kummenwald
Taubenried
Sandgrube
Vogelsberg
Steilbühl
Sulzenbühl
Wolfsgrube
Holzhalde
Riesenhalde
Läppleswiesen
Rennersteich
Hasengäßle
Ettental
Weinreben
Schwarzer Felsen
Schwedenschanze
Falkenberg
604
657
628
625
365
Hochmauren
Saline Wilhelmshall
Salinenmuseum
Unteres Bohrhaus
Rundling
Oberes Bohrhaus
Umspannwerk
Kläranlage
Altenberg
Langes Tal
Hirschgraben
Hörnle
Mittelberg
Berland
Hügelgrab
Ziegelhütte
Fohlenbrunnen
Neufraer Kreuz
Gewerbegebiet "Am Schacht"
Schachthaus
Industriegeb. "Bettinger-Straßenäcker"
RW Göllsdorf
RW Saline
RW Neufra
Rottweil
RE14a RB42 RB43
RE4 RB43
12=Äußere Alleestraße
13=Lembergstraße
14=Schultheißenweg
15=Pürschgerichtsweg
16=Keltenstraße
17=Frankenstraße
1=Franziskusweg
2=Ferdinand-Reitze-Weg
3=Berauer Straße
4=Paschaliswег
5=Wolfsgrube
4=Am Mehlsteig
5=Wellendinger Straße
6=Starzelweg
3=Nikolaus-Winzenried-Platz
1=Zeisigweg
2=Große Wiesen
Feckenhauser Straße
Rottweiler Straße
Frittlinger Straße
Stuttgarter Str.
Spaichinger Straße
Tuttlinger Straße
Württemberger Str.
Habsburger Straße
Neufraer Straße
Knollenbach
Tannbach
Welschbach
Starzel
Vogelsangbach
Prim
Jungbrunnenbach
(zu Frittlingen)
14
5330
5332
5334
474
476

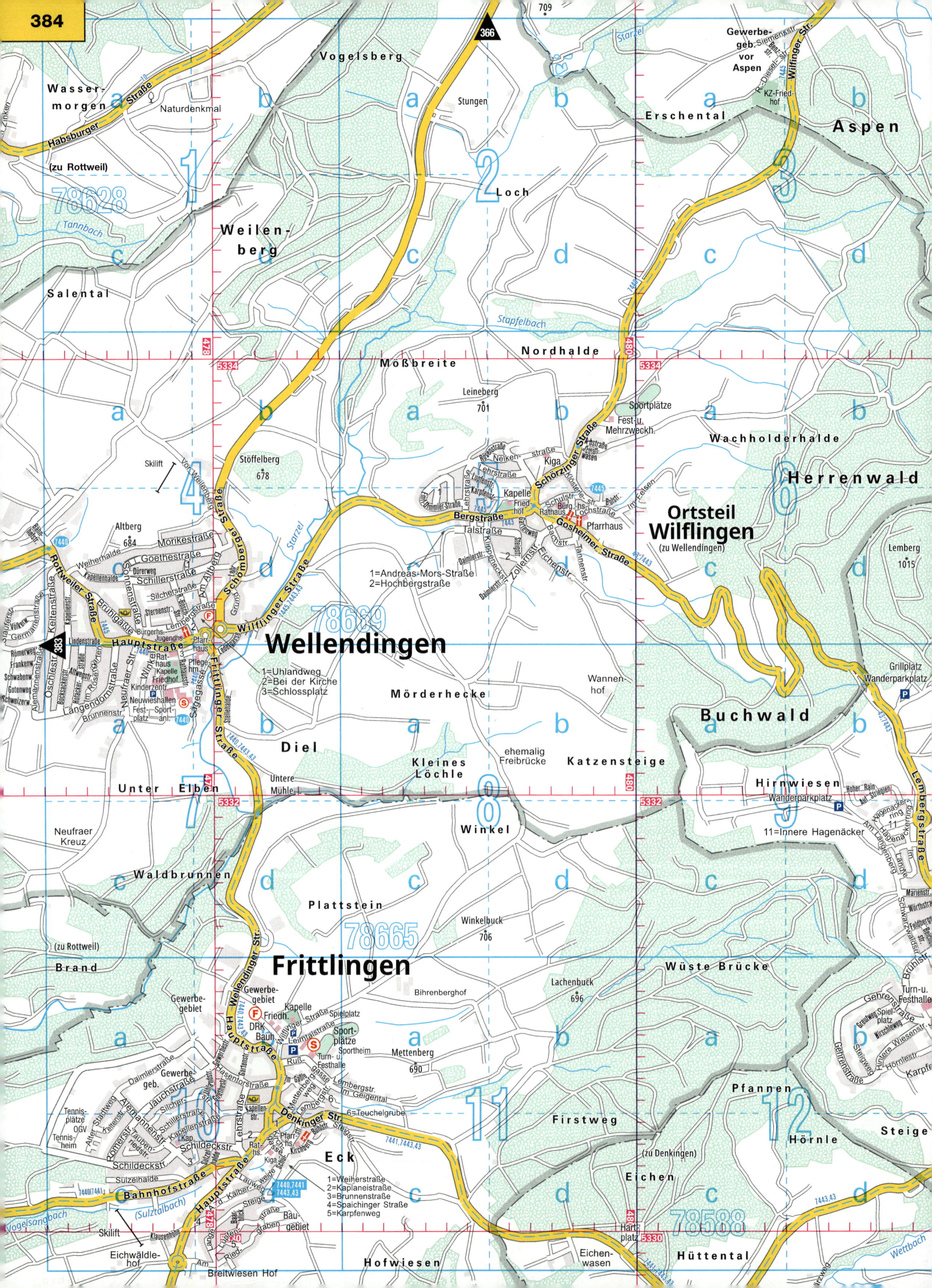
Wellendingen
Frittlingen
Ortsteil Wilflingen
(zu Wellendingen)
Aspen
Vogelsberg
Wassermorgen
Naturdenkmal
Stungen
Erschental
Loch
Weilenberg
Salental
Nordhalde
Moßbreite
Leineberg
701
Wachholderhalde
Herrenwald
Stöffelberg
678
Altberg
684
Lemberg
1015
Mörderhecke
Wannenhof
Buchwald
Diel
Kleines Löchle
ehemalig Freibrücke
Katzensteige
Unter Elben
Untere Mühle
Hirnwiesen
Wanderparkplatz
Winkel
Neufraer Kreuz
Waldbrunnen
Plattstein
Winkelbuck
706
(zu Rottweil)
Brand
Wüste Brücke
Lachenbuck
696
Bihrenberghof
Mettenberg
690
Pfannen
Firstweg
Hörnle
Steige
Eck
(zu Denkingen)
Eichen
Hofwiesen
Hüttental
Eichenwasen
Eichwäldlehof
Breitwiesen Hof
Habsburger Straße
Rottweiler Straße
Hauptstraße
Schömberger Straße
Wilflinger Straße
Frittlinger Straße
Bergstraße
Gosheimer Straße
Schörzinger Straße
Lembergstraße
Wellendinger Str.
Denkinger Str.
Bahnhofstraße
1=Andreas-Mors-Straße
2=Hochbergstraße
1=Uhlandweg
2=Bei der Kirche
3=Schlossplatz
11=Innere Hagenäcker
6=Teuchelgrube
1=Weiherstraße
2=Kaplaneistraße
3=Brunnenstraße
4=Spaichinger Straße
5=Karpfenweg
78628
78669
78665
78588

Deilingen
Tiefer Brunnen
367
Brühl
Tiefer-brunnen
Hummel-see
Erlen
(zu Schömberg)
72355
ehemalig Hohenberg
ehemalig Burg Oberhohenberg
Oberhohenberg
1011
Buchwald
Weiler
Raisäcker
Rottweiler Gasse
Reute
Hochbergstraße
Ortsteil Delkhofen
(zu Deilingen)
Delkhofer Mühle
Hessel-bol
1=Rebbergweg
2=Paradiesstraße
3=Steiglestraße
4=Am Wachbühl
Montschenloch
Bol
1002
Schlichte
78586
Wachbühl
Rötenbuch
Wandhalde
Wandbühl
1007
Fried-hof
Kapelle
Friedhofstraße
Fest-halle
Industriestr.
Lauterbachstr.
Bauhof
Gem.-hs.
Im Dörfle
Hauptstraße
Wehinger Straße
Gartenstr.
Ringstraße
Kreuzstr.
Bergstr.
Felsenstr.
Mühlbach
5334
482
484
Naturpark
Hochberg
1009
Roßreute
Delkhofer Säge
Baugebiet
Rubäcker
Rubäckerhalde
Riedertal
Mannsteighalde
Lützelhalb
1=Hermann-Hesse-Straße
Hinterhalde
Ochsenäcker
6=Untere Vorstadtstraße
7=Brunnenstraße
8=Am Fürthweg
9=Amselweg
10=Birkenweg
11=Kapellenweg
Auchten
Auchten-brunnen
Naturdenkmal Wunderfichte
Beckenhölzle
Umspann-werk
Am Sturmbühl
Wehingen
78564
Waldspiel- u. Grillplatz
947
Rubäckerstraße
Sommerrain
Sommerhalde
Spiel-platz
Hang
Dellinger Straße
Siemensstraße
Uhlandstr.
Mörikestraße
Schillerstraße
Hebelstraße
Albstr.
Fest-halle
Kiga
Gartenstraße
Bergstr.
Bahnhofs-platz
Wiesenstraße
Am Steigle
Obere
Schloss-berg-schule
Raths.
kath. Pfarrhs.
Reichenbacher Straße
Forst-amt
Schützenhaus
2=Mittlere Str.
3=Untere Str.
4=Richard-Wagner-Str.
5=Finkenweg
Fried-hof
Fronhof-kapelle
ev. Kirche
ev. Pfarrh.
Steinstraße
Kugelstr.
Lerchenweg
Vorstadtstraße
Gosheimer Straße
Stalläcker
Lindenäcker
Fischweiher
Bildungszentrum Gosheim/Wehingen
Sport-platz
Sport-plätze
Turnh.
Gemeinde-verwaltungs-verb.
Tennis-pl.
12=Im Weiher
Bogen-schießpl.
Untere Bära
Furt
=Beerastraße
=Beethovenstraße
=Friedhofstraße
=Kindergartenweg
=Ringstraße
6=Am Bühl
7=Obere Bahnhofstr.
8=Heimweg
9=Jurastraße
5332
Krottental
Kohl
Hohe
Steige
Skihütte
Steighaus
Hirschbühl
977
Tann
Skilift
Gew.-gebiet
Schwellbach
Daimlerstraße
Wehinger Straße
Talstraße
Bergstr.
Industrie-straße
Gosheim
78559
Hochwald
Schießstände
Viehweide
Heubergstraße
Hauptstraße
Austraße
Kiga
Gem.-hs.
Raths.
neue Lemberg-schule
Heerwasenstraße
10=Spaichinger Straße
Kornbühl
989
Kienwiesen
Mühlheimer Weg
959
Aumühle
Kehlen
Hau
Untere Wallen
Donau
Solberg
958
(zu Bubsheim)
78585
Setze
Wärmete
Melchiorshalde
5330
Obere Wallen
Bergle
981
Gehrn
Schweinbach
Rohren

Leiningerland
Bockenheim an der Weinstraße
Obrigheim (Pfalz)
GRÜNSTADT
Dirmstein
Heuchelheim
Kirchheim an der Weinstraße
Gerolsheim
Weisenheim am Sand
Heßheim
Lambsheim
Beindersheim
Bobenheim-Roxheim
WORMS
Lampertheim
LAMPERTHEIM
Laudenbach
HEMSBACH
WEINHEIM
Birkenau
VIERNHEIM
FRANKENTHAL (Pfalz)
MANNHEIM
Heddesheim
Hirschberg an der Bergstraße
LADENBURG
SCHRIESHEIM
Ilvesheim
Freinsheim
Maxdorf
Erpolzheim
Birkenheide
BAD DÜRKHEIM
Kallstadt
Ellerstadt
LUDWIGSHAFEN am Rhein
Neckarhausen
Edingen-Neckarhausen
Dossenheim
Friedelsheim
Gönnheim
Fußgönheim
Schauernheim
Rödersheim-Gronau
Wachenheim an der Weinstraße
Niederkirchen bei Deidesheim
Assenheim
Dannstadt
Mutterstadt
Limburgerhof
Neuhofen
Altrip
DEIDESHEIM
Hochdorf
Meckenheim
Ruppertsberg
Böhl-Iggelheim
Waldsee
Brühl
EPPELHEIM
Plankstadt
HEIDELBERG
SCHIFFERSTADT
SCHWETZINGEN
Ketsch
Otterstadt
Oftersheim
Sandhausen
LEIMEN
Haßloch
NEUSTADT an der Weinstraße
SPEYER
HOCKENHEIM
WALLDORF
Nußloch
WIESLOCH
Hanhofen
Dudenhofen
Harthausen
Altlußheim
Neulußheim
Reilingen
Dielheim
Maikammer
Kirrweiler
Schwegenheim
Gommersheim
Weingarten
Rheinhausen
Oberhausen-Rheinhausen
Sankt Leon-Rot
RAUENBERG
Mühlhausen
Lingenfeld
PHILIPPSBURG
WAGHÄUSEL
Kronau
Malsch
Bad Schönborn
ÖSTRINGEN
Essingen
Hochstadt (Pfalz)
Lustadt
Zeiskam
Westheim (Pfalz)
GERMERSHEIM
Bornheim
Offenbach an der Queich
Bellheim
Hambrücken
Weiher
LANDAU in der Pfalz
Ottersheim bei Landau
Rußheim
Dettenheim
Neudorf
Insheim
Hördt
Rülzheim
Graben-Neudorf
Forst
Ubstadt-Weiher
Herxheim bei Landau/Pfalz
Kuhardt
Leimersheim
Hochstetten
Linkenheim-Hochstetten
Karlsdorf-Neuthard
KRAICHTAL
Steinweiler
Hatzenbühl
Rheinzabern
Neupotz
Leopoldshafen
BRUCHSAL
Jockgrim
391

Geo-Naturpark
Bergstraße-
Odenwald
Naturpark
Neckartal-
Odenwald
Rimbach
Mörlenbach
Wald-
Michelbach
OBER-
ZENT
EBERBACH
HIRSCHHORN
(Neckar)
SCHÖNAU
NECKAR-
STEINACH
NECKARGEMÜND
Wilhelmsfeld
Heiligkreuz-
steinach
Kirchzell
BUCHEN
(Odenwald)
Mudau
Limbach
Waldbrunn
Fahrenbach
Neckargerach
Elztal
Schefflenz
MOSBACH
Obrigheim
Billigheim
Schönbrunn
Schwarzach
Aglaster-
hausen
Lobbach
Bammental
Mauer
Wiesenbach
Epfenbach
Meckes-
heim
Helmstadt-
-Bargen
Haßmersheim
Hüffen-
hardt
NEUDENAU
GUNDELS-
HEIM
WAIB-
STADT
NECKAR-
BISCHOFSHEIM
SINSHEIM
BAD
RAPPENAU
BAD
WIMPFEN
Offenau
Oedheim
NEUENSTADT
am Kocher
BAD
FRIEDRICHSHALL
Untereisesheim
NECKAR-
SULM
Eberstadt
Erlenbach
Kirchardt
Ittlingen
Angelbach-
tal
Massenbach-
hausen
Gemmingen
SCHWAIGERN
EPPINGEN
Leingarten
HEILBRONN
WEINS-
BERG
Ellhofen
Nordheim
KRAICH-
TAL
Zaisen-
hausen
Sulzfeld
Dielheim
Eschel-
bronn
Zuzen-
hausen
Odenwald
Kraichgau
Heuchelberg
392

TAUBERBISCHOFS-HEIM
Königheim
Hardheim
Höpfingen
WALLDÜRN
Wallfahrtskirche zum heiligen Blut
Deutsche Fachwerkstraße
Siegfriedstraße
GRÜNSFELD
Wittighausen
Bütthard
LAUDA-KÖNIGSHOFEN
BUCHEN (Odenwald)
Badische Weinstraße
Ahorn
Romantische Str.
Igersheim
WEIKERSHEIM
BOXBERG
BAD MERGENTHEIM
Deutschordensschloss
Rosenberg
Seckach
OSTERBURKEN
Stuppacher Madonna
RAVENSTEIN
Assamstadt
ADELSHEIM
Württemberger Weinstraße
KRAUTHEIM
Dörzbach
Roigheim
Schöntal
MÖCKMÜHL
Mulfingen
WIDDERN
Jagsthausen
INGELFINGEN
Weißbach
FORCHTENBERG
NIEDERNHALL
KÜNZELSAU
Deutsche Limesstraße
Hardthausen am Kocher
Zweiflingen
NEUENSTADT am Kocher
Langenbrettach
Kupferzell
NEUENSTEIN
WALDENBURG
ÖHRINGEN
Braunsbach
Eberstadt
Bretzfeld
Pfedelbach
Untermünkheim
Wolpertshausen
Ellhofen
Obersulm
Willsbach
SCHWÄBISCH HALL
Hohenloher Freilandmuseum
Burgenstraße
Langenburg
Deutsches Auto-Museum
Hohenlohe
Haller Ebene
Harthäuser Wald
Bauland
Tauber

393

Gaukönigshofen
Ochsenfurter Gau
Martinsheim
Ippesheim
Sugenheim
Markt Nordheim
Uffenheim
Aub
Röttingen
Romantische Straße
Creglingen
Mittelfränkische Bocksbeutelstraße
Bad Windsheim
Ipsheim
Burgbernheim
Marktbergel
Obernzenn
Windsheimer Bucht
Niederstetten
Rothenburg ob der Tauber
Neusitz
Geslau
Naturpark Frankenhöhe
Colmberg
Schrozberg
Gebsattel
Blaufelden
Insingen
Diebach
Leutershausen
Schillingsfürst
Dombühl
Wörnitz
Gerabronn
Rot am See
Aurach
Herrieden
Wallhausen
Schnelldorf
Kirchberg an der Jagst
Satteldorf
Ilshofen
Crailsheim
Feuchtwangen
Dentlein
Schopfloch
Dürrwangen
Burgenstraße
Frankenhöhe

BAD BERGZABERN
Biosphärenreservat
Pfälzerwald-
Parc
Naturel
Régional
des
Vosges
du Nord
Ludwigswinkel
Fischbach bei Dahn
Rumberg
Bundenthal
Erlenbach bei Dahn
Birkenhördt
Kapellen-Drusweiler
Barbelroth
Hergersweiler
Dörrenbach
Oberotterbach
Rechtenbach
Schweigen-Rechtenbach
Steinfeld
Freckenfeld
Deutsche Weinstraße
Deutsche Alleenstraße
WISSEMBOURG
Altenstadt
Schleithal
Seebach
Niederlauterbach
Neuwiller-près-Lauterbourg
Lembach
Niedersteinbach
Obersteinbach
Wingen
Climbach
Cleebourg
Drachenbronn-Birlenbach
Riedseltz
Hunspach
Ingolsheim
Niederbronn-les-Bains
Reichshoffen
Oberbronn
Zinswiller
Froeschwiller
Wœrth
Gœrsdorf
Dieffenbach-lès-Wœrth
Preuschdorf
Soultz-sous-Forêts
Kutzenhausen
Merkwiller-Pechelbronn
Surbourg
Betschdorf
Hoffen
Hatten
Seltz
Niederrœdern
Beinheim
Gundershoffen
Gumbrechshoffen
Mertzwiller
Laubach
Walbourg
Biblisheim
Durrenbach
Schwabwiller
F
R
A
N
C
E
Forêt de Haguenau
Soufflenheim
Kœnigsbruck
Forstfeld
Leutenheim
Kauffenheim
Rœschwoog
Route du Rhin
Iffezheim
Uberach
Pfaffenhoffen
Val de Moder
Dauendorf
Schweighouse-sur-Moder
Ohlungen
HAGUENAU
Schirrhein
Schirrhoffen
Kaltenhouse
Sessenheim
Rountzenheim-Auenheim
Stattmatten
Dalhunden
Drusenheim
Hügelsheim
Rheinmünster
LICHTENAU
Hochfelden
Mommenheim
Niederschaeffolsheim
Bischwiller
Oberhoffen-sur-Moder
Rohrwiller
Herrlisheim
Weitbruch
Gries
Brumath
Kurtzenhouse
Geudertheim
Weyersheim
Hœrdt
Offendorf
Gambsheim
Kilstett
la Wantzenau
RHEINAU
Wingersheim les Quatre Bans
Truchtersheim
Vendenheim
Lampertheim
Reichstett
Mundolsheim
Souffelweyersheim
Hœnheim
Bischheim
SCHILTIGHEIM
Oberhausbergen
Mittelhausbergen
STRASBOURG
Wolfisheim
Ottersweier
BÜHL
Sasbach
ACHERN
Sasbachwalden
Kappelrodeck
RENCHEN
Hanauer Land
Circuit Touristique Franco-Allemand
Route des Potiers et des Villages Pittoresques
Route Romane d'Alsace
Autoroute de l'Est
Deutsch-Französische Touristikroute
Badische Spargelstraße

Leopoldshafen
386
Linkenheim-
BRUCHSAL
Bertha Benz Memorial Route
Hatzenbühl
Rheinzabern
Neupotz
Jockgrim
KANDEL
WÖRTH am Rhein
Eggenstein-
STUTENSEE
Deutsch-Französische Touristikroute
Weingarten
Gondelsheim
Badische Weinstraße
KARLSRUHE
BRETTEN
HAGENBACH
Walzbach-tal
Weinstraße Kraichgau-Stromberg
MÜHLBURG
Jöhlingen
GROTZINGEN
Berghausen
Neuburg
DURLACH
Pfinztal
Forchheim
RHEINSTETTEN
Söllingen
Königsbach-Stein
Neulingen
Lauterbourg
Route du Rhin
Mörsch
ETTLINGEN
Remchingen
Eisingen
-Illingen
Durmersheim
Kämpfelbach
Elchesheim-
Bietigheim
Steinmauern
Waldbronn
Karlsbad
Ispringen
Keltern
Ötigheim
Malsch
Deutsche Alleenstraße
PFORZHEIM
Muggensturm
Marxzell
Straubenhardt
Birkenfeld
RASTATT
NEUENBURG
KUPPENHEIM
Bischweiler
Engelsbrand
Unterreichenbach
Schwarzwald-Bäderstraße
GAGGENAU
BAD HERRENALB
Dobel
Schömberg
GERNSBACH
Sinzheim
Loffenau
BADEN-BADEN
Naturpark
BAD WILDBAD
Weisenbach
Oberreichenbach
Bühlertal
Schwarzwald
Forbach
-ZAVELSTEIN
BAD TEINACH-
NEUBULACH
Nationalpark Schwarzwald
Neuweiler
Simmersfeld
Mitte/Nord
396
Deutsche Fachwerkstraße

HEILBRONN
Nordheim
Flein
Untergruppenbach
BRACKENHEIM
LAUFFEN
am Neckar
Talheim
Ilsfeld
Naturpark
Stromberg
Heuchelberg
Sulzfeld
Kürnbach
Oberderdingen
Zaberfeld
Sternenfels
Pfaffenhofen
GÜGLINGEN
Cleebronn
Neckarwestheim
Kirchheim am Neckar
KNITTLINGEN
BÖNNIGHEIM
Erligheim
Gemmrigheim
Freudental
Löchgau
Walheim
Mundelsheim
MAULBRONN
BESIGHEIM
Hessigheim
Neulingen
Ölbronn-Dürrn
Ötisheim
SACHSEN-HEIM
BIETIGHEIM-BISSINGEN
Ingersheim
STEINHEIM an der Murr
Pleidelsheim
Murr
Benningen am Neckar
MÜHLACKER
Illingen
Sersheim
Kieselbronn
VAIHINGEN an der Enz
OBER-RIEXINGEN
FREIBERG am Neckar
MARBACH am Neckar
Tamm
MARKGRÖNINGEN
Niefern-Öschelbronn
PFORZHEIM
ASPERG
Möglingen
LUDWIGSBURG
REMSECK am Neckar
Wiernsheim
Wurmberg
Eberdingen
Hemmingen
Schwieberdingen
KORNWESTHEIM
Mönsheim
Wimsheim
Weissach
MÜNCHINGEN
KORNTAL-MÜNCHINGEN
Friolzheim
Tiefenbronn
RUTESHEIM
DITZINGEN
GERLINGEN
STUTTGART
FELLBACH
Unterreichenbach
Neuhausen
HEIMSHEIM
LEONBERG
BAD LIEBENZELL
RENNINGEN
Magstadt
Simmozheim
WEIL DER STADT
CALW
Ostelsheim
Althengstett
Grafenau
SINDELFINGEN
OSTFILDERN
Gechingen
LEINFELDEN-ECHTERDINGEN
Aidlingen
BÖBLINGEN
Neuhausen auf den Fildern
Ehningen
Schönaich
Steinenbronn
FILDERSTADT
Deckenpfronn
HOLZGERLINGEN
Gärtringen
Hildrizhausen
WILDBERG
Nufringen
WALDENBUCH
AICHTAL
Altdorf
Weil im Schönbuch
HERRENBERG
Dettenhausen
Neckartailfingen

Ober-sulm
Löwensteiner Berge
Schwäbisch-Fränkische Waldberge
Limpurger Berge
LÖWEN-STEIN
Naturpark
Schwäbisch-
Fränkischer
Wald
SCHWÄBISCH HALL
Michelfeld
Mainhardt
Wüsten-rot
Abstatt
BEILSTEIN
Großerlach
Rosengarten
Michelbach an der Bilz
VELLBERG
Oberstenfeld
Spiegelberg
GROSS-BOTTWAR
Sulzbach an der Murr
Oberrot
GAILDORF
Oppenweiler
Aspach
MURRHARDT
Fichtenberg
BACKNANG
Sulzbach-Laufen
Kirchberg
Auenwald
Erd-mannhausen
Affalter-bach
Burg-stetten
Weissach im Tal
Althütte
Kaisersbach
Gschwend
Allmers-bach
Rudersberg
Leutenbach
Schwaik-heim
WINNENDEN
WELZHEIM
Spraitbach
Göggingen
Berglen
Korb
WAIBLINGEN
Durlangen
Leinzell
Alfdorf
Mutlangen
Iggingen
WEIN-STADT
Rems-halden
Urbach
LORCH
SCHWÄBISCH GMÜND
Kernen im Remstal
Winterbach
SCHORNDORF
Plüder-hausen
Schurwald
ESSLINGEN am Neckar
Adelberg
Wäschen-beuren
Waldstetten
Aichwald
Lichtenwald
Baltmanns-weiler
Altbach
PLOCHINGEN
FILDERN
EBERSBACH an der Fils
Reichenbach an der Fils
Wangen
UHINGEN
GÖPPINGEN
Ottenbach
Rechberg-hausen
Deizisau
Denken-dorf
Kongen
WERNAU (Neckar)
Hochdorf
Albershausen
EISLINGEN /Fils
Salach
WENDLINGEN am Neckar
Notzingen
Schlierbach
Hattenhofen
SÜSSEN
Gingen an der Fils
DONZDORF
Wolf-schlugen
Unter-ensingen
KIRCHHEIM unter Teck
Ohmden
Zell unter Aichelberg
Aichelberg
Bad Boll
Heiningen
Eschenbach
Kuchen
GEISLINGEN an der Steige
Ober-boihingen
Dettingen unter Teck
NÜRTINGEN
WEILHEIM an der Teck
Bissingen
Gammelshausen
Dürnau
388
398

CRAILSHEIM
389
Schopfloch
Dürrwangen
VELLBERG
Frankenhardt
DINKELSBÜHL
Honhardt
Stimpfach
Fichtenau
Ober-
sontheim
Bühler-
tann
Rosenberg
Jagstzell
Wört
Wilburg-
stetten
Mönchsroth
Schwäbisch-Fränkische Waldberge
Ellwanger Berge
Limpurger Berge
Ellenberg
Stödtlen
Bühlerzell
Adelmanns-
felden
Tannhausen
Sulzbach-
Laufen
ELLWANGEN
(Jagst)
Unter-
schneidheim
Neuler
Rainau
Abts-
gmünd
Hüttlingen
Westhausen
Kirchheim
am Ries
Ruppertshofen
Göggingen
Schechingen
LAUCHHEIM
BOPF-
INGEN
Leinzell
Heuchlingen
AALEN
Iggingen
Böbingen
Mögglingen
SCHWÄBISCH
GMÜND
Essingen
OBERKOCHEN
HEUBACH
Waldstetten
Bartholomä
Königsbronn
NERESHEIM
LAUTERSTEIN
Steinheim
am Albuch
Nattheim
Dischingen
DONZDORF
Böhmenkirch
HEIDENHEIM
an der Brenz
Syrgen-
stein
Kuchen
GIENGEN
an der Brenz
GEISLINGEN
an der Steige
Gerstetten
Bachhagel
399
HERBRECH-
TINGEN
Haunsheim

Fränkisches Seenland
GUNZENHAUSEN
Pleinfeld
Langfurth
Ehingen
Wittelshofen
Gerolfingen
Weiltingen
WASSERTRÜDINGEN
Heidenheim
WEISSENBURG in Bayern
ELLINGEN
Markt Berolzheim
TREUCHTLINGEN
Naturpark
PAPPENHEIM
Fremdingen
OETTINGEN in Bayern
Hainsfarth
Marktoffingen
Maihingen
Munningen
Polsingen
Wolferstadt
Wallerstein
Langenaltheim
Solnhofen
WEMDING
Altmühltal
NÖRDLINGEN
Deiningen
Alerheim
MONHEIM
Möttingen
Huisheim
HARBURG (Schwaben)
Buchdorf
Kaisheim
Marxheim
Mönchsdeggingen
DONAUWÖRTH
Bissingen
Genderkingen
RAIN
Asbach-Bäumenheim
Tapfheim
Oberndorf am Lech
Mertingen
Finningen
Lutzingen
Blindheim
Wittislingen
HÖCHSTÄDT an der Donau
Buttenwiesen
Donauried
Romantische Straße
Deutsche Limesstraße

Naturpark
Nationalpark
Schwarzwald
Mitte/Nord
Seewald
Simmersfeld
ALTENSTEIG
Ebhausen
NAGOLD
Rohrdorf
Pfalzgrafenweiler
HAITERBACH
Waldachtal
Baiersbronn
FREUDENSTADT
DORNSTETTEN
Schopfloch
Eutingen im Gäu
HORB am Neckar
Glatten
Loßburg
Empfingen
SULZ am Neckar
DORNHAN
ALPIRSBACH
Bad Rippoldsau-Schapbach
Bad Peterstal-Griesbach
OPPENAU
Seebach
Oberwolfach
WOLFACH
HAUSACH
Gutach (Schwarzwaldbahn)
SCHILTACH
Fluorn-Winzeln
OBERNDORF am Neckar
Vöhringen
ROSENFELD
Aichhalden
Epfendorf
Bösingen
Lauterbach
SCHRAMBERG
HORNBERG
Dunningen
Villingendorf
Dietingen
SCHÖMBERG
Eschbronn
Hardt
ROTTWEIL
Zimmern ob Rottweil
Schonach im Schwarzwald
TRIBERG im Schwarzwald
Schönwald im Schwarzwald
SANKT GEORGEN im Schwarzwald
Königsfeld im Schwarzwald
Niedereschach
Deißlingen
Wellendingen
Gosheim
Denkingen
Aldingen
Mönchweiler
Dauchingen
Schwarzwald-Bäderstraße
Schwarzwald-Hochstraße
Schwarzwald-Tälerstraße
Deutsche Alleenstraße
Deutsche Fachwerkstraße
Deutsche Uhrenstraße
Hohenzollernstraße
Römerstraße Neckar-Alb-Aare
Schwäbische Albstraße

Nufringen
Hildrizhausen
Altdorf
Weil im Schönbuch
Dettenhausen
Walddorfhäslach
AICHTAL
Neckar-tailfingen
HERRENBERG
Jettingen
Gäu-
felden
Mötzingen
Bondorf
Ammer-
buch
Entringen
Schönbuch
Naturpark
TÜBINGEN
Altenriet
Neckartenzlingen
Bempflingen
Großbettlingen
Grafenberg
Kohlberg
Pliezhausen
Riederich
METZINGEN
Dettingen
Kirchentellinsfurt
Kusterdingen
Wannweil
REUTLINGEN
Eningen
PFULLINGEN
Sankt Johann
ROTTENBURG
am Neckar
Wolfenhausen
Neustetten
Starzach
Dußlingen
Gomaringen
Nehren
Ofterdingen
Lichtenstein
Engstingen
Hirrlingen
Bodelshausen
MÖSSINGEN
Sonnenbühl
Rangendingen
HAIGERLOCH
HECHINGEN
Grosselfingen
Jungingen
TROCHTELFINGEN
GEISLINGEN
Bisingen
BALINGEN
ALB-
STADT
BURLADINGEN
Bitz
Neufra
GAMMERTINGEN
HETTINGEN
Dotternhausen
MESS-
STETTEN
Winterlingen
VERINGENSTADT
Straßberg
Wehingen
Nusplingen
Obere Donau
Naturpark
Böttingen
Stetten am kalten Markt
Schwenningen
Großer Heuberg
Bingen
Schwäbische Alb

Nürtingen
Dettingen unter Teck
Weilheim an der Teck
Geislingen an der Steige
Frickenhausen
Großbettlingen
Bissingen an der Teck
Gruibingen
Deggingen
Bad Überkingen
Owen
Neidlingen
Bad Ditzenbach
Amstetten
Grafenberg
Kohlberg
Beuren
Erkenbrechtsweiler
Lenningen
Wiesensteig
Neuffen
Dettingen an der Erms
Hülben
Grabenstetten
Nellingen
Bad Urach
Westerheim
Laichingen
Merklingen
Römerstein
Schwäbische Alb
Biosphären-gebiet
Schwäbische Alb
Heroldstatt
Berghülen
Sankt Johann
Blaubeuren
Münsingen
Gomadingen
Mehrstetten
Schelklingen
Allmendingen
Erbach
Ehingen (Donau)
Oberdischingen
Hayingen
Öpfingen
Pfronstetten
Achstetten
Zwiefalten
Munderkingen
Rottenacker
Laupheim
Unlingen
Schemmerhofen
Riedlingen
Langenenslingen
Uttenweiler
Attenweiler
Warthausen
Maselheim
Dürmentingen
Biberach an der Riß

Gerstetten
Herbrechtingen
Giengen an der Brenz
Bachhagel
Wittislingen
Dillingen an der Donau
Lauingen (Donau)
Gundelfingen an der Donau
Hermaringen
Sontheim an der Brenz
Niederstotzingen
Bächingen an der Brenz
Langenau
Lonsee
Westerstetten
Bernstadt
Beimerstetten
Dornstadt
Offingen
Gundremmingen
Aislingen
Günzburg
Leipheim
Burgau
Elchingen
Nersingen
Blaustein
Ulm
Neu-Ulm
Scheppach
Jettingen-
Kötz
Bibertal
Ichenhausen
Holzheim
Pfaffenhofen an der Roth
Kammeltal
Waldstetten
Ellzee
Burtenbach
Senden
Weissenhorn
Illerkirchberg
Staig
Hüttisheim
Vöhringen
Illerrieden
Bellenberg
Roggenburg
Neuburg an der Kammel
Münsterhausen
Thannhausen
Ursberg
Deisenhausen
Krumbach (Schwaben)
Breitenthal
Burgrieden
Dietenheim
Illertissen
Buch
Aletshausen
Schwendi
Mietingen
Balzheim
Altenstadt
Babenhausen
Kettershausen
Kirchhaslach
Kirchheim in Schwaben
Breitenbrunn
Kirchberg an der Iller
Kellmünz an der Iller
Gutenzell-Hürbel
Salgen
Pfaffenhausen
Dettingen an der Iller
Schwäbische Alb
Niedere Alb
Lonetal
Straße der Staufer
Oberschwäbische Barockstraße
Donau
Iller
Fuggerschloss

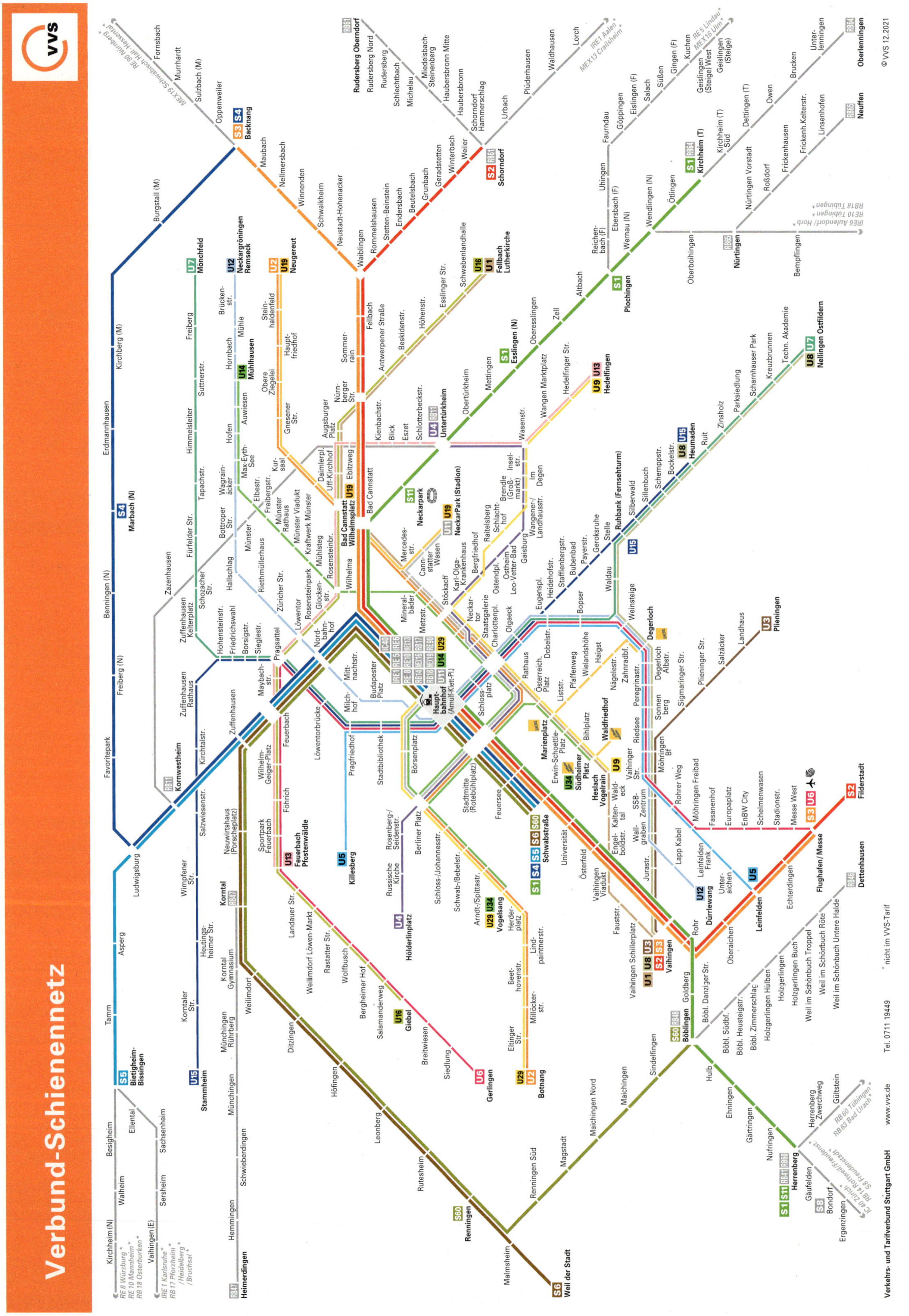

Verbund-Schienennetz

Verkehrs- und Tarifverbund Stuttgart GmbH www.vvs.de Tel. 0711 19449 * nicht im VVS-Tarif

Nachtverkehr im VVS in den Nächten Freitag/Samstag und Samstag/Sonntag und vor allen Feiertagen*

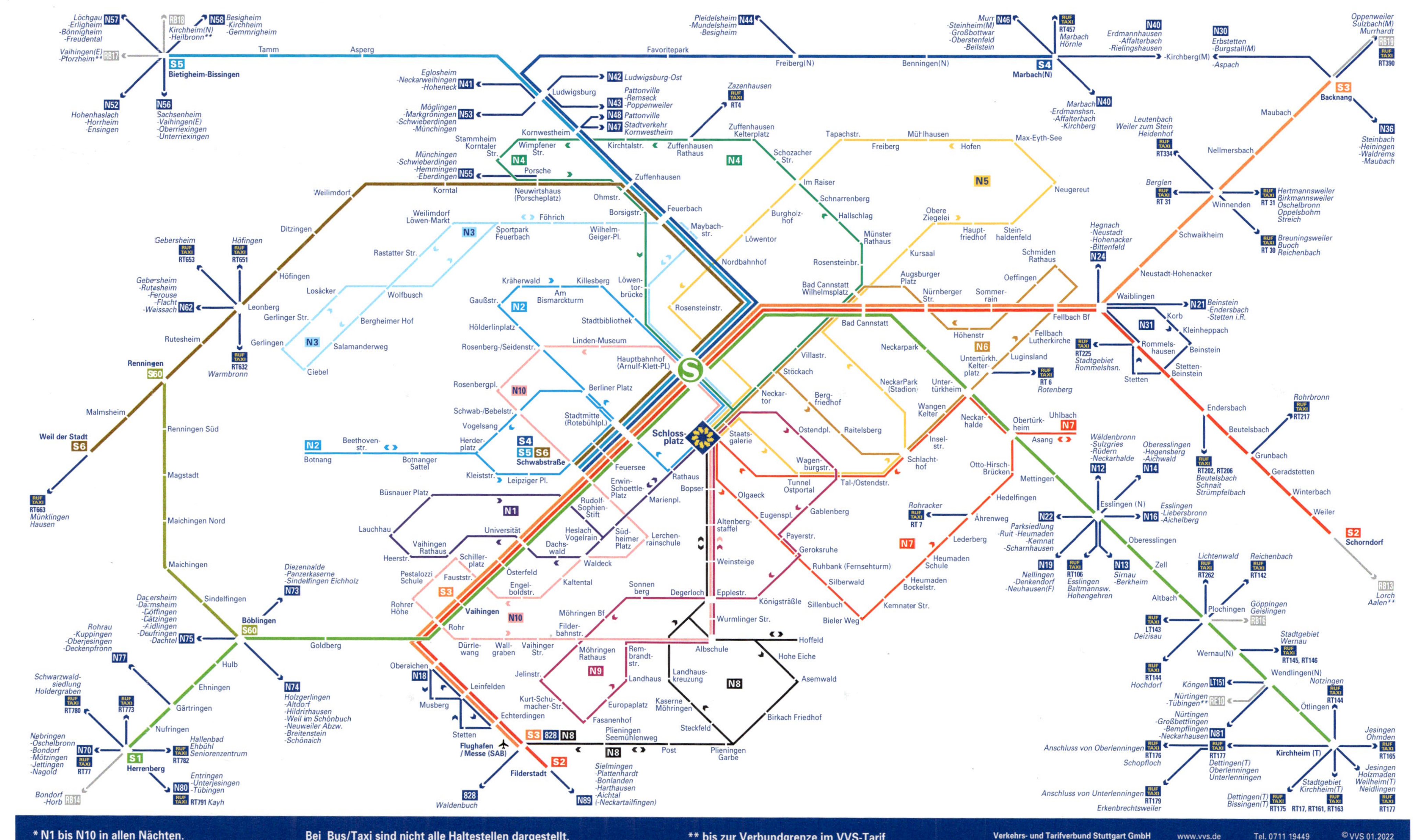

* N1 bis N10 in allen Nächten.

Bei Bus/Taxi sind nicht alle Haltestellen dargestellt.

** bis zur Verbundgrenze im VVS-Tarif

Verkehrs- und Tarifverbund Stuttgart GmbH www.vvs.de Tel. 0711 19449 © VVS 01.2022

Mitten im Markt

Messe Stuttgart

Geländeübersicht

- Information
- Pressezentrum
- Kinderbetreuung
- Geldautomat
- VIP-Lounge
- Restaurant, Café, Bistro
- WC
- Erste Hilfe
- Region Stuttgart Lounge
- Raucherzone
- Forum der Kirchen
- Raum der Stille
- Snack & Shop
- Service Center, Business Center
- EnBW Stromtankstelle
- Ladestation für e-Bikes
- Fahrrad-Stellplatz
- Parkplatz
- Parkhaus
- Tiefgarage
- Wohnmobil-Stellplatz
- Haltestelle U6
- Haltestelle Bus
- Haltestelle S2, S3
- Apotheke im Flughafen

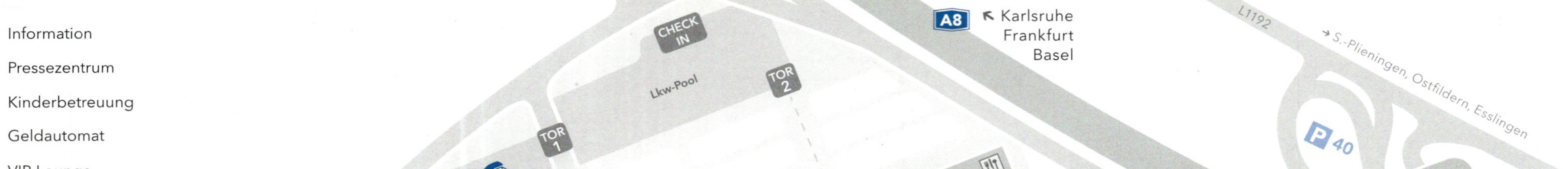

Landesmesse Stuttgart GmbH
Messepiazza 1 · 70629 Stuttgart · Germany · T +49 711 18560-0 · info@messe-stuttgart.de · www.messe-stuttgart.de

Änderungen vorbehalten!
Stand: 12/2021

STUTTGART AIRPORT
Übersicht Parken
Fluggäste und Flughafenbesucher
P.. 24-Stundenbetrieb max. Einfahrthöhe 2,1 m
P.. Ausweichparkplätze (nur zeitweise in Betrieb)
Parkplätze für Behinderte jeweils Nähe Ein-/Ausfahrt in allen Parkeinrichtungen
P.. XL Parkplätze mit Überbreite
Elektroladeplätze AC: P4; P5, P7, P14, Messepiazza DC: P7, P14 Außenbereich
Kiss & Fly
APCOA Airport Leitzentrale Parken Airport Telefon (0711) 948-4518
VP Valet-Park-Service Telefon (0711) 948-2069
Autovermieter
Mietwagen Rückgabe
Baustelle
Tankstelle
Kiss & Ride
SAB Stuttgart Airport Busterminal
S-Bahn
Haltestelle Linienbusse
N
S
B27
Stuttgart, Tübingen, Reutlingen, Filderstadt
Leinfelden-Echterdingen
von A8 Karlsruhe
Stuttgart, Pforzheim, Karlsruhe
S-Plieningen
A8
S-Plieningen, Esslingen, Ostfildern
Ulm, München
Filderstadt-Bernh., Esslingen, S-Plieningen,
Luftfrachtzentrum Süd General Aviation Terminal Feuerwehr, Sanitäts-Station S-Plieningen,
P26
PKW
H>2,1m
P27
Bus West
Eingang West
Paul Horn Halle
10
9
7
Alfred Kärcher Halle
8
5
Oskar Lapp Halle
6
3
4
L-Bank Forum
1
2
Messe Stuttgart
Rothauspark
Teinacher Kaskaden
Eingang Ost
Schenker Allee West
Schenker Allee Ost
APCOA Messe
P20
BOSCH-Parkhaus
P21
Bus Ost
P22
ICS
P23
A8-Anschluss S-Flughafen Messe
SkyLoop
Mövenpick Hotel Kongress
Wyndham Airport
P25
Stadtbahn in Bau
Baustelle U6
Flughafenstraße
Baustelle S21
P12
P2
SkyPort
SkyOffice
P4
EnBW
APCOA Airport
P5 Ebene 3
P5 Ebene 2
Mövenpick Hotel Airport
P6
P14 XL
SAB
P9
P8
P11
P0
Pforte West
P3
T1
T2
T3
T4
Überlieger SAB
LVT
OPS
VL
Pforte Ost
BVD
DCA
LHT
car2go
Stuttgart Airport
RW 4 / 200801

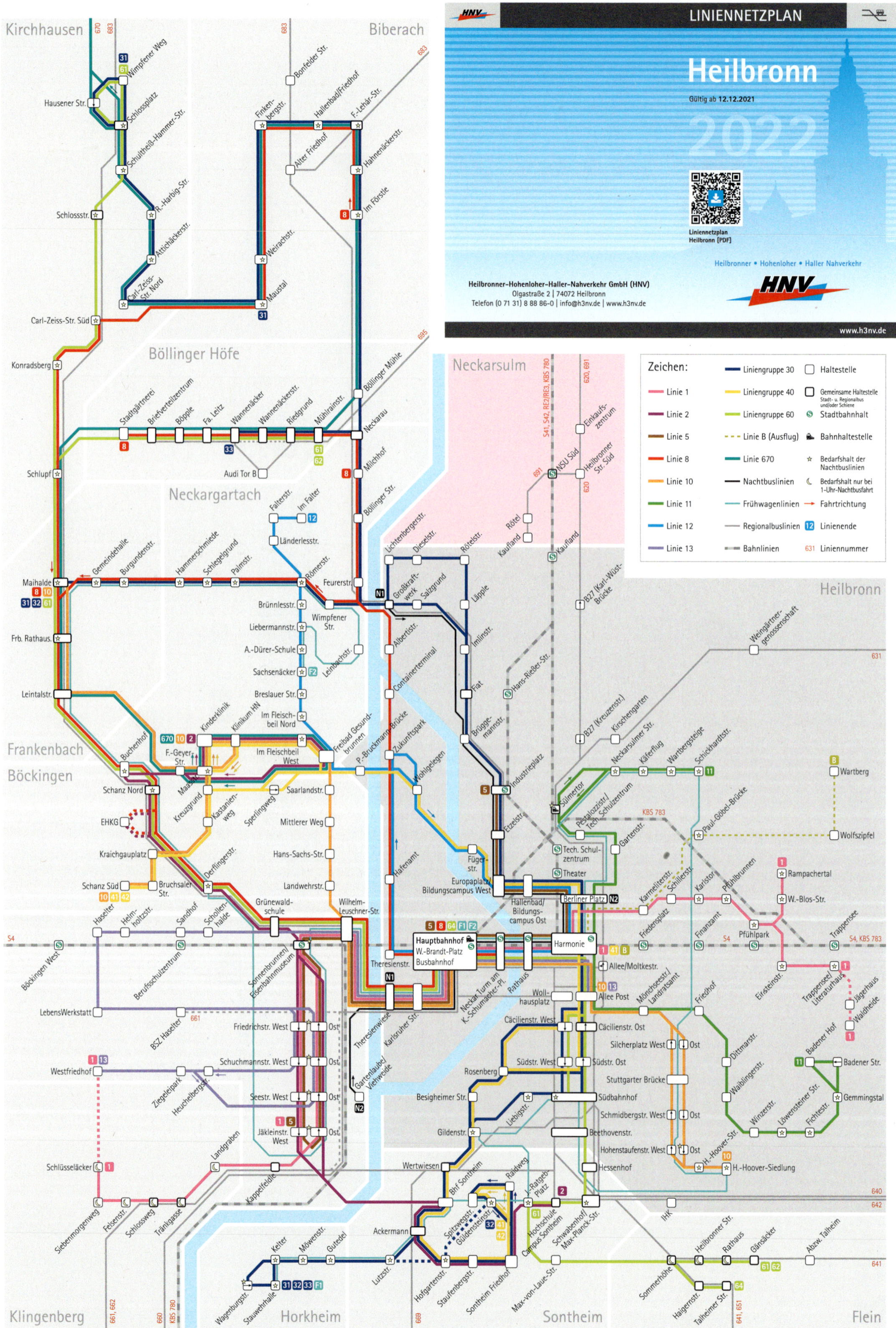

LINIENNETZPLAN
Heilbronn
Gültig ab 12.12.2021
2022
Liniennetzplan Heilbronn [PDF]
Heilbronner • Hohenloher • Haller Nahverkehr
HNV
Heilbronner-Hohenloher-Haller-Nahverkehr GmbH (HNV)
Olgastraße 2 | 74072 Heilbronn
Telefon (0 71 31) 8 88 86-0 | info@h3nv.de | www.h3nv.de
www.h3nv.de
Zeichen:
Linie 1
Linie 2
Linie 5
Linie 8
Linie 10
Linie 11
Linie 12
Linie 13
Liniengruppe 30
Liniengruppe 40
Liniengruppe 60
Linie B (Ausflug)
Linie 670
Nachtbuslinien
Frühwagenlinien
Regionalbuslinien
Bahnlinien
Haltestelle
Gemeinsame Haltestelle Stadt- u. Regionalbus und/oder Schiene
Stadtbahnhalt
Bahnhaltestelle
Bedarfshalt der Nachtbuslinien
Bedarfshalt nur bei 1-Uhr-Nachtbusfahrt
Fahrtrichtung
Linienende
Liniennummer
Kirchhausen
Biberach
Böllinger Höfe
Neckargartach
Neckarsulm
Heilbronn
Frankenbach
Böckingen
Klingenberg
Horkheim
Sontheim
Flein
Hausener Str.
Wimpfener Weg
Schlossplatz
Schultheiß-Hammer-Str.
Schlossstr.
R.-Harbig-Str.
Attichäckerstr.
Carl-Zeiss-Str. Nord
Carl-Zeiss-Str. Süd
Konradsberg
Bonfelder Str.
Finkenbergstr.
Hallenbad/Friedhof
F.-Lehár-Str.
Alter Friedhof
Hahnenäckerstr.
Im Förstle
Weirachstr.
Maustal
Stadtgärtnerei
Briefverteilzentrum
Böpple
Fa. Leitz
Wannenäcker
Wannenäckerstr.
Riedgrund
Mühlrainstr.
Böllinger Mühle
Neckarau
Audi Tor B
Schlupf
Milchhof
Böllinger Str.
Falterstr.
Im Falter
Länderlesstr.
Maihalde
Gemeindehalle
Burgundenstr.
Hammerschmiede
Schlegelgrund
Palmstr.
Römerstr.
Feuerstr.
Frb. Rathaus
Brünnlesstr.
Liebermannstr.
Wimpfener Str.
A.-Dürer-Schule
Sachsenäcker
Leinbachstr.
Breslauer Str.
Im Fleischbeil Nord
Leintalstr.
Buchenhof
Kinderklinik
Klinikum HN
Im Fleischbeil West
F.-Geyer-Str.
Freibad Gesundbrunnen
P.-Bruckmann-Brücke
Schanz Nord
Maastr.
Kreuzgrund
Kastanienweg
Sperlingweg
Saarlandstr.
EHKG
Mittlerer Weg
Kraichgauplatz
Hans-Sachs-Str.
Schanz Süd
Bruchsaler Str.
Derflingerstr.
Landwehrstr.
Grünewaldschule
Wilhelm-Leuschner-Str.
Haselter
Helmholtzstr.
Sandhof
Schollenhalde
Böckingen West
Berufsschulzentrum
Sonnenbrunnen/Eisenbahnmuseum
LebensWerkstatt
BSZ Haselter
Friedrichstr. West
Ost
Westfriedhof
Schuchmannstr. West
Ziegeleipark
Heuchelbergstr.
Seestr. West
Jäkleinstr. West
Schlüsseläcker
Landgraben
Kappelfeld
Siebenmorgenweg
Felsenstr.
Schlossweg
Tränkgasse
Kelter
Möwenstr.
Gutedel
Wagenburgstr.
Stauwehrhalle
Lichtenbergerstr.
Dieselstr.
Rotelstr.
Großkraftwerk
Salzgrund
Läpple
Albertstr.
Imlinstr.
Containerterminal
Fiat
Zukunftspark
Wohlgelegen
Brüggemannstr.
Industrieplatz
Hafenamt
Füger-str.
Europaplatz/Bildungscampus West
Hallenbad/Bildungscampus Ost
Hauptbahnhof
W.-Brandt-Platz
Busbahnhof
Theresienstr.
Theresienwiese
Karlsruher Str.
Gartenlaube/Viehweide
Neckar Turm am K.-Schumacher-Pl.
Rathaus
Wollhausplatz
Cäcilienstr. West
Cäcilienstr. Ost
Rosenberg
Südstr. West
Südstr. Ost
Besigheimer Str.
Liebigstr.
Gildenstr.
Wertwiesen
Bhf Sontheim
Raidweg
J.-Ratgeb-Platz
Spitzwegstr.
Güldensteinstr.
Ackermann
Lutzstr.
Hofgartenstr.
Staufenbergstr.
Sontheim Friedhof
Max-von-Laue-Str.
Hochschule Campus Sontheim
Schwabenhof/Max-Planck-Str.
Kaufland
Rötel
NSU Süd
Einkaufszentrum
Heilbronner Str. Süd
Hans-Rießer-Str.
B27 (Karl-Wüst-Brücke)
B27 (Kreuzenstr.)
Kirschengarten
Neckarsulmer Str.
Käferflug
Wartbergsteige
Schickhardtstr.
Weingärtnergenossenschaft
Wartberg
Wolfszipfel
Sülmertor
Pestalozzistr./Tech. Schulzentrum
Gartenstr.
Tech. Schulzentrum
Theater
Paul-Göbel-Brücke
Karlstor
Pfühlbrunnen
Rampachertal
W.-Blos-Str.
Berliner Platz
Karmeliterstr.
Schillerstr.
Fiederplatz
Finanzamt
Pfühlpark
Trappensee
Harmonie
Allee/Moltkestr.
Allee Post
Mönchseestr./Landratsamt
Friedhof
Eisenstr.
Trappensee/Literaturhaus
Jägerhaus
Waldheide
Silcherplatz West
Stuttgarter Brücke
Dittmarstr.
Badener Hof
Badener Str.
Südbahnhof
Waiblingerstr.
Gemmingstal
Schmidbergstr. West
Winzerstr.
Löwensteiner Str.
Fichtestr.
Beethovenstr.
Hohenstaufenstr. West
H.-Hoover-Str.
H.-Hoover-Siedlung
Hessenhof
IHK
Sommerhöhe
Heilbronner Str.
Rathaus
Gänsäcker
Abzw. Talheim
Haigernstr.
Talheimer Str.

Liniennetz Stadtverkehr Pforzheim 2022

BUCHBUSCH 3
Buchbusch
Amazonstr.
3 KLUMPENSEE
Klumpensee
Am Steinsee
Obsthof
Welschenäckerstr.
HÄNGSTEIG 3 5
Hängsteig
Krebspfad
Bauschlotter Str.
Am Windhof
Postzentrum
Wartberg
Kurfürstenstaffel
Hinter der Warte
Wartbergbad
Kreuzsteinallee
Oberer Wingertweg
Brettener Str.
Friedrich-Ebert-Str.
2 REDTENBACHERSTR.
Unterer Wingertweg
Kepler-Gymnasium
Schillstr.
Yorckstr.
Nordstadtschule
Blücherstr.
Gutenbergstr.
Pfälzerstr.
Zähringer-Allee
Philippstr.
Ispringer Staffel
Hauptfriedhof
Hachelturm
Zum Geigersgrund
Krankenhaus Siloah
Tannhoferweg
Wilhelm-Becker-Str.
Am Enzenloch
Fachmarktzentrum
Straßenmeisterei
Göppinger Str.
WILFERDINGER HÖHE 6
Offenburger Str.
WILFERDINGER HÖHE FACHMARKTZENTRUM 6
Krankenhaus Siloah/ Kurze Steige
Stuttgarter Str.
Rastatter Str.
Arcus Klinik
WILFERDINGER HÖHE ARCUS KLINIK 11
A.-Supper-Str.
Scheffelstr.
Bismarckstr.
Bayernstr.
Heim am Hachel
7 17 AM HACHEL
Haus Maihälden
Henhöferstr.
Kochstr.
Wildergrundallee
Belfortstr.
Weststadtpark
Fritz-Erler-Schule Nord
Bonhoefferstr.
Stadtmuseum
Maystr.
Kulturhaus Osterfeld
Emilienstr.
Leopoldplatz
Jahnhalle
3 4 5 10 16
41 42 43 741 742
ZOB/HAUPTBAHNHOF
Bahnhofstr.
Christophallee
HAUPTGÜTERBAHNHOF 7
Hauptgüterbahnhof
Franziskusstr.
Leopoldstr.
Marktplatz
Inselschule
Schillerstr.
Parkstr.
Ostendstr.
Lindenstr.
Zeppelinstr.
Enzauenpark
Buchentalbrücke
Eutinger Talweg
Eutingen West
Friedrichshof
Rößlestaffel
Steinenlandstr.
Eutingen Bahnhof
Sonnenstr.
Hohe Steige
Fritz-Neuert-Str.
Dorfäckerweg
Gutachweg
1 NÄGELISHÄLDEN
Auf der Höhe
Haidemühlstr.
1 GARTENSTADT
Eutingen Rathaus
Grüner Baum
Kühler Grund
Gartenstadt
EUTINGEN 9
Georg-Feuerstein-Str.
Sägewerkstr.
Eutingen Waldrand
Klingenstr.
Schwalbenstr.
Pirolstr.
Am Waldrand
9 MÄUERACH
Mäuerachsteige
Schwalbenstr.
Ammerstr.
Wasserwerk
Holzhof
ARLINGER R.-PÖHLER-ALLEE 9
Rudolf-Pöhler-Allee
Eyachweg
Höhenstr.
Hahnenstr.
Dietlinger Str.
ARLINGER 1
Mahlbergstr.
Hohlohstr.
Hochfirststr.
Brötzingen Bahnhof
Brötzingen Marktplatz
Feldbergstr.
Belchenstr.
Jägersteig
Tiefenbach
Äußerer Arlinger
Schönblickweg
Berliner Str.
Altenpflegestift Sonne
9 BIRKENFELD
Burgstr.
Am Mühlkanal
Stadtwerke
1. CfR-Stadion
Adolf-Richter-Str.
Wohnlichstr.
Finkensteinstr.
Enzstr.
Gülichstr.
10 OBERES ENZTAL
ENZ
Fritz-Unger-Str.
Brötzinger Brücke
Hans-Sachs-Str.
Benckiserstr.
Turnplatz
Friedhof Dillweißenstein
Auf der Rotplatte
Sonnenberg
Julius-Naeher-Str.
August-Bebel-Str.
Elisabethstr.
Theodor-Heuss-Str.
Sonnenhofschule
2 SONNENHOF
Sonnenberg
Tankstelle
Birhenfelder Str.
Panoramastr.
43 BÜCHENBRONN
Schulerstr.
Schiller-Gymnasium
Apotheke
Metzgerstr.
Bären
Werner-Siemens-Str.
Gustav-Rau-Str.
Senefelderstr.
Grünewaldstr.
Genossenschaftsstr.
17 WEIHERBERG
Rembrandtstr.
Hercyniastr.
Postwiesenstr.
Nebeniusstr.
7 11 RODRÜCKEN/ WASSERTURM
Im Hanseloch
Karl-Abt-Str.
Baldung-Grien-Str.
Rubensstr.
Wasserturm
Etivalstr.
Vogelsangstr.
Vogesenallee
Steinerne Brücke
Ottersteinschule
Am Nagoldhang
Sedanplatz
Hohlstr.
Jahnstr./ Bleichstr.
Rodstr.
Schwarzwaldstr.
Kallhardtstr.
Straßburger Str.
Dijonstr.
Kupferhammer
Seegerstr.
Riedstr.
Ludwigsplatz
Hirsauer Str.
Äußere Hirsauer Str.
Nagoldbad
Bahnhof Weißenstein
Steinbergsgutstr.
Burggartenstr.
DILLWEISSENSTEIN 3
Waisenhausplatz
Emma-Jäger-Bad
Schmuckmuseum
Flößerviertel
Klinikum Pforzheim
Altstädter Brücke
Hochschule für Gestaltung
Gesellstr.
Calwerstr.
Hauffstr.
Gellertstr.
Goldschmiedeschule
Humboldtstr.
Keplerstr.
Großer Lückenweg
Schoferweg
Ludwig-Erhard-Schule
Max-Planck-Str.
Kantstr.
5 HOCHSCHULE/WILDPARK
Hochschule/Wildpark
Seehaus
5 SEEHAUS
Wurmberger Str.
Platanenweg
Birkenweg
Erlenweg
Eichenweg
Tiergartenstr.
Breslauer Str.
Haidachturm
Stettiner Str.
Danziger Str.
Landsberger Str.
FSV Sportplatz
Heinrich-Wieland-Schule
Hanauer Str.
Eppinger Linie
Gmünder Str.
Gablonzer Str.
Trudelweg
16 ALTGEFÄLL
Dresdener Str.
16 HAIDACH DRESDENER STR.
Leipziger Str.
Elbinger Str.
Gleiwitzer Str.
6 HAIDACH
Allensteiner Str.
Tilsiter Str.
Hoheneck
Altes Sägewerk
Würmblick
HUCHENFELD 4
Oberdorf
Erzkopfstr.
42 HUCHENFELD
Mittlerer Hardweg
Hellerichstr.
Sonnenhalde
Zum Nagoldblick
Rathaus
St.-Hubertus-Str.
Am Schönblick
Haus der Vereine
Industriestr.
Jettenbrunnen
Lohwiesenhof
Im Blumengarten
741 742 HOHENWART
Würmtalstr.
Post
Fahrstr.
Würmer Hauptstr.
Kirche
Friedhof
Hohenwarter Str.
Hölderlinstr.
Ritterstr.
41 WÜRM

Zeichenerklärung

- Omnibuslinien Stadtverkehr
- Nur zeitweise Bedienung/Anrufverkehr
- Haltestelle
- Haltestelle mit Endstations-Markierung
- Haltestelle, Bedienung nur eine Richtung
- 1 NAME Endstation/Zielort
- 1 NAME Zeitweise Endstation

Pforzheim*fährtbus*

Südwestbus

Stand Dezember 2021

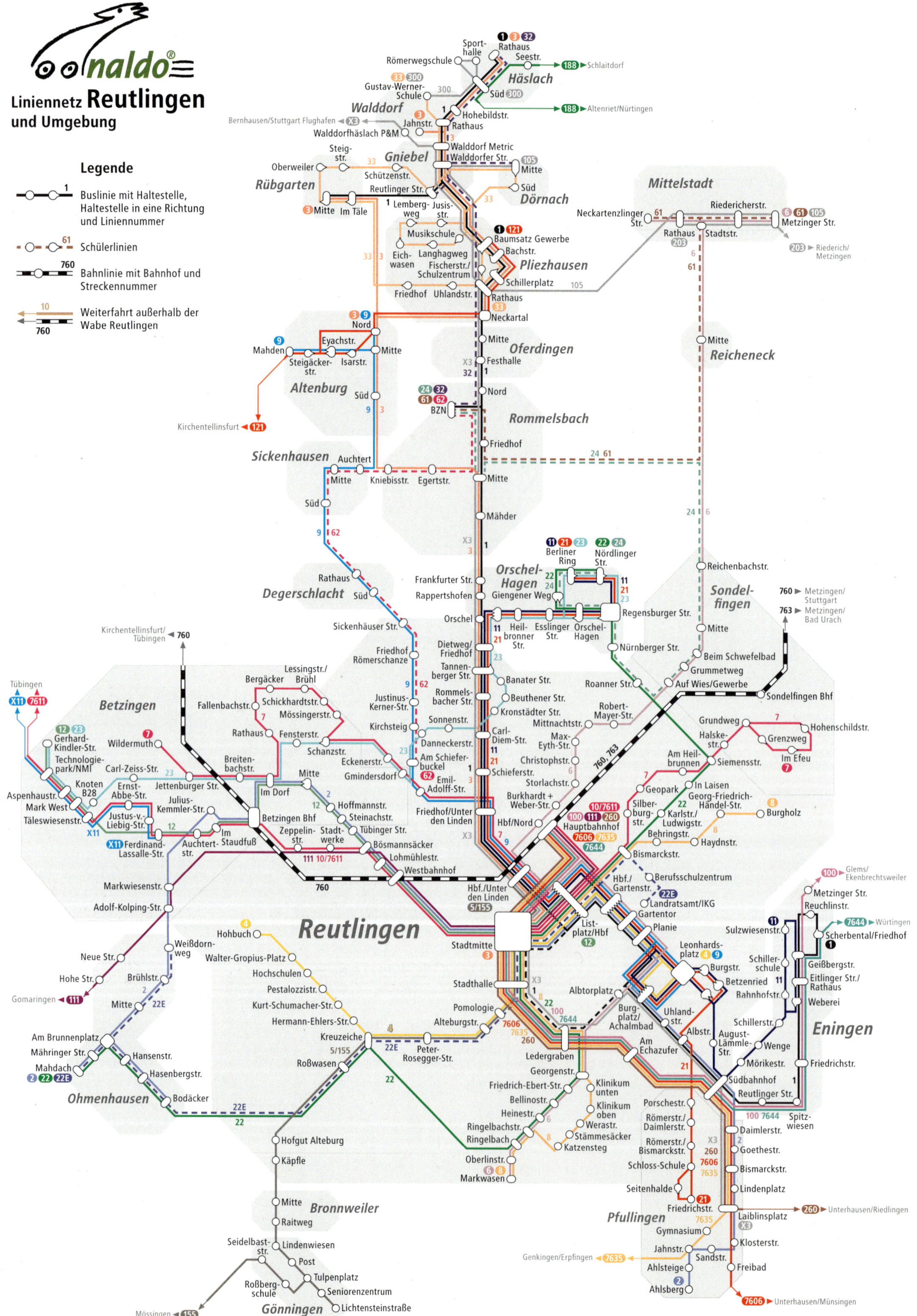

Stand: 11. Juni 2021
Herausgeber: Verkehrsverbund Neckar-Alb-Donau GmbH

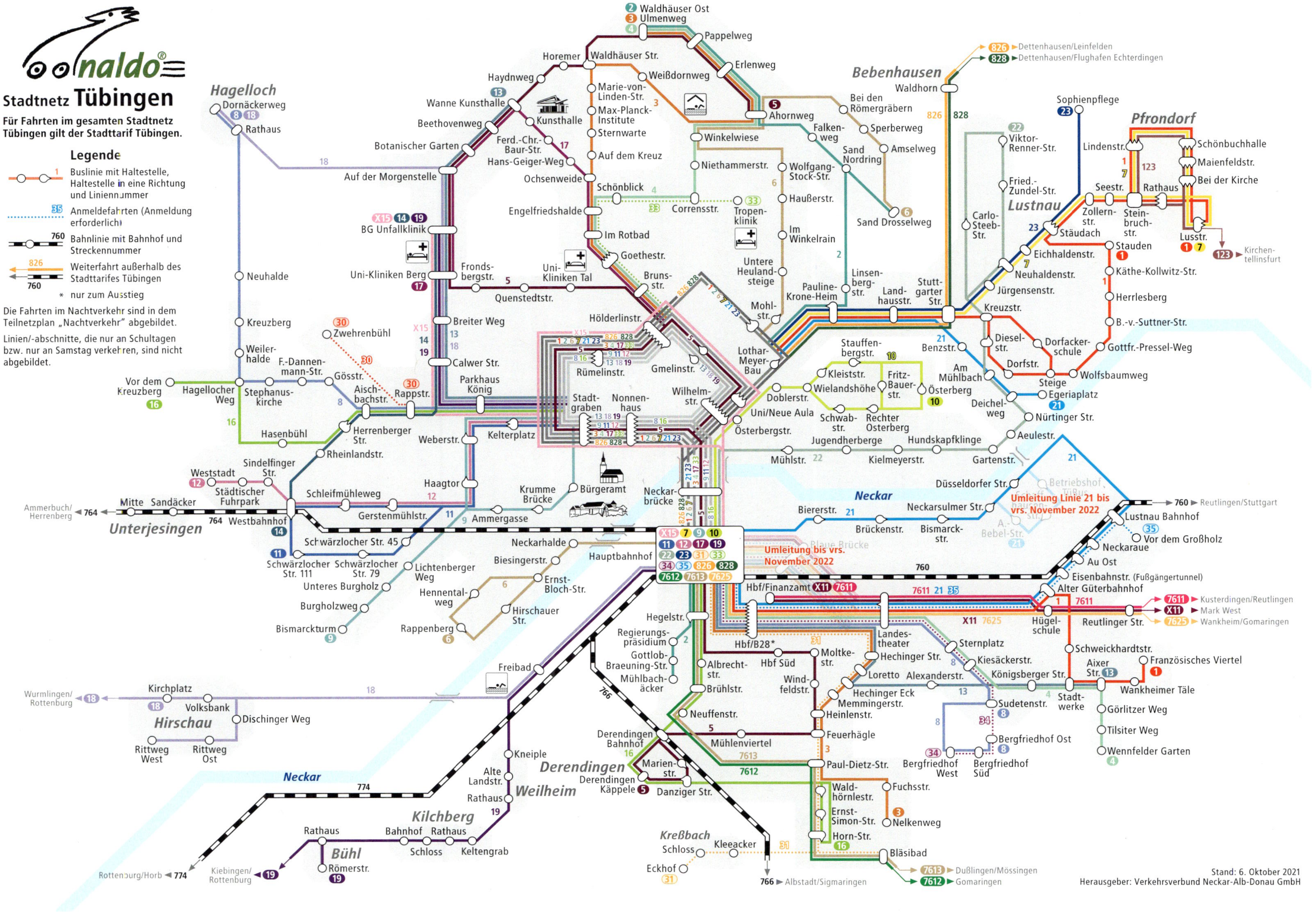
naldo®
Stadtnetz Tübingen
Für Fahrten im gesamten Stadtnetz Tübingen gilt der Stadttarif Tübingen.
Legende
Buslinie mit Haltestelle, Haltestelle in eine Richtung und Liniennummer
Anmeldefahrten (Anmeldung erforderlich)
Bahnlinie mit Bahnhof und Streckennummer
Weiterfahrt außerhalb des Stadttarifes Tübingen
* nur zum Ausstieg
Die Fahrten im Nachtverkehr sind in dem Teilnetzplan „Nachtverkehr" abgebildet.
Linien/-abschnitte, die nur an Schultagen bzw. nur an Samstag verkehren, sind nicht abgebildet.
Hagelloch
Dornäckerweg
Rathaus
Neuhalde
Kreuzberg
Weilerhalde
Vor dem Kreuzberg
Hagellocher Weg
Stephanuskirche
F.-Dannenmann-Str.
Gösstr.
Zwehrenbühl
Aischbachstr.
Rappstr.
Hasenbühl
Herrenberger Str.
Rheinlandstr.
Weststadt
Sindelfinger Str.
Städtischer Fuhrpark
Mitte
Sandäcker
Westbahnhof
Unterjesingen
Ammerbuch/Herrenberg
Schleifmühleweg
Gerstenmühlstr.
Schwärzlocher Str. 45
Schwärzlocher Str. 111
Schwärzlocher Str. 79
Unteres Burgholz
Burgholzweg
Bismarckturm
Lichtenberger Weg
Hennentalweg
Rappenberg
Biesingerstr.
Ernst-Bloch-Str.
Hirschauer Str.
Neckarhalde
Hauptbahnhof
Ammergasse
Krumme Brücke
Bürgeramt
Haagtor
Weberstr.
Kelterplatz
Parkhaus König
Calwer Str.
Breiter Weg
Uni-Kliniken Berg
BG Unfallklinik
Auf der Morgenstelle
Botanischer Garten
Beethovenweg
Wanne Kunsthalle
Haydnweg
Horemer
Waldhäuser Str.
Waldhäuser Ost
Ulmenweg
Pappelweg
Erlenweg
Weißdornweg
Marie-von-Linden-Str.
Max-Planck-Institute
Sternwarte
Auf dem Kreuz
Schönblick
Ochsenweide
Hans-Geiger-Weg
Ferd.-Chr.-Baur-Str.
Kunsthalle
Engelfriedshalde
Im Rotbad
Goethestr.
Fronds-bergstr.
Quenstedtstr.
Uni-Kliniken Tal
Brunsstr.
Hölderlinstr.
Rümelinstr.
Gmelinstr.
Stadtgraben
Nonnenhaus
Wilhelmstr.
Lothar-Meyer-Bau
Mohlstr.
Untere Heuland-steige
Tropenklinik
Corrensstr.
Niethammerstr.
Winkelwiese
Ahornweg
Falkenweg
Wolfgang-Stock-Str.
Haußerstr.
Im Winkelrain
Sand Nordring
Sand Drosselweg
Bei den Römergräbern
Sperberweg
Amselweg
Bebenhausen
Waldhorn
Dettenhausen/Leinfelden
Dettenhausen/Flughafen Echterdingen
Pauline-Krone-Heim
Linsenbergstr.
Landhausstr.
Stuttgarter Str.
Viktor-Renner-Str.
Fried.-Zundel-Str.
Carlo-Steeb-Str.
Lustnau
Sophienpflege
Pfrondorf
Lindenstr.
Seestr.
Rathaus
Schönbuchhalle
Maienfeldstr.
Bei der Kirche
Zollernstr.
Steinbruchstr.
Lusstr.
Kirchentellinsfurt
Städach
Stauden
Eichhaldenstr.
Neuhaldenstr.
Jürgensenstr.
Käthe-Kollwitz-Str.
Herrlesberg
B.-v.-Suttner-Str.
Gottfr.-Pressel-Weg
Kreuzstr.
Dieselstr.
Dorfacker-schule
Dorfstr.
Wolfsbaumweg
Steige
Egeriaplatz
Benzstr.
Am Mühlbach
Österberg
Deichelweg
Nürtinger Str.
Aeulestr.
Stauffenbergstr.
Kleiststr.
Wielandshöhe
Fritz-Bauer-Str.
Schwabstr.
Rechter Osterberg
Doblerstr.
Uni/Neue Aula
Österbergstr.
Jugendherberge
Hundskapfklinge
Mühlstr.
Kielmeyerstr.
Gartenstr.
Düsseldorfer Str.
Betriebshof
Neckarsulmer Str.
Umleitung Linie 21 bis vrs. November 2022
Neckar
Bierestr.
Brückenstr.
Bismarckstr.
A.-Bebel-Str.
Neckarbrücke
Umleitung bis vrs. November 2022
Blaue Brücke
Lustnau Bahnhof
Reutlingen/Stuttgart
Vor dem Großholz
Neckaraue
Au Ost
Eisenbahnstr. (Fußgängertunnel)
Alter Güterbahnhof
Kusterdingen/Reutlingen
Mark West
Wankheim/Gomaringen
Hbf/Finanzamt
Hügelschule
Reutlinger Str.
Schweickhardtstr.
Französisches Viertel
Aixer Str.
Wankheimer Täle
Stadtwerke
Görlitzer Weg
Tilsiter Weg
Wennfelder Garten
Landestheater
Sternplatz
Hechinger Str.
Kiesäckerstr.
Loretto
Alexanderstr.
Königsberger Str.
Hechinger Eck
Memmingerstr.
Heinlenstr.
Sudetenstr.
Bergfriedhof Ost
Bergfriedhof West
Bergfriedhof Süd
Hegelstr.
Regierungspräsidium
Gottlob-Braeuning-Str.
Mühlbachäcker
Hbf/B28*
Hbf Süd
Albrechtstr.
Brühlstr.
Moltkestr.
Windfeldstr.
Neuffenstr.
Mühlenviertel
Feuerhägle
Paul-Dietz-Str.
Derendingen Bahnhof
Marienstr.
Derendingen Käppele
Danziger Str.
Derendingen
Wald-hörnlestr.
Fuchsstr.
Ernst-Simon-Str.
Nelkenweg
Horn-Str.
Bläsibad
Dußlingen/Mössingen
Gomaringen
Kreßbach
Schloss
Kleeacker
Eckhof
Albstadt/Sigmaringen
Freibad
Kneiple
Alte Landstr.
Rathaus
Weilheim
Kilchberg
Bahnhof
Rathaus
Schloss
Keltengrab
Bühl
Rathaus
Römerstr.
Kiebingen/Rottenburg
Rottenburg/Horb
Neckar
Kirchplatz
Volksbank
Dischinger Weg
Hirschau
Rittweg West
Rittweg Ost
Wurmlingen/Rottenburg
Stand: 6. Oktober 2021
Herausgeber: Verkehrsverbund Neckar-Alb-Donau GmbH

Teilnetz Nachtverkehr Stadt und Landkreis Tübingen

Legende

N1 — Nachtuslinie mit Haltestelle, Haltestelle in eine Richtung und Liniennummer

760 — Bahnlinie mit Bahnhof und Streckennummer

N20 / 760 — Weiterfahrt möglich

Nicht alle Haltestellen sind dargestellt.

Umsteigefreie Fahrtmöglichkeiten Omnibusbahnhof

N91 ◂▸ N96
N92 ▸ N99
N93 ◂▸ N98
N95 ◂▸ N94
N97 ▸ N92
N99 ▸ N97

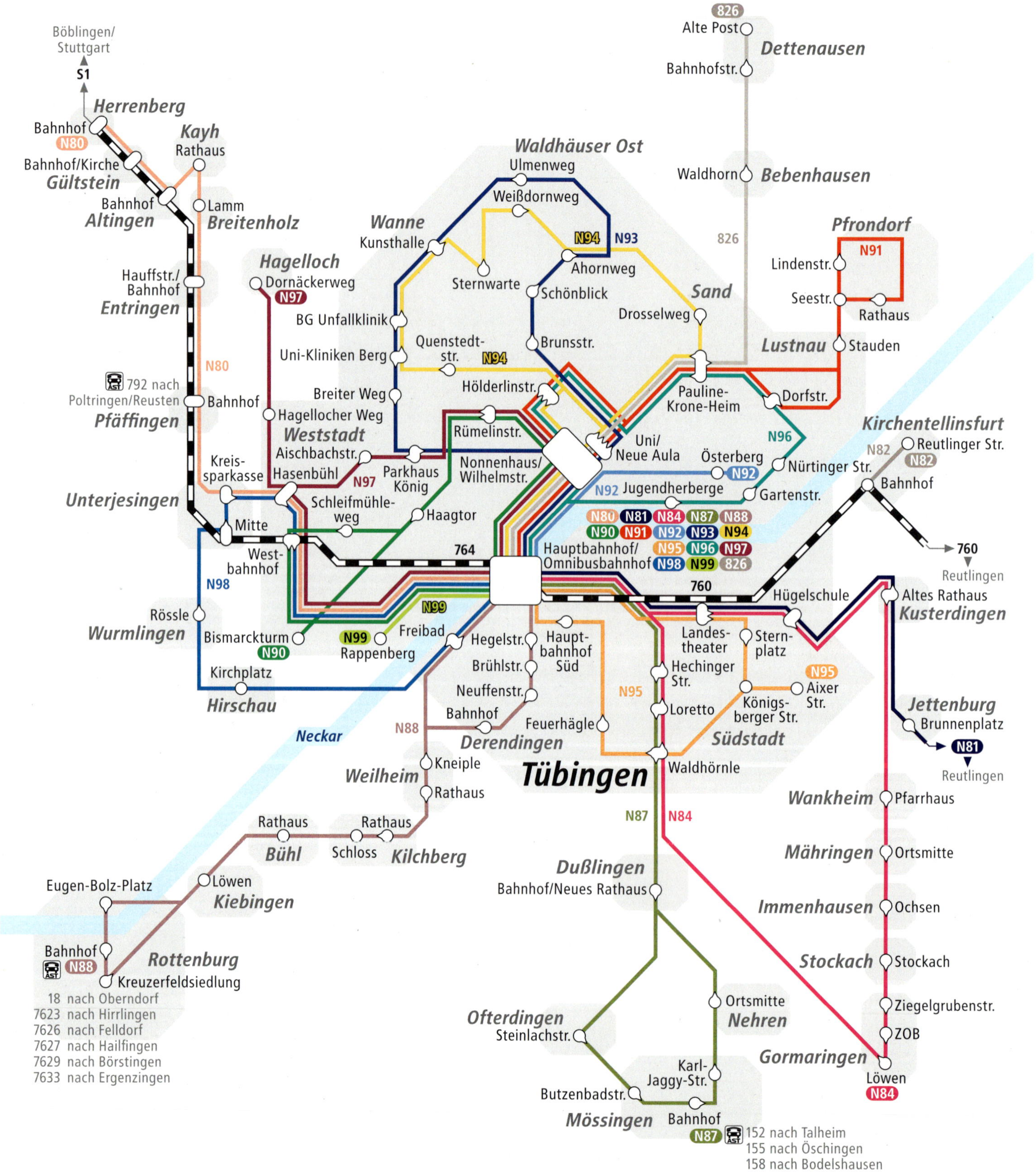

Böblingen/ Stuttgart
S1

Herrenberg
Bahnhof
N80
Kayh
Rathaus
Bahnhof/Kirche
Gültstein
Bahnhof
Altingen
Lamm
Breitenholz
Hauffstr./ Bahnhof
Entringen
N80
792 nach Poltringen/Reusten
Bahnhof
Pfäffingen
Kreis- sparkasse
Unterjesingen
Mitte
West- bahnhof
N98
Rössle
Wurmlingen
Kirchplatz
Hirschau
Neckar

Hagelloch
Dornäckerweg
N97
Hagellocher Weg
Weststadt
Aischbachstr.
Hasenbühl
N97
Schleifmühle- weg
Bismarckturm
N90

Wanne
Kunsthalle
BG Unfallklinik
Uni-Kliniken Berg
Breiter Weg
Quenstedt- str.
N94
Sternwarte
Parkhaus König
Haagtor
Rümelinstr.
Nonnenhaus/ Wilhelmstr.
Hölderlinstr.
N99
Freibad
N99
Rappenberg

Waldhäuser Ost
Ulmenweg
Weißdornweg
N94
N93
Ahornweg
Schönblick
Brunnsstr.
Drosselweg
Sand
Uni/ Neue Aula

826
Alte Post
Dettenausen
Bahnhofstr.
Waldhorn
Bebenhausen
826

Pfrondorf
N91
Lindenstr.
Seestr.
Rathaus
Lustnau
Stauden
Pauline- Krone-Heim
Dorfstr.
N96
Österberg
N92
Nürtinger Str.
N92 Jugendherberge
Gartenstr.

Kirchentellinsfurt
N82
Reutlinger Str.
N82
Bahnhof
760
Reutlingen

N80 N81 N84 N87 N88
N90 N91 N92 N93 N94
Hauptbahnhof/ Omnibusbahnhof
N95 N96 N97
N98 N99 826
764
760

Hügelschule
Altes Rathaus
Kusterdingen
Landes- theater
Stern- platz
N95
Aixer Str.
Hechinger Str.
Loretto
Königs- berger Str.
Südstadt
Waldhörnle
N95

Hegelstr.
Haupt- bahnhof Süd
Brühlstr.
Neuffenstr.
Bahnhof
Feuerhägle
Derendingen
N88
Tübingen

Jettenburg
Brunnenplatz
N81
Reutlingen

Weilheim
Kneiple
Rathaus
Rathaus
Rathaus
Bühl
Schloss
Kilchberg
Eugen-Bolz-Platz
Löwen
Kiebingen
Bahnhof
N88
Rottenburg
Kreuzerfeldsiedlung
18 nach Oberndorf
7623 nach Hirrlingen
7626 nach Felldorf
7627 nach Hailfingen
7629 nach Börstingen
7633 nach Ergenzingen

N87
N84
Dußlingen
Bahnhof/Neues Rathaus
Ofterdingen
Steinlachstr.
Ortsmitte
Nehren
Karl- Jaggy-Str.
Butzenbadstr.
Mössingen
Bahnhof
N87
152 nach Talheim
155 nach Öschingen
158 nach Bodelshausen

Wankheim
Pfarrhaus
Mähringen
Ortsmitte
Immenhausen
Ochsen
Stockach
Stockach
Ziegelgrubenstr.
ZOB
Gormaringen
Löwen
N84

Stand: 22. Oktober 2021
Herausgeber: Verkehrsverbund Neckar-Alb-Donau GmbH

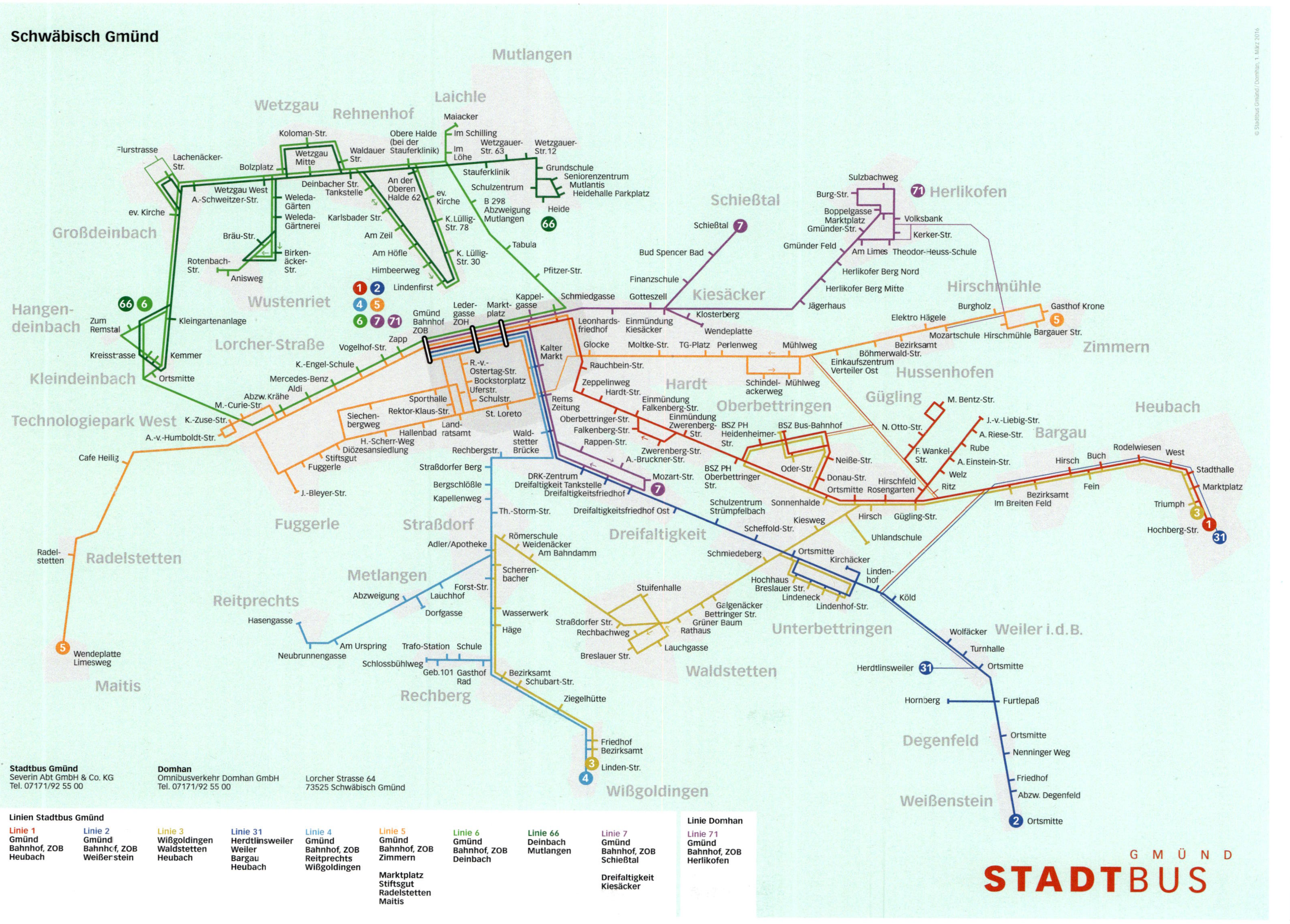
Schwäbisch Gmünd
Mutlangen
Laichle
Wetzgau
Rehnenhof
Großdeinbach
Wustenriet
Hangen-deinbach
Lorcher-Straße
Kleindeinbach
Technologiepark West
Fuggerle
Straßdorf
Radelstetten
Metlangen
Reitprechts
Maitis
Rechberg
Schießtal
Kiesäcker
Herlikofen
Hirschmühle
Zimmern
Hussenhofen
Hardt
Oberbettringen
Gügling
Heubach
Bargau
Dreifaltigkeit
Unterbettringen
Weiler i.d.B.
Waldstetten
Degenfeld
Wißgoldingen
Weißenstein
Flurstrasse
Lachenäcker-Str.
Bolzplatz
Koloman-Str.
Wetzgau Mitte
Waldauer Str.
Obere Halde (bei der Stauferklinik)
Maiacker
Im Schilling
Im Löhe
Wetzgauer-Str. 63
Wetzgauer-Str. 12
Grundschule
Seniorenzentrum
Mutlantis
Heidehalle Parkplatz
Heide
Stauferklinik
Schulzentrum
B 298 Abzweigung Mutlangen
Tabula
Pfitzer-Str.
Schmiedgasse
Wetzgau West
A.-Schweitzer-Str.
ev. Kirche
Weleda-Gärten
Weleda-Gärtnerei
Deinbacher Str. Tankstelle
An der Oberen Halde 62
ev. Kirche
K. Lüllig-Str. 78
K. Lüllig-Str. 30
Karlsbader Str.
Am Zeil
Am Höfle
Himbeerweg
Lindenfirst
Bräu-Str.
Birken-äcker-Str.
Rotenbach-Str.
Anisweg
Zum Remstal
Kleingartenanlage
Kreisstrasse
Kemmer
Ortsmitte
Gmünd Bahnhof ZOB
Leder-gasse ZOH
Markt-platz
Kappel-gasse
Zapp
Vogelhof-Str.
K.-Engel-Schule
Mercedes-Benz
Aldi
Abzw. Krähe
M.-Curie-Str.
K.-Zuse-Str.
A.-v.-Humboldt-Str.
Cafe Heilig
Radel-stetten
Wendeplatte Limesweg
R.-v.-Ostertag-Str.
Bockstorplatz
Uferstr.
Schulstr.
St. Loreto
Sporthalle
Rektor-Klaus-Str.
Siechen-bergweg
Hallenbad
Land-ratsamt
H.-Scherr-Weg
Diözesansiedlung
Stiftsgut
Fuggerle
J.-Bleyer-Str.
Kalter Markt
Rems Zeitung
Wald-stetter Brücke
Rechbergstr.
Straßdorfer Berg
Bergschlößle
Kapellenweg
Th.-Storm-Str.
Adler/Apotheke
Abzweigung
Lauchhof
Forst-Str.
Dorfgasse
Hasengasse
Am Ursprung
Neubrunnengasse
Trafo-Station
Schule
Schlossbühlweg
Geb.101
Gasthof Rad
Römerschule
Weidenäcker
Am Bahndamm
Scherren-bacher
Wasserwerk
Häge
Bezirksamt
Schubart-Str.
Ziegelhütte
Friedhof
Bezirksamt
Linden-Str.
Straßdorfer Str.
Rechbachweg
Breslauer Str.
Lauchgasse
Stuifenhalle
Gelgenäcker
Bettringer Str.
Grüner Baum
Rathaus
Schießtal
Bud Spencer Bad
Finanzschule
Gotteszell
Einmündung Kiesäcker
Leonhards-friedhof
Klosterberg
Wendeplatte
Glocke
Moltke-Str.
TG-Platz
Perlenweg
Mühlweg
Schindel-ackerweg
Rauchbein-Str.
Zeppelinweg
Hardt-Str.
Einmündung Falkenberg-Str.
Einmündung Zwerenberg-Str.
Oberbettringer-Str.
Falkenberg-Str.
Rappen-Str.
Zwerenberg-Str.
A.-Bruckner-Str.
Mozart-Str.
DRK-Zentrum
Dreifaltigkeit Tankstelle
Dreifaltigkeitsfriedhof
Dreifaltigkeitsfriedhof Ost
BSZ PH Heidenheimer-Str.
BSZ Bus-Bahnhof
BSZ PH Oberbettringer Str.
Neiße-Str.
Oder-Str.
Donau-Str.
Ortsmitte
Hirschfeld
Rosengarten
Schulzentrum Strümpfelbach
Sonnenhalde
Scheffold-Str.
Kiesweg
Hirsch
Gügling-Str.
Uhlandschule
Schmiedeberg
Ortsmitte
Kirchäcker
Linden-hof
Hochhaus Breslauer Str.
Lindeneck
Lindenhof-Str.
Köld
Sulzbachweg
Burg-Str.
Boppelgasse
Marktplatz
Gmünder-Str.
Volksbank
Kerker-Str.
Gmünder Feld
Am Limes
Theodor-Heuss-Schule
Herlikofer Berg Nord
Herlikofer Berg Mitte
Jägerhaus
Burgholz
Gasthof Krone
Bargauer Str.
Elektro Hägele
Mozartschule
Hirschmühle
Bezirksamt
Böhmerwald-Str.
Einkaufszentrum Verteiler Ost
M. Bentz-Str.
N. Otto-Str.
F. Wankel-Str.
J.-v.-Liebig-Str.
A. Riese-Str.
Rube
A. Einstein-Str.
Welz
Ritz
Hirsch
Buch
Rodelwiesen
West
Stadthalle
Marktplatz
Fein
Bezirksamt
Im Breiten Feld
Triumph
Hochberg-Str.
Wolfäcker
Turnhalle
Ortsmitte
Herdtlinsweiler
Hornberg
Furtlepaß
Ortsmitte
Nenninger Weg
Friedhof
Abzw. Degenfeld
Ortsmitte
Stadtbus Gmünd
Severin Abt GmbH & Co. KG
Tel. 07171/92 55 00
Domhan
Omnibusverkehr Domhan GmbH
Tel. 07171/92 55 00
Lorcher Strasse 64
73525 Schwäbisch Gmünd
Linien Stadtbus Gmünd
Linie 1 Gmünd Bahnhof, ZOB Heubach
Linie 2 Gmünd Bahnhof, ZOB Weißenstein
Linie 3 Wißgoldingen Waldstetten Heubach
Linie 31 Herdtlinsweiler Weiler Bargau Heubach
Linie 4 Gmünd Bahnhof, ZOB Reitprechts Wißgoldingen
Linie 5 Gmünd Bahnhof, ZOB Zimmern
Marktplatz Stiftsgut Radelstetten Maitis
Linie 6 Gmünd Bahnhof, ZOB Deinbach
Linie 66 Deinbach Mutlangen
Linie 7 Gmünd Bahnhof, ZOB Schießtal
Dreifaltigkeit Kiesäcker
Linie Domhan
Linie 71 Gmünd Bahnhof, ZOB Herlikofen
GMÜND
STADTBUS

Städte, Stadtteile, Gemeinden und Gemeindeteile des Großraumes Stuttgart · Heilbronn

Die in halbfett gedruckten Ortsnamen sind Städte oder selbstständige Gemeinden. Gemeinde- und Ortsteile sind in normaler Schrift aufgeführt. Hinter ihnen steht in Klammern jeweils der Hauptort.

Im Anschluß daran erscheinen die Seitenangaben zum Lokalisieren der Orte oder Ortsteile in den Kartenteilen 1 : 10 000 bzw. 1 : 20 000.

Beispiele:	Stadt/Gemeinde	Seitenangabe
	Waiblingen	48, 100, 116, 117, 132, 133
	Sulzgries (Esslingen am Neckar)	156

Straßenverzeichnis

Bei Städten und Gemeinden mit mehreren Postleitzahlen, erscheint im Verzeichnis vor den Straßennamen die zugehörige Postleitzahl. Ein Strich erscheint vor den Straßen oder Plätzen, die keine PLZ besitzen. Bei Städten oder Gemeinden, die nur eine PLZ besitzen, steht diese jeweils unterhalb des Ortsnamens.

Es folgen Seitenzahl und Suchfeldangabe. Die Suchfeldangaben von Straßen in den Innenstadtplänen werden vorangestellt (S. 40–48).

Aus Platzgründen können in der Karte nicht alle Namen ausgeschrieben werden. Bei enger Bebauung wird anstatt des Namens eine Zahl als Platzhalter gesetzt. Die im Register angegebene Suchfeldangabe bezieht sich auf diese Zahl in Klammern direkt hinter dem Straßennamen (siehe Beispiel unten).

Beispiele:	**Postleitzahl**	**Straßenname**	**Seitenzahl-Suchfeldangabe**
	70173	Königstraße	46-C4 + 154-5a
	70372	Bäckergasse (11)	131-10a

Abstatt
PLZ 74232

Abstatter Straße 72-5d
Ahornstraße 72-8c
Akazienstraße 72-8a
Alte Heinrieter Straße 72-8b
Alte Untergruppenbacher Straße 72-5b
Amselweg 72-8d
Apfelweg 72-8d
Asternstraße 72-5b
Auensteiner Straße 72-8c
Aussiedlerhof im Trieb 72-6c
Aussiedlerhof Bauchhälde 72-4d
Aussiedlerhof Hohbuch 72-8b
Aussiedlerhof Holderstockhof 72-7d

Bachstraße 72-5b
Bäckergasse (10) 72-8c
Baugebiet Roßschinder 72-9c
Baumannshof (17) 72-8c
Beilsteiner Straße 72-8c
Benzengasse 72-8c
Bergstraße 72-8d
Birkenweg 72-8c
Birnenweg 72-8d
Brunnenweg (1) 72-5b
Buchenweg 72-8c
Burgstraße 72-5b
Burgweg 72-5b
Burg Wildeck 72-9b

Carl-Berberich-Straße 72-8a

Drosselweg (13) 72-8b

Entenstraße 72-5b
Erlenweg (8) 72-8a
Eschenweg (4) 72-8c
Etrastraße 72-8a

Fabrikstraße 72-8d
Fechenwiesen 72-8c
Finkenweg (16) 72-8b
Friedhofstraße (5) 72-8c

Gartenstraße 72-8d
Gewerbegebiet Mittleres Feld 72-5b
Goldschmiedstraße 72-8c
Gottlieb-Härle-Straße 72-5b
Grundstraße 72-8c
Gruppenbacher Straße 72-8a

Happenbach 72-5d
Happenbacher Straße 72-8a
Hauffstraße 72-11a
Hauptstraße 72-5b
Hausener Weg 72-8c
Heilbronner Straße 72-8b
Heinrieter Straße 72-8b
Helfenberger Straße 72-11b
Hellmuth-Koos-Straße 72-5d
Herzog-Ulrich-Straße 72-11a
Hölderlinstraße 72-8a
Höllwiesen 72-8c
Hofäckerstraße 72-8c
Hohbuchweg 72-8b
Holderstraße 72-8c

Im Deboldsäcker 72-8a
Im Lämmerberg 72-8d
Im Landgraben 72-11b
Im Mitteltal 72-8b
Im Wehracker 72-8c

Jägerhausstraße (6) 72-8c

Karl-Kübler-Weg 72-5b
Kastanienweg (7) 72-8a
Kernerstraße 72-8a
Kirchweg 72-5b
Kornblumenstraße 72-5b

Landhausstraße 72-8d
Landwehr 72-11b
Lehmgrube 72-8a
Lembergerweg (1) 72-11b
Lerchenring 72-8d
Lilienstraße 72-5b
Lindenstraße 72-8d
Lindenweg 72-8d

Meisenweg (14) 72-8b
Metzgergasse (18) 72-8c
Mörikestraße 72-8a
Mühlhofstraße 72-8c

Nelkenstraße (4) 72-5b
Nordstraße 72-5b

Obere Drittelgasse (12) 72-8c
Oststraße 72-8d

Pappelweg 72-8a
Place de Léhon (11) 72-8c
Plantanenweg (3) 72-8c

Radäckerweg (2) 72-8a
Rathausstraße 72-8c
Rauheckstraße 72-8a
Richard-Bäuerle-Straße 72-5b
Rieslingstraße 72-11b
Ringstraße 72-5b
Robert-Bosch-Allee 72-5d
Rosenstraße (3) 72-5b
Roßschinder 72-8d
Rudolf-Diesel-Straße 72-8b

Schillerstraße 72-8a
Schozachstraße 72-8d
Schrebergarten 72-8c
Schulweg 72-5b
Seestraße 72-8b
Silvanerweg (2) 72-11b
Sportplatzstraße 72-8c
Starenweg (15) 72-8b
Steinstraße 72-8c

Talstraße 72-8c
Trollingerweg (3) 72-11b
Tulpenstraße 72-5b
Tummelwiesen 72-8d

Uhlandstraße 72-8a
Ulmenring 72-8a
Untere Drittelgasse 72-8c
Unteres Feld 72-5c

Veilchenstraße (2) 72-5b
Vohenlohe 72-9b
Vohenloher Straße (9) 72-8c

Weidenweg (1) 72-8a
Weinstraße 72-8d
Weststraße 72-7d
Wiesenweg 72-5b
Wilhelm-Maybach-Straße 72-9a
Winzerstraße 72-8d
Wunnensteinstraße 72-8c

Adelberg
PLZ 73099

73614 Adelberg Kloster 161-9d
73099 Am Feuersee (4) 161-9b

73099 Barbarossaweg 162-7a
73099 Berkener Straße (2) 161-9b
73099 Blumenstraße 161-9b
73099 Börtlinger Straße 161-9b
73099 Breecherhalde Sträßchen 161-6a

73099 Dachsweg 161-9a
73099 Dobelweg 161-9b
73099 Dürrstraße 161-9a

73099 Friedhofstraße 161-9b
73099 Frühlingstraße 161-9b
73099 Fuchsweg 161-9a

73099 Gartenstraße 161-9b
73099 Gewerbegebiet Ziegelhau 161-6a
73099 Grabenweg 161-9b

73099 Haldenweg 161-9b
73099 Hasenweg 161-9a
73099 Herrenmühle 161-9c
73099 Hintere Hauptstraße 161-9b
73099 Hirschlesweg 161-9b
73099 Höllstraße 161-5b

73099 Jahnstraße 161-9b

73099 Kaiserstraße 161-6b
73099 Karlstraße 161-9b
73099 Keuschelstraße 161-9b
73099 Kirchstraße 161-9b
73099 Küferstraße (1) 161-9b
73099 Kugelbergstraße 161-9b

73099 Lausbachtalweg 162-7a
73099 Lichtensteiger Straße 161-9a

73099 Marderweg 161-9a
73099 Mittelmühle 161-12b
73099 Mühlhaldeweg 161-9c

73099 Oberberker Kirchenweg 161-5a
73099 Ochsengasse 161-9b

73099 Panoramaweg 161-9d
73099 Plüderhäuser Weg 161-9b

73099 Rankstraße 161-9b
73099 Rehweg 161-9a

73099 Schnurrstraße 161-9b
73099 Schorndorfer Straße 161-9a
73099 Schulzenfeldstraße 161-9a
73099 Schurwaldstraße 161-6d
73099 Seestraße 161-9b
73099 Sommerweg 161-9b

73099 Talstraße 161-9b
73099 Tannenstraße 161-6d
73099 Thurweg (5) 161-9b
73099 Töpferweg 161-9b
73099 Turmstraße (3) 161-9b

73099 Unterdorf 161-9b

73099 Vordere Hauptstraße 161-9b

73099 Wasenstraße 161-9b
73099 Weinsteige 161-9c
73099 Wilhelmstraße 161-9b

73099 Zachersmühle 162-10b
73099 Ziegelstraße 161-9b

Affalterbach
PLZ 71563

Am Feuersee 101-7a
Amselweg (3) 101-5c
Am Tannenweg 101-5d
An der Wette 101-4c
Auenweg 101-7a
August-Lämmle-Straße 100-6d
Aussiedlerhöfe 100-6b

Backnanger Straße 101-4c
Bahnhofstraße 101-4c
Beckentalweg 101-4c
Benzstraße 101-7a
Birkenallee 101-5c
Birkhau 101-5c
Bittenfelder Weg 101-7a
Böllenhöfe 101-7c
Bogenstraße 101-4c
Bonholz (7) 101-5d
Brunnenstraße (3) 101-7a
Burgstraße 101-8b
Burgunderstraße 100-9b

Daimlerstraße 101-7a
Dinkelweg (5) 101-7a
Dorfwiesen 101-7a
Drosselweg (2) 101-5c

Erdmannshäuser Straße 101-4c
Erdmannshäuser Weg 100-3d

Gartenstraße 101-4c
Gerstenweg 101-7a
Goethestraße 100-9b

Häldenweg 101-8b
Haferweg 101-7a
Hagäcker 101-5d
Hauffstraße 100-6d
Hauptstraße 101-5d
Hochdorfer Straße 100-9b
Hölderlinweg 100-9b

Im Birkhau 101-5c
Im Erlenbusch (1) 101-5c
Im Finkenschlag (4) 101-5c
Im Näheren Grund 101-7a
Im Rosenhain 101-5c
Im Schönblick 100-9b
Im Stauch 101-7b
Im Vogelsang (5) 101-5c
Im Wiesengrund (4) 101-7a
In den Schmiedeäckern 101-7a

Jahnstraße 100-6d

Karlstraße (2) 101-7a
Kelterplatz 101-4c
Kernerstraße 100-6d
Kirchberger Weg 101-4a
Kirchgasse 101-4c
Kirchhofgasse 101-4c
Klingenstraße 101-4c
Krautgärten 101-7a

Lange Straße 101-4c
Lembergweg 100-9a
Lerchenstraße 100-6d
Lessingstraße 100-9b
Lindenstraße 101-5c

Maisweg 101-7a
Marbacher Straße 100-6d
Maybachstraße 101-7a
Mörikestraße 100-9b
Mühlenweg 101-8b

Nordstraße 101-4c

Ortsstraße 101-12a

Parkstraße 101-5c

Rebenweg 100-9b
Rieslingstraße 100-9b
Ringstraße 101-8b
Robert-Bosch-Straße 101-7a
Roggenweg (6) 101-7a

Schillerstraße 100-9b
Schloßhof 101-8b
Schulgasse (1) 101-4c
Seestraße 101-4c
Siegelhäuser Straße 100-9b
Siemenstraße 101-7a
Sommerrain 101-4c
Steinächle 101-9c
Sylvanerstraße 100-9b

Talstraße 101-7a
Trollinger Straße 100-9b

Uhlandstraße 100-6d

Waldstraße 100-6d
Weinberggasse 101-4c
Weizenweg 101-7a
Winnender Straße 101-4c
Winzerweg 100-9b
Wolfsölden 101-8a
Wolfsölderweg (6) 101-5c

Zentralplatz 101-5c

Aichelberg
PLZ 73101

Alte Steige 233-1b

Boller Straße 209-11c
Breitenlohweg 209-11c
Brunnenweg 233-2a
Bunzenberg 209-10c

Diepoldstraße 209-10d

Eckwälder Straße 209-11c

Ferdinandstraße 209-10d

Gartenstraße 209-11c

Herrenwiesen 233-1b
Hinterbergstraße 233-2a
Hohenstaufenstraße 209-10d
Holzmader Straße 233-1a
Hungerberg 209-10d

Immenweg 209-10d

Karlstraße 233-1b
Kornbergweg 209-11c

Mörikeweg (1) 233-2a

Panoramastraße 209-11c
Paradiesstraße 233-1b

Rechbergstraße 209-11c

Schillerstraße 233-2a
Staufenweg 209-11c
Steigstraße 233-1b
Stuifenstraße 209-10d

Tobelweg 209-10d
Turmbergweg 233-2a

Ulrichstraße 209-10d

Vorderbergstraße 233-2a

Wasserbergweg 209-10d
Weidestraße 209-11c
Weilheimer Straße 209-10d

Zeller Straße 233-1b

Aichtal
PLZ 72631

Achalmstraße 227-3d
Adalbert-Stifter-Straße 227-3d
Ahornweg 228-1d
Aich 227-5a
Aichbachwasen 227-3d
Aicher Straße 227-4a
Albblickweg 227-3c
Albstraße 227-3d
Alte Halde (1) 227-5b
Alte Poststraße 228-4a
Alte Straße 227-5b
Am Baiersbach 227-6a
Amselweg 227-4b
Am Weiherbach 228-1c
Asternweg (23) 228-1d
Auf Aigen 227-4a
Aussiedlerhof 227-6c

Bachstraße 227-4a
Badgasse (21) 228-1c
Bei den Linden 227-2d
Bergstraße 227-2d
Bertha-Benz-Straße 227-2b
Bertha-von-Suttner-Straße (6) 227-3b
Birkenweg (25) 228-1d
Bismarckstraße (15) 228-1c
Blumenstraße 228-1c
Bombachweg (2) 227-5b
Bonländer Weg 227-1c
Boßlerweg 227-3d
Bruckenwasen 227-6a
Brünnlesstraße 227-4a
Brunnenstraße 227-2d
Burgstraße 228-1c
Bussardweg 227-4a

Dahlienweg (22) 228-1d
Distelweg (24) 228-1d
Drosselweg 227-1c

Eichendorffstraße 227-3a
Eichholzweg 227-2d
Enzianweg 228-1d
Esslinger Weg 228-1a

Filderweg 227-3c
Finkenweg 227-4a
Fliederweg (27) 228-1d
Fritz-Ruoff-Straße 227-3c
Froschegert 227-3a

Gartenstraße 227-5b
Gassenäcker 228-1a
Gemeindeberg 227-2d
Geranienweg (33) 228-1d
Gewerbegebiet Aichholz 227-2a
Gewerbegebiet Riedwiesen 227-2b
Ginsterweg (28) 228-1d
Goethestraße 227-3b
Grötzingen 228-4a
Grötzinger Straße 227-5b
Grünes Häusle 226-5a
Gutenbergstraße 227-2c

Häfnerstraße 227-4a
Hagen 227-6a
Haldenstraße 227-2c
Harthäuser Straße 227-3b
Hauffstraße 227-3b
Hegelweg 227-3a
Heideweg 227-5a
Heinestraße 227-3b
Heubergstraße 227-3c
Hindenburgstraße 228-1c
Hintere Gasse 227-5b
Hochsträß 227-1d
Höhenweg 228-1c
Hölderlinstraße 227-3b
Hörnleweg (11) 227-3d
Hohenneuffenstraße (13) 227-3d
Hohenzollernstraße (12) 227-3d
Hoher Rain 228-1d

Im Dietner 227-5b
Im Gewand 227-5a
Im Grörach (2) 227-1d
Im Hau 226-6b
Im Vogelsang 226-3d
Im Weckholder 227-3c
Im Zeilfeld 227-2d
Ingeborg-Bachmann-Straße (3) 227-3b
Isolde-Kurz-Straße (1) 227-3a

Jägestraße 228-1c
Jusiweg (7) 227-3d

Kanalstraße 226-6b
Kantstraße 227-3a
Karl-Mörike-Straße 227-5b
Kelterplatz 228-1c
Keplerstraße 227-5b
Kernerstraße (5) 227-3b
Kirchplatz 227-4a
Kirchweg 227-5b
Kleiststraße 227-3b
Klingenstraße 227-1c
Kohlplatte 227-5a
Kreutweg 227-2c
Krokusweg (29) 228-1d
Küferstraße (18) 228-1c

Landhausweg 227-3c
Leibnizstraße 227-3a
Leimengrube (1) 227-3c
Lenzweg (3) 227-2d
Lerchenweg 227-4a
Lessingstraße 227-3a
Lichtensteinstraße 228-1c
Lilienweg (26) 228-1d
Lindenstraße 228-1c
Lönsstraße 227-3d

Maienweg 227-1c
Margarete-Steiff-Straße 227-2b
Mauerstraße 228-1c
Max-Eyth-Straße 227-2a
Max-Planck Straße 227-2b
Meisenweg (1) 227-1c
Mönchbuckelweg 226-5d
Mozartstraße 227-4a
Mühläcker 227-5b
Mühlgässle 227-1c
Mühlstetten 227-6a

Neckartailfinger Straße 227-5b
Nelkenstraße 228-1d
Nelly-Sachs-Straße 227-3a
Neuenhaus 227-1c
Nürtinger Straße 228-1c

Otto-Dix-Straße 227-3c
Otto-Schuster Straße 228-1c

Panoramastraße 226-6b
Paradiesstraße 228-1c
Paul-Klee-Straße 227-3c
Pfalzstraße 227-4a

72461 Friedrich-Krupp-Straße 353-12b
72458 Friedrich-List-Straße 372-4b
72458 Friedrich-Maag-Straße 40-A1 + 371-3d
72458 Friedrichstraße 40-A2 + 371-3c
72461 Frühlingstraße 353-9a
72459 Fürstäckerstraße 369-3d

72461 Gärtnerstraße 353-5a
72459 Gäßlesweg (1) 369-3b
72458 Galgenwiesen 372-4d
72459 Gallusstraße 370-1a
72458 Galthaus 354-11d
72458 Gartenstraße 40-A2 + 371-3c
72458 Gebrüder-Grimm-Straße (3) 371-1d
72461 Geifitze 336-9c
72458 Georg-Büchner-Straße 372-4b
72461 Georgstraße (16) 353-6c
72458 Gerbergasse 40-A2
72458 Gerberplatz 40-A2
72461 Gerhardstraße 353-9a
72461 Gerhart-Hauptmann-Straße (10) 353-9c
72459 Germanenstraße 370-3c
72459 Gewerbestraße 352-12b
72461 Gipserweg 353-5b
72461 Glaserstraße 353-5b
72461 Goethestraße 353-6c
72459 Gotenstraße 370-3c
72458 Gottfried-Keller-Straße 371-2c
72458 Gottlieb-Daimler-Straße (2) 372-4b
72458 Gottlob-Hummel-Straße 40-A1
72459 Grabenstraße 370-6a
72459 Gräbelesbergstraße 369-3b
72459 Gregor-Götz-Straße 352-12a
72458 Grimmelshausenstraße (1) 371-1d
72458 Grüngrabenstraße 40-A2 + 371-3d
72459 Gutenbergstraße 352-6d
72458 Gymnasiumstraße 371-3b

72461 Habichtweg (7) 353-5d
72458 Häringstein 40-B2
72459 Hafnergasse 352-12d
72461 Hahnstraße 337-11c
72459 Haldenstraße 352-6d
72459 Haldenweg 352-7d
72461 Hans-Holbein-Straße 337-11a
72461 Hans-Sachs-Straße 353-8d
72458 Hardtstraße 371-3c
72458 Hartmannstraße 371-4b
72461 Hauffstraße 353-2a
72461 Hauptstraße 337-11a
72459 Hebsackstraße 370-3c
72461 Hechinger Straße 353-2d
72459 Heersbergstraße 352-12c
72461 Heerweg (18) 353-12b
72461 Heilig-Brünnle-Straße 353-8d
72459 Heimbolweg 352-9b
72461 Heinrich-Heine-Straße 337-11a
72458 Herderstraße 40-B2 + 372-4a
72461 Hermann-Löns-Straße 337-11c
72461 Hermannstraße (4) 353-6c
72461 Hessensteige 352-2b
72461 Heuberg 353-5c
72461 Heuberghöfe 337-10c
72461 Heubergstraße 353-5a
72461 Heusteigstraße 353-2c
72461 Heutalstraße 353-5c
72459 Hinter dem Garten 352-7d
72459 Hinter Gärten 369-3b
72461 Hirschgasse 337-11c
72461 Hirschstraße (6) 353-5d
72461 Höfenstraße 353-5d
72461 Höhenweg 353-9b
72458 Hölderlinplatz 371-5a
72461 Hölderlinstraße 337-11c
72459 Höristraße 370-3c
72459 Hörnaitenstraße 371-3c
72459 Hörnleweg 369-3b
72461 Hofäckerstraße 337-11a
72461 Hofmannsthalstraße 337-11c
72461 Hofstetter Bühl 353-8c
72461 Hohberg 337-11d
72461 Hohbergplatz 353-2b
72461 Hohbergstraße (13) 353-2b
72461 Hohenneuffenstraße 353-2b
72459 Hohenwiesenstraße 370-2d
72458 Hohenzollernstraße 40-A1 + 371-3d
72461 Hohe Straße 353-9d
72458 Hohkreuzstraße 371-3c
72461 Holdertalstraße 353-9d
72459 Holunderweg 370-3b
72458 Holzhaldenstraße 371-5b
72459 Hornauberger Weg 352-12b
72461 Hornentäle 353-5c
72458 Hornstraße 337-11c
72459 Hossinger Steig 370-4c
72459 Hossinger Weg 370-5b
72458 Hubertusstraße (1) 371-3a
72459 Hufweg 352-9b
72459 Hugo-Bertsch-Straße 352-12a
72458 Hukelturenstraße 372-4b
72458 Hunsrückstraße 40-A1 + 371-3d
72458 Hyazinthenweg 371-1d

72459 Im Anwandel 352-6c
72459 Im Eyachtal 352-6d
72459 Im Gäßle 352-7d
72459 Im Geißwinkel 370-1a
72458 Im Gikental 371-2c
72458 Im Hennenbühl 371-4b
72461 Im Höfle (17) 353-9d
72461 Im Hof 40-A2
72458 Im Mehlbaum 371-1b
72459 Im Öschle 352-7d
72458 Im Olgahof (8) 371-5b
72458 Im Raidental 371-2b
72458 Im Rauhen Wiesle 371-2d
72461 Im Reislehof (9) 353-9d
72461 Im Ried (6) 353-9a
72461 Im Schweizer Hof (14) 353-9d
72458 Im Stöcken 372-4a
72461 Im Trautenhardt 353-12b
72461 Im Weglanger 353-4d
72459 Im Weidlen 370-3b
72458 Im Weiherwuhr 371-4b

72461 Im Wiesengrund 353-9a
72459 Im Wiesental (1) 352-12c
72461 Industriestraße 353-2a

72461 Jägerstraße 337-11a
72461 Jahnstraße 353-5c
72458 Jakobstraße 372-4a
72461 Johannes-Conzelmann-Straße 353-6d
72461 Johannes-Feyrer-Straße 353-6c
72458 Johannes-Jerg-Weg 371-6b
72458 Johannes-Mauthe-Straße 40-B1 + 371-3d
72461 Johannes-Raster-Straße 337-11c
72461 Johannes-Schmid-Straße 353-6c
72458 Johannesstraße 40-B3 + 371-6b
72458 Johann-Georg-Müller-Straße (4) 371-3c
72458 Johann-Peter-Hebel-Straße (5) 371-2c
72458 Johann-Philipp-Palm-Straße 40-A2
72461 Johann-Strauß-Straße (11) 353-9c
72461 John-Wesley-Straße (17) 353-6c
72461 Josefstraße 353-5d
72461 Joseph-Haydn-Straße 353-9c
72461 Juliusstraße 353-5d
72461 Jurastraße 353-9d
72458 Justus-von-Liebig-Weg 372-4a

72461 Käselberg 353-6a
72461 Käselteich 353-6a
72459 Kaiserstuhlweg 352-10c
72458 Kantstraße 40-B3 + 372-4a
72458 Kapellstraße 40-A2 + 371-3d
72461 Kapfstraße 353-5d
72461 Karl-Benz-Straße 353-12d
72461 Karl-Conzelmann-Straße 353-3c
72458 Karl-Peter-Straße 371-2d
– Karlsbrücke 371-6a
72459 Karlstraße 352-6c
72458 Kastanienstraße 371-6a
72461 Katharinenstraße 353-5d
72461 Katzensteige 353-5d
72459 Kellenburg 352-7d
72459 Kellerstraße 369-3b
72458 Keltenstraße 371-1d
72459 Kennensteige 352-6d
72458 Keplerstraße 371-3b
72461 Kesselhalde 353-5d
72459 Kesselstraße 352-7d
72461 Ketternhalde 353-5d
72458 Kientenstraße 371-5a
72461 Killwiese 337-11b
72458 Kirchengraben 40-A2 + 371-3d
72459 Kirchgasse (2) 369-3b
72461 Kirchstraße 337-11a
72461 Kirschbaumstraße 354-7c
72458 Klarastraße 40-A1 + 371-3c
72459 Kleeweg 370-3b
72461 Kleine Straße (2) 353-9a
72461 Kleiststraße 353-9d
72459 Klosterhof (4) 352-12d
72461 Königsberger Straße 353-8b
72461 Körnerstraße 337-11b
72458 Kohlmeisenweg 371-2c
72459 Kohlplattenstraße 370-2c
72461 Kohlweilerstraße 337-11b
72461 Konrad-Adenauer-Straße 353-9b
72461 Konrad-Kreutzer-Straße 353-12d
72461 Kornberg 353-7b
72459 Kornbergstraße 352-9b
72459 Kornblumenstraße 370-3b
72458 Krämerstraße 372-4a
72458 Kreuzbühlstraße 371-2d
72459 Kreuzstraße 352-6c
72461 Kronenstraße 353-6c
72458 Küferstraße 372-4b
72458 Kühbuchenstraße 371-6a
72459 Kugelgäßle (6) 370-2d
72458 Kurt-Georg-Kiesinger-Platz (3) 40-B2
72459 Kurze Straße (3) 370-3c

72461 Lachenstraße 353-9d
72461 Längenlochstraße 337-10b
72461 Lammerbergstraße 353-3c
72461 Landeplatz Albstadt-Degerfeld 354-5d
72458 Landgrabenstraße 40-A3 + 371-6b
72461 Landhausstraße 353-5b
72461 Landmannstraße 353-9d
72461 Langenwand 353-7a
72461 Langenwandstraße 353-8a
72461 Lange Straße 353-5d
72458 Langwatte 40-A2 + 371-3d
72459 Laufen 351-12c
72459 Laufener Straße 370-2d
72459 Lauterbachhof 370-1d
72459 Lauterbachstraße 370-2c
72461 Lautlingen 370-6a
72458 Lautlinger Straße 371-1d
72458 Lederstraße 372-4a
72458 Leibnizstraße 372-4a
72461 Leimenhäulestraße 353-6c
72461 Leimenstraße 353-9a
72458 Leipziger Straße 371-4a
72461 Lembergstraße 353-2b
72461 Lenaustraße 353-6c
72459 Lengentalstraße 352-6d
72458 Lerchenstraße 371-4b
72458 Lessingstraße 40-B2 + 372-1c
72461 Lichtensteinstraße 353-2b
72461 Liegnitzer Straße 353-8a
72461 Lilienweg 353-5c
72461 Lindenstraße 353-9d
72458 Linderhof 372-8b
72461 Linkenboldstraße 337-11b
72461 Lochenweg 353-6b
72458 Löwenweg 371-5b
72458 Lortzingstraße 371-2b
72458 Ludwigstraße 353-5d
72461 Ludwig-Thoma-Straße 337-11a
72458 Lüderitzstraße 371-2d
72461 Luisenstraße 353-5b

72461 Magdalenenstraße (1) 353-6a
72459 Maienstraße 352-7d
72461 Maierhofstraße 337-11a
72461 Malerstraße 353-5b
72458 Manchesterstraße 371-5b
72459 Margaretenstraße (2) 352-12c
72461 Margrethausen 352-11d
72459 Margrethauser Straße 352-6d
72461 Marienstraße 353-5b
72461 Markenbergstraße 353-2b
72461 Marktplatz (11) 353-6c
72458 Marktstraße 40-A2 + 371-3d
72461 Markusstraße (12) 353-5d
72461 Marthastraße (3) 353-6a
72461 Martin-Luther-Straße 353-6c
72458 Martinstraße 40-A2
72458 Masselturenstraße 371-2b
72461 Mathildenstraße 353-5b
72458 Matthäus-Hahn-Straße (5) 372-4b
72458 Matthias-Claudius-Straße (4) 371-1d
72461 Matthias-Grünewald-Straße 337-10b
72458 Maurerstraße 372-4b
72458 Max-Eyth-Straße (4) 372-4b
72458 Max-Planck-Straße 372-4a
72458 Mazmannstraße 371-3b
72458 Mehlbaumstraße 371-2c
72461 Meisenweg (7) 353-5c
72461 Melbernsteigstraße 353-6d
72458 Memeler Straße 371-4a
72461 Menzelstraße 337-11a
72458 Meßstetter Straße 371-5b
72461 Metzgerweg 353-5d
72461 Michael-Bitzer-Straße 353-6a
72459 Milanstraße 352-9b
72461 Mörikestraße 337-8c
72459 Mohnweg 370-3b
72461 Moltkestraße 353-6c
72458 Mozartstraße 371-3c
72461 Mühlbachstraße 353-9d
72458 Mühlesteigstraße 40-B1 + 371-3b
72459 Mühlgasse 370-3c
72461 Mühlstraße 353-5b
72461 Müllerstraße 353-5b
72458 Museumstraße 40-A3

72458 Nadlerstraße 371-2d
72461 Nägelestraße 337-11a
72461 Narzissenweg 353-5c
72461 Nelkenstraße 353-4d
72458 Neuer Weg 371-6a
72461 Neuweilerstraße 353-6c

72461 Ob dem Kieserstal 353-4d
72461 Ob der Bitzer Steige 354-7c
72461 Ob der Steige 353-8a
72461 Ob Emern 353-5a
72461 Obere Bachstraße 353-6c
72458 Obere Halde 351-12d
72459 Obere Knappel 369-3b
72461 Obere Markenhalde 353-2d
72458 Oberer Stadtgraben 40-A2
72458 Obere Vorstadt 40-A2
72459 Obere Wiesenstraße 352-12c
72458 Ochsenberg 371-1a
72459 Ochsensteigstraße 370-3b
72458 Odenwaldstraße 40-A2
72459 Ölmühlenweg 40-A3
72458 Olgastraße 371-5a
72461 Onstmettingen 337-11d
72461 Onstmettinger Straße 352-6c
72458 Orchideenweg 371-1d
72458 Orffstraße 371-3a
72458 Ostheimstraße 372-4b
72458 Ostpreußenweg (9) 371-4b
72461 Ottilienstraße 353-2d
72458 Ottmartalstraße 371-4b
72458 Otto-Gußmann-Straße (2) 40-A3
72458 Otto-Lilienthal-Straße 371-3a

72461 Panoramastraße 353-6c
72458 Parkweg 40-A3 + 371-6b
72461 Paul-Gerhardt-Straße (20) 353-6c
72459 Paulinenstraße 352-6c
72461 Paulusstraße 353-5d
72458 Pestalozzistraße (6) 371-2c
72458 Peter-Rosegger-Straße 372-4b
72461 Petrusstraße 353-6c
72461 Pfarrhausstraße (15) 353-9d
72458 Pfarrstraße 40-A2
72461 Pfeffingen 352-5d
72461 Pfeffinger Straße 353-7b
72461 Philipp-Gottfried-Schaudt-Straße 337-10b
72458 Philipp-Reis-Straße (1) 372-4b
72461 Plettenbergweg 353-3c
72458 Pommernweg (8) 371-4b
72458 Posener Straße 371-4a
72458 Poststraße 40-A3 + 371-6b
72461 Primelweg 353-4d
72461 Prof.-Hahn-Straße 353-6a

72461 Quellenstraße 353-9d
72461 Querstraße 337-8c

72458 Rabenweg (7) 371-5b
72461 Raichberg 337-4d
72458 Raidenstraße 371-2d
72461 Raiffeisenstraße 353-12b
72458 Rappenweg (3) 371-3a
72459 Rathausgasse (4) 370-3c
72461 Rathausplatz 353-9d
72458 Rechbergstraße 353-2b
72461 Reginenstraße 353-5b
72458 Rehgasse 40-A2
72461 Reichenbachstraße 353-9d
72461 Rembrandtstraße 337-11a
72461 Reuterweg 353-12b
72458 Rhönstraße 371-3a
72458 Richard-Wagner-Straße 371-2b
72458 Riedhaldenstraße 371-6d
72458 Riedhaldenstraße (8) 372-4c
72458 Riedstraße 371-5a
72461 Riegelwiese 337-11c
72459 Riesestraße 351-12c
72459 Risslingerstraße 370-2d

72461 Ritterstraße (15) 353-6c
72461 Ritzenbühl 337-7a
72458 Robert-Bosch-Straße (3) 372-4b
72461 Robert-Koch-Straße 354-7c
72461 Robert-Mayer-Straße 353-12b
72459 Römerhof 370-3c
72459 Römerstraße 370-3c
72459 Rohrbachstraße 352-12b
72461 Rolandstraße (5) 353-5d
72459 Roschbach 352-5b
72458 Rosengasse 40-B2
72461 Rosensteinstraße 353-2b
72461 Rosenstraße 337-11a
72461 Roßbergstraße 353-3c
72461 Rossentalstraße 353-8d
72458 Roßgasse 40-A2
72461 Rotdornstraße 353-9b
72459 Rotenäckerstraße 370-2d
72461 Rubensstraße 337-11a
72461 Rudolf-Blickle-Straße 353-6b
72461 Rudolf-Diesel-Straße 353-12d
72461 Rübenhäulestraße 353-5c

72461 Salbeiweg 353-8a
72458 Sandgrube 371-9b
72461 Sattlerweg 353-5d
72461 Schabengasse (7) 337-11c
72461 Schafbergweg 353-6a
72461 Schafbühl 354-4a
72458 Schalksburgstraße 371-1d
72461 Scheffelstraße 353-9c
72459 Scheibenbühlstraße 370-1a
72459 Scheibenbühlweg 370-1a
72458 Schillerstraße 371-6a
72461 Schimmelweg (2) 371-3a
72458 Schlachthofstraße 372-4a
72459 Schlehenweg 370-3d
72458 Schlesier Weg (7) 371-4b
72458 Schloßbergstraße 40-B1
72461 Schlosserstraße 353-6c
72458 Schloßhalde 372-1a
72461 Schloßstraße 353-6c
72461 Schmale Straße (5) 337-11a
72458 Schmeihengasse 40-B2
72458 Schmiechastraße 40-B2 + 353-12d
72458 Schmiedstraße (7) 372-4a
72461 Schneiderstraße 353-5a
72461 Schönblick 337-8c
72459 Schönenbühlstraße 352-12d
72461 Schönhaldenstraße 353-12b
72461 Schreinerstraße 353-5a
72458 Schütte 40-A2
72458 Schützenstraße 371-3c
72459 Schulgasse 352-6c
72458 Schumannstraße 371-3c
72461 Schwabstraße 353-2a
72461 Schwalbenweg 353-5c
72458 Schwarzwaldstraße 40-A2 + 371-3c
72458 Schweinweiher (1) 40-B2
72461 Sedanstraße 353-6a
72461 Seidelbaststraße 353-8a
72461 Seilerstraße 353-5d
72458 Siebenbürgenweg (4) 371-4b
72459 Siedlerstraße 370-3c
72458 Sigmaringer Straße 372-4a
72458 Sigmundstraße 40-B2
72458 Silberburgstraße 40-A2 + 371-3d
72458 Silberdistelstraße 371-1d
72458 Silcherstraße 371-3b
72461 Sofienstraße (2) 353-6a
72461 Sommerhalde 353-12b
72458 Sonnenstraße 371-2d
72461 Spechtstraße (11) 353-2b
72458 Spessartstraße 40-A1
72458 Spitalhof 40-A2
72458 Spitalstraße 371-6a
72461 Stadelstraße 337-11c
72461 Stadionplatz 353-5c
72461 Stadionstraße 353-4d
72461 Staffelweg (9) 353-2b
72461 Starenweg (8) 353-5c
72461 Staufenbühlstraße 353-6c
72458 Staufenstraße 371-2c
72461 Stefanstraße 353-5d
72459 Steigstraße 352-12c
72461 Steiler Weg 353-6c
72459 Steinbusstraße 352-9b
72459 Steinstraße 369-3b
72458 Stellestraße 40-A2
72458 Stettiner Ring 371-4a
72461 Stich 336-12b
72461 Stiegel 353-5a
72461 Stieglitzweg (10) 353-2b
72461 Strickerweg 353-5d
72458 Sudetenweg (5) 371-4b

72461 Tagolfstraße (9) 353-6c
72461 Tailfingen 353-6b
72459 Tailfinger Straße 352-6d
72461 Talgangstraße 353-9d
72458 Talstraße 337-11c
72461 Tannenbergstraße 353-9b
72459 Tannenweg 352-6c
72461 Taubenweg 353-2b
72458 Taunusstraße 40-A2 + 371-3c
72461 Teckweg 353-6a
72461 Tennentalstraße 353-12b
72458 Teufelsgässle 40-A2
72461 Thaliastraße 353-6c
72461 Thanheimer Straße 337-10b
72458 Theodor-Groz-Straße 371-6a
72459 Theodor-Heuss-Straße 352-6c
72461 Theodor-Storm-Straße 337-11c
72461 Theophil-Wurm-Straße (8) 353-9d
72461 Thomas-Mann-Straße (6) 337-11c
72459 Tierberg 370-5c
72459 Tierberger Straße 370-3c
72459 Tieringer Straße 369-3b
72458 Truchtelfingen 353-11b
72458 Tuchtelfinger Straße 40-A1 + 353-12d
72458 Türkenbundweg 371-1d
72461 Tulpenstraße 353-4d

72461 Uhlandplatz (13) 353-6c
72461 Uhlandstraße 337-11b

72461 Ulmenstraße (20) 354-7c
72458 Ulrichstraße 40-A2 + 371-3c
72461 Ulrich-von-Hutten-Straße 353-8d
72459 Unter dem Gräble (5) 370-2d
72458 Unter dem Malesfelsen 40-A3 + 371-6b
72459 Unter der Burg 370-5b
72459 Unter der Heusteige 352-6c
72459 Unter der Schönhalde 352-6c
72461 Untere Bachstraße 353-6c
72459 Untere Halden 351-12d
72459 Untere Heubelstein 352-12d
72461 Untere Kirchstraße 337-11a
72459 Untere Knappel 369-3b
72461 Untere Markenhalde 353-2d
72458 Unterer Stadtgraben 40-A2
72458 Untere Vorstadt 40-B2 + 371-6b
72459 Untere Wiesenstraße 352-12d
72459 Unter Hirnau 370-3c
72459 Unter Hornau 352-9b
72461 Unter Nank 353-3c
72459 Unter Naupen 352-6d

72461 Veilchenweg 353-4d
72461 Vogelsangstraße 353-4d
72459 Von-Stauffenberg-Straße 370-2d
72459 Vor dem Band 370-5a
72461 Vor dem Härtle 354-7d
72461 Vor dem Weißen Stein 353-1d
72459 Vordere Gasse 370-3c

72461 Waaghausstraße 353-9d
72458 Wacholderstraße 371-1d
72461 Wachtelweg (12) 353-2b
72461 Wagnerstraße (10) 353-5d
72461 Wahlentalstraße 353-8b
72459 Waidmannstraße 352-9b
72459 Waldäcker 352-7b
72461 Waldfriedhofstraße 353-5a
72459 Waldhauser Straße 351-12c
72458 Waldheim 372-1a
72461 Waldhornstraße 337-10b
72461 Waldmeisterstraße 353-8a
72459 Waldstraße 370-1a
72459 Wannentalweg 352-7d
72461 Wasenstraße 353-6c
72461 Wasserscheide 352-3b
72458 W.-Dobel-Gasse 40-B2
72461 Weberstraße (14) 353-6c
72459 Wehrstraße 352-12b
72459 Weidenstraße 370-1a
72461 Weidenweg (8) 353-2a
72461 Weilertal 354-2a
72461 Weißdornstraße 353-8a
72458 Weißenburg 372-5c
72459 Wendelinweg (8) 370-3c
72461 Werner-von-Siemens-Straße 353-12b
72458 Westpreußenweg (3) 371-4b
– Westtangententunnel 40-A2
72461 Wielandstraße 353-9c
72461 Wiesenstraße 337-10b
72461 Wieslesweg 353-6a
72461 Wildensteinstraße 353-2b
72461 Wilhelm-Busch-Weg 353-8d
72458 Wilhelm-Keller-Straße 371-3b
72461 Wilhelm-Maybach-Straße 353-2c
72461 Wilhelmstraße 353-2a
72461 Wirkerstraße 353-5a
72461 Wolfsgrubenstraße 353-6a

72461 Zaislen 337-7d
72461 Zaislenweg 337-10b
72461 Zeisigweg 353-5c
72461 Zellerhornstraße 337-8c
72459 Zellerstraße 370-2d
72461 Zeppelinstraße 353-9d
72458 Ziegelplatz 40-A2
72459 Ziegelstraße 369-3b
72458 Zieglerstraße 372-4a
72459 Zillhauser Straße 352-5d
72461 Zimmermannsweg (2) 353-5a
72458 Zimmerstraße 40-B3 + 371-6b
72461 Zitterhof 352-3a
72461 Zitterhofstraße 353-4b
72458 Zollern-Alb-Bahn 372-4d
72461 Zollernstraße 353-9d
72461 Zollersteighof 337-7a

Alfdorf
PLZ 73553

Adelstetten 140-2b
Alemannenweg (3) 139-2a
Alfdorfer Weg 139-2a
Am Berg 140-5b
Am Römergraben (2) 139-2a
Amselweg 139-1b

Blumenstraße 139-2a
Brender Straße 139-2a
Brunnenstraße 139-1b

Drosselweg 139-1b

Ernst-Kinkel-Straße 139-3b

Fasanenstraße 139-2a
Friedhofstraße 139-1b

Gartenstraße 139-2a
Gmünder Straße 139-2a

Haldenhof 138-2b
Haldenweg 139-3b
Hangweg 139-3a
Haselbach 140-5a
Haselbacher Rain 140-5b
Haselhof 138-3a
Hasenkehlweg 139-1b
Hauptstraße 139-3a
Heidestraße 139-2a
Herbrechtsweg 139-3a

Hofäckerweg 139-2c
Holunderweg 139-2a

Im Bohnenacker 139-2c
Im Bühl 139-3a
Im Greut 140-3a
Im Morgen 139-2a
Im Zeiren 139-2c

Kappelweg 140-1a
Kirchbachhalde 139-2c
Klösterlesweg 140-1a
Kurze Straße 139-2a

Leintalweg 139-2a
Lerchenweg 139-2a
Limesweg 139-2a
Lindenstraße 139-2a
Lindenwasen (1) 139-2a
Lorcher Straße 139-2a

Maierhof 140-4b
Maierhofer Sägmühle 140-4d
Maierhofweg 140-1a
Meisenweg 139-2c
Mutlanger Straße 140-2b

Obere Bühlstraße 139-3b
Ölbergweg 139-3b

Petershaldenhof 139-1a
Pfahlbronn 139-1a
Pfahlbronner Straße 139-2a
Pfahlstraße 139-2a
Pfahlwasen 139-1b

Rainweg 139-3b
Riedstraße 139-2a

Sandhalde 139-2c
Schenkhöfle 138-2b
Schölleshof 140-4a
Schulstraße 139-2a
Schwalbenweg 139-2c
Seeghauweg 139-2a
Starenweg 139-2c
Strutweg 139-2c

Taubenstraße 139-2a

Untere Bühlstraße 139-3b
Untere Schloßstraße 140-1a

Vor der Haselbach (1) 140-5b

Wacholderweg 139-2a
Waldweg 139-3a
Winterhaldenweg 139-3a

Zeisigweg 139-2a

Allmersbach im Tal
PLZ 71573

Ahornweg 103-8d
Akazienhain 103-9c
Allmersbacher Straße 103-12a
Amselweg (16) 103-9c
Asternweg (22) 103-8d
Auerhahnweg 103-11b

Backnanger Straße 103-8d
Banwiesenstraße 103-12b
Beethovenstraße 103-9c
Bergäckerstraße 103-11b
Bergstraße 103-9d
Bildäcker (24) 103-8c
Birkenstraße 103-8d
Brahmsweg 103-9c
Brucknerstraße 103-9c
Bürgweg 103-9d

Dahlienweg 103-8c

Eichenweg 103-8d
Erlenweg 103-11a
Erpfenweg 103-12b

Falkenweg 103-9c
Fasanenweg 103-9c
Finkenweg (5) 103-9c
Friedhofstraße 103-11a
Fuchsrain 103-11b

Gartenstraße 103-11b
Glasäckerstraße 103-9c
Gluckweg 103-9c
Goldammerweg 103-9c

Hartweg 103-8d
Haydnweg (4) 103-9c
Heininger Straße 103-8c
Heinrich-Schütz-Weg (12) 103-9c
Helmholtzstraße 103-11a
Heutensbach 103-12b
Heutensbacher Straße 103-11b
Hofäcker (20) 103-11b
Hohengehren 103-12b
Hohenneuffenweg 103-11b
Hohenstaufenweg 103-11b
Hohenzollernweg 103-11b
Hohlgasse 103-9d
Holzrain 103-11d
Hornrain 103-11b
Hüfteläcker 103-8d

Im Äulesweinberg 103-11d
Im Blütengarten 103-9c
Im Flieder 103-8c
Im Hagenbüchle (21) 103-11d
Im Reutle 103-11b
Im Sommerrain 103-8d
Im Vogelsang 103-12a
Im Wacholder 103-8d
Im Wasenfeld (23) 103-8d
Im Wiesental 103-8d

In den Äuleswiesen 103-11d
In den Brunnenwiesen 103-11b
In der Birke 103-9c
Industriestraße 103-11d

Jägerstraße 103-12b
Johann-Sebastian-Bach-Straße (15) 103-9c
Johann-Strauß-Weg (17) 103-12a

Käsbühlstraße 103-12b
Kirchweg 103-11b
Körnerrain 103-11b
Krautgartenweg 103-11b

Landhausstraße 103-9d
Lenzrain 103-11d
Lerchenweg (10) 103-9c
Lichtensteinweg 103-11b
Lindenstraße 103-8d
Löwengasse 103-12b
Lortzingstraße (13) 103-9c

Meisenweg (6) 103-9c
Mörikestraße 103-12a
Mozartweg 103-9c
Mühlrain 103-11b

Nelkenweg 103-8d

Orffweg (18) 103-12a

Paul-Hindemith-Straße (14) 103-9c

Rebhuhnweg (11) 103-9c
Regerweg (1) 103-9c
Richard-Wagner-Straße (3) 103-9c
Rosenstraße 103-8d
Rudesberger Straße 103-12c
Rudolf-Virchow-Weg (9) 103-9c
Ruitrain 103-11b

Schillerstraße 103-11b
Schönblick 103-9d
Schorndorfer Straße 103-11b
Schubertweg (8) 103-9c
Schulgäßle 103-11b
Schumannstraße 103-12a
Schwalbenweg (7) 103-9c
Silcherstraße 103-12a
Sonnenhalde 103-12b
Sonnenhaldeplatz (19) 103-12b
Steinbühlweg 103-12b
Stiftswaldstraße 103-11b

Teckweg 103-11b

Uhlandstraße 103-12a
Ulmenweg 103-8d
Untere Au 103-12b

Weissacher Straße 103-9d
Wolfsrain 103-11d
Wunnensteinstraße 103-11b

Zeisigweg (2) 103-9c

Alpirsbach
PLZ 72275

Breitenwies 312-10a

Höhe 312-10c

Im Aischfeld 312-7c

Lehensträßchen 312-10c

Neue Straße 312-10a

Altbach
PLZ 73776

Ahornweg (9) 182-4b
Aichschießer Weg 182-1d
Altbacher Hof 182-1c
Am Gänsbrunnen (5) 182-1d
Am Schönen Rain 182-4a
Amselweg 182-4a
An der Neckarbrücke (10) 182-4d

Bachstraße 182-4a
Badstraße 181-6b
Bahnhofstraße 182-4c
Beim Hohen Baum 182-4b
Bergstraße 182-4a
Birkenweg 182-1c
Breitensteinweg (12) 182-4a
Buchenweg (8) 182-1d

Edelhalde 181-6b
Eichendorffweg (7) 182-4b
Eschenweg 182-1d
Esslinger Straße 181-6b

Friedhofstraße 182-4a
Friedrich-Krupp-Weg (11) 182-4d

Goetheweg 182-4b

Hagenweg 181-3d
Haldenrainweg 182-4a
Hartweg 182-1c
Hauffweg 182-4a
Heinrich-Mayer-Park 182-4a
Hölderlinweg 182-4b
Hofstraße 182-1c
Hofwiesenweg 182-1c

Im Braunkiel 182-1d
Im Egert 182-4a
Im Ghai 181-6b
Im Kalköfele 182-1c
Im Weckholder 182-4b

In den Weiden 181-6b
Industriestraße 181-6d

Jägerstraße (4) 182-4a
Jusiweg (15) 182-4a

Kapfenweg 182-1c
Kelterstraße 182-4a
Kernerweg 182-4a
Kieswiesen 182-4c
Kirchstraße 182-4a
Klarastraße 182-4a

Lehengartenweg (6) 182-4a
Lenaustraße 181-6b
Lerchenweg 182-1c
Lindenstraße 182-4a
Lönsweg 182-4b
Losburgstraße 182-4b
Ludwigstraße 182-4a

Mörikeweg 182-4a

Neckarstraße 182-4c
Neuffenweg (14) 182-4b
Nordbahnhof 182-1d

Oberer Eulenbergweg 182-1c

Panoramaweg 182-4a

Reustensteinweg (13) 182-4a

Schillerstraße (2) 182-4a
Schulstraße 182-4a
Schurwaldstraße 182-4a
Sedanstraße 182-4a
Silcherstraße (3) 182-4a
Sonnenhalde 182-4a
Staffelstraße 182-4a
Stauferstraße 182-4b

Teckstraße 182-4a

Uhlandweg 182-4a
Unterer Eulenbergweg 182-4a
Urbanstraße 182-4a

Vogelwiesenweg 182-4d

Wacholderstraße 182-4a
Waldweg 182-4b
Weinbergstraße 182-4a
Wilhelmstraße 182-4a

Altdorf (Kr. Böblingen)
PLZ 71155

Ahornweg 223-1b
Alemannenstraße (9) 223-2a
Altdorf 223-1a
Altdorfer Mühle 223-1c
Alte Weinsteige 223-10a
Auf Rot 223-5a

Bachstraße 223-1d
Birkenstraße 223-1d
Brombergweg (7) 223-1d
Buchenweg 223-1b
Bühlstraße 223-2c

Degerlocher Allee 223-12c
Diebsteig 223-11c
Drosselweg (1) 223-2a

Eberlestaße 223-2c
Eichenweg 223-1d
Entringer Allee 223-11a
Erlenweg 223-1b
Eschenweg 223-1d

Fichtenweg 223-1b
Finkenstraße 223-2a
Frankenstraße (11) 223-2a
Furtweg 223-2c

Ganzhornweg (16) 223-2c
Gartenstraße 223-1d
Geißbrunnenweg 223-2a
Greutweg 223-1d

Hauffstraße (15) 223-2c
Hegelstraße 223-2c
Hildrizhauser Straße 223-1d
Hölderlinstraße (12) 223-2a
Holzgerlinger Straße 223-2c

Im Gäßle (5) 223-2c
In der Beunde (8) 223-1d

Kanzleihof (6) 223-1d
Karlsallee 223-11b
Keltenstraße (10) 223-2a
Kiefernweg 223-1b
Kirchplatz (4) 223-2c
Klingenweg 223-1b
Knauppengäßle (2) 223-2c
Krautgartenweg 223-1d

Laienstraße 223-2c
Lerchenstraße 223-2a
Lilienstraße 223-2a
Lindenweg 223-1b

Maurener Straße 223-1b
Milchstraße 223-2c
Mörikestraße (13) 223-2c
Mühlstraße 223-1d

Nelkenstraße 223-2a
Neue Weinsteige 223-10a

Oberes Erlach 223-2a
Obere Straße 223-2c

Pfarrgartenstraße 223-2c

Rappenweg 223-2a
Riedwiesenweg 223-4b
Ringstraße 223-2c
Römerstraße 223-2a
Rosenstraße 223-2a

Schaichhof Allee 223-11b
Schaichhofstraße 223-2c
Scheunenweg 223-2c
Schillerstraße 223-2c
Schneidergäßle (3) 223-2c
Schneiderweg 223-8d
Schönbuchstraße 223-2c
Schulstraße 223-2c
Seeweg 223-1d
Silcherstraße 223-2c
Steiniger Weg 223-12b
Stützenstraße 223-1d

Taubenstraße 223-2a
Tulpenstraße 223-2a

Uhlandstraße (14) 223-2c
Ulmenweg 223-1b

Veilchenstraße 223-2a

Weilemer Weg 223-2c
Wielandweg 223-2c
Würmstraße 223-1b

Altdorf (Kr. Esslingen)
PLZ 72655

Achalmweg 228-10b
Altdorf 228-10b
Am Greutweg 228-10b

Bahnhofstraße 228-10b
Beundweg (8) 228-10d
Bohnäckerweg 228-10b
Brühlstraße 228-10d
Brühlweg (9) 228-10d
Buchenweg 228-10b

Dorfwiesenweg 228-10b

Erlenweg 228-10b

Gassenäckerweg 228-10b
Gernweg 228-10b
Greutlachweg 228-10d

Heges (2) 228-10b
Hofackerweg 228-10b
Hohenneuffenstraße (1) 228-10b

Im Hof (4) 228-10b

Juststraße 228-10b

Kirchgässle (6) 228-10b
Kirchstraße 228-10b
Kreuzäckerweg 228-10a
Küferweg 228-10b

Langäckerweg 228-10a
Liebenauweg (3) 228-10b
Liesäckerweg 228-10b

Neckartailfinger Straße 228-10b
Neckartenzlinger Straße 228-10c
Nelkenweg (13) 228-10b
Neubaugebiet „Kreuzäcker" 228-10c

Raidwanger Straße 228-10b
Rathausstraße (7) 228-10b
Robert-Knecht-Straße 228-10c
Rosenweg (11) 228-10b

Schadwiesenweg 228-10c
Spitalhof (5) 228-10b
Stuttgarter Straße 228-10a

Talwiesenweg 228-10b
Taubenäckerweg 228-10b
Teckstraße 228-10b
Tulpenweg (12) 228-10b

Weilerwiesenweg (10) 228-10b
Weinbergweg 228-10b

Altenriet
PLZ 72657

Achalmweg 227-10d
Alte Steige 227-10d
Ambrusterstraße 227-10d
Am Eichhag 227-10c

Birkenweg 227-10d
Breitwiesen 227-10b
Brühlwiesenweg 227-10d
Brunnenstraße (6) 227-10d

Emil-Wurster-Straße 227-10c
Eugenstraße (3) 227-11a

Florianweg (8) 227-10d
Forchenweg (9) 227-10a
Friedhofstraße 227-10b
Friedrichstraße (2) 227-10b

Gässle 227-10d
Gartenstraße 227-10d
Goethestraße 227-11c

Hausäckerstraße 227-10d
Heerweg 227-10d
Höfle (5) 227-10d

Im Breiten Baum 227-10d
Im Gehrn (7) 227-10a
Im Käppele 227-10c

Im Öschle (11) 227-10c
In den Wiesenäckern (10) 227-11a
In der Halde 227-10d

Johannesstraße 227-10d
Jusiweg 227-10d

Kelterstraße 227-10d
Kelterwasenstraße 227-10b
Kirchstraße 227-10d

Lindenstraße 227-10d
Löhle 227-10d

Mühlweg 227-10c

Neckartenzlinger Straße 227-10d
Neuschelerstraße 227-10d

Oberes Gässle (4) 227-10d
Obere Sulzwiesen 227-10d

Panoramastraße 227-11c

Schlaitdorfer Straße (1) 227-11a
Schleife 227-11a
Schönblickstraße 227-11c
Schönbuchweg 227-10d
Schulstraße 227-10d
Silcherstraße 227-11c
Speicherbeckenring (12) 227-10d

Uhlandstraße 227-10d
Ulrich-Gminder-Weg (13) 227-10d

Walddorfer Straße 227-10c

Altensteig
PLZ 72213

Ahornweg 216-11d
Akazienweg (15) 216-11d
Albblickweg 217-4d
Alfeldweg 216-12c
Allmandweg 216-11b
Altensteigdorf 216-11b
Altensteiger Straße 241-1a
Alte Steige (6) 240-2a
Am Brunnenhäusle (12) 240-2a
Am See (3) 216-9c
Amselweg 216-11a
Am Wasserturm 216-11a
Auerstraße 216-11d
Auf der Härte 240-4b

Badstraße 241-1d
Bädergäßchen (5) 216-11c
Bahnhofstraße 240-2b
Baiermühle 216-4c
Beethovenstraße 240-7b
Bei der Villa (2) 217-4a
Benzstraße 240-1b
Bergsteige 216-10d
Berneck 216-9c
Bernecker Weg 216-11b
Bienengasse (1) 216-11c
Birkenäckerstraße 217-4a
Blumenstraße (3) 216-11c
Bösinger Straße 240-4d
Brandhaldeweg 216-12a
Breslauer Straße 241-2c
Bruderhaus 216-5b
Bruderweg 216-8b
Brunnenstraße 216-11b
Buchenweg (7) 240-4d
Burg 216-9d
Burg Hornberg 216-4c
Burg Pfaffenhaus 216-6a
Burgstraße 216-11c

Calwer Straße 216-9c
Carl-von-Luz-Straße 240-1d
Chausseeberg 241-4b
Chausseehaus 241-4b

Daimlerstraße 240-1b
Danziger Straße 241-1d
Dendelsberg (8) 240-4d
Dieselstraße 240-1b
Dinkelweg (2) 241-1d
Distelweg (1) 241-1d
Dorferstraße 216-11c
Dreiweilerstraße 216-7c
Drosselstraße 240-4b

Ebhauser Straße 241-1d
Egenhauser Straße 240-2b
Eichenweg (6) 240-4d
Erlenweg (5) 240-4d
Erlesäcker 216-11b
Eschenweg 216-11d

Falkenweg 241-2c
Ferienzentrum Sonnenbühl 217-1c
Fichtenweg (4) 240-4d
Finkenweg 216-11d
Fliederweg 240-4d
Flurweg 217-4b
Forchenweg 216-11d
Forststraße 240-4d
Freudenstädter Straße 241-4b
Friedhofstraße 216-10a
Friedhofweg 217-4b
Friedrich-Boysen-Straße 216-12c
Friedrich-Schleeh-Straße 216-11d

Gansäckerweg 241-1d
Gansbuckel 241-2c
Gartenstraße 216-11d
Gerberweg 216-12c
Ginsterweg 216-11d
Grenzweg 216-11a
Gründleweg (3) 217-4a
Gustav-Werner-Straße 216-10d
Gymnasiumstraße 216-11a

Hafnersteige (10) 240-2a
Hagenweg 241-1d
Haldenstraße 216-11d
Hanfgäßchen (4) 216-11c
Hartweg 216-10b
Hauptstraße 216-9c
Heckenrosenweg 241-1d
Heckenweg 217-4a
Heerstraße 216-11b
Hegelstraße 216-11d
Heideweg 240-4d
Herdweg 216-7d
Heselbronn 216-10a
Hessenteichweg 216-11a
Himmelsleiter 216-11c
Hirtenäckerstraße 241-1d
Höhenweg 240-4b
Hölderlinstraße 240-4d
Hohenäcker 216-11a
Hohenbergstraße 216-11d
Holunderweg (13) 216-11d
Hubeweg 217-4a

Im Biegel 241-1d
Im Bömbach 240-8a
Im Gässle 241-1d
Im Gselich 240-1b
Im Turmrain 216-10d
Im Vogelsang 241-2c
Im Wiesengrund 240-4d
Im Wiesle 216-10a
In der Halde 216-9c
In der Schelmeneck 240-4d

Jägerstraße 240-4d
Jahnstraße 216-11c
Johannesstraße 240-4d
Johann-Georg-Hartmann-Straße 217-4b

Kanalweg 216-10d
Kapfweg 241-1d
Karlstraße 216-11c
Karrenweg (10) 240-4d
Kegelshardt Weg 216-9c
Killbergstraße 241-4b
Kirchenweg 216-11b
Kirchgasse (1) 216-9c
Kirchplatz (12) 216-11b
Kirchspielweg 216-10a
Kirchstraße 216-11c
Kirschbaumweg (14) 216-11d
Königsberger Straße 241-1b
Kohlbergstraße 240-4a
Kohlsteige 240-4a
Kronengasse 241-1d
Kurt-Steinlen-Weg 217-4d

Lehengrund 240-4d
Lehenstraße 240-4d
Lehenweg 216-7c
Lerchenstraße 216-11d
Liegnitzer Straße 241-2c
Lilienstraße 240-4d
Lindenstraße 240-4d
Lindenweg 216-11b
Lohmühle 216-12c
Lohmühleweg 216-12c
Luisenstraße 240-4d
Lutherstraße 240-4d

Maierhof 241-2c
Marienplatz (9) 240-4d
Markgrafenweg 216-11d
Marktplatz (8) 240-2a
Marktplatz (Berneck) 216-9c
Max-Eyth-Straße 240-1b
Maybachstraße 240-1b
Meisenweg 216-11a
Mittlere Reute 240-2a
Mittlerer Steigweg (1) 217-4a
Mörikestraße 240-7b
Monhardt 217-10d
Monhardter Berg 241-1b
Mühlstraße (7) 240-2a

Nagolder Straße 216-12c
Nelkenstraße 240-4b
Neubulacher Straße 217-4b
Neue Straße 216-9c

Oberer Bergweg 241-2a
Obere Reute 240-2a
Oberer Schelmenrain 241-4b
Oberer Steigweg 217-4a
Obere Talstraße 216-10d
Ollwiesenweg 241-1d
Otto-Weinsteig-weg 240-2a

Panoramaweg 217-4d
Parkstraße 240-4d
Paulinenstraße (11) 240-4d
Paulusstraße 216-11c
Pfalzgrafenweiler Straße 216-10d
Pfisterhütte 240-2b
Pfisterweg 240-2b
Postplatz (9) 240-2a
Poststraße 216-11c

Rappenweg 216-10a
Rebhuhnweg (2) 240-4b
Reinhold-Kirn-Weg 240-2a
Ringstraße 240-2b
Römerstraße 240-4b
Rohrdorfer Straße 241-2c
Rolf-Moll-Straße 217-4a
Rommel-Straße 216-12c
Rosenstraße 216-11c

St.-Annaberg-Straße (11) 240-2a
Schillerstraße (2) 216-11c
Schillgasse 216-10a
Schlehenweg (3) 241-1d
Schloßbergstraße 216-11c
Schloßsteige (2) 216-9c
Schönblickweg 217-4a
Schulstraße 241-1d
Schulweg (3) 240-4d

Schulweg (Altensteigdorf) 216-11b
Schwalbenweg (1) 240-4b
Schwarzwaldstraße 240-4c
Seehalde 216-8b
Seewiesenstraße 240-4a
Silcherweg 216-12c
Sommerhalde 241-2c
Sonnenbergweg 241-2c
Sonnenweg 216-9c
Speidelstraße 216-11d
Spielberg 240-4d
Stettiner Straße 241-1b
Stundenstein 241-5c

Tälesweg 217-4a
Talstraße 241-1d
Thannweg 216-9c
Tiefenbachstraße 216-6d
Trögelsbach 240-2c
Tuchrahme 241-2c
Turmfeldstraße 240-1b
Turmsteige 240-1b

Überberg 216-10a
Überberger Weg 216-11a
Uhlandstraße 216-11d
Ulmenweg 216-11d
Ulrich-Rommel-Straße 216-12c
Unterdorfstraße 217-4d
Unterer Bergweg 241-1d
Untere Reute 240-2a
Unterer Schelmenrain 241-4b
Unterer Steigweg 217-4a
Urbachstraße 216-11d

Vorstadt 241-1d

Walddorf 241-2c
Waldfriedhofweg 240-2b
Walkenweg 240-2b
Wart 217-4a
Warter Straße 216-12b
Weiherstraße 216-11c
Welkerstraße 216-11c
Wetteweg 216-11b
Wiesenstraße 240-4d
Wiesenweg 241-1d
Wildbader Straße 217-1c
Wilhelmstraße 240-2b
Wolfackerweg 240-4c

Zeisigweg 240-4b
Zeppelinstraße 240-1b
Ziegelhütte 240-7b
Ziegelweg 240-7b
Zinsbachstraße 240-4d
Zollerstraße 240-4d
Zu den Linden 241-1b
Zum Seltengraben 240-2a
Zumweiler 216-7d
Zumweilerstraße 216-11a
Zwerenberger Straße 216-8b

Althengstett
PLZ 75382

Ahornstraße 171-2b
Am Graben 171-2b
Am Köpfle 171-3c
Am Rathaus 171-6b
Am Schlaichdorn 171-2b
Amselweg 171-6a
Am Wald 147-10c
Andreasweg 171-6a
Annaweg 171-6a

Bahnhofstraße 171-6b
Bahnstraße 171-6b
Barbaraweg (2) 171-5d
Beckenäcker 171-6c
Bergstraße 171-6d
Birkachgässle 147-10c
Birkachstraße 146-12d
Birkenweg 171-6d
Blumenstraße 171-6a
Brunnenstraße 171-2b
Buchenweg 171-1a

Calwer Straße 171-2b
Carl-Benz-Straße 171-5b
Clauseweg 171-2b

Dachsweg (13) 171-6d
Dammstraße 171-6a
Drosselweg 171-5b

Eberhardweg 171-5d
Eckweg 171-6d
Eichenweg (3) 171-1a
Elsterweg 171-6a
Esslesbergstraße 172-4a
Eugenstraße 171-5d
Eugen-Zeyher-Straße 171-3c

Farrenstraße (7) 171-6a
Ferdinand-Porsche-Straße 171-2d
Finkenweg 171-6a
Fliederstraße 171-2a
Forchenweg 171-6d
Forststraße 171-2a
Fridaweg 171-6c
Friedhofstraße 171-6c
Fronäckerstraße (3) 171-6a
Fuchsweg (12) 171-6c

Gaisrain (9) 171-6b
Gechinger Straße 171-6d
Gereuthweg 147-10c
Getreidemühle 171-3a
Ginsterweg (2) 147-11c
Gottlieb-Braun-Straße 171-6a
Gottlieb-Daimler-Straße 171-5b

Hainbuchenweg (3) 171-2a
Hauptstraße 171-5d

Ammerbuch
PLZ 72119

Amstetten
(Alb-Donau-Kreis)
PLZ 73340

Aspach (Rems-Murr-Kreis)
PLZ 71546

Steingrube (16) 86-8a
Strümpfelbacher Straße 86-8a

Talmühle 86-11a
Talstraße 86-8a
Thaddäus-Troll-Straße 86-2c
Theodor-Heuss-Straße 85-3a
Trinkgasse 86-2d
Trollingerstraße 86-1b
Tulpenstraße 86-8c

Uhlandstraße (10) 86-7b
Ulrichstraße 86-8d

Völkleshofen 79-11b
Vordervöhrenberg 79-12d

Wachtelgasse 86-2c
Weiherstraße 86-2c
Weiherwiesenweg (4) 85-3c
Weinbergweg 86-1b
Weinstraße 86-1d
Wilhelmstraße 86-8c
Winzerstraße 85-3c
Wochenendhausgebiet Föhrenberg 79-12d
Wüstenbacher Weg 86-7b
Wüstenbachhof 85-9b

Asperg
PLZ 71679

Achalmstraße 98-10a
Ahornweg 97-11d
Albert-Schweitzer-Weg 97-12b
Alleenstraße 97-9d
Altachstraße 97-9d
Alter Lehenweg 97-12b
Amselweg 97-12b
Asperger Straße 97-9c
Auf der Steige 97-12a
Augustenstraße 97-12b
August-Macke-Weg (13) 97-12c

Badstraße 97-12a
Bahnhofstraße 97-12a
Banater Straße 97-11b
Bergweg 97-9c
Berliner Straße 97-12c
Birkenweg 97-11d
Bogenstraße 97-12a
Boschstraße 98-10c
Bottwarstraße 98-10c
Brandenburger Straße 97-11d
Breslauer Straße 97-12a
Brühlstraße 97-12b
Brunnenstraße 97-12a
Bürgergarten 97-12c

Carl-Diem-Straße 97-12a

Danziger Straße 97-12a
Dornierstraße 98-10c
Dresdener Straße 97-12a
Drosselweg 97-12b

Eberhardstraße 97-12a
Eckstraße 97-12b
Egerstraße 97-12a
Eglosheimer Straße 97-12a
Eichenweg 97-11d
Eisenbahnstraße 98-10a
Emil-Nolde-Platz (12) 97-12c
Entenäcker 97-11d
Enzstraße 97-12d
Erich-Heckel-Weg (10) 97-12c
Ernst-Ludwig-Kirchner-Weg (14) 97-12c
Eugenstraße 98-10a

Falkenweg 97-12d
Filsstraße 98-10c
Finkenweg 97-12b
Flattichstraße 97-12d
Franz-Marc-Weg (16) 97-12c
Friedrich-List-Straße 97-12d
Friedrichstraße 97-12b

Gartenstraße 97-11b
Georg-Grosz-Weg (17) 97-12c
Glemsstraße 97-12d
Grafenbühlstraße 98-10a

Häckselplatz 97-9d
Harzbergstraße (6) 98-7c
Hauffstraße 97-12a
Heckenwiesen 98-7a
Hegelweg 97-12d
Hirschbergstraße 98-10a
Hölderlinstraße 97-12d
Hohenasperg 97-9d
Hohenstaufenstraße 98-10a
Hohenzollernstraße 98-10a
Hummelbergstraße 97-11d
Hurststraße 97-11b

Im Altach 98-7c
Im Dornbusch (1) 97-9d
Im Erle 97-11b
Im Osterholz 97-12d
Im Ried 97-11b
Im Schöckinger 97-9d
Im Sonderholz 97-11d
Im Überrück 97-12c
Im Waldeck 114-1a
In Dornhecken 97-9d
In Täschen 97-9d

Jägerstraße (7) 97-12a
Jagststraße 98-10c
Jahnstraße 97-12d
Johannisstraße 97-12b

Karlstraße 97-12b
Kelterstraße 97-12a
Kernerstraße 97-12a
Kirchplatz (3) 97-12a
Kleinaspergle 97-12d
Kocherstraße (22) 98-10a
Königsberger Straße (9) 97-12a
Königstraße 97-12a
Kornwestheimer Straße 97-12c

Lammstraße (4) 97-12a
Lange Straße 97-12a
Langhansstraße (7) 98-10a
Lehenfeld 97-9a
Lehenstraße 97-12a
Lembergstraße 98-10a
Lerchenweg 97-12b
Lichtenbergstraße 98-7c
Lindenweg 97-11d
Ludwigsburger Straße 98-10c
Ludwigstraße 97-12a
Lurer Platz 97-12b
Lyonel-Feininger-Weg 97-12c

Marienstraße (6) 97-12a
Markgröninger Straße 97-11b
Max-Beckmann-Weg (11) 97-12c
Max-Ernst-Weg 97-12c
Max-Pechstein-Weg (20) 97-12c
Metterstraße 97-12d
Michaelsbergstraße (5) 98-10a
Mittlerer Bergweg 97-9c
Möglinger Straße 97-12c
Mörikestraße 97-12a
Monrepostraße 98-7c
Moselstraße 98-10c
Murrstraße 97-12d

Neckarstraße 98-10c
Neuffenstraße 98-10a
Neuwiesenweg 97-12b

Obere Badstraße 97-12a
Obere Hurststraße 97-9c
Oskar-Schlemmer-Straße 97-12c
Osterholzstraße 97-12b
Ostlandstraße 97-11b
Otto-Dix-Weg (19) 97-12c

Panoramastraße 97-12a
Paul-Klee-Straße 97-12c
Pfarrstraße 97-12a
Pflugfelder Straße 97-12b
Pommernstraße 97-11d

Rathausweg 97-12a
Rheinstraße 98-10c
Rieslingstraße 97-11b
Ruhrstraße 98-10c

Saarstraße 98-10c
Schäferstraße 97-11b
Schillerstraße 97-11b
Schlesierstraße 97-11b
Schmale Straße (5) 97-12a
Schöckinger Äcker 97-9c
Schubartstraße 97-9c
Schulstraße 97-12a
Schwabenstraße 97-11d
Schwalbenweg 97-12d
Schwitzgäßle 97-9d
Seestraße 97-12b
Siebenbürgener Straße (2) 97-11d
Siemensstraße 98-10c
Silberhälden 97-9a
Silcherstraße (1) 97-11b
Starenweg (8) 97-12b
Stettiner Straße 97-12c
Straßenäcker 97-12d
Strombergstraße 97-9d
Stuttgarter Straße 97-12a
Sudetenstraße 97-11b
Südliche Alleenstraße 97-12b
Südliche Friedrichstraße 97-12b
Südstraße 97-12d
Südweststraße 97-12c
Sylvanerstraße 97-11b

Teckstraße 98-10a
Trollingerstraße 97-11b

Uhlandstraße 97-12a

Waldäckerstraße 97-12d
Wassily-Kandinsky-Weg (18) 97-12c
Weilerstraße 97-12b
Weimarstraße 97-12c
Weinstraße 97-11b
Wettestraße 97-12a
Wilhelmstraße 97-12b
Willi-Baumeister-Straße (15) 97-12c
Wunnensteinstraße 98-10a

Zeisstraße 98-10c
Zeppelinstraße 98-10c

Backnang
PLZ 71522

Achalmstraße 86-12c
Adalbert-Stifter-Weg (17) 87-10b
Adenauerplatz 40-B2
Ahornweg 87-10d
Aichweg 103-10b
Akazienweg 87-10c
Albert-Schweitzer-Straße (10) 103-2a
Albertstraße 40-B2
Albweg 86-12c
Allensbacher Weg 102-2a
Allensteiner Straße (8) 87-10c
Allerweg 103-7a
Am Bodenbach 87-12a
Am Buchenrain (13) 87-10b
Am Dresselbach 103-2a
Am Espenrain 103-2a
Am Koppenberg 40-B1 + 86-12d
Am Krähenhorst (14) 103-2b
Ammerstraße 103-7a
Am Obstmarkt (1) 40-B2
Am Rathaus 40-B2
Am Schillerplatz 40-B2
Amselweg 86-11d
Am Sommerrain 87-10b
Am Wiesenhang 86-12b
An der Weißach 103-1b
Annonay-Straße 40-B2 + 86-12d
Apfelweg 87-11b
Arndtstraße 40-A1
Aspacher Straße 40-A1 + 86-12c
Auf dem Hagenbach 40-A1 + 86-12d
Auweg 87-12a
Auwiesen 87-9d

Bachstraße 87-12a
Bahnhofstraße 40-A2 + 102-3b
Bahnhofweg 87-11b
Baseler Straße 102-2d
Beethovenstraße 40-A1
Beim Brenkele 103-2a
Beim Erlenwäldchen 103-4a
Belchenweg 102-1b
Bergstraße 103-2a
Berliner Ring 86-12b
Berner Straße 102-3c
Bertha-Benz-Straße 102-3d
Bertha-von-Suttner-Weg 86-12c
Besigheimer Straße 103-7a
Bessarabienstraße 87-10b
Beuthener Straße 86-12b
Bietigheimer Straße 103-7a
Bildäckerweg 87-7a
Birkenäckerweg 86-9b
Birkenstraße (2) 103-1d
Birnenweg (6) 87-11b
Bischofshofener Weg (17) 102-6b
Blaubachweg 103-7c
Blechbergele 102-3c
Bludenzer Straße 102-6d
Blumenstraße 40-B3 + 103-1a
Bonhoefferstraße 103-1c
Bottwarstraße 102-9b
Bozener Straße 102-6d
Bregenzer Straße 102-6d
Breitwiesenweg 87-12a
Brendweg 102-1b
Brenzweg 40-B1
Breslauer Straße 40-B1 + 86-12d
Brettachstraße 103-7a
Briandstraße 86-12a
Bromberger Straße 87-10b
Bruckweg 87-12a
Brüdener Straße 103-2b
Brugger Straße 102-2d
Brunnengasse (3) 87-12a
Brunnenwegle (18) 102-9b
Buchenbachweg 103-10b
Büttenenfeld 40-A3 + 102-3b
Burgberg 40-B1
Burgplatz 40-B2

Calvinstraße (2) 87-10a
Calwer Straße 86-10d
Carl-Kaelble-Straße 102-3d
Chelmsfordplatz 40-A2
Christophstraße 40-B1
Claus-von-Stauffenberg-Straße 86-12b
Cranachweg (8) 103-2a

Dachsweg 87-10b
Dahlienweg 103-1c
Damaschkestraße (9) 103-2a
Damülser Weg 102-6a
Danziger Straße 87-10c
Dilleniusstraße 40-B2
Donaustraße 102-9b
Dornbirner Weg 102-6a
Dresdener Ring 86-12c
Dresselhofstraße (13) 103-2b
Drosselweg 86-11d
Dürerweg (7) 103-1d
Dunantstraße (7) 86-12a

Eberhardstraße 40-A2
Eduard-Breuninger-Straße 40-A2 + 102-3b
Eibenweg 87-10c
Eichendorffstraße 103-1a
Eichenweg (10) 87-10d
Eichgasse 87-12a
Eichwaldstraße 87-4c
Einsteinstraße 86-12c
Eisenbachweg (7) 103-7a
Ekertsklingenstraße (4) 87-10c
Elbestraße 103-7a
Elbinger Straße 87-10a
Elly-Heuss-Knapp-Weg 87-10d
Elzbachweg 103-7c
Emil-Rathenau-straße (3) 86-9c
Emmener Straße 102-3c
Enzstraße 102-9b
Erbstetter Straße 40-A3 + 102-3c
Erlenweg 87-10c
Eschenweg 87-10d
Esslinger Straße 103-7a
Etzwiesenberg (4) 40-A2
Etzwiesenstraße 102-3a
Eugen-Adolff-Straße 40-B2 + 103-1a
Eugen-Bolz-Straße 86-12a

Fabrikstraße 102-3a
Falkenweg 87-10b
Fasanenweg (15) 87-11a
Feldkircher Straße 102-6d
Felicitas-Zeller-Staffel (6) 40-A2
Fichtestraße 40-A1 + 86-12c
Filsstraße 103-7a
Finkenweg 40-B3 + 102-3b
Flurstraße 87-7a
Föhrenbühl 87-11a
Fornsbacher Weg (3) 86-12b
Forststraße (1) 87-4c
Frankfurter Straße 87-10c
Freudenstadter Straße 86-10d
Fridastraße 40-A2 + 86-12c
Frieder-Nögge-Weg (9) 87-10a
Friedhofstraße 103-1a
Friedrich-List-Straße 103-1a
Friedrichstraße 40-A2 + 102-3a
Friedrich-Stroh-Straße 40-B3 + 103-1a
Fritz-Häuser-Straße 87-10c
Fritz-Munz-Weg 40-A1
Fuchshausträßchen 87-7b
Fuchsrain 87-11a
Fürstenfelder Straße (13) 102-6b

Gablonzer Straße 87-10a
Gaildorfer Straße 86-9d
Galtürer Weg (21) 102-6b
Gartenstraße 40-B1 + 86-12d
Gaschurner Weg 102-6b
Gellertstraße 103-1c
Genfer Straße 102-3c
Georg-Beer-Weg (5) 103-1d
Gerberstraße 40-A2 + 102-3a
Germannsweiler 102-3c
Gerokstraße (3) 87-10a
Gertrud-Bäumer-Weg 87-10d
Geschwister-Scholl-Straße 86-12b
Giebelau 102-2b
Glemsweg (17) 103-7c
Goethestraße 40-A1 + 86-12d
Gottlieb-Daimler-Straße 102-3a
Gottlieb-Holzwarth-Weg (7) 40-A2
Grabenstraße 40-A2
Grazer Straße 102-6c
Größeweg 40-A1 + 86-12c
Großer-Garten-Weg (5) 103-7a
Grünauer Straße (12) 102-6d
Grünbachweg 103-7a
Günter-Wuckel-Straße 86-9d

Häfnersweg 87-10d
Hagnauer Weg 102-2a
Haller Straße 87-4c
Hamburger Straße 87-10c
Hans-Bredow-Straße (1) 86-9c
Hasenhälde 103-1a
Hauffstraße 102-3a
Havelplatz 103-7a
Hebammenweg 87-7a
Hegelstraße 40-B3 + 102-3d
Heininger Weg 40-B3 + 102-3b
Heinrich-Hertz-Straße 103-4a
Herderstraße 40-B3 + 102-3b
Herdweg 87-10c
Hermann-Krimmer-Weg 40-A1
Hermann-Löns-Straße 40-A1 + 86-12c
Hermann-Reusch-Straße 86-6d + 87-4c
Herzogstraße 103-1d
Hessigheimer Straße (1) 103-4c
Hintere Taus (20) 87-10d
Hirschberg (16) 87-11a
Hölderlinweg (5) 40-A2
Hohenheimer Straße 40-A3 + 102-3d
Hohenstaufenstraße 86-11d
Hohenzollernstraße (9) 86-12c
Holbeinweg (11) 103-2a
Holunderweg 87-10b
Hopfenbachweg (6) 103-7a
Horbachstraße 103-7c
Horber Straße 103-4c
Hornbergstraße 86-11d
Hühnersteige 87-12a
Humboldtstraße 40-B3 + 103-1c
Hummelbühl 103-4a

Illerstraße 102-9d
Im Benzwasen 103-1c
Im Biegel 40-B1
Im Blütengarten 103-1c
Im Bühl 87-9d
Im Flieder 103-1c
Im Forst 87-11a
Im Heidewinkel (12) 87-10b
Im Heimgarten (3) 103-1c
Im Kelteracker 87-4c
Im Kusterfeld 103-4a
Im Seefeld 102-3d
Im Sonnenblick 87-10b
Im Sonnenwinkel 87-10c
Imster Straße 102-6c
Im Wacholderholz 87-4c
Im Wengertle 87-4c
Im Wiesengrund 86-12b
In der Ginsterhalde (14) 87-10b
In der Plaisir 87-10a
In der Plasir 87-10a
In der Taus 87-10c
Innsbrucker Straße 102-6d
Innstraße 102-9d
Insterburger Straße (5) 87-10c
Ipfweg 86-12c
Isarstraße 102-9b
Ischler Weg 102-6d

Jacob-Bleyer-Weg (19) 87-10b
Jagststraße 103-7c
Jahnstraße 40-A3 + 102-3b
Johann-M.-Knapp-Straße (4) 103-1c
Johann-Philipp-Reis-Straße (2) 86-9c
John-Mott-Straße 86-12a
Julius-Leber-Straße (6) 86-12b

Kärntener Straße 102-6c
Kantstraße 103-1a
Kapruner Weg 102-6c
Karl-Ferdinand-Braun-Straße 86-9c
Karl-Friedrich-Goerdeler-Straße (4) 86-12a
Karl-Krische-Straße 103-1c
Karlsbader Straße (1) 87-10a
Karlstraße 40-A2 + 102-3b
Kasselgasse 40-B2
Katharinenweg (3) 87-4c
Katzenklinge 87-11b
Kelterweg 87-12a
Keplerstraße 40-A1 + 86-12c
Kiefernweg 87-10d
Kiesgrube 87-11d
Kieshofstraße 87-4c
Kinzigstraße 103-7c
Kirchbachweg (12) 103-7a
Kirchheimer Straße (3) 103-4c
Kirchweg 87-12a
Kirschengasse 87-12a
Kitzbüheler Straße 102-6d
Klagenfurter Straße 102-6d
Kniebisstraße 102-1b
Kocherstraße 103-7a
Kölner Straße (9) 87-10a
Königsberger Straße (7) 87-10c
Kolberger Straße 87-10b
Konstanzer Straße 102-2a
Kopernikusstraße (8) 86-12c
Krächenbach 86-12a
Krankenhausweg (1) 103-1c
Kreuzäckerstaffel (7) 102-6c
Kreuzäckerweg (4) 86-9b
Krimmler Weg (16) 102-6b
Kuchengrund 103-4a
Kufsteiner Straße 102-6c
Kurze Straße (2) 87-4d

Landecker Straße 102-6a
Lange Äcker 103-4a
Lange Gasse 87-12a
Langenbachstraße 103-7a
Lauchweg 87-12a
Lauffener Straße 103-7a
Lauterweg (14) 103-7a
Lechstraße 102-9b
Leinweg (11) 103-7a
Leipziger Straße 87-10c
Lembergstraße 86-12c
Leonhardt-Schmidt-Weg (7) 87-10a
Lerchenstraße 40-B3 + 102-3b
Lessingstraße 103-1c
Lichtensteinstraße 86-11d
Liebigstraße 103-2a
Limpurgweg 40-A2
Lindauer Straße 102-2a
Lindenplatz 87-12a
Lindenstieg 103-1c
Lindenstraße (11) 87-10d
Linzer Straße 102-6d
Löwensteiner Weg 86-12b
Loferweg 102-6d
Loßburger Straße 86-11c
Ludwig-Quidde-Weg 86-12a
Ludwig-Richter-Straße 103-1a
Ludwigsburger Straße 86-9b
Ludwigstraße 40-B1 + 86-12d
Lustenauer Weg (15) 102-6b
Lutherweg 86-12b
Luzerner Straße 102-3c

Mainhardter Straße 86-12b
Manfred-Henninger-Weg (8) 87-10a
Manfred-von-Ardenne-Allee 86-12a
Marbacher Straße 103-4c
Mariazeller Weg (20) 102-6b
Marie-Juchacz-Weg 87-10d
Marienburger Straße 87-10a
Marienstraße 40-B3 + 102-3b
Marktplatz 40-B2
Marktstraße 40-B2 + 86-12d
Martin-Dietrich-Allee 87-10d
Martin-Luther-King-Weg 86-12c
Maubach 102-6d
Maubacher Straße 40-B3 + 102-3b
Max-Eyth-Straße 103-1a
Max-Planck-Straße (13) 102-3a
Mayrhofener Weg (5) 102-6b
Meersburger Straße 102-2a
Melanchthonweg 86-12b
Mennostraße 103-2b
Meraner Straße 102-6d
Metterweg (19) 102-9b
Mirabellenweg (7) 87-11b
Mittelschöntal 102-1b
Mittelsiller Weg (24) 102-6b
Mörikestraße 40-B3 + 103-1c
Mozartstraße 40-A1 + 86-12c
Mühlbachstraße 102-9b
Mühlgrund 103-4a
Mühlstraße 102-3d
Müller-Guttenbrunn-Weg (18) 87-10b
Münchener Straße 87-10a
Mundelsheimer Straße 103-4c
Murrhardter Straße 86-12b
Mutter-Teresa-Weg 86-12c

Nagoldstraße 103-7c
Nansenstraße 86-12c
Neckarstraße 102-9b
Neckarsulmer Straße 103-7a
Neißeweg 103-7a
Nelkenweg 103-1c
Neue Straße 87-11b
Neuffenweg 86-11d
Neuwiesenäckerweg 102-6a
Nürtinger Straße (4) 103-7b

Oberbrüdener Straße 87-12a
Obere Bahnhofstraße 40-A3 + 102-3b
Obere Hasenhälde 103-1a
Obere Walke 87-10c
Obere Ziegelei 40-B3
Oberndorfer Straße 103-4d
Oberschöntal 102-2a
Obstwegle (4) 87-11b
Oderweg 103-7a
Öhringer Straße 86-9d
Ölberg 40-B2
Oltener Straße 102-6a
Oppenweiler Straße 87-11b
Oskar-Kreibich-Weg 87-10a
Ossiacher Weg (4) 102-6c
Ossietzkystraße 86-12a
Ostendstraße 103-2a
Ottmar-Mergenthaler-Straße (12) 102-3a

Panoramaweg 40-B3
Paul-Gerhardt-Weg 40-B1 + 86-12d
Pestalozzistraße 103-2a
Pfaffenklinge 86-6b
Pfirsichgasse 87-11b
Pflaster 87-12a
Pillauer Straße (6) 87-10c
Place de Vernosc 102-6a
Plaisir 87-10a
Plattenwaldallee 87-10b
Plattenwaldsiedlung 87-11a
Pleidelsheimer Straße (2) 103-4c
Plochinger Straße 103-4c
Posener Straße (21) 87-10a
Postgasse 40-B2
Potsdamer Ring 87-10a

Quittengasse 87-11b

Raiffeisenstraße 103-4a
Ralph-Bunche-Straße 86-12a
Rathausweg 87-12a
Rechbergstraße (10) 86-12c
Rehberg 87-11a
Reichenberger Weg 86-12b
Reisäckerstaffel (6) 102-6c
Reisbachstraße 103-7a
Rembrandtstraße 103-2a
Remsstraße 102-9b
Reutlinger Straße 103-4c
Richard-Wagner-Straße 86-12c
Rietenauer Weg 86-12a
Robert-Bosch-Straße (11) 102-3a
Robert-Kaess-Straße 86-11d
Robert-Koch-Straße 103-2a
Robert-Mayer-Straße 102-3a
Röntgenplatz 40-A1
Röntgenstraße 40-A1 + 86-12c
Rötlensweg 86-12c
Rötleshof 86-11a
Roseggerstraße 103-2a
Rosenstraße 40-B2 + 87-10c
Roßbergstraße 86-12c
Roßlauf 87-10d
Rotgerberweg 40-A1
Rottenburger Straße 103-7b
Rotweg 103-7c
Ruitweg 87-9c

Saaleweg 103-7a
Saalfeldener Straße (14) 102-6b
Sacharowweg 86-12c
Sachsenweiler 103-2b
Sachsenweiler Steige 103-2a
Sachsenweiler Straße 103-2a
Salzburger Straße 102-6d
Salzstraße 87-4c
Schafgasse (5) 87-12a
Schaftrieb 86-12b
Scheffelstraße 40-B3 + 103-1c
Scheurenäckerweg (9) 102-6c
Schickhardtweg 103-1b
Schillerplatz 40-B2
Schillerstraße 40-A2 + 102-3b
Schlachthofstraße (14) 102-3a
Schladminger Weg (18) 102-6b
Schlesische Straße 86-12d
Schloß Katharinenhof 87-4a
Schmiedgasse (2) 87-12a
Schönblickstraße 103-1b
Schöntaler Höhe 102-3a
Schöntaler Straße 40-A2 + 86-11d
Schozachstraße 103-7a
Schrunser Weg (2) 102-6b
Schubartstraße 103-1a
Schulweg 87-12a
Schwarzbachweg (10) 103-7a
Schwenninger Straße 103-4c
Sechselberger Weg (12) 103-2b
Seefelder Weg (3) 102-6b
Seehof 86-9d
Seehofweg 86-12b
Seelacher Weg 87-10a
Seewiesenstraße 87-12a
Silberpappelweg 87-10d
Silcherstraße 40-A1
Spaltgasse (3) 40-B2
Spinnerei 87-10d
Spitzen 87-11d
Spitzwegstraße (6) 103-1d
Spreeweg (9) 103-7a
Staigacker 87-4d
Staige 40-B1
Steinbach 87-12a
Steinländleweg 102-6c
Steinrain 87-10d
Stettiner Ring 87-10d
Steyer Weg (23) 102-6b
Stiftsgrundhof 102-9c
Stiftshof 40-B2
Storchenhof 103-2a
Stresemannstraße 86-12a
Strümpfelbach 86-6c
Strümpfelbacher Weg 86-12d
Stubener Weg 102-6b
Stuifenstraße 86-11d
Stuttgarter Straße 40-B2 + 102-3b
Südstraße 40-A3 + 102-3c
Sulmweg (13) 103-7a
Sulzbacher Straße 40-B1 + 86-12d

Talheimer Weg (16) 103-4c
Talstraße 40-A2 + 86-12d
Tannenweg 87-10d
Tauberstraße 103-7a
Tauernweg 102-6d
Teckstraße 86-12c
Theodor-Körner-Straße 103-3a
Thomaweg 103-2a
Tilsiter Straße 87-10c
Tiroler Straße 102-6d
Triberger Straße 86-10d
Triebäckerweg 102-6c
Trogäcker 103-4c
Tübinger Straße 103-7a
Tuxer Weg 102-6b

Uhlandstraße 40-B2
Ulmenhain 87-11a
Ungeheuerhof 103-5a
Unter dem Germannsweiler 102-6a
Untere Au 102-2b
Unterschöntal 86-10d

Vernoscer Kreisel (25) 102-6b
Villacher Straße 102-6d
Villinger Straße 103-7a
Vilser Weg (22) 102-6b

Vordere Alm 86-6d
Vorderer Weinberg 87-9c

Wacholderhöhe 87-10b
Waldfriedhof 87-7d
Waldstraße 103-2a
Walksteige 87-10c
Wanne 103-4a
Wassergasse 40-B2
Weidenweg 87-10b
Weinbrennerweg 103-1b
Weinstaige 87-9d
Weissacher Straße 103-1a
Welzheimer Straße 86-12a
Wendlinger Straße 103-4c
Westpreußenstraße 103-2a
Wiener Straße 102-6c
Wiesenhalde 86-12b
Wiesenweg 86-12b
Wieslaufstraße (16) 103-7c
Wieslesäcker 103-7c
Wildbader Straße 86-10d
Wilhelm-Busch-Straße 103-1a
Wilhelm-Erlenbusch-Straße 87-10a
Wilhelm-Föll-Straße 87-4c
Wilhelm-Leuschner-Straße (5) 86-12b
Wilhelmstraße 40-A2 + 102-3a
Willy-Brandt-Platz 40-B1
Wimpfener Straße 103-7a
Winnender Straße 103-1c
Winterhalde 87-11d
Winzergarten 87-9c
Wolfachstraße 103-10a
Wolfsberger Weg (19) 102-6b
Wolle-Kriwanek-Weg (10) 87-10a
Wunnensteinstraße 86-12c
Wutachweg 102-9d

Zaberweg (15) 103-7a
Zeller Weg 87-10a
Zirler Weg 102-6c
Zoppoter Straße 87-10a
Zu den Kreuzäckern (8) 102-6c
Zu den Obstgärten 87-11b
Züricher Straße 102-3c
Zuger Straße 102-2d
Zum Bahnhof (11) 102-6c
Zum Bühlwengert (1) 87-9c
Zum Havelplatz (8) 103-7a
Zum Käppelesgrund (1) 102-6b
Zum Kuhwald (10) 102-6c
Zum Schneckenbühl 103-2a
Zum Wasserturm 86-12a
Zur Dilleniusstraße (2) 40-B2
Zwischenäckerle 40-B2

Bad Boll
PLZ 73087

Ahornweg 210-10b
Aichelberger Straße 233-3a
Akademieweg (1) 209-12d
Am Eselhof 234-1b
Am Kurpark 209-12d
Amselweg 233-3a
An der Halde 210-10d
An der Wette 210-10d
Ankenbronnen 210-10a
Aywiesenhöfe 210-7d

Bachweg 234-1b
Badallee 209-12d
Badhof 209-12d
Badstraße 209-12d
Badwasen 209-12d
Bahnhofallee 210-10b
Beethovenstraße 234-1b
Bergweg 210-10b
Birkenhof 209-12b
Blumenstraße 210-10d
Blumhardtweg 210-10c
Boßlerweg 233-3a
Brahmsweg (9) 234-1b
Brucknerweg 210-10d
Brunnenweg (6) 210-10d
Buchenweg 210-10b
Bühlstraße 210-10d
Buschweg 210-10a

Dobelrain 210-10b
Dobelstraße 210-10b
Dobelwasen 210-10b
Dr.-Bauhinus-Weg 209-12d
Dorfstraße 209-12d
Dürnauer Straße 210-10d

Eckwälden 233-3b
Eichhaldenstraße 234-1a
Erlengarten 210-10c
Erlengrund 210-10a
Erlenweg 210-10a

Fangostraße 210-10b
Finkenweg 233-3a
Freibadweg 234-1b
Friedhofweg 210-10d
Friedrichstraße 233-3a
Friedrich-Weihler-Weg 209-12d
Frühlingstraße 210-10a

Gartenstraße 210-10d
Gerhard-Heyde-Weg 209-12d
Göppinger Straße 210-10a
Goethestraße 210-10c
Gretterweg 210-10c
Gruibinger Straße 234-1b

Haldenweg 210-10d
Hauptstraße 210-10a
Hausgärten 210-10a
Haydnweg 234-1b
Heckenweg 210-10d
Heidweg 210-11c
Heiliges Kreuz (3) 210-10d
Heimbachstraße 210-10a

Helenental 233-3a
Herbersberg 210-10a
Herrnhuter Weg 209-12d
Herrschaftsstraße 210-10a
Hindemithweg (5) 210-10d
Höfle 210-10d
Höhenweg 233-3c
Hölderlinstraße 210-10c
Hofacker 210-10a
Hohackerring 234-1b
Hohackerweg (11) 234-1b
Holzwasen 234-1b

Im Gieß 210-10b
Im Grund 233-3c
Immenau 210-10c
Im Winkel 210-10d

Jurastraße 210-10b

Kindergartenweg (2) 210-10d
Kirchgasse (4) 210-10d
Kirchplatz 210-10d
Klinge 210-10d
Königsträßle 233-3c
Kornbergweg 210-10d

Lerchenweg 233-3a
Lindenhof 209-12b
Lindenweg 210-10b

Michael-Hörauf-Weg 209-12d
Mörikeweg 234-1a
Mozartweg 234-1b

Nelkenweg 210-10c

Obstblütenweg 210-10c

Panoramaweg 234-1a
Pliensbacher Weg 209-9d

Raineweg 233-3c
Regerweg 210-10d
Reuteweg 210-10b
Riedbächle 210-10c
Riesweg 234-1d
Rosenweg 210-10c
Roßauchtert 233-3c

Schäferhof 233-3a
Schillerstraße 210-10c
Schubertweg 234-1b
Schützweg (7) 210-10d
Schulgasse 233-3a
Schulweg 210-10c
Schumannweg (10) 234-1b
Sehningen 210-7d
Seilerstraße 210-10b
Silcherweg (8) 234-1b
Sommerweg 210-10a
Sonnenbühl 210-10b
Sonnenhof 209-12b
Steigle 210-10a

Uhlandstraße 210-10c
Untere Breite 210-10c

Vogelsang 234-1a

Wagnerweg 210-10d
Waldeck 234-1b
Weidenweg 210-10b
Wiesachweg 210-10d
Wiesengrund 210-10c
Wilhelm-Hauff-Weg 210-10c

Bad Ditzenbach
PLZ 73342

Am Oberberg 235-12c
Auendorf 235-5a
Auendorfer Straße 235-11d

Badstraße 235-12c
Bergwiesenstraße 235-12c
Blumenmühle 235-8c
Bruckwiesenstraße 235-12c
Brunnbühlstraße 235-11d
Brunnenwiesenstraße (4) 235-12c
Buchenweg 235-11d
Burgsteige 235-12c

Degginger Straße 235-12c
Ditzenbacher Straße 235-4d

Eschenweg 235-11d

Filsstraße (5) 235-12c

Gartenstraße 235-12c
Glockengasse (2) 235-12c
Göppinger Straße 235-4b
Gosbacher Straße 235-11d

Hauptstraße 235-12c
Helfensteinstraße 235-12c
Höhgasse (1) 235-12c

Im Eichele 235-5c
Im Hofacker 235-5a

Jakobcweg 235-4b

Kapellenweg 235-11d
Kirchstraße 235-4b
Klingenbrunnen 235-11d
Krügerstraße 235-5c
Kurhausstraße 235-12c
Kurze Straße (3) 235-12c

Lindenstraße 235-11d
Lützelalbweg 235-4b

Moosäckerstraße (2) 235-5c
Mühlstraße 235-12c

Riesenweg 235-4d

Schillerstraße 235-11d
Schloßbergweg 235-12c
Schönbühl 235-11d
Schubartstraße 235-11d
Sonnenbühl 235-11d

Tälesbahnstraße 235-11d
Talstraße 235-5c

Uhlandstraße 235-11d

Wacholderweg 235-12d
Wettestraße (1) 235-5a

Bad Friedrichshall
PLZ 74177

Albrecht-Dürer-Straße 53-7d
Alemannenstraße 52-3a
Am Attichsbach (10) 53-12a
Am Bähnle 53-4d
Am Kocher 53-7c
Am Königsweg 53-4c
Am Limes 52-3a
Am Neckarkanal 53-10a
Amorbacher Straße 53-10b
Am Plattenwald 53-11c
Am Ranzenberg 52-3c
Am Römerturm (9) 53-12a
Am Schachtsee 52-6d
Am Turnplatz 53-8c
Am Wasserturm 53-7d
Arndtstraße 53-7b

Bachenauer Weg 52-3a
Bachstraße 53-7d
Badstraße 52-6c
Bahnhofstraße 53-7c
Bautzenweg 53-4d
Bei den Weiden (8) 53-4d
Beim Alten Schacht 52-6d
Bergmannstraße 53-7a
Bergrat-Bilfinger-Straße 53-10a
Bergstraße 53-7c
Bertolt-Brecht-Weg (11) 53-7d
Binnetstraße 53-7b
Birkenweg 53-4c
Bismarckstraße 53-10a
Blumenstraße 52-6c
Bodelschwinghstraße (11) 53-11d
Bodemstall 53-10b
Bohnertstraße 52-6c
Bolzstraße 52-6c
Brauerei-Elsässer-Straße 53-7b
Brauereigasse (2) 52-3d
Bremenweg 53-8a
Breslauer Straße (2) 52-6b
Buchenweg 53-4c
Buchhofweg (7) 53-4d
Bunsenstraße 53-4c

Christophstraße 53-5c

Damaschkestraße 53-4c
Danziger Straße 52-6b
Deutschherrenstraße 52-3c
Deutschordenstraße 52-6c
Diutweg 52-3c
Dresdener Straße 52-6d
Duttenberg 52-2b

Ehrlichstraße 53-11b
Eichendorffstraße 52-6c
Eichenweg 53-4c
Entengasse 52-3a
Erich-Kästner-Weg (10) 53-7d
Erlenweg 53-4c
Europaplatz (8) 53-11b

Fahräcker 53-7a
Fahrberg 52-6c
Falkensteiner Weg (6) 53-4d
Farnweg 53-4d
Fichtestraße 53-7b
Flemingstraße (2) 53-11b
Fliederweg 53-5c
Forßmannstraße (3) 53-11b
Frankenstraße 52-3c
Franz-Hitze-Straße 52-6a
Freiburger Straße 52-6b
Friedhofstraße 52-6c
Friedlandstraße 53-7a
Friedrich-Ebert-Straße 53-4c
Friedrichshaller Straße 53-7a
Friedrichsplatz 53-7b
Froschgasse 52-3a
Frühmeßgasse 53-5a

Gässle 52-3c
Gartenstraße 53-7c
Gewerbegebiet Salinenstraße 52-9b
Ginsterweg 53-5c
Goethestraße 52-6c
Gottlieb-Daimler-Straße 53-4c
Greckenschloss 53-7d
Greckenstraße 53-7d
Gundelsheimer Straße 52-3a

Hagenbach 53-4a
Hagenbacher Straße 53-7b
Haldenstraße 53-5a
Hannchen-Herz-Straße (7) 53-7c
Hans-Martin-Schleyer-Straße 53-4d
Hasenmühle 53-10b
Hauffweg (5) 52-6c
Hauptstraße 53-7b
Hausäckerstraße 53-4b
Haydnstraße 53-7c
Heidelberger Straße 52-6b
Heideweg 53-4b
Heilbronner Straße 53-7c
Heinrich-Heine-Weg (9) 53-7d
Hermann-Hesse-Weg 53-10b
Hermann-Löns-Weg (2) 53-4b

Heuchlingen 53-1b
Heuchlinger Feld 53-1c
Heuchlinger Straße 52-6c
Hölderlinstraße 53-7c
Hofgartenstraße 52-3c
Hohenmölsener Straße 53-7b
Hohe Straße 52-6c
Hübsch-Jörgen-Straße 53-7b

Im Fernlesbrunnen 53-12c
Im Finkenschlag 53-7a
Im Holderbusch 53-5c
Im Schwarzbrunnen 53-11b
In den Holzwiesen 53-11b
In den Sandäckern 52-3a
In den Tatschen 53-4d
In der Au 53-7a
In der Setz 52-3c
Industriegebiet Schmauswinkel 53-7c
Industriestraße 53-7a
Isenbütteler Straße (12) 53-7b

Jagstfeld 52-6b
Jagstfelder Straße 52-6d
Jagstfelder Weg 53-4b
Jahnstraße 52-6d
Johannes-Gutenberg-Straße (4) 53-4b
Johanniterstraße 53-11b
Johann-Simon-Bräuninger-Weg (8) 52-6c
Josef-Gantner-Straße 52-6d

Kanalstraße 53-7a
Kapellenstraße 52-3c
Kapellenweg 53-4b
Karl-Benz-Straße 53-4c
Karl-Marx-Straße (1) 52-6a
Karlsbader Weg 52-6a
Karlsruher Straße 52-6b
Kastellstraße 52-3a
Kelterstraße 52-5d
Kettelerstraße 52-6a
Kiliansplatz (3) 53-5a
Kilianstraße 52-3c
Kirchbrunnenstraße 53-7d
Kirchgasse 52-3d
Kleiststraße 53-4d
Knappenstraße 53-7c
Kneippstraße 53-11d
Kochendorf 53-8c
Kochendorfer Straße 53-7b
Kochergasse (1) 53-7c
Kocherhalde 53-8a
Kochersteg 53-7a
Kocherwaldstraße 53-4c
Königsberger Straße 52-6a
Königsweg 52-6d
Kolpingstraße 53-5a
Koppenrain 53-7d
Krautgartenweg 53-7d
Krokusweg 53-4d
Kurze Straße 53-7a

Landhausstraße 53-4b
Lange Straße 53-7d
Lenauweg 53-10b
Lerchenstraße 53-7a
Lessingstraße 52-6c
Lilienweg 53-7b
Lindenweg 53-7d
Ludwig-Bachert-Straße 53-7a
Ludwig-Thoma-Straße 53-10b

Mainzer Straße 52-3a
Malteserstraße 53-11b
Marienstraße 52-6c
Marktplatz (3) 53-7d
Martinusstraße 52-3a
Max-Eyth-Straße 53-4c
Max-Planck-Straße (1) 53-4b
Metzgergasse (7) 52-6c
Mittlere Keltergasse (6) 52-6c
Mittlere Straße (5) 53-7d
Mörikestraße 53-7d
Moltkestraße 53-10a
Mozartstraße 52-6a
Mühle Heuchlingen 53-1a
Mühlgasse (2) 53-7c
Mühlstraße 53-7a

Narzissenweg 53-7b
Neckarsulmer Straße 53-7d
Nelkenweg 53-7a
Neuenstadter Straße 53-7d
Neuhofweg 53-4d
Nibelungenstraße 53-7d
Nordstraße 53-7a

Oedheimer Straße 53-7b
Offenauer Straße 52-6c
Ohrnberger Straße 53-4d
Oststraße 53-7d
Otto-Hahn-Straße 53-4d

Palisadenring 53-11b
Panoramastraße 53-7d
Pappelweg 53-4c
Paracelsusstraße 53-11b
Pettenkoferstraße (1) 53-11b
Pfaffenäcker 53-10b
Pfarrstraße 52-6c
Plattenwald 53-11b
Porschestraße 53-4d
Poststraße 52-6c

Raiffeisenstraße 53-4b
Rainstraße 53-7d
Rathausplatz 53-7a
Rathausstraße 53-7a
Reichenberger Weg (3) 52-6a
Reiterweg 52-6c
Remmelesweg 53-8c
Resedenweg (10) 53-4d
Richard-Wagner-Straße 53-10b
Riedweg 53-8c
Robert-Bosch-Straße 53-4c
Robert-Koch-Straße 53-4b
Römerstraße 52-6c

Römerweg 53-1d
Röntgenstraße 53-4c
Rosenweg 53-7a
Rostocker Straße 52-6b

Saint-Jean-le-Blanc-Straße (11) 53-7b
Saline 52-9b
Salinenstraße 52-6c
Salzstraße 53-7c
Sandweg 53-5a
Sauerbruchstraße (6) 53-11b
Schacht-König-Wilhelm-Straße (1) 53-10a
Schachtstraße 52-6c
Schafgrube 53-7d
Scherzlinger Weg (3) 52-3a
Schillerstraße 53-10a
Schlehenweg 53-5c
Schloss-Lehen 53-7a
Schlossstraße (4) 53-7d
Schubertstraße 52-6c
Schulstraße 52-6d
Schultheiß-Seeber-Straße 53-10a
Seelachstraße 53-4d
Seetalstraße 53-4b
Seilergasse 53-7c
Semmelweisstraße (4) 53-11b
Siederstraße 53-7a
Siemensstraße 53-4c
Silcherstraße 53-7c
Spitalstraße 53-7d
Sprengelbachstraße 53-7a
Steigerstraße 53-7c
Steinheckenstraße 52-6a
Steinweg 52-6c
Stettiner Straße 52-6b
Stuttgarter Straße 52-6b
Sudetenstraße 52-6a
Südstraße 53-10a

Theodor-Körner-Straße 53-4d
Theodor-Storm-Weg (8) 53-7d
Torstraße 52-3c
Troppauer Weg (4) 52-6b
Tübinger Straße 52-6b
Tulpenweg 53-7a

Uhlandstraße 52-6c
Ulmenweg 53-4c
Ulmer Straße 52-6b
Untergriesheimer Weg 53-2c

Veilchenweg 53-7a
Victor-Scheffel-Straße 53-10b
Vinzenzstraße 53-11d
Virchowstraße (5) 53-11b
Von-Behring-Straße (7) 53-11b

Wacholderweg 53-5c
Waechterstraße 53-7c
Waldauweg 53-7a
Walderseeweg (6) 53-7d
Waldstraße 53-4c
Wartburgstraße 52-6d
Wasenweg 53-4b
Weißdornweg (9) 53-5c
Wendelinusstraße 52-5d
Wichernstraße 53-5a
Wilhelmstraße 52-6c
Willenbacher Straße 53-5a
Wittstattweg (5) 53-4d
Wormser Straße 52-3a
Würzburger Straße 52-3a

Yorckstraße 53-7b

Zehentgasse (1) 52-3b
Zehn Morgen 53-7d
Zeppelinstraße 53-7c
Zur Schön 52-3c

Bad Liebenzell
PLZ 75378

Ahornweg 147-9d
Albert-Schweitzer-Straße 147-4c
Alte Liebenzeller Straße 147-9b
Alte Poststraße 147-1a
Alter Schulweg 146-6a
Am Bach 147-4d
Am Berg 147-9d
Am Frauenwald 147-1c
Am Graben 147-9d
Am Hährenwald 146-3d
Am Hochwald 146-6d
Am Klingenwald 147-1c
Am Kniebrunnen 146-2c
Am Kurpark 146-6c
Am Raischachwald (5) 147-4c
Am See (4) 146-6a
Amselweg 146-4b
An der Pfanne 147-9b
Anlagenstraße 146-6c
Auf der Stadtmauer (1) 146-6a
Aufzugweg 147-9b

Badweg 146-6a
Bahnhofstraße 146-6c
Barthstraße 147-9d
Baumstraße 146-6a
Beinberg 146-5c
Beinberger Starаße 146-8b
Beinberger Straße (Maisenbach-Zainen) 145-9a
Bergstraße 146-5d
Berliner Platz (10) 146-6c
Bettelstock 145-9d
Beutelstein 146-6a
Birkenweg 146-3c
Bischofsbrunnenweg (2) 146-5b
Blumhardtstraße 147-9b
Brunnengasse 146-5b
Brunnenstraße 147-1a
Buchenweg (1) 147-9d
Bühlweg 147-9d
Burghaldenweg 146-2c

Burg Liebenzell 146-5b
Burgstraße 146-5b

Calmbacher Straße 145-8b
Calwer Straße 147-4c

Dachsbauhütte 146-9d
Dachsweg (1) 146-3d
Dr.-Mertz-Promenade (9) 146-6c
Dorfwiesenweg (7) 147-4c

Egartenring 147-4d
Eichbuschweg 145-9a
Eichendorffstraße 146-6d
Eichenweg 147-4c
Eisenbahnweg 146-3c
Eisgraben 147-9b
Emil-Schmid-Straße 146-6a
Erlenweg 147-9d
Ernst-Salamann-Staffel (16) 146-6d

Falkenstraße 147-9d
Feldheckenweg (1) 146-3d
Fichtenstraße 145-9b
Finkenbergweg 146-5b
Finkenweg 147-1a
Forchenhalde 146-3c
Friedenstraße 147-1c
Friedhofweg 145-6d
Fuchseck (2) 146-3d
Furtweg 146-6a

Galgensträßle 146-3c
Gartenstraße 146-3b
Ginsterweg 146-3c
Goldschmiedweg 145-9b
Gottlob-Rau-Straße 147-4c
Grünstraße 147-1a

Hans-Schiedt-Weg 146-6c
Harry-Schulz-Weg 147-9b
Hasenweg 146-3d
Haus am Walde 147-9c
Hauswiesenweg 147-7b
Heideweg (6) 147-4c
Heinrich-Coerper-Weg 146-5d
Heinrich-Sauter-Weg 146-8b
Hermann-Hesse-Straße 147-4c
Hieronymus-Walch-Staffel (13) 146-6d
Hindenburgstraße 146-6a
Hirsauer Straße 146-9a
Hirschweg 146-3d
Höhenstraße 146-7b
Hölderlinstraße 146-6d
Hofäckerweg 147-4c
Hof Georgenau 147-8d
Holunderweg (2) 147-9d
Hopfweg 146-2c
Hornlesweg 147-9d
Hugo-Mäulen-Straße (6) 146-6a

Igelslocher Straße 145-9a
Iltisweg 146-3d
Im Birkhau 147-4d
Im Blumenstiel 146-6c
Im Eichenhau 147-1a
Im Gässle 145-6d
Im Gewand 147-4d
Im Gründle 147-9b
Immanuel-Hartmann-Staffel (15) 146-6d
Im Nagoldtal 122-12c
Im Vogelsang 147-9d
Im Weckartshäuser 146-6d
Im Weidenfeld (4) 146-6d
Im Zeil 147-9b
Im Zwerneck 146-6a
In den Gärten 146-2c
In der Halde (3) 147-4c
In der Steinhalde 146-2c

Jägerweg 145-9a
Jahnstraße 147-4c
Johannes-Brenz-Straße 147-4c
Johannes-Gessner-Staffel (14) 146-6d
Johannes-Kepler-Straße 146-1d

Kaffeehof 146-6c
Kaffeeweg 146-9a
Kaiserstein 146-6d
Karlstraße 146-6a
Karmelstraße 147-9d
Kirchberg 146-5d
Kirchstraße 146-6a
Kleinwildbad 146-9a
Köhlerweg 145-9a
Köpflesweg 147-9b
Kollbachstraße 145-9b
Kugelberg (3) 146-5b
Kurhausdamm 146-6c
Kurpark 146-6c

Lauxmann-Weg (3) 147-9d
Lehmgrubenweg 146-6b
Lengenbachweg 146-5b
Lerchenstraße 147-4c
Liebenzeller Straße 146-6b
Ligusterweg (5) 147-9d
Lindenplatz 146-5b
Lindenstraße 147-1a
Liobastraße 146-6c
Luchsweg 146-3d
Ludwig-Finckh-Weg (12) 146-6d
Luisenstraße 147-4c
Lupinenweg 146-3c

Machtolfstraße 147-9b
Maisenbacher Sägmühle 146-4a
Maisenbacher Straße 146-5c
Maisenbach-Zainen 145-6c
Markgrafenbrücke 146-3c
Maßholderweg (2) 146-3d
Mathildenstraße (7) 146-6c
Max-Ackermann-Straße 146-2c
Meierhofgasse 147-9b
Meisenweg 147-1c
Mörikeweg (17) 146-6c
Möttlingen 147-9a

Bad Rappenau
PLZ 74906

Bad Teinach-Zavelstein
PLZ 75385

Bad Überkingen
PLZ 73337

Bad Urach
PLZ 72574

Bad Wildbad
PLZ 75323

Bad Wimpfen
PLZ 74206

Balingen
PLZ 72336

Forchenweg (2) 352-4a
Franziskanerstraße 351-8c
Franz-Kafka-Weg (5) 351-1a
Franz-Werfel-Weg (12) 351-1b
Fraunhofer Straße (11) 351-10a
Freihofstraße 40-A2
Freithofweg (12) 351-8c
Freudenstädter Straße (3) 351-1a
Friedenstraße 350-12b
Friedrichstraße 40-A3 + 350-3a
Frischlinstraße 350-4c
Fritzengasse 334-5d
Frommern 351-5c
Frommerner Straße 351-7c
Fronhof (2) 351-7b
Fronmeister-Kommer-Straße 350-5b
Froschstraße 40-A3
Frühlingstraße 334-8b
Fürstenstraße 351-4d
Fürstgasse 352-4a
Furtwiesenstraße 335-7d

Gaibernstraße 351-7a
Gartenstraße 350-12b
Gehrnstraße 351-7c
Geigelbergweg 350-3d
Geischbergweg (1) 350-4d
Geislinger Straße 40-A1 + 334-11d
Geißbergstraße 351-3b
Geißbühlstraße (20) 351-2a
Gemsenstraße 350-10d
Georg-Elser-Ring 351-8c
Georgstraße 351-7a
Geranienstraße 335-4d
Gerhart-Hauptmann-Ring 351-1a
Geschwister-Scholl-Straße 351-7d
Gewerbegebiet „Gehrn" 350-6a
Gewerbegebiet Grund 335-4b
Gewerbegebiet Lehenmorgen/Neunzfeld 335-7a
Gießmühle 335-1c
Glischberg 350-4d
Gluckstraße 335-10c
Göbelsbergstraße 351-3d
Goerdelerstraße (7) 351-7d
Goethestraße 350-3c
Goldackerstraße 350-5b
Goldersbergstraße 351-1b
Gottlieb-Rau-Straße 351-8c
Grafenhalde 335-7b
Granitzstraße 351-7b
Gratweg 40-B2
Grauenstein 350-12b
Grünewaldstraße 334-12a
Grundweg 351-10a
Gstangen 350-12a
Gustav-Schwab-Straße 350-3c
Gutenbergstraße (2) 335-10c
Gymnasiumstraße 351-1a

Händelstraße 351-1a
Härtsfeldstraße (2) 350-9b
Häselstraße 335-4d
Hailanderstraße 352-4a
Hainbuchenstraße 350-4d
Haldenstraße 334-8b
Hallstattweg (4) 350-5a
Hammerstallstraße 334-6c
Hangenhof 335-10a
Hangenstraße 335-7d
Harthof 350-12a
Harthofstraße 350-9c
Hartstraße 350-9c
Hasenäcker 351-8d
Hauffstraße 334-12d
Hauptstraße 351-1a
Hauptstraße (Weilstetten) 350-9c
Hauptwasen 335-10c
Haydnstraße 350-3b
Hebsackstraße 351-8d
Hechinger Straße 335-4d
Heckäckerstraße 351-11b
Heckenbachstraße 351-8d
Heersbergstraße 350-12b
Heerstraße 349-9d
Hegaustraße 350-9b
Hegengasse 334-5d
Hegenwettengasse 334-5d
Heimgarten (1) 351-10a
Heimlichenwasen 351-1a
Heimstättenstraße (1) 350-5b
Heinkelweg (4) 350-3d
Heinrich-Hertz-Straße (12) 351-7c
Heinrich-Lang-Straße (3) 351-7b
Heinrichstraße 351-7a
Heinrich-von-Kleist-Straße 350-3c
Heinzengasse 351-8c
Heinzlensrain 40-B3
Heinzlenstraße 40-A3 + 350-3a
Heisenbergstraße 351-7a
Henleinweg (6) 350-3d
Henry-Dunant-Straße 40-B1 + 334-12d
Hermann-Berg-Straße 40-A2 + 350-3a
Hermann-Hesse-Straße (1) 350-3c
Hermann-Rehm-Straße 350-3b
Hermann-Rommel-Straße 40-A2 + 350-3a
Herrenmühlenstraße 40-A3
Hertenwinkelstraße 335-7b
Herweghstraße (1) 335-10c
Heselwangen 335-10c
Heselwanger Straße 335-10c
Hesselbergstraße 351-7a
Heubergstraße 350-5a
Heuchelbergstraße (6) 351-7a
Heuetstraße 350-4d
Heusteige 349-6c
Heusteige (Zillhausen) 352-4a
Hindenburgstraße 40-A2 + 334-12c
Hinter dem Ziegelwasen 350-9c
Hinter der Kirche (7) 350-5d
Hinter Höfen 350-4c
Hinter Stocken 350-9d
Hinterwiesen (4) 352-1a
Hinterwiesenweg (2) 350-4d
Hirschberghof 351-2c
Hirschbergstraße 40-B2 + 350-3b
Hirschhalde 350-5c

Hirschstraße 334-8b
Hochholzstraße 351-9b
Höchststraße 350-3b
Hölderlinstraße 335-10c
Hölzlestraße 335-7a
Hoepnerstraße 351-7d
Hörnlestraße 350-12b
Hofäckerstraße 351-3b
Hofmannstraße 40-B1 + 334-12d
Hohenbergstraße 334-12c
Hohen Stichstraße (4) 352-4c
Hohenzollernstraße (7) 334-9a
Hohe Straße 351-2a
Holderhof 335-7c
Holzgasse 350-5d
Hopfstraße 40-A1 + 334-12c
Horber Straße 351-1b
Humboldtstraße 350-3d
Hundsrückstraße (12) 350-3b
Hungerberg 349-6b + 350-4a
Hurdnagelstraße 351-7d
Hurngarten 350-5b
Hurstenstraße 334-5d

Illisburg 350-5a
Iltisweg 350-11c
Im Dillacker 351-10a
Im Gieß 350-5c
Im Grund 350-6a
Im Hof 335-7b
Im Kaltenbrunnen 334-8a
Im Loch (3) 335-7b
Im Riepach 352-4a
Im Rohrbach 350-6d
Im Roßnägele 40-B3 + 350-3a
Im Siechgarten 40-B1
Im Söller 351-4c
Im Winkel 351-3d
Im Wolfental 350-3d
Im Zeil 350-5d
Im Zwerchwiesle (3) 352-4c
Im Zwinger 40-A2 + 350-3a
Ina-Seidel-Weg (7) 351-1b
In der Bond 335-7b
In der Gass 350-5d
In der Täschen 350-5a
Inselstraße 40-A3 + 350-3c
Irrenbergstraße (10) 350-3b

Jägerstraße 352-1a
Jagststraße 351-4c
Jahnstraße 351-7b
Jakob-Beutter-Straße 350-3c
Jakobstraße 40-A1 + 334-12c
Jetterstraße 40-B1 + 334-12d
Johannesstraße 40-A1 + 334-12c
Johann-Sebastian-Bach-Straße 40-B2 + 350-3b
Jurastraße 335-7a

Käppele 334-9a
Kalkofen 40-A2 + 350-3a
Kameralamtstraße (4) 40-A2
Kandelstraße 334-11d
Kapellenäcker 350-5c
Kapfstraße 351-4d
Karlsbader Straße 334-9c
Karlstraße 40-A1 + 334-12c
Karpfenstraße 334-12c
Katharinenstraße 351-3b
Katzensteig 349-9b
Kaunterweg 334-9a
Kellerles Mühle 351-2d
Keplerstraße 40-B3
Kernerstraße 351-7b
Kesselmühlenstraße 40-B1 + 334-12d
Killwiesen 350-12b
Kinzigstraße 351-1a
Kirchenstraße 352-1a
Kirchhofweg (3) 352-1a
Kirchstraße 352-4c
Klausenweg 40-B2
Kleemeistereistraße 40-B2
Kleewiesen 350-4d
Kleine Hörnlestraße 335-7b
Klingenbachstraße 335-4b
Kocherstraße 351-4c
Königsberger Straße 334-9c
Konrad-Adenauer-Straße 351-7a
Kraichgaustraße (3) 350-9b
Kranichstraße 350-9d
Kreutzerstraße 335-10c
Kreuzäckerstraße 351-11b
Kreuzbrunnen 335-4d
Kreuzernweg (6) 335-7a
Krokusweg (1) 334-8b
Kronenstraße 350-3a
Krumme Steige 351-3a
Kühler Grund 335-1c
Kühwasenstraße 351-8d
Kugelwasen 350-5d
Kurt-Georg-Kiesinger-Straße 351-7b
Kurt-Schumacher-Straße 351-7b
Kutzmühle 350-5c

Längenfeldstraße 40-B3 + 350-3b
Längenhart 351-5d
Läpplesbrunnen (1) 351-3b
Lärchenstraße 350-12b
Lammerweg 350-11c
Langenäckerstraße 351-7d
Langenbach 335-11d
Langenwasen 351-4d
Lange Straße 350-6a
Langwiesenstraße 335-7a
Lauackerstraße 352-4c
Lauenstraße 351-9a
Lauwasenstraße 351-1b
Lehenmorgenstraße 335-7a
Lehmgrubenstraße 351-1b
Lehrstraße 350-8a
Leibbrandstraße (5) 351-7b
Leimberghof 335-8a
Leimbergstraße 335-7b
Leitstetten 350-9c
Lenaustraße 335-10c
Lerchenstraße 350-7a

Lessingstraße (6) 350-9d
Lichtensteinstraße 334-11d
Liegnitzer Straße 334-9c
Lilienstraße 334-8b
Lilienthalweg (1) 350-3d
Lindengasse 334-5d
Lindenstraße 351-10a
Lingental 350-5b
Lisztstraße 351-1a
Lochenstraße 350-12b
Lochstraße 351-10c
Lönsweg 352-4a
Loewestraße 351-1a
Lortzingstraße 351-1a
Ludwig-Beck-Straße 351-7d
Ludwigstraße 351-7a
Lupfenstraße 334-12c
Lupinenweg 334-5d
Lußstraße 351-2a

Maderstraße 40-B2
Maienwiesle 350-11d
Malvenstraße (10) 351-7c
Marienburger Straße 334-12b
Marienstraße 351-8c
Marktplatz 40-A2
Martin-Göhring-Straße 334-8b
Martin-Haug-Straße 334-5d
Martin-Luther-Straße 350-4c
Martinshütte 351-11d
Martinstraße 334-8b
Max-Eyth-Straße 350-3d
Max-Planck-Straße 350-6d
Meisenstraße (9) 335-7a
Meisterstraße 335-7b
Menzelstraße 334-9c
Merianstraße 334-12a
Merowingerweg (2) 350-5c
Meßnergasse 351-11a
Mettenöschstraße 351-4d
Milanweg (11) 335-7d
Mittnachtstraße 335-10c
Mörikestraße 40-A2
Moltkestraße (2) 352-1a
Mozartstraße 351-1a
Mühlackerstraße 351-7a
Mühlhalde 334-9b
Mühlrainstraße 334-9b
Mühlsteigstraße 335-4d
Mühlstraße 351-7b
Murgweg (15) 351-1b

Nagolder Straße 351-1b
Narzissenweg 334-8b
Neckarstraße 351-4c
Neige 350-3b
Nelkenstraße (9) 351-7c
Nettenwiesen 350-5a
Neue Balinger Straße 334-9a
Neueneckstraße 334-11d
Neue Straße 40-A2 + 350-3a
Neuffenstraße 351-1b
Neunzfeldstraße (8) 335-7a

Obere Breite 351-7c
Obere Kirchstraße 40-A3 + 350-3a
Obere Mühlestraße 334-9a
Oberer Brühl 350-10d
Oberer Wörth 352-4a
Oberes Ried 350-9d
Ochsenbergstraße (18) 351-1a
Odenwaldstraße 350-9b
Ölbergstraße 40-A2
Oelenhainzweg (5) 350-5a
Ohnrastraße 350-9b
Olgastraße 40-A1
Osianderstraße 335-10c
Ostdorfer Straße 334-9c
Ostpreußenweg (5) 334-12b
Ottmarsheimer Straße 351-8c
Otto-Hahn-Straße (14) 351-7c
Otto-Stern-Straße (15) 351-7c
Owinger Straße 334-9a

Palmstraße 335-10c
Panoramastraße 350-3a
Pappelweg 350-4d
Paradiesstraße (6) 40-A3
Pasuaweg (3) 334-12b
Paulinenstraße 40-A2 + 350-3a
Pestalozziweg 351-7b
Pfarrstraße 352-4c
Pfarrwiese 351-4d
Pfauenweg 350-9d
Pfeffinger Straße 352-4c
Pfitznerstraße 350-3b
Pfründäckergasse 334-5d
Philipp-Matthäus-Hahn-Straße 350-3d
Plettenbergstraße 350-10b
Pommernweg (6) 334-12b
Porscheweg 350-3d
Posener Straße 334-12b
Postgasse 352-4c
Posthalterhof 350-2b
Primelweg (2) 334-8b

Ränkle 350-5b
Raichbergstraße (13) 350-3b
Rainstraße 352-4a
Rainweg 350-3d
Randenstraße 350-9b
Rathausstraße 334-8b
Rauhe Brühl 350-5c
Rauhenwiesen 352-1a
Regerstraße 350-3b
Reichenbacher Hof 335-10c
Reichenbachstraße 335-10c
Reinhardtstraße 334-11d
Reinhold-Maier-Straße 351-7b
Remsstraße 351-4c
Renchweg (22) 351-1b
Reumorgenweg 350-5d
Reutestraße 351-4d
Reuthofen (5) 334-6c
Rhönstraße 350-9b
Ricarda-Huch-Weg (8) 351-1b
Richard-Strauß-Straße 350-3b

Richard-Wagner-Straße 351-7b
Richthofenstraße 40-B1 + 334-12d
Riedgasse 335-7b
Riedtal 349-6d
Riesestraße 352-4c
Rilkeweg 350-3c
Ringen 350-5b
Ringstraße 350-4d
Robert-Mayer-Straße 350-3d
Robert-Wahl-Straße 40-B2 + 350-3b
Römergäßle 40-A1 + 334-12c
Römerstraße 350-9d
Röslerstraße 334-12d
Röslerweg 40-B1 + 334-12d
Rohrackerstraße 350-9b
Rohrlochstraße 334-11d
Rohrstraße 352-4c
Rohrwiesenstraße 350-9d
Rollerstraße 40-B1 + 334-12d
Roschbachstraße 352-4a
Rosenfelder Straße 334-11d
Rosengartenstraße (3) 350-4c
Rosenhof 335-11d
Rosenstraße 40-A1
Roßbergstraße 351-1c
Roßgasse 350-11a
Roßgumpenstraße 352-4c
Roßwanger Straße 350-9c
Rote Gasse 350-11a
Rote Länder 350-9c
Rottenburger Straße (1) 351-1b
Rottweiler Straße 350-8d
Rudolfstraße 351-7a

Sachsenweg (4) 334-12b
Säge 351-11d
Sägewerkstraße 335-7b
Saibenweg 335-7d
Sankenbühl 350-12a
St.-Gallus-Straße 351-7a
St.-Paulus-Straße 351-7b
St.-Wendelin-Weg (3) 350-5a
Sauerlandstraße 350-9b
Schachenstraße 351-2a
Schäberlesgäßle (3) 334-8b
Schäferhof 350-8b
Schafbergstraße 350-12b
Schafhaus 334-5b
Schalksbachstraße 351-8b
Schalksburgstraße 351-8d
Scheffelstraße (8) 334-9a
Schelmenwasen 350-8a
Schickhardtstraße 40-B1 + 334-12d
Schilkkuchen 350-5c
Schillerstraße 350-3c
Schiltachweg (16) 351-1b
Schlesierstraße 334-9d
Schlichemstraße 351-4c
Schloßrain (2) 335-7b
Schloßstraße 40-A3
Schmiden 334-9d
Schmidstraße 40-A2
Schnorrstraße 335-10c
Schömberger Straße 350-5c
Schönbuchstraße 350-9b
Schramberger Straße 351-1b
Schrötenen 350-6a
Schroten 351-10c
Schubertstraße 350-3b
Schützenstraße 40-A2 + 334-12c
Schulstraße 350-9d
Schumannstraße 351-1a
Schuppenwiesen 350-4d
Schurwaldstraße (4) 350-9b
Schwaderloch 351-8c
Schwalbenstraße 335-7a
Schwanenstraße 40-A3
Schwarzenburgstraße (3) 40-A2
Schwarzenlochstraße 350-11a
Schwarzwaldstraße 350-9b
Schweizer Straße 335-7a
Seestraße 350-9b
Selhofstraße 335-4d
Senefelderstraße 335-10c
Sichelstraße 40-A3 + 350-3c
Sichelweg 40-A3
Siemensstraße 350-3d
Silcherstraße 350-9d
Simon-Schweitzer-Straße 40-A1 + 334-12d
Sohnhaldenstraße (15) 335-8a
Sonnenbergstraße 335-7b
Sonnenstraße 350-9d
Spechtstraße 350-9d
Spessartstraße 350-9b
Spitalwiese 350-3b
Stadtmühle 334-12b
Staige 350-5b
Stangenäckerstraße 351-8b
Starenstraße 350-9d
Stauffenbergstraße 351-7d
Steiglestraße 351-1b
Steinachstraße 350-3c
Steinbeisstraße 351-7a
Steinenbühl 334-11d
Steinetsstraße 334-8b
Steingrüble 350-5d
Steinlachstraße 351-4d
Steinstraße 350-5c
Stetten 350-6a
Stettiner Straße 334-12a
Stingstraße 40-B3 + 350-3b
Stockackerhof 351-1d
Stockackerstraße 350-3d
Stocken 350-9d
Stockenhausen 351-9a
Stockenhauser Straße 351-8c
Stockwiesenstraße (1) 350-10d
Stollenau 350-12b
Storchenbühl (3) 350-11b
Stotzingerstraße 334-11d
Streichen 351-3d
Streichener Straße 351-2a
Strombergstraße 351-7a
Sudetenstraße 334-12a
Südweg 350-5c
Süßlinger 334-8d

Talblick 334-5c
Talstraße 334-12c
Tannenweg (1) 352-4a
Taubenstraße 350-9d
Taunusstraße 350-9b
Teckstraße 351-1a
Tegernaustraße 40-A2 + 350-3a
Theodor-Heuss-Straße 351-7a
Theophil-Wurm-Straße 351-7d
Thomas-Mann-Ring 351-1a
Tierbergstraße (19) 351-1a
Tieringer Straße 350-12a
Tierpark Plettenberger Hof 350-10b
Tilsiter Straße 334-12b
Traubenstraße 334-12d
Trogenstraße 351-2a
Trogenwiese 351-2a
Tübinger Straße 40-B2 + 334-12d
Tulpenstraße (4) 334-8b
Tuttlinger Straße (2) 351-1b

Ufhofer Straße 352-4a
Uhlandstraße 334-8b
Ulmenstraße 350-12b
Ulrichstraße 350-3c
Unter dem Käppele 350-5c
Untere Bachstraße 335-7b
Untere Dorfstraße 350-9d
Untere Kirchstraße 40-A2
Unterer Brühl 350-11a
Unterer Wörth 352-4a
Unter Netzenberg 335-4d

Veilchenstraße 335-7b
Viehmarktplatz 40-A3
Vogelsangstraße (6) 334-6c
Vogelsbergstraße 352-1a
Vogesenstraße 350-9b
Vogt-Ehinger Straße 40-A1 + 334-12c
Vogtshalde 335-10a
Vor dem Gerbertor 40-B3
Vor dem Mühltor 40-A3

Wachtelstraße 350-9d
Wagentalstraße 335-7d
Waldstetter Straße 351-7a
Wannental 352-7c
Wartheweg 334-9d
Wasenstraße 350-9c
Wasserfallstraße 352-4c
Wasserwiesen 350-6a
Weberstraße 351-1a
Wehräcker 351-4c
Wehrsteinstraße 334-11d
Weibelhof (1) 351-4d
Weichhagenstraße 350-11a
Weidelstraße 351-8b
Weihentalstraße 335-10d
Weiherstraße 335-7d
Weilstetten 350-12d
Weilstetter Straße 350-11a
Weinbergstraße 351-4c
Weitingerstraße 334-11d
Wenzelsteinweg (8) 350-12b
Werastraße 40-A1 + 334-12c
Werner-Bergengruen-Weg (6) 351-1a
Wertenbachstraße 335-7b
Westerwaldstraße 350-9b
Wettbachstraße 350-11a
Wettegasse 351-2a
Widderweg 350-11a
Widerholdstraße 350-3c
Wielandstraße 335-10c
Wiesenstraße 335-10c
Wiesfleckenstraße 350-6d
Wieswannenstraße 352-4a
Wilhelm-Kraut-Straße 40-A3 + 350-3a
Wilhelm-Neuffer-Straße (4) 351-7b
Wilhelmplatz 40-A3 + 350-3c
Wilhelmstraße 40-A3 + 350-3a
Withaustraße 350-11a
Wittumstraße 350-11a
Wöhrtstraße 40-B1 + 334-12d
Wolfachweg (17) 351-1b
Wolfentalweg 350-6b
Wolfsbühlstraße 351-1b
Wolfstraße 350-3c
Wutachweg (14) 351-1a

Zeilein (7) 335-4d
Zeisigweg 350-9c
Zeißweg (7) 350-3d
Zeitentalstraße 351-8c
Zellerhornstraße 351-1a
Zeppelinstraße 335-10c
Ziegelei 351-7d
Ziegelhütte 351-11b
Ziegelstraße 350-9c
Ziegelwasen 350-12a
Zillhausen 352-4d
Zillhauser Landstraße 351-3d
Zillhauser Straße 351-9a
Zimmereckhof 351-8b
Zimmereckstraße 351-8d
Zinkenstraße 350-11c
Zollernstraße 334-12d
Zwerenbacher Weg 334-5c

Baltmannsweiler

PLZ 73666

Albstraße 183-1b
Alfredstraße (1) 159-10d
Alois-Gessner-Weg (8) 183-1b
Am Backhaus (5) 159-8a
Am Feuersee 159-8a
Am Holderstein 159-8c
Ayheckenweg 159-10d

Baacher Straße 159-10a
Bebelstraße 159-10b
Becherplatzgasse 159-7b
Bergstraße 159-10d
Bernhard-Grimm-Straße (9) 159-10a

Blumenstraße 159-10d
Brühlweg 159-8c
Brunnenstraße 159-10d
Buchenweg (1) 159-8a
Buchsäcker 159-10d
Buchwiesen 159-10c

Eichendorffstraße 159-10b
Eichenweg 159-8a
Elmar-Hölzle-Straße 159-10c
Erwin-Mauz-Straße 159-8c
Escherländer 159-7b
Esslinger Straße 159-10d
Esslinger Weg 158-12b
Eugenstraße 159-10d

Fabrikstraße 159-7d
Filderstraße 183-1b
Forststraße 159-10a
Friedrich-Greiner-Straße 159-8c
Friedrichstraße (6) 159-10d
Fritz-Maier-Straße (8) 159-10a
Frühlingsstraße (6) 159-7d

Gartenstraße 159-10d
Goethestraße 159-10b
Grasweg 159-10a

Haldenstraße 159-10d
Hauffstraße 159-10d
Hauptstraße 159-7d
Hermannstraße 159-10d
Hirschstraße 159-7b
Hölderlinstraße 159-10d
Hofstatt 159-7d
Hofwiesen 183-2c
Hohengehren 159-8a

Im Brühl 159-10d
Im Hag 159-7d
Im Hof (5) 159-10d

Karlstraße 159-10d
Kirchplatz (2) 159-10d
Kirchstraße (4) 159-10d
Kohnbachtalweg 158-9c
Krehziel 159-11c
Küracker weg 159-8a
Kürstraße 159-8a
Kurt-Senne-Weg 159-10d
Kurze Gasse 159-8c

Lautergasse 159-8c
Lenzhalde 159-7d
Lindenstraße 159-8a

Mahdweg 159-10a
Marienstraße 159-10d
Marktplatz 159-10d

Nelkenweg (10) 183-1b
Neue Straße 159-7d
Neuffenweg (4) 159-8a

Öhrlenstraße 159-7d

Parkhausstraße 159-7d
Parksträßchen 158-12a
Parkstraße 159-10a
Pfarrstraße 159-8c
Plochinger Straße 159-10d

Rainweg 159-8a
Rechbergweg (2) 159-8a
Rilkestraße (7) 159-10d
Ringstraße 159-8a
Rosenstraße 159-10d

Schlichtener Weg 159-8a
Schönbuchstraße 183-1b
Schorndorfer Straße 159-10c
Schulstraße 159-8c
Schurwaldstraße 159-7d
Schwarzwaldstraße 183-1b
Seestraße 159-10d
Silcherstraße 159-10b
Staufenweg 159-8a
Staugasse 159-10d
Steinenbacher Hof 159-7c
Stuifenweg 159-8a

Tannhof 159-5c
Teckweg 159-8a
Thomashardler Weg 159-8c
Tulpenweg (9) 183-1b
Turmstraße 159-10c

Uhlandstraße 159-8a
Ulrichstraße (3) 159-10d

Veltenstraße 159-10d
Vogelsangstraße 159-8a

Waldheim 183-4b
Waldstraße 159-10a
Wannenweg 159-10a
Wasenstraße 159-7d
Wiesenweg 159-10a
Wilhelmstraße 159-7b
Wolfsgasse 159-10d

Ziegelstraße (3) 159-8a
Zieglerstraße 159-10d
Zinkstraße 159-10d
Zollernstraße 159-8a

Bartholomä

PLZ 73566

Äußerer Kitzinghof 167-9c

Fuchsteichsträßle 167-8d

Innerer Kitzinghof 167-9d

Zwei Birken 167-8a

Beilstein (Kr. Heilbronn)
PLZ 71717

Abstatter Straße 78-3a
Äußere Burgstaffel (33) 78-3d
Albert-Einstein-Straße 78-3a
Alte Bahn 78-3c
Amselweg 78-3d
Auensteiner Straße 78-3a
August-Lämmle-Straße 79-1c

Bahnhofstraße 78-3c
Beethovenstraße 78-3c
Benzwiesenstraße 78-3c
Berggasse (24) 78-3d
Billensbach 73-12b
Birkäckerweg 73-11c
Birkenweg 78-3d
Blumenstraße 78-3c
Brahmsweg (15) 78-3c
Brückerweg 78-6b
Brühlwiesen 78-3d
Buchenstraße 79-1c
Burgerackerweg 78-3c
Burgstraße (25) 78-3d
Burgunderstraße 79-1d

Carl-Benz-Straße 78-3c

Dammstraße 78-3c
Danziger Straße (34) 79-1c

Edelmannsweg 73-9b
Eichenstraße 79-1c
Emil-Nolde-Straße 78-2b
Entengasse 78-3d
Erich-Kästner-Straße (40) 79-1c
Erlenweg 79-1d
Etzlenswenden 73-9b

Farnersberg 73-5d
Fichtenstraße 79-1c
Fleiner Straße 78-3c
Fliederstraße 78-3c
Fontanestraße (38) 79-1c
Forstbergweg 78-6a
Friedhofweg 79-1d
Friedrich-Binder-Straße 78-3a

Gagernberg 73-11a
Gagernberger Weg 73-11c
Gartenäcker 73-10b
Gartenstraße 78-3d
Gartenweg 78-3d
Goethestraße 79-1c
Gottfried-Keller-Weg (36) 79-1c
Gottfried-Schulz-Straße 73-9b
Gottlieb-Daimler-Straße 78-3c
Güglinger Weg (2) 78-3a

Häldenweg 73-12a
Hans-Purmann-Straße 78-3a
Hauptstraße 78-3d
Hausener Weg (8) 78-3a
Haydnweg 78-3c
Hebelstraße 79-1c
Heerweg 78-3c
Heilbronner Straße 78-3a
Heinrich-Heine-Straße 79-1c
Heinrich-von-Kleist-Weg (39) 79-1c
Helfenberger Straße 72-12d
Helfergasse (27) 78-3d
Hermann-Hesse-Straße 79-1c
Höhbergstraße 79-1d
Höhbergweg 78-3d
Höhenweg 73-9a
Horkheimer Weg (9) 78-3a

Ilsfelder Weg 78-3c
Im Dorn 78-3a
Im Hart 79-1c
Im Köchersgrund 78-6b
Im Landgraben 79-1c
Im Löchle 79-1c
Im Maislen 78-3d
Im Rad (6) 78-3a
Im Ruhl 78-3d
Innere Burgstaffel (32) 78-3d

Jettenbach 73-11d
Johann-Strauß-Weg 78-3c
Justinus-Kerner-Straße 79-1c

Käthe-Kollwitz-Straße 78-2b
Kaisersbach 73-9d
Kaisersbacher Straße 73-9c
Keltergasse (21) 78-3d
Kelterstraße (20) 78-3d
Kirchstraße 73-12a
Kirschenrain 78-6b
Kleinfelde 78-6b
Klingen 73-12b
Klingener Straße 73-11c
Klingener Weg 73-12a
Kochwiesenweg 73-12a
Königsberger Straße 78-3d
Kreppgartenstraße 78-3d
Kreuzäckerstraße 78-3c

Lärchenstraße 79-1c
Landgraben 79-1c
Langhansstraße 78-3d
Lauffener Straße (7) 78-3a
Leharweg (14) 78-3c
Lembergerstraße 79-1c
Lessingstraße (37) 79-1c
Lindenweg 78-3c
Lisztweg 78-3c
Lönsweg (41) 79-1c
Löwensteiner Straße 79-1d
Lortzingstraße 78-3c

Maad 73-11b
Maadbergweg 73-11c
Mauergartenweg (19) 78-3d
Max-Ernst-Straße 78-2b
Max-Planck-Straße (13) 78-3c
Mittlere Gasse (22) 78-3d
Mittlerer Weg 73-9a
Mönchlesweg 79-1c
Mörikeweg (35) 79-1c
Mozartstraße 78-3c
Mühlberg 73-11c
Mühlbergweg 73-11a
Mühlstaffel (45) 79-1d
Mühlstraße 79-1d
Müller-Thurgau-Weg (43) 79-1d

Neckarsulmer Straße (4) 78-3a
Neugärten 78-3c
Neumühle 73-11b
Neumühlstraße 73-12a
Nordheimer Straße (1) 78-3a
Nußrain 73-9d

Ob dem Weiler 79-1d
Obere Ölmühle 73-12d
Oberer Söhlbachweg 78-3d
Oberjettenbacher Straße 73-11c
Oberstenfelder Straße 78-3d
Ochsengasse (23) 78-3d
Ofenwiesen 73-11c
Orgelgasse (28) 78-3d
Otto-Dix-Straße 78-2b

Paul-Klee-Straße 78-2b
Peter-Jakob-Schober-Straße 78-3a
Pontault-Combault-Straße 78-3a

Rathausgasse (30) 78-3d
Raumaier 78-6a
Richard-Wagner-Straße 78-3c
Rieslingstraße 79-1c
Robert-Mayer-Weg (10) 78-3c
Robert-Vollmöller-Straße 78-3d
Rosenstraße 78-3d
Rudolf-Diesel-Straße (11) 78-3c
Rudolf-Yelin-Straße 78-3a
Ruhlweg 78-3b
Ruländerstraße (42) 79-1c

St.-Anna-Gärten 78-3d
St.-Anna-Weg 78-3d
Schafäcker 78-3a
Schillerstraße 78-3d
Schloßgartenstraße 79-1c
Schloßstraße 78-3d
Schloßweg 72-12d
Schmidbachstraße 79-1d
Schmidhausen 79-1a
Schmidhausener Straße 79-1c
Schmiedgasse (31) 78-3d
Schubertweg (16) 78-3c
Schulgasse (26) 78-3d
Schulstraße 78-3c
Schumannstraße (17) 78-3c
Schwaigerner Weg (3) 78-3a
Schwanengasse (29) 78-3d
Seestraße 73-11a
Silcherstraße 78-3c
Silvanerstraße 79-1c
Söhlbach 72-12d
Söhlbachwiesen 72-12d
Sonnengasse 78-3d
Stadtgrabenweg 78-3d
Steinbeisstraße 78-6b
Steingrubenweg 78-3b
Stocksberger Straße 73-12a

Talheimer Straße 78-3a
Talstraße 78-6b
Theodor-Storm-Straße 79-1c
Traminerweg 79-1c
Trollingerstraße 79-1d

Uhlandstraße 79-1c
Untere Ölmühle 79-3c
Unterer Söhlbachweg (18) 78-3d
Untere Straße 73-9d

Vogelsangweg 79-1c

Waldweg 73-9a
Wartbergweg 78-3b
Weidenweg (44) 79-1d
Weinsberger Weg (5) 78-3a
Weinsteige 78-3a
Wengertsgasse 73-9d
Wildecker Weg 78-3a
Wilhelm-Hauff-Straße 79-1c
Winzerhausener Weg 78-3c
Wochenendhausgebiet Frauenhölzle-Schöne Frau 78-5a
Wunnensteinstraße 78-3d

Zeppelinweg (12) 78-3c

Bempflingen
PLZ 72658

Achalmstraße 252-5a
Ahornweg 252-1c
Albstraße 252-5a
Asternweg (12) 252-4a
Auf dem Brühl 252-1c
Auf Mauern 252-4b
August-Lämmle-Straße 252-1d
Austraße 251-3d

Bachstraße 252-1c
Bahnhofstraße 252-4a
Bergstraße 252-5a
Bergwiesenweg 252-1d
Birkenweg (4) 252-1c
Blumenstraße 252-4a
Brühlstraße 252-1c
Brunnenweg 252-1c
Buchenweg (2) 252-1c

Eichendorffstraße (14) 252-1d
Eichenweg (1) 252-1c
Erlenweg (3) 252-1c
Ermsstraße 252-4a

Florianstraße 252-5a
Friedrichstraße 252-4a

Gartenstraße 252-4a
Geranienweg 252-4a
Gerokstraße 252-4b
Grabenstraße 252-4a
Grafenberger Straße 252-5a
Großbettlinger Straße 252-2c

Haldeweg 252-4a
Hanflandweg 252-1c
Hasengartenweg 252-1d
Hauffstraße 252-1d
Hegestraße 252-5a
Herrenwiesenstraße 252-1c
Hesseweg (5) 252-1d
Hölderlinstraße (6) 252-4b
Hörnlesstraße 252-5a
Hohenneuffenstraße 252-5a
Hohlweg 252-5a

Im Dorf (16) 252-4a
Isolde-Kurz-Straße 252-1d

Jusistraße 252-5a

Karlstraße 252-4a
Kelterstraße 252-4a
Klärwerkstraße 251-3d
Kleinbettlingen 252-2c
Kleinbettlinger Straße 252-4a

Lilienweg (13) 252-4a
Lindenstraße 252-1c
Lönsweg 252-1d

Metzinger Straße 252-4a
Mittelstädter Straße 251-6b
Mörikestraße 252-4b
Mühlstraße 252-4a

Neckartenzlinger Straße 251-3d
Nelkenweg (9) 252-4a
Nürtinger Straße 252-1c

Oben am Berg (7) 252-4a
Obere-Au-Weg 252-4a

Panoramaweg 252-1c
Primelweg (10) 252-4a

Rathausstraße 252-4a
Reuschhalde 252-2c
Reuteweg 252-1c
Riedericher Weg 252-4c
Riedernweg 251-6b
Rosenweg 252-4a

Scheffelweg (15) 252-1d
Schillerstraße 252-5a
Schulstraße (8) 252-4b
Seestraße 252-5a
Silcherstraße 252-1d
Stiegelstraße 252-4a

Talstraße 251-3d
Teckstraße 252-5a
Tulpenweg (11) 252-4a

Uhlandstraße 252-4b
Ulmenweg 252-1c

Weidachstraße 251-3d
Weidenstraße 252-1c
Weiherstraße (1) 252-5b

Benningen am Neckar
PLZ 71726

Adlerstraße 99-2c
Äußeres Tal 99-3c
Ahornweg 99-2b
Aichweg 99-3a
Alemannenstraße 99-2b
Am Benzrain 99-3a
Am Römergraben 99-3a
Amselweg 99-2c
Auf dem Bild 99-2d
Auf der Bürg (6) 99-3a
Auf der Lug 99-2b
Aussiedlerhof 99-2c

Bachstraße 99-3c
Bahnhofstraße 99-2b
Beethovenstraße 99-2d
Beihinger Straße 83-11c
Beihinger Weg (1) 99-2b
Beim Viadukt 99-3a
Birkenweg 99-2a
Blankensteinstraße 99-2b
Blumenstraße 99-3a
Brahmsstraße 99-2b
Buchenweg 99-2a
Burgunderweg (20) 99-2a
Bussardstraße 99-2b

Daimlerstraße 99-2b
Dengelberg 99-2b
Dornfelderweg (15) 99-2a
Drosselweg 99-2c

Einsteinstraße 99-2d
Eulenweg 99-2d

Falkenstraße 99-2d
Fasanenstraße 99-2d
Finkenweg 99-2c

Gartenstraße 99-2b
Gewerbegebiet Allmanden, Unteres Wörth 83-11c
Gewerbegebiet „Bild I" 99-2d
Gewerbegebiet „Bild II" 99-2d
Gewerbegebiet „Krautlose" 83-11d
Goethestraße 99-3a
Gottlieb-Storz-Straße (9) 99-2b
Gutenbergstraße 99-2b

Hausweinbergstraße (4) 99-3a
Haydnstraße 99-2b
Hermannstraße 99-2b
Hirschmann-Ring 99-2d
Hirthstraße 99-2d

Im Aurain 99-2b
Im Gäßchen (2) 99-2b
Im Kirchtal 99-2b
Im Schemming 83-11d
Im Seelach 99-2a
Im Steigle 99-2b
Im Wasen 83-12c
In den Hofäckern 99-2b
In den Rennwiesen 83-12c
In der Au 83-11d

Jahnstraße 99-2b

Kastanienweg 99-2a
Kastellstraße 99-3a
Keltenweg 99-2b
Keplerstraße 99-2b
Kernerstraße (16) 99-2b
Kirchstraße (3) 99-2b
Kohortenweg 99-3a
Kopernikusstraße 99-2b
Krautlose 83-11d

Langestraße 99-2b
Lembergerstraße 99-2b
Lerchenweg 99-2d
Liebigstraße 99-2d
Lilienweg 99-2b
Lindenweg 99-2a
Ludwigsburger Straße 99-2d

Marbacher Straße 99-3a
Marsstraße 99-2b
Martin-Luther-Straße (5) 99-3a
Max-Eyth-Straße 99-2a
Max-Planck-Straße 99-2a
Merkurstraße 99-2b
Milanstraße 99-2d
Mörikestraße 99-3a
Motzerstraße (8) 99-2b
Muskatellerweg (17) 99-2b

Näheres Tal 99-3c
Neckargasse 83-11d
Nelkenweg (13) 99-2b

Ostlandstraße 83-12c
Otto-Hahn-Straße 99-2b

Panoramaweg 99-2b
Paulystraße 99-2b

Rieslingweg (21) 99-2a
Robert-Koch-Straße 99-2b
Römerstraße (11) 99-3a
Rosenweg 99-2b
Ruländerweg (14) 99-2a

Schickhardtring 99-2d
Schillerstraße 99-3a
Schirrhof 99-3c
Schubertstraße 99-2d
Schulstraße 99-2b
Silcherstraße (10) 99-2b
Silvanerweg (22) 99-2a
Staibstraße (7) 99-2b
Staigweg 83-12c
Starenweg 99-2c
Steinlandenweg (19) 99-2a
Studionstraße 99-2b

Terminusstraße 99-3a
Theodor-Heuss-Straße 99-2a
Traminerweg (18) 99-2b
Trollingerstraße 99-2a
Tulpenweg 99-2b

Uhlandstraße (12) 99-3a

Veringenweg 99-2b

Wagnerstraße 99-2b

Zeppelinstraße 99-2b

Berglen
PLZ 73663

Adlerstraße 119-10b
Ahornweg 119-11c
Akeleiweg (2) 119-2c
Alexanderstraße 119-11a
Ameisenstraße 135-5a
Amselstraße 119-8c
Anemonenweg 119-2a
Asternweg 119-2a
Auwiesenweg (1) 119-5d

Bärenstraße 135-5b
Beethovenstraße 119-8d
Begonienstraße 119-1b
Biberstraße 135-5a
Birkenstraße 135-2a
Birkenweißbuch 119-12a
Boschstraße 119-10d
Boßlerstraße 119-12b
Brahmsstraße 119-8d
Bretzenacker 119-7d
Bronnwiesenstraße 119-5d
Brucknerstraße (4) 119-8d
Brühlweg 119-6c
Buchenbachstraße 119-5d
Buchenstraße 119-10d
Bühläckerstraße (5) 119-6c
Bussardstraße 119-8c

Cäsarstraße 119-11b
Charlottenstraße (2) 119-11c

Dachsstraße 135-5b
Dahlienstraße 119-2a
Daimlerstraße 119-10d
Distlerweg 119-8d
Drexelhof 119-9b
Drosselweg 119-8c

Edelweißstraße 119-2a
Egkweg 119-8b
Eichendorffweg 119-10c
Eichenweg 135-2a
Eidechsenweg (5) 135-5b
Elchstraße 135-2c
Enzianstraße 119-1b
Erlenhof 119-11c
Erlenstraße 119-11c
Erlenstraße (3) 119-11c

Falkenstraße 119-8c
Fasanenstraße 119-10b
Fichtenstraße 119-11c
Finkenstraße 119-8c
Fliederstraße 119-2c
Forchenstraße 135-2a
Friedrichstraße 119-11b
Frühlingsweg 119-11d
Fuchsstraße 135-5b

Gamsstraße 135-5a
Georg-Friedrich-Händel-Straße 119-11a
Geranienstraße 119-2a
Gewerbegebiet „Erlenhof" 119-10d
Ginsterstraße 119-2d
Gladiolenweg 119-2a
Goethestraße 119-10c

Haldenstraße 119-5d
Hanfäckerweg 119-5d
Hasenweg 135-5a
Hauffstraße 135-1b
Hauptmannstraße 135-1a
Haydngasse 119-8d
Hebbelstraße (2) 135-1a
Heinestraße 135-1b
Heinkelstraße 119-10d
Herbststraße 119-11d
Herderweg 135-1a
Hessestraße (1) 135-1a
Heußstraße 135-1b
Heutalweg (4) 119-6c
Hindemithstraße 119-8b
Hirschstraße 135-5a
Hochbergstraße 119-11d
Hölderlinstraße 135-1a
Hößlinswart 135-2d
Hofwiesenstraße 119-6c
Hohensteinstraße 119-12b
Holzwiesenstraße (2) 119-6c
Hornbergstraße 119-12b
Hornungstraße 119-11d
Hortensien-Straße 119-2a
Hubertstraße 119-11b
Hugo-Wolf-Straße 119-9c

Igelweg 135-5b
Iltisstraße (2) 135-5a
Im Gaiern 119-5d
Im oberen Brühl 119-6c
Im Öderich 119-5d
Inselweg 119-5d

Jasminstraße 119-2c
Johann-Sebastian-Bach-Straße 119-8b
Josef-Haas-Weg 119-8d

Kaninchenstraße (4) 135-5a
Karlstraße 119-11a
Katharinenstraße (1) 119-11c
Kelterstraße 119-5b
Kernerweg 119-10c
Kiefernstraße 119-11c
Kieselhof 119-6b
Kieselhofweg 119-6c
Königsbronnsträßchen 119-6a
Kottweil 119-11d
Kreutzerstraße 119-8d

Lämmlestraße 119-10a
Lärchenweg 135-2a
Lagerlöfstraße 119-10c
Langestraße 119-5d
Lannerstraße 119-8d
Lavendelweg (1) 119-2c
Leharstraße 119-8c
Lehnenberg 119-10a
Lenauweg 119-10c
Lenzweg 119-11d
Lessingstraße 119-10a
Lichtensteinstraße 119-12b
Lilienstraße 119-2c
Linckestraße 119-8d
Lindenstraße 135-1b
Lindgrenweg 119-10c
Linsenhof 119-5a
Linsenhofstraße 119-5d
Lisztstraße 119-8d
Lönsweg 119-10c
Lortzingweg (7) 119-8d
Lotharstraße 119-11b
Luchsweg (3) 135-5a
Ludwigstraße 119-11b
Luisenstraße 119-11c
Lupinenweg 119-2c

Märzenweg 119-11d
Mahlerstraße 119-9c
Maienstraße 119-11d
Malvenweg (4) 119-2b
Marderstraße 135-5b
Marienstraße 119-11c
Mendelssohnstraße 119-9c
Millöckerstraße 119-8d
Mimosenweg (3) 119-2d
Mörikeweg 119-10d
Mohnweg 119-2c
Mozartstraße 119-8d
Murmelstraße (1) 135-2d

Narzissenstraße 119-2a
Naumannstraße (10) 119-8b
Nelkenstraße 119-2c
Neuffenstraße 119-12b

Ob dem Hof 119-10c
Oberweiler 119-7d
Ödernhardt 119-11b
Öschelbronn 119-2d
Offenbachweg 119-8d
Oleanderstraße 119-2a
Olgastraße 119-11c
Oppelsbohm 119-8d
Orffstraße 119-8b
Otterstraße 135-5a

Paul-Haegele-Weg (5) 119-8d
Paulinenstraße 119-11c
Primelstraße 119-2c

Querspange West 136-7d

Rechbergstraße 119-12b
Regerstraße 119-8b
Rehstraße 135-5b
Reichenbach 135-1a
Rettersburg 119-6c
Rohrwiesenweg 119-5d
Rolandstraße 119-11b
Rosensteinstraße 119-12b
Rosenstraße 119-2c

Salamanderstraße 135-5a
Scheffelstraße 119-10c
Schillerstraße 119-10c
Schneidersbergstraße 119-12b
Schubertweg 119-8d
Schützgasse 119-8d
Schumannweg 119-8b
Silberpappelstraße 119-10d
Silcherstraße 119-8b
Sommerrain 119-11d
Spechtshof 119-10c
Staufenweg 119-12d
Steinach 135-2a
Steinäckerstraße (3) 119-6c
Stöckenhof 119-2a
Stolzstraße (8) 119-8d
Straußweg (6) 119-8d
Stuifenweg 119-12b

Tannenstraße 119-11c
Teckstraße 119-12b
Tulpenstraße 119-2c

Uhlandweg 119-10c
Ulmenweg 135-1b
Ulrichstraße 119-11b

Veilchenweg 119-2c
Verdistraße 119-8d
Vivaldistraße (9) 119-8b
Volkhardtsmühle 119-11a

Wagnergasse (3) 119-8d
Waldstraße 135-2a
Webergäßle (2) 119-8d
Weberstraße (1) 119-8d
Wegscheide 119-5d
Weidenweg 135-1b
Widderstraße 135-5a
Wieselstraße 135-5b
Wilhelmstraße 119-11b
Winterhalde 119-11d
Wolfstraße 135-2d

Zeisigstraße 119-8c
Zellerstraße 119-8d
Zollernstraße 119-12b
Zwölfbeetweg 119-5d

Besigheim
PLZ 74354

Adlerstraße 76-9d
Ahornweg 82-1d
Albert-Schweitzer-Straße 82-1a
Alpengarten 82-1c
Alperturmstraße (4) 75-12d
Amselweg 75-12d
Amtsgerichtsgasse (6) 75-12d
An der Rutsche (13) 81-3a
Anne-Frank-Straße 82-1b
Auf dem Kies 75-12d
Auf der Mauer (9) 81-3b
Aussiedlerhof Lindenhof 77-7a
Aystraße 82-1d

Bacchusweg (26) 81-3c
Bahnhofstraße 81-3a
Bataszekstraße 82-1b
Baumgartenweg 77-7c
Beilsteiner Straße (1) 77-7a
Beim Wasserturm (6) 82-1d
Beim Wurmberg 76-10c
Bergstraße 76-9d
Besigheimer Straße 76-9d
Bietigheimer Straße 81-3b
Birkenweg 82-1c
Bodelschwinghstraße (11) 82-1b
Bollbaumstraße 82-1a
Bonhoefferstraße (10) 82-1b
Bopserweg 81-2b
Brachberghaus 81-6a
Brückenweg 76-10c
Buchenweg 82-1c
Bügelestorstraße (8) 81-3b
Bühl (1) 75-12d
Bühlgartenweg 76-9d

Bülzenstraße 82-1a
Burgackerstraße 75-12d
Burgunderweg (20) 81-2b

Carl-Benz-Straße 77-10a
Carl-Zeiss-Straße 77-10a
Champagnerweg (21) 81-2d
Chausseebergstraße 81-3c
Christofstraße 82-1a
Christop-Schrempf-Straße 82-1a

Dachsweg 76-9d
Drosselweg 75-12d

Eberhard-Frohnmayer-Straße 81-2b
Eberhardstraße 82-1a
Eichenweg 82-1c
Elisabethenweg (27) 81-3a
Elser Ring 82-1b
Entengasse 75-12d
Enzblick 81-3b
Enzweg 75-12c
Erlenweg 82-1c
Eugenstraße (16) 81-3b

Fasanenweg (4) 76-9d
Ferdinand-Porsche-Straße 77-7c
Fichtenweg 82-1d
Finkenweg 75-12d
Flurweg 81-3c
Forchenweg 82-1d
Freudentaler Straße 81-3a
Friedhofweg 82-1c
Friedrich-Breining-Straße 82-1a
Friedrich-Kollmar-Straße 75-12d
Friedrich-Schelling-Weg 82-1d
Friedrichstraße 81-3b
Froschbergstraße 81-3a

Gartenstraße 76-9d
Gemmrigheimer Straße 76-10c
Gewerbegebiet „Ottmarsheimer Höhe" 77-7c
Goethestraße 76-9b
Gottfried-Daimler-Straße 75-12d
Gottlob-Müller-Straße 81-3b
Grabenstraße 76-9b
Großbottwarer Straße 77-7c
Gustav-Siegle-Straße 81-3a
Gutedelweg (22) 81-2d
Gutenbergstraße (14) 81-3b

Häldenstraße 76-9b
Hartweg 82-1c
Hauptstraße 75-12d
Heckenweg 82-1a
Heinrichstraße (17) 82-1a
Helenenweg 81-3a
Helfensteinweg (18) 81-2b
Hermannstraße 82-1a
Hessigheimer Straße 75-12d
Hölderlinstraße 76-9b
Hofrat-Lang-Straße 75-12d
Husarenhof 82-4b

Ilsfelder Straße 76-9d
Iltisweg (3) 76-9d
Im Kleinen Steinbach 81-3a
Im Neusatz 76-10c
Im Schimmelfeld 82-1a
Ingersheimer Straße 82-1a

Jahnstraße 76-10c
Jakobstraße 75-12c
Jean-Collery-Straße 81-2b
Johannes-Keppler-Straße 77-7c

Karlstraße 81-3b
Keitländerstraße 77-7c
Kernerweg 81-3c
Kirchberg 76-9d
Kirchstraße 75-12d
Kirschhaldenweg 81-3a
Kolbestraße (8) 82-1b
Kreuzäckerstraße 76-9d
Kreuzbergweg 82-1a
Kronenstraße 75-12d

Lembergerweg (19) 81-2b
Liebensteiner Straße 76-9b
Lindenweg 82-1d
Löchgauer Steige 81-3a
Löchgauer Straße 81-2b
Luisenstraße 81-3a
Lutzstraße 81-3b

Magdalenenweg 81-3c
Marbacher Straße (4) 77-7a
Marderweg (2) 76-9d
Maria-Nachtigall-Weg (14) 82-1b
Marienstraße 81-3a
Marie-Villinger-Straße (13) 82-1b
Marktplatz (5) 75-12d
Martinstraße 82-1a
Mattesstraße 81-3b
Max-Eyth-Straße 77-7c
Meisenweg 75-12d
Mühlgasse 81-3b
Müller-Thurgau-Weg (25) 81-3c
Mundelsheimer Weg (6) 77-7c
Muskatellerweg (23) 81-3c

Neckarblick 82-1c
Neckarstraße 76-10c
Newton-Abbot-Straße 81-2d
Nußrain 82-1a

Ob der Schwalbenhalde 81-3a
Oberamteiggasse 75-12d
Oberstenfelder Straße (2) 77-7a
Ochsengraben (12) 81-3b
Olgastraße 81-3b
Oststraße 82-1a
Ottmarsheim 76-9b
Ottmarsheimer Straße 76-10c
Otto-Hahn-Straße 77-7c
Otto-Konz-Weg 75-12d

Panoramaweg 81-3a
Paradiesweg 81-3a
Paulinenstraße 81-3b
Pfaffenweg 76-9d
Pfarrgasse (11) 81-3b
Portugieserweg 81-2d

Richard-Duschek-Straße 82-1a
Riedstraße 81-3b
Riedwiesen 81-3d
Rieslingweg 81-3c
Robert-Bosch-Straße 75-12d
Rosenstraße 76-9b
Rossertweg 81-3a
Rudolf-Diesel-Straße 77-7c
Ruländerweg 81-3c

Sachsenheimer Steige 81-2b
Sachsenheimer Weg 81-3a
Schäuberstraße 81-2d
Schillerstraße 76-9b
Schimmelfeldstraße 82-1a
Schleusenweg 76-10c
Schloßgasse (7) 75-12d
Schönleberstraße 82-1a
Schulbrunnengasse (10) 81-3b
Schulstraße (1) 76-9d
Schulweg 81-3b
Schwalbenhälde 81-3c
Seitenstraße 82-1a
Silvarenweg 81-3c
Sophie-Scholl-Weg (15) 82-1b
Spindelberg 81-3c
Sprollweg 81-3c
Stadtschreibereigasse (3) 75-12d
Starenweg 75-12d
Steinbachstraße 81-3a
Steinheimer Sraße (3) 77-7a
Steinheimer Straße 77-7c

Talweg 76-10c
Traminerweg (24) 81-3c
Traubenstraße 81-2d
Trollingerweg 81-2b
Türkengasse (2) 75-12d
Tulpenweg 76-9b
Turmstraße 81-3b

Uhlandstraße 76-9b
Ulmenweg 82-1d
Ulrichstraße 82-1a
Urbanstraße 81-3a

Vorstadt 75-12d

Weinstraße 81-3a
Wichernstraße (12) 82-1b
Wilhelmstraße (15) 81-3b
Winzerhäuser Straße 77-7c
Winzerhäus Straße (5) 77-7c
Wörthstraße 75-12d

Zehenderstraße (9) 82-1b
Zeppelinstraße 75-12d

Betzweiler-Wälde
PLZ 72291

Allmandstraße 312-4d
Alpirsbacher Straße 312-4c
Alte Hauptstraße 294-10a
Alte Steige 312-4b
Am Hummelgarten 294-10c

Betzweiler 312-5a
Bohlhof 312-1c
Bohlstraße 312-1b
Breitenau 312-1b
Breitenwiesweg 294-10a
Buchenstraße 312-4d

Dorfstraße 312-4d
Dornhaner Straße 312-5a

Einfirstweg 294-10c
Ellhalde 312-1a
Eschenweg 312-4c

Grubstraße 312-4d
Gundelshauser Steige 312-1b
Gundelshauser Straße 312-1d

Hagenbrunnenstraße 312-4b
Haldenstraße 312-2a
Hallwanger Weg 312-4b
Hauptstraße (Breitenau) 312-1d
Hegisstraße 312-4a
Hilbstraße 312-4b
Höhenstraße 312-4a
Hummelbühlstraße 312-4c

Im gelben Grund 312-4d
Im Gräble 294-10d
Im unteren Tal (1) 312-4b

Kapfstraße 312-4b
Kilbergstraße 312-2a
Kirchweg 312-1b

Lange Gasse 312-4d
Leinbach 294-10a
Leinbachstraße 294-10a
Lindenweg 312-4b
Loßburger Straße 312-1d

Obere Dornhaner Straße 312-5a
Oberwiesachstraße 312-4c

Roßbach 312-1a
Roßbachstraße 312-1a
Roter Weg 294-10a
Rotwaldstraße 294-10c

Sägeweg 294-10d
Säghalde 294-10d
Säghaldenweg 294-10d
Salzenweiler Weg 312-1b
Schultheiß-Jäckle-Straße 312-4c
Schulweg 294-10d
Sommerhaldenstraße 312-1d
Sonnenhaldenstraße 294-10c
Speicher-Acker-Straße 312-5c
Steinhausstraße 294-10d

Untere Hegisstraße 312-4b

Wälde 294-10c
Wiesach 312-4c
Wiesenrain 294-10d

Beuren (Kr. Esslingen)
PLZ 72660

Alte Steige 254-5b
Am Kuchelbach 254-5b
Amselweg 254-5b
Am Thermalbad 254-5a
An der Raise 254-5b
Andreas-Doster-Straße (8) 254-5b
Auf Loiren 254-2c

Bachstraße 254-2c
Backhausweg 254-4d
Badstraße 254-5a
Balzhofer Straße 254-5a
Balzholz 254-4b
Beethovenstraße 254-5a
Bergstraße 254-5a
Beuren 254-2d
Beurener Straße 254-4b
Blauer-Rank-Weg 254-6c
Bleichenweg 254-5d
Brückleswiesen 254-5a
Brühlstraße 254-5b
Brunnengasse (1) 254-4b

Dinkelweg 254-4b
Dorfstraße 254-5b
Drosselweg 254-5d

Ehmeräcker 254-4d

Friedensweg 254-5a

Gartenstraße 254-5b
Goethestraße 254-5a

Härtenbühlstraße 254-5a
Hagenäckerstraße (8) 254-5b
Hagnachstraße 254-5b
Hauffstraße 254-5a
Hauptstraße 254-5b
Heiratsäcker 254-4b
Höhenweg 254-4d
Hohenneuffenstraße 254-5d
Hohler Weg 254-5b

Jahnstraße 254-5a
Johannesstraße (3) 254-5b
Judengässle (7) 254-5b

Karlstraße 254-5b
Karpatenstraße 254-5a
Kelterplatz (4) 254-5b
Kelterstraße 254-5b
Kornblumenweg (2) 254-5a

Lettenwäldle 254-1d
Linsenhofer Straße 254-5a
Löwenstraße 254-5b

Metzinger Straße 254-4d
Milchstraße 254-4a
Morglachstraße 254-1d
Mühläckerstraße 254-5b

Neuffener Straße 254-5a
Neufferackerstraße 254-5b

Oberweiler Straße 254-4b
Owener Straße 254-5b

Panoramaweg 254-5a
Philosophenweg 254-9a

Rathausstraße 254-5b
Rosenstraße 254-5a

Schillerstraße (9) 254-5b
Schlesierstraße (5) 254-5a
Schloßgasse 254-4d
Schmale Straße 254-5b
Schulstraße 254-5a
Schulweg 254-4d
Seeweg 254-4b
Silcherstraße 254-5b
Sonnenhof 230-8c
Steinäcker 254-5a
Steinerne Furche 254-5a
Stocknachstraße 254-5a
Sudetenstraße 254-5a

Tiefenbachstraße 254-2c

Uhlandstraße (6) 254-5a

Viehweide 255-3b

Weiler Steige 254-6a
Weinbergweg 254-5b
Wiesensteigle 254-5a

Zeiläckerweg 254-5a

Bietigheim-Bissingen
PLZ 74321

Aberlin-Jörg-Straße (14) 81-8d
Adalbert-Stifter-Straße 97-1b
Adolf-Heim-Straße 97-2d
Adolph-von-Menzel-Straße 81-8c
Ahlesbrunnenweg 81-8c
Ahornweg 97-1a
Akazienweg 97-1a
Albert-Eber-Straße 81-12c
Albert-Einstein-Platz (23) 81-11b
Albert-Schweitzer-Straße 81-7d
Albrecht-Dürer-Straße (8) 97-2a
Alexander-Fleming-Straße 81-11a
Alleenstraße 97-2a
Allensteiner Straße 98-1c
Altenbachweg (6) 81-10b
Am Bürgergarten 81-12a
Am Dürren Berg 81-9c
Am Japangarten 81-11b
Am Kübelesbrunnen (5) 81-7d
Am Leuchselrain 97-2a
Amselweg 81-9d
Am Türmle 96-3a
Antonia-Visconti-Straße 81-8d
Arnold-Jäger-Straße 97-2a
Asperger Straße 97-3b
August-Bebel-Straße 81-12b
Austraße 81-12c
Auwiesenbrücke 81-11b

Baccusweg (7) 96-3a
Backhausstraße (3) 97-1a
Bahnhofsplatz 81-12c
Bahnhofstraße 97-1b
Banatstraße 98-1a
Beethovenstraße 81-7c
Bei der Kelter (7) 81-11b
Beihinger Straße 81-12d
Bergstraße 81-9c
Bergweg 81-9a
Berliner Straße 97-3b
Berta-Semler-Straße 82-9c
Bertolt-Brecht-Straße 81-11b
Besigheimer Straße 81-9c
Bietigheim 81-12b
Bietigheimer Straße 81-10b
Bietweg 81-8c
Birkenhof 81-7c
Birkenweg 97-1a
Bismarckstraße 81-12a
Bissingen 97-1c
Bissinger Straße 96-3b
Blumenstraße 97-1a
Bolzstraße 81-12a
Brahmsstraße 81-7c
Brandholzstraße 81-12d
Brenzweg (11) 97-2b
Breslauer Straße 97-3d
Bromberger Straße 98-1a
Brucknerstraße 97-2a
Brückenstraße 81-10c
Brunnenstraße 97-2b
Buchenweg 97-1a
Burgunderweg (2) 96-3a

Camberleystraße 97-3d
Carionstraße 81-8d
Carl-Benz-Straße 97-5b
Carl-Spitzweg-Straße 81-8c
Charlottenstraße 81-12c
Christophstraße 81-8d
Comeniusstraße 81-7d
Conrad-Röntgen-Straße (24) 81-11c
Conrad-Rotenburger-Straße 81-8d

Daimlerstraße 97-2b
Dammstraße 81-12a
Danziger Straße 98-1a
Dianastraße 98-1a
Dietrich-Bonhoeffer-Straße 82-8d
Dornfelderweg (6) 96-3a
Dresdner Straße 97-3b
Drosselweg 81-9c

Eberhardstraße 81-11b
Eckenerstraße 97-2b
Edmund-Mansbart-Straße 81-8d
Egerstraße 98-1a
Eibenweg 97-1c
Eichenweg 97-1c
Eichhornweg 81-9d
Eisenbahnstraße 81-12b
Eisvogelstraße 81-9d
Elfriede-Aulhorn-Straße 81-11c
Ellentalstraße 81-11b
Elsternweg 81-9d
Emil-Klumpp-Straße 81-8d
Emil-Unkauf-Straße 81-8c
Emmy-Noether-Straße (25) 81-11c
Entenäcker 97-1a
Enzstraße 96-3b
Erfurter Straße 97-3b
Erlenweg 97-1a
Ernst-Essich-Weg 81-8c
Ernst-Heinkel-Straße (9) 97-2b
Ernst-Silcher-Platz 97-1b
Ernst-Wiechert-Straße 97-1b
Erwin-Bälz-Straße 81-8d
Eschenweg 97-1b
Essigbergweg 81-11a
Etzelstraße 97-3a

Falkenweg 81-9d
Farbstraße 81-11b
Favoritestraße 98-1a
Felsenkellerweg 81-12a
Feuergasse (9) 81-11b
Fichtestraße 97-2b
Finkenweg 81-12b
Fischerpfad 81-11d
Flattichstraße 81-7d
Fliederweg 97-3b
Flößerstraße 96-3b
Florian-Geyer-Straße 81-8d
Fontanestraße (13) 97-2b
Forchenweg 97-1b
Forsthausstraße 81-11b
Forststraße 81-12a
Fräuleinstraße (11) 81-11b
Frankfurter Straße 97-3b
Frauenstraße 97-1a
Freda-Wüsthoff-Straße 81-11c
Freiberger Straße 81-12d
Freudentaler Straße 81-7c
Fribolinstraße 81-8d
Friedhofweg 81-7d
Friedrich-Ebert-Straße 81-12b
Friedrich-Grimm-Straße 81-8c
Friedrich-Naumann-Straße 81-12b
Friedrich-Silcher-Straße 97-2b
Friedrichstraße 97-1b
Frimleystraße 97-3d
Fritz-Schofer-Straße 81-12b
Fröbelstraße 81-7d
Furchgasse 97-1b

Gänsfußweg 81-8d
Gansäcker 97-3d
Gartenstraße 97-3b
Geisinger Straße 81-12a
Gerhart-Hauptmann Straße (6) 97-1b
Gerokstraße 97-1b
Gewerbegebiet Büttenwiesen 82-10a
Gewerbegebiet Laiern I 97-3a
Gewerbegebiet Laiern II 97-2d
Gewerbegebiet Laiern III 97-2d
Gewerbegebiet-Seewiesen 81-12d
Goerdelerstraße 81-12b
Goethestraße 81-11b
Gottlob-Grotz-Straße 97-1b
Grabenstraße (2) 81-11b
Gröninger Weg 97-3b
Großingersheimer Straße 81-12a
Großsachsenheimer Straße 96-3a
Grotztunnel 97-1d
Grünwiesenstraße 81-12a
Gustav-Mahler-Straße 97-1a
Gustav-Rau-Straße 81-12d
Gustav-Schönleber-Straße 81-8c
Gustav-Werner-Straße 81-7d

Hägenau 81-9b
Hans-Sachs-Straße 97-1b
Hans-Stangenberger-Straße 81-12c
Hans-Thoma-Weg 81-8c
Hans-Voelter-Weg (15) 81-8d
Haselweg 97-1c
Haslacher Weg 81-7c
Hauffstraße 97-2b
Hauptallee 97-2c
Hauptstraße 81-11b
Haydnstraße 81-7d
Heilbronner Straße 81-9c
Heilnerstraße 81-12c
Heinrich-Heine-Straße 81-11b
Helenenburgweg 81-8c
Herbststraße (17) 81-9c
Hermann-Blum-Straße 81-8c
Hermann-Hesse-Straße 97-1b
Hermann-Roemer-Straße (13) 81-8d
Hermann-Rombach-Straße 81-8d
Hermann-Vischer-Straße 81-9b
Heuchelbergstraße 81-11a
Heutingsheimer Straße 81-12d
Hexenwegle (27) 81-11b
Hillerplatz 81-11b
Hillerstraße 81-11b
Hindenburgstraße 81-11a
Hinter der Kelter 81-7d
Hinter der Kirche 81-10b
Hintere Gasse 81-10b
Hintere Schloßstraße 96-3b
Hirschstraße 97-1a
Hirtenstraße 97-2a
Hölderlinstraße 81-11a
Höpfigheimer Straße 82-10a
Hohenecker Straße 81-12d
Holderweg 97-1d
Holzgartenstraße 81-12a
Holzweg 97-2c
Holzwiesenweg 82-10c
Hopfengärten 97-2c
Hornmoldstraße 81-12b

Iltisweg 81-9d
Im Aurain 81-12c
Im Bodenrain 81-10b
Im Bruchwald 97-2a
Im Erlengrund 97-4b
Im Feldle 82-10c
Im Friederikele 97-1d
Im Krautgarten 96-3a
Im Vogelsang 81-11a
Im Weilerlen 81-12d
In den 9 Morgen 97-2b
In den Freßäckern 97-2c
In den Zehn Morgen 81-11b
Industriestraße 97-3a

Jahnstraße 97-1a
Jakob-Bitzer-Straße 96-3a
Jakob-Lorber-Straße 81-11b
Japanischer Garten 81-11b
Johann-Sebastian-Bach-Straße 97-2a

Kästnerstraße 97-2d
Kammgarnspinnerei 81-9b
Kantstraße 97-1b
Karl-August-Maerz-Straße (26) 81-12c
Karl-Gärttner-Straße 81-8c
Karl-Mai-Allee 81-8d
Karl-Rommel-Straße 97-1a
Karlstraße 97-3a
Kastanienweg 97-1d
Kayhstraße 81-10d
Kelterstraße 97-1c
Keplerstraße 97-2b
Kernerstraße 97-2b
Kiefernweg (5) 97-1a
Kilianstraße 81-10c
Kirbachhofstraße (4) 81-7c
Kirchgärten (1) 81-10c
Kirchheimerstraße 81-12b
Kirchplatz (6) 81-11b
Kirchstraße 81-10c
Kleinsachsenheimer Straße 81-7c
Klosterhof (3) 81-7d
Königsberger Straße 97-3b
Kolpingstraße 81-7d
Kreuzstraße (4) 97-1a
Krokusweg 97-3b
Kronenbergstraße 81-12a
Kronenplatz 81-12a
Kührainweg 97-2c
Kurze Straße (16) 81-9c
Kusatsustraße 97-3d

Laiernstraße 97-3a
Langfurchweg 97-1c
Langlocher Weg 97-1c
Langwiesenweg 97-2a
Lehmgrubenweg 81-11b
Leintalstraße 97-1b
Lembergerweg (3) 96-3a
Lenbachweg 81-8c
Lerchenweg 81-9d
Lessingstraße 97-2b
Lettengrube 81-8b
Liese-Sauter-Straße (19) 81-8c
Lindenstraße 97-1a
Lise-Meitner-Straße 81-11b
Löchgauer Straße 81-8d
Lorenzenweg 81-12a
Louis-Leitz-Straße (28) 82-8d
Ludwig-Heyd-Straße (7) 97-2a
Ludwig-Richter-Weg 81-8c
Ludwigsburger Straße 97-1b
Lugstraße 81-8d
Lugweg 81-9a

Marbacher Weg 97-2a
Maria-Merian-Straße (26) 81-11c
Maria-Montessori-Platz (27) 81-11b
Marie-Curie-Straße 81-11d
Marienburger Straße 98-1a
Marktplatz 81-11b
Martin-Luther-Straße 97-2b
Masurenstraße 98-1a
Max-Born-Straße 81-11c
Max-Delbrück-Straße 81-11a
Max-Eyth-Straße 97-2a
Max-Liebermann-Straße 81-8c
Max-Planck-Straße (22) 81-11d
Maybachstraße 97-2b
Meierhofstraße (2) 81-10c
Meisenweg 81-9d
Melanchthonstraße (12) 97-2b
Memelstraße 97-3b
Mergenthaler Straße 81-8c
Metterstraße 81-11b
Metterzimmerer Straße 81-11b
Metterzimmern 81-7d
Mezgerstraße (21) 81-11b
Mörikestraße 97-2b
Moltkestraße 81-12a
Monreposstraße 98-1a
Mozartstraße 81-7c
Mühläcker 81-11b
Mühlsteige 81-10a
Mühlweg 81-10d
Mühlwiesenbrücke 81-9c
Mühlwiesenstraße 81-12a
Mundelsheimer Straße 82-10c
Muskatellerweg (8) 96-3a

Nairnstraße 81-12c
Neue Straße (4) 81-8d
Neuweilerstraße (3) 81-8d
Neuwengert 97-1d
Nonnenhofstraße 81-10b

Obere Brühlstraße 81-11b
Oberer Kallmatenweg (11) 97-1c
Obere Torstraße 81-11a
Olgastraße 81-12c
Otto-Hahn-Straße 81-11c
Otto-Konz-Straße 97-3a

Panoramastraße 97-2a
Pappelweg (7) 97-1b
Parkäckerstraße 98-1a
Paul-Bühler-Straße (1) 81-11b
Paul-Ehrlich-Straße 81-11c
Paul-Gerhardt-Straße 97-2b
Paul-Heidelbauer-Straße (18) 81-8d
Pestalozzistraße 81-7d
Pfarrstraße 81-11b
Pforzheimer Straße 81-11b
Platanenweg 97-1a
Pleidelsheimer Straße 82-10a
Portugieserweg (5) 96-3a
Posener Straße 98-1c
Poststräßle 81-12d
Primelweg 97-3b
Prinz-Eugen-Straße 81-12c

Quellenweg 97-2a
Querallee 97-2d

Rathausstraße (1) 81-7d
Rathenaustraße 81-12a
Rechentshofener Straße 81-7c
Reichenberger Straße 98-1a
Reiherweg 81-9d
Remmingerstraße 97-1a
Ricarda-Huch-Straße 81-11a
Riedstraße 81-12a
Rieslingweg 96-3a
Rilkestraße 97-2b
Ringstraße 81-12a
Römerweg 97-1b
Rötestraße 82-10c
Rohräckerstraße 81-12d
Rommelmühle 81-10c
Rosenstraße 97-2d
Rüsterweg 97-1c
Ruländerweg 96-3a

Sägmühle 96-3d
Sägmühlenweg 96-3b
Samtrotweg (9) 96-3a
Sanddornweg 97-1b
Sandgrubenweg 81-12a
Sandweg 81-12a
St.-Peter-Weg 81-11a

Schafhof (2) 81-7d
Schellenhof 96-6b
Schieringerbrunnenstraße (10) 81-11b
Schieringerstraße 81-11b
Schillerplatz 81-12a
Schillerstraße 97-1b
Schlehenweg 97-1d
Schleifmühle 97-2c
Schleifmühlenweg 97-2a
Schlesierstraße 98-1a
Schmidbleicherstraße 81-8d
Schoellerstraße 81-12c
Schubartstraße 97-1b
Schumannstraße (15) 98-2d
Schwätzgässle (5) 81-11b
Schwalbenweg 81-9d
Schwarzwaldstraße 81-11c
Seewiesenstraße 81-12d
Setzinger Weg 81-7d
Siebenbürgenstraße 98-1a
Siedlung Sand 81-9c
Silvanerweg 96-3a
Solitudestraße 98-1a
Sonnenhalde 81-11a
Sophie-Scholl-Straße (27) 82-9c
Spatzenäckerweg 81-8d
Sprangerstraße 81-7d
Starenweg 81-9d
Stauffenbergstraße 81-12b
Steigerturmplatz 81-12a
Steigstraße 97-2a
Steinheimer Straße 82-10a
Streifelbachstraße 81-12a
Stresemannstraße 81-12b
Streußeläckerweg 81-12a
Strombergstraße 81-8c
Stuttgarter Straße 81-12a
Sucystraße 98-1c
Sudetenstraße 97-3b
Südstraße 97-1c
Szekszárdstraße 97-3d

Talstraße 81-9c
Talweg 81-10a
Tammer Straße 97-1b
Tammer Weg 97-1d
Tannenbergstraße 98-1c
Tannenweg 97-1d
Taubenweg 81-12b
Teichäckerweg (1) 96-3a
Thomas-Mann-Straße 81-11b
Tilsiter Straße 97-3b
Totemweg 81-11a
Traminerweg 96-3a
Trollingerweg 96-3a
Troppauer Straße 97-3d
Tulpenweg 97-3b
Turmstraße 81-8c

Uhlandplatz 81-12a
Uhlandstraße 81-12a
Ulmenweg 97-1a
Ulrichstraße 81-12a
Unterer Kallmatenweg (10) 96-3d
Unteres Tor 81-12a
Untermberg 96-2d
Unterriexinger Straße 96-3c
Urbanstaffel 81-9c

Veilchenweg 81-12d
Vöhbergstaffel 96-3b
Vogelsangstraße 97-2a
Vordere Schloßstraße (4) 96-3b

Wachtelweg 81-12b
Waldstraße 97-2a
Walheimer Straße (1) 81-12b
Wannenstraße 97-1b
Weidenweg 81-12d
Weimarer Weg (1) 97-3b
Weingartenweg 81-8d
Weinstraße (8) 81-11b
Weißenhofweg 81-7c
Westendstraße 97-1a
Wieselweg 81-9d
Wilhelm-Leibl-Straße 81-8c
Wilhelmshof 98-4a
Wilhelmshofstraße 98-1c
Wilhelmstraße 81-12c
Winzerweg 96-3a
Wobachstaffel 81-12c
Wobachstraße 81-12c
Wörthbrücke 81-10d
Wörthstraße 97-1b
Wohngebiet Buch 97-3b
Wolf-Hirth-Straße (10) 97-2b
Wolfsweg 81-9c

Zedernweg 97-1c
Zeppelinstraße 97-2b
Ziegelbergstraße 97-2a
Ziegelstraße (12) 81-12a
Zuckmantler Weg 98-1c
Zwingerstraße 81-11b

Birenbach
PLZ 73102

Am Eichhölzle 163-10a
Am Geißberg 162-12b

Bahnhofstraße 162-12b
Barbarossaweg (1) 162-12b
Bergstraße 163-10a
Bernhardusweg (4) 162-12b
Blumenstraße 162-12b
Bremenhof 163-7c
Brückenstraße 162-12b
Buchhalde 162-12b
Bürenweg (3) 162-12b

Fichtenweg 163-10a
Finkenweg 163-10a
Friedhofstraße 162-12b
Frühlingsstraße 162-12b

Gartenstraße 162-12b

Hauptstraße 163-10a
Hochwiesenweg 163-10a

Karl-Frey-Weg 162-12b
Kichlesfeld 163-10a
Kirchstraße 163-10a
Krettenhofweg 163-10a

Lerchenweg 163-10a
Lindenhof 163-7c
Lorcher Straße 162-12d

Marienweg 163-10a
Michelbuch 162-12b

Panoramaweg 162-12b

Rosenstraße 162-12b

Schillerstraße 162-12b
Schützenhof 163-7d
Schurwaldweg 162-12b
Sonnenhalde 162-12b
Stauferstraße 162-12b

Tobelweg 163-10a
Turnhallenweg 163-10c

Uhlandstraße (2) 162-12b

Zeller Straße 162-12b

Birkenfeld (Kr. Enzkreis)
PLZ 75217

Adam-Opel-Straße 105-4b
Ahornstraße 104-9b
Akazienstraße (13) 104-9b
Alemannenstraße 104-8a
Alte Pforzheimer Straße 104-6b
Amselweg 104-6b
Am Turnplatz 104-6d
Arnbacher Straße 104-7a

Bachstraße 104-4c
Bärenstraße 104-4c
Bahnhofstraße 105-4c
Baumgartenstraße 105-7a
Beethovenstraße 104-4d
Bergstraße 105-4c
Bergwaldstraße (24) 104-9b
Berliner Straße 104-6b
Bernsteinstraße (10) 104-6d
Birkenstraße 104-9b
Breslauer Weg (7) 104-6b
Brucknerstraße 104-7b
Brühlweg 104-4d
Brunnenweg 104-4c
Buchenstraße 104-9b
Burghartstraße 104-4c
Burgweg 104-9b
Buttenhofweg 104-7a

Carl-Benz-Straße 105-4c
Carl-Zeiss-Straße 105-4a

Daimlerstraße 105-4d
Damaschkestraße 104-6b
Dantelaustraße 104-7a
Danziger Weg (6) 104-6b
Dieselstraße 105-4c
Dietlinger Straße 104-6b
Dornierstraße 105-4a
Dresdner Straße 104-6b
Drosselweg 104-6d

Eibenweg 104-9b
Eichenstraße 104-9b
Eisenacher Straße 104-6b
Ellmendinger Straße 104-4c
Endelbachstraße 104-7a
Enzstraße 105-4d
Erfurter Straße 104-6b
Erlachstraße 104-4d
Erlenstraße 104-9b
Eschenstraße 104-9b

Falkenstraße 104-6d
Feldbergstraße 104-6d
Fichtenstraße 104-9b
Finkenstraße 104-6b
Fleckenackerweg 104-6b
Fliederweg (21) 104-9b
Frankenstraße 104-8a
Friedenstraße 105-4c
Friedhofweg 105-7a

Gartenstraße 105-4c
Genossenschaftsstraße (11) 104-6d
Gewerbegebiet Nord 105-4a
Gewerbegebiet West 104-7a
Gewerbestraße 104-7a
Glockwiesenstraße 105-7b
Göhnerstraße 104-6d
Goethestraße 105-4c
Grabenäckerweg 104-4c
Grabenweg 104-5c
Gräfenhäuser Straße 104-6d
Grenzsägmühle 104-1a
Gründlestraße 104-9b
Grundstraße 104-8a
Gutenbergstraße 104-6d

Haldenweg 105-7a
Hauffstraße 105-4c
Hauptstraße 104-6d
Haydnstraße 104-7b
Heergasse 105-4c
Hegelstraße 105-7a
Heimig 105-4b
Heimigstraße 105-4b
Heinrich-Heine-Straße (2) 105-4d
Heinrich-Hertz-Straße 105-4c
Herrenalber Straße 104-6d

Hessestraße 105-7a
Heubuckelweg 105-4c
Hindenburgstraße 104-4c
Hochgericht 104-10a
Höhenstraße (12) 104-6d
Hölderlinstraße 105-7a
Hoheneichstraße 104-3d
Hohwiesenstraße 105-4d
Holunderstraße (14) 104-9b
Humboldtstraße 105-4b

Im Lämmle 104-4d
Im Reutbusch 104-8a
Im Weingärtle 104-7b
Industriestraße 105-4d

Jägersteig 105-4a
Jahnstraße 105-4c

Kantstraße 105-7a
Karl-Kircher-Straße 104-4c
Karlsruher Straße 104-4c
Karlstraße 105-4c
Kastanienstraße (15) 104-9b
Kelterstraße 104-4c
Keplerweg 105-4b
Kernerstraße 105-7a
Kesslerstraße 104-4d
Kettelsbachstraße 104-4d
Kiefernstraße 104-9b
Kiesweg (8) 104-6b
Kirchgartenstraße 105-4c
Kirchstraße 104-4c
Kirchweg 105-4c
Kirschenstraße 104-5c
Kleinhausstraße 104-6b
Kochweg 105-4b
Königsberger Weg (5) 104-6b
Krähenbaumstraße 105-4c
Kreuzstraße 104-6d

Lärchenstraße 104-9b
Langwiesenstraße (20) 105-4c
Leipziger Straße 104-6b
Lessingstraße 105-7a
Lindenstraße 104-9b

Magdeburger Straße 105-4a
Magnolienweg (22) 104-9b
Marktplatz 105-4c
Martin-Luther-Straße 104-6b
Maybachstraße (1) 105-4c
Merkurstraße 104-6d
Mittelbusch 104-6a
Mörikestraße 105-7a
Mozartstraße 104-4c
Mühlgasse 104-7a

Neue Gasse 104-5c
Neuenbürger Straße 104-7b
Neureutstraße 104-3d
Niebelsbacher Straße 104-4c

Obernhäuser Straße 104-4d
Obernhausen 104-5c

Panoramastraße 105-4b
Pappelstraße 104-9b
Pfarrgasse 104-4c
Planckstraße 105-7a
Platanenstraße (16) 104-9b
Porschestraße 105-4a
Potsdamer Straße 104-6b

Raiffeisenstraße 105-4c
Rainstraße 105-4c
Rathausgasse 105-7a
Rathausplatz 104-4d
Reblandweg 104-4d
Regelbaumstraße 88-12b
Reutweg 105-4d
Richard-Wagner-Straße 105-4c
Rieslingweg 104-4a
Robert-Bosch-Straße 105-4d
Römerweg 104-7b
Roter Pfützenweg 104-9b

Saarstraße 105-4d
Sachsenstraße 104-8a
Sandweg 104-6d
Scheffelstraße (4) 104-4d
Schenkweg 105-4d
Schillerstraße 105-4c
Schlehenweg (23) 104-9b
Schmiedgasse 105-7a
Schönblickweg 104-6b
Schubertweg (3) 104-4d
Schulstraße 104-4d
Schwabstraße 105-7a
Schwarzwaldstraße 105-7a
Schweitzerweg 105-4b
Siemensstraße 105-4c
Silcherstraße 105-4c
Sixtstraße 104-4d
Sonnenstraße 104-5c
Spechtweg 104-6a
Speierlingstraße 104-9b
Stadionstraße 104-6c
Steinengasse 104-4c
Stettiner Weg (4) 104-6b
Swebenstraße 104-8a

Tannenstraße 104-9b
Teichweg 104-6b
Tilsiter Weg (3) 104-6b
Turmgasse (1) 104-4c

Uhlandstraße 105-4d
Ulmenstraße 104-9b

Von-Drais-Straße 105-4b

Wacholderstraße 104-9b
Weichselweg (2) 104-6b
Weidenstraße (17) 104-9b
Weinbergstraße 104-4d
Wendensteinstraße (9) 104-6d

Wildbader Straße 105-7b
Winzerstraße 104-4c

Zaungässle (19) 105-4c
Zedernstraße (18) 104-9b
Zeisigweg 104-6b
Zeppelinstraße 105-7a
Ziegelwasen 104-6d
Zimmerweg 104-4c
Zittauer Weg (1) 104-6b
Zum Aussiedlerhof Sauter 104-4a

Bisingen
PLZ 72406

Albstraße 336-4a
Allensteiner Straße (1) 336-4b
Altenweg 335-6b
Am Borrenbach 335-6d
Am Brunnen 335-6b
Am Ettenbund (4) 336-4b
Am Hölzle 335-6b
Am Hungerbol 335-6b
Am Käpfle 335-6d
Amselweg 335-3d
Am Wendelrain 335-6b
Am Zollbahnhof 320-11c
Am Zollerberg 336-2a
An der Bismarckhöhe 336-2a
An der Riesen 336-2a
An der Seite 336-4d
Angelstraße 335-6d
Asterstraße 335-3d
Auf der Halde 335-6b
Auf der Riesen 320-11c

Bachstraße 335-6a
Bahnhofstraße 335-6b
Balinger Straße 335-6a
Banater Weg 336-4c
Baumgartenweg 335-6d
Beethovenweg 335-3d
Bergstraße 335-5b
Birkenweg 320-10d
Bisinger Berg 335-2b
Blasenbergweg 336-4a
Brandenburger Straße 336-4a
Breitenwasen 335-3d
Breitenweg 336-4c
Breslauer Straße 336-4a
Brühlstraße 335-6a
Brunnenstraße 336-2a
Buckenacker 336-4d
Buckengärtle 336-4d
Bugen 336-4a
Burglesrain 336-2b
Burgstraße 336-2c

Christgartenweg (3) 335-6b
Conrad-Röntgen-Straße 335-3a

Dahlienstraße 335-3d
Danziger Straße 336-4b
Dorfstraße 320-10c
Dresdener Straße 336-4a
Drosselweg 335-3d

Ebersbergstraße 336-7b
Eichbrunnenweg 335-6b
Eichgasse 335-6b
Elbinger Straße 336-4c
Enzenberg 336-4b
Enzianhang 335-6b
Erikaweg 336-4a

Finkenweg 335-3d
Fliederstraße 335-3d
Floriansweg 335-6b
Franzfelder Straße 336-4c
Freesienstraße 336-1c
Friedhofweg 335-6d
Fröbelstraße 335-6b
Frongrabenweg 335-6d

Gallusgarten 336-1b
Gartenstraße 335-6d
Geflügelhof Fecker 335-5a
Geisenbachstraße 335-6b
Georgswalder Weg 335-3d
Geranienstraße 335-3d
Gewerbegebiet Bisingen Nord 335-3a
Gewerbegebiet Hinter Stöck 335-3d
Goethestraße 336-4a
Grenzbachweg (1) 336-7b
Grünwinkel 335-5b
Gutenbergstraße 336-4c

Härlesstraße 336-4d
Haldenstraße 320-10d
Hauptstraße 335-6d
Hechinger Straße 335-3c
Hegelstraße 335-6a
Heidelbergstraße 335-3d
Heidestraße (1) 335-3c
Helle-Wiesen-Straße 336-5c
Hermann-Merz-Straße 336-7b
Hinter dem Weiler 336-4c
Hinter Stöck 335-3d
Hittelhof (6) 336-2b
Hölderlinweg 335-3d
Hofäckerweg 335-5a
Hofgasse 335-6b
Hofwiesweg 336-2c
Hohenlaienstraße 336-4a
Hornstraße 336-7b
Humboldtstraße 335-6a
Hundsrückenweg 336-4a
Hurststraße 336-7b

Im Altenspohl 336-8a
Im Auchtert 336-8a
Im Brühl 336-8a
Im Eibach 335-6d
Im Felboch 336-1b
Im Gäßle (2) 336-1b
Im Gansbad 335-3d

Im Höfle 336-1b
Im Kloster 335-6a
Im Lauch 336-8a
Immentalstraße 336-2c
Im Oberdorf 336-1b
Im Winkel (1) 336-1b
In der Au 336-2a
In der Barr 335-6b
In der Ganswies 336-2a
In der Schlicht 336-2b
In Hagen 336-4c
In Weiden 336-4a
Irisweg 336-4a

Jahnstraße 336-4a
Johann-Strauß-Straße 336-5c
Julienhütte 335-3d

Kantstraße 335-6b
Kapuzinerweg (2) 335-6a
Karlsbader Weg 336-4d
Kirchgasse 335-6b
Kirchstraße 336-1b
Kirchweg 335-6a
Klingenbachstraße 335-6b
Königsberger Straße 336-4a
Kriegswies 320-11c

Laiblache 335-6d
Landhausstraße 335-2d
Leipziger Straße (2) 336-4a
Leiwasenstraße 336-4b
Lenaustraße 335-6a
Lerchenweg 335-3c
Lilienstraße 336-1c
Lindenplatz 335-6b
Lindenweg 320-11c

Marienburgstraße 335-6a
Meisenweg 335-3d
Memelstraße 336-4a
Mörikestraße 335-3d
Moosstraße 335-3c
Mozartstraße 335-3d

Narzissenweg 336-4a
Nelkenweg 336-1c

Obere Halde 320-10d
Obere Klingen 335-6a
Obere Koppenhalde 335-6b
Oberer Riesenacker 320-11c
Onstmettinger Straße 336-4d
Otto-Hahn-Straße 335-3a
Otto-Lilienthal-Straße 335-3a

Panoramastraße 335-2d
Pfaffenrainweg 335-6a
Postweg (2) 336-2a

Raichbergstraße 336-4a
Rapphof 335-5a
Rauchenbergweg (4) 336-2c
Reutestraße 336-1c
Reuteweg 336-2a
Richard-Wagner-Straße 336-5c
Riedhof 335-2c
Rosengarten (1) 336-2b
Rosengasse 335-3c
Rudolf-Diesel-Straße 335-3a

Schelmengasse 335-3d
Schillerstraße 336-4a
Schindenstraße 336-7b
Schlesier Straße 336-4a
Schloßstraße 336-2a
Schmalzgasse 335-6d
Schulplatz 335-3c
Schulweg (3) 336-1b
Schwalbenweg 335-3d
Silcherstraße 335-3d
Sommersteigweg 336-4d
Spitzwiesenweg 336-4a
Steig 320-10d
Steinhofen 335-5d
Steinhofener Straße 335-6b
Steinwiesenstraße 335-6a
Stettiner Straße 336-4c
Sudetenstraße 336-4c
Sulzerhof 335-5a

Taläcker 336-1b
Talwiesenweg 335-3c
Thanheim 336-5c
Thanheimer Straße 335-6d
Tilsiter Straße 336-4a
Trautenauer Weg 336-4a
Tübinger Straße 320-11c
Tulpenweg 336-1c

Uhlandstraße 335-6b
Untere Gärten 336-1b
Untere Klingen 335-6a
Untere Koppenhalde 335-6b
Unterer Auweg (3) 336-2a
Unterer Riesenacker 320-11c
Unterlauenweg 336-4c
Untersalen 336-4b

Veilchenweg 336-1c
Vorderwies 336-2c
Vor Eichen 336-4a

Waldstraße 336-4c
Walkerstraße 335-6b
Weidenbachweg (5) 336-2c
Weiherstraße 336-7b
Weiherwiesenweg (2) 336-7b
Weilerstraße 336-4c
Weinbeerstraße 336-7b
Werner-Karl-Heisenberg-Straße 319-12d
Wessingen 320-10d
Wiesenstraße 336-2c

Zaunäcker 320-10d
Zeisigweg 335-3d
Zellerhornstraße 336-2c

Ziegelwasen 336-7b
Zimmern 336-2d
Zimmerner Straße 336-4d
Zollerstraße 336-4a

Bissingen an der Teck
PLZ 73266

Alte Dettinger Straße 231-9b
Alte Weberei (10) 232-7a
Am Heckenrain 256-2a
Amselweg (3) 232-10a

Bergstraße 256-2a
Birklesweg 232-10a
Bissinger Straße 256-1d
Bitzeneweg (6) 231-12b
Bleicheweg 232-10a
Bodenäckerstraße (2) 232-7a
Bolstraße 231-9d
Breitensteinstraße 231-12b
Breitensteinweg 256-1b
Brunnenstraße 232-7c
Bühlweg 256-2c

Deutelbronnstraße 232-7c
Dorfplatz 256-2a

Eduard-Mörike-Straße 256-2c
Eiserner Hof 232-10b

Fabrikstraße 232-7a
Finkenweg 232-10a
Forsthausweg (9) 232-10a

Gartenstraße 232-7c

Hahnenkammweg 231-12b
Haldenstraße 232-7c
Heerstraße 231-12b
Heidäcker 256-5a
Hexenweg 255-3a
Hinterbol 231-9d
Hintere Straße 232-10a
Hörnlesweg 231-12b

Im Auchtert 256-2a
Im Hau 231-12d
Im Höfle (1) 232-7c
Im Kreuz 231-12d
Im Kronegarten (32) 232-7c
Im Schweizer 232-10a
In den Grundwiesen 256-2a

Jungviehweide 255-3d

Karlstraße 232-7a
Kelterstraße 232-10a

Laubwiesenweg 232-10a
Lerchenbühl (5) 231-12b
Limburgstraße 232-7c

Meisenweg (4) 232-10a
Mittlere Straße 232-7c
Mörikestraße 231-9b
Mühlstraße 232-10a

Obere Straße 232-10a
Ochsenwang 256-2a
Öschwiesenweg (8) 232-10a

Pfarrstraße 232-7a
Pfleggartenweg 232-7c

Randeck 256-6a
Randecker-Maar-Straße 256-2c
Rauberweg 231-12b
Raunsäckerweg (7) 231-12b
Rossweide 231-12b

Sattlerweg 232-7c
Schillerstraße 231-9b
Schopflocher Straße 256-2c
Schuläcker 232-10a
Schulstraße 231-9d
Seestraße 232-10a
Silcherstraße 231-9d
Stahlbrunnstraße 232-7a
Stuberweg 231-9d

Teckstraße 232-10a

Untere Straße 232-7c

Viehweide 231-12d
Vordere Straße 231-9b

Weinbergstraße 232-10a
Wilhelmstraße 232-7c

Ziegelhütte 256-5b

Bitz
PLZ 72475

Am Engen Rain 354-9a
Am Hungerbühl 354-9d
Am Lindenbühl 354-9d
Am tiefen Rain 355-7c
Apfelweg 355-7c
Auchtenstraße 355-7a

Bachstraße 354-9d
Banater Weg 355-7a
Bannweg 355-7a
Beethovenstraße 354-9d
Bergstraße 355-7c
Birkenweg 355-7d
Blücherstraße 354-9d
Blumenstraße 354-9b
Buchenweg 355-7d

Drosselweg 354-9b

Bodelshausen
PLZ 72411

Böbingen an der Rems
PLZ 73560

Böblingen

71032 Panoramastraße 199-3d
71032 Panzerstraße 176-10c
71032 Parkstraße 40-A3 + 199-2b
71034 Paul-Gerhardt-Weg 40-A3
71034 Paul-Lechler-Passage (8) 40-A1 + 199-2a
71032 Pestalozzistraße 40-B3
71034 Peterstaler Straße 199-5a
71032 Pfarrgasse 40-B2
71032 Plöckensteinstraße 199-3d
71034 Pontoiser Straße 199-2c
71032 Postplatz 40-B2 + 199-3a
71032 Poststraße 40-B2 + 199-2b

71032 Querstraße 40-B2

71032 Rauher Kapf 200-4b
71032 Rechbergstraße 199-3d
71032 Reiherweg 200-1c
71034 Reinhold-Nägele-Hof (17) 199-5c
71032 Reinhold-Nägele-Weg (24) 199-5c
71032 Reußensteinstraße 199-3c
71034 Ricarda-Huch-Hof (35) 199-5d
71034 Ricarda-Huch-Weg (29) 199-5c
71034 Richard-Kopp-Straße 199-2a
71032 Richard-Wagner-Straße 199-3b
71032 Rilkeweg 199-3a
71032 Robert-Bosch-Straße 175-12d
71032 Robert-Koch-Weg (8) 175-12d
71032 Röhnweg 200-4c
71032 Röhrer Weg 199-5b
71032 Römerstraße 176-10d
71032 Röntgenweg (7) 175-12d
71032 Roseggerweg 200-1a
71032 Rosensteinstraße 199-3c
71034 Rosenstraße 198-2b
71032 Roßbergstraße 199-3c
71032 Rotenbergstraße 199-3d
71032 Rudolf-Christian-Baisch-Hof (25) 199-5c
71034 Rudolf-Christian-Baisch-Weg (18) 199-5c
71032 Rudolf-Diesel-Straße 199-2d

71034 Salzlandenweg 174-12c
– Sandweg 176-10d
71032 Schafgasse 199-3a
71032 Scheffelweg (17) 199-3b
71034 Schickardstraße 198-3a
71034 Schillerstraße 174-11d
71034 Schiltacher Straße (4) 199-5b
71032 Schliffkopfweg 199-3b
71032 Schloßberg 40-B2
71034 Schlotterbeckstraße 199-2c
71034 Schmale Gasse (4) 174-11d
71032 Schneekoppestraße 199-3d
71034 Schömberger Straße (7) 199-5a
71032 Schönaicher Straße 199-3c
71032 Schönbuchstraße 199-5b
71034 Schramberger Straße 199-5b
71032 Schubartweg (15) 199-3b
71034 Schubertstraße 174-12c
71034 Schützenweg 174-11d
71034 Schulstraße 174-11d
71034 Schumannstraße 174-12c
71032 Schurwaldstraße 199-3b
71032 Schwabstraße 199-3a
71032 Schwalbenweg 200-1c
71032 Schwarzwaldstraße 199-3b
71034 Sebastian-Lotzer-Straße 199-5c
71032 Seegasse 40-B2
71032 Siemensstraße 175-12d
71032 Silberweg 175-12c
71034 Silcherstraße 174-12c
71032 Sindelfinger Straße 40-B1 + 175-11d
71034 Sömmerdaplatz 199-5a
71032 Sperbergweg 199-3d
71032 Spessartweg 200-4d
71032 Spielbergstraße 40-B3 + 199-3c
71032 Stadtgrabenstraße 40-B2 + 199-2b
71032 Starenweg 200-1c
71034 Stauffenbergstraße 199-5b
71032 Steile Gasse 40-B2
71034 Steinbeisstraße 40-A3 + 199-2c
71034 Steinmäuerleweg 174-12c
71032 Stettiner Straße 199-2d
71032 Steubenweg 175-12c
71034 Stockholmer Straße 199-5a
71034 Straßburger Straße 199-2c
– Streitweg 200-3a
71032 Strombergstraße 199-3a
71032 Stuifenstraße 199-3c
71032 Stuttgarter Straße 40-B2 + 199-3a
– Stuttgarter Weg 200-3b
71032 Sudetenstraße 200-1a

71034 Talblickweg 174-11d
71032/71034 Talstraße 40-A2 + 199-2b
71032 Tannenberg 200-1c
71032 Tannenbergstraße 200-4a
71032 Taunusstraße 200-4c
71032 Teckstraße 199-3a
71034 Teinacher Straße 199-5a
71034 Theodor-Storm-Straße 174-12c
71034 Thomas-Müntzer-Straße (11) 199-5d
71032 Tiergartenstraße 199-6a
71034 Tilmann-Riemenschneider-Straße (9) 199-5d
71034 Triberger Straße 199-5b
71032 Tübinger Straße 40-B3 + 199-2d
71034 Tulpenstraße 198-2b
71032 Turmstraße 40-B2

71032 Uferstraße 40-B3 + 199-3c
71032 Uhlandstraße 40-A2
71032 Uhlbergstraße 199-3d
71034 Ulmenweg 199-5a
71032 Ulrichstraße 40-B1 + 175-11d
71032 Untere Gasse 40-B2
71032 Untere Käppelestraße 199-3a

71032 Vaihinger Straße 40-B1 + 175-11d
71034 Veilchenstraße 198-3a

71032 Waldburg 199-3a
71032 Waldburgstraße 199-3a
71032 Waldenbucher Straße 199-3c
71034 Waldstraße 198-3a
71032 Webergasse 199-3a
71032 Werderstraße 175-12c
71032 Westerwaldweg 200-4d
71032 Wielandstraße 199-3a
71034 Wiener Straße 199-5a
71034 Wiesentalstraße 174-11d
71034 Wildberger Straße 199-5a
71034 Wilhelm-Busch-Straße 174-12c
71032 Wilhelm-Ganzhorn-Weg 200-1a
71034 Wilhelm-Leuschner-Straße 199-5b
71032 Wilhelm-Maybach-Straße 199-6a
71034 Wilhelm-Reichard-Weg 199-2a
71034 Wilhelmstraße 40-A2
71034 William-Moog-Straße 199-1c
71034 Wolfacher Weg (3) 199-5b
71034 Wolfgang-Brumme-Allee 40-A1 + 175-11c
71034 Wolf-Hirth-Straße 199-1c

71034 Zavelsteiner Straße 199-4d
71032 Zeisigweg 200-1c
71032 Zeppelinstraße 175-12c
71034 Züricher Straße 199-5a

Böhmenkirch
PLZ 89558

Ahornstraße 191-11d
Albstraße 215-5c
Alte Steige 215-5c
Am Fronhof 215-4d
Am Höllbrunnen (5) 215-3b
Am Hungerberg 191-12c
Am Langenlauch 191-10c
Amselweg 215-3b
An der Höhe 215-5a
Apollonienweg 215-3a

Baierstraße 191-12d
Bergstraße 191-12c
Bergweg 214-6a
Birkenweg 215-5c
Blumenstraße 215-3a
Böhmenkircher Straße 191-10c
Bogenstraße 214-6a
Breiter Weg 215-3b
Brommstraße 215-3a
Brühlstraße 191-12c
Brunnenstraße 214-3c
Brunnsteige 214-3d
Buchenstraße 191-11d
Burren 191-10c
Butzenweg 214-3c

Donzdorfer Straße 214-3c
Drosselweg 215-3b

Eichenstraße 191-11d
Erlenweg 215-3c
Eschenstraße 191-11d
Eybacher Straße 215-4d

Finkenweg (2) 215-3b
Fliederweg 191-10a
Friedhofstraße 191-12c

Gartenstraße 215-3a
Geislinger Straße 214-6a
Gewerbegebiet An der Roggentalstraße 191-10a
Gewerbegebiet Bußkreuz 191-11b
Gewerbegebiet Hart 191-11d
Gewerbegebiet Nordring/ Holzstraße 191-12c
Gewerbegebiet Ulmer Straße 215-3a
Goethestraße 215-3a
Gussenstadter Straße 215-5c

Hackmesser 215-5b
Halde 215-4d
Haselweg 215-5c
Hauptstraße 191-11d
Hecklesweg 214-6a
Helfensteinstraße 191-12c
Hintere Gasse (2) 191-10c
Hirtenstraße 214-3c
Höhenweg 191-10c
Hofackerstraße 191-10a
Hofbaurengäßle (1) 191-10c
Hohenstaufenstraße 191-12c
Holunderweg (1) 215-5c
Holzstraße 191-12c
Hornbergstraße 191-12c
Hubstraße 190-12d

Im Dorfpark 191-10c
Im Grund 214-6a
Im Hanfgarten 214-6a
Im Hart 191-11d
Im Hofgarten 191-10c
Im Wiesengrund 215-3a

Jahnstraße 215-2b

Käppelinstraße 215-3b
Kaiserweg 214-3c
Kauweg 191-10c
Kirchstraße 215-3a
Klosterstraße 215-2b
Königshof 215-5d
Kurze Straße 215-3a

Lederstraße 215-3a
Lerchenweg 215-3a
Lindenhof 215-2c
Lindenhofweg 215-5c
Lindenstraße 191-12c

Mackstraße 191-12c
Magentalweg 215-5c
Meisenweg (3) 215-3b
Mörikestraße 215-3a
Mozartstraße 215-3a

Nenninger Straße 214-3a
Nordring 191-12c

Oberdorfstraße 215-4d
Obere Roggenmühle 215-7a
Ostlandstraße 215-3a

Panoramaweg (1) 214-3c
Parkstraße (1) 215-3a
Poststraße 215-3b

Querstraße 191-10c

Ravenstein 215-4b
Ravensteiner Weg 215-5a
Rechbergstraße 191-12c
Ringstraße 191-10c
Roggensteinhof 215-11a
Roggentalstraße 191-10c
Rosensteinstraße 191-12c
Rosenstraße 191-10a

Salenweg 215-5c
St.-Vitus-Straße 191-10c
Schillerstraße 215-3a
Schlehenstraße 215-4d
Schmiedewiesenstraße 214-3c
Schnittlingen 214-2d
Schnittlinger Berg 214-5d
Schubartstraße 215-3a
Schützenstraße 215-3a
Schulstraße 191-10c
Seitenstraße 215-3a
Silcherstraße 215-3a
Sonnenrain 215-3c
Sonnenstraße 214-6a
Starenweg (4) 215-3b
Staufeneckstraße 191-12c
Steigweg 215-5c
Steinenkirch 215-4b
Stöttener Weg 214-6a
Stuifenstraße 191-12c

Taläckerstraße 191-10c
Talweg 191-10c
Tannenweg 215-5c
Taubensteig 191-10c
Trasenberg 215-2c
Treffelhausen 191-10a
Treffelhauser Straße 214-3c

Uhlandstraße 215-3a
Ulmer Weg 215-3a

Wagnerstraße 215-2b
Waldstraße 191-10d
Weißensteiner Straße 191-10a
Werkstraße 191-10a
Wiedelhalde 215-3a
Wörnaustraße 191-12d

Ziegelhütte 214-6b
Ziegelstraße 214-3d

Bönnigheim
PLZ 74357

Ahornweg 75-8a
Albert-Einstein-Straße 75-1d
Amannstraße 75-1c
Am Schlosspark (53) 75-1c
Amselweg (19) 75-4b
Am Wilhelmstörle (35) 75-1c
Aubergweg (29) 75-4b
August-Lämmle-Weg (25) 75-4b
Ausfeld 75-5c
Aussiedlerhöfe Frauenberg 74-6d
Aussiedlerhöfe Lauffener Feld 75-1b

Bachstraße 74-3d
Baierstraße 75-5c
Baumbachhof 75-11a
Bechergasse (34) 75-1c
Beethovenstraße 75-5a
Bernsteinring (45) 75-5a
Birkenhof 75-5c
Bismarckstraße 75-1c
Bleichwiese 75-1c
Blumenstraße 75-1d
Bob-Dylan-Weg (43) 75-5a
Böhringer Straße 75-4a
Brahmsweg (28) 75-4b
Breite Steige (1) 75-2d
Brucknerweg (38) 75-5a
Brunnenstraße (3) 75-2d
Burgermühle 75-2c
Burgplatz 75-1c
Burgstraße 75-1c
Burgundweg (15) 74-6b

Charlottenweg (8) 75-1c
Christophstraße (16) 75-4a
Cleebronner Straße 74-3d

Daimlerstraße 75-1d
Denkendorfstraße 75-5c
Drosselweg 75-4b

Eberhardstraße 74-6b
Eckartgässle (9) 75-1c
Erligheimer Fußweg 75-4a
Erligheimer Straße 75-4a

Fasanenweg 75-5b
Feldbrückenstraße 75-2d
Finkenweg 75-4a
Freudentaler Straße 74-6b
Friedenstraße 74-3d
Friedhofstraße 75-8b

Gaisberger Weg (35) 75-2c
Ganerbenstraße (51) 75-1c
Gartenstraße 75-8b
Gemminger Weg (49) 75-1c
Georg-Beer-Straße 75-4a
Gerbergasse (12) 75-1c
Gershwinring (42) 75-5a
Gewerbegebiet Ost 75-1d
Goethestraße 75-1c
Gottlob-Stierle-Straße 75-4b
Grabengasse 75-1c
Graf-Stadion Straße 75-4a
Gustav-Werner-Straße 75-4a

Händelweg (33) 75-5a
Hauffweg 75-1d
Hauptstraße 75-1c
Haydnweg 75-5a
Hegelweg (21) 75-1d
Heinrich-Heine-Weg (24) 75-4b
Hermann-Löns-Weg (23) 75-4b
Hermannstraße (17) 75-4a
Hinter den Gärten (6) 75-1c
Hölderlinstraße 75-1c
Hofen 75-5d
Hofener Straße 75-4a
Hofgut Bellevue 74-3b
Hohenstein 75-5b

Im Forst 74-6b
Im Lauffener Feld 75-1b
Im Rainlen 75-5d
Im Schupen 74-6d
Im Vogelsang 75-1d
Im Zwinger 75-1c
Industriestraße 75-1d
Issersteige 74-6a

Jakob-Erhardt-Straße 75-4a
John-Lennon-Weg (44) 75-5a

Karlstraße 74-3d
Kelterplatz (3) 75-1c
Kelterstraße (4) 75-1c
Keplerstraße 74-3d
Kernerstraße 74-3d
Kirchheimer Straße 75-1c
Kirchhofweg 75-2d
Kirchplatz 75-1c
Kirchstraße 75-1c
Kirchwiesenstraße 75-2d
Kronenhof 75-8c

Langewiesenweg (2) 75-2d
Lauerweg 74-3b
Lauffener Straße 75-1c
Lembergerweg (14) 74-6b
Lerchenweg (18) 75-4a
Lessingweg (22) 75-1d
Liebensteiner Weg (47) 75-1c
Lindenstraße 75-8a
Lisztweg (39) 75-5a
Löchgauer Straße 75-8a
Lohmühle 75-2c

Mahlerweg (41) 75-5a
Margaretenweg (7) 75-1c
Meiereihof (2) 75-1c
Meimsheimer Straße 75-1a
Meisenweg (20) 75-4b
Meister-Simon-Straße 75-4a
Michaelsbergstraße 75-1c
Mittlere Straße 75-5a
Mörikestraße 75-1c
Mozartweg (31) 75-4b
Mühlstraße 75-2d
Müllerhöhstraße 75-4a

Neipperger Weg (48) 75-1c
Neubergstraße 75-5c
Neukircher Straße 75-5a
Nordstraße 75-1a

Olgastraße 75-1c
Orffweg 75-4b
Oststraße 75-1d
Otto-Mecheels-Straße (37) 75-2c

Parkstraße 75-1c
Pfarrstraße 75-8b
Plieninger Weg (34) 75-2c
Plummernweg (36) 75-5a
Poststraße 75-1c

Rainwaldstraße 75-5d
Rieslingweg 74-6b
Ringstraße (5) 75-1c
Robert-Bosch-Straße 75-1d
Rosenstraße 75-1c
Rouffacherstraße 74-3d

Sachsenheimer Weg (50) 75-1c
Schellenmüllerweg 75-1a
Schillerstraße 74-3d
Schlesierstraße 75-5a
Schloßbergallee 75-1d
Schlossbergweg 75-5a
Schlossergasse (11) 75-1c
Schlossfeld 75-5a
Schlossgartenstraße 75-5a
Schlosssteige 75-2c
Schloßstraße 75-1c
Schmale Gasse (1) 75-1c
Schmiedsberger Weg 75-1c
Schneckentor (10) 75-1c
Schubertweg (30) 75-5a
Schulbrunnenstraße 75-8b
Schulstraße 75-1c
Schumannweg (32) 75-5a
Schwalbenweg (27) 75-4b
Seestraße 75-1c
Seewiesenstraße 75-2d
Sophie-La-Roche-Straße (52) 75-1c
Sperberweg (26) 75-4b
Strombergstraße 75-1c
Sudetenstraße 75-5a
Südstraße 75-4a
Sülzerweg 74-6b

Talstraße 75-2d
Telemannstraße 75-5a
Traminerstraße 75-8b
Trollingerweg 74-3d

Ulrich-Hahn-Straße 75-4a

Vivaldiring (40) 75-5a

Wagnerstraße 75-4b
Walheimer Straße 75-8b
Weinstraße 75-1c
Werkstraße 75-1d
Weststraße 74-3d
Wettegässle (13) 75-1c
Wilhelm-Maybach-Straße 75-1d

Zeppelinstraße 75-1d

Börtlingen
PLZ 73104

Adelberger Weg (1) 162-5c
Albstraße (2) 162-8d
Alte Blockhütte 162-9a
Am Wasserturm 162-8a
Aussiedlerhof Mohring 162-11a
Aussiedlerhof Scheufele 162-11b
Aussiedlerhof Schmid 162-8a
Aussiedlerhof Zürn 162-7b

Bergstraße 162-11a
Birenbacher Straße 162-12a
Blumenstraße 162-8d
Börtlinger Sägemühle 162-7d
Börtlinger Straße 162-12a
Breech 162-5c
Brühlstraße 162-12a

Frühlingstraße 162-11a

Gartenstraße 162-8c

Haldenstraße 162-8d
Hauptstraße 162-8c
Hohenstaufenstraße 162-8d
Hohlgasse 162-5c

Im Bild 162-8c
Im Morgen (3) 162-11b
Im Tobel 162-12a
In den Gärten 162-5c

Kaisersträßle 162-4d
Kirchstraße 162-8c

Marbachstraße 162-12a

Neue Blockhütte 162-6d

Obere Bruck 162-8c
Ödachweg 162-11a
Ödweilerhof 162-7b
Ödweilerhofstraße 162-8a
Ortsstraße 162-5c

Panoramaweg 162-11a
Paul-Trunetz-Straße 162-8c
Poststraße 162-12a

Rechberghäuser Straße 162-12a
Rechbergstraße 162-8d
Rosenstraße (1) 162-8d

Schneiderhof 162-5a
Schulweg 162-8d
Schweizerhof 162-5d
Silcherweg 162-11a
Steigäcker 162-5c
Steigweg 162-12a
Stockbrunnenweg 162-11a
Stuifenstraße 162-8d

Talstraße 162-11b

Unterberken 161-4d
Untere Bruck 162-8c

Wallenholzweg 162-5d
Wochenendgebiet Schelmenwäldle 162-8d
Wochenendgebiet Wasen 162-8a

Zell 162-12a
Zeller Straße 162-11b

Bösingen
PLZ 78662

Albstraße 363-3b

Bergstraße 363-3b
Brühlstraße 363-3b
Büscheck 346-10c

Daimlerstraße 363-3b
Dreifaltigkeitsbergweg (2) 364-1a
Dunninger Weg 363-3a

Eichenäcker 363-3b
Eschle 364-1a

Friedhofweg 364-1a
Frühlingstraße 346-10c

Gottfried-von-Cramm-Straße 363-3d
Grundstraße 363-3b

Herrenbühlhof 363-1b
Hochbergweg (3) 364-1a
Hochwaldstraße 363-3a

Karpfenweg (1) 364-1a
Kirchstraße 364-1a
Klippeneckstraße 364-1a
Lembergweg (5) 364-1a
Lupfenstraße 364-1a

Oberhohenbergweg (4) 364-1a

Plettenbergstraße 364-1a

Robert-Bosch-Straße 363-3b
Rottweiler Straße 364-1a

Schloßhäusle 346-10c
Schloßweg 364-1a
Sommerhalde 346-10c
Stittholzhof 363-1d

Totensteig 363-2c

Vor Eichen 363-3b

Wandbühlweg 364-1a
Weihertal (1) 364-1c
Wiesenstraße 363-3b

Zundelberg (6) 364-1a

Bondorf
PLZ 71149

Achalmstraße 262-5b
Ahornweg (6) 262-2c
Albstraße 262-5b
Alte Herrenberger Straße 262-5a
Alte Nagolder Straße 262-5a
Am Römerfeld 262-8a
Amselweg 262-5a

Bäckergäßle (8) 262-5b
Bahnhofstraße 262-2c
Baisinger Steig 262-5a
Baumgartenweg 262-5a
Benzstraße 262-2d
Birkenweg (2) 262-2c
Blumenstraße 262-5a
Boschstraße 262-2d
Braunenbergstraße (19) 262-5b
Breiter Weg 262-4b
Brühlgartenweg 262-2d
Brühlstraße 262-2d
Brunnenbergle (4) 262-2d
Buchenweg (1) 262-2c

Eichenstraße 262-2c
Ergenzinger Straße 262-5a
Eutinger Straße 262-5a

Fichtenstraße 262-2c
Finkenweg 262-5a
Friedhofweg (3) 262-5a
Friedrich-Schiller-Straße 262-5a

Gänsbrunnenweg 262-2c
Gartengäßle (11) 262-5a
Gartenstraße 262-5a
Gewerbegebiet „Am Römerfeld“ 262-8a
Goethestraße 262-2c
Grabenstraße 262-2d

Haggasse (10) 262-5a
Hailfinger Straße 262-5b
Hailfinger Weg 262-3c
Hainbuchenstraße 262-2c
Haitinger Höfe 262-4c
Hauffstraße 262-2c
Herdweghöfe 262-1b
Heubergstraße 262-5b
Hindenburgstraße 262-5a
Hirschkopfstraße (23) 262-5b
Hochbergstraße (22) 262-5b
Hochdorfer Straße (16) 262-5a
Hochwiesenstraße 262-5b
Hölderlinstraße (13) 262-5a
Hohenreutin 261-3a
Hohenzollernstraße 262-5b
Holdergrabenweg 262-2d
Horber Straße 262-5a

Im Backenschlag 262-5b
Im Steiner Tal 262-2c

Jettinger Straße (17) 262-5a

Kiefernweg 262-2c

Lammgasse 262-5a
Lange Gasse 262-5b
Leimengrubenweg 262-5a
Lembergstraße 262-2d
Lenauweg 262-2c
Lerchenstraße 262-5b
Lichtensteinstraße 262-5b
Lindenstraße 262-2c

Meisenweg 262-5a
Mittlerer Hauser Weg 262-5a
Mörikestraße 262-2c
Mötzinger Straße 262-4b

Nebringer Straße 262-2d
Neue Gasse (9) 262-5b
Neuffenstraße 262-6a
Niederreutin 262-1c

Oberer Hauser Weg 262-5a
Oberer Uffhofenweg 262-5a
Öhlisbrunnenweg 262-2c
Öschelbronner Weg 262-2c

Pfarrgasse (5) 262-2d
Plettenbergstraße (24) 262-5b

Rechbergstraße (21) 262-3c
Reuter Steig 262-2c
Reutiner Weg 262-5a
Roseggerstraße (12) 262-5a
Rosenstraße 262-2c
Roßbergstraße (20) 262-3c

Schafbergstraße 262-2d
Schlehenstraße 262-2c
Schmaler Weg (15) 262-5a
Schwalbenweg 262-5b
Seebronner Straße 262-5b
Siemensstraße 262-2d
Sonnenblumenring 262-2c
Speckgasse 262-2d
Starenweg 262-5b
Staufenstraße 262-2d
Stifterstraße (14) 262-2c
Sudetenstraße 262-5a

Teckstraße 262-5b

Unterer Uffhofenweg 262-5a

Vollmaringer Straße (18) 262-5a

Weildorf 244-11d
Wengertsteig 262-2d
Wolfenhauser Straße 262-5b
Wurmfeld 262-6d

Zehntscheuerweg (7) 262-2d
Zeisigweg 262-5b
Zollweg 262-5a

Brackenheim
PLZ 74336

Adalbert-Stifter-Straße 68-9a
Albert-Hirth-Straße 68-9d
Albert-Schweitzer-Straße 68-9c
Alemannenstraße (26) 68-6c
Allee 68-5d
Allensteiner Straße (9) 68-5b
Alte Dorfgasse (3) 62-10d
Alter Brackenheimer Weg 68-6a
Alter Lauffener Weg 69-7c
Alte Schmiede (1) 68-9d
Am Flüchttor (13) 68-5d
Am Markstein 69-7c
Ammerweg 68-5c
Am Schelmenrain 69-10a
Am Schulzentrum 68-5d
Amselweg (12) 69-7b
Am Sportplatz 68-9d
Angelstraße 69-7c
Anton-Günther-Straße 68-9a
Asternweg 68-11b
Aussiedlerhöfe (Hausen) 69-4b
Aussiedlerhöfe Im Augenrain 68-11a
Aussiedlerhöfe Im Rohracker 68-2d
Aussiedlerhöfe Kreuzweg 69-7d
Aussiedlerhöfe Rennweg 69-1d
Aussiedlerhof Im Hasenlauf 68-4b
Aussiedlerhof Farrenleiter 69-4b
Aussiedlerhof Heuhölzle 62-10d
Aussiedlerhof Mühlgrund 69-8a
Aussiedlerhof Seeweg 69-4b
Aussiedlerhof Semminger 68-5a
Aussiedlerhof Sonnenhof 69-7a
Austraße 68-8b

Bachgasse (2) 62-10d
Bachstraße 68-3c
Backhausgasse (10) 69-4d
Bahnhofstraße 68-12b
Bandhausstraße 68-5d
Baugebiet „Ob der Burg" 68-5d
Baugebiet „Benzach" 69-7c
Baugebiet „Hoffeld II" 68-5b
Baugebiet „Hohenrain" 68-6a
Baugebiet Kirchäcker 62-10d
Baugebiet Lange Äcker 68-6c
Baugebiet „Mutschler" 69-4a
Baugebiet „Saumarkt II" 68-11b
Baumgartenstraße 69-4d
Beckstraße 69-4d
Begonienweg (3) 68-11b
Benzachring 69-7c
Benzachweg 69-7c
Berggasse 68-9d
Bertolt-Brecht-Straße (1) 69-4d
Berwartplatz (28) 68-6c
Biegelstraße 68-8d
Birkenhof 69-10c
Bischofstraße 68-3c
Blankenhornstraße 68-6c
Blasenbergring 68-9d
Blumenstraße 68-6a
Böckinger Straße 68-3c
Bönnigheimer Straße 68-8d
Bönnigheimer Weg 69-7b
Botenheim 68-8d
Botenheimer Straße 68-12a
Breslauer Straße 68-6a
Brückenstraße (8) 69-4d
Buchfinkenweg 69-7b
Bürgergasse (4) 68-8d
Bürgerplatz 68-8d
Bürgerturmstraße (12) 68-5d
Bug 69-4d
Burgblick 62-10d
Burgermühle 68-9c
Burghalde 68-6c
Burgstraße 68-6c
Burgunderstraße 62-10d

Carl-Benz-Weg (2) 69-4c
Chemnitzer Straße 68-6a
Cleebronner Straße 68-11a

Dahlienstraße 68-11b
Daimlerstraße 68-12b
Danziger Ring 68-5b
Deutschhofgasse (7) 69-4d
Dianastraße (4) 69-4d
Dieselstraße 68-12b
Dohlenstraße (C) 68-5c
Drosselweg 69-7b
Dürrenzimmern 68-5b
Dürrenzimmerner Straße 68-9b

Eibensbacher Straße (5) 68-6c
Eichbrunnengasse 69-4d
Eichbrunnenstraße (20) 68-5d
Eichendorffweg 69-4d
Eisenacher Straße (19) 68-6a
Elsternweg 69-7b
Entengasse (15) 68-5d
Erfurter Ring (17) 68-6a
Eselsweg 69-8a

Färbergasse (A) 68-5d
Falkenstraße (24) 68-5c
Fasanenweg 69-7b
Ferdinand-Wider-Straße 68-9d
Feuerseestraße 68-5d
Finkenweg 68-5c
Fleiner Straße 68-3d
Fliederstraße 68-11b
Forststraße 68-6a
Frankenbacher Straße 68-3c
Frankenstraße 68-9a
Frauenzimmerner Straße 68-6c
Friedenstraße 62-10d
Friedhofstraße 68-8b
Friedhofweg (11) 69-4d
Friedrichstraße 68-8d
Fuchsienstraße 68-11b
Fuchslochstraße (2) 68-6a

Gänsberg 62-10d
Galgenberg 68-8c
Gassentor 68-3c
Gaswerkstraße 68-8b
Gaulgasse (2) 68-9d
Gegen den Galgen 68-8c
Geigersberghohle (7) 68-6a
Geigersbergstraße 68-5d
Georg-Kohl-Straße 68-8b
Geranienstraße (2) 68-11b
Gewerbegebiet „Brackenheimer Straße VII" 68-6d
Gewerbegebiet Herrenwiesenbach II 68-8d
Gewerbegebiet Talweg III 68-12a
Gimpelstraße (D) 68-5c
Gleiwitzer Straße 68-5b
Görlitzer Straße 68-6a
Goethestraße 68-6c
Götzenbergweg 68-5b
Gotenstraße 68-6a
Grabenstraße (3) 68-5d
Güglinger Straße 68-6c
Gülthausstraße 68-8d
Guttenbergstraße 68-6c

Hackstraße 68-9d
Häckelplatz 68-5a
Häfnersberg 69-4d
Häldenweg 69-7c
Hammerwerkstraße (33) 68-8b
Hauffstraße 68-8b
Hausen 69-4c
Hausener Straße 68-5d
Heckenweg 69-7b
Heerstraße 62-10d
Heidestraße 68-11b
Heilbronner Straße 68-5d
Heinrich-Heine-Straße 69-4c
Heldburger Weg (18) 68-6a
Henry-Miller-Straße (19) 68-5d
Hermann-Bauer-Straße 68-8b
Hermann-Hesse-Straße 69-4d
Hertterweg (27) 68-6c
Heuchelbergstraße 68-9a
Hindenburgstraße 68-8d
Hipfpfad 68-5b
Hirnerweg 68-5c
Hirschberger Straße (3) 68-6a
Hölderlinstraße 68-9a
Hörnle 68-3a
Hoffeldstraße 68-5d
Hohe Straße 69-7b
Holderweg 68-6c
Horkheimer Straße 68-6b
Hornbergstraße 68-6c
Hornstraße 69-7c
Husarenweg 69-7c

Im Burgstadel 69-7b
Im Eichbühl (5) 62-10d
Im Forst 68-5b
Im Hohen Rain (1) 68-6a
Im Hütich 68-6c
Im Sommerrain 68-5c
Im Wiesental 68-8b
Industriestraße 69-4c

Jägerhausweg 62-10d
Jahnstraße 68-9d
Jakobsgasse (23) 68-5d
Johannesstraße 69-4d
Josefstraße 68-5d
Jupiterstraße 69-4d

Karlstraße 68-8d
Kastellstraße 69-7c
Kaywaldstraße 69-7c
Kelterplatz (4) 62-10d
Kelterstraße 69-4c
Keplerstraße 68-9a
Kiesbachstraße 68-6a
Kirchackerstraße (13) 68-6a
Kirchplatz 68-6a
Kirchstraße (9) 68-5d
Kleiberstraße 68-5c
Kleine Schleglergasse (10) 68-5d
Kleintorgasse (2) 68-5d
Klingenberger Straße 68-3d
Klingenstraße 68-6a
Klingenweg 62-10d
Knipfelesweg 68-8a
Kocherweg 68-5d
Königsberger Straße 68-5b
Kolberger Straße (6) 68-6a
Krapfenweg 68-5d
Küstriner Straße (5) 68-6a
Kurzestraße 69-4d
Kurze Straße (6) 69-4d

Landsberger Straße (12) 68-5b
Langhardtring 68-5d
Lauffener Straße 69-7c
Leinburgstraße (15) 68-6c
Leintalstraße 62-10d
Lembergerstraße 68-6a
Lenzweg 69-7c
Leonbronner Weg (1) 68-6c
Lerchenstraße 68-5c
Lerchenweg 69-7b
Lessingstraße 69-4d
Liegnitzer Straße (10) 68-6a
Liemstraße 68-8d
Lilienstraße 68-11b
Lindenstraße 68-9d
Lobensteiner Weg (16) 68-6a
Löwengasse 68-9d
Ludwig-Herzog-Straße 68-9d
Lussweg 69-7c

Maisenbügele 68-5d
Margeritenweg 68-11b
Marktplatz (4) 68-5d
Marktstraße 68-5d
Marsaner Straße 62-10d
Martin-Luther-Straße 68-9a
Martinsweg 68-9d
Mauergasse (18) 68-5d
Maulbronner Straße 68-8a
Meimsheim 69-7c
Meimsheimer Straße 68-6a
Meisenweg 69-7b
Merkurstraße (5) 69-4d
Michaelsbergstraße 68-11b
Mittelrain (1) 62-10d
Mönchsbergstraße 68-6a
Mörikestraße (32) 68-8b
Möwenweg 68-5c
Mühlhäldenweg 69-7b
Mühlstraße 68-9d
Mühlweg 68-8c

Neckarstraße 69-4d
Neipperg 62-10b
Neipperger Straße 68-5a
Nelkenstraße 68-11b
Neubaugebiet Östlicher Ortsrand 69-7c
Neuenbergstraße 68-9d
Nordhausener Straße 69-4b
Nordheimer Weg 69-4d

Obere Klostergasse (6) 68-5d
Oberer Kelterplatz (15) 69-4d
Obere Schellenmühle 69-10a
Obertorstraße 68-5d
Ochsenburger Weg (2) 68-6c
Oppelner Weg 68-5b
Oststraße 69-4d

Panoramastraße 69-7b
Parkweg 69-7b
Pfaffenhofener Straße 68-6c
Pfahlgasse 69-4d
Pfausträße (1) 68-5d
Pillauer Straße 68-5b
Plochingerweg 68-5d
Posener Straße (4) 68-5b

Quellenstraße 69-4c
Quergasse 68-8d

Raiffeisenstraße 69-4c
Rathausstraße 68-6a
Ravensburgstraße 68-6c
Richard-Wagner-Straße 68-9a
Rieslingstraße 68-6a
Ringstraße 68-9d
Rittergasse (9) 69-4d
Robert-Bosch-Straße 69-4c
Robert-Moser-Straße 68-9d
Robert-Winter-Straße 68-9a
Römerstraße 68-11a
Röschstraße 68-6a
Rosengasse (21) 68-5d
Rosenhöhe 68-12b

Sackgasse (5) 68-8d
St.-Johannismühle 68-8c
St.-Johannisstraße 68-8b
Sattelmayerstraße (30) 68-9a
Schafsteg 69-7d
Schellinggasse (11) 68-5d
Schießgraben 68-9d
Schießrainstraße 68-5d
Schillerstraße 69-4c
Schleglergasse (8) 68-5d
Schleicherweg 68-8d
Schleifweg 68-11b
Schloßhohle 62-10d
Schloss Neipperg 62-10d
Schloßplatz (22) 68-5d
Schloßstraße 68-5d
Schmiedgasse 68-9d
Schützenstraße (14) 69-7b
Schulgasse 69-4d
Schwabäckerstraße 69-7b
Schwabenstraße 68-9a
Schwaigerner Straße 62-10d
Schwalbenstraße (25) 68-5c
Seebergweg 68-1b
Seyboldstraße 68-5d
Siechenfeldstraße 68-8d
Siederstraße (3) 68-9d
Siedlungsweg 68-9d
Silcherstraße 68-9a
Silvanerstraße 62-10d
Soldanstraße 68-8b
Sonnengasse 68-6a
Sonnenhalde 62-10d
Sonnenhof 68-9b
Sontheimer Straße 68-6b
Sperberweg 68-5c
Sperlingweg 68-5c
Spitalgasse (5) 68-5d
Staffelgasse (17) 68-5d
Starenweg (13) 69-7b
Steinackerstraße 68-9d

Steinstraße 69-4d
Steinweg (29) 68-6c
Sternenfelser Straße (3) 68-6c
Stettiner Straße (8) 68-5b
Stockheimer Straße 68-5c
Strombergstraße 68-6c
Stuttgarter Straße 69-7a
Südstraße 68-11b
Sulzbergring 68-5d
Suppengasse 69-4d

Tannenweg (5) 68-1b
Taubenstraße 68-5d
Teichstraße 68-8d
Theodor-Heuss-Weg 68-8b
Theodor-Storm-Weg (2) 69-4d
Thillstraße 68-6c
Thomas-Mann-Straße (3) 69-4d
Trabwiesenstraße 68-12b
Traubenstraße 68-6a
Trollingerstraße (11) 68-6a
Tulpenstraße 68-8d
Turmstraße 69-4d

Uhlandstraße (31) 68-9a
Ulmenstraße 69-4c
Unter der Leiter 68-6a
Untere Kirchgasse (B) 68-5d
Untere Klostergasse (7) 68-5d
Untere Schellenmühle 69-7d

Veilchenweg 68-11b
Vogelsangstraße 68-5c
Vollmerstraße 68-5d

Weilerer Straße (4) 68-6c
Weinstraße 68-6a
Wendelstraße 68-8b
Weststraße 68-6a
Wiesenbachstraße 68-8d
Wildeckstraße (14) 68-6c
Wilhelm-Kohlhammer-Straße 68-9d
Wilhelm-Maybach-Straße (1) 69-4c
Wilhelm-Schmid-Straße 68-9d
Wilhelmshof 62-10d
Wilhelmstraße 68-8d
Winzerstraße 62-11c
Wolfsaugenstraße 68-5d

Zaberfelder Straße 68-6c
Zabergäustraße 68-9c
Zeisigweg 68-5c
Zeppelinstraße 68-9d
Zimmerer Straße 69-4c
Zum Aischbach (1) 68-8d
Zweifelbergstraße 68-5d
Zwingergasse (14) 68-5d

Bretzfeld
PLZ 74626

Greuthof 61-9d

Steinerner Tisch 61-9b

Weißer Weg 61-6a
Willsbacher Straße 61-12d
Wimmentaler Straße 61-12b

Burgstetten
PLZ 71576

Ahornweg 101-6c
Alte Backnanger Straße 102-4b
Amselweg (7) 101-6d
Auf den Rüdern 101-6a
Auf der Höhe 102-7b
Austraße 101-6a

Bärlesrain 101-9a
Bahnhofstraße (3) 101-6b
Beethovenstraße 101-6d
Bergsiedlung 101-6a
Bergstraße 101-6a
Blumenstraße 102-4d
Burgäckerstraße 101-6d
Burgstaller Straße 102-4c
Burgweg 101-6d

Dahlienweg 101-6d

Enzweg (14) 102-4b
Erbstetter Straße 101-9b
Eschenweg 101-6c
Europastraße 102-4d

Falkenstraße 101-6c
Faltenäckerstraße 102-4d
Fasanenweg (2) 102-4b
Felix-Wankel-Straße (12) 102-11b
Filsstraße 102-4b
Finkenstraße 101-6d
Fliederweg 102-4d
Freibadweg 102-4d
Friedhofstraße 102-4b

Gänsbergweg 101-6c
Gartenstraße 102-4d
Goethestraße 101-6d
Grabenweg 101-6d

Häldenweg 101-6d
Hainbuchenweg (8) 101-6c
Hardtweg 101-9b
Hauptstraße 102-4d
Hinter den Gärten (1) 101-6b
Hölderlinstraße 101-6d
Hofwiesenweg (1) 101-9b
Hohenstaufenstraße (7) 102-4b
Holunderweg 102-4d

Im Blumenthal (12) 102-5c
Im Brühl 102-4c
Im Diespel 102-5c

Im Laubert 102-4b
Im Neugreut 102-8a
Im Steigle 101-6c
In den Breitwiesenäckern 102-8d

Kelterweg 101-6d
Kirchberger Straße 101-6a
Kirchenweg (2) 101-6b
Kirschenhardthof 101-9a
Kocherweg (13) 102-4b

Leichtwiesen (10) 102-4d
Lerchenstraße (1) 102-4b
Lessingstraße 102-4b
Lindenweg 101-6d
Lutherstraße 101-6d

Marbacher Straße 101-6a
Meisenstraße 101-6d
Mörikestraße (4) 101-6d
Mozartstraße 101-6d
Mühlhaldenweg 101-6b
Mühlstraße 101-6b
Murrstraße 102-4b

Narzissenstraße 101-6b
Neckarstraße 102-4b
Nelkenweg 102-4d
Nellmersbacher Straße 102-4d
Neue Straße 101-6d
Neumühle 101-5b

Obere Bergstraße 101-6a
Obere Dorfstraße 102-4d
Obere Hofstraße 101-9a

Panoramastraße 102-4b
Pestalozzistraße 101-6b
Pfarrgasse 102-4b

Rathausstraße 101-6b
Rechbergstraße (6) 102-4b
Remsstraße 102-4b
Rilkestraße 101-6d
Rötesiedlung 101-6d
Röteweg 101-6d
Rosensteinstraße (4) 102-4b
Rosenweg 102-4d
Rudolf-Diesel-Straße 102-11b
Rüdernstraße 101-6a

Schillerstraße 102-4d
Schlehenweg (9) 101-6c
Schubartstraße (6) 101-6d
Schulstraße 102-4d
Silcherstraße (9) 102-4d
Sonneblumenweg (11) 102-4d
Stuifenstraße (3) 102-4b
Südstraße 101-9b

Talstraße 101-6a
Teckstraße (5) 102-4b

Uhlandstraße (5) 101-6d
Unter der Steige 102-5a
Untere Hofstraße 101-9b

Wasenäcker 101-6a
Weirachstraße 102-4c
Wittumweg 101-6b
Wolfsgrube 102-5c

Zwingergasse (8) 102-4b

Burladingen
PLZ 72393

Achalmweg 339-7d
Ackertalstraße 323-5d
Adolph-Kolping-Straße 339-7c
Ahornweg 339-8c
Albert-Waldenspul-Weg (6) 324-4c
Albstraße 339-8c
Alemannenstraße 339-8d
Alois-Hauser-Straße 339-8d
Alte Killerstraße 339-1a
Alte Steige 323-5c
Am Bergle 340-10d
Ambrosius-Heim-Straße 339-8c
Am Brühl 339-10b
Am Brunnenrain 356-2a
Am Bungart 340-3d
Am Grenzrain 338-5b
Am Herdle 356-2c
Am Hochsteg 338-5b
Am Lindenbächle (3) 338-2d
Am Marktplatz 324-4c
Am Mettenberg 339-7d
Am Peitschenmuseum (1) 338-2d
Am Petersberg 356-2a
Am Rain 324-11d
Am Steig 339-11a
Am Stellplatz 356-1b
Am Waagrain 339-7a
Am Weiher (3) 339-11a
Am Zinken 356-2a
An der Fehla 339-11a
An der Halde 324-4c
An der Lauchert 340-6b
An der Starzel 338-5d
An der Wasserschapf 340-3d
Apfelweg 323-5d
Auf den Höfen 324-4c
Auf Kai 323-5d
Auf Tellen 339-7c
Austraße 338-8d

Bachstraße 339-1b
Bahnhofstraße 339-8c
Banater Weg 339-7b
Baumgartenstraße 323-5d
Bei der Kapelle 339-1a
Beim Hofgarten (1) 338-5c
Beim Schlößle 339-11b
Beim Spielgarten 338-5d
Bergerweg 356-3a

Bergstraße 338-5d
Berostr. 324-4a
Binsenberg 338-8d
Birkenweg 339-7d
Birklesbergweg 339-7d
Birnenweg 323-5d
Blumenstetterstraße 339-7a
Bolweg 338-2d
Braike 339-8d
Breitholzstraße 338-2d
Brucksteig 339-11a
Bruckstraße 338-8b
Brühlstraße 338-5d
Brunnenstraße (1) 324-11d
Bubenhofenstraße 356-2a
Buchenweg 339-8c
Bühlbergstraße 339-7d
Bühlweg 323-6d
Bundesstraße 338-2c
Burghaldenstraße 324-11d
Burgweg 324-4c
Burladinger Straße 324-11d
Burrensteig 356-1b

Danziger Weg 339-8d
Degerfeldstraße 354-3d
Delisbergstraße 339-7d
Dohlengäßle (7) 324-4c
Dorfstraße 340-6b
Douglasienweg (1) 338-8b
Dreifahrtweg 339-11d
Dreifürstensteinstraße 323-5d
Dürerstraße 338-8b

Ebinger Straße 338-11b
Edelbergweg 354-3d
Eichenweg 340-3d
Eichhalde 339-8c
Engelswies 338-8b
Enggasse 339-1b
Erlenweg 339-1b
Erpfinger Straße 324-11d
Eschenweg 339-7d
Eschweg 356-1b

Falltorstraße 324-4a
Farrenbergweg 339-7d
Fehlabrücke 339-11b
Fichtenweg 339-1a
Fidelisstraße 339-8c
Flachsäcker (4) 324-4a
Fliederweg 339-7d
Forchenweg 339-7b
Forststraße 338-8b
Friedhofstraße 356-2a
Friedhofweg 339-8c
Fürst-Hermann-Weg 354-3c

Gammertinger Straße 339-8d
Gartenstraße 339-7d
Gauselfingen 340-10d
Gauzolfstraße 340-10d
Gendarmerieweg 339-8c
Gerberstraße 338-8b
Gewerbegebiet Schlichte 339-7c
Ghaigässle (1) 323-5d
Gustav-Schwab-Straße 339-7b

Häuslerwasen 323-5d
Haldenstraße 338-5b
Halderhof 324-7d
Haldesiedlung 338-5d
Hangstraße 338-5b
Harlachenweg 339-1b
Hartweg 323-2d
Haslebergstraße 340-11c
Hauptstraße 339-11a
Hausen 338-8a
Hausener Straße 339-7d
Heerstraße 339-1a
Heilenbergstraße 324-12c
Helschlochstraße 339-1b
Hermannsdorf 354-3d
Hermannsdorfer Straße 339-11a
Herrengasse 323-5d
Herrensteig 339-11b
Heugabenstraße 339-7c
Hilbgasse 339-1d
Himbergstraße 338-5b
Hinterburgstraße 324-11d
Hirschaustraße 339-7c
Hochsteig 339-8c
Hörschwag 340-6a
Hörschwager Straße 340-2b
Hof Küche 355-2c
Hofstättstraße 338-2d
Hohenzollernweg 339-1a
Hoher Baum 339-8d
Hohe Straße 338-5b
Hohe Wacht 339-8c
Hohlgasse 339-8c
Hohlweg 339-1d
Holderweg 339-7b
Holsteinstraße 324-12c

Im Eschle 356-1b
Im Gäßle 339-11a
Im Heintal 323-6b
Im Hölderle 339-7d
Im Kiener 338-5d
Im Kohltäle 356-1b
Im Laile 340-2b
Im Lauen 339-10b
Im Rauns (1) 339-8d
Im Spittel (2) 323-5d
Im Strangen 339-7d
Im Täle (4) 338-5d
Im Tiefental 339-7a
Im Wasen 339-11a
Im Zinken 339-11b
In den Eichen 338-8a
In der Färbe 323-5d

Jägerstraße 338-8b
Jahnstraße 339-7c
Jakobusweg 338-2c
Johann-Adam-Kraus-Weg (1) 339-1b

Calw
PLZ 75365

Cleebronn
PLZ 74389

Rosenberg 74-1c
Rotbühlstraße 74-1a
Rotweg 74-1a
Ruländerweg (9) 74-4a

Schiedweg 74-1c
Schillerstraße 74-1a
Schloss Magenheim 74-1c
Schulstraße 74-1a
Silvanerstraße 74-4a
Starenweg 74-1a
Str. Wildparadies-Tripsdrill-Straße 74-4d

Talweg 74-1a

Uhlandstraße (4) 74-1a

Wilhelm-Fischer-Straße 74-1c
Winterweg 74-1a

Zeppelinstraße 74-1c

Dautmergen
PLZ 72356

Am Hegelberg 348-9d
Amselstraße 348-9c

Balinger Weg 348-9d
Blumenstraße 348-9a

Dormettinger Straße 348-9d
Drosselweg 348-9c

Finkenweg (1) 348-9c

Gartenstraße 348-9c
Grabenstraße 348-9d

Kirchweg 348-9d

Leidringer Straße 348-9a

Meisenstraße 348-9c
Mühlweg 348-9c

Nelkenstraße 348-9a

Postweg 348-9d

Rosenstraße 348-9b

Schlichemstraße 348-9d
Schömberger Straße 348-9c
Schulstraße 348-9d
Sonnenstraße 348-9d

Täbinger Straße 348-9c

Deckenpfronn
PLZ 75392

Achalmstraße 196-8c
Ahornweg 196-7b
Am Berg 196-11a
Amselweg (5) 196-10b
Angelstraße 196-11a
Asternweg 196-8c

Backhausgasse (1) 196-8c
Beethovenstraße 196-11a
Berghütte 196-10b
Brahmsweg (7) 196-11a
Brechgasse 196-8c
Brühlstraße 196-11a
Buchenweg 196-7d

Calwer Straße 196-7d

Dahlienweg (20) 196-11a
Daimlerstraße 196-10b
Dieselstraße 196-10b
Dorfgemeinschaft Tennental 196-12a
Drosselweg 196-10b

Ettenbergstraße 196-10b

Finkenweg 196-10b
Fliederweg 196-8c
Freihof (9) 196-11a
Freihofstraße (8) 196-8c
Frontalstraße 196-10b

Gänsberg 196-8c
Gärtringer Straße 196-8c
Gartenstraße 196-8c
Gfloßweg 196-8c
Gottlieb-Ernst-Straße 196-7d

Haydnweg (10) 196-11a
Herrenberger Straße 196-10b
Hertzstraße (24) 196-10b
Heubergstraße 196-8c
Hirschgasse 196-7d
Hoher Rain 196-8c
Hungerbergstraße 196-11a

Inselweg 196-8c
Ita-Wegmann-Straße 196-11b

Jakob-Luz-Weg 196-7d
Johann-Strauß-Weg (17) 196-11a

Karl-König-Straße 196-12a
Krokusweg 196-8c

Lammgasse (4) 196-7d
Léharweg 196-10b
Lilienweg 196-11a
Lindenweg 196-7b
Lortzingweg (16) 196-11a
Lüssestraße 196-8c

Mahden 196-7d
Marktplatz 196-7d
Maybachstraße (23) 196-10b
Mozartstraße 196-10b

Nelkenweg (13) 196-8c
Neue Straße (3) 196-7d
Neuffenstraße 196-8c
Nordstraße 196-7d

Obere Wiese 196-7d
Orffweg (6) 196-10b

Pfarrgasse 196-7d
Platz am Steinhaus (21) 196-7d
Porschestraße 196-10b
Postgasse (2) 196-7d

Rechbergstraße 196-8c
Richard-Wagner-Straße 196-11a
Rosenweg (12) 196-8c
Roßbergweg 196-8c

Schafweg 196-7b
Schmiedegasse (22) 196-7d
Schönbuchstraße (16) 196-8c
Schubertstraße 196-10b
Schützweg (19) 196-10b
Schulstraße 196-7d
Schumannstraße (18) 196-10b
Schwarzwaldstraße 196-7d
Seeweg 196-7d
Siemensstraße 196-10b
Silcherstraße 196-11a
Staufenstraße (15) 196-8c
Südstraße 196-11a

Teckstraße (17) 196-8c
Telemannweg (15) 196-10b
Tennentalstraße 196-11a
Tübinger Straße 196-7d
Tulpenweg (11) 196-11a

Veilchenweg (14) 196-11a

Wassergrube 196-10b
Weißenberger Allee 196-7b
Wildberger Weg 196-7d

Zeppelinstraße (25) 196-10b
Ziegelhütte 196-7d
Zollernstraße 196-8c

Deggingen
PLZ 73326

Adalbert-Stifter-Straße 236-7c
Adlerweg 235-12b
Ahornweg 236-4d
Albert-Rauscher-Weg 236-7d
Alleenweg 236-10a
Alter Postweg 236-7d
Am Haarberg 236-4b
Am Osterbuch 236-7d
Am Park (17) 236-7c
Am Weigoldsberg 236-5a
Am Wiesenrain 236-4b
Auhof 236-8a
Ave-Maria-Weg 236-7d

Bahnhofstraße 236-7c
Berneck 236-10d
Bernecker Steige 236-10a
Bernhardusstraße 236-10a
Birkenweg 236-4d
Birkhof 236-7c
Blumenstraße 236-5a
Böhringer Straße 236-5a
Bronnwiesenstraße 236-10a
Brühlstraße 236-5c
Buchenweg (10) 236-7d
Burgsteige 235-12b

Canisiusweg (7) 236-7d

Degginger Straße 236-7b
Ditzenbacher Straße 235-12c
Dürrentalweg 235-9d

Eichholzweg 236-5a
Eschenweg 236-4d
Essentalhof 236-4d

Fabrikstraße 236-4d
Filsstraße 236-7d
Finkenweg 236-7c
Fischbachstraße 236-4b
Fischergasse 236-10a
Fliederweg 235-12b
Forststraße 236-10a
Friedhofstraße (14) 236-10a

Gairenhof 235-3a
Galgenbergweg 235-12b
Gartenstraße 236-7c
Geislinger Straße 236-7c
Georg-Elser-Straße (16) 236-7c

Haldenweg 235-12b
Hauffstraße 235-9d
Hauptstraße 236-10a
Hindenburgstraße 236-7c
Hölderlinweg (1) 235-9d
Hofackerstraße 236-10a
Hof Sauter 235-9d
Holderäcker 235-9d

Im Eichholz 236-5a
Im Hof (6) 236-10a
Im Obstgarten (1) 236-4d
In den Lichsen 236-4d

Jägersteig 235-12c
Jahnstraße 236-7d
Jungviehweide 235-5d

Kaplaneigasse (4) 236-10a
Kirchplatz (5) 236-10a
Königstraße 235-12b
Königstraße (11) 236-7c
Kronengäßle (13) 236-10a

Landhausweg 236-7c
Lautenbachstraße 236-7d
Lindenstraße 236-4d

Martinsring (9) 236-7d
Mörikestraße 236-7c
Mozartstraße (2) 236-7c
Mühläckerstraße 236-7d
Mühlstraße 236-7c

Nordalbstraße 236-7c

Obere Morgen 235-9d
Obere Ostlandstraße 236-5c
Oberer Ölbachweg (15) 236-10a
Oeschweg 236-5a
Orchideenweg 236-4b

Panoramastraße 235-9d
Pulvermühle 236-8a

Radgasse (12) 236-10a
Reichenbach im Täle 236-4a
Reichenbachstraße 236-4d
Riedgartenstraße 236-4d
Riegelstraße 236-5a
Rosenweg 235-12b

Schillerstraße 235-12b
Schlater Straße 236-4b
Schloßhalde 235-9d
Schmiedgasse (3) 236-10a
Schönblickstraße 236-10b
Schulstraße 236-5c
Sennenbachstraße 236-10b
Silcherstraße 235-9d
Sommerbergstraße 236-7c
Sonnenhalde 236-7c
Sterngasse 235-12b
Sudetenstraße (8) 236-7d

Totensteige 235-5d
Tulpenweg 235-12b

Uhlandstraße 235-9d
Ulmenstraße 236-4d
Ulrich-Schweizer-Straße 236-7d
Untere Ostlandstraße 236-5c
Unterer Ölbachweg 236-10a

Wacholderweg 236-7d
Weiherstraße 236-4d
Winterhalde 236-10a

Deilingen
PLZ 78586

Alemannenweg (5) 367-11d
Am Wachbühl (4) 385-2d
An der Steig 367-11d
An der Straße nach Weilen 367-11a

Baurengasse 367-11d
Bergstraße 385-2b
Brunnenstraße 385-2b
Buchenweg 367-12a

Delkhofer Mühle 385-2d
Delkhofer Säge 385-5b
Delkhofer Straße 385-2b

Eichenweg 367-12c
Eschenweg 367-12a

Felsenstraße 385-2d
Fichtenweg 367-12c
Forchenweg 367-12c
Friedensweg 367-11d
Friedhofstraße 385-2b

Gartenstraße 385-2b
Gewerbegebiet „Reuthof" 367-11d
Goethestraße 367-12c

Hauffstraße 367-12c
Hauptstraße 367-11d
Hochbergstraße 385-2c
Hölderlinweg (6) 367-12c
Hölzlestraße 385-2d
Hülbenstraße 367-11d

Im Dörfle 385-2d
Industriestraße 385-2b

Kernerstraße 367-12c
Kirchstraße 367-11d
Kreuzstraße 385-2b

Lange Straße 367-11c
Lauterbachstraße 385-2d
Lessingstraße 367-12c

Marienstraße 385-2d
Mörikestraße 367-11d

Öschleweg 367-11d

Paradiesstraße (2) 385-2b
Plettenbergstraße 367-11d

Rebbergweg (1) 385-2b
Reuthof 367-11c
Ringstraße 385-2b
Rinnenstraße 367-11d
Rottweiler Gasse 385-2a

Schillerstraße 367-11d
Silcherstraße 367-11d
Sommerhaldenweg 367-12c
Steiglestraße (3) 385-2d

Talstraße 367-11d
Tannenweg 367-12c

Uhlandstraße 367-11d

Wehinger Straße 385-2d
Wiesenstraße 385-2b

Ziegelwasen 367-11d

Deißlingen
PLZ 78652

Alemannenstraße 382-12d
Am Kanal 382-12b
Am Mühlberg 382-12c
Am Polterrain (3) 382-12c
Am Riegelacker 382-12a
Am Schacht 382-12b
Am Schlittenbuckel (7) 382-11d
Am Tann 382-11d
Am Vogelstal 382-12c
Anton-Sorg-Ring 382-11d

Bäumlesweg 382-12a
Beethovenplatz (1) 382-11d
Bergweg 382-12d
Birkenweg 382-12c
Brückstraße 382-12c
Brühlstraße 382-12d
Brunnenstraße 382-12c

Fichtenstraße 382-12a
Friedenstraße 382-12a

Goethestraße (2) 382-12c

Hauptstraße 382-12c
Heiligenhöfe 381-11c
Hirschstraße 382-12c
Hochhalden 382-9c
Hofgasse 382-12c
Hülbenweg (8) 382-11d

Im Bettinger 382-12d
Im Winkel (10) 382-12c
Im Zimmermännle (5) 382-12c

Keltenweg 382-12d
Kirchäcker 382-12c
Kirchgässle (4) 382-12c
Kolpingstraße (9) 382-12c
Kornfeldstraße 382-12c
Kronenstraße 382-12a

Lauffen 382-11d
Lerchenbühl 382-12d
Lindenstraße 382-12c

Maienbühl 381-11c
Mühlstraße 382-12c

Nagelschmiede 382-9c
Neckarstraße 382-12c
Niederhalden 382-9c

Oberer Weg 382-12c
Ottilienweg 382-9c

Panoramastraße 382-12a
Postgasse 382-12c

Ringstraße 382-12c
Römerstraße (Lauffen) 382-12d

St.-Georg-Straße 382-11d
Schachthaus 383-10a
Schlehenweg (6) 382-11d
Sonnenhalde 382-12a

Vogelsangstraße 382-12c
Vor Buchen 382-12a
Vor Lau 382-11d

Wehrstraße 382-12c
Wiesenstraße 382-12a

Deizisau
PLZ 73779

Achalmstraße 182-7a
Ahornweg 182-8c
Altbacher Straße 182-4d
Alte Bergstraße 182-7a
Am Marktplatz (4) 182-7a
Amselweg 182-8a
August-Lämmle-Weg (13) 182-8a

Bachwiesenweg 182-7d
Berghof 182-7c
Birkenhof 182-7b
Bismarckstraße 182-7b
Blumenstraße 182-7b
Breitensteinweg 182-7c
Breite Straße 182-7a
Brunnenstraße (6) 182-7a
Buchenweg (20) 182-7d
Bühlstraße 182-7b

Charlottenweg 182-7b

Daiberweg 182-7a
Dammweg 182-4d
Dölkerweg (10) 182-7a
Drosselweg 182-8a

Eichendorffweg (12) 182-8a
Eichenweg 182-8c
Erlenweg 182-8c
Eschenweg 182-7d
Esslinger Straße 181-6d

Feldwiesenweg 182-7b
Fichtenweg 182-8c
Finkenweg 182-8a
Friedrich-List-Straße 182-8a
Friedrichstraße 182-7a

Gartenstraße 182-7b
Gerokweg 182-7a
Gimpelweg 182-8a
Goethestraße 182-7b
Grabenackerweg 182-7b
Gsödhof 182-7d
Gsödweg 182-7d
Gutenbergstraße 182-7b

Hafenstraße 182-4d
Haldenweg 182-7b
Hauffstraße 182-7b
Herderweg 182-8a
Hermannstraße 182-7b
Herrenlandweg 181-9b
Hölderlinweg 182-4c
Hofstraße 182-7a
Hohenstaufenstraße 182-7a
Holderstraße 182-7a

Im Gemäuer 182-7a
Im Kelterhof (1) 182-7a

Jahnstraße 182-7a
Jakobstraße (9) 182-7a

Kantstraße 182-8a
Karlstraße (3) 182-7a
Keplerstraße 182-8a
Kernerweg 182-8a
Kirchhalde 182-7a
Kirchstraße 182-7a
Kirchweg (8) 182-7a
Klarastraße (2) 182-7b
Klingenstraße 182-7a
Köngener Straße 182-7a
Körschtalstraße 181-8b
Krokusweg (19) 182-8a
Kurze Straße (5) 182-7a

Lenaustraße 182-7b
Lerchenweg 182-8a
Lessingstraße 182-8a
Lindenstraße 182-8c
Lönsweg (11) 182-8a
Ludwigstraße 182-7a

Margaretenweg 182-7b
Marktstraße 182-7a
Martinstraße 182-7a
Meisenweg (17) 182-8a
Mörikestraße 182-4c

Neckarstraße 182-4c
Nelkenweg 182-7b
Neue Straße 182-7b
Neuffenstraße 182-7a

Ob der Steige 182-7a
Öhrwiesenweg 182-7b
Olgastraße 182-7a
Otto-Konz-Brücke 182-8b

Panoramastraße 182-8c
Plochinger Straße 182-7b

Rechbergstraße 182-7a
Reußensteinweg 182-7a
Römerstraße 182-7c
Rosenstraße 182-4d

Schießhausweg 181-9b
Schillerstraße 182-7b
Schmale Straße 182-7a
Schulstraße (7) 182-7a
Schurwaldblick 182-7a
Schurweg 182-7b
Schwalbenweg (15) 182-8a
Seewiesenweg 182-7a
Silcherstraße 182-7a
Sirnauer Straße 182-7a
Starenweg 182-8a

Teckstraße 182-7c
Tulpenweg 182-7b

Uhlandstraße 182-4c
Ulmenweg 182-8c

Veilchenweg (18) 182-7b

Waldstraße 182-8c
Wertstraße 182-7a
Wilhelm-Busch-Weg (14) 182-8a
Wilhelmstraße 182-7b

Zehntstraße 182-7b
Zeisigweg (16) 182-8a
Zeppelinstraße 182-8a

Denkendorf (Kr. Esslingen)
PLZ 73770

Achalmstraße 180-12b
Albrecht-Bengel-Straße 180-12b
Albrecht-Dürer-Weg (1) 181-10a
Albstraße 180-9d
Alter Aichwald (37) 181-10a
Alter Hof 180-12b
Am Graben 180-12b
Am Löcherwäldle (9) 181-10d
Asternweg 180-12a

Beethovenstraße 181-10a
Berkheimer Straße 180-12b
Berliner Straße 180-12b
Bertolt-Brecht-Straße (28) 181-10a
Bismarckstraße 180-12b
Boßlerstraße 180-12b
Brahmsstraße 181-10a
Brandenburger Weg (12) 180-12b
Breitwiesenweg 181-10c
Breslauer Straße (13) 180-12b

Carl-Zeiss-Straße 180-9c
Clara-Schumann-Weg (30) 181-10a
Claudiusstraße 181-10a

Deizisauer Straße 181-10c
Denkendorf 181-7c

Eichendorffstraße (20) 180-12b
Eicherhof 181-10a
Eichersteige 181-10c
Emil-Nolde-Weg (4) 181-10a
Erlachhof 204-2b
Esslinger Straße 180-9c

Ferdinand-Zix-Weg (3) 181-10a
Fichtenweg 181-10c
Finkenweg 181-10c
Fliederweg (18) 180-12a
Friedhofstraße 180-12d
Friedrichstraße 180-12b
Furtstraße 181-10c

Gabriele-Münter-Weg (35) 181-10a
Georg-Friedrich-Händel-Weg (7) 181-10a
Gerhart-Hauptmann-Straße 181-10a
Gewerbegebiet Aicher Brühl 181-10d
Gewerbegebiet Denkendorf-Lichtäcker 180-9d
Gewerbegebiet Heerweg 181-10c
Gewerbegebiet Körschtal 181-9a
Gewerbegebiet Rechbergstraße 180-9d
Goethestraße 181-10a
Gottlieb-Daimler-Straße 181-10d
Gottlieb-Wolfer-Straße 181-10d
Grundhöfe 180-9d

HAP-Grieshaber-Weg (34) 181-10a
Hasslerstraße (8) 181-10a
Hauffstraße 180-12b
Heerweg 181-10c
Heinrich-Werner-Straße 180-12d
Hermann-Löns-Straße 181-10a
Heydstraße 180-12d
Hindenburgstraße 180-12b
Hintere Gasse 180-12d
Hölderlinstraße 180-12b
Hohenheimer Straße 180-12a
Hohenzollernstraße 180-9d

Ida-Kerkovius-Weg (36) 181-10a
Im Brühl 180-12b
Im Greut 180-12a
Im Pfarrgarten 180-12d
In der Dorfwiese (22) 180-12d

Jörg-Ratgeb-Weg (6) 181-10a
Johannes-Keppler-Straße 180-12b
Johann-Sebastian-Bach-Straße 181-10a
Jusiweg (39) 180-9d
Justinus-Kerner-Straße 181-10a
Justus-Liebig-Straße (1) 180-9c

Käthe-Kollwitz-Straße 181-10a
Karlstraße 181-10c
Kirchstraße 180-12d
Klarawaldweg 181-9c
Klingenstraße 180-12d
Klosteracker 180-12c
Klosterhof (25) 180-12d
Klostermühle (26) 180-12c
Kloster Stuckacker 180-12d
Köngener Straße 181-10c
Köngener Weg 181-7c
Königsberger Straße (11) 180-12b
Körschtalstraße 181-10d
Kurze Straße (16) 180-12b

Lange Äcker 181-10a
Leipziger Straße 180-12b
Lenauweg 181-7c
Lichtäckerstraße 180-9c
Lilienweg 180-12b
Limburgweg 180-9d
Löcherhaldenstraße 181-10c
Lucas-Cranach-Weg (2) 181-10a

Maierhof 180-12d
Marie-Curie-Straße 180-9c
Max-Ackermann-Weg (33) 181-7c
Max-Eyth-Straße (14) 180-12b
Mecklenburger Weg 180-12b
Meximieux-Platz (21) 180-12b
Mittelweg (17) 180-12b
Mörikestraße 181-10a
Mozartstraße 181-10a
Mühlenweg 181-8d
Mühlhaldenstraße 180-12a

Narzissenweg (19) 180-12a
Nelkenweg 180-12b
Nelly-Sachs-Weg (29) 181-10a
Neuffenstraße 180-12b
Neuhäuser Straße 181-10c

Obere Gänsweide 205-1b
Ostpreußenweg 180-12b

Paul-Klee-Weg (5) 181-10a
Pfarrgasse 180-12b
Pfingstweide (10) 181-10d
Pommernweg 180-12b

Rechbergstraße 180-12b
Reußensteinweg (38) 180-9d
Richard-Wagner-Straße 181-10a
Riempengasse (24) 180-12d
Robert-Bosch-Straße 181-10d
Rosenstraße 180-12a
Rothweg 181-10d

Schäfersteige 180-12b
Schillerstraße 180-12b
Schlesierweg 180-12b
Schlossergasse (27) 180-12d

Dettenhausen
PLZ 72135

Dettingen an der Erms
PLZ 72581

Dettingen unter Teck
PLZ 73265

Dietingen
PLZ 78661

Ditzingen
PLZ 71254

Elmestraße 128-1c
Engelbergstraße 128-6c
Erich-Kästner-Straße 128-1b
Ernst-Moritz-Arndt-Straße 128-6a

Ferbermühle 128-2c
Feuerbacher Straße 111-10a
Finkenstraße 110-12b
Finkenweg (27) 128-1d
Fliederweg (22) 128-1c
Forststraße 111-10a
Friedhofstraße 128-1c

Gansäcker 111-12b
Gartenstraße 128-5b
Gebersheimer Straße 127-3b
Gebersheimer Weg 111-10c
Georg Elser Straße (21) 128-5a
Georg-Friedrich-Händel-Weg (11) 128-1b
Georgstraße (13) 128-6a
Gerhart-Hauptmann-Straße (6) 128-6a
Gerlinger Straße 128-8b
Gerlinger Weg 128-1c
Gertrud-Luckner-Straße (26) 128-5a
Gewerbegebiet West 127-2a
Ginsterweg (20) 127-3d
Glemsgaustraße 128-1d
Glemsstraße 128-5b
Glemsweg 128-1b
Goethestraße 111-10b
Gottfried-Keller-Straße 128-6a
Gottfried-Keller-Weg (4) 128-1a
Gottliebstraße (29) 128-5b
Grabenäcker 111-10c
Grabenstraße 111-10c
Graf-von-Galen-Straße 128-5a
Grasweg (16) 128-5a
Greuthöfe 111-12c
Gröninger Straße 128-2d
Gröninger Weg 111-7d
Grünenbaum 128-4d
Guldentalweg 128-1b
Gustav-Siegel-Straße 128-5d
Gutenbergstraße 111-10b
Gutpret 128-5d
Gyulaer Platz 128-5b

Haldenrainstraße 128-3c
Haldenstraße 128-2d
Haldenwaldmühle 110-9c
Hans-Sachs-Straße 128-1a
Hauffstraße (3) 128-3c
Hausener Weg 128-9a
Hausgasse (7) 111-10a
Haydnweg (13) 128-1b
Hebelstraße 111-12d
Heckenweg 128-2d
Hegelstraße 128-1a
Heidestraße 128-2d
Heimerdingen 111-10c
Heimerdinger Straße 127-3d
Heinrich-Heine-Straße 111-10b
Heinrich-Schütz-Weg 128-1a
Hemminger Straße 111-10a
Herdweg 128-6c
Hermann-Hesse-Straße 128-3c
Herterhöfe 128-4a
Hertern 127-6b
Herterstraße 128-5a
Hindenburgstraße (4) 111-10a
Hinter dem Schloss 128-5b
Hinter der Staige 128-7b
Hintere Gasse (3) 111-10a
Hintere Haldenstaffel (2) 128-2d
Hintere Schloßstraße (3) 111-12d
Hintere Straße 111-12d
Hinterfeld 127-2c
Hinterholz 127-2c
Hirschlanden 128-1b
Hirschlander Straße 128-5a
Hirschstraße 127-3d
Hirseweg 128-1d
Hochdorfer Straße 111-10a
Höfinger Straße 128-5c
Höfinger Weg 127-1a
Höhenweg (11) 128-5a
Hölderlinstraße 128-6a
Hohenstaufenstraße 128-6a
Hohe Straße 128-1a
Hohe Warte 110-12b
Hollerstein 128-7b
Holunderweg (21) 128-1c
Holzheim 127-6a
Hornbergstraße 128-6a
Hülben 128-8a
Hugo-Wolf-Weg (16) 128-1d

Im Brechloch 111-12d
Im Grünen Baum 128-4d
Im Hertergrund (15) 128-5a
Im Hopfengarten 128-1d
Im Lontel 128-5a
Immelmannstraße 128-5d
Im Rauns 128-1d
Im Sonnigen Winkel (17) 128-5a
Im Weidle 127-2b
Iptinger Weg 110-12b
Irmgard-Keun-Straße (31) 128-1b

Jahnstraße 128-6a
Jakobstraße 128-5d
Johannes-Fuchs-Straße (32) 128-5d
Johann-Maus-Straße 128-5d
Johann-Sebastian-Bach-Straße 128-1b
Johann-Strauß-Weg 128-1b
Joseph-Haydn-Straße 128-5a
Joseph-von-Eichendorff-Weg (6) 128-1a
Justinus-Kerner-Straße 128-6a

Kapplstraße 127-3d
Karlshof 127-1b
Karlstraße 111-10a
Keltenhöfe 112-10c
Keltenstraße 111-10a
Kirchgartenstraße (31) 128-5d
Kniebisstraße 128-6c
Knielstraße 128-3c
Königsberger Straße (1) 128-2d
Konrad-Kocher-Straße 128-3c
Korntaler Straße 128-6a
Krautgartenweg (4) 111-12d
Krebsäckerweg 128-1c
Kreuzerstraße 128-5b
Kruppstraße 128-6c
Künnekeweg (18) 128-5a
Kurt-Tucholsky-Straße (30) 128-1a

Lachengraben 128-6b
Lachpfädle 128-6a
Landhausweg 128-2d
Langes Land 128-3c
Lattenäcker 112-10a
Lehárstraße 128-5a
Lehmenstraße 111-10a
Lehrenweg 111-12d
Leiterweg 128-1a
Lenzhalde 128-3c
Leonberger Straße 128-5d
Leonberger Weg 127-3b
Lerchenberg 128-1b
Lerchenhöfe 128-2c
Lerchenhof 127-1a
Lerchenpfad 112-10c
Lerchenstraße 110-12b
Lerchenweg (28) 128-1d
Lessingstraße 128-3c
Lichtensteinstraße 128-6a
Liebigstraße 111-10b
Ligusterweg (19) 127-3d
Lilienthalstraße (33) 128-5c
Lindenstraße 128-1c
Löwenzahnweg 128-1d
Lortzingstraße 128-1b
Lotterberg 128-3d
Ludwigsburger Straße 112-10c

Mäurach 127-2b
Margarethe-Stingele-Straße (25) 128-5a
Marksteinhof 127-1b
Marktstraße 128-5b
Martin-Niemöller-Straße (24) 128-5a
Max-Eyth-Straße 128-1d
Max-Planck-Straße 111-10b
Max-Reger-Weg (17) 128-1d
Maybachstraße 128-5d
Meisenweg (26) 128-1d
Mercedesstraße 128-1d
Michaelstraße (12) 128-6a
Mittenbühl 111-10c
Mittlere Gasse 111-10a
Mittlere Straße 128-5b
Mörikestraße 111-12d
Mörikeweg (2) 128-1a
Mozartstraße 111-12d
Mozartweg 128-1b
Mühlstraße 128-5b
Mühlweg 112-10c
Münchinger Straße 128-5b

Nagoldstraße 128-6c
Nelkenstraße 111-10b
Neue Straße 111-10a
Neuffenstraße 128-6c

Obere Gasse (8) 128-1c
Oberton 128-7b
Obstwiesenweg (7) 127-3b
Ochsengasse (5) 111-10a
Ölberg 128-4d
Ölschlag 128-4d
Ölschlagwiesen 128-4d
Orffstraße (14) 128-5a
Otto-Hahn-Straße 111-10b
Otto-Schwarz-Weg (10) 111-10b

Panoramastraße 128-2d
Paul-Lincke-Weg 128-5a
Pfarrgartenweg (6) 127-3b
Pfisterstraße 128-6a
Pforzheimer Straße 111-10a
Pirolweg 128-1d
Porschestraße 128-6c
Postenzehn 128-7b
Privatstraße 128-5d

Raifeisenstraße 128-1c
Raiffeisenweg 111-10c
Rathausplatz 128-1c
Rechbergstraße 128-6a
Reuchlinstraße 128-3c
Richard-Wagner-Straße 128-5a
Richthofenstraße 128-5d
Ringwiesenstraße (28) 128-5b
Ritternhof 127-1d
Ritterstraße 127-3b
Rittweg 127-2a
Robert-Bosch-Straße 128-1d
Römerhof 127-1a
Römerhofstraße (10) 128-6a
Römerstraße 111-10a
Röntgenstraße 111-10d
Roseggerweg (1) 111-12d
Rosensteinstraße (8) 128-6a
Rosenstraße 111-10a
Rosentalstraße 128-1c
Rutesheimer Straße 111-10c

Schafhof (6) 111-10a
Scheffelstraße 111-12d
Schellweg 127-3d
Schillerstraße 111-12d
Schlehenweg 128-2c
Schloßgartenstraße 111-12d
Schloßstraße 111-12d
Schöckingen 111-12c
Schönblickstraße 128-2d
Schubartstraße 128-3c
Schubertweg (14) 128-1d
Schuckertstraße 128-5d
Schulstraße 128-1a
Schulzenstraße (29) 128-1d
Schumannweg (10) 128-1b
Schwabstraße 128-1a
Schwarzwaldstraße 128-6c
Seehansen 127-3b
Seestraße 128-1c
Siemensstraße 128-5d
Silbergrube 128-4c
Silcherstraße 111-12d
Solitudestraße 128-5d
Sommerhalde 128-2d
Sonnenblumenweg 111-10b
Spieläcker 128-2c
Starenweg (25) 128-1d
Stedehof 127-1b
Stegstraße (19) 128-5b
Steiler Pfad 128-5a
Steinhaldenstraße 128-1c
Steinröhre 128-9a
Steinstraße 128-2d
Stettiner Straße 128-5b
Stiegelgasse 111-10a
Sträßleshof 126-3b
Strohberg 128-2b
Strohgäuring 110-12d
Stuifenstraße 128-6c
Stuttgarter Straße 128-5d

Talhof 128-4d
Talmühle 112-10d
Talstraße 128-1c
Talweg 128-1d
Teckstraße 128-6a
Teinacher Weg (34) 128-6c
Thalesplatz 128-8a
Theodor-Heuglin-Straße 128-1a
Theodor-Storm-Weg (5) 128-3c
Thomas-Mann-Straße 111-10b
Ton 128-7b
Tonmühle 128-7b
Trumpfstraße 128-8b
Tulpenstraße 128-1c

Uhlandstraße 128-6a
Uhlandweg (1) 128-1a
Ulmenweg 110-12d
Unter dem Greut 111-12d
Untere Gasse (23) 128-1c
Untere Glemstalstraße 128-2c
Urachstraße (7) 128-6a

Vogelsangstraße 127-3d
Vordere Gasse (2) 111-10a
Vorhofstraße 128-5b

Wacholderweg (18) 128-1c
Waldstraße 111-12d
Wannenweg 127-3d
Weilimdorfer Straße 128-5b
Weingarten 127-3c
Werner-von-Braun-Straße 111-10b
Westrandstraße 128-5a
Wettertalstraße 128-2d
Widdumgäßle 111-12d
Wiesenäckerstraße 111-10c
Wiesenhof 127-1a
Wiesenstraße 128-1c
Wilhelm-Hauff-Weg (3) 128-1a
Wilhelm-Raabe-Weg (9) 128-1a
Wilhelmstraße 128-5b
Willi-Bleicher-Straße (20) 128-5a
Wolf-Hirth-Straße 128-5d
Wolfswiesenweg (9) 111-10c
Wünschloch 110-9d
Württembergstraße 128-6c

Zavelsteinstraße (35) 128-6c
Zechlesmühle 128-4d
Zehntweg (8) 111-10a
Zeissstraße 128-6c
Zeppelinstraße 128-5c
Ziegeleistraße 128-5a
Ziehrerweg 128-5a
Zollernstraße 128-6c

Donzdorf
PLZ 73072

Adenauerweg (25) 213-2b
Adolf-Kolping-Straße 213-2a
Äscherschlacht 189-11c
Aichhöfle 189-4d
Albstraße 189-6c
Alemannenstraße (23) 213-2b
Allensteiner Straße 213-2c
Alte Gasse 189-6d
Alt Kirchweg 189-6c
Am Goldacker (20) 213-3c
Am Laibsteig (22) 213-2d
Am Reichenbach 189-10d
Am-Scherbenmarkt 189-11d
Am Schinderwasen 213-3a
Amselweg 189-11d
Am Sonnenhang 189-8a
Am Spatzenberg 213-3a
Asternstraße 189-6c

Bäuerleshof 189-4d
Bahnhofstraße 213-2b
Beethovenstraße 213-2a
Beim Roßgumpen 189-11d
Beim Steinernen Kreuz 189-12a
Berghof 213-12d
Bergstraße 189-12c
Birkhöfe 188-6d
Blücherstraße 213-2b
Blumenstraße (2) 189-8a
Bödelesweg 213-3c
Böppelshof 189-4c
Brahmsstraße 213-2a
Breslauer Straße 213-2d
Brühlstraße 189-8a
Brünner Straße 213-2c
Brunnenweg (6) 189-9a

Carl-Benz-Straße 213-1b
Christentalstraße 189-9b

Daimler-Straße 213-1b
Dangelhof 188-6b
Danziger Straße 213-2c
Dielenstraße 189-8a
Dobelstraße 189-8a
Dr.-Frey-Straße 213-3a
Dr.-Gaugele-Straße (3) 189-6d
Donzdorfer Straße 189-8a
Dresdener Straße 213-1d
Drosselgasse (6) 189-8c

Egerstraße 213-2c
Eichendorffstraße 189-7b
Eichhaldenstraße 189-9a
Eisbrunnenstraße 213-3a
Erlenweg (7) 189-8c
Erzbergerweg 213-2b

Feldhöfle 189-8c
Feldhofstraße 189-8a
Finkenstraße 213-3a
Friedensstraße 189-12c
Friedhofstraße 213-3a
Friedländer Straße 213-2a
Froschgasse (5) 189-11d
Frühlingstraße 189-6c
Fünfkirchener Straße 213-2d

Gartenstraße 189-9a
Gefällholzstraße 189-9b
Georgstraße 213-3a
Gerbergasse (6) 189-11d
Gerhart-Hauptmann-Straße (13) 213-3a
Gesteig 189-9a
Gingener Weg 213-2c
Glöcklergasse (4) 189-8a
Glogauer Straße 213-2a
Gmünder Straße 189-6c
Goethestraße 213-3a
Grabenstraße (2) 189-12c
Grabenwiesenstraße 213-2a
Graf-Rechberg-Straße 213-3a
Graneggstraße 189-6c
Grünbach 190-7d

Hafnerstraße 189-12c
Hagenbuch 189-9d
Hagenbucher Mühle 189-9d
Haldenhof 189-5c
Haldenweg 189-12c
Hasenhof 189-4d
Hauffstraße (4) 189-12c
Hauptstraße 189-12c
Hebelstraße 189-8c
Heckenhofergasse 189-11d
Hegelstraße 189-12c
Heinestraße 189-9b
Heldenbergstraße 189-9a
Hermann-Schwarz-Straße 213-1b
Herrengartenstraße 213-2b
Heuweg 213-2b
Hochberg 189-11b
Hochgasse 189-7b
Höhenweg 189-9b
Hölderlinstraße 189-7b
Hofackerstraße 189-6d
Hohenstaufenstraße 189-8a
Holdergasse 189-6c
Hornbergstraße 189-6c
Hürbelsbach 213-1d

Ilgenhof 189-7b
Ilgenhofstraße 189-7b
Im Herrengestell 213-3a
Im Lautergarten 189-12a
Im Stelzacker 189-7b
In der Breite 213-2b

Jahnstraße 189-8a
Judengasse 213-3a

Kaltenfeldstraße 189-6c
Kanalstraße 189-12c
Kantweg 189-7b
Karlsbader Straße 213-2c
Keplerstraße (14) 213-3a
Kindergartenweg 189-7b
Kirchgasse 213-2b
Kirchhofweg (1) 189-8a
Kleine Röte 213-3a
Kleine Straße (5) 189-8a
Klosterweg 189-12c
Königsberger Straße 213-2a
Körnerstraße 189-9b
Krähbergstraße 189-6c
Kreuzkirchstraße 189-11d
Kuchalb 213-9a
Kuchalber Weg 213-2b
Kurze Straße (3) 189-12c

Landeplatz Donzdorf-Messelberg 214-1d
Landhausstraße 213-3a
Langgasse 213-2b
Lautergartenstraße 189-12c
Lauxenhof 189-7d
Ledergasse (8) 189-11d
Leinwiesenstraße 213-2d
Lenzstraße 189-8a
Lerchenweg (21) 213-3c
Lessingstraße (9) 189-9b
Lettenstraße 189-8a
Liegnitzer Straße (16) 213-2a
Lindenstraße 213-2b

Maibachstraße 189-9a
Marienstraße (15) 213-3a
Marktplatz 213-2b
Marrenstraße 213-2a
Messelbergsteige 213-2b
Messelhof 190-10c
Mittelmühlgasse 189-11d
Mörikestraße 189-12c
Moldauer Straße (17) 213-2a
Mozartstraße 213-2a
Mühlweg 189-11d

Nelkenweg (2) 189-6c

Oberdorfgasse 213-2b
Oberweckerstell 214-4a
Öschstraße 213-2a
Ostpreußenstraße 213-2c

Panoramastraße 189-6d
Parkstraße 189-9b
Paulinenstraße 213-3a
Pfaffenhalde (26) 213-3a
Pilsener Straße (19) 213-2c
Poststraße 213-2b
Potsdamer Straße 213-2a
Preßburger Straße (18) 213-2a

Querweg 189-8a

Rainstraße 189-12c
Ramprechtstraße 189-6c
Ramsbergstraße 189-7b
Rathenauweg 213-2a
Rauhwiesenstraße 189-9b
Rechberger Straße 189-7b
Rehgebirgsstraße 189-8a
Reichenbach unter Rechberg 189-8a
Reichenbacher Straße 189-11c
Rembrandtstraße 189-12c
Reutestraße 189-8a
Ringstraße 189-8a
Rötelsteinweg 213-3c
Roseggerstraße 189-9b
Rosenstraße 213-2b
Rostocker Straße 213-1b
Roter Weg 213-3a

Scharfenbergstraße 213-2a
Scharfenhof 213-5b
Schattenhof 189-7a
Schattenhofergasse (7) 189-11d
Scherrstraße 213-3a
Schilingshof 189-7a
Schillerstraße 189-12c
Schloßgartenstraße 213-2b
Schloßstraße 213-2b
Schubartweg 189-12c
Schützenstraße 189-8a
Schulgasse (10) 213-2b
Schulmacherweg (24) 213-2b
Schumannstraße 213-2a
Schwarzhornstraße 189-6c
Schweriner Straße 213-2c
Seegasse 213-2b
Seitzenbachstraße 213-3a
Siedlungstraße 189-9b
Silcherstraße 213-2a
Sommerhalde 213-3a
Sportplatzstraße 189-11c
Stappenhof 189-4b
Staudenhof 189-5c
Staufeneckstraße 189-7b
Steingartenstraße (11) 213-2b
Stifterstraße (8) 189-9b
Stöcklenstraße 189-12c
Striethof 189-4a
Strietmühle 189-4b
Stuifenstraße 189-8a
Sudetenstraße 213-2c
Süßener Straße 213-2a

Täscherhof 189-1c
Tannenstraße (3) 189-8a
Tannenwaldstraße 189-9b
Theodor-Heuss-Straße 213-2b
Thomas-Mann-Weg 189-7b
Trafoweg (7) 189-9b
Tulpenweg (1) 189-6c
Turngartenstraße (4) 189-6c

Uferweg 189-8a
Uhlandstraße 189-7b
Unterweckerstell 213-6b

Vinzentiusweg (12) 213-3a
Vogelhof 214-4a
Vogelsangweg 213-3c
Vorschwärzstraße 213-2b

Wagnerstraße 213-2a
Waldenbauerweg (9) 189-11d
Waldenbühlweg 213-3c
Waldenburger Straße 213-2a
Weberhäusle 189-5c
Wehrstraße (1) 189-12c
Wiesenweg (5) 189-6d
Winzingen 189-6c
Winzinger Straße 189-8a
Wöhrplatz 189-11d

Zeppelinstraße 189-12c
Zirschberg 189-1d
Znaimer Straße 213-2c
Zum Schurrenhof 189-4d

Dormettingen
PLZ 72358

Äußere Dorfstraße 349-8c
Amselweg 349-8c

Bahnhofstraße 349-11a
Beethovenstraße (3) 349-11a
Birkenstraße 349-11a
Bolzstraße (5) 349-8c
Bruckgrabenstraße (11) 349-8c
Bruckstraße 349-8c
Brühlstraße 349-8c
Brunnenstraße 349-8c
Bubensulz 349-7d
Bühlstraße 349-8c

Dautmerger Straße 349-7d
Dürerweg 349-8c

Ebertstraße 349-8c

Finkenstraße 349-8c
Fliederstraße 349-8c

Gartenstraße 349-11a
Gewerbegebiet „Bubensulz" 349-7d
Gewerbegebiet „Hinterer Brühl" 349-7d

Heiledorn 349-8d
Heiledornstraße 349-8c
Hölderlinstraße 349-8c
Hofstraße 349-11a
Holderweg 349-8c
Holgenwiesstraße 349-8c

Innere Dorfstraße 349-8c

Jahnstraße (4) 349-11a

Kaffeebühlstraße 349-11a
Kindergartenweg (9) 349-11a
Kirchengäßle (7) 349-8c

Lange Gasse 349-8d
Lerchenweg (10) 349-8d
Lindenhof 349-8b

Meisenstraße 349-8d
Mozartstraße (2) 349-8c
Mühlweg 349-11a

Obere Dorfstraße 349-11a

Raiffeisenstraße 349-11a
Riedbachstraße 349-8c
Rosenstraße 349-8c

Schillerstraße 349-8c
Schulstraße 349-8c
Schwalbenweg 349-8c
Silcherstraße (1) 349-8c

Unterer Weg 349-8c

Wasenstraße 349-8c
Webergasse (6) 349-8c
Winkelgasse (8) 349-8c

Dornhan
PLZ 72175

Ahornweg 313-11c
Aischfeld 312-7b
Albert-Schweitzer-Straße 312-6c
Alpirsbacher Straße 312-8c
Alte Reute 313-11c
Alternweg 295-8c
Alter Weg 312-8a
Auweg 313-12c

Balmerstraße 312-9a
Baumgartenweg 312-8a
Beethovenstraße 312-8b
Bergstraße 313-1b
Bettenhausen 313-1d
Bettenhausener Straße 313-1a
Betzweilerstraße 312-5d
Bildstockstraße 313-10d
Birken 295-10d
Birkenstraße 313-1b
Blumentäle 313-7c
Bonhoefferstraße 312-6c
Brachfelder Straße 312-9b
Brahmsweg (10) 312-8b
Brandeck 312-11a
Brandecker Tal 312-8c
Braunhalde 312-6d
Braunhaldenstraße 312-9a
Breite 312-9a
Brühlstraße 312-9a
Brunnenäckerstraße 312-3b
Brunnengasse (4) 312-9b
Brunnenstraße 313-10d
Buchweg 295-10c
Bühler Höhe 312-9a
Bühlerstraße 312-9a
Bühlstraße 313-10d
Burg Brandeck 312-8c
Burgstraße 313-10d
Burgwiesenweg (1) 313-10d
Busenweiler 312-7b

Carl-Zeiss-Straße 312-9c

Daimlerstraße 312-8b
Dobel 313-8a
Dorfweg 313-1b
Dorfwiesenstraße (1) 312-3b
Dornhaner Straße 313-1d
Dürrenmettstetter Straße 295-8c

Eichendorffstraße 312-5d
Eichenweg 313-11c
Eisengrundhof 312-3d
Eisengrundweg 312-3b
Enge Gasse (6) 312-9b
Erlenstraße 313-10d
Eschenhof 313-7b
Eschleweg 312-3b

Feriensiedlung „Alte Reute" 313-11c
Fliederweg 313-11c
Föhrenweg 295-7d
Forstweg 313-10d
Franz-Schubert-Straße 312-8b
Freudenstädter Straße 312-8b
Friedhofweg 295-8c
Friedrichshof 313-4c
Fürnsal 313-1a
Fürnsaler Sägmühle 294-12b
Fürnsaler Steig 312-6c
Fürnsaler Straße 312-6c

Gänslensbühl 313-4c
Gäßle 313-10d
Galgenbühl 312-6c
Gartenweg 313-10d
Gewand 313-10c
Gewerbegebiet Busenweilerweg 312-8b
Gewerbegebiet Süd 312-9c

Dornstetten
PLZ 72280

Dotternhausen
PLZ 72359

Dürnau (Kr. Göppingen)
PLZ 73105

Dunningen
PLZ 78655

Dußlingen
PLZ 72144

Schloßhof 286-8a
Schloßstraße 286-8a
Schönbergstraße (14) 286-8a
Schönblickstraße 286-8d
Seestraße (13) 286-8c
Silcherstraße 286-8a
Speckstraße 286-8a
Spitzenbühl (7) 286-8b
Stadelgasse (7) 286-8a
Stäudachgasse 286-10b
Staffelweg 286-8a
Starenweg 286-8d
Steiniggässle (11) 286-8c
Steinlachburg (17) 286-8d
Steinlachweg 286-8a
Suppengasse (8) 286-8c

Talweg 286-8d
Tübinger Straße 286-8a

Uferstraße 286-8a
Uffhofenstraße 286-8c
Uhlandstraße 286-8c
Unter den Weinbergen (18) 286-8d

Vogelsangstraße 286-8d

Wägnergässle (20) 286-8c
Wehrstraße 286-8c
Weidenweg 286-9c
Weingartenrain 286-8a
Wiesenweg 286-8a
Wilhelm-Herter-Straße 286-8c
Wischergasse (3) 286-8a

Zeppelinstraße 286-8b
Zollernblick (28) 286-7d
Zum Aspental (27) 286-7d

Eberdingen
PLZ 71735

Alemannenstraße (3) 111-2c
Alter Vaihinger Weg (13) 110-2a
Alte Weingärten 94-10d
Am Pfaffenwald 111-2c
Am Schloß 110-2a
August-Lämmle-Straße 111-2c
Auricher Straße 94-11c
Aussiedlerhöfe Ampfertal 110-5b
Aussiedlerhöfe Brünnelesäcker 111-1b
Aussiedlerhöfe Burger 110-2b
Aussiedlerhöfe Pflüger 110-2b
Aussiedlerhöfe Schillerhöhe 110-3d
Aussiedlerhof 94-10d
Aussiedlerhof Fischer 110-2c

Bachstraße 110-6a
Backhausweg (11) 110-1b
Badweg 110-6c
Bäckergasse (8) 111-2c
Baumgartenstraße 111-2c
Bergstraße 110-1b
Biegelspfad 111-2d
Bierkellerweg (10) 110-1b
Birkenweg (14) 110-2a
Blaichberg 110-6b
Blumenstraße 110-2a
Bohmreute 110-3c
Brückenackerweg (1) 110-6b
Brunnenstraße (3) 110-6a
Buchbergstraße 110-6b
Buchenstraße (11) 111-2c

Claudiusstraße 111-2c

Daimlerstraße 94-11c
Droste-Hülshoff-Weg (2) 94-10d

Eberdinger Straße 111-1d
Eichendorffstraße 110-6c
Eichenstraße (10) 111-2a
Enge Straße 110-1b
Enzstraße 110-2a
Enzweihinger Straße 111-2a
Erich-Kästner-Weg 94-11c
Ettinger Weg (9) 110-1b
Eugen-Roth-Weg 110-6a

Frankenweg (1) 111-2c
Freiherr-von-Tessin-Straße 111-2c
Friedhofstraße 111-2c

Gartenstraße 111-1d
Gerhart-Hauptmann-Straße 94-10d
Germanenstraße (5) 111-2c
Gerokstraße 94-11c
Goethestraße 111-2c
Gotenweg (4) 111-2c
Gottfried-Keller-Weg (4) 94-10d

Hagstraße 110-6a
Hauffstraße 94-11c
Hauptstraße 111-2c
Heckengäuweg (4) 110-6b
Hegelstraße (5) 110-6a
Heimerdinger Straße 111-2c
Heinestraße 110-2a
Heinrich-von-Kleist-Weg (3) 94-10d
Helvetierweg (6) 111-2c
Hemminger Straße 111-2c
Herderweg (5) 94-10d
Hermann-Hesse-Weg 94-10d
Herrgottspfad 111-3c
Hesselstraße 110-6a
Hinter dem Zaun (24) 110-2a
Hintere Weingartenstraße (7) 111-2c
Hirsauer Straße 110-6c
Hirschstraße 110-6a
Hochdorf a.d. Enz 111-2d
Hochdorfer Straße 110-6a
Höhenstraße 110-2a
Hölderlinstraße 111-2a
Hohlweg 110-6b
Hohrainstraße (2) 110-6b

Im Fischer 110-2c
Im Hundsrücken 110-6b
Im Kaiserfeld 111-5a
Im Lichtenberg 110-6d
Im Maiser 110-6b
Industriestraße 111-1d
Iptinger Straße 110-1b

Kappelpfad 110-2a
Karlstraße 110-1b
Keltenstraße 111-2c
Kelterstraße (21) 110-2a
Keplerstraße (6) 110-6a
Kernerstraße 94-11c
Kirchstraße (18) 110-2a
Kreuzstraße (19) 110-2a

Lämmerhalde 110-3c
Lessingstraße 110-2a

Martin-Luther-Straße (12) 110-2a
Martinstraße 110-2a
Max-Eyth-Straße 111-1d
Max-Planck-Weg (1) 94-11c
Maybachstraße 111-1d
Mönchswiesen 110-6c
Mönsheimer Weg 110-1b
Mörikestraße 111-2c
Mühlstraße 94-10c
Mühlweg 94-10c

Novalisweg (7) 94-11c
Nußbaumweg (23) 110-2a
Nussdorf 94-11c
Nussdorfer Straße 110-5b

Ob den Weingärten 111-2c
Obere Gasse (9) 111-2c
Otto-Hahn-Weg 94-11c

Panoramaring (25) 110-2a
Pappelstraße 110-2a
Parkstraße (20) 110-2a
Pfalzstraße 110-2a
Pfarrgasse 111-2c
Postgasse 110-6a
Pulverdinger Straße 111-2c

Quellenstraße 110-6a

Rathausstraße 110-6a
Reischachstraße 94-10d
Rietberger Weg 110-3c
Rieter Straße 111-1b
Ringelnatzweg 110-6a
Robert-Bosch-Straße 94-11c
Römerweg (2) 111-2c
Rohrheimer Weg 110-6b

Sackgasse (22) 110-2a
Scheffelstraße 94-11c
Schellingstraße 94-11c
Schillerstraße 111-2c
Schlehenweg (15) 110-2a
Schloßmauerweg 110-2a
Schloßstraße 110-1b
Schönblickstraße 110-2a
Schubartweg (8) 110-6c
Schulstraße 110-2a
Schwabweg (6) 94-10d
Schwarzwaldstraße (16) 110-1b
Seitenstraße 110-6c
Sickentaler Höfe 111-2a
Siemensstraße 94-10d
Silcherstraße 110-6b
Sonnenberg 93-12b
Sonnenbergweg 94-10c
Sorgenmühle 93-12d
Steinackerweg (8) 110-1b
Striegel 94-10c
Strohgäustraße 110-6b
Strombergstraße 110-1b
Stuttgarter Straße 110-6a

Talweg 110-6a
Theodor-Fontane-Weg 94-11c
Theodor-Heuss-Straße 111-5a
Thomastraße (7) 110-6c
Torwiesenweg 111-2c

Uhlandstraße 110-6c

Vaihinger Straße 110-2a
Vordere Weingartenstraße 111-2c

Wassermühle 93-12d
Weigergässle (9) 110-6b
Weissacher Weg 110-6c
Wiesengartenweg 110-2a
Wiesengrund 110-6a
Wiesenweg (10) 110-6a
Wilhelm-Busch-Straße 111-5b
Wittumstraße (17) 110-2a

Zeppelinring 111-2b

Ebersbach an der Fils
PLZ 73061

Ahornstraße 184-8b
Albershäuser Straße 185-7b
Albert-Schweitzer-Straße 184-6c
Albstraße 184-8b
Alemannenstraße 185-7a
Alte Büchenbronner Straße 184-1d
Am Brühlbach (1) 184-8c
Am Brunnen (1) 184-1d
Am Hungerberg 208-1b
Am Kirnbach 184-7a
Am Klingelbrunnen (1) 184-10d
Amselweg 184-10d
Am Stellesberg 184-9d
Am Wäldle 184-8a
Auchtertweg 184-10d
Aylenbergstraße 184-7d

Bachgäßle (7) 184-5d
Bachstraße 184-5d
Bahnhofstraße 184-5d
Barbarossastraße 184-6c
Baumgärten (2) 184-8c
Beethovenstraße 184-5d
Bergstraße 184-7d
Birkenhof 208-2a
Birkenstraße (1) 184-8d
Blütenweg 184-10d
Blumenstraße 184-5d
Boßlerstraße 184-9b
Brahmsweg 184-5d
Breslauer Weg (1) 184-5d
Brückenstraße 184-6c
Brühlstraße 184-10d
Brunnenäckerweg 184-8d
Brunnenstraße 184-10d
Brunnhalde (1) 184-9b
Buchenstraße 184-8b
Buchstraße 185-7a
Buchwiesen 184-9a
Büchenbronn 184-2c
Büchenbronner Straße 184-5c
Bünzwangen 185-7a
Bünzwanger Straße 184-8b
Burghofweg (4) 185-7a
Buschweg 184-9b

Charlottenstraße (16) 184-6c

Dachsweg 184-5c
Daimlerstraße 184-6d
Danziger Weg (2) 184-5d
Dickneweg 184-6a
Diebshalde 184-4d
Diegelsberger Fußweg 184-6b
Diegelsberger Straße 184-6c
Dorfstraße 184-10d
Dürerstraße 184-9b

Eberhardstraße 184-6c
Ebersbacher Straße 184-9b
Ebersteige 184-5a
Eichholzstraße 184-8b
Eichhornweg 184-5c
Erlenhof 184-5c
Erlenstraße 184-10c
Eschenweg 184-8d
Esslinger Weg 184-1d

Fabrikstraße 184-6c
Fichtenstraße 184-8d
Filsstraße 184-8b
Filswiesenstraße 184-8a
Finkenstraße 184-10b
Fischerstraße 184-8b
Friedhofweg 184-10d
Friedrich-List-Straße 184-6c
Friedrichstraße 184-6c
Fritz-Kauffmann-Straße (11) 184-5d
Frühlingshalde 184-7d
Fuchsrain 184-5c

Gairenweg 184-10c
Gartenstraße 184-6c
Gentenriedweg 184-8b
Georg-Weingardt-Straße (12) 184-5d
Gewerbegebiet Ausperg 184-8a
Gewerbegebiet Buchwiesen 184-9a
Gewerbegebiet „Strut" 184-6d
Goethestraße 184-5d
Gotenstraße 184-9b
Gottlieb-Haefele-Straße 184-6c
Gustav-Seebich-Straße (3) 184-5d

Händelstraße 184-5d
Hafnerstraße 184-8b
Haldenbergstraße 184-8d
Haldenweg 184-10b
Haldenwiesenstraße 184-7d
Hangweg 208-1b
Hans-Zinser-Straße 184-6d
Hardtstraße 184-5d
Hasenrain 184-5c
Hauffstraße 184-9b
Hauptstraße 184-8b
Hauswiesenstraße (2) 184-9b
Haydnstraße 184-10d
Hebelstraße 184-9b
Hegnach 184-5a
Heinrich-Heine-Straße (3) 184-9a
Hellewiesenstraße 184-8b
Herbstäckerweg 184-8d
Herdfeldstraße 184-10b
Hermann-Köhl-Weg (21) 184-6c
Heumadwiesenweg 184-2c
Himmelreich 184-3c
Hintere Viehmarktweg 184-8b
Hirschweg 184-5c
Hochdorfer Straße 184-10c
Hölderlinstraße 184-5d
Höll 184-8a
Hölzerne Rainstraße (19) 184-6c
Hofberg 208-1a
Hohe-Acker-Straße 184-6c
Hohe Gasse 184-5d
Hohenstaufenstraße 184-9b
Hohe Reute 184-9b
Hornbergstraße 184-9d

Igelweg 184-5c
Im Erlenried 184-5c
Im Gäßle 184-1d
Im Hegnach 184-5c
Im Hölzle 184-9a
Im Hof 208-1b
Immelmannweg (20) 184-6c
Im Nußhof 184-1d
Im Schlößle 184-2a
Im Tal 184-9b
Im Tiefentobel 184-5b
Im Wasserfall 184-6c
In den Messenwiesen 184-10d
In der Breite 184-6c
Industriestraße 185-4c

Jahnstraße 184-6a
Jakob-Grünenwald-Straße 184-9b

Kanalstraße 184-8b
Karlstraße 184-5d
Kernerstraße 184-9b
Kirchäckerstraße 184-5c
Kirchbergstraße (8) 184-5d
Kirchheimer Straße 184-8b
Kirchstraße 184-10d
Kleine Straße 184-9b
Köhlerweg 184-3c
Königseichenstraße 184-3c
Kohlplatte 184-1d
Kornbergstraße 184-9d
Krapfenreut 184-2d
Krapfenreuter Straße 184-5b
Kronengäßle 184-7d
Kümmelbachweg 184-5d
Kurze Straße (15) 184-8b

Landhausstraße 184-6a
Langheck 184-6c
Leintelstraße 184-5d
Lerchenweg 184-10b
Lessingstraße (6) 184-6c
Lilienstraße 184-7d
Lindeläckerweg 184-5d
Lindenhof 184-8c
Lindenstraße 184-8d
Louis-Schuler-Weg 184-9a
Ludwigstraße 184-5d

Mahd 184-11a
Mahdweg 184-10d
Maienwaldstraße 208-1a
Marderweg 184-5c
Marktplatz 184-8b
Marktstraße 184-9a
Martinstraße 184-5c
Max-Eyth-Weg 184-6c
Memelweg 184-5d
Messelbergstraße (22) 184-6a
Mörikestraße 184-9b
Morgenäcker 185-7a
Mozartstraße 184-9b
Mühlweg 184-8b

Natternweg 184-5c
Nelkenstraße 184-7d
Neuffenstraße 184-9d

Obere Alleenstraße (18) 184-6c
Obere Sonnenhalde 184-5b
Oberlausitzer Weg 184-5d
Ortsstraße 184-9b

Panoramastraße 184-5d
Pfarrstraße (10) 184-5d
Pläckertstraße 185-7a

Quellweg 184-10b

Rauwiesenhof 184-11c
Rechbergstraße 184-6a
Rehweg 184-5c
Richard-Wagner-Straße 184-5d
Richthofenstraße 184-6c
Ringweg 184-10d
Römerstraße 184-9b
Rosenstraße 184-10b
Rosheckweg 184-3a
Roßrainstraße 208-1a
Roßwälden 184-10d
Roßwälder Straße 184-8d

Saarstraße 184-5d
Sandäckerweg 184-5d
Sandlerweg 184-5b
Schäferstraße 184-8c
Schillerstraße 184-5d
Schlierbacher Straße 184-9d
Schneckenbuckel 184-5c
Schönblickstraße 184-6a
Schorndorfer Straße 184-1d
Schubertstraße 184-7d
Schulstraße 184-6c
Schurwaldstraße 184-5b
Schwabstraße (5) 184-6c
Seeweg 184-8b
Silcherstraße 184-9b
Sonnenhalde 184-7d
Staufenstraße 184-7b
Steggasse (9) 184-5d
Stegwiesenstraße 184-8b
Steinbergstraße 184-5d
Steinbisstraße 184-10d
Strutstraße 184-6c
Stuifenstraße 184-9d
Stuttgarter Straße 184-7a
Sudetenweg 184-5d
Südtangente 184-9a
Sulpach 184-8d
Sulpacher Straße 184-8b

Talstraße 184-10d
Tannenstraße 184-8d
Teckstraße 184-6a
Teichweg 184-8d
Tiergartenweg 184-5c
Trogäckerweg 184-10d
Tulpenweg 184-10d

Uferstraße 184-6c
Uhinger Straße 185-7b
Uhlandstraße (4) 184-5d
Ulmenstraße 184-8d
Untere Alleenstraße (17) 184-6c
Unterer Wasen 184-9d
Untere Sonnenhalde 184-5d

Veilchenweg 184-10b
Vorderer Viehmarktweg (14) 184-8b

Wasenweg 184-11a
Weidenhalde 184-8d
Weiler 184-7b
Wellinger Straße 208-1a
Wengertstraße 184-7d
Wieselweg 184-5c
Wiesenweg 184-3c
Wilhelmstraße 184-5d
Wolfshalde 184-5c

Zeppelinstraße 184-6c
Ziegelstraße 184-9d

Eberstadt
PLZ 74246

Am Hader 61-4c
Am Hainzlen 61-4c
Am Hilber 61-4c
Am Knoss 61-4c
Am Langgraben 60-6a
Am Mühlgraben 61-4c
Am Neuen Weg 60-9b
Am Steinberg 60-3c

Bergstraße 61-4c
Brunnenstraße 60-6a
Buchhorn 60-3c
Buchhorner Landstraße 60-3c
Buchweg 61-8a
Burgunderstraße (1) 61-4c

Eberbachstraße 61-7a
Eberfirststraße 61-4b
Eberstädter Straße 60-6a

Finkenweg 61-7a
Forststraße 61-8a
Freudenbergstraße 61-4c
Friedhofstraße 60-9b
Fuchsklinge 60-3c

Gartengässle (16) 60-9b
Gartenstraße 61-4d
Gellmersbacher Straße 60-9b
Grantschener Weg 61-8a
Grundhof 60-6d

Hälde 60-3c
Hauptstraße 61-7a
Heilbronner Straße 61-7b
Hintere Leimengrube 60-6d
Hölzern 61-5c
Hölzerner Straße 61-7a
Hoerner Straße (13) 61-7a
Hofäckerstraße 61-8a
Hofwiesen 60-3c
Holderstraße 61-4c
Hummelsweg 60-6a

Im Hofwengert 61-4d
Im Weidengrund 61-7a
Im Wiesengrund 61-7a
In den Erlenwiesen 60-9b
In den Mühlwiesen (17) 61-7a
In den Ziegeläckern 61-8a
In der Damme 61-7b
In der Klinge 61-4d
Industriestraße 60-9b

Jägerstraße (12) 61-7a

Käppelenstraße 61-4c
Kernerstraße 61-4c
Ketteläcker 61-8b
Kleeweg 61-5c
Klingenhof 61-4b
Klostergasse (8) 61-7a
Kreuzgartenweg 60-6d
Kurze Straße (14) 61-7a

Lammgasse 61-7a
Lembergerstraße (2) 61-4c
Lennach 60-6a
Lennacher Straße 60-6d
Lerchenstraße 61-7a
Lindenstraße 60-6d

Maienhölzle 60-6a
Marktplatz (7) 61-7a
Maushecken 61-4c
Mittelgasse 60-6a
Mörikestraße 61-4c
Mühlsteige 61-4c
Mühlstraße 61-7a
Mühlwiesenstraße 61-7a

Neuenstädter Straße 61-4c
Nordstraße (15) 60-6d

Obere Gasse (1) 61-8a
Obere Keltergasse (6) 61-7a
Obere Zwerchäcker 60-6d
Öhringer Straße 61-7a
Oststraße 61-7a

Panoramastraße 61-4c
Pfarrgasse (10) 60-9b

Quergasse (5) 61-4c

Riedstraße 61-7a
Rieslingstraße (3) 60-6d
Rohrbrunnengasse (11) 60-9b

Schillerstraße 61-4c
Schmalbachstraße 60-6d
Schmiedgasse (4) 61-4c
Schrammenweg 60-3c
Schulstraße 60-9b
Seegarten 60-3c

Talstraße 60-6b
Tierbach 61-8a
Trollingergasse (9) 61-7a
Turmstraße 61-8a

Uhlandstraße 61-4c
Untere Gasse 61-8a
Weinsberger Straße 60-9b
Weinstraße 60-6d
Wildenbergstraße 61-8a
Wünschberg 61-8b

Ebhausen
PLZ 72224

Allmerweg 218-7a
Altensteiger Straße 217-11d
Am Brechenloch 217-8c
Am Kirchberg 241-3b
Am Mühlbach 217-12c
Amselweg 218-7d
Am Stuhlberg 217-12c
Auf der Erle (2) 241-3a

Bei der Kirche (6) 241-3a
Bei der Schule (1) 217-12c
Beutelsteige 218-7d
Birkenhof 217-12b
Birkenstraße 241-3b
Breiter Weg 241-3a
Breslauer Straße 241-3b
Bronngasse (8) 241-3a
Brunnenweg 217-8c
Buchweg 218-7a
Bulacher Weg 218-7a
Bulerstraße 217-2c
Burgrain 218-7a

Carl-Schickardt-Straße 241-3a

Danziger Straße 241-3b
Davidsweg 217-7a
Drosselweg 218-7b

Ebershardt 217-7d
Ebershardter Weg 218-7c
Ebhauser Straße 217-8c
Effringer Straße 218-7a
Eichenackerweg 218-7a
Eulenweg 218-7b

Faltergässle (4) 241-3a
Fichtenäckerweg (1) 217-5a
Finkenweg 218-7b
Friedensstraße 241-3b
Friedhofstraße 241-3a

Gärtenfeld 217-12b
Gartenstraße 241-3a
Gewerbegebiet „Unterer Brand" 218-7b
Gottfried-Keller-Straße (1) 217-8b
Gottlob-Mutz-Straße 241-3b
Gwinnerweg 217-2b

Hardtstraße 217-11d
Hauptstraße 218-7a
Hermann-Hesse-Weg (5) 217-8a
Herrengärten 217-8c
Hindenburgstraße 217-8d
Hirschberger Weg 241-3b
Höhenstraße 217-5a
Hofweg 217-8b
Humboldtstraße 217-8a

Im Brühl 217-8c
Im Bühl 217-2c
Im Frauenhof 241-3a
Im Gässle 217-12c
Im Graben 217-8c
Im Höfle (1) 218-7a
Im Hölderle 241-3b
Im Katzensteig 217-12c
Im Schellenberg 217-11b
Im Stauch (4) 217-8c
Im Stuhlberg (12) 241-2b
Im Toracker 241-3b
Im Vohgloch (3) 241-3a
In der Breite 218-7c
In der Misse 241-3b
In der Reute 217-5a

Johanniterstraße 241-3b

Kamelhof 218-7c
Kamelweg 217-9d
Kantstraße 217-8a
Kenerwiesenweg 218-7c
Kernerstraße 217-12c
Kirchstraße 217-5a
Knechtsäcker 217-8d
Königsberger Straße 241-3b
Kronengasse (13) 241-3a

Lerchenweg 218-7a
Lessingstraße (2) 217-8a
Liegnitzer Straße (10) 241-3b
Lindenrain 217-12c
Lindenstraße 217-8a

Maigartenweg 218-7d
Marktplatz (5) 241-3a
Marktstraße 241-3a
Martin-Luther-Straße 217-8a
Meierhofweg 218-7d
Meisenweg 218-7b
Memelstraße (11) 241-3b
Micheleswег 241-2d
Mindersbacher Straße 241-3a
Mörikestraße 217-12c
Monhardter Weg 217-11c
Mühlweg 241-3a
Müllerweg 217-5a

Nagolder Straße 241-3a
Nagoldtalstraße 217-8c
Neuwiesenweg 218-7d
Noppennagold 217-11d

Oberer Zinnweg 241-3a
Offene Gasse 217-2c
Ottenbühl 218-7a

Egenhausen
PLZ 72227

Ehningen
PLZ 71139

Eisingen (Kr. Enzkreis)
PLZ 75239

Eislingen/Fils
PLZ 73054

Ellhofen
PLZ 74248

Pferchäcker 66-3d

Raiffeisenstraße 66-3d
Rathausgässle 67-1c
Ringstraße 67-1c
Römerweg (18) 66-3d
Rosenstraße (9) 66-3b

Schillerstraße 66-3a
Seeäckerstraße 66-3d
Seegartenstraße 66-3d
Seeweg 67-1c
Steinsfelder Straße 66-3d
Stocksäckerstraße (13) 66-3d
Südstraße 66-3b
Sülzbacher Rain 67-1d
Sülzbacher Straße (1) 67-1a
Sulmstraße 67-1c

Tulpenweg (10) 66-3b

Weidichstraße 67-1a
Weststraße 66-3b
Wiesenweg 67-1c

Empfingen
PLZ 72186

Ahornweg 298-11a
Albblickstraße 299-7c
Alte Kaserne 298-11c
Am Berg (1) 298-6c
Am Schießrain 298-8c
Amselweg 298-10b

Baumgartenweg (7) 298-7d
Bergstraße 298-8c
Bittelbronner Straße 298-9d
Blumenstraße 298-8c
Brühlweg 298-10b
Brunnenstraße 298-8c
Buchenweg 298-8c

Dettenseer Straße 298-7d
Dommelsberg 298-6c
Dommelsberger Weg 298-8c
Dorfstraße 298-6a
Drosselweg (9) 298-10b

Eichenweg 298-11a
Eichhof 297-9d
Elmeweg 298-11a

Felsenäcker 298-11a
Fischinger Straße 298-10b
Franz-Josef-Egenter-Straße (4) 298-11a
Friedhofstraße 298-7d
Frinkenweg (11) 298-10b

Gänsäckerweg 298-11a
Gartenstraße 298-8c
Gewerbegebiet Autobahnkreuz 298-11b
Gewerbegebiet Öschweg Grün 298-7a
Gewerbegebiet Schießrain 298-8c

Haigerlocher Straße 298-8c
Hauptstraße 298-9d
Herrengärten 298-10b
Himmelhalde 299-7c
Hopfenweg 299-7c
Horber Gäßle 298-7d
Horber Straße 298-7d

Im Auchtert 298-11c
Im Eichwald 298-6a
Im Jörgenbrunnen 298-7d
Imnauer Straße 299-7a
Im Tiergarten (5) 298-11a
Im Zeil 298-9b
In Seiten 298-10b

Josef-Sprißler-Straße 298-11a
Julius-Bauser-Straße 298-8c

Kapellmeisterweg (9) 298-7d
Kehlhof (3) 298-7d
Kleinauchterthof 298-9b

La Roche Blanche-Weg (8) 298-7d
Lerchenstraße 298-10a
Lindenhof 297-9d
Lindenstraße 298-6c

Marktstraße 298-10b
Max-Eyth-Straße 298-8d
Meisenweg (12) 298-10a
Michael-Lanz-Straße 298-11a
Mühlheimer Straße 298-10b
Mühlheimer Straße (13) 298-10b

Nordstetter Straße (1) 298-9d

Öschwiesenweg 298-7d
Osterbachstraße 298-11a

Quellenweg 298-7d

Reinhold-Köhler-Straße 298-8c
Reutestraße 298-6a
Robert-Bosch-Straße 298-11b
Rosenstraße 298-8c
Rudolf-Diesel-Straße 298-8d

Schanzgasse (1) 298-7d
Schloßstraße 298-6a
Schwalbenweg (10) 298-10a
Silcherweg 298-10b
Stauffenbergstraße (1) 298-11c

Talstraße 298-11a
Tanzplatz 298-7d
Teuchelweg (6) 298-7d

Vogelsangring 298-10a

Wehrsteiner Straße 298-7d
Weiherplatz (2) 298-10b
Weilbank 298-8c
Weillindestraße 298-10b
Wiesenstetten 298-9a
Wiesenstetter Straße 298-8c
Winkelstraße 298-9d
Wohnsiedlung Reichhalden 298-11a

Zollerblickhof 297-9d
Zollernring 298-10b
Zum Stunga (14) 298-10b
Zur Lehmgrube 298-7d

Engelsbrand
PLZ 75331

Ahornweg 121-1d
Allmendweg 121-6a
Auerhahnstraße 121-6a

Bäckergasse 121-1c
Baumschulhof 121-2d
Beethovenstraße 121-5c
Bergstraße 121-1c
Beutbachstraße 121-2d
Birkäckerstraße 121-5c
Birkenhof 121-6d
Birkenstraße 121-1d
Blumenstraße 121-4b
Brennermißweg 121-4b
Brunnenstraße 121-5c
Buchenweg 121-1d
Buckelweg 121-1c
Büchenbronner Straße 121-2d

Calwer Straße 121-5b

Drosselweg 121-4b

Eichbergstraße 121-3c
Engelsbrander Weg 121-5a
Erlenweg (1) 121-1d
Eschenweg 121-1d

Fichtenweg 121-4b
Finkenweg 121-4b
Friedenstraße 121-3c
Fuchsbergweg 121-1c

Gaisackerweg 121-6a
Ganzhornweg 121-3c
Gartenstraße 121-6a
Gewerbepark 121-5a
Goethestraße 121-6a
Grenzweg 121-5a
Grösselbergstraße 121-1c
Grunbach 121-6a
Grunbacher Weg 121-5a

Häckselplatz 121-2c
Hauptstraße 121-4b
Hausackerweg 121-1d
Haydnstraße 121-5a
Heckenweg (1) 121-5a
Herdweg 121-5c
Hermann-Hesse-Straße 121-3c
Höhenstraße 121-4b
Hölderlinstraße 121-6a

Igstatt 121-2d
Im Bahnholz 121-6a
Im Gässle (1) 121-3c
Industrieweg 121-5a

Jahnstraße 121-6a

Kapellenweg 121-1d
Kapfenhardter Straße 121-5c
Kastanienweg 121-1d
Kirchweg 121-1d
Kronengasse 121-6a

Lärchenstraße 121-1d
Landhausstraße 121-1d
Langenbrander Straße 121-5c
Lindenstraße 121-1d
Ludwig-Hummel-Weg 121-4b

Meisenweg 121-4b
Mörikeweg 121-3c
Mozartstraße 121-5c
Mühlweg 121-1d

Nagoldstraße 121-3d
Neuenbürger Straße 121-1c

Ostendstraße 121-6b

Pforzheimer Straße 121-5c

Quellenweg 121-4b

Rathausplatz 121-4b
Ringstraße 121-4b
Römerstraße 121-5c
Rosenweg 121-4b

Sägerweg 121-1c
Salmbach 121-5c
Salmbacher Weg 121-4b
Schillerstraße 121-6a
Schönblickstraße 121-3c
Schubertstraße 121-5c
Schulstraße 121-4b
Schwarzwaldstraße 121-6a
Siedlungsstraße 121-4b
Siedlungsweg 121-4b
Silcherweg 121-5a
Speckäcker 121-3c
Steinriegelweg (2) 121-5b
Stoll'scher Weg 121-4a
Strütweg 121-4b

Tannenweg 121-4b
Turnstraße 121-6a

Uhlandstraße 121-6a
Unterreichenbacher Straße 121-3c

Vogelsangstraße 121-3d

Waldhufenstraße 121-5a
Waldrennacher Straße 121-4a
Waldstraße 121-5c
Weiherstraße 121-4b
Wiesenstraße 121-4b
Wildparkstraße 121-6a
Wolfackerstraße 121-4b

Zaungasse 121-1d

Engstingen
PLZ 72829

Äzäcker 308-11a
Ahornweg (4) 309-7b
Albstraße 308-11c
Am Bahnhof (15) 308-11b
Amselweg 308-12a
Am Steigle (2) 309-4d
Am Weiher (12) 308-12c
August-Lämmle-Straße 308-11c

Bahnhofstraße 308-11b
Beethovenstraße 308-11a
Beim Sportplatz 308-10d
Benzstraße 308-8d
Bergstraße 308-11c
Bernlocher Straße 308-12c
Birkenweg 309-7b
Blossenbergstraße 308-12c
Brahmsweg (3) 308-11b
Brucknerweg 308-11a
Brühlstraße 308-11a
Brunnenstraße 308-11d
Buchenweg 309-7b
Bühlweg 309-7b
Bussardstraße 308-11b

Churstraße 308-11c

Daimlerstraße 308-8d
Dietrich-Bonhoeffer-Straße 326-4b
Distelweg 308-11d
Dr.-Carl-Goerdeler-Straße 326-4b
Drosselweg 308-12a

Eberhard-Finckh-Straße 326-4a
Eberhardstraße (7) 308-11c
Ebnetweg 309-4d
Eichendorffweg (4) 308-11b
Eichenweg (7) 309-8a
Eichhartstraße 308-12c
Erwin-Rommel-Straße 326-4a
Eschenweg (8) 309-7b
Eugen-Bolz-Straße 326-4b

Falkenstraße 308-12a
Fasanenweg 308-11b
Feldwiesenweg 308-12a
Fichtenweg (3) 309-7b
Finkenweg 308-12a
Finstere Birken 326-4a
Fliederstraße 309-4c
Fontanestraße 308-11c
Freibühlstraße 308-11c
Friedrichstraße (8) 308-11b

Gaichen 309-5c
Gartenstraße 308-11b
Geschwister-Scholl-Straße 326-4b
Gewerbepark Haid 326-4a
Goethestraße 308-11b
Graf-von-Moltke-Platz 326-4a
Grieserstraße 308-11c
Großengstingen 308-10b
Grundstraße 308-12c

Hagstraße 309-4d
Haid 325-6b
Hauffstraße (5) 308-11a
Hauptstraße 309-4d
Haydnstraße 308-11a
Heimenstraße (10) 308-12a
Hermann-Hesse-Straße 308-11c
Herzogin-Amelie-Straße 308-11a
Hölderlinstraße 308-11c
Holzelfinger Straße 308-8d
Honauer Straße 308-11a

Im Gäßle (1) 309-7b
Im Tennenloch 308-12c
Im Wiesengrund 308-12c
Im Wiesental 309-7b
Im Winkel (6) 308-11a
In Angeräcker 309-7b
Industriestraße 309-7b

Jahnstraße 308-11c

Kammweg 308-11c
Kantstraße 308-11a
Karlstraße 308-11a
Katharinenstraße 308-11b
Kesseläcker 309-5c
Kiefernweg 309-7b
Kirchgäßle 308-11d
Kirchstraße 308-10b
Klaus-Peter-Kleiner-Straße 326-4a
Kleinengstingen 308-8d
Kleinengstinger Straße 308-11b
Kleiststraße 308-11c
Kohlstetten 309-7b
Kohlstetter Straße 308-11b
Kreuzberg 308-11d
Kurze Steige (14) 326-2b
Kurze Straße 308-11a

Landstraße 309-7b
Lange Straße 308-11a
Lerchenstraße 308-12a
Lichtensteinstraße 308-11a
Lindenstraße 309-7b
Ludwigstraße 308-11b

Martin-Niemöller-Straße 326-4b
Martinstraße 308-11c
Meidelstetter Straße 308-11a
Meisenweg (11) 308-12c
Mörikestraße 308-11c
Mozartstraße 308-11b
Mühlstraße 308-11a
Müllersbergstraße 309-4c
Münsinger Straße 309-7b

Panoramastraße 326-2b
Pfarrgasse 309-7b

Raiffeisenstraße 308-8d
Rauhbergstraße 309-7b
Reutlinger Straße 308-11b
Robert-Bosch-Straße (1) 308-8d
Römerstraße 308-12a
Rosenstraße 309-4c
Ruhlenbergstraße 308-12a

Sandweg 309-7b
Schillerstraße 308-11b
Schlehenweg 308-11d
Schubertstraße (2) 308-11b
Schulstraße 309-7b
Schwalbenweg (9) 308-12a
Schwefelstraße 308-12a
Seitzhütte 307-12c
Siemensstraße 308-8d
Silcherstraße 308-11c
Sonnenhalde 326-2a
Sperberweg 308-11b
Starenweg 308-11b
Stauffenbergstraße 326-4a
Steinbühlstraße 308-12a
Sternbergstraße 308-12a

Talstraße (5) 309-7b
Taubenweg 308-12a
Traifelbergstraße 308-11a
Trochtelfinger Straße 308-11c

Uhlandring 308-11c
Ulmenweg (6) 309-7b
Uracher Straße 309-4c

Wilhelmstraße 308-11a

Zwischen den Dörfern (16) 308-11b

Eningen unter Achalm
PLZ 72800

Achalmstraße 269-12b
Albert-Schweitzer-Weg 269-12c
Albstraße 270-10a
Alfred-Schradin-Weg 289-2b
Alte Steige 270-10b
Am Alten Kirchhof (2) 269-12d
Am Kappelbach 289-3b
Amselweg 269-12b
Arbachmühle 289-3d
Arbachtalstraße 289-3a
Auf dem Bahndamm 289-2b
Auf der Bag 269-12b
Auf der Ebene 270-10a
Augenriedstraße 289-3b

Bachstraße 269-12d
Bahnhofstraße 269-12d
Baumgartenweg 289-3a
Beethovenstraße 269-12c
Behringstraße 269-12c
Bei der Kelter 289-3a
Beim Kreuzstein 289-2b
Beim Schlößle 269-12d
Benjamin-Niethammer-Weg (11) 289-3a
Betzenriedweg 269-11d
Brahmsweg 269-12c
Bruckberg 290-1a
Bruckbergstraße 289-3b
Brucknerstraße 269-12c
Brühlstraße 270-10a
Brunnenstraße 269-12d
Burgstraße 269-12d
Burgtalstraße 269-12b

Calwer Platz (15) 269-12d
Calwer Straße 269-12b
Charlieuer Straße 269-12b

Drosselweg 269-12b
Dürerstraße 270-10c

Einsteinstraße 289-3a
Eitlinger Straße 269-12d
Eugen-Kittel-Weg 289-3b
Eugenstraße 269-12d

Fichtestraße 269-12b
Finkenweg 269-12b
Frauenkirchstraße 289-3a
Friedrichstraße 289-3b

Gartenstraße 269-12c
Geißbergstraße 270-10c
Geißsteige 290-1b
Georgenweg 269-12d
Goethestraße 269-12c
Grabenstraße 270-10c
Grafentalstraße 289-3d
Grasbergstraße 269-12d
Grünewaldstraße 270-10c
Gudrun-Krüger-Straße 269-12c
Gustav-Werner-Straße (17) 270-10a

Hännersteige 270-11b
HAP-Grieshaber-Weg 269-11d
Harret 290-4a
Harretstraße 289-3d
Hauffstraße 289-3a
Hauptstraße 269-12d
Heerstraße 269-12d
Hegelweg 269-12d
Heinestraße 289-3a
Herderstraße 270-10a
Hermann-Amos-Weg (8) 269-12c
Hermann-Kurz-Straße (13) 289-3a
Herrschaftsstraße 269-12d
Hildenweg 270-10c
Hinter Höfen (18) 270-10a
Hirschgasse 269-12d
Hölderlinstraße 269-12c
Hohenstaufenstraße 289-3b
Holbeinstraße 270-10c

Im Alten Stadion 289-3a
Im Blankensteiner 289-2b
Im Grund 269-12d
Im Hörnle 269-12c
Immanuel-Kant-Straße 269-12b
Im Scherbental 270-10a
Im Steingrüble 269-12d
Im Unterdorf (14) 269-12d
In den Vorlehen 289-3a
In der Raite 269-12d
In der Sommerhalde 269-12c

Jahnstraße 269-12d
Johannes-Brenz-Straße (16) 270-10a
Justinus-Kerner-Straße (12) 289-3b

Karlstraße 269-12d
Kirschengärtlesweg (5) 269-12d
Konradin-Kreutzer-Straße 269-11d
Krämergäßle (6) 269-12d
Kürwiesgasse 270-10c

Lange-Äcker-Straße (21) 269-12b
Leibnizstraße 270-10a
Leinsbachstraße 269-12d
Licht und Kraft Weg 289-3b
Lindenplatz 290-1b
Lortzingstraße 269-12c
Lutherstraße 270-10a

Marktwiesenweg 269-12d
Max-Planck-Straße 289-3a
Melanchthonweg (20) 270-10a
Metzinger Straße 270-10a
Mittlerer Marktweg 290-1a
Mörikestraße 289-3a
Moritz-Mohl-Weg (9) 289-3a
Mozartstraße 269-12c
Mühleweg 289-3a

Oberer Marktweg 290-1a
Oberwiesenweg (7) 269-12c
Ob Hofen 270-10c
Otto-Hahn-Straße 289-3a

Panoramastraße 289-3a
Paul-Jauch-Weg 290-1a
Pfullinger Straße 289-3a

Querspange 270-10a

Rackensteg (3) 269-12d
Rathausplatz 269-12d
Rechbergstraße 289-3b
Rembrandtstraße 270-10c
Rennengäßle 270-10c
Reuchlinstraße 270-10a
Reutlinger Straße 289-2b
Richard-Wagner-Straße 269-12c
Robert-Koch-Straße 269-12c
Rodelbahn 290-1b
Röntgenstraße 269-12c
Rubensstraße 270-10c

Schafhaus 270-12c
Schießwasen 270-10a
Schillerplatz 289-3a
Schillerstraße 289-3b
Schluchtweg 270-11c
Schöner Weg 289-2b
Schopenhauerstraße 270-10a
Schubertstraße 269-12c
Schützenhausplatz 269-12b
Schulzengasse 269-12d
Schumannstraße 269-12c
Schwanenstraße (4) 269-12d
Sebastian-Kneipp-Weg 269-12c
Silcherweg (10) 289-3a
Spitzengasse 269-12d
Spitzwiesenweg 289-3a
Stiegelweg 269-12d
Stuifenstraße 289-3b
Sulzwiesenstraße 269-12d

Tommentalstraße 270-10c
Trudelgäßle 289-3a

Uhlandstraße 289-3a

Versuchsgut Oberer Lindenhof 290-3c
Versuchsgut Unterer Lindenhof 290-4b
Virchowstraße 269-12c
Vor dem Harret 290-4a

Weihenstraße 269-12d
Weinbergstraße 289-2b
Wengenstraße 289-3a
Wichernstraße (19) 270-10a
Wielandweg 289-3a
Würtinger Steig 290-2d

Zeppelinstraße 289-3a

Epfendorf
PLZ 78736

Adenauerstraße 346-8a
Albstraße 346-7b
Alemannenweg 346-7b
Alte Steige 364-1b
Am Bendelbach 346-8c
Am Fackelberg 331-10d
Am Forchenwälde (2) 331-10c
Am Höhinger Felsen 346-5c
Am Märchenwald 346-5c
Am Tischfelsen 346-5c
Am Weihergraben 346-6b

Böhringer Straße 346-6b
Bösinger Straße 346-7a
Brandweg 331-10d
Brühlweg 346-7b
Buchenweg 331-10d
Burgstallweg 331-10d
Burgweg 364-1b
Butschhof 346-9d
Butschhofweg 346-8a

Döbeleacker (2) 364-1b

Fichtenweg 346-6b
Frieda-Schönborn-Weg 346-10d

Gäßle (1) 346-7b
Gartenstraße 346-7b
Gewandäcker 347-1d
Gewerbegebiet Sandbühl 346-7d
Giess 347-1b
Gigeläcker 346-6b
Grünlinger Steige (3) 346-7b

Hadwigstraße 346-5c
Halde 331-10d
Haldenäcker (1) 331-10d
Haldengärten 346-7b
Harrenberg 346-7d
Hartweg 347-2c
Hauptstraße 346-3c
Hinter der Kirche 346-4d
Hintere Gasse 347-1b
Hofäcker 346-6b
Hofgut Lichtenegg 346-3a
Hofgut Ramstein 346-9b

Im Baumgarten (3) 346-6b
Im Brühl 346-3d
Im Dorf 347-1b
Im Eigental 331-10d
Im Kronengarten 347-1b
Im Öschle 346-5c
Im Pfannenstiel 346-5c
Im Täle 347-1a
Im Winkel 346-8a
Irslinger Straße 364-1b

Kapellenweg 347-1b
Kapfstraße 346-5c
Kiefernweg (1) 346-6b
Kilbigswasen 346-5c
Kirchbühl 346-4d
Kirchbühlweg 346-4d
Kirchstraße 347-1b
Kleinweiherle 346-3c
Kolbersbach 364-1b
Krumme Steige 346-7b
Krummsteig 346-4d

Langensteig 346-4c
Langental 346-7a
Lange Steige 346-7a
Leidringer Straße 347-1b

Marbachweg 346-5c
Mühlweg 346-7b

Neckarstraße 346-8a
Neue Steige 346-8a

Obere Mühle 347-1a
Oberndorfer Straße 347-1a

Panoramaweg 346-4d

Raingärtlestraße 331-10d
Ramsteiner Mühle 346-9d
Rathausstraße 346-6b
Remigiusweg (2) 346-7b
Rindenberg 346-7b
Rindenhof 346-7a
Römersteige 346-7b
Rottweiler Straße 364-1b

Sägegasse 346-7b
Sandbühl 346-8c
Schappelswald 346-4b
Schenkenbergstraße 346-5c
Schloßbachweg (1) 346-10d
Schloss Lichtenegg 346-3c
Schloßstraße 346-6b
Schmiedegasse 331-10c
Schrofen 331-10d
Schulstraße 346-7b
Schwarzwaldstraße 346-7b
Schwester-Reinburga-Straße (4) 346-5c
Siedlerstraße 346-6b
Sommerweg 346-10d
Sophie-Scholl-Straße 346-5c
Steinet 346-8c
Steininger Krümme 346-6a

Tannenweg (2) 346-6b
Trichtinger Straße 346-6b
Turmweg 346-7b

Untere Mühle 346-3b
Unterrieden 346-7b

Waldstraße 346-6b
Wasental 346-4d
Wassermühle 346-8a
Wehrweg 364-2a
Wenthof 346-8d
Werthalde 346-5c
Wiesenweg (4) 346-6a
Wittumshof 330-12d
Wolfgasse 346-3d

Erdmannhausen
PLZ 71729

Affalterbacher Straße 100-2d
Ahornweg 100-3a
Amselstraße 100-3a
Am Wachtelrain 84-11d
Am Wegweinberg 84-11c
Auf der Lache 100-2b
Auf der Wachthütte 100-3c

Badstraße 100-2b
Bahnhofstraße 100-2b
Beethovenstraße 100-2b
Beim Schützenhaus 84-11c
Berggasse 100-2d
Birkenweg 100-3a
Blankensteinstraße 100-2b
Blumenstraße 100-2a
Buchenweg 100-3a
Bugmühle 84-11c

Clara-Schumann-Straße (2) 100-2b

Dorfwiesenstraße 100-2b
Drosselweg (7) 100-2b

Eichendorffstraße 100-2b
Eichenweg 100-3a
Eisenbahnstraße 84-11d
Ellenbergstraße 100-2b
Erlenweg 100-3a
Eschenweg 100-3a

Fasanenweg 100-3a
Finkenstraße 100-3a
Fliederweg (16) 100-2c
Friedhofstraße 100-2b
Friedrich-Neid-Weg 100-3a

Gartenstraße 100-2b
Gewerbegebiet Ochsenweg 84-11d
Goethestraße 100-2b
Gottlieb-Daimler-Straße 84-11c
Grundstraße 100-2d

Häldenweg 84-12c
Hangweg (5) 100-2b
Hardtstraße 100-2a
Hauffstraße (24) 100-2d
Herdweg 100-2d
Hermann-Pfähler-Straße 100-3a
Höflesweg 100-3a
Hölderlinstraße 100-2b
Hunzelweg 100-3c

Im Biegel (21) 100-2d
Im Breiten Wasen 100-2b
Im Esper 100-3a
In den Baumwiesen (22) 100-2b
In den Eichelgärten 100-2a
In den Fischäckern (23) 100-3a
In den Gälesgärten 100-2d
In den Steiggärten 100-2b

Jahnstraße 100-2d
Johann-Sebastian-Bach-Weg (3) 100-2b
Johann-Strauß-Weg (1) 84-11d

Kernerstraße 100-2b
Kiebitzweg (8) 100-3a
Kirchberger Straße 100-2b
Kirchenfeldstraße 100-2b
Kirchstraße (19) 100-2b

Lammgasse (18) 100-2b
Lauweinbergstraße 100-2a
Lemberghöfe 100-5c
Lemberghof 100-5d
Lenbergerweg (1) 100-1b
Lilienstraße 100-2c
Lindenstraße 100-2b

Marbacher Straße 100-2a
Martin-Luther-Straße 100-2d
Meisenweg 100-2b
Mittelstraße 100-2b
Mörikestraße 100-2b
Mozartstraße 100-2b

Nachtigallenweg (11) 100-3a
Nelkenweg (15) 100-2c
Neuhofweg 100-2d
Nussbaumweg 100-3a

Ochsenweg 100-2a
Ostlandstraße 100-2b

Pfarrgartenstraße 100-2b
Pflasterstraße 100-2d
Piemonteser Straße 100-2d
Platanenweg 100-3a
Poppenweiler Straße (17) 100-2d

Querweg (6) 100-2b

Rathausgasse (20) 100-2d
Rebhuhnweg 100-3a
Reichenbachweg (12) 100-2b
Riedstraße 100-2a
Rieslingweg (3) 100-1b
Ringstraße 100-2b
Robert-Bosch-Straße 100-2a
Rosenstraße 100-2c

Schafstraße 100-2b
Schillerstraße 100-2a
Schrayweg 100-2d
Schubartstraße (4) 100-2b
Schulstraße 100-2d
Schwalbenweg (10) 100-3a
Silcherstraße 100-2b
Simanowizweg (13) 100-2b
Sommerhaldenstraße 100-2b
Spatzenweg (9) 100-3a
Starenweg 100-2b
Steige 100-2b
Steinheimer Weg 84-11c
Steinweg 100-2d

Tiefbrunnen 84-12c
Trollingerweg (2) 100-1b
Tulpenstraße 100-2c

Uhlandstraße 100-2a
Ulmenweg 100-3a
Ulrichsrain 100-2d

Veilchenweg (14) 100-2a

Wannenweg 100-2c
Weihinger Weg 100-2d
Weikershausener Straße 100-2a

Erkenbrechtsweiler
PLZ 73268

Achalmstraße 255-7a
Albrandweg 254-6b
Allewind 255-4c

Bergstraße 255-7a
Brunnsteige 254-9b
Bühl 255-7a
Burgweg 254-9b
Burrenhof 254-12c

Daimlerstraße 254-9b

Friedrich-Römer-Straße 254-9b

Gartenstraße 254-9b
Goethestraße 254-9b
Grabenstetter Straße 255-7a

Hartbühl 255-7a
Heidengraben 254-11d
Hölderlinweg 254-9b

Im Höfle 255-7a
Im Hof (2) 255-7a

Jahnstraße 255-7a
Jusiweg 255-7a

Kegelplatz 255-7a
Kirchheimer Straße 255-7a
Kirchstraße 254-9b

Leimwasen 255-7a
Lichtensteinweg 255-7a
Lindenweg 255-7a

Marienstraße 254-9b
Max-Eyth-Straße 254-9b
Mörikestraße 254-9b

Obere Straße 254-9b

Pfälerweg 255-7c

Rechbergstraße 255-7a
Reußensteinweg (1) 255-7a
Robert-Kempel-Straße 254-9b
Rotenbergstraße 255-7a

Schillerstraße 254-9b
Schloßstraße 254-9b
Silcherstraße 255-7a
Staufenstraße 255-7a
Sulzburgstraße 255-7a

Teckstraße 255-7a

Uhlandstraße 254-9b
Untere Straße 255-7a
Uracher Straße 255-7a

Weileräckerstraße 254-9b

Ziegelstraße 255-7a
Zollernstraße 255-7a

Erlenbach
PLZ 74235

Abelsbergsteige 60-7c
Am Hochbehälter 60-7a
Am Kutschersberg 59-9b
Asternweg 59-9b
Auweg 60-7d

Bacchusweg 60-7a
Bachweg 60-7c
Backhausweg 60-7c
Badäckerstraße 60-7c
Bei der Kelter (2) 59-9b
Berggasse 60-7c
Binswangen 59-6c
Binswanger Straße 59-11b
Birkenweg 60-7a
Blumenstraße 59-9b
Burgunderstraße 60-7a

Engelgasse 59-9d
Entengasse 59-9b
Erlenbacher Weg 59-9b
Erlenweg 60-7a

Fasanenweg (4) 59-6d
Fliederweg 59-9b
Friedenstraße 60-7c

Gänsweide 59-9b
Ganzhornstraße 60-7a
Gartenweg 60-7c
Georg-Ohm-Straße 59-5d
Gewerbegebiet Käppelesäcker 59-9d
Gewerbegebiet Lachen 60-10a
Gewerbegebiet Straßenäcker 59-5d
Hafenmarkt 60-10a
Hafenweiler (2) 60-7c
Hauptstraße 59-9a
Heilbronner Straße 59-9d
Heilbronner Weg 59-12b
Herdweg 59-6d
Hofäcker 59-9c
Holunderweg 60-7a
Holzweg 59-9a

Im Beiselter 59-9b
Im Gaisberg 60-7a
Im Petersrain 59-6c
Im Unterwasser 60-7c
In den Hüttenäckern 60-7a
In den Klingen 59-6d
In den Lachen 60-10a

Jahnstraße 60-7c

Käppelesäcker 59-9d
Kernerstraße 60-7a
Kirchgasse 60-7c
Klingenstraße 60-7c
Knollen 59-11b
Kreuzweg 60-7c
Kurzer Weg 59-9b

Langenweg 59-9b
Lembergerstraße 60-7a
Lerchenstraße 60-7c

Mörikestraße 60-7a
Mühlgasse 59-9b

Neckarsulmer Straße 59-9d
Nelkenweg 59-9b

Ohrberg 59-12b

Petersrain 59-9a

Rieslingstraße 60-7a
Rosenstraße 59-9b
Ruländerstraße 60-7a

St.-Michaels-Gasse (1) 59-9b
Schanzweg (1) 60-7c
Schießmauerweg 60-7a
Schulgasse 59-9d
Schulstraße 60-7c
Seebergsteige 60-7a
Seegärten 60-7a
Sommerhalde (3) 59-6d
Sponshaldenstraße 60-7a
Straßenäcker 59-8b
Sulmstraße 59-9d

Talstraße 59-9d
Trollingerstraße 60-7a
Tulpenweg 59-6d

Veilchenweg 59-9b
Viertelsteige 60-7c

Weinsberger Straße 60-10a
Weinstraße 60-7c
Weißenhofstraße 60-7c
Werner-Heisenberg-Straße 59-5d
Wiesenweg 59-9d
Wohngebiet „Holzweg“ 59-6c

Erligheim
PLZ 74391

Am Fuchsloch 75-7d
Am Mühlgraben (17) 75-7d
Amselweg 75-7c

Bachstraße 75-7b
Bärenäcker 75-10a
Baugebiet Aichert 75-7d
Baumbachstraße 75-7d
Beim Sportplatz 75-7b
Besigheimer Pfad 75-10b
Birkenstraße 75-7d
Blattwiesenstraße 75-7d
Blumenstraße 75-7a
Bönnigheimer Straße 75-7a
Bruno-Staiger-Weg (15) 75-7a

Christoph-Umbach-Straße (5) 75-7a
Cleebronner Weg 75-7a

Ensbachstraße 75-7a
Erlenweg 75-7d

Finkenweg 75-7c
Fliederweg 75-7a
Flurstraße 75-7a
Franz-Lutz-Straße 75-7a
Freudentaler Straße 74-9d
Friedhofstraße 75-7b

Gartenstraße (2) 75-7a
Georg-Murmann-Straße 75-7a
Gewerbegebiet Ensbach 75-7a
Gewerbegebiet Großes Flürle II 75-7a
Grabenstraße 75-7b
Grünwiesenstraße 75-7a

Habertsaustraße (9) 75-7c
Hauptstraße 75-7a
Hofener Straße 75-7a
Holderstraße 75-7c

Im Aichert 75-7b
Im Egerten (10) 75-7c
Im Kleeacker (13) 75-7c
Im Remsel (14) 75-7a
Im Ried (12) 75-7c
Im Sponhauer (11) 75-7c
Im Winterrain (7) 75-7c
Industriestraße 75-7a

Johannes-Bieg-Straße 75-7a
Kelterstraße (3) 75-7a
Kernerweg (16) 75-7d
Kuhäckerstraße 75-7c

Lange Äcker 75-7c
Lemberger Straße 75-7d
Lilienweg 75-7a
Lindenstraße 75-7d
Löchgauer Straße 75-7a

Markersdorfer Straße (6) 75-7c
Mauerackerstraße 75-7a
Mühlstraße 75-7d

Nelkenweg (1) 75-7a
Nordstraße 75-7a

Rathausstraße 75-7b
Rieslingweg (14) 75-7d
Ringstraße 75-7a
Rosenfeld 75-7c

Schillerstraße 75-7c
Schmerbachweg 75-7c
Schulstraße 75-7b
Seestraße 75-7b
Sonnenhalde 75-7b
Südstraße 75-7a

Talhof 74-9d
Talstraße 75-7d
Traminerweg (8) 75-7c
Trollingerweg (15) 75-7d
Tulpenweg 75-7a

Urbanstraße (4) 75-7b

Viehweg 74-9d
Vogelsangweg (16) 74-9b

Weinstraße 75-7d

Eschbronn
PLZ 78664

Am Bach 362-7b
Am Berg 362-7b
Am Harzwald 362-10a

Bäckerwegle 362-7b
Bergstraße 362-7b
Brenntenwaldweg 362-7a
Buchenweg (3) 362-7a
Bühlweg 362-7b

Carl-Hädtner-Straße 362-7a

Dachsbühlweg 362-7c

Erlenweg (2) 362-7a

Fichtenweg (4) 362-7a
Friedhofstraße 362-7b

Geigenrain 362-4d

Harzwald 362-10b
Haspel 362-7c
Hochberg 362-7b

Kirchweg 362-7b

Lackendorfer Weg 362-7b
Lärchenweg (1) 362-7a
Locherhof 362-7d

Mariazeller Straße 362-7c

Schachen 362-4c
Schillerstraße 362-7a
Schulweg 362-7b
Sternendachsbühl 362-7b

Teufen 362-7c
Teufenstraße 362-7b

Uhlandstraße 362-7a
Unterer Teufen 362-7b

Eschenbach
PLZ 73107

Aichelbergstraße (5) 211-7c
Amselweg 211-7d

Bahnhofstraße 211-7b
Birkenweg 211-7a
Blumenstraße (4) 211-7a
Boßlerstraße 211-7b
Brunnengasse 211-7d

Daimlerstraße (1) 211-7b
Drosselweg 211-7d

Friedhofweg (6) 211-7c
Frühlingstraße 211-7a
Fuchsseckstraße 211-7a

Gartenstraße 211-7a

Hasengasse 211-7c
Heininger Straße 211-7a
Herrenwiesen 211-7c
Hohenstaufenstraße 211-7b

Iltishof 211-1d

Keplerstraße (2) 211-7b
Kirchstraße 211-7a
Kornbergstraße 211-7d

Lindenstraße 211-7b
Lotenberg 211-10c
Lotenbergstraße 211-7c
Neuffenstraße 211-7a

Ringstraße 211-7d

Schlater Straße 211-7d
Stelläckerplatz (7) 211-7b
Sudetenstraße 211-7b

Teckstraße 211-7a
Theodor-Engel-Strasse 211-7b

Wiesenweg 211-7d

Zeppelinstraße (3) 211-7b

Esslingen am Neckar

73728 Abt-Fulrad-Straße 41-B1 + 156-12c
73734 Achalmstraße 180-6a
73730 Adelbergweg (1) 181-3c
– Adenauerbrücke 181-4a
73728 Adlerstraße 41-C2
73728 Äußerer Burgplatz 41-C1 + 156-12d
– Agnesbrücke 41-B2
73728 Agnespromade 41-B1 + 156-12c
73732 Ahornweg 156-9d
73730 Aichelbergweg (2) 181-3c
73730 Aichschießer Fußweg 182-1b
73732 Aichschießer Weg 157-11d
73730 Aifenweg 181-3c
73733 Ailenberg 156-7b
73732 Akazienweg 156-9d
73730 Albblick 181-3c
73730 Albert-Schweitzer-Straße 181-1a
73730 Albertusweg (6) 181-1b
73734 Albstraße 180-6d
73730 Alemannenweg 181-4d
73733 Alexanderstraße 156-9c
73734 Alfred-Kraft-Straße 180-6d
73730 Alleenstraße 181-5b
73728 Allmandgasse 41-B2
73730 Alte Heusteige 181-5a
73733 Altenbergweg 156-10b
73732 Alte Ränkelesgasse 157-11a
73732 Alter Steinbruchweg 157-7a
73732 Alter Stettener Weg 157-8c
73733 Alte Schifffahrt 156-10d
73732 Alte Steige 157-11a
73732 Alte Talstraße 157-7c
73730 Am Alten Neckar 181-6a
73734 Am Bergle (9) 180-6d
73730 Am Enteneich (11) 181-1d
73733 Am Gockengarten 156-8a
73734 Am Graben (8) 180-6d
73732 Am Hausweinberg (3) 157-11c
73734 Am Kirchberg 180-6b
73728 Am Kronenhof 41-B2 + 180-3a
73734 Am Schäferplatz 181-4c
73732 Am Schönen Rain 156-12d
73730 Amselweg 181-4a
73734 Am Ziegelbrunnen 180-6b
73734 An der Aufstiegstraße (2) 180-6b
73730 An der Friedenslinde 181-3c
73733 An der Rennbahn 180-1b
73730 Andreas-Hofer-Straße (4) 181-1a
73733 Angerweg 156-8a
73732 Anhäuserstraße (2) 157-11c
73728 Anna-Schieber-Weg 157-10c
73732 Anne-Frank-Weg 157-10a
73732 Anneliesenweg 157-8c
73728 Apothekergasse (4) 41-C1
73728 Archivstraße 41-C2 + 156-12c
73733 Arnikastraße 156-9c
73730 Asternweg 181-4b
73734 Auchtweg 180-5b
73732 Auchtweidenweg 157-11c
73733 Auenweg 156-10d
73734 Augustenstraße (13) 181-4c
73728 Augustinerstraße 41-C1 + 156-12c
73734 August-Kleinknecht-Weg (24) 180-6d

73730 Bachstraße 181-6a
73734 Badstraße 181-7a
73732 Bärenwiesenweg 156-9d
73728 Bahnhofplatz 41-B2
73728 Bahnhofstraße 41-B2 + 180-3a
73730 Balkeshauweg 182-1d
73730 Banatstraße 181-2c
73732 Bantlesweg 157-10d
73732 Barbarossastraße 156-9c
73733 Bauernackerweg 156-8a
73730 Bauernwäldle (9) 181-3c
73730 Baumreute 181-1b
73728 Beblingerstraße 41-B1
73732 Beethovenstraße 156-12b
73733 Bergstraße 156-8d
73732 Bergwiesenweg 157-11c
73734 Berkheim 181-7a
73734 Berkheimer Straße 41-B3 + 180-3a
73728 Berliner Straße 41-B2
73732 Bernhard-Denzel-Weg 157-10c
73734 Berta-Stoll-Weg 180-6d
73733 Betzgerstraße 156-8b
73728 Beutauklinge 156-12c
73732 Biegelweg 157-8d
73734 Bildackerweg 180-2d
73732 Birkengehrenweg 157-8a
73730 Birkenhof 181-1a
73728 Birkenweg 181-1a
73728 Bismarckstraße 181-1a
73728 Blarerplatz 41-C2
73734 Blicnoholdonweg 180-5b
73728 Blumenstraße 41-D3 + 180-3b
73730 Böhmerwaldstraße (3) 181-3c
73734 Böllatweg 180-3c
73733 Bogenstraße 156-11d
73734 Boppenäckerstraße 181-7b
73732 Boppengasse 157-10a
73728 Borsigstraße 180-3d
73734 Boschstraße 180-2b
73734 Boßlerstraße 180-6a
73732 Brackenheimer Weg 156-12b
73730 Brandenburger Straße 181-1b
73734 Braungartweg 180-5b
73732 Braunhaldenweg 157-12a
73733 Bregelbach 156-8b
73733 Bregelweg 156-8b
73734 Breitenstraße 41-A3 + 180-2d
73732 Breitinger Straße 181-2a
73734 Breitwiesenweg 180-6b
73730 Breslauer Straße 181-2c
73730 Brettacherweg (4) 181-3c
73732 Brinzingerweg 157-11c
73732 Brucknerweg 156-12b
73734 Brückenstraße 41-B3 + 180-3c
73733 Brühl 156-10c
73733 Brühlkanalstraße 156-10d
73734 Brühlstraße 180-6d
73730 Brünner Straße 181-2c
73728 Brunnenstraße 181-4c
73732 Brunnenwiesenweg 156-9d
73728 Buchenweg 181-1a
73730 Buckenlehenweg 181-1b
73732 Büchlesweg 157-7b
– Burg 41-C1 + 156-12d
– Burgstaffel 41-C1
73728 Burgsteige 41-C1
73733 Burgunderstraße 156-10d
73730 Bussardweg (3) 181-4d
73733 Butzenmannweg 156-8d

73732 Camererweg 157-11a
73733 Cannstatter Straße 156-10b
73734 Champagnestraße 180-2c
73734 Champagneweg 180-2c
73730 Charlottenplatz 41-D3 + 180-3b
73732 Christian-Fink-Straße 157-11c
73734 Christian-Knayer-Straße 180-9b
73734 Christophstraße 181-4c

73732 Dachsbauweg 157-8d
73728 Daffnerstraße 41-C3
73734 Daimlerstraße 41-A3 + 180-2b
73730 Damaschkestraße 181-2c
73728 Dammstraße 180-3d
73730 Danziger Straße 181-2c
73734 Deizisauer Straße (16) 181-4c
73734 Denkendorfer Straße 180-9b
73734 Denkendorfer-Weg-Äcker 180-9b
73730 Diakonissenweg 181-1d
73730 Diepoldstraße 181-5b
73734 Dieselstraße 41-A2 + 180-2b
– Dieter-Roser-Brücke 181-5c
73732 Dietrich-Bonhoeffer-Straße 157-10a
73730 Dr.-Gotthilf-Schenkel-Weg 181-1a
73730 Dornierstraße 181-5c
73730 Dresdener Straße 181-1b
73730 Drosselweg 181-4b
73734 Dürrbeundstraße 181-4c
73728 Dulkhäusle 157-8c
73732 Dulkweg 157-7d

73734 Eberhard-Bauer-Straße 180-2b
73728 Ebershaldenstraße 41-C1 + 156-12d
73730 Eberspächerstraße 181-1c
73730 Eckenerstraße 181-5c
73733 Eglisweg 156-8a
73728 Ehnisgasse 41-B2 + 180-3a
73732 Eibenweg 156-9d
73734 Eichendorffstraße 180-5b
73732 Eichenweg 156-9d
73730 Einsteinstraße 181-6a
73730 Eisenbahnstraße 181-5b
73732 Elisabethenweg 157-11b
73730 Elsterweg (2) 181-4b
73732 Emil-Fraas-Weg (8) 181-3d
73733 Emil-Kessler-Straße 156-10b
73728 Entengrabenstraße 41-C2
73730 Entennest 181-6c
73734 Erbachstraße (12) 181-4c
73730 Erich-Kenner-Platz 181-6a
73734 Erikaweg (5) 180-6c
73733 Erlenweg 156-8d
73734 Ermsweg 181-7a
73734 Eschbacher Weg 181-7a
73734 Eschbuchweg 181-8a
73728 Eschenweg 181-1a
73732 Eselsweg 157-7a
73732 Esslinger Straße 157-10d
73732 Eugen-Bolz-Straße 157-10a
73730 Eulenweg 181-4d

73728 Fabrikstraße 41-C2 + 180-3a
73728 Färbertörlesweg 41-B3 + 180-3a
73734 Faißtstraße 41-A3
73730 Falkenweg 181-4d
73730 Farnweg (7) 180-6d
73732 Fichtenstraße 156-9d
73734 Filderstraße 180-6d
73734 Filsweg 181-4c
73730 Finkenweg 181-4b
73728 Fischbrunnenstraße (6) 41-C2
73728 Fischergasse (8) 41-B2
73732 Flandernstraße 156-12b
73730 Fleckenwaldweg 181-3b
73728 Fleischmannstraße 41-A2 + 156-11d
73730 Fliederweg 181-5a
73732 Föhrenweg 156-9c
73732 Foltergasse 157-7d
73730 Forstbachweg (10) 181-3c
73730 Forststraße 181-6a
73728 Franziskanergasse 41-C2 + 156-12d
73728 Franzosensteg (9) 41-C2
73730 Freihofstraße 181-5b
73728 Friedensstraße 41-D3 + 180-3b
73730 Friedrich-Ebert-Straße 181-1c
73730 Friedrichstraße 181-6a
73730 Fritz-Müller-Straße 181-1c
73730 Fröbelweg 181-3c
73732 Frühlingshalde 156-12b

73730 Gänsäckerstraße 181-1d
73730 Gänsbrunnenweg (12) 181-3d
73734 Gallenweg 181-4c
73734 Gartenstraße 180-6d
73732 Gassenbergweg 157-7c
73730 Gauchhalde 181-3c

73733 Gayernweg 156-11c
73728 Geiselbachstraße 41-C1 + 156-12c
73728 Geiselstraße 41-C1
73730 Georg-Deuschle-Straße 181-1d
73728 Georgiistraße 181-1a
73730 Gerberweg (8) 181-1d
73733 Gerstenweg 156-8d
73732 Geschwister-Scholl-Straße 157-10a
73733 Gestütsweg 180-1b
73732 Geuernrain 180-2c
73732 Gillenweg 156-9d
73734 Ginsterweg (4) 180-6c
73732 Goerdelerweg 157-10a
73734 Goethestraße 180-6d
73733 Gollenstraße 156-8b
73730 Gottfried-Weigel-Straße 181-6b
73728 Grabbrunnenstraße 41-D2
73733 Greutweg 156-9c
73728 Grüner Weg 41-D1
73734 Grundhöfe 180-9b
– Gunzenweg 158-11c
73730 Gustav-Werner-Straße 181-1d
73730 Gutenbergstraße 181-6a

73734 Habertweg 180-6d
73730 Habichtweg (5) 181-4d
73730 Häberlinstraße 181-1d
73730 Häherweg (4) 181-4d
73732 Händelweg 157-10a
73734 Häuserhaldenweg 41-A3 + 180-2d
73728 Hafenmarkt (7) 41-C2
73730 Hainbachstraße 181-1d
73732 Hakenbergweg 157-7d
73733 Halbergstraße 156-10b
73730 Haldenstraße 157-10d
73734 Hammerschmiede 180-6b
73730 Hangweg 182-1b
73732 Hansenbergweg 157-7c
73730 Hasenrainweg 181-1b
73728 Hauffstraße 41-C1 + 156-12d
73730 Hauptstraße 181-5b
73733 Hauptwasenstraße 41-A3
73732 Hausgüterweg 156-9b
73734 Hausweingärten 181-4c
73730 Heckenweg 181-1d
73734 Hedelfinger Straße 41-A2 + 180-2b
73730 Hegensberg 181-2a
73730 Hegensberger Straße 157-10d
73733 Heidestraße 156-11a
73730 Heideweg 181-2b
73728 Heilbronner Straße 41-D3 + 180-3b
73730 Heiligenbergweg 181-6b
73733 Heimstättenweg (1) 156-11a
73733 Heinrich-Gyr-Straße 156-10d
73728 Hellerweg 41-B1 + 156-12c
73734 Helleswiesenweg 180-6d
73733 Helmensbergweg 156-9c
73730 Hemenweg 157-10d
73730 Herderstraße 181-1d
73733 Herdweg 156-11a
73730 Hermann-Kurz-Weg 181-4b
73730 Hermannstraße 181-6a
73733 Herrenwiesenweg 156-11d
73733 Hertfelderstraße 156-8b
73732 Hessengasse 157-11c
73728 Heugasse 41-C1 + 156-12c
73734 Hildenbrandtstraße (17) 181-4c
73728/73730 Hindenburgstraße 41-D2 + 180-3b
73733 Hinterer Holzweg 156-7d
73730 Hirschlandhof (5) 181-1b
73730 Hirschlandstraße 181-1a
73728 Hirschstraße 41-C2
73734 Hochstetterweg 180-6a
73733 Hochwiesenweg 156-11b
73730/73728 Hölderlinweg 41-C1 + 156-12d
73732 Höllweg 157-7d
73728 Hofstatt 41-C2
73732 Hofstraße 157-11c
73734 Hofweg 181-4d
73732 Hofwiesenweg 156-9d
73733 Hohenackerstraße 156-8d
73732 Hohenbühlweg 156-12a
73734 Hohenheimer Straße 41-A3 + 180-5a
– Hohenkreuz 156-12a
73732 Hohenkreuzweg 156-9d
73734 Hohenloher Straße 180-6d
73732 Hohenmarkweg 157-7b
73734 Hohenstaufenstraße 180-3c
73730 Hoher Stich 181-2c
73734 Hohe Straße 41-A3 + 180-2d
73732 Hohler Graben 156-9b
73728 Holgenburg 41-B1 + 156-12c
73733 Holunderweg 156-8d
– Holzweinbergweg 156-7d
73732 Holzwiesenweg 157-7d
73732 Hopfengartenweg 156-9d
73732 Hubertusweg 157-10b
73730 Humboldtstraße 181-6a

73733 Im Bregel 156-8b
73728 Im Efeu 41-C1 + 156-12d
73730 Im Egert 181-3c
73730 Im Erlich 181-3c
73730 Im Feldle 181-6a
73733 Im Fritzen 156-8d
73730 Im Gaugenmaier 181-3c
73732 Im Göbel 156-9b
73734 Im Grillenrain (1) 180-6b
73730 Im Hangelstein 181-3c
73728 Im Heppächer 41-C2
73734 Im Holder 41-B3 + 180-3c
73732 Im Holzberg 157-10a
73734 Im Honighof (11) 181-4c
73734 Im Kehrer 180-6d
73732 Im Köpfen 156-12b
73734 Im Kugelbrettle 180-6d
73730 Im Rosengarten 181-4b
73733 Im Sonnenwinkel 156-8a
73732 Im Unteren Zehen 157-10a
73732 Im Zehen 157-10a
73732 Ina-Rothschild-Weg 156-12b
73732 Ina-Seidel-Weg 157-11c
73734 In der Kürze 180-9b

73730 Indexstraße 181-1d
73728 Innere Brücke 41-B2 + 180-3a
73730 Inselstraße 181-4a

73732 Jägerhaus 157-11a
73734 Jakobstraße 181-4c
73728 J.-F.-Schreiber-Weg 41-B1 + 156-12c
73730 Johannesstraße 181-6a
73728 Julius-Motteler-Straße 41-D3
73728 Jurastraße 180-6d
73734 Jusiweg 180-6a

73732 Kalte-Halde-Weg 156-9b
73732 Kaltklingenweg 156-9a
73728 Kanalstraße 41-C2 + 180-3b
73728 Kandlerstraße 41-A2 + 180-2b
73732 Kantinestraße (3) 156-12b
73734 Kantstraße 180-6d
73728 Karl-Fuchs-Weg 41-C1 + 156-12c
73734 Karl-Pfaff-Straße 41-A3 + 180-2b
73730 Karlsbader Straße (9) 181-2c
73730 Karlstraße 181-6a
73728 Karmeliterpassage 41-C2
73728 Kasernenstraße (13) 41-B2
73732 Kastanienweg 156-9d
73734 Kastellstraße 180-6d
73733 Kastenackerweg 156-8d
73733 Katharinenlinde 156-5d
73728 Katharinen Staffel 41-D1 + 156-12d
73728 Katharinenstraße 41-C3 + 180-3b
73730 Kegelstraße 181-1d
73733 Kelterstraße 156-11b
73730 Kennenburg 157-10d
73732 Kennenburger Straße 157-10d
73730 Keplerstraße 181-1d
73732 Kernenweg 156-12b
73734 Keuperstraße 180-6d
73728 Kiesstraße 41-C2 + 180-3b
– Kimmichsweiler 181-2b
73730 Kimmichsweilersteige 181-2b
73730 Kimmichsweilerweg 181-2b
73732 Kirchackerstraße 156-12b
73730 Kirchstraße 181-6a
– Kirschbaumweg 158-11d
73730 Kirschenbäumlesweg 181-2c
73734 Klarastraße (15) 181-4c
73733 Kleine Hülengasse 156-8a
73728 Kleiner Markt (3) 41-C1
73728 Kleistweg 157-10c
73730 Klingenweg 181-1d
73733 Klosterallee 180-1a
73728 Knäpplenshof (2) 41-B2
73730 Köllerweg 181-2a
73734 Köngener Straße 181-4c
73734 Köngener Weg 181-7a
73733 Königsallee 180-1b
73730 Königsberger Straße 181-2c
73730 Körschstraße 181-6a
73732 Kohlerweg 157-10d
73728 Kollwitzstraße 41-B2 + 180-3a
73732 Kolpingstraße 156-9d
73734 Konsumstraße 181-4c
73732 Koppensteige 157-7a
73734 Kornbergweg (19) 181-4c
73730 Kornblumenweg (1) 181-2c
73733 Kornhalde 156-8d
73732 Koßmänneweg 157-10d
73728 Krämerstraße 41-B2
73732 Krebenwiesenhof (1) 156-12b
73732 Krebenwiesenweg 156-12b
73734 Kreuzgartenstraße 41-B3 + 180-3a
73730 Kreuzstraße 181-1d
73734 Kronenstraße 180-9b
73733 Krummenacker 156-8b
73733 Krummenackerstraße 156-8b
73730 Krummenhardter Sträßl 157-12d
73728 Küferstraße 41-C2 + 180-3b
73732 Kugelbahnweg 157-11b
73732 Kuhsteige 156-9b
73728 Kupfergasse 41-C2
73728 Kurt-Schumacher-Straße 180-3d
73730 Kurzer Remser (13) 181-3d
73732 Kurze Straße (2) 156-12b

73734 Lachenäckerweg (20) 180-6d
73732 Laienweg 157-10a
73728 Landenbergerstraße 41-D2 + 157-10c
73730 Landhausstraße 181-2c + 1d
73728 Landolinhof 41-C1
73728 Landolinsgasse 41-C2 + 156-12d
73728 Landolinsplatz 41-C1
73728 Landolinsteige 41-C1 + 156-12d
73732 Langer Weg 156-9b
73734 Lauterweg 180-6d
73728 Lederstraße (11) 41-B2
73732 Leimenackerweg 156-12a
73730 Leinhardstraße (6) 181-6a
73728 Lenaustaffel (1) 157-10c
73732 Lenzhalde 41-D1 + 156-12d
73733 Lerchenbergstraße 156-7d
73730 Lerchenweg 181-4d
73730 Lessingstraße 181-1d
73734 Lichtensteinweg 180-3c
73732 Liebersbronn 157-11c
73732 Liebersbronner Straße 157-11c
73730 Liebigweg 181-6a
73730 Lilienthalstraße 181-4b
73730 Lilienweg 181-5a
73734 Limburgstraße 181-4c
73730 Lindenhof 181-1c
73730 Lindenhof (Kimmichsweiler) 157-12c
73730 Lindenplatz 181-3c
73734 Lindenstraße 181-4c
73732 Lindhaldenweg 156-6c
73730 Liststraße 181-1c
73732 Lobebrother Fußweg 157-8d
73734 Löwengarten (10) 181-4c
73728 Lohwasen (1) 41-B2
73732 Ludwig-Jahn-Straße 157-10d
73733 Ludwigstraße (2) 156-10d
73733 Luikenweg 156-8b

73733 Mäzenhellesweg 156-11b
73730 Magdeburger Straße 181-1b
73733 Maienwalterstraße 156-8d
73728 Maillestraße 41-C3 + 180-3a
– Mailleweg 41-C2
73734 Marienstraße 181-4c
73728 Marktplatz 41-B1 + 156-12c
73728 Martinstraße 41-A2 + 156-11d
73733 Matthäus-Hahn-Straße 156-10d
73728 Mauerstraße 41-C1 + 156-12d
73732 Maulesweg 157-11d
73733 Max-Eyth-Straße 156-10d
73730 Max-Planck-Straße 181-5a
73730 Meisenweg (1) 181-4b
73728 Merkelstraße 41-C3 + 180-3b
73730 Mettenhaldenstraße 181-6a
73733 Mettingen 156-11c
73728 Mettinger Straße 41-A1 + 156-11c
73734 Michael-Stifel-Platz 180-5b
73728 Milchstraße 41-C2 + 156-12c
73733 Mistelweg 156-12a
73733 Mittelstraße 156-11b
73728 Mittlere Beutau 41-C1 + 156-12a
73734 Mittlerer Hofhauweg 181-4d
73732 Mönchelenweg 157-11b
73730 Mönchsbergweg (11) 181-3d
73728 Mörikestraße 41-C3 + 180-3b
73730 Möwenweg 181-4b
73732 Mohnweg 156-9b
73734 Moltkestraße 181-4c
73734 Mooräckerweg (21) 180-6d
73734 Moosweg (6) 180-6d
73732 Mozartweg 156-12b
73734 Mühlgäßle 180-6d
73734 Mühlhaldenweg 157-10a
73728 Mühlstraße 41-C3 + 180-3b
73728 Mülbergerstraße 156-12b
73734 Mutzenreisstraße 180-5a

73730 Nansenweg 181-6a
73730 Narzissenweg 181-2c
73733 Neckarhalde 156-11b
– Neckarhaldenweg (Berkheim) 181-8b
73728 Neckarhaldenweg (Hohenkreuz) 41-B1 + 156-12c
73728 Neckarstraße 41-C3 + 180-3b
73730 Nelkenweg (13) 181-5a
73734 Nellinger Straße 180-6d
73732 Neuer Stettener Weg 157-8d
73732 Neue Straße 157-11a
73734 Neuffenstraße 180-6a
73732 Nonnenklinge 156-9b
73730 Nymphaeaweg 181-4b

73728 Obere Beutau 41-C1 + 156-12c
73734 Oberer Brühl 180-2a
73734 Oberer Eisbergweg 180-3c
73734 Oberer Hofhauweg 181-7b
73728 Oberer Metzgerbach 41-C2
73732 Oberer Mönchelenweg 157-11a
– Oberer Neckarhaldenweg 41-A1 + 156-11d
73732 Oberer Ortlochweg 157-11b
73730 Oberesslingen 181-2c
73730 Oberesslinger Straße 181-2a
73730 Oberhof 181-2a
73730 Oberhofweg 181-2b
73730 Obertal 156-6c
73732 Obertalweg 156-6d
73728 Obertorstraße 41-C2 + 180-3b
73733 Obertürkheimer Straße 156-7d
73734 Oberwiesenweg 181-7b
73730 Ohmstraße 181-5b
73728 Olgastraße 41-D3 + 180-3d
73730 Orgelweg 182-2c
73734 Osterfeldstraße 181-4c
73732 Otterngäßchen (1) 157-10b
73728 Ottilienplatz 41-C2 + 180-3b
73730 Otto-Bayer-Straße 181-1c
73733 Otto-Konz-Straße 156-10d
73734 Ottostraße 41-A3 + 180-2b

73733 Palmenwaldstraße 156-10c
73732 Palmstraße 156-12b
73730 Paracelsusstraße 181-1a
73733 Paradiesweg 156-8a
73734 Parkstraße 41-A3 + 180-2b
73730 Paul-Gerhardt-Straße 181-1d
73730 Paulinenstraße 181-1c
73728 Peterlinggasse (10) 41-B2
73728 Pfaffenackerstraße 156-12b
73732 Pfahlweg 157-7a
73733 Pfarrstraße 156-8d
73732 Pfauenbergsteige 157-10d
73734 Pfeifferklinge 180-2d
73730 Pfostenackerweg 181-2c
73728 Platz der Deutschen Einheit 41-A1 + 156-11d
– Pliensaubrücke 41-B3 + 180-3a
73728 Pliensaustraße 41-B2 + 180-3a
73728 Pliensauvorstadt 180-1d
73730 Plochinger Straße 41-D3 + 181-1a
73730 Postweg 158-10d
73730 Potsdamer Straße 181-1d
73728 Promenadenweg 41-A2 + 180-2b
73728 Pulverwiesen 41-C3 + 180-3b

73733 Quittenweg 156-8b

73733 Radeweg 156-8a
73734 Rainweg 180-6d
73734 Rainweg (Berkheim) 180-6d
– Rainweg (Zell) 181-3d
73728 Rathausplatz 41-C1 + 156-12c
73733 Raunswiesenweg 156-9c
73734 Rechbergstraße 180-3c
73732 Reinhold-Krauß-Straße 157-10a
73732 Remsweg (22) 180-9b
73730 Renettenweg 181-2d
73728 Rennstraße 180-3d
73734 Reußensteinweg 180-6a
– Reuteweg 156-8c
73728 Reutlinger Straße 41-D3 + 181-1a
73728 Richard-Hirschmann-Straße 41-D2 + 180-3b
73733 Rieslingstraße 156-10b

73728 Rilkestraße 41-D2
73730 Ringelweg 181-1b
73728 Ritterstraße 41-C2 + 156-12c
73730 Robert-Koch-Straße 181-6a
73732 Römerstraße 157-7a
73730 Röntgenstraße 181-5d
73733 Roggenweg 156-8d
73734 Rohr 180-6b
73734 Rohrackerweg 180-6b
73730 Rolf-Nesch-Weg 181-1a
73730 Rosenau 181-1c
73733 Rosenholzweg 156-11a
73733 Rosenstraße 156-7d
73733 Rosmarinweg 156-9c
73734 Roßbergstraße 180-6a
73730 Rosselenweg 181-2c
73732 Roßfurche 156-9d
73728 Roßmarkt 41-B2 + 156-12c
73730 Rostocker Straße 181-2a
73732 Rotenackerstraße 157-10a
73730 Rotenstraße 181-6a
73730 Rotsteigle 181-3a
73733 Rüdern 156-7b
– Rüderner-Heide-Weg 156-5d
73733 Rüderner Straße 156-8c
73734 Ruiter Straße 180-6c
73733 Ruländerstraße 156-10d

– Saisleshauweg 158-10c
73733 Salbeiweg 156-12a
73732 Salzmannweg 157-11c
73732 St. Bernhardt 157-10a
73728 Schäfflerstraße 41-C3
– Schälzhaldenweg 156-7d
73728 Schaichengäßle (12) 41-B2
73732 Schanbacher Straße 157-11c
73732 Schanbacher Weg 157-8d
73728 Schelztorstraße 41-A1 + 156-11d
73733 Schenkenbergstraße 156-10b
73730 Schießplatzweg 181-2a
73734 Schilfweg 181-4a
73728 Schillerplatz 41-D3
73728 Schillerstraße 41-D3 + 180-3b
73728 Schlachthausstraße 41-A2
73733 Schlehenweg 156-8d
73732 Schlesierstraße 156-9c
73733 Schlößlesweg 156-9a
73728 Schloßberggasse 41-B2
73732 Schlosserweg 157-10b
73732 Schloßwiesenweg 156-12a
73733 Schlüßhaldenstraße 156-10b
73728 Schmale Gasse 41-C2
– Schönblick 157-10b
73734 Schönbuchstraße 180-6d
73728 Schönenbergweg 41-C1 + 156-12b
73734 Schönleberweg 180-5b
73730 Schorndorfer Straße 181-1d
73734 Schubartweg 180-2b
73730 Schulbergstraße (7) 181-1d
73732 Schulerweg 157-7a
73730 Schulgäßle (5) 181-6a
73728 Schulstraße 181-4c
73734 Schurwaldstraße 180-6d
73730 Schwalbenweg 181-4d
73728 Schwanengrabenstraße 41-B2
73733 Schwarzklingenweg 156-12a
73734 Schwarzwaldstraße 180-6c
73733 Schwindelesweg 156-11a
73734 Seestraße 180-6b
73734 Seewiesenweg 180-6b
73728 Seitenstraße 180-6d
73732 Serach 156-9a
73732 Seracher Straße 156-9a
73733 Siemensstraße 156-10d
73730 Silcherstraße 181-1a
73733 Silvanerstraße (1) 156-10d
73730 Sirnau 181-4d
– Sirnauer Brücke 181-5a
73730 Sirnauer Hof 181-4d
73728 Sirnauer Straße 41-B2 + 180-3a
73734 Sofienstraße (14) 181-4c
73728 Sommerweg 157-10c
73730 Sonnenhalde 181-6a
73730 Spechtweg 181-4b
73730 Sperlingweg 181-4b
73734 Spiethhof 181-7c
73734 Spitalsteige 180-2d
73733 Spitalwaldweg 156-8a
73728 Spritzengasse 41-C2
73732 Stäffelesweg 157-10d
73733 Stahlackerweg 156-11a
73730 Starenweg 181-4b
73730 Staufeneckstraße 181-3c
73730 Stauffenbergstraße 181-1c
73730 Steinbeisstraße 181-5b
73730 Steinhalde 181-1d
73732 Stettener Bachweg 157-8a
73732 Stettener Straße 156-6d
73732 Stettener Weg 157-8a
73730 Stieglitzweg 181-4b
73732 Stöckenberg 157-11d
73732 Stöckenbergweg 157-11c
73734 Strengenäckerweg (23) 180-6d
73728 Strohstraße 41-C2 + 180-3b
73732 Strümpfelbacher Fußweg 157-8c
73732 Strümpfelbacher Steige 157-10a
73732 Strümpfelbacher Straße 157-7d
73734 Stuifenstraße 180-3c
73734 Stuttgarter Straße 41-A3 + 180-2b
73734 Sudetenstraße 181-4c
73732 Südhalde 156-12a
73733 Sulzgries 156-8c
73728 Sulzgrieser Steige 156-12a
73733 Sulzgrieser Straße 156-8a

73732 Talstraße 157-7c
73733 Talweg 156-6a
73734 Tannenbergstraße 41-A3 + 180-2b
73734 Teckstraße 181-4c
– Teufelsbrücke 181-3a
73734 Thomasäckerweg 180-6d
73733 Thymianweg 156-9c
73732 Tiefe-Klinge-Weg 157-11d
73732 Tobias-Mayer-Straße 156-12b
73734 Traifelbergstraße 180-6a
73730 Traubengäßle (7) 181-6a

73733 Trollingerweg 156-10b
73730 Tulpenweg (12) 181-5a
73728 Turmstraße 41-B1 + 156-12c

73734 Uhlandstraße 41-A3 + 180-2d
73733 Uhlbacher Straße 156-7b
73734 Uhlbergstraße 181-7a
73728/73730 Ulmer Straße 41-C3 + 180-3a
73734 Ulrichstraße 181-4c
73728 Untere Beutau 41-B1 + 156-12c
73734 Unterer Eisbergweg 41-B3
– Unterer Gunzenweg 158-11c
73734 Unterer Hofhauweg 181-5c
73728 Unterer Metzgerbach 41-B2
– Unterer Neckarhaldenweg 156-11c
73732 Unterer Ortlochweg 157-12a
73730 Untere Straße 181-6a
73728/73730 Urbanstraße 41-D2 + 156-12d

73730 Veilchenweg 181-5a
73733 Viehgasse 156-11b
– Vogelsangbrücke 41-B3 + 180-3a
73728 Vogelsangstraße 41-C2 + 180-3a
73732 Volker-Böhringer-Weg 157-10b

73732 Wäldenbronn 156-6d
73732 Wäldenbronner Straße 156-12b
73730 Wäsemle (10) 181-1d
73728 Wagnerstraße 41-C2
73732 Waldackerweg 157-10b
73730 Waldegert 181-3d
73734 Waldhäuschen 181-8a
73734 Waldheimstraße 180-6a
73734 Waldstraße 181-4a
73733 Wannenrain 156-10c
73728 Webergasse 41-C1 + 156-12c
73728 Wehrneckarstraße 41-B2 + 156-12c
73734 Weidenbrunnenweg (3) 180-6d
73733 Weidenweg 156-8d
73730 Weiherstraße 181-1d
73728 Weil 180-1a
73732 Weilerweg 157-7c
73734/73733 Weilstraße 156-10c
73730 Weimarer Straße 181-2c
73730 Weinbergstraße 181-6a
73733 Weinstraße 156-10b
73733 Weißdornweg 156-11b
73733 Weizenstraße 156-8d
73734 Wengertweg 181-4a
73728 Werkstraße 180-3d
73730 Wickenweg 181-5a
73728 Wielandstraße 157-10c
73733 Wiesen 156-10d
73734 Wiesengrund (18) 181-4c
73732 Wiflingshausen 157-7c
73732 Wiflingshauser Straße 157-10a
73732 Wilhelm-Leuschner-Straße 157-10c
73732 Wilhelm-Nagel-Straße 157-10d
73730 Wilhelmstraße 181-5b
73732 Wittumhalde 156-12b
73732 Wittumsteige 156-12b
73728 Wolfgasse 41-C2
73730 Wolf-Hirth-Straße 181-5c
73733 Württembergstraße 180-1a

73728 Zehentgasse (5) 41-C2
73730 Zeisigweg 181-4a
– Zell 181-3c
73730 Zeppelinstraße 181-4b
73730 Ziegelhüttenweg 41-D3
73730 Zimmerbachstraße 181-1d
73734 Zollberg 180-3d
73734 Zollbergsteige 41-B3
73734 Zollbergstraße 41-B3 + 180-3c
73734 Zollernplatz 180-3c
73734 Zollhausweg 180-3c
73728 Zwerchstraße 41-C1
73728 Zwingerstraße 41-D2

Eutingen im Gäu
PLZ 72184

Achalmstraße 281-1a
Ahornweg (1) 281-5a
Albblickstraße 280-3b
Alemannenstraße 281-5b
Alter Bahnhof 281-1b
Alte Steige 281-9a
Alte Straße 281-3a
Am Käppele 281-6c
Am Sportplatz 280-3d
Am Wiesenrain 280-3b
Aschenberg (4) 280-3b
Asternweg 281-1a
Auchtert 281-9b
Auf Bühlen 260-12c
Austraße 281-6d

Bachstraße 281-6c
Bahnhof Hochdorf 260-11d
Bahnhofstraße 281-1c
Baisinger Straße 261-10a
Benzstraße (1) 280-3b
Bergstraße 280-3b
Beundleweg 281-5a
Birkenweg 281-2d
Blumenstraße 281-5a
Blumenweg 281-6c
Börstinger Straße 281-6c
Brühlweg 280-3d
Brunnenstraße 261-10a
Buchenweg 281-6c
Burgweg 281-5d

Daimlerstraße 280-3b
Dekan-Wagner-Straße (3) 281-6c
Dorfstraße 281-6c
Dorfwiesenweg (6) 281-6c
Drosselstraße 281-2d

Eckenweiler Straße 281-6c
Eichenbergstraße 281-2d
Eichenrain 281-1d

Ergenzinger Straße 281-6c
Erlenweg 281-5a
Eutinger Straße 281-5a
Eyach 281-8c
Eyacher Straße 281-9a

Fichtenstraße 281-5a
Finkenweg 281-5b
Fliederweg 281-1a
Forchenweg 281-5a
Friedhofstraße 281-6c

Gartenstraße 281-1a
Goethestraße 281-6c
Göttelfingen 261-7d
Göttelfinger Straße 281-1a
Grundweg 281-5a

Hauptstraße 280-3b
Hausäckerstraße 261-10a
Heinrich-Heine-Straße 281-6d
Heubergstraße (2) 280-3b
Hintere Kirchstraße (1) 261-10a
Hirtenhausweg 281-5d
Hochdorfer Straße 261-7c
Höhenstraße 280-3b
Hölderlinstraße 281-6c
Hohenbergstraße 281-6c
Holderstraße 281-5a
Holunderweg (9) 281-6c
Holzgasse 281-5a
Horber Weg 281-5a
Hummelbergstraße 281-2b

Im Bocksbart 261-10b
Im Wengert 280-3b
In der Seite 281-6d

Jahnstraße 281-9a

Kaiserstraße 261-10a
Kapellenweg 281-2d
Kirchgäßle (7) 281-1a
Kirchsteigleweg 281-5a
Kirchstraße (5) 281-6c
Kleiststraße (8) 281-6c
Kniebisstraße 261-10a
Kreuzstraße 261-10b

Laiberweg (3) 280-3b
Landhausstraße 281-9a
Lenzhalde 281-6c
Lerchenweg 281-5b
Lessingstraße 281-6c
Lettstatt 280-3b
Lichtensteinstraße 281-1a
Lindenstraße 261-10a
Lochenstraße 280-3b
Ludwig-Thoma-Straße 281-6c

Marktstraße 280-3d
Mörikeweg 281-1a

Neckarstraße 281-8d
Neckarweg 280-3d
Nelkenweg 281-1a
Neuer Bahnhof 281-2b
Neuffenweg 281-1a

Oberer Eutinger Talhof 280-5b
Ortsstraße 281-5a

Panoramastraße 281-1a
Pappelweg 280-3b
Pfarrgasse 281-1a
Poststraße (2) 281-6c
Prälat-Dorr-Straße (4) 281-6c

Raichbergstraße 281-1a
Rathausstraße 261-10a
Römerstraße 261-10a
Rohrdorf 281-2c
Rohrdorfer Straße 281-6a
Rosenstraße 261-10a
Roßbergstraße (5) 281-1a
Rottweiler Straße 280-2b

Schelmengrabenweg (8) 280-3b
Schießmauerstraße 281-1a
Schillerstraße 281-1c
Schlößleswald 281-5c
Schlößleweg 281-5a
Schulstraße 281-1a
Schwalbenstraße 281-5b
Siemensstraße 280-3c
Silcherweg (6) 281-1a
Sommerhalde 281-8d
Sonnenberg (7) 281-6c
Sonnenstraße 281-5a
Stauffenbergstraße 280-3b
Steigweg 261-10a
Steinweg 280-3b
Stuttgarter Straße 281-1a

Tälesweg 261-10a
Talmühle 280-6c
Teckstraße 281-1a
Tübinger Weg 281-1a
Tulpenweg 281-1c

Uhlandweg 281-1a
Ulmenweg 281-5a
Unter dem Wasen 281-6d
Urburger Höfe 281-5b
Urnburger Weg 281-6c

Veilchenweg 281-1a
Vogelsangstraße 261-10a
Vollmaringer Weg 261-10a
Vordere Kirchstraße (2) 261-10a

Wäschgasse 261-10a
Weinbergstraße 281-6c
Weitenburger Straße 281-6c
Weitingen 281-6d
Weitinger Kniebisstraße (1) 281-6c
Weitinger Mühle 281-8b

Weitinger Straße 281-2d
Wiesenstraße 281-6c
Wiesenweg (3) 261-10a

Zollernstraße 261-10b

Fellbach

70736 Achalmstraße 131-3d
70734 Adalbert-Stifter-Weg 41-B2
70736 Adelbergstraße 131-3b
70736 Adlerstraße 41-A1 + 132-7a
70736 Adolf-Schnaufer-Weg (21) 132-1c
70734 Ahornweg 41-A3
70734 Akazienweg (1) 132-10a
70736 Akeleistraße 41-A1
70736 Albert-Eise-Weg 132-1a
70734 Albert-Pfander-Weg 132-10d
70734 Albert-Schweitzer-Straße 132-10a
70736 Albrecht-Dürer-Weg 41-B1 + 132-8a
70736 Aldinger Straße 116-10c
70736 Alemannenstraße 132-1a
70736 Allensteiner Straße (16) 132-1c
70734 Am Sandgraben (6) 132-11a
70734 Am Schüttelgraben 132-8a
70736 Amselweg (20) 132-1c
70736 Anton-Entreß-Haus 156-3d
70734 Apfelweg 132-10a
70736 Auberlenstraße 132-7a
70734 Auf dem Kappelberg 132-11c
70734 Auf der Höhe 131-9d
70736 Augsburger Straße 115-12d
70734 August-Brändle-Straße 41-B2 + 132-8c
70736 Augustenstraße 132-4a
70734 August-Lämmle-Straße 132-8c
70736 Aussiedlerhof Schweizer Hofener Weg 131-3a

70734/70736 Bahnhofstraße 41-A1 + 132-4d
70736 Baldungstraße 132-4a
70736 Barbarossaweg 132-4c
70736 Baumschulenweg 132-4d
70734 Beckagässle (2) 41-B3
70734 Beethovenstraße 41-A2 + 132-7d
70736 Beim Seele 116-10a
70736 Bengelstraße 41-A1
70736 Benzstraße 131-3b
70734 Bergstraße 132-10b
70734 Berliner Platz 41-B2
70736 Beskidenstraße 131-9d
70736 Beuthener Weg (13) 132-1a
70734 Birkenweg 41-A3
70736 Bittenfelder Straße 132-1b
70736 Blumenstraße 132-4d
70736 Bodelschwinghweg 41-A1
70736 Böhmerwaldweg 131-3b
70736 Boßlerstraße 131-3d
70736 Brahmsweg 115-12d
70736 Breitensteinweg 131-3b
70736 Breslauer Straße 132-1a
70736 Bruckmannstraße 131-6b
70734 Bruckstraße 41-B2 + 132-7b
70734 Bruckwiesenweg 41-B2
70736 Brückenstraße 132-1c
70736 Brunnenstraße (22) 132-1c
70734 Buchenweg 41-A3
70734/70736 Bühlstraße 132-8a
70736 Bühnerstraße 132-1c
70734 Burgstraße 132-10b
70734 Burgunderweg (3) 132-10b
70736 Burkhardtstraße 41-A1
70736 Butterstraße 132-1c

70734 Cannstatter Platz 41-B2
70734/70736 Cannstatter Straße 41-A2 + 132-7b
70736 Carl-Zeiss-Straße 132-7a
70736 Charlottenstraße 132-4a
70736 Christofstraße 132-4d

70736 Dahlienweg (29) 132-4a
70736 Daimlerstraße 131-3b
70736 Danziger Straße (10) 132-1a
70736 Dieselstraße 131-3b
70734 Dr.-Julius-Mayer-Straße 41-B2 + 132-7d
70736 Dorfwiesenstraße 131-3d
70734 Drosselweg 132-8c

70734 Eberhardstraße 41-A1 + 132-7a
70736 Ebniweg 131-3b
70736 Edisonstraße 132-8a
70736 Egerlandweg (12) 131-3b
70736 Eichendorffweg 41-B1
70734 Eichenweg 132-10b
70736 Eisenbahnstraße 132-7a
70736 Elsa-Brändström-Straße 132-4a
70734 Elsterweg 132-8c
70734 Endersb. Straße 41-B3
70734 Entenweg 41-B3
70736 Eppingerstraße 132-4c
70736 Erbach 132-8a
70736 Erbastraße 132-1a
70736 Erich-Herion-Straße 132-7a
70734 Erlenweg 41-A3
70734 Ernst-Heinkel-Straße 132-8a
70736 Ernst-Wichert-Platz 41-A1
70736 Erwin-Kost-Straße 41-A1
70736 Erzgebirgeweg 131-3b
70736 Eschenweg 132-10a
70736/70734 Esslinger Straße 132-10a
70734 Esslinger Weg 132-11c
70736 Eugenstraße 132-10a

70736 Falkenstraße 41-A1 + 132-4d
70734 Fasanenweg 132-8c
70736 Fellbacher Straße 132-1c
70736 Fichtestraße 132-1c
70736 Finkenweg 132-1c
70736 Flurstraße 131-9d
70736 Franz-Arnold-Straße 132-1c
70736 Freibergstraße 131-3a
70736 Freiligrathstraße 132-4a
70734 Friedensstraße 41-A2 + 132-7c
70736 Friedrich-List-Straße 41-B1 + 132-4d
70736 Friedrichstraße 131-6b
70736 Frisonistraße 132-1a
70734 Fritzstraße 41-B2
70736 Fröbelweg 41-B1
70734 Frühlingshalde 131-9d

70734 Gartenstraße 132-10b
70736 Gassenäckerstraße 131-3d
70736 Geibelweg 132-1c
70734 Gerhart-Hauptmann-Straße 41-A2 + 132-7d
70734 Gerokstraße 41-B2
70736 Geschwister-Scholl-Straße 132-1a
70736 Ghibellinenstraße 132-5c
70736 Ginsterweg 132-4c
70736 Gleiwitzer Straße (15) 132-1c
70736 Goethestraße 132-1a
70736 Goldammerweg 132-8c
70734 Gotthilf-Bayh-Straße 131-3d
70734 Gotthilf-Volzer-Weg 132-11a
70734 Grabenstraße 132-10b
70734 Grasinger Rain 131-9d
70734 Großlappenweg 132-10c
70736 Grünewaldweg 132-4d
70736 Grunbacher Straße 132-4a
70736 Gutenbergstraße 132-4a

70736 Haldenstraße 132-1c
70736 Hallerstraße 132-4c
70736 Hartwaldstraße 116-10c
70736 Hasenwaldstraße 132-4a
70736 Hauffstraße 41-A2
70736 Hauptstraße 132-1a
70734 Haydnstraße 41-A2 + 132-7d
70734 Hegelstraße 132-10b
70736 Hegnacher Straße 116-10c
70734 Heinrich-Heine-Straße 41-A2
70734 Herderstraße 41-B1
70734 Hermann-Hesse-Straße 132-8c
70736 Hermann-Löns-Weg 41-B1 + 132-4d
70736 Hertzstraße 132-5c
70736 Hindenburgstraße 132-1a
70734 Hinterer Bühl (8) 132-8d
70734 Hintere Straße 41-A3 + 132-7d
70734 Hirschstraße 41-B3
70736 Hochdorfer Straße 116-10c
70736 Höhenstraße 131-6b
70736 Hölderlinstraße 41-B1 + 132-7b
70736 Hofäckerstraße 132-1c
70736 Hofener Straße 131-3b
70736 Hofmauerweg 41-B3
70736 Hohenackerstraße 132-1c
70736 Hohenzollernstraße 131-3d
70736 Holbeinweg 132-8a
70736 Holderbrunnen 115-12b
70736 Hornbergweg 131-3d

70734 Im Brühl 132-11c
70734 Im Bubengarten 132-10b
70734 Im Dietbach 132-10a
70734 Im Dorfweinberg 132-10b
70734 Im Gaffer 131-12b
70734 Im Grund 132-1a
70734 Im Hasentanz 132-11a
70736 Im Hessen 115-12d
70734 Im Hetzen 132-11a
70736 Im Hofstätt (26) 131-6b
70734 Im Holderbusch (5) 132-11a
70734 Im Keiferle 132-11a
70734 Im Krautgärtle 132-11a
70734 Im Sonnenbühl 131-12b
70734 Im Ulrichwirth 131-12b
70734 Im Vogelsang 132-11a
70734 Im Vogler 131-12b
70736 Ingeborg-Bachmann-Straße 132-1a
70734 Irionweg 41-A3
70736 Irisweg (27) 132-4a

70736 Jahnstraße 115-12d
70736 Jakob-Gauermann-Straße 116-10c
70736 Jakobstraße 132-1c
70734 Johannes-Brenz-Weg 41-B1
70736 Johannesstraße 116-10c
70736 Johann-Schwarz-Straße 132-1a
70734 Justinus-Kerner-Weg 41-B2

70736 Käthe-Kollwitz-Straße 131-6b
70736 Kaisersbacher Straße 131-3b
70734 Kaiserstraße 156-3c
70736 Kanalstraße 132-1c
70736 Kapferweg 115-12d
70736 Kappelbergstraße 132-10b
70734 Karlstraße 41-B3 + 132-8c
70736 Karolingerstraße 132-4a
70734 Kastanienweg 132-10a
70734 Katharinenstraße 41-A1 + 132-7a
70734 Kelterweg 132-10b
70734 Keplerstraße 41-A2
70734 Kienbachstraße 132-10a
70734 Kirchofstraße 41-A3 + 132-7d
70734 Kirchplatz 41-A3
70734 Kirchweg 132-1a
70734 Kirschenweg 132-10a
70736 Klebwaldstraße 131-3b
70734 Kleinfeldstraße 41-B2 + 132-8c
70736 Kleiststraße 132-4a
70736 Klopstockstraße 41-A1 + 132-7b
70736 Klosterplatz 132-1c
70736 Klosterstraße 131-3b
70736 Königsberger Straße 132-1a
70736 Königstraße 41-A1 + 132-7b
70736 Kolpingstraße (11) 132-1a
70736 Korber Straße 116-10c
70736 Krähenstraße 132-1a
70736 Kräutlestaffel 115-12d
70736 Kreuzstraße 132-1b
70736 Küfergasse (23) 132-1c

70734 Lämmlerstraße 41-A2
70734 Lange Furche 41-B1 + 132-7b
70736 Langes Tal 115-12d
70734 Laubsängerweg 132-8c
70736 Lauffener Weg 116-10c
70736 Lerchenstraße (8) 131-3b
70734 Lessingstraße 41-B2 + 132-7d
70736 Liegnitzer Straße (14) 132-1c
70736 Lilienthalstraße (31) 132-4a
70736 Limburgstraße 132-1c
70736 Lindbergstraße 132-4a
70734 Lindenbühlhof 132-1c
70736 Lindenbühlweg 132-1a
70734 Lindenstraße 132-10b
70734 Lindle 131-9d
70734 Lippstraße 41-A2 + 132-7b
70736 Lise-Meitner-Straße 132-4c
70736 Lorscher Straße (9) 132-1a
70736 Lortzingstraße (3) 131-3b
70736 Ludwigburger Straße 116-10c
70736 Luisenstraße 41-A1
70734 Lutherstraße 41-B3 + 132-7d

70734 Maicklerstraße 41-A1 + 132-7b
70736 Marbacher Weg 116-10c
70736 Maria-Merian-Straße 131-6d
70736 Marie-Curie-Straße 132-5c
70734 Marie-Juchacz-Straße 41-B1 + 132-7b
70736 Marienstraße 116-10c
70734 Marktplatz 41-B3 + 132-7d
70736 Max-Eyth-Straße 131-3b
70736 Max-Eyth-Weg (1) 131-3b
70736 Max-Planck-Straße 131-9b
70734 Meisenweg 132-8c
70736 Meißner Straße 131-3b
70734 Membergstraße 131-9d
70736 Merowingerstraße 132-4b
70736 Mörikestraße 41-B2
70734 Mozartstraße 41-A2 + 132-7c
70736 Mundelsheimer Weg 116-10c

70734 Nägelestraße 132-10b
70736 Narzissenweg (28) 132-4a
70736 Neckarstraße 115-12d
70736 Neckartalstraße 115-12d
70734 Nelkenweg (30) 132-4a
70736 Nelly-Sachs-Straße 132-1a
70734 Neue Straße 132-7d
70736 Neuffenweg (25) 131-3d
70736 Neustädter Straße 132-1c
70736 Nurmiweg 131-3d

70734 Ochsenstraße 132-10b
70736 Oeffingen 132-1a
70736 Oeffinger Straße 132-1a
70736 Ohmstraße 132-5c
70736 Olgaweg 41-A1 + 132-7a
70736 Orchideenweg 132-4a
70736 Otilia-Frech-Platz 132-1c
70736 Otto-Hahn-Straße 132-4c
70734 Ottostraße 132-8a

70736 Parlerstraße 132-4a
70736 Pater-Delp-Straße 132-1a
70736 Paulusweg 41-A1
70736 Pécser Straße 131-3d
70736 Pestalozzistraße 132-4d
70734 Pfarrer-Sturm-Straße 41-A2 + 132-7b
70734 Pfarrstraße 41-B3 + 132-7d
70736 Philipp-Reis-Straße 132-4c
70736 Phillip-Jeningen-Straße 132-1a
70736 Philosophenweg 132-10a
70736 Porschestraße 131-3b
70736 Portugieserweg (2) 132-10b
70736 Postweg 131-6b

70736 Raiffeisenplatz 132-4c
70736 Raiffeisenweg (33) 132-4a
70736 Rainweg 132-1c
70736 Rechbergstraße (24) 131-3d
70736 Regerstraße 115-12d
70736 Reiterwegle 132-1a
70736 Rembrandtweg 132-7b
70736 Remser Straße 116-10c
70736 Remstalstraße 132-1d
70736 Rettistraße 132-1a
70736 Reußensteinstraße 131-3d
70736 Reuteweg 132-10c
70736 Rieslingweg 132-10b
70736 Rilkestraße 132-1a
70736 Ringstraße 132-4d
70736 Robert-Bosch-Straße 132-8a
70734 Robert-Koch-Straße 41-A2
70736 Röntgenstraße 132-4d
70736 Röschleweg (2) 131-3b
70736 Rohrlandstraße 41-A3 + 132-7c
70734 Rommelshauser Straße 132-8c
70736 Rosensteinstraße 131-3d
70734 Rosenstraße 132-10b
70736 Rotenbergstraße 132-10b
70736 Rotkehlchenweg 132-8c
70736 Rubensweg 132-4d
70736 Ruckgraben 115-12d
70736 Rudersberger Straße 131-3b

70734 Saarlandstraße 131-9d
70736 Sängerstraße 41-A1
70736 Salierstraße 132-4d
70736 Schaflandstraße 131-9b
70736 Scheffelstraße 41-B2 + 132-7d
70736 Schellingstraße (35) 132-4a
70734 Schillerstraße 41-A3 + 132-7d
70734 Schmerstraße 41-B3 + 132-7d
70736 Schmiden 131-3c
70736 Schmidener Weg 132-4d
70734 Schmiedegässle (1) 41-B3
70736 Schnaiter Weg (36) 132-4a
70736 Schopenhauerweg (34) 132-1c
70736/70734 Schorndorfer Straße 41-B1 + 132-7b
70734 Schreberweg 41-B1
70734 Schubertstraße 41-A2 + 132-7d
70734 Schwabstraße 132-10b
70734 Schwalbenweg 41-A2
70736 Scillawaldstraße 115-12d
70734 Sebastian-Bach-Straße 41-A2 + 132-7a
70734 Seestraße 41-A3 + 132-7d
70734 Seidenstraße 41-B3 + 132-8c
70736 Senefelderstraße 131-6b
70734 Sepp-Herberger-Straße 132-7c
70736 Siemensstraße 131-6d
70734 Silcherweg 41-B2
70734 Sonnenbühlstraße 131-9d
70736 Sperlingweg (19) 132-1c
70736 Stadionweg 131-6a
70734 Stäffele beim Milchhausle (3) 41-B3
70736 Staffelweg (18) 132-1c
70736 Starenweg 132-1c
70736 Stauferstraße 132-4a
70734 Steigstraße 132-10c
70736 Steinbeisstraße 132-7a
70736 Stettener Straße 132-11a
70736 Stettiner Straße 132-1c
70736 Stieberweg (5) 131-3b
70736 Stuttgarter Platz 41-A1
70734/70736 Stuttgarter Straße 41-A2
70734/70736 Stuttgarter Straße 131-9d
70736 Sudetenstraße 131-3b
70734 Südliche Pestalozzistraße 41-B1
70734 Sylvanerweg (4) 132-10b

70736 Täschenstraße 132-7a
70734 Tainer Straße 41-A3 + 132-7d
70736 Talstraße 132-1c
70734 Talwegle 115-12d
70736 Teckstraße 131-3d
70736 Tennhof 116-10c
70736 Tennhofer Weg 116-10c
70736 Theodor-Heuss-Platz 41-A1
70736 Theodor-Heuss-Straße 41-A1 + 132-4c
70734 Thomas-Mann-Straße 41-B2 + 132-7d
70736 Tilsiter Straße (17) 132-1c
70736 Tizianweg 132-5c
70736 Tournonstraße 131-3c
70734 Traubenstraße 41-B2 + 132-7d
70734 Trollingerweg 132-10b
70736 Tulpenweg (32) 132-4a

70736 Uhlandstraße 132-1c
70734 Ulmenweg 41-A3 + 132-7c
70734 Untere Schwabstraße 41-A3
70734 Untertürkheimer Straße 132-10b
70734 Urbanstraße 132-11a

70736 Veilchenweg 132-4a
70734 Verlängerte Schmerstraße 41-B3 + 132-7d
70736 Voithstraße 131-6b
70734 Vordere Straße 41-B3 + 132-7d

70734 Wagnerstraße 41-B3
70734 Waiblinger Straße 41-B3 + 132-7d
70736 Weidachklause 115-12a
70736 Weidachstraße 131-3b
70734 Weimerstraße 41-A3 + 132-7d
70736 Welfenstraße 132-4b
70736 Welzheimer Straße 131-3b
70736 Wernerstraße 41-A1 + 132-7a
70736 Wielandstraße 41-A1
70734 Wiesenstraße 41-B2 + 132-7d
70736 Wilhelm-Maybach-Straße 132-8a
70736 Wilhelm-Pfitzer-Straße 132-7a
70736 Wilhelm-Stähle-Straße 131-6b
70734 Wilhelmstraße 41-A3 + 132-7d
70736 Wirtembergstraße 132-1c

70736 Zähringerstraße 132-4b
70736 Zeppelinstraße 132-4a
70734 Ziegelstraße 41-B3 + 132-7d

Filderstadt

70794 Achalmstraße 203-4b
70794 Achterwaldstraße (7) 202-9c
70794 Adam-Bürkle-Weg 202-9a
70794 Adam-Opel-Straße 203-3c
70794 Adlerstraße 203-1d
70794 Ahornweg 203-5c
70794 Aicher Straße 203-1d
70794 Aicher Weg 203-11c
70794 Aichtalstraße 203-12a
70794 Albhof 204-7c
70794 Albrecht-Altdorfer-Weg (14) 203-10b
70794 Albweg 203-12a
70794 Alemannenstraße 203-2d
70794 Alfatecstraße 203-8c
70794 Alfons-Flügel-Straße 203-7d
70794 Almaweg 203-3c
70794 Alte Talstraße 203-4b
70794 Amalienweg 203-3c
70794 Am Fleinsbach 203-4b
70794 Am Gänswasen (10) 202-12a
70794 Am Hirschgarten 203-1c
70794 Am Neuhäuser Bach 203-2c
70794 Amselweg 202-9c
70794 Am SMK-Kreisel 203-11a
70794 Am Sonnenhaus 202-9a
70794 Andreas-Schäffer-Weg 203-5d
70794 Anemonenweg 202-8b
70794 Anna-Fischer-Straße 203-5a
70794 Anna-Hermann-Straße 203-5a
70794 Anne-Frank-Straße 203-7b
70794 Arthur-B.-Modine-Straße 203-11a
70794 Asternweg 203-9c
70794 Auerbachstraße 203-6c
70794 Auerhahnweg (2) 203-2d
70794 Auf dem Sohl (13) 202-12a
70794 Auf der Burg 203-1d
70794 Auf der Held 202-12a
70794 Augustenstraße (10) 203-5b

70794 Badstraße 203-4a
70794 Bärenhof 202-6b
70794 Bahnhofstraße 203-5b
70794 Baischenstraße 203-6a
70794 Banaterstraße (28) 203-10a
70794 Barbaraweg 203-3c
70794 Bechtenrain 202-11d
70794 Beethovenstraße 203-12a
70794 Bei den drei Linden 203-9c
70794 Bei der Kirche (6) 203-5b
70794 Benzenäcker 203-2d
70794 Berghof 203-11b
70794 Bergstraße 202-12b
70794 Bernhäuser Hauptstraße 203-1d
70749 Bernhausen 203-1b
70794 Bernhausen 202-6b
70794 Billachstraße 203-4b
70794 Binsachhof 203-2c
70794 Birkenhof 203-12b
70794 Birkenstraße 203-5d
70794 Blumenstraße 203-5b
70794 Blumhardtstraße 203-1c
70794 Böhmerwaldweg (25) 203-10a
70794 Bonländer Hauptstraße 203-7d
70794 Bonlanden 203-10b
70794 Boßlerstraße 203-12b
70794 Brandweg 203-9c
70794 Breitensteinstraße 203-2c
70794 Brombergstraße 203-10b
70794 Bruckenackerstraße 203-1d
70794 Brühlhof (12) 203-12a
70794 Brühlstraße 203-5d
70794 Brunnengasse 203-12a
70794 Buchenweg (33) 203-10a
70794 Buchfinkenweg (31) 203-10a
70794 Burgstraße 203-1d
70794 Burkhardtsmühle 226-2a
70794 Bussardweg (30) 203-10a

70794 Carl-Spitzweg-Straße 203-11a
70794 Carl-Zeiss-Straße 203-12b
70794 Charlottenweg 203-3c

70794 Dahlienweg 202-8b
70794 Degerlocher Straße 203-8d
70794 Diepoldstraße 203-1d
70794 Dieselstraße 202-3d
70794 Dietrich-Bonhoefer-Straße 203-7b
70794 Dinkelstraße 203-7d
70794 Distelklinge 202-12c
70794 Dohlenweg (3) 203-2d
70794 Dr.-Manfred-Müller-Straße 202-8b
70794 Dr.-Peter-Bümlein-Platz 203-4b
70794 Dombasler Straße 203-4a
70794 Dompfaffweg (3) 202-9a
70794 Dorotheenweg 203-6a
70794 Dresdener Straße 203-4d
70794 Drosselweg 203-1b
70794 Droste-Hülshoff-Straße (18) 202-9b
70794 Dürenweg (16) 203-11a

70794 Eberhardstraße 203-5b
70794 Echterdinger Straße 202-3d
70794 Egartenstraße 203-10b
70794 Eierwiesenstraße 203-4b
70794 Eifelweg (14) 202-9c
70794 Einwaldweg (9) 202-9c
70794 Eisenbahnstraße 203-1c
70794 Elsternweg 203-9c
70794 Emerlandhof 203-4b
70794 Emerlandstraße 203-5a
70794 Emil-Kemmler-Weg 203-5b
70794 Enge Straße 203-5d
70794 Erikaweg 203-10a
70794 Erlenweg 203-10a
70794 Ernst-Heinkel-Straße 202-3d
70794 Esslinger Straße 203-9c
70794 Eugenstraße 203-4b

70794 Fabrikstraße 203-7b
70794 Falkenweg 203-1b
70794 Fasanenweg 202-9c
70794 Felix-Wankel-Straße 202-3c
70794 Felsenstraße 203-4b
70794 Filderbahnstraße 203-1d
70794 Filderstraße 203-1c
70794 Finkenstraße 202-9a
70794 Fleinsbachhof 202-6a
70794 Fleinsbachstraße 203-2d
70794 Fliederweg (2) 203-12a
70794 Florianweg 203-2d
70794 Flughafen Stuttgart – Manfred-Rommel-Flughafen 202-3a
70794 Forchenweg (34) 203-10a
70794 Forststraße 202-12b
70794 Franz-Liszt-Weg (10) 203-12a
70794 Friedensstraße 203-1d
70794 Friedhofstraße 203-5c
70794 Friedrichstraße 203-5b
70794 Fröberstraße 203-1d
70794 Furthof 203-12b

70794 Gänsäckerstraße 203-6c
70794 Gaisgasse 203-1c
70794 Gartenstraße 203-1b
70794 Gastäckerstraße 203-10b
70794 Georg-Schurr-Straße 203-5b
70794 Georgstraße 203-7d
70794 Gerokstraße 202-9a
70794 Gewerbestraße 203-5a
70794 Ginsterweg (2) 203-7b
70794 Goethestraße 202-9b
70794 Goldammerweg (4) 202-9c
70794 Goldregenweg 202-8b
70794 Gotthard-Müller-Straße 203-4a
70794 Gottlieb-Daimler-Straße 202-3d
70794 Gottlieb-Manz-Straße 203-1a
70794 Graf-Zeppelin-Straße 202-3d
70794 Griebenäcker Straße (19) 202-9b
70794 Grötzinger Straße 203-12a
70794 Gustav-Schwab-Straße 203-5d
70794 Gutenbergstraße 202-9b
70794 Gymnasiumstraße 203-4b

70794 Haberschlaiheide 203-10a
70794 Haldenhof 202-6c
70794 Haldenstraße 203-4a
70794 Hans-Han-Straße 203-5b
70794 Hans-Holbein-Straße (15) 203-10b
70794 Harthäuser Hauptstraße 203-9c
70794 Harthausen 203-12c
70794 Harzweg (15) 202-9c
70794 Hausäckerstraße 203-5d
70794 Hauweg (8) 202-9c
70794 Hebbelstraße 203-9c
70794 Hebbergstraße 202-9a
70794 Heckenrosenstraße 203-5d
70794 Hegelstraße 203-5b
70794 Heidelweg 203-10a
70794 Heinrich-Hertz-Straße 202-9d
70794 Heinrich-Zille-Straße (19) 203-11a
70794 Hermann-Hesse-Straße 203-9c
70794 Hermann-Klein-Weg (2) 203-4c
70794 Hermannstraße 203-2d
70794 Herrmann-Löns-Weg (11) 203-12a
70794 Heubergstraße 203-2c
70794 Heugasse 203-1d
70794 Heußstraße 203-5b
70794 Heuwiesenweg 203-12a
70794 Hindenburgstraße 203-6a
70794 Hinter dem Wiesle 203-1c
70794 Hinter der Mauer 203-5b
70794 Hintere Gasse 203-1d
70794 Hirschgasse 203-12a
70794 Hölderlinstraße 203-7c
70794 Hörnlesweg (9) 203-7d
70794 Hofwiesenstraße 203-7a
70794 Hohenheimer Straße 202-9b
70794 Hohenstaufenstraße 203-1d
70794 Hohenzollernweg (8) 203-7d
70794 Hohe Straße 203-7b
70794 Holzwiesenstraße 202-9b
70794 Hornbergstraße 203-7d
70794 Hugo-Boss-Straße 203-8c
70794 Hugo-Eckener-Straße 203-1c
70794 Humboldtstraße 203-7c

70794 Im alten Rad 203-1c
70794 Im Brandfeld 203-9c
70794 Im Emerland 203-4b
70794 Im Felle 203-10a
70794 Im Feuernhaupt 203-12a
70794 Im Haberschlai 202-12b
70794 Im Hof 203-5b
70794 Im Holderäcker (8) 203-6a
70794 Im Horberholz 202-8b
70794 Im Koller 203-2d
70794 Im Stötzle 203-6a
70794 Im Vogelsand 203-7a
70794 Im Weiher 203-12b
70794 Im Welle 202-8b
70794 Im Wiesengrund 203-12a
70794 In den Birken 202-8b
70794 In den Staudenäckern 203-10b
70794 In der Mahd 202-9d
70794 Industriestraße 203-3c
70794 In Hofwiesen 203-6a
70794 Isolde-Kurz-Weg 203-5d

70794 Jahnstraße 203-9c
70794 Jakob-Brodbeck-Straße 202-9b
70794 Jakobstraße 203-3c
70794 Jetterhof (3) 203-12a
70794 Jörg-Ratgeb-Straße (18) 203-10b
70794 Johannesstraße 203-4b
70794 Johann-Strauß-Straße 203-9c
70794 Jusiweg 203-12a
70794 Justinus-Liebig-Straße 202-9b

70794 Kanalstraße 203-10b
70794 Kantstraße 203-5d
70794 Kapellenstraße 203-5d
70794 Karl-Benz-Straße 202-6b
70794 Karlstraße 203-4b
70794 Katzenbachstraße 203-2c
70794 Keltenhof 202-6b
70794 Kemnater Straße 203-2c
70794 Keplerstraße (11) 203-10b
70794 Kernerstraße (8) 203-9c
70794 Kettemerstraße 203-1c
70794 Kirchstraße 202-9d
70794 Kleiststraße 203-7a
70794 Klingenberg 202-12b
70794 Klingenstraße 203-7d
70794 Klinkermühle 203-5a
70794 Köllerhof 203-2d
70794 Kornblumenstraße 203-7d
70794 Kreuzäckerstraße 203-10b
70794 Kreuzstraße 203-7d
70794 Krokisgasse 203-1d
70794 Kronenstraße 203-7d
70794 Kurze Straße 203-7d

70794 Lachen 204-4c
70794 Lachenwies 203-8d
70794 Lange Straße 203-5d
70794 La Souterrainer Straße 203-4a
70794 Leerer Sack 203-9d
70794 Lehmgrubenweg 202-8b
70794 Lembergstraße 203-9c
70794 Lerchenweg (32) 203-10a
70794 Lessingstraße 203-12a
70794 Lichtensteinstraße 203-12b
70794 Lilienweg 202-8b
70794 Limburgstraße 203-2c
70794 Lindenäckerhof 203-11c
70794 Lindenhof 203-7a
70794 Lindenstraße 203-2a
70794 Lise-Meitner-Straße 202-9d
70794 Lotte-Klein-Weg (1) 203-4c
70794 Lucas-Cranach-Straße 203-10b
70794 Luckenstraße 203-7d
70794 Ludwig-Richter-Weg (21) 203-11a
70794 Ludwigstraße 203-4a
70794 Lupinenweg (1) 203-7b

70794 Mahlestraße 203-7c
70794 Marienstraße 203-1d
70794 Marktstraße 203-7d
70794 Martin-Luther-Weg 203-12a
70794 Martin-Schongauer-Weg (12) 203-10b
70794 Martinstraße 203-4b
70794 Matthias-Grünewald-Weg (13) 203-10b
70794 Max-Eyth-Straße 203-7b
70794 Maybachstraße 203-3c
70794 Meisenweg (4) 203-2d
70794 Mercedesstraße 203-3c
70794 Mesnerwiesenstraße 203-7d
70794 Metzinger Straße 203-7d
70794 Milanweg 202-9c
70794 Möhringer Straße 203-5a
70794 Mörikestraße 202-9d

70794 Moltkestraße 202-9b
70794 Mozartweg (4) 203-7d
70794 Mühlbachstraße 203-10a
70794 Mühlenstraße 203-2c
70794 Mühlgarten 203-7c
70794 Mühlwiesenstraße 203-5a

70794 **N**arzissenweg (1) 203-12a
70794 Nelkenstraße 203-7b
70794 Neuffener Weg 203-9d
70794 Neugreut 202-9a
70794 Neuhäuser Straße 203-2c
70794 Nordheimstraße (1) 202-9a
70794 Nord-Ost-Ring 203-1b
70794 Nord-West-Ring 203-1b
70794 Nürtinger Straße 203-1d

70794 **O**berdorfstraße 203-7d
70794 Obere Bachstraße 203-1c
70794 Obere Holderäcker (9) 203-6a
70794 Obere Kleinmichelesmühle 202-11c
70794 Oberlinstraße 203-1c
70794 Ochsengängle 202-9d
70794 Odenwaldstraße (17) 202-9c
70794 Oderweg (27) 203-10a
70794 [illegible] Straße 203-4d
70794 Osterstraße 203-5d
70794 Osterwiesenstraße 203-10b
70794 Ostpreußenweg (22) 203-10a
70794 Otto-Lilienthal-Straße 202-9b

70794 **P**anoramastraße 202-9c
70794 Paul-Gerhardt-Weg 203-12a
70794 Pfaffenweg 203-7c
70794 Pfarrberg (1) 203-1d
70794 Pfarrstraße 202-9d
70794 Plattenhardt 202-8a
70794 Plattenhardter Straße 203-7c
70794 Plieninger Straße 203-1b
70794 Poltawa Straße 203-4a
70794 Pommernweg (23) 203-10a
70794 Porschestraße 203-3c
70794 Poststraße 203-7d
70794 Pulsstraße 203-1c

70794 **R**aiffeisenstraße 203-8a
70794 Rainäckerstraße 203-7d
70794 Rathausplatz (7) 203-5b
70794 Rauhenstraße 203-7b
70794 Rebenweg 203-5d
70794 Rechbergstraße 203-12b
70794 Reiherweg (29) 203-10a
70794 Reiterweg 203-9c
70794 Rembrandtweg (17) 203-11a
70794 Reuchlinstraße 203-12a
70794 Reußensteinweg 203-7d
70794 Reutestraße 202-12b
70794 Reutlinger Straße 203-5b
70794 Rhönstraße 202-9c
70794 Richard-Wagner-Straße (3) 203-7b
70794 Richthofenstraße 203-1c
70794 Riemenstraße 203-7d
70794 Ringstraße 203-7b
70794 Rita-Maiburg-Straße 203-1c
70794 Robert-Bosch-Straße 203-12b
70794 Robert-Stolz-Weg (9) 203-12a
70794 Römersteinweg 203-9d
70794 Römerstraße 202-9c
70794 Rötlenstraße 203-5d
70794 Roggenstraße 203-10a
70794 Rohrbachhof 203-6b
70794 Rosenstraße 203-1c
70794 Roßbergstraße 203-12a
70794 Rotfeldstraße 203-7b
70794 Rotkehlchenweg (5) 202-9c
70794 Rotzeilstraße 203-7c
70794 Rubensweg 203-10b
70794 Rudolf-Steiner-Weg 203-10a
70794 Rudolfstraße 203-5a
70794 Ruiter Straße 203-1b

70794 **S**aarstraße 202-9d
70794 Sägmühlenstraße 203-2d
70794 Salzwasen (20) 203-10b
70794 Sandbühlstraße 203-10b
70794 St.-Johann-Straße (1) 203-2d
70794 Sauerlandstraße 202-9c
70794 Schafhof im Weiler 203-6d
70794 Scharnhäuser Straße 203-1d
70794 Scheffelstraße 203-2d
70794 Schellingstraße 203-7c
70794 Scherlachstraße 202-9a
70794 Schillerstraße 202-9b
70794 Schlehenweg 203-10a
70794 Schlesienstraße 203-10a
70794 Schönbergstraße (10) 203-10b
70794 Schönblickstraße 203-10b
70794 Schönbuchstraße 202-12a
70794 Schöttlingstraße 203-4a
70794 Schoppenhauerstraße (7) 203-9c
70794 Schreiberstraße 203-5d
70794 Schreinerstraße 203-5b
70794 Schubertweg (5) 203-7d
70794 Schulgäßle 203-5b
70794 Schulstraße 202-9d
70794 Schulzenhof 202-9a
70794 Schurwaldstraße 203-2c
70794 Schwalbenstraße 202-9a
70794 Schwarzwaldstraße 202-9c
70794 Schweizerhof (4) 203-12a
70794 Seerosenstraße 203-11b
70794 Seestraße 203-5a
70794 Seyserhof 202-9b
70794 Siebenbürgenweg (24) 203-10a
70794 Sielmingen 203-6a
70794 Sielminger Hauptstraße 203-5b
70794 Siemensweg (6) 203-7d
70794 Silcherstraße 203-2d
70794 Sohlstraße 202-12a
70794 Sonnenhalde 203-10b
70794 Sonnenhof 203-11c
70794 Sonnenweg 203-1d
70794 Spechtweg (6) 203-9c
70794 Sperberweg (5) 203-9c
70794 Sperlingweg (2) 202-9c
70794 Spessartweg (16) 202-9c
70794 Spitzäckerstraße (11) 202-12a

70794 Starenweg (5) 203-2d
70794 Staufenweg 203-7d
70794 Stauweg 203-1b
70794 Steinbeisweg (7) 203-8c
70794 Steingartenstraße 203-2d
70794 Steinstraße 203-7d
70794 Stephanstraße 203-4b
70794 Stetter Bohmen (2) 203-4a
70794 Stetter Weg 203-4a
70794 Stieglitzweg (6) 202-9c
70794 Stonnen 203-6d
70794 Stützenweg 203-1d
70794 Stützenhof 203-8c
70794 Stuifenstraße 203-12a
70794 Stuttgarter Straße 202-9a
70794 Sudetenstraße (26) 203-10a

70794 **T**alhof 202-9b
70794 Talstraße 202-3d
70794 Tannenweg 203-10a
70794 Taubenweg 202-9c
70794 Teckweg 203-7d
70794 Teufelsgasse 202-12b
70794 Theodor-Storm-Straße 203-7d
70794 Toräckerstraße 203-5b
70794 Torstraße 203-6a
70794 Tübinger Straße 203-4b
70794 Tulpenstraße 203-7b
70794 Turnackerstraße 203-1c

70794 **U**hlandstraße 203-7c
70794 Uhlbergstraße 202-9d
70794 Uhuweg 202-9c
70794 Ulrichstraße 203-4b
70794 Unter der Straße 203-12c
70794 Unterdorfstraße 203-10b
70794 Untere Bachstraße 203-1d
70794 Untere Kleinmichelesmühle 202-11c

70794 **V**ogesenweg 202-9c
70794 Volmarstraße (3) 203-1d

70794 **W**acholderweg (35) 203-10a
70794 Waldenbucher Straße 202-12a
70794 Waldstraße 202-8b
70794 Wasenplatz (12) 202-12a
70794 Weberstraße 203-7d
70794 Weidacher Straße 202-6b
70794 Weiherbachhof 203-12d
70794 Weilerhau 202-9c
70794 Weilerhof 203-4d
70794 Weingartenstraße 203-5d
70794 Wielandstraße 203-5b
70794 Wiesenstraße 203-1d
70794 Wilhelm-Busch-Straße 203-9c
70794 Wilhelm-Faber-Straße 203-5b
70794 Wilhelm-Hauff-Straße 203-5d
70794 Wilhelm-Raabe-Weg (11) 203-5d
70794 Wilhelmstraße 203-5b
70794 Wilhemine-Reichard-Straße 203-1c
70794 Wolfäckerstraße 203-5a
70794 Wolfschluger Straße 203-12a

70794 **Z**eilhof 203-7a
70794 Zeisigweg 203-7c

Flein
PLZ 74223

Äußere Bergstraße 65-10c
Albert-Schweitzer-Straße (9) 71-1a
Altenbergweg 71-1b
August-Lämmle-Straße 65-10c

Bachstraße 71-1a
Backhausweg 71-1a
Bertolt-Brecht-Straße 70-3b
Bildstraße 65-10c
Bißäckerweg (2) 65-10d
Buchernstraße 65-10d
Büttenweg 65-10d
Burgunderstraße 71-1b

Dieselstraße 64-12d

Eichendorffweg 65-10d
Erlachstraße 71-1b
Ernst-Clement-Straße 71-1d
Eselsbergstraße 71-1b

Finkenweg 65-10c
Fischeräcker 64-12c
Fontanestraße 64-12d
Foßstraße 71-1a
Friedhofstraße 71-1a
Friedrich-Schmid-Straße 71-1a

Gänsäckerstraße 71-1c
Ganzhornweg 65-10a
Gartenstraße 71-1b
Gemeinde-Verbindungsstraße 64-12c
Gerhart-Hauptmann-Weg 65-10d
Goethestraße 70-3b
Gottlob-Steinmetz-Straße 71-1c
Grafenbergstraße 65-10c
Grimmstraße 70-3b
Gruppenbacher Straße 71-1d

Hagelsbergstraße 65-10b
Haigernäcker 71-1a
Haigernstraße 71-1a
Hardtstraße 71-1a
Hauffstraße 71-1a
Heilbronner Straße 65-10c
Heinrich-Böll-Straße 70-3b
Heinrich-Heine-Weg 70-3b
Herbstweg 65-10d
Hermann-Hesse-Straße 70-3b
Hermann-Münzing-Straße 71-1a
Höhenweg 71-1a
Hölderlinstraße 70-3b
Hofwiesen 71-1a
Hohlstraße 71-1b

Horkheimer Straße 64-12d

Ilsfelder Straße 71-1a
Im Köpple 71-1b
In den Backenäckern 71-1a
Innere Bergstraße 65-10c

Käthe-Kollwitz-Straße 70-3b
Karmeliterweg 65-10d
Kellergasse 71-1a
Kelteräcker 65-10d
Kelterstraße 65-10d
Kernerstraße 71-1a
Kirchberg 71-1a
Kirchgasse 71-1a
Klaiberstraße 71-1a
Klarastraße 65-10c
Kleeäckerweg 71-1b
Klingenberger Straße 64-12d
Klosterbergweg 65-10c
Kühäckerstraße 71-1b
Kurze Straße 71-1a

Lauffener Straße 64-12d
Leimengruben 71-1a
Lerchenstraße 65-10c
Lindengasse (3) 71-1a
Ludwig-Pfau-Weg 70-3b

Mäuswedel 70-3a
Martin-Maier-Straße 70-3b
Mörikestraße 71-1a

Neubrunnenstraße 71-1b
Nonnenweg 65-10c
Nordheimer Straße 64-12d
Nordstraße 65-10d
Nußbäumle 70-3a

Obere Weihergasse (6) 71-1a
Obere Weinbergstraße 71-1b
Ochsenbergweg 71-2a
Onzainstraße 65-10c

Panoramastraße 65-10c
Parkweg 64-12d
Paul-Fähnle-Straße 71-1a

Quellenweg (1) 65-10d
Quergasse (4) 71-1a

Rieslingweg (8) 71-1b
Rilkestraße 70-3b
Römerstraße 65-10d

Samtrotweg 71-1b
Sandberghohle 65-10c
Sandbergweg 65-10c
St.-Veit-Straße 71-1a
Schafweg 71-1b
Schanzstraße 71-1a
Schillerstraße 65-10c
Schlichtäcker 70-3a
Schozacher Straße (10) 71-1d
Schubertweg 65-10a
Schulstraße 71-1a
Schweinsbergweg 65-10d
Silcherstraße 65-10a
Sonnenbergweg 65-10d
Sontheimer Straße 64-12d
Stäffele 65-10c
Stahläcker 70-3a
Staufenbergstraße 65-10d
Steinthalebener Straße 64-12d

Talheimer Straße 70-3b
Talstraße 65-10c
Theodor-Heuss-Straße 70-3b
Thomas-Mann-Straße 70-3b
Torstraße 71-1a
Traminerweg 71-1b
Traubenstraße 71-1b

Uhlandstraße 71-1a
Untere Weihergasse (5) 71-1a
Untere Weinbergstraße 71-1b

Weinbergsteige (7) 71-1b
Weststraße 65-10c
Wiesbrunnenweg 65-10c
Wilhelm-Busch-Weg 64-12d
Wolfsgraben 71-1a

Freiberg am Neckar
PLZ 71691

Adalbert-Stifter-Straße (17) 98-5d
Ahornweg 98-6c
Akazienweg (21) 98-6c
Albert-Schweitzer-Weg (2) 98-3d
Alte Bahnlinie 98-5b
Am Altneckar 99-1c
Am oberen Hohlweg 99-4a
Am Pflaster 98-6a
Amselweg 98-2d
Am Wehr 99-1a
Anne-Frank-Weg (16) 98-2d
Anton-Pilgram-Weg (23) 98-6a
Arndtstraße 98-6c
Artur-Benseler-Straße 98-2d
August-Müller-Straße 98-6b
Aussiedlerhof 98-1d
Austraße 98-2b

Bachstraße 98-3d
Bahnhofstraße 98-6a
Bahnlinie 98-6a
Banater Straße 98-3c
Beethovenstraße 98-2d
Beihingen 99-1c
Beihinger Straße 98-3c
Beim Rössle 98-3d
Benninger Straße 99-1c
Benzstraße 98-6d
Bergweg 98-6a
Besigheimer Weg 98-2b

Bietigheimer Straße 98-2b
Bilfinger Straße 98-3c
Birkenweg (18) 98-6c
Blaisle 98-9b
Blankensteinstraße 98-3d
Blumenweg 98-2b
Brahmsweg 98-6c
Brandholzweg 98-2a
Brucknerstraße 98-6c
Buchenweg (19) 98-6c
Burgstraße (12) 98-6b
Burgunderstraße 99-4a
Bussardweg (12) 98-5b

Carl-Mauch-Weg 98-2d
Charlottenstraße 98-6a
Christmannstraße 98-6d

Daimlerstraße 98-6b
Danziger Straße 98-5b
Deutscher Hof (6) 98-3d
Dieselstraße 98-6b
Drosselweg 98-2d
Dürerstraße 98-6b

Eberhardstraße 98-6a
Edith-Stein-Weg (14) 98-2d
Egerländer Straße (5) 98-6a
Eglosheimer Straße 98-6a
Eichendorffstraße 98-2d
Eichenweg 98-6c
Einsteinstraße 98-6b
Erlenstraße 98-6c
Eschenweg 98-6c
Eugenstraße 98-6a

Falkenweg (11) 98-2d
Fasanenweg 98-2d
Feuergasse 98-6a
Finkenweg 98-2d
Flattichstraße 99-4a
Fliederweg 98-2d
Fontanestraße 98-6b
Freibergstraße 98-6b
Friedenstraße 98-3c
Friedrich-List-Straße 98-6b
Friedrichstraße 98-6a

Gänsweidle 99-1c
Gartenstraße 98-2d
Gaußstraße 98-5b
Geisingen 98-2c
Geisinger Straße 98-3c
Gemmingenstraße 98-6b
Gerhart-Hauptmann-Straße 98-5d
Gluckstraße 98-2d
Goethestraße 98-2d
Graf-Adelmann-Straße 98-6a
Große Äcker 98-2d
Großingersheimer Weg 98-2b
Gründelbachstraße 98-5b
Grünewaldstraße 98-6b
Grünlandstraße 98-2d
Grundstraße 98-6c

Hallweilstraße 98-6a
Hardtstraße 98-3c
Harteneckstraße 98-6b
Hasenackerweg 99-1c
Hauffstraße 98-6b
Haydnstraße 98-2d
Hebbelstraße (15) 98-6d
Hegelweg (14) 98-6d
Hertzstraße 98-5d
Hessigheimer Weg (18) 98-2b
Heutingsheim 98-5d
Heutingsheimer Straße 98-6a
Hindemithstraße (3) 98-2d
Hindenburgstraße 98-6b
Hinterm Rössle (1) 98-3d
Höhenweg 98-6d
Hölderlinweg 98-6a
Höpfigheimer Straße 99-1b
Hohenecker Straße 99-1c
Holbeinstraße 98-6b
Holderburg 98-2d
Holderstraße 98-6a
Hornbergstraße (11) 98-6b

Im Breitenbächer 98-6a
Im Bühl 98-2b
Im Kirchfeld 98-6c
Im Riedern (13) 98-5b
Im Schloßgarten (7) 98-3d
Im Schmälzling 99-1d
Im Sindelbrunnen 98-3c
In den Hälden 99-1c
In den Ländlen (17) 98-2b
Industriegebiet Neckar I 99-1a
Industriegebiet Neckar II 99-1b

Jahnstraße 98-2b
Johannesstraße 98-6b
Johann-Rebmann-Weg (2) 98-2d

Kantstraße (24) 98-6c
Kastanienweg (20) 98-6c
Kasteneckstraße 98-6b
Katharinenstraße 98-6a
Kellerstraße 98-6c
Kelterstraße (3) 98-3d
Keplerstraße 98-6c
Kiesweg 98-5d
Kirchäcker 98-2d
Kirchplatz 99-1c
Kirchstraße 98-6a
Kleinbottwarer Hof (25) 99-1c
Kleines Wegle 99-4a
Kleiststraße 98-6c
Klingenstraße 98-6b
Kniestedtstraße 98-6b
Körnerstraße 98-3c
Kühäcker 99-1c
Kugelbergstraße 98-6a

Leharstraße 98-2d

Lenaustraße (16) 98-6c
Lessingstraße 98-6d
Lindenweg 98-6c
Löchlesäcker 98-2d
Lortzingstraße 98-6c
Ludwigsburger Straße 98-6b
Lugaufstraße 98-2d

Manfred-Schindler-Straße (22) 137-11c
Marbacher Straße 99-1c
Marienstraße 98-6a
Marktplatz 98-6a
Masurenstraße (4) 98-3c
Max-Eyth-Straße 98-6b
Max-Reger-Weg 98-2d
Maybachstraße 98-6d
Meisenweg (8) 98-2d
Memelstraße 98-3d
Menzelstraße 98-3d
Mittlerer Weg 98-1d
Mönchsbergstraße 98-2b
Mörikestraße 98-3c
Monreposstraße 98-5c
Mozartstraße 98-6c
Mühlstraße 98-6a
Mundelsheimer Straße 99-1a
Murrer Straße 99-1a

Neckarstraße 99-1c
Nelkenweg 98-2b
Nothaftstraße 98-6b

Obere Dorfstraße 98-5b
Oberer Schlosshof (1) 98-3c
Orffstraße 98-2d
Oscar-Paret-Straße 98-6a

Panoramastraße 98-6b
Pappelweg (22) 98-6c
Parkstraße 98-6c
Pfarrer-Aldinger-Straße 98-5b
Planckstraße 98-5b
Pommernstraße 98-3c
Porschestraße 98-6d

Rentamtstraße 98-6a
Riedbachweg 98-5b
Riedstraße 98-5b
Rieslingweg (8) 99-1c
Rilkestraße 98-6b
Ringstraße 98-2d
Robert-Bosch-Straße 98-6b
Rosenau 98-8b
Rosenstraße 98-2d
Ruitstraße 98-2d
Ruländerweg (10) 99-4a

Salbeiweg 98-2b
Salzmann 99-4b
Schafgarbenweg (19) 98-2b
Scheffelstraße 98-6d
Schertlinstraße 98-6b
Schillerstraße 98-2d
Schlesier Straße 98-3c
Schloßstraße 98-5b
Schubartstraße 99-4a
Schumannstraße 98-2d
Schwabstraße (13) 98-6a
Schwalbenweg (4) 98-2d
Siemensstraße 98-5d
Silcherstraße 98-6c
Sindelwiese 98-3c
Sophie-Scholl-Straße 98-2d
Sperberweg 98-2d
Sperlingweg (7) 98-2d
Starenweg (6) 98-2d
Steinbeisstraße 98-6d
Steinheimer Straße 99-1b
Stieglitzweg (5) 98-2d
Stormstraße 98-6c
Stürzweg 98-5d
Stuttgarter Straße 98-6a
Sudetenstraße 98-3d
Sylvanerweg (9) 99-4a

Talstraße 98-3b
Tilsiter Straße 98-3c
Traminerweg 99-4a
Trollingerstraße 99-1c

Uhlandstraße 98-6d
Ulmenweg 98-6c
Ulrichstraße 98-6a
Unterer Schloßhof 98-3c

Vischerstraße 98-6b
Vogelsangstraße 98-6c

Wagnerstraße 98-6c
Waldenburger Straße 98-5b
Wasenstraße 98-3d
Weberstraße 98-6c
Weinstraße 99-4a
Wernerstraße 98-3c
Westenfeldstraße 98-3d
Wiesenstraße 98-6a
Wilhelm-Lächle-Straße (10) 98-2d
Wilhelmstraße 98-6a
Württemberger Straße 98-3c

Zeisigweg (9) 98-2d
Zellerstraße 98-2d
Zeppelinstraße 98-6b

Freudenstadt
PLZ 72250

Albrecht-Dürer-Straße 276-7a
Alte Aachgasse 276-1a
Am Schäferstich 276-7a

Benzinger Straße 276-4c
Blumenweg 276-7a
Briegelstraße 276-7a

Dietersweiler 276-7b
Dinkelweg 276-1a

Eppeneckstraße 276-7a

Finkenweg 276-7a
Forchenkopfstraße 276-1a
Freudenstädter Straße 276-4c
Friedhofweg 276-7b

Gabrielstraße 276-7a
Glattener Straße 276-7a

Haldenstraße 276-1a
Hallwanger Straße 276-1a
Harteckstraße 276-7a
Hirschgarten 276-7a

Im Aischbach (5) 276-7a

Johannes-Brenz-Straße 276-7a

Klingenweg 276-1a
Kraibrunnenstraße 276-7a
Kronengasse 276-7a

Langenbergstraße 276-7a
Lautermühle 276-7c
Lombacher Weg 276-7a

Meisenweg 276-7a
Mühleweg 276-1a

Nelkenweg (2) 276-7a
Neue Straße 276-1a
Nillabergweg 276-7c

Pfluggasse 276-7a

Raiffeisenstraße 276-7a
Rosenweg 276-7a

Schwarzwaldstraße (Dietersweiler) 276-7c
Sommerhaldenweg 276-1a

Theodor-Heuss-Straße (1) 276-7a
Tulpenstraße (3) 276-7a

Wangerweg (4) 276-7a
Warnbergstraße 276-7c

Freudental
PLZ 74392

Ahornweg (6) 74-11a
Alleenstraße 74-11c
Am Königsträßle (7) 74-11a
Am Pfarrgarten (3) 74-11a
Amselweg (13) 74-11d
Am Steinbach 74-11b

Bachstraße 74-8c
Bergstraße 74-11b
Besigheimer Straße 74-11b
Beuchaer Straße (14) 74-11a
Bietigheimer Straße 74-11a
Birkenweg (5) 74-11a
Brombergweg (12) 74-8c
Bühlstraße 74-11a

Finkenweg (1) 74-11a
Freudentaler Straße 74-11b

Gaisgraben 74-11a
Gartenstraße 74-11a
Gewerbegebiet Galgenäcker 74-11a
Greutherweg 74-11a

Hauptstraße 74-11a
Heilbronner Straße (15) 74-11b
Hölderlinstraße 74-11a

Im Wiesengrund 74-11a
Irwin-Stein-Weg (2) 74-11a

Jägerstraße 74-11a

Kirchstraße 74-11a
Krappenbergweg (11) 74-8c

Lembergerweg 74-11b
Lerchenstraße (8) 74-11c
Lindenweg 74-11a

Michaelsbergweg (10) 74-11a
Mörikestraße 74-11a

Nelkenweg (4) 74-11a

Obere Bühlstraße 74-11a

Pforzheimer Straße 74-11a

Rosenweg 74-11a
Rotenbergstraße 74-8c

Schillerstraße 74-11a
Schloßplatz 74-11a
Schloßstraße 74-11a
Schwalbenstraße 74-11c
Seestraße 74-11a
Strombergstraße 74-11a
Stutenweg 74-11a

Taubenstraße 74-11c
Teufelsbergweg (9) 74-8c
Trollingerweg 74-11b
Tulpenweg 74-11a

Uhlandstraße 74-11a

Weinstraße 74-11b
Wolfsbergweg 74-8c

Frickenhausen
PLZ 72636

Achalmstraße (13) 229-12c
Äulestraße 229-11b
Ailestraße (14) 253-3b
Albert-Schweizer-Straße 229-11b
Albstraße 253-3b
Aloys-Senefelder-Straße 229-12a
Am Lengertbach 253-1d
Ammerstraße (3) 253-1c
Am Rain 253-1d
Amselweg (13) 253-3d
An den Heimenwasen 229-11b
Auf der Insel (12) 253-3d
Aussiedlerhof Haase 253-2b
Autmutstraße 253-1c

Bachstraße 229-12c
Bahnhofsplatz 253-3b
Bahnhofstraße 229-12a
Beethovenstraße 229-11d
Benzstraße 229-8d
Bergstraße 253-3b
Bettäckerstraße 253-3b
Bettlinger Weg 229-11d
Beurener Straße 253-3b
Beurener Wasen 253-3d
Bismarckstraße (11) 229-12c
Blumenstraße 229-12a
Bodelschwinghstraße 253-3b
Bolbergstraße 229-12c
Brahmsweg 229-11d
Brucknerhof 229-11d
Brückenstraße (10) 253-3d
Brühlstraße 253-3d
Brühlweg 253-1b
Brunnenweg 253-1d
Burgstraße 253-3d
Burrenweg 253-1d

Carl-Orff-Straße 229-11d
Carl-Zeiß-Straße 229-9c

Daimlerstraße 229-11c
Dieselstraße 229-12a
Dr.-Gminder-Straße 229-12a
Dr.-Konrad-Adenauer-Straße 229-11d
Donauschwabenstraße 229-11b
Dürerstraße 253-3b

Echazstraße 253-1c
Egertstraße 253-1d
Eichbühlweg 253-1d
Eichendorffstraße 229-11b
Eisenbahnstraße 253-3b
Ermsstraße 253-1c
Ernst-Moritz-Arndt-Straße 229-11c

Farrenbergstraße (20) 229-12d
Farrenstraße (9) 253-3d
Feuchtstraße (2) 229-12a
Fichtestraße 229-11c
Finkenweg 253-3d
Fliederweg 229-12b
Florianweg 253-4a
Frickenhäuser Straße 253-1d
Friedhofstraße 229-12c
Fröbelstraße 229-11d

Gaiernweg 229-12d
Gartenstraße 229-12a
Gehaiweg 229-12b
Gerader Weg 230-10a
Goethestraße 229-11b
Grafenberger Straße 253-1c
Grenzweg 253-1b
Grünewaldstraße (1) 253-3b
Gustav-Werner-Straße 253-3b
Gutenbergstraße 229-12a

Händelstraße 229-11d
Haldenstraße 253-3d
Hardtweg 229-12d
Hartliebstraße (4) 229-12c
Hartplatz 229-12c
Hauffstraße 229-11b
Hauptstraße 229-8d
Haydnhof 229-11d
Hegelstraße 229-11c
Herrschaftsweg 253-1b
Hinter den Höfen (8) 253-3d
Hintere Weinberghalde 253-4a
Hirschplanweg 229-12c
Hölderlinstraße 229-12a
Hölzlachstraße 229-11d
Hörnlestraße 229-12c
Hohenstaufenstraße (12) 229-12c
Hohenzollernstraße 229-12c
Hornbergstraße 229-12c
Humboldtstraße 253-3b

Im Dorf 229-12a
Im Gäßle 229-12a
Im Geiselrain 229-12a
Im Käppele 253-3b
Im Öschle 253-1b
Im Sand 253-3b
Im Winkel (7) 253-3b
In der Bitze 229-12b
In der Schweiz 253-3d

Jahnstraße (8) 229-12c
Johann-Strauß-Straße (21) 229-11d
Jusistraße 229-12c

Kästlesplatz 230-10c
Kaibachstraße 229-12c
Kantstraße 229-11b
Kelterplatz 253-3b
Kelterstraße 229-12c
Keplerstraße 229-11d
Kettlerstraße 229-12b
Kirchertstraße 253-1d
Kirchstraße 253-3d
Klemmerweg 230-10c
Körnerstraße 229-11b
Kohlberger Straße 253-1d
Kollwitzstraße 253-3b
Kolpingstraße 229-12b
Krautgartenstraße (5) 229-12a
Kreuzgässle (2) 253-1d
Krummachweg 253-3c
Kruppstraße 229-11b
Kürzeweg (14) 254-1a
Kurze Straße (6) 229-12c

Lauterstraße 253-1c
Leibnizstraße 229-11c
Lembergstraße (19) 229-12d
Lengertstraße 253-1d
Lerchenstraße 253-3b
Lessingstraße 229-11b
Lichtensteinstraße (18) 229-12d
Liebigstraße (3) 253-3b
Lilienthalstraße 253-3b
Lindenstraße (10) 229-12c
Linsenhofen 253-3c
Linserhofer Weg 229-12c
Liststraße 229-12a

Martin-Luther-Straße 253-3d
Max-Eyth-Straße 229-11c
Max-Planck-Straße 229-11c
Max-Reger Straße 229-11d
Maybachstraße 229-11b
Melchiorstraße 229-12c
Menzelweg (4) 253-3b
Mittlere Straße 229-12a
Mochenhaldenweg 229-12b
Mörikestraße 229-11b
Moltkestraße (7) 229-12c
Mozartstraße 229-12c
Mühlhaldenweg 229-12c
Mühlstraße 253-3a
Mühltobelstraße 253-3d

Nelkenweg 229-12a
Neuffener Straße 253-3b
Nürtinger Straße 229-8d

Obere Straße 229-12c

Paul-Gerhardt-Straße 229-11b
Pfarrgasse (11) 253-3d

Raiffeisenstraße 253-3b
Rathausstraße 253-3b
Rechbergstraße (15) 229-12d
Reußensteinstraße (16) 229-12d
Reuteweg 229-11b
Richard-Wagner-Straße 229-11d
Richterstraße (2) 253-3b
Robert-Bosch-Straße 229-11c
Robert-Koch-Straße 253-1d
Römersteinstraße (17) 229-12d
Röntgenstraße 253-1d
Rosenstraße 229-12a
Roßbergstraße (14) 229-12c

Schellingstraße 229-11c
Schillerstraße 229-11b
Schladweg 229-11d
Schlitzgernweg 253-3c
Schönnagelweg 254-1a
Schubertstraße 229-12c
Schulstraße 229-12c
Schumannhof 229-11d
Seeweide 253-1d
Sieh-dich-für (3) 229-12a
Siemensstraße 229-8d
Silcherstraße 229-11b
Starenweg 253-3c
Steinachstraße 253-3b
Steinbeisstraße 229-12a
Sternbergstraße 229-12c
Sudetenstraße (1) 229-11b
Sulzburgstraße 229-12c
Sulzweg 229-12b

Talstraße (1) 253-1d
Teckstraße 229-12c
Theodor-Heuss-Straße 253-3b
Tischardt 253-1d
Tischardter Straße 253-2a
Traubenweg 253-3b
Tulpenweg 229-12a

Uhlandstraße 229-11b
Unterer Wengertweg 229-12b
Untere Straße 229-12a
Urbanstraße 253-3b

Vordere Weinberghalde 253-1d

Wasenstraße 253-3b
Weberhof 229-11d
Weinberghalde 253-4a
Weinbergstraße 253-3b
Wichernstraße 253-3b
Wielandstraße 229-11b
Wilhelm-Leuschner-Straße 229-9c

Zeppelinstraße (9) 229-12c
Ziegeleistraße 229-12a

Friolzheim
PLZ 71292

Adlerstraße 124-2b
Am Geissberg 124-3a
Am Wall 124-2b

Bachweg 124-2d
Baumstraße 124-2b
Belchenstraße 124-2d
Bergstraße 124-2d
Birkbuschstraße 124-2d
Birkenstraße 124-2a
Breiter Weg (5) 108-7a
Breitlaustraße 124-2c
Brühlstraße 124-2d
Brunnenstraße (1) 124-2c
Buchenstraße 124-2c

Eichenstraße 124-2c
Erlenweg 124-2c

Falkenstraße 124-2b
Feldbergstraße 124-2c
Feldstraße 124-2d
Finkenstraße 124-2b
Forchenweg 124-2a

Gartenhausgebiet „Ameiser Grund" 124-2a
Gartenstraße 124-2b
Grabenstraße 124-2d

Heidestraße 124-2d
Heimsheimer Straße 124-2d
Höhenstraße 124-3a
Hohlweg 124-2c

Im Hohrain 124-2c
In den Krautgärten (4) 124-2d

Kirchstraße 124-2d
Kornfeldstraße 124-2d

Lehenstraße 124-2c
Leonberger Straße 124-2d
Lerchenstraße 124-2d
Lindenstraße 124-2a
Lochweg 124-3c
Lüßstraße 124-2c

Marktplatz 124-2d
Mönsheimer Straße 124-2d
Mühlhof 124-5a
Mühlweg 124-2c

Ölgrabenstraße 124-2d

Paulinenstraße 124-2d
Pforzheimer Straße 124-2c

Rathausstraße 124-2d
Ruhleslohweg 124-1d

Schafhof (2) 124-2d
Schauinslandstraße 124-2c
Schulstraße 124-2d
Schwalbenstraße 124-2d
Schwarzwaldstraße 124-2c
Seestraße (3) 124-2d
Steighof 124-5b
Steinäckerstraße 124-3c

Talstraße 124-2d
Tannenstraße 124-2c
Tiefenbronner Straße 124-2c

Ulmenweg 124-2c

Wacholderstraße 124-2d
Wengertstraße 124-2c
Wiesenweg 124-2c
Wimsheimer Straße 124-2a

Frittlingen
PLZ 78665

Alemannenstraße 384-10a
Alter Stadtweg 384-10c
Am Riedgraben 384-10d
An der Kälberweide 384-10d

Baarblick 384-10d
Bahnhofstraße 384-10c
Bihrenberghof 384-11a
Brunnenstraße (3) 384-10c
Bühlstraße 384-10d

Daimlerstraße 384-10a
Denkinger Straße 384-10b

Eichwäldlehof 384-10c

Gartenstraße 384-10b
Gewerbestraße 384-10b
Goethestraße 384-10b

Hasentorstraße 384-10b
Hauptstraße 384-10d

Im Gäßle 384-10b
Im Geigental 384-10b

Jäuchstraße 384-10a

Kapellenstraße 384-10c
Kaplaneistraße (2) 384-10d
Karpfenweg (5) 384-10d
Keltenstraße 384-10c
Kirchberg 384-10d
Kirchgasse 384-10d
Klausenhöhe 384-10c

Lange Steige 384-10d
Lauweg 384-10d
Lehrstraße 384-10d
Leimtalstraße 384-10b
Lembergstraße 384-10b
Lupfenstraße 384-10d

Mettenbergweg 384-10b

Römerstraße 384-10c
Rußgasse 384-10b

Schildeckstraße 384-10c
Schillerstraße 384-10c
Schulstraße 384-10d
Silcherstraße 384-10a
Spaichinger Straße (4) 384-10d
Steigstraße 384-10d
Sulzelhalde 384-10c
Taubenriedstraße 384-10c
Teuchelgrube (6) 384-10b

Uhlandstraße 384-10b

Weiherstraße (1) 384-10d
Wellendinger Straße 384-10b
Wilflinger Straße 384-10b

Gärtringen
PLZ 71116

Achalmstraße 221-2b
Adalbert-Stifter-Weg 197-12c
Ahornweg 222-4a
Aidlinger Weg 197-11d
Alfred-Döblin-Weg 197-12a
Allmandstraße (12) 197-12c
Am Adlergraben (25) 197-11d
Amselweg 197-12a
An der Schwarzwaldhalle 197-11a
Arndtstraße (13) 197-12c

Bahnhofstraße 197-12c
Beethovenstraße 197-12a
Bergstraße 222-1c
Bertolt-Brecht-Weg 197-12a
Bettina-von-Arnim-Weg (21) 197-12a
Birkenweg 221-2b
Bismarckstraße 197-11d
Blücherstraße 197-12c
Blumenstraße 197-11d
Böblinger Straße 197-12c
Bondestraße 197-11d
Brunnenstraße 197-11d
Brunnweiher 197-11b
Buchenstraße 222-4a
Burgenstraße 221-6b

Carl-Zuckmayer-Weg (23) 197-12a

Daimlerstraße 221-3a
Dammweg 197-12c
Deckenpfronner Straße 197-10d
Deufringer Straße 197-11a
Dieselstraße 197-12d

Edelburgerstraße 197-11b
Ehninger Straße 222-1c
Eichendorffweg (18) 197-11b
Eisenbergle 222-1c
Elly-Heuss-Knapp-Weg (19) 197-12a
Enge Gasse (8) 197-11d
Erich-Kästner-Weg (24) 197-12b
Erich-Kiefer-Straße 197-12d
Erlenweg (3) 222-4a

Fichtenweg 197-11d
Finkenweg 197-12c
Fliederweg 197-11c
Forststraße 222-4a
Forstwegle 222-4a
Franz-Schubert-Straße 197-12c
Friedhofweg 197-11b

Gärtringer Straße 221-3d
Gartenstraße 197-12d
Georg-Büchner-Weg (3) 197-11b
Gerhart-Hauptmann-Straße 197-11b
Gewerbegebiet „Am S-Bahnhof" 197-12d
Gewerbegebiet Riedbrunnen 197-12d
Gewerbegebiet Schelmenwiesen 197-12c
Gewerbegebiet „Seeweg/ Öfele" 221-3b
Gewerbegebiet „Straßwiesen" 197-12d
Goethestraße 197-12a
Grabenstraße 221-2b

Hanfweg 222-1c
Hans-Christian-Andersen-Weg 197-12b
Hasengässle (9) 197-11d
Hauffweg 197-11b
Hauptstraße 197-12c
Heinrich-Böll-Weg 197-12a
Heinrich-Heine-Weg (2) 197-11b
Hermann-Hesse-Weg (1) 197-11b
Herrenberger Straße 221-6b
Hildrizhauser Straße 222-1c
Hindenburgstraße 197-11d
Hölderlinweg 197-11b
Hofackerstraße 197-11b
Hofstattstraße 222-4a
Hohe Straße 197-11d

Im Akazienhain 222-1d
Im Lammtal 197-11d
Im Pfad 197-12c
Im Vogelsang 197-12c
Im Zeltner 222-1c
Ina-Seidel-Weg (4) 197-11b
In der Breite 197-11d
Ingeborg-Drewitz-Weg 197-12a

Jahnstraße 197-12c
James-Krüss-Weg 197-12a
Jesinger Weg 221-1b

Kanalgasse (10) 197-11d
Karl-May-Weg (22) 197-12a
Kelterstraße 222-4b
Keplerstraße (15) 197-12c
Kernerweg 197-11b
Kirchplatz 222-1c
Kirchstraße 197-11d
Kleistweg 197-11b
Königsbergerplatz (11) 221-2b
Krebsbachstraße 222-4a
Kuppinger Weg 197-11d
Kurt-Tucholsky-Weg (20) 197-12a
Kurze Straße 197-11d

Lärchenweg 222-4a
Lange Straße 197-11d
Lauchweg 197-11b
Ledergasse 197-11d
Lerchenweg 197-12c
Lindenweg (4) 222-1c
Ludwig-Thoma-Weg 197-12a

Marderweg 222-1c
Marktplatz 197-11d
Max-Eyth-Straße 197-12c
Max-Frisch-Weg 197-12a
Max-Planck-Straße 197-12d
Mörikestraße (14) 197-12c
Molkereigasse 197-11d
Moltkestraße 197-12c
Mozartstraße 197-12c

Nelkenweg 197-11c
Neue Straße 197-11d
Neuffenstraße 221-2b
Nordrandstraße 197-12a
Nüssleswiesen 222-1c
Nufringer Straße 221-6b
Nußbaumweg (2) 222-1c

Oberlinweg (16) 197-12c

Peter-Rosegger-Weg 221-2b

Quellenstraße 222-4a

Rechbergstraße 221-3a
Reinhardstraße 197-12c
Richard-Wagner-Straße 197-12a
Riedbrunnenstraße 197-12d
Ritterstraße 222-4a
Robert-Bosch-Straße 221-3a
Römerstraße 222-4a
Rößeweg 197-11c
Rohrau 222-4a
Rohrweg 197-12c
Rosenstraße 197-11c

Salzäckerweg (17) 197-12c
Sandmühlenweg 222-1d
Schickhardtstraße 197-11b
Schießmauer (5) 197-11b
Schillerstraße 197-12c
Schloßbergstraße 222-4a
Schloßweg (7) 197-11d
Schmiedstraße 197-11d
Schönbuchstraße 197-11d
Schulstraße 222-1c
Schwarzwaldstraße 197-11d
Seestraße 222-1c
Selma-Lagerlöf-Weg 197-12a
Seltenbachweg 197-11d
Siemensstraße 221-3b
Silbergrundweg 197-11b
Silcherstraße 197-12c
Sonnenhalde 221-2b
Speiremer Weg 197-11b
Staufenstraße 221-3a
Stefan-Zweig-Weg 197-12a
Steingrubenweg 197-11a
Stuttgarter Straße 197-12c

Talstraße 222-1c
Tannenweg 222-4a
Teckstraße 221-2b
Thaddäus-Troll-Weg 197-12a
Theodor-Storm-Weg 197-12c
Thomas-Mann-Straße 197-11b
Tulpenweg 197-11c

Uhlandstraße 197-12c

Veilchenweg 197-11c
Vicki-Baum-Weg 197-12a
Vorstadt 221-2b

Waldhöfe 221-1b
Weingartenberg 197-11a
Wengertweg 222-1c
Westumfahrung 197-11c
Wieslinger Weg 197-11d
Wilhelmstraße 197-12a
Wilhelm-Busch-Weg 197-12a
Wolfäckerweg (6) 197-12c
Wolfgang-Borchert-Weg 197-12a

Zaunäckerstraße (1) 222-1c
Zeisigweg 197-11b
Zum Schwalbenhof 197-11b

Gäufelden
PLZ 71126

Achalmstraße 244-6c
Alemannenstraße 245-7c
Alte Steig (2) 245-7d
Altinger Straße 244-6c
Amselweg 244-7d
Am Stich 244-5d

Bahnhofstraße 244-9a
Beethovenstraße 244-7b
Belchenstraße 244-9a
Benzstraße 244-9b
Berggasse 245-7d
Birkenstraße 244-6c
Blauenweg 244-9a
Bondorfer Weg 244-7d
Brahmsweg 244-7b
Breitestraße 244-6c
Brendweg 244-9a
Brenntenwäldle 244-7c
Brühlstraße (8) 244-7d
Brunnenstraße 245-7d
Buchenstraße 244-6c
Bussardstraße 244-7c

Cheruskerstraße 245-7c

Dachsweg 244-5d
Denslingen 244-7b
Dinkelstraße 244-8b
Dobelstraße 244-6c
Drosselweg 244-7a
Eichelesweg 245-10a
Eichenstraße 244-6c
Einkornweg (7) 244-8b
Eisenbahnstraße 244-9a
Emmerweg (9) 244-8b
Etzwiesenallee 244-8b

Falkenweg 244-7d
Feldbergstraße 244-9a
Feldzaunweg 245-7d
Finkenweg 244-7c
Fohrenbühlstraße (3) 244-9a
Frankenweg (6) 245-7c
Friedhofstraße 244-9a
Froschberg 244-7d
Froschherg 244-7d
Fuchsweg 244-5b
Fuggerweg 244-8c

Gänseweg 244-7b
Gartenbergle (1) 244-6c
Gartenstraße 244-7d
Germanenweg 245-7d
Gerstenstraße 244-5d
Gewerbegebiet „Böden" 244-9b
Gewerbegebiet „Siedlerstraße" 244-6d
Ginsterweg 244-7d
Goethestraße 244-8a
Gotenweg (7) 245-7d
Grabenstraße 244-8a
Gültsteiner Straße 245-7b

Häckselplatz 245-7b
Hämmerlestraße 244-9a
Haferweg (8) 244-8b
Hailfinger Straße 245-7d
Hailfinger Weg 244-8c
Haldenweg 244-5d
Haslacher Weg 244-6c
Hauptstraße 245-7c
Heckental 244-9b
Herdweg 244-7a
Herrenberger Straße 244-6c
Hindenburgstraße 244-7d
Hölderlinstraße 244-8c
Hohenzollernstraße 244-6c
Holderweg 244-7d
Hopfengarten 244-7d
Hurenweg 244-10b

In den Böden 244-9b

Jahnstraße 244-7d
Jakobstraße 244-6c
Jettinger Straße 244-7b
Johann-Strauß-Straße (2) 244-7b
Josef-Haydn-Weg (4) 244-7b

Kaislerstraße 244-9b
Kandelweg 244-9a
Kappelstraße 244-7d
Karl-Brezing-Straße 244-7b
Keltenstraße 245-7d
Kirchensteig 244-7b
Kirchgasse 245-7d
Kirchstraße 244-8c
Kirschenrain 244-7d
Kleingärten „Zinsgraben" 244-6b
Kniebisstraße 244-6c
Kurze Gasse (1) 245-7d
Kurze Straße 244-7b

Landlinger Straße 244-7b
Lange Straße 244-6c
Lehkäppelesweg (5) 244-7d
Lerchenweg 244-7c
Lessingstraße 244-8a
Lichtensteinstraße 244-6c
Ligusterweg 244-7d
Lilienstraße 245-7d
Lindenäckerstraße 244-6c
Lindenhof 244-11b
Lindenstraße 244-6c
Lortzingstraße (1) 244-7b

Maidenweg 244-9d
Marksuhler Ring 244-8c
Maueräckerstraße 245-7c
Meisenweg 244-7c
Mirabellenweg (6) 244-7d
Mörikestraße 244-8a
Mötzinger Straße 244-10b
Mozartstraße 244-7b

Nagolder Straße 244-5d
Nebringen 244-5b
Nebringer Straße 245-7b
Nelkenstraße 245-7d
Neue Straße 245-7d
Neuffenstraße 244-6c

Oberes Tor 245-7c
Öschelbronn 244-10b
Öschelbronner Straße 244-8b

Pfarrweg (3) 245-7d
Pfarrwiesenstraße 244-8c
Pirolweg 244-7d

Raiffeisenstraße 244-9a
Rathausplatz 244-7d
Rathausweg 244-6c
Rechbergstraße 244-6c
Rehweg 244-6c
Reuteweg 245-7d
Römerstraße 245-7c
Rötestraße 244-5d
Roggenstraße 244-8b
Rosenäckerstraße 244-6c
Rosenstraße 245-7d
Roßbergstraße 244-6c
Ruhesteinstraße 244-6c

Sachsenweg (5) 245-7c
Schafgasse 245-7d
Schafmeierweg 244-8a
Schauinsland 244-9a

Schillerstraße 244-7b
Schillinger 244-9b
Schlehenweg 244-7d
Schliffkopfstraße 244-6c
Schollerstraße 244-9a
Schubertstraße (3) 244-7b
Schulstraße 245-7d
Schwalbenweg 244-7d
Schwarzwaldstraße 244-6c
Schweichingerhöfe 245-10b
Seestraße 244-8c
Siedlerstraße 244-6d
Silcherstraße 244-7b
Sindlinger Straße 244-5d
Sommerbergstraße (2) 244-6c
Spechtweg (7) 244-7d
Starenweg 244-7a
Stuttgarter Straße 244-8c

Tailfingen 245-7d
Tailfinger Straße 244-8c
Talstraße 244-7a
Tannenstraße 244-6c
Taubenweg 244-7c
Teckstraße 244-6c
Torweg 245-7d
Tulpenstraße 245-7d

Uhlandstraße 244-8a
Ulmenweg 244-6c

Veilchenstraße (4) 245-7d
Vogelsangstraße 244-7d

Waldsportpfad 244-5a
Waldstraße 244-6c
Weildorf 244-12d
Weilerwiesenstraße 244-8c
Weißdornweg 244-7d
Weizenstraße 244-8b
Wengerthof 245-7a
Wiesenstraße 244-8c
Wildberger Weg 244-5b
Württemberger Hof (4) 244-6c

Zeisigweg 244-7d

Gammelshausen
PLZ 73108

Birkenweg 210-12c
Birkhof 210-12a
Blumenstraße 210-12b
Boßlerstraße 210-12b
Buchenstraße 210-12a

Dürnauer Straße 210-12a

Eichenstraße 210-12c
Eichhof 210-12b
Erbisweg 210-12c
Erlenweg 210-12c
Eschenbacher Straße 210-12a
Eschenweg 210-12a
Eugen-Rau-Straße 210-12b

Fichtenstraße (1) 210-12c
Friedhofstraße 210-12d
Frühlingstraße 210-12b
Fuchseckstraße 210-12d

Gartenstraße 210-12d

Haldenweg 210-12d
Hardthof 210-9c
Hauptstraße 210-12a
Heininger Straße 210-12b
Hofstraße 210-12d
Hohenstaufenstraße (5) 210-12d

Im Anwand 210-12c
Im Enter 210-12d
Im Hofacker 210-12c
Im Ostern 210-12b
In der Breite 210-12c

Kirchplatz 210-12c
Kirchstraße 210-12c
Köldweg 234-3a
Kornbergstraße 210-12c

Lerchenweg 210-12b
Lindenstraße (2) 210-12d
Lindenweg 234-3b
Lotenbergstraße 210-12d

Ochsengasse 210-12c

Rechbergstraße (4) 210-12d
Rosenstraße 210-12d

Schillerstraße 210-12b
Schulweg 210-12c
Sielenwangstraße (7) 210-12d
Stuifenstraße (3) 210-12d

Wasserbergstraße 210-12b
Weingartenstraße (6) 210-12d
Willi-Moll-Weg 210-12b

Gammertingen
PLZ 72501

Achalmstraße 357-7c
Äußere Lochern 357-7c
Albstraße 357-4a
Alemannenweg 357-8a
Alte Steige 357-7a
Am Bildstock 358-2c
Am Kindergarten (1) 358-4d
Am Pfarrgarten 358-1d
Amselweg 356-3d
Aspenweg 358-9d
Auf der Kanzel (5) 357-4d
Augustbergweg 357-7a
August-Reiser-Straße 357-7b

Bahnhofstraße 357-4d
Banater Straße 357-7c
Beethovenstraße 357-5c
Bergstraße 357-8c
Birkenstraße 357-7d
Bohlhalde 357-5c
Brechgrube 358-4d
Breitestraße 357-7b
Breslauer Straße 357-7c
Bronnen 357-1c
Brunnenweg (5) 357-4a
Bubenhofenstraße 357-4d
Buchenweg 357-7d
Burghaldenstraße 357-1a
Burladinger Straße 357-7a
Bussenstraße 357-7c

Chemnitzer Straße (8) 357-7c
Constantin-Hanner-Straße 357-4d

Dachsbergweg 358-9d
Daimlerstraße 357-7b
Danziger Straße 357-7c
Dorfplatz (2) 358-1d
Dreistegeweg 341-10d
Dresdener Straße 357-7c
Drosselweg 356-3d

Egertsbühl 357-7c
Eichendorffstraße 357-5c
Eichenweg 357-1c
Eichert 357-5b
Eichertstraße 357-4d
Erfurter Straße 357-7c
Eschenweg 357-7d
Europastraße 357-7a

Fehlatalstraße 357-7c
Feldhausen 358-4b
Feldhauser Straße 358-9c
Fichtenweg 357-7d
Finkenweg 356-3d
Freiherr-von-Speth-Straße 357-4d
Friedhofstraße 357-7b
Friedrich-List-Straße (13) 357-7d
Fürstengarten 357-7b

Gamhartstraße 357-4d
Gammertinger Straße 358-1d
Gartenstraße 357-4d
Gauselfinger Straße 357-7a
Geisinger Straße 359-7c
Goethestraße 357-8a
Gräfin-Adelheid-Straße 357-4d
Graf-Arnold-Straße 357-4d
Graf-Ullrich-Straße 357-4d
Gutenbergstraße 357-7b

Harthausen 358-1c
Harthauser Straße 358-4d
Hauffstraße 357-5c
Hauptstraße 357-9b
Hechinger Straße 357-4c
Hegelstraße 357-8a
Heiligenbühlweg (6) 357-5c
Heizweg 357-1a
Herdleäcker 357-7c
Herrengasse 358-4d
Hettinger Weg 358-4d
Hinter der Kegelbahn (1) 358-1d
Hinter der Kirche 358-9d
Hintergasse (3) 357-4a
Hochbergstraße 357-7a
Hölderlinstraße 357-8a
Hohenzollernstraße 357-7b
Hummelbergweg 357-7a

Im Brühl 358-4d
Im Gässle 358-1d
Im Härtle 357-1c
Im Schönblick 357-4d
Im Steig 357-7b
Inneringer Straße 358-4d

Jägerstraße 358-9d
Jenaer Straße 357-7c
Josef-Wiest-Straße 357-7b

Kapellenweg 359-7a
Kettenacker 359-7c
Kettenacker Straße 358-4d
Kettenacker Weg 357-9b
Kirchstraße (4) 357-4a
Kiverlinstraße 357-7b
Klosterhof 341-10d
Klostermühlenweg 341-10d
Köbelestraße 358-4d
Königsberger Straße 357-7c
Kohlhalde 357-7c
Kornbühlweg 357-7a
Krätzenberg 341-10c

Lärchenweg 357-8c
Lauchertstraße 357-7b
Leipziger Straße (9) 357-7c
Lessingweg (10) 357-8a
Lichtensteinstraße 341-10d
Lindenstraße 357-7b
Lochenweg 357-7c
Lusthof 358-12c
Lusthofer Straße 358-9d

Magdeburger Straße (7) 357-7c
Maiengässle 358-4d
Mariaberger Heime 357-1a
Marktstraße (3) 357-7b
Mauren 357-4d
Meisenweg 356-3d
Mithauweg 356-3d
Mittelberg 357-7d
Mittlere Gasse 358-1d
Mörikeweg 357-8a
Mozartstraße 357-5c
Mühlburren (12) 357-7b
Mühlgasse 357-7b
Mühlweg 358-11b

Neckentalstraße 357-8a
Neufraer Straße 357-7a

Obere Bohlstraße 357-5c
Obere Gasse 358-1d
Oberer Torackerweg 357-1b
Ölbergstraße 357-7d

Papstdorfer Weg 357-7c
Potsdamer Straße 357-7c

Raichbergweg 357-7c
Rathausstraße 357-4a
Reutlinger Straße 357-4d
Riedäcker 341-10c
Rilkeweg 357-8a
Robert-Bosch-Straße 357-7b
Robert-Seifert-Straße 357-4d
Römerweg 357-7b
Rosenweg 358-1d
Rostocker Straße 357-7c
Roter Dill (4) 357-7b

Sailerstraße 357-4d
Samentalstraße 357-5c
St. Fidelisweg (11) 357-7b
St. Georgstraße 358-9d
St. Martinstraße (1) 359-7c
St. Michaelisweg (1) 357-7b
St. Nikolausweg 358-4c
Schachenweg 356-3d
Schelmengartenstraße 357-7b
Schelmenwasen (1) 357-1c
Schillerstraße 357-8a
Schloßberg 357-4a
Schrotgasse 357-7b
Schwedengasse (2) 357-7b
Schweriner Straße 357-7c
Sigmaringer Straße 357-7b
Silcherstraße 357-5c
Stadionstraße 357-5d
Staffelweg 357-1c
Starenweg 356-3d
Stauffenweg 357-7a
Steinbeisstraße 357-7b
Stettiner Straße 357-7c

Talblick (2) 357-1c
Talweg 357-4d
Tannenweg 357-8c
Teckstraße 357-7a
Tigerfeldstraße 358-9d
Trochtelfinger Straße 358-4b

Uhlandstraße 357-8a
Ulmenweg 357-1c
Untere Bohlstraße 357-8a
Unterer Torackerweg 357-1a
Unterm Rathaus 358-9d

Wendelsteinweg 357-4d
Wiesengrund 357-1c
Wilsinger Straße 358-1d
Wochenendgebiet Mithau 356-3d

Zeppelinstraße 357-4d
Ziegelweg 357-4d

Gechingen
PLZ 75391

Akazienweg 172-11d
Alemannenstraße 172-11c
Althengstetter Straße 172-10b
Am Schießrain (11) 172-11a
Amselweg 172-11a
Angelstraße 172-11a
Auf dem Kirchberg 172-10b
Auf dem Wasen 172-11a
Aussiedlerhof Im Wiesental 172-10c

Baugebiet Kirchberg II 172-10b
Bei der Molke 172-11d
Beim Eichhörnle (13) 172-11c
Berghöfe 172-12b
Bergwald 172-11d
Bergwaldsteige 172-11c
Bergwaldstraße 172-11d
Brunnenstraße 172-11c
Buchenstraße 172-11d
Burg Gechingen 172-12c

Calwer Straße 172-10b

Dachsweg 172-11c
Dachteler Straße 172-11c
Dachtgrubenhöfe 172-7b
Dahlienweg (4) 172-11a
Daimlerstraße 172-10d
Distelweg (1) 172-10b
Dorfäckerstraße 172-11a
Drosselweg (18) 172-11b

Eichendorffstraße 172-11a
Erlenweg 172-11d

Falkenstraße 172-11a
Fasanenweg 172-11b
Finkenweg 172-11a
Forchenstraße 172-11d
Furthstraße 172-11c

Gartenstraße 172-11c
Gewerbegebiet Herdweg 172-10d
Goethestraße 172-11a
Gültlinger Straße 172-10c

Hauffstraße 172-11a
Hauptstraße 172-11c
Heinrich-Hesse-Straße 172-11a
Heinrich-Löns-Weg 172-11a
Herdweg 172-10c
Hochtennenweg 172-11b
Hölderlinstraße 172-11a
Hoher Angel (9) 172-11c

Im Augstäcker 172-11c
Im Fuchsbau (14) 172-10d
Im Gänseblümchen (12) 172-11a
Im Gänswasen (17) 172-11d
Im Gäßle (16) 172-11c
Im Hahnenberg 172-11c
Im Spatzennest 172-11a
In der Steige 172-11c
Irmstraße 172-11c

Keltenstraße 172-11c
Kernerstraße 172-11a
Kirchstraße 172-11c
Kornblumenweg 172-10b
Kreuzstraße 172-11c

Lärchenweg 172-11d
Lehenweg (3) 172-10b
Lessingstraße 172-11a
Lilienweg (5) 172-11a
Lindenstraße 172-11d
Ludwig-Thoma-Weg 172-11a

Marderweg 172-10b
Meisenweg 172-11a
Metzgergasse (15) 172-11c
Mönchweg 172-11d
Mörikestraße 172-11a
Mühle 172-11b
Mühlweg 172-11b

Nelkenweg (6) 172-11a
Neubaugebiet Augstäcker 172-11d

Porschestraße (19) 172-10d

Ritterspornweg (2) 172-10b
Robert-Bosch-Straße 172-10d
Roseggerstraße 172-11a
Rosenweg (7) 172-11a

Schillerstraße 172-11a
Schlehenweg (8) 172-11a
Schubartstraße (2) 172-11a
Schulweg 172-11a
Schwalbenweg (10) 172-11c
Silcherstraße 172-10d
Stammheimer Weg 172-10d
Steigwegle 172-11c

Talstraße 172-10d
Tulpenweg (1) 172-11a

Uhlandstraße 172-10d

Veilchenweg (3) 172-11a

Wacholderweg 172-11d
Waldhof 172-9c
Weingartenstraße 172-11c
Wieselweg 172-10d
Wolfwiesenweg 172-10d

Geislingen
PLZ 72351

Adlerstraße (5) 334-10a
Albert-Schweitzer-Straße (9) 334-10a
Alemannenstraße 333-5d
Alleenstraße 334-10a
Am Mühlegraben 334-7c
Amselweg 334-10c
Auchtwiesen 334-7c
Auenstraße 333-9d
Auf dem Kapf 334-7d
Auf der Insel (5) 333-5d
Auf Loreto 333-2c

Bachstraße 333-12b
Beethovenstraße 333-4d
Beinlenstraße 334-7c
Beinleshalde 333-9d
Bergstraße 333-6c
Beundgasse 333-4d
Biergartenstraße 334-10a
Binsdorfer Mühle 332-6d
Binsenhof 333-9b
Birklestraße (3) 333-12b
Blütenweg 333-7b
Blumenstraße (6) 333-5d
Böcklerstraße 334-7c
Böllatweg 333-4c
Bolstraße 333-5d
Bolteich 333-6a
Boschweg 334-7c
Brandgasse 333-4d
Breite Gasse 333-4c
Broßstraße 333-9d
Brückenstraße 334-7c
Brückenwinkel (8) 334-10a
Brühlstraße 334-10b
Brunnengasse (2) 333-5d
Bubenhofenstraße 334-10c
Bussardweg 333-12d

Daimlerstraße 334-7c
Dammstraße 334-10a

Eberhartstraße 333-4c
Eichbergstraße 333-5d
Elsternweg 333-12b
Erlaheimer Straße 333-7b
Erzinger Straße 333-12d
Eugen-Bolz-Straße 334-7d

Falkenstraße 334-10a
Fasanenweg 333-12d
Finkenweg 334-10c
Fleiner Straße (16) 334-7a
Freizeitanlage Weidensee 334-7d
Friedhofallee 333-4a
Friedhofstraße (13) 334-10b
Friedrichstraße 333-4d
Froschstraße 334-10a
Furhmannstraße 333-8a

Gartenstraße 334-10a
Gewerbegebiet Heimgärten 333-7b
Gewerbegebiet Weiherle 334-7a
Giebel 334-10c
Gildastraße 334-7c
Goethestraße 334-10b
Götzstraße 333-9d
Grabenstraße 333-12b
Gruoler Straße 333-4d

Habichtweg 333-12d
Habsburgstraße 333-4d
Hafnerstraße (2) 334-10a
Haldenstraße 334-10a
Hauffstraße 333-4c
Hausers Brühl (11) 334-10b
Hauserstraße 333-5d
Hebelweg 334-10b
Heerweg 333-8a
Heimgartenstraße 333-7b
Heuberghof 333-11a
Hindenburgplatz 334-7c
Hintere Gasse 333-4d
Hinterer Ellenberg 334-7d
Hirschstraße (4) 334-10a
Hochsträß 333-8b
Hölderlinstraße 333-4a
Hofenstraße (1) 333-5d
Hofstetten 333-8c
Hohenbergstraße 333-7b
Honigstraße 333-5d
Hubertstraße 333-12b
Hühlestraße 333-5d
Hungstraße 333-12b

Im Engele 334-10a
Im Winkel (3) 333-5d
Isinger Straße 333-12b

Jahnstraße 334-7c
Josefstraße 333-5d

Karlshof 333-10b
Karlstraße 333-8b
Keinbachmühle 333-2d
Keltenstraße 333-6c
Kettelerstraße 334-7c
Kirchstraße 333-5d
Klosterstraße (2) 333-4d
Kolpingstraße 334-7d
Konrad-Adenauer-Straße 334-7d
Kottenweg 333-5d
Kreuzstraße 333-6a
Kronengasse (4) 333-4d
Küferstraße (6) 333-7b
Kurt-Schumacher-Straße 334-10a

Langenthaler Straße (15) 334-7a
Lindenstraße 334-10a
Lochensteinstraße 333-4c
Löhrestraße 334-10a
Lönsstraße (10) 334-10a
Löwengasse 333-4c
Loretostraße 333-4a

Marienstraße (6) 334-10a
Maybachstraße 333-9d
Melchiorstraße 333-12b
Milanstraße 333-12b
Mörikestraße (1) 333-4c
Mühlstetten 333-5d
Müllergasse 333-4d

Neue Gasse 333-4c

Oberer Ellenberg 334-7d
Oberes Balgenau 334-10b
Oberholzstraße 334-7c
Ochsengasse (5) 333-4d
Olgastraße 334-10a
Ostdorfer Straße 334-7d

Panoramastraße 334-10b
Pelzmühle 332-9b
Pfarrer-Münch-Straße 333-9d
Plettenbergstraße 333-4c
Preßstraße 334-10a
Pürschützstraße 334-10c

Raiffeisenstraße (7) 333-5d
Rathausgasse (3) 333-4d
Riedstraße 333-12d
Ringstraße 333-12b
Römerstraße 333-5d
Rosenfelder Straße 333-9d
Rosenstraße 334-10a
Roumser Straße 334-7c

Sailegärten 333-5d
Schaalstraße 334-10a
Schäferstraße 334-10a
Schafbergstraße 333-4c
Schafbrunnenstraße 334-7c
Schafhaus 332-6d
Schafhof 334-7a
Scheibenhalde (9) 333-6c
Schillerstraße 333-4c
Schloßplatz 334-10a
Schloßstraße 334-10a
Schluckstraße 334-10a
Schmidstraße 333-12b
Schöttlestraße 333-5d
Schulstraße 333-5d
Siemensstraße 333-9d
Silcherstraße (1) 334-7c
Sommerau (4) 333-5d
Sommerberg 333-6c
Sommerhalde 333-12c
Sonnenstraße 333-5d
Sperberweg 333-12b
Sprollstraße 334-7d
Stadtpfarrer-Streble-Straße 333-4c
Stauffenbergstraße 334-10b
Steiler Weg (8) 333-6c
Steinefurthof 333-11c
Steinhauer Straße 333-7b
Steinmetzstraße (7) 334-7c
Stotzingerstraße 334-10c
Sulzer Straße 333-4a

Talstraße 334-10b
Tegernbacherstraße (17) 334-7c
Thalwiler Straße 334-7c
Theodor-Heuss-Straße 334-7d
Theophil-Wurm-Weg (12) 334-7d
Töpferstraße 333-8a
Turmstraße 333-4d

Uhlandstraße 334-10a
Untere Bachstraße 334-10a
Unterer Ellenberg 334-7d

Vohlenstraße 333-12b
Vorstadtstraße 334-10a

Waldhof 349-5a
Waldstraße 334-10a
Wangenstraße 334-10b
Warnberghof 333-11a
Wartestraße 334-10b
Waschgasse 333-4d
Weidenstraße 334-7c
Weihertalstraße 333-7b
Wenzelsteinstraße 333-4c
Wiesenstraße 334-7d
Wilhelm-Zirkel-Straße 333-5d

Zelterstraße 334-7c
Zeppelinstraße (14) 333-9b
Zollernstraße 333-4d

Geislingen an der Steige
PLZ 73312

Achalmstraße 237-6a
Adlergäßle (10) 41-B3
Adlerstraße 41-B3 + 238-4d
Albstraße 214-8c
Albwerkstraße (19) 238-1c
Alleenstraße (12) 237-6b
Alpenblick (1) 236-12d
Alte Stöttener Steige 214-10d
Alte Türkheimer Steige 41-A3 + 238-4c
Alte Weilersteige 41-B2 + 238-4b
Am Bahnhöfle 215-11c
Am Buchrain 237-11d
Am Hanfgarten 238-5a
Am Karlstollen 237-3a
Am Sonnenblick 237-6b
Amstetter Weg 237-11d
Am Trieb 214-12a
An der Eyb 214-12c
Anton-Ilg-Straße 238-1a
Auchtweide 237-3c
Auerstraße 237-6a
Auf dem Häring 238-1c
Aufhausen 236-11d
Aufhauser Straße 237-11c
Autalweg 236-12c

Bachstraße 238-4d
Bahnhofstraße 238-1c
Bartensteigweg 236-12c
Battenau 238-9b
Bebelstraße 237-6a
Bei der Zehntscheuer (22) 237-3c
Bergwasenstraße 237-3c
Bergwiesen 237-3c
Berlinger Weg 215-11c
Birkenweg 237-6c
Bismarckstraße 41-B2 + 238-4c
Bleichstraße 41-B3 + 238-4d
Bleßgasse 236-12c
Blumenstraße (3) 41-B3 + 238-4d
Böhmerwaldstraße 236-12d
Bolzstraße 237-6a
Bonwiedenweg 237-11d
Breitesweg 214-8c
Bronnwiesen 237-3c
Bruckwiesen 237-3c
Brühlstraße 237-11d
Brühlwiesenweg 237-11d
Brüningstraße (14) 237-6a
Brunnensteig 238-4d
Brunnenstraße 237-3d
Brunnhaldeweg 237-11d
Bücklestraße 237-3c
Bühlwiesenstraße 41-B1 + 238-4b
Bundgasse 236-12c
Bupfenriedweg 237-6a
Burgäcker 238-5a
Burggasse 238-5c
Burgstraße 238-1c
Buxweg 214-8b

Charlottenstraße 238-1d
Christofshof 239-1a
Christophstraße (2) 41-B2 + 238-4d

Daimlerplatz 237-6a
Dammstraße 238-1b
Danziger Straße 238-1c
Degginger Weg 236-12c
Ditzenbacher Straße 236-11d
Dr.-Rau-Weg 237-6b
Donzdorfer Weg 214-8a
Dorfstraße 238-5c
Drehhalde 214-11d

Eberhardstraße 41-A1 + 238-1c
Ebertstraße (15) 237-6a
Eibenstraße 214-12c
Enge Gasse 41-B3 + 238-4d
Engelghäustraße 41-B3 + 238-4c
Erbbaustraße (20) 238-1c
Erzbergerstraße (13) 237-6a
Eschenweg 237-6c
Eybach 214-12d
Eybacher Straße 238-1c
Eybstraße 238-1c

Gemmrigheim
PLZ 74376

Gerlingen
PLZ 70839

Gerstetten
PLZ 89547

Gingen an der Fils
PLZ 73333

Glatten

PLZ 72293

Göppingen

73037 Stäblerstraße 187-10d
73035 Starenweg 186-11d
73037 Staufeneckstraße 211-5b
73037 Staufenstraße 187-11c
73035 Stauferhalde 186-8a
73037 Stauferweg 164-7c
73035 Steigweg 210-4a
73037 Steinbeisstraße 187-5c
73037 Steingasse 164-10c
73037 Steinstraße 211-2b
73037 Stellenbachstraße 211-2a
73037 Stifterstraße 187-11c
73035 Stiftstraße 186-7d
73033 Storzenbachstraße 186-9a
73037 Straßdorfer Straße 164-8c
73035 Strutweg 210-4d
73037 Stuifenstraße 164-7a
73033 Stuifenweg 164-10a
73033/73055 Stuttgarter Straße 186-7b
73035 Sudetenstraße 186-11c
73035 Südmährerstraße 186-8a
73033 Synagogenplatz (1) 42-B2

73037 Talweg 211-5b
73037 Tannenstraße 211-5c
73035 Teckstraße 186-7d
73033 Tegelbergweg 187-7b
73037 Tennenbergstraße 211-2a
73033 Theodor-Heuss-Platz 186-9d
73033 Theodor-Heuss-Straße 186-9d
73037 Thomas-Mann-Straße 187-11c
73035 Tintenbachstraße 210-2a
73035 Tobelbachstraße 186-4d
73037 Tobelweg 211-5b
73037 Töbele 187-8a
73035 Toräcker 210-2c
73035 Troppauer Straße 186-11c
73033 Trübauer Weg 186-8b
73037 Turmweg 211-2b
73033 Turnerstraße 187-7b
73033 Turnhallenstraße 186-7b

73035 Uhlandstraße 186-7b
73035 Ulmenstraße 186-7a
73037 Ulmenweg 211-5d
73037 Ulmer Straße 186-12b
73033 Ulrichstraße 42-A1 + 186-9a
73037 Unterdorfstraße 187-11c
73037 Untere Halde 211-5a
73035 Unterer Asang 210-4c
73035 Unterer Lederberg 186-6c
73037 Unterer Weiler 187-2b
73035 Untere Wasenstraße 186-7c
73035 Ursenwang 211-5a
73037 Ursenwanger Weg 211-5a

73037 Vinzenz-Stroh-Weg (3) 164-7c
73037 Von-Drais-Straße 187-5c
73035 Von-Schwerdt-Weg 186-12c
73035 Von-Sprewitz-Straße 186-11c
73033 Vordere Karlstraße 42-B3 + 186-9d
73035 Vordere Mühlstraße 186-7b
73035 Vorderer Berg 186-11c

73035 Wacholderweg 186-7b
73035 Wachtelweg 210-2b
73037 Wäschenbeurener Straße 163-9d
73035 Waldeckhof 186-11d
73035 Waldeckstraße 186-11d
73035 Waldstraße 210-4c
73033 Wangener Straße 186-5d
73037 Wankelstraße 211-5c
73037 Wannenhof 187-3d
73035 Wasenstraße 186-11d
73037 Wasserbergstraße 187-10b
73037 Webergasse (1) 164-7a
73037 Weberstraße 187-10a
73033 Wehrgäßle 42-A3 + 186-9c
73035 Wehrstraße 186-8a
73037 Weidengang 211-5d
73037 Weidenstraße 164-7a
73035 Weiherweg 186-6a
73037 Weilerbachweg 211-5b
73037 Weingärten 187-10c
73037 Weingartenberg 187-10c
73035 Wichernweg 186-6a
73037 Wielandstraße 187-11c
73037 Wiesäcker 211-5a
73035 Wieselweg (1) 186-6a
73035 Wieseneck 186-11c
73035 Wiesenstraße 186-5c
73037 Wiesenweg 187-11d
73033 Wilhelm-Busch-Weg 186-9a
73037 Wilhelm-Fein-Straße 187-8a
73033 Wilhelm-Speiser-Weg 187-7a
73033 Wilhelmstraße 42-B2
73035 Wilhelm-von-Eiff-Weg 186-6b
73035 Wilhelm-Zwick-Straße 210-2c
73033 Willi-Bleicher-Straße 42-A2 + 186-9c
73035 Woelffleweg 186-7b
73037 Wolfgang-Pauli-Straße 187-8a
73033 Wolfstraße 186-9b
73033 Wühlestraße 42-A3

73035 Zeisigweg (4) 210-2b
73033 Zeppelinstraße 186-8b
73033 Ziegelstraße 42-A2 + 186-9a
73037 Ziegerhof 164-7b
73037 Zillenhardtstraße 211-5c
73037 Zillenhardtweg (3) 186-8b
73035 Zinnweg 186-6a
73035 Znaimer Weg 209-6b
73035 Zwittauer Weg 210-4a

Gomadingen
PLZ 72532

Alemannenweg 310-8c
Am Dolderbach 310-12d
Amseltalweg 329-4a
Angerweg 328-3b
Auf dem Bühl 328-3b
Auf dem Hau 309-9c
Auf dem Hochgesträß 310-5d
Badnauweg 328-3d
Bahnhofstraße 310-7b
Bannholz 310-9a
Bellentalweg 310-7b
Bergstraße 310-8b
Bermannstalweg 310-9a
Blankensteinstraße 328-3b
Brunnenstraße 310-7b
Brunnhalde 310-5d
Bühlwegle 328-3b
Burgstraße 310-7b

Dapfen 328-3a
Dorfplatz 310-9a
Dottinger Straße 310-9a

Enger Weg 328-3a

Feriendorf 310-7d
Friedenshütte 309-11a

Gächinger Straße 309-9b
Gartenstraße 328-3d
Gehlhalde 310-8a
Gestütshof 309-9d
Grafeneck 311-7c

Haldenstraße 310-8a
Hartstraße 328-3b
Hau 309-9c
Hauptstraße 309-9d
Höhenweg 310-8a
Hollenbergstraße 310-7b
Hülbenstraße 310-7b

Kapellenweg 344-7d
Keltenweg 310-8c
Kirchenweg 328-3b
Kirchsteige 328-3b
Kirchstraße 310-7b
Kurze Straße 310-9a

Läuterleweg 328-6b
Lautertalstraße 328-3d
Lichtensteinstraße 309-9a

Marbach an der Lauter 310-12a
Marbacher Straße 310-8a
Marktplatz 310-7b
Mörikestraße 310-7b
Mühlentalstraße 310-8c
Mühlstraße 329-4a
Münsinger Straße 310-7b

Oberdorfstraße 328-3b
Obere Brunnhalde (1) 310-5d
Ochsenweg 310-6c
Odenwaldstetter Straße 310-7d
Ölmühle 329-1c
Offenhausen 309-9a

Panoramastraße 310-7a
Paravanstraße 344-8c
Pfaffentalweg 328-6b
Pfarrweg 310-7b

Reinerstraße 310-8a
Riedwiesenweg 310-12d
Römerweg 310-8c

Schachenstraße 329-4a
Schapfengasse 310-8b
Schelmenbühl 310-12d
Schelmenwiesen 329-1c
Schömberg 310-8a
Schömbergstraße 310-8a
Schulstraße 310-7b
Schwärzestraße 310-7b
Silcherstraße 310-7b
Sonnenhalde 310-8a
Steingebronn 310-9a
Sternbergstraße 310-7b
Stettener Berg 310-8c
Stuttgarter Weg 310-7d

Talstraße 329-4a

Untere Haslich 310-7b
Untereschsteige 328-3d
Unterhartweg 328-3b
Uracher Straße 310-7b

Wiesenstraße 329-1c

Ziegelbergstraße 309-9b

Gomaringen
PLZ 72810

Achalmstraße (25) 287-7b
Äußere Weilerstraße 286-6d
Ahornweg (9) 287-7c
Aidelbergstraße (12) 287-4c
Albert-Schweitzer-Straße 287-7d
Albstraße 287-7b
Alteburgstraße 287-5c
Am Heckberg (18) 287-7d
Amselweg 287-4d
Anette-Kolb-Straße (13) 287-4d
Auchtertgasse 287-8a
Auf dem Schäferrain (24) 287-7b

Dachstraße 287-7b
Bahnhofstraße 287-7a
Baumgartenweg 287-4d
Beethovenstraße (4) 287-7c
Benzstraße 286-9b
Birkenweg (7) 287-7c
Bismarckstraße 287-7b
Blumenstraße 287-7d
Blumhardtstraße 287-7c
Bolbergstraße 287-7b
Brahmsweg (6) 287-7c
Brucknerstraße (5) 287-7c
Brühlstraße 286-9b
Brünnlesweg 286-6b
Brunnengasse 286-6d
Buchenstraße 287-7c

Christoph-Wieland-Weg (3) 287-4c
Clemens-Brentano-Weg (7) 287-4c

Daimlerstraße 286-9b
Dieselstraße 286-9b
Dußlinger Straße 286-9b

Ehrenbachtalweg 286-3a
Eibenweg (11) 287-7c
Eichendorffstraße 287-4c
Eichenweg (10) 287-7c
Einsteinstraße 287-7d
Eisenbahnweg (18) 287-7a
Engelhagstraße 287-4c
Erdbachstraße 287-7c
Erich-Kästner-Weg (6) 287-4c
Erlachweg (15) 287-7d
Eugen-Bolz-Straße 287-7c

Festplatz 286-6d
Filsenbergstraße (31) 287-8a
Freiheitsplatz 286-6b
Friedhofstraße 286-3d
Friedrichstraße 286-3d

Ganghoferstraße 287-4c
Gartenstraße (14) 287-7d
Georg-Scheerer-Straße 287-7b
Gerhart-Hauptmann-Straße (14) 287-4d
Gerichtshof (1) 286-3d
Gewerbegebiet Brühl 286-9a
Gewerbegebiet Brühl II 286-9b
Gewerbegebiet Greutställe 286-6c
Gewerbepark UNIPRO 286-9c
Goethestraße (1) 286-9b
Gomaringer Straße 286-3d
Gotthold-Kindler-Straße (22) 287-7a
Gröbnestraße (20) 287-7a
Grundstraße 287-4c
Gutenbergstraße 286-9b

Häldlesweg (16) 287-7b
Härmlingstraße 287-7a
Härtenstraße 287-4a
Hagstraße 287-7b
Hammerhof 286-9a
Hammerwerk 286-9a
Hauffstraße 287-4c
Hauptstraße 286-3c
Haydnstraße 287-7c
Hechinger Straße 287-7a
Hegelweg 287-4c
Heinrich-Heine-Straße (9) 287-4d
Heinrich-Hertz-Straße 286-9d
Heinrich-von-Kleist-Weg (4) 287-4c
Hermann-Hesse-Straße 287-4b
Hermann-Löns-Weg (10) 287-4c
Hindenburgstraße 287-7a
Hinterweiler 287-4a
Hinterweilerstraße 287-4c
Hölderlinstraße 287-4c
Hohenstaufenstraße (26) 287-7b
Hohenzollernstraße 287-7b
Hoher Rain (23) 287-7a
Hublandstraße 287-4c
Humboldtstraße 287-7d
Hummelbergstraße (8) 286-6d
Hurschstraße 287-7b

Ilse-Graulich-Weg 287-7a
Im Grund 287-4d
Im Lindenwasen 287-7c
Immenhäuser Straße 286-3d
In der Stelle 287-7a
Isolde-Kurz-Straße (2) 287-4a

Jakobstraße 287-4c
Johann-Strauß-Weg 287-7c

Kantstraße 287-4c
Kastanienweg (13) 287-7c
Keplerstraße 287-7b
Kernerweg (11) 287-4d
Kieferweg (8) 287-7c
Kirchenplatz 287-7a
Kirchenweg 287-4c
Kirchstraße 287-7a
Kopernikusstraße (16) 287-7b
Krautländerstraße 287-4d
Kreuzäckerstraße 286-3d
Kurze Straße 287-7d

Lerchenweg 287-7b
Lichtensteinstraße (30) 287-7b
Liebigstraße (17) 287-7d
Lindachstraße 287-7c
Lindenstraße 287-7a
Linsenhofstraße 287-7a
Liststraße 287-4c
Lortzingweg (2) 287-7c
Lubbachstraße 287-7b
Ludwig-Junger-Weg (3) 286-3d

Madachstraße 287-7c
Max-Planck-Straße 287-7d
Menzelstraße 287-7a
Mörikestraße 287-4d
Moltkestraße 287-7b
Mozartstraße 287-7c
Mühlweg 287-7b

Nehrener Straße 286-9b

Ober Haldenweg (15) 287-4d
Öschinger Straße 287-7d
Ohmenhäuser Straße 287-4d
Olgastraße 287-7a

Paul-Gerhardt-Straße 287-7c
Pestalozzistraße 287-4c
Platz-Arcis-sur-Aube (17) 287-7a
Rahnberg 287-10a
Raiffeisenstraße 287-4d
Rathausstraße 287-7a
Rechbergstraße (27) 287-7b
Reutlinger Straße 287-7a
Richard-Wagner-Straße 287-7c
Riedstraße 287-7a
Robert-Bosch-Straße 286-6c
Robert-Koch-Straße 287-7d
Römerhügelweg 286-2b
Römerweg 287-7b
Roggenstraße 286-3d
Roßbergstraße 287-7b
Rübteilstraße 287-7b

Sägeweg 286-9d
Sally-Adamsohn-Platz (1) 287-4c
Scheuterhaldenweg 286-6d
Schießmauerstraße 287-7c
Schillerstraße 286-6d
Schleifmühle 287-8b
Schloßhof (19) 287-7a
Schloßstraße 287-7a
Schmalzäcker 286-9d
Schömbergstraße (29) 287-7b
Schubertstraße (3) 287-7c
Schulstraße 286-3d
Schumannstraße 287-7c
Schwabstraße 287-7a
Siemensstraße 286-9b
Silcherstraße 287-7c
Steinachstraße 287-7b
Steinäckerstraße 286-3d
Steinweg (2) 286-3d
Stockach 286-3c
Stockacher Straße 286-6b
Stöffelbergstraße 287-8a
Stuifenstraße (28) 287-7b

Tannenstraße 287-7c
Teckstraße 287-7b
Theodor-Fontane-Weg (5) 287-4c
Thomas-Mann-Straße 287-4d
Tübinger Straße 286-9a

Uhlandstraße 287-4c
Ulmenweg 287-7c
Unter der Steigstraße 286-9b
Untere Haldestraße 287-4c

Vögwiesstraße 287-7b

Waldstraße 286-3d
Waltersberg 286-6b
Weidenstraße (12) 287-7c
Wellingtonien 305-1a
Wiesazweg (21) 287-7b
Wiesfleckenstraße 287-4c
Wilhelm-Röntgen-Straße 286-9d
Wilhelmstraße 286-3d
Wöltersstraße 287-4c

Ziegelgrubenstraße 287-4c

Gosheim
PLZ 78559

Albstraße 385-10a
Alemannenstraße 385-7d
Am Bühl (6) 385-7c
Am Forchenwald 385-7b
Am Längenberg 384-9d
Am Sturmbühl 385-4c
Auf Striegeln 384-9d
Aumühle 385-10c
Austraße 385-10a

Bahnhofstraße 385-7c
Beckenhölzle 385-7b
Beerastraße (1) 385-7c
Beethovenstraße (2) 385-10a
Belchenstraße 384-9d
Bergstraße 385-7d
Böttingerstraße 385-10b
Bollweg 385-7c
Breite Straße 385-7c
Brücklestraße 385-7c
Brühlstraße 384-12b
Brunnenstraße 385-10a
Bubsheimerstraße 385-10b

Daimlerstraße 385-7c
Dammstraße 385-7c
Denkinger Straße 385-10b
Dornierstraße 385-7d

Egartenstraße 385-7d

Feldbergstraße 384-9d
Flackstraße 385-10a
Friedhofstraße (3) 385-7c

Gartenstrasse 385-7c
Gehrenstraße 384-12b
Gewerbegebiet Schwellbach 385-7d
Greutweg 384-12b

Hagenäckerring 384-9d
Hauptstraße 385-7c
Heerwasenstraße 385-10a
Heimweg (8) 385-10a
Heubergstraße 385-7c
Hintere Wiesenstraße 384-12b
Hirschleweg 384-12b
Hölderlinstraße 385-7c
Hörnlestraße 384-12b
Hohenbergstraße 385-7c
Hoher Rain 384-9b

Im Ländle 384-9d
Im Schlößle 385-10a
Im Weiher (12) 385-8a
Industriestraße 385-7d
Innere Hagenäcker (11) 384-9d
Jurastraße (9) 385-7d

Kandelweg 385-7c
Karpfenstraße 384-12b
Kindergartenweg (4) 385-7c
Klippeneckstraße 385-10b
Königsheimer Straße 385-10b

Lembergstraße 384-9b

Marienstraße 384-9d
Mozartstraße 385-10a

Obere Bahnhofstraße (7) 385-7c
Oberer Baarblick 385-10b
Obere Tannstraße 385-7d
Öschlestraße 385-10b

Ringstraße (5) 385-7c
Robert-Bosch-Straße 385-7c

Schönblickweg 385-10a
Schörzinger Weg 385-4c
Schubertstraße 385-7c
Schulstraße 385-10a
Schwabenstraße 385-7d
Schwarzwaldstraße 384-9d
Silcherstraße 385-7c
Spaichinger Straße (10) 385-10b
Steigweg 384-12b

Talstraße 385-7d

Uhlandstraße 385-7c
Unterer Baarblick 385-10b
Untere Tannstraße 385-7d

Wehinger Straße 385-7c
Weiherstraße 385-7d
Wiesenstraße 385-7d
Wörthstraße 384-9d

Zeppelinstraße 385-7d
Zinkenstraße 385-10a

Grabenstetten
PLZ 72582

Achalmstraße 273-2c
Ahornweg 273-2c
Alfred-Moeck-Straße 273-3c
Auf der Brücke 273-5b
Auweg 273-2d

Berggasse 273-2c
Birkenweg 273-2c
Birkweideweg 255-11c
Blumenstraße 273-2d
Bodenbaumgasse 273-2d
Böhringer Straße 273-5b
Bölleweg 273-1c
Braikestraße 273-2d
Brühlstraße 273-2d
Buchenweg 273-2c
Burgstraße 273-2d

Christoph-Hauff-Straße 273-2d

Dieselstraße 273-3c
Dorfgasse 273-2d

Eichentalweg 273-2c
Eschenweg 273-2c

Felsenstraße 273-2d

Gartenstraße 273-2d
Grabenweg 273-1a

Hagweg 273-2b
Hahnengasse 273-2c
Hahnenkammweg 273-2c
Heerweg 255-11c
Hinter der Mühle 273-2c
Hofener Weg 273-2d
Holderweg 273-2d
Hornweg 255-11a

Ihmendickeweg 255-10d
Im Hof (3) 273-2d
Im Oberdorf 273-2d
Im Schweizerhof (1) 273-2d

Junggasse 273-2d

Kapf 254-12c
Kindergartenweg 273-2d
Kirchgässle (2) 273-2d

Laintalweg 273-2c
Lauereckweg 273-1d
Lenninger-Steig-Weg 255-12c
Leuteweg 273-2d
Lindenstraße 273-2d

Mahlbergstraße 273-2d
Mühleisenstraße 273-2d

Neuffener Straße 273-1b

Platteweg 255-10c
Prof.-Carl-Fischer-Weg 272-11a

Reissachweg 273-1b
Römersteinweg 273-5b
Rosenweg 273-2d
Rulamanweg 273-2d

St. Catharina-Straße 273-2d
Schillerstraße 273-2c
Schlattstaller Straße 273-2d
Schloßstraße 273-2c
Seeäckerstraße 273-2c
Seelenauweg 273-1a
Seestraße 273-2c
Staufenstraße 273-2c
Teckstraße 273-2c

Uhlandstraße 273-2c
Unterm-Berg-Weg 273-2a
Unterm Dorf 273-2d
Unterm Kreuz 273-1b
Uracher Straße 273-1d

Vogeltalstraße 273-2d

Waldhof 273-3c
Weilerweg 273-2b
Weinlandstraße 273-2d
Wiesenstraße 273-2d

Ziegelgasse 273-2d

Grafenau (Kr. Böblingen)
PLZ 71120

Adalbert-Stifter-Weg (9) 173-8b
Ahornweg 173-6d
Alte Steige 173-5c
Am Pfarrbrunnen (1) 173-9b
Am Seltenbach (4) 173-9b
Amselweg 173-6c
Aus der Heide 174-7c

Bachgasse (1) 173-5c
Baumbergweg 173-9c
Bei der Linde (8) 173-9b
Bergstraße 173-9b
Bertha-Benz-Straße 174-7a
Bettina-von-Arnim-Weg (11) 173-8a
Birkenweg 173-9b
Birklenweg 173-7d
Blumenstraße 173-9b
Brandstraße (5) 173-9b
Brunnenhof (3) 173-9b
Buchenweg 173-9b
Bülowstraße 173-8a
Bürschelweg 173-9a
Burschelberg 173-8b
Bussardweg 173-6c

Dätzingen 173-7b
Dätzinger Mühle 173-5d
Dätzinger Straße 173-9a
Dammstraße 173-6d
Döffingen 174-7a
Döffinger Straße 173-4b
Drosselweg 173-6c

Eberhardstraße 173-9b
Eichenweg 173-6d
Elsterweg 173-6d
Erschelweg 173-6d

Falkenweg 173-6c
Fasanenweg 173-12a
Finkenweg 173-6c
Forchenweg 173-9a

Gaishauweg 173-6d
Gartenstraße 173-9b
Gerhart-Hauptmann-Weg (8) 173-8b
Goethestraße 173-8b
Grafenau 173-8b
Gutenbergstraße 174-7a

Hacksbergweg 173-5c
Hambergweg 173-8a
Hans-Kudlich-Straße 173-9b
Hauffstraße 173-8a
Heckenweg 173-6c
Heinrich-Heine-Weg (7) 173-8b
Hermann-Hesse-Weg (5) 173-8b
Hintere Gasse 173-5c
Hinter Lehen 173-9d
Hirschplan 173-9b
Hölderlinweg (4) 173-8b
Hofstetten 173-9a

Im Auinger (10) 173-8a
Im Fröschle 173-9b
Im Gässle (9) 173-9b
Im Greßental 173-9b
Im Hörlen 173-9b
Im Mittenbühl 173-6d
Im Stolzen 173-9b

Jahnstraße 173-9b
Johann-Peter-Hebel-Weg (6) 173-8b

Kapellenberg 174-7c
Kapellenbergstraße 173-9d
Kapellenweg 173-5c
Kernerstraße 173-8b
Kirchplatz (11) 173-9b
Kirchstraße 173-5c
Klingenweg 173-9b
Krähenweg 173-6c
Kreuzbergweg 173-9b
Kurze Gasse (6) 173-9b

Landhausstraße 173-9d
Lerchenweg 173-6c
Lindenweg 173-6d

Magstädter Weg 174-4a
Maichinger Straße 173-9b
Malmsheimer Weg 173-6c
Malteserstraße 173-8a
Meisenweg 173-6c
Mercedesstraße 174-7a
Mörikeweg (3) 173-8b
Mühlgasse (10) 173-9b

Nelkenstraße 173-9b
Neuer Weg 173-12b
Neulandweg 173-4b

Obere Gasse 173-5c
Oberer Allmendshauweg 174-4a
Oberer Forchenweg 173-7d
Ochsenstraße 173-7a

Pfarrweg (2) 173-9b
Poppenhalde 173-6d
Privatweg 173-5d

Querstraße 173-9b

Rathausplatz 173-5c
Rosenstraße 173-9b

Schafhauser Weg 173-6c
Schaftriebweg 173-9c
Schillerstraße 173-8b
Schlehenweg 173-6d
Schloßpark 173-5c
Schloßstraße 173-5c
Schubartweg (2) 173-8b
Schulstraße 173-8a
Schwalbenweg 173-6c
Sindelfinger Weg 173-9b
Sonnenbergstraße 173-5c
Sophie-Scholl-Straße 173-9b
Stegmühle 173-9a
Steige 173-6c
Steinbühlweg 174-4a

Tälesbergweg 173-8b
Tälesweg 173-8c
Talstraße 173-5c
Tannenweg 173-9b
Taubenweg 173-6c
Teufelsgrundweg 173-4d
Turmstraße 174-7c

Uhlandstraße 173-9b
Ulrichweg 173-9b
Unterer Allmendshauweg 174-4a
Unterer Forchenwaldweg 173-7d

Wacholderweg 174-7c
Wengertweg 173-5c
Wenninger Höfe 174-4c
Wiedbergweg 173-8c
Wieslenrainweg 173-6d
Wittumstraße (7) 173-9b

Zehnthof 173-9a
Zeisigweg 173-6c
Zum Grubstock 173-9b
Zum Ulrichstein 173-9a

Grafenberg
PLZ 72661

Achalmstraße 252-6c
Albstraße 252-5d
Am Helfersbach (1) 252-6c
Am Puiseuxer Platz (3) 252-6c
Auchtertstraße 252-6a
August-Lämmle-Straße (5) 252-6c

Baurenhau 252-6a
Bergstraße 252-6a
Brandgasse 252-5b
Brunnäckerstraße 252-6c
Brunnenstraße 252-5d
Buckenwiese 252-6c

Florianstraße 252-6c
Friedhofstraße 252-6a

Gartenstraße 252-6a
Gewerbegebiet Grafenberg 252-5d
Goethestraße 252-6c

Haydnstraße 252-6a

Jörglestraße 252-6a
Jusistraße 252-6c

Kelterstraße 252-6a
Kirchstraße 252-6a
Kleinbettlinger Straße 252-5b
Kohlberger Straße 252-6c

Manfred-Klaiber-Straße (4) 252-6c
Metzinger Straße 252-6c
Mörikestraße 252-6c
Mozartstraße 252-6a

Nürtinger Straße 252-6b

Panoramastraße 252-6a

Riedericher Straße 252-5d
Rienzbühl 252-6d
Robert-Bosch-Straße 252-5d
Rudolf-Diesel-Straße 252-5d

Schillerstraße 252-6c
Schubartstraße 252-6d
Schulstraße 252-6d
Silcherstraße 252-6c

Teckstraße 252-5d

Uhlandstraße 252-6c

Weidenstraße (2) 252-6c
Weinbergstraße 252-6a
Werner-v.-Siemens-Straße 252-5d

Ziegelwasenstraße 252-6c
Zollernstraße 252-5d

Großbettlingen
PLZ 72663

Agnes-Miegel-Weg (15) 228-12d
Ahornweg 228-12d
Albstraße 228-12d
Altdorfer Straße 228-12c
Am See 228-12d
Amselweg 228-12c

Bempflinger Straße 228-12c
Bruckenäcker 228-11d
Buchenweg 228-12d

Cranachweg (4) 228-12a

Drosselweg (9) 228-12d
Droste-Hülshoff-Straße 228-12d
Dürerweg 228-12a

Eichenweg 228-12d

Falkenweg 228-12c
Finkenweg (10) 228-12d
Florianweg (13) 228-12d
Fuchsweg 228-12c

Gartenstraße 228-12d
Geigersbühlweg 228-12b
Georgiiweg 228-12d
Goethestraße 228-12b
Grafenberger Straße 228-12c

Haldenstraße 228-12a
Haldenweg 228-12c
Heerweg 228-12c
Hegelstraße 228-12b
Heinrich-Heine-Straße 228-12b
Hermann-Löns-Weg (1) 228-12b
Hölderlinweg 228-12d
Hohenneuffenstraße (11) 228-12d
Holbeinweg 228-12a

Im Gässle (8) 228-12c
Im Hohen Rain 252-3a
Im Weiher 228-12c

Jahnstraße 228-12d
Jusistraße 228-12d

Kantstraße 228-12b
Karpatenstraße 228-12d
Kelterstraße 228-12d
Kirchhalde 228-12c
Kirchstraße 228-12d

Lerchenweg 228-12d
Lessingstraße 228-12b

Mahdengasse 228-12d
Meisenweg (14) 228-12d
Metzinger Straße 228-12d
Mörikestraße 228-12d

Nürtinger Straße 228-12c

Rembrandtweg 228-12a
Riesengässle 228-12c

Scheidwasenstraße 228-12a
Schillerstraße (2) 228-12b
Schulgasse (5) 228-12d
Schweizerhof (6) 228-12c
Stormstraße 228-12b

Talwiesenstraße 228-12c
Teckstraße (12) 229-10c

Uhlandstraße 228-12b
Ulmenweg 229-10c

Wallenhof (7) 228-12c
Weiherstraße 228-12c
Wilhelm-Hauff-Straße (3) 228-12b
Wolfsweg 228-12c

Großbottwar

71723 Ahornweg 78-11b
71723 Alemannenstraße 78-11a
71723 Am Feldrand 78-12a
71723 Am Friedrichsberg 78-12c
71723 Am Linsenberg 84-2b
71723 Amselweg 78-12b
71723 Am Stockbrunnen 78-11a
71723 Asternweg 78-11b
71723 Auensteiner Straße 78-4c
71723 August-Lämmle-Weg 78-11c

71723 Bachstraße 78-11d
71723 Backhausstraße (2) 78-7a
71723 Bahnhofstraße 84-2b
71723 Bei der Stadtmauer (10) 78-11d
71723 Benzenmühle 78-12c
71723 Benzenmühlstraße 78-12c
71723 Bergstraße 78-7a
71723 Bergweg 78-4d
71723 Berntal Allee 83-3a
71723 Birkenstraße 84-2a
71723 Blumenstraße 77-9b
71723 Böningstraße 84-2b
71723 Bottwartalstraße 84-2c
71723 Braunersbergsteige 78-11a
71723 Bronnenwiesen (3) 78-7a
71723 Brückenstraße 78-12b
71723 Brunnengasse (3) 78-11d
71723 Buchenweg (5) 78-11b
71723 Bürgermühle 78-11d
71723 Burgunderweg 78-4d
71723 Burgweg 79-10a

71723 Dahlienweg 78-11b

71723 Eichenweg (6) 78-11d
71723 Entengasse 78-11d
71723 Erlenweg (3) 78-11b
71723 Eschenweg (2) 78-11b

71723 Faulbachstraße 77-9c
71723 Feuergasse 78-11d
71723 Fliederweg 78-11d
71723 Frankenstraße 78-11b
71723 Frauenkirchweg 78-11c
71723 Friedenstaler Straße 84-2a
71723 Friedhofstraße 78-11c
71723 Friesenstraße 78-11b
71723 Furtweg 78-7a

71723 Gartenstraße 78-11c
71723 Geranienweg 78-11b
71723 Gerokstraße 78-11d
71723 Gewerbegebiet „Hoftal“ 78-12a
71723 Gewerbegebiet „Kellersrain“ 78-12c
71723 Gewerbegebiet „Kreuzstraße“ 78-11d
71723 Gotenstraße 78-11a
71723 Grönerstraße 78-7a
71723 Großbottwarer Allee 83-3b

71723 Haaggasse 78-11d
71723 Häldenfeld 78-12c
71723 Hannenbachstraße 84-2a
71723 Harzberghäuschen 84-3a
71723 Harzbergstraße 84-2b
71723 Hauffstraße 84-2b
71723 Hauptstraße 78-11d
71723 Hauswiesenweg (4) 78-7a
71723 Hegelstraße 84-2b
71723 Heilbronner Feldweg 78-4c
71723 Heilbronner Straße 78-11a
71723 Hermann-Neuffer-Weg 84-2b
71723 Hölderlinstraße 84-2b
71723 Hoftalstraße 78-12a
– Hof und Lembach 78-8d
71723 Holzweilerhof 77-12b

71723 Im Holderstock 78-11d
71723 Im Langgewänd 78-12b
71723 Im Loh 78-10d
71723 Im Pfarracker 78-11d
71723 Im Ronst (4) 78-11d
71723 Im Wiesengrund 78-12a
71723 Im Zwinger 78-11d
71723 In den Frauengärten 78-11c
71723 In den Weinbergen 79-10a

71723 Jahnstraße 78-11c

71723 Kälblingstraße 77-12a
71723 Kantstraße 78-11d
71723 Karlstraße 78-11c
71723 Kastanienweg (1) 78-11b
71723 Kellersrain 78-12c
71723 Keltenstraße 78-11a
71723 Kirchstraße 78-11d
71723 Kleinaspacher Straße 84-2b
71723 Kleinbottwarer Straße 78-11d
71723 Klingenweg 78-4c
71723 Königsträßle 78-4c
71723 Kornstraße 78-12b
71723 Kreuzstraße 78-11d
71723 Krokusweg 78-11d

71723 Lange Gasse 78-11d
71723 Lange-Riemen-Weg 77-9b
71723 Laubersteigweg 77-6d
71723 Lerchenweg (16) 84-2b
71723 Lerchgasse 78-7a
71723 Lichtenberger Straße 78-12b
71723 Lilienstraße 78-11b
71723 Lindenstraße 78-11c
71723 Ludwig-Müller-Straße 84-2b
71723 Lückestraße 77-6d
71723 Luisenstraße 84-2b

71723 Marktplatz (6) 78-11d
71723 Matern-Feuerbacher-Straße (15) 84-2a
71723 Mörikeweg 78-11d
71723 Mühlgasse (9) 78-11d
71723 Mundelsheimer Straße 77-9b

71723 Narzissenstraße 77-9b
71723 Neckarwestheimer Straße 77-6d
71723 Nelkenstraße 78-11b
71723 Nußbaumweg (7) 78-11b

71723 Oberstenfelder Straße 78-11d

71723 Pappelweg (4) 78-11b
71723 Pfahlhofstraße 77-6d
71723 Pfarrstraße 78-11d
71723 Pfitzackerweg 78-11b
71723 Primelweg 78-11d

71723 Raiffeisenstraße 78-7a
71723 Riedern Allee 83-3a
71723 Rieslingstraße 78-7a
71723 Rieslingweg 78-4d
71723 Ringstraße (12) 78-11d
71723 Römerstraße 78-11d
71723 Rosenstraße 77-9b
71723 Rotes Brückle 78-7d

71723 Sauserhof 78-9c
71723 Schafbergweg 78-11d
71723 Schellingstraße 84-2b
71723 Schillerstraße 78-11c
71723 Schleifwiesenstraße 84-2b
71723 Schlosserstraße (11) 78-11d
71723 Schulgasse (7) 78-11d
71723 Seegartenstraße (14) 84-2a
71723 Seewiesenstraße 78-7a
71723 Silcherstraße (13) 78-11c
71723 Sonnenbergstraße 78-11b
71723 Sonnenhalde 79-10a
71723 Stäudachweg 77-12a
71723 Steglesweg 78-12a

71723 Talstraße 78-12b
71723 Talweg 78-7b
71723 Teufelsäckerstraße 84-2b
71723 Traminerweg (1) 78-4c
71723 Trollingerstraße 78-7a
71723 Trollingerweg 78-4d
71723 Türlingsgasse (5) 78-11d
71723 Tulpenstraße 78-11d
71723 Turmsteige 79-10a

71723 Uferstraße 78-12b
71723 Uhlandstraße 84-2b
71723 Ulmenweg 78-11b

71723 Veilchenweg 78-11d
71723 Vogtgasse (2) 78-11d

71723 Wacholderstraße 78-11b
71723 Wagrainstraße 84-2b
71723 Waldeckhof 78-4a
71723 Waldstraße 84-2a
71723 Wannenstraße 78-4c
71723 Weinlehrpfad 78-4d
71723 Weinstraße 79-10a
71723 Wendenstraße 78-11b
71723 Werfelgasse (1) 78-11d
71723 Wiesenackerweg 78-7a
71723 Wilhelmstraße 78-11c
71723 Winzerhäuser Straße 78-11c
71723 Winzerhausen 77-9a
71723 Wohngebiet Holderstock IV 78-11b
71723 Wüstener Weg 78-7b
71723 Wunnensteinstraße 78-7a

71723 Zehntgasse (8) 78-11d

Grosselfingen
PLZ 72415

Ahornweg 319-10b
Alemannenweg 319-11d
Alter Berg 319-11a
Am Weingärtle 319-11a

Bachstraße 319-11c
Balinger Straße 335-2a
Baumgartenweg 319-11a
Beckengarten 335-2a
Bergweg 319-11a
Bettwiesenstraße 335-2a
Beundweg 319-11c
Bisinger Straße 319-11d
Bisinger Wasen 335-2a
Brandweg 319-10d
Bruderschaftsstraße 319-11c
Brühlweg 319-11c
Bubenhofenweg 319-11c
Buchenweg 319-11a

Degenbundstraße 319-10d

Egartstraße 319-11c
Eichenweg 319-11a

Fliederweg 319-11a
Florianweg 335-1b
Friedhofweg 319-11d

Gartenstraße 319-11a
Gerberwiesen (5) 319-11d
Gewerbestraße 335-2a
Gobiskreuz 319-12a

Hagebuttenweg 319-11a
Hainburgstraße 319-10d
Haselnussweg 319-10b
Hechinger Straße 319-11d
Heuglengässle (2) 319-11c
Hofstattstraße (3) 319-11c
Hohenzollernstraße 319-11a
Holunderweg 319-10b
Hubertusweg 319-11a

Kirchweg (4) 319-11c
Kolbenweiherweg 319-11c

Lindenweg 319-10b

Marktplatz 319-11c
Mühlgässle (6) 319-11c

Nelkenweg (9) 319-11a
Neue Gewerbestraße 335-2a
Nikolausweg 319-10b

Oberer Homburger Hof 318-12b

Raichbrunnenweg 319-11d
Rangendinger Straße 319-10b
Riedweg 335-2a
Rosenweg 319-11a

Sanddornweg 319-11a
Schildgasse 319-11c
Schlehenweg 319-11a
Schloßgarten 319-11c
Schloßkellerweg 319-11c
Schmiedegasse 319-11c
Schreinergasse 319-11c
Schrietgasse (1) 319-11c
Schützenstraße 335-2a
Schulstraße 319-11c
Strupfegasse (8) 319-11c

Tiefenweg 319-10a
Tulpenweg 319-11a

Unter Lauen 319-10b

Vor der Halde 319-11d

Weiherweg 319-11c
Weilheimer Straße 319-11a

Ziegeleiweg (7) 319-11c

Gruibingen
PLZ 73344

Adlerweg 234-12a
Amtgasse 234-12a
An der Riese 234-11b
August-Lämmle-Weg 234-11b
Aussiedlerhöfe 234-9a

Bachweg (1) 234-12a
Bergstraße 234-9c
Birkenweg 234-9c
Boller Straße 234-8d
Boßlerstraße 234-11b
Bruckhauser Steige 234-8a
Brückenweg 234-11b
Brühlweg 234-11b
Brunnengasse 234-12a
Buchsteige 234-11b
Burgstallstraße 234-12a

Feldweg 234-8d

Gansloser Steige 234-9a
Gartenstraße 234-8d
Georg-Moll-Weg 234-11b
Gewerbegebiet „Im Boden“ 234-8d
Gewerbegebiet „Erlenbach“ 234-8d
Gewerbegebiet „Rechbergstraße“ 234-12c
Göppinger Straße 234-9c

Hauffweg 234-11b
Hauptstraße 234-12a
Hölderlinweg 234-11b
Hohenstaufenstraße 234-12a
Hohlbachweg 234-8d

Im Boden 234-8d
Im Gehren 234-8d
Im Steig 234-11b

Kaltenwanghof 233-6d
Kirchplatz (3) 234-12a
Königstraße 234-12a
Kornberghütte 234-5b
Kornbergweg 234-11b
Kreuzwiesenweg 234-9c
Kupfergasse 234-12a

Lammhof (2) 234-12a
Leimbergweg 234-12a
Leiningshalde 234-12c
Lindenweg 234-12a

Maierhof 234-12a
Maierhofstraße 234-11b
Max-Eyth-Weg 234-8d
Mörikestraße 234-11b
Mohrengarten 234-11b
Mühlhauser Straße 234-12a

Nortelweg (4) 234-11a

Obere Schulgasse 234-12a

Panoramaweg 234-12b

Rechbergstraße 234-12c
Riederweg 234-8b
Rufsteinweg 234-9c

St. Wolfgangweg 234-11b
Schafhof 234-12a
Schillerstraße 234-11b
Schmiedgasse 234-12a
Schützenweg 234-11d
Sickenbühlhütte 234-10c
Sickenbühlsteige 234-10d
Sickenbühlweg 234-12a
Sielenwangstraße 234-12a
Silcherweg 234-11b
Stuifenweg 234-12c

Uhlandstraße 234-11b
Ulmenweg 234-9c
Untere Schulgasse 234-12a

Walter-Frieß-Weg 234-11b
Weilheimer Hütte 233-12b
Wolfbühlhaus 233-9d

Güglingen
PLZ 74363

Am Weihergraben 68-7c

Frauenzimmern 68-7a

Industriegebiet Langwiesen I 68-7c
Industriegebiet Langwiesen II 68-7c

Langwiesenstraße 68-7c

Haigerloch
PLZ 72401

Ahornweg 318-4d
Albblickstraße 299-11c
Albstraße 300-10c
Alemannenstraße 318-11c
Alte Kirchstraße 318-11a
Alter Rain 317-8c
Alte Steige 317-8c
Am Berg 317-8a
Am Bickeler 299-12d
Am Bildstöckle 317-2d
Am Eichwasen 317-2d
Am Goldberg (1) 299-8b
Am Mühlengraben 317-6b
Am Müselberg 318-10b
Am Rain 318-11a
Am Schrofen 318-10d
Amselweg 318-4c
Am Wasserturm 317-6a
Am Zollerblick 317-6a
An der Buchhalde 299-8b
Andreasweg 318-4d
Angelstraße 317-8c
Annahalde 317-3d
Anton-Gabele-Weg (6) 300-10c
Arnoldstraße (3) 318-11a
Asternweg 317-2b
Au 299-12d
Auf Buchen 299-11c
Auf den Bergen 299-12d
Auf Hirschen 317-8d
August-Lämmle-Weg (8) 300-10c
Auhof 299-12d

Bachgasse 300-12a
Bad Imnau 299-8b
Badstraße 299-5c
Bahnhofstraße 300-11b
Balinger Straße 317-2c
Baumäckerstraße 318-4c
Baumäckerweg 317-3c
Baumgartenweg 300-10c
Baumstraße 300-11b
Baumwiesen 317-8d
Baurenwiesen 299-8a
Beethovenweg 318-4d
Beim Roten Haus (2) 317-8c
Berggässle (3) 299-12d
Bergle 300-12a
Bergstraße 318-11a
Bildgasse 318-4c
Binsdorfer Straße 317-11a
Birkenwaldstraße 299-11c
Birkenweg 318-4d
Birkhof 317-1d
Bittelbronn 299-11d
Bittelbronner Straße 317-2a
Blumenstraße 300-10c
Bräuhausstraße 317-8c
Breiteweg 299-12d
Brucknerweg 318-4d
Bruckstraße 300-10c
Brühlgasse 300-12a
Brühlweg 318-4c
Brunnengasse (3) 317-2d
Brunnenstraße 299-8a
Buchenweg 318-4b
Buchhaldenweg 318-11c

Dahlienweg (6) 317-8c
Desiderius-Lenz-Straße 317-6a
Dorfplatz 300-10c
Drosselweg 318-4c

Edelmannstraße 317-2d
Eichhof 300-10b
Empfinger Straße 317-2c
Eyachgasse 317-3d
Eyachstraße 318-11a
Eyachwasen (1) 318-11a

Falkenweg 318-4c
Fasanenweg (1) 318-4d
Felbenäcker (3) 299-11c
Finkenweg 317-2c
Fischerstraße 318-11a
Fliederstraße (1) 317-2b
Frankenweg 318-10b
Franz-Liszt-Weg 318-4d
Freigasse 317-8c
Freihofstraße 317-8c
Friedhofstraße 318-4b
Friedhofweg 300-11b
Friedrich-Schüz-Weg (6) 317-3c
Fürst-Josef-Straße 317-3d

Gäugässle (4) 299-12d
Gartenstraße 299-8b
Gerstenländer 318-4d
Gewerbeweg 317-8c
Goetheweg 318-4d
Grabenweg (3) 317-8a
Graf-Christoph-Straße 317-3d
Großbayerstraße 317-6b
Grubgraben (2) 299-11c
Grund 318-2c
Gruoler Straße 317-6a
Gsand 318-8d

Haagstraße 317-8a
Häselbühl 317-11b
Haigerlocher Straße 300-11d
Halden 318-4d
Haldenblick 317-7b
Haldenhof 317-5c
Hanfland 317-7d
Hangstraße 317-8a
Hart 300-12a
Hauffstraße 318-4b
Hauptstraße 318-8c
Haydnweg 318-4d
Hechinger Straße 318-1c
Heerweg 318-4b
Heiligkreuzstraße 317-8b
Heimgarten (5) 318-11a
Henstetten 299-10a
Henstetter Weg 299-10d
Herrengärten 318-11c
Hinter der Kirche (7) 317-8c
Hinter der Schmiede (4) 300-12a
Hinter Gärten 299-12d
Hodlerstraße 317-3c
Höfendorfer Straße 300-11b
Hölderlinstraße (7) 300-10c
Hölderlinweg (2) 318-4d
Hofäckerweg 317-2c
Hofstraße 318-11a
Hohenbergstraße 317-3c
Hohenzollernstraße 317-6a
Holdergasse 317-8c
Holderstraße (2) 317-2b
Horber Weg 317-8a
Hornäckerweg 299-12d
Hospach 317-9d
Hospacher Steig 317-8d

Im Äckerle 299-5c
Im Engental 299-12d
Im Gäßle (6) 318-11a
Im grünen Winkel 299-8b
Im Haag 318-4a
Im Höfle 300-11b
Im Hofbühl (7) 318-11c
Imkerweg 317-8a
Im Kruckenhof (4) 317-2d
Imnauer Straße 299-11a
Im Östreich (3) 300-11b
Im Steig 317-2d

Im Wiesengrund 299-8a
Industriegebiet Madertal 317-5b
Industriestraße 300-12a

Jakob-Burkhart-Straße 300-10c

Käpflesweg 317-11b
Kätzling 317-2a
Kanalweg (Gruol) 317-8c
Kanalweg (Stetten) 318-4d
Kapellenweg 300-10c
Kapfweg 318-11c
Karlstal 317-3b
Kastanienweg 317-2d
Kirchberger Weg 317-8a
Kirchgasse 317-2c
Kirchlesäcker 318-2a
Kirchplatz (1) 299-11c
Kirchstraße 318-4d
Kirchweg 299-6a
Kirchwiesweg 300-11b
Klausengässle (14) 317-6b
Königstraße 318-11a
Kohlgrube (1) 299-12d
Krebshalde 317-6a
Kremensee 300-7b
Kreuzäckerstraße 318-4b
Kreuzbreite 317-8d
Kreuzergärtle 318-4d
Kreuzstraße (2) 318-11a
Kroppenhofen 317-7d
Kurpark 299-8a
Kurstraße 299-8a

Lämmerwiesen 317-8c
Lechleitnerweg (18) 317-3c
Lehgasse 317-5a
Lehrenackerstraße 300-10a
Lehrstraße 318-4d
Lerchenstraße 318-4c
Lilienweg (4) 317-8c
Lindenstraße (4) 318-11a

Madertal 317-2d
Magnolienstraße 317-8c
Mailand 299-11c
Marktplatz 317-3d
Marmonweg 317-3c
Mathias-Miller-Weg 317-8c
Meinradstraße 317-3c
Milanstraße 318-4c
Mittelsbach 334-2b
Mittelstraße 300-12a
Mörikestraße 318-4b
Mozartweg 318-4d
Mühlenstraße 299-8a
Mühlenweg 318-11a
Mühlhalden 318-4c
Mühlsteig 318-4d

Narzissenweg (5) 317-8c
Nelkenweg 317-2d
Netterbühl 318-4b
Neuer Weg 299-11c
Neue Straße 318-10b
Niederhofen 317-8d
Nonnenhof (5) 300-10c
Noyaler Brücke (11) 317-6b

Oberdorfstraße 299-12d
Obere Gärten (1) 300-12a
Oberkirchstraße 317-8c
Oberkirchwiesen 317-7d
Oberstadtstraße 317-3c
Obertorstraße 300-10a
Östliche Breite 318-4b
Osterwiesen 299-11c
Otterngrub 299-12d
Owinger Straße 318-7a

Panoramastraße 317-8d
Parkstraße 299-8a
Pfeifferweg 317-3c
Pfleghofstraße (13) 317-6b
Pfluggasse 317-6b
Pommergasse 300-10c

Quellenstraße 299-8a

Raichbergstraße (7) 317-6a
Raingärten 317-8d
Rathausstraße 318-11a
Reichertsweg 318-1a
Reiserweg 317-3c
Reißgärtenweg (3) 318-4d
Reitersteig 318-11a
Reuteweg 300-10a
Riedwiesen 318-4d
Ringstraße 317-7b
Römerstraße 318-10b
Rötenbachstraße 318-11a
Roman-Stelzer-Straße 300-10d
Rosenstraße 317-2b
Rosenweg 318-10b
Roßbergstraße 317-6a
Rottenburger Kreuz 300-10b
Rottenburger Weg 300-10d

Salenhof 300-11c
Salenhofweg 300-10d
Salinenstraße 317-9b
Salztalstraße 318-7d
St.-Anna-Weg (8) 317-6b
St.-Vinzens-Weg (15) 317-6b
Sattelackerweg 318-4d
Schafhof 318-5a
Schelmenwasen 318-4b
Schießmauerweg 317-8d
Schillerstraße 300-10d
Schillerweg 318-4d
Schlattäckerweg 317-2c
Schlesierstraße 317-6b
Schlößle 317-8c
Schloßfeld 317-3d
Schloßsteige (10) 317-3d
Schloßstraße 317-3d
Schluchtgraben 318-4d
Schmalzgasse 299-12d
Schmiedeweg 300-12a
Schönblickstraße 300-12a
Schopfloch 318-4d
Schubertweg 318-4d
Schützenstraße 318-10b
Schulstraße 299-8b
Schulweg 318-4d
Schwarzwaldstraße 299-10d
Schweizerlandstraße 317-7d
Seehof 318-1d
Seehofstraße 300-10c
Silcherweg 318-4d
Sommerhalden 317-3c
Sonnenhalde 299-8b
Spitalgasse (9) 317-3d
Staffelgraben 317-8a
Steigle (12) 317-3d
Steigweg 299-12d
Steinäcker 299-11c
Stettener Straße 318-4d
Stettener Weg 317-8d
Stichweg 317-8c
Stunzachstraße 317-8c

Talblick 299-12d
Talmühle 317-3a
Talstraße 318-11a
Tannenburg 317-1d
Tannenburgstraße 317-2c
Tannenwaldstraße 300-11d
Teichweg (2) 299-12d
Theresienstraße 317-2d
Trillfingen 299-12a
Trillfinger Weg 299-11c
Tulpenweg 318-10b

Uhlandshöhe 299-8a
Uhlandstraße 300-10c
Uhlandweg 318-4d
Unterdorf 299-11c
Untere Gärten (2) 300-12a
Untere Mühle 317-11b
Unteres Schluchtgräble 318-8d
Unter Gutensteig 318-8c
Unterstadt 317-3d

Viehgasse 318-5c
Vitus-Kapelle-Weg 317-7d
Vogelsangweg (16) 317-6b
Vorstadt 300-10c

Waaghausweg (1) 317-8c
Waibeläcker 317-8a
Waldstraße 318-11c
Warrenbergstraße 318-10d
Wasserlachen 318-5a
Weckenmannstraße 317-3c
Weibel 318-4c
Weiherhof 318-5c
Weiherwasen 318-5c
Weildorfer Kreuz 317-3c
Weildorfer Straße 299-11c
Weiler 318-11d
Weilerweg (8) 318-11d
Weinberg 318-5c
Wiesenstraße 318-11a
Wilhelm-Mercy-Straße 317-8a
Wöhrleweg 317-8c
Wolfsgrube 317-2d

Ziegelgasse 318-11a
Zimmermannweg (17) 317-3c
Zollerblickweg 317-6b
Zollerstraße 318-10d
Zunftgasse 317-8a
Zur Breite (5) 317-2d

Haiterbach
PLZ 72221

Ahornweg 241-10a
Alte Haiterbacher Straße 241-11d
Alte Nagolder Straße 259-2c
Altnuifra 258-6c
Altnuifraer Straße 259-1c
Amselweg 259-1d
Am Steinriegel 241-8a
An der Steig (2) 258-5d

Beihingen 241-10a
Beihinger Sägmühle 240-12c
Beihinger Straße 259-1b
Bergstraße 259-4a
Bertolt-Brecht-Straße 259-4a
Birkenhof 258-5d
Birkenweg 240-12d
Blumenstraße 241-8d
Bösinger Straße 241-10c
Breitenäckerweg 259-4a
Breitneweg 259-1d
Breslauer Straße 259-4a
Brunnenstraße 259-1d
Bühlwiesenweg 258-9b
Burgstraße 259-1d
Buttenmühle 241-12a

Drosselweg (15) 259-1c

Egenhauser Straße 240-12b
Eichenwaldstraße 258-9b
Eschenberg (5) 259-1d

Farrengasse (3) 259-1d
Finkenweg 259-1d
Forchenweg 240-12d
Freudenstädter Straße 241-7b
Friedhofweg 259-1d
Froschgasse (10) 259-1d

Gaisberg 241-8a
Gartenstraße 259-1d
Gartenweg 259-1d
Gehren 241-7b
Goethestraße 259-1c
Gründelhof 240-9d
Gründelweg 241-7c
Gündringer Straße 259-2c

Hällesweg 241-8d
Haiterbacher Straße 241-10a
Haldenweg 241-10a
Haslochhof 259-4b
Hauffweg 259-4a
Hauptstraße 241-8c
Heckenstraße 241-8a
Heerstraße 259-7a
Hegelstraße (14) 259-4c
Heidenäckerhof 240-12b
Heinrich-Schickhardt-Straße 259-7a
Hermann-Hesse-Straße 259-4a
Hintere Gasse (3) 241-8d
Hochweg 241-8d
Hölderlinstraße 259-4a
Hohenrainstraße 259-1c
Hohe Straße 259-4a
Horber Straße 259-4b
Hugo-Meroth-Straße 259-1c

Im Dellen 259-4a
Im Gässle 259-1d
Im Ganzenrain 259-4b
Im Graben (12) 259-1d
Im Häule 241-10a
Im Lohtal 241-7b
Im Schellenbühl 259-4a
Im Tal (1) 259-2c
In der Wanne 259-4b
Industriestraße 258-9a
Iselshauser Straße 241-11b

Johrsbergstraße 241-8c

Kapfstraße 241-8c
Karlstraße 259-4b
Killbergweg 241-8d
Kirchstraße 241-8c
Kurze Umbrüche 258-9b

Lange Umbrüche 258-9a
Lautergasse 241-10a
Lerchenweg 259-1c
Lessingstraße (13) 259-4a
Lindenstraße 241-10a

Mäuerlesäcker 241-8d
Mäuerlesäcker-Ferienhäuser 241-8d
Maierei 241-11b
Marktplatz 259-1d
Martin-Luther-Straße 259-4a
Meisenweg 259-1d
Metnitzer Straße 258-5d
Mittlere Gasse (7) 259-1d
Mörikestraße 259-4a
Mohlgasse 241-10a
Mühlgartenstraße 241-11b
Mühlstraße 241-12c

Nagolder Straße 259-1d
Neue Steige 241-8b
Neunuifraer Straße 258-5d
Neuwiesenweg (2) 241-8d

Obere Gasse (6) 259-1d
Oberer Buchweg 259-2c
Obere Reute 241-8d
Oberer Schömberg 259-1d
Oberhofweg (1) 258-5d
Oberschwandorf 241-7d
Ölern 259-1c

Panoramastraße 259-1c
Poststraße (2) 259-1d
Pregizergasse (11) 259-1d

Rathausgasse (1) 241-8c
Rauhe Steige 241-10a
Rötestraße 240-12b
Rohrdorfer Straße 241-8d
Rosenstraße (4) 259-1d

Sägmühle 258-3a
Salzstetter Straße 259-4b
Schafbühlweg 259-1a
Schieferweg 259-1a
Schilfweg (1) 241-10c
Schillerstraße 259-4a
Schlehenweg 259-4a
Schloss 241-12c
Schloßstraße 241-11b
Schönblickstraße 241-8a
Schulstraße 241-8a
Schwalbenstraße (4) 241-8c
Schwandorfer Straße 241-10a
Sommerhalde 241-12a
Städtlesberg (9) 259-1d
Stauchbachweg 259-1b
Staudachstraße (16) 259-1d
Staudachweg 259-1d

Talstraße 241-10a

Uferstraße 241-10c
Uhlandstraße 259-4a
Untere Gasse (8) 259-1d
Unterer Buchweg 259-2c
Untere Reute 241-8d
Unterer Schömberg 259-1d
Untere Talaue 241-12a
Unterschwandorf 241-11b
Urselstraße 241-8b

Vogelsang 241-8d

Waldachstraße 241-7d
Walddorfer Weg 241-8a
Waldweg 259-1a
Wehrstraße 241-8c
Weinhalde 259-2c
Wiesenstraße 241-8c

Ziegeläcker 241-8a

Hardthausen am Kocher
PLZ 74239

Amselweg (5) 55-5b
Austraße 55-5b

Backhausgasse (14) 55-6a
Beethovenstraße (9) 55-3c
Berggartenweg (2) 55-6a
Bergstraße 55-6a
Blumenstraße 55-5b
Brahmsweg (13) 55-3c
Brunnensteige (1) 55-6a
Buchsmühle 55-3d
Buchssteige 55-6a
Bürger Straße 55-5b

Fahrgasse 55-6a
Finkenweg (3) 55-5b
Fliederweg 55-5b

Gartenstraße 55-6a
Gochsen 55-2d
Goethestraße 55-5b

Haaggasse 55-5b
Haaghof 55-6c
Hauptstraße 55-6a
Haydnweg (12) 55-3c
Hölderlinweg 55-6a
Hohrotweg 55-5b

Industriestraße 55-5b
Inselgasse 55-6a

Kelterrainstraße 55-6a
Klingenbergstraße 55-6a
Kocherweg (8) 55-6a
Krautgartenweg (4) 55-6a
Kreuzweg 55-6a
Kurze Gasse (7) 55-6a

Lindenplatz 55-6a
Lindenstraße 55-6a

Möckmühler Straße 55-3c
Mörikeweg 55-6a
Mozartstraße 55-3c

Ob dem Kirchhof 55-3c

Rosenstraße 55-5b

Schillerstraße 55-5b
Schumannstraße (10) 55-3c
Silcherweg (11) 55-3c
Staffelgasse (6) 55-6a
Südstraße 55-5b

Tuchbleiche 55-6c

Uhlandstraße 55-5b
Untere Au 55-5b

Waldweg 55-6a
Weststraße 55-5b

Hattenhofen
(Kr. Göppingen)
PLZ 73110

Albershauser Straße 209-4b
Albstraße 209-5a
Am Butzbach 209-5d
Am Ochsen 209-5c
Amselweg (8) 209-5d

Berghof 209-5a
Birkenweg 209-5c
Boßlerweg (3) 209-5a
Bruckwiesenstraße 209-8a
Buchenweg 209-5d
Bühlweg 209-5c

Darlehensgässe (13) 209-5c
Dobelstraße 209-5a
Dorfwiesen 209-5c
Drosselweg (9) 209-5d

Eichenweg 209-5d
Erlenweg 209-5c
Eschenweg 209-5d

Finkenweg (10) 209-5d
Friedhofstraße 209-4c
Frühlingstraße 209-5b
Fuchseckweg 209-5a

Greinerhof 209-5b

Hanfländer 209-5d
Hattenhofen 209-4b
Hauffstraße 209-5c
Hauptstraße 209-4d
Hintere Straße (12) 209-4d
Hirtengässle 209-5c
Höfle 209-5c

Im Ländle (7) 209-5d
Im Lauch 209-5a
Im Sommergarten 209-4d
Im Weiler 209-5c
In der Kürze 209-5d

Kirchweg 209-5d
Kornbergweg (2) 209-5a

Lachgasse 209-5d
Lärchenweg 209-8b
Langer Morgen 209-5a
Ledergasse 209-5a
Limburgweg 209-5c
Lindenhof 209-4d
Lindenweg 209-8b
Mörikestraße 209-5a

Oberholzweg 209-8a

Pliensbacher Weg 209-5d

Rechbergweg 209-5a
Reustadt 209-5d
Riedenhof 209-4a
Ringstraße (5) 209-5c
Roßwanghof 209-4a

Schillerstraße 209-5a
Schlierbacher Straße 209-4c
Schützenstraße 209-4d
Schulgasse (6) 209-5c
Sommerweide 209-4d
Sparwieser Straße 209-5d
Staufenweg 209-5a
Steigle 209-8a
Storrenweg 209-5c
Stuifenweg 209-5a

Tannenbrunnen 209-8a
Teckweg (4) 209-5a

Uhlandhof 209-8a
Uhlandstraße 209-5a
Ulmenweg 209-8a

Wasserbergweg (1) 209-5a
Webergasse (11) 209-4d

Zebedäi 209-5c
Zeller Straße 209-8a

Hausen am Tann
PLZ 72361

Breite 368-8b
Brühlstraße 368-8b
Brunnenstraße 368-8a

Dockenried 368-5c
Dorfstraße 368-8b

Gießstraße 368-5d
Grundweg 368-5d

Heimbuchstraße 368-8a
Hofstatt 368-8a
Hofstattgasse 368-8b
Hohlgasse 368-5d

Junkergarten 368-8a

Kindergartenstraße 368-8a
Kirchweg 368-5c

Lehrstraße 368-5d
Lochenstein 368-3a

Maierhaldenstraße (2) 368-8a
Mühlstraße 368-8b

Oberhauser Hof 368-5b
Oberhauser Straße 368-5d
Oberstockstraße 368-5c

Schlichemstraße 368-8b

Weiherweg (1) 368-8b

Hayingen
PLZ 72534

Aichelauer Straße 345-1c
Albert-Stemmer-Weg (1) 345-12c
Am Bürgergarten 345-12d
Am Ehestetter Weg 345-6a
Am Kirchweg (2) 345-6b
Auf dem Leihen 345-12c
Auf der Bleiche 345-12c
Auf der Nachthut 345-12c

Badgasse (9) 361-3b
Bäckergasse 361-3b
Birkenweg 345-1c
Blumenreute 345-1c
Brühl 345-12d
Brunnenstraße (5) 361-3b

Digelfeldstraße 345-12c

Egentalweg 361-3a
Ehestetten 345-1a
Ehestetter Straße 345-12c
Ehrenfelser Weg 361-3a
Enzianweg 345-12c

Färbergasse 361-3b
Frauengasse 361-3b

Gässle 345-1a
Gallusweg 345-6b
Gartenstraße 345-6b
Gerbergasse (7) 361-3b
Gewerbegebiet Ehrenfelser Weg 361-3a
Glastalstraße 345-12c
Gustav-Jourdan-Weg 361-3a

Hauptstraße 329-10c
Hayinger Brücke 345-10d
Hinter der Mauer 361-3b
Hitzenstaudenring 345-12c
Höhenweg 345-1c
Holzgasse 361-3a

Johannes-Schwendele-Weg 345-12c
Josef-Haible-Weg 361-3a
Josefstraße 345-12c

Kaplaneistraße (12) 361-3b
Kappisbühl 361-3a
Karlsplatz (4) 345-12d
Karl-Truchsess-Weg 345-12c
Kirchstraße 361-3b
Klosterweg 361-6a
Kohlplatte 345-8b
Küfergasse (11) 361-3b

Lautertalstraße 345-6c
Lindenweg (1) 345-6b

Maisenburger Weg 361-3b
Marktstraße 361-3b
Martin-Schleker-Platz (7) 345-12d
Maxfelden 345-4c
Münsinger Straße 345-12d
Münzdorf 345-6a

Naturtheaterweg 345-12d

Obere Kirchstraße 345-1a
Obere Wiesen 345-1c
Oberwilzinger Straße 361-3b
Orchideenstraße 345-12c

Paul-Burkhardt-Weg 344-3d

St.-Anna-Straße 345-4c
Schlehdornweg (6) 345-12d
Schloßburren (3) 345-12d
Schloß Ehrenfels 361-1d
Schloßgartenstraße (2) 345-12d
Schloßhof 345-1a
Schloßstraße 345-1a
Schmiedgässle (6) 361-3b
Schneidergasse 345-12d
Schulstraße 345-12d
Schweiftalweg 345-12c
Silberdistelweg (5) 345-12c
Spitalgasse (8) 361-3b
Steige 345-1a
Steigwiesen 345-1a
Swiggerstraße 345-12c

Talblick 345-6b
Talweg 345-1a

Unter dem Rain 345-12d
Unter der Buche 344-3b

Wacholderweg 345-12d
Wagnergasse (10) 361-3b
Waldbrunnenweg 361-3a
Wasserweg 345-6b
Wendelinusweg 345-12c
Wildrosenstraße (8) 345-12d
Wimsen 361-4d

Zwiefalter Straße 361-3a

Hechingen
PLZ 72379

Achalmstraße 302-12d
Adolph-Kolping-Straße 320-6d
Albert-Einstein-Straße 320-8b
Albert-Schweitzer-Straße 320-8b
Albstraße 302-12d
Alemannenstraße 319-9b
Alte Rottenburger Straße 320-6a
Alte Straße 321-9b
Am Berg 319-9b
Am Dorfbrunnen (4) 320-2c
Am Ettenbach 320-3c
Am Fichtenwald 320-3c
Am Fürstengarten 320-9c
Am Hag (2) 319-9b
Am Hesberg 321-9c
Am Höfle (2) 321-7c
Am Hofstättle 319-9b
Am Kirchenköpfle 321-9d
Am Meisenbächle 320-9d
Am Rain 42-A3
Am Schloßberg 42-A2 + 320-6c
Am Schnellengarten 320-3c
Am Schrofen 42-B1
Am Schrofen (Weilheim) (4) 319-9b
Amselweg 320-8a
Am Stammigbaum 319-9a
Am Stich 321-9d
Am Uttenbach 321-7a
Am Wethbächle (3) 321-9d
Am Wingenrain (2) 321-10d
Am Ziegelbach 320-9d
An der Breite 42-A2
An der Turnhalle 321-9d
Anton-Bruckner-Straße 320-3b
Anton Hoch-Straße 321-10c
Auf der Bins 319-9a
Auf der Ebene (6) 302-12d
Auf der Lichtenau 320-9c

Bachstraße 321-7c
Badstraße 320-6a
Bahnhofstraße 42-B1 + 320-6d
Banater Weg 42-A1 + 320-6c
Batschkaweg (2) 320-6a
Baumgartenstraße (5) 302-12d
Bechtoldsweiler 302-10d
Bergstraße 319-9b
Bergweg 302-12d
Bernerstraße 321-7c
Beuren 321-6b
Beurener Straße 321-9a
Bierweg 42-A3 + 320-9a
Bildäckerstraße 320-2c
Bins 319-9b
Birkenweg 302-12d
Bisinger Straße 320-8d
Bismarckstraße 321-6d
Bleichbergstraße (6) 319-9b
Blumenstetterstraße 337-1a
Bodelshauser Straße 302-12d
Böllatweg 42-B3
Boll 321-10d
Bozener Straße 320-9d
Bregenzer Weg 320-9c

Breite 302-11c
Breslauer Weg 320-8b
Brielhof 320-11b
Bröllerstraße 321-10d
Brühlweg 321-7c
Brünnlestraße 321-7c
Brunnenstraße 320-3c
Brunnenwörthstraße 321-9d
Bruppenweg 321-9c
Buchenweg 302-12d
Bulochweg (1) 320-9c
Bundesstraße 321-9a
Burgackerstraße 42-B3 + 320-9a
Burgstraße 319-9b
Burkhardstraße 321-10d
Butzenwasen 321-1b

Carl-Baur-Weg 320-8d

Daimlerstraße 320-6a
Dominikanerweg 321-7c
Dorfstraße 321-10c
Dreifürstenstraße (3) 321-6b
Drosselweg 320-8d

Ehrenbergweg 320-8d
Eichendorffweg 320-8b
Eichgasse 321-10d
Eitel-Fritz-Straße 42-B2 + 320-6c
Emil-Weil-Weg 320-11b
Erlenstraße 321-10a
Ermelesstraße 320-3c
Ernsteige 337-4b
Ernst-Senn-Weg 320-8d
Eugen-Schuhmacher-Weg 321-7c
Eveltstraße 320-9c

Fasanenweg 320-8c
Fehraltorferweg 321-7c
Ferdinand-Häussler-Straße 321-10c
Ferdinand-Wolf-Straße 321-10c
Finkenweg 320-8b
Firststraße 42-A3 + 320-9a
Florianstraße (2) 321-6b
Frankstraße 320-9c
Frauengartenstraße 320-9c
Fred-West-Straße 42-A1 + 320-6c
Fricourtweg 42-A2
Friedhofweg (Schlatt) 321-9d
Friedhofweg (Weilheim) 319-9a
Friedrich-List-Straße 320-6a
Friedrichstal 337-2a
Friedrichstraße 320-5b
Friedrich-Wolf-Weg 320-8d
Fürstenstraße 320-9c
Fürstin-Eugenie-Straße 42-A3 + 320-9d

Gärtenweg (3) 319-9b
Gässle 321-9d
Gammertinger Straße 320-6d
Gartenstraße 320-2c
Geigenweg 321-10c
Gewerbegebiet Ettenbach 320-2b
Gförerstraße 42-B1 + 320-6c
Goethestraße 320-8b
Goldschmiedestraße 42-A3
Gosselfinger Straße 319-9c
Graf-Friedrich-Weg 321-7c
Greutweg 321-4c
Gutenbergstraße (5) 42-A3
Gutleuthausstraße 42-B2 + 320-6d
Gymnasiumstraße 320-9c

Hagelhof 320-8a
Haigerlocher Straße 320-2d
Haldenbergweg 321-7a
Haldenstraße 320-3a
Haldenweg (1) 320-2a
Hans-Amann-Straße (5) 320-6d
Hausener Hof 320-4c
Hausener Straße 319-9b
Hechinger Straße 321-7a
Heckenhardtweg 321-9d
Heiligkreuzstraße 320-9a
Herrenackerstraße 42-B2 + 320-6d
Hilbweg 321-7c
Hinter dem Hölzle 321-10c
Hinter Höfen 320-1d
Hochstraße 320-9d
Hölderlinstraße 320-9d
Hölderlinweg (4) 320-8b
Hölzlinstraße 321-7c
Hofackerstraße 320-3b
Hofgartenstraße 42-A2 + 320-6c
Hofgut Domäne 320-11b
Hohenzollernring 320-11b
Holger-Crafoord-Straße 321-7a
Hospitalstraße 42-A2 + 320-6c

Im Auchtert (6) 320-2d
Im Baumgarten (3) 321-7c
Im Egert 321-10d
Im Eierle 42-A1 + 320-6a
Im Etzental 320-6a
Im Gaiern 320-2c
Im Haugenbrühl 320-2c
Im Helle 320-3b
Im Höfle (1) 302-12d
Im Kessler 320-6d
Im Maierhof 42-B2 + 320-6d
Im Mehlsack 321-7c
Im Oberdorf 302-11a
Im Prinzling 320-6d
Im Schulhof (1) 321-6b
Im Weglanger 321-9c
Im Weiher 42-A1 + 320-6c
Im Zinken 321-7c
In den Bronnwiesen (3) 320-6a
In den Gaßäckern 302-12d
In den Schelmenäckern 320-9b
In den Schwitzwiesen (1) 321-10d
In den Seelenäckern 320-2c
In der Maltwiesen 321-7c

Jägersteig 320-8c
Jahnstraße 337-1a
Jakob-Meiland-Straße (8) 320-6d
Johann-Strauß-Straße (7) 320-3b
Josef-Baur-Straße 321-10c
Joseph-Wilhelm-Weg 320-8d
Joseph-Wolf-Straße 320-9d
Jos.-Niklas-Weg 320-8d
Junginger Straße 321-10d
Justinus-Kerner-Straße 320-8b

Kärntner Straße 320-9d
Kajetan-Koller-Weg 320-8d
Kantstraße 320-8b
Kanzleistraße (2) 42-A2
Kapellenstraße (1) 319-9a
Kapfgasse 42-A3 + 320-9a
Kasernenstraße 320-5b
Katharinenstraße 42-A3
Kaufhausstraße 42-A2 + 320-9a
Kaullastraße 320-3a
Kegeltorweg 42-A2 + 320-6c
Kiesbergstraße 321-10c
Killertalstraße 321-9d
Kirchgässle (5) 320-2c
Kirchplatz (4) 42-A3
Kirchstraße 320-2c
Kirchweg 321-7c
Klostersteige 320-8d
Klosterstraße 321-7c
Knittswiesen (7) 320-2c
Königsberger Weg 320-8b
Kohlbrunnenweg 320-5d
Konstantin-Killmaier-Weg 320-11b
Kornbühlstraße 320-9b
Kreutzerstraße 320-9d
Kreuzwiesstraße 321-7c

Laitgai 321-1a
Landstraße 320-2c
Lange Straße 302-12c
Lenauweg 320-8b
Leon-Schmalzbach-Weg 320-8d
Leo-Saurer-Straße 319-9b
Lerchenweg 320-8a
Leviweg 320-8d
Lindengasse 42-A3
Lindenstraße 302-12d
Lindichstraße 320-4a
Linsenäcker 320-2b
Löwenstraße 42-B2 + 320-6d
Lotzenäcker 320-2b
Ludwig-Egler-Straße 320-9c
Luisenhof 320-6b

Marktplatz 42-A3
Marktstraße (3) 42-A3
Martinstraße 320-5b
Masurenweg 42-A3 + 320-9a
Max-Eyth-Straße 42-A1 + 320-6a
Max-Planck-Straße 320-8b
Meisenweg 320-8b
Mörikestraße 320-9d
Mörikeweg 320-8b
Mössinger Straße 321-6b
Mozartstraße 320-3a
Mühläckerstraße 320-2c
Mühlenweg 337-1a
Mühlhofstraße 321-7c
Mühlstraße 321-7c
Mühlweg 320-2c
Münzgasse 42-A3
Mürbe Äcker 302-11c

Neubergstraße (1) 321-9c
Neue Hechinger Straße 319-9b
Neue Rottenburger Straße 320-6a
Neustraße 42-A3 + 320-9a
Niederhechinger Straße 42-A1 + 320-6c
Nierlochstraße 320-3a

Obere Gärten 302-12d
Obere Gärtenweg 319-9b
Obere Mühlstraße 42-A2 + 320-6c
Oberer Dornäcker 302-11c
Oberhauser Straße 302-11c
Obertorplatz 42-A3 + 320-9a
Ochsenweid 321-7c
Oelser Straße 320-9c
Otto-Bruckenmaier-Straße 321-7c

Panoramastraße 320-2a
Pfarrweg 321-9d
Prager Straße 320-9d
Prof.-Schuler-Straße 321-9d

Rabenstraße 42-B2 + 320-9a
Raichbergstraße (3) 302-12d
Rapphof 320-5d
Rathausstraße 302-11c
Reichenbachstraße 42-B2 + 320-9b
Reinetalweg 321-7a
Reitergasse 321-10c
Reuteweg 302-12d
Ringstraße 321-6b
Römerstraße 320-1d
Römischer Gutshof 320-1b
Röte 302-11c
Rosenstraße 320-2a
Roßbergstraße 321-10c
Rottenburger Straße 320-3c
Runkellenstraße 42-B2 + 320-9b

Saichlinger 321-9d
Samuel-Meyer-Weg 320-8d
St.-Antonius-Straße (3) 320-2c
St.-Dionysius-Straße (2) 321-9d
St.-Jakobs-Gasse (8) 42-A3
St.-Johannes-Straße 320-9d
St.-Luzen-Weg 42-B2 + 320-6d
Schadenweilerstraße 42-B2 + 320-9b
Schalksburgstraße 42-B3 + 320-9b
Schillerstraße 320-8b
Schlatt 321-9a
Schlatter Straße 320-9b
Schloßackersiedlung 320-8a
Schloßackerstraße 320-8b
Schloß Lindich 320-4a
Schloßplatz 42-A2
Schloßstraße 42-A3 + 320-9a
Schmidtestraße 42-B3
Schubertstraße 320-3a
Schüttestraße 42-B3 + 320-9b
Schützenstraße 320-3c
Schulerstraße 319-9b
Schulstraße (6) 42-B3
Schulweg 42-A3
Schwärzenbachstraße 321-10c
Schwalbenweg 320-8d
Schwarzer Hirsch 302-11c
Semdachstraße 321-10c
Sickingen 302-12c
Siebergasse 42-B2 + 320-6d
Sigmaringer Straße 320-6d
Silberburgstraße 320-9c
Silcherstraße 320-9d
Silcherweg 320-8b
Sonnenstraße 302-12d
Spielweg 302-11c
Sprißlerstraße 321-7a
Ständelweg 321-12b
Staig 42-B2 + 320-9a
Staigstraße 320-2c
Stangenstraße 321-10c
Starenweg 320-8d
Starzelstraße 320-2c
Stauffenbergstraße 320-8b
Stauffenburger Hof 319-3d
Steigerweg 321-9b
Stein 320-1b
Steinäckersiedlung (1) 320-3c
Steinäckerstraße 320-3c
Steinbeisstraße 320-6a
Stetten 321-7d
Stettener Halde 321-7a
Stettener Straße 320-9b
Steubenplatz 42-A1
Steubenstraße 42-A1 + 320-6c
Stiftsgasse (7) 42-A3
Stillfriedstraße 42-B3 + 320-9b
Stockochstraße (2) 320-11b
Stutenhofstraße 42-B1 + 320-6d
Sudetenstraße 320-9d
Synagogenstraße 42-B3

Talstraße 321-6b
Taubenschmidstraße (7) 320-6d
Thomasstraße 319-9b
Tiefenweg 321-10d
Tobelstraße 320-8a
Traufblick 321-9d
Trieb 321-1a
Tübinger Straße 320-6d
Tulpenstraße 320-2a
Turmstraße (1) 42-A2

Uhlandstraße 320-9d
Uhlandweg 320-8b
Unterdorf (5) 319-9b
Untere Dorfstraße (2) 320-2c
Untere Mühlstraße 42-B2
Unterer Dornäcker 302-11c
Unterer Kirchweg 302-11c
Urbanstraße 319-9a

Valentinstraße (2) 302-12d
Vordere Bronnwiesen 320-6a

Walchenstraße 321-10d
Walkenmühle 321-7a
Walkenmühlenweg 321-7a
Weidenweg 337-1b
Weiherrain (1) 321-7c
Weilheim 319-9d
Weilheimer Straße 320-8b
Weinbergstraße 319-9b
Weißkreuzstraße 321-10c
Wendelin-Nufer-Straße (6) 320-6d
Wernesäcker (4) 321-6b
Wielandweg 320-9a
Wiener Straße 320-9d
Wiesenstraße 302-12c
Wildäcker 321-9c
Wildermuthstraße 320-9d
Wilhelm-Friedrich-Laur-Weg 320-8d
Wilhelmstraße (4) 302-12d
Wörthstraße 321-9d
Wolfensteg 321-7b
Wuhrstraße 321-9d

Zellerweg 337-1b
Ziegelbacher Hof 320-12a
Ziegelhütte 337-1b
Zinkenstraße 321-7c
Zollerbergstraße 337-1a
Zollerblickstraße (5) 321-6b
Zollerstraße 42-A3 + 320-9c
Zollerstraße (Stetten) 320-9d
Zu den Linden 302-11c
Zum Brunnen 302-12d
Zum Ochsen (8) 320-2c
Zur Ebene 302-11c

Heilbronn

74078 Aachener Straße 57-4d
74072 Achtungstraße 42-A3 + 65-4a
74076 Adelberger Straße 42-D2
74076 Adenauerplatz 42-D1 + 65-2c
74076 Adlerstraße 42-C1
74080 Adolf-Alter-Straße 64-2d
74078 Adolf-Grimme-Straße (9) 57-3d
74074 Äußerer Steinweg 65-5d
74081 Agnese-Schebest-Straße 64-9c
74080 Ahornweg 64-2d
74078 Aiblinger Straße 58-11a
74078 Akazienweg 58-12d
74081 Albert-Debold-Straße 64-10b
74076 Albertistraße 59-7c
74080 Albert-Schäffler-Straße 64-3b
74078 Albert-Schweitzer-Straße 57-5c
74081 Albert-Wagner-Straße 64-7a
74081 Alemannenstraße 64-8d
74078 Alexander-Baumann-Straße 58-4d
74074 Alexanderstraße 65-5c
74072 Alfred-Finkbeiner-Straße 64-6b
74076 Alfred-Minner-Straße 59-11a
74072 Allee 42-C3 + 65-4b
74078 Allensteiner Weg 58-12c
74072 Allerheiligenstraße 42-B3 + 65-4a
74078 Allmendweg 57-3c
74081 Almosengartenweg (2) 64-8c
74078 Altböllinger Hof 58-5b
– Alter Domrainweg 65-9d
74081 Alter Hochweg 64-7a
74078 Alter Mühlweg 57-5c
74078 Alter Rathausweg 58-11c
74078 Altnachtstraße 57-6b
– Ameisenbergweg 65-12b
74078 Am Förstle 58-4a
74080 Am Gesundbrunnen 64-3a
74074 Am Hohrain 64-9b
74081 Am Klingenbach 64-7c
74081 Am Melchiorsgraben 64-9c
74078 Ammerweg (5) 57-5c
74081 Am Mühlpfädle 64-8d
74078 Am Ratsplatz 57-6b
74078 Am Rotbach 58-11c
74076 Am Salzwerkplatz 59-10a
74074 Am Seelesberg 65-6a
74078 Amselweg 58-1c
74081 Amsterdamer Straße 64-8c
74074 Am Südbahnhof 65-4d
74076 Am Sülmertor 65-1b
74078 Am Teuerbrünnle 57-4d
74076 Am Viehweg 59-10a
74081 Am Wasserturm 64-7c
74072 Am Wollhaus 42-C3 + 65-4b
74078 Andersenstraße 57-5c
74081 An der Ziegelhütte 64-8d
74078 Anemonenweg 57-6b
74080 Anna-Collmer-Straße 64-6c
74078 Annalindestraße 57-5c
74078 Ansbacher Straße 58-11a
74078 Anton-Bühler-Straße 57-8a
74076 Armsündersteige 65-2d
74074 Arndtstraße 65-6d
74081 Arnoldstraße 64-9d
– Aspelesweg 65-12b
74078 Asperger Straße 57-4d
74080 Asternweg 64-3c
74078 Attichäckerstraße 57-5c
– Aubergweg 59-11c
74074 Auerbachstraße 65-7a
74081 Auf dem Bau 64-9c
74080 Auf der Schanz 64-2d
74078 Augsburger Straße 58-10b
74080 Augustenstraße 64-6a
74080 August-Häußer-Straße 64-3b
74080 August-Hornung-Straße 64-6a
74074 August-Lämmle-Straße 65-6d
74076 August-Läpple-Straße 59-10b
74080 August-Mogler-Straße 64-3c
74078 August-Rücker-Straße 58-11c
74074 August-Schreiber-Weg 65-4c
74078 August-Wankmiller-Straße 58-5c
74076 Austraße 59-4d

74080 Bachstraße 64-6a
74081 Backhausplatz 64-7c
74078 Backhausstraße (1) 58-11c
74074 Badener Straße 65-6c
74072 Badstraße 42-A3 + 64-6d
74072 Bahnhofstraße 42-A2 + 65-1c
74081 Baltenstraße 64-11a
74076 Balthasar-Wolff-Straße 65-2b
74078 Bamberger Straße 58-11a
74076 Bauernpfadstraße (4) 65-2a
74080 Bauernstraße (3) 64-6c
74076 Bauleuteweg 65-1b
74076 Bebelstraße 65-3c
74076 Bechtstraße 65-2a
74074 Beethovenstraße 65-7a
74074 Behringstraße 65-5b
74078 Bensheimer Straße 57-4d
74076 Benzstraße 59-7a
74072 Bergstraße 42-B3 + 65-4b
74072 Berliner Platz 42-C1 + 65-1d
74078 Bernhäusle 58-8d
74078 Bert-Brecht-Straße 57-6b
74078 Berwanger Weg (4) 57-4d
74074 Besigheimer Straße 65-4c
74074 Betzstraße 65-5b
74076 Beutingerstraße 65-3c
74081 Béziersstraße 65-7c
74078 Biberach 57-3c
74078 Biberacher Straße 58-9c
74078 Bibersteige 57-3d
74072 Biedermanngasse 42-B3
74074 Bietigheimer Straße 65-4c
74078 Binderweg (2) 58-9c
74076 Binswanger Straße 59-11c
74080 Birkenhof 64-2b
74072/74074 Bismarckstraße 42-C3 + 65-4b
74072* Bleichinselbrücke 42-A1 + 65-1c
74076 Bleichstraße 42-C1
74074 Blücherstraße 65-5c
74078 Blütenweg (15) 57-6b
74080 Blumenstraße 64-3c
74080 Blumhardtstraße 64-6a
74078 Bodelschwinghstraße 58-9d
74076 Bodenstedtstraße 65-2a
74080 Böckingen 64-5c
– Böckinger-Backenweg 65-9b
– Böckinger Ebenenweg 66-7a
74078 Böckinger Straße 58-12d
74080 Böckinger Wasen Weg 64-6d
74080 Böcklerstraße 64-2b
74074 Böcklinstraße 65-7b
74078 Böllinger Mühle 58-5b
74078 Böllinger Straße 58-9b
74074 Bönnigheimer Straße 65-4c
74076 Bohnenbergerstraße (2) 65-2a
74074 Bolzstraße 65-7a
74078 Bonfelder Straße 57-3a
74081 Bornweg 64-9d
74081 Borsigstraße 64-9d
74081 Bottwarbahnstraße 64-9b
74080 Brackenheimer Straße 64-9a
74078 Brahmsstraße 58-1c
– Braunbergweg 65-9c
74078 Brechhausstraße 58-11c
74076 Breite 65-3c
74076 Breitenloch 65-2b
74078 Breslauer Straße 58-12b
74078 Brögerstraße 58-12d
74080 Bruchsaler Straße 64-2d
74072/74074 Bruckmannstraße 65-5a
74080 Brucknerstraße 64-5d
74078 Brückenstraße 58-9d
74078 Brücklespfad 57-5d
74076 Brüggemannstraße 59-10d
74078 Brünnlesstraße 58-12a
74080 Bruhweg 63-6d
74081 Brunnenhohle 65-10b
74078 Brunnenstraße 57-3c
74078 Buchener Straße 58-9b
74080 Buchenhof 64-2b
74076 Buchern 65-3d
74076 Buchernsteige 65-3d
– Büchelbergweg 65-9d
74081 Bundschuhstraße 64-9c
74080 Bunsenstraße 64-3c
74076 Burenstraße 65-1b
74078 Burgstallstraße 58-11c
74078 Burgundenstraße 58-11b
74074 Businesspark Schwabenhof 65-7b
74078 Bussardstraße 57-3d

74074 Cäcilienbrunnenstraße 65-5c
74072 Cäcilienstraße 42-B3 + 65-4a
74078 Carl-Zeiss-Straße 57-8b
74074 Charlottenstraße 65-7b
74081 Christian-Leichtle-Straße 64-7a
74076 Christophplatz 59-10d
74076 Christophstraße 65-1b
74074 Claudiusweg 65-7a
74074 Cleebronner Weg 65-4c
74074 Clußstraße 65-5c
74081 Cronbergstraße 64-9b

74074 Dachsenhohle 65-11a
74081 Damaschkestraße 64-8d
74072 Dammstraße 42-C1 + 65-1d
74078 Danziger Straße 58-12b
74074 Daucherweg 65-5c
74081 David-Friedrich-Strauß-Straße 64-9b
74074 Defreggerstraße 65-7a
74081 Deinenbachstraße 64-9c
74080 Derfflingerstraße 64-2d
74072 Deutschhofstraße 42-B3
74081 Deutschordenstraße 64-9c
74078 Deutschritterstraße 57-5c
74078 Diedenhofer Weg 65-5d
74076 Dieselstraße 59-7c
74074 Dinkelsbühler Straße 65-5d
74080 Distelfinkweg 64-3a
74074 Dittmarstraße 65-5c
74081 Dobrudschastraße 64-8d
74078 Dörnlestraße 58-11c
74078 Dr.-Hoffmann-Straße 57-5c
– Donnbronner Straße 66-4c
74080 Dorfgraben 64-6c
74080 Dorfplatz 64-6c
– Dornrainweg 65-9c
74078 Drosselweg 58-1c
74074 Drosteweg 65-5c
74076 Dühringstraße 65-2a
74078 Dürerstraße 58-12b

74078 Eberbacher Weg 57-4d
74074 Eberhard-Gmelin-Straße 65-6a
74081 Eberlinstraße 64-9d
74076 Eberstädter Straße 42-D2
74081 Eckenerstraße 64-9d
74081 Eckweg 64-11a
74076 Edisonstraße 42-A1 + 65-1a
74080 Eduard-Bader-Straße 64-5d
74080 Eduard-Hilger-Straße 64-5b
74074 Ehrlichstraße 65-5b
74080 Eibenweg 64-2d
74076 Eichelberger Weg 65-2b
74074 Eichendorffstraße 65-4d
74080 Eichenhof 64-2b
74072 Eichgasse 42-B3
74078 Eichhäuser Straße 57-5c
74074 Eigenheimstraße 65-4d
74074 Einsteinstraße 65-6c
74080 Eisenbahnstraße 64-6c
74081 Eisvogelweg 64-8d
74078 Elbinger Straße 58-12d
74080 Elisabethenstraße 64-3c
74078 Elise-Heß-Straße (13) 57-6a
74076 Ellwanger Straße 59-10d
74074 Elsa-Sitter-Weg 65-7a
74078 Elsternweg 57-3d
74072 Endgasse 42-C2
74081 Enge Gasse 64-8c
74078 Entenstraße 58-9d
74080 Eppinger Straße 64-6a
74081 Erdweidichweg 64-10c
74072 Erhardgasse 42-B2
74078 Erhard-Schnepf-Gasse (12) 57-3d
74076 Erich-Mendelsohn-Straße 42-A2 + 65-1c
74074 Erlachweg 65-5b
74076 Erlenbacher Straße 65-2a
74080 Erlenweg 64-2b
74078 Ernst-Abbe-Straße 57-5d
74081 Ernst-Bader-Straße 64-8c
74076 Ernst-Jäckh-Straße 65-2a
74081 Ernst-Wecker-Straße 64-9d
– Erwin-Fuchs-Brücke 64-6d
74081 Erwin-Habold-Straße 64-11a
74078 Eschenbachstraße 57-6b
74080 Eschenweg 64-2b
74076 Etzelstraße 65-1a
74074 Eugen-Nägele-Straße 65-6b
74080 Eulenweg 64-3a
74076 Europaplatz 42-B1 + 65-1a
74074 Eythstraße 65-7a

74076 Faißtstraße 42-D1 + 65-2a
74072 Falkenstraße 42-C2
74078 Falltorstraße 57-5c
74078 Falterhecklesweg 58-9c
74078 Falterstraße 58-9c
74081 Falterweg (3) 64-11a
74080 Fasanenplatz 64-3c
74076 Fasanenstraße 65-2d
74078 Felix-Wankel-Straße 58-4a
74081 Felsenstraße 64-7c
74074 Ferdinand-Braun-Straße 65-7d
74080 Feuerbacherweg 64-6c
74078 Feuerstraße 58-9c
– Feyerabendscher Park 65-4b
74076 Feyerabendstraße 65-1b
74076 Fichtestraße 65-5c
74078 Finkenbergstraße 57-3d
74080 Finkenweg 64-3a
74072 Fischergasse 42-B3
74080 Flaischlenstraße 64-6a
74076 Flammerweg 65-2b
74072 Fleiner Straße 42-C2 + 65-4b
74080 Fliederweg 64-2d
74080 Florian-Geyer-Straße 64-2b
74074 Fontanestraße 65-7b
74080 Forchenweg 64-3c
74078 Forellenstraße 57-3c
74078 Frankenbach 58-10d
74078 Frankenbacher Straße 58-12a
74078 Frankenstraße 58-11a
74072 Frankfurter Straße 42-A3 + 65-4a
74081 Frankfurt-Oder-Straße 65-7c
74072 Franziskanerhof 42-C2
74072 Franziska-Schmidt-Weg 42-A3
74078 Franz-Lehár-Straße 57-3d
74078 Franz-Reichle-Straße 58-4c
74072 Franz-Renner-Straße 42-A3
74078 Franz-Werfel-Straße 57-6b
74072 Frauenweg 42-C1
74080 Fraunhoferweg 64-5a
74074 Freiligrathstraße 65-4c
– Freizeitpark Wertwiesen 64-6d
74078 Frida-Schuhmacher-Straße 58-9c
74076 Friedensplatz 42-C3 + 65-5a
74080 Friedenstraße 64-6c
74076/74074 Friedhofstraße 65-5b
74081 Friedrich-Ackermann-Straße 64-9c
74074 Friedrich-Dürr-Straße 65-7a
74072 Friedrich-Ebert-Brücke 42-B2
74076 Friedrich-Ebert-Straße 59-11c
74074 Friedrich-Naumann-Straße 65-5b
74074 Friedrich-Niethammer-Straße 65-5b
74080 Friedrichstraße 64-6a
74081 Fritz-Haber-Straße 65-7c
74080 Fritz-Ulrich-Straße 64-5d
74080 Fröbelweg 64-6a
74074 Frosch 65-6b
– Frühlingsweg 65-9b
74080 Frundsbergstraße 64-5a
– Fuchswaldweg 66-10a
74078 Fuchsweg 58-1c
74076 Fügerstraße 65-1a
74080 Fürfelder Straße 64-3c

74074 Gabelsbergerstraße 65-5c
74081 Gänsäckerstraße 64-9b
74072 Gänshof 42-B3
– Gaffenberg 65-9a
74076 Galgenbergweg 65-3a
74078 Gartachgaustraße 57-8a
74076 Gartengässchen 42-C1 + 65-1d
74072/74076 Gartenstraße 42-C2 + 65-1d
74076 Gaswerkstraße 42-B1 + 65-1b
74078 Gebwinstraße 58-9d
74074 Geibelstraße 65-7a
74072 Geißlinger Straße 42-B3
74074 Gellertstraße 65-7a
74072 Gemmingergasse 42-C2
74080 Georg-Vogel-Straße 64-3d
74078 Geranienweg (9) 57-5d
74072 Gerberstraße 42-B2 + 65-1d
74078 Gerhart-Hauptmann-Straße 57-6b
74072 Geschwister-Scholl-Straße 42-C2
74078 Gewerbegebiet Biberach 58-4a
74080 Gewerbegebiet Böckingen-Nord 64-3a
74080 Gewerbegebiet Böckingen-West 64-1d
74078 Gewerbegebiet Kirchhausen 57-5d
74076 Gewerbegebiet Neckarsulmer Straße 59-10d
74081 Gewerbegebiet Sontheim 64-9b
74074 Gildenstraße 65-4c
74072 Glockengießerhof 42-C2
74080 Glockenstraße 64-6c
74081 Gmelichstraße 64-8c
74080 Goerdelerstraße 64-2c
74081 Görresstraße 64-9c
74076 Goethestraße 42-D2 + 65-2c
74072 Götzenturmbrücke 42-B3
74072 Götzenturmstraße 42-B3 + 65-4a
74076 Goppeltstraße 59-10d
74081 Gotenstraße 64-8d
74076 Gottfried-Keller-Straße 59-11c
74076 Gotthold-Stettner-Weg (3) 65-2a
74076 Gottlieb-Daimler-Straße 65-1a
74072 Gottlob-Frick-Platz 65-4b
74074 Grillparzerweg 65-4d
– Grillplatzweg 66-7a
74074 Grimmelshausenstraße 65-7a
74076 Grimmstraße 59-11c
74076 Gröberstraße 65-2d
74072 Große Bahngasse 42-B3 + 65-4b
74076 Großer Stiftsberg 59-8c
74080 Großgartacher Straße 64-6a
74080 Grünewaldstraße 64-6a
74072 Gruis"sches Gässchen 42-C2
74078 Grundäckerstraße 58-5d
74074 Gruppenbacher Straße 65-8a
74080 Güglinger Straße 64-2d
74081 Güldensteinstraße 64-9d
74072 Güntershof 42-C2
74076 Guido-Hauck-Straße 65-2c
74076 Gundelsheimer Straße 59-11c
74072 Gustav-Binder-Straße 42-C2
74078 Gustav-Lohmiller-Straße 57-5c
74074 Gutbrodweg 65-6a
74074 Gutenbergstraße 42-D3 + 65-5c
74072 Gymnasiumstraße 42-C3 + 65-4b

74080 Haagstraße 64-6c
74081 Haberkornstraße 64-9c
74078 Habichtstraße 58-1c
74078 Habrechtstraße 65-5c
74074 Häldensteige 65-6b
74072 Hämmerlinggasse (2) 42-C2
74072 Härlestraße 65-5a
74078 Hätzenbergstraße (1) 58-6d
74076 Häuslensried 65-3a
– Hafenbahnbrücke 59-10a
74076 Hafenstraße 64-3d
74078 Hahnenäckerstraße 57-3d
74080 Hahnstraße 64-1d
74078 Haigernstraße 58-9c
74072 Halbmondstraße 42-B2
74078 Haldenweg 58-12b
74076 Haller Straße 65-2b
74078 Hammer-Schultheiß-Straße 57-5c
74076 Handwerkerhof 65-1b
74078 Hanns-Bauer-Straße 58-5c
74078 Hans-Baldung-Straße 64-3c
74080 Hanselmannstraße 64-2b
74074 Hans-Holbein-Weg 64-9b
74074 Hansjakobstraße 65-6b
74080 Hans-Multscher-Straße 64-3c
74080 Hans-Reuter-Weg 64-2b
74076 Hans-Rießer-Straße 59-10b
74080 Hans-Sachs-Straße 64-3c
74076 Hans-Schweiner-Straße 65-2a
74076 Hans-Seyfer-Straße 59-10d
74074 Happelstraße 65-4d
74074 Happenbacher Straße 65-7b
74074 Hartmannweg 65-4d
74080 Haselter-Siedlung 64-5a
74072 Hasengasse 42-C2
74074 Hauffstraße 65-7a
74081 Hauptstraße 64-9c
74078 Hausäckerweg 64-1b
74078 Hausener Straße 57-4d
74081 Havannastraße 64-8c
74074 Haydnstraße 65-7b
74076 Hebbelstraße 65-1b
74080 Hechtstraße 64-6c
74080 Heckenstraße 64-5b
74076 Hegelmaierstraße 65-3c
74078 Hegelstraße 58-8d
74080 Heidelberger Straße 64-2b
74080 Heidenrain 64-3c
– Heidenweg 66-7a
– Heideweg 66-7b
74076 Heilbronner Innovationspark hip 42-A1 + 65-1a
74076 Heilbronner Keuperweg 65-3d
74081 Heilbronner Weg 64-11a
74072 Heiligengasse (3) 42-B3
74081 Heinrich-Bächler-Straße 64-7a
74076 Heinrich-Heine-Straße 65-7a
74081 Heinrich-Hertz-Straße 64-9b
74078 Heinrich-Senghaas-Straße (10) 57-3c
74080 Heinrichstraße 64-6c
74078 Heinrich-Zille-Straße 58-12b
74074 Heinrieter Straße 65-7b
74078 Heisenbergstraße 57-6b
74080 Helmholtzstraße 64-5a
74081 Helmuth-Hirth-Straße 64-9b
74074 Herbert-Hoover-Straße 65-7b
74072 Herbststraße 42-C3 + 65-4b
74074 Herderstraße 65-4d
74074 Hermann-Hesse-Straße 65-6d
74078 Hermann-Löns-Straße 58-9c
74074 Hermann-Schneider-Weg 65-8b
74081 Hermann-Wolf-Straße 64-9c
74072 Herrmannstraße 42-A3
74074 Herweghstraße 65-7b
74074 Hessigheimer Straße 65-4c
74081 Hetensbacher Straße 64-7a
74076 Heuchelbergstraße 64-5d
74076 Heuholzer Weg 65-2b
74076 Hieberstraße 59-11c
74078 Hintertorstraße 58-10d
74078 Hipfelhof 57-12d
74078 Hipfelhofer Straße 58-10d
74076 Hiplerweg 65-2b
74078 Hirschstraße 58-9d
74074 Hölderlinstraße 65-6b
74074 Höllsteige 65-8c
74081 Hofgartenstraße 64-9c
74080 Hofmannweg 64-6c
74080 Hofstattstraße 64-5d
74080 Hofweg 64-2b
74081 Hofwiesenstraße 64-9c
74081 Hohenloher Straße 64-8c
74074 Hohenstaufenstraße 65-7b
74078 Hohlochweg 57-4d
74080 Hohlstraße 64-6c
74081 Hollandstraße 64-8c
74080 Holunderweg 64-2d
74072 Holzstraße 42-A3 + 65-4a
74078 Homburger Straße 58-11c
74081 Horkheim 64-10b
– Horkheimer Brücke 64-8d
74081 Horkheimer Straße 64-8d
74080 Hortensienweg 64-2d
74081 Hossäckerweg 64-10b
74080 Hünderstraße 64-4b
74074 Hünefeldstraße 65-5d
74081 Hüttenäckerweg 64-12a
74074 Hugo-Rümelin-Straße 65-7a
74076 Humboldtstraße 65-2d
74076 Hundsbergstraße 65-2d
74080 Huttenstraße 64-6a

74074 Ilsfelder Straße 65-4c
74078 Iltisweg (2) 58-1c
74076 Im Breitenloch 65-2a
74081 Im Bruch 64-7c
74078 Im Dachlet 57-3c
74081 Im Entenseele 64-11c
74078 Im Fleischbeil 58-12c
74078 Im Gässle 57-5c
74074 Im Gemmingstal 65-5c
74081 Im Gutedel 64-8d
74080 Im Haselter 64-5a
74078 Im Hinterstahl 57-3c
74072 Im Hospitalgrün 42-B1 + 65-1d
74080 Im Jockele 64-5d
74078 Im Kehle 58-11c
74078 Im Kleinfeldle 57-5c
74074 Im Kohlpfad 65-5c
74078 Im Krautgarten 58-10d
74080 Im Kreuzgrund 64-2b
74076 Imlinstraße 59-10b
74078 Im Margstall 58-11a
74078 Im Näpfle 58-9a
74078 Im Riedgrund 58-5d
74078 Im Schlegelgrund 58-9c
74074 Im Stahlbühl 65-5c
74074 Im Sternberg 65-6a
74078 Im Viehtrieb 58-10b
74074 Im Wannental 65-5b
74081 Im Weingarten 64-7c
74076 Im Zukunftspark 65-1a
74078 Ina-Seidel-Straße (5) 57-6b
– In den Hecken 65-8b
74074 In den Stahlbühlwiesen 65-8a
74078 In der Klinge 58-5d
74078 In der Steig 58-12d
– Industriebrücke 59-10d
74076 Industriegebiet Neckar 59-7c
74078 Industriegebiet Neckarau 58-6d
74076 Industriegebiet Osthafen 59-7a
74078 Industriepark Böllinger Höfe 58-5c
74076 Industrieplatz 59-10d
74072 Innsbrucker Straße 65-4b
74074 Isolde-Kurz-Straße 65-6d
74080 Ittlinger Straße 64-2d

74074 Jägerhaus 66-4c
74074 Jägerhaussteige 65-6b
74074 Jägerhausstraße 65-5b
74080 Jäkleinstraße 64-8b
74076 Jagststraße 59-10a
74074 Jahnstraße 65-4d
74072 Jakobgasse 42-C2
74078 Jakob-Haspel-Straße 58-9c
74081 Jakob-Ramm-Straße 64-11a
74078 Jasminweg 57-6b
74080 Jörg-Metzler-Weg 64-2b
74081 Jörg-Ratgeb-Platz 65-7c
74076 Jörgstraße 59-11c
74081 Johannesburger Straße 64-8c
74072 Johannisgasse 42-B2
74078 Johann-Strauß-Straße 58-1c
74074 John-F.-Kennedy-Straße 65-7b
74078 Joseph-Lanner-Straße 58-1a
74081 Judengängle (1) 64-9c

74076 Käferflugstraße 65-1b
74076 Kälberweg 59-11c
74072 Kaiser-Friedrich-Platz 42-A3 + 65-4a
74078 Kaiserslauterner Straße 58-11c
74076 Kaiserstraße 42-B2 + 65-1d
74080 Kanalstraße 64-3d
74074 Kantweg 65-5c
74078 Kapellenweg 57-5c
74080 Kappelstraße 64-6c
74074 Karl-Betz-Straße 65-5b
74081 Karl-Döft-Straße 64-9d
74074 Karl-Jäger-Straße 65-5c
74080 Karl-Marbach-Straße 64-3b
74080 Karl-Marx-Straße 64-3c
74078 Karl-May-Straße (14) 57-6b
– Karl-Nägele-Brücke 65-1a
74072 Karlsruher Straße 42-A3 + 64-6b
74072/74076 Karlstraße 42-C2 + 65-1d
– Karl-Wüst-Brücke 59-7d
74076 Karl-Wüst-Straße 59-7c
74076 Karl-Wulle-Straße 65-3c
74072 Karmeliterstraße 42-D2 + 65-2c
74072 Kasernengasse 42-B2
74080 Kastanienweg 64-2d
74080 Kastellstraße 64-3d
74076 Katzensteige 65-2d
74076 Kauffmannstraße 65-7b
74074 Kaulbachweg 64-9b
74078 Kehrhüttenstraße 57-3c
74080 Keilstraße 64-6a
74078 Keitweg 58-12b
74081 Keltenstraße 64-8d
74078 Kelteräckerstraße 58-11a
74078 Keltergasse 57-3d
74081 Kelterweg 64-10b
74076 Kernerstraße 65-5a
74072 Kieselmarkt 42-C2
74072 Kiliansplatz 42-C2
74072 Kilianstraße 42-C3
74076 Kindsbergweg 59-11a
74078 Kirchbergstraße 58-9d
74072 Kirchbrunnenstraße 42-B2 + 65-1d
74081 Kirchgässle 64-7d
74081 Kirchgasse 64-10b
74078 Kirchhausen 57-4c
74078 Kirchhausener Straße 58-10b
74072 Kirchhöfle 42-C2
74080 Kirchsteige 64-6c
74078 Kirchstraße 58-11c
– Kirschenallee 66-4c
74076 Kirschengartenstraße 59-11c
74076 Kirschgartenweg (1) 59-11d
74076 Kittlerstraße 65-1b
74072 Klarastraße 42-C3 + 65-4b
74080 Kleingartacher Straße 64-2d
74076 Kleiststraße 42-D1 + 65-2a
74072 Klettstraße 42-D2
74074 Klinge 65-7d
74081 Klingenberg 64-7a
– Klingenberger Steg 64-7d
74080 Klingenberger Straße 64-9a
74081 Klingenstraße 64-9c
– Klingenweg 65-9c
74076 Klopstockstraße 65-2a
74072 Klostergasse 42-C3
74074 Kneippweg 65-5d
74076 Knoblochstraße 58-11a
74076 Knollensteige 59-11b
74074 Knorrstraße 65-4c
74080 Kocherstraße 64-3c
74074 Köhlstraße 65-5d
74078 Kölner Straße 57-4d
74078 Königsberger Straße 58-12d
– Köpferweg 65-9a
74076 Koepffstraße 59-10c
– Kohlpfad 65-8d
74078 Kollwitzstraße 58-12b
74081 Kolpingstraße 64-9c
74078 Konradsberg 57-9a
74080 Konradweg 64-8b
74080 Kopernikusweg 64-5a
74078 Kornblumenweg 57-6a
74076 Kraemerstraße 65-2b
74080 Kraichgauplatz 64-2d
74072 Kramstraße 42-B2
74072 Kranenstraße 42-B2 + 65-1c
74078 Krautgartenweg 58-9c
74081 Kreuzäckerstraße 64-9d
74076 Kreuzenstraße 65-1b
74080 Kreuzgrund 64-3a
74076 Krugstraße 65-2d
74074 Krumme Steige 65-6b
74080 Krumme Straße 64-3c
74081 Krummlandstraße 64-11a
74076 Kübelstraße 65-2a
74076 Kunzestraße 65-2d
74072 Kurt-Schumacher-Platz 42-B2
74081 Kurze Gasse 64-7d
74072 Kurze Straße 42-B3

74076 Lachmannstraße 65-2a
74080 Lämlinstraße 64-4b
74078 Länderlesstraße 58-9c
74080 Längelterstraße 64-5a
74072 Lammgasse 42-B2 + 65-1d
74080 Landturmstraße 64-3c
74080 Landwehrstraße 64-3c
74081 Latzeläckerweg 64-11c
74076 Lauerweg 42-A2 + 65-1c
74081 Lauffener Straße 64-11b
74074 Lauterbachweg 65-4a
74081 Lehmhaldenstraße 64-11a
74081 Leiblstraße 64-9b
74080 Leibnizstraße 64-5b
– Leinbachpark 58-11b
74078 Leinbachstraße 58-12b
74081 Leingartener Straße 63-9d
74078 Leintalstraße 58-10d + 64-1b
74078 Leisbrunnenstraße 58-10d
74074 Lenaustraße 65-5c
74074 Lenbachweg 65-7a
74080 Lenzweg 64-3c
74078 Leonhard-Frank-Straße 58-8d
74080 Leonhardstraße 64-6a
74072/74074 Lerchenstraße 42-D3 + 65-4b
74076 Lessingstraße 65-2a
74076 Lichtenbergerstraße 59-4c
74078 Liebermannstraße 58-12b
74074 Liebigstraße 65-4c
74076 Liederkranzstraße 42-D1
74078 Lilienthalstraße 58-4a
74078 Lilienweg (16) 57-6b
74074 Limberg 65-8a
74074 Limbergsteige 65-8c
74080 Limesstraße 64-3c
74080 Lindenhof 64-2b
74078 Lindenstraße 58-12b
74076 Linkstraße 65-1b
74081 Linsenbuckel 65-10a
74078 Lise-Meitner-Straße 65-7d
74074 Liststraße 65-7a
74072 Lixstraße 42-C3 + 65-4b
74081 Lochingerstraße 64-9b
74074 Löwensteiner Straße 65-5d
74072 Lohtorstraße 42-B2 + 65-1d
74080 Lortzingstraße 64-6c
74074 Lothringer Straße 65-5d
74074 Louis-Hentges-Straße 65-4d
74080 Ludwig-Essinger-Straße 64-5d
74072/74074 Ludwig-Pfau-Straße 65-4d
74081 Ludwig-Richter-Straße 64-9b
74080 Ludwigsburger Straße 64-8a
74078 Ludwigstraße 58-9c
74081 Ludwig-Wunderlich-Straße 64-8c
74078 Lückenstraße 58-10d
74072 Luisenstraße 65-4b
74074 Lukas-Cranach-Weg 64-9b
74081 Lutzstraße 64-8d

74080 Maasstraße 58-11d
74074 Maienfelser Weg 65-5d
74078 Maihaldenstraße 58-10b
74074 Mainhardter Straße 65-5d
74078 Mainzer Straße 57-8a
74074 Mandrystraße 65-5b
74072/74076 Mannheimer Straße 42-B1 + 65-1d
74078 Marburger Straße 57-5c
74078 Marderweg (1) 58-1c
74078 Marienburger Straße 58-12d
74078 Markgraf-Ludwig-Straße 65-5c
74072 Marktplatz 42-B2
74074 Martin-Luther-Straße 65-7b
74080 Martin-Niemöller-Straße 64-5d
74080 Massenbacher Straße 64-2d
74080 Massenbacher Weg 57-4d
74078 Matthias-Erzberger-Straße (8) 57-3c
74081 Mauerstraße 64-9c
74080 Maulbronner Straße 64-6c
74081 Mauserstraße 64-8d
74078 Maustalstraße 57-6b
74081/74074 Max-Planck-Straße 64-9d
74078 Max-Reger-Straße 58-1c
74081 Max-von-Laue-Straße 65-7c
74076 Maybachstraße 42-D1
74078 Meisenweg 57-3d
74078 Melanchthonweg 58-12a
74074 Melli-Beese-Straße 65-5d
74074 Membrodsweg 65-11a
74078 Memeler Straße 58-12b
74081 Menzelstraße 64-9b
74078 Mergenthalerstraße (4) 58-4a
74081 Merianstraße 64-9d
74074 Merkurstraße 65-7a
74076 Mertzweg 65-2b
74076 Mettelbachstraße 59-11c
74074 Metzer Straße 65-5c
74072 Metzgergasse 42-B3
74078 Michael-Vehe-Straße 57-6a
74080 Michelsbergstraße 64-6c
74074 Militärweg 65-6d
74076 Millerstraße 59-11c
74078 Mittelstraße 58-9d
– Mittlerer Wannenweg 65-10b
74080 Mittlerer Weg 64-3a
74078 Mittnachtstraße (3) 57-6b
74072 Mönchseestraße 42-D3 + 65-5c
74076 Mörikestraße 65-2d
74081 Möwenstraße 64-8c
74072/74076 Moltkestraße 42-C2 + 65-1d
74074 Moosbruggerstraße 65-4d
74078 Mosbacher Straße 58-9b
74072 Mosergasse (1) 42-B2
74072 Mozartstraße 42-A2 + 65-1c
74081 Mühläckerstraße 64-8d
74078 Mühlbachstraße 58-12b
74078 Mühlberg 57-8b
74078 Mühlbergstraße 57-3d
74078 Mühle 57-8b
74078 Mühlgasse 57-3d
74078 Mühlgraben 57-3d
74078 Mühlrainstraße 58-5d
74080 Mühlstraße 64-6a
74076 Müllstraße 59-12c
74078 Münchener Straße 58-10b
74080 Münzerstraße 64-3c
74076 Münzingstraße 65-1b
74074 Mundelsheimer Straße 65-4c

74078 Nachtigallenweg 58-1c
74072 Nägelingasse 42-B3
74078 Narzissenweg 57-6b
74076 Neckarau 58-9a
74078 Neckargartach 58-12a
– Neckargartacher Brücke 59-7c
74080 Neckargartacher Straße 64-3c
74074 Neckarhalde 65-4c
74076 Neckarsulmer Straße 59-10d
74080 Neckartalstraße (Kreuzgrund) 64-3d
74078 Neckartalstraße (Neckargartach) 58-12d
74080 Neckartalstraße (Sontheim) 64-9a
74081 Neipperger Höhe 64-7c
74080 Neipperger Straße 64-7a
74078 Nelkenweg 57-6b
74078 Neuböllinger Hof 58-7a
74080 Neue Straße 64-6c
74078 Neuwiesenstraße 58-10b
74074 Nickelstraße 65-7b
74080 Niederhofener Straße 64-2d
74074 Nördlinger Straße 65-5d
74076 Nordbergstraße 42-C1 + 65-1d
74078 Nordheimer Weg 58-12a
74076 Nordstraße 42-D1 + 65-2a
74074 Nürnberger Straße 65-5d
74081 Nussäckerstraße 64-11a

74078 Obereisesheimer Straße 58-9d
74081 Obere Kanalstraße 64-7d
74072 Obere Neckarstraße 42-B3 + 65-4a
74074 Ochsenbergsteige 65-8b
74078 Ochsenbrunnenstraße 58-8a
74078 Ödenburger Straße 58-11c
74076 Öhringer Straße 59-12c
74076 Ohmstraße 59-7c
74072 Olgastraße 42-A3 + 65-4a
74078 Orffstraße 58-1c
74076 Orthstraße 42-D1
74076 Oststraße 42-D3 + 65-5c
74078 Otto-Hahn-Straße 58-4a
74080 Otto-Kirchheimer-Straße 64-5d
– Otto-Konz-Brücke 64-6b
74078 Otto-Wels-Straße 57-3c

74078 Palmstraße (3) 58-9c
74078 Panoramastraße 57-3d
74078 Panoramaweg 58-10b
– Panzerstraße 65-12b
74081 Pappelweg 64-11a
74074 Paracelsusstraße 65-5b
74074 Paradiesweg 66-4a
74081 Parkstraße 64-9c
74072 Parkweg 42-C3 + 65-4b
74078 Passauer Straße 58-10b
74078 Pater-Kolbe-Straße 57-5c
74072* Paula-Fuchs-Allee 42-A2 + 65-1c
– Paulesweg 65-12a
74078 Paul-Gerhardt-Straße 57-5c
74076 Paul-Göbel-Straße 42-D1 + 65-2c
74076 Paulinenstraße 42-C1 + 65-1d
– Paul-Metz-Brücke 59-10a
74078 Paul-Weitbrecht-Straße 58-9c
74076 Pestalozzistraße 42-C1 + 65-1b
– Peter-Bruckmann-Brücke 64-3b
74080 Pfaffenhofener Straße 64-2d
74078 Pfaffenstraße 58-4d
74076 Pfalzstraße 65-2a
74080 Pfarrgasse 64-6c
74078 Pfauenhof 58-10d
74074 Pfizerstraße 65-5c
– Pflanzenschulweg 65-12b
74078 Pforzheimer Straße 57-4d
– Pfühlpark 65-2d
74076 Pfühlstraße 42-D2 + 65-2c
74081 Pfützäckerweg 64-11c
74078 Philipp-Hagner-Straße 58-9d
74081 Pilgramstraße 64-9b
74081 Pirolweg (4) 64-8d
74080 Platanenstraße 64-2b
74074 Platenweg 65-7b
74072 Platz am Bollwerksturm 42-B2
74081 Port-Talbot-Straße 65-7c
74078 Posener Straße 57-5c
74078 Primelweg (11) 57-5d

74081 Quellenstraße 64-8d
74072 Querschulgasse 42-C2
74080 Querstraße 64-6c

74076 Raabeweg 59-11c
74076 Raffeltersteige 65-2b
74081 Raidweg 64-9c
74081 Raiffeisenstraße 64-7c
74078 Rainlesstraße 58-12d
74078 Rampachertal 65-6a
74078 Rappengasse 57-3d
74072 Rathausgasse 42-B2
74080 Rathausstraße 64-6c
74074 Rathenauplatz 65-4d
74076 Rauchstraße 65-2a
74078 Regensburger Straße 58-10b
74080 Reiherweg 64-3a
74081 Reinbotstraße 64-7c
74080 Reinerstraße 64-1d
74080 Reinhold-Fyrnys-Straße 64-5b
74076 Reisacher Weg 65-2b
74080 Renzweg 64-8b
74081 Rethelstraße 64-9d
74076 Reußweg 65-2b
74074 Reutlinger Straße 65-6c
74076 Richard-Becker-Straße 65-6a
74074 Richard-Wagner-Straße 65-7b
74081 Rieckherstraße 64-9c
74076 Riedstraße 65-2b
74078 Riedweg 58-11c
74080 Riegrafstraße 64-5b
74074 Rieslingstraße 65-5c
74078 Rilkestraße 57-6b
74078 Ringstraße 57-6b
74081 Robert-Bosch-Straße 65-7c
74074 Robert-Koch-Straße 65-5d
74076 Robert-Mayer-Straße 65-2d
74080 Robert-Stolz-Weg 64-8b
74081 Römerhof 64-8d
74081 Römerpfad (1) 64-8d
74078 Römerstraße 58-12c
74078 Römerweg 58-11a
74074 Röntgenstraße 65-5b
74076 Rötelstraße 59-7d
74078 Rolandstraße 58-9d
74072 Rollwagstraße 42-B3 + 65-4b
74080 Rombachstraße 64-6c
74072 Roseggerstraße 65-5c
74072 Rosenau (1) 65-4a
– Rosenbergbrücke 42-A3 + 65-4a
74072/74074 Rosenbergstraße 65-4c
74076 Rosengartstraße 65-3c
74072 Rosengasse 42-B2
74078 Rosenheimer Straße 58-11a
74078 Rosenstraße 58-12a
74078 Rosenweg 57-6b
74072 Roßkampffstraße 42-A2 + 65-1c
– Rote Steige Weg 65-11b
74074 Rothenburger Straße 65-5d
74078 Rudolf-Harbig-Straße 57-5c
74076 Rückertstraße 65-1b
74081 Rühlingshäuser Straße 64-7a
74076 Rundstraße 65-1b

74078/74080 Saarbrückener Straße 58-11c
74080 Saarlandstraße 64-2b
74078 Sachsenäcker 58-12c
74078 Sachsenäckerstraße 58-12b
74080 Salzburger Straße 64-3c
74076 Salzgrund 59-7c
74076 Salzgrundstraße 59-10a
– Salzhafenbrücke 59-10a
74076 Salzstraße 65-1b
74074 Sandbergsteige 65-5d
74081 Sandgrubenweg 64-11a
74078 St.-Alban-Gassen (3) 57-5c
74081 St.-Martin-Straße 64-9c
74072 Schäfergasse 42-B2
74076 Schaeuffelenstraße 42-B1 + 65-1d
74080 Schafberg 64-5b
74078 Schafhausstraße 58-11c
– Schafweg 66-4d
74080 Schanz 64-2c
74078 Scheidemannstraße 58-12d
74072 Schellengasse 42-C2
74072 Schellingstraße 65-4d
74072 Scherweg 65-5a
74076 Schickhardtstraße 59-11c
74072 Schießhausstraße 42-A3
74078 Schillerberg (11) 57-3d
74072/74076 Schillerstraße 42-C2 + 65-1d
74074 Schirrmannstraße 65-6b
74072 Schlachthofstraße 42-A3
74074 Schlegelstraße 65-4c
74078 Schleifhöhe 56-3d
74078 Schleifweg 64-2a
– Schleusenbrücke 64-7d
74081 Schleusenstraße 64-7d
74076 Schlizstraße 65-2d
74081 Schlossgasse 64-7d
74078 Schlossplatz (2) 57-5c
74078 Schlossstraße 57-4d
74081 Schlossweg 64-7c
– Schluchtener Weg 57-7a
74080 Schluchterner Straße 64-2d
74081 Schlüsseläckerstraße 64-7c
74081 Schlüsselgarnweg 64-9c
74078 Schmales-Gässchen (5) 58-9d
74074 Schmidbergstraße 65-4d
74074 Schmollerstraße 65-4d
74078 Schnepfbrunnenstraße 58-11c
74076 Schönbeinstraße 59-7d
74072 Schöntaler Gasse 42-B3
74074 Schoettlestraße 65-4c
74080 Schollenhaldenstraße 64-2d
74078 Schongauerstraße 58-12b
74074 Schozacher Straße 65-4c
74076 Schubartstraße 65-2d
74080 Schuchmannstraße (2) 64-6c
74076 Schüblerstraße (1) 65-2a
74072 Schützenstraße 42-A3 + 65-4a
74078 Schulberg 57-6b
74078 Schulbrunnenstraße 57-8a
74072 Schulgasse 42-C2
74078 Schulstraße 58-11c
74078 Schultheiß-Pfau-Straße (4) 58-9d
74078 Schumannstraße 58-1c
74081 Schutzbarstraße 64-9b
74081 Schwabenstraße 64-9c
74074 Schwabstraße 65-5c
74080 Schwaigerner Straße 64-2d
74080 Schwalbenweg 64-3a
– Schweinestallweg 66-10a
74074 Schweinsbergstraße 65-5c
– Schweinsbergweg 65-9c
74072 Schwibbogengasse 42-C2
74074 Schwindstraße 65-7a
74080 Seeligstraße 64-1d
74074 Seeloch 65-8b
74080 Seestraße 64-6c
74074 Semmelweisstraße 65-6a
74078 Sepp-Herberger-Straße (1) 57-5c
74076 Sichererstraße 42-B1 + 65-1b
74080 Sickingenstraße 64-6a
74081 Siebenbürgenstraße 64-8c
74072 Siebeneichgasse 42-C3
74081 Siebenmorgenweg 64-7c
74076 Siebennussbaumstraße 65-2d
74076 Siechenhausweg 65-1b
74078 Siedlungsstraße 58-11c
74078 Siedlungsweg 58-12a
74076 Siegfried-Gumbel-Straße 65-2b
74072 Silcherplatz 65-5c
74074 Silcherstraße 65-5c
74080 Sinsheimer Straße 64-2c
74081 Slubicestraße (2) 65-7c
74072/74074 Solothurner Straße 65-4d
74081 Sommerau 64-9d
74080 Sommerstraße 64-3c
74080 Sonnenbergstraße 64-3c
74072 Sonnengasse 42-C2 + 65-1d
74081 Sonnenhalde 64-7c
74080 Sontheim 64-9a
– Sontheimer Brücke 64-9a
74074 Sontheimer Landwehr 65-7a
74074 Sontheimer Straße 65-7a
74078 Spechtweg (7) 57-5d
74081 Spemannstraße 65-7c
74080 Sperberweg 64-3a
74078 Sperlingsberg 57-3d
74080 Sperlingweg 64-3a
74081 Spethstraße 64-9b
74078 Speyerer Straße 58-10b
– Spielplatzweg 66-7a
74081 Spitzwegstraße 64-9a
– Spörlesweg 65-11b
74081 Sporerweg 64-9d
– Sportpfad 65-8d
74081 Staadäckerstraße 64-8c
– Stadtgarten 42-B2 + 65-1d
74080 Stäffelesweg (1) 64-6c
74081 Staehlenstraße 64-9b
74078 Staffelstraße 57-3d
74078 Staffelweg 58-11a
74080 Starenweg 64-2b
74078 Starnberger Straße 58-10b
74078 Stauchenstraße 58-11c
74081 Staudingerweg (1) 65-7c
74074 Staufenberger Weg 65-7d
74081 Staufenbergerstraße 64-9c
74080 Stedinger Straße 64-6c
74080 Stedingerstraße 64-6c
74078 Stefan-Zweig-Straße (6) 57-6b
– Steiler Weg 65-12a
74080 Steinäckerstraße 64-3c
– Steinbrennerweg 66-4a
74078 Steinhaldestraße 58-11c
– Steinkohlenklingenweg 65-9d
– Steinsfelder Weg 66-4c
74072 Steinstraße 65-4b
74081 Steinweg 64-8d
74074 Stephanstraße 65-4d
74074 Sternenfelser Straße 65-4c
74080 Stettener Straße 64-2d
74074 Stettenfelser Straße 65-4c
74078 Stettiner Straße 58-12b
74072 Steubenstraße 42-C2
74076 Stielerstraße 65-2a
74080 Stockgartenweg 64-6c
74080 Stockheimer Straße 64-5d
74081 Stockportstraße 65-7c
74074 Stolzestraße 65-4d
74074 Stormweg 65-7a
74078 Straßburger Straße 57-4d
74080 Stresemannstraße 64-2d
74080 Strombergstraße 64-9a
74080 Sturzstraße 64-2d
– Stuttgarter Brücke 65-4d
74074 Stuttgarter Straße 65-7d
74078 Sudetenstraße 58-12b
74072 Südstraße 65-4a
74072 Sülmermühlstraße 42-B1
74074 Sülmerstraße 42-C2 + 65-1d
74072 Synagogenweg 42-C3
74081 Szillaweg 64-11b

74081 Tabakstraße 64-11a
74081 Talheimer Straße 64-11a
74078 Talstraße 58-9c
74078 Talweg 57-6b
74080 Tannenweg 64-2b
74078 Tatschenweg 58-5d
74078 Taubenweg (8) 57-5d
74081 Taxisstraße 64-8c
74081 Teichäckerweg 64-7c
74080 Teichstraße 64-6a
74078 Teutonenstraße 58-11b
74076 Theodor-Fischer-Straße 42-A1 + 65-1a
74081 Theodor-Heuss-Straße 64-7c
74078 Theodor-Körner-Straße 58-9c
74080 Theodor-Zimmermann-Straße 64-5d
74074 Theophil-Wurm-Straße 65-7a
74072 Theresienstraße 64-6b
74078 Thomas-Mann-Straße 57-6b
74081 Thomastraße 64-9d
74076 Thomaswert 59-10a
74078 Tilsiter Weg 58-12c
74081 Tischbeinstraße 64-9d
74072 Titotstraße 42-C3
74078 Tölzer Straße 58-10b
74081 Tränkgasse 64-7d
74074 Trappensee 65-6a
74074 Traubenstraße 65-5c
74078 Traunsteiner Straße 58-11a
74072 Trautenhof 42-B2
74074 Trollingerstraße 65-5c
74080 Truchseßweg 64-8b
74076 Tscherningstraße 59-11c
74078 Tulpenstraße 58-12a
74078 Tulpenweg (10) 57-5d
74072 Turmstraße 42-B1 + 65-1d
74080 Turnerstraße 64-5d

74072 Uferweg 42-A3
74074 Uferweg 65-4a
74081 Uhdestraße 64-9c
74072 Uhlandplatz 42-C3 + 65-4b
74072/74074 Uhlandstraße 65-4d
– Uhrkopfweg 65-9b
74080 Ulmenweg 64-2b
74080 Ulrich-Fischer-Weg 64-8b
74074 Ulrich-Stechele-Straße 65-5b
74078 Ulrichstraße 58-9d
74081 Untere Kanalstraße 64-8c
74072 Untere Neckarstraße 42-B2 + 65-1d
74078 Unterlandstraße 57-3d
74072/74074 Urbanstraße 42-C3
74072/74074 Urbanstraße 65-4d

74078 Veilchenweg (12) 57-5d
74078 Verdistraße 58-1a
74072 Victoria-Wolff-Weg 42-B3
74080 Viehweide 64-9a
74076 Viktor-Scheffel-Straße 59-10d
74076 Villmatstraße 42-D1 + 65-2a
74074 Virchowstraße 65-5b
74080 Vogelsangstraße 64-3c
74078 Von Klug Straße 57-6b
74074 Von-Witzleben-Straße 65-5b
74074 Vorderer Böckinger 65-6b

74080 Wacholderweg 64-3c
74078 Wachtelweg (6) 57-5d
74072 Wackstraße 42-A3 + 65-4a
74081 Wagenburgstraße 64-11a
74074 Waiblingerstraße 65-5c
74074 Waldheidestraße 66-4c
– Waldlehrpfad 65-6d
74074 Walheimer Straße 65-4c
74072* Walter-Gropius-Str. 42-A1 + 65-1c
74078 Wannenäckerstraße 58-4d
74076 Wartbergsteige 59-11c
74076 Wartbergstraße 42-D1 + 65-2c
74078 Weberstraße 58-12a
– Weidachweg 57-2b
74078 Weidenmannsgasse (2) 58-11c
74081 Weidenweg 64-8d
74080 Weigandtweg 64-2b
74078 Weinbergstraße 58-12d
74080 Weingartspfädle 64-8b
– Weinhaldenweg 65-11a
– Weinläder Klingenweg 65-9d
74076 Wein-Panoramaweg 59-11d
74072/74076 Weinsberger Straße 42-C1 + 65-1d
74076 Weipertstraße 42-B1 + 65-1a
74078 Weirachstraße 57-6a
74078 Weißbaumstraße 57-6b
74080 Welschstraße 64-2b
74078 Wendelinstraße 57-5d
74074 Werderstraße 65-4d
74078 Wertheimer Straße 57-4d
74072 Weststraße 42-A3 + 65-4a
74076 Wettenbergweg 65-10b
74078 Widmannstal 58-12a
74078 Widmannstraße 58-9c
74074 Wielandweg 65-4c
74078 Wieselweg 58-1c
74078 Wiesenweg 57-3c
74074 Wildecker Straße 65-5d
74076 Wilhelm-Blos-Straße 65-2d
74076 Wilhelm-Busch-Straße 65-2d
74078 Wilhelm-Flintspach-Straße 57-3c
74080 Wilhelm-Leuschner-Straße 64-6a
74074 Wilhelm-Mattes-Weg 65-8c
74078 Wilhelm-Schäffer-Weg (1) 58-9c
74081 Wilhelmsruhe 64-12a
74072/74074 Wilhelmstraße 65-4d
74074 Will-Schaber-Straße 65-6c
74078 Wimpfener Straße 58-6d
74078 Wimpfener Weg 57-4d
74072 Windgasse 42-B2
– Winterhaldenweg 65-11b
74074 Winzerstraße 65-5c
74081 Wittumhalde 64-7a
74078 Wittumweg 57-8a
74076 Wohlgelegen 59-10c
74072 Wolfganggasse 42-B2 + 65-1d
74072/74074 Wollhausstraße 42-C3 + 65-4b
74078 Wormser Straße 57-4d
74078 Würzburger Straße 58-11a
74074 Wüstenroter Straße 65-5c
74074 Wunnensteinstraße 65-7b

74080 Zabergäustraße 64-6c
74072 Zehentgasse 42-B2 + 65-1d
74078 Zeisigstraße 57-3d
74080 Zellerstraße 64-3c
74074 Zeppelinstraße 65-7a
– Ziegeleipark 64-5d
74078 Ziegeleistraße 57-6a
74080 Ziegeleiweg 64-6c
74076 Zieglerstraße 65-2a
74080 Ziemssenstraße (1) 64-3c
74078 Zückwolfstraße 58-9d
74074 Zügelstraße 65-7b
74076 Zukunftspark Wohlgelegen 59-10c
74081 Zwirnereistraße 64-9c

Heimsheim
PLZ 71296

Alemannenstraße 125-4a
Alte Mönchsheimer Straße 125-7c
Am Flachter Pfad 125-7c
Am Klaffstein 125-10a
Amselweg 124-12b

Bachstraße 125-10a
Bädergasse (13) 125-10a
Bärenweg (1) 124-9d
Beethovenstraße (22) 125-10a
Bergstraße 125-10a
Birkenstraße 125-7c
Bloßenbergstraße 125-7c
Blumenstraße 125-7c
Breitenstraße 125-7a
Brunnengasse (12) 124-8d
Buchenstraße 125-7d

Dachsweg 124-9d
Dickenbergstraße 125-7a
Dornröschenweg 125-10b
Drosselweg 124-12b

Elchstraße 124-9d
Elfenweg 125-10a
Erlenweg 125-7c

Färbergasse (14) 125-10a
Fenchelstuhlweg 125-9a
Fichtenstraße 125-7c
Fliederweg 125-7c
Förichstraße 124-9d
Frankenstraße 125-4a
Fronmühlenweg 124-12b
Fuchsweg 124-9d

Gartenstraße 125-7c
Goethestraße 124-9d
Gottlob-Armbrust-Straße 125-7a
Grabenstraße 125-7c
Graf-Eberhard-Straße 124-9d
Gutekunststraße 125-7c

Hamsterweg (4) 124-9d
Hauptstraße 125-10a
Hausener Straße 124-12b
Haydnstraße (21) 125-10a
Heerstraße 125-7c
Heidestraße 125-7a
Heumahden 125-4c
Hinter der Stadt 125-7c
Hirschgasse (8) 125-7c

Igelweg (5) 124-9d
Iltisweg 124-9d
Im Dörfle (23) 125-10a
Im Höfle (15) 125-10a

Jägerstraße 124-9d
Jahnstraße 124-9d
Jakob-Hornung-Straße 125-7a

Keltenstraße 125-4b
Kirchgässle (10) 125-10a
Kirchstraße (9) 125-10a

Lailbergstraße 124-9d
Leonberger Straße 125-10a
Lerchenrain 125-7c
Lilienstraße 125-7c
Lindenstraße 125-7c
Luchsweg (2) 124-9d

Malmsheimer Pfad 125-10a
Marderweg 124-9d
Marktplatz 125-10a
Marktstraße 125-10a
Mittelberg 125-4c
Mönsheimer Straße 125-7a
Mozartstraße 125-10a
Mühlrain 124-12b
Mühlweg 125-10a

Panoramastraße 125-7d
Parkstraße 124-9d
Pforzheimer Straße 124-9d

Querstraße 125-7c

Rapunzelweg (19) 125-10a
Römerstraße 125-4c
Rosenstraße 125-7c
Rotkäppchenweg (18) 125-10a
Rübezahlweg 125-10a

Schafwäsche 124-9b
Schillerstraße 124-12b
Schleglerstraße (11) 124-8d
Schlehenweg 125-7c
Schloßgartenweg 124-9d
Schloßhof (7) 125-7c
Schmale Straße (17) 125-10a
Schubertstraße (20) 125-10a
Schulstraße 124-9d
Schwalbenweg 124-12b
Seitenstraße 125-7c
Sonnenstraße 125-7c
Steinstraße 125-7c

Talstraße 125-10a

Uhlandstraße (6) 124-9d
Unter dem Mittelberg 124-6d
Untere Dickenbergstraße 125-7c

Veilchenweg 125-7c

Wacholderweg 125-7a
Wannenstraße 125-7c
Wartmauerstraße 125-7a
Weißdornweg 125-7a
Wichtelweg (16) 125-10a
Wieselweg (3) 124-9d
Wiesenstraße 125-7c
Wochenendgebiet Weinberge 124-12d

Zehntscheuer 125-7c
Zinselwiesen 124-12b

Heiningen (Kr. Göppingen)
PLZ 73092

Aichelbergstraße 210-8b
Am Wallgraben 210-6c
Auchert 210-2d
Auf den Feldäckern 210-6d

Bahnhofstraße 210-9a
Baumschulhof 210-3d
Bergstraße 210-6c
Bettina-von-Arnim-Weg (4) 210-6c
Bezgenrieter Straße 210-8b
Bleichstraße 210-9a
Blumenstraße (5) 210-9a
Bosslerstraße 210-9a
Buchenstraße 210-8b

Dürnauer Weg 210-9c

Eichendorffweg (2) 210-6c
Eichenstraße 210-8b
Eitleshof 211-1a
Eitswiesenstraße 210-9c
Eschenbacher Straße 210-9b

Feldwiesenstraße 210-9b
Fichtenstraße 210-8b
Frühlingstraße 210-8b
Fuchseckstraße 210-9a

Gartenstraße 210-6c
Göppinger Straße 210-6c
Goethestraße 210-6c

Haag 211-7c
Hauffstraße 210-6c
Hauptstraße 210-6c
Hermann-Hesse-Straße 210-6c
Heubachstraße 210-9b
Heuholzhof 210-3d
Hölderlinstraße 210-6c
Hofstraße 210-6c
Hohenstaufenstraße 210-6c

Jebenhäuser Straße 210-6a

Kastanienallee 210-8b
Kirchstraße 210-9a
Kornbergstraße 210-9a
Krautgarten 210-9d
Kreuthof 210-3d
Kurze Straße 210-6c
Kurzländstraße 210-9b

Lange Straße 210-8b
Lindenstraße 210-9a

Mörikestraße 210-8b
Mühlstraße 210-9b

Neuffenstraße 210-8b

Obere Weingartenstraße 210-6c
Öschstraße 210-9a

Pfarrstraße 210-9a

Querstraße 210-6c

Rechbergstraße 210-6d
Reuschstraße 210-9c
Riedstraße (1) 210-9c
Ringstraße 210-6c
Rohrgarten 211-7a

Scheffelstraße 210-8b
Schillerstraße 210-9a
Schneckengasse 210-5d
Schubartstraße 210-9a
Sielenwangstraße 210-8b
Silcherstraße (3) 210-6c
Staufeneckstraße (1) 210-6d
Stellebergstraße 210-9a
Struttweg 210-9b
Stuifenstraße 210-6d
Sudetenstraße 210-5d

Talweg 210-9b
Tannenstraße 210-8b
Teckstraße 210-9a

Uhlandstraße 210-9a
Untere Weingartenstraße 210-6c

Wielandstraße 210-5d

Ziegelstraße 210-9a

Hemmingen
(Kr. Ludwigsburg)
PLZ 71282

Adlergasse 112-7a
Albert-Schweitzer-Straße 111-9b
Albrecht-Dürer-Weg (24) 111-9d
Alfred-Delp-Weg 111-6d
Allmendstraße 112-4c
Alter Schulplatz (17) 112-7a
Alte Schöckinger Straße 111-9d
Am Bildstöckle (26) 112-7c
An den Wettenwiesen (9) 112-7a
Anne-Frank-Weg (3) 111-9b
August-Blessing-Straße 112-7a
August-Lämmle-Weg (23) 111-9d

Bahnhofstraße 111-9b
Benzstraße 112-7d
Bergstraße 111-9b
Blohnstraße 111-9d
Blumenstraße 111-9b
Brennereistraße (18) 112-7a
Brühlwiesen 112-7a
Brunnenhof 112-7c
Brunnenweg 112-7c
Bürkleshöfe 111-8d

Carl-Friedrich-Goerdeler-Straße (4) 111-9b

Daimlerstraße 112-7c
Dieselstraße 112-7c
Dietrich-Bonhoeffer-Weg (6) 111-9b
Dollinger Pfad 112-7b

Eberdinger Straße 111-9a
Eberdinger Straße (32) 111-9d
Eisenbahnstraße 112-7a
Eisgasse 111-9b
Else-Kienle-Weg (27) 111-9d
Erwin-Rommel-Straße 111-9b
Eugen-Bolz-Straße 111-6d

Falkenstraße 111-9d
Finkenstraße 111-9d
Flauchhalde 112-7b
Freiherr-von-Varnbüler-Straße 112-7c
Friedenstraße 111-9b
Fronstraße 111-9b

Gartenstraße 111-9b
Gertrud-Bäumer-Weg (30) 111-9d
Geschwister-Scholl-Straße (5) 111-9b
Gewerbegebiet Münchinger Straße 112-7a
Gewerbegebiet Nord 112-7b
Gewerbegebiet Ost 112-7a
Goethestraße (14) 111-9b
Graf-Stauffenberg-Straße (2) 111-9b
Gröninger Weg 112-7a

Hagmühle 112-8c
Haldenhöfe 112-7b
Haldenweg 112-7b
Hauptstraße 111-9b
Hegelstraße 111-9b
Hegnachhöfe 111-9c
Hegnachweg 111-9d
Heimdinger Straße 111-9c
Helene-Lange-Straße 111-9d
Hirschstraße 111-9b
Hochdorfer Straße 111-6d
Hochstetter Straße 111-9b
Hochstetter Weg 111-8b
Humboldtstraße 111-9b

Immanuel-Kant-Straße 111-9b
Im Pfädle (25) 112-7c
In der Hälde 112-7a

Julius-Leber-Weg (1) 111-9b

Karlstraße (16) 112-7a
Kelterstraße 112-7a
Konrad-Haller-Straße 112-7b
Kronenstraße 111-9b

Laurentiusstraße 112-7a
Leimthaler Weg 112-7a
Lerchenstraße 111-9d
Lindenhof 112-7b
Lindenstraße 112-7a
Ludwig-Beck-Weg (7) 111-9b
Ludwig-Speidel-Straße 111-9b
Luise-Rist-Weg (28) 111-9d

Maria-Montessori-Straße (31) 111-9d
Marienbader Straße (10) 111-9b
Mathilde-Planck-Straße 111-9d
Max-Eyth-Straße 111-9d
Meisenstraße (21) 111-9d
Mörikestraße 111-9b
Mühlhof 112-7d
Münchinger Straße 112-7a

Neue Schöckinger Straße 111-9d

Patronatstraße 112-7a
Pestalozzistraße 111-9d
Pfarrgasse 112-7a

Reichenberger Straße (12) 111-9b
Robert-Koch-Straße (22) 111-9d
Rohrhöfe 111-8b
Rohrsperg 111-11a
Rosenstraße 112-7c

Saarstraße 112-7c
Sägmühle 112-7d
Schauchertstraße 111-9b
Schellingstraße 111-9b
Schillerstraße (13) 111-9b
Schlossgartenstraße 112-7a
Schlosshaldenstraße 112-7a
Schlosspark 112-7a
Schmale Straße (15) 112-7a
Schubartstraße 111-9b
Schwalbenstraße (20) 111-9d
Schwieberdinger Straße 112-7a
Seedamm 111-9a
Seehöfe 111-8b
Seestraße 111-9b
Spitzenhöfe 111-5c
Staffelweg (8) 111-9b
Stangenweg 112-7a

Taubenstraße (19) 111-9d
Theodor-Heuss-Straße 111-9d

Uhlandstraße 111-9b

Vera-Vollmer-Weg (29) 111-9d
Viehweg 111-9b

Wengertweg 112-7b
Willi-Bleicher-Straße 112-7b

Zeppelinstraße 112-7c
Znaimer Straße (11) 111-9b

Herrenberg
PLZ 71083

Achalmstraße 244-2b
Adelheidweg 221-8c
Adlerstraße 220-12d
Äckerlenweg 245-3d
Affstätt 220-9d
Affstätter Tal 221-7c
Ahornweg (9) 220-12b
Aichstraße 220-5a
Aischbachstraße 43-A2 + 221-10a
Akazienweg 220-12a
Albert-Lortzing-Straße 221-10b
Albrecht-Haut-Gasse (7) 220-8b
Alemannenweg 220-6c
Altenbergweg 221-8c
Altenburger Weg (23) 220-11d
Altenhausgasse 220-2d
Alter Bergweg 245-3b
Alte Steige 221-8d
Altinger Straße 245-1d
Alzentalstraße 43-A2 + 221-10a
Am Burgrain 43-B2 + 221-10b
Am Fichtenberg 221-7b
Am Joachimsberg 43-B1 + 221-10b
Ammermühle II 245-1a
Ammermühle III 245-1c
Ammerstadion 245-5a
Ammerstraße 245-5a
Am Schlaifrain 244-3b
Amselweg (32) 221-10c
Anemonenstraße 220-9d
Anton-Bruckner-Straße 221-11a
Apfelweg 245-3b
Appenhaldenweg 245-3a
Arberstraße (31) 220-6c
Ardennenstraße (24) 220-9a
Arlbergstraße (12) 220-8b
Arndtstraße 245-6a
Asternweg (9) 220-9d
Auf dem Bühl 220-9b
Auf dem Graben 43-A2 + 221-10a
Auf dem Plan (10) 220-8b
Auf der Breite 220-6c
Auf'm Bildkäppele 221-10c

Badgasse 43-A2 + 221-10a
Bahnhofstraße 43-A2 + 221-10a
Baugebiet Guldenäcker 220-5a
Bebenhäuser Straße 246-1c
Beethovenstraße 221-10d
Behringstraße 245-2c
Belchenstraße (1) 220-12b
Benzinger Straße 245-3b
Benzstraße 221-7c
Berberitzenweg 245-1d
Bergstraße 245-3b
Berliner Straße 220-12a
Birkenpilzweg (13) 245-2c
Birkenweg (12) 220-12b
Birnenweg 245-3d
Bismarckstraße 43-A2 + 221-10a
Blumenstraße (3) 220-9b
Böhmerwaldstraße (28) 220-6c
Bongert 220-8b
Brahmsstraße 221-10b
Brandenburger Straße (2) 245-1b
Breitensteinstraße 244-2b
Brentanostraße 43-B3 + 221-10c
Breslauer Straße (19) 220-12a
Brombergstraße 246-1c
Bronngasse 43-A2 + 221-10a
Bronntor 43-A2
Brücklesäcker 245-3c
Brühlgartenweg 245-3b
Brühlstraße 245-3b
Brühlweg (18) 220-9a
Brunnenstraße 245-3b
Buchenweg (6) 220-12b
Buchgrabenweg 244-2d
Bühlweg 245-3d
Burgsteige 221-10b
Burgstraße 245-4b
Butterhof (1) 220-9b

Calwer Straße 220-2c
Carl-Alexander-Weg (27) 221-11a
Carl-Maria-von-Weber-Straße 221-11a
Carl-Orff-Weg 221-10b
Chemnitzer Straße 220-12a
Christophweg (29) 221-11a
Conrad-Weiser-Straße 220-9b
Cottbuser Straße 220-12c
Cranachstraße 245-1d

Dachsteinstraße (14) 220-8b
Dachsweg 221-7d
Dahlienweg 220-9b
Daimlerstraße 221-7c
Danzenbergstraße 246-1c
Danziger Straße 220-12a
Dessauer Straße (15) 220-12a
Dolomitenstraße 220-8b
Donaustraße 220-2c
Drei-Eichenweg 222-8a
Dresdener Straße (17) 220-12a
Drosselweg 43-A3 + 221-10c
Dürerstraße 245-1d

Eberhardweg 221-11a
Egerstraße 220-5a
Ehbühl 221-11a
Eibenweg 220-12a
Eichendorffstraße 43-B3 + 221-10d
Eichenweg (8) 220-12b
Eichhörnchenweg 221-7d
Eifelstraße 220-9a
Einsteinstraße 245-2d
Eisenacher Straße 220-12a
Eisenbahnstraße 43-A2 + 221-10a
Eisenhutweg 221-7a
Elbenstraße 220-5a
Elsternweg 220-12d
Engadinweg (8) 220-8b
Entringer Straße 246-1c
Enzianstraße 220-9b
Enzstraße 220-5a
Erhardtstraße 43-A3 + 221-10c
Erholungsheimstraße 245-1b
Erlenweg 220-12b
Ermsstraße 220-5b
Erste Ammermühle 244-3b
Erzgebirgsstraße (27) 220-6c
Eschenweg 220-12a
Eyachstraße (4) 220-5b

Falkenkopfstraße 246-1c
Falkenweg 220-12d
Farrenbergweg (5) 244-3a
Feldbergstraße 220-12b
Feldbrühlstraße 245-2c
Feldgasse (8) 245-1d
Feldwiesenstraße 220-9a
Fellhornstraße 220-9c
Feuerdornweg 245-1d
Fichtenbergstraße 246-1c
Fichtenweg (11) 220-12b
Filsstraße 220-5b
Finkenweg 43-A3 + 221-10c
Fliederstraße 220-9b
Fohrenbühlweg (2) 220-12b
Forchenweg (13) 220-12b
Forellenweg 245-4b
Forstweg 221-10b
Frankenstraße (4) 220-5d
Franz-Lehár-Weg 221-11a
Franz-Liszt-Weg 221-11a
Franz-Schubert-Straße 221-11a
Friedhofstraße 220-9a
Friedrich-Fröbel-Straße 220-12d
Friedrichweg 221-11a
Froschgasse 43-A1 + 221-10a
Fuchsbergstraße (19) 220-9a
Fuchsweg 221-7d
Fuldastraße 220-2c

Gänsbergring 245-1d
Gänsbühl 221-11a
Gärtringer Weg 220-6c
Gartenstraße 220-9b
Georg-Friedrich-Händel-Straße (31) 221-10b
Geranienstraße 220-9d
Germanenstraße (2) 220-5d
Gerokstraße 43-A3 + 221-10c
Gewerbegebiet Gültstein 245-2d
Ginsterstraße 245-4b
Gipswerkstraße 245-6b
Gisilostraße (11) 245-1d
Glattstraße 220-5a
Glemsweg (10) 220-2d
Görlitzer Straße 220-12a
Goethestraße 43-A3 + 221-10c
Goldregenstraße 245-1d
Gotenstraße (3) 220-5d
Grabenstraße 246-1c
Grafenbergstraße 245-3d
Grafenweg 221-8c
Granitweg 245-3b
Grasiger Weg 221-11a
Greutäckerstraße 245-3a
Große Buche 220-4c
Grünewaldstraße 245-1d
Gültlinger Weg 220-5c
Gültstein 245-5a
Gültsteiner Steige 221-11b
Gültsteiner Straße 43-B3 + 221-10c

Haarschwärze 220-6a
Habichtstraße 220-12d
Hägisstraße 220-5b
Häring 244-2a
Hagebuttenweg 245-1d
Hagenweg 221-11d
Haldenbergstraße 244-2b
Haldenstraße 220-5a
Hallimaschweg 245-2a
Harzstraße 220-6c
Haselnußweg 245-1d
Hasenplatz 43-B2
Haslach 244-2a
Haslacher Stich 220-8c
Haslacher Weg 220-8b
Hauffstraße 43-A3 + 221-10c
Hauptstraße 246-1c
Havelstraße (3) 220-5a
Heckenrosenweg 245-1d
Heerstraße 245-2c
Heinrich-Schütz-Straße 221-10b
Heisenbergstraße 245-2c
Hemmlingstraße 220-8b
Hermann-Hesse-Weg 220-12d
Herrenberger Straße 245-3d
Hertzstraße 245-2d
Herzogweg 221-11a
Heubergstraße 244-2c
Hewlett-Packard-Straße 245-2c
Hildrizhauser Straße 221-11a
Hindenburgstraße 43-A2 + 221-10a
Hintere Gasse 220-5d
Hintere Hutweg 221-11b
Hirsauer Straße 245-1d
Hirschgasse 43-A1 + 221-10a
Hirschplan 43-A2
Hochgratstraße 220-8b
Höchststraße 245-1b
Hölderlinstraße 43-A3 + 221-10c
Hohenzollernstraße 244-2a
Hohe-Wacht-Straße 244-2b
Holbeinstraße 245-2c
Holunderstraße 245-1d
Holzsteig 245-2d
Horber Straße 43-A3 + 221-10c
Hornbergstraße 244-2b
Hubertusweg 246-1c
Hugo-Wolf-Straße 221-11a
Hunsrückstraße (22) 220-9a
Hutner Häuschen 221-11d

Igelweg 221-7d
Iltisweg 221-7d
Im Gäßle 220-5b
Im Mittleren Tal 245-1a
Im Pfarrgäßle (12) 220-2d
Im Seele 220-12d
Im Steingraben 220-12b
Im Vogelsang 220-12d
Industriegebiet Holzsteig 245-2a
Innerer St. Bernhard 220-8a
Innstraße 220-2c
Isarstraße 220-2c

Jägerstraße 246-1c
Jagdbergstraße 220-6c
Jagststraße 220-2d
Jahnweg 43-A1 + 221-10a
Jasminstraße (8) 220-9d
Jennerstraße 220-9a

Jettinger Steig 220-12c
Jettinger Straße 220-8b
Johannes-Kepler-Straße 220-9d
Johannesstraße 43-B3 + 221-10c
Joseph-Haydn-Straße 221-10d
Jusistraße 244-2b

Käthe-Kollwitz-Straße 220-12d
Kaffeeberg 220-9b
Kalkofenstraße 220-12b
Kanalstraße 245-4b
Kanzelwandstraße 220-9a
Kapellengasse 220-8b
Kappstraße 245-2c
Karl-Eugen-Weg 221-10b
Karl-Millöcker-Straße 221-11a
Karpatenstraße 245-1d
Karwendelstraße (9) 220-8b
Kattenbrunner Weg 220-6c
Katzensteig 244-2b
Kayh 245-3c
Kayhertalsträßchen 222-10c
Keltenstraße 220-5d
Kelterplatz 246-1c
Keuperweg (2) 245-3a
Kiefernweg 220-12a
Kinzigweg (8) 220-5a
Kirchgängle (34) 220-8b
Kirchgasse 43-B2 + 221-10a
Kirchgrabenweg 246-1c
Kirchhalde 221-8c
Kirchplatz (4) 245-3b
Kirchsteig 244-2b
Kirchstraße 245-3b
Kirnbergstraße 246-1c
Kirschenstraße 245-3d
Kleiner Markweg (14) 220-12b
Kleiststraße 43-B3 + 221-10d
Knappengasse (6) 220-8b
Kniebisweg 220-12b
Kocherstraße 220-5b
Kochmühle 245-1c
Königsberger Straße 220-12c
Konradweg 221-11a
Kornbühlstraße 244-2b
Kreidlerstraße 221-7c
Kreuzweg 222-8d
Krokusstraße (7) 220-9d
Küfergasse 43-A2
Kuhsteige 221-7d
Kuppingen 220-8a
Kuppinger Straße 220-9b
Kuppinger Weg 220-11c
Kurze Straße 43-A2

Lämmleshalde 221-7d
Längenholz 221-10c
Lahnstraße 220-5a
Laiblesgrube 244-3b
Lammgasse (10) 245-1d
Lange Klingenstraße 222-8c
Lange Richtstatt 222-8d
Lauterstraße 220-5a
Lavendelweg 221-7a
Lechstraße 220-5b
Leinenbrunnen 220-9b
Leipziger Straße (16) 220-12a
Lembergstraße 244-2d
Lerchenweg 43-A3 + 221-10c
Lessingstraße 43-A3 + 221-10c
Lichtensteinstraße 244-2b
Ligusterstraße 245-1d
Lilienstraße 220-9d
Lindenstraße 246-1c
Lippestraße 220-5a
Lise-Meitner-Straße 245-2c
Lochenstraße 244-2d
Lohrmannstraße 245-3b
Ludwig-Volz-Straße 245-3b
Ludwigweg (26) 221-8c
Lüglener Weg 221-8c
Lüglenweg 221-11a
Luise-Schöffel-Weg 245-3d
Luitgardweg 221-8c
Lupfenstraße 244-2d
Lupinenweg 220-9b
Lutherstraße (12) 245-1d

Mähdelweg 246-1a
Magdeburger Straße 220-12a
Mahdenstraße 220-2c
Mahdwiesenstraße 246-1c
Maicostraße 221-7c
Mainstraße 220-2c
Maischen Baumgart 220-2d
Malvenweg 220-9b
Marderweg 221-7d
Margarete-Steiff-Weg 245-3d
Margeritenweg 220-9b
Marie-Curie-Straße 245-2d
Marienstraße 43-B2 + 221-10b
Marktplatz 43-B2 + 221-10a
Markusstraße 43-B2 + 221-10c
Martinslehle 220-7c
Max-Eyth-Straße 220-12b
Max-Reger-Straße (30) 221-11a
Maybachstraße 221-7d
Mechthildweg (28) 221-11a
Mecklenburger Straße (1) 245-1b
Meisenweg 220-12d
Mettelstraße (33) 220-8b
Mirabellenstraße 245-3d
Mittelfeldstraße 221-7a
Mönchberg 245-3a
Mönchberger Straße 246-1c
Mörikestraße 43-A3 + 221-10c
Mohnstraße 221-7a
Mohrhof 244-6b
Moltkestraße 43-A2
Morgelen 244-2d
Moselstraße 220-5a
Moserstraße 245-2c
Mozartstraße 221-11a
Mühlhausener Straße 245-1d
Mühlstraße 220-9b
Murrstraße (11) 220-5b
Muschelkalkweg (1) 245-3a

Naabstraße 220-5a
Nagolder Straße 220-12a
Naheweg (9) 220-5a
Narzissenweg 220-9d
Naumburger Weg (21) 220-12a
Nebelhornstraße 220-9a
Nebringer Weg 244-2d
Neckarstraße 220-5b
Nelkenstraße 220-9d
Neue Straße (6) 220-5b
Neuffenstraße 244-2b
Neusatzstraße 245-3d
Normannenstraße 220-5d
Nufringer Straße 220-6c

Obere-Äcker-Straße 246-1c
Oberer Weg 246-1c
Obere Steige 246-1a
Obere Wiesenstraße (3) 245-3b
Oberjesingen 220-5b
Oberjesinger Straße 220-5d
Oberjochstraße (16) 220-9a
Obstweg 245-3d
Odenwaldstraße (25) 220-9a
Oderstraße 220-5a
Ohmstraße 245-2b
Orken 220-6b
Ostpreußenstraße (6) 245-1d
Oststraße 245-2c
Otto-Hahn-Straße 220-6c

Paul-Gerhardt-Straße 43-B3 + 221-10c
Pfalzgrafenweg 221-8c
Pfifferlingweg 245-2c
Planstraße 220-8b
Plapphalde 244-3a
Plettenbergstraße 244-2b
Pommernstraße 245-1d
Porschestraße 221-7c
Poststraße 43-A2
Primelweg (6) 220-9d

Querstraße 245-1d
Quittenweg 245-3d

Rabenweg 220-12d
Radeberger Weg (22) 220-12a
Raichbergstraße 244-2b
Raiffeisenstraße 220-5d
Rainstraße 220-9b
Raistinger Straße 220-12d
Randenstraße 244-2b
Rathausgasse 43-B2
Rechbergweg (4) 244-2b
Regenstraße (1) 220-5a
Reiherweg 220-12d
Reinhold-Schick-Platz 43-A2
Remsstraße 220-5b
Reußensteinstraße (1) 244-2d
Rheinstraße 220-5a
Rhönstraße (29) 220-6c
Richard-Strauß-Weg 221-10b
Richard-Wagner-Straße 221-10b
Richterstraße (9) 245-2c
Richthofenstraße 43-A2
Riesengebirgsstraße 220-6c
Rigipsstraße 245-2c
Robert-Schumann-Straße 221-10b
Röhrlingweg 245-2c
Römersteinstraße 244-3a
Römerweg 220-6c
Rosengartenstraße 245-3d
Rosensteinweg (2) 244-2b
Rosenstraße (4) 220-9b
Roßbergstraße 244-2d
Roßweg 221-7a
Rostocker Straße 220-12a
Rotdornstraße 245-4b
Rote Halde 246-1d
Rudolfweg 221-8c
Ruhesteinstraße (3) 220-12b

Saalestraße 220-5a
Sachsenstraße 245-1d
Sägmühle 245-5b
Säntisstraße (13) 220-8b
Salbeiweg 220-9b
Sandsteinweg 245-3b
Schäferlinde 43-A2 + 220-12b
Schafbergstraße 244-2b
Schafgasse 245-1d
Schatten (2) 220-9b
Schauinslandweg (5) 220-12b
Schelmenäckerweg 244-2b
Schickhardtstraße 43-A2 + 221-10c
Schießmauer 43-A1 + 221-10a
Schießtäle 220-12b
Schillerstraße 43-A2 + 221-10a
Schlehenhaag 245-1d
Schlesierstraße 245-1d
Schliffkopfstraße (4) 220-12b
Schloßstraße 245-1d
Schneebergstraße (21) 220-9a
Schönbergstraße (7) 244-2b
Schönbuchstraße 245-3d
Schönhutstraße 244-3a
Schützenweg 245-3b
Schuhgasse 43-B2 + 221-10a
Schulfurt 220-8b
Schulstraße 43-B2
Schwabstraße 43-A3 + 221-10c
Schwärzlingstraße 220-5a
Schwalbenweg 221-10c
Schwarzenstein Straße 222-10a
Schwarzwaldstraße 220-12b
Schweriner Straße 220-12a
Seestraße 43-A2 + 221-10a
Siebenbürgenstraße (3) 245-1d
Siedlerstraße (4) 245-1d
Siedlungsstraße 220-5d
Silcherstraße 43-A3 + 221-10c
Sindlinger Straße 244-2a
Sindlinger Weg 220-8c
Sommerrain 220-12d
Sommersteige 222-10a
Sommertalstraße 222-10b
Spechtweg 220-12d

Sperberweg (25) 220-12d
Spessartstraße (32) 220-6c
Spital (7) 245-1d
Spitalgasse 43-A2 + 221-10a
Spitalwaldstraße 220-12a
Spreestraße 220-5a
Stadthallenstraße 43-A1 + 221-10a
Starenweg 221-10c
Staufenstraße 244-2b
Stefanusstraße (5) 220-8b
Steglen 244-2a
Steigerwaldstraße 220-9a
Steigweg 220-7d
Steinbeisstraße 220-12b
Steinhauptstraße 245-3d
Steinlachstraße (7) 220-5b
Steinpilzweg 245-1d
Stettiner Straße (18) 220-12a
Stütze 220-5c
Stuifenweg (6) 244-3a
Sturmer Weg 220-5a
Stuttgarter Straße 43-B2 + 221-10a
Sudetenstraße 245-1d
Südstraße 220-9a
Sulmstraße 220-5b
Sulzer Straße 220-5c

Tailfinger Straße 245-4b
Talhof 244-3a
Talstraße 246-1c
Talweg 245-5a
Tannenstraße 220-12b
Taubenweg 220-12d
Taunusstraße 220-9a
Teckstraße 244-2d
Theodor-Körner-Straße 220-8b
Torbronnenstraße 220-6c
Torgauer Weg (24) 220-12a
Torstraße 245-1d
Traubenstraße 245-3d
Trifelsstraße (23) 220-9a
Trüffelweg 245-2c
Tübinger Straße 43-B2 + 221-10a
Tulpenstraße (5) 220-9d

Uferweg 245-4b
Uhlandstraße 43-A2 + 221-10a
Ulmenweg (7) 220-12b
Ulrichweg 221-11a
Umgangweg 220-12d
Unter dem Aischbächle 245-5a
Unter dem Langen Weg 245-5b
Unteres Gutleuthaustäle 245-1a
Unteres Tal 245-5d

Veilchenstraße 220-9b
Verenaweg 221-8c
Vogelsbergstraße (20) 220-9a
Vogesenstraße (26) 220-6c
Vogt-Heß-Straße 43-A2 + 221-10c
Vorderes Mittelfeld 221-7c

Wacholderweg (10) 220-12b
Wachtelweg 220-12d
Wackersteinweg (3) 244-2b
Waidmannstraße 246-1c
Waldstraße 245-3b
Walnußweg (6) 245-3d
Walther-Knoll-Straße 43-A2 + 221-10c
Wasenweg (2) 220-5a
Watzmannstraße 220-8b
Weidenweg 220-12b
Weimarstraße 220-12a
Weinbergstraße 244-2b
Weingartenstraße 245-3a
Weißdornstraße 245-1d
Welle 220-5b
Wendelsteinstraße (15) 220-9a
Wengertweg 43-B2 + 221-10b
Werrastraße 220-2c
Westerwaldstraße (30) 220-6c
Westpreußenstraße (5) 245-1d
Wetteweg 246-1c
Widdersteinstraße 220-9a
Wieselweg 221-7d
Wiesenstraße 246-1c
Wikingerstraße (1) 220-5d
Wilhelm-Haarer-Straße (11) 220-8b
Wilhelm-Nagel-Straße 245-1d
Wilhelmstraße 43-B2 + 221-10b
Wittenberger Straße (20) 220-12a
Wittumgarten 220-8b
Wolfäckerstraße 220-9b
Wolfsbergstraße 246-1d
Würmstraße (5) 220-5b

Zaberstraße 220-5a
Zaunäckerstraße 221-7c
Zehnthofstraße 245-1d
Zeisigweg 220-12d
Zeppelinstraße 220-9d
Ziegelfeldweg 221-11a
Zugspitzstraße (17) 220-9a
Zwerchweg 220-5d
Zwetschgenweg (5) 245-3d
Zwickauer Straße 220-12a

Hessigheim
PLZ 74394

Ackerstraße 82-3a
Alemannenweg (18) 82-2d
Am Felsengarten 82-2b
Angelgasse (12) 82-3a

Besigheimer Straße 82-2b
Bismarckstraße 82-2b
Brückenstraße 82-3a
Brunnenstraße (16) 82-3c
Burgunderweg 82-2b

Fliederweg (2) 76-12c
Friedrichstraße 82-2b
Fritz-Präuner-Straße 82-3a

Gartenstraße 82-3c
Gemmrigheimer Straße 82-2b

Häldenrain 82-3c
Hambachstraße 82-2d
Hecklesweg (5) 82-2b
Hinterdorfstraße 82-3c
Holunderweg (3) 76-12c

Im Bild 82-3a
Im Fetzer 76-11d
Im Zeuerle 82-2b

Karlstraße 82-2b
Kernerweg (8) 82-2b
Kirchgasse (13) 82-3a
Kleiningersheimer Straße 82-3a

Lembergerweg (9) 82-2b
Lerchenstraße 82-3a

Mittelgasse (14) 82-3c

Nelkenweg 82-2b

Ottmarsheimer Straße 82-3c

Rathausstraße (15) 82-3c
Rieslingstraße (7) 82-2b
Römerweg 76-12a
Rosenstraße 82-2b

Schlehenweg (4) 76-12c
Seitenstraße 82-2b
Silvanerweg (6) 82-2b

Traminerstraße 82-2b
Trollingerstraße 82-2b
Tulpenweg (11) 82-2b

Überm Neckar 82-3a

Wacholderweg (1) 76-11d
Wilhelmstraße (10) 82-2b

Hettingen
PLZ 72513

Adlerstraße (3) 375-2d
Alemannenweg 375-2c
Am Kapf 375-2b
Am Lustgarten 375-2b
Am Obelsbach (2) 312-5a
Am Schloßberg 375-2d
Amselweg 376-8d
Am Wasserturm 376-8a
Auhalde 375-5b

Bahnhofstraße 375-2c
Bergwiesen 376-11b
Birkenweg 376-8a
Breitestraße 375-2d
Brühlstraße 376-8c
Bubenhoferstraße 375-3c
Buchenweg 375-5b

Dullenberg 376-9c
Dullenberg Straße 376-8d

Eichenweg 375-5b

Fasanenweg 376-9c
Friedhofstraße 376-8c
Fürstenbergstraße 376-8c

Gammertinger Straße 376-8c
Gartenstraße 375-2b
Gewerbegebiet „Bergwiesen" 376-11b
Gewerbegebiet Langensteig 375-3c
Großer Bühl 376-8c

Härtleweg 375-5b
Hauptstraße 375-2d
Heiligenbergweg 376-7d
Hermann-Lieb-Straße 375-2b
Hohenzollernstraße 376-8c

Im Ebnet 376-8c
Im Erschland 376-8a
Im Käppelebrühl (1) 376-8c
Im Lau 376-8c
Im Tal 375-2d
Im Winkel (4) 375-2d
Inneringen 376-8b
Inneringer Straße 375-2d

Jahnstraße 376-8c

Kallental 376-8c
Kapellenstraße 376-8c
Kretzeweg 376-7d
Kronengasse 376-8a

Lauchertstraße (2) 375-2d
Lerchenweg 376-9c
Lindenbergstraße 376-8c

Maybachstraße 375-3c
Mörikestraße 376-8a
Mühlweg 376-8c

Oberer Wiesenweg 376-8a

Pistre 376-3d
Pistrestraße 376-8a

Riedsteig 375-2b
Ringstraße 376-8c
Robert-Bosch-Straße 376-11b
Römerstraße 376-7b

Sägestraße 375-2c
Schelmengasse 376-8c
Schillerstraße 376-8c
Schmiedgasse 376-8c
Schulstraße 376-7d

Sendwag 376-8c
Sigmaringer Straße 376-10b
Spethstraße 375-3c
Steinige 376-7b
Stollbeck 374-3d
Stollbeckstraße 375-5a

Tunnelhalde 375-2b

Uhlandstraße 376-8a
Unter dem Schloßberg (1) 375-2d
Untere Straße 376-8c

Werdenbergstraße 376-8c
Wiesental 375-5a

Ziegleracker 375-2b

Heubach
PLZ 73540

Achalmstraße 143-11b
Adlerstraße 143-11d
Albstraße 143-11b
Alte Steige 167-3a
Am Auhölzle 143-11d
Am Lerchenrain 143-11a
Am Pfarrgarten 167-3a
Am Scheuelberg 167-2b
Amselweg 143-11d
Am Zollstock (7) 143-11d

Bahnhofstraße 143-12c
Banater Straße 143-12a
Bargauer Straße 143-11d
Bartholomäer Straße 167-3a
Beiswanger Straße 143-12a
Benzstraße 143-11b
Bernhardusstraße (5) 143-11d
Beurener Straße 167-3c
Birkenweg 143-11c
Böbinger Straße 143-12a
Breslauer Straße 143-12a
Brühlstraße 167-3a
Bucher Hauptstraße 143-10d
Bühlstraße 167-3a
Burgweg 143-11d

Danziger Straße 143-12a

Egerstraße 143-12a
Erlenhof 143-10d
Erlenstraße 143-11c
Eschenweg 143-11c

Falkenweg 143-11d
Fasanenweg (4) 143-11a
Franz-Keller-Straße 143-12d
Franz-Schubert-Straße 143-12d
Friedhofstraße (18) 143-12d
Friedrich-Hölderlin-Straße (9) 143-12c
Friedrichstraße 143-12c
Fritz-Spießhofer-Straße 167-3a
Fuchsberg 167-3a

Galgenbergweg 143-11d
Gartenstraße 143-12c
Gmünder Straße 143-11d
Goethestraße 143-12c
Götzenbachstraße (15) 167-3a
Gottfried-Schneider-Straße 143-12a
Grabenstraße 143-12c
Gustav-Schwab-Straße 143-12c

Haldenweg 143-11c
Hauffstraße (12) 143-12b
Hauptstraße 143-12c
Hegelstraße 143-12b
Helmut-Hörmann-Straße 143-12c
Hermannstraße 143-12c
Hirschstraße 167-3a
Hochbergstraße 167-3a
Hohenneuffenstraße 143-11d
Hohenstaufenstraße 143-11b
Hohenzollernstraße 143-11c
Hohgartenstraße 143-12c
Hornbergstraße (6) 143-11b

Iglauer Straße 143-12a
Im Ried 167-3a
Im Stollberg 143-11d
Im Wiesengrund 143-11a
In den Bachwiesen (16) 143-12a
In den Schloßgärten (16) 167-3a

Jägerstraße 143-12c
Jakob-Uhlmann-Straße 143-11d

Karlsbader Straße (13) 143-12a
Karlstraße 143-12c
Kiebitzweg (3) 143-11a
Kirchplatz 143-12c
Klara-Schumann-Straße (17) 143-12d
Klotzbachstraße 143-12c
Kocherstraße 143-11a
Königsberger Straße 143-12a
Kohleisenstraße 143-11a
Kotzbachweg 167-3a

Lauschaer Straße 143-12a
Lauterner Straße 143-12c
Laxouer Straße 143-11b
Lerchenstraße 143-11d
Limesstraße 143-11a
Lothringer Straße 143-11b
Ludwig-Jahn-Weg 143-12c

Marienbader Straße 143-12a
Marktplatz 167-3a
Michael-Braun-Straße 167-3b
Mögglinger Straße 143-12a
Mörikestraße (8) 143-12c
Mozartstraße 143-12d

Obere Weilergasse 167-5b
Ostlandstraße 143-12a

Paradiesstraße 167-3a
Pfarrer-Scholl-Weg 143-12a
Postgässle (14) 167-3a
Postplatz 143-12c
Poststraße 143-12c

Raiffeisenstraße 143-11b
Rechbergstraße 143-11d
Reichenberger Straße (11) 143-12a
Remsstraße 143-11a
Renkenhof 143-12b
Rennsteigweg (14) 143-12a
Richard-Wagner-Straße 143-12d
Rodelwiesenstraße 143-11a
Römerweg 143-11a
Rosenweg (15) 143-12a

Scheffelstraße 143-12b
Scheuelbergstraße 167-3a
Schillerstraße 143-12a
Schillerweg 167-3b
Schloßplatz 143-12c
Schloßstraße 143-12c
Silcherstraße 143-12a
Starenweg 143-11a
Stettiner Straße 143-12a
Strutfeldstraße 143-11d
Stuifenstraße 143-11b
Sudetenstraße 143-12a

Tannenweg 143-11c
Teckstraße 143-11d
Thayatalweg (2) 143-11a
Torstraße 143-12c
Troppauer Straße (10) 143-12a

Uhlandstraße 143-12a
Untere Weilergasse 167-5a

Vogesenweg 143-12a

Waidhofener Straße 143-11a
Waldmarkweg (1) 143-11a
Weidenweg 143-11c
Weingarthalde 167-2b
Wilhelmstraße 143-12c

Ziegelwiesenstraße 143-12c

Hildrizhausen
PLZ 71157

Am Mönchweg 222-6a
Amselweg (9) 222-3d
Auf der Höhe (15) 223-1c

Backhausgasse (1) 222-6b
Beethovenstraße 223-1c
Bergstraße 222-3d
Blumenstraße 222-6b
Brühlstraße 222-3d
Brunnenstraße 222-6a
Buchenstraße (8) 222-6b

Carl-Zeiss-Straße 222-3c

Drosselweg (10) 222-3d

Ehninger Straße 222-3c
Eichenstraße (6) 222-6b

Falkentorstraße 222-6a
Finkenweg 222-3d

Gartenstraße (2) 222-6b
Gehrnäcker 222-6a
Goethestraße 222-6b
Gottlieb-Daimler-Straße 222-3c

Haberallee 222-6d
Häldlenstraße 222-3d
Hans-Klemm-Straße 222-3c
Hauser Höhe 223-1c
Herrenberger Straße 222-6a
Hölderlinstraße 222-3c
Hofäckerstraße 222-6a
Hohenneuffenstraße (17) 223-4a
Hohenstauffenstraße (14) 223-1c
Hohentwielstraße (16) 223-1c
Hohenzollernstraße (13) 223-1c
Hundsrückenstraße 222-3d

Im Gäßle (12) 222-6a
Im Sommerfeld 222-6b
In den Kreben 222-3d

Karl-Endriß-Straße 222-6b
Kirchgasse 222-3d
Kohlhauhütte 222-9a

Länderstraße 222-6b
Lisztstraße (3) 222-3d

Mähdertalweg 222-8b
Meisenweg 222-3d
Mozartstraße (4) 223-1c

Panoramastraße 222-6a
Parkstraße (5) 222-6b
Prinz-Friedrich-Allee 222-9a

Quellenstraße 222-6a

Robert-Bosch-Straße (11) 222-3c
Robert-Koch-Straße 222-3d
Rötelbergallee 222-4d
Rohräckerstraße 222-6a
Rohrwiesengäßle 222-6a
Rosnestraße 222-6b

Saufangweg 222-6d
Saupulverweg 222-9d
Schelmenäckerstraße 222-3d
Schillerstraße 222-6a
Schönbuchstraße 222-6b
Schubertstraße 222-3d

Schwalbenweg 222-3d
Sitzwiesenallee 222-9a
Steinachstraße 222-3d
Steinhauweg 222-6a

Talstraße 222-3d
Tannenstraße (7) 222-6b
Theodor-Heuss-Straße 223-1c
Tübinger Straße 222-6b
Tübinger Weg 223-7a

Untere Mühle 222-3d

Vorderbachweg 222-9a

Würmstraße 222-6b

Zeisigweg 222-3d
Zeppelinstraße 222-3d

Hirrlingen
PLZ 72145

Albcstraße 301-5b
Alexanderstraße 301-5c
Am Bibis 301-4d
Auf dem Ried 301-5c
Auf der Dray (10) 301-5c
Auf der Gasse (9) 301-5c
Aussiedlerhof 301-5d

Bei der Gärtnerei 301-5a
Beim Schloß (4) 301-5c
Bergstraße 301-8a
Bietenhauser Straße 301-4d
Birkenstraße 301-8a
Blumenstraße 301-8a
Brunnenstraße (5) 301-5c
Buchenstraße 301-8a

Dahlienweg (14) 301-8a
Drosselweg 301-5a

Eichenbergstraße 301-5a
Eichenstraße 301-8a
Erlenweg 301-8a

Felbenstraße 301-5b
Fichtenweg 301-8a
Fliederweg (15) 301-8a
Frommenhauser Straße 301-5a

Gartenstraße 301-8a
Goethestraße 301-5c
Grabenstraße 301-5d

Hafenmarkt (6) 301-5c
Hauffstraße (17) 301-4d
Hechinger Straße 301-8a
Hegelstraße 301-4d
Hinter dem Lehen 301-4d
Hirschstraße 301-5c
Hölderlinstraße (18) 301-4d

Jägerstraße 301-5d

Kirchplatz 301-5c
Kirchstraße 301-5d
Kronenstraße 301-5c
Küferstraße 301-5b

Lärchenweg 301-8a
Lehenstraße 301-5c
Lindenstraße 301-5a
Loshaldenstraße 301-7b

Marienstraße 301-5c
Markstraße 301-5c
Meisenweg (1) 301-5a
Mörikestraße (16) 301-4d

Rammertstraße 301-5b
Rangendinger Straße 301-5c
Riedstraße 301-5c
Rosenstraße 301-8a
Rottenburger Straße 301-5c

Schillerstraße (12) 301-5c
Schloßhof (11) 301-5c
Schützenstraße 301-5d
Silcherstraße 301-4d
Spitalstraße 301-5d
Starzelstraße 301-5c

Talstraße 301-5c

Uhlandstraße (13) 301-8a

Voräckerstraße (2) 301-5b
Vorstadthof (7) 301-5c

Wagnerstraße 301-5b
Waldstraße 301-5d
Weberstraße 301-5d
Weidenstraße 301-8a
Weihergärtle (8) 301-5c
Weiherweg (3) 301-5a
Wiesenäckerstraße 301-5c
Wiesenstraße 301-5c
Wilhelmstraße 301-5c

Hochdorf (Kr. Esslingen)
PLZ 73269

Albert-Schweitzer-Straße 183-12c
Alte Zimmerei (12) 183-11c
Am Mühlbach 183-11d
Am Mühlweg 183-8c
Amselweg 183-8d
Am Sportplatz 183-11b
Aspenhof 207-2a

Bachhöfe 207-3a
Bachstraße 183-11d

Beethovenstraße 183-11d
Birkenhöfe 183-10d
Bismarckstraße 183-11b
Blumenstraße 183-11b
Blumenweg 183-12a
Breitwiesenweg 183-11b
Brunnenwiesenweg 183-11d

Eichendorffstraße 183-11d
Eichenhöfe 183-12d
Eugenstraße 183-11b

Finkenweg 183-9c
Frauenäcker 183-11b
Friedenstraße 183-11b
Friedhofstraße 183-11c

Gewerbegebiet „Stock" 183-12c

Hakenschlag (4) 183-12a
Herderweg 183-12c
Hochdorf 183-12c
Höhenstraße 183-11b
Hölderlinweg 183-12c
Hofackerstraße 183-11d
Hofstraße 183-11c

Im Hof 183-11d
Im Holderbett 183-11b
Im Schönblick (7) 183-12a
Im Stock 183-11d
Im Wengert (13) 183-12a
Im Wiesengrund 183-12a
Im Zickzack (6) 183-12a

Jahnstraße 183-11d

Karlstraße 183-11b
Kauzbühlstraße (11) 183-11d
Kernerweg (8) 183-12c
Kirchheimer Straße 183-11c
Kirchstraße 183-11d
Krähwaldhof 183-8d
Kreuzäcker 183-11b
Kreuzgäßle (9) 183-11d
Krummer Weg (3) 183-12a
Kümmelstraße 183-11d
Kurzer Stich (1) 183-12a

Langer Stich 183-11b
Lauerbergweg (2) 183-12a
Lerchenweg 183-8d
Limburgweg 183-11b

Max-Eyth-Straße 183-12c
Mercedesstraße 183-12c
Mörikestraße 183-12c
Mozartstraße 183-12c
Mühläcker 183-11d
Mühlweg 183-11b

Nelkenweg 183-12a
Neuffenweg 183-11b
Nordring 183-12a

Obeswiesenweg 183-12c
Ostring 183-12c

Panoramastraße 183-12c
Plochinger Straße 183-11a
Porschestraße 183-12c

Rathausgasse (15) 183-11d
Reichenbacher Straße 183-11b
Reußensteinweg 183-11b
Rosenweg 183-12a
Roßwälder Straße 183-11d

Schäfergrube (14) 183-12a
Schillerstraße 183-11c
Schulstraße (10) 183-11d
Silcherstraße 183-12c
Steetweg 183-11b
Steetwiesen 183-11b
Steigäckerstraße 183-11b
Steinbeisstraße 183-12c
Stellestraße 183-11d

Talbach 183-11a
Teckweg 183-11b

Uhlandstraße 183-11d

Weinbergstraße 183-11b
Wellinger Straße 207-2b
Wengertweg 183-11b
Wettestraße 183-11d
Winkelstiege (5) 183-12a
Wolfsbusch 183-12a
Wolfskehlenweg 183-11b
Wolfsrücken 183-12a

Ziegelhof 183-9c
Ziegelhofstraße 183-11b

Höfen an der Enz
PLZ 75339

Alte Straße 120-7d
Am Eiberg 120-10a
Arbeitsdienstweg 120-10d

Bärenmiß 144-1a
Bahnhofstraße 120-10c
Brandweg 120-7a
Brennerberg 120-10b
Brennerbergstreuweg 120-7b
Bruckwiese 120-10c
Brunnentrogweg 120-10d

Calmbacher Straße 144-1a
Carl-Commerell-Straße 144-1a

Davidsbuckelweg 120-11a

Flößerstraße 120-10c
Franzosenweg 120-11c

Gewerbegebiet Gräfenau 120-10c
Gräfenau 120-10c
Großenhaldeweg 120-7c

Hengstbergweg 144-1a
Hindenburgstraße 120-10a

In den Lauppenwiesen 120-7c

Jakobsweg 144-1a
Johannes-Bodamer-Straße 120-10c

Langenackerweg 120-10c
Liebenzeller Straße 120-10a
Ludwig-Schwarz-Straße 120-7d

Neuer Weg 120-7d

Oberer Schleifweg 144-1b

Philipp-Krauth-Straße 144-1a

Sägbergweg 120-10c
Sägmühleweg 120-7c
Schießbudenweg 120-10d
Schönblickweg 120-10b
Schönklingstraße 120-10c
Schreinersweg 120-10d
Schulweg 120-7d
Schwenkeweg 120-11a
Sitzbankweg 120-10a
Spazierweg 120-10b

Uferweg 120-10a

Waldrennacher Weg 120-7d
Wartwiesenweg 120-7a
Wildbader Straße 120-10c

Hohenstein
(Kr. Reutlingen)
PLZ 72531

Achalmstraße 327-9b
Ahornweg 327-9d
Albstraße 327-10d
Am Bergle (1) 327-4d
Am Betzenstein 343-2a
Am Brühlweg 326-9d
Am Grenzwald 327-4d
Am Häule 326-9a
Amselweg (3) 327-9d
Am Steinmäuerle 327-4d
Am Stollenlau 326-9c
Am Wolfsbühl 327-8a
An der Bleiche 327-9b
An der Brechstatt 326-9a
An der Hüle (3) 327-4d
Antoniusweg (1) 327-10d
Auchtertweg 326-9a
Auf der Steig 326-8d
Augstbergstraße 343-1b
August-Lämmle-Weg 327-4d

Bäckergässle 327-10d
Barbaraweg 327-10d
Beerbergweg 328-9a
Beethovenstraße 327-8a
Beim Brechhölzle 327-4d
Beim Buchschächle 327-4d
Beim Ludwigshof 328-10c
Beim Reifenbrünnele 326-9a
Benedictusweg 327-10d
Bergstraße 327-9d
Bernloch 327-8a
Bernlocher Straße 326-9d
Birkenstraße 327-10d
Bleichhäusle 327-9b
Brechhölze 327-4c
Brettacherweg 327-5c
Brühlweg 326-9d
Brühlwiesenweg 328-7a
Brunnengässle (1) 328-9b
Buchenweg (4) 327-10d
Bühlweg 327-9b
Burgstraße 327-10d

Dilläckerweg 326-9d
Distelweg 327-9d

Eglingen 328-9b
Eglinger Straße 328-7a
Eichendorffstraße 327-4d
Eichenweg 343-1b
Enzianweg 328-6d
Erpfinger Straße 326-9c
Eschenweg (5) 327-10d

Fasanenweg (5) 327-4d
Feringerweg 327-4d
Finkenweg 327-4d
Fliederweg (7) 327-11c
Franziskusweg 327-10d
Friedrichstraße 327-4d

Gässle 328-7a
Gangstetten 326-6a
Gartenstraße 329-7a
Gomadinger Straße 327-5c
Gräberäcker 343-1a
Grubäckerweg 327-5c

Hagweg 326-9b
Haldengässle 328-9b
Hans-Reyhing-Weg (2) 327-4d
Hans-Schwörer-Straße 343-1b
Hartweg 329-4c
Hauffstraße 327-4d
Hauptstraße 326-9c
Haydnstraße (9) 327-8a
Heckwiesenweg 327-10d
Heerstraße 327-10d

Heidäcker 327-9c
Heidstraße 327-9d
Hirschgasse (4) 327-4d
Hölderlinweg (6) 327-4d
Hofäckerweg 326-9d
Hofweg 327-9d
Hohensteig 326-8d
Holunderweg (5) 327-9d
Hühnerfarm 328-9d

Im Brühlhag 327-4d
Im Dorf 328-7a
Im Höfle 328-9b
Im Holder (6) 327-11c
Im Michelbuch 327-10b
Im Wasen 327-5c
Im Wiesengrund 327-4d
In der Breite 327-9b
In Grubwiesen 327-10d
In Hanfgärten 329-7a

Jahnweg 328-7a
Jakob-Fischer-Weg 327-5c
Johannesweg 327-10d

Katharinenweg 327-10b
Kirchäckerstraße 327-9b
Kirchgässle 326-9d
Kirchstraße 327-10d
Kleinengstinger Straße 326-9b
Kornberg 328-10a
Kreuzbergweg 327-9d

Lautertalstraße 328-9b
Ledergasse 327-10d
Lerchenweg (2) 327-9d
Lichtensteinstraße 327-9b
Lindenstraße 328-7a
Ludwigshof 328-10c

Marbacher Straße 328-7a
Marienstraße 327-10d
Marktstraße 327-7b
Maßhalderbuch 344-1a
Maunzenweg 327-4d
Mautenreutestraße 327-10d
Meidelstetten 326-8b
Meidelstetter Straße 327-4d
Meisenweg 327-4d
Mettendorf 328-4d
Metzgergasse 327-10d
Mittelwiesenweg 326-9d
Mörikestraße 327-4d
Molkeweg 327-4d
Mozartweg (7) 327-8a

Nelkenweg 327-10d

Oberstetten 327-11a
Oberstetter Straße 327-9d
Ödenburgstraße 327-10d
Ödenwaldstetten 327-9a

Pappelweg (2) 328-9b
Pfarrgässle 328-9b
Poststraße 327-10d

Raiffeisenstraße (3) 327-10d
Reutlinger Straße 327-4d
Rosenweg 327-10d

St.-Martins-Weg 327-10d
St.-Nikolaus-Weg 327-10d
St.-Wendelin-Weg 327-10d
Schachenweg 327-10d
Schlehenweg 327-9d
Schloßstraße 328-9a
Schmiedegasse (2) 327-10d
Schulstraße 326-9d
Sießweg 328-9a
Silbertalweg 328-9b
Silcherstraße (8) 327-8a
Sommerhalde 326-9c
Sperberweg 327-4d
Steinhilber Straße 326-12a
Sternbergweg 327-9b
Stockwiesen 328-9a

Talweg 343-2a
Tannenweg (1) 327-9b
Triebäckerweg 327-4b
Tulpenweg 327-10d

Uhlandstraße 327-7b
Ulmenweg 343-1b
Unter den Linden 328-7c

Veilchenweg 327-10d

Wacholderweg (4) 327-9d
Weisse Gasse 328-7a

Holzgerlingen
PLZ 71088

Achalmstraße 199-11b
Agnesweg 199-11c
Ahornstraße 199-12d
Aichtalstraße 199-12d
Akazienweg (11) 199-12d
Alemannenstraße 199-11d
Altdorfer Straße 223-2b
Amalienstraße 199-11c
Am Eschelbach 223-3c
Amselweg 199-12b
Anna-Haag-Straße 199-11c
Annaweg 199-11c
Anne-Frank-Straße 199-11c
Antoniaweg (24) 199-11c
Astrid-Lindgren-Straße 199-11c

Badstraße 199-12b
Bahnhofstraße 199-11d
Barbaraweg (25) 199-11a
Bebelsbergstraße 199-11b
Belchenweg (1) 199-11b

Berkenstraße 199-11d
Birkenstraße 200-10c
Böblinger Straße 199-11d
Boslerstraße 199-11b
Brockenbergstraße 223-3a
Brombergweg 223-2b
Brunnenstraße 223-3a
Buchenrainweg 223-2b
Buchenweg (10) 199-12d
Bühlenstraße 199-12a
Burg Kalteneck 223-3a

Carl-Benz-Straße 223-3d
Charlottenstraße 199-11a
Crystal-Lake-Straße (21) 199-11b

Daimlerstraße 223-3c
Dietrich-Bonhoeffer-Weg (31) 199-11b
Dorotheastraße 199-11c
Drosselweg (6) 199-12b

Eberhardstraße 199-11d
Eichenweg (8) 199-12d
Elisabethenweg (26) 199-11a
Erlachstraße 223-3c
Erlenweg (9) 199-12d
Eschelbachstraße 223-3a
Eschenweg (7) 199-12d
Eugenstraße 223-2b

Färberstraße 223-3a
Falkenstraße 199-12b
Fasanenweg (5) 199-12b
Feldbergstraße 199-11b
Fichtenstraße 200-10c
Finkenstraße 199-12b
Friedhofstraße 199-11d
Friedrichstraße 199-12c

Gartenstraße 199-11d
Georg-Elser-Weg (30) 199-11b
Germanenstraße 199-11d
Gerokstraße 223-3a
Geschwister-Scholl-Straße (33) 199-11b
Gewerbegebiet „Buch" 223-3c
Glashauweg (20) 223-2b
Goethestraße 199-11d
Gottlieb-Binder-Straße 223-3d
Graf-v.-Stauffenberg-Weg (33) 199-11b

Hauffstraße 223-3a
Henriettenstraße 199-11c
Hermannstraße 223-3a
Hinter den Weingärten 199-12a
Hintere Straße 199-11d
Hölderlinstraße 223-3a
Hohenzollernstraße 199-11b
Hülbenstraße 199-11d
Huttenstraße (17) 199-11d

Im Bogert 199-12c
Im Brühl 199-12c
Im Schönberg 199-12d

Jahnstraße 199-12a
Jilové-Weg (20) 199-11b
Johannaweg (27) 199-11a

Käthe-Kollwitz-Straße 199-11c
Karlstraße 199-12c
Katharina-Kepler-Straße 199-11c
Katharinaweg (30) 199-11b
Kernerstraße 199-11d
Kirchstraße (18) 199-11d
Kleiststraße 223-3a
Klemmertstraße 199-12c
Klippeneckweg 199-11b
Kniebisstraße 199-11b
Köhlbergstraße 223-3a
Kreuzerwasenstraße 223-3a

Lerchenstraße 199-12b
Lessingweg (16) 199-12c
Lichtensteinstraße 199-11b
Lilienstraße 199-12a
Lindenstraße 223-3a
Liststraße 223-3a

Magdalenaweg 199-11c
Margarete-Steiff-Straße 199-11c
Marienweg (29) 199-11b
Maurener Straße 199-11a
Max-Brosse-Straße 224-1a
Max-Eyth-Straße 223-3c
Maybachstraße 223-3d
Mechthildweg (28) 199-11b
Meisenweg 199-12b
Mittlere Mühle 199-12d
Mögistorstraße 223-2b
Mönchweg 199-12a
Mörikestraße 223-3a

Nelkenstraße 199-12a
Neuenhofer Straße (22) 199-11d
Neuffenweg 199-12a
Niesky-Straße (23) 199-11d

Obere Mühle 199-12c
Olgastraße 199-11d

Palmerstraße 223-2b
Panoramastraße 199-12b
Pfarrer-Martin-Thust-Weg 199-11d
Pfarrgartenstraße 199-11d

Rechbergstraße 199-12a
Rektor-Franke-Weg 199-11d
Reußensteinweg (13) 199-11b
Richthofenstraße 199-12c
Robert-Bosch-Straße 223-3c
Römersteinweg (3) 199-11b
Römerstraße 223-2b
Rosenstraße 199-12a
Roßbergweg 199-11b
Rudolf-Diesel-Straße 223-3c
Ruhesteinweg 199-11b

Schaichhof 223-6c
Schellingstraße 223-3a
Schillerstraße 199-12c
Schliffkopfweg (2) 199-11b
Schloßstraße 223-2b
Schönaicher Straße 199-12d
Schönbuchstraße 223-2b
Schubertstraße 223-3a
Schwabstraße 223-3a
Schwalbenweg 199-12b
Silcherstraße 199-11d
Sonnenrainweg 199-12c
Sophiastraße 199-11c
Stäuchle 223-2b
Starenweg 199-12b
Stöckring 199-8d
Stuifenweg (12) 199-12a

Talstraße 223-2b
Tannenstraße 199-12b
Taubenstraße 223-3a
Teckstraße 199-12a
Tübinger Straße 199-11d
Tübinger Weg 223-3c
Tulpenstraße 199-12a
Turmstraße 199-11d
Turnhallestraße (15) 199-11d

Uhlandstraße (14) 199-11d
Ulmenstraße 199-12d
Untere Mühle 200-10c

Vogelsangstraße 199-12b

Waldweg (4) 199-12a
Weihdorfer Straße 199-12a
Wengertsteige 199-12b
Werastraße 199-11d
Wielandstraße 223-3a
Wilhelmstraße 223-3a

Zeisigweg 199-12b
Zeppelinstraße 223-2b
Ziegelhofstraße 199-11d
Zwerchstraße (19) 199-11d

Holzmaden
PLZ 73271

Aichelberger Straße 232-2b
Albstraße 208-12c
Am Platz 232-2a
Auf der Höhe 232-2d

Bahnhofstraße 232-2a
Blumenstraße 232-2b
Boller Straße 232-3a
Boslerweg 232-2b
Brühlstraße 232-2b
Brunnenstraße 232-2b

Dr. Bernhard-Hauff-Straße 232-3a

Friedhofstraße 232-2a

Gottlieb-Stoll-Straße 208-12c

Haldenstraße 232-2a
Hattenhofer Straße (1) 208-12c
Hauptstraße 232-2a
Hirtenstraße 232-2a
Hölzleswiesen 232-2a
Hohlweg 232-2a
Holzmadener Straße 232-2d

Jurastraße 208-11d

Karlstraße 232-2a
Kirchheimer Straße 232-2a

Lettenstraße 232-2a

Marienstraße 232-2a

Ohmdener Straße 208-12c

Rainstraße 232-2b
Ringstraße 232-2a

Schillerstraße 208-11c
Schulstraße 232-2a
Seestraße 232-2a
Silcherstraße 208-11c
Staufenstraße 232-2a

Teckstraße 232-2c
Trinkäcker 232-2a
Turmbergstraße (3) 232-2a

Uhlandstraße 208-11c

Weilheimer Straße 232-2b

Zeller Straße 208-12c

Horb am Neckar
PLZ 72160

Adam-Keller-Straße 298-2d
Ahldorf 280-9c
Ahldorfer Weg 280-10d
Ahornweg 259-11b
Albblick 297-5c
Alemannenstraße 280-10b
Allmendhütte 279-10a
Allmendstraße 279-10b
Allmendweg 278-7c
Alois-Gratz-Straße 259-11b
Alte Haiterbacher Straße 259-11c
Alte Horber Straße 259-11c
Alte Kirchsteige 296-6b
Alte Kirchstraße 259-11c
Alte Nordstetter Steige 43-B3 + 280-10a
Alter Immauer Weg 299-4b

Hülben

PLZ 72584

Iggingen
PLZ 73574

Alte Herlikofer Straße 142-2a
Am Brunnenplatz 142-2d
Auchtweg 142-3c

Bachstraße 142-3a
Baugebiet Iggingen-West 142-2d
Beethovenstraße 142-3c
Bergweg 142-3a
Brahmsweg 142-2b
Brainkofer Straße 142-2b
Burgweg 142-5b

Feuerseeweg 143-1b
Friedrich-Silcher-Straße 142-3c

Gartenstraße 142-3c
Gmünder Straße 142-5b
Goethestraße 142-3c
Gümpelesgasse 142-3b

Hauptstraße 142-3c
Haydnstraße 142-3c
Hölderlinstraße 142-3c
Hofgasse (3) 142-3c
Hohenstaufenstraße 142-3c
Hollenbrunnenweg 142-2b
Hornbergstraße 142-3c

Im Gänsegärtlein 142-2d
In den Höfen (2) 142-3c
In der Breite 142-3c

Kastengasse 142-2d
Kirchgasse 142-3c
Krebenwiesen 142-6a
Kreuzäcker 142-3b

Leinzeller Straße 142-2b

Marktplatz 142-3c
Mozartstraße 142-2b

Osterwiesenstraße 142-2b

Panoramastraße 142-3a
Pfalzgasse 142-3c

Rosensteinstraße 142-3c
Rosenweg 142-3a

Schießgasse 142-3c
Schillerstraße 142-3c
Schirmsteinstraße 142-3c
Schönhardter Straße 142-3d
Schubertstraße (1) 142-3a
Siedlungsweg 142-3c
Sonnenrainstraße 142-3a
Stockäckerweg 142-6a
Sturzäckerstraße 142-3c

Täferroter Straße 142-2a

Uhlandstraße 142-3c
Unterbachenstraße 142-2b
Untere Gasse 142-3c

Verdiweg 142-2b

Wagnerstraße 142-2b
Weberstraße 142-2d
Weiherdamm 143-1b
Westerwiesenstraße 142-2a

Zimmerner Weg 142-6a

Illingen (Enzkreis)
PLZ 75428

Heidehöfe 93-3b

Ilsfeld
PLZ 74360

Abstatter Straße 72-10b
Abstetterhof 78-1d
Ährenweg 71-11b
Albert-Schweitzer-Straße (3) 71-7d
Alemannenweg (8) 71-11d
Alte Heilbronner Straße 71-5c
Altenbergweg 72-11a
Am Bildstöckle (1) 71-11b
Amselweg 71-12a
An der Kelter 72-12a
An der Lehmgrube (4) 71-11b
An der Ruhstatt 71-11b
Auenstein 72-11d
Auensteiner Straße 71-12c
August-Lämmle-Weg 71-11d
Aussiedlerhof 71-11b
Austraße 72-7a

Bachstraße 71-11d
Badbrunnenstraße (18) 71-12c
Bächlesweg 78-1c
Bahnhofstraße 71-12c
Bauernstraße 71-11d
Baumwaide 72-10d
Beethovenstraße (5) 71-7c
Beilsteiner Straße 72-10b
Beim Bahnhof 71-7c
Benzstraße 72-10a
Bergstraße (17) 71-12c
Bildstraße 71-11d
Birkenweg 72-11d
Blumenstraße 71-12a
Bollwerkstraße 71-12a
Boschstraße 71-12d
Bottwarer Weg 77-3b
Brandgasse 71-11d
Brommel 71-12b
Bruckwasenstraße 71-11d
Brückenstraße 71-11d
Brunnengässle 72-12b
Bürgerweg (3) 72-10b
Burgunderweg (10) 72-11a
Burgweg 72-10d
Bustadt 71-12b

Charlottenstraße 71-12c

Dachsweg 71-5d
Daimlerstraße 71-12b
Dammstraße 71-12c
Dieselstraße 72-10d
Dorfstraße 71-7c
Dorfwiesen 72-10b

Eichenweg 71-12d
Eisenbahnstraße 72-10d
Engelsberghöfe 71-8b
Erich-Müller-Weg 71-6c
Erlenbachstraße 71-9d
Eugen-Härle-Weg 71-5b

Falkenstraße 71-12a
Fasanenweg 71-12a
Finkenweg 71-12a
Fischerstraße 71-12c
Fleiner Grund 71-12b
Fleiner Straße 71-7d
Fliederweg (7) 72-11c
Frankenstraße 71-11c
Friedrichstraße (14) 71-12c
Fritz-Siegle-Weg 77-6d

Gässlesfeld 72-10b
Gartenstraße 72-10b
Gerbergasse (22) 71-12c
Gewerbegebiet Auenstein Ost 72-10d
Gewerbegebiet Auenstein West 72-10d
Gewerbegebiet Ilsfeld Nord 71-12b
Goethestraße 71-12c
Gottlob-Kreh-Weg 71-5b
Große Hasengasse 71-12c
Gruppenbacher Straße 72-4c
Gutenbergstraße (5) 72-11a

Haagstraße 71-12c
Häldenweg (3) 71-11b
Happenbacher Straße (1) 72-7a
Hauffstraße 71-12c
Hauptstraße 72-10b
Hausener Straße 71-12c
Heerweg 71-7d
Heilbronner Weg 72-7a
Heinrieter Straße (2) 72-7a
Helfenberg 72-12c
Helfenberger Straße 72-10b
Hermann-Hesse-Straße 71-7d
Herzog-Ulrich-Straße 71-7c
Heuchelbergstraße 71-11b
Hinter dem Kirchhof 72-10b
Hirschstraße (19) 71-12c
Höhenweg 72-10b
Hölderlinweg 71-7d
Hühnlesgasse 72-10b
Hürbelweg 71-11b
Hüttweg 78-2a
Hugo-Heinrich-Weg 77-2d

Ilsfelder Straße 71-7d
Im Hundsweinberg (8) 72-11a
Im Lug 71-7c
Im Mühlhof (1) 72-10b
Im Mühlrain 72-10b
Im Ring 77-3a
Im Winkele (21) 71-12c
In den Hofgärten 72-10b

Jahnstraße 72-11c
Johannes-Geyling-Weg 71-11d
Johannes-Koch-Weg 71-11d
Johanniterweg (5) 71-11d

Karlstraße (12) 71-12c
Keilerweg 71-5c
Keltenstraße 71-11c
Keltergasse (1) 71-7c
Kernerstraße 71-11d
Kirchgasse (2) 72-10b
Kirchstraße (13) 71-12c
Kleine Hasengasse 71-12c
Kleistweg (25) 77-3a
Königsträßle 77-6b
König-Wilhelm-Straße 71-11d
Krumme Straße 71-11d
Küfergasse (23) 71-12c

Landgrabenweg (9) 71-11d
Landturm 72-7c
Langhansstraße 72-12a
Lauffener Straße 71-11d
Ledergasse (20) 71-12c
Lenauweg (9) 72-11c
Lerchenstraße 72-11c
Lessingstraße 77-3a
Lichtenberger Weg 72-7a
Limesweg (7) 71-11d
Lindberghstraße 71-7d
Lindenstraße 72-7b
Liststraße 71-12d
Loebichweg 77-2d
Lönsweg 71-12c
Löwensteiner Straße 72-7a
Ludwig-Thoma-Straße 72-11c

Mäuerlesgasse (4) 72-10b
Marktstraße 71-12c
Meisenweg 71-12a
Mercedesstraße 71-12d
Mörikeweg 71-12c
Mozartstraße (7) 71-7d
Mühlau 72-10b
Mühlstraße 71-12c

Nelkenweg 71-12a
Neubergweg 71-7d
Niethammerweg 77-3a
Nordstraße 71-11d
Nußbaumgasse 71-7c

Ostheimer Straße 72-10b
Oststraße 71-12d
Otto-Conrad-Straße 71-11c

Panoramaweg 71-12a
Pappelweg 72-12a
Parkweg 72-12b
Pfaffenhecke 72-11a
Pfanderweg 77-2d
Pfeiffenmichel 72-7a
Porschestraße 72-10c
Postgässle (2) 71-7d
Prof.-Trumpp-Weg (10) 71-11d

Querstraße (11) 71-11d

Raiffeisenstraße 71-12c
Rainackerweg 78-1c
Raingartenweg 71-12d
Rappenweg 71-11b
Rathausstraße (16) 71-12c
Reinhold-Würth-Straße 72-7c
Renntalstraße 71-9d
Riegelbachstraße 71-12b
Rieslingstraße 72-11a
Rilkeweg 71-7d
Robert-Bopp-Weg 71-10d
Robert-Edler-Weg 71-7c
Robert-Mayer-Straße 71-12b
Robert-Stolz-Straße 71-7c
Römerstraße 72-7c
Rosenweg 71-12a
Roter Rain 72-4c

Sälzerstraße 72-10a
Sandweg 77-2d
Schillerstraße 72-11c
Schinderwasenweg 77-3d
Schloßbergstraße 72-12b
Schnaidwiesenweg 72-10d
Schozach 71-7d
Schozacher Straße 71-11b
Schubartweg (26) 77-3a
Schubertstraße (6) 71-7d
Schulstraße 72-10b
Schwabstraße 71-12c
Schwalbenweg 71-12a
Siemensstraße 71-12d
Silcherweg 71-12c
Silvanerweg 72-11a
Söhlbacher Weg 72-12b
Spohnstraße (15) 71-12c
Stauferweg (6) 71-11d
Steinbachstraße 71-12c
Steinbeisstraße 71-12d
Steinhälde 72-11a
Steinweg (2) 71-11d
Stettenfelser Straße 72-7a
Stifterweg (27) 77-3a
Storchenweg 71-12d
Stormweg 77-3a
Strombergstraße 71-11d
Stütlesweg 71-5d
Sturmfederstraße 71-7c
Südstraße (24) 71-12c

Talheimer Weg 71-7c
Talstraße 71-12d
Theodor-Heuss-Straße 72-11a
Thomas-Mann-Straße 71-7d
Traminerweg 72-11b
Trollingerweg 72-11a
Tulpenweg (6) 72-11a
Turmstraße 71-12c

Uhlandshöhe 77-3a
Uhlandstraße 71-12c
Ulmenstraße 72-12a
Ungerhalde 71-12b
Untere Gasse (4) 71-7d
Untere Mühle 71-10d

Veilchenweg 71-12a
Von-Gaisberg-Straße 72-12a
Vorstadtstraße 71-12a

Weinbergstraße 72-11a
Weststraße 71-11d
Wildeckstraße 72-12b
Winzerstraße 72-11a
Wüstenhausen 72-4c
Wunnensteinstraße 78-1d

Zabergäustraße 71-11b
Zeisigweg 71-12a
Ziegelweg 71-11d

Ingersheim
PLZ 74379

Ahornweg (19) 82-8d
Amselweg (1) 82-8d
Andreas-Kieser-Straße 82-8d
Austraße 82-6d
Auweg 83-4c

Baumwasenweg 82-12a
Beetenweg 82-8c
Besigheimer Straße 82-11a
Bietigheimer Straße 82-11a
Birkenhöfe 82-5c
Birkenweg 82-6d
Blumenstraße 82-6d
Brandholzweg 82-11b
Brühlstraße 82-8d
Brunnengasse (28) 82-11b
Buchenweg (14) 82-8d
Burgweg 82-9b

Christian-Härle-Weg (9) 82-8d
Christian-Schmid-Straße (23) 82-9c
Clara-Schumann-Straße (30) 82-8d
Eibenweg (18) 82-8d
Eichenweg (13) 82-8d
Eiselbachstraße (29) 82-11b
Enzstraße 82-8d
Erlenweg (12) 82-8d
Eschenweg (11) 82-8d

Fichtenweg (17) 82-9c
Fischerwörthstraße 82-12a
Forststraße 82-8d
Freiberger Straße 82-11a
Freiherr-von-Sturmfeder-Straße (2) 82-8d
Friedenstraße (3) 82-8d
Friedrichstraße 82-11b
Fronlehenweg 82-8d
Fuchsgrabenweg (3) 82-6d

Gaisbergweg 82-11b
Gartenstraße 82-6d
Geisinger Weg 82-11b
Glemsweg 82-8d
Goethestraße 82-8d
Gottlob-Ansel-Straße (4) 82-8d
Grabenstraße 82-11a
Gröninger Weg 82-11a
Großingersheim 82-10b
Großingersheimer Straße 82-9a
Großmühlstraße 82-11b

Hauptstraße 82-6d
Hausgartenweg 82-8d
Heckenhof 82-6d
Heckenstraße 82-6d
Heinrich-Bach-Straße 82-9c
Hessigheimer Straße 82-6d
Hindenburgplatz (27) 82-11b
Hohlgasse 82-8d
Holderhöfe 82-8b
Holzweg (7) 82-6d
Hühnergasse (21) 82-8d
Husarenhofstraße 82-6c

Im Staffelrain 82-11b
In den Beeten 82-8c
In den Linden 82-9b

Jagststraße 82-8d

Kapellenweg 82-8d
Karl-Braun-Straße 82-8d
Karlstraße 82-11b
Kastanienweg (20) 82-9c
Kehrsbachhof 82-11c
Kehrschachstraße 82-11b
Kettenweg 82-11b
Kirchgasse 82-11b
Kirchplatz 82-6d
Kleiningersheim 82-9a
Kleiningersheimer Straße 82-8b
Kocherstraße (24) 82-8d
Krebsgasse 82-8d
Kugelberggasse (22) 82-8d

Lerchenhöfe 82-4d
Lerchenweg (10) 82-8d
Lindenhof 82-6c
Ludwig-Jahn-Straße (7) 82-8d
Ludwigsburger Straße 82-11a

Marktstraße 82-11b
Metterstraße (26) 82-8d
Mörikestraße 82-8d
Mühle 82-9b
Mühlsteige 82-6d
Mühlweg 82-9c
Murrstraße (25) 82-8d

Neckarstraße 82-11a
Nelkenweg 82-8d

Ölackerweg (2) 82-6d
Ottergasse 82-9c

Pfarrgasse (5) 82-6d
Pflaster 82-8d
Pleidelsheimer Straße 82-8d

Quellenweg (6) 82-6d

Reitschulstraße 82-6d
Remsstraße 82-8d
Richard-Stein-Straße (16) 82-8d
Riedberghof 82-11b
Robert-Sieber-Straße 82-9c
Römerhof 82-9a
Rosenstraße (6) 82-8d
Rotweg 82-8c

Saalenhof 82-6c
Schafweg (5) 82-8d
Schillerstraße 82-8d
Schloßackerweg (4) 82-6d
Schloßstraße 82-6d
Schneckenbergstraße 82-9c
Schöllgasse 82-11b
Schönblick 83-4c
Schreyerhofstraße 82-6d
Seestraße 82-11b
Silcherstraße 82-8d
Sonnenhof 82-6d
Straubengasse (8) 82-8d
Sudetenstraße 82-11b

Talhöfe 83-4c
Talstraße 82-9c
Tannenweg (15) 82-8d
Tiefengasse 82-11b
Totenweg 82-8b

Uhlandstraße 82-11b

Weidenweg (1) 82-6d
Wilhelmstraße 82-11b
Wolfsgrubenstraße 82-6d

Ispringen
PLZ 75228

Ahornweg 89-5d
Akazienweg (3) 89-5d
Altenweg 89-5d
Am Breitenstein 89-8d
Am Rothenrain 89-8d
Am Rothsberg 89-9a
Am Sommerrain 89-5c
Am Winterrain 89-8a

Bahnhofstraße 89-9a
Baumstraße 89-9a
Bergstraße 89-9c
Birkenweg 89-5d
Blumenstraße 89-9c
Breslauer Straße (6) 89-9a
Brötzinger Straße 89-9c
Brunnenstraße 89-8b
Buchenweg 89-5c

Dammstraße 89-8b
Danziger Straße 89-9a
Dietlinger Straße 89-8b
Drosselweg 89-9a
Dürrner Weg (9) 89-9a

Eichenweg 89-5d
Eisenbahnstraße 89-8b
Eisinger Straße 89-8b
Enzingerstraße 89-9c
Ersinger Straße 89-5c
Eschenweg 89-8b

Feldbergstraße 89-9a
Forlenweg 89-5d
Friedenstraße 89-8b

Gartenstraße 89-9a
Genossenschaftsstraße 89-9c

Häldenweg 89-8b
Hardtweg 89-9a
Haselweg 89-5d
Hauptstraße 89-8b
Hebelstraße 89-8d
Höhenstraße 89-8d
Hohwaldstraße 89-9a
Hügelstraße 89-8d

Im Mahler 89-9c
Im Schröder 89-5d
Industriestraße 89-8d

Karlstraße 89-9c
Kastanienweg (1) 89-5d
Kelterstraße 89-8b
Kieselbronner Straße (8) 89-9a
Klinglesweg 89-9c
Königsberger Straße 89-8b
Kraichgaustraße 89-8b

Lärchenweg 89-5d
Landhausstraße 89-9a
Lindenweg (2) 89-5d
Lückenweg 89-9a
Luisenstraße 89-9a
Lutherstraße 89-9a

Mahler 89-9c
Maulbronner Straße 89-9a
Mühlstraße 89-8b
Mühlweg 89-8b

Neulinger Straße 89-8b
Nußbaumstraße 89-8b

Pforzheimer Straße 89-9c

Rosenstraße 89-9c
Rumpelgasse (5) 89-8b

Schillerstraße 89-9c
Schmalzgasse (4) 89-8b
Schönblickstraße 89-9c
Schulstraße 89-9c
Schwarzwaldstraße 89-9a
Stettiner Weg (7) 89-9a

Talblick 89-8b
Tilsiter Weg 89-8b
Turnstraße 89-8d

Uhlandstraße 89-8d

Vogelsangstraße 89-9a

Waldstraße 89-8b
Wiesenweg 89-5c
Wilhelmstraße 89-9c
Wingertweg 89-8b

Zwerweg 89-8b

Jettingen
PLZ 71131

Achalmstraße 243-2d
Ahornstraße 243-2d
Aischbachstraße 243-5b
Albstraße 243-5b
Alemannenweg (31) 243-2c
Am Bergle (5) 243-5d
Am Mühlweg 243-2c
Am Rosenbrünnle 243-5b
Amselstraße 243-2c
Ankentalstraße 243-2c
Asternweg 243-2c

Bärengasse (23) 243-2c
Baumäckerstraße 243-2c
Baumgartenstraße 243-5b
Beethovenstraße 243-8b
Belchenstraße (17) 243-5a
Bergstraße 243-5d
Billingstraße 243-2c
Binsgasse 243-5b
Birkenweg (5) 243-2d
Blumenstraße 243-5b
Bongartstraße 243-5c
Brahmsstraße 243-5d
Brechgasse 243-5b
Brühlstraße 243-5d
Brünnelesweg 244-4a
Brunnenstraße 243-2c
Buchenstraße 243-5d
Bussardstraße 243-5d

Dinkelweg (2) 243-5b
Dobelstraße (19) 243-5b
Drosselweg 243-6c

Eibenweg (8) 243-2d
Eichenhof 243-8b
Eichenweg (11) 243-2d
Eichenwiesenstraße 243-5d
Elsternweg 243-6c
Emminger Straße 243-2c
Enges Gässle 243-2c
Erlenweg 243-2d
Eschenweg (10) 243-2d
Etzwiesenstraße 243-5d

Falkenweg 243-6c
Fasanenstraße 243-6c
Feldbergstraße 243-5a
Fichtenweg (4) 243-2d
Finkenweg 243-6c
Flachsweg (2) 243-5d
Fliederweg (6) 243-2d
Föhrstraße 243-6c
Forchenweg (3) 243-2d
Franziska-von-Hohenheim-Straße 243-6b
Friedhofstraße 243-5d
Friedrichstraße 243-5d

Gärtlesweg 243-5b
Gartenstraße 243-2c
Goethestraße 243-5d
Grabenstraße 243-5d
Grießweg (9) 243-2d
Gründen 219-10c
Gutmeisterweg 243-5c

Haferweg (3) 243-5b
Hanggasse (28) 243-2c
Haselweg 243-2a
Haslacher Straße 244-4b
Hauffstraße 243-5d
Hauptstraße 243-5b
Hebelstraße 243-5d
Heilbergstraße 243-1d
Herdweg 243-8a
Herrenberger Straße 243-2c
Heubergring 243-5b
Hintere Leintelstraße (15) 243-2c
Hittelbrunnstraße 243-5d
Höflesstraße 243-5d
Höhenhöfe 219-10d
Hölderlinstraße 243-5d
Hofäckerstraße 243-2c
Hohenrainstraße 243-5c
Hoher Weg (24) 243-2c
Hubweg 243-6a

Imental 243-7b
Im Ländle 243-6c
Im Lindengärtle (7) 243-5d
Im Winkel (1) 243-2c
In der Breite 243-5d
Industriestraße 243-6c
Ipfweg 243-2d

Johann-Sebastian-Bach-Straße 243-8b
Jusiweg (21) 243-5b

Kastanienstraße (12) 243-2d
Keltenweg (30) 243-2c
Keltische Viereckschanze 243-4b
Kiefernweg (2) 243-2d
Killesweg 243-2d
Kirchengässle (4) 243-5d
Kirchstraße 243-2c
Kniebisstraße (18) 243-5a
Kohlerwiesen 243-5a
Kohlplatte 243-5d
Krautweg (8) 243-6c
Kreuzenweg 243-5b
Kurze Straße (14) 243-2c

Lange Richtstatt 219-12a
Langer Zaun (1) 243-5b
Lange Straße 243-5d
Lehle 243-4b
Lehlesstraße 243-4b
Leintelstraße 243-2c
Lembergstraße 243-2d
Lerchenweg 243-6c
Letten 243-2d
Lettenstraße 243-2d
Lichtensteinweg (26) 243-5b
Lilienstraße 243-2c
Lindenhof 243-3c
Lindenweg (7) 243-2c
Lisztstraße 243-8b
Lochenweg (20) 243-5b

Marktplatz 243-2c
Mauerwiesenstraße 243-5b
Meisenweg (13) 243-5d
Milanweg (12) 243-6c
Mittlere Leintelstraße (16) 243-2c
Mörikestraße 243-5d
Mötzinger Straße 243-8b
Mozartstraße 243-8b

Nagolder Straße 243-1d
Nebringer Straße 244-4b
Nelkenweg 243-2c
Neuffenstraße 243-2d

Oberjettingen 243-2d
Oberjettinger Straße 243-5b
Öfele 243-3d
Öschelbronner Straße 243-5d

Panoramastraße (6) 243-5d
Pfarrweg 243-2c
Pirolweg 243-6c

Quellenweg (9) 243-6c

Rechbergweg 243-5b
Reußensteinweg (22) 243-5b
Richard-Wagner-Straße 243-5d
Ringstraße 243-5c
Römerstraße (29) 243-2c
Rötestraße 243-2c
Roggenäcker 243-5b
Rosenstraße 243-2d
Roßbergstraße 243-2d
Ruhesteinweg (32) 243-2c

Schauinslandstraße 243-5a
Schillerstraße 243-4b
Schloss Sindlingen 244-4a
Schloßstraße 244-4a
Schmiedegasse 243-5d
Schulstraße 243-5c
Schwarzwaldstraße 243-5a
Seitenweg (13) 243-2c
Silcherstraße 243-5d
Sindlingen 244-4a
Sindlinger Straße 243-2c
Stahlstraße 243-6c
Starenweg (11) 243-6c
Staufenweg 243-5b
Steinung 243-1b
Stöckachstraße 243-5a
Stumpenweg 243-1d
Sulzer Weg 243-2a

Talstraße 243-5d
Tannenstraße 243-2d
Taubenweg 243-6c
Teckstraße 243-5b
Tulpenweg (27) 243-2c

Uhlandstraße (10) 243-6c
Ulmenweg 243-2d
Unterer Garten 243-5b
Unterjettingen 243-8a
Unterjettinger Straße 243-2c
Urdorfstraße 243-5a

Vogelsangstraße 243-5d

Wasenäckerstraße 243-5d
Weiherwiesenweg 243-5b
Weizenweg (1) 243-5b
Wielandstraße 243-5d
Wiesenstraße 243-2c
Wildberger Straße 243-2c
Wildberger Weg 243-2a
Wittumstraße 243-2c
Wittumwiesen (25) 243-2d

Zeisigweg 243-6c
Zollernweg 243-5b

Jungingen
PLZ 72417

Am Freibad 338-1b
An der Sägmühle 322-10c

Bachenau 322-10d
Bahnhofstraße 338-1a
Bruckstraße 322-10c
Brunnenstraße 322-10d
Bürglishof 338-2a

Eineckweg 338-1b

Hauptstraße 322-10c
Herrengasse 338-1b
Heuweg 322-10d
Himbergstraße 338-1b
Hinter Höfen 338-1b
Hochmeisterstraße 338-1a
Holderstraße 322-10d
Hurst 322-10c

Im Binder 322-10c
Im Gäßle 338-1a
Im Zinken 338-1b

Killertalstraße 338-1b
Kirchrain 338-1b
Köhlbergstraße 322-10c
Kornbühlstraße 338-1b

Langwasen 322-10d
Lehrstraße 322-10c

Märzengasse 338-1a
Mühlbachweg 322-10d

Reuteweg 322-10d
Rosensteig 338-1b

Schlehenweg 322-10c
Schüttestraße 338-1b
Schulstraße 338-1b
Sonnenhalde 322-10d

Unterdorfstraße 338-1a

Vornagel 322-10b
Vornagelweg 322-10d

Wachtweg 322-10d
Weilbachstraße 322-10c

Ziegelwies 322-10d
Zollerstraße 338-1a

Kämpfelbach
PLZ 75236

Adlerstraße 88-3b
Alte Straße 88-9b
Am Mühlrain 89-4a
Am Schulgarten (8) 88-3b
Auf dem Kirchberg 89-4a
Aussiedler Heckmann 88-6d

Bahnhofstraße 89-4a
Benzstraße 88-3b
Bergstraße 89-4c
Bernhardstraße 89-4a
Bilfingen 88-3a
Bilfinger Straße 88-3d
Bismarckstraße 88-3b
Bohninger Weg 88-6b
Boschstraße 88-3b
Brötzinger Straße 89-4a
Brückenstraße 89-4a
Buchhäldenstraße 89-4a
Bundesstraße 88-2c

Dammstraße 88-3d
Dieselstraße 88-3b
Dietlinger Straße 89-4a

Eisinger Straße 89-4a
Elsternweg 89-4b
Ersingen 89-4b
Ersinger Straße 88-3b

Färbergasse (9) 89-4a
Falkenstraße 89-4b
Finkenstraße 89-4b
Friedrichstraße (16) 89-4a
Fröbelstraße 89-4a

Gartenstraße 89-4a
Gründeltorstraße 89-4a
Gründlestraße 88-3a

Häldenstraße 89-1c
Hangstraße 89-4a
Hauptstraße 88-3b
Heinestraße 89-4a
Hochgerichtstraße (11) 89-4a

Im Nüßle (13) 89-4c
Im Winkel (4) 89-4a
Ispringer Straße 89-4b

Kämpfelbachstraße (1) 89-4a
Kelterstraße 89-4a
Kirchbergsiedlung (12) 89-4a
Kirchstraße (8) 89-4a

Laierbergstraße 89-4a
Lammgasse (6) 89-4a
Lange Straße 89-4a
Laubigstraße 88-6b
Leigstenhalde 88-6b
Lindenstraße (7) 89-4a
Lußstraße (7) 88-3b
Lutherstraße 89-4a

Mühlstraße 88-3b

Pforzheimer Straße 89-4a

Raiffeisenstraße 89-4b
Reuchlinstraße (14) 89-4a
Rosenstraße (17) 89-4a

St.-Josef-Straße 89-1c
Schelmenäcker 88-6b
Schloßgasse 89-4a
Schulstraße (9) 88-3b
Schustergasse (3) 89-4a
Sommerhäldenstraße 89-4b
Staig 89-4a

Thanweg 89-4a
Thomasbrunnenstraße (2) 89-4a
Turnstraße 88-3d

Untere Eisinger Straße (15) 89-4a

Vaihenwiesenstraße 89-4a

Waldstraße 88-3b
Webergasse (5) 89-4a
Weinbrennerstraße 88-3b
Weinsteigstraße 89-1c
Wilferdinger Straße 88-3d

Zunftgasse (10) 89-4a

Keltern
PLZ 75210

Albrechtshof 88-7c
Am Federbach 88-11c
Am Ottenbrunnen (6) 104-2b
Am Pfarrgarten (6) 88-11d
Am Remberg 104-2b
Amselweg 88-11d
Angelstraße 88-10c

Bachstraße 104-2b
Bahnhofstraße 104-2a
Bahnsteig 88-11c
Beethovenstraße 104-2a
Benzstraße 104-2b
Bergstraße 88-10a
Birkenfelder Straße 104-2b
Birkenfelder Weg 104-2d
Bodelschwinghstraße (7) 104-2a
Bonhoefferstraße (9) 104-2a
Boschstraße (4) 104-2b
Brüderstraße 88-11d

Daimlerstraße 104-2b
Dieselstraße 104-2b
Dietlingen 88-11d
Dobelstraße 104-2a
Dreisamstraße 88-10c

Eisenbahnstraße 104-2a
Ellmendingen 88-10a
Ellmendinger Weg 88-11c
Erathstraße 104-2a
Ersinger Straße 88-11d

Fasanenweg 88-11d
Felix-Wankel-Straße 104-3a
Frankenstraße 88-10a
Friedenstraße 104-2a
Fröbelstraße 88-10d

Gauchhälde 104-3a
Gewerbegebiet Grenzsägmühle 104-1a
Gewerbegebiet Rait-Kempf 104-3a
Goethestraße 104-2b
Gräfenhäuser Steig 104-2c
Grenzsägmühle 104-1a
Grünstraße (5) 88-11d
Gustav-Rommel-Straße 104-2b

Hauffstraße 104-2b
Heinrich-Grebe-Straße 88-10a
Heinrich-Heine-Ring (8) 104-1b
Heldengasse (2) 88-10a
Hermannshof 88-10a
Hertzstraße (5) 104-3a
Hölderlinstraße (3) 104-2b
Hofäcker 88-11c
Hofgasse 88-10c
Hohlohstraße 88-10c
Hügelstraße 104-2a
Humboldtstraße 104-1b

Im Brenner 88-11c
Im Bürkig 104-2a
Im Fuchsloch 104-6a
Im Speiterling 88-11c
In der Wittum 88-10c
Industriestraße 104-1a

Kelterstraße 88-11c
Kinzigstraße 88-10c
Kleinwäldle 88-10a
Klettenbusch 88-12d
Krummheldenweg 88-11c
Kutscherweg 88-8d

Leibnizstraße 88-11c
Lessingstraße 104-2b
Lindenstraße 88-10c

Melanchthonweg 88-11c
Mörikestraße (2) 104-2b
Mozartstraße 104-2a
Murgstraße 88-10c

Narrenbergstraße 104-2a
Neuberg 88-10c
Niebelsbacher Weg 104-1b

Obere Ebertstraße 104-2a
Obere Talstraße 88-11d
Östliche Friedrichstraße 104-2b

Parkstraße (1) 104-2a
Pestalozzistraße 88-11c
Pforzheimer Landstraße 104-3b
Pforzheimer Straße 88-10c
Poststraße 104-2a

Rathausgasse (11) 104-2a
Rebenstraße 88-11c
Reihelberg 104-3b
Römerstraße (Dietlingen) 88-11d

Schillerstraße (2) 88-11c
Schönblickstraße 88-11c
Schubertstraße (1) 88-11c
Schulstraße (3) 88-11c
Siemensstraße 104-2b
Silcherstraße 104-2b
Sommerbergstraße 104-2a
Sprangerweg 88-11c
Staige 88-10c
Steinäcker 88-12c

Turnstraße 104-2a

Uhlandstraße 104-2b
Untere Ebertstraße (10) 104-2a

Veilchenstraße (3) 88-10a

Weinbergstraße 88-10a
Westendstraße 88-11c
Westliche Friedrichstraße 88-10d
Wildbader Straße 88-10c
Winzerstraße 88-10a

Kernen im Remstal
PLZ 71394

Albert-Moser-Straße 157-2a
Alte Esslinger Straße 157-1d
Amselweg 133-10a
Am Sportplatz 157-2a
Am Weihergraben 132-9d
An der Glockenkelter (9) 157-2c
Apfelblütenweg 133-10a
Auf der Höhe 133-7a
August-Lämmle-Weg 133-10d
Aussiedlerhof 132-12a

Bachstraße 157-2a
Beethovenstraße 133-7c
Beinsteiner Straße 133-7b
Benzstraße 132-9b
Bergweg (5) 157-2a
Birkenstraße 133-11c
Blumenstraße 133-7c
Brahmsstraße 133-7a
Brühlstraße 157-2a
Buchenweg 157-1b
Bühläckerstraße 133-11c
Burgweg 133-7c
Bussardstraße 133-10a

Cannstatter Straße 132-9c

Dahlienweg 133-7a
David-Pfeffer-Straße 157-2a
Dinkelstraße 157-2a
Dombovarstraße 133-7a
Drosselweg 133-11c

Eichenweg (7) 157-1b
Elsternweg (16) 133-10a
Endersbacher Straße 133-11c
Erlenweg 157-1b
Ernst-Heinkel-Straße (10) 132-9b
Erwin-Bahnmüller-Straße 132-9b
Eschenweg (6) 157-1b
Esslinger Straße 157-1d
Eugenstraße 133-7c

Falkenstraße 133-10a
Fellbacher Straße 132-9c
Finkenweg 133-11c
Fliederweg (2) 132-9b
Franz-Liszt-Weg (15) 133-7c
Frauenländerstraße 133-11c
Friedhofstraße 132-9d
Friedrich-Silcher-Straße 133-7c
Friedrichstraße 133-10a
Futterwiesenweg 157-1d

Gaiernweg 157-1d
Gartenstraße 133-11c
Georg-Friedrich-Händel-Straße 133-7a
Goethestraße 132-9d
Gottlieb-Daimler-Straße 132-9b
Grabenstraße (4) 132-9d
Grüntorstraße 157-1b

Haldenstraße 132-9d
Hangweide 133-10b
Hans-Reyhing-Weg (3) 133-11c
Hartstraße 133-10d
Hauffstraße 133-10d
Hauptstraße 133-7c
Haydnstraße 133-7c
Hegnacher Straße 132-9d
Hegnacher Straße (11) 132-9b
Heidäckern 157-1b
Hermann-Hesse-Weg (2) 133-11c
Hindenburgstraße 157-2c
Hintere Straße (3) 132-9d
Hirschstraße 157-2a
Hölderlinstraße 133-10d
Hofäckerstraße (8) 132-12b
Hofgartenstraße (14) 133-7c

Im Kleinen Feldle 157-1b
Im Vogelsang (4) 133-11c
In den Kirchgärten 133-7c
Industriegebiet Auf der Höhe 133-7a

Jägerstraße 133-10a
Justinus-Kerner-Weg (1) 133-10d

Kaiserstraße 156-6b
Kantstraße 133-10d
Kappelbergstraße 157-1b
Karl-Gerok-Weg 133-10d
Karl-Mauch-Straße 157-2a
Karlstraße 133-7c
Kelterstraße 132-12b
Keplerstraße 133-10d
Kirchgäßle (19) 133-7c
Kirchstraße 157-2a
Kirchwegle (6) 133-7c
Kleine Steige 157-2a
Kleinfeldstraße 157-1b
Klosterstraße 157-2a
Krebenweg 157-1d

Lange Straße 157-1d
Lerchenweg 133-11c
Lilienstraße 132-9d
Lindenstraße 157-1b
Lortzingstraße 133-7c

Max-Eyth-Straße 132-9b
Meisenweg (17) 133-10a
Mercedesstraße 133-11d
Mörikestraße 133-10d
Mozartstraße 133-7c
Mühlgartenweg 157-2a
Mühlstraße 157-2a

Nelkenstraße 133-7a

Oeffinger Straße (9) 132-9d

Panoramaweg 133-10d
Paul-Käser-Weg (18) 133-7c
Pfarrstraße (5) 133-7c
Pirolweg 133-11c
Pommernstraße 157-1d
Porschestraße (1) 133-7a

Reutegartenweg (12) 133-10a
Reutestraße 133-10a
Robert-Bosch-Straße 132-9b
Römmelesweg 157-2a
Rommelshäuser Straße 133-11c
Rommelshausen 133-10a
Rosenäcker 132-12b
Rosenstraße 133-11c
Rotenbergstraße 157-1b
Rudolf-Diesel-Straße 132-9b

Sachsenweg 132-12b
St.-Pierre-Platz 157-2a
Schafstraße 133-7c
Schiemerweg 133-11c
Schillerstraße 133-7c
Schlesierweg (13) 133-10a
Schloßberg 133-11c
Schloßstraße 157-2a
Schmidener Weg 132-9d
Schubertstraße 133-7c
Schumannstraße 133-7a
Schurwaldstraße 157-1b
Schwalbenweg 133-11c
Seedammstraße 157-2a
Seestraße 132-12b
Seitenstraße 157-2a
Sieben Linden 157-2a
Siemensstraße 133-7a
Silvanerweg 157-2c
Sonnhalde 132-12b
Starenweg 133-10a
Steigstraße 157-2a
Stetten 133-10d
Stettener Straße 133-7c
Sudetenstraße 133-10a

Talstraße 133-7c
Tannäckerstraße 133-11c
Thüringerweg 132-12b
Traubenstraße 157-2c
Trollingerweg (8) 157-2a
Tulpenstraße 133-7a

Uhlandstraße 132-9d

Wagnerstraße 133-7c
Waiblinger Straße 132-9b
Weinstraße 157-2c
Wielandstraße 133-10d
Wiesenstraße 133-10a
Wildkirschenweg 133-10a
Wilhelm-Maybach-Straße 132-9b
Wilhelmstraße 132-9d
Willy-Rüsch-Straße 132-9b

Zeisigweg 133-10a

Kieselbronn
PLZ 75249

Adlerstraße (11) 91-4a
Ahornweg 90-6b
Albert-Schweitzer-Straße 91-1c
Am Bühlwald 90-6a
Asternweg (9) 90-6b

Bahnholzstraße 90-6b
Bauschlotter Straße 91-1c
Begonienweg (8) 90-6b
Berninstraße 91-4a
Buchenweg (6) 90-6b

Dürrner Straße 91-1c

Eichenweg (5) 90-6b
Eisinger Straße 90-3d
Enzberger Straße 91-1c
Eutinger Straße 91-4a

Friedenstraße 91-1c
Friedhofstraße 91-4b
Fritz-Theilmann-Straße (14) 91-4b

Gartenstraße 91-4a
Geranienweg (7) 90-6b
Gewerbegebiet Mühlweg 91-4a
Göler-von-Ravensburg-Straße (19) 91-4a
Goethestraße 91-4a

Hans-von-Hirschhorn-Straße 91-4a
Hauptstraße 91-4a
Hebelstraße 91-4a
Heyersdorfer Weg 91-4a

Im Reible 91-4c
Im Speierling (4) 90-6b
In den Essiggärten 91-1c
Irisweg 90-6b

Jahnstraße 91-4a
Jakob-Barth-Weg (15) 91-4b
Johann-Jakob-Hecking-Weg (13) 91-4b

Krokusweg (3) 90-6b

Liebigweg 90-3d
Ludwig-Wolf-Straße 91-4a

Markweg 91-1c
Mühlweg 91-4a

Nieferner Straße 91-4a

Pforzheimer Straße 90-6b

Reitergasse 91-4a
Rosenweg (2) 90-6b

Schauinslandstraße 91-4a
Schillerstraße 90-6b
Schneitweg 91-4a
Schulstraße 91-4a
Spremberger Straße (12) 91-4c
Steubenstraße 91-4a

Tulpenweg (1) 90-6b
Turnplatzweg 91-4a

Vogt-Spittelmeister-Straße (17) 91-4b

Walterstraße 91-1c
Waltraud-Füß-Straße (16) 91-4b
Weihergässle 91-1c
Weiherstraße 91-1c
Werner-Siemens-Straße 90-3d
Wilhelm-Riehm-Straße (18) 91-4a

Zwingerhof 91-1c

Kirchberg an der Murr
PLZ 71737

Abstetter 101-2c
Affalterbacher Straße 101-1d
Allensteiner Straße (2) 101-2a
Alte Straße 101-1b
Amselweg (18) 101-1b
August-Lämmle-Straße 101-2c

Backnanger Straße 85-8d
Backnanger Weg 101-2b
Bädergasse (7) 101-2a
Bahnhofstraße 101-1d
Bei der Ziegelhütte 101-1b
Bergstraße 101-2a
Bildäcker 101-1b
Birkenweg 101-1c
Blumenweg (9) 101-2a
Boschstraße 101-2b
Breslauer Straße 101-2a
Buchenweg 101-1c
Burgstaller Straße 101-2a

Danziger Straße 101-2a
Drosselweg (17) 101-1b

Eberhardstraße 101-1b
Eichendorffweg 101-2c
Eichenrain 101-1c
Erwin-Renz-Straße 101-2c

Finkenweg 101-1b
Friedhofweg 101-2a
Frühmeßhof 85-8d

Gaisbergweg 101-1b
Gartenstraße 101-1d
Gerhart-Hauptmann-Weg (3) 101-2a
Gewerbegebiet „Im Gehrn" 101-2b
Goethestraße 101-2a
Goppelsgasse 101-2a
Großaspacher Straße 85-12a

Hauffstraße 101-2a
Hauptstraße 101-2a
Hegelstraße 101-2c
Hermann-Hesse-Straße 101-2b
Herrengasse 85-12b
Hölderlinstraße (11) 101-2a
Hofschwärze (15) 101-2a

Im Gehrn 101-2b
Im Mühlwingert 101-1a
Im Rot 101-1d

Jochen-Klepper-Weg (4) 101-2a
Justinus-Kerner-Straße 101-2c

Kaffeeberg 85-12a
Kalkwerkstraße 101-1a
Kirchberger Straße 85-12a
Kirchofäcker 101-1b
Kirchplatz 101-2a
Königsberger Straße 101-2a
Kolberger Straße (1) 101-2a
Kronenschulgasse (5) 101-2a
Kurze Straße (8) 101-2a

Lerchenbergstraße 101-2a
Lessingstraße (14) 101-2c
Lichtentaler Straße (10) 101-1d

Magengasse 101-2a
Marbacher Straße 84-12d
Marienburger Straße 101-2a
Mörikestraße 101-2a
Mozartstraße 101-1b
Mühlweg 101-1a

Neuhöfer Straße 101-1c
Neuhof 101-1c
Neuwiesenweg 85-12a

Oberer Burgstaller Weg 85-12c
Oberer Gärtenweg (6) 101-2a
Obertorhöfe 85-11b

Pfarrgartenstraße 101-2a

Rappenberg 101-1b
Rielingshäuser Straße 85-10d
Römerweg 101-1b
Rosenweg 101-1b
Rundsmühlhof 84-12c

Scheffelstraße 101-2a
Schillerstraße 101-2a
Schöntaler Weg 85-12a
Schulstraße 101-2a
Schulwiese (13) 101-2c
Schwalbenweg (16) 101-1b
Stettiner Straße 101-2a
Sudetenstraße 101-1b

Talstraße 101-1b
Tilsiter Straße 101-2a
Tuchbleiche (12) 101-2a

Uhlandstraße 101-2c
Unterer Burgstaller Weg 85-12d

Vogelsang 101-1b

Wengertsäcker 85-12c

Zaiselgasse 101-2a
Zwingelhäuser Straße 101-2a
Zwingelhausen 85-12a

Kirchentellinsfurt
PLZ 72138

Ahornweg 268-1d
Akazienweg (13) 268-1d

Kirchheim am Neckar
PLZ 74366

Kirchheim unter Teck
PLZ 73230

Zollerstraße 206-9b
Zu den Schafhofäckern 207 8d
Zum Hinteren Berg 206-9c
Zum Rübholz 206-9c
Zum Sonnensee (1) 207-9c
Zum Trösterbrünnle 207-7d
Zur Jesinger Halde 207-8d

Köngen
PLZ 73257

Achalmstraße 181-12d
Adolf-Ehmann-Straße 205-3a
Albrecht-Dürer-Straße 181-12c
Altenbergweg 205-3c
August-Lämmle-Weg (19) 205-3c
Austraße 205-3c

Bahnhofstraße 205-3d
Beethovenstraße 205-6a
Benzengrabenstraße 205-3b
Bilderhäuslenstraße 181-12d
Birkenhöfe 181-12a
Birkenweg 205-3c
Bismarckstraße 205-3b
Blücherstraße 205-3b
Blumenstraße 205-3a
Boihingergartenstraße 205-3a
Brahmsweg 205-3c
Breslauer Weg (26) 205-3d
Brucknerweg (30) 205-5b
Buchenhöfe 181-11c
Burgweg 205-2d

Carl-Spitzweg-Straße (6) 205-3a
Charlottenstraße (11) 205-3a
Christian-Eisele-Straße 205-3d
Christian-Mali-Straße 181-12c
Cranachweg 205-3a

Deizisauer Straße 181-12d
Denkendorfer Straße 205-2b
Dietrich-Bonhoeffer-Straße (3) 181-12c
Drosselweg (4) 205-3a

Elsternweg (1) 205-3a
Emil-Nolde-Straße (2) 181-12d
Erlenhöfe 181-12b
Erwin-Rath-Straße (40) 205-2d
Eulenbergstraße 205-3a

Finkenweg (3) 205-3a
Flaigengasse 205-3a
Friedrichstraße (23) 205-3c
Fritz-Petermann-Straße 205-3b

Gärtnerstraße 205-3d
Georg-Friedrich-Händel-Weg (31) 205-5b
Geschwister-Scholl-Straße (2) 181-12c
Ginsterweg (37) 205-2d
Goethestraße 205-3c
Goldackerstraße 205-3c
Golterstraße 205-3a
Gottlieb-Daimler-Straße 205-3b
Gunzenhauserstraße 205-3a

Haldenweg 205-3b
Hans-Holbein Straße 205-3a
Haselweg (36) 205-2d
Hauffweg (15) 205-3c
Hausackerstraße 205-3b
Haydnstraße 205-6a
Heerstraße 205-3c
Hermann-Hesse-Weg (21) 205-3c
Hirschgartenstraße 205-3d
Hirschstraße 205-3a
Hölderlinweg (20) 205-2b
Hohe Straße 205-3c
Holunderweg 205-2d
Hussengasse (22) 205-3c

Imanuel-Maier-Straße 205-6a
Isolde-Kurz-Weg (14) 205-3c

Jasminweg (18) 205-3c
Johann-Sebastian-Bach-Weg 205-2d
Johann-Strauß-Weg (17) 205-3c

Käsergäßle (12) 205-3b
Käthe-Kollwitz-Straße 181-12c
Kastellstraße 205-3c
Kehlstraße 205-3c
Kempflerhof 181-11b
Keplerstraße 205-3b
Kiesweg 205-3a
Kirchberg 205-3b
Kirchheimer Straße 205-3c
Klingenstraße 181-12c
Klosterweg 205-3a
Küferstraße 205-3d
Kurt-Huber-Straße (4) 181-12c

Lerchenhöfe 205-1d
Lerchenweg (2) 205-3a
Lilienthalstraße 205-3b
Lilienweg 205-3c
Lindlenweg 205-3a
Lisztweg (29) 205-2d
Ludwigstraße 205-3a

Marienstraße 205-3c
Matthias-Grünewald-Straße 205-3a
Max-Beckmann-Straße (1) 181-12d
Maximilian-Kolbe-Straße (1) 181-12c
Max-Liebermann-Straße (5) 205-3a
Meisenweg 181-12c
Mörikeweg 205-3c
Moltkestraße 205-3b
Mozartstraße 205-6a
Mühlehof 205-3d
Mühlstraße 205-3d
Mühlwiesenweg (28) 205-3d

Narzissenweg 205-3c
Neckarweg 205-3d
Nelkenweg 205-3c
Neuffenstraße 181-12d
Nürtinger Straße 205-6a

Oberdorfstraße (33) 205-3a
Obere Neue Straße 205-3a
Orffweg 205-5b

Pfarrgasse 205-3d
Plochinger Straße 205-3d

Quartiersplatz (39) 205-2d

Raiffeisenstraße 206-1a
Rappengäßle 205-3a
Rechbergstraße 181-12d
Riedhöfe 181-11c
Rilkeweg (13) 205-3c
Ringstraße 205-5b
Robert-Bosch-Straße 205-3b
Römerpark 205-3c
Römerstraße 205-3c
Rosenstraße 205-3c
Roßbergstraße (6) 181-12c
Rothöfe 182-10a

Sanddornweg (38) 205-2d
Schillerstraße 205-3c
Schlehenweg 205-2d
Schlesierweg 205-3d
Schlosserstraße 205-3d
Schlossgut (41) 205-3a
Schreinerstraße 205-3d
Schubertstraße 205-3c
Schulberg (24) 205-3d
Schulstraße 205-3d
Schumannstraße 205-5b
Schwanenstraße 205-3a
Seebrücke 206-1a
Seehof 205-5a
Siemensstraße (32) 205-3b
Silcherstraße 205-6a
Spitalgartenstraße 205-3a
Spitalgasse 205-3a
Staufenstraße 181-12d
Stauffenbergstraße (5) 181-12c
Steinackerstraße 205-2d
Steinbruchstraße 205-3b
Stöffler-Platz (34) 205-3a
Stuifenweg (10) 205-3b
Sudetenstraße (25) 205-3d

Talhof 205-2c
Teckstraße 181-12d
Tiefe Straße 205-3a
Töpferweg 205-3b
Törlensäckerstraße 205-3b
Tulpenstraße 205-3c

Uhlandweg 205-3c
Ulrichsbrücke 205-6b
Unterdorfstraße 205-3a
Untere Neue Straße 205-3c

Veilchenweg (16) 205-2d
Vogelsangstraße 181-12c

Wagnerstraße 205-3a
Wangerhöfe 205-1b
Weishaarstraße 205-3c
Weißdornweg (35) 205-2d
Wertstraße 205-6a
Wilhelm-Maier-Straße 205-3c
Wilhelmstraße 205-3c
Wolf-Hirth-Weg 205-3b

Zeppelinstraße 205-3b
Znaimer Weg (27) 205-3d

Königsfeld
im Schwarzwald
PLZ 78126

Bärlewies 380-10a

Dörnen 362-10c

Eschbachstraße 380-1a

Flözlinger Straße 362-10c

Gaisbrunnen 362-10c

Katzenbühl 380-10a

Lerchenfeld 362-10c

Schabenhauser Straße 380-10a

Kohlberg (Kr. Esslingen)
PLZ 72664

Achalmstraße 253-7b
Albstraße 253-8a

Bildäckerstraße 253-7b
Bohlstraße 253-8a
Bongertweg 253-7b
Brühlweg 253-7b

Erscheckweg 253-5c
Etzelweg 253-8a

Florianstraße (9) 253-7b

Goethestraße 253-7b
Grafenberger Straße 253-7a

Haldenstraße 253-7b
Hardtstraße 253-8a
Heerweg 253-7b
Hinterhöfen (4) 253-7b
Hölderlinstraße 253-8a
Hörnlesweg 253-8a
Hohenstaufenstraße 253-8a
Hohe-Reute-Weg (1) 253-7b

Im Berggarten 253-7b
Im Gräble 253-8a
Im Grund 253-4d
Im Högis 253-4d
Im Käppele (2) 253-7b
Im Pflaster (8) 253-7b

Jusiweg 253-7b

Kernerstraße 253-8a
Kohlberg 253-7b
Krämergäßle (7) 253-7b

Laubengasse 253-7b

Max-Eyth-Weg 253-5c
Metzinger Straße 253-7b
Mörikestraße 253-8a

Niederes Feld 253-4d

Pfaffendobelweg 253-8a
Philipp-Jakob-Manz-Straße 253-5c

Rotenbergstraße 253-7b

Schillerstraße 253-7b
Schulweg 253-7b
Schwabstraße 253-8a
Silcherstraße 253-7b
Steinweg 253-5c

Teckstraße 253-7b
Teekstraße 253-8a
Theusengasse (6) 253-7b
Tischardter Straße 253-7b

Uhlandstraße (3) 253-7b

Wielandstraße 253-8a

Zehnthof (5) 253-7b
Zollernstraße 253-7b

Korb
PLZ 71404

Ahornweg (16) 133-6b
Albrecht-Dürer-Straße 133-2b
Alter Berg 133-6b
Amselweg (22) 117-12d
Anna-Blos-Straße 133-9d
August-Lämmle-Weg 133-2b

Bachstraße 133-3a
Beethovenstraße 117-11d
Beinsteiner Straße 133-3a
Berghäuslesweg 117-12c
Bergweg 117-12c
Birkenweg 133-6b
Blumenstraße 133-2b
Boschstraße 133-3a
Brahmsweg (9) 133-2b
Brucknerstraße 117-11d
Brühlstraße 133-6b
Brunnenstraße 133-6b
Bubenhalde 133-3d
Buchenweg (11) 133-6b
Bühlstraße 133-3b
Buocher Straße 133-3a

Comeniusweg (30) 117-12c

Dahlienweg 133-6b
Daimlerstraße 133-3a
Dieselstraße 133-3c
Dornfelderweg 117-12c
Drosselweg 117-12d

Eduard-Spranger-Straße 117-12c
Eichendorffweg 133-2b
Eichenweg 133-6b
Elsterweg 117-12d
Endersbacher Straße 133-6b
Erlenweg 133-6b
Ernst-Heinkel-Straße 133-3a
Eugen-Bolz-straße 133-2b
Eugen-Ruoff-Straße 133-3a
Eugenstraße (16) 133-2b

Finkenweg 117-12c
Fliederweg (14) 133-6b
Friedhofstraße 133-2b
Friedrich-Silcher-Straße 133-3a
Fritz-Klett-Straße 133-2b
Fröbelstraße 133-3a
Füllfäßle 117-12c

Gäßlesländer 133-6b
Gaichlesweg 117-12d
Gaiernweg 117-12c
Gaisbergweg 117-12d
Gartenstraße 133-3a
Gerhart-Hauptmann-Straße 133-2b
Gernhaldenweg 117-12c
Ginsterweg (12) 133-6b
Goethestraße (10) 133-2b
Gottlob-Beck-Straße 133-3b
Gottlob-Ernst-Straße (25) 133-3a
Grabenstraße 133-6b
Großheppacher Straße 133-6b
Güldenweg 133-3b
Gutenbergstraße 133-2a

Hanweilersattel 118-10a
Hanweiler Straße 133-3b
Hasengäßle (4) 133-6b
Haydnweg (3) 117-11d
Heckbachstraße (8) 133-6b
Hegelweg (13) 133-2b
Heppacher Straße 133-3a
Herdweg 134-4a
Hermann-Hesse-Weg (12) 133-2b
Hermann-Löns-Weg 133-2a
Hettlenweg 117-11d
Hintere Straße (2) 133-6b
Hölderlinstraße 133-2b
Hörnlesbachweg (26) 133-3b
Hörnlesweg 117-12d
Hofstatt 133-3a
Hoher Rain 133-6b
Holzstraße 133-3b
Humboldtstraße 117-12c

Im Beutelsgraben (11) 133-2b
Im Brühl 133-3a
Im Egelsee 117-12c
Im Hofacker 133-6b
Im Hüttenweinberg (19) 117-12c
Im Klufert (27) 133-3b
Im Leutenbacher 133-3b
Im Riebeisen 117-11c

Jahnstraße 117-11d
J.-F.-Weishaar-Straße 133-3a

Kantweg 133-2b
Karl-Schick-Straße 133-2b
Kastanienweg (10) 133-6b
Kelterstraße 134-4a
Kirchhalde 133-3d
Kirchstraße 133-3a
Kleinheppach 133-3d
Kleinheppacher Weg 133-3d
Klingenhörnlesweg (28) 117-12d
Korber-Kopf-Weg 117-12a
Korber Straße 133-3d
Kornblumenweg (17) 133-6b
Krokusweg 133-6b
Kuckucksweg (1) 133-6b
Küfergasse (3) 133-6b

Lerchenstraße 133-2b
Lessingweg (14) 133-2b
Ligusterweg (33) 133-3b
Lindenstraße 133-3a
Lisztstraße 133-2b
Luckenackerstraße (13) 133-6b
Luikenweg (32) 133-3b

Maiblumenweg (5) 133-6b
Mansler Straße 117-11d
Martin-Luther-Straße 133-3a
Matreier Straße 117-12c
Maybachstraße 133-3c
Meisenweg (23) 117-12d
Mendelsohnweg (4) 117-11d
Mörikestraße 133-2b
Mohnblumenweg 133-6b
Mozartweg (6) 133-2b

Nelkenweg 133-3b
Neusatzweg 117-12c
Neustädter Straße 133-2b

Öhrnweg 133-3b

Pestalozzistraße (21) 117-12d
Pfarrstraße 133-3a
Porscheweg 133-3c
Poststraße 133-3a

Querstraße (17) 133-3a

Regerweg (5) 117-11d
Richard-Strauß-Weg 117-11d
Richard-Wagner-Weg (2) 117-11d
Rieslingstraße (36) 133-3c
Römerhaldenweg 117-11d
Römerstraße 133-2b
Rosenstraße 133-3a
Roßbergweg 117-12c

Scheffelweg 133-2b
Schellingstraße 133-2b
Schillerstraße 133-3a
Schlehenweg (15) 133-6b
Schöner Rain 133-3d
Schubertweg (7) 133-2b
Schulstraße 133-6b
Schulzengäßle (18) 133-3a
Schumannweg (8) 133-2b
Schwabstraße 133-3a
Schwalbenweg (24) 117-12d
Schwarzweinbergweg 117-12c
Seeplatz 133-3a
Seestraße 117-12c
Seitenbachstraße (9) 133-6b
Siemensstraße 133-3c
Sommerhaldenweg 117-11b
Sonnenweg 117-12a
Stadtweinbergweg 117-12d
Starenweg 133-3b
Steinacher Straße (31) 133-3a
Steingrubenweg (20) 117-12c
Steinstraße 133-3c
Stichweg 117-12c
Streuberweg 117-12c
Südstraße 133-2b

Tälesweg 133-3a
Talstraße 133-3a
Traminerstrasse (35) 133-3c
Traubenstraße (6) 133-6b
Trollingerstraße (34) 133-3c
Turmstraße 133-3b

Uhlandstraße 133-3a
Urbanstraße 133-3a

Veigelesgasse 133-6b
Vogelweg (29) 117-12d
Vordere Straße 133-6b

Waiblinger Straße 133-2a
Waldsteige 133-3b
Wallensteige 134-4a
Wannenweg 117-12c
Weinsteige 133-6b
Weislesweg 117-12c
Wiesenstraße (7) 133-6b
Wiesenteich 133-3b
Wilhelm-Hauff Straße 133-2b
Wilhelm-Raabe-Weg (15) 133-2b
Winnender Straße 117-11d

Zwergweg 117-12d

Korntal-Münchingen
PLZ 70825

Adlerstraße 112-12b
Ahornweg (20) 113-10a
Albert-Schweitzer-Straße (22) 113-10a
Albrecht-Dürer-Straße 129-5a
Alemannenstraße 112-9d
Alleenstraße 113-10a
Allensteinweg (24) 113-10a
Am Alten Friedhof (2) 129-2d
Am Dorfgraben 112-12b
Am Gänsegarten (3) 113-10a
Am Lotterberg 129-1d
Amselweg 112-12b
Am Spittalhof 112-12b
Apfelallee 129-6a
Asternstraße 112-12d
Auf der Roßbühl 129-5a
Auguste-Supper-Weg 129-5a
August-Lämmle-Weg 113-10b

Bahnhofplatz (12) 129-5b
Bahnhofweg 129-5b
Banater Straße 129-5a
Barbara-Kayser-Straße 113-10c
Bergstraße 129-2d
Birkemer Weg 113-10c
Birkenweg (18) 113-10a
Blumenstraße (14) 112-12d
Blumhardtweg 129-2d
Breslauer Straße 113-10c
Brüder-Grimm-Weg (13) 129-5b
Brunnenstraße (7) 129-5b
Buchenweg (17) 113-10a
Burgenlandstraße 129-5a
Buschweg 113-11c
Butzengasse (5) 112-12b

Carl-Seilacher-Straße 113-10b
Charlottenstraße 129-5a
Christian-Wagner-Straße 113-10a
Christine-Blind-Straße 113-10c
Christofstraße 113-10a

Dahlienstraße 112-12d
Daimlerstraße 113-12c
Danziger Straße 113-10a
Deckerstraße 129-5a
Ditzinger Straße 112-12d

Eichendorffweg (11) 129-5c
Eisenbahnstraße 113-10a
Engelbergstraße 129-2c
Entenwiesenstraße 113-7c
Esslinger Weg 113-10d

Feuerseeweg (8) 129-5b
Fichtestraße 113-10b
Finkenweg 112-12d
Fladstraße 129-2c
Flattichstraße 113-10a
Frankenstraße 112-9d
Fraschstraße 129-5a
Friderica-Kocher-Straße 113-10a
Friederichstraße 129-2c
Friedhofstraße 129-2d
Friedrich-List-Weg 129-5a

Gaisgasse 112-12b
Gartenstraße 129-5b
Gerhart-Hauptmann-Straße 113-7c
Gewerbegebiet „Lingwiesen" 113-11a
Glemsmühle 112-10d
Goerdelerstraße 129-5b
Görlitzstraße 129-2d
Goethestraße 113-10b
Gorch-Fock-Weg 129-2c
Gotenstraße 112-9d
Grabenstraße 129-6a
Gschnaidtstraße 129-5a
Gutenbergstraße 113-7c

Härtestraße (15) 113-10a
Hans-Sachs-Straße 129-5a
Hauffstraße 129-5a
Hauptstraße 112-12b
Hebbelstraße 113-10b
Hebichstraße 129-5b
Heimstraße 129-5a
Heinestraße 113-10b
Heinrich-Lanz-Straße 113-10d
Hemminger Straße 112-12a
Hermann-Hesse-Straße 129-2c
Hermann-Löns-Weg (1) 129-2c
Hindenburgstraße 129-2c
Hintere Gasse 112-12b
Höhenweg 129-2c
Hölderlinstraße 113-10b
Hoffmannstraße 129-2d
Hofstattstraße 113-10a
Hühnerbergweg 113-7c

Immanuel-Kant-Straße 129-2c
Im Netzbrunnen 113-10b
In den Seiten 113-10b
Isolde-Kurz-Weg 129-5a

Jahnstraße 129-6a
Jakobstraße 113-10a
Johannes-Daur-Straße 129-5b
Julius-Speer-Weg 129-2d

Källerstraße 129-3c
Kaiserstein 113-7d
Kallenberg 113-12c
Kallenbergstraße 113-11b
Karlsbader Straße 129-5a
Karlstraße 112-9d
Kelterstraße 113-11d
Keplerstraße 113-7c
Kernerstraße 129-5a
Kirchgasse (9) 112-12b
Königsberger Straße 113-10c
Kopernikusweg (2) 113-7c
Korntal 129-2c
Korntaler Straße 113-10c
Korntaler Weg 113-10d
Kornwestheimer Straße 113-11a
Krezengasse (7) 113-10a
Kronenstraße 113-10a
Kullenstraße (6) 129-2d

Ladestraße 129-5a
Lammgasse (6) 113-10a
Landhausstraße 129-2c
Lembergstraße 129-5b
Lerchenstraße 112-12d
Lessingstraße 113-10a
Liegnitzer Straße 129-5d
Lilienstraße 112-12d
Lilienthalstraße 129-5a
Lingwiesenstraße 113-11a
Ludwigsburger Straße 129-3c
Lüderitzstraße 129-5b

Magdalene-Küchle-Straße 113-10c
Mannengasse 112-12b
Markgröninger Straße 112-12b
Marktstraße 113-10a
Martin-Luther-Straße 129-2d
Mauer 112-11d
Meisenweg 112-12b
Memelweg (27) 113-10c
Mirander Straße 129-5a
Mörikestraße 113-10a
Müllerheim 113-11a
Münchingen 112-12a
Münchinger Straße 129-2d

Nelkenstraße 112-12d
Neuhaldenstraße 129-2c

Ostheimer Weg 129-6a

Pappelweg (19) 113-10a
Pestalozziweg (9) 129-5b
Pflugfelder Weg 112-12b

Räuschelbachweg (16) 113-10a
Raiffeisenstraße 113-10d
Rathausgasse (8) 113-10a
Rebmannstraße 129-5b
Römerstraße (1) 112-9d
Rosenstraße 112-12d
Roßbühlstraße 129-5a

Saalplatz 129-2d
Saalstraße 129-5b
Schafhausgasse (10) 113-10a
Schellingstraße 129-2c
Schillerstraße 129-5a
Schlesierweg 129-5b
Schloßäckerstraße (5) 129-3c
Schloßgasse 112-12b
Schmale Straße 113-10a
Schöckinger Straße 112-12a
Schönblickstraße 113-10a
Schubartstraße 129-5a
Schulstraße 112-12b
Schwabstraße 113-10a
Schwalbenweg (11) 112-12b
Schwieberdinger Straße 113-11a
Seewaldweg 129-2d
Siebenbürgenstraße 129-5a
Siebenmorgenstraße 113-10a
Siemensstraße 113-10b
Silcherstraße 113-10a
Solitudeallee 129-5b
Sonnenbergstraße 129-5c
Stammheimer Straße 113-12c
Starenweg (12) 112-12d
Staudtstraße 129-3c
Steinbeisstraße 129-5a
Stettiner Straße 129-5b
Stiegelplatz 113-10a
Stiegelstraße 113-10a
Strohgäustraße 129-2c
Stuttgarter Straße 113-10a
Sudetenweg (26) 113-10a
Südstraße 129-5a

Tachenbergstraße 129-5b
Talstraße 129-6a
Tannenbergweg (25) 113-10a
Theodor-Storm-Straße 113-10b
Thomas-Mann-Straße 113-7c
Tilsiter Weg (23) 113-10a
Toni-Schumacher-Weg (10) 129-5a
Tubizer Straße 129-5a
Tulpenstraße (13) 112-12d

Uhlandstraße 129-5a
Ulmenweg (21) 113-10a
Ulrich-von-Hutten-Straße 129-2c

Waldstraße 129-2d
Walter-Flex-Weg 129-2d
Warthstraße 129-5b
Weilimdorfer Straße 129-5a
Weinbergweg (3) 129-2d
Widdumhof 112-12b
Wiesenweg 129-6a
Wilhelm-Busch-Weg (4) 113-10a
Wilhelm-Götz-Straße 129-5a
Wilhelmsdorfer Straße (4) 129-2d
Wilhelmstraße 129-2c
Withaustraße 113-12c

Zeppelinstraße 129-3c
Ziegeleistraße 113-10a
Zinzendorfstraße 129-2d
Zuffenhauser Straße 129-5b

Kornwestheim
PLZ 70806

Achalmstraße 114-12a
Adlerstraße 114-9a
Adolfstraße (15) 114-8d
Alabamastraße 115-7b
Albert-Einstein-Straße 114-11a
Albstraße 114-11b
Aldinger Straße 114-9a
Alexanderstraße 114-9c
Alex-Haffner-Weg (43) 114-9d
Alfred-Nobel-Straße (21) 114-11a
Alter See 115-4b
Am Alten Friedhof (13) 114-9a
Am Brückle 114-9a
Am Containerbahnhof 114-10b
Am Kimry-Platz (42) 114-9d
Amselweg 114-9c
Am Sportplatz 114-11b
Am Stadtgarten 114-9c
Am Ulrichsbrunnen 114-8b
Am Wasserturm 114-8c
Anna-Nopper-Straße 114-8b
Anton-Bruckner-Weg 114-8d
Apfelweg 114-5d
Aprikosenweg (3) 114-5d
Arizonastraße (5) 115-4d
Arkansasstraße 115-4b
Asperger Landstraße 114-7a
Augustenstraße (24) 114-11b

Bachstraße 114-9a
Badstraße 114-9a
Bädergäßle 114-9a
Bahnhofsplatz 114-8d
Bahnhofstraße 114-8d
Baumeisterstraße 114-6c
Baurstraße 114-9b
Beate-Paulus-Straße 114-12a
Bebelstraße 114-8d
Beethovenstraße 114-8d
Bei der Hammerschmeide 114-9b
Benzstraße 114-8b
Bergstraße 114-9a
Biberweg 114-9d
Birkenstraße 114-11d
Birnenweg 114-5d
Blücherstraße (18) 114-8d
Blumenstraße (23) 114-11b
Bodestraße (40) 114-9d
Bogenstraße 114-11b
Bolzstraße 114-11a
Bonhoefferstraße (44) 114-9d
Boschweg 114-8b
Braunenbergweg (26) 114-12a
Breslauer Straße 114-12a
Buchenweg 114-11b
Bussenstraße 114-12a

Christian-Lober-Straße 114-9a
Christofstraße 114-8b

Dachsweg 115-7c
Daimlerstraße 114-8b
Dammstraße 114-8b
Danneckerstraße 114-9c
Danziger Straße 114-12a
Dinkelgarbe 114-9c
Domertalstraße 114-5b
Dorfwiesenstraße 114-9a
Drosselweg 114-9c
Dürerstraße 114-6c

Eastleighstraße 114-11b
Eberstraße 114-11b
Egerstraße 114-12a
Eichenweg 114-11b
Elbestraße (38) 114-9d
Elsaweg 114-8b
Elsterstraße (41) 114-9d
Enzstraße 115-7a

Filsstraße (51) 115-7c
Finkenweg 114-9c
Floridaring 115-7b
Franz-Schubert-Weg (19) 114-11b
Friedenstraße 114-8a
Friedhofstraße 114-9a
Friedrich-Siller-Straße 114-9c
Friedrichstraße 114-8d
Friedrich-Züfle-Weg 114-9d
Fuchsweg 115-7c

Gartenstraße 114-8b
Geordelerstraße 114-9d
Georg-Friedrich-Händel-Straße 114-11b
Georgiastraße (14) 115-7b
Georg-Minner-Straße (46) 114-9b
Gerokstraße 114-8d
Geschwister-Scholl-Straße (48) 115-7c
Gewerbegebiet Holzgrund 114-7b
Gewerbegebiet Kreidler 114-11a
Gewerbegebiet Nord 114-5b
Gewerbegebiet Ost 115-7a
Glemsstraße (49) 115-7c
Gnadentalstraße 114-12a
Goethestraße 114-8c
Gröninger Weg 114-8a
Güterbahnhofstraße 114-8d
Gustav-Hertz-Straße (20) 114-11b

Haltstraße 114-8b
Hans-Thoma-Straße 114-9a
Hauffstraße 114-11b
Havelweg (47) 114-9d
Heinkelstraße 114-5d
Helfensteinstraße 114-12a
Herderstraße 114-8b
Hermannstraße 114-8d
Heubergstraße 114-12a
Heumahden 114-7a
Hölderlinstraße 114-11b
Hohenstaufenallee 114-9c
Holbeinstraße 114-9a
Holzgrundstraße 114-8b
Hornbergstraße 114-11b
Humboldtstraße 114-9b

Illinoisstraße (1) 115-7b
Ilmweg 114-9d
Iltisweg 114-9d
Im Haferfeld (28) 114-9c
Im Haldenrain 114-9b
Im Kirchle 114-6c
Im Mohn 114-9c
Im Moldengraben 114-9b
Im Obstgarten 114-5d
Im Roggen 114-9c
Im Rosenhag 114-11b
Im Weizen 114-9c
Im Wiesengrund 114-9a
Indianastraße 115-7b
In Karlsgärten (11) 114-9a
Ipfstraße 114-12a

Jägerstraße 114-11d
Jagststraße 115-7c
Jahnstraße 114-8b
Jakob-Sigle-Platz 114-8d
Jakobstraße 114-8b
Johannes-Brahms-Weg 114-8d
Johannesstraße 114-8d
John-F.-Kennedy-Allee 115-4d
Joseph-Haydn-Straße (17) 114-8d

Kaliforniering 115-4d
Kansasstraße 115-4d
Kantstraße 114-9c
Karl-Joos-Straße 114-11b
Karlsbader Straße 114-12a
Karlstraße 114-8d
Keplerstraße 114-8b
Kernerstraße 114-8b
Kimry-Platz 114-9d
Kirchstraße 114-9a
Kirchtalstraße 114-9a
Kirschenweg 114-5d
Klaraweg 114-8b
Kocherstraße (50) 115-7c
Kochstraße 114-9c
Königsberger Straße 114-12a
Kollwitzstraße (7) 114-9a
Kopernikusweg 114-8b
Kornblumenweg (27) 114-9c
Kreidlerstraße 114-11a
Kurze Straße (10) 114-8b

Lammstraße 114-9a
Lange Straße 114-9a
Leibnizstraße 114-9b
Lembergstraße 114-12a
Lenbachstraße 114-9a
Lenzhalde 114-9a
Lerchenstraße 114-11b
Lessingstraße 114-11b
Leuschnerstraße 115-7c
Lichtensteinstraße 114-12a
Lilienweg 114-11b
Lindenstraße 114-11b
Lise-Meitner-Straße 114-11b
Liststraße 114-8b
Lorenz-Jehle-Straße 114-9a
Lousianastraße (3) 115-4d
Ludwig-Herr-Straße 114-9c
Ludwigsburger Straße 114-9a
Ludwigstraße 114-8b
Luisenweg 114-8b

Marderweg 114-9d
Marienstraße (14) 114-8d
Marius-Faisse-Allee 114-9d
Max-Eyth-Straße 114-5b
Max-Levi-Straße 114-8d
Max-Planck-Straße 114-11a
Maybachstraße 114-5d
Memelstraße (31) 114-9d
Menzelstraße 114-9a
Michiganstraße (16) 115-7b
Minnesotastraße 115-4d
Mirabellenweg (1) 114-5d
Mittelfeldstraße 114-11b
Mörikestraße (16) 114-8d
Montanastraße 115-4d
Mühlhäuser Straße 114-9a
Mühlweg 114-9b
Münchinger Straße 114-8a
Muldestraße 114-9d
Murrstraße 115-7a

Nebraskastraße (17) 115-7b
Nebraskaweg 115-4d
Neckarstraße 114-9d
Neißestraße (39) 114-9d
Nelly-Sachs-Weg 114-11a
Neuffenstraße 114-9c
Nevadastraße (4) 115-4d

Oberer Klingelbrunnen 114-9d
Oderstraße 114-9d
Ohioweg (19) 115-7b
Oklahomaweg 115-7b
Oregonweg (15) 115-7b
Oßweiler Weg 114-9a
Oststraße 114-9c
Otterweg 114-9d

Parkstraße 114-9c
Pfarrer-Hahn-Straße 114-9a
Pfarrstraße 114-9a
Pfirsichweg (2) 114-5d
Pflaumenweg (4) 114-5d
Pflugfelder Straße 114-5d
Pleißestraße (33) 114-9d
Poststraße 114-8d

Quittenweg (6) 114-8b

Rathenaustraße 114-8b
Rechbergstraße 114-9c
Remsstraße 115-7a
Richard-Strauss-Weg 114-8d
Richthofenallee 114-9c
Rippachweg (34) 114-9d
Robert-Mayer-Straße 114-5b
Rosensteinstraße 114-12a
Rosenstraße 114-9c
Roßbergstraße 114-9c
Rothschildstraße 114-8d
Rudolf-Diesel-Straße 114-5c

Saalestraße (37) 114-9d
Saarstraße 114-8b
Salamander Stadtpark 114-9c
Salamanderstraße 114-8d
Schafbergstraße 114-12a
Schillerstraße 114-9a
Schmale Straße 114-11b
Schönbühlweg (25) 114-12a
Schröderstraße (9) 114-8b
Schubartstraße 114-8b
Schützenstraße 114-9c
Schulstraße (12) 114-9a
Sichelweg 114-9c
Siemensweg (8) 114-8b
Sigelstraße 114-10b
Silcherstraße 114-8d
Sofienstraße 114-9a
Solitudeallee 114-7d
Spreestraße (36) 114-9d
Stadtgarten 114-9c
Stammheimer Straße 114-11a
Starenweg 114-9c
Stauffenbergstraße 115-7c
Steinbeisstraße 114-5b
Stettiner Straße 114-12a
Stotzstraße 114-8d
Stuifenstraße 114-12a
Stuttgarter Straße 114-11b

Talstraße 115-7a
Tambourstraße 114-6a
Teckstraße 114-12a
Tellstraße 114-11b
Texasstraße 115-7b
Thaddenweg (45) 114-9d
Theodor-Heuss-Straße 114-9d
Traifelbergstraße 114-9c
Troppauer Straße 114-12a

Uhlandstraße 114-11b
Ulmenweg 114-11b
Ulrichstraße 114-8b
Unstrutweg 114-9d
Unterer Klingelbrunnen 114-9c
Urbanstraße 114-11b
Utahweg (18) 115-7b

Vermontstraße (2) 115-4d
Villeneuvestraße 114-8b
Virginiastraße 115-7b
Von-Schilmann-Straße 114-9b

Weimarstraße 114-8d
Weißenfelser Ring 114-9d
Werner-Heisenberg-Straße (22) 114-11b
Westrandstraße 114-10b
Wethauweg (35) 114-9d
Wielandstraße 114-9a
Wieselweg 114-9d
Wilhelmstraße 114-8d
Wipperstraße (32) 114-9d
Wolfgang-Amadeus-Mozart-Straße 114-11b
Wolgastraße (30) 114-9d

Zeppelinstraße 114-9c
Zollernstraße 114-12a
Zügelstraße 114-6c
Zwetschgenweg (5) 114-8b

Kuchen
PLZ 73329

Adlerstraße 213-11c
Am Krapfenbach 213-11c
Am Lippenrain 213-11c
Am Pferchgraben 213-8c
Am Schafenberg 213-10b
Am Sommerberg 213-11a

Bachstraße 213-11c
Badgasse 213-11c
Bahnhofstraße 213-11c
Beethovenstraße 213-11c
Bergwerkstraße 237-2b
Birkenstraße 237-1b
Bismarckstraße 237-2a
Bleicherstraße 213-10b
Bogenstraße 213-11a
Brahmsstraße 213-11a
Brucknerweg (5) 213-11c
Brunnensteig 237-1d
Bülowstraße (17) 237-2a

Christofstraße 213-11d

Espan 237-2b
Eugenstraße 237-2a
Eulengasse 213-11c
Eybstraße 213-11a

Fabrik Kuchen 213-10b
Färberstraße 213-11a
Filsstraße 213-10b
Freiheitsstraße 213-11d
Friedrichstraße 213-11a
Froschgasse (7) 213-11c

Gänsstelle 213-11b
Gartenstraße 213-11c
Gerokweg 213-11c
Goethestraße 213-11c

Hafengasse 213-11c
Hagnachweg 237-2a
Hauffstraße 213-11c
Hauptstraße 213-10b
Haydnstraße (4) 213-11c
Herrenwiesen 237-2b
Herrenwiesenstraße 213-11d
Hölderlinstraße 213-11c
Hohenstaufenstraße 213-11a
Hohensteinstraße 213-11d
Hohle Gasse 213-11c

Im Eichwald 169-8d
Im Espan 237-2b
Im Gewerbepark 213-10b
Im Wasserstall 213-11c
In den Beckenwiesen (6) 213-11c
In der Gärtnerei (16) 213-11c

Jahnstraße 213-11c
Johann-Strauß-Straße 213-11c

Kantstraße 237-2b
Karlstraße 213-11c
Kirchgasse (9) 213-11c
Kirschweg 237-2b
Kurze Straße (14) 213-11c

Lange Straße 237-2a
Langwiesenstraße 213-11a
Lessingstraße (13) 213-11d
Lindenstraße 237-2a
Lonestraße 213-11a

Marktplatz (10) 213-11c
Mörikestraße 237-2b
Moltkestraße 237-2b
Mozartstraße (1) 213-11a

Neckarstraße 213-11a

Obere Grube 213-10d
Olgastraße 213-11d

Pfarrgasse (11) 237-2a

Richard-Wagner-Straße 213-11c
Ringstraße 213-11a
Robert-Koch-Straße 213-10d
Roonstraße 237-2a

Schallstraße 213-11a
Schillerstraße 213-11c
Schubartweg 213-11c
Schulstraße (3) 213-11c
Schweizergasse (8) 213-11c
Seetalbachstraße 237-1b
Seewiesenstraße 213-10b
Silcherstraße 237-2b
Spindelstraße 213-11a
Spulerstraße 213-11a
Staubstraße 213-11a
Steinstraße 237-2a
Strickerweg 213-10b
Strudelstraße 213-11c

Talstraße 213-11d
Tegelbergstraße 213-11b

Uferweg 213-11d
Uhlandstraße 213-11c

Walter-Kolb-Straße (12) 213-11d
Wasserstallstraße (15) 213-11c
Weberallee 213-10b
Wilhelm-Busch-Weg (2) 213-11a
Wilhelmstraße 237-2a

Zwirnerstraße 213-11a

Kusterdingen
PLZ 72127

Achalmstraße 266-9d
Adam-Fauser-Gäßle (2) 267-8b
Ahornweg (6) 267-9a
Albert-Schweitzer-Straße 267-2c
Albstraße 267-10b
Alfred-Krämer-Straße 267-2d
Alteburgstraße 267-5a
Alte Heerstraße 267-5a
Alteschulstraße (9) 267-2d
Am Eichenbrunnen 287-1b
Andreas-Kemmler-Weg (1) 266-9d
Apfelweg 267-7d
Aspenhaustraße 267-12a
Aspenhauweg 266-9c
Aspenweg 266-9d
Auchtertstraße 267-8b
Auf der Burg (5) 267-8d
August-Bebel-Weg 267-2c
August-Lämmle-Straße 267-2c

Bachstraße 267-9c
Bahnhofstraße 287-2a
Bahnwasenstraße (4) 267-8d
Bannholzstraße 267-2d
Baumgartenweg (1) 267-8b
Baumschulweg (2) 267-2d
Beckengartenweg 287-1b
Beethovenstraße 267-2c
Bei der Linde 267-5b
Bergstraße 267-11c
Birkenstraße 267-9c
Bismarckstraße 267-2b
Bleichstraße (5) 267-2d
Blumenstraße 267-11c
Bolbergweg (3) 267-7c
Brühlstraße 267-11c
Brunnenstraße 267-9c
Bubwiesenweg 267-9c
Büchenweg (7) 267-9a
Burgstraße 267-11c

Christofstraße 267-2d

Daimlerstraße 267-2c
Derendinger Weg 267-7c
Dorfstraße 267-8d
Eberhardstraße (7) 267-2d
Edith-Stein-Straße 267-2b
Egartstraße 287-2a
Ehrenbachstraße 287-1a
Ehrenbachweg 286-3d
Eichertweg 267-5b
Elsa-Brändström-Straße 267-2b
Emil-Martin-Straße 267-5b
Eschenweg (8) 267-9a

Fleinerweg 267-7d
Fliederweg 267-11c
Friedensweg 287-2a
Friedhofweg 267-7d
Friedrich-List-Straße 267-2b
Friedrichsplatz 267-8d

Gäßle 267-7d
Gartenstraße 267-2d
Gemeinsames Wirtschaftsgebiet Reutlingen-West 267-9d
Georg-Grauer-Straße 287-1a
Georgstraße 267-2d
Gerhard-Kindler-Straße 267-12a
Glosterweg 267-7d
Goethestraße 267-2c
Grabenstraße 287-1b

Härtenstraße 287-1d
Haldenhaustraße 267-12a
Haldenstraße 287-1b
Hartweg 267-10a
Hauffstraße 267-2c
Hauptstraße 267-7d
Heerstraße 267-10a
Heinrich-Heine-Weg 267-9c
Helleräcker 267-7c
Hengstrain 267-3a
Hengstrain Weg 267-3a
Heusteigstraße 267-2d
Hindenburgstraße 267-2d
Hintere Straße 287-1b
Hirschstraße 267-8b
Hölderlinstraße 267-2c
Hohenlehenstraße 266-9d
Hohenstaufenstraße 267-2d
Hohenzollernstraße (1) 267-2c
Holunderweg 267-11c
Holzwiesenstraße 267-5b
Hülbeweg 267-5b

Im Bainken 267-9a
Im Bongert 267-2d
Im Brühl 267-11c
Im Eichert 267-5b
Im Heckenwert 267-7d
Im Heges (1) 267-7d
Im Kohl 267-2b
Im Lachenweg 267-5a
Immenhäuser Straße 267-10d
Immenhausen 287-1b
Im Weiher 267-10d
Im Wengert 267-9a
In der Braike 267-5b
In der Kerf 267-7d
In der Klinge 267-5a

Jahnstraße 267-4b
Jakob-Wandel-Weg (6) 267-2d
Jettenburg 267-9c
Jettenburger Straße 267-11c

Käppele 267-7c
Karlstraße (3) 267-2d
Kehregäßle (12) 267-5b
Kelterweg 267-2d
Kirchentellinsfurter Straße 267-2d
Kirchenweg (11) 267-5b
Kirchplatz (2) 267-10b
Kirchsteigstraße 267-11c
Kirchstraße 267-11c
Klingenstraße 267-2c
Konradstraße 267-9c
Krämerstraße 267-10d
Kurt-Krause-Weg 267-11c
Kusterdinger Straße 267-8b

Lange Gasse 267-5b
Langfurchstraße 267-5a
Lederstraße 267-5b
Lehrhauweg 286-3b
Lerchenweg 267-5b
Lichtensteinstraße 266-9d
Lindenbrunnenstraße (10) 267-5b
Lochenstraße 287-1b
Lustnauer Straße 267-5a
Lutherstraße 267-2c

Mähringen 267-7d
Mähringer Straße 267-8d
Mahdach 287-2d
Marktstraße 267-2c
Markwiesenstraße 267-12a
Martin-Heusel-Weg (8) 267-2c
Mittleres Gäßle 287-1b
Mörikestraße 267-2c
Mozartstraße 267-2c

Neckar-Alb-Straße 267-11c
Nelkenstraße 267-11c
Neuffenstraße 266-9d

Oberes Gäßle 267-5b
Obere Straße 267-7d
Ochsengäßle (3) 267-9c
Österbergweg (2) 266-9d
Ohmenhäuser Straße 287-2a

Panoramastraße 267-2d
Pregizerstraße 267-2c

Raichbergstraße 266-9d
Raiffeisenstraße 267-5a
Raihingstraße 267-10d
Rathausstraße 267-10d
Rauhwiesenweg 287-1b
Rechbergweg (4) 287-1b
Resi-Weglein-Straße 267-2b
Reutlinger Straße 267-9c
Reutlinger Weg 267-6a
Robert-Bosch-Straße 267-2c
Römerstraße 267-10b
Roiäckerstraße (3) 267-10d
Rosenweg 267-2d
Roßbergstraße 267-9a

Sandackerstraße 267-9a
Schelmenstraße 287-2a
Scherrgasse (13) 267-5b
Schillerstraße 267-5a
Schmiedgasse (14) 267-5b
Schönbergstraße 267-7c
Schönbuchweg 267-2a
Schützenweg 267-5b
Schulgäßle (5) 287-1b
Schwabstraße 267-7c
Silcherstraße 267-2c
Sonnenhalde 287-1b
Staufenstraße 266-9d
Steinäckerstraße 267-10d
Steingasse 287-1a
Steinstraße 267-10c
Stützenweg 287-1a

Täleswiesenstraße 268-10a
Talweg 267-7c
Technologiepark 267-12a
Teckweg 287-1b
Torackerweg 267-8d
Torstraße 267-9a
Tübinger Straße 267-5b

Uhlandstraße 267-5a
Ulrichstraße (4) 267-2d

Veigelweg 267-7d

Walbenstraße 267-7c
Waldstraße 267-2b
Wankheim 266-12b
Wankheimer Straße 267-10b
Wannweiler Straße 267-5b
Wasenweg 287-1a
Weinbergstraße 267-2d
Weingartshalde 267-9c
Werzweg 267-7d
Wielandstraße 267-2c
Wiesenweg 267-7d
Wilhelmstraße 267-9c
Wörthstraße 287-1b
Wolfsgrubenstraße 267-2d

Zeppelinstraße 267-5a
Zollernstraße 266-9d

Laichingen
PLZ 89150

Römerstraße 275-12c

Langenbrettach
PLZ 74243

Bergstraße 55-9b
Birkenweg 55-9b
Blumenweg 55-9b
Brennofenstraße 55-9b
Brettach 55-9d

Cleversulzacher Straße 55-9d

Fliederweg 55-9b
Franz-Häfelin-Straße 55-9b
Friedhofstraße 55-9b

Gartenstraße 55-9b
Goethestraße 55-9b

Hammelackerweg 55-9b
Helmbundweg 55-9b
Hölderlinstraße (1) 55-9b

Im Tal 55-9b

Kernerstraße 55-9b

Lilienweg 55-9b

Mörikestraße 55-9b

Neuenstädter Straße 55-9b

Rosenstraße 55-9b

Salzweg 61-5d
Sandgraben 55-9d
Seligenau 55-9c

Uhlandstraße 55-9b

Langenenslingen
PLZ 88515

Am Kirchberg 377-5b
Am Spielenberg (3) 377-12d
Angerstraße 377-4d
Auf dem Bühl 377-6a

Bitzestraße 377-12d + 378-10c
Bruttelweg 377-5c

Dürrenwaldstetten 377-6a

Ensmad 377-8b

Friedingen 377-12b + 378-10c

Gammertinger Straße 377-4b

Haldenstraße 377-5c
Hesenberg 378-10a
Hinter der Zehntscheuer 377-4d
Holderweg (2) 378-10a

Im Airinger 377-12b
Im Brühl 377-6c
Im Unterdorf 378-10a
Im Winkel 378-10a
Inneringer Straße 377-4d
Ittenhausen 377-4c

Kapellengäßle (1) 377-4d
Kirchweg 377-5b
Krautlandweg 378-10c

Molkegäßle (1) 378-10a

Neue Landstraße 377-12b

Ohnhülben 377-3a

Riedblick 377-4d
Riedweg 377-4d

Schießmauerweg 377-4d
Schuhmacherweg (2) 377-4d
Schwebeweg 377-6a
Steige 378-10a

Talhofstraße 377-6c

Zwiefalter Straße 377-6a

Lauffen am Neckar
PLZ 74348

Ahornweg (24) 69-12a
Akazienweg (7) 69-9c
Alte Neckarbrücke 70-7a
Am Forchenwald 70-7d
Am Kaywald 69-9c
Am Oberen Haldenrain (6a) 69-9c
Amselweg (5) 69-9b
Am Turnerheim 70-7d
Am Unteren Haldenrain (6) 69-9c
Auf dem Kies 70-4c
August-Lämmle-Weg 69-9a

Badbrunnenweg (20) 70-7b
Bahnhofstraße 69-9c
Baugebiet „Weststadt III" 69-12a
Bergstraße 70-7a
Birkenweg (9) 69-9c
Bismarckstraße 69-9b
Blücherstraße 69-9b
Blumenstraße 70-7a
Bortental 69-3c
Brombeerweg 69-9c
Brückenstraße 70-7a
Brunnenstraße (14) 70-4c
Burgunderweg 69-9c

Charlottenstraße 69-9c
Christofstraße 69-9b

Daimlerstraße 69-9d
Dammstraße 70-4c
Dürerweg (29) 69-9c

Eberhardstraße 69-9d
Ehnweg 69-9b
Eisenbahnstraße 70-4c
Erlenweg (28) 69-9c
Eschenweg (11) 69-9c
Eugenstraße 69-9d

Finkenweg (3) 69-9b
Flattichstraße 69-9d
Fliederweg (26) 69-12b
Friedenstraße 70-7a
Friedhofstraße 70-7a
Friedrichstraße 69-9d

Gartenstraße (1) 70-4c
Gerokweg 69-9b
Gewerbegebiet Im Brühl 69-9a
Gewerbegebiet Vorderes Burgfeld 70-8b
Ginsterweg 69-9c
Gittinger Weg 70-7a
Goethestraße 70-7a
Grabenstraße (22) 70-7a
Gradmannstraße 69-9d

Hainbuchenweg 70-7a
Haselnußweg 69-12a
Hauffstraße 70-7a
Heilbronner Straße 70-7b
Heiligkreuzstraße 70-4c
Heimstraße 69-9c
Herdegenstraße 69-9b
Hermann-Löns-Weg 69-9b
Hintere Straße 70-4c
Hölderlinstraße 69-9a
Hoher Steg 70-8b
Hohe Straße 70-7b
Holunderweg (25) 69-12a

Ilsfelder Straße 70-8a
Im Brühl 69-9c
Im Geigersberg 70-4c
Im Rieder 70-1c
Im Schönblick 70-4c
Im Vogelsang 69-9b
Im Vorderen Burgfeld 70-8a
Im Weidenlaub 70-7b
In den Herrenäckern 70-7c

Jahnstraße 70-8a
Johannisbeerweg 69-9c

Kanalstraße 70-7b
Karlstraße 70-7a
Kastanienweg (12) 69-9c
Katharinenstraße 70-7a
Kellereigasse (21) 70-7b
Kelterweg 69-9b
Keplerstraße 69-9d
Kiesstraße 70-4c
Kirchbergstraße (17) 70-7a
Kirchstraße (16) 70-7a
Kirschenweg 69-12a
Klosterhof 70-4c
Klosterstraße 69-6d
Kneippstraße 70-4c
Köbererstraße 69-9c
Köpferweg 70-8a
Körnerstraße 70-7a
Konsten 70-8a
Krebserweg 69-9c
Kurze Straße 69-9a

La-Ferté-Bernard-Straße 70-7b
Landturm 70-9c
Lange Straße 70-7a
Lehnerstraße 69-9b
Lembergerweg 69-9d
Ligetistraße 69-9d
Ligusterweg 69-9d
Lindenallee (4) 69-9b
Lindenstraße 69-9b
Ludwigstraße 70-7a

Marktplatz 70-7b
Meuselwitzer Straße 69-9c
Mittlere Straße 70-7a
Mörikestraße 70-7a
Mozartstraße 69-9d
Mühlbachstraße (18) 70-4c
Mühltorstraße 70-7b

Nahe Weinbergstraße 70-7b
Neckarstraße 70-7a
Neckaruferweg 70-7d
Neckarwestheimer Straße 70-8a
Neuberg 70-7d
Nordheimer Straße 70-4c

Oberamteigasse (19) 70-7b
Obere Berggasse 70-7b
Obere Schiedt 70-7b
Olgastraße 70-7a
Oskar-von-Miller-Straße 70-4d
Otto-Konz-Straße 70-7b

Pappelweg (10) 69-9c
Paulinenstraße 70-7a
Pestalozzistraße 70-7c
Postplatz 70-7a

Querstraße 70-7a

Raiffeisenstraße (2) 69-9b
Rathausstraße 70-7b
Ravelstraße 70-7c
Reisweg 69-9b
Rieslingstraße 69-9c
Roseggerstraße 70-7a
Rosenweg 69-12a
Rotenberg 69-3d
Rottland 69-12b
Ruländerweg 69-9c

Sandweg 69-9c
Schanbergstraße 69-9d
Schillerstraße 69-9b
Schlehenweg 69-9c
Schubartstraße 70-7a
Schulstraße 70-7a
Seestraße 70-7a
Seugenstraße 70-7a
Siedlerstraße 69-9c
Siegersgrund 69-6a
Silcherstraße 69-9b
Silvanerweg 69-9c
Sonnenstraße (15) 70-7a
Stauffenstraße 69-9d
Stuttgarter Straße 70-7a
Südstraße 69-9b

Tannenweg (8) 69-9c
Traminerweg (13) 69-9d
Trollingerweg 69-9d

Uferstraße 70-7a
Uhlandstraße 70-7b
Ulrichsheide 70-7d
Ulrichstraße 70-7a
Urbanstraße 69-9b

Wannenberg 69-3c
Wehrbrücke 70-7b
Weidenweg (27) 69-12b
Weinstraße 70-7a
Weißdornweg (23) 69-9c
Werderstraße 70-7b
Wielandstraße 70-7c
Wilhelmstraße 70-7a

Lauterstein
PLZ 73111

Ahornweg 190-5d
Akazienweg 190-5d
Alte Steige 191-7c
Am Heldenberg 190-4d
Am Hohlenbach 190-8a
Am Sportplatz (7) 191-7c
Am Steinriegel (1) 190-5d
Am Streitberg 190-9a
Am Weiher 191-7c
Aussiedlerhof 191-8c

Bahnhofstraße 190-9b
Bergstraße 190-8b
Birkenbuckelweg 191-7d
Blumenstraße (5) 190-9b
Brunnenstraße 190-8b

Christentalhof 190-1c
Christentalstraße 190-5c

Degenfelder Straße 190-9b
Donzdorfer Straße 190-8a

Friedhofstraße 190-8a

Galgenbergstraße 190-6c
Gartenstraße 190-8a

Haldenstraße 191-7c
Hauptstraße 190-8a
Hofackerstraße 190-8b
Hohenstaufenstraße 190-6d
Hohe Straße 190-8b
Hornbergstraße 190-5c

Im Gässle (2) 190-8b
Im Heges 190-9b
Im Rain 190-7b
Im Städtle (6) 190-9d

Jahnstraße 190-8b
Josefstraße 190-9d

Kaltenfelder Straße 190-5d
Kirchstraße 190-8a
Kreuzbergstraße 190-9a

Lauterstraße 190-8b
Lindenstraße 190-5d
Lützelalb 191-7c

Mittlere Mühle 190-9b
Mühlstraße 190-8b

Nenningen 190-8b

Öschstraße 190-8a

Parlerstraße 190-9b

Rechbergstraße (4) 190-6d
Ringstraße 190-5c
Rosenstraße 190-9b
Ruppertstetten 191-1c

Sandmühlenweg 190-9b
Schillerstraße 190-8a
Schloßweg 190-9d
Schulstraße 190-8a
Steighaus 191-7d
Steighof 191-7d
Stockwiesenstraße 190-6d
Streitbergweg 190-9b
Stuifenstraße (3) 190-6d

Teckstraße 190-8b

Ulmenweg 190-5d
Unterer Bahnhof 190-8a
Unterer Streitberg 190-9a
Untere Weidenwiesen 190-7b

Viehhof 190-9d

Wehrstraße 190-8b
Weinhaldenweg 190-8b
Weißenstein 190-9a

Lehrensteinsfeld
PLZ 74251

Am Alten Schulhaus 67-4c
Am Krautgarten 67-4c
Amselweg 67-7a
August-Lämmle-Straße 67-4c

Beethovenstraße 66-6d
Brahmsstraße 66-6d
Brennersgäßle (5) 66-6d

Carl-Dietsch-Straße 66-6d

Eichhof 67-4a
Ellbachstraße 67-4c
Ellhofener Straße 67-4c

Finkenweg (12) 67-7a
Forellenhof (10) 66-9b
Freiligrathstraße (2) 67-4c

Gewerbegebiet Heiligengärten 67-4c
Goethestraße 67-4c
Grimmstraße 67-4c

Haydnstraße (7) 66-6d
Hebelstraße (3) 67-4c
Heiligengärten 67-4c
Heinrieter Straße 67-7a
Helmling 67-4c
Hertleinweg (15) 67-4c
Hölderlinstraße 67-4c
Hörnlesweg 67-7a

Im Kirchacker 67-5b

Jahnstraße 67-4c
Judengasse (6) 66-6d

Kernerstraße 67-4c
Kleiststraße (1) 67-4c

Lauchäcker 67-7a
Lehmgrube 66-6d
Lehrener Feld 66-6d
Lehrener Straße 66-9b
Lerchenweg (11) 67-7a
Lindenwiese 67-7a
Lisztstraße (8) 66-6d
Lönsstraße (4) 67-4c
Lortzingstraße 66-6d

Manfred-Schweikert-Straße (9) 67-4c
Meisenweg (13) 67-7a
Mörikestraße 67-4c
Mozartstraße 66-6d
Mühlstraße 67-7a

Neuwiesen 67-4c

Orffstraße 66-6d

Reisbergweg 67-7a
Richard-Wagner-Straße 66-9b
Rieslingstraße 67-7a
Rödinger Straße (16) 67-4c
Römerweg 67-10d
Rosengarten 67-7a

Salzgarten 67-7a
Sandbergstraße 67-7a
Schillerstraße 67-4c
Schloßgartengäßle 67-4c
Schloßstraße 67-7a
Schmidbergstraße 67-4c
Schubertstraße 66-6d
Schulstraße 67-4c
Seestraße 67-4c
Steig 67-7a
Steinackerstraße 67-7a

Theodor-Heuss-Straße 67-4c
Trollingerstraße 67-7a

Uhlandstraße 67-4c

Weinsberger Hohlgasse 66-6d
Wettäcker 67-4a
Willsbacher Straße 67-4c

Leinfelden-Echterdingen
PLZ 70771

Achalmstraße 177-8c
Adelheidweg (5) 178-10d
Adlerstraße 177-9d
Adolf-Murthum-Straße 202-1b
Adolf-von-Menzel-Weg (10) 177-11b
Ahornweg 177-12d
Akazienweg (17) 202-1b
Albert-Einstein-Weg (18) 177-11b
Albrecht-Dürer-Straße 177-8d
Albstraße 177-8d
Alemannenweg (21) 201-3b
Alte Poststraße 202-4a
Am Betzenberg 177-7d
Am Erbgraben 177-9c
Am Eulenberg 177-11a
Am Jakobsbrunnen 177-12c
Am Park 202-5c
Amselweg (3) 177-9d
Amundsenweg 178-10d
Am Ziegelrain 178-11c
Andersenstraße 177-11a
Andreasweg (19) 177-11d
Anemonenstraße 177-12a
Arndtstraße (2) 177-12b
Asternweg 177-11d
Autenbrunnstraße 202-1d

Backhausgasse (8) 202-2a
Bäckergasse 202-2a
Bärenhofstraße 202-4d
Bahnhofsplatz (24) 177-12b
Bahnhof Steinenbronn 201-5b
Bahnhofstraße 177-12b
Banholzweg 177-12c
Barbaraweg 202-1b
Baumgarten 177-11c
Bauweg 202-5a
Beethovenstraße 177-12c
Bengelstraße 202-5c
Benzstraße 177-12b
Bergstraße 202-1d
Bergweg 201-2d
Beringweg 178-10d
Bernhäuser Straße 202-2a
Bettelweg 201-2a
Biberweg (7) 177-11c
Binsenweg 202-2b
Birkacher Weg 177-12b
Birkenweg 202-1b
Bismarckstraße 202-2a
Bliensäckerweg 178-11a
Blumenhardtstraße 202-8a
Blumenweg (17) 177-11d
Böblinger Straße 177-11c
Bohnackerstraße 202-2a
Bonländer Straße 202-2c
Boßlerweg 177-8d
Brahmsweg 177-12c
Breitwiesenstraße 202-2c
Brenzweg 202-1b
Brückenweg (21) 202-2a
Brühlesheckenweg (8) 202-5c
Brühlgarten 202-2a
Brühlhofstraße 202-2b
Brühlstraße 202-2c
Brunnenweg 202-5c
Buchenwaldstraße 177-12a
Buchenweg (11) 202-1b
Büsnauer Straße 177-11a
Bunsenstraße 177-12c
Burgstraße 178-11c
Bussardweg 177-9d
Bussenweg 177-8d
Bußwaldweg 202-7a

Carl-Orff-Weg (7) 177-12c
Carl-Spitzweg-Straße (8) 177-8d
Charlottenweg 202-1b
Christophstraße 202-2a
Claudiusstraße (4) 177-11c
Cookstraße 178-10d

Dachsweg 177-11a
Dahlienstraße (5) 177-12d
Daimlerstraße 177-12b
Denkendorfer Straße 202-5b
Dierbachstraße 178-11c
Dieselstraße 178-10b
Dornbuschweg 177-12a
Dorotheenweg 202-1b
Dreimorgenstraße 177-12b
Drosselweg (2) 177-9d
Dürlewangweg 177-8d
Duranceweg 177-12a

Eberhardstraße 177-11d
Echterdingen 178-11a
Edelweißstraße 177-12b
Egartstraße 202-2c
Eibenweg 177-8c
Eichbergweg 177-11d
Eichendorffstraße 177-8d
Eichenweg (12) 202-1b
Elsterweg 177-9d
Emil-Kübler-Weg (12) 177-12c
Enzianstraße 177-12d
Erlachstraße 202-5c
Erlachweg 202-8a
Erlenweg (13) 202-1b
Ernst-Lehmann-Straße 178-11c
Ernst-Mey-Straße 177-12b
Eschenweg (15) 202-1b
Eselsmühle 201-2b
Espenweg 177-8c
Esslinger Straße 178-11a
Eugenstraße 177-11d

Falkenstraße 177-9d
Falterweg 202-2a
Fanny-Hensel-Straße 177-9c
Fasanenweg 177-9d
Felixstraße (6) 177-8d
Fichtenweg 177-12c
Filchnerstraße 178-10d
Filderbahnstraße 178-11c
Filderstraße 177-11d
Finkenweg (1) 177-9d
Fleinsbachstraße 202-1d
Fliederweg 177-12a
Flughafenrandstraße 178-11d
Fontanestraße 177-11a
Forchenweg 177-12c
Forststraße 202-8a
Frankenstraße 177-12d
Frauenwiesenweg 202-4b
Freesienweg (18) 177-11d
Friedhofstraße 202-5a
Friedrich-List-Straße 178-10d
Friedrichstraße 177-11d
Friesenstraße 177-12d
Fröbelweg (4) 202-5c
Frühlingshalde 177-11c
Fuchsweg 177-11a
Fürschelweg 177-11d
Furtwänglerweg (1) 177-11c

Gartenstraße 202-2a
Gaußstraße 178-10d
Georg-Friedrich-Händel-Weg (10) 177-12c
Geranienstraße 177-12d
Germanenstraße 177-12d
Gladiolenstraße 177-12d
Glücksgängle 178-10d
Goethestraße 177-9d
Goldäcker 202-1a
Goldäckerstraße 202-1b
Goldregenweg 177-8d
Gotenstraße 177-12d
Grabenweg 202-1d
Gräbleswiesenländer 202-7b
Gräbleswiesenweg 202-4d
Greutweg 202-5c
Grimmstraße 177-12d
Grüner Weg 177-11d
Grundstraße 202-5c
Gustav-Mahler-Weg (9) 177-12c
Gutastraße 178-10d
Gutenbergstraße 178-10b

Häfner Steige 201-2a
Häfnersteige 201-2a
Häuserwiesenstraße 177-8c
Hagenbuchenallee 201-3c
Hagweg 202-2a
Hainbuchenweg 202-1b
Hainzelinweg (1) 178-10d
Haldenbrunnenweg 177-11d
Haldenstraße 202-4b
Hans-Brümmer-Platz 177-8d
Hans-Holbein-Straße 177-8d
Hans-Thoma-Weg (9) 177-8d
Harthäuser Straße 202-5b
Hasengarten (6) 202-5c
Hasenhofweg 202-4d
Hauäckerstraße 202-4b
Hauberg 201-2a
Haublickstraße 177-11d
Hauffstraße 177-11c
Hauhütte 201-2a
Hauptstraße 178-11a
Haydnweg (2) 177-11c
Hebbelweg 177-12b
Hebbergweg 202-1b
Heckenrosenstraße 202-2a
Heerstraße 178-11d
Heideäcker 177-12a
Heilbronner Straße 178-11a
Heiligenäckerweg 177-12b
Heimbrunnenstraße 202-2a
Heineweg (20) 202-1b
Heinrich-Hertz-Weg 177-12d
Henkershölzleweg 202-5a
Herderstraße (11) 177-11c
Herdweg 202-1b
Hermannstraße 177-11d
Herrenwaldstraße (10) 202-1b
Heuweg 202-5a
Hinter den Gärten (24) 202-1b
Hinterhofstraße 202-1b
Hirschstraße 202-1b
Höfer Acker 202-5b
Höfer Brühlweg 202-5c
Höfer Halden 202-5d
Höfer Steige 202-5c
Hölderlinstraße 177-11c
Hofstetten 178-11a
Hohenheimer Straße 177-9d
Hohenstaufenstraße 202-5c
Hohlweg 202-4b
Holderweg 202-5a
Holzwiesenstraße 202-1b
Hopfengartenweg 202-5a
Hornbergweg 177-12d
Hubertusweg 202-1c
Hugo-Eckener-Straße (27) 178-11c
Humboldtstraße 178-10d
Hutwiesenweg 202-4b

Iltisweg 177-11a
Im Gässle 202-2a
Im Gaiern (22) 201-3b
Im Großen Garten 202-2a
Immergrünweg 177-11d
Im Müller 202-5c
Im Riedenberg 202-8a
Im Spitzhau 177-9c
Im Wäldle 177-8d
Im Wengert (29) 202-2a
In den Bergwiesen 177-8d
In den Gärtlesäckern 178-11c
Ipfweg 177-8c
Irisstraße 177-12d

Jägerstraße 177-12c
Jahnstraße 202-5c
Jakobstraße 177-9d
Joachim-von-Schröder-Straße 202-2a
Johann-Joseph-Albert-Weg (11) 177-12c
Johann-Sebastian-Bach-Straße (13) 177-12c
Johann-Strauß-Weg 177-11c
Juraweg (2) 177-8c

Kalkofenstraße 202-1b
Kanalstraße 202-1b
Kantstraße 202-2a
Kapellenweg 202-1b
Kapfstraße 177-11d
Kapweg 201-3a
Karl-Braun-Weg (15) 177-12d
Karlsruher Straße 178-11c
Karlstraße 177-11d
Kasparswaldstraße 202-5c
Kastanienweg 177-8c
Katharinenstraße 202-1b
Keltenstraße 177-12d
Kelterrainstraße 202-1a
Keplerstraße 202-1b
Kernerstraße (3) 177-12b
Keßlerweg 177-8d
Keßlerwiesen 177-8d
Kirchengässle (4) 177-9d
Kirchenweg 177-9d
Kirchplatz 177-11d
Kirchstraße 177-12c
Kleine Obergasse 202-1b
Kleiststraße (12) 177-11c
Klingenstraße 177-11c
Klinkerstraße 178-11c
Kochenmühle 202-7d
Kochenmühlenstraße (2) 202-4d
Kohlhammerstraße 177-12d
Kolumbusstraße 178-10d
Kornblumenweg 177-12b
Krokusweg 177-12d
Kronenstraße 178-10d
Krumme-Acker-Weg (6) 177-11c
Kurze Straße 202-1b

Lachenäcker 178-11a
Länderwiesenstraße 178-10c
Landesmesse Stuttgart 178-12c
Langwiesenstraße 202-1b
Lauchweg (13) 177-11c
Layhweg 178-10d
Lehárweg (3) 177-11c
Lehmgrubenweg (26) 178-11c
Leinfelden 177-12a
Leinfelder Straße 178-10d
Lembergweg 177-8c
Lenaustraße 177-11c
Lengenfeldstraße 177-12d
Lenzhalde 177-11d
Lerchenweg 177-9d
Lessingstraße 177-12b
Lilienstraße 177-12a
Lilientalstraße 178-11c
Lindachweg 202-5c
Lindenweg 202-1b
Lochwaldweg 202-1c
Lönsweg 177-9d
Lortzingweg 177-11c
Lucas-Cranach-Straße 177-8d
Luchsweg (5) 177-11c
Ludwig-Dürr-Straße (28) 178-11c
Ludwigstraße 177-10d
Lutzenhausweg 202-4b
Luzernestraße 177-11d

Märzhalde 177-8d
Mäulesmühle 201-3a
Magellanstraße 178-10d
Maiergasse 178-11c
Maierholzstraße 202-1b
Manosquer Straße 177-12a
Marderweg (8) 177-11a
Margaretenstraße (6) 178-10d
Marienstraße 178-10d
Markomannenstraße 177-12d
Marktplatz (4) 177-12b
Marktstraße 177-12b
Marquartweg 202-1a
Martin-Luther-Straße 202-1b
Matthias-Grünewald-Straße 177-11b
Max-Born-Weg (17) 177-12d
Max-Eyth-Straße 178-10d
Max-Lang-Straße 177-12b
Max-Planck-Weg (19) 177-12d
Max-Reger-Weg (8) 177-12c
Maybachstraße 177-12b
Meisenweg 177-9d
Michael-Ott-Straße (7) 178-10d
Michaelshof 178-10b

Mittelweg 202-4b
Möhringer Straße 177-9d
Mörikestraße (14) 177-11c
Mohnstraße 177-11d
Mohrenäcker 177-12c
Moltkestraße 202-2a
Mozartstraße (14) 177-12c
Mühlweg 177-11d
Müllerweg 202-7b
Musberg 177-10b
Musberger Straße 177-12c
Musberger Weg 177-12a

Nährenwald 177-8c
Narzissenstraße 177-12d
Naumannstraße 202-5c
Nelkenstraße 177-12d
Nerzweg 177-11a
Neuer Markt 177-12d
Neuffenstraße 177-8c
Nikolaus-Otto-Straße 178-10d

Oberaichen 177-11a
Oberaicher Weg 177-11b
Oberdorfstraße 202-5c
Obere Gärten 202-5c
Obere Halde 202-4b
Obere Mühle 201-2b
Oberer Bongart 177-11a
Oberer Weilerwaldweg 177-12a
Oberlinstraße 202-8a
Örlesweg 177-11c
Otterhauweg 177-11a
Otterweg (9) 177-11a
Otto-Hahn-Weg 177-12d

Paganiniweg 177-11c
Panoramastraße 202-5c
Pappelweg 177-12c
Paracelsusstraße 177-8c
Paul-Gerhardt-Straße 202-8a
Pestalozzistraße 202-5a
Pfarrgässle (5) 202-5a
Pflanzschulallee 202-1c
Pflegweg (23) 202-2a
Pfründweg (22) 202-2a
Phillipp-Matthäus-Hahn-Platz (25) 202-2a
Plieninger Straße 178-11c
Poststraße 202-5c
Provenceweg 177-12a

Raichbergweg (3) 177-8c
Raiffeisenstraße 177-8d
Randweg 201-3b
Rasiererbuckelallee 201-3c
Rechbergstraße (7) 202-5d
Reichenbachertalweg 201-3c
Reisachallee 202-4a
Reisachstraße 202-1b
Reuteweg 177-12b
Rhoneweg 177-12a
Richthofenstraße 202-2a
Riedweg 177-12c
Rilkeweg (16) 202-1b
Rispenweg 202-5a
Ritterstraße 202-1b
Robert-Mayer-Weg (16) 177-12d
Römerstraße 177-12d
Rohrer Straße 177-8c
Roseggerweg (1) 177-12b
Rosenbrunnenstraße 177-9d
Rosensteinstraße 177-12d
Rosenstraße 177-12d
Roßbergstraße 177-12d
Rotbrunnenstraße 202-2a
Rotbuchenweg (19) 202-1b
Ruiter Weg 177-12b

Sandweg 177-12c
Schafgartenstraße 177-11d
Schafrain (9) 178-11c
Scheffelweg (5) 177-8d
Schelmenäcker 178-10c
Schenkenstraße (4) 202-1b
Scherlachweg 202-5d
Schillerstraße 177-8d
Schimmelwiesenstraße 202-1a
Schlechtenmühle 201-6a
Schlößlemühle 201-6d
Schloßbergweg 177-11d
Schönaicher Straße 177-11c
Schönbergweg (10) 177-11d
Schönblickweg 177-8d
Schönbuchstraße 201-3b
Schreinerstraße 202-2a
Schubertstraße 177-9d
Schützenweg 178-10c
Schulstraße 177-9c
Schulze-Delitzsch-Straße 177-8d
Schumannweg 177-11c
Schurwaldstraße 202-4b
Scottweg 178-10d
Seebrückenmühle 201-3c
Seeweg 201-3c
Siebenmühlenstraße 202-4b
Sielminger Straße 202-5b
Silcherstraße (23) 177-12d
Sindelfinger Straße 177-11c
Smetanaweg 177-11c
Sofienweg 202-1b
Solweg 202-4d
Sommerweg (16) 177-11c
Sonnenbühl (4) 177-8d
Sonnenfang 177-11c
Sonnenhalde 177-11c
Stadionstraße 178-11c
Stäudachstraße 202-2c
Staffelweg (7) 177-8d
Stangenallee 201-3d
Stangenstraße 178-10d
Starenweg 177-9d
Steigäckerstraße 201-3a
Steinäckerweg 177-11d
Steinbeisstraße 177-8d
Steinriegelweg 177-12a
Steinstraße 177-11d
Sternbergweg (1) 177-8c
Sternlesbergweg 202-1c
Stetten 202-5a
Stettener Hauptstraße 202-5a
Stetter Waldweg 202-7a
Stöckwiesenstraße 177-12c
Stöfflerweg (2) 202-1b
Stützlesweg 202-2c
Stuifenstraße 202-5d
Stuttgarter Straße 177-9d
Stuttgarter Weg 201-1a
Sulzallee 201-6b
Swiggerweg (3) 202-1b

Talstraße 177-9c
Tannenweg 177-11c
Taxiswald 177-8c
Teckstraße 177-8c
Teutonenstraße 201-3b
Tiefengäßle (3) 202-5c
Tübinger Straße 202-1d
Tulpenstraße (6) 177-12d
Turnerweg 177-11d

Uhlandstraße 177-9d
Uhlbergstraße 177-12d
Ulmenweg (18) 202-1b
Ulmer Straße 178-11a
Ulrichstraße 177-11b
Ungerhaldenweg 202-5a
Unteraichen 177-9c
Unteraicher Weg 177-11b
Untere Gärten 202-5c
Untere Halde 202-5a
Unterer Kasparswald 202-5d
Unterer Weilerwaldweg 177-12c
Untertorstraße 202-2a
Untuchtstraße 178-11c
Ursulaweg 202-1b

Vaihinger Straße 177-8c
Veilchenweg 177-12a
Verdiweg 177-11c
Vespucciweg 178-10d
Viehweg 177-8c
Vögtleinweg 178-10d
Vogelherdweg 177-12c

Wachtelweg 177-12a
Wagnerstraße 177-12c
Waldenbucher Straße 202-1d
Waldgartenallee 201-3b
Waldheimweg 202-1c
Waldhornstraße 202-1b
Waldstraße 177-8c
Wallweg 177-8c
Walzenmühle 202-7a
Walzenmühlenstraße 202-4b
Wasenstraße (1) 202-4b
Wegenerstraße 178-10d
Weidach 202-4d
Weidacher Steige 202-5c
Weidenweg (14) 202-1b
Weilerwaldstraße 177-12c
Weingartenstraße 202-2a
Weißenbildstraße 177-8c
Welfenweg 177-12d
Wernerstraße 202-5c
Wetteplatz 202-4d
Wichernstraße 202-5c
Wielandstraße 177-11c
Wiesentalstraße 202-5c
Wiesleshauweg 201-1b
Wilhelm-Busch-Straße 177-11d
Wilhelm-Frank-Platz 177-9d
Wilhelm-Haas-Straße (11) 177-9c
Wilhelm-Hachtel-Straße 177-11c
Wilhelm-Röntgen-Weg (20) 177-12d
Wilhelmstraße 177-8d
Windwiesenweg 202-5d
Wispelwald 177-11a
Wölflinweg 178-10c
Wolfgartenhof 178-7c
Wolfstraße 177-11a

Zaunackerstraße 202-2a
Zeilackerweg 202-5a
Zeisigstraße 177-9d
Zeppelinweg 202-2a
Ziegeläckerweg (15) 177-11c
Ziegeleistraße 178-11c
Zollernweg 177-12d
Zu den Wetteäckern 202-5c
Zwinkenstraße 202-2a

Leingarten
PLZ 74211

Ahornweg 63-4b
Akazienrain 63-1d
Allmandstraße 63-3c
Am Freibad 63-2c
Augelbaumstraße 63-2a

Badener Straße 63-1d
Bahngasse 63-2d
Bahnhofstraße 63-2d
Beethovenstraße (6) 63-1b
Benzstraße 63-2b
Bergstraße 63-1b
Biesäcker 57-11d
Birkenweg 63-5a
Bonfelder Straße 63-2a
Boschstraße 63-2b
Breitenwasen 63-1a
Breslauer Straße 63-3c
Brückentorstraße 63-1b
Brühlstraße 63-2d
Brunnengasse 63-1b
Buchenstraße 63-1d

Carl-Gauß-Straße 63-2c

Daimlerstraße 63-2d
Danziger Straße 63-3c
Dieselstraße 63-2d
Drosselweg (12) 63-2c

Ebertstraße 63-5b
Egarten 63-5c
Egerlandstraße 63-5b
Eichbottstraße 63-1d
Eichendorffstraße 63-1c
Eichenweg 63-1d
Einsteinstraße 63-5a
Eldoradostraße 63-6a
Entengasse 63-1b
Eppinger Straße 63-1c
Erich-Flister-Straße 63-2c
Erlenweg (8) 63-1d
Eschenstraße 63-4b

Finkenweg (11) 63-2c
Flurscheide 63-2a
Frankenbacher Straße 63-2d
Friedhofstraße 63-2d
Friedrich-Naumann-Straße (14) 63-2c
Friedrichstraße (21) 63-2d

Galgenhöhe 63-2b
Gartenstraße 63-1a
Gewerbegebiet Wasen 63-2d
Gmelinstraße 63-2d
Goethestraße 63-5a
Gräfin-Dönhoff-Straße (25) 63-5b
Grinnenstraße 63-5b
Große Hohle 63-1a
Großgartach 63-6a
Güldigstraße 63-2c
Gutenbergstraße 63-2b

Hafnerstraße 63-2d
Hammerstatt 63-2c
Hauffstraße 63-1d
Haydnstraße 63-2a
Hegelstraße 63-5a
Heilbronner Straße 63-2d
Heimstättenstraße 63-2c
Heinestraße 63-5a
Herda-Vogel-Straße 63-2c
Hermann-Lauer-Straße 63-1d
Hermann-Löns-Straße 63-1d
Heuchelbergstraße 63-5a
Hipperich 64-1c
Hölderlinstraße 63-1c
Hohensteinstraße 63-1d
Hoppengrabenstraße (20) 63-2d
Hoppenstraße 63-5b

Im Lützelfeld (10) 63-2c
Im Ravensberg (15) 63-5a
Im Rosenberger 63-5b
Industriegebiet Mühlpfad 63-2b

Jahnstraße 63-2d
Justinus-Kerner-Straße 63-1c

Käthe-Kollwitz-Straße 63-5b
Kalte Gasse 63-2d
Kantstraße 63-5a
Kapellengasse (16) 63-2d
Kappmannsgrund 63-2d
Karlsbader Straße 63-6a
Karlsruher Straße 63-1d
Kastanienstraße 63-2d
Kelterplatz (18) 63-2d
Kelterstraße 63-2d
Kernäcker 57-11d
Kiesbergstraße 63-2a
Kirchbrunnengasse (5) 63-1b
Kirchenplatz (17) 63-2d
Kirchgrundweg 63-1b
Kirchhausener Straße 63-2a
Kirschenweg 63-1d
Kleine Hohle 63-1b
Klingelwegle (24) 63-5b
Klingenberger Straße 63-2d
Knöpflensgartenweg (22) 63-5b
Königsberger Straße (23) 63-3c
Kolter 63-5d
Krämergasse 63-2c

Langestraße 63-1a
Lanzenäcker 57-11c
Leibnizstraße 63-2b
Leinbachstraße 63-2d
Lerchenberg 63-1c
Lerchenstraße 63-5a
Lesigny-Ring (26) 63-6a
Lessingstraße (1) 63-1c
Liebigstraße 63-2b
Lindenstraße 63-5b
Lorscher Straße 63-1d
Lortzingstraße 63-1b

Massenbacher Weg 63-2a
Max-Eyth-Straße 63-2d
Max-Planck-Straße 63-2b
Maybachstraße 63-3a
Mörikestraße (2) 63-1c
Mozartstraße 63-1b
Mühlgasse 63-1d
Mühlpfad 63-3a

Neugärtle 63-1b
Nordheimer Straße 63-2d

Obere Schulgasse (4) 63-1b
Odenheimstraße (9) 63-2c

Parkstraße 63-4b
Paul-Lincke-Straße 63-1b
Platanenweg 63-1d
Prager Straße 63-6a

Rappengasse 63-2c
Reichertsgraben 63-1c
Richard-Wagner-Straße 63-1b
Riedhöfe 63-4a
Röthestraße 63-1d
Rosenstraße 63-5a

Schalkweg 63-1d
Schießmauerstraße 63-1d
Schillerstraße 63-2c
Schluchtern 63-1a
Schubertstraße (7) 63-2a
Schwabenstraße 63-2c
Schwaigerner Straße 63-2c
Siemensstraße 63-3a
Silcherstraße 63-5b
Sonnengasse 63-2d
Stettiner Straße 63-6a
Sudetenstraße 63-5b
Südstraße 63-5b

Theodor-Heuss-Straße 63-5a
Tucholskystraße (26) 63-2c

Uhlandstraße 63-1c
Ulrichstraße 63-2c
Untere Schulgasse (3) 63-1b
Urbanstraße 63-5b

Vorderes Hessenfeld 57-11c
Vordere Wanne 57-11c

Wacholderweg 63-1b
Wänken 63-2a
Wasserfallstraße 63-5a
Wickenstraße 63-2d
Wilhelm-Keil-Straße (13) 63-2c
Wilhelmstraße 63-5b

Zehentgasse (19) 63-2d

Lenningen
PLZ 73252

Achalmstraße 255-7d
Adolf-Scheufelen-Straße 255-8b
Ahornweg 255-7d
Albstraße 274-1c
Alemannenweg 255-7d
Am Mühlbach 255-2c
Amselweg 255-8d
Am Sommerberg 256-12c
Amtgasse 255-9c
Auf dem Bol 255-8d
Austraße 255-8a

Bachweg 255-6c
Backhausstraße 255-9c
Badstraße 255-5d
Bahnhofstraße 255-5a
Bahnweg 255-5a
Benzstraße 255-5c
Bergstraße 255-2c
Birkenweg (1) 255-7d
Bissinger Straße 255-5d
Breitensteinstraße 255-5d
Brucken 255-2d
Brühlstraße 255-5d
Brunnensteige 255-9c
Brunnenstraße 255-5d
Buchenweg 255-7b
Buchsstraße 255-9c
Bühlstraße 255-2c
Bulzenweg 256-12d
Burghofweg 255-5c
Burgsteig 255-9c
Burgstraße 255-5d
Burgtobelweg 255-9c

Daimlerstraße 255-5c
Diepoldsburg 256-4a
Donntalstraße 274-2b
Drosselweg 255-9c

Eibenweg 255-9c
Eichendorffstraße 255-5d
Eichenweg 255-7b
Eisenbahnstraße 255-5a
Engelhof 256-4c
Engelhofstraße 255-5d
Erlenwaldstraße 255-7d
Eschenweg (2) 255-7d
Etterstraße 273-3d

Felsenweg 255-2d
Finckhausenstraße 255-8d
Föhle 256-12a
Frankenweg 255-8c
Friedenstraße 255-5d
Friedhofweg (2) 255-5d
Friedrichstraße 255-5d

Gartenstraße 255-5a
Gerokstraße 255-8d
Goethestraße 255-5d
Grabenstetter Steig 255-12c
Grimmstraße 255-9c
Grünenbergstraße 274-2a
Gstadweg 255-8a
Gußmannstraße 256-11d
Gutenberg 256-10d
Gutenberger Steige 274-2b
Gutenberger Straße 255-9c

Härtwasen 256-12a
Hagebuttenweg 256-12a
Haldenweg 256-12c
Hangweg 255-5b
Hardtweg 255-7d
Hauffstraße 255-9c
Hauptstraße 274-2a
Hebbelstraße 255-8d
Heerweg 255-9c
Heinrich-Scheufelen-Platz (3) 255-9c
Herrengärten 256-11d
Hessestraße 255-8d
Hintere Bergstraße 256-12a
Hintere Straße 256-12a
Hirschtalweg 255-12a
Hochwang 255-8c
Hochwangsteige 255-7b
Höfle 256-12c
Höhlenweg 256-12a
Hölderlinstraße 255-5d
Höllochstraße 255-12a
Höllsternstraße 274-2a
Hofstraße 255-8d
Hoher-Stich 255-12a
Hohe Steige 255-9c
Hohgreutfels 255-12b
Hopfenburgstraße 255-6a

Im Blumenring 274-2a
Im Buch 255-5b
Im Buchs 255-9a
Im Gänsacker 255-5c
Im Grund 274-2b
Im Hölderle (9) 255-12a
Im Hurnäußle (1) 255-2c
In den Sandäcker 255-12a

Julius-von-Jan-Platz 255-8d

Kanalstraße 255-5a
Keltenweg 255-8c
Kelterstraße 255-2c
Keplerstraße (10) 255-9c
Kernerstraße 255-8d
Kirchheimer Straße 255-2a
Kirchstraße (1) 255-5d
Kirschlatstraße 255-5d
Klaus-Scheufelen-Platz 255-7d
Knaupenweg 256-12c
Kornberg 256-12b
Krebsstein 256-11c
Kreislerstraße 256-12c
Kromertstraße 255-12a
Kugelgasse 255-9c

Lämmlestraße 255-8d
Lärchenweg 255-7b
Lauterstraße 255-5d
Lessingstraße 255-5d
Lindenhof (3) 255-5d
Lindenstraße 274-2a
Liststraße 255-8d

Marktplatz 255-9c
Marktstraße 255-9c
Max-Leuze-Straße 255-5c
Meisenweg 255-9c
Merzenäcker 255-5a
Mörikestraße 255-5d
Mühlstraße 255-5d

Neuffenstraße 255-7d
Nikomödiestraße 255-9c

Obere Mühlstraße 256-11d
Oberer Grund 256-12a
Oberer Sand 255-12a
Obere Straße 255-2c
Oberlenningen 255-9a
Ochsenwanger Straße 256-12c
Öschlestraße 255-8d

Parkstraße 255-9a
Pfahläcker 256-11b
Pfulbstraße 256-12c
Postweg 255-2c
Pouilly-Platz 255-8b

Raiffeisenstraße 256-12a
Raubersteige 255-3d
Rauberstraße 255-6c
Reußensteinstraße 256-12a
Rinnenweg 255-2c
Römersteinstraße 255-7d
Römerweg (Brucken) 255-2c
Römerweg (Gutenberg) 274-1b
Rosenweg 255-7d
Roßgasse 256-12a
Rotdornweg (2) 256-12a

Scheffelstraße 255-8b
Schillerplatz 255-9c
Schillerstraße 256-11d
Schlattstall 274-1c
Schlehenweg (1) 256-12a
Schloßrain 255-9c
Schmaltalgasse 255-8d
Schmiedgässle 255-2c
Schönbühlweg (6) 255-12a
Schopfloch 256-12a
Schulgarten 255-5d
Schulstraße 255-7d
Schwabstraße 255-8b
Schwalbenweg 255-9c
Schwelchergasse (2) 255-9c
Seestraße 255-6c
Sibyllenweg 255-2c
Silcherstraße 255-8d
Sonnenhalde 255-5d
Sonnenstraße (4) 255-9c
Sperberweg (1) 256-11d
Starenweg 255-9c
Staufenweg 255-7d
Steigstraße 255-5a
Steinstraße (1) 255-9c
Sterrenbergstraße (8) 255-12a
Stockert 256-12d
Strohweiler Steige 273-6b
Sulzburgstraße 255-8b

Talstraße 274-1a
Teckstraße 255-2c
Tobelstraße 255-9c
Torfgrube 256-5d
Totenwegle 255-8c
Tulpenweg 255-7d

Uhlandstraße 256-11d
Ulmenweg (3) 255-7d
Ulmer Straße 256-11d
Untere Mühlstraße (2) 256-11d
Untere Straße 255-2c
Unterlenningen 255-5b

Veronikaweg 255-2d
Vordere Bergstraße 256-12a

Wachtelbergstraße (5) 255-12a
Wannenweg 255-9c
Wehrstraße 255-5a
Weilbachstraße 255-9c
Weiler Steig 255-8c
Weilerstraße 255-7d
Weinbergstraße 255-2c
Weißdornweg (3) 256-12b
Wiedenäckerweg (7) 255-12a
Wielandsteinweg 255-9c
Wiesensteiger Weg 256-12a
Wiesenweg 255-5d
Winterhalde 274-2b

Zollernstraße 255-7d
Zum Kirchwegle (4) 255-5d

Leonberg (Kr. Böblingen)
PLZ 71229

1. Querstraße (21) 151-2b
2. Querstraße (20) 151-2b
3. Querstraße (19) 151-2b

Aalener Straße 151-1b
Achalmstraße 127-7a
Adalbert-Stifter-Straße 127-8b
Adolf-Kolping-Weg 151-3a
Agnes-Miegel-Straße 43-B1 + 127-12a
Ahornweg (2) 127-12c
Aichelberger Weg (3) 151-1b
Akazienweg (1) 127-12c
Albert-Schweitzer-Straße 127-8b
Albertus-Magnus-Straße 151-3b
Albrecht-Dürer-Straße 127-11d
Albrecht-Goes-Weg 127-7c
Allensteiner Straße (5) 151-3a
Allmandweg 127-9a
Alte Dorfstraße 126-9b
Altenhalde 151-4c
Alte Ramtelstraße 151-3a
Alter Bahnhofweg 127-9a
Am Bierkeller 127-12a
Am Bockberg 151-3a
Am Bronnenbogen 127-8b
Am Hasenbuckel (7) 127-8b
Am Heuweg 150-3a
Am Himmelsgärtle 127-9a
Am Längenbühl 151-1a
Am Schlauchengraben (9) 127-7c
Am Schloßberg 127-8b
Am Schönblick 150-3a
Amselweg 151-7d
Am Sonnenrain 43-B1 + 127-12a
Am Wäschbach 127-9a
Am Waldfriedhof 152-1a
An der Hohlen Eiche 126-9b
An der Zehntscheuer (10) 127-9a
Anne-Frank-Straße (26) 127-9b
Annette-Kolb-Straße 127-12a
Arndtstraße 43-B2 + 127-12c
Asternstraße 151-7a
August-Lämmle-Weg 127-12d

Bachstraße 151-7a
Badstraße 151-2d
Bärenhof (4) 127-7a
Bahnhoffußweg 127-11c
Bahnhofstraße 43-A1 + 127-11c
Balinger Straße 151-2a
Beethovenstraße (13) 127-9b
Bei der Stadtkirche (2) 43-B1
Bei der Wette (1) 151-7b
Beim Steinbruch 151-4d
Beim Teichel (6) 127-8d
Beim Wäldle 151-6b
Beisheimer Straße 127-8b
Belforter Platz 43-B2
Benzstraße 127-11c
Berghalde 151-4c
Bergstraße 151-2b
Berliner Straße 43-B3 + 127-12c
Bettelmannsreute 151-1d
Beuthener Straße 151-3b
Biberweg (16) 127-8d
Bienenweg (24) 127-9c
Bietigheimer Straße 127-8d
Bildstöckle 127-12a
Binsenweg 151-7a
Birkenhof 151-7c
Birkenweg 127-6c
Bischof-Ketteler-Weg (8) 43-B3
Bismarckstraße 43-A3 + 151-2a
Blaubeurer Weg (9) 151-1b
Blosenbergstraße 43-B3 + 127-12c
Blumenstraße 43-B2 + 127-12c
Bock 151-3b
Bodelschwinghw. (7) 43-B3
Böblinger Straße 151-3b
Bopfinger Weg 127-11c
Bopfinger Weg (19) 127-11c
Brandenburger Straße 151-7b
Breitwiesenstraße 151-3c
Brennerstraße 127-10d
Breslauer Straße 151-3a
Brombeerweg 127-12d
Bromberger Straße (10) 151-3a
Bruckenbachstraße 151-2d
Brühlhof 151-7b
Brünner Straße (9) 151-3b
Buchfinkenweg (10) 151-7b
Buchhaldenhof 127-9c
Bürgerplatz 43-B2
Büsnauer Straße 151-7b
Bulachweg 151-8a
Burggasse 43-B1 + 127-12a

Cäsar-Flaischlen-Weg 127-10d
Carl-Schmincke-Straße 151-2b
Carl-Sonnenschein-Weg 151-3a
Carl-Werner-Straße 127-6c
Carl-Zeiss-Straße 127-7c
Christian-Wagner-Straße 151-7a
Christophstraße 43-A2 + 127-11d
Clausenmühle 43-A1 + 127-11b

Dachsweg (15) 127-8d
Dahlienweg (11) 151-7b

Daimlerstraße 127-11c
Danziger Straße 151-3a
Dieselstraße 127-11c
Dietrich-Bonhoeffer-Straße 127-9b
Dinkelweg 127-8b
Distelfeldstraße 43-A2
Ditzenbacher Weg (10) 151-2a
Ditzenbrunnen 128-7a
Ditzinger Straße 127-9a
Dobelstraße 126-9b
Dornbuschweg 127-12d
Dresdener Straße 151-7b
Drosselweg 150-3a

Ebinger Straße 127-11c
Egerländer Straße (3) 151-3a
Eichendorffstraße 127-8b
Eichenhof 126-12d
Elchweg (19) 127-8d
Ellwanger Straße 151-1b
Elsa-Brändström-Straße (25) 127-8b
Elsäßer Sraße 43-B2
Elsterweg 150-3a
Eltingen 151-1c
Eltinger Fußweg 43-B2
Eltinger Straße 43-A2 + 127-11d
Emil-Nolde-Straße (4) 127-5d
Engelbergstraße 127-7c
Erlenweg 151-2a
Erwin-Schöttle-Straße 127-9b
Eschenweg 151-4c
Eselspfad 127-9a
Esslinger Straße 151-3d
Eugen-Hegele-Weg 152-1a
Eugenstraße 43-A3 + 127-11d
Ezachstraße 151-2a

Felsensägmühle 127-8c
Felsgartenstraße 127-9a
Feuerbacher Straße 127-9c
Fichtenweg 151-7a
Fichtestraße 43-B2 + 127-12c
Finkenweg 150-3a
Flattichstraße 127-8b
Fleischmühle 128-7b
Fliederstraße 127-12d
Fockentalweg 127-11a
Föhrenweg 127-8b
Fontanestraße 127-6c
Forchenweg 151-4c
Freilingrathstraße 43-B2
Freiwaldauer Straße (2) 151-3a
Friedensbrücke 151-9b
Friedenstraße 43-A3 + 127-11d
Friedhofstraße 151-2a
Friedrich-Haug-Straße 150-3a
Friedrich-Kipp-Weg (27) 127-9b
Friedrich-Wertz-Weg 152-8c
Fröbelstraße 151-2b
Fuchsweg (21) 127-8d

Gablonzer Straße (7) 151-3a
Gänsäcker 127-9a
Gäßleswiesen 126-9b
Gammertinger Weg (18) 127-10d
Gammertinger Weg (5) 127-10d
Ganghoferstraße 151-2b
Gartenstadt 127-10b
Gartenstraße 151-7c
Gebersheim 126-9a
Gebersheimer Straße 127-10b
Geislinger Straße 151-2a
Gemsenweg (18) 127-8d
Georg-Büchner-Straße (12) 127-9a
Gerhart-Hauptmann-Straße 43-A2 + 127-11d
Gerlinger Straße 151-3a
Geschwister-Scholl-Straße (25) 127-9b
Gewerbegebiet am Autobahndreieck 151-3c
Ginsterweg 151-7b
Girshalde 151-1d
Glaunhalde 128-7a
Gleiwitzer Straße 151-3c
Glemseck 152-4c
Glemseckstraße 151-2b
Glemsstraße 151-2b
Glockenturmstraße 151-7a
Glorstraße 151-2b
Gmünder Straße 151-1b
Göppinger Straße 151-3b
Görlitzer Straße 151-3c
Goethestraße 127-12a
Goldäckerstraße 127-5d
Goldene Anhöhe 127-11b
Gottfried-Keller-Straße (9) 43-A3
Gotthold-Ege-Straße 127-8d
Grabenstraße 43-B1 + 127-12a
Graf-Eberhard-Straße 43-B1
Graf-Leutrum-Straße 127-9a
Graf-Ulrich-Straße 43-B1
Graudenzer Straße 151-3a
Grenzhof 126-9c
Greutstraße 127-7a
Grünewaldstraße 127-5d
Guldenmannstraße 151-2b

Hafenscherben 128-4c
Hainbuchenweg 43-B3 + 127-12c
Haldenstraße 43-B1 + 127-11b
Hangweg 151-4d
Hans-Reyhing-Weg 152-1a
Hans-Sachs-Straße 151-2a
Hans-Thoma-Weg (2) 127-5d
Hardtwardweg 150-3a
Haselnußweg (4) 43-B3
Hasenbrunnen 127-9c
Hauffstraße 127-8b
Hauptstraße 151-4c
Haydnstraße 127-9b
Hebelstraße 151-2a
Hechinger Straße 151-2a
Heckenrosenweg 151-4c
Heckenweg 151-3b
Hegelstraße 151-8a
Heidenheimer Straße 127-11c
Heideweg 127-12d

Heilbronner Straße 151-3c
Heimerdinger Straße 126-9b
Heinrich-Essig-Straße 127-8d
Heinrich-Essig-Straße (23) 127-11a
Heinrich-Heine-Straße 43-A3 + 127-11d
Heinrich-Längerer-Straße 127-8d
Heinzenbrunner Hof 126-12d
Herderstraße 43-B1 + 127-12a
Herdweg 127-5d
Hermann-Kerler-Straße 127-12a
Hertichstraße 151-2a
Hessestraße 127-8b
Heubacher Weg 151-1b
Hindeenburgstraße 43-A3 + 127-11d
Hindenburgstraße 151-2b
Hinter dem Friedhof 127-9a
Hinter dem Gärten 151-7b
Hinter der Kelter (11) 127-9a
Hinterer Bergweg 127-12b
Hinterer Dobel (1) 127-7a
Hinterer Ehrenberg 151-3d
Hinterer Zwinger 43-B1
Hintere Straße 43-B1
Hirsauer Weg (13) 151-3c
Hirschberger Straße 151-3a
Hirschlander Straße 127-6c
Hirschweg (20) 127-8d
Höfingen 127-6c
Höfinger Straße 127-7c
Höhenweg 151-4c
Hölderle 127-10d
Hölderlinstraße 127-11a
Hoffmannstraße 127-8d
Hohensteiner Weg 151-1b
Hohe Steige 127-7a
Hohe Warte 127-8d
Hohheckweg 43-A3
Holbeinweg (1) 127-5d
Holunderweg 43-B3
Holzmadener Weg (2) 151-1b
Hopfenweg 127-8b
Hubert-Giesen-Weg 127-12d
Hubertusbrunn 152-4c
Hüttlinger Weg (12) 151-2a
Hummelbergweg 150-3a

Igelweg 127-8d
Iltisweg (22) 127-8d
Im Biegel (1) 43-A1
Im Bochtel (29) 127-9a
Im Brenntenhau 151-7b
Im Brühl 151-2b
Im Gäßle 151-7b
Im Greutle 151-8a
Im Grünen Winkel 126-9b
Im Mahdental 152-8a
Im Steinbergle 127-12b
Im Vogelsang 127-11b
Im Wengert 127-12b
Im Wiesengrund 151-2b
Im Zwinger 43-B1
In den Ziegelwiesen 151-7a
In der Au 127-11c
In der Röte 127-8b
Isolde-Kurz-Straße (4) 151-7b

Jagdhaus 151-5d
Jahnstraße 127-9c
Johannes-Binder-Weg 127-7c
Justinus-Kerner-Straße 127-10b

Kärntner Straße 151-2b
Kaffeehof (3) 127-7a
Kantstraße 151-2a
Karlsbader Straße 151-3a
Karlstraße 151-2b
Katzenbühlweg 127-9c
Keltenstraße 43-B3 + 127-12c
Keplerstraße 43-B2 + 127-12c
Kirchbachstraße 151-2a
Kirchgäßle (2) 127-7a
Kirchheimer Straße 151-1b
Kirchnerstraße (18) 151-2b
Kirchplatz 151-2b
Kirchstraße 127-9a
Kirschenweg 127-12d
Kleiststraße 127-9a
Klinge 127-12b
Klingenstraße 151-2a
Klosterstraße 43-A1
Königsberger Straße 151-3a
Königsbronner Weg (15) 151-2a
Körnerstraße 127-5d
Kolberger Straße 151-7b
Korntaler Straße 127-8d
Krähwinkelweg 127-12d
Kreuzackerweg 151-7b
Kreuzstraße 43-A3 + 151-2b
Kriechenbronnen 152-4c
Künzenstraße 151-7a
Kurze Straße 151-2b

Lachentorstraße 127-5d
Lämmlestraße 151-8a
Lahrensmühle 127-11c
Laichinger Straße 151-2a
Lamtemstraße 43-B2
Landhausweg 151-4c
Lauchheimer Weg (14) 151-2a
Lauerhaldenweg 151-4c
Legelbachweg 126-9d
Lehmgrubenweg 127-9a
Lenauweg 127-11a
Leonberg 127-10d
Leonberger Heide 127-12d
Leonberger Straße 151-2b
Lerchenweg 150-3a
Lessingstraße 127-5d
Lichtensteiner Weg 151-1b
Liebenzeller Weg (14) 151-3c
Liebigstraße 127-9b
Liegnitzer Straße (8) 151-3a
Ligusterweg 127-12c
Lilienstraße 127-11d
Lindbergerstraße 43-B2 + 127-12c
Lindenberg 127-8b
Lindenhof 127-7b

Lindenstraße 43-A2 + 127-11b
Liststraße 43-A2 + 127-11b
Lobensteiner-Straße 151-3a
Lohlenbachtäle 127-10d
Lohlenbachweg 127-10d
Lontel 127-6c
Ludwig-Finckh-Weg 152-1a
Ludwigsburger Straße (14) 127-8d
Ludwig-Wolker-Straße 151-3b
Lukas-Moser-Weg (3) 127-5d

Magstadter Straße 151-7d
Mahdental 152-7b
Marbacher Straße 127-8d
Marderweg 127-8d
Margarete-Stingele-Weg (5) 43-B1
Marienbader Straße (1) 151-3a
Marienstraße 43-A2 + 127-11d
Markgröninger Weg 127-8d
Marktplatz 43-B1
Max-Eyth-Straße 127-11d
Maximilian-Kolbe-Weg (28) 128-7a
Maybachstraße 127-11c
Mehläcker 151-4b
Meisenborgweg 150-3a
Meisenweg 151-7d
Metzinger Weg 151-2a
Mittlere Burghalde 43-B1
Mörikestraße 127-8b
Mollenbach 151-1d
Mollenbachstraße 151-2c
Moosweg (7) 151-7b
Mozartstraße 43-A1 + 127-11b
Mühlstraße 43-A1 + 127-11b
Müllergässle 43-A1 + 127-11b
Münsinger Straße 151-2a

Neresheimer Weg (4) 151-1b
Neubruch 151-5c
Neue Ramtelstraße 151-3c
Neuffenstraße (7) 127-7c
Neuköllner Platz 43-A2 + 127-11d
Neuköllner Straße 43-A3 + 127-11d
Niederhofenstraße 151-2a

Oberamteistraße 43-B1
Obere Burghalde 127-12a
Oberer Birkenweg (3) 127-12d
Oberer Mühlweg (8) 127-7a
Oberer Schützenrain 127-12a
Obere Tannenbergstraße 151-3b
Obere Torstraße 151-2b
Oberkochener Weg 151-1b
Olmützer Straße 151-3a
Ostertagstraße 43-A3 + 151-2b
Otto-Hahn-Straße 127-9a

Pappelweg 151-2a
Paracelsusstraße 151-3b
Parkstraße 151-2a
Paul-Ehrlich-Straße 127-6d
Paulinenstraße 150-3a
Paulusstraße 43-A3 + 127-11d
Pestalozzistraße (17) 151-2a
Pfadstraße 127-9b
Pfarrstraße 43-A1 + 127-11b
Pforzheimer Straße 127-8b
Pfullinger Weg (8) 151-1b
Planstraße (2) 151-7b
Porschestraße 151-7a
Posener Straße (12) 151-3a
Poststraße 127-11c
Primelweg 151-7b

Quellenstraße 126-9b

Rainstraße 151-4c
Ramtel 151-3d
Rappenberg 152-4c
Rappenhof 152-4b
Rasenweg (3) 151-7a
Rathausgäßle (9) 127-9a
Rebenweg 127-12b
Rechbergstraße (6) 127-7a
Regenbogenweg (13) 151-7a
Reichenberger Straße 151-3a
Reinold-Vöster-Straße 127-11c
Renninger Straße 151-2a
Reutlinger Straße 151-3c
Riedstraße 151-2a
Riedwiesenstraße 151-3c
Riegeläckerstraße 151-4c
Rilkestraße 127-12a
Robert-Bosch-Straße 151-7a
Robert-Koch-Straße 43-A3 + 127-11d
Römersteiner Weg 151-1b
Römerstraße 43-B2 + 127-12c
Röntgenstraße 127-6c
Rötestraße 127-7c
Rohrhalde 152-4c
Rohrweg 151-7a
Roseggerstraße 127-11c
Rosengartenstraße 151-7b
Rosenstraße 127-5d
Rotdornweg (5) 43-B3
Rotenrain 151-3d
Rubensstraße 127-5d
Rübezahlweg 151-3a
Ruitwald 151-4d
Ruitwiesen 151-4d
Rutesheimer Straße 127-10b

Salzburger Straße 151-2b
St.-Lorenz-Weg (8) 127-9a
St.-Michael Straße (5) 127-9a
Schafstraße 127-7a
Scheffelmühle 127-8d
Scheffelrain 127-8d
Scheffelstraße 127-11a
Schelklinger Weg (13) 151-2a
Schellingstraße 43-A2 + 127-11d
Schertlenswaldhof 126-9c
Schießrainstraße 127-7c
Schilfweg (6) 151-7b
Schillerstraße 127-9a
Schlegelstraße 43-A3 + 151-2b
Schlehenweg (6) 43-B3

Schleiermacherstraße 43-B2 + 127-12c
Schloßhof (3) 43-A1
Schloßstraße 43-A1
Schmalzäckerstraße (8) 127-7c
Schmalzstraße 43-B1 + 127-12a
Schmigalla-Straße 151-3c
Schöckenrain 127-8a
Schopflochweg 151-1b
Schubartstraße 127-10b
Schulstraße 151-7b
Schumisberg 152-4a
Schwabstraße 127-11a
Schwalbenweg (9) 151-7b
Schweizermühle 127-11c
Seeäckerstraße 151-2b
Seedammstraße 43-B2
Seehaus 152-4d
Seestraße 43-B1 + 127-12a
Seitenstraße 151-2a
Silberberg 150-3a
Silcherstraße 127-11c
Sindelfinger Weg 151-7b
Sonnenhof 127-6c
Sonnenstraße 127-6c
Spaichinger Weg (7) 151-1b
Stadtpark 43-A3 + 127-11d
Starenweg 150-3a
Staufenstraße (5) 127-7a
Steigwaldstraße 151-7b
Steigweg 151-2d
Steinbeisstraße 127-11c
Steinbockweg (17) 127-8d
Steinbruchweg 127-8b
Steinheimer Weg 151-2a
Steinstraße 43-B2 + 127-12c
Stettiner Straße 151-3a
Stöckhofstraße 151-7a
Stohrerstraße 43-A2 + 127-11b
Strohgäustraße 127-8d
Stuttgarter Straße 43-B1 + 127-12a
Südrandstraße 151-2c
Südstraße 127-8b

Tailfinger Weg 127-11c
Talackerstraße 151-7b
Talhof 151-7b
Talstraße 127-7c
Teckstraße 127-7a
Telemannstraße 127-9b
Theodor-Heuss-Straße 127-8b
Thomas-Mann-Straße 127-11c
Thorner Straße (11) 151-3a
Tiefenbach 151-1c
Tilgshäuslesshof 127-9d
Tilgshäuslesmühle 127-9b
Tilgshäuslesweg 127-9c
Tilgshausenstraße 127-9b
Tilsiter Straße (6) 151-3a
Tiroler Straße 151-3a
Törlensweg 43-B1
Tonweg 127-9a
Torfstraße 151-2a
Trochtelfinger Weg (17) 127-10d
Trochtelfinger Weg (6) 127-10d
Truchsessenstraße 127-9a
Tübinger Straße 151-3c
Tulpenstraße 151-2b
Tunnelstraße 127-12d
Tuttlinger Straße 151-1b

Überkinger Weg (11) 151-2a
Uhlandstraße 127-5d
Ulmenstraße 127-6c
Ulmer Straße 151-3b
Unter der Riedhöhe 127-5d
Untere Burghalde 127-12a
Unterer Birkenweg (4) 127-12d
Unterer Ehrenbergweg 151-3d
Unterer Ezachweg 151-2a
Unterer Schützenrain 127-12a
Unterer Weg 152-7c
Untere Tannenbergstraße (4) 151-3b
Uracher Straße 151-2a

Varnbülerstraße 127-9b
Veilchenweg (5) 151-7b
Vordere Rauäcker 127-9d
Vorderer Ehrenbergweg 151-3d

Wacholderweg 43-B3 + 127-12c
Wachtelweg (8) 151-7b
Walter-Flex-Straße 43-A2
Walter-Helmes-Weg 127-8d
Wannerhof 128-7c
Warmbronn 151-4d
Warmbronner Weg 150-3a
Wasserbachstraße 150-3a
Weidenweg 151-2a
Weilheimer Weg (1) 151-1b
Weinbergstraße 127-9b
Wengertgasse 126-9b
Werrengasse 127-9a
Westerheimer Weg (16) 151-2a
Wettegartenstraße 127-8b
Wichernweg 151-3b
Wielandstraße 127-10b
Wieselweg 127-8d
Wiesensteiger Straße 151-2a
Wiesenstraße 151-7b
Wilhelm-Busch-Straße 151-7b
Wilhelmstraße 151-2a
Winterrain 151-1a

Zeisigweg 151-7b
Zeppelinstraße 43-A3 + 127-11d
Zollernstraße 127-7a
Zwerchstraße 43-A1

Leutenbach
(Rems-Murr-Kreis)
PLZ 71397

Adlerstraße 102-10c
Ahornweg (1) 118-1b
Alte Weinsteige (3) 101-12d
Am Brücklesbach 102-11c
Am Hungerberg 118-1d
Amselweg 102-11a
Am Überbach 118-1c
Auenstraße 118-1c
August-Lämmle-Straße (4) 118-1b

Bachstraße 118-1d
Backnanger Weg 102-11b
Bahnhofstraße 102-11b
Beethovenstraße (3) 118-1b
Bergstraße 101-12d
Birkachweg (2) 101-12d
Blumenstraße 102-11d
Bonisweg (2) 118-1d
Brahmsstraße 118-1b
Brombeerweg (2) 118-1d
Brucknerstraße 118-1b
Bruckwiesenweg 102-11b
Brückenstraße 118-1d
Brühlstraße 101-12d
Brunnenstraße 118-1d
Brunnwiesen 118-2c
Burgstaller Straße 118-1b

Dahlienweg (7) 102-11d
Daimlerstraße 102-12a
Drosselweg (1) 102-11b

Eibenweg 101-12c
Eichendorffstraße 101-12d
Eichengrund 118-1c
Eichenweg 118-1b
Erbstetter Straße 102-11a
Erlenweg (1) 101-12c

Falkenweg 101-12d
Fasanengarten 118-2c
Finkenweg 102-11a
Fliederstraße 102-11b
Friedenstraße (4) 101-12b
Friedhofstraße 101-12d
Friedrich-Köhnlein-Straße (6) 101-12d
Fröbelstraße 101-12d

Gartenstraße 118-1d
Geisäcker 101-12b
Goethestraße 101-12d
Gollenhofer Straße 101-12a
Gollenholzweg 101-12a

Häfnerstraße (6) 102-11c
Haldenstraße 118-1c
Hasenäckerstraße 101-12c
Hauffstraße (11) 101-12d
Hauptstraße 118-1b
Haydnstraße 118-1b
Heidenhof 102-7c
Heidenhofer Straße 101-12d
Hertmannsweiler Weg 102-11c
Hirschgasse (5) 118-1b
Hölderlinstraße 118-1a
Hohe Straße 101-12d
Holunderstraße 118-1d

Im Gehrn 102-10a
Im Gollenhof 101-12a
Im Grund 118-1c
Im Heiler 118-2a
Im hohen Bild 102-10b
Im Hummerholz 101-12c
Im Seidenbäumle 101-12c
Im Ziegelberg 101-12c
In den Hofäckern 101-12c
In den Vogelgärten 101-12c
In der Steige 101-12d
Industriestraße 102-12a

Jägersgarten 118-1d
Jahnstraße 118-1a
Jasminweg (1) 118-1c

Kelteräcker 101-12b
Kernerweg (8) 101-12d
Kirchgasse (3) 102-11b
Kleewiesen 118-2a
Kleewiesenäcker 118-2a
Kleines Feldle 102-11b
Kleiststraße (10) 101-12d
Kornblumenstraße 102-11d
Krokusweg (10) 102-11b
Kurze Straße (11) 118-1d

Landhausstraße 101-12d
Lehenstraße 118-1c
Lehmgrubenweg 118-1d
Lenaustraße 118-1a
Lerchenstraße 101-12d
Lessingweg (9) 101-12d
Leutenbacher Straße 102-11c
Ligusterweg (4) 118-1d
Lilienweg 102-11b
Lisztweg (13) 118-1b
Löweweg (15) 118-1b
Lortzingweg (8) 118-1d

Maienstraße (5) 102-11c
Maybachstraße 102-11d
Meisenweg (2) 102-11a
Mendelsohnweg (14) 118-1b
Mörikestraße 118-1b
Mozartstraße 118-1b
Mühlefeldstraße 118-1d

Narzissenweg (11) 102-11d
Nelkenstraße (4) 102-11d
Nellmersbacher Straße 118-1d

Ob dem Rotenbühlweg 118-2a
Orffweg (7) 118-1b
Oststraße 102-10c

Panoramastraße 101-12c
Pfarrgasse (7) 101-12d

Rathausplatz 118-1d
Regenweg (6) 118-1b
Richard-Wagner-Straße 118-1d
Riedklinge 118-2c
Robert-Bosch-Straße 102-11b
Rosenstraße 102-11d
Rotbachweg (10) 118-1d
Rotenbühlstraße 118-1d

Schillerstraße 101-12d
Schlehenweg (3) 118-1d
Schlüsselweg 102-11b
Schubertstraße 118-1b
Schulberg 101-12d
Schulstraße 102-11a
Schumanweg (12) 118-1b
Schwaikheimer Straße 101-12d
Schwalbenweg 102-11a
Seestraße 118-1d
Silcherstraße 118-1b
Sommerhof 118-1b
Spatzenhof 118-1d
Spatzenhof (9) 118-1d
Steinstraße (12) 101-12d
Stuttgarter Straße 101-12d
Südrandstraße 118-1d

Talstraße 118-1a
Taubenstraße 102-10c
Teckstraße (5) 101-12d
Theodor-Heuss-Straße 118-1b
Tulpenweg (8) 102-11d

Uhlandstraße 101-12d
Untere Winterhalde 102-11c

Veilchenweg (9) 102-11d

Walkmühlenstraße 118-1a
Wallstraße 101-12c
Walzenhalde 118-2a
Weberweg (16) 118-1b
Weidengasse (17) 118-1d
Weiler Straße 102-11c
Weiler zum Stein 101-11d
Weinbergstraße 102-11b
Wiesentalstraße 102-11b
Winnender Straße 118-1d

Zehntscheuergasse (13) 101-12d
Zeisigweg 102-11a
Zum Holderbusch 101-12c
Zwischen den Mehläckern 102-11c

Lichtenstein
PLZ 72805

Ackersteige 307-3b
Ahornweg (5) 307-6d
Alemannenweg 308-1b
Allee 307-3b
Alte Steige 308-4c
Altweg 289-12d
Amselweg (36) 307-3d
Anemonenweg 289-12b
Aufberger Loch 307-9a
Auf der Schanz 308-4d

Bachstraße 307-3b
Baderstraße 307-3a
Bahnhofstraße 307-3d
Baumgartenstraße 289-12b
Beethovenstraße (30) 307-3a
Benzstraße 289-12b
Bergstraße 289-12d
Beringerstraße (1) 308-2a
Birkenweg (41) 307-3d
Bismarckstraße 289-12d
Bleiche 307-3b
Bocksberg 308-5c
Bohlstraße 308-1b
Brahmsstraße (42) 307-3a
Braikestraße 307-3d
Brenkenackerweg 289-12b
Brückenstraße (1) 308-4a
Brühlstraße 308-1c
Brunnenstraße 307-3b
Buchenweg (40) 307-3d
Buchhalde 307-3a
Burgstein 308-1a
Burgsteinstraße 307-3b
Burgstelle 308-4c
Burgstraße 308-1a
Bussenhardtstraße 308-1a

Charlottenstraße 289-12d

Dahlienweg (5) 289-12b
Daimlerstraße 289-12b
Dieselstraße 289-12b
Drosselweg 307-3d

Echazstraße (4) 308-4c
Eichbühlstraße 308-2c
Eichendorffstraße 289-12b
Elfengrottestraße 307-3d
Elsterweg 308-1c
Engestraße (33) 307-3b
Ernst-Glück-Straße 308-4d

Falkenweg (34) 307-3b
Fasanengarten (22) 307-3b
Fichtenweg 290-9a
Finkenweg (37) 307-3d
Fledermaushöhle 308-4c
Fliederweg 308-4a
Föhner 308-4c
Forchenweg 290-9c
Forellenweg 308-4c
Friedenstraße (31) 307-3a
Friedhofweg 289-12d
Friedrich-List-Straße 307-3b
Friedrichstraße 289-12d
Fritz-Ebert-Straße (11) 289-12d

Gallusstraße 308-4c
Gartenstraße 308-1b
Gerokstraße 289-12d

Lichtenwald
PLZ 73669

Löchgau
PLZ 74369

Löwenstein
PLZ 74245

Lorch (Ostalbkreis)
PLZ 73547

Loßburg
PLZ 72290

Forchenweg 294-2c
Friedhofweg 294-2d
Frühlingstraße 276-10c

Gartenstraße 294-2c
Geroldsweiler 294-8b
Glattener Straße 276-10c
Grundweg 294-8d

Hallwiesenweg 294-1a
Heerstraße 294-2d
Heimbachhof 294-12b
Heimbachstraße 294-7d
Hennenbergweg 294-6a
Hinterhofener Straße (3) 294-2d
Höfweg 276-10c
Hohenrainweg 294-2c
Hummelbergweg 276-10d

Im Dobel 276-11d
Im Pfaffenwinkel 294-7c
Im Sonnenwinkel 294-7c
Im Tannenwinkel (2) 294-2c

Kalkofenstraße 294-2d
Kanzelweg 294-11a
Katzengäßle (4) 294-2d
Kirchstraße 294-5b

Leinstetter Straße 294-2d
Lohwiesen 294-5a
Lombach 276-10c
Loßburger Straße 294-2c

Mühleweg 276-11c

Nachtbergweg 294-8c
Neue Straße 294-2d
Neunecker Straße 294-2d

Oberbrändi 294-8d
Oberdorfstraße 294-2d
Oberschnaitertal 294-4c

Panoramastraße 294-2c
Paul-Franz-Straße 294-2d

Römerstraße 294-2d
Romsgrund 294-5c
Ruine Sterneck 294-11a

Salzenweiler 294-11c
Schloßmühle 294-11b
Schloßmühlenstraße 294-11a
Schnaitertal 294-4a
Sonnhalde 294-11a
Steigbaumstraße 294-2d
Sterneck 294-11a
Sternecker Weg 294-8d
Stockhaldenstraße 294-11b

Talweg 294-8d

Unterbrändi 294-9c
Unterbrändiweg 294-8d
Unterdorfstraße 294-5b
Unterschnaitertal 294-4c
Ursental 276-11c
Ursentaler Straße 276-11c

Vogelsang 294-8d

Wäldener Straße 294-7c
Webergäßle 294-2d
Weißer Weg 294-2c
Wiesenhofweg 276-10c
Wittendorf 294-2d
Wößner 294-8b
Wolfäcker 294-11a
Wühlsbach 294-9a

Ziegelbrunnen 294-2d

Ludwigsburg

71640 Aalener Straße 115-2a
71634 Abelstraße 98-11d
71638 Achalmstraße 114-6a
71634 Ackerstraße (10) 98-11a
71638 Adalbert-Stifter-Straße 115-4b
71636 Adolf-Gesswein-Straße 114-1d
71638 Adolf-Schlitter-Straße 115-1c
71642 Affalterbacher Straße 100-10a
71642 Agnes-Miegel-Straße 100-10a
71638 Ahornweg (13) 115-1c
71636 Albert-Ruprecht-Straße 114-1b
71640 Albert-Schöchle-Weg 98-12d
71636 Albrecht-Dürer-Straße 98-11c
71636 Albrechtstraße 114-2a
71634 Alemannenstraße 114-1d
71638 Alleenstraße 114-3a
71634 Alte Gasse (9) 98-12c
71638 Alter Oßweiler Weg 115-1a
71642 Alte Steige 100-10a
71638 Alt-Württemberg-Allee 114-3b
71642 Am Berg 99-7c
71642 Am Brünnele 98-12b
71640 Am Hirschgraben 115-2a
71634 Am Hohlweg (2) 98-11a
71642 Am Neckar 99-7a
71642 Am Ring 99-9d
71634 Amselweg 98-7c
71638 Am Sonnenberg 115-4a
71636 Am Wasserfall 114-1d
71640 Am Zuckerberg 98-12d
71640 Anlagenstraße 98-12d
71640 Anna-Neff-Straße 99-11c
71636 Arndtstraße 98-11c
71638 Arsenalgarten 114-3a
71638 Arsenalplatz 114-3a
71638 Arsenalstraße 114-3a
71634 Asperger Straße 98-11d
71636 Asperger Straße (Pflugfelden) 114-4a
71642 Asternweg (7) 99-7d
71640 Auf dem Wasen 99-10c
71642 Auf den Felsen 99-9d
71638 Auf der Karlshöhe 114-3d
71640 Auf der Schanz 115-2c
71638 Auf der Wart 114-6b
71634 August-Bebel-Straße 98-11d
71642 Auguste-Supper-Straße 98-12b
71640 August-Lämmle-Straße 115-2a
71642 Austraße 99-7d

71634 Bachstraße 98-10b
71642 Badstraße 99-10a
71642 Bäckergasse 99-7c
71640 Bäderwiesen 99-11c
71634 Bärenstraße (11) 98-12c
71638 Bahnhofstraße 114-2b
71634 Baldeckstraße 98-10b
71636 Balinger Straße 114-1d
71640 Baltenstraße 115-2a
71642 Bangertsweg 99-7a
71634 Banzhafstraße 98-10b
71634 Bauhofstraße 98-12c
71638 Bebenhäuser Straße 115-1a
71638 Beethovenstraße 99-10c
71634 Bei der Katholischen Kirche (10) 98-12c
71642 Beihinger Straße 98-9d
71640 Beim Kirchhof 99-11c
71636 Beim Rathaus 114-1d
71642 Belchenweg 99-7b
71636 Belschnerstraße 114-2a
71636 Benzengasse 114-1d
71642 Bergstraße 99-7d
71638 Berliner Platz 115-1a
71634 Besigheimer Straße 98-8c
71640 Beskidenstraße 115-1b
71640 Bessarabienstraße 99-10b
71634 Beuttenmillerhof (1) 98-11a
71642 Beuzlen 99-8a
71636 Beyerstraße 114-2d
71640 Bidembachstraße (16) 99-11c
71634 Bietigheimer Straße 98-12c
71642 Birkenrain 100-10c
71642 Birklenstraße 99-7d
71634 Bismarckstraße 98-11b
71634 Bissinger Straße 98-8c
71640 Bittenfelder Straße 115-2b
71636 Blücherstraße 98-11c
– Blühendes Barock 98-12c
71638 Blumenstraße 114-2b
71638 Bodelschwinghstraße 114-6b
71634 Bönnigheimer Straße 98-8c
71634 Bogenstraße 98-11d
71642 Bottwartalstraße 98-12b
71638 Bozener Straße 114-3c
71638 Brahmsweg 99-10d
71640 Brandenburger Straße 115-2a
71636 Brenzstraße 114-2b
71638 Breslauer Straße 115-1c
71638 Brucknerstraße 99-10c
71642 Brückenstraße 99-7d
71640 Brühlstraße 115-2a
71638 Brünner Straße 115-1a
71642 Brunnengasse (17) 99-7c
71640 Brunnenstraße 115-2a
71638 Buchenweg (15) 115-1c
71642 Buchnerstraße 99-11a
71640 Bührerstraße 99-10b
71642 Bunsenstraße 99-12d
71638 Bunzstraße 114-3d
71642 Burgenlandstraße 99-7b
71642 Burgertstraße (10) 99-8c
71642 Burghaldenstraße 99-9d
71640 Burgstraße 115-2a
71642 Burgweg 98-9b

71640 Cäsar-von-Hofacker-Anlage 99-10d
71634 Calwer Straße 98-11a
71642 Cannstatter Straße (6) 99-10a
71634 Carl-Benz-Straße 97-9b
71642 Carl-Diem-Straße 99-7d
71636 Carl-Goerdeler-Straße 114-2c
71640 Carl-Maria-von-Weber-Straße 99-10c
71642 Carl-Zeiss-Straße 99-11a
71634 Charlottenstraße (2) 98-12c
71636 Christophstraße 114-2b
71638 Comburgstraße 99-10d
71640 Corneliusstraße 99-10c
71642 Cottastraße 99-10a
71640 Crailsheimer Weg 115-1d

71638 Dachsweg 115-1c
71640 Dahlienweg 99-10b
71636 Daimlerstraße 114-5a
71638 Damaschkestraße 115-1a
71636 Danneckerstraße 98-11d
71638 Danziger Straße 115-1c
71634 Denkendorfer Straße 114-1d
71636 Dieselstraße 114-2c
71642 Dietrich-Bonhoeffer-Weg (5) 99-8a
71642 Ditzenbacher Straße (5) 99-7c
71636 Ditzinger Straße 114-1c
71642 Dobelweg (1) 99-7b
71638 Donaustraße 115-4b
71636 Dorfstraße 114-1d
71634 Dornierstraße 97-9b
71638 Dragonergässle 114-3a
71636 Drittelshof (6) 114-1d
71634 Drosselweg 98-7d
71642 Droste-Hülshoff-Straße 100-10a
71636 Dürrstraße 114-2d

71642 Ebelstraße 99-7c
71634 Eberhardstraße 98-12c
71636 Eckeneroztraße 114-2d
71638 Eckstraße 114-3a
71634 Eduard-Krauß-Straße 98-10b
71634 Eduard-Spranger-Straße (5) 98-8d
71638 Egerländer Straße 115-1c
71634 Eglosheim 98-7d
71636 Eglosheimer Straße 114-1d
71638 Eichendorffstraße (1) 115-4b
71638 Eichenweg (14) 115-1c
71636 Einsteinstraße 114-2c
71636 Eisenbahnstraße 114-3c
71638 Elbestraße 115-4a
71638 Elbinger Straße 115-1c
71640 Elfriede-Breitenbach-Straße 99-10d
71634 Elisabeth-Kallenberg-Weg 98-12c
71640 Elisabeth-Kranz-Straße 99-10d
71640 Ellwanger Straße 115-2c
71638 Elmar-Doch-Straße 114-3c
71642 Emil-Bühler-Straße (4) 100-7c
71642 Emil-Kraft-Straße (1) 99-9d
71636 Engelbergstraße 114-1c
71636 Enzstraße 114-1d
71636 Erbestraße 98-11c
71642 Erdmannhäuser Straße 100-7c
71638 Erich-Schmid-Straße 114-3c
71640 Erikaweg 99-10b
71640 Erlachhofstraße 98-12d
71638 Erlenweg 115-1c
71636 Ernst-Bauer-Straße 98-11c
71640 Ernst-Kauffmann-Straße 99-10c
71642 Erwin-Ackerknecht-Straße 98-12b
71636 Erwin-Bälz-Straße 114-1d
71642 Erwin-Rommel-Straße 99-8a
71636 Eugen-Bolz-Straße 98-10d
71638 Eugen-Nägele-Straße 115-1c
71638 Eugenstraße 114-3b

71642 Fährstraße 99-7d
71642 Faldernstraße 99-7b
71634 Falkenweg 98-7c
71638 Fasanenstraße 114-3b
71634 Favoritegärten 98-12a
– Favoritepark 98-9c
71642 Feldbergweg 99-7b
71640 Feldgärten (17) 99-11c
71640 Fellbacher Straße 115-2c
71640 Fichtestraße 98-12d
71634 Finkenweg 98-10a
71634 Fischbrunnenstraße (3) 98-11a
71642 Flattichstraße 98-9d
71642 Fleckenweinberge 100-10a
71640 Fliederweg 99-10b
71640 Flurstraße 115-2a
71634 Föhrstraße 98-10a
71636 Franckstraße 114-2b
71634 Frankfurter Straße 98-8c
71638 Frauenried 115-4b
71642 Fraunhoferstraße 99-12d
71636 Friedenstraße 114-2c
71638 Friedrich-Ebert-Straße 114-3a
71636 Friedrich-Engels-Straße 114-2c
71642 Friedrich-Keller-Straße (8) 99-7d
71636 Friedrich-List-Straße 114-2c
71636 Friedrich-Naumann-Straße 114-2a
71636 Friedrichstraße 114-3c
71640 Friesenstraße 115-1b
71636 Frisonistraße 98-11d
71634 Fröbelstraße 98-11b
71638 Fuchshofstraße 115-1a

71640 Gämsenbergstraße 99-10b
71636 Gänsfußallee 114-2a
71638 Gartenstraße 98-12c
71642 Gartenweinberge 99-12b
71634 Gaußweg 97-9b
71638 Gebhard-Müller-Allee 114-3b
71640 Gegen Eich 99-11c
71634 Geisinger Straße 98-8c
71640 Geisnangstraße 99-10c
71638 Georg-Kropp-Straße 115-1c
71638 Gerhart-Hauptmann-Straße (2) 115-4b
71642 Gerokstraße 99-11a
71638 Geschwister-Scholl-Straße 115-1c
71638 Gewächshausweg 114-3a
71640 Gewerbepark Oßweil 115-2b
71638 Gießhausstraße 114-3c
71642 Gladiolenweg 99-7d
71636 Glemsstraße 114-1d
71640 Gmünder Straße 115-2a
71636 Gneisenaustraße 98-11c
71636 Göppinger Straße 114-1d
71638 Goetheplatz 114-3c
71638 Goethestraße 114-3c
71640 Gotenstraße (9) 115-2a
71634 Gottlieb-Dilger-Straße 98-10b
71636 Gottlieb-Molt-Straße 114-2b
71634 Gräbenäcker 98-11a
71642 Gräterstraße 99-8c
71642 Grasiger Weg 100-10b
71642 Gregor-Mendel-Straße 98-12b
71640 Griesengasse (12) 115-2a
71636 Groenerstraße 114-1b
71638 Grünbühl 115-4b
71642 Grundweinberge 99-8c
71638 Gutenbergstraße 115-1a

71642 Hackstraße 98-9d
71640 Händelstraße 99-10c
71634 Härtestraße 98-11a
71642 Häslenweg 99-7d
71640 Häusinger Weg 115-2a
71642 Hag 100-8c
71634 Hagenäcker (1) 98-8c
71636 Hagenmeyer-Straße 114-2d
71634 Hahnenstraße 98-11a
71642 Haldenstraße 99-9d
71640 Haller Straße 115-2c
71638 Hammerstraße 115-1a
71640 Hanseatenstraße 115-1b
71638 Hanselmannstraße 98-7d
71634 Hans-Römer-Weg 98-11a
71638 Hans-Sachs-Straße 114-3c
71636 Hans-Thoma-Straße 98-11c
71640 Hans-Winter-Straße 99-10c
71640 Harteneckstraße 99-10c
71638 Hartensteinallee 114-3c
71634 Hartmannstraße 98-10a
71642 Hartstraße 99-7c
71638 Hartwigstraße 115-1c
71634 Hasenläufe 98-9a
71636 Hauffstraße 114-2a
71642 Hauptstraße 99-7d
71634 Hecklestraße 98-11a
71640 Hegelstraße 98-12d
71640 Hegnacher Straße 115-2a
71642 Heilbadweg 98-12b
71634 Heilbronner Straße 98-11b
71642 Heiligenäcker 98-12b
71642 Heimengasse 99-7c
71634 Heinkelstraße 98-7a
71642 Heinrich-Heine-Straße (11) 99-7d
71642 Heinrich-Hertz-Straße (12) 100-10a
71636 Heinrich-Schweitzer-Straße 98-11c
71642 Helfensteiner Straße (21) 99-7b
71642 Hermann-Hesse-Straße 99-8c
71640 Hermann-Löns-Straße 115-2a
71640 Hermann-Schuon-Straße 99-10d
71642 Hermann-Seeger-Straße (3) 100-7c
71634 Hermannstraße (4) 98-12c
71642 Hermann-Wißmann-Straße 99-7b
71636 Herrenberger Straße (4) 114-1d
71636 Herrschaftsweg 114-1d
71634 Heuchelbergstraße 98-11a
71634 Heutingsheimer Straße 98-8c
71634 Heuweg 98-8c
71640 Hiltenfurtstraße (11) 115-2a
71638 Hindenburgstraße 114-3b
71640 Hinter der Holderburg 115-2a
71642 Hintere Straße 99-12b
71634 Hirsauer Straße 98-11a
71634 Hirschbergstraße 98-10a
71640 Hirschstraße 115-2a
71634 Hirthstraße 97-9b
71642 Hochberger Straße 100-10c
71642 Hochdorfer Straße 100-10a
71642 Hölderlinstraße 98-12b
71640 Hörnleshalde 99-10c
71636 Hoferstraße 114-2a
71636 Hoffeldstraße 114-1d
71636 Hoffmeisterstraße (13) 98-11c
71640 Hofweg 115-1b
71642 Hoheäcker 98-9b
71642 Hoheneck 98-9c
71642 Hohenloher Straße 99-7c
71642 Hohenrainstraße 99-7b
71638 Hohenstaufenstraße 114-3c
71638 Hohenzollernplatz 114-3c
71638 Hohenzollernstraße 114-3c
71640 Hoher Pfad 115-2a
71636 Holbeinstraße 98-11c
71640 Holderstraße 115-2a
71640 Holsteiner Straße 115-1b
71636 Holzmarkt 98-12c
71634 Holzmarktstraße (7) 98-12c
71642 Holzweg 100-7c
71634 Hospitalstraße 98-12c
71642 Hubertusstraße 98-12b
71642 Hüberäcker 99-8b
71640 Hugo-Wolf-Straße (3) 99-10d
71640 Hulda-Goes-Weg 99-11c
71642 Humboldtstraße 99-12b
71634 Hundshalde 98-10b
71642 Hungerberg 99-7c
71642 Hurtäckerstraße 99-7b

71638 Iltisweg 115-1c
71636 Im Böblinger (14) 98-11c
71634 Imbröderstraße 98-11d
71636 Im Hafer 114-1c
71642 Im Kechler 99-9d
71636 Im Korn 114-1c
71636 Im Lerchenholz 114-5b
71636 Im Mais 114-1c
71642 Immanuel-Dornfeld-Straße (22) 99-7b
71636 Im Obstgarten 114-4b
71636 Im Osterholz 114-1b
71642 Im Pfädle 100-10b
71636 Im Roggen 114-1c
71638 Im Tambour 114-6a
71638 Im Vogelsang 114-3d
71636 Im Weizen 114-1c
71642 Ina-Seidel-Straße 100-10a
71636 In den Baumwiesen (8) 114-1d
71638 In den Sonnengärten 115-4a
71636 In der Gerste 114-1d
71642 Ingeborg-Bachmann-Straße 100-10a
71634 Ingersheimer Straße 98-8c
71640 Ipfstraße 115-1b
71642 Irisweg 100-10c
71642 Isolde-Kurz-Weg (13) 99-8c

71638 Jägerhofallee 114-3b
71638 Jägerstraße 114-3c
71642 Jagststraße 99-7c
71642 Jahnstraße 100-10a
71636 Jakob-Ringler-Allee 114-3b
71634 Jakob-Seyfang-Straße 98-10b
71636 Jenischstraße 114-1b
71634 Johannes-Buhl-Straße 98-10a
71636 Johannesstraße 98-11c
71634 Johann-Nette-Straße 98-12a
71642 Johann-Peter-Hebel-Straße 99-8c
71634 Jommellistraße 99-10c
71640 Joseph-Haydn-Straße 99-10c
71642 Julius-Knorpp-Straße 98-12b
71634 Junkersstraße 97-9b
71636 Justinus-Kerner-Straße 114-2a

71636 Kärntner Straße 98-11c
71642 Kästnerstraße 99-8c
71634 Kaffeeberg 98-12c
71634 Kaiserstraße 98-11c
71640 Kaltentalstraße 99-11c
71636 Kammererstraße 114-2d
71640 Kantstraße 99-10c
71636 Karl-Dieter-Straße 114-1d
71636 Karl-Haußmann-Straße 114-1d
71640 Karl-Heinrich-Käferle-Straße 115-2b
71636 Karl-Hüller-Straße 114-2a
71636 Karl-Marx-Straße (18) 114-2d
71634 Karl-Massa-Straße 98-11b
71636 Karl-Peters-Straße (8) 98-11a
71636 Karl-Pfizer-Straße 114-1b
71638 Karlsplatz 114-3a
71636 Karlsruher Allee 114-1c
71638 Karlstraße 114-3a
71638 Kastanienallee 115-1c
71634 Katharinenstraße 98-11a
71640 Keltenstraße 115-1b
71642 Kelteräcker (11) 100-7c
71642 Keltergasse (16) 99-7c
71642 Kelterplatz 100-7c
71636 Keplerstraße 114-2b
71642 Kindergartenweg 99-7d
71634 Kirchstraße 98-12c
71636 Kleines Feldle 114-1c
71634 Klosterhof (4) 98-11a
71642 Kniebisweg (2) 99-7b
71642 Kocherstraße 99-7c
71636 Köhlstraße 114-2d
71638 Königinallee 114-3d
71638 Königsallee 114-3b
71638 Königsberger Straße 115-1c
71634 Körnerstraße 98-12c
71640 Konradin-Kreutzer-Straße 99-10c
71636 Kopfstraße 114-3c
71640 Kornbeckstraße 99-10d
71640 Kornblumenweg (6) 115-1b
71636 Korntaler Straße (5) 114-1d
71640 Kornwestheimer Straße 115-1b
71642 Krämerstraße 99-7d
71642 Kreisauer Weg (6) 99-8a
71634 Kreuzäcker 98-11a
71634 Kreuzstraße 98-11d
71634 Kronenstraße (5) 98-12c
71640 Kühäckerstraße 115-2a
71640 Kürnbergstraße 115-1b
71642 Kugelberg 98-9d
71638 Kuhländler Weg (16) 115-1c
71636 Kurfürstenstraße 98-11d

71642 Lammgasse (5) 100-7c
71642 Landäckerstraße 99-7b
71634 Landhausstraße 98-11d
71640 Lange Straße 115-2a
71642 Lauffenstraße 99-9d
71634 Laufgasse 98-12c
71642 Laurentiusstraße 99-11a
71642 Lechtstraße 99-7d
71638 Legerweg 114-3b
71642 Lehenstraße 99-7d
71642 Lehmgrubenstraße 100-10a
71636 Leinfeldener Straße (3) 114-1d
71642 Leinpfad 99-7d
71642 Lembergblick 100-7c
71642 Lembergstraße 99-7d
71642 Lenauweg (15) 99-8c
71642 Lenzstraße 100-10a
71638 Leonberger Straße 114-3a
71642 Leuschnerstraße (3) 99-8a
71642 Leutenbacher Straße 100-7c
71634 Lichtäcker 98-8d
71642 Lichtenbergstraße 99-7c
71642 Liebenzeller Straße 98-12b
71636 Liebigstraße 114-1a
71634 Lilienthalweg 97-9b
71640 Lilienweg 99-10b
71634 Lindenstraße 98-12c
71642 Löwensteiner Straße 98-9d
71640 Lorcher Straße 115-2c
71640 Lortzingstraße 99-10c
71636 Ludwig-Richter-Straße (12) 98-11c
71642 Ludwigsburger Straße 99-7c
71634 Ludwigsburg-Nord 97-9b
71634 Lüderitzstraße 98-8c
71636 Lützowstraße 98-11c
71642 Luginsland 99-9d
71636 Luisenweg 98-11c
71642 Luise-Rinser-Straße (8) 100-7c

– Märchengarten 98-12d
71634 Maurach 98-8c
71640 Mainhardter Straße 115-1b
71640 Mainzer Allee 99-10c
71642 Makenhof 99-6a
71642 Marbacher Straße 98-12d
71638 Marderweg 115-1c
71640 Margaretenweg (5) 115-1b
71642 Marie-Luise-Kaschnitz-Weg (9) 100-7c
71636 Marienburgstraße 98-11c
71634 Marienstraße 98-12c
– Marienwahl 98-11d
71634 Markgröninger Straße 98-10b
71634 Marktplatz 98-12c
71634 Marstall 98-12c
71634 Marstallstraße 98-12c
71640 Mathildenhof 98-12d
71638 Mathildenstraße 114-3a
71634 Maulbronner Straße 98-11a
71640 Mauserstraße 115-2b
71638 Max-Elsas-Straße 114-3b
71642 Max-Eyth-Straße 99-8d
71640 Max-Holland-Straße 99-10c
71640 Max-Reger-Straße 99-10d
71636 Maxstraße 98-11d
71634 Maybachstraße 97-9b
71640 Meiereistraße 99-10c
71634 Meisenweg 98-7c
71638 Memelstraße 115-4a
71640 Mendelssohnstraße 99-10c
71638 Meraner Straße 114-3c
71634 Mergentheimer Straße 98-12b
71636 Metterstraße 114-1d
71634 Michaelsbergstraße 98-8c
71638 Missouristraße 115-4a
71642 Mitländerstraße 100-10b
71636 Möglinger Straße 114-1c
71640 Mömpelgardstraße 98-12d
71640 Mönchfeldstraße 115-1b
71636 Mößnerweg 114-3d
71638 Moldaustraße 115-4b
71634 Moltkestraße 98-11d
71634 Monrepos 98-8a
71634 Monrepossfraße 98-11a
71634 Montessoriweg (3) 98-8d
71634 Moserstraße 98-11d
71640 Mozartstraße 99-10c
71642 Mühläckerstraße 99-12b
71640 Mühlhäuser Straße 115-2c
71640 Mühlstraße 98-12d
71636 Münchinger Straße 114-1d
71636 Muldenäcker 114-2c
71634 Mundelsheimer Straße (2) 98-8d
71640 Murrhardter Straße 115-1b
71638 Myliusstraße 114-3a
71634 Nagoldstraße 98-11a
71640 Naststraße 99-10b
71642 Neckarblick 99-9d
71640 Neckargröninger Straße 115-2a
71642 Neckarhalde 99-7b
71640 Neckarremser Straße 115-2a
71638 Neckarstraße 99-10c
71642 Neckartalstraße 99-10b
71642 Neckarweihingen 99-8a
71640 Neckarweihinger Straße 99-11c
71638 Neißestraße 115-4b
71642 Nelkenweg 99-7d
71642 Nelly-Sachs-Straße (10) 100-10a
71636 Nettelbeckstraße 98-10d
71638 Netzestraße 115-4b
71636 Neubertstraße (19) 114-2d
71642 Neue Straße 99-7d
71634 Neue Weingärten 98-10b
71638 Neuffenstraße 114-3c
71640 Neuhalde 98-12d
71640 Niedersachsenstraße 115-1b
71636 Nippenburgstraße 114-1c
71642 Nordstraße 99-9d
71640 Nothaftstraße 99-11c
71638 Notterstraße 115-1a
71634 Nussackerweg 98-11a

71640 Ob dem Schloss 115-2a
71642 Obere Gasse 99-7c
71636 Obere Kasernenstraße (1) 98-12c
71634 Obere Marktstraße (12) 98-12c
71634 Obere Reithausstraße 98-12c
71642 Odenheimstraße 99-9d
71638 Oderstraße 115-4b
71642 Ölmühle 99-7a
71634 Östlicher Parkweg 98-9c
71642 Ohmstraße 99-12b
71638 Olgastraße 114-3d
71642 Oscar-Paret-Straße 98-12b
71636 Oscar-Walcker-Straße 114-2d
71640 Oßweil 99-11c
71636 Osterholzallee 98-10d
71642 Ostertagstraße (4) 99-7c
71634 Osterwiese (9) 98-11a
71638 Oststraße 114-3d
71638 Otto-Geßler-Straße 115-1a
71642 Otto-Hahn-Straße 99-11a
71642 Otto-Konz-Weg 99-10b

71642 Panoramaweg 99-7d
71642 Parkstraße 99-7c
71638 Pater-Kolbe-Straße 115-1a
71642 Paulinenstraße 100-10a
71640 Paul-Lemberger-Straße 115-2a
71642 Paul-Scholpp-Straße (2) 100-7c
71638 Paulusweg 114-3d
71634 Pestalozziweg (4) 98-8d
71634 Peter-Eichert-Straße 98-8d
71640 Pfalzstraße (8) 115-2a
71642 Pfarrstraße 99-7d
71636 Pflugfelden 114-4a
71636 Pflugfelder Straße 114-2b
71642 Philipp-Reis-Straße 100-10a
71640 Planckstraße 98-12d
71634 Pleidelsheimer Straße 98-8c
71640 Pommernstraße 115-1b
71642 Poppenweiler 99-12a
71640 Poppenweilerstraße 115-2a
71634 Porschestraße 98-7a
71638 Porzellanallee 114-3b
71638 Posener Straße 115-1c
71640 Posilipostraße 98-12d
71634 Postgässle 98-12c
71638 Pregelstraße 115-4b
71638 Preyßstraße 114-3c

71642 Quergasse 100-10a

71636 Raiffeisenstraße 114-2a
71642 Rappenauer Weg 99-10a
71642 Rathausgasse (7) 100-10a
71638 Rechbergstraße 114-6a
71638 Reichenberger Straße 115-1a
71642 Reichertshalde 98-12b
71642 Reinhold-Maier-Straße 100-10a
71634 Reithausberg (3) 98-12c
71634 Reithausplatz 98-12c
71638 Remsweg 115-1a
71636 Rettistraße 98-11c
71634 Reuteallee 98-11b
71636 Rheinlandstraße 114-2a
71642 Ricarda-Huch-Straße 100-10a
71642 Richard-Arnold-Straße 98-9d
71638 Richard-Wagner-Straße 114-3c
71638 Riedle 115-1d
71634 Riedstraße 98-10b
71642 Rieslingweg (18) 99-7b
71642 Rilkestraße 99-8c
71636 Robert-Bosch-Straße 114-1d
71638 Robert-Franck-Allee 114-3c
71640 Robert-Koch-Straße 99-10c
71642 Robert-Markovac-Straße (9) 99-7d
71636 Robert-Mayer-Straße 114-2c
71642 Römerhofstraße 98-9d
71636 Römerhügelweg 114-2d
71640 Röntgenstraße 98-12d
71634 Rosenackerweg 98-11a
71642 Rosensteinweg 100-7c
71640 Rosenstraße 98-12d
71640 Rotbäumlestraße 115-2a
71642 Rotenbergstraße 99-7c
71640 Rudolf-Greiner-Straße 115-1b
71636 Ruhrstraße 114-2b

71636 Saarstraße 114-2d
71634 Sachsenheimer Straße 98-8c
71636 Salonallee 114-6a
71638 St.-Charles-Ring 115-4a
71638 St.-Georg-Straße 100-10a
71642 St.-Urban-Weg 99-8c
71642 Schäferstraße 98-9d
71636 Schafhofgärten (16) 114-2b
71636 Schanzenbachstraße (17) 114-2b
71636 Scharnhorststraße 98-11c
71642 Schauinsland 99-7b
71642 Schefenäckerweg 100-10b
71642 Scheffelstraße 99-8c

71636 Schenkendorfstraße 98-11c
71638 Schillerplatz 114-3a
71638 Schillerstraße 114-2b
71636 Schillstraße 98-11c
71636 Schlachthofstraße 114-2b
71634 Schlesierstraße 98-7d
71636 Schlieffenstraße 114-1b
71640 Schlösslesweg 99-10b
71642 Schlossgut Harteneck 99-10b
71634 Schlossstraße 98-12c
71640 Schmidener Straße 115-2b
71634 Schmiedgässle (6) 98-12c
71636 Schönbeinstraße 114-2c
71642 Schönbuchstraße 99-9d
71638 Schorndorfer Straße 98-12c
71638 Schubartstraße 115-1a
71634 Schützenplatz 98-11d
71634 Schützenstraße 98-11d
71638 Schulgasse 114-3a
71636 Schultheiß-Köhle-Straße (1) 114-1c
71640 Schumannstraße 99-10d
71642 Schurwaldstraße 99-9d
71642 Schussenstraße 98-12b
71642 Schwabstraße 99-10a
71642 Schwaikheimer Straße 100-10a
71634 Schwalbenweg 98-7d
71640 Schwarzäckerstraße 115-1b
71642 Schwarzwaldstraße 99-7b
71636 Schwieberdinger Straße 114-1c
71634 Seeäcker 98-8a
71634 Seeschloss 98-8a
71634 Seeschlossallee 98-8a
71638 Seestraße 114-3a
71638 Senefelderstraße 115-1a
71638 Siebenbürger Straße 115-1c
71642 Siegelhäuser Straße 100-7c
71636 Siegesstraße 114-2d
71636 Siemensstraße 114-2c
71634 Sigillataweg 98-12b
71634 Sigmund-Freud-Straße 98-12b
71636 Silcherstraße 114-3c
71642 Silvanerweg (20) 99-7b
71640 Simanowizstraße 99-10b
71636 Solitudeallee 114-2d
71636 Solitudestraße 114-3a
71642 Sommerhalde 100-10a
71642 Sonnenhalde 99-7d
71642 Spiegelstraße 99-10b
71642 Spitzäcker 99-7b
71636 Spitzwegstraße 98-11c
71640 Spottenberger Weg 115-2b
71634 Stadtkirchenplatz 98-12c
71634 Stammheimer Straße 114-4b
71634 Starenweg 98-7d
71642 Stauffenbergstraße (4) 99-8a
71640 Steigäcker 99-10b
71642 Steinäckerstraße 99-7b
71636 Steinbeisstraße 114-2c
71642 Steinheimer Straße 100-7c
71642 Steinkopfstraße 98-12b
71642 Steinmauerweg 99-7d
71636 Steinstraße (11) 98-11c
71638 Stephanstraße 115-1a
71638 Stettiner Straße 114-3d
71638 Steubenstraße 114-3b
71642 Stiergasse (6) 100-10a
71636 Stockheimer Hof (7) 114-1d
71634 Straßenäcker 98-8c
71640 Straußweg 98-12d
71634 Stresemannstraße 98-11d
71636 Strohgäustraße 114-1c
71636 Strombergstraße 98-10d
71640 Stuifenweg 115-1b
71638 Stuttgarter Straße 114-3a
71642 Sudetenring 99-7b
71638 Sudetenstraße 115-1c
71642 Südstraße 100-10c
71640 Suevenstraße (7) 115-2a
71640 Sulzbacher Straße (4) 115-1b
71638 Synagogenplatz 114-3a

71642 Tacitusweg 98-9d
71636 Talallee 98-11c
71636 Talstraße 98-12c
71634 Tammer Straße 98-7d
71638 Teckstraße 114-6a
71634 Teinacher Straße 98-10b
71636 Theodor-Haug-Straße (2) 114-1d
71642 Theodor-Heuss-Straße 99-8c
71638 Theodor-Lorch-Weg (1) 114-3d
71642 Theodor-Storm-Straße 99-7d
71634 Theurerstraße 98-10b
71642 Thomas-Mann-Straße 99-8c
71638 Thorner Straße 115-1c
71638 Thouretallee 114-3b
71636 Thuner Straße 114-2b
71636 Tiefenbacher Straße 114-1d
71642 Tiergärten 99-7d
71638 Tilsiter Straße 115-1c
71636 Tischendorfstraße (15) 114-2b
71636 Toni-Schumacher-Straße 114-2b
71642 Trajanweg 98-9d
71642 Trollingerweg (23) 99-7b
71638 Trompetergässle 114-3a
71636 Tübinger Straße 114-1d
71638 Tügelstraße 114-3b
71640 Tulpenweg 99-10b
71636 Turmstraße 114-1d

71642 Überkinger Straße 99-7c
71642 Uferstraße 99-7c
71638/71634 Uhlandstraße 98-11d
71640 Ulmer Straße 115-2b
71636 Ulrichstraße 98-11d
71642 Untere Gasse 99-7c
71636 Untere Kasernenstraße 98-12c
71634 Untere Marktstraße (8) 98-12c
71634 Untere Reithausstraße 98-12c

71634 Vaihinger Straße 98-11a
71642 Viertel 98-9b
71638 Vischerstraße 114-3b
71640 Voithstraße 115-2b
71636 Vor dem Wald 114-2d
71642 Vordere Straße 100-10a
71640 Vorhofstraße 115-2a
71642 Vorschnittstraße 99-7d

71634 Wachtelweg 98-10b
71640 Waiblinger Straße 115-1b
71636 Waldäcker 114-1a
71636 Waldäcker I 114-1b
71642 Waldstückle 99-7c
71640 Waliser Straße 99-10d
71640 Walter-Flex-Straße 115-1b
71640 Walter-Pintus-Straße 99-10d
71634 Waltershalde (5) 98-11a
71638 Warthestraße 115-4a
71642 Weglängen 99-8a
71638 Weichselstraße 115-4a
71640 Weiglestraße 99-10b
71642 Weiherstraße 99-9d
71642 Weilerstraße 100-10a
71636 Weimarstraße 98-11c
71642 Weinbergblick (19) 99-7b
71634 Weinsberger Straße 98-11b
71640 Welzheimer Straße 115-2a
71636 Wernerstraße 114-2a
71640 Westfalenstraße 115-2a
71634 Westlicher Parkweg 98-8d
71640 Wettegasse 115-2a
71640 Wettemarkt 115-2a
71638 Wichernstraße 114-3d
71642 Wielandweg (14) 99-8c
71640 Wieselweg 115-1c
71640 Wiesenstraße 115-2b
71640 Wikingerstraße (10) 115-2a
71642 Wildbader Weg 99-10a
71638 Wildstraße 114-3c
71636 Wilhelm-Bader-Straße 98-11c
71636 Wilhelm-Bleyle-Straße 114-2b
71636 Wilhelm-Blos-Straße 114-1b
71642 Wilhelm-Blutbacher-Straße 98-12b
71642 Wilhelm-Busch-Weg (12) 99-8c
71636 Wilhelm-Fein-Straße 114-2a
71634 Wilhelm-Keil-Straße 98-11d
71642 Wilhelm-Nagel-Straße 99-10a
71634 Wilhelmstraße 98-11d
71642 Wimpfener Straße 98-12b
71642 Wittumhof (16) 99-10b
71636 Wöhlerstraße 114-1a
71636 Wolfgang-Dürr-Weg 114-2b
71642 Wolfganggasse (15) 99-7c
71636 Würmstraße 114-4b
71634 Wunnensteinstraße 98-8c

71636 Yorckstraße 98-11c

71634 Ziegelgasse 98-12c
71640 Zumsteegstraße 99-10c
71640 Zwisslerstraße 99-10c

Magstadt
PLZ 71106

Ahornweg 150-12d
Alte Stuttgarter Straße 150-12c
Am Bierkeller 174-3b
Am Salzgräble 151-10c
Asternweg 150-12c
Auenweg 150-11d

Bachstraße 150-12c
Bahnhofstraße 174-3a
Beethovenweg 175-1a
Belchenweg 150-11d
Bergstraße 150-11d
Birkenstraße 174-3b
Blumenstraße 150-12c
Brahmsweg 175-1a
Brauereistraße 174-3a
Brenntenhau 175-1a
Brühlstraße 150-12c
Brunnenstraße 150-12c
Buchenstraße 150-12d

Eichenstraße 174-3b
Erbachstraße 174-3a
Esslinger Weg 174-3b
Ewigkeitsallee 151-11b

Fabrikstraße 150-12d
Feldbergstraße 150-11d
Felsenstraße 150-11d
Fichtenstraße 174-3b
Forchenweg 150-12d
Friedenstraße 174-3a

Gartenstraße 150-12c
Gewerbegebiet Hühneräcker 150-11d
Gewerbegebiet Ost 150-12d
Gewerbegebiet Süd 174-3b
Goethestraße 174-3a
Gottlieb-Daimler-Straße 174-3b
Grundhof 150-9c

Hauffstraße 174-3b
Hermann-Löns-Straße 175-1a
Hermannstraße 150-12d
Hindenburgstraße 174-3a
Hölderlinstraße 174-3b
Hohberger Straße 174-3b
Hohensteinstraße 150-12c
Hornisgrindeweg (1) 150-11d
Hutwiesenstraße 151-10c

Ihinger Straße 150-11d
Im Dobel 150-12c
Im Wäsemle 150-11d
Im Weingäßle 150-12c

Jahnstraße 174-3b

Kapellenweg 150-12c
Keplerstraße (9) 150-12c
Kernerstraße 174-3a
Kniebisstraße 150-12c
Krautstraße 150-12c

Leimbachsträßle 151-11c
Leimentalstraße 150-12c
Lerchenweg (12) 174-3b
Liebenzeller Weg (5) 150-12c
Lilienweg 150-12a
Lindenstraße 150-12d
Lutzenstraße (11) 174-3a

Mäuerlesstraße 150-12c
Marienstraße 174-3b
Marktplatz 150-12c
Marktweg (8) 150-12c
Martin-Luther-Straße 150-12c
Mörikestraße 175-1a
Moltkestraße (10) 150-12c
Mozartweg 175-1a
Mühlstraße 174-3a

Narzissenweg 150-12d
Nelkenstraße 150-12d
Neue Stuttgarter Straße 150-12c

Oswaldstraße 150-12d

Pfarrstraße (7) 150-12c
Planstraße 150-12c
Präzeptorweg 151-12c

Renninger Straße 150-11d
Rießstraße 150-12c
Ringstraße 150-12d
Robert-Bosch-Straße 174-3b
Rosenstraße 150-12d
Roßweg 174-3b
Rotstraße 150-12c
Rudolf-Diesel-Straße 174-3b
Ruhesteinweg 150-11d

Schafhauser Straße 174-2b
Schauinslandweg 150-12c
Schillerstraße 174-3a
Schliffkopfweg (2) 150-12a
Schönbüchlesweg 151-10b
Schramberger Weg (4) 150-12a
Schubartstraße 175-1a
Schulstraße 150-12c
Schwabstraße 174-3b
Seebrücklesweg 151-11d
Seestraße 150-12d
Silcherplatz 174-3a
Silcherstaffel 174-3a
Sindelfinger Straße 174-3b
Steinbrechstraße 150-12d
Stützweg 150-12d

Talmühle 150-11b
Talstraße 150-12c
Traubenstraße 150-12c
Tulpenweg 150-12d

Uhlandstraße 174-3a
Ulmenweg 150-12d

Waldstraße 150-12d
Warmbronner Straße 150-12a
Weiherstraße 150-12d
Weilemer Straße 150-12c
Wildbader Weg 150-12c
Winterhaldensträßle 175-2a

Zavelsteiner Weg (3) 150-12a
Zeilweg 150-11d
Zeppelinstraße 174-3b
Zwillingshof 150-11b

Marbach am Neckar
PLZ 71672

Adalbert-Stifter-Straße 100-1c
Affalterbacher Straße 100-1c
Ahornweg 100-1d
Aichhof 100-12a
Alemannenstraße 85-7d
Alleenstraße 85-10a
Am Alten Kraftwerk 99-5d
Am Alten Markt 99-3b
Am Hardtwald 85-7d
Am Kreuzweg 85-10a
Am Leiselstein 100-4a
Am Pfädle 84-10c
Amselweg 100-1c
Anemonenweg 100-1a
Aspergweg (29) 99-6b
Asternweg 100-1a
Atzenweg 100-1a
Au 83-12c
Auerbachstraße 99-3d
Auf den Felsen (1) 99-3b
August-Lämmle-Straße 100-1c

Bachstraße 85-10a
Backnanger Straße 85-7d
Bad-Berka-Weg (35) 99-6b
Bärengasse (5) 99-3d
Bahnhofstraße (14) 100-1a
Bangertstraße 99-3d
Bannmüller 99-3b
Beethovenstraße 85-7c
Benningweg (24) 99-6b
Benzstraße 100-1b
Bergstraße (7) 85-10a
Billsbergweg (28) 99-6b
Birkenweg 99-3d
Blankensteinstraße 100-1b
Blumenstraße 85-10a
Bottwartalstraße 99-3b
Bräunersbergweg (30) 99-6b
Brahmsweg 85-7c
Brucknerstraße 85-7c
Buchenweg (41) 100-1b
Büchlesweg 85-10a
Burgstraße 85-10a
Burgunderstraße 85-7d

Cäsar-Flaischlen-Straße (20) 99-3d
Charlottenstraße (18) 99-3d
Chemnitzer Weg 99-6b
Cottaplatz 99-3b

Daimlerstraße 100-1b
Danneckerstraße (22) 99-3d
Dreibronnenstraße 99-6d
Dresdener Weg (34) 99-6b

Egelseestraße 85-7c
Eichenweg 100-1b
Eichgraben 99-6a
Eisenachweg (36) 99-6b
Erdmannhäuser Straße 100-1a
Erfurter Weg 99-6b
Erlenweg 100-1d
Eschenweg (42) 100-1d
Etzwiesenweg 100-1a

Fichtenweg (40) 100-1b
Finkenweg (3) 85-7c
Fliederstraße 100-1a
Fohlenbergstraße (26) 99-6b
Forstbergweg (23) 99-6b
Forststraße 85-10a
Frankenstraße (2) 85-7c
Friedenstraße 100-1c
Friesenstraße 85-7d

Gartenstraße 100-1a
Gewerbegebiet Forst IV 85-10b
Göckelhof (7) 99-3d
Görlitzer Weg (33) 99-6b
Goethestraße 100-1a
Goldäcker 84-10c
Gotenstraße 85-7d
Gothaweg (37) 99-6b
Grabenstraße 99-3d
Griesbergweg (25) 99-6b
Günterstraße 99-3d
Gutenbergstraße 85-10a

Häldenmühle 83-12c
Häldenstraße 85-10a
Haffnerstraße 99-3d
Hardtstraße 100-1b
Hardtweinbergstraße 85-7c
Harzbergweg 99-6b
Hauffstraße 100-1c
Hauptstraße 84-12b
Haydnstraße (1) 85-7c
Heckenstraße 99-3b
Hegelstraße 99-3d
Hegnach 84-10d
Heilbronner Straße 99-6d
Heinrich-Hertz-Ring 99-5c
Hermann-Hesse-Straße 99-3d
Hermann-Kurz-Straße (21) 99-3d
Heuchelbergweg (31) 99-6b
Hinterbirkenhof 85-7a
Hinter den Gärten (17) 100-1c
Hinter der Schillerhöhe 99-6b
Hirschgasse (2) 99-3d
Hölderlinstraße 99-3d
Hörnle 99-6d
Hörnlesweg 99-6b
Holderbüschle 100-1c

Im Blütengarten 85-7c
Im Forst 85-7d
Im Haidacker 85-10a
Im Lauerbäumle 100-1c
Irisweg 100-1a

Jahnstraße 99-3d
Jenaweg 99-6b
J.-G.-Fischer-Straße 99-3d

Kaisersbergweg (27) 99-6b
Karlstraße 85-10a
Kastanienweg (44) 100-1a
Katzentäle 100-4a
Kelterstraße 85-7c
Kernerstraße 99-3d
Kindergartenstraße 85-7c
Kirchberger Straße 85-10a
Kirchenweinbergstraße 99-3b
Kirchgasse (5) 85-10a
Kirchstraße 99-6d
Königstraße 85-10a
König-Wilhelm-Platz 99-3d
Krähbergstraße 99-3d
Krummenäckerstraße 100-1b
Kurze Straße 85-7c

Lange Straße 85-10a
Leipziger Straße 99-6b
Lembergstraße 100-1a
Lenauweg 99-3d
Lerchenstraße 100-1c
Lichtenbergweg 99-6b
Lilienstraße 100-1a
Lindenstraße (6) 85-10a
Linsenbergweg 100-1a
Ludwig-Hofacker-Straße 85-10a
Ludwigsburger Straße 99-3d

Magdeburger Weg 99-6b
Mainzer Straße 99-6b
Makenhofstraße 99-6a
Mannheimer Straße 99-6d
Marktstraße 99-3d
Max-Eyth-Straße (39) 100-1b
Max-Planck-Straße 85-7d
Meisenstraße 100-1c
Milzenäcker 83-12d
Mittlere Holdergasse 99-3b
Mörikestraße 99-3d
Mozartstraße 85-7c
Mühlweg 99-3b
Mühlwert 99-3c

Nelkenstraße 100-1a
Niklastorstraße (6) 99-3d
Nussbergweg (19) 99-3d

Ob den Weinbergen 85-7c
Oberamteigasse (9) 99-3d
Obere Holdergasse 99-3b
Oskar-Jenner-Weg (4) 85-7d
Oststraße 85-7c

Panoramastraße 99-3b
Paul-Gerhardt-Straße 85-10a
Pestalozziplatz 99-6d
Poppenweilerstraße 99-3d
Porschestraße 85-7d
Postweg (11) 99-3d

Quellenweg (16) 99-3d

Raitstraße 85-7c
Rathausgasse (4) 99-3d
Rathausplatz 85-10a
Reinhold-Würth-Straße 99-5d
Reiterhau 85-8c
Reutpfädle 100-4a
Richard-Wagner-Straße 85-7c
Rielingshäuser Straße 100-1a
Rielingshausen 85-7a
Ringstraße 100-1a
Rinnenweg (8) 85-10a
Robert-Bosch-Straße 100-1b
Rooschüzstraße 100-1a
Rosengasse (8) 99-3d
Rotmannsweg 99-6b

Sachsenstraße 85-7c
Schafgartenstraße 99-3d
Schellingweg (15) 100-1a
Schillerhöhe 99-3d
Schubartstraße 100-1c
Schulstraße 100-1c
Schumannstraße 85-7c
Schwabstraße 100-1c
Schweriner Weg 99-6b
Siegelhausen 100-12a
Siemensstraße 85-7d
Silcherstraße 100-1c
Sommerhalde 99-3b
Sonnengasse (3) 99-3d
Steigäckerstraße 99-6b
Steinerstraße 99-3d
Stöckach 85-7d
Stollenäckerweg 100-1a
Strohgasse 99-3d
Strombergstraße 99-6b
Stuttgarter Straße 99-6b
Sudetenstraße 100-1b

Tannenweg 100-1a
Theodor-Heuss-Straße 100-1c
Thomas-Alva-Edison-Ring 99-5c
Tobias-Mayer-Straße (12) 99-3d
Tobias-Mayer-Weg (10) 99-3d
Torgasse 99-3d
Triebstraße 85-7c
Tulpenstraße 100-1a

Uhlandstraße 99-3d
Ulmenweg 100-1d
Ulrichstraße 100-1c
Umgehungsstraße 99-3d
Untere Holdergasse 99-3b

Veilchenweg 100-1a
Viehwegbrücke (38) 100-1b
Vorderes Eck 100-1d

Wächterstraße 99-3d
Wartbergweg (32) 99-6b
Washingtonstraße 100-4a
Weidenweg 100-1d
Weimarstraße 99-6b
Wielandstraße 99-3d
Wiesbadener Platz (44) 99-6d
Wildermuthstraße 99-3d
Wilhelm-Kopf-Straße 100-1c
Wilhelm-Lutz-Straße 85-10a
Wilhelm-Schenk-Weg (43) 99-3b
Wunnensteinstraße 99-6b

Zeilstraße 85-10a
Zeppelinstraße 85-7d
Ziegelhüttenweg (13) 99-3b
Ziegelstraße 99-3b
Zimmerplatz 100-12b

Markgröningen
PLZ 71706

Ahornweg 96-12a
Aichholzhof 96-10b
Am Feldle 96-8d
Am Mühlberg 44-A2 + 96-12a
Am Schlüsselberg 96-8d
Amselweg 44-B3
Am Stuttgarter Weg 44-B3 + 96-12d
Am Wasserturm 97-11a
An der Bracke 44-A1 + 96-9c
An der Mauer 44-B2
Andlerstraße 96-9d
Anemonenweg 96-12d
Anton-Bruckner-Straße 96-12a
Asperger Straße 97-10a
Asternweg 44-B3
Auf Hart 96-11b
Auf Landern 44-B3 + 96-12d
August-Lämmle-Straße 44-A1
Auweg 44-B2

Backhausgasse 44-A2
Badgasse 44-A2 + 96-12a
Bahnhofstraße 44-B2 + 96-12b
Beethovenstraße 44-A1 + 96-12a
Behringweg (7) 44-A3
Benzstraße (2) 97-10a
Bergergäßle 44-A2
Bergweg 96-8b
Betzgasse 44-A2
Birkenweg 96-5a
Blumenstraße 44-B3 + 96-12d
Bonatzweg 44-B2
Borsigweg 44-B2
Bruckmühle 96-12c
Brückenstraße 96-2c
Brunnenstraße 96-4b
Buchenweg 96-12a
Bunsenweg 44-B3
Burgunderweg 96-11b
Burgweg 96-2c

Dahlienweg (8) 44-B3
Daimlerstraße 44-B3 + 96-12d
Dieselstraße (1) 97-10a
Dinkelweg (7) 97-10c
Dornfelderweg (6) 96-11b
Dornierstraße 97-10a

Eckenerstraße 97-10c
Eichendorffstraße 44-A1
Eichenweg 96-12a
Eichholzen 96-11d
Einsteinweg 97-10c
Elisabeth-Kallenberg-Platz 97-10b
Elly-Beinhorn-Straße 97-10c
Enzstraße 96-2c
Erlenweg 96-12a
Esslinger Gasse 44-A2
Esslinger Tor 44-A2

Fasanenweg 96-5a
Finistere Gasse 44-A2
Finkenweg 44-A3 + 96-12d
Fliederweg 97-10c
Frauenweg 96-4d
Friedhofweg 44-B2 + 96-12b

Gartenstraße 44-B2 + 96-12b
Geißergäßle (4) 44-A2
Gerbergäßle 44-A2
Gestüt 96-8d
Gewerbegebiet Maulbronner Weg 97-10b
Gewerbegebiet Sträßle 97-10c
Glemsstraße 96-2c
Glemsweg 96-8b
Glockenweg 44-A2
Goethestraße 96-2c
Grabenstraße 44-A2 + 96-12b
Graf-Eberhard-Weg 96-12a
Graf-Hartmann-Straße 44-B2 + 96-9c
Graf-Leutrum-Straße 96-2c
Grasinger Weg 97-10a
Großsachsenheimer Straße 96-2c
Gutenbergstraße 97-10a

Haferweg (8) 113-1a
Hans-Grüninger-Weg 44-A3 + 96-12c
Hauffstraße 44-A2
Hauptstraße 96-2c
Hegelstraße 44-A1 + 96-9c
Heinkelweg (4) 97-10c
Helenenstraße 44-A2 + 96-12a
Hermann-Roemer-Straße 44-A1 + 96-9d
Hölderlinstraße 44-A1 + 96-9d
Hohe Anwande 97-10c
Hohe Steige 44-A2

Im Bäumle 96-5a
Im Bissinger Pfad 44-A1 + 96-9d
Im Eichrain 96-2d
Im Grund 96-2d
Im Langen Feld 97-10c
Im Nonnenpfad 96-5a
Im Sträßle 97-10c
Im Tuchgraben 44-A1 + 96-12a
Im Zwinger 44-A2 + 96-12a
Industriestraße 96-5b

Jahnstraße 96-2c

Karlstraße 44-B2
Kelterstraße 96-2c
Keplerweg 97-10c
Kernerstraße 44-A2
Kirchgasse 44-A2 + 96-12b
Kirchhalde 96-4b
Kirchplatz (6) 44-A2
Klingenweg 111-3b
Klostergäßle 44-A2
Kopernikusweg (3) 97-10c
Kornblumenweg (10) 97-10c
Kreuzgarten 96-2c
Küfergäßle 44-A2
Kurt-Lindemann-Weg 97-10b

Lembergerweg 96-11b
Lerchenweg 44-B3
Lessingstraße 96-2c
Lettenbodle 96-9c
Liebigweg 44-B3
Lilienthalstraße 97-10c
Lilienweg 44-B3
Lindenweg 96-12a
Lise-Meitner-Weg 44-B2
Lohmannsgasse 44-A2
Ludwig-Heyd-Straße 44-A1 + 96-12b
Lupinenweg 97-10c

Magenaustraße 44-A1
Margarete-Steiff-Straße 97-10a
Margeritenweg 97-10c
Markgröninger Straße 96-2c
Marktbrücke 44-A2
Marktplatz 44-A2
Maulbronner Weg 97-10a
Max-Eyth-Straße 97-10c
Maybachstraße 97-10c
Meisenweg 44-B3
Mörikestraße 44-A1 + 96-12b
Mozartstraße 96-9c
Mühlgasse 44-A2 + 96-12b
Mühlrain 96-1d
Münchinger Straße 44-B3 + 96-12d

Nähere Hurst 97-11a
Narzissenweg 97-10c
Nelkenweg 44-B3
Neufferstraße 44-A1
Nonnengarten 44-B2

Oberriexinger Straße 96-1d
Oberthstraße 97-10c
Ölmühle 97-7c
Ostergasse 44-A2 + 96-12b

Ostertor 44-B2
Otto-Hahn-Weg 44-B3 + 96-12d

Papiermühle 96-8c
Pappelweg 96-11b
Paulinenstraße 44-A1 + 96-12a
Pfarrgasse 44-A2
Platanenweg 96-12a
Porschestraße 44-B3
Portugieserweg (10) 96-11b
Präzeptorhof (2) 44-A2

Raiffeisenstraße 97-10d
Raisershaus 96-11c
Rebsteige (11) 96-11b
Resselweg 44-B3
Richard-Wagner-Straße 44-A1
Rieslingweg (8) 96-11b
Robert-Bosch-Straße 44-B2
Robert-Mayer-Weg 44-B2
Roggenweg (6) 97-10c
Rosenweg 44-B3
Rotenackerstraße 44-B2 + 96-12b

Schäferweg 44-A3 + 96-12c
Schafwiesen 112-3a
Schillerstraße 44-A2 + 96-12a
Schillingstraße 44-A1
Schloßgasse 44-A2
Schloßparkstraße 96-2c
Schmale Gasse 44-A2
Schnelltörle 44-A2
Schönbühlhof 112-1a
Schreinergasse 44-A2 + 96-12b
Schubartstraße 44-A1
Schulweg 112-1a
Schulze-Delitzsch-Straße 97-10a
Schwabstraße 44-A1
Schwieberdinger Straße 44-A3 + 96-12d
Siemensstraße 97-10a
Silcherstraße 44-A1
Silvanerweg (9) 96-11b
Spitalgasse 44-A2
Spitalmühle 96-12a
Stadtschreibergäßle (3) 44-A2
Starenweg 44-B3
Staudlinstraße 44-A1
Steinbeisstraße 97-10a
Stelzengasse 44-A2
Sudetenstraße 44-B2 + 96-12b

Talerweg 96-9d
Talhausen 96-8c
Talstraße 96-2c
Tammer Straße 44-B2 + 96-12b
Tony-Schumacher-Straße 97-10b
Traminerweg (7) 96-11b
Trollingerweg 96-11b
Tulpenweg 44-B3
Turmgäßle 44-A2

Uhlandstraße 44-A1 + 96-12b
Ulmenweg 96-12a
Untere Gasse 96-2c
Unteres Schafshaus 96-11d
Unteres Tor 44-A2
Unterriexingen 96-5a
Unterriexinger Straße 44-A1 + 96-9c

Veilchenweg 44-B3
Vollandgasse 44-A2
Vollandplatz (5) 44-A2
Volmarstraße 96-9c

Wächtergasse 44-B2
Weberstraße 96-2c
Weizenweg (9) 113-1a
Wernerstraße 44-B2 + 96-12b
Wettegasse 44-A2
Wiesenweg 96-2d
Wilhelm-Haas-Straße 97-10c
Wimpelingasse (1) 44-A2
Wolf-Hirth-Weg (5) 97-10c

Zeppelinstraße 97-10a

Massenbachhausen
PLZ 74252

Am Mutzenberg (3) 56-7a
Amselweg 56-7b
Asternweg 56-7d
Austraße 56-7b
Auweg 56-4c

Bachgasse (17) 56-7b
Backhausplatz (15) 56-7b
Beethovenstraße 56-7b
Benzstraße 56-7c
Bergstraße 56-7a
Birkenweg (5) 56-8a
Blumenweg (4) 56-7a
Brechlochweg 56-7b
Bruchweg 56-7b
Brucknerweg (1) 56-4d
Brückenstraße 56-7b
Buchenweg 56-7b

Daimlerstraße 56-7c
Drosselweg 56-7b

Eichenweg 56-7b
Eulenweg (8) 56-8a

Falkenweg (7) 56-8a
Fasanenstraße 56-7b
Fichtenweg 56-8a
Finkenweg 56-7b
Fuchslochstraße 56-7b
Fürfelder Straße 56-4c

Gartenstraße 56-7b
Gemminger Straße 56-7a
Geranienweg 56-7d
Goethestraße 56-4d

Habichtweg 56-8a
Heilbronner Straße 56-7b
Herdstraße 56-7b
Hölderlinstraße 56-7b

Irisweg 56-7d

Jahnstraße 56-7a

Karstloch 56-7c
Katzensteinstraße 56-4c
Kernerstraße 56-7b
Kirchhäuser Weg 56-7b
Klingenstraße 56-7a
Krokusweg 56-7d
Kronengasse (13) 56-7b

Lerchenstraße 56-7b
Leutersteiner Höfe 56-1c
Lilienweg 56-7d
Lindenstraße 56-7b

Meisenweg (11) 56-8a
Mezenäckerweg (14) 56-7b
Mozartstraße 56-4d
Mühlhofstraße 56-7b
Murrgasse (16) 56-7b

Nachtigallenweg (6) 56-8a
Nelkenweg 56-7d
Nordstraße 56-7b

Rathausstraße (18) 56-7b
Robert-Bosch-Straße 56-7c
Rosenbergstraße (12) 56-7b
Rosenstraße 56-7b
Rotweg 56-4c

Schafgasse 56-7a
Schillerstraße 56-7b
Schillerstraße (2) 56-4d
Schmähling 56-7d
Schubertstraße 56-4d
Schulstraße 56-7b
Schwalbenweg (9) 56-8a
Sinsheimer Straße 56-7a
Sperlingweg (10) 56-8a
Starenweg (19) 56-7b
Storchenweg 56-8a

Tannenweg 56-8a
Tulpenweg 56-7d

Uhlandstraße 56-7b

Veilchenweg 56-7d
Vogelsangstraße 56-7d

Wickenhäuserstraße 56-7b
Wolfsgruben 56-8a

Meßstetten
PLZ 72469

Adolf-Groz-Straße 370-12a
Ahornstraße 370-11d
Albrechtstraße 370-7c
Albstraße 370-12b
Alemannenstraße 370-11d
Am Berg 370-12b
Am Brunnen 369-11c
Am Harttheimer Weg (11) 370-11d
Am Hasenbrunnen 369-4d
Am Mühlkanal 369-11d
Am Ödertal 370-10a
Am Rauhen Bühl 370-9d
Am Scheibenbühl 369-11d
Am Schlössle 370-10a
Amselweg 369-9d
Am Sickersberg 370-11d
Am Täle 370-11b
Am Weichenwang 370-11b
An der Bära 369-11d
An der Bittenhalde 369-4c
Artlishalde 369-11d
Auf Breiten 369-4d
Auf Steinen (5) 370-11b
Auf Strangen 370-12c
Auf Wyhlen 369-11d

Bärastraße 369-7b
Balinger Straße 369-4c
Berghof 369-4a
Bergsteige 369-11c
Birkenstraße 369-7b
Blumenstraße 370-12a
Blumersbergstraße 370-12c
Böglestraße 369-4c
Bolgasse 370-12a
Breitenstraße 369-11c
Breslauer Straße 370-9c
Brühlstraße 369-7b
Burg 370-12a
Burgsteige 370-7c

Carl-Benz-Straße (11) 370-9b
Chemnitzer Straße 370-12a

Danziger Straße 370-9c
Dorfstraße 370-7c
Drosselweg (1) 369-9d

Ebinger Straße 370-12a
Eckenbergstraße 369-11d
Eduard-Mörike-Weg (2) 370-11b
Eichhalde 370-9d
Eugenstraße 370-9c

Familienferiendorf I 369-4a
Familienferiendorf II 369-4a
Ferdinand-Steinbeis-Straße 370-9d
Feriendorf Tieringen 369-4a
Finkenweg 369-9d
Forstweg (1) 369-11d
Freithofstraße 370-12a
Friedhofstraße 370-12c

Friedrich-Hölderlin-Weg (4) 370-11b
Friedrich-List-Straße 370-9d
Friedrich-Schiller-Straße 370-12b
Friedrich-Silcher-Straße 370-11b
Friedrichstraße 370-12a
Friedrich-Wilhelm-Raiffeisen-Straße 370-12b
Fritz-Bodmer-Weg (3) 370-7c
Fürhölzer Straße 370-12a

Gartenstraße 370-12b
Geißbühlstraße 371-7a
Georgstraße 370-9d
German-Götz-Straße 369-12b
Geyerbad 369-10d
Gleiwitzer Straße 370-12a
Goethestraße 369-9d
Gottlieb-Daimler-Straße 370-9d
Gustav-Schwab-Straße 370-11b

Haldenstraße 369-4c
Hangergasse 370-12a
Harrgart 369-7b
Haselsteige 369-11c
Hasenweg 369-11d
Hauptstraße 370-11d
Hausener Straße 369-7b
Heersbergstraße (10) 370-12b
Heidenhof 368-9d
Heinrich-Heine-Straße 369-7b
Hermann-Hesse-Straße 370-11b
Heubergstraße 370-12b
Hindenburgstraße 369-11c
Hinter Burg 369-4d
Hintere Gasse 370-7c
Hintere Lehr 370-12a
Hinterwiese 369-4d
Hirtenweg 369-11d
Höhenweg 370-12b
Hörnlestraße 369-9d
Hohenbergstraße 370-11d
Hohlgasse 369-4d
Hohlweg 369-4d
Hohnerstraße 369-7b
Hossingen 369-9d
Hossinger Straße 370-11b
Hülbgässle (7) 370-12a

Im Anger 369-11d
Im Brühl 369-11d
Im Grund 370-11b
Im Kleegarten 369-4d
Im Oberdorf 369-4a
In der Breite 370-12c

Johannesstraße 370-11b
Justinus-Kerner-Straße 370-9d

Käppelesweg 370-12d
Kapellstraße 370-12a
Kapf 370-7c
Kapfstraße 370-7c
Karl-Bohnenberger-Straße 370-11b
Karlstraße 370-11b
Katzensteige 369-8a
Kehlenstraße 369-4d
Kirchgässle (8) 370-12a
Kirchplatz 369-11d
Kirchstraße 370-12a
Kirchweg (2) 370-7c
Königsberger Straße (1) 370-12a
Kohlraisleweg (3) 369-7b
Konradstraße 370-12a
Kreuzbühlstraße 370-11b
Kriegäckerstraße 369-7b
Kurzensteige 369-4c
Kurze Straße 370-12a

Lammweg 370-7c
Landhausstraße 370-12b
Lauenstraße 370-12c
Laufener Weg 370-7c
Lautlinger Weg 371-7c
Lerchenweg 370-12b
Lindenstraße 370-12a
Lochenstraße 369-11b
Ludwigstraße 370-7c
Ludwig-Uhland-Straße 370-12b

Märklinstraße 369-7b
Manuelesgässle 369-4d
Marktstraße 369-4d
Matthias-Koch-Straße 369-4c
Mauersteige 369-7a
Max-Eyth-Straße 370-9d
Mehlbeerweg (12) 370-11d
Michelfeld 369-11b
Michelfelder Straße 369-11b
Mozartstraße 370-7c
Mühlenweg 369-4c
Muhrweg 369-11d

Nackstraße 369-4d
Neue Straße 369-4d
Nikolausweg (4) 370-7c

Obere Hirtengasse 370-7c
Obere Lehr 370-12b
Obere Steinrinne 370-12b
Obere Talstraße 370-12a
Oskar-Wettstein-Straße 370-12c
Ostlandstraße 370-11b

Panoramastraße 370-12b
Paradiesstraße 369-4d
Poststraße 369-11d

Rathausgasse 369-4d
Rathfelderstraße 370-12a
Reutbol (9) 370-12c
Riedernweg 369-11d
Riedwiesen 369-11d
Robert-Bosch-Straße 370-9d
Röthengraben 368-6b
Roßsteige 369-4c
Rotdornweg (14) 370-11d

Rudolf-Diesel-Straße 370-9d
Rudolfweg 370-7c

Schalksburgstraße 370-12d
Scheibengasse 369-4d
Schelmenwasenstraße 370-9d
Schlichemstraße 369-4d
Schulacker (5) 369-5c
Schulstraße 370-7c
Schwalbenweg 369-11d
Silberdistelstraße 370-11d
Skistraße 370-12c
Sommerhalde 369-11c
Sonnenweg 370-11b
Steighaus 369-11d
Steigweg 370-12d

Talwiesen 369-11c
Teichweg 369-11c
Thomaslochstraße (4) 369-7b
Tieringer Straße 369-9d

Unterdigisheimer Straße 370-11d
Untere Hirtengasse 370-7c
Untere Mühle 369-11d
Untere Steinrinne 370-12d
Untere Talstraße 370-12a

Viktor-von-Scheffel-Weg 370-9d
Vohental 369-10b

Wacholderweg 369-11d
Wagnerstraße 369-4d
Waldhorn 371-7c
Wannenweg 370-12b
Wasserscheide (2) 369-4d
Weißdornweg (13) 370-11d
Widumstraße 369-11d
Wildensteinstraße 370-12b
Wilhelm-Hauff-Straße (3) 370-11b
Wilhelmstraße 369-9d
Wilhelm-Wendel-Weg 370-7c
Wirkerstraße 370-11b
Wohnsiedlung Bueloch 370-9c

Zeppelinstraße 370-12a
Zeurengasse 370-12c
Zollerhof 369-12c
Zollernstraße 370-12b
Zum Berg 370-12b
Zum Riedhof 370-11b
Zum Steighaus 369-11d

Metzingen
PLZ 72555

Achalmstraße 270-2a
Affalter Weg 270-6c
Akazienweg 252-8a
Albstraße 270-3d
Am Birkenrain 270-6d
Am Eisteich 252-10d
Am Klosterhof (4) 252-11a
Am Korrenbach 252-8c
Am Rösegarten (8) 270-3b
Amselweg 252-11a
Am Steinacker 270-3d
Amtäckerstraße 252-12c
Am Weingarten 270-3a
Auchtertstraße 270-2b

Bachstraße 252-11a
Badstraße 270-3a
Bahnhofsplatz (7) 252-11d
Bahnhofstraße 270-3b
Beethovenstraße 252-8d
Behringweg 252-10c
Bei der Martinskirche 252-11c
Bei der Ziegelhütte 270-1b
Beim Häusle 270-6d
Beim Rathaus 252-11c
Benzerstraße 270-3d
Bergstraße 270-3c
Bettlinger Weg 252-8c
Bindhof 270-3c
Birkenweg 252-8b
Blumenstraße 252-11d
Böhleswasenweg 252-11a
Bohlstraße 252-8c
Bräuchlepark 252-10d
Brahmsstraße 252-8d
Brauerweg 252-10d
Breitwiesenstraße 252-10d
Breslauer Straße 252-8c
Brettacher Weg (14) 270-3a
Brucknerstraße 252-8d
Brühlstraße 252-11a
Brunnenstraße 270-3d
Buchstraße (10) 270-2a
Buckenbühlstraße 252-11b
Budapester Straße (16) 252-8c
Buizengasse (19) 270-3a

Carl-Benz-Straße 252-11d
Carl-Zeiss-Straße 252-7c
Christian-Völter-Straße 252-10d
Christophstraße 252-11c

Dachsweg (7) 270-3b
Daimlerstraße 252-11d
Damaschkestraße (11) 270-2a
Danziger Weg 252-8d
Dettinger Straße 270-6d
Dieselstraße 252-10b
Dinkelweg 252-12c
Donaustraße 252-8c
Drosselweg 270-3d
Dürerweg (3) 252-8c

Eberbergstraße 270-9a
Eberhardstraße (2) 252-11d
Eichbergstraße 270-1d
Eichendorffstraße 270-3a
Eichenweg 252-8b
Einsteinstraße 252-10d
Eisenbahnstraße 252-11b

Elsa-Brändström-Straße 252-11b
Else-Handel-Weg (13) 252-11b
Elsterweg 252-11a
Emil-Handel-Weg 251-12c
Emil-Mörsch-Weg 252-11b
Eninger Straße 270-6c
Entensee 270-9b
Erlenweg 252-10b
Ermsstraße 270-2b
Ernst-Abbé-Straße 252-10a

Fabrikgasse (10) 270-3a
Färberstraße 252-10d
Falkenweg 252-11a
Fasanenweg 252-11a
Fichtenweg 252-8b
Finkenweg 270-6b
Fischerstraße 252-11c
Fliederstraße 270-2b
Florianplatz 252-8b
Florianstraße 252-8a
Forststraße 270-2a
Frauengrund 270-2a
Fraunhoferstraße 252-10d
Friedrich-Caspar-Straße (11) 252-11b
Friedrich-Hermann-Platz 252-10d
Friedrich-Hermann-Straße 252-10d
Friedrich-Münziger-Straße 252-10b
Friedrich-Sprandel-Weg (14) 252-11b
Friedrichstraße 252-11c
Fronhof (20) 270-3c

Gänsrainweg 270-6d
Galileistraße (12) 252-10c
Gartenstraße 252-11c
Gaußweg 252-10b
Geibelstraße 270-2b
Geranienweg 270-6d
Gerberstraße 252-10d
Gerhart-Hauptmann-Straße (21) 270-3b
Gerokstraße 252-11d
Gerstenweg 252-12c
Glemsbachweg 270-3c
Glemser Straße 270-3c
Gluckweg (8) 252-8d
Goethestraße (12) 252-12c
Grafenberger Straße 252-8d
Grasbergstraße 270-2a
Grundstraße 270-2a
Gustav-Werner-Straße (8) 252-11c
Gutenbergstraße 252-7d

Händelweg (7) 252-8d
Haferweg 252-12c
Haldenweg 270-3d
Hans-Sachs-Weg 252-11a
Hardtsiedlung 270-6b
Hardtweg 270-3d
Hauffstraße 252-11d
Haugenrainstraße 270-2a
Haydnstraße 252-8d
Heerstraße 252-11d
Hegelweg 252-11d
Heinemannstraße (6) 252-11a
Heinrich-Heine-Straße 252-11a
Heinrich-Hertz-Straße 252-10b
Heisenbergstraße 252-10c
Helferstraße 252-11c
Helmholtzstraße 252-10d
Herbstweg 252-11d
Herderstraße 252-11d
Hermann-Bräuche-Weg 252-10d
Hermann-Hesse-Straße (22) 270-3b
Hermann-Löns-Platz 252-11a
Hermann-Löns-Straße 252-11a
Hexham-Allee 252-7d
Hindenburgstraße 252-11c
Hinter der Kirche 270-3a
Hinter der Mühle 270-2a
Hirschgäßle (2) 270-9b
Hochwiesenstraße 270-9a
Hölderlinstraße 252-11a
Hölzleweg 252-10d
Hofbühlstraße 270-3b
Hofstraße 252-11c
Hohenraintöbele 270-5c
Hohenstaufenstraße 252-11a
Humboldtweg 252-10d

Im Baumgarten 270-9b
Im Bühle 252-11b
Im Förstlen 252-11b
Im Gärtle 270-3b
Imkerweg 270-9a
Im Kies 270-3b
Im Millert 252-8c
Im Sehrwasen 252-11b
In der Au 270-3b
In der Gurgel 252-11b
Innere Heerstraße 252-11d
Innerer Grund 270-1b
Insel 270-3a

Jahnstraße 270-3b
Jakobstraße (1) 252-11d
Jakob-Weiblen-Straße 252-10b
James-Watt-Straße 252-7c
Johannes-Kepler-Straße 252-11a
Jusistraße 252-11a

Kanalstraße 270-2a
Karl-May-Straße (3) 270-3a
Karlstraße 252-11c
Kastanienweg 252-8b
Katzensteigweg (1) 270-1b
Kehnerweg 270-3b
Kelternplatz (5) 252-11a
Kelternstraße 270-3a
Kernerstraße 252-11a
Kiefernweg 252-8b
Kirchstraße 270-9b
Kleiststraße 270-3a
Klosterstraße 270-3a
Kötzleshalde 252-11d
Kolpingstraße (4) 270-2b
Konrad-Adenauer-Platz 252-11a
Kopernikusstraße (13) 252-10d

Korrenhof 252-8d
Kronenstraße (1) 252-11c
Krumme Straße (2) 252-11c
Kuckucksweg 270-3d
Küferstraße 252-11c
Kugelwasen 270-3b
Kurze Straße (4) 270-3a

Lange Straße 270-3a
Leberbachstraße 270-3b
Lechstraße 270-6d
Ledergasse 270-3a
Lembergerweg 270-3b
Lenbachweg (4) 252-8c
Lerchenhalde 270-6b
Lerchenstraße 252-11d
Lessingstraße 252-11d
Lichtensteinweg (12) 252-11b
Liebigweg 252-10c
Lilienthalstraße 252-11d
Lindenbachhof 252-7d
Lindenplatz 252-11c
Lindenstraße 252-11c
Linsenrain 270-3d
Lise-Meitner-Straße (2) 252-10b
Liststraße 270-3a
Lisztweg (6) 252-8d
Lortzingweg (5) 252-8d
Loschenwiesenweg 270-3b
Luikenweg (15) 270-3a

Maienwaldstraße 270-1a
Marie-Curie-Straße 252-10c
Marienstraße 270-2a
Maurenstraße 252-11d
Max-Eyth-Straße 252-11a
Max-Holder-Straße 252-10b
Max-Planck-Straße 252-7d
Maybachstraße 252-11d
Meisenweg 252-11a
Memelweg 252-8c
Menzelweg 252-8c
Metzgerstraße 252-11c
Metzinger Straße 270-2b
Michael-Herr-Straße 252-11b
Mörikestraße 270-3b
Mozartstraße 252-11a
Mühlbachgasse (9) 270-3a
Mühlgäßle 270-9b
Mühlstraße 252-11c
Mühlwiesenstraße 252-11c
Musel 270-3a

Nagykallo-Allee 252-7c
Naumannstraße 270-3a
Nelkenstraße 270-6d
Neuer Weg 270-9b
Neuffener Straße 252-11b
Neugreuth 252-8b
Neugreuthstraße 252-8c
Neugreuthstraße (17) 252-8c
Neuhausen 252-12d
Neuhauser Straße 270-6c
Neuwiesenstraße 270-3b
Noyon Allee 252-11b
Nürtinger Straße 252-8c

Obere Einsteinstraße 252-10d
Obere Leberbachstraße 270-3d
Öschweg 252-11d
Ohmstraße 252-10d
Olgastraße 252-11a
Orffweg 252-8d
Otto-Hahn-Straße 252-10c
Otto-Schmid-Weg 252-11c
Otto-Schott-Straße 252-7c

Pappelweg 252-8a
Paul-Ehrlich-Weg 252-10d
Paulinenstraße 252-11c
Paul-Lechler-Straße 270-2b
Pestalozzistraße (2) 270-3a
Pfaubronnhof 270-3d
Pfleghofstraße 252-11c
Philipp-Reis-Weg 252-10d
Platanenweg (1) 252-8b
Poststraße 270-3b
Pulverwiesen 252-11c

Quittenweg (17) 270-3a

Raiffeisenstraße (6) 270-3b
Rebenstraße 270-3b
Rechbergstraße 252-11a
Reihlenstraße (2) 270-2a
Renettenweg (16) 270-3a
Reutlinger Straße 270-1a
Richard-Strauß-Weg (10) 252-8d
Richard-Wagner-Straße 252-8d
Robert-Bosch-Weg 252-11d
Robert-Koch-Weg 252-11a
Römerstraße 270-2a
Röntgenstraße 252-10c
Roggenweg (13) 270-3a
Rohstraße 252-11d
Rosenstraße 270-3a
Roßfeldstraße 270-3d
Rühestraße 270-3a
Ruländerweg (18) 270-3b

Säbühl 252-10d
St.-Johanner-Weg 270-6d
Sannentalstraße 252-10d
Scheffelstraße (1) 270-3a
Schießwasen (14) 252-11c
Schillerstraße 252-11a
Schloßstraße 252-11c
Schmale Straße (5) 270-3a
Schönbeinstraße 252-11c
Schöner Weg 270-6d
Schreiberei (3) 252-11c
Schubertstraße 252-11b
Schützenstraße 252-10d
Schulstraße 270-3a
Schumannstraße (9) 252-8d
Schwabstraße 252-11d
Schwalbenring 270-3d

Schwanengäßle (9) 252-11c
Senefelderstraße 252-10b
Siedlerstraße (23) 270-3b
Siemensstraße 252-10b
Silcherstraße 252-11a
Silvanerweg 270-3b
Stauferweg 252-11b
Stauseestraße 270-3c
Steinbeisstraße (3) 270-2a
Steinerweg 252-11d
Stettertstraße 270-1b
Storchenweg 270-3d
Stuifenstraße 252-11a
Stuttgarter Straße 252-7b
Sudetenstraße 252-11a
Sulzwiesenweg 270-1b

Talstraße 270-2a
Taubenweg 270-3d
Teckstraße 252-11a
Theodor-Heuss-Straße 270-3a
Tiefenbachstraße 270-3c
Traubenstraße 270-3a
Tuchbleiche 270-9b

Uhlandstraße 270-9a
Ulmenweg (2) 252-8b
Ulmer Straße 252-11c
Ulrichstraße (3) 252-11d
Unterer Hof 270-8a
Untere Rietstraße 252-11a
Uracher Straße 270-3b
Urbanstraße 252-11a

Veilchenweg (1) 270-6d
Vogelherd 270-1b

Wasserwiesen 270-6d
Weberstraße 252-10d
Wehrstraße 270-3a
Weidenstraße 270-3a
Weiherstraße 252-10d
Weimerstal 252-10c
Weinbergstraße 270-9a
Weizenweg 252-12c
Werastraße (1) 270-2a
Wielandstraße 270-2b
Wiener Straße (15) 252-8c
Wiesenstraße 270-2a
Wilhelm-Carl-Straße 252-11b
Wilhelmstraße 252-11c
Willy-Brandt-Straße (15) 252-11c
Wolfgrubstraße 270-3b

Zeilstraße 270-9a
Zeppelinstraße 252-11d
Ziegeleistraße 270-1b
Zum Roßfeld 270-6d
Zwerbachstraße 270-6d

Mögglingen
PLZ 73563

Akazienweg 143-6b

Böbinger Straße 143-6b
Buchenweg 143-6b

Deutsche Limesstraße 143-6d

Sternhof 143-9b

Ulmenweg 143-6b

Möglingen
PLZ 71696

Achalmstraße (28) 113-3a
Albert-Einstein-Straße (36) 113-2c
Albert-Kleinheinz-Straße 113-2b
Albert-Schweitzer-Straße (38) 113-2c
Alemannenstraße 113-2d
Amselweg 113-2b
Asperger Straße 113-2b

Bachstraße 113-2d
Bahnhofstraße 113-2b
Beethovenstraße 113-2d
Beim Geistholz (34) 113-2d
Beim Hasenkreuz 113-2c
Beim Rathaus 113-2d
Benzstraße 113-3b
Bertha-von-Suttner-Straße (37) 113-2c
Brahmsstraße (15) 113-2d
Breslauer Straße 113-2b
Brucknerstraße 113-2d
Brühlstraße 113-2d
Brunnenstraße 113-3c

Carl-Orff-Straße 113-2d
Christofstraße (10) 113-2b

Daimlerstraße 113-3c
Danziger Weg (12) 113-2d
Dieselstraße 113-3b
Drosselweg (6) 113-2b

Eberhardstraße 113-2b
Edith-Stein-Straße (32) 113-3c
Ellen-Key-Weg (33) 113-3c
Eugenstraße 113-2b

Fasanenweg 113-2b
Finkenweg 113-2b
Friedenthaler Weg (9) 113-2a
Friedrichstraße 113-2b
Fröhlichhof (35) 113-3c

Gablonzer Weg (11) 113-2d
Gartenstraße (13) 113-2d
Gertrud-Bäumer-Straße (31) 113-3c
Goethestraße 113-3a
Grabenäckerstraße 113-2a
Grasmückenweg (1) 113-2b

Häckerweg 113-2d
Haldenweg 113-2d
Handwerkergasse (19) 113-2d
Hanfbachstraße 113-3c
Hauffstraße 113-3a
Haydnstraße 113-2d
Henry-Dunant-Straße (34) 113-2c
Heuchelbergweg (24) 113-3a
Hindenburgstraße 113-3c
Hirschgartenweg (14) 113-2d
Hölderlinweg 113-3a
Hohenstaufenstraße 113-3a
Hohenzollernstraße 113-3b
Hugo-Wolf-Straße 113-2d

Im Ammertal 113-5a
Im Bornrain 113-3a
Im Heuleger 113-2d
Im Kornfeld 113-9b
Im Pfädle 114-7a
Im Unholder Weg 113-3b

Jägerstraße 113-3c

Karlstraße 113-2b
Kirchgartenstraße 113-2d
Kirchgasse (18) 113-2d
Kirchweg 113-2d
Klausenburger Straße (8) 113-2a
Kleines Feldle 113-9c
Königsberger Straße 113-2a
Krämergasse (21) 113-3c
Kruppstraße 113-3b

Lenauweg 113-3a
Lerchenweg 113-2b
Lessingweg (26) 113-3a
Ludwigsburger Straße 113-2d

Maria-Montessori-Straße 113-3c
Marie-Curie-Straße (35) 113-2c
Markgröninger Straße 113-2a
Max-Reger-Straße 113-2d
Maybachstraße 113-3b
Meisenweg (7) 113-2b
Mendelssohnstraße 113-2d
Milchgasse (20) 113-2d
Mörikestraße 113-3c
Mozartstraße 113-2d
Mühlwiesenstraße 113-2b
Münchinger Straße 113-2d

Nachtigallenweg (2) 113-2b
Neuffenstraße 113-3b

Otto-Hönig-Weg 113-2b

Panoramaweg 113-3a
Parkweg 113-2b
Paul-Hindemith-Straße 113-2d
Pfarrgasse (23) 113-2d

Raiffeisenstraße 113-3b
Raitestraße 113-2b
Rathausplatz (16) 113-2d
Rechbergstraße 113-3a
Robert-Bosch-Straße 113-3d
Roseggerweg 113-3a
Rosenstraße 113-2d
Rückertweg (25) 113-3a

Schillerstraße 113-3c
Schubertweg (17) 113-2d
Schützenplatz 113-2b
Schulstraße 113-3c
Schwalbenweg (5) 113-2b
Schwieberdinger Straße 113-2c
Siemensstraße 113-3b
Silcherstraße 113-3a
Sperlingweg (3) 113-2a
Spitalhof (22) 113-2d
Stammheimer Straße 113-3c
Starenweg (4) 113-2b
Strombergstraße (27) 113-3a
Stuifenstraße (29) 113-3c

Teckstraße 113-3c
Turnhallenweg (30) 113-3c

Uhlandweg 113-3a
Ulrichstraße 113-2b

Wagnerstraße 113-2d
Wartbergstraße 113-3a
Werner-Egk-Straße 113-2c
Wiesenweg 113-2b
Wilhelmstraße 113-2b

Zeisigweg 113-2b

Mönsheim
PLZ 71297

Ahornweg (2) 108-9b
Alte Friolzheimer Straße 109-7c
Alte Wiernsheimer Straße 109-7a
Am Dieb 125-1c
Amselweg (14) 108-9a
Appenbergstraße 108-9b

Bachstraße (11) 109-7c
Badstraße 108-9d
Baumstraße 108-9c
Bei der Ölschläge (8) 109-7a
Berghof 109-4c
Bergstraße 108-9d
Birkenhof 108-6d
Birkenweg (5) 108-9b
Brunnenstraße 109-7c
Buchenweg (6) 108-9b
Büchle 108-9d
Buhweg 108-9d
Buigenrainstraße 109-7c
Burgstraße (10) 109-7c
Bussardstraße 108-9a

Dammstraße 109-7a
Drosselweg 108-9a

Eibenweg 108-9b
Eichenweg (3) 108-9b
Erlenstraße 108-9a

Falkenweg (16) 108-9a
Fichtenweg (7) 108-9d
Finkenweg (17) 108-9a
Forchenweg (4) 108-9a
Friedrichshof 125-1a

Gartenstraße 109-7a
Gewerbegebiet Langer Graben 109-7a
Grenzbachhof 109-5c
Grenzbachstraße 109-7c

Hächselplatz 109-4c
Herrenwiese 109-7c
Hoffmannstraße (13) 108-9d

Im Gödelmann 108-9a
In den Steiggärten 109-7a
Iptinger Straße 109-7a

Jahnstraße 108-9d

Kastanienweg (1) 108-9b

Lärchenstraße 108-9a
Langer Graben 109-7a
Lehmgrube 108-9b
Leonberger Straße 109-7c
Lerchenhof 108-12a
Lindenhof 109-4c
Lindenstraße 109-7c

Meisenweg (15) 108-9b
Melanchtonstraße 108-10b
Milanweg 108-9a
Mitteltalstraße 108-9d
Mühlgrabenstraße (12) 108-9d

Obermönsheim 108-12b

Pforzheimer Straße 108-9b

Reuchlinstraße 108-10b
Ringstraße 108-9a
Rotweg 109-7a

Schulstraße (9) 109-7c
Sonnenhof 109-7a
Sonnenrainweg 109-7a
Spreuerbergstraße 109-7c
Starenweg 108-9a

Tannenweg 108-9a
Tobelweg 108-9d

Ulmenstraße 108-9b

Waldstraße 108-9a
Wartsteig 109-7a
Weissacher Straße 109-7c
Wimsheimer Straße 108-9d

Mössingen
PLZ 72116

Achalmstraße 304-5b
Ahornweg 303-9b
Aiblestraße 304-5d
Aichhalde 305-11c
Albblickstraße 304-7a
Albert-Einstein-Straße 304-8a
Albert-Schweitzer-Straße 304-8a
Albstraße 323-2a
Alexanderstraße 304-5c
Alfred-Brehm-Weg (14) 304-8b
Allee-Kanton-Saint-Julien 304-7c
Altenbach 305-5a
Am Bächle 305-4b
Am Lammbuckel (3) 305-10d
Amselweg 305-5a
Am Starenbuckel (3) 304-5c
Andeckallee 305-10d
Anna-Nill-Weg 304-8c
Auchtertweg 305-5a
Auenweg 305-10b
Auf der Lehr 304-5d
Austraße 304-7c

Bachgasse 304-5c
Bädergasse 304-5c
Bästenhardtstraße 303-9d
Bahnhofstraße 304-4d
Banholzstraße 305-5a
Barbelsenstraße 304-7d
Barfuss Pfad 303-8b
Beckengarten 304-7c
Beethovenstraße 305-10d
Belsen 304-10b
Bergäckerweg 305-2c
Berggasse 304-8a
Bernhard-Schlegel-Straße 304-7c
Bernlachstraße 305-4d
Birkenstraße 303-9d
Bleiche 305-7d
Bohlweg 323-1b
Bolbergstraße 305-5a
Boskoopweg (10) 304-6c
Braikeweg (1) 305-10d
Breitestraße 304-7b
Breitwiesenweg (19) 304-8b
Brettacherweg (11) 304-6c
Brühlstraße 304-7c
Brunnenstraße 304-5d
Buchbachstraße 304-7c
Buchenstraße 303-9d
Buchsteigstraße 304-7d
Burgstraße 304-5d
Butzenbad 303-9c
Butzenbadstraße 303-9b
Butzenhof 303-8d

Christian-Dann-Straße (13) 304-6c
Christophstraße 304-5a

Dachtelstraße 304-4d
Dahlienweg 303-12b
Daimlerstraße 304-7a
Danziger Straße 303-9b
Dörnachstraße 304-6c
Dr.-Gulde-Weg (10) 304-5d
Draisweg 304-7b
Drechslerweg 304-5d
Dreifürstensteinstraße 304-7b
Dritteläcker 305-4b
Drosselweg 305-5a
Dürerstraße 305-4b

Eberhardtstraße 304-5c
Edelmannsweg 304-5c
Eichenstraße 303-9b
Eisenbahnstraße 304-7b
Elbinger Weg 304-7a
Emil-Moersch-Straße 304-5d
Enzianweg 305-6a
Erlenstraße 303-9b
Ernwiesen 304-7c
Eschenhof 305-10b
Eschenstraße 303-9b
Eugen-Gauss-Straße 304-7c
Eugenstraße 304-5c

Färberstraße 304-5d
Falkenstraße 305-5a
Falltorstraße 304-5c
Farrenbergstraße 305-10d
Farrenbergweg 305-10c
Fasanenweg 305-5a
Federstraße 303-9d
Feldbergstraße 305-5a
Fichtenstraße 304-7a
Filsenbergstraße 305-5a
Finkenweg 305-5a
Firstwaldstraße 304-5d
Fleinerweg 304-6c
Fliederweg 303-9d
Forellenweg 305-10d
Forststraße 304-5c
Freibadstraße 304-5b
Freiherr-vom-Stein-Straße 304-7b
Friedrich-List-Straße 304-4d
Fritzenhausgasse 304-7c
Fritzenrain (7) 304-5c
Fürschelestraße 304-5b

Gartenstraße 305-5a
Geißhäuserstraße 303-12b
Georg-Wagner-Straße (13) 304-8a
Goethestraße 304-7b
Grabenstraße 304-8a
Gravensteinerweg (12) 304-6c
Greifswalder Weg (2) 303-9b
Grubichweg (4) 323-1b
Gustav-Schöller-Straße 305-5a
Gustav-Werner-Straße 304-7d

Häckselplatz 304-10b
Hälderlingstraße (3) 304-7c
Härtlestraße 303-9d
Hafnergasse 304-8a
Hagenrainweg 304-7c
Hagstraße 305-4b
Haldenstraße 303-9d
Hallstattstraße 303-9d
Haselweg 303-9d
Haukenstraße 304-7c
Hechinger Straße 303-8b
Heerweg 304-5d
Hegwiesenstraße 304-5b
Heuweg 304-5b
Hilbgasse 304-5c
Hinters-Fritzen-Haus 304-7d
Hinter Wiesen 305-10d
Hirschgasse (9) 304-5c
Höfgasse 304-5d
Hölderlinstraße 304-8a
Hohbarnweg (5) 305-4b
Hohenstaufenstraße 304-5b
Holderweg 303-9d
Hornsteg (5) 304-5d

Im Anger 305-11c
Im Bärengarten 304-5a
Im Brückle 305-11c
Im Bulziggarten 304-7b
Im Höfle 323-1b
Im Krümmling (4) 305-4b
Im Pfarrgarten 304-7c
Im Raiken 305-5a
Im Steinig 305-10d
Im Weiten Hart 304-5b
Im Wiesengrund 305-10b
In der Blumenküche 304-8b
Industrie- und Gewerbegebiet Schlattwiesen 304-5a
In Engenwies 304-7c
In Lange Hirschen 304-7a
In Rosenbenz 304-8c
In Schlattwiesen 304-5a
In Weiherwiesen 303-12b

Jägerstraße 305-10d
Jahnstraße 305-10d
Jakob-Stotz-Platz 304-8a
Jakobstraße 304-5c
Johannes-Gutenberg-Straße 304-8a
Johannes-Kepler-Straße 304-8a
Justinus-Kerner-Straße 304-7b

Käppelestraße 304-7b
Kalkofenweg 305-5b
Karl-Jaggy-Straße 304-5c
Karrengasse 304-5c
Kastanienweg 303-9b
Keltenstraße 303-9b
Keltergasse 305-4b
Kiefernstraße 304-7a
Killweg 305-10d
Kirchstraße 305-10d
Kirchwasen 305-10d
Klinglerstraße 304-5d
Köhlerweg 305-5a
Königsberger Straße 303-9b
Kösliner Weg (1) 303-9b
Kolberger Straße 303-9b
Konrad-Lorenz-Weg (17) 304-8b
Kreuzstraße 305-10d
Krokusweg 303-12b
Krümmlingsmühle 305-4a
Küferweg 304-5d
Kugelbeer 304-5c

Lärchenweg 304-7a
Landhaussiedlung 305-5b
Landhausstraße 305-6a
Lange Straße 304-4b
Lembergweg 305-2c
Lichtensteinstraße 304-5c
Lilienweg 303-12b
Lindenhof 304-10b
Lindenstiegel (2) 305-5a
Lindenstraße 305-11c
Lise-Meitner-Straße 304-8b
Ludwigstraße 304-5a
Luppachstraße 304-7c

Marie-Curie-Weg (16) 304-8a
Marienburger Straße 303-9b
Martin-Luther-Straße 305-10d
Maurerweg 304-5d
Max-Duncker-Weg 304-7d
Max-Eyth-Straße 304-5d
Max-Planck-Straße 304-8a
Maybachstraße 304-4c
Meisenbühlring 305-5c
Melanchthonstraße 304-8b
Mittelgasse 304-5d
Mörikestraße 304-8a
Mössinger Straße 304-7c
Moserstraße (3) 305-5a
Mozartstraße 305-11c
Mühlberg 305-4a
Mühlweg (1) 305-4b

Narzissenweg (6) 303-12b
Nehrener Gäßle 304-2d
Nelkenstraße 303-9d
Nordring 304-4b

Obere Mühle 304-6d
Obergasse 305-4b
Öhrnbachstraße 303-9d
Öschingen 305-5b
Öschlesgartenweg (15) 304-8b
Öschlestraße 304-7c
Ofterdinger Straße 304-4c
Olgastraße (11) 304-8a
Orchideenweg 305-6a
Otto-Hahn-Straße (12) 304-8a
Otto-Merz-Straße 304-8a

Panoramastraße 305-2c
Pappelstraße 303-9b
Paulinenstraße 304-5c
Pfingstwasen 303-12b

Rathof (6) 304-5d
Raunsweg 305-4b
Rechbergweg 304-5d
Rechenmacherweg (2) 304-5d
Renettenweg 304-6c
Reußensteinstraße 304-5c
Reutestraße 304-4d
Reutlinger Straße 305-4b
Richard-Burkhardt-Straße 304-5c
Rietsweg 305-10d
Robert-Bosch-Straße 304-6c
Robert-Koch-Straße 304-8a
Röhlerstraße 304-7b
Römerstraße 323-2a
Rosenstraße 303-12b
Roßbergstraße 305-5a
Rostocker Straße 303-9a
Rotdornweg 303-9b

Salpeterhütte 305-7c
Scheuerle 305-10d
Schillerstraße 304-7b
Schloßstraße (2) 305-10d
Schönbergstraße 305-5a
Schönblickstraße 304-4d
Schreinerweg 304-5d
Schubertstraße 305-10d
Schulsteg 305-4d
Schulstraße 305-4b
Schwalbenweg 305-5c
Schwarzdornweg 303-9b
Schweriner Straße 303-9b
Sebastian-Kneipp-Straße (18) 304-8b
Sebastiansweiler Straße 303-9a
Seilerweg 304-5d
Sieben-Höfe-Weg 304-7c
Siemensstraße 304-4c
Silcherstraße 305-10d
Sonnhaldeweg 304-5c
Spitalgasse (4) 304-5d
Spitzwiesenstraße (6) 305-4b
Stegstraße (8) 304-5c
Steiggasse 304-10a
Steinbeisstraße 304-5d
Steinbühlstraße 305-4b
Steinenbühl 305-4c
Steinlachmühle (Obermühle) 305-10a
Steinlachstraße 305-10b
Sternbergstraße 305-2c
Stettiner Straße 303-9b
Stockstraße 304-7b
Stöffelbergstraße 305-2c
Stralsunder Straße 303-9a
Stuifenweg (1) 304-5b
Sulzbachstraße 304-7c
Sulzgasse 304-5c

Talheim 305-11c
Talheimer Straße 305-4d
Talmühle 305-7c
Talstraße 304-7b
Tannenstraße 304-7a
Theodor-Heuss-Straße 305-10d
Tilsiter Weg 303-9b
Triebweg 305-4d
Tulpenweg 303-12b

Uhlandstraße 304-4d
Ulmenweg 303-9d
Ulrichstraße 304-4d
Untere Mühle 304-4c
Untergasse 305-4b

Viehweg 303-9d

Wacholderweg (5) 304-7a
Wacht 304-6a
Wackersteinstraße 304-5d
Waibachstraße 304-8b
Waldhof 303-8d
Waldstraße 303-9d
Weberweg 304-5d
Weidenstraße 303-9b
Weiherbach 305-10d
Weihergasse 303-9d
Weinbergstraße 304-7d
Weingärtnerweg 304-5b
Weißdornweg 303-9b
Wielandstraße 304-5d
Wilhelm-Claus-Weg (4) 304-7d
Wilhelm-Hauff-Straße 304-7d
Wilhelm-Röntgen-Straße 304-8a
Wilhelmstraße 304-5c
Winkelgasse 304-8b
Wirkerweg 304-5d
Wirtsäckerstraße 304-8a
Wührenbühl 305-10b

Zeppelinstraße 304-7a
Ziegelhütte 304-9b
Zieglerstraße 303-9d
Zollernstraße 304-8a

Mötzingen
PLZ 71159

Achalmstraße 261-2b
Ahornweg (1) 261-2a
Alemannenweg 261-2a
Amselstraße 261-2b

Baisinger Straße 261-2a
Birkenweg 261-2a
Blumenstraße 261-2a
Bondorfer Straße 261-2b
Boschstraße 243-11c
Brühlstraße 261-2a
Brühlwasserstraße 261-2a
Brunnenstraße 261-2a
Buchenweg 261-2a

Daimlerstraße 243-11c
Dieselstraße 243-11c

Eichenweg (2) 261-2a

Fichtenweg 261-2a
Finkenstraße 261-2b
Frankenweg (9) 261-2a

Goethestraße 261-2b

Hausäckerweg (7) 243-11b
Hessestraße (3) 261-2a
Hölderlinstraße 261-2b
Hohenzollernstraße 261-2b

Im Steig 243-11c
Im Tiefen Gäßle 261-2a
In der Röte 261-2a
Iselshauser Straße 261-2a

Kaisersgartenstraße 261-2a
Keltenweg 261-2a
Kirchstraße 243-11c
Kurze Straße 261-2b

Lange Straße 243-11d
Lessingstraße 261-2a
Lettenäckerweg 261-2b
Lilienstraße 243-11d
Lindenhof 243-11b
Lönsstraße 261-2b

Meisenweg (4) 243-11d
Mörikestraße 261-2b
Mühlstraße 243-11d

Nagolder Straße 243-11c
Neue Straße 243-11c
Niederwiesenstraße 261-2b

Oberer Bühlweg 261-2a
Ochsenweg 261-2b
Öschelbronner Straße 243-11c

Pfaffenäckerstraße 261-2b

Römerweg 261-2a
Rosenstraße 261-2b
Roßbergstraße 261-2b

Schillerstraße 261-2b
Schloßgartenstraße 261-2a
Schulstraße 261-2a
Siemensstraße 243-11c
Sommerstraße 243-11c

Talstraße 261-2b
Tannenweg 261-2a
Teckstraße 261-2b
Tulpenstraße (5) 261-2b

Uhlandstraße 261-2b
Unterer Bühlweg 261-2a

Untere Straße (6) 261-2b
Unterjettinger Straße 243-11c

Vogelsangstraße 243-11d
Vollmaringer Straße 261-2a

Walter-Knoll-Straße (7) 243-10d
Weiherstraße 261-2a
Wengenweg 243-11d

Zahnengartenstraße 261-2a
Zeppelinstraße 243-10d

Mühlacker
PLZ 75417

Albert-Schweitzer-Straße 92-2d
Alte Lomersheimer Straße 92-3c
Alter Postweg 93-8b
Alte Steige 93-2b
Am Berg (7) 93-8d
Am Landgraben 92-3a
Amselweg (5) 93-2c
Am Wässerle 93-4a
Asternweg 92-2d
Au 93-2b
Auf dem Nagd 92-2d
August-Hebenstreit-Straße 92-2a
Austraße 93-4a

Bachstraße 91-3d
Baron-Müller-Weg 92-2b
Bassanostraße 92-3a
Beethovenstraße 91-3d
Bei der Seilerbahn (1) 92-2d
Beim St. Peter 92-3c
Benzenäckerweg (13) 91-3d
Bernhardhausenstraße 93-4c
Bierkeller 91-6b
Bischof-Wurm-Platz 92-2d
Bodenrainweg 92-5b
Bonhoefferstraße 93-2d
Brahmsstraße 91-3d
Brauereigasse (3) 91-6b
Braunstraße 92-3a
Brettener Straße 91-2d
Brucknerstraße 91-3d
Brückenstraße (12) 92-1c
Brunnengasse 92-2d
Brunnenstubenweg 93-4a
Buchscheidung 92-1a
Burgfeldstraße 91-3c
Burggraben 93-4a
Burgherrenstraße 91-6b
Burgweg 93-1c

Carl-Orff-Weg 91-3d
Craisshütte 92-1d

Dachsrainhütte 93-7a
Dahlienweg 92-2d
Dammweg 92-3a
Danzelhalde 92-6c
Dr.-Simons-Straße 91-3d
Dorfwiesenstraße 91-6b
Dresdner Straße 92-3c
Dürerstraße 93-2d
Dürrmenz 92-2c

Edisonweg 92-3a
Einsteinstraße 92-3a
Enzberg 91-3b
Enzstraße 92-3a
Ernst-Händle-Straße 92-2d
Eschenbergweg (4) 92-6b
Eulerstraße 93-8c

Falkenweg 92-2d
Falltorweg 93-4a
Fasanenhof 93-4b
Fasanenweg (7) 93-2c
Felsenweg 93-2d
Finkenweg 93-1c
Finkenwiesenstraße 91-6b
Fischeräckerstraße 92-6b
Flachsweg (1) 93-1c
Fliederweg 92-2d
Flöhbergstraße 93-2c
Flößergasse 93-2d
Forellenweg (4) 93-8d
Fortenbacherweg 92-2d
Friedhofstraße 91-3c
Friedrich-List-Straße 93-4a
Fronackerweg 93-8d
Fuchsweg 93-2d

Gärtnereiweg 93-2d
Galileistraße 93-8d
Gartenstraße 93-4a
Gaußweg 92-3a
Geißbergweg 92-3a
Ginsterweg (10) 93-8d
Gladiolenweg (2) 92-5b
Gluckstraße 91-3d
Götzentor 92-5b
Grafenweg 93-8d
Großglattbach 93-8a
Großglattbacher Weg 93-4a
Gutenbergstraße 93-2d

Händelstraße 91-3d
Hagelreute 93-4c
Haldenstraße 92-2a
Hanfweg (2) 93-1c
Hangenstein 92-4b
Hartfeldstraße 91-3d
Hartweg 91-3b
Haselweg (11) 93-8d
Hauffstraße (10) 91-6b
Haydnstraße 91-3d
Heckenweg 93-8d
Heermannshof 92-6c
Heerstraße (12) 93-9c
Hegelstraße 93-4a
Heideweg 93-2c
Heilbronner Straße 92-1c
Heinestraße 91-6b
Herrenbrunnenstraße 92-1c
Herrenwaag 92-5b
Hertzweg 92-3a
Hillerstraße 93-2d
Hintere Bergstraße (5) 91-6b
Hintere Gasse (4) 91-6b
Hirschstraße (4) 93-4a
Höhenstraße 91-3d
Hölderlinstraße (6) 91-6b
Hörnlestraße 92-3d
Hof Ade 93-2b
Hof Assmus 92-3b
Hof Birkenau 92-5b
Hof Borger 92-3b
Hof Burger 92-3b
Hof Burkhardt 93-8b
Hof Fegert 93-1d
Hof Gommel 93-1a
Hof Haug 93-8b
Hof Huß 93-1c
Hof Oelschläger 93-8b
Hof Schäfer 93-9c
Hof Schäfer (Großglattbach) 93-8b
Hof Schmid 93-1c
Hof Schmierer 93-5b
Hof Schneider 93-1d
Hof Schuster 92-5b
Hof Spörr 92-6d
Hof Stahl 93-1c
Hofstraße 92-2d
Hof Stricker 93-8b
Hof Tailfingen 91-2b
Holunderweg 93-8d
Hornbergsteige 93-8d
Hummelberg 93-1c
Hundsrücken 92-2c

Illinger Straße 93-4a
Im Biegel 92-2d
Im Boden (5) 93-4c
Im Dörnich 92-2c
Im Hagen 92-6b
Im Hohberg 92-1a
Im Käppele 92-2b
Im Leitersteigel 92-2d
Im Letten 92-6a
Im Mühlehof 92-2b
Im Öhrlach 92-3a
Iptinger Weg 93-8d

Jägerstraße 92-2d
Jahnstraße 92-6b
Jörgenwaag 92-2b
Jupiterstraße (2) 93-8b

Kalkweg 92-5b
Kanalstraße 91-6b
Kantstraße (9) 91-6b
Kanzlerstraße 92-2a
Kapellenweg 93-8d
Karl-Gerok-Straße 92-2b
Karl-Knöller-Straße 92-2a
Karl-Knöller-Weg 92-6a
Kelterplatz 92-2b
Kelterstraße 92-3a
Keplerstraße 93-8d
Kernerstraße (7) 91-6b
Kieselbronner Straße 91-3c
Kirchbergstraße 93-4a
Kirchgässle (4) 93-2d
Klammenweg 91-3c
Kleines Steigle 91-3d
Klinge 92-1c
Klotzbergstraße 92-3c
Klotzbergstraße (5) 92-6b
Konrad-Adenauer-Platz 92-2b
Kopernikusstraße 93-8d
Kornweg 93-1c
Kreuzweg 93-1c
Krokusweg 92-2d
Krumme Gasse 92-2d

Lammgasse 93-8d
Landhausstraße 91-3d
Leipziger Straße 92-3c
Leoweg 92-2b
Lichtholzstraße 93-8b
Lilienweg 92-2d
Löffelstelzweg 92-3c
Löwengasse (8) 93-8d
Lomersheim 93-4b
Lomersheimer Straße 92-3c
Lortzingstraße 91-3d
Ludwig-Lenz-Straße 92-2b
Ludwig-Thoma-Straße 91-6b

Marconistraße 92-3a
Marktplatz 92-2d
Marsstraße 93-8d
Martin-Luther-Straße 93-2c
Max-Dürr-Staffel (6) 92-2b
Max-Eyth-Straße (3) 93-1c
Meisenweg 93-1c
Mergeläcker 92-3b
Merkurstraße (1) 93-8b
Metterstensteg 92-2a
Mittlerer Häldenweg 91-3d
Mittlerer Weinbergweg
(Enzberg) 91-6a
Mittlerer Weinbergweg
(Mühlhausen an der Enz) 93-2b
Mönsheimer Steige 93-8d
Mörikeweg 93-4a
Moltkestraße 92-2b
Moorhaldenstraße 91-3d
Mozartstraße 91-3d
Mühlackerstraße 92-6b
Mühlehof 92-2b
Mühlhäuser Steige 93-8b
Mühlhausen a.d. Enz 93-5b

Nachtigallenstraße 93-2c
Narzissenweg 92-5b
Nelkenweg 92-2d
Nieferner Straße 91-6b
Nipkowstraße 92-3a
Obenaus 93-8d
Oberdorfstraße 93-2d
Obere Au 93-1c
Obere Bergstraße (1) 91-6b
Obere Gasse 93-8d
Obere Königstraße 92-2d
Öschelbronner Straße 92-2d
Ötisheimer Steige 91-3d
Otto-Aichele-Straße 93-4a
Otto-Rieger-Straße 92-2b
Otto-Stolpp-Straße 93-4a

Panoramastraße 93-8d
Panzerweg 93-2d
Parkstraße 93-2b
Pfarrgasse 91-6b
Pforzheimer Weg 92-2c
Philipp-Bauer-Weg 92-2b
Pinacher Straße 93-4c
Pirolweg 93-2d
Planckstraße 92-3a
Postweg 92-9d

Rappstraße 92-2b
Rathausplatz 91-3d
Rauhensteinstraße 92-3c
Rebenweg 93-2b
Regerstraße 91-3d
Reichardtstraße 93-2d
Reichmannstraße 92-2b
Reislesweg 91-3a
Reisweg 92-3a
Reutweg 92-3a
Richard-Wagner-Straße 91-3d
Richard-Woerner-Straße
92-2b
Ritterweg 93-8d
Röntgenstraße 92-3a
Rosenweg 92-2d
Roßwager Steg 93-3c
Roßwager Straße 93-2d

Sägmühle 93-2d
Salenwiesenweg 93-4c
St.-Andreas-Straße 92-2d
St.-Markus-Straße 93-8c
Saturnstraße (13) 93-8b
Schafweg (1) 93-2d
Scheffelstraße (11) 91-6b
Schellingstraße (8) 91-6b
Schiedstraße 91-3c
Schlehenweg (9) 93-8d
Schloßstraße 93-2d
Schlüsselweg 92-3a
Schmale Gasse (6) 93-8d
Schreineräckerstraße 91-3d
Schulstraße 92-2b
Schumannstraße 91-3d
Schwalbenweg (2) 93-2d
Schwarzwaldstraße 93-8d
Seestraße 91-3d
Senderstraße 92-3a
Sengach 92-1a
Sommerberg 92-2a
Sonnenbergweg 93-8d
Sperberweg 92-2c
Steegerstraße 91-6b
Steigstraße (7) 92-3a
Steinwerkstraße 91-3c
Straußweg 91-3d
Stuttgarter Straße 92-3a
Sudetenstraße 91-3c

Talweg 93-4a
Telemannweg 91-3b
Theodor-Heuss-Straße 93-2c
Tiefer Weg 92-6d
Torackerweg 92-3a
Trollingerweg 93-2b
Tulpenweg 92-5b
Turmstaffel 92-6b
Turmstraße 93-4a

Ulrichweg 92-3a
Umgehungsstraße 91-6b
Unter dem Nagd 92-2d
Untere Königstraße 92-2d
Unterer Häldenweg 91-3d
Unterer Weinbergweg 91-6a
Unterm Berg 92-3c

Vaihinger Straße 93-8d
Veilchenweg 92-5b
Venusstraße (14) 93-8b
Vogelsangstraße 93-4a
Vogeltalgasse (3) 93-8d
Vordere Bergstraße (2) 91-6b

Waldenserstraße 92-2b
Waldstraße 91-3d
Waltherweg 92-3d
Wassergässle (3) 93-2d
Wasserstraße 93-2d
Weberweg 91-3d
Wehrgasse 93-8d
Werkstraße 92-1c
Wielandstraße 91-6b
Wiernsheimer Straße 92-2d
Wiesenstraße 93-2d
Wilhelmstraße 93-4a
Wittumrain 93-4b
Wolfackerweg 92-2b
Wolfgangweg 93-4a

Zaunäckerweg (6) 93-2d
Zehntgasse (5) 93-8d
Zwerchstraße 93-2d

Münsingen
PLZ 72525

Ahornweg 311-1a
Alter Seeburger Weg 311-3d
Am Hof 329-3b
Apfelstetten 311-12d
Badgässle 329-6b
Baumtalweg 311-6d
Bei der Rayse 311-6b
Beim Alenbrunnen 311-6d
Beim Leonhardsbrunnen 311-6b
Birkenweg 310-3d
Blumenstraße 311-1a
Braike 311-2c
Bronnhaldeweg 329-9d
Brunnenstraße 311-1c
Buchenweg 311-1a
Buttenhausen 329-5b

Dorfstraße 293-10b
Dottingen 310-3b
Dottinger Straße 311-6a

Eibenweg 310-3b
Eichberghof 311-9b
Erlenweg 310-3b

Fauserhöhe 311-8a
Ferienheim Schachen 329-5d
Fichtenweg 311-1a
Fladhof 329-5c
Fölterstraße 311-1a
Friedensweg 293-10d
Friedhofweg 311-1a

Galgenberg 311-6b
Grafeneckerstraße 311-6d
Graf-Zeppelin-Straße 311-6a
Grießweg 310-3d
Grüner Weg 293-7a

Harrassenweg 293-10d
Hauenstraße 329-6b
Hauhof 311-12b
Hegisweg 293-11c
Heidelgarten 329-6b
Heimtalstraße 329-6b
Hermann-Staudinger-Straße 311-5b
Hirschental 329-9d
Hirschhaldenweg 293-10d
Hochburg 329-9d
Höhnrißweg 293-10d
Hundersingen 329-9c

Im Unterdorf 293-10d
Im Wiesengrund 329-6d
In der Lise 293-10d

Kämpflestraße 293-10d
Kappelsteig 329-6a
Kastanienweg 311-1a
Katzensteig 311-1a
Kirchbergstraße 329-6b
Kornweg 293-10d

Lerchenhof 311-6c
Lichtensteinstraße 311-6a
Lindehof 329-6d

Max-Eyth-Straße 311-6b
Mühlsteige 329-6d
Münsinger Straße 293-10d

Oberdorf 329-9d
Obere Talstraße (1) 311-1c

Reutlinger Straße 310-3d
Rietheimer Straße 311-1d
Robert-Bosch-Straße 311-6a
Römerstraße 329-3b
Rosenbühl 311-1c
Rudolf-Diesel-Straße 311-6b

Schanzweg 293-12d
Schlehenweg 293-10d
Schloßrainstraße 329-9b
Schmiedesteige 329-6b
Schützenberg 311-1a
Seetalhof 311-3c
Sirchinger Weg 293-10d
Sonnenhaldestraße 293-10d
Springensbühl 311-1c

Taläcker 311-1c
Talstraße 311-1c
Tannenweg 311-1a

Ulmenweg 310-3b

Vorderes Seetal 311-3c

Wasseräcker 329-6d
Wassergasse 329-9d
Wasserstetter Straße 329-6a
Werner-von-Siemens-Straße 311-6b
Wiesentalhof 311-6b
Wiesentalstraße 311-6b
Wochenendhausgebiet „Hinterer Berg"
311-2c
Wolfsbühl 329-9d

Ziegelhäuser 311-9b
Zwiefalter Straße 329-6b

Mundelsheim
PLZ 74395

Ahornstraße 82-3a
Alter Weg 83-1a
Amselweg (20) 83-1a

Backhausweg (7) 77-10c
Baugasse (1) 77-10c
Blumenstraße 83-1a
Böckler 77-10c
Brunnengasse (11) 77-10c

Carl-Benz-Straße 77-10a

Dahlienweg (14) 83-1a
Dammweg 76-12d
Drosselweg (18) 83-1a
Fährweg 76-12d
Falkenweg 83-1c
Fasanenstraße 83-1c
Fischerweg 76-12d
Fliederweg 83-1a
Freihof (12) 77-10c

Gartenstraße 83-1a
Gehürd 76-12d
Gemmrigheimer Weg 77-10a
Goethestraße 83-1a
Großbottwarer Straße 77-10c
Großbottwarer Tor 77-10c

Hartweg 83-1a
Hasennest 77-10c
Hauffweg 83-1a
Heinrich-Hertz-Straße 77-10a
Heinrich-Maulick-Straße 77-10c
Hessigheimer Straße 76-12d
Hindenburgstraße 77-10c
Hölderlinstraße 83-1a
Hohlweg 83-1a

Im Gschied 77-10c
Innere Au 83-1a

Johann-Wolff-Straße 83-1a
Justinus-Kerner-Straße (28) 83-1c

Käsebergstraße 76-12d
Käsebergweg 76-12d
Kalkgraben 77-10d
Kappelstraße 77-10c
Kappelstraße (6) 77-10c
Karl-Epple-Straße 76-12d
Kilianstraße 83-1a
Kirchhofgasse 83-1a
Kirschhälde 77-10c
Körnerweg (23) 83-1a

Lämmlestraße (17) 83-1a
La-Motte-Servolex-Straße (8) 83-1a
Langer Weinbergweg 77-10c
Lange Straße 77-10c
Lerchenweg 83-1a
Lessingweg (24) 83-1a
Lindenstraße 83-1a
Lönsweg (27) 83-1a

Marktstraße 77-10c
Meisenweg (21) 83-1a
Mörikestraße (15) 83-1a
Mühlwiesenstraße (9) 82-3b

Nachtigallenweg (10) 83-1c
Neckarstraße 76-12d
Nelkenweg 83-1a

Ottmarsheimer Straße 77-10d

Panoramastraße 83-1c
Panoramaweg 78-4d
Planstraße 83-1a
Pleidelsheimer Straße 83-1a
Postgasse (5) 77-10c

Raiffeisenstraße 76-12d
Rathausgasse (4) 77-10c
Roseggerweg (26) 83-1a
Rozenbergstraße 83-1a

Schillerstraße 83-1a
Schnellerweg 77-10c
Schreyerhof 82-3b
Schulgasse (3) 77-10c
Schwalbenweg (19) 83-1a
Seebachweg 83-1a
Seelhofen Straße 83-1a
Stormweg (25) 83-1a
Sudetenstraße 83-1a
Sylvanerstraße 77-10c

Taubenweg (29) 83-1c
Trollingerstraße (2) 77-10c

Uhlandstraße (16) 83-1a
Urbanstraße 83-1a

Veilchenweg (13) 83-1a

Wannenweg 82-2b
Wasenstraße 76-12d
Weinbergstraße 77-10c
Wertweg 76-12d
Wilhelm-Maybach-Straße 77-10a

Zeisigweg 83-1a
Ziegelhütte 77-10d

Murr
PLZ 71711

Ahornweg 83-12a
Akazienweg 83-9c
Alemannenweg 83-9d
An der Hardtlinde (23) 83-9d
An der Mauer (7) 83-9d

Bahnhofstraße 83-9d
Beethovenstraße 83-9c
Bei der Bergkelter 83-12a
Benninger Weg 83-12a
Bietigheimer Straße 83-12a
Birkenweg (13) 83-12a
Bismarckstraße 83-9d
Blankensteinstraße 83-12b
Bottenäckerstraße 83-12a
Bottwarer Weg 83-9d
Brahmsweg 83-9c
Brückenstraße 83-12b
Buchenweg 83-12a
Burgunderstraße 83-12b
Burgweg 83-11b

Carl-Benz-Straße 83-12a
Dorfplatz (8) 83-9d
Dorfweg 83-9d

Egartenweg (15) 83-12a
Eichenweg 83-9c
Erlenweg 83-9c
Eschenweg 83-12a

Ferdinand-Porsche-Straße 83-12a
Fliederweg (9) 83-9c
Flößerweg 83-12a
Forstbergweg (21) 83-12c
Frankenweg (4) 83-9d
Frauenstraße 83-9d
Friedhofweg 83-9d
Friedrich-Ebert-Straße 83-9d

Gartenstraße 83-12b
Gewerbegebiet Egarten 83-11b
Gewerbegebiet Ziegelei 83-9b
Gewerbegebiet Zinsser 83-12b
Götzenbergweg (19) 83-12a
Gottlieb-Daimler-Straße 83-11b
Griesbergweg (17) 83-12a

Hardtweg 84-7c
Harzbergweg (18) 83-12a
Haugweg 83-9b
Haydnweg 83-9d
Heerstraße 83-9d
Heilbronner Straße 83-9c
Hermannsplatz 83-9d
Hindenburgstraße 83-12b
Hohenhartweg 83-9a

Im Biegel 84-7c
Im Gigis 83-12a
Im Langen Feld 83-11b
Im Ried 83-9c
Im Schlat 83-9d
Im Vogelsang (11) 83-12b
In den Berglen (14) 83-12a

Kirchgasse 84-7c
Kirchplatz (6) 83-9d
Kirchschlager Weg 83-12a
Konrad-Adenauer-Weg (3) 83-9d
Kornblumenweg (16) 83-8d
Kurt-Schumacher-Weg (2) 83-9d

Lagauer Weg 83-12a
Lehmgrube 84-7a
Lerchenweg (12) 83-12b
Lichtenbergweg 83-12c
Lindenweg 83-9c

Marbacher Straße 83-12a
Mittleres Gässle 83-9d
Mozartstraße 83-9c
Mühlgasse 83-9d
Mühlweg 83-12b
Mühlwengert 83-12b
Murrgässle 83-9d

Neuer Weg 83-12b
Nussbaumweg 83-9c

Panoramastraße 83-12a
Pfarrgasse 83-9d
Pleidelsheimer Weg 83-9c

Raiffeisenstraße 83-11b
Reinhold-Maier-Weg (1) 83-9d
Riedstraße 83-9d
Rieslingweg 83-12b
Robert-Bosch-Straße 83-12a
Rollenstraße 83-12b
Rudolf-Diesel-Straße 83-11b

St.-Anna-Weg 83-9c
Schafbergweg 83-9b
Schillerstraße 83-9d
Siemensstraße 83-11b
Silcherstraße 83-9d
Sonnenhöfe 83-8d
Steinäckerstraße 83-9d
Steinheimer Straße 84-7c
Sylvanerweg (10) 83-12b

Talstraße 83-9d
Talweg 83-9b
Tannenweg 83-12a
Theodor-Heuss-Straße 83-9c
Tweraser Weg (22) 83-12a

Widdumgasse (5) 84-7c
Wunnensteinweg (20) 83-12a

Zeppelinstraße 83-12b
Ziegeleiweg 83-9d

Mutlangen
PLZ 73557

Adlerstraße (10) 141-4d
Ahornweg 141-2c
Akazienweg 141-5a
Albblickweg 140-3b
Albert-Schweitzer-Weg (7) 141-4b
Albstraße 141-4d
Alemannenweg 141-4b
Alfdorfer Straße 140-3b
Am Kalkofen 141-4d
Ampferweg 141-8b
Amselweg (13) 141-4d
Am Wettebach (4) 141-4b
An der Stauferklinik 141-4c
Anemonenweg 141-5d

Beethovenstraße 141-5c
Behringweg (6) 141-4b
Bergstraße 141-5c
Bernhardusstraße 141-4d
Binsenweg 141-8b
Birkenstraße 141-5c
Blumenstraße 141-4d

Brunnengasse 141-5a
Buchenstraße 141-5c
Bühlstraße 141-4d
Bühlweg 141-4d
Bürglesrain 141-4b
Burghaldenweg 141-4b

Distelweg 141-5d

Eibenweg 141-8a
Eichendorffstraße 141-5c
Erlengasse 141-5a

Falkenweg (14) 141-4d
Farnweg (31) 141-5d
Fasanenweg (12) 141-4d
Feldstraße 141-5c
Feuergasse 140-3b
Fichtenstraße 141-5c
Finkenweg 141-4b
Flemingstraße (9) 141-4b
Forchenstraße (22) 141-5c
Forststraße 141-5c
Frankenweg 141-1d
Friedhofstraße 141-5a

Gartenstraße 141-4d
Gewerbegebiet Nord 141-2c
Gewerbegebiet Süd 141-5c
Ginsterweg (26) 141-8a
Gmünder Straße 141-4d
Goethestraße 141-5a
Gotenweg 141-1d

Hahnenbergstraße 141-4b
Haldenstraße 141-5a
Hartriegelweg 141-8a
Haselweg 141-8a
Hauptstraße 141-5c
Haydnstraße 141-5c
Heckenrosenweg (27) 141-8a
Heideweg (32) 141-5c
Heuweg 140-3b
Hintere Gärten 141-1d
Hochstraße 141-1b
Hölderlinstraße (21) 141-5c
Hohenstaufenstraße 141-4d
Hohlgasse (3) 141-5a
Holunderweg 141-5c
Hornbergstraße 141-5c
Hornkleeweg (33) 141-5d
Humboldtstraße 141-4d

In den Auäckern 140-3b
In den Straßenäckern (34) 141-5a
In der Breite 141-1d

Jahnstraße 141-5a
Johannesstraße 141-5a
Jurastraße 141-4b

Kaiserring 141-1d
Kamillenweg (28) 141-8b
Kapellenstraße 140-3b
Kastellweg 141-4b
Kellerweg (2) 141-5a
Keltenweg 141-4b
Keuperweg 141-4b
Kirchberg 141-5a
Kornblumenweg 141-1a
Kranichweg 141-4b

Lärchenstraße (23) 141-5c
Lammstraße 141-5a
Leinweg 140-3b
Lessingstraße 141-4d
Liasweg 141-4b
Ligusterweg 141-5c
Limesring 141-4b
Lindacher Straße 141-5a

Malvenweg 141-5d
Margarete-Steiff-Straße (18) 141-1d
Meisenweg (11) 141-4b
Mörikestraße 141-5c
Mozartstraße (19) 141-4d

Nikolausweg (1) 141-4b

Panoramaweg 141-5c
Pfarrgasse (5) 141-5a
Pfersbach 140-3b
Prälat-Hinderberger-Weg (16) 141-4d
Primelweg 141-5d

Rainhaldenweg (24) 141-5c
Rechbergerstraße 141-4d
Richard-Wagner-Straße (20) 141-5c
Ringstraße 141-4d
Ritterweg 141-4b
Robert-Koch-Straße 141-4c
Römerweg 141-4b
Röntgenstraße (8) 141-4a
Rosensteinstraße 141-4d

Salbeiweg (29) 141-8b
Sandweg 141-4b
Sauerbruchstraße 141-4c
Schieferstraße 141-4b
Schillerstraße 141-5a
Schlehenweg 141-8a
Schloßstraße 141-5a
Schulstraße 141-5a
Schwalbenstraße 141-4b
Siedlungsweg 141-5c
Siemensring 141-1d
Silcherstraße 141-5a
Sonnenweg 141-4d
Spagenstraße 141-4b
Sportplatzweg 141-5d
Spraitbacher Straße 141-1d
Stauferweg 141-1d
Steigstraße 140-3b
Steingrubenweg 141-5a
Stuifenstraße 141-4d

Talblick 141-5a
Talstraße 141-4b
Tannbachweg (17) 141-4b
Tannenstraße 141-5c
Teichstraße 140-3b
Theodor-Heuss-Straße (15) 141-4d
Thymianweg (30) 141-8b

Uhlandstraße 141-5c
Ulmenstraße 141-2c

Veilchenweg 141-5d
Vogelhornweg 141-4a

Wacholderweg (25) 141-8a
Weidenweg 141-5c
Weißdornweg 141-8a
Welfenweg 141-1d
Wetzgauer Straße 141-4d
Wiesenstraße 141-4d
Wildeck 141-4b

Nagold
PLZ 72202

Achalmstraße 260-8d
Adalbert-Stifter-Weg 242-11a
Adolf-Häfele-Straße (7) 44-A3
Ahornweg 242-12c
Albblickstraße 260-11b
Albert-Krieg-Straße 242-11c
Albrechtsweg 260-11b
Alemannenstraße 260-4b
Allmandweg 44-B1 + 242-6c
Altensteiger Straße 242-8c
Alte Poststraße 242-9a
Altheimer Straße 260-11a
Am Alten Brunnen 242-3a
Am alten Krankenhaus (2) 242-11a
Am Auchtberg 260-2d
Am Berg (1) 260-4b
Am Dorfplatz 261-4c
Am Dornbuschhag (3) 242-12c
Am Eisberg 242-6d
Am Frankenbühl 242-8c
Am Friedhof 260-4c
Am Glockenrain 44-A1 + 242-8b
Am Hochwasen 242-3b
Am Königshof 242-11a
Am Kühlenberg 218-12d
Am Lenzenrain 260-2b
Am Lielach 242-11d
Am Riedbrunnen 242-11b
Am Römerbad 242-11a
Am Rosenbächle 260-2b
Am Schelmengraben 44-B1 + 242-8b
Am Schloßberg 44-A3 + 242-8c
Amselweg 242-11a
Am Talblick 218-12c
Am Tunnel 260-10a
Am Waldrain 242-12c
Am Ziegelrain 44-A3
An der Halde (14) 260-2b
An der Schafbrücke 242-8c
An der Schleifmühle (1) 242-8c
An der Steige 242-3a
An der Wette (3) 242-1b
Andreaestraße (1) 242-6d
Angeläcker (5) 260-8d
Auenweg 242-11d
Auf dem Geisspitz 243-10a
Auf der Insel (11) 260-2a

Badgasse 44-A3
Badwaldweg 44-B1 + 242-9a
Bächlenweg 242-8c
Bahnhofstraße 44-B3 + 242-8d
Baisinger Straße 261-4c
Baumwiesenweg 242-11a
Beethovenstraße 260-11a
Beim Alten Wasen 44-B1 + 242-9a
Belchenstraße 260-6d
Bergachweg (9) 242-3c
Berghof 242-5c
Bergich 242-2c
Bergstraße 218-11d
Bergwaldstraße 218-12c
Bildackerweg (1) 242-3a
Binsenweg 218-11b
Birkenhof 260-3b
Birkenweg 242-12a
Blaichhof 242-4c
Blumenweg 242-5d
Böblinger Straße 260-8c
Bondorfer Weg 261-4c
Bonhoefferstraße 242-11d
Bopserweg 218-10d
Brahmsweg 260-11a
Breiteweg 260-6d
Brennthaldenweg 260-4b
Breslauer Straße 242-11a
Bronnhaldenweg 218-10d
Brühlstraße 260-2a
Brunnenstraße 242-11d
Buchfinkenweg 218-10d
Buchhof 242-12d
Buchweg 242-7d
Burg 260-7c
Burghof 242-4d
Burgstraße 44-A2 + 242-8d
Buschweg 260-11a

Calwer Straße 242-5d
Carl-Friedrich-Gauß-Straße 243-10d
Carl-Zeiss-Straße 242-11d
Carnachstraße 242-6d
Christophsweg (2) 260-11b

Dachsburgweg 260-8c
Danziger Straße 242-11a
Dekan-Freihofer-Straße 242-5b
Drosselweg 260-8d
Dürrenhardt 259-3b

Eberhardstraße 260-11b
Eibenweg (5) 242-12c
Eichendorffstraße 242-11d
Eichhof 242-4d
Eisbergsteige 44-B2 + 242-8b
Eisbergtunnel 44-B2
Emmingen 218-12d
Emminger Straße 44-B2 + 242-5d
Erwin-Rommel-Straße 242-5b
Eschenweg (9) 242-12c
Eugen-Bolz-Straße 242-11c
Eugen-Breitling-Straße (9) 44-A3
Eutinger Weg 260-11b

Faltergasse 242-3b
Farnweg 260-6d
Fasanenweg 260-6b
Feldbergstraße (2) 260-6d
Ferdinand-Porsche-Straße 242-12b
Fichtenweg (7) 242-12c
Finkenweg (2) 242-11a
Fliederweg (4) 242-5d
Forchenweg (6) 242-12c
Frankenweg (1) 242-11a
Freudenstädter Straße 44-A3 + 242-8c
Friedhofstraße 242-11a
Friedrichstraße 242-12c
Fritz-Ott-Randweg 242-12c

Gänsäckerweg 260-8c
Gäßle (1) 260-7a
Gäuallee 242-6d
Gäurandsteige 242-12c
Galgenbergstraße 44-B2 + 242-9c
Gartenstraße 218-11d
Gassenackerweg 218-10d
Georg-Wagner-Straße 242-8c
Gerberstraße 44-B3 + 242-8d
Gerichtsplatz 44-B2
Gießgasse 218-11d
Ginsterstraße 260-6d
Goethestraße 242-11b
Göttelfinger Straße 260-6d
Gottlieb-Daimler-Straße 242-12b
Grabenstraße 44-A3
Grafenwiesenstraße 44-B3
Graf-Gerold-Straße 242-11a
Graf-Zeppelin-Straße 243-10c
Große-Acker-Straße 242-3a
Gründlesweg (1) 218-10d
Grundweg 260-7a
Gündringen 260-4a
Gündringer Straße 260-6d
Gutenbergstraße 242-9b

Häfelehütte 242-10b
Händelweg 260-11a
Haiterbacher Straße 44-B3 + 242-8d
Haiterbacher Weg 259-6b + 260-4a
Haldenhof 218-10d
Haldenstraße 260-2b
Hangstraße 260-7a
Hartriegelweg (4) 242-12c
Hauffstraße 242-11a
Hauptstraße 242-11d
Haydnweg 260-11a
Hebelstraße 242-11a
Heckengäustraße 242-12c
Heckenrosenweg 242-12c
Heerstraße 243-7c
Heinrich-Hertz-Straße 243-10c
Hermann-Maier-Straße 44-B2 + 242-9c
Hermann-Messer-Weg (4) 242-3a
Herrenberger Straße 44-B3 + 242-8d
Herrenwald 260-4d
Hintere Gasse (5) 242-1b
Hinter Oberkirch 242-11a
Hinter St. Leonhard 44-B2
Hirschstraße 44-A3
Hochdorf 260-10b
Hochdorfer Straße 260-6d
Hochrainstraße 242-3a
Hölderlinstraße 242-11a
Hof Rauschenberger 259-6d
Hof Rötenhöhe 242-5b
Hof Schönblick 242-12d
Hof Schwerte 218-12b
Hohenberger Straße 242-11a
Hohenzollernstraße 261-4c
Hoher-Baum-Weg 242-12d
Hoher Rain 260-4d
Hohe Straße 44-B2
Hohwiesenweg 260-6d
Holderweg 242-5d
Hopfengartenweg 260-7a
Horber Straße 260-2d
Hornäckerweg (7) 242-3a
Hügelstraße 44-B3
Hummelbergweg (4) 261-4c

Im Aischbach 218-11c
Im Bändle (5) 242-3a
Im Berggäßle 242-3a
Im Haslach 218-12a
Im Käpelle (11) 242-3a
Im Katzensteig 218-12c
Im Kranich 260-4b
Im Lettenäcker 260-8c
Immastraße 242-11a
Immengasse 242-3a
Immenstall 260-5c
Im Öfelen 218-10d
Im Regental 242-12a
Im Schertle 242-3a
Im Steig 260-8d
Im Zimmermann 242-3c
In den Mulden 242-10b
In den Spitzäckern 242-2b
In der Heide 260-6b
Industriegebiet- und Gewerbepark Nagold-Wolfsberg 243-10c
Inselstraße 44-A3 + 242-8d
Interkommunales Gewerbegebiet Nagold-Gäu 243-4c
Iselshausen 260-2a
Iselshauser Straße 260-2b

Jägerweg (2) 218-10d

Kanalstraße 44-A2 + 242-8b
Kapellenweg (15) 260-2b
Karlstraße 242-11d
Kastanienweg (8) 242-12c
Keltenweg 242-11a
Keplerstraße 242-11c
Kernenstraße 44-B1 + 242-8b
Kiefernweg 260-6b
Killweg 218-11d
Kirchberg 260-4d
Kirchenackerstraße 242-3a
Kirchgiebelstraße 242-11a
Kirchhalde 260-7a
Kirchstraße 44-A2
Kniebisstraße 260-6d
Königsberger Straße 242-11b
Kornbühlweg 261-4c
Krautbühlpark 44-A3 + 242-8c
Kreuzertalgasse (6) 44-B3
Kreuzertalweg 44-B2 + 242-9c
Kronenstraße 44-A3
Kühlenberg 218-12d
Kuhweg (2) 260-4b
Kurze Steige 260-7a

Lachenhütte 241-9d
Lachenwiesenweg 261-4c
Ländlesweg 242-9c
Landhausstraße 242-11d
Lange Hauptgasse 218-11b
Langer Hof (16) 260-2b
Lange Straße 44-A2 + 242-8b
Leibnizstraße 242-6d
Lembergstraße 242-11a
Lembergtunnel 44-A3
Leonhardstraße 44-B3 + 242-8d
Lerchenhof 218-10d
Lerchenweg 242-11a
Leutestalstraße 218-12c
Ligusterweg (2) 242-12a
Lilienweg (3) 242-5b
Linckeweg 260-11a
Lindachstraße 242-11b
Lindenberg 260-7a
Lindenhof 260-3b
Lindenstraße 218-11d
Lise-Meitner-Straße 242-12d
Listweg 242-11c
Londorfer Straße 260-2b
Longwyplatz 44-A3 + 242-8d

Maiergasse 44-A3
Maierhof (1) 44-A3
Malmenhof 218-12a
Malmenweg 242-3a
Marie-Curie-Straße 242-12d
Marktstraße 44-A3 + 242-8d
Mauren 260-6a
Max-Eyth-Straße 242-8c
Maybachstraße 242-12d
Meisenweg 242-11a
Meisterweg 44-A3 + 242-8d
Mindersbach 218-10d
Möhringer Hof 260-8b
Mörikestraße 242-11a
Mötzinger Straße 260-2d
Moltkestraße 242-11a
Moosweg 260-6b
Mozartstraße 260-11a
Mühlenstraße 260-8c
Mühlhalden 242-3a
Mühltäle 260-2d
Mühlwiesen 260-5a

Nelkenweg (1) 242-5b
Neue Straße 44-B3 + 242-8d
Neuhausenstraße 218-11d
Neuwiesenweg 44-A1 + 242-8b

Oberamteistraße 44-A2
Obere Eisenbahnstraße 44-A3 + 242-8d
Obere Kirchenäcker 242-3a
Obere Mühlstraße 260-2b
Oberes Tal 260-7c
Obere Steuchling 260-11b
Oberjettinger Straße 242-3a
Öllandweg (6) 242-3a
Olgastraße 44-B2
Orffweg 260-11a
Ortsmitte 218-11d
Oswaldgasse (3) 242-3a
Ottstein 242-7a

Panoramastraße 260-4b
Pappelweg 242-12c
Pfaffenstich 44-B3
Pfarrstraße (2) 242-3a
Pforzheimer Straße 260-8c
Pfrondorf 218-11a
Pfrondorfer Mühle 218-11d
Pfrondorfer Weg 218-10d
Plattenstraße 260-5a

Quellenstraße 260-7a
Querstraße (5) 44-B3

Remigiusweg 242-11a
Reuchlinstraße 243-4c
Riedbrunnenpark 242-11b
Riedwiesenweg 218-11d
Robert-Bosch-Straße 242-12b
Robert-Koch-Straße 243-10c
Römerstraße 242-11a
Röntgenstraße 242-11d
Rötenbachweg 242-5b
Röteweg 261-4c
Rohrdorfer Steige 44-A1 + 242-8b
Rosenstraße 242-5b
Rotfelder Straße 218-10d
Rottweiler Straße 260-11c
Rudolf-Diesel-Straße 242-12b
Ruine Dachsburg 260-7c
Rumpelsteige 242-12c

St. Michaelshof 260-3c
Schäfergasse 218-11d
Schelmengäßle 242-1b
Schickhardtallee 243-4c
Schießmauerstraße (8) 44-B3
Schietingen 260-7a
Schietinger Straße 260-4d
Schillerstraße 44-B3
Schlehenweg 242-5d
Schloßstraße 260-6b
Schmiedgasse (2) 44-A3
Schönblickstraße 242-9c
Schönbuchstraße 261-4c
Schubertweg 260-11a
Schulgasse (4) 44-A3
Schulweg (13) 260-2b
Schwalbenweg 260-8d
Schwandorfer Straße 260-2a
Schwarzwaldstraße 260-6d
Seidelbastweg 242-12c
Siedlungsweg 242-11a
Sigwartstraße 242-3a
Silcherstraße 242-5d
Sommerhalde 242-11c
Spechttalgasse 242-1a
Spitalstraße 242-8c
Stadtgraben 44-A3
Stadtpark Kleb 44-A3 + 242-8c
Stahläcker (3) 260-5a
Starenweg 260-8d
Stauffenbergstraße 242-5b
Steigweg (1) 260-6d
Steinachstraße (12) 260-2b
Steinbeisstraße 242-11d
Steinbergstraße 242-12a
Steinriegelstraße 242-12c
Steinstraße (3) 260-8d
Stettiner Straße 242-11a
Stöckachhalde 218-11c
Stottelehütte 242-7a
Stützweg 260-6d

Talaue 260-7a
Talheimer Straße 260-7a
Talhof 242-5a
Talstraße 242-11d
Tannenstraße 261-4c
Teichweg 218-11d
Telemannweg 260-11a
Teuchelweg (8) 242-3c
Theodor-Heuss-Straße 242-5b
Thomas-Mann-Straße 242-11c
Tuchbleiche 242-11d
Tübinger Straße 260-11b
Tulpenweg (2) 242-5b
Tunnelstraße 260-11a
Turmstraße 44-A2

Überbergweg (3) 261-4c
Uferstraße 242-8c
Uhlandstraße 242-11a
Ulmenweg (10) 242-12c
Ulrichsweg 260-11b
Umsteig 242-3a
Untere Mühlstraße 260-2a
Unterer Malmenweg 242-2b
Unterer Steuchling 260-11b
Unterm Horn 242-3c
Unterm Ölberg 260-4b
Unterm Wehr 44-A2 + 242-8d

Viadukt 242-11b
Vogelsangweg 44-B3 + 242-9c
Vollmaringen 260-6c
Vollmaringer Weg 44-B3 + 242-12a
Vordere Kernenstraße 44-B3 + 242-9c
Vorstadtplatz 44-A3

Wacholderweg 260-6b
Wachtelweg 260-6b
Waldachstraße (3) 44-A3
Waldeckweg 242-9c
Waldhof 242-5c
Walter-Wolf-Straße 242-11a
Wassergäßle 242-1b
Wasserhof 242-5d
Weihergässle 44-B3
Weinberghalde 260-4b
Weingartenstraße 44-B2 + 242-9c
Weinstraße 242-1b
Weißdornweg 242-12a
Werner-von-Siemens-Straße 243-10c
Wezenäckerweg 260-7a
Wiesenweg (6) 260-8d
Wiestalstraße 242-3a
Wildberger Straße 242-3a
Wildkirschenweg 242-12c
Wilhelmstraße 44-B2
Wittumweg 218-10d
Wörthstraße 242-11a
Wohngebiet Bächlen 242-7d
Wohngebiet Kernen 242-6c
Wohngebiet Kreuzertal 242-9c
Wohngebiet Lemberg 242-11c
Wohngebiet Mittlerer Steinberg 242-12c
Wohngebiet Oberer Steinberg 242-12d
Wohngebiet Schleifmühle 242-7d
Wohngebiet Sommerhalde 242-11c
Wohngebiet Vollmaringer Weg 242-12a
Wolfsbergstraße 44-B3
Wolfsbergtunnel 44-B3

Zellerstraße 44-A1 + 242-8b
Ziegelbergweg 242-12c
Ziegelei 261-1c
Ziegertal (10) 242-3a
Zimelerstraße 242-1b
Zimelerstraße (4) 242-1b
Zwingerweg 44-A2

Neckarsulm
PLZ 74172

Ahornweg (26) 59-2d
Albstraße 59-3a
Alemannenstraße (8) 58-3c
Alexanderstraße (4) 54-11d
Allgäuer Straße (27) 59-3a
Allmendstraße 54-11d
Alte Schulstraße (1) 58-3c
Am Dittelberg (7) 54-12c
Am Dreschplatz 58-3b
Am Hasenbuckel 53-12a
Am Hungerberg 59-2c
Am Mühlrain 59-5d
Amorbach 53-12c
Amorbacher Straße 53-12c
Am Reichertsberg 53-12a
Am Seitzentor 58-3c
Amselweg 59-2a
Am Wildacker 59-5c
Angelstraße 58-3d
Anna-Beckert-Weg 53-12a
Auf der Breit 58-3b
Austraße 58-6b

Backhausweg 54-11d
Badstraße 58-6b
Bahnhofplatz 59-4b
Bechtle Platz 59-8a
Beethovenstraße 59-5c
Benefizgasse (12) 59-5a
Bergstraße 54-11d
Berliner Straße 59-2d
Biberacher Straße 58-3c
Biberacher Weg 58-2d
Binswanger Straße 59-4b
Birkenweg (22) 59-2d
Bismarckstraße 54-11d
Bleichstraße 59-5a
Blücherstraße 54-11d
Blumenstraße 58-3d
Bordighera Allee 53-12d
Brahmsweg 58-3d
Brambacher Straße 54-11b
Breisgaustraße 59-2b
Breslauer Straße 59-2a
Brückenstraße 59-4a
Brunnengässle (9) 54-11d
Brunnenwiesenweg 54-12c
Buchenweg (23) 59-2d
Budakeszistraße 53-12d
Burenstraße 54-12c
Burgunderstraße 58-3c

Cäcilienstraße 54-11d
Cannstatter Weg 59-2b
Carl-Zeiss-Straße 59-8a
Carmauxstraße 59-5c
Centgasse (15) 59-5a
Charlottenstraße 53-12a
Christian-Rieker-Straße 59-2c
Christian-Schmidt-Platz 59-1d
Crailsheimer Weg 59-2b

Dahenfeld 54-12c
Dahenfelder Weg 59-2b
Damaschkestraße 59-2c
Dammstraße 59-1d
Danziger Straße 59-2b
Dekansgasse 54-11d
Deutschordensplatz 59-2c
Dieselstraße 54-11b
Donaustraße 53-12c
Drosselweg (1) 59-2a
Dürerweg (1) 54-11d

Eberstädter Straße 54-11d
Eberwinstraße 58-3b
Eduard-Hirsch-Straße 53-12c
Eichendorffweg 53-12c
Eichenweg (25) 59-2d
Einsteinstraße 58-3c
Elbestraße 53-12d
Elisabethenweg (34) 53-12a
Ellwanger Weg 59-2b
Elsternweg 59-2a
Engelgasse 59-4b
Entlastungsstraße Ost 58-6b
Erlenbacher Straße 54-11d
Erzbergerstraße 59-2a
Eugen-Bolz-Straße 53-12a
Eulenweg (2) 59-2a

Falkenstraße 59-2a
Falltorstraße 58-3d
Felix-Wankel-Straße 59-1d
Fellbacher Weg 59-2b
Fichtenweg (24) 59-2d
Finkenweg 59-2a
Frankenwaldstraße 59-3a
Frankenweg 53-12c
Franz-Lehár-Straße 58-3d
Freibrunnen (3) 58-3d
Freiligrathstraße 59-5c
Friedenstraße 59-5c
Friedhofstraße 58-3c
Friedrich-Ebert-Straße 59-2c
Friedrich-Gauss-Straße 59-5d
Friedrichstraße 59-4b
Frühmeßgasse 59-1d
Fuchshalde 58-3b
Fuldaweg (37) 53-12d

Gabeläcker 53-12a
Ganzhornstraße 59-4d
Gartenstraße 59-5a
Gellmersbacher Straße (3) 54-11d
Georg-Schwarz-Weg 59-2c
Germanenstraße 58-3c
Gerokweg 59-5c
Geschwister-Scholl-Weg 53-12a
Gewerbegebiet Fuchshalde 59-1a
Gewerbegebiet Klauenfuß 59-4d
Gewerbegebiet Rötel 59-7b
Gewerbegebiet Süd 59-7b
Göppinger Straße 59-2b
Goethestraße 59-4d
Gotenstraße 58-3c
Gottfried-Leibniz-Straße 59-5d
Gottlieb-Daimler-Straße 59-4b
Gottlob-Banzhaf-Straße 59-2a
Grabenstraße 59-4b
Graf-Zeppelin-Straße 58-3d
Greckengasse 59-5a

Neckartailfingen
PLZ 72666

Neckartenzlingen
PLZ 72654

Neckarwestheim
PLZ 74382

Nehren (Kr. Tübingen)
PLZ 72147

Gartenweg 380-12b
Gengenbachweg (2) 380-12b
Gewerbestraße 381-10c
Graneggstraße 380-12b
Grundstraße 381-10a
Gustav-Strohm-Straße 381-10a

Haldenhaus 380-10b
Haldenweg 380-11c
Hardthof 380-12a
Hardtweg 380-12b
Hasenstallhof 380-10b
Hohlholz 381-10c
Hohrain 381-10c
Holderäcker 381-7c
Hummelberg 381-10a

Ifflingerstraße 380-12b
Im Gäßle (1) 381-10a
Im Vogelsang 380-5a

Johann-Liesenberger Straße 381-10c

Keltenplatz 380-5b
Keltenweg 380-5b
Kirchberg 381-10a
Kirchhalde 380-5a
Kirchweg 380-5a
Kirneckstraße 380-12b
Klosterhof (Seyhof) 380-8a
Klosterhofstraße 380-11a
Königsfelder Straße 380-4d
Kohlerberg 380-11b
Kohlwald 380-7d
Kohlwaldweg 380-10b

Lärchenweg 381-10a
Lindenweg 381-10a
Linienweg 380-11c
Lohäckerstraße 380-11a
Lohhof 380-11a
Lohnweg 381-10c

Mäslinstraße 380-12b
Mariusstraße 381-10a
Merowingerring 380-12b
Mittendorf 380-11a
Mühlenhof 380-12a

Neubad 380-11a
Niedereschacher Straße 380-10b

Obere Lehrstraße 381-10a
Obere-Loh-Straße 380-10b
Obereschacher Straße 380-11c
Obere Vogelsang 380-5d
Öschlestraße 380-12b

Pfaffenberg 380-4c
Postmathisen 380-11c
Pulvermühle 381-7b

Riedwiesen 380-4b
Römerweg 380-5a
Römischer Gutshof 380-9b
Römisches Bad 380-9a
Rottweiler Straße 381-10a

Sandsteinweg 380-5b
Schabenhausen 380-11c
Schäffnerstraße 380-12b
Schlehenweg 381-10c
Schlierbachweg 380-11b
Schliethof 380-12d
Schlößlehof 380-11a
Schlößlestraße 380-11a
Schloß Graneck (Schloßbauern) 381-7c
Schmiedegasse (1) 380-5a
Schramberger Straße 380-4b
Schulberg 380-5c
Sinkinger Straße 380-5a
Sommerberg 380-5a
Spitzacker 381-10c
Steigäcker 380-5a
Steigstraße 380-9d
Stiegelegasse 380-5b

Taubenmarkt 380-5b
Tummelhalde 380-5b

Ulrichstraße 380-11a
Unterdorf 380-11b
Untere Lehrstraße 381-10a

Villinger Straße 381-10a
Vogelsanghof 380-8b
Vorderweiler 380-2c

Wassermühle 381-7a
Weiläcker 380-4b
Wiesenweg 381-7c
Wilhelm-Jerger-Straße 381-10c

Zwischen den Wegen 381-10c

Niefern-Öschelbronn
PLZ 75223

Adlerstaffel (2) 91-8d
Ahornstaffel (16) 92-10b
Ahornstraße 92-10b
Albrecht-Dürer-Straße 91-9c
Allmendstraße 92-10b
Altes Weichertsträßchen 107-3a
Am Eichhof 92-11a
Am Enzberg 91-7b
Am Feldrand 91-8d
Am Schießrain 91-8d
Am Schillbach 91-8d
An der Enz 91-8b
Auf der Steig 92-10b

Bacchusstraße 91-7b
Bärentaler Sträßchen 91-12a
Bahnhofstraße 91-8a
Baumgartenstraße 92-10a
Baumstraße 92-10b
Beethovenstraße (13) 92-10a
Bei der Eiche 92-10c
Beim Schloß 91-9a
Beim Steigle 91-8d
Bergstraße 91-8d
Bertha-Benz-Straße (2) 91-8c
Berthold-Auerbach-Straße (4) 92-10a
Bettina-von-Arnim-Straße 92-10a
Birkenhof 92-8c
Birkenstraße 91-8b
Bischwiese (3) 91-8b
Bismarckstraße 91-9c
Blumenhof 92-11a
Blumenstraße 91-8d
Bohnenberger Straße 91-8b
Bräuningsmühle 91-12a
Bräuningsrain 91-12a
Brückenäckerweg 92-10c
Brühlstraße 92-10a
Brunnenstraße 91-8b
Buchenstraße 92-10b
Burgstraße 91-8b
Bussardstaffel (3) 91-9c
Bussardweg (4) 91-9c

Carl-Bellmer-Straße 91-8a

Dammstraße 91-8a
Drosselweg (5) 91-9c
Dürrmenzer Weg 91-6d

Elsterstraße 91-8d
Emilienstraße (14) 92-10a
Emil-Strauß-Straße (1) 92-10a
Enzberger Straße 91-8a
Enzberger Weg 91-6c
Enztalstraße 91-8b
Erbprinzenstraße 91-9a
Eschenstraße (15) 92-10b
Eutinger Straße 91-8a

Falkenstraße 91-9c
Feldbergstaffel (17) 92-10b
Feldbergstraße 92-10b
Feldstaffel (9) 91-9c
Feldstraße 91-9c
Ferdinand-Öschle-Weg (6) 92-10b
Finkenweg (8) 91-9c
Forlenhof 92-8c
Forststraße 92-10d
Franz-Josef-Gall-Weg (7) 92-10a
Friedenstraße 91-9a
Fürstenkopfsträßle 91-10d

Gartenstraße 92-10a
Goethestraße (1) 91-8b
Großer Kesselweg 91-9a
Grünstaffel 91-9c
Grünstraße 91-8b

Habichtstraße 91-9c
Hallhasenstraße 92-10c
Hambergweg 91-11c
Hans-Thoma-Straße 92-7c
Hardtheimer Weg 91-12d
Haufentalstraße 91-9c
Hauffweg 92-10a
Hauptstraße (Niefern) 91-8b
Hauptstraße (Öschelbronn) 92-10a
Hebelstraße 91-9a
Heckelstenweg 92-10a
Hermann-Hesse-Straße 91-12b
Hermann-Sonnet-Straße (5) 92-10b
Herrenwingert 91-8a
Hildastraße 92-10a
Hippberg 91-9a
Hirschgasse (11) 92-10b
Höhenstraße 91-9c
Hölderlinstraße (19) 92-10a
Hof am Brünnle 91-8d

Im Enzfeld 91-8a
Im Heckbronn 92-10b
Im Langendorf 91-12a
Im Tal 92-10a
In den Steingruben 91-12a
Industriestraße 91-12d

Johannes-Heynlin-Weg (8) 92-10b
Johann-Peter-Hebel-Straße (3) 92-10a

Kachelmahlweg 91-7b
Kanalstraße 91-8b
Kanzlerweg 91-7b
Karl-Friedrich-Straße 91-9a
Karl-Klink-Straße 91-8b
Karlstraße 92-10b
Kelterstraße 91-9a
Kienlessträßchen 107-2b
Kieselbronner Pfad 91-7b
Kirchstraße 91-9a
Kirnbachstaffel (6) 91-9c
Kirnbachweg 91-9c
Kleiner Kesselweg 91-9b
Klingenrain 91-9c
Kranichstraße (7) 91-9c
Kreuzstraße 92-10a
Kronesträßchen 91-11c

Lärchenhof 92-7d
Landhausstraße (9) 92-11a
Lange Steig 107-3a
Lautenschlagerstaffel (1) 91-9a
Leimtaler Weg 92-10b
Leopoldstraße 91-9a
Lerchenhöhe 91-12a
Lindenhof 92-8c
Lindenstraße 91-9a
Lomersheimer Straße 92-10b
Luisenstraße 91-9c
Lutzenrain 91-8c

Marienstaffel 91-8b
Marienstraße 91-8d
Marktplatz 92-10b
Meisenstraße 91-8d
Melanchthonstraße (2) 92-10a
Mittelweg 92-10a
Mittlere Hamenzipfelweg 107-2d
Mittlerer Komonklammweg 107-3a
Mühlhof 91-12b
Mühlstraße 91-9c
Mühlweg 91-12b
Mürrenstaffel 91-8b

Nelkenstraße 91-8b
Neuer Weg 91-8a
Niefern 91-8c
Nördlicher Häuleinweg 91-11d

Ob der Linden 91-8d
Ob der Ziegelhütte 91-8b
Obere Bachstraße 92-10b
Oberer Gaisbergweg 91-9c
Oberer Taschenweg 91-8c
Oberer Weichertweg 91-11d
Öschelbronn 92-10d
Öschelbronner Weg 91-9c
Östliche Hamenzipfelweg 107-2b
Ostendstraße 91-9a

Panoramastraße 92-10a
Parkstraße 92-10a
Pfarrstraße 92-10b
Pforzheimer Straße 91-8c
Postweg 91-11a
Prunkelweg 91-11c

Raitweg 91-11b
Rathausstraße 92-10b
Rebstockweg 91-7b
Reichstraße 92-10b
Reihenbaumweg 91-12a
Reisersweg 91-8c
Reuchlinstraße 92-10a
Reutackerhof 91-8c
Rosenstraße 91-8d
Rudolf-Diesel-Straße (1) 91-8c

Schanzstraße 91-9c
Schauinsland 91-9a
Scheuernstraße (10) 92-10b
Schillerstraße (2) 91-9a
Schloßstraße 91-8b
Schönblick 91-9a
Schützenstraße 92-10a
Schulstraße 91-8b
Schulzenstraße 92-10a
Schwalbenstraße (10) 91-8d
Schwarzwaldstraße 92-10a
Siedlungstraße 91-9a
Sofienstraße 91-9a
Sommerweg 92-10a
Streiflingsweg 92-10c

Tannenbergstraße 91-9a
Tannenhof 92-8a
Taschenweg 91-8d
Taubenstraße 91-8d
Tausendstäffele 91-5c
Tulpenstraße 91-8d
Turnstraße 92-10a

Uhlandstraße (18) 91-12b
Untere Bachstraße 92-10a
Untere Kirnbachwiesen (11) 91-9c

Vogelsang 91-8d

Wachtelweg 91-8d
Waldstraße 91-8d
Weichertsträßchen 91-12c
Weichertstraße 91-12a
Weidenstraße 92-10b
Weiherstraße (12) 92-10b
Weinbergweg 91-5c
Westliche Hamenzipfelweg 107-2a
Wielandstraße 92-10a
Wildermuthstaffel (20) 92-10a
Wilhelm-Sihn-Straße 91-8b
Wingertweg 92-10b
Wurmberger Straße 92-10b

Zähringerstraße 91-9a
Zeisigweg 91-8d
Zeppelinstraße 91-7b
Zwerchsäckle 91-12a

Nordheim
PLZ 74226

Allensteiner Straße 63-12c
Amselstraße (4) 63-10d
Amselweg 380-9d
Auf den Weihen 63-12b
Aussiedlerhöfe Denzler 63-8d
Aussiedlerhöfe Schluchtener Weg 63-11a
Aussiedlerhof Rotenberg 63-12d
Aussiedlerhof Vorderer Wannenberg 69-3a

Bachstraße 63-11b
Bahnhofsplatz 63-12d
Bahnhofstraße 63-12c
Bergstraße 63-12d
Birkenweg 63-12c
Blumenstraße 63-10d
Brackenheimer Straße 63-11c
Breibachweg 63-12c
Brenngasse 63-12c
Breslauer Straße 63-11d
Burgunderweg (5) 63-11d
Bussardring (5) 63-10d

Daimlerstraße 63-12a
Danziger Straße 63-11d
Drosselstraße (6) 63-10d

Egerländer Straße 63-11d
Elbinger Straße 63-11d
Erlenweg 63-12a
Fachriastraße 63-11c
Falkenstraße 63-10d
Finkenstraße (3) 63-10d
Finkenweg 380-9d
Fliederstraße 63-10d
Frankenstraße 63-11d
Friedhofstraße 63-12c

Gartenstraße 63-10d
Goethestraße 63-12b
Großgartacher Straße 63-11b

Hart 69-1b
Hauffstraße 63-12b
Hauptstraße 63-11d
Hausener Straße 63-11d
Heilbronner Straße 63-12c
Henri-Arnaud-Straße (1) 63-10d
Heuchelbergstraße 63-10d
Hölderlinstraße 63-12b
Hörnlestraße 63-10d
Hof Geroldsgrund 69-2b
Hofstatt 63-12a
Holzstraße 69-1b

Im Auerberg 69-3a
Im Brühl 63-11d
Imenstraße 63-11d
Im Geissbühl 63-12c
Im Langen Rain 63-11d
Im Lerchenrain 63-12a
Im Pfädle 63-11d
Im Schelmental 63-12c

Kapellenstraße 63-12c
Karl-Heinrich-Straße 63-11d
Kelterstraße 63-11b
Kernerstraße 63-12b
Kimmerdingenstraße 63-12c
Kirchstraße 63-12c
Klausenstraße 63-11d
Klosterstraße 63-11b
Königsberger Straße 63-11d
Kreuzstraße 63-11b

Landturmstraße 63-12a
Landwehrstraße 63-10d
Lange Hälden 63-11d
Lauffener Straße 63-12c
Lembergerweg (4) 63-11d
Lerchenstraße 63-11b
Lessingstraße (4) 63-12b
Lindenweg 63-12a

Märzenäcker 63-12a
Maybachstraße 63-12a
Meimsheimer Weg (3) 63-11d
Meisenstraße 63-10d
Mörikestraße 63-12b
Mühlstraße 63-12c
Muskatellerweg (7) 63-11d

Nelkenstraße 63-10d
Nordhausen 63-10d
Nordstraße 63-12a

Obere Gasse 63-12c
Oststraße 63-11c

Panoramastraße 63-12b
Pappeläcker 63-11d
Pfarrhofstraße 63-12c

Querstraße (7) 63-10d

Raiffeisenstraße (8) 69-1b
Rathausgasse 63-11d
Rieslingstraße (6) 63-11d
Ringstraße 63-12a
Rittweg 63-10b
Römerstraße 63-11d
Rohrwiesenweg 69-1b
Rosenstraße 63-10d

Schafhohle 63-11b
Schillerstraße 63-12a
Schulweg 69-1b
Schwaigerner Straße 63-11a
Schwalbenstraße 63-10d
Seestraße 69-1b
Seyboldstraße 63-12b
Silvanerweg (8) 69-2b
Sperberweg 63-11c
Starenweg 381-7c
Steinfurtstraße 63-11d
Stettiner Straße (2) 63-11d
Strombergstraße (9) 69-1b
Südstraße 63-11d

Talstraße 63-11b
Traminerweg (10) 69-2b
Trollingerweg (9) 69-2b

Uhlandstraße 63-12b

Vogelsangstraße (2) 63-10d

Waldenserstraße 69-1b
Waldstraße 69-1b
Wartbergstraße 63-10d
Wassergasse (1) 63-12c
Weinbergstraße 63-10d
Weststraße 69-1b
Wiesenstraße 69-2a
Wilhelmstraße 63-11d

Zabergäustraße 69-1b
Zimmerer Höhe 63-11c

Notzingen
PLZ 73274

Achalmweg 207-5a
Albert-Schweitzer-Weg (5) 207-5b
Albstraße 207-5a
Alemannenweg 207-5a
Amselweg 207-5a
An den Obstwiesen 207-4b

Bachstraße 207-5a
Beethovenstraße 207-5b
Bergstraße 207-5b
Brahmsstraße 207-5b
Brühlstraße 207-6a

Daimlerstraße 207-4b
Drosselweg 207-5a

Falkenweg 207-4b
Fasanenweg 207-5a
Finkenweg 207-4b

Gartenstraße 207-5b
Gutenbergstraße 207-5c

Haldenbergstraße (2) 207-6a
Haydnstraße 207-5b
Heergasse 207-5b
Herdfeldstraße 207-5a
Hermannstraße 207-5b
Hochdorfer Straße 207-5a
Hölderlinstraße (3) 207-5b
Hofackerweg 207-4b
Hohenstaufenblick 207-6a

Im Eichert 207-2c
Im Hof 207-6a
Im Hülben 207-5a

Jahnstraße 207-5b

Kelterplatz 207-5a
Kelterstraße 207-5a
Keplerstraße 207-5a
Kirchheimer Straße 207-5a

Lerchenweg 207-5a
Limburgweg 207-5a
Lisztstraße 207-5b

Maybachstraße 207-4d
Meisenweg 207-4b
Milanweg 207-4b
Mörikestraße 207-5b
Mozartstraße 207-5b
Müllerweg 207-5b

Neuffenstraße 207-5a
Notzinger Straße 207-6a

Ötlinger Straße 207-4b

Rauberweg 207-5a
Rechbergstraße 207-2d
Roßwälder Straße 207-6a
Rundwanderweg 207-2c

Schillerstraße (4) 207-5b
Schlierbacher Straße 207-6a
Schubertstraße (1) 207-5b
Siemensstraße 207-5a
Silcherstraße 207-5b
Sonnenweg 207-4b
Starenweg 207-5a

Talstraße 207-4b
Teckstraße 207-5a

Uhlandstraße 207-5b

Wellingen 207-6a
Wellinger Straße 207-5a

Zeppelinstraße 207-4b

Nürtingen
PLZ 72622

Achalmstraße 229-5d
Adalbert-Stifter-Weg 229-9a
Äußere Halde 228-5b
Agnes-Miegel-Weg 229-8b
Agnes-Sapper-Weg (20) 229-4d
Ahornweg 228-6a
Aichstraße 205-11c
Akazienweg 229-4b
Akeleiweg (10) 229-1a
Albert-Schäffle-Straße 229-2b
Albstraße 229-5a
Alexanderstraße 44-A3 + 229-4b
Alleenstraße 44-A2 + 229-1d
Allensteiner Straße 229-7b
Allmandstraße 228-6c
Altdorfer Straße 228-9c
Altenburger Straße (3) 229-7a
Alte Steige 204-12c
Am Brand 230-1a
Am Buchenhain 229-8a
Am Ersberg 229-5b
Am Galgenberg 229-1c
Am Kelterberg 205-10c
Am Kirchert 229-8c
Am Kührain 44-B2 + 229-2c
Am Langen Hag 229-4d
Am Lerchenberg 229-4d
Am Leurenberg 205-10c
Ammerstraße 205-11c
Am Neckarwasen 205-11c
Am Nussberg 204-12c
Am Obertor 44-B2
Am Raigerwald 228-9a
Am Reitplatz 229-8a
Amselweg 205-11d
Am Waldeck 229-8c
An der Aich 229-1a
An der Autmut 228-6d
An der Heinrichsquelle (14) 229-1c
Anemonenweg (3) 205-10d
Apothekerstraße (7) 44-A2
Asangweg 230-4c
Asternweg (2) 205-10d
Aubrücke 205-10d
Auchtertweg 229-4a
Auf dem Ersberg 229-5b
Auf dem Säer 229-3c
Auf dem Steinenberg 44-A1 + 229-2a
Auf der Insel 205-11d
Auguste-Eisenlohr-Straße (14) 229-2d
August-Pfänder-Straße 229-5d
Austraße 205-11d
Auwiesenstraße (8) 228-9a

Bachstraße 228-9c
Backhausstraße (11) 44-B2
Badstraße 229-1b
Bärbelesweg 204-12c
Bahnhäuserweg 228-6a
Bahnhofstraße 44-B2 + 229-2c
Balinger Weg 229-5b
Beethovenstraße 228-6b
Beim Jägerhaus (4) 205-10c
Belchenstraße 228-6a
Bergäckerweg 44-A3 + 229-4b
Bergstraße 228-9a
Bergwiesenstraße (11) 228-9a
Berliner Straße 229-8c
Bernburger Straße (4) 229-7a
Bettlesriedweg (6) 205-11c
Bettlinger Weg 229-10b
Bettwiesenstraße 228-9a
Beutwang 228-6c
Biberacher Straße 229-5b
Biegel 228-5d
Birkenweg 229-5a
Bismarckstraße 44-A1 + 229-1b
Blumenstraße (2) 229-5a
Bocksberg (3) 228-6b
Bodelschwinghweg (13) 229-1b
Böllatstraße 228-6a
Börlenbergweg (13) 230-1d
Bolstraße 228-9c
Bosslerweg (7) 228-9a
Brahmsweg 228-6b
Braikestraße 229-5d
Brandenburger Weg (17) 229-4d
Breitäckerstraße 230-1d
Breitensteinweg (4) 229-5d
Breiter Weg 229-5d
Breslauer Straße 229-4d
Bruckenwiesen 204-12c
Brückenstraße (9) 228-6d
Brühlwiesenstraße (9) 228-9c
Brunnenweg 229-3c
Brunnenwiesen 204-12c
Brunnsteige 44-B2 + 229-2c
Buchenweg 44-A3
Bühlstraße 228-9c
Bürgerseeweg (9) 230-1d
Bunsenstraße 205-10b
Burggartenstraße 228-9a
Burgweg 205-10c
Burkhardtsweg 229-2d

Carl-Benz-Straße 229-5c
Carl-Zeiss-Straße 229-4d
Christophstraße 44-B3 + 229-5a
Cottbuser Straße (5) 229-7a
Cranachweg 229-7d

Dahlienweg 230-1c
Dammstraße 44-A3 + 229-5a
Danziger Straße 229-4d
Deichelweg 229-3c
Denkendorfer Weg 205-10c
Dessauer Straße 229-7b
Dieselstraße 229-5c
Dinkelweg 44-B3 + 229-5a
Drosselweg 229-4a
Dürerplatz 229-8a
Duttenhoferstraße 229-2b

Eberhardstraße 44-A3 + 229-4b
Egerländer Straße 229-5d
Egertstraße (1) 228-9c
Eibenweg 44-B3 + 229-5a
Eichbergstraße 205-11c
Eichendorffstraße 229-5d
Eichenweg 44-A3 + 229-4b
Eifelstraße 228-6a
Einsteinweg 229-5b
Engelbergweg (12) 229-5d
Engenreute 204-12d
Enzenhardtplatz 229-4d
Enzenhardtsiedlung 229-4c
Enzenhardtweg 229-4d
Enzianweg 205-10c
Erlenweg 229-4d
Ermsweg 205-11d
Ersbergstraße 229-5a
Eschenweg 229-4b
Eugen-Maier-Straße (7) 229-5d
Eugenstraße 44-B3 + 229-5a
Europastraße 44-A1 + 229-1d

Fabrikstraße 205-11d
Falkenweg 228-9c
Feiningerweg 229-8c
Feldbergstraße (2) 228-6b
Fellhornstraße 230-1c
Filsstraße 205-11d
Finkenweg 205-11d
Flachsäckerweg (14) 230-1d
Fliederweg (2) 230-1c
Florianstraße 228-6a
Föhrenweg 229-5a
Forststraße 229-2d
Fraunhoferweg 229-6a
Freiberger Straße 229-4c
Frickenhäuser Straße (9) 44-B2
Friedhofstraße 228-9a
Friedrich-Glück-Straße 229-1a
Friedrichstraße 229-5b
Fritz-Ruoff-Straße (9) 229-5d
Frundsbergstraße 204-12c
Fuchsrain 204-12c
Furtäcker 228-9a

Gänsäckerweg 205-10c
Galgenbergstraße 229-1c

Gartenstraße 204-12c
Gerberstraße 229-5a
Gerhart-Hauptmann-Straße 229-8b
Gewerbegebiet Au 205-11c
Gewerbegebiet Bachhalde 205-10a
Gewerbegebiet „Breitäcker" 230-1b
Gewerbegebiet Hohes Gestade 229-1b
Gewerbegebiet Reulenwiesen 228-9d
Gewerbegebiet Rieth 229-6a
Gewerbegebiet Seebach 229-4d
Gewerbegebiet Steinach 229-5c
Gewerbegebiet Zementwerk 229-4b
Gewerbegebiet Zizishausen 205-11b
Ginsterweg (1) 205-10d
Glemsstraße (7) 205-11c
Goethestraße 228-6b
Gothaer Straße 229-4c
Gottlieb-Daimler-Straße 229-5c
Grienäckerweg 229-2b
Grienweg 205-11d
Grötzinger Straße 204-12d
Großbettlinger Straße 228-9a
Grubwasen 204-12d
Grübleweg 205-10c
Grünewaldstraße 229-8a
Grüntenweg 230-1c
Grundweg 230-1c
Gustav-Siegle-Straße 229-2d
Gustav-Werner-Straße (9) 229-1b
Gutenbergweg 229-5c

Hafnerstraße 44-A2 + 229-5a
Hagenwiese 205-10c
Hahnweidstraße 230-1d
Haldenstraße 205-11c
Haldenwiesen 230-2c
Hangweg 228-6a
Hans-Möhrle-Straße 229-8c
Hans-von-Hutten-Platz (4) 204-12c
Hardt 204-11d
Hardtweg 229-1b
Harzstraße (7) 228-6d
Haselweg 229-1a
Hauffstraße 204-12c
Hauptstraße 228-9c
Haydnstraße (12) 229-4a
Hechinger Straße 44-A1 + 229-2c
Hegaustraße 228-6c
Hegelstraße 229-5d
Heiligkreuzstraße 44-A2 + 229-1d
Heimstättenweg 229-3c
Heinrich-Hertz-Straße 205-10b
Helmholtzweg 229-6a
Helmut-Nauendorf-Weg 229-8a
Hermann-Löns-Straße 229-8b
Herrmannstraße 44-A2
Herzog-Ulrich-Straße 204-12d
Hessestraße 44-A2
Heudorfstraße 228-9c
Hilde-Domin-Weg (21) 229-7b
Hindenburgstraße 44-A1 + 229-2a
Hintere Schütte 205-10d
Hintere Straße (3) 228-9c
Hirschgässle (5) 205-10c
Hirschstraße (10) 228-6b
Hochfirststraße (13) 228-6b
Hochgratweg (4) 230-1c
Hochwiesen 205-10d
Hochwiesenstraße 205-10d
Höhenweg 229-1a
Hölderlinstraße 44-A3 + 229-4b
Hörnleweg 228-9c
Hofäckerstraße (11) 230-1d
Hofweg 204-12c
Hohenneuffenstraße 228-6a
Hohenstaufenstraße 228-6a
Hohentwielstraße 228-6a
Hohenzollernstraße (1) 228-6a
Hohes Gestade 229-1b
Hohe Wiese 229-3a
Holbeinstraße 229-8a
Holderweg 205-10d
Holzstraße 44-B2 + 229-2c
Hülenbergstraße 230-1d
Humboldtweg 229-6a
Humpfentalstraße 229-4d

Ifenstraße 230-1d
Ilmenauer Weg (6) 229-4d
Im Äule 229-1a
Im Äußeren Bogen 229-6c
Im Auchtert (10) 228-9c
Im Baur 229-1a
Im Biegel (6) 228-6c
Im Breiten Löhle 228-9b
Im Fritzle 230-1c
Im Gänslesgrund 229-4d
Im Gäßle 230-1d
Im Geiger 228-8d
Im Grien 229-2a
Im Höfle 205-11c
Im Inneren Bogen 229-5b
Im Käppele 228-6a
Im Kapf 228-6b
Im Kißling 229-2a
Im Malerwinkel 229-8a
Im Maueracker 228-6b
Im Millot 229-4a
Im Mühlgarten 229-1a
Im Roßdorf 229-8c
Im Sand 228-6b
Im Schafhof (7) 230-1d
Im Sterrich 230-1b
Im Stüblo 230-1c
Im Tiefenbach 229-6c
Im Vogelsang 229-1a
Im Vorderen Feld 205-11b
Im Wasserfall 229-9a
Im Wengert (2) 228-9c
Im Wiesengrund 205-10c
In den Breitäckern 230-1a
In den Burggärten 205-10c
In den Hofwiesen 228-6a
In den Keltergärten 228-6a
In den Rehwiesen 228-6d
In den Seelen 229-1a
In der Au 229-2a
In der Bronnader 229-2d
In der neuen Halde 229-2d
Inselstraße 205-11d
Ipfweg 228-5b

Jägerstraße 44-A3 + 229-4b
Jahnstraße 228-6b
Jakob-Friedrich-Klemm-Straße 44-A1
Jakobstraße 229-2d
Jenaer Platz (7) 229-4d
Jettenhartsiedlung 229-6a
Jettenhartstraße 229-3c
Johannes-Vatter-Straße 229-8b
Jorderyplatz 44-B2
Jurastraße 228-6c
Jusistraße 229-5d
Justinus-Kerner-Straße 229-5b

Kalkoferstraße 229-2c
Kanalstraße 229-2c
Kantstraße 229-5d
Kanzelwandstraße (10) 230-1d
Kapellenstraße 44-B2 + 229-5a
Kapfstraße 228-6b
Karl-Friedrich-Rumpp-Straße 229-2b
Karl-Gonser-Straße 229-5d
Karlstraße 44-A3 + 229-4b
Karpatenweg 229-5d
Katharinenstraße 229-2c
Katzenkleb 229-6c
Katzenohrstraße 228-6a
Kelterweg 230-4b
Kennerweg 228-6a
Keplerstraße 44-A1 + 229-1b
Kiesweg 205-11d
Kirchheimer Straße 229-2d
Kirchstraße 44-A2 + 229-1d
Kißlingstraße 229-2c
Kleeweg 229-8c
Kniebisstraße 228-6b
Kocherweg 44-B1 + 229-2c
Königsberger Straße 229-4d
Köstlinstraße 229-5b
Kornbeckstraße 229-1a
Kräuterbühl 230-7b
Kreuzäcker-Aussiedlerhof 205-11a
Kreuzkirchstraße 44-B2
Kreuzwiesenstraße (3) 230-1c
Kriegwiesen 228-8c
Krokusweg (1) 230-1c
Kullenwiesen 204-12c
Kurze Straße (8) 228-6d

Lämmlesgasse (4) 228-6b
Laiblinstegstraße 44-B3 + 229-5a
Lampertstraße 44-A2
Lange Straße 228-6b
Laurentiusgasse (4) 44-A2
Lauterstraße 205-11b
Lembergweg 228-6a
Lenauweg 229-6c
Lenbachstraße 229-8c
Lerchenstraße 205-11d
Lercherfeldstraße 230-1d
Lichtensteinweg 229-5d
Liebenäckerstraße 230-1d
Liebenaustraße 228-9a
Liebermannstraße 229-8c
Liebigweg 229-6a
Lilienweg 230-1c
Limburgweg 229-5d
Lindauer Straße 229-5b
Lindenbadstraße 229-5b
Lindenplatz 205-10c
Lindenweg (1) 204-11d
Lise-Meitner-Straße 205-10b
Lochäcker 228-8a
Löhlestraße 228-9a
Lohwiesen 229-4a
Luckenweg (3) 204-12c
Ludwigstraße (15) 229-2c
Lukwiesenstraße 228-9c

Mädchenschulstraße (6) 44-A2
Magdeburger Straße (2) 229-7b
Marbachweg 230-1c
Marie-Curie-Weg 205-10b
Marienstraße 229-2d
Marktstraße 44-A2 + 229-1d
Martinstraße (16) 229-2c
Max-Born-Straße 205-10b
Max-Eyth-Straße 229-5c
Meersburger Straße 229-5b
Meisenweg 205-11d
Meißner Straße 229-4c
Meisterstraße (8) 230-1d
Metabo-Allee 229-5c
Metzinger Straße 229-7c
Millotstraße 229-4a
Mittlere Schafstraße (12) 44-B2
Mittlere Straße (5) 228-9c
Mönchstraße 44-A2 + 229-1d
Mörikestraße 205-11d
Mösich 229-1a
Moltkestraße 44-A1
Mostgässle (14) 228-6b
Mozartstraße 229-4a
Mühlgasse 229-1a
Mühlsteinweg 229-1a
Mühlstraße 229-1b
Müllerweg 230-1d
Mutschlenjauchert 229-6a

Naumburger Straße (8) 229-4d
Nebelhornstraße 230-1c
Neckarhäuser Straße 228-9a
Neckarhausen 228-6a
Neckarländer 229-1b
Neckarsteige 44-A2 + 229-1d
Neckarstraße 44-A2 + 229-1d
Neckartailfinger Straße 228-6c
Nelkenweg 230-1c
Neuffener Straße 44-B2 + 229-2c
Nürtinger Straße 228-6d
Nußbaum 229-1a

Ob der Luthereiche 229-2d
Oberboihinger Straße 44-B1 + 229-2a
Obere Loderwiese 228-8b
Oberensingen 205-10a
Oberensinger Höhe 204-12b
Oberensinger Straße 205-10d
Obere Steinengrabenstraße (10) 44-B2
Obere Wengertstraße 228-9c
Ohmstraße 205-10b
Olgastraße 44-B3 + 229-5a
Oranienburger Straße 229-4d
Ostpreußenweg 229-7a
Ottilie-Wildermuth-Straße 229-2d
Otto-Hahn-Straße 229-6a

Panoramastraße 205-11c
Pappelweg 44-B3
Paul-Gerhardt-Straße 229-5d
Paulinenstraße 44-A3
Paul-Jordery-Straße (8) 229-5d
Paul-Keller-Weg 229-6c
Pfeiferstraße 204-11b
Plätschwiesen 229-1b
Planckstraße 229-5b
Plauener Weg (9) 229-4d
Plettenbergstraße 228-5b
Plochinger Straße 44-B2 + 229-2c
Pommernweg 229-7a
Porschestraße 229-5d
Potsdamerweg (18) 229-4d

Quätler 228-5b

Raichbergstraße 228-9c
Raidwangen 228-8d
Raidwanger Straße 228-6c
Rainweg 229-3c
Rammert Straße (19) 229-4c
Randweg 229-6a
Rathausstraße 44-A2
Rebenweg 205-10c
Rechbergstraße 229-5d
Rehgärten 228-6d
Rehwiesen 228-6b
Rembrandtstraße 229-8a
Reudern 230-4b
Reudern-Aspach 229-3d
Reuderner Straße 230-1c
Reulenstraße 228-9a
Reußensteinweg (11) 229-5d
Reuthof 228-9b
Rhönstraße 228-6a
Richard-Wagner-Straße 229-4a
Riedbachweg (12) 230-1d
Riethweg 229-6a
Rilkeweg 229-8b
Robert-Bosch-Straße 229-4d
Robert-Mayer-Straße 229-2d
Robert-Reiner-Straße 44-B1 + 229-2a
Römerhof (5) 228-6b
Römerstraße 205-10d
Röntgenweg 229-6a
Rötestraße 205-11c
Rosenstraße 230-1c
Roßbergstraße 229-5d
Roßdorf 229-7d
Roßdorfweg 229-8a
Rostockerweg (15) 229-4c
Rotdornweg (1) 229-5a
Rotenbergplatz (5) 229-5d
Rotenbergstraße 229-5d
Rothweilerin 229-1a
Rubensweg 229-8a
Rümelinstraße 229-2c
Ruthmänninstraße 229-5b

Saalfelder Straße 229-4d
Säerstraße 229-2a
Salemer Hof (1) 44-A2
Sanddornweg 229-1a
Sattlerstraße 229-2b
Schäfachstraße 230-1b
Schafstraße 44-B2 + 229-2c
Schellingstraße 229-2d
Schelmenwasen 229-8b
Schickhardtstraße (3) 229-5d
Schillerplatz 44-B2
Schillerstraße 230-1d
Schimmelstraße 228-9c
Schlagwiesen 204-12c
Schlehenweg 229-1a
Schlesierstraße 229-7a
Schloßberg (3) 44-A2
Schlosserstraße 205-11c
Schloßgartenstraße 44-A2
Schloßweg 229-1a
Schmidstraße 229-5d
Schömbergstraße 229-5d
Schubertstraße 228-6b
Schulstraße 230-1d
Schulze-Delitzsch-Straße 229-8b
Schumannstraße (11) 228-6b
Schwabstraße 44-B3
Schweriner Weg (16) 229-4d
Sebastian-Blau-Weg (22) 229-7b
Seestraße 205-11d
Seilerstraße 229-2b
Seminargasse (5) 44-A2
Siebenbürgenstraße 229-8b
Siedlerweg (6) 228-9a
Siemensstraße 205-11b
Sigmaringer Straße 44-A1 + 229-1d
Silbersandweg 229-1a
Silcherstraße 228-6b
Sonnenstraße (0) 230-1d
Sperberseck (11) 229-1a
Stadtbrücke 44-A2 + 229-1d
Starenweg (17) 229-5b
Staufenstraße 229-5d
Stegweg 205-11d
Steigackerstraße 228-6a
Steigbrönnle 229-5a
Steigstraße 230-1d
Steile Straße 228-6b
Steinachstraße 44-A2 + 229-1d
Steinbeisweg 229-6a
Steinenbergstraße 44-B2 + 229-2c
Steinengrabenstraße 44-A2 + 229-1d
Steinhoferstraße 44-A2 + 229-4b
Steinmauerstraße 228-6b
Steinmetzweg (12) 229-1a
Stephanstraße 230-1a
Stettiner Straße 229-7b
Stillert 204-12b
Stolberger Weg (10) 229-4d
Strickerstraße 229-2a
Strohstraße 44-B2
Stuttgarter Straße 205-10c
Sudetenstraße 229-8b
Südumgehung 229-4d
Sulzwiesenstraße 228-9c

Talstraße 228-8d
Talwaldweg 230-1d
Tannenweg 229-5a
Taunusstraße 228-6a
Teckstraße 229-5b
Teichstraße 205-11d
Teichweg 205-10d
Thaddäus-Troll-Weg (23) 229-7b
Theodor-Eisenlohr-Straße 44-B1 + 229-2a
Tiefenbacherstraße 229-5b
Tilsiter Straße (1) 229-7b
Tischardter Straße 229-7b
Torgauer Straße (11) 229-4d
Traubenstraße (8) 44-B2
Tübinger Weg 229-5a
Tulpenweg 230-1c
Turmstraße 44-B2
Tuttlinger Weg (1) 229-5a

Überlinger Straße 229-5b
Uhlandstraße 44-B2 + 229-2c
Uhlbergweg (10) 229-5d
Ulmenweg 229-4b
Ulrichstraße 229-5a
Ulrich-von-Ensingen-Straße 205-10c
Unter dem Klingler 229-6b
Untere Halde 229-1c
Unterensinger Straße 205-11d
Untere Wengertstraße 228-9c
Urbanstraße 229-5a

Vendelaustraße 44-B2 + 229-2c
Verdistraße 228-6b
Vor Alten 229-9a
Vor dem Klingler 229-6a

Wacholderweg 229-1a
Wäldleweg 230-1d
Waldhäuser Straße 205-10c
Walesplatz 229-1a
Walter-Rauch-Straße 229-2a
Wasen 229-4a
Wasenstraße (4) 228-9c
Wasserburgstraße (8) 205-11d
Watzmannstraße 230-1d
Weberstraße 205-10d
Weilerbergstraße 228-9a
Weimarer Platz (12) 229-4d
Weinbergstraße 205-11c
Wendlinger Straße 205-10c
Werastraße 229-5a
Wertäcker 230-1c
Wiesenrain (2) 204-12c
Wilhelm-Dandler-Straße (6) 229-5d
Wilhelm-Maybach-Straße (14) 229-4d
Wilhelmstraße 44-A3 + 229-4b
Wittenberger Straße 229-7b
Wörlitzer Straße 229-4d
Wörthbrücke 229-4b
Wörthstraße 44-A2 + 229-4b

Zementwerk 229-4b
Zeppelinstaffel (2) 44-A2
Zerbster Straße 229-7b
Ziegelstraße 44-B3 + 229-5a
Zittelmannstraße 230-1c
Zizishausen 205-11a
Zugäckerstraße 205-11d
Zugspitzweg (5) 230-1c
Zwickauer Weg (13) 229-4d

Nufringen
PLZ 71154

Affstätter Straße 221-4d
Ahornstraße 221-5a
Akazienweg 221-4b
Allmandgasse (13) 221-5b
Alte Gärtringer Straße 221-2d
Am Frauenhofgut 221-5a
Am Pfarrgarten 221-5b
Am Rötelesberg 221-4d
Amselweg 221-5a

Bahnhofstraße 221-5a
Belchenweg (8) 221-2d
Bergstraße 221-2c
Birkenweg 221-5a
Blumenstraße 221-5a
Breite Straße 221-5a
Buchenstraße 221-5a

Calwer Straße 221-5a
Carl-Benz-Straße 221-2d
Carl-Zeiss-Straße 221-2d

Dobelweg (3) 221-2c
Donaustraße 221-4b
Drosselweg 221-5a

Eichenstraße 221-5a
Enzstraße 221-4b
Erlenweg 221-5a
Eschenweg 221-5a

Feldbergstraße 221-2c
Ferdinand-Porsche-Straße 221-2d
Fichtenstraße 221-4b
Finkenweg (16) 221-5b
Forchenweg 221-5a

Gärtringer Straße 221-2d
Gartenstraße 221-5a
Gewerbegebiet Buchen 221-6a
Gewerbegebiet Gründen 221-2d
Gewerbegebiet Riemen 221-2d
Goethestraße 221-5c
Gottlieb-Daimler-Straße 221-2d

Hägelesweg 221-5c
Hagstraße 221-5a
Hanfgässle 221-5b
Hartheimer Weg 221-2c
Hauptstraße 221-5a
Hegelstraße (22) 221-5c
Hermann-Hesse-Straße 221-4b
Herrenberger Straße 221-5a
Herzogenhornstraße (1) 221-2c
Hindenburgstraße 221-5a
Hölderlinstraße (24) 221-4d
Hofäckerweg 221-5a
Hohenzollernstraße 221-2c
Hornisgrindeweg (7) 221-2d

Im Hübschtanz 221-6a
Im Wiesengrund 221-5b

Karlstraße 221-5a
Kastanienweg 221-5a
Kinzigstraße 221-4b
Kirchgasse 221-5b
Kleppergasse (12) 221-5b
Kniebisweg (2) 221-2c
Kocherstraße 221-5a
Kuhsteige 221-5b
Kuppinger Straße 221-5a
Kurze Straße (10) 221-5b

Lerchenweg 221-5b
Lindenhalde 221-5a

Marienstraße 221-5a
Meisenweg (17) 221-5c
Mörikestraße 221-4b

Nagoldstraße 221-5a
Neckarstraße 221-4b
Nelkenstraße 221-5a

Oberjesinger Straße 221-4b
Otto-Hahn-Straße 221-3a

Robert-Bosch-Straße 221-2d
Robert-Koch-Straße 221-2d
Rößeweg 221-6a
Rohrauer Straße 221-5b
Rosenstraße 221-5b
Rudolf-Diesel-Straße 221-2d
Ruhesteinweg (6) 221-2c

Schauinslandstraße 221-2d
Schillerstraße 221-4d
Schliffkopfweg (5) 221-2c
Schmale Straße (14) 221-5a
Schönbuchstraße (25) 221-4d
Schubertstraße (21) 221-5c
Schulstraße 221-5a
Seestraße 221-5b
Silberburgstraße (11) 221-5b
Silcherstraße (20) 221-5a
Sommerbergweg (4) 221-2c
Sonnenhalde 221-5a
Steigstraße 221-5a
Südrandstraße 221-2b

Theodor-Schütz-Straße 221-5a
Tulpenstraße (9) 221-5b

Uhlandstraße 221-5a
Ulmenstraße 221-5a

Wachtelweg (19) 221-5c
Wehlinger Weg 221-4b
Werner-von-Siemens-Straße 221-2d
Winkelwiesenweg 221-5b
Wolfgasse (15) 221-5a

Zeisigweg (18) 221-5c
Zeppelinstraße 221-5c

Oberboihingen
PLZ 72644

Achalmstraße 205-12b
Adalbert-Stifter-Straße 206-10a
Ahornweg 205-12b
Albstraße 205-12b
Am Schützenbrünnele (6) 205-12b
Amselweg 205-9d
Am Talbach (7) 205-12b
An der Kirche (8) 205-12b
Aussiedlerhof im Benzenfurt 205-9b
Aussiedlerhof Pfauenhof 205-12d

Bachstraße 205-12a
Bahnhofstraße 205-12a
Bergstraße 205-9d
Birkenweg 205-12b
Buchenweg (14) 205-12b
Burggrabenstraße (1) 205-12a
Burghofstraße 205-12a

Daimlerstraße 205-9c

Eichenweg (15) 205-12b
Erlenweg 205-12b

Farrenweg 205-12b
Fasanenweg 205-9b
Finkenweg 205-9d
Friedhofstraße (9) 205-12b
Friedrichstraße 205-9d
Froschländer 205-9b

Gartenstraße 205-9d
Grabenstraße (3) 205-12a
Gustav-Wahler-Straße 205-12c

Haldengasse 205-12b
Haldensteige (5) 205-12b
Haldenstraße 205-9d
Hardtstraße 205-12c
Heckenäckerweg (16) 206-10a
Heuspachstraße 205-12c
Hindenburgstraße 205-12a
Hintere Straße 205-12a
Hofwiesenstraße 206-10a

Im Bäslerain 205-12c
Im Burghof (2) 205-12a
Im Haugenest 206-10a
Im Kirchrain 205-12b
Im Steinmäuerle 205-9d

Johannesstraße (11) 205-12a
Jusistraße 206-10a

Karlstraße 205-12a
Kelterstraße 205-12b
Keplerstraße 205-12a
Klosteräcker 206-10a
Klosterstraße 205-12b
Kochstraße 205-12b

Lerchenstraße 205-9d
Lindenweg 205-12b

Marbachweg 205-12c
Max-Eyth-Straße 205-9c
Meisenweg 205-9b
Mörikestraße 205-12a
Moltkestraße 205-12a

Neckarstraße 205-12a
Neuffenstraße 205-12b
Neuländerstraße 205-12a
Nürtinger Straße 205-12a

Panoramaweg 205-9d
Pfannenweg 205-12b

Rainstraße (13) 205-12c
Rathausgasse (10) 205-12b
Reuderner Straße 205-12b
Robert-Bosch-Straße 205-9c
Röteweg 205-9d
Rosenstraße 205-9d
Roßbergstraße 206-10a

Schillerstraße 205-12a
Schulstraße 205-12b
Siemensstraße 205-9c
Silcherstraße 205-12a
Stattmannstraße 205-12a
Staufenweg 206-10a
Steigstraße 205-12b

Tachenhäuserstraße 205-12b
Tachenhausen, Hofgut 206-10a
Teckstraße 206-10a
Teichstraße (12) 205-12a

Uhlandstraße 205-12a
Unterboihinger Straße 205-12b

Vogelsangstraße 205-12b

Wasenstraße (4) 205-9d
Weinbergweg 205-12c

Zeisslerstraße 206-10a
Zollernstraße 205-12b

Oberndorf am Neckar
PLZ 78727

Albeckstraße 330-8a
Allmandstraße 330-4d
Alt-Dorfstraße 330-10d
Am Bolzplatz 330-4d
Am Brühlbach (7) 330-8b
Am engen Schlattweg 330-7b
Am Grünen Berg 330-10d
Am Römerhof 330-9b
Am Stadion 330-10a
Am Steinbrünnle 346-1b
An der Werpa 330-5d
Appelaustraße 330-7b
Auchterttalstraße 330-5d
August-Barack-Straße 330-7c
Austraße 330-10a

Bachstraße 330-8b
Backhausgasse (2) 330-8b
Balinger Straße 330-8a
Bergweg 330-9a
Bindäckerstraße 330-4d
Birkenwaldstraße 330-4d
Bochinger Straße 330-8a
Bogeneckstraße 330-4d
Boller Steige 330-7a
Breitegärten 330-4d
Brühlwiesen 330-5c
Brunnenstraße 330-5d
Buchenweg 330-5d

Charlottenstraße (1) 330-7a

Dollau 330-10a

Einfeld 330-11b
Enger Schlattweg (Boll) 330-8a
Enger Schlattweg (Schlatthof) 330-11a
Eschenweg 330-5d

Falkenstraße 330-7b
Festplatz (6) 330-8b
Finkenweg 330-5c

Grüner Berg 330-10d

Härlestraße 330-7b
Hebsack 330-1b

Hegelberg 346-1a
Hochwaldweg 346-1c
Höhingen 346-1d
Hofackerstraße 330-7b
Hohlwegstraße 330-8b
Hopfengartenweg 330-9a
Hutschengässle (3) 330-9a

Im Gehrn 330-8b
Im Heimgarten 330-4d
Im Öschle 330-8b
Im Rankäcker 330-9a
Im Vogelloch 330-9b
Irslenbachweg 330-11c

Kaltenbergstraße 330-9a
Kapellenblickstraße 346-1b
Kapellenstraße 330-5d
Kienzlestraße 330-10d
Kredererstraße 330-10c

Langensteige 346-1b
Lindenbühlstraße 330-7b

Mittlerer Schlatthof 330-10b

Obere Gasse 346-1b
Oberer Schlatthof 330-7d
Obstgärten 330-5d

Panoramaweg 330-11a

Quellenstraße 330-5d

Rathausplatz 330-4d
Riedgassenäcker 330-9a
Riedwiesen 330-11c
Rötelhof 314-10c
Röthengasse (2) 346-1b
Rosenfelder Straße 330-7a

Scheibenbühl 330-10d
Scheiblesgasse (1) 330-8b
Scheuergasse 330-9a
Schlattstraße 330-7b
Schubertstraße 330-10c
Schützenhausweg (2) 330-7b
Schwalbenweg (1) 330-7b
Sigmarswanger Straße 330-5d
Sommerberg 330-7b
Sommerhalde 330-7b
Sonnenhalde 330-10b
Spaltbrunnengasse (8) 330-8b
Steigstraße 330-7b
Steinbruchstraße 330-9a
Stiegeläckerstraße 330-8b
Stockäckerstraße 330-9a
Stollengrundweg 346-1c
Stuttgarter Straße 330-1c

Taläckerweg 330-9a
Theodor-Quehl-Straße 330-10d

Unter der Kirche (4) 330-9a
Untere Boller Halde 330-10d
Unterer Schlatthof 330-8c
Unterer Ziegelweg 346-1b
Untere Straße (1) 330-10d

Vöhringer Straße 330-9a

Wasenäckerstraße 330-6c
Waseneckstraße 330-10a
Webertalstraße 330-10c
Wörthwiesengasse (5) 330-8b

Oberreichenbach
(Kr. Calw)
PLZ 75394

Agenbacher Straße 168-6c
Alte Badstraße 145-10b
Am Hummelberg 168-6a
Amselweg 168-9b
Auf der Halde 169-3b

Bachstraße (1) 145-11a
Baierweg 169-2a
Bechergaß 168-5d
Beinberger Weg 145-12b
Bergstraße 169-3a
Birkenstraße 169-2d
Birkgasse 145-12d
Blumenstraße 169-2d
Bruckmüßsträßle 169-1a
Brunnenstraße 169-2b

Calmbacher Pfad 144-11b
Calwer Straße 169-4a

Drosselweg 145-11c

Eberhardsweg 168-1a
Eberspieler Straße 145-12d
Eselssträßle 169-1a

Falkensteinstraße 145-12d
Fasanenweg 145-11a
Felsenmeer 169-3b
Felsenmeerstraße (2) 145-12d
Fichtenweg 169-3c
Föhrbrunnenhaus 144-12d
Forsthausweg (3) 168-6b
Forststraße 169-2d
Friedhofweg (1) 168-6b

Gartenweg 169-3a
Graf-Eberhard-Straße 168-6a

Hardtstraße 168-6b
Havelsburg 168-3a
Heckenstraße 169-2b
Heimenhartsträßle 168-2c
Herdgasse 145-11b
Herrschaftsweg 145-7d
Heugasse 145-12c
Hirtenäcker 169-4a

Igelsloch 145-11a
Igelslocher Straße 145-12a
Im Interkom 169-5b
Im Sonnenwinkel 169-2b
Im unteren Dorf (1) 169-2b

Jägerhaus 169-2d
Jägerweg 168-6a

Katzenbuckel 145-12a
Kirchhalde 145-12d
Kirchstraße 169-2a
Köhlerstraße 145-11c
Kunstmühle 168-3c

Lerchenstraße 168-6a
Libellenweg 145-12d
Liebenzeller Straße 145-12d

Maisenbacher Straße 145-12a
Missweg 145-11a
Moossträßle 145-8c
Mühlenweg 168-6a

Naislach 168-5b
Naislacher Straße 168-6a

Oberer Seyfriedsweg 144-6d
Oberer Weg 168-6d
Oberkollbach 145-11d
Oberkollbacher Straße 169-2b
Oberreichenbacher Straße 169-3b

Panoramaweg 168-6a
Poststraße 145-11a

Raifengaß 168-9a
Raiffeisenstraße 145-12d
Rathausgasse 145-11b
Rebhuhnweg 168-6d

Sauerstraße 169-7a
Schafhofstraße 169-2c
Scheufelteichweg (1) 145-12d
Schlößlesweg (2) 168-6a
Schmalzmann 145-10a
Schömberger Straße 169-2a
Schömberger Straße (Igelsloch) 145-11b
Schulstraße 169-2d
Siehdichfür 145-11c
Sonnenhalde 168-6b
Stollengasse (3) 145-12d

Talweg 168-6b
Tannenweg 168-6b
Teinacher Straße 169-2c
Tiroler Weg 145-12d

Unterer Seyfriedsweg 145-7a
Unterkollbach 145-12a
Unterkollbacher Straße 145-11b

Waldhufenweg 168-6b
Waldstraße 168-6b
Weinstraße 169-2d
Wiesenweg 145-12d
Wildbader Straße 169-2a
Wilflingstraße 168-6b
Würzbach 169-4a
Würzbacher Straße 169-2c
Würzbachtalstraße 168-6a

Zavelsteiner Straße 168-6d
Ziegelweg 169-2a
Zum Täle 145-11b
Zum Taubenschlag 145-11c

Oberriexingen
PLZ 71739

Ahornweg 95-6a
Akazienweg (4) 95-6a
Albertstraße (13) 95-6d
Amselweg (9) 95-6b
August-Lämmle-Straße 95-6b
Austraße 95-6b

Backhausgasse 95-6d
Birkenweg 95-6a
Brunnengasse 95-6d
Buck 95-3d

Dahlienweg (6) 95-6a
Dinkelweg (27) 95-6a
Drosselweg (10) 95-6b

Eichendorffstraße 95-6c
Eichenweg (3) 95-6a
Eisberger 95-6c
Elmestraße 95-6d
Emmerweg (28) 95-6a
Enneryplatz (21) 95-6d
Engasse 95-6d
Enzpark (7) 95-6d
Essich 95-3d

Finkenweg (11) 95-6b
Friedrichstraße 95-6d

Gartenstraße 95-6d
Gerd-Gaiser-Straße 95-6a
Goethestraße 95-6d
Grettenberger 95-3c
Großmoltenstraße 95-6a
Grotz 95-3c

Hägelesgasse 95-6d
Hauffstraße 95-6c
Hauptstraße 95-6d
Hermann-Hesse-Straße (15) 95-6c
Hölderlinstraße 95-6b
Hohe Straße 95-6b
Im Erkerstal 95-6a
Im Roggen (29) 95-6a
Im Weizen (26) 95-6a

Karl-Kaltschmid-Straße 95-6c
Karlstraße (16) 95-6d
Kastanienweg (2) 95-6a
Kernerstraße 95-6b
Kronengasse (18) 95-6d

Leinfelder Weg 95-6c
Lerchenweg 95-6a
Lerchenweg (25) 95-6a
Lilienweg 95-6a
Lindenstraße 95-6d

Meisenweg (23) 95-6a
Mörikestraße 95-6d
Mühlstraße 95-6c

Obere Gasse (20) 95-6d

Primelweg (5) 95-6c

Ringstraße 95-6a
Römerstraße 95-6a
Rosenweg 95-6a

Sachsenheimer Straße 95-6d
Schillerstraße (14) 95-6d
Schmid 95-3c
Schüle 95-3c
Schwabstraße (19) 95-6d
Schwalbenweg (24) 95-6a
Seitenstraße 95-6a
Sersheimer Straße 95-6b
Silcherstraße 95-6c
Sperlingweg 95-6a
Starenweg (8) 95-6b
Stieglitzweg (21) 95-6a
Stumpenäcker 95-6c

Theodor-Heuss-Straße 95-6c
Theodor-Storm-Straße 95-6c
Torstraße (17) 95-6d

Uhlandweg (12) 95-6d
Ulmenweg (1) 95-6a
Untere Gasse 95-6d

Vaihinger Weg 95-6a

Wanner 95-3d
Weilerstraße 95-6d
Wernerstraße 95-6d
Wilhelmstraße 95-6d

Zeisigweg (22) 95-6a
Zwingerstraße 95-6d

Oberstenfeld
PLZ 71720

Abstatter Straße 78-6d
Altersberger Straße 79-7a
Am Hasenbach 79-7b
Am Jugendheim 78-9b
Am Krixenberg (14) 78-9d
Am Petersberg 79-4c
Am Schafhaus 79-7a
Am Schloßberg 79-7c
Amselweg 78-9b
Am Teerhaus 79-7b
Am Wiesenrain 79-7b
Aspacher Straße 79-7a
Auensteiner Straße 78-6d

Backnanger Straße (15) 79-7a
Bäckergasse 79-7a
Bahnhofstraße 78-9b
Beilsteiner Straße 78-6d
Benzstraße 79-7b
Berggasse 78-9b
Bergweg 79-5a
Bildstraße 78-6d
Birkenstraße 79-4b
Bottwarstraße 79-7a
Buchenstraße 79-5a
Burgstraße 79-7c

Dinkelstraße (2) 79-4b
Dürrenstraße 78-9d

Eichhäldenstraße 79-7a
Eisenbahnstraße 79-4c
Entengasse 79-4b
Erlenweg 79-5a
Eschenweg 79-5a
Eselsweg 79-4c

Fichtenstraße 79-5a
Finkenweg 78-9b
Fleiner Straße (20) 78-6d
Fliederweg 79-7a
Fockenhalde 79-5a
Forststraße 78-6d
Friedenstraße 79-7a

Gehrnstraße 78-6d
Gerstenweg (4) 79-4b
Goethestraße 78-6d
Gronau 79-5a
Gronauer Straße 79-4c
Großbottwarer Straße 78-9b
Große Gartenstraße 78-9b

Händelstraße 79-4d
Hagstolz 79-7b
Hasenacker 79-7b
Hauffstraße 79-4b
Hauptstraße 79-4b
Hegelstraße (5) 79-5a
Heilbronner Straße 78-6d
Helfenberger Straße (17) 78-6d
Hermann-Helber-Straße (1) 79-4b
Heuerbachstraße 78-9b
Hochstraße 79-9b
Höhlesgrabenstraße (1) 78-6d
Hölderlinstraße 79-5a
Hoftalstraße 78-9d
Hopfenstraße (3) 79-4b

Ilsfelder Straße 78-6d
Im Hoftal 78-9b
Im Kleinfeldle 79-4b
Im Stelzenbühl 79-7a
In den Dorfwiesen 79-4d
In den Klären 79-7b
In den Schafwiesen 79-7a
Industriestraße 79-7a

Jahnstraße 79-7a

Keltenmarkt (10) 78-9b
Kleine Gartenstraße (3) 78-6d
Kleiststraße 78-6d
Köchersbergweg (13) 78-9b
Körnerstraße 78-6d
Kornkammer 79-4b
Kreuzstraße 79-7a
Küfergasse (5) 78-9b

Langhansstraße 78-6d
Lauffener Straße 78-6d
Lembacher Straße 78-9b
Lerchenweg 78-9b
Lessingweg 79-5a
Lichtenberg 79-7c
Lichtenberger Straße 79-7a
Lilienweg (22) 79-7a
Lindelstraße 78-9b

Marbacher Straße 79-4b
Martin-Luther-Straße 78-6d
Mathildenstraße (11) 78-9b
Mörikestraße 79-4b
Mozartstraße 79-4d
Mühlgasse 78-9b
Mühlhof 79-5a

Nelkenstraße (21) 79-4c
Neuwirtshaus 79-11c
Nußbaumweg 78-9b

Ostpreußenweg 79-4d

Panoramastraße 78-6d
Pfaffengässle (8) 78-9b
Pommernweg 79-4d

Raiffeisenstraße (6) 79-7a
Rathausgasse (7) 79-7a
Rathausplatz (3) 79-4b
Ricarda-Huch-Weg (4) 79-5a
Rieslingweg 79-7c
Robert-Bosch-Straße 78-9d
Roggenweg (5) 79-4b
Rosenstraße 79-7b
Rotäcker (2) 79-5a

Sachsenweg 79-4d
Schafgasse 78-9b
Scheffelweg 79-5a
Schillerstraße 78-6d
Schlesierweg 79-4d
Schloß Lichtenberg 79-7c
Schmidhausener Straße 79-4b
Schmiedgasse (4) 78-6d
Schozacher Straße (18) 78-6d
Schubertstraße 79-4d
Schulgasse (9) 78-9b
Schulstraße 79-4d
Schwabstraße 79-5a
Siedlungsstraße 78-9b
Starenweg (12) 78-9b
Steinackerweg 78-9b
Sudetenweg 79-4d
Sulzbacher Straße 79-7a

Talheimer Straße (19) 78-6d
Thüringer Straße 79-4d
Trollinger Weg (16) 79-7c
Tulpenstraße 79-7b

Uhlandstraße 79-4b
Ulmenstraße 79-5a

Wartbergweg (2) 78-6d
Weinsteige 79-7c
Weizenweg (1) 79-4b
Wunnensteinstraße 78-9d

Ziegelstraße 78-9d

Obersulm
PLZ 74182

Affaltracher Straße 67-6a
Alfred-Haußmann-Weg 67-5b
Altenbergstraße 67-1b
Am Goldberg 67-2a
Am Rathaus 67-6d
Am Sportplatz 67-1b
Anemonenweg (14) 67-5d
August-Lämmle-Straße 67-2c
August-Thalheimer-Straße 67-6d

Bachstraße 67-2c
Bahnhoffußweg 67-5b
Barbaraweg 67-5d
Baumäcker 67-6d
Beaumont-le-Roger-Platz 67-6d
Beethovenstraße 67-5d
Bei der Lohmühle 67-6d
Beim Schafhaus (9) 67-6a
Bernhardstraße 67-6d
Birkenhof 67-5b
Bodelschwinghstraße 67-6c
Boodmannstraße 67-6b
Brahmsstraße 67-5d
Breitäcker 67-5d
Brucknerweg 67-5d
Brückenstraße 67-5b

Daimlerstraße 67-2d
Dammstraße 67-6a
Dimbacher Straße 67-3c
Drosselweg 67-1b

Eberstädter Straße 67-1d
Edith-Stein-Straße 67-6c
Eichbrunnenweg (8) 67-5b
Elisabethenstraße 67-6c
Enzbergstraße 67-6b
Etterstraße 67-2c

Falkenweg (14) 66-9b
Fliederweg (1) 67-1b
Friedhofstraße 67-1b
Friedrichstraße 67-5d
Fröbelstraße 67-5b
Frohnklingenhof 67-5d
Frohnklingenstraße 67-5d
Frühlingstraße 67-1b
Fuchsgasse 67-6b

Gartenstraße 67-6a
Gewerbegebiet Brücklesäcker 67-9a
Gewerbegebiet „Mühlenwiesen" 67-1d
Glockengasse (6) 67-2a
Grantschener Weg 67-1b
Gutenbergstraße 67-2c

Hägerle 67-6b
Hambacher Weg (15) 67-8b
Hangstraße 67-6d
Hans-Müller-Weg 67-5b
Hauptstraße 67-1d
Haydnstraße 67-5d
Heerweg 67-5d
Helfenbergstraße 67-6b
Hofackerstraße 67-5d
Holderstraße 67-6a

Im Gänsbühl 67-2c
Im Löntal (9) 67-1b
In den Mühlwiesen 67-1d

Jahnstraße 67-6a

Karlshof 67-5d
Karlstraße 67-5d
Karoline-Schnitzler-Weg 67-5d
Katharinenweg 67-5d
Kernerstraße 67-2d
Kershensteinerweg (2) 67-5b
Kiesbühl 67-2d
Kiesgrubenweg 67-6a
Kirchgasse (5) 67-1b
Klarastraße 67-5d
Kolpingstraße 67-6c
Korczakweg (1) 67-5b
Kornblumenweg (13) 67-5d
Kreuzweg 67-6a
Kuchengasse (11) 67-5b
Kümmelstraße 67-2c

Langer Zaun 67-5d
Langfeldstraße 67-6d
Lembergerweg 67-5d
Lendelweg (8) 67-1b
Lindenweg 67-5b
Linsengartenweg 67-5b
Löwensteiner Straße 67-5b
Luisenstraße (6) 67-5b
Luizhofen 1+2 67-3c

Manfred-Herrmann-Weg 67-5b
Margeritenweg (12) 67-5d
Marienweg 67-5d
Marktplatz 67-5b
Marktstraße 67-5b
Max-Eyth-Straße 67-2d
Maybachstraße 67-6b
Meisenbergstraße 67-6b
Meisenweg 66-9b
Mergeläcker 67-2a
Michael-Beheim-Straße 67-2c
Mittlere Holdergasse (2) 67-1b
Mörikestraße 67-2d
Mühlrainhof 67-6a
Mühlrainstraße 67-6d
Mühlstraße 67-5b
Mühlwiesenweg (10) 67-5b

Nachtigallenweg 67-1b
Neuhaus 67-9a
Neuhausstraße 67-6c
Nußbaumweg (7) 67-5b

Obere Holdergasse 67-1b
Oberer Weg (4) 67-2a
Obstgartenweg (16) 67-5b
Oststraße 67-6a

Pestalozzistraße 67-5b

Raiffeisenstraße 67-6a
Rathausgasse 67-6d
Rebhof 67-8b
Richard-Wagner-Straße 67-5d
Rieslingstraße 67-5d
Ring 67-9a
Robert-Bosch-Straße 67-6c
Robert-Schumann-Straße 67-5d
Rohrendorfer Platz (1) 67-6d
Rosenbergstraße 67-6d
Rosenstraße 67-6a
Rotweg 67-5d
Rudolf-Diesel-Straße 67-2d

St. Georgsgasse (5) 67-5b
Schafwiesenstraße 67-6a
Schelmengasse 67-6a
Schillerstraße 67-2d
Schinderweg 67-9b
Schubertstraße 67-5d
Schwabengäßle 67-5b
Schwalbenstraße 67-6a
Senefelder Straße 67-6c
Siebenmorgenweg 67-5d
Spatzenbergweg 67-6a
Spatzenhof (4) 67-5b
Starenweg 67-7a
Staufenstraße 67-2c
Steinäckerweg 67-5d
Steinwagstraße 67-6b
Stieglitzweg 67-1b
Stormstraße 67-2c
Sülzbach 67-1b
Sülzbacher Weg 67-2d
Sulmstraße 67-5b

Taläckerstraße 67-1b
Talstraße 67-1d
Taubenflugstraße 67-2a
Taubenstraße 67-6a
Trollingerweg 67-5d
Truchseßstraße 67-6b

Uhlandstraße 67-2d
Untere Holdergasse 67-1b
Urbanstraße 67-6c

Veilchenweg 67-5d

Weinbaulehrpfad 67-3d
Weinbergstraße 67-2c
Weinsberger Straße 67-5b
Weststraße 67-2d
Wiesäcker 67-6d
Wiesental 67-5b
Wilhelmstraße 67-5d
Willsbach 67-6c
Willsbacher Straße 67-6b
Wimmentaler Straße 67-2c

Zehntgasse (3) 67-1d
Zeilhofweg 67-6a
Zellerweg (3) 67-5b
Zum Bildstock (7) 67-1b
Zum Waldlehrpfad 67-3d

Oedheim
PLZ 74229

Ahornweg 53-6a
Alemannenweg (9) 53-6a
Alfons-Heilmann-Straße 53-6d
Alte Schulstraße 54-2c
Alte Steige (2) 54-2c
Am Fuchsbau (18) 53-6b
Amselweg 53-6b
Am Wasserturm 53-6c
Am Willenbach 53-3c
Anton-Henkel-Straße 53-6d
Auweg 53-6b

Backhausgasse (13) 53-6a
Badener Straße 53-6b
Bahnhofstraße 54-2c
Balzigweg (7) 53-6a
Bautzenweg 53-3c
Berggasse (1) 54-2c
Bernhard-Huss-Straße 53-6c
Birkenstraße (6) 53-6a
Bischof-Keppler-Straße 53-6a
Blumenstraße 54-4a
Breitenweg 53-3c
Brunnensteige (3) 54-2c
Brunnenstraße 53-6b
Buchenweg 53-6a
Burg 53-6b

Dachsbauweg 53-6b
Degerforser Straße 53-6d
Degmarn 54-1d
Degmarner Straße 53-6b
Deutschordenstraße 54-1d
Diener 53-5b
Drosselweg 53-6b

Eichenstraße 53-3c
Eichenstraße (4) 53-3c
Erlenweg (5) 53-6a
Eschenweg (2) 53-3c

Fahrgasse 53-6b
Falkenstein 53-3b
Falkensteiner Straße 53-6a
Fasanenweg (8) 53-6a
Fichtenweg (3) 53-3c
Finkenstraße 53-6b
Frankenstraße 53-6a
Friedenstraße 53-6a
Friedhofstraße 53-6b

Gartenstraße 54-2a
Gentnerstraße 53-6b
Glückshalde 53-5d
Goethestraße 53-6a

Hauptstraße 53-6a
Heinrich-Fries-Straße 53-6c
Herzog-Friedrich-Straße 54-2c
Heuchlinger Straße 53-2d
Hölderlinstraße (17) 53-6b
Hofackerweg (12) 53-6a
Hofäckerstraße 54-2c
Hohenloheweg (11) 53-3d
Hohenstaufenstraße 54-2c

Im Hirschfeld 53-5a
Im Neuberg 53-6c
Im Quittenbusch 53-6b
Im Zaungärtle (4) 54-2c

Kalkweg 54-4b
Kapellenäcker 53-6d
Kapellenweg 53-6b
Kelterstraße 54-2a
Kernerstraße 53-6c
Kirchgasse 53-6b
Kirchstraße 54-2c

Kleingartenanlage „Breitenloch" 53-3d
Klinge 53-6a
Kochana 53-6b
Kochendorfer Straße 53-5b
Kocherstraße 53-6a
Kolpingstraße 53-6b
Krähenweg 54-4a
Kronengasse (16) 53-6b
Kurze Hohle 53-6d

Lautenbach 54-10a
Lerchenweg 53-6b
Lessingweg 53-5b
Lindenstraße 53-6a

Mäurichstraße 53-6a
Meisenweg 53-6b
Mörikestraße 53-6a
Mozartstraße 53-5b
Mühlgasse 53-6a
Mühlwehr 53-6a

Neideckstraße 54-2c
Nelkenstraße 53-6b
Neuenstadter Straße 53-6b
Nonnenrain 53-6b
Nußackerweg 53-6b

Obere Lachen 53-5b
Oedheimer Straße 54-2c

Pappelstraße 53-3c
Paul-Böhringer-Straße 53-3c
Plattenstraße 54-2a

Rathausstraße 54-2c
Ratsstraße 53-6b
Römerweg 53-6a
Rosenweg (19) 53-6b

Säukiesweg 53-6a
Schillerstraße 53-5b
Schloss Oedheim 53-6b
Schloßstraße 53-6b
Schulgasse 53-6b
Schulstraße 54-2c
Schwabenstraße (10) 53-3d
Schwalbenweg (21) 54-4a
Silcherstraße 53-6a
Sonnengasse (14) 53-6b
Starenweg 54-4a
Steige 53-6c
Stockstraße 54-2c

Tannenstraße 53-2d
Tulpenweg 54-4a
Turmstraße (15) 53-6b

Uhlandstraße 53-5b
Uhrigshalde 53-3c
Ulmenweg (1) 53-3c

Waldstraße 54-2c
Willenbach 53-2b
Wortemberger Straße (22) 53-6b

Zeisigweg (20) 54-4a

Ölbronn-Dürrn
PLZ 75248

Birkenhof 91-1b

Ötisheimer Weg 91-1b

Offenau
PLZ 74254

Alte Saline (13) 52-4b
Am Binsich 52-1d
Am Edelberg 52-1b
Am Gelbenstein (1) 52-4b
Amselweg (6) 52-1d
Am Wiesental 52-4d
Austraße 52-4b

Bachenauer Straße 52-1d
Badstraße 52-4b
Bahnhofstraße 52-1d
Beethovenstraße (4) 52-1d
Birkenstraße 52-1d
Brunnenstraße 52-1d
Buchenstraße 52-2c

Clemenshaller Straße 52-4b

Duttenberger Straße 52-1d

Eichwaldstraße 52-1d
Erlenstraße 52-2c

Fasanenweg (5) 52-1d
Finkenstraße 52-4b
Friedhofstraße 52-1d

Gässlesweg (4) 52-1d
Gartenstraße 52-4b
Goethestraße 52-4b
Gundelsheimer Straße 52-1b

Hauffstraße (10) 52-4b
Hauptstraße 52-1d
Heilbronner Straße 52-2c
Heinestraße (12) 52-4b
Holzstraße 52-4b
Hpofäckergäßle 52-4b

Im Lindengarten 52-1d

Jagstfelder Straße 52-4b
Jahnstraße 52-1d
Johann-Michl-Promenade 52-4b

Kanalstraße 52-4d
Kelterstraße 52-1d
Kolpingstraße 52-1d
Kornstraße 52-4b

Laichengraben 52-1d
Lerchenstraße 52-1d
Lortzingstraße (1) 52-1d
Ludwig-Kayser-Straße 52-5a

Mäurich 52-5c
Meisenweg (8) 52-1d
Mörikestraße 52-4b
Mozartstraße 52-1d
Mühlweg 52-4b

Neckarstraße 52-1d

Pfalzstraße 52-1d

Rittergasse (14) 52-1d

Salinenstraße 52-4b
Sandstraße 52-4b
Schillerstraße (9) 52-4b
Schubertstraße (2) 52-1d
Schulweg (7) 52-1d
Silcherstraße (3) 52-1d
Starenweg 52-1d
Stuttgarter Straße 52-2c
Suhlwiesen 52-4b

Talweg 52-4b
Tannenstraße 52-2c

Uhlandstraße (11) 52-4b

Vogelsangstraße 52-1d

Walter-Wirsching-Straße (2) 52-4b
Wehräcker 52-5c
Wohngebiet Südzucker 52-2c

Ziegelhütte 52-5d
Zuckerweg 52-4b
Züttlinger Straße (3) 52-2c

Ofterdingen
PLZ 72131

Achalmstraße 303-3d
Ahornweg (3) 303-3c
Albblickstraße 303-3c
Alte Rottenburger Straße 303-3c
Am Holzplatz 304-4a
Amselweg (18) 303-6b
Aspergstraße 304-1c
Auf der Bleiche 303-3c
Austraße 303-3d

Bachsatzstraße 304-1c
Bachstraße 304-1c
Banweg 303-6a
Beim Bierkeller 303-6b
Belsemer Steg 304-4a
Berggasse 304-1c
Bindergasse (16) 304-1c
Birkenstraße 303-3c
Blumenstraße 303-3d
Bolbergstraße 303-3d
Brühlstraße 304-1c
Brunnenstraße 304-4a
Buchenstraße 303-3c
Burggasse (22) 304-1c

Dettinger Straße 303-3c
Dreifürstensteinstraße (9) 303-3d
Drosselweg 303-6b

Eichachstraße 303-3c
Endelbergstraße 304-4a
Erlenweg (5) 303-3c
Eschenweg (4) 303-3c

Farrenbergstraße (7) 303-3d
Fichtenstraße 303-3c
Filserbergstraße 303-3d
Finkenweg 303-6b
Finsterer Weg 303-3c
Firstbergweg (8) 303-3d
Forchenweg 303-3c
Friedrichstraße 304-1a
Froschgasse (25) 304-1c

Gartenstraße 304-4a
Georgenbergstraße 303-3d
Gerokstraße 303-3c
Gewerbegebiet Schlattwiesen 304-1b
Gewerbegebiet Stetten 304-4a
Gewerbegebiet Weiherrain 304-1a
Goethestraße 303-6b
Goldgasse 303-3d

Hafnerstraße 304-1a
Haidschwärze 304-1a
Hechinger Straße 303-6d
Heimgartenhof 303-3b
Heimgartenstraße 304-1c
Heubergstraße 303-3d
Hinter Höfen 303-6b
Hinterwiesenstraße 303-3d
Höfle (13) 304-1c

Im Gartencarré 304-1c
Im Grund 303-3d
Im Steinmäuerle 303-6a
Insel (17) 304-1c

Jahnstraße 304-1c
Jungviehweide 303-5d

Karlstraße (20) 304-4a
Kastanienweg 303-3c
Kiefernweg 303-3c
Kirchstraße 304-1c
Kornbühlweg 303-3d
Kriegsstraße 303-3d
Kriegswiesenstraße 303-3d
Krummenstraße 304-4a
Kührainstraße 303-6b

Lehrstraße 303-3d
Lerchenweg 303-6b
Lichtensteinstraße (10) 303-3d
Lindenstraße 304-1c

Marienstraße 304-4a
Matternstraße 303-6b
Metzgerstraße (14) 303-3d
Minnesängerweg 303-3c
Mittelgasse 304-1c
Mössinger Straße 303-6b
Moritzstraße 303-3d
Mühlstraße 304-1c

Nelkenstraße 303-3d
Neuffenstraße (12) 303-3d
Nonnenweg 304-1c
Novalisweg 303-6a

Oberwiesachhof 303-6a
Oberwiesachstraße 303-6b

Pappelstraße 303-3c
Paulinenstraße 303-6b

Raichbergstraße (6) 303-3d
Rathausgasse (23) 304-1c
Rohrgasse 304-1c
Roosäckerstraße 304-1a
Rosenstraße 303-3d
Roßbergstraße 303-3d

Sattlergasse 304-1c
Schillerstraße 303-3d
Schlattwiesen 304-1b
Schömbergweg (11) 303-3d
Schulstraße (24) 304-1c
Schwalbenweg (19) 303-6b
Silcherstraße 304-1c
Stäffelenstraße 303-6b
Starenweg 303-6b
Steinlachstraße 304-1c
Steinstraße 303-6b
Stettenstraße 304-4a
Sulzweg 303-3d

Tannenstraße 303-3c
Tannhäuserweg 303-6b
Teckstraße 303-3d
Tübinger Straße 304-1d
Tulpenstraße 303-3d

Uhlandstraße 303-6b
Ursulastraße (21) 304-1c

Vogelsangstraße 303-6b

Webergasse (15) 304-1c
Weidenweg (1) 303-3c
Weiherrain 304-1c
Weißdornweg (2) 303-3c
Wiesäckerstraße (21) 303-3c

Zeppelinstraße 304-4a
Zollernstraße 303-3d

Ohmden
PLZ 73275

Ammonitenweg 208-12a
Am Neubruch 208-12b

Bachstraße 208-11b
Böhmlestraße 208-11b

Carl-Scheufelen-Straße 208-11b

Dorfwiesenweg 208-11b

Fabrikstraße 208-11a
Friedrichstraße 208-11b

Grunäckerweg 208-12b

Haldenweg 208-12a
Hauptstraße 208-11b
Hohlweg 208-11b
Holzmadener Straße 208-11b

Juraweg 208-12a

Karlstraße 208-11b
Kirchstraße 208-11b
Kronenstraße 208-11b

Lerchenweg 208-12a
Lindenhof 208-9c

Marienstraße 208-12a
Mittlerer Weg 208-12a

Schieferweg 208-12a
Schulstraße 208-11b
Seelilienweg 208-12b
Stahlackerweg 208-11b

Talhof 208-12b
Trinkbachweg 208-12a

Wasserturmstraße 208-12a
Wiestalweg 208-11b
Wilhelmstraße 208-11b

Zeller Straße 208-11b

Oppenweiler
PLZ 71570

Aichelbach 87-5c
Aichelbachstraße 87-5a
Aichelberg (3) 87-5d
Allensteiner Straße (15) 87-4b
Am Hohfeld 87-5b
Am Köpfle 87-5d
Am Neufeld 87-5b
Amselweg (4) 87-2c

Bahnhofsplatz 87-5a
Bahnhofstraße 87-5a
Berggasse (1) 87-2a
Biegelgasse 87-2c
Birkfeldstraße 87-5b
Blumenweg 87-5a
Breslauer Straße 87-4b
Brunnengasse (5) 87-5a
Brunnengasse (Reichenberg) (3) 87-2a
Brunnenstraße (1) 87-8a
Bühlfeldstraße 87-4b
Burggartenstraße 87-5a
Burkhardsplatz (11) 87-5a

Charlottenweg (10) 87-5a

Danziger Straße 87-4b
Dieselstraße 87-5c
Dornburger Straße 87-4b

Eichhölzlesweg 87-5c
Elbinger Straße 87-4b
Ellenweiler 87-2b
Eschelhofstraße 87-5c

Fabrikstraße 87-2c
Falkenstraße 87-2c
Finkenweg (5) 87-2c
Frauenklingenweg 87-8a
Friedensstraße 87-4b
Friedhofstraße 87-5a
Fuchsfeldweg 87-5c

Gablonzer Straße (20) 87-4b
Gabweg 87-2a
Gartenstraße (2) 87-5a
Goethestraße 87-5a
Grabenstraße 87-2c

Häfnersgasse (5) 87-8a
Hauptstraße 87-4b
Heerfeldstraße 87-5a
Hermannstraße 87-5a
Heugasse 87-5c
Hofackerweg 87-2a
Hofgäßle (4) 87-8a

Im Lehlen 87-5d
Im Mittelgewand 87-4b
Im Rank (18) 87-2c
Im Seelenwinkel (16) 87-2c
Im Törle 87-5c
Im Wiesengrund (4) 87-5a
In den Badwiesen 87-2c

Jahnstraße (17) 87-5a

Kanalstraße 87-5a
Karlsbader Straße 87-4b
Katharinenplatz (13) 87-4b
Katharinenstraße 87-4b
Kelterberg 87-6c
Kirchweg 87-8a
Königsberger Straße 87-4b
Kreuzgasse 87-8a

Langwiesenweg 87-5c
Lerchenstraße 87-5a
Lindenplatz (9) 87-5a

Mehlklinge 87-5a
Meißener Weg (21) 87-4b
Mittelgasse (1) 87-5c
Mühlgässle 87-2b
Mühlgasse 87-5c
Mühlrain (6) 87-5c
Murrweg 87-5c
Murrwiesenstraße 87-5c

Neue Straße 87-2c
Neugasse (2) 87-2a

Obere Gasse (2) 87-8a
Obere Ortsstraße 87-2a

Reichenbach 87-2d
Reichenberg 87-2a
Reutenhof 87-5b
Reutenhofstraße 87-5c
Rietenauer Weg 87-1d
Römerstraße 87-1d
Rohrbachweg 87-1d
Rüflensmühle 87-2b

Schiffrainer Straße 87-2a
Schillerstraße (7) 87-5a
Schloßhofweg (6) 87-5a
Schloßstraße 87-5a
Schmiedbühl 87-2a
Seegasse 87-2c
Silcherweg (19) 87-5a
Spitzenklinge 87-5c
Staige 87-2c
Steinbacher Straße 87-5c
Steinfeld 87-1d
Steinwiesen 87-1d
Stettiner Weg (22) 87-4b
Strümpfelbacher Straße 87-8a
Sturmfelderstraße 87-5a
Sudetenstraße 87-4b
Sulzbacher Straße 87-2c

Talstraße 87-5a
Talweg 87-5c
Theodor-Hepp-Straße 87-2a
Tierbachstraße 87-2c
Tilsiter Straße (14) 87-4b
Troppauer Straße 87-4b

Uhlandstraße (8) 87-5a
Untere Gasse (3) 87-8a
Untere Ortsstraße 87-2c
Unterstaigacker 87-4d

Vorderrohrbach 87-1a

Wankelstraße 87-5c
Wengertsweg 87-5c
Wilhelm-Epple-Straße 87-2a
Wilhelmsheimer Straße 87-2c

Zell 87-8b
Zeller Straße 87-5c
Ziegelstraße 87-5a
Zwittauer Straße (12) 87-4b

Ostelsheim
PLZ 75395

Ahornweg (6) 172-6a
Altbachstraße 172-6a
Ammernweg (9) 172-5b
Amselweg (17) 172-5b
Aussiedlerhof König 172-5c
Aussiedlerhof Schweizer 172-6b

Bahnhofstraße 172-6a
Bergstraße 172-6a
Birkenweg 172-6a
Buchenweg (5) 172-6a
Bussardweg (10) 172-5b

Calwer Straße 172-2d

Dompfaffweg (16) 172-5b
Drosselweg 172-6a

Eichenweg 172-6a
Eulenweg 172-5b

Falkenweg (12) 172-5b
Fichtenweg (4) 172-6a
Finkenstraße (11) 172-5b
Forchenhof 172-5b

Gartenstraße 172-6a
Gechinger Straße 172-6a
Gechinger Weg 172-6c
gepl. Gewerbegebiet Benzenäcker 172-6b
Gewerbegebiet Sohlengrund 172-5d
Goethestraße 172-5b

Hagelschieß 172-6b
Hauptstraße 172-6a
Hengstetter Pfad 172-5b
Hengstetter Straße 172-2d
Hinter der Höfen 172-6b

Jahnstraße 172-6a

Kirchgasse 172-6a

Lange Straße 172-6a
Lenzhalde (1) 172-6a
Lerchenstraße 172-5b
Linnenäckerweg 172-6a

Maßholderweg (3) 172-5b
Meisenweg (14) 172-5b
Mühlhof (2) 172-6a
Mühlweg 172-6a

Neuland 173-4b

Plattenhof 172-6c

Rankstraße 172-6a

Schaugarten Obst-u. Gartenbauverein 172-3d
Schillerstraße 172-5b
Schloßhof 172-6a
Schulgasse (7) 172-6a
Schutzstraße 172-6a
Schwalbenweg (8) 172-6a
Silcherstraße 172-3c
Simmozheimer Weg 172-3c
Sohlengrund 172-5d
Sonnenbergstraße 172-3c
Sonnenhalde 172-6a
Spatzenweg (18) 172-5b
Spechtweg 172-5b
Stammheimer Weg 172-5b
Starenweg 172-5b
Stuttgarter Straße 172-6b

Talstraße 172-6a

Uhlandstraße 172-5b

Vögelesäckerweg 172-5b

Waldenserweg 172-3c
Weilbergstraße 172-6b
Weil der Städter Straße 172-6b
Weingärten 172-3c
Wiesenweg 172-6a

Zaunkönigweg (13) 172-6a
Zeisigweg (15) 172-5b

Ostfildern
PLZ 73760

Achalmstraße 180-8b
Adlerstraße 180-5d
Adolf-Hoelzel-Weg (1) 180-4d
Agnergässle (7) 180-8b
Ahornweg (5) 179-3d
Aichelbergstraße 179-5c
Albert-Schweitzer-Straße 179-3a
Albstraße 179-6a
Alexanderweg (3) 179-5d
Am Brünnelsberg 179-3b
Am Klebwald 179-3d
Am Maierwald 179-3d
Am Mühlkanal 180-7a
Amselweg 179-9d
An der Akademie (14) 180-5c
Anselmstraße 180-9a
Asternweg 179-3d
Auf der Darre 179-3d
Augustenstraße (6) 180-8b

Bachstraße 179-9d
Badweg 180-5d
Baedekerstraße 179-5a
Barbarastraße (10) 179-5a
Basaltweg 180-5d
Beethovenstraße 180-9a
Behringweg (1) 179-3b
Belchenstraße 179-6a
Benzstraße 180-9a
Bergstraße 180-7a
Berkheimer Straße 180-9a
Bernhäuser Straße 179-9d
Bettina-von-Arnim-Straße 180-4c
Bierawaweg 180-4a
Birkacher Straße 179-5c
Birkenweg (4) 180-1c
Bismarckstraße 180-5d
Blumenstraße 179-5c
Bohnapfelweg (8) 180-7a
Bonhoefferstraße 180-4c
Bopserweg 179-3c
Boskoopweg 180-7a
Bosslerstraße 180-9a
Breslauer Straße 180-4b
Bruckenäckerweg 179-2c
Brühlstraße 179-3d
Brunnenstraße 179-9d
Brunnwiesenstraße 179-2d
Buchenweg 179-3d
Burgstaffel (5) 180-7c
Burgstraße 180-8b

Carl-Zeiss-Straße 180-9a
Charlottenweg (4) 179-5d
Christophweg (2) 179-5c
Claude-Dornier-Straße 180-7a

Dahlienweg 179-3d
Daimlerstraße 180-9a
Danziger Straße 180-5a
Denkendorfer Straße 180-9a
Domäne Weil (Parkhof) 180-1d
Drosselweg 179-9d

Eberhardstraße 179-5c
Eckenerstraße (15) 180-5d
Edith-Stein-Straße 180-4c
Eichenbrunnenweg 179-3b
Eichendorffweg (11) 180-9a
Eichenweg 180-7d
Eichwiesen 180-7d
Elisabethenstraße 179-5a
Elly-Beinhorn-Straße 179-9c
Elsterweg 179-9d
Erbsenäckerweg 179-5c
Erlenweg 179-3d
Ernst-Heinkel-Straße 180-4c
Ernst-Kirchner-Straße 180-8b
Esslinger Straße 180-6c
Eugen-Schumacher-Straße 180-8b
Eugenstraße 179-5c

Falkenstraße 179-9d
Fasanenweg 179-9d
Fauserweg 179-5c
Feldbergstraße 179-6a
Feldspatweg (4) 180-5d
Felix-Wankel-Straße 180-9a
Fichtenweg (3) 180-1c
Filderstraße 179-9d
Finkenweg 179-3d
Forststraße 179-6b
Franziskastraße 179-5a
Friedhofstraße 179-5c
Friedrich-List-Straße 180-1c
Friedrichstraße 179-5c
Fröbelstraße 179-9d

Gabriele-Münter-Straße 180-4c
Gartenhausgebiet In den Weinbergen 179-3b
Gartenhausgebiet Wettenhart 180-11b
Gartenhausgebiet Zeiler 179-6d
Gartenstraße 179-9d
Gehringstraße 180-1c
Gerhard-Koch-Straße 180-4b
Gerhart-Hauptmann-Straße 180-4a
Geschwister-Scholl-Straße 180-4a
Gestütshof 179-9b
Gewerbegebiet Schwarze Breite 180-9a
Gneisweg 180-5d
Goethestraße 180-9a
Gottlieb-Göz-Straße 180-7a
Grabenäckerstraße 179-3c
Granitweg 180-5d
Gustav-Schönleber-Weg (5) 180-4d
Gutenbergstraße 179-5a

Häslachstraße 179-5c
Häuserweg 180-8b
Hagäckerstraße 179-5a
Haldenstraße 179-5c
Haldenweg 179-5c
Hanns-Klemm-Straße 179-9c
HAP-Grieshaber-Weg (7) 180-4d
Hart 179-1d
Hauffstraße 180-6c
Hauptstraße 179-5c
Hedelfinger Straße 179-3d
Hegelstraße 180-9a
Helene-Lange-Straße 180-4c

Helmuth-Hirth-Straße 180-7a
Henriettenstraße (11) 179-5b
Herdweg 179-3c
Hermann-Löns-Straße 180-9a
Hermann-Pleuer-Weg (6) 180-4d
Hermann-Seeger-Straße (5) 180-6c
Herzog-Carl-Straße (9) 180-4d
Herzog-Philipp-Platz (1) 180-4b
Heumadener Straße 179-5c
Hindenburgstraße 180-8b
Hintere Gärten 179-3c
Höfelbachstraße 179-6b
Hölderlinstraße 180-6c
Hofackerweg 180-9a
Hohenemsweg 180-4a
Hohenheimer Straße 179-5c
Horber Weg 179-5b
Horbstraße 179-3c
Hornbergweg (10) 179-6a
Humboldtstraße 179-9d
Hummelbergstraße 179-3d

Im Bossengarten 180-8b
Im Efeu 179-6b
Im Flieder 179-3d
Im Haurer 179-1d
Im Holder 179-3d
Im Kapf 179-3c
Im Schafhof 179-5c
In den Anlagen 180-5d
In den Holzwiesen 180-4d
In den Steinen 180-5d
In der Reute (7) 179-6b

Jägerweg 179-3c
Jahnstraße 180-7a
Jakobstraße 179-5c
Johann-Sebastian-Bach-Straße 180-9a
Jusistraße 180-9a
Justinus-Kerner-Weg 179-3d

Kaiserstraße 180-8b
Karlsbader Straße 180-1c
Karlstraße 179-5d
Katharinenweg (5) 179-5d
Kemnat 179-5b
Kemnater Hof 179-1d
Kemnater Straße 179-6a
Keplerstraße 179-3c
Kernenblickweg 179-3c
Kernerweg (13) 180-9a
Keuperweg (1) 180-5d
Kirchgässle (8) 179-3c
Kirchheimer Straße 179-3c
Kirchstraße (10) 180-8b
Klosterhof 180-8b
Knödlergasse (8) 180-8b
Königsberger Straße 180-4b
Körschtalstraße 180-7c
Körschtalviadukt 180-11a
Konradstraße 179-5d
Krähenbachstraße 180-7c
Kreuzbrunnenstraße 180-8a
Kronenstraße 179-3c
Kurrenwaldweg 179-4b

Langenwiesweg 179-6b
Lauwiesenstraße (2) 179-3d
Lembergweg (9) 179-3c
Lenaustraße 180-8b
Lenzhalde 180-7c
Lerchenbergstraße 180-9a
Lerchenhof 179-2c
Lerchenweg (3) 179-9d
Lessingstraße 180-6c
Lette 179-8b
Lettenstraße 180-5d
Lichtensteinstraße 179-6a
Liebigstraße 179-9c
Lilienweg 179-3d
Lindenstraße 180-1c
Liststraße 179-9d
Lochenweg 179-3c
Ludwig-Jahn-Straße 180-5d
Ludwigstraße (7) 179-5d
Luikenweg 180-7a

Magdalenenstraße (12) 179-5b
Magirusstraße 180-9a
Maierwaldstraße 179-3d
Marco-Polo-Straße 179-4b
Marienstraße (9) 180-8b
Marmorweg 180-5d
Max-Ackermann-Weg (4) 180-4d
Max-Eyth-Straße 179-3c
Maybachstraße 180-6c
Meisenweg 179-9d
Mergelweg 180-5d
Mergenthalerstraße 179-5c
Mettinger Weg 179-3d
Mirandolaweg 180-4a
Mittlerer Haldenweg 179-4b
Möhringer Weg 179-3a
Mörikestraße (12) 179-3d
Moltkestraße 180-8b
Montluelweg 180-4a
Mozartstraße 180-9a
Mühlhaldenstraße 180-8c
Mühlstraße 179-5d
Muschelkalkweg (2) 180-5d
Mutzenreisstraße 180-6c

Nagelstraße 179-9a
Narzissenweg 179-3d
Neidlinger Straße 179-5d
Nelkenweg 179-3d
Nellingen 180-8a
Nellinger Linde 180-5b
Nellinger Mühle 180-8c
Nellinger Straße 180-7a
Nelly-Sachs-Straße 180-4c
Neue Wiese 180-8b
Neuffenstraße 180-9a
Neuhauser Straße 180-11a
Neumühle 179-8b
Nielsenstraße 180-1c
Niemöllerstraße 180-4d

Nürtinger Straße 180-7c
Nußweg 180-5d

Ob der Wette 179-5d
Oberer Haldenweg 179-4b
Obere Wiesenstraße 180-5d
Obstlehrpfad 180-7d
Olgastraße 180-8b
Oskar-Schlemmer-Weg (2) 180-4d
Ostlandstraße 180-7a
Ostpreußenstraße 180-4a
Otto-Reiniger-Weg (8) 180-7b
Otto-Schuster-Straße 180-8b
Otto-Vatter-Straße 179-6b

Panoramastraße 179-5c
Paracelsusweg 179-3b
Parksiedlung 180-1d
Parkstraße 180-4a
Paulinenstraße (16) 180-5d
Pfarrstraße (8) 179-5c
Pfingstweideweg 179-4b
Philipp-Matthäus-Hahn-Straße 180-7a
Plieninger Straße 179-9c
Plochinger Straße 179-3d
Poltawaweg 180-4a

Quarzweg (3) 180-5d

Raichbergstraße 179-6a
Raiffeisenstraße (4) 180-7c
Rainäckerstraße 179-3c
Rathausplatz 180-7c
Rathausweg 179-6b
Rebhalde 180-7a
Rechbergweg (9) 179-5c
Reinachweg 180-4a
Reußensteinstraße (13) 179-6a
Reuteweg 179-9d
Reutlinger Straße 179-5d
Reyherstraße 179-5c
Ricarda-Huch-Straße 180-4c
Richard-Wagner-Straße 180-9a
Riederhof 179-5b
Riedstraße 179-2d
Riegelhofweg 180-8b
Riegelstraße 180-5d
Rilkestraße 180-6c
Rinnenbachstraße 180-4a
Robert-Bosch-Straße 180-9a
Robert-Koch-Straße 180-4a
Rosenstraße 179-5c
Roßbergstraße 179-6a
Rossert 179-5d
Rossertstraße 179-5d
Rotenbergweg 179-3c
Rudolf-Diesel-Straße 180-9c
Ruit 179-3a
Ruiter Straße 179-9b

Sandsteinweg 180-5d
Schäferstraße 180-8b
Schafstall 180-8c
Scharnhausen 179-9c
Scharnhauser Park 180-4d
Scharnhauser Straße 179-3d
Schieferweg 180-5d
Schillerstraße 180-9a
Schlehenweg (6) 179-3d
Schliffkopfweg (11) 179-6a
Schloßstraße 179-9b
Schönbergstraße 179-4b
Schönblickstraße 180-7a
Schönbuchstraße 179-3c
Schubertweg (12) 180-9a
Schulgäßle 180-8b
Schurwaldstraße 179-3c
Schwabstraße 180-8b
Schwalbenweg 179-9d
Schwarze-Breite-Straße 180-9a
Schwarzwaldstraße 179-6a
Schwertleswiesenweg 179-2c
Seitenstraße 179-5c
Senefelderstraße 179-6a
Siemensstraße 179-9c
Silcherstraße 180-7a
Sillenbucher Straße 179-2c
Sonnenhalde 180-7b
Sophienweg (6) 179-5d
Sperlingweg (2) 179-9d
Starenweg (1) 179-9d
Staufenstraße (1) 179-5c
Stauffenbergstraße 180-4c
Steigstraße 179-9d
Stockhäuser Weg 179-6a
Stockhausen 179-8b
Stuifenstraße 179-5c
Stuttgarter Straße 179-2d
Sudetenstraße 180-4a

Talstraße 180-7c
Talwiesenweg 179-6b
Teckstraße 179-5c
Theodor-Rothschild-Straße 180-4c
Tuffweg 180-5d

Uhlandstraße 180-9a
Uhlbergweg 179-3c
Ulmenweg 179-3d
Ulrichstraße 179-5c
Untere Panoramastraße 179-8a
Unterer Haldenweg 179-4b

Vogelsangstraße 180-9a
Vordere Hassen 179-9b

Wagenmannsteige (6) 180-7a
Waldheimstraße 179-6b
Waldstraße 179-5c
Wangener Weg 179-3d
Weiherhagstraße 179-6b
Weiler Weg 179-3d
Weinbergweg 179-3b
Wengertstraße (7) 180-7a
Wettenhartstraße 180-8d
Wilhelm-Röntgen-Straße 179-3b
Wilhelmstraße 180-8b

Willi-Baumeister-Weg (3) 180-4d
Wittumstraße 179-3c
Wolfgarten 179-1d
Württembergstraße 179-5a

Zeisigweg 179-9d
Zeppelinstraße 179-4b
Zinsholzstraße 180-4a
Zollernweg 179-6a

Ottenbach
PLZ 73113

Adlerstraße 188-2b
Ahornstraße 188-2b
Alter Turnplatz 188-2b
Am Brühlweg (9) 188-2b
Amselweg 188-2b

Bachstraße 188-2c
Bärenhöfe 189-1b
Bergstraße 188-2c
Blumenstraße 188-2c
Breitfelderhof 188-2c
Breitfeldstraße 188-2c
Brühlhof 164-11c
Brühlweg (8) 188-2a
Buchenweg 188-2b

Dorfplatz 188-2b
Drosselweg (3) 188-2b

Eichhholzstraße 188-2a
Erlenweg 188-2b
Etzberg 188-5d

Falkenstraße 188-2b
Fasanenstraße 188-2b
Feuerleshof 188-6c
Finkenweg (2) 188-2b
Fladenhof 188-1b
Friedhofweg 188-2a

Gartenstraße (6) 188-2d
Gewerbegebiet Neuhof 188-2c
Geyrenwaldhöfe 188-5a

Habichtweg (10) 188-2b
Haldenhof 188-6b
Hauptstraße 188-2a
Heldenbergstraße (1) 188-2a
Herbenhöfe 164-11d
Hohenstaufenstraße 188-2a
Holzhäuser Hof 188-1b
Hopfengarten (4) 188-2b
Hornbergstraße 188-2a

Im Brühl (10) 164-11d
Im Buchs (Sportgelände) 164-12c
Im Mergele 188-2b
Im Spatzennest 188-2b
Im Wiedenberg 188-2b

Jackenhöfe 164-11b

Käswegle (7) 188-2b
Kirchbühlstraße 188-2a
Kirchgasse 188-2a
Kitzen 188-5b
Kitzener Straße 188-2b
Kohlhof 188-5a
Kreuzwiesenweg 188-2a
Kronenwegle 188-2b
Kübelhof 188-6a

Lerchenweg 188-2b
Lindenhöfe 164-12d
Lindenstraße 188-2c
Lochhof 164-11a

Mühleisenhof 188-3b

Neuffenstraße 188-2a
Neuhofstraße 188-2c

Obere Mühleisenhöfe 188-3b
Oberer Merzenhof 164-10c
Oberer Stixenhof 164-11a
Obergruppenhof 188-3c

Peterlingshöfe 188-6a

Ringstraße 188-2d

Salacher Straße 188-2c
Saurenhof 165-10c
Schafhöfle 188-3a
Schonterhöfe 164-11a
Schulstraße 188-2a
Schurrhöfe 188-3b
Sonnenhalde 188-2a
Sonnentalhof 188-1b
Starenweg (5) 188-2b
Strudelhof 164-12a
Strutgasse 188-2b
Stuifenstraße 188-2a

Talstraße 188-2b
Taubenweg (11) 188-2d
Teckstraße 188-2a

Untere Mühleisenhöfe 164-12c
Unterer Etzberg 188-5c
Unterer Merzenhof 164-10d
Unterer Stixenhof 164-11c

Vaihingerhof 164-12d

Waldenhof 188-6c
Wannenhof 188-5b
Weidenweg 188-2b

Zeisigweg 188-2b

Owen
PLZ 73277

Alemannenweg (2) 231-11c
Am Alten Berg 231-11c
Am Galgenberg 255-2a
Am Graben 231-11c
Amtsstraße (7) 231-10d
Auweg 231-10b

Badstraße (8) 231-10d
Bahnhofstraße 231-10d
Berghöfe 254-3d
Bergstraße 231-10b
Beurener Straße 255-1b
Bohlstraße 231-11c
Braikenäcker (11) 255-1b
Brühlstraße 231-10d
Brunnenweg 231-11c

Eisenbahnstraße 231-10d

Fabrikstraße 255-2a

Gartenstraße 231-11c

Herzogweg 231-11c
Hinter der Steige 255-2a
Hintere Straße 231-11c
Hopfenweg 231-11c

Im Ayle 231-10b
Im Brühl 231-10d
Im Grund 231-11c
Im Härtling 231-11d
Im Schmiedsacker (1) 231-11a
Im Unteren Feld 231-10b
In der Braike 255-1b

Kirchheimer Straße 231-10b
Kirchstraße 255-1b

Lauterweg 231-10b

Maierhof (5) 231-10d
Marktstraße 231-11c
Mörikeweg 231-10d

Neue Straße 231-10d

Rathausstraße 231-11c
Rebenweg 231-11c
Rinnenweg 231-10d
Römerweg 231-11a
Rooschützweg (6) 231-10d
Rotlebenweg 231-10d

Schießhüttestraße 231-10d
Schleifmühlestraße 255-1b
Schulstraße (4) 231-11c
Sibyllenweg 231-11c
Spitzwiesen 255-1b
Steigstraße 231-11c
Steingaustraße 231-11a

Teckstraße 231-11c
Törlesrain (3) 231-11c
Torweg 231-11c

Veronikaweg 231-11a
Vogstraße 231-10d
Vor dem Eichholz 231-10b

Wasenweg 231-10d
Wehrbachstraße 231-10d
Weinbergstraße 255-2a
Wölfflinstraße 231-10d

Zähringerweg 231-11c
Zimmermannweg (9) 255-1b

Pfalzgrafenweiler
PLZ 72285

Adam-Wagner-Straße 240-10d
Alte Poststraße (Bösingen) 240-10b
Amselweg 240-11c

Beihinger Straße 240-11c
Bösingen 240-10c
Bösinger Straße 258-1a
Buchenweg 240-11c
Buckelweg 258-4b
Bussardweg 258-4d

Finkenweg 240-11c
Frühlingsstraße 258-2a

Gustav-Werner-Straße 240-10d

Haiterbacher Straße 240-11c
Höhenweg 258-5c
Hölderlinweg 240-10d
Hohlenstein 258-1c
Hohlenweg 240-10d

Karl-Berner-Straße 258-4a

Mahdgasse 240-11c
Missihof 258-4d

Neunuifra 258-4b

Oberer Höchsten 240-10d
Ortsstraße 258-4d

Pfalzgrafenweiler Straße 240-11c

Riedstraße 240-10d
Ringstraße 240-10d
Ruine Mantelberg 258-2c
Ruine Vörbach 258-4a

Sailesh 240-11d
Salzstetter Straße 258-4d
Schillerstraße 240-10d
Schmiedgasse 240-10d
Silberhütte 258-4b
Silcherstraße 240-10d
Steig 258-4d
Stundenstein 240-10c

Theodor-Heuss-Straße 240-10d
Töpferweg 258-4d

Vörbach 258-4a
Vörbacher Straße 258-4b

Wachtelstraße 240-11c
Wiesengrund 240-11c

Ziegelstraße 240-10d

Pforzheim

75175 Abnobastraße 106-2a
75179 Acherweg 105-2c
75175 Adam-Riese-Straße 106-2c
75181 Adam-von-Au-Straße 106-10c
75180 Adlerstraße 105-11b
75180 Adolf-Becker-Straße 105-5d
75179 Adolf-Merkel-Straße 89-12c
75179 Adolf-Richter-Straße 105-5a
75181 Adolf-Sautter-Straße 106-12a
75177 Adolf-Schaible-Weg 90-7a
75177 Adolf-Seebacher-Straße 90-8c
75175 Aguste-Renoir-Weg (1) 106-6a
75175 Ahornweg 106-2d
75180 Akazienweg 105-8d
75180 Albert-Kratz-Straße 105-8b
75181 Albert-Schweitzer-Straße 106-10a
75179 Albstraße 105-1b
75177 Alemannenstraße 90-11c
75172 Alexander-Wellendorff-Straße (5) 106-1a
– Alfons-Kern-Staffel 44-B2
75181 Alfred-Haberstroh-Weg (1) 106-12b
– Alleenweg 90-7b
– Alleeweg 105-10d
75181 Allensteiner Straße 106-6a
– Allmendrainstraße 106-8b
75181 Allmendstraße 106-10a
75173 Altdorferweg 105-3d
75181 Alte Hohle 90-9b
– Alte Huchenfelder Straße 106-4c
75177 Alter Göbricher Weg 90-8c
75179 Alter Höhweg 105-2a
– Alter Liebenecker Weg 107-10c
75181 Alter Rathausweg 122-2d
– Alter Reistweg 91-10b
75175 Alter Schloßberg 44-B2
75181 Alter Turnplatz 106-10a
– Alter Würmer Weg 107-10a
– Alte Salmbacher Straße 121-2a
– Altes Eutinger Sträßchen 91-10c
– Altes Öschelbronner Sträßle 107-2c
75181 Altgefäll 106-3d
– Altstädter Brücke 106-2a
75175 Altstädter Kirchenweg 106-1b
75175 Altstädter Straße 106-2a
75172 Amalienstraße 105-3c
75172 Amazonstraße 90-5d
75180 Am Dillsteiner Kirchhof 105-6a
– Ameisenbuckelweg 107-2c
75179 Am Enzenloch 89-11a
75177 Am Felsenkeller 90-10d
75180 Am Felsenwäldele 105-9b
75180 Am Feuerwehrhaus 105-11a
75180 Am Gaisbügel 105-11b
75181 Am Gildberg 90-9a
75177 Am Hachelturm 89-12d
75181 Am Hasensprung 106-7c
75177 Am Hauptgüterbahnhof 90-11c
75181 Am Heerweg 106-7c
75177 Am Hohen Markstein 90-6c
75180 Am Kirchhof (5) 105-11b
75181 Am Kühlen Grund 91-7c
75181 Am Kupferhammer 106-4b
75172 Am Langen Hof 105-2d
75181 Ammerau 106-9d
75181 Ammerstraße 91-10c
75172 Am Mühlkanal 105-2d
75173 Am Nagoldhang 105-6a
75179 Am Riebergle 89-12a
75181 Am Roten Mäuerle 90-9b
75181 Am Schönblick 106-10a
75172 Am Schoßgatter 44-A2 + 106-1b
75180 Amselstraße 105-8d
75173 Am Stangenacker 105-6b
75172 Am Turngarten (2) 105-3a
75181 Am Waisenbusch 106-10c
75172 Am Waisenhausplatz 44-A2 + 106-1b
75175 Am Waldsaum 106-5b
75173 Am Waldweg 105-6a
75181 Am Wartberg 90-12a
75181 Am Wiesenrain 122-6a
75177 Am Windhof 90-8d
75181 An der Kirche 106-10a
75172 An der Sängerhalle (1) 105-3a
75181 An der Schindersklamm 90-12d
75173 Andreas-Counis-Straße 105-6b
75172 Ankerstraße 105-2b
75175/75177 Anshelmstraße 90-11c
75179 Anton-Bruckner-Straße (10) 105-3b
75172 Antoniusstraße 105-3a
75180 Anwaltsstraße 105-11a
– Arkbrücke 106-9d
75179 Arlinger 105-1b
75179 Arlingerplatz 105-2c
75179 Arlingerstraße 105-1d
75175 Arme Sünderweg 106-5a
– Arnsperger Linie 107-10d
75175 Arthur-Rubinstein-Weg (2) 106-6a
75179 Asternstraße 105-2a
75181 Auerbach-Denkmal 106-4d
75179 Auerbachstraße (7) 89-12d
– Auer Brücke 44-B3
75179 Auerhahnstraße 105-2b
75181 Auf dem Berg 106-9c
75179 Auf dem Rück 89-11c
75181 Auf der Höhe 90-9b
75180 Auf der Rotplatte 105-5b
75179 Auf der Wanne 89-11d
75180 August-Bebel-Straße 105-5d
75179 Auguste-Supper-Straße (8) 90-10c
75179 Auguste-Viala-Straße 89-11d
75175 August-Kayser-Straße 106-5a

75180 Bachstraße 105-5d
75172 Badstraße 44-A2 + 106-1a
75181 Bäckergäßle 122-3c
75177 Bäumlesweg 90-6c
75172 Bäznerstraße 105-3c
75175 Bahnhofplatz 44-B2 + 106-1b
75172 Bahnhofstraße 44-A2 + 106-1b
75181 Bahnstraße 90-12b
75173 Baldung-Grien-Straße 105-6a
75181 Banater Straße 91-7c
75181 Bannwaldstraße 106-10a
75181 Bannwaldweg 106-10a
75175 Barfüßergasse 44-B2
– Baumannbrücke 105-3a
75172 Baumannstraße 105-3a
75175 Baumgärtnerstraße 106-2c
75175 Baumgäßchen 44-A2
75172 Baumstraße 44-A2 + 106-1a
75177 Bauschlotter Straße 90-11a
75173 Baustraße 44-A3 + 106-1c
75177 Bayernstraße 44-A1 + 90-10c
75181 Bechtbrunnenstraße 106-10c
75181 Bechtemerweg 106-10d
75181 Beethovenstraße 90-9d
75180 Beizweg 105-5b
75180 Bekstraße 105-5d
75179 Belchenstraße 105-2c
75172 Belfortstraße 106-1a
75180 Belremstraße 105-9a
– Benckiserbrücke 105-3b
– Benckiserpark 105-3b
75172 Benckiserstraße 105-3b
75173 Benzstraße 105-3d
75181 Bergmannstraße 106-9c
75181 Bergstraße 105-12d
75172 Berliner Straße 44-A2 + 106-1a
75181 Bernäckerweg 122-6a
75177 Bernhardstraße 90-10d
75177 Bertholdstraße 44-B1 + 106-1b
– Bettelbrücke 105-2d
75181 Beuthener Straße 106-6b
75180 Beutstraße 105-11b
75179 Biberstraße 105-2b
75173 Bichlerstraße 106-4a
– Bierweg 121-2a
75181 Binneweg 106-7c
75177 Binsachweg 90-8d
75181 Binsenreuth 106-11a
– Birkenfelder Steg 105-4d
75180 Birkenfelder Straße 105-8c
– Birkenfelder Weg 105-8a
75175 Birkenweg 106-2d
75172 Bismarckkanzel 106-8b
75179 Bismarckstraße 90-10c
75172 Bissingerstraße 44-A2
75179 Blauenstraße 105-2c
75173 Bleichstraße 44-A3 + 106-1c
75177 Blücherstraße 90-11c
75179 Blumenhardtstraße 105-3a
75177 Blumenheckstraße 90-11d
75175 Blumenhof 44-B2
75172 Blumenstraße 44-B2 + 106-1b
75179 Blumenthalstraße 90-10c
– Bocksträßle 107-8b
75179 Bodelschwinghstraße 105-3a
75180 Böhringerstraße 105-8d
75179 Börthstraße 105-2b
– Bogenbrücke 105-9b
75172 Bohrainstraße 105-3d
75179 Bonhoefferstraße 105-3a
75175 Braheweg 106-2c
75180 Brahmsstraße 105-5d
– Brandsträßchen 107-4d
75181 Brauereistraße 90-9d
75179 Brauerstaffel 89-12d
75177 Brauerweg 89-12d
– Brauhausstaffel 44-B3
75180 Breitenackerweg 105-8c
– Breitenweg 106-11c
– Breitweg 121-3a
75179 Brendstraße 105-2c
75181 Breslauer Straße 106-3c
75177 Brettener Straße 90-10d
75179 Brigachweg 105-1b
– Britschweg 106-9a
75181 Brömachweg 91-7c
75179 Brötzingen 89-11c + 105-2a
– Brötzinger Brücke 105-3c
75180 Brötzinger Straße 105-8d
– Bruchrainbrücke 90-12b
75180 Brückenstraße 105-9b
75172 Brüderstraße 44-A2 + 106-1b
75175 Brühlstraße 106-2a
– Brünnlesweg 122-2c
– Brunkelsträßchen 91-7c
75172 Brunnenstraße 105-3a
75181 Brunnenweg 106-9c
75181 Brunnenwiesenweg 106-3c
75180 Buchenweg 105-8d
– Buchstraße 106-4d
75175 Buckenberg 106-3a
75181 Buckenberg 106-6a
75175 Buckenbergweg 106-2b
75180 Büchenbronn 105-11d
75172/75173 Büchenbronner Straße 105-5d
– Büchenbronner Weg 105-8d
75180 Bülowstraße 105-6a
75181 Bürgermeister-Langer-Straße 106-10b
– Bürgermeister-Zorn-Brücke 91-7c
75172 Bürgerstraße 105-3a
75173 Bunsenstraße 105-3d
75180 Burenhütte 105-11a
– Burenhütteweg 105-10b
75180 Burggartenstraße 105-9b
75179 Burgstraße 105-2d
– Burgweg 105-6c

75180 Buschweg (Dillweißenstein) 105-6c
– Buschweg (Würm) 107-12a
75175 Bussardstraße 106-5b

75175 **C**alwer Straße 44-A3 + 106-4a
75180 Carl-Goerdeler-Straße 105-9a
75177 Carl-Gruner-Straße 90-11a
75179 Carl-Hölzle-Straße (17) 105-2d
75181 Carl-Orff-Weg 90-9d
75180 Carl-Schurz-Straße 105-5d
75181 Christian-Rapp-Straße (14) 90-9d
75177 Christinstraße 90-11a
75177 Christophallee 44-B1 + 90-10d
75175 Claude-Monet-Weg (4) 106-6a
75173 Cranachweg 105-3d

75180 **D**achsbergstraße (2) 105-9b
– Dachsweg 106-4d
75181 Dahlienweg 106-12a
75173 Daimlerstraße 105-3d
75175 Dammstraße 106-2a
75173 Daniel-Greiner-Straße 105-3c
75181 Danziger Straße 106-3c
– Davanssträßchen 105-12d
– Davansweg 91-10a
– Davossteg 105-6d
75180 Davosweg 105-6d
75173 Degenfeldstraße 106-1c
75177 Deichlerweg 89-12c
75175 Deimlingstraße 44-B3 + 106-1d
75175 Dennachstraße 106-2c
75179 Dennigstraße 105-4b
– Dennjächter Weg 122-5d
75173 Dieselstraße 105-3d
– Dietelweg 91-10a
75179 Dietlinger Straße 105-2a
75173 Dijonstraße 106-4a
75173 Dillsteiner Straße 44-A3 + 106-1c
75180 Dillweißenstein 105-6c
75180 Dillweißensteiner Straße 105-11b
75179 Dobelstraße 105-2c
75173 Dr.-Brandenburg-Straße 44-A3
75173 Dr.-Laura-Perls-Straße 105-3c
75181 Dollbronner Straße 106-12a
75181 Dorfäckerweg 90-9b
75180 Dorfwiesenweg 105-11b
– Douglasienweg 90-7a
75181 Drei-Eichen-Weg 106-10c
75175 Drei Jägerhaus 106-6c
75179 Dreisamstraße 105-1b
75181 Dresdener Straße 106-3d
75175 Drosselweg 106-5b
75173 Dürerstraße 105-6b
75177 Dürrenweg 90-9a
75172 Durlacher Straße 106-1a

75180 **E**bereschenweg 105-8d
75177 Eberhard-Gothein-Weg 90-11a
75179 Eberleweg (11) 105-2c
75177 Ebersteinstraße 44-B1 + 106-1b
– Ebracher Weg 106-5c
75173 Edisonstaffel 106-1c
75173 Edisonstraße 106-1c
75173 Edith-Trautwein-Straße 105-3c
75181 Egerstraße 91-7a
75180 Eichbergstraße 105-11a
75181 Eichendorffstraße 106-7c
75181 Eichenlaubweg 91-7a
75175 Eichenweg (Buckenberg) 106-5b
75177 Eichenweg (Posthaltersgut) 90-7b
– Eichenweg (Würm) 107-10b
– Eichwaldweg 91-10c
75175 Einsteinstraße 106-4b
75179 Eisenbahnstraße 105-2d
75177 Eisinger Landstraße 90-10a
75181 Elbinger Straße 106-6b
75180 Elisabethstraße 105-6c
75173 Elsässerstraße 106-4a
75173 Else-Bach-Straße (1) 105-6a
75175 Elsterweg 106-5b
75173 Emil-Bizer-Weg 105-6a
75180 Emilie-Binder-Straße 105-5d
– Emiliensteg 106-1a
75172 Emilienstraße 106-1a
75177 Emil-Keßler-Straße 90-12c
75181 Emil-Kollmar-Straße 106-9c
75181 Emil-Salm-Weg 106-9d
75179 Emil-Strauß-Straße 90-10c
75175 Emma-Jaeger-Straße 44-B3 + 106-1d
75180 Engelswiesen 105-11a
– Entensteg 105-9a
– Enzauenpark 90-12b
75180 Enzhalde 105-11a
75181 Enzstraße 90-12b
75175 Enzuferweg 106-2b
75181 Eppinger Linie 107-1a
75172 Erasmusstraße 105-3b
75175 Erbprinzenstraße 106-1b
75179 Erbsenäckerweg 89-10d
75175 Erlenweg 106-2d
– Erlesbergweg 105-10b
75180 Erlesbrunnenhütte 105-7d
– Ermeßweg 122-6b
75181 Ermlandstraße 122-5b
75180 Ernst-August-Haug-Weg 105-6b
75179 Ernst-Götze-Straße 89-12d
– Erntebrücke 91-7c
75181 Erwin-Aichele-Straße 90-9b
75180 Erzgrube 105-11a
– Erzgrubenweg 123-1b
– Erzklingenweg 106-8c
– Erzkopfpfad 106-8a
75181 Erzkopfstraße 106-7c
75181 Erzkopfweg 106-12a
75175 Eschenweg 106-2d
– Eselsweg 122-5d
75179 Esslinger Straße 89-11a
75173 Etivalstraße 105-6b
75180 Eugen-Bolz-Straße 105-8b
– Eulenloch 122-3c
75181 Eulenweg 122-3c
75175 Eulerweg 106-5a
75181 Eutingen 91-7a
– Eutinger Sträßchen 107-7b
75175 Eutinger Talweg 90-12a
– Eutinger-Waag-Steg 90-12b
75179 Eyachweg 105-2a

75181 **F**ahrstraße 106-9c
75180 Falkengarten 105-5b
75175 Falkenstraße 106-5b
75180 Fasanenstraße 105-8d
75179 Feldbergstraße 105-2c
75180 Feldbrunnenweg (2) 105-8c
75179 Feldstraße 105-3a
75180 Felsenstraße 105-9b
– Felsenweg 106-8b
75175 Fichtestraße 44-A3 + 106-1d
75173 Fingerhutweg 105-4d
75179 Finkensteinstraße 105-4b
75180 Finkenstraße 105-8d
75181 Finkenweg 106-12b
– Finsterer Weg 107-10d
– Fischerpfad 105-7d
– Fischersteg 105-3a
75180 Fischerstraße 105-9a
75180 Fliederweg 105-11a
75180 Flößerstraße 105-9b
75181 Flugplatzweg 106-10b
– Förster-Weber-Weg 107-1a
75180 Förster-Wolf-Pavillon 105-7b
75175 Fondelystraße 90-11d
75175 Forchenstein 106-3a
– Forchenwiesenweg 107-8a
75175 Forlenweg 106-2d
75180 Forsthausstraße (4) 105-11b
– Forststräßchen 105-9c
75175 Forststraße 44-B2 + 106-1b
– Forstweg 107-2d
75173 Franklinstraße 105-3d
75172 Frankstraße 105-3a
75175 Franziskusstraße 106-1b
75175 Franz-Kafka-Straße 106-6a
75181 Franz-Lehár-Straße 90-9d
– Frauenwiesenweg 91-10c
75173 Fraunhoferstraße 105-3d
75181 Fred-Josef-Straße 122-3c
75179 Freiburger Straße 89-11a
75173 Friedenstraße 105-6a
75177 Friedrich-Ebert-Straße 90-10d
75180 Friedrich-Hecker-Straße 105-5d
75180 Friedrich-Naumann-Weg 105-5d
75181 Friedrich-Silcher-Straße (4) 90-9d
75180 Friedrichstraße 105-5d
75172 Friedrich-Tilegant-Straße (4) 105-3a
75177 Friesenstraße 90-10d
75181 Fritz-Höhn-Weg 106-9d
75181 Fritz-Neuert-Straße 90-12b
75179 Fritz-Ungerer-Straße 105-5c
75172 Fröbelstraße 106-1a
75179 Frommelstaffel 89-12c
75175 Fuchsgrabenweg 106-2c
– Fuchsweg 106-4d
– Fußballweg 91-10b

75175 **G**abelsbergerstraße 44-B3 + 106-1d
75181 Gablonzer Straße 107-1c
75180 Gänsbuckelweg 105-6c
– Gärtnersteg 90-11d
75177 Gärtnerweg 89-12c
75181 Gäßle 106-9d
75181 Gaiernstraße 106-10c
75179 Gaisäckerweg 89-12c
75181 Gaisbergstraße 106-12b
– Gaißenweg 105-6c
75175 Galileistraße 44-B3 + 106-1d
75179 Gammeräckerweg 89-10b
75180 Ganghoferstraße 105-6a
75181 Gartenstadt 91-7b
75181 Gartenweg 90-12d
– Gassäckerweg 122-6a
75175 Gaußstraße 106-5a
– Gebrüder-Stöber-Brücke 90-11a
75175 Geigerstraße 90-11c
– Geisertweg 122-1b
75175 Gellertstraße 44-B3 + 106-1d
75181 Gemmingenstraße 106-12a
75173 Genossenschaftsstraße 105-3d
75172 Georg-Büchner-Weg 106-5a
75175 George-Gershwin-Weg (3) 106-6a
75181 Georg-Feuerstein-Straße 91-7c
75181 Georg-Stieß-Straße (18) 90-12b
75179 Geranienweg 105-2a
75172 Gerbelstraße 105-3b
75175 Gerberstraße 44-B2 + 106-1b
75172 Germaniastraße 105-3b
– Gernika-Brücke 44-B2
75177 Gerwigstraße 90-11c
75175 Gesellstraße 106-2c
– Gewerbegebiet Altgefäll 107-1c
– Gewerbegebiet Buchbusch 90-5d
75179 Gewerbegebiet Oberes Enztal 105-4b
75179 Gewerbegebiet Wilferdinger Höhe 89-11a
75173 Ginsterweg 105-4d
75173 Gisela-Bär-Straße 105-3d
75181 Gleiwitzer Straße 106-6b
75181 Glogauer Straße 106-6b
75179 Glotterweg 105-1b
75173 Glümerstraße 106-1c
75181 Gmünder Straße 107-1c
75177 Gneisenaustraße 90-11c
75173 Goebenstraße 106-1c
– Göcklerweg 91-10b
75179 Göppinger Straße 89-10b
– Goethebrücke 44-A2 + 106-1a
75173 Goethestraße 44-A2 + 106-1a
75173 Goldschmiedeschulstraße 44-A3
– Goldschmiedspfad 106-11d
– Goldschmiedsweg 106-5c
75177 Gotenstraße 90-11c
75180 Gottlob-Weimert-Weg 105-6c
75180 Gräbenstraße 105-11b
75175 Graf-Galen-Weg 106-5b
75175 Graf-Leutrum-Straße 106-3c
75177 Grashofallee 90-11c
75175 Grasiger Weg 106-2c
– Grasweg (Posthaltersgut) 90-7a
– Grasweg (Würm) 107-8d
75173 Gravelottestraße 106-1c
75172 Grenzstraße 105-3b
75173 Grillenweg 105-5b
75179 Grimmigweg 105-2c
75179 Grösselbachweg 105-2a
75181 Grohwiesenweg 106-10b
– Großackersschlagweg 106-10d
75181 Großeäckerweg 106-10d
75175 Großer Lückenweg 106-1d
75181 Gruegstattweg 90-9d
75181 Grüne-Baum-Staffel (5) 91-7c
75173 Grünewaldstraße 105-3d
75172 Grünstraße 106-1a
75180 Grunbacher Straße 105-11b
– Grunbacher Weg 121-2b
75179 Gülichstraße 105-4d
75177 Güterbahnhof 106-1b
75177 Güterstraße 44-A1 + 106-1a
75180 Gütle 105-11d
75181 Gumbinner Straße 106-6a
75177 Gustav-Noller-Straße 90-8d
75173 Gustav-Rau-Straße 105-3d
75180 Gustav-Stresemann-Straße 105-8b
75181 Gutachweg 90-9b
75177 Gutenbergstraße 90-11c
75175 Gymnasiumstraße 44-B2 + 106-2a

– **H**aagweg 105-6d
75172 Habermehlstraße 105-2b
75175 Habichtstraße 106-5b
75177 Habsburgerstraße 90-10c
75179 Hachelallee 89-12c
– Hachelanlage 89-12d
– Hachelbrücke 44-A1 + 106-1a
75175 Häldenweg 106-4b
75175 Häldenwegstaffel 106-4b
75180 Hämmerlesbergweg 105-6c
75179 Händelstraße 89-12d
75177 Hängsteigweg 90-8c
75177 Haferweg 90-7d
75172 Hafnergasse 44-A2 + 106-1a
75181 Hagenschießsiedlung 107-4b
75175 Hagenschießstraße 106-5b
75180 Hagweg 105-11b
75179 Hahnenstraße 105-2b
75181 Haidach 106-3c
– Haidacher Talweg 106-6b
75181 Haidachstraße 106-3d
75181 Haidachweg 106-6a
75181 Haidemühlstraße 90-9b
– Halbteilweg 107-5c
75181 Haldenweg 122-2c
75172 Hallerstraße 105-3b
75175 Halleystraße 106-4b
75181 Haltenweg 122-2d
– Hambacher Weg 107-11a
– Hamberger Torweg 122-6a
75175 Hammerstraße 106-2a
75181 Hanauer Straße 106-3d
75173 Hanfackerweg 105-4d
75175 Hannah-Arendt-Straße 106-6a
75179 Hans-Knappertsbusch-Straße (9) 105-3a
75173 Hans-Meid-Straße 106-1c
75172 Hans-Sachs-Straße 105-3a
75173 Hans-Schüchlin-Straße 105-6a
75181 Hans-Thoma-Straße 106-9c
– Hardtheimer Teichweg 107-2c
75175 Haselweg 106-5b
– Hasenackerweg 122-3a
– Hasensprungweg 106-7a
– Hauäckerweg 122-6a
75175 Hauffstraße 44-B3 + 106-1d
75180 Haugenweg 105-11a
75181 Hauptstraße 90-12b
75181 Haydnstraße 90-9d
75181 Hebelstraße 90-9d
75180 Heckenweg 105-6c
75181 Heerweg 106-7a
75179 Hegauweg 105-1d
75175 Hegelstraße 106-1d
75179 Heidenheimer Straße 89-11a
– Heidesträßle 122-6b
75179 Heilbronner Straße 89-10b
75180 Heinrich-Brüning-Straße 105-5d
75180 Heinrich-Heyd-Straße 105-5d
75175 Heinrich-Stephan-Straße (1) 44-B2
75177 Heinrich-Wieland-Allee 44-B1 + 90-10d
75179 Heinrich-Witzenmann-Straße 105-2d
75181 Hellerichstraße 106-7c
75175 Helmutstraße (1) 106-2a
75175 Henhöferstraße 105-3a
75173 Hercyniastraße 105-6a
75181 Herdlesäckerweg 106-11b
75181 Herdlesweg 106-12a
75179 Hermann-Maas-Straße 105-3a
75180 Hermann-Rinnmann-Straße 105-8b
75172 Hermann-Sonnet-Straße 90-9d
75175 Hermannstaffel 106-1d
75179 Hermann-Stöhr-Straße 105-3a
75175 Hermannstraße 106-1d
75180 Herrenstraße 105-6a
75173 Herrenstriet 105-4d
– Herrenstrietsteg 105-4d
75173 Herrenstrietweg 105-4d
75180 Herrmannseeweg 105-11c
75175 Herschelstraße 106-4b
75173 Hertzstraße 105-3d
– Herzengrundsträßle 89-10d
75179 Herzogenhornstraße (9) 105-2c
75177 Hessenstraße 90-10c
75177 Hetzenbergweg 90-11c
75179 Heubergstraße 105-2c
75181 Heuweg (Buckenberg) 106-3d
– Heuweg (Büchenbronn) 121-3a
– Heuweg (Hofgut Hagenschieß) 107-2a
75181 Hilbertsbaumweg 106-11b
75180 Hildastraße 105-6c
75172 Hildebrandstraße 105-3b
75175 Hillerwörthstraße 106-2a
75179 Hinter dem Kaltenberg 105-1b
75179 Hinter der Birk 105-2d
75177 Hinter der Warte 90-11b
75180 Hirsauer Straße 105-6c
75179 Hirschenäckerstraße 89-11c
75181 Hirschstein 107-8a
75179 Hochfirststraße 105-2c
75179 Hochkopfstraße 105-2c
75179 Höhenstraße 105-1b
75181 Hölderlinstraße 106-9c
75181 Hörnleweg 91-7b
– Hofackerweg 122-5b
75179 Hofäckerweg 105-3a
75175 Hofgut Buckenberg 106-2b
75172 Hofgut Hagenschieß 107-2c
75179 Hofklammweg 89-12c
75177 Hohberghof 90-8a
75177 Hohenäckerallee 90-11a
75180 Hoheneck 105-6d
75180 Hoheneckstraße 105-6d
75179 Hohenkrähenstraße (12) 105-2c
75177 Hohenstaufenstraße 44-B1 + 106-1b
75179 Hohenstoffelnweg (14) 105-1d
75179 Hohentwielstraße 105-2c
75172 Hohenwart 122-2c
75181 Hohenwarter Straße 106-4b
75181 Hohenwarter Straße (Würm) 106-12a
75177/75179 Hohenzollernstraße 90-10c
75175 Hoher Weg 106-4b
75181 Hohe Steige 91-7a
75181 Hohholzweg 122-3c
75179 Hohlohstraße 105-2c
75173 Hohlstraße 44-A3
75181 Hohlweg 122-6a
75175 Hohwiesenweg 90-12c
75173 Holbeinstraße 105-6b
75175 Holderweg 106-5b
75181 Holunderpfad 106-12a
75179 Holzbachstraße (10) 105-2c
75175 Holzgartenstraße 44-B3 + 106-1d
75181 Holzhauerhaus 106-10c
75181 Hornkopf Pavillon 106-9d
– Hornkopfsträßchen 106-9d
75181 Hostauer Weg (2) 91-7c
– Hoyerswerda-Ufer 106-2a
75181 Hubertushütte 106-4d
– Hubertusweg 106-4d
75181 Huchenfeld 106-10b
75181 Huchenfelder Hauptstraße 106-7c
75180 Huchenfelder Straße 105-6b
75177 Hüfenweg 89-12b
75179 Hügelstraße 105-2b
– Hüttenweg (Buckenberg) 106-6a
– Hüttenweg (Hagenschießsiedlung) 107-5a
75175 Humboldtstraße 44-B3 + 106-1d
75173 Hutmacherweg 105-6a
75172 Huttenstraße 105-3a

75181 **I**gelsbachweg 91-7b
75179 Igor-Strawinski-Straße 89-12c
75181 Im Alten Steinbruch 91-10a
75181 Im Altgefäll 106-3d
75181 Im Blumengarten 106-10b
75180 Im Brünnlislehen 105-11b
75177 Im Buchbusch 90-8b
75180 Im Fuchsenacker (3) 105-8c
75181 Im Gaiern 106-10c
75181 Im Grund 122-3c
75173 Im Hanseloch 105-6a
75180 Im Hansjakobsacker 105-11a
75181 Im Hasenacker 122-3c
75180 Im Hinteren Tal 106-4c
75179 Im Hinteren Zeil 105-5a
75181 Im Hohen Feld 106-7c
75180 Im Hummelacker 105-11a
75180 Im Jägergarten 105-11a
75180 Im Jockenlehen 105-8c
75181 Im Laier 106-10b
75181 Im Langzeil 106-10a
75180 Im Lerchenschlag 105-11a
75181 Im Ludlein 91-7a
75181 Immelsklingenhütte 123-1b
75175 Immenhof 106-5b
75181 Im Oberdorf 106-7c
75181 Im Reisig 122-3c
75181 Im Reuthbusch 106-10b
75180 Im Scheiterhau 105-11a
75181 Im Spatzenkrieg (2) 106-7c
75180 Im Steinacker 105-11a
75180 Im Striete (1) 105-8c
75181 Im Strutacker 106-12a
75180 Im Teich 105-6a
75180 Im Vogelacker 105-11a
75180 Im Vogelsang 105-8d
75181 Im Wasen 106-9c
75181 Im Wiesengrund 106-10a
75181 In den Metzgerlesgärten (1) 106-7c
75181 In den Ulrichsgärten 106-7c
75180 In den Waldwiesen 105-6c
75181 In der Binne 106-7c
– Indianerpfad 107-4a
75181 Industriestraße 106-7a
– Inselsteg 106-1d
75172 Irenicusstraße 106-1a
75181 Irgelweg 106-10b
75179 Irma-Feldweg-Straße (6) 105-3a
75175 Irmengardstraße 44-B3
75177 Ispringer Grund 89-9d
75179 Ispringer Pfad 89-12c
75179/75177 Ispringer Straße 90-10c
– Ispringer Weg 90-7a

75175 **J**ägerpassage 44-A2
– Jägerpfad 107-7d
75181 Jägerstraße (7) 91-7c
75181 Jägerwiesenweg 122-3c
75173 Jahnstraße 44-A3 + 106-1c
75180 Jakob-Nayel-Weg (3) 105-9b
75179 Jochen-Klepper-Straße 105-3a
75180 Jörg-Hainolt-Weg 106-7a
75173 Jörg-Ratgeb-Straße 44-A2 + 106-1a
75180 Johann-Heinz-Straße 105-8b
75179 Johann-Staib-Straße 105-2d
75175 Josef-Bader-Straße 106-2c
75181 Julius-Heydegger-Straße 90-9d
75179 Julius-Moser-Straße 89-11c
75180 Julius-Naeher-Straße 105-5d
75173 Julius-Specht-Straße 105-6a
75175 Jupiterweg 106-1d

– **K**äpplesträßle 107-5d
– Kahlhardtwiesenweg 106-7b
75172/75173 Kaiser-Friedrich-Straße 105-3d
75179 Kaiser-Wilhelm-Straße 89-12d
– Kallhardtbrücke 106-4a
75173 Kallhardtstraße 106-1c
75179 Kaltenbronnstraße (15) 105-2c
75173 Kanalstraße 44-A3 + 106-1c
75179 Kandelstraße 105-2c
75175 Kantstraße 106-5a
– Kanzlersteg 106-2b
75175 Kanzlersträßchen 106-3b
75175/75181 Kanzlerstraße 106-2a
75175 Kappelhofstraße 106-2a
75173 Karl-Abt-Straße (2) 105-6a
75180 Karl-Beffert-Straße 105-8b
75180 Karl-Britsch-Straße 105-8b
75177 Karl-Bührer-Straße 90-10c
75179 Karl-Dürr-Weg 89-12c
75180 Karl-Friedrich-Schlafer-Straße 105-8b
75175 Karl-Friedrich-Straße 44-B2
75172 Karl-Jasper-Weg 106-4b
75180 Karl-Philipp-Straße 105-8c
75179 Karlsruher Straße 89-11d
75175 Karlstraße 106-2c
75177 Karolingerstraße 90-10d
75172 Kaspar-Glaser-Straße 105-3b
75180 Kaspar-Kercher-Straße 105-9a
75181 Kastanienallee 122-3c
– Katzensteg 105-6c
75175 Kaulbachstraße 106-2d
75181 Keibelstraße 106-7c
75179 Kelterstraße 105-2b
75175 Keplerstraße 106-4b
75175 Kettelerstraße 106-2d
75172 Kiehnlestraße 44-A2 + 106-1a
75179 Kierortstaffel 89-12d
75177 Kieselbronner Straße 90-8d
75181 Kießlinghaus 107-7b
75179 Kinzigstraße 105-1b
75173 Kirchbachstraße 106-4a
75172/75179 Kirchenstraße 105-2d
– Kirchenweg (Hohenwart) 122-6a
75181 Kirchenweg (Würm) 106-8b
75172 Kirchenwegele (3) 105-3a
– Kirnbachsträßchen 107-3c
75181 Kirschenpfad 107-7a
75177 Kirschenruhe 90-9a
75181 Kirschenweg 106-9d
75181 Kitzenwiesenweg 122-3c
75172 Klarastaffel 105-3d
75177 Kleiststraße 90-11d
75180 Klemmstraße 105-11b
75181 Klingenstraße 90-12b
– Klingenweg 107-1a
75175 Klingestraße 106-2c
75175 Klostermühlgasse 44-B2
75177 Klumpensee 90-8b
75179 Kniebisstraße 105-2c
75172 Kochstraße 105-3b
75180 Köhlerweg 105-6c
75177 Königsbacher Landstraße 89-12b
75181 Königsberger Straße 106-6a
– Köpflesweg 122-3d
75177 Körnerstraße 90-11d
75181 Kösliner Straße 106-3d
75181 Kolberger Straße 106-3d
75175 Kolpingstraße 106-2d
75180 Konrad-Adenauer-Straße 105-8b
75177 Konradplatz 44-A1 + 90-10c
75179 Konstanzer Straße 89-11d
75175 Kopernikusallee 106-4b
75177 Kornweg 90-7d
75180 Kräheneckstraße 105-9a
75177 Krebspfad 90-7d
75177 Kreidehälden 89-9c
75177 Kreuzsteinallee 90-11a
75175 Kreuzstraße 44-B3 + 106-1d
75181 Kreuzwiesenstraße 122-3c
– Kriegsträßchen 105-10c
– Kriegsträßle 105-10d
75180 Kriegstraße 105-6c
– Kriegsweg 122-3d
75181 Krokusweg 106-12a
75181 Kronenstraße 90-12b
75181 Kronenweg 90-12b
75177 Kronprinzenstraße 44-A1 + 106-1a
75177 Krummer Weg 89-12a
75181 Krumme Steige 90-9d
75181 Künstlerkolonie 91-7a
75181 Küstriner Straße 106-3d
– Kuhlochweg 90-7d
– Kuhpfad 90-7a
– Kuhställe 91-10a
75181 Kupferhammer 106-4b
75179 Kuppenheimstraße 89-12c
75177 Kurfürstenstaffel (1) 90-11c
75177 Kurfürstenstraße 90-11c
75180 Kurt-Schumacher-Straße 105-8b
75175 Kurt-Tucholsky-Weg (5) 106-6a
75179 Kurze Steig 105-3a
75177/75179 Kutscherweg 89-12a

– **L**ärchensträßchen 107-7d
75175 Lärchenweg (Buckenberg) 106-2d
– Lärchenweg (Posthaltersgut) 90-7b
75173 Lameystraße 106-4a
75172 Lammstraße 44-A2 + 106-1b
75175 Landhausstraße 106-4b
75181 Landsberger Straße 106-3c
75179 Lange Grundweg 89-10b
– Lange Steig 89-11c
75180 Lange Straße 105-11b
75181 Langeweg 106-12c
75180 Lanzengasse 105-11b
– Laßbergsträßchen 89-10a
– Latschenweg 105-8d
75181 Lauackerweg 106-12a
75175 Laubgäßchen 44-B2 + 106-1b
75177 Lavendelweg 90-12a
75180 Lehenstraße 105-11b
75175 Leibnizweg 106-5a
– Leichtweg 89-7d
– Leimbronnenweg 106-11c
75181 Leipziger Straße 106-3d
– Leiwiesenweg 122-2a
75181 Lenaustraße 106-9c
75175 Leonard-Bernstein-Weg 106-6a
75179 Leonard-Kleber-Straße (11) 105-3b
75172 Leopoldpassage 44-A2 + 106-1b
75172 Leopoldplatz 44-A2 + 106-1a
75172 Leopoldstraße 44-A2 + 106-1b
75180 Lerchenstraße 105-8d
75175 Lessingstraße 106-4b
75181 Lettenbrunnenhütte 107-7a
– Lettenbrunnenweg 107-7a
– Leuchtertannenweg 122-2c
75173 Libellenweg 105-5b
75175 Lichtenbergweg 106-5a
– Liebenecker Sägmühle 123-1c
75175 Liebeneckstraße 106-4a
75180 Liebfrauenstraße 105-6a
75181 Liegnitzer Straße 106-6b
75179 Lilienstraße 105-2a
75179 Lindemannweg 89-11b
75181 Lindenbuschweg 91-7d
75173 Lindenplatz 44-B3
75175 Lindenstraße 106-2a
– Lindenzaunweg 107-1b
75172 Linnéstraße 105-3b
75175 Lion-Feuchtwanger-Allee 106-6a
75173 Lisainestraße 106-4a
75172 Lise-Meitner-Weg 106-5a
75179 Lisztstraße 89-12d
75177 Lochäckerstraße 90-8c
– Löfflerweg 123-1a
– Löwensteg 106-9c
75181 Lohau 107-1d
75181 Lohaustraße 107-1d
75180 Lortzingstraße 105-5d
– Lotbaumweg 122-1a
75177 Lothringerstraße 90-10d
75172 Lotthammerstraße 105-3c
75180 Ludwigsplatz 105-6a
75177 Ludwig-Wilhelm-Straße 44-A1 + 90-10c
75180 Ludwig-Windthorst-Straße 105-5d
– Lückenweg 106-5c
75175 Lückenwegstaffel (3) 106-1d
75177 Lützowstraße 90-11c
75181 Luginsland 90-9d
75172 Luisenplatz 44-A1 + 106-1a
75172 Luisenstraße 44-A2 + 106-1a
75177 Luitgardstraße 44-A1 + 106-1a
75173 Lukas-Moser-Straße 105-6a
75172 Lukasstraße 105-3b

75181 **M**ädachäckerweg 122-6a
– Mättlesweg 107-11b
75181 Mäuerach 90-12d
75181 Mäuerachsteige 90-12d
75181 Mäuerachstraße 90-12d
75179 Mahlbergstraße 105-2c
75172 Maihäldenstraße 105-3a
75177 Maisweg 90-10b
75175 Makartstraße 106-3c
75181 Malhütte 107-8b
75179 Malschbachstraße 105-2b
75179 Mannheimer Straße 89-11a
75172 Marie-Curie-Weg 106-4b
75181 Marienburger Straße 106-6a
75172 Marienstraße 105-3a
75177 Markgrafenstraße 90-10d
75172 Marktplatz 44-B2 + 106-1b
75175 Marsweg 106-1d
– Marteweg 107-5b
75172 Martin-Luther-Straße 105-3a
75179 Martin-Niemöller-Straße (5) 105-3a
75173 Mathystraße 106-1c
75172 Maurerstraße 105-3a
75179 Maurice-Ravel-Straße 105-3a
75172 Max-Brod-Weg 106-4b
75172 Maximilianstraße 105-3a
75173 Max-Kassube-Straße 105-3c
75175 Max-Planck-Straße 106-5a
75175 Max-Weber-Straße 106-5a
75172 Maystraße 105-3b
– Medachweg 122-6a
75180 Meilerweg 105-6c
75181 Meisenstraße 90-12d
75173 Melanchthonstraße 44-B3 + 106-1d
75177 Melissenweg 90-12a
75172 Merianstraße 105-3b
75179 Merkurstraße 105-2c
– Messplatz 105-3b
– Meßsteg 106-5c
75180 Metzgerstraße 105-11a
75177 Minenplattweg 90-7b
– Mittelbergweg 89-10d
75181 Mittelgasse (10) 91-7c
75179 Mittelsberg 89-10d
– Mittelweg 107-4a
– Mittlerer Drehklingenweg 107-10c
75181 Mittlerer Hardtweg 106-7d
– Mittlerer Segelweg 107-8d
75180 Mittlere Stöckstraße 105-8d
75181 Mörikestraße 106-7c
75179 Moltkestraße 90-10c
75180 Moosweg 105-5b
75180 Morgenhornweg 105-9b
75172 Moritz-Müller-Straße 105-3b
75173 Morsestraße 105-3d
75181 Mozartstraße 90-9d
75180 Mühlbergstraße 105-9b
– Mühlhauweg 105-7d
– Mühlsträßle 105-9c
75172 Mühlstraße (Brötzingen) 105-3a
– Mühlstraße (Huchenfeld) 105-9d
75177 Mülleräcker 90-8d
75179 Mummelseeweg (16) 105-2c
75179 Murgstraße 105-1b
75172 Museumstraße 44-A2 + 106-1a

75179 **N**adlerstaffel 89-12d
75181 Nägelishälden 91-7a
75181 Nägelishäldenstraße 90-9b
75175 Naglerstraße 90-11d

75173 Nagoldstraße 44-A3 + 106-1d
– Nagoldtalstraße 105-12a
– Nagoldtalweg 105-12d
75179 Narzissenweg (4) 105-2b
75173 Nebeniusstraße 106-1c
75179 Nelkenstraße 105-2a
75172 Neßlerstraße 105-3b
75177 Nettelbeckstraße 90-11d
75181 Neue Fahrstraße 106-9d
– Neuer Liebenecker Weg 106-9b
– Neuer Zaunweg 91-10a
– Neues Sträßchen (Eutingen) 91-10a
– Neues Sträßchen (Würm) 107-9a
75179 Nibelungenstraße 89-12d
– Nieferner Sträßchen 107-2c
75181 Nieferner Straße 91-7b
75180 Nördliche Schlafergasse 105-11a
– Nordstadt-Überführung 44-B2 + 106-1b
75177 Normannenweg 90-11c
75173 Nuitsstaffel 106-4a
75173 Nuitsstraße 105-6b

75177 Ob der Krebsklamm 89-9d
75175 Obere Augasse 44-B3 + 106-1d
75181 Obere Maden (2) 122-2d
– Oberer Aussichtsturmweg 121-1b
– Oberer Drehklingenweg 107-10c
– Oberer Enzsteg 104-12b
– Oberer Finsterer Weg 106-6c
– Oberer Hägenisbuschweg 107-4c
– Oberer Hardweg 106-7d
– Oberer Leimgrubenweg 107-4b
75173 Obere Rodstraße 106-1c
75181 Oberer Rennbachweg 90-9c
– Oberer Steinigweg 105-10c
– Oberer Vogelherdweg 107-4c
75177 Oberer Wingertweg 90-11c
– Oberer Würmtalweg 106-5c
– Oberer Zaunweg 91-10c
75180 Obere Stöckstraße 105-8d
75181 Oechsle-Gedenkstein 123-1d
75173 Oechslestraße 105-3d
– Öschelbronner Straße 107-5b
– Östicher Schloßwaldweg 107-4d
75175 Östliche Karl-Friedrich-Straße 44-A2 + 106-1b
75181 Ofenäckerweg 122-3c
75179 Offenburger Straße 89-10b
75179 Oostraße 105-2c
75175 Oranierstraße 90-11d
75175 Ostendstraße 106-2a
75172 Osterfeldstraße 105-3b
– Oststadtpark 106-2a
75173 Otterssteinstraße 105-6a
75180 Otto-Braun-Straße 105-5d

75175 Panoramapfad 106-5a
75180 Panoramastraße 105-11b
75179 Paracelsusstraße 89-11d
75175 Parkstraße 106-2a
75180 Paul-Löbe-Straße 105-5d
– Pavillonweg 91-10a
– Peiperleweg 107-7c
75172 Pelikanstraße 105-3a
75172 Pestalozzistraße 106-1a
75177 Pfälzerplatz 44-B1 + 90-10d
75177 Pfälzerstraße 44-B1 + 106-1b
75179 Pfaffenäckerweg 105-1d
75181 Pfalzgrafenstraße 91-7c
75181 Pfarrer-Pfisterer-Straße 106-10b
75180 Pfarrstraße 105-11b
75180 Pfatschbach-Hütte 105-10b
75175 Pflügerstraße 44-A3 + 106-1d
75181 Pflugscharweg 106-7c
75180 Pforzheimer Straße 105-8c
75179 Philipp-Christ-Straße (7) 105-3a
75177 Philippstraße 44-A1 + 90-10c
75177 Philipp-Weber-Straße 90-8d
– Philosophenpfad 105-9b
75181 Pillauer Straße 106-3c
75175 Pilotystraße 106-2d
75181 Pirolstraße 91-10c
– Plantagenweg 107-3c
75175 Platanenweg 106-2d
– Plattenbruch-Querweg 107-4a
– Plattenbruchweg 107-4a
– Platz der Synagoge 44-A2
75172 Porschestraße 105-3d
75172 Posthaltersgut 90-7b
75172 Poststraße 44-A2 + 106-1b
– Postweg 91-10b
75173 Postwiesenstraße 105-6a
75173 Prinz-Wilhelm-Straße 106-4a

75181 Quellenweg 122-3c
– Querallee 107-7d
– Querweg 107-7b

75180 Rabeneckstraße 105-9b
75173 Rabenstraße 44-A3 + 106-1c
75181 Raiffeisenstraße 122-3c
– Rainwaldweg 122-3a
– Rainweg (Hagenschießsiedlung) 107-2d
75181 Rainweg (Würm) 106-12a
75179 Randenstraße (13) 105-2c
– Rappenweg 107-5d
75181 Rasslerweg 106-7c
75179 Rastatter Straße 89-11d
75181 Rathausgasse (12) 90-9d
75172 Rathausplatz 105-3a
75181 Rattachweg 91-7c
– Rattlachsteg 91-7c
75177 Rebenweg 90-11d
75181 Rebhuhnweg 90-12d
75177/75181 Redtenbacherstraße 90-11c
75179 Regine-Jolberg-Straße 105-3a
75181 Reichenbacher Straße 106-10c
– Reichenbacher Weg 122-1a
– Reiherweg 106-12d
75181 Reiterbrunnenhütte 107-7d
– Reitersbrunnenweg 107-7b
75177 Reitzensteinstraße 90-11d
75173 Rembrandtstraße 105-3d
75177/75179 Remiesweg 89-12c

75179 Renchweg 105-1d
75181 Rennbachweg 90-9d
75173 Rennfeldstraße 44-A3 + 106-1c
75181 Renz-v.-Damnitz-Ring (1) 122-2d
75181 Reuchlinstraße 106-10a
75181 Reutestraße 91-7c
75179 Reutlinger Straße 89-11c
75180 Reutweg 105-11b
75179 Richard-Wagner-Allee 89-12d
75173 Richard-Ziegler-Weg (3) 105-6a
75180 Riedstraße 105-6b
75180 Riedweg 105-6d
75177 Rieslingweg 90-11b
– Rie- und Nieweg 105-11c
75180 Riexingerstraße 105-11a
75173 Ringstraße 106-1c
75180 Rittbergstraße 105-11a
75181 Ritterstraße 106-12a
75175 Robert-Bauer-Straße 106-2b
75180 Robert-Bosch-Straße 105-8c
75181 Robert-Koch-Straße 106-10b
– Römersteg 106-2b
75175 Römerstraße 106-2a
75175 Römische Ruinen 106-3b
75181 Rößlestaffel 90-9d
75175 Rohrstraße 106-2a
75181 Ronsperger Weg 91-7a
75179 Roonstraße 90-10c
75180 Rosa-Pfefferle-Staffel (1) 105-9b
75181 Rosenstraße 122-3c
75172 Rosmarinstraße 105-2b
75177 Roßäckerweg 89-12c
– Roßbrücke 44-A2
75179 Roßkopfstraße (7) 105-2c
– Roter Stichweg 107-5c
– Rotes Stichsträßchen 107-5a
75175 Rotteckstraße 106-2d
75173 Rubensstraße 105-3d
75179 Rudolf-Pöhler-Allee 105-1d
75177 Rudolfstraße 44-A1 + 106-1b
75179 Ruhsteinstraße 105-2c
75181 Ruine Liebeneck 123-1a
75175 Rumpelgäßchen 106-1d

75181 Saarlandstraße 106-10a
– Saatschulweg 106-6b
75181 Saazer Weg 91-7a
75177 Sachsenstraße 44-B1 + 90-10d
– Sackweg 90-4d
75181 Sägewerkstraße 91-7c
75177 Salierstraße 44-A1 + 90-10c
– Salmbacher Fußweg 121-2a
– Salzbeizsträßchen 107-8a
75181 Samenbäch (8) 91-7c
75179 Sandweg 105-2d
75175 St.-Georgen-Steige 44-B3 + 106-1d
75175 St.-Georgen-Straße 44-B3 + 106-1d
75181 St.-Hubertus-Straße 106-10a
75181 Sattlergasse (6) 91-7c
75175 Saturnweg 106-1d
– Saubuckelweg 107-4b
– Sauenweg 90-7c
– Saupfad 105-10c
– Saustallweg 123-1b
– Schafstallbrücke 91-7c
75177 Schanzallee 90-10d
– Schanzweg 106-9a
75177 Scharnhorststraße 90-11c
75180 Schattenbergstraße 105-8d
75177 Schauinslandstraße 90-11a
75179 Scheffelstraße (9) 90-10c
75181 Schellbronner Straße 122-2d
75175 Schellingstraße 106-1d
75179 Schelmenäckerstaffel (2) 105-2a
75179 Schelmenäckerstraße 105-2a
75175 Schelmenturmstraße 44-B3 + 106-1d
75173 Scheuernbergstraße 106-4a
75173 Scheuerrainstraße 105-6b
75181 Schienenstraße 90-12b
75173 Schießhausstraße 106-4a
– Schießstandweg 106-6b
75175 Schillerstaffel (3) 106-2a
75175 Schillerstraße 106-2a
75177 Schillstraße 90-11c
75179 Schiltachweg 105-1b
75175 Schlachthofstraße (2) 106-2a
75179 Schlackerweg 105-1d
75175 Schleiermacherstaffel (4) 106-1d
75181 Schlesierstraße 122-2d
75179 Schliffkopfstraße 105-2b
– Schlößlesweg 107-5a
75175 Schloßberg 44-B2
– Schloßwaldsträßle 107-4d
– Schloßweg 105-9a
75179 Schluchseestraße 105-2c
75179 Schlupfweg 89-11a
– Schmierofenweg 107-8b
75179 Schnabelsäckerstraße 105-2c
– Schnepfenweg 107-7c
75180 Schömberger Straße 105-11c
75179 Schönbergstraße (6) 105-2d
75181 Schönbergweg 90-9d
75180 Schönblickstraße 105-11b
75181 Schönbornstraße 122-3c
75179 Schönbühlallee 105-2a
75181 Schöne Buche 106-4c
75175 Schoferweg 106-2c
75180 Schubertstraße 105-5d
– Schuckersweg 105-5c
– Schützensteg 106-8a
75173 Schützenstraße 105-6d
75175 Schulberg 44-B2 + 106-1b
75175 Schulbergstaffel (2) 44-B2
75180 Schulerstraße 105-11b
75181 Schulstraße 106-9c
75180 Schultheiß-Trautz-Straße 105-5d
75173 Schulze-Delitzsch-Straße 106-1c
75181 Schumannstraße 90-9d
75181 Schwalbenstraße 90-12d
– Schwarztannenweg 107-7b
75173 Schwarzwaldstraße 105-6a
75172 Schwebelstraße 105-3b
75181 Schweidnitzer Weg 106-6a
75179 Schwenninger Straße 89-11a

75175 Schwindstraße 106-2d
75173 Sedanplatz 44-A3 + 106-1c
75175 Seebergstraße 106-4b
75179 Seebuckstraße (8) 105-2c
– Seegersteg 105-6b
75180 Seegerstraße 105-6b
75181 Seehaus 106-9b
– Seehauspfad 106-5c
– Seelenpfad 107-7c
– Segelteichweg 107-9c
75173 Senefelderstraße 106-1c
– Seufartrißweg 122-2c
75172 Sickingenstraße 105-3a
– Siedlesweg 105-8c
75180 Siedlungsstraße 105-11a
75179 Siegfriedstaffel (8) 105-3a
75179 Siegfriedstraße 105-3a
– Sikinbrunnenweg 122-1b
75172 Simmlerstraße 105-3b
75179 Sinsheimer Straße 89-12c
75179 Sommerbergweg 105-2a
75177 Sommerweg 90-10a
75180 Sonnenberg 105-5c
75180 Sonnenbergstraße 105-5d
75181 Sonnenhalde 106-7c
75180 Sonnenhof 105-5c
75181 Sonnenstraße 90-9b
75180 Sophienbergweg 105-6d
75175 Sophienstraße 106-1d
75181 Spechtweg 90-12b
75175 Sperberweg 106-5b
75173 Spichernstraße 105-6b
75181 Spieleiche 107-10b
75181 Spielesäckerweg 122-6a
75175 Spitalwiesenweg 106-2c
– Spitzenweg 90-7b
75177 Sponheimstraße 90-10d
– Stadtgarten 106-1c
75173 Staigäckerweg 105-6a
75173 Staigwiesen 105-6a
– Stangenweg 91-7a
– Steg am Wasserwerk 90-12c
– Steig 106-10c
75181 Steigerstraße 106-9d
75180 Steinackerweg 105-8d
75180 Steinbergsgutstraße 105-9b
75181 Steinenlandstraße 90-9d
– Steinerne Brücke 105-6a
75177 Steingrubenweg 90-11b
75179 Steinig 89-11d
75173 Steinmetzstraße 105-6b
– Steinweg 107-10a
75172 Sternplatz 106-7b
75179 Sternstraße 105-2b
75181 Stettiner Straße 106-3c
– Steubensteg 105-3b
75172 Steubenstraße 105-3b
75175 Stiftshof 44-B2
75175 Stolzestraße 44-B3 + 106-1d
75180 Storchenweg 105-8c
75181 Straßäckerweg 106-10d
75173 Straßburger Straße 106-4a
75175 Straße des 3. Husarenregiments 106-5b
75181/75175 Strietweg 106-2d
75175 Stückelhäldenstraße 90-11c
– Stützmauerweg 123-1a
75179 Stuttgarter Straße 89-11c
75181 Sudetenstraße 122-6a
75180 Südliche Schlafergasse 105-11a
– Südliches Neues Sträßchen 107-6c

75181 Täschenwaldstraße 106-9c
75180 Talblickstraße 105-11b
75181 Talstraße 106-9c
– Tannackerweg 106-8b
75175 Tannenweg 106-2d
75179 Tannhoferweg 89-8c
75180 Taubenweg 105-11a
75179 Teinachstraße 105-2c
75175 Theaterstraße 44-B2 + 106-1b
– Theodor-Bornett-Weg 105-10d
75177 Theodor-Fahrner-Straße 90-8c
75180 Theodor-Heuss-Straße 105-8b
75179 Theodor-Mohr-Straße 105-2b
75177 Theodor-Neunecker-Straße 90-11a
75179 Theodor-Röhmeyer-Weg (5) 105-2b
75180 Thujaweg 105-11b
75179 Tiefenbachweg 105-1d
75175 Tiefenbronner Straße 106-2c
75175 Tiergartenstraße 106-2d
75181 Tilsiter Straße 106-6a
75179 Titiseestraße 105-1d
75177 Trippelweg 89-12b
75181 Trudelweg 107-1d
– Trugbergstraße 106-8a
75177 Tullastaffel 90-11a
75179 Tulpenstaffel (3) 105-2a
– Turmsträßchen 105-10c
75173 Turnstraße 44-A3 + 106-1c

– Überführung Christophallee 44-B2 + 106-1b
75180 Uferweg 105-6c
75181 Uhlandstraße 106-7c
75175 Ulmenplatz 106-6a
75179 Ulmer Straße 89-11d
75181 Ulrichstraße 106-7c
75175 Untere Augasse 44-B3 + 106-1d
75180 Untere Felsenstraße 105-9b
– Unterer Drehklingenweg 106-12d
– Unterer Finsterer Weg 106-9a
75179 Unterer Hachelweg 89-12d
– Unterer Hägenisbuschweg 106-6d
75181 Unterer Hardweg 106-7d
75173 Untere Rodstraße 106-1c
– Unterer Steinigweg 105-10b
75177 Unterer Wingertweg 90-11b
75180 Untere Stöckstraße 105-8d
75179 Untere Wilferdinger Straße 90-10c
75177 Unterm Wolfsberg 90-10a
75181 Unterreichenbacher Straße 122-2d
– Urselbergweg 106-9a

75181 Veilchenweg 91-7b
75175 Veteranenpfad 106-5b

75175 Vicenza-Platz 90-11d
– Viehtrieb 107-10a
75177 Viehtriebweg 90-8c
75179 Viehweg 89-11c
– Viktoriabrücke 105-3a
75172 Viktoriastraße 105-3a
75179 Villinger Straße 89-11a
75173 Vogelsangstraße 105-6b
75173 Vogesenallee 105-3d
– Vorderes Lindensträßchen 89-10a

75180 Waagstraße 105-11b
75180 Wacholderweg 105-8b
75175 Wachtelgasse 44-B3 + 106-1d
– Wachtelsteg 44-B3
75181 Wäldinstraße (16) 90-9d
75173 Wagnerstraße 44-A3 + 106-1c
75177 Waisenrainweg 89-12b
75181 Waldbronnweg 122-3c
75181 Waldhornstraße (13) 90-9d
75181 Waldhufenweg 106-7c
75173 Waldmeisterweg 105-4d
75180 Waldschulstraße 105-11a
75175 Waldsiedlung 106-5a
75181 Waldsiedlungsweg (1) 107-5a
75181 Waldstraße 106-12a
75179 Wallbergallee 89-11d
75175 Walter-Eucken-Straße 106-5a
75180 Walter-Stößer-Weg 105-9b
75180 Walther-Rathenau-Straße 105-8b
– Wannenwaldweg 122-3a
75177 Wartbergallee 90-11a
75177 Wartberghof 90-12a
– Wasserleitungsweg 105-8a
– Wasserlochweg 89-8c
75175 Wehrstraße 106-2a
75175 Weidenweg 106-2d
75173 Weiherbergstraße 44-A3 + 106-1c
75173 Weiherstraße 44-A3 + 106-1c
75181 Weinbergweg 91-7a
75177 Weinsteige 90-11b
75173 Weißenburgstraße 106-4a
– Weißensteiner Brücke 105-9b
75181 Weißensteiner Straße 106-7c
75181 Weißensteiner Weg 106-7c
75172 Welschenäckerstraße 90-8c
– Werderbrücke 44-A3
75173 Werderstraße 44-A3 + 106-1c
75172 Werner-Heisenbach-Weg 106-5a
75173 Werner-Siemens-Straße 105-3c
75175 Wertweinstraße 106-2a
75172 Westendstraße 106-1a
75172 Westliche Karl-Friedrich-Straße 44-A2 + 105-3a
– Westlicher Schloßwaldweg 107-4a
75180 Westring 105-8c
– Weststadtpark 105-3a
– Westtangente 89-10d
75179 Wichernstraße (1) 89-12c
75179 Wickenweg (1) 105-2a
– Wiesenweg (Hagenschießsiedlung) 107-5b
75181 Wiesenweg (Würm) 106-12a
75177 Wiflinger Steig 90-11d
75179 Wildbader Straße 105-4b
75179 Wildergrund 89-12c
75172 Wildergrundallee 105-3b
75179 Wildergrundstraße (12) 105-3b
75175 Wildersinnstraße 90-11d
75175 Wildpark 106-5c
75180 Wildpfad 105-5d
75179 Wildseestraße 105-2c
75179 Wilferdinger Straße 89-12c
75179 Wilhelm-Becker-Straße 89-11d
75177 Wilhelm-Lenz-Straße 90-11a
75180 Wilhelm-Raabe-Straße 105-6a
75181 Wilhelm-Schenk-Straße (9) 91-7c
75173 Wilhelmshöhe 44-A3 + 106-1c
75181 Wilhelmstraße 122-3c
75172 Wimpfener Straße 106-1a
– Wimsheimer Pfad 107-4b
– Wimsheimer Straße 107-10b
75173 Winsloestraße 106-4a
75177 Wittelsbacherstraße 44-B1 + 90-10d
75181 Wittumstraße 90-9d
75173 Wörthstraße 44-A3 + 106-1d
75179 Wohnlichstraße 105-5a
75181 Wolfachweg (1) 90-9b
75177 Wolfsbergallee 90-10d
75181 Wolfsgrube 106-5c
75181 Würm 106-12a
– Würmbrücke 106-4b
75181 Würmer Hauptstraße 106-9d
– Würmer Sträßchen 106-9d
75181 Würmer Weg 122-3a
75181 Würmhaldenweg 106-12d
75181 Würmstraße 106-10a
75181 Würmtalstraße 106-4b
– Würmtalweg 106-5c
75175/75181 Wurmberger Straße 106-2d
– Wurzelweg 107-2a
75179 Wutachweg 105-2a

75177 Yorckstraße 90-11c

75177 Zähringerallee 44-B1 + 90-10d
75181 Zaunweg 106-12b
75175 Zehnthofstraße 44-B2 + 106-1b
75181 Zeisigstraße 91-10c
75175 Zeppelinstraße 90-11d
75172 Zerrennerstraße 44-A2 + 106-1a
75173 Zikadenweg 105-5b
– Zimmerackerweg 107-10d
75181 Zipserstraße 122-3c
– Zirkelsträßle 107-5d
75177 Zum Geigersgrund 89-12b
75177 Zum Höhenfreibad 90-11a
75179 Zum Lachenwäldle 105-4b
75181 Zum Nagoldblick 106-7c
75177 Zum Obsthof 90-8b
75181 Zum Pfannenstiel (17) 90-12b
75180 Zur Aussicht 105-8d

Pfronstetten
PLZ 72539

Aichelau 344-8c
Aichelauer Straße 360-1b
Aichstetten 360-1b
Aichstetter Straße 360-4b
Albblick 360-8b
Amselweg 360-4a

Berg 360-4d
Bergstraße 360-11b
Birkenweg 359-3a
Breite 344-8c
Brühlwiesen 359-3a
Buchenweg 343-12c

Drosselweg 360-1b

Ehestetter Straße 344-8c
Elsternweg 343-12c
Eschenweg 359-3a

Falkenweg 360-1b
Finkenweg 360-1b
Franz-Arnold-Straße 344-8c
Franz-Pfeifer-Weg 343-12c
Friedhofgasse 344-8c

Gartenstraße (1) 360-4b
Geisingen 360-11b
Glastalstraße 344-8c

Hans-Kürner-Weg 343-12c
Hartweg 360-8a
Hartwiesen 344-8c
Hasenweg 344-8c
Hauptstraße 343-12c
Hayinger Straße 344-8c
Heuweg 360-8d
Hofäcker 359-3b
Hülengasse 359-3a
Huldstetten 360-8b

Im Brünnle 360-11b
Im Bühl 360-8b
Im Öschle 343-12c
In den Wadenwiesen 344-8c

Kettenacker Straße 360-11a
Kettenacker Weg 359-5d
Kirchstraße 360-8d
Klosterweg 344-11a
Knupfersgasse 359-3a

Lerchenweg 360-4d
Lindenstraße 359-3a

Marktweg 360-1b
Maueräcker 360-11b
Mauerweg 360-4b
Meisenweg 360-1b
Mühlweg 359-3d

Obere Gasse 343-12c
Obere Wiesen 360-1c
Oberstetter Straße 343-12c
Ohnhülber Weg 360-4c
Otto-Gauß-Straße 360-4b

Panoramaweg 360-4b
Pfarrgasse (2) 360-4b

Riegelishalde 360-11b
Ringstraße 360-4b

St.-Georgen-Hof 360-3b
Schelmenwasen (1) 343-12c
Schlossergasse (3) 360-4b
Schulstraße 359-3b
Sebastianweg 343-12c
Sonnenrain 343-12c
Starenweg 343-12c

Tigerfeld 360-4b

Walter-Frick-Straße 343-12c
Weißgässle 360-8b
Wendelinusweg 360-8b
Wiesenweg 344-8c
Wilsinger Straße 343-12c
Wimsener Straße 360-4b
Wolfswiesen 344-7d

Zwiefalter Straße 360-8b

Pfullingen
PLZ 72793

Achalmstraße 289-2d
Adolf-Hölzel-Weg 289-8a
Ahlbolweg 289-8a
Ahlsteige 289-7d
Am Ahlsberg 289-7d
Am Eierbach (22) 289-7b
Amselweg 289-4d
Am Steinenberg 289-5d
An der Echaz 289-5c
An der Renn (11) 289-7b
An der Urfall 289-8a
Arbach ob der Straße 289-2a
Arbachstraße 289-2a
Auchtertweg 288-12d
Auf der Mauer 289-7b
Auf Weil 289-7b
August-Lämmle-Weg 289-5b

Bachstraße 289-5a
Badstraße 289-5a
Bahnhofstraße 289-5a
Baumgartenweg 289-4d
Beethovenstraße 289-5b
Benzstraße 289-2c
Bergstraße 289-5b
Birnenweg 289-7a
Bismarckstraße 289-1d
Blumenstraße 289-5c
Bolbergweg 289-7d
Bollstraße 289-5a
Bongertweg 288-8b
Braikestraße 289-5a
Breitenbachweg 288-11a
Brönnlesteichweg 288-12c
Brucknerstraße 289-2d
Brühlstraße 289-5a
Brunnenstraße 289-5a
Burgstraße 289-5a
Buttnausträßle 288-8b

Carl-Zeiss-Straße 289-2a
Christofstraße (3) 289-2c

Daimlerstraße 289-1b
Dieselstraße 289-2c
Drosselweg 289-4d

Eckhof 288-9c
Ehrenspächerweg 288-11a
Eichendorffstraße 289-2c
Eisenbahnstraße 289-5a
Elisenhütte 289-9b
Elisenweg 289-5b
Elsterweg 289-4c
Eninger Weg 289-5b
Entenseeweg 289-5c
Erlenhof 288-9a
Ernsthütte 289-9d
Ernst-Moritz-Arndt-Weg 289-7b
Ernststraße 289-4d
Ernst-Trumpp-Weg 289-7a
Eugenstraße 289-4d

Fichtestraße (6) 289-5a
Finkenweg 289-1d
Frauenhalde 289-5d
Frieder-Renz-Weg 289-1c
Friedrich-Ebert-Straße 289-5b
Friedrichstraße 289-5c
Friesenstraße 289-7b

Gallenbühlweg 288-11b
Gartenstraße 289-5a
Georgenhof 288-9b
Georgenweg 289-4b
Gerhart-Hauptmann-Straße 289-5d
Gielsbergweg 289-7b
Gönninger Straße 289-7a
Goethestraße 289-2c
Gottfried-Maier-Straße 289-5a
Grenzweg 288-5d
Grieshalde 289-4b
Griesstraße 289-4d
Große Heerstraße 289-5a
Große Ziegelstraße 289-5a
Grundhof 288-9c
Gutenbergstraße 289-1d

Häglenstraße 289-5b
Hans-Brühlmann-Weg 289-8a
Hartenstein 288-12b
Hartweg 289-4d
Hartweinberg (16) 289-4d
Hauffstraße 289-2a
Hegelweg 289-5b
Heinrich-Heine-Weg 289-5b
Hermann-Burkhardt-Straße 289-2c
Hermann-Hesse-Straße 289-5d
Hermannstraße 289-2c
Hintere Langwaid 288-9d
Hinterer Spielbach 289-2d
Hölderlinstraße 289-2c
Hohe Straße 289-5c
Hohmorgenstraße 289-5c

Im Entensee 289-5d
Im Gansbrunnen 289-5d
Im Käppele (17) 289-5c
Im Katzenbol (19) 289-5d
Im Kromerle 289-5a
Im Kühnenbach 289-5d

Jägerbergweg 289-7d
Jahnstraße 289-7b
Jakob-Staiger-Weg (20) 289-5a
Johannesstraße 289-4d
Josefstraße (10) 289-5a

Kaiserstraße 289-5a
Kantweg 289-5b
Karl-Kuppinger-Straße 289-5b
Karlshöhe (24) 289-6a
Karlstraße 289-5a
Karl-von-Drais-Straße 289-2a
Kernerstraße 289-8a
Kiessteige 289-5b
Kirchstraße 289-5a
Kleine Ziegelstraße 289-5c
Kleistweg 289-2c
Klemmenstraße 289-5a
Klostergarten 289-5c
Klosterstraße 289-5c
Kraußstraße 289-5c
Krumme Straße (12) 289-5c
Küchensteige 306-3a
Kühnenbachweg (21) 289-5d
Kunstmühlestraße 289-2c
Kurze Straße 289-4b

Laiblinsplatz 289-5a
Leonhardstraße 289-5c
Lerchenstraße 289-5d
Lindachstraße 289-5a
Lindenplatz 289-5a
Lindensteige 306-3a
Lindenstraße 289-5a
Liststraße 289-2c
Louis-Laiblin-Weg 289-8a
Ludwigstraße 289-5c
Lutherstraße (18) 289-5c

Maiers Gewand 289-5d
Marktplatz 289-5a

Marktstraße 289-5a
Maustäle 289-7d
Max-Eyth-Straße 289-2c
Maybachstraße 289-2a
Meisenweg 289-4b
Memmelers Wiese 289-7a
Mörikestraße 289-5d
Moltkestraße 289-5a
Mozartstraße (4) 289-5b
Mühlstraße (8) 289-5a

Obere Seiten 289-4d
Oberhaldenweg 289-4b
Ochsensteig 288-11d
Ottostraße 289-5c

Panoramastraße 289-4b
Passy-Platz 289-5a
Porschestraße 289-2a

Rebenweg 289-4d
Rempenstraße (14) 289-5c
Richard-Silber-Straße 289-1d
Robert-Bosch-Straße 289-2a
Römerstraße 289-1d
Rötsteige 289-4b
Rosenstraße (7) 289-5a
Roßbergweg 289-7d
Roßwagstraße 289-8a

Sandstraße 289-4d
Sandwiesenstraße 289-5c
Scheffelweg 289-5b
Schillerstraße 289-7b
Schlayerstraße 289-2c
Schlehenweg (23) 289-7b
Schloßgartenstraße 289-1d
Schloßstraße 289-5a
Schmale Straße 289-2c
Schönbergstraße 289-7d
Schubertstraße 289-5b
Schützenstraße (5) 289-5a
Schulstraße 289-5a
Schwabstraße 289-7b
Schwalbenweg 289-1d
Seitenhalde 289-7a
Seitenstraße 289-4b
Siemensstraße 289-2a
Silcherstraße 289-4b
Spielbachweg 289-2d
Spitalstraße 289-5c
Starenweg 289-4b
Steinenbolstraße 289-5b
Steinmauer 289-2d
Stellenbuckelweg 288-8b
Stieglitzweg 289-4b
Stöffelbergweg 289-7b
Strohweilerstraße (13) 289-5c
Stuhlsteige 289-7b

Talackerstraße 289-4c
Theodor-Fischer-Straße 289-8a
Traubenstraße 289-7b

Uhlandstraße 289-2c
Ulrichstraße (2) 289-2c
Unter den Wegen 289-7b
Ursulabergtunnel 289-5b
Ursulastraße (15) 289-5c

Verschönerungsweg 289-7d

Wacholderweg 289-7b
Wackersteinstraße 289-7d
Wanneweg 289-7d
Weiherhof 288-9d
Weinbergstraße 289-4d
Wielandstraße 289-2c
Wilhelm-Blos-Straße 289-5b
Wilhelmstraße (1) 289-2c
Wörthstraße 289-1d
Wolfgangstraße (9) 289-5a

Zeilstraße 289-2c
Zeppelinstraße 289-2c
Zum Übersberg 289-6a
Zur Wanne 289-8d

Pleidelsheim
PLZ 74385

Achalmstraße 82-12b
Ahornweg 82-12b
Alamannenweg 82-9d
Am Kanal 82-12b
Amselweg 82-9d

Bachgartenstraße 82-9d
Badbrunnenstraße 82-12b
Badstubenstraße 82-9d
Banater Straße 82-12d
Beihinger Straße 82-12d
Benzstraße 82-12a
Billsbergstraße 82-12b
Birkenweg 82-12b
Blankensteinstraße 82-12a
Blumenstraße 83-10a
Buchenweg (13) 82-12b

Deutscher Hof (1) 82-12b
Drosselweg 82-9d

Egerländer Weg (18) 82-12b
Eichenweg 82-12b
Elfenstraße 82-12b
Erlenweg 82-12b
Eschenweg 82-12b

Finkenweg 82-9d
Fliederweg 82-9d
Forchenweg (15) 82-12b
Friedrichstraße 83-7c
Fritz-Roth-Straße (19) 82-12d

Gartenstraße 83-7c
Goethestraße 83-7c
Gotthilf-Weeber-Straße (8) 83-10a
Gottlieb-Daimler-Straße 82-12c
Gottlieb-Gußmann-Straße 82-12d
Grabenstraße 82-12b
Großbottwarer Weg 83-7c

Häldenstraße 82-9d
Häselweg 83-7c
Hafengasse (7) 83-10a
Hardstraße 82-12b
Hauptstraße 82-12b
Hermann-Keller-Straße 83-10a
Hindenburgplatz (4) 82-12b
Hirschbrunnenweg (16) 82-12a
Hölderlinstraße 83-7c
Höpfigheimer Straße 83-7c
Hohenzollernstraße 82-12b

Im Inneren Sol 82-12b
Im Neckarblick 82-9b
Im Vogelsang 82-9d
In den Schafgärten 83-10a

Johann-Glock-Straße (11) 83-10a
Johann-Nefflen-Straße (9) 83-10a
Johann-Wildermuth-Weg (10) 83-10a
Justinus-Kerner-Weg 83-7c

Kanalstraße 82-12b
Kirchstraße (2) 82-12b
Kurze Gasse (6) 83-7c

Lerchenweg 82-9d
L.-Hofer-Straße 83-10a
Ludwig-Jahn-Straße 83-7c
Ludwig-Uhland-Straße 83-7c
Lydia-Tochtermann-Weg 82-12b

Marbacher Straße 83-10a
Max-Eyth-Straße 82-12b
Meisenweg 82-9d
Mittlerer Weg 83-7d
Mörikestraße 83-7c
Mühlstraße 82-9d
Mundelsheimer Straße 82-9d
Murrer Weg 83-8c

Neckarstraße 82-9d
Nelkenweg 82-9d
Neuffenstraße 82-12b

Pfaffenackerweg 83-7c
Pfarrstraße 82-12b
Pleidelsheimer Weg 83-8c
Pommernweg 82-12b
Primelweg 82-12b

Raiffeisenstraße 82-12d
Rechbergstraße 82-12d
Riedbachstraße 83-7c
Ringstraße 82-12d
Robert-Bosch-Straße 82-12d
Römerstraße 82-12b
Rosenweg 83-7c
Ruhbronnweg 83-10a

Schillerplatz (19) 83-10a
Schillerstraße 83-10a
Schlesierweg 82-12b
Schmale Gasse (5) 83-7c
Siemensstraße (17) 82-12d
Silcherstraße 82-9d
Sommerhalde 82-9d
Sonnenhöfe 83-11a
Spargelweg 83-10a
Staufenstraße 82-12b
Stuifenstraße 82-12d

Tabakweg 83-10a
Talstraße 82-12b
Tannenweg (14) 82-12b
Teckstraße 82-12b
Torgasse 82-12b
Tulpenweg 82-9d

Wasenweg 83-10a
Wettestraße 83-7c

Zehntscheuer (3) 82-12b
Zeppelinstraße 82-12c

Pliezhausen
PLZ 72124

Achalmstraße (19) 251-7a
Adolf-Armbruster-Straße (5) 250-5c
Äckerlestraße 250-5a
Ahornstraße 250-9b
Albstraße 250-2d
Alemannenstraße 251-7a
Alte Gasse 250-5c
Alte Steige 251-7a
Amselweg 250-9b
Auchterthof 250-4b
Auchtertstraße 250-9b
Aussiedlerhof 251-4a

Bachenbergstraße 250-6d
Bachstraße 250-6d
Bannhölzlesweg 250-1a
Baumgartenweg 250-5c
Baumsatzstraße 250-6d
Beethovenstraße 250-2d
Berta-Schäfer-Weg (3) 250-3c
Birkenweg (12) 251-7a
Blenklensäckerweg (21) 251-7a
Bolbergweg (4) 250-6d
Brahmsstraße 250-2d
Brechengäßchen 250-2d
Brombergweg 250-6c
Brühlstraße 250-3d
Brunnenäckerweg 250-3c
Brunnenstraße 250-2d
Buchenstraße 250-9b
Bühlstraße 251-4c
Büttensülzerweg 250-6c
Bungertstraße 250-6d
Burgstraße 250-3d

Carl-Zeiss-Straße 250-6d
Charlottenstraße (18) 251-7a

Dahlienweg (8) 251-7a
Daimlerstraße 250-6d
Deutsche Gasse 251-7a
Dieselstraße 250-6b
Dietrich-Bonhoeffer-Straße (9) 250-8a
Dörnach 250-3d
Dörnacher Straße 250-2d
Drosselstraße 250-5b

Egertstraße 250-3d
Eichenstraße 250-9b
Eichwasenweg 250-6c
Entenhof (15) 251-7a
Erlacher Weg 250-2d
Erlenweg (4) 250-5c
Esslinger Straße 251-4c

Finkenstraße 250-5b
Fischerstraße 250-9b
Fliederweg 251-7a
Florianweg 250-6d
Forchenstraße 250-9b
Forstweg 250-5c
Friedensstraße (20) 251-7a
Friedhofstraße 251-7a
Friedrichstraße 251-7a
Fürstweg 249-3a
Furtweg 250-2d

Gartenstraße 250-3c
Gehrnwiesenweg 250-7b
Georg-Elser-Straße (8) 250-8c
Georgenbergweg (5) 250-6d
Geschwister-Scholl-Straße (7) 250-5c
Griebel 250-3c
Griebeler Straße 250-3d
Goethestraße 250-9b
Grabenstraße 250-2d
Grenzwaldweg 250-7d
Greut 250-5d
Greutstraße 250-6c
Gromergasse 250-4d
Grünhagstraße 250-2d
Gutenbergstraße 250-6d

Hahnengässle (17) 251-7a
Haldenstraße (1) 251-4c
Hauptstraße 250-5c
Haustraße 250-9b
Hauweg 250-5c
Haydnstraße 250-2d
Hellestraße 250-5c
Herdweg 250-4b
Hinterer Weiler 250-2d
Hofgartenweg 250-2d
Hofweg 250-3d
Hohenstaufenstraße 250-6d
Hohenstrutallee 249-6a
Hohenstrutweg 249-6b

Im Beckenwasen 250-5c
Im Brühl 250-3d
Im Füllkasten 251-7a
Im Geistle 250-5c
Im Häldle (6) 250-5c
Im Hof (1) 250-3d
Immenstraße 250-2d
Im Michelreis 250-5c
Im Riedbrunnen 250-5a
Im Täle 250-5c
Im Wiesengrund 250-2d

Jakobstraße 251-4c
Johannesstraße 251-4c
Johannesweg (2) 250-5c
Juchtlenstraße 251-4c
Judenallee 249-6a
Jusistraße 250-6c

Karl-Benz-Straße 250-6b
Karlstraße 250-6d
Karl-von-Kniestedt-Straße 250-5c
Katharinenstraße 250-3c
Kelterstraße 251-4c
Kirchgasse 250-5a
Kirchstraße 250-3d
Klingenstraße 250-3b
Kochgasse 250-5c
Krähenäckerweg 250-2d
Krokusweg 251-7a
Kronengasse (14) 251-7a
Küferweg 250-3c
Kulperweg 250-6d

Langhagweg 250-6c
Lehenstraße 250-5a
Lembergweg 250-6c
Lerchenstraße 250-3d
Lichtensteinstraße 250-6d
Lilienthalweg 250-6d
Lilienweg (9) 251-7a
Lindenstraße 251-7a
Ludwigstraße 251-4c

Marie-Beck-Weg (2) 250-3c
Marienstraße 251-4c
Marktplatz 251-7a
Merzenbachweg (10) 251-4c
Mittelstädter Straße 250-3d
Mörsbergstraße (2) 250-3d
Moosplattenweg 249-3c
Mozartstraße 250-2d
Mühlbachstraße 250-3c
Mühleweg 250-5c
Mühlrainstraße 250-9b

Nationalgasse 251-7a
Neckarstraße (5) 251-4c
Nelkenstraße 251-7a
Neue Straße 250-2d
Neuffenstraße 251-4c
Nordweg 250-4b
Nürtinger Straße 251-4c

Ob der Mühle 250-8a
Oberer Stockwiesenhauweg 249-3c
Oberweiler 250-4b
Oferdinger Straße 250-9b
Olgastraße 251-7a

Paulinenstraße 250-2d
Pfaffenackerstraße 251-4c
Pfarrgasse (16) 251-7a
Pfingstweide (4) 250-2d
Pliezhäuser Straße 250-2d

Quellenstraße 250-5a

Rathausstraße (13) 251-7a
Reichenbachmühle 250-4d
Reichenbergweg 250-6c
Reinsdorfer Weg 250-6c
Reisachstraße 250-3d
Reutestraße 250-3d
Reutlinger Straße 250-5b
Riedweg (1) 250-5c
Rigistraße 250-6d
Robert-Bosch-Straße 250-6d
Römersteinweg 250-6c
Rosenstraße 251-7a
Roßbergweg 250-6c
Rübgarten 250-4d
Rübgartener Straße 250-5c

Schießmauerstraße 251-4c
Schillerplatz (4) 251-4c
Schloßgartenweg 250-5a
Schloßsteige 250-8c
Schmidstraße 251-4c
Schönbergweg (6) 250-6c
Schönbuchstraße 250-3c
Schützenstraße 250-2d
Schulberg (11) 251-7a
Schulgasse (10) 251-7a
Schulweg 250-3c
Schwalbenstraße 250-5b
Sedanstraße 251-7a
Siemensstraße 250-6b
Silcherstraße 250-9b
Sohlheckenweg 249-3d
Spechtweg 250-3b
Spitalhof 251-7a
Staffelstraße 251-4c
Steigstraße 250-5a
Stellenäckerstraße 250-6d
Sternbergweg (3) 250-6d
Stiegele 250-2d
Stöffelbergweg (1) 250-6d
Stuifenweg 250-6c
Sulzstraße 251-7a

Tätentalweg 250-6c
Talstraße 250-2d
Teckstraße 251-4c
Thekla-Herrlinger-Weg (1) 250-3c
Tiergartenweg 250-6d
Tübinger Fußweg 250-1c
Tübinger Straße 251-7a
Tulpenweg (7) 251-7a
Turmweg 250-6d

Übersbergweg (2) 250-6d
Uhlandstraße 250-9b
Uhlbergweg 250-6c
Unter der Tuchbleiche 251-4c
Untere Bachstraße 251-4c
Unterer Stockwiesenhauweg 249-3d

Veilchenweg (6) 251-4c
Verdistraße 250-3c
Vivaldistraße (12) 250-2d
Von-Bülow-Straße 250-4b

Wackersteinweg 250-6d
Walddorfer Straße 250-2d
Waldenbucher Allee 249-6c
Waldstraße 250-9b
Wasenstraße 250-2d
Weidenweg (3) 250-5a
Weingartenstraße (3) 251-4c
Wengertweg 250-6d
Wiesenstraße (2) 251-4c
Wildenaustraße 250-5c
Wilhelm-Schickard-Straße 250-2d
Wilhelmstraße 250-9b

Zeilstraße 250-2d
Zeppelinstraße 251-7a
Zimmermannsweg 249-3c
Zollernstraße 250-2d

Plochingen
PLZ 73207

Achalmstraße 182-6d
Alter Bergweg 182-6c
Am Aussichtsturm 182-9b
Am Bruckenbach 182-9c
Am Filswehr 182-9d
Am Fischbrunnen (11) 182-9a
Am Markt (12) 182-9a
Am Neckardamm 182-9c
Am Nordseekai 182-5c
Am Rheinkai 182-8a
Amselweg 182-9b
Am Stumpenhof 182-6d
Anne-Frank-Weg 183-7a

Bahnhofstraße 182-8b
Baugebiet Lettenäcker II 183-7a
Beethovenstraße 182-6d
Bergstraße 182-9a
Bismarckstraße 182-9a
Brahmsweg 182-9b
Brentennhauweg 182-3a
Brühlstraße 182-9a
Bühleichenweg 182-6d
Burgplatz (8) 182-9a
Burgstraße 182-9a

Carl-Orff-Weg 182-9b

Deizisauer Weg 182-9a
Donauschwabenweg (1) 182-6d

Ebeneweg 182-2d
Einsteinweg 182-9d
Eisenbahnstraße 182-5c
Ernst-Sachs-Straße 182-9d
Esslinger Straße 182-5c

Fabrikstraße 182-5d
Filsallee 182-9d
Filstalweg 182-12b
Filsweg 182-9c
Franz-Oechsle-Straße 182-5d
Friedrichstraße 182-6c

Gablenberg (13) 182-9a
Gaierleshauweg 182-2b
Gartenstraße (9) 182-9a
Geschwister-Scholl-Straße 183-7c
Goethestraße 182-9a
Grenzweg 182-3a
Grieshaber Weg 183-7c

Häfnergasse 182-9a
Hafenbrücke 182-8b
Hagenäckerweg 182-9b
Hermannsbergweg (7) 182-6c
Hermannstraße 182-8b
Heuweg 182-2d
Hindenburgstraße 182-6c
Hohenstaufenstraße 182-6d
Hohenzollernstraße 182-6d

Im Bruckwasen (17) 182-9c
Im Burriss 182-9b
Im Kranich 182-5d

Johanniterstraße 182-6c

Käthe-Kollwitz-Weg (1) 183-7a
Karlstraße 182-5d
Keplerweg 182-9d
Kirchberg (14) 182-9a
Kornbergweg 183-4c
Kreuzstraße 182-9a
Kronenstraße 182-9a

Landskrona Weg 183-7a
Lettenackerstraße 182-9b
Lisztstraße 182-9b

Marktstraße 182-9a
Marquardtstraße 182-9a
Max-Eyth-Weg 182-9d
Mittlere Dickne (4) 183-7c
Moltkestraße 182-9a
Mozartstraße 182-9b
Mühlgärtenweg 182-9d
Mühlhaldenweg 182-9d

Neckarbrücke 182-9c
Neckarstraße 182-9a
Neuffenstraße (4) 183-4c

Obere Dickne (3) 183-7a
Oberer Balkeshauweg 182-2d
Oberer Haldenweg (15) 182-9d
Oroszlany Weg 183-7a
Oskar-Schlemmer-Weg (2) 183-7c
Ostdeutsche Straße 182-6d
Otto-Löffler-Weg 182-6d
Ottosteg 182-9a

Panoramastraße 182-6c
Pfostenbergweg 182-5d

Raunerweg 182-9a
Rechbergstraße (3) 182-6d
Reichenbacher Straße 183-7c
Richard-Wagner-Straße 182-6d
Robert-Bosch-Straße 182-5d
Rosensteinweg (5) 183-7a
Roßbergstraße 183-4c

Sachsenweg 182-6d
Schillerstraße 182-5d
Schlesienweg 182-6d
Schlierbachwiesen (1) 182-4d
Schorndorfer Straße 182-9a
Schubertweg 182-9b
Schulstraße 182-9a
Silcherstraße 182-9b
Spitzäcker (6) 183-7c
Steffelesweg 182-9b
Stellebrunnenweg 182-6a
Stückelbergweg 182-9b
Stuifenstraße 182-6d
Stumpenhof 183-4c
Sudetenweg (2) 182-6d

Talweg 183-7a
Tannenstraße 182-9a
Tanzplatzweg 182-4b
Teckplatz 182-6d
Teckstraße 182-6d
Thüringer Straße 183-4c
Tieräckerstraße 183-4c

Ulmer Straße 182-9c
Untere Balkeshauweg 182-5b
Untere Dickne (5) 183-7c
Unterer Haldenweg (16) 182-9d
Urban Straße 182-9a

Wasserbergweg (6) 183-7a
Weiherstraße 182-9b
Werrenweg 182-9b
Widdumstraße (10) 182-9a
Wiesbrunnenstraße 182-9a
Wilhelmstraße 182-8b

Zehntgasse 182-9a
Zwettler Weg 183-7a

Plüderhausen
PLZ 73655

Achalmweg 161-3b
Adalbert-Stifter-Weg (3) 137-12b
Adelberger Straße 161-3b
Ahornstraße 137-12c
Aichenbachhof 161-2b
Aichenbachsträßchen 161-2a
Aichenbachstraße 137-12c
Am Güterbahnhof 137-12a
Am Marktplatz 137-12d
Amselweg 137-12c
Am Spittelberg 138-10a
Anemonenweg 161-3b
Auf der Weid 137-12c
Aussiedlerhof 161-3a

Bahnhofstraße 137-12d
Beethovenweg (32) 137-12b
Bei der Kirche (14) 137-12d
Beim Alten Rathaus (20) 137-12d
Beim Hummelbach 162-1a
Berkener Sträßle 161-1b
Berkener Weg 161-3a
Birkenallee 137-12a
Boschstraße 137-12c
Boßlerweg (25) 161-3b
Brahmsweg (12) 137-12d
Bruckgasse 137-12d
Brückenstraße 137-12d
Brühlstraße 137-12d
Brunnenrain 137-12d
Brunnenstraße (15) 137-12d
Brunnenweg 138-2b
Buchenweg (17) 137-12c

Claudiusweg (2) 137-12b
Cranachweg 138-10c

Dahlienweg 161-3b
Daimlerstraße 137-12c
Dickeichenweg 161-3d
Dragonerhof 137-11c
Drosselweg 137-12c
Dürerweg 138-10c

Eichendorffweg (6) 137-12b
Elsternweg 137-12c

Falkenweg 137-12c
Fliederweg 137-12d
Fontaneweg 137-12b
Forstweg 161-2b
Friedhofweg 138-2d
Froschackerweg (22) 161-3a

Gänswasen 137-12c
Gaußweg 138-10c
Geibelweg 137-12b
Geranienweg (29) 161-3b
Gewerbegebiet Heusee 137-12c
Gewerbegebiet Ost 161-3b
Ginsterweg 137-12d
Glasweg 138-2b
Gleisstraße 137-12d
Gluckweg (11) 137-12b
Gmünder Straße 162-1a
Götzenweg 137-12d
Goldackerstraße 137-12a
Grabenstraße 137-12d
Greuthweg 138-10c

Halde 137-12d
Hans-Sachs-Weg (8) 137-12a
Hauptstraße 137-12d
Hauweg 161-3a
Hauwiesen 161-3a
Haydnstraße 137-12b
Hegelweg 138-10c
Herderweg 137-12a
Hermann-Hesse-Weg 137-12b
Heumähder 138-10c
Heumähderweg 138-10c
Heusee 137-12a
Heuseebrücke 137-12a
Hölderlinweg 137-12a
Hofacker 138-10c
Hohbaum 137-12b
Hohenneuffenweg (27) 161-3a
Hohenstaufenstraße 161-3b
Hohenzollernstraße 161-3b
Holbeinstraße 138-10c
Holunderweg 137-12c
Hornbergweg (24) 161-3b
Hunsrückweg 137-12d

Im Aichenbachhof 161-2b
Im Mühlgarten (31) 161-3b
Im Rank 137-12a
Ipfweg 137-12d
Irisweg 161-3b

Jakob-Schüle-Straße 137-12a

Kantstraße 138-10c
Kastanienallee (16) 137-12c
Kelterplatz 137-12d
Keplerweg 138-10c
Kernerweg (10) 137-12a
Kiefernweg 137-12c
Kirchweg 138-2d
Kitzbüheler Platz (15a) 137-12a
Kreutzerweg 138-10c
Krokusweg 161-3b
Kupfenweg (26) 161-3a

Lämmleweg (5) 137-12b
Lenauweg 137-12b
Lerchenstraße 137-12c
Lessingweg (7) 137-12b
Lilienweg 161-3b
Lincolaweg 162-1a

Linthaldenweg (21) 137-12d
Lisztstraße 137-12b
Lochtobel 137-12b
Lönsweg 137-12b

Margaretenstraße 161-3b
Marktplatz 137-12d
Meisenweg 161-3a
Menzelstraße (33) 138-10c
Mittlerer Konnenbergweg 137-11d
Mörikestraße 137-12a
Mozartstraße 137-12b
Mühlstraße 137-12d
Münzenhalde 137-12b

Narzissenweg 161-3b
Nelkenstraße 161-3b
Neusatz 138-10c
Neuweiler Hof 137-11b
Noldeweg 138-10c

Obere Halde 138-10a
Obere Kirchgasse (18) 137-12d
Oberer Konnenbergweg 137-11d
Obertal 138-2b
Öttlinsgasse 137-12d
Orffweg 137-12b
Oskar-Frech-Platz 137-12a
Ottental 138-10c

Paul-Dorsch-Weg 138-2d
Peter-Greiner-Weg 138-2b
Plidolfweg 137-12d
Plüderwiesenhof 137-3d
Postweg 137-12d
Prügelweg 161-2d

Rechbergstraße 161-3b
Rehhaldenstraße 161-3b
Rehhaldenweg 161-3d
Reisersberg 161-2b
Rembrandtstraße 138-10c
Remsstraße 137-12c
Rilkeweg 137-12b
Römersteinweg (23) 161-3b
Rohrbeckweg (13) 137-12d
Roseggerweg (1) 137-12b
Rosenstraße 137-12d
Rotenberg 137-12b
Rubensweg 138-10c

Scheffelweg (4) 137-12b
Schellingstraße (34) 138-10c
Schillerstraße 137-12b
Schlossweg 137-12d
Schmalzhalde 138-10c
Schneeberg 138-10c
Schubertstraße 137-12b
Schulstraße 137-12d
Schumannweg 137-12d
Schurwaldstraße 161-3a
Schwabweg 137-12b
Schwalbenweg 137-12c
Schwanfeld 137-12b
Schwarzes Wegle 137-12d
Silcherweg 137-12b
Söndle 161-3b
Sommerwandsträßchen 137-11d
Sonnenhalde 138-2b
Steinhalde 137-12b
Stockwiesenweg 161-3b
Stuifenweg 161-3b

Talstraße 138-2b
Teckweg 161-3a
Thomas-Mann-Straße 137-12b
Tulpenstraße 161-3b

Uferweg 162-1a
Uhlandweg 137-12a
Ulmenweg 137-12c
Untere Kirchgasse (19) 137-12d
Urbacher Weg 137-12b

Veilchenweg 161-3b

Wagnerstraße 137-12d
Wasserbergweg (28) 161-3b
Weberstraße 137-12b
Welzheimer Straße 137-12b
Wielandweg (9) 137-12a
Wilhelm-Bahmüller-Straße 161-3b
Wittumhof 137-12d

Zehntgasse 137-12d
Zeisigweg 137-12c
Zeppelinstraße 137-12a

Rangendingen
PLZ 72414

Adolf-Schinzel-Straße 300-9b
Albblickstraße 300-9d
Alemannenweg 319-2b
Alte Hechinger Straße 301-11c
Am Galluswiesle 301-11c
Am großen Damm 319-2a
Am Hühnerbächle 319-1d
Am kleinen Damm 319-2a
Am Kreidenrain 301-10d
Am Rosenrain 319-1b
Am Scheltergraben (3) 319-2a
Am Sendelgraben (4) 301-10d
Am Turnplatz 319-2b
Am Waldeck 319-2b
Am Weilenberg 319-2b
Am Winterrain 301-10d

Beethovenstraße 319-1b
Beim Diasporahaus 301-4c
Bleicherhäusle 301-11a
Bohmsäcker (6) 244-5d
Brühlweg 301-11c
Brunnengarten (5) 244-6c
Brunnenstraße 301-4c
Brunnenweg 319-2a
Brunnenweg (4) 319-2a
Bußstraße 301-4c

Daimlerstraße 301-12c
Doktor-Alexander-Grupp-Straße 319-3a
Donaustraße 301-11d

Eichendorffstraße 319-1b
Eichenstraße 319-2c

Fabrikstraße 319-2b
Falkenstraße 301-4c
Fasanenstraße 301-10d
Fidelisstraße 301-11c
Finkenstraße 301-4c
Finkenweg 300-9b
Fleischäckerweg 319-1b
Friedhofstraße 301-4c

Gartenstraße 301-11d
Georgstraße (1) 301-11c
Gewerbegebiet Obere Kreine 300-9b
Göhrenstraße 301-11d
Goethestraße 319-2a
Grosselfinger Straße 319-2b

Haigerlocher Straße 301-10d
Haldenblick (2) 301-4c
Hanfländerstraße 301-4c
Hauptstraße 300-9c
Hechinger Straße 301-11c
Heimgartenstraße 319-2a
Hirrlinger Straße 301-11c
Hochburgweg 301-11c
Hochegertstraße 319-2a
Hochsträß 301-10b
Höfendorf 300-9a
Höhwasenstraße 301-10d
Holunderweg 301-4a

Im Hätzgert 319-1d
Im Hitzenried 301-11d
Im Hof 301-4c
Im Hopfengarten 301-4c
Im Tal 319-2a
Im Wolfental 319-1b
In den Krautländern (1) 300-9c
In der Au 301-10d

Kapellenweg (2) 300-9b
Kesslerstraße 300-9b
Kirchstraße 301-11c
Kirchweg (2) 301-11c
Kleinfelderstraße 301-4c
Klostergartenweg 319-2a
Königsberger Straße 301-11d
Körnerstraße 319-1b
Kohlgrubenstraße 301-11d
Kreuzstraße 319-1b

Lederstraße 301-4c
Lehmgrubenstraße 319-1d
Lerchenweg 300-9b
Lindenweg 319-2a
Lindeshaldenweg 319-2a

Maibühlblick 319-1b
Meisenweg 301-10d
Mozartstraße 319-1b
Mühlweg 301-11c

Neue Straße 301-4c

Oberdorfstraße 319-2a
Oberdorfweg (5) 319-2a
Obere Gärten 300-9a
Obere Gasse 301-11c
Obere Kreine 300-9b
Obere Mühle 301-4a
Owiesen 319-2b
Owinger Halde 319-1d

Panoramastraße 300-9d
Peter-Sickler-Straße 301-11d
Prof.-Dieringer-Straße 319-1b

Rangendinger Straße 300-9b
Ringstraße 319-1d
Rosenstraße 301-4c
Rottenburger Straße (4) 301-4c
Rudolf-Diesel-Straße 301-11d

Schillerstraße 319-1b
Schmehläckerstraße 301-10d
Schulstraße 319-2a
Schulweg 301-11c
Schwabenstraße 301-11d
Schwabenweg (6) 301-11d
Schwalbenstraße 301-10d
Siedlung 319-2b
Silcherstraße 319-1b
Sonnenweg 319-2a
Starzelstraße 301-11c
Storchengäßle 301-11c

Talblick (1) 301-4c
Talstraße 301-4c
Trillfinger Straße 300-9a

Uhlandstraße 319-2a
Untere Mühle 301-4a

Veilchenweg (3) 301-10d
Vogelherdhof 300-5d

Waldstraße 319-1d
Weidenstraße 301-11d
Wintergasse 301-11c
Württembergstraße 319-1b

Zeisigweg 301-10d
Zollerblick (3) 301-4c
Zollerstraße 301-11d
Zollerstraße (7) 319-2b
Zur Breitenwiese 319-2b
Zur Gipsmühle 301-11c
Zur Kreuzwiese 319-2a
Zur oberen Höhe 300-9b

Ratshausen
PLZ 72365

Allmendstraße 367-9b
Am Mittelbach (1) 367-9a

Baumgartenstraße 367-9a
Bei der Mühle 367-9a
Brühlstraße 367-9a

Egertstraße 367-9c

Hohnerstraße 367-9a

Im Honau 367-9a

Josef-Hummel-Weg (2) 367-9a

Kernstraße 367-9a
Konrad-Buhmann-Straße 367-8b

Reute 367-9a

Schlattgasse 367-9a
Schlichemstraße 367-9a
Schloßhof (3) 367-9a
Schömberger Straße 367-8b
Schweizer Straße 367-9a
Siedlungsstraße 367-9a
Silcherstraße 367-9c

Vorderer Wiesenweg (5) 367-9b
Vorstadtstraße 367-9b

Weilener Straße 367-9a
Winkelgasse (4) 367-9a

Rechberghausen
PLZ 73098

Aalbachstraße 186-3c
Albstraße 186-3b
Am Burgholz 186-3a
Am Desenbach 186-5b
Amtsgasse (1) 186-2d

Bahnhofstraße 186-3c
Barbarossastraße 186-3c
Bergstraße 186-2d
Bergwiese 186-2d
Bernhardusstraße (6) 186-3b
Binsenbachweg 186-2d
Birklesweg 186-3a
Blumenstraße 186-2d
Börtlinger Weg 162-11b
Boßlerstraße 186-3a
Buchweg 186-2b
Bühlstraße 186-2b

Daimlerstraße 186-2d
Dornunghof 186-2c
Dornungweg 186-2c
Dürerstraße 186-3c

Ebene 186-3c
Erlenstraße 186-5b

Faurndauer Straße 186-2d
Friedhofstraße 186-2d
Frühlingstraße 186-2d
Fuchseckstraße (7) 186-3a

Gartenstraße 186-2b
Ginsterweg (3) 186-2d
Göppinger Straße 186-3c
Grabenstraße 186-2d
Graf-Degenfeld-Straße 186-3c
Greutweg 186-2b
Grünenbergweg 186-3a
Grünewaldstraße 186-3c
Gsteinig 186-2d

Haldenweg 186-3b
Hallenstraße 186-2d
Haselrain 186-2d
Hauffstraße 186-2d
Hauptstraße 186-2b
Hintergasse 186-2b
Hölderlinweg 186-2d
Hopfengärten 186-2b
Horbenstraße 186-2d

Im Deppeler 186-2b
Im Töbele 186-3c
Im Wiesengrund 186-2b

Jahnstraße 186-2d

Kernerstraße 186-2d
Kirchplatz 186-2d
Kornbergstraße 186-3a
Krettenbachweg 163-10c
Kreuzäckerstraße (4) 186-3c

Lenaustraße 186-3a
Lindachstraße 186-5b
Lorcher Straße 186-2b

Maybachstraße 186-2d
Messelbergstraße 186-3b
Mörikestraße 186-2d
Mozartstraße 186-6a

Neuffenstraße 186-3b

Oberhäuser Straße 186-3b
Oberhausen 162-12d
Oberwälder Straße 186-2b
Ödachstraße 186-2b

Panoramastraße 186-3a

Querstraße 186-2d

Ramsbergstraße (5) 186-3b
Rappenstraße 186-3c
Rechbergstraße 186-3b
Reichenhardtstraße 186-2d
Rembrandtstraße 186-3c
Richard-Wagner-Straße 186-6a
Ringstraße 186-6a
Robert-Bosch-Straße 186-5b
Rosensteinstraße 186-3b
Rosenstraße 186-2d
Rubensweg 186-3c

Sanddornweg 186-2d
Schillerstraße 186-2d
Schlehenweg (2) 186-2d
Schloßhof 186-3a
Schloßhofstraße 186-3a
Schubertstraße 186-6a
Schulstraße 186-2d
Schurwaldstraße 186-2b
Silcherweg 186-3c
Staufenstraße 186-3c
Steebstraße 186-5b
Stelzergasse 186-2d
Stuifenstraße 186-3b
Sudetenstraße 186-6a

Talstraße 186-3c
Teckstraße 186-3a

Uhlandstraße 186-6a

Wangener Straße 186-2d
Wasserbergstraße 186-3a

Zeppelinstraße 186-2d
Ziegelstraße 186-2d

Reichenbach an der Fils
PLZ 73262

Albstraße 183-7b
Alte Hegenloher Straße 183-9a
Am Schönblick 183-7b
Asternweg 183-8b

Bachstraße 183-8b
Bahnhofstraße 183-8b
Baltmannsweilerstraße 183-5c
Bergstraße 183-8a
Bismarckstraße 183-8b
Blumenstraße 183-8b
Breslauer Straße 183-5d
Brunnenstraße (5) 183-8a

Christofstraße 183-8a

Danziger Straße 183-5d

Eberhardstraße 183-8a
Eichstraße 183-8b

Filsstraße 183-9c
Fischerstraße 183-8b
Friedhofstraße 183-8b
Friedrichstraße 183-8b
Frühlingstraße 183-8b
Fürstenstraße 183-8a

Geishaldenweg 183-5c
Gerberstraße 183-8b
Goethestraße 183-8b
Grabenstraße 183-8b
Grundstraße 183-8a

Haldenstraße 183-5d
Hannestobelstraße 183-7b
Hauffstraße 183-8b
Hauptstraße 183-8b
Heinrich-Otto-Straße 183-8c
Hermannstraße (6) 183-8a
Hohenstaufenstraße 183-8b
Hohenzollernstraße 183-7b

Im Massau 183-7b
Im Vogelsang 183-5d
Im Weilerbett 183-9a
In den Amseläckern 183-9a

Jahnstraße 183-8b

Kanalstraße 183-8d
Karlstraße 183-8a
Katharinenstraße (1) 183-8a
Kelterstraße 183-8b
Kirchstraße 183-8a

Ladestraße 183-8b
Lehmgrubenstraße 183-8a
Leintelstraße 183-9a
Lichtensteinstraße 183-7b
Lützelbachstraße 183-5c

Marienstraße 183-8b
Moltkestraße 183-8b
Mühlstraße 183-8b

Neuffenstraße 183-7b
Neuwiesenstraße 183-8a

Olgastraße 183-8b
Ostweg 183-9a
Otto-Munz-Steg 183-9a

Paulinenstraße 183-8a

Rechbergstraße 183-7b
Reichenbachstraße 183-5d
Rißhaldenweg 183-6c
Römerweg 183-8a

Sandgrubenweg (2) 183-9a
St.-Savine-Brücke 183-8b
Schafhausweg (3) 183-9a
Schillerstraße 183-8a
Schorndorfer Straße 183-5d
Schulstraße 183-8a
Seestraße 183-8b
Seidenstraße 183-8a
Siegenbergplatz 183-7b
Siegenbergstraße 183-7b
Siegenhof 183-7b
Silcherstraße 183-8b
Steinäckerstraße 183-9a
Stuifenstraße 183-8a
Stuttgarter Straße 183-8c

Talweg (1) 183-5d
Teckstraße 183-8b
Tulpenweg (4) 183-8b

Uhlandstraße (8) 183-8b
Ulmer Straße 183-8b

Wagnerstraße 183-8b
Weberstraße (7) 183-8b
Weinbergstraße 183-8b
Wilhelmstraße 183-8b

Zeppelinstraße 183-8a
Ziegelhofweg 183-8d
Ziegelstraße 183-7b

Remchingen
PLZ 75196

Beuthener Straße 88-4a

Dürerstraße 88-1a

Eichwaldweg 88-1c

Grünewaldstraße 88-1a

Hans-Thoma-Straße 88-1a

Im Altenberg (3) 88-1a
Im Eschele 88-1a
Im Gässle 88-1a
Im Grund 88-1a
Im Kerr 88-1a

Kirchstraße 88-1a
Kleine Kirchstraße (1) 88-1a
Klosterhof 88-5a
Klosterweg 88-4b
Kollwitzstraße (4) 88-1a

Markusstraße (2) 88-1a

Nöttingen 88-4c

Pforzheimer Straße 88-1a

Rubensstraße 88-1a

Sperlingshof 88-2c

Waldstraße 88-1a
Wilferdingen 88-1b
Wilhelmstraße 88-1a

Remseck am Neckar
PLZ 71686

Achalmweg (12) 116-2c
Affalterbacher Straße 100-11d
Ahornweg 116-2c
Akazienweg (6) 116-2c
Albstraße 115-9a
Aldingen 115-8d
Aldinger Straße (5) 116-4c
Alemannenstraße 100-11d
Alexandrinenplatz (1) 116-1d
Allmandweg 115-9c
Alte Haldensteige (6) 115-9a
Am Berg 116-7b
Am Burgholz 116-7a
Am Friedhof 116-4b
Am Holzbach 115-12a
Am Mittleren Schlossberg 116-7a
Am Moosgraben 115-9a
Am Oberen Schlossberg 116-7a
Am Rappenhau 116-7a
Am Remsufer 116-4d
Am Ring 116-4d
Am Schloss 116-1d
Amselweg 116-4d
Am Unteren Schlossberg 116-7a
Anemonenweg 115-9a
Atlantastraße 115-5c
Auf dem Altich 116-1b
Auf der Schütte 116-7a
Auf der Steige 116-4d
August-Lämmle-Straße 116-2c
Austraße 116-4b

Beethovenstraße (29) 115-9c
Beetlesäcker 100-11b
Bei den Weiden 100-11d
Beim Rötelbrunnen 116-5c
Beim Schlosshof (17) 115-9a
Benedikt-Elsas-Weg 115-9a
Bergstraße 116-1d
Berliner Straße 115-9a
Bernhardslaicher Weg 115-9b
Bertha-Benz-Straße (15) 116-1a
Biberweg (19) 115-9a
Birkenweg 115-9a
Bittenfelder Straße 100-11d
Blumenstraße (3) 116-4a
Böttinger Weg (28) 116-4d
Bostonring 115-8a
Brahmsweg (22) 116-8a
Breslauer Straße 115-9c
Brucknerstraße 116-5c
Brückenstraße 115-9b
Brunnengäßle (4) 116-4b
Brunnenstraße 116-2a
Brunnenweg 115-9a
Buchenweg 116-1d
Bühlstraße 116-4b

Cannstatter Straße 115-9a
Carl-Orff-Weg (24) 116-8a
Chicagoweg 115-5c
Christofstraße 115-9b
Coloradoweg 115-5c
Columbusstraße 115-4b
Comburgweg (9) 116-2c

Dachsweg (24) 115-9c
Danneckerweg 116-5c
Denverstraße 115-5c
Dorfstraße 116-7b
Drosselweg 116-2c
Durlacher Weg 115-6d

Eckgartenstraße 115-9a
Egenheftweg 116-5a
Egerweg (12) 115-9a
Eibenweg 115-9a
Eichendorffstraße 116-4a
Eichenrain 100-12c
Eichenweg (4) 116-1d
Eichhornweg 115-9c
Elsterweg (7) 116-4d
Erlenrainweg 115-9b
Erlenweg 116-1d

Fasanenweg (8) 116-4d
Fellbacher Straße 116-4c
Fichtenweg (7) 116-2c
Finkenweg (12) 116-4d
Fischerweg 116-1d
Fliederweg 115-9a
Försterweg (14) 116-4d
Frankenweg (11) 115-5c
Friedhofstraße 116-4b
Friedhofweg 116-7b
Friedrichstraße 115-9c
Fuchsgrube 100-11d
Fuchsweg (23) 115-9c

Gässle (17) 116-7b
Gartenstraße 100-11d
Gerstenäcker 116-4a
Gewebegebiet Aldingen 115-9b
Gewerbegebiet Neckargröningen 116-1a
Ginsterweg (3) 115-9a
Glockenbecherweg (13) 115-8a
Goethestraße (30) 115-9c
Goldbergweg 115-9a
Gottlieb-Daimler-Straße 116-5c
Grundäcker 100-11d

Hainbuchenweg (5) 116-2c
Haldenäcker 116-4c
Haldenstraße 116-2c
Haldenweg 115-9b
Hamsterweg (26) 115-9c
Hardtweg 115-9b
Hasenweg 115-8d
Hauffweg 100-11d
Hauptstraße 116-1d
Haydnstraße 116-4d
Hechinger Weg 115-6d
Hegelstraße 115-9c
Heideweg (5) 115-9a
Heilbronner Straße 116-1a
Hindenburgstraße 116-4b
Hintere Straße 116-7b
Hochberg 116-2c
Hochberger Straße 100-11d
Hochdorf 100-12c
Hochdorfer Steige 116-1d
Hochdorfer Straße 116-1d
Hölderlinstraße 115-9c
Hofener Weg 115-9b
Hohe Anwand 115-6b
Hohenackerstraße 116-2b
Hohenheimer Straße 115-6d
Hohenstaufenstraße 116-2c
Hoher Markstein 116-1b
Hummelberg 116-5c

Igelweg 115-8d
Iltisweg (22) 115-9c
Im Gaffert 116-4d
Im Greut 116-8a
Im Haag 100-11d
Im Hof (16) 116-7b
Im Pfädle 116-4c
Im Schneeberger 116-5c
Im Vogelsang 116-2a
In Buderäcker 100-11d
In den Gansäckern (9) 116-4d
In der Neckarhalde 116-4d

Jahnstraße (11) 115-9b

Kästnerstraße (2) 116-4b
Kaltenthalstraße (14) 115-9a
Karl-Rohm-Weg 116-4b
Karlstraße 100-11d
Kehlenweg 115-8a
Keltenweg (8) 115-5c
Kelterstraße 115-9b
Keplerstraße 116-4b
Kernerstraße 115-9c
Kiefernweg 116-2c
Kirchenweinbergweg 100-11d
Kirchgasse (20) 116-7b
Kirchheimer Weg 115-6d
Kirchplatz 100-11d
Kirchstaffel (8) 115-9a
Kirchstraße 115-9a
Kleistweg 115-9c
Klingelbrunnenweg 115-9d
Kocherstraße 115-9a
Königsberger Straße (25) 115-9c
Kohlenweg 115-8b
Kornwestheimer Straße 115-8b
Küferstraße 116-1d
Kurze Straße (15) 115-9c

Landäcker 116-4a
Lange Straße 115-9c
Lembergstraße 100-11d
Leonberger Straße 115-6c
Lerchenrain 116-1d
Lerchenweg 100-11d
Lincolnweg (6) 115-5c
Lindenstraße 116-1d
Lindenweg (6) 116-4d
Lönsweg 100-11d
Luchsweg (20) 115-9c
Ludwigsburger Steige 115-8b
Ludwigsburger Straße 115-3d
Lützelhaldenweg 116-8a

Marbacher Straße 116-4d
Marderweg (27) 115-9c
Margarethenstraße 115-9a
Markgröninger Weg 115-8b
Martin-Buber-Weg 115-9a
Martin-Luther-King-Platz (7) 115-5c
Martin-Luther-Straße 115-9c
Martinstraße 116-4d
Max-Eyth-Straße 115-9d
Maybachstraße 115-3b
Meisenweg 116-2c
Memelweg (13) 115-9a
Merowingerweg (9) 115-5c
Meslay-du-Maine-Straße 116-4c
Metzgerwiesen 100-11c
Milanweg 116-4d
Milchgasse (18) 116-7b
Mörikestraße 115-9c
Mörikeweg 100-11d
Mozartstraße (28) 115-9c
Mühläckerstraße 116-7b
Mühlrain 116-4a
Mühlstraße 116-7b
Mühlweg 115-9c
Münsinger Weg 115-6d

Neckaraue 116-1d
Neckargröningen 116-4a
Neckargröninger Weg 115-6c
Neckarkanalstraße 115-9b
Neckarrems 116-7a
Neckarremser Straße 116-1d
Neckarstraße 115-9b
Nelkenweg 115-9a
Neue Gärten 116-4b
Neuffenweg (11) 116-2c
Neun Morgen 116-4c
New-York-Ring 115-4d

Ob der Steige (2) 115-9a
Obere Haldenstaffel (9) 115-9b
Obere Mühle 116-3a
Obere Weinbergstraße 116-7b
Obere Wiesen 115-3b
Obstgartenweg 116-4b
Oderstraße 115-9c
Oeffinger Straße 115-9d
Oklahomaweg 115-4d
Oßweiler Weg 115-6c
Otterweg (18) 115-9a
Otto-Hirsch-Straße 115-9b

Panoramaweg 116-1d
Pattonville 115-5c
Pfädlesweg 116-1b
Pfarrer-Hiller-Straße 116-4a
Pliniusweg (12) 115-5c
Poppenweiler Straße 100-11c
Postgasse (19) 116-7b

Querstraße 115-9b

Raiffeisenstraße (2) 116-1d
Rainwiesen 115-3b
Rastatter Weg 115-6d
Rebhuhnweg (11) 116-4d
Rechbergweg (10) 116-2c
Remstalstraße 116-4d
Remsweg (21) 116-7b
Richard-Wagner-Straße (26) 116-5c
Römersteinweg 116-2c
Römerweg 100-11d
Röschweg 116-5c
Rosenstraße 116-4c
Rosenweg (1) 115-9a
Rossbergweg (14) 116-2c
Rotweg 116-2c

Schafgasse (7) 115-9a
Schickhardtstraße 116-4d
Schillerstraße 115-9c
Schlehenweg 116-1d
Schlößlesstraße 115-9b
Schlosshof (16) 115-9c
Schloßstraße 100-11d
Schlossweg 116-7a
Schubartstraße 100-11d
Schulstraße 116-4d
Schulweg 100-11d
Schumannstraße (25) 116-8a
Schwabstraße 115-9c
Schwaikheimer Straße 116-5c
Schwalbenweg (13) 116-4d
Schwetzinger Weg 115-9b
Silcherstraße 116-2c
Silcherweg 116-5c
Sommerbergstraße 116-2c
Sonnenblick (3) 116-1d
Sonnenhalde 116-1d
Sonnenhof 115-11b
Spathaweg (10) 115-5c
Spatzenweg 116-2c
Sprengerstraße 116-4a
Staffel (15) 116-7b
Starenweg 116-4d
Steinbößer 115-3b
Sternbergweg (13) 116-2c
Stettiner Straße 115-9a
Stürzenweg 115-8b
Stuifenweg 116-2c
Sudetenstraße 115-9c

Talstraße 100-11d
Tannenweg 116-2c
Taubenweg (10) 116-4d
Teckstraße 116-2c
Traubenstraße 116-4d
Tübinger Straße 115-9b
Tulpenweg 115-9a

Uferweg 116-4d
Uhlandstraße (23) 116-8a
Uhlandweg 100-11d
Ulmenweg 116-1d
Untere Haldenstaffel (10) 115-9b
Untere Weinbergstraße 116-7b
Uracher Weg 115-6d

Wacholderweg (4) 115-9a
Waldallee 116-2d
Walter-Wörn-Weg 116-1d
Wasenstraße 116-4b
Washingtonring 115-4d
Wegländer (1) 116-4a
Weinbergweg 116-1b
Westheimer Weg 115-6b
Wieselweg (21) 115-9c
Wiesenstraße 115-9c
Wiesenweg 116-7b
Wilhelmsplatz 100-11d
Wilhelmstraße 115-9c
Wilhelm-von-Steuben-Weg 115-5c
Wunnensteinstraße 116-2c

Zavelsteinweg (8) 116-2c
Zum Teich 116-4b

Remshalden
PLZ 73630

Achalmstraße 134-3c
Adalbert-Stifter-Straße 135-10a
Ahornweg 135-7d
Alemannenstraße (7) 134-9a
Alfred-Klingele-Straße 134-9d
Am Hang 135-10a
Am Hirsch 134-9a
Am Hohenstein 135-8a
Am Kelterwiesenbach 135-7c
Amselweg 135-7a
Am Weiher (4) 134-3c
August-Lämmle-Straße 135-7d
Austraße 134-9a

Bachstraße 134-6c
Badstraße 135-7c
Bahnhofstraße 134-9c
Banater Weg 135-10a
Bauersberger Hof 135-4c
Beethovenweg (11) 134-9c
Benzstraße 134-8d
Bergstraße 134-6c
Beutelsbacher Straße 134-8d
Birkenstraße 134-9b
Birnblütenweg 135-8d
Blumenstraße 134-9a
Boslerstraße (3) 134-3c
Bossingerweg 135-10a
Botenweg 135-8b
Breitenbergstraße 135-7b
Brückenstraße 134-8b
Brühlstraße 134-9d
Brunnengasse 134-6c
Buchhaldenweg 134-5d
Bühlstraße 134-9c
Buoch 134-6a
Burgstallweg 135-7a

Daimlerstraße 134-8d
Dammstraße 134-9a
Dietrich-Bonhoeffer-Straße 134-9b
Drosselweg 134-9b

Eduard-Hiller-Straße 134-3c
Eichendorffstraße 134-9c
Eisenbahnstraße 134-8d
Ernst-Heinkel-Straße 134-5d

Färbergasse (6) 135-8c
Falkenweg 135-7d
Fellbacher Straße 134-8b
Feuerseestraße 135-8b
Finkenweg 135-7a
Fliederweg (4) 134-6c
Flösstraße 135-8a
Föhrenbacher Rain 1 134-12b
Föhrenbachstraße 134-9d
Forststraße 135-10a
Frankenstraße 134-9b
Franz-Schubert-Straße 134-9d
Friedensstraße 135-7c
Fronäckerstraße 135-7c

Gabäckerweg 135-10a
Gaisgasse 135-7a
Gartenstraße 134-9a
Geradstetten 135-10a
Geradstettener Straße 135-7d
Gerhart-Hauptmann-Straße 134-9d
Geschwister-Scholl-Straße (2) 135-8b
Glockengasse (1) 135-7d
Goethestraße 134-8d
Gottfried-Seibold-Straße 134-6c
Gournayer Platz (10) 135-7c
Grabenstraße 134-9a
Gregor-Mendel-Straße 134-9d
Großheppacher Straße 134-8b
Grunbach 134-5d
Günther-Irmscher-Straße 134-9c

Hahnstraße 134-8d
Hauffweg 134-9c
Hebsack 135-7b
Heinrich-Heine-Straße 134-8d
Heinrich-Hesse-Straße 134-9c
Hirschgasse (3) 135-7d
Hölderlinstraße 135-8c
Hölzlestraße 134-8d
Hößlinswarter Weg 135-8b
Hofweg 135-8c
Hohenstaufenstraße 134-3d

Im Brunnengarten 135-8b
Im Humbertle 135-8a
Im Salenhäule 118-12c
Im Wiesengrund (6) 134-9a
Ina-Seidel-Straße 134-12b

Jahnstraße 134-9a
Jakob-Deile-Straße 134-6c

Kanalstraße 134-9a
Kantstraße 135-8c
Kapellenstraße 134-9b
Karl-Fuchs-Weg (2) 134-3c
Kelterstraße (3) 134-6c
Keplerstraße 134-8d
Kernenweg 134-3c
Kernershof 134-6d
Kernerstraße (10) 134-9c
Kirchberg (1) 135-8b
Kirchbergstraße 135-8b
Kirchgasse 135-7a
Kirchplatz 134-6c
Klause 135-7b
Kochgasse 135-7d
Königsteinstraße 135-8b
Krokusweg 134-6d
Kurze Straße 135-7c

Langenäcker (9) 134-9b
Lederstraße 134-5d
Lehenstraße 134-9a
Lerchenstraße 135-8c
Lessingstraße 134-12b
Lilienstraße 134-9b
Lindackerstraße 135-8a
Lindenplatz 135-8c
Lindenstraße 134-5d
Ludwigstraße 134-9c
Lutherstraße 135-8b

Marienstraße 135-7d
Markgraben 135-7d
Maurerstraße 135-8b
Max-Eyth-Straße 134-9c
Max-Holder-Straße 134-8d
Mittelquerspange 135-7c
Mörikestraße 134-9c
Mozartweg (12) 134-9c
Mühlstraße 134-9a

Nelkenweg (5) 134-9b
Neue Straße 135-8a
Neuffenstraße 134-3d

Obennaus 135-7d
Obere Hauptstraße 135-7d
Oberer Wasen 135-7c
Odenwald 135-8c
Olgastraße 134-6c
Osterhof 134-6d
Osterstraße 134-6c

Panoramastraße 134-6c
Parkstraße 134-3c
Peter-Rosegger-Straße 134-9d
Pfarrgasse (2) 134-6c
Pfarrweg 135-8c
Pilgerwiesenstraße 135-7c

Quellenweg 135-8b

Raiffeisenstraße 135-7c
Raitengasse 135-7d
Rathausstraße 135-7c
Rechbergweg 134-3d
Reichenbacher Straße 134-3c
Reinhold-Maier-Straße 134-9a
Remsstraße 135-8c
Riedstraße 134-8b
Rieslingweg 135-8a
Rilkeweg (9) 134-9c
Ringstraße 135-10b
Römerstraße 135-8b
Rohrbronn 135-8a
Rohrbronner Straße 135-8c
Rollhof 135-7a
Rommenhöllerstraße 134-8b
Rosenstraße 134-9b
Roßbergstraße (1) 134-3c

Scheffelstraße 134-12b
Schellingstraße 135-7d
Schillerstraße 134-6c
Schlarthweg (13) 134-8d
Schmalzgasse 135-7c
Schnaiter Straße 134-12b
Schönbühlstraße 134-12b
Schorndorfer Straße 134-9a
Schulstraße 134-9a
Schurwaldstraße 134-9c
Schwalbenweg 135-8c
Seegasse 135-7b
Silcherstraße 135-8c
Sonnenbergstraße 135-5c
Sonnenrain 135-8c
Staffelweg (4) 135-7d
Staigstraße 134-6c
Starenweg 135-8c
Stauferstraße 134-9a
Stegwiesenweg 135-7d
Steinacher Straße 134-3d
Storchenweg 135-8c
Straußweg (1) 134-6c
Studentenweg 135-10a
Stuifenstraße 134-3c
Stuttgarter Straße 134-8b

Talstraße 134-9a
Teckstraße 134-3d
Thomastraße 134-9c
Traubenstraße 134-6c
Tulpenweg 134-9b
Turmstraße 134-3c

Uferstraße 134-8b
Uhlandstraße 134-9c
Unterer Wasen 135-7c

Veilchenweg 134-6c
Veitengasse (2) 135-7d
Vogelsangweg 135-8c
Vom-Stein-Straße 135-7c

Waiblinger Straße 134-8b
Waldhof 1 134-3a
Waldhof 7 134-3d
Waldstraße 134-3c
Webergasse (7) 135-8c
Weinbergweg 135-7a
Weinhaldenstraße 134-8b
Weinsteige 135-8c
Welfenstraße 134-9a
Werastraße (5) 135-8c
Weststraße 134-8b
Wiesenstraße 134-9a
Wilhelm-Enßle-Straße 135-7d
Wilhelm-Gayer-Straße 135-7c
Winnender Straße 134-3c
Winterbacher Straße 135-8c
Wittumstraße 134-8b
Wolfäckerstraße 134-9c

Zeilweg 134-3d
Zeisigweg (8) 134-9b
Ziegelweg 135-10a

Renningen
PLZ 71272

Ahornweg (5) 149-5b
Albstraße 149-6c
Alemannenstraße 150-5c
Alte Bahnhofstraße 150-4b
Am alten Sportplatz 150-4d
Am Längenbühl 150-5b
Am Pfarrtor 150-7b
Am Schlaggraben 150-5c
Amselweg 149-6c
Anna-Rauh-Straße 150-4a
Anna-Theuer-Straße 150-4a
Arzetstraße 150-5c
Asternweg 149-6b
Auenweg 149-5b

Bachstraße 149-6a
Badstraße 150-7b
Bahnhofstraße 150-4b
Benzstraße 150-4a
Bergstraße 149-6c
Berliner Straße 149-5d
Birkenweg (6) 149-5b
Bismarckstraße 150-4b
Blumenstraße 150-4d
Brückenstraße (14) 150-7b
Brühl 150-8a
Brunnenfeldgäßle (18) 149-6c
Brunnenfeldstraße 149-6c
Brunnenstraße 150-4d
Buchenweg (4) 150-4d
Bühlstraße 149-6a
Burgstraße 150-5c

Dahlienweg (13) 149-6b
Daimlerstraße 150-4d
Dieselstraße 149-6a
Dornierstraße 150-4b
Drosselweg 149-6d

Ebertstraße 149-6a
Eibenweg (1) 149-5b
Eichendorffstraße (1) 150-4b
Eichenweg 150-5c
Elsternweg 150-8a
Eltinger Weg 150-5c
Emil-Höschele-Straße 150-4d
Enzianstraße 149-6a
Erlenweg 149-5b
Ernst-Bauer-Platz (6) 150-4d
Eschenweg (2) 149-5b

Fichtenweg (8) 149-6a
Finkenstraße 149-6a
Fliederweg (4) 149-6a
Forchenweg (3) 149-5b
Frankenstraße 150-5c
Friedenstraße 150-4d
Friedhofstraße 150-7b
Fröbelstraße 150-7b
Fronäckerstraße 150-7b

Gänswasen 150-5c
Gartenstraße 149-6a
Geranienweg 149-6b
Germanenweg (17) 150-5a
Germanenweg (21) 150-5a
Gewerbegebiet Wolfäcker 150-1d
Ginsterweg 149-6b
Goethestraße 150-4d
Goldregenweg (17) 149-6d
Gotenstraße 150-5c
Gottfried-Bauer-Straße 150-4c
Grabenstraße 150-4b
Güthlerstraße 150-4d

Hagebuttenweg (15) 149-6b
Haldenstraße 149-6c
Hangweg 150-7d
Hardtstraße 149-6a
Haselweg 149-6b
Hauffstraße 149-6a
Hauptstraße 150-7b
Hausengäßle 149-6a
Heckengäustraße 149-6b
Hegelstraße 150-4b
Heidestraße 149-6a
Heimsheimer Straße 149-6a
Heinkelstraße 150-4a
Helvetierweg (20) 150-5a
Hindenburgstraße 150-7b
Hinter dem Ried (16) 150-4c
Hintere Gasse (10) 150-7b
Hinterriedstraße 150-4c
Hirschstraße 149-6a
Hölderlinstraße (2) 150-4b
Holunderweg 149-6a
Humboldtstraße 150-7b
Hummelbaum 150-5c

Ihinger Hof 150-10c
Im Viehtrieb 149-6a
In den Mauren 149-6b
In den Weinbergen 150-5b
Industriestraße 150-4b

Jägerstraße 149-6c
Jahnstraße 150-7b
Jakobstraße 150-7b

Kantstraße 149-6a
Karolingerweg (18) 150-5a
Karpatenstraße (10) 149-5d
Kasernenstraße 149-6a
Kastanienweg 149-5b
Keltenstraße 150-5a
Keplerstraße 149-6a
Keuperstraße 150-5c
Kiebitzweg 149-6d
Kindelberg 150-7c
Kindelbergweg 150-7c
Kirchplatz (8) 150-7b
Kirchstraße 149-6a
Kleine Gasse (7) 150-7b
Kornblumenweg 149-6b
Krebenstraße 150-5c
Kronenstraße (13) 150-7b

Längenbühlhof 150-6a
Lammstraße 149-6c
Lange Steggasse 149-6c
Lange Straße 150-7b
Lauerhalde 150-5a
Lehenbühlstraße 150-4d
Leonberger Straße 150-7b
Lerchenstraße 149-6a
Lessingstraße 150-4d
Ligusterweg (16) 149-6d
Lilienstraße 149-6b
Lindenstraße 150-4d
Lisztstraße 150-4d
Lutzenburg 150-7d

Magstadter Straße 150-7b
Maisenburgweg 150-5c
Malmsheim 149-6c
Malmsheimer Straße 149-5d
Margeritenstraße 149-6b
Martin-Luther-Straße 150-4d
Mathilde-Hasenkamp-Straße 150-4a
Maybachstraße 150-4b
Meisenweg 150-8a
Merklinger Straße 149-5b
Merowingerweg (19) 150-5a
Mittelweg (15) 150-5c
Mittlere Gasse (9) 150-7b
Mörikestraße 149-6a
Montessoristraße 150-7b
Mozartstraße 150-4d
Mühlgasse 150-8a

Narzissenweg 149-6b
Nelkenstraße 149-6b
Nord-Süd-Straße 150-4a

Perouser Straße 149-6a
Pfarrgartenweg (9) 149-6a
Planstraße 150-7b
Platanenhof (5) 150-5c
Poststraße 150-4d

Quellenstraße 150-4d

Raitestraße 150-4a
Rankbachstraße 150-7b
Rankmühle 149-5d
Renninger Straße 149-6c
Riedstraße 150-4b
Robert-Bosch-Campus 149-3d
Robert-Bosch-straße 150-4d
Römerstraße 150-5a
Rosenstraße 150-4d
Rosine-Starz-Straße 150-4a
Rutesheimer Straße 150-4b

Sanddornweg 149-6b
Schafeichenweg 150-6c
Schellingstraße (12) 149-6a
Schelmenäckerstraße 149-6a
Schillerstraße 149-6a
Schlehenweg 149-6b
Schlesierstraße 149-5d
Schloßgasse (12) 150-8a
Schnallenäckerstraße 149-6b
Schöckengasse 149-6a
Schönblickstraße 150-5a
Schubertstraße (3) 150-4d
Schulstraße 149-6a
Schwabenstraße (11) 149-6c
Schwanenstraße (11) 150-7b
Schwarzwaldstraße 149-5d
Seestraße 150-8a
Siemensstraße 150-4d
Silberberger Weg 150-5c
Silberrain 150-5b
Silcherstraße 149-6a
Sophie-Scholl-Straße 150-7b
Sparnsbergstraße 149-5d
Staffeläckerstraße 149-6c
Starenweg 150-8a
Stauferstraße 150-5c
Steinbeisstraße 150-4a
Stifterstraße 150-5c
Stöckachstraße 150-5c
Stöckhof 150-9a
Strohgäustraße 149-6b
Sudetenstraße 149-5b

Talstraße 149-6a
Tannenstraße 149-5b
Tintengasse 150-8a
Tulpenstraße 150-5c

Uhlandstraße 149-6a
Ulmenstraße 149-5b
Unterwörthstraße 150-7b

Veilchenstraße 149-6a
Voithstraße 149-2d
Von-Süßkind-Schwend-Straße 150-4a
Voräckerstraße 150-5c
Vor der Hart 150-1d

Wacholderweg 149-6d
Wagnerstraße 150-4d
Wankelstraße 149-3c
Weilderstädter Straße 150-7b
Weilemer Gäßle (14) 149-6c
Weißdornweg 149-6b
Welfenstraße 150-5a
Westerfeldstraße 149-5b
Widdumstraße (7) 149-6a
Wielandstraße 150-4d
Wiesenstraße 150-7b
Wilhelmstraße 150-8a
Wörnetstraße 150-4d

Zeppelinstraße 150-4d
Zimmeräckerstraße 150-5c

Reutlingen

72760 Aachener Straße 269-1c
72760 Aalener Straße 269-4a
72762 Aaraustraße 268-12b
72766 Achalm 269-12a
– Achalmer Sträßle 269-8d
72768 Achalmsteige 251-10a
72762 Adalbert-Stifter-Straße 288-3d
72760 Adlerweg (2) 268-6d
72770 Adolf-Damaschke-Straße 268-7d
72770 Adolf-Kolping-Straße 268-10a
72764 Äußere Kelterstraße 45-C3
72762 Agnes-Miegel-Straße 268-12d
– Ahornteichweg 306-3d
72770 Ahornweg 287-3c
72768 Aichstraße 250-11d
72764 Aispachstraße 45-D3 + 269-11a
72770 Akazienweg 287-3c
72766 Albblickweg 269-11a
72766 Albert-Schweitzer-Straße 251-5c
72762 Albrechtstraße 288-3b
72764 Albstraße 45-C3 + 269-10b
72764 Albtorplatz 45-B3 + 269-10b
72768 Alemannenstraße 269-1a
72762 Alexanderstraße 269-10d
72770 Alfred-Brehm-Straße 268-8b
72770 Alfred-Kraft-Gasse (5) 268-8d
72766 Alfred-Schradin-Straße 269-11c
72760 Allensteiner Straße 268-6d
72770 Allmendstraße 268-7c
72766 Altdorfer Weg 251-5d
72770 Alteburger Hof 288-4c
72762 Alteburgstraße 288-3b
72766 Alte Dorfstraße 251-11a
72768 Altenburg 250-12a
72768 Altenwaldstraße 268-3b
– Alter Gomaringer Weg 287-6d
– Alter Schaufelhardtweg 288-4a
– Alte Straße 305-2b
72768 Altheimer Straße (8) 268-3b
72764 Amalienweg 45-D3
72768 Am Bildstöckle 268-2a
72770 Am Bollrain (7) 268-8c
72770 Am Brunnenplatz (4) 287-3b
72766 Am Burggraben 251-11a
72764 Am Echazufer 45-C3 + 269-10d
72770 Am Galgenberg 268-11b
72770 Am Galgenbühl 287-12b
72768 Am Gassenbrunnen 268-2b
72766 Am Heilbrunnen 269-7d
72770 Am Kirchberg 287-3b
72768 Ammerstraße 250-11b
72768 Am Mühlwehr 250-9d
72766 Am Rosenbach 251-11c
72760 Am Schieferbuckel 268-9d
72768 Am Schießeck (5) 268-2c
72760 Amselweg (9) 268-9b
72766 Am Südbahnhof 269-11c
72768 Amundsenstraße 251-7c
72768 Am Wasserturm 268-2c
72766 Am Wieslenbach 251-5d
72768 An den Gassenäckern 251-10c
72766 An der Halde 269-5d
72760 An der Karlshöhe 268-7d
72762 An der Kreuzeiche 288-3a
72760 Andersenweg 289-1a
72768 Andreas-Schlüter-Straße (4) 268-5b
72766 Anemonenweg 289-1b
72768 Angoraweg 268-2b
72762 Anne-Frank-Straße 269-10d
72762 Annenweg 268-12d
72764 Arbachstraße 269-10d
72764 Arminstraße 289-1b
72764 Arminweg 269-10d
72760 Arndtstraße 268-9b
72768 Arnold-Böcklin-Straße 268-5b
72770 Asternweg 287-3b
72770 Auchtertstraße 268-10b
72768 Auchtweide 251-10b
72762 Auerbachstraße 269-10c
72760 Auerhahnweg (5) 268-9b
72770 Auf der Ay 306-1a
72762 Auf der Bloß 268-12a
72768 Auf der Höhe 268-5b
72770 Auf der Lind 287-3b
72770 Auf der Reute 287-9d
72766 Auf Wies 269-4b
72760 Augsburger Straße 269-4a
72762 August-Bebel-Straße 268-12a
72760 Augustenweg 269-7b
72764 August-Lämmle-Straße 269-11c
72762 August-Merkh-Straße 288-3a

72764 Aulberstraße 45-C2 + 269-10b
72766 Auweg 269-5b
72770 Auwiesenstraße 268-8d

72770 Backhausweg (3) 288-10c
72760 Badbrunnenstraße (5) 251-5c
72768 Badener Ring 269-1a
72766 Badstraße 269-8c
72770 Bäckergasse (4) 288-10c
72764 Bärenstraße (1) 45-B2
72764 Bahnhofstraße 45-B1 + 269-7c
72770 Bahnstraße 287-3a
72770 Balthartweg 287-3b
72768 Balthasar-Neumann-Straße 268-2d
72762 Bamesstraße 268-12b
72760 Banater Straße 269-4c
72762 Bantlinstraße 268-12a
72770 Barbarossaweg 268-9a
72766 Barlachstraße (3) 268-5b
– Barmbergweg 306-2a
72770 Barmkapfweg 306-1b
72768 Bauchenloch (6) 250-12a
72764 Baumgartenweg 45-D2 + 269-11a
72760 Baustätterstraße 289-1a
72768 Bayernstraße 269-1c
72764 Bebenhäuserhofstraße 45-B2
72766 Bebenhart 269-2b
72768 Beckenried 268-5a
72766 Beethovenstraße 45-D1 + 269-7d
72764 Begerstraße 45-B2
72766 Behringstraße 269-8c
72770 Bei den Lindenwiesen 288-10a
72768 Bei der Kirche (4) 268-3b
72768 Bei der Linde 269-1b
72768 Bei der Schule (4) 250-12a
72760 Bei der Wendlerei 45-C3 + 269-10d
72770 Beim Himmelreich (2) 287-12d
72766 Beim Schwefelbad 269-5a
72770 Beim Vogelwäldle (8) 287-3b
72766 Beim Wiesplätzle (6) 269-5a
72768 Belchenstraße 250-12d
72770 Belfortstraße 268-8c
72762 Bellinostraße 269-10c
72766 Bempflinger Straße 251-5d
72762 Benzstraße 45-A1 + 268-9d
72768 Berblingerstraße (1) 251-7c
72770 Bergäckerweg 268-8a
72762 Berggasse 289-1c
72768 Berghof 250-12a
72768 Berkheimer Straße (7) 268-3b
72760 Berliner Ring 269-1c
72768 Bertholdweg (11) 251-10a
72768 Betmauerstraße 250-9d
72766 Betzenried 269-11c
72764/72766 Betzenriedstraße 45-D3 + 269-11c
72770 Betzingen 268-5c
72770 Betzinger Straße 287-3b
72768 Beundenstraße 268-2b
72768 Beundgäßle (5) 268-3b
72760 Beuthener Straße 269-4c
72764 Beutterstraße 45-C3 + 269-10b
72760 Biberacher Straße 269-4b
72768 Biberweg (5) 268-3a
– Biegelweg 306-2d
72770 Bierwiesenstraße 287-12d
72770 Birkenstraße 268-9c
72768 Birkhölzlestraße 251-10a
72766 Birnenweg 269-7b
72768 Bisamweg 268-3a
72764 Bismarckstraße 45-B1 + 269-7d
72770 Blockäckerstraße 268-9c
72762 Blücherstraße 45-A3 + 269-10a
72770 Bodäckerstraße 287-3d
72762 Bodelschwinghstraße 268-12c
72762 Bösmannstraße 268-12b
72770 Bolbergweg 287-12b
72764 Bollwerkstraße 45-B2
72770 Bonlandenstraße 268-8c
72768 Borkumstraße 268-3b
72770 Borsigstraße 268-9c
72766 Brahmsstraße 269-8a
72766 Brahmsweg 45-D1 + 269-8c
72770 Braikestraße 268-11b
72766 Braikinbachweg 269-5a
72766 Breisgaustraße 251-11c
72770 Breite Äcker 287-9d
72770 Breitenbachstraße 268-11a
72770 Breitenbachweg 268-11a
72768 Breitensteinstraße 251-10a
72764 Breitertstraße 45-C1 + 269-7d
72770 Brentanostraße 268-8a
72766 Brenzstraße 45-C1 + 269-7d
72760 Breslauer Straße 268-9b
72768 Bretzingstraße (9) 251-10a
72770 Briesbergstraße 268-8c
72768 Brigachstraße 250-8d
72770 Bronnweiler 287-9a
72770 Bronnweilerstraße 287-12b
72770 Bruckäckerweg 268-8a
72770 Brucklacherstraße 268-8d
72766 Brucknerstraße 269-8a
72770 Brühlstraße 287-3b
72770 Brühlwiesenstraße 306-1a
72768 Brunnengasse (6) 251-7c
72770 Brunnenhof 287-12c
72770 Brunnenplatz 287-3b
72770 Bruno-Matzke-Straße 288-1c
72770 Brunostraße (3) 287-9c
72760 Buchauer Weg 268-6b
72766 Buchbachstraße 251-8b
72770 Buchenstraße 268-12a
72768 Buchhalde 251-7c
72770 Buckengartenweg 268-8c
72760 Büchnerstraße 268-9a
– Buochweg 306-2c
72770 Burghalde 288-10c
– Burghaldeweg 288-10d
72760 Burgholz 269-8b
72764 Burgplatz 45-C3 + 269-10b
72764 Burgstraße 45-C3 + 269-10b
72766 Burgunderweg 251-5c
72760 Burkhardt+Weber-Straße 45-A1 + 269-10a
72760 Bussardweg (15) 268-9b

72760 Carl-Diem-Straße 269-7a
72770 Carl-Zeiss-Straße 268-7d
72770 Carl-Zuckmayer-Weg (2) 268-8b
72768 Carmenstraße 268-3a
72764 Champignystraße 45-C3
72764 Charlottenstraße 45-D3 + C1 + 269-7d
72770 Christian-Fauser-Straße 288-1c
72766 Christoph-Schnurr-Weg 269-4d
72760 Christophstraße 269-7a
72768 Clemensstraße 251-7c
72768 Corinthstraße 268-5b
72760 Crailsheimer Straße 269-4a
72768 Cranachstraße 268-2c

72770 Dachberg 288-7c
72770 Dahlienweg 287-3b
72770 Daimlerstraße 268-9c
72770 Dammweg 268-8c
72760 Danneckerstraße 268-9b
72760 Danziger Straße 268-9b
72768 Darrenstraße 268-3b
72764 Deckerstraße 45-B3
72768 Degerschlacht 268-5b
72768 Degerschlachter Straße 268-2d
– Deichelholzweg 288-4a
72766 Der Schöne Weg 45-D1 + 269-8c
72770 Diebenloch 288-7d
– Diebenlochweg 288-7d
72766 Diebsteigle 289-1b
72760 Dienstleistungspark Orschel 268-6b
72770 Dieselstraße 268-9c
72762 Dietrich-Bonhoeffer-Straße 289-1a
72760 Dietweg 268-6d
72760 Dinkelsbühler Straße 269-1c
72770 Dirnäckerweg 287-3b
72770 Donauschwabenstraße 287-12d
72768 Donaustraße 250-8d
72766 Dorotheenweg 289-1b
72760 Dresdner Platz 269-4a
72760 Drosselweg (12) 268-9b
72760 Dürerstraße 268-9b
72768 Dürnauer Straße 268-3b
– Dürrenbergallee 250-7d
72768 Dürrenbergstraße 250-12d
72760 Dürrstraße 268-9c

72762 Eberhardstraße 45-A2 + 269-10a
72770 Eberhard-Wildermuth-Platz 268-8c
– Eberhard-Wildermuth-Siedlung 268-7b
72770 Eberhard-Wildermuth-Straße 268-7d
72766 Ebnestraße 269-4b
72764 Echazstraße 45-C3
72770 Eckenerstraße 268-9a
72768 Egertstraße 268-3d
72768 Egmontstraße 268-2b
72770 Eibenweg 287-3c
72762 Eichendorffstraße 268-12d
72770 Eichenweg 287-3c
72768 Eichgartenhof (4) 268-2b
72768 Eichgartenstraße 268-2b
– Eichhaldeweg 306-3b
72768 Eichhörnchenweg (2) 268-3a
72762 Eichwäldle 288-2c
– Eichwäldlesweg 288-4b
72766 Eiersbachweg (11) 269-2c
72766 Eifelstraße 251-11c
72760 Einsteinstraße 269-4d
72770 Eisenbahnstraße 268-8c
72768 Elchstraße 250-12c
72770 Elisenweg 268-12d
72762 Elsa-Brändström-Straße 268-12c
72760 Elsterweg (10) 268-9b
72770 Emanuel-Geibel-Straße 268-8b
72760 Emil-Adolff-Straße 45-A1 + 268-9d
72770 Emilienweg 269-7b
72760 Emil-Roth-Straße 268-6d
72764 Enge Straße 45-C3
72766 Eninger Weg 269-11c
72768 Entenhof (1) 268-2d
72760 Entenweg (6) 268-9b
72770 Enzianweg 306-1a
72768 Enzstraße 250-11b
72768 Erchangerweg (7) 251-7c
72770 Erlach 287-9d
72766 Erlachweg 269-2c
72768 Erlenbachstraße 250-12a
72768 Erlenhof 250-11b
72768 Erlenmooser Straße 268-3b
72770 Erlenstraße 287-9d
– Erlenteichweg 288-4b
72768 Erlesäckerweg 268-2c
72768 Ermsstraße 250-8d
72768 Ermstalstraße 269-1a
72770 Ernst-Abbé-Straße 268-10a
72770 Ernst-Felger-Weg 288-10a
72770 Ernst-Geiger-Straße 268-8c
– Ernst-Mayer-Weg 288-5d
72764 Ernst-Reuter-Straße 269-11c
72764 Ernst-Reuter-Weg 269-11c
72766 Ernst-Wagner-Weg 251-6c
72770 Ersberg 268-8a
72770 Ersbergweg 268-8a
72768 Ertinger Straße 268-3d
72764 Erwin-Seiz-Straße 269-11c
72770 Eschenweg 287-3c
72760 Esslinger Straße 269-1c
72760 Eugen-Bolz-Straße 269-8c
72766 Eugenstraße 289-1b
72760 Eugen-Weit-Weg 269-9c
72760 Eulenweg (11) 268-9b
72768 Eyachstraße 250-11b

72766 Fährwiesenstraße 269-5c
72764 Färberstraße 45-B2
72770 Falkenhof 288-10a
72760 Falkenweg (13) 268-9b
72770 Fallenbachstraße 268-8a
72768 Falltorstraße 250-12a
72760 Fasanenweg (21) 268-9b
72764 Federnseestraße 45-B2
72770 Fehlhaldenweg 287-3b
72768 Feldbergstraße 268-3b
– Felsenteichweg 305-3d
72770 Fensterstraße 268-8d
72770 Ferdinand-Lassalle-Straße 268-10c
72760 Ferdinand-Porsche-Straße 269-4c
72768 Fideliweg 268-2d
72766 Filderweg 269-2c
72770 Firsthaldeweg 268-7d
72762 Fizionstraße 268-12b
72762 Fliederweg 289-1a
72766 Florianstraße 269-5d
72760 Föhrstraße 269-7a
72766 Fohwasen 269-2d
72766 Fohwasenweg 269-5a
– Forchenkopfweg 288-5b
72770 Forchenweg (7) 287-3c
72762 Forsthof 288-2c
72768 Frankenstraße 269-1a
72760 Frankfurter Straße 269-1c
72764 Frankonenweg 45-B3 + 269-10c
72766 Franz-Abt-Straße 269-8c
72770 Franz-Kafka-Straße 268-8b
72766 Franz-Schubert-Straße 45-C1 + 269-7d
72762 Frauenstraße 45-A3 + 269-10c
72760 Freiligrathstraße 268-9b
72770 Friedensstraße 287-3b
72766 Friedhofstraße 269-5a
72766 Friedlandstraße 269-4b
72762 Friedrich-Ebert-Straße 45-A3 + 269-10a
72762 Friedrich-List-Hof 288-2c
72762 Friedrich-Naumann-Straße 268-12c
72764 Friedrichsplatz (11) 45-C2
72768 Friedrichstraße 268-2b
72770 Friedrich-Wilhelm-Raiffeisen-Straße 268-10c
72770 Fröbelstraße 268-8c
72766 Fröhlefelderweg 251-5d
72766 Fuchshaldeweg 269-5b
72770 Fürstbachstraße (3) 287-3b
72768 Fürstenbergstraße 251-10a

72762 Gabelsbergerstraße (11) 268-12b
72770 Gänsacker 306-1a
72766 Gärtnerstraße 269-5a
72768 Gaiernstraße 251-10c
72762 Ganghoferstraße 289-1a
72764 Gartenstraße 45-B2 + 269-10a
– Gartentor 45-B2
72764 Gartenweg 45-D3 + 269-11c
72760 Gaußstraße 289-1b
72760 Gaylerstraße 45-C1 + 269-7d
72768 Gazellenstraße 268-3a
72760 Geierweg (14) 268-9b
72760 Gellertstraße 268-9d
– Gemeinsames Wirtschaftsgebiet Reutlingen-West 268-7c
72762 Georg-Elser-Straße 268-12b
72764 Georgenstraße 269-10d
72766 Georg-Friedrich-Händel-Straße 269-8a
72766 Georg-Hegel-Weg 269-5a
72762 Geranienweg 289-1a
72762 Gerhart-Hauptmann-Straße 288-3b
72768 Germanenstraße 269-1c
72762 Gerokstraße 269-10c
– Geschwister-Wunschel-Park 269-4c
– Gewerbegebiet Auf Wies 269-4b
– Gewerbegebiet In Bühlen 269-1c
– Gewerbegebiet In Laisen 269-7b
– Gewerbegebiet Bierwiesen 287-12b
– Gewerbegebiet Lachenhau 251-9a
– Gewerbegebiet Lange Morgen 268-2a
72770 Gielsbergweg 288-10a
72760 Giengener Weg 269-4a
72766 Gießsteinweg 269-5a
72770 Ginsterweg 287-3d
72762 Glasbergstraße 45-A3
72764 Glaserstraße 45-B2
72768 Glems 270-9b
72760 Gminderstraße 45-A2
72762 Gminderstraße 268-12b
72766 Göllesbergweg 269-4b
72770 Gönningen 287-12c
72770 Gönninger Straße 287-9d
72770 Goerdelerstraße 268-8b
72770 Goethestraße 287-3a
72770 Gomaringer Straße 287-3c
72766 Gotenstraße 251-9a
72768 Gotlandstraße 268-3b
72770 Gottfried-Keller-Straße 268-9a
72766 Gottlieb-Harzer-Weg 269-4b
72770 Grabenstraße 306-1a
72766 Grafenberger Straße 251-5d
72770 Grafeneck 287-3b
72766 Grasbergweg 269-4b
72762 Grasiger Weg 268-11d
72762 Grathwohlstraße 45-A2
72764 Gratianusstraße 45-C1 + 269-7d
72760 Graudenzer Straße 269-7a
72766 Grenzweg 269-5d
72770 Griesingerstraße 268-8d
72768 Griesweg 268-12b
72762 Grillparzerstraße (15) 268-11d
72770 Groß-Erlach 287-12b
72766 Grüne Au 251-5d
72766 Grüner Weg 269-4d
72768 Grünewaldstraße (2) 268-5b
72766 Grummetweg 269-4b
– Grundweg (Gönningen) 306-3c
72766 Grundweg (Sondelfingen) 269-5d
72770 Gruobachstraße 288-10a
72766 Gumpperweg 269-11c
– Gurgelweg 288-4d
72760 Gustav-Groß-Straße 268-6d
72762 Gustav-Schwab-Straße 268-12a
72760 Gustav-Wagner-Straße 45-A1 + 268-9d
72762 Gustav-Werner-Platz 45-A2
72762 Gustav-Werner-Straße 45-A2 + 269-10a
72762 Gutenbergstraße 45-A1 + 269-7c
72768 Gutenzeller Straße 269-1c

72760 Habichtweg (4) 268-9b
72766 Härtenweg (1) 269-2c
72766 Hätze 269-8b
72766 Hätzengeschreist 269-8b
72770 Hagäcker 288-1c
72766 Hagenweg 269-4b
72762 Hagstraße 45-B3 + 269-10c
72770 Hainbuchenweg 287-3c
72770 Haldenäckerweg 268-10b
72766 Hallstattstraße 251-9a
72766 Halskestraße 269-5c
72764 Hammerweg 269-10d
72766 Hammetweiler Straße (2) 251-5c
72768 Hanfgartenstraße (9) 268-3b
72770 Hanflandweg 287-3b
72770 Hangweg 268-8a
72768 Hans-Baldung-Straße 268-5b
72770 Hans-Baltisberger-Straße 268-9a
72770 Hans-Böckler-Straße 267-12d
72770 Hansenstraße 287-3b
72760 Hans-Freytag-Straße 268-9d
72766 Hans-Grischkat-Straße 269-8a
72768 Hans-Knecht-Straße 268-2d
72762 Hans-Reyhing-Straße 288-3b
72770 Hans-Roth-Weg 268-8d
72760 Hans-Sachs-Straße 268-9b
72768 Hardenbergstraße 251-7c
72768 Hardenbergweg 251-10a
72770 Harteneckweg 287-9d
72766 Hartweg 269-4b
72770 Haselnußweg 287-3d
72770 Hasenbergstraße 287-3d
72762/72770 Hauffstraße 268-12a
72770 Hauptstraße 288-10c
72760 Hauweg 250-9d
72766 Haydnstraße 269-7b
72770 Hebbelstraße 268-9a
72770 Hechinger Straße 287-12d
72766 Heckendreher 269-8b
72770 Heckwiesen 268-10d
72768 Heeräckerstraße 250-9d
72768 Heergäßle 268-3b
72766 Heerstraße 251-5c
72766 Hegaustraße 251-11c
72762 Hegelstraße 45-A3 + 268-12b
72762 Hegelweg 45-A3
72764 Hegwiesenstraße 45-C2
72760 Heidenheimer Straße 269-1d
72766 Heidenwasenstraße 251-11a
72760 Heilbronner Straße 268-6b
72768 Heiligenhaldenweg 268-3b
72768 Heimbühlstraße 268-3d
72762 Heinestraße 269-10c
72770 Heinkelstraße 268-9c
72770 Heinrich-Böll-Straße 268-8b
72766 Heinrich-Marschner-Straße 269-8a
72762 Heinrich-Schliemann-Straße 288-3b
72770 Heinrich-Spiegel-Straße (1) 287-9a
72766 Helenenweg 289-1b
72768 Helgolandstraße 268-3b
72760/72770 Heppstraße 268-8d
72762 Herderstraße 45-A3 + 269-10c
72762 Hermann-Ehlers-Straße 288-3a
72762 Hermann-Hesse-Straße 288-3d
72768 Hermann-Köhl-Straße 250-9d
72762 Hermann-Kurz-Straße 268-12b
72762 Hermann-Löns-Straße 269-10c
72768 Hermelinstraße 250-12c
72766 Herrenalber Straße (11) 251-8b
72766 Herzog-Ulrich-Straße 251-11c
72768 Hessenstraße (13) 269-1a
72766 Heubergstraße 269-4d
72768 Heudorfer Straße 268-3d
– Heusteige 305-3c
72762 Hindenburgstraße 45-B3 + 269-10c
– Hinterburgweg 288-10b
72770 Hinter dem Hau 268-10d
72766 Hinter der Hopfenburg 269-5d
72770 Hinter Höfen 306-1a
72770 Hirschäckerstraße 287-3a
72764 Hirschlandstraße 269-10d
72764 Hirschstraße 45-B2
72766 Hochbuchwasen 251-8b
72768 Hochdorfer Straße (10) 268-3b
72762 Hölderlinstraße 269-10d
72766 Hölläckerstraße (1) 251-5c
72768 Hölzlestraße 268-5b
72766 Hörnleweg 269-5d
72770 Hoffmannstraße 268-8d
72770 Hofgut Alteburg 288-4a
72762 Hofgut Gaisbühl 288-3d
72764 Hofstattstraße 45-B2 + 269-10a
72762 Hohbuch 268-11d
72762 Hohbuchstraße 268-12c
72768 Hohenbergstraße 251-10a
72768 Hohenloher Straße 269-1a
72766 Hohenschildstraße 269-5d
72768 Hohenstaufenstraße 268-2b
72766 Hohensteig 269-5c
72768 Hohentwielstraße 268-3a
72766 Hohenzollernstraße 251-5d
72770 Hohe Straße 287-3c
72762 Hohlichterrainstraße 288-5a
72760 Holbeinstraße 268-9b
72770 Holdenwiesen (10) 287-3b
72770 Holunderweg 287-3c
72764 Holzstraße 45-C3
72768 Holzwiesenstraße 268-5b
72766 Hopfengartenstraße 269-5a
72770 Hornstraße 287-6a
72760 Hühnerberg 269-5b
72760 Hugo-Hermann-Straße 269-8a
72766 Hugo-Wolf-Straße 269-8a
72760/72766 Humboldtstraße 269-4d
72766 Hundsschleestraße 269-8a

72766 Ihmenfeldstraße 251-11d
72768 Illerstraße 250-12a
72768 Iltisweg 250-11d
72768 Im Besterwasen 250-9d
72768 Im Biegel (2) 250-12d
72766 Im Bleicherlen 269-1d
72770 Im Brühl 268-8b
72766 Im Bungertle 269-5a
72770 Im Dorf 268-8c
72766 Im Efeu 269-5d
72770 Im Felgenbächle 268-9a
72770 Im Gäßle 268-8d
72770 Im Ghai 268-8c
72768 Im Hageneck (10) 268-2b
72768 Im Hau 268-2b
72770 Im Hegis 287-3b
72768 Im Höfle (3) 251-7c
72770 Im Hörlach (1) 268-8a
72768 Im Hof 250-12a
72770 Im Holder 268-8c
72770 Im Kälblesbiegel 287-3d
72766 Im Kapf 251-5c
72760 Im Klosterhof (4) 251-5c
72770 Im Ländle 306-1a
72768 Im Morgen 268-2c
72768 Im Neckartal 250-9c
72768 Im Öschle 268-2c
72766 Im Paradies 251-5d
72768 Im Pfarrhof (3) 268-3b
72768 Im Rain (2) 250-8d
72768 Im Salzmann 268-2d
72768 Im Sitterbrunnen 269-1a
72770 Im Staudfuß 268-11a
72768 Im Steingrüble 250-12a
72766 Im Strängel 251-5d
72770 Im Tal 287-3a
72766 Im Trompeter 251-8b
72770 Im Unterhof 288-10c
72770 Im Wasen 268-8c
72770 Im Weiler 287-9b
72770 Im Wengle (8) 268-8c
72770 Im Wiesaztal 287-9a
72770 Ina-Seidel-Straße 268-8b
72768 In Bühlen 269-1a
72770 In der Au 268-8c
72768 In der Braike 250-12d
72770 In der Schweiz 287-9d
72768 In der Vorstadt 251-10a
72766 Industrieweg 269-7b
72766 In Laisen 269-8a
72764 Innere Kelterstraße 45-C3
72766 In Scherrengärten 269-5a
72768 Isarstraße 250-11b

72766 Jägerweg 269-5d
72762 Jahnstraße 45-A3 + 268-12b
72768 Jakob-Degen-Straße 251-7c
72764 Jakob-Fetzer-Straße 45-D2
72770 Jakob-Keck-Straße 268-7b
72760 Jakob-Kurz-Straße 268-9b
72760 Jakobstraße 45-A1 + 269-7c
72762 Janusz-Korczak-Straße 268-12b
72770 Jean-Paul-Weg 268-8b
72768 Jerg-Wurster-Straße 268-5b
72770 Jettenburger Straße 268-8c
72760 Johannes-Eisenlohr-Straße 269-4c
72770 Johannesstraße 268-8d
72770 Johann-Georg-Schlotterbeck-Gasse (4) 268-8d
72768 Johanniterweg (10) 251-10a
72766 Johann-Sebastian-Bach-Straße 269-7b
72766 Josef-Lanner-Weg 45-D1 + 269-8c
72764 Jos-Weiß-Straße 45-B3
72770 Julianenweg 268-8c
72770 Julius-Kemmler-Straße 268-8c
72770 Jungholzweg 287-3c
72770 Junkersstraße 269-9a
72770 Jurastraße 268-8b
72766 Jusistraße 269-5a
72760 Justinus-Kerner-Straße 268-9b
72770 Justus-von-Liebig-Straße 268-10b

72770 Kälberauchtertstraße 288-10a
72770 Käppelestraße 287-3b
72768 Käthe-Kollwitz-Straße 268-2c
72770 Kaibachstraße 268-12a
72764 Kaiserpassage 45-B2
72764 Kaiserstraße 45-B2 + 269-10b
72766 Kalte Herberge 269-8b
72770 Kaltweiherweg (2) 287-3b
72762 Kammweg 268-12b
72768 Kandelweg 250-12d
72770 Kanonenweg 268-8c
72762 Kantstraße 268-12b
72764 Kanzleiplatz 45-B3
72764 Kanzleistraße 45-B2 + 269-10a
– Kapfweg 288-6a
– Karl-Brucklacher-Weg 288-5c
72770 Karl-Digel-Weg 268-8b
72770 Karl-Henschel-Straße 268-7d
72760 Karl-Rais-Weg 268-9c
72764 Karlsplatz 45-A2
72764/72766 Karlstraße 45-B2 + 269-10a
72770 Kastanienweg 287-3c
72764 Katharinenstraße 45-B2 + 269-10a
72762 Katzensteg 288-3d
72760 Kauzweg (22) 268-9b
72770 Kegelbahn (6) 288-10c
72766 Keltenstraße 251-8b
72760 Kemptener Straße 269-1d
72762 Keplerstraße 268-12b
72760 Kiebitzweg (19) 268-9b
72770 Kiefernweg (5) 287-3c
72760 Kinderhortweg 268-9c
72770 Kirchäckerweg 287-3a
72768 Kirchentellinsfurter Straße 268-2c
72760 Kirchplatz (9) 268-8d
72760 Kirchsteigstraße 268-9b
72770 Kirchstraße 306-1a
72768 Kirrlestraße 268-3b
72770 Klein-Erlach 287-12b
72762 Kleiststraße 269-10c
72766 Klingäckerstraße 251-5c
72770 Klingenhalde 287-9b
– Klingenwaldweg 306-2c
– Klingenweg 288-5a
72768 Klingernweg 269-1a
72770 Klopstockstraße 268-8b
72764 Klosterstraße 45-B3
72768 Kniebisstraße 268-3b
72768 Kocherstraße 250-8d
72760 Königsberger Straße 268-9b
72766 Königssträßle 269-8a
72766 Kohlgrüble 269-6a
72768 Kolbenäckerstraße 268-2c
72760 Kolberger Straße 269-4c
72762 Konrad-Adenauer-Straße 45-A2 + 268-12a
72766 Konradin-Kreutzer-Straße 269-8c
72770 Konradstraße 306-1a
72770 Kornbühlweg (1) 287-12b
72760 Krähenweg 268-9b
72764 Krämerstraße 45-B2 + 269-10b
72760 Kranichweg 268-9b
72770 Krautgarten 287-12c
– Krautgartenweg 305-3a
72762 Kreuzem 288-3b
72766 Kreuzstraße (10) 269-5a
72770 Krokusweg 306-1a
72768 Kronenweg (2) 251-7c
72760 Kronstädter Straße 269-7a
72762 Krummer Weg 289-1c
72760 Kruppstraße 269-4c
72760 Kuckuckweg 268-6d
72762 Kurrerstraße 45-A2 + 269-10a
72762 Kurt-Schumacher-Straße 288-3b
72766 Kurze Straße (8) 269-5a

72766 Lachenhauweg 251-6c
72768 Lahnstraße 250-12c
72768 Lammstraße 250-12d
72768 Lange Äcker 269-1a
72768 Lange Morgen 268-2b
72766 Lange Straße 269-5a
72768 Laupheimer Straße 268-3b
72762 Laura-Schradin-Weg 268-12c
72768 Lauterstraße 250-11b
72768 Lechstraße 250-11b
72764 Lederstraße 45-B3 + 269-10a
72760 Leibstraße 268-5a
72760 Leibnizstraße 268-9b
72766 Lembergstraße 269-4b
72766 Lenaustraße 289-1b
72762 Leni-Matthaei-Weg 268-11d
72770 Lenzensteige 288-10a
72766 Lenzhalde 251-8b
72764 Leonhardsplatz 45-C3
72768 Leopoldstraße 268-2d
72760 Lerchenstraße 268-12b
72770 Lessingstraße 268-8b
72770 Lettenstraße 287-3c
72760 Leutkircher Weg 269-1c
72770 Leyrenbachstraße 268-8d
72766 Lichtenberg 269-11d
72770 Lichtensteinstraße 306-1b
72766 Liebenzeller Straße (10) 251-8b
72770 Ligusterweg 288-1c
72766 Lilienstraße 289-1b
72770 Lilienthalstraße 268-9a
72764 Lindachstraße 45-C3 + 269-10d
72760 Lindauer Straße 269-4a
72768 Lindberghstraße 251-7c
– Lindelsbachweg 288-4d
72766 Lindenäckerweg 269-5b
72764 Lindenpassage (10) 45-B3
72764 Lindenstraße 45-B3 + 269-10b
72764 Listplatz 45-B1 + 269-10a
72764 Liststraße 45-B1 + 269-7d
72766 Lodenbergstraße 251-8a
72770 Löcherwiesenweg 287-3d
72768 Lohengrinstraße (8) 268-2b
72762 Lohmühlestraße 268-9d
72766 Lortzingstraße 269-8c
72764 Lucasweg 45-B3
72768 Luckenäckerweg (3) 250-12a
72760 Ludwig-Erhard-Straße 268-6b
72766 Ludwig-Finckh-Straße 45-C1 + 269-7d
72760 Ludwig-Pfau-Straße 268-9b
72768 Ludwig-Richter-Straße 268-5b
72766 Ludwigstraße 269-7d
72760 Ludwig-Thoma-Straße 268-9b
72762 Lüftestraße 268-12d
72764 Luisenstraße 45-C2
72762 Lumppenhof 288-2b
72770 Lutherstraße 268-8d

72768 Mähderstraße 268-3d
72768 Mähdlesäcker 268-5b
72770 Mähringer Straße 287-3a
72766 Märkleweg 269-5b
72770 Mahdach 287-2d
72770 Mahdachsiedlung 287-3d
72770 Mahdachstraße 287-3c
72768 Mainaustraße 268-3b
72768 Mainstraße 250-12a
72770 Malteserstraße 268-8c
72764 Marchtalerhofstraße (7) 45-B3
72762 Maria-Rupp-Weg 268-11d
72760 Marie-Curie-Straße 268-6b
72760 Marienbader Straße 268-6d
72762 Marienstraße 268-12b
72764 Marktplatz 45-B2 + 269-10a
72760 Markusstraße 45-A1 + 269-7c
72762 Markwasen 288-6a
– Markwasenweg 288-6a
72770 Markwiesenstraße 268-10a
72768 Martin-Knapp-Straße 268-4b
72768 Matheus-Wagner-Straße 288-10a
72770 Matthias-Claudius-Straße 268-8b
72764 Mauerstraße 45-B2 + 269-10a
72760/72766 Max-Eyth-Straße 269-4d
72762 Maximilianstraße 269-10c
72766 Max-Planck-Straße 269-4d
72770 Maybachstraße 268-9c
72762 Meisenweg 268-12d
72770 Melanchthonstraße 268-8d
72760 Memelstraße 269-4c
72762 Memmingerstraße 268-12d
72768 Menzelstraße 268-5b
72764 Mettmannsgasse (2) 45-B2
72768 Mettnaustraße 268-3d
72764 Metzgerstraße 45-B2 + 269-10a
72766 Metzinger Straße 251-5d
72764 Metzstraße 269-10d
72766 Mittelstadt 251-8a
72768 Mittelstädter Straße 251-7c
72766 Mittlerer Wörnsberg 269-8b
72760 Mittnachtstraße 269-7a
72766 Mönchstraße 251-5c
72762 Mörikestraße 269-10c
72770 Mössingerstraße 268-8b
72760 Möwenweg (17) 268-9b

72762 Moltkestraße 268-12b
72768 Moosburger Straße (11) 268-3b
72768 Moselstraße 250-12a
72760 Moserstraße 268-9c
72762 Mozartstraße 269-10c
72766 Mühlgasse 251-5c
72770 Mühlstraße 268-8d
72770 Mühlwiesenstraße 288-10c
72762 Mühlwinglestraße 268-12a
72762 Mult 289-1c
72768 Murrstraße 250-11b
72764 Museumstraße 45-B3
72770 Mußmehlstraße (6) 268-8d

72760 Nachtigallenweg 268-9b
72770 Nägelesäker (9) 287 3b
72770 Nägelestraße 287-3a
72768 Nahestraße 250-12a
72762 Nansenweg 268-12c
72770 Narzissenweg 306-1a
72768 Neckarstraße 250-8d
72768 Neckartalstraße 250-8d
72766 Neckartenzlinger Straße 251-4d
72760 Negelerstraße 269-10d
72766 Nelkenstraße 289-1b
72768 Nerzweg 268-2b
72766 Neue Äcker 269-2d
72770 Neue Straße 287-3b
72766 Neuffenweg 269-5d
72768 Nibelungenstraße 268-2b
72764 Nikolaiplatz 45-B2
72768 Nikolausstraße 250-12a
72760 Nördlinger Straße 269-1c
72766 Nonnenwasenstraße 251-5b
72770 Novalisweg 268-8b
72760 Nürnberger Straße 268-6b
72764 Nürtingerhofstraße (9) 45-B3

72764 Oberamteistraße 45-B3
72766 Obere Gärten (4) 269-5a
72764 Obere Gerberstraße 45-B2 + 269-10a
72766 Oberer Auchtert 251-5c
72768 Oberer Haldenweg (5) 251-7c
– Oberer Schönbergweg 305-3c
72770 Oberer Stichweg 268-8a
72766 Oberes Burgholz 269-8d
72770 Obere Steigstraße 287-3d
72766 Obere Straße 269-5a
72768 Obere Sulz 250-8d
72764 Obere Wässere 45-C3 + 269-10d
72764 Obere Weibermarktstraße (5) 45-B2
72768 Obere Weide (12) 251-10a
72762 Oberlinstraße 288-3d
72766 Obstgartenweg (9) 269-5a
72766 Odenwaldstraße 251-11d
72770 Öläckerweg 287-3c
72766 Öschbergweg 269-5b
72770 Öschinger Straße 287-12d
72766 Oferdingen 251-7c
72768 Oferdinger Straße 250-12d
72770 Ohmenhäuser Straße 268-8c
72770 Ohmenhausen 268-10c
72770 Olgastraße 268-11b
72760 Opfersteinstraße 268-9d
72762 Orchideenweg 289-1c
72760 Orschel-Hagen 269-4a
72760 Orschelweg 269-4a
72768 Osianderstraße 268-5b
72762 Oskar-Kalbfell-Platz 45-A3 + 269-10a
72768 Othelloweg (7) 268-2b
72762 Ottilienstraße 268-12b
72770 Ottmar-Nädele-Straße 287-9a
72766 Otto-Fischer-Weg 269-4b
72766 Otto-Hahn-Straße 251-5c
72764 Otto-Johannsen-Straße 45-D3
72760 Otto-Knecht-Straße 251-6c

72770 Palmenweg 288-1c
72766 Panoramastraße 45-C1 + 269-7d
72770 Pappelweg 287-3c
72762 Paracelsusstraße (12) 268-12c
72768 Parlerstraße 268-5a
72768 Parsifalstraße 268-2b
72766 Paul-Hindemith-Straße 269-8c
72768 Pauline-Baier-Weg 251-7c
72770 Paulinenstraße 268-8d
72768 Paul-Lörcher-Straße 250-9d
72762 Paulusstraße 269-10c
72764 Payerstraße 269-10c
72762 Pestalozzistraße 268-12c
72766 Peter-Cornelius-Straße 269-8c
72762 Peter-Rosegger-Straße 289-1c
72764 Pfäfflinshofstraße 45-A2
72768 Pfälzer Straße 269-1a
72766 Pfalzgrafenweg 269-11a
72770 Pfarrer-Bunz-Straße 287-3d
72764 Pfenningstraße 45-B3
– Pfullinger Grenzweg 288-11a
72770 Pfullinger Steige 306-1b
72770 Pinienweg 287-3d
72764 Planie 45-C2 + 269-10b
72770 Platanenweg 287-3c
72770 Plattachstraße 287-9d
72768 Pliezhäuser Straße 250-9d
72770 Poststraße 268-8d

72770 Quellenstraße 268-8d

72762 Raabestraße 268-12d
72766 Raidwanger Weg (7) 251-5d
– Rainhauweg 287-6b
72770 Rainhauweg (Ohmenhausen) 287-3b
72770 Rainlenstraße 268-8c
72762 Rainwasen 288-2c
72770 Rainwiesenstraße 287-3d
– Raitteichweg 288-6a
72770 Raitweg 287-9d
72766 Rammertweg (3) 269-2c
– Ramstelsträßle 306-3d
72766 Rangenbergstraße 269-5d
72762 Rappenhaldestraße 268-12b
72760 Rappertshofen 268-6b
72764 Rathausstraße 45-B3 + 269-10a

72770 Raumahd 268-10d
72760 Ravensburger Straße 269-1d
72766 Rebengartenstraße 269-2c
72764 Rebentalstraße 45-B3 + 269-10a
72760 Rebhuhnweg (20) 268-9b
72760 Regensburger Straße 269-4b
72768 Reichenaustraße 268-3b
72766 Reichenbachstraße 269-2c
72760 Reichenberger Straße 269-4c
72766 Reicheneck 251-11c
72766 Reichenecker Straße 269-2c
72766 Reihersteige 269-2a
72760 Reiherweg (18) 268-9b
72770 Reinenberg 287-2d
72768 Reisweg 268-3b
72760 Reithausweg 268-9h
72768 Rembrandtstraße 268-5b
72768 Remsstraße 250-8d
72768 Reuteweg 251-10a
72766 Reutlinger Straße 269-4d
72768 Rheingoldstraße 268-2b
72768 Rheinstraße 250-12a
72766 Rhönstraße 251-11b
72760 Ricarda-Huch-Straße (23) 268-9b
72762 Richard-Dehmel-Straße (14) 269-10c
72766 Richard-Strauß-Weg 45-C1 + 269-7d
72766 Richard-Wagner-Straße 269-8c
72766 Riedericher Straße 251-5c
72768 Riedgraben 251-10a
72768 Riedlinger Straße 268-3d
72766 Riedstraße 269-7d
72768 Riemenschneiderstraße 268-5b
72768 Rigolettoweg (6) 268-2b
72760 Rilkestraße 268-9a
– Ringelbach 288-3b
72762 Ringelbachstraße 288-6a
72766 Ritterweg 269-11d
72760 Roanner Straße 269-4b
72760 Robert-Bosch-Straße 269-7a
72770 Robert-Heck-Straße (16) 268-8c
72766 Robert-Koch-Straße 269-8c
72766 Robert-Koch-Weg 269-8c
72760 Robert-Mayer-Straße 269-4d
72768 Robert-Scott-Straße 251-7c
72766 Römerschanze 268-6d
72766 Römersteinstraße 269-5a
72768 Römerstraße 250-11b
72770 Röntgenstraße 268-8d
72764 Rokenstraße 45-C3
72768 Rommelsbach 251-10c + 269-1a
72760 Rommelsbacher Straße 268-6b
72770 Rosenstraße 268-8d
72770 Rosmarinstraße 306-1a
72766 Rosnetstraße 269-1d
72770 Roßbachweg 306-1a
72770 Roßberg 305-6b
– Roßbergsteige 306-1c
72770 Roßbergstraße 306-1a
– Roßbergweg 305-6b
72762 Roßnagelweg 289-1a
72770 Rostellweg 288-10c
72770 Rotdornweg 287-3b
72766 Rote-Äcker-Straße 251-5b
72760 Rothenburger Straße 269-1c
72760 Rottweiler Straße 269-1d
72768 Rubensstraße 268-2c
72770 Ruderschlachtweg 268-7d
72762 Rudolf-Harbig-Straße 288-3c
72762 Rückertstraße 268-12d
72768 Rügenstraße 268-3b
72764 Rukulenstraße 45-B2
72766 Rulänweg 251-5c
72768 Ruwerstraße 250-12a

72768 Saarstraße (5) 250-12a
72768 Sachsenstraße 269-1a
– Salachweg 287-11c
72768 Salmstraße 250-12a
72770 Samenhandelstraße 288-10c
72770 Samuel-Hoenes-Straße 288-10c
72770 Sanddornweg 288-1c
72764 St.-Leonhard-Straße 45-C3 + 269-10d
72760 St.-Peter-Straße 45-A1 + 269-7c
72764 St.-Wolfgang-Straße 45-B2
72766 Saus 269-8d
– Saustallweg 288-5a
72770 Schachen 288-7c
72770 Schachenäcker 288-10a
– Schachenrundweg 288-7b
– Schachenweg 288-7b
72766 Schäffleweg 269-5d
– Schafhaus 305-6b
– Schafhausweg 305-3d
72762 Schafstallstraße 268-12c
72770 Schanzstraße 268-9a
72768 Schauinsland 250-12d
72764 Schefflestraße 45-D3
– Scheibenwasenweg 306-1a
72768 Scheidweg (6) 268-3b
72760 Schellingstraße 268-9a
72766 Schelmenreuteweg 269-5d
72762 Schenkendorfstraße 268-12b
72766 Schenkstraße (5) 269-5a
72770 Schickhardtstraße 268-8b
72766 Schieferöschleweg (1) 269-7a
72760 Schieferstraße 268-9d
72766 Schießwieslenstraße 251-6c
72764 Schillerstraße 45-D2
– Schinderbachweg 288-5b
72768 Schinkelstraße 268-2c
72762 Schlattwiesenstraße 288-2d
72766 Schleestraße 269-5c
72762 Schlegelstraße 269-10d
72770 Schlehenweg 288-1c
72764 Schmale Straße 45-C3
72764 Schmiedstraße 45-B2
72766 Schölderlenweg 251-5d
72766 Schönbergweg 269-4b
72766 Schönblickstraße 287-9d
– Schönblickweg 306-1a
72766 Schönbuchstraße (2) 269-2c
72760 Schönrainweg 269-4a
72760 Schopenhauerstraße 268-9b
72764 Schreinerstraße 45-B2

72762 Schubartstraße 269-10c
72766 Schuckertstraße 269-7b
72768 Schützenweg 268-3b
72764 Schulstraße 45-B2 + 269-10a
72766 Schumannstraße 289-1b
72766 Schussenrieder Straße 251-5c
72768 Schwabenstraße 269-1a
72760 Schwalbenweg 268-9b
72760 Schwanenweg (7) 268-9b
72766 Schwarzwaldstraße (1) 251-11c
72760 Schweidnitzer Straße 269-4c
72770 Schwellerhaldestraße 268-8b
72768 Schwindstraße 268-5b
72762 Sebastian-Kneipp-Straße 288-3b
72770 Sebastian-Renz-Straße (2) 287-9a
72764 Sedanstraße 269-10d
72764 Seestraße 45-C3 + 269-10d
72766 Seewaldstraße 251-11a
72766 Seewiesen 269-2b
72770 Seidelbaststraße 287-12d
72764 Seidenstraße 45-D3 + 269-11c
72770 Seitenstraße 287-12d
– Selchentalweg 288-8c
72770 Selma-Lagerlöf-Straße 268-8b
72760/72768 Sickenhäuser Straße 268-6c
72768 Sickenhausen 250-11d
72768 Siegfriedstraße 268-2b
72766 Siemensstraße 269-4d
72764 Silberburgstraße 45-C1 + 269-7d
72770 Silberdistelweg 287-12d
72766 Silcherstraße 45-C1 + 269-7d
72766 Silvanerstraße 251-5c
72762 Söderblomstraße 268-11d
72768 Sommerberg 268-3b
72766 Sommerhaldestraße 45-D2 + 269-11a
72766 Sondelfingen 269-2c
72760/72766 Sondelfinger Straße 269-7c
72760 Sonnenstraße 268-9b
72760 Sophienweg 269-7b
72762 Sophie-Scholl-Straße 289-1a
72764 Spechtshartstraße 45-D3
72760 Spechtweg (3) 268-9b
72764 Spendhausstraße 45-B3
72760 Sperberweg 268-9b
72760 Sperlingweg (8) 268-9b
72766 Spessartstraße 251-11b
72764 Spitalstraße 45-B2
72766 Spitzäckerweg 269-2c
72768 Spitzwegstraße 268-5a
72762 Sportpark Markwasen 288-3a
72764 Spreuerhofstraße (6) 45-C3
72764 Stadtbachstraße 45-A2
72764 Stadtbotenstraße 45-B2
– Stadtgarten 45-C2 + 269-10b
72764 Stadtmauerstraße 45-B2
72766 Stadtstraße 251-8a
72762 Stäffelesgässle 268-12c
72762 Stämmesäckerstraße 289-1a
72760 Starenweg 268-9b
72770 Stauffenbergstraße 268-9a
72768 Steigäckerstraße 250-11a
72762 Steiler Weg 268-12b
72770 Steinachstraße 268-8d
72770 Steinäckerweg 268-8a
72764 Steinenbergplatz 269-10d
72764 Steinenbergstraße 269-10d
72768 Steinhäuser Straße 268-3d
72766 Steinhelle 251-5a
72768 Steinlachstraße (1) 250-11b
72762 Steinstraße 268-12b
72770 Stelläckerstraße 288-1c
72766 Stephanusweg (7) 269-5a
72766 Sternbergweg 269-4b
72768 Stettert 269-6a
72766 Stettertgasse 269-5b
72760 Stettiner Straße 268-6d
72766 Steubenstraße 289-1b
72766 Stockäckerstraße 251-5a
72770 Stöffelburgstraße 288-10c
72770 Stöfflerplatz 288-10c
72762 Stollweg 45-A1 + 268-9d
72762 Stolzestraße 45-A1
72766 Storkenweg 289-1b
72766 Storlach 269-4c
72760 Storlachstraße 269-4c
72770 Stresemannstraße 268-11a
72766 Strohgäustraße 269-2c
72766 Stuttgarter Straße 269-7d
72760 Sudetendeutsche Straße (1) 268-6d
72770 Süße Äcker (11) 287-3b
72768 Syltstraße 268-3b

72766 Taläckerstraße 251-8b
72768 Talstraße 268-2d
72766 Talwiesenweg 269-5a
72760 Tannenberger Straße 269-4c
72770 Tannenstraße 268-8d
72768 Tannhäuserstraße 268-2b
72768 Tannheimer Straße 268-3b
72770 Taubbronnenweg 287-9d
72760 Taubenweg 268-9b
72766 Taunusstraße 251-11c
72766 Teckstraße 269-5d
72768 Tegernseestraße 251-10c
72770 Teichelweg 287-9d
72766 Teinacher Straße 251-8a
72768 Tellstraße 268-2d
72760 Theodor-Fischer-Straße 268-9c
72760 Theodor-Fontane-Straße 268-9a
72762 Theodor-Heuss-Straße 268-12c
72762 Theodor-Körner-Weg (10) 268-12b
72768 Theodor-Litt-Weg (8) 251-7c
72770 Theodor-Storm-Weg (3) 268-9a
72766 Thomas-Koschat-Straße 269-8a
72770 Thomas-Mann-Straße 268-8a
72770 Thomasstraße 269-7b
72768 Thüringer Straße 269-1a
72768 Tieflandstraße 268-2b
72768 Tiergartenstraße 268-2d
72760 Tilsiter Straße 269-4c
72766 Tischardter Weg (8) 251-5d
72770 Torstraße 288-10c
72768 Toscastraße 268-2b
72766 Traminerweg (3) 251-5c
72766 Traubengasse (6) 251-5c

72768 Tristanstraße (9) 268-2b
72768 Tuchbleiche 268-3b
72770 Tübinger Straße 268-9c
– Tübinger Tor 45-A2
72766 Tulpenstraße 289-1b
72770 Turmstraße 287-3b

72762 Übelen 288-2b
72768 Über den Halden 250-9d
72760 Überlinger Straße 269-1c
72768 Überm Neckar 250-9d
72764 Uhlandstraße 45-D3 + 269-11a
72770 Ulmenweg (6) 287-3c
72760 Ulmer Straße 269-4a
72764 Ulrichstraße 45-C3 + 269-10b
72768 Ungerhalde 250-12a
72770 Unhaldestraße 268-11b
72760 Unter den Linden 45-A1 + 269-7c
72762 Unter den Linden 45-A1
72764 Untere Gerberstraße 45-B2 + 269-10a
72768 Unterer Haldenweg (4) 251-7c
72762 Unterer Mühlweg 45-A1
– Unterer Schönbergweg 305-2b
72770 Unterer Stichweg (1) 268-8c
72766 Unteres Burgholz 269-8b
72770 Untere Steigstraße 287-3d
72764 Untere Weibermarktstraße (4) 45-B2
– Unterlauernweg 305-3d
72762 Unterm Georgenberg 289-1a
72766 Uracher Straße 251-5d
72764 Urbanstraße 45-C3 + 269-10b

72766 Veilchenweg 289-1b
72768 Veit-Stoß-Straße 268-5a
– Verbindungsweg 288-4b
72768 Verdistraße 268-2b
72770 Villastraße 268-8b
72766 Virchowstraße (1) 269-8a
72764 Vischerstraße 45-D2
72762 Vochezenholzstraße 289-1c
72770 Vogelsangstraße 268-8b
72766 Vogelsbergstraße 251-11b
72770 Volker-Ammann-Weg (4) 287-9d
– Volkspark 45-A3 + 269-10c
72766 Voller Brunnen 269-7a
72760 Vorderer Schönrain 269-1b

72770 Wacholderweg 287-3d
72760 Wachtelweg (16) 268-9b
72770 Wackersbrunnenstraße 268-9a
72766 Wackersteinstraße 269-4b
72764 Waiblingerstraße 269-10c
72766 Waldstraße 251-11b
72770 Wallensteinstraße 268-9a
72762 Walter-Flex-Straße 269-10c
72762 Walter-Gropius-Platz 268-12c
72762 Walter-Gropius-Straße (13) 268-12c
72766 Walther-Rathenau-Straße 45-D1 + 269-8c
72770 Wannweiler Straße 268-7b
72768 Wartburgstraße 268-3a
72768 Warthäuser Straße (12) 268-3b
72770 Wasengasse 287-3d
72770 Wasenstraße 287-3d
– Wasserfallweg 288-4d
72770 Wasserwiesen 287-12b
72770 Webergasse (2) 268-8d
72768 Wegenerstraße 251-7c
72768 Wehrstraße 250-8d
72764 Weibermarkt (8) 45-B3
72768 Weiden 251-7c
72770 Weidenstraße 268-11b
72762 Weihergärtenweg 289-1c
72770 Weiherstraße 288-10d
72768 Weilweg 268-2b
72762 Weinbergweg 288-3d
72764 Weingärtnerstraße 45-B3
72764 Weinstraße 45-B3
72770 Weißdornweg (1) 268-10c
72770 Welfenweg 268-9a
72766 Wengertstraße 251-11c
72762 Werastraße 289-1a
72770 Werkmeisterstraße (3) 268-8d
72760 Werner-Heisenberg-Straße 251-5c
72768 Werner-von-Kirchen-Straße 268-5b
72768 Weserstraße 250-12a
72770 Wettäcker 287-3c
72770 Wetzelstraße 287-3b
72762 Wichernstraße 268-12c
72762 Wielandstraße 45-A3
72766 Wieslenstraße 251-5d
72760 Wiesstraße 269-7a
72768 Wiesweiler (3) 268-2b
72766 Wildbader Straße 251-8b
72760 Wilhelm-Busch-Weg 268-9a
72762 Wilhelm-Grimm-Weg 289-1a
72762 Wilhelm-Hertz-Straße 269-10c
72760 Wilhelm-Kuhn-Straße 268-9c
72770 Wilhelm-Laage-Weg 268-8d
72764 Wilhelmstraße 45-B2 + 269-10a
72764 Willy-Brandt-Platz 45-A2
72760 Wimpfener Weg 268-6b
72766 Winzerstraße 251-5d
72766 Wittumhalde 251-5c
72768 Wittumstraße 250-12d
72766 Wöhrwold 269-11d
– Wöhrwoldanlage 269-11a
72766 Wöhrwoldweg 269-11a
72766 Wörnsbergweg 269-5b
72764/72766 Wörthstraße 289-1b
– Wolflochweg 288-8a
72760 Wolframstraße 269-7a
72768 Wolfshecke (13) 251-10a
72760 Wormser Straße 269-1c
72768 Württemberger Straße 269-1a
72766 Wurzacher Straße (9) 251-5c

72760 Zaisentalstraße 268-9d
72770 Zehnthof (5) 306-1a
72768 Zeil 251-10a
72768 Zeilstraße 268-2d
72768 Zeller Straße 268-3b
72770 Zeppelinstraße 268-11b
72764 Zeughausstraße 45-C3

72770 Ziegelhüttestraße 287-12d
72764 Ziegelweg 45-C3 + 269-10d
72768 Zollstockweg (1) 250-12d
72768 Zum Hesenbühl 250-11d
72766 Zum Hochbuchwasen 251-8b
72768 Zum Hölzle 251-7c
72770 Zum Kreuzle 287-9b
72768 Zum Schelmenwasen (1) 268-2b
72768 Zum Wäldle 251-7c
72764 Zwiefalterhofstraße (3) 45-B2

Riederich
PLZ 72585

Achalmstraße 252-7b
Ahornweg (16) 252-7b
Akazienweg 252-7b
Albert-Schweitzer-Straße 252-7a
Albweg 252-7b
Alte Schulstraße (4) 252-4c
Am Steigle 251-9b
Am Wasser (13) 252-4c
Auchtertstraße 252-7b
Auf der Raise 252-4c
Aussiedlerhof 252-5c

Bachstraße 252-4c
Bei der Ermsbrücke 252-4d
Bergstraße 252-4d
Birkenweg (14) 252-7b
Bismarckstraße 252-7a
Brunnenstraße 252-7a

Carl-Benz-Straße 251-6d

Donauschwabenweg 252-4c
Dresdener Straße 252-7a

Eichenweg (10) 252-7b
Entenbachstraße 252-7a
Erlenweg (17) 252-7b
Ermsweg 252-4c
Eschenweg (15) 252-7b
Ettwiesenweg (1) 252-4c

Florianstraße (12) 252-7b
Friedrichstraße 252-4c

Gartenstraße 252-4c
Goethestraße 252-7a
Gottlieb-Daimler-Straße (18) 252-7a
Grabenstraße 252-4c
Grafenberger Straße 252-4c
Grüne Mitte (8) 252-7a
Gutenbergstraße 252-7a

Haldenstraße (20) 252-4c
Hegesstraße 252-4c
Hegwiesenstraße 252-7a
Hermannstraße (6) 252-4d
Hindenburgstraße 252-7a

Im Altweck (5) 252-4c
Im Dorf (7) 252-7a
Im Rain 252-7b
Im Sai 252-7a
In der Au (2) 252-4c
Industriestraße 252-7a

Jusistraße 252-7b

Kelterstraße 252-4c
Kirchbachstraße 252-7a
Kirchstraße 252-7a
Kleinbettlinger Straße 252-4c
Königsberger Straße 252-7a
Krämerstraße (9) 252-7a
Kurze Straße 252-7a

Längenfeldstraße 252-7b
Lärchenweg (11) 252-7b

Max-Eyth-Straße (19) 252-7a
Maybachstraße 251-9b
Metzinger Straße 252-7a
Mittelstädter Straße 252-4c
Mörikestraße 252-7a
Mühlbergstraße 252-4d
Mühlstraße 252-7b

Ohmstraße 251-9b

Panoramastraße 252-7c

Robert-Bosch-Straße 251-9b
Rohrwiesenstraße 252-7a
Rudolf-Diesel-Straße 251-9b

Schillerstraße 252-4c
Schubertstraße 252-4c
Siemensstraße 251-9b
Silcherstraße 252-4c
Stegäckerstraße 252-4c
Stuttgarter Straße 252-4c

Talstraße 252-7a
Teckstraße 252-7b

Uhlandstraße 252-7a

Wasenstraße (3) 252-4c
Wehrstraße 252-4c
Weiherstraße 252-7b
Wilhelmstraße 252-7a

Riedlingen
PLZ 88499

Am Ziegelberg 378-12c

Grüninger Weg 379-12b

Im Dorn 378-12c

Pflummern 378-12d

Rehmweg 378-12c
Reutlinger Straße 379-12d

Schloßhof 378-12c

Villingerstraße 378-12c
Von-Karpfen-Weg 378-12c

Römerstein
PLZ 72587

Achalmstraße 274-7d
Adlerweg 274-12d
Aglishardter Straße 274-10b
Albstraße 274-10b
Alte Straße 274-12d
Amselweg 275-4b
Am Stundenstein 274-8c
An der Schießmauer (8) 274-8a
Aussiedlerhof Götz 273-6d
Aussiedlerhof Gollmer 273-6b

Beim Stöckle 274-11a
Bergstraße 275-5a
Birkenstraße 275-4b
Böhringer Straße 275-4c
Braike 274-11a
Brechdarre 275-2c
Breitensteinstraße 274-7d
Breiter Weg 275-10d
Brenntengasse 274-8c
Buchenstraße 275-1d
Burgstraße 274-8c
Burgwiesenstraße (11) 274-8c

Drosselweg 275-10c

Eichenried 275-4d
Eichhalde 275-5a
Elbeweg 274-8d
Erlachweg 274-8c
Erzgrubenstraße 274-4c
Eschlesweg 273-6b

Feldstetter Straße 275-4d
Finkenweg 275-4b
Friedenstraße 274-11a
Friedhofweg 275-4b
Fronwiesenweg (2) 274-8c

Gänsäcker 275-5a
Gartenstraße 275-10c
Goethestraße 274-8c
Grabenstetter Straße 273-6d
Grabenstraße 275-10c
Grundwiesen 275-10c
Gutenberger Straße 275-4b

Hintere Braike 274-11a
Hintere Gasse 275-10c
Hinter Höfenstraße 274-8c
Hinter Lau 274-10b
Hochsträß 275-10d
Hölderlinstraße 274-8c
Hohenneuffenstraße 274-7d

Im Anger 275-4b
Im Bebenhäuser Hof (7) 274-11a
Im Gässle 274-8c
Im Grund 275-5c
Im Heges 273-6d
Im Höfle 275-5c
Im Roten Hof 275-4b
Im Widumhof 274-8d
In den Pfarrwiesen 275-10c
In den Riedwiesen 275-5c

Jacob-Schoell-Straße 274-8c
Jahnstraße 274-12d
Jeremias-Höslin-Straße 274-11a

Käppelingässle (9) 274-8a
Kinderschulstraße 274-8c
Kirchbergstraße 275-10c
Klingenberg 274-8d
Klingenweg 275-10c
Krautgartenweg 275-10c
Kriegsbergstraße 274-8a

Langer Garten (12) 274-8c
Lauberghütte 274-11a
Lenge Steige (10) 274-8a
Lerchenweg 275-4b
Lichtensteinstraße 274-8c
Limburgstraße 274-7d
Lindenplatz (1) 275-10c
Lindenstraße 275-4b

Meisenweg 275-1d
Milanweg 274-12d
Mittelberg 275-5c
Mörikestraße 275-5a
Molkereiweg 274-11a
Mühlensteige 275-10c
Mühlweg 274-12b
Müllerstraße 274-8c

Obere Gasse 275-10c
Obere Kirchstraße (5) 274-8c

Panoramastraße 275-10c
Pfarrgasse (2) 275-10c
Poststraße 274-8c

Raiffeisenstraße 275-5a
Raisenweg 274-8c
Rechbergstraße 274-7d
Ringstraße 275-4b
Römerstraße 275-5c
Rosenweg 274-12d
Roßbergstraße 274-7d
Rundweg 275-10c

Salzstraße 275-10c
Schelmenwasen 274-8d
Schillerstraße (3) 275-10c
Schlattstaller Weg 273-6d
Schulstraße 275-5c
Schwabenhütte 275-1c
Silcherweg (4) 274-8c
Spreberseck (3) 274-8a
Starenweg 274-12d
Steimerstraße 275-5c
Steinwiesenstraße 274-10b
Strohweiler 273-6a
Strohweiler Straße 274-8c

Teckstraße 274-7d
Teichwiesenweg 273-6d
Trappengasse (1) 274-8c

Uhlandstraße 275-5a
Ulmer Straße 275-10c
Unten im Weiler 273-6d
Untere Kirchstraße (6) 274-11a
Unter Lau 274-10b
Unter Wegen 275-2c
Uracher Straße 274-12d

Viehtrieb 275-10d

Weinlandweg 274-8c
Westerheimer Straße 275-5a
Wiesengrund 275-5c

Zaininger Steig 274-11b
Zaininger Straße 274-11a
Zehnten Wiesen 275-5a
Zollernstraße 274-7d

Rohrdorf (Kr. Calw)
PLZ 72229

Aispach 241-6b
Am Wehr 242-4a

Bachenweg (6) 241-6b
Bergwaldstraße 242-4a
Bigel 242-4c
Breitwiesenweg 241-6b
Bulacher Weg 242-4a

Degenäckerweg 241-3d

Eberseeweg (8) 242-1c

Forchenweg 242-4d
Friedhofstraße 241-6b
Frühlingsweg 242-4a

Gewerbegebiet Breitwiesen (1) 241-3d
Gewerbegebiet Kämmerle 242-4a

Harlachweg 241-3d
Herbstweg (7) 242-1c
Hochwiesenweg 241-6d
Hofäckerweg 241-6b
Holderäckerweg (3) 241-6b

Johanniterplatz (13) 242-4a
Johanniterstraße 242-4a

Kämmerle 242-4a
Kehrenstraße 242-4c
Komtureihof (16) 242-4a
Krummsteigle 241-6d
Kugelwasen (11) 242-4a

Langehag 242-4a
Leinachweg 241-6b

Malmenweg 242-4c
Mindersbacher Weg (9) 242-4a
Mohnackerweg 242-4a
Müllerweg 241-6b

Niedenbach 242-4c

Obere Gasse (12) 242-4a
Ostweg 242-4c

Panorama 242-4c
Pfarrweg (14) 242-4c

Reuteweg 242-4a
Riedwiese 242-4a
Roter Buckel (10) 242-4a

Schloßgartenweg 242-4a
Schulweg (15) 242-4c
Sommerweg 242-4a
Sonnenweg (5) 241-6b
Staufenweg 241-6b

Talstraße 241-6b
Talweg 241-6d
Tiergartenweg (4) 241-6b
Tuchmacherweg 242-4a

Uferstraße 241-6b
Untere Gasse 242-4a

Walddorfer Straße 241-6b
Wörthgasse (2) 241-6b

Rosenfeld
PLZ 72348

Adlerweg 316-11d
Ahornstraße 332-2b
Albblickstraße 348-8d
Albstraße 332-7c
Allmendstraße 348-8d
Am Lerchenbühl 333-10a
Amselreutehof 348-5b
Amselweg 332-8d
Asternstraße 348-2c
Auf dem Talrain 332-7c
Auf der Breite 348-8d
Auf Gehrn 348-8d

Bachgasse (4) 348-1d
Bachstraße 332-12a
Balinger Straße 332-11b
Baumstraße 332-7c
Beethovenstraße 332-8d
Bergstraße 348-8d
Beundenstraße 348-1d
Beuremer Tal 332-2d
Bickelsberg 332-7c
Bickelsberger Straße 332-11a
Birkenstraße 348-2c
Birkenweg 316-11d
Blumenäcker 332-12b
Blumenstraße 348-1d
Bochinger Straße 331-9a
Bolweg 331-9a
Bommlershof 331-12d
Brahmsweg 332-8d
Brechete 332-11b
Breitenwasen 332-2d
Breslauer Straße (2) 332-11a
Brestneckermühle 348-4d
Brittheim 331-9a
Bruckstraße (1) 316-11d
Brühlstraße 348-8c
Brunnenstraße (5) 332-7c
Buchbergstraße 348-1d
Bühlstraße 332-7c
Butzensteigleweg 332-9c

Daimlerstraße 332-10b
Danbachstraße 316-11d
Danneckerhof 349-4a
Danziger Straße 332-11a
Daurenweg 332-12b
Dautmerger Straße 348-8d
Dornenstraße 348-1c
Drosselweg 332-8d

Elmeteweg 332-12d
Engelgasse 332-7c
Engenwasen 332-2b
Erlenbachhof 348-2d
Erzinger Straße 348-1d
Eschenweg 332-11c

Fabrikle 332-2b
Färberhalde 332-11b
Falkenweg 332-2b
Fallentorweg 332-12d
Feldbergweg 331-9c
Fichtenstraße 332-2b
Fischersmühle 332-9b
Fischersmühle (Täbingen) 348-8b
Fliederstraße 348-1d
Frauenberggasse (5) 332-11b
Furtweg 348-2d

Ganswasenweg 332-12a
Gartenstraße 332-7c
Geislinger Straße 332-12d
Geranienstraße 332-12b
Gewerbegebiet Brühl 348-1b
Gewerbegebiet Dornbrunnen 332-10b
Gewerbegebiet Osterlangen 331-9d
Ginsterweg 332-11a
Gipsmühle 332-6c
Gößlinger Straße 348-11a
Goethestraße 332-11a
Göttlerweg 348-1d
Gottlob-Hauser-Straße (1) 332-12b
Grangärtenweg 316-11d
Grindelbachstraße (5) 348-1b
Großhaldeweg 332-8c

Häselhöfe 332-4c
Häsenbühl 349-1b
Häuserwasenweg 348-1d
Hagweg 332-11a
Haldenstraße 348-1c
Hartweg 332-8c
Hauffstraße 332-11a
Hauptstraße 331-9d
Haydnstraße 332-8d
Heerstraße 348-8d
Heerweg 348-1d
Heiligenmühle 332-9d
Heiligenzimmern 316-11a
Heimatgäßle (1) 348-1d
Heimgartenbühl 348-1d
Heinrich-Blickle-Straße 332-10b
Hermann-Hesse-Straße 332-11a
Hintere Dorfstraße 348-1d
Hintere Gasse 332-12d
Hirtengasse 348-1d
Höfstraße 316-11d
Hörnlestraße 332-7d
Hofackerstraße 331-9c
Hofäckerweg 348-8d
Hofenstraße 332-12d
Hofstattwiesen 316-12a
Hofstettenstraße 348-1d
Hofwiesen 316-11d
Hohenbergstraße 331-9c
Holzgasse (3) 348-1d
Hummelberghof 348-3a
Hummelbergstraße 331-9c

Im Brünnle 332-7c
Im Gäßle 332-12b
Im Hursch 332-7c
Im Oberland 348-8c
Im Tal 332-9d
Im Zwinger (10) 332-11b
Iselinstraße (7) 332-11b
Isingen 332-12c
Isinger Straße 348-1d

Jakobshof 316-12c

Kalkofenstraße 332-12d
Kapfweg 332-7c
Karpfenstraße 331-9d
Kausbühl 316-11d
Kehlenstraße 348-11b
Kilbergweg 333-10a
Kindergartenweg (1) 332-7c
Kirchberger Weg 316-11d
Kirchgasse (9) 332-11b
Kirchstraße 332-12b
Königsberger Straße 332-11a
Kopfenhof 348-5d
Kräutergartenweg 348-8b
Kreuzweg 331-9c
Kronenstraße 348-8d
Kugelwasen 316-11d
Kuhwasenstraße 348-8d
Kuselbach 316-11d

Langenmahd 349-1c
Lehenstraße 348-8d
Lehmgrube 331-9d
Lehrenweg 332-12d
Leidringen 348-1a
Leidringer Straße 332-11a
Lembergweg 331-9c
Leopoldhof 331-9c
Lerchenstraße 332-12b
Ligusterweg (13) 332-11a
Lilienstraße 348-1d
Lindenbühlweg 348-8b
Lindenstraße 332-8c
Lochenstraße 331-9d
Löwenstraße 348-8d
Lutzentalweg (2) 348-1c

Marktplatz (8) 332-11b
Max-Eyth-Straße 332-10b
Max-Traber-Straße 348-1d
Maybacherstraße 332-10b
Michelesmühle 348-5c
Mittlere Straße (3) 332-7c
Mömpelgardgasse 332-11b
Mozartstraße 332-8d
Mühlsteige 332-12b
Muselstraße 348-8d

Narzissenstraße 348-1d
Nelkenstraße 332-12b
Neue Burg 332-9d
Neue Straße 332-12b
Nonnenbachstraße 332-7b

Ob der Kirche 332-12b
Obere Gasse 348-1d
Obere Haldenstraße 348-1c
Oberndorfer Straße 332-7c
Olgastraße 348-8d
Osterlangen 331-9d

Panoramastraße 332-8c
Paradiesstraße 348-1d
Peterleshagweg 332-11a
Pfingsthaldeweg 332-11b
Platzstraße 316-11d
Plettenbergstraße 331-9c
Postplatz 332-11b

Raiffeisenstraße 348-8d
Rainweg 316-12c
Rathausstraße 331-9c
Riedmühle 332-12a
Riedweg 332-7b
Ringstraße 316-11d
Rittweg 348-1a
Robert-Bosch-Straße 332-11a
Römischer Gutshof 332-8d
Rosenfelder Straße 348-1d
Rosenweg 332-12a
Rote Haldeweg 332-11b
Rotenbühl 332-2b
Rotenbühlstraße 332-2b
Rottweiler Straße 348-1c

Sägewiesen 332-2b
Schäfergasse 332-7c
Schafbergweg 331-9c
Scheibenbühl 348-11b
Schieferhalde 349-1d
Schillerstraße 332-11a
Schlattbachstraße 332-7c
Schlehenweg (14) 332-11a
Schloßgartenstraße 348-8d
Schlossstraße (11) 332-11b
Schönberg 348-3a
Schönbergweg 332-12d
Schönbühlweg 332-12a
Schorenhof 349-4a
Schubertstraße 332-8d
Schulstraße 332-11b
Schwarzwaldstraße 331-9c
Schweizergasse (2) 332-7c
Seehof 349-1c
Seewiesen 332-2b
Seltenbachweg (2) 316-11d
Siemensstraße 332-10b
Silcherstraße (4) 332-8c
Sommerhalde 316-11d
Sonnenstraße 348-1c
Spitalstraße 332-11b
Stadtgraben (4) 332-11b
Steig 332-7c
Steinbruchweg 332-2d
Steinkenweg 331-9c
Stettiner Straße (3) 332-11a
Stunzachweg 316-11d

Täbingen 348-8c
Täbinger Straße 348-1d
Tannrainweg 316-11d
Trichtinger Straße 331-9c
Trichtinger Weg 332-11a
Tulpenstraße 332-12b
Turmstraße 331-9c

Überm Tal 332-12d
Uhlandstraße (1) 332-11a
Untere Gasse 316-11d
Unter-Eichen-Straße 348-1d
Unter Tal 316-12a
Unterweilerstraße 348-1d
Ursulagasse (6) 332-11b

Vöhringer Straße 332-7c
Vogelmühle 332-6a
Vogtsgasse 348-1d
Vordere Gasse 348-1d

Wacholderweg (12) 332-11a
Waldstraße 348-8d
Walkmühle 332-12b
Wasenweg 316-11d
Weiherhof 348-3d
Weiherweg 316-11d
Weingärten 332-8d
Weingärtenstraße 332-12a
Wetteweg 332-12d
Wiesenstraße 348-8d
Wiesentalstraße 348-4b
Wilhelm-Sülzle-Platz (15) 332-11b
Winkel 348-4b
Winkelstraße 348-8d
Wolfsgrube 348-3d

Zehntscheuerstraße (4) 332-7c
Zeppelinstraße 332-11a
Ziegelstraße 348-1b
Zollernstraße 332-7c

Rottenburg am Neckar
PLZ 72108

Abliser Straße 264-8a
Achalmstraße 263-4d
Adalbert-Stifter-Weg 264-11c
Adlerstraße 264-7b
Adolph-Kolping-Weg 264-9b
Ahornstraße 282-1c
Aischbachstraße (8) 284-11c
Akazienweg (3) 284-10b
Albblickstraße 283-9d
Albert-Schweitzer-Weg 284-4b
Albrecht-Dürer-Straße 262-10a
Albrecht-Wirt-Straße 262-10a
Albstraße 264-9b
Alemannenstraße 262-10a
Allensteiner Straße (7) 284-1a
Allmandstraße 282-9d
Almenstraße 264-9c
Alte Kelter (3) 282-9b
Alte Steige 283-4c
Alte Ziegelei 262-10a
Amannhof 45-B2
Am Apfelbaum (12) 284-10b
Am Bauschbergle 284-11c
Am Eiskeller (6) 264-8a
Am Ellenbühl 261-12b
Am Graben (5) 262-10b
Am Kegel 284-5d
Am Kirchhof 263-1c
Am Landgericht (7) 264-8a
Am Liss 263-1c
Ammerbuchstraße 264-1c
Ammertalstraße 264-9b
Ammerweg 261-12b
Am Mühlbach 302-4a
Am Oberfeld 263-1b
Am Pfarrgarten 263-1b
Am Pulverturm 45-A3
Am Römertempel (3) 45-A1
Am Scheibuß 302-1c
Am Seltengraben (13) 261-12b
Amselweg (3) 284-1b
Am Steig 263-1c
Am Weiher 263-1c
Am Wurmfeld 263-1c
Andreas-Hofer-Weg 284-4b
Anton-Buhl-Weg 45-B2 + 284-2a
Arbachstraße 264-7b
Argonnenstraße 284-2c
Aristide-Briand-Straße (35) 284-4c
Arthur-Junghans-Straße 284-3b
Asternstraße (4) 264-9b
Astrid-Lindgren-Weg (12) 264-11c
Auberlinstraße 262-7c
Auf dem Rain 284-3d
August-Hagen-Straße 264-10d
Aussiedlerhof (Seebronn) 263-4d
Aussiedlerhof (Wendelsheim) 264-7a

Bachstraße 283-8b
Bad Niedernau 283-9a
Badstraße 283-9a
Bärengasse 45-A2
Bahnallee 283-5d
Bahnhofstraße 45-A2 + 284-1d
Baisingen 261-8b
Baisinger Straße 261-9d
Bankweg (3) 263-1c
Baumwiesenweg 284-4b
Bauzenweg 284-6a
Bayardweg 284-5a
Beethovenweg 284-4b
Beguinenstraße 284-10d
Bei den Eichen 45-B2
Bei der alten Schule (6) 45-A2
Bei der Altstadt 284-4a
Bei der Kirche (3) 264-7b
Beim Alten Worttor (16) 45-B3
Beim Betzenbrunnen (4) 263-7b
Beim Bildstöckle 284-3d
Beim Preußischen 284-4a
Beim Schwingerkreuz 264-9a
Beim Sportplatz 263-1c
Bellinostraße 284-2d
Benzstraße 263-1d
Bergstraße 262-10a
Berliner Straße 284-1a
Bernbühlweg 264-9b
Bernlocher Weg 261-8b
Bertha-von-Suttner-Straße (41) 284-4d
Betzengasse (5) 263-7b
Bieringen 282-8b
Bieringer Straße 283-7a
Bildechinger Weg 261-9d
Birkenbühl (8) 263-1a
Birkenhof 244-12d
Birkenstraße 263-7a
Bischof-Leiprecht-Straße (5) 284-1b
Bischof-Moser-Straße 264-10d
Bischof-von-Keppler-Straße 264-10d
Bischof-von-Linsenmann-Straße 264-10d
Bismarckstraße 261-12b
Blaubeurer Weg (10) 261-12d
Blaulachweg 284-12b
Bliemtor 283-7d
Blütenweg 45-A3
Blumenstraße 264-9b
Bodelschwinghweg 264-11c
Böblinger Straße 282-1c
Börstinger Straße (6) 282-1d
Bogen 45-A2 + 284-1d
Bollhäusle 263-3c
Bollstraße 264-1c
Bondorfer Straße 263-7a
Boschstraße 263-1d
Brahmsweg 284-4b
Brandenburger Straße (15) 262-10c
Brandhecke (2) 284-10b
Brandweg 283-8a
Breitenwegle 284-10d
Breitestraße 263-7b
Breitlächlesweg 264-9a
Breitwiesenweg (6) 262-10a
Brennerstraße 283-10d
Breslauer Straße 284-1a
Bresteneck 264-9a
Bricciusstraße 264-9a
Brombeerweg (1) 284-10b
Bronnbachstraße 283-5d
Bronnmühle 283-6a
Brucknerweg (33) 284-4b
Brunnenäcker 264-9a
Brunnenstraße 264-1c
Brunnentalweg 262-7c
Brunnring 264-9a
Buchenweg 263-7a
Bühlenhöhe 264-9a
Bühlertalstraße 285-1d
Bühlhof 261-9b
Bühlweg 283-7b
Bürgermeister-Biesinger-Straße 264-1b
Bungalowweg (1) 263-1a
Burgäckerstraße 284-1b
Burggraben 45-A2 + 284-1b
Burglehenweg 284-3a
Burgmühlehweg 301-1b
Burgsteige 45-A2
Burgstraße 284-7c
Burkhardtstraße 282-9b
Bussardstraße 285-1c
Buttenwegle 284-1c

Carl-Borgward-Straße 284-2b
Carl-Zeiss-Straße 262-10b
Coburgstraße 283-7b
Cottbusser Weg 284-1d

Dätzweg 45-B3 + 284-2c
Dahlienweg 284-3d
Daimlerstraße 284-3d
Danziger Straße 262-10a
Deichelweiher 45-B2
Dessauer Weg 284-1c
Dettingen 284-11a
Dettinger Straße 302-1c
Dietrich-von-Bern-Straße 264-9b
Dietweg 283-10d
Dölleweg 283-5c
Dörnle 284-2a
Dolengäßle (8) 45-A2
Donauschwabenweg 261-12b
Dorfanger 264-1d
Dorfblickstraße 263-1a
Dorfstraße 283-7d
Dornierstraße 262-7b
Dornrainstraße 303-1b
Dresdener Straße 284-1a
Drosselweg 261-12b
Durbachhöfe 264-11a

Eberhardstraße 45-B2 + 284-2a
Eckenweiler 282-1d
Edelmannstraße 261-12b
Eduard-Fähndrich-Weg 261-12b
Eduard-Spranger-Straße 264-1c
Ehinger Platz 45-A3
Ehinger Straße 45-A3 + 284-1d
Eichenbühl (9) 263-1a
Eichendorffstraße 264-11c
Eichenstraße 263-7a
Einsteinweg (30) 284-4b
Eisengraben 284-10b
Eisentalstraße 263-7b
Eisweiherweg 264-7b
Elbenlochstraße 283-8c
Elsa-Brändström-Weg 45-A3
Elsterweg 285-1c
Engelgasse 45-A2
Engwiesenstraße 264-1d
Entenweg (1) 284-3b
Enzianweg 262-10a
Erasmusstraße 284-4b
Eratskirche 263-12c
Erfurter Weg (15) 284-1c
Ergenzingen 261-9c
Ergenzinger Straße 261-8b
Erlenhof 244-12d
Erlenweg 263-7b
Ermlandstraße 261-12b
Ernst-Reuter-Weg (21) 284-2c
Erzherzog-Albrecht-Straße (32) 284-4b
Eschenbühl (10) 263-1a
Etzbachstraße 263-1a
Etzwiesenstraße 263-1b
Eugen-Bolz-Platz 45-A1 + 284-1b
Eugen-Semle-Straße 284-2a
Eugenstraße (5) 263-1c
Eutinger Straße 261-9d
Eyacher Straße 282-1d

Falkenweg 261-12b
Fasanenweg 264-10d
Felix-Wankel-Straße 284-2b
Felsenweg 284-4a
Feuergäßle 45-A3
Feuergäßle (20) 45-A3
Feuerseestraße 263-7b
Fichtenhof 261-5b
Fichtenstraße 263-7a
Filderstraße 264-7b
Finkenstraße 264-1c
Flandernstraße 284-2c
Flavierweg 284-4b
Fliederstraße 282-1c
Flößergasse (4) 282-9b
Flößlestraße 263-1a
Föhbergstraße 264-7b
Forchweg 263-7a
Fouquetstraße 284-2c
Frankenweg 284-4a
Franz-Hoffmeister-Weg (2) 284-2a
Franz-Josef-Fischer-Straße (19) 284-2c
Franz-Lehár-Straße 261-8d
Frauengasse 45-A1 + 284-1b
Freiherr-vom-Stein-Straße 284-2b
Freundenstädter Straße 263-7a
Friedensstraße 263-1c
Friedhofstraße 301-1b
Friedlandstraße 284-4b
Friedrich-Ebert-Straße 284-4b
Friedrich-List-Straße 264-7b
Fröbelweg 264-11c
Frommenhausen 283-10d
Froschgasse 284-3d
Fuchsgasse (2) 301-6b
Fünfzehn Morgen 284-3d
Fünfzehn Morgen (6) 284-3d

Gäggenwäldlesgrabenweg 284-9d
Gänsmorgen (17) 262-7c
Gärtnerstraße 263-1b
Gäßle 263-7b
Gäustraße 261-12d
Galgenweg 261-8a
Gansäckerweg 282-1d
Gartenstraße 45-B2 + 284-2c
Gassäcker 301-1b
Gassenweg 284-10d
Gebhard-Müller-Straße 284-4a
Geckelerweg 283-7d
Geigerweg 262-10a
Geißhaldenweg 284-5d
Geistgrabenweg 284-12b
Gelber Kreidebusen 284-4b
Gengentalweg (2) 264-9b
George-C.-Marshall-Straße (38) 284-4c
Georg-Schyd-Weg (11) 261-12b
Gerberstraße 283-4c
Gerhart-Hauptmann-Straße 264-11c
Germanenstraße (4) 284-3d
Geschwister-Scholl-Weg (25) 284-4b
Gewerbegebiet Etzwiesen II 263-1b
Gewerbegebiet Höllsteig 262-10b
Gewerbegebiet Wasenäcker 263-5c
Gewerbepark Ergenzingen-Ost 262-7d
Ginsterweg 285-1a
Gladiolenweg (8) 284-3d
Goerdelerweg 284-4b
Goethestraße 261-8b
Göttelfinger Straße 261-8c
Gosbertstraße 262-7c
Grabenstraße 282-9b
Graf-Albert-Straße 45-B1 + 284-2a
Graf-Anselm-Straße 264-9b
Graf-Bentzel-Straße 284-2a
Graf-Burkhard-Straße 45-B1 + 284-2a
Graf-Wolfegg-Straße 284-2a
Grasiger Weg 284-2b
Greifswalder Weg (13) 284-1c
Greutweg 45-A3
Grillparzerstraße 264-11c
Großer Garten 283-7d
Güterbahnhof 45-B3
Gustav-Stresemann-Straße (40) 284-4d

Habichtweg 264-7b
Habsburger Straße 284-4a
Hadolfinger Straße 263-1c
Härlesweg 284-11c
Hagäckerstraße 263-4d
Hagengasse 301-6b
Hagenwörtstraße 284-1c
Hahnenbühl 301-6b
Haigerlocher Straße 282-1d
Hailfingen 263-1a
Hailfinger Straße 263-4d
Haldenäckerweg (Frommenhausen) 301-1b
Haldenäckerweg (Oberndorf) 264-1d
Haldenstraße 282-9d
Hammerwasen 283-6b
Hanfweg 283-10d
Hangstraße (3) 283-4c
Hans-Böckler-Weg (23) 284-2c
Hartmann-von-Aue-Straße 283-4c
Hartweg 284-6c
Haselsteige 283-8b
Hasslerstraße 284-2a
Hauffstraße 45-B1 + 284-2a
Haydnweg (31) 284-4b
Hechinger Straße 284-10d
Hefelestraße 284-2a
Hegelstraße 264-9a
Heiligenwaldstraße 284-11c
Heimentäle 302-1c
Heinrich-Schnitzler-Weg (8) 261-12d
Heißgräte (1) 282-1d
Hemmendorf 301-6a
Hemmendorfer Straße 284-10d
Hennentalhof 282-5b
Henry-Dunant-Straße (37) 284-4c
Herderstraße (4) 264-11c
Herdweg 284-2d
Herdweg (Seebronn) 263-5c
Hermann-Hesse-Straße 284-2a
Herrenberger Straße 264-1c
Herrengarten 284-3d
Hessentorstraße 301-3d
Heuberger Hof 263-9a

Rottweil

PLZ 78628

In der Schmälze 382-2c
Industrie- und Gewerbegebiet Berner Feld 364-12a

Jahnstraße 383-12a
Johanniterstraße 382-3d
Johannsergasse 45-B1 + 382-3b
Jungbrunnenstraße 383-2c
Jurastraße 383-11b

Kälberwasen 382-9d
Känzele 45-A2
Kaiserstraße 45-B2 + 382-3c
Kameralamtsgasse (12) 45-B2
Kampitschstraße 382-2b
Kandelweg 382-2c
Kapellenhof (11) 45-B2
Kapellenstraße 383-11b
Kapellenweg 366-4b
Karl-Glatz-Weg 383-12a
Karlstraße 45-B2 + 382-3d
Karolingerweg 383-4a
Karpfenweg 382-6a
Kastanienstraße 382-2b
Kastellstraße 383-4a
Kaufhausgasse (7) 45-B1
Keltenstraße (16) 383-4b
Kepplerstraße 366-7d
Khuonstraße 383-1c
Kiefernweg 382-4a
Kieneweg 364-12c
Kirchenäckerstraße 383-2c
Kirchstraße 383-11b
Kirchweg 366-7a
Klaber-Kasper-Straße 382-6a
Klarastraße 382-3d
Klaus-Gutsch-Straße 383-4c
Klippeneckstraße 45-A3 + 382-6a
Klosterbach 382-6c
Klosterstraße 383-4b
Kniebisstraße 382-2d
König-Karl-Brücke 382-3b
Königsberger Straße 382-6b
Königshofweg 383-4a
Königstraße 45-B2 + 382-3d
Körnerstraße 45-B2 + 382-3d
Kohlplatzstraße 382-4c
Kohlplatzweg 382-4c
Konrad-Witz-Straße 382-2d
Konviktsgasse (14) 45-B1
Kopp-Gössele-Straße (13) 382-6a
Krankenhausstraße 382-2d
Kreuzweg 366-7d
Kriegsdamm 45-A1 + 382-3a
Krokusweg (8) 364-12c
Krumme Äcker 383-3d
Krummer Weg 382-5b

Lauffener Straße 383-11b
Lederstraße 366-7d
Legionstraße 383-1c
Lehrhof 382-10b
Lehrstraße 383-1d
Leimenstraße 366-8c
Lembergstraße (13) 383-1c
Leo-Sandel-Straße 383-5a
Lindenstraße 383-4a
Linsenbergstraße 366-7b
Linsenmannstraße (6) 382-2b
Lochenstraße 366-7a
Lorenz-Bock-Straße 45-A3 + 382-3c
Lorenzgasse 45-B1 + 382-3a
Lupfenstraße 45-A3 + 382-3c
Luttenwiesen 366-8a

Manfred-Stengle-Straße (12) 382-5b
Margarita-Linder-Weg 382-6d
Marienstraße 382-3d
Marktenhöhe 364-9d
Marxstraße 45-A2 + 382-2d
Mauritiusstraße 382-6b
Max-Seifriz-Straße 364-12c
Meisenstraße 383-1d
Merktswäldle 382-6a
Metzgergasse 45-B1 + 382-3b
Mittelstadtstraße 382-3d
Mörikestraße 383-11b
Mozartstraße 383-11b
Mühlstraße 383-1c
Mühlwiesenstraße 383-1d
Münsterplatz (4) 45-A2

Nachtweide 383-3d
Nägelesgrabenstraße 45-A1 + 382-3a
Nagelschmiede 382-9c
Neckarburg 364-8b
Neckarstraße 383-4a
Neckartal 364-11d
Neufra 383-12a
Neufraer Straße 383-4c
Neutorstraße 45-A2 + 382-3c
Nikolausstraße 383-1c
Nikolaus-Winzenried-Platz (3) 383-11b
Nonnenweg 383-2c
Nordumgehung 364-12a
Nußallee 382-2a

Ob dem Kloster 382-6d
Ob der Bint 383-12a
Oberamteigasse 45-A1 + 382-3a
Oberdorf 382-9a
Oberes Bohrhaus 383-7b
Obere Ziegelhütte 382-5a
Oberholzstraße 365-9b
Oberndorfer Straße 364-11c
Oberrotenstein 382-7c
Öschlestraße 383-4a
Olgastraße 45-B2 + 382-3d
Omsdorfer Hang 364-12c
Orpheusstraße 383-4a
Ortenbergweg 45-A3
Oswald-Klein-Straße 383-4a

Paschalisweg (4) 383-4b
Paulinenstraße 382-3d
Pelagiusgasse 383-4a
Pfarrer-Gabler-Straße 366-7b
Pfarrer-Uhl-Weg 382-4c
Pfarrgasse (5) 45-A1
Pfisterstraße 364-12c
Pflumholzstraße 382-4c
Plettenbergstraße 45-A3 + 382-5b
Präsenzgasse 45-B1 + 382-3b
Predigerstraße 364-12c
Primstraße 383-4b
Primtalstraße 383-4c
Primwiesen 383-1d
Pürschgerichtsweg (15) 383-4a
Pulverstraße 382-2b

Raichbergweg (10) 382-6a
Rainstraße 366-8a
Rathausgasse 45-A1 + 382-3a
Rheinwaldstraße 383-7a
Ritterstraße 45-A1 + 382-3a
Römerhof 365-10a
Römerstraße 383-4c
Rötenweg 382-7a
Rötlinstraße 45-A1 + 382-3a
Rosenstraße 366-8c
Roßwasenweg 45-A2 + 382-3c
Rotensteiner Straße 382-4c
Rottweiler Straße 383-1d
Ruckgaberstraße 382-3a
Ruhe-Christi-Straße 45-B2 + 382-3d

Saline 383-7a
Saline Wilhelmshall 383-4d
St.-Blasien-Straße 383-4b
St.-Georgener-Weg 382-9b
Schaffhauser Straße 382-5b
Schafwasen 364-12d
Schauinslandweg 382-2d
Scheffelstraße 382-2b
Schildeckstraße 383-12c
Schillerstraße 45-B3 + 382-3c
Schlachthausstraße 45-A1 + 382-3a
Schliffkopfweg 382-2c
Schloß 383-1d
Schmidgasse 382-4c
Schömberger Straße 365-9d
Schramberger Straße 382-2c
Schroffenstraße 383-2c
Schützenstraße 45-B3 + 382-3d
Schulgasse (6) 45-B1
Schulstraße 383-2c
Schultheißenweg (14) 382-6b
Schwabenstraße 383-3b
Schwalbengäßle 366-8a
Schwarzer Graben 45-A2
Schwarzwaldstraße 382-2b
Schwenninger Straße 382-6d
Schwyzer Straße 382-5b
Seehalde 383-4a
Seehof 364-12d
Seidelbaststraße 382-9a
Silcherstraße 383-11b
Skulpturenpark 382-6d
Solothurner Straße 382-5b
Sonnenhalde 383-1d
Sonthof 366-9a
Sonthofer Straße 366-8a
Spaichinger Straße 383-11b
Spalierweg 45-B2
Spittelmühle 364-12d
Sportplatzweg 382-7a
Sprengergasse (10) 45-B2
Stadionstraße 382-6c
Stadtgrabenstraße 45-A2 + 382-3c
Stallberg 383-7a
Starzelweg (6) 383-12a
Stegwiesen 366-8a
Steig 382-6b
Steile Straße 382-3a
Steinemühlestraße 383-4a
Steinhauserstraße 45-A1 + 382-3a
Stocken 382-9a
Stuttgarter Straße 383-11b
Sulzbachstraße 383-12c
Sulzenbühl 383-2c
Suppengasse (9) 45-B2

Tafelgasse 382-3b
Talweg 366-8a
Tannenweg 365-9b
Tannstraße 382-2a
Titiseestraße 382-2c
Töpferweg 383-4a
Trinkgasse 45-B2 + 382-3d
Tulpenweg (7) 364-12c
Turmweg 382-2b
Tuttlinger Straße 383-7a

Überlinger Straße 364-11c
Uhlandstraße 382-2a
Ulmenweg (1) 382-2b
Unterdorf 382-9c
Untere Lehrstraße 383-1d
Unterrotenstein 382-10a
Unterwaldener Straße 382-5b

Vaihinger Hof 366-1c
Viadukt 45-B1 + 382-3b
Via L'Aquila 45-A3 + 382-6a
Vogelsangstraße 383-1d
Vogtstraße 382-6b

Wacholderstraße 382-9a
Wagnerstraße 383-11b
Waldtorstraße 45-A1 + 382-3a
Wartenbergweg (9) 382-5b
Wasenäckerstraße 382-7a
Weidenweg (5) 382-2b
Weiherbachstraße 383-11b
Weiherweg 45-A1
Wellendinger Straße 383-12a
Wernzstraße 382-2b
Wertgasse 366-7b
Wiesenweg 366-4a
Wilhelmshall 383-4c
Wilhelmstraße 45-B2 + 382-3d
Wochenbergstraße 366-7a
Wolfgraben 366-8c
Wolfsgrube (5) 383-5a
Württemberger Straße 383-1d

Zeisigweg (1) 383-12c
Zepfenhaner Straße 366-7b
Zeppelinstraße 383-12c
Zimmerer Gasse 383-12a
Zimmerner Straße 382-2a
Zollernstraße 382-2b
Zollernweg 383-5a
Züricher Straße 382-5a
Zundelbergstraße 382-5b
Zwischenstraße (1) 45-A1

Rudersberg
PLZ 73635

Königsbronnhof 103-12d

Rutesheim
PLZ 71277

Ahornweg 826) 126-5c
Aichinger Straße 126-11d
Akazienweg (24) 126-8a
Albert-Schweitzer-Straße 126-8c
Albrecht-Dürer-Straße (1) 126-7d
Alemannenstraße 126-11a
Alois-Senefelder-Straße 126-9c
Alter Flachter Weg 126-4b
Amerikaner Allee 126-7c
Am Heuweg 150-2b
Amselweg 126-7d
Auf der Steige 126-7d
August-Lämmle-Weg 126-8d

Bahnhofstraße 126-11b
Beethovenstraße 126-11b
Benzstraße 126-8d
Birkenstraße (16) 126-8d
Bismarckstraße 126-8c
Blumenstraße 126-8c
Borsigstraße 126-9c
Brahmsstraße (19) 126-8d
Brucknerstraße (23) 126-11b
Buchenhain 126-11d

Daimlerstraße 126-8b
Deichelstuhlweg 126-5b
Dieselstraße 126-8d
Dornierstraße 126-8a
Drescherstraße 126-7d
Drosselweg 126-8c
Droststraße (30) 126-8a

Eibenweg (33) 126-8a
Eisengriffweg 126-11a
Elbenstraße 126-8c
Eltinger Weg 126-11b
Engelbergstraße 126-11d
Erlenweg 126-11d

Fichtestraße 126-11b
Finkenweg 125-9a
Flachter Straße 126-8a
Förstlestraße 125-9c
Förstlesweg 125-8d
Fontanestraße 126-8a
Forchenrain (1) 126-12c
Forchweg (2) 126-12c
Friedenstraße 126-11d
Friedhofstraße 126-8d

Ganghoferstraße 126-8c
Gartenstraße 126-8c
Gebersheimer Straße 126-8c
Gewerbegebiet „Schertlenswald" 126-9c
Goethestraße 126-8c
Goldammerweg 126-7d
Grafenweg 126-7a
Grasgartenstraße 126-11b
Grenzrain 126-12c
Grieshaberweg (2) 126-7d
Gutenbergstraße 126-8d

Hasenweg (5) 126-8c
Hauptstraße 125-9a
Haydnstraße (21) 126-11b
Hebbelstraße (4) 126-8a
Heckenweg 126-11d
Hegelstraße 126-8a
Heimerdinger Straße 126-8c
Heimsheimer Straße 125-9c
Heinestraße (28) 126-8a
Henri-Arnaud-Straße 125-9a
Herderstraße (12) 126-8b
Hermann-Hesse-Weg (17) 126-8d
Hertzstraße (3) 126-8b
Heuweg 126-11d
Hindenburgstraße 126-8c
Hintere Gasse (1) 125-9a
Hochsträß 126-6c
Hölderlinstraße 126-11b
Hof im Pfaffengrund 126-12c
Hof im Vallons 125-8b
Hofackerstraße 126-11a
Hofrainstraße 126-8c
Holderstraße 126-8c
Holzweg 126-5c

Im Hanfland 125-9c
Im Kalk 126-8c
Im Vallon 125-8b
Im Wiesengrund (4) 125-8b
Isolde-Kurz-Weg 126-8d

Jahnstraße 126-8a
Justinus-Kerner-Weg 126-8d

Käthe-Kollwitz-Weg (3) 126-7d
Kantstraße 126-8b
Kastanienweg (25) 126-5c
Keplerstraße 126-7d
Kirchplatz 126-8c
Kirchstraße (8) 126-8c
Kleiststraße 126-8a
Köhlerweg 126-10d
Kolbstraße (29) 126-8a

Leonberger Straße 126-8c
Lerchenberg 126-7b
Lerchenbergweg 126-7a
Lerchenweg 125-9a
Lessingstraße 126-11b
Lilienthalstraße 126-8a
Lindenstraße (15) 126-8d
Lisztstraße 126-11b
Lortzingstraße (18) 126-11b
Loyenstraße 126-8c
Ludwig-Thoma-Straße 126-8c

Malmsheimer Straße 125-9b
Malmsheimer Weg 125-12b
Margarete-Steiff-Straße 126-7c
Marie-Curie-Straße 126-9c
Martin-Luther-Straße 126-8d
Martin-Niemöller-Weg (26) 126-11b
Max-Eyth-Straße 126-8c
Maybachstraße 126-8a
Merianstraße 126-7d
Mieminger Weg 126-8a
Mörikestraße 126-11b
Moltkestraße 126-8c
Mozartstraße 126-11b

Nelkenweg 125-9a

Ötscher Straße 126-8d
Osterwiesenstraße 126-8d
Otto-Hahn-Weg (1) 126-8b

Perouse 125-8d
Pfarrstraße 126-8c
Pforzheimer Straße 126-7d
Pfuhlweg 126-8a
Piemontweg (6) 125-9a
Pietistenweg 125-9d
Pirolweg 126-7d
Planckstraße (11) 126-8a

Raiffeisenstraße 126-8c
Rathauspassage (7) 126-8c
Rathausplatz (2) 125-9a
Rauher Waldweg 126-4b
Rennerstraße 126-8d
Renninger Straße 126-11a
Richard-Wagner-Straße 126-11b
Rilkeweg (27) 126-8a
Robert-Bosch-Straße 126-8c
Römerstraße 126-11a
Röntgenstraße (2) 126-8b
Rötestraße 126-8a
Roseggerstraße 126-8a
Rosenstraße 125-9a

Saatschulweg 126-10a
Salzburger Straße (13) 126-8d
Scheibbser Straße 126-8d
Schellingstraße 126-11b
Schelmenäckerstraße 126-8c
Schillerstraße 126-8d
Schmalzgasse (9) 126-8c
Schubertstraße 126-11b
Schuckertstraße 126-9c
Schützstraße (22) 126-11b
Schulstraße 126-8a
Schulzenweg 126-4d
Schumannstraße 126-11b
Schwalbenweg 125-9a
Schwarzer Marksteinweg 126-5b
Seestraße 126-8c
Seetorweg 125-9d
Seewiesenstraße (3) 125-9a
Siemensstraße 126-9c
Sonnenrain 126-11d
Sophie-Scholl-Straße (25) 126-11b
Spissenstraße (27) 126-11b
Stäffelesweg 126-5b
Stauffenbergstraße (24) 126-11b
Suttnerstraße (31) 126-8a

Taläckerweg (34) 126-8a
Tannenweg 125-9c
Teichweg 125-9d
Telemannstraße (20) 126-8d
Thomas-Mann-Straße (10) 126-8d
Tulpenweg 125-8b

Uhlandstraße 126-8d
Ulmenstraße 126-8d
Untere Gasse 125-9a

Vogt-Greber-Straße (5) 125-9a

Wacholderweg (32) 126-8a
Waldeckstraße 150-3a
Waldenser Straße 125-9a
Waldhüttenweg 125-9b
Weiler Weg 125-12b
Weinstraße 125-9d
Weissacher Weg 126-5a
Widdumhof (14) 126-8c
Wilder Buschweg 125-9d
Wilhelm-Hauff-Weg 126-8d
Wilhelm-Kopp-Straße 125-9c

Zeppelinstraße 126-8c
Ziegelhütte 125-9a
Zimmeregart (6) 126-8c
Zornergartenstraße 126-8a

Sachsenheim
PLZ 74343

Adolfstraße 80-8b
Adolph-Kolping-Straße (23) 80-11d
Ährenweg 80-11a
Äußerer Schlosshof (18) 80-11b
Alemannenweg (12) 80-8d
Alte Großsachsenheimer Straße 80-8d
August-Borsig-Straße 80-12b
August-Lämmle-Straße (1) 80-8b
Austraße 80-8b

Bachweg 80-8c
Bachwiesenweg 80-9c
Bahnhofstraße 80-11b
Beim unteren Höllbrunnen 80-9d
Bergstraße (4) 80-9a
Berntalstraße 80-7b
Bertha-Benz-Straße (16) 80-12b
Besigheimer Weg 80-9a
Bietigheimer Straße 80-9a
Bissinger Straße 80-11b
Bleiche 80-9d
Blumenstraße 80-8c
Brunnenschneiderstraße 80-8c
Brunnenstraße 80-11b
Burkauer Straße 80-12a
Bussardweg (24) 80-9a

Curiestraße 80-11b

Egartenhof 80-12d
Eichendorffstraße (15) 80-9c
Eichwald 80-10b
Einsteinstraße 80-11b
Eisenbahnstraße 80-9c
Eugen-Doster-Straße 80-8b

Falkenweg (26) 80-9a
Fasanenweg 80-7d
Finkenweg 80-8d
Friedenstraße 80-8d
Friedrich-Jungheinrich-Straße (1) 80-10d
Friedrich-Silcher-Straße (2) 80-8b
Fuchsweg 80-11a

Gartenstraße 80-11c
Gerhard-Rummler-Straße 80-10d
Gerokstraße 80-8d
Gewerbegebiet Heinzenberger Weg 80-5d
Gewerbegebiet Holderbüschle 80-12b
Gewerbepark Eichwald 80-10c
Goethestraße 80-11b
Gottlieb-Daimler-Straße 80-8b
Gottlob-Spieß-Straße 80-11b
Grabenstraße (19) 80-11b
Großsachsenheim 80-7d
Großsachsenheimer Straße 80-8d
Grundweg 80-9a
Gutenbergstraße 80-12a

Habichtweg (25) 80-9a
Hachelweg 80-8b
Hanfgraben 80-11a
Hans-Sachs-Straße 80-9c
Hauffstraße 80-9c
Hauptstraße 80-11b
Heinrich-Heine-Straße 80-12a
Heinrich-Metzger-Straße (11) 80-8c
Heinzenberger Weg 80-8b
Hermann-Haag-Straße 80-11a
Hermann-Hesse-Straße 80-8d
Hermannstraße 80-7d
Hindenburgstraße 80-8b
Hintere Straße 80-8b
Hirtenwiesen 80-11a
Hölderlinstraße 80-12a
Hohenhaslacher Straße 80-7d
Hohe Straße 80-11a
Hohwiesenstraße 80-8c
Hudelweg 80-8b
Humboldstraße 80-11b

Im Burgstall 80-9c
Im Hörnle 80-8c
Im Holderbusch 80-8b
Im Krummenland 80-8c
Im Mühlrain 80-8b
Im Sommerrain 80-8d
Im Tal 80-8c
In den Schneckengärten (9) 80-9a
In den Semmeläckern 80-11c
In der Bannhalde 80-7d
Industriestraße 80-12b

Jahnstraße 80-11b
Johannes-Kepler-Straße 80-8b

Karl-Drais-Straße 80-9a
Karl-Heinz-Lüth-Straße 80-12a
Kelterstraße 80-9a
Kernerstraße 80-9c
Kiesweg (10) 80-8c
Kirbachstraße 80-8d
Kirchhofstraße 80-11b
Kirchplatz (6) 80-9a
Kleinsachsenheim 80-6c
Kleinsachsenheimer Straße 80-8c
Klingenberg 80-8c
Konrad-Zuse-Straße 80-10d
Kopernikusstraße 80-12a
Kraichertsweg 80-11b
Kronenstraße (20) 80-11b
Kurze Straße 80-11a

Lammstraße (17) 80-11b
Lavendelstraße (21) 80-12a
Lenaustraße 80-12a
Leonhardshof 80-12c
Lerchenstraße 80-11a
Lessingstraße 80-9c
Lichtensternstraße 80-11b
Löchgauer Straße 80-9a
Ludwigsburger Straße 80-11b

Max-Eyth-Straße 80-12a
Maybachstraße 80-8b
Meisenweg 80-11a
Metterstraße 80-7d
Metterzimmerer Straße 80-9a
Milanstraße 80-9a
Mörikestraße 80-9c
Mozartstraße 80-8b
Mühlstraße 80-11b
Neuweilerstraße 80-8b
Nordstraße 80-8b

Obere Kirchstraße 80-9a
Obere Mühle 80-8d
Obere Schulgartenstraße 80-9a
Obere Straße 80-11b
Obere Zeilstraße 80-9a
Oberriexinger Straße 80-11c
Oststraße (14) 80-9c

Planckstraße 80-11b
Porscheplatz 80-10c

Querstraße 80-11a

Rathausstraße (3) 80-8b
Rechentshofen 80-1c
Robert-Bosch-Straße 80-8b
Römerweg 80-8c
Rosenstraße 80-11a
Rossäcker 80-8b
Rudolf-Diesel-Straße 80-12b

Schillerstraße (13) 80-8d
Schloßgartenstraße 80-11b
Schmale Straße 80-11b
Schubartstraße 80-8d
Schulstraße (5) 80-9a
Seepfad 80-11a
Sersheimer Straße 80-7c
Siebenbürger Straße 80-12a
Siemensstraße 80-12b
Steingrube 80-9c
Sudetenstraße 80-8c
Südring 80-11c

Theodor-Heuss-Straße 80-8b
Torstraße 80-8b
Traunreuter Straße (22) 80-12a

Uhlandstraße 80-12a
Untere Kirchstraße (7) 80-9a
Untere Mühle 80-8d
Untere Schulgartenstraße (8) 80-9a
Untere Zeilstraße 80-9a

Valreaser Straße 80-12a
Von-Koenig-Straße 80-11b

Wagnerstraße 80-8d
Westenbachhof 80-10b
Weststraße 80-11a
Westtangente 80-11a
Wiesenstraße 80-8d
Wilhelmstraße 80-9a
Wolfstraße 80-11a

Zeppelinstraße 80-8b
Zimmerer Pfad 80-9c
Zwischen den Wegen 80-8b

Salach
PLZ 73084

Adalbert-Stifter-Straße 188-11a
Ahornweg (4) 188-11b
Alte Eislinger Straße (8) 188-10d
Alter Turnplatz 188-10d
Am alten Sportplatz (20) 188-10b
Amselweg (6) 188-11a
Athletenweg (22) 188-11c
Ausiedlung 188-10c
Austraße 188-10d

Bachstraße 188-10b
Badstraße 188-11a
Bärenbach 188-9c
Bärenbachstraße 188-11a
Bärenhöfle 188-9c
Baierhof 189-10c
Baumgartenstraße 188-11a
Beeserstraße 188-11c
Beethovenstraße 188-11a
Benzstraße 188-10d
Bismarckstraße 188-11c
Blumenstraße 188-11c
Borstwiesenstraße 188-11a
Boschweg (17) 188-11c
Bosslerstraße 188-10d
Brahmsstraße 188-10b
Brucknerstraße 188-11a
Brühlstraße 188-10b
Brühlweg 188-11c
Buchenweg 188-11b
Burgstraße 188-11a
Burrenstraße 212-2a

Daimlerstraße 188-10d
David-Finckh-Straße 188-11c
Dieselstraße 188-10d
Dietrichstraße 212-2a
Drosselweg 188-11a
Dunckergasse (16) 188-10d

Eduardstraße 188-11c
Eibenweg 188-11b
Eichenweg 188-11b
Eislinger Straße 188-10d
Erlenweg 188-11b
Eschenweg 188-11b
Eythstraße 188-10d

Farmweg 188-11a
Fichtestraße 188-11c
Filsstraße 188-10d
Finkenweg 188-11a
Fougerolles-Platz (13) 188-11c
Fougerolles-Straße (12) 188-11c
Fränkelstraße 212-2a
Frauenstraße 188-11c
Friedhofweg 188-11c
Friedrichstraße 188-10d
Frühlingstraße 212-1b
Fuchseckstraße 188-10d

Gartenstraße 212-1b
Gerokweg 188-11c
Goethestraße 188-11c
Grundstraße 188-11c

Händelstraße (1) 188-11a
Haldenstraße 188-11a
Hauffstraße 212-1b
Hauptstraße 188-10d
Haydnstraße 188-10b
Hermannstraße 188-11c
Heubühlstraße 188-11c
Hindenburgstraße 188-11c
Hölderlinstraße 212-1b
Hofelichstraße 188-11a
Hohenneuffenstraße 188-10d
Hohenstaufenstraße 188-10b
Hohe Straße 188-11a
Hollstraße 188-11a

Im Alber 212-1b
Im Dugendorf 212-1b
In den Roßäckern 188-11c
Itterstraße 188-11b

Jahnstraße 188-10d
Jahnstraße (16) 188-10d

Kaißerstraße 188-11c
Kalkäckerstraße 188-11a
Kanalstraße 188-10d
Kapfhöfe 188-12a
Karl-Laible-Straße 188-10d
Karl-Leicht-Straße 188-11a
Karlstraße 188-10d
Kastanienweg (3) 188-11b
Keplerstraße 188-10d
Kiefernweg 188-11b
Kirchgässle 188-11c
Klingenhof 188-8c
Kohlenwegle 188-11c
Kolpingstraße 188-11a
Kornbergstraße 188-10d
Krauthau Straße 188-11c
Kuchbergstraße 212-2a
Kuthestraße 188-11a

Lärchenweg (5) 188-11b
Läuferweg (19) 188-10d
Landhaus Reute 188-11d
Lange Straße 188-11c
Lautertalstraße 188-11c
Lehmgrubenweg (2) 188-11a
Lessingstraße 188-11c
Lettenäckerstraße 188-11a
Lindenweg 188-11b
Lippstraße 212-2a
Lisztstraße 188-11a
Lützowstraße 188-11c

Marktplatz (10) 188-11c
Meisenweg 188-8c
Messelbergstraße 188-11c
Mörikestraße 212-1b
Mozartstraße 188-11c

Obere Kirchstraße 188-11c
Oechslestraße 188-11a
Oskar-Moritz-Straße 188-11a
Ottenbacher Straße 188-10b
Ottostraße 188-10d

Palmstraße 188-11c
Panoramastraße 188-11a
Pfarrstraße 188-11c
Postweg 212-1b

Querstraße 188-10d

Ramsbergstraße 188-11d
Rathausplatz (9) 188-11c
Rechbergstraße 188-11a
Reuteweg 188-11c
Ringstraße 188-11a
Robert-Koch-Straße (7) 188-11c
Rosenstraße 188-11c

Schillerstraße 188-11c
Schmidäckerstraße 188-11a
Schottstraße 188-11c
Schubertstraße 212-1b
Schulstraße 188-11c
Schwalbenstraße 188-11a
Schwanenseestraße (14) 188-10d
Schweringstraße 188-11d
Siegfried-Schell-Straße 188-11a
Sielenwangstraße 188-10d
Silcherstraße 188-11c
Spitzenbergstraße 212-2a
Starenweg 188-11b
Staufeneck 188-12c
Staufenecker Straße 188-11a
Steinstraße 188-10d
Stuifenstraße 188-11c
Sudetenstraße 212-2a
Süßener Straße 212-2b

Talhof 188-10b
Tannenweg 188-11b
Teckstraße 188-10d
Theodor-Körner-Straße 188-11c
Tobel 188-11b
Tobelstraße 188-11b
Turnerweg (21) 188-10b

Uferstraße 212-2a
Uhlandstraße 188-11c
Unterdorfstraße (15) 188-10d
Untere Kirchstraße 188-11a

Wacholderweg (18) 188-11b
Wasserbergstraße (11) 188-10d
Weberstraße 188-11c
Wielandstraße 188-10b
Wilhelmstraße 188-11c

Zedernweg 188-11b
Zeppelinstraße 188-10b
Ziegelstraße 188-11a

St. Johann
PLZ 72813

Ahornstraße 291-10a
Albstraße 291-12b
Alte Steige 292-10c
Am Saraisenbrunnen 291-5c
Amselweg 292-10a
Andreasstraße (1) 291-8a
Auf dem Bühl 292-4d

Bachstraße 310-1a
Backhausgasse (3) 292-10c
Bärengasse (2) 292-7b
Bäumlesstraße 291-6c
Bahnholzstraße 292-7a
Baumgartenweg 291-8b
Beethovenstraße (3) 291-8b
Bei der Ziegelhütte 291-5c
Beim Pfarrwäldle (1) 292-4d
Bergstraße 291-8c
Bildäckerstraße 291-5d
Birkenhof 310-2b
Birkenhof-Siedlung 310-2b
Birkenstraße 291-10a
Birnenweg 291-5d
Bleichstetten 291-6a
Bleichstetter Weg 291-8a
Blumenstraße 291-12b
Bohnengasse (4) 292-7b
Braikeweg (1) 292-10c
Brechstattweg 292-4d
Brunnenstraße 292-10c
Buchfinkenweg 310-1b
Buchstraße 291-12d

Dellenweg 292-4d
Distelweg 292-7b
Dorfstraße 291-5d
Drosselweg 291-10c

Efeustraße 292-7b
Eibenweg 292-4d
Eichackerweg (2) 291-5d
Eichbergstraße 310-1b
Eichbergweg 291-6c
Eichenweg 310-1b
Eichhaldestraße 291-6c
Elsterweg 291-10c
Eninger Straße 291-8a
Erlenweg 292-10a
Eschenweg 292-10a
Espenstraße 291-5d

Falkensteinweg 292-10c
Falkenweg (1) 291-6c
Farnweg 292-4c
Felsenweg 291-5d
Fichtenstraße 291-10a
Finkenweg 310-1b
Fliederweg (1) 291-5d
Fohlenhof 271-11a
Forchenstraße 292-10a
Freudenbergstraße 291-8a
Friedenstraße 291-6c

Gächingen 292-10d
Gächinger Straße 291-12d
Gänshornstraße 291-12d
Gallerweg 291-10a
Gartenstraße 310-1a
Gasse 292-4d
Geissgasse (3) 292-7b
Geranienweg 292-7b
Gewerbegebiet „Steinenlai V" 292-7a
Gewerbestraße 292-7a
Ginsterweg 292-7b
Glemser Weg 291-5c
Glockenweg 292-10c
Goethestraße 291-8a
Gomadinger Straße 310-1a
Grabenäckerweg (Bleichstetten) 291-6a
Grabenäckerweg (Würtingen) (4) 291-8a
Guckenhartstraße 291-8a

Hagstraße 291-5d
Hainbuchenweg 292-4d
Hardtbergstraße 291-5c
Hartgasse 292-4d
Hauffstraße 292-10c
Hauptstraße 291-12d
Hebelstraße 292-10c
Heerstraße 291-7d
Helmut-Käppler-Straße 292-10c
Heubergstraße 310-1a
Hinterberg 291-5d
Hintere Kirchstraße 291-8a
Hirngasse 291-8a
Hirschstraße 291-8a
Hirtentalweg 291-5b
Höhenweg 291-8b
Hölderlinstraße 292-10c
Hoflehenweg 291-6c
Holunderstraße 291-5d
Holzelfinger Straße 290-12b
Holzweg 310-1a

Im Höfle (4) 292-10c
Im Spitzbubenhäule 291-5c
Im Tiefental 310-1d
Im Wang 291-8d

Jägerstraße 291-12b
Johannesstraße 292-10c

Käpflesweg 292-4c
Karlstraße 291-8a
Kiefernweg 292-10a
Kirchbergstraße 291-12b
Kirchgasse 292-7b
Klopfjörgles-Hütte 292-7a
Kohlstetter Straße 291-10a
Kreuzbühlweg 291-5c
Kurze Straße 291-8a

Lammstraße 291-8a
Laubweg 291-8b
Lautertalstraße 310-1a
Leinäckerstraße 291-6c
Leinhaldenweg 291-7d
Lerchenstraße 310-1b
Lindenstraße 291-10a
Liststraße 291-8a
Lochackerweg 291-10a
Lonsingen 291-12b
Lonsinger Straße 292-7b

Marktstraße 291-12b
Martin-Luther-Straße 292-10c
Mehlbaumweg 291-6c
Mörikestraße 292-10c
Mozartstraße 291-8b
Mühlstraße 291-8a
Münsinger Straße 291-8a

Nelkenweg 292-7b
Neue Steige 310-1a
Neue Straße 292-10c
Neuwiesenstraße 291-12b

Öschlestraße 291-8a
Ohnastetten 291-10d
Ohnastetter Straße 291-8a
Ostertagsgasse 292-7b

Panoramastraße 291-5c
Parkstraße (5) 292-10c
Paul-Jäger-Weg 292-4d
Poststraße 291-5d

Rathausstraße 291-6c
Reithausweg 291-8b
Reutlinger Straße 291-5d
Riedstraße 291-5c
Rohrauer Hütte 271-11d
Rollenbühlweg 291-5c
Rosenstraße 292-4d
Roßbrunnenstraße 291-12b

St.-Georg-Straße (2) 292-10c
St. Johanner Straße 291-5c
Schanzweg 292-10a
Schelmenweg 291-5c
Schillerstraße 291-8a
Schlehenweg 292-4c
Schönblickweg 292-4d
Schöner Weg 291-5d
Schubertstraße 291-8b
Schulstraße 291-8a
Schwalbenweg 291-6c
Schweizer Straße 291-5d
Silcherweg (2) 291-8a
Sirchinger Straße 292-7b
Sonnenhalde 291-5d
Steinbergstraße 291-10d
Steingebronner Weg 310-2a
Steingweg (7) 310-1a
Strangenstraße 291-5d

Talweg (6) 310-1a
Tannenweg 292-4c
Theodor-Heuss-Straße 291-8a
Tulpenweg 292-4d

Uhlandstraße 291-8a
Ulmenstraße 291-10a
Untere Brühlstraße 291-8a
Untere Hardtbergstraße 291-5c
Upfinger Straße 291-6c
Uracher Straße 292-7b

Vogelbeerstraße 291-5d
Vorderberg 291-5d
Vordere Wacht 292-4d

Wachholderweg 292-4c
Wagnerstraße 292-10c
Waldstraße 291-5d
Wangstraße 291-8b
Wasserweg 291-5c
Weidenstraße 291-10c
Weißdornstraße 291-5d
Wiesentalstraße 291-8b
Wilhelmstraße 291-8a
Würfeltalweg 310-1a
Würtingen 291-7b
Würtinger Straße 291-10a

Ziegelhüttegasse 291-5c
Zittergasse 292-7b

Schlaitdorf
PLZ 72667

Aicher Straße 227-8a
Altenrieter Straße 227-7d

Brunnenstraße (2) 227-7d

Dohmetweg 227-7b

Florianweg (7) 227-8a
Friedhofstraße 227-8c
Friedrichstraße 227-8a

Goethestraße (4) 227-8c

Häslacher Straße 227-7c
Hauptstraße 227-7d
Hölderlinstraße (5) 227-8c
Hofstattstraße 227-8a

Im Auchert 227-7b
Im Gässle 227-7b
Im Höfle 227-8c
Karlstraße 227-7b
Kirchstraße (3) 227-8c
Kolbengasse (1) 227-7d

Mörikestraße 227-8c

Neckartailfinger Straße 227-8c
Neckartenzlinger Straße 227-7d
Nürtinger Straße 227-7d

Obere Straße 227-8a

Panoramaweg 227-8c

Schillerstraße 227-8c
Schönblickweg 227-8c
Schönbuchweg 227-7d
Silcherstraße 227-8c
Steigstraße 227-7d

Talstraße 227-7d
Teckstraße 227-8a

Uhlandstraße 227-8c

Vogelsangstraße 227-8c

Walzengässle (6) 227-8a
Wasenweg 227-8c
Weinbergstraße 227-8c
Wilhelmstraße 227-7d

Schlat
PLZ 73114

Ahornweg 211-9d
Amselweg (7) 211-9d
Austraße 211-9c

Bachstraße 211-9c
Bildäckerstraße 211-9d
Birkenweg 211-9d
Breiteweg 211-9c
Brühlweg 211-9c
Bühlstraße 211-9d
Burgstraße 211-9d

Eichenstraße 211-9d
Enzbachweg 211-9d
Eschenbacher Straße 211-9c

Falkenweg 211-9c
Fichtenweg (4) 211-9d
Fränkelstraße 211-9d
Friedhofweg 211-9d
Fuchseckhof 211-11d
Fuchseckstraße 211-9c

Gewerbegebiet Anwänder 211-9a
Göppinger Straße 211-6c
Grünenbergstraße 211-9d

Hauptstraße 211-9c
Heiligenbergstraße 211-9d
Hohwiesen 211-8d

Im Anwänder 211-9a
Im Märzengarten 211-9c
In den Enzwiesen (9) 211-9d
In den Wintergärten 211-9a
In der Acht 211-12b
In der Au 211-9a

Jahnstraße 211-9c

Kirchstraße (2) 211-9d

Lerchenweg (8) 211-9d
Letten 211-9d
Lindenweg 211-9d

Mühleweg (5) 211-9c

Pfarrstraße (1) 211-9d

Reichenbacher Straße 211-12a
Rommental 212-7c
Rommentaler Straße 211-9d

Schillerstraße (6) 211-9d
Schulstraße 211-9d
Staufenstraße 211-9d
Süßener Straße 211-9b

Turnhallestraße 211-9d

Uhlandstraße 211-9d
Ulmenweg (3) 211-9d
Unterer Weilerbach 211-9a

Wasserbergstraße 211-9c
Weilerbachweg 211-9b
Wolfbachstraße 211-9c

Zum Dollenkirchle 211-9d

Schlierbach
PLZ 73278

Ahornweg 208-5b
Albstraße 208-5a
Alte Strumpffabrik (3) 208-5d
Am Haslenbach 208-6a
Auchtertstraße 208-3c
August-Auwärter-Straße 208-5b

Bachstraße 208-5a
Bachwiesenweg 208-5a
Bosslerstraße 208-2c
Breitensteinweg 208-2d
Breiteweg 208-2d
Bühlweg 208-5a
Daimlerstraße 208-5b
Dieselstraße 208-3c
Dobelweg 208-5a
Dorfwiesenstraße 208-5a

Ebersbacher Straße 208-2d
Eichbrunnenstraße 208-2d
Eichwaldhöfe 208-2c
Erlenweg 208-5b
Eschenweg 208-5b

Friedhofweg 208-5b

Gaiserstraße 208-5b
Gartenstraße 208-5a
Göppinger Straße 208-5b

Haldenweg 208-2c
Hardthof 208-4b
Hattenhofer Straße 208-5b
Hauffstraße 208-2d
Hauptstraße 208-5a
Hölderlinweg (2) 208-5b
Hölzerstraße 208-2c
Hohenstaufenstraße 208-2d

Im Gässle 208-5b
Im Wolfsgraben 208-5b
In den Geigenäckern (1) 208-5b
In den Schießgärten 208-5b

Kirchheimer Straße 208-5a
Kirchstraße 208-5b

Limburgstraße 208-5a
Lindenhof 208-3a

Max-Eyth-Straße 208-5b
Maybachstraße
Mörikestraße 208-2d

Neuffenstraße 208-2d

Porschestraße 208-3d

Ranzenäckerstraße 208-2d
Riedweg 208-2d
Robert-Bosch-Straße 208-6a

Schlatweg 208-5b
Schnellhof 208-5b
Seeäcker 208-5b
Seestraße 208-5b
Siemensstraße 208-6a
Silcherstraße 208-5b
Steingaustraße 208-5b

Tannenhöfe 208-3a
Teckstraße 208-5a

Uhlandstraße 208-2d

Vor der Sommerweide 208-5b

Weidenweg 208-6a
Wolfstraße 208-5b

Zeppelinstraße 208-5b

Schömberg (Kr. Calw)
PLZ 75328

Adlerstraße 121-11c
Ahornstraße 122-7d
Am Feldrain 122-10b
Am Hohlweg 145-5b
Am Rain 145-2a
Amselweg (1) 121-11c
Am Tann 121-10a
Aschenhoferweg 144-5b
Asternweg (6) 145-1a

Bachgasse (3) 145-1b
Beethovenstraße 145-1c
Bergmannsweg 120-12b
Bergstraße 145-1a
Berliner Straße 145-3a
Bernhardswiesen 120-12d
Bieselsberg 122-10a
Birkenweg 145-1d
Blumenplatz (3) 121-11c
Brahmsstraße 145-1c
Brückenackerstraße 121-7c
Brunnenstraße 145 1d
Buchenstraße 121-10a
Bühläckerstraße 145-1c
Bühlhof 145-1a
Burgweg 145-3c

Calmbacher Straße 145-1c
Calwer Straße 145-3c
Charlottenhöhe 144-2c

Dahlienstraße 145-1a
Dr.-Schröder-Weg 145-2a
Drosselweg (2) 121-11c
Durlacher Straße 145-3a

Eibenweg 145-1b
Eichenstraße 122-7d
Enzstraße 121-12c
Erlenstraße 122-8c
Eschenstraße 122-7d
Eselsweg 121-12a
Eulenlochweg 121-11c
Eulenweg 121-12c

Falkenweg (6) 121-11c
Fasanenweg (8) 121-11c
Fichtenweg 145-1b
Finkenweg (5) 121-11c
Fliederstraße 121-10a
Forchenstraße (1) 121-10a
Forststraße 121-10a
Friedenstraße 122-10a
Friedrichsgasse (1) 145-3a
Gartenstraße 145-1b
Gewerbestraße 121-7c
Goldschmiedsweg 122-10b
Grünstraße 122-10b

Hangstraße 120-12d
Hardtweg 122-11a
Hasenpfad (7) 121-11c
Hasenrainweg 121-12a
Hauffstraße 145-1a
Hauptstraße 145-2d
Hausackersträßle 145-4a
Hausäcker 120-9d
Hengstbergebeneweg 144-2a
Hengstbergweg 145-1c
Herdgasse (2) 145-1a
Hirsauer Straße 145-3a
Hirschweg 145-3a
Höfener Straße 120-12d
Hölderlinstraße 145-1a
Hörnlesbergweg 144-5d
Holzgasse 121-10a
Hügelweg 120-12b
Hugo-Rompler-Straße 145-1b

Illerstraße 145-3a
Im Lauch 122-10a
In der Hofstätte 145-2a
Isarstraße 145-3a

Jägerhof 121-12b
Jägerweg 121-10a
Johannesstraße 145-2d

Kapfenhardter Mühlen 122-10a
Kapfenhardter Straße 121-10a
Karlsruher Straße 145-3a
Kastanienstraße 122-8c
Kiefernstraße 121-10a
Kinzigstraße 121-12c
Kirchäckerweg 121-10a
Kirchstraße 122-10b
Kirchweg (2) 121-10a
Köhlerstraße 122-10b
Kölner Straße 121-12c
Kuckucksweg (9) 121-11c
Kurpark 145-1b
Kurze Steige (4) 145-1b

Langenbrand 121-10a
Langenbrander Straße 145-1b
Leipziger Platz 145-1b
Lengenbachweg 145-3c
Lerchenstraße 121-11c
Liebenzeller Straße 145-1b
Lindenstraße 145-1a
Lisztweg 145-1a
Löwenweg 145-1b

Mainzer Straße 121-12c
Maisenbacher Weg 122-10d
Marktweg 145-5b
Meisenstraße 122-10b
Missenweg 145-1c
Mörikestraße 145-1a
Mozartstraße 145-1c
Mühlstraße 122-10b
Münchner Straße 145-3a

Nagoldstraße 121-12c
Neckarstraße 145-3a
Nelkenstraße (1) 145-1a

Oberer Dickweg 145-1c
Oberer Quellweg 122-10b
Oberlengenhardt 145-2c
Ortsweg 121-11d

Panoramaweg 145-1b
Parksiedlung 122-7d
Parkstraße 145-1b
Pfarrwiesenweg (3) 121-10a
Pforzheimer Straße 145-2b
Poststraße 145-1b

Reuteweg 145-3c
Reuttehütte 144-5d
Ringstraße 121-7c
Römerweg 145-1b
Römerweg (Langenbrand) 121-10b
Rosenstraße 145-1a

Sägmühlenweg 145-1b
Sägmühlenweg (Schwarzenberg) 121-12b
Salmbacher Straße 121-10a
Saumißstraße 144-3c
Schauinslandstraße 122-10b
Schillereiche 145-1c
Schillerstraße 145-1d
Schleifweg 144-3c
Schömberger Straße 121-10a
Schönblickstraße 122-10a
Schubertstraße 145-1c
Schützenweg 145-6a
Schulweg 145-1a
Schumannstraße (5) 145-1a
Schwarzenberg 121-11d
Schwarzwaldstraße 145-1b
Siedlungsstraße 121-10a
Skiliftweg 121-10a
Sonnenweg 120-12b
Sperlingsweg (4) 121-11c
Starenweg 120-12b
Sternwarte 122-10d
Streuweg 120-12c
Stuttgarter Straße 145-3a

Talstraße 145-1b
Tannenweg 121-10a
Torstraße 122-10b
Tulpenstraße 145-1a
Turmweg 120-12b
Turnstraße 122-7d

Uhlandstraße 145-1a
Ulmenstraße 122-7d
Ulmer Straße 121-12c

Untere Herdgasse 145-1b
Unterer Quellweg 122-10b
Unterreichenbacher Straße 122-10b

Viertelsweg 122-7b
Vogelsangstraße 122-8c

Wagnerstraße 145-1a
Waldrennacher Straße 120-9d
Waldstraße 145-1d
Wanderheim 144-5a
Weidenweg 122-10b
Weinsträßle 144-3b
Wiesenweg 145-1b
Winkelgasse 120-12b

Zollernstraße 145-5b
Zum Felsenmeer 120-12d

Schömberg
(Zollernalbkreis)
PLZ 72355

Ahornweg (20) 367-4a
Alemannenweg 367-4b
Allmandstraße 367-4a
Alte Hauptstraße 367-4b
Am Raßentälebach 367-4d
Auf Kochenwinkel 367-4b

Bachstraße 366-12d
Badstubengasse (2) 367-4b
Bahnhofstraße 367-4a
Balinger Straße 367-1d
Beckenbeund 366-12d
Beethovenstraße 366-12b
Beim Staudamm 367-1d
Beim Stausee 367-1d
Benzstraße 384-3a
Berghof 348-12d
Bergstraße 366-9d
Bindlestraße (4) 366-12b
Birkenweg 366-12b
Blumenstraße 367-4a
Böhrstraße 366-12d
Bohlgasse 366-12d
Bolstraße 367-1c
Brahmsstraße (1) 366-12b
Breitenstraße 366-12b
Bruckenstraße 366-12b
Brühlen IV 367-4a
Brühlstraße 367-4a
Brunnenstraße 367-4a
Buchenweg (21) 367-4a
Bürkleweg (17) 367-4d

Dautmerger Straße 348-12d
Dorfgasse 367-4a

Egertstraße 367-1c
Eichbühlweg (18) 367-4d
Eichendorffstraße 367-4c
Eisenbahnstraße 367-4b
Enzianstraße 367-4a

Färberstraße 367-4b
Feuerseestraße 367-4a
Fliederstraße 367-4a
Flügelstraße 367-4a
Frankenweg 367-4b
Friedhofweg 366-12b
Fronbergstraße 366-12b

Gaberstallgasse 367-1d
Gartenstraße 367-4b
Gassen 367-4a
Gemmiweg 366-12b
Germanenweg 367-4b
Gewerbegebiet vor Aspen 384-3a
Gewerbegebiet Eichbühle 367-4c
Goethestraße 367-4c
Gottlieb-Daimler-Straße (16) 367-4c
Grünbühlstraße (9) 367-1d
Gutleutgarten 367-1c

Haldenstraße 367-1d
Hauffstraße 367-4a
Hauptstraße 366-12b
Haydnstraße 366-12b
Hegelstraße 367-4c
Heimgartenweg 367-4a
Hintere Kirchstraße (5) 366-12b
Hochbergstraße 366-9d
Hohenbergstraße (10) 367-4a
Hohe Wiesen 367-5a

Im Brühl 366-12b
Im Grund 367-4d
Industriegebiet Nord 367-1a
Inselstraße 367-1c

Kaplaneigasse 367-4b
Keltenweg 367-4b
Kernerstraße 367-4c
Kirchgasse 367-4b
Kirchstraße 366-12b
Klippeneckstraße 366-12b
Kreuzgasse (5) 367-1d
Kuhwasen 367-7a

Langenbindstraße 366-12d
Langobardenweg (14) 367-4b
Lehenbrunnenstraße 366-12d
Lehrstraße 366-12b
Lembergstraße 367-4a
Lessingstraße 367-4a
Lilienstraße 367-4a
Lilienthalstraße (1) 367-1a
Lindenstraße (22) 367-4a
Litzelbergstraße 366-12b
Lochenstraße 366-12b
Lortzingstraße (2) 366-12b

Marienhof 348-12d
Marktplatz 367-4b
Martinshof 348-12d
Maxgasse (6) 367-1d
Mörikestraße 367-4a
Mozartstraße 366-12b
Mühlweg 366-12d

Nelkenstraße 367-1c
Neuhaus 366-9c
Neuhausstraße 366-12a
Normannenweg 367-4d

Obere Gasse 366-12b
Obere Säge 367-5d
Oberhohenbergstraße 366-12d
Östreweg 366-9d
Olgastraße 366-12b
Ortenbergstraße 367-4a

Palmbühl 367-2c
Pegauer Weg 367-4c
Pfarrhausweg (6) 366-12b
Plettenbergstraße 367-4a

Rathausgasse (3) 367-1d
Rauchwinkelgasse 367-4b
Rilkestraße (12) 367-4a
Robert-Bosch-Straße 367-4c
Römerweg 367-4b
Rosenstraße 367-4a
Rottweiler Straße 367-4a
Rudolf-Diesel-straße 384-3a

Sachsenweg (13) 367-4b
Scheubühlweg (19) 367-4d
Schillerstraße 367-4b
Schubertstraße 366-12b
Schulgasse 367-1d
Schulviertelgasse (4) 367-1d
Schulweg 367-4b
Schumannstraße (3) 366-12b
Schweizer Straße 367-4b
Siemensstraße 384-3a
Silcherstraße 367-4a
Spitalgasse (7) 367-4b
Stauseestraße 367-4b
Suebenweg 367-4b
Sulzbachweg 366-12d
Suppenlochgasse 367-4b

Tannenstraße 366-12b
Teutonenweg (15) 367-4d
Tulpenstraße 367-4a

Uhlandstraße 367-4a
Untere Böhrstraße 366-12d
Untere Kirchstraße 366-12d
Untere Säge 367-5a

Veilchenstraße (1) 367-4a

Wagnerstraße 366-12b
Wasenstraße 367-4c
Webergasse 366-12b
Weiherhof 366-9b
Weiherstraße (8) 367-4a
Weilener Straße 366-12b
Wellendinger Straße 367-4c
Wiesengrundhof 348-12d
Wiesenstraße (11) 367-4a
Wilfinger Straße 384-3b
Withaustraße 367-4d
Wochenbergstraße 367-4c

Zeppelinstraße 367-1a
Zimmerner Straße 366-3b
Zollernstraße 366-12b

Schönaich
PLZ 71101

Achalmstraße 200-8d
Adalbert-Stifter-Weg 200-8b
Adlerstraße 200-4d
Agnes-Miegel-Weg (8) 200-8d
Alemannenweg 200-8c
Amselweg (8) 200-5c

Bahnhofstraße 200-5c
Banater Straße (1) 200-5c
Beethovenstraße 200-8a
Benzstraße 200-5d
Bergstraße 200-5c
Berliner Straße 200-5c
Böblinger Straße 200-4d
Brahmsweg 200-8a
Breitensteiner Pfad 199-9b
Bühläckerweg 200-8d
Bühlstraße 200-8a

Carlo-Schmid-Straße (3) 200-8a
Carl-Zeiss-Straße 200-6c
Cheruskerstraße 200-8c
Cheruskerstraße (6) 200-8c
Clara-Schumann-Straße (4) 200-8a

Dachenhäuserweg 200-8a
Daimlerstraße 200-5b
Dammweg 200-8a
Danziger Straße 200-5c
Dieselstraße 200-5d
Dörnlinger Weg (10) 200-9c
Donauschwabenstraße 200-5d
Dornierstraße 200-5d
Dresdener Straße (5) 200-5d
Drosselweg 200-5c

Eisenbahnweg (9) 200-8a
Elsenhalde 200-5c
Entenbachweg 200-8d
Entengasse 200-8d

Falkenstraße 200-5c
Finkenweg 200-5c
Frankenstraße 200-8c
Friedrich-Hebbel-Weg (4) 200-8d
Friedrich-Hölderlin-Weg (3) 200-8d
Friedrichstraße 200-8b
Friesenweg (5) 200-8d
Fronäckerweg 200-8d
Furtwiesenweg 200-8a

Gänsheide 200-8b
Gartenstraße 200-8b
Goethestraße (11) 200-8a
Gotenweg 200-8c
Große Gasse 200-8d
Gutenbergstraße 200-6c

Hanns-Klemm-Straße 200-6c
Hans-Pfitzner-Straße 200-7b
Happach 200-10d
Hartmannsdorfer Straße 200-8d
Hauffstraße 200-8a
Hegnerweg 200-8a
Heinrich-Heine-Weg 200-8d
Helene-Wessel-Weg (2) 200-8a
Herdlauchring 200-5d
Hermann-Löns-Weg 200-8d
Hermann-Werner-Straße 200-8b
Hofstraße 200-8c
Hohenstaufenstraße 200-8d
Holzgerlinger Straße 200-8c
Hülbenäckerweg (1) 200-8b
Hülbenstraße 200-8b

Im Hasenbühl 200-8b
Im Lindenlauch 200-8c
Im Röhrle 200-5c
In den Bergen 200-5c
Ingeborg-Bachmann-Weg (9) 200-8d

Jägerstraße 200-8d
Johanna-Klinkel-Straße (6) 200-8a
Johann-Bruecker-Straße 200-8a
Johann-Sebastian-Bach-Weg 200-8a
Johann-Strauß-Weg (10) 200-8a

Kästnerweg 200-8d
Karlstraße 200-5c
Kelterweg 200-4d
Kepplerstraße 200-8a
Kimbernstraße 200-8c
Kirchgäßle 200-8c
Kirchklinge 200-7d
Kleine Gasse 200-8d
Königsberger Weg (3) 200-5d
Krebenweg 200-8d
Kronstädter Straße 200-5d
Kurze Straße 200-8a

Lachenstraße 200-8a
Lange Straße 200-8d
Langobardenweg 200-8c
Leipziger Straße 200-5d
Lerchenstraße 200-5c
Lessingstraße 200-8b
Lindenstraße 200-8a

Magdeburger Weg (4) 200-5d
Mahdenwiesenweg 200-5b
Mauremer Weg 200-8c
Max-Eyth-Straße 200-8a
Maybachstraße 200-5d
Meisenweg 200-5c
Mildred-Scheel-Straße (1) 200-8a
Mörikestraße 200-8d
Mozartstraße 200-8a

Nelly-Sachs-Weg (7) 200-8d
Neuweiler Straße (14) 200-11b

Ölackerweg 200-8a

Panoramastraße 200-5c
Pfefferburg 200-4d
Porschestraße 200-5b
Pulsweg 200-8a

Richard-Wagner-Straße 200-8a
Rilkeweg 200-8d
Ringstraße 200-8a
Robert-Bosch-Straße 200-5b
Römerstraße 200-8c
Rosenstraße 200-8a
Rotenäckerweg (11) 200-9c

Schillerstraße 200-8d
Schmale Straße 200-8a
Schönbuchallee 200-8a
Schubertstraße 200-8a
Schulstraße 200-8a
Schwabenstraße 200-8c
Seebachweg (13) 200-9c
Seestraße 200-8c
Siemensstraße 200-5d
Silcherstraße 200-8a
Speidelsmühle 200-12a
Steinbeisstraße 200-5d
Steinenbronner Straße 200-8b
Steinernes Gässle 200-8d
Stuifenweg 200-8d
Sudetenstraße 200-5c
Sulzbach 201-4c

Teckstraße 200-8d
Teutonenweg 200-8c
Theodor-Storm-Weg (2) 200-8b
Tulpenstraße 200-8a

Uhlandstraße 200-8d
Uhlbergweg (12) 200-9c

Wachtelweg (7) 200-5c
Waldenbucher Straße 200-8d
Waldstraße 200-5d
Weimarer Weg (2) 200-5d
Wengertstraße 200-5c
Westrandallee (5) 200-8a
Wettgasse 200-8c
Wilhelmstraße 200-8a
Wittenberger Weg 200-5d
Wolfenmühle 200-11b

Zeisigweg (6) 200-5c
Zeppelinstraße 200-8c

Schopfloch
(Kr. Freudenstadt)
PLZ 72296

Aischbach 295-2d
Albstraße 295-2b
Altstadt Rockesberg 295-4d
Am Balmen 277-8b
Am Himmelreich 277-5a
Am Rödelsberg 277-6c
Am Stücklesberg 295-2c
Aussiedlerhöfe 295-5a

Badweg 277-8a
Bahnhofstraße 277-8a
Berghofstraße 295-2d
Bergstraße 295-2c
Böffinger Weg 277-7b
Brunnenstraße 295-2c
Bühlstraße 277-8a
Burg 277-4d
Burgweg 277-5c

Dettlinger Straße 295-2b
Dettlinger Weg 295-2b
Dießener Steig 295-3a
Dießener Straße 295-2d
Dornstetter Straße 277-5c

Eckhof 277-7b

Felsenburgstraße 295-2c
Forststraße 277-5d
Fronacker (2) 277-8b

Gartenstraße 277-5d
Glattener Straße 277-5c
Goethestraße 277-8b
Grazger Weg 295-6a

Haslochhof 277-8c
Hauptstraße 277-5d
Heerweg 295-8b
Herrengarten 295-5b
Hintere Steinshalde 295-3a
Höflesweg (2) 295-2c
Hölderlinweg (6) 277-8b
Hörschweiler Straße 277-5a
Hofackerstraße 295-2c
Hohlgasse (1) 277-5c
Homagstraße 277-5d
Horber Straße 277-5d

Im Herrengarten 295-5b
Im Knieslen 277-5c

Kastanienweg (4) 295-2d
Kirchsteige 277-8b
Kugelhalde 295-2c

Laibersteigle (3) 277-8a
Laiberstraße 277-8a
Leinstetter Straße 295-5a
Lemppstraße 295-2d
Lindenstraße 277-8b

Margarethenstraße 295-2c
Marktplatz (5) 277-8b
Mörikestraße 277-8b

Nelkenweg 295-2b
Neunecker Straße 295-1d
Nordhalde 277-5d

Oberes Täle 295-2d
Oberiflingen 295-2b
Ostendweg 277-8b

Panoramaweg 277-5d
Pflugstraße (1) 295-2c

Raiffeisenstraße (4) 277-8b
Rosengrund 295-5b
Rosenstraße 295-2b

Schillerstraße 277-8b
Schloßbergstraße 277-8b
Schmiedeweg (3) 295-2d
Schönblickstraße 295-2c
Schulstraße 277-8a
Sommeraustraße 295-2c
Sommerberg 295-2c
Sonnenhalde 277-8a
Stadtweg 295-4d
Steinshalde 295-2b
Sulzer Straße 295-2b

Taischwang 295-5a
Talstraße 295-2d
Tulpenweg 295-2b
Tumlinger Weg 277-5d
Turmhof 295-3c

Uhlandstraße 277-8b
Unterdorf 295-2d
Unteriflingen 295-1d
Urslenweg 295-5b

Wasen 295-2c
Weingäßle 295-2c
Winterhalde 295-3a

Zimmerplatz 295-2d
Zollernstraße 295-2b

Schorndorf
(Rems-Murr-Kreis)
PLZ 73614

Abelweg 136-12c
Abtssträßle 160-6c
Achalmweg 136-3b
Adelberger Straße 161-4b
Adlerweg 161-4a
Aichenbachstraße 136-12a
Albstraße 136-2c
Alemannenweg 136-8b
Alte Schule 137-1c
Alte Steige 136-12c
Am Bronnbach (2) 136-10c
Am Dürrbach 136-11a
Am Mühlbach 136-8d
Am Niederfeld 136-6d
Amselweg 136-12a
Am Silberberg 137-1c
Am Ziegelgraben 136-11a
An der Mauer (16) 136-8d
An der Wieslauf 136-3d
Anemonenstraße 136-8b
Apfelweg (3) 160-4d
Archivstraße 136-12a
Arnoldstraße 136-9c
Asternweg 136-3b
Astrid-Lindgren-Weg (26) 136-12b
Auerbachweg 136-5a
Auerhahnstraße (23) 136-12d
Auf der Halde 137-4b
Augustenplatz 136-9c
Augustenstraße 136-9c
August-Lämmle-Weg 136-12d

Bachstraße 136-6b
Badstraße 136-10c
Bahngasse (3) 136-8d
Bahnhofstraße 136-10b
Baierecker Straße 160-4d
Baldungweg 136-6c
Barbarossastraße 160-4d
Baumwasenstraße 136-8c
Baurenwasen 136-9a
Beethovenstraße 136-10d
Begonienweg (28) 136-8b
Bei den Linden 137-1c
Bei der Grafenkelter (2) 136-8d
Bei der Porzellanmanufaktur (24) 136-12a
Beim Brünnele (7) 136-11b
Benzäcker 136-3d
Benzstraße 136-8b
Berglenstraße 136-2c
Berkener Straße 161-5c
Bettina-von-Arnim-Weg 136-9d
Beundenstraße 136-2c
Biegelstraße 137-4a
Binsenstraße 160-1b
Birkenweg 160-3a
Birnenweg (2) 160-4d
Bismarckstraße 136-8d
Blumenstraße 136-10d
Boßlerstraße 136-1d
Brahmsweg 136-11d
Breslauer Straße (1) 136-10a
Bronnwasenstraße 137-4a
Bruckgasse 137-4a
Brucknerstraße 136-10d
Bruckstraße 136-6d
Bruderweg (21) 136-11d
Brühlweg 160-4b
Brünner Straße 136-10b
Brunnenweg 136-3b
Buchenweg 160-3a
Bühlweg 136-10c
Buhlbronn 136-2a
Burgstraße 136-11a
Bury Platz 136-12c
Bussardweg 161-4a

Carl-Zeiss-Straße 136-10d
Charlottenstraße (18) 136-8d
Christallerweg 136-5d
Christian-Friedrich-Werner-Straße 160-3a
Christophstraße 136-11b

Dahlienweg (30) 136-8b
Damaschkestraße 136-12a
Daniel-Steinbock-Straße 136-12a
Danziger Straße 136-10a
David-Wolleber-Straße 136-10d
Diemweg 136-1d
Dorfwiesenstraße 137-1c
Dorothea-Schlegel-Weg 136-12b
Drosselweg 136-12b
Düftenbergstraße 136-2c
Dürerweg 136-6c
Dürrwiesen 136-3d
Dueviller Platz 136-9a

Ebersbacher Weg 160-2b
Eckstraße 136-2c
Edelweißweg 161-8a
Eduard-Hartmann-Straße (2) 136-2c
Eichenbachhütte 161-1a
Eichenweg 161-4a
Einsteinstraße 136-10c
Ellenbergweg 136-1d
Enzianweg 161-8a
Epplerinweg 136-12a
Erlenstraße 136-8b
Erlenwiesen 136-8b
Espenweg 161-4a
Eugen-Bentel-Straße 137-1c
Eugenstraße 136-11a

Falkengasse (4) 136-10c
Fasanenstraße 136-12d
Feldstraße 160-4b
Feuerseestraße 136-12a
Fichtenweg 160-3a
Finkenweg 136-12a
Floraweg 161-8a
Forchengasse (3) 136-10d
Frankentobelweg 136-11b
Frauenbergweg 136-12b
Freiackerweg 136-5a
Freibadstraße (3) 136-2a
Freiburgstraße 136-3b
Friedensstraße 136-12a
Friedhofstraße 136-11b
Friedrich-Ebert-Straße 136-9a
Friedrich-Fischer-Straße (15) 136-11b
Friedrich-Glück-Straße (4) 136-4b
Friedrichstraße 136-11b
Fröbelweg 136-3b
Frühlingsstraße 160-4d
Fuchshofweg 136-11d

Gaisbergstraße 136-9a
Gartenstraße 136-10d
Gassackerstraße 137-4a
Gegen Haubersbronn 136-9b
Gegen Schornbach 136-5b
Georg-Schienlin-Weg 136-12c
Georg-von-der-Vring-Straße (25) 136-12a
Geranienweg 161-4a
Gerberstraße 136-8c
Gerhart-Hauptmann-Straße 137-4a
Gewandäckerstraße 136-10d
Ghaibrunnenweg (1) 137-1c
Ghaistraße 137-1c
Ginsterweg (4) 136-3b
Gluckstraße 136-11d
Gmünder Straße 136-9c
Göppinger Straße 136-12a
Goethestraße 136-12a
Goldwiesenstraße (5) 136-3b
Gottlieb-Daimler-Straße 136-8d
Gottlob-Bauknecht-Straße 136-9a
Gottlob-Kamm-Platz 136-11d
Grabäckerstraße 160-4d
Grabenstraße 136-8d
Grafenbergweg 136-8a
Grafenhalde 136-8a
Grasingerweg 136-11d
Grauhalde 136-12c
Grimmweg 137-4a
Grundackerweg 136-2a
Gutenbergstraße (7) 136-10d

Hagenwiesenweg 161-5c
Haineweg 137-1c
Haldenstraße 137-4a
Hammerschlag 136-9c
Hammerweg 161-5c
Hangweg 136-6b
Haselbrunnenweg 160-4c
Hasenmüllerweg 136-6b
Haubersbronner Straße 136-3b
Hauffstraße 136-8d
Haydnstraße 136-11d
Heermannstraße 136-12a
Hegelstraße 136-9d
Hegnauhofweg 136-12b
Heinkelstraße 136-8d
Heinrich-Heine-Straße 136-10b
Heinrich-Rorbeck-Weg 136-12c
Heinrich-Talmon-Groß-Straße 136-9c
Helfensteinstraße 161-4b
Helle Eiche 136-5a
Hermann-Gmeiner-Straße 161-1c
Hermann-Hesse-Straße 136-10b
Herrenbachstraße 161-8a
Hetzelgasse 136-8d
Hindenburgstraße 136-10b
Hinter der Burg 136-11b
Hintere Höllgasse (9) 136-8d
Hintere Ramsbachstraße 136-7a
Hintere Römmelgasse (27) 136-8d
Hirschgasse (11) 136-9c
Hirschmannstraße 136-12c
Höhenweg 161-4a
Hölderlinstraße 136-12b
Höllgasse 136-8d
Hofgartenstraße 137-1c
Hofstraße 136-11d
Hohenneuffenstraße (1) 136-2c
Hohenstaufenstraße 136-9d
Hohensteinstraße 135-3d
Holbeinstraße 136-11c
Holdergasse (9) 136-10d
Holzbergweg 136-5c
Hubertusstraße 137-1c
Hungerbühlstraße 136-12a

Im Asperfeld 161-4c
Im Hiller 136-3b
Im Rehfeld 136-11c
Im Sack (6) 136-8d
Im Schöllerfeld 136-10c
Im Stillen Hof 161-4a
In den Geißhecken (4) 161-4a
Ipfweg 161-4b
Irisstraße 161-1c

Jägergarten 136-1c
Jägerweg (3) 136-2c
Jahnstraße 136-10c
Jakob-Degen-Straße 136-12c
Jakob-Raible-Straße 136-12a
Johann-Phillip-Palm-Straße 136-9c
Justinus-Kerner-Weg 136-12c

Kärntner Straße 136-10d
Kästnerstraße (4) 137-4a
Kahlaer Platz 136-8d
Kaiserstraße 160-4d
Kanalstraße 136-10d
Karl-Bäder-Straße (7) 136-1d
Karl-Liebknecht-Straße 136-8b
Karlsbader Straße 136-10c
Karlsplatz (10) 136-8d
Karlstraße 136-9c
Kaspar-Bregenzer-Straße 136-9a
Kaspar-Kurrer-Weg 136-12c
Kastellstraße 137-4a
Kellerwiesen 137-4c
Kelterstraße 136-10c
Keplerstraße 137-4a
Keuperweg 136-1d
Kirchgasse 136-8d
Kirchhofstraße 137-4a
Kirchplatz (4) 136-8d
Kirschenweg (1) 160-4d
Klammenweg 137-4a
Königsberger Straße 136-10a
Königsweg 160-5b
Kohlackerweg 137-1c

Konnenbergstraße 136-12a
Konrad-Haußmann-Weg 136-9a
Konstanzer-Hof-Gasse (14) 136-8d
Kopernikusstraße 136-10d
Krebenweg 136-6c
Krebsgässle 136-5d
Krokusweg 136-3b
Kronengasse (5) 136-8d
Kronstätter Straße 136-10a
Krummhaarstraße 136-12c
Künkelinstraße 136-11b
Künnekestraße (12) 136-10d
Kurlandstraße 136-8b
Kurze Straße 137-1c

Langes Gäßle 137-4a
Lange Straße 136-11a
Lanzengasse 160-4b
Lederstraße 136-8c
Leharstraße 136-10d
Lenbachweg 136-5d
Lerchengasse (8) 136-10d
Lerchenhof 161-4d
Lessingstraße 136-10b
Liebermannstraße 136-11a
Ligusterweg 161-1d
Lilienweg 136-8b
Linckestraße 136-10d
Lindenweg 160-3a
Linsenweg 161-4a
Lisztstraße 136-11d
Löwensteestraße 136-12a
Lortzingstraße 136-10d
Ludwig-Palmer-Weg 136-6c
Ludwigstraße 136-11a
Lutherstraße 136-9c

Mannshaupten 136-1c
Marienburger Straße (14) 136-10a
Marienstraße 136-11b
Marktplatz 136-8d
Max-Eyth-Straße 136-9c
Max-Reger-Weg 136-11d
Meisenweg 136-3b
Memelweg 136-8b
Menzelweg 136-6c
Metzlinsweiler Hof 136-3a
Metzlinsweiler Mühle 136-3a
Miedelsbach 136-2b
Miedelsbacher Straße 137-1c
Milanweg 161-4a
Millöckerstraße (11) 136-10d
Mittlere Uferstraße 136-8c
Mönchhaldestraße 136-5a
Mönchsbrückenweg 136-12a
Mörikeweg 136-12c
Moldauweg 136-5d
Moserstraße 136-9c
Mozartweg 136-11d
Mühlgasse 136-8d
Mühlstraße 136-3a
Mühlwiesenweg 137-4a

Narzissenweg (31) 136-8b
Neue Straße 136-8d
Nikolaus Otto Straße 136-9c
Nußtobel 137-1c

Oberberken 161-1d
Obere Breitestraße 136-10d
Oberer Marktplatz (13) 136-8d
Ochsenberg (19) 136-12a
Ölmühle 136-1c
Olgastraße 136-8d
Oskar-Frech-Straße 136-10b
Ottilienbergweg 136-11d

Panoramastraße 136-12c
Panoramaweg 160-3c
Pappelweg 160-2b
Paulinenstraße 136-8d
Paul-Strähle-Straße 136-8c
Pestalozzistraße (10) 136-10d
Pfarrstraße 136-10d
Pirolweg (5) 136-10d
Primelweg (29) 136-8b

Quellenweg 136-12c

Rainbrunnenstraße 136-8b
Raingrund 136-4b
Raithweg 136-8b
Rappenweg 137-4b
Rathausstraße 160-4d
Rebenweg 137-1c
Rechbergstraße 161-4b
Rehhaldenweg 160-3a
Reinhardstraße 136-6c
Reinhold-Maier-Platz 136-12a
Rembrandtstraße 136-11c
Remsgässle 136-10b
Remsstraße 136-8c
Resedweg 161-1c
Richard-Kapphan-Straße 136-9a
Richard-Wagner-Straße 136-11b
Richterweg 136-6c
Rilkeweg 137-4a
Ringstraße 136-10c
Risslerinstraße 136-12a
Robert-Bosch-Straße 136-9a
Röhrachweg 160-3a
Römerstraße 136-2c
Römmelgasse 136-8d
Röntgenstraße 136-10c
Rohr 136-5a
Roseggerweg (3) 137-4a
Rosengartenstraße 137-4a
Rosensteinstraße 136-9c
Rosenstraße 136-8d
Rote Steige 161-8d

Sachere 136-2c
Sandhalde 136-3d
Schäfergarten 136-1c
Scheffelweg 136-12b
Schellingweg 136-9d
Schelmenwasenstraße 137-1c
Schertlinstraße 136-9c
Scheuentobel 136-6c
Schillerplatz 136-12a
Schillerstraße 136-12a
Schlachthausstraße 136-9a
Schlehenweg (3) 161-4a
Schlesierweg 136-8b
Schlichten 160-4b
Schlichtener Straße 136-11b
Schlipfweg 136-5d
Schloßstraße 136-11b
Schmiedgasse 136-1d
Schneeheideweg (1) 161-8a
Schönblick 136-5a
Schönblickhütte 160-3d
Schornbach 136-2c
Schornbacher Platz (5) 136-5a
Schornbacher Weg 136-5d
Schorndorfer Straße 136-10d
Schorndorfer-Straße 136-11a
Schubertweg 136-11d
Schützenstraße 136-10d
Schulstraße 136-9c
Schumannweg 136-11d
Schurwaldstraße 160-4c
Schwalbenweg 136-3b
Sebastian-Bach-Weg 136-11b
Siechenackerweg 136-2a
Siechenfeldstraße 136-8c
Siedlerweg 136-11d
Siedlung Eichenbach 160-3a
Siedlung Röhrach 160-2b
Silberhalde 136-5d
Silcherstraße 136-11d
Simanowizstraße 136-6c
Sommerhalde 137-4a
Sommerrain 136-5a
Sonnenscheinstraße 136-12a
Sonnenstraße 136-5a
Spitalhof 136-8d
Stadtgartenstraße (22) 136-12a
Starenweg 136-12b
Steinbeisstraße 136-8c
Steingasse 161-5c
Steinwasenstraße 136-8c
Stettiner Straße 136-10c
Stieglitzweg (6) 136-10d
Stöhrerweg 136-8b
Stolzstraße 136-11c
Storchengäßle 137-4a
Straußweg 136-11b
Streicher Straße 136-1d
Streitäckerweg 160-1a
Strutstraße 160-4d
Stuifenweg 136-9c
Stuttgarter Straße 136-7d
Sudetenweg (32) 136-8b
Sünchenweg 136-5d

Talauenstraße 136-5a
Tannbachstraße 136-3b
Tannenwaldstraße 136-2b
Tannenweg 160-3a
Teckstraße 161-4b
Theodor-Körner-Straße 136-9c
Thomas-Mann-Straße 137-4a
Thujastraße 161-1d
Tilsiter Straße (13) 136-10a
Tobelweg 136-5a
Triebweg 161-1d
Trollblumenweg (2) 161-8a
Tuller Platz (20) 136-12a
Turmstraße (8) 136-8d
Tuscaloosa-Platz 136-7d

Uhlandstraße 136-12a
Ulrichstraße 136-11a
Untere Hauptstraße 136-2a
Unterer Uferstraße 136-11a
Untere Straße 161-4a
Urbacher Straße 137-1c
Urbanstraße 136-8d

Viehweidweg 136-12c
Vogelsangstraße 160-4a
Vogtswiesen 136-5a
Vordere Ramsbachstraße 136-8c
Vorstadtstraße 136-8d

Waiblinger Straße 136-8c
Waldlehrpfad 160-3a
Waldsportpfad 160-3a
Waldstraße 136-10d
Wallstraße 136-9c
Walter-Arnold-Brücke 136-9c
Wangener Straße 161-4a
Wanngasse 136-6b
Wasserweg 160-4b
Weberstraße 136-10d
Weckherlinstraße 136-12a
Wehrwiesenstraße 136-3a
Weiler 136-10b
Weinbergstraße 136-2c
Weinbergstraße (Oberberken) 161-10b
Weinsteige 137-1c
Weißbucher Straße 136-3d
Welzheimer Straße 136-8b
Welzheimer-Wald-Straße 137-1c
Wendelinsplatz (2) 137-4a
Wengertplatz 136-5a
Wengertweg (6) 136-5a
Werderstraße 136-11b
Wielandweg 136-12c
Wieselweg 137-1c
Wiesenstraße 136-9a
Wieslauf 137-4a
Wieslauftalstraße 137-4a
Wieslaufweg 136-9a
Wilhelm-Busch-Straße 136-9d
Wilhelm-Maybach-Straße 136-11b
Wilhelmstraße 136-8d
Winnender Straße 136-5d
Winterbacher Straße 136-10a

Zaisenweg 136-6c
Zeilstraße 136-2a
Zeisigweg 136-10d
Zeppelinstraße 136-11b
Zollernstraße 161-4b
Zur Mittleren Brücke 136-8b
Zwerchäckerstraße 160-4d

Schramberg

PLZ 78713

Teufen 362-4c

Schwäbisch Gmünd

73529 Aalener Straße 141-8d
73527 Achalmweg 141-6a
73525 Ackergasse 47-A2
73525 Adalbert-Stifter-Weg 164-3b
73529 Adam-Riese-Straße 142-11b
73529 Adlergasse 166-1b
73529 Adlerweg 166-3b
73525 Adolf-Bidlingmaier-Straße (9) 165-2a
73527 Äußere Letten 142-4b
73527 Äußeres Gäßchen (6) 141-6a
73527 Äußer Wasen 141-2d
73525 Ahornweg 141-7d
73525 Akazienweg 47-A1 + 141-10b
73527 Albblickweg 141-5b
73529 Albert-Einstein-Straße 142-11b
73529 Albert-Lortzing-Straße 165-1d
73527 Albert-Schweitzer-Straße 140-5d
73527 Albrecht-Dürer-Straße (5) 142-8a
73525 Albstraße 141-12c
73529 Albuchstraße 166-3b
73529 Alemannenstraße 165-2c
73529 Alexander-von-Humboldt-Straße 164-2b
73525 Alleestraße 141-10b
73527 Allmandgäßle 142-4d
73527 Altes Schulgäßle 142-4b
73529 Altmühlweg (8) 142-10c
73527 Altvaterweg 141-4c
73529 Am Bahndamm 165-5a
73529 Am Bargauer Horn 166-3b
73529 Am Boppler 165-4a
73529 Am Burgblick 165-4b
73529 Am Burgwall 165-7c
73529 Am Burren 165-4b
73525 Am Deutenbach 164-3b
73525 Am Eichenrain 141-3c
73529 Am Gallengraben 167-1a
73529 Am Goldacker 165-5a
73527 Am Heidelbeerweg 141-7a
73529 Am Heuselbach 165-1d
73525 Am Hochhaus (7) 165-1d
73527 Am Höfle 141-7a
73527 Am Holzbrunnen (5) 140-8b
73527 Am Hopfengarten 142-8a
73527 Am Käppele 140-8b
73527 Am Katzenbuckel 142-8a
73529 Am Kegelsberg 164-9a
73529 Am Kesselberg 166-6c
73527 Am Krümmlingsbach 142-9a
73529 Am Kugelbergle 164-4b
73527 Am Lerchenrain 140-8b
73527 Am Limes 142-4d
73529 Am Litzenbühl 166-3b
73529 Ammonitenweg (5) 166-1a
73525 Am Pflanzengarten 140-9b
73527 Am Remswasen 142-8a
73525 Am Riethteich 166-3b
73525 Am Römerbad 164-3b
73525 Am Römerkastell 165-1a
73527 Am Schafhaus 141-10d
73529 Am Schapfenbach 166-1c
73527 Am Schelmenwald 140-5d
73525 Am Schirenhof 164-3b
73527 Am Schloßbuckel 140-6a
73527 Am Schönblick 141-7a
73529 Amselweg 142-11c
73527 Am Sonnenhof 142-8a
73525 Am Stadtgarten 141-10b
73527 Am Straßdorfer Berg 141-10d
73529 Am Strümpfelbach (8) 166-1c
73525 Am Studentenwäldle 165-1a
73525 Am Urspring 164-9a
73527 Am Wäldle 140-5d
73529 Am Wiesenrain 142-4b
73527 Am Zeil 141-7a
73527 An den Drei Linden 140-9b
73527 An der Oberen Halde 141-4c
73529 An der Schmiede 165-1a
73527 An der Unteren Halde 141-7b
73527 Angeckfeld 142-1b
73525 Angulatenweg 141-12d
73527 Anisweg 140-12a
73525 Anna-Hofele-Straße (9) 165-10b
73525 Antiber Straße 141-12c
73525 Anton-Bruckner-Straße (13) 141-11d
73529 Anton-Günther-Straße 166-1d
73529 Anton-Nägele-Straße (10) 165-5a
73525 Anwanderweg (1) 141-10c
73529 Apfelweg (3) 166-3b
73527 Appenhaus 142-1a
73529 Argenstraße 166-1a
73529 Arminenhütte 190-2d
73529 Arndthütte 190-2c
73527 Arnikaweg 140-9b
73529 Aspenfeldstraße 142-12d
73527 Asternweg 140-6d
73525 Asylstraße 47-A2 + 141-10b
73527 Auf den Birkenäckern 141-7a
73525 Auf den Hochwiesen 141-10c
73527 Auf der Au 140-5d
73529 Auf der Höhe 165-4d
73525 Augustinerstraße 47-A2
73529 Auweg 165-1d

73529 Bachgäßle 166-8d
73529 Bachwiesenweg (2) 166-3b
73525 Badmauer 47-A2
73527 Bänglesäcker 141-3c
73525 Bärengässle (5) 47-A2
73529 Bärenhöfle 165-10d
73527 Bahnhofgäßle (3) 142-8a
73525 Baldungstraße 47-B1 + 141-8c
73527 Banreute 141-8b
73529 Barbarossastraße 142-10c
73527 Bargauer Straße 142-9a
73525 Barnsleyer Straße 141-12c
73527 Basilikumweg 140-9b
73529 Bastenfeld 166-5d
73527 Baumgartenweg (6) 142-8a
73525 Becherlehen 141-7b
73527 Becherlehenstraße 141-8a
73525 Beethovenstraße (9) 141-11d
73525 Beginenweg (8) 47-A2
73527 Bei den Pfaffenwiesen 140-5d
73527 Beim Lindenmahd 140-8b
73525 Beim Wasserturm 140-8a
73527 Beiswang 143-7c
73527 Beiswanger Straße 142-9a
73525 Benzholzstraße 141-12b
73527 Benzwiese 141-3b
73529 Bergäcker 165-8c
73529 Bergfriedhütte 190-2c
73529 Berghalde 166-3b
73525 Bergstraße 141-11c
73529 Berliner Weg 141-12d
73525 Bernhardusstraße (6) 141-11c
73525 Bethlehemer Straße 141-12c
73529 Beurenbachweg 166-6a
73527 Beutelwiesen 142-9c
73529 Bilsenhof 166-9c
73529 Birkachstraße 165-4b
73529 Birkäcker 165-4a
73527 Birkenäckerstraße 140-9d
73527 Birkengäßle (6) 142-4d
73529 Birkhäusle 165-10c
73529 Birkhof (Bargau) 167-1a
73527 Birkhof (Hussenhofen) 141-9d
73529 Birnenweg 166-3b
73525 Bischof-Keppler-Straße (8) 141-11c
73525 Bischof-Sproll-Weg (2) 140-12d
73525 Bismarckstraße 141-11b
73529 Bitzel 167-1d
73529 Blankhütte 190-2c
73529 Blessinghütte 190-2a
73527 Blöckäckerstraße 142-7a
73527 Blumenhalde (1) 140-12b
73525 Blumenstraße (21) 141-11b
73525 Bocksgasse 47-A2 + 141-10b
73529 Bodenfeldstraße 166-3b
73527 Böbinger Straße 142-6c
73527 Böhmerwaldstraße 142-7d
73527 Bonetweg 141-6a
73527 Boppelgasse 142-4d
73529 Boppler 165-4b
73529 Boßlerstraße 165-5a
73527 Bräustraße 140-12b
73527 Brainkofer Straße 142-4d
73525 Brandstatt 47-A2 + 141-11a
73529 Braunhäusle 165-11b
73529 Breites Feld 166-3a
73527 Breite Straße 140-12b
73529 Breitfeld 165-11a
73527 Breitneweg (1) 141-2d
73527 Breitwiesenstraße 142-8c
73529 Brenzweg 142-10c
73529 Breslauer Straße 166-1d
73527 Brombeerweg 141-7b
73527 Bronnäckerstraße 142-9a
73527 Bruckertalstraße 140-8a
73525 Bruder-David-Gässle (7) 47-B2
73527 Brühlweg 142-8b
73527 Brünner Weg 141-7a
73529 Brunnengasse (9) 142-10d
73525 Buchauffahrt 142-10a
73529 Bucher Weg 143-10c
73525 Buchhölzlesweg 141-12a
73525 Buchstraße 141-11a
73529 Bühläcker 142-10d
73529 Bühlgasse 166-1b
73525 Bürgerstraße 47-B1
73525 Bürschel 140-11b
73525 Buhlgäßle 47-A2
73529 Buittingen (5) 190-3d
73529 Burghaldenhütte 190-6a
73529 Burghaldenweg 166-5d
73527 Burgholz 142-5d
73527 Burgholzstraße 142-4d
73529 Burgstallweg 190-3c
73527 Burgsteig 142-4c
73527 Burgstraße 142-4c
73529 Bussardweg 165-2c

73527 Calendulaweg (2) 140-6d
73527 Carl-Zeiss-Straße 141-6a
73525 Charlottenstraße 141-11a
73529 Christian-Werner-Straße 166-1d
73529 Cornelius-Münch-Weg (1) 166-1a

73527 Dachsweg 141-5b
73527 Dahlienweg 140-6d
73527 Dammweg (1) 142-7b
73529 Dantestraße 165-1b
73527 Danziger Weg (7) 141-3c
73529 Degenfeld 190-3d
73529 Degenfelder Straße 166-6c
73527 Deinbacher Straße 140-9b
73527 Dillweg 140-9c
73529 Dinkelgasse (9) 142-12d
73529 Distelweg 167-1a
73525 Dominikus-Debler-Straße 165-2b
73529 Donaustraße 142-10c
73529 Donzdorfer Hütte 190-2a
73529 Donzdorfer Straße 165-4d
73529 Dorfgasse 165-7a
73527 Dreihalde 142-8a
73529 Dreisamweg (5) 142-10c
73529 Drosselweg 142-10d

73527 Eckenerweg 141-7a
73527 Eckwaldstraße 142-4c
73527 Edith-Stein-Straße 140-8b
73525 Eduard-Forster-Straße 165-2a
73529 Efeuweg 165-5a
73529 Egaustraße 142-10c
73529 Egental 190-3c
73527 Egerländer Straße 142-4d
73529 Egerstraße 142-10c
73525 Eibenweg 141-7d
73527 Eibersbachweg (2) 142-7b
73529 Eichbergweg 166-6a
73525 Eichendorffweg 164-3b
73525 Eichenweg 141-7d
73527 Eichhornweg 141-5b
73529 Eierberg 166-12c
73529 Eierbergstraße 190-3c
73527 Eifelweg 141-9d
73529 Einhornstraße 165-2c
73525 Elbestraße 142-10c
73529 Emerlandweg (13) 165-5a
73529 Emersbergweg 166-6c
73529 Emilie-Fritz-Weg (2) 166-1a
73525 Emil-Molt-Staffel (23) 47-B2 + 141-11a
73527 Emil-Rudolph-Weg 141-7a
73529 Emsweg 141-12d
73529 Engelbert-Zeller-Straße (6) 165-10b
73525 Engelgasse 47-A2
73527 Enzianweg 142-7b
73525 Enzweg 142-10c
73529 Erfurter Straße 165-2c
73525 Erhardstraße 47-A3 + 141-10d
73525 Erich-Klink-Weg (15) 141-3c
73527 Erlenweg 142-8b
73525 Erwin-Rommel-Straße 141-10c
73527 Espenrain 141-3b
73525 Eugen-Bolz-Straße 165-1a
73525 Eutighofer Straße 164-3a

73525 Falkenbergstraße 141-12c
73529 Falkenweg (3) 165-2c
73527 Farnweg 142-7b
73529 Farrengäßle (8) 142-12d
73527 Fasanenweg 141-6a
73529 Felbenhaus 165-7a
73529 Felix-Wankel-Straße 142-11a
73525 Felsenburgweg 141-11b
73527 Fenchelweg 140-9c
73529 Feuerbachstraße 167-1a
73527 Feuerseestraße 141-3c
73527 Feuerweg (7) 140-8b
73527 Fichtestraße 141-3c
73529 Filstalstraße 190-3c
73525 Filsweg 142-10c
73527 Fingerhutweg 142-7b
73529 Finkenweg 142-10d
73525 Fischergasse 47-A2
73527 Flachsäckerstraße 142-4d
73527 Fliederweg 140-8b
73525 Florianweg (8) 140-8b
73527 Floschäcker 140-12b
73527 Flurstraße 140-8b
73529 Forststraße 165-5a
73529 Franz-Czisch-Straße 166-1d
73525 Franziskanergasse 47-B2 + 141-11a
73527 Franz-Konrad-Straße 141-7a
73529 Franz-Liszt-Straße (2) 165-1d
73525 Franz-Schubert-Straße (12) 141-11d
73527 Freiligrathstraße 140-8b
73525 Freimühle 164-3a
73525 Freudental 47-A2 + 141-10b
73527 Friedhofsfußweg 141-6a
73525 Friedhofstraße 47-B1
73529 Friedrich-Röther-Platz (5) 165-2c
73527 Fröschburgweg (1) 141-8c
73527 Fuchsengäßle 142-4d
73529 Fuchshof 164-12b
73529 Fuchsrain 166-3b
73525 Fürstenweg (7) 142-4c
73529 Furtlacheneck 166-11b

73527 Gablonzer Weg 141-7a
73525 Gächinger Weg 141-3c
73529 Gaisgasse 166-3b
73525 Galgenbergweg (20) 141-11b
73525 Galgenschlößle 141-11b
73525 Gartenbeetstraße 140-8b
73525 Gartenstraße 47-B3 + 141-11c
73527 Gassenäcker 142-8b
73527 Gassenäckerstraße 142-9a
73529 Gassenfeldstraße 142-12d
73527 Geigenäcker 140-10d
73529 Geißberg 166-11d
73529 Geisthütte 190-2c
73525 Gemeindehausstraße 47-B2 + 141-11a
73527 Gemeine Egerten 141-6d
73525 Georg-Herwegh-Straße 165-10b
73527 Georgishof 141-9c
73529 Georg-Mühleisen-Straße 165-1b
73525 Georg-Stütz-Straße 47-A3 + 141-10d
73525 Gerberstraße (19) 141-11c
73529 Gerhard-Maier-Straße (8) 165-10b
73525 Gerhart-Hauptmann-Weg 164-3b
73529 Gerstenweg (7) 142-12d
73527 Gewerbegebiet Im Benzfeld 142-7c
73529 Giengerhof 166-6a
73529 Gießbachweg 165-7c
73527 Glaserhauer Straße 142-4d
73527 Glasmacherweg 141-7a
73527 Gleiwitzer Weg (9) 141-3c
73525 Glockgäßle 47-A2
73527 Glosweg 140-8b
73525 Gmünder Einhorn-Tunnel 47-A1 + 141-10b
73527 Gmünder Straße 142-7a
73529 Göppinger Straße 165-4b
73529 Görlitzer Straße 165-5a
73525 Goethestraße 47-A3 + 141-10c
73529 Goldäcker 165-5a
73529 Goldmorgenweg 166-1d
73529 Gottlieb-Daimler-Straße 166-1d
73527 Grabbengasse 142-4c
73525 Grabenallee 47-A2 + 141-10b
73529 Graf-Ulrich-Straße 165-7c
73529 Graf-von-Rechberg-Straße 165-1d
73527 Graf-von-Soden-Straße 47-B1 + 141-8c
73525 Graneggstraße 141-11d
73525 Gregor-Mendel-Weg 164-3b
73529 Grenzsteinhütte 190-1d
73529 Greutweg 165-3d
73529 Grimmelhütte 190-2c
73529 Grimmigerhütte 190-2c
73525 Großdeinbach 140-8b
73529 Große Mulde 190-2d
73529 Grünenbergstraße (2) 165-11a
73529 Grünewaldstraße 165-5a
73527 Grünhalde 141-6c
73529 Grund 165-4c
73529 Güglingstraße 142-11c
73525 Gustav-Freytag-Weg 164-3b
73525 Gustav-Leutelt-Straße 164-3d
73525 Gutenbergstraße 47-B3 + 141-11c

73527 Haaggasse 140-11d
73529 Häge 165-7b
73529 Händelstraße (1) 165-1d
73529 Häringhütte 190-2c
73527 Härtsfeldweg 142-7d
73527 Haeselerweg 141-11b
73529 Haferweg 166-3b
73525 Hahnenbach (1) 47-B1
73525 Hahnenstraße (4) 141-11c
73525 Hahnenwiese (5) 166-9a
73527 Hainbuchenweg 141-3c
73527 Hainstraße 140-8b
73527 Halde 142-7c
73527 Haldenhof 140-10c
73529 Haldenweg 142-10d
73527 Hanfgarten 140-10d
73527 Hanfweg 142-7b
73527 Hangendeinbacher Straße 140-11c
73525 Hans-Bader-Straße (10) 165-10b
73527 Hans-Diemar-Straße 141-3c
73529 Hans-Eisele-Straße 165-5a
73529 Hans-Fein-Straße 142-12d
73529 Hans-Herkommer-Straße (11) 165-5a
73529 Hans-Kudlich-Straße 166-1d
73525 Hans-Scherr-Weg 141-10c
73525 Hardtstraße 141-11b
73527 Harzweg 141-9d
73525 Haselbach 140-8c
73527 Haselbacher Weg 140-8b
73527 Haselbach-Söldhaus 140-5b
73529 Haselgasse 166-8d
73529 Hasengasse 164-9a
73525 Hasenhaldestraße (5) 141-11c
73525 Hauberweg 141-10c
73527 Hauptstraße 142-8a
73529 Hausbergstraße 166-3b
73529 Hausgartenweg (4) 166-3b
73525 Haußmannstraße 47-A3 + 141-10b
73527 Hebelstraße 141-2d
73529 Heckenweg 165-1d
73527 Hegauer Straße 142-7d
73527 Hegelstraße (10) 140-8b
73529 Heidenheimer Straße 141-12d
73529 Heideweg 167-1a
73529 Heimstättenweg 165-1d
73529 Heinrich-Heine-Straße 165-1d
73525 Heinrich-Steimle-Weg 164-3b
73529 Heldenbergstraße 165-5a
73529 Helfensteiner Straße 142-10d
73527 Hellerswiesenweg 141-2d
73529 Henkelgasse 166-1b
73527 Herdscher 166-5b
73529 Herdtlinsweiler 166-8a
73529 Herdtlinsweilerstraße 166-9a
73527 Herlikofer Straße 141-9c
73529 Herlingsklinge 142-5a
73525 Hermann-Grau-Weg (14) 141-3c
73529 Hermann-Hesse-Straße 165-10b
73525 Hermann-Kurz-Straße (3) 165-10b
73525 Hermann-Weller-Weg (1) 141-11b
73527 Herzog-Albrecht-Straße 141-2d
73527 Hespelerstraße 140-11d
73529 Hetzenbühlhof 166-1b
73529 Hetzenbühlweg 166-1b
73529 Heubacher Straße 142-10d
73529 Heubergweg 142-8c
73529 Heufeldweg 166-6a
73525 Heugenstraße 47-B3 + 141-11c
73529 Heustaig 165-10a
73527 Himbeerweg 141-7b
73529 Himmelreichstraße 166-3b
73525 Hindenburgplatz (10) 141-11d
73527 Hintere Gärten 141-3c
73529 Hintere Gasse 166-3b
73527 Hinterer Berg 141-2b
73525 Hintere Schmiedgasse 47-B1 + 141-11a
73529 Hinteres Gäßle (1) 166-3b
73527 Hinteres Iltisfeld 141-3c
73529 Hintere-Vordere-Grimmel 190-2d
73527 Hintere Wiesen 140-11b
73529 Hinterhochstett 164-6a
73527 Hirschbrunnenweg 140-12c
73529 Hirschfeldweg 142-10d
73525 Hirschgäßle 47-B2
73527 Hirschmühle 142-8b
73527 Hirschmühlenstraße 142-8b
73529 Hirseweg 166-3d
73525 Hirtenbühl 142-7a
73527 Hirtenstraße 140-11d
73525 Hochbehälter 165-4d
73527 Hochbergweg 141-11b
73525 Hochstraße 47-B2
73525 Höferlesbach 47-B2 + 141-11a
73525 Höhenstraße 142-10c
73529 Hölderlinstraße 142-10c
73529 Hölle 166-6d
73529 Hörnerweg 166-8d
73527 Hofäckerstraße 140-9d
73527 Hofstatt 47-A2
73527 Hofwiesenstraße (3) 140-9d
73525 Hohe Kreuzäcker 142-4b
73529 Hohenrechberg 165-7d
73529 Hohenstaufenstraße 165-7c
73527 Hohenzollernstraße 142-7d
73529 Hohe Wiesen 165-5c
73529 Hokenschue 164-5b
73527 Holder 140-5d
73527 Holderäcker 142-5a
73527 Holderfeldstraße 140-8b
73527 Holderweg (1) 140-9b

Schwaigern
PLZ 74193

Heilbronner Straße 62-5a
Heinrich-Schütz-Straße 56-11b
Herewinstraße 62-4b
Hindenburgplatz (25) 62-5a
Hinter dem Hag (17) 56-11a
Hölderlinstraße (12) 62-2d
Holbeinstraße 62-2d
Holderbuschweg 56-8c
Hudaweg (11) 62-4b

Im Eselsberg 62-1d
Im Kohlwinkel (31) 62-5a
Im Sonnenberg (2) 62-2c
Industriegebiet Behaglicher Weg 62-5b
Industriestraße 62-5b
Ingeborg-Bachmann-Straße (14) 62-2d

Johannes-Rau-Straße 62-5a
Johann-Sebastian-Bach-Straße 56-8d
Joseph-Haydn-Straße (11) 56-11b

Kapellenweg 62-4b
Karl-Carstens-Straße 62-4b
Karlstraße 62-2c
Karl-Wagenplast-Straße 62-4a
Kelterplatz (24) 62-5a
Kernerstraße 62-2c
Kiefernweg (7) 56-11b
Kirchhäuser Straße 56-11b
Kirchhäuser Weg 56-9c
Kirchstraße (17) 62-2c
Konrad-Adenauer-Straße 62-5a
Krainbachhöfe 56-8c
Kriegsbergstraße 62-5b
Kurze Straße (30) 62-2c

Lachenhöfe 62-4a
La Teste Straße 62-5a
Leharweg (9) 56-11b
Leidensbergstraße 62-4b
Lenbachweg (27) 62-2d
Lerchenberghöfe 62-2b
Lerchenstraße 62-2c
Lessingstraße (6) 62-2d
Liebwartweg (3) 62-4b
Lilienweg 56-7d
Lindenplatz 62-2c
Liominstraße (21) 62-5a
Lohmühlstraße 62-1d
Lortzingstraße 56-11b
Luise-Rinser-Straße (11) 62-2d

Manfred-Hausmann-Straße (9) 62-2d
Marienhof 56-11d
Marktplatz 62-5a
Marktstraße (19) 62-2c
Massenbach 56-8c
Massenbacher Straße 62-2c
Massenbachhausener Straße 56-8c
Max-Eyth-Straße 62-2c
Max-Reger-Straße 56-8d
Maybachstraße 56-7c
Mönchsgrundstraße 62-2d
Mörikestraße 62-2c
Mozartstraße 62-5a
Mühläckerstraße (18) 56-11a
Mühlweg 56-11b

Nazariusweg (2) 62-4b
Neipperger Straße 62-5b

Orffweg (10) 56-11b
Ostendstraße 62-5b

Paul-Gerhardt-Straße 62-2c
Paulinenstraße (16) 62-2c
Pfarrstraße (20) 62-5a
Platanenweg (12) 56-11b

Raiffeisenstraße 56-11a
Ratgebstraße 62-2c
Reinbotostraße (7) 62-4a
Richard-Wagner-Straße 56-11b
Rosannaweg 62-4b
Ruboweg 62-4b

Sabinastraße (1) 62-4b
St.-Veits-Weg 62-4b
Schafackerstraße 62-1d
Schießmauersiedlung (28) 62-2d
Schillerstraße 62-1d
Schlossgarten 62-2c
Schlossstraße 62-2c
Schlossstraße (18) 62-2c
Schmiedgasse (29) 62-5a
Schnellerstraße 62-5a
Schönblick (10) 62-2d
Schubartstraße 62-2d
Schumannstraße 56-11b
Schwabstraße 62-2c
Schwaigerner Straße 56-11b
Siedlungsstraße 56-11b
Siemensstraße 62-6a
Silcherstraße 62-2c
Sonnenbergstraße 62-2c
Steinhaldenweg 62-5b
Stettener Straße 62-4b

Talblick 62-2d
Tannenweg (13) 56-11b
Theodor-Heuss-Straße 62-5a
Torstraße (26) 62-5a

Uhlandstraße 62-2c
Ulmenstraße (4) 56-11b
Untere Mühle 56-11c

Waldackerstraße 56-11b
Waldweghöfe 62-4d
Wasserstraße 62-2c
Weilerweg 62-4b
Weststraße 62-1d
Wichartweg (8) 62-4b
Wielandweg (5) 62-2c
Wolfbertstraße (6) 62-4a
Zeppelinstraße 62-2c
Ziegeleistraße 56-11a
Zwerchstraße (22) 62-5a

Schwaikheim

PLZ 71409

Adlerstraße 117-6c
Ahornweg (17) 117-5d
Aispachstraße (8) 117-5d
Albrecht-Dürer-Weg (47) 117-5b
Alfred-Schefenacker-Straße 117-8b
Alleenstraße 117-8b
Am Ehrenhain 117-5b
Am Mädchenrain (38) 117-5d
Am Rösenbach (9) 117-5d
Amselweg (24) 117-6c
An der Schießmauer (12) 117-5c
Anna-Haag-Straße 117-8b
August-Macke-Weg (49) 117-5b

Bachstraße 117-5c
Badstraße 117-5b
Bahnhofstraße 117-5b
Beethovenstraße (29) 117-5d
Beim Friedhof 117-5b
Beinsteiner Weg 117-8a
Benzstraße 117-8b
Birkenstraße (15) 117-5c
Bismarckstraße 117-5d
Blumenstraße 117-5d
Brückenstraße 117-5c
Brunnenstraße 117-5d
Buchenstraße 117-5d
Bühlgärten 117-6c
Bühlstraße (30) 117-5d
Burgstraße (2) 117-5a
Bussardstraße (22) 117-5d

Dahlienweg (20) 117-5c
Dammstraße 117-8b
Dompfaffweg (31) 117-9a
Drosselweg (25) 117-6c

Eckweg 117-8b
Eichendorffweg (36) 117-8b
Emil-Nolde-Weg (48) 117-5b
Entenbachweg 117-6a
Erbachstraße (14) 117-5c
Erlenweg (18) 117-5d

Falkenstraße (23) 117-6c
Fichtenstraße 117-5c
Finkenweg (26) 117-6c
Frauenweg 117-6c
Friedenstraße 117-5d
Friedhofweg 117-5b
Fritz-Ebert-Straße 117-5d
Fritz-Müller-Allee 117-8b
Fritz-Ulrich-Weg 117-6c
Fuchsengässle (42) 117-5d

Gartenstraße 117-5c
Goethestraße 117-5b
Gorroner Platz (7) 117-5d
Grabenstraße (1) 117-5a
Großmolde 117-9a

Hainbuchenweg 117-9a
Haldenweg 117-5a
Hans-Holbein-Weg (45) 117-5b
Hauffweg 117-8b
Hauptstraße 117-5c
Heinkelstraße 117-8b
Hochberggasse (4) 117-5b
Hölderlinstraße 117-5d
Hofstattstraße (21) 117-5d
Hohle 117-5c
Holzgasse 117-5d

Justinus-Kerner-Straße 117-5d

Käthe-Kollwitz-Straße (43) 117-5b
Karl-Müller-Straße 117-8a
Karlstraße 117-5d
Kelterstraße 117-5c
Kirchgasse (6) 117-5b
Kleistweg 117-8b
Klingwiesen 117-5a
Kornweg (10) 117-5c
Kurt-Vollmer-Ring (50) 117-5b
Kurze Straße 117-5d

Leintelstraße 117-5a
Lerchenstraße 117-5c
Lessingstraße 117-8a
Lilienweg (40) 117-8b
Lindenstraße 117-5c
Lohwiesenstraße 117-9a
Ludwigsburger Straße 117-5d
Luisenweg (11) 117-5c

Margarete-Steiff-Straße 117-8b
Marktplatz (3) 117-5b
Max-Ernst-Weg (44) 117-5b
Max-Eyth-Straße (37) 117-8b
Meisengässle 117-5d
Mörikestraße 117-5d
Mozartstraße (28) 117-5d
Mühlbachweg 117-5b

Nelkenweg 117-5c
Nelly-Sachs-Weg (43) 117-8a
Neubaugebiet Grundwiesen 117-8a

Panoramastraße 117-5c
Paul-Klee-Weg (46) 117-5b
Pfarrgasse 117-5b

Robert-Bosch-Straße 117-8b
Rommelshalde 117-5d
Rosenstraße 117-8b
Rotkehlchenweg (32) 117-6c

Sackgasse (5) 117-5b
Schillerstraße 117-5b
Schillerweg 117-5b
Schönbühlstraße 117-5c
Schubartstraße 117-5d
Schulstraße 117-5b
Schwalbenweg (33) 117-6c
Seestraße 117-5a
Seitenstraße 117-5d
Siemensstraße 117-8b
Silcherstraße 117-5d
Sonnenhang 117-5b
Sonnenmeiler 117-6c
Sophie-Scholl-Weg 117-8a
Spatzenweg (34) 117-6c
Starenweg (27) 117-6c
Sudetenstraße (13) 117-5c

Talblick (41) 117-6c
Talstraße 117-5d
Talweg 117-5d
Tannenweg (16) 117-5c
Tribergle 117-6c
Tulpenweg (39) 117-5d

Uhlandstraße 117-5d
Ulmenstraße 117-5c

Veilchenweg (19) 117-5c

Waiblinger Weg 117-5c
Weidenstraße 117-5c
Weilerstraße 117-5b
Wiesenstraße 117-5a
Wilhelmstraße 117-5d
Winnender Straße 117-5b

Zehnmorgenweg 117-5a
Zeisigweg (35) 117-6c
Zeppelinstraße 117-5d
Ziegelstraße 117-5a
Zwischen den Linden 117-7b

Schwieberdingen

PLZ 71701

Aberlin-Jörg-Straße 112-6a
Alemannenstraße 112-5d
Allensteiner Weg (17) 112-6c
Alte Vaihinger Straße 112-5a
Am Wurmberg 112-6d
Anette-Kolb-Straße 112-9b
Anlagenweg 112-5b
Anne-Frank-Straße 112-9a
Anton-Pilgram-Weg 112-6a
Asperger Straße (15) 112-6d
Auenweg 112-6c

Bahnhofstraße 112-5d
Banmähder 113-1c
Battnerstraße 112-5d
Beethovenstraße 112-8b
Benzstraße 112-6a
Bertha-von-Suttner-Straße 112-6d
Bettelackerweg (16) 112-6c
Birkenweg 112-5d
Blumenweg (6) 112-5b
Breslauer Straße 112-6c
Bromberger Weg (20) 112-9a
Brunnenhof (25) 112-6c
Brunnenhofpassage 112-6c
Brunnenstraße 112-6d
Buchenweg (5) 112-5b

Christofstraße 112-6c
Clara-Schumann-Straße 112-6d

Daimlerstraße 112-6a
Danziger Straße 112-6c
Dieselstraße 112-3c
Dresdener Straße 112-6d
Drosselweg (11) 112-6a

Edith-Stein-Straße 112-9b
Elbinger Straße (18) 112-6c
Esslinger Höhe 112-6d
Eugen-Herrmann-Straße (9) 112-6a

Felsenbergweg 112-3c
Finkenweg 112-6a
Frankenstraße 112-5d
Frauenwiesenweg 112-8b
Friedhofstraße 112-6a

Gartenstraße (12) 112-6a
Gerberstraße (14) 112-6c
Glogauer Weg 112-6d
Görlitzer Straße 112-9a
Gottliebstraße 112-6c
Gröninger Weg 112-3c

Haydnweg 112-8b
Heckeweg 112-6c
Heimbergweg 112-5d
Hemminger Straße 112-5c
Hermann-Essig-Straße 112-6c
Herrenwiesenweg 112-5d
Hintere Dorfgasse (10) 112-6a
Hintere Gasse 112-6c
Hirschstraße 112-6c
Hochdorfer Weg 112-4b
Hölderlinweg (2) 112-5b
Hofpfad 112-5d
Hofrain 112-8b
Hohlgraben 112-6c
Hohlgrabenstaffel 112-6c
Holdergasse 112-6a
Hülbeweg 112-6c

Im Seelach 112-6d
Im Wolfsgalgen 112-6c
Im Zollstöckle 112-5b
In der Aue 112-6c

Jörg-Töber-Weg 112-5b

Kästlesgrabenweg 112-5d
Karlstraße 111-3d
Kirchstraße (8) 112-6a
Klingenweg 112-3c
Königsberger Straße 112-6c
Kolberger Weg (21) 112-9a
Küstriner Weg (19) 112-9a

Laiblinger Weg 112-3c
Leinfelder Weg 112-6d
Lerchenstraße 112-6a
Liegnitzer Straße 112-6c
Lise-Meitner-Straße 112-6d
Lochackerweg (13) 112-6a
Lohrmannweg 112-1c
Ludwigsburger Straße 112-6b
Lüssenweg 112-5b

Marie-Luise-Gräfin-Leutrum-von-Ertingen-Platz (23) 112-6d
Marienburger Weg 112-6d
Markgröninger Straße 112-3c
Marktwegle 112-3c
Masurenweg 112-6d
Memelweg 112-6d
Möglinger Pfad 113-4b
Mozartstraße 112-8b
Münchinger Weg 112-6c

Neumühle 112-2d
Nippenburger Straße 112-8d

Ob den Bergen (22) 112-9a
Ostlandweg (4) 112-5b
Ottenbrunnenweg 112-3c

Paradieshütte 112-9a
Paradiesweg 112-9a
Peter-von-Koblenz-Straße 112-5b
Pfaffenweg 111-3b
Pforzheimer Straße 111-3b
Pommernstraße 112-6c
Posener Straße 112-6c

Richard-Wagner-Straße 112-8b
Robert-Bosch-Straße 112-6a
Rosenstraße 112-6a

Samlandweg 112-6c
Scheerwiesenweg 112-6b
Schelmenpfad 112-6b
Schillerstraße (1) 112-5b
Schletterweg (1) 112-1a
Schlosshof 112-6c
Schloss Nippenburg 112-8c
Schulberg (7) 112-6a
Siemensstraße 112-6a
Silcherweg 112-8b
Sonnenstraße 112-6c
Sophie-Scholl-Straße 112-9a
Stammheimer Straße 112-6d
Stettiner Straße 112-9b
Stiegelstraße 112-6c
Stumpenmühle 112-8b
Stuttgarter Straße (Hardthof) 112-1a
Stuttgarter Straße (Schwieberdingen) 112-6c

Talweg 112-5b
Tammer Weg 112-6d
Thüringer Straße 112-6c
Tilsiter Straße 112-6c

Uhlandweg (3) 112-5b

Vaihinger Straße 112-5b
Vaux-le-Penil-Platz (24) 112-6c
Vöhinger Weg 112-6d

Wartburgweg 112-9a

Simmozheim

PLZ 75397

Bergstraße (1) 148-10a
Birkenweg (2) 148-10a
Bismarckstraße 148-10a
Blücherstraße 148-10a
Bohnenbergerstraße (8) 148-10a
Büchelbronn 148-10c

Friedenstraße (3) 148-10a

Gartenstraße 148-10a
Gneisenaustraße 148-10a
Goethestraße 148-10a
Grabenstraße (11) 148-10a

Hagebuttenweg (10) 148-10b
Haldenwangstraße 148-10b
Hauffstraße 148-10a
Hauptstraße 148-10a
Heckengäustraße 148-10b
Hindenburgplatz (4) 148-10a
Hirsauer Straße 147-12b
Hölderlinstraße 148-7c
Hörnle 147-12b
Holunderstraße 148-10b

Im Grund 148-10a
Im Mönchgraben 148-10c
Im Schlehbusch 148-10b

Jahnstraße 148-10a
Johannes-Fischer-Straße (5) 148-10a

Kernerstraße 148-10a

Lessingstraße (6) 148-10a

Mackensenstraße 148-10a
Merklinger Straße 148-10b
Mittelfeldstraße 147-12b
Mörikestraße 148-10a
Möttlinger Weg 148-10a
Moltkestraße 148-10a
Mozartstraße 148-7c
Mühlweg 148-10a

Orchideenstraße 148-10b
Ostelsheimer Straße 148-10a

Rahaldenstraße 148-10b
Robert-Gaiser-Straße 148-10b
Rötestraße 148-10a
Rosenstraße 148-10b

Scharnhorststraße 148-10a
Schillerstraße 148-10a
Schulgasse (7) 148-10a
Silberdistelweg (12) 148-10b
Silcherstraße 148-7c
Sonnenrain 147-12b
Steigstraße 148-10a
Straubenhecke 148-10b
Stumpengässle (13) 148-10b

Talstraße 148-10a
Theodor-Heuss-Straße 148-7c
Tulpenstraße 148-10b

Uhlandstraße 148-10a
Ulmenstraße 147-12b

Veilchenweg (9) 148-10b

Wacholderweg 148-10b
Walter-Flex-Straße 148-10a
Weilderstädter Straße 148-10b
Weissdornstraße 148-10b
Wilhelm-Reiff-Straße 148-10a

Yorkstraße 148-10a

Zum Steinhörnle 148-10b

Sindelfingen

71063 Abtgasse (1) 47-A2
71069 Adalbert-Stifter-Straße 174-6c
71063 Adelbortenstraße 47-A2
– Affalterriedweg 174-9d
71063 Ahornweg 175-7b
71069 Aibachgraben 174-10d
71069 Aidlinger Straße 174-11c
71069 Aidlinger Weg 174-10c
71063 Akazienweg (8) 175-7b
71065 Albrecht-Dürer-Straße 176-7c
71069 Alemannenstraße (1) 174-10d
71063 Alexander-Soldenhoff-Weg (10) 199-1b
71063 Alexanderstraße 47-A2 + 175-8c
71069 Allgäuer Straße 174-10d
– Allmendwäldleweg 175-2c
71069 Allmendweg 174-6d
71069 Alpenrosenstraße 174-11c
71065 Alte Vaihinger Straße 175-6d
71063 Altinger Straße 47-A3 + 175-8c
71063 Am Feger 47-A3
71065 Am Hirnach 175-11b
71065 Ammerstraße 47-B3 + 175-8d
71067 Am Roten Berg 175-6a
71065 Amselweg 175-9d
71063 Amundsenstraße 175-7d
71069 Anna-Haag-Weg 174-6b
71069 Anna-Reich-Straße 174-6d
71067 Apatiner Straße 175-4c
71065 Arthur-Gruber-Straße 175-8b
71067 Auf der Stelle 175-5b
71069 August-Lämmle-Straße 174-6c
71069 Austraße 174-6d

71063 Bachstraße 175-7d
71063 Bahnhofstraße 47-B3 + 175-8c
71069 Balinger Straße 174-9a
71067 Banater Straße 175-4c
– Bandenweg 176-8d
71069 Bartenweg 175-4a
71067 Batschkaer Straße 175-4c
71069 Baumgartenstraße 174-11c
71065 Baurenlatz 176-5a
– Baurenlatzallee 176-5b
71069 Beethovenstraße 175-4b
71063 Béla-Barényi-Straße (10) 175-7d
71067 Belchenweg 175-5a
71069 Bellinistraße 175-4a
71063 Benzstraße 175-10c
71063 Bergstraße 47-B1 + 175-8a
71065 Berliner Platz 175-12a
71069 Berliner Straße 174-6a
71069 Berner Straße 174-10d
71065 Bernet 176-2c
– Bernetsträßle 176-2c
71063 Birkenstraße 175-7b
71069 Birkleweg 174-10d
71069 Bismarckstraße 174-6d
71065 Bleichmühlestraße 175-8d
71065 Blumenmahdenstraße 175-11b
71065 Böblinger Straße 47-B2 + 175-8c
71063 Böblinger Weg 198-2a
71069 Boskopweg 174-11c
71065 Brahmsstraße 175-9a
71067 Brandenkopfweg 175-5a
71069 Brandstraße 174-10b
71065 Brenzstraße 175-8b
71065 Breslauer Straße 175-12a
71069 Brettacherweg 174-10d
71065 Brucknerstraße 175-9a
71069 Brühlstraße 174-6a
71069 Brunnenstraße 174-6a
– Brunnenstubenweg 176-1c
71063 Brunnenwiesenstraße 47-A2 + 175-8a
71063 Buchenweg (4) 175-7b
71069 Buckenhaldeweg 174-6b
71063 Bühlweg 198-1b
71065 Burghaldenstraße 47-B2 + 175-8b
71065 Burgunderstraße 175-11b

71063 Calwer Straße 47-A2 + 175-7d
71065 Carl-Loewe-Straße 175-8b
71069 Carl-Orff-Straße 175-4b
71065 Carl-Zeiss-Straße 175-11b
71065 Chemnitzer Weg 175-12a
71065 Chopinstraße 175-9a
71063 Christofstraße 47-A2
71063 Corbeil-Essonnes-Platz 47-A2

– Dachsklingesträßle 175-3c
71067 Dachsklingeweg 175-6a
71063 Dachsweg 175-4d
71069 Dätzinger Straße 174-6c
71069 Dagersheimer Straße 174-11c
– Dagersheimer Weg 174-8b
71063 Dahlienstraße 175-7b
71069 Danziger Straße 174-6d
71069 Darmsheim 174-10c
71069 Darmsheimer Straße 174-5d
– Diebskarrentäleweg 176-5a
– Diebskarrenweg 176-4d
71063 Ditzinger Straße 175-5c
71069 Döffinger Straße 174-10b
– Dörnlesweg 174-8c
71067 Donauschwabenstraße 175-4a
71069 Donizettistraße 175-1c
71069 Dornierstraße 174-11c
– Dreibrunnenstraße 176-9b
71065 Dresdener Straße 175-11b
71065 Dronfieldpark 47-B3 + 175-8d
71065 Drosselweg 175-9d

71069 Eberhardstraße 174-6c
71069 Ebinger Straße 174-9a
71065 Echazstraße 175-8d
71069 Edvard-Grieg-Straße 175-1d
71063 Eibenweg (6) 175-7b
71069 Eichelbergweg 174-10b
– Eichholzallee 175-5a
71067 Eichholzer Täle 175-4b
– Eichholzer-Täle-Sträßle 175-4b
71063 Eichholzstraße 47-A1 + 175-7b
71069 Eichstraße 174-6a
– Einsiedelweg 176-4c
71069 Einsteinstraße 174-6b
71065 Eisenacher Straße (4) 175-11b
71069 Elisabeth-Denis-Weg 174-6d
71069 Elisabeth-Seibert-Straße 174-6d
71069 Else-Keinle-Weg 174-6b
71063 Eltinger Straße 175-5c
71065 Emil-Nolde-Weg 176-7a
71063 Entenseestraße 175-10c
71069 Enzianstraße 174-11c
71065 Enzstraße (11) 175-8d
71065 Erfurter Straße 175-11b
71063 Erika-Naumann-Straße 175-10d
71063 Erlenstraße 175-7d
71065 Ernst-Barlach-Straße 176-7c
71065 Eschenbrünnlestraße 175-12a
71067 Eschenriedstraße 175-6a
71063 Eschenweg (7) 175-7b
– Eselruckhauweg 176-8c
71067 Essegger Straße 175-4d
71065 Eyachstraße 175-8d

71069 Fanny-Hensel-Weg 174-6d
71067 Feldbergstraße 175-5b
71063 Fichtenstraße 175-7b
71065 Filsstraße 175-8d
71065 Finkenweg 175-9c
– Finstermünzweg 176-1a
71063 Fliederweg (9) 175-7d
71063 Floschenweg 175-7b
71063 Flugfeld 175-11c
71063 Flugfeld-Allee 199-1b
71067 Fohrenbühlstraße 175-5b
71063 Forchenweg (2) 175-7b
71063 Forsthof 176-4d
71065 Frankenstraße 175-11b
71069 Franz-Liszt-Straße 175-1d
71065 Freiligrathstraße 175-8d
– Fressberger Steige 176-7a
71069 Friedenstraße 174-6b
71067 Friedrich-Ebert-Straße 175-2c
71069 Friedrichstraße 174-6b
71065 Friesenstraße 175-11b
71063 Fronäckerstraße 175-7a
– Fuchsbergsträßle 176-7d
71063 Fuchsweg 175-4d
71069 Furtwasen 175-4a

71065 Gansackerweg 47-B2 + 175-8d
71063 Gartenstraße 47-A3 + 175-8c
– Gatterallee 175-3b
71063 Gebrüder-Wright-Platz 199-1b
71069 Gechinger Straße 174-6c
71069 Geislinger Straße (3) 174-10d
71063 Gerhardtstraße 47-B2 + 175-8d
71069 Gerhart-Hauptmann-Straße 174-6c
71063 Glemsweg 175-9c
71065 Gluckstraße 175-9a
71065 Görlitzer Weg 175-12a
71069 Goethestraße 174-6a
71065 Goldbergstraße 175-11b
71065 Goldmühlestraße 175-11b
71065 Gotenstraße 175-11b
71063 Gottlieb-Daimler-Straße 175-10c
71067 Gottscheer Straße 175-4b
71063 Grabenstraße 47-A2 + 175-8a
– Grabenweg 174-5b
– Grenzweg 174-2d
71069 Große Hecke 175-4a
71069 Grünäckerstraße 174-6b
71069 Gültsteiner Straße 174-9b
71063 Gutachstraße 198-1b
71069 Gutenbergstraße 174-3d
71067 Guttenbrunnstraße 175-4a
71069 Györer Platz 174-6d

71069 Haigerlocher Straße 174-10d
71065 Hallenser Straße 175-12a
71069 Hanfäckerweg 174-6c
71063 Hanns-Martin-Schleyer-Straße 47-A3 + 175-7d
71065 Hans-Holbein-Straße 176-7a
71065 Hans-Thoma-Platz (4) 176-7c
71065 Hapenweg 175-9c
71063 Hasenweg 175-4d
71065 Hauffstraße 175-8b
71069 Haulucke 174-6c
71065 Haydnstraße 175-9a
71069 Hechinger Straße 174-6c
71065 Heinestraße 47-B2 + 175-8b

71065 Heinrich-Schütz-Straße 175-9a
71069 Hermann-Kurz-Straße 174-6c
71063 Hermann-Löns-Straße 175-8b
71063 Hermelinweg 175-5c
71069 Herrenberger Straße 174-6c
71065 Herrenwäldlestraße 47-B1 + 175-8a
– Herzogallee I 176-1a
– Herzogallee II 176-4b
– Herzogallee III 176-8d
71069 Hilde-Coppi-Straße 174-6d
71069 Hindenburgstraße 174-6a
71063 Hintere Gasse 47-A2 + 175-8a
– Hinterlinger Weg 176-7b
71063 Hinterweiler Straße 175-4d
71063 Hirsauer Straße 47-A2 + 175-8a
71067 Hirschstraße 175-4d
71069 Höhenstraße 174-11c
71069 Hölderlinstraße 174-6c
71063 Hofstättenweg 47-A3
71069 Hofstraße 174-10d
– Hohbergsträßle 176-4a
71067 Hohenstaufenstraße 175-5b
71065/71067 Hohenzollernstraße 175-5d
71063 Hohe Straße 47-A1
71067 Hohlohweg 175-5a
– Holderstellenweg 176-8d
– Holderweg 174-12b
71069 Horber Weg 174-10d
71067 Hornisgrindeweg 175-5b
71069 Hornsteige 174-10b
71065 Hugo-Distler-Straße 175-9a
– Hutteneichenweg 176-6c

71065 IBM-Straße 175-11c
– Ihinger Weg 174-8a
71069 Im Buchental 174-11a
71063 Im Pfädle 175-5d
71069 Im Pflästerle 175-1c
71065 Im Wiesengrund 175-11c
71063 Im Winkel 47-A2
71063 In der Halde 175-5c
71069 Industriestraße 174-6b
71067 Iselerstraße 175-5a

– Jagdhaussträßle 176-5a
71065 Jagststraße 175-8d
71065 Jenaer Straße 175-12a
71069 Johann-Peter-Hebel-Straße 174-6c
71065 Johann-Strauß-Straße 175-9b
71069 Johann-Widmann-Straße 174-6c
71069 Josef-Lanner-Straße 175-1d

71063 Käsbrünnlestraße 175-10d
71065 Käthe-Kollwitz-Weg (1) 175-9d
71063 Kalkofenstraße 47-A1 + 175-8a
71067 Karlsbader Weg 175-4a
71069 Karlstraße 174-10d
71069 Karpatenstraße 174-6d
71063 Kastanienweg (3) 175-7b
– Kaufwaldallee 176-9d
71069 Keltenstraße 174-10d
71069 Kiefernweg 174-6b
71063 Kinzigstraße 198-1b
71063 Kinzigstraße 174-10d
71069 Kirchgasse 174-11c
71069 Kirchturmstraße 174-6b
71063 Kleine Gasse 47-A3
71069 Kleines Egart 175-1c
71063 Klosterstraße 47-A1 + 175-8a
71067 Kniebisweg 175-5b
71065 Kocherstraße 175-8d
71065 Königsberger Straße 175-9c
71065 Königsknollstraße 175-9a
71065 Königsweg 176-8b
71063 Kolumbusstraße 175-7c
71063 Konrad-Adenauer-Straße 175-7a
71069 Konradin-Kreutzer-Straße 175-4b
71069 Krautgartenstraße 174-6d
71069 Krotenäckerweg 174-6b
71069 Kruppstraße 174-11c
71063 Küblerstraße 47-A3
71063 Kurze Gasse 47-A2

71063 Lärchenweg 175-7b
71065 Lange Anwanden 175-8d
71063 Lange Straße 47-A2 + 175-8c
71069 Laurentiusstraße 174-6a
71065 Lauterstraße 175-9c
71065 Lehmgrubenweg 47-B3 + 175-8d
71065 Leipziger Straße 175-12a
71067 Lembergweg 175-5b
71063 Leonberger Straße 47-B1 + 175-8a
71067 Liebenzeller Straße 47-A1 + 175-8a
71063 Liegnitzer Weg 175-12a
71063 Lilienstraße 47-A1 + 175-7b
71063 Lindenstraße 175-7b
71063 Lisa-Döhle-Straße 175-11c
71067 Lochensteinweg 175-6a
– Löchlesweg 174-10b
71065 Lortzingstraße 175-9a
71063 Lucas-Cranach-Weg 175-9b
71065 Lucas-Moser-Weg 175-9b
71069 Ludwig-Finckh-Straße 174-6c
71063 Ludwigstraße 47-A2
71063 Lützelwiesenstraße 47-A1 + 175-8a

– Madlenenweg 176-4d
71069 Mäuerlesweg 175-4a
71065 Magdeburger Straße 175-12a
71069 Magstadter Straße 174-6a
71065 Mahdentalstraße 175-8d
71069 Maichingen 174-9a
71063/71067 Maichinger Straße 175-4d
71063 Malmsheimer Straße 175-5c
71063 Margret-Fusbahn-Straße 175-10d
71069 Maria-v.-Linden-Weg (5) 174-6d
71067 Marienbader Weg 175-4a
71063 Marienstraße 47-A3 + 175-8c
71063 Marktplatz 47-B2 + 175-8c
71063 Martastraße 47-A3
71063 Martinsgasse 47-A2
71069 Mathilde-Planck-Weg 174-6d
71065 Matthias-Grünewald-Weg 175-9b

71063 Maulbronner Straße 175-5c
71065 Max-Eyth-Straße 175-11b
71065 Max-Liebermann-Weg 176-7c
71065 Max-Reger-Straße 175-9a
71069 Maybachstraße 174-3d
71065 Meisenweg 175-9c
71065 Meißener Straße (3) 175-12a
71063 Melli-Beese-Straße 175-10d
71063 Mercedesstraße 47-A3 + 175-8c
71063 Merklinger Straße 175-5c
– Mietholzsträßle 176-1b
71063 Mittelpfad 174-9d
– Mittelpfadweg 174-9d
71069 Mönchberger Straße 174-9b
71065 Mönchsbrunnen 176-8c
71063 Mönchstraße 47-B1
71063 Mörikestraße 47-B2
71069 Molkereigässle 174-11a
71069 Montafoner Straße 174-10d
71065 Mozartstraße 175-8b
71069 Mühlackerstraße 174-11a
71069 Mühlhaldenweg 174-10a
71065 Mühlstetter Weg (10) 175-8d
71069 Münsinger Straße 174-11c
71065 Murrstraße 175-8d
– Musberger Sträßle 176-8d

71065 Nagoldstraße 175-8d
71069 Nane-Wolf-Weg 174-6d
71065 Nauklerstraße 175-11b
71067 Nebelhornstraße 175-2c
71065 Neckarstraße 47-B3 + 175-8c
71069 Nelkenstraße 174-11c
71069 Neuhauer Weg (2) 174-11c
71067 Neusatzer Straße 175-4c
71063 Niederer Wasen 174-12d
71067 Nikolaus-Lenau-Platz 175-4a
71069 Nikolaus-Otto-Straße 174-3c
71065 Normannenweg (2) 175-11b
71065 Nüssstraße 175-9c

71069 Oberbrunnweg 174-6c
71063 Obere Burggasse (3) 47-A2
– Oberes Hohbergsträßle 176-4a
– Oberes Winterhaldensträßle 176-4a
71063 Obere Vorstadt 175-5c
71069 Ötztaler Straße 174-10d
71069 Olgastraße 174-10d
71069 Ortlerstraße 174-10d
71069 Otto-Hahn-Straße 174-6b

71069 Pappelweg 174-6a
71063 Parkstraße 175-7d
71069 Paul-Lincke-Straße 175-1d
71063 Paul-Zweigart-Straße 47-A2 + 175-8c
71069 Peter-Cornelius-Straße 175-4a
71065 Peter-Parler-Straße 176-7c
71069 Peter-Rosegger-Straße 174-6c
71069 Pfadstraße 174-6d
71069 Pfaffengasse 174-6a
71067 Pfarrwiesenallee 175-5c
71069 Pforzheimer Straße 174-5b
71063 Planiestraße 47-B2 + 175-8a
71063 Platanenweg 175-7b
71069 Porschestraße 174-11c
71065 Posener Straße 175-9c
71063 Poststraße 47-A2 + 175-8c
71069 Probststraße 174-11a

71069 Quittenweg 174-11c

71069 Rappenbaumweg 174-11c
71063 Rathausplatz 47-B2
71069 Raunsstraße 174-11a
71067 Rechbergstraße 175-5b
71063 Rehstraße 175-4d
71067 Reichenberger Straße 175-4a
71065 Remsstraße 175-8d
71063 Renninger Straße 47-A1 + 175-8a
71069 Reutlinger Straße 174-6c
– Rheinsträßle 174-5a
71065 Richard-Wagner-Straße 175-9a
71063 Riedmühlestraße 47-A3 + 175-8c
71069 Robert-Bosch-Straße 174-10d
71065 Rodelbahn 175-6c
71069 Römerstraße 174-10d
71063 Rösslesmühlestraße 47-A2 + 175-8a
– Röteweg 174-5c
– Rohrer Pfad 176-9a
71069 Rosa-Leibfried-Straße 174-5b
71063 Rosenstraße 175-7b
71069 Rossinistraße 175-1c
71063 Rotbühlstraße 175-5c
– Rotsteigleswеg 175-3b
71069 Rottenburger Straße 174-6c
71069 Rottweiler Straße 174-9a
71069 Rotweg 174-10d
71065 Rudolf-Diesel-Straße 175-11c
71063/71069 Rudolf-Harbig-Straße 174-6d
71063 Rutesheimer Straße 175-5c

71065 Sachsenstraße 175-11b
71063 Sandgrubenstraße 175-4d
– Sandhüttenweg 175-3b
71065 Schadenwasenstraße 175-11b
71069 Schäferbergweg 174-5b
71063 Schaffhauser Platz 47-A2
71063 Schafweideweg 175-5c
– Schellenstelleweg 175-6b
71069 Scheuerwiesen (3) 175-4a
71065 Schillerstraße 175-8b
71069 Schillingstraße 174-6a
71069 Schiltachweg (5) 174-10d
71067 Schleicherstraße 47-A1 + 175-8a
71069 Schlesienstraße 174-6c
71067 Schliffkopfweg 175-5b
71069 Schlüsseläckerplatz (4) 174-6b
71069 Schmale Gasse 174-6a
– Schmid-Pauls-Klingen-Weg 175-6b
71069 Schmiedgasse (1) 174-6a
– Schneckenklingensträßle 175-9b
71065 Schneidemühler Weg 175-9c
– Schönaicher Pfad 176-12b

71065 Schöneberger Weg 175-12a
71069 Schoßhöfe 174-9d
71063 Schoßhofstraße 175-10a
71065 Schubertstraße 175-8b
71069 Schulgasse 174-11c
71065 Schumannstraße 175-9a
71069 Schwabstraße 174-6d
71065 Schwalbenweg 175-9d
71069 Schwenninger Straße 174-6c
71063 Schweppelesgäßle 47-A2
71065 Schwertstraße 175-9c
71069 Schwippestraße 174-11c
– Seehaustraße 176-7b
71063 Seemühlestraße 47-B2 + 175-8c
71063/71067 Seestraße 47-B2 + 175-8a
71069 Sibeliusstraße 175-4b
71069 Siedlenweg (2) 174-6a
71069 Silcherstraße 175-4b
71069 Sindelfinger Straße 174-6a
71065 Sindelfinger Weg 177-7b
71067 Somborer Weg 175-4a
71069 Sommerhof 175-6a
71063 Sommerhofenpark 47-B1 + 175-5d
– Sommerhofensträßle 175-6b
71067 Sommerhofenstraße 175-5d
71063 Sondrioplatz 175-5c
71065 Sonnenbergstraße 175-9c
71069 Spannagelweg 174-10d
71065 Spechtweg 175-9d
– Spitzholzsträßle 175-2d
71067 Spitzholzstraße 175-5a
– Stadthäulesweg 175-6b
71063 Stäbenheckstraße 47-A1 + 175-8a
71065 Steigweg 175-9a
71069 Steinachweg (4) 174-10d
– Steinbruchallee 175-2d
71069 Steinbruchweg 174-10d
71065 Steinenbronner Straße 175-11d
71067 Sternbergweg 175-6a
71065 Stettiner Weg 175-9c
71069 Stichstraße 174-11c
71063 Stiftstraße 47-B2 + 175-8a
– Stockklingenweg 175-5d
71065 Stralsunder Straße 175-12a
71065 Strampfeslohweg (2) 175-9d
71063 Stumpengasse (2) 47-A2
– Stumpenweg 174-12d
71069 Stuttgarter Straße 174-6b
– Stuttgarter Weg 175-3d
71069 Sudetenstraße 174-6c
71065 Suebenstraße 175-11b
– Sumpfrainweg 176-1a

71069 Tailfinger Straße 174-10d
– Taläckerweg 174-8c
71069 Talstraße 174-6d
71069 Tannenweg 174-6a
71069 Tessiner Straße 174-10d
71069 Teuchelweg 174-6d
71065 Teufelslochweg 175-5d
71063 Thea-Rasche-Straße 175-11c
71067 Theodor-Heuss-Straße 175-5a
71065 Thüringer Straße (1) 175-11b
71065 Tilsiter Straße 175-12b
71069 Tiroler Straße 174-10d
71067 Traifelbergweg 175-5b
71067 Trettachstraße 175-2c
71065 Tübinger Allee 175-11a
71063 Tulpenstraße 175-7b
71063 Turmgasse 47-A2

71065 Uhlandstraße 175-8b
71069 Ulmenstraße 174-6b
71063 Umberto-Nobile-Straße 175-10d
71065 Unter-den-Weinbergen 175-9a
71063 Untere Burggasse 47-A2
71069 Untere Gasse 174-11a
– Unterer Tiefenweg 174-10a
71063 Untere Torgasse 47-A2 + 175-8c
71063 Untere Vorstadt 47-A2
71069 Uracher Straße 174-9a

71063 Vaihinger Straße 47-B2 + 175-8c
71063 Veilchenweg (1) 175-7b
71069 Verdistraße 175-1c
71065 Viehweideweg (3) 176-7c
71065 Vogelhainweg 175-9d
71069 Vogelsangstraße 175-1d
71063 Vordere Halde 175-5c

71069 Waldäckerweg 175-1d
71065 Waldenbucher Straße 175-11d
– Waldheimsträßle 176-5c
71063 Warmbronner Straße 175-5c
71067 Watzmannstraße 175-2c
71063 Weberstraße 47-A1 + 175-8a
71063 Wegenerstraße 175-7c
71063 Weidenstraße 175-7b
71065 Weiherstraße 175-9d
71069 Weilderstädter Straße 174-6a
– Weilemer Weg 174-2d
71065 Weimarer Straße 175-11b
71067 Weissacher Weg 175-5c
71067 Weißkirchener Straße 175-4a
71065 Welfenstraße 175-11b
71067 Wendelsteinstraße 175-2c
71065 Wengertstraße 175-9c
71063 Wettbachstraße 47-A2 + 175-8c
71069 Widdumstraße 174-11c
71069 Wildbader Straße 174-6c
71067 Wilhelm-Ganzhorn-Weg 175-6a
71065 Wilhelm-Haspel-Straße 175-9a
71063 Wilhelm-Hörmann-Straße 47-B1 + 175-8b
71067 Willy-Brandt-Allee 175-4c
– Winterhaldensträßle 175-6b
71063 Wolboldstraße 47-B2 + 175-8a
71063 Wolfachstraße 198-1b
71063 Wolfstraße 175-4d
71065 Würbenthaler Straße 175-9c
71065 Würmstraße 47-B3 + 175-8d
71063 Wurmbergstraße 47-A2 + 175-8a

71063 Zedernweg (5) 175-7b
71069 Zehntgasse 174-6a
71069 Zeppelinstraße 174-6b
71063 Ziegelstraße 47-B2 + 175-8a
71063 Zimmerstraße 47-A2 + 175-8a
– Zweibrunnhaussträßle 176-8a

Sonnenbühl
PLZ 72820

Ahornweg 306-8d
Albstraße 324-6d
Alemannenstraße (4) 324-9b
Alter Bolweg 306-10a
Am Genkinger Weg 306-8d
Am Gruppenloch 324-6a
Am Kirchberg 306-11a
Am Köbele 306-6a
Am Seilerweg (1) 324-9b
Amselweg 306-12a
Am Trieb 306-12c
Am Weiherstein 324-9b
Am Zimmerplatz (8) 306-12c
An den Angelwiesen 306-9a
An der Federhecke (6) 306-12a
Anemonenweg 324-9b
Auchtert 324-1d
Auchtertweg 306-6a
Auf dem Filz 324-9a
Auf der Reute 324-8d
Austraße 306-11b

Bachstraße 324-9a
Badweg 306-11a
Bärenhöhle 325-1c
Bei den Gruben 307-4b
Bei der Hardtlinde 324-6c
Beim Sportplatz 306-6a
Bergstraße 324-9b
Bernlochsteige 306-6c
Bettburg 324-1b
Bettburgstraße 324-1b
Birkenweg 306-8d
Bismarckstraße 306-9a
Bittgang 306-11b
Blumenstraße 306-12a
Bolbergstraße 306-10c
Bolweg 306-10a
Brühlstraße 306-10c
Brunnenstraße 324-9a
Brunnhaldenstraße (6) 305-12d
Buchenweg 306-6c
Buchhecke 324-2c
Burgstraße 306-5d

Daimlerstraße 306-9c
Degentalstraße 306-10a
Distelweg (7) 306-12a
Dreherhof 325-8c
Drosselstraße 306-6c

Egelsbergstraße 306-10c
Elsterweg 306-6c
Enzianweg 306-12a
Erlenweg 306-8d
Erpfinger Straße 306-11b
Erpfmühle 324-8d
Erptingen 324-6c

Falkenstraße 306-12a
Falltorstraße 306-11b
Feilenweg 306-9a
Feinstraße 306-6c
Felsenstraße 324-9a
Feriendorf Sonnenmatte 324-9a
Filsenbergweg 305-12d
Finkenstraße 306-6c
Fliederweg 306-10c
Forchenstraße (4) 306-10d
Friedhofstraße 324-6c
Friedrichstraße 306-9a

Gartenstarße 306-12a
Genkingen 306-6c
Gewerbegebiet Geissäcker 306-12a
Gewerbegebiet Zwingelhof 324-9b
Geyerstraße 324-9b
Gönninger Straße 306-5d
Goethestraße 306-6c
Gottlieb-Sauer-Straße 324-1a
Grabenstraße 324-9b
Greutweg 306-6c
Grießstraße 306-10c
Guppenlochhard 324-5b

Häuleweg 306-6a
Hafnerweg 306-9a
Hagstraße 306-11b
Haldenstraße (2) 306-11b
Halderweg 325-4c
Hardtweg 324-6c
Hauffstraße 306-5d
Hauptstraße 306-11a
Hausener Straße 324-9b
Heergasse 306-10d
Hegelweg 306-12a
Heiligenwiesenstraße (1) 305-12d
Herdweg (Genkingen) 306-6c
Herdweg (Undingen) 306-12b
Heuweg 324-9b
Hindenburgstraße 306-9a
Hinter dem Gäßle 305-12d
Hinter den Gärten (7) 306-10c
Hirschhäusle 306-4c
Hirschstraße 324-9a
Höhenweg 324-9b
Hohenzollernweg 306-11a
Holdergasse 306-11b
Holunderweg 306-9a

Im Dorf 324-9b
Im Esche 306-6c
Im Gäßle 306-11b
Im Steige 306-11a
Im Steinmäuerle (5) 305-12d
Im Zwingelhof 324-9b
In den Brunnenwiesen (1) 306-11a

Jahnstraße 306-6c
Johann-Ludwig-Schneller-Straße 324-9a

Katzental 306-11b
Kirchbergstraße 306-11b
Kirchgäßle (3) 306-6c
Kleine Gasse 324-1a
Knappenweg (10) 306-12a
Kohlersgäßle (2) 306-10c
Krämerstraße (2) 306-5d
Kreuzweg 324-9b

Länderstraße 306-11b
Laliesh ütte 307-11a
Lange Gasse (3) 324-9b
Lauchertstraße 324-1a
Leimgrubenstraße 306-6a
Lerchenstraße 306-6c
Lichtensteinstraße 306-11b
Ligusterweg (4) 306-9a
Lilienstraße 306-12a
Lindenstraße 306-8d
Löherstraße 306-10c
Lutherstraße (5) 306-11b

Mantelstraße 306-10d
Marktplatz 324-9b
Marktstraße 324-9b
Matthäus-Möck-Straße 306-10c
Meisenstraße 306-6c
Melchinger Straße 323-3d
Mezgerstraße 306-5d
Mörikeweg 306-12a
Moltkestraße 306-6c
Mühlstraße 306-12a
Mußweg 324-9b

Nelkenstraße 306-12a
Neuer Weg 324-9a
Neue Straße 306-11b
Niedere Straße 306-5d

Obere Gasse (2) 324-9b
Öschinger Straße 306-5d
Ottenrain 306-11b

Panoramastraße 306-12a
Pfullinger Straße 306-6c
Poststraße 306-11b

Quartbühlstraße (4) 306-11b
Quellenstraße 306-11a

Raiffeisenstraße 306-6c
Rathausstraße 306-10c
Ritterweg 306-11b
Robert-Bosch-Straße 306-8d
Römerstraße 306-5d
Rosengartenstraße 306-5d
Rosenstraße 306-12a

Schießgasse 306-11b
Schillerstraße 306-11b
Schillingstraße 306-9a
Schlehenweg 306-12a
Schloßstraße 324-9a
Schmiedstraße 306-6c
Schöner Weg 306-6c
Schulplatz (1) 306-6c
Schulstraße 306-5d
Senderstraße 306-11b
Silcherstraße 306-6c
Sonnenstraße 306-12a
Steigstraße 324-9b
Steinbühlstraße (9) 306-12a
Steinmauerweg 306-6c
Stettener Straße 324-9a
Striehweg 306-6d

Talheimer Weg 305-12d
Talstraße 306-12c
Tannenstraße 324-9b
Thomasstraße 305-12d
Trochtelfingerstraße 324-9b
Tulpenweg 306-10c

Uhlandstraße 306-11b
Ulmenstraße 324-9a
Undingen 306-12a
Undinger Straße 306-8b

Veilchenweg (3) 306-10c
Vor Weinstein 306-11a

Wacholderweg 306-10c
Waldsiedlung Beerenhalde 324-8b
Weegmannhütte 325-2b
Weinsteinstraße 306-11d
Wiesenstraße 306-10c
Wilhelmshütte 307-8d
Wilhelm-Pfleiderer-Hütte 324-3c
Wilhelmstraße 306-10c
Willmandingen 306-10d
Willmandinger Straße 306-10d
Windmühlstraße 306-8d
Wörnershalde (8) 306-10c

Zeughausstraße (3) 306-11b
Zünderstraße 306-12a
Zum Hädele 306-6c
Zwingweg 324-9b

Starzach
PLZ 72181

Ahornstraße (4) 282-10a
Albstraße 300-3c
Am Bahnhof 281-8d
Am Berg (8) 282-10c
Am Haag 281-11d
Am Kapf 282-8c
Am Linsenrain 281-9d
Austraße 281-9d

Bachstraße (1) 281-9d
Bahnhof Eyach 281-8d
Bahnhofstraße 282-10c
Bahnweg (9) 300-3c
Baumackerstraße 300-1b
Bergstraße 281-9d
Bienenstraße 282-10d
Bieringer Straße 300-3c
Bierlingen 282-10d
Birkenstraße (3) 282-10a
Blumenstraße 281-9d
Börstingen 281-9c
Brechengasse 282-10c
Brühlstraße 300-2d
Brunnenstraße (10) 300-3c
Buchenweg 282-10c
Burgmühle 301-1a

Dr.-Eberhard-Buse-Straße 281-9c
Dorfplatz (1) 282-8d
Dorfwiesenstraße 300-1b

Eibenstraße 282-10c
Eichenweg (2) 300-2b
Einsiedelweg (8) 282-10d
Erlenweg 300-3a
Eschenweg (3) 300-3a
Eulentalstraße 282-11a
Europastraße (6) 300-2d
Eyacher Straße 281-11d

Felldorf 281-11d
Felldorfer Straße 281-12d
Fichtenäcker (5) 300-2d
Fichtenstraße (5) 282-10c
Finkenstraße 281-11d
Fliederstraße 281-9d
Föhrenstraße (6) 282-10c
Forchenweg 282-11d
Friedhofstraße 282-11a
Frommenhauser Straße 300-3c

Gäustraße (7) 282-10c
Gartenstraße 281-9d
Großholzer Straße 300-2d
Grubenäcker (4) 300-2d
Gwande 300-1b

Hagstraße 281-9d
Hauptstraße 282-10c
Herdererstraße 281-11d
Hinter den Gärten (9) 300-1b
Hinter der Burg (12) 300-2d
Hirrlinger Straße 300-3c
Hirtenbrünnle (11) 300-3c
Höfendorfer Straße 300-2d
Hofstraße (2) 281-9d
Holunderstraße 282-10c
Holzwiesenstraße 282-11d
Horber Straße 281-9d

Im Ganser 282-10c
Im Grund 281-11d
Im Hopfengarten 282-7c
Imnauer Straße 300-2d
Im Stock (11) 282-10c
In der Breite 282-11b
In der Röte 300-3c

Kapellenstraße 299-3a
Karl-Feederle-Straße (1) 282-10c
Katzentaler Weg 300-3c
Kiefernweg (4) 282-12c
Kirchstraße (2) 282-11b
Kniebisstraße (7) 300-2d
Kugelwasen 299-3a

Lachenäckerweg (8) 300-2d
Lärchenstraße (2) 282-10a
Langer Rain 282-10d
Lange Straße 299-2b
Lindenstraße 282-10c
Lohmühle 281-12b

Marktstraße 282-10c
Mühlacker 282-8c
Mühringer Straße 299-2b

Neckarstraße 282-8d
Neuhaus 300-4b
Neuhauser Straße 282-10c

Oberer Mühlweg 300-3c

Panoramastraße 281-9d
Parkstraße 281-9d
Pfarrgasse 282-10d

Rathausgasse 282-10c
Riedholzstraße 300-3c
Rosenstraße 281-11d
Rottenburger Straße 281-9d

Schlossgartenweg (1) 299-3a
Schlosspark 300-2d
Schloßstraße 300-2d
Schönbuchstraße (9) 282-10c
Schulstraße 282-7c
Schwarzwaldstraße (10) 282-10c
Sommerhalde 282-11b
Sonnenbergstraße 281-9d
Sonnenweg 300-3a
Sportplatzweg 281-11d
Steigacker 282-8d
Stiegelgasse (7) 282-10c
Stumpacher Weg 281-12d
Südstraße 300-1a
Sulzau 282-8c
Sulzauer Steige 282-11c
Sulzauer Weg 300-2d

Tannenweg (1) 300-2b
Teichacker 282-8d
Trillfinger Straße 300-5b
Tulpenstraße 281-11d

Ulmenweg 300-2b

Vogelsangstraße 281-11d

Wachendorf 300-2b
Waldstraße 282-12c
Waschgasse 300-1b
Weinbergstraße 300-3c
Weitenburg 282-7b
Weitenburger Straße 281-9d
Wiesenstraße 282-8c
Wilhelmshöhe 282-7a
Witthaustraße 282-11b

Ziegelhüttenstraße 300-2b

Steinenbronn
PLZ 71144

Am Friedhof (11) 201-8b
Amselweg 201-5d
Am Steinenberg (10) 201-8c
Auf der Höhe 201-7b

Bildweg 201-8b
Birkacher Straße 201-5d
Blumenweg (6) 201-5d
Böblinger Straße 201-8a
Bundeswanderweg 202-7a

Charlottenweg (2) 201-5b

Dorfplatz 201-8b
Dornröschenweg 201-8a
Drosselweg 201-5d

Ferdinand-Steinbeiss-Straße 201-8b
Filderstraße 201-5d
Finkenweg (5) 201-5d
Franziskaweg (3) 201-5b
Friedrichstraße 201-5b

Gartenstraße 201-8b
Gewerbegebiet „Im Maurer" 201-5d
Gewerbegebiet „Kring" 201-6c
Gewerbestraße 201-5d
Goethestraße 201-8b
Goldäckerstraße 201-5d
Gottlieb-Daimler-Straße 201-6c
Greuthauweg 201-8b

Hagäckerweg 201-8c
Hagwiesenstraße (9) 201-8c
Haineweg 201-8a
Hauffstraße 201-8b
Heubaumweg 201-8b
Hof Allmend 201-9c
Hohenheimer Straße 201-5b
Hohewartstraße 201-5b

Im Alten See 201-5d
Im Lührle (8) 201-8b
Im Maurer 201-8b

Jakobstraße 201-8a
Johannesweg (4) 201-5b

Karlstraße 201-5b
Kegelsklingstraße 201-5d
Kirchäckerstraße 201-8b
Klingenbachstraße 201-8a
Krettenbachweg 201-8b
Kringstraße 201-5d
Krummensteigweg 201-5d

Lerchenstraße 201-5d
Lindenstraße 201-8b
Ludwigstraße 201-5d

Mahdwiesenweg 201-5b
Max-Eyth-Straße 201-6c
Meisenweg 201-5d
Möhringer Straße 201-8a
Musberger Straße 201-5a

Nelkenweg 201-8b
Neuffenstraße 201-5d

Petersäckerstraße 201-5b
Pfarrgärtenweg (13) 201-8b
Plieninger Straße 201-5d

Rapunzelweg 201-8a
Robert-Bosch-Straße 201-8b
Römerstraße 201-8b
Rohrer Straße 201-5b
Rosenstraße 201-5d
Rotkäppchenweg (14) 201-8a

Sandäckerstraße (12) 201-8a
Schafgartenstraße 201-8a
Schelmenwasenweg 201-5d
Schlafgartenplatz (7) 201-5d
Schneewittchenweg 201-8a
Schönaicher Straße 201-8a
Schönbuchweg 201-5d
Schulstraße 201-8b
Seestraße 201-8b
Seilerstraße 201-8a
Silcherstraße 201-8b
Sindelfinger Straße 201-5c
Solwiesenweg 201-8b
Sonnenhalde 201-8a
Sophienweg (1) 201-5b
Spitzäckerweg 201-5d
Starenweg 201-5d
Steinenbergweg 201-8c
Sterntalerweg (15) 201-8c
Stuttgarter Straße 201-8b

Talstraße 201-5d
Teckstraße 201-8d
Tübinger Straße 201-8b
Tulpenweg 201-8b

Uhlandstraße 201-8b
Umgehungsstraße 201-8d

Vaihinger Straße 201-8a

Waldenbucher Weg 201-8c
Weiler Weg 201-8c
Wiesenstraße 201-8a

Zieglerstraße 201-5d
Zollernweg 201-8c

Steinheim
PLZ 71711

Höpfigheim 83-6a

Kleinbottwar 84-5b

Steinheim an der Murr 84-8a

Steinheim an der Murr
PLZ 71711

Adalbert-Stifter-Straße 84-7b
Adolf-Wilhelm-Nefflen-Weg 83-6a
Albertstraße 84-7b
Albert-Walzer-Weg (22) 84-7b
Alfred-Ulrich-Straße 84-4d
Allmandplatz (38) 84-7d
Alte Kleinbottwarer Straße 84-8a
Alte Mühle 84-5c
Alte Straße 84-5c
Am Schleifrain 84-8a
Amselweg 83-5b
Amtsstraße 84-5a
An der Steige 84-7d
Anton-Bruckner-Straße 84-4d
August-Lämmle-Weg 84-7b
August-Scholl-Straße 84-7d
Autenbachstraße 84-7c

Backhausstraße 83-6a
Badgässle (29) 84-7d
Badtorstraße (26) 84-7d
Bahnhofstraße 84-7c
Bahnweg 84-7b
Barbenweg (15) 84-7b
Baugebiet Horrenwinkel IV 84-4d
Baugebiet Horrenwinkel V 84-5c
Beethovenstraße 84-7b
Benzstraße 84-7a
Bergstraße 84-8a
Binsenweg (18) 84-7b
Binsenwiesenstraße 84-8a
Bisamstraße (17) 84-7b
Blankensteinstraße 84-8c
Blaue Pfütze (30) 84-7d
Blumenstraße 84-5c
Boschstraße 84-7a
Bottwarstraße 84-5a
Brahmsweg (2) 84-4d
Breslauer Straße 84-7d
Brühlstraße 84-7d
Brunnenweg (25) 84-7d
Buchenweg 84-8c
Buchhof 84-11a
Burgunderstraße 83-5b

Carl-Orff-Weg (4) 84-7b
Christian-Storz-Weg (8) 84-7a
Christoph-Rohrer-Weg 83-6a

Daimlerstraße 84-7a
Danziger Straße (7) 84-7b
Deutscher Hof (28) 84-7d
Dieselstraße 84-7a
Dorfplatz (3) 84-5a
Drosselweg (1) 83-5b

Endwiesenstraße 83-5b

Fichtenstraße 83-5d
Finkenweg (2) 83-5b
Forellenweg (13) 84-8a
Forsthof 84-6c
Forsthofstraße 84-5c
Frank-Sinatra-Straße 84-4d
Franz-Liszt-Weg 84-4d
Friedenstraße 83-5b
Friedhofstraße 84-5a
Friedhofweg 84-8c
Friedrichstraße 84-7d
Fritz-Berckhemer-Weg (20) 84-7b

Gärtringer Straße 83-5d
Gässle (4) 83-5b
Gartenstraße 83-5b
George-Harrison-Straße (32) 84-4d
Gertrud-Weiler-Straße 84-5d
Gewerbegebiet Hegwiesen 83-6a
Gewerbegebiet Kreuzwegäcker 84-4c
Goethestraße 84-7b
Götzenbergstraße 84-5a
Grafenäckerstraße 84-7a
Großbottwarer Straße 83-6a

Hägnachhof 84-11a
Händelstraße 84-7b
Häslachstraße 83-6a
Hardtstraße 84-8a
Hauffstraße (10) 84-7b
Hauptstraße 83-5b
Haydnstraße 84-4c
Hegelstraße 84-7b
Heinrich-Böll-Straße (35) 84-5c
Heinrich-Meißner-Straße 84-4d
Hermann-Hesse-Straße (37) 84-8a
Hermann-Spaich-Straße 83-5b
Hindemithweg (5) 84-7b
Hirschwegle (5) 83-5b
Höhenstraße 84-8a
Hölderlinstraße (6) 84-7b
Höpfigheimer Straße 84-7a
Hofackerstraße 84-8a
Hofstattweg 84-8c
Hofstraße 84-9a
Hohe Straße 84-5c

Holzweg 84-8a
Humboldtstraße (11) 84-7b

Im Bruhrain 83-5d
Im Käppele 84-8a
Im Vogelherd 83-6c
Im Wiesental 83-5d
In der Au 83-6c
In der Gartenstadt 84-7a
Industriestraße 84-7c

Janis-Joplin-Straße (33) 84-4d
Johann-Sebastian-Bach-Straße 84-4d
Johann-Strauß-Weg (1) 84-4d
John-Lennon-Straße (31) 84-4d

Kälblingstraße 83-6a
Käppelesstaffel (42) 84-8a
Kantstraße 84-7b
Karl-Dietrich-Adam-Weg (21) 84-7b
Karl-Sigrist-Straße (19) 84-7b
Karlstraße 84-7a
Keltergasse 83-5b
Kelterstraße 84-5a
Kiesweg 84-7b
Kirchplatz 84-7d
Kirchstraße 84-5a
Kleinbottwarer Straße 84-7d
Kleinfelderstraße 84-5a
Klosterhof (23) 84-7d
Klosterstraße 84-7d
Kreuzstraße 84-7a
Kreuzwegäcker 83-6d
Kreuzweghof 83-6d
Krummwiesenweg 83-6a
Kurze Straße 84-7b

Lammgasse 84-7d
Lange Richtstatt 85-2c
Lavendelweg (40) 84-7a
Lehenstraße 84-7b
Lehrgasse 84-7d
Lehrhof 84-9a
Lerchenhöfe 84-4b
Lerchenhofstraße 84-5a
Lessingstraße 84-7b
Libellenweg (12) 84-8a
Lindenstraße 83-6a
Linsenbergstraße 84-5a
Lönsstraße 84-7b
Lortzingstraße 84-4d
Lotstraße 83-6a
Louis-Armstrong-Straße (34) 84-4d
Ludwigsburger Straße 84-7b
Lurchenweg (14) 84-7b
Lutherstraße 84-5d

Marbacher Straße 83-5d
Marbacher Weg 84-7d
Marktstraße 84-7d
Martinusweg (2) 84-5d
Maybachstraße 84-7a
Meisenstraße 83-5b
Mittelschloß 84-5c
Mörikestraße 84-7b
Mörikestraße (36) 84-8a
Mozartstraße 84-7b
Mühlbachstraße 83-5d
Mühlweg (27) 84-7d
Murrer Straße 84-7c

Nelkenstraße 84-7d

Obere Seewiesen 83-6a
Otternweg (16) 84-7b

Panoramastraße 84-7b
Paul-Aldinger-Straße 84-4d
Paul-Lincke-Weg 84-7b
Pfarrer-Kieser-Weg (1) 84-5d
Pfarrgartenweg 83-5b
Pfarrstraße 84-7d

Reichenberger Straße 84-7d
Richard-Wagner-Straße 84-4d
Riedernhof 83-2d
Riedstraße 84-7a
Rielingshäuser Straße 84-8c
Robert-Schumann-Weg (3) 84-4d
Rosengartenweg 85-2c
Rosenweg 84-7b
Rosmarinweg (41) 84-7a

Salbeiweg (39) 84-7a
Sandweg 84-7a
Schafäckerstraße 83-6a
Schafgasse 84-7d
Schillerstraße 84-7b
Schlößlesweg (24) 84-7d
Schloßgartenstraße 83-5d
Schloßhof 83-5b
Schloßstraße 84-5c
Schraistraße 84-7b
Schubartstraße 84-7b
Schulstraße 84-7a
Schwalbenstraße 83-5b
Seefeldhof 84-10a
Seestraße 84-5c
Seewiesenstraße 83-5d
Siemensweg (9) 84-7a
Silcherstraße 84-7b
Sommerhalde 84-8a
Städtgraben 84-7d
Starkenäckerstraße 84-8a
Steinbeisstraße 84-7a
Steinhäuser 84-7d
Steinheimer Straße 84-5a
Steinheimer Weg 84-9c
Steinstraße 84-8c
Stettiner Straße 84-7d
Sudetenstraße 84-7d

Talstraße 83-6a
Teichstraße 84-7b
Theodor-Heuss-Straße 84-5a
Thymianweg 84-7b
Türlesäckerweg 83-5b

Uhlandstraße 84-7b
Unterer Hofstattweg 84-8c

Vogelsangstraße 83-6c
Von-Plieningen-Straße 84-5a
Von-Weber-Straße 84-4d
Von-Zeller-Weg 84-5c
Vorderbirkenhof 84-9b

Wacholderbergstraße 83-5d
Wahlwiesenstraße 84-7d
Waldstraße 83-6a
Wehrbachstraße 84-5a
Weinbergstraße 84-5a
Wette 84-7d
Wolfsgasse 83-5b
Wunnensteinstraße 84-7b

Zeisigweg (3) 83-5b
Zeppelinstraße 84-7a
Ziegeläckerstraße 84-8a
Ziegelstraße 84-8a
Ziegelweinbergweg 84-8c

Straßberg (Zollernalbkreis)
PLZ 72479

Adlerstraße 373-10c
Ahornweg 373-10a
Alte Steige 373-10a
Am Bohl 372-12d
Am Sportplatz 372-12b

Bahnhofstraße 372-12b
Bahnweg 372-12b
Banater Straße 372-12d
Baugarten (12) 373-10c
Bergstraße 372-12d
Berliner Straße 373-10c
Birkenweg (4) 373-10a
Blumenstraße 373-10a
Bohlstraße 372-12d
Brückenstraße 372-12b
Brunnenweg (15) 373-10c
Buchenweg 373-10a
Burgstraße 373-10c

Ebinger Straße 373-7c
Eichenweg 373-10a
Eschenweg 373-10a

Franzfeldstraße 372-12d
Friedhofstraße 372-12d

Gartenstraße 373-10a
Gewerbegebiet Schachen 372-9d
Gewerbegebiet Vogelherd/ Längenfeld 373-10b
Gottlieb-Daimler-Straße 372-9d

Hanfgarten 373-10a
Heutäleweg (1) 373-10a
Hirtengasse 373-10c
Höfentalstraße 372-12d
Hohenbergstraße 373-10a
Homburgstraße 373-10a

Im Winkel 373-10a

Kaiseringer Straße 373-10c
Kanalweg 373-10a
Kapellenstraße 372-12d
Kesseleweg 372-12d
Kirchstraße 373-10c
Kreuzsteig 373-10b

Lärchenweg (2) 373-10a
Lehenweg (5) 373-10a
Lehrhalde 373-10b
Lindenstraße 373-10c

Morstraße 372-12d
Mühlstraße 373-10c

Narzissenweg (13) 373-10c
Neuhaus 372-9a

Ödenburgstraße 373-10a
Öschleweg 372-12b

Panoramastraße 373-7c
Pappelweg 373-10a

Raiffeisenweg (11) 373-10a
Rieseweg 372-12d
Ringstraße 373-10a
Robert-Bosch-Straße 373-7c
Rosenstraße 373-10a
Roßberg (Allgaierhof) 372-3c
Roßberg-Freizeitzentrum 372-5b

Sägeweg 372-12b
Schalksburgstraße 373-10a
Schierlingweg (8) 373-10a
Schlehhag 372-12d
Schloßhalde 373-10a
Schloßstraße (7) 373-10a
Schmeienweg 373-10a
Schützenstraße 372-12b
Schulstraße 373-10c
Siedlerweg (16) 372-12d
Silcherstraße 372-12b
Sonnenhalde 372-12d
Steigweg 373-10a
Steinstraße (6) 373-10a
Stiftstraße 373-10a

Tannenbergstraße (14) 372-12d
Thüringer Straße 373-10a
Tulpenweg (10) 373-10a
Turnplatzweg 372-12d

Ulmenweg 373-10a

Veilchenweg (9) 373-10a
Vogelherd 373-10b

Weidenweg (3) 373-10a
Wiesenstraße 373-10a
Winterlinger Straße 373-10b

Zollernweg 373-10a

Stuttgart

70376 Aachener Straße 131-7c
70378 Aalstraße 115-10d
70190/70188 Abelsbergstraße 155-1a
70372 Aberlin-Jörg-Straße 131-11a
70567 Ablacher Weg 178-4b
70597 Abraham-Wolf-Straße 153-12d
70437 Abstatter Straße 130-6b
70188 Achalmstraße 155-1a
70435 Achardweg 130-1d
70563 Ackermannstraße 177-4b
70327 Ackerweg 155-5b
70437 Adalbert-Stifter-Straße 131-1c
70186 Adelheidweg 154-6d
70435 Adestraße 130-1c
70199 Adlerstraße 154-7b
70439 Admiralweg 114-10d
70569 Adolf-Engster-Weg 152-12b
70563 Adolf-Ferdinand-Widmaier-Weg 177-4b
70192 Adolf-Fremd-Weg 130-11a
70184 Adolf-Kröner-Straße 154-6b
70469 Adolfstraße 130-4d
70599 Adornostraße 179-7a
70329 Äckerlesweg 156-4b
70619 Äckerwaldstraße 155-10c
70329 Ährenweg (4) 155-9d
70599 Äxtlestraße 179-4c
70469 Affalterstraße 130-8a
70199 Afternhaldenstraße 154-7a
70597 Agnes-Kneher-Platz 154-11c
70597 Agnesstraße 154-11a
70597 Ahornstraße 154-11b
70599 Aichelestraße 179-7c
70329 Ailenbergstraße 156-7b
70619 Aixheimer Straße 155-10d
70597 Akazienweg 154-11b
70374 Akeleiweg 131-6c
70567 Aladinweg 178-4c
70469 Alarichstraße 130-8d
70499 Albatrosweg 129-10b
70563 Albblick 177-4a
70327 Albert-Dulk-Straße 155-6b
70376 Albert-Ebert-Staffel (29) 131-4c
– Albert-Luthuli-Platz 130-9a
70186 Albert-Schäffle-Straße 154-6d
70184 Albertstraße 154-6b
70563 Albigenserweg (13) 177-2c
70597 Albplatz 154-11a
70192 Albrecht-Dürer-Weg 130-11c
70184 Albrecht-Goes-Platz 46-C1 + 154-6c
70184 Albrecht-Leo-Merz-Weg 154-9b
70469 Albrechtstraße 130-8a
70567 Albstadtweg 177-6a
70597 Albstraße 154-10d
70188 Albuchweg 154-3d
70378 Aldinger Straße 131-2a
70435 Alemannenstraße (22) 130-5a
70184/70182/70180 Alexanderstraße 46-D3 + 154-8b
70188 Alfdorfer Straße 155-1d
70567 Alfons-Härtel-Weg (1) 177-6b
70567 Alfred-Dehlinger-Straße 177-3d
70188 Alfred-Lörcher-Weg 46-B1 + 154-6a
70188 Alfredstraße 155-1a
70599 Alfred-Wais-Platz 179-4c
70597 Alice-Haarburger-Staffel (2) 178-2d
70599 Allgäustraße 179-7d
70569 Allmandring 177-1a
70563/70569 Allmandstraße 177-1b
70374 Allmersbacher Straße 131-12a
70374 Alois-Rölli-Platz 131-9a
70329 Alosenweg 155-9c
70563 Alpenrosenstraße 177-1d
70569 Alpirsbacher Weg 153-11d
70378 Alpseeweg 131-2c
70597 Altäckerweg 178-2d
70599 Alte Dorfstraße 179-4c
70180 Altenbergstraße 154-8b
70376 Altenburger Steige 131-7c
70376 Altenburgplatz 131-7a
70173 Alte Poststraße 46-C4
– Alter Hausweg 152-3b
70469 Alte Steige 130-7d
70569 Alte Straße 177-2b
70195 Alte Stuttgarter Straße 153-5b
70372 Alte Untertürkheimer Straße 131-11c
70180/70597 Alte Weinsteige 154-8c
70563 Amadeusweg 177-4b
70439 Am Äußeren Graben 113-12b
70327 Am Alten Friedhof (9) 155-3d
70565 Am Bahnhof 177-4d
70499 Am Bergheimer Hof 129-10a
70329 Am Bergwald 155-9c
70192 Am Bismarckturm 130-10d
70184 Am Bopserweg 154-8b
70469 Am Boschwerk 130-7b
70195 Am Buberlesbach 153-5b
70184 Am Dobelbach 154-6c
70619 Am Eichenhain 154-12d
70188 Ameisenbergstraße 154-3d
70563 Am Feldrand 177-1a
70563 Am Föhrenwald 177-4a
70173 Am Fruchtkasten 46-C3
70188 Am Gelben Weg 155-1d
70188 Am Grünen Weg 155-1a
70173 Am Hauptbahnhof 154-2d
70192 Am Höhenpark 130-11a
70188 Am Hohengeren 46-B1 + 154-3c
70563 Am Hopfenrain 177-4a
70372 Am Jakobsbrunnen (23) 131-10b
70188 Am Klingenbach 155-1c
70376 Am Klosterhof 131-5c
70192 Am Kochenhof 130-11a
70192/70193 Am Kräherwald 153-6a
70192 Am Kriegsbergturm 154-2a

70188 Am Kurzen Weg 155-1b
70180 Am Lehenweg 154-8a
70190 Am Leuzebad 131-10a
70378 Am-Max-Eyth-See 131-1d
70376 Ammergasse 131-4d
70327/70329 Am Mittelkai 155-6d
70569 Ammonitenweg 153-10d
70190 Am Mühlkanal 131-10c
70190 Am Neckartor 154-3a
70327 Am Nordkai 155-6b
70597 Am Oberen Berg 154-8c
70188 Am Oberen Weg 155-1c
70563 Am Ochsenwald 177-4c
70327/70329 Am Ostkai 155-6d
70184 Am Reichelenberg 46-D2 + 154-8b
70376 Am Römerkastell 131-7a
70569 Am Schattwald 152-12a
70173 Am Schloßgarten 155-1a
70376 Am Schnarrenberg 130-6d
70190 Am Schwanenplatz 131-10c
70435 Am Seegraben (12) 130-1d
70499 Am Seelachwald 129-11a
70563 Amselweg 177-2d
70374 Am Semlis (2) 131-12c
70619 Am Sonnenweg 155-11b
70469 Am Sportpark 129-9c
70372 Am Stadtgraben (19) 131-10b
70190 Am Stadtpark 130-4a
70435 Am Steinbruch (13) 130-1d
70329 Am Steinenberg 155-12a
70197 Am Stellwerk 153-6d
– Am Stern 129-12d
70329 Amstetter Straße 155-9d
70374 Am Süßner (1) 131-12c
70192 Am Tazzelwurm 130-11c
70439 Amundsenstraße 114-10c
70499 Am Vogelherd 129-7d
70499 Am Waldrain (5) 129-7a
70619 Am Waldrand 155-11b
70563/70565 Am Wallgraben 177-5b
70439 Am Wammesknopf 114-10a
70329 Am Weinberg 156-4c
70329 Am Weißen 155-8c
70191 Am Weißenhof 130-11a
70327/70329 Am Westkai 155-6d
70329 Am Wildbädle 155-9c
70565 Am Wildwechsel 176-6d
70376 Am Wolfersberg 130-6d
70597 Am Wolfsberg 178-2d
70569 An der Betteleiche (1) 153-11c
70469 An der Burg 130-10b
70329 An der Kelter (3) 155-9c
70376 Andernacher Weg 131-7c
70378 An der Ringmauer 115-11d
70374 Andreästraße 131-11b
70567 Andreas-Fauser-Straße 177-6b
70186 Anemonenweg 155-4c
70619 Anisweg 155-11c
70374 Annabergstraße 131-11a
70186 Anna-Blos-Weg 155-4a
70597 Anna-Haag-Platz (1) 178-2d
70599 Anna-Haag-Weg 179-4c
70597 Anna-Peters-Straße 154-10c
70569 Anna-Scheufele-Platz 153-12c
70597 Anna-Schieber-Weg (2) 154-11a
70327 Annastraße (3) 131-12d
70439 Anna-Sutter-Platz (22) 114-10d
70619 Anna-Vaihinger-Weg (4) 155-10b
70565 Anne-Frank-Weg 178-7a
70569 Anneliese-Niethammer-Weg (11) 177-1b
70435 Anschützweg 130-4a
70374 Antwerpener Straße 131-9c
70376 Anwar-el-Sadat-Straße 130-6c
70563/70569 Anweiler Weg 177-2d
70192 Anzengruberstraße 154-1b
70569 Apfelblütenweg (7) 153-10d
70329 Aprikosenstraße 156-4c
– Arbeitsdienstweg 178-8a
70182 Archivstraße 46-C2 + 154-6a
70376 Argengasse (27) 131-5c
70374 Argonnenstraße 131-9c
70569 Arkansasstraße 176-3d
70327 Arlbergstraße 155-3c
70178 Arminstraße 154-7b
70197 Arndtstraße 154-4a
70374 Arnold-Cahn-Weg 131-8b
70437 Arnoldstraße 131-2a
70173 Arnulf-Klett-Platz 46-A3
70327 Arnulfstraße 156-1a
70374 Arrasstraße 131-9c
70565 Arthurstraße 177-4d
70469 Artusweg 130-8c
70329 Asangstraße 156-7a
– Asemwald 178-6a
70567 Ashstraße 178-5b
70435 Aspacher Straße 130-2d
70195 Aspenwaldstraße 153-5b
70439 Asperger Straße 114-10a
70184/70186 Aspergstraße 154-6b
70374 Asternweg 131-9a
70173 Athener Straße 154-2b
70195 Auberlenweg 153-6a
– Aubrücke 131-4a
70435 Auensteiner Straße (16) 130-2c
70469/70376 Auerbachstraße 130-9a
70499 Auerhahnweg (1) 129-7d
70597 Auf dem Haigst 154-8c
70376 Auf der Altenburg 131-7c
70374 Auf der Gans 131-6c
70565 Auf der Heide 177-4c
70439 Auf der Hub 114-10a
70191 Auf der Kanzel 130-11b
70376 Auf der Steig 131-7a
– Augenwaldweg 153-2c
70374 Augsburger Platz 131-8c
70374/70327/70329 Augsburger Straße 131-11a
70178/70197 Augustenstraße 46-D6 + 154-4d
70195 August-Halm-Straße (2) 153-6a
70374 August-Lämmle-Weg 131-5c
70599 August-von-Hartmann-Straße 179-7a
70599 Aulendorfer Straße 179-4a
70437 Auricher Straße 130-6a
70376 Austraße 131-4a

70499 Spechtweg 129-10b
70329/70184 Speidelweg 155-8c
70186 Spemannstraße 154-6d
70199 Sperberweg 154-7d
70199 Sperlingstraße 153-9d
70469 Spessartstraße 129-9b
70435 Spielberger Straße 130-2a
70499 Spießgasse (2) 129-8a
70565 Spitalackerweg 177-2d
– Spitalallee 178-5c
70437 Spitalhofstraße 130-3b
70435 Spitalstraße 130-5b
70193 Spittastraße 154-4a
70190 Spittlerstraße 154-3b
70469 Spitzäckerstraße 130-7c
70599 Spitzkrautweg (5) 178-9b
70192 Spitzwegstraße 130-10b
70567 Spöcker Weg 178-4b
70173 Sporerstraße 46-C3 + 154-5b
70376 Spreeweg 131-4d
70372 Spreuergasse 131-7d
70597 Sprollstraße 178-2b
70378 Sprottenweg 131-2a
70567 Sprucestraße 178-5b
– Stadtgarten 46-A4 + 154-2c
– Stadtpark 177-5a
70186 Stälinweg 154-6d
70378 Staffelseeweg 131-2c
70190 Staffelstraße 154-3a
70184 Stafflenbergstraße 46-D1 + 154-6c
70188 Staibenäcker 154-3d
70499 Staigerstraße 129-8a
70437 Stamitzweg 130-3d
– Stammheim 114-10a + 130-1a
70435/70439 Stammheimer Straße 130-1d
70565 Starenweg 177-2d
70565 Starkfeld (2) 177-4d
70469 Staufeneckstraße 130-7c
70173 Stauffenbergplatz 46-B3
70173 Stauffenbergstraße 46-B3 + 154-5b
70599 Steckfeld 178-9a
70599 Steckfeldstraße 178-6d
70499 Stedingerstraße 129-8a
70469 Steebstraße 129-9d
70469 Stefan-Zweig-Straße 129-9d
70469 Steiermärker Straße 130-7c
70469 Steigerwaldstraße (2) 129-9d
– Steiler Bopser 154-9a
70619 Steinäcker 179-1d
70565 Steinbachstraße 177-5c
70191 Steinbeisstraße 130-12a
70186 Steinbruchstraße 155-1d
70567 Steinbrunnenstraße 178-4a
70378 Steinbuttstraße 131-1b
70597 Steinenbronner Straße 154-11c
70563 Steinengarten 177-4b
70193 Steinenhausenstraße 154-4a
70184 Steingrübenweg 46-D1 + 154-6c
– Steinhaldenfeld 131-5c
70378 Steinhaldenstraße 131-5a
70435 Steinheimer Straße 130-2d
70184 Steinkopfstraße 154-8b
70599 Steinpilzweg 178-3d
70499 Steinröhrenweg 128-9b
– Steinsträßle 153-10a
– Steinsträßle (Feuerbach) 129-11c
70173 Steinstraße 46-C3 + 154-5d
70599 Steinwaldstraße 178-6d
70563 Stellaweg 177-2b
– Stellenwiesenallee 130-4d
70173 Stephanstraße 46-B3 + 154-2d
70327 Stephan-Waid-Weg 155-5d
70563 Sternecker Straße 177-1d
70567 Sterntalerweg 178-4a
70327 Stettener Straße 156-1c
70190 Steubenstraße 131-10c
70378 Stichlingweg 131-2a
70499 Stieglitzweg (7) 129-8c
70327 Stierlenstraße 155-3b
– Stierlingssteig 153-11b
70173 Stiftstraße 46-C3
70569 Stiftswaldstraße 176-3b
70563 Stiller Winkel 177-4a
70435 Stimpfacher Straße 130-5c
70193 Stirnbrandstraße 153-6b
70378 Stirnenweg 131-2c
70182 Stitzenburgstraße 46-D2
70378 Stockentenweg (3) 131-2d
70435 Stockheimer Straße 130-2c
70173 Stockholmer Platz 154-2b
70190 Stöckachplatz 154-3b
70190 Stöckachstraße 154-3b
70567 Stöfflerweg 178-4d
70378 Störweg 115-10d
70191 Störzbachstraße 130-12a
70565 Stollstraße 177-4d
70499 Storchenweg 129-8c
70378 Storchshalde 115-11d
70190 Storrstraße 131-10c
70563 Stoßäckerstraße 177-1c
70499 Stotzingerstraße 129-8a
70190 Stotzstraße 154-3a
70597 Straifstraße 154-10d
70499 Stralsunder Straße 129-8b
70435 Straßburger Straße 130-5a
70191 Straßburger Weg 130-11a
70184 Straußstaffel 154-6b
70184 Straußweg 154-6b
70599 Strebelstraße 178-9b
70567 Streibgasse 178-4a
70191 Stresemannstraße 130-11a
70180 Strohberg 154-8a
– Stroheichenweg 153-2b
70435 Strohgäustraße 130-1c
70188 Strombergstraße 155-1c
70327 Strümpfelbacher Straße 155-6b
70327 Stubaier Straße 155-3c
70188 Stuifenstraße 155-1c
70378 Stumpstraße 115-11d
70435 Stuppacher Straße (25) 130-5b
70437 Sturmfederstraße 130-3a
70378 Sturmvogelweg 131-2d
70469 Stuttgarter Straße 130-7c
– Stuttgarter Tor-Weg 153-8c
– Stuttgarter Weg 129-12a
– Süd 154-9c

70565 Südendstraße 177-8a
70199 Südheimer Platz 153-9d
70597 Südweg 178-2d
70184 Sünderstaffel 46-C1 + 154-6a
70327 Süßener Straße 155-5b
70435 Suevenstraße (23) 130-5a
70563 Sulzauer Straße 177-2a
70372 Sulzbachgasse (13) 131-10b
70372 Sulzerrainstraße 131-7d
70372 Sulzgasse (12) 131-10b
70329 Sulzgrieser Straße (6) 156-7a
– Sulzhäuslesweg 129-11d
– Sulzhauweg 155-7c
70565 Supperstraße 177-4c
70437 Suttnerstraße 131-1a
70439 Syltstraße 129-3d
70329 Sylvanerweg (1) 156-4b
70563 Syringenweg 177-1b

70499 **T**achenbergstraße 129-5d
70439 Tafelweg 114-10d
70439 Tagfalterweg 114-11c
70567 Tailfinger Straße 177-3d
70437 Taläckerstraße 130-3c
70599 Taldorfer Straße 178-3d
70499 Talgrabenstraße 129-8a
70437 Talheimer Straße 130-3c
70188/70372 Talstraße 155-1c
– Talwaldweg 153-3a
– Talweg 178-2d
70567 Tangegartstraße 178-4d
70469 Tannenäckerstraße 129-9b
70374 Tannenbergstraße 131-9c
– Tannengärtlessallee 153-4a
– Tannengartensträßle 153-2b
70178 Tannenstraße 154-7b
70437 Tapachstraße 130-6a
70374 Tarnowitzer Straße 131-11b
70439 Tasmanweg 130-1a
70372 Tassiloweg 155-3b
70372 Taubenheimstraße 131-8c
70199 Taubenstaffel 154-7a
70199 Taubenstraße 154-7b
70376 Tauberweg (25) 131-4d
70469 Taunusstraße 129-9b
70188/70190 Teckstraße 155-1c
70378 Tegernseestraße 131-2c
70378 Teichhuhnstraße 131-2c
70186 Teichstraße 155-4a
70372 Teinacher Straße 131-7d
70597 Tell-Geck-Weg 178-2d
70435 Tellstraße 130-1d
70329 Terlanerstraße 156-4b
70439 Termitenweg (1) 114-10a
70374 Terrotstraße 131-8a
70329 Teschenweg 156-4b
70327 Tettnanger Straße 155-6c
– Teufelsbruchweg 153-1c
70469 Teutoburger Straße 129-9d
70569 Texasstraße 176-3b
70372 Thaddäus-Troll-Platz (9) 131-10a
70499 Thaerstraße 129-8a
– Thalackerweg 152-12c
70173* Theäterleweg (4) 131-2c
70374 Thekla-Kauffmann-Weg (1) 131-5d
70372 Theobald-Kerner-Straße (24) 131-10a
70469 Theodorichweg 130-8c
70180 Theodor-Fischer-Platz (7) 154-8a
– Theodor-Heuss-Passage 46-B4
70174 Theodor-Heuss-Straße 46-C4 + 154-5a
70619 Theodor-Schöpfer-Weg 179-2a
70197 Theodor-Storm-Straße 154-4c
70469 Theodorstraße 130-4d
70374 Theodor-Veiel-Straße 131-9c
70565 Theophil-Wurm-Straße 178-7a
70173* Therese-Huber-Gasse (3) 46-C3
70188 Theurerstraße 155-1d
70565 Thingstraße 177-4c
– Thingweg 177-7a
70469 Thomas-Mann-Straße 129-12b
70437 Thomas-Münzer-Weg 130-3a
70192 Thomastraße 130-10b
70374 Thorner Straße 131-8b
70173 Thouretstraße 46-A3 + 154-2d
70469 Thüringer-Wald-Straße 129-9b
70619 Thymianweg 155-11d
70329 Tiefenbachstraße 155-7d
70599 Tiefer Weg 179-4c
70469 Tierbergstraße (19) 130-7c
70174 Tiergartenweg 46-A5 + 154-1d
70563 Tigerstraße 177-1c
70374 Tilsiter Straße 131-8c
70329 Tiroler Straße 156-4d
70192 Tizianweg 130-10b
70569 Todtnauer Straße 177-3a
70372 Tölzer Straße 131-11a
70173 Töpferplatz 46-C3
70173 Töpferstraße 46-C3
70599 Törlesäckerstraße 179-4a
70439 Tony-Schumacher-Straße (24) 130-1b
70174 Topasweg 46-A4
70499 Torgauer Straße 129-5c
70173 Torstraße 46-C3 + 154-5d
70597 Tränkestraße 178-1b
70597 Traifelbergplatz 178-2b
70176 Traubenstraße 46-B6 + 154-1d
70186 Traubergstraße 154-6d
70567 Trautäckerstraße 178-4b
70619 Treiberstraße 155-10b
70327 Trettachstraße (13) 155-3c
70569 Triberger Straße 177-3a
– Triberger Weg 177-3b
70569 Triebschlag 153-12c
70469 Triebweg 129-9d
70499 Triegeläckerstraße 129-8a
70327 Triftweg (3) 155-6a
70567 Trochtelfinger Straße 178-1d
– Trollingersteg 131-10c
70329 Trollingerstraße 156-4b
70619 Trossinger Straße 155-10a
70599 Trüffelweg 179-1c
70597 Trümmlestraße 154-10d
70439 Tuchbleiche 114-10c
70372 Tuchmachergasse (20) 131-10b

70469 Tucholskystraße 129-12b
70178 Tübinger Straße 154-8a
– Tübinger Weg 129-6b
70327 Türkenstraße 155-6a
70191 Türlenstraße 154-2b
70437 Tulpenapfelweg (21) 130-3a
70180 Tulpenstraße 154-8a
70469 Tunnelstraße 130-8c
70191 Tunzhofer Platz 154-2a
70191 Tunzhofer Straße 154-2b
70499 Turbinenstraße 129-4d
70619 Turmalinweg 179-2a
70597 Turmhahnweg 154-10c
70173 Turmstraße 46-C3
70565 Turnhallestraße 177-4d
70599 Turnierstraße 179-10a
70619 Tuttlinger Straße 155-10d

70567 **U**damstraße 177-6b
70372 Überkinger Straße 131-7d
70188 Uferstraße 131-10d
70188 Uhlandshöhe 46-A1 + 154-3c
70182 Uhlandstraße 46-C2 + 154-6a
– Uhlbach 156-5a
70329 Uhlbacher Platz 156-4b
70329 Uhlbacher Straße 156-7a
70188 Uhlbergstraße 154-3d
70499 Uhuweg 129-10b
70374 Ukrainestraße 131-9c
70199 Ulmenstraße (4) 154-7c
70188/70327 Ulmer Straße 155-1b
70182 Ulrichstraße 46-B2 + 154-5b
70195 Umgelterweg 153-5d
70499 Ungsteiner Straße 129-8c
70569 Universitätsstraße 153-10d
70173 Unkenweg 128-12b
70567 Unteraicher Straße 177-6d
70197 Unter dem Birkenkopf 153-6d
70619 Unter den Birken (2) 155-11b
70173 Unter der Mauer 46-C3
70567 Untere Brandstraße 177-6b
– Untere Dürrbachsträßle 155-4d
70565 Untere Hagstraße 177-4d
70329 Untere Heckenstraße 155-9c
70565 Untere Körschmühle 178-4c
70469 Untere Querstraße 130-7d
– Unterer Bopserweg 154-8b
70569 Unterer Brühl 177-2b
70191 Unterer Dornbusch 130-8d
70563 Unterer Grund 177-1b
70437 Unterer Hurtweg 130-3a
– Unterer Lederbergweg 155-11a
70190 Unterer Schloßgarten 154-3a
– Unterer Steinengartenweg 176-6d
70565 Untere Schießäckerstraße (4) 177-5c
70199 Untere Straße 154-7b
70569 Untere Waldplätze 176-3d
70597 Unterhäuser Straße 178-2a
70435 Unterländer Straße 130-2c
– Untertürkheim 155-6b
– Untertürkheimer Brücke 155-6a
70327 Untertürkheimer Kelterplatz (11) 155-3d
70190 Urachplatz 154-3d
70190 Urachstraße 154-3d
70565 Uranusweg 177-5c
70374 Urbacher Straße 131-9c
70182 Urbansplatz 46-B2 + 154-3c
70182/70190 Urbanstraße 46-C2 + 154-5b
70439 Ursulastraße (5) 114-10d
70439 Usedomstraße 129-3b

– **V**aihingen 177-4a
70195 Vaihinger Landstraße 153-5c
70563 Vaihinger Markt 177-2c
70567 Vaihinger Straße 177-3c
70435 Vandalenstraße 130-5a
70191 Varnbülerstraße 130-12c
70372 Veielbrunnenweg 131-10d
70563 Veilchenweg 177-1b
70378 Veitstraße 115-11c
70199 Vellmenstraße (3) 154-7c
70469 Vera-Vollmer-Straße 130-8a
70195 Verdistraße 153-2d
70374 Verdunstraße 131-9c
70499 Verlobungswegle 129-7b
70569 Vermontstraße 176-3d
70173 Versandstraße 154-2b
70567 Vestastraße 178-5a
70565 Veteranenstraße 177-4d
70372 Viaduktstraße 131-8a
70188 Viehhofstraße 155-1b
– Viehtriebweg 153-7a
70327 Viehwasen 155-5b
70329 Viehweg 156-5c
70499 Vierbuchenoträßchen 153-1d
70378 Vier-Burgen-Steg 131-2a
– Viereichenallee 153-10a
70569 Vireichenweg (5) 153-10d
70192 Viergiebelweg 130-11c
70378 Viesenhäuser Hof 115-7d
70567 Vikarweg 177-6b
70192 Viktor-Köchl-Weg 154-1a
70190 Villa Berg 131-10c
70469 Villacher Straße (8) 130-7d
70190 Villastraße 130-12d
70569 Virginiaweg 176-3d
70563 Vischerstraße 177-4b
70195 Vivaldiweg 153-3c
70437 Völterweg 130-3c
70199 Vogelrainstraße 153-12a
70176/70197 Vogelsangstraße 153-6d
70437 Vogteiweg 130-3a
70191 Volkerstraße 130-11b
70597 Vollandstraße 154-10c
70563 Vollmoellerstraße 177-1d
70372 Voltasteg 131-7b
70376 Voltastraße 131-7b
70567 Von-Ditterich-Weg (6) 178-1c
70188 Von-Pistorius-Straße 155-1d
70567 Vor dem Lauch 178-8a
– Vorderer Schlauchgrabenweg 152-11b
70599 Vordere Schafstraße 179-10a
70191 Vordernbergstraße 154-2b
70193 Vorsteigstraße 46-A6 + 154-1c

70469 **W**achaustraße 130-7c
70499 Wachenheimer Straße (7) 129-8a
70597 Wacholderweg 154-11d
70565 Wachtelweg 177-2d
70182 Wächterstaffel 46-D2
70182 Wächterstraße 46-D2 + 154-5d
70184 Wagenburgplatz 154-3d
70184/70186 Wagenburgstraße 46-B1 + 154-6a
– Wagenburgtunnel 46-B2 + 154-3c
70182 Wagnerstraße 46-C2 + 154-5b
70378 Wagrainstraße 131-4b
70372 Waiblinger Straße 131-10b
70599 Walbrunnenstraße 178-9d
70378 Walchenseestraße 131-2c
70374 Walckerstraße 131-8a
70435 Waldäckerstraße 130-4a
70563/70565 Waldburgstraße 176-6d
70186 Waldebene Ost 155-7a
70597 Waldenbucher Platz 154-11c
70437 Waldheimstraße 130-1c
70499 Waldhornweg 129-10b
70186 Waldmeisterweg 155-4c
70597 Waldstraße 154-11b
70619 Waldwiesenstraße (1) 155-11b
– Waldwiesenweg 129-6d
70435 Walheimer Straße 130-2c
70437 Wallensteinstraße 131-1a
70327 Wallmerstraße 155-3a
70469 Walpenreute 129-12b
70378 Walpurgisstraße (2) 131-2a
– Walter-Erich-Schäfer-Weg 46-B2
70619 Walter-Flex-Straße 155-10c
70563 Walter-Heller-Straße 177-4a
– Walter-Hoffmann-Steg 46-B2
70439 Walter-Sigel-Straße 114-10d
70469 Walterstraße (14) 130-7d
– Wangen 155-5a
– Wangener Höhenweg 155-5d
70327 Wangener Kelterplatz 155-5d
70327 Wangener Marktplatz (8) 155-6c
70188 Wangener Straße 155-1b
70563 Wankelstraße 177-2a
70199 Wannenstraße 154-7a
– Wapitiweg 152-9b
70173 Warschauer Straße 154-2b
70191 Wartbergstraße 130-11b
70327 Warthäuser Straße (9) 155-6c
70327 Warthstraße 155-3c
70327 Wasenstraße 155-6a
70186 Wasserbergweg 155-1d
70437 Wasserbirnenweg (13) 130-3a
– Wattenhausssträßle 155-4d
70435 Wattstraße 130-4b
70182 Weberstraße 46-D3
70376 Weckherlinstraße 131-7a
70565 Wegaweg 177-5c
70439 Wegenerstraße 130-1a
70563 Wegländerstraße 177-2d
70619 Wehinger Weg 155-10b
70597 Weidachstraße 154-11c
70378 Weidenbrunnen 115-11d
70599 Weidenröschenweg (4) 179-7d
70180 Weidenweg 154-7b
70435 Weikersheimer Straße 130-5b
70499 Weilemer Pfad (9) 129-7a
– Weiler-Spitz-Straße 155-12a
– Weilimdorf 129-7c
70469/70499 Weilimdorfer Straße 129-9a
70567 Weilstetter Weg 177-3d
70176 Weimarstraße 46-B5 + 154-4b
70437 Weinapfelweg (22) 130-3a
70569 Weinbergstaffel 153-11b
70569 Weinbergweg 153-11a
70499 Weingartenbergle 128-9b
70499 Weingartenstraße 129-8b
70329 Weinklinge 155-7d
70499 Weissacher Straße 129-4c
70599 Weißdornweg (2) 179-7d
70180 Weißenburgstraße 46-D3 + 154-5d
70191 Weißenhof-Siedlung 130-11b
70378 Weißenseeweg 131-2c
70327 Weißensteiner Straße 155-6a
70184 Weißtannen 154-9a
70599 Weizenstraße (6) 179-10a
70599 Welfenstraße 179-7a
70619 Wellingstraße 155-10a
– Wellingweg 154-12a
70378 Welsweg 131-1b
70188 Welzheimer Straße 155-1d
70499 Wendelin-Hippler-Straße 129-5c
70327 Wendelinstraße (10) 155-3d
70195 Wengertstraße 153-6a
70378 Wenzelstraße 115-11c
70182/70190 Werastraße 46-B2 + 154-6a
70190 Werderstraße 130-12d
70469 Werenwagstraße 130-7c
70437 Werfelweg 131-1a
70190 Werfmershalde 154-3c
70469 Werner-Haas-Weg (6) 130-7b
70469/70435 Wernerstraße 130-8a
70619 Werner-Voß-Weg 155-10c
70184 Wernhaldenstraße 154-9a
70193 Wernlinstraße 46-A6 + 154-1c
70378 Wertweg 131-2b
70376 Weserstraße 131-4d
70439 Wespenweg 114-10c
– West 153-9b + 154-7a
70197 Westbahnhof 153-6d
70469 Westerwaldstraße 129-9b
– Westlicher Wernhaldeweg 154-8d
70619 Wettweg 155-10b
– Wetzelweg 153-8b
70376 Wetzlarer Straße 130-9b
70378 Wichernweg 131-5a
70327 Widdersteinstraße 155-3c
70499 Widdumhof (10) 129-8a
70499 Widdumhofstraße 129-8a
70567 Widmaierstraße 178-4a
70327 Widukindstraße 155-3b
70174 Wiederholdstraße 46-A5 + 154-2c
70193 Wielandstraße 153-6b
70184 Wieland-Wagner-Höhe 46-D1
70469 Wiener Platz 130-8a
70469 Wiener Straße 130-7c
70372 Wiesbadener Straße 131-10b
70378 Wieselweg 131-5a

70619 Wiesenäckerstraße 179-1b
70597 Wiesentalstraße 154-11d
70173* Wiesenweg 177-3c
70439 Wigandstraße 114-10c
70439 Wikingerweg 130-1a
– Wildackerallee 152-6d
70372 Wildbader Straße 131-7d
70469 Wildeckstraße 129-9d
70469 Wildensteinstraße 130-10a
70197 Wildermuthweg 153-6c
70378 Wildgansweg 131-2c
70569 Wildparkstraße 153-8a
70569 Wildpfad 152-12b
70619 Wildrosenweg 155-11b
70329 Wildseestraße 156-4c
70372 Wildunger Straße 131-10b
– Wildwiesenweg 152-9d
70376 Wilhelma 130-9d
70376 Wilhelmaplatz 131-7c
70376 Wilhelmastraße 131-7c
70191 Wilhelm-Blos-Straße 130-11b
70193 Wilhelm-Busch-Weg 154-1c
70190 Wilhelm-Camerer-Straße 131-10c
70469 Wilhelm-Geiger-Platz 130-7d
70619 Wilhelm-Geyer-Weg 179-1b
70599 Wilhelm-Hertig-Weg 179-10b
70192 Wilhelm-Hertz-Straße 154-2a
– Wilhelm-Keil-Weg 46-B2
70199 Wilhelm-Raabe-Straße 154-7d
– Wilhelmsbrücke 131-7c
70178 Wilhelmsplatz 46-D3 + 154-5d
70372 Wilhelmsplatz (Cannstatt) 131-10b
70182 Wilhelmstraße 46-D3 + 154-5d
70372 Wilhelmstraße (Cannstatt) 131-7d
70329 Wilhelm-Straßer-Weg (1) 155-8c
– Wilhelmsweg 154-8b
– Wilhelm-Wunder-Steg (1) 155-6a
70173 Willi-Bleicher-Straße 46-B4
– Willi-Daume-Steg (26) 131-11c
70173 Willy-Brandt-Straße 46-A2 + 154-3c
70178 Willy-Reichert-Staffel 154-4d
70378 Wilnaer Straße 131-1b
70435 Wimpfener Straße 130-1b
70599 Windhalmweg 178-9d
70374 Windröschenweg 131-9a
70435 Winkelriedstraße 130-1d
70374 Winterbacher Straße 131-9c
70374 Winterhaldenstraße 131-11b
70499 Winterhaldenweg 129-12c
70199 Winterhalderweg 153-12b
70567 Winterlinger Weg 177-3d
70499 Wisentweg 129-11a
70439 Withauweg 129-3b
70437 Witikoweg 131-1c
70329 Wittenbergstraße (8) 156-7a
70199 Witthohstaffel 154-7a
70469 Wittlinger Straße 130-7c
70372 Wörishofener Straße 131-11a
70565/70563 Wörthstraße 177-2d
– Wolfbusch 129-11a
70327 Wolfeggstraße (10) 155-6c
70199 Wolffstraße 154-7b
70378 Wolfgangstraße 131-2a
– Wolfgang-Windgassen-Weg 46-B2
70563 Wolfmahdenstraße 177-1c
70191 Wolframstraße 130-11d
70597 Wolfschlugener Straße 154-11c
70439 Wolle-Kriwanek-Straße 114-10c
70329 Wollerweg 155-8c
70599 Wollgrasweg 178-9b
70439 Wollinstraße 129-3b
70499 Wolzogenstraße 129-5c
70499 Wormser Platz 129-8a
70499 Wormser Straße 129-8b
70599 Wrangelstraße 178-9b
70327 Württembergstraße 155-3d
70437 Wüstenroter Weg 130-2d
70374 Wulfilastraße 131-8c
– Wullestaffel 46-A1
70190 Wunderlichstraße 155-1a
70188/70186 Wunnensteinstraße 155-1c
70376 Wupperstraße 131-4b
70597 Wurmlinger Straße 154-10d
70599 Wurzacher Straße 179-7d

70376 **Y**itzhak-Rabin-Straße 130-9a
70374 Ypernstraße 131-9c

70435 **Z**abergäustraße 130-1d
70435 Zahn-Nopper-Straße 130-1d
70327 Zainerweg (2) 156-1d
70372 Zaisgasse (3) 131-7d
70197 Zamenhofstraße 153-6d
70378 Zanderweg 131-1b
70191 Zanthweg 131-10a
70499 Zaunkönigweg (5) 129-8c
70597 Zaunwiesen 178-2b
70469 Zavelsteinstraße 130-10a
70437 Zazenhäuser Straße 130-2d
– Zazenhausen 114-11d
70199 Zechweg 154-7d
70597 Zedernweg 178-2b
70435 Zehnthof (19) 130-5a
70565 Zeisigweg 177-2d
70619 Zelgmadenstraße 155-10a
70180 Zellerstraße 154-8a
70193 Zeppelinstraße 46-A6 + 154-4a
70567 Zettachring 178-8a
70599 Zeugleseweg (8) 179-10b
70374 Ziegelbrennerstraße 131-5d
70372 Zieglergasse (10) 131-10a
70439 Zikadenweg 114-10c
70563 Zilleweg 177-2a
70469 Zimmerstraße 130-8a
70619 Zimtweg 155-11c
70327 Zinkbrunnenstraße (11) 155-6c
70619 Zinsholzstraße 155-10a
– Zinsholzweg 155-10a
70439 Zirpenweg (2) 114-10c
– Zobelweg 155-7c
– Zoologisch-Botanischer Garten 130-9d
70499 Zorndorfer Straße 129-8a
70378 Zuckerbergstraße 131-4b
70437 Zuckerbirnenweg (12) 130-3a
70376 Zuckerfabrik 131-7b

70374 Zuckerleweg 131-8a
70599 Zuckerrübenweg (6) 178-9b
70563 Zu den Tannen 177-4a
70376 Züricher Straße 130-9d
70563 Zürnstraße 177-1d
70437 Züttlinger Straße 130-3d
70435 Zuffenhäuser Kelterplatz 130-5a
70439 Zuffenhäuser Pfad 114-10d
– Zuffenhausen 130-2b
70569 Zuflucht (1) 153-12c
70599 Zum Langwieser See 179-10a
70563 Zum Lauchwald 177-1a
70327 Zum Ölhafen 155-6a
70195 Zumsteegstraße 153-6a
70597 Zur Anhöhe 178-2a
70184 Zur Schillereiche 154-8b
70327 Zur Staibhöhe 155-2c
70188 Zur Uhlandshöhe 154-3d
70563 Zusestraße 177-2a
70499 Zweibrückener Straße 129-8a
70567 Zwergenweg 178-4c
70374 Zwinglistraße 131-8c

Süßen

PLZ 73079

Ahornweg 212-2b
Akazienweg (5) 212-2b
Albstraße 212-6a
Am Gestad 212-3d
Amselweg 212-2c
An der Lauter 212-3d
An der Türkei 212-3c
Anne-Frank-Straße 212-5b
Auenstraße 212-3c
August-Eisele-Straße (32) 212-3d

Bachstraße 212-2d
Bachwiesenstraße 212-2c
Bahnhofstraße 212-3a
Baierhofweg 212-3b
Banater Straße 212-2b
Barbarossastraße 212-2a
Bauschstraße 212-3c
Beethovenstraße 212-2a
Behringerstraße 212-3a
Bertha-von-Suttner-Weg (22) 212-5b
Birkenweg (4) 212-2b
Birnbaumweg 212-2c
Bizetstraße 212-3a
Blücherstraße 212-5b
Blumenstraße (10) 212-3c
Bölckestraße 212-3b
Boßlerweg 212-2d
Brahmsweg 212-2a
Breitenlauchstraße 212-2c
Brucknerstraße 212-2a
Brunnenstraße 212-3c
Bubenhofenstraße 212-3c
Buchenweg (1) 212-2b
Bühlstraße 212-3c
Burgweg 212-3b
Burrenstraße 212-6a

Carl-Goerdeler-Weg (30) 212-5a
Carl-von-Ossietzky-Weg (27) 212-4b
Carl-Zeiss-Straße 212-2c
Claus-Schenk-von-Stauffenberg-Weg (25) 212-4b

Daimlerstraße 212-2d
Dammstraße 212-3a
Dietrich-Bonhoeffer-Weg (26) 212-5a
Dillingerweg (15) 212-2c
Donzdorfer Straße 212-3a
Drosselstraße 212-2c
Drosteweg 212-3c

Eckstraße 212-3a
Edith-Stein-Weg (24) 212-5b
Eduardstraße 212-3a
Eichenweg (3) 212-2b
Erlenwiesenstraße 212-3c
Ernst-Lehmann-Straße 212-3b
Eschenweg (2) 212-2b

Fabrikstraße 212-3d
Falbenäcker 212-3b
Falkenstraße 212-2c
Familie-Lang-Weg 212-3b
Fichtenweg 212-2b
Filsstraße 212-3a
Finkenstraße 212-5a
Fränkelstraße 212-5b
Frankentobelstraße 212-2c
Friedhofweg 212-2d
Frühlingsstraße 212-6a
Fuchseckstraße 212-2d

Gairenweg 212-2d
Gartenstraße 212-2d
Geigenweg 212-2c
Georg-Elser-Weg (31) 212-5a
Georg-Friedrich-Händel-Straße 212-2b
Gluckweg 212-2d
Gneisenaustraße 212-5b
Goethestraße 212-3a
Graustraße 212-3c
Greinerstraße 212-2b
Grünenbergerstraße 212-5b

Haldenstraße 212-2b
Hans-Seyfer-Straße 212-2c
Hauffstraße 212-6a
Hauptstraße 212-2d
Haydnstraße 212-2a
Heidenheimer Straße 212-2d
Heinrich-Heine-Straße 212-2d
Helfensteinweg (18) 212-2c
Hillenbrandstraße 212-3b
Hintere Stelle (8) 212-3c
Hochstraße 212-2b
Hölderlinstraße 212-3c
Hofstraße 212-3c
Hohenneuffenstraße 212-5a
Hohenstaufenstraße (6) 212-3a

Sulz am Neckar
PLZ 72172

Sulzbach an der Murr
PLZ 71560

Talheim (Kr. Heilbronn)
PLZ 74388

Tamm
PLZ 71732

Asperger Straße 97-9a
Asperger Weg 97-8a

Backnanger Weg 97-6d
Bahnhofstraße 97-8b
Bauhofring 97-5d
Bietigheimer Straße 97-8a
Birkenstraße 97-6c
Bismarckstraße 97-8b
Bissinger Straße 97-5d
Blumenstraße 97-5d
Böblinger Weg 97-6d
Brachheimer Weg (4) 97-5d
Brächterstraße 97-9a
Buchenweg (18) 97-6c

Calwer Straße 97-6c
Carl-Benz-Straße 97-8b
Carl-Zeiss-Straße 97-3c
Crailsheimer Weg (6) 97-6d

Eckenerstraße 97-8b
Eichenweg 97-6c
Ellwanger Straße 97-6d
Erlenweg 97-6c
Eschenweg (19) 97-6c
Esslinger Straße 97-6c

Fellbacher Weg 97-6d
Finkenweg 97-9b
Fißlerhof 97-3c
Fliederweg (5) 97-5d
Frankfurter Straße 97-6d
Friedrichstraße 97-5c
Fritz-Lieken-Straße 97-3c

Gartenstraße 97-8a
Geislinger Weg (4) 98-4c
Gewerbegebiet Bauhofring 97-5d
Gewerbegebiet Heckenland 97-3c
Gewerbegebiet Hofäcker 97-8b
Gewerbegebiet Hohenstange 98-4c
Gmünder Weg (8) 97-6d
Göppinger Weg (2) 97-6d
Goethestraße 97-5c
Gottlieb-Daimler-Straße 97-8b
Grundweg 97-5c

Häldenstraße 97-6c
Hauffstraße 97-5c
Hauptstraße 97-8a
Hebbelweg (3) 97-5d
Heidenheimer Weg (5) 97-6d
Heilbronner Straße 97-6c
Heinkelstraße 97-8b
Herrenberger Weg (1) 97-6d
Hölderlinstraße 97-5d
Hofäckerstraße 97-8b
Hohenstange 97-6a
Holzweg 97-5b
Hopfenstraße 97-6c
Hurstweg 97-8a

Im Länderrain 97-8b
Industriegebiet Tamm Nord 97-5b
Industrie- und Gewerbegebiet Laiern-Süd 97-3c

Jakobstraße 97-8b

Karl-Mammele-Straße 97-8a
Karlstraße 97-8b
Kastanienweg (17) 97-6c
Kernäckerstraße 97-8a
Kernerstraße (7) 97-8a
Kirchenplatz (8) 97-8a
Kirchgasse (9) 97-8a
Kirschenweg (9) 97-6c
Kleiststraße 97-5c

Lauffener Weg 97-6d
Leonberger Weg 97-6d
Lerchenweg 97-9b
Lessingstraße (1) 97-5c
Lilienstraße 97-5d
Lindenstraße 97-6c
Ludwigsburger Straße 97-6d

Marienstraße 97-5c
Markgröninger Straße 97-7d
Max-Eyth-Straße 97-8b
Maystraße 97-5c
Mergentheimer Weg (3) 97-6d
Mittlerer Weg 97-7b
Mörikestraße 97-5c
Murrhardter Weg 98-4c

Nagolder Weg 97-6d
Nelkenweg 97-5d

Obere Kelterstraße 97-8a
Öhringer Straße 97-6d

Paulinenstraße 97-8b
Porschestraße 97-3c

Rathausgasse (14) 97-8a
Reutlinger Straße 97-6c
Rilkestraße 97-5c
Robert-Bosch-Straße 97-3c
Rosenstraße 97-5d
Rotenackerstraße 97-8a
Rotwiesenstraße 97-8b
Rudolf-Diesel-Straße 97-8b

Schafhof (16) 97-8a
Schillerstraße 97-8a
Schmidgäßle (10) 97-8a
Schorndorfer Weg 97-6d
Schubartstraße 97-5c
Schulhof (13) 97-8a
Schwabstraße (2) 97-5c
Schwalbenweg 97-9b
Seyboldgasse (11) 97-8a
Silcherstraße 97-8a
Steinbeisstraße 97-3c
Stuttgarter Straße 97-6c

Traubenweg 97-6c
Tübinger Straße 97-6c
Tulpenweg (6) 97-5d

Ulmer Straße 97-6d
Untere Kelterstraße 97-8a
Unterriexinger Straße 97-7b
Uracher Weg 97-6d

Wagnergasse (12) 97-8a
Waiblinger Weg 97-6d
Weinbergstraße (10) 97-6c
Weinsberger Weg 97-6d
Welzheimer Weg (7) 98-4c
Werner-Siemens-Straße 97-3c
Wiesenstraße 97-9a

Zehnthof (15) 97-8a
Zeppelinstraße 97-8b

Tiefenbronn
PLZ 75233

Albrecht-Dürer-Straße 123-6a
Allmendäcker 124-7d
Alte Wimsheimer Straße 123-6b
Am Büchelberg 124-10d
Amselweg (2) 124-8c
An der Würmhalde 123-6a
Auf der Steig 124-7d
Aussiedlerhof 123-6b
Aussiedlerhof (Mühlhausen) 124-8c
Auweg 124-10d

Badstraße 124-4c
Barbarapfad 123-6d
Belchenstraße 123-6b
Bergstraße 124-7d
Bertha-Benz-Weg 123-6a
Bildäcker 123-12d
Birkenweg 123-6d
Blauenstraße 123-6b
Blumenstraße 124-8c
Brendstraße 123-6b
Brunnenstraße 123-6d
Bühlstraße 124-10d

Dachsbauweg 123-2c
Daimlerstraße 124-4c

Feldbergstraße 123-6b
Finkenweg (3) 124-8c
Flurstraße 124-10d
Franz-Josef-Gall-Straße 123-6d

Gänsäckerstraße 123-6b
Gartenstraße 124-11a
Gemmingenstraße (2) 123-6d
Grabenstraße 124-10c
Grünewaldstraße 123-6c

Häckermühle 123-6c
Hagenschießstraße 123-6b
Hans-Schüchlin-Straße 123-6d
Hans-Thoma-Straße 123-6c
Hauptstraße 124-10d
Hebelstraße 123-6c
Heckenweg 124-10c
Heimerwegwiesen 124-10c
Heimsheimer Straße 124-11a
Henhöferstraße 124-11a
Hermann-Hesse-Weg 123-6a
Heumahde (1) 123-6c
Hinter den Gärten (4) 124-10d
Hintere Straße 124-11a
Hölderlinstraße 123-6c
Hofstätte (6) 124-10d
Hofstraße 124-4c
Holbeinstraße 123-6d

Im Bühner (5) 124-7d
Im Kirchhölzle 124-11a
Im Löhle 124-10d
Immelsklingenweg (3) 123-6b
Im Würmtal 123-9a
In der Klammet 124-7d

Johannesstraße 123-6d

Käthe-Kollwitz-Straße 123-6a
Käthe-Kruse-Weg 123-6a
Kandelstraße 123-6b
Kastanienweg (6) 124-7d
Kirchenstraße 124-8c
Kirschenäckerweg 124-8c
Kniebisstraße 123-6b
Kreuzstraße 124-10d

Lehningen 124-10c
Leonberger Straße 124-4c
Liebeneckstraße 123-6a
Lindenstraße 124-8c
Lucas-Moser-Straße 123-6d

Maria-Magdalena-Straße (4) 123-6b
Meisenweg (1) 124-8c
Mittlere Straße 124-11a
Mörikestraße 123-6c
Mühlhausen 124-8c
Mühlhausener Straße 124-10d
Mühlstraße 123-6c

Neuhausener Straße 123-12d

Panoramastraße (4) 124-7d
Parkstraße 124-11a
Pfaffenäckerweg (1) 124-11a
Pforzheimer Straße 123-6a

Riemenschneiderstraße 123-6d
Ritternweg 124-8c
Robert-Bosch-Straße 124-4c
Römerweg 124-8c
Rosenstraße 124-8c

St.-Sebastian-Straße 123-6b
Saustallweg 123-2a
Schauinslandstraße 124-10d
Schlattweg (2) 124-10d
Schlehenweg (3) 124-10d
Schloßgartenstraße 123-6d
Schönblickstraße 124-7d
Schongauerstraße 123-6c
Schulstraße 124-8c
Schwarzwaldstraße 123-6d
Schwillbachstraße 124-4c
Seehausstraße 123-6b
Siemensstraße 124-4c
Spitzäckerweg (5) 124-10d
Stadelbachstraße 124-7d
Steinbreche 124-10a
Steinegger Straße 124-10c

Talstraße 124-10d
Tiefenbronner Straße 124-8c
Turnfeldstraße 123-6b

Uhlandstraße 123-6c

Vogelsang (1) 124-10d

Waldstraße 124-11a
Weil der Städter Straße 124-11a
Weilemer Weg 124-10d
Wiesenstraße 124-10d
Wimsheimer Straße 123-6d

Zeiläckerstraße 124-7d
Zur Tränke 124-10b

Trochtelfingen
PLZ 72818

Agnes-von-Württemberg-Straße 341-5d
Ahornweg 341-5b
Albstraße 342-4b
Am Berg 341-10b
Am Brunnen 340-6d
Am Bühl 341-8c
Am Burgstall 341-6a
Am Degelberg 341-6c
Am Graben 341-6c
Am Grafental 341-5a
Am Hohen Turm 341-6c
Am Käpele 341-6a
Am Kallenberg 341-5b
Am Katzengraben 341-6c
Am Kressenberg 341-9a
Ammerweg 341-5b
Am Ring 341-7d
Amselweg 341-8c
Am Tannenhart 341-6b
Am Wasserhäusle 342-5c
An der Bastei 341-6c
An der Seckach (15) 341-6c
Anemonenweg (8) 341-5b
Apolloniaweg 342-5c
Auf der Staig 341-6c
Auf Egerten 341-7d
Auf Ruckbein 341-5b
Augstbergstraße 342-4d
August-Lämmle-Straße 341-7d

Bachstraße 340-9b
Bahnhofstraße 341-6c
Bahnhofstraße (Mägerkingen) 341-11a
Bei der Mühle (2) 341-8c
Beim geschlagenen Kreuz 341-2d
Beim Käppele 342-4b
Benzstraße 341-5d
Bergäckerweg 343-10c
Birkenweg 341-5b
Birnenweg 358-3b
Braikestraße (3) 340-9b
Brechgrube 341-6a
Bruckwiesenweg 340-6d
Brühlweg 343-10c
Brunnenstraße 341-10b
Buchenweg 341-5b
Burgweg 341-2d
Burren 341-10b
Bussardweg 341-5b

Dachsweg 341-8a
Daimlerstraße 341-5d
Dieselstraße 341-5d
Dohlenweg 341-2d
Dompfaffweg (3) 341-5b
Drosselweg 341-6a

Efeuweg 341-5b
Eichenweg 341-5b
Eichhaldenweg 340-9b
Eichhörnchenweg 341-8a
Elsterweg (2) 341-3c
Enzianweg (7) 341-5b
Erlenweg 341-5b
Eulenweg 341-6a

Falkenweg (1) 341-3c
Fasanenstraße 341-3c
Fichtenweg 341-5b
Finkenweg 341-6a
Fliederstraße 342-4d
Florianweg 342-5a
Fronbergweg 342-5a
Fuchsweg 341-8a
Fürstenbergstraße 342-5a

Gammertinger Straße 342-4d
Gartenweg 342-5c
Gayerweg 341-8c
Gewerbegebiet Reihing 342-4d
Grafentalweg 341-4d
Grehenberglestraße 341-2d
Grubenbühlweg (2) 342-4b
Gustav-Schwab-Straße 341-7d
Gustav-Werner-Weg 341-7d

Hagweg 343-10c
Haid (Haidpost) 325-9b
Halde 341-7d
Haldenring 340-6d
Haldenweg 340-6d
Harthauser Straße 342-4b
Hartweg 359-1c
Hasenweg 341-4d
Hauffweg 341-6a
Hauptstraße 340-9a
Hausen 340-9b
Hauweg 341-10b
Hennenstein 341-8b
Herrenweg 342-12d
Heuweg 325-12a
Hinter den Gärten 342-5c
Hirschgasse (14) 341-6c
Hölderlinstraße (10) 341-6a
Hörschwager Straße 341-5b
Hofäcker 341-2d
Hofwiesenweg 343-10c
Hohenbergstraße 341-5b
Hohenzollernstraße 341-5d
Hoher Weg 341-7d
Holunderweg 342-4d
Hülbenplatz 342-5a

Igelweg 341-8a
Iltisweg 341-8a
Im Anger 342-12d
Im Gäßle 342-5a
Im Reihing 342-4d
Im Schloß (1) 342-5a
Im Vogelsang 341-10b
Im Winkel 340-9b
In Aufzügen 341-5d
In der Braike 341-6a
Isolde-Kurz-Straße 341-7d

Johannes-Brenz-Straße 341-7d
Johannes-Schmid-Straße 341-5d

Kapelleschweg 341-8b
Kapellgasse 341-5d
Karrenweg 341-6c
Kiebitzweg (4) 341-5b
Kiefernweg (9) 341-5b
Kingentalstraße 342-4b
Kirchstraße 341-8c
Kirchweg 342-5a
Kreuzbergweg 342-5a
Krokusweg (6) 341-5b

Lärchenweg 341-5a
Lauchertweg (1) 340-6d
Layweg 358-3b
Leiselberg 341-8c
Lerchenstraße 341-8c
Lichtensteinstraße 342-4b
Lindenplatz 341-6c
Lindenstraße 358-3b
Linkstraße 341-8c

Mägerkingen 341-7d
Marderweg 341-8a
Marktstraße 341-6c
Mauritiusweg 341-6a
Meidelstetter Straße 342-4b
Meisenweg 341-6a
Mörikeweg (11) 341-6a
Mühlburren 342-4d
Mühlgasse 341-6a
Mühltalstraße 341-5d

Neckarhalde 341-6c
Neubrunnenweg 342-4b
Neue Steige 341-11a
Neuwiese 341-6c

Obere Gasse (13) 341-6c
Obere Wiesen 343-10c
Oberstetter Straße 342-5a

Panoramaweg 341-8b
Pfalzgrafenstraße 341-5d
Pfarrgasse (17) 341-6c
Pfronstetter Straße 342-12d

Rathausplatz (16) 341-6c
Rathausstraße 342-5a
Rehweg 341-4d
Reiherweg 341-3c
Reutlinger Straße 341-8c
Riedweg 358-3b
Robert-Bosch-Straße 341-5d
Rote Halde 341-8d
Rübentälesweg 340-6c

Schillerstraße 341-5b
Schlehenweg 341-5b
Schloßgasse 341-6c
Schloßplatz 341-6c
Schmalzgasse 341-6a
Schöner Weg 341-7d
Schützengässle 341-6a
Schulgärtle (2) 340-6d
Schulgasse 341-8c
Schulsteige 340-6c
Schulstraße 341-10b
Schwalbenweg 341-6a
Seckachweg (1) 341-8c
Seidelbastweg 341-5b
Seitenweg 341-7d
Siemensstraße 341-5d
Sigmaringer Straße 341-10b
Silberdistelweg (5) 341-5b
Sonnenstraße 341-8c
Starenweg 341-5b
Stationenweg 341-6a
Stauferstraße 341-5d
Steigle 341-8c
Steinhilben 342-5c
Steinhilber Straße 342-12d
Steinröschenweg 341-5b

Talstraße 341-8c
Talweg 341-6d
Theodor-Heuss-Straße 341-5d
Tulpenweg 342-4d

Uhlandstraße 341-6a
Ulmenweg 341-5b
Untere Gasse (12) 341-6c
Untere Mühle 341-8b

Vorstadt 341-6a

Wacholderweg 341-5b
Werdenbergstraße 341-8b
Wickentalweg 341-8d
Wieselweg 341-8a
Wiesenweg 341-6c
Wilhelm-Hauff-Straße 341-7d
Wilsingen 343-10c
Wilsinger Straße 342-5c
Wochenendhausgebiet Lange Halde 341-8a
Wolftalweg 340-6c

Zehntweg 340-9b
Zeppelinstraße 341-5d
Zollernstraße 342-4b
Zum Weiten Brunnen 358-3b
Zur Stockach 343-10c

Tübingen

72072 Achalmstraße 266-5d
72070 Adolf-Kolping-Straße (1) 265-7d
72074 Aeulestraße 266-3d
72076 Ahornweg 248-11b
72070 Aischbachstraße 47-A1 + 266-1c
72072 Aixer Straße 266-6c
72070 Albblick 247-11b
72074 Alberstraße 266-3a
72076 Albrecht-Dürer-Straße 248-10d
72072 Albrechtstraße 266-5c
72074 Albstraße 249-10b
72072 Albweg 286-2a
72070 Alemannenweg (8) 265-1c
72072 Alexanderstraße 266-8b
72072 Allée des Chasseurs 266-6c
– Alleenbrücke 47-B3 + 266-4b
– Alleenweg 248-10a
72072 Allensteiner Weg 266-9a
– Altdorfer Sträßle 248-1b
– Alte Ackersteige 267-4c
72072 Alte Landstraße 265-9d
– Alter Botanischer Garten 47-C1 + 266-2c
– Alter Weilheimer Weg 286-1b
72074 Altes Häusle 249-7d
72070 Alte Steige 247-12c
72074 Alte Straße 248-8a
72074 Alte Stuttgarter Straße 249-10a
72076 Am Apfelberg 266-2a
72070 Am Baylerberg 265-1c
72074 Am Bronnen 249-11a
72070 Am Dorfbrunnen 247-11b
72072 Am Feuersee (7) 265-12d
72074 Am Gänsacker 266-3c
72072 Am Gänsegarten (8) 265-12d
72074 Am Goldersbach 248-8a
72070 Am Hirtenhäusle 265-12d
72074 Am Jordan 248-5c
72072 Am Keltengrab 265-12a
72070 Am Kleinen Ämmerle 47-B2 + 266-1d
72070 Am Kohlrain 285-1b
72072 Am Landgraben 266-10a
72074 Am Lustnauer Tor 47-C2
72070 Am Markt 47-C2
72070 Ammergasse 47-B2 + 266-4b
72070 Ammern 265-5a
– Ammersteige 265-8a
– Ammersteigweg 265-8a
72070 Ammertalbahnstraße 265-1d
72070 Ammertalbahnstraße (10) 265-1c
– Ammerwaldweg 265-5c
72072 Am Milchhaus (2) 266-10a
72074 Am Mühlbach 266-3c
72070 Am Mühlkanal 265-1c
72074 Am Mühlrain 248-8a
72072 Am Ölacker 266-10a
72072 Am Pfarrgarten (7) 265-12c
72070 Ampferweg (8) 285-2a
72070 Am Schmalen Weg 47-A1
72074 Am Seedamm 249-10b
72076 Amselweg 248-11d
72070 Am Stadtgraben 47-B2 + 266-2c
72074 Am Unteren Herrlesberg 266-3b
72070 Am Weilersbach 265-3b
72074 Am Ziegelacker 249-10b
72074 Am Ziegelberg 248-8a
– Anatomiegäßle 47-C2
72072 Andreas-Mang-Weg (23) 47-D3 + 266-5b
72070 Ankerstraße (1) 265-7b
72074 Anna-Bosch-Straße 266-3b
72070 Appenbergstraße 285-2a
– Arbeitsdienstweg 286-1a
72070 Arnoldsgasse (5) 265-1c
72072 Asterweg 266-11b
72070 Auchtertstraße (3) 247-11d
– Auchtertweg 265-12a
72076 Auf dem Kreuz 248-11c
72074 Auf der Burg (7) 266-3a
72076 Auf der Morgenstelle 248-10c
72074 Auf der Stelle (12) 266-3d
72072 August-Bebel-Straße 266-6b
72072 Au-Ost 266-6b
72070 Aussiedlerhof 264-6b
72072 Autenriethstraße 266-5c
72072 Azenbachstraße 266-8c

72070 Bachgasse 47-B2 + 266-2c
– Bängertlesweg 265-11a
– Bänklesweg 286-1a
– Bahnhofallee (15) 47-C3
72072 Bahnhofstraße 265-11d
72070 Bangertweg 247-11d
72074 Baumwiesenweg 249-8c
72074 Bebenhäuser Straße 248-12c
72074 Bebenhausen 248-7b
72076 Beckmannweg 248-10d
72076 Beethovenweg 248-10c
72070 Bei den Linden (9) 265-1c
72072 Bei den Pferdeställen 266-6c
72076 Bei den Römergräbern 248-11b
72074 Bei den Roßwiesen 266-2d
72070 Bei der Arbeitskelter 265-3d
72070 Bei der Fruchtschranne (4) 47-B2
72074 Bei der Kirche (3) 249-8c
72076 Bei der Ochsenweide 266-1b
72074 Bei der Wette (4) 249-11a
72076 Beim Herbstenhof 248-10b
72070 Beim Kupferhammer 266-4a
72070 Beim Nonnenhaus 47-C2
72074 Beim Schloß (1) 248-5c
72072 Beim Schützenhaus 266-6d
72070 Belthlestraße 47-B1 + 266-1d
72074 Benzstraße 266-3a
72072 Bergfriedhof 266-8b
72074 Berghof 248-12d
72070 Bergstraße 265-1c
72076 Berliner Ring 248-11a
72072 Bernhalde 266-7d
72074 Bertha-von-Suttner-Straße 266-3b
72076 Bettelweg 248-7c
72072 Biererstraße 47-D3
72070 Biesingerstraße 266-4c
72072 Birkenrain 265-12c
72072 Birkenstraße 266-8a
72072 Bismarckstraße 47-D3 + 266-6a
– Bitzlehangweg 249-10c
72072 Bläsibad 266-11d
72072 Bläsiberg 266-12a
72072 Bläsikelter 266-12a
72074 Blaihofstraße 249-7d
72074 Blaulach 267-1b
72070 Blumbergstraße 265-8c
– Blumbergweg 265-7b
72072 Blumenstraße 266-10a
– Böblinger Sträßle 224-11c
72074 Böblinger Straße 248-5c
72070 Bogenstraße 265-1d
– Bogentor-Schweinhagweg 247-7d
72070 Bogentorstraße 247-11b
72076 Bohnenbergerstraße 248-11c
72074 Bolbergstraße 249-10b
72070 Bondeweg (8) 265-7d
72072 Bonlanden 265-11c
– Botanischer Garten 248-10c
72076 Brahmsweg 248-10d
– Brandallee 249-5c
– Brandstraße 249-8a
– Brandweg 249-8d
72072 Brechesdorfer Weg (1) 265-12a
72076 Breiter Weg 266-1b
72070 Breite Straße 265-1c
– Brennerweg 247-12a
72072 Breslauer Straße 266-5d
– Bretterzaunweg 248-4b
72072 Breuningstraße 266-5c
72070 Brombergstraße 247-11b
72072 Bronnackerstraße 266-10c
72076 Brucknerweg 248-10a
– Brudergarten-Zaunweg 247-7d
72074 Brückenstraße 266-5b
72072 Brühlhof 265-11c
72072 Brühlstraße 266-4d
72070 Brünnelesweg (6) 265-8c
72070 Brunnenhalde (1) 265-1c
– Brunnenhangweg 248-8d
72074 Brunnenstraße 47-C1 + 266-2c
72074 Brunnwiesenstraße 249-7c
72076 Brunsstraße 47-C1 + 266-2c
72076 Buckenloh 265-3d
– Bühl 265-10d
72070 Bühlenwaldstraße (2) 247-11d
– Bühlenwaldweg 265-2b
72070 Bühler Rathausplatz (3) 285-2a
72072 Bühler Straße 265-12c
72070 Burgholzweg 266-4a
72070 Burgsteige 47-B2
72070 Burgstraße 265-7d
72070 Burgunderweg 265-1c
– Burgwaldweg 266-12a
72070 Bursagasse 47-C2 + 266-5a
72076 Bussardweg 248-11b

72076 Calwerstraße 47-B1 + 266-1d
72074 Carlo-Steeb-Straße 248-12c
72072 Cézanneweg (1) 266-6c
72070 Charlottenstraße 47-A1 + 266-1d
72072 Christian-Laupp-Straße 266-8a
72072 Christophstraße 266-5c
72074 Clara-Zetkin-Straße (15) 267-1a
72070 Clinicumsgasse 47-C2
72072 Closenweg 265-12c
72070 Collegiumsgasse 47-C2
72076 Corrensstraße 266-2b
72070 Cottaweg 47-A1
72076 Cranachweg 248-10d

– Dachsbühlweg 249-5c
– Dachswiesenallee 249-5b
72072 Dahlienweg 266-11b
72074 Daimlerstraße 266-3a
72072 Damaschkeweg 266-9a
72070 Dannstraße 47-B1
72072 Danziger Straße 266-7d
72070 David-von-Stein-Weg (2) 285-2a
72074 Deichelweg 266-3d
72070 Denzenberg 266-2b
72074 Denzenberghalde 266-2b
72074 Denzenbergstraße 266-2b
72072 Depotstraße 266-6c
– Derendingen 266-7a
72072 Derendinger Allee 47-B3 + 266-4b
72072 Derendinger Straße 266-5c
72072 Derendinger Weg 266-10a
72070 Dianaweg 248-8b
– Dickenberg-Hangweg 248-4c
– Diebsteig 247-11c
72074 Dieselstraße 266-3a
72070 Dischingerweg 265-8c
72074 Doblerstraße 47-C2 + 266-5a
72074 Doktorshof (6) 249-11a
72074 Dorfackerstraße 266-3a
72074 Dorfstraße 266-3c
72070 Dornäckerweg 247-11b
72076 Drosselweg 248-11d

72070 Dürrstraße 47-A2 + 266-1d
72072 Düsseldorfer Straße 266-6b
– Dufelbachweg 265-9a
– Durchlaufender Weg 248-12b
– Dußlinger Weg 286-4a
72072 Dußlinger Weg 266-11b

72076 **E**benhalde 247-12d
– Eberhardsbrücke 47-C2
72076 Eberhardshöhe 266-2a
72072 Eberhardstraße 266-5d
72076 Eberhard-Wildermuth-Siedlung 248-12c
72072 Ebertstraße 266-5d
72072 Eck (Eckhof) 285-6b
72070 Eckenerstraße 47-A2 + 266-4a
72072 Eckhofweg 286-2a
72074 Eduard-Haber-Straße 266-3a
72076 Eduard-Spranger-Straße 248-10b
72074 Egeriaplatz 266-3d
72072 Ehingenstraße 265-12a
72072 Eicheleswiesen 285-1d
72070 Eichendorffstraße 265-7d
72076 Eichenweg 248-11b
72074 Eichhaldenstraße 266-3b
– Einsiedlersteg 249-8c
– Einsiedler Sträßle 249-5c
– Einsiedler Straße 248-5d
72074 Einsiedler Weg 249-8c
72072 Eisenbahnstraße 47-D3 + 266-5b
72072 Eisenhutstraße 266-6c
– Eisweg 265-3c
72070 Elfmorgen 285-2a
72076 Elfriede-Aulhorn-Straße 266-1a
72074 Elisabeth-Käsemann-Straße (20) 266-3d
72074 Elsa-Brändström-Straße 249-10c
72076 Engelfriedshalde 248-10d
72076 Enno-Littmann-Straße 248-10d
72070 Entringer Straße 247-11b
– Enzlachweg 247-10d
72070 Erdenbrunnen 247-11b
72076 Erlenweg 248-11b
72070 Ernst-Bloch-Straße 47-A3 + 266-4d
72072 Ernst-Simon-Straße 266-8c
– Ersatzweg 249-4d
72076 Eschenweg 248-11b
72072 Esslingerstraße 266-5c
72072 Eugen-Bolz-Straße 285-1b
72072 Eugenstraße 266-5c
72072 Europaplatz 47-C3 + 266-5a
72072 Europastraße 266-4d

72070 **F**ährenweg 265-8c
72076 Falkenweg 248-11d
72072 Farrenbergstraße 266-8a
72076 Ferdinand-Christian-Baur-Straße 248-10d
72076 Fichtenweg 248-11a
72076 Finkenweg 248-11d
72072 Fliederweg 266-11b
72070 Föhrberg 47-B1 + 266-1d
– Fohlenweide-Traufweg 248-4a
72070 Fontaneweg (3) 265-12a
72076 Forchenweg 248-11b
72070 Forsthof 285-3b
72072 Französische Allee 266-6c
– Französisches Viertel 266-6c
72070 Freiackerstraße 47-A1
72072 Freibad 266-4c
72070 Friedensweg 247-12c
72074 Friedhofstraße 266-3b
72070 Friedrich-Dannenmann-Straße 47-A1 + 266-1c
72076 Friedrich-Miescher-Straße 248-11c
72074 Friedrich-Schaal-Straße 249-11a
72072 Friedrichstraße 47-C3 + 266-5a
72074 Friedrich-Zundel-Straße 266-3b
72074 Frischlinstraße 266-2b
72076 Frondsbergstraße 47-B1 + 266-1d
72070 Fronländer 285-1b
72070 Froschgasse 47-C2 + 266-5a
– Fruchtkasten 47-B2
72072 Fuchsstraße 266-8d
72072 Füllmaurerstraße 266-8c
72072 Fürststraße 266-5c
– Futterwiesenweg 247-9b

72076 **G**abriel-Biel-Straße 248-10d
72074 Gänsackergäßle (6) 266-3a
72072 Galgenbergstraße 266-8b
72070 Gambrinusgäßle (10) 47-D2
72074 Gansäcker 249-7d
72070 Garmerstraße 247-11d
72072 Gartenstadt 266-8d
72074 Gartenstraße 47-C2 + 266-5a
72070 Gaußweg 265-12a
72074 Gechtstraße 249-7d
– Gehrenkopfweg 247-12a
72070 Gehrnfeld 265-10b
– Gehrnfeldweg 265-10b
72070 Geigerle 47-B1
72076 Geissweg 266-1b
72070 Geißwiesenstraße 247-11d
72070 Georgstraße 47-A1 + 266-1d
72070 Gerstenmühlstraße 47-B2
72074 Gertrud-Bäumer-Straße 249-10c
72074 Geschwister-Scholl-Platz 47-C1
72072 Ginsterstraße 265-12b
72076 Gmelinstraße 266-1b
72072 Gölzstraße (6) 266-5c
72072 Görlitzer Weg 266 6c
72070 Gösstraße 266-1c
72076 Goethestraße 266-2a
– Goldersbachsträßchen 248-4c
72074 Goldersbachstraße 266-3a
72074 Gottfried-Pressel-Weg 267-1a
72076 Gottlieb-Olpp-Straße 248-11d
72072 Gottlob-Bräuning-Straße 266-4d
72072 Gottlob-Himmel-Straße 266-5c
72070 Grabenstraße 265-7d
– Gratweg 247-9d
72072 Grüner Platz am Neckar 265-9c
72076 Grünewaldweg 248-10d
72072 Grundwiesen 267-1c

72070 **H**aaggasse 47-B2 + 266-4b
72076 Habichtweg 248-11d
72076 Hackersteigle 266-2b
72074 Hägnach 248-9d
– Haeringstaffel 47-B2
72070 Hafengasse (11) 47-C2
– Hagelloch 247-11b
– Hagellocher Straße 247-8c
72070 Hagellocher Weg 265-3d
– Hagellocher Weg (Unterjesingen) 265-2a
72070 Hagenloher Straße 247-11d
72076 Hainbuchenweg 248-11b
72070 Hakenweg 265-8c
72074 Haldenbachstraße 249-11a
72074 Haldenstraße 266-3d
– Haldenweg 265-12c
72070 Hallstattstraße 47-A1 + 266-1d
72074 Haltepunkt Lustnau 267-1c
72070 Handwerkerpark 266-1c
72072 Hanfgarten 265-11c
72076 Hans-Geiger-Weg 248-10d
72074 Hans-Sahl-Straße (18) 266-3d
72074 Harpprechtstraße 266-3b
72076 Hartmeyerstraße 248-10b
72076 Haselweg 248-11b
72070 Hasenbühlsteige 266-1c
72070 Hasengäßle (8) 47-B2
72074 Hauffstraße 47-D2 + 266-5b
– Hauffsweg 248-7b
72076 Haußerstraße 248-11d
72076 Haydnweg 248-10b
72072 Hechinger Straße 47-D3 + 266-8a
72070 Heerweg 265-8c
72072 Hegelstraße 47-C3 + 266-4d
72072 Heinlenstraße 266-7b
72074 Heinrichsweg (3) 266-3a
72074 Heldstraße 266-3b
72074 Helene-Lange-Straße 267-1a
72070 Hellerloch 265-6b
72076 Helmuth-von-Glasenapp-Straße 248-10d
72070 Hennentalweg 266-4c
72072 Henriettenweg (7) 266-6c
72074 Hermann-Kurz-Straße 47-D3 + 266-5b
72074 Hermann-Reuchlin-Straße 249-7d
72074 Hermann-Schweitzer-Straße (19) 266-3d
72070 Herrenberger Straße 265-3d
72072 Herrenweg 265-12b
– Herrenwiesenweg 248-8a
– Herrenwiesweg 247-11c
– Herrschaftsweg 247-11a
72074 Herwigweg 249-7d
72070 Hessestraße (5) 265-12a
– Heuallee 248-3b
– Heuberger Tor 247-9d
72076 Heuberger-Tor-Weg 248-10a
72070 Heugasse 285-2a
72070 Himbach 265-2a
– Himbachweg 247-8c
72072 Hinter den Gärten 265-12c
72070 Hintere Gasse (5) 265-8c
72070 Hintere Grabenstraße 47-B2
72070 Hinterer Kreuzberg 265-3a
– Hirschau 265-8c
72070 Hirschauer Straße 47-A3 + 266-4c
72070 Hirschgasse 47-C2
72070 Hirschhalde 265-8a
– Hochwiesenweg 266-7c
72074 Höhbergstraße 249-8c
72074 Hölderlinstraße 47-C1 + 266-2b
72076 Hofmeisterstraße 248-11d
– Hofmeisters-Weg 249-2b
72070 Hofweg 265-7d
72070 Hohenberger Straße (4) 265-8c
72070 Hohentwielgasse 47-B2
– Hoher Firstweg 249-2c
– Hohe Richtstatt 248-11b
72076 Hohe Steige 47-B1 + 266-2c
72074 Hohlweg 266-3b
– Hohlweg (Hirschau) 265-7b
72076 Holbeinweg 248-10d
72072 Holderweg 265-12b
72070 Holzackerweg 265-8a
72070 Holzmarkt 47-C2
72072 Holzweg 266-10a
72070 Hopfenweg (9) 285-2a
72076 Hoppe-Seyler-Straße 266-1a
72076 Horemer 248-11a
– Hornkopfhangweg 247-8d
72070 Hornkopfstraße 247-11b
72074 Hornschuchstraße (5) 266-3b
72072 Huberstraße 266-5c
72072 Hügelstraße 266-5d
72074 Hundskapfklinge 266-6a
72074 Hundskapfweg 266-6a

72076 **I**glerslohstaffel 266-2a
72072 Im alten Rauns 266-5c
– Im Bangert 265-12c
72072 Im Brühl (10) 266-3d
72070 Im Buckenloh 265-3d
72072 Im Feuerhägle 266-8a
72070 Im Gehrnfeld 265-10b
72070 Im Grotthaus 285-2a
72072 Im Hag 265-12d
72074 Im Höfle (8) 266-3c
72070 Im Hölderle 265-1d
72074 Im Hofstrütle 249-7d
72076 Im Hopfengarten 266-1b
72072 Im Käppele 266-7d
72070 Im Keltergarten 265-8a
72070 Im Kleeacker 286-2a
72070 Im Kleinen Feldle 265-12c
72070 Im Läninger 285-2a
72072 Im Mühlgärtle (12) 285-2a
72070 Im Öschle 265-8c
72070 Im Reutele 265-8c
72070 Im Rosenwinkel (1) 247-11b
72070 Im Roßnagel (6) 285-2a
72076 Im Rotbad 266-2a
72072 Im Schelmen 266-7c
72074 Im Schloß (3) 248-5c
72076 Im Schönblick 266-2a
72070 Im Steinriegel 285-2a

72070 Im Tannengrund 285-2a
72070 Im Wägner 265-1d
72074 Im Weiher 249-10b
72076 Im Winkelrain 266-2b
– Im Zwinger 47-B2
72074 In den Fischergärten (11) 266-3d
72072 In den Kreuzäckern (10) 265-11c
72074 In der Breite 249-7d
72070 In der Gass 249-8c
72074 In der Weißheit (9) 266-3b
72070 In der Weng 265-7b
72070 Industriestraße 265-8d
72072 Isoldenstraße (1) 266-5c

72076 **J**ägerwandsträßchen 248-7a
72072 Jahnallee 266-4d
72070 Jahnstraße 265-7d
72070 Jakobsgasse 47-B2 + 266-4b
– Jakob-van-Hoddis-Staffel 47-B1
72076 Jasminweg 248-11b
72070 Jesinger Hauptstraße 265-1c
72070 Jesinger Straße 47-B1
72074 Jörg-Unkär-Straße (17) 266-3d
72074 Johannes-Stöffler-Straße (16) 266-3d
72072 Johannesweg 266-5c
72072 Jopestraße 266-6b
– Jordan-Grenzweg 248-4d
– Jordan-Traufweg 248-5c
72072 Josef-Wochenmark-Weg (22) 47-D3 + 266-5b
72074 Josephine-Lang-Straße (21) 266-3d
72070 Judengasse 47-B2
72074 Jürgensenstraße 266-3a
72072 Julius-Wurster-Straße 266-8a
72072 Jurastraße 266-7b
72070 Justinus-Kerner-Straße 47-A1 + 266-1d

72070 **K**äppelesäcker 265-7d
72076 Käsenbachstraße 266-1b
– Kästlesweg 265-12c
72074 Käthe-Kollwitz-Straße 267-1a
– Kalte-Lücke-Straße 249-4c
– Kaltenbüchlesweg 248-5a
72072 Kanalstraße 266-7b
– Kanzelweg 266-11a
72070 Kapellenweg 265-7b
– Kapfweg 248-12a
72070 Kapitänsweg 47-B2
72072 Kappelstraße 266-7d
72076 Karl-Adam-Straße 248-10b
72074 Karl-Brennenstuhl-Straße 249-7d
72072 Karlstraße 47-C3 + 266-5a
72070 Karrengäßle (2) 47-B2
72074 Kasernenhof (2) 248-5c
72076 Kastanienweg 248-11b
72072 Kastellweg 265-12c
72072 Katharinenstraße 266-5d
– Kellerlochallee 248-10a
– Kelternplatz 47-C2 + B2
72070 Kelternstraße 47-B2 + 266-1d
– Kelterweg 266-8d
72074 Keplerstraße 47-C1 + 266-2c
72074 Kielmeyerstraße 266-5b
72072 Kiesäckerstraße 266-5d
– Kilchberg 265-11b
72070 Kingersheimer Straße 265-8c
72072 Kirchäcker 265-11d
72074 Kirchentellinsfurter Straße 249-11a
72070 Kirchgasse 47-C2 + 266-5a
72074 Kirchgraben 266-3a
72070 Kirchhalde 265-1c
– Kirchhauweg 266-10b
– Kirchlesländerweg 265-8d
72076 Kirchnerweg 248-10d
72070 Kirchplatz (2) 265-7d
– Kirnbachhangweg 248-9b
– Kirnbachsträßle 248-9c
– Kirnberg-Ausfahrt 248-9b
– Kirnberghangweg 247-10b
– Kirnbergweg 248-5d
72076 Kirschenweg 248-11b
72074 Kleiststraße 266-2d
72070 Klemsenstraße 265-1c
72072 Klimmertweg (4) 266-10c
72076 Klopstockweg 266-1b
72070 Klosterberg 47-C2 + 266-5a
72074 Klosterhof 248-5c
72074 Klostermühle 248-5c
– Kniesteigle 247-9a
72072 Knollstraße 265-10d
72070 Köllestraße 47-A2 + 266-1d
– Königallee 248-1d
72072 Königsallee 267-4b
72072 Königsberger Straße 266-5d
– Königs Richtstatt 248-8c
72072 Köstlinstraße 266-2b
– Kohlehauweg 266-10b
72074 Kohlplattenweg 249-7b
– Kohlsteigle 248-4c
72072 Kolberger Weg 266-8b
72072 Konrad-Adenauer-Straße 266-4d
72074 Konradstraße 266-3d
72074 Konzenbergstraße 266-3b
– Koppelweg 247-12b
72070 Kornhausstraße 47-B2 + 266-5a
72072 Kreßbach 286-1b
72072 Kreßbacher Straße 286-2a
72070 Kreuzberg 265-2b
– Kreuzbergsteige 265-2b
– Kreuzbergwaldweg 265-2b
– Kreuzbergweg 265-3a
72070 Kreuzlinger Weg 265-7b
72074 Kreuzstraße 266-3a
72072 Krokusweg 266-10b
72072 Kromerstraße 266-10a
72070 Kronenstraße 47-C2
– Krumme Brücke 47-B2
– Kuhwiesenweg 265-9c
72072 Kurt-Schwägerle-Weg (24) 266-5b
72072 Kurze Straße 266-5c
– Kusterdinger Steige 267-4b
72072 Kusterdinger Straße 266-3d

72070 **L**ämmleweg (9) 265-7d
– Lärchenweg 266-9a
– Lallesrichtstatt 267-1d
72070 Lammhofpassage (16) 47-C2
72072 Lammstraße (3) 265-12b
72076 Lamparter Steige (1) 266-2b
72070 Landhaushöhe 265-1c
72074 Landhausstraße 266-3a
72072 Landkutschersweg 266-6d
– Lange Allee 249-2d
72072 Lange Furche 266-7d
72070 Lange Gasse 47-C2 + 266-2c
72074 Lauswiesenweg 249-7d
72070 Lazarettgasse 47-B2
72072 Lehmgrubenweg (7) 265-11c
– Leiserweg 265-2a
72072 Lembergstraße 266-8a
72070 Lenaustraße 265-7d
72070 Lerchenweg 285-2a
72072 Lescherstraße 265-11d
72076 Lessingweg 266-1b
72072 Leutrumstraße 265-12a
72070 Lichtenberger Weg 47-A3 + 266-4a
72072 Lichtensteinstraße (3) 266-5d
72076 Liebermeisterstraße 47-B1 + 266-2c
72072 Liegnitzer Straße 266-8b
72074 Liemorgen 249-7b
72076 Lieschingstraße 248-11c
72076 Ligusterweg 248-11b
72072 Lilienweg (1) 266-10a
72072 Lilli-Zapf-Straße (5) 266-5d
72072 Lindenallee 266-4d
– Lindenallee (Pfrondorf) 249-5a
72074 Lindenstraße 249-7d
72074 Linsenbergstraße 266-2b
72074 Liststraße 266-2b
72072 Lochäcker 285-2a
72074 Lochenstraße 249-10a
72072 Löwenstraße 266-7b
72072 Lorettoplatz 266-5d
72072 Ludwig-Krapf-Straße 266-7b
72072 Ludwigstraße 266-5d
72076 Luise-Wetzel-Weg 248-10c
72074 Lustnau 249-11a
– Lustnau 248-12d
72074 Lustnauer Kirchplatz 266-3b
72074 Lustnauer Straße 249-10b

72070 **M**adergasse 47-B2
72076 Maderhalde 266-1a
72074 Maienfeldstraße 249-7d
72072 Mallestraße 266-8a
72076 Maria-von-Linden-Straße 248-11c
72072 Marienburger Straße 266-6c
72072 Marienstraße 266-7d
72070 Marktgasse 47-B2
– Marktplatz 47-B2
72076 Martin-Crusius-Straße 248-11c
72072 Mathildenstraße 266-5d
72074 Matthias-Koch-Weg 47-D2 + 266-5b
72070 Mauerstraße 47-B2 + 266-4b
72070 Max-Eyth-Straße 47-A2
72076 Max-Hartmann-Straße 248-11d
72072 Max-Löwenstein-Weg (25) 266-5b
72074 Melanchthonstraße 266-2a
72072 Memelweg 266-6c
72072 Memmingerstraße 266-8a
72070 Metzgergasse 47-C2 + 266-5a
72070 Michaelstraße 47-A1
72076 Milanweg 248-11d
– Millionensträßle 247-9d
72072 Mirabeauweg (6) 266-6c
72072 Mistralweg (5) 266-6c
72074 Mittlerer Brand 249-8a
– Mittlerer Schachbaumweg 248-7c
– Mittlerer Steinriegelhangweg 248-4c
72072 Mömpelgarder Weg (3) 266-6c
72070 Mönchhütteweg 265-1d
72076 Mörikestraße 266-2a
72074 Mohlstraße 266-2a
72072 Moltkestraße 266-5c
72070 Montfortweg 266-4c
72070 Mordiogäßle (3) 47-B2
72076 Mozartweg 248-10c
72070 Mühläcker 264-6b
72072 Mühlbachäckerstraße 266-4d
72074 Mühlstraße 47-C2 + 266-5a
72070 Mühlweg (5) 285-2a
72070 Münzgasse 47-C2 + 266-5a

72074 **N**ägelestraße 47-D2 + 266-5b
72072 Narzissenweg 266-11b
72074 Nauklerstraße 47-C1 + 266-2c
72072 Neckaraue 265-11c
72070 Neckargasse 47-C2 + 266-5a
72070 Neckarhalde 47-A3 + 266-4b
72072 Neckarsulmer Straße 266-6a
72072 Nelkenweg 266-8d
– Neuäcker Weg 285-3b
– Neue Ackersteige 267-4a
– Neuer Jägerweg 247-6d
72074 Neues Häusle 248-9d
72070 Neue Straße 47-C2 + 266-5a
72074 Neufeld 249-7c
72072 Neuffenstraße 266-7b
72070 Neugäßle (7) 47-B2
72070 Neuhalde 247-12c
72074 Neuhaldenstraße 266-3b
72074 Neuhütte 248-1b
72070 Neustadtgasse 47-B2
72076 Niethammerstraße 248-11d
72072 Noldeweg (4) 265-12a
72070 Nonnengasse 47-C2
72076 Nordring 248-10c
72074 Nürtinger Straße 266-3d
72070 Nußbaumweg (7) 265-8c

72074 **O**b dem Himmelreich 248-12d
72076 Ob dem Viehweidle 266-2a
72070 Ob der Ammer (4) 265-1c
72076 Ob der Grafenhalde 266-1c
72070 Obere Gasse 247-11b
72074 Obere Haldenstraße (5) 249-11a
72076 Obere Heulandsteige 266-2b

– Oberer Fichtenwaldweg 265-8a
– Oberer Haldenweg 265-12c
– Oberer Holzackerweg 265-8a
72072 Obere Roteschäcker 285-2a
– Oberer Ramshaldeweg 286-2a
– Oberer Sandklingenweg 247-11d
– Oberer Schachbaumweg 248-10a
– Oberer Sengentalhaldenweg 285-3c
– Oberer Talweg 265-8a
72070 Oberer Weg 265-7b
72076 Obere Schillerstraße 266-2a
72070 Obere Sonnhalde 265-6d
72070 Obergärtenweg (2) 265-7d
72070 Ödenburg 265-9b
72070 Öhlerweg 266-1b
72074 Österbergstraße 47-C2 + 266-5a
– Olgahainweg 248-9c
72074 Olgastraße 47-D2 + 266-5a
72076 Osianderstraße 47-B1 + 266-1d
72074 Ostendstraße 266-3b
72076 Otfried-Müller-Straße 266-1a
– Otter-Furt-Ausfahrt 285-5a
72070 Otto-Erbe-Weg 47-A1 + 266-1c

72070 **P**anoramastraße 247-11d
72072 Pappelplatz 285-3a
72076 Pappelweg 248-11a
72072 Paul-Dietz-Straße 266-8a
72076 Paul-Ehrlich-Straße 248-11c
72072 Paulinenstraße 266-5d
72076 Paul-Lechler-Straße 266-2b
72072 Paul-Löffler-Weg 266-1c
72072 Paul-Schneider-Straße 265-12b
72074 Payerstraße 47-D1
72076 Perthesstraße 266-2a
72076 Peter-Goessler-Straße 248-11c
72070 Pfalzhaldenweg 47-A3 + 266-4c
72070 Pfarrhof (1) 265-10d
72070 Pfizerstraße 47-B1
– Pflanzschulweg 248-7c
72070 Pfleghofstraße 47-C2 + 266-5a
72074 Pfrondorf 249-10b
72074 Pfrondorfer Straße 266-3a
– Pfrondorfer Weg 248-9c
72076 Philipp-von-Heck-Straße 248-11c
72076 Philosophenweg 248-10b
– Platz der Stadt Monthey 47-B3
– Postbotenweg 248-7a
72072 Poststraße 47-C3 + 266-5a
72072 Primus-Truber-Straße 266-8a
72072 Provenceweg (2) 266-6c
72070 Pulvermühlstraße 47-A2

72070 **Q**uellgasse 247-11b
72076 Quenstedtstraße 266-1b
72074 Querstraße 266-3b

72072 **R**aichbergstraße 266-8a
72070 Raiffeisenstraße (7) 265-1c
72070 Rammertblick 285-2a
72072 Rammertstraße 265-12c
72070 Rappenberghalde 266-4c
72070 Rappstraße 47-B1 + 266-1d
72070 Rathausgasse 47-B2 + 266-5a
72074 Rathstraße 266-3d
72074 Rechbergstraße (2) 249-10a
72072 Reutlinger Straße 47-D3 + 266-5d
72070 Rheinlandstraße 47-A2 + 266-1c
72070 Riedberg 264-3b
– Riederweg 265-7b
72070 Riedkelterweg 265-7b
72070 Riedstraße 265-7b
72074 Riekertstraße 266-3a
72070 Ringstraße (3) 265-8c
72070 Rittweg (Hirschau) 265-7d
– Rittweg (Waldhausen) 248-8c
72076 Robert-Gradmann-Weg 248-11c
72070 Römerstraße 285-1b
72076 Röntgenweg 47-B1 + 266-1d
72072 Rötelnweg (5) 266-10c
72070 Rohräcker 265-2c
72074 Rosa-Luxemburg-Straße (14) 267-1a
72070 Roseck 247-10c
72076 Rosenau 247-12d
72076 Rosenauer Weg 47-A1 + 266-1b
72070 Rosentäle 265-3c
72072 Rosenweg 266-8c
72072 Roßbergstraße 266-8a
72076 Rotdornweg 248-11a
– Roter-Rain-Weg 247-12d
– Roter Weg 247-8d
72072 Roteschäcker 285-2a
72070 Roteschstraße 285-1b
72070 Rote Steige 265-3a
72070 Rottenburger Straße 265-1c
72070 Rümelinstraße 47-B1 + 266-2c
72072 Rutenweg 265-12d
72072 Ruth-Marx-Straße 266-5c

72070 **S**aarstraße 265-1c
72070 Sackgasse (2) 265-1c
– Saffrigrainweg 248-8b
72072 Saibenstraße 266-7b
72070 Salzstadelgasse 47-B2
72074 Salzwasenweg 266-3a
72070 Sandäckerstraße 265-1d
– Sandstich 265-8b
– Sandweg 248-8d
72076 Sandweg 248-11d
72076 Sarchhalde 266-1b
– Sauklingenweg 286-1b
– Saulachsträßle 266-8d
72070 Schäferäcker (6) 265-12c
72072 Schäfergarten 265-11c
– Schäferwasenweg 285-5a
72072 Schaffhausenstraße 47-D3 + 266-6a + 5b
– Schaftrieb 248-12c
72074 Scheefstraße 266-6a
72072 Schellingstraße 266-5c
72072 Scheunenweg 265-12d
72072 Schickhardtstraße 266-5c
72072 Schindhau 266-9a
72074 Schlachthausstraße 47-D1 + 266-2d

72070 Schlagert 265-1a
72076 Schleichstraße 47-C1
72070 Schleifmühleweg 266-4a
72074 Schlemppbrünnele 248-12a
72070 Schloßbergstraße 47-A3 + 266-4a
72070 Schloßgartenstraße 247-11d
72070 Schloßgraben 285-1b
– Schloß Hohentübingen 47-B2 + 266-4b
– Schloss Roseck 247-10c
72070 Schmalgasse 265-8c
72070 Schmiedtorstraße 47-B2 + 266-5a
72072 Schmitthennerweg 265-12c
72076 Schnarrenbergstraße 47-B1 + 247-12d
72072 Schönbergstraße (2) 266-5c
72074 Schönbuchstraße 248-8a
72076 Schongauerweg 248-10d
– Schrofenweg 266-7d
72070 Schützenstraße 265-7b
72070 Schulberg (13) 47-C2
– Schulerweg 249-4c
72070 Schulstraße 265-7d
– Schwabershaldeweg 265-5d
72074 Schwabstraße 47-D2 + 266-5b
72070 Schwärzloch 265-6a
72070 Schwärzlocher Straße 266-4a
72070 Schwärzlocher Täle 265-6b
– Schwärzlocher Weg 265-6c
72076 Schwalbenweg 248-11d
72072 Schweickhardtstraße 266-5d
– Schweizer Straße 249-7b
72070 Seelhausgasse 47-B2 + 266-1d
72074 Seestraße 249-10a
72072 Sengental 285-2c
– Sengentalsträßchen 285-2d
72070 Sengentalstraße 285-2a
72072 Sieben-Höfe-Straße 266-7b
72076 Sigwartstraße 47-C1 + 266-2c
72076 Silcherstraße 47-C1 + 266-2c
72070 Sindelfinger Straße 265-3d
72072 Sofienstraße 47-B2
72070 Sommerhalde 265-1d
– Sommerweg 265-6c
72076 Sonnenstraße 266-1b
72074 Sophienpflege 249-7a
72072 Spelterweg 266-7d
72076 Spemannstraße 266-2a
72076 Sperberweg 248-11d
72070 Spielbergstraße 264-3b
72070 Spitzbergstraße 265-8a
– Spitzbergweg 265-9a
72074 Städach 267-1a
72074 Staufenstraße (1) 249-7c
72074 Stauffenbergstraße 47-D2 + 266-5a
– Stauwehrweg 265-9c
72074 Steige 266-3b
– Steigweg 247-12c
72074 Steinäckerstraße 267-1a
– Steinbergweg 286-1a
72074 Steinbößstraße 266-3b
72074 Steinbruchstraße 249-10b
72074 Steinbruchweg 249-10c
72076 Steinenberg 265-3b
72072 Steinenbrücklesweg 266-7d
– Steingrubenweg 266-10b
– Steinholzweg 286-1d
– Steiniger Weg 248-7d
72072 Steinlachallee 266-5c
72072 Steinlachwasen 266-8c
72070 Steinwiesen 265-9c
– Steinwiesensträßle 265-12a
72072 Stephanstraße 266-7d
72072 Sternbergstraße 249-10a
72072 Sternplatz 266-5d
72072 Stettiner Weg (4) 266-5d
72070 Stiefelhof (5) 47-B2
72074 Stieglerstraße (4) 266-3a
72074 Stiffurtstraße 266-3a
72076 Stockwiesenweg 248-10b
72070 Stöcklestraße 47-A1 + 266-1c
72070 Stohrerweg 247-11d
– Strohweg 248-5d
72072/72074 Stuttgarter Straße 266-8a
72072 Sudetenstraße 266-5d
72070 Süßenloch (9) 47-B2
72074 Süßerstraße 249-7d
72070 Sumpfweg 247-11d
72074 Synagogenplatz 47-D2 + 266-5b

72076 **T**äglesklinge 248-11d
72072 Talbachgasse (4) 265-11c
– Talhäusersträßle 265-12c
72070 Talhäuser Straße 265-12c
72072 Talstraße 265-12d
– Talweg 285-3d
72076 Tannenweg 248-11a
– Tanzmeisterweg 248-8d
– Technologiepark Tübingen-Reutlingen 248-11c
72074 Teckstraße 249-10a
72072 Tessinsträßle 285-3a
72072 Tessinstraße 285-11b
– Teufelsklingenweg 247-10b
72072 Theodor-Heuss-Straße 265-12a
72070 Theodor-Storm-Straße 265-7d
72074 Theurerstraße 266-3a
72072 Thomas-Mann-Straße 265-12a
72072 Thomas-Mayer-Straße 266-5d
72072 Tilsiter Weg 266-6c
72070 Torbogenweg 247-11d
72070 Torstraße 265-8c
– Trauläcker 267-1c
– Tropfender-Wasen-Allee 224-10d
72072 Tulpenweg 266-8d

– **Ü**bertswalderweg 266-11a
72072 Uhlandstraße 47-B3 + 266-4b
72076 Ulmenweg 248-11a
72072 Ulrichstraße 266-5d
72072 Unter dem Holz 266-8c
72074 Untere Halden 266-3c
72074 Untere Heulandsteige 266-2b
72074 Untere Höhbergstraße 249-11a
72070 Untere Mühle 265-1d
– Unterer Ramshaldeweg 286-2b
– Unterer Schachbaumweg 248-7c

– Unterer Sengentalhaldenweg 285-2d
72076 Untere Schillerstraße 266-2a
72070 Untere Sonnhalde 265-9b
72070 Untere Straße 264-3d
– Unterjesingen 265-1d
72070 Unterm Rathaus (3) 265-1c
72070 Urbangasse (6) 47-B2
72076 Ursrain 248-10c
72076 Ursrainer Ring 248-10d

72072 Veilchenstraße 265-12b
– Viehhausklingenweg 249-8d
72070 Viehtorstraße 247-11d
72074 Viktor-Renner-Straße 248-12c
72072 Vischerstraße 266-5c
72076 Vöchtingstraße 248-11d
72072 Völkerweg 266-5d
72076 Vogelbeerweg 248-11a
72074 Vogtshaldenstraße 266-2b
– Volksgarten 266-5c
72072 Vor dem Großholz 267-1c
72070 Vor dem Haagtor 47-B2
72070 Vor dem Kreuzberg 265-3d
72072 Vordere Halde 266-8a
72072 Vormorgen (8) 265-12c

72074 Wächterstraße 266-2b
72070 Wahlhau 247-11d
– Wahlhauweg 247-11a
– Walddorfer Sträßle 248-3d
– Walddorfer Weg 249-5c
72074 Waldeckstraße 266-3a
72076 Waldhäuser Ost 248-8d
– Waldhäuser Ost (Studentendorf) 248-11c
72076 Waldhäuser Straße 266-2a
72076 Waldhausen 248-10b
72072 Waldhörnle 266-8d
72072 Waldhörnlestraße 266-8c
72072 Waldstraße 266-8c
72072 Walter-Simon-Straße 47-D3
72072 Wankheimer Täle (4) 266-6c
72076 Wanne 248-10a
72070 Weberstraße 47-B2 + 266-1d
72070 Wehrstraße 265-8c
72076 Weidenweg 248-11a
72074 Weiherhaldenstraße 266-3d
– Weihersteigstraße 248-5d
72074 Weiherstraße 249-7c
– Weiherwasenweg 249-10a
72070 Weilerburgstraße 285-2a
72070 Weilerhalde 265-3b
– Weilheim 265-12c
72072 Weilheimer Straße 265-12c
72072 Weinbergstraße 266-7c
72070 Weinbergweg 265-7b
72070 Weinsteige 265-1c
72076 Weißdornweg 248-11a
72072 Weizäckerstraße (2) 266-2b
72074 Welzenwiler Straße 266-3c
72072 Wengertweg 266-8c
72072 Wennfelder Garten 266-6c
72074 Werkstraße 266-5b
72070 Westbahnhofstraße 47-A2 + 266-4a
72072 Widmayerweg (2) 265-12a
72070 Wienergäßle (12) 47-B2
72070 Wiesenweg 265-7d
– Wiesenweingärtenweg 265-7b
72072 Wiesfleckweg (6) 265-12d
72070 Wiesweg 264-3d
72074 Wildenaustraße (13) 266-3d
72076 Wildermuthstraße 47-B1 + 266-2c
72076 Wilhelm-Heusel-Straße 249-10b
72072 Wilhelm-Keil-Straße 266-4d
72070 Wilhelm-Mönch-Straße 265-1c
72074 Wilhelm-Schussen-Weg 47-D1 + 266-2d
72074 Wilhelmstraße 47-C1 + 266-2b
72072 Wilonstraße 265-12d
72072 Windfeldstraße 266-5c
72076 Winkelwiese 248-11d
– Winterweg 265-6c
72070 Winzerstraße 265-1c
72072 Wöhrdstraße 47-C3 + 266-5a
72072 Wohlboldstraße 266-8c
72076 Wolfgang-Stock-Straße 248-11d
– Wolflachweg 266-10d
72074 Wolfsbaumweg 266-3b
72070 Wurmlinger Straße 265-7c

72070 Zehntscheuerweg (3) 265-8c
72070 Zeppelinstraße (6) 265-1c
72074 Zeughausgarten 248-8a
– Ziegelhäulesweg 249-4c
72072 Ziegelhüttestraße 265-11c
72074 Zollernstraße 249-7c
72072 Zürcher Straße 265-12a
– Zum Katzenloch 265-7a
72072 Zwehrenbühlstraße 266-1c
72072 Zwerggasse (11) 265-11c
72070 Zwingerstraße (1) 47-B2

Uhingen
PLZ 73066

Adalbert-Stifter-Straße 185-9d
Adelberger Straße 185-5b
Ahornweg 185-6c
Aichelbergstraße (19) 185-11b
Albershauser Straße 185-8c
Albstraße 209-2b
Alemannenstraße 185-9b
Allgäustraße (4) 185-11d
Allgaier Brücke 185-9c
Alte Holzhäuser Straße 185-8b
Am Dorfplatz 185-6c
Am Giebel (1) 185-5d
Am Kugelrain 160-8c
Am Mühlenrain 185-4b
Amselweg 185-8d
Am Wiesenbach 185-5d
Arnold-von-Podewils-Straße 185-11b
Aspachstraße 185-5d

Bachweg 209-2d
Bahnhofstraße 185-8d
Baiereck 160-8c
Baislingstraße 185-8d
Barbarossastraße 185-8b
Beethovenstraße 185-9d
Benzstraße 185-5d
Bergstraße 185-11b
Birkenstraße 185-6c
Bismarckstraße (5) 185-8d
Bläsibergstraße (20) 185-11b
Blaubachstraße 185-9c
Bleichereistraße 185-7b
Blumenweg (4) 185-8d
Bosslerstraße 185-11b
Brennereigasse 185-4a
Bruckstraße 185-5d
Brückenstraße 185-8d
Brunnenstraße 160-8c
Brunnenwiesenstraße (2) 185-4a
Buchenweg 185-6a
Büchenbronner Straße 160-8c
Bühlstraße 209-2b
Bünzwanger Straße 185-8c
Burgstallweg 185-11b
Burgweg 185-4a
Butzbachstraße 185-8c

Charlottenhof 185-12c
Charlottenstraße (7) 185-9c

Daimlerstraße 185-8b
Diegelsberg 185-4a
Dieselstraße 185-8b
Dorfstraße 185-6c
Drosselweg 185-8d
Dürerstraße (5) 209-2b

Eberhardstraße (8) 185-9c
Ebersbacher Weg 185-2a
Egerlandweg 185-9a
Eibenweg 185-6c
Eichenweg 185-6c
Eifelweg 209-2b
Einfeldstraße 185-5d
Einsteinstraße 209-2b
Eisenbahnstraße 185-9a
Erlenstraße 185-6c
Esslinger Straße 185-8b
Eulenhofweg 185-11b

Fabrikstraße 185-8a
Faurndauer Straße 209-2b
Fichtenstraße 185-6c
Filseck (Schloss) 185-9d
Filseckerstraße 185-9c
Filsstraße 185-8d
Finkenstraße 185-8d
Fliederstraße 185-5b
Frankenstraße (2) 185-9a
Friedrichstraße 185-8d
Friesenstraße 185-9a
Fuchseckstraße 185-8d

Gailer Weg 185-8c
Gartenstraße 185-8b
Gaußstraße 209-2b
Georg-Allgaier-Straße 185-8b
Gerhart-Hauptmann-Straße 185-9d
Gestöckweg 209-2b
Giebelwandstraße 185-5d
Glashüttenweg 160-12d
Goethestraße 185-9c
Gotenweg 185-9a
Grabenäcker 185-9c
Grünenbergerstraße 185-11b
Grünewaldstraße (6) 209-3a

Härtsfeldstraße (2) 185-11d
Hagenwiesenstraße 185-4b
Haldenbergstraße 185-8b
Harzer Weg 209-2b
Hattenhofer Straße 209-2b
Hauffstraße 185-9d
Heerstraße 185-8b
Hegelweg (10) 185-9c
Heinkelstraße 185-8c
Helfensteinstraße 185-8d
Herrenbachstraße 160-8d
Hessestrasse 185-9c
Hinter den Höfen (2) 185-5b
Hölderlinstraße 185-9d
Hofäckerstraße 185-5d
Hohenstaufenstraße 185-11b
Hohlgasse 160-8c
Holbeinstraße 209-2b
Holzhausen 185-5b
Humboldtstraße 209-2b

Im Äckerle 185-4a
Im Brühl 185-8a
Im Bulach 186-7c
Im Dobel 185-8d
Im Hof 209-2b
Im Schönblick 160-8c
Im Steinbruch (1) 185-5b
Im Wengert 160-12d
In den Gallengärten 160-8c

Jahnstraße 185-8b
Johannesstraße (13) 185-8b
Junkersstraße 185-8c

Kanalstraße 185-8d
Kantstraße 185-9a
Karlstraße 185-9c
Keltenstraße 185-9a
Keplerstraße 209-2b
Kirchheimer Straße 185-8a
Kirchstraße 185-9c
Klostersteige 185-4b
Köhlerstraße 160-8d
Köngendobelweg 185-4b
Kohlplattenweg 185-5a
Kohlwiesenstraße 185-4a
Konradinstraße 185-8b
Kopernikusstraße 209-2b

Kornbergstraße 185-11b
Krapfenreuter Straße 184-3d

Laierfeldstraße 185-8b
Leibnizstraße 209-2b
Lessingweg 185-9c
Lilienstraße 185-5b
Limburgstraße (14) 185-11b
Lindachweg 185-6c
Lindenstraße 185-6c
Lochbachweg (1) 160-8c
Lugerweg 185-4a

Marienstraße 185-8d
Max-Planck-Straße 209-2b
Maybachstraße 185-8a
Meisenstraße 185-8d
Mercedesstraße 186-7c
Messelbergstraße 185-11b
Mörikestraße 185-9d
Moltkestraße 185-9c
Mozartstraße 185-9d
Mühlenstraße 185-9c
Mühlgasse 185-4a

Nassach 160-12c
Nassachmühle 185-1d
Nassachtalstraße (Baiereck) 160-8c
Nassachtalstraße (Nassach) 160-12d
Nassachtalstraße (Nassachmühle) 185-1d
Nelkenstraße 185-6a
Neuffenstraße 185-11b
Nibelungenweg 185-9a

Oberdorfstraße 185-9c
Obere Bahnhofstraße (3) 185-9a
Oberschwabenstraße 185-11d
Odenwaldstraße 209-2b
Olgastraße 185-9c
Otto-Hahn-Weg 209-2b
Ottostraße 185-8c
Ottstraße 185-9c

Panoramastraße 185-9a
Paulinenstraße (9) 185-9c
Plochinger-Straße 185-8b
Pommernweg 185-9a
Poppstraße 185-8b
Porschestraße 185-8b
Poststraße 185-8b

Quellenweg 185-4a

Rechbergstraße (16) 185-11b
Rembrandtstraße 185-11d
Reussensteinstraße (15) 185-11b
Rhönstraße 209-2b
Richard-Wagner-Straße 185-9d
Riedstraße 185-8c
Riesweg (3) 185-11d
Robert-Bosch-Straße 185-8b
Römerstraße 185-9c
Rosenstraße 185-5b
Rote Steige 185-4b

Sachsenstraße 185-9a
Sandäckerweg 160-12d
St.-Peter-Weg 160-12d
Sauerlandstraße 185-11d
Schillerstraße 185-9c
Schlichtener Straße 160-8c
Schmerweg 185-9c
Schmiedefelder Straße 185-8b
Schönbuchstraße (1) 185-11d
Schönholzweg 209-3a
Schorndorfer Straße 185-8b
Schrankenäckerstraße (1) 185-9a
Schrofenweg (1) 185-4b
Schubertweg (12) 185-9d
Schulstraße 185-9c
Schumannstraße 185-9d
Schurwaldstraße 185-8b
Schwabenstraße 185-9a
Schwarzwaldstraße 209-2b
Seestraße 185-7b
Sielenwangstraße 185-11b
Siemensstraße 185-8a
Solweg 160-8c
Sommerweg 185-8b
Sonnenhalde 185-4a
Sonnenrain 185-4b
Sparwiesen 185-12c
Sparwieser Fußweg 185-12a
Sparwieser Straße 185-11b
Spessartstraße 209-2b
Spitalstraße 160-8c
Staufeneckstraße (18) 185-11b
Stauferlandstraße (21) 185-11b
Straußweg (11) 185-9d
Stuifenstraße (17) 185-11b
Sturzweg 185-4a
Stuttgarter Straße 185-8a
Sudetenweg 185-9a

Taunusstraße 209-2b
Teckstraße 185-11b
Thüringer Weg 185-9a
Tulpenweg 185-6a

Uhlandstraße 185-9c
Ulmenstraße 185-5d
Ulmer Straße 185-9c
Ulrichstraße (6) 185-8d
Unterhütt 160-12d

Veilchenstraße 185-6a

Waldrain 185-4b
Waldweg 185-8c
Wangener Straße 185-6a
Wankelstraße 185-5d
Wasenstraße 185-9c
Wasserbergstraße 185-8d
Wehrstraße 185-8d
Weilenberger Hof 185-12a
Westerwaldstraße 185-11d
Wiesenstraße 185-1d

Wilhelmstraße 185-9c
Wörthstraße 185-9c
Wurmbergstraße 185-9a

Zeppelinstraße 185-9c
Ziegelbergweg 185-8d
Ziegelstraße 185-6c

Untereisesheim
PLZ 74257

Ahornweg 52-12c
Akazienweg 52-12d
Albert-Einstein-Straße (23) 52-12b
Am Schleckerbrünne 52-11b
Außiger Weg (10) 52-12c

Bergstraße 52-12d
Birkenweg (3) 52-12c
Breslauer Straße 52-12c
Brunnenstraße 52-12c
Buchenweg 52-12c

Danziger Straße 52-12c
Dreizehn Morgen 52-12a
Dresdner Straße 58-3a
Drosselweg 52-12b

Eichenweg 52-12c
Erlenweg 52-12c

Fichtenweg 52-12c
Finkenweg (18) 52-12d
Franziskusgasse (20) 52-12d
Friedenstraße 52-12d
Friedhofstraße 52-12d

Gablonzer Weg (35) 52-12c
Gartenstraße 52-12d
Gerhart-Hauptmann-Straße (27) 52-12b
Gewerbegebiet Kressgraben 52-12d
Görlitzer Straße 52-12c
Goethestraße (5) 52-12c
Gustav-Ludwig-Hertz-Straße (25) 52-12a
Gustav-Stresemann-Straße 52-12b

Hauptstraße 52-12b
Hermann-Hesse-Straße (28) 52-12b
Herzog-Magnus-Straße 52-12c
Hölderlinstraße (4) 52-12d
Hoffeldstraße 52-12d
Hohe Straße 52-12d

Im Hofgarten (16) 52-12d
Im Kressgraben 52-12d
Im Mönchsgrund 52-12d
Im Schafhaus 52-12b
In den Scheibigswiesen (34) 52-12d
In den Wenglangen 52-12d
In der Bibershecke 52-12c

Jahnstraße 52-12d

Karlsbader Straße 52-12c
Kastanienweg (1) 52-12c
Kelterplatz (19) 52-12d
Kelterstraße 52-12d
Kiefernweg (2) 52-12c
Kirchstraße 52-12d
Kirschenstraße 52-12a
Königsberger Straße 52-12c
Kolberger Weg 52-12c
Kurze Straße (17) 52-12d

Leipziger Straße (36) 52-12c
Lerchenstraße 52-12b
Liegnitzer Straße 52-12c
Lindenweg 52-12c

Mittelstraße 52-12d
Mörikestraße (7) 52-12c
Moorwegle (32) 52-12d
Mühlbachweg 52-12d

Neckarstraße 52-12d
Nordstraße 52-12b

Ödenburger Weg (12) 52-12c
Oppelner Straße 52-12c
Otto-Hahn-Straße 52-12a

Panoramastraße 52-12d
Paul-Ehrlich-Straße (31) 52-12d
Philosophenweg 52-12a

Querstraße 52-12b

Rathausstraße (21) 52-12d
Reichenberger Straße (8) 52-12c
Robert-Koch-Straße (30) 52-12d

Schillerstraße (6) 52-12c
Schleifweg 52-12d
Schloßbergstraße 52-12c
Schloßweg 52-12d
Schulstraße 52-12d
Seestraße 52-12d
Sommerfelder Weg (9) 52-12c
Starenweg (22) 52-12b
Stettiner Weg (14) 52-12c

Tannenweg 52-12c
Thomas-Mann-Straße (29) 52-12b
Tillystraße 52-12c
Tilsiter Weg (13) 52-12c
Trautenauer Weg (15) 52-12d

Uhlandstraße 52-12c
Ulmenweg 52-12c
Untere Halde 52-12b

Weimarer Weg (33) 52-12c
Werner-Karl-Heisenberg-Straße (24) 52-12b
Weststraße 52-12d

Wilhelm-Conrad-Röntgen-Straße (26) 52-12a
Wolframstraße 52-12d

Unterensingen
PLZ 72669

Albstraße 205-8d
Angelweg 205-9c
Asternweg 205-9a
Austraße 205-8d

Bachstraße 205-9a
Bergstraße 205-8b
Bettweg 205-8b
Blumenstraße 205-9a
Bräunlesweg 205-8d
Braikestraße 205-9a
Brückenstraße 205-8d
Brunnenstraße 205-8c
Buchenweg 205-8c

Dammstraße 205-9c

Eichenweg 205-8c
Esslinger Straße 205-8d
Esslinger Weg 205-5c

Fabrikstraße 205-9a
Finkenweg 205-8b
Fliederweg 205-9a
Flügelstraße 205-8d

Gartenstraße 205-9a
Gassenäcker 205-8b
Goethestraße 205-8b
Grabenstraße 205-9a
Greutweg 205-8d

Hangweg 205-8d
Höflestraße (7) 205-8d
Höhenweg 205-8d
Hölderlinstraße (2) 205-9a
Hofgasse 205-9a

Kanalstraße 205-8d
Kelterstraße 205-9c
Kiesweg 205-9a
Kirchhalde 205-8d
Kirchstraße 205-8d
Kurzwiesenäcker 205-5c

Lerchenweg (4) 205-8b
Lindenhöfe 205-7a
Lindenstraße 205-8d
Lindenweiler 205-7a

Meisenweg (3) 205-8b
Mörikestraße 205-8b
Mühlhaldenstraße 205-8d

Narzissenweg 205-9a
Neckarstraße 205-9c
Nelkenstraße 205-9a
Neuffenweg 205-8d
Nürtinger Straße 205-8c

Obere Gasse 205-8b

Rosenstraße 205-9a

Schillerstraße (1) 205-8b
Schulstraße 205-8d
Seerosenstraße 205-9a
Seestraße 205-9a
Spessgertweg 205-8d
Starenweg (5) 205-8b
Steigstraße 205-8c
Steinbruchstraße 205-8d
Steinstraße 205-9a

Talstraße 205-9a
Tulpenstraße 205-9a

Uhlandstraße 205-8b
Untere Gasse 205-9a

Vornasset 205-8c

Wehrstraße 205-9a
Weiherstraße 205-8b
Wiesenweg (6) 205-8d

Untergruppenbach
PLZ 74199

Abstatter Straße 72-6b
Adlerstraße 73-1b
Ahornweg 73-5b
Alte Happenbacher Straße 72-6b
Am Baumgarten 72-6b
Am Hungerberg 72-6b
Am Lerchenberg 73-1a
Amselstraße 72-1c
Amselweg 73-1a
Am Ziegelacker 72-6b
Anemonenweg 72-1a
Asternweg (1) 72-1a
Auensteiner Straße 71-3b
August-Lämmle-Straße 73-4a
Aussiedlerhof Rattenhau 72-5b
Austraße 73-4a

Bachstraße 72-4b
Backhausgässle 73-4a
Beethovenstraße 72-1c
Beilsteiner Weg (12) 72-5a
Bergstraße 73-2d
Birkenweg 73-5b
Blumenstraße 72-1a
Bremer Steige 66-11c
Brunnengasse (10) 73-4a
Brunnenstraße (11) 72-4b
Brunnenweg 73-1a

Bubenhalde 72-1a
Buchenweg 66-11c
Buchklinge (7) 72-6b
Burgplatz 73-5b
Burg Stettenfels 72-4b

Donnbronn 65-12d
Donnbronner Straße 72-1b
Dressurplatz 72-2c
Drosselweg (6) 72-1d

Eichenweg 66-11c
Entenstraße 72-4b
Erlenhau 72-6b
Erlenweg 66-11c
Eschenrain 72-6b
Eulenweg 72-1d

Falkenstraße 72-1c
Fasanenstraße 72-1c
Fasanenweg 73-1a
Fichteweg 72-1b
Finkenstraße 72-1c
Fliederstraße 72-6b
Forststraße 73-2d
Frankenstraße 66-11c
Friedhofstraße 72-1d
Frischaufweg (5) 72-1a

Gartenhausgebiet Erlenbach 71-6d
Gartenstraße 72-6b
Gehrweg 72-6b
Goethestraße 72-1c
Grugstatt (8) 72-6b

Habichthöhe 72-1d
Hafnerhohle 66-11c
Haldenstraße 73-4a
Haller Straße 73-5b
Harthof 72-4b
Hasengasse 72-1c
Hauffstraße (8) 72-1c
Hauptstraße 72-1d
Hebbelstraße (1) 72-6b
Heerstraße 71-6d
Hegelstraße 72-1d
Heilbronner Straße 72-1d
Heilbronner Weg 67-11c
Heinrich-Böll-Straße 72-1b
Helfenberger Straße 72-5a
Herbert-Sehm-Straße (8) 72-1b
Hermann-Hagenmeyer-Straße 72-4a
Heumadenstraße 73-4a
Hirschgasse 73-4a
Hirtenstraße 66-10c
Hölderlinstraße 72-1c
Hölderlinweg (2) 72-6b
Hofackerweg 73-1a
Hofstatt 72-6b
Hof Stettenfels 72-2c
Hohbuchweg 72-6d
Holunderweg 72-6b
Holzmacherweg (6) 72-1a
Horkheimer Straße (4) 71-3b
Humboldtstraße 72-1d
Hundsbergstraße 72-1a

Ilsfelder Straße 72-4a
Iltisweg 72-1d
Im Dachsbau (3) 72-1d
Im Dornberg 66-11c
Im Eichenstock 72-6b
Im Fuchsloch (2) 72-1c
Im Grund (4) 72-6b
Im Gütle 72-1d
Im Kies 73-4a
Im Neugreut 72-5a
Im See 72-4b
Ingeborg-Bachmann-Straße 72-1b

Jägerhausstraße 66-10c
Julianne-Schaber-Straße (1) 73-1a

Kantweg 72-1b
Kappishalde 72-1d
Kelteräckerstraße 71-3b
Kelterstraße 72-3d
Kernerstraße 73-4a
Kirchgasse (13) 73-4a
Kirchgrund 72-1c
Kirchstraße 72-1d
Kirschbaumstraße 72-1a
Klarastraße 66-10c
Kleingärten Austenhälde 72-1b
Kleingärten Birkenbusch 72-3c
Kleingärten Heseler 71-6b
Kleingärten Plankenklinge 72-3d
Kuhsteige 72-1d
Kurze Gasse (11) 73-4a
Kurze Straße 71-3b

Lammgasse 73-1a
Lauffener Straße 71-3b
Lehmacker (6) 72-6b
Lehrensteinsfelder Straße 73-1a
Lerchenweg 72-4a
Lilienweg 72-1a
Lindenstraße 73-5b
Löwensteiner Straße 73-4a
Lohsteige 66-11c
Luise-Rinser-Straße 72-1b
Lutz-Sigel-Hütte 72-2c

Meisenstraße 73-1a
Mörikestraße 72-6b
Mörikeweg 72-1c
Moserstraße (9) 72-1d
Mozartstraße 72-1c
Mühle 72-4b
Mühlstraße 72-6d
Mühlweg 72-4b

Nelkenweg 72-1a
Nelly-Sachs-Straße (9) 72-1b
Neusätz (3) 72-6b
Nordstraße 73-4a

Obergruppenbach 66-10b
Obergruppenbacher Straße 72-1d
Oberheinriet 73-1c
Oberheinrieter Straße 73-4a

Pestalozzistraße 72-1d
Pfauenweg 72-1d

Reisbergstraße 66-11c
Richard-Wagner-Straße 73-4a
Rieslingstraße 65-12d
Rosenstraße 72-1a

Schafgrund 72-1c
Schickengässle (12) 73-4a
Schießmauerweg (9) 73-4a
Schillerstraße 72-1d
Schloßstraße 72-4b
Schozachweg (14) 73-4a
Schubertstraße 72-1c
Schulstraße 72-1c
Schwalbenstraße 73-1a
Schwalbenweg 72-1d
Schweinsbergstraße 66-10c
Siegfried-Levi-Straße 72-5a
Silcherstraße (7) 72-1d
Sopie-Bühler-Straße 66-11c
Sperberweg 72-1c
Spreuerbergstraße 73-4a
Starenweg (4) 72-1d
Steinhauerweg 72-1a
Steinsfelder Weg 66-11c
Stettenfelser Straße 72-5a
Sylvanerweg (2) 66-10c

Talheimer Straße 71-3b
Talstraße 72-4b
Talweg 73-4a
Taubenweg 72-1d
Thomas-Mann-Straße (7) 72-1b
Tränke 72-4c
Trollingerweg 65-12d
Tulpenweg 72-1a

Uhlandstraße 72-1c
Unter dem Weiler 72-1a
Untergruppenbacher Straße 66-10c
Unterheinriet 72-3c
Unterheinrieter Straße 73-1c

Veilchenweg 72-1a
Vorhof 73-2d

Weinsberger Straße 65-12d
Weststraße 73-1a
Wettgasse 73-4a
Wildecker Straße 72-5a
Willy-Reichert-Straße 72-6b
Wunnensteinstraße (3) 71-3b

Zeisigweg (5) 72-1d
Zeppelinstraße 72-4b
Zollerstraße (10) 72-4b
Zum Koppenhau 66-11c

Unterreichenbach
PLZ 75399

Am Fliederbusch (5) 121-9c
Am Heschen 121-7c

Bahnhofstraße 122-5a
Bergstraße 122-8a
Bieselsberger Weg 122-5c
Brunnenweg 122-8d

Calwer Straße 122-5c

Dennjächt 122-8a
Dennjächthaldeweg 122-8a

Eulenbachweg 121-12a

Flößerweg (3) 122-4b
Friedenstraße 122-5a
Friedhofstraße 122-4b
Frühlingshalde 121-9c

Gaiernweg 121-9d
Großer Müsseweg 121-8d
Grunbacher Straße 122-4b

Hardtweg 122-5c
Hausackerweg (1) 121-9d
Heckenweg (2) 121-9d
Herdgasse 122-8a
Herdweg 122-4d
Hoher Gassenweg 121-9c

Im Hasenrain 121-9d
Im Maile (3) 122-5c
Im Oberdorf 122-4b
Im Rosenhag (6) 121-9c
Im Seidigbusch (4) 121-9c
Im Steinriegel 121-9c
Im Tann 122-4b

Kapfenhardt 121-9a
Kapfenhardter Straße 122-4b
Kirchberg 121-9d
Kirchstraße 122-5a
Kleiner Müsseweg 121-9c
Kurt-Fischer-Weg (2) 122-5c

Landhausstraße 122-5c

Maueräckerstraße 121-9c
Mittlerer Langenauweg 122-1c
Mittlerer Müsseweg 121-8d
Mühlsteige 121-9d
Müßsägmühle 122-1d

Nagoldblick 122-4b
Nonnenweg 122-11d

Obere-Äcker-Weg (1) 122-4b
Obere Mühle 121-9d
Ober Langenauweg 122-4a
Ochsenbrücke (1) 122-5c
Östliche Hauptstraße 121-9d

Panoramastraße 122-5a
Pforzheimer Straße 122-4b

Rathausstraße 121-9d
Rittbergstraße (2) 122-4b

Salmbacher Straße 121-9a
Schäfersberg Weg 121-9c
Schömberger Straße 122-4d
Schömberger Weg 121-11b
Schönblickstraße 121-9d
Schulstraße 122-8a
Sonnenhalde 121-9c
Sprengergässle (3) 121-9d
Steinhofstraße 122-5c
Streuweg 122-7c

Talstraße 122-4d

Untere Mühle 122-7c
Unterer Langenauweg 122-1c

Waldstraße 121-9b
Westliche Hauptstraße 121-9c
Wilhelmstraße 122-8a

Zu den Mühlen 122-7c

Urbach (Rems-Murr-Kreis)
PLZ 73660

Adalbert-Stifter-Straße 137-8d
Ahornweg 137-8c
Akazienweg 137-5c
Altenbettweg 137-8c
Am Rathaus (7) 137-8d
Amselweg (10) 137-8d
Augustenstraße 137-8d
August-Lämmle-Straße 137-8d
Austraße 137-8d

Bachstraße 137-8c
Bärenbach 137-9b
Bärenhof 137-9b
Bärenhofstraße 137-8d
Banrain 137-5c
Barbarossaweg (3) 137-8b
Beckengasse 137-5c
Beethovenstraße 137-9c
Benzstraße 137-7c
Bernoldweg 137-8a
Bildackerstraße 137-8b
Birkenweg 137-5d
Blumenweg 137-5c
Brahmsweg 137-9a
Brucknerweg 137-9c
Brunnenstraße 137-5d
Buchenweg 137-8c
Burgstraße 137-5d

Daimlerstraße 137-8c
Dammweg 137-5d
Dieselstraße 137-8c
Drosselweg 137-9a

Eberhardstraße 137-8a
Eichenweg 137-5c
Elchinger Straße 137-8a
Erlenweg 137-5d
Espenweg 137-5a
Eulenhof 138-4d

Finkenweg 137-8d
Fischerweg 137-11b
Fliederweg 137-5c
Friedhofstraße 137-8b

Gänsbergstraße 137-8b
Gaisbergstraße 137-8a
Gartenstraße 137-8b
Gerundweg 137-8a
Gluckstraße 137-9c
Grenzweg 137-8c
Größenwiesenweg 137-8d
Grünlandstraße 137-8b

Händelweg 137-9a
Hagsteige 137-5a
Haubersbronner Straße 137-5c
Hauffweg 137-8d
Hauptstraße 137-8d
Hegelweg (15) 137-9c
Hegnauhof 137-10b
Hermann-Krieger-Straße 137-8b
Herrenwiesen 137-11a
Heuweg 137-7b
Höfle (8) 137-8d
Höhenweg 137-8b
Hölderlinweg 137-8a
Hofackerstraße 137-8a
Hohbergweg 137-8b
Hohenackerstraße 137-8b

Ilgenhof 137-9d
Im Schraien 137-8a
Industriegebiet Wasenmühle 137-7d
Innerer See 137-5d

Jahnstraße 137-8b
Jakob-Graß-Straße (16) 137-7b
Johannes-Schwäble-Straße (18) 137-7b
Joseph-Haydn-Weg (11) 137-9c

Kahlharz 137-5d
Kapffstraße 137-8a
Kastanienweg 137-5c
Kelterhalde 137-5d
Kelterweg 137-5d
Kernerweg 137-8d
Kindergartenweg (9) 137-8d
Kirchgasse 137-8a
Kirchplatz 137-8a
Kleines Feldle 137-8d
Konrad-Hornschuch-Straße 137-8c
Krebenhalde 137-8b
Kreuzweg 137-5c
Kürzestraße 137-9a

Langenäcker 137-4d
Ledergasse 137-5c
Leharweg (17) 137-9c
Lerchenstraße 137-8d
Lilienstraße 137-8b
Lindenweg 137-5c
Linsenbergweg 137-8a
Lippengärten 137-8c
Lisztweg (20) 137-9c
Lortzingstraße 137-9c

Maiergartenstraße 137-8d
Marktplatz 137-8d
Marktweg 137-8a
Merzengraben 137-5c
Mittlere Klinge 137-8a
Mönchsbergweg 137-5d
Mörikeweg (13) 137-8d
Mozartweg 137-9c
Mühlstraße 137-8a
Mühlwiesen 137-8a

Nelkenstraße 137-8b
Neuffenweg 137-8b
Neumühleweg 137-8c

Oberer Espach 137-8b
Obere Seehalde 137-5d
Orchideenstraße 137-8b
Orffweg (21) 137-9c
Orttobelstraße 137-9a
Oskar-Volk-Straße (20) 137-7b
Ostlandstraße 137-8c

Pestalozziweg (1) 137-8b
Polarstraße 137-8b

Quellenweg 137-8d

Raiffeisenstraße 137-8c
Rain 137-8a
Rechbergstraße 137-8b
Reitweg 137-5d
Remsradweg 137-7d
Remsweg 137-8c
Richard-Wagner-Straße 137-9c
Robert-Bosch-Straße 137-7d
Robert-Mayer-Straße 137-7b
Rosenstraße 137-8b

Schießgasse 137-8c
Schillerstraße 137-8d
Schlossstraße 137-5c
Schorndorfer Straße 137-8c
Schraienstraße 137-8a
Schrödergasse 137-5c
Schubertstraße 137-9c
Schüttenhengst 137-4d
Schumannweg (12) 137-9c
Schurwaldstraße 137-8c
Seebrunnenweg 137-8c
Seestraße 137-8d
Siemensstraße 137-7d
Silcherstraße 137-9c
Spitalgasse (6) 137-8d
Staufenstraße 137-8b
Steinbeisstraße 137-7d
Steinfeldstraße 137-8d
Stolzweg (18) 137-9c
Straußweg (19) 137-9c
Stuifenweg (2) 137-8b

Talstraße 137-8a
Teckweg 137-8b
Theodor-Bäuerle-Weg (4) 137-8a
Tobel 137-7d

Uferstraße 137-8b
Uhlandweg (14) 137-8d
Ulmenweg 137-5a
Ulrichweg 137-8a
Unterer Espach 137-8b
Untere Seehalde 137-5d

Vogelsang 137-8b

Walter-Beutel-Straße 137-8b
Wasenmühle 137-7d
Wasenstraße 137-7d
Webbach 137-5c
Webergasse 137-8d
Wellingshof 137-1d
Widerscheinstraße 137-8d
Wielandweg 137-9c
Wiesenstraße 137-8d
Wilhelm-Ahles-Straße (21) 137-8b
Wilhelm-Muller-Straße (19) 137-7b
Wilhelm-Staudenmayer-Straße (17) 137-7b
Wilhelmstraße 137-8d
Wittumstraße 137-8a
Wolfsgasse 137-8d

Zimmeräckerstraße (16) 137-9c

Vaihingen an der Enz
PLZ 71665

Abelstraße 94-3c
Adelheidstraße (8) 110-3b
Adlerstraße (2) 93-3d
Ahornweg 48-B3 + 94-6c
Albert-Schweitzer-Straße 94-7b
Alte Kleinglattbacher Straße 48-B1
Alter Postweg 48-A1 + 94-2d
Alter Postweg (Pulverdingen) 95-11d
Alter Ziegeleiweg (11) 95-7c
Alte Vaihinger Steige 94-8a
Am Bahndamm 48-B1
Am Bergle (1) 48-A2
Am Enzweihinger Tor (8) 48-A2
Am Fuchsloch 94-2b
Am Galgenfeld 94-6c
Am Hag 95-7c
Am Hammelberg (15) 94-9b
Am Schloßgarten 110-3b
Am Strudelbach 95-7a
Am Wolfsberg 94-6c
An der Reichsstraße 95-7a
An der Stadtmauer (6) 48-A2
Andreaestraße 48-B1 + 94-3c
Angelhof 48-B3
Angelstraße 48-B3 + 94-6a
Aschmannstraße 94-3c
Asternweg (6) 94-8d
Auf dem Angel 48-B2
August-Lämmle-Straße 93-3d
Aurich 94-7d
Auricher Straße 48-A3 + 94-5b
Austraße 48-B3 + 94-6c

Bädergasse 48-A2 + 94-6a
Beerhaldenstraße 94-9d
Berghof 95-7c
Bergstraße 110-3b
Birkenweg 48-B3 + 94-6c
Bismarckstraße 48-B2 + 94-6a
Bonlander Steige 95-7c
Braitstraße 95-7b
Brechtweg (3) 94-6b
Brenzstraße 48-B2 + 94-6a
Breslauer Straße 94-2d
Brombeerweg (8) 94-8c
Brotgasse (12) 94-8c
Bruckenwasen 94-9b
Brückenstraße 95-7a
Brunnenhaldenstraße 95-7d
Buchental 94-8d
Buchenweg 48-B3 + 94-6c
Buolweg (2) 95-7a
Burggasse 48-A2 + 94-5b
Burgunderweg (6) 93-3d
Bussardweg (4) 94-8c

Conbruchstraße 48-B1

Dahlienweg 94-8c
Dammstraße 48-B2 + 94-3c
Deichelgasse 48-A2 + 94-5b
Diamantenstraße 94-8d
Dieselstraße 94-8d
Dornfelderweg 93-6b
Dornweg 94-8c

Eberdinger Straße 110-3b
Eichendorffstraße 48-B1 + 94-3c
Eichhof 94-11a
Einsteinstraße 94-6d
Emil-Keßler-Weg (19) 94-3a
Enzgasse 48-A3 + 94-6a
Enzhaldenweg (14) 94-9d
Enzweihingen 95-7c
Erich-Blum-Straße 95-7a
Erlenweg 94-6c

Fliederweg (9) 95-7d
Flößerstraße 93-6b
Florian-Geyer-Straße 94-8a
Floschweg 48-B3 + 94-6a
Fontaneweg (1) 94-6b
Franckstraße 48-B2 + 94-6a
Friedrich-Kraut-Straße 94-3c
Friedrichstraße 48-A2
Fuchsloch 94-2b
Furtbergstraße 110-3b

Gänsheide 94-8c
Gartenstraße 95-7a
Gebrüder-Sus-Weg (6) 95-7a
Gerberstraße 48-A3 + 94-6a
Gerokstraße 48-B1 + 94-3c
Ginsterweg (7) 95-7d
Gladiolenweg (5) 94-8d
Goethestraße 48-B1 + 94-3c
Goldlackweg (17) 94-8d
Gottfried-Keller-Straße 94-8a
Grabenstraße 48-A2 + 94-5b
Graf-Gottfried-Straße 48-A1 + 94-3c
Grempstraße 94-3c
Grezgasse 48-A2
Großglattbacher Weg 94-5d
Grund 94-10b
Gutenbergstraße 48-B3 + 94-6c

Haberkernweg 110-3b
Hagdornweg (3) 94-8c
Hagenrainstraße 94-4a
Halde 94-8c
Hans-Krieg-Straße 48-B2 + 94-6a
Haselweg (10) 95-7d
Haspelweg 48-B3
Hauffstraße 94-2d
Hebelweg 94-6b
Hegelstraße 48-B2
Heidenring 95-7c
Heidestraße 110-3b
Heilbronner Straße 48-A2 + 94-6a
Heiligkreuzstraße 48-B2 + 94-6a
Heineweg (2) 94-6b
Heinrich-Bürger-Weg (20) 94-3a
Heinrichstraße (15) 94-8c
Helfensteiner Weg (7) 93-6b
Helmut-Ulmer-Straße 94-9d
Hemminger Weg (7) 110-3b
Herbergasse (5) 95-7b
Herderweg 94-6b
Heroldstraße 93-6b
Hertzstraße 94-8d
Hessenthalerweg (4) 48-B2 + 94-6a
Hesseweg 94-6b
Hexenpfädle 48-B3 + 94-6c
Hillerstraße 48-B3 + 94-6a
Hindenburgstraße 95-7c
Hinter der Kirche (4) 95-7a
Hinter der Mühle 94-8c
Hirsauer Straße 94-8c
Hochdorfer Straße 95-7a
Höhenstraße 110-3b
Hohbergstraße 94-7b
Holderweg (8) 95-7d
Humboldtstraße 94-8c

Iglauer Straße 48-A1
Im Auricher Tal 95-7c
Im Biegel (3) 95-7a
Im Gässle 95-7b
Im Graben 48-B2
Im Hörnle 95-7c
Im Holzgarten 48-A3 + 94-5b
Im kleinen Täle 95-7c
Im Mühlkanal 48-A2 + 94-5b
Im Pfarrhof (13) 95-7a
Im Rötenhart 94-6b
Im Steinbruch 48-B2
Im Taigtrog 48-B1 + 94-3c
Im Vogelsang 95-7c
Im Wiesengrund 95-7c
In der Au 94-9a
In der Seite 110-3b
Irisweg (7) 94-8d

Jahnstraße 95-7a
Jauerniger Straße 94-2d

Karl-Blessing-Straße 95-7a
Katrinstraße 94-3c
Kehlstraße 48-B3 + 94-6a
Keltergasse 48-A2 + 94-6a
Kelterplatz 93-3d
Kiefernweg (8) 94-6c
Kirchgasse 48-A2
Kirchplatz 48-A2
Kleiststraße 94-8a
Klingengasse (7) 48-A2
Königsberger Straße 94-2d
Köpfwiesenweg 48-A2 + 94-5b
Köszeger Straße 94-2d
Kolberger Straße 48-B1
Koppstraße (1) 95-7a
Kornblumenweg 94-6c
Krautgartenweg 93-6b
Kreuzbachstraße (14) 94-8c
Kreuzweg 95-7d
Krokusweg (11) 94-8d
Kronengäßle (13) 93-3d
Kurt-Schumacher-Straße 94-2d

Ländelstraße (9) 93-3d
Lärchenweg 48-A3 + 94-6c
Lammgäßle (10) 93-3d
Lateinschulgasse 48-A2
Lehmenstraße 95-7a
Leimfabrikstraße 94-6d
Leinfelder Hof 95-5c
Leinfelder Straße 95-7b
Lembergerweg (5) 93-3d
Lerchenhof 94-12b
Lessingstraße 48-B1 + 94-3c
Lilo-Hermann-Ring 94-2d
Lindenhof 95-7b
Lindenplatz 93-3d
Löbertstraße 48-B2 + 94-6a
Ludwigsburger Straße 110-3b
Lugstraße 93-3d

Manfred-Behr-Straße 94-1c
Margeritenweg (7) 94-6c
Marienburger Straße 48-A1 + 94-2d
Markgröninger Straße 110-3b
Marktgasse (3) 48-A2
Marktplatz 48-A2 + 94-6a
Mauerpfefferweg 94-8d
Maulbeerweg (15) 94-3a
Mönchbergstraße 93-3d
Mühlhäuser Straße 93-3c
Mühlstraße 48-A2 + 94-5b
Mühlwiesenweg 95-7c
Muskatellerstraße 93-6b

Narzissenweg (9) 94-8d
Nebensteigle 94-3c
Nebenweg 94-3c
Neue Bahnhofstraße 94-3a
Neue Gasse 48-A2
Nußdorfer Straße 94-8c

Ob der Linde 95-7d
Oberamteigasse (4) 48-A2
Oberer Lehen 94-2b
Oberer Linsenberg (1) 94-8a
Ochsengasse (16) 94-8c

Papierfabrikstraße (12) 95-7c
Paracelsusstraße (1) 110-3b
Parkweg 94-8b
Pestalozzistraße 94-8d
Pfarrgartenweg (3) 93-3d
Pfarrgasse 95-7a
Philosophenweg 94-2b
Planckstraße 94-6b
Portugieserstraße 93-6b
Poststraße 95-7a
Pregitzerstraße 94-3c
Pulverdingen 95-12b

Radbrunnengasse 48-A2 + 94-6a
Raichengasse 48-A2
Raiffeisenstraße 110-3b
Rampacherstraße 95-7c
Rathausstraße 93-3d
Rebenstraße (1) 93-3d
Rebhaldenstraße (10) 94-8d
Reitsteige 94-8c
Richthofenstraße 94-8c
Rieslingweg (8) 93-6b
Riet 94-12c
Rieter Straße 95-7c
Rieter Tal 95-10a
Rilkeweg 94-6b
Robert-Bosch-Straße (3) 110-3b
Römerstraße 94-8a
Röntgenstraße 94-6b
Rosenweg 95-7a
Rosmarinweg (9) 94-6c
Roßwag 93-6b
Rotkleeweg 94-6c
Rübenäcker 94-4a
Ruländerstraße (12) 93-6b

Salbeiweg 94-6c
Salzäckerstraße 94-6c
St.-Johännser-Ring 94-9d
St.-Martin-Straße 93-3d
Saphirweg 94-8d
Schafgasse 95-7b
Schleifhäldenweg 48-B3
Schlimmer 94-6d
Schloßbergstraße 48-A2 + 94-5b
Schloß Kaltenstein 48-A2 + 94-5b
Schloßstraße (2) 48-A2
Schönblickweg 94-8c
Schreinergasse (13) 94-8c
Schulstraße 95-7c
Schwabstraße 94-3d
Schwarzwaldstraße 94-7b
Schwieberdinger Straße 95-7a
Seemühle 94-2c
Seitenstraße 94-8c
Silvanerstraße 93-3d
Sonnenbergstraße 94-8c
Sonnenblumenweg 94-8d
Sonnenwirtleweg 94-6d
Sperberweg 94-8c
Spitalstraße 48-A3 + 94-6a
Stegwiesenstraße 94-4a
Steinbeisstraße 94-2d
Steinhaldenweg 48-A1 + 94-2d
Steinwerk 48-A1
Strebelstraße 93-6b
Strohgäustraße 94-8c
Strudelbachstraße 110-3b
Stumppweg 95-7a
Stuttgarter Straße 48-A2 + 94-6a
Sudetenstraße 94-9b
Südmährenstraße (5) 110-3b

Tafinger Straße 94-3a
Talhof 95-8b
Talmühle 94-5d
Talweg 110-3b
Tannenweg 94-6c
Taxisring 95-7a
Theodor-Storm-Straße (2) 94-8a
Thymianweg (10) 94-6c
Tiefes Tal 95-8a
Tränkgäßle (5) 48-A2
Traubenstraße 93-6b
Trollingerweg (4) 93-3d
Tulpenweg 48-B3 + 94-6c
Turmstraße 48-B2 + 94-6a

Ulmenweg 48-B3 + 94-6c
Unter den Weingärten 94-6b
Unter der Schule (4) 110-3b
Unter Eck 94-9b
Unterer Hof 95-7b
Urbanweg 93-3d

Vaihinger Straße 95-7a
Vogelbeerweg (16) 94-3a
Volksschulweg 48-A2
Von-Reischach-Straße 110-3b

Waldhof 95-10b
Walter-de-Pay-Straße 48-A3 + 94-5d
Wassermanngasse (11) 93-3d
Weilerstraße 94-7b
Weinbergstraße 93-3d
Weinkellerstraße 94-1c
Weinring 93-3d
Wilhelm-Busch-Straße (2) 110-3b
Wilhelm-Feil-Straße 48-B3 + 94-6a
Wilhelm-von-Hohenheim-Straße (6) 110-3b

Zeppelinstraße 48-B1 + 94-3c
Ziegelgartenstraße 48-A3 + 94-6a
Znaimer Straße 48-A1 + 94-3c

Veringenstadt
PLZ 72519

Alemannenstraße (3) 375-10a
Amselweg 375-7c
An der Hüfte 375-10d
An der Reute 375-10a
Außerstadt 375-10b
Aussiedlerhof 375-10a

Bahnhofstraße (5) 375-10b
Beethovenstraße 375-7c
Bei der Lohmühle 375-10c
Bergweg 375-4d
Berliner Straße 375-10a
Birkenstraße 375-10b
Breitnaustraße 375-10a
Brühlweg 375-10b
Buchenstraße 375-10a
Buchhöfe 375-12c
Burgweg 375-10a

Deutstetter Straße 375-10d
Dürerstraße 375-10b

Eichenstraße 375-10a
Eschenweg (1) 375-10a

Forellenweg 375-10b
Friedrich-List-Straße (4) 375-10a

Gayernstraße 375-10a
Göpfelsteinhöhle 375-10a
Goethestraße 375-10a
Gunzenhofstraße 375-10b

Hadeck 375-10c
Hagentorweg (6) 375-10c
Harthauser Straße 375-10a
Hauptstraße 375-7b
Haydnstraße 375-10a

71332 Johannes-Auwärter-Straße (1) 132-6b
71334 Junge Weinberge 48-B1 + 133-1c

71336 Kästnerstraße 116-9d
71334 Käthe-Kollwitz-Weg 133-2a
71336 Kaffeeberg (5) 117-10c
71336 Kantweg (16) 117-7c
71334 Kapellenweg 116-8d
71332 Kappelbergstraße 132-6c
71336 Kappelstraße 116-3d
71336 Karl-Klingler-Straße 116-9d
71332 Karlstraße 48-A2 + 132-3d
71336 Karl-Ziegler-Straße 116-9b
71332 Karolingerstraße 48-B3 + 132-6d
71334 Karrweg 133-5c
71332 Kegelplatz 48-B2
71336 Kehlenweg 116-3d
71336 Keltenstraße 116-3d
71336 Kelterstraße 116-9b
71332 Kernenstraße 132-6c
71334 Kernerstraße 133-5d
71336 Kiebitzweg (2) 117-10a
71336 Kirchplatz (8) 116-3b
71334 Kirchstraße 116-11b
71336 Kirchstraße (6) 116-11b
71334 Kirchwiesenstraße (3) 133-5c
71336 Kirschenweg (18) 117-10a
71336 Kleewiesenweg 116-3b
71336 Kleiberweg 116-9b
71334 Kleine Gartenstraße 116-8d
– Kleiner Postplatz 48-A2
71332 Kleinhegnach 116-12d
71334 Kleinheppacher Straße 133-5d
71330 Kleistweg (17) 117-7c
71336 Klingenstraße 117-1a
71336 Klingenweg (11) 116-3b
71336 Klinglestalstraße 117-10a
71336 Königshalde (10) 116-9d
71336 Kohlweg (6) 117-10c
71334 Korber Steige 133-1c
71334 Korber Straße 133-1c
71336 Kornblumenstraße (8) 116-9b
71334 Krähenweg 117-7c
71336 Kranichstraße (2) 116-9b
71336 Krautlandweg (8) 132-3b
71336 Kriegsbergstraße 117-7a
71332 Krokusweg (7) 132-6d
71332 Krummenland 133-5b
71336 Kuckuckweg (11) 117-10a
71334 Küferstraße 133-5d
71332 Kurze Straße 48-B2 + 132-3d

71336 Lange Äcker 117-7a
71332 Lange Furche 117-1b
71332 Lange Straße 48-A2 + 132-6b
71336 Laubenweg 117-10c
71332 Leibnizweg 48-A1 + 132-3c
71336 Leintelstraße 116-3b
71336 Lembergweg 116-3b
71332 Lenaustraße 132-3a
71332 Lenzhalde 132-9a
71336 Lerchenbergstraße 116-3d
71334 Lerchenstraße 133-1c
71332 Lessingstraße 132-6d
71334 Liebenzeller Straße 133-5d
71336 Ligusterweg (14) 116-3d
71336 Lilienstraße 117-10c
71334 Lindenäckerstraße 116-11b
71336 Lindenstraße 116-9b
71332 Lise-Meitner-Straße 133-4c
71336 Liststraße 117-7c
71332 Lortzingweg 132-3c
71332 Lucas-Cranach-Weg (4) 132-3c
71332 Ludwigsburger Straße 132-3c
71334 Luikenweg 133-1a
71334 Luise-Duttenhofer-Weg (1) 133-1b
71332 Luisenplatz 48-B3

71334 Marbacher Weg 116-8d
71334 Margaretenweg (4) 116-9c
71332 Marionstraße 132-6a
71332 Marktdreieck 48-B2
71332 Marktgasse 48-A2
71332 Marktplatz 48-A2
71332 Martin-Luther-Straße 132-6a
71332 Masurenweg 132-9a
71332 Max-Eyth-Straße 132-5b
71332 Maybachstraße 132-5b
71332 Mayenner Straße 48-A3 + 132-6a
71334 Meisenweg 133-1d
71334 Melissenweg 116-12a
71332 Mendelssohnstraße 132-3c
71334 Mercedesstraße 116-11b
71336 Mirabellenweg (16) 117-10a
71332 Mittlere Sackgasse 48-B2
71336 Möhrenweg 117-10c
71336 Mörikestraße 116-9d
71336 Möwenweg (23) 117-7c
71336 Mozartstraße (14) 116-9d
71336 Mühlgrund 116-9b
71334 Mühlweg 133-5c
71336 Mühlweingärten 116-3a

71334 Nachtigallenweg 133-1d
71334 Narzissenweg (3) 116-9a
71334 Neckarremser Weg 116-8d
71334 Neckarstraße 116-11b
71336 Nelkenweg 117-7c
71332 Neue Gasse 48-B2
71332 Neue Rommelshauser Straße 132-6a
71336 Neugreuth 116-3b
– Neustadt 117-7d
71336 Neustadter Hauptstraße 117-10c
71334 Neustädter Straße 48-A1 + 132-3b

71336 Obere Brunnengasse 116-3b
71332 Oberer Ring 133-4c
71334 Oberer Rosberg 48-B1 + 132-3b
71332 Obere Sackgasse 48-A2
71334 Obere Steigstraße 116-8d
71334 Obsthalde 133-5c
71334 Oeffinger Straße 116-11b
71332 Öhlengärten 133-5d
71336 Ofenäcker 116-3b
71336 Ofengasse 116-3b

71332 Olgastraße 132-3c
71332 Oppenländerstraße 132-6a
71332 Orchideenweg 132-6c
71334 Ossweiler Weg 116-8d
71336 Ottmar-Mergenthaler-Straße 117-7a

71334 Panoramastraße 133-5d
71332 Pfarräcker 117-10a
71332 Pfarrgasse 48-A2
71336 Pfarrweg (10) 116-3b
71336 Pfauenweg 116-9b
71334 Pfefferminzweg 116-12a
71336 Pfirsichweg (15) 117-10a
71336 Pirolweg 117-10a
71332 Pommernweg 132-9a
71334 Portugieserweg 133-5b
71336 Prinzenweg (7) 117-7a

71334 Quellenstraße 133-5d
– Querspange 48-A3
71336 Quittenweg 117-10a

71336 Raithelhuberstraße 116-9b
71336 Rank 116-12d
71334 Rathausstraße 133-5c
71334 Rebhuhnweg 117-10a
71336 Rechbergstraße 116-9b
71336 Reiherweg 116-12b
71336 Remser Straße 116-3d
71336 Remser Weg 116-6a
71334 Remsgartenstraße 133-5c
71336 Remsmühle 116-9c
71334 Remswiesenstraße 133-5c
71332 Richard-Wagner-Straße 48-A1 + 132-3c
71336 Rienzhofenstraße 116-3d
71336 Rienzhofer Mühle 116-3d
71334 Rieslingstraße 133-5d
71336 Ringstraße 117-10a
71332 Rinnenäckerstraße 132-6c
71336 Risselbronnen 117-10c
71334 Robert-Bosch-Straße 116-11b
71336 Römerstraße 116-3d
71334 Römerweg 116-11b
71332 Röntgenweg 48-A1 + 132-3c
71332 Rötestraße 132-6d
71334 Roggenstraße 116-11b
71334 Rosenstraße 116-8d
71334 Roßäckerweg 133-5b
71336 Rothaldenweg 117-10c
71336 Rotkehlchenweg (5) 117-10a
71336 Rotländerstraße 116-9b
71336 Rotweg 116-6d
71332 Ruhrstraße 132-5d

71332 Saarstraße 132-6c
71332 Sachsenweg 132-9a
71334 Salbeiweg 116-12a
71334 Salierstraße 133-1b
71334 Salzbrunnen 133-1d
71334 Sandwiesenstraße 133-8a
71334 Schäferweg 116-11b
71332 Schänzle 133-4c
71336 Schärisweg 117-10a
71334 Schafhofäcker 133-7b
71332 Scheffelstraße (4) 132-6b
71332 Schellingstraße 48-A1 + 132-3b
71332 Scheuerngasse 48-A2
71332 Scheuernwinkel (3) 48-A2
71334 Schickhardtstraße 116-8d
71336 Schillerstraße 116-3d
71332 Schippertsäcker 48-A1
71334 Schlehenweg 116-8b
71332 Schlesierweg 132-9a
71336 Schlossgasse (5) 116-3d
71336 Schlosshof (4) 116-3d
71334 Schmalkalder Straße 133-1d
71332 Schmidener Straße 48-A2 + 132-3c
71336 Schmiedgasse 116-3b
71336 Schneider-Bäumles-Weg 117-10d
71336 Schneiderweg 117-10a
71336 Schnellenmühle 116-3a
71336 Schönblickstraße 116-3b
71332 Schopenhauerweg (1) 132-3a
71332/71334 Schorndorfer Straße 48-B3 + 133-4a
71332 Schubartstraße (2) 132-6b
71332 Schüttelgrabenring 132-6d
71336 Schützenstraße 116-9a
71332 Schulgasse 48-B2
71336 Schulstraße 116-3b
71332 Schurwaldstraße 132-6d
71336 Schwabenweg 116-3d
71332 Schwabstraße 48-A3 + 132-6b
71336 Schwaikheimer Straße 116-3b
71334 Schwalbenweg 133-1d
71336 Sebastian-Bach-Straße (15) 117-7c
71336 Seestraße 117-10c
71334 Seewiesenstraße 133-5c
71332 Silcherstraße 132-6a
71334 Sörenbachstraße 133-1b
71336 Sörenbergweg 117-10c
71332 Sommerhalde 132-6d
71334 Sonnenrain 133-5b
71336 Sonnenweg 116-3b
71336 Spechtweg 117-10a
71334 Sperberweg 133-1c
71336 Sperlingweg (10) 117-10a
71336 Spitalhaldenweg 117-10c
71336 Staffelberg (7) 117-10c
71334 Stahläckerweg 133-5b
71336 Starenweg 117-10a
71334 Stauferstraße 133-1b
71334 Steigenweglе 116-8d
71332 Steinbeisstraße 132-2d
71332 Steingrube 48-B1 + 132-3b
71336 Sternweg (2) 116-3b
71336 Stieglitzweg 116-9b
71336 Storchenweg (7) 117-10a
71332 Stuttgarter Straße 132-5d
71332 Sudetenstraße 132-9a
71334 Sulzbachstraße (7) 133-5d

71332 Talstraße 48-A1 + 132-3c
71332 Tannenhölzle (9) 132-3b
71336 Taubenstraße 117-10a

71336 Teichäcker 117-10a
71334 Teinacher Straße (9) 133-5d
71336 Thayaweg 117-7c
71336 Theodor-Heuss-Straße 117-7a
71332 Theodor-Kaiser-Straße 48-A3 + 132-6b
71332 Thomas-Mann-Straße 132-6b
71336 Toräcker 117-10c
71336 Torstraße 117-10c
71336 Traubenweg (13) 117-10a
71336 Trollingerweg 117-10a
71332 Tulpenweg 132-9b

71334 Überkinger Straße (10) 133-5d
71336 Uhlandstraße 116-9d
71336 Ulmenweg 116-3b
71332 Ulrichstraße 132-3c
71336 Untere Badstraße 117-10c
71334 Untere Bergstraße (2) 133-5c
71336 Untere Brunnengasse 116-3b
71332 Untere Lindenstraße 48-A3
71334 Untere Luß 133-5b
71334 Unterer Rosberg 48-A1 + 132-3b
71332 Untere Sackgasse 48-B2
71334 Untere Steige 116-9c
71334 Urbanstraße 133-5b

71336 Veilchenweg (12) 117-7c
71336 Viehweg 117-1a
71336 Vogelsangstraße 117-1a
71334 Vorderes Sörenfeld 117-10d
71336 Vorgartenstraße 116-9b

71334 Waiblinger Straße 133-4d
71332 Waldmühlenweg 48-A1 + 132-3b
71336 Waldstraße 116-3b
71336 Wankelstraße 117-7d
71332 Wasserstubenweg 132-3c
71332 Weidachstraße 132-6a
71336 Weidenstraße 116-9b
71336 Weinbergweg 117-10a
71332 Weingärtner Vorstadt 48-A2 + 132-3d
71334 Wendelkönig 133-1a
– Westtangente 132-6a
71336 Wette (3) 117-10c
71336 Wiedehopfweg (8) 117-10a
71336 Wiesenstraße 116-9b
71334 Wildtaubenweg 133-1d
71336 Wilhelm-Busch-Weg 116-9d
71336 Wilhelm Läpple Weg 117-10a
71334 Wilhelmstraße (3) 116-11b
71334 Winnender Straße 48-B1 + 133-1c
71336 Wirtembergstraße 117-7a
71334 Wolfgang-Gans-Straße (2) 116-11b
71332 Wurmhalde 116-12d

71332 Zacherweg 132-3c
71336 Zaunkönigweg 117-10a
71332 Zehnhof (2) 48-A2
71336 Zehnmorgen 133-1a
71334 Zeisigweg 133-1c
71332 Zeppelinstraße 132-5b
71332 Ziegeleistraße 132-5b
71336 Zillhardtshof 117-4c
71332 Zwerchgasse 48-A2
71332 Zwinger 48-A2

Waldachtal
PLZ 72178

Albert-Schweitzer-Straße 277-3d
Allmendgasse 277-3b
Altheimer Weg 278-1c
Am Schneckenbach 277-3d
Am Südhang 277-3c
Am Waldeck 277-3b
Artur-Fischer-Straße 277-3b
Aussiedlerhof Rieger 277-3c

Baumgartenweg (2) 277-3a
Biergasse 258-11c
Brühlstraße 258-11d
Bühlstraße 277-3d

Dorfackerstraße (2) 258-11c
Dorfgasse 278-1a
Dorfstraße 258-11d
Dornstetter Straße 277-2b

Eichenweg 258-7c
Erlenweg 258-7c
Eschenweg 258-7c
Eulenweg 277-3a

Falkenweg 277-3b
Feriendorf Waldachtal 258-7c
Fichtenweg (4) 258-11c
Finkenweg (1) 277-3b
Fliederweg (3) 258-7c
Forchenweg (3) 258-11c
Forststraße (2) 258-7c
Freudenstädter Straße 258-11a
Friedhofweg 258-11d
Friedrich-Schneck-Straße 277-3b

Gartenstraße 258-11c
Getreidemühle 278-3a
Gewerbegebiet „Ländle" 258-10b
Ginsterweg (4) 258-7c
Grünmettstetter Straße 278-1c

Häfnergasse 277-3d
Hängle 277-3d
Härteweg 277-3a
Hangstraße 277-3a
Hartweg 277-2b
Haselweg 258-7c
Hauptstraße (Salzstetten) 258-11d
Heerweg 277-2b
Heiligenbronn 258-10a
Herbert-Frank-Straße 258-11a
Heubergstraße 258-11d
Höhenstraße 277-3c
Hörschweiler 277-2b
Hohlgasse 277-3d

Horber Straße 258-11c
Hornisgrindeweg 258-11c

Im Auchert 278-1c
Im Bürgle 258-11c
Im Gäßle 258-11d
Im Hofacker 258-11d
Im Ländle 258-11a
Im Lindele 278-1c
Im Lindental 277-2b
Im Martinskirchle 277-3d
Im Schneckengarten 258-11c
Im Winkel (1) 258-11d

Jägergarten 277-3b

Käppelesstraße 277-3a
Kesselweg 258-11d
Kiefernweg 258-7c
Kirchstraße 277-3a
Kniebisweg 258-11a
Kreuzackerstraße 258-11c
Krummäcker 278-2b

Lange Furch 258-10b
Lange Länder 277-3b
Lange-Länder-Weg 277-3d
Lange Teile 277-2d
Laudenweg (5) 258-11d
Lettenbergstraße 258-11a
Lindenstraße 258-4c

Max-Eyth-Straße 277-3b
Mühlsteig 277-3a

Oberdorfstraße 258-11c
Oberes Fischhäusle (7) 278-2b
Obere Waldgasse 258 11d
Oberwaldach 258-7c

Panoramastraße 258-11c

Rathausgäßle 277-3a
Reuteweg 277-2b
Robert-Bosch-Straße 258-11a
Römerstraße 277-3a
Rötweg 277-3b

Sägemühle 258-11d
Salzstetten 258-11a
Salzstetter Weg 278-3a
Schellenbergstraße (Tumlingen) 277-3b
Schlattweg 258-11a
Schlehenweg 258-7c
Schliffkopfweg 258-11a
Schloß Trockenburg „Salzstetter Schlößle" 258-11d
Schönaustraße 277-3a
Schwabswiese 277-3b
Seeweg 258-11a
Sommerhalde 278-2b
Sonnenhang 277-3b
Spielwiesenweg 277-3d
Stankt-Hilarius-Weg 277-3d
Steigweg 277-3b
Stockengartenstraße 277-3a
Stockenweg 277-3a

Talstraße 277-3b
Talweg 258-11c
Tannenweg 258-11c
Theodor-Heuss-Straße 277-3b
Theodor-Schüz-Straße 277-3b
Tumlingen 277-6b

Unteres Fischhäusle (6) 258-11d
Unterwaldach 258-4c

Vörbacher Weg 258-4c
Vorderes Gäßle 278-1a

Wacholderweg (1) 258-7c
Waldgasse 258-11d
Waldhof 258-8c
Waldhofweg 258-11a
Weiherweg 277-3d
Weinhalde 278-1c
Weißdornweg 258-7c
Wolfäcker 258-11c

Ziegeltalstraße 258-11c

Walddorfhäslach
PLZ 72141

Achalmstraße 226-12a
Äckerlesweg 226-12c
Ahornstraße 226-11c
Albblickstraße 226-11c
Albstraße 226-12b
Altenrieter Weg 226-12b
Am Heuäcker 226-11b
Amselweg 226-12a
Auchtert 226-10b
Auchtertklingenweg 226-8c

Bachstraße 226-11d
Baindweg 250-2b
Baumweg (1) 226-11d
Bauschhausgässle (3) 226-12b
Bertha-Benz-Straße 250-2b
Beundengärten (11) 250-2b
Birkenstraße 226-11a
Blumenweg 226-11d
Brühlstraße 226-11c
Brünnlesweg 226-11c
Brunnenstraße 226-11d
Brunnfeldstraße 226-9d
Buchenstraße 226-11d

Dettenhauser Straße 226-11c
Dörnacher Weg 250-2b
Dorfstraße 226-12b
Drosselweg 226-12b

Eibenstraße 226-11d
Eichenstraße 226-11c
Entenhof (5) 226-11d
Erlenstraße 226-11b
Eschenstraße 226-11b
Eugenstraße 226-11d

Fichtenstraße 226-11d
Finkenstraße 226-12a
Forchenstraße 226-11b
Forststraße 226-11d
Friedhofstraße 250-2b
Friedrichstraße 226-11d
Fuchshauweg 225-9d
Fuchswasenweg 226-10b

Galgenbergweg 226-9d
Gartenstraße 250-2b
Gespannallee 225-12c
Grüner Weg 250-2b
Gustav-Werner-Straße 226-11d

Häslach 226-9d
Häslacher Weg 226-12a
Hauptstraße 226-11d
Heerstraße 250-3a
Herdweg 226-11c
Hinter dem Kirchhof 226-12c
Hohebildstraße 226-12c

Im Fürhaupt 226-11d
Im Gässle 250-3a
Im Grind 226-11b
Industrieweg 226-12b

Jägerstraße 226-11d
Jahnstraße 226-11d
Jakobstraße 250-3a
Johannes-Majer-Straße 250-2b
Jusistraße (6) 226-12a

Kaffeehof (2) 226-12b
Kappel 250-2b
Karlstraße 226-12b
Kirchgasse 226-12c
Kümmerlesgasse (1) 226-12b
Kürnsteigweg 226-12a

Lachenweg 226-12b
Lamparterstraße 250-2b
Landstraße 226-12b
Laubengasse 226-12a
Lerchenweg 226-11d
Lindenstraße 226-11b

Mühlbachweg 250-3a
Mühlweg 226-12c

Neue Hofmeistersteige 225-12b
Neuer Aussiedlerhof 226-10b
Nonnengasse 226-11d

Obere Grabenstraße 226-12c
Oettingerstraße (4) 226-11d

Pfädle 250-2b
Pfalzgrafenhof (7) 226-12c
Pfarrgartenweg 226-11d

Quellenstraße 226-12b

Rasenweg 226-11d
Rathausgasse (8) 250-2b
Rechbergstraße (5) 226-12a
Rehhaldenweg 225-12c
Reichenbachweg 226-11c
Ringstraße 226-12b
Römerweg 226-9d
Rosenweg 226-12a
Roßbergstraße (4) 226-12a

Schlattgrabenstraße 226-11c
Schloßhof (10) 250-2b
Schönbuchstraße 226-11c
Schubertstraße 250-2d
Schützenstraße 250-3a
Schulstraße 226-12a
Schwalbenstraße 226-12a
Schwarzerhauweg 225-12b
Seestraße 226-12b
Siedlerweg 226-11c
Sonnenweg 226-11d
Staufenstraße (8) 226-12a
Steinbruchweg 249-3b
Steinhäulesweg 249-3b
Stuifenstraße (7) 226-12a
Stuttgarter Straße 226-12c
Sulzsteige 226-8c

Talbrunnenweg (9) 250-2b
Talstraße 226-12b
Tannackerweg 225-12c
Tannenweg 226-11b
Teckstraße (9) 226-12a
Tiergartenweg 226-11d
Tübinger Straße 250-2b
Turmstraße 226-12b

Uhlbergstraße 226-9d
Untere Gasse (2) 226-11d
Untere Grabenstraße 250-3a

Viehtriebweg 226-10a
Vogelsangstraße 226-12b

Wagnergasse (3) 226-11d
Walddorf 226-12c
Walddorfer Straße 226-12c
Waldenbucher Weg 226-11c
Weberstraße 226-11d
Weihergasse (6) 226-11d
Wiesenhof 226-11d
Wiesenweg 226-11d

Ziegelweg 226-11c
Zollernblickstraße 226-12a

Waldenbuch
PLZ 71111

Ahornweg (21) 225-2b
Alfred-Ritter-Straße 201-11d
Alte Dettenhäuser Straße 225-2b
Altenhaustraße 225-2b
Alter Weg 201-11d
Am Hang 226-1a
Am Sonnenhang 201-11d
Am Waldrand 226-1a
Auf dem Graben 225-3a
Aussiedlerhöfe 225-2c
Austraße 226-1a

Bachenmühle 226-1a
Bahnhofstraße 225-3a
Beethovenstraße 225-3b
Berliner Straße 201-12d
Betzenbergstraße 225-3c
Birkenwaldweg 202-10c
Birkenweg 225-2b
Blatterweg (17) 225-3a
Bogenstraße 201-12d
Bonholzstraße 225-3c
Brahmsweg 201-12d
Breitneweg 201-12d
Breslauer Straße 201-12d
Brucknerstraße 225-3b
Brühlweg 225-3a
Brunnenstraße 226-1c
Buchenhof 225-2d
Bussardweg 201-12b

Charlottenweg (28) 202-10c

Dannockerstraße (12) 225 3a
Danziger Straße 201-12d
Dresdner Straße 201-12d
Drosselweg (2) 201-12c

Echterdinger Straße 201-12c
Egerstraße 201-12d
Eichenhof 225-3d
Eugen-Bolz-Straße (25) 201-12d
Eybachweg 225-2b

Fasanenweg 201-12b
Finkenweg (1) 201-12c
Forchenweg 225-2b
Forststraße 201-12c
Franziskaweg (29) 201-12d
Friedhofstraße 226-1a

Gablonzer Weg (5) 201-12d
Garnweidenweg (22) 225-3b
Gartenstraße 225-2b
Geißäckerstraße 201-12b
Georg-Pfäfflin-Weg (26) 201-12d
Geschwister-Scholl-Weg (27) 201-12d
Gewerbegebiet Bonholz 225-3d
Glashütte 226-1c
Glashütter Täle 226-1a
Goethestraße 202-10c
Gräfin-von-Mantua-Weg 201-12d

Hans-Heinrich-Ehrler-Weg 225-3b
Hasenhof 202-10a
Hasenhofstraße 201-12d
Hauffstraße 202-10c
Hauptstraße 226-1c
Haydnweg (6) 201-12d
Hermannshalde 201-12a
Herzog-Karl-Allee 225-5a
Hindenburgstraße 225-3a
Hintere Seestraße (15) 225-3a
Hintere Weinberge 202-10c
Hölderlinweg (23) 202-10c
Hoher Weg 226-1c

Im Aichgrund 226 1a
Im Gaiern (19) 225-3a
Im Heimbach 225-3a
Im Holderbusch (24) 225-3a
Im Meißel 225-3d
Immenbachweg (20) 225-3a
Im Rohr 225-2b
Im Schelmenbiegel 201-11d

Jahnstraße 201-12d

Kalkofen 201-12b
Kalkofenweg 201-12c
Karlsbader Weg 201-12d
Katharinenweg (31) 201-12d
Kirchgasse (13) 225-3a
Kirchhalde (3) 201-12c
Königsberger Straße 201-12d
Körnerweg 225-3b

Langer Trieb 226-1c
Lange Steige 201-12c
Leipziger Straße 201-12d
Lempenweg 201-12b
Lerchenweg 201-12d
Liebenäckerweg 201-12d
Liebenau 202-10c
Liebenaustraße 201-12d
Lindenstraße 202-10a

Marienbader Weg (4) 201-12d
Marktplatz (11) 225-3a
Marktstraße 225-3a
Meisenweg 201-12d
Mörikeweg 202-10c
Mozartstraße 225-3b
Mühlhaldenweg 201-12d
Mylauer Straße (7) 201-12d

Neuer Weg 225-3a
Neuweiler Weg 225-2a

Obere Rauhmühle 201-10b
Obere Sägmühle 201-11c
Ochsenschanzensträßchen 225-5d
Oskar-Schwenk-Straße 201-12c

Panoramaweg 201-12c
Pestalozziweg 201-12c

Ramsbergstraße 225-3a
Rotäckerstraße (1) 226-1d
Rübezahlweg 226-1a

Schillerstraße 201-12d
Schloßgartenstraße 225-3a
Schönblick 201-11d
Schönbuchstraße (18) 225-3a
Schubertweg 201-12d
Schulstraße 201-12c
Schwalbenweg 201-12b
Segelbachweg 225-2c
Sommerhauweg 226-1c
Steinenbergweg 201-12c
Steinenbronner Straße 202-10a
Steingrübenstraße 201-12c
Stettiner Weg 201-12d
Studentenweg (9) 225-3a

Taubenweg 201-12d
Teckstraße 202-10a
Tieräckerweg 225-3a
Tilsiter Weg 201-12d
Tübinger Straße 225-3a

Uhlandshöhe (8) 225-2b
Uhlbergweg 202-10a
Unter der Mauer (10) 225-3a
Untere Rauhmühle 201-10b

Vogtlandstraße 201-12d
Vordere Seestraße (14) 225-3a

Wacholderweg 226-1c
Walddorfer Straße 225-3a
Waldeck 225-2d
Waldweg 226-1c
Weidacher Weg 202-10a
Weilerbergstraße 225-2b
Wiesenweg 226-1a
Woertzstraße 225-3a

Zeisigweg 201-12b
Ziegelhütte (16) 225-3a

Waldstetten (Ostalbkreis)
PLZ 73550

Adalbert-Stifter-Weg (12) 165-6d
Adlerstraße 165-6d
Ahornweg 189-5b
Albblickstraße 165-5d
Albweg 165-6c
Almenweg 165-6b
Alte Steige 189-5b
Am Hohenrain 166-10a
Am Holunderweg (3) 189-2d
Am Rackerzeil 165-6c
Am Schönblick (2) 165-5d
Amselweg 165-6d
Am Sommerrain 189-5b
Am Stoffelbach 166-10a
Am Wäldle 189-2b
Au 165-9b
Auweg 165-9b

Barbarossaweg 165-6c
Beethovenstraße 165-6c
Beim Schlößle 165-6c
Bergstraße 189-3a
Bernhardusweg 165-6c
Bettringer Straße 165-6c
Birkenweg (6) 189-2d
Bischof-Keppler-Straße 165-6d
Bläsishof 165-11b
Blumenweg (5) 189-2d
Bödnis 189-3d
Bödnishof 189-3a
Brahmsweg (8) 165-8b
Braunhof 165-11b
Breite Straße 165-6c
Breslauer Straße 165-9a
Brucknerweg (7) 165-8b
Brunnengasse 165-6c
Buchenweg 189-2d
Bühlweg 165-9a
Bussardweg 165-6d

Carl-Zeiss-Straße 166-4a
Chibelinenhütte 190-1d
Christentalhütte 190-1d

Danziger Straße 165-9a
Dr.-Hofele-Straße 189-2b
Donzdorfer Straße 189-3a
Dreifaltigkeitsstraße 165-6d
Drosselweg (17) 165-6d

Edelhof 166-10a
Egerstraße 165-9a
Eichendorffweg (11) 165-6b
Eichhölzlesweg 165-9a
Erlenweg 189-5b

Falkenweg (16) 165-6c
Fasanenweg 165-6d
Fichtenstraße 189-5b
Finkenweg 165-6d
Forchenweg (7) 189-5b
Forstweg 165-6c
Fossilienweg (14) 165-6d
Franz-Keller-Haus 190-1b
Franz-Liszt-Weg (10) 165-8b
Frauenholz 189-4b
Frauenholzweg 189-5a
Freibadweg 165-9b
Friedhofstraße (1) 189-2b

Gablonzer Weg 165-9a
Gartenstraße 165-6d
Gewerbegebiet Fehläcker 166-4a
Gmünder Straße 165-6a
Goethestraße 165-6d
Goldbachweg (15) 165-6d
Gottlieb-Daimler-Straße 165-6b
Graneggweg 165-6c

Hardtstraße 165-5d
Hauptstraße 165-6c
Heckenhof 165-12a
Heerstraße 189-2b
Heldenbergweg (1) 165-5d
Herderstraße 165-6d
Herrengasse 189-2d
Hintere Wolfsgasse 165-6d
Hölderlinweg 165-6c
Hohenreute 165-8b
Hohenstaufenstraße 165-6c
Hornberg 166-7d
Hornbergweg 189-2d

Iglauer Weg 165-9a
Im Brühl (4) 165-5d
Im Eichich 189-2d
Im Graben 165-6d
Im Steinboß 189-2c
Im Storren 165-6d
In den Grabenäckern (1) 166-10a
In der Breite 165-6c

Jahnstraße 165-6c
Josef-Leicht-Weg (19) 165-6c
Joseph-Haydn-Straße 165-6c

Kaiserbergstraße 189-2d
Kapellengasse 165-6c
Karl-Benz-Straße 165-6d
Kirchberg 165-6c
Kirchgasse (4) 189-2d
Klossenhölzle 166-7c
Königsberger Straße 165-9a
Kolpingstraße (13) 165-6d
Krähberger Hof 189-3c
Kränzlehütte 190-1b
Kreutzerweg (6) 165-5d
Krummhaldenweg 165-6a

Lauchgasse 165-9a
Ledersberg 165-12a
Leipziger Straße (21) 165-9a
Lenauweg 165-6b
Lerchenweg 165-6d
Lindenstraße 189-5b
Ludwig-Nusser-Straße 165-6d

Max-Reger-Weg 165-5d
Meisenweg (18) 165-9b
Mörikestraße 165-6d
Mörikestraße (5) 190-8a
Mozartstraße 165-5d

Oberer Zusenhof 166-7c

Patriziusweg 166-10a
Petershofgasse (2) 189-2d
Pfefferweg 165-5d
Poststraße 165-9a

Raiffeisenstraße 165-9a
Rechbachweg 165-9a
Rechbergstraße 165-8b
Rehgebirgsstraße 189-2b
Reichenberger Straße 165-9a
Richard-Strauss-Straße 165-8b
Richard-Wagner-Straße 165-8b
Ringstraße 189-2b
Robert-Bosch-Straße 165-6d
Rosensteinstraße 165-6c
Rosenstraße 165-6d
Rostocker Straße (20) 165-9a
Rudolf-Diesel-Straße 166-4a

Saurenhof 166-7c
Schafstall 190-1b
Schießwasen 165-9a
Schillerstraße 189-2d
Schlangeleshalden 165-2d
Schlatthölzle 165-6a
Schlatthölzlesweg 165-6a
Schlatthof 165-6a
Schmiedgasse 189-2d
Schönbergle (3) 165-5d
Schorrenweiherstraße 165-9a
Schubertweg (9) 165-8b
Schumannweg (5) 165-5d
Schwarzhornhaus 189-3d
Schwarzhornweg 165-5d
Siemensstraße 165-6d
Silcherstraße 165-6c
Sonneneckhütte 190-1b
Sonnenweg (2) 166-10a
Stauferstraße 189-2d
Stettiner Straße 165-9a
Stobboyhütte 190-1d
Strängenweg 165-9d
Straßdorfer Straße 165-5d
Stuifenstraße 165-5d

Talmühle 189-3c
Talstraße 189-2b
Tanngasse 189-2d
Tannhof 166-10d
Tannhofweg 166-10c
Tannhütte 190-2a
Tannlöher Weg 189-2d
Tannweiler 190-1a
Tannweiler (Wißgoldingen) 189-3a
Tannweilerstraße (Weilerstoffel) 166-10a
Tannweiler Weg 189-3a
Tiergarten 165-2d
Tobelgasse 166-10c

Uhlandstraße 189-2d
Ulmer Hütte 166-11c
Unterer Zusenhof 166-7c

Villa Maus 190-1b

Waldstetter Straße 166-7c
Weilergasse 190-1a
Weilerstoffel 166-10a
Wißgoldingen 189-2a
Wochenendhausgebiet 166-4c
Wolfsgasse 165-6c

Zum Langenbach 165-6d
Zum Stuifen 189-2b
Zur Kapelle 189-2c
Zur Vorstadt 189-2d

Walheim
PLZ 74399

Adlerweg (22) 76-10a
Am Baumbach (9) 76-7c
Am Michelstein (13) 76-7c
Am Schalkstein (28) 75-12b
Amselweg 76-10a
Auf der Burg 75-12b

Bachstraße 76-7c
Bahnhofstraße 76-10a
Baumbachweg 76-7c
Beethovenweg (3) 76-7c
Bergstraße 75-12b
Besigheimer Straße 76-10a
Beznerstraße (16) 76-10a
Blumenstraße (14) 76-7c
Bönnigheimer Weg 75-8b
Brückenstraße 76-10a
Burgstraße 75-12b
Burgunderweg (27) 75-12b
Burgweg 75-12b

Dammweg 76-10a
Drosselweg 75-12b

Eberhardstraße (5) 76-7c

Falkenweg (21) 76-10a
Finkenweg 75-12b
Friedrichstraße 76-7c

Hagstraße 76-7c
Hauptstraße 76-7c
Heilbronner Straße 76-7c
Hölderlinweg (1) 76-7c
Hofener Straße 76-7c

Im Haiglen 75-12b
In der Badstube (12) 76-7c
In der Eichhälde 75-12b

Jahnstraße (6) 76-7c

Kaiserstraße 76-7c
Karlstraße 76-10a
Kastellstraße 76-10a
Katzensteigle 75-12b
Kelterplatz (19) 76-10a
Kirchstraße (17) 76-10a

Lerchenweg 76-10a
Ludwigstraße (7) 76-7c

Meisenweg (23) 75-12b
Mörikestraße 76-7c
Mozartweg (2) 76-7c
Mühlstraße 76-10a

Neckarstraße 76-10a
Neulingstraße 76-7c

Panoramaweg 75-12b
Paulinenstraße 76-7c

Rieslingweg (25) 76-10a
Römerstraße 76-7c
Ruländerweg (26) 75-12b

Schubartstraße (4) 76-7c
Schulstraße 76-7c
Schwalbenweg (10) 76-10a
Silcherstraße 76-7c
Stegleswiesen (8) 76-7c
Sylvanerweg (29) 75-12b

Töpferweg (11) 76-7c
Törlesweg (15) 76-10a
Torstraße 76-10a
Traubenstraße (30) 76-10a
Trollingerweg (24) 76-10a

Uhlandstraße 76-7c
Urbanstraße 75-12b

Villastraße 76-10a

Wannengrabenhöfe 75-8d
Wassbergweg 75-12b
Weinstraße 75-12b
Wette (20) 76-10a
Wörthstraße (18) 76-10a

Wangen (Kr. Göppingen)
PLZ 73117

Adelberger Weg 186-1b
Ahornweg 186-4a
Albstraße 186-1b
Asang 186-5c

Beethovenstraße 185-6b
Birkenweg 186-4a
Blumenstraße 186-1c
Boßlerweg 186-4a
Brunnengasse 186-1c
Buchenweg 186-4a
Bühlweg 186-4a

Daimlerstraße 186-4c
Danziger Straße 186-1d
Dobelweg 186-1b
Dölle 186-1c

Eichbühlweg 186-1d
Eichenweg 186-4a
Erlenweg 186-4a
Eschenweg 186-4a
Eselsweg 186-1a

Faurndauer Straße 186-4a
Finkenweg 186-1c
Frühlingsstraße 186-1c

Gartenstraße 186-1a
Goethestraße 186-1a
Grübenweg 186-1d

Händelstraße 186-4a
Hanglichstraße 186-4a
Hasengasse 186-1c
Hauptstraße 186-1d
Holunderweg (1) 186-1d
Holzhäuser Straße 185-6b

Johann-Sebastian-Bach-Straße (5) 186-4a

Kanzenbühl 186-1c
Kirchstraße 186-1a

Lerchenweg (3) 186-1d
Lindenweg 186-1d

Maybachstraße 186-4a
Mörikestraße 186-1a
Mollenhof 186-4a
Mozartstraße 185-6b

Nelkenweg 186-1c
Neuffenweg (8) 186-4a
Niederwälden 185-6b

Oberwälden 162-10d
Oberwälder Straße 186-1d
Ostergärten 186-1c
Ostlandstraße 186-1d

Panoramaweg 186-1b
Pfarrberg 186-1c

Rechberghäuser Straße 186-1d
Rechbergweg (6) 186-4a
Robert-Bosch-Straße 186-4a
Rosenstraße 186-1c

Schillerstraße 186-1a
Schlehenweg (2) 186-1d
Schorndorfer Straße 185-3d
Schulstraße 186-1c
Schurwaldstraße 186-1c
Seefeld 186-4a
Siemensstraße 186-4c
Staufenweg 186-4a
Steingen 186-1c
Sudetenstraße 186-1c

Talstraße 186-4a
Teckweg (7) 186-4a
Tulpenweg 186-1c

Uhlandstraße 186-1a
Ulmenweg 186-4a

Wangener Linden 186-4b
Weilerweg 185-3d
Wiesenweg 186-1c

Wannweil
PLZ 72827

Achalmstraße 267-6b
Adam-Müller-Guttenbrunn-Straße (13) 268-7a
Albstraße 268-4c
Amselweg 267-6d
Auäckerstraße (16) 268-4a
Auf der Steinge 268-4c

Bäckagässle 268-4a
Bahnhofstraße 268-4c
Baumgartenstraße 268-4a
Birkenweg (19) 267-6b
Blumenstraße 268-4c
Brühlstraße 268-4c
Brunnenstraße (4) 268-4c
Burgweg 268-4a

Charlottenstraße 268-4d

Degerschlachter Straße 268-4b
Dorfstraße 268-4c

Eberhardstraße 268-4c
Echazstraße 268-4c
Einfahrtstraße 268-4c
Eisenbahnstraße 268-4c
Eiwiesenweg (3) 268-4a
Eugen-Bolz-Straße 268-4c

Fallenbachstraße 268-4d
Fasanenweg 268-4a
Firstbachstraße 268-7a
Friedrich-List-Straße 268-4c
Friedrichstraße 268-4a

Gartenstraße 268-4c
Georgstraße 268-4d
Goethestraße 268-4c
Gottlieb-Daimler-Straße 268-7a
Grießstraße 268-4c
Gustav-Werner-Straße 268-4c

Hartmannstraße (14) 268-4d
Hauptstraße 268-4c
Hinterer Haldenweg 267-6d

Im Hegis 268-4a
Im Vogelsang 268-4a
Im Wartwasen 267-6d
Im Wiesengrund 267-6d
In den Klingwiesen 268-4c
In der Au 268-4a
In der Gänsweide (9) 268-4c
In der Schnitzerin (17) 268-4c
Inselweg 268-4c

Jägerstraße 267-6d
Jahnstraße 268-4c
Jakobstraße (7) 268-4c
Jettenburger Straße 268-4c
Johannesstraße (5) 268-4c
Johann-Fischer-Straße 268-4c

Karl-Conzelmann-Straße 268-4d
Karlstraße 268-4a
Katharinenstraße 268-4d
Kirchentellinsfurter Straße 267-3d
Kirchgasse (2) 268-4a
Klinghaldeweg (15) 268-4d
Kurze Straße 268-4a
Kusterdinger Straße 267-6b

Lenaustraße 268-4c
Lerchenweg 267-6d
Lindenhof 267-9b
Lindenstraße 267-6b

Marienstraße 268-4a
Meisenweg 267-6d
Mozartstraße (12) 268-4d
Mühlengässle 268-4a

Nelkenstraße (11) 268-4c
Neuffenstraße 267-6b

Oberer Haldenweg 267-6d
Oberer Mühlweg (6) 268-4c
Ochsengässle 268-4c
Olgastraße 268-4d

Panoramastraße 268-4d
Pfaffenäckerweg 268-7a

Richard-Burkhardt-Straße 268-4d
Robert-Bosch-Straße 267-3d
Römerweg 268-4c
Rosenstraße 268-4c
Roßbergstraße 267-6b

Saarstraße 268-4d
Sackelhauser Straße (10) 268-4c
Schillerstraße 268-4c
Schloßstraße 268-4c
Schönblickstraße 268-4b
Schulstraße (8) 268-4c
Schulweg 267-6b
Silcherweg 268-4a
Steinbruckweg 268-4d
Stockachweg 268-4d

Tulpenstraße 268-4c

Uhlandstraße 268-4c
Unterer Haldenweg 267-6d
Unterer Mühlweg 268-4a

Waldrandstraße 268-4a
Waldstraße 267-6d
Weinbergweg 268-4a
Wengenäckerstraße 267-6b
Wilhelmstraße (1) 268-4a

Zeppelinstraße 268-4d

Wehingen
PLZ 78564

Albstraße 385-6c
Allmandstraße 385-5d
Am breiten Graben 385-5d
Am Furthweg (8) 385-8b
Am Landenbach 385-9a
Amselweg (9) 385-8b
Am Steigle 385-9b
Am Stochäcker 385-5b
Auf der Breite 385-9a

Bahnhofsplatz 385-9a
Bahnhofstraße 385-6c
Bergstraße 385-6c
Bertholdstraße 385-8b
Birkenweg (10) 385-8b
Bogenstraße 385-6d
Brühlweg 385-8b
Brunnenstraße (7) 385-9a
Bürglestraße 385-8b

Carl-Benz-Straße 385-5d

Daimlerstraße 385-5d
Deilinger Straße 385-5b

Finkenweg (5) 385-9a
Flachenweg 385-5d

Gartenstraße 385-6c
Goethestraße 385-6a
Gosheimer Straße 385-8b
Groz-Beckert-Straße 385-6c

Hangstraße 385-6c
Hauffstraße 385-6c
Hebelstraße 385-6c
Hermann-Hesse-Straße (1) 385-6a
Hintere Straße 385-9a
Hochbergstraße 385-8b
Hölderlinstraße 385-6a
Hofenstraße 385-9a

Im Engendorn 385-8b
Im Weiher 385-8a

Kapellenweg (11) 385-8b
Keltenweg 385-5d
Kornwiedstraße 385-9a
Kreuzstraße 385-5d
Kugelstraße 385-9a

Lembergstraße 385-8b
Lerchenweg 385-9a
Lerdweg 385-9a

Mittlere Straße (2) 385-9a
Mörikestraße 385-6c

Neßlerstraße 385-5d

Oberhohenbergstraße 385-8b

Raiffeisenstraße 385-5d
Reichenbacher Straße 385-9a
Richard-Wagner-Straße (4) 385-9a
Ringstraße 385-5d
Robert-Bosch-Straße 385-5d
Römerweg 385-5d
Rubäckerstraße 385-6c

Schillerstraße 385-6c
Schulstraße 385-6c
Siemensstraße 385-5b
Silcherstraße 385-6c
Sommerrainstraße 385-6c
Steighaus 385-9d
Steinstraße 385-9a

Uchtenweg 385-8b
Uhlandstraße 385-6c
Ulrichstraße 385-8b
Untere Straße (3) 385-9a
Untere Vorstadtstraße (6) 385-9a

Vorstadtstraße 385-8b

Wengenstraße 385-9b
Wiesenstraße 385-9a
Wörthstraße 385-6c

Weil im Schönbuch
PLZ 71093

Ahornweg 224-4c
Albert-Einstein-Straße 224-1b
Albert-Schweitzer-Straße 200-11d
Albrechtstraße 223-6d
Alemannenstraße 224-1d
Altdorfer Heusteige 223-12b
Altes Dettenhauser Sträßle 224-11d
Am Eichenrain (2) 200-11c
Amselweg 224-2c
Am Sommerberg (1) 224-2d
Arthur-Hecker-Straße 223-6d
Aussichtsweg 224-3c

Bachstraße 224-4b
Bäumlesweg 224-4a
Bahnhofstraße 224-4b
Bahnhofweg 224-1d
Beethovenstraße 200-11c
Bergstraße 224-5a
Bergwiesenstraße 224-2a
Berliner Straße 224-2c
Bertholt-Brecht-Straße 224-5b
Birkenweg 224-4c
Bismarckstraße 224-5a
Blumenstraße 224-5a
Brahmsweg 200-11c
Breitenstein 224-1d
Breitensteiner Weg 224-4b
Breslauer Straße (12) 224-2c
Brückenstraße 224-5a
Brunnenstraße 224-4b
Buchenweg 224-4c
Buchhauweg 224-5c

Carl-Zeiss-Straße 224-4a
Charlottenstraße (2) 224-5a
Chemnitzer Weg 224-2c
Christophstraße 223-6d

Dachsweg (9) 224-6a
Danziger Straße 224-2c
Dettenhäuser Straße 224-5b
Dresdener Straße 224-2c

Eberhardstraße 223-6d
Eichenweg (1) 224-4c
Erlenweg 224-4c
Ernst-Abbe-Straße 224-4a
Eschenweg 224-4c
Eschmühle 200-11a
Eselsmühle 224-5b

Falkenstraße 224-2c
Feldweg 224-5a
Finkenstraße 224-2c
Fleckertsiedlung 224-2d
Forchenweg 224-4c
Forststraße 224-5b
Frankenstraße 224-1d
Franzensträßchen 223-9b
Franz-Lehar-Straße 200-11c
Franz-Liszt-Straße 200-11c
Fuchsweg 224-5b
Furtbrunnen 224-4b

Gaiernweg 224-9a
Gansäckerweg 224-5b
Ganswiedeweg 224-5d
Gartenhausgebiet Seiker 224-2b
Gartenstraße 224-1d
Gelber Plattenweg 224-7c
Gerade Allee 224-7d
Gewerbegebiet „Lachental-Zwischen den Wiesen" 223-6b
Gewerbepark „Sol" 223-3d
Gotenweg 224-1d
Gottlieb-Daimler-Straße 224-4a
Grabenweg 224-2d
Grenzallee 224-8c
Grundweg 224-4d
Gunzbergweg 224-11b

Hagäckerstraße (4) 200-11d
Hartmannstraße 224-5a
Hasenweg (8) 224-5b
Haspelweg 224-5b
Haubergweg 224-4d
Hauffstraße 224-1b
Hauptstraße 224-5a
Haydnstraße 200-11c
Heckenweg 224-4c
Hegelstraße 224-1b
Heiligenbuchweg 224-3a
Heineweg (6) 224-1b
Helmuth-Bächle-Straße 225-4c
Hennersdorfer Straße 200-11d
Herdweg 224-2d
Hermann-Gebauer-Straße 223-3d
Hermannsallee 224-8d
Hermannstraße 224-5a
Hesseweg 224-1b
Heuhütte 224-10a
Hinter der Kirche (2) 224-1b
Hirschgasse 224-5a
Hirtengasse 200-11c
Hölderlinstraße 224-1d
Hohe Steige (6) 224-5b
Holdermahdweg 224-8b
Holzgerlinger Straße 224-1b
Holzgerlinger Weg 224-7b
Hugo-Riemann-Straße 200-11c
Hungerbergweg 224-4b

Im Biegel (7) 224-5b
Im Bild 224-6c
Im Fleckert 224-2d
Im Gässcle 200-11c
Im Gaiern 224-5d
Im Hättel 200-11c
Im Hahnwald 200-11c
Im Höfle (3) 224-1b
Im Jauchert (1) 200-11c
Im Maierhof 224-5b
Im Troppel 223-6d
Im Vogelhain (3) 200-11d
In den Belzwiesen (5) 200-11d
In der Reute 225-4c
In der Röte 224-4b

Jägerholzweg 200-10d
Jägerstraße 224-5a
Jägerweg 224-5a
Jahnstraße 224-5d
Josefsruh Weg 224-7d

Käppelesweg 224-6a
Karl-Benz-Straße 224-4a
Kastanienweg 224-4a
Keltenweg 224-1d
Keltergässle (3) 224-5a
Kirchstraße 224-1b
Kirchwiesenstraße 200-11d
Königsberger Straße 224-2c
Kreuzstraße (1) 224-1b
Kurze Straße 224-5a

Lachentalstraße 224-4a
Ladestraße 224-4b
Lärchenweg 223-6d
Landhausweg 223-6d
Laubenweg 224-4c
Lauhwiesenstraße 224-2d
Leipziger Weg 224-2c
Lindenstraße 224-5a

Maierwaldweg 224-9a
Marderweg (10) 224-5b
Marktplatz 224-5a
Max-Brose-Straße 224-1a
Max-Planck-Straße 224-1b
Meisenweg 224-2c
Metzgerstraße 224-5b
Mittelfeldweg 224-6a
Mörikestraße 224-1d
Mozartstraße 200-11c
Mühlweg 224-5d

Nelkenstraße 224-1b
Neues Bannwaldsträßchen 223-9d
Neuweiler 200-11d
Neuweiler Straße 224-1b
Neuweiler Weg 200-12d

Obere Bachstraße 224-4b
Obere Halde (4) 224-5b
Obere Wiesen 224-2a
Ochsenschachensträßchen 224-10d
Olgastraße 223-6d
Ostendstraße 224-2d
Otto-Hahn-Straße 224-1b

Panoramaweg 224-5c
Pappelweg 224-4c
Paulinenstraße 224-5b
Porschestraße 224-1a
Poststraße 224-5a

Reutebrunnenweg 224-2b
Richard-Wagner-Straße 200-11c
Robert-Bosch-Straße 224-4a
Rötebrücke 224-5a
Rötestraße 224-5a
Rosenstraße 224-1d
Roßhaldeweg 224-3c
Rostocker Straße (14) 224-2c
Roter Berg 224-5d

Sachsenweg (5) 224-1d
Salzbiegelsträßchen 224-7b
Saufangsträßchen 224-7c
Sauteichmühle 224-5d
Schafhauweg 223-6d
Schaichhofstraße 224-4b
Schaichtalweg 224-5c
Schießstandweg 224-5d
Schillerstraße 224-1d
Schnapsallee 223-12b
Schönbuchstraße 200-11c
Schubertstraße 200-11c
Schulsteige 224-5b
Schulstraße 224-5b
Schwarze Gasse 224-5b
Seesteige 224-5a
Seestraße 224-5a
Seetal 224-5b
Seewiesenstraße 224-5b
Seilernweg 224-5b
Seitenbachstraße 224-2c
Seitenbachstraße (13) 224-2c
Seitentalweg 223-12b
Siedlung Troppel 224-4c
Siemensstraße 223-3d
Silcherstraße 200-11c
Sonnenbergstraße 224-1c
Stäudach 224-5d
Stallbergweg 224-3b
Steinweg 224-2c
Stettiner Straße (11) 224-2c
Stockhauhütte 224-4d
Stockhaussträßchen 224-7a
Stoffelskohlsträßchen 224-10d

Talstraße 224-1d
Tannenweg (2) 224-4c
Totenbachmühle 225-1c
Traude-Hübner-Hecker-Weg 224-4c
Tübinger Sträßchen 224-8c
Tübinger Straße 224-5d
Tulpenstraße 224-1d

Uhlandstraße 224-1d
Ulmenweg 224-4c
Ulrichstraße 223-6d
Untere Halde (5) 224-5b
Untere Straße 224-1b

Vogelsangstraße 224-2c

Waldenbucher Straße 224-5b
Weiler-Ebene-Weg 224-7a
Weiler Hütte 224-8a
Weiler-Hütte-Weg 224-8a
Weiler Weg (4) 224-1b
Wengertstraße 224-1c
Wilhelmstraße 224-5a
Wolfsgrube 224-5b

Ziegelhütte 224-5d

Weil der Stadt
PLZ 71263

Achalmstraße 173-6a
Ahornweg (3) 148-2b
Aispelstraße 148-4c
Alemannenstraße 149-8c
Alfred-Thumm-Straße 148-4b
Alte Renninger Straße 48-B2 + 149-10b
Alter Weg 148-4a
Althengstetter Straße 173-4b
Am Heinrichsberg 48-B2 + 149-10b
Am Lindenberg 148-2c
Amselweg 148-4b
Am Spitalweiher 149-10a
An der Wolldecke 48-B3
Anne-Frank-Weg (8) 148-6b
August-Lämmle-Weg 148-6b

Bachstraße 173-5b
Badtorstraße 48-B3
Bahnhofstraße 48-A2 + 149-10a
Banater Straße (3) 149-8c
Beethovenstraße 148-6b
Begonienstraße 148-4b
Bei der Alten Kirche 148-1c
Bei der Ölmühle 173-6c
Belchenstraße 173-2d
Benzstraße 48-B1 + 149-7d
Berghof 148-8d
Bergstraße 148-9a
Besengasse 48-A3 + 149-10a
Binsenweg (6) 148-2b
Birkenweg 149-10a
Bismarckstraße 148-6d
Blammerbergstraße 149-8c
Blannentalhof 149-4c
Bleichstraße 148-6d
Blosenberg 149-10d
Blumenstraße 148-9b
Böblinger Straße 148-4b
Böhmerwaldstraße 149-8c
Borsigstraße 148-5a
Boßlerstraße 173-5b
Brenzgasse 48-B3
Brenzplatz 48-A2
Brückengasse 148-2b
Brühlweg 48-B3 + 149-10b
Brunnenstraße 148-2b
Buchenweg (4) 148-2b
Bühlstraße 148-6d
Burggrabenstraße (2) 148-4b
Burgunderstraße (2) 149-8c

Calwer Gasse 48-A3 + 149-10a
Carl-Zeiss-Straße 148-5a
Clara-Schumann-Weg (10) 148-6b

Dätzinger Straße 173-5a
Dahlienstraße 148-9a
Daimlerstraße 48-A1 + 149-7d
Dekan-Uhl-Straße 48-A2 + 149-7c
Dieselstraße 48-A2 + 149-7c
Döffinger Straße 173-5b
Dohlenweg 148-9b
Dr.-Dietter-Straße 148-9a
Dorfstraße 148-4b

Eblesstraße 149-10a
Egerlandstraße 149-8c
Eibenstraße 148-4d
Eichendorffstraße 148-12b
Eichenstraße 148-2b
Eisenbahnstraße 48-A2 + 149-7c
Emil-Haag-Straße 149-10a
Enzweg 148-6c
Erika-Weigle-Weg 48-B2
Erlenstraße (7) 148-2b
Eythstraße 148-6d

Feldbergstraße 173-2d
Ferdinand-Porsche-Straße 148-5a
Fichtenstraße 148-2b
Filsstraße 148-6c
Fliederweg 148-4b
Fliegaus 149-10a
Forchenrain 173-5d
Frankenweg 149-8c
Franzfelder Weg (4) 149-8c
Franz-Hammer-Straße 48-A2 + 149-7c
Friedenstraße 173-5b
Friedhofstraße 148-9a
Friedrich-Hartmann-Straße 148-9a
Friedrichstraße 148-9a
Frohnmühle 124-11d
Fronäcker 148-9b
Fuhrmannhöfe 173-3d

Gabriele-Münter-Straße (9) 148-6b
Gartenstraße 48-B2 + 149-10b
Geranienstraße 148-4b
Ginsterweg (7) 148-9a
Glemsweg 148-6c
Goethestraße 148-6a
Grabenstraße 48-A3 + 149-10a
Grenzhof 124-12c
Grenzhofstraße 148-6b
Grund 149-8c
Grundhof 148-2c
Grundweg 149-8c
Güthlerhof 149-9c
Gutenbergstraße 48-B1 + 149-7d

Hacksbergstraße 173-5a
Halde 149-10c
Haldenstraße 148-2b
Hangweg 173-5b
Hasenäcker 173-5a
Hauffstraße 48-A3 + 149-10a
Hauptstraße 148-6d
Hausen an der Würm 148-1b
Hausener Straße 148-6c
Heckmannweg (6) 148-9a
Heerstraße 124-11d
Heidehöfe 149-5c
Heimsheimer Straße 148-2b
Hermann-Schnaufer-Straße 48-A3 + 149-10a
Hermann-Schütz-Straße 149-7c
Hermannsgasse (8) 48-A3
Herrenberger Straße 48-A3 + 149-10a
Herrschaftsweg 149-8c
Hessestraße 48-A3 + 149-10a
Heuberg 148-2d
Heuweg 148-6c
Hindenburgstraße 148-12b
Hintere Straße 148-6c
Hinter Höfen 173-2d
Hinter Zein 148-6c
Hirschgasse 48-A3
Höhenstraße 148-2b
Hölderlinstraße 148-6b
Hörnleweg 173-6a
Hofäckerstraße 148-2b
Hofmauerstraße 148-6c
Hof Sindelfinger Weg 149-11c
Hofstraße 148-2b
Hohenstaufenstraße (2) 173-5b
Hohenzollernstraße 173-5d
Hohe Warte 173-5b
Holderweg 173-5b
Holunderstraße (5) 148-2b
Holzschulstraße 148-2a
Hornbergstraße 173-5d
Hugo-Beyerle-Straße 48-A2 + 149-7c

Im Durgstall 140-6d
Im Häugern 148-9d
Im Kirchengrund 148-4a
Im Vogelsang 148-4a
Im Wiesbrunnen 148-4d
In den Krautgärten 48-A3 + 149-10b
In der Aue 148-9b
Industriestraße 148-6d

Jagststraße 148-6c
Jahnstraße 48-B2 + 149-10b
Josef-Anton-Gall-Straße 148-12b
Josef-Beyerle-Straße 48-A2 + 149-7c
Joseph-Haydn-Straße 148-9d

Käthe-Kollwitz-Straße 148-6b
Kalkofenweg 173-5b
Kapellesweg 173-2c
Kapuzinerberg 48-A2
Kapuzinergasse 48-A2
Karlstraße 148-9b
Kastanienweg 148-2b
Katharinenstraße 148-6c
Kellereigasse 48-B3
Keltenstraße 149-8c
Keplergasse (5) 48-A3
Kernerstraße 148-6a
Kesselhof (1) 148-4b
Kiefernweg 148-4d
Kirchgasse (3) 48-A3
Kirchgrabenstraße 148-6c
Kirchplatz 148-6c
Kläring 148-3a
Kocherstraße 148-6c
Königstor 48-B2
Kolpingweg 48-B1 + 149-7d
Kornbühlstraße 173-5b
Kornstraße 148-2b
Kronenstraße 148-4a

Lärchenstraße (2) 148-2b
Landhausstraße 148-9a
Lauterweg 148-6c
Lehninger Straße 148-2a
Lehninger Weg 148-4a
Leimtelstraße 124-11c
Leonberger Straße 48-B3 + 149-10b
Lerchenstraße 148-9a
Lessingstraße 148-12b
Lichtensteinstraße 173-5b
Liebenzeller Straße 147-6b
Liebigstraße 148-6d
Lilienstraße 148-9a
Lindenhof 48-A2
Ludwigstraße 148-9b
Luisenstraße 148-6c
Lukas-Moser-Weg 48-A2 + 149-10a

Mäuerlesgang 48-A3 + 149-10a
Magstadter Straße 173-5b
Malersbuckel 149-10c
Malmsheimer Straße 48-B3 + 149-10b
Mannspergerweg (6) 149-10a
Marktplatz 48-A3 + 149-10a
Max-Caspar-Straße 48-A2 + 148-9d
Maybachstraße 148-6d
Merklingen 148-5d
Merklinger Straße 48-A1 + 149-7c
Mittelberg 149-10d
Mittelfeldstraße 148-2b
Mittlere Straße 148-6d
Mörikestraße 148-6a
Mozartstraße 148-6b
Mühlgasse 48-B3 + 149-10b
Mühlgraben 148-6d
Münklingen 148-4d
Münklinger Straße 148-5d

Nagoldweg 148-6c
Narzissenstraße 148-4d
Neckarstraße 148-6c
Nelkenstraße 148-4d
Neue Straße 173-5b
Neuffenstraße 173-5b
Neuhauser Straße 147-3d
Normannenstraße (1) 149-8c

Obere Flotzgasse (9) 48-B3
Obere Hofstättgasse (7) 48-A3
Obere Klostergasse 48-A2
Obere Roßbachgasse 48-A3
Obere Sägmühle 148-2d
Obere Straße 173-5a
Obere Talstraße 148-6c
Ostelsheimer Steige 149-10c

Panoramastraße 48-B3 + 149-10b
Pappelstraße 148-4d
Parkweg 148-4b
Paulinenstraße 148-9a
Paul-Reusch-Straße 48-A2 + 149-10a
Peter-und-Paul-Platz (4) 48-A3
Pfarrgasse 48-A3
Pfarrhausstraße (1) 148-2b
Pforzheimer Straße 48-A2 + 149-10a
Plangasse 48-B2 + 149-10b
Planmühle 149-7b
Poststraße 48-A2
Predigtplatz 172-2b
Privatweg 48-B2 + 149-10b

Quellenweg 148-9a
Querstraße 148-6d

Raiffeisenstraße 148-9b
Raimund-Wolf-Weg 48-A2 + 149-10a
Rappengasse (1) 48-A2
Rechbergstraße 173-5b
Reifsteckstraße (5) 149-10a
Remsweg 148-6c
Reuteweg 149-10d
Riemenmühle 148-5b
Riemerstraße 149-10a
Römerweg 48-A2 + 149-10b
Rosensteinstraße 173-5b
Rosenstraße 148-4d
Rotstraße 148-2a

Sackgasse 48-A3
Sägeweg 48-B3 + 149-10b
Sägwiesenstraße 148-6c
Schafbergstraße 173-5b
Schafhausen 173-6a
Schafhausener Straße 173-1b
Schafhof (11) 148-2b
Schauinslandstraße 173-2d
Scheergasse (2) 48-A3
Schellingstraße 148-12b
Schießrainweg 48-B2 + 149-7d
Schillerstraße 48-A3 + 149-10a
Schlehenweg (10) 148-2b
Schönblick 173-5a
Schopfgasse (4) 148-6d
Schrodweg (1) 148-6a
Schulstraße 148-4b
Schwabstraße 148-12b
Schwalbenstraße 148-4b
Schwarzwaldstraße 148-9c
Seestraße 148-6c
Seitenhöfe 173-6a
Siemensstraße 48-A1 + 149-7c
Silcherweg (3) 148-6b
Simmozheimer Straße 148-8b
Sindelfinger Weg 149-11a
Sommerrain 149-10a
Sonnenbergstraße 173-5b
Sonnenblumenrain 48-B1
Spitalgasse 48-B3 + 149-10b
Spitaltor 48-B3
Steigweg 148-6c
Steinhöwelstraße 149-10b
Steinhofgasse 48-A3
Steinweg 149-11a
Sternbergstraße 173-5b
Stieglitzenstraße 148-6d
Stubenberghöfe 173-3c
Stubenbergstraße 173-5b
Stuifenstraße 173-5b
Stuttgarter Straße 48-A3 + 149-10b
Sudetenstraße 149-8c

Taläcker 148-12d
Taläckerweg 148-12d
Talhof 148-6a
Tannenweg 148-4d
Teckstraße 173-5b
Theodor-Heuss-Straße 148-6b
Traifelbergweg (1) 173-5b
Tuchrainstraße 148-2b
Tulpenstraße 148-6c

Uhlandstraße 148-6b
Ulmenweg (8) 148-2b
Unterdorfstraße 148-2b
Untere Flotzgasse (10) 48-B3
Untere Hofstättgasse (6) 48-A3
Untere Klostergasse 48-A3
Untere Roßbachgasse 48-A3
Untere Straße 173-5b
Untere Talstraße 148-6d
Ursprungweg 148-9a

Viehmarktplatz 48-B3 + 149-10b
Vordere Straße 148-6d

Wacholderweg (9) 148-2b
Wagnerweg (2) 148-6b
Waldenbergweg 149-10a
Waldweg 148-6b
Wannenweg 148-9a
Wasenhof 149-11a
Watter-Dürr-Weg (11) 148-9a
Weiherweg 173-5a
Weil der Städter Straße 173-5a
Weilerstraße 173-5b
Weingässle 48-A2 + 149-10a
Weißdornweg 148-6c
Wengertbergweg 148-4b
Wielandstraße 148-12b
Wiesenstraße 148-6a
Wilhelm-Dubsky-Weg 148-4a
Wilhelm-Geiger-Straße 148-9b
Wilhemstraße (5) 148-9b
Winkelgasse 48-A3
Wirtelbergweg (4) 148-4d
Würmtalstraße 124-11d

Zaberweg 148-6c
Zeppelinstraße 48-A2 + 149-10a
Ziegelgasse 48-A3
Znaimer Straße 149-10b
Zur Kuppelzen 148-4b
Zwingergasse 48-A3

Weilen unter den Rinnen
PLZ 72367

Angelstraße 367-7d
August-Blepp-Straße 367-7d

Bohlstraße 367-7d
Breitenriedstraße 367-7d
Breitestraße 367-8c
Bühlstraße 367-7d

Eichenstraße 367-7d

Gartenstraße 367-7d

Hauptstraße 367-8c
Hochrückstraße 367-7d

Im Morgen 367-7d

Lindenstraße 367-7d

Obere Straße 367-7d
Ortenbergweg (2) 367-8c

Plettenbergstraße (3) 367-8c

Schömberger Straße 367-7d
Stellestraße 367-7d

Wasenstraße 367-7d
Weidenweg 367-7d
Weiherstraße 367-7d
Wiesenweg (1) 367-7d
Wochenbergstraße 367-8c

Weilheim an der Teck
PLZ 73235

Achalmstraße 232-5c
Alleenweg (2) 232-5d
Alte Steige 256-3a
Amselweg 232-6d
Amtgasse (8) 232-6d
Am Törle (9) 232-6d
Am Wasserrain 232-6b
Aspenhof 232-5d
Auchtertweg 232-12c
August-Lämmle-Weg (1) 232-12c
Austraße 232-2c

Bachstraße 232-12d
Bahnhofstraße 232-6a
Baintstraße 232-6c
Baumgartenstraße 232-6c
Beethovenstraße 233-4c
Birkenweg 233-4a
Bissinger Straße 232-6c
Boschweg 232-6a
Boslerstraße 232-6d
Breitensteinstraße 232-5c
Breitensteinweg (17) 182-12d
Brennergasse (12) 232-6d
Brückengasse 232-6d
Brunnenstraße 232-6d
Bürrleweg 232-5a

Carl-Benz-Straße 233-1c

Dachsbühlweg 232-5c
Daimlerweg 232-6a
Drosselweg (17) 232-6d
Egelsberg 232-4b
Egelsbergplatz (1) 232-5a
Egelsbergstraße 232-5a
Eichendorffweg (1) 232-6a
Eisenbahnstraße 232-1b
Engelhof (2) 232-6d
Erkenbergweg 232-5d

Falkenweg 232-12d
Federnhof 232-8b
Finkenweg 232-6d
Fliederweg 232-6b
Forststraße 232-6b
Friedhofstraße 232-6b
Friedhofweg 232-12d
Friedrichstraße 232-6d

Gartenstraße 232-12d
Georg-Kandenwein-Straße 232-5a
Gewerbegebiet Au 232-1b
Gewerbegebiet „Schlucht" 232-6b
Gimpelweg (19) 233-4c
Goethestraße 232-6a

Habichtweg 232-12d
Häringen 233-12a
Häringer Straße 232-6d
Haldenstraße 232-12c
Hauptstraße 232-12d
Hauweg 232-5c
Hegelstraße 232-6a
Heimensteinweg 232-5d
Helfersbergweg 232-6a
Hepsisau 232-12a
Herzogenau 233-5d
Hirschstraße (13) 232-6d
Hochbergweg 232-12c
Hörnlowog 232-6c
Hofstraße 232-6d
Hohenneuffenweg 232-5c
Hohenstaufenstraße 232-5a
Hohenzollernweg 232-5c

Im Äckerle 232-6d
Im Stockach 232-3c
Im Winkel (7) 232-6d
In den Gründen 233-7a
Industriegebiet Tobelwasen 233-4a

Jahnstraße 232-6a
Johannes-Rau-Straße 232-2c
Jusiweg 232-5c

Kalixtenbergstraße 232-2d
Kantweg 232-6a
Karl-Dreher-Straße 232-6a
Karl-Fischer-Straße (4) 232-6c
Karl-Scheufelen-Straße 232-6b
Katzensteige 232-5a
Kelterplatz 232-12c
Kelterstraße 232-6d
Keplerstraße 232-6c
Kirchgasse (5) 232-6d
Kirchheimer Straße 232-2d
Kornbergstraße 232-5c
Krimmelhof 233-4d

Lehengärten 232-6d
Leonhardstraße 232-6a
Lerchenstraße 232-6d
Lichtensteinweg 232-5a
Limburgstraße 232-6c
Limburgweg (16) 182-12d
Lindachstraße 232-6c
Lindrainweg 232-12c
Listweg 232-6a
Ludwigstraße 232-6d

Maierhöfe 232-2d
Malistraße 232-6d
Marktplatz (6) 232-6d
Marktstraße (11) 232-6d
Max-Eyth-Straße 232-6a
Meisenweg 233-4c
Michael-Becker-Straße 232-6a
Michaelshof 256-3b
Michael-Ulmer-Weg 232-6b
Mittlere Ortsstraße 232-12c
Mönchweg 232-9b
Mörikestraße 232-6d
Mozartstraße 233-4c

Naberner Straße 232-6c
Nachtigallenweg (20) 233-4c
Neidlinger Straße 232-6d
Neuwiesenstraße 232-2c

Obere Grabenstraße 232-6d
Obere Mühlstraße 232-6d
Obere Rainstraße 232-6c
Öhrichstraße 232-6a
Olgastraße 232-5b
Ostermayerstraße 232-6a
Otto-Hahn-Straße 233-4a

Pfarrgartenweg 232-6a
Pfundhardt 233-11a

Rathausgasse (10) 232-6d
Rauberweg 182-12d
Rechbergweg 232-5c
Reuschweg 233-5a
Reussensteinweg 232-5d
Römersteinweg 232-5a
Rosenstraße 232-6b
Roßbergweg 232-5c

Schellingstraße 232-6a
Schluchtweg 232-6b
Schmiedgasse (21) 232-6d
Scholderplatz 232-6d
Scholderstraße 232-6d
Schützenwiesenweg 232-6d
Schullandheim Lichteneck 256-3a
Schulstraße (14) 232-6d
Schupfenweg (4) 232-6d
Schwalbenweg 233-4a

Schwanengasse (3) 232-6c
Sibyllenstraße 232-5b
Siemensstraße 233-1c
Silcherstraße 232-6d
Silvanerweg 232-6c
Sofienstraße 232-2d
Sperberweg 232-12d
Starenweg (18) 233-4c
Stuifenweg 232-5b
Sulzburgweg 182-12d

Talstraße 232-1b
Teckstraße 232-5a
Theresienstraße 232-2d
Tobelwasenweg 233-4a
Torrechtstraße 232-6d
Trollingerweg 232-6c
Tuchbleicheweg 232-5a
Tulpenstraße 232-6b
Turmbergweg 232-5c

Uhlandstraße 232-6a
Ulrichstraße 232-6d
Untere Grabenstraße 232-6d
Untere Mühlstraße 232-6d
Untere Ortsstraße 232-12d
Untere Rainstraße 232-6c

Vogelsangstraße 233-4c

Wehrstraße 232-6d
Weilerstraße 232-6b
Weilerweg 233-4a
Weinbergweg 232-12c
Weinsteige 232-6c
Wermeltswiesenweg 233-4c
Wühlestraße 232-6a

Zähringer Gasse (15) 232-6d
Zeisigweg (16) 232-6d
Zeller Straße 232-6b
Zeppelinstraße 233-4a

Weinsberg
PLZ 74189

Abt-Knittel-Straße (3) 61-11b
Adelheidweg 48-A3
Adlergasse 48-B2
Advokatenstaffel (8) 66-1d
Affenbergstraße 66-2c
Alexanderstraße 48-B1 + 66-2a
Alte Linde (16) 48-A2
Altenbergstraße 61-10c
Am Freudenberg 61-11b
Am Herrenberg 61-11b
Am Kapellenberg 61-11b
Am Kelterplatz 61-11b
Amselweg 66-2b
August-Herold-Straße 48-B1 + 66-2a
August-Lämmle-Straße 48-A3 + 66-1d
August-Läpple-Straße 66-1b
Austraße 61-10c

Bachstraße 48-B2 + 66-2a
Backhausgasse (19) 48-A2
Badstubengasse (18) 48-A2
Bächlesgasse 61-10c
Bäckergasse (3) 60-5d
Bahnhofsplatz 48-B2 + 66-2a
Bahnhofstraße 48-B2 + 66-2a
Bandhausgasse (5) 48-B1
Bauerngärtenweg 60-8b
Beheimstraße 48-A2
Beim Geisterturm (7) 48-B2
Beim Schafhaus 48-A3 + 66-1d
Beim Wachturm 48-A2
Benzenmühle 60-11d
Benzenmühlstraße 60-11d
Benzstraße 66-2d
Berggasse 60-5d
Birkenweg 60-5d
Bleich 48-A2
Blumenstraße (7) 60-5d
Boschstraße 66-2d
Botengasse (22) 48-B2
Breslauer Weg 48-A3
Brunnengasse (11) 48-A2
Bürgerturmgasse (9) 48-A2
Burgweg 48-A1 + 66-2a

Carignanplatz (23) 48-A2
Chamissoweg (10) 66-2c

Dahenfelder Straße 60-5c
Daimlerstraße 66-2d
Danziger Straße 66-1d
Dilleniusgasse (2) 48-B1
Dimbacher Straße 61-11b
Donauschwabenstraße 66-1d
Dornfeldstraße 48-A2 + 66-2a
Dresdener Weg 66-1d
Drosselweg (5) 66-2b

Eberstädter Straße 60-5d
Egerer Weg 66-1d
Eichelensweg 66-1b
Eichendorffweg (14) 66-2d
Eichstraße 60-5d
Ellhofener Straße 61-10c
Emanuel-Geibel-Weg (12) 66-2c
Engelhardweg 48-B3
Entengasse (20) 48-A2
Erlenbacher Straße 60-11a
Erlenbacher Weg 60-8c
Erwin-Heim-Straße 66-2d
Eugen-Diez-Straße 48-A2 + 66-2a
Eythstraße 48-A3 + 66-1d

Falkenstraße 60-11d
Fasanenweg 66-2b
Festplatz 48-B1
Finkenweg (4) 66-2b
Florian-Geyer-Straße (14) 48-A2
Fliederweg 48-B1
Flürlenstraße 66-2b
Freiligrathstraße 48-A3 + 66-2c
Friedenstraße 61-10c
Friedhofstraße 48-A3 + 66-1d
Friedrich-von-Heyd-Straße 66-2d

Gablonzer Weg 66-1d
Gärtnerstraße 66-2d
Ganzhornweg 48-A3
Gartenstraße 60-5d
Gellmersbach 60-8a
Gerhart-Hauptmann-Weg 48-B3
Goethestraße 48-A3 + 66-1d
Gottlob-Wagner-Straße 66-2d
Grantschen 61-10a
Grantschener Hohl 66-2b
Grantschener Kirchenweg 61-10c
Grantscher Straße 61-11a
Grasiger Hag 48-A1
Grünberger Weg 66-1b

Haller Straße 48-B2 + 66-2a
Hangweg (5) 60-5d
Hans-Baldung-Weg (13) 66-2d
Hans-Schweiner-Gasse (8) 48-B2
Hasenmühle 60-11c
Hasenmühlweg 48-B1 + 60-11c
Hauffweg (11) 66-2c
Hauptstraße 48-A2 + 66-2a
Hebelweg 61-10c
Heckenweg (9) 60-8b
Heerweg 60-5d
Heilbronner Fußweg 66-1a
Heilbronner Straße 48-A1 + 60-10c
Helfensteingasse (6) 48-B1
Hermann-Ganzenmüller-Straße 66-2d
Hildtstraße 48-B2
Hinter dem Hirschberg 66-2d
Hinter der Apotheke (13) 48-A2
Hintere Gasse (1) 60-5d
Hirschbergstraße 48-B2 + 66-2a
Hölderlinstraße 48-A3
Hölderlinweg 61-10c
Hölzerner Straße 61-11b
Hofbrunnenweg 48-A1 + 66-2a
Hofgäßle (21) 48-A2
Hofgartenstraße 48-B1 + 66-2a
Hohe Straße 60-5d
Holdergasse 48-B1 + 66-2a
Hühnerbergweg 48-B1 + 60-11c

Im Holderbusch 66-3a
Im Lufen 61-10c
Im Rauhberg 61-11b
Im Ried 65-3b
Im Spareiss 48-A3 + 66-1d
Im Stäffele 61-10a
Im Wetterisch 61-10c
In den Hofäckern 61-10c
In den Salmannsäckern (11) 60-8b
In den Weizenäckern 61-10c
In der Steig 66-1d
In der Weidenklinge (4) 61-11b
Industriegebiet Holderbusch 66-3a
Industriestraße 66-3a

Jahnstraße 48-B2 + 66-2a

Kächelestraße 66-1b
Käpplinger Straße 48-A2 + 66-1b
Kanalstraße 48-A2 + 66-2a
Kanonenweg 60-8b
Karl-Rebmann-Straße 66-2d
Karl-Weinbrenner-Straße 66-2d
Karl-Weller-Straße 66-2d
Kaygasse 60-5c
Keidlandweg (10) 60-8b
Kelterstraße 60-5d
Keplerstraße 48-B1 + 60-11d
Kernerstraße 48-A2 + 66-2a
Kirchgasse 61-10c
Kirchplatz (8) 60-5d
Kirchstaffel 48-A1
Kirchstraße 60-5d
Kirschenallee 48-A3 + 66-1d
Kleiststraße 48-B3
Krüdenerstraße (16) 66-1b
Kurze Straße (4) 60-5d

Leiblingstraße 48-A2 + 66-1b
Lenaustraße 48-B2 + 66-2a
Lennacher Straße 60-6c
Lerchenstraße 66-2b
Lindachweg 66-1a
Lindenstraße 48-A2 + 66-1b
Lindichstraße 66-1b
Linsenbergstraße 48-A2 + 66-2a
Luigardweg (24) 48-A3

Marktplatz (3) 48-A2
Masurenweg 66-1d
Maulrainweg 66-2d
Meisenweg 66-2b
Mönchhausgasse 48-A2
Mörikestraße 61-10c

Nagelgasse 48-B2
Nelkenweg 61-10a
Niethammerstraße 66-1b

Ob dem tiefen Weg 66-2d
Ob der Ziegelei 48-B3
Obere Gasse (1) 61-11b
Öhringer Straße 48-B1 + 66-2a
Ökolampadiusplatz (1) 48-A1
Ostpreußenstraße 66-1d
Oststraße 60-5d

Paradiesweg 66-1c
Parkstraße 66-2d
Pfaffstraße 48-A2 + 66-1b
Pfarrgasse 60-8b
Pfauenweg (3) 66-2b
Pommernstraße 48-A3
Porschestraße 66-2d
Prevorster Weg (9) 66-2c

Raiffeisenstraße (2) 61-11b
Rappenhof 66-6a
Rappenhofweg 66-2d
Reginlindweg 48-A3
Reiherweg (2) 60-11d
Rickeleweg 48-B3
Rieslingstraße 60-5d
Ringstraße 60-5d
Robert-Schumann-Straße 66-2c
Römerbadweg 66-1b
Rosenstraße 61-10c
Rossäckerstraße 48-A2 + 66-1b
Ruppert-Mayer-Straße 48-B3
Ruth-Kölle-Straße 66-1b

Schäferweg 48-A3 + 66-2c
Schafäckerstraße 48-A3 + 66-1d
Schauinslandweg 48-A3
Scheuergasse (12) 48-A2
Schillerstraße 48-A2
Schlegelstraße 61-11b
Schleifmühle 60-10c
Schlesienstraße 66-1d
Schöntaler Straße 61-11b
Schoppengasse (15) 48-A2
Schubertstraße 66-2b
Schulstaffel (4) 48-B1
Schulstraße 61-10c
Schwabstraße 48-B2 + 66-2a
Schwalbenstraße 66-2b
Schwanenweg (1) 60-11d
Secklergasse 48-B2
Seestraße 60-5d
Seilerweg 48-A2
Seufferheldstraße 48-B1
Siebenbürgenstraße 66-1d
Siemensstraße 48-B3
Silcherstraße 48-A3 + 66-2c
Spitalgasse (10) 48-A2
Stadtgarten 66-1b
Stadtmühlgasse 48-B2
Stadtseestraße 48-B3 + 66-2c
Starenweg (6) 66-2b
Staufengasse 48-A2
Steig 48-A3
Steinbeisstraße 48-B3
Steinbruchweg 66-1b
Sterngasse 48-A2
Stettiner Weg 48-A2
Stöcklensberg 60-11b
Straußweg 48-A3
Sudetenstraße 66-1b
Sülzbacher Straße 61-11a
Sulmstraße 66-3a

Talstraße 61-11a
Tannenbergweg (7) 66-1d
Taubenäckerweg 60-8b
Taubengässle 48-B2
Traubenplatz 48-B2
Trollinger Straße 61-11b
Tulpenweg 61-10c

Uhlandstraße 48-A2 + 66-2a
Untere Gasse 61-10c
Untere Keltergasse (17) 48-A2
Untere Seeäcker 60-9a
Unteres Tor 48-A2
Urbanstraße 48-B2

Vordere Gasse (2) 60-5d

Wachturmgasse 48-A2
Waldlehrpfad 60-10d
Walter-Koch-Straße 48-B3 + 66-2c
Weibertreustraße 66-2b
Weidachstraße 48-A2 + 66-1b
Weidenäcker 61-11a
Weinbaulehrpfad 60-10c
Weingasse 48-A2
Weinsberger Straße 60-8b
Weinsberger Weg 61-10c
Weinsteige 61-11b
Weißenhof 60-11b
Weißenhofstraße 48-B1 + 60-11d
Weißenmühle 60-11b
Welfengasse 48-A2
Wiesenweg 61-10c
Wildermuthstraße (15) 66-1b
Wilhelm-Ammon-Straße 66-2d
Wimmental 61-10b
Wimmentaler Straße 61-10c
Winzerstraße 61-10c
Wolframweg 48-B3
Wolfsäckerstraße (6) 60-6c

Zehntgasse 48-A1
Zeppelinstraße 48-A3 + 66-1d
Ziegelhüttenweg 66-1b

Weinstadt
PLZ 71384

Abendrain 157-3a
Adelheidweg (6) 134-7c
Ahornstraße 134-10b
Aichelberger Weg 157-6b
Aichwaldstraße 134-10d
Alemannenstraße (22) 134-7c
Altenbergstraße (2) 134-11c
Alte Weinstraße 157-6b
Altwasserweg 134-7d
Am Altenberg 134-11c
Am Eck 158-2a
Am Heuhaus (11) 134-7a
Am Hirtenplatz (24) 134-10a
Am Hüttenbach 157-3d
Am Mühlbach 133-9c
Am Rosengarten 134-10a
Amselweg (4) 134-10b
Am Sonnenhang 134-7c
Am Wasserfall 134-10b
Am Wasserturm 134-12c
Annastraße 134-10b
Auberlenstraße 133-9c
Auf der Huschenburg 157-3a
Aussiedlerhöfe 134-5c
Auwiesenhof 158-2d

Baach 158-6c
Bachstraße 158-2a
Badweg 134-4c
Bädergasse 157-3d
Bahnhofstraße 133-9b
Bauerlestraße 133-8b
Bebionstraße 133-9b
Beethovenstraße 158-2a
Beibachweg 133-8d
Bei der Kapelle 134-4d
Beinsteiner Straße 133-6c
Benzstraße 134-7a
Berggasse 157-3c
Bergstraße 158-2b
Beutelsbach 134-7d
Beutelsbacher Straße 133-9a
Birkelstraße 133-9b
Birkenackerweg 157-3c
Blauer Weg 134-11b
Blütenstraße 158-2b
Blumenstraße 158-2b
Boschstraße 134-7b
Brahmsstraße 134-10b
Brucknerstraße 134-10a
Bruckwiesenstraße 134-7a
Brückenstraße 134-7a
Brühlweg 158-9a
Brunnenstraße 158-2a
Buchfinkenweg (3) 157-3c
Buchhaldenstraße 158-2b
Buhlstraße 134-7c
Bundschuhweg (26) 134-7d
Buocher Weg 134-5a
Burghaldenstraße 134-10b
Burgstraße 133-9d
Burgunderstraße 134-10b
Burrisweg 134-5a

Cannonstraße 134-7b
Canzstraße 134-4c
Carl-Stein-Straße 134-4d

Dahlienweg 133-8d
Daimlerstraße 134-7a
Dammstraße 133-9b
Diemerstraße (9) 134-4d
Dornfelderstraße 134-11a
Drosselweg 157-3c

Eberhardstraße 134-10a
Eichenstraße 133-8d
Endersbach 133-8d
Endersbacher Straße 157-3a
Enzianweg 133-9c
Esslinger Weg 157-6b
Eugenstraße (13) 134-7b

Falkenstraße 134-10b
Fasanenweg 133-9c
Feuergäßle (2) 134-10b
Finkenstraße 134-10b
Fischergäßle 134-7a
Fliederweg 134-4d
Florianweg 134-7d
Forststraße 158-6c
Frankenstraße 134-7c
Freibadstraße 134-10b
Freitorstraße 134-11c
Friedensstraße 134-7b
Friedhofweg 157-3d
Friedrichstraße 134-4c
Fürstengäßle 134-4d

Gänsackerweg (17) 133-9b
Gärtnereiweg 133-8d
Gartenstraße 134-7d
Gelber Weg 134-12a
Ginsterweg 134-4c
Goethestraße 133-9d
Grauer Weg 134-9c
Grazestraße 133-9a
Gress-Straße 133-8b
Großheppach 134-4a
Großheppacher Straße 133-9b
Großmultenstraße 134-4c
Grubengasse 157-6b
Grunbacher Straße 134-7b
Gundelsbach 134-5a
Gundelsbacher Straße 134-5c

Händelstraße 134-10a
Haldenstraße 134-11c
Hans-Fink-Weg 134-4d
Hauffweg 134-4c
Hauptstraße 157-3a
Heerbergstraße (16) 133-9a
Heinkelstraße 134-7b
Heppachweg 134-7a
Herdweg 134-4a
Herzklingenweg (4) 157-3d
Heuweg 134-7b
Heuweg (14) 134-7b
Hildenfurtweg 133-8d
Hindenburgstraße 157-3d
Hintere Straße 157-3d
Hochbergstraße 134-11c
Hölderlinstraße 158-2b
Hohensteinstraße 134-4d
Hundsackerweg (8) 157-3a

Im Biegel (18) 133-9c
Im Gäßle 134-10b
Im Hohen Rain 157-3c
Im Obenhinaus 134-10d
Im Oberdorf (7) 157-3d
Im Pfad 134-4d
Im Rosenfeld 133-9c
Im Steingrüble 134-4d
Im Trugmann (5) 134-4c
Im Vogelsang 157-3c
Im Wiesengrund (15) 133-9a
In den Backenländern 157-3a
In den Berggärten (5) 157-3c
In den Hauern 134-4c
In den Steinwiesen (2) 157-3c
In der Geiß (1) 157-3a
In der Waage 134-7d
In der Wanne 134-4c
Innere Halde 133-9a
Irisweg 133-8d

Jägerstraße 134-4c
Jahnstraße 133-9c
Jasminstraße 158-2b
Johann-Ludwig-Huber-Straße (15) 134-4d
Justinus-Kerner-Straße (22) 133-9d

Kaiserstraße 134-7d
Kalkofenstraße 133-9a
Kapellenweg 133-9c
Kappelbergweg 134-7d
Karl-Baisch-Straße 134-7d
Karlstraße 134-10a
Kellereistraße 134-7d
Kelterstraße 157-3c
Kelterweinbergweg 158-2b
Keplerstraße (20) 133-9b
Kernenweg 133-9c
Kirchackerweg 134-7b
Kirchhofgäßle (10) 134-4d
Kirchstraße 134-7a
Kirschblütenweg 157-3a
Kleinfeldlestraße 133-9d
Kleinheppacher Straße 134-4c
Klingenstraße 134-4c
Körbergäßle 134-7b
Koihgäßle 134-5a
Konradweg 134-7c
Kornblumenweg 133-8d
Kornstraße 133-9c
Kriegsbergstraße 134-11c
Krokusweg 133-8d
Kurze Straße 133-9b

Lämmlestraße 134-4c
Landgut Burg 134-10c
Landhausstraße (19) 133-9d
Lehenweg 157-3a
Leinäckerstraße 134-4a
Lenaustraße 158-2b
Lenzhalde 158-2b
Lerchenstraße 133-9c
Lessingstraße 158-2b
Liedhornstraße 133-8d
Lilienweg 133-8d
Lindenstraße 157-3c
Lisztstraße 134-10a
Lützestraße 134-11c
Luitgardstraße 134-7c
Lußackerweg 133-8d
Lutherstraße (4) 134-4c

Maiclerstraße 133-9a
Marktplatz 134-7d
Marktstraße 134-10b
Meisenstraße 134-10b
Mercedesstraße 133-8b
Merzlweg 134-10b
Metzenwiesenstraße 134-10b
Mörikestraße 134-4c
Mohnweg 134-4c
Mozartstraße 158-2a
Mühläckerstraße 133-9c
Mühlbergstraße 158-2b
Mühlhäuserstraße 134-4c
Mühlstraße 134-10b
Mühlwiesenweg 134-10b
Müllergasse 133-9a

Nelkenstraße 133-8d
Neuffenstraße 133-9c
Nonnenbergstraße 158-2b
Nonnengasse (6) 157-3d
Nordhaldenstraße 134-7d

Oberlinstraße 134-7c
Ostendstraße 134-7b

Panoramastraße 134-7d
Parkstraße 134-7b
Parthenaiser Platz 133-9b
Pestalozzistraße 133-9d
Pfahlbühlstraße 134-4c
Pfarrgasse 134-7b
Pflaster 133-9a
Pommernweg (1) 134-4c
Portugieserstraße 134-10b
Poststraße 134-10a
Prinz-Eugen-Platz 134-7b

Quellenweg 133-9a

Raiffeisenstraße 133-9b
Rappenruhweg 134-7d
Rathausstraße (12) 134-7b
Ratsgasse (23) 134-10b
Rebenstraße 134-4d
Rechbergstraße 133-9c
Remsstraße 133-9a
Richard-Wagner-Straße 134-10b
Riedwiesenstraße (1) 134-11c
Rieslingstraße 134-11a
Ringstraße 134-11c
Ritterstraße 157-3a
Römerstraße 134-7a
Rommelshäuser Straße 133-8d
Rosengarten 134-7c
Rosenstraße 134-7d
Roßbergstraße 134-10b
Roter Weg 134-8c

Saffrichhof 134-12d
Sandbühlstraße 134-11c
Sandmorgenstraße 158-2b
Schäfergäßle (8) 134-4d
Schafgasse 133-9c
Schießackerweg 157-3c
Schildergasse 134-4c
Schillerstraße 158-2b
Schlartäckerweg 134-7d
Schlesierweg (3) 134-4c
Schloßstraße 134-7b
Schmiedgasse 133-9a
Schnait 134-11d
Schnaiterstraße 134-10b
Schnarrenbergweg 134-11d
Schönblickstraße 134-7d
Schönbühlstraße 134-7d
Schönfelderstraße 134-10a
Schubartweg (6) 134-4c
Schubertstraße 134-10b
Schulstraße 133-9c
Schumannstraße 134-10a
Schurwaldstraße 134-10b
Schwabstraße 158-2b
Schweizerbachstraße 134-10b
Seestraße 158-2a
Siemensstraße 134-7d
Silcherstraße 134-11c
Silvanerstraße 134-11a
Sommerhalde 158-9a
Sommestraße 134-7c
Sonnenrain 157-3a
Spechtweg 157-3c
Sperberstraße (3) 134-10b
Staffelstraße 133-9a
Stankt-Urban-Weg 157-3c
Staufenstraße 133-9d
Steinackerweg (21) 133-9d
Stettener Straße 133-8d
Stiftstraße 134-7d
Strümpfelbach 157-3a
Strümpfelbacher Straße 133-8d
Stubenweg (7) 134-4c
Stuttgarter Straße 134-7c
Sudetenweg (2) 134-4c

Talstraße 133-6c
Taubenstraße (5) 134-10b
Teckstraße 133-9c
Theodor-Heuss-Straße 133-9d
Theresienstraße 134-4c
Tobelstraße 134-11c
Traubenstraße 133-9c
Traufweg 157-3c
Trollingerstraße (1) 134-11a
Tulpenstraße 134-4d

Uhlandstraße 133-9b
Ulrichstraße 134-10b
Ulrichstraße (25) 134-10b
Unterm Hauwald 157-3c
Urbanstraße 134-7d
Utzbergstraße 134-10d

Veilchenweg 133-9a
Vollmarplatz 134-10b

Waiblinger Straße 133-8b
Waldstraße 157-3c
Wallensteig 134-4a
Wartbühlstraße 134-4c
Weberstraße 134-10a
Weilerwiesenweg 158-2a
Weinbergstraße 133-9c
Weinsteige 134-7d
Weinstraße 158-2b
Weißer Weg 134-8c
Werkstraße 133-9b
Westendstraße 134-4c
Wielandstraße 133-9b
Wiesengarten 133-9c
Wiesentalstraße 134-11c
Wolfshof 133-6d

Zeisigweg 157-3c
Zeppelinstraße 133-9d
Ziegeleistraße 133-9d
Ziegelgasse 157-3c
Zolterweg 158-6c
Zügernbergstraße 134-4d
Zum Streitberg 157-3d

Weissach
PLZ 71287

Adlerweg 110-10c
Ahornweg 126-1b
Aidenbergsteige 126-1a
Albert-Häcker-Weg (1) 110-10c
Am Berg 125-3d
Amselweg 125-3d
Apfelbaumweg (17) 126-1a
Auf der Steige 125-3b
August-Lämmle-Weg 110-10d

Bachstraße 110-10c
Bahnhofstraße 110-10d
Bannholzring 110-10a
Bentelmühle 125-3d
Berghof 126-1a
Bergkiefernstraße 126-1a
Bergstraße 125-3d
Biegelstraße 110-10c
Birkenhof 110-11a
Birkenweg 126-1b
Birnbaumweg (18) 126-1a
Bismarckstraße 110-10d
Bolander Talweg 126-2c
Boschstraße 110-10a
Brunnenstraße 125-6b
Buchenstraße 110-10d
Buchwaldweg 125-3d
Burgmühle 110-11d
Burgstraße 125-3d
Bussardweg 110-10c

Christian-Wagner-Weg (12) 110-10d

Dahlienweg 125-3b
Daimlerstraße 110-10a
Distelweg 125-3c
Dobelweg (1) 125-3d

Eberdinger Straße 110-10d
Eibenweg 126-1b
Eichenstraße 110-10c

Weissach im Tal
PLZ 71554

Wellendingen
PLZ 78669

Wendlingen am Neckar
PLZ 73240

Wernau
PLZ 73249

Mörikeweg 182-12a
Mozartstraße 182-12c

Neckarstraße (9) 182-11d
Neuffenweg (5) 182-12d

Obere Zeil 182-11d
Olgastraße 206-2b
Ottilienweg (17) 206-3a
Otto-Hahn-Straße 206-3d

Panoramastraße 182-12c
Paulinenstraße 206-3a
Pfauhäuser Brücke (15) 182-11d
Plochinger Straße 182-12c

Raiffeisenstraße 182-11b
Raitenstraße 182-12c
Reußensteinweg (6) 182-12d
Robert-Bosch-Straße 182-12c
Röntgenstraße 206-3a

Schillerstraße 182-12a
Schloßhof (10) 182-12c
Schloßstraße 182-12d
Schloßweinberg 206-3b
Schmalwiesenstraße 206-3c
Schubertstraße 182-12c
Schulstraße 206-3a
Schulweg 182-12c
Schwalbenweg (13) 206-3a
Silcherstraße 182-12c
Sophienstraße (16) 206-3a
Stadionweg 182-11d
Stadtplatz (22) 206-3a
Starenweg (12) 182-12c
Stettiner Straße 182-12c

Talstraße 182-11b
Taubenweg 182-11d
Teckstraße 182-12d
Tilsiter Weg 182-12b

Uhlandstaffel 182-12c
Uhlandstraße 182-12c
Ulrichstraße 206-3a

Wasenstraße (24) 206-3b
Weidachgasse 182-12d
Wiesenweg (25) 206-3b
Wilhelmstraße 206-3a

Ziegelei 206-3d
Ziegelstraße 206-3b
Zum Filstalweg 182-12a

Westerheim (Alb-Donau-Kreis)
PLZ 72589

Hof Egelsee 275-9d
Hof Heuberg 275-12b

Klosterhof 275-12a

Wiernsheim
PLZ 75446

Adolf-Märkt-Straße 92-12b
Ahornweg 108-3c
Alter Sägmühleweg (2) 109-3c
Amalie-Struve-Straße (6) 109-2a
Am Kirchberg (3) 109-2d
Amselweg 108-3c
Arnaudweg 92-9c
Auf der Kohlplatte 109-2a
Auguste-Schmidt-Straße (5) 109-2a
Aussiedlerhof (Pinsche) 92-11b
Aussiedlerhof (Serres) 93-10d
Austraße 109-6a

Bachstraße 108-3b
Beethovenweg (3) 108-3a
Bei der Großen Buche (19) 108-3c
Bei der Linde 108-3c
Beim hohen Kreuz 92-12c
Beim Kirschbaum 109-1d
Beim Postweg 92-9d
Benzstraße 108-3a
Bergstraße 109-1b
Biegelweg 108-3b
Birkenweg 108-3d
Blumenstraße 92-12a
Boschstraße 108-2b
Brahmsstraße 108-3a
Breiter Weg 108-3d
Brucknerstraße 108-3a
Buchenweg 109-2d
Bussardweg (1) 109-3c

Calvinstraße (14) 108-3d
Clara-Schumann-Straße 108-3a
Cranachweg (7) 108-3b

Daimlerstraße 108-3a
Dreilindenweg 108-3a
Drosselweg (12) 108-3c
Dürerstraße 108-3d
Dürrmenzer Weg 92-9c

Egon-Ruoff-Straße 109-1b

Falkenweg 109-3c
Finkenweg 108-3c
Franz-Lehar-Straße 108-3a
Friedenstraße 109-1b
Friedhofstraße 109-2d
Friedrich-Händel-Weg (22) 108-3a

Gartenstraße 109-1b
Gewerbegebiet Länderich/ Mangelwiesen 108-2b
Gewerbegebiet „Rivoir" 92-8d
Grabenstraße 92-9c
Großglattbacher Straße 92-9c
Grünewaldstraße 108-3d
Grundweg 108-3b

Haldenstraße 109-2d
Hanfländerweg 92-12b
Hans-Albrecht-Straße (2) 109-2a
Hauffstraße 92-12a
Hauptstraße 92-9c
Haydnstraße 108-3a
Hebelstraße 109-1b
Herrschaftsgärten (4) 108-3a
Hindenburgstraße 108-3a
Hinter den Gärten (6) 108-3b
Hintere Straße 109-3c
Hölderlinstraße 92-9c
Hofgasse 109-3c
Hofwiesenstraße 109-2d
Hohe Steige 109-6a
Holbeinstraße 108-3d

Im Bild 108-3d
Im Hasenlauf 92-8d
Im Kazenloch 108-3d
Im Krügele 108-3c
Im Rivoir 92-9c
Im Roßland 108-3a
Im Schönblick 109-2d
Im Sommerrain 109-2d
Im Steinbühl 92-8d
Im Täle 109-2d
Im Wiesental 108-3b
In den Kirschgärten (1) 108-3a
In den Obstgärten (17) 108-3b
In den Schelmenäckern (21) 108-3b
In den Scheurengärten 108-3b
In den Schleifwiesen 109-3c
Industriestraße 109-3a
Iptingen 109-3c
Iptinger Straße 108-3b

Johannes-Brenz-Straße (15) 108-3d

Kaltenbergweg 92-12a
Kappelhalde 109-3c
Karolingerstraße 108-3d
Kelterstraße 109-2d
Kernerstraße 109-1b
Kirchplatz 92-12a
Kirchweg 109-1b
Kirschbaum 109-1d
Kreuzbachweg 109-3c
Kronengasse (5) 108-3b
Kuckucksweg 108-3c

Lenbachweg (9) 108-3d
Lerchenweg (11) 108-3c
Lessingstraße 92-12a
Lily-Braun-Straße (4) 109-2a
Lindenstraße 108-3d
Lochmanns Kreuz 108-3d

Marktplatz 108-3a
Martin-Luther-Straße 108-3d
Meisenweg 108-3c
Melanchthonstraße 108-3d
Menzelweg (8) 108-3b
Mönsheimer Straße 109-2d
Mörikeweg 92-12a
Mozartstraße 108-3a
Mühlackerstraße 108-3b
Mühlstraße 108-3b

Neue Straße 108-3a
Nußdorfer Straße 109-2d

Oberes Feldle 108-3c
Öschelbronner Straße 92-12a
Öschelbronner Weg 109-1b
Ottonenstraße 108-3d

Petrus-Waldes-Weg 109-1b
Pichlerstraße 108-3a
Pinache 92-12b
Pinasca Straße 109-1b
Plattenstraße 92-9c

Rembrandtstraße 108-3d
Reuchlinstraße (16) 108-3d
Richard-Wagner-Weg (21) 108-3a
Rolf-Scheuermann-Straße 108-3d
Rosenhof 92-12d
Rubensweg (13) 108-3d

Salierstraße 108-3b
Schanzstraße 108-3c
Scheffelstraße 92-12a
Schillerstraße 109-1b
Schmale Straße (2) 108-3a
Schubartweg 92-12a
Schützstraße 108-3a
Schwabstraße (3) 109-1b
Schweizerstraße 108-3b
Serres 109-2a
Silberpfad 108-3b
Silcherstraße 109-1b
Sonnenhalde 109-2b
Stauferstraße 108-3d

Talhof 92-9c
Talstraße 92-9c

Uhlandstraße 92-12b
Ulmenweg (18) 108-3c
Unter der Schanz 108-3c

Vogelsangstraße 109-3c

Waldenserstraße 109-1b
Waldhof 92-9c
Wartstraße 109-2d
Weiherstraße 108-3b
Weingartenstraße 109-1b
Wiernsheimer Straße 109-2d
Wilhelm-Gille-Straße 109-1b
Wurmberger Straße 108-3c
Zeppelinstraße 108-3c
Ziegelhütte 92-9c
Zwergberg (1) 109-2c
Zwinglistraße 108-3d

Wiesensteig
PLZ 73349

Eckhöfe 257-6b

Papiermühle 257-6d

Reußenstein 257-5c

Ziegelhof 257-6a

Wildberg (Kr. Calw)
PLZ 72218

Abendgasse 195-11a
Ahornstraße 218-2c
Akazienweg 218-2c
Albstraße 219-1b
Alemannenweg (2) 195-8c
Allmändgäßle (2) 219-4a
Allmandweg 218-1d
Alte Oberjettinger Straße 219-8a
Alter Kuppinger Weg 219-5d
Alter Schönbronner Weg 218-2c
Alter Wildberger Weg 195-11a
Am Bach 219-5d
Am Gänsberg 195-8d
Am Killberg 195-11b
Am Rain 218-2c
Am Schloßgraben (5) 219-4a
Amselweg (3) 195-11a
Am Spießtor 219-4a
Am Tierstein 219-5b
Auf dem Schafwasen 218-2c

Badgasse 219-1c
Badwiese (1) 219-5d
Bahnhofstraße 218-6b
Bergsteig 218-2c
Besetzte Gasse 218-6b
Birkenweg 195-11a
Bohnland 219-5d
Breitestraße 195-10b
Breiteweg 218-5a
Brückenweg 218-2c
Brückleweg 218-2c
Brühläcker 218-5a
Brühlstraße 219-5d
Brunnenhof 194-10b
Brunnenweg 218-2c
Buchenstraße 195-11b
Buhlerhäusle 217-2a
Bulacher Weg 218-3d
Bulerstraße 218-1a
Bundhalde 195-11a
Burg 194-7d
Burghalde 219-5b
Burghardtstraße 219-1c
Buß 195-11a

Calwer Straße 218-3d
Carl-Weiser-Straße 220-9b

Deckenpfronner Straße 195-11a
Deckenpfronner Weg 219-5b
Dickmahden 195-8c
Dr.-Vesenmayer-Weg 218-3d
Dorfwiesenstraße 218-1a
Drosselweg (4) 195-11a

Ebershardter Weg 218-5a
Eckweg 218-3d
Effringen 218-4b
Effringer Straße 218-6a
Effringer Tal 218-5b
Ehinger 219-6c
Eichenstraße 195-11a
Elserhard-Seewald-Straße (2) 219-1a
Erlenweg 218-2c
Eschbachstraße 218-1a
Eschenweg 218-2c
Eugen-Memminger-Weg (1) 219-1a
Eulenstraße 195-11a

Färberhof 218-3a
Fichtenstraße 195-11a
Finkenweg 218-1a
Fleckenhof (3) 218-2c
Fliederweg 218-2c
Fockenbrunnen 218-4b
Forchenweg 219-1c
Forsthütte 195-9c
Forststraße 219-5d
Friedhofweg 194-10d
Frühmeßgarten 218-6b
Fuchsweg 195-10b
Fuggerhof 218-5d
Furtweg 219-5b

Gäustraße 219-1a
Galgenberg 219-1c
Gartenstraße 218-6b
Gartenweg 218-1b
Gechinger Straße 195-8c
Geißburg 194-8d
Gelöschtes Gäßle 195-8c
Gewerbegebiet „Vor dem Wald" 219-7b
Gewerbegebiet Kuppinger Tal 219-6c
Gewerbepark 218-1b
Ginsterweg 219-1a
Goethestraße 218-3c
Götzenbachweg 218-5c
Grüner Weg 219-1c
Gültlingen 195-7d

Hagebuttenweg (5) 195-8d
Haibe 195-11a
Haselstaller Hof 195-6d
Haselweg 195-11a
Hauffstraße 218-6a
Hauptstraße 218-1d
Hegauweg 219-1b
Hermann-Duft-Weg 218-6d
Herrenberger Weg 195-11b
Hintere Gasse 218-5a
Hintere Steingasse 195-11a
Hirschbrücke 218-3d
Hirschbuckelweg (1) 218-1a
Höhenhof 194-10c
Höhenweg 218-2c
Hölderlinstraße 218-3c
Hofweg 218-1b
Hohe Gasse (4) 218-6b
Hohenbergstraße 219-1c
Hoher Buß 195-11a
Hoher Fels 194-8d
Hoher Rain 218-1a
Hohlensteinberg 194-12a
Hohnerstraße 219-5b
Holunderweg (6) 195-8d
Hülbenweg 218-1d
Hütteweg 218-1a

Im Äckerle 218-1b
Im Berg 219-5d
Im Brühl (8) 195-11a
Im Dinkelacker 219-5d
Im Dorf 219-5d
Im Flöschle 219-5b
Im Gäßle (Schönbronn) 218-1a
Im Gäßle (Sulz am Eck) 219-5d
Im Gründle 195-11c
Im Grund 218-1a
Im Heinental 195-8d
Im Höfle (10) 195-11a
Im Hof 194-10c
Im Kloster 219-5d
Im Mähfeld 218-1a
Im Schönblick 195-8d
Im Steig 219-5a
Im Vogelsang (11) 195-11a

Jägerweg 195-10b
Jahnstraße 218-6a

Käpfleshöfe 218-6c
Käsbrunnenweg 195-7d
Kantstraße 218-6b
Kapellenberg 195-11a
Kapfweg 195-11a
Kastienweg (4) 218-2c
Keltenweg (1) 195-8c
Kengelhöfe 218-3a
Kengelweg 194-12d
Kirchgasse 218-1a
Kirchhofweg 218-5a
Kirchstraße 219-5a
Kirschenweg 218-1a
Kleine Kochsteige (6) 218-6b
Klosterstraße 219-4a
Knappenweg 218-1d
Kochsteige 218-6b
Kreuzgasse 218-1b
Kronenhof 218-3c
Kuppinger Straße 219-5d
Kuppinger Tal 219-6c

Lehen 219-5d
Lerchenberg 195-9a
Lerchenfeldweg 218-6a
Lerchenhof 195-9b
Lerchenweg 218-1b
Lindachweg 219-5c
Lindenstraße 218-2c
Lindhaldeweg (9) 219-1b
Lochsägmühle 194-7d

Markhalde 219-1c
Marktstraße 218-6b
Markweg 218-3d
Mittlerer Weg 219-5d
Mörikestraße (8) 218-6a
Mühlehof (9) 195-11b
Mühleweg 218-5c
Müllerthof 218-6a

Nagolder Straße 218-6d
Neue Hülbe 218-2c

Obere Breite 219-5d
Obere Seelenhalde 195-11c
Obere Sommerhalde 219-1c
Obere Straße 219-5a
Oberjettinger Steige 218-6d
Oberjettinger Straße 219-5d
Öschelsweg 218-4b

Pappelweg 218-2c
Pfadhof 218-3a
Pfalzgrafenstraße 219-1c
Pfarrgasse 218-5a
Poststraße 218-1a

Riedweg 219-5a
Römerstraße 195-8c
Röteweg 195-8c
Rosenweg 218-1b
Rotfelder Straße 218-4b

Salachternweg 195-11a
Saronweg 218-3d
Schafhof (2) 218-2c
Schafhof (Haibe) 195-8d
Schafhof (Kengel) 218-3a
Schafscheuernberg (7) 218-6b
Schillerstraße 218-6a
Schlehenweg (7) 195-8d
Schloßstraße 218-6b
Schönbronn 194-10d
Schönbronner Weg 218-6a
Schönbuchstraße 219-1b
Schulstraße 218-5a
Schwabenweg 195-8c
Schwalbenweg 218-1d
Schwarzwaldstraße 219-1a
Sieben Tannen 195-6c
Silcherstraße 218-6a
Sonnenhalde 195-8d
Sonnenhof 218-6c
Sonnenrain 218-3c
Stauferweg 195-8c
Steige 218-6a
Steigstraße 195-11b
Steingasse 195-11a
Steinweg 218-1d
Stichweg 218-5a
Strohweg 195-5c
Sulz am Eck 219-5b
Sulzer Eck 219-4b
Sulzer Weg 195-11c

Talstraße 218-3d
Talweg 219-5d
Tannenhof 195-9a
Tannenstraße 218-5a
Tierstein 219-5b
Trölleshof 194-11a
Tulpenweg 218-1d
Turmgasse 218-6b

Überzwercher Weg 218-1a
Uhlandstraße 218-6a
Ulmenweg 218-2c
Untere Höhe 218-2c
Untere Mühle 195-11a
Unterer Berghof 218-5d
Untere Sägmühle 195-10c
Untere Seelenhalde 195-11c
Untere Sommerhalde 219-1c
Untere Straße 219-5a

Veilchenweg (1) 218-1d
Viehweg 195-10a
Vordere Gasse 218-5a

Wacholderweg 219-1c
Wächtersbergstraße 219-1c
Wäldlesweg 218-1a
Wagrain 195-7d
Waldhof 218-3b
Waldstraße 219-7b
Wasenstraße 219-7b
Wasserrad 194-7d
Weihengäßle (3) 219-4a
Weinbergstraße 219-6c
Weingartenweg 219-1c
Weißdornweg 218-2c
Welzgraben 218-6b
Wendener Straße 218-1a
Werre 218-4b
Wettegasse 219-5a
Wielandstraße 218-6a
Wiesental 218-5a
Wiesenweg 218-5a
Wildberger Straße 195-11a

Ziegelbachhütte 194-7d
Ziegelhütte 218-1b
Zimmerstraße 195-11a

Wimsheim
PLZ 71299

Ahornweg 108-11c
Amselweg 108-10b
August-Lämmle-Weg (10) 108-11b
Aussiedlerhof Feucht 108-8c
Austraße 108-11a

Bergstraße (2) 108-11a
Birkenweg 108-11a
Breitlohweg 108-11c
Brunnengasse (7) 108-11a
Buchenweg 108-11a

Christian-Jentner-Platz 108-11c

Daimlerstraße 108-11c
Dieselstraße (11) 108-11c
Drosselweg (3) 108-10b

Eichenweg 108-10d
Erlenweg 108-10d

Finkenweg 108-11a
Fliederweg 108-10d
Friedhofstraße 108-11a
Friolzheimer Straße 108-11c

Goethestraße (8) 108-11a
Grafenstraße 108-10b
Grundweg 108-11c

Hagenschießstraße 108-11a
Haselweg 108-11a
Hauffstraße 108-11a
Hausbergweg 108-11a
Hellachstraße (5) 108-11a
Herzogstraße 108-10b
Heuweg 108-11a
Höhenweg (15) 108-11a
Hölderlinstraße (9) 108-11b
Hohlweg 108-10b

Im Falltor 108-11c
Im Rot (14) 108-11a
Im Talrain (13) 108-11b

Jahnstraße 108-10d

Kanalstraße 108-11a
Keplerstraße 108-10b
Kernerstraße 108-11a
Kirchgasse 108-11a

Lerchenweg (4) 108-11c
Lessingstraße 108-11b
Lindenstraße 108-10d
Lohweg 108-11c

Maybachstraße 108-10d
Mönsheimer Straße 108-11a
Mörikestraße 108-11a
Moosweg 108-11a
Mühlweg 108-10d

Nordstraße (1) 108-10b

Pfadweg 108-11c
Porschestraße (12) 108-11c

Raiffeisenstraße (6) 108-11a
Rathausstraße 108-11a
Rennbrunnen 108-10d
Robert-Bosch-Straße 108-11c
Rotswiesenweg 108-11c

Schafbaumweg 108-11c
Schillerstraße 108-11a
Schulstraße 108-10b
Seehausstraße 108-10b
Seestraße 108-11a
Siemensstraße 108-11c
Silcherstraße 108-11a
Sonnenweg 108-11a
Spittlerstraße 108-10d
Steig 108-11a

Tannweg 108-10b
Tiefenbronner Straße 108-11c
Tiefenweg 108-10b

Uhlandstraße 108-11a

Wasenweg 108-11a
Wengertweg 108-11a
Wenntalstraße 108-10d
Wiernsheimer Weg 108-11a
Wurmberger Straße 108-11a

Winnenden
PLZ 71364

Adalbert-Stifter-Straße 118-5d
Adam-Müller-Guttenbrunn-Straße 118-5d
Adenauerstraße (2) 118-9b
Adlerweg 118-5a
Ahornweg (20) 118-4d
Akazienweg 118-7c
Albert-Einstein-Straße 118-9d
Albert-Schweitzer-Straße 118-4d
Albertviller Straße 118-7d
Alexanderstraße 118-5d
Alfred-Kärcher-Straße 118-4b
Alpenrosenstraße 118-6c
Am Adelsbach (16) 118-2d
Am Buchenbach 118-5a
Am Burggraben 119-4a
Am Hambach 118-6c
Am Hasenbrunnen 118-3c
Am Jakobsweg 118-7b
Am Mäuerlesgarten 118-9b
Am Schlössle 118-6c
Am Schulberg (4) 118-3d
Amselweg 118-4b
Am Sonnenhang 118-9b
Am Striebelsee (4) 118-2c
Am Welzenstein (2) 118-11b
Anna-Hieber-Straße (18) 118-5a
Asternweg 118-5b
Auäckerweg (5) 118-3d
Aussiedlerhof Ob der Gasse 118-6a
Azaleenweg 118-6d

Baach 118-6b
Baacher Hauptstraße 118-6b
Baacherweg 118-3d
Bachstraße 118-4b
Backnanger Straße 118-5a
Badstraße 118-4d
Bahnhofstraße 118-4b
Baumgärten (2) 119-4a
Baumgartenweg 118-11b
Bengelstraße (12) 118-5a
Berglenstraße 118-6d
Bergstraße 118-6d
Bertha-von-Suttner-Straße (20) 118-5b
Bildackerstraße 118-6c
Bildstraße 118-9b
Birkenrain 118-7c
Birkenstraße 119-7c
Birkmannsweiler 118-9a
Birkmannsweiler Straße 118-9a
Björn-Steiger-Kreisel 118-5d
Blumenstraße 118-6c
Breitäckerweg 118-6c
Breslauer Straße (3) 118-2c
Breuningsweiler 118-12a
Breuningsweiler Straße 118-5c
Bruckwiesenstraße 118-3c
Brückenstraße 118-4d
Brühlweg 118-9b
Brunnbachstraße 118-6b
Brunnenstraße (14) 118-5c
Brunnenweg (3) 118-6c
Brunnhölzleweg 118-3d
Brunnwengertweg 118-11b
Buchenbachhof 119-7c
Buchenhain 118-7c
Buchenstraße 119-7c
Bürg 119-1d
Bürgäckerstraße (5) 118-9d
Bürgerstraße 118-6d
Buocher Straße 118-11b
Burgeräcker 118-7d
Burgunderweg 118-10b
Burgweg 118-5a
Burkhardshof 118-9a
Bussardweg (5) 118-5a

Christallerstraße 118-5a
Christine-Teusch-Straße 118-4d
Christophstraße 118-5d

Dahlienweg 118-5a
Daimlerstraße 118-4c
David-Klöpfer-Straße (3) 118-9b

Winterbach (Rems-Murr-Kreis)

PLZ 73650

Winterlingen

PLZ 72474

Wolfschlugen

PLZ 72649

Pappelweg 204-8a
Parkstraße 204-8c

Rathausstraße 204-8c
Reinhardtstraße 204-8d
Richard-Wagner-Straße 204-8c
Riedstraße 204-11a
Roßbergstraße (9) 204-11b

Schillerstraße 204-8c
Schubertstraße 204-8c
Schulstraße 204-11b
Seestraße 204-8c
Sielminger Straße 204-8a
Silcherstraße 204-12a
Stuttgarter Straße 204-7b

Teckstraße (11) 204-11b

Uhlandstraße (5) 204-8c
Ulrichstraße 204-11b

Waldhäuserstraße 204-8c
Waldweg 204-8d
Wielandstraße 204-8d
Wiesenweg (6) 204-8c
Wilhelmstraße 204-8d
Winkelwiesen 204-11b

Zeppelinstraße (12) 204-11b

Wurmberg
PLZ 75449

Alte Pforzheimer Straße 107-6d
Am Spielplatz (4) 107-6b
August-Talmon-Straße 108-7a
Aussiedlerhof Elwinger 108-7b

Backhausgasse (1) 107-6b
Birkhofstraße 107-3d
Blumenstraße (6) 108-7b
Bronnenfeldstraße (3) 107-6b
Brunnenbergstraße (1) 108-4d
Brunnenstraße (2) 107-6b

Fichtenweg 107-6b
Forchenstraße 107-6b

Gaisbergstraße 108-4c
Gartenstraße 108-7b
Gewerbegebiet Im Steinernen Kreuz 108-4a
Gewerbegebiet Kirschenäcker 108-7b
Glasbronnenstraße 107-6a
Gollmerstraße 108-4d

Hartheimer Straße 107-6b
Heckengäustraße (3) 108-7b
Hermann-Kälber-Straße (4) 108-7a
Hofstättstraße 108-7b
Hüttenäckerstraße 107-3d

Im Steinernen Kreuz 108-4c
Im Welschen Feld 107-6d

Johann-Jakob-Beck-Straße 107-6b

Kälberstein 108-5c
Karl-Friesinger-Straße 108-4d
Kelterstraße 108-4d
Klosterwaldstraße 108-7a

Lärchenweg 107-6b
Lindenstraße 107-6b
Luzernestraße 108-4d

Münzenfeldstraße 108-4d

Neubärental 107-3d
Neubärentaler Straße 108-4c
Neuer Weg 107-6b

Öschelbronner Straße 108-4d

Pforzheimer Straße 107-6d

Quellenäckerweg 108-7a

Rathausplatz (2) 108-4d
Reutstraße 108-4d
Robert-Britsch-Straße 108-7b
Römerstraße 108-4d

Schießmauerstraße 108-4c
Schmiedestraße 108-4d
Seehausstraße 108-7a
Stangenäckerstraße 108-7a
Steinweg 108-4c

Uhlandstraße 108-7b

Waldenserstraße 108-4c
Waldstraße 107-6b
Wiernsheimer Straße 108-4d
Wimsheimer Straße 108-7b
Wurmberger Straße 107-6b

Zell unter Aichelberg
PLZ 73119

Ahornweg 209-8c
Aichelberger Kirchweg 209-11c
Aichelberger Weg 209-11a
Akazienweg (6) 209-8c
Aussiedlerhof 209-7d

Bachstraße (4) 209-11a
Bergstraße 209-11a
Blumenstraße 209-11b
Blumhardtweg 209-8d
Boller Straße 209-11b
Boschstraße 209-8c
Boßlerstraße 209-11b
Breitenwang 209-11a
Bruck 209-11b
Brunnenwiesen 209-11b
Buchenweg (9) 209-8c

Daimlerstraße 209-8c

Eichenweg (8) 209-8c
Erlenweg 209-8c
Ernst-Haußmann-Weg 209-8d
Eschenweg (7) 209-8c

Fliederweg 209-8d
Friedhofweg 209-11a
Frühlingstraße 209-8d

Gartenstraße 209-8c
Gießweg 209-11b
Göppinger Straße 209-8c
Goethestraße 209-8d

Haldenstraße 209-11a
Hinterm Weiler 209-9c
Hirschstraße 209-11a
Hohenstauffenstraße (1) 209-8d

Im Auchtert 209-8d
Im Kreben 209-11a
Im Wolfzug 209-11a
In den Kreuzgärten (5) 209-11b

Jurastraße 209-10b

Kastanienweg 209-8c
Kirchenweg 209-8d
Kirchheimer Straße 209-11a
Kirchstraße 209-11a
Kreuzgartenweg 209-11b

Lenauweg 209-8d
Lerchenweg 209-11b
Lindenstraße 209-11a

Mausäcker (3) 209-9c
Mörikestraße 209-8d
Mühlgartenweg 209-9c

Obere Wängen 209-10b
Ohmder Straße 209-8c
Ohrengasse 209-9c

Pliensbach 209-9c
Pliensbacher Straße 209-8c

Raubisstraße 209-8c
Rechbergstraße 209-8d
Rosenstraße 209-8d

Schäferweg (10) 209-9c
Schelmahdstraße 209-11a
Schieferstraße 209-10b
Schillerstraße 209-11b
Schulstraße 209-8c
Sonnenweg (2) 209-9c
Streichbett 209-8c
Stuifenstraße 209-8d

Teckstraße 209-11b
Turmbergstraße 209-11b

Uhlandstraße 209-11b
Uhlwiesenweg 209-11a
Untere Wängen 209-10b

Weilerstraße 209-8d
Weilheimer Straße 209-11a
Weiße Wiesen 209-7d
Wiesenweg 209-11a

Zeppelinstraße 209-8c

Zimmern ob Rottweil
PLZ 78658

Adolph-Kolping-Platz 382-1a
Ahornstraße 381-5c
Albert-Bürger-Straße (7) 382-2a
Albert-Etter-Weg 363-10d
Albert-Mager-Straße 382-1b
Albring 381-3a
Albstraße 382-2a
Alemannenstraße 363-10d
Allmendweg 381-1a
Alois-Mager-Platz (3) 382-1b
Alte Flözlinger Straße 381-3b
Alte Hausener Straße 381-8b
Alte Schulstraße 382-1b
Alte Straße 382-1a
Am Dorfplatz 382-1b
Am Hang 382-1b
Am Hörnle 381-1b
Amselweg 382-1d
Am Waagrain 382-1a
Am Wolfswäldle 382-1c
Anton-vom-Kocher-Weg 363-10d
Asternweg 382-1b
Auf dem Berg (1) 380-3d
Auf der Eck 381-1b
Axtbühl 382-1a

Baarstraße 382-1a
Badgasse 382-1b
Bärenburger Straße 382-2a
Bäumlesäcker 382-1d
Banwiesen 381-1c
Beethovenstraße 382-2a
Bergstraße 381-1c
Berliner Straße 382-2a
Birkenweg 381-5c
Bristlestraße 382-1b
Brückenweg 382-1a
Brühlstraße 382-1b
Brunnenstraße 382-1b
Bühlstraße 381-1a

Dresdener Straße 382-2a
Ebnetstraße 381-3a
Edelburgastraße (9) 382-2a
Erfurter Straße 382-2a
Erlenweg 381-5c
Erwin-teufel-Straße (6) 382-2a
Eschachstraße 381-1a
Eschachtalstraße 381-8b
Eschweg 381-1a
Eseläcker 382-2a

Fichtenstraße 381-5c
Finkenweg 382-1c
Fliederweg 382-1a
Flözlingen 381-1c
Flözlinger Straße 381-3b
Flozbrunnen 382-2a
Flozbrunnenweg 382-2a
Forchenweg 381-4d
Frankenreute 363-12d
Friedhofweg 382-1a

Gäßle 381-1a
Gartenstraße 382-1a
Gassenwiesen 382-1b
Ginsterweg 381-1a
Glaffenäcker 381-1a
Grabenstraße 381-8a
Grafenäckerstraße 381-3a
Großer Grund 381-3b
Grubenweg 381-8b
Grundstraße 363-10d
Gustav-Kammerer-Straße (8) 382-2a

Haldenstraße 381-5c
Hans-Jakob-Straße 382-1b
Hauptstraße 382-1a
Hausener Straße 382-1b
Heerstraße 382-1b
Hegaustraße 382-1a
Heideweg 363-10b
Herrenbühlstraße 381-3c
Heubergweg 381-2b
Hintere Gasse (2) 380-3d
Hirschmühle 381-4b
Hochwaldstraße 363-11a
Hochwiesle 382-1a
Hölderlinstraße 363-10b
Holunderweg 363-10b
Horgener Straße 382-1c

Im Galgen 382-2c
Im Grund 381-2b
Im Hanfgarten 381-8b
Im Lachengrund 381-3b
Immelwiesen 382-1b
Im Schönsteinle 382-1b
Im Wasen 382-1c
Im Winkel 381-1a
Im Wolf 382-1d
In Kreuzäcker 382-1d
In Kreuzegert 382-1d
Interkommunales Industrie- und Gewerbegebiet 381-2b

Jenaer Straße (5) 382-2a
Joseph-Haydn-Straße 382-1b

Kaiserstraße 380-3d
Karpfenweg 382-1a
Kirchberg 381-8a
Kirchstraße 382-1b
Kirchweg 381-1a
Klammstraße 363-10d
Königsöschle (4) 381-1a
Konrad-Mager-Straße (1) 382-1a
Krokusweg 381-1c
Künlesgrund 382-2a

Lackendorfer Straße 363-10d
Langer Weg 381-1c
Leipziger Straße 382-2a
Lembergstraße 382-1a
Lerchenweg 382-1d
Lindenstraße 381-3b
Lupfenstraße 382-1a

Mariazeller Straße 363-10c
Mörikestraße 363-10d
Mozartstraße 382-2a
Mühlenweg 363-10b
Mühlhöfle 382-1b

Neue Straße 382-1b
Niedereschacher Straße 381-8a

Panoramastraße 363-10d
Parkstraße 381-8a
Pfarrer-Wiedmann-Weg 363-10d
Pfarrgasse 382-1b
Pius-Keller-Platz 363-10b
Pulverweg 382-1b

Raiffeisenstraße 381-3b
Rathausgasse 363-10a
Rathausstraße 382-1b
Riederteil 381-3a
Robert-Bosch-Straße 381-3b
Römerallee 381-3a
Römerweg 381-3c
Rosenfelder Straße 381-1a
Rosenstraße 382-1b
Rottweiler Straße 382-1b

St. Galler Weg 381-1a
Scheurenäcker 381-1b
Schillerstraße (4) 382-1b
Schlehenweg 381-1b
Schleifwiesenweg 381-5c
Schlenkertwiesen 381-5c
Schmelzeweg 382-2c
Schubertstraße 382-1b
Schützenstraße (2) 382-1a
Schwarzwaldring 381-3c
Schwarzwaldstraße 381-3b
Seidelbaststraße 363-10b
Silcherstraße 363-10b
Sinkinger Weg 380-3d
Sonnenhalde 382-1b
Spitaläcker 382-2a
Spittelhöfe 382-1b
Stadtweg 381-2b
Steigle 363-12c
Steigstraße 363-10b
Steinhäuslebühl 363-12d
Stettener Straße 363 10c
Stillerten 381-5c
Stumpenstraße 363-10d

Talstraße 381-5c
Tannstraße 382-1b
Tannwaldstraße 363-11a
Teufenstraße 381-4d
Teufenwiesen 364-10d
Turmweg 382-2c

Uhlandstraße 382-2a
Unterbergstraße 381-8a

Vorstadt 381-1b

Wacholderweg 363-10b
Waldsteige 381-1b
Weilerner Straße 380-3b
Weimarer Straße 382-2a
Wildensteiner Höfe 381-9d
Wildensteiner Straße 381-8a

Zierenberg 363-10b
Zimmerner Straße 381-5c
Zinkenstraße 363-10b

Zimmern unter der Burg
PLZ 72369

Alberweg 366-2a
Am Scheibenberg 366-2b
Aspenhof 348-12c

Bergstraße 366-2a
Brühlstraße 366-2a

Gößlinger Straße 348-10d

Im Gieß 366-2a
In der Gaß 366-2a

Kirchstraße 366-2a
Kreuzbergstraße 366-2a

Rötenbergstraße 366-2a

Sägeweg 366-2a
Schafhof 366-2a
Schmiedstraße (1) 366-2a
Schömberger Straße 366-2a
Schrofenweg (2) 366-2b
Selterweg 366-2a

Talhof 366-5b

Vaihinger-Hof-Straße 366-2c

Wiesenweg 366-2a
Winkelstraße 366-2a

Zimmernermühle 348-10d

Zwiefalten
PLZ 88529

Aachweg 361-8c
Albert-Burrer-Straße 361-10a
Alpenblick 361-7d
Am Dreschplatz 361-6d
Armsündergässle 361-11b

Baach 361-12d
Beckengasse 361-6d
Beda-Sommerberger-Straße (3) 361-11b
Brühlweg (5) 361-11b
Brunnensteige 361-11b
Brunnenstraße 361-7c
Büchleweg 361-7c
Bühlhof 361-9c
Bussenblick 361-12a

Christianstraße 361-12a

Dobeltal 361-11c

Eichbühl 361-11b
Elsa-Brändström-Straße 361-11b
Emerbergweg 361-12d

Feichtmayrstraße 361-12a
Forellenweg 361-8a

Galgenberg 361-12a
Gartenweg (4) 361-11b
Gauberg 361-11a
Gauingen 361-7d
Gauinger Weg 361-8a
Gerberstraße 361-11b
Gewerbegebiet Gürst 361-10a
Gewerbegebiet Steinhecke 361-10a
Goldene Gasse 361-6d
Gossenzugen 361-8c
Gustav-Werner-Straße 361-12a

Hanfgärten 361-6c
Hangweg 378-5d
Hauptstraße 361-11b
Hochberg 361-10c
Höhenweg 361-11b
Hofstraße 361-11b

Johann-Michael-Fischer-Weg 361-12a

Kapellenweg 361-12d
Karl-Baumeister-Straße 361-12a
Kirchenweg 361-7d
Kirchgasse 361-6d
Kirchlesberg 361-8c
Klinge 361-9a
Kolpingstraße 361-11b
Konradin-Kreutzer-Straße (1) 361-11b
Kreuzgasse 361-6c
Kreuzweg 361-6c

La Tessoualler Park 361-11b
Layle 361-6b
Lindenstraße 361-7c
Loretto 361-5d

Marienstraße 361-12d
Marktplatz (2) 361-11b
Mauerstraße 361-11b
Mörsingen 379-1d
Mühlweg 361-8c

Neubaugebiet Hirtenäcker 361-10a

Öschhag 361-8c
Ostlandstraße 361-11b

Panoramastraße 361-8d
Pfauenstich 361-11a
Prälatenweg 361-9d

Reutlinger Straße 361-11a
Riedlinger Straße 361-12d

Sägmühlstraße 361-11b
Schulstraße 361-11b
Sonderbuch 361-6c
Sonderbucher Steige 361-8d
Sonnenhalde (1) 361-8c
Spieglerstraße 361-12a

Talweg 361-12d

Upflamör 378-2d

Wendelinusweg 361-7c
Wiesental 361-8d

Zehntscheuer 361-12d
Zum Rental 361-6d
Zum Schloßberg 361-6d